A. Schmidt
Hamburger Kommentar zum Restrukturierungsrecht
4. Auflage

Hamburger Kommentar zum Restrukturierungsrecht

StaRUG – Krisen-Compliance – IDW S6 – Exit-Strategien – Arbeitsrecht – Steuerrecht

Herausgegeben von

Dr. Andreas Schmidt
Richter am AG, Insolvenz- und Restrukturierungsrichter, AG Hamburg

4. Auflage

Carl Heymanns Verlag 2025

Zitiervorschlag: HambKomm-RestR/*Bearbeiter* § 1 StaRUG Rn. 1 / Kap. 1 Rn. 1

Bibliografische Information der Deutschen Nationalbibliothek

Die Deutsche Nationalbibliothek verzeichnet diese Publikation in der Deutschen Nationalbibliografie; detaillierte bibliografische Daten sind im Internet über http://dnb.d-nb.de abrufbar.

ISBN 978-3-452-30359-2

www.wolterskluwer.com

Umschlagkonzeption: Martina Busch, Grafikdesign, Homburg Kirrberg
Satz: Datagroup-Int SRL, Timisoara, Romania
Druck und Weiterverarbeitung: Wydawnictwo Diecezjalne i Drukarnia w Sandomierzu, Sandomierz, Polen

Gedruckt auf säurefreiem, alterungsbeständigem und chlorfreiem Papier.

Vorwort

Mit dem immer noch recht neuen »**Hamburger Kommentar zum Restrukturierungsrecht**« (in der 1. und 2. Auflage: »Sanierungsrecht«) liegt nunmehr ein Werk in 4. Auflage vor, dass den »Hamburger Kommentar zum Insolvenzrecht« perfekt ergänzt: Während das letztere Werk, das mittlerweile in 10. Auflage erschienen ist, Kommentierungen zum gesamten Insolvenzrecht einschließlich der Sanierung im Rahmen eines Insolvenzverfahrens (insb.: Eigenverwaltung, Insolvenzplan) liefert, beschäftigt sich das neue Mitglied der Familie im Schwerpunkt mit dem StaRUG sowie der (klassischen) außergerichtlichen Sanierung. Der Kommentar berücksichtigt Rechtsprechung und Literatur bis etwa Mai 2024. Insbesondere liegen mittlerweile doch einige **Entscheidungen der Restrukturierungsgerichte** (und teilweise sogar der Landgerichte als zweiter Instanz) vor, an denen sich die Praxis orientieren kann, und erste Pflöcke sind gewissermaßen eingeschlagen.

Ein **Kernbestandteil des Kommentars** ist sein **Teil 1**, nämlich die Kommentierung des im Rahmen des SanInsFoG zum 01.01.2021 in Kraft getretenen **StaRUG** (»Gesetz über den Stabilisierungs- und Restrukturierungsrahmen«). Die einzelnen Kommentierungen des StaRUG stammen ausschließlich aus der Hand von versierten und renommierten Praktikern und Praktikerinnen, die eine Menge Erfahrung im Umgang mit Sanierungen mitbringen, sei es als Berater, Sachwalter oder Insolvenzverwalter. Deshalb gilt auch hier: **Von Praktikern für Praktiker!**

Zu einer an den Bedürfnissen der Praxis orientierten Kommentierung des StaRUG mit seinem **Schlüsselbegriff drohende Zahlungsunfähigkeit** gehört ohne Zweifel ein Blick über den Tellerrand hinaus. Wo liegen die **Schnittstellen zur Sanierung im Rahmen eines Insolvenzverfahrens**? Ab wann und bis wann ist die Tür offen für ein Verfahren nach dem StaRUG? Wann ist es besser, ins StaRUG-Verfahren zu gehen, wann ist ein Verfahren in Eigenverwaltung vorzugswürdig, sei es mit oder ohne Insolvenzplan? Und wie verhält es sich namentlich mit der **Haftung der Geschäftsleiter und Berater** für Handlungen, die während der Krise, insbesondere nach Eintritt der drohenden Zahlungsunfähigkeit, vorgenommen werden? All diese Fragen, zu denen kaum Rechtsprechung und lediglich die ein oder andere Kommentierung bzw. Zeitschriftenbeitrag vorliegt, können nur beantwortet werden, wenn der Blick auch auf den Standort und die Funktion des StaRUG als neues »tool« in der Werkzeugkiste des Sanierungs- und Restrukturierungsrechts gerichtet wird.

Einen weiteren Kernbestandteil des Kommentars enthält sein **Teil 2**, der sich mit der (klassischen) **außergerichtlichen Sanierung** beschäftigt. In diesem Rahmen werden zunächst Fragen um die zunehmend an Bedeutung gewinnende **Krisen-Compliance** sowie den **IDW S6** beleuchtet. Daneben geht es in diesem wichtigen Teil des Kommentars um **Maßnahmen der Geschäftsleitung und der Kreditgeber** sowie um **Investorenlösungen** und **Exit-Strategien**. Die Autoren und Autorinnen, die diesen Teil verantworten, sind allesamt namhafte und erfahrene Restrukturierungsberater und haben ihr umfangreiches know-how gewinnbringend eingebracht.

Abgerundet wird der Kommentar durch seinen **Teil 3**, der sich mit **Spezialaspekten der Sanierung** beschäftigt, nämlich dem **Arbeitsrecht in der Sanierung**, dem **Steuerrecht in der Sanierung** und der **Restrukturierung von Anleihen**.

Genau wie allen Autoren und Autorinnen, die sich mit großem Engagement und mit großer Freude den Herausforderungen bei der Fertigstellung der vierten Auflage gestellt haben, gilt mein Dank Wolters Kluwer und insbesondere *Birgit Kerber* und *Lisa Sophie Reinhardt*, die als Project Editor bzw. Acquisition Editor längst unverzichtbar sind und äußerst kluge Ideen insbesondere zu Fragen um den Aufbau des Werkes und die Gliederung einzelner Teile beigetragen haben.

Hamburg, im August 2024 — Dr. Andreas Schmidt

Autorenverzeichnis

Harald Amer, LL.M. (Univ. of San Diego)
Rechtsanwalt, Clifford Chance Partnerschaft mit beschränkter Berufshaftung, München

Stefan Denkhaus
Rechtsanwalt, Fachanwalt für Insolvenzrecht, Insolvenzverwalter, BRL Boege Rohde Luebbehuesen, Hamburg

Dr. Holger Ellers
Rechtsanwalt, Dentons Europe (Germany) GmbH & Co. KG, Berlin

Dr. Arne Friel
Rechtsanwalt, Notar, Dentons Europe (Germany) GmbH & Co. KG, Berlin

Jens Haas
Managing Director, Unternehmensberater und Interim-Manager, AlixPartners GmbH, München

Dr. Andreas Henkel
Rechtsanwalt und Betriebswirt (IWW), Fachanwalt für Insolvenz- und Sanierungsrecht, Insolvenzverwalter/Sachwalter und Sanierungsberater, SHNF, Hamburg

Priv.-Doz. Dr. Gerrit Hölzle
Rechtsanwalt, Fachanwalt für Insolvenzrecht, Insolvenzverwalter, Fachanwalt für Handels- und Gesellschaftsrecht, Fachanwalt für Steuerrecht, Görg Rechtsanwälte / Insolvenzverwalter GbR, Hamburg

Dr. Birte Jensen
Rechtsanwältin, Fachanwältin für Insolvenz- und Sanierungsrecht, Insolvenzverwalterin, Johlke Niethammer Rechtsanwälte Wirtschaftsprüfer Steuerberater PartGmbB, Hamburg

Simone Kaldenbach
Rechtsanwältin, Fachanwältin für Insolvenzrecht, Insolvenzverwalterin, GÖRG, Friedrichshafen

Friedrich von Kaltenborn-Stachau
Rechtsanwalt, Fachanwalt für Insolvenzrecht, Fellow INSOL International, Insolvenzverwalter, BRL Boege Rohde Luebbehuesen, Hamburg

Béla Knof
Rechtsanwalt, White & Case, Hamburg

Nils Krause
Rechtsanwalt, Fachanwalt für Insolvenzrecht, Insolvenzverwalter, ECOVIS Insolvenz und Sanierungs AG Rechtsanwaltsgesellschaft, Hamburg

Michael W. Kuleisa
Rechtsanwalt, Insolvenzverwalter, Schwemer Titz & Tötter, Hamburg

Dr. Holger Leichtle
Rechtsanwalt, Fachanwalt für Insolvenzrecht, Insolvenzverwalter, GÖRG, Stuttgart

Dr. Moritz Lochmann, LL.M. (Columbia)
Rechtsanwalt, Gleiss Lutz Rechtsanwälte, München

Prof. Dr. Torsten Martini
Rechtsanwalt, Fachanwalt für Insolvenz- und Sanierungsrecht, Insolvenzverwalter, GÖRG, Berlin

Dr. Stefan Mayer
Rechtsanwalt, Steuerberater, Gleiss Lutz Rechtsanwälte, Frankfurt am Main

Autorenverzeichnis

Dominik Montag
Rechtsanwalt, Fachanwalt für Insolvenzrecht, Insolvenzverwalter, Römermann Insolvenzverwalter Rechtsanwaltsgesellschaft mbH, Hamburg

Dr. Christoph Morgen
Rechtsanwalt, Steuerberater, Insolvenzverwalter, Betriebswirt, Fachanwalt für Insolvenzrecht, Brinkmann & Partner Rechtsanwälte | Steuerberater | Insolvenzverwalter, Hamburg

Isabell Radunz
Rechtsanwältin, Johlke Niethammer Rechtsanwälte Wirtschaftsprüfer Steuerberater PartGmbB, Hamburg

Marlies Raschke
Rechtsanwältin, Noerr Partnerschaftsgesellschaft, Dresden

Alexander von Saenger
Rechtsanwalt, Fachanwalt für Arbeitsrecht, Schultze & Braun GmbH Rechtsanwaltsgesellschaft, Bremen

Dr. Jörg Sandow
Rechtsanwalt, EY-Parthenon GmbH Wirtschaftsprüfungsgesellschaft, Düsseldorf

Dr. Stefan Sax
Rechtsanwalt, Clifford Chance Partnerschaft mit beschränkter Berufshaftung, Frankfurt

Dr. Annika Schinkel
Rechtsanwältin, Insolvenzverwalterin, Brinkmann & Partner Rechtsanwälte | Steuerberater | Insolvenzverwalter, Hamburg

Christian M. Scholz
Rechtsanwalt, Fachanwalt für Handels- und Gesellschaftsrecht, Insolvenzverwalter, TURNER Rechtsanwälte, Hamburg

Dr. Jens-Sören Schröder
Rechtsanwalt, Insolvenzverwalter, Johlke Niethammer Rechtsanwälte Wirtschaftsprüfer Steuerberater PartGmbB, Hamburg

Dr. Christoph Schulte-Kaubrügger
Rechtsanwalt, Insolvenzverwalter, White & Case LLP, Berlin

Prof. Dr. Christoph H. Seibt, LL.M. (Yale)
Rechtsanwalt, Fachanwalt für Steuerrecht, Freshfields Bruckhaus Deringer LLP, Hamburg

Dr. Detlef Spranger
Rechtsanwalt, Dentons Europe (Germany) GmbH & Co. KG, Berlin

Dr. Matthias Tresselt
Rechtsanwalt, Gleiss Lutz Rechtsanwälte, Stuttgart

Michael Tyroller
Partner, Unternehmensberater und Interim-Manager, AlixPartners GmbH, München

Dr. Sven-Holger Undritz
Rechtsanwalt, Fachanwalt für Insolvenzrecht, Insolvenzverwalter, White & Case LLP, Hamburg

Dr. Nikolai Warneke
Rechtsanwalt, Noerr Partnerschaftsgesellschaft, Frankfurt am Main

Dr. Lars Westpfahl
Rechtsanwalt, Freshfields Bruckhaus Deringer LLP, Hamburg

Dr. Matthias Wolgast LL.M.
Rechtsanwalt, Fachanwalt für Insolvenzrecht, Münzel & Böhm Rechtsanwälte Steuerberater PartG mbB, Hamburg

Andreas Ziegenhagen
Rechtsanwalt, Wirtschaftsprüfer, Steuerberater, Dentons Europe (Germany) GmbH & Co. KG, Berlin

Bearbeiterverzeichnis

Teil 1: StaRUG

Vorbem. zu § 1, § 1	Tresselt/Lochmann
§§ 2–4	Schröder
§§ 5–6	Friel/Ellers
§§ 7–13	Martini
§§ 14–16	Ellers/Friel
§§ 17–19	Jensen
§§ 20–23	Radunz
Vorbem. zu §§ 24 ff., §§ 24–28, Anh. zu §§ 26–28	Kaldenbach
§§ 29–32	Schröder
§ 33	Denkhaus/v. Kaltenborn-Stachau
Anh. zu § 33	Morgen
§§ 34–41	Denkhaus/v. Kaltenborn-Stachau
§§ 42–44	Kuleisa
§§ 45–48	Montag
§§ 49–59	Undritz/Knof
Vorbem. zu §§ 60 ff., §§ 60–66	Leichtle
§§ 67–72	Martini
§§ 73–79	Hölzle
§§ 80–83	Wolgast
§§ 84–88	Schinkel
Vorbem. zu §§ 89 ff., §§ 89–91	Henkel
§ 92	Krause/v. Saenger
§§ 93–97	Schulte-Kaubrügger
§ 98	Wolgast
§ 99–100	Schulte-Kaubrügger
§§ 10–102, Anh. zu § 102	Scholz
Anlage (zu § 5 Satz 2)	Friel/Ellers

Teil 2: Außergerichtliche Sanierung

Kapitel 1	Tresselt/Lochmann
Kapitel 2	Tresselt/Lochmann
Kapitel 3	Sandow
Kapitel 4:	
A.	Haas/Tyroller
B.	Raschke/Warneke

C.	Sax/Amer
Kapitel 5:	
A.	Ziegenhagen/Spranger
B.	Ziegenhagen

Teil 3: Besondere Aspekte für den Weg zur Sanierung

Kapitel 6	Krause/v. Saenger
Kapitel 7:	
A.	Ziegenhagen/Mayer
B.–D., F.–G.	Ziegenhagen
E., H.–I.	Mayer
Kapitel 8	Westpfahl/Seibt

Inhaltsübersicht

Inhaltsverzeichnis

Abkürzungsverzeichnis

a.A.	andere Ansicht
a.a.O.	am angegebenen Ort
a.E.	am Ende
a.F.	alte Fassung
abl.	ablehnend
Abs.	Absatz
AG	Amtsgericht/Aktiengesellschaft
AGB	Allgemeine Geschäftsbedingungen
A/G/R	Ahrens/Gehrlein/Ringstmeier
ähnl.	ähnlich
AktG	Aktiengesetz
ALG II	Arbeitslosengeld II
allg.	allgemein
allg.Mg.	allgemeine Meinung
Alt.	Alternative
amtl.	amtlich
AnfG	Anfechtungsgesetz
Anh.	Anhang
Anm.	Anmerkung
AnwBl.	Anwaltsblatt
AO	Abgabenordnung
APS	Ascheid/Preis/Schmidt
ArbRB	Der Arbeits-Rechtsberater
ArbG	Arbeitsgericht
ArbGG	Arbeitsgerichtsgesetz
ArbnErfG	Gesetz über Arbeitnehmererfindungen
Art.	Artikel
Aufl.	Auflage
ausführl.	ausführlich
Ausn.	Ausnahme
Az.	Aktenzeichen
BA	Bundesagentur für Arbeit
BAG	Bundesarbeitsgericht
BAGE	Sammlung der Entscheidungen des Bundesarbeitsgerichts
BauSparkG	Gesetz über Bausparkassen
BayObLG	Bayerisches Oberstes Landesgericht
BB	BetriebsBerater (Zs.)
Bd.	Band
BDSG	Bundesdatenschutzgesetz
B/D/Z	Binz/Dörndorfer/Zimmermann
BeckOK	Beck'scher Online-Kommentar

Begr.	Begründung
Beschl.	Beschluss
BetrAVG	Gesetz zur Verbesserung der betrieblichen Altersversorgung
BFH	Bundesfinanzhof
BFHE	Entscheidungen des Bundesfinanzhofs
BFH/NV	Sammlung nicht veröffentlichter Entscheidungen des Bundesfinanzhofs
BG	Berufsgenossenschaft
BGB	Bürgerliches Gesetzbuch
BGBl.	Bundesgesetzblatt
BGH	Bundesgerichtshof
BGHSt.	Sammlung der Entscheidungen des BGH in Strafsachen
BGHZ	Sammlung der Entscheidungen des BGH in Zivilsachen
BIP	Bruttoinlandsprodukt
BK	Berliner Kommentar
BMF	Bundesministerium der Finanzen
BMJ	Bundesministerium der Justiz
BQG	Beschäftigungs- und Qualifizierungsgesellschaft
BRAGO	Bundesrechtsanwaltsgebührenordnung
BRAK	Bundesrechtsanwaltskammer
BRAO	Bundesrechtsanwaltsordnung
BR-Drucks.	Bundesrats-Drucksache
BSG	Bundessozialgericht
bspw.	beispielsweise
BStBK	Bundessteuerberaterkammer
BStBl.	Bundessteuerblatt
BT-Drucks.	Bundestags-Drucksache
Buchst.	Buchstabe
BVerfG	Bundesverfassungsgericht
BVerfGE	Sammlung der Entscheidungen des BVerfG
BVerwG	Bundesverwaltungsgericht
BVerwGE	Sammlung der Entscheidungen des BVerwG
bzgl.	bezüglich
bzw.	beziehungsweise
ca.	circa
CD	Compact-Disc
CD-ROM	Compact-Disc-Read-Only-Memory
CFL	Corporate Finance (Zs.)
COMI	Center of Main Interests
COVInsAG	Gesetz zur vorübergehenden Aussetzung der Insolvenzantragspflicht und zur Begrenzung der Organhaftung bei einer durch die COVID-19-Pandemie bedingten Insolvenz (COVID-19-Insolvenzaussetzungsgesetz)
d.h.	das heißt
DA Insg.	Durchführungsanweisungen zum Insolvenzgeld

DB	Der Betrieb (Zs.)
DCGK	Deutscher Corporate Governance Kodex
DGVZ	Deutsche Gerichtsvollzieherzeitung
Diss.	Dissertation
DöKV	Deutsch-Österreichischer Konkursvertrag
DStR	Deutsches Steuerrecht (Zs.)
DStRE	DStR-Entscheidungsdienst (Zs.)
DZWIR	Deutsche Zeitschrift für Wirtschafts- und Insolvenzrecht
e.V.	eingetragener Verein
EBITDA	earnings before interest, taxes, depreciation and amortisation (Gewinn vor Zinsen, Steuern, Abschreibungen auf Sachanlagen und Abschreibungen auf immaterielle Vermögensgegenstände)
EGBGB	Einführungsgesetz zum Bürgerlichen Gesetzbuch
EGInsO	Einführungsgesetz zur Insolvenzordnung
EK	Erfurter Kommentar zum Arbeitsrecht
EKIG	Gesetz zur Erleichterung der Bewältigung von Konzerninsolvenzen
ErwG	Erwägungsgrund
ESG	Environmental Social Governance
EStG	Einkommensteuergesetz
ESUG	Gesetz zur weiteren Erleichterung der Sanierung von Unternehmen
etc.	et cetera
EU	Europäische Union
EuGH	Gerichtshof der Europäischen Gemeinschaften
EuGVVO	Verordnung über die gerichtliche Zuständigkeit und die Anerkennung und Vollstreckung von Entscheidungen in Zivil- und Handelssachen
EuInsVO	Europäische Verordnung über Insolvenzverfahren
EuZW	Europäische Zeitschrift für Wirtschaftsrecht
evtl.	eventuell
EWG	Europäische Wirtschaftsgemeinschaft
EWiR	Entscheidungen zum Wirtschaftsrecht (Zs.)
f.	folgende
FamG	Familiengericht
FamFG	Gesetz über das Verfahren in Familiensachen und in den Angelegenheiten der freiwilligen Gerichtsbarkeit
FAR	Fachausschuss Recht des IDW (Institut der Wirtschaftsprüfer)
FD-InsR	Fachdienst Insolvenzrecht
ff.	fortfolgende
FG	Finanzgericht
FGO	Finanzgerichtsordnung
FinDAG	Gesetz über die Bundesanstalt für Finanzdienstleistungsaufsicht (Finanzdienstleistungsaufsichtsgesetz)
FK-InsO	Frankfurter Kommentar
FMStG	Gesetz zur Errichtung eines Finanzmarktstabilisierungsfonds (Finanzmarktstabilisierungsfondsgesetz)

Fn.	Fußnote
FP	Forderungspraktiker
FR	FinanzRundschau (Zs.)
FS	Festschrift
GBA	Grundbuchamt
GBl.	Gesetzblatt
GbR	Gesellschaft bürgerlichen Rechts
gem.	gemäß
GenG	Genossenschaftsgesetz
GesO	Gesamtvollstreckungsordnung
GewStG	Gewerbesteuergesetz
GG	Grundgesetz
ggf.	gegebenenfalls
ggü.	gegenüber
GKG	Gerichtskostengesetz
GmbH	Gesellschaft mit beschränkter Haftung
GmbHG	Gesetz betreffend die Gesellschaften mit beschränkter Haftung
GmbHR	GmbH-Rundschau (Zs.)
grds.	grundsätzlich
GrS	Großer Senat
GrStG	Grundsteuergesetz
GuV	Gewinn und Verlust
GVBl.	Gesetz- und Verordnungsblatt
GVG	Gerichtsverfassungsgesetz
GVGA	Geschäftsanweisung für Gerichtsvollzieher
GV NW	Gesetz- und Verordnungsblatt des Landes Nordrhein-Westfalen
GWB	Gesetz gegen Wettbewerbsbeschränkungen
h.L.	herrschende Lehre
h.M.	herrschende Meinung
HAG	Heimarbeitsgesetz
Halbs.	Halbsatz
HambKomm-InsR	Schmidt, A. (Hrsg.), Hamburger Kommentar zum Insolvenzrecht
HB	Handbuch
HGB	Handelsgesetzbuch
hinsichtl.	hinsichtlich
HintO	Hinterlegungsordnung
HK	Heidelberger Kommentar Insolvenzordnung, hrsg. von Kayser/Thole
HmbAGInsO	Hamburgisches Ausführungsgesetz zur Insolvenzordnung
HOAI	Honorarordnung für Architekten und Ingenieure
HRA	Handelsregisterauszug
HRB	Handelsregisterauszug – Abteilung B
HRI I	Kübler/Bork/Prütting, Handbuch Restrukturierung vor der Insolvenz
HRI II	Kübler/Bork/Prütting, Handbuch Restrukturierung in der Insolvenz

Hrsg.	Herausgeber
H/W/F	Haarmeyer/Wutzke/Förster
i.d.F.	in der Fassung
i.d.R.	in der Regel
i.E.	im Ergebnis
i.H.	in Höhe
i.H.d.	in Höhe der/des
i.H.e.	in Höhe einer/eines
i.H.v.	in Höhe von
i.L.	in Liquidation
i.R.d.	im Rahmen der/des
i.S.	in Sachen
i.S.d.	im Sinne der/des
i.S.e.	im Sinne einer/s
i.S.v.	im Sinne von
i.Ü.	im Übrigen
i.V.	in Vertretung
i.V.m.	in Verbindung mit
IDW	Institut der Wirtschaftsprüfer
IDW Life	Monatliches Mitgliedermagazin des IDW
IFRS	International Financial Reporting Standards
inkl.	inklusive
insb.	insbesondere
InsBekV	Verordnung zu öffentlichen Bekanntmachungen in Insolvenzverfahren und Restrukturierungssachen im Internet
InsbürO	Zeitschrift für das Insolvenzbüro
InsO	Insolvenzordnung
InsOÄndG	Änderungsgesetz zur Insolvenzordnung
InsStatG	Insolvenzstatistikgesetz
InsVV	Insolvenzrechtliche Vergütungsverordnung
InVo	Insolvenz und Vollstreckung (Zs.)
IPR	Internationales Privatrecht
IPrax	Praxis des Internationalen Privat- und Verfahrensrechts (Zs.)
IStR	Internationales Steuerrecht (Zs.)
JBl.	Justizblatt
JMBl.	Justizministerialblatt
JStG	Jahressteuergesetz
JVEG	Justizvergütungs- und -entschädigungsgesetz
JZ	Juristenzeitung
Kap.	Kapitel
KapMuG	Gesetz über Musterverfahren in kapitalmarktrechtlichen Streitigkeiten (Kapitalanleger-Musterverfahrensgesetz)
KauG	Konkursausfallgeldgesetz

Kfz	Kraftfahrzeug
KG	Kammergericht/Kommanditgesellschaft
KGaA	Kommanditgesellschaft auf Aktien
KindPrax	Kindschaftsrechtliche Praxis (Zs.)
KK	Kölner Kommentar
km	Kilometer
KO	Konkursordnung
Komm.	Kommentierung
KoR	Zeitschrift für internationale und kapitalmarktorientierte Rechnungslegung
K/P/B	Kübler/Prütting/Bork
KR	Gemeinschaftskommentar zum Kündigungsschutzgesetz und zu sonstigen kündigungsschutzrechtlichen Vorschriften
krit.	kritisch
KSchG	Kündigungsschutzgesetz
KStG	Körperschaftsteuergesetz
KSzW	Kölner Schrift zum Wirtschaftsrecht
KTS	Konkurs, Treuhand, Sanierung (Zs.)
KWG	Kreditwesengesetz
LAG	Landesarbeitsgericht/Lastenausgleichsgesetz
LAGE	Sammlung der Entscheidungen der Landesarbeitsgerichte
lfd.	laufend/e
Lfg.	Lieferung
LG	Landgericht
Lit.	Literatur
LK	Leipziger Kommentar
Ls.	Leitsatz
LSG	Landessozialgericht
LVA	Landesversicherungsanstalt
m.Anm.	mit Anmerkung
m.E.	meines Erachtens
m.w.N.	mit weiteren Nachweisen
MAH	Münchener Anwaltshandbuch
MAR	Marktmissbrauchsverordnung (Market Abuse Regulation)
max.	maximal
MDR	Monatsschrift des deutschen Rechts (Zs.)
MHdb-GesR	Münchener Handbuch des Gesellschaftsrechts
M/H/L/S	Michalski/Heidinger/Leible/J. Schmidt
Mio.	Millionen
MitbestG	Mitbestimmungsgesetz
MiZi	Mitteilungen in Zivilsachen
MK	Münchener Kommentar
M/M/S	Mankowski/Müller/J. Schmidt

MoMiG	Gesetz zur Modernisierung des GmbH-Rechts und zur Bekämpfung von Missbräuchen
MoPeG	Gesetz zur Modernisierung des Personengesellschaftsrechts (Personengesellschaftsrechtsmodernisierungsgesetz)
MuSchG	Mutterschutzgesetz
n.F.	neue Fassung
n.rkr.	nicht rechtskräftig
n.v.	nicht veröffentlicht
NachwG	Gesetz über den Nachweis der für ein Arbeitsverhältnis geltenden wesentlichen Bedingungen
NJ	Neue Justiz (Zs.)
NJW	Neue Juristische Wochenschrift (Zs.)
NJW-RR	NJW-Rechtsprechungsreport (Zs.)
Nomos-BR RPflG	Schmid, Rechtspflegergesetz
NotBZ	Zeitschrift für die notarielle Beratungs- und Beurkundungspraxis
NR	Nerlich/Römermann
Nr.	Nummer
NStZ	Neue Zeitschrift für Strafrecht
NZA	Neue Zeitschrift für Arbeitsrecht
NZI	Neue Zeitschrift für Insolvenzrecht
o.	oder
o.a.	oben angeführt
o.Ä.	oder Ähnliches
o.g.	oben genannte/r
OFD	Oberfinanzdirektion
OGH	Oberster Gerichtshof
OHG	offene Handelsgesellschaft
OLG	Oberlandesgericht
OVG	Oberverwaltungsgericht
PartG	Partnerschaftsgesetz
PartGG	Gesetz zur Schaffung von Partnerschaftsgesellschaften
PL SanInsFoG	Praxisleitfaden SanInsFoG
PK	PräsenzKommentar Haarmeyer/Wutzke/Förster
PKH	Prozesskostenhilfe
PKW	Personenkraftwagen
PL	Praxisleitfaden
PSVaG	Pension-Sicherungs-Verein
RAW	Recht Automobil Wirtschaft (Zs.)
RBerG	Rechtsberatungsgesetz
RefE	Referentenentwurf
RegE	Regierungsentwurf
RegEInsO	Regierungsentwurf Insolvenzordnung
RG	Reichsgericht
RGBl.	Reichsgesetzblatt

rgm.	regelmäßig
RGZ	Sammlung der Entscheidungen des Reichsgerichts in Zivilsachen
RiAG	Richter am Amtsgericht
RiLG	Richter am Landgericht
RiStBV	Richtlinien für das Straf- und Bußgeldverfahren
RL	Richtlinie
Rn.	Randnummer
RNotZ	Rheinische Notar-Zeitschrift
ROCE	Return on Capital Employed
Rpfleger	Der Deutsche Rechtspfleger (Zs.)
RPflG	Rechtspflegergesetz
RR	Rechtsprechungsreport
Rspr.	Rechtsprechung
RVG	Rechtsanwaltsvergütungsgesetz
RVO	Reichsversicherungsordnung
S.	Seite
s.	siehe
s.a.	siehe auch
s.o.	siehe oben
s.u.	siehe unten
SanB	Der Sanierungsberater (Zs.)
SanInsFoG	Gesetz zur Fortentwicklung des Sanierungs- und Insolvenzrechts (Sanierungs- und Insolvenzrechtsfortentwicklungsgesetz
SanInsKG	Gesetz zur vorübergehenden Anpassung sanierungs- und insolvenzrechtlicher Vorschriften zur Abmilderung von Krisenfolgen (Sanierungs- und insolvenzrechtliches Krisenfolgenabmilderungsgesetz)
SanR	Schmidt, A. (Hrsg.), Sanierungsrecht
ScheckG	Scheckgesetz
SchlH	Schleswig Holstein
SchVG	Gesetz über Schuldverschreibungen aus Gesamtemissionen (Schuldverschreibungsgesetz)
SchwbG	Schwerbehindertengesetz
Senatsurt.	Senatsurteil
SG	Sozialgericht
SGB	Sozialgesetzbuch
SoA	Scheme of Arrangement
sog.	so genannte (r, s)
st.Rspr.	ständige Rechtsprechung
StaRUG	Gesetz über den Stabilisierungs- und Restrukturierungsrahmen für Unternehmen (Unternehmensstabilisierungs- und -restrukturierungsgesetz)
StB	Steuerberater
Stbg	Die Steuerberatung (Zs.)
StDÜV	Steuerdaten-Übermittlungsverordnung
StEd	Steuer-Eildienst

StGB	Strafgesetzbuch
str.	streitig
StPO	Strafprozessordnung
StVO	Straßenverkehrsordnung
TOP	Tagesordnungspunkt
TVG	Tarifvertragsgesetz
u.	und
u.a.	unter anderem/und andere
u.Ä.	und Ähnliches
u.U.	unter Umständen
Überbl.	Überblick
UmRUG	Gesetz zur Umsetzung der Umwandlungsrichtlinie
UmwG	Umwandlungsgesetz
UNCITRAL	United Nations Commission on International Trade Law
Unterabs.	Unterabsatz
UrhG	Urhebergesetz
Urt.	Urteil
USt	Umsatzsteuer
UStG	Umsatzsteuergesetz
UStR	Umsatzsteuerrichtlinien
usw.	und so weiter
UWG	Gesetz gegen den unlauteren Wettbewerb
v.	vom/vor
VAG	Gesetz über die Beaufsichtigung der Versicherungsunternehmen (Versicherungsaufsichtsgesetz)
VGR	Schriftenreihe der Gesellschaftsrechtlichen Vereinigung
VerbrKG	Verbraucherkreditgesetz
VerglO	Vergleichsordnung
VergVO	Vergütungsverordnung
Verw.	Verwaltung
VGH	Verwaltungsgerichtshof
vgl.	vergleiche
VglO	Vergleichsordnung
VO	Verordnung
Vorbem.	Vorbemerkung
WEG	Wohnungseigentumsgesetz
WG	Wechselgesetz
WHOA	Wet Homologatie Onderhands Akkoord
Wistra	Zeitschrift für Wirtschafts- und Steuerstrafrecht
WKRS	Wolters Kluwer Rechtsprechungsdatenbank
WM	Wertpapiermitteilungen (Zs.)
WPg	Die Wirtschaftsprüfung
WpHG	Gesetz über den Wertpapierhandel (Wertpapierhandelsgesetz)

WPO	Wirtschaftsprüferordnung
WpPG	Gesetz über die Erstellung, Billigung und Veröffentlichung des Prospekts, der beim öffentlichen Angebot von Wertpapieren oder bei der Zulassung von Wertpapieren zum Handel an einem organisierten Markt zu veröffentlichen ist (Wertpapierprospektgesetz)
WpÜG	Wertpapiererwerbs- und Übernahmegesetz
WpÜGAngebV	Verordnung über den Inhalt der Angebotsunterlage, die Gegenleistung bei Übernahmeangeboten und Pflichtangeboten und die Befreiung von der Verpflichtung zur Veröffentlichung und zur Abgabe eines Angebots (WpÜG-Angebotsverordnung)
z.B.	zum Beispiel
z.T.	zum Teil
z.Zt.	zur Zeit
ZfB	Zeitschrift für Betriebswirtschaft
ZGR	Zeitschrift für Unternehmens- und Gesellschaftsrecht
Ziff.	Ziffer
ZIK	Zeitschrift für Insolvenzrecht und Kreditschutz
ZInsO	Zeitschrift für das gesamte Insolvenzrecht
ZIP	Zeitschrift für Wirtschaftsrecht
ZPO	Zivilprozessordnung
Zs.	Zeitschrift
zust.	zustimmend
ZustVO	Zuständigkeitsverordnung
ZVG	Gesetz über die Zwangsversteigerung und Zwangsverwaltung
ZVI	Zeitschrift für Verbraucher- und Privatinsolvenzrecht
ZVK	Zusatzversorgungskasse des Baugewerbes
ZwVwVO	Zwangsverwalterverordnung
zzgl.	zuzüglich
ZZP	Zeitschrift für Zivilprozess

Literaturverzeichnis

Achenbach/Ransiek/Rönnau (Hrsg.)	Handbuch Wirtschaftsstrafrecht, 6. Aufl. 2023
Ahrens/Gehrlein/Ringstmeier (Hrsg.)	Insolvenzrecht, 4. Aufl. 2020 (zit. A/G/R)
Allgayer	Rechtsfolgen und Wirkungen der Gläubigeranfechtung, 2000
Altmeppen	Gesetz betreffend die Gesellschaften mit beschränkter Haftung: GmbHG, 11. Aufl. 2023
Ampferl	Der »starke« vorläufige Insolvenzverwalter in der Unternehmensinsolvenz, 2002
Andersch	Sanierungskonzepte und Sanierungsgutachten, 2017
Andres/Leithaus	Insolvenzordnung (InsO), 4. Aufl. 2018
Arbeitskreis für Insolvenz- und Schiedsgerichtswesen e.V. Köln (Hrsg.)	Kölner Schrift zur Insolvenzordnung, 3. Aufl. 2009
Arnold/Meyer-Stolte/Rellermeyer/Hintzen/Georg	Kommentar zum Rechtspflegergesetz (RPflG), 9. Aufl. 2022
Ascheid/Preis/Schmidt	Kündigungsrecht, 7. Aufl. 2024 (zit. APS)
Assmann/Schneider/Mülbert (Hrsg.)	Wertpapierhandelsrecht, 8. Aufl. 2023
Bader/Fischermeier/Gallner u.a.	KR – Gemeinschaftskommentar zum Kündigungsschutzgesetz, 13. Aufl. 2022
Balz/Landfermann	Die neuen Insolvenzgesetze, 2. Aufl. 1999
Bartosch	EU-Beihilfenrecht, 3. Aufl. 2020
Bassenge/Roth	FamFG/RPflG, 12. Aufl. 2009
Bauer	Festschrift für Peter Schwerdtner zum 65. Geburtstag, 2003
Bauer/Düsterlho	Distressed Mergers & Acquisitions, 2. Aufl. 2016
Baumbach/Lauterbach/Hartmann/Anders/Gehle	Zivilprozessordnung, 79. Aufl. 2021
Baums	Recht der Unternehmensfinanzierung, 2017
Baur/Kantowsky/Schulte	Stakeholder Management in der Restrukturierung, 2012
Beck/Depré	Praxis der Insolvenz, 3. Aufl. 2017
Beck/Depré/Ampferl	Praxis der Sanierung und Insolvenz, 4. Aufl. 2023
Berger/Kayser/Pannen	Sanierung, Insolvenz, Berufsrecht der Rechtsanwälte und Notare, Festschrift für Gerhard Ganter zum 65. Geburtstag, 2010
v. Betteray	Festschrift für Friedrich Wilhelm Metzeler zum 70. Geburtstag, 2003
Bieg/Borchardt/Frind	Unternehmenssanierung und Betriebsfortführung, 2021
Binz/Dörndorfer/Zimmermann	GKG, FamGKG, JVEG, 5. Aufl. 2021 (zit.: B/D/Z)
Bitter/Haarmeyer (Hrsg.)	Festschrift für Markus Gehrlein zum 65. Geburtstag, 2022
Bitter/Hommerich	Die Zukunft des Überschuldungsbegriffs, 2012
Bittmann	Praxishandbuch Insolvenzstrafrecht, 2. Aufl. 2017
Blersch/Goetsch/Haas (Hrsg.)	Berliner Kommentar Insolvenzrecht (Loseblattwerk), Stand: 05.2024 (zit.: BK)
Blomeyer/Rolfs/Otto	Betriebsrentengesetz: BetrAVG, 8. Aufl. 2022

Böcking/Gros/Oser/Scheffler/ Thormann	Beck'sches Handbuch der Rechnungslegung, Stand: 72. EL 2024
Borchard/Frind	Die Betriebsfortführung im Insolvenzverfahren, 3. Aufl. 2017
Bork/Hölzle (Hrsg.)	Handbuch Insolvenzrecht, 3. Aufl. 2024
Bork/Kayser/Kebekus	Festschrift für Bruno M. Kübler zum 70. Geburtstag, 2015
Bork/Schäfer (Hrsg.)	GmbHG: Kommentar zum GmbH-Gesetz, 5. Aufl. 2022
Bormann/Kauka/Ockelmann	Handbuch GmbH-Recht, 3. Aufl. 2015
Bornemann (Hrsg.)	FK-InsO – Frankfurter Kommentar zur Insolvenzordnung, Band 2 (§§ 270–359 InsO, EuInsVO, EGInsO, InsVV, ArbnErfG, BetrAVG), 10. Aufl. 2023
Brandis/Heuermann (vormals Blümich)	Ertragsteuerrecht, Loseblatt-Kommentar zum Einkommensteuergesetz, Körperschaftsteuergesetz u.a., Stand: 172. EL Juli 2024
Braun (Hrsg.)	Insolvenzordnung (InsO) Kommentar, 10. Aufl. 2024
Braun (Hrsg.)	StaRUG: Unternehmensstabilisierungs- und -restrukturierungsgesetz, 2021
Breuer	Insolvenzrechts-Formularbuch mit Erläuterungen, 3. Aufl. 2007
Brinkmann	European Insolvency Regulation, 2019
Brünkmans/Thole (Hrsg.)	Handbuch Insolvenzplan, 2. Aufl. 2020
Büchting/Heussen	Beck'sches Rechtsanwalts-Handbuch, 11. Aufl. 2016
Buth/Hermanns	Restrukturierung, Sanierung, Insolvenz, 5. Aufl. 2022
Cirener/Radtke/Rissing-van Saan/Rönnau/Schluckebier	Leipziger Kommentar-StGB, 13. Aufl. 2019 ff.
Cranshaw/Paulus/Michel	Bankenkommentar zum Insolvenzrecht, 3. Aufl. 2016
Crone/Werner	Modernes Sanierungsmanagement, 6. Aufl. 2021
Dannecker/Knierim	Insolvenzstrafrecht, 3. Aufl. 2018
Demharter (Hrsg.)	Grundbuchordnung, 33. Aufl. 2023
Desch	Das neue Restrukturierungsrecht, 2021
Deubert/Förschle/Störk	Sonderbilanzen, 6. Aufl. 2021
Diem/Jahn	Akquisitionsfinanzierungen, 4. Aufl. 2019
Dörndorfer/Wendtland/ Gerlach/Diehn (Hrsg.)	Beck'scher Online-Kommentar Kostenrecht, 46. Edition, Stand: 01.07.2024
Dötsch/Pung/Möhlenbrock (Hrsg.)	Die Körperschaftsteuer (Loseblattwerk), 113. Aktualisierung. März 2024
Drescher/Ebke/Fleischer/ Schmidt (Hrsg.)	Münchener Kommentar zum Handelsgesetzbuch: HGB, Band 4, 5. Aufl. 2024 (zit. MK-HGB)
Ebenroth/Boujong	Handelsgesetzbuch: HGB, 5. Aufl. 2024
Ebke/Seagon/Blatz	Insolvenzrecht 2.020, 2013
Ehmann/Selmayr	Datenschutz-Grundverordnung: DS-GVO, 3. Aufl. 2024
Eidenmüller	Finanzkrise, Wirtschaftskrise und das deutsche Insolvenzrecht, 2009
Eilers/Koffka/Mackensen/ Paul/Josenhans	Private Equity, 4. Aufl. 2022
Eilers/Rödding/ Schmalenbach	Unternehmensfinanzierung, 2. Aufl. 2014
Eilers/Schwahn	Sanierungssteuerrecht, 2. Aufl. 2020
Ellenberger/Bunte	Bankrechts-Handbuch, 6. Aufl. 2022
Emmerich/Habersack	Aktien- und GmbH-Konzernrecht, 10. Aufl. 2022

Ettinger/Jaques	Beck'sches Handbuch Unternehmenskauf im Mittelstand, 3. Aufl. 2021
Fischer/Schulte-Mattler	KWG, CRR, 6. Aufl. 2023
Fitting/Engels/Schmidt/Trebinger/Linsenmaier	Betriebsverfassungsgesetz: BetrVG, Kommentar, 31. Aufl. 2022
Fleischer/Goette (Hrsg.)	Münchener Kommentar zum Gesetz betreffend die Gesellschaften mit beschränkter Haftung: GmbHG, 4. Aufl. 2022 und 2023 (zit. MK-GmbHG)
Flitsch/Hagebusch/Oerle/Seagon/Schreiber	Festschrift für Jobst Wellensiek zum 80. Geburtstag, 2011
Flöther	Konzerninsolvenzrecht, 2. Aufl. 2018
ders.	StaRUG – Unternehmensstabilisierungs- und -restrukturierungsgesetz, 2021
Friedl/Hartwig-Jacob (Hrsg.)	Frankfurter Kommentar zum Schuldverschreibungsgesetz, 2013
Fridgen/Geiwitz/Göpfert	Beck'scher Online-Kommentar InsO, 36. Edition, Stand: 15.07.2024 (zit.: BeckOK)
Fritz/Schmittmann (Hrsg.)	SanInsKG, 3. Aufl. 2023
Goette/Habersack (Hrsg.)	Münchener Kommentar zum Aktiengesetz: AktG, 5. Aufl. 2019
Gosch	Körperschaftsteuergesetz: KStG, 4. Aufl. 2020
Gottwald/Haas	Insolvenzrechts-Handbuch, 6. Aufl. 2020
Grabitz/Hilf/Nettesheim	Das Recht der Europäischen Union: EUV/AEUV, Loseblattwerk, 82. Aufl. 2024, Stand: 05/2024
Grigoleit	Aktiengesetz: AktG, 2. Aufl. 2020
Graf-Schlicker (Hrsg.)	InsO, Kommentar zur Insolvenzordnung, 6. Aufl. 2022
Groß	Kapitalmarktrecht, 8. Aufl. 2022
Grottel/Schmidt/Schubert/Störk (Hrsg.)	Beck'scher Bilanz-Kommentar, 13. Aufl. 2022
Grüneberg	Bürgerliches Gesetzbuch: BGB, 83. Aufl. 2024
Gummert	Münchener Anwaltshandbuch Personengesellschaftsrecht, 4. Aufl. 2023 (zit.: MAH PersG)
Gummert/Weipert (Hrsg.)	Münchener Handbuch des Gesellschaftsrechts, 5. Aufl. 2019
Gutowski	Der Debt-Equity-Swap als Sanierungsinstrument nach dem ESUG, 2014
Haarmeyer/Huber/Schmittmann (Hrsg.)	Praxis der Insolvenzanfechtung, 4. Aufl. 2020
Haarmeyer/Pape/Stephan/Nickert	Formular-Kommentar Insolvenzrecht, 3. Aufl. 2016
Habersack/Casper/Löbbe (Hrsg.)	GmbHG, 3. Aufl. 2019
Habersack/Mülbert/Schlitt (Hrsg.)	Unternehmensfinanzierung am Kapitalmarkt, 4. Aufl. 2019
Hachenburg	Gesetz betreffend die Gesellschaften mit beschränkter Haftung, Großkommentar, 8. Aufl. 2002
Häger/Elkemann-Reusch	Mezzanine Finanzierungsinstrumente, 2. Aufl. 2007
Hamm	Beck'sches Rechtsanwalts-Handbuch, 12. Aufl. 2022
Hauschka/Moosmayer/Lösler	Corporate Compliance, 3. Aufl. 2016 (zit.: H/M/L)
Heckschen/Herrler/Münch	Beck'sches Notar-Handbuch, 8. Aufl. 2024
Heidel (Hrsg.)	Aktienrecht und Kapitalmarktrecht, Kommentar, 5. Aufl. 2019

Henssler/Prütting	Bundesrechtsanwaltsordnung: BRAO, 6. Aufl. 2024
Henssler/Strohn	Gesellschaftsrecht, 6. Aufl. 2024
Hermann/Heuer/Raupach	Einkommensteuer- und Körperschaftsteuergesetz: EStG KStG, Kommentar (Loseblattwerk), Stand: 06/2024
Hess (Hrsg.)	Kölner Kommentar zur Insolvenzordnung, 2017 ff.
Hirte/Mülbert/Roth (Hrsg.)	Aktiengesetz: AktG, Großkommentar, 5. Aufl. 2015 ff. (zit.: GK-AktG)
Hirte / Seibt / Mock / Schwarz	Kölner Kommentar zum WpÜG (zit.: KK-WpÜG-Bearb.), 3. Aufl. 2022
Höfer	Betriebsrentenrecht (BetrAVG), Band I: Arbeitsrecht, Loseblatt, Stand: März 2024
Hölters/Weber	Aktiengesetz: AktG, 4. Aufl. 2022
Hölzle	Praxisleitfaden ESUG, 2. Aufl. 2013
Hölzle	Praxisleitfaden SanInsFoG, 3. Aufl. 2021
Hommelhoff/Hopt/Leyens (Hrsg.)	Unternehmensführung durch Vorstand und Aufsichtsrat, 2024
Baumbach/Hopt (Hrsg.)	Handelsgesetzbuch, 43 Aufl. 2024
Hopt/Merkt (Hrsg.)	Vertrags- und Formularbuch zum Handels-, Gesellschafts-, Bank- und Kapitalmarktrecht, 5. Aufl. 2022
Hüffer/Koch	Aktiengesetz: AktG, 15. Aufl. 2021
Hüttinger	Instrumente zur vorinsolvenzlichen Sanierung des Unternehmensträgers, Band 2, 2015
Ihrig/Schäfer	Rechte und Pflichten des Vorstands, 2. Aufl. 2020
Jacoby/Madaus/Sack/H. Schmidt/Thole	Evaluierung ESUG, 2018
Jacoby/Thole (Hrsg.)	Unternehmensstabilisierungs- und -restrukturierungsgesetz: StaRUG, 2023
Jaeger/Henckel/Gerhardt (Hrsg.)	Insolvenzordnung, Großkommentar, 2004 ff.
Jauernig	Bürgerliches Gesetzbuch: BGB, 19. Aufl. 2023
Just/Voß/Ritz/Zeising	Wertpapierprospektrecht, 2. Aufl. 2023
Karper/Fandrich/Edelmann (Hrsg.)	Münchener Anwaltshandbuch Bank- und Kapitalmarktrecht, 3. Aufl. 2024
Kayser/Thole (Hrsg.)	Insolvenzordnung, Heidelberger Kommentar, 11. Aufl. 2023 (zit. HK)
Kayser/Smid/Riedemann	Nichts ist beständiger als der Wandel, Festschrift für Klaus Pannen zum 65. Geburtstag, 2017
Kemper/Kisters-Kölkes/Berenz/Huber/Betz-Rehm/Borgers	BetrAVG, 10. Aufl. 2023
Kesseler	Das Insolvenzverfahren über das Vermögen einer Partnerschaftsgesellschaft, 2004
Kindler/Nachmann/Bitzer	Handbuch Insolvenzrecht in Europa, 13. Aufl. 2023
Kirchhof/Kulosa/Ratschow	Beck'scher Online-Kommentar EStG, 19. Edition, Stand: 01.07.2024 (zit.: BeckOK)
Kirchhof/Seer	Einkommensteuergesetz (EStG), 23. Aufl. 2024
Klein	Abgabenordnung: AO, 17. Aufl. 2023
Knecht/Hommel/Wohlenberg	Handbuch Unternehmensrestrukturierung, 2. Aufl. 2018

Koch	Aktiengesetz: AktG, 18. Aufl. 2024
Köndgen	Financial Covenants, in: Prütting (Hrsg.), Insolvenzrecht 1996, S. 127 ff.
Kraus	Restrukturierung, Sanierung, Insolvenz, 4. Aufl. 2014
Kremer/Bachmann/Favoccia/v. Werder	Deutscher Corporate Governance Kodex, 9. Aufl. 2023
Krieger/Schneider (Hrsg.)	Handbuch Managerhaftung, 4. Aufl. 2023
Kröger	Welches sind die Rechtsgründe, die zur Versagung der Bestätigung des Insolvenzplans führen können?, 2014
Krüger/Rauscher (Hrsg.)	Münchener Kommentar zur Zivilprozessordnung: ZPO, 6. Aufl. 2020
Krystek/Moldenhauer	Handbuch Krisen- und Restrukturierungsmanagement, 2007
Kübler/Bork/Prütting (Hrsg.)	HRI II – Handbuch Restrukturierung in der Insolvenz, 4. Aufl. 2023 (zit. HRI II)
Kübler/Bork/Prütting (Hrsg.)	HRI I – Handbuch Restrukturierung vor der Insolvenz, 2023 (zit. HRI I)
Kübler/Prütting/Bork/Jacoby (Hrsg.)	InsO-Kommentar zur Insolvenzordnung (Loseblattwerk), Stand: 99. EL März 2024 (zit.: K/P/B)
Küttner	Personalbuch 2024, 31. Aufl. 2024
Lange	D&O-Versicherung und Managerhaftung, 2014
Langenbucher/Bliesener/Spindler	Bankrechts-Kommentar, 3. Aufl. 2020
Langheid/Rixecker	Versicherungsvertragsgesetz: VVG, 7. Aufl. 2022
Langheid/Wandt	Münchener Kommentar zum Versicherungsvertragsgesetz: VVG, Band 1, 3. Aufl. 2022, Band 2, 3. Aufl. 2024
Leupold/Glossner (Hrsg.)	Münchener Anwaltshandbuch IT-Recht, 3. Aufl. 2013
Lüdike/Sistermann	Unternehmenssteuerrecht, 2. Aufl. 2018
Lüke/Mikami/Prütting	Festschrift für Akira Ishikawa zum 70. Geburtstag am 27. November 2001, 2001
Lutter/Hommelhoff	GmbH-Gesetz, 21. Aufl. 2023
Lutter/Krieger/Verse	Rechte und Pflichten des Aufsichtsrats, 7. Aufl. 2020
Mankowski/Müller/J. Schmidt	EuInsVO 2015, Europäische Insolvenzverordnung 2015, 2016 (zit.: M/M/S-Bearbeiter)
Marsch-Barner/Schäfer (Hrsg.)	Handbuch börsennotierte AG, 5. Aufl. 2022
Mathis	Effizienz statt Gerechtigkeit, 2009
Mehrbrey	Handbuch Streitigkeiten beim Unternehmenskauf – M&A Litigation, 2. Aufl. 2021
Meincke/Hannes/Holtz	Erbschaftsteuer- und Schenkungsteuergesetz: ErbStG, 18. Aufl. 2021
Meyer-Sparenberg/Jäckle	Beck'sches M&A-Handbuch, 2. Aufl. 2022 (zit.: BeckHdB M&A)
Michalski/Heidinger/Leible/J. Schmidt	Kommentar zum Gesetz betreffend die Gesellschaften mit beschränkter Haftung (GmbH-Gesetz), 4. Aufl. 2023 (zit.: M/H/L/S)
Mohrbutter/Ringstmeier (Hrsg.)	Handbuch Insolvenzverwaltung, 10. Aufl. 2021
Morgen (Hrsg.)	Präventive Restrukturierung – Kommentar und Handbuch zur Richtlinie über präventive Restrukturierungsrahmen, 2019
Morgen (Hrsg.)	StaRUG – Kommentar zum Gesetz über den Stabilisierungs- und Restrukturierungsrahmen für Unternehmen, 2. Aufl. 2021

Müller-Glöge/Preis/Gallner/ Schmidt (Hrsg.)	Erfurter Kommentar zum Arbeitsrecht, 24. Aufl. 2024 (zit.: ErfK-ArbR)
Musielak/Voit	Zivilprozessordnung (ZPO), mit Gerichtsverfassungsgesetz, 21. Aufl. 2024
Nerlich/Kreplin/Rhode	Münchener Anwaltshandbuch Insolvenz und Sanierung, 4. Aufl. 2023 (zit. MAH InsO)
Nerlich/Römermann (Hrsg.)	Insolvenzordnung (Loseblattwerk), Stand: 03/2023
Niering/Hillebrand	Wege durch die Unternehmenskrise; 5. Aufl. 2022
Noack/Servatius/Haas	Gesetz betreffend die Gesellschaften mit beschränkter Haftung: GmbHG, 23. Aufl. 2022
Obermüller	Insolvenzrecht in der Bankpraxis, 10. Aufl. 2023
Oepen	Massefremde Masse, 1999
Oetker	HGB, 8. Aufl. 2024
Pannen/Riedemann/Smid	Unternehmensstabilisierungs- und -restrukturierungsgesetz (StaRUG), 2021
Paulus/Wimmer-Amend (Hrsg.)	Festschrift für Dr. Klaus Wimmer, 2017
Pohlmann	Befugnisse und Funktionen des vorläufigen Insolvenzverwalters, 1998
Potthoff/Trescher/Theissen	Das Aufsichtsratsmitglied, 6. Aufl. 2003
Preuße/Vogel (Hrsg.)	SchVG, Gesetz über Schuldverschreibungen aus Gesamtemissionen, Kommentar, 2. Aufl. 2023
Prinz/Hoffmann (Hrsg.)	Beck'sches Handbuch der Personengesellschaften, 5. Aufl. 2020
Prölss/Martin	Versicherungsvertragsgesetz, 31. Aufl. 2021
Prütting/Gehrlein	ZPO, 15. Aufl. 2023
Prütting/Vallender	Insolvenzrecht in Wissenschaft und Praxis, Festschrift für Wilhelm Uhlenbruck zum 70. Geburtstag, 2000
Prusko	Gesellschafterstellung in der Insolvenz, 2013
Rattunde (Hrsg.)	Fachberater für Sanierung und Insolvenzverwaltung (DStV e.V.), 2. Aufl. 2012
Rattunde/Smid/Zeuner (Hrsg.)	Insolvenzordnung (InsO), 4. Aufl. 2018
Rattunde/Stark	Der Sachwalter, 2015
Regh/Fanselow/Jakubowski/ Kreplin	Beck'sches Mandats-Handbuch Arbeitsrecht in der Insolvenz, 3. Aufl. 2022
Rendels/Zabel	Insolvenzplan, 2. Aufl. 2015
Reul/Heckschen/Wienberg	Insolvenzrecht in der Gestaltungspraxis, 3. Aufl. 2022
Richardi	Betriebsverfassungsgesetz: BetrVG, 17. Aufl. 2022
Römermann	Münchener Anwaltshandbuch GmbH-Recht, 5. Aufl. 2023 (zit. MAH GmbH-Recht)
Römermann	Insolvenzordnung (InsO) / Insolvenzrecht (InsR), Loseblatt, 48. Aufl. 2024, Stand: 01/2024
Roth/Altmeppen	Gesetz betreffend die Gesellschaften mit beschränkter Haftung (GmbHG), 10. Aufl. 2021
Rotthege/Wassermann	Unternehmenskauf bei der GmbH, 2. Aufl. 2020
Rowedder/Pentz	GmbHG, 7. Aufl. 2022
Säcker/Karpenstein/Ludwigs	Münchener Kommentar zum Wettbewerbsrecht, Band 5: Beihilfenrecht, 4. Aufl. 2022 (zit. MK-WettbR)

Säcker/Rixecker/Oetker/Limperg (Hrsg.)	Münchener Kommentar zum Bürgerlichen Gesetzbuch: BGB; Band 1: Allgemeiner Teil, 9. Aufl. 2021; Band 2: Schuldrecht – Allgemeiner Teil I, 9. Aufl. 2022; Band 3: Schuldrecht – Allgemeiner Teil II, 9. Aufl. 2022; Band 4: Schuldrecht, Besonderer Teil I, 8. Aufl. 2019; Band 7: Schuldrecht – Besonderer Teil IV §§ 705–853, Partnerschaftsgesellschaftsgesetz, Produkthaftungsgesetz, 9. Aufl. 2024
Saenger (Hrsg.)	Zivilprozessordnung: ZPO, 10. Aufl. 2023
Saenger/Inhester (Hrsg.)	GmbHG, 4. Aufl. 2020
Schäfer/Hamann (Hrsg.)	Kapitalmarktgesetze, Loseblattwerk, 2. Aufl. 2006
Schauhoff/Kirchhain (Hrsg.)	Handbuch der Gemeinnützigkeit, 4. Aufl. 2023
Schiessler	Der Insolvenzplan, 1997
Schluck-Amend/Meyding (Hrsg.)	Unternehmenskauf in Krise und Insolvenz, 2012
Schmid	Rechtspflegergesetz, 2012 (zit.: Nomos-BR RPflG)
Schmidt, A. (Hrsg.)	Hamburger Kommentar zum Insolvenzrecht, 10. Aufl. 2024
ders.	EuInsVO, 2. Aufl. 2024
ders.	Sanierungsrecht, 2. Aufl. 2019
ders.	Handbuch der gesellschaftsrechtlichen Haftung in der GmbH-Insolvenz, 2013
ders.	Meilensteine in Zeiten der InsO, Festschrift für Thomas Wehr, 2013
Schmidt, K.	Gesellschaftsrecht, 4. Aufl. 2002
ders.	Insolvenzordnung, 20. Aufl. 2023
ders.	Handelsrecht, 6. Aufl. 2014
Schmidt, K. (Hrsg.)	Münchener Kommentar zum Handelsgesetzbuch: HGB, Band 4, 5. Aufl. 2024
Schmidt, K./Lutter (Hrsg.)	AktG, 5. Aufl. 2024
Schmidt, K./Uhlenbruck	Die GmbH in Krise, Restrukturierung und Insolvenz, 6. Aufl. 2023
Schmidt, L.	Einkommensteuergesetz (EStG), 43. Aufl. 2024
Scholz (Hrsg.)	Kommentar zum GmbH-Gesetz, Bd. 1, 12. Aufl. 2018; Bd. 2, 12. Aufl. 2021
Schwark/Zimmer	Kapitalmarktrechts-Kommentar, 5. Aufl. 2020
Schwintowski	Bankrecht, 6. Aufl. 2022
Seibt	Beck'sches Formularbuch Mergers & Acquisitions, 4. Aufl. 2024
Seibt/Westpfahl	Unternehmensstabilisierungs- und -restrukturierungsgesetz, StaRUG, 2022
Seitz/Finkel/Klimke	D&O-Versicherung, 2016
Skauradszun/Fridgen (Hrsg.)	BeckOK StaRUG, Online-Kommentar, 13. Edition – Stand: 01.07.2024
Smid/Rattunde/Martini	Der Insolvenzplan, 4. Aufl. 2015
Soergel	BGB, 13. Aufl. 2014
Sonnleitner/Witfeld	Insolvenz- und Sanierungssteuerrecht, 2. Aufl. 2022
Specht/Mantz	Handbuch Europäisches und deutsches Datenschutzrecht, 2019
Spindler/Stilz	Aktienrecht, 5. Aufl. 2022
Staub	Handelsgesetzbuch Großkommentar, 5. Aufl. 2008 ff.
Steinwachs/Wallender (Hrsg.)	Der Gläubigerausschuss in der Insolvenz des Firmenkunden, 2014

Straube/Rasche	Arbeitsrechtliche Korruptionsbekämpfung, 2017
Stürner/Eidenmüller/ Schoppmeyer (Hrsg.)	Münchener Kommentar zur Insolvenzordnung, Band 3, 4. Aufl. 2020
Stürner/Eidenmüller/ Schoppmeyer/Madaus	Münchener Kommentar StaRUG, 2023
Theiselmann	Praxishandbuch Restrukturierungsrecht, 5. Aufl. 2024
Thierhoff/Müller (Hrsg.)	Unternehmenssanierung, 3. Aufl. 2021
Thole	Gesellschaftsrechtliche Maßnahmen in der Insolvenz, 2014
Uhlenbruck	Insolvenzordnung: InsO, Bd. 1, 15. Aufl. 2019
ders.	Insolvenzordnung: InsO, Bd. 2: EuInsVO, SanInsKG, StaRUG, 16. Aufl. 2023
Vallender (Hrsg.)	EuInsVO, 2. Aufl. 2020
Vallender/Undritz (Hrsg.)	Praxis des Insolvenzrechts, 3. Aufl. 2022
Veil-Strunk/Salomon/Holst	Übernahmerecht in Praxis und Wissenschaft, 2009
Veranneman	Schuldverschreibungsgesetz: SchVG, Kommentar, 2. Aufl. 2016
Wachter (Hrsg.)	AktG, 4. Aufl. 2022
Westpfahl	Umweltschutz und Insolvenz: Zugleich ein Beitrag zur Rechtsanwendung im Konkurs, 1998
Weyand/Diversy	Insolvenzdelikte: Unternehmenszusammenbruch und Strafrecht, 10. Aufl. 2016
Wilken/Schaumann/Zenker	Anleihen in Restrukturierung und Insolvenz, 2. Aufl. 2017
Wimmer (Hrsg.)	Frankfurter Kommentar zur Insolvenzordnung, 9. Aufl. 2018 (zit.: FK-InsO)
Wimmer/Dauernheim/ Wagner/Gietl (Hrsg.)	Handbuch des Fachanwalts Insolvenzrecht, 8. Aufl. 2018
Wolf/Lindacher/Pfeiffer	AGB-Recht, 7. Aufl. 2020
Wolgast/Grauer	StaRUG online, 3. Aufl. 2022
Wolter (Hrsg.)	SK-StGB, Systematischer Kommentar zum Strafgesetzbuch, 9. Aufl. 2017
Zöller	Zivilprozessordnung, 35. Aufl. 2024
Zöllner/Noack (Hrsg.)	Kölner Kommentar zum Aktiengesetz, 3. Aufl. 2008 ff.

Teil 1: Kommentar StaRUG

Gesetz über den Stabilisierungs- und Restrukturierungsrahmen für Unternehmen (Unternehmensstabilisierungs- und -restrukturierungsgesetz – StaRUG)

vom 22.12.2020 (BGBl. I S. 3256), zuletzt geändert durch Art. 38 des Gesetzes vom 12.07.2024 (BGBl. 2024 I Nr. 234)

Teil 1 Krisenfrüherkennung und Krisenmanagement

Vorbemerkung zu § 1 StaRUG

Übersicht

A. Einführung

Der Teil 1 des StaRUG ist mit »Krisenfrüherkennung und Krisenmanagement« überschrieben. Da der Abschnitt nur aus einer einzigen Norm besteht, die nur Ausschnitte aus diesem Themenkomplex regelt, soll an dieser Stelle eine kurze Einführung zur Unternehmenskrise sowie zur Restrukturierung und Sanierung von Unternehmen außerhalb der Vorschriften der InsO und des StaRUG gegeben werden. Diese sog. »außergerichtliche Sanierung« wird im Detail in Teil 2 beschrieben. 1

B. Krise

Ausgangspunkt der hier zu behandelnden Fragen ist stets eine (drohende) **Unternehmenskrise** (vgl. ausführlich Teil 2 Kapitel 1 Rdn. 7 ff.). Ähnlich wie im allgemeinen Sprachgebrauch bezeichnet »Krise« hier den Höhe- und Wendepunkt einer gefährlichen Entwicklung. Die Ursachen für Unternehmenskrisen sind zahlreich, ebenso die angebotenen Definitionen unterschiedlicher Krisenstadien. Die wichtigste Aufgabe von Unternehmen, Investoren, Gläubigern und sonstigen Beteiligten (Stakeholdern) ist es, die Krise in einem frühen Stadium zu erkennen, um hinsichtlich der Handlungsmöglichkeiten noch aus dem Vollen schöpfen und (außergerichtliche) Restrukturierungs- und Sanierungsmaßnahmen einleiten zu können, die zu einer nachhaltigen Beseitigung der Krisenursachen führen. Je später die Reaktion erfolgt, desto eingeschränkter ist regelmäßig die Auswahl der verfügbaren Restrukturierungs- und Sanierungsinstrumente und desto geringer sind die Erfolgsaussichten von »minimalinvasiven« Maßnahmen, wodurch die zentrale Rolle der Krisenfrüherkennung deutlich wird. 2

C. Außergerichtliche Restrukturierung und Sanierung

Unter »Restrukturierung« und »Sanierung« werden Maßnahmen verstanden, die der **finanziellen Gesundung** eines Krisenunternehmens dienen, es vor dem Zusammenbruch bewahren und wieder ertragsfähig machen (vgl. zur Unterscheidung zwischen operativer und finanzieller Restrukturierung Teil 2 Kapitel 1 Rdn. 10). Neben der Sanierung im Insolvenz(plan)verfahren, der stets eine Insolvenzantragstellung vorangeht, steht Unternehmen in der Krise seit dem 01.01.2021 die Option einer freiwilligen Restrukturierung mithilfe der Instrumente des Stabilisierungs- und Restrukturierungsrahmens des **StaRUG** offen. Von der Einführung einer vorinsolvenzlichen Restrukturierung nach 3 gesetzlichen Vorschriften bleibt jedoch die Möglichkeit unberührt, ein Unternehmen außergerichtlich zu restrukturieren bzw. zu sanieren. Dabei spielen die folgenden Aspekte eine Rolle, die im Anhang vertieft werden.

I. Krisen-Compliance

4 Neben der Fortführung eines gesunden Unternehmens sind die Interessen der Geschäftsleiter regelmäßig in erster Linie darauf gerichtet, Haftungsrisiken zu vermeiden. In diesem Zusammenhang wird »Krisen-Compliance« relevant. Doch nicht nur Geschäftsleiter von Krisenunternehmen sehen sich in Unternehmenskrisen **Haftungsrisiken** ausgesetzt: Auch Mitglieder von Überwachungsorganen, Gesellschafter und Berater haben ihr jeweiliges Pflichtenprogramm zu beachten, um eine Haftung zu vermeiden. Eine ausführliche Darstellung mit Fokus auf die außergerichtliche Sanierung findet sich in Teil 2 Kapitel 2.

II. Sanierungskonzepte

5 Sanierungskonzepte sind die betriebswirtschaftliche Grundlage bei der (außergerichtlichen) Sanierung von Unternehmen. Neben einer eingehenden Prüfung der Erfolgsaussichten der geplanten Sanierung dienen sie vor allem dazu, den Beteiligten »Komfort« hinsichtlich der von ihnen erwarteten Sanierungsbeiträge zu geben und tragen damit letztlich ebenfalls zur Vermeidung von Haftungsrisiken bei. Teil 2 Kapitel 3 enthält eingehende Erläuterungen zur Erstellung und Beurteilung von Sanierungskonzepten nach dem **IDW S 6-Standard**.

III. Maßnahmen zur Bewältigung der Unternehmenskrise/Insolvenzreife

6 Die Unternehmenskrise bzw. eine etwaige Insolvenzreife kann nur erfolgreich beseitigt werden, wenn der Schuldner die für die jeweilige Situation passenden Sanierungsmaßnahmen ergreift. Wie oben erwähnt kann sowohl eine **operative** als auch eine **finanzielle Restrukturierung** des Schuldnerunternehmens erforderlich sein. Den Geschäftsleitern stehen für beide Varianten eine Vielzahl von Reaktionsmöglichkeiten zur Verfügung, aus denen die passenden Maßnahmen auszuwählen und in der auf die jeweilige Situation zugeschnittenen Weise umzusetzen sind. Beispielhaft seien an dieser Stelle nur Maßnahmen zur Reduzierung der (Personal-) Kosten und zur Verbesserung der Liquidität, Zugeständnisse der Finanzierungspartner wie Stillhaltevereinbarungen sowie die Zuführung von Eigenkapital oder neuem Fremdkapital genannt. Diese und weitere Sanierungsmaßnahmen werden in Teil 2 Kapitel 4 dargestellt.

IV. Investorenlösungen und Exit-Strategien

7 Besondere Aufmerksamkeit verdienen auch Transaktionen im Umfeld der Unternehmenskrise. Der Einstieg von Investoren, die bereit sind, die Restrukturierung außerhalb der Insolvenz zu finanzieren, kann auf verschiedene Weise erfolgen. Neben dem klassischen »**Distressed M&A**« kann das Unternehmen, häufig auf Wunsch von Fremdkapitalgebern, die die Fortführung finanzieren, auf einen Treuhänder übertragen und ggf. erst zu einem späteren Zeitpunkt verkauft werden (doppelnützige Treuhand). Beide Varianten werden in Teil 2 Kapitel 5 erläutert.

§ 1 Krisenfrüherkennung und Krisenmanagement bei haftungsbeschränkten Unternehmensträgern

(1) [1]Die Mitglieder des zur Geschäftsführung berufenen Organs einer juristischen Person (Geschäftsleiter) wachen fortlaufend über Entwicklungen, welche den Fortbestand der juristischen Person gefährden können. [2]Erkennen sie solche Entwicklungen, ergreifen sie geeignete Gegenmaßnahmen und erstatten den zur Überwachung der Geschäftsleitung berufenen Organen (Überwachungsorganen) unverzüglich Bericht. [3]Berühren die zu ergreifenden Maßnahmen die Zuständigkeiten anderer Organe, wirken die Geschäftsleiter unverzüglich auf deren Befassung hin.

(2) Bei rechtsfähigen Personengesellschaften im Sinne von § 15a Absatz 1 Satz 3 und Absatz 2 der Insolvenzordnung gilt Absatz 1 entsprechend für die Geschäftsleiter der zur Geschäftsführung berufenen Gesellschafter.

(3) Weitergehende Pflichten, die sich aus anderen Gesetzen ergeben, bleiben unberührt.

Übersicht

A. Entstehungsgeschichte, Normzweck

I. Entstehungsgeschichte

1 Die Vorschrift basiert auf Art. 19 der Richtlinie, der den Mitgliedsstaaten vorgibt, bestimmte Pflichten der Unternehmensleitung bei einer wahrscheinlichen Insolvenz vorzusehen. Der Gesetzgeber wollte diese Vorgaben mit dem ursprünglich aus drei Vorschriften bestehenden Teil 1 »Krisenfrüherkennung und Krisenmanagement« umsetzen.[1] Die §§ 2, 3 StaRUG-RegE, die im Zuge der Beratungen des Regierungsentwurfs im Rechtsausschuss des Bundestages weggefallen sind, sollten ursprünglich die Pflichten bei drohender Zahlungsunfähigkeit regeln und eine Haftung bei Verstößen gegen diese Pflichten vorsehen. Die Regelung in § 1 reicht insbesondere im Hinblick auf die in der Richtlinie vorgesehenen Pflichten bei einer »wahrscheinlichen Insolvenz« und damit auch schon vor Rechtshängigkeit der Restrukturierungssache (§ 31 Abs. 3) für sich genommen nicht aus, um den Anforderungen von Art. 19 der Richtlinie zu genügen.[2] Auch zu diesem Zeitpunkt sind die Geschäftsleiter nach der Richtlinie bereits unter anderem verpflichtet, die Interessen der Gläubiger, Anteilsinhaber und sonstigen Interessenträger gebührend zu berücksichtigen. Nach Streichung der §§ 2, 3 StaRUG-RegE gilt dies jedoch gem. § 43 Abs. 1 Satz 1 nur während der Anhängigkeit der Restrukturierungssache. Abhilfe schafft die **richtlinienkonforme Auslegung**[3] des gesellschaftsrechtlichen Pflichtenprogramms.[4]

2 Die Norm selbst erfuhr während des Gesetzgebungsverfahrens nur eine geringfügige Änderung: Während im Referentenentwurf in Absatz 2 noch die Anwendbarkeit auf Gesellschaften ohne Rechtspersönlichkeit, für deren Verbindlichkeiten keine natürliche Person als unmittelbare oder mittelbare Gesellschafterin haftet, vorgesehen war, findet sich seit dem Regierungsentwurf dort ein Verweis auf § 15a Abs. 1 Satz 3, Abs. 2 InsO. Mit Wirkung vom 01.01.2024 wurde die Formulierung »Gesellschaften ohne Rechtspersönlichkeit« in Absatz 2 durch »rechtsfähigen Personengesellschaften« ersetzt und damit an die Terminologie des zeitgleich in Kraft getretenen MoPeG angepasst.

1 BT-Drucks. 19/24181, S. 103.

2 BeckOK-*Mock*, StaRUG, § 1 Rn. 1.3; *Kuntz*, ZIP 2021, 597, 610; *Guntermann*, WM 2021, 214, 221; *Jungmann*, ZRI 2021, 209, 212 f.; *Eckert/Holze/Ippen*, NZI 2021, 153, 156 f.; *Tresselt/Glöckler*, NWB Sanieren 2021, 109, 110; a.A. Flöther-*Goetker*, StaRUG, § 1 Rn. 8 und wohl *Scholz*, ZIP 2021, 219, 220 u. 229.

3 Zur dahingehenden Pflicht der Mitgliedsstaaten statt aller Grabitz/Hilf/Nettesheim-*Nettesheim*, Das Recht der Europäischen Union, Art. 288 AEUV Rn. 133 m.w.N.

4 Dazu ausführlich *Tresselt/Glöckler*, NWB Sanieren 2021, 109, 111; ähnlich *Guntermann*, WM 2021, 214, 221, die auf § 43 Abs. 1 GmbHG, § 93 Abs. 1 Satz 1 AktG abstellt; für eine analoge Anwendung von § 43 StaRUG *Kuntz*, ZIP 2021, 597, 610; a.A. Seibt/Westpfahl-*Seibt*, StaRUG, § 1 Rn. 9; Flöther-*Goetker*, StaRUG, § 1 Rn. 8.

II. Normzweck

3 Mit § 1 will der Gesetzgeber eine allgemeine und rechtsformübergreifende Regelung zu **Krisenfrüherkennungs- und -reaktionspflichten** der Geschäftsleiter haftungsbeschränkter Rechtsträger im Gesetz verankern, wobei diese Pflichten nach seiner Auffassung bereits dem geltenden Recht entnommen werden können.[5] Es soll daher in erster Linie das geltende Recht im Interesse der **Rechtsklarheit** einer positiven Regelung zugeführt werden.[6] Zugleich zeigt die Norm aber auch ausdrücklich einen Mindeststandard hinsichtlich Krisenfrüherkennung und Krisenreaktion auf, den die Geschäftsleiter haftungsbeschränkter Gesellschaften in jedem Fall zu beachten haben (wobei weitergehende Anforderungen aus anderen Normen nach Absatz 3 ausdrücklich unberührt bleiben, vgl. Rdn. 18).[7]

B. Absatz 1

I. Krisenfrüherkennung

4 Absatz 1 Satz 1 verpflichtet die Geschäftsleiter, fortlaufend über Entwicklungen zu wachen, welche den Fortbestand der juristischen Person gefährden können, zu deren Geschäftsführung sie berufen sind.

5 **Adressaten** der Krisenfrüherkennungspflicht sind nach der Gesetzesbegründung nur die Mitglieder des jeweiligen vertretungsberechtigten Organs, also bei der GmbH die Geschäftsführer und bei der AG die Mitglieder des Vorstands. Damit ist etwa bei der GmbH die Gesellschafterversammlung, die zwar zu bestimmten Geschäftsführungsentscheidungen berufen, jedoch nicht vertretungsberechtigt ist, nicht zur Krisenfrüherkennung verpflichtet.[8] Bei der dualistischen SE sind die Mitglieder des Leitungsorgans vertretungsberechtigt und daher Normadressaten, bei der monistischen SE die geschäftsführenden Direktoren.

5a Für die Adressaten handelt es sich um eine Hauptpflicht, der dauerhaft nachzukommen ist.[9] Besteht das zuständige Organ aus mehreren Personen, gilt der Grundsatz der Gesamtverantwortung,[10] so dass zunächst sämtliche Mitglieder Adressaten der Pflichten aus Absatz 1 Satz 1 sind.[11] Auch wenn die in der Rechtsprechung entwickelten Standards zu Ressortverantwortung und Delegation von Entscheidungen innerhalb des Leitungsorgans[12] (jedenfalls für die GmbH) grundsätzlich anwendbar sein mögen,[13] dürfte eine Enthaftung einzelner Geschäftsleiter mit Verweis auf die Zuweisung der Pflichten nach Absatz 1 Satz 1 zu einem anderen Ressort aufgrund der für eine sachgerechte Aufgabenerfüllung erforderlichen engen Zusammenarbeit innerhalb des Leitungsorgans regelmäßig

---

5 BT-Drucks. 19/24181, S. 103; MK-*Schmidt*, StaRUG, § 1 Rn. 9.

6 BT-Drucks. 19/24181, S. 103; ebenso *Desch*, BB 2020, 2498, 2500; *Gehrlein*, BB 2021, 66, 67.

7 MK-*Schmidt*, StaRUG, § 1 Rn. 9; ausführlich zur Begründung eigenständiger Pflichten *Skauradszun/Amort*, DB 2021, 1317, 1318 ff.; gegen eine pflichtenbegründende Funktion von § 1 StaRUG *Schäfer*, FS Gehrlein, S. 491, 501 f.

8 BT-Drucks. 19/24181, S. 104.

9 *Skauradszun/Amort*, DB 2021, 1317, 1318.

10 Vgl. für die GmbH BGH, Urt. v. 15.10.1996 – VI ZR 319/95, NJW 1997, 130, 131 f.; für die AG Marsch-Barner/Schäfer-*Arnold*, Handbuch börsennotierte AG, § 23 Rn. 23.41 und Hommelhoff/Hopt/Leyens-*Henning/Lieder*, Unternehmensführung durch Vorstand und Aufsichtsrat, § 12 Rn. 30 je m.w.N.

11 Seibt/Westpfahl-*Seibt*, StaRUG, § 1 Rn. 20; Uhlenbruck-*Hirte*, InsO, § 12 Rn. 12; Flöther-*Goetker*, StaRUG, § 1 Rn. 28.

12 Im Kontext insolvenzrechtlicher Zahlungsverbote für die GmbH zuletzt BGH, Urt. v. 06.11.2018 – II ZR 11/17, NZG 2019, 225; für die AG etwa Krieger/Uwe H. Schneider-*Krieger*, Handbuch Managerhaftung, § 4 Rn. 4.16 ff.

13 Seibt/Westpfahl-*Seibt*, StaRUG, § 1 Rn. 20; Jacoby/Thole-*Thole*, StaRUG, § 1 Rn. 9; Flöther-*Goetker*, StaRUG, § 1 Rn. 28; wohl zutreffend gegen die Anwendbarkeit bei der AG *Nickert/Nickert*, GmbHR 2021, 401, 405.

ausscheiden.[14] Geschäftsleiter ausländischer juristischer Personen fallen nicht in den Anwendungsbereich der Norm, da sie gesellschaftsrechtliche Pflichten betrifft und somit nur anwendbar ist, wenn Gesellschaftsstatut deutsches Recht ist.[15]

Eine **Gefährdung des Fortbestands** der juristischen Person i.S.v. Absatz 1 Satz 1 liegt angesichts der 5b
Auflösung der Gesellschaft mit Eröffnung des Insolvenzverfahrens (vgl. § 60 Abs. 1 Nr. 4 GmbHG, § 262 Abs. 1 Nr. 3 AktG) jedenfalls dann vor, wenn das Eintreten eines Pflicht-Insolvenzgrundes, also der Zahlungsunfähigkeit (§ 17 InsO) oder Überschuldung (§ 19 InsO), zu erwarten ist.[16] Auch bei Eintritt der drohenden Zahlungsunfähigkeit (§ 18 InsO) ist jedoch bereits von einer Bestandsgefährdung im Sinne der Vorschrift auszugehen:[17] § 1 dient der Umsetzung von Art. 19 der Richtlinie, der Vorgaben für Geschäftsleiterpflichten bei »wahrscheinlicher Insolvenz« macht. Der StaRUG-Gesetzgeber hat sich entschlossen, als Anknüpfungspunkt für den Begriff der »wahrscheinlichen Insolvenz« im nationalen Recht die drohende Zahlungsunfähigkeit zu verwenden. Zudem baut das StaRUG insgesamt – etwa um die Möglichkeit zu rechtfertigen, in Gesellschafterrechte einzugreifen – auf der Annahme auf, dass mit Eintritt der drohenden Zahlungsfähigkeit die vollständige Befriedigung der Gläubiger gefährdet ist.[18] Die Folgen daraus sind untrennbar mit dem Bestand der Gesellschaft verbunden. Im Zuge der Krisenfrüherkennungspflicht sind die Geschäftsleiter folglich verpflichtet, fortlaufend nach Entwicklungen Ausschau zu halten, die zum Eintreten von Zahlungsunfähigkeit, drohender Zahlungsunfähigkeit oder Überschuldung führen können. Diese Pflicht gilt unabhängig davon, ob die Geschäftsleiter beabsichtigen, Instrumente des Stabilisierungs- und Restrukturierungsrahmens i.S.v. § 29 in Anspruch zu nehmen.[19]

Die Gesetzesbegründung stellt zunächst klar, dass die konkrete Ausformung und Reichweite dieser 6
Pflicht von Größe, Branche, Struktur und Rechtsform des jeweiligen Unternehmens abhängt und die Statuierung einer allgemeinen, rechtsformübergreifenden Pflicht zur Risikoüberwachung nicht dazu führen soll, kleineren Unternehmen übermäßige Organisationspflichten aufzuerlegen.[20] Etwas widersprüchlich wird dann darauf abgestellt, dass sich der Gesetzgeber von der Erkenntnis leiten lasse, dass die überschaubaren Verhältnisse bei kleinen Unternehmen es erlauben, den Risikoüberwachungsgeboten auch ohne größere organisatorische Vorkehrungen gerecht zu werden, die kleine Unternehmen überfordern würden.[21] Das lässt offen, ob die nach Absatz 1 Satz 1 notwendigen Maßnahmen kleinere Unternehmen überfordern würden und sie daher nicht in dem eigentlich erforderlichen Umfang angeordnet werden sollen oder ob aufgrund der Gegebenheiten bei kleineren Unternehmen eine Krisenfrüherkennung, die den Anforderungen der Vorschrift genügt, mit vertretbarem Aufwand realisiert werden kann. Gemeint sein dürfte Letzteres. Als **»Mindeststandard«** sieht die Gesetzesbegründung vor, dass die Geschäftsleiter die Verhältnisse des Unternehmensträgers und die Entwicklungen, die für die Tätigkeit des Unternehmens relevant sind, laufend daraufhin beobachten und überprüfen, ob sie das Potenzial haben, bei ungehindertem Fortgang den Fortbestand des Unternehmens zu gefährden.[22] Diesen Mindeststandard zu erfüllen, dürfte nicht zuletzt erforderlich sein, um bei später ergriffenen Maßnahmen belegen zu können, dass der Geschäftsleiter vernünftigerweise annehmen durfte, auf Grundlage angemessener Informationen zu handeln – nur

14 Im Ergebnis ebenso Flöther-*Goetker*, StaRUG, § 1 Rn. 28.

15 MK-*Schmidt*, StaRUG, § 1 Rn. 34; Seibt/Westpfahl-*Seibt*, StaRUG, § 1 Rn. 15; Uhlenbruck-*Hirte*, StaRUG, § 1 Rn. 9; Jacoby/Thole-*Thole*, StaRUG, § 1 Rn. 6; Flöther-*Goetker*, StaRUG, § 1 Rn. 23; a.A. wohl BeckOK-*Mock*, StaRUG, § 1 Rn. 23.

16 Ebenso BeckOK-*Mock*, StaRUG, § 1 Rn. 32.

17 Vgl. zu Absatz 1 Satz 2 bereits *Tresselt/Glöckler*, NWB Sanieren 2021, 80, 85; ausführlich zum Folgenden *Skauradszun/Amort*, DB 2021, 1317, 1319.

18 BT-Drucks. 19/24181, S. 86.

19 Seibt/Westpfahl-*Seibt*, StaRUG, § 1 Rn. 2; Flöther-*Goetker*, StaRUG, § 1 Rn. 10.

20 BT-Drucks. 19/24181, S. 104; vgl. auch *Schülke*, DStR 2021, 621, 622, der vermutet, dass die bisherige Rechtslage für den Mittelstand eher »law in the books« war.

21 BT-Drucks. 19/24181, S. 104.

22 BT-Drucks. 19/24181, S. 104.

dann können die Haftungsprivilegierungen der Business Judgement Rule in Anspruch genommen werden.[23] Bei größeren Unternehmen kann der Prüfungsstandard für Risikofrüherkennungssysteme (IDW PS 340) als Anhaltspunkt dienen.[24]

7 Für Aktiengesellschaften ändert sich durch die Einführung von Absatz 1 Satz 1 nichts an dem in § 91 Abs. 2 AktG festgeschriebenen Pflichtenprogramm. Für das Recht der GmbH gilt – auch wenn eine ausdrückliche Regelung bisher fehlte – das Gleiche (vgl. hierzu Teil 2 Kapitel 2 Rdn. 18): Nach der Gesetzesbegründung zum KonTraG sollte in das GmbHG keine entsprechende Regelung aufgenommen werden, da davon auszugehen sei, dass für Gesellschaften mit beschränkter Haftung je nach Größe, Komplexität ihrer Struktur usw. nichts anderes gelte und die Regelung in § 91 Abs. 2 AktG Ausstrahlungswirkungen auf den Pflichtenrahmen der Geschäftsführer anderer Gesellschaftsformen habe.[25] Es war daraufhin umstritten, ob es unabhängig von Rechtsform und Größe der GmbH erforderlich ist, ein Überwachungssystem einzurichten,[26] oder ob es genügt, vom Risikoprofil des Unternehmens abhängige, wirksame Maßnahmen zu treffen, um den Fortbestand der Gesellschaft gefährdende Entwicklungen früh zu erkennen.[27] Nachdem § 1 Abs. 1 nur verlangt, dass die Geschäftsleiter fortlaufend über Entwicklungen wachen, die den Fortbestand der juristischen Person gefährden, und von einem Überwachungssystem nicht die Rede ist, spricht einiges dafür, vom Risikoprofil des jeweiligen Unternehmens abhängige, wirksame Maßnahmen hierfür genügen zu lassen.[28] Damit ist natürlich nicht gesagt, dass die Etablierung eines Früherkennungssystems auch bei kleinen und mittelgroßen Gesellschaften nicht wünschenswert ist. Ein im jeweiligen Unternehmen fest verankertes **Frühwarnsystem** bietet eine Vielzahl von Vorteilen.[29] Gleichwohl sollte man keine überspannten Anforderungen an die Struktur stellen, die die Effektivität der Aufgabenerfüllung in den Hintergrund treten lassen. Die Maßnahmen zur Krisenfrüherkennung haben grundsätzlich rechtsträgerbezogen zu erfolgen.[30] Risiken auf Ebene eines verbundenen Unternehmens, die auf die Muttergesellschaft durchschlagen können und von denen die Geschäftsleiter im Rahmen der gesellschaftsrechtlichen Einwirkungsmöglichkeiten und Informationsflüsse Kenntnis erlangen können, sind gleichwohl zu berücksichtigen.[31]

8 Insgesamt dürften die Unterschiede zwischen der Rechtslage bei AG und GmbH aber in erster Linie begrifflicher Natur sein: Auch für das Recht der AG ist anerkannt, dass die Anforderungen von den Besonderheiten des betroffenen Unternehmens abhängen und im Einzelfall unter Beachtung des unternehmerischen Ermessensspielraums des Vorstands bestimmt werden.[32] Bei den übrigen Gesellschaftsformen legt das Gesetz – nunmehr das StaRUG – lediglich fest, dass Maßnahmen ergriffen werden müssen, überlässt deren Ausgestaltung jedoch den Geschäftsleitern.[33] Eine besondere Bedeutung kommt in diesem Zusammenhang der laufenden Prüfung der Vermögens-, Ertrags- und

23 *Krüger*, Insolvenzbezogene Pflichten von Unternehmensleitung und Beratern nach sog. Restrukturierungsrichtlinie RL (EU) 2019/1023 und dem StaRUG, S. 275; *Gleißner/Nickert/Nickert*, DB 2023, 1489, 1493; zu den Anforderungen *Bea/Dressler*, NZI 2021, 67, 69 ff.

24 Seibt/Westpfahl-*Seibt*, StaRUG, § 1 Rn. 22; Flöther-*Goetker*, StaRUG, § 1 Rn. 35; Kübler/Bork/Prütting-*Nickert*, HRI I, § 5 Rn. 17.

25 BT-Drucks. 13/9712, S. 15.

26 Habersack/Casper/Löbbe-*Paefgen*, GmbHG, § 43 Rn. 60; M/H/L/S-*Ziemons*, GmbHG, § 43 Rn. 168 ff.

27 MK-GmbHG/*Fleischer*, § 43 Rn. 73; Lutter/Hommelhoff-*Kleindiek*, GmbHG, § 43 Rn. 31; *Bork*, ZIP 2011, 101, 105; zu Differenzierungskriterien *Merkt*, ZIP 2014, 1705, 1708 ff.

28 So auch *Scholz*, ZIP 2021, 219, 229; a.A. wohl *Nickert/Nickert*, DStR 2021, 883, 884 f.

29 Vgl. ausführlich *Nickert/Nickert*, GmbHR 2021, 401, 402 ff.

30 Jacoby/Thole-*Thole*, StaRUG, § 1 Rn. 18.

31 Flöther-*Goetker*, StaRUG, § 1 Rn. 32; Jacoby/Thole-*Thole*, StaRUG, § 1 Rn. 18; Hommelhoff/Hopt/Leyens-*Thole*, Unternehmensführung durch Vorstand und Aufsichtsrat, § 48 Rn. 33.

32 K. Schmidt/Lutter-*Sailer-Coceani*, AktG, § 91 Rn. 12; MK-AktG/*Spindler*, § 91 Rn. 30, je m.w.N.

33 *Scholz*, ZIP 2021, 219, 229 (»erhebliche[r] Beurteilungsspielraum bei der konkreten Umsetzung der Risikoüberwachung«); *Brünkmans*, ZInsO 2021, 1, 2; *Hoffmann*, WM 2021, 429, 430; ähnlich *Seibt/Bulgrin*, DB 2020, 2226, 2229, die jedoch offenbar von der Notwendigkeit eines Überwachungssystems ausgehen.

Finanzlage zu, wobei die Prüfung der Finanzlage insbesondere durch die Aufstellung einer Liquiditätsplanung nach insolvenzrechtlichen Grundsätzen[34] erfolgt. Die Aufstellung einer rollierenden 13 Wochen-Liquiditätsplanung stellt den Mindeststandard dar; die Erstreckung der Planung auf einen Zeitraum von zwölf Monaten (Prognosezeitraum für die Überschuldungsprüfung nach § 19 InsO) bzw. mindestens 24 Monate (Betrachtungszeitraum für das Vorliegen von drohender Zahlungsunfähigkeit) hingegen dürfte aufgrund des damit verbundenen Aufwands zumindest bei kleinen und mittleren Unternehmen nur verlangt werden können, wenn es jedenfalls erste Anzeichen für Krisenindikatoren gibt.[35] In jedem Fall empfiehlt es sich, die ergriffenen Maßnahmen zur Krisenfrüherkennung sorgfältig und fortlaufend zu **dokumentieren**, um die Erfüllung der entsprechenden gesetzlichen Pflichten im Streitfall nachweisen zu können.[36]

II. Krisenmanagement

Aus Absatz 1 Satz 2 und 3 ergeben sich verschiedene **Handlungs- und Benachrichtigungspflichten** 9
der Geschäftsleiter, wenn diese bestandsgefährdende Entwicklungen erkennen.

1. Ergreifen von Gegenmaßnahmen

Geschäftsleiter müssen, wenn sie bestandsgefährdende Entwicklungen erkennen, nach Absatz 1 10
Satz 2 geeignete Gegenmaßnahmen ergreifen. Hinsichtlich Auswahl und Durchführung der Gegenmaßnahmen steht den Geschäftsleitern nach der Gesetzesbegründung ein **Beurteilungsspielraum** zu, den sie nach Maßgabe der jeweiligen spezialgesetzlichen Regelungen für Maßnahmen der Geschäftsleitung auszufüllen haben.[37] Damit verweist das Gesetz – in Einklang mit der Prämisse, keine zusätzlichen Pflichten zu begründen – auf die bestehende Rechtslage, nach der das geschäftsführende Gesellschaftsorgan zur Unternehmenssanierung verpflichtet ist (vgl. Teil 2 Kapitel 2 Rdn. 23 ff.). Während die Frage nach dem »Ob« eindeutig beantwortet werden kann, steht den Geschäftsleitern hinsichtlich des »Wie«, also bezüglich der Auswahl der zu treffenden Gegenmaßnahmen und deren Durchführung, ein Beurteilungsspielraum zu (zu möglichen Maßnahmen vgl. Teil 2 Kapitel 4).[38] Sie können ihr unternehmerisches Ermessen ausüben, so dass sie durch die Business Judgement Rule geschützt sind.[39] Die Maßnahmen müssen aber jedenfalls »geeignet« sein, das Ziel – also die Abwendung der Bestandsgefährdung – zu erreichen. Wann Maßnahmen als geeignet i.S.v. Abs. 1 Satz 2 anzusehen sind, ergibt sich aus den Gesetzesmaterialien nicht. Die Auffassung der h.M. zu den Anforderungen an die Geeignetheit i.S.v. § 91 Abs. 2 AktG, der am nächsten mit § 1 »verwandt« sein dürfte, lässt sich jedenfalls nicht unbesehen übertragen, da dort Maßnahmen zur Früherkennung bestandsgefährdender Entwicklungen geeignet sein müssen, nicht Maßnahmen zur Abwendung der Bestandsgefährdung. Im Zusammenhang mit § 91 Abs. 2 AktG ist anerkannt, dass die Maßnahmen geeignet sind, wenn nach der Erfahrung eines ordentlichen und sorgfältigen Geschäftsleiters davon ausgegangen werden kann, dass der Vorstand die erforderlichen Informationen rechtzeitig erhält.[40] Damit wird eine Organisationspflicht begründet, nicht aber eine Erfolgs-

34 Übersicht über die Anforderungen an eine taugliche Liquiditätsplanung bei *Reifeld*, NZI-Beilage 2023, 12, 13 f.

35 Seibt/Westpfahl-*Seibt*, StaRUG, § 1 Rn. 25; Flöther-*Goetker*, StaRUG, § 1 Rn. 37; Jacoby/Thole-*Thole*, StaRUG, § 1 Rn. 15; *Brünkmans*, ZInsO 2021, 1, 2; für die 24 Monats-Liquiditätsplanung als Mindestanforderung *Brinkmann*, KTS 2021, 303, 310 u. *Bea/Dressler*, NZI 2021, 67, 70; einen noch weiterreichenden Beobachtungshorizont schlägt Kübler/Bork/Prütting-*Nickert*, HRI I, § 5 Rn. 45 ff. vor.

36 BeckOK-*Mock*, StaRUG, § 1 Rn. 39; *Kranzfelder/Ressmann*, ZInsO 2021, 191, 192.

37 BT-Drucks. 19/24181, S. 104.

38 Seibt/Westpfahl-*Seibt*, StaRUG, § 1 Rn. 29; *Seibt/Bulgrin*, DB 2020, 2226, 2229; *Scholz*, ZIP 2021, 219, 229.

39 BeckOK-*Mock*, StaRUG, § 1 Rn. 54; Seibt/Westpfahl-*Seibt*, StaRUG, § 1 Rn. 31; MK-*Schmidt*, StaRUG, § 1 Rn. 46.

40 Hirte/Mülbert/Roth-*Kort*, AktG, § 91 Rn. 46; K. Schmidt/Lutter-*Sailer-Coceani*, AktG, § 91 Rn. 12; Koch-*Koch*, AktG, § 91 Rn. 9.

haftung dergestalt, dass die Maßnahmen den Anforderungen (ex post) nur genügen, wenn der Vorstand die erforderlichen Informationen tatsächlich rechtzeitig erhalten hat. Überträgt man diese Erwägungen auf die Pflicht in § 1 Abs. 1 Satz 2, geeignete Gegenmaßnahmen zu ergreifen, wird man lediglich verlangen können, dass die Gegenmaßnahmen sich grundsätzlich zur Abwendung der Bestandsgefährdung **eignen**, nicht aber, dass die Bestandsgefährdung durch ihr Ergreifen tatsächlich erfolgreich abgewendet wird.[41] Höhere Anforderungen wären angesichts der zahlreichen Faktoren, die bei der Abwendung der Bestandsgefährdung des Unternehmens eine Rolle spielen und die sich nur teilweise im Einflussbereich der Geschäftsleiter befinden, nicht sachgerecht. Das steht auch im Einklang damit, wie das Kriterium der Geeignetheit an anderen Stellen der Rechtsordnung interpretiert wird.[42]

10a Die Inanspruchnahme von Instrumenten des StaRUG, insbesondere die Anzeige eines Restrukturierungsvorhabens nach § 31 StaRUG, ist regelmäßig eine von mehreren möglichen Gegenmaßnahmen.[43] Gerade in einem eher frühen Krisenstadium dürften regelmäßig noch genügend andere denkbare Gegenmaßnahmen zur Verfügung stehen, so dass sich das Ermessen der Geschäftsleiter jedenfalls anfangs noch nicht auf die zwingende Durchführung eines StaRUG-Verfahrens verdichtet haben wird. Im weiteren Verlauf der Krise mag es jedoch zu Situationen kommen, in denen – etwa aufgrund einzelner Holdout-Gläubiger, deren Verweigerungshaltung eine einvernehmliche, außergerichtliche Lösung unmöglich machen – die gerichtliche Bestätigung eines Restrukturierungsplans die einzige erfolgversprechende Möglichkeit der Vermeidung eines Insolvenzantrags ist. Weil sich solche Situationen häufig dynamisch entwickeln und möglicherweise, wenn Klarheit besteht, nicht mehr genügend Zeit zur Verfügung steht, um ein StaRUG-Verfahren vorzubereiten, gehört es zur Krisenmanagementpflicht der Geschäftsleiter, frühzeitig mit der Vorbereitung von »Plan B«-Maßnahmen zu beginnen. Das kann den Auftrag an ihre Berater umfassen, noch während aussichtsreiche Verhandlungen über eine außergerichtliche Sanierung geführt werden, im Hintergrund bereits ein gerichtliches Verfahren vorzubereiten.

2. Berichts- und Befassungspflichten

11 Zusätzlich zur Pflicht, Gegenmaßnahmen zu ergreifen, regelt Absatz 1 Berichts- und Befassungspflichten der Geschäftsleiter.

a) Berichtspflicht, Absatz 1 Satz 2

12 Absatz 1 Satz 2 sieht neben der Pflicht zur Ergreifung von geeigneten Gegenmaßnahmen eine Verpflichtung der Geschäftsleiter vor, den zu ihrer Überwachung berufenen Organen (Überwachungsorganen) unverzüglich Bericht zu erstatten. Welche Organe als **Überwachungsorgane** im Sinne der Vorschrift anzusehen sind, ist weder der Vorschrift selbst noch der Gesetzesbegründung zu entnehmen. Richtigerweise wird man darauf abzustellen haben, ob ein Organ nach dem Gesetz oder der Satzung der Gesellschaft zur fortlaufenden Überwachung der Geschäftsleiter berufen ist und nicht lediglich vereinzelte Kompetenzen auf diesem Gebiet hat.[44] Der Aufsichtsrat einer Aktiengesellschaft hat gem. § 111 Abs. 1 AktG die Gesellschaft zu überwachen und ist damit das Paradebeispiel für ein Überwachungsorgan i.S.v. Satz 2, ebenso der fakultative Aufsichtsrat einer GmbH (§ 52 Abs. 1 GmbHG) oder ein aus mitbestimmungsrechtlichen Gründen zu bestellender Aufsichtsrat einer GmbH. In Betracht kommt, wenn dessen Rolle eher überwachend als beratend ausgestaltet

---

41 So aber wohl BeckOK-*Mock*, StaRUG, § 1 Rn. 53, der verlangt, dass die Maßnahmen die Gefährdung des Fortbestands der juristischen Person beseitigen müssen.

42 In der Rechtsprechung des BVerfG ist etwa anerkannt, dass ein Mittel bereits dann im verfassungsrechtlichen Sinne geeignet ist, wenn mit seiner Hilfe der gewünschte Erfolg gefördert werden kann, wobei die Möglichkeit der Zweckerreichung genügt (vgl. aus der jüngeren Rechtsprechung etwa BVerfG, Beschl. v. 23.10.2013 – 1 BvR 1842/11, 1 BvR 1843/11, NJW 2014, 46, 48).

43 Uhlenbruck-*Hirte*, StaRUG, § 1 Rn. 20; Flöther-*Goetker*, StaRUG, § 1 Rn. 50.

44 *Scholz*, ZIP 2021, 219, 230.

ist, bei der GmbH zudem ein Beirat. Etwas anderes gilt für die Hauptversammlung einer Aktiengesellschaft, deren Kompetenz in diesem Bereich gegenständlich beschränkt ist; sie ist lediglich zur Entscheidung über die Geltendmachung von Ersatzansprüchen (§ 147 Abs. 1 Satz 1 AktG) berufen. Gleiches gilt für die Gesellschafterversammlung bei der GmbH, die nach § 46 Nr. 6 GmbHG Maßregeln zur Prüfung und Überwachung der Geschäftsführung bestimmt. Für diese Zweiteilung spricht auch ein systematisches Argument: Der Gesetzgeber hat in Satz 2 die Pflicht zur Berichterstattung an Überwachungsorgane geregelt und in Satz 3 eine eigenständige Pflicht zur Befassung anderer Organe vorgesehen, die nur eingreift, wenn die durch die Geschäftsleitung zu ergreifenden Maßnahmen deren Zuständigkeit berühren. Würde die Gesellschafterversammlung bzw. die Hauptversammlung unter Satz 2 fallen, verbliebe kaum ein sinnvoller Anwendungsbereich für Satz 3. Hinzu kommt schließlich, dass die Gesellschafterversammlung in der Gesetzesbegründung ausdrücklich als Beispiel für ein anderes Organ i.S.v. Satz 3 genannt wird.[45] Insgesamt spricht also einiges dafür, diese nicht als Überwachungsorgan i.S.v. Satz 2 zu klassifizieren.

Das Gesetz trifft keine Aussage dazu, wie genau die Berichterstattung ausgestaltet sein muss, um den Anforderungen zu genügen. Für die Beurteilung dürfte es entscheidend darauf ankommen, ob das Überwachungsorgan seinen Aufgaben auf Grundlage der ihm zur Verfügung gestellten Informationen nachkommen kann.[46] 13

b) Befassungspflicht, Absatz 1 Satz 3

Daneben ergibt sich eine Verpflichtung der Geschäftsleiter, unverzüglich auf die Befassung anderer Organe hinzuwirken, sofern die zu ergreifenden Maßnahmen deren **Zuständigkeit** berühren (Absatz 1 Satz 3).[47] Als Beispiel für ein derartiges Organ nennt die Gesetzesbegründung die Gesellschafterversammlung (§ 48 GmbHG).[48] Daneben kommen bei der Aktiengesellschaft die Hauptversammlung (§§ 118 ff. AktG), bei der Genossenschaft die Generalversammlung (§ 43 GenG) und beim Verein die Mitgliederversammlung (§ 32 BGB) in Betracht.[49] Die Geschäftsleiter müssen diese Organe nach § 1 Abs. 3 erst einbinden, wenn die zu ergreifenden Maßnahmen deren Zuständigkeiten berühren. Das ist zunächst als Verweis auf gesetzliche Vorschriften zu verstehen, die die Zuständigkeit dieser Organe regeln, also etwa § 46 GmbHG oder § 119 AktG.[50] Neben den gesetzlichen Zuständigkeiten können auch durch Gesellschaftsvertrag bzw. Satzung begründete Zuständigkeiten eine Befassungspflicht auslösen. Bereits existierende gesetzliche Pflichten, die genannten Organe unabhängig von etwaigen zu ergreifenden Maßnahmen einzuberufen, bleiben nach § 1 Abs. 3 unberührt. In diesem Zusammenhang ist etwa an die Pflicht zur Einberufung bei einem Verlust in Höhe der Hälfte des Stammkapitals (§ 49 Abs. 3 GmbHG) bzw. des Grundkapitals (§ 92 AktG) zu denken.[51] 14

C. Absatz 2

Durch den Verweis auf § 15a Abs. 1 Satz 2, Abs. 2 InsO wird sichergestellt, dass die Pflichten aus § 1 sich nicht lediglich auf juristische Personen beschränken, sondern für sämtliche Gesellschaften gelten, die nicht über natürliche Personen als persönlich haftende Gesellschafter verfügen und daher verpflichtet sind, Insolvenzanträge zu stellen. Typischer Anwendungsfall ist die **GmbH & Co. KG**, 15

45 BT-Drucks. 19/24181, S. 104.

46 *Hoffmann*, WM 2021, 429, 431; zu § 90 AktG etwa K. Schmidt/Lutter-*Sailer-Coceani*, AktG, § 90 Rn. 52; *Ihrig/Schäfer*, Rechte und Pflichten des Vorstands, Rn. 882; *Hasselbach*, NZG 2012, 41, 42.

47 Kritisch zu der Differenzierung zwischen Überwachungsorganen in Satz 2 und anderen Organen in Satz 3 *Jungmann*, ZRI 2021, 209, 214.

48 BT-Drucks. 19/24181, S. 104.

49 *Scholz*, ZIP 2021, 219, 230.

50 Praxisrelevantes Beispiel von *Brünkmans*, ZInsO 2021, 1, 3: Kapitalerhöhung, die allein über das genehmigte Kapital nicht umgesetzt werden kann (§§ 55 ff. GmbHG, §§ 119 Abs. 1 Nr. 7, 182 ff. AktG).

51 *Scholz*, ZIP 2021, 219, 230.

bei der die Geschäftsführer der Komplementär-GmbH Adressaten des Pflichtenprogramms in § 1 Abs. 1 sind.[52] Ergeben sich in diesem Fall aus der doppelten Verpflichtung der Geschäftsleiter – einmal als Geschäftsleiter der Komplementär-GmbH und einmal als Geschäftsleiter der GmbH & Co. KG – Zielkonflikte, wird man angesichts dessen, dass die Komplementär-GmbH nur ein Teil der GmbH & Co. KG ist, den Vorrang von deren Interessen anzunehmen haben.[53]

16 Von Absatz 1 nicht erfasst und auch über Absatz 2 nicht einbezogen werden die Geschäftsleiter von Unternehmen nicht haftungsbeschränkter Unternehmensträger. Darauf hat der Gesetzgeber – im Einklang mit der Richtlinie – bewusst verzichtet, um der im geltenden Recht angelegten, sich auf die Steuerungs- und Anreizwirkung der persönlichen Haftung stützenden Unterscheidung zwischen haftungsbeschränkten und nicht haftungsbeschränkten Unternehmensträgern Rechnung zu tragen.[54]

17 Da der Verweis auf § 15a Abs. 1 Satz 3 und Abs. 2 ausdrücklich zur Ausfüllung der Definition des Begriffs der »rechtsfähigen Personengesellschaft« dient, kommt die Übernahme anderer Konzepte aus § 15a InsO (insbesondere der Übergang der Antragspflicht bei Führungslosigkeit, § 15a Abs. 4 InsO) nicht in Betracht.

D. Absatz 3

18 Absatz 3 stellt klar, dass die Pflichten der Geschäftsleiter und Überwachungsorgane in § 1 nicht abschließend geregelt werden.[55] Die Begründung zum Regierungsentwurf nennt insbesondere §§ 91 Abs. 2, 92 Abs. 1 AktG, § 49 Abs. 3 GmbHG, §§ 15a ff. InsO sowie aufsichtsrechtliche Spezialvorschriften in KWG, VAG und KABG (vgl. zu den Pflichten aus diesen Vorschriften Teil 2 Kapitel 2 Rdn. 9 ff.).

E. Zusammenspiel mit §§ 101, 102

19 Teil 4 des StaRUG enthält unter der Überschrift »Frühwarnsysteme« zwei Vorschriften, die für Informationen zur frühzeitigen Identifizierung von Krisen auf die Website des BMJV verweisen (§ 101) bzw. Hinweis- und Warnpflichten für Steuerberater, Steuerbevollmächtigte, Wirtschaftsprüfer, vereidigte Buchprüfer und Rechtsanwälte, die mit der Erstellung eines Jahresabschlusses befasst sind, enthalten (§ 102; vgl. dazu die Kommentierung zu §§ 101, 102). Die Hinweis- und Warnpflicht aus § 102 ersetzt nicht die eigenen Pflichten der Geschäftsleiter und Mitglieder von Überwachungsorganen aus § 1 oder anderen Gesetzen, sondern besteht ergänzend.[56]

F. Rechtsfolgen und Haftung

20 Die Regelung enthält kein eigenständiges Haftungsregime, relevant sind daher in erster Linie die rechtsformspezifischen gesellschaftsrechtlichen Haftungstatbestände.[57] Für die GmbH richtet sich die Haftung der Geschäftsleiter daher nach § 43 Abs. 2 GmbHG, für die AG nach § 93 Abs. 2 AktG. Es handelt sich um einen Anspruch der Gesellschaft, der in einem späteren Insolvenzverfahren vom Insolvenzverwalter bzw. Sachwalter geltend gemacht werden kann.[58] Aus der Geltung der allgemeinen Regeln für die gesellschaftsrechtliche Haftung ergibt sich auch die Anwendbarkeit der Business Judgement Rule[59] sowie im Fall der GmbH der Grundsätze für die Enthaftung von

52 K/P/B-*Steffek*, § 15a Rn. 53.
53 Seibt/Westpfahl-*Seibt*, StaRUG, § 1 Rn. 13; BeckOK-*Mock*, StaRUG, § 1 Rn. 68.
54 BT-Drucks. 19/24181, S. 103.
55 Kritisch dazu *Hopt/Kumpan*, AG 2021, 129, 133 f., die Abgrenzungs- und Auslegungsschwierigkeiten sehen.
56 BT-Drucks. 19/24181, S. 188.
57 BT-Drucks. 19/24181, S. 103.
58 Uhlenbruck-*Hirte*, StaRUG, § 1 Rn. 27; Jacoby/Thole-*Thole*, StaRUG, § 1 Rn. 44.
59 Seibt/Westpfahl-*Seibt*, StaRUG, § 1 Rn. 61; Flöther-*Goetker*, StaRUG, § 1 Rn. 104 ff.

Geschäftsleitern durch rechtmäßige und nicht restrukturierungszweckwidrige[60] Weisungen.[61] Mehrere Geschäftsleiter haften als Gesamtschuldner.[62] Für die Haftung der Überwachungsorgane gelten ebenfalls die allgemeinen Regeln.[63] Eine Außenhaftung dürfte hingegen nur ausnahmsweise in Betracht kommen. Denkbar wäre dies, wenn die engen Voraussetzungen des § 93 Abs. 5 AktG erfüllt sind.[64] Die h.M. geht außerdem insbesondere mit Verweis auf die Historie der Norm richtigerweise davon aus, dass § 1 Abs. 1 kein Schutzgesetz i.S.v. § 823 Abs. 2 BGB ist.[65]

Teil 2 Stabilisierungs- und Restrukturierungsrahmen

Kapitel 1 Restrukturierungsplan

Abschnitt 1 Gestaltung von Rechtsverhältnissen

§ 2 Gestaltbare Rechtsverhältnisse

(1) Auf der Grundlage eines Restrukturierungsplans können gestaltet werden:

1. Forderungen, die gegen eine restrukturierungsfähige Person (Schuldner) begründet sind (Restrukturierungsforderungen), und

2. die an Gegenständen des schuldnerischen Vermögens bestehenden Rechte, die im Fall der Eröffnung eines Insolvenzverfahrens zur Absonderung berechtigen würden, es sei denn, es handelt sich bei ihnen um Finanzsicherheiten im Sinne des § 1 Absatz 17 des Kreditwesengesetzes oder um Sicherheiten, die dem Betreiber eines Systems nach § 1 Absatz 16 des Kreditwesengesetzes zur Absicherung seiner Ansprüche aus dem System oder der Zentralbank eines Mitgliedstaats der Europäischen Union oder der Europäischen Zentralbank gestellt wurden (Absonderungsanwartschaften).

(2) [1]Beruhen Restrukturierungsforderungen oder Absonderungsanwartschaften auf einem mehrseitigen Rechtsverhältnis zwischen dem Schuldner und mehreren Gläubigern, so sind auch Einzelbestimmungen in diesem Rechtsverhältnis durch den Restrukturierungsplan gestaltbar. [2]Satz 1 gilt auch für die Bedingungen von Schuldtiteln im Sinne des § 2 Absatz 1 Nummer 3 des Wertpapierhandelsgesetzes und von Verträgen, die zu gleichlautenden Bedingungen mit einer Vielzahl von Gläubigern geschlossen wurden. [3]Beruhen Restrukturierungsforderungen oder Absonderungsanwartschaften auf unterschiedlichen Rechtsverhältnissen und haben die Inhaber der Forderungen oder Anwartschaften untereinander und mit dem Schuldner Vereinbarungen über die Durchsetzung der gegenüber diesem bestehenden Forderungen oder Anwartschaften und das relative Rang-

60 Morgen-*Tresselt*, StaRUG, § 2 Rn. 96; *ders./Glöckler*, NWB Sanieren 2021, 109, 111; grundlegend *Skauradszun/Harnack*, ZGR 2023, 71 ff.

61 Seibt/Westpfahl-*Seibt*, StaRUG, § 1 Rn. 61; Flöther-*Goetker*, StaRUG, § 1 Rn. 108 ff.; Jacoby/Thole-*Thole*, StaRUG, § 1 Rn. 45; ausführlich zur Rechtmäßigkeit verschiedener Beschlüsse in Restrukturierungssituationen *Skauradszun/Harnack*, ZGR 2023, 71 ff.

62 Uhlenbruck-*Hirte*, StaRUG, § 1 Rn. 25; Jacoby/Thole-*Thole*, StaRUG, § 1 Rn. 43.

63 Uhlenbruck-*Hirte*, StaRUG, § 1 Rn. 29; Jacoby/Thole-*Thole*, StaRUG, § 1 Rn. 46.

64 Vgl. dazu und zur Frage der analogen Anwendung der Vorschrift bei der GmbH Flöther-*Goetker*, StaRUG, § 1 Rn. 112 ff.

65 MK-*Schmidt*, StaRUG § 1 Rn. 78; Seibt/Westpfahl-*Seibt*, StaRUG, § 1 Rn. 64; Flöther-*Goetker*, StaRUG, § 1 Rn. 120 ff.; Jacoby/Thole-*Thole*, StaRUG, § 1 Rn. 46; Uhlenbruck/Hirte-*Hirte*, StaRUG, § 1 Rn. 28; ausführlich *Skauradszun/Amort*, DB 2021, 1317, 1325 ff.; a.A. BeckOK-*Mock*, StaRUG, § 1 Rn. 48; wohl auch *Hölzle*, FS Gehrlein, S. 261, 277.

verhältnis der aus der Durchsetzung resultierenden Erlöse getroffen, so sind auch die Bedingungen dieser Vereinbarung durch den Plan gestaltbar.

(3) Ist der Schuldner eine juristische Person oder eine rechtsfähige Personengesellschaft, können auch die Anteils- oder Mitgliedschaftsrechte der an dem Schuldner beteiligten Personen durch den Restrukturierungsplan gestaltet, sonstige gesellschaftsrechtlich zulässige Regelungen getroffen sowie Anteils- und Mitgliedschaftsrechte übertragen werden.

(4) [1]Der Restrukturierungsplan kann auch die Rechte der Inhaber von Restrukturierungsforderungen gestalten, die diesen aus einer von einem verbundenen Unternehmen im Sinne des § 15 des Aktiengesetzes als Bürge, Mitschuldner oder aufgrund einer anderweitig übernommenen Haftung oder an Gegenständen des Vermögens dieses Unternehmens zustehen (gruppeninterne Drittsicherheit); der Eingriff ist durch eine angemessene Entschädigung zu kompensieren. [2]Satz 1 Halbsatz 2 gilt entsprechend für eine Beschränkung der persönlichen Haftung eines persönlich haftenden Gesellschafters eines als rechtsfähige Personengesellschaft verfassten Schuldners.

(5) [1]Maßgeblich für die Absätze 1 bis 4 sind die Rechtsverhältnisse zum Zeitpunkt der Unterbreitung des Planangebots (§ 17), im Fall einer Abstimmung im gerichtlichen Planabstimmungsverfahren zum Zeitpunkt der Antragstellung (§ 45). [2]Erwirkt der Schuldner vorher eine Stabilisierungsanordnung (§ 49), tritt an die Stelle des Planangebots oder des Antrags der Zeitpunkt der Erstanordnung.

Übersicht

A. Normzweck und Systematik

1 § 2 bestimmt, welche Rechtsverhältnisse auf Grundlage eines Restrukturierungsplans, dem Herzstück der präventiven Restrukturierung nach dem StaRUG, gestaltbar sind (Abs. 1–4) und auf welchen Zeitpunkt insoweit abzustellen ist (Abs. 5). Die Vorschrift legt also den **sachlichen Anwendungsbereich** einer präventiven Restrukturierung nach dem StaRUG fest und ist damit eine **Schlüsselnorm.** Der persönliche Anwendungsbereich des StaRUG bestimmt sich hingegen nach § 30.

Einschränkungen der Gestaltbarkeit ergeben sich nach § 3 Abs. 2 bei Restrukturierungsforderungen aus gegenseitigen Verträgen, Ausnahmen von der Gestaltbarkeit nach § 4 bei Forderungen aus oder im Zusammenhang mit Arbeitsverhältnissen sowie bei Deliktsforderungen und Forderungen nach § 39 Abs. 1 Nr. 3 InsO, d.h. Geldstrafen, Geldbußen, Ordnungsgeldern usw. 2

Die Bestimmungen zu den gestaltbaren Rechtsverhältnissen setzen die Vorgaben aus Art. 2 Abs. 1 Nr. 1 der EU-Richtlinie 2019/1023 um. Sie orientieren sich dabei bewusst soweit wie möglich am **Vorbild der insolvenzplanrechtlichen Regelungen** in §§ 217 ff. InsO.[1] Im Restrukturierungsplan gestaltbar sind alle Forderungen, Rechte und Rechtsverhältnisse, die im Insolvenzplanverfahren einer zwangsweisen Gestaltung unterworfen sind.[2] Die entsprechenden Regelungen im Insolvenzplanrecht können und müssen daher zur Auslegung herangezogen werden.[3] 2a

Im Unterschied zum Insolvenzplan ist der Restrukturierungsplan jedoch regelmäßig eine nur **teilkollektive Regelung**, d.h. es werden regelmäßig nicht alle Gläubiger vom Restrukturierungsplan betroffen, sondern nur diejenigen, die der Schuldner nach § 8 auswählt.[4] 3

Wie die Rechte der vom Schuldner ausgewählten Planbetroffenen geändert werden sollen, ist gem. § 7 im gestaltenden Teil des Restrukturierungsplans festzulegen. Die im gestaltenden Teil festgelegten **Wirkungen** des Restrukturierungsplans treten nach Annahme des Plans gem. §§ 25 ff. mit gerichtlicher Bestätigung des Plans gem. § 67 Abs. 1 ein, d.h. mit der Verkündung des Bestätigungsbeschlusses und nicht erst mit dessen Rechtskraft wie beim Insolvenzplan gem. § 254 Abs. 1 InsO. 3a

B. Gestaltbare Rechtsverhältnisse

I. Allgemeines

1. Gestaltungsziel finanzwirtschaftliche Restrukturierung

§ 2 hat die »passivseitige Restrukturierung (wie die Kürzung, Fälligkeitsverschiebung oder Umwandlung von gegen den Schuldner gerichteten Forderungen)« zum Ziel[5], also die **finanzwirtschaftliche Restrukturierung der Passivseite** einer Bilanz. Die Restrukturierung kann sowohl vermögensbezogen (z.B. Kürzung) als auch liquiditätsbezogen (z.B. Fälligkeitsverschiebung) erfolgen. 4

Demgegenüber sieht das Gesetz keine »aktivseitigen und vertragsbezogenen Maßnahmen« durch Mehrheitsentscheidung im Plan vor[6], also insbesondere keine **leistungswirtschaftlichen Restrukturierungsmaßnahmen**, was die EU-Richtlinie 2019/1023 unter dem Begriff der »Restrukturierung« gem. Art. 2 Abs. 1 Nr. 1 zugelassen hätte. Leistungswirtschaftliche Maßnahmen sind gleichwohl erfahrungsgemäß häufig für eine nachhaltige Sanierung ebenso wie für die Zustimmung der notwendigen Gläubigermehrheit erforderlich. Sie sind ggf. **außerhalb des Restrukturierungsplans** zu bewerkstelligen und über einen Bedingungszusammenhang mit dem Plan zu verknüpfen[7]. 5

2. Überblick

Abs. 1 erlaubt die **Gestaltung von Gläubigerforderungen** gegen eine restrukturierungsfähige Person (Schuldner) (**Restrukturierungsforderungen**) **und** am schuldnerischen Vermögen bestellter **Sicherheiten (Absonderungsanwartschaften)**, wie dies auch im Insolvenzplan möglich ist. 6

1 Begr. RegE BT-Drucks. 19/24181, S. 109 f.
2 Begr. RegE BT-Drucks. 19/24181, S. 109 f.
3 Begr. RegE BT-Drucks. 19/24181, S. 111.
4 Begr. RegE BT-Drucks. 19/24181, S. 117.
5 Begr. RegE BT-Drucks. 19/24181, S. 109.
6 Vgl. Begr. RegE BT-Drucks. 19/24181 a.a.O.
7 Begr. RegE BT-Drucks. 19/24181, S. 110.

7 Abs. 2 sieht eine **Erweiterung der Gestaltungsmöglichkeiten** auf **Einzelbestimmungen in einem mehrseitigen Rechtsverhältnis** zwischen dem Schuldner und mehreren Gläubigern vor (z.B. bei Konsortialkrediten). Dies stellt ein Novum dar und geht über das Insolvenzplanrecht hinaus.

8 Abs. 3 nach dem insolvenzplanrechtlichen Vorbild des § 225a InsO die **Gestaltung von Anteils- und Mitgliedschaftsrechten und sonstige gesellschaftsrechtlich zulässige Regelungen** zu, wenn es sich bei dem Schuldner um eine juristische Person oder eine Rechtsfähige Personengesellschaft handelt.

8a Abs. 4 Satz 1 erlaubt bei verbundenen Unternehmen i.S.d. § 15 AktG die **Gestaltung gruppeninterner Drittsicherheiten**, wie dies nach dem SanInsFoG nunmehr auch im Insolvenzplan möglich ist (vgl. §§ 217 Abs. 2, 223a, 238b InsO). Abs. 4 Satz 2 gestattet bei rechtsfähigen Personengesellschaften die **Beschränkung der Haftung der persönlich haftenden Gesellschafter** (vgl. im Insolvenzplan § 227 Abs. 2 InsO).

9 **Sachenrechtliche Verhältnisse** können im Plan nicht mit Mehrheit gestaltet werden, jedoch können wie nach § 228 InsO die nach allgemeinem Zivilrecht erforderlichen Willenserklärungen der Beteiligten gem. § 15 in den gestaltenden Teil des Restrukturierungsplans aufgenommen werden. Entsprechende Willenserklärungen der Planbetroffenen und des Schuldners gelten nach § 68 bei Planbestätigung als in der vorgeschriebenen Form abgegeben.

3. Gestaltungsermessen des Schuldners

9a Nach dem vom **Prinzip der kollektiv-privatautonomen Gestaltung und Organisation des Restrukturierungsprozesses durch den Schuldner** geprägten Konzept des StaRUG[8] liegt die Plangestaltung im Ermessen des Schuldners, d.h. er entscheidet, welche Betroffenen gem. § 8 in den Plan einbezogen werden sollen, wie die Rechte der Planbetroffenen gem. § 7 im gestaltenden Teil des Plans geändert werden sollen und wie die Gruppenbildung gem. § 9 erfolgen soll.

9b Das Gestaltungsermessen des Schuldners ist jedoch kein freies, sondern ein **gebundenes Ermessen**. Es ist gebunden durch das vom Schuldner verfolgte Restrukturierungsziel. § 8 formuliert dies ausdrücklich, wenn es dort heißt, die Auswahl der Planbetroffenen habe **nach sachgerechten Kriterien** zu erfolgen. Entsprechendes gilt auch für die einzelnen Gestaltungsmaßnahmen nach § 2, d.h. die betreffenden Gestaltungsmaßnahmen müssen jeweils sachgerecht sein. Nichts anderes dürfte gemeint sein, wenn das AG Köln davon spricht, die betreffenden Gestaltungsmaßnahmen müssten jeweils **zweckmäßig** sein.[9]

9c Zu weit ginge es demgegenüber, nur solche Gestaltungsmaßnahmen zuzulassen, die für die geplante Restrukturierung zwingend **erforderlich** sind.[10] Zwar könnte der Schutz der Planbetroffenen nach Art. 14 GG möglicherweise für eine entsprechende verfassungskonforme Auslegung sprechen.[11] Dem ist jedoch entgegenzuhalten, dass entsprechende Abgrenzungen oft kaum möglich sind.[12] Hinzu kommt, dass die Planbetroffenen über die Mehrheitserfordernisse der §§ 25 ff. und vor allem den Minderheitenschutz des § 64 angemessen geschützt werden.[13] Im Übrigen kennt auch das Insolvenzplanrecht keine Beschränkung auf Planregelungen, die zur Insolvenzbewältigung erforderlich sind. So hat die Rechtsprechung im Suhrkamp-Fall den im Insolvenzplan geregelten Formwechsel in eine AG bestätigt, obwohl alle Insolvenzgläubiger voll befriedigt werden konnten und die Schuldnerin auch in ihrer bisherigen Rechtsform der GmbH & Co. KG hätte weitergeführt werden können.[14]

---

8 Vgl. Begr. RegE BT-Drucks. 19/24181, S. 92, 109.

9 AG Köln, ZInsO 2021, 868, 869; zust. *Thole*, NZI 2021, 436; *Ziegenhagen*, ZInsO 2021, 2053; a.A. BeckOK-StaRUG/*Skauradszun*, § 2 Rn. 79a: Zweckmäßigkeitsprüfung im Gesetz nicht vorgesehen.

10 AG Köln, ZInsO 2021, 868, 869; Seibt/Westphal-*Herding/Krafczyk*, § 2 Rn. 216; Morgen-*Knapp/Wilde*, § 2 Rn. 5; a.A.: *Arlt/Brägelmann/Ludwig*, ZInsO 2021, 1485, 1486.

11 So *Arlt/Brägelmann/Ludwig* a.a.O.

12 *Thole*, NZI 2021, 436; *Ziegenhagen*, ZInsO 2021, 2053, 2054.

13 Ähnl. *Ziegenhagen* a.a.O.

14 Vgl. BGHZ 202, 133 = ZInsO 2014, 1552, Tz. 41.

II. Restrukturierungsforderungen (Abs. 1 Nr. 1)

1. Begriff

Restrukturierungsforderungen sind nach der **Legaldefinition** in Abs. 1 Nr. 1 Forderungen, die gegen eine restrukturierungsfähige Person (Schuldner) begründet sind. 10

2. Einzelmerkmale

a) Forderung

Der Begriff der Forderung entspricht dem des Anspruchs und ist in § 194 Abs. 1 BGB legaldefiniert als das Recht, von einem anderen ein Tun oder Unterlassen zu verlangen. Im vorliegenden Zusammenhang ist der Begriff der Forderung jedoch insolvenzrechtlich zu verstehen. Restrukturierungsforderungen sind nach den Gesetzesmaterialien alle Forderungen, die **im Fall der Eröffnung des Insolvenzverfahrens** als **Insolvenzforderung** geltend gemacht werden könnten[15]. Das schließt Forderungen ein, die in einem Insolvenzverfahren gem. § 39 InsO nachrangige Forderungen wären (vgl. § 9 Abs. 1 Satz 2 Nr. 3), ausgenommen gem. § 4 Abs. 1 Nr. 3 Sanktionszahlungen i.S.d. § 39 Abs. 1 Nr. 3 InsO. Der Begriff der Restrukturierungsforderung i.S.d. Abs. 1 Nr. 1 umfasst demnach Forderungen persönlicher Gläubiger, denen der Schuldner mit seinem gesamten Vermögen oder jedenfalls einem Sondervermögen haftet, und keine dinglichen Ansprüche, bei denen der Schuldner nur mit einem bestimmten Gegenstand haftet.[16] 11

Umstritten ist, ob Abs. 1 Nr. 1 nur die Gestaltung auf Geld gerichtete Forderungen oder auch die **Gestaltung nicht auf Geld gerichteter Forderungen**, z.B. auf Lieferung, zulässt. Die wohl **h.M.** spricht sich für die Gestaltbarkeit auch nicht auf Geld gerichteter Forderungen aus.[17] Dafür sprechen der weite Wortlaut von Abs. 1 Nr. 1 (»Forderungen«), die weite Fassung von Art. 2 EU-Richtlinie 2019/1023 (»Verbindlichkeiten eines Schuldners«) wie auch die vorgenannten Gesetzesmaterialien des StaRUG. Die vorzugswürdige **Gegenansicht**[18] stellt demgegenüber die Systematik des StaRUG ab.[19] Die Restrukturierung nach dem StaRUG ist definitionsgemäß auf eine »passivseitige Restrukturierung«[20] zur nachhaltigen Beseitigung der drohenden Zahlungsunfähigkeit ausgerichtet, d.h. rein finanzwirtschaftlich,[21] während »die jeweiligen Vertragsverhältnisse … im Übrigen grundsätzlich unberührt von der Rechtshängigkeit der Restrukturierungssache fortbestehen und das Pflichtenprogramm der an ihnen beteiligten Parteien auch für die Zukunft festlegen.«[22] Das gilt umso mehr, als der Gesetzgeber bewusst auf die zunächst vorgesehene Möglichkeit der Vertragsbeendigung verzichtet hat.[23] 11a

Einzelfälle gestaltbarer Forderungen (alphabetisch): 12
- ausländische Forderungen[24]
- Forderungen aus Dauerschuldverhältnissen (Ausn. § 4 Abs. 1 Nr. 1)[25]

---

15 Begr. RegE BT-Drucks. 19/24181, S. 111; ausführl. zum Begriff der Insolvenzforderung HambKomm-InsR/*Lüdtke*, § 38 Rn. 7 ff.

16 MK-StaRUG/*Prusko*, § 2 Rn. 29; Morgen/*Knapp-Wilde*, § 2 Rn. 9.

17 MK-StaRUG/*Prusko*, § 2 Rn. 29: Umrechenbarkeit analog § 45 InsO reicht; Flöther/*Westphal-Dittmar*, § 2 Rn. 8; Morgen/*Knapp-Wilde*, § 2 Rn. 10.

18 Anders Vorauflage.

19 Seibt/Westphal-*Herding/Krafczyk*, § 2 Rn. 23 ff.; Jacoby/Thole-*Hofmann*, § 2 Rn. 6.

20 Begr. RegE BT-Drucks. 19/24181, S. 109.

21 Vgl. auch § 2 Rdn. 4.

22 Begr. RegE BT-Drucks. 19/24181, S. 110.

23 Jacoby/Thole-*Hofmann*, § 2 Rn. 6.

24 AG Karlsruhe, ZIP 2023, 651; dazu *Schäffler/Lägler*, ZIP 2023, 622; *Thole*, ZIP 2021, 2153, 2157 ff.

25 Ausführl. *Marotzke*, ZInsO 2021, 1099 ff. zur restrukturierungsrechtlichen Plangestaltbarkeit auch von Miet-, Pacht- und Lizenzverträgen.

- Forderungen aus Besserungsscheinen[26]
- Forderungen aus Kryptowertpapieren[27]
- Kreditforderungen[28]
- Nachrangforderungen (vgl. § 9 Abs. 1 Nr. 3)
- Rückgriffsforderungen (z.B. aus Avalen)[29]
- Rückforderung staatlicher Beihilfen[30]
- Schadensersatzansprüche (Ausn. § 4 Abs. 1 Nr. 2)
- Sozialversicherungsbeiträge[31]
- Steuerforderungen[32]
- streitige Forderungen (vgl. §§ 70, 71)

13 **Einzelfälle nicht gestaltbarer Forderungen** (alphabetisch):
- Forderungen aus Arbeitsverhältnissen (§ 4 Abs. 1 Nr. 1)
- Forderungen aus gegenseitigen Verträgen bei noch nicht erbrachter Gegenleistung (§ 3 Abs. 2)
- Forderungen aus vorsätzlich unerlaubten Handlungen (§ 4 Abs. 1 Nr. 2)
- Forderungen gegen Mitschuldner und Bürgen des Schuldners[33]
- Forderungen gegen natürliche Personen aus nicht unternehmerischer Tätigkeit (§ 4 Abs. 2)
- höchstpersönliche Ansprüche[34]

14 Forderungen, deren Geldbetrag unbestimmt ist, sind analog § 45 InsO mit dem Wert anzusetzen, der für den nach Abs. 5 maßgeblichen Zeitpunkt geschätzt werden kann[35]. Forderungen, die in ausländischer Währung oder in einer Rechnungseinheit ausgedrückt sind, sind entsprechend nach dem Kurswert, der zum nach Abs. 5 maßgeblichen Zeitpunkt für den Zahlungsort maßgeblich ist, in inländische Währung umzurechnen.

15 Eine wesentliche Einschränkung der Gestaltbarkeit ergibt sich nach § 3 Abs. 2 bei **Restrukturierungsforderungen aus gegenseitigen Verträgen** Danach sind Restrukturierungsforderungen aus gegenseitigen Verträgen nur insoweit gestaltbar, als die dem anderen Teil obliegende Leistung bereits erbracht ist (näher § 3 Rdn. 6 f.). Der Restrukturierungsplan erlaubt also keine Eingriffe in das vertragliche Synallagma.[36] **Eingriffe in laufende Vertragsverhältnisse** für die Zukunft sind nur hinsichtlich Nebenbestimmungen zulässig.[37]

16 **Ausnahmen** von der Gestaltbarkeit regelt § 4, d.h. nicht gestaltbar sind **insbesondere Forderungen von Arbeitnehmern** aus oder im Zusammenhang mit dem Arbeitsverhältnis (näher dazu § 4 Rdn. 3 ff.).

b) Restrukturierungsfähige Person

17 Restrukturierungsfähige Person sind nach **§ 30 Abs. 1 Satz 1** grundsätzlich alle insolvenzfähigen Schuldner i.S.d. **§ 11 InsO**. Für natürliche Personen gilt dies gem. § 30 Abs. 1 Satz 2 jedoch nur, soweit sie unternehmerisch tätig sind. Ferner sind nach § 30 Abs. 2 Unternehmen der Finanzbranche i.S.d. § 1 Abs. 19 KWG ausgenommen.

---

26 MK-StaRUG/*Prusko*, § 2 Rn. 141; Morgen-Knapp/Wilde, § 2 Rn. 21.
27 Ausführl. *Skauradszun/Schweizer*, ZRI 2023, 881 ff.
28 Seibt/Westphal-*Herding/Krafczyk*, § 2 Rn. 31 ff.; *Bitter*, ZInsO 2023, 65 ff.
29 Vgl. Rdn. 24.
30 Ausführl. *Kümpel*, ZRI 2023, 233 ff.
31 AG Hannover, ZInsO 2023, 804, 807 ff. mit umfangreichen Nachweisen.
32 Ausführl. *Kahlert*, DStR 2021, 2741 ff.; Seibt/Westphal-*Herding/Krafczyk*, § 2 Rn. 46.
33 Dazu Rdn. 24.
34 MK-StaRUG/*Prusko*, § 2 Rn. 30.
35 Seibt/Westphal-*Herding/Krafczyk*, § 2 Rn. 23 ff.
36 Begr. RegE BT-Drucks. 19/24181, S. 114.
37 Begr. RegE a.a.O.; vgl. auch § 3 Rdn. 6.

Restrukturierungsfähig sind danach **natürliche Personen**, soweit sie unternehmerisch tätig sind, **juristische Personen** (Ausn. § 12 InsO) sowie **nicht rechtsfähige Vereine** und **rechtsfähige Personengesellschaften.** Juristische Personen des Privatrechts sind insbesondere die AG, die GmbH (inkl. UG), die KGaA, die SE, der VVaG, die eingetragene Genossenschaft, der rechtsfähige Verein und die Stiftung. Rechtsfähige Personengesellschaften sind die offene Handelsgesellschaft, die Kommanditgesellschaft, die Partnerschaftsgesellschaft, die Gesellschaft bürgerlichen Rechts, die Partenreederei und die Europäische wirtschaftliche Interessenvereinigung. Auch **ausländische Rechtsträger** sind erfasst, wenn die internationale Zuständigkeit gegeben ist.[38] 18

c) Begründetheit

Für die Frage der Begründung der Forderung ist auf die Grundsätze zurückzugreifen, nach denen sich die **Begründetheit im Sinne des § 38 InsO** richtet[39]. Daher sind – abgesehen von den Einschränkungen und Ausnahmen nach § 3 Abs. 2 und § 4 – alle Forderungen gestaltbar, die im Fall der Eröffnung eines Insolvenzverfahrens als Insolvenzforderung geltend gemacht werden könnten, wobei sich der **maßgebliche Zeitpunkt** nicht auf die Eröffnung eines Insolvenzverfahrens bezieht, sondern nach **Abs. 5** bestimmt[40]. Auf die Fälligkeit der Forderung kommt es demgemäß nicht an (vgl. auch § 3 Abs. 1). 19

3. Gestaltungsmöglichkeiten

Wie die Rechtsstellung der Inhaber der Restrukturierungsforderungen durch den Plan geändert werden soll, ist gem. § 7 im gestaltenden Teil des Plans festzulegen. In **§ 7 Abs. 2 Satz 1** nennt das Gesetz als Gestaltungsmöglichkeiten wie nach dem **Vorbild** des **§ 224 InsO** die **Kürzung, Stundung, Sicherung oder sonstige Regelungen**[41]. 20

Als sonstige Gestaltungen kommen insbesondere der (teilweise) **Erlass** (ggf. mit Besserungsschein) oder **Rangrücktritt** sowie Änderungen von Laufzeit und/oder Verzinsung (z.B. **Amend & Extend**) in Betracht, ferner auch Forderungsumwandlungen in Eigenkapital gem. § 7 Abs. 4[42]. Umstritten ist die Gestaltbarkeit von vertraglichen **Nebenbestimmungen und Bedingungen** in zweiseitigen Rechtsverhältnissen.[43] 21

III. Absonderungsanwartschaften (Abs. 1 Nr. 2)

1. Begriff

Absonderungsanwartschaften sind nach der Legaldefinition in Abs. 1 Nr. 2 **Rechte an Gegenständen des schuldnerischen Vermögens**, die im Fall der Eröffnung eines Insolvenzverfahrens **zur Absonderung** berechtigen würden. Ausgenommen sind wie nach § 223a Abs. 1 Satz 2 InsO Finanzsicherheiten i.S.d. § 1 Abs. 17 KWG und Sicherheiten, die dem Betreiber eines Systems nach § 1 Abs. 16 KWG zur Absicherung seiner Ansprüche aus dem System oder der Zentralbank eines Mitgliedstaats der Europäischen Union oder der Europäischen Zentralbank gestellt wurden. 22

38 Näher dazu § 35 Rdn. 18 ff.
39 Begr. RegE BT-Drucks. 19/24181, S. 111.
40 Begr. RegE BT-Drucks. 19/24181 a.a.O.
41 Vgl. dazu HambKomm-InsR/*Thies*, § 224 Rn. 2 ff.
42 Ausführl. zu Einzelfällen Flöther-*Westpfahl/Dittmar*, StaRUG, § 2 Rn. 16 ff. Zur restrukturierungsrechtlichen Plangestaltbarkeit von Darlehens-, Miet-, Pacht- und Lizenzverträgen ausführl. *Marotzke*, ZInsO 2021, 1099 ff.
43 Dazu Rdn. 43.

23 Welche Rechte im Fall der Eröffnung eines Insolvenzverfahrens zur Absonderung berechtigen würden, ergibt sich aus **§§ 49–51 InsO:**[44]

- **Grundpfandrechte** (§ 49 InsO)
- **Pfandrechte** (§ 50 InsO, vertraglich, gesetzlich oder durch Pfändung)
- **Sicherungsübereignung und Sicherungsabtretung** (§ 51 Nr. 1 InsO, auch im Rahmen von verlängerten oder erweiterten Eigentumsvorbehalten)
- **Zurückbehaltungsrechte** (§ 51 Nr. 2 u. 3 InsO)
- **Öffentliche Abgaben** (§ 51 Nr. 4 InsO)

24 **Nicht** der Plangestaltung unterliegen hingegen Rechte, die im Fall der Eröffnung eines Insolvenzverfahrens zur **Aussonderung** berechtigen würden[45]. Das betrifft z.B. den Herausgabeanspruch des Leasinggebers.[46]

Ebenfalls **nicht** gem. § 2 **gestaltbar** sind – mit Ausnahme der gruppeninternen Sicherheiten nach § 2 Abs. 4 – nicht aus dem Vermögen des Schuldners gestellte **Drittsicherheiten** (§ 67 Abs. 3 Satz 1). Das Gesetz nennt in § 67 Abs. 3 Satz 1 die **Rechte** der Restrukturierungsgläubiger **gegen Mitschuldner und Bürgen** des Schuldners sowie die **Rechte** der Gläubiger **an Gegenständen, die nicht zum Vermögen des Schuldners gehören.** Dies gilt auch für Gesellschaftersicherheiten. Daher kann der Gläubiger z.B. einen Bürgen wegen § 67 Abs. 3 Satz 1 trotz der Akzessorietät der Bürgschaft in vollem Umfang in Anspruch nehmen.[47]

Allerdings wird der Schuldner gem. § 67 Abs. 3 Satz 2 durch den Plan gegenüber dem **Regressanspruch des Drittsicherungsgebers** befreit wie gegenüber dem Hauptgläubiger, z.B. des in Anspruch genommenen Bürgen.[48] Hauptforderung und Regressforderung können wegen des identischen wirtschaftlichen Interesses analog § 44 InsO nicht nebeneinander im Plan berücksichtigt werden.[49] Sachgerecht i.S.d. § 8 Satz 1 ist in der Regel die Einbeziehung der Hauptforderung in den Restrukturierungsplan.[50]

2. Gestaltungsmöglichkeiten

25 Wie die Rechtsstellung der Inhaber der **Absonderungsanwartschaften** durch den Plan geändert werden soll, ist gem. § 7 im gestaltenden Teil des Plans festzulegen. In **§ 7 Abs. 2 Satz 1** nennt das Gesetz als Gestaltungsmöglichkeiten nach dem **Vorbild** des **§ 223 Abs. 2 InsO** die Kürzung, Stundung oder sonstige Regelungen[51].

26 Als sonstige Regelungen kommen z.B. **Sicherheitentausch, Rangänderung** oder auch **Poolbildung** in Betracht[52]. Es wird erwartet, dass die Gestaltung von Absonderungsanwartschaften vor allem bei der Neuordnung der Besicherungsstruktur im Rahmen einer Restrukturierung Bedeutung erlangt[53]. Umstritten ist die Gestaltbarkeit von vertraglichen Nebenbestimmungen und Bedingungen in zweiseitigen Rechtsverhältnissen.[54]

---

44 Ausführl. zu Mobiliarsicherungsrechten und Mobiliarabsonderungsanwartschaften im StaRUG: *Mitlehner*, ZRI 2023, 429 ff.
45 Begr. RegE BT-Drucks. 19/24181, S. 111.
46 Ausführl. zum Leasing im Restrukturierungsverfahren: *Obermüller*, ZInsO 2022, 2060 ff.
47 Mock, NZI 2022, 434, 437.
48 AG Hamburg, ZInsO 2022, 670, 672.
49 AG Hamburg, a.a.O.; zust. *Mock*, NZI 2022, 434, 437.
50 AG Hamburg, ZInsO 2022, 670, 673.
51 Vgl. dazu HambKomm-InsR/*Thies*, § 223 Rn. 4 ff.
52 Ausführl. zu Einzelfällen Flöther-*Westpfahl/Dittmar*, StaRUG, § 2 Rn. 29 ff.
53 *Zuleger*, NZI-Beilage 1/2021, S. 43.
54 Dazu Rdn. 43.

IV. Vertragsbedingungen in (quasi-)kollektiven Rechtsverhältnissen (Abs. 2)

1. Allgemeines

Je großvolumiger Unternehmensfinanzierungen werden, desto häufiger werden sie nicht durch einen einzelnen Kreditgeber, sondern durch eine **Mehrheit von Kreditgebern** bereitgestellt. Dies dient auf Seiten der Kreditgeber insbesondere der Risikostreuung, während es auf Seiten der Kreditnehmer entsprechend höhere Finanzierungsvolumina ermöglicht. Dabei kann es sich sowohl um klassische Kreditfinanzierungen als auch um alternative Finanzierungsformen wie Anleihen oder Schuldscheindarlehen handeln. 27

Während Abs. 1 die Gestaltung der betreffenden Restrukturierungsforderungen und Absonderungsanwartschaften selbst regelt, erlaubt Abs. 2 darüber hinaus auch die Gestaltung der sonstigen **Vertragsbedingungen in kollektiven Finanzierungsarrangements**, bei denen der Schuldner und mehrere Gläubiger in einem mehrseitigen Rechtsverhältnis verbunden sind (z.B. Konsortialkredit), **und quasi-kollektiven Finanzierungsarrangements**, bei denen Verträge zu gleichlautenden Bedingungen mit einer Vielzahl von Gläubigern geschlossen wurden (z.B. Schuldverschreibungen) oder bei denen Gläubiger aus unterschiedlichen Rechtsverhältnissen untereinander und mit dem Schuldner ergänzende Vereinbarungen über die Forderungsdurchsetzung und Erlösverteilung getroffen haben[55]. Die Gestaltung nach Abs. 2 kann z.B. Laufzeiten, Kündigungsrechte oder eben auch die Rangverhältnisse der Gläubiger untereinander betreffen[56]. 28

Abs. 2 stellt ein **Novum** dar und findet keine Entsprechung im Insolvenzplanrecht. Wie die Rechtsstellung der Betroffenen durch den Plan geändert werden soll, ist gem. § 7 Abs. 3 im gestaltenden Teil des Plans festzulegen. 29

2. Einzelbestimmungen in Rechtsverhältnissen mit mehreren Gläubigern

Abs. 2 Satz 1 betrifft Einzelbestimmungen in mehrseitigen Rechtsverhältnissen zwischen dem Schuldner und mehreren Gläubigern, insbesondere bei **Konsortialfinanzierungen**[57]. 30

Nach h.M. ist das **Kreditkonsortium** als **GbR** zu qualifizieren, wobei diese als **Außengesellschaft** oder als **Innengesellschaft** ausgestaltet sein kann[58]. Nur im erstgenannten Fall beruhen Restrukturierungsforderungen und Absonderungsanwartschaften allerdings auf einem mehrseitigen Rechtsverhältnis zwischen dem Schuldner und mehreren Gläubigern, während bei einer Innengesellschaft nur der Konsortialführer/Agent gegenüber dem Kreditnehmer auftritt. 31

Nach Abs. 2 Satz 1 sind **Einzelbestimmungen** in dem mehrseitigen Rechtsverhältnis zwischen dem Schuldner und mehreren Gläubigern gestaltbar. Gemeint sind hiermit offenbar die Vertragsbedingungen im Sinne **vertraglicher Nebenbestimmungen**, wie sich aus § 7 Abs. 3 ergibt. Diesen Begriff verwendete auch der Referentenentwurf in § 4 Abs. 2 Satz 1 StaRUG-E. Den Begriff der Nebenbestimmung verwendete auch der Referentenentwurf in § 4 Abs. 2 Satz 1 StaRUG-E. Er findet sich z.B. auch in § 5 Abs. 3 Nr. 10 SchVG und umfasst dort wie hier eine Vielzahl möglicher Bestimmungen[59]. Dem Gesetzgeber ging es in Abs. 2 vor allem um die in der Finanzierungspraxis gängigen und für eine Restrukturierung oft wichtigen (Financial and Non-Financial) **Covenants**[60]. 32

55 Ausführl. zum Ganzen *Naujoks/Schönen*, ZRI 2021, 437 ff.
56 Flöther-*Westpfahl/Dittmar*, StaRUG, § 2 Rn. 40 ff.
57 Begr. RegE BT-Drucks. 19/24181, S. 111; AG Köln, ZInsO 2021, 868; ausführl. zu Konsortialkrediten in der Plangestaltung nach dem StaRUG: *Schönfelder*, NZI 2023, 1 ff.
58 Langenbucher/Bliesener/Spindler-*Steffek*, 12. Kap., Rn. 31.
59 Langenbucher/Bliesener/Spindler-*Bliesener/Schneider*, 17. Kap., Rn. 32.
60 Begr. RegE BT-Drucks. 19/24181, S. 111; abl. dazu noch BR-RA, BR-Drucks. 619/1/20, S. 7.

33 Nach einer Entscheidung des AG Köln ist auch eine **Sanierungsvereinbarung** gestaltbar[61]. In dieser wird üblicherweise geregelt, wie und unter welchen Voraussetzungen der oder die Kreditgeber die Sanierung des Unternehmens unterstützen[62].

3. Bedingungen von Schuldtiteln und Verträgen zu gleichlautenden Bedingungen

34 Nach Abs. 2 Satz 2 sind gestaltbar die Bedingungen von Schuldtiteln im Sinne des § 2 Abs. 1 Nr. 3 WpHG und von Verträgen, die zu gleichlautenden Bedingungen mit einer Vielzahl von Gläubigern geschlossen wurden. Die Gesetzesmaterialien sprechen insoweit von **quasi-kollektiven Finanzierungsarrangements**, weil die Gläubiger hier mit dem Schuldner nicht in einem gemeinsamen Rechtsverhältnis stehen, jedoch die Mittelaufnahme des Schuldners auf der Grundlage einheitlicher Bedingungen erfolgt[63], die z.T. auch nur gleichlautend geändert werden können (vgl. § 4 SchVG).

35 **Schuldtitel** im Sinne des § 2 Abs. 1 Nr. 3 WpHG sind **Wertpapiere.** § 2 Abs. 1 Nr. 3 WpHG nennt namentlich Genussscheine und Inhaberschuldverschreibungen.

36 **Genussscheine** verbriefen Genussrechte i.S.d. § 221 Abs. 3 AktG, d.h. schuldrechtliche Ansprüche auf aktionärstypische Vermögensrechte[64].

37 **Inhaberschuldverschreibungen** verbriefen Forderungsrechte i.S.d. § 793 BGB, i.d.R. aus **Anleihen.** Für nach deutschem Recht begebene inhaltsgleiche Schuldverschreibungen aus Gesamtemissionen gilt ergänzend das **SchVG** (§ 1 Abs. 1 SchVG). Anleihen im Anwendungsbereich des SchVG können also sowohl über das SchVG als auch über das StaRUG restrukturiert werden, soweit die jeweiligen Voraussetzungen vorliegen[65].

38 Nur **anleiheähnlich** und kein Schuldtitel ist das **Schuldscheindarlehen**, ein Darlehensvertrag, der zu gleichlautenden Bedingungen mit einer Vielzahl von Darlehensgebern geschlossen wird[66]. Abs. 2 lässt auch die Restrukturierung von Schuldscheindarlehen zu[67].

4. Bedingungen von Vereinbarungen unter Gläubigern

39 Abs. 2 Satz 3 erlaubt die Gestaltung von Vereinbarungen unter Gläubigern und mit dem Schuldner über die Durchsetzung der gegenüber dem Schuldner bestehenden **Restrukturierungsforderungen und Absonderungsanwartschaften** und das relative Rangverhältnis der aus der Durchsetzung resultierenden Erlöse, wenn diese nicht auf einem mehrseitigen Rechtsverhältnis nach Abs. 2 Satz 1, sondern **auf unterschiedlichen Rechtsverhältnissen** zwischen dem Schuldner und mehreren Gläubigern beruhen. Solche Vereinbarungen werden als **Intercreditor Agreements** oder Gläubigervereinbarungen bezeichnet[68].

40 Intercreditor Agreements kommen namentlich **bei strukturierten Finanzierungen** zum Einsatz und nehmen eine Risikozuweisung zwischen unterschiedlichen Fremdkapitalklassen und Krediten vor[69]. Sie regeln insbesondere den Rang der jeweiligen Forderungen unter den beteiligten Kreditgebern (z.B. »Senior Loan, Junior Loan«) sowie die dementsprechende Erlösverteilung aus Cashflow und Sicherheitenverwertung[70].

---

61 AG Köln, ZInsO 2021, 868 f.
62 Langenbucher/Bliesener/Spindler-*Bliesener/Richter*, 31. Kap., Rn. 69.
63 Begr. RegE BT-Drucks. 19/24181, S. 112.
64 Näher MK-BGB/*Habersack*, § 793 Rn. 27.
65 Begr. RegE BT-Drucks. 19/24181, S. 112; Lürken, ZIP 2021, 1305 ff.; zur Restrukturierung von Anleihen nach dem SchVG ausführl. Teil 3 Kapitel 8.
66 Vgl. zum Begriff MK-BGB/*K.-P. Berger*, vor § 488 Rn. 53.
67 Begr. RegE BT-Drucks. 19/24181, S. 111.
68 Näher dazu *Sutter/Fiedler*, ZInsO 2011, 552 ff.
69 Reul, S. 26 f.
70 Ausführl. *Reul*, S. 117 ff.

Die **Legitimation** für Eingriffe in das zwischen den Gläubigern bestehende Vertragsverhältnis sehen die Gesetzesmaterialien in der Akkordstörerproblematik sowie Treuepflichten unter den an der Vereinbarung beteiligten Kreditgebern[71]. 41

Wenn in Abs. 2 Satz 3 von den »**Bedingungen**« der Vereinbarung unter den Kreditgebern und mit dem Schuldner die Rede ist, sind damit **die vertraglichen Bestimmungen** der Vereinbarung gemeint[72]. 42

5. Exkurs: Vertragsbedingungen in zweiseitigen Rechtsverhältnissen

Umstritten ist die **Gestaltbarkeit von vertraglichen Nebenbestimmungen und Bedingungen in zweiseitigen Rechtsverhältnissen.**[73] In Abs. 2 ist sie nur für Finanzierungen im Rahmen von (quasi-) kollektiven Finanzierungsarrangements ausdrücklich geregelt. In den Gesetzesmaterialien heißt es zur Begründung von Abs. 2, es bestehe kein Grund, dass nicht auch die Bedingungen und Nebenbestimmungen einer Gestaltung unterliegen, wenn die Forderung oder die Anwartschaft selbst gestaltet werden könne.[74] Dies gilt für zweiseitige Rechtsverhältnisse jedoch ebenso. Demgemäß hieß es im Referentenentwurf zu § 4 Abs. 2 Satz 1 StaRUG-E auch noch ganz allgemein: »*Gestaltbar sind auch vertragliche Nebenbestimmungen, denen die Restrukturierungsforderungen oder Absonderungsanwartschaften unterliegen.*« Aus der jetzigen Gesetzesfassung lässt sich indessen nicht schließen, der Gesetzgeber habe die Gestaltung von Nebenbestimmungen durch Abs. 2 auf mehrseitige Rechtsverhältnisse beschränken wollen.[75] Sie ergibt sich bei zweiseitigen Rechtsverhältnissen zwischen dem Schuldner und einem Gläubiger vielmehr *a maiore ad minus* aus der Gestaltbarkeit nach Abs. 1.[76] Das zeigt sich beispielhaft an § 28 Abs. 2 Nr. 2, der reine Fälligkeitsverschiebungen adressiert und selbstverständlich auch für zweiseitige Rechtsverhältnisse gilt. 43

V. Gesellschaftsrechtliche Regelungen (Abs. 3)

1. Allgemeines

Abs. 3 lässt nach dem **Vorbild des § 225a InsO** auch die Gestaltung der organisationsrechtlichen Grundlagen des Schuldners sowie der Anteils- und Mitgliedschaftsrechte der an dem Schuldner beteiligten Personen zu[77]. Dazu können die Anteils- oder Mitgliedschaftsrechte der an dem Schuldner beteiligten Personen durch den Restrukturierungsplan gestaltet oder übertragen und sonstige gesellschaftsrechtlich zulässige Regelungen (Rdn. 50 ff.) getroffen werden[78]. Auch reine Gesellschafterpläne sind zulässig.[79] 44

Unter **Anteilsrecht** versteht man das Recht an einem Anteil (z.B. einem Geschäftsanteil) und unter **Mitgliedschaftsrechten** die aus der Mitgliedschaft in einem Verband folgenden Vermögensrechte (z.B. Gewinnbezugsrecht) und Verwaltungsrechte (z.B. Stimmrecht)[80]. 45

Formelle Anforderungen an die gesellschaftsrechtlichen Gestaltungen werden nach Maßgabe von § 68 durch die rechtskräftige Bestätigung des Restrukturierungsplans ersetzt. 46

Kritik aus dem gesellschaftsrechtlichen Schrifttum gegen Eingriffsmöglichkeiten in Gesellschafterrechte durch Gläubigermehrheit[81] begegnen die Gesetzesmaterialien mit dem Argument, dass das 47

---

71 Begr. RegE BT-Drucks. 19/24181, S. 112 f.

72 Braun-*Esser*, StaRUG, § 2 Rn. 25.

73 Dafür: MK-StaRUG/*Prusko*, § 2 Rn. 53; dagegen: Seibt/Westphal-*Herding/Krafczyk*, § 2 Rn. 77; HRI I/*Barnert*, § 22 Rn. 20.

74 Begr. RegE BT-Drucks. 19/24181, S. 112.

75 A.A. Seibt/Westphal-*Herding/Krafczyk*, § 2 Rn. 77; *Naujoks/Schönen*, ZRI 2021, 437, 438.

76 So zumindest für ähnlich einem Konsortialvertrag standardisierte Darlehensverträge auch Braun-Esser, StaRUG, § 2 Rn. 21.

77 Begr. RegE BT-Drucks. 19/24181, S. 113.

78 Ausführl. *Mulert/Steiner*, NZG 2021, 673, 676 ff.

79 AG München, ZIP 2023, 603; zust. *Thole*, ZIP 2023, 563, 564.

80 Vgl. HambKomm-InsR/*Thies*, § 225a Rn. 5 f.

81 Vgl. *Schäfer*, ZIP 2020, 2164, 2166 ff. m.w.N.

Vorliegen einer drohenden Zahlungsunfähigkeit ihrerseits den Weg in ein Insolvenzverfahren ebne, in dem vergleichbare Eingriffe in die Rechte der Anteilsinhaber gem. § 225a InsO möglich seien[82]. Zudem schütze das Schlechterstellungsverbot des § 64 Abs. 1 Satz 1 auch den Anteilsinhaber[83].

2. Erfasste Rechtsformen

48 Von Abs. 3 erfasste Rechtsformen sind nach § 30 restrukturierungsfähige juristische Personen und rechtsfähige Personengesellschaften.

49 Als **juristische Personen** sind insbesondere die AG, die GmbH (inkl. UG), die KGaA, die SE, der VVaG, die eingetragene Genossenschaft und der rechtsfähige Verein erfasst. **Rechtsfähige Personengesellschaften** sind nach § 11 Abs. 2 Nr. 1 InsO die offene Handelsgesellschaft, Kommanditgesellschaft, Partnerschaftsgesellschaft, rechtsfähige Gesellschaft bürgerlichen Rechts, Partenreederei und die Europäische wirtschaftliche Interessenvereinigung. Auch **Auslandsgesellschaften** können erfasst sein.[84]

3. Gesellschaftsrechtliche Zulässigkeit

50 Abs. 3 übernimmt den Begriff der »gesellschaftsrechtlich zulässigen Regelung« aus der **Vorbildregelung** des **§ 225a Abs. 3 InsO**, auch wenn dieser bereits dort nicht unumstritten ist[85]. Gleichwohl ist zur Auslegung auf § 225a Abs. 3 InsO zurückzugreifen, zumal nach dem Willen des Gesetzgebers nach Abs. 3 durch einen Restrukturierungsplan alle Rechte und Rechtsverhältnisse gestaltet werden können sollen, die in einem Insolvenzplanverfahren der zwangsweisen Gestaltung durch einen Insolvenzplan unterworfen sind[86].

51 Nach h.M. zu § 225a InsO sind alle gesellschaftsrechtlichen Regelungen zulässig, die **»technisch« möglich** sind, d.h. nicht gegen zwingendes Gesellschaftsrecht verstoßen, das nicht durch speziellere Regelungen des Insolvenz(plan)rechts verdrängt wird[87]. So werden beispielsweise die gesellschaftsrechtlichen Regelungen zur Beschlussfassung, zum Minderheitenschutz und zum Gleichbehandlungsgrundsatz durch entsprechende Regelungen im Insolvenzplanrecht verdrängt[88]. Umstritten ist, inwieweit die gesellschaftsrechtliche Treuepflicht der Gesellschafter untereinander und im Verhältnis der Gesellschafter zur Gesellschaft verdrängt wird[89].

52 Die vorgenannten Grundsätze gelten für Abs. 3 entsprechend, sofern das StaRUG keine spezielleren Regelungen trifft[90].

4. Gestaltungsmöglichkeiten

53 Wie im Einzelnen die Änderung der Rechtsstellung der Inhaber von Anteils- und Mitgliedschaftsrechten durch den Plan erfolgen soll, ist gem. § 7 Abs. 1 im gestaltenden Teil des Plans festzulegen. Die Gestaltungsmöglichkeiten werden in § 7 Abs. 4 beispielhaft wie folgt konkretisiert:
- Debt-Equity-Swap (nicht gegen den Willen der betroffenen Gläubiger);
- Kapitalherabsetzung und -erhöhung;
- Leistung von Sacheinlagen;

---

82 Begr. RegE BT-Drucks. 19/24181, S. 113.
83 Begr. RegE BT-Drucks. 19/24181 a.a.O.; so auch *Thole*, ZIP 2023, 563, 564.
84 Dazu § 30 Rdn. 5.
85 Krit. insofern *Thole*, ZIP 2020, 1985, 1988.
86 Begr. RegE BT-Drucks. 19/24181, S. 111.
87 K. Schmidt-*Spliedt*, § 225a InsO Rn. 35; *Thole*, Rn. 232 ff., 238; ausführl. *Brünkmans/Greif-Werner*, ZInsO 2015, 1585, 1588 ff.; a.A.: Uhlenbruck-*Hirte*, § 225a InsO Rn. 41 m.w.N.; ausführl. *Mulert/Steiner*, NZG 2021, 673 ff.
88 Brünkmans/Thole-*Brünkmans*, § 31 Rn. 58; MK-InsO/*Eidenmüller*, § 225a Rn. 77; ausführl. *Thole*, Rn. 242 ff.; a.A.: Uhlenbruck-*Hirte*, § 225a InsO Rn. 41.
89 Ausführl. dazu *Thole*, Rn. 280 ff.
90 Ausführl. *Mulert/Steiner*, NZG 2021, 673, 676 f.

- Ausschluss von Bezugsrechten und
- Zahlung von Abfindungen an ausscheidende Anteilsinhaber.

Die Aufzählung in § 7 Abs. 4 nennt beispielhaft den Debt-Equity-Swap und Maßnahmen, die typischerweise im Rahmen dessen vorgenommen werden. Sie ist jedoch nicht abschließend[91]. 54

Vielmehr besteht ein **weiter Gestaltungsspielraum** wie bei der Parallelnorm des § 225a InsO, da Abs. 3 ausdrücklich **alle gesellschaftsrechtlich zulässigen Regelungen** erlaubt[92]. Die Gestaltung oder Übertragung von Anteils- und Mitgliedschaftsrechten sind nur besonders erwähnte Unterfälle[93]. 55

Denkbar sind neben der vorgenannten **Gestaltung oder Übertragung von Anteils- und Mitgliedschaftsrechten** insbesondere **Kapitalmaßnahmen** (z.B. Kapitelherabsetzung und Kapitalerhöhung)[94], **Umwandlungsmaßnahmen** (z.B. Formwechsel)[95], sonstige **Satzungsänderungen** (z.B. Änderung des Gesellschaftszwecks oder von Mehrheitsanforderungen)[96] oder auch **Änderungen der organschaftlichen Vertretung** (z.B. Abberufung und Neubestellung der Geschäftsführung)[97]. Ausführliche Darstellungen der gesellschaftsrechtlich zulässigen Gestaltungsmöglichkeiten im Rahmen der Parallelnorm des § 225a InsO finden sich bei Brünkmans/Thole-Brünkmans, § 32 und Kübler-HRI/Hölzle, § 31. 56

Nach § 7 Abs. 4 Satz 6 i.V.m. § 225a Abs. 4 InsO sind etwaige **Change of Control-Klauseln** suspendiert.[98] Tritt ein Gesellschafter aufgrund einer gesellschaftsrechtlichen Regelung nach Abs. 3 aus der Gesellschaft aus, gilt nach § 7 Abs. 4 Satz 6 für seine **Abfindung** § 225a Abs. 5 InsO entsprechend, d.h. für die Bestimmung der Höhe eines etwaigen Abfindungsanspruches ist die Vermögenslage maßgeblich, die sich bei einer Abwicklung des Schuldners eingestellt hätte. 56a

5. Registergericht

Die **Anmeldung zum Handelsregister** der im Plan geregelten gesellschaftsrechtlichen Maßnahmen haben die zuständigen Organe des Schuldners vorzunehmen und nicht etwa ein ggf. bestellter Restrukturierungsbeauftragter.[99] Eine Parallele zur Anmeldekompetenz des Insolvenzverwalters beim Insolvenzplan gem. § 254a Abs. 2 Satz 3 InsO kennt das StaRUG nicht.[100] 57

Die **Prüfungskompetenz des Registergerichts** ist aufgrund der vorherigen Prüfung des Restrukturierungsplans durch das Restrukturierungsgericht gem. §§ 60 ff. sowie eine ggf. bereits eingetretene Rechtskraft des Bestätigungsbeschlusses beschränkt.[101] 57a

VI. Gruppeninterne Drittsicherheiten (Abs. 4 Satz 1)

1. Regelungszweck

Die Gestaltbarkeit von gruppeninternen Drittsicherheiten nach Abs. 4 Satz 1 Halbs. 1 soll der **Erleichterung der Restrukturierung von Konzernen** dienen, indem die Eröffnung eines Insolvenzverfahrens oder die Inanspruchnahme der Instrumente des Stabilisierungs- und Restrukturierungs- 58

---

91 Vgl. entsprechend zum Insolvenzplan MK-InsO/*Eidenmüller*, § 225a Rn. 38.
92 Flöther-*Westpfahl/Dittmar*, StaRUG, § 2 Rn. 59.
93 Vgl. entsprechend zum Insolvenzplan MK-InsO/*Eidenmüller*, § 225a Rn. 23.
94 Ausführl. zur Kapitalerhöhung in der Krise: *Gehrlein*, ZInsO 2021, 175 ff.
95 Ausführl. zu Umwandlungsmaßnahmen nach dem StaRUG: *Brünkmans*, ZInsO 2024, 433 ff.; ferner *Mulert/Steiner*, NZG 2021, 673, 680 f.
96 *Mulert/Steiner*, NZG 2021, 673, 678.
97 BeckOK-StaRUG/*Skauradszun*, § 2 Rn. 90; Thole, Rn. 235, 238.
98 Flöther-*Westpfahl/Dittmar*, StaRUG, § 2 Rn. 59.
99 *Mulert/Steiner*, NZG 2021, 673, 677.
100 *Mulert/Steiner*, a.a.O.
101 Näher *Mulert/Steiner*, NZG 2021, 673, 681 f. mit ausführl. Nachw. zum entsprechenden Streitstand beim Insolvenzplan.

rahmens auf der Ebene der sicherheitenstellenden Konzerngesellschaft infolge der Inanspruchnahme der Sicherheit vermieden wird[102].

59 Die Regelung stellt ein **Novum** dar[103], da im Konzerninsolvenzrecht trotz der verfahrensmäßigen Koordination der Einzelverfahren die Grundsätze der Haftungstrennung und der rechtlichen Selbstständigkeit der konzernangehörigen Unternehmen gelten[104]. Die Neuregelung ist für das Insolvenzplanrecht durch das SanInsFoG in §§ 217 Abs. 2, 223a InsO entsprechend vorgenommen worden.

60 Wird die gruppeninterne Drittsicherheit nicht durch den Plan gestaltet, bleiben die Rechte der Restrukturierungsgläubiger gegenüber dem gruppeninternen Sicherungsgeber gem. § 67 Abs. 3 Satz 1 unberührt. Der Schuldner wird jedoch gem. § 67 Abs. 3 Satz 2 durch den Plan ihm gegenüber befreit wie gegenüber dem Gläubiger, d.h. der Regress des Drittsicherungsgebers ist dementsprechend begrenzt.

2. Verbundene Unternehmen i.S.d. § 15 AktG

61 Gruppeninterne Drittsicherheiten sind Sicherheiten, die den Inhabern von Restrukturierungsforderungen aus einer von einem verbundenen Unternehmen i.S.d. § 15 AktG als Bürge, Mitschuldner oder aufgrund einer anderweitig übernommenen Haftung oder an Gegenständen des Vermögens dieses Unternehmens zustehen.

62 Verbundene Unternehmen sind nach der **Legaldefinition** des § 15 AktG rechtlich selbstständige Unternehmen, die im Verhältnis zueinander in Mehrheitsbesitz stehende Unternehmen und mit Mehrheit beteiligte Unternehmen (§ 16 AktG), abhängige und herrschende Unternehmen (§ 17 AktG), Konzernunternehmen (§ 18 AktG), wechselseitig beteiligte Unternehmen (§ 19 AktG) oder Vertragsteile eines Unternehmensvertrags (§§ 291, 292 AktG) sind. Die Definition des § 15 AktG gilt auch für verbundene Unternehmen anderer Rechtsformen als der AG, einschließlich Einzelkaufleuten, Personengesellschaften und auch ohne dass eine AG beteiligt ist[105].

63 Sie gilt auch für **Rechtsträger ausländischer Rechtsformen**[106]. Bei dinglichen Drittsicherheiten, die sich in einem anderen Mitgliedstaat im Geltungsbereich der EuInsVO befinden, sperrt allerdings **§ 8 EuInsVO**[107] (vgl. zu internationalen Sachverhalten auch Rdn. 86 f.).

64 Der Regierungsentwurf sah noch eine Beschränkung auf die von **Tochterunternehmen** i.S.d. § 290 HGB gestellten Sicherheiten vor. Diese Regelung wurde jedoch auf Empfehlung des Rechtsausschusses des Bundestages auf verbundene Unternehmen i.S.d. § 15 AktG erweitert, weil Konzernrestrukturierungen auch dann erleichtert werden, wenn die Sicherheiten von anderen verbundenen Unternehmen i.S.d. § 15 AktG gestellt sind[108]. Die Änderung greift diesen Gedanken auf und ermöglicht so insbesondere die Einbeziehung von Sicherheiten, die vom **Mutterunternehmen** oder von einem **Schwesterunternehmen** gestellt worden sind[109]. Es sind also sowohl Upstream-Sicherheiten als auch Downstream- und Crossstream-Sicherheiten durch einen Restrukturierungsplan gestaltbar[110].

102 Vgl. Begr. RegE BT-Drucks. 19/24181, S. 113; ausführl. zur Behandlung gruppeninterner Sicherheiten nach dem StaRUG *Westpfahl/Dittmar*, NZI-Beilage 1/2021, S. 46 ff.; zu Fragen der Behandlung von gruppeninternen Drittsicherheiten bei der finanziellen Restrukturierung von Konzernen außerhalb des StaRUG: *Pleister*, ZIP 2015, 1097 ff.

103 Thole, ZIP 2020, 1985, 1988.

104 Vgl. K/P/B-*Prütting*, § 3a InsO Rn. 2 m.w.N.: »eine Person – ein Vermögen – ein Verfahren«.

105 K. Schmidt/Lutter-*Vetter*, AktG, § 15 Rn. 2 m.w.N.

106 *Westpfahl/Dittmar*, NZI-Beilage 1/2021, S. 46 m.w.N.

107 Zweifelnd *Westpfahl/Dittmar*, a.a.O.

108 Begr. RA BT-Drucks. 19/25353, S. 7.

109 Begr. RA BT-Drucks. 19/25353 a.a.O.

110 *Hoegen/Kranz*, NZI 2021, 105, 107.

Für die Gestaltbarkeit kommt es nicht darauf an, dass der gruppeninterne Drittsicherungsgeber von den besicherten Krediten profitiert oder selbst drohend zahlungsunfähig ist[111]. 65

3. Drittsicherheiten

Der Gestaltung nach Abs. 4 unterliegen die Rechte der Inhaber von Restrukturierungsforderungen, 66 die diesen aus einer von einem verbundenen Unternehmen im Sinne des § 15 AktG als Bürge, Mitschuldner oder aufgrund einer anderweitig übernommenen Haftung oder an Gegenständen des Vermögens dieses Unternehmens zustehen. Die Regelung ist weit gefasst und erfasst **alle gruppeninternen Personalsicherheiten und dinglichen Sicherheiten**[112]. Beispiele sind:
- **Bürgschaft, Schuldbeitritt, Garantie;**
- **Grundpfandrechte;**
- **Pfandrechte;**
- **Sicherungsübereignung und Sicherungsabtretung.**

Die Formulierung »an Gegenständen des Vermögens dieses Unternehmens zustehen« erfasst auch 67 durch Pfändung bewirkte Pfandrechte[113].

4. Kompensationspflicht

Nach Abs. 4 Satz 1 Halbs. 2 ist der Eingriff in die gruppeninterne Sicherheit gegenüber dem 68 betroffenen Sicherungsnehmer durch eine **angemessene Entschädigung** zu kompensieren.

Die Entschädigung des Sicherungsnehmers ist nach § 251 BGB grundsätzlich **in Geld** vorzu- 69 nehmen[114]. Denkbar sind jedoch auch **andere Formen** der Entschädigung wie z.B. ein Sicherheitentausch[115].

Nach den Gesetzesmaterialien ist die Entschädigung **aus dem Vermögen des Schuldners** zu leisten[116]. 70

Für die Angemessenheit der Entschädigung kommt es nach den Gesetzesmaterialien auf die **Wert-** 71 **haltigkeit der Sicherheit** an[117]. Dabei ist auf den **wirtschaftlichen Wert** der Sicherheit abzustellen und nicht auf einen etwaigen Buchwert[118]. Maßstab für die Bewertung der Sicherheit ist das nächstbeste Alternativszenario i.S.d. § 6 Abs. 2. Die Bemessung der Entschädigung muss dabei das Schlechterstellungsverbot des § 64 Abs. 1 Satz 1 beachten[119].

Der Wert der Sicherheit kann auch durch etwaige **rechtliche Verwertungsbeschränkungen** wie z.B. 72 aus dem Kapitalerhaltungsrecht (§§ 30 GmbHG, 57 AktG)[120] oder im Hinblick auf im Sicherungsvertrag vereinbarte Verwertungsbeschränkungen (sog. Limitation Language)[121] reduziert sein.

Gem. § 73 Abs. 3 Nr. 1 kann das Restrukturierungsgericht für die Prüfung der Angemessenheit der 73 Entschädigung einen **Restrukturierungsbeauftragten als Sachverständigen** bestellen.

---

111 *Hoegen/Kranz,* NZI 2021, 105, 107.
112 Hoegen/Kranz, NZI 2021, 105, 107; ausführl. zu grenzüberschreitenden Eingriffen in Drittsicherheiten durch öffentliche Restrukturierungspläne: *Zehlicke,* ZInsO 2023, 933 ff. (schuldrechtliche Drittsicherheiten) und ZInsO 2023, 986 ff. (dingliche Drittsicherheiten).
113 Braun-*Esser,* StaRUG, § 2 Rn. 46.
114 Braun-*Esser,* StaRUG, § 2 Rn. 55.
115 Braun-*Esser,* StaRUG, § 2 Rn. 63.
116 Begr. RegE BT-Drucks. 19/24181, S. 113; *Hoegen/Kranz,* NZI 2021, 105, 108; weitergehend Braun-*Esser,* StaRUG, § 2 Rn. 62, der auch Entschädigungsleistungen Dritter zulassen will.
117 Begr. RegE BT-Drucks. 19/24181, S. 113.
118 *Westpfahl/Dittmar,* NZI 1/2021, S. 46, 47.
119 *Hoegen/Kranz,* NZI 2021, 105, 108.
120 Vgl. Begr. RegE BT-Drucks. 19/24181, S. 113.
121 Vgl. Braun-*Esser,* StaRUG, § 2 Rn. 60.

5. Zustimmung des Drittsicherungsgebers

74 Sieht der Restrukturierungsplan Eingriffe in die Rechte von Gläubigern aus gruppeninternen Drittsicherheiten vor, so ist dem Plan nach § 15 Abs. 4 die Zustimmung des verbundenen Unternehmens beizufügen, das die Sicherheit gestellt hat. Es soll dem gruppeninternen Drittsicherungsgeber die Entscheidung verbleiben, den Gläubiger des Schuldners aufgrund der gestellten Drittsicherheit voll zu befriedigen[122]. Ausnahmen von dem Zustimmungsvorbehalt sieht das Gesetz nicht vor[123]. Allerdings ist die Geschäftsleitung des Drittsicherungsgebers diesem gegenüber zu sorgfaltsgemäßem Verhalten verpflichtet[124].

6. Gestaltungsmöglichkeiten

75 Wie die Rechtsstellung der Inhaber der Rechte aus gruppeninternen Drittsicherheiten durch den Plan geändert werden soll, ist gem. § 7 Abs. 1 im gestaltenden Teil des Plans festzulegen. In § 7 Abs. 2 Satz 1, der nach § 7 Abs. 2 Satz 2 für gruppeninterne Sicherheiten i.S.d. § 2 Abs. 4 entsprechend gilt, nennt das Gesetz als Gestaltungsmöglichkeiten nach dem Vorbild des § 223 Abs. 2 InsO die Kürzung, Stundung oder sonstige Regelungen. Als sonstige Regelungen kommen z.B. Sicherheitenfreigabe, Sicherheitentausch, Rangänderung oder auch Poolbildung in Betracht.

VII. Persönlich haftende Gesellschafter (Abs. 4 Satz 2)

1. Haftungsbeschränkung

76 Aus §§ 11 Satz 2, 67 Abs. 2 ergibt sich, dass bei rechtsfähigen Personengesellschaften (vgl. zum Begriff § 11 Abs. 2 Nr. 1 InsO) oder KGaA (§§ 278 ff. AktG) auch die persönliche Haftung der unbeschränkt persönlich haftenden Gesellschafter durch einen Restrukturierungsplan beschränkt werden kann und dass, sofern der Plan nichts anderes bestimmt, die persönlich haftenden Gesellschafter von ihrer persönlichen Haftung für die in den Plan einbezogenen Restrukturierungsforderungen und Absonderungsanwartschaften entsprechend wie der Schuldner befreit werden.

77 Mit der persönlichen Haftung der Gesellschafter ist die Haftung gem. §§ 128, 161 HGB, die bei der GbR entsprechend gilt[125], bzw. § 278 AktG für die KGaA gemeint. Eine etwaige persönliche Haftung des Gesellschafters als Mitschuldner, Bürge o.Ä. bleibt hingegen gem. § 67 Abs. 3 Satz 1 unberührt, während sein Rückgriffsanspruch nach § 67 Abs. 3 Satz 2 beschränkt ist.

78 Die **Beschränkung der persönlichen Haftung der Gesellschafter** gem. §§ 11 Satz 2, 67 Abs. 2 entspricht der Vorschrift des § 227 Abs. 2 InsO beim Insolvenzplan. Beide Regelungen folgen dem Grundsatz der Akzessorietät der Gesellschafterhaftung. Zudem setzt eine nachhaltige Restrukturierung in der Regel auch eine entsprechende Entschuldung der persönlich haftenden Gesellschafter voraus[126], die allerdings durch die Kompensationspflicht nach Abs. 4 Satz 2 relativiert wird.

2. Kompensationspflicht

79 In Abs. 4 Satz 2 sieht das StaRUG anders als im Insolvenzplanrecht vor, dass die Beschränkung der persönlichen Haftung eines persönlich haftenden Gesellschafters einer Rechtsfähige Personengesellschaft durch eine angemessene Entschädigung zu kompensieren ist. Für die KGaA gilt diese Kompensationspflicht nach dem Gesetzeswortlaut nicht[127]. Nach den Gesetzesmaterialien soll die **Kompensationspflicht** vermeiden, dass die Gläubiger der Gesellschaft, die darauf vertrauen durften, dass ihnen neben dem Vermögen der Gesellschaft auch das Vermögen des persönlich haftenden

122 Begr. RegE BT-Drucks. 19/24181, S. 121.
123 *Hoegen/Kranz*, NZI 2021, 105, 108.
124 *Hoegen/Kranz*, a.a.O.
125 BGHZ 146, 341.
126 Näher Begr. RegE BT-Drucks. 19/24181, S. 165.
127 Braun-*Esser*, StaRUG, § 2 Rn. 68.

Gesellschafters als Haftungsmasse unbeschränkt zur Verfügung steht, durch einen kompensationslosen Ausschluss der Haftung unangemessen benachteiligt werden[128].

Nach dem Gesetzeswortlaut ist die Haftungsbeschränkung durch eine angemessene Entschädigung zu kompensieren. Anspruchsberechtigt sind die planbetroffenen Gläubiger, denen gegenüber die persönliche Haftung des Gesellschafters beschränkt wird. Nach den Gesetzesmaterialien bestimmt sich die Angemessenheit der Entschädigung in der **Höhe nach der Werthaltigkeit der persönlichen Gesellschafterhaftung**, d.h. des Anspruchs der Gläubiger gegen den bzw. die persönlich haftenden Gesellschafter[129]. Eine bestimmte Art der Entschädigung regelt das Gesetz nicht. 80

C. Maßgeblicher Zeitpunkt (Abs. 5)

Während im Insolvenzverfahren für die Feststellung und Bewertung der jeweiligen Rechtsverhältnisse auf den Zeitpunkt der Eröffnung des Insolvenzverfahrens abgestellt wird (vgl. §§ 38, 41, 45 InsO), kennt der präventive Restrukturierungsrahmen keinen vergleichbaren Zeitpunkt. Abs. 5 regelt daher entsprechende Zeitpunkte für unterschiedliche Konstellationen: 81

Beantragt der Schuldner eine **gerichtliche Planabstimmung**, so kommt es gem. Abs. 5 Satz 1 auf den Zeitpunkt der **Antragstellung** nach § 45 an. 82

Tut er dies nicht, sondern sieht er eine **außergerichtliche Planabstimmung** nach § 20 vor, ist maßgebend der Zeitpunkt der **Unterbreitung des Planangebots** nach § 17. Unterbreitung ist dabei als Abgabe des Planangebots durch den Schuldner und nicht als Zugang des Planangebots bei den Planbetroffenen auszulegen (dazu § 17 Rdn. 25 ff.). Aus Praktikabilitätsgründen sollte für den Schuldner die Möglichkeit bestehen, den Zeitpunkt der Unterbreitung des Planangebots nach pflichtgemäßem Ermessen im Planangebot festzulegen[130]. 83

Erwirkt der Schuldner bereits **vorher** eine **Stabilisierungsanordnung** nach § 49, so kommt es nach Abs. 5 Satz 2 auf den Zeitpunkt der **Erstanordnung** durch das Restrukturierungsgericht an. 84

Da der Wortlaut des Abs. 5 auf den **Zeitpunkt** und nicht auf einen Stichtag abstellt, dürfte wie nach § 27 Abs. 2 Nr. 5 InsO grundsätzlich auf den genauen Zeitpunkt abzustellen sein. Gleichwohl sollte die Erstellung des Restrukturierungsplans auf den entsprechenden **Stichtag** aus Praktikabilitätsgründen ausreichen, wenn sich daraus insoweit keine rechtserheblichen Folgen ergeben. 85

D. Internationale Sachverhalte

Bei grenzüberschreitenden Sachverhalten werden Restrukturierungsverfahren im Geltungsbereich der **EuInsVO** nach Maßgabe der Art. 19 ff. EuInsVO automatisch anerkannt, wenn das Restrukturierungsverfahren in den Anhang A der EuInsVO aufgenommen ist und es sich um eine öffentliche Restrukturierungssache nach §§ 84 ff. handelt. Die §§ 84 ff. treten gem. Art. 25 Abs. 3 SanInsFoG jedoch erst **ab 17.07.2022** in Kraft (näher zum Ganzen § 84 Rdn. 41 ff.). 86

Für **sonstige grenzüberschreitende Sachverhalte** gelten die allgemeinen Regeln des internationalen Privat- und Zivilverfahrensrechts[131]. 87

§ 3 Bedingte und nicht fällige Restrukturierungsforderungen; Forderungen aus gegenseitigen Verträgen

(1) Restrukturierungsforderungen sind auch dann gestaltbar, wenn sie bedingt oder noch nicht fällig sind.

---

128 Begr. RegE BT-Drucks. 19/24181, S. 114.
129 Begr. RegE BT-Drucks. 19/24181, S. 114.
130 Braun-*Esser*, StaRUG, § 2 Rn. 70.
131 Ausführl. dazu BeckOK-StaRUG/*Skauradszun*, § 2 Rn. 11 ff.

(2) Restrukturierungsforderungen aus gegenseitigen Verträgen sind nur insoweit gestaltbar, als die dem anderen Teil obliegende Leistung bereits erbracht ist.

Übersicht

A. Normzweck

1 Die Norm ergänzt § 2, indem sie hinsichtlich der **Gestaltbarkeit von Rechtsverhältnissen** einerseits eine **Klarstellung** vornimmt für bedingte und für noch nicht fällige Forderungen (Abs. 1) und andererseits eine **Einschränkung** anordnet für Restrukturierungsforderungen aus gegenseitigen Verträgen (Abs. 2).

B. Gestaltbarkeit von Restrukturierungsforderungen in Sonderfällen

I. Bedingte Forderungen (Abs. 1)

2 Nach Abs. 1 Alt. 1 sind Restrukturierungsforderungen auch dann gestaltbar, wenn sie bedingt sind. Sowohl **aufschiebend als auch auflösend bedingte Forderungen** (§ 158 BGB) sind erfasst[1]. Auch aufschiebend bedingte Forderungen können die Vermögens- und Finanzlage des Schuldners belasten und damit ein Bedürfnis nach Anpassung auslösen[2]. **Befristete Forderungen** sind gem. § 163 BGB gleichgestellt[3].

3 Für Zwecke der **Bestimmung des Stimmrechts**, das Restrukturierungsforderungen gewähren, werden bedingte Forderungen nach § 24 Abs. 2 Nr. 1 mit dem ihnen unter Berücksichtigung der Wahrscheinlichkeit des Bedingungseintritts zukommenden Wert angesetzt.

II. Nicht fällige Forderungen (Abs. 1)

4 Nach Abs. 1 Alt. 2 sind Restrukturierungsforderungen auch dann gestaltbar, wenn sie noch nicht fällig sind, z.B. wegen entsprechender vertraglicher Fälligkeitsregelung oder Stundung. Das folgt bereits aus § 2 Abs. 1 Nr. 1, demzufolge es für die Gestaltbarkeit auf die **Begründetheit der Forderung** zu dem nach § 2 Abs. 5 maßgeblichen Zeitpunkt und nicht auf die Fälligkeit ankommt[4]. Für die Frage der Begründung der Forderung ist auf die Grundsätze zurückzugreifen, nach denen sich die Begründetheit im Sinne des § 38 InsO richtet[5]. Künftige Forderungen, die in dem nach § 2 Abs. 5 maßgeblichen Zeitpunkt noch nicht begründet sind, sind auch noch nicht gestaltbar[6].

5 Für Zwecke der **Bestimmung des Stimmrechts**, das Restrukturierungsforderungen gewähren, werden nicht fällige unverzinsliche Forderungen nach § 24 Abs. 2 Nr. 1 mit dem Betrag, der sich in entsprechender Anwendung des § 41 Abs. 2 InsO durch Abzinsung auf den Tag der Planvorlage ergibt, angesetzt.

1 Begr. RegE BT-Drucks. 19/24181, S. 114; Seibt/Westphal-*Herding/Krafczyk*, § 3 Rn. 8; vgl. zur Berücksichtigung nicht fälliger bzw. auflösend bedingter Forderungen im Insolvenzverfahren §§ 41, 42 InsO.

2 Begr. RegE a.a.O.

3 Braun-*Esser*, StaRUG, § 2 Rn. 3; Flöther-*Westphal/Dittmar*, StaRUG, § 3 Rn. 4; vgl. auch BGH, ZInsO 2010, 1332 zu § 41 InsO.

4 Begr. RegE BT-Drucks. 19/24181, S. 114.

5 Begr. RegE BT-Drucks. 19/24181, S. 111.

6 Flöther-*Westphal/Dittmar*, StaRUG, § 3 Rn. 4; Seibt/Westphal-*Herding/Krafczyk*, § 3 Rn. 12.

III. Forderungen aus gegenseitigen Verträgen (Abs. 2)

Restrukturierungsforderungen aus gegenseitigen Verträgen sind nach Abs. 2 nur insoweit gestaltbar, als die dem anderen Teil obliegende Leistung bereits erbracht ist. Die Regelung erhält dem Vertragspartner des Schuldners die **Einrede des nichterfüllten Vertrages** gem. **§ 320 BGB**, d.h. er soll nicht vorleisten und die Restrukturierung seiner Forderung hinnehmen müssen[7]. Damit bietet Abs. 2 **Schutz vor Eingriffen in das vertragliche Synallagma**[8]. Eingriffe in laufende Vertragsverhältnisse sind jedoch möglich hinsichtlich von Nebenbestimmungen i.S.d. § 2 Abs. 2,[9] ferner bei Nebenleistungspflichten, die nicht im Synallagma stehen.[10] Abs. 2 gilt auch für **Kreditverträge**, soweit der Kreditgeber das Darlehen bereits ausgereicht hat.[11] Die Vorschrift gilt ferner für **Dauerschuldverhältnisse** wie Miet-, Pacht oder Leasingverhältnisse, bei denen die wechselseitigen Einzelansprüche jeweils neu entstehen[12], hinsichtlich der bis zu dem in § 2 Abs. 5 genannten Zeitpunkt entstandenen Restrukturierungsforderungen und Absonderungsanwartschaften.[13] Nachdem der Gesetzgeber auch die Möglichkeit der Vertragsbeendigung gem. §§ 51 ff. StaRUG-E nicht übernommen hat, bleibt es insoweit bei dem Grundsatz pacta sunt servanda. Bei **teilbaren Leistungen** gilt § 105 Satz 1 InsO entsprechend[14], wie auch § 55 Abs. 1 Satz 1 zeigt. Sind also die geschuldeten Leistungen i.S.v. § 105 Satz 1 InsO teilbar und hat der andere Teil die ihm obliegende Leistung zu dem nach § 2 Abs. 5 maßgeblichen Zeitpunkt bereits teilweise erbracht, ist auch der Anspruch auf die dementsprechende Gegenleistung nach § 2 Abs. 1 Nr. 1 gestaltbar[15]. 6

Die Regelung des Abs. 2 hat rechtspolitische Kritik erfahren, weil sie die Forderung des vorleistenden Gläubigers der Gestaltbarkeit unterwirft, während sie den nicht vorleistenden Gläubiger vor der Einbeziehung in den Restrukturierungsplan ohne hinreichenden Grund schütze[16]. Nach überwiegender Auffassung wird jedoch in dem mit der Vorleistung übernommenen Kreditrisiko zu Recht ein hinreichender Grund für die Differenzierung in Abs. 2 gesehen[17]. 7

§ 4 Ausgenommene Rechtsverhältnisse

[1]Einer Gestaltung durch einen Restrukturierungsplan sind unzugänglich:
1. **Forderungen von Arbeitnehmern aus oder im Zusammenhang mit dem Arbeitsverhältnis, einschließlich der Rechte aus Zusagen auf betriebliche Altersversorgung,**
2. **Forderungen aus vorsätzlich begangenen unerlaubten Handlungen und**
3. **Forderungen nach § 39 Absatz 1 Nummer 3 der Insolvenzordnung.**

[2]Handelt es sich bei dem Schuldner um eine natürliche Person, gilt dies auch für Forderungen und Absonderungsanwartschaften, die mit dessen unternehmerischer Tätigkeit in keinem Zusammenhang stehen.

7 Begr. RegE BT-Drucks. 19/24181, S. 158; *Bitter*, ZInsO 2023, 65, 68; ausführl. zu gegenseitigen Verträgen im StaRUG: *Marotzke*, ZInsO 2021, 21 ff.
8 Begr. RegE BT-Drucks. 19/24181, S. 114; MK-StaRUG/*Prusko*, § 3 Rn. 10.
9 Jacoby/Thole-*Hofmann*, § 3 Rn. 7; Seibt/Westphal-*Herding/Krafczyk*, § 3 Rn. 18.
10 Uhlenbruck/*Mock*, § 3 StaRUG Rn. 6; vgl. zur Gestaltbarkeit von vertraglichen Nebenbestimmungen in zweiseitigen Verträgen auch § 2 Rdn. 43.
11 MK-StaRUG/*Prusko*, § 3 Rn. 21; ausführl. *Bitter*, ZInsO 2023, 65 ff.
12 Flöther-*Westphal/Dittmar*, StaRUG, § 2 Rn. 10.
13 Jacoby/Thole-*Hofmann*, § 3 Rn. 9.
14 Braun-*Esser*, StaRUG, § 2 Rn. 9; Flöther-*Westphal/Dittmar*, StaRUG, § 3 Rn. 7.
15 Flöther-*Westphal/Dittmar*, StaRUG, § 3 Rn. 7.
16 Ausführl. *Marotzke*, ZInsO 2022, 2504 ff.
17 BeckOK-StaRUG/*Skauradszun*, § 3 Rn. 13 ff.; Flöther-*Westphal/Dittmar*, StaRUG, § 3 Rn. 9; MK-StaRUG/*Prusko*, § 3 Rn. 9; Seibt/Westphal-*Herding/Krafczyk*, § 3 Rn. 14.

Übersicht

A. Normzweck

1 Die Norm ergänzt § 2 und regelt, welche Forderungen und Rechte von einer Gestaltung durch einen Restrukturierungsplan ausgenommen sind. Die Gründe für den Ausschluss einzelner Rechtsverhältnisse sind unterschiedlich und ergeben sich aus dem jeweiligen Regelungszusammenhang.

2 Forderungen, die nach § 4 einer Gestaltung durch einen Restrukturierungsplan unzugänglich sind, bleiben folgerichtig gem. § 49 Abs. 2 Satz 1 auch von einer Stabilisierungsanordnung und deren vertragsrechtlichen Wirkungen unberührt (näher dazu § 49 Rdn. 71).

B. Ausgenommene Rechtsverhältnisse

I. Forderungen aus Arbeitsverhältnissen (Satz 1 Nr. 1)

3 Nach Satz 1 Nr. 1 sind Forderungen von Arbeitnehmern aus oder im Zusammenhang mit dem Arbeitsverhältnis, einschließlich der Rechte aus Zusagen auf betriebliche Altersversorgung, von der Gestaltung durch einen Restrukturierungsplan ausgenommen. Der **Schutz der Rechte der Arbeitnehmer** ergibt sich grundlegend und weitergehend aus Art. 13 der EU-Richtlinie 2019/1023.

4 Der Gesetzgeber hat mit Satz 1 Nr. 1 von seinem Wahlrecht nach Art. 1 Abs. 5 Buchst. a) der EU-Richtlinie 2019/1023 Gebrauch gemacht. Er geht davon aus, dass bei Unternehmen, die schon nicht mehr in der Lage sind, die bestehenden Forderungen gegenüber ihren Arbeitnehmern zu begleichen, eine derart vertiefte Krise bestehe, dass sich diese mit den teilkollektiven Verfahrenshilfen des Stabilisierungs- und Restrukturierungsrahmens nicht angemessen bewältigen lasse[1].

5 Sollen im Rahmen eines Restrukturierungsvorhabens personalwirtschaftliche Restrukturierungsmaßnahmen vorgenommen werden, müssen diese unter Beachtung der allgemeinen kollektiv- und individualarbeitsrechtlichen Regelungen außerhalb des Plans vorgenommen und ggf. über Bedingungen mit dem Plan verknüpft werden[2].

6 Zur Auslegung des **Begriffs des Arbeitsverhältnisses** ist nach Art. 13 Abs. 1 der EU-Richtlinie 2019/1023 auf das Arbeitsrecht der EU und das nationale Arbeitsrecht abzustellen. In Deutschland ist der Begriff des Arbeitnehmers in § 611a BGB legal definiert. Danach ist ein Arbeitnehmer im Dienste eines anderen zur Leistung weisungsgebundener, fremdbestimmter Arbeit in persönlicher Abhängigkeit verpflichtet. Keine Arbeitnehmer sind **AG-Vorstände** mangels Weisungsgebundenheit (§ 76 Abs. 1 AktG).[3] Auch beim **GmbH-Geschäftsführer** kommt jedenfalls nach der BAG-Rechtsprechung eine Weisungsgebundenheit, die so stark ist, dass sie auf einen Status als Arbeitnehmer schließen lässt, allenfalls in extremen Ausnahmefällen in Betracht.[4] Auch **Gesellschafter** können in einem Arbeitsverhältnis zur Gesellschaft stehen, wenn sie als Kapitaleigner keinen so großen Einfluss auf die Führung der Gesellschaft haben, dass sie über ihre Gesellschafterstellung letztlich auch die Leitungsmacht haben[5]. Dementsprechend kann regel-

1 Begr. RegE BT-Drucks. 19/24181, S. 114.
2 Begr. RegE BT-Drucks. 19/24181, S. 110, 115.
3 Jacoby/Thole-*Hofmann*, § 4 Rn. 7.
4 BAG, ZInsO 2021, 1685; anders bei Abschluss eines Arbeitsvertrages anstelle eines Dienstvertrages: BAG, ZInsO 2023, 2557.
5 BAG, NZA 2014, 1293, Ls. 3.

mäßig ein Gesellschafter, dem mehr als 50 % der Stimmrechte zustehen, nicht zugleich Arbeitnehmer dieser Gesellschaft sein, im Regelfall auch nicht der Minderheitsgesellschafter bei Bestehen einer Sperrminorität[6].

Nach dem weiten Gesetzeswortlaut sind alle **Forderungen von Arbeitnehmern** aus oder im Zusammenhang mit dem Arbeitsverhältnis **einschließlich** der Rechte aus Zusagen auf **betriebliche Altersversorgung** von der Gestaltbarkeit ausgenommen, d.h. **Primäransprüche** (z.B. auf Arbeitsentgelt, Urlaubsabgeltung, Abfindung oder aus Sozialplan) wie auch **Sekundäransprüche** z.B. auf Schadensersatz[7]. 6a

Da das präventive Restrukturierungsverfahren nach dem StaRUG kein Insolvenzverfahren ist und außerdem Forderungen von Arbeitnehmern aus oder im Zusammenhang mit dem Arbeitsverhältnis einschließlich der Rechte aus Zusagen auf betriebliche Altersversorgung nach Satz 1 Nr. 1 unberührt bleiben, besteht weder direkt noch analog Anspruch auf **Insolvenzgeld** gem. §§ 165 ff. SGB III bzw. **Insolvenzsicherung** gem. §§ 7 ff. BetrAVG[8]. 6b

Keine unmittelbaren Forderungen von Arbeitnehmern und deswegen gestaltbar sind Forderungen der Sozialversicherungsträger auf **Sozialversicherungsbeiträge**, auch hinsichtlich des Arbeitnehmeranteils am Gesamtsozialversicherungsbeitrag[9]. Entsprechendes gilt für **Lohnsteuerforderungen** des Finanzamtes.[10] 6c

II. Forderungen aus vorsätzlich unerlaubten Handlungen (Satz 1 Nr. 2)

Nach Satz 1 Nr. 2 sind Forderungen aus **vorsätzlich begangenen unerlaubten Handlungen** nicht der Gestaltung durch einen Restrukturierungsplan zugänglich. Das gilt auch nach Forderungsübergang durch Abtretung[11] oder Erbschaft[12]. 7

Forderungen aus fahrlässig begangenen unerlaubten Handlungen bleiben von Satz 1 Nr. 2 unberührt und gestaltbar. Der Gesetzgeber hat hier von seinem Wahlrecht nach Art. 1 Abs. 5 Buchst. c) der EU-Richtlinie 2019/1023 Gebrauch gemacht. Er will damit wie in **§ 302 Nr. 1 InsO** die von der Haftung für vorsätzliches Handeln ausgehende **Steuerungswirkung** bewahren[13]. Satz 1 Nr. 2 gilt für Haupt- und Nebenforderungen aus unerlaubter Handlung[14].

Abweichend von § 302 Nr. 1 InsO sind jedoch **Forderungen aus einem Steuerschuldverhältnis** nach dem Willen des Gesetzgebers auch dann gestaltbar, wenn der Schuldner im Zusammenhang damit wegen einer Steuerstraftat nach den §§ 370, 373 oder § 374 AO rechtskräftig verurteilt worden ist[15]. Anderenfalls hätten nach Ansicht des Gesetzgebers Zweifel an der Vereinbarkeit mit Art. 1 Abs. 5 Buchst. c) der EU-Richtlinie 2019/1023 bestanden, der einen Ausschluss nur für Forderungen aus einer deliktischen Haftung des Schuldners vorsieht, während der Steueranspruch als solcher unabhängig von einem deliktischen Verhalten des Schuldners entsteht[16]. 8

6 BAG, NZA 2014, 1293, Rn. 22.
7 Braun-*Esser*, StaRUG, § 4 Rn. 6; BeckOK-StaRUG/*Skauradszun*, § 4 Rn. 6.
8 BeckOK-StaRUG/*Skauradszun*, § 4 Rn. 7 ff.
9 AG Hannover, ZInsO 2023, 804, 807 ff. mit umfangreichen Nachweisen.
10 Vgl. auch Rdn. 8.
11 MK-StaRUG/*Prusko*, § 3 Rn. 13.
12 *Marotzke*, ZInsO 2023, 2673, 678.
13 Begr. RegE BT-Drucks. 19/24181, S. 115.
14 Flöther-*Westphal/Dittmar*, StaRUG, § 4 Rn. 6.
15 Begr. RegE BT-Drucks. 19/24181, S. 115.
16 Begr. RegE BT-Drucks. 19/24181, S. 115.

III. Forderungen nach § 39 Abs. 1 Nr. 3 InsO (Satz 1 Nr. 3)

9 Nicht der Gestaltung durch einen Restrukturierungsplan zugänglich sind auch Forderungen nach § 39 Abs. 1 Nr. 3 InsO, also **Geldstrafen, Geldbußen, Ordnungsgelder und Zwangsgelder** sowie solche **Nebenfolgen einer Straftat oder Ordnungswidrigkeit**, die zu einer Geldzahlung verpflichten.

10 Die Regelung entspricht der des § 225 Abs. 3 InsO für das Insolvenzplanrecht. Der Gesetzgeber will damit den Sanktionscharakter der betreffenden Forderungen und so deren Steuerungswirkung wie bei vorsätzlich begangenen unerlaubten Handlungen erhalten[17]. Er sieht diese Ausnahme von der Gestaltbarkeit ebenfalls bzw. erst recht nach Art. 1 Abs. 5 Buchst. c) der EU-Richtlinie 2019/1023 als zulässig an[18].

IV. Forderungen und Absonderungsanwartschaften ohne Zusammenhang zur unternehmerischen Tätigkeit bei natürlichen Personen (Satz 2)

11 Der Stabilisierungs- und Restrukturierungsrahmen ist auf die Unternehmensrestrukturierung zugeschnitten[19], wie sich auch aus § 30 Abs. 1 ergibt. Folgerichtig sind Forderungen gegenüber natürlichen Personen und an deren Vermögen bestehende Absonderungsanwartschaften auch nur insoweit einer Gestaltung durch einen Restrukturierungsplan zugänglich, als sie aus der unternehmerischen Tätigkeit resultieren oder damit im Zusammenhang stehen[20].

Abschnitt 2 Anforderungen an den Restrukturierungsplan

§ 5 Gliederung des Restrukturierungsplans

[1]Der Restrukturierungsplan besteht aus einem darstellenden Teil und einem gestaltenden Teil. [2]Er enthält mindestens die nach der Anlage zu diesem Gesetz erforderlichen Angaben. [3]Dem Restrukturierungsplan sind die nach den §§ 14 und 15 erforderlichen Anlagen beizufügen.

Übersicht

A. Überblick

1 Als Auftaktvorschrift des mit »*Anforderungen an den Restrukturierungsplan*« überschriebenen Gesetzesabschnitts normiert die Vorschrift einen **Standard** für den Aufbau von Restrukturierungsplänen. Sie legt für den Restrukturierungsplan eine **Mindestgliederung** – mit einem darstellenden und einem gestaltenden Teil – fest (Satz 1). In jeden Restrukturierungsplan sind darüber hinaus bestimmte **Mindestangaben** aufzunehmen, die in der Gesetzesanlage vorgegeben sind (Satz 2). Die Erklärung zur Bestandsfähigkeit (§ 14 Abs. 1), die Vermögensübersicht (§ 14 Abs. 2 Satz 1), der Ergebnis- und Finanzplan (§ 14 Abs. 2 Satz 2 und 3) sowie etwaige weitere Erklärungen gem. § 15 sind dem Plan als **Pflichtanlagen** beizufügen. Der Wortlaut von Satz 1 und 3 der Vorschrift lehnt sich dabei an den Wortlaut der Schwestervorschrift des § 219 InsO an.[1] Mit dem Verweis auf die in der Anlage

17 Begr. RegE BT-Drucks. 19/24181, S. 115.
18 Begr. RegE a.a.O.
19 Begr. RegE BT-Drucks. 19/24181, S. 115.
20 Begr. RegE a.a.O.
1 Vgl. RegE BT-Drucks. 19/24181, S. 115.

aufgeführten Mindestangaben (Satz 2) setzt die Vorschrift die Vorgaben in Art. 8 Abs. 1 der Restrukturierungsrichtlinie[2] um.

B. Regelungsinhalt

Die durch § 5 vorgegebene **Trennung** von darstellendem und gestaltendem Teil ist der **unterschiedlichen Funktion** beider Teile geschuldet:[3] Der **gestaltende Teil** des Restrukturierungsplans legt fest, wie sich die Rechtsstellung der Planbetroffenen durch den Plan ändert (§ 7 Abs. 1). Mit Verkündung des Planbestätigungsbeschlusses (§ 65 Abs. 1) treten die im gestaltenden Teil festgelegten Wirkungen für und gegen alle Planbetroffenen ein (§ 67 Abs. 1), mit Rechtskraft des Bestätigungsbeschlusses können die Restrukturierungsgläubiger, deren Forderungen im Bestätigungsbeschluss nicht als bestritten ausgewiesen sind, aus dem Restrukturierungsplan die Zwangsvollstreckung gegen den Schuldner betreiben (§ 71 Abs. 1). Weil das Gericht an den abgestimmten Plan gebunden ist, müssen die Gestaltungswirkungen des Restrukturierungsplans im gestaltenden Teil schon bei der Planabstimmung eindeutig und vollständig beschrieben sein.[4] Das vollstreckungsrechtliche Bestimmtheitsgebot und der sachenrechtliche Bestimmtheitsgrundsatz sind zu beachten,[5] grundbuch- und registerrechtlichen Erfordernissen ist zu genügen. Die Funktion des **darstellenden Teils** besteht hingegen in der Erläuterung des gestaltenden Teils und der Information der Planbetroffenen sowie des Restrukturierungsgerichts, damit diese den Restrukturierungsplan beurteilen und über ihn entscheiden können.[6] Wegen dieser unterschiedlichen Funktionen sind beide Teile streng zu trennen.[7] 2

Die Gliederung ist **zwingend**.[8] D.h., jeder Restrukturierungsplan muss einen darstellenden Teil und einen gestaltenden Teil aufweisen, die auch als solche bezeichnet werden sollten und denen die gem. §§ 14 und 15 erforderlichen Pflichtanlagen beizufügen sind; weitere Teile sind grundsätzlich ausgeschlossen.[9] Gestaltungsspielraum hat der Planverfasser hingegen im Rahmen der durch § 5 vorgegebenen Teile: Je nach Einzelfall können (und sollten) diese durchaus unterschiedlich aufgebaut sein und in ihrer Länge variieren.[10] Zusätzliche Anlagen können dem Restrukturierungsplan hinzugefügt werden, wenn dies sinnvoll ist und der Übersichtlichkeit dient. 3

Zu **Einzelheiten** betreffend den darstellenden und den gestaltenden Teil wird auf die Kommentierung zu §§ 6 und 7, zu Einzelheiten betreffend die Pflichtanlagen (§ 5 Satz 3) auf die Kommentierung zu §§ 14 und 15 verwiesen. Zu den Mindestangaben vgl. auch die Kommentierung der Anlage zu § 5 Satz 2. 4

2 Richtlinie (EU) 2019/1023 des Europäischen Parlaments und des Rates vom 20.06.2019 über präventive Restrukturierungsrahmen, über Entschuldung und über Tätigkeitsverbote sowie über Maßnahmen zur Steigerung der Effizienz von Restrukturierungs-, Insolvenz- und Entschuldungsverfahren und zur Änderung der Richtlinie (EU) 2017/1132 (Richtlinie über Restrukturierung und Insolvenz).

3 Vgl. RegE BT-Drucks. 19/24181, S. 116.

4 Vgl. RegE BT-Drucks. 19/24181, S. 116.

5 Vgl. zum gestaltenden Teil des Insolvenzplans: MK-InsO/*Eidenmüller* § 221 Rn. 16 ff.

6 Vgl. RegE BT-Drucks. 19/24181, S. 116; vgl. zum darstellenden Teil des Insolvenzplans: HK-InsO/*Fiebig* § 219 Rn. 2; K. Schmidt-*Spliedt* § 219 Rn. 1; HambKomm-InsR/*Thies* § 219 Rn. 2; K/P/B-*Spahlinger*, § 219 Rn. 5 m.w.N.

7 Vgl. zum Insolvenzplan: HK-InsO/*Fiebig* § 219 Rn. 2; K. Schmidt-*Spliedt* § 219 Rn. 1; HambKomm-InsR/*Thies* § 219 Rn. 2; MK-InsO/*Eilenberger* § 219 Rn. 5; Andres/Leithaus-*Andres* §§ 219, 220, 221 Rn. 1.

8 Ebenso Seibt/Westpfahl-*Hölzle* § 5 Rn. 12; vgl. zum Insolvenzplan: K. Schmidt-*Spliedt* § 219 Rn. 1; HambKomm-InsR/*Thies* § 219 Rn. 2; K/P/B-*Spahlinger*, § 219 Rn. 1; FK-InsO/*Jaffé*, § 219 Rn. 2.

9 Ebenso Seibt/Westpfahl-*Hölzle* § 5 Rn. 12; vgl. zum Insolvenzplan: K/P/B-*Spahlinger*, § 219 Rn. 4.

10 Vgl. zum Insolvenzplan: K/P/B-*Spahlinger*, § 219 Rn. 7.

C. Verstoßfolgen

5 Entspricht der Restrukturierungsplan nicht den Vorgaben von § 5, hat das Restrukturierungsgericht die Bestätigung des Plans von Amts wegen zu versagen, wenn der Schuldner den Mangel nicht beheben kann oder innerhalb der vom Restrukturierungsgericht gesetzten Frist nicht behebt (§ 63 Abs. 1 Nr. 2). Soweit die Einhaltung von § 5 Gegenstand einer Vorprüfung (§ 46, §§ 47 f.) ist, weist das Restrukturierungsgericht auf etwaige Mängel hin.

D. Detailgliederung

6 § 5 schreibt für Restrukturierungspläne lediglich ein grobes Gliederungsraster vor, welches weiter zu unterteilen ist. Eine Detailgliederung könnte beispielsweise wie folgt aussehen:[11]

▶ **Muster: Restrukturierungsplan**

7 **RESTRUKTURIERUNGSPLAN**

der

X-GmbH

A. **Darstellender Teil**
I. Ziele und Struktur des Plans
II. Angaben zum Schuldner
III. Restrukturierungsbeauftragter
IV. Wirtschaftliche Verhältnisse des Schuldners
1. Vermögenswerte und Verbindlichkeiten
2. Wirtschaftliche Situation
3. Drohende Zahlungsunfähigkeit
V. Restrukturierungskonzept
1. Analyse von Krisenstadium und -ursachen
2. Leitbild und Geschäftsmodell des restrukturierten Unternehmens
3. Maßnahmen zur Krisenbewältigung
a) Bereits getroffene Maßnahmen
b) Restrukturierungsmaßnahmen gemäß Plan
c) Maßnahmen außerhalb des Plans
VI. Arbeitnehmer
1. Position der Arbeitnehmer
2. Auswirkungen des Restrukturierungsvorhabens
3. Unterrichtung und Anhörung

11 Die Beispielsgliederung behandelt den fiktiven Fall der X-GmbH. Planbetroffene sind ihre Finanzgläubiger – unter ihnen die Y-Bank –, deren Forderungen durch Absonderungsanwartschaften teilweise werthaltig besichert sind, sowie ihre Gesellschafter mit Nachrangdarlehen und ihren Anteils- und Mitgliedschaftsrechten. Die Forderungen der Finanzgläubiger sollen teilweise gekürzt und gestundet werden, die Y-Bank soll ihre ungesicherten Forderungen im Rahmen einer Barkapitalerhöhung mit Sachagio in die X-GmbH einbringen (Debt-Equity-Swap). Maßnahmen außerhalb des Plans und eine neue Finanzierung sind nicht vorgesehen. Für weitere Beispiele detaillierter Gliederungen siehe z.B. BeckOK-StaRUG/*Fridgen* § 5 Rn. 8.1; Braun-*Böhm*, StaRUG, § 5 Rn. 5; Jacoby/Thole-*Brünkmans* § 5 Rn. 18; vgl. auch den Muster-Restrukturierungsplan bei HRI I/*Nickert* § 39 Rn. 13.

VII. Planbetroffene
1. Planbetroffene und Auswahlkriterien
2. Nichtbetroffene; Gründe der unterbliebenen Einbeziehung
VIII. Gruppen und Stimmrecht
1. Abgrenzung
a) Kriterien
b) Sachgerechtigkeit
2. Gruppe 1: Finanzgläubiger als Inhaber von Absonderungsanwartschaften
a) Beschreibung
b) Beabsichtigte Gestaltung
c) Stimmrecht
3. Gruppe 2: Finanzgläubiger (ausgenommen Y-Bank) mit ihren unbesicherten Forderungen
a)–c) (wie zuvor sub VIII.2)
4. Gruppe 3: Y-Bank mit ihren unbesicherten Forderungen
a)–c) (wie zuvor sub VIII.2)
5. Gruppe 4: Nachrangige Restrukturierungsgläubiger
a)–c) (wie zuvor sub VIII.2)
6. Gruppe 5: Gesellschafter
a)–c) (wie zuvor sub VIII.2)
IX. Auswirkungen des Plans
1. Beseitigung der drohenden Zahlungsunfähigkeit und Sicherstellung/Wiederherstellung der Bestandsfähigkeit
2. Auswirkungen auf die Vermögenslage
3. Auswirkungen auf die Ergebnis- und Finanzlage
4. Auswirkungen im Übrigen
5. Risiken; Bedingungen
X. Vergleichsrechnung
1. Befriedigungsaussichten mit Plan
2. Befriedigungsaussichten ohne Plan
B. **Gestaltender Teil**
I. Gruppenbildung
II. Plangestaltung für die Gruppen
III. Gesellschaftsrechtliche Beschlüsse
1. Herabsetzung des Stammkapitals
2. Kapitalerhöhung
IV. Planbedingungen
1. Bedingungen
2. Regelungen zum Bedingungseintritt
V. Planüberwachung
VI. Allgemeine Regeln
1. Kein Wiederaufleben gem. § 69 Abs. 1 und 2 StaRUG
2. Bereitstellung von Mitteln gem. § 64 Abs. 3 StaRUG

C. **Anlagen**

Anlage 1 – Erklärung zur Bestandsfähigkeit (§ 14 Abs. 1 StaRUG)

Anlage 2 – Vermögensübersicht (§ 14 Abs. 2 Satz 1 StaRUG)

Anlage 3 – Ergebnis- und Finanzplan (§ 14 Abs. 2 Satz 2 StaRUG)

Anlage 5 – Zustimmungserklärung der Y-Bank

8 Das Gesetz sieht vor, dass kleinen und mittleren Unternehmen eine **Checkliste** für Restrukturierungspläne zur Verfügung gestellt wird (§ 16), vgl. dazu § 16 Rdn. 1 ff. Eine – an die Besonderheiten des Restrukturierungsplans freilich anzupassende – Orientierungshilfe können auch Mustergliederungen für Insolvenzpläne bieten.[12] Der Planverfasser sollte die ihm zur Verfügung stehenden Beispielsgliederungen allerdings keinesfalls fraglos übernehmen, sondern diese – unter Nutzung des ihm vom Gesetz eingeräumten Gestaltungsspielraums – anpassen, um dem **konkreten Fall** gerecht zu werden.[13]

§ 6 Darstellender Teil

(1) [1]Der darstellende Teil beschreibt die Grundlagen und die Auswirkungen des Restrukturierungsplans. [2]Der darstellende Teil enthält alle Angaben, die für die Entscheidung der von dem Plan Betroffenen über die Zustimmung zum Plan und für dessen gerichtliche Bestätigung erheblich sind, einschließlich der Krisenursachen und der zur Krisenbewältigung vorzunehmenden Maßnahmen. [3]Soweit Restrukturierungsmaßnahmen vorgesehen sind, die nicht über den gestaltenden Teil des Plans umgesetzt werden können oder sollen, sind sie im darstellenden Teil gesondert hervorzuheben.

(2) [1]Der darstellende Teil enthält insbesondere eine Vergleichsrechnung, in der die Auswirkungen des Restrukturierungsplans auf die Befriedigungsaussichten der Planbetroffenen dargestellt werden. [2]Sieht der Plan eine Fortführung des Unternehmens vor, ist für die Ermittlung der Befriedigungsaussichten ohne Plan zu unterstellen, dass das Unternehmen fortgeführt wird. [3]Dies gilt nicht, wenn ein Verkauf des Unternehmens oder eine anderweitige Fortführung aussichtslos ist.

(3) Sieht der Restrukturierungsplan Eingriffe in die Rechte von Gläubigern aus gruppeninternen Drittsicherheiten (§ 2 Absatz 4) vor, sind in die Darstellung auch die Verhältnisse des die Sicherheit gewährenden verbundenen Unternehmens und die Auswirkungen des Plans auf dieses Unternehmen einzubeziehen.

Übersicht

12 Vgl. z.B. den IDW Standard: Anforderungen an Insolvenzpläne (IDW S 2) (IDW Life, 01/2020, 45 ff.) mit der als Anlage 1 beigefügten Muster-Gliederung eines Insolvenzplans sowie die Gliederungen bei *Smid/Rattunde/Martini*, Der Insolvenzplan, Anhang 1–3; HambKomm-InsR/*Thies* § 219 Rn. 3; K/P/B-*Spahlinger*, § 220 Rn. 10 ff., § 221 Rn. 9 ff.; Braun-Braun/*Frank*, InsO, § 221 Rn. 19.

13 Braun-*Böhm*, StaRUG, § 5 Rn. 4; vgl. zum Insolvenzplan: K/P/B-*Spahlinger*, § 219 Rn. 7.

A. Überblick und Zweck

Die Vorschrift des § 6 ist an die Vorschrift des § 220 Abs. 2 InsO angelehnt. Sie enthält – wie jene – (recht allgemeine) **Vorgaben für den Inhalt** des darstellenden Teils (§ 6 Abs. 1 Satz 1, Satz 2 a.E.) und legt fest, zu welchem **Zweck** die Angaben im darstellenden Teil erfolgen: Der darstellende Teil soll alle Angaben enthalten, die für die Entscheidung der Planbetroffenen und für die Bestätigung des Plans durch das Restrukturierungsgericht erheblich sind (§ 6 Abs. 1 Satz 2). Er dient der Erläuterung des gestaltenden Teils und ist eine wichtige – für die Planbetroffenen mitunter die einzige – **Informationsgrundlage**, um über die Annahme oder Ablehnung des Restrukturierungsplans zu entscheiden. 1

Eine dem § 220 Abs. 1 InsO entsprechende Regelung über die nach Insolvenzeröffnung getroffenen Maßnahmen fehlt in § 6 naturgemäß. Trotzdem kann es für die Planbetroffenen entscheidungserheblich sein, ob und ggf. welche **Maßnahmen in der Vergangenheit** bereits umgesetzt wurden, um die Grundlagen für die geplante Restrukturierung zu legen. Dann sind die vergangenen Maßnahmen in den darstellenden Teil aufzunehmen. § 6 Abs. 1 Satz 3 ordnet an, dass **noch anstehende Restrukturierungsmaßnahmen**, die außerhalb des Plans umgesetzt werden sollen, besonders hervorzuheben sind. Dabei kann es sich z.B. um Maßnahmen der personalwirtschaftlichen Restrukturierung handeln,[1] die über den gestaltenden Teil des Plans nicht umgesetzt werden können. Die Hervorhebung solcher Maßnahmen im Plan ist wichtig, damit die Planbetroffenen und das Gericht die Erfolgsaussichten einschätzen können, insbesondere wenn der Erfolg der angestrebten Restrukturierung davon abhängt. 2

§ 6 Abs. 2 regelt die **Vergleichsrechnung** als wesentlichen Inhalt des darstellenden Teils. Eine Parallelvorschrift findet sich nunmehr[2] in § 220 InsO. Die Vergleichsrechnung soll die Auswirkungen der Planregelungen auf die Befriedigungsaussichten der Planbetroffenen darstellen und begründen und ihnen den Vergleich zu ihren Befriedigungsaussichten ohne Restrukturierungsplan ermöglichen. Darüber hinaus sichert eine sorgfältige Vergleichsrechnung die Annahme und Bestätigung des Planes ab: Denn die Ablehnung des Plans durch eine Gruppe Planbetroffener ist unbeachtlich, wenn – neben weiteren Voraussetzungen – die Mitglieder dieser Gruppe durch den Plan voraussichtlich nicht schlechter gestellt werden als ohne (§ 26 Abs. 1 Nr. 1). Umgekehrt ist dem Plan auf Antrag eines Planbetroffenen – vorbehaltlich der Bereitstellung von Ausgleichsmitteln (§ 64 Abs. 3) – die gerichtliche Bestätigung zu versagen, wenn der Antragsteller durch den Plan voraussichtlich schlechter gestellt wird als er ohne den Plan stünde (§ 64 Abs. 1 Satz 1). Ob eine solche Schlechterstellung vorliegt, lässt sich an der Vergleichsrechnung ablesen. Für Fortführungspläne sieht das Gesetz vor, dass bei der Bestimmung der Befriedigungsaussichten ohne Plan im Regelfall ebenfalls Fortführungswerte anzusetzen sind (vgl. § 6 Abs. 2 Satz 2 und 3). 3

§ 6 Abs. 3 enthält eine Sonderregelung für den Fall, dass mit dem Restrukturierungsplan in Rechte von Gläubigern aus **gruppeninternen Drittsicherheiten** eingegriffen werden soll (§ 2 Abs. 4), wie man sie beispielsweise bei Konzernfinanzierungen antrifft. Dann sind in den darstellenden Teil die Verhältnisse des die Sicherheit gebenden verbundenen Unternehmens einzubeziehen, damit die Werthaltigkeit der Besicherung und die Auswirkungen des Plans auf die Stellung des Sicherungsnehmers beurteilt werden können.[3] 4

Zusammen mit weiteren Vorschriften – namentlich § 5 Satz 2 (nebst Anlage)[4], § 8 Satz 1, § 9 Abs. 2 Satz 3, § 14 und § 15 – legt § 6 das **rechtliche Mindestprogramm** des darstellenden Teils fest. Die 5

1 Vgl. RegE BT-Drucks. 19/24181, S. 116.

2 Mit Wirkung zum 01.01.2021 ebenfalls durch das SanInsFoG – Gesetz zur Fortentwicklung des Sanierungs- und Insolvenzrechts (Sanierungs- und Insolvenzrechtsfortentwicklungsgesetz – SanInsFoG) vom 22.12.2020, BGBl. I, 3256, eingefügt.

3 Vgl. RegE BT-Drucks. 19/24181, S. 116.

4 Die nach der Anlage zu § 5 Satz 2 erforderlichen Angaben müssen nicht ihrerseits in einer Anlage enthalten sein, sondern können, soweit sinnvoll, unmittelbar in den darstellenden Teil aufgenommen werden; missverständlich insoweit Braun-*Böhm*, StaRUG, § 6 Rn. 6, 30 f.

genannten Vorschriften setzen die europarechtlichen Vorgaben über den Inhalt des darstellenden Teils nach Art. 8 Abs. 1 der Restrukturierungsrichtlinie[5] um und gehen – unter Ausnutzung des von der Richtlinie eingeräumten Gestaltungsspielraums (vgl. Erwägungsgrund [42] der Richtlinie) – stellenweise darüber hinaus. Im Zweifel sollte der Planverfasser im darstellenden Teil lieber zu **ausführlich** als zu knapp **informieren**, um den Planbetroffenden eine möglichst breite Entscheidungsgrundlage an die Hand zu geben.

6 Obwohl deskriptiv formuliert, ist § 6 – wie auch die anderen gesetzlichen Vorgaben für den Inhalt des darstellenden Teils (siehe Rdn. 5) – **zwingend**. Entspricht der Restrukturierungsplan diesen Vorgaben nicht, hat das Restrukturierungsgericht die Bestätigung des Plans von Amts wegen zu versagen, wenn der Schuldner den Mangel nicht beheben kann oder innerhalb der vom Restrukturierungsgericht gesetzten Frist nicht behebt (§ 63 Abs. 1 Nr. 2). Soweit die Einhaltung der gesetzlichen Vorgaben über den Inhalt des darstellenden Teils Gegenstand einer Vorprüfung (§ 46, §§ 47 f.) ist, weist das Restrukturierungsgericht auf etwaige Mängel hin.

B. Inhalt

I. Allgemeines

7 Der Inhalt des darstellenden Teils ist also keinesfalls in das freie Belieben des Planverfassers gestellt. Unerlässlich sind alle **entscheidungserheblichen Angaben**. Dazu zählen alle Angaben, welche die Planbetroffenen für ein sachgerechtes Urteil über den vorgelegten Plan, gemessen an ihren eigenen Interessen, benötigen.[6] Allgemeinverbindliche Vorgaben für den Inhalt des darstellenden Teils eines jeden Restrukturierungsplans (im Sinne eines einheitlichen Musterplans), können aufgrund der Vielfalt der in Betracht kommenden Pläne und der unterschiedlichen Schuldner nicht gemacht werden.[7] Der Inhalt des darstellenden Teils richtet sich immer (auch) nach dem Umfang und der jeweiligen wirtschaftlichen Bedeutung des Schuldnerunternehmens[8] sowie der angestrebten Restrukturierung.

II. Einzelheiten

1. Ziele und Struktur des Plans

8 Zu Beginn empfiehlt es sich, knapp in die Ziele und die Struktur des Plans einzuführen.[9] Wieso ist eine Restrukturierung erforderlich und welche Ziele verfolgt diese? Wer sind die Planbetroffenen und wie soll deren Rechtsstellung durch den Plan geändert werden? Handelt es sich um einen Fortführungsplan oder soll der Schuldner – mit oder ohne übertragende Sanierung (vgl. § 90 Abs. 2) – liquidiert werden? Soll eine neue Finanzierung gewährt werden? Hängt die erfolgreiche Restrukturierung von weiteren Maßnahmen ab? Ein derartiger Überblick erleichtert dem Leser den Einstieg in die Planlektüre und gibt ihm Orientierung.

---

5 Richtlinie (EU) 2019/1023 des Europäischen Parlaments und des Rates vom 20.06.2019 über präventive Restrukturierungsrahmen, über Entschuldung und über Tätigkeitsverbote sowie über Maßnahmen zur Steigerung der Effizienz von Restrukturierungs-, Insolvenz- und Entschuldungsverfahren und zur Änderung der Richtlinie (EU) 2017/1132 (Richtlinie über Restrukturierung und Insolvenz).

6 Vgl. zum Insolvenzplan: BGH, NZI 2022, 743, 745 Rn. 19; BGH, NZI 2012, 139, 140, Rn. 9; BGH, WM 2012, 1640, Rn. 9.

7 Vgl. zum Insolvenzplan: BGH, NZI 2010, 101, Rn. 3; BGH, NZI 2010, 734, 737, Rn. 43; K/P/B-*Spahlinger* § 220 Rn. 8; Mohrbutter/Ringstmeier/*Meyer-Bähr* Kap. 14 Rn. 25; *Smid*, NZI 2000, 454, 455.

8 Vgl. zum Insolvenzplan: BGH, NZI 2010, 101, Rn. 3; BGH, NZI 2010, 734, 737, Rn. 43.

9 Vgl. Braun-*Böhm*, StaRUG, § 5 Rn. 5, lit. A; BeckOK-StaRUG/*Fridgen* § 5 Rn. 8.1, lit. A, sowie IDW Standard: Anforderungen an Insolvenzpläne (IDW S 2) (IDW Life, 01/2020, 45 ff.), Rn. 24.

2. Angaben zum Schuldner

Der Schuldner ist gem. Nr. 1 der Anlage zu § 5 Satz 2 zu identifizieren. Anzugeben sind: Firma bzw. Name und Vorname des Schuldners sowie Geburtsdatum, Registergericht sowie Registernummer, unter der der Schuldner in das Handelsregister eingetragen ist, Geschäftszweig oder Beschäftigung, gewerbliche Niederlassungen bzw. Wohnung des Schuldners und bei mehreren Niederlassungen die Hauptniederlassung. Die Vorschrift ist dabei verständig auszulegen: So ist bei Vereinen nicht die Handels-, sondern die Vereinsregisternummer anzugeben, auch wenn das Gesetz dies nicht ausdrücklich erwähnt. Und bei Schuldnern, die in keinem Register eingetragen sind (z.B. Freiberufler, Gesellschaft bürgerlichen Rechts) kann selbstverständlich keine entsprechende Angabe verlangt werden. Soweit für die beabsichtigte Restrukturierung mit dem Schuldner verbundene Unternehmen (§ 15 AktG) eine Rolle spielen (etwa in Fällen des § 2 Abs. 4), sind auch diese einzubeziehen. 9

Ergänzt werden sollten weitere Angaben, wie z.B. Unternehmensgegenstand, Geschäftsanschrift, Geschäftsjahr, Vertretungs- und Beteiligungsverhältnisse, Unternehmensverträge (§§ 291 f. AktG), Größe und Struktur der Belegschaft, steuerliche Verhältnisse. Ist der Schuldner Teil einer Unternehmensgruppe, ist auch diese in die Darstellung aufzunehmen. Soweit für das Verständnis des Plans erforderlich, sollte auch die Unternehmenshistorie nachgezeichnet werden. Eine Darstellung der historischen Entwicklung seit der Gründung dürfte aber im Regelfall entbehrlich sein.[10] In welchem Umfang Anlagen (Handelsregisterauszug, Corporate Chart etc.) beigefügt werden sollten, ist Frage des Einzelfalls. 10

Ebenfalls aufzunehmen sind Informationen zum Geschäft des Schuldners und zum Branchenumfeld. Dazu zählt beispielsweise eine Beschreibung des Geschäftsmodells des Schuldners, seiner wesentliche Produkte, der Kunden- und Lieferantenkreise, des Markt- und Wettbewerbsumfelds, der gegenwärtigen Finanzierung, der wesentlichen Vertragsverhältnisse und aller sonstigen wesentlichen Umstände (Schlüsselpersonal, Schlüssel-IP, Abhängigkeiten etc.), die für die Beurteilung des Restrukturierungsplans erheblich sind.[11] 11

3. Restrukturierungsbeauftragter

Gem. Nr. 6 der Anlage zu § 5 Satz 2 sind Name und Anschrift eines etwaigen Restrukturierungsbeauftragten (§§ 73 ff.) anzugeben. Wenngleich rechtlich nicht erforderlich, so kann es im Einzelfall sinnvoll sein, auf dessen Qualifikationen einzugehen und zu erörtern, warum dieser bestellt und wie er ausgewählt wurde[12], um das Vertrauen der Planbetroffenen in die Person des Restrukturierungsbeauftragten zu stärken. 12

4. Wirtschaftliche Verhältnisse

Darzustellen sind die wirtschaftlichen Verhältnisse des Schuldners. Dazu zählen jedenfalls die Vermögenswerte und Verbindlichkeiten des Schuldners **zum Zeitpunkt der Planvorlage**, einschließlich einer Bewertung der Vermögenswerte zu diesem Zeitpunkt, sowie eine Beschreibung der wirtschaftlichen Situation des Schuldners (vgl. Nr. 2 der Anlage zu § 5 Satz 2). 13

Zu den gem. Nr. 2 der Anlage zu § 5 Satz 2 aufzuführenden **Vermögenswerten** des Schuldners zählen – wie bei einem Verzeichnis der Massegegenstände (§ 151 InsO) – sämtliche Vermögensgegenstände des Schuldners, mit denen sich ein Wert für dessen Gläubiger realisieren lässt. Dies gilt unabhängig davon, ob diese Vermögenswerte aktivierungspflichtig oder aktivierungsfähig sind.[13] Wie für das Verzeichnis der Massegegenstände (§ 151 InsO) besteht ein Vollständigkeitsgebot, wobei 14

10 A.A. BeckOK-StaRUG/*Fridgen* § 6 Rn. 14.
11 BeckOK-StaRUG/*Fridgen* § 6 Rn. 14 ff.
12 Vgl BeckOK-StaRUG/*Fridgen* § 6 Rn. 12.
13 Vgl. Braun-*Haffa*, InsO, § 151 Rn. 2.

das handelsrechtliche Inventar (§ 240 HGB) als Ausgangspunkt der Aufstellung genommen und dann ergänzt werden kann.[14] Soweit die Darstellung des nächstbesten Alternativszenarios dies nicht gebietet, ist eine Einzelbewertung jedoch nicht erforderlich; vielmehr können Positionen in Gruppen zusammengefasst werden.[15] Ob den Vermögensgegenständen ihr **Liquidationswert** oder ihr **Fortführungswert** zuzumessen ist, hängt vom Ziel des Plans sowie vom nächstbesten Alternativszenario ab: Sehen sowohl das Planszenario als auch das nächstbeste Alternativszenario die Fortführung des Schuldnerunternehmens vor, besteht kein Grund, den Liquidationswert der Vermögensgegenstände auszuweisen.[16] Etwaige an den Vermögenswerten bestehende Drittrechte können schon hier gekennzeichnet werden.[17]

15 Auch die zum Zeitpunkt der Planvorlage bestehenden **Verbindlichkeiten** sind gem. Nr. 2 der Anlage zu § 5 Satz 2 aufzuführen. Die Aufführung muss vollständig sein, unabhängig davon, ob die jeweiligen Gläubiger auch Planbetroffene sind oder nicht. Verbindlichkeiten, die dem Grunde oder der Höhe nach ungewiss oder streitig sind, sollten ebenfalls aufgeführt und erläutert werden.[18] Soweit für Verbindlichkeiten **Sicherheiten** bestehen, sollte dies vermerkt und die jeweilige Sicherheit bewertet werden.[19] Maßgeblich ist auch insoweit deren Wert im bestmöglichen Alternativszenario (siehe Rdn. 31). Die Gläubiger der Verbindlichkeiten (nebst etwaigen Sicherheiten) sind nicht in jedem Fall einzeln zu bezeichnen.[20] Entscheidend ist insoweit, ob dies zur vollständigen Information der Planbetroffenen und des Restrukturierungsgerichts erforderlich ist oder nicht. Im Zweifel sollte allerdings lieber zu viel als zu wenig informiert werden. Es bietet sich an, die Gläubiger dergestalt zu gruppieren, dass sich bereits an dieser Stelle die Auswahl der Planbetroffenen (§ 8) und deren Gruppeneinteilung (§ 9) wiederfinden lässt.[21]

16 Außerdem ist die **wirtschaftliche Situation** des Schuldners zu beschreiben (Nr. 2 der Anlage zu § 5 Satz 2). Dazu gehören Ausführungen zur **Finanzlage** des Schuldners,[22] d.h. zu seiner im Zeitpunkt der Planvorlage bestehenden Finanzstruktur (Herkunft- und Verwendung des Unternehmenskapitals) sowie über die gegenwärtige und künftige Liquidität des Schuldnerunternehmens (Liquiditätsplanung).[23] Eine besondere Bedeutung kommt dabei der Darstellung der drohenden Zahlungsunfähigkeit (§ 18 InsO) zu (siehe Rdn. 17). Zur wirtschaftlichen Situation des Schuldners gehört schließlich auch dessen **Ertragslage**.[24] Diese betrifft die Höhe und das Zustandekommen des Erfolgs des Schuldnerunternehmens.[25] Während die Aufstellung der Vermögenswerte und Verbindlichkeiten des Schuldners also eine zeitpunktbezogene Betrachtung ist, basiert die Darstellung der Finanz- und Ertragslage auf Prognose und Planung. Der Prognose- und Planungshorizont kann dabei bis zu 24 Monate betragen, wenn dies erforderlich ist, um die drohende Zahlungsunfähigkeit des Schuldners (§ 18 InsO) zu belegen (siehe Rdn. 17). Prognose- und Planungsannahmen sollten ebenfalls erörtert werden, damit die Planbetroffenen sowie das Restrukturierungsgericht die wirtschaftliche Situation des Schuldners nachvollziehen können. Sofern der Plan für die Befriedigung der Gläubiger einen Zeitraum von mehr als 24 Monaten vorsieht, ist der zu betrachtende Zeitraum für die Zwecke der

---

14 Vgl. Braun-*Haffa*, InsO, § 151 Rn. 2.
15 BeckOK-StaRUG/*Fridgen* § 6 Rn. 21.
16 Abweichend BeckOK-StaRUG/*Fridgen* § 6 Rn. 23 f., der empfiehlt, auf eine Angabe von Fortführungswerten zu verzichten.
17 BeckOK-StaRUG/*Fridgen* § 6 Rn. 26.
18 Vgl. zum Gläubigerverzeichnis im Insolvenzverfahren: Uhlenbruck/*Sinz* § 152 Rn. 3; Braun-*Haffa*, InsO, § 152 Rn. 5.
19 Vgl. BeckOK-StaRUG/*Fridgen* § 6 Rn. 35.
20 Vgl. BeckOK-StaRUG/*Fridgen* § 6 Rn. 34.
21 Vgl. BeckOK-StaRUG/*Fridgen* § 6 Rn. 34; ebenso MK-StaRUG/*Parzinger/Knebel* § 6 Rn. 35.
22 Vgl. BeckOK-StaRUG/*Fridgen* § 6 Rn. 27 ff.
23 Vgl. MK-HGB/*Reiner* § 264 Rn. 83.
24 Vgl. BeckOK-StaRUG/*Fridgen* § 6 Rn. 27 ff.
25 Vgl. BeckOK-StaRUG/*Fridgen* § 6 Rn. 28; Baumbach/Hopt-*Merkt* § 264 Rn. 16.

gem. § 14 Abs. 2 zu erstellenden Ergebnis- und Finanzplanung entsprechend zu erweitern (siehe § 14 Rdn. 33).

Besonderes Augenmerk sollte der Planverfasser der Darstellung der **drohenden Zahlungsunfähigkeit** des Schuldners widmen, da diese eine zentrale Voraussetzung für die Inanspruchnahme der Instrumente des Stabilisierungs- und Restrukturierungsrahmens (§ 29 Abs. 1) ist und insbesondere für die gerichtliche Planbestätigung (§ 63 Abs. 1 Nr. 1) eine wesentliche Rolle spielt. Drohend zahlungsunfähig ist der Schuldner, wenn er voraussichtlich nicht in der Lage sein wird, die bestehenden Zahlungspflichten im Zeitpunkt der Fälligkeit zu erfüllen; dabei ist in aller Regel ein Prognosezeitraum von 24 Monaten zugrunde zu legen (§ 18 Abs. 2 InsO), wobei die Prognose natürlich zu dem Zeitpunkt enden kann, zu dem die Zahlungsunfähigkeit mit überwiegender Wahrscheinlichkeit eintritt. 17

Für Zwecke der Planerstellung ist auf der aktuellen Liquiditätsplanung des Schuldners aufzusetzen, sodass für den Beginn des Prognosezeitraum der Tag der Planvorlage oder ein kurz davorliegender Stichtag zu wählen ist. Kommt es zur Entscheidung über die Bestätigung des Plans, so ist nach einem Urteil des Amtsgerichts Köln die drohende Zahlungsunfähigkeit ab dem Datum des Erörterungs- und Abstimmungstermins zu bestimmen;[26] nach einer im Schrifttum vertretenen Ansicht soll der Prognosezeitraum hingegen mit dem Tag der gerichtlichen Entscheidung beginnen.[27] 18

Das Amtsgericht Köln hat entschieden, dass die Feststellung der drohenden Zahlungsunfähigkeit gem. § 63 Abs. 1 Nr. 1 eine *vollständige* richterliche Überzeugung verlangt (eine Glaubhaftmachung genügt also nicht[28]), die im Rahmen der Amtsermittlung nach § 39 Abs. 1 Satz 1 zu bilden ist.[29] Das ist deshalb unzutreffend, weil die mangelnde drohende Zahlungsunfähigkeit nach § 63 Abs. 1 Nr. 1 einen Versagungsgrund darstellt, das Gericht daher gerade umgekehrt davon überzeugt sein muss, dass keine drohende Zahlungsunfähigkeit vorliegt, um dem Plan die Bestätigung zu versagen.[30] 19

5. Restrukturierungskonzept

Gem. § 6 Abs. 1 Satz 2 a.E. hat der darstellende Teil die Krisenursachen und die zur Krisenbewältigung vorzunehmenden Maßnahmen zu enthalten. Im Einzelnen erfordert dies eine ausführliche Darstellung des Restrukturierungskonzepts, einschließlich einer **Analyse von Krisenstadium und -ursachen**, dem **Leitbild und Geschäftsmodell des restrukturierten Unternehmens**, sowie den vorgesehenen **Maßnahmen zu Krisenbewältigung**. Solange sich hierzu keine besonderen Standards herausgebildet haben, können bereits vorhandene IDW-Standards[31] eine Orientierungshilfe bieten. Restrukturierungspläne, die einen Fortbestand des Schuldners vorsehen, müssen eine detaillierte und schonungslose Analyse der Krisenursachen beinhalten.[32] Nur aufgrund einer solchen Analyse vermögen die Beteiligten zu beurteilen, ob das vorgesehene Restrukturierungskonzept überhaupt Erfolg haben kann. 20

Bei den Maßnahmen ist zu differenzieren: **Maßnahmen**, die bereits in **der Vergangenheit** getroffen wurden, um die mit dem Plan beabsichtigte Restrukturierung vorzubereiten, sind aufzunehmen, 21

26 AG Köln, NZI 2021, 433.

27 *Thole*, NZI 2021, 436, mit dem zutreffenden Hinweis darauf, dass Fälle, in denen die drohende Zahlungsunfähigkeit erst nach der Abstimmung über den Restrukturierungsplan aber noch vor der gerichtlichen Planbestätigung eintritt, wohl eher theoretisch sein dürften; vgl. auch Jacoby/Thole-*Berner/Thole* § 63 Rn. 11; MK-StaRUG/*Jungmann* § 63 Rn. 21.

28 *Thole*, NZI 2021, 436.

29 AG Köln, NZI 2021, 433; dem folgend Flöther-*Laroche* § 63 Rn. 6; HRI I/*Gehrlein* § 35 Rn. 32.

30 *Thole*, NZI 2021, 436; *Proske*, EWiR 2021, 309, 310; Seibt/Westpfahl-*Parzinger/Lappe* § 63 Rn. 24; BeckOK-StaRUG/*Skauradszun* § 63 Rn. 12.

31 IDW Standard: Anforderungen an Insolvenzpläne (IDW S 2) (IDW Life 01/2020, 45 ff.); IDW Standard: Anforderungen an Sanierungskonzepte (IDW S 6) (IDW Life 08/2018, 813 ff.).

32 Vgl. zum Insolvenzplan: K/P/B-*Spahlinger* § 220 Rn. 14; FK/*Jaffé* § 220 Rn. 62 ff.

wenn sie für die Planbetroffenen entscheidungserheblich sind (siehe Rdn. 2). Dies können beispielsweise bereits angeordnete Stabilisierungsmaßnahmen (§ 29 Abs. 2 Nr. 3), bereits verbindlich zugesagte Restrukturierungsbeiträge von Nichtbetroffenen, Veränderungen auf Managementebene (Bestellung eines CRO), bereits umgesetzte personalwirtschaftliche Maßnahmen, alternativ verfolgte Verkaufsprozesse oder Ähnliches sein. Im Zweifel sollte der Planverfasser auch hier mit Worten nicht geizen. Ohnehin bietet es sich an, etwa bereits geleistete Beiträge herauszustellen, um bei den Planbetroffenen den Eindruck zu verhindern, sie seien die einzigen, die zur Restrukturierung des Schuldners beitragen würden. Einen Schwerpunkt bildet die Beschreibung der **Maßnahmen des gestaltenden Teils.** Während der gestaltende Teil festlegt, wie sich mit Verkündung der Planbestätigung (vgl. § 67 Abs. 1) die Rechtsstellung der Inhaber der Restrukturierungsforderungen, der Absonderungsanwartschaften, der Rechte aus gruppeninternen Drittsicherheiten und der Anteils- und Mitgliedschaftsrechte ändert oder vertragliche Nebenbestimmungen oder Vereinbarungen gem. § 2 Abs. 2 geändert werden (vgl. § 7 Abs. 1 und 3), dient der darstellende Teil der Erläuterung dieser Maßnahmen. Anders als beim gestaltenden Teil, der dem vollstreckungsrechtlichen Bestimmtheitsgebot, dem sachenrechtlichen Bestimmtheitsgrundsatz sowie grundbuch- und registerrechtlichen Erfordernissen genügen muss (siehe § 5 Rdn. 2), ist der Planverfasser bei der Formulierung des darstellenden Teils an solche Funktionalitätserfordernisse nicht gebunden. Er sollte dies nutzen, um die mit dem Plan beabsichtigten Maßnahmen den Planbetroffenen ausführlich zu beschreiben und hinreichend verständlich zu machen. Noch **anstehende Restrukturierungsmaßnahmen**, die **außerhalb des Plans** umgesetzt werden sollen, sind besonders hervorzuheben (§ 6 Abs. 1 Satz 3). Bei solchen Maßnahmen kann es sich um Restrukturierungsbeiträge Dritter (d.h. nicht vom Plan Betroffener), z.B. um Maßnahmen der personalwirtschaftlichen Restrukturierung (vgl. § 4 Satz 1 Nr. 1)[33] oder um Zugeständnisse von Vermietern, Lieferanten oder Kunden bei ihren Konditionen, handeln. Auch sonstige Restrukturierungsmaßnahmen, z.B. die Veräußerung nicht betriebsnotwendiger Vermögensgegenstände oder Unternehmensteile, können hierunter fallen, wenn sie nicht im Plan selbst umgesetzt werden. Wie diese Hervorhebung zu geschehen hat, sagt das Gesetz nicht. Die außerhalb des Plans umzusetzenden Restrukturierungsmaßnahmen sollten jedoch mindestens in einem eigenständigen Abschnitt unter einer eigenen Überschrift abgehandelt werden, auf den bei der Erläuterung der Maßnahmen des gestaltenden Teils zusätzlich hingewiesen werden kann. Für die Planbetroffenen sind die Informationen über die außerhalb des Pans umzusetzenden Maßnahmen insbesondere dann wichtig, wenn der Erfolg der Restrukturierung insgesamt von der Umsetzung auch dieser Maßnahmen abhängt. Ob dies der Fall ist oder nicht, sollte der Planverfasser mitteilen. Hängt der Gesamterfolg von Maßnahmen außerhalb des Plans ab, sollte der Plan entsprechende Bedingungen (vgl. § 62 bzw. § 158 BGB) enthalten.

22 Sieht der Restrukturierungsplan eine **neue Finanzierung** vor (§ 12), ist zu begründen, warum eine solche Finanzierung erforderlich ist (vgl. Nr. 8 der Anlage zu § 5 S. 2).

6. Arbeitnehmer

23 Auch wenn im Restrukturierungsplan selbst keine personalwirtschaftlichen Restrukturierungsmaßnahmen getroffen werden können (vgl. § 3 Abs. 2, § 4 Satz 1 Nr. 1), können solche Maßnahmen durchaus ein wichtiger Baustein der Restrukturierung sein, der außerhalb des Plans umzusetzen und dann im darstellenden Teil entsprechend hervorzuheben ist (§ 6 Abs. 1 Satz 3; siehe Rdn. 21). Unabhängig davon sind im darstellenden Teil die **Anzahl und** die **Position der Arbeitnehmer**, die **Auswirkungen** des Restrukturierungsvorhabens **auf die Beschäftigungsverhältnisse** sowie **Entlassungen** und **Kurzarbeiterregelungen** und die **Modalitäten der Unterrichtung und Anhörung der Arbeitnehmervertretung** stets zwingend darzustellen (vgl. Nr. 2 der Anlage zu § 5 Satz 2 sowie

33 Vgl. RegE BT-Drucks. 19/24181, S. 116.

Art. 8 Abs. 1 g) iii) und iv) der Restrukturierungsrichtlinie[34]), und sei es durch entsprechende Negativerklärungen.[35] Unmittelbare Rechte der Arbeitnehmer oder ihrer Vertretungen werden hierdurch allerdings nicht begründet. Die Verpflichtungen des Schuldners gegenüber den Arbeitnehmervertretungsorganen und deren Beteiligungsrechte nach dem Betriebsverfassungsgesetz bleiben unberührt (§ 92).

7. Planbetroffene

Die **Planbetroffenen** sind entweder namentlich zu benennen oder unter hinreichend konkreter Bezeichnung der Forderungen oder Rechte zu beschreiben (Nr. 3 der Anlage zu § 5 Satz 2).[36] Dies kann schon im darstellenden Teil geschehen, ist aber im gestaltenden Teil – sei es nur durch einen entsprechenden Verweis – zu wiederholen.[37] Dabei ist zu beachten, dass die Bezeichnung der Planbetroffenen Grundlage für eine spätere Vollstreckung aus dem Plan (§ 71 Abs. 1) ist.[38] Die **Auswahl** der Planbetroffenen hat nach **sachgerechten Kriterien** zu erfolgen, die im darstellenden Teil anzugeben und zu erläutern sind (§ 8 Satz 1). Eine Auswahl, die einem der drei gesetzlich beispielhaft aufgeführten Fälle (§ 8 Satz 2 Nr. 1 bis 3) entspricht, gilt dabei jedenfalls als sachgerecht. Angaben sind aber auch zu den **Nichtbetroffenen** zu machen, also zu den Gläubigern, Inhabern von Absonderungsanwartschaften oder Anteils- oder Mitgliedschaftsrechten, die nicht in den Restrukturierungsplan einbezogen wurden. Dabei genügt eine Beschreibung anhand von Kategorien, wenn dadurch die Überprüfung der sachgerechten Abgrenzung nach § 8 nicht erschwert wird. Die **Gründe der unterbliebenen Einbeziehung** sind zu erläutern (Nr. 5 der Anlage zu § 5 Satz 2). Die Planbetroffenen und das Restrukturierungsgericht müssen alle Informationen erhalten, um prüfen zu können, ob die Auswahl nach sachgerechten Kriterien erfolgte (vgl. § 8 Satz 1). Für die **Akzeptanz des Restrukturierungsplans** bei den Planbetroffenen und für die gerichtliche Überprüfung der sachgerechten Ausübung des Auswahlermessens werden diese Ausführungen wesentlich sein. 24

8. Gruppen und Stimmrecht

Während die eigentliche **Gruppenbildung** im gestaltenden Teil erfolgt,[39] ist sie im darstellenden Teil zu erläutern (vgl. Nr. 4 der Anlage zu § 5 Satz 2). Dabei sollte schon hier beschrieben werden, welche Gestaltung für die jeweilige Gruppe beabsichtigt ist. Die **Kriterien für die Abgrenzung** der Gruppen sind anzugeben (§ 9 Abs. 2 Satz 3). Es sollte dargelegt werden, warum die Abgrenzung sachgerecht ist (vgl. § 9 Abs. 2 Satz 2) und dass die Gruppenbildung auch den übrigen Vorgaben von § 9 entspricht. Schließlich sind die auf die Forderungen und Rechte der Planbetroffenen entfallenden **Stimmrechte** anzugeben (Nr. 4 der Anlage zu § 5 Satz 2). 25

9. Auswirkungen des Plans

Die Auswirkungen des Restrukturierungsplans sind ausführlich darzustellen (vgl. § 6 Abs. 1 Satz 1). 26
Den Beteiligten muss schlüssig und nachvollziehbar dargelegt werden, dass durch den Plan die **drohende Zahlungsunfähigkeit des Schuldners beseitigt** und die **Bestandsfähigkeit des Schuldners**

34 Richtlinie (EU) 2019/1023 des Europäischen Parlaments und des Rates vom 20.06.2019 über präventive Restrukturierungsrahmen, über Entschuldung und über Tätigkeitsverbote sowie über Maßnahmen zur Steigerung der Effizienz von Restrukturierungs-, Insolvenz- und Entschuldungsverfahren und zur Änderung der Richtlinie (EU) 2017/1132 (Richtlinie über Restrukturierung und Insolvenz).

35 Vgl. auch die Ausführungen auf S. 11 der Checkliste des BMJ (Stand: 14.07.2022), abrufbar unter: https://www.bmj.de/DE/themen/wirtschaft_finanzen/schulden_insolvenz/checkliste_16_StaRUG/Checkliste_StaRUG_node.html (zuletzt abgerufen am 13.02.2024); ausführlich zu den erforderlichen arbeitsrechtlichen Angaben auch *Dzida*, ZIP 2023, 287 ff.

36 Zur Einbeziehung unbekannter Gläubiger siehe auch AG Hannover, ZIP 2023, 2423, 2436.

37 Vgl. BeckOK-StaRUG/*Fridgen* § 9 Rn. 45.

38 Vgl. BeckOK-StaRUG/*Fridgen* § 9 Rn. 46.

39 Vgl. BeckOK-StaRUG/*Fridgen* § 9 Rn. 45.

sicher- oder wiederhergestellt wird. Dem Plan ist als Anlage eine begründete **Erklärung** zu den diesbezüglichen Aussichten beizufügen (§§ 5 Satz 3, 14 Abs. 1). Ebenfalls als **Anlagen** beizufügen sind eine **Vermögensübersicht**, in der die sich bei Wirksamwerden des Plans gegenüberstehenden Vermögensgegenstände und Verbindlichkeiten mit ihren Werten aufzuführen sind (§ 14 Abs. 2 Satz 1), sowie der **Ergebnis- und Finanzplan** (§ 14 Abs. 2 Satz 2 und 3). Für Einzelheiten sei auf die Kommentierung zu § 14 verwiesen.

27 Anzugeben ist, wie der Plan in die individuelle Rechtstellung der Planbetroffenen eingreift (Art, Quote, Zeitpunkt der Befriedigung).[40] Diese Angaben sind wiederum Ausgangspunkt der Vergleichsrechnung (s. Rdn. 30). Darzustellen sind aber auch die **Auswirkungen des Plans im Übrigen**, soweit sie für die Planbetroffenen entscheidungserheblich sind. Neben einem Hinweis auf die **allgemeinen Wirkungen** des bestätigten Plans (§ 67) sind beispielsweise Ausführungen zum **Wiederaufleben gestundeter oder erlassener Forderungen** bei einem erheblichen Rückstand mit der Planerfüllung (§ 69 Abs. 1 und 2) oder einer Abbedingung dieser Folge (§ 69 Abs. 3), zu der **Vollstreckungsmöglichkeit** (§ 71) oder einer etwaigen **Planüberwachung** (§ 72) denkbar.

28 Zu einer vollständigen Darstellung gehört es auch, den Planbetroffenen die **Risiken** aufzuzeigen, die zu einem Scheitern der Restrukturierung führen können.[41] Insbesondere sollte dazu Stellung genommen werden, inwieweit der Plan von behördlichen Genehmigungen oder Erklärungen Dritter abhängt, ob ggf. solche Genehmigungen oder Erklärungen vorliegen oder verbindlich zugesagt sind, oder warum mit deren Erteilung gerechnet werden kann.[42] Auf entsprechende **Bedingungen** des Plans (§ 62 bzw. § 158 BGB) ist hinzuweisen.

10. Vergleichsrechnung

29 Eine herausragende Stellung nimmt im darstellenden Teil die Vergleichsrechnung ein (§ 6 Abs. 2). In dieser sind – auch im Hinblick auf §§ 26 Abs. 1 Nr. 1, 64 Abs. 1 Satz 1, 66 Abs. 2 Nr. 3 – die **Befriedigungsaussichten** der Planbetroffenen mit Plan mit den Befriedigungsaussichten der Planbetroffenen ohne Plan zu **vergleichen**. Die Vergleichsrechnung ist für die Planbetroffenen entscheidende Grundlage für die Zustimmung zum Plan. Den Planbetroffenen ist daher detailliert und nachvollziehbar aufzuzeigen, dass der Plan für sie wirtschaftlich vorteilhaft ist. Auf die Vergleichsrechnung sollte besondere Sorgfalt verwendet werden.

30 Zunächst sind die **Befriedigungsaussichten der Planbetroffenen mit Plan** darzustellen. Dies bereitet in der Regel keine besonderen Probleme. Maßgeblich sind die Höhe und der Zeitpunkt der Zahlungen, mit denen die Planbetroffenen rechnen können; außerdem sollten etwaige Risiken beschrieben werden, die sich auf Zahlungshöhe und -zeitpunkte auswirken können.[43] Der Planverfasser kann dabei auf seine Ausführungen zu den Auswirkungen des Plans (siehe oben Rdn. 26 f.) zurückgreifen.

31 Vergleichsweise kompliziert sind die Überlegungen, die der Planverfasser bei der Darstellung der **Befriedigungsaussichten der Planbetroffenen ohne Plan** anstellen muss. Sieht der Restrukturierungsplan – wie im Regelfall – die Fortführung des Schuldnerunternehmens vor (**Fortführungsplan**), ordnet das Gesetz an, dass für die Ermittlung der Befriedigungsaussichten ohne Plan zu unterstellen ist, dass das Unternehmen fortgeführt wird (§ 6 Abs. 2 Satz 2). Dies soll nur dann nicht gelten, wenn ein Verkauf des Unternehmens oder eine anderweitige Fortführung aussichtslos scheint (§ 6 Abs. 2 Satz 3). Damit soll verhindert werden, dass der Schuldner zum Vergleich ohne Not seine Liquidation heranzieht, um sich dadurch einen größeren Spielraum für Eingriffe in die Rechte der Planbetroffenen zu eröffnen; wird also bei einem Fortführungsplan nur ein Vergleich zu einem

---

40 Jacoby/Thole-*Brünkmans* § 6 Rn. 21.

41 Vgl. zum Insolvenzplan: *Smid/Rattunde/Martini*, Der Insolvenzplan, Anhang 2 (Musterinsolvenzplan »Habicht AG«), Nr. 2.5 mit Fn. 16; K. Schmidt-*Spliedt* § 220 Rn. 4.

42 Vgl. zum Insolvenzplan: Mohrbutter/Ringstmeier/*Meyer-Bähr* Kap. 14 Rn. 37; HK-InsO/*Fiebig* § 220 Rn. 7.

43 BeckOK-StaRUG/*Fridgen* § 6 Rn. 52.

Liquidationsszenario gezogen, ist die Aussichtslosigkeit einer Unternehmensfortführung fundiert zu begründen.[44] Ein Verkauf des Unternehmens oder eine anderweitige Fortführung ist allerdings richtigerweise schon dann »aussichtslos« in diesem Sinne, wenn es kein überwiegend wahrscheinliches Verkaufs- oder Fortführungsszenario gibt.[45] Es würde die Planbetroffenen in die Irre führen, würde man Vergleiche zu zwar denkbaren, aber nur wenig wahrscheinlichen Szenarien ziehen, und einen falschen Maßstab für das Schlechterstellungsverbot (vgl. §§ 26 Abs. 1 Nr. 1, 64 Abs. 1 Satz 1, 66 Abs. 2 Nr. 3) setzen.[46] Anerkannt ist außerdem, dass zum Vergleich (nur) das **nächstbeste Alternativszenario** heranzuziehen ist (vgl. Erwägungsgrund (49) der Restrukturierungsrichtlinie[47]).[48] Ein vollständiges Durchrechnen aller irgendwie denkbaren Szenarien ist also nicht erforderlich.[49]

Trotz der gesetzlichen Anordnung, dass im Fall eines Fortführungsplans für die Ermittlung der Befriedigungsaussichten ohne Plan grundsätzlich zu unterstellen ist, dass das Unternehmen auch ohne Plan fortgeführt wird (§ 6 Abs. 2 Satz 2), kann ein **Liquidationsszenario** (in oder außerhalb eines Insolvenzverfahrens) nicht in jedem Fall außer Betracht bleiben: zum einen dann nicht, wenn sich fundiert begründen lässt, dass ein Verkauf des Unternehmens oder dessen anderweitige Fortführung ohne Plan aussichtslos ist (§ 6 Abs. 2 Satz 3 – siehe Rdn. 31); zum anderen dann nicht, wenn trotz eines Fortführungsplans (und einer an sich möglichen Unternehmensfortführung ohne Plan) ausnahmsweise die Liquidation dennoch das nächstbeste Alternativszenario ist. Denn allein dieses ist für eine gruppenübergreifende Mehrheitsentscheidung (vgl. § 26 Abs. 1 Nr. 1), den Minderheitenschutz (vgl. § 64 Abs. 1 Satz 1) und die Zulässigkeit einer Beschwerde gegen die Planbestätigung (vgl. § 66 Abs. 2 Nr. 3) maßgeblich; die gesetzliche Anordnung gem. § 6 Abs. 2 Satz 2 setzt sich insoweit nicht fort. Die zusätzliche Darstellung eines Fortführungsszenarios ist in diesem Fall daher entbehrlich.[50] Allgemein empfiehlt es sich, auch bei Fortführungsplänen knapp zu begründen, warum eine Liquidation (in oder außerhalb eines Insolvenzverfahrens) nicht als nächstbestes Alternativszenario infrage kommt.[51] 32

Kein nächstbestes Alternativszenario stellen **gedanklich angenommene »bessere« Restrukturierungspläne** dar.[52] Eine Erforderlichkeitsprüfung jeder Planregelung sieht das Gesetz grundsätzlich nicht vor.[53] Zum Angebot eines Plans ist allein der Schuldner berechtigt (vgl. § 17 Abs. 1). Er bestimmt über den Planinhalt, die Planbetroffenen über die Planannahme. Ein Vergleich des angebotenen Plans mit alternativen Restrukturierungsplänen würde diese Systematik konterkarieren. 33

Bei der **Bestimmung des nächstbesten Alternativszenarios** sind – wenn nicht ausnahmsweise die Liquidation das nächstbeste Alternativszenario darstellt (siehe Rdn. 32) – ein ganz oder teilweiser Unternehmensverkauf oder eine anderweitige Unternehmensfortführung außerhalb eines Insolvenz- 34

---

44 Vgl. RegE BT-Drucks. 19/24181, S. 116.

45 Vgl. auch AG Karlsruhe, ZIP 2023, 651, 655 (»[…]nachvollziehbar dargelegt, dass[…] Fortführung in der Insolvenz mit überwiegender Wahrscheinlichkeit nicht realistisch[…]«).

46 Ebenso *Spahlinger*, NZI-Beilage 2021, 32, 33 f., der sich für eine entsprechende korrigierende Auslegung von § 6 Abs. 2 Satz 2 ausspricht.

47 Richtlinie (EU) 2019/1023 des Europäischen Parlaments und des Rates vom 20.06.2019 über präventive Restrukturierungsrahmen, über Entschuldung und über Tätigkeitsverbote sowie über Maßnahmen zur Steigerung der Effizienz von Restrukturierungs-, Insolvenz- und Entschuldungsverfahren und zur Änderung der Richtlinie (EU) 2017/1132 (Richtlinie über Restrukturierung und Insolvenz).

48 AG Dresden, ZInsO 2021, 1398; AG Hamburg, ZRI 2021, 473; vgl. auch *Thole*, NZI 2021, 436, 437; *Proske*, EWiR 2021, 309, 310; Braun-*Böhm*, StaRUG, § 6 Rn. 17; *Spahlinger*, NZI-Beilage 2021, 32, 33; missverständlich: AG Köln, NZI 2021, 433, 435, Rn. 31.

49 *Proske*, EWiR 2021, 309, 310; *Thole*, NZI 2021, 436, 437; *Spahlinger*, NZI-Beilage 2021, 32, 34; missverständlich: AG Köln, NZI 2021, 433, 435, Rn. 31; a.A. offenbar BeckOK-StaRUG/*Fridgen* § 6 Rn. 59, der eine Ergebnisdarstellung aller durchführbaren Szenarien verlangt.

50 *Spahlinger*, NZI-Beilage 2021, 32, 34; Jacoby/Thole-*Brünkmans* § 6 Rn. 47.

51 Vgl. BeckOK-StaRUG/*Fridgen* § 6 Rn. 61.

52 AG Köln NZI 2021, 433, 435, Rn. 32; *Thole*, NZI 2021, 436, 437; Braun-*Böhm*, StaRUG, § 6 Rn. 20.

53 AG Köln NZI 2021, 433, 435, Rn. 32.

verfahrens oder eine Fortführung (zunächst) im Insolvenzverfahren, meist in Verbindung mit einer sich anschließenden übertragenden Sanierung oder einer Sanierung mittels Insolvenzplans, zu betrachten.[54] Um als nächstbestes Alternativszenario infrage zu kommen, muss ein Szenario durchführbar sein.[55] Dies erfordert, dass sich das Szenario mit **überwiegender Wahrscheinlichkeit** verwirklichen lassen muss.[56] Zwar mögliche, aber nur wenig wahrscheinliche Szenarien scheiden daher als nächstbestes Alternativszenario aus. Der Planverfasser sollte sorgfältig begründen, warum von ihm verworfene Szenarien nicht überwiegend wahrscheinlich sind. Dies gilt insbesondere, wenn mit Widerstand von Planbetroffenen zu rechnen ist.

35 Weil nächstbestes Alternativszenario nur ein Szenario sein kann, welches sich mit überwiegender Wahrscheinlichkeit verwirklichen lässt (siehe Rdn. 34), scheiden alle Szenarien aus der weiteren Prüfung aus, die sich schon **aus Rechtsgründen nicht mit überwiegender Wahrscheinlichkeit** verwirklichen lassen. Erfordert beispielsweise ein Asset Deal außerhalb der Insolvenz einen Zustimmungsbeschluss der Gesellschafter[57], und haben diese jedoch bereits mehrheitlich und glaubhaft versichert, dass sie einer solchen Transaktion nicht zustimmen werden, muss ein Asset Deal außerhalb der Insolvenz unberücksichtigt bleiben. Entsprechendes gilt für eine Sanierung in einem freiwilligen Insolvenzverfahren aufgrund drohender Zahlungsunfähigkeit, wenn die Gesellschafter einem solchen Insolvenzantrag zustimmen müssten, jedoch nicht einverstanden sind.[58]

36 Gibt es **mehrere Alternativszenarien**, die sich **mit überwiegender Wahrscheinlichkeit** verwirklichen lassen, muss bestimmt werden, welches von diesen das »nächstbeste« Alternativszenario ist, also welches Szenario den Planbetroffenen die größtmöglichen Befriedigungsaussichten bietet (§ 6 Abs. 2 Satz 1). Dabei ist nicht notwendigerweise erforderlich, jedes dieser mit überwiegender Wahrscheinlichkeit realisierbare Alternativszenarien detailliert durchzurechnen.[59] Es genügt, nachvollziehbar darzustellen, warum dem als »nächstbestes« erkannten Alternativszenario der Vorzug gegenüber den anderen (mit überwiegender Wahrscheinlichkeit realisierbaren) Szenarien zu geben ist. In Fällen, die nicht eindeutig sind, wird sich der Planverfasser allerdings eine detaillierte Darstellung nicht ersparen können.

37 Für die **Ermittlung der Befriedigungsaussichten** des als nächstbesten erkannten Alternativszenarios sind – sofern nicht ein Liquidationsszenario zugrunde zu legen ist (siehe Rdn. 32) – Fortführungswerte (§ 6 Abs. 2 Satz 2) maßgeblich. Die Vergleichsrechnung ist insoweit eine Prognoserechnung auf den voraussichtlichen Zeitpunkt des Wirksamwerdens des Plans.[60] Prognosemaßstab ist die überwiegende Wahrscheinlichkeit.[61] Dies gilt auch für die Frage, zu welchen Konditionen ein Alter-

---

54 Vgl. auch die bei BeckOK-StaRUG/*Fridgen* § 6 Rn. 60 sowie BeckOK-StaRUG/*Skauradszun* § 64 Rn. 20 unterschiedenen fünf Szenarien.

55 Vgl. BeckOK-StaRUG/*Fridgen* § 6 Rn. 59; vgl. auch AG Hamburg, ZRI 2021, 473 (»konkretes und verlässliches Alternativszenario«); AG Karlsruhe, ZIP 2023, 651, 655 (»[…] nachvollziehbar dargelegt, dass […] Fortführung in der Insolvenz mit überwiegender Wahrscheinlichkeit nicht realistisch […]«).

56 *Spahlinger*, NZI-Beilage 2021, 32, 33 f.; MK-StaRUG/*Parzinger/Knebel* § 6 Rn. 95; vgl. auch AG Hannover, ZIP 2023, 2423, 2430 (»Vergleichsmaßstab ist das mit hinreichender Wahrscheinlichkeit anzunehmende sog. nächstbeste Alternativszenario zum Plan«).

57 Zur Reichweite eines solchen Zustimmungserfordernisses vgl. z.B. Beck'sches Notar-Handbuch/*Heckschen/Scherz*, § 25 Rn. 14 ff.

58 Zum Erfordernis eines zustimmenden Gesellschafterbeschlusses beim Stellen eines Insolvenzantrags ausschließlich wegen drohender Zahlungsunfähigkeit (§ 18 InsO) vgl. K. Schmidt-*K. Schmidt* § 18 Rn. 31 m.w.N.

59 A.A. offenbar BeckOK-StaRUG/*Fridgen* § 6 Rn. 59, der eine Ergebnisdarstellung aller durchführbaren Szenarien verlangt.

60 K/P/B-*Spahlinger* § 220 Rn. 21 m.w.N.

61 Vgl. zur Vergleichsrechnung im Insolvenzplan: HambKomm-InsR/*Thies* § 220 Rn. 7; K/P/B-*Spahlinger* § 220 Rn. 21; K. Schmidt-*Spliedt* § 220 Rn. 6.

nativszenario (z.B. eine übertragende Sanierung in der Insolvenz) durchgeführt werden könnte.[62] Es sind nur Werte maßgeblich, die sich mit überwiegender Wahrscheinlichkeit tatsächlich realisieren lassen.[63] Dabei sind auch Vermögenszuflüsse zu berücksichtigen, die den Gläubigern nur im Alternativszenario zugutekommen würden.[64] Erfahrungsgemäß können die Bewertungsfragen den Planverfasser vor Herausforderungen stellen. Oftmals wird er sich dabei – wie bei der Vergleichsrechnung insgesamt – externen Sachverstands (Wirtschaftsprüfer, Restrukturierungsberater, etc.) bedienen müssen (siehe Rdn. 41). Mit einer **anonymen Marktansprache** oder gar einem sog. »**Dual-Track-Verfahren**« (also einem parallel durchgeführten oder bereits laufenden M&A-Prozess)[65] – das erfahrungsgemäß durchaus schnell und vertraulich durchgeführt werden kann – und den darin unterbreiteten indikativen Angeboten lassen sich die für ein Veräußerungsszenario angenommenen Werte plausibilisieren.[66]

11. Liquidationsplan

Sieht der angebotene Restrukturierungsplan nicht die Fortführung, sondern die Liquidation des Schuldners vor (**Liquidationsplan**), greift die gesetzliche Anordnung, dass für die Ermittlung der Befriedigungsaussichten ohne Plan die Fortführung des Unternehmens zu unterstellen ist (§ 6 Abs. 2 Satz 2) nicht ein. Dennoch ist es denkbar, dass in einem solchen Fall das nächstbeste Alternativszenario ein Fortführungsszenario ist, wenn ein solches Szenario sich mit überwiegender Wahrscheinlichkeit verwirklichen lässt und den Planbetroffenen im Vergleich mit anderen Alternativszenarien die besten Befriedigungsaussichten bietet. In der Praxis dürfte ein solcher Fall allerdings kaum vorkommen. Im Übrigen ergeben sich für einen Liquidationsplan keine Besonderheiten. 38

12. Drittsicherheiten

Sieht der Restrukturierungsplan Eingriffe in die Rechte von Gläubigern aus gruppeninternen Drittsicherheiten (§ 2 Abs. 4) vor, müssen auch die **Verhältnisse des die Sicherheit gewährenden verbundenen Unternehmens** und die **Auswirkungen des Plans auf dieses Unternehmen** dargestellt werden (§ 6 Abs. 3). Dabei sind den Planbetroffenen und dem Restrukturierungsgericht alle Informationen mitzuteilen, die für eine Beurteilung der **Werthaltigkeit der Sicherheit** und der **Auswirkungen des Plans auf den Sicherungsnehmer**, insbesondere die **Angemessenheit seiner Entschädigung** (§ 2 Abs. 4 Satz 1 Halbs. 2), nötig sind.[67] Dadurch – insbesondere bei mehreren Sicherungsgebern – kann der Umfang des darstellenden Teils erheblich zunehmen.[68] 39

62 Vgl. zur Vergleichsrechnung im Insolvenzplan: K. Schmidt-*Spliedt* § 220 Rn. 6; a.A. HambKomm-InsR/*Thies* § 220 Rn. 7, der ein »konkretes, ernstzunehmendes Angebot« verlangt, um der Gefahr durch Manipulation mit Scheinangeboten vorzubeugen.

63 *Spahlinger*, NZI-Beilage 2021, 32, 33 f.

64 So das AG Hannover, ZIP 2023, 2423, 2431 im Kontext der Gestaltung von Beitragsforderungen einer Krankenkasse (Einzugsstelle i.S.v. § 28h SGB IV). Das AG Hannover berücksichtigt, dass die Einzugsstelle (nur) im Alternativszenario der Insolvenz einen Anspruch auf Zahlung von Insolvenzausfallgeld (§ 175 SGB III) gegen die Agentur für Arbeit haben würde. Auch sonst sind, wenn der Vergleichsmaßstab ein Insolvenzszenario ist, insolvenzspezifische Vorteile wie das Verwalterwahlrecht einzubeziehen, vgl. auch *Distler*, ZIP 2021, 1033, 1038.

65 A.A. Braun-*Böhm*, StaRUG, § 6 Rn. 24, der ein Dual-Track-Verfahren nicht für erforderlich und auch nicht für zumutbar hält, sowie Desch, Das neue Restrukturierungsrecht, § 3 Rn. 69; Jacoby/Thole-*Brünkmans* § 6 Rn. 46; wie hier tendenziell Seibt/Westpfahl-*Hölzle* § 6 Rn. 35: Erforderlichkeit eines Dual-Tracks »im absoluten Regelfall«.

66 Teilweise wird auch vorgeschlagen, zur konkreten Berechnung der Vergleichswerte (vornehmlich) auf »anerkannte betriebswirtschaftliche Methoden der Unternehmensbewertung« oder eine »fairness opinion« (IDW S8) abzustellen, vgl. etwa *Ringelspacher/Fehl-Weileder*, ZRI 2022, 210, 213; Uhlenbruck/*Streit/Bürk*, StaRUG § 6 Rn. 107 ff.; Jacoby/Thole-*Jacoby* § 26 Rn. 19; HRI I/*Pleister/Prosteder* § 28 Rn. 49.

67 Vgl. RegE BT-Drucks. 19/24181, S. 116.

68 Vgl. BeckOK-StaRUG/*Fridgen* § 6 Rn. 97.

13. Geheimhaltung

40 Dem Informationsinteresse der Beteiligten kann ein **Geheimhaltungsinteresse des Schuldnerunternehmens** entgegenstehen.[69] Der Planverfasser hat darauf zu achten, dass keine sensiblen Informationen in den darstellenden Teil Eingang finden, die für die Entscheidung der Beteiligten über den Plan unerheblich sind. Soweit sensible Informationen jedoch entscheidungserheblich sind, sollten die widerstreitenden Interessen im Wege einer praktischen Konkordanz zum Ausgleich gebracht werden, z.B. dadurch, dass sich der darstellende Teil auf summarische oder anonymisierte Angaben beschränkt, verbunden mit dem Hinweis darauf, dass weitere Einzelheiten auf Verlangen und nach Unterzeichnung einer Vertraulichkeitsvereinbarung (die informationshalber als Muster dem Plan beigefügt werden kann) durch das Schuldnerunternehmen zur Verfügung gestellt werden.[70]

14. Einbindung von Sachverständigen

41 Beim Abfassen des darstellenden Teils und seiner Anlagen, insbesondere bei der Darstellung der wirtschaftlichen Verhältnisse des Schuldners, dem Restrukturierungskonzept, der Beschreibung der Auswirkungen des Restrukturierungsplans und der Vergleichsrechnung, darf sich der Schuldner externer Sachverständiger (Wirtschaftsprüfer, Restrukturierungsberater, Rechtsberater etc.) bedienen. Gesetzlich vorgeschrieben ist dies jedoch nicht. Eine Einbindung externer Sachverständiger unterstreicht allerdings die Ernsthaftigkeit der Restrukturierungsbemühungen, erhöht die **Glaubwürdigkeit** des Plans[71] und dürfte sich wesentlich auf die **Akzeptanz** des Plans[72] bei den Planbetroffenen auswirken. Zeichnet sich gar **Widerstand gegen den Plan** ab, weil absehbar ist, dass überstimmte Planbetroffene versuchen werden, die Planbestätigung zu verhindern (vgl. § 64), oder die Zustimmung einer Gruppe durch gruppenübergreifende Mehrheitsentscheidung fingiert werden muss (§ 26), ist die Einbindung externer Sachverständiger erst recht empfehlenswert, um solchem Widerstand vorbereitet entgegentreten zu können.

§ 7 Gestaltender Teil

(1) Der gestaltende Teil des Restrukturierungsplans legt fest, wie die Rechtsstellung der Inhaber der Restrukturierungsforderungen, der Absonderungsanwartschaften, der Rechte aus gruppeninternen Drittsicherheiten und der Anteils- oder Mitgliedschaftsrechte (Planbetroffenen) durch den Plan geändert werden soll.

(2) [1]Soweit Restrukturierungsforderungen oder Absonderungsanwartschaften gestaltet werden, ist zu bestimmen, um welchen Bruchteil diese gekürzt, für welchen Zeitraum sie gestundet, wie sie gesichert und welchen sonstigen Regelungen sie unterworfen werden sollen. [2]Satz 1 gilt entsprechend für die Gestaltung der Rechte aus gruppeninternen Drittsicherheiten (§ 2 Absatz 4).

(3) Soweit vertragliche Nebenbestimmungen oder Vereinbarungen nach § 2 Absatz 2 gestaltet werden, legt der gestaltende Teil fest, wie diese abgeändert werden sollen.

(4) [1]Restrukturierungsforderungen können auch in Anteils- oder Mitgliedschaftsrechte an dem Schuldner umgewandelt werden. [2]Eine Umwandlung gegen den Willen der betroffenen Gläubiger ist ausgeschlossen. [3]Insbesondere kann der Plan eine Kapitalherabsetzung oder -erhöhung, die

69 Vgl. zum Insolvenzplan: Buth/Hermanns-*Geiwitz* § 30 Rn. 135; Mohrbutter/Ringstmeier/*Meyer-Bähr* Kap. 14 Rn. 40.

70 Vgl. zum Insolvenzplan: Mohrbutter/Ringstmeier/*Meyer-Bähr* Kap. 14 Rn. 40, der vorschlägt, in solchen Fällen sich in Umfang und Detail unterscheidende Insolvenzpläne zu erstellen, und den Beteiligten – nach sachgerechter Gruppenbildung durch den Planverfasser – unterschiedliche Einsichtsrechte zu gewähren; vgl. auch K. Schmidt-*Spliedt* § 234 Rn. 3, der erwägt, ob es in derartigen Fällen gestattet ist, analog z.B. § 131 Abs. 3 Satz 1 Nr. 1 AktG bestimmte Informationen im Plan nicht offenzulegen.

71 Vgl. BeckOK-StaRUG/*Fridgen* § 6 Rn. 25.

72 Vgl. zur Erklärung gem. § 14 Abs. 1: Braun-*Koch/Müller*, StaRUG, § 14 Rn. 12.

Leistung von Sacheinlagen, den Ausschluss von Bezugsrechten oder die Zahlung von Abfindungen an ausscheidende an dem Schuldner beteiligte Personen vorsehen. [4]Der Plan kann vorsehen, dass Anteils- oder Mitgliedschaftsrechte übertragen werden. [5]Im Übrigen kann jede Regelung getroffen werden, die gesellschaftsrechtlich zulässig ist. [6]§ 225a Absatz 4 und 5 der Insolvenzordnung ist entsprechend anzuwenden.

Übersicht

A. Einführung

§ 7 ist die zentrale Norm, die sich mit den rechtlichen Verhältnissen befasst, die mit der Durchführung des Restrukturierungsplans gestaltet werden können. Dieser ist wie der Insolvenzplan in einen **darstellenden** und einen **gestaltenden** Teil gegliedert. Während § 6 den darstellenden Teil normiert, regelt § 7 den gestaltenden Teil in **weitgehender Anlehnung an §§ 219 ff. InsO**[1]. Auf die Nähe zum Insolvenzplan weist die Begründung des Regierungsentwurfs in vor die Klammer gezogenen Ausführungen hin, indem dort sinnbildlich davon die Rede ist, dass der Restrukturierungsplan nicht anders als der Insolvenzplan ein **Instrument zur kollektiv-privatautonomen Bewältigung der schuldnerischen Krise** darstellt und angesichts der funktionalen Übereinstimmung dieser beiden Rechtsinstitute und der Bewährung des Insolvenzplans in der Praxis sich die Bestimmungen zum Restrukturierungsplan über weite Strecken eng an den insolvenzplanrechtlichen Regelungen orientieren[2]. Seine Bedeutung erhält der gestaltende Teil des Restrukturierungsplans durch § 67 Abs. 1 S. 1 und 2, der den Wirkungseintritt der gestaltenden Regelungen des Restrukturierungsplans an dessen Bestätigung knüpft und seinen Wirkungen auch diejenigen Planbetroffenen unterwirft, die gegen den Plan gestimmt oder sich trotz ordnungsgemäßer Beteiligung nicht an dem Abstimmungsverfahren beteiligt haben. Alternativ entfaltet der gestaltende Teil auch Bindungswirkung durch die Annahme aller Planbetroffenen.[3] 1

Aus Sicht der EU-Richtlinie ergibt sich der Mindestinhalt des Restrukturierungsplans aus Art. 8. Dessen Anforderungen hat der nationale Gesetzgeber mit der Anlage zu § 5 Satz 2 umgesetzt. 2

Diese Nähe und das Vorbild des Insolvenzplans gleichsam als Blaupause für den Restrukturierungsplan dürfen jedoch nicht über **grundsätzliche funktionelle Unterschiede** der beiden Rechtsinstitute hinwegtäuschen: Dem Restrukturierungsplan fehlt es im Gegensatz zum Insolvenzplan am **Kontext einer gesamtvollstreckungsrechtlichen Einbettung** und einer zwingenden durchgängigen gerichtlichen Führung und Beaufsichtigung. Der Restrukturierungsplan wird demgemäß als teilkollektives Verfahren bezeichnet. Da dieser im Gegensatz zum Insolvenzplan nicht alle Gläubiger erfasst, sondern der Planersteller im Rahmen des § 8 festlegen kann, wer ihm unterworfen werden soll, erhält § 7 Abs. 1 darüber hinaus eine **Legaldefinition des Planbetroffenen**. 3

1 RefE SanInsFoG, S. 124; RegE SanInsFoG, BT-Drucks. 19/24181, S. 109, 115 f.

2 Begr. RegE SanInsFoG, BT-Drucks. 19/24181, S. 109. Hierzu auch *Hofmann*, NZI-Beil. 2019, S. 22 ff.

3 RegE, BT-Drucks. 19/24181, 121.

B. Normzweck

4 Mit dieser Maßgabe dient der darstellende Teil der Information der Planbetroffenen, der **gestaltende Teil** legt die **Wirkungen** des Restrukturierungsplans fest[4]. Dabei normiert § 7 sowohl obligatorische als auch fakultative Regelungen. Während § 221 InsO als Generalnorm nur eine allgemeine Aussage zum Inhalt des gestaltenden Teils des Insolvenzplans trifft und die einzelnen potenziellen Regelungen in § 222 ff. InsO enthalten sind, beinhaltet § 7 in seinen Absätzen 2 bis 4 bereits einzelne Regelungsmöglichkeiten selbst.

C. Abgrenzung zum darstellenden Teil (§ 6)

5 Aufgrund der weitgehenden Anlehnung an die Vorschriften über den Insolvenzplan[5], zur Sicherstellung des Informationscharakters für die Beteiligten, zur Steigerung der Akzeptanz des Plans bei den Betroffenen und zur Sicherstellung der Möglichkeit der Vollstreckung aus dem Restrukturierungsplan nach § 71 gilt auch für den Restrukturierungsplan: **Der darstellende Teil stellt die Informations-, der gestaltende Teil die Vollzugsebene dar**[6].

6 Für Erläuterungen, Absichten, Hintergründe usf. ist daher im gestaltenden Teil des Restrukturierungsplans kein Raum. Als Vorbereitung der durch den gestaltenden Teil zu treffenden Maßnahmen gehören diese Aspekte vielmehr in den darstellenden Teil. Umfang und Komplexität des darstellenden Teils sind dem konkreten Fall anzupassen und müssen angemessen sein: Je komplexer die wirtschaftliche Ausgangslage, die Struktur des zu restrukturierenden Unternehmens oder die beabsichtigten Maßnahmen sind, desto detaillierter sollte der darstellende Teil sein. **Struktur und Darstellungstiefe des darstellenden Teils korrelieren also mit der Intensität oder Komplexität der beabsichtigten Eingriffe**, die präzise, aber in notwendiger Kürze im gestaltenden Teil zu regeln sind. Mehr noch als im darstellenden Teil gilt hier: Für Redundanzen und Weitschweifigkeiten ist kein Raum[7]. Im Hinblick auf die Möglichkeit der Vollstreckung (§ 71) muss der Plan ungeachtet seiner Auslegungsfähigkeit nach §§ 133, 157 BGB[8] hinreichend bestimmt sein: Es muss sich aus ihm zweifelsfrei erkennen lassen, wer Adressat seiner Regelungen ist und wie jede andere vollstreckbare gerichtliche Entscheidung oder notariell beurkundeter Vergleich müssen die Rechtsgestaltungen, die der Restrukturierungsplan vornimmt, wie beim Insolvenzplan überhaupt vollstreckungsfähig sein[9]. Die Notwendigkeit der Präzision im gestaltenden Teil folgt auch aus dem Umstand der Bindung des bestätigenden Gerichts an den Restrukturierungsplan, über den abgestimmt wurde, denn eine Planbestätigung kommt nur in Gänze oder überhaupt nicht in Betracht[10]. Auch die gerichtliche Vorprüfung bezieht sich auf die notwendige Bestimmtheit der Regelungen des gestaltenden Teils.

D. Regelungsgehalt

I. Planbetroffene (Abs. 1)

7 Die Vorschrift ist von der Struktur her an § 221 Satz 1 InsO angelehnt, definiert den in der Insolvenzordnung naturgemäß fehlenden Begriff der **Planbetroffenen** (beim Insolvenzplan ist es der Beteiligte) und normiert, dass der gestaltende Teil diejenigen Regelungen enthält, die deren Rechtsstellung ändern sollen. Änderung ist jede Abweichung desjenigen, was sich aus Vertrag oder Gesetz für das Verhältnis zwischen Planbetroffenem und Schuldner ergibt[11]. §§ 2, 3 nennt diejenigen Rechtsver-

4 Zum Insolvenzplan eingehend: *Smid/Rattunde/Martini* Rn. 6.1 ff.
5 RefE SanInsFoG, S. 124; RegE SanInsFoG, BT-Drucks. 19/24181, S. 109, 115 f.
6 Für den Insolvenzplan: Braun-*Braun/Frank*, § 221 InsO Rn. 2. Näher: *Smid/Rattunde/Martini*, Der Insolvenzplan, Rn. 6.1 ff.
7 Näher SanR-*Martini*, § 221 Rn. 2 ff; Wolgast/*Grauer-Grauer*, § 11 Rn. 1.
8 Zum Insolvenzplan: BGH, ZInsO 2006, 38.
9 Zum Insolvenzplan: BGH, ZInsO 2006, 38; Näher *Smid/Rattunde/Martini*, Insolvenzplan, Rn. 6.84.
10 BeckOK-StaRUG/*Fridgen*, § 7 Rn. 2.
11 HambKomm-InsR/*Thies*, § 221 Rn. 7.

hältnisse, die durch einen Restrukturierungsplan gestaltet werden können, § 4 normiert, wo dies ausgeschlossen ist. **Planbetroffene** sind daher Inhaber von Restrukturierungsforderungen, Absonderungsanwartschaften[12], Rechten aus gruppeninternen Sicherheiten und Anteils- oder Mitgliedschaftsrechten, deren Rechtsstellung durch den Plan geändert werden sollen. Dabei ist die Legaldefinition des § 7 Abs. 1 Satz 1 nicht ganz präzise, denn Planbetroffene sind nur diejenigen Beteiligten, **deren Rechte der Plan auch ändert**[13]. Es steht also im Gegensatz zum Insolvenzplan nicht von vornherein fest, wer Planbetroffener ist, der Restrukturierungsplan muss dies vielmehr regeln. Dies ist eine der fundamentalen Unterschiede zwischen Restrukturierungs- und Insolvenzplan. Zugleich ist die Bestimmung der Planbetroffenen der erste und wesentliche Gestaltungsakt des Restrukturierungsplans, noch vor der Gruppenbildung.

Planbetroffener kann von vornherein nicht sein, wer nicht vom numerus clausus gestaltbarer Rechts- 7a
verhältnisse gem. § 2 erfasst ist oder gem. § 4 ausgenommen wird. Dies gilt z.B. nach § 4 S. 1 Ziff. 2 für Arbeitnehmer im Zusammenhang mit Arbeitsverhältnissen. Auch einen Eingriff in (künftige) **Aussonderungsrechte** kann der Plan nicht vorsehen[14], wie sich bereits aus dem Gegenschluss aus § 2 Abs. 1 Ziff. 2 ergibt. Die Zulässigkeit bilateraler Vereinbarungen mit dem Aussonderungsgläubiger bleibt davon allerdings unberührt.

Eine Änderung der Rechtstellung der Planbetroffenen beinhaltet deren **zielgerichtete Gestaltung**, 7b
also nicht nur eine reflexartige oder mittelbare Betroffenheit[15]. Dies sind z.B. Eingriffe in Höhe oder Fälligkeit von Restrukturierungsforderungen als Hauptanwendungsfall oder die Kapital- bzw. Gewinnbeteiligung eines Anteilsrechts.

Von der Einteilung der Planbetroffenen ist im gestaltenden Teil die Gruppenbildung vorzunehmen 7c
und zwar nach § 9. Dabei erfolgt die Gruppenbildung wie beim Insolvenzplan durch eine abstrakte Beschreibung der Mitglieder der Gruppe, die eine zweifelsfreie Zuordnung im Wege der konkreten Subsumtion zulässt oder aber, wegen des nur teilkollektiven Charakters des Restrukturierungsplans, durch konkrete Inbezugnahme auf ein als Anlage zum Plan beigefügtes Planbetroffenenverzeichnis nach Gruppen, das die jeweilige Forderung mit Gläubiger, Adresse, Grund und Höhe der Forderung konkret angibt. Entscheidet sich der Planersteller für den letztgenannten Weg, ist aber klarzustellen, ob dieses Verzeichnis abschließend ist oder aber die abstrakte Beschreibung der Mitglieder entscheidend sein soll.

In **zeitlicher Hinsicht** ist § 2 Abs. 5 entscheidend: Einschlägig sind die Rechtsverhältnisse im Zeit- 8
punkt der Unterbreitung des Planangebots (§ 17), im Fall der Abstimmung im gerichtlichen Planabstimmungsverfahren der Zeitpunkt der Antragstellung (§ 45). Falls der Schuldner zuvor eine Stabilisierungsanordnung (§ 45) erwirkt, tritt an die Stelle des Planangebots oder des Antrages auf Abstimmung der Zeitpunkt der Erstanordnung. Zu diesem Zeitpunkt noch nicht begründete Forderungen können als **künftige Forderungen** nicht Gegenstand einer Rechtsänderung sein. Gläubiger mit den in § 4 genannten Forderungen sind nie Planbetroffene, da sich hierauf der Restrukturierungsplan nicht beziehen kann. Dazu zählen **Arbeitnehmer, Forderungen aus vorsätzlich begangenen unerlaubten Handlungen**[16] **sowie Geldstrafen, Geldbußen usw. nach § 39 Abs. 1 Nr. 3 InsO.**

---

12 Zum Begriff: *Thole*, ZIP 2020, 1985, 1988: Wenn es kein Insolvenzverfahren gibt, gibt es keine Absonderung und ergo auch keine Insolvenzforderungen, daher die differierenden Begriffe.

13 Richtigerweise hätte der Klammerzusatz in § 7 Abs. 1 Satz 1 daher ans Ende gehört.

14 *Thole*, ZIP 2020, 1985, 1988.

15 Näher: Jacoby/Thole-*Brünkmans*, § 7 Rn. 10, dort auch zur mittelbaren Betroffenheit bei Übertragung des gesamten Vermögens oder eines wesentlichen Teils der Aktiengesellschaft auf eine Erwerbergesellschaft (»Holzmüller«, BGH, Urt. v. 25.02.1982 – II ZR 174/80, NJW 1982, 1703 bzw. »Gelatine«, BGH, Urt. v. 26.04.2004 – II ZR 155/02, NJW 2004, 1860).

16 Dabei verweist das StaRUG nicht auf § 302 InsO. Zu den Konsequenzen: *Frind*, ZInsO 2020, 2241, 2242.

II. Gestaltung der Restrukturierungsforderungen und Absonderungsanwartschaften (Abs. 2)

9 In Anlehnung an §§ 221 Satz 1, 223 Abs. 2, 223a, 224 InsO normiert Absatz 2, dass im Fall der Gestaltung von Restrukturierungsforderungen oder Absonderungsanwartschaften im Plan anzugeben ist, **welchen Regelungen sie unterworfen werden sollen**[17]. Notwendig ist deren Unterwerfung in Ermangelung eines gesamtvollstreckungsrechtlichen Ansatzes des Restrukturierungsplans nicht, wie sich bereits aus dem Wortlaut der Norm ergibt (»soweit«). Die Gestaltung von Restrukturierungsforderungen dürfte jedoch die Regel des Restrukturierungsplans darstellen. Die Kürzung, Stundung oder Sicherung sind dabei typische Regelbeispiele, ohne aber die denkbaren Regelungen abschließend zu bestimmen. Abs. 2 Satz 1 erstreckt die Regelung auf die Rechte aus gruppeninternen Sicherheiten nach § 2 Abs. 4. Die Rechtsänderungen müssen in Übereinstimmung mit dem sachenrechtlichen **Bestimmtheitsgrundsatz** genau bezeichnet sein[18]. Der Umstand, dass eine dem § 223 Abs. 1 Satz 1 InsO entsprechende Vorschrift ebenso fehlt wie es an einem Pendant zu § 225 Abs. 1 InsO mangelt, folgt aus dem **fehlenden Generalexekutionscharakter** des Restrukturierungsplans.

10 Über die gesetzlichen Regelbeispiele hinaus kann der Restrukturierungsplan wie auch der Insolvenzplan sämtliche hinreichend bestimmten und vollstreckbaren Maßnahmen enthalten, die von der Vertragsfreiheit gedeckt sind[19]. Sieht der Plan eine **Kürzung** der Forderungen vor, ist der genaue **Bruchteil** anzugeben. Die Kürzung bedeutet eine teilweise Befriedigung der Forderung und Erlass im Übrigen, jedenfalls in Form eines Bestehenbleibens als unvollkommene Verbindlichkeit (siehe § 67 Abs. 4). Bei der **Stundung** als dem Hinausschieben der Fälligkeit (§ 271 BGB) ist der genaue Zeitraum der Stundung anzugeben. Die **Sicherung** einer Forderung kann ganz oder teilweise erfolgen, auch durch den Tausch von Sicherheiten.

10a Die Grenze der Gestaltungsoptionen ist allerdings dort überschritten, wo dem Beteiligten neue Verpflichtungen auferlegt werden. Dies wäre unzulässig und nur als freiwillige Verpflichtung des Betroffenen möglich. Die Vergabe neuer, auch interimistischer, Kredite kann daher gegen den Willen des Betroffenen z.B. ebenso wenig geregelt werden wie ein Kontrahierungszwang dahingehend, dass der Betroffene im Plan verpflichtet wird, den Schuldner weiter mit Waren oder Dienstleistungen zu beliefern. Derartige Verpflichtungen können nur auf freiwilliger Grundlage übernommen werden[20]

10b **Typische Anwendungsfälle** des Eingriffs in Restrukturierungsforderungen sind demgemäß zusammenfassend: die Festlegung einer bestimmten anteiligen **Befriedigungsquote** und Regelungen zu deren Fälligkeit, z.B. deren Finanzierung über Beiträge eines Investors (sog. cash-out-Plan), die Finanzierung der Quote durch künftige Gewinne, wobei dann die Fälligkeit häufig mit dem Zeitpunkt der Feststellung des Jahresabschlusses verknüpft wird (sog. earn-out-Plan). Auch eine dynamische Quote ist denkbar, wobei dann besonderes Augenmerk auf die Vergleichsrechnung nach § 6 Abs. 2 S. 1 zu legen ist. Ebenso denkbar ist ein Besserungsschein (also ein Quotenanteil, der von der wirtschaftlichen Entwicklung der Schuldnerin abhängig ist). Beim Besserungsschein ist besonders Augenmerk auf die zweifelsfreie Definition der Voraussetzungen für den Eintritt des Besserungsfalls zu legen.

Das Versprechen einer bestimmten Quote im Restrukturierungsplan führt, wenn der Plan nichts anderes regelt, dazu, dass der Schuldner mit der im gestaltenden Teil vorgesehenen Quote von seinen restlichen Verbindlichkeiten gegenüber diesen in den Plan einbezogenen Restrukturierungsforderungen wird (§ 11 S. 1). Rechtlich ist dies, wie sich aus § 67 Abs. 4 ergibt, kein Erlass, sondern das Bestehenbleiben der restlichen Forderung als **unvollkommene Verbindlichkeit.** Wie beim

---

17 Zum Insolvenzplan: SanR-*Martini*, § 221 Rn. 6.

18 Braun-*Böhm*, StaRUG, § 7 Rn. 8.

19 Näher zum Insolvenzplan: SanR-*Martini*, § 224 Rn. 4 ff.

20 Flöther/*Westpfahl-Dittmar*, § 2 Rn. 36; Jacoby/Thole-*Brünkmans*, § 7 Rn. 14.

Insolvenzplan auch[21] ist es darüber hinausgehend zulässig, ausdrücklich einen Erlass i.S.v. § 397 BGB zu normieren[22].

Sieht der Restrukturierungsplan eine dynamische Quote vor, indem z.B. die feststehende zu verteilende Liquidität auf eine noch nicht feststehende Höhe an Restrukturierungsforderungen verteilt wird oder steht umgekehrt die Höhe der Restrukturierungsforderungen fest, ist aber noch unklar, welchen Erlös ein Vermögenswert erzielen wird, der noch zu verwerten ist, stellte sich neben der Frage der Vergleichsrechnung nach § 6 die Frage nach den Anforderungen an die Vollstreckbarkeit. § 71 Abs. 1 gewährt den Restrukturierungsgläubigern mit rechtskräftiger Planbestätigung einen Vollstreckungstitel. Die Planregelung muss aber nicht aus sich heraus vollstreckbar sein[23]. Ausreichend ist vielmehr, dass der Restrukturierungsplan die Berechnungsgrundlage für die Planquote (also bestimmbar) festlegt und den Nachweis der Planquote im Klauselerteilungsverfahren festlegt.[24] **10c**

Weiter denkbar sind Stundungen, Rangrücktritte, Umwandlungen in Eigenkapital, Forderungsabtretungen, die Übernahme von Verbindlichkeiten durch Dritte, Novationen, debt-to-debt-swaps oder die Neubesicherung von Forderungen. **10d**

Neben der Gestaltung von Restrukturierungsforderungen sind Gestaltungen von Absonderungsanwartschaften denkbar. Nach § 2 Abs. 1 Nr. 2 können an Gegenständen des schuldnerischen Vermögens bestehende Rechte, die im Falle der Eröffnung des Insolvenzverfahrens zur Absonderung berechtigen (§§ 49 ff. InsO, § 110 VVG, § 76 AO, 10 ZVG, §§ 32 f. DepotG), durch den Plan gestaltet werden. Wichtige Anwendungsfälle sind Pfandrechte sowie Sicherungszession und Sicherungsübereignung. Dingliche und persönliche Sicherheiten Dritter sind keine Absonderungsanwartschaften. Voraussetzung der Gestaltung der Absonderungsanwartschaft durch den Plan ist, dass das zugrundeliegende Recht im maßgeblichen Zeitpunkt bereits entstanden ist (§ 2 Abs. 5). **10e**

Eine Gestaltung von Aussonderungsrechten durch den Plan ist nur durch eine individuelle Vereinbarung mit dem Gläubiger möglich, jedoch nicht zwangsweise. **10f**

Typische Anwendungsfälle des Eingriffs in Absonderungsanwartschaften sind die Ablösung, die Freigabe aus dem schuldnerischen Vermögen, die Neustrukturierung von Sicherheiten durch Sicherheitentausch, Sicherheitenneugewährung oder die Änderung der Verwertungsmodalitäten. **10g**

Nach § 7 Abs. 2 S. 1 gelten die Grundsätze für die Gestaltung von Restrukturierungsforderungen und Absonderungsanwartschaften auch für die Gestaltung von Rechten aus gruppeninternen Drittsicherheiten. Der Unterschied zu den beiden erst genannten Fällen ist hierbei, dass in Forderungen gegen einen Dritten, z.B. aus Bürgschaften, eingegriffen wird oder ein Eingriff in Sicherheiten erfolgt, die nicht der Schuldner, sondern ein Dritter gestellt hat. Dadurch wird ein weiteres (Parallel-)Verfahren über das Vermögen des konzernangehörigen Drittsicherheitengebers vermieden. Die Regelung entspringt einem praktischen Bedürfnis, da bei Konzernfinanzierungen häufig die operativ tätigen Gruppengesellschaften Sicherheiten am eigenen Vermögen zugunsten anderer Gesellschaften der Gruppe einräumen. **11**

Im Falle des Eingriffs in gruppeninterne Drittsicherheiten sieht das Gesetz in § 2 Abs. 4 S. 1 eine Entschädigung vor. Der Gläubigerschutz wird durch die Notwendigkeit der Angemessenheit der Entschädigung nach § 2 Abs. 4 S. 1, 2. Halbs., sichergestellt, die Notwendigkeit der Bildung einer eigenen Gruppe (§ 9 Abs. 1 S. 3), das Schlechterstellungsverbot aus § 26 Abs. 2 und den Minderheitenschutz aus § 64 Abs. 1. **11a**

21 *Martini/Horstkotte* ZInsO 2017, 1913 (1918).
22 Jacoby/Thole-*Brünkmans*, § 7 Rn. 24 m.w.N.
23 So aber für den Insolvenzplan AG Hannover, ZIP 2016, 2081; *Blankenburg* ZInsO 2015, 1293/1298).
24 Wie hier für den Insolvenzplan: *Martini/Horstkotte* ZInsO 2017, 1913 (1921); *Weber* ZInsO 2017, 255 (259); *Tresselt/Nagel* DB 2018, 1969 (1972); für den Restrukturierungsplan Jacoby/Thole-*Brünkmans*, § 7 Rn. 18.

11b Die Implementierung von Eingriffen in gruppeninterne Drittsicherheiten setzt zunächst, dass die Drittsicherheiten gruppenintern sind. Das sind Real- oder Personalsicherheiten, die ein Unternehmen gewährt hat, dass mit dem Schuldner i.S.v. § 15 AktG verbunden ist. Auf die Art der Personal- oder Realsicherheit kommt es nicht an. Denkbar sind also z.B. Garantien, Schuldbeitritte, Bürgschaften, Immobiliarsicherheiten, gesetzliche Mobiliarpfandrechte, alle Arten von Eigentumsvorbehalten.

11c Erfolgen Eingriffe in **gruppeninterne Sicherheiten** (§ 7 Abs. 2 Satz 2), sind diese durch eine angemessene Entschädigung zu kompensieren (§ 2 Abs. 4 Satz 1, Halbs. 2). Angemessen ist eine Entschädigung dann, wenn der Umfang der Entschädigung der Höhe entspricht, in der der Anspruch des Betroffenen gegen das Gruppenunternehmen werthaltig ist[25]. Dies ist notfalls durch Gutachten zu ermitteln. Die **Unangemessenheit** der vorgesehenen Entschädigung verstößt gegen das gruppenübergreifende **Schlechterstellungsverbot** (§ 27 Abs. 1 Nr. 3), führt zu einem **Scheitern der Zustimmungsfiktion** nach § 26 Abs. 2 bei einer gruppenübergreifenden Mehrheitsentscheidung und eröffnet dem Betroffenen die Möglichkeit des Minderheitenschutzes (§ 64). Aus diesen Vorschriften würde sich die Notwendigkeit der Entschädigung auch ergeben, gäbe es die Regelung des § 2 Abs. 4 S. 2, 2. Halbs. nicht[26].

11d Aus § 2 Abs. 4 S. 1, 2. Halbs. ergibt sich nicht, wer die Entschädigung zu erbringen hat, so dass nichts dagegen spricht, dass dies nicht der Schuldner ist, sondern der Sicherheitengeber oder ein Dritter.[27]. In diesem Fall wird die Entschädigung allerdings nicht unmittelbar im gestaltenden Teil des Plans geregelt, sondern über eine freiwillige Verpflichtungserklärung des Dritten nach § 15 Abs. 3. Selbstverständlich ist die gesellschaftsrechtliche Zulässigkeit eines solchen Vorgehens dann auch aus Sicht des Drittsicherheitengebers zu beurteilen. Ein Verstoß gegen gesellschaftsrechtliche Pflichten, z.B. aus §§ 30, 31 GmbHG, liegt jedenfalls dann nicht vor, wenn der Eingriff in die Drittsicherheit gegen Entschädigung im Ergebnis auch für den Drittsicherheitengeber von Vorteil ist.

12 Die im gestaltenden Teil vorgesehenen Regelungen erlangen **Wirksamkeit** durch die Annahme der Planbetroffenen (§§ 17 ff.) oder, wenn beantragt, im Wege der gerichtlichen Bestätigung (§§ 60 ff.). Wie beim Insolvenzplan, dort § 227 Abs. 1 InsO, wird das Unternehmen, wenn der Restrukturierungsplan keine abweichenden Regelungen enthält, mit der im gestaltenden Teil vorgesehenen Befriedigung der in den Plan einbezogenen Restrukturierungsforderungen und Absonderungsanwartschaften **von den übrigen Verbindlichkeiten befreit** (§ 11 Satz 1).

III. Vertragliche Nebenbestimmungen (Abs. 3)

13 § 2 Abs. 2 eröffnet dem Planersteller im Gegensatz zum Insolvenzplan, der einen solchen Gestaltungsspielraum nicht eröffnet, die Möglichkeit, bei Restrukturierungsforderungen oder Absonderungsanwartschaften, die auf einem mehrseitigen Rechtsverhältnis zwischen dem Schuldner und mehreren Gläubigern beruhen, auch **Einzelbestimmungen** in diesem Rechtsverhältnis durch den Restrukturierungsplan zu gestalten, ohne dass dies vertraglich normiert ist. Dies war bis dato nur nach den Regelungen des Schuldverschreibungsgesetzes möglich und zwar in Gemäßheit des § 5 Abs. 1, 3 SchVG. Dies betrifft z.B. Finanzierungen durch eine Mehrheit von Finanzierungsgläubigern. Liegt der Fokus des Restrukturierungsplans grundsätzlich auf der Umgestaltung von Forderungen und Sicherungsrechten oder Anteils- oder Mitgliedschaftsrechten, erlaubt § 2 Abs. 2 die Umgestaltung bestimmter **vertraglicher Einzelbestimmungen**. Der Gesetzgeber hatte im Speziellen Konsortialfinanzierungen und Finanzierungen von Schuldtiteln im Fokus[28]. Greift der Plan nun in diese ein,

25 Näher: BeckOK-InsO/*Geiwitz-von Danckelmann*, § 223a Rn. 2.
26 Jacoby/Thole-*Brünkmans*, § 7 Rn. 60.
27 Ebenso Braun-*Esser*, § 2 Rn. 62; Jacoby/Thole-*Brünkmans*, § 7 Rn. 61; *Paulus/Bähr/Hackländer* ZIP 2021, 1085 (1088); a.A. Flöther/*Westpfahl-Dittmar*, § 2 Rn. 78; *Hoegen/Kranz* NZI 2021, 105 (108).
28 Begr. RegE SanInsFoG, BT-Drucks. 19/24181, S. 111 f.

muss im gestaltenden Teil konkret festgelegt werden, wie diese Nebenbestimmungen und Vereinbarungen geändert werden sollen. Dabei sind auch Eingriffe in **intercreditor agreements** zulässig[29].

Da das Gesetz von »mehreren Gläubigern« spricht, ist die Anpassung von Vertragsbedingungen von Einzelkreditverträgen nicht möglich[30]. **13a**

Typische Anwendungsfälle sind die Änderung von Kreditauflagen (also die Handlungsfreiheit des Schuldners einschränkende Auflagen), die Änderung von financial covenants[31] oder z.B. die Vereinbarung von Kündigungsgründen. **13b**

Die Änderungen müssen für die Zielerreichung zweckmäßig, nicht aber zwingend erforderlich sein.[32]. Auch hier ist die Grenze des Zulässigen wiederum dort überschritten, wo zusätzliche Verbindlichkeiten der Gläubiger begründet werden sollen. Dies wäre unzulässig. **13c**

Abs. 3 normiert in diesem Zusammenhang an sich Selbstverständliches: Gestaltet der Plan auch vertragliche Nebenbestimmungen der in § 2 Abs. 2 genannten Art, ist anzugeben, wie diese Vereinbarungen geändert werden sollen. **14**

IV. Eingriffe in Anteils- oder Mitgliedschaftsrechte (Abs. 4)

1. Vorbemerkung

Die Möglichkeiten, über einen Restrukturierungsplan in die Anteils- oder Mitgliedschaftsrechte der am Schuldner beteiligten Personen einzugreifen oder gesellschaftsrechtlichen Maßnahmen durchzuführen, entsprechen den Möglichkeiten des § 225a InsO[33]. **Eine Umwandlung gegen den Willen der davon Betroffenen ist unzulässig**[34]. Im Übrigen kommt wie beim Insolvenzplan jede Maßnahme in Betracht, die gesellschaftsrechtlich zulässig ist. Die Aufzählung in Abs. 4 ist also ebenso wenig abschließend wie die Parallelvorschrift des § 225a InsO. **15**

Auf deren Abs. 4 und 5 nimmt § 7 Abs. 4 hinsichtlich der Höhe der Abfindung, der Auszahlung und eine etwaige Verzinsung Bezug. **16**

2. Anteils- oder Mitgliedschaftsrechte

Ebenso wenig wie die Insolvenzordnung definiert das StaRUG den Begriff der Anteils- oder Mitgliedschaftsrechte[35]. Der Begriff **erfasst alle Rechtspositionen, die aus der Mitgliedschaft in einem Verband resultieren**[36]. Hierzu gehören wie beim Insolvenzplan auch Verwaltungs- und Vermögensrechte, die aus einer mittelbaren Beteiligung am Rechtsträger herrühren wie stille Beteiligung, Nießbrauch oder Treuhandverhältnis[37]. Dabei beschreibt das **Anteilsrecht** des Gesellschafters seine gesellschaftsrechtliche Beteiligung am Rechtsträger (Verwaltungs- und Vermögensrechte) und damit seine **vermögensmäßige Beteiligung** am Unternehmen, das **Mitgliedschaftsrecht** beschreibt die **mitgliedschaftsrechtliche Beteiligung** an einem Rechtsträger, an dem es keine Gesellschaftsanteile gibt, wie z.B. dem Verein oder der Genossenschaft. **17**

---

29 Näher auch Braun-*Esser*, StaRUG, § 2 Rn. 16 ff.; *Thole*, ZIP 2020, 1985, 1988.

30 Jacoby/Thole-*Brünkmans*, § 7 Rn. 70.

31 Flöther/*Tasma*, § 7 Rn. 21, *Röper/Denkhaus*, ZRI 2021, 1043 (1049); *Wilkens* WM 2021, 573 (577).

32 AG Köln, B. 03.03.2021 – 83 RES 1/21, NZI 2021, 433; Begr. RegE, BT-Drucks. 19/24181, S. 112; *Thole* NZI 2021, 433 (436).

33 Näher: SanR-*Seibt/Westpfahl*, § 225a Rn. 1 ff. Überblick bei *Mulert/Steiner*, NZG 2021, 573 ff.

34 Das ursprünglich vorgesehene Ausscheiden des dissentierenden Gläubigers gegen Barabfindung, das noch in § 9 RegE vorgesehen war, ist auf Betreiben des Rechtsausschusses wegen der Befürchtung von Beurteilungsproblemen bei der Bemessung der Abfindung nicht Gesetz geworden.

35 Zum Insolvenzplan: SanR-Seibt/*Westphal*, § 225a Rn. 9.

36 MK-InsO/*Eidenmüller*, § 225a Rn. 20.

37 MK-InsO/*Eidenmüller*, § 225a Rn. 21; SanR-*Seibt/Westpfahl*, § 225a Rn. 9.

3. Gestaltungsmöglichkeiten

18 Restrukturierungsforderungen können nach Satz 1 im Wege des debt-equity-swaps in Eigenkapital umgewandelt werden. Durch diese nur bei Kapitalgesellschaft denkbare Reorganisation kann eine Reduzierung der Verbindlichkeiten und der mit diesen verbundenen Zahlungsverpflichtungen erreicht werden, was sich positiv auf die Liquiditätssituation und die Überschuldung auswirken kann. Dabei ist der debt-equity-swap wie beim Insolvenzplan auch nur eine der denkbaren Möglichkeiten. **Regelbar ist jede gesellschaftsrechtlich zulässige Regelung**[38].

4. Keine Umwandlung gegen den Willen der Betroffenen (Satz 2)

19 Ebenso wenig wie beim Insolvenzplan kommt eine Umwandlung gegen den Willen der davon Betroffenen in Betracht. Nach dem § 230 Abs. 2 InsO nachgebildeten[39] § 15 Abs. 2 ist vielmehr die Zustimmung jedes von der Umwandlung der Restrukturierungsforderung in Anteils- oder Mitgliedschaftsrechte Betroffenen dem Restrukturierungsplan beizufügen. Stimmt ein Betroffener nicht zu, ist für ihn eine Barabfindung vorzusehen[40]. Deren Berechnung ermittelt sich nach § 225a Abs. 5 InsO (§ 7 Abs. 4 Satz 6).

5. Fraktionierung bei Umwandlung

20 Gestaltet der Restrukturierungsplan die Restrukturierungsforderungen durch Umwandlung in Anteils- oder Mitgliedschaftsrechte oder erfolgt ein sonstiger gesellschaftsrechtlich zulässiger Eingriff, sind die davon Betroffenen **in einer Gruppe zusammenzufassen** (§ 9 Abs. 1 Satz 2 Nr. 4).

§ 8 Auswahl der Planbetroffenen

¹Die Auswahl der Planbetroffenen hat nach sachgerechten Kriterien zu erfolgen, die im darstellenden Teil des Plans anzugeben und zu erläutern sind. ²Die Auswahl ist sachgerecht, wenn

1. **die nicht einbezogenen Forderungen auch in einem Insolvenzverfahren voraussichtlich vollständig erfüllt würden,**
2. **die in der Auswahl angelegte Differenzierung nach der Art der zu bewältigenden wirtschaftlichen Schwierigkeiten des Schuldners und den Umständen angemessen erscheint, insbesondere, wenn ausschließlich Finanzverbindlichkeiten und die zu deren Sicherung bestellten Sicherheiten gestaltet werden oder die Forderungen von Kleingläubigern, insbesondere Verbrauchern, Klein- und Kleinstunternehmen oder mittleren Unternehmen, unberührt bleiben oder**
3. **mit Ausnahme der in § 4 genannten Forderungen sämtliche Forderungen einbezogen werden.**

Übersicht

38 Näher zum Insolvenzplan: SanR-*Seibt/Westpfahl*, § 225 Rn. 10 ff.
39 BT-Drucks. 19/24181, S. 120.
40 BT-Drucks. 19/24181, S. 117.

A. Einführung

Der fehlende gesamtvollstreckungsrechtliche Ansatz des als teilkollektive[1] Hilfe gestalteten Restrukturierungsplans[2] macht es erforderlich, dass dieser regelt, wer vom Plan betroffen sein soll. Die Rechte desjenigen, der nicht betroffen sein soll, bleiben unberührt. Er wird also gegenüber den Planbetroffenen bevorzugt. § 7 Abs. 1 normiert daher die **Auswahl der Planbetroffenen** innerhalb der Rechtsverhältnisse, die einer Gestaltung nach §§ 2 bis 4 überhaupt zugänglich sind. Diese Auswahl ist zu **erläutern** und muss zur Vermeidung missbräuchlicher Gestaltungen nach **sachgerechten Kriterien** erfolgen. Dabei ist die Überschrift des § 7 an sich irreführend, denn es geht nicht um die Auswahl der Betroffenen, sondern die Auswahl erfolgt rechtebezogen. Daraus folgt, dass Inhaber mehrerer Rechte bezüglich bestimmter Rechte betroffen sein können, hinsichtlich anderer jedoch nicht. 1

Zur Auswahl verhält sich § 8, der damit auch die Grundlagen der gerichtlichen Nachprüfbarkeit des eingeräumten **Auswahlermessens** (im Rahmen der Planbestätigung, § 63 Abs. 1 Nr. 2, und ggf. im Rahmen der Vorprüfung nach §§ 46, 48) legt[3]. Soweit Forderungen der Gestaltung nicht von vornherein wegen § 4 nicht zugänglich sind, beschränkt § 8 also die Gestaltungsmacht des Planverfassers. Die Pflicht zur Erläuterung dient der Transparenz zugunsten der Beteiligten und insbes. der Betroffenen, die in die Lage versetzt werden soll, den sie treffenden Eingriff und dessen Angemessenheit aus ihrer Sicht beurteilen zu können. 2

Die Einräumung eines Auswahlermessens entspricht den Vorgaben von Art. 8 Abs. 1 Buchst. b) der Richtlinie, die dem nationalen Gesetzgeber gleichzeitig das Recht eingeräumt hat, dieses einer gerichtlichen Ausübungskontrolle zu unterwerfen[4]. Dieses Auswahlermessen beinhaltet einen der grundlegenden Unterschiede zum gesamtvollstreckungsrechtlichen Ansatz der Insolvenzordnung[5]. 3

Die Festlegung der Maßstäbe und Wertungsgesichtspunkte, anhand derer diese Nachprüfung erfolgen kann, blieb dem nationalen Gesetzgeber vorbehalten. Von dieser Möglichkeit hat der deutsche Gesetzgeber in § 8 Gebrauch gemacht[6] und die **Sachgerechtigkeit** zum Maßstab erhoben. 4

B. Ausgangspunkt der gesetzlichen Regelungen

Im Rahmen der gestaltbaren Rechtsverhältnisse (§§ 2, 3) und damit nach Ausklammerung derjenigen Forderungen, die einer Gestaltung durch einen Restrukturierungsplan von vornherein nicht zugänglich sind (§ 4), hat die Auswahl der Planbetroffenen durch den Ersteller des Restrukturierungsplans nach **sachgerechten Kriterien** zu erfolgen, unterliegt also nicht seinem freien Ermessen. Denn gleichwohl der Gesetzgeber von einem Ermessen des Schuldners ausgeht[7], so ist dieses doch durch die Verpflichtung zur Auswahl nach sachgerechten Kriterien nur innerhalb eines **klar definierten Auswahlbereichs** gegeben, der sich durch die Sachgerechtigkeit der gefundenen Regelungen definiert. 5

Im Kern ist dies die Reaktion des Gesetzgebers darauf, dass Betroffene einem Restrukturierungsplan zwar grundsätzlich dann nicht zustimmen würden, wenn er ihnen Zugeständnisse abverlangt, die vor dem Hintergrund der Schonung anderer im wesentlichen gleichsituierter Gläubiger unangemessen und ungerechtfertigt erscheinen. Dieser Ausgangspunkt beruhte jedoch auf der Prämisse des vollständig informierten, die Konsequenzen des Restrukturierungsplans für die eigene Rechtsposition en detail überblickenden Restrukturierungsgläubigers. Eine solche **Homogenität optimal informier-** 6

1 BeckOK-StaRUG/*Fridgen*, § 8 Rn. 1.
2 RefE, S. 126.
3 BeckOK-StaRUG/*Fridgen*, § 8 Rn. 2; Braun-*Böhm*, StaRUG, § 8 Rn. 1.
4 Erwägungsgrund 46 S. 3. BeckOK-StaRUG/*Fridgen*, § 8 Rn. 9 f.
5 Zum Auswahlermessen: *Skauradszun*, KTS 2021, 1, 25 ff.
6 BT-Drucks. 19/24181, S. 117.
7 Begr. RegE BT-Drucks. 19/24181, S. 114.

ter Gläubiger ginge jedoch an der Realität vorbei, die auch weniger gut informierte Gläubiger, Kleingläubiger, nicht wirtschaftlich tätige Einzelpersonen kennt, die weder das Wissen haben, die sie treffenden Rechtsfolgen des Restrukturierungsplans zu überblicken noch die finanziellen Mittel, sich insoweit beraten zu lassen oder deren Forderungen so gering sind, dass die Inanspruchnahme externer Expertise schlicht unwirtschaftlich wäre[8]. **Die Vermeidung von Manipulationen durch die Einführung des Kriteriums der Sachgerechtigkeit schützt diese Planbetroffenen und damit die Waffengleichheit der Beteiligten**[9].

7 Wie beim Insolvenzplan auch[10] dient die Fraktionierung der beteiligten Gruppen also der **Ermöglichung einer wirtschaftlich sinnvollen und nachvollziehbaren Entscheidung** über den Restrukturierungsplan aufgrund einer transparenten Information der Planbetroffenen und damit auch der Ermöglichung der Kontrolle im Rahmen einer gerichtlichen Vorprüfung (§ 47). Der fehlende gesamtvollstreckungsrechtliche Ansatz des Restrukturierungsplans erfordert noch mehr als der Insolvenzplan eine **transparente überzeugende Begründung**, warum von einigen Gläubigern ein Sanierungsbeitrag erwartet wird und von anderen nicht. Nur so lässt sich die für einen erfolgreichen Restrukturierungsplan notwendige **Akzeptanz** herbeiführen.

C. Sachgerechte Auswahl

8 § 8 Satz 2 konkretisiert den Begriff der Sachgerechtigkeit, ohne ihn abschließend zu definieren. Das Gesetz unterstellt eine sachgerechte Auswahl, wenn **alternativ**[11] eine der in § 8 Abs. 1 Satz 2 Nrn. 1–3 genannten Fälle gegeben ist. Das heißt aber nicht, dass nicht auch in anderen Fällen ein Fall der Sachgerechtigkeit gegeben sein kann. Im Ergebnis ist die Auswahl sachgerecht, wenn der Auswahlmaßstab ohne Weiteres dazu geeignet ist, zu erklären, warum einzelne Planbetroffene ausgewählt wurden und andere nicht. **Das dem Schuldner eingeräumte Ermessen wird dadurch durch das Willkürverbot begrenzt**[12]. **Daraus folgt, dass nur dessen Verletzung strategischen Überlegungen eine Grenze zieht.**

I. Voraussichtlich vollständige Erfüllung in einem Insolvenzverfahren (§ 8 Satz 2 Nr. 1)

9 Kann ein Gläubiger, dessen Forderungen vom Restrukturierungsplan nicht erfasst werden, in einem Insolvenzverfahren voraussichtlich mit einer vollständigen Befriedigung seiner Forderungen rechnen, so ist die Auswahl sachgerecht, wenn diese Forderungen nicht in den Restrukturierungsplan einbezogen werden.

10 Es liegt auf der Hand, dass Gläubiger, die mit einem Ausfall in einem Insolvenzverfahren nicht zu rechnen hätten, z.B. weil sie über umfassende werthaltige und nicht anfechtbare Sicherungsrechte verfügen, einem Restrukturierungsplan, der in ihre Rechte eingreift, nicht zustimmen würden. **Werden diese also nicht in die Auswahl der Planbetroffenen einbezogen, gilt die Auswahl als sachgerecht.** § 8 Satz 2 Nr. 1 enthält damit ein **prognostisches Element**, das eine fiktive Betrachtung der Befriedigungsaussichten in einem Insolvenzverfahren nach Art einer Vergleichsrechnung (§ 220 Abs. 2 Satz 2 InsO) erfordert und dessen Vertretbarkeit Gegenstand einer gerichtlichen Prüfung sein kann (§§ 60, 63 Abs. 1 Nr. 2). Abzustellen ist bei dieser Prognose auf das im Zeitpunkt des Wirksamwerdens des Plans wahrscheinlichsten Insolvenzszenario.[13]

---

8 Siehe auch BeckOK-StaRUG/*Fridgen*, § 8 Rn. 7.
9 Begr. RegE BT-Drucks. 19/24181, S. 117.
10 Hier: *Smid/Rattunde/Martini*, Insolvenzplan, Rn. 12.3.
11 Wolgast/*Grauer-Kirchner*, StaRUG, § 8 Rn 6.
12 So überzeugend BeckOK-StaRUG/*Fridgen*, § 8 Rn. 12.
13 Jacoby/Thole-*Brünkmans*, § 8 Rn. 10.

Dabei reicht eine überwiegende Wahrscheinlichkeit der Erfüllung schon nach dem Wortlaut der Vorschrift nicht aus. »Voraussichtlich« zu erfüllen meint vielmehr, dass **kein vernünftiger Zweifel** an der Erfüllung in einem Insolvenzverfahren gegeben sein darf[14]. 11

Gesetzlich nicht ausdrücklich geregelt ist die Frage, auf welchen **Zeitpunkt** abzustellen ist: Solange der Schuldner nur drohend zahlungsunfähig ist, hat er es in der Hand, ob und vor allem wann er einen Insolvenzantrag stellt. Ohne Weiteres wird der Schuldner auf einen fiktiven Insolvenzantrag in dem Zeitpunkt abstellen können, in dem er auch die Restrukturierungssache anzeigt (§ 31 Abs. 1). 12

Ob er auch auf den **späteren Zeitpunkt der Insolvenzantragspflicht** (§ 15a InsO) abstellen darf[15], erscheint zweifelhaft, hat der Schuldner doch dadurch, dass er von den Möglichkeiten des StaRUG Gebrauch gemacht hat, dokumentiert, dass er die Sanierung des Unternehmens zu einem Zeitpunkt in Angriff nimmt, in dem er zum Handeln noch nicht verpflichtet ist. An dieser Entscheidung wird er sich festhalten lassen müssen. Das fiktive Abstellen auf einen späteren Zeitpunkt der Handlungspflicht nach § 15a InsO dürfte wegen der bis zu diesem Zeitpunkt häufigen Vermögensverminderung und der damit gegebenen Verschlechterung der Befriedigungsaussichten der Gläubigergesamtheit den **Schuldner zulasten der Gläubiger ungerechtfertigt bevorzugen**. 13

Im Insolvenzverfahren voraussichtlich vollständig zu erfüllen sind neben **Masseverbindlichkeiten** nach § 55 InsO, sofern und solange es keine Anhaltspunkte für eine zu erwartende Masseunzulänglichkeit gibt, **vollständig besicherte Gläubiger** und zwar unabhängig davon, ob die Sicherheit (die durch den Plan nicht gestaltet wird) aus dem schuldnerischen Vermögen stammt (und damit in der Insolvenz ein Absonderungsrecht nach §§ 49 ff. InsO darstellt) oder aus dem Vermögen Dritter. Auch Ansprüche aus sog. **Plafondskrediten** i.S.d. § 264 InsO können u.U. voraussichtlich mit einer vollständigen Befriedigung rechnen. 14

Das Gleiche gilt für Gläubiger mit Rechten, die in der Insolvenz zur **Aussonderung** (§ 47 InsO) oder zur **Ersatzaussonderung** (§ 48) berechtigen, allerdings nur, soweit es sich um obligatorische Rechte[16] handelt, weil nur diese als Restrukturierungsforderung einer Regelung zugänglich sind[17]. 15

Erfolgt dennoch die Einbeziehung einzelner in einem Insolvenzverfahren voraussichtlich voll zu erfüllender Forderungen in einem Restrukturierungsplan, so sind (nur) diese Gläubiger jedenfalls nicht aufgrund der Fiktion des § 8 Satz 2 Nr. 1 sachgerecht ausgewählt. Etwas anderes gilt mangels Schutzwürdigkeit nur dann, wenn sie mit der Einbeziehung (und damit der Beschränkung ihrer Rechte) ausdrücklich einverstanden sind. Seine Grenze hätte diese Gestaltung dort, wo die Einbeziehung rechtsmissbräuchlich der Herbeiführung von Mehrheiten (§ 26 Abs. 1 Nr. 3) dient, die anders nicht zu erreichen wäre. Hierunter würde z.B. die nicht nachvollziehbare Beschneidung von Rechten i.S.d. § 138 InsO nahestehender Personen dienen, die seinen Grund in der Mehrheitenverschaffung hat. 16

II. Angemessenheit der Differenzierung (§ 8 Satz 2 Nr. 2)

Die Auswahl ist auch dann sachgerecht, wenn die in der Auswahl angelegte Differenzierung nach der Art der zu bewältigenden wirtschaftlichen Schwierigkeiten und den Umständen **angemessen** erscheint. Als Regelbeispiele neben dieser Generalklausel nennt das Gesetz hierbei die **ausschließliche Gestaltung von Finanzverbindlichkeiten**[18] und die zu deren Sicherung bestellten Sicherheiten oder aber die **fehlende Einbeziehung** der Forderungen von **Kleingläubigern**, insbesondere Verbrauchern, Klein- und Kleinstunternehmen oder mittleren Unternehmen. 17

14 BeckOK-StaRUG/*Fridgen*, § 8 Rn. 23.
15 So BeckOK-StaRUG/*Fridgen*, § 8 Rn. 23.
16 Zu den davon betroffenen Rechten: K. Schmidt-*Thole*, § 47 InsO Rn. 61 ff.
17 BeckOK-StaRUG/*Fridgen*, § 8 Rn. 21.
18 *Thole*, ZIP 2020, 1985, 1989 weist zu Recht daraufhin, dass dies eine gewisse Präferenz des Gesetzgebers für den Schwerpunkt »finanzwirtschaftliche Sanierung« beim Restrukturierungsplan erkennen lässt.

18 Bei der ausschließlichen Gestaltung von Finanzverbindlichkeiten ist das Gesetz dabei von dem Gedanken getragen, dass hierdurch **typischerweise ausschließlich professionelle Gläubiger** betroffen sind[19], die üblicherweise ohne Weiteres in der Lage sind, die Informationen im darstellenden Teil des Restrukturierungsplans vollständig zu erfassen und ihre Interessen im Restrukturierungsprozess wirkungsvoll durchzusetzen. Der Gesetzgeber meint ferner, dass eine auf Finanzverbindlichkeiten konzentrierte Restrukturierung dem häufigen Wunsch entspricht, den **operativen Geschäftsbetrieb von Friktionen durch die Restrukturierung freizuhalten.**

19 Dass es gerade diese Finanzverbindlichkeiten sind, die die Krise des zu sanierenden Unternehmens hervorgerufen haben, ist im Fall nur deren Regelung zur Herbeiführung der Angemessenheit nicht erforderlich. Vulgo: Sind völlig andere Gründen krisenursächlich, werden dennoch nur Finanzverbindlichkeiten einer Regelung unterzogen, gilt dies als angemessen.

20 Den **Begriff der Finanzverbindlichkeiten** definiert das Gesetz nicht. Aus der Gesetzesbegründung ergibt sich, dass hierzu jedenfalls keine Lieferanten gehören[20]. Unter Finanzverbindlichkeiten gehören damit Forderungen von Kreditinstituten und anderer Akteure aus der Finanzbranche, die sich dadurch auszeichnen, dem Schuldner Geldmittel zwecks Gewinnerzielung zur Verfügung zu stellen.

21 Das weitere Beispiel der **fehlenden Einbeziehung der Forderungen von Kleingläubigern** ist von dem Gedanken getragen, dass deren Sanierungsbeiträge aus Gründen ausreichender wirtschaftlicher Leistungsfähigkeit und Zumutbarkeit häufig ohnehin hinter denjenigen der Groß- oder Finanzgläubiger zurückbleiben (müssen), wenn es diese gibt, was möglicherweise dann nicht der Fall ist, wenn der Schuldner ein Kleinunternehmen ist. Zum anderen bedingt deren Schutzbedürftigkeit nach § 73 Abs. 1 Nr. 1 regelmäßig die Bestellung eines Restrukturierungsbeauftragten. Es kann daher aus Planerstellersicht auch taktisch sinnvoll sein, diese Forderungen nicht einzubeziehen, um genau diese Bestellung zu vermeiden. Eine **feste Grenze**, bis zu welcher Summe eine Kleinforderung angenommen werden kann, setzt das Gesetz nicht. Entscheidend sind also die konkreten Umstände, also das prozentuale Verhältnis zwischen Kleingläubigern und Gesamtverschuldung.

22 Im Übrigen kommt es im Rahmen der generalklauselartigen Formulierung darauf an, ob die **Differenzierung nach Art der zu bewältigenden wirtschaftlichen Schwierigkeiten und den Umständen nach angemessen** erscheint.

23 Diese Angemessenheit bedeutet im Ergebnis die Betrachtung einer Zweck-Mittel-Relation, beinhaltet also die Frage, ob der verfolgte Zweck nicht außer Verhältnis zum eingesetzten Mittel steht und stellt damit im Ergebnis eine **Verhältnismäßigkeitsprüfung** dar[21], die schon deswegen erforderlich ist, weil in Eigentumsrechte Planbetroffener ohne das Vorliegen eines zwingenden Insolvenzgrundes eingegriffen wird[22].

24 Der dabei verfolgte legitime Zweck ist die Sanierung eines sodann lebensfähigen schuldnerischen Unternehmens ohne Insolvenzverfahren[23]. Dem Umstand des nur teilkollektiven Charakters des Verfahrens trägt § 8 Satz 2 Nr. 2 dadurch Rechnung, dass die Angemessenheit sich zusätzlich nach der **Art der bewältigenden Schwierigkeiten** richtet. Ausgehend von der Art und dem Umfang der zu bewältigenden Schwierigkeiten und deren Darstellung im darstellenden Teil können diejenigen Gläubiger bestimmt werden, in deren Rechte eingegriffen wird, weil so beurteilt werden kann, ob dieser Eingriff **geeignet** ist, die wirtschaftlichen Schwierigkeiten zu überwinden.

19 Begr. RegE BT-Drucks. 19/24181, S. 117.
20 Begr. RegE BT-Drucks. 19/24181, S. 127.
21 BeckOK-StaRUG/*Fridgen*, § 8 Rn. 36.
22 BeckOK-StaRUG/*Fridgen*, § 8 Rn. 31 f.
23 Begr. RegE, BT-Drucks. 19/24181, S. 1.

III. Einbeziehung aller regelbaren Rechtsverhältnisse (§ 8 Satz 2 Nr. 3)

Die Auswahl ist schließlich auch dann stets sachgerecht, wenn **sämtliche** dem Restrukturierungsplan zugänglichen Rechtsverhältnisse geregelt werden. Das ist ohne Weiteres nachvollziehbar, da der Schuldner in diesem Fall von vornherein keinen Gläubiger vor Eingriffen verschont und damit privilegiert. 25

IV. Fehlende abschließende Regelung

Über die gesetzlichen Beispiele hinaus können auch andere Differenzierungen sachgerecht sein, wenn sie aufgrund der Art der wirtschaftlichen Schwierigkeiten den konkreten Umständen nach angemessen sind[24]. Ein solches Vorgehen impliziert jedoch die Notwendigkeit einer detaillierten Erläuterung der Angemessenheit der gefundenen Regelungen. Für den Planersteller dürfte sie ungleich risikobehafteter sein, fehlt es doch in diesem Fall an der gesetzlichen Fiktion der Angemessenheit, die dann vielmehr im Einzelnen zu erläutern ist. Wegen der weiten Formulierungen in § 8 Satz 2 Nr. 2 dürften kaum Fälle denkbar sein, in denen eine Differenzierung nicht dieser Vorschrift unterfällt, aber gleichwohl sachgerecht ist.[25] 26

D. Rechtsfolgen der fehlenden Angemessenheit

Die Sachgerechtigkeit der Auswahl der Planbetroffenen ist eine der grundlegenden Weichenstellungen des Restrukturierungsplans. Eine gerichtliche Überprüfung erfolgt von Amts wegen im Rahmen einer Planbestätigung nach § 63 Abs. 1 Nr. 2 oder ggf. bei gerichtlicher Vorprüfung nach §§ 46, 48. Eine Feststellung des Mangels im Rahmen der gerichtlichen Vorprüfung führt zu einem Hinweis nach § 48 Abs. 2 Satz 1. Der Schuldner riskiert die Aufhebung der Restrukturierungssache nach § 33 Abs. 2 Nr. 2, wenn er dem Hinweis nicht nachkommt. Tritt der Mangel erst im Rahmen der Planbestätigung zutage, führt der Mangel nicht zur Aufhebung der Restrukturierungssache, sondern zur Versagung der Planbestätigung. 27

§ 9 Einteilung der Planbetroffenen in Gruppen

(1) [1]Bei der Festlegung der Rechte der Planbetroffenen im Restrukturierungsplan sind Gruppen zu bilden, soweit Planbetroffene mit unterschiedlicher Rechtsstellung betroffen sind. [2]Es ist zu unterscheiden zwischen

1. **den Inhabern von Absonderungsanwartschaften,**
2. **den Inhabern von Forderungen, die im Fall der Eröffnung eines Insolvenzverfahrens als nicht nachrangige Insolvenzforderungen geltend zu machen wären, nebst darauf entfallender Zinsen und Säumniszuschläge (einfache Restrukturierungsgläubiger),**
3. **den Inhabern von Forderungen, die im Fall der Eröffnung eines Insolvenzverfahrens nach § 39 Absatz 1 Nummer 4, 5 oder Absatz 2 der Insolvenzordnung als nachrangige Insolvenzforderungen anzumelden wären (nachrangige Restrukturierungsgläubiger), wobei für jede Rangklasse eine Gruppe zu bilden ist, und**
4. **den Inhabern von Anteils- oder Mitgliedschaftsrechten.**

[3]Sieht der gestaltende Teil des Restrukturierungsplans Eingriffe in die Rechte von Gläubigern aus gruppeninternen Drittsicherheiten vor, bilden die davon betroffenen Gläubiger eigenständige Gruppen.

(2) [1]Die Gruppen können nach Maßgabe wirtschaftlicher Interessen in weitere Gruppen unterteilt werden. Sie müssen sachgerecht voneinander abgegrenzt werden. [2]Die Kriterien für die Abgren-

24 Das gilt ungeachtet des Umstandes, dass der Hinweis im RefE S. 127, dass die in Satz 2 genannten Beispiele in Begr. RegE, BT-Drucks. 19/24181 nicht mehr enthalten ist: BeckOK-StaRUG/*Fridgen*, § 8 Rn. 46; Braun-*Böhm*, StaRUG, § 8 Rn. 11.

25 So auch BeckOK-StaRUG/*Fridgen*, § 8 Rn. 49.

zung sind im Plan anzugeben. [3]Kleingläubiger sind im Rahmen der nach Absatz 1 zu bildenden Gruppen zu eigenständigen Gruppen zusammenzufassen.

Übersicht

A. Einführung

1 Wie der Insolvenzplan (§ 222 InsO)[1] auch fordert bzw. ermöglicht auch der Restrukturierungsplan die Berücksichtigung unterschiedlicher rechtlicher oder wirtschaftlicher Betroffenheiten der Beteiligten durch die **Gruppenbildung**[2]. Die Fraktionierung der vom Restrukturierungsplan Betroffenen, also die Bildung von »**Lagern von Beteiligten**«, beinhaltet ein Grundprinzip des Restrukturierungsplans: Unterschiedlichen rechtlichen oder wirtschaftlichen Gegebenheiten wird Rechnung getragen, indem nicht alle vom Plan Betroffenen »über einen Kamm geschoren« werden. Es sollen möglichst Beteiligte mit vergleichbaren Interessen in einer Gruppe abstimmen.[3]

2 § 9 regelt daher abschließend, wie die ausgewählten Planbetroffenen in die aufgrund unterschiedlicher Rechtsstellung oder unterschiedlicher wirtschaftlicher Interessen gebildeten Gruppen einzuordnen und wie diese Gruppen voneinander abzugrenzen sind, wobei die Kriterien im Plan anzugeben sind. Im Fall der Einbeziehung der Kleingläubiger fordert das Gesetz außerdem die Bildung besonderer Gruppen.

3 Die Vorschrift beruht auf den Anforderungen von Art. 9 Abs. 4 der Restrukturierungsrichtlinie, ausweislich derer die Mitgliedstaaten sicherzustellen haben, dass die betroffenen Parteien im Einklang mit dem nationalen Recht in unterschiedlichen Klassen behandelt werden, die auf der Grundlage überprüfbarer Kriterien in ausreichendem Maße gemeinsame Interessen abbilden. Dabei lässt die Restrukturierungslinie auch zu, dass die Mitgliedstaaten bestimmen können, dass Forderungen von Arbeitnehmern in einer eigenen Klasse behandelt werden und dass ein Schuldner, bei dem es sich um ein KMU handelt, sich dafür entscheiden kann, die betroffenen Parteien nicht in unterschiedlichen Klassen zu behandeln. Außerdem haben die Mitgliedstaaten nach der Restrukturierungsrichtlinie geeignete Maßnahmen zu ergreifen, um sicherzustellen, dass bei der Klassenbildung insbesondere dem Schutz schutzbedürftiger Gläubiger wie kleiner Lieferanten Rechnung getragen wird.

4 Die Möglichkeit eines Wahlrechts für KMU, von einer Gruppenbildung abzusehen, hat der nationale Gesetzgeber so nicht umgesetzt. Er hielt es aufgrund der in § 9 Abs. 1 genannten Pflichtgruppen auch im Interesse der transparenten Darstellung der unterschiedlichen wirtschaftlichen Situationen nicht für geboten[4].

5 Außerdem hat die Gruppenbildung wegen der Möglichkeit der gruppenübergreifenden Mehrheitsentscheidung (§ 26) eine erhebliche **strategische Bedeutung**, sie dürfte häufig entscheidend für die Frage sein, ob der Restrukturierungsplan Erfolg hat[5]. Innerhalb einer jeden Gruppe stimmen dessen

1 Hierzu: SanR-*Martini*, § 222 Rn. 1 ff.
2 Grundlegend: *Spahlinger*, NZI-Beil. 2021, 32.
3 Jacoby/Thole-*Brünkmans*, § 9 Rn. 2: »Interessenparallelität«.
4 Begr. RegE, BT-Drucks. 19/24181, S. 115.
5 BeckOK-StaRUG/*Fridgen*, § 8 Rn. 18.

Mitglieder mit den in § 24 genannten Stimmrechten ab; der Restrukturierungsplan ist angenommen, wenn in **jeder Gruppe** auf die dem Plan zustimmenden Gruppenmitglieder mindestens **3/4** der Stimmrechte in dieser Gruppe entfallen (§ 25). Dies unterscheidet den Restrukturierungsplan vom Insolvenzplan, bei dem es auf eine einfache Mehrheit von Köpfen und Summen in jeder Gruppe ankommt (§ 244 Abs. 1 InsO).

Den Anforderungen des Erwägungsgrundes 46 der Restrukturierungsrichtlinie, wonach die Mit- 6 gliedstaaten auf jeden Fall gewährleisten sollten, dass Fragen, die für die Gruppenbildung von besonderer Bedeutung sind, z.B. Forderungen verbundener Parteien, in geeigneter Weise in ihrem nationalen Recht behandelt werden und dass das nationale Recht Vorschriften enthält, die sich mit Eventualforderungen und streitigen Forderung befassen, hat der nationale Gesetzgeber umgesetzt, indem er auch Eventualforderungen in § 3 als gestaltbar erklärt hat und den Umgang mit streitigen Forderungen in § 70 normiert hat.

Die weitere Anforderung der Restrukturierungsrichtlinie nach Erwägungsgrund 46 schließlich, dass 7 eine Justiz- oder Verwaltungsbehörde die Klassenbildung einschließlich der Auswahl der hiervon betroffenen Gläubiger prüfen sollte, wenn ein Restrukturierungsplan zur Bestätigung vorgelegt wird, folgt aus § 63 Abs. 1 Nr. 2.

Die Restrukturierungsrichtlinie empfiehlt außerdem, dass das nationale Recht auch eine frühe Prü- 8 fung der Gruppenbildung durch diese Behörde vorsieht, falls derjenige, der den Plan vorschlägt, vorher um Hilfe nachsucht. Eine solche Prüfung lässt der nationale Gesetzgeber in §§ 46 und 48 zu.

B. Grundsätze der Gruppenbildung

Zuständig für die Gruppenbildung ist ausschließlich der Schuldner. Da allein er planvorlageberechtigt 9 ist, bestimmt auch allein er den Inhalt, abgesehen davon, dass er die ausgewählten Planbetroffenen und deren Interessen am besten kennt[6].

Soweit Planbetroffene mit unterschiedlicher Rechtsstellung betroffen sind, sind zwingend die in § 9 10 Abs. 1 genannten (Pflicht-)Gruppen zu bilden. Zu unterscheiden ist – jeweils eine sie im Plan treffende Regelung vorausgesetzt – zwischen den Inhabern von Absonderungsanwartschaften, den einfachen Restrukturierungsgläubigern, den nachrangigen Restrukturierungsgläubigern und den Inhabern von Anteils- oder Mitgliedschaftsrechten. Im Fall des Eingriffs in die Rechte von Gläubigern aus gruppeninternen Drittsicherheiten ist für diese zwingend eine eigenständige Gruppe zu bilden.

Innerhalb dieser Pflichtgruppen kann darüber hinaus eine weitere Fraktionierung nach Maßgabe 11 unterschiedlicher wirtschaftlicher Interessen erfolgen (fakultative Gruppen). Um Manipulationen zur Beschaffung von Mehrheiten zu vermeiden, ist für diesen Fall ausdrücklich vorgeschrieben, dass die Gruppen **sachgerecht** voneinander abgegrenzt und die Kriterien für die Abgrenzung im Plan angegeben werden müssen. Wie beim Insolvenzplan auch ist sich der Gesetzgeber der **Missbrauchsanfälligkeit** der Regelungen über die Gruppeneinteilung bewusst. Der Verfasser des Plans darf sich mithin nicht damit begnügen, einige Beteiligte anderen Gruppen zuzuordnen und ihnen damit andere Ansprüche zuzuweisen als den übrigen, sondern er muss zusätzlich **nachvollziehbar erläutern**, inwiefern diese Differenzierung nach den rechtlichen und wirtschaftlichen Interessen der Beteiligten **gerechtfertigt** ist. **Die »taktisch kluge Einteilung«[7] hat also da ihre Grenze, wo der Missbrauch beginnt.** Im Ergebnis dürfte der Rahmen aber ein weiterer sein als der nach der Insolvenzordnung[8].

---

6 BeckOK-StaRUG/*Fridgen*, § 8 Rn. 7.
7 So Andres/Leithaus-*Andres*, § 222 Rn. 1.
8 AG Hamburg, Beschl. v. 12.04.2021 – 61a RES 1/21 = BeckRS 2021, 7959; *Stahlschmidt*, ZInsO 2021, 205, 207.

12 Die Gruppenbildung des gerichtlichen Restrukturierungsplans durch den Schuldner unterliegt der **Kontrolle durch das Restrukturierungsgericht.** Sofern eine gerichtliche Vorprüfung des Plans beantragt ist, hat das Gericht, dass Bedenken hinsichtlich der Gruppenbildung hat, einen Hinweis zu erteilen (§§ 46 Abs. 2, 48 Abs. 2).

13 Der außergerichtliche Restrukturierungsplan ohne Planbestätigung unterliegt keiner gerichtlichen **Kontrolle.** Faktisch erfolgt die Kontrolle dennoch durch das Recht der Planbetroffenen, das Planangebot nicht anzunehmen. Ist eine gerichtliche Bestätigung nicht beantragt, ist der den Plan (wegen der Gruppenbildung oder aus anderen Gründen) ablehnende Planbetroffene an den Plan auch nicht gebunden, arg. e contrario aus § 67 Abs. 1 Satz 2.

C. Pflichtgruppen

14 § 9 Abs. 1 Satz 2 nennt diejenigen, die zwingend in eine eigene Gruppe einzuteilen sind, sofern entsprechende Forderungen in den Plan einbezogen werden. Hinzu kommt die Pflichtgruppe der Kleingläubiger gem. § 9 Abs. 2 Satz 4.

I. Absonderungsanwartschaften (§ 9 Abs. 1 Satz 2 Nr. 1)

15 Die Inhaber von Absonderungsanwartschaften[9] sind separat zu gruppieren, wenn in deren Rechte eingegriffen wird. Absonderungsanwartschaften sind gem. § 2 Abs. 1 Nr. 2 Rechte an Gegenständen des schuldnerischen Vermögens, die im Fall der Eröffnung eines Insolvenzverfahrens zur Absonderung berechtigen, es sei denn, es handelt sich bei ihnen um Finanzsicherheiten im Sinne von § 1 Abs. 17 KWG oder um Sicherheiten, die dem Betreiber eines Systems nach § 1 Abs. 16 KWG zur Absicherung seiner Ansprüche aus dem System oder der Zentralbank eines Mitgliedstaats der Europäischen Union oder der Europäischen Zentralbank gestellt wurden. Hierunter fallen also Grundpfandrechte an unbeweglichen Gegenständen (§ 49 InsO), Pfandrechte an Rechten oder beweglichen Sachen (§ 50 InsO) und sonstige Absonderungsrechte nach § 51 InsO, dabei sind in der Praxis von besonderer Bedeutung die Globalzession oder die Sicherungsübereignung.

16 Dies ist in verschiedenen Konstellationen denkbar: Entweder wird in das Sicherungsrecht selbst eingegriffen, indem es z.B. gekürzt wird, oder man nimmt z.B. dem durch eine Globalzession von A-Z gesicherten Gläubiger einen Teil dieser Sicherheit, indem man sie auf A-L beschränkt. Oder aber es wird in die Forderung selbst eingegriffen, was bei akzessorischen Sicherungsrechten aufgrund der sachenrechtlichen Akzessorietät und im Übrigen wegen der Sicherungsabrede zu einem Eingriff führt[10].

17 Deckt das künftige Absonderungsrecht nur einen Teil der Forderung ab, so ist der Betroffene im Fall eines Eingriffs in die Gruppe der Absonderungsanwartschaften einzugruppieren, im Übrigen in die Gruppe der einfachen Restrukturierungsgläubiger.

17a In welcher Höhe der Gläubiger, in dessen Absonderungsanwartschaft eingegriffen wird, Mitglied der Gruppe der nicht nachrangigen Gläubiger teilnehmen, ist für den Insolvenzplan streitig. Nach einer Meinung, die wohl die überwiegende sein dürfte, nehmen Gläubiger nur in Höhe ihres geschätzten Ausfalls in der Gruppe der nicht nachrangigen Gläubiger teil.[11] Die Gegenauffassung will die absonderungsberechtigten Gläubiger in voller Höhe ihrer Forderung in diese Gruppe einordnen, ihr Stimmrecht aber nach § 237 Abs. 1 S. 2 auf den Ausfall beschränken.[12] Nach erstgenannter Meinung ist die gesicherte Restrukturierungsforderung der Gruppe der nicht nachrangigen

9 Zum Begriff: *Thole*, ZIP 2020, 1985, 1988.

10 Jacoby/Thole-*Brünkmans*, § 9 Rn. 13; aus insolvenzrechtlicher Sicht: Andres/Leithaus-*Andres*, § 222 Rn. 3; HK-InsO/*Haas*, § 222 Rn. 7; MK-InsO/*Eidenmüller* § 222 Rn. 53.

11 K/P/B-*Spahlinger*, InsO, § 222 Rn. 15; Nerlich/Römermann-*Rühle*, InsO, § 222 Rn. 2; Uhlenbruck/*Lüer-Streit*, InsO, § 222 Rn. 16.

12 MK-*Eidenmüller*, InsO, § 222 Rn. 57; Andres/Leithaus-*Andres*, InsO, § 222 Rn. 3.

Restrukturierungsgläubiger nur in Höhe des Ausfalls zuzuordnen. Das Stimmrecht besteht nach § 24 Abs. 3 nur in Höhe des Verzichts auf das Recht bzw. des Ausfalls der Absonderungsanwartschaft.[13]

Die Ermittlung des voraussichtlichen Ausfalls sollte bei der Fortführung dienenden Restrukturierungsplänen konsequenter Weise nach dem Fortführungswert, im Übrigen nach dem Liquidationswert erfolgen (siehe auch § 6 Abs. 2 S. 2). 17b

Nur Sicherheiten am Vermögen des Schuldners unterfallen § 9 Abs. 1 S. 2 Nr. 1. Drittsicherheiten können nur ausnahmsweise Gegenstand eines Eingriffs sein, nämlich dann, wenn es sich um konzerninterne Drittsicherheiten handelt. In diesem Fall ist aber nach § 9 Abs. 1 S. 3 eine weitere Pflichtgruppe zu bilden. Dies lässt aber die grundsätzliche Zulässigkeit einer weiteren (fakultativen) Gruppe drittbesicherter Restrukturierungsforderungen unberührt. 17c

Wie auch bei Restrukturierungsforderungen können Absonderungsanwartschaften Gegenstand verschiedenster Regelungen sein: Kürzungen, Stundungen, Sicherheitentausch. Denkbar ist es auch, die Sicherheit abzulösen oder freizugeben, Sicherheiten neu zu strukturieren oder die Rangverhältnisse zu ändern. 17d

II. Einfache Restrukturierungsgläubiger (§ 9 Abs. 1 Satz 2 Nr. 2)

Inhaber von Forderungen, die im Insolvenzverfahren nicht nachrangige Insolvenzforderungen wären (§ 38), bilden eine eigene Gruppe. Im Gegensatz zum Insolvenzverfahren (dort § 39 Abs. 1 Satz 1 Nr. 1 InsO) gehören auch hierauf entfallende Zinsen und Säumniszuschläge dazu. Damit sind auch Zinsen und insbesondere die Zinshöhe durch den Restrukturierungsplan gestaltbar[14]. Umfasst sind also alle Forderungen von persönlichen Gläubigern des Schuldners, die im gem. § 2 Abs. 5 maßgeblichen Zeitraum einen begründeten Vermögensanspruch gegen diesen haben. Gesicherte Forderungen werden in diese Gruppe nur in Höhe des voraussichtlichen Ausfalls fraktioniert. 18

Der Eingriff in Restrukturierungsforderungen ist der Archetyp der Regelung im Restrukturierungsplan. Notwendig ist er nicht. Klassischer Anwendungsfall ist die Kürzung der Restrukturierungsforderung. Aus § 7 Abs. 2 S. 1 ergibt sich allerdings, dass dies neben der Möglichkeit der Stundung oder der Sicherung nur Beispielfälle sind, denn das Gesetz lässt auch »sonstige Regelungen« zu. 18a

III. Nachrangige Restrukturierungsgläubiger (§ 9 Abs. 1 Satz 2 Nr. 3)

Forderungen, die im Insolvenzverfahren wegen § 39 Abs. 1 Nr. 4 oder 5 oder § 39 Abs. 2 InsO einen Nachrang hätten, sind in separaten Gruppen der nachrangigen Restrukturierungsgläubiger zu gruppieren. Dies sind Forderungen auf unentgeltliche Leistungen, Forderungen auf Rückgewähr von Gesellschafterdarlehen und aus Rechtshandlungen, die einem Gesellschafterdarlehen wirtschaftlich entsprechen, sowie Forderungen aus vereinbartem Nachrang. 19

Dabei ergibt sich schon aus dem Wortlaut des Gesetzes, dass nicht alle vorgenannten nachrangigen Restrukturierungsgläubiger in einer Gruppe zu fraktionieren sind, sondern für jede Rangklasse, in die ein Eingriff erfolgt, eine separate Gruppe zu bilden ist. 20

IV. Anteils- oder Mitgliedschaftsrechte (§ 9 Abs. 1 Satz 2 Nr. 4)

Separat zu gruppieren sind ferner die Inhaber von Anteilsrechten und Mitgliedschaftsrechten, wenn in deren Rechte eingegriffen wird. Dabei reicht es allerdings aus, wenn nicht in das Mitgliedschaftsrecht selbst eingegriffen wird, sondern in deren Forderungen[15]. 21

13 Flöther/*Tasma*, § 9 Rn. 9; BeckOK-StaRUG/*Fridgen*, § 9 Rn. 55.
14 Braun-*Böhm*, StaRUG, § 9 Rn. 5.
15 Braun-*Böhm*, StaRUG, § 9 Rn. 6.

22 In der Gruppe gehören alle Rechte, die aus der Verbandsmitgliedschaft am Schuldner resultieren und die als solche untrennbar mit dieser verbunden sind. Nicht in diese Gruppe gehören hingegen Forderungen, die von dieser Mitgliedschaft getrennt werden können, wie z.B. Darlehensansprüche oder Gewinnbezugsrechte[16].

23 Das **Stimmrecht** der Angehörigen dieser Gruppe richtet sich gem. § 24 Abs. 1 Nr. 3 nach dem Anteil am gezeichneten Kapital, wobei Stimmrechtsbeschränkungen, Sonder- oder Mehrstimmrechte außer Betracht bleiben.

V. Gruppeninterne Sicherheiten (§ 9 Abs. 1 Satz 3)

24 Die Gläubiger mit Rechten aus gruppeninternen Sicherheiten bilden schließlich im Fall des Eingriffs eine eigene Gruppe. Diese separate Fraktionierung beruht auf der unterschiedlichen rechtlichen und wirtschaftlichen Stellung der durch Drittsicherheiten begünstigten Gläubiger[17].

25 Gruppeninterne Drittsicherheiten sind nach § 2 Abs. 4 die Rechte der Inhaber von Restrukturierungsforderungen, die diesen aus einer von einem verbundenen Unternehmen i.S.d. § 15 AktG als Bürge, Mitschuldner oder aufgrund einer anderweitig übernommenen Haftung oder an Gegenständen des Vermögens dieses Unternehmens zustehen.

26 Der Eingriff in diese Rechte ist durch eine angemessene Entschädigung zu kompensieren.

27 Die Entscheidung des Gesetzgebers zur separaten Gruppierung der gruppeninternen Sicherheiten beruht auf der unterschiedlichen Wirkung von Dritt- und Eigensicherheiten und der unterschiedlichen wirtschaftlichen Stellung der durch diese begünstigten Gläubiger[18]

VI. Kleingläubiger (§ 9 Abs. 2 Satz 4)

28 Sieht der Restrukturierungsplan Eingriffe in Forderung der Kleingläubiger vor, ist ebenfalls zwingend eine eigene Gruppe zu bilden. Die unterschiedliche Regelung gegenüber der insolvenzrechtlichen Parallelvorschrift des § 222 Abs. 3 Satz 2 InsO beruht darauf, dass zur Zustimmung der Gruppe nur eine Summenmehrheit und nicht wie im Insolvenzverfahren eine Summen- und Kopfmehrheit in jeder Gruppe erzielt werden muss[19].

29 **Den Begriff des Kleingläubigers definiert das Gesetz nicht.** Entscheidend ist die **Gläubigerstruktur des betroffenen Unternehmens.** Denkbar ist es, auf den Gesamtanteil der Verbindlichkeiten der betroffenen Gläubiger im Verhältnis zur Gesamtsumme aller Verbindlichkeiten des Schuldners abzustellen oder auch auf eine absolute Höhe der Forderung des betreffenden Gläubigers[20].

D. Fakultative Gruppen

I. Bildung fakultativer Gruppen, § 9 Abs. 2 Satz 1, 2

30 Wie beim Insolvenzplan auch kann der Restrukturierungsplan innerhalb der Pflichtgruppen weitere fakultative Gruppen vorsehen. **Diese fakultative Fraktionierung hat nach Maßgabe wirtschaftlicher Interessen zu erfolgen.** Wie beim Insolvenzplan auch müssen die Gruppen sachgerecht voneinander abgegrenzt werden und die Kriterien der Abgrenzung sind im Plan anzugeben. In insolvenzrechtlicher Hinsicht wird in Zweifel gezogen, ob im Fall der Bildung fakultativer Gruppen deren Mit-

16 BeckOK-StaRUG/*Fridgen*, § 9 Rn. 71.
17 Begr. RegE S. 119.
18 Begr. RegE, BT-Drucks. 19/24181, S. 115.
19 Begr. RegE, BT-Drucks. 19/24181, S. 116.
20 BeckOK-StaRUG/*Fridgen*, § 9 Rn. 85; Braun-*Böhm*, StaRUG, § 9 Rn. 12; Jacoby/Thole-*Brünkmans*, § 9 Rn. 41.

gliedern dennoch gleiche Rechte angeboten werden dürfen[21]. In Ermangelung einer gesetzlichen Definition der Kleingläubiger sollte im Zweifel die informelle Vorabstimmung mit dem Restrukturierungsgericht gesucht werden oder im Rahmen einer gerichtlichen Vorprüfung nach § 46, um die Gefahr einer Versagung der Planbestätigung zu vermeiden.

Nach der Rechtsprechung des Bundesgerichtshofs zum Insolvenzplan kommt es bei der Unterteilung 31 der fakultativen Gruppen auf die insolvenzbezogenen Interessen der Betroffenen an[22], beim Restrukturierungsplan also auf die Sanierungsinteressen[23]. Erwartungen, mittelbare Interessen oder strategische Überlegungen z.B. zur wirtschaftlichen Schwächung eines Mitbewerbers sind keine tauglichen Abgrenzungskriterien. Es muss stets im Einzelfall gewürdigt werden, welche Interessen der Planbetroffene mit dem Restrukturierungsplan aus Sicht des Schuldners verfolgt. Dabei sind jedoch, da der Schuldner als Planersteller die Interessen der Planbetroffenen würdigen muss, geheime Vorbehalte oder für Dritte nicht erkennbare Motive unbeachtlich. Eine Nachforschungsverpflichtung hat der Schuldner nicht[24].

Das Interesse des Gläubigers an der Erfüllung seines Anspruchs kann kein taugliches Abgrenzungs- 32 kriterium sein, da dies alle planbetroffenen Gläubiger gleichsam eint. Ein taugliches Abgrenzungskriterium ist jedoch z.B. der **Rechtsgrund der Forderung** des Gläubigers, z.B. aus Lieferung oder Leistung, Dienstleistungen, dem Steuerschuldverhältnis, Beschäftigungsverhältnissen oder Anleihen.

Auch die **Art der zu beanspruchenden Leistung** stellt ein taugliches Abgrenzungskriterium dar, 33 sodass es denkbar ist, zwischen Gläubigern von Sachleistungen und Dienstleistungen zu unterscheiden. Denkbare Abgrenzungskriterien sind auch Fragen der Fälligkeit des Anspruchs (kurzfristig oder langfristig), die Unterscheidung zwischen Waren- und Geldkreditgebern, die Frage, ob ein Gläubiger einmalig eine Forderung erworben hat oder in laufender Geschäftsbeziehung zum Schuldner steht oder die Frage, ob der Gläubiger ein öffentlicher oder ein privater ist[25].

Für den Insolvenzplan sind nach der Rechtsprechung des Bundesgerichtshofs sogenannte **Misch-** 34 **gruppen** verboten[26]. Unzulässig sind also zwingende Gruppen, denen Gläubiger mit unterschiedlicher Rechtsstellung angehören und fakultative Gruppen, denen Gläubiger mit abweichenden wirtschaftlichen Interessen angehören. Seinen Grund hat dies darin, dass die Gruppenbildung unmittelbar den Gleichbehandlungsgrundsatz des Art. 3 GG tangiert. Art. 3 GG verlangt, dass wesentlich gleiche Sachverhalte gleich und wesentlich ungleiche Sachverhalte ungleich zu behandeln sind. Nicht nur aufgrund der gerichtlichen Planbestätigung gem. § 60, sondern auch aufgrund der Drittwirkung der Grundrechte im Privatrechtsverhältnis kann diese Rechtsprechung gleichsam für den Restrukturierungsplan Geltung verlangen. Die Gruppenbildung darf daher niemals willkürlich sein.

II. Angabe und Erläuterung der Kriterien, § 9 Abs. 2 Satz 3

Die **Kriterien** für die Bildung fakultativer Gruppen sind im Restrukturierungsplan anzugeben, und 35 zu erläutern, § 9 Abs. 2 Satz 3. Um die Gruppenbildung nachvollziehen zu können, gehören diese Ausführungen in den darstellenden Teil. Wie beim Insolvenzplan auch ist zu erläutern, aufgrund welcher gleichartigen wirtschaftlichen Interessen die jeweiligen Gruppe gebildet wurde und inwieweit alle Beteiligten, deren wichtigste sanierungsbezogenen wirtschaftliche Interessen übereinstimmen, derselben Gruppe zugeordnet worden[27].

21 So schon für den Insolvenzplan AG Köln, NZI 2018, 108 und nunmehr für das StaRUG AG Köln, NZI 2021, 433 m.Anm. *Thole*.
22 BGH, NZI 2015, 697.
23 BeckOK-StaRUG/*Fridgen*, § 8 Rn. 28.
24 BeckOK-StaRUG/*Fridgen*, § 8 Rn. 28.
25 BeckOK-StaRUG/*Fridgen*, § 8 Rn. 31 ff.
26 BGH, NZI 2015, 619.
27 BeckOK-StaRUG/*Fridgen*, § 9 Rn. 48 f.; für den Insolvenzplan: BGH, NZI 2015, 697.

§ 10 Gleichbehandlung von Planbetroffenen

(1) Innerhalb jeder Gruppe sind allen Planbetroffenen gleiche Rechte anzubieten.

(2) [1]Eine unterschiedliche Behandlung der Planbetroffenen in einer Gruppe ist nur mit Zustimmung aller Planbetroffenen, zu deren Lasten die unterschiedliche Behandlung geht, zulässig. [2]In diesem Fall ist dem Restrukturierungsplan die zustimmende Erklärung eines jeden Planbetroffenen, zu dessen Lasten die unterschiedliche Behandlung geht, beizufügen.

(3) Jedes Abkommen des Schuldners oder Dritter mit einzelnen Planbetroffenen, durch das diesen für ihr Verhalten bei Abstimmungen oder sonst im Zusammenhang mit dem Restrukturierungsverfahren ein nicht im Plan vorgesehener Vorteil gewährt wird, ist nichtig.

Übersicht

A. Einführung

1 Der Restrukturierungsplan ist ebenso wie der Insolvenzplan vom Grundsatz der **Gleichbehandlung** als **Grenze der Plandisposivität** geprägt[1]. Für jenen besagt § 10 Abs. 1, dass vom Grundsatz der Gläubigergleichbehandlung innerhalb der durch den Plan gebildeten Gruppen nicht abgewichen werden darf, solange der davon Betroffene nicht zustimmt, § 10 Abs. 2. Als regulatorisches **Korrektiv** der Beschränkung des Gleichbehandlungsgrundsatzes auf die Gleichbehandlung *innerhalb* der Gruppen dienen die Vorschriften über die **Gruppenbildung in § 9.**

2 Nur dann, wenn die Gruppenbildung den in § 9 genannten Anforderungen entspricht, ist es gerechtfertigt, den Gleichbehandlungsgrundsatz nicht auf die Gesamtheit der Planbetroffenen zu erstrecken, sondern diesen auf seine Geltung innerhalb ordnungsgemäß gebildeter Gruppen zu beschränken. Aus der **Bedeutung der Gruppenbildung im Hinblick auf die Durchbrechung des Gleichbehandlungsgrundsatzes** ergibt sich zwangsläufig die Tragweite des § 9 als einer der zentralen Vorschriften des Restrukturierungsplans.

3 Für den Fall der Einbeziehung der **Inhaber von Anteils- oder Mitgliedschaftsrechten** ist der Gleichbehandlungsgrundsatz Ausdruck eines aus **Art. 3 GG i.V.m. der Drittwirkung der Grundrechte** herzuleitenden allgemeinen Rechtsgrundsatzes[2]. Die Gruppenbezogenheit des Gleichbehandlungsgrundsatzes findet ihre Grenze in §§ 26, 27, also im Fall der Ersetzung einer fehlenden Zustimmung einer Gruppe (nur) im Fall der angemessenen Beteiligung am Planwert.

4 Die Schaffung des § 10 beruht auf den Anforderungen von Art. 10 Abs. 2 Buchst. b) der Restrukturierungsrichtlinie, wonach die Mitgliedstaaten sicherzustellen haben, dass die Gläubiger bei einem Plan, der gerichtlich bestätigt wird, innerhalb einer Klasse gleich und im Verhältnis ihrer Forderungen behandelt werden[3]. Von diesen Vorgaben weicht der nationale Gesetzgeber nur insoweit ab, als dies das Recht des Planbetroffenen zur ausdrücklichen freiwilligen Schlechterbehandlung zulässt, was unionsrechtlich unbedenklich ist.

1 Zur Parallelvorschrift des § 226 InsO: SanR-*Martini*, § 226 Rn. 1 ff.
2 OLG Frankfurt am Main, ZInsO 2013, 2112, 2113; HambKomm-InsR/*Thies*, § 226 Rn. 1.
3 Abweichend Jacoby/Thole-*Brünkmans*, § 10 Rn. 2, der auf Erwägungsgrund Nr. 44 abstellt.

B. Regelungsgehalt

I. Primat der gruppeninternen Gleichbehandlung, Abs. 1

Der an § 226 InsO angelehnte Grundsatz der Gläubigergleichbehandlung innerhalb der Gruppe[4] ist zunächst Ausdruck des Gläubigergleichbehandlungsgrundsatzes allgemein, präzisiert diesen aber wegen des im Restrukturierungsplan angelegten Prinzips der Gläubigerfraktionierung: Nur Gleiches soll auch gleich behandelt werden[5], ein aus Art. 3 GG folgendes Petitum. 5

Der Begriff der »gleichen Rechte« ist enger als derjenige der wirtschaftlichen Gleichbehandlung. **Es reicht also wegen Abs. 1 nicht aus**, die Gläubiger innerhalb der Gruppe nur *wirtschaftlich* gleich zu behandeln, da hiermit auch Bewertungsschwierigkeiten verbunden wären und sich die Bewertung bei einer notwendigen wirtschaftlichen Gleichbehandlung z.B. auch auf erkennbare zwangsläufige (also unvermeidbare) wirtschaftliche Folgen bei dem Betroffenen zu beziehen hätten und damit auch ihn treffende steuerliche Folgen[6]. Die Gleichbehandlung nach Abs. 1 ist daher eine **formelle**: Sie liegt vor, wenn alle Angehörigen der Gruppe **der gleichen Regelung** unterworfen sind.[7] 6

Der Transfer dieses dem Insolvenzverfahren entstammenden Grundsatzes auf ein Verfahren der teilkollektiven Verfahrenshilfe, das gerade der Vermeidung eines Insolvenzverfahrens dienen soll, rechtfertigt sich nach Meinung des nationalen Gesetzgebers dadurch, dass ein Restrukturierungsverfahren zwingend den Insolvenzgrund der drohenden Zahlungsunfähigkeit voraussetzt. 7

Nichtsdestotrotz versteht sich die Anwendung dieses Grundsatzes nicht von selbst, da es am gesamtvollstreckungsrechtlichen Ansatz des Insolvenzverfahrens fehlt. Die durch den Stabilisierungs- und Restrukturierungsrahmen ermöglichten Eingriffe bedürfen einer verfassungsrechtlichen Rechtfertigung, die insbesondere im Vorfeld des Inkrafttretens dieses Gesetzes in Zweifel gezogen wurde[8]. Die in Umsetzung der EU-Restrukturierungsrichtlinie in Kraft getretenen Vorschriften des StaRUG rechtfertigen nach der Vorstellung des nationalen Gesetzgebers verfassungsrechtlich relevante Eingriffe in Eigentumsrechte aufgrund der alternativen Möglichkeit des Insolvenzverfahrens durch die im Fall des StaRUG gegebene Notwendigkeit der drohenden Zahlungsunfähigkeit als nationaler Interpretation der wahrscheinlichen Insolvenz nach Art. 2 Abs. 2 Buchst. b) der Restrukturierungsrichtlinie. Dogmatisch dürfte die Rechtfertigung verfassungsrechtlicher Eingriffe nicht trivial sein und eher im **Schlechterstellungsverbot** und den **Mehrheitsanforderungen** des Restrukturierungsplans des StaRUG zu suchen sein als in § 18 InsO[9]. 8

Aufgrund des fehlenden gesamtvollstreckungsrechtlichen Ansatzes des Restrukturierungsplans lässt dieser eine Ungleichbehandlung in anderem Kontext zu, und zwar im Verhältnis zwischen den Planbetroffenen und den nicht in den Plan einbezogenen Beteiligten. Angelegt ist diese Ungleichbehandlung durch die Auswahl der Planbetroffenen (§ 8) und den Grundsatz der Gruppenbildung nach § 9 Abs. 1. Ihre Grenze findet sie in der Sachgerechtigkeit der Gruppenbildung (§ 9 Abs. 2 Satz 2). 9

Ebensowenig wie der Insolvenzplan fordert das StaRUG für den Restrukturierungsplan eine zwingende unterschiedliche Behandlung der Gruppen[10]. Eine solches Petitum ergibt sich nicht nur aus 9a

---

4 Aus insolvenzrechtlicher Sicht: *Smid*/Rattunde/Martini, Rn. 13.1.

5 So anschaulich FK-InsO/*Jaffé* § 226 Rn. 4.

6 BeckOK-StaRUG/*Fridgen*, § 10 Rn. 8.

7 Siehe hierzu die Darstellung des Streitstandes bei Jacoby/Thole-*Brünkmans*, § 10 Rn. 4f; zu § 226 InsO: HambKomm-InsR/*Thies* § 226 Rn. 2; HK-InsO/*Haas* § 226 Rn. 2; a.A. Braun/*Frank-Braun* § 226 Rn. 6, der eine wirtschaftliche Gleichwertigkeit für ausreichend erachtet.

8 Statt aller: *Müller*, ZGR 2018, 56, 63 ff., *Heese*, JZ 2018, 179, 186 f.

9 Näher: BeckOK-*Skaraudszun*, Einl. 19 ff.

10 So aber AG Köln, Beschl. v. 06.04.2016 – 74 IN 45/15, NZI 2016, 537. Wie hier: Jacoby/Thole-*Brünkmans*, § 10 Rn. 7.

dem Gesetz nicht, vor allem würde eine Pflicht zur Ungleichbehandlung eine gruppenübergreifende Mehrheitsentscheidung (§§ 26, 27) im Falle von Untergruppen unmöglich machen.

9b § 53a AktG normiert einen umfassenden **Gleichbehandlungsgrundsatz** zu Gunsten der Aktionäre. Für die GmbH wird dies der Wertung der §§ 19 Abs. 2, 24, 26 Abs. 2, 3, 29 Abs. 3, 31 Abs. 3, 47 Abs. 2 GmbHG entnommen. Im Falle der Einbeziehung der Gesellschafter in den Restrukturierungsplan wird dieser Grundsatz allerdings durchbrochen. Für den Restrukturierungsplan normiert § 10 das Verbot der unterschiedlichen Behandlung ohne sachlichen Grund, so dass durch die Überlagerung des gesellschaftsrechtlichen Gleichbehandlungsgrundsatz gerechtfertigte Ungleichbehandlungen zulässig sind[11].

9c Anders ist es bei Gläubigern von **Schuldverschreibungen**, wenn diese in den Restrukturierungsplan einbezogen werden. § 19 Abs. 4, 6 SchVG normiert einen umfassenden Gleichbehandlungsgrundsatz für Insolvenz- und Restrukturierungsverfahren. Eine Differenzierung durch Bildung einer weiteren Gruppe ist unzulässig. Auch hier gilt wiederum die formale Betrachtung. Entscheidend ist also, dass allen Schuldverschreibungsgläubigern die gleichen Möglichkeiten angeboten werden.

II. Einverständnis des Betroffenen, Abs. 2

10 Innerhalb einer Gruppe ist eine unterschiedliche Behandlung ausnahmsweise zulässig, wenn die hiervon Betroffenen damit ausdrücklich einverstanden sind. In einem durch die **Vertragsfreiheit** geprägten Zivilrechtssystem sagt die Vorschrift damit an sich nur Selbstverständliches. Entgegen dem zu weiten Gesetzeswortlaut gilt Abs. 2 allerdings nur für die Schlechterstellung des Beteiligten, nicht für die Besserstellung, was bedeutet, dass der **offensichtlich bessergestellte Planbetroffene** nicht zustimmen muss.[12]

11 Dass das Gesetz eine dem Plan beigefügte Erklärung des Betroffenen fordert, ist wegen der für das Restrukturierungsgericht bei beantragter Bestätigung verbundenen Schwierigkeiten bei der Feststellung der wirtschaftlichen Gleichbehandlung folgerichtig. Von der Möglichkeit des Abs. 2 Gebrauch zu machen, sollte die Ausnahme sein. Die unterschiedliche Behandlung innerhalb einer Gruppe sollte also möglichst durch eine **differenzierende Gruppenbildung** vermieden werden, wo diese im Rahmen des § 9 möglich ist. Nur dort, wo die Bildung einer separaten Gruppe möglicherweise nicht sachgerecht ist und zu erwarten ist, dass der benachteiligte Beteiligte zustimmt, sollte ausnahmsweise so verfahren werden.

12 Eine **Wahlmöglichkeit** für den Beteiligten einer Gruppe zwischen zwei ihm angebotenen Alternativen – wie sie häufig im Zusammenhang mit einem debt-equity-swaps vorkommt – schließt eine Gleichbehandlung nicht aus, solange sie nur für alle Beteiligte der Gruppe gegeben ist[13]. Dass die Wahl so oder so ausgeübt werden mag und zwar mit der Folge unterschiedlicher wirtschaftlicher Partizipation, beruht dann allein auf der **privatautonomen Entscheidung** des Planbetroffenen.

III. Sonderabsprachen, Abs. 3

13 Jedes Abkommen, das einem Beteiligten für sein Verhalten bei der Abstimmung über den Plan oder sonst im Zusammenhang mit dem Restrukturierungsverfahren einen im Plan nicht vorgesehenen (Sonder-) Vorteil verspricht, ist gem. Abs. 3 **nichtig.** Die Vorschrift ist Verbotsgesetz i.S.d. § 134 BGB, was bedeutet, dass die Nichtigkeit von jedermann geltend gemacht werden kann.[14] **Abkommen sind nicht nur Verträge**, sondern auch einseitige Rechtsakte (z.B. eine Zusage oder eine Auslobung

---

11 Jacoby/Thole-*Brünkmans*, § 10 Rn. 8.

12 Für die InsO: BT-Drucks. 12/2443, 202.

13 AG Köln, Beschl. v. 03.03.2021 – 83 RES 1/21, NZI 2021, 433; Braun-*Böhm*, StaRUG, § 10 Rn. 3; Jacoby/Thole-*Brünkmans*, § 10 Rn. 6.

14 FK-InsO/*Jaffé* § 226 Rn. 15 m.w.N.

i.S.d. § 657 BGB). Wie in Insolvenzverfahren (§ 226 Abs. 3 InsO) auch schützt die Vorschrift die **Transparenz und Integrität des Abstimmungsprozesses**[15].

Ob der Vorteil aus dem Vermögen des Schuldners herrührt, ist unerheblich[16], solange nur die Absprache im Zusammenhang mit dem Restrukturierungsverfahren im Allgemeinen oder dem Abstimmungsverhalten steht. Abgesehen davon, dass ansonsten Umgehungsversuchen Tür und Tor geöffnet wären, sollen die Beteiligten erkennen können, ob sich die weiteren Beteiligten alleine aufgrund der auch ihnen bekannten Regelungen für die Zustimmung zum Plan entscheiden oder nicht. Sanktioniert wird nicht die Vermögensschmälerung zulasten Anderer, sondern das Setzen von Fehlanreizen, die ein Dritter nicht erkennen kann und der daher darauf vertraut, dass der Gläubiger unter den gleichen Umständen auf der gleichen Grundlage dem Plan zustimmt, weil er das erhalten soll, was der Plan regelt und offenlegt. Daraus folgt gleichzeitig, dass eine im Restrukturierungsplan **offengelegte** Sonderleistung **im Rahmen des § 10 Abs. 3** unschädlich ist. Parteien der vom Verbot des Abs. 3 erfassten Vereinbarungen sind der verbotswidrig bessergestellte Beteiligte einerseits und der Schuldner oder ein Dritter andererseits. Abs. 3 schließt insbesondere auf das Abstimmungsverhalten bezogene **Stimmrechtsvereinbarungen** aus. 14

Unter Abs. 3 fallen insbesondere auch **Stimmenkäufe und der Erwerb von Forderungen zum Zwecke der Stimmrechtsausübung**[17]. Kauft ein Gläubiger oder ein am Verfahren nicht beteiligter Dritter einem Verfahrensbeteiligten seine Forderung zu einem Preis ab, der die im Insolvenzplan vorgesehene Quote übersteigt, um mit der so erlangten Abstimmungsmehrheit die Annahme des Insolvenzplans zu erreichen, ist der Forderungskauf nichtig, wenn der Restrukturierungsplan zu Stande kommt. 15

Beantragt der Schuldner die Planbestätigung, darf das Restrukturierungsgericht diese wegen § 64 Abs. 1 Ziff. 2 nicht vornehmen, wenn dessen Annahme auf dem Forderungskauf beruhen **kann**.[18] Mehr kann nicht verlangt werden, weil eine strenge Kausalität schlicht nicht beweisbar wäre. 16

Dies – also die Möglichkeit des Beruhens – festzustellen, ist eine Frage des **Einzelfalls**. Die Vorschrift verbietet jedenfalls nicht absolut den klassischen Forderungskauf, bedeutete die Vorschrift doch anderenfalls für den Gläubiger ein Verfügungsverbot über seine Forderung, das weit über das für das Verfahren notwendige und durch die Vorschrift zu erreichende Maß an Verfahrenstransparenz und -hygiene hinausgeht und in dieser Allgemeinheit in Ermangelung der Verhältnismäßigkeit mit Art. 14 GG unvereinbar wäre. Das Restrukturierungsgericht hat also zu ermitteln, ob der Forderungskauf **zum Zwecke der Stimmrechtsausübung** erfolgt ist. Dies ist eine Frage der freien Beweiswürdigung des Restrukturierungsgerichts (§ 286 ZPO) und naheliegend, wenn der Preis, der bezahlt wurde, die zu erwartende Quote erreicht oder gar übersteigt. **Es gibt schließlich schlechterdings keinen wirtschaftlich nachvollziehbaren Grund, einem Gläubiger die Forderung für einen Preis abzukaufen, der der zu erwartenden Quote entspricht oder diese gar übersteigt**[19]. Bei einem Verstoß gegen Abs. 1 bis 3 kommt die Versagung der Bestätigung des Restrukturierungsplanes gem. § 63 Abs. 1 Nr. 2, Abs. 4 von Amts wegen in Betracht. 17

IV. Verstoß

Auf die Beachtung der Regelungen des § 10 Abs. 1, 3 bezieht sich die **Amtsermittlungspflicht** des Restrukturierungsgerichts nach § 39. Hat der Schuldner die Planbestätigung beantragt (§ 45), so hat das Gericht diese zu versagen (§ 63 Abs. 1 Ziff. 2, Abs. 4). 18

---

15 Begr. RegE, BT-Drucks. 19/24181, S. 116.

16 Uhlenbruck-*Lüer/Streit*, InsO, § 226 Rn. 6.

17 BGH, NZI 2005, 325.

18 BGH, NZI 2005, 325.

19 Anders Jacoby/Thole-*Brünkmans*, § 10 Rn. 17, der auf die privatautonome wirtschaftliche Entscheidung des Käufers verweist.

§ 11 Haftung des Schuldners

[1]Ist im Restrukturierungsplan nichts anderes bestimmt, wird der Schuldner mit der im gestaltenden Teil vorgesehenen Befriedigung der Gläubiger von seinen restlichen Verbindlichkeiten gegenüber diesen aus den in den Plan einbezogenen Restrukturierungsforderungen und Absonderungsanwartschaften befreit. [2]Handelt es sich bei dem Schuldner um eine rechtsfähige Personengesellschaft oder eine Kommanditgesellschaft auf Aktien, so gilt Satz 1 entsprechend für die persönliche Haftung der unbeschränkt haftenden Gesellschafter.

Übersicht

A. Einführung

1 § 11 entspricht bei geringfügig geändertem Wortlaut § 227 Abs. 1 InsO und stellt eine **Auslegungsregel** dar: Im Zweifel wird der Schuldner von seiner Haftung nach Leistung des im Restrukturierungsplan Versprochenen im Übrigen befreit, soweit der gestaltende Teil nichts Anderes vorsieht. Diese Begrenzung der Nachhaftung (besser die (hier sog.) Deltahaftung[1]) ist aus Sicht des Schuldners typischerweise eine der Hauptzwecke des Restrukturierungsplans[2].

2 Von § 227 InsO unterscheidet sich § 11 dahingehend, dass sich die Wirkungen des Restrukturierungsplans naturgemäß nur auf die Forderungen und Absonderungsanwartschaften der Planbetroffenen bezieht.

3 Eine dem § 227 Abs. 2 InsO entsprechende Regelung über die Befreiung von der persönlichen Haftung des Gesellschafters einer Personengesellschaft ist in § 11 Satz 2 und § 67 enthalten. Eine solche Regelung ist konsequent, da eine Entschuldung des Schuldners ohnehin in der Regel nicht in Betracht käme, wenn ein persönlich haftender Gesellschafter leistungsfähig wäre. Ist er jedoch nicht leistungsfähig, ermöglicht die in § 11 Satz 2 normierte Befreiung die parallele Entschuldung und damit die einheitliche Sanierung des für sanierungs- und damit überlebensfähig erkannten Unternehmens.

4 Die Vorschrift stellt keine unmittelbare Umsetzung der Anforderungen der EU-Restrukturierungsrichtlinie dar, entspricht jedoch den Motiven in Erwägungsgrund 1, wonach die Durchführung eines Restrukturierungsverfahrens der Befreiung existenzbedrohender Verbindlichkeiten dienen soll[3].

B. Regelungsinhalt

I. Auslegungsregel

5 Sieht der gestaltende Teil des Restrukturierungsplans eine (nur) anteilige Befriedigung der (einfachen oder nachrangigen) Restrukturierungsforderungen oder Absonderungsanwartschaften vor, so wird der Schuldner nach der Auslegungsregel des § 11 mit der so vorgesehenen anteiligen Befriedigung von den bestehenden Verpflichtungen im Übrigen befreit, wenn der gestaltende Teil nichts Anderes regelt. Aus Planerstellersicht empfiehlt es sich ungeachtet dessen, im gestaltenden Teil aus Gründen der **Klarheit und Transparenz** eine ausdrückliche Regelung aufzunehmen, die insbesondere für nicht institutionalisierte Gläubiger essenziell ist[4].

5a Dies gilt vor allem wegen ansonsten möglicherweise bestehenbleibender potenzieller Aufrechnungsmöglichkeiten. Der Bundesgerichtshof lässt für das Insolvenzverfahren eine Aufrechnung gegen eine

1 Der Begriff der Nachhaftung ist an sich gesellschaftsrechtlich belegt (z.B. § 736 BGB) und weist i.Ü. eine missverständliche Konnotation zum freien Nachforderungsrecht der Gläubiger nach § 201 InsO auf.
2 Wie auch für den Insolvenzplan. Hierzu: MK-InsO/*Breuer*, § 227 Rn. 1.
3 BeckOK-StaRUG/*Fridgen*, § 11 Rn. 5; Jacoby/Thole-*Brünkmans*, § 11 Rn. 2.
4 SanR-*Martini*, § 227 Rn. 9.

Naturalobligation zu, wenn die Aufrechnungslage bereits vor Eröffnung des Insolvenzverfahrens bestand[5]. Eine dem § 94 InsO entsprechende Vorschrift kennt allerdings der Restrukturierungsplan nicht und es ist nicht einzusehen, dass der Restrukturierungsgläubiger, der rechtzeitig Kenntnis von der Einbeziehung seiner Forderung erhält, diese Aufrechnung nicht bis zur Planbestätigung realisieren sollte.[6]

Nicht gruppeninterne Drittsicherheiten werden nicht von den Wirkungen der §§ 11, 67 erfasst. Wohl aber greift die Enthaftung in Bezug auf den Regress des Sicherungsgebers gegenüber dem Schuldner, § 67 Abs. 3 S. 2. 5b

II. Naturalobligation

Beim Insolvenzplan bleiben die nach § 227 InsO als erlassen geltenden Verbindlichkeiten als unvollkommene Verbindlichkeiten bzw. **Naturalobligation** bestehen, d.h., sie sind nicht mehr durchsetzbar, aber erfüllbar.[7] Ob beim Insolvenzplan auch im Fall der Aufnahme eines **ausdrücklichen Erlasses** hinsichtlich des überschießenden Teils der Forderung, auf die keine Zahlung erfolgen soll, diese Entscheidung des BGH[8] Geltung beansprucht, wonach die restliche Verbindlichkeit als unvollkommene Verbindlichkeit bestehen bleibt, ist **zweifelhaft**. 6

In diese Richtung deutet aber eine insolvenzrechtliche Entscheidung des BAG im Fall einer Klausel, welche regelte, dass die Insolvenzgläubiger bestrittener Forderungen analog § 189 InsO innerhalb von zwei Wochen ab Rechtskraft der Bestätigung des Insolvenzplans gegenüber dem Insolvenzverwalter, der insoweit auch über die Aufhebung des Insolvenzverfahrens hinaus als passiv legitimiert gilt, Feststellungsklage erheben müssen, und andernfalls insoweit ein Verzicht dieser Gläubiger fingiert wird. Das BAG erkannte hier darauf, dass soweit die Forderungen als erlassen gelten oder ein sog. Verzicht auf sie fingiert werde, sie nicht erloschen seien und als Naturalobligation fortbestehen würden. Die Erfüllung dieser Naturalobligationen sei möglich, könne aber nicht erzwungen werden.[9] Dogmatisch gesehen stößt dies auf Bedenken, da ein Verzicht eben zu einem Erlöschen führt und nicht zu einem anteiligen Bestehenbleiben als Naturalobligation. 7

Praktisch bedeutend ist das Bestehenbleiben einer Forderung als Naturalobligation im Hinblick auf akzessorische Sicherheiten[10]. 8

Die Frage, ob die Rechtsfolge des Bestehenbleibens als Naturalobligation beim Restrukturierungsplan die gleiche ist wie beim Insolvenzplan, beantwortet sich aus der Begründung zum Regierungsentwurf nicht. 9

Die Begründung zum Referentenentwurf[11] spricht davon, dass die von § 11 betroffenen Forderungen nicht als erlassen im Sinne von § 397 BGB gelten sollen, sondern in entsprechender Höhe nicht mehr durchsetzbar sind und damit eine Naturalobligation darstellen. Das mit dem Fehlen dieser Ausführungen in der Begründung des Regierungsentwurfs eine inhaltliche Änderung der Rechtsfolge des § 11 verbunden wäre, ist vor dem Hintergrund der an § 227 InsO angelehnten Terminologie nicht ersichtlich. 10

Wie bei § 227 InsO führt die Anwendung des § 11 also vorbehaltlich eines darüber hinausgehenden vereinbarten Erlasses zum Entstehen einer Naturalobligation[12]. 11

---

5 BGH, 19.05.2011 – IX ZR 222/08, NZI 2011, 538.
6 Jacoby/Thole-*Brünkmans*, § 11 Rn. 10; BeckOK-StaRUG/*Fridgen*, § 11 Rn. 12, 31.
7 BGH, NZI 2011, 588; Uhlenbruck-*Lüer/Streit*, InsO, § 227 Rn. 5.
8 BGH, NZI 2011, 588.
9 BAG, NZI 2013, 1076.
10 Näher SanR-*Martini*, § 227 Rn. 11 f.
11 Begr. RefE, S. 129.
12 Für die Anwendbarkeit daher ohne Weiteres: Braun-*Böhm*, StaRUG, § 11 Rn. 3; BeckOK-StaRUG/*Fridgen*, § 11 Rn. 12; Wolgast/Grauer-*Leithaus*, StaRUG, § 11 Rn. 1.

12 Daher kann eine Rückforderung des dennoch bewusst Geleisteten nach § 814 BGB nicht verlangt werden[13].

III. Zeitpunkt und Folgen

13 Im Gegensatz zum Insolvenzplan tritt die vorgesehene Befreiungswirkung nicht erst mit Rechtskraft des Bestätigungsbeschlusses ein, sondern bereits mit dessen **Verkündigung nach § 67 Abs. 1 Satz 1**[14].

14 Die teilweise Nichtdurchsetzbarkeit der Forderungen nach dem Restrukturierungsplan aufgrund der Rechtswirkungen des § 11 kann ebenso wie beim Insolvenzplan zu einem **Sanierungsgewinn** in Form eines Buchgewinns führen[15], sodass die steuerlichen Folgen bereits im Rahmen der Erstellung des Restrukturierungsplans berücksichtigt werden sollten[16].

IV. Erstreckung auf persönlich haftende Gesellschafter

15 Satz 2 erstreckt die Regelung von Satz 1 auf persönlich haftende Gesellschafter des als Gesellschaft ohne Rechtspersönlichkeit oder als Kommanditgesellschaft auf Aktien verfassten Schuldners. Wenn der Plan nichts Anderes vorsieht, wirkt eine Befreiung von Forderungen gegenüber dem Schuldner also auch im Verhältnis zu dessen persönlich haftenden Gesellschaftern.

16 **Die Vorschrift ist für die Gesellschaft ohne Rechtspersönlichkeit an sich entbehrlich** und zwar aufgrund der Akzessorietät zwischen persönlicher Gesellschafterhaftung und Gesellschaftsverbindlichkeit.[17] Zu einem anderen Ergebnis kann man nur kommen, wenn man sich auf den Standpunkt stellt, die Haftungsbefreiung wirke auch für gesellschafterseitig **vertraglich** begründete oder übernommene Verbindlichkeiten, etwa bei Abschluss eines Bürgschaftsvertrages für Gesellschaftsverbindlichkeiten. Solche zur gesetzlichen Haftung hinzutretenden Verpflichtungsgründe werden jedoch durch S. 2 **nicht** erfasst,[18] was sich bereits aus § 67 Abs. 3 Satz 1 ergibt.

16a Die Haftungsbefreiung des § 11 S. 2 gilt auch für eine etwaige Nachhaftung bereits ausgeschiedener Gesellschafter[19].

§ 12 Neue Finanzierung

[1]In den Restrukturierungsplan können Regelungen zur Zusage von Darlehen oder sonstigen Krediten aufgenommen werden, die zur Finanzierung der Restrukturierung auf der Grundlage des Plans erforderlich sind (neue Finanzierung). [2]Als neue Finanzierung gilt auch deren Besicherung.

Übersicht

13 BeckOK-StaRUG/*Fridgen*, § 11 Rn. 14.
14 A.A. BeckOK-StaRUG/*Fridgen*, § 11 Rn. 25.
15 BeckOK-StaRUG/*Fridgen*, § 11 Rn. 16; *Skaraudszun*, Ubg 2020, 161, 165.
16 Zur Problematik statt aller: MK-InsO/*Breuer*, § 224 Rn. 16 ff.
17 Uhlenbruck-*Lüer/Streit*, InsO, § 227 Rn. 9.
18 Für das Insolvenzverfahren allg.Mg., anders nur NR/*Braun* § 227 Rn. 5.
19 Jacoby/Thole-*Brünkmans*, § 12 Rn. 18; zu § 227 InsO: Uhlenbruck-*Lüer/Streit* InsO, § 228 Rn. 19; Braun/*Braun-Frank* InsO, § 227 Rn. 8.

A. Einführung

Der Restrukturierungsplan ist im Grundsatz retrospektiv, regelt also die künftige Behandlung von in der Vergangenheit begründeten oder jedenfalls angelegten Ansprüchen von Planbetroffenen. Ergänzend dazu erlaubt § 12 als Ausnahme die **Implementierung neuer Finanzierungen im Restrukturierungsplan**[1], die dann wegen § 90 in der Anfechtbarkeit weitestgehend beschränkt sind[2]. Erfolgt die Aufnahme nicht, greift auch nicht der Anfechtungsschutz nach § 90. Die Vorschrift hat eine gewisse Verwandtschaft zur Möglichkeit von Plafondskrediten nach § 264 InsO, weist jedoch unterschiedliche Voraussetzungen und insbesondere Rechtsfolgen auf. Insbesondere kennt § 12 den dort normierten Vorrang vor den übrigen Forderungen nicht, obwohl dies dem nationalen Gesetzgeber wegen Art. 17 Abs. 4 der Richtlinie möglich gewesen wäre 1

B. Anforderungen der Richtlinie

Bereits der Richtliniengeber hat erkannt, dass ein Restrukturierungsplan zumeist nur dann Erfolg hat, wenn dem Schuldner finanzielle Hilfe zuteil wird, sei es während der Verhandlungen mit den Planbetroffenen oder aber zur Unterstützung der Umsetzung des Restrukturierungsplans nach seiner Bestätigung[3]. Art. 8 der Richtlinie normiert die Mindestanforderungen, die von den Mitgliedstaaten an den Inhalt eines Restrukturierungsplans zu stellen sind, wobei es dem nationalen Gesetzgeber freigestellt ist, über diese Anforderungen noch hinauszugehen[4]. Art. 8 Abs. 1 Buchst. g) Ziffer vi der Richtlinie regelt, dass die Bedingungen des Restrukturierungsplans auch eine **neue Finanzierung** enthalten können, die als Teil des Plans vorgesehen ist sowie die Gründe, aus denen die neue Finanzierung für die Umsetzung dieses Plans erforderlich sind. 2

Die Nennung der neuen Finanzierung in Art. 8 erklärt sich insbesondere vor dem Hintergrund des Art. 10 Abs. 1 Buchst. b) der Richtlinie, wonach eine neue Finanzierung das Erfordernis einer Planbestätigung auslöst. Im Rahmen der Begründung der Erforderlichkeit ist die Darlegung der **nicht unangemessenen Beeinträchtigung** der Interessen der Gläubiger notwendig, Art. 10 Abs. 2 Buchst. e) der Richtlinie[5]. Den Schutz für neue Finanzierungen und Zwischenfinanzierungen normieren Artt. 17 f. der Richtlinie. 3

Die Anforderungen des § 10 Abs. 1 Buchst. b) der Richtlinie scheint der nationale Gesetzgeber in § 63 Abs. 2 umgesetzt zu haben. Allerdings bedürften nach Art. 10 Abs. 1 b) der Richtlinie *alle* Restrukturierungspläne mit einer neuen Finanzierung zur Herbeiführung der Verbindlichkeit der Bestätigung einer Justiz- oder Verwaltungsbehörde, während eine Versagung der Bestätigung nach § 63 Abs. 2 naturgemäß nur im Fall eines Bestätigungsverfahrens nach §§ 60 ff. in Betracht kommt. Macht der Schuldner, dessen Restrukturierungsplan eine neue Finanzierung vorsieht, davon keinen Gebrauch, weil alle Planbetroffenen dem Plan zustimmen, kommt auch eine Versagung der Bestätigung mangels eines Bestätigungsverfahrens nicht in Betracht. Der nationale Gesetzgeber bleibt daher in diesem Punkt hinter den Anforderungen der Richtlinie zurück[6]. 4

Erwägungsgrund 66 thematisiert, dass **finanzielle Hilfe im weiteren Sinne** verstanden werden sollte und neben der Bereitstellung von finanziellen Mitteln oder Sicherheiten Dritter auch Waren, Vorräte, Baustoffe und Versorgungsdienstleistungen (z.B. durch die Einräumung längerer Rückzahlungszeiträume) umfasst. Finanzielle Hilfen in diesem Sinne wird der Schuldner aber nur erhalten, wenn er sicherstellt, dass der Finanzierungsgeber in Bezug auf die Darlehensrückgewähr abgesichert ist. 5

---

1 Zur Möglichkeit der neuen Finanzierung: *Lau/Schwartz*, NZG 2020, 450 ff.

2 Hierzu: *Röper/Denkhaus*, ZRI 2021, 1043.

3 Erwägungsgrund 66 der Richtlinie (EU) 2019/1023.

4 Näher: *Knapp*, in: Morgen (Hrsg.), Präventive Restrukturierung, Art. 8 Rn. 3.

5 Zur Frage der Richtlinienkonformität des Bestätigungserfordernisses eingehend: BeckOK-StaRUG/*Fridgen*, § 12 Rn. 4 ff.

6 Näher zu den damit verbundenen Schwierigkeiten in Bezug auf Verbindlichkeit und eine etwaige Amtshaftung BeckOK-StaRUG/*Fridgen*, § 12 Rn. 5 ff.; BeckOK-StaRUG/*Skauradszun*, § 60 Rn. 16.

Daher sollten nach Erwägungsgrund 66 Zwischenfinanzierungen und neue Finanzierungen von **Insolvenzanfechtungsklagen** ausgenommen werden, die zum Ziel haben, solche Finanzierungen in späteren Insolvenzverfahren als die Gesamtheit der Gläubiger benachteiligende Handlungen für nichtig, anfechtbar oder nicht vollstreckbar zu erklären. Der Richtliniengeber weist ferner in Erwägungsgrund 67 der Richtlinie darauf hin, dass nationale Vorschriften neue Finanzierungen oder Zwischenfinanzierungen in der Krise häufig mit zivil-, verwaltungs- oder strafrechtlichen Sanktionen belegen[7], die zur Gefährdung der Verfügbarkeit neuer Finanzierungen führen können. **Neue Finanzierungen und Zwischenfinanzierungen sollen deshalb besonders geschützt werden, um dem Schuldner die zur Restrukturierung notwendige Finanzierungsmöglichkeit zu eröffnen**. Dieser Schutz wurde in Artt. 17 und 18 der Richtlinie normiert[8].

C. Regelungsgehalt

I. Systematik

6 In Umsetzung der Anforderungen der Richtlinie regelt § 12, dass **neuer Finanzierungsbedarf oder aber die Besicherung bereits ausgereichter Finanzierungen** im Restrukturierungsplan geregelt werden können. Bestünde diese Möglichkeit nicht, könnte dem Sicherungsinteresse des neuen Gläubigers möglicherweise nicht Rechnung getragen werden; der Liquiditätsbedarf des zu sanierenden Schuldners zur interimsweisen Geschäftsfortführung während der laufenden Sanierung oder der sich ihr anschließende Kapitalbedarf könnte unter Umständen nicht sichergestellt werden. Dabei geht der nationale Gesetzgeber nicht den Weg, für den Fall des Scheiterns der Sanierung und einer sich daran anschließenden Insolvenz den Darlehensrückzahlungsanspruch selbst zu sichern[9]. Vielmehr schafft er einen Ausgleich zwischen dem Sicherungsinteresse des Finanzierers und den Interessen der sonstigen Gläubiger durch eine weitgehende Anfechtungsfreiheit der Besicherung in einem späteren Insolvenzverfahren nach §§ 89, 90. Daraus folgt zugleich, dass eine Privilegierung des neuen Finanzierers nur möglich (und damit nur realistisch) ist, wenn **ausreichend drittrechtsfreie Vermögenswerte zur Besicherung der neuen Finanzierung verfügbar** sind[10].

6a § 12 ermöglicht nur die Aufnahme der neuen Finanzierung oder deren Besicherung in den Restrukturierungsplan, fordert sie aber nicht. Schuldner und Darlehensgeber können auch sonstige Privilegierungen nutzen wie die Ausnutzung des Bargeschäftsprivilegs des § 142 InsO[11] oder aber die Umsetzung eines von tatsächlichen Gegebenheiten ausgehenden Sanierungskonzepts wenigstens schon in den Anfängen bei ernsthafter und begründeter Aussicht des Erfolgs[12]. Dabei mag die Herbeiführung des Anfechtungsschutzes wegen der genannten Rechtsprechung auf etwas tönernen Füssen zu stehen als dessen Herbeiführung in Anwendung des § 12, allerdings entfällt in den genannten Fällen die gerichtliche Prüfung nach § 63 Abs. 3.

II. Abgrenzung zur Zwischenfinanzierung

7 Das Gesetz spricht von **Regelungen zur Zusage von Darlehen oder sonstigen Krediten** und begreift diese als »**neue Finanzierung**«, wenn diese zur Finanzierung der Restrukturierung auf der Grundlage des Plans **erforderlich** sind. Sowohl der Gesetzeswortlaut als auch die Gesetzesbegründung[13] beziehen sich ausdrücklich auf Art. 2 Abs. 1 Nr. 7 und Art. 8 Abs. 1 Buchst. g) Ziffer vi der Richt-

7 Im nationalen Recht einschlägig sind hier in zivilrechtlicher Hinsicht insbes. die Anforderungen des BGH an Sanierungskredite, hierzu *Oswald*, NZI 2018, 7823; einen Rechtsprechungsüberblick bieten *Wallner/Neuenhahn*, NZI 2006, 553; zur strafrechtlichen Komponente: BGH, Urt. v. 13.08.2009 – 3 StR 576/08.

8 Näher *Bork*, in: Morgen (Hrsg.), Präventive Restrukturierung, Art. 17 passim.

9 Hierzu *Desch*, BB 2020, 2498, 2506.

10 Wolgast/Grauer-*Leithaus*, StaRUG, § 11 Rn. 3.

11 BGH ZIP 2015, 585.

12 BGH NZI 2018, 840.

13 Begr. RegE, BT-Drucks. 19/24181, S. 120.

linie und damit auf neue Finanzierungen, nicht aber Zwischenfinanzierungen, die in Art. 2 Abs. 1 Nr. 8 der Richtlinie genannt sind und die im Gegensatz zur neuen Finanzierung nicht im Restrukturierungsplan zu regeln sind, wie sich aus Art. 8 Abs. 1g vi der Richtlinie ergibt[14].

Damit vom Anwendungsbereich des § 12 nicht erfasste **Zwischenfinanzierungen** sind finanzielle Hilfen, die notwendig sind, um den Geschäftsbetrieb fortsetzen und den Wert des Unternehmens mindestens erhalten zu können, während die Einzelzwangsvollstreckung ausgesetzt ist bzw. bis die Verhandlungen über den Restrukturierungsplan abgeschlossen sind und dieser bestätigt ist. Art. 17 Abs. 2 Satz 2 der Richtlinie verbietet es, dass eine spätere Insolvenz zur Nichtigkeit, Anfechtbarkeit oder fehlenden Vollstreckungsfähigkeit der Zwischenfinanzierung führt und ebenso, dass die Finanzierungsgeber deshalb einer zivil-, verwaltungs- oder strafrechtlichen Haftung unterliegen, weil eine solche Finanzierung die Gesamtheit der Gläubiger benachteiligt, außer es liegen zusätzliche im nationalen Recht festgelegte Gründe vor. Diesen Anforderungen genügt das deutsche Recht jedenfalls aufgrund der in § 89 normierten Einschränkungen[15]. **Im Detail ist die Abgrenzung zwischen Zwischen- und Neufinanzierungen in Fällen der Rückführung mit anschließender Neuvalutierung und Besicherung schwierig, im Hinblick auf die Frage der Anwendbarkeit des § 90 jedoch von Belang**[16]. 8

III. Neue Finanzierung

Neue Finanzierungen als Bestandteil des Restrukturierungsplans werden zeitlich nach Planbestätigung virulent. Eine genaue legislatorische Eingrenzung der »neuen Finanzierung« fehlt. Nach Art. 2 Abs. 1 Nr. 7 der Richtlinie ist eine neue Finanzierung die von einem **bestehenden oder neuen Gläubiger zur Umsetzung eines Restrukturierungsplans bereitgestellte neue finanzielle Unterstützung**, wobei nach Erwägungsgrund 66 der Richtlinie »finanzielle Hilfen« weit verstanden werden sollen und nicht nur die Bereitstellung neuer finanzieller Mittel, sondern auch die **Bereitstellung von Waren, Vorräten, Rohstoffen oder Versorgungsdienstleistungen** umfassen. 9

Bereits aus Art. 2 Abs. 1 Nr. 7 der Richtlinie folgt, dass nicht entscheidend ist, ob der Kreditgeber Neugläubiger ist oder bereits bestehender Gläubiger.[17] Daraus folgt zugleich aber, dass es sich um eine Fremdkapitalfinanzierung handeln muss. Eigenkapitalfinanzierungen unterfallen § 12 nicht[18]. Bei hybriden Finanzierungsformen ist die handelsbilanzielle Einordnung entscheidend.[19] 9a

Das Gesetz nennt **Darlehen und sonstige Kredite**. Unter den Begriff des Darlehens fallen Gelddarlehen nach § 488 BGB und Sachdarlehen i.S.d. § 607 BGB. Sonstige Kredite sind in Übereinstimmung mit Erwägungsgrund 65 der Restrukturierungsrichtlinie die Gewährung von **Waren-, Vorrats-, Rohstoff- und Dienstleistungskrediten**. Entscheidend ist, dass dem Schuldner ein längerer Rückzahlungszeitraum gewährt wird als dies verkehrsüblich ist. Denn damit wird eine jedenfalls mittelbare Stützung der Geschäftstätigkeit des Schuldners erreicht[20]. 10

Neben dem klassischen, die Passivseite der Bilanz belastenden, aber die Liquidität erhöhenden Geldkredit kommen damit insbes. **Warenkredite** in Betracht (durch ggf. interimistische Verzichte auf die Realisierung von Sicherungsrechten oder ein Hinausschieben vereinbarter Zahlungsfälligkeiten). Das Gleiche gilt für Versorgungsleistungen wie Energie und Wasser. In allen Fällen sind die Parteien in der **genauen Ausgestaltung des Kreditverhältnisses frei**. 11

---

14 Ebenso: Braun-*Tashiro*, StaRUG, § 12 Rn. 6; BeckOK-StaRUG/*Fridgen*, § 12 Rn. 12; a.A. *Thole*, ZIP 2020, 1985, 1989.
15 Begr. RegE, BT-Drucks. 19/24181, S. 213; BeckOK-StaRUG/*Fridgen*, § 12 Rn. 32.
16 Näher und auf Fragen des Vertrauensschutzes abstellend: BeckOK-StaRUG/*Fridgen*, § 12 Rn. 33 f.
17 Siehe auch Jacoby/Thole-*Brünkmans*, § 12 Rn. 7.
18 Jacoby/Thole-*Brünkmans*, § 12 Rn. 6.
19 Flöther/*Tasma*, § 12 Rn. 6; Jacoby/Thole-*Brünkmans*, § 12 Rn. 6.
20 BeckOK-StaRUG/*Fridgen*, § 12 Rn. 18.

IV. Prolongationen und Stundung

12 Der Referentenentwurf des SanInsFoG sah in § 14 Satz 2 noch vor, dass unter den Begriff der neuen Finanzierung auch die **Prolongation oder Stundung von Forderungen** fallen. Nach der Begründung des Referentenentwurfs stellen sich die langfristige Fortsetzung der Überlassung bereits früher ausgereichter Geldmittel über das bisher vereinbarte Datum der Fälligkeit der Rückzahlung hinaus und langfristige Stundungen sonstiger Forderungen wirtschaftlich als neue Finanzierungen dar.

13 Im Gesetz gewordenen § 12 fehlt die Erstreckung auf Prolongationen und Stundungen und auch die Begründung des Regierungsentwurfs schweigt sich hierzu aus. Wegen des **eindeutigen Wortlauts** stellen sich Prolongationen und Stundungen daher **nicht als neue Finanzierungen** dar und unterfallen ergo nicht § 12[21]. Schutz genießen die davon betroffenen Gläubiger während der Verhandlungen bis zur Bestätigung des Restrukturierungsplans daher über § 89. Im Übrigen ist eine Prolongation oder eine Stundung von Forderungen aus bestehenden Kreditverhältnissen über die Rechtshängigkeit der Restrukturierungsache hinaus über § 2 Abs. 2 (Gestaltung von Nebenbestimmungen von Finanzierungsgebern) regelbar. Die Privilegierung derartiger vermögensbezogener Maßnahmen folgt dann aus § 90[22].

V. Besicherung

14 § 11 Satz 2 erstreckt die Implementierungsmöglichkeit auf sämtliche **Personal- und Sachsicherheiten**[23] für *diese* Finanzierungen. Auch diese Besicherung unterfällt der Anfechtungsbeschränkung des § 90. Dies gilt allerdings schon nach dem eindeutigen Wortlaut der Vorschrift nur, wenn es sich um die Besicherung einer neuen Finanzierung handelt und nicht die Neu- oder Nachbesicherung einer bestehenden Finanzierung.

VI. Erforderlichkeit der neuen Finanzierung

15 Neue Finanzierungen i.S.d. § 12 sind nur solche, die zur Restrukturierung **erforderlich** sind. Damit engt der nationale Gesetzgeber die Definition der neuen Finanzierung in Art. 2 Abs. 1 Ziff. 7 der Richtlinie für das nationale Recht ein. Die Erforderlichkeit der neuen Finanzierung ist im darstellenden Teil des Restrukturierungsplans zu erläutern und zu begründen.

16 **Was »erforderlich« ist, definiert das Gesetz nicht.** Die notwendige Erforderlichkeit ist jedenfalls dann gegeben, wenn bei dem Schuldner ohne die beabsichtigte Finanzierung Zahlungsunfähigkeit eintritt.

17 Ausreichend dürfte sein, dass die neue Finanzierung die zur Umsetzung des Restrukturierungsvorhabens notwendige Finanzierungskraft stärkt[24]. In **zeitlicher Hinsicht** schränkt das Gesetz die Finanzierung auf den Zeitraum der Restrukturierung ein, indem es von einer Erforderlichkeit zur »Finanzierung der Restrukturierung« ausgeht. Jedenfalls solche Finanzierungen, die einen allgemeinen Liquiditätsbedarf des Schuldners nach Erreichen einer nachhaltigen Sanierung decken, unterfallen daher nicht mehr der Privilegierung des § 12. Das gleiche dürfte für Bridge Finanzierungen gelten[25]. Dass die neue Finanzierung zur Erreichung des Sanierungsziels ausreichend ist, ist nicht erforderlich.[26]

18 Wegen der Prognoseschwierigkeiten, was den notwendigen Umfang des bis zum Erreichen einer nachhaltigen Sanierung notwendigen Finanzbedarfs angeht, wird man zur Vermeidung einer Unter-

21 Jacoby/Thole-*Brünkmans*, § 12 Rn. 5.

22 Anderer Ansicht: Wolgast/Grauer-*Leithaus*, StaRUG, § 12 Rn. 2, der den geänderten Wortlaut offensichtlich nur für eine redaktionelle Straffung hält.

23 Näher BeckOK-StaRUG/*Fridgen*, § 12 Rn. 19.

24 Hierzu auch Braun-*Tashiro*, StaRUG, § 12 Rn. 20.

25 Jacoby/Thole-*Brünkmans*, § 12 Rn. 9.

26 Wie hier Jacoby/Thole-*Brünkmans*, § 12 Rn. 12; a.A. BeckOK-StaRUG/*Fridgen*, § 12 Rn. 23.

finanzierung und damit zur Vermeidung des Scheiterns der Finanzierung einen **großzügigen Maßstab** an die Erforderlichkeit anlegen müssen[27].

VII. Planregelung

In den Restrukturierungsplan können **Zusagen** über Darlehen oder sonstige Kredite aufgenommen werden. Bereits dies bewirkt den Anfechtungsschutz nach § 90. Das bedeutet, dass die Finanzierung selbst zwar Teil des Restrukturierungsplans sein *kann*, dies jedoch nicht notwendig ist. Ausreichend ist die einseitige bindende Zusage eines Darlehens oder sonstigen Kredits in **klar definiertem Umfang**[28]. Dadurch kann eine erhebliche Straffung des Umfangs des Restrukturierungsplans erreicht werden. **19**

Die gleichen Anforderungen, die an die Zusage des Darlehens oder sonstigen Kredits zu stellen sind, gelten auch für deren Besicherung. **20**

VIII. Rechtsfolgen

Die Aufnahme der neuen Finanzierung in den Restrukturierungsplan führt (anders als bei § 264 InsO; die Richtlinie hätte dies nach Art. 17 Abs. 4 ermöglicht) nicht zu einer Privilegierung der Forderung des Finanzierungsgebers im Fall einer späteren Insolvenz des Schuldners. Vielmehr ist die Besicherung einer neuen Finanzierung weitestgehend einer Anfechtbarkeit in einem späteren Insolvenzverfahren entzogen (§§ 89, 90)[29] und die Finanzierung kann dem Gewährenden auch nicht als Beihilfe zur Insolvenzverschleppung angelastet werden[30]. **21**

§ 13 Änderung sachenrechtlicher Verhältnisse

[1]Sollen Rechte an Gegenständen begründet, geändert, übertragen oder aufgehoben werden, so können die erforderlichen Willenserklärungen der Beteiligten in den gestaltenden Teil des Restrukturierungsplans aufgenommen werden. [2]Sind im Grundbuch eingetragene Rechte an einem Grundstück oder an eingetragenen Rechten betroffen, so sind diese Rechte unter Beachtung des § 28 der Grundbuchordnung genau zu bezeichnen. [3]Für Rechte, die im Schiffsregister, im Schiffsbauregister oder im Register für Pfandrechte an Luftfahrzeugen eingetragen sind, gilt Satz 2 entsprechend.

Übersicht

A. Einführung

§ 13 entspricht § 228 InsO und ermöglicht die Herbeiführung der im gestaltenden Teil des Restrukturierungsplans vorgesehenen Änderungen sachenrechtlicher Verhältnisse durch den Restrukturierungsplan selbst, der ansonsten aufgrund des Trennungs- und Abstraktionsprinzips[1] nur schuldrechtliche Wirkungen hätte. **1**

Die Vorschrift ist im Zusammenhang mit § 68 zu sehen, der bei gerichtlich bestätigten Plänen die Erfüllung etwaiger Formerfordernisse mit Aufnahme in den Plan ermöglicht. **2**

---

27 Im Ergebnis wie hier: BeckOK-StaRUG/*Fridgen*, § 12 Rn. 24.
28 BeckOK-StaRUG/*Fridgen*, § 12 Rn. 27.
29 Näher: *Thole*, ZIP 2020, 1985 (1998).
30 *Lau/Schwartz*, NZG 2020, 450 (456).
1 BeckOK-InsO/*Geiwitz/von Danckelmann*, § 228 Rn. 1.

3 Die Vorschrift, die in der Restrukturierungsrichtlinie ohne Vorbild ist, da sie Ausdruck des nationalen Trennungs- und Abstraktionsprinzips ist, dient der **Konzentration und Beschleunigung** der Umsetzung des Restrukturierungsplans und ist geeignet, Kosten durch den Wegfall zusätzlicher Gebühren für notarielle Beurkundungen zu vermeiden[2].

B. Regelungsgehalt

I. Grundsatz

4 Die Beteiligten können Änderungen der sachenrechtlichen Verhältnisse unmittelbar zum Gegenstand des Restrukturierungsplans machen und die erforderlichen Willenserklärungen in den gestaltenden Teil implementieren. Auch eine Auflassung kann in einem Restrukturierungsplan erklärt werden (§ 925 Abs. 1 Satz 3 BGB).

5 **Gegenstand** im Sinne dieser Vorschrift meint alles, worauf sich ein Recht beziehen kann. Der Gesetzeswortlaut, der nur Sachen im zivilrechtlichen Sinne zu erfassen scheint, ist zu eng. Auch die Übertragung oder Verpfändung von Geschäftsanteilen, immateriellen Rechten und Forderungen fällt darunter.[3] Im Ergebnis kann Gegenstand des Restrukturierungsplans neben Rechten aus gestaltbaren Rechtsverhältnissen (§§ 2–4) alles sein, worauf durch Verfügung unmittelbar eingewirkt werden kann, also bewegliche und unbewegliche Sachen, Forderungen und Rechte, Mitgliedschaftsrechte und geistiges Eigentum.

6 Vom Plan betroffene Grundstücksrechte gem. § 28 GBO sind so genau zu bezeichnen, dass die Eintragung der Rechtsänderung im Grundbuch keine Schwierigkeiten bereitet. Einem unter Missachtung dieser Vorschrift erstellter gestaltender Teil wäre durch das Restrukturierungsgericht eine beantragte Bestätigung nach § 63 zu versagen.

7 Haftungsrechtlich zugeordnet kann ein Gegenstand dem Schuldner, einem Planbetroffenen oder einem Dritten sein. Über Gegenstände des **Schuldners** kann im Rahmen des Restrukturierungsplans verfügt werden, soweit nicht ausnahmsweise der Schuldner nicht über sie verfügen kann (§ 400 BGB). Über Gegenstände von **Planbetroffenen** kann verfügt werden, soweit Rechte gem. §§ 2–4 gestaltbar sind und diese über § 8 in den Plan einbezogen wurden. Wird über Gegenstände **Dritter** verfügt, ist dem Restrukturierungsplan eine entsprechende Erklärung dieses Dritten beizufügen (§ 15 Abs. 3)[4]. Das Gleiche gilt im Fall des Eingriffs in die Rechte von Gläubigern aus **gruppeninternen Sicherheiten** (§ 15 Abs. 4).

8 Hängt der Eintritt der Rechtsänderung von **zusätzlichen tatsächlichen Voraussetzungen** ab – etwa von der Übergabe einer beweglichen Sache oder einer konstitutiven Registereintragung –, so können diese **durch den Plan nicht ersetzt** werden[5]; diese Voraussetzungen sind gesondert herbeizuführen. Bei Grundstücksgeschäften i.S.d. § 873 BGB können demnach die Einigung und die Eintragungsbewilligung (§ 19 GBO) in den gestaltenden Teil des Plans aufgenommen werden; die Rechtsänderung tritt aber erst mit der Eintragung im Grundbuch ein, die anschließend[6] gem. § 13 GBO zu beantragen ist.[7]

9 Für die in Satz 3 genannten Luftfahrzeuge und Schiffe gilt Satz 2 entsprechend.

10 Die Regelung des § 13 ist insgesamt dispositiv. Sieht z.B. der Restrukturierungsplan, der von der Regelung des § 13 **nicht** Gebrauch macht, vor, dass ein Grundpfandgläubiger für den Fall der im gestaltenden Teil vorgesehenen Quotenzahlung auf sein Grundpfandrecht teilweise verzichtet, da

---

2 Zur Parallelvorschrift des § 228 InsO: Braun-*Braun/Frank*, InsO, § 228 Rn. 1.
3 FK-InsO/*Jaffé* § 228 Rn. 2 ff.; NR/*Braun* § 228 Rn. 4 f.
4 Hierzu: *Brünkmans* ZIP 2015, 1052.
5 BeckOK-StaRUG/*Fridgen*, § 228 Rn. 28 f.
6 Uhlenbruck-*Lüer/Streit*, InsO, § 228 Rn. 1; HambKomm-InsR/*Thies* § 228 Rn. 4 m.w.N.
7 Amtl. Begr. zu § 271 RegEInsO, BT-Drucks. 12/2443, 202.

das Unternehmen den frei werdenden Teil z.B. für die Neuaufnahme eines Kredits benötigt, erteilt der Grundpfandgläubiger aber sodann die teilweise Löschungsbewilligung nicht, müsste der Schuldner später auf Abgabe der teilweisen Löschungsbewilligung klagen. Die durch ihn vorausgesetzte Besicherung des zur nachhaltigen Sanierung benötigten Kredits wäre nicht möglich. Die Sanierung geriete mit dem Risiko ihres endgültigen Scheiterns ins Stocken. Um dies abzuwenden, wird die teilweise Löschungsbewilligung unter Ausnutzung der Wirkungen des § 13 bereits in den Plan aufgenommen. Der Schuldner muss dann nur noch die Eintragung in das Grundbuch beantragen.

II. Betroffene Regelungen

Zu den Willenserklärungen i.S.d. Satz 1 gehören beispielsweise die Einigungserklärungen im Rahmen der §§ 873, 929, 1205 BGB, Abtretungs- und Übertragungserklärungen i.S.d. §§ 398, 413 BGB sowie die Auflassung i.S.v. § 925 BGB[8]. **Sämtliche sachenrechtlichen Erfordernisse, wie insbesondere der Bestimmtheitsgrundsatz, sind zu beachten**[9]. Tatsächliche Handlungen wie z.B. die Besitzverschaffung nach § 929 BGB kann er jedoch nicht herbeiführen. Die in den Restrukturierungsplan aufgenommenen Willenserklärungen gelten nur dann als in der vorgeschriebenen Form abgegeben, wenn es sich um solche der Beteiligten, also der **Planbetroffenen und des Schuldners,** handelt. Nicht Beteiligte sind Dritte, deren Erklärungen den Plan jeweils beizufügen sind (§ 15 Abs. 2 bis 4). 11

Verfahrensrechtliche Erklärungen wie Eintragungsanträge und -bewilligungen (§§ 12, 19 GBO) stehen Willenserklärungen gleich[10]. 12

III. Rechtswirkungen

Soweit von § 13 Gebrauch gemacht wird, ist es der Restrukturierungsplan selbst, der die sachenrechtlichen Verfügungen herbeiführt. Die Folge ist nach § 68, dass die sonst erforderliche Form (wie z.B. die notarielle Beurkundung) ersetzt wird. Dies führt zu einer Zeit- und Kostenersparnis[11]. Außerdem schützt § 13 die Planbetroffenen durch die Herstellung einer Konnexität zwischen deren Willenserklärungen und dem Plan. 13

Im Fall der Verletzung des sachenrechtlichen Bestimmtheitsgrundsatzes geht die im Plan enthaltene Verfügung ins Leere und muss gegebenenfalls nachgeholt werden. Bei gerichtlich zu bestätigenden Plänen ist, wenn es sich um einen wesentlichen Punkt handelt, die Bestätigung von Amts wegen zu versagen (§ 63 Abs. 1 Nr. 2). 14

Ist der Plan bestätigt worden, ist es Sache des Schuldners den Restrukturierungsplan an das Grundbuch oder das Registergericht zu übersenden, um die registerliche Eintragung herbeizuführen. Das Restrukturierungsgericht ist hierzu nicht verpflichtet.[12] 14a

§ 14 Erklärung zur Bestandsfähigkeit; Vermögensübersicht; Ergebnis- und Finanzplan

(1) Dem Restrukturierungsplan ist eine begründete Erklärung zu den Aussichten darauf beizufügen, dass die drohende Zahlungsunfähigkeit des Schuldners durch den Plan beseitigt wird und dass die Bestandsfähigkeit des Schuldners sicher- oder wiederhergestellt wird.

8 Das SanInsFoG hat den Restrukturierungsplan ausdrücklich in den Wortlaut des § 925 Abs. 3 aufgenommen.

9 BeckOK-StaRUG/*Fridgen*, § 13 Rn. 20.

10 BeckOK-StaRUG/*Fridgen* § 13 Rn. 16; HambKomm-InsR/*Thies*, § 228 Rn. 4; K. Schmidt-*Spliedt*, § 228 Rn. 7; Uhlenbruck/*Lüer-Streit*, InsO, § 228 Rn. 1; a.A. NR/*Braun*, § 228 Rn. 8.

11 Hierzu: SanR-*Martini*, § 228 Rn. 4; FK-InsO/*Jaffé*, § 228 Rn. 1.

12 Jacoby/Thole-*Brünkmans*, § 13 Rn. 14.

(2) [1]Dem Restrukturierungsplan ist eine Vermögensübersicht beizufügen, in der die Vermögensgegenstände und die Verbindlichkeiten, die sich bei Wirksamwerden des Plans gegenüberstünden, mit ihren Werten aufgeführt sind. [2]Zudem ist aufzuführen, welche Aufwendungen und Erträge für den Zeitraum, während dessen die Gläubiger befriedigt werden sollen, zu erwarten sind und durch welche Abfolge von Einnahmen und Ausgaben die Zahlungsfähigkeit des Unternehmens während dieses Zeitraums gewährleistet werden soll. [3]Dabei sind neben den Restrukturierungsforderungen auch die vom Plan unberührt bleibenden Forderungen sowie die künftig nach dem Plan zu begründenden Forderungen zu berücksichtigen.

Übersicht

A. Überblick und Zweck

1 Ziel der Restrukturierung nach dem StaRUG ist gemäß den Vorgaben der Restrukturierungsrichtlinie[1] (vgl. Art. 1 Abs. 1 Buchst. a)) die nachhaltige Bewältigung der Krise.[2] § 14 benennt einige der Unterlagen, die dem Plan beigefügt werden müssen, um die Eignung des Plans zur Krisenbewältigung zu dokumentieren. Vorzulegen sind eine begründete Erklärung zur Bestandsfähigkeit des Schuldners (Abs. 1), ein Vermögensverzeichnis (Abs. 2 Satz 1) sowie ein Ergebnis- und Finanzplan (Abs. 2 Satz 2 und 3).

2 Die vom Gesetz verlangte Offenlegung der in § 14 bezeichneten Unterlagen ergänzt die in den darstellenden Teil aufzunehmende Vergleichsrechnung (vgl. § 6 Abs. 2).[3] Die Vergleichsrechnung zeigt rechnerisch, dass der Plan die bestmögliche Restrukturierungsoption darstellt. Die gem. § 14 beizufügenden Unterlagen dokumentieren, dass das der Vergleichsrechnung zugrunde liegende Sanierungsszenario auf einer sorgfältigen Planung beruht und umsetzbar ist. Beides zusammen soll es den Planbetroffenen erlauben, die Erfolgsaussichten der angestrebten Sanierung im Vergleich zum nächstbesten Alternativszenario selbst zu bewerten und ihr Abstimmungsverhalten auf Grundlage der Bewertung auszurichten.[4] Die informierte Mehrheitsentscheidung für die bessere Alternative bildet die wirtschaftliche Rechtfertigung für die Erstreckung der Planwirkungen auf diejenigen Planbetroffenen, die nicht für den Plan gestimmt haben (§ 67 Abs. 1 Satz 2).[5]

3 Mit der Vorschrift werden zugleich Vorgaben der Restrukturierungsrichtlinie umgesetzt. Art. 8 Abs. 1 Buchst. h) Satz 1 der Restrukturierungsrichtlinie verlangt eine »*Begründung, in der erläutert wird, warum eine begründete Aussicht besteht, dass der Restrukturierungsplan die Insolvenz des Schuldners verhindern und die Bestandsfähigkeit des Unternehmens gewährleisten wird, einschließlich der not-*

---

1 Richtlinie (EU) 2019/1023 des Europäischen Parlaments und des Rates vom 20.06.2019 über präventive Restrukturierungsrahmen, über Entschuldung und über Tätigkeitsverbote sowie über Maßnahmen zur Steigerung der Effizienz von Restrukturierungs-, Insolvenz- und Entschuldungsverfahren und zur Änderung der Richtlinie (EU) 2017/1132 (Richtlinie über Restrukturierung und Insolvenz).
2 Vgl. RegE BT-Drucks. 19/24181, S. 132.
3 RegE BT-Drucks. 19/24181, S. 120.
4 BeckOK-StaRUG/*Fridgen*, § 14 Rn. 3.
5 S. § 67 Rdn. 9.

wendigen Voraussetzungen für den Erfolg des Plans«. Diese Anforderung wird durch Abs. 1 umgesetzt.[6] Die den Mitgliedsstaaten in Art. 8 Abs. 1 Buchst. h) Satz 2 der Restrukturierungsrichtlinie eröffnete Möglichkeit, die geforderte Begründung von einem Experten oder Restrukturierungsbeauftragten vorzulegen oder bestätigen zu lassen, ist ausweislich der Gesetzesbegründung (teilweise) in § 76 Abs. 4 StaRUG umgesetzt.[7] Abs. 2 setzt Art. 8 Abs. 1 Buchst. b) und g) der Restrukturierungsrichtlinie um.[8] Von der Möglichkeit, eine explizite Bestandsfähigkeitsprüfung vorzusehen (Art. 4 Abs. 3 der Restrukturierungsrichtlinie[9]) hat der Gesetzgeber keinen Gebrauch gemacht.

Allerdings muss das Restrukturierungsgericht die Bestätigung des Plans gem. § 63 Abs. 1 Nr. 2 versagen, wenn die Erklärung zur Bestandsfähigkeit wesentliche Mängel aufweist.[10] Die Regelung setzt u.a. Art. 10 Abs. 3 der Restrukturierungsrichtlinie um, wonach die Mitgliedsstaaten sicherstellen müssen, dass die Bestätigung des Restrukturierungsplans abgelehnt werden kann, wenn keine vernünftigen Aussichten bestehen, die Insolvenz zu vermeiden oder die Bestandsfähigkeit zu sichern.[11] Dass damit eine eigenständige und umfassende Prüfung der Bestandsfähigkeit durch das Restrukturierungsgericht einhergeht,[12] dürfte jedoch nicht zutreffen[13]. Eine Vollprüfung widerspräche Art. 10 Abs. 3 der Restrukturierungsrichtlinie und könnte vom Restrukturierungsgericht regelmäßig nur durch Beauftragung eines Sachverständigen geleistet werden.[14] Auch § 63 Abs. 3, wonach das Restrukturierungskonzept (nur) zu prüfen ist, wenn der Plan eine neue Finanzierung vorsieht, spricht gegen eine eigenständige und umfassende Prüfung durch das Gericht.[15] Jedenfalls dann, wenn ein vom Gericht eingesetzter Restrukturierungsbeauftragter in seiner Stellungnahme gem. § 76 Abs. 4 Satz 1 die Aussagen zur Bestandsfähigkeit bestätigt, dürfte in der Regel kein Anlass für weitergehende Amtsermittlung (§ 39 Abs. 1) bestehen.[16] 4

B. Erklärungen zur Bestandsfähigkeit

Die Erklärung zur Bestandsfähigkeit umfasst gem. Abs. 1 Äußerungen zu den Aussichten auf Beseitigung der drohenden Zahlungsunfähigkeit sowie der Sicher- oder Wiederherstellung der Bestandsfähigkeit des Schuldners. Die Äußerungen müssen mit einer Begründung versehen sein. Eine Bestätigung des Restrukturierungsplans gem. § 63 setzt insoweit voraus, dass zumindest vernünftige Aussichten bestehen, dass der Plan die Bestandsfähigkeit des Unternehmens gewährleistet.[17] Die Erklärung zur Bestandsfähigkeit muss somit eine entsprechende Aussage enthalten. Welche Anforderungen im Einzelnen zu stellen sind, wird aufgrund der fehlenden gesetzlichen Detailvorgaben durch die Praxis zu konkretisieren sein.[18] 5

I. Ersteller und Aussteller der Erklärung

Abs. 1 sagt nicht, welche Person die Erklärung zur Bestandsfähigkeit auszustellen hat. Da für die Abgabe der Erklärung keine besondere Qualifikation verlangt wird, kann der Schuldner selbst bzw. 6

---

6 RegE BT-Drucks. 19/24181, S. 120.
7 Vgl. § 76 Rdn. 16.
8 RegE BT-Drucks. 19/24181, S. 120.
9 Richtlinie (EU) 2019/1023 des Europäischen Parlaments und des Rates vom 20.06.2019 über präventive Restrukturierungsrahmen, über Entschuldung und über Tätigkeitsverbote sowie über Maßnahmen zur Steigerung der Effizienz von Restrukturierungs-, Insolvenz- und Entschuldungsverfahren und zur Änderung der Richtlinie (EU) 2017/1132 (Richtlinie über Restrukturierung und Insolvenz).
10 RegE BT-Drucks. 19/24181, S. 162.
11 BeckOK-StaRUG/*Fridgen*, § 14 Rn. 7.
12 In diesem Sinn wohl BeckOK-StaRUG/*Fridgen*, § 14 Rn. 7.
13 Wie hier auch MK-StaRUG/*Parzinger/Knebel*, § 14 Rn. 75; Jacoby/Thole-*Brünkmans*, § 14 Rn. 36.
14 Vgl. die Kritik zur insoweit nicht geänderten Vorschrift im RefE bei *Proske/Streit*, NZI 2020, 969, 974.
15 Vgl. den Hinweis bei *Bork*, ZRI 2021, 345, 355.
16 Vgl. BeckOK-StaRUG/*Kramer*, § 39 Rn. 33.
17 RegE BT-Drucks. 19/24181, S. 162.
18 Vgl. *Steffan/Oberg/Poppe*, ZIP 2021, 617, 621.

dessen gesetzliche Vertreter die Erklärung erstellen.[19] In diesem Fall tritt der Schuldner auch als Aussteller der Erklärung in Erscheinung.

7 Der Schuldner kann sich für die Erstellung der Erklärung aber auch der Hilfe von Beratern bedienen. In diesem Fall kann der Schuldner sich die Erklärung des Beraters zu eigen machen und nach außen weiterhin als Aussteller auftreten.[20] Soweit bestimmte Anlagen von bestimmten Ausstellern stammen müssen, ordnet das Gesetz dies ausdrücklich an (vgl. etwa § 15). Da § 14 Abs. 1 keine derartige Anordnung trifft, ist der Schuldner insoweit frei.

8 Allerdings wird es meist im Interesse des Schuldners liegen, die Person des Beraters auch gegenüber den Planbetroffenen zu kommunizieren. Der Restrukturierungsplan stellt inhaltliche Anforderungen auf, die der Schuldner selbst mangels eigener Expertise in der Regel nicht erfüllen kann. Die Akzeptanz des Planangebots wird befördert, wenn der Schuldner den Planbetroffenen darlegen kann, dass sein Plan auf wirtschaftlichen Angaben und Prognosen beruht, die durch ausgewiesene Experten validiert wurden.[21] Insbesondere professionell agierende Gläubiger werden einem »Selbsttestat« des Schuldners ablehnend gegenüberstehen.[22]

II. Gegenstand und inhaltliche Anforderungen an die Erklärung

9 Abs. 1 verlangt eine Erklärung zur Beseitigung der drohenden Zahlungsunfähigkeit und zur Sicherstellung oder Wiederherstellung der Bestandsfähigkeit des Schuldners. Im Einklang mit der amtlichen Überschrift zu § 14 ist »Bestandsfähigkeit« als Oberbegriff anzusehen: Bestandsfähigkeit setzt voraus, dass der Schuldner nicht mehr drohend zahlungsunfähig ist, geht jedoch darüber noch hinaus.

1. Beseitigung der drohenden Zahlungsunfähigkeit

10 Die Erklärung muss zunächst zu den Aussichten Stellung nehmen, dass die drohende Zahlungsunfähigkeit des Schuldners durch den Restrukturierungsplan beseitigt wird. Der Begriff der drohenden Zahlungsunfähigkeit verweist auf die Legaldefinition in § 18 Abs. 2 InsO. Demnach ist die drohende Zahlungsunfähigkeit beseitigt, wenn der Schuldner aufgrund des Plans voraussichtlich in einem Prognosezeitraum von (in der Regel)[23] 24 Monaten nicht zahlungsunfähig wird. Der Prognosezeitraum ist von dem Zeitpunkt der Planbestätigung zu berechnen, da gem. § 67 Abs. 1 in diesem Zeitpunkt die Planwirkungen eintreten.[24]

11 Die Zahlungsfähigkeit des Schuldners nach Inkrafttreten des Plans ist Gegenstand des gem. Abs. 2 Satz 2 und 3 vorzulegenden Finanzplans. Der Ergebnis- und Finanzplan hat den Zeitraum abzudecken, während dessen die Gläubiger, deren Restrukturierungsforderungen durch den Plan gestaltet wurden, nach den Bestimmungen des Plans befriedigt werden sollen (s. Rdn. 33). Da der Finanzplan die Befriedigung sämtlicher Forderungen einschließlich der künftig nach dem Plan zu begründenden berücksichtigen muss, deckt er sich inhaltlich mit der für die Ermittlung der drohenden Zahlungsunfähigkeit maßgeblichen Liquiditätsplanung. In zeitlicher Hinsicht kommt es darauf an, ob die Restrukturierungsforderungen nach dem Plan innerhalb eines Zeitraums von 24 Monaten oder mehr getilgt werden sollen. Ist dies der Fall, so deckt der Finanzplan in der Regel auch in zeitlicher Hinsicht den im Rahmen der Bestandsfähigkeitsprüfung zu betrachtenden Zeitraum ab. Sieht der Plan hingegen einen kürzeren Zeitraum für die Befriedigung der planbetroffenen Restrukturierungsgläubiger vor, so muss die Erklärung zur Bestandsfähigkeit den für die drohende

19 BeckOK-StaRUG/*Fridgen*, § 14 Rn. 15.
20 A.A. BeckOK-StaRUG/*Fridgen*, § 14 Rn. 15.
21 Braun-*Koch/Müller*, StaRUG, § 14 Rn. 12.
22 Zutreffend Braun-*Koch/Müller*, StaRUG, § 14 Rn. 12.
23 Vgl. BeckOK-InsO/*Wolfer*, § 18 Rn. 23.
24 BeckOK-StaRUG/*Fridgen*, § 14 Rn. 21.

Zahlungsunfähigkeit maßgeblichen Zeitraum von in der Regel 24 Monaten betrachten.[25] Dann bietet es sich an, den Finanzplan ebenfalls für diesen Zeitraum aufzustellen, auch wenn Abs. 2 Satz 2 das nicht verlangt.

Welche Anforderungen an die von Abs. 1 geforderte Erklärung zu den Aussichten der Beseitigung der drohenden Zahlungsunfähigkeit im Einzelnen zu stellen sind, lässt das Gesetz offen. Damit die Erklärung zur Bestandsfähigkeit ihren Zweck erfüllen kann, einen transparenten Nachweis der Restrukturierungsfähigkeit zu liefern, wird eine Erläuterung des Planungsprozesses, der wesentlichen der Planung zugrunde liegenden Annahmen sowie des Ergebnisses der Planung zu verlangen sein, wobei eine »Überfrachtung« der Anlage durch Verweise auf die entsprechenden Ausführungen im darstellenden Teil vermieden werden kann. Auf besondere Risiken ist hinzuweisen.[26] Es kann sich anbieten, das Ergebnis des Planungsprozesses in Tabellenform beizufügen,[27] soweit nicht auf den Finanzplan Bezug genommen wird.[28] In welchem Umfang die Beseitigung der drohenden Zahlungsunfähigkeit darüber hinaus darzulegen ist, hängt von der Qualität und Detailtiefe des Finanzplans sowie von dem durch den Finanzplan abgedeckten Zeitraum ab. 12

2. Sicher- oder Wiederherstellung der Bestandsfähigkeit

Der Begriff der Bestandsfähigkeit ist weder in der Restrukturierungsrichtlinie noch im StaRUG definiert.[29] Aus der Gesetzessystematik lässt sich lediglich schließen, dass die Bestandsfähigkeit mehr voraussetzt als die bloße Beseitigung der drohenden Zahlungsunfähigkeit.[30] Die Bestandsfähigkeit setzt jedoch nicht voraus, dass der Schuldner mit Wirksamkeit des Restrukturierungsplans und dem Eintritt der im gestaltenden Teil geregelten Planwirkungen bereits nachhaltig saniert ist. Dies ergibt sich mittelbar aus § 90 Abs. 1, wonach Rechtshandlungen, die im Vollzug des Plans erfolgen, also nach dessen Wirksamwerden, bis zur nachhaltigen Restrukturierung weitgehenden Anfechtungsschutz genießen. Da andererseits dem Plan nach der Vorstellung des Gesetzgebers die Bestätigung zu versagen ist, wenn keine vernünftigen Aussichten bestehen, dass der Plan die Bestandsfähigkeit gewährleistet, lässt sich die Erklärung zur Bestandsfähigkeit als begründete Aussage dahin gehend verstehen, dass mit hinreichender Wahrscheinlichkeit bis zum Ende des Planungszeitraums die nachhaltige Restrukturierung gelingt. 13

Da die Instrumente des StaRUG als Hilfsmittel zur Restrukturierung des Schuldners bei Vermeidung eines Insolvenzverfahrens konzipiert sind (§ 29 Abs. 1) liegt es nahe, an die Bestandsfähigkeit mindestens dieselben Anforderungen zu stellen, die für außergerichtliche Sanierungskonzepte gelten.[31] Dafür spricht auch die Möglichkeit, im Rahmen des StaRUG dissentierende Minderheiten zu überstimmen.[32] Dementsprechend muss die Erklärung der Bestandsfähigkeit auf die Anforderungen eingehen, die vom Bundesgerichtshof an die Sanierungsaussage in Sanierungskonzepten gestellt werden. Der Bundesgerichtshof verlangt, dass mit der Wiederherstellung der »uneingeschränkten Zahlungsfähigkeit« zu rechnen sein muss, was zumindest voraussetzt, dass die bei Unternehmensfortführung zu verdienenden Gelder ausreichen, um (nachhaltig) die anfallenden Kosten zu decken.[33] 14

25 Vgl. BeckOK-StaRUG/*Fridgen*, § 14 Rn. 23.
26 BeckOK-StaRUG/*Fridgen*, § 14 Rn. 24.
27 Ähnlich BeckOK-StaRUG/*Fridgen*, § 14 Rn. 23 f.
28 Zur Zulässigkeit der Bezugnahme BeckOK-StaRUG/*Fridgen*, § 14 Rn. 23.
29 Vgl. *Krystek/Evertz*, DB 2020, 2361, 2363.
30 BeckOK-StaRUG/*Fridgen*, § 14 Rn. 26 f.; vgl. auch die Gesetzesbegründung zu § 42 Abs. 1 (§ 44 Abs. 1 RegE), wonach bei negativer Fortbestehensprognose die Bestandsfähigkeit nicht gegeben ist (BT-Drucks. 19/24181, S. 145).
31 Vgl. Braun-*Koch/Müller*, StaRUG, § 14 Rn. 9; *Steffan/Oberg/Poppe*, ZIP 2021, 617, 621.
32 *Steffan/Oberg/Poppe*, ZIP 2021, 617, 621.
33 BGH, NZI 2016, 636 Rn. 30.

a) Gegenstand der Beurteilung

15 Erforderlich ist damit eine fundierte Auseinandersetzung mit der gegenwärtigen und künftigen Profitabilität des schuldnerischen Geschäftsbetriebs. Hierauf kann allenfalls verzichtet werden, wenn die Profitabilität außer Frage steht und die drohende Zahlungsunfähigkeit allein auf einem Finanzierungsproblem beruht.[34]

▶ **Hinweis:**

16 Folgende Grundlagen sind in der Erklärung in der Regel anzusprechen und zu bestätigen:[35]

– Der Restrukturierungsplan geht von den tatsächlichen Gegebenheiten aus und fußt auf einer zutreffenden Analyse der Krisenursachen und der wirtschaftlichen Lage des Schuldners. Er ist in sich schlüssig und durchführbar.
– Die Vermögens-, Ertrags-, und Finanzlage des Schuldners ist zutreffend aus der Buchhaltung des Schuldners abgeleitet. Die im Restrukturierungsplan vorgesehenen Restrukturierungsmaßnahmen sind zutreffend in der Planung abgebildet.

b) Aussage zur Bestandsfähigkeit

17 Mindestvoraussetzung für eine positive Aussage zur Bestandsfähigkeit ist sodann, dass ausgehend von den genannten Grundlagen (s. Rdn. 16) mit **überwiegender Wahrscheinlichkeit**[36] am Ende des Planungszeitraums die **Zahlungs- und Kapitaldienstfähigkeit** des Unternehmens uneingeschränkt wiederhergestellt ist.[37] Dies geht über die Beseitigung der drohenden Zahlungsunfähigkeit in zeitlicher Hinsicht insoweit hinaus, als der Betrachtungszeitraum nicht auf 24 Monate beschränkt ist. Zudem muss die Wiederherstellung der Zahlungs- und Kapitaldienstfähigkeit **ohne Einschränkung** zu erwarten sein, also insbesondere unabhängig von Einmal- und Sondereffekten (z.B. von im Restrukturierungsplan vorgesehenen Stundungen oder [temporär] vergünstigten Kreditkonditionen) und unter Berücksichtigung üblicher Ergebnisschwankungen und des künftigen Investitionsbedarfs.[38] Dies erfordert in der Regel eine Analyse der Verluste und der Möglichkeit deren künftiger Vermeidung, eine Beurteilung der Erfolgsaussichten und der Rentabilität des Unternehmens in der Zukunft unter Berücksichtigung der geplanten Restrukturierungsmaßnahmen und der daraus erwarteten Effekte.[39]

18 Ob der Schuldner darüber hinaus ein **bestimmtes Renditeniveau** erreichen muss, damit von einer nachhaltigen Sanierung bzw. Restrukturierung ausgegangen werden kann, ist umstritten. Die BGH-Rechtsprechung[40] wird in diesem Punkt unterschiedlich interpretiert.[41] Zu Abs. 1 werden beide Auffassungen vertreten: Teilweise wird das Erfordernis einer nachhaltigen Renditefähigkeit postu-

---

34 BGH, NZI 2016, 636 Rn. 31; BGH, NZI 2022, 385, 393 Rn. 83.
35 Vgl. Braun-*Koch/Müller*, StaRUG, § 14 Rn. 10.
36 Braun-*Koch/Müller*, StaRUG, § 14 Rn. 9; IDW Standard: Anforderungen an Sanierungskonzepte (IDW S 6) (IDW Life 08/2018, 813 ff.), Rn. 21; *Steffan/Oberg/Poppe*, ZIP 2021, 617, 622.
37 Vgl. z.B. *Gerig/Meller/Nientkewitz*, ZIP 2017, 2029, 2034; *Weiß/Reps*, ZIP 2020, 2443, 2446.
38 Vgl. *Sax/Andersch/Philipp*, ZIP 2017, 710, 713.
39 BGH, NZI 2022, 385, 393 Rn. 83; BGH, NZI 2018, 840 Rn. 10.
40 BGH, NZI 2016, 636 Rn. 36.
41 Im Sinne eines Erfordernisses angemessener Rendite z.B. *Steffan/Solmecke*, KSI 2018, 5, 7 f.; IDW Standard: Anforderungen an Sanierungskonzepte (IDW S 6) (IDW Life 08/2018, 813 ff.), Rn. 24; dagegen z.B. *Goette*, DStR, 2016, 1684, 1690 f.; *Sax/Andersch/Philipp*, ZIP 2017, 710, 712; *Weiß/Reps*, ZIP 2020, 2443, 2446.

liert,[42] während es nach der Gegenauffassung ausreicht, wenn die Kosten aus den operativen Einnahmen gedeckt werden können.[43]

Umstritten ist auch, inwieweit eine nachhaltige Sanierung bzw. Restrukturierung die Wiederherstellung eines angemessenen bilanziellen Eigenkapitals erfordert.[44] Die Frage stellt sich insbesondere vor dem Hintergrund, dass in der Sanierungspraxis häufig Nachrangvereinbarungen zur Stärkung des wirtschaftlichen Eigenkapitals getroffen werden, insbesondere um nachteilige Steuereffekte im Zusammenhang mit Forderungsverzichten oder Debt-Equity-Swaps zu vermeiden. Der Streit hat für die Praxis dadurch an Schärfe verloren, dass der IDW S6 inzwischen die Berücksichtigung wirtschaftlicher Eigenkapitalbestandteile im Rahmen der Beurteilung der Angemessenheit der Eigenkapitalausstattung zumindest in Ausnahmefällen gestattet.[45] 19

De lege lata dürfte für die Bestandsfähigkeit im Sinne des Abs. 1 weder eine angemessene Rendite noch eine bestimmte (bilanzielle) Eigenkapitalausstattung am Ende des Planungszeitraums zu fordern sein. Für das Erfordernis einer nachhaltigen Renditefähigkeit sowie eines im Marktvergleich angemessenen Eigenkapitals spricht zwar, dass renditeschwache und dünn kapitalisierte Unternehmen erfahrungsgemäß schneller in Schieflage geraten. Aus volkswirtschaftlicher Sicht erscheint es bedenkenswert, die Restrukturierung nur in solchen Fällen zu fördern, in denen am Ende des Restrukturierungsprozesses voraussichtlich wieder ein starkes, wettbewerbsfähiges Unternehmen steht. Dies entspräche auch am ehesten dem mit der Restrukturierungsrichtlinie bezweckten Ziel, dem Aufbau notleidender Kredite vorzubeugen (ErwG 3). Allerdings darf nicht übersehen werden, dass das deutsche Recht im Allgemeinen[46] weder die Gründung von Unternehmen noch die Fortführung eines per Insolvenzplan sanierten Unternehmens[47] an den Nachweis besonderer Renditefähigkeit oder eines besonderen, das gesetzliche Mindestkapital übersteigenden Eigenkapitals knüpft. Dann lässt sich kaum begründen, warum an die Restrukturierung eines Unternehmens höhere Anforderungen zu stellen sein sollten.[48] 20

Eine Sonderrolle dürften Start-Ups einnehmen. Sofern diese in der Wachstumsphase ein Restrukturierungsverfahren zur Neuordnung der Finanzierung durchlaufen, werden sie planerisch oft keine Rendite zeigen können. Daran sollte die Bestandsfähigkeit nicht scheitern, sofern eine hinreichend belastbare, positive Prognose für das Produkt bzw. das Geschäftsmodell besteht.[49] 21

Welche Anforderungen an die Länge des zu betrachtenden Planungszeitraums und die Detailtiefe der Begründung zu stellen sind, hängt von den konkreten Umständen ab. Der zu betrachtende Zeitraum wird im Wesentlichen durch das Sanierungskonzept bestimmt. Er darf nicht so weit gefasst sein, dass keine belastbare Prognose mehr möglich ist.[50] Die Anforderungen an die Detailtiefe hän- 22

---

42 Braun-*Koch/Müller*, StaRUG, § 14 Rn. 7 f. unter Bezugnahme auf den IDW Standard: Anforderungen an Sanierungskonzepte (IDW S 6) (IDW Life 08/2018, 813 ff.) *Steffan/Oberg/Poppe*, ZIP 2021, 617, 621 f.; MK-StaRUG/*Parzinger/Knebel* § 14 Rn. 37.

43 BeckOK-StaRUG/*Fridgen*, § 14 Rn. 28; Jacoby/*Thole-Brünkmans*, § 14 Rn. 13, der sogar weitergehend annimmt, dass auch verlustige Unternehmen bestandsfähig sein können, wenn die langfristige Durchfinanzierung des Unternehmens im Rahmen der Konzernstruktur gewährleistet ist.

44 Für das Erfordernis eines angemessenen Eigenkapitals z.B. *Steffan/Solmecke*, KSI 2018, 5, 8 f.; dagegen z.B. *Sax/Andersch/Philipp*, ZIP 2017, 710, 712.

45 IDW Standard: Anforderungen an Sanierungskonzepte (IDW S 6) (IDW Life 08/2018, 813 ff.), Rn. 29; dazu *Steffan*, ZIP 2018, 1767, 1770 f.

46 Die Einhaltung von Eigenkapitalanforderungen ist lediglich für Unternehmen bestimmter Branchen (insbesondere solcher des Finanzsektors und Versicherungen) gesetzlich vorgeschrieben.

47 Zur Aufhebung des Insolvenzverfahrens genügt im Regelfall die Vorlage eines Finanzplans, der belegt, dass die künftige Zahlung der noch nicht fälligen Masseverbindlichkeiten gewährleistet ist (§ 258 Abs. 2 Satz 2 InsO). Bei Earn-Out-Plänen muss zwar ein Ertrags- und Finanzplan vorgelegt werden (§ 229 Satz 2), was jedoch nicht über einen Nachweis künftiger Zahlungsfähigkeit hinausgeht.

48 Zustimmend Jacoby/Thole-*Brünkmans*, § 14 Rn. 14; a.A. MK-StaRUG/*Parzinger/Knebel*, § 14 Rn. 37.

49 Vgl. BGH, NJW 1992, 2891 (»Dornier«); wie hier auch MK-StaRUG/*Parzinger/Knebel*, § 14 Rn. 38.

50 BeckOK-StaRUG/*Fridgen*, § 14 Rn. 29.

gen sowohl vom betrachteten Zeitraum als auch davon ab, welche Faktoren für den Sanierungserfolg zu betrachten sind.[51]

23 Letztlich muss die Begründung zur Bestandsfähigkeit so gestaltet sein, dass sie den Planbetroffenen und (im Regelfall der gerichtlichen Planbestätigung) dem Gericht erlaubt, sich eine eigene Meinung zu den Erfolgsaussichten des vorgelegten Plans zu bilden.[52] Das setzt eine argumentative Darlegung der Chancen und Risiken des vorgelegten Sanierungskonzepts voraus,[53] welche auf einer Analyse der Ist-Situation im Zeitpunkt des Planangebots basieren muss. In praktischer Hinsicht empfiehlt es sich, die Erklärung an etablierte Standards anzulehnen (IDW S6 oder IDW S9). Sobald Standards für den Restrukturierungsplan vorliegen,[54] können diese genutzt werden.

III. Form der Erklärung

24 Gem. § 17 Abs. 4 unterliegt das Planangebot der Schriftform. Für den Restrukturierungsplan selbst und die ihm beizufügenden Plananlagen macht das Gesetz nur insoweit Vorgaben, als über § 38 die Bestimmungen in §§ 130 Nr. 6, 131 ZPO zur Anwendung kommen, soweit die Inanspruchnahme der Instrumente (§ 29) die Vorlage eines Restrukturierungsplans erfordert. Das betrifft insbesondere den Antrag auf gerichtliche Planabstimmung (§ 45 Abs. 2) und auf Planbestätigung (§ 60 Abs. 1). Da keine der genannten Vorschriften die Plananlagen der Schriftform unterwirft, ist es ausreichend, wenn sie dem Plan in Textform beigefügt werden. Auch für die Bestandserklärung genügt somit die Textform.[55]

C. Vermögensübersicht

25 Gem. Abs. 2 Satz 1 ist dem Restrukturierungsplan eine Vermögensübersicht beizufügen. In der Vermögensübersicht sind die Vermögensgegenstände und die Verbindlichkeiten, die sich bei Wirksamwerden des Plans gegenüberstünden, mit ihren Werten aufzuführen. Mit der Vorschrift will der Gesetzgeber Art. 8 Abs. 1 Buchst. b) der Restrukturierungsrichtlinie umsetzten, wobei er sich an § 229 Satz 1 InsO orientiert.[56]

26 Zu Einzelheiten der Vermögensübersicht macht das Gesetz keine Vorgaben. Da sich insoweit auch weder der Gesetzesbegründung noch der Restrukturierungsrichtlinie Konkretes entnehmen lässt, muss die Vorschrift nach dem Sinn und Zweck des StaRUG konkretisiert werden.

I. Stichtag der Vermögensübersicht

27 Nach dem Wortlaut des Abs. 2 Satz 1 *(»... die sich bei Wirksamwerden des Plans gegenüberstünden...«)* ist die Vermögensübersicht **auf den Tag der Planbestätigung** zu erstellen; dann erst treten gem. § 67 die Planwirkungen ein.[57] Die Lesart scheint den Vorgaben des Art. 8 Abs. 1 Buchst. b) der Restrukturierungsrichtlinie zu widersprechen, wonach die Mitgliedsstaaten vorschreiben, dass Restrukturierungspläne eine Übersicht der Vermögensgegenstände und Verbindlichkeiten **zum Zeitpunkt der Einreichung des Plans** enthalten müssen. Insoweit ist aber zu beachten, dass Art. 8 Abs. 1 Buchst. b) der Restrukturierungsrichtlinie mit Nr. 2 der Anlage zu § 5 Satz 2 umgesetzt wurde.[58] Abs. 2 Satz 1 bestimmt somit, dass über die Anforderungen der Richtlinie hinausgehend eine Vermögensübersicht auch auf den **Zeitpunkt des Wirksamwerdens des Plans** aufzustellen ist. Letztere

51 BeckOK-StaRUG/*Fridgen*, § 14 Rn. 19.
52 BeckOK-StaRUG/*Fridgen*, § 14 Rn. 31.
53 BeckOK-StaRUG/*Fridgen*, § 14 Rn. 17.
54 Bislang sind noch keine konkreten Pläne des IDW zur Erarbeitung eines Standards für die Erklärung zur Bestandsfähigkeit veröffentlicht.
55 BeckOK-StaRUG/*Fridgen*, § 14 Rn. 12.
56 RegE BT-Drucks. 19/24181, S. 120.
57 BeckOK-StaRUG/*Fridgen*, § 14 Rn. 37.
58 S. dazu § 6 Rdn. 13 ff.

kann entsprechend der etablierten Praxis im Insolvenzplanrecht[59] aus der auf den Zeitpunkt der Vorlage des Plans aufzustellenden Vermögensübersicht durch Fortschreibung bis zum erwarteten Zeitpunkt des Wirksamwerdens des Plans entwickelt werden.

II. Ansatz, Darstellung und Bewertung der Vermögensgegenstände und Verbindlichkeiten

Nach der Konzeption des StaRUG erfolgt die Befriedigung der Gläubiger in der Regel aus den Erträgen, die der Schuldner nach Wirksamwerden des Restrukturierungsplans erwirtschaftet. Dies entspricht im Insolvenzplanrecht der Situation bei Earn-Out-Plänen,[60] für die § 229 InsO die Beifügung der dort genannten Anlagen verpflichtend vorsieht. Ansatz, Darstellung und Bewertung der in die Vermögensübersicht aufzunehmenden Vermögensgegenstände und Verbindlichkeiten können sich an der zu § 229 InsO etablierten Praxis orientieren.[61] 28

Die Vermögensübersicht soll den Planbetroffenen die Bewertung des Schuldendeckungspotenzials im Fall der Restrukturierung des Schuldners nach Maßgabe des vorgelegten Restrukturierungsplans erlauben.[62] An diesem Zweck ist der Inhalt der Vermögensübersicht auszurichten. Die Übersicht muss dementsprechend sowohl das Aktiv- als auch das Passivvermögen des Schuldners zum voraussichtlichen Zeitpunkt des Wirksamwerdens des Plans vollständig abbilden.[63] 29

Ansatz und Bewertung der Vermögensgegenstände und Schulden bestimmt sich nach den Planprämissen. Soweit der Plan Maßnahmen vorsieht, welche Zu- oder Abgänge von Vermögensgegenständen bedingen, ist dies entsprechend abzubilden. Zu denken ist hier beispielsweise an die Veräußerung von Unternehmensteilen oder bestimmter Assets als Planbedingung (§ 62). Sofern der Plan im Regelfall auf Fortführung des Rechtsträgers gerichtet ist, sind die Aktiva grundsätzlich mit Fortführungswerten anzusetzen.[64] Sofern der Plan die Stilllegung von Betriebsteilen vorsieht, sind Liquidationswerte anzusetzen, soweit die Liquidation nach Wirksamwerden des Plans erfolgen bzw. abgeschlossen werden soll.[65] Ist der Plan auf Liquidation des Schuldners gerichtet (§ 90 Abs. 2), so sind Liquidationswerte anzusetzen. Bei den Passiva sind die Planwirkungen zu berücksichtigen, also insbesondere im gestaltenden Teil des Plans vorgesehene Forderungsverzichte.[66] Wie beim Insolvenzplan[67] sind stille Reserven und stille Lasten aufzudecken. 30

Soweit vertreten wird, dass in der Vermögensübersicht Belastungen der Vermögensgegenstände mit Sicherungsrechten darzustellen sind,[68] mag dies zwar sinnvoll sein,[69] gesetzlich angeordnet ist es jedoch nicht. Soweit das Bestehen von Sicherungsrechten für die Entscheidung der Planbetroffenen über die Annahme des Plans erheblich ist, sind die erforderlichen Angaben in den darstellenden Teil aufzunehmen (§ 6 Abs. 1 Satz 2).[70] 31

---

59 Vgl. z.B. *Harmann*, in: Brünkmans/Thole, Handbuch Insolvenzplan, § 13 Rn. 8 f.; MK-InsO/*Eilenberger*, § 229 Rn. 5 ff.

60 Vgl. zur Begrifflichkeit und Abgrenzung zu Cash-out-Plänen *Brünkmans*, in: Brünkmans/Thole, Handbuch Insolvenzplan, § 2 Rn. 104 ff.

61 Vgl. insbesondere IDW Standard: Anforderungen an Insolvenzpläne (IDW S 2) (IDW Life, 01/2020, 45 ff.), Rn. 99 ff.

62 Braun-*Koch/Müller*, StaRUG, § 14 Rn. 14.

63 Braun-*Koch/Müller*, StaRUG, § 14 Rn. 13.

64 Braun-*Koch/Müller*, StaRUG, § 14 Rn. 13; BeckOK-StaRUG/*Fridgen*, § 14 Rn. 40.

65 Soweit die Liquidation planerisch vor Inkrafttreten des Plans erfolgt, ist für den Ansatz von Liquidationswerten kein Raum; vgl. BeckOK-StaRUG/*Fridgen*, § 14 Rn. 40.

66 Vgl. zum Insolvenzplan BeckOK-InsO/*Geiwitz/von Danckelmann*, § 229 Rn. 4; HambKomm-InsR/*Thies*, § 229 Rn. 4.

67 *Harmann*, in: Brünkmans/Thole, Handbuch Insolvenzplan, § 13 Rn. 21.

68 BeckOK-StaRUG/*Fridgen*, § 14 Rn. 39.

69 BeckOK-StaRUG/*Fridgen*, § 14 Rn. 39.

70 Vgl. § 6 Rdn. 15.

32 Auf welche Art die Aktiva und Passiva in der Vermögensübersicht darzustellen sind, ist gesetzlich nicht vorgegeben. Erforderlich ist entsprechend dem Zweck der Vorschrift lediglich eine geordnete Darstellung, welche dem Informationsbedürfnis der Planbetroffenen gerecht wird. In Betracht kommen insbesondere eine Orientierung an § 153 InsO[71] und an § 266 HGB.[72]

D. Ergebnis- und Finanzplan

I. Allgemeines

33 Zusätzlich zur Vermögensaufstellung sind gem. Abs. 2 Satz 2 ein Ergebnisplan und ein Finanzplan beizufügen. Beide Pläne müssen den Zeitraum abdecken, in dem die Gläubiger befriedigt werden sollen.

34 Wie bei § 229 Satz 2 InsO fehlen gesetzliche Vorgaben zu Ausgestaltung und Aufbau der Planung. In der Regel wird die Erstellung einer integrierten Unternehmensplanung bestehend aus Plan-GuV, Plan-Liquiditätsrechnung und Planbilanzen erforderlich sein. Auf diese Weise wird gewährleistet, dass die Planung in sich schlüssig, konsistent und technisch vollständig ist.[73] Die der Planung zu Grunde gelegten Prämissen sind gem. § 6 Abs. 2 Satz 1 im darstellenden Teil des Restrukturierungsplans darzustellen, soweit sie für die Entscheidung der Planbetroffenen erheblich sind.[74] Darüber hinaus erscheint es zur Erhöhung der Transparenz und somit der Akzeptanz des Plans zweckmäßig, eine Darstellung der wesentlichen Planungsprämissen zusätzlich in die Planung aufzunehmen.[75]

35 Die Planung muss den Zeitraum ab Inkrafttreten des Plans bis zum Abschluss der Befriedigung der Gläubiger gemäß der Bestimmungen des Plans abdecken. Der Zeitraum (Restrukturierungszeitraum) bestimmt sich nach der Laufzeit der durch den Plan gestalteten Restrukturierungsforderungen unter Berücksichtigung der im gestaltenden Teil des Restrukturierungsplans angeordneten Planwirkungen, also insbesondere Verzichte und Stundungen.[76] Bei der Planung über diesen Zeitraum sind gem. Abs. 2 Satz 3 auch die nicht durch den Plan gestalteten Forderungen sowie die nach Wirksamwerden des Plans neu begründeten Forderungen zu berücksichtigen. Das ist insofern selbstverständlich, als ohne deren Betrachtung die Planung unvollständig wäre und die Aussichten der Planbetroffenen auf Befriedigung ihrer Forderungen nicht beurteilt werden könnten. Für die Bestimmung des Restrukturierungszeitraums bleiben die Forderungen Nichtbetroffener jedoch außer Betracht.[77]

36 Nach der Rechtsprechung des BGH zum Insolvenzplan kommt statt einer tabellarischen Ertrags- und Finanzplanung auch eine beschreibende Darstellung in Textform Betracht. Da die maßgeblichen Gründe (Vielfalt möglicher Pläne und Schuldner sowie die unterschiedliche wirtschaftliche Bedeutung im Einzelfall),[78] auf den Restrukturierungsplan übertragbar sind, dürfte gleichermaßen eine beschreibende Darstellung der Ertrags- und Liquiditätsentwicklung zulässig sein. Dies ändert jedoch nichts daran, dass die der Darstellung zugrunde liegende Planung den sich aus Abs. 2 ergebenden inhaltlichen Anforderungen genügen muss.

II. Ergebnisplan

37 Im Ergebnisplan sind die »Aufwendungen und Erträge« darzustellen, die während des Sanierungszeitraums zu erwarten sind. Weitergehende Anforderungen an Inhalt sowie Art der Darstellung

71 Vgl. für die Vermögensübersicht nach § 229 InsO *Harmann*, in: Brünkmans/Thole, Handbuch Insolvenzplan, § 13 Rn. 24; Uhlenbruck-*Sinz*, InsO, § 229 Rn. 2.

72 BeckOK-StaRUG/*Fridgen*, § 14 Rn. 38.

73 *Harmann*, in: Brünkmans/Thole, Handbuch Insolvenzplan, § 13 Rn. 27.

74 BeckOK-StaRUG/*Fridgen*, § 14 Rn. 43.

75 BeckOK-InsO/*Geiwitz/von Danckelmann*, § 229 Rn. 4.

76 Vgl. BeckOK-StaRUG/*Fridgen*, § 14 Rn. 44.

77 BeckOK-StaRUG/*Fridgen*, § 14 Rn. 44.

78 BGH, NZI 2010, 101 Rn. 3.

formuliert das Gesetz nicht. Zweckmäßig wird in der Regel eine Darstellung in der für die Gewinn- und Verlustrechnung gem. § 275 HGB vorgesehen Form sein.[79]

Eine Unterteilung des Ergebnisplans in Zeitabschnitte ordnet das Gesetz nicht an. Zweckmäßig erscheint es, die Planung entsprechend der Empfehlung des IDW für Insolvenzpläne (IDW S2) abgestuft in Zeitabschnitte aufzuteilen. Entsprechend der zunehmenden Unsicherheit der Planung im Zeitverlauf können mit fortschreitender Dauer des Restrukturierungszeitraums längere Intervalle gewählt werden (1. Jahr: monatlich; 2. Jahr: vierteljährlich: usw.).[80] 38

III. Finanzplan

Der Finanzplan hat gem. Abs. 2 Satz 2 darzustellen, durch welche Abfolge von Einnahmen und Ausgaben die Zahlungsfähigkeit des Unternehmens während des Sanierungszeitraums (s. Rdn. 35) gewährleistet werden soll. Der Finanzplan hat die Entwicklung der Liquidität im Sanierungszeitraum darzustellen. Dadurch können Planbetroffene beurteilen, ob der Schuldner im Fall der Bestätigung des Plans kapitaldienstfähig sein wird. 39

Entsprechend der Zielrichtung des Finanzplans sollten die Begriffe Einnahmen und Aufwendungen im Sinne liquiditätswirksamer Vorgänge verstanden werden. Der Sache nach geht es um Einzahlungen und Auszahlungen im betriebswirtschaftlichen Sprachgebrauch.[81] Der Finanzplan kann sich zweckmäßigerweise an den für die Ermittlung des Vorliegens der Zahlungsunfähigkeit anerkannten Grundsätze orientieren, insbesondere am einschlägigen IDW Standard S 11.[82] Eine detaillierte Darstellung einzelner Zahlungsflüsse (z.B. nach Produkt/Dienstleistung oder Standorten) ist nicht notwendig.[83] Erforderlich, aber auch ausreichend ist es, wenn sich die Zahlungsflüsse anhand der Darstellung in der Anlage, ggf. in Verbindung mit den Erläuterungen der Planungsprämissen im darstellenden Teil des Restrukturierungsplans, insgesamt nachvollziehen lassen. 40

Bei der Erstellung des Finanzplans muss der Schuldner ebenso wie beim Ertragsplan von den tatsächlichen Gegebenheiten unter Berücksichtigung der sich aus dem Wirksamwerden des Restrukturierungsplans ergebenden Folgen ausgehen. Klarstellend bestimmt insoweit Abs. 2 Satz 3, dass auch Auszahlungen auf nicht durch den Plan gestaltete Verbindlichkeiten sowie künftig infolge der Unternehmensfortführung entstehende Verbindlichkeiten in die Planung einzustellen sind. Soweit die jeweilige Höhe und der jeweilige Fälligkeitszeitpunkt solcher Verbindlichkeiten feststehen, sind sie entsprechend bei der Planung der Auszahlungen zu berücksichtigen. Im Übrigen hat der Schuldner seiner Planung realistische Annahmen zugrunde zu legen. Bei den Einzahlungen können Mittelzuflüsse aus Krediten einbezogen werden, sofern Kreditlinien bestehen oder mit hinreichender Wahrscheinlichkeit mit Kreditgewährung gerechnet werden kann.[84] 41

§ 15 Weitere beizufügende Erklärungen

(1) Handelt es sich bei dem Schuldner um eine rechtsfähige Personengesellschaft oder eine Kommanditgesellschaft auf Aktien, so ist dem Restrukturierungsplan eine Erklärung der Personen beizufügen, die nach dem Plan persönlich haftende Gesellschafter des Unternehmens sein sollen, dass sie zur Fortführung des Unternehmens auf der Grundlage des Plans bereit sind.

(2) Sollen Gläubiger Anteils- oder Mitgliedschaftsrechte oder Beteiligungen an einer juristischen Person, einem Verein ohne Rechtspersönlichkeit oder einer rechtsfähige Personengesellschaft über-

79 BeckOK-StaRUG/*Fridgen*, § 14 Rn. 41.

80 Vgl. IDW Standard: Anforderungen an Insolvenzpläne (IDW S 2) (IDW Life, 01/2020, 45 ff.), Rn. 101; ähnlich BeckOK-StaRUG/*Fridgen*, § 14 Rn. 45.

81 BeckOK-StaRUG/*Fridgen*, § 14 Rn. 46.

82 Vgl. BeckOK-StaRUG/*Fridgen*, § 14 Rn. 47.

83 In diese Richtung wohl zu weitgehend BeckOK-StaRUG/*Fridgen*, § 14 Rn. 47.

84 Vgl. BeckOK-StaRUG/*Fridgen*, § 14 Rn. 48.

nehmen, so ist dem Restrukturierungsplan die Zustimmungserklärung eines jeden dieser Gläubiger beizufügen.

(3) Hat ein Dritter für den Fall der Bestätigung des Restrukturierungsplans Verpflichtungen gegenüber den Gläubigern übernommen, so ist dem Plan die Erklärung des Dritten beizufügen.

(4) Sieht der Restrukturierungsplan Eingriffe in die Rechte von Gläubigern aus gruppeninternen Drittsicherheiten vor, so ist dem Plan die Zustimmung des verbundenen Unternehmens beizufügen, das die Sicherheit gestellt hat.

Übersicht

A. Allgemeines

1 Die Vorschrift bestimmt vier Fälle, in denen dem Plan über die in § 14 bezeichneten Anlagen hinaus weitere Erklärungen beizufügen sind. Sie ist in Anlehnung an § 230 InsO formuliert[1] und hat keine Grundlage in der Restrukturierungsrichtlinie.[2]

2 Die Beifügung der in Abs. 1 bis 4 bezeichneten Erklärungen dient unterschiedlichen Zwecken. Die Gesetzesbegründung weist darauf hin, dass der Gesetzgeber einen im Wesentlichen mit § 230 InsO vergleichbaren Regelungsbedarf gesehen hat. Abweichungen sind durch strukturelle Unterschiede der Restrukturierungssache im Vergleich zum Insolvenzplanverfahren begründet.[3]

B. Formfragen

3 § 15 verlangt in den Fällen der Abs. 1 bis 4 die »Beifügung« der jeweils bezeichneten Erklärungen. Dieses Erfordernis ist im Kontext von § 17 Abs. 1 Satz 2 zu sehen, wonach dem Planangebot der vollständige Restrukturierungsplan nebst Anlagen beizufügen ist. Die in § 15 genannten Erklärungen sind Anlagen i.S.d. § 17 Abs. 1 Satz 2 (vgl. § 5 Satz 3).

4 Da die Erklärungen des § 15 Bestandteile des Plans sind, unterliegen sie in Ermangelung speziellerer Formvorschriften den Bestimmungen, welche für den Plan gelten. Nach § 17 Abs. 4 Satz 1 unterliegt das Planangebot der Schriftform (§ 126 BGB), sofern nicht im Verhältnis zu einzelnen Planbetroffenen etwas anderes vereinbart ist. Ob der gem. § 17 Abs. 1 Satz 2 dem Planangebot beizufügende Restrukturierungsplan sowie die Anlagen ebenfalls der Schriftform unterliegen, ist damit nicht gesagt. Naheliegend ist es, das Schriftformerfordernis dem Wortlaut entsprechend auf das Planangebot selbst zu beschränken.[4] Der Restrukturierungsplan und die zugehörigen Anlagen können dann nach Wahl des Schuldners auch in Textform,[5] z.B. in Form eines elektronischen Datenraums[6] zur Verfügung gestellt werden.

5 Will der Schuldner Instrumente des Stabilisierungs- und Restrukturierungsrahmens in Anspruch nehmen, so muss er mit der Anzeige des Restrukturierungsvorhabens den Restrukturierungsplan im Entwurf oder zumindest ein Konzept für die Restrukturierung vorlegen (§ 31 Abs. 1, Abs. 2 Nr. 1).

---

1 RegE BT-Drucks. 19/24181, S. 120 f.
2 BeckOK-StaRUG/*Fridgen*, § 15 Rn. 3.
3 RegE BT-Drucks. 19/24181, S. 120.
4 A.A. BeckOK-StaRUG/*Fridgen*, § 14 Rn. 10, wonach für den Plan selbst die Schriftform einzuhalten sei.
5 Vgl. BeckOK-StaRUG/*Fridgen*, § 15 Rn. 33: Einhaltung der Textform erforderlich.
6 Vgl. BeckOK-StaRUG/*Spahlinger*, § 17 Rn. 36; zur Einhaltung der Textform in diesem Fall vgl. MK-BGB/*Einsele*, § 126b Rn. 6, 11.

Die Inanspruchnahme der Instrumente erfordert jeweils einen Antrag, dem im Fall der gerichtlichen Planbestätigung der vollständige Restrukturierungsplan nebst Anlagen beizufügen ist (§ 45 Abs. 2). Dem Antrag auf Planbestätigung sind der zur Abstimmung gestellte Plan und seine Anlagen beizufügen (§ 60 Abs. 1). Für die Anträge gelten gem. § 38 die Bestimmungen der ZPO für vorbereitende Schriftsätze entsprechend. Der Plan sowie die Erklärungen nach § 15 sind daher dem Antrag gem. § 38 i.V.m. § 131 Abs. 1 ZPO in einfacher Abschrift beizufügen. Die Einreichung als elektronisches Dokument ist gem. § 38 i.V.m. § 130a ZPO gestattet.[7] Werden die Anträge nach §§ 45 Abs. 2, 60 Abs. 1 durch einen verfahrensbevollmächtigten Rechtsanwalt gestellt, besteht gem. § 130d ZPO nunmehr die Pflicht zur Nutzung des elektronischen Rechtsverkehrs (beA).[8]

Zusätzliche Anforderungen an die Form der Erklärungen können sich insbesondere in Bezug auf 6 die Drittverpflichtungserklärung (§ 15 Abs. 3) aus dem materiellen Recht ergeben. Aus praktischer Sicht ist es darüber hinaus ratsam, sämtliche jeweils erforderlichen Erklärungen zumindest in schriftlicher Form einzuholen. Auch soweit weder das materielle noch das Verfahrensrecht zwingend die Einhaltung der Schriftform verlangt, so ist es doch für den Schuldner und die Planbetroffenen essenziell, möglichen Streitigkeiten durch Einholung gerichtsfester Erklärungen vorzubeugen.

Darüber hinaus stellt sich die Frage, ob nicht zumindest im Rahmen der Entscheidung des 7 Restrukturierungsgerichts über die Prüfung des Plans die Vorlage der Originale der Erklärungen verlangt werden kann oder muss. Die Vorschriften über die Planbestätigung sehen dies zwar nicht ausdrücklich vor, doch streitet der Zweck der gerichtlichen Prüfung vor dem Hintergrund der in § 67 Abs. 1 vorgesehenen Gestaltungswirkung für eine – im Rahmen der Amtsermittlung (§ 39 Abs. 1) – in formeller Hinsicht umfassende Prüfung durch das Restrukturierungsgericht.[9]

C. Die Erklärungen im Einzelnen

I. Erklärungen zur Fortführungsbereitschaft

Handelt es sich bei dem Schuldner um eine Personengesellschaft oder eine Kommanditgesellschaft 8 auf Aktien, so ist dem Plan gem. Abs. 1 eine Erklärung zur Fortführungsbereitschaft der Personen beizufügen, die nach dem Plan persönlich haftende Gesellschafter sein sollen. Die Vorschrift betrifft sämtliche Personengesellschaften, also oHG, Kommanditgesellschaft, Partnerschaftsgesellschaft, GbR, Partenreederei und EWIV sowie nicht rechtsfähige Vereine (§ 54 BGB).[10] Der persönlich haftende Gesellschafter haftet nach Inkrafttreten des Plans nach dessen Maßgabe sowohl für Altverbindlichkeiten als auch für künftige Verbindlichkeiten. Auch wenn der Restrukturierungsplan auf eine nachhaltige Beseitigung der Krise abzielt (vgl. §§ 5 und 14), ist damit ein signifikantes Risiko verbunden. Durch das Erfordernis der Erklärung wird sichergestellt, dass die persönlich haftenden Gesellschafter eine bewusste Entscheidung für die Fortführung der Gesellschaft treffen, welche auch die Übernahme des Restrukturierungsrisikos umfasst.

Abzugeben ist die Erklärung von allen Personen, die nach Inkrafttreten des Plans aufgrund gesell- 9 schaftsrechtlicher Vorschriften unbeschränkt für die Gesellschaftsschulden haften. Sollen nach den Bestimmungen des Plans persönlich haftende Gesellschafter ausgewechselt werden, so ist die Erklärung nur von denjenigen Vollhaftern abzugeben, die mit Inkrafttreten des Plans Gesellschafter werden oder es bleiben.[11] Ob die Verpflichtung zur Beifügung der Erklärung auch gilt, wenn die Übernahme der Haftung durch eine juristische Person erfolgt und somit keine natürliche Person voll haftet, ist

7 BeckOK-StaRUG/*Kramer*, § 38 Rn. 50.
8 Vgl. Seibt/Westpfahl-*Deppenkemper*, § 38 Rn. 59.
9 Vorlage des Originals nur bei Zweifeln an der Echtheit: MK-StaRUG/*Parzinger/Knebel*, § 15 Rn. 36.
10 BeckOK-StaRUG/*Fridgen*, § 15 Rn. 10 mit Verweis auf die Legaldefinition in § 14 Abs. 2 BGB; für den nicht rechtsfähigen Verein differenzierend MK-InsO/*Eidenmüller*, § 230 Rn. 23 (zum Insolvenzplan).
11 BeckOK-StaRUG/*Fridgen*, § 15 Rn. 8.

für den Insolvenzplan umstritten.[12] Die fehlende Differenzierung im Wortlaut der Norm spricht dafür, die Erklärung auch in diesem Fall zu fordern.[13]

10 Kommanditisten fallen nicht unter die Vorschrift. Nach der gesetzlichen Definition des § 161 Abs. 1 HGB sind bei der KG nur die Komplementäre als Vollhafter persönlich haftende Gesellschafter. Dass Kommanditisten im Fall der Nichterbringung oder Rückzahlung der Einlage eine persönliche Außenhaftung gegenüber den Gläubigern treffen kann (§ 171 Abs. 1 HGB), rechtfertigt es nicht, von ihnen eine Fortführungserklärung zu verlangen.[14] Ihr Risiko unterscheidet sich nämlich nicht wesentlich von dem der Gesellschafter einer Kapitalgesellschaft, denen die Einlage zurückgewährt wurde. Letztere fallen ebenfalls nicht in den Anwendungsbereich von Abs. 1.[15]

11 Zu einer Überschneidung mit Abs. 2 kann es kommen, wenn der Plan die Übernahme der Stellung als persönlich haftender Gesellschafter durch einen Gläubiger vorsieht. In solchen Fällen muss der Gläubiger sowohl die Erklärung nach Abs. 2 als auch die Erklärung nach Abs. 1 abgeben. Da § 15 keine besonderen Anforderungen an die Form der Erklärungen aufstellt, können beide Erklärungen in einem Dokument zusammengefasst werden.

II. Zustimmungserklärung übernehmender Gläubiger

12 Gem. § 7 Abs. 4 Satz 1 können Restrukturierungsforderungen in Anteils- oder Mitgliedschaftsrechte am Schuldner umgewandelt werden. Der Umtausch von Forderungen in Eigenkapital (Debt-Equity-Swap) kann in den gestaltenden Teil des Restrukturierungsplan aufgenommen werden. Allerdings ist es gem. § 7 Abs. 4 Satz 2 StaRUG nicht möglich, Gläubiger gegen ihren Willen in eine Gesellschafterstellung zu drängen.[16] Durch das Erfordernis, dass dem Plan die Zustimmungserklärung eines jeden Gläubigers, der Anteils- oder Mitgliedschaftsrechte übernimmt, beizufügen ist, wird die Einhaltung dieses Grundsatzes dokumentiert.

13 Abs. 2 ist nicht auf Fälle beschränkt, in denen der Plan einen Debt-Equity-Swap vorsieht. Vielmehr gilt die Vorschrift auch dann, wenn Gläubiger auf anderem Weg Anteile oder Mitgliedschaftsrechte erwerben sollen. Erfasst sind insbesondere die Übertragung bestehender Anteile oder Mitgliedschaftsrechte an Gläubiger (Zwangsabtretung) sowie der Erwerb von Anteilen im Wege einer im Plan vorgesehenen Barkapitalerhöhung; beides kann gem. § 2 Abs. 4 im Plan geregelt werden. Erfasst ist auch der Erwerb von Anteilen, die der Schuldner selbst hält (Debt-Asset-Swap)[17] sowie von Anteilen an einer Auffanggesellschaft.[18]

14 Die Regelung findet auf Schuldner Anwendung, die als juristische Person, nicht rechtsfähiger Verein oder als Personengesellschaft organisiert sind.[19] Besondere Anforderungen an den Inhalt der Zustimmungserklärung stellt Abs. 2 nicht auf. Erforderlich ist sicherlich, dass die Erklärung die im Plan geregelte Maßnahme inhaltlich deckt.[20] Soweit für den Erwerb der Anteile oder Mitgliedschaftsrechte außerhalb eines Plans besondere Formerfordernisse einzuhalten sind, müssen diese beim Erwerb durch einen Planbetroffenen aufgrund des Plans wegen § 68 Abs. 2 nicht eingehalten werden.[21]

---

12 Vgl. z.B. MK-InsO/*Eidenmüller*, § 230 Rn. 24 mit Nachweisen zum Streitstand.
13 Ebenso MK-StaRUG/*Parzinger/Knebel*, § 15 Rn. 22; a.A. Braun-*Böhm*, StaRUG, § 15 Rn. 3.
14 A.A. BeckOK-StaRUG/*Fridgen*, § 15 Rn. 7; MK-StaRUG/*Parzinger/Knebel*, § 15 Rn. 25.
15 BeckOK-StaRUG/*Fridgen*, § 15 Rn. 11.
16 Die Vorschrift ist Ausdruck der durch Art. 9 Abs. 1 GG gewährleisteten negativen Koalitionsfreiheit, vgl. BeckOK-StaRUG/*Fridgen*, § 15 Rn. 17.
17 Vgl. zum Insolvenzplan *Brünkmans*, in: Brünkmans/Thole, Handbuch Insolvenzplan, § 13 Rn. 94.
18 MK-InsO/*Eidenmüller*, § 230 Rn. 53.
19 Vgl. dazu die Aufzählung erfasster Rechtsformen bei BeckOK-StaRUG/*Fridgen*, § 15 Rn. 18 ff.
20 BeckOK-StaRUG/*Fridgen*, § 15 Rn. 15.
21 BeckOK-StaRUG/*Fridgen*, § 15 Rn. 32 ff.

Erklärungen nach Abs. 2 sind auch dann beizufügen, wenn die Anteile oder Mitgliedschaftsrechte Planbetroffenen gewährt werden sollen, die bereits am Schuldner beteiligt sind.[22] Hingegen ist die Erklärung nach Abs. 2 nicht erforderlich, wenn Dritte, die nicht vom Plan betroffen sind, Anteile oder Mitgliedschaftsrechte am Schuldner erwerben sollen.[23] Der Erwerb durch solche Dritte kann nicht im gestaltenden Teil des Plans geregelt werden, da der Plan nur im Verhältnis zu Planbetroffenen Wirkung entfaltet. Die Aufnahme Dritter in den Gesellschafterkreis kann jedoch unter Einhaltung der hierfür allgemein geltenden formellen[24] und materiellen Regeln erfolgen. In diesen Fällen sind in formeller Hinsicht die besonderen Anforderungen des darstellenden Teils zu beachten (§ 6 Abs. 1 Satz 3). Weitere Anforderungen können sich insbesondere ergeben, wenn die Maßnahme als Planbedingung ausgestaltet ist (§ 62). Gleiches gilt, wenn der Umtausch von Anleiheforderungen nach den Vorschriften des SchVG erfolgt; da sich der Umtausch in diesen Fällen nach den Bestimmungen des SchVG vollzieht, ist Abs. 2 nicht einschlägig.[25] 15

Abs. 2 ist entsprechend der h.M. zum Insolvenzplan nicht anzuwenden, wenn der Restrukturierungsplan den Gläubigern ein Wahlrecht einräumt, sodass die Gläubiger zwischen der Beteiligung am Schuldner und einer Barabfindung wählen können.[26] 16

Ob Abs. 2 über die Fälle des Anteilserwerbs analoge Anwendung findet, wenn der Plan die Gewährung unbarer Leistungen anstelle von Restrukturierungsforderungen vorsieht,[27] ist unklar. Die Meinungen zur Parallelvorschrift des § 230 Abs. 2 InsO sind geteilt.[28] 17

III. Verpflichtungserklärungen Dritter

Dem Plan beizufügen sind gem. Abs. 3 Erklärungen Dritter, die für den Fall der Bestätigung des Plans Verpflichtungen gegenüber den Gläubigern übernommen haben. Die Vorschrift dient dem Bedürfnis der Planbetroffenen nach transparenter Information über die Wirkungen des Plans im Fall der Planbestätigung. Der Begriff des Dritten sollte wie im Insolvenzplanrecht[29] weit ausgelegt werden. 18

Die Beifügung ist nach dem Wortlaut des Abs. 3 erforderlich, wenn ein Dritter gegenüber »den Gläubigern« Verpflichtungen für den Fall der Bestätigung des Plans übernommen hat. Wie bei der Parallelvorschrift § 230 Abs. 3 InsO[30] ist es nicht erforderlich, dass die Verpflichtung gegenüber allen Gläubigern übernommen wird. Eine Verpflichtung gegenüber einzelnen Gläubigern oder Gläubigergruppen fällt ebenfalls unter Abs. 3. 19

Erforderlich ist die Übernahme einer rechtsgeschäftlichen Verpflichtung, und zwar grundsätzlich unabhängig von deren rechtlicher Ausgestaltung.[31] Sowohl unmittelbar gegenüber (Einzel-)Gläubigern übernommene Verpflichtungen als auch Vereinbarungen mit dem Schuldner zugunsten der Gläubiger (§ 328 Abs. 2 BGB) fallen in den Anwendungsbereich. Darüber hinaus soll nach zum Teil vertretener Ansicht die Vorschrift analog auf Verpflichtungen anzuwenden sein, die der Dritte nur gegenüber dem Schuldner versprochen hat, wenn die in Rede stehende Verpflichtung für die 20

22 BeckOK-StaRUG/*Fridgen*, § 15 Rn. 25.
23 A.A. BeckOK-StaRUG/*Fridgen*, § 15 Rn. 27.
24 Vgl. BeckOK-StaRUG/*Fridgen*, § 15 Rn. 35.
25 A.A. BeckOK-StaRUG/*Fridgen*, § 15 Rn. 26, der die Beifügung der (notariellen) Niederschrift (§ 16 Abs. 3 SchVG) für erforderlich hält.
26 Braun-*Böhm*, StaRUG, § 15 Rn. 5.; zum Insolvenzplan: MK-InsO/*Eidenmüller*, § 230 Rn. 57.
27 BeckOK-StaRUG/*Fridgen*, § 15 Rn. 16; a.A. MK-StaRUG/*Parzinger/Knebel*, § 15 Rn. 51 f.
28 Dafür die wohl h.M. Braun-*Braun/Frank*, § 230 Rn. 7 ff.; K. Schmidt-*Spliedt*, § 230 Rn. 5 f.; Römermann/*Ober*, § 230 Rn. 8; dagegen insbesondere BeckOK-InsO/*Geiwitz/von Danckelmann*, § 230 Rn. 10; MK-InsO/*Eidenmüller*, § 230 Rn. 46 ff. und 56.
29 MK-InsO/*Eidenmüller*, § 230 Rn. 75.
30 Vgl. MK-InsO/*Eidenmüller*, § 230 Rn. 80.
31 Vgl. MK-InsO/*Eidenmüller*, § 230 Rn. 76 f.

Planerfüllung maßgeblich ist.[32] Auch Verpflichtungserklärungen, aus denen gem. § 71 Abs. 2 nach erfolgter Bestätigung des Plans vollstreckt werden kann, sind gem. Abs. 3 beizufügen.[33]

21 Abs. 3 ist nur einschlägig, wenn der Dritte die Verpflichtung bei Unterbreitung des Planangebots bereits übernommen hat. Nicht erforderlich ist, dass die begünstigten Gläubiger ihrerseits das entsprechende Angebot des Dritten bereits angenommen haben.[34] Übernimmt ein Dritter erst nachträglich eine Verpflichtung gegenüber den Gläubigern, z.B. aufgrund einer entsprechenden Planbedingung (§ 62), ist Abs. 3 nicht unmittelbar einschlägig. Ähnlich wie beim Insolvenzplan[35] spricht jedoch das Informationsbedürfnis der Planbetroffenen für eine analoge Anwendung der Vorschrift für solche Erklärungen, die bis zur Abstimmung über den Plan nachgereicht werden. Die Beifügung von Nachweisen der Bonität des Dritten kann grundsätzlich nicht verlangt werden. Insoweit war zur Parallelvorschrift des § 230 Abs. 3 InsO lange Zeit umstritten, ob das Insolvenzgericht zur Überprüfung der Bonität des Dritten befugt ist und entsprechende Nachweise einfordern kann. Der Bundesgerichtshof hat dies grundsätzlich verneint.[36] Entsprechendes dürfte mit Blick auf § 15 Abs. 3 und die Prüfungsdichte des Restrukturierungsgerichts gelten. Die Planbetroffenen haben es in der Hand, ihre Zustimmung zum Plan von entsprechenden Nachweisen abhängig zu machen oder sich mit der vorhandenen Erklärung ohne Nachweise zufrieden zu geben.[37]

22 Ob und unter welchen Voraussetzungen sich der Dritte von einer abgegebenen Verpflichtungserklärung wieder lösen kann, ist eine Frage des materiellen Rechts. In Hinblick auf die Funktion der Beifügung (= Herstellung von Transparenz) dürfte ein Rücktritt oder Widerruf des Dritten nach Abgabe des Planangebots nur möglich sein, wenn sich der Dritte dies ausdrücklich in der beigefügten Erklärung vorbehalten hat.[38] Die Auslegung der entsprechenden Erklärung wird aber in der Regel ergeben, dass die Verpflichtung nur im Falle der Planbestätigung gelten soll, d.h. einerseits nach § 158 Abs. 1 BGB aufschiebend bedingt ist auf die Bestätigung des Plans und andererseits unter der auflösenden Bedingung der nachträglichen Aufhebung der Bestätigungsentscheidung steht (§ 158 Abs. 2 BGB).[39]

IV. Zustimmung verbundener Unternehmen bei Eingriffen in Drittsicherheiten

23 Gem. § 2 Abs. 4 kann der Restrukturierungsplan gruppeninterne Drittsicherheiten gestalten. Sieht der Plan dies vor, so sind gem. Abs. 4 Erklärungen derjenigen Gruppengesellschaften beizufügen, die Sicherheiten gestellt haben, welche gestaltet werden sollen.

24 Da die Befreiung des verbundenen Unternehmens von der Sicherheit eine wirtschaftliche Entlastung bedeutet und auch rechtlich vorteilhaft ist, erscheint es nicht naheliegend, den Eingriff in die Drittsicherheit von der Zustimmung des Unternehmens abhängig zu machen. Der Gesetzgeber wollte jedoch dem Sicherungsgeber die Möglichkeit eröffnen, den Gläubiger auf Grundlage der Sicherheit zu befriedigen.[40] Die Zustimmungserklärung gem. Abs. 4 dient vor diesem Hintergrund nicht nur der Dokumentation, sondern hat materielle Wirkung. Die Erklärung der Zustimmung ist Voraussetzung für die Wirksamkeit des Eingriffs in die Drittsicherheit.

32 Morgen-*Knapp/Wilde*, StaRUG, § 15 Rn. 17; zum Insolvenzplan etwa auch MK-InsO/*Eidenmüller*, § 230 Rn. 80; a.A. etwa MK-StaRUG/*Parzinger/Knebel*, § 15 Rn. 86.
33 BeckOK-StaRUG/*Fridgen*, § 15 Rn. 37 f.
34 MK-InsO/*Eidenmüller*, § 230 Rn. 77.
35 MK-InsO/*Eidenmüller*, § 230 Rn. 85.
36 BGH, NZI 2023, 715 Rn. 11 ff.
37 Vgl. auch Jacoby/Thole-*Brünkmans*, § 15 Rn. 25.
38 BeckOK-StaRUG/*Fridgen*, § 15 Rn. 41; a.A. für den Insolvenzplan MK-InsO/*Eidenmüller*, § 230 Rn. 89 f.
39 MK-StaRUG/*Parzinger/Knebel*, § 15 Rn. 87.
40 Vgl. BT-Drucks. 19/24181, S. 121.

D. Rechtsfolgen bei Verstoß gegen § 15

Wenn nach Abs. 1 bis 4 eine oder mehrere Erklärungen beizufügen sind, so bilden die erforderlichen Erklärungen einen integralen Bestandteil des Plans (vgl. § 5 Satz 3). Fehlen erforderliche Erklärungen oder sind die beigefügten Erklärungen unzureichend, weist der Plan Mängel auf. Solche Mängel können gem. § 63 Abs. 1 Nr. 2 zur Versagung der Planbestätigung führen, wenn sie wesentlich sind und der Mangel entweder nicht behebbar ist oder vom Schuldner nicht innerhalb einer angemessenen, vom Restrukturierungsgericht gesetzten Frist behoben wird. 25

Wählt der Schuldner für die Abstimmung über den Plan das Verfahren der gerichtlichen Planabstimmung, sind dem Antrag gem. § 45 Abs. 2 der vollständige Restrukturierungsplan nebst Anlagen beizufügen. Die Erklärungen gem. § 15 sind Anlagen i.S.d. § 45 Abs. 2. Sind dem Antrag nicht alle erforderlichen Erklärungen beigefügt, ist der Antrag unvollständig. Sind die Erklärungen ganz oder teilweise unzulänglich, ist der vorgelegte Plan inhaltlich mangelhaft. In beiden Fällen ist das Gericht verpflichtet, den Schuldner gem. § 38 i.V.m. § 139 ZPO auf erkannte Mängel und deren mögliche Konsequenzen möglichst frühzeitig hinzuweisen.[41] Insbesondere dann, wenn sich in Hinblick auf die beizufügenden Erklärungen Zweifel ergeben, kommt die Anberaumung eines vorgeschalteten Vorprüfungstermins gem. § 46 Abs. 3 von Amts wegen in Betracht.[42] 26

Ob das Restrukturierungsgericht darüber hinaus berechtigt oder verpflichtet ist, den vorgelegten Plan zurückzuweisen und von einer Anberaumung des beantragten Erörterungs- und Abstimmungstermins abzusehen, ist nicht klar. Dafür ließe sich anführen, dass der (unzureichende) Antrag des Schuldners als unzulässig zu werten und entsprechend den allgemeinen zivilprozessualen Grundsätzen zurückzuweisen ist. Diese Sichtweise erscheint auch mit Blick auf Rechtssicherheit und Gläubigerschutz zweckmäßig. 27

Gegen eine Zurückweisung des Antrags spricht allerdings, dass der Gesetzgeber bewusst davon abgesehen hat, ein obligatorisches Vorprüfungsverfahren entsprechend §§ 231 ff. InsO vorzusehen.[43] Die Vorprüfung gem. § 47 findet nur auf Antrag des Schuldners und hinsichtlich der vom Schuldner zur Prüfung gestellten Fragen statt. Stellt das Gericht im Rahmen der Vorprüfung Mängel fest, so weist es darauf in Beschlussform hin (§ 48 Abs. 2 Satz 1). Es ist dann Sache des Schuldners, den Restrukturierungsplan entsprechend dem gerichtlichen Hinweis anzupassen. Dies spricht dafür, es auch im Fall der gerichtlichen Planabstimmung bei der Hinweispflicht zu belassen. Die Rechte der Planbetroffenen können dadurch gewahrt werden, dass ihnen der im Fall einer amtswegig angeordneten Vorprüfung zu erlassende Beschluss (§ 46 Abs. 3) mitgeteilt wird.[44] 28

§ 16 Checkliste für Restrukturierungspläne

[1]Das Bundesministerium der Justiz und für Verbraucherschutz macht eine Checkliste für Restrukturierungspläne bekannt, welche an die Bedürfnisse von kleinen und mittleren Unternehmen angepasst ist. [2]Die Checkliste wird auf der Internetseite www.bmjv.bund.de veröffentlicht.

41 Vgl. *Frind*, NZI 2021, 609 vgl. zur Anwendbarkeit des § 139 ZPO über § 38 S. 1 auch AG Hamburg, NZI 2022, 434 Rn. 11.
42 Vgl. BeckOK-StaRUG/*Wilke* § 46 Rn. 26.
43 Vgl. RegE, BT-Drucks. 19/24181, S. 148.
44 Zu dieser Möglichkeit vor dem Hintergrund fehlender Vorschriften über die Zustellung des Beschlusses *Frind*, NZI 2021, 609, 611.

A. Allgemeines

1 Gem. Art. 8 Abs. 2 der Restrukturierungsrichtlinie[1] sind die Mitgliedstaaten verpflichtet, eine umfassende, an die Bedürfnisse von kleinen und mittleren Unternehmen angepasste Checkliste für Restrukturierungspläne zur Verfügung zu stellen. Die Checkliste muss so gestaltet werden, dass sie praktische Leitlinien für die Erstellung eines Restrukturierungsplans nach nationalem Recht enthält. Die Checkliste muss in deutscher Sprache zur Verfügung gestellt werden. Darüber hinaus legt Art. 8 Abs. 2 Unterabs. 2 Satz 2 der Restrukturierungsrichtlinie die Veröffentlichung in mindestens einer weiteren im internationalen Geschäftsverkehr gebräuchlichen Sprache nahe.

2 Die Umsetzung der vorstehend genannten Vorgaben wird mit § 16 an das Bundesministerium der Justiz delegiert. Die Vorschrift enthält keine Vorgaben zu dem Inhalt der Checkliste. Dieser wird sich daher ausschließlich an den Vorgaben der Restrukturierungsrichtlinie auszurichten haben. Die Checkliste kann als Hilfsmittel für den Entwurf von Restrukturierungsplänen genutzt werden und mag als Interpretationshilfe für die Auslegung des Gesetzes dienen.

3 Der Verpflichtung zur Bereitstellung einer Checkliste für Restrukturierungspläne geht von der Annahme aus, dass KMUs aufgrund der im Verhältnis zu Großunternehmen ungünstigeren Kostenstruktur in Krisensituationen häufiger liquidiert werden müssen. Die Checkliste soll Abhilfe schaffen, indem KMUs ein Werkzeug zur kostengünstigen Umsetzung einer Restrukturierung an die Hand gegeben wird. Dahinter steht offenbar der Gedanke, dass KMUs unter Zuhilfenahme der Checkliste den Restrukturierungsplan selbst erstellen und so Beraterkosten einsparen oder begrenzen.[2] Ob dieser Gedanke trägt, kann angesichts der komplexen Umsetzung der Restrukturierungsrichtlinie durch das StaRUG angezweifelt werden. In der Regel werden KMUs über keine ausreichende Kompetenz und Erfahrung verfügen, um die sehr spezifischen – rechtlichen[3] und betriebswirtschaftlichen – Anforderungen an die Durchführung einer Restrukturierung nach dem StaRUG (insbesondere an die Vergleichsrechnung, § 6 Abs. 2) rechtssicher umzusetzen.[4] Die Checkliste selbst führt zu ihrer Zielsetzung auch zutreffend aus, dass sie lediglich »*Orientierungshilfe*« sei und »*[…] eine im Einzelfall erforderliche fachkundige Beratung nicht ersetzen […]*« könne.[5]

B. Veröffentlichung

4 Die Checkliste ist auf der Internetseite des BMJ veröffentlicht.[6] Sie enthält eine Liste mit zwingenden und weiteren, ggf. erforderlichen Inhalten des Plans. Zu den einzelnen Punkten finden sich jeweils kurze Erläuterungen.

---

1 Richtlinie (EU) 2019/1023 des Europäischen Parlaments und des Rates vom 20.06.2019 über präventive Restrukturierungsrahmen, über Entschuldung und über Tätigkeitsverbote sowie über Maßnahmen zur Steigerung der Effizienz von Restrukturierungs-, Insolvenz- und Entschuldungsverfahren und zur Änderung der Richtlinie (EU) 2017/1132 (Richtlinie über Restrukturierung und Insolvenz).

2 Ähnlich Braun-*Böhm*, StaRUG, § 16.

3 Vgl. BeckOK-StaRUG/*Fridgen*, § 16 Rn. 2.

4 Kritisch zur Idee der Checkliste auch Seibt/Westpfahl-*Hölzle*, § 16 Rn. 5.

5 Checkliste (vgl. Fn. 6), S. 5.

6 Unter dem Link: https://www.bmj.de/SharedDocs/Downloads/DE/Themen/Nav_Themen/2022_Checkliste_Unternehmensstabilisierungs_und_restrukturierungsgesetzes_StaRUG.pdf?__blob=publicationFile&v=3 (zuletzt abgerufen am 26.02.2024).

Abschnitt 3 Planabstimmung

Unterabschnitt 1 Planangebot und Planannahme

§ 17 Planangebot

(1) [1]Das an die Planbetroffenen gerichtete Angebot des Schuldners, den Restrukturierungsplan anzunehmen (Planangebot), hat den deutlichen Hinweis darauf zu enthalten, dass der Plan im Fall seiner mehrheitlichen Annahme und gerichtlichen Bestätigung auch gegenüber Planbetroffenen wirksam wird, die das Angebot nicht annehmen. [2]Dem Planangebot ist der vollständige Restrukturierungsplan nebst Anlagen sowie eine Darstellung der bereits angefallenen und der noch zu erwartenden Kosten des Restrukturierungsverfahrens einschließlich der Vergütung des Restrukturierungsbeauftragten beizufügen.

(2) Aus dem Planangebot muss hervorgehen, mit welchen Forderungen oder Rechten der jeweilige Planbetroffene in den Restrukturierungsplan einbezogen ist, welchen Gruppen der Planbetroffene zugeordnet ist und welche Stimmrechte die ihm zustehenden Forderungen und Rechte gewähren.

(3) Hat der Schuldner vor Abgabe des Planangebots nicht allen Planbetroffenen Gelegenheit zur gemeinschaftlichen Erörterung des Plans oder des Restrukturierungskonzepts gegeben, das durch den Plan umgesetzt werden soll, hat das Planangebot den Hinweis darauf zu enthalten, dass auf Verlangen eines Planbetroffenen oder mehrerer Planbetroffener eine Versammlung der Planbetroffenen zwecks Erörterung des Plans abgehalten wird.

(4) [1]Sofern im Verhältnis zu einzelnen Planbetroffenen nichts anderes vereinbart ist, unterliegt das Planangebot der Schriftform. [2]Bestimmt der Schuldner im Planangebot keine andere Form, unterliegt auch die Plannahme der Schriftform.

Übersicht

A. Normzweck und Systematik

1 Der präventive Restrukturierungsrahmen ist mit seiner modularen Ausgestaltung zwischen der freien konsensualen Sanierung und der streng verfahrensgebundenen Sanierung des Insolvenzrechts angesiedelt[1]. Er bietet dem Schuldner weitreichende Autonomie in der Ausgestaltung der Sanierung durch den Restrukturierungsrahmen und in der Organisation des Verfahrens zu dessen Abschluss.

Das Gesetz stellt hierbei für die Abstimmung über den Restrukturierungsplan zwei Möglichkeiten zur Verfügung:
– die außergerichtliche Planabstimmung nach Maßgabe der §§ 17–28 und
– das gerichtliche Planabstimmungsverfahren gem. der §§ 45 f.

Das Planinitiativrecht liegt dabei allein beim Schuldner. Weder der Restrukturierungsbeauftragte noch die Gläubiger können ihrerseits ein Planangebot unterbreiten[2]. Die Planbetroffenen können jedoch im außergerichtlichen Planabstimmungsverfahren Vorschläge zur Abänderung des Restrukturierungsplans unterbereiten. Das ist ausdrücklich in § 20 Abs. 3 S. 3 u. S. 4 für den Fall einer Planbetroffenenversammlung geregelt.

2 Die §§ 17–22 regeln **das außergerichtliche Planabstimmungsverfahren.** Für das gerichtliche Planabstimmungsverfahren sind die §§ 17–22 dagegen ausdrücklich nicht anwendbar (§ 23).

3 Das außergerichtliche Planabstimmungsverfahren ist in dem vorgenannten Spannungsrahmen im Grundsatz die **eingriffs- und regelungsärmste Verfahrensvariante** und insoweit der freien konsensualen Sanierung am ähnlichsten. Der Schuldner hat nach Maßgabe der §§ 17–22 die Möglichkeit, das **Abstimmungsverfahren in Eigenregie** und **privater Selbstorganisation** und damit vollständig gerichtsfern zu gestalten.

4 Eine **Abstimmung** über den Plan ist dabei sowohl **ohne vorherige Erörterung** des Plans durch die Planbetroffenen wie auch **versammlungslos** möglich[3]. Ersteres folgt aus einem Umkehrschluss aus § 17 Abs. 3, Letzteres aus §§ 20 Abs. 1 Satz 1, 21 Abs. 1. Erst auf Verlangen eines oder mehrerer Planbetroffener findet eine Erörterung des Plans im Rahmen einer Versammlung der Planbetroffenen statt (§§ 17 Abs. 3, 21 Abs. 1). Erfolgversprechend dürfte eine solche Vorgehensweise indes nur sein, wenn bereits im Vorfeld auf andere Art und Weise in erforderlichem Umfang die Zustimmung von Planbetroffenen eingeworben werden konnte.

1 Vgl. BT-Drucks. 19/24181, S. 92.
2 BeckOK-StaRUG/*Spahlinger*, § 17 Rn. 23; Flöther-*Madaus*, StaRUG, § 17 Rn. 6; Morgen-*Tresselt*, StaRUG, § 17 Rn. 8; Uhlenbruck-*Schönen*, StaRUG, § 17 Rn. 9.
3 So auch Braun-*Pehl*, StaRUG, § 17 Rn. 5.

Grundsätzlich entscheidet allein der Schuldner über die **Ausgestaltung des Abstimmungsverfahrens.** 5
Ist dagegen **von Amts wegen** ein **Restrukturierungsbeauftragter** in den Fällen
- eines Eingriffs in Rechte von Verbrauchern oder KMU (§ 73 Abs. 1 Nr. 1) oder
- einer Stabilisierungsanordnung (§ 73 Abs. 1 Nr. 2) oder
- einer zu erwartenden Obstruktion (§ 73 Abs. 2)

bestellt worden, dann obliegt diesem die Entscheidung darüber, wie der Plan zur Abstimmung gebracht wird (§ 76 Abs. 2 Nr. 1). Auch der Restrukturierungsbeauftragte kann sich für eine außergerichtliche Abstimmung entscheiden. In dem Fall leitet er die Planbetroffenenversammlung und dokumentiert die Abstimmung (§ 76 Abs. 2 Nr. 1).

Die **Gestaltung der** betroffenen **Rechtsverhältnisse** erfolgt im außergerichtlichen Abstimmungsverfahren **privatautonom** und ausschließlich **in den Handlungsformen des Privatrechts**[4]. 6

Die Regelungen des § 17 stellen in diesem Kontext sicher, dass allen Planbetroffenen eine informierte Entscheidung über die Beteiligung am Verfahren sowie die Annahme bzw. Ablehnung des Restrukturierungsplans ermöglicht wird, indem sie den **Schuldner zur umfassenden Information der Planbetroffenen verpflichten**. 7

Das Planangebot ist den Planbetroffenen sowohl **bei** einer **versammlungslosen Abstimmung wie auch** bei einer **außergerichtlichen Abstimmungsversammlung** (§ 20) den Erfordernissen des § 17 entsprechend zu unterbreiten.[5] Soweit teilweise vertreten wird, § 17 sei nur auf das außergerichtliche versammlungslose Abstimmungsverfahren anwendbar und nicht auch auf das außergerichtliche Abstimmungsverfahren[6], findet sich hierfür weder in der Norm noch dem Kontext ein Anhalt. Vielmehr ist der vom Gesetzgeber beabsichtigte Schutz der Planbetroffenen vor einer uninformierten, übereilten Entscheidung in beiden Abstimmungsvarianten gleichermaßen erforderlich und geboten. Ferner nimmt § 20 Abs. 2, der die Einräumung der Möglichkeit zur elektronischen Teilnahme an der Abstimmungsversammlung vorsieht, ausdrücklich auf das Planangebot Bezug. Hierbei muss es sich in systematischer Hinsicht um das Planangebot i.S.d. § 17 handeln. 7a

Auch wenn sich der Schuldner für die außergerichtliche Durchführung des Abstimmungsverfahrens entscheidet, kann er – nach Anzeige des Restrukturierungsvorhabens (§ 31) – begleitend auf die modular zur Verfügung gestellten **Stabilisierungs- und Restrukturierungsinstrumente** (§ 29) zurückgreifen. In Betracht kommen hierbei die Vorprüfung (§§ 47, 48), die Stabilisierungsanordnungen (§§ 49–59) sowie die Planbestätigung (§§ 60–72). Mit der in Anspruch genommenen Unterstützungsintensität steigen indes auch der Umfang der verfahrensrechtlichen Vorgaben sowie die Kontrolldichte. 8

B. Inhalt des Planangebots

I. Allgemeines

§ 17 legt die gesetzl. **Mindestanforderungen** an das Planangebot des Schuldners an die Planbetroffenen fest. Bezeichnung und Kontext lassen in zivilrechtlicher Hinsicht Regelungen zu den wesentlichen Inhalten des Planangebotes im Sinne der essentialia negotii des Vertragsrechts erwarten. Die wesentlichen Inhalte und Anforderungen an den Restrukturierungsplan sind indes in den §§ 5 ff. geregelt. § 17 regelt dagegen die **Abgabe der Willenserklärung** und die dabei von dem Schuldner zu erfüllenden **Aufklärungs- und Informationspflichten** gegenüber den Planbetroffenen. 9

Den Planbetroffenen sollen hierdurch informierte Entscheidungen zur Beteiligung am Verfahren wie auch zu Annahme oder Ablehnung des Plans ermöglicht werden. Hierzu sollen sie umfassende **Kenntnis von den Planregelungen** und ihrer Einbeziehung in den Plan erhalten. Ihnen sollen ferner die Möglichkeit zur **Einberufung einer Planbeteiligtenversammlung** sowie die Rechtsfolgen einer 10

---
4 Begr. RegE BT-Drucks. 19/24181, S. 121.
5 So auch *Thies* in Bieg/Borchardt/Frind, Unternehmenssanierung, Abschn. VII. Rn. 89.
6 Flöther-*Madaus*, StaRUG, § 17 Rn. 3.

möglichen **gerichtlichen Planbestätigung** aufgezeigt werden. Des Weiteren sollen ihnen die bereits entstandenen und voraussichtlich noch entstehenden **Kosten** dargelegt werden.

11 Hierbei bestimmt der **Zeitpunkt** der Unterbreitung des Planangebotes die maßgeblichen Rechtsverhältnisse i.S.d. § 2 Abs. 1 bis 4 für das außergerichtliche Planverfahren, es sei denn, der Schuldner hat eine Stabilisierungsanordnung nach § 49 erwirkt, dann sind die Verhältnisse im Zeitpunkt deren Erstanordnung maßgebend (§ 2 Abs. 5 Satz 2).

II. Obligatorischer Inhalt

1. Willenserklärung

12 Das Planangebot ist nach der **Legaldefinition** des § 17 das an die Gläubiger gerichtete Angebot des Schuldners, eine Restrukturierung der betroffenen Rechtsverhältnisse zu den im Restrukturierungsplan dargelegten Bedingungen durchzuführen, verbunden mit der Bitte an die Planbetroffenen, dieses Angebot anzunehmen.

13 Die **Rechtsnatur** des Restrukturierungsplans ist noch ungeklärt[7]. Sowohl die Richtlinie wie auch die Gesetzesbegründung haben diese Frage offengelassen[8]. Mit Blick auf die auch im außergerichtlichen Abstimmungsverfahren bestehenden Möglichkeiten zum Eingriff in Gläubigerrechte über die Stabilisierungsanordnung (§ 49) sowie zur Überstimmung dissentierender Gläubiger im Rahmen der gerichtlichen Planbestätigung (§§ 60 ff., 67) spricht viel dafür, den Restrukturierungsplan entsprechend der Einordnung seines Vorbilds, des Insolvenzplans, der vom BGH als »spezifisch insolvenzrechtliches Instrument« angesehen wird[9], ebenfalls als »spezifisch restrukturierungsrechtliches Instrument« mit vertragsähnlichem Charakter anzusehen[10].

14 Unabhängig davon legt der Gesetzgeber jedoch für das Planangebot nach § 17 fest, dass hierauf die **Vorschriften für Willenserklärungen** nach Maßgabe der §§ 116 ff. BGB anzuwenden sind, soweit nicht die §§ 17 ff. etwas anderes bestimmen[11]. Neben diesen finden auf die Erklärungen sowie den Abschluss des Restrukturierungsplans im außergerichtlichen Verfahren auch die **Vorschriften über Rechtsgeschäfte** nach Maßgabe der §§ 145 ff. BGB Anwendung[12].

14a Es **handelt sich** dagegen **nicht um AGB** im Sinne der §§ 305 ff. BGB. Zwar wird vorliegend eine Vertragserklärung verschiedenen Vertragsparteien gegenüber unterbreitet. Diese soll jedoch nicht zum Abschluss einer Vielzahl gleichgelagerter Verträge führen (wie bei AGB üblich), sondern (nur) zum Abschluss eines einheitlichen Restrukturierungsplans. Die Aufteilung eines einheitlichen Vorhabens in mehrere inhaltsgleiche Verträge führt indes nicht zur Anwendbarkeit des AGB-Rechts[13].

15 Der Begriff »Angebot« ist in der zivilrechtlichen Bedeutung zu verstehen[14]. Es handelt sich mithin um eine **empfangsbedürftige Willenserklärung**, die hier auf die Gestaltung bestehender Rechts-

---

7 Vgl. *Skauradszun*, KTS 2021, S. 15;.

8 Begr. RegE BT-Drucks., S. 121; vgl. *Hofmann*, NZI-Beilage 2019, 22, 23.

9 BGH, Urt. v. 09.01.2014 – IX ZR 209/11, ZIP 2014, 330, Rn. 25; BGH, Urt. v. 06.10.2005 – IX ZR 36/02, ZIP 2006, 39, Rn. 15.

10 So *Hofmann*, NZI-Beilage 2019, 23; im Ergebnis wohl auch *Skauradszun*, KTS 2021, S. 36: »hybride Rechtsnatur«; BeckOK-StaRUG/*Skauradszun*/*Fridgen*, 13. Ed. Stand: 01.07.2024, Einl. Rn. 16: »hybride Rechtsnatur«; a.A. *Smid*, DZWiR 2021, 119, 121 f.; ders. Pannen/Riedemann/Smid-*Smid*, StaRUG § 17 Rn. 17 ff.: »Vergleich«; *Madaus*, NZI-Beilage 2021, 35, 36: »Vertrag«; MK-StaRUG/*Deppenkemper*, § 17 Rn. 10: »Vielzahl an Einzelverträgen«.

11 Begr. RegE BT-Drucks. 19/24181, S. 121.

12 Begr. RegE BT-Drucks. 19/24181, S. 121 »Handlungsformen des Privatrechts«; vgl. auch BeckOK-StaRUG/*Spahlinger*, § 17 Rn. 14, 21.

13 BGH, WM 1991, 2069 (2070); a.A. für den außergerichtlichen Restrukturierungsplan: MK-StaRUG/*Deppenkemper*, § 17 Rn. 61.

14 So auch *Smid*, DZWiR 2021, 119, 120.

beziehungen durch die im Restrukturierungsplan dargelegten Regelungen und zu den dortigen Bedingungen gerichtet ist. Als solche unterliegt das Planangebot den zivilrechtlichen Anforderungen an eine Willenserklärung, insbesondere im Hinblick auf die Bestimmtheit[15] und den Rechtsbindungswillen[16], sowie an den Erklärenden (u.a. Rechts- und Geschäftsfähigkeit, Vertretungsbefugnis).

a) Erklärender

Planvorlageberechtigt ist ausschließlich der Schuldner (§ 17 Abs. 1 Satz 1). **Schuldner** i.S.d. des Gesetzes ist, wer nach § 30 restrukturierungsfähig ist. Die Restrukturierungsfähigkeit knüpft dabei an die Insolvenzfähigkeit nach § 11 Abs. 1 Satz 1 und 2 sowie Abs. 2 Nr. 1 InsO an. Ausgeschlossen sind gem. § 30 Abs. 1 Satz 2 nur natürliche, nicht unternehmerisch tätige Personen sowie gem. § 30 Abs. 2 Unternehmen der Finanzbranche i.S.d. § 1 Abs. 19 KWG (zu den Einzelheiten § 30 Rdn. 2 ff.). 16

Die Abgabe des Planangebots erfolgt damit für die juristische Person durch deren gesetzlichen Vertreter (Geschäftsführer, Vorstand etc.) und bei dem Einzelunternehmer durch diesen selbst. Eine Abgabe durch einen Bevollmächtigten ist unter den Voraussetzungen der §§ 164 ff. BGB möglich. 17

Andere Personen als der Schuldner sind **nicht** planvorlageberechtigt. Der Gesetzgeber hat davon abgesehen, die in Art. 9 Abs. 1 Satz 2 der Richtlinie (EU-RL 2019/1023) vorgesehenen Möglichkeiten einer Planvorlageberechtigung für die Gläubiger und/oder den Restrukturierungsbeauftragten in das Gesetz zu übernehmen. 18

Auch für **Anteilseigner** ist eine Planvorlageberechtigung nicht vorgesehen. Die Gesellschafter einer GmbH können jedoch die Geschäftsführung ggfs. anweisen (§ 37 GmbHG), einen Restrukturierungsplan auszuarbeiten und vorzulegen[17]. 19

Die **Frage, ob** ein diesbezüglicher **Gesellschafterbeschluss zwingend erforderlich ist, ist streitig.** Für die Anzeige des Restrukturierungsvorhabens nach § 31 StaRUG, die Voraussetzung für die Inanspruchnahme der Instrumente des Stabilisierungs- und Restrukturierungsrahmens ist, hat sich hierzu eine intensiv geführte Diskussion ergeben.[18] 20

In verfahrensrechtlicher Hinsicht (**Außenverhältnis**) hält die **h.M.** einen zustimmenden Gesellschafterbeschluss **nicht für erforderlich.**[19] Selbst wenn sich für die Abgabe der Willenserklärung aus dem gesellschaftsrechtlichen Innenverhältnis ein Zustimmungsvorbehalt ergibt, ist eine ohne die erforderliche Zustimmung abgegebene Willenserklärung gleichwohl wirksam, es sei denn es handelt sich um einen für alle Planbetroffenen erkennbaren evidenten Missbrauch der Vertretungsmacht[20].

Im **Innenverhältnis** ist je nach Rechtsform zu differenzieren:[21]
- Bei der **AG** und der **SE** ist ein Beschluss der Hauptversammlung jeweils nicht erforderlich, da die Geschäftsleitung (Vorstand bzw. Verwaltungsorgan) eigenverantwortlich und weisungsunabhängig handelt.
- Bei der **GmbH** ist indes gem. § 49 Abs. 2 GmbHG ein Gesellschafterbeschluss erforderlich.

Für den Fall der Anzeige des Restrukturierungsvorhabens (§ 31) wird weiter diskutiert, ob **gesellschaftsrechtliche Weisungsrechte und Zustimmungsvorbehalte** vor dem Hintergrund der Regelun- 21

---

15 Vgl. hierzu: MK-BGB/*Busche*, § 145 Rn. 6.
16 Vgl. hierzu: MK-BGB/*Busche*, § 145 Rn. 7 ff.
17 So auch *Smid*, DZWiR 2021, 199, 120; *Ristelhuber*, NZI 2021, 417, 418 ff.
18 Vgl. ausführl. § 31 Rdn. 10a ff. m.w.N.
19 LG Berlin, NZI 2023, 928, 929 Tz. 3 f.; AG Nürnberg, NZI 2023, 881, 884, Tz. 68; BeckOK-StaRUG/*Kramer*, § 31 Rn. 31 m.w.N.; a.A.: AG Hamburg, NZI 2023, 584 (mit ablehn. Anm. *Mock,* NZI 2023, 585); LG Hamburg, NZG 2023, 1133.
20 BeckOK-StaRUG/*Spahlinger*, § 17 Rn. 32.
21 Vgl. § 31 Rdn. 10b m.w.N.

gen des § 32 (Pflichten des Schuldners) und § 43 (Pflichten und Haftung der Organe) eingeschränkt werden oder aber ganz entfallen. Die gleiche Frage stellt sich auch bei der Abgabe eines Planangebots[22].

Nach allgemeinen Grundsätzen sind Weisungen nur in Übereinstimmung mit dem Gesetz und dem Gesellschaftsvertrag zulässig, wobei die Einzelheiten streitig sind[23]. Unzulässig sind Weisungen, die öffentlich-rechtlichen Pflichten oder aber allgemein zwingenden gesetzlichen Vorschriften widersprechen[24]. Die zunächst noch in § 2 Abs. 2 Satz 2 StaRUG-E[25] vorgesehene Unbeachtlichkeit von, den Gläubigerinteressen entgegenstehenden, Beschlüssen und Weisungen der Organe ist letztlich nicht in das Gesetz übernommen worden. Im Gegenzug zur Streichung des § 2 StaRUG-E ist allerdings § 43 Abs. 1 Satz 1 aufgenommen worden. Die Geschäftsleiter haben damit dafür Sorge zu tragen, dass die Restrukturierungssache durch den Schuldner entsprechend dem Sorgfaltsmaßstab des § 32 betrieben wird und die Interessen der Gläubigergesamtheit gewahrt werden. **Beschlüsse und Weisungen** der Gesellschafter, **die** diesem **Sorgfaltsmaßstab** und/oder der **Verpflichtung zur Interessenwahrung zuwiderlaufen**, sind damit im Ergebnis **unbeachtlich**.

b) Empfänger

22 Bei dem Restrukturierungsverfahren nach dem StaRUG handelt es sich um ein teilkollektives Verfahren, das dem Schuldner die Möglichkeit gibt, in den Grenzen der §§ 2–4 und § 8 die durch den Plan zu restrukturierenden Rechtsverhältnisse und Planbetroffenen auszuwählen. Der angenommene bzw. bestätigte Restrukturierungsplan entfaltet infolgedessen auch nur den einbezogenen Planbetroffenen gegenüber Wirkung.

23 Das Planangebot ist hierfür an **alle** in den Plan einbezogenen **Planbetroffenen** i.S.d. § 8 **zu richten**, mithin an alle Beteiligten, bei denen die bestehenden Rechtsverhältnisse durch den Plan eine Änderung erfahren sollen.

24 Dieses sind entsprechend der Auswahl des Schuldners:
- die Inhaber einbezogener Restrukturierungsforderungen (§ 2 Abs. 1 Nr. 1),
- die Berechtigten einbezogener Absonderungsanwartschaften aus am Vermögen des Schuldners bestellten Sicherheiten (§ 2 Abs. 1 Nr. 2),
- alle Vertragspartner zu gestaltender kollektiver Rechtsverhältnisse (§ 2 Abs. 2)
- die Inhaber zu gestaltender Anteils- und Mitgliedschaftsrechte (§ 2 Abs. 3)
- die Berechtigten einbezogener Drittsicherheiten (§ 2 Abs. 4 Satz 1)
- persönlich haftende Gesellschafter, sofern die Einbeziehung der persönlichen Gesellschafterhaftung eine Kompensationspflicht auslöst (§ 2 Abs. 4)

c) Abgabe und Zugang

aa) Abgabe der Willenserklärung

25 Das Planangebot ist allen Planbetroffenen gegenüber **abzugeben**, d.h. durch den Schuldner willentlich in den Rechtsverkehr zu entäußern[26]. Da es sich um eine empfangsbedürftige Willenserklärung handelt muss diese so abgegeben werden, dass mit einem Zugang beim Empfänger zu rechnen ist.

22 Keine Einschränkung: *Brünkmans*, ZInsO 2021, 125, 127; *Guntermann*; WM 2021, 214, 220 – in Relation zum Fortschreiten der Krise zunehmende Einschränkung: *Bea/Dressler*, NZI 2021, 67, 69 – Einschränkung: *Ristelhuber*, NZI 2021, 420; MK-StaRUG/*Deppenkemper*, § 17 Rn. 48 ff.; Fortfall: *Scholz*, ZIP 2021, 219, 223 f. Ausführlich zum Meinungsstand: BeckOK-StaRUG/*Spahlinger*, 13. Ed. 01.07.2024, § 17 Rn. 26 ff.; Flöther-*Goetker*, StaRUG, § 1 Rn. 77 ff.; Morgen-*Tresselt*, StaRUG, § 17 Rn. 8 ff.; Uhlenbruck-*Schönen*, StaRUG, § 17 Rn. 19 ff.

23 Vgl. Scholz-Uwe H. Schneider/*Sven H. Schneider*, GmbHG, Bd. 2 § 37 GmbHG Rn. 98 ff. m.w.N.

24 Scholz-Uwe H. Schneider/*Sven H. Schneider*, GmbHG, Bd. 2 § 37 GmbHG Rn. 99, 100.

25 BT-Drucks. 19/25353, S. 8.

26 Anforderungen an die Abgabe einer Willenserklärung: BGHZ 65, 13, 14 = NJW 1975, 2101; BGH, NJW-RR 2003, 384.

Der Schuldner muss also alles seinerseits Erforderliche getan haben, damit die Willenserklärung wirksam werden kann.

bb) Zugang der Willenserklärung

Das Planangebot kann unter Anwesenden übergeben werden und ist bei Abwesenheit zu übersenden. 26

Das Planangebot ist **zugegangen**, wenn es so in den Machtbereich des Empfängers gelangt, dass unter normalen Umständen mit einer Kenntnisnahme zu rechnen ist[27]. 27

Da alle Planbetroffenen in das Abstimmungsverfahren einzubeziehen sind, ist das Planangebot auch **allen Planbetroffenen zuzustellen**. Dies ergibt sich neben den rechtsgeschäftlichen Erfordernissen auch aus einem Umkehrschluss zu § 67 Abs. 1, der für den Fall des gerichtlich bestätigten Plans auf eine ordnungsgemäße Einbeziehung der Planbetroffenen abstellt. Hierbei ist **besondere Sorgfalt** geboten, damit das Planangebot auch dem richtigen Empfänger zugestellt wird. Etwaige Gläubigerwechsel (z.B. durch Abtretung) sowie Änderungen in den Vertretungsbefugnissen und/oder den Zustelldaten sind zu berücksichtigen, um Verzögerungen im Verfahren, Fristversäumnisse und/oder Fehler im Abstimmungsverfahren, die einem wirksamen Zustandekommen des Plans oder einer Planbestätigung entgegenstehen könnten, zu vermeiden. 28

Kann die **Zustellung** an einzelne Planbetroffene **nicht sichergestellt** werden, empfiehlt es sich, diese entweder aus dem Restrukturierungsvorhaben herauszunehmen oder aber in ein Insolvenzplanverfahren zu wechseln, um über § 254b InsO eine Wirkung gegenüber allen Planbetroffenen (dann Insolvenzgläubigern) zu erzielen. Im Insolvenzverfahren gilt die öffentliche Bekanntmachung (dort des Erörterungs- und Abstimmungstermins nach § 235 Abs. 2 InsO) als Nachweis der Zustellung gegenüber allen Beteiligten (§ 9 Abs. 3 InsO). Der Wechsel in das gerichtliche Planbestätigungsverfahren nach § 45 hilft dagegen nicht, da die Planwirkungen gem. § 67 Abs. 1 nur gegenüber den ordnungsgemäß am Abstimmungsverfahren beteiligten Planbetroffenen eintreten und der Planbetroffene, demgegenüber keine Zustellung erfolgen konnte, in diesem Sinne nicht ordnungsgemäß in das Verfahren einbezogen worden ist. 29

Abgabe und Zugang des Planangebotes sind zu **dokumentieren** (§ 22). Im Fall einer gerichtlichen Planbestätigung ist die Ordnungsgemäßheit der Durchführung des Abstimmungsverfahrens durch den Schuldner nachzuweisen (§ 60 Abs. 1). Zweifel an der Ordnungsgemäßheit gehen zu seinen Lasten (§ 63 Abs. 3). 30

d) Fehler und Abweichungen

Fehler und etwaige **Willensmängel** sind **nach Maßgabe der §§ 116 ff. BGB** und den dazu in Rechtsprechung und Literatur ausgebildeten Grundsätzen zu beurteilen. Erklärungen, denen kein Erklärungswert zukommen soll, sind daher unter den Voraussetzungen der §§ 116 bis 118 BGB nichtig. Irrtümer bei der Willensbildung und -erklärung können nach Maßgabe der §§ 119 ff. BGB angefochten werden und lösen die dortigen Rechtsfolgen aus (§§ 122, 140 BGB), sofern keine Bestätigung erfolgt (§ 144 BGB). 31

Fehler und Abweichungen im **Zustellvorgang** sind **nach Maßgabe der §§ 130 ff. BGB** sowie der dazu in Rechtsprechung und Literatur ausgebildeten Grundsätze zu beurteilen. Soweit sich daraus Möglichkeiten zur Überwindung von Zugangshindernissen ergeben, ist der Schuldner gleichwohl gut beraten, sich hierauf nicht zu verlassen, da eine Auseinandersetzung darüber die zügige Umsetzung seines Planvorhabens behindern kann. Im Falle eines bekannten Zugangshindernisses empfiehlt es sich, den Planbetroffenen aus dem Verfahren heraus zu nehmen oder aber in ein Insolvenzplanverfahren zu wechseln.[28] 31a

---

27 BGHZ 67, 271, 275 = NJW 1997, 194 f.; BGH, NJW 2004, 1320.
28 S.a. Rdn. 29.

e) Auslegung der Willenserklärung

31b Die Auslegung der Willenserklärungen im Rahmen des Restrukturierungsplanverfahrens richtet sich nach den **§§ 133, 157 BGB**. Die Auslegung erfolgt danach auf Basis des **objektiven Empfängerhorizonts**, wobei nicht der Empfängerhorizont des einzelnen Planbetroffenen, sondern – wie auch im Insolvenzplanverfahren – der objektive Empfängerhorizont aller Planbetroffenen maßgebend ist.[29]

2. Hinweise

a) Allgemeines

32 Das Zivilrecht kennt keine allgemeine Auskunftspflicht[30]. Die ausnahmsweise Anerkennung zivilrechtlicher Auskunfts- und Hinweispflichten dient regelmäßig dazu, unbillige Informationsasymmetrien auszugleichen[31]. § 17 geht darüber hinaus und verpflichtet den Schuldner, soweit Hinweise zum Verfahren erforderlich sind, **unabhängig von** dessen **Wissens- und Kenntnisstand** zur Erteilung von Hinweisen an die Planbetroffenen. Verfügt der Schuldner über die entsprechenden Kenntnisse nicht, trifft ihn damit eine **Erkundigungspflicht**.

33 Hinsichtlich **Art** und **Umfang** der Hinweispflicht ist zu differenzieren. Nach Maßgabe der gesetzlichen Formulierung handelt es sich bei der Information zu Art und Weise der Einbeziehung des Planbetroffenen in das Restrukturierungsvorhaben (Abs. 2) um individuelle Hinweise, die sich jeweils konkret auf den angesprochenen Planbetroffenen beziehen müssen. Bei den verfahrensbezogenen Hinweisen zu den Möglichkeiten der gerichtlichen Bestätigung (Abs. 1) und der gemeinschaftlichen Erörterung (Abs. 3) handelt es sich dagegen um allgemeine Hinweise.

b) Erforderliche Hinweise

aa) Gerichtliche Bestätigung (Abs. 1 Satz 1)

34 § 17 verpflichtet den Schuldner, die Planbetroffenen darauf hinzuweisen, dass der Plan auch zustande kommen und gegen ablehnende Planbetroffene wirken kann, wenn
- er mehrheitlich angenommen und
- gerichtlich bestätigt

worden ist. Es handelt sich insoweit um eine Belehrung, da nicht nur der rechtliche Sachverhalt darzulegen, sondern auch auf die Rechtsfolge (§ 67) hinzuweisen ist, mithin darauf, dass der Plan auch gegenüber den Planbetroffenen wirkt, die gegen ihn gestimmt haben bzw. trotz ordnungsgemäßer Einbeziehung nicht an der Abstimmung teilgenommen haben.

35 Der Hinweis ist nach der gesetzlichen Formulierung »**deutlich**« zu erteilen. Soweit in der Rechtsprechung bisher »deutliche Hinweise« Gegenstand waren, ist festgestellt worden, dass diese so zu erteilen sind, dass sie auch von durchschnittlich aufmerksamen Lesern, also **selbst bei flüchtiger Betrachtung erfasst** werden[32]. Eine drucktechnische Hervorhebung ist zwar nicht erforderlich, aber empfehlenswert[33].

36 Der Hinweis ist ferner **sprachlich klar** und **verständlich, übersichtlich** und **lesbar** zu gestalten, sodass über seinen Inhalt keine Zweifel aufkommen[34].

---

29 S.a. § 18 Rdn. 5.
30 Vgl. MK-BGB-*Emmerich*, § 311 Rn. 64 ff.
31 Vgl. MK-BGB/*Emmerich*, § 311 Rn. 69.
32 BGH, NJW 2007, 2988, 2989.
33 So auch BeckOK-StaRUG/*Spahlinger*, § 17 Rn. 34.
34 BGH, NJW-RR 1987, 112: »unmissverständlich«, »klar erkennbar«.

Eine rechtliche Belehrung über die Einzelheiten und Voraussetzungen des Abstimmungsergebnisses sowie des gerichtlichen Bestätigungsverfahrens ist dagegen nicht erforderlich. 37

bb) Art und Weise der Einbeziehung (Abs. 2)

Weiter muss der Schuldner dem jeweiligen Planbetroffenen **individuell** mitteilen, 38
- mit welchen Forderungen und Rechten er in den Plan einbezogen wird,
- in welche Abstimmungsgruppe(n) er eingeteilt wird **und**
- welche Stimmrechte sich aus den einbezogenen Forderungen und Rechten für ihn ergeben.

Hier sind mithin die **abstimmungsbezogenen Regelungen des gestaltenden Teils** des Restrukturierungsplans individuell für den einzelnen Planbetroffenen **zu extrahieren und übersichtlich, klar und verständlich darzustellen**[35]. 39

Teilweise wird vertreten, dass bereits mit Übersendung des vollständigen Restrukturierungsplans nebst Anlagen dem Hinweiserfordernis genüge getan sei, soweit sich die Informationen daraus für den Planbetroffenen zweifelsfrei entnehmen lasse. Es wird ferner befürchtet, dass vom Plan abweichende Formulierungen die Gefahr einer inhaltlichen Divergenz bergen und darauf hingewiesen, dass bei einer großen Anzahl an Planbetroffenen eine individualisierte Information aufgrund des damit verbundenen hohen Aufwands nicht praktikabel sei[36]. 40

Dem ist indes entgegenzuhalten, dass dann die Regelung des § 17 Abs. 2 obsolet wäre, da jeder Plan so zu formulieren ist, dass die Betroffenen daraus ihre Rechtsstellung und Einbeziehung zweifelsfrei entnehmen können. Die Regelung dient vielmehr dazu, dem Planbetroffenen quasi »auf einen Blick« zu verdeutlichen, welche Rechtsbeziehung(en) zum Schuldner betroffen sind (und welche von ggf. mehreren damit auch nicht) und mit welchem »Gewicht« der Planbetroffene im Rahmen der Abstimmung auf deren mögliche Änderung einwirken kann. 40a

Es geht damit **nicht** um die Darstellung des Planeinflusses auf die Rechtsstellung des Planbetroffenen (= **Rechtsfolgen** des Plans), sondern vielmehr **nur** um die **Darstellung der Einflussmöglichkeit** des Planbetroffenen auf das Zustandekommen des Plans. Mit dieser Betrachtung sollten sich bereits keine Auslegungsdivergenzen zwischen Planangebot und Planregelung ergeben. Höchst vorsorglich kann jedoch ein klarstellender Hinweis aufgenommen werden, dass in Zweifelsfällen die Formulierung des Restrukturierungsplans maßgebend ist. 41

Eine Begründung der getroffenen Auswahl der Planbetroffenen, der Gruppeneinteilung sowie der Stimmrechtszuweisung ist nicht erforderlich. Der Schuldner kann entsprechende Ausführungen jedoch aufnehmen, wenn er sich dadurch z.B. eine größere Akzeptanz der getroffenen Entscheidungen bei den Planbetroffenen verspricht. 42

cc) Gemeinschaftliche Erörterung (Abs. 3)

Die Abstimmung über den Plan kann ohne Erörterung und versammlungslos erfolgen. Hat der Schuldner den Planbetroffenen jedoch vor Abgabe des Planangebots **keine Gelegenheit zur Erörterung des Plans** oder des Restrukturierungskonzepts gegeben, muss er die Planbetroffenen im Planangebot darauf hinweisen, dass auf Verlangen eines Planbetroffenen gem. § 21 eine Versammlung zur Erörterung des Plans abgehalten wird. Der **Hinweis** dient der rechtlichen Aufklärung der Beteiligten über die Möglichkeit einer Erörterung des Plans[37]. 43

Die **Anforderungen** an die Gelegenheit einer vorherigen Planerörterung sind durch den Gesetzgeber **offengelassen** worden. Verlangt ein Planbetroffener die Abhaltung einer Versammlung zur Erörterung 44

35 Begr. RegE, BT-Drucks. 19/24181, 122; Flöther-*Madaus*, StaRUG, § 17 Rn. 9.
36 BeckOK-StaRUG/*Spahlinger*, § 17 Rn. 40; IDW, Stellungnahme v. 02.10.2020 zum SanInsFoG-RefE, S. 4 zu § 19 StaRUG-E.
37 Begr. RegE, BT-Drucks. 19/24181, S. 122.

des Plans, ist diese nach Maßgabe des § 21 einzuberufen und abzuhalten. Da diese Versammlung durch eine zuvor eingeräumte Gelegenheit entbehrlich gemacht werden soll, muss diese Gelegenheit den Planbetroffenen die gleichen Rechte und Informationsmöglichkeiten wie die Versammlung nach § 21 einräumen[38]. Vor diesem Hintergrund ist jede Gelegenheit, die den Planbetroffenen die Möglichkeit zur

- Befragung des Schuldners zum Restrukturierungsplan oder -konzept und den für dessen sachgerechte Beurteilung relevanten Verhältnissen,
- gemeinsamen Erörterung des Plans bzw. Restrukturierungskonzepts **und**
- Unterbreitung von Änderungsvorschlägen

bietet, ordnungsgemäße Gelegenheit im Sinne der Norm.

c) Fehler bei der Hinweiserteilung

45 Nach der gesetzlichen Formulierung sind die aufgeführten Hinweispflichten **nicht dispositiv**. Ein erforderlicher, aber unterlassener Hinweis steht damit einer Planbestätigung entgegen (§ 63).

46 Eine **Verletzung der Hinweispflicht** kann nach Maßgabe der §§ 311 Abs. 2, 241 Abs. 2, 280 Abs. 1, 276 BGB eine Schadenersatzpflicht des Schuldners für kausal eingetretene Schäden auslösen. Der Schuldner haftet für Vorsatz und Fahrlässigkeit (§ 276 BGB) sowie nach § 278 BGB für das Verschulden von ihm eingesetzter Dritter (Erfüllungsgehilfen). Nach allgemeinen zivilrechtlichen Grundsätzen ist z.B. die Erteilung einer **Falschinformation** immer eine Pflichtverletzung, die zur Erstattung des kausal entstandenen Schadens verpflichtet[39].

47 Sollte sich ein erteilter Hinweis im weiteren Verlauf als (unbeabsichtigt) **unzutreffend oder missverständlich** herausstellen und hierdurch geeignet sein, einen für die Entscheidung über die Plannahme maßgeblichen Irrtum bei den Planbetroffenen hervorzurufen, ist der Schuldner nach Maßgabe der zivilrechtlichen Grundsätze zur **Ingerentenhaftung** verpflichtet, den Sachverhalt gegenüber den Planbetroffenen **richtig zu stellen**. Unterlässt er dieses macht er sich schadenersatzpflichtig[40].

3. Anlagen

a) Restrukturierungsplan nebst Anlagen (Abs. 1 Satz 2 Halbs. 1)

48 Dem Planangebot ist der vollständige Restrukturierungsplan nebst Anlagen beizufügen. **Nur bei vollständiger Beifügung** wird der Restrukturierungsplan **Inhalt des Planangebots** des Schuldners und der diesbezüglichen Planannahmeerklärung der Planbetroffenen[41]. Die Übersendung nur einer Zusammenfassung bzw. des Restrukturierungskonzepts, wie dieses § 19 Satz 3 für die Bemessung der Fristlänge genügen lässt, erfüllt die Voraussetzung nicht.

49 *Spahlinger* will es unter Praktikabilitätserwägungen ausreichen lassen, dass der vollständige Restrukturierungsplan nebst Anlagen den Planbetroffenen in einem **elektronischen Datenraum** zur Verfügung gestellt wird[42]. Eine entsprechend hybride Form der Übermittlung des Planangebots ergibt sich nicht aus dem Gesetz. Hierfür ist damit unter Berücksichtigung des § 17 Abs. 4 jedenfalls eine gesonderte vorherige Vereinbarung zur Form erforderlich.

Die für die Abgabe von Willenserklärungen möglichen Formen ergeben sich aus den §§ 126–126b BGB. Ihnen gemein ist, dass die Erklärung erkennbar durch den Erklärenden entäußert wird, entweder durch Errichtung einer Urkunde (§ 126 BGB), die elektronische Signatur einer Erklärung (§ 126a BGB) oder die Übergabe eines dauerhaften Datenträgers (§ 126b BGB). Ferner muss die

38 So auch BeckOK-StaRUG/*Spahlinger*, § 17 Rn. 45 f.
39 BGH, NJW 1997, 935; BGH, NJW 2000, 2503; BGH, NJW-RR 2001, 314; BGH, NJW-RR 201, 768.
40 Vgl. zu Voraussetzungen und Rechtsfolgen: MK-BGB/*Emmerich*, § 311 Rn. 67, 77.
41 Vgl. *Smid*, DZWiR 2021, 123.
42 BeckOK-StaRUG/*Spahlinger*, 13. Ed. 01.07.2024, § 17 Rn. 36.

Erklärung nach Maßgabe des § 130 BGB dem Empfänger zugehen, also durch den Schuldner in Richtung auf den Empfänger auf den Weg gebracht werden. Insoweit erscheint fraglich, dass die Zurverfügungstellung eines verpflichtenden Teils des Planangebots in einem von dem Schuldner zur Verfügung gestellten Datenraum zur Abholung durch den Empfänger den Anforderungen genügt. Ferner erscheint fraglich, ob der Vorteil der Erleichterung des Verwaltungsaufwands, eine entsprechende Vereinbarkeit der Form unterstellt, nicht mit einer Erschwerung des Nachweises der Ordnungsgemäßheit der Durchführung des Abstimmungsverfahrens im Sinne des § 60 Abs. 1, zu dem die ordnungsgemäße Abgabe des Planangebots gehört, erkauft wird.

Um den Aspekten der Beschleunigung und Verringerung des Verwaltungs- und Kostenaufwands 50 Rechnung zu tragen, kann dagegen – vor Abgabe des Planangebots – die **Textform** (§ 126a BGB) vereinbart werden, sodass das Planangebot elektronisch signiert per Mail oder Datenträger übermittelt werden kann[43].

Der angebotene Restrukturierungsplan muss den **gesetzlichen Anforderungen** der §§ 2–15 **ent-** 51 **sprechen**[44]. Es darf mithin kein Sachverhalt vorliegen, der den Schutzvorschriften des § 63 (Versagungsgründe) und § 64 (Minderheitenschutz) zuwiderläuft und bei beantragter Planbestätigung zur Pflichtversagung führen würde. Ist ein solcher Sachverhalt unerkannt gegeben, liegt bei einem gleichwohl angenommenen Plan ein versteckter Einigungsmangel (Dissens) im Sinne des § 155 BGB vor. Da es sich hierbei regelmäßig nicht um Sachverhalte von untergeordneter Bedeutung handelt, ist von einem Nichtzustandekommen des Plans auszugehen[45]. Liegt ein solcher Sachverhalt erkannt vor, wird zu prüfen sein, ob sich die Beteiligten außerhalb einer Restrukturierung nach dem StaRUG einvernehmlich auf eine freie Sanierung zu den festgelegten Bedingungen einigen wollten. Die Instrumente des StaRUG stehen hierfür dann naturgemäß jedoch nicht (mehr) zur Verfügung.

b) Kostendarstellung (Abs. 1 Satz 2 Halbs. 2)

Der Schuldner hat den Planbetroffenen als Anlage zum Planangebot ferner eine Übersicht der Kos- 52 ten des Restrukturierungsverfahrens sowie der Vergütung eines etwaig bestellten Restrukturierungsbeauftragten beizufügen. Den Planbetroffenen wird damit eine Einschätzung zum »Preis« der angestrebten Restrukturierung gegeben, den sie neben den rechtlichen und wirtschaftlichen Einbußen aus dem Restrukturierungsvorhaben hierfür durch die Schmälerung des ihnen zur Befriedigung zur Verfügung stehenden Schuldnervermögens entrichten müssen. Hierdurch wird ihnen zugleich ein Vergleich zu den Kosten ggfs. bestehender Sanierungsalternativen ermöglicht.

Der Begriff ist im Interesse einer umfassenden Information der Planbetroffenen **weit zu verstehen**[46]. 53 Er umfasst neben den **Gerichtskosten** des Verfahrens auch die mit der Restrukturierung verbundenen **externen Kosten** des Schuldners[47]. Interne Restrukturierungskosten sowie Kosten, die nur anlässlich der wirtschaftlichen Schieflage aber nicht in Bezug auf das Restrukturierungsvorhaben anfallen bzw. angefallen sind, sind dagegen nicht anzugeben. Entsprechende künftige Kosten ergeben sich jedoch aus der dem Plan gem. § 14 beizufügenden Ergebnis- und Liquiditätsplanung.

Die bereits **angefallenen Kosten** sind detailliert zu beziffern. 54

Die zu **erwartenden künftigen Kosten** können dagegen geschätzt werden, wobei die Schätzung Art 55 und Umfang des Restrukturierungsverfahrens Rechnung tragen muss. Bereits aus Gründen der Glaubhaftigkeit des den Planbetroffenen angetragenen Restrukturierungsvorhabens ist der Schuldner gehalten, eine **realistische Kostenschätzung** vorzunehmen. Es sind alle Kosten aufzunehmen, deren **Entstehung** im Zeitpunkt der Unterbreitung des Planangebots **wahrscheinlich** ist.

43 So auch *Smid*, DZWiR 2021, 123.
44 So auch *Smid*, DZWiR 2021, 124 f.
45 So für verschiedene Einzelsachverhalte auch *Smid*, DZWiR 2021, 124 f.
46 So auch *Smid*, DZWiR 2021, 125.
47 BeckOK-StaRUG/*Spahlinger*, § 17 Rn. 38.

56 Zu berücksichtigen sind, sofern angefallen oder voraussichtlich noch anfallend:
- Gerichtskosten (§§ 3, 25a, 34 GKG i.V.m. KV-Nr. 2510 ff.)
  - Anzeige des Restrukturierungsvorhabens
  - Vorprüfung
  - Stabilisierungsanordnung
  - Bestellung eines Restrukturierungsbeauftragten
  - Planbestätigungsverfahren
- Kosten des Restrukturierungsbeauftragten (§§ 80 ff.)
  - Regelvergütung gem. § 81
  - Vergütung in besonderen Fällen gem. § 83
  - Auslagen
- Externe Kosten des Schuldners
  - Rechtsberatung, z.B. für die
    - Erstellung des Restrukturierungsplans
    - Erstellung/Zustellung des Planangebots
    - Durchführung des Planabstimmungsverfahrens
    - Vorbereitung/Vornahme der Anzeige des Restrukturierungsvorhabens
    - Beantragung von Stabilisierungsanordnungen
    - Begleitende Beratung, Kommunikation mit bzw. Information von Verfahrensbeteiligten
  - Betriebswirtschaftliche Beratung, z.B. für die
    - Erstellung des Sanierungskonzepts
    - Erstellung der Restrukturierungsplanung
    - Erstellung der Plananlage »Ergebnis- und Liquiditätsplanung«
  - Kosten eines restrukturierungsbedingt bestellten CRO bzw. Generalbevollmächtigten

57 Im Planangebot nach § 17 sind dagegen **nicht** die **Kosten der finanzwirtschaftlichen und operativen Sanierung** des Schuldners anzugeben. Diese sind allerdings selbstverständlich im Rahmen der dem Plan beizufügenden Ergebnis- und Liquiditätsplanung zu berücksichtigen.

III. Fakultativer Inhalt

1. Allgemeines

58 Grundsätzlich ist der Schuldner **nicht verpflichtet**, den Gläubigern über den in § 17 vorgesehenen Pflichtinhalt hinaus, **weitergehende Informationen und Hinweise** zu erteilen[48]. Soweit im Gesetzgebungsverfahren Anregungen dahingehend erfolgt waren, der Schuldner möge Informationen über die wirtschaftliche und finanzielle Situation des Unternehmens, seine Planungen oder aber Bescheinigungen von in Restrukturierungssachen erfahrenen Dritten beifügen, ist der Gesetzgeber diesen nicht gefolgt.

59 Ein Planangebot, das nur den Pflichtinhalt des § 17 enthält, ist damit vollständig und gesetzeskonform. Aus Sicht des Schuldners bietet es sich jedoch an, in das Planangebot **weitere Regelungen** sowie **freiwillige Hinweise** mit aufzunehmen. Dies gilt insbesondere, da der Pflichtinhalt des Planangebots z.B. keine Angaben zur Durchführung der Abstimmung enthält. Weitere Angaben können sich aus »Servicegesichtspunkten« anbieten, um die Planbetroffenen zu einer (zustimmenden) Beteiligung am Verfahren zu bewegen, indem der dort entstehende Klärungs- und Beratungsaufwand durch proaktive Information und vorausschauende Vorbereitung des Verfahrens gering gehalten und die Teilnahme am Verfahren für die Planbetroffenen einfach und reibungslos gestaltet wird.

48 Vgl. BeckOK-StaRUG/*Spahlinger*, § 17 Rn. 42.

2. Weiterer Inhalt des Planangebots

a) Erörterungs- und Abstimmungsverfahren

Die Entscheidung über die Ausgestaltung des außergerichtlichen Planabstimmungsverfahrens obliegt – sofern nicht von Amts wegen in den Fällen des § 73 Abs. 1 Nr. 1, Abs. 1 Nr. 2, Abs. 2 ein Restrukturierungsbeauftragter bestellt worden ist – dem Schuldner. Dieser sollte den Planbetroffenen daher mit dem Planangebot mitteilen, ob die Abstimmung im Rahmen einer Versammlung oder aber versammlungslos erfolgt. 60

Ferner sollte er mit dem Planangebot das **Abstimmungsverfahren festlegen**. Bei dessen Ausgestaltung ist der Schuldner frei[49]. Hierbei ist zu bedenken, dass der Schuldner die ordnungsgemäße Plannahme nach § 60 Abs. 1 Satz 3 nachzuweisen hat und Zweifel daran gem. § 63 Abs. 3 Satz 1 zu seinen Lasten gehen. Das Abstimmungsverfahren ist vor diesem Hintergrund so auszugestalten, dass eine rechtssichere Dokumentation gewährleistet ist. 61

Für den Fall einer **versammlungslosen Abstimmung** kann es sich anbieten, dem Planangebot bereits eine vorbereitete Annahmeerklärung beizufügen, die durch die Planbetroffenen nur noch zurückzusenden ist. Ergeben sich aus einer Vereinbarung zur Form oder aber den Regelungen im Restrukturierungsplan besondere Formerfordernisse, sollten die Planbetroffenen auf deren Einhaltung hingewiesen werden. Eine versammlungslose Abstimmung bietet sich an, wenn mit Erörterungs- und Änderungsbedarf am Plan nicht zu rechnen ist und eine den Mehrheitserfordernissen genügende Zustimmung bereits sicher erscheint. 62

Für den Fall der **Abstimmung im Rahmen einer Versammlung** kann der Schuldner die Übersendung des Planangebots mit der Einberufung der Versammlung verbinden. Die Anforderungen an die Einberufung und Durchführung der außergerichtlichen Planabstimmungsversammlung ergeben sich aus § 20. 63

Der Schuldner kann sich auch für eine Erörterung des Plans im Rahmen einer Versammlung entscheiden, die entweder das nachfolgende schriftliche Abstimmungsverfahren vorbereitet oder aber mit dem Abstimmungstermin verbunden werden kann. Zu den Einzelheiten der Einberufung und Durchführung einer **Erörterungsversammlung** vgl. § 21. 64

b) Bedingungen

Willenserklärungen sind grundsätzlich **bedingungsfreundlich**, eine etwaige Unsicherheit durch den damit verbundenen Schwebezustand wird in Kauf genommen[50]. Nicht nur der Restrukturierungsplan kann nach § 62 unter eine Bedingung gestellt werden, sondern auch das Planangebot[51]. Dieses ergibt sich neben der rechtlichen Einordnung des Angebots als Willenserklärung auch aus der in § 18 vorgesehenen **Auslegungsregel**. Danach steht das Planangebot im Zweifel unter der Bedingung, dass sämtliche Planbetroffene zustimmen oder aber der Plan gerichtlich bestätigt wird. 65

Während es sich bei den Bedingungen des Restrukturierungsplans um Sachverhalte handelt, die in direktem Zusammenhang mit dem Restrukturierungsvorhaben und dessen Umsetzung stehen, betreffen die Bedingungen des Planangebotes das Abstimmungsverfahren selbst. Denkbar ist bspw. die zu der Zweifelsregelung des § 18 konträre Bedingung, dass der Plan auch dann wirksam werden soll, wenn nicht alle Planbetroffenen zugestimmt haben und keine gerichtliche Planbestätigung erfolgt, wobei die Vereinbarung der Wirksamkeit dann auf die zustimmenden Planbetroffenen beschränkt bleiben muss[52]. 66

---

49 Begr. RegE BT-Drucks. 19/24181, 121.
50 BGH, NJW-RR 2006, 182, 183 f. Rn. 15.
51 A.A. *Smid*, DZWiR 2021, 122.
52 Vgl. BeckOK-StaRUG/*Spahlinger*, § 18 Rn. 8.

67 Die Möglichkeit das Planangebot und den Restrukturierungsplan unter eine Bedingung zu stellen, ist durch die zivilrechtlichen **Grundsätze zur Bedingungsfeindlichkeit begrenzt.** Ausgenommen sind bestimmte Rechtsgeschäfte wie z.B. die Auflassung sowie die Ausübung von Gestaltungsrechten[53]. Soweit ein grundsätzlich bedingungsfeindliches Rechtsgeschäft indes nach allgemeinen Rechtsgrundsätzen unter eine **Rechtsbedingung** gestellt werden kann, kann eine solche Rechtsbedingung auch hier dergestalt hergestellt werden, dass die gerichtliche Planbestätigung zur Bedingung des Planangebots erhoben wird[54].

c) Annahmefrist

68 Ferner ist durch den Schuldner eine **Frist** für die Planannahme zu bestimmen (§ 19). Diese sollte daher bereits mit dem Planangebot mitgeteilt werden.[55]

3. Freiwillige Hinweise

a) Minderheitenschutz

69 Ein Minderheitenschutzantrag ist nach § 64 Abs. 2 Satz 1 im Planbestätigungsverfahren nur zulässig, wenn der Antragsteller dem Plan bereits im Abstimmungsverfahren widersprochen hat und eine voraussichtliche Schlechterstellung geltend macht, die nicht durch Mittel aus einem im Plan vorgesehenen Ausgleichsfonds (§ 64 Abs. 3) ausgeglichen werden kann. Damit diese Regelung auch im außergerichtlichen Planabstimmungsverfahren greift, ist gem. § 64 Abs. 4 erforderlich, dass die Planbetroffenen bei

- einer versammlungslosen Abstimmung im Planangebot bzw.
- einem Abstimmungstermin im Einberufungsschreiben (Ladung)

besonders auf das **Erfordernis der Geltendmachung** der voraussichtlichen Schlechterstellung **im Abstimmungsverfahren** hingewiesen werden. Vor diesem Hintergrund empfiehlt es sich, eine entsprechende Belehrung bereits in das Planangebot mit aufzunehmen.

b) Sofortige Beschwerde

70 Jeder Planbetroffene kann im Planbestätigungsverfahren sofortige Beschwerde einlegen (§ 66 Abs. 1 Satz 1). Die sofortige Beschwerde gegen die Bestätigung des Plans ist nach § 66 Abs. 2 nur zulässig, wenn der Beschwerdeführer dem Plan bereits im Abstimmungsverfahren widersprochen sowie gegen den Plan gestimmt hat und eine wesentliche Schlechterstellung glaubhaft machen kann, die nicht durch Mittel aus einem im Plan vorgesehenen Ausgleichsfonds nach § 64 Abs. 3 ausgeglichen werden kann. Damit diese Regelung auch im außergerichtlichen Planabstimmungsverfahren greift, ist gem. § 66 Abs. 3 auch hier erforderlich, dass die Planbetroffenen bei

- einer versammlungslosen Abstimmung im Planangebot bzw.
- einem Abstimmungstermin im Einberufungsschreiben (Ladung)

besonders auf das **Erfordernis der Geltendmachung** der voraussichtlichen Schlechterstellung **im Abstimmungsverfahren** hingewiesen werden. Vor diesem Hintergrund empfiehlt es sich, eine entsprechende Belehrung bereits in das Planangebot mit aufzunehmen.

c) Festlegung des Stimmrechts

71 Sollte im außergerichtlichen Abstimmungsverfahren ein **Stimmrecht streitig** werden, obliegt dem Schuldner dessen Festsetzung (§ 24 Abs. 4 Satz 1). Die Festsetzung des Stimmgewichts kann abweichend zum Restrukturierungsplan erfolgen, wobei die Planbetroffenen hierüber in der Versammlung durch Mitteilung und bei einer versammlungslosen Abstimmung durch anschließende

53 Vgl. BGH, NJW-RR 2006, 182, 183 f. Rn. 15.
54 Vgl. BeckOK-StaRUG/*Spahlinger*, 13. Ed. 01.07.2024, § 18 Rn. 11 f. am Bsp. d. Auflassungserklärung.
55 Zu den Einzelheiten s. § 19.

Information zu unterrichten sind[56]. Hierauf kann im Planangebot hingewiesen werden, um so nach Möglichkeit noch im Vorfeld eine Verständigung mit dem betreffenden Planbetroffenen erzielen zu können.

d) Mehrheitserfordernis

Für die Annahme des Plans ist grundsätzlich die Zustimmung von 75 % aller **Stimmrechte** in jeder Gruppe erforderlich (§ 25). Anders als bei der Abstimmung über den Insolvenzplan, bei der das Abstimmungsergebnis auf Basis der abgegebenen Stimmen ermittelt wird (§ 244 Abs. 1 InsO), wirken in der Abstimmung über den Restrukturierungsplan somit **nicht abgegebene Stimmen** wie eine **Ablehnung**. 72

Der Schuldner hat damit ein Interesse daran, möglichst alle Planbetroffenen zu einer Teilnahme an der Abstimmung zu bewegen. Für ihn kann es sich daher anbieten, im Planangebot **darauf hinzuweisen**, dass nur eine aktiv abgegebene Annahmeerklärung Wirkung entfaltet und die **»stillschweigende«**, d.h. nicht erklärte **Zustimmung**, **ablehnend wirkt** und damit dem Interesse des Planbetroffenen zuwiderlaufen kann. 73

Die **Vereinbarung eines Erklärungswertes** (»Zustimmung«) für das Schweigen ist nicht möglich, wobei sich die Frage ohnehin nur im Fall einer versammlungslosen Abstimmung stellt. Eine entsprechende Regelung im Planangebot ist unwirksam, da ein Erklärungswert nicht einseitig vereinbart werden kann. Eine vorherige Vereinbarung ist jedenfalls vor dem Hintergrund der Regelung der §§ 25, 26 unzulässig. Die §§ 25, 26 knüpfen an die Abstimmung und damit ein aktives Tun der Planbetroffenen an. Dem ist ein Unterlassen nicht gleichzusetzen. Ferner ist es unter Berücksichtigung der Nachweiserfordernisse der §§ 60 Abs. 1, 63 Abs. 3 nicht möglich, rechtssicher festzustellen, ob der Planbetroffene, von dem keine Erklärung eingegangen ist, im Sinne des Erklärungswertes (»beredt«) schweigt oder aber seine Erklärung verloren gegangen ist. 74

e) Ergebnis einer etwaigen Vorprüfung

Hat der Schuldner von der Möglichkeit Gebrauch gemacht, den Restrukturierungsplan, das von ihm gewählte Planabstimmungsverfahren und/oder die Stimmrechtsfestsetzung nach Maßgabe der §§ 47, 46 Abs. 1 Satz 2 vorab durch das Restrukturierungsgericht prüfen zu lassen, kann es sich ebenfalls anbieten, den Planbetroffenen im Rahmen des Planangebots das **Ergebnis der Vorprüfung mitzuteilen**. Dem hierzu vom Restrukturierungsgericht nach § 48 Abs. 2 Satz 1 verfassten Hinweisbeschluss kommt zwar keine Bindungswirkung zu[57], gleichwohl hat eine entsprechende neutrale Stellungnahme Gewicht und Überzeugungskraft. 75

C. Erklärung der Planbetroffenen

I. Grundsatz

Die Wirkung der Erklärung der Planbetroffenen zu dem vom Schuldner unterbreiteten Planangebot ist binär. Rechtswirksam mögliche Erklärungsinhalte sind **nur »Annahme« oder »Ablehnung«**. Nur die unveränderte Annahme des Planangebotes durch den Planbetroffenen ist im Rahmen der Abstimmung eine Zustimmung zum Restrukturierungsplan. 76

II. Modifizierte Erklärung

1. Ergänzung, Abänderung

Eine **Annahmeerklärung unter Ergänzung oder Abänderung** des Planangebotes, die nach § 150 Abs. 2 BGB normalerweise zu einer Ablehnung des Angebotes verbunden mit einem neuen Angebot 77

56 Vgl. BeckOK-StaRUG/*Spahlinger*, § 24 Rn. 36.
57 Begr. RegE BT-Drucks. 19/24181, S. 149.

führen würde, **wirkt** hier nur **wie eine Ablehnung**, da den Planbetroffenen kein eigenes Planvorlagerecht eingeräumt wurde (s.o. Rdn. 18). Ihre Möglichkeit, Änderungsvorschläge zum Plan einzubringen, deren Aufnahme dem Schuldner überdies freisteht, ist im außergerichtlichen Planabstimmungsverfahren auf die Versammlungen zur Planerörterung nach § 21 Abs. 3 bzw. zur Abstimmung über den Plan nach § 20 Abs. 3 beschränkt.

2. Bedingte Erklärung

77a Die bedingte Annahme des Planangebots ist eine modifizierte Annahmeerklärung im Sinne des § 150 Abs. 2 BGB und wirkt damit ebenfalls wie eine Ablehnung.

77b Eine Ausnahme bildet insoweit nur die analog § 18 in die Planannahmeerklärung hineinzulesende Bedingung des Erreichens der teilkollektiven Restrukturierung (vgl. § 18 Rdn. 8).

III. Schweigen

78 **Schweigt** ein Planbetroffener im Abstimmungsverfahren, kommt hierin weder eine Zustimmung noch eine Ablehnung des Angebots zum Ausdruck, da dem bloßen Schweigen regelmäßig kein Erklärungswert zukommt[58]. Die ausbleibende Erklärung hat mit Blick auf die Mehrheitserfordernisse im Abstimmungsverfahren jedoch die Wirkung einer Ablehnung (s.o. Rdn. 72 f.).

IV. Erklärung nach Fristablauf

78a Nach §§ 147, 148 BGB erlischt das nicht rechtzeitig angenommene Angebot. Die verspätete Annahme gilt als neues Angebot (§ 150 Abs. 1 BGB). Da den Planbetroffenen indes kein Planinitiativrecht eingeräumt ist, **wirkt** die verspätete Annahme **wie** eine **Ablehnung**.

78b Eine zwar erkennbar rechtzeitig abgesandte, aber gleichwohl verspätet zugegangene Annahmeerklärung wirkt ebenfalls wie eine Ablehnung, da das Planangebot des Schuldners nach §§ 147, 148 BGB erloschen ist.

78c Der verspätete Zugang ist dem Planbetroffenen gegenüber anzuzeigen (§ 149 BGB). Dies kann auch im Rahmen der allgemeinen Mitteilung des Planabstimmungsergebnisses an die Planbetroffenen erfolgen.

78d Die **Annahmefiktion** des § 149 Satz 2 BGB bei unterlassener bzw. verzögerter Verspätungsanzeige auf den Stichtag des verspäteten Zugangs **greift** indes **nicht**, da, dem Rechtsgedanken des insoweit vorrangigen § 19 folgend, allen Planbetroffenen gegenüber eine einheitliche Annahmefrist zu bestimmen ist.

78e Ist der Restrukturierungsplan auch ohne die verspätete Annahmeerklärung von der erforderlichen Mehrheit angenommen worden, kann der Schuldner die gerichtliche Bestätigung des Restrukturierungsplans beantragen (§ 60), um die Planwirkungen auf alle Planbetroffenen zu erstrecken (§ 67).

78f Ist der Restrukturierungsplan dagegen nicht angenommen worden, hätte jedoch bei rechtzeitigem Eingang der verspäteten Erklärung die erforderliche Mehrheit erreicht, kann die Abstimmung mit einer nach § 19 Satz 2 verkürzten Frist wiederholt werden.

78g Um einem entsprechend zufälligen Ergebnis der Abstimmung vorzubeugen, empfiehlt es sich, den rechtzeitigen Eingang erwarteter zustimmender Erklärungen zu überwachen, um den erwartungsgemäß zustimmenden Planbetroffenen bei ausbleibendem Erklärungseingang an die rechtzeitige Übersendung der Erklärung ggf. noch erinnern zu können.

58 BGH, NJW-RR 1994, 1163, 1165; BGH, ZIP 1999, 1762, 1763.

D. Rechtliche Bindung an die Erklärung

I. Erklärung des Schuldners

1. Grundsatz

Mit der Abgabe des Planangebotes und **Zugang** bei den Planbetroffenen ist der Schuldner an sein Planangebot gebunden (§§ 130 Abs. 1, 145 BGB), es sei denn den Planbetroffenen geht vorher oder zeitgleich ein Widerruf zu (§ 130 Abs. 1 Satz 2 BGB). 79

2. Angebot »freibleibend«

§ 145 Halbs. 2 BGB eröffnet dem Erklärenden regelmäßig die Möglichkeit, die Verbindlichkeit des Angebotes auszuschließen. Dies ist unter dem StaRUG indes nicht möglich. Bei Abgabe eines **unverbindlichen Angebots** wird die »Annahme«-Erklärung des Planbetroffenen ihrerseits zum Angebot, ein Planvorlagerecht für die Planbetroffenen besteht jedoch nicht. Ein unverbindliches Angebot stünde auch konträr zum Vorhaben des Schuldners über den Restrukturierungsplan eine von den bisherigen Rechtsverhältnissen abweichende Regulierung der erfassten Verbindlichkeiten zu erreichen. 80

3. Änderungsvorbehalt

Um eine Möglichkeit zur Umsetzung nachträglich erforderlich werdender Änderungen zu erhalten, schlägt *Spahlinger* die Aufnahme eines **Änderungsvorbehalts** vor, der auch dann noch greifen soll, wenn bereits einzelne Planbetroffene die Annahme erklärt haben, wobei der Änderungsvorbehalt nur **nicht wesentliche Änderungen** des Planangebots ermöglichen soll[59]. Mit Ausnahme redaktioneller Änderungen sowie der Korrektur offensichtlicher Fehler erscheint die Einräumung einer Möglichkeit zu einer Änderung des Plans **nach Abgabe** zustimmender Erklärungen zu weitgehend. Die Möglichkeit zur eigenmächtigen Änderung einer rechtsgeschäftlichen Erklärung durch den Erklärungsempfänger sieht die Rechtsgeschäftslehre nicht vor. Selbst wenn sich die Planbetroffenen hierauf grundsätzlich einließen, würde ein entsprechendes Vorgehen den Plan immer mit Bestandsrisiken belasten, da einzelne Planbetroffene im Nachhinein die Zulässigkeit der Änderung infrage stellen könnten. 81

Auch im Insolvenzplanverfahren ist eine Änderung des Plans nur bis zum Beginn der Abstimmung möglich (§ 240 InsO). Wird über den Insolvenzplan im schriftlichen Verfahren nach § 242 InsO abgestimmt, ist eine Änderung des Insolvenzplans nach Niederlegung nicht mehr möglich.[60] 82

Die Abstimmung über den Restrukturierungsplan wird **im schriftlichen Abstimmungsverfahren** mit Absendung des Planangebots eingeleitet, so dass **kein Raum für** eine **nachträgliche Änderungsmöglichkeit** im laufenden Abstimmungsverfahren bleibt. Im schriftlichen Planabstimmungsverfahren sollte nach alledem nur ein bereits im Vorfeld final abgestimmter Restrukturierungsplan zur Abstimmung gestellt werden. Werden hingegen Änderungen erforderlich, ist das Abstimmungsverfahren erneut, dann ggf. mit einer verkürzten Frist, in Gang zu setzen[61] (vgl. auch § 19 Rdn. 36). 82a

Für den im Rahmen einer **Abstimmungsversammlung** zur Abstimmung zu stellenden Restrukturierungsplan ergibt sich eine **Änderungsmöglichkeit** dagegen aus **§ 20 Abs. 4**, so dass die Aufnahme eines Änderungsvorbehalts nicht erforderlich ist. Die Änderungsmöglichkeit ist allerdings auf einzelne Punkte beschränkt. Entsprechend den Grundsätzen zur sog. Kernbereichstheorie im Insolvenzplanverfahren[62] müssen der Kern des Restrukturierungsplans und sein Gesamtcharakter 82b

59 BeckOK-StaRUG/*Spahlinger*, 13. Ed. 01.07.2024, § 17 Rn. 47, § 19 Rn. 19.
60 NR/*Braun*, 43. Erg.Lfg. Mai 2021, InsO, § 242 Rn. 1–5.
61 Vgl. § 19 Rdn. 36; so jetzt auch BeckOK-StaRUG/*Spahlinger*, 13. Edition 01.07.2024, § 19 Rn. 19.
62 Vgl. MK-InsO/*Hintzen*, § 240 Rn. 8 ff.; Brünkmans/Thole-*Laroche*, Handbuch des Insolvenzplans, § 16 Rn. 31 ff.

dabei erhalten bleiben.[63] Es muss mithin noch über denselben Plan und nicht einen neuen Plan abgestimmt werden.

4. Berichtigungsvorbehalt

82c Im Interesse einer effizienten Umsetzung des Restrukturierungsvorbehalts erscheint es jedoch geboten, einen **Berichtigungsvorbehalt** in den Restrukturierungsplan aufzunehmen, der **§ 221 Satz 1 InsO** und den dazu in Rechtsprechung und Literatur herausgebildeten Grundsätzen[64] **nachgebildet** ist, um dem Schuldner die Möglichkeit zu geben, redaktionelle Änderungen vornehmen und offensichtliche Fehler korrigieren zu können. Entsprechend dieser Grundsätze ist Maßstab der Berichtigungsbefugnis der wahre Wille der Planbeteiligten und deren Grenze der Restrukturierungsplan.

II. Erklärung des Planbetroffenen

83 Der Planbetroffene ist ebenfalls **grundsätzlich mit Zugang** seiner Erklärung an diese gebunden (§ 130 Abs. 1 BGB). Eine Änderung der Erklärung danach ist nicht möglich[65].

84 Ein **Widerruf** ist auch hier nur möglich, wenn dieser vor oder spätestens zeitgleich mit der Erklärung eingeht (§ 130 Abs. 1 Satz 2 BGB).

85 Die rechtliche Bindung **entfällt** allerdings gem. § 21 Abs. 4 Satz 2 **ausnahmsweise**, wenn eine Planerörterungsversammlung für einen Zeitpunkt nach Ablauf der Annahmefrist anberaumt wurde **und** sich der Planbetroffene innerhalb der dadurch verlängerten Annahmefrist erneut erklärt. In dem Fall ist die erste Erklärung unbeachtlich.

E. Formerfordernisse

I. Schriftform (§ 17 Abs. 4)

86 Nach der **Zweifelsregelung** des § 17 Abs. 4 unterliegen das Planangebot und die Planannahme der **Schriftform** i.S.d. § 126 BGB, sofern sich aus dem Rechtsverhältnis des Schuldners mit allen oder einzelnen Planbetroffenen nichts Abweichendes ergibt und der Schuldner für die Planannahme keine abweichende Form bestimmt. Zur Einhaltung der Schriftform ist die Ausstellung einer vom Schuldner eigenhändig unterzeichneten Urkunde erforderlich, aus der sich der Inhalt des Rechtsgeschäfts ergibt.

II. Formwahl

87 Es steht dem Schuldner frei, vor Abgabe des Angebots (§ 17 Abs. 4 Satz 1) mit den Planbetroffenen für die Erklärungen und spätestens mit dem Planangebot für die Annahmeerklärung eine **andere Form** oder sogar die Formfreiheit zu **vereinbaren** bzw. festzulegen[66]. Die Schriftform kann durch die Textform (§ 126a BGB) oder die elektronische Form (§ 126b BGB) ersetzt werden.

88 Im Interesse des Schuldners ist ein Formerfordernis zu wählen, dessen **Einhaltung** sich **nachvollziehbar dokumentieren** lässt, da die Einhaltung des Formerfordernisses im Fall einer gerichtlichen Planbestätigung durch den Schuldner nachzuweisen ist (§ 60 Abs. 1).

III. Formbedürftigkeit

89 Zu beachten ist ferner, dass **formbedürftige Willenserklärungen** im außergerichtlichen Planabstimmungsverfahren formbedürftig bleiben, da eine § 254a InsO vergleichbare Regelung fehlt

63 Bieg/Borchardt/*Frind-Thies*, Unternehmenssanierung, Teil 2 Kap. VII. Nr. 3 c) dd) Rn. 112.
64 Vgl. MK-InsO/*Eidenmüller*, § 221 Rn. 62 ff.
65 So bereits h.M. zur Abstimmung im Planverfahren nach der InsO: vgl. Uhlenbruck-*Lüer*/*Streit*, InsO, § 243 Rn. 6 m.w.N.; *Smid*, DZWiR 2021, 129.
66 Vgl. BeckOK-StaRUG/*Spahlinger*, § 17 Rn. 49.

und § 68 Abs. 1 nicht anwendbar ist[67]. Sieht der Restrukturierungsplan daher im gestaltenden Teil die Abgabe formbedürftiger Willenserklärungen vor, ist auf die diesbezügliche Einhaltung der Form zu achten oder aber eine Bestätigung des Plans zu beantragen, um mit der Fiktion des § 68 Abs. 1 die Einhaltung des Formerfordernisses zu erreichen.

F. Gestaltung des Planabstimmungsverfahrens

I. Allgemeines

Bei der Ausgestaltung und Durchführung des außergerichtlichen Planabstimmungsverfahrens sollte sich der Schuldner stets von den Grundsätzen der **Transparenz** sowie bestmöglichen **Darleg- und Nachweisbarkeit** leiten lassen, da Zweifel an der ordnungsgemäßen Durchführung des Verfahrens sowie der ordnungsgemäßen Annahme des Restrukturierungsplans zu seinen Lasten gehen (§ 63 Abs. 3 Satz 1). **89a**

Der Schuldner ist nach § 22 zur Dokumentation des Ablaufs des Planabstimmungsverfahrens sowie einer etwaig streitig gewordenen Auswahl der Planbetroffenen, Gruppeneinteilung und/oder Stimmrechtszuweisung verpflichtet. Weitere **Dokumentationsanforderungen** ergeben sich aus § 60 Abs. 1 Satz 3. **89b**

Im Interesse einer mit der erforderlichen Mehrheit (§ 25) konsensualen Einigung und schnellstmöglichen Verfahrensdurchführung sollte bereits vor Einleitung des Restrukturierungsplanverfahrens mit den Planbetroffenen Einvernehmen über das Plankonzept erzielt worden sein. Die Annahme des Restrukturierungsplans sollte in diesem Sinne überwiegend wahrscheinlich sein, um das mit dem Restrukturierungsvorhaben verbundene Risiko einer weiteren Anspannung der wirtschaftlichen Lage des Schuldners so gering wie möglich zu halten. **89c**

II. Planerörterung

Auf Verlangen eines Planbetroffenen ist eine Planerörterungsversammlung einzuberufen, wenn und soweit eine entsprechende Gelegenheit nicht bereits zuvor eingeräumt worden war (§§ 17 Abs. 3, 21 Abs. 1). **Ist mit einem Einberufungsverlangen zu rechnen**, sollte eine Planerörterungsversammlung **proaktiv einberufen und** damit in den Zeitablauf **eingeplant** werden. Nur so besteht die Möglichkeit, die Verfahrenstermine in den zeitlich vorgegebenen Einberufungsfristen eng zu takten. Bei einer erst auf Verlangen einberufenen Erörterungsversammlung verschiebt sich dagegen unweigerlich die Annahmefrist (§ 21 Abs. 4 Satz 1). Ferner erhalten Planbetroffene noch einmal Gelegenheit, ihre Entscheidung zu überdenken und ggf. zu revidieren (§ 21 Abs. 4 Satz 2). **89d**

Die Planerörterungsversammlung kann isoliert stattfinden und das Abstimmungsverfahren im Übrigen schriftlich durchgeführt werden. Die Erörterungsversammlung kann aber auch mit der Planabstimmungsversammlung verbunden werden. **89e**

III. Abstimmungsverfahren

Das Gesetz sieht keine Regelungen für die Durchführung des schriftlichen Planabstimmungsverfahrens vor. Das mündliche Planabstimmungsverfahren ist demgegenüber in den Grundzügen in § 20 geregelt.[68] **89f**

1. Festlegung des Stimmrechts

Im außergerichtlichen Planabstimmungsverfahren erfolgt die Festlegung des Stimmrechts **durch den Schuldner**. Den Planbetroffenen ist ihr Stimmrecht im Planangebot mitzuteilen (§ 17 Abs. 2, s.o. Rdn. 38). Die Ermittlung des Stimmrechts erfolgt grds. nach § 24. Die Festlegung des Stimmrechts **89g**

67 *Heckschen/Weitbrecht*, NotBZ 2021, 121, 125.
68 Zu den Einzelheiten s. § 20 Rdn. 42 ff.

durch den Schuldner kann gem. § 24 Abs. 4 von den dortigen Grundsätzen abweichen.[69] Die Festsetzung durch den Schuldner unterliegt jedoch der gerichtlichen **Überprüfung** falls im weiteren Verlauf doch im gerichtlichen Verfahren über den Restrukturierungsplan abgestimmt (§ 45 Abs. 4) oder dieser gerichtlich bestätigt werden soll (§ 63 Abs. 3). In diesen Fällen kann durch das Restrukturierungsgericht von der Festsetzung durch den Schuldner abgewichen werden, so dass sich auch ein abweichendes Stimmgewicht und damit Abstimmungsergebnis ergeben kann.

89h Die Festsetzung des Stimmrechts durch den Schuldner ist **zu dokumentieren.** Ist im Abstimmungsverfahren ein Stimmrecht streitig geworden, ist ebenfalls zu dokumentieren, warum und in welchem Umfang das Stimmrecht streitig geworden ist, sowie die Entscheidung des Schuldners zum Festhalten an der von ihm vorgenommenen Festsetzung oder aber zu einer etwaigen Änderung der Festsetzung.

2. Unterbreitung des Planangebots

89i Das Planangebot ist den Planbetroffenen sowohl im schriftlichen wie auch im mündlichen außergerichtlichen Abstimmungsverfahren zu unterbreiten (s.o. Rdn. 7a). Abgabe und Zugang des Planangebotes sind durch den Schuldner zu dokumentieren (§ 22). Die Dokumentation wird im Verfahren u.a. benötigt, um die ordnungsgemäße Einbeziehung der Planbetroffenen in das Verfahren belegen zu können (§ 67 Abs. 1 Satz 2).

89j Erfolgt die **Abgabe unter Anwesenden** bietet es sich an, den Empfang des Planangebots durch den Planbetroffenen quittieren zu lassen. Der Schuldner kann hierzu eine Erklärung vorbereiten, die den Planbetroffenen sowie ggfs. dessen das Planangebot in Empfang nehmenden Vertreter, das Planangebot und die Empfangsdaten konkret und zweifelsfrei bezeichnet. Alternativ kann auch ein Doppel des Planangebotsschreibens mit einem Empfangsvermerk versehen werden.

89k Erfolgt die **Abgabe unter Abwesenden** sind die Abgabe und der Zugang des Planangebotes je nach gewähltem Versandweg bzw. -medium zu dokumentieren. Auch hier müssen aus der Dokumentation der Empfänger, das übermittelte Planangebot, der Zeitpunkt der Übermittlung sowie der Zugang konkret und zweifelsfrei ersichtlich sein. Auch im Falle einer Versendung des Planangebots kann der Schuldner eine vorbereitete Empfangsbestätigung beifügen. Da deren Rücksendung jedoch nicht im Einflussbereich des Schuldners liegt, sollte er eine Übermittlungsform wählen, die Abgabe und Zugang unabhängig von einer Handlung des Planbetroffenen dokumentiert. Es gelten jeweils die hierzu in Rechtsprechung und Literatur zu § 130 BGB herausgebildeten Grundsätze.[70]

3. Feststellung des Planabstimmungsergebnisses

89l Im Interesse des Schuldners liegt es, von den Planbetroffenen eindeutige Erklärungen zum Planangebot, d.h. dessen Annahme oder Ablehnung, zu erhalten. Es bietet sich bei einem schriftlichen Abstimmungsverfahren daher an, den Planbetroffenen bereits **vorgefertigte Stimmzettel** zur Verfügung zu stellen. Aus diesen müssen der Erklärende sowie der Erklärungsinhalt eindeutig und zweifelsfrei hervorgehen. Diese müssen rechtsverbindlich unterzeichnet sein. Wie bei einer schriftlichen Abstimmung im Insolvenzplanverfahren kann zur Feststellung der Gültigkeit bzw. Ungültigkeit der Stimmabgabe auf die **Grundsätze staatsrechtlicher Wahlen** (§ 39 BWahlG)[71] zurückgegriffen werden.[72]

89m Der Schuldner hat im Rahmen seiner Dokumentationspflicht für die eingegangenen Stimmabgaben festzuhalten, **wann** diese jeweils **eingegangen** sind.

---

69 Braun-*Herzig*, StaRUG, § 24 Rn. 31.
70 Vgl. ausführl. BeckOK-BGB/*Wendtland*, 59. Ed. 01.08.2021, § 130 Rn. 5 ff.
71 Ausnahme: Abstimmungsgeheimnis.
72 Vgl. für das Insolvenzplanverfahren AG Duisburg, Beschl. v. 01.04.2003 – 62 IN 187/02, NZI 2003, 447, LS 1.

Er muss sich ferner vergewissern, dass **rechtlich eindeutige, verbindliche** und **rechtswirksam abgegebene Erklärungen** vorliegen. **Nur rechtzeitig** vor Ablauf der Annahmefrist (§ 19) **eingegangene Stimmen** dürfen **berücksichtigt** werden. Im Falle eines verspäteten Eingangs einer Plannannahmeerklärung ist der Planbetroffene darüber zu informieren (vgl. Rdn. 78c). 89n

Im Interesse des Schuldners liegt es, bereits während des Laufs der Abstimmungsfrist den **Rücklauf** der Stimmabgaben und die Entwicklung des Abstimmungsergebnisses **im Blick** zu **behalten**, um ggf. noch vor Ablauf der Frist ausstehende Stimmabgaben klären zu können. 89o

Nach **Ablauf der Planannahmefrist** sind unverzüglich, d.h. ohne schuldhaftes Zögern, durch den Schuldner 89p
- das **Abstimmungsergebnis festzustellen,**
- das Abstimmungsergebnis den Planbetroffenen **mitzuteilen** sowie
- den Planbetroffenen die **Dokumentation** des Abstimmungsverfahrens **zugänglich zu machen** (§ 22).

Die Ermittlung des Abstimmungsergebnisses erfolgt nach Maßgabe der §§ 25 ff. 89q

G. Praxishinweise

I. Allgemeines

Auch wenn der Schuldner das außergerichtliche Planabstimmungsverfahren völlig autonom und gerichtsfern ausgestalten kann, mag sich im Verlauf des Restrukturierungsvorhabens Bedarf für die **Inanspruchnahme von Instrumenten des Stabilisierungs- und Restrukturierungsrahmens** nach § 29 oder aber für eine Öffentliche Restrukturierungssache (§ 84 StaRUG) ergeben. Der Schuldner kann die durch das StaRUG zur Verfügung gestellten Möglichkeiten **modular nach** dem **individuellen Bedarf** in Anspruch nehmen. Er ist hieran nicht etwa durch die Wahl des außergerichtlichen Planabstimmungsverfahrens gehindert. 90

Der Schuldner ist ferner an seine Entscheidung für das außergerichtliche Abstimmungsverfahren nicht gebunden. Sollte sich beispielsweise abzeichnen, dass eine Abstimmung im außergerichtlichen Verfahren nicht mit der für das Restrukturierungsvorhaben erforderlichen Sicherheit zum Abschluss des Restrukturierungsplans führt, z.B. weil Planbetroffene Zweifel an der Ordnungsgemäßheit des Verfahrens äußern, oder aber die Organisation des Erörterungs- und/oder Abstimmungstermins den Schuldner vor nur mit erheblichem Aufwand zu bewältigende Herausforderungen stellt, kann der Schuldner auch noch nach Einleitung des außergerichtlichen Abstimmungsverfahrens **in das gerichtliche Abstimmungsverfahren wechseln** (§ 45). Es empfiehlt sich jedoch, sich frühzeitig Gewissheit über die Durchführbarkeit des Vorhabens zu verschaffen, da jede Änderung im Vorgehen mit einer Verzögerung verbunden ist, die nicht nur die wirtschaftlichen Verhältnisse des Restrukturierungsvorhabens strapaziert, sondern auch die Einschätzung der Planbetroffenen zur Belastbarkeit des Vorhabens (ggf. negativ) beeinflusst. 91

II. Rechtshängigkeit, öffentliche Bekanntmachung

1. Anzeige des Restrukturierungsvorhabens

Der Schuldner ist **nicht verpflichtet**, das Restrukturierungsvorhaben anzuzeigen und damit rechtshängig zu machen[73]. Das außergerichtliche Planabstimmungsverfahren kann vollständig gerichtsfern gestaltet werden, sofern die Planregelungen oder die angestrebte Planwirkung nicht etwas anderes erfordern. 92

Die Anzeige ist **jedoch erforderlich**, wenn der Schuldner Instrumente des Stabilisierungs- und Restrukturierungsrahmens in Anspruch nehmen will (§ 31 Abs. 1). 93

73 Vgl. BeckOK-StaRUG/*Kramer*, § 31 Vorbem. u. Rn. 1.

2. Öffentliche Restrukturierungssache

94 Anders als im Insolvenzverfahren erfolgen in Restrukturierungssachen keine öffentlichen Bekanntmachungen. Hierdurch soll die negativ konnotierte Publizitätswirkung des Insolvenzverfahrens in Restrukturierungssachen vermieden werden.

95 Das StaRUG sieht in Kapitel 4 die Vornahme öffentlicher Bekanntmachungen vor, die jedoch nur **auf Antrag** des Schuldners erfolgen kann (§ 84 Abs. 1 Satz 1). Das Verfahren wird damit zur öffentlichen Restrukturierungssache. Hieran kann mit Blick auf eine Anerkennung der Restrukturierungssache in den EU-Mitgliedstaaten ein Interesse bestehen. Öffentliche Restrukturierungssachen sollen zu Anhang A der EuInsVO gemeldet werden, sodass es sich dann um Insolvenzverfahren im Sinne der EuInsVO handelt, die in den Mitgliedstaaten anerkannt werden. Kapitel 4 ist am 17.07.2022 in Kraft getreten (Art. 25 Abs. 3 Nr. 1 SanInsFoG). Der Antrag muss vor der ersten Entscheidung in der Restrukturierungssache gestellt werden.

III. Instrumente des Stabilisierungs- und Restrukturierungsrahmens

1. Vorprüfung (§ 47)

96 Die rechtssichere Durchführung des außergerichtlichen Planabstimmungsverfahrens stellt den Schuldner vor einige Herausforderungen. Er hat jedoch die Möglichkeit, sich eine gewisse Sicherheit durch die Beantragung einer **Vorprüfung** durch das Restrukturierungsgericht zu verschaffen (§ 47).

97 Zur Vorprüfung kann jede Frage gestellt werden, die für die Bestätigung des Restrukturierungsplans erheblich ist (§ 47 Satz 2). Insbesondere ist es auch möglich, das vom Schuldner in Aussicht genommene **Planabstimmungsverfahren** (§ 47 Satz 3) sowie die **Stimmrechtsfestsetzung** (§§ 47 Satz 3, 46 Abs. 1 Satz 2 Nr. 2) durch das Restrukturierungsgericht vorprüfen zu lassen.

98 Das Prüfungsergebnis wird durch das Restrukturierungsgericht gem. § 48 Abs. 2 Satz 1 in einem **Hinweisbeschluss** zusammengefasst, der nicht bindend ist[74]. Eine spätere Änderung der rechtlichen Einschätzung zur Sach- und Rechtslage ist damit grundsätzlich nicht ausgeschlossen.

2. Stabilisierungsanordnung (§ 49)

99 Auch im Rahmen eines außergerichtlichen Planabstimmungsverfahrens kann sich Bedarf für die Anordnung einer **Vollstreckungs**- und/oder **Verwertungssperre** ergeben. Dem Antrag ist die Restrukturierungsplanung beizufügen (§ 50), die im Rahmen dessen nach Maßgabe des § 51 durch das Restrukturierungsgericht u.a. auf Vollständigkeit, etwaig gerichtsbekannte Ausschlussgründe und offensichtliches Fehlen der Schlüssigkeit geprüft wird.[75]

3. Planbestätigung (§ 60)

100 **Grundsätzlich** ist für die Sanierung durch einen Restrukturierungsplan eine **gerichtliche Bestätigung weder vorgesehen noch erforderlich**. Den Hintergrund hierfür bildet die Vorgabe der EU-Richtlinie, die gerichtliche Beteiligung am Verfahren auf das Erforderliche und Angemessene zu beschränken (Art. 4 Abs. 6 RL [EU] 2019/1023). **Ausnahmen** ergeben sich jedoch nach § 67 wenn der Plan gegenüber dissentierenden bzw. nicht abstimmenden Planbetroffenen Wirkung entfalten soll und/oder der Plan eine neue Finanzierung i.S.d. § 12 vorsieht (§§ 68, 63; Art. 10 Abs. 1 RL [EU] 2019/1023). In diesen Fällen ist eine gerichtliche Planbestätigung zu beantragen (§ 60), um Rechtswirkung für die im gestaltenden Teil des Plans vorgesehenen Regelungen zu erlangen (§ 67 Abs. 1).

100a Die Beantragung einer gerichtlichen Planbestätigung führt bei einer außergerichtlichen Planabstimmung zwingend zur Anberaumung eines gerichtlichen Termins zur Anhörung der Plan-

74 Begr. RegE BT-Drucks. 19/24181, S. 149.

75 Zu den Einzelheiten s. § 51 Rdn. 5 ff.

betroffenen (§ 61 S. 2). Die Ladungsfrist hierfür beträgt mindestens sieben Tage (§§ 61 S. 3, 46 Abs. 1 S. 4), die vollständig zwischen Ladung und dem Anhörungstermin liegen müssen[76]. Zweck der Anhörung ist nicht die (erneute) Erörterung des Restrukturierungsplans, sondern die Gewährung rechtlichen Gehörs im Hinblick auf etwaige Verfahrensfehler und/oder sonstige Gründe, die einer Planbestätigung entgegenstehen könnten[77].

Zweifel an der ordnungsgemäßen Planannahme gehen bei einer außergerichtlichen Planannahme zu Lasten des Schuldners (§ 63 Abs. 3 S. 1). Das AG München hat in diesem Zusammenhang die Leitung der Planbetroffenenversammlung durch einen bestellten Restrukturierungsbeauftragten als Beleg für die Sicherstellung der Wahrung der gesetzlichen Anforderungen angesehen[78]. Dessen Bestellung erfolgt in den Fällen des § 73 von Amts wegen, kann aber auch fakultativ auf Schuldnerantrag erfolgen (§ 77). **100b**

Mit der gerichtlichen Planbestätigung kann nach §§ 67, 68 zugleich eine **Heilung** etwaiger Verfahrensmängel, Erklärungs- und Formfehler bewirkt werden. **101**

Im Hinblick auf die Festsetzung **streitiger Stimmrechte** ist dabei allerdings zu bedenken, dass das Restrukturierungsgericht nach § 63 Abs. 3 Satz 2 eine eigene Festsetzung streitiger Stimmrechte nach § 24 vornimmt. Diese kann von der durch den Schuldner vorgenommenen Stimmrechtsfestsetzung abweichen und damit auch zu einem anderen Abstimmungsergebnis führen[79]. **102**

IV. Wahl des Abstimmungsverfahrens

Bei der Wahl des Abstimmungsverfahrens ist zu bedenken, dass im **außergerichtlichen** Abstimmungsverfahren einerseits der **größtmögliche Gestaltungsspielraum** besteht, damit andererseits aber auch die **größten Anforderungen** an den Schuldner im Hinblick auf die Durchführung eines rechtssicheren Abstimmungsverfahrens gestellt werden. Ihn treffen hierbei die höchsten Hinweis- und Dokumentationsanforderungen. **103**

Den Gegenpol hierzu bildet das **gerichtliche** Abstimmungsverfahren, mit dem für die Beteiligten eine größere **Rechts- und Durchführungssicherheit** verbunden ist. Ferner finden oftmals gerichtlich geführte Verfahren eine **größere Akzeptanz** bei den Beteiligten. **103a**

Hat sich der Schuldner für ein außergerichtliches Abstimmungsverfahren entschieden, ist weiter zu entscheiden, ob dieses schriftlich oder aber mündlich durchgeführt werden soll. **103b**

Das **schriftliche Verfahren** bietet sich zur Finalisierung eines bereits vorabgestimmten Restrukturierungsplans an. Dies gilt insbesondere, wenn bereits mit einer Zustimmung der Planbetroffenen in erforderlichem Umfang gerechnet wird. Das rein schriftliche Verfahren ist effizienter und kostengünstiger als das mündliche Verfahren. Die Beteiligung an der Abstimmung ist für die Planbetroffenen zudem nur mit geringem Aufwand verbunden. **103c**

Sind dagegen einzelne Planregelungen mit den Planbetroffenen noch abzustimmen oder aber einzelne Planbetroffene noch vom Vorhaben zu überzeugen, bieten sich die Durchführung einer **Erörterungsversammlung** (§ 21) und/oder einer **Abstimmungsversammlung** (§ 20) an. Diese geben dem Schuldner Gelegenheit, Einwendungen der Planbetroffenen aufzunehmen und für eine Zustimmung zum Plan zu werben. Ferner kann sich auch das positive Votum von Planbetroffenen günstig auf die Abstimmungsentscheidung noch unentschiedener oder ablehnender Planbetroffener auswirken. Allerdings kann auch die umgekehrte Wirkung nicht ausgeschlossen werden. **103d**

---

76 Vgl. BeckOK-StaRUG/*Skauradszun*, § 61 Rn. 13.
77 Vgl. *Vallender*, ZInsO 2020, 2677, 2679.
78 AG München, Beschl. v. 21.10.2021 – 1542 RES 2180/21, NZI 2022, 31, 32.
79 So auch BeckOK-StaRUG/*Spahlinger*, § 23 Rn. 6.

§ 18 Auslegung des Planangebots

Im Zweifel ist anzunehmen, dass das Planangebot unter der Bedingung steht, dass sämtliche Planbetroffene zustimmen oder dass der Plan gerichtlich bestätigt wird.

Übersicht

A. Normzweck

1 § 18 stellt eine gesetzliche **Sonderregelung** nur für die Auslegung des Planangebots dar.

2 Mit § 18 legt der Gesetzgeber fest, dass im Zweifel eine Bindung des Schuldners an das Planangebot nur für den Fall gewollt ist, dass dieses von allen Planbetroffenen angenommen oder aber der Restrukturierungsplan gerichtlich bestätigt wird. Diese Voraussetzung soll im Zweifelsfall als ungeschriebene Bedingung in das Planangebot des Schuldners hineinzulesen sein. Sie trägt dem Interesse des Schuldners an einer einheitlichen und vollständigen Restrukturierung der Rechtsverhältnisse mit allen Planbetroffenen entsprechend den von ihm vorgeschlagenen Planregelungen Rechnung[1]. Eine individuelle Bindung nur zu einzelnen, den Restrukturierungsplan annehmenden Planbetroffenen wird durch diese Zweifelsregelung vermieden.

3 Darüber hinausgehende Vorgaben zur Auslegung des Planangebots trifft das Gesetz dagegen nicht. Ergänzend sind hier die Regelungen zu Willenserklärungen (§§ 116 ff. BGB) und Rechtsgeschäften (§§ 145 ff. BGB) heranzuziehen[2].

B. Auslegung der Planerklärungen

I. Allgemeine Auslegungsregeln (§§ 133, 157 BGB)

4 Planangebot und Planannahmeerklärungen sind als **Willenserklärungen** nach Maßgabe der **§§ 133, 157 BGB** auszulegen. Gem. § 133 BGB ist dabei zunächst das durch den Schuldner mit dem Planangebot bzw. der in Rede stehenden Regelung **subjektiv Gewollte** zu ermitteln und sodann nach § 157 BGB zu prüfen, wie ein verständiger Planbetroffener das Planangebot bzw. die betreffende Regelung in der konkreten Situation verstehen durfte (**Empfängerhorizont**)[3].

5 In entsprechender Anwendung der zur Auslegung des Insolvenzplans ergangenen Rechtsprechung des BGH ist hierbei, soweit nicht der vollstreckbare Teil betroffen ist, das **individuelle Verständnis**[4] des Schuldners und der Planbetroffenen maßgebend[5]. Die Auslegung ist einheitlich vorzunehmen. Maßgebend ist damit der gemeinsame Empfängerhorizont der Planbetroffenen. Die Auslegung ist dabei einerseits durch den Restrukturierungsplan begrenzt. Eine Auslegung gegen den Kern und die Gesamtcharakteristik des Restrukturierungsplan ist weder möglich noch zulässig. Andererseits ist die Auslegung objektiv durch die Grundsätze von Treu und Glauben unter Berücksichtigung der Verkehrssitte (§ 157 BGB) begrenzt.

1 Begr. RegE BT-Drucks. 19/24181, S. 122.

2 Begr. RegE BT-Drucks. 19/24181, S. 121.

3 St.Rspr. zu den allgemeinen Auslegungsgrundsätzen zuletzt BGHZ 195, 126 Rn. 18 = NJW 2013, 598, 599.

4 BGH, ZInsO 2006, 38, 39; BGH, ZIP 2015, 1346, 1349.

5 So für den Restrukturierungsplan auch *Hofmann*, NZI-Beilage 2019, 22, 23; Kübler/Bork/Prütting-*Barnert*, HRI I, § 29 Rn. 24; Uhlenbruck-*Schönen*, StaRUG, § 18 Rn. 5.

II. Gesetzliche Auslegungsfiktion

1. Bedingtes Planangebot

§ 18 misst dem Planangebot des Schuldners **im Zweifel** nur einen **eingeschränkten**, auf das Zustandekommen der teilkollektiven Restrukturierung durch das von dem Schuldner unterbreitete Planangebot bedingten, **Rechtsbindungswillen** zu. Der Schuldner kann diese Bedingung auch ausdrücklich in sein Planangebot aufnehmen. Er kann das Planangebot ferner unter die Bedingung der gerichtlichen Planbestätigung (§§ 60 ff.) stellen. 6

Der Schuldner kann das Planangebot auch unter weitere Bedingungen, die nach den allgemeinen Regeln des bürgerlichen Rechts zulässig sind[6], stellen. Ist eine gerichtliche Planbestätigung vorgesehen, ist § 62 zu beachten. Danach kann der Restrukturierungsplan erst dann bestätigt werden, wenn die Bedingung erfüllt ist. 6a

Die Bedingung der Annahme des Restrukturierungsplans durch alle Planbetroffenen (1. Alt.) stellt eine aufschiebende Bedingung im Sinne des § 158 Abs. 1 BGB dar. Bei der Bedingung der gerichtlichen Planbestätigung (2. Alt.) handelt es sich dagegen um eine Rechtsbedingung[7]. 6b

Davon abweichend steht es dem Schuldner selbstverständlich frei, im Planangebot zum Ausdruck zu bringen, dass er, auch wenn nicht alle Planbetroffenen dem Restrukturierungsplan zustimmen oder die erforderliche Mehrheit für eine Planbestätigung nicht erreicht wird, auch nur gegenüber den annehmenden Planbetroffenen an die Regelungen des Restrukturierungsplans gebunden sein will (**uneingeschränkter Rechtsbindungswille**), sodass es jedenfalls in den betreffenden Rechtsverhältnissen mit der Planannahme zu einer individuellen Restrukturierung kommen kann. 7

2. Bedingte Planannahmeerklärung (§ 18 analog)

Bei verständiger Würdigung ist im Wege der Auslegung allerdings davon auszugehen, dass analog § 18 **auch die Planannahmeerklärung** der Planbetroffenen **unter** der **Bedingung** des Erreichens einer **teilkollektiven Restrukturierung** durch den Restrukturierungsplan steht. Es kann ohne weitere Anhaltspunkte nicht davon ausgegangen werden, dass einzelne Planbetroffene bereit sind, zugunsten der übrigen Stakeholder durch einen Einschnitt in die eigene Rechtsposition ein »Sonderopfer« zu erbringen[8]. Ein in dem oben beschriebenen Sinn uneingeschränktes Planangebot kann damit für die Planbetroffenen weniger attraktiv und damit – untechnisch gesprochen – nicht »annahmefähig« wirken. 8

C. Bedingungsfeindliche Rechtsgeschäfte

Sieht der Restrukturierungsplan die Durchführung bedingungsfeindlicher Rechtsgeschäfte vor (z.B. eine Auflassung), ist in den Restrukturierungsplan eine Klarstellung im Hinblick auf den Rechtsbindungswillen vorzunehmen. Um hier sowohl dem Interesse des Schuldners an einer teilkollektiven Restrukturierung allen Planbetroffenen gegenüber gerecht zu werden, wie auch die rechtsgeschäftliche Durchführbarkeit zu ermöglichen, kann das Planangebot unter die **Rechtsbedingung** der **gerichtlichen Planbestätigung** gestellt werden (vgl. § 17 Rdn. 67). 8a

D. Fehlerhafte Willenserklärung

I. Generelle Rechtsfolge

Fehler oder Mängel, die im Rahmen des Erklärungsprozesses erfolgen oder die einer der abgegebenen Willenserklärungen sonst anhaften, sind nach Maßgabe der allgemeinen zivilrechtlichen Regelungen 9

6 BeckOK-StaRUG/*Spahlinger*, 13. Ed. 01.07.2024, § 18 Rn. 2.
7 BeckOK-StaRUG/*Spahlinger*, 13. Ed. 01.07.2024, § 18 Rn. 1.
8 So auch BeckOK-StaRUG/*Spahlinger*, § 18 Rn. 4; Flöther-*Madaus*, StaRUG, § 18 Rn. 1; Jacoby/Thole-*Hofmann*, StaRUG, § 18 Rn 1; Uhlenbruck-*Schönen*, StaRUG, § 18 Rn. 2 f.

und Grundsätze des BGB zu fehler- oder mangelhaften Willenserklärungen und Rechtsgeschäften zu behandeln[9]. In Betracht kommen hier insbesondere Fehler bei der Abgabe der Erklärung (z.B. hinsichtlich Vertretungsbefugnis) wie auch Mängel im Hinblick auf den Erklärungsinhalt (z.B. Irrtum). Die Behandlung von Fehlern der Willenserklärung und von Willensmängeln erfolgt nach Maßgabe der §§ 104 ff., 116 ff. BGB[10]. Die Behandlung entsprechender Fehler und Mängel des Rechtsgeschäfts erfolgt insbesondere nach Maßgabe der §§ 125, 134, 138 BGB. Überdies sind auch die weiteren Nichtigkeitsvorschriften des BGB (z.B. § 311b BGB) sowie des gesamten Privatrechts (z.B. § 33 Abs. 2 GmbHG) anwendbar und zu beachten.

10 Stellt sich auf dieser Basis die **Nichtigkeit einer** oder mehrerer **Erklärungen** oder Erklärungsteile im Rahmen des außergerichtlichen Planabstimmungsverfahrens und damit die Teilnichtigkeit des Restrukturierungsplans heraus, so ist gem. § 139 BGB anzunehmen, dass damit auch das **gesamte Rechtsgeschäft nichtig** und der Restrukturierungsplan, trotz Annahme, nicht wirksam zustande gekommen ist, da nicht davon auszugehen ist, dass die Beteiligten den Restrukturierungsplan auch ohne den nichtigen Teil bzw. die nichtige Erklärung abschließen wollten[11].

11 Im gerichtlichen Planbestätigungsverfahren führt die Feststellung eines entsprechenden Fehlers gem. § 63 Abs. 1 zur Versagung der Bestätigung. Die Planwirkungen treten damit nicht ein.

II. Heilung

12 Etwaig unerkannt gebliebene oder im Planbestätigungsverfahren nicht geltend gemachte Verfahrensfehler und Willensmängel werden gem. § 67 Abs. 6 durch eine **rechtskräftige gerichtliche Bestätigung** des Restrukturierungsplans nach § 60 geheilt. Die gerichtliche Planbestätigung bewirkt gem. § 68 auch die Heilung etwaiger Formfehler.

13 Daraus ergibt sich in systematischer Hinsicht zugleich, dass Mängel zu bestätigender Pläne grundsätzlich nur im Bestätigungsverfahren, aber nicht mehr danach, geltend gemacht werden können[12].

III. Salvatorische Klausel

14 Im allgemeinen Vertragsrecht ist die Aufnahme salvatorischer Klauseln anerkannt[13], die aufgrund Vereinbarung die Anwendbarkeit des § 139 BGB ausschließen und einen geltungserhaltenden Austausch der unwirksamen oder undurchführbaren vertraglichen Regelung sowie eine geltungserhaltende Schließung einer ungewollten Regelungslücke durch eine wirksame Regelung ermöglichen sollen, die dem tatsächlich von den Parteien Gewollten am nächsten kommt.

15 Für den Insolvenzplan ist die Aufnahme entsprechender Erhaltungs- und Ersetzungsklauseln höchstrichterlich als unzulässig festgestellt worden[14]. Das wird damit begründet, dass § 139 BGB im Insolvenzplanverfahren aufgrund der vorrangigen Regelungen der §§ 231, 248, 250, 254 ff. InsO nicht anwendbar sei, sodass auch keine Regelung zu dessen Ausschluss aufgenommen werden könne. Die Aufnahme kompensatorischer salvatorischer Regelungen (»Nachbesserungsklauseln«), die eine Schlechterstellung einzelner Beteiligter und damit einen diesbezüglichen Minderheitenschutzantrag vermeiden, ist dagegen nicht zuletzt seit Einführung des § 251 Abs. 3 InsO durch das ESUG anerkannt. Teilweise wird die Aufnahme salvatorischer Regelungen in den Insolvenzplan gleichwohl auch außerhalb des Anwendungsbereichs des § 251 Abs. 3 InsO für zulässig gehalten[15].

---

9 Begr. RegE BT-Drucks. 19/24181, S. 121.
10 Begr. RegE BT-Drucks. 19/24181, S. 121.
11 So auch BeckOK-StaRUG/*Spahlinger*, § 18 Rn. 14.
12 So zum Insolvenzplan MK-InsO/*Eidenmüller*, § 217 Rn. 198 m.w.N.; a.A. BeckOK-StaRUG/*Spahlinger*, § 18 Rn. 15.
13 BGH, NZI 2015, 697, 700, Rn. 25 – »Erhaltungs- und Ersetzungsklausel«.
14 BGH, NZI 2015, 697, 700 Rn. 23, 27.
15 K/P/B-*Spahlinger*, InsO, § 217 Rn. 50a, 53a, § 254 Rn. 6c.

Ein entsprechendes Meinungsspektrum bildet sich auch für den Restrukturierungsplan heraus. Vor dem Hintergrund der vorerwähnten BGH-Rechtsprechung wird auch für den Restrukturierungsplan die Aufnahme einer Erhaltungs- und Ersetzungsklausel **teilweise für unwirksam** erachtet[16]. 16

Dagegen wird unter Berufung auf die die BGH-Entscheidung zum Insolvenzplan kritisierenden Stimmen in der Literatur und Verweis auf die **stärkere Vertragsähnlichkeit** des Restrukturierungsplans die Aufnahme von Erhaltungs- und Ersetzungsklauseln **für zulässig erachtet**[17]. 17

Der ersten Auffassung ist zu folgen. Der von dem Schuldner vorgelegte Restrukturierungsplan hat (auch) im außergerichtlichen Planabstimmungsverfahren den Anforderungen der §§ 5 ff. zu entsprechen. Nach § 7 sind im gestaltenden Teil die Eingriffe in die Rechtsstellungen der Planbetroffenen darzulegen. Nach der Gesetzesbegründung müssen die sich aus dem Restrukturierungsplan ergebenden Wirkungen eindeutig und vollständig beschrieben werden[18]. Eine salvatorische Klausel stünde damit der Eindeutigkeit und Verlässlichkeit des Restrukturierungsplans entgegen. Zugleich ist zu berücksichtigen, dass der Restrukturierungsplan nach § 60 nur im Ganzen bestätigt werden kann und Änderungsmöglichkeiten im Planbestätigungsverfahren nicht gegeben sind. Vor diesem Hintergrund müsste ein Restrukturierungsplan mit Erhaltungs- und Ersetzungsklausel im Planbestätigungsverfahren wegen Unbestimmtheit der Klausel zurückgewiesen werden. 18

Das schließt grundsätzlich nicht aus, dass in einem unbestätigten, außergerichtlich von allen Planbetroffenen angenommenen Restrukturierungsplan eine entsprechende Erhaltungs- und Ersetzungsklausel aufgenommen werden und dann auch nach allgemeinen zivilrechtlichen Grundsätzen für die Beteiligten Wirkung entfalten kann. Der Schuldner versperrt sich so jedoch die Möglichkeit, den Restrukturierungsplan doch noch bestätigen oder im gerichtlichen Verfahren über ihn abstimmen zu lassen. Die Restrukturierung erfolgt dann vielmehr als freie Sanierung außerhalb des StaRUG. 19

§ 19 Annahmefrist

[1]Für die Annahme des Restrukturierungsplans setzt der Schuldner eine Frist. [2]Die Frist beträgt mindestens 14 Tage. [3]Sie kann kürzer sein, wenn dem Plan ein Restrukturierungskonzept zugrunde liegt, das allen Planbetroffenen seit mindestens 14 Tagen in Textform zugänglich gemacht ist.

Übersicht

A. Normzweck

Die gesetzliche Festlegung einer Mindestfrist für die Planannahme soll für die Planbetroffenen eine ausreichend bemessene Bedenkzeit sicherstellen und sie so vor einer Überrumpelung und einer 1

16 Vgl. BeckOK-StaRUG/*Fridgen*, § 7 Rn. 117.
17 Vgl. BeckOK-StaRUG/*Spahlinger*, § 18 Rn. 17; Morgen-*Tresselt*, StaRUG § 18 Rn. 6.
18 Begr. ReE BT-Drucks. 19/24181, S. 116.

etwaig übereilten Entscheidung unter einer sich durch eine zu kurz bemessene Frist etwaig ergebenden Drucksituation bewahren[1].

B. Fristbestimmung

I. Allgemeines

2 Der **Schuldner muss** den Planbetroffenen für die Annahme des Planangebots eine **Frist setzen.** Da für die Annahme des Plans die Mehrheit von 75 % aller Stimmrechte in jeder Gruppe erforderlich ist (§ 25), liegt es im Interesse des Schuldners, den Planbetroffenen eine angemessene Frist zu setzen[2].

3 Zur Vermeidung von Irrtümern und Missverständnissen sollte ein **konkretes Datum** festgelegt werden, das bestmöglich weder auf ein Wochenende noch einen Feiertag fällt. Bei dessen Ermittlung ist die Zustelldauer (z.B. Postlauf) für beide Erklärungen entsprechend einzukalkulieren.

4 Die Festlegung einer **variabel zu bemessenden Frist,** z.B. »14 Tage nach Zugang«,[3] erscheint aus Gründen der Rechtssicherheit sowie mit Blick auf das Nachweiserfordernis (§ 60 Abs. 1 Satz 3) nicht praktikabel.

5 Erfolgt die **Abstimmung versammlungslos** sollte der Schuldner festlegen, dass entsprechend § 130 Abs. 1 BGB für die Fristwahrung der Eingang der Erklärung bei ihm oder ggf. einem beauftragten Vertreter maßgebend ist, um Zweifel an der Einhaltung der Annahmefrist zu vermeiden. Durch die Formwahl für die Annahmeerklärung kann der Schuldner die Länge etwaiger (Post-)Laufzeiten für den Zugang der Annahmeerklärung beeinflussen. Das Planangebot kann auch vorsehen, dass für die Einhaltung der Annahmefrist die Abgabe der Annahmeerklärung maßgebend ist[4].

6 Erfolgt die Abstimmung im Rahmen eines **Abstimmungstermins** entspricht das Datum des Fristendes regelmäßig dem Termin der Versammlung.

7 Die **Einhaltung** der Frist ist zu **dokumentieren.** Bei einem Eingang schriftlicher Erklärungen beim Schuldner ist damit ein Empfangsvermerk (z.B. abgezeichneter Eingangsstempel) anzubringen. Mündliche Erklärungen in der Versammlung sind zu protokollieren (§ 22). Der Zugang elektronisch abgegebener Erklärungen ist zu bestätigen (§ 20 Abs. 5 Satz 3). Zu Nachweiszwecken sollte dieses unmittelbar nach Eingang erfolgen.

II. Einhaltung der Mindestfrist

1. Fristbeginn

8 Ergänzend zu den Regelungen des StaRUG sind auf das Planangebot des Schuldners die Vorschriften zu Willenserklärungen und Rechtsgeschäften, anwendbar, sofern sich aus den §§ 17–23 nicht etwas anders ergibt (vgl. § 17 Rdn. 14)[5].

9 Der Fristbeginn ist durch § 19 nicht festgelegt. Die Regelung soll jedoch sicherstellen, dass den Planbetroffenen eine ausreichend lang bemessene Überlegungsfrist eingeräumt wird. Die Frist muss damit denklogisch mit dem **Zugang des Planangebots** beginnen[6]. Dies ergibt sich auch aus § 130 Abs. 1 BGB, da die Willenserklärung erst mit Zugang beim Empfänger wirksam wird.

10 Unter Berücksichtigung möglicher Zugangshindernisse wird vertreten, dass es anstelle des nach rechtsgeschäftlichen Grundsätzen zu ermittelnden subjektiven Zugangs bei jedem einzelnen Plan-

1 Begr. RegE BT-Drucks. 19/24181, S. 122 f.
2 Begr. RegE BT-Drucks. 19/24181, S. 122.
3 Vgl. BeckOK-StaRUG/*Spahlinger*, 13. Ed. 01.07.2024, § 19 Rn. 8.
4 Vgl. BeckOK-StaRUG/*Spahlinger*, 13. Ed. 01.07.2024, § 19 Rn. 17.
5 So auch Flöther-*Madaus*, StaRUG, § 19 Rn. 1 f.
6 So auch Kübler/Bork/Prütting-*Barnert*, HRI I, § 29 Rn. 113.

betroffenen ausreichen soll, einen sog. **objektiven Zugang** durch die Festlegung von Zugangsfiktionen zu bestimmen[7]. Eine entsprechende Fiktionsregel ergibt sich aus keinem hier anwendbaren Gesetz. Sie müsste daher im Vorfeld vereinbart werden. Wenn indes der Zugang des Planangebots nicht sicher möglich erscheint, dürfte auch die Vereinbarung einer Zugangsfiktion im Tatsächlichen nicht möglich sein. Eine einseitige Bestimmung durch den Schuldner ist nicht zulässig.

Nach alledem ist der **Zugang subjektiv** für jeden einzelnen Planbetroffenen **zu ermitteln**[8]. Der Schuldner sollte eine dem Formerfordernis entsprechende Zustellform wählen, die ihm im weiteren Verfahren den sicheren Nachweis des Zugangs ermöglicht (z.B. Einschreiben/Rückschein, Bote). 11

Zugangshindernisse können grundsätzlich nach § 132 BGB durch Zustellung durch Vermittlung des Gerichtsvollziehers bzw. öffentliche Zustellung überwunden werden. Dies ist jedoch mit entsprechenden zeitlichen Verzögerungen verbunden. Unabhängig davon ist der Erklärende nach allgemeinen Grundsätzen gehalten, unmittelbar nach Kenntnis des gescheiterten Zugangs einen erneuten Zustellungsversuch zu unternehmen, da eine Zugangsfiktion nach der Rechtsprechung des BGH nur »bei schwerwiegenden Treueverstößen wie grundloser Annahmeverweigerung oder arglistiger Zugangsvereitelung« möglich ist[9]. 12

Eine zügige und rechtssichere Überwindung von Zugangshindernissen im Planverfahren erscheint damit nicht wahrscheinlich. Hier sollte daher, um dem Nachweiserfordernis einer etwaig erforderlichen bzw. später erforderlich werdenden Planbestätigung genügen zu können, auf die Einbeziehung von Planbetroffenen verzichtet werden, bei denen ein Zugang und damit letztlich auch eine Kommunikation nicht möglich ist. Muss indes eine Restrukturierungslösung gefunden werden, die auch diese Planbetroffenen mit einbezieht, empfiehlt sich die Restrukturierung durch Insolvenzplan (s.a. § 17 Rdn. 29). 13

2. Fristberechnung

a) Mindestdauer

Die Fristberechnung ist nach Maßgabe der §§ 186–193 BGB vorzunehmen. 14

Die Annahmefrist beträgt **mindestens 14 Tage** ab Zugang. Die Frist kann damit frühestens mit dem Ablauf des 14. Tages nach Zugang des Planangebots enden (§ 188 Abs. 1 BGB). 15

Gemeint sind **Wochentage**, nicht Arbeits- oder Werktage. Sonnabende, Sonntage und Feiertage zählen daher bei der Ermittlung mit. Fällt der Ablauf der Mindestfrist jedoch auf einen Sonnabend, Sonntag oder Feiertag ist in **entsprechender Anwendung des § 193 BGB** der nächste Werktag maßgebend. 16

b) Gewillkürte Dauer

Es steht dem Schuldner **frei, eine längere Frist zu gewähren**. Eine Maximaldauer ist gesetzlich nicht festgelegt. Diese ergibt sich vielmehr im Tatsächlichen aus den Anforderungen des Restrukturierungsvorhabens. 17

Für eine längere Annahmefrist spricht die Möglichkeit, den Planbetroffenen damit die Gelegenheit zu Rückfragen einzuräumen, um etwaigen Klärungs- und Erläuterungsbedarf vor Ablauf der Abstimmung auszuräumen und so ggf. noch eine Zustimmung erreichen zu können. 18

Gegen eine großzügig bemessene Annahmefrist kann neben etwaigen wirtschaftlichen Zwängen des Restrukturierungsvorhabens das Risiko sprechen, dass eine zunächst wohlwollende und zustimmende 19

7 Vgl. BeckOK-StaRUG/*Spahlinger*, § 19 Rn. 9 ff.
8 So auch Flöther-*Madaus*, StaRUG, § 1 Rn. 5; Jacoby/Thole-*Hofmann*, StaRUG, § 19 Rn. 7; Kübler/Bork/Prütting-*Barnert*, HRI I, § 29 Rn. 116.
9 BGH, NJW-RR 2007, 1567, 1568 Rn. 22.

Stimmung im weiteren Verlauf auch kippen kann. Hier ist insbesondere zu berücksichtigen, dass sich Planbetroffene auch über das in § 87 vorgesehene Restrukturierungsforum organisieren und die Ausübung des Stimmrechts abstimmen können. Zu diesem Forum ist der Schuldner nur im Rahmen einer Stellungnahmemöglichkeit nach § 87 Abs. 4 zugelassen. Eine weitergehende Teilnahmemöglichkeit hat er nicht. § 87 ist am 17.07.2022 in Kraft getreten.

19a Teilweise wird vertreten, dass den Planbetroffenen unter Wahrung der Mindestfrist auch eine unterschiedlich lang bemessene Frist gesetzt werden könne[10]. Dieser Idee ist zuzugeben, dass das StaRUG keine entgegenstehenden Regelungen und Grundsätze enthält. Dagegen sprechen jedoch aus hiesiger Sicht nicht zuletzt Praktikabilitätserwägungen im Hinblick auf die Durchführung der Abstimmung.

III. Verkürzung der Mindestdauer

1. Allgemeines

20 Die Mindestdauer von 14 Tagen kann nach § 19 Satz 3 verkürzt werden.

21 Eine **Mindestlänge** der verkürzten Frist ist **nicht bestimmt** worden. Teilweise wird eine Frist von mindestens drei Tagen jedenfalls bei komplexeren Restrukturierungsplänen für angemessen erachtet.[11] Teilweise wird unter Bezugnahme auf die Stellungnahmefrist zum Insolvenzplan (§§ 232 Abs. 3 Satz 2, 235 Abs. 1 Satz 2 InsO) aber auch vertreten, dass eine Frist von weniger als 7 Tagen regelmäßig nicht angemessen sei.[12]

Aus hiesiger Sicht kann eine nur wenige Tage umfassende und unterhalb einer Woche liegende Frist angemessen sein. Eine Verkürzung der Mindestdauer nach § 19 ist nur und insoweit möglich, wie den Planbetroffenen das Restrukturierungskonzept bereits seit mindestens 14 Tagen in Textform zugänglich war. Die Verkürzung erfolgt daher in einer bereits informierten Situation. Diese ist nicht mit der Verfahrenssituation der §§ 232 Abs. 3 Satz 2, 235 Abs. 1 Satz 2 InsO vergleichbar, bei der es um die erstmalige Auseinandersetzung mit dem vorgelegten Insolvenzplan im Rahmen einer Stellungnahme geht.

22 Da dem Informations- und Prüfungsbedürfnis der Planbetroffenen bereits durch den 14-tägigen Informationszeitraum genügt wird, wird sich die **Angemessenheit** der Dauer der verkürzten Frist **an den Erfordernissen einer Reaktion** auf das Planangebot **messen** lassen müssen. Sind bspw. notarielle Beurkundungen erforderlich, wird die Frist länger zu bemessen sein als bei der Verfassung einer zustimmenden E-Mail.

2. Voraussetzungen

23 Voraussetzung für die Fristverkürzung ist, dass das dem Restrukturierungsplan zugrunde liegende **Restrukturierungskonzept** den Planbetroffenen bereits **mindestens 14 Tage zuvor** in Textform **zugänglich gemacht worden** ist, sodass diese bereits entsprechend Zeit hatten, sich damit auseinanderzusetzen und über Annahme oder Ablehnung zu entscheiden.

a) Restrukturierungskonzept

24 § 19 stellt selbst keine Definition für bzw. Anforderungen an das Restrukturierungskonzept zur Verfügung. Hier ist insoweit auf die Regelung des § 31 Abs. 2 Nr. 1 zurückzugreifen. Nach § 31 Abs. 2 Nr. 1 besteht ein Restrukturierungskonzept (mindestens) aus
- einer Darstellung von Art, Ausmaß und Ursachen der Krise
- einer Beschreibung des Restrukturierungsziels sowie
- der Maßnahmen, die zur Erreichung des Restrukturierungsziels in Aussicht genommen werden.

10 MK-StaRUG/*Deppenkemper*, § 19 Rn. 14.
11 BeckOK-StaRUG/*Spahlinger*, 13. Ed. 01.07.2024, § 19 Rn. 22.
12 MK-StaRUG/*Deppenkemper*, § 19 Rn. 16.

Das Restrukturierungskonzept muss danach bereits die wesentlichen Inhalte des zur Abstimmung zu stellenden Restrukturierungsplans enthalten, wobei sich aus den dargelegten Bestimmungen und Erläuterungen bereits ergeben muss, wie die Rechtsstellung der Planbetroffenen durch den Restrukturierungsplan gestaltet werden soll[13]. 25

b) Ausreichender Informationszeitraum

Der Informationszeitraum beträgt **14 Tage**. Die Ermittlung des Informationszeitraums folgt den gleichen Grundsätzen wie die Ermittlung der Mindestfrist. 26

c) Textform

Die Zurverfügungstellung des Restrukturierungskonzepts muss mindestens in Textform erfolgt sein. Die Anforderungen an die Textform ergeben sich aus **§ 126b BGB**. 27

Erforderlich aber auch ausreichend ist, dass die Erklärung unter **Nennung des Erklärenden** (Schuldners), **lesbar** auf einem **dauerhaften Datenträger** zur Verfügung gestellt wird, der die Aufbewahrung und/oder Speicherung für einen angemessenen Zeitraum sowie die **unveränderte Wiedergabe** der Erklärung ermöglicht. 28

Dem Textformerfordernis ist damit sowohl mit der Übergabe bzw. Übersendung eines Ausdrucks des Konzepts wie aber auch der Übermittlung per E-Mail, Fax oder auf einem Speichermedium genüge getan. 29

d) Zugänglich machen

§ 19 spricht nur von einem »zugänglich« machen. Für das Zugänglichmachen reicht nach dem Wortsinn die **Einräumung einer Möglichkeit zur Kenntnisnahme** aus. Eine Übersendung oder aber Übermittlung in Richtung auf den Empfänger und ein Zugang bei diesem ist damit – anders als beim Planangebot selbst (vgl. § 17 Rdn. 25 ff.) – nicht erforderlich. 30

Damit kann den Planbetroffenen das Restrukturierungskonzept auch beispielsweise in einem **Datenraum** zur Verfügung gestellt werden, solange sichergestellt ist, dass alle Planbetroffenen innerhalb der 14-tägigen Frist eine dauerhafte und uneingeschränkte Zugangsmöglichkeit dazu haben und die Möglichkeit besteht, dass die Planbetroffenen die angebotenen Informationen herunterladen und speichern können[14]. Teilweise wird unter Bezugnahme auf die BGH-Entscheidung zur Widerrufsbelehrung bei eBay-Angeboten[15] erweiternd verlangt, dass die Planbetroffenen die Informationen auch tatsächlich herunterladen und speichern[16]. Das war nach hiesigem Verständnis des Sachverhalts der BGH-Entscheidung jedoch den dortigen digitalen Abläufen der eBay-Angebotsabgabe in einem Verbrauchersetup geschuldet und ist insoweit nicht übertragbar. Anreiseerfordernisse dürften der Einrichtung eines physischen Datenraums im Tatsächlichen entgegenstehen. Risiken der Verwendung eines virtuellen Datenraums gehen zulasten des Schuldners. 31

IV. Verlängerung der Annahmefrist nach Fristbeginn

1. Gewillkürte Fristverlängerung

Vor Ablauf der Annahmefrist kann der Schuldner die von ihm gesetzte Annahmefrist durch Erklärung gegenüber den Planbetroffenen verlängern. 32

Nimmt der Schuldner einen **Fristverlängerungsvorbehalt** in sein Angebot auf, ist es ihm möglich, den Planbetroffenen nach Ablauf der Annahmefrist das (bisherige) Ergebnis der Abstimmung mit- 33

13 Begr. RegE BT-Drucks. 19/24181, S. 123.
14 Vgl. zu den Anforderungen bei Zulassung der Textform: BeckOK-BGB/*Wendtland*, § 126b Rn. 8.
15 BGH, Urt. v. 29.04.2010 – I ZR 66/08, NJW 2010, 3566.
16 Vgl. Jacoby/Thole-*Hofmann*, StaRUG, § 19 Rn. 10.

zuteilen und den ablehnenden Planbetroffenen eine Nachfrist zur Änderung ihrer Entscheidung zu setzen[17].

2. Gesetzliche Verlängerung

34 Hat der Schuldner den Planbetroffenen keine Gelegenheit zur Erörterung des Restrukturierungsplans oder des Restrukturierungskonzepts gegeben, ist auf Antrag eines Planbetroffenen eine entsprechende Erörterungsversammlung einzuberufen (§ 21).

35 Findet die **Erörterungsversammlung nach Ablauf** der von dem Schuldner gesetzten **Planannahmefrist** statt, verlängert sich die Planannahmefrist nach § 21 Abs. 4 Satz 1

- von Gesetzes wegen bis zum Ablauf des Versammlungstages **oder**
- auf den Termin, den der Schuldner bis zum Ende der Versammlung bestimmt.

V. Neubestimmung der Frist

36 Im Verlauf des Abstimmungsverfahrens kann sich das Erfordernis für Änderungen des Restrukturierungsplans und damit des Planangebots ergeben. Hier ist zwischen wesentlichen und nicht wesentlichen Änderungen (»einzelne Regelungen«) zu differenzieren (s.a. § 17 Rn. 82b). Abgrenzungskriterien hierfür liefert das StaRUG nicht. Gemäß der Begründung soll im Hinblick auf die Maßstäbe auf die Rechtsprechung zu § 240 InsO zurückgegriffen werden[18].

37 **Wesentliche Änderungen** betreffen nach h.M. zum Insolvenzplanrecht den Kern des Restrukturierungskonzepts. Sie machen ein **neues Planangebot** erforderlich, das den Planbetroffenen im außergerichtlichen Abstimmungsverfahren nach § 17 zu unterbreiten ist. Daraus ergibt sich zugleich das Erfordernis für die Bestimmung einer **neuen Annahmefrist** nach § 19. Die mindestens 14 Tage betragen muss (§ 19 Satz 2). Die Verkürzung nach § 19 Satz 3 greift nicht.

38 Über **nicht wesentliche Änderungen**, die auf die Erörterung in der Abstimmungsversammlung zurückgehen, kann nach § 20 Abs. 4 noch im Rahmen derselben Abstimmungsversammlung abgestimmt werden. Hierfür ist folglich die Bestimmung einer neuen Annahmefrist nicht erforderlich.

39 Werden **nicht wesentliche Änderungen** im Sinne des § 20 Abs. 4 jedoch **außerhalb** einer **Versammlung** der Planbetroffenen vorgenommen, sind diese den Planbetroffenen mitzuteilen und ist die Bestimmung einer **neuen Annahmefrist** erforderlich, die jedoch mit dem Rechtsgedanken des § 19 Satz 3 kürzer als 14 Tage bemessen sein kann. Mit dem Rechtsgedanken des § 21 Abs. 4 entfällt die Bindung an etwaig bereits abgegebene Erklärungen der Planbetroffenen, wenn sich der Planbetroffene innerhalb der neuen Frist neu erklärt.

C. Rechtsfolgen eines Fristverstoßes

I. Fehlerhafte Fristbestimmung

40 § 19 verpflichtet den Schuldner, eine Frist zu bestimmen. Eine ergänzende Auslegung des Planangebots bei einem Fehlen der Fristbestimmung dahin gehend, dass die Annahmefrist 14 Tage ab Zugang beträgt, ist damit nicht möglich. Auch die Bestimmung einer nach den Grundsätzen des § 19 zu kurz bemessenen Frist stellt einen Verstoß gegen § 19 dar.

41 **Stimmen alle Planbetroffenen** gleichwohl dem vom Schuldner unterbreiteten Restrukturierungsplan **zu**, bleibt der Verstoß sowohl im außergerichtlichen Planabstimmungsverfahren wie auch im gerichtlichen Planbestätigungsverfahren folgenlos[19].

---

17 Vgl. auch BeckOK-StaRUG/*Spahlinger*, § 19 Rn. 16.

18 BT-Drucks. 19/24181, S. 124; vgl. zum Insolvenzplan: K/P/B-*Pleister*, 68. Lfg. 9/16, InsO § 240 Rn. 7 ff.; MK-InsO/*Hintzen*, § 240 Rn. 6 ff.

19 Vgl. BeckOK-StaRUG/*Spahlinger*, § 19 Rn. 24 f.

Bei **ablehnenden Abstimmungsvoten** kommt der Restrukturierungsplan dagegen nicht zustande. Dies ergibt sich für das außergerichtliche Planabstimmungsverfahren bereits aus den Erfordernissen des Konsensualprinzips. Im gerichtlichen Planbestätigungsverfahren stellt der Verstoß gegen § 19 dagegen einen wesentlichen Verfahrensfehler dar, der nach § 63 Abs. 1 Nr. 2 zur Versagung der Planbestätigung führt[20]. 42

II. Verspätete Annahme

Bei **der verspäteten Annahme** eines Angebotes handelt es sich in rechtlicher Hinsicht um die Abgabe eines neuen Angebots durch den Annehmenden (§ 150 Abs. 1 BGB). Da für die Planbetroffenen indes kein eigenes Planinitiativrecht vorgesehen ist, wirkt die nach Ablauf der Annahmefrist eingegangene Erklärung – auch bei einer Planannahme – im Abstimmungsverfahren wie eine Ablehnung (s.a. § 17 Rn. 78a ff.). 43

Eine Ausnahme dazu bildet die **unerwartet verspätet zugegangene Annahmeerklärung**[21]. Diese kann unter den Voraussetzungen des § 149 BGB als rechtzeitige Annahme gelten, wenn die Annahmeerklärung bei regulärem Verlauf rechtzeitig zugegangen wäre und allein aufgrund unvorhersehbarer Verzögerungen bei der Beförderung nicht rechtzeitig eingetroffen ist, die Rechtzeitigkeit der Absendung für den Schuldner erkennbar ist und dieser die Verspätung dem Annehmenden unverzüglich anzeigt[22].

III. Annahme trotz verspäteten Zugangs

Ist einem Planbetroffenen trotz aller gegenteiliger Vorkehrungen das Planangebot verspätet zugegangen, so dass die Annahmefrist ihm gegenüber zu kurz bemessen ist, **kann** dieser gleichwohl das Planangebot **wirksam annehmen**[23]. In der Annahmeerklärung liegt damit zugleich der konkludente Verzicht auf die Gewährung der Überlegungsfrist. 44

§ 20 Abstimmung im Rahmen einer Versammlung der Planbetroffenen

(1) [1]Der Schuldner kann den Restrukturierungsplan im Rahmen einer Versammlung der Planbetroffenen zur Abstimmung stellen. [2]Die Einberufung erfolgt, sofern keine Formerleichterung vereinbart ist, schriftlich. [3]Die Einberufungsfrist beträgt 14 Tage. [4]Räumt der Schuldner die Möglichkeit einer elektronischen Teilnahme ein, beträgt die Frist sieben Tage. [5]Der Einberufung ist der vollständige Restrukturierungsplan nebst Anlagen beizufügen.

(2) Das Planangebot kann vorsehen, dass Planbetroffene auch ohne Anwesenheit an dem Versammlungsort teilnehmen und sämtliche oder einzelne ihrer Rechte ganz oder teilweise im Wege elektronischer Kommunikation ausüben können (elektronische Teilnahme).

(3) [1]Den Vorsitz der Versammlung führt der Schuldner. [2]Er hat jedem Planbetroffenen auf Verlangen Auskunft über den Restrukturierungsplan und die für die sachgemäße Beurteilung des Plans relevanten Verhältnisse sowie im Fall des § 2 Absatz 4 Satz 1 jeder betroffenen Tochtergesellschaft zu erteilen. [3]Planbetroffene haben das Recht, Vorschläge zur Abänderung des Plans zu unterbreiten. [4]Die Vorschläge sind dem Schuldner mindestens einen Tag vor dem Beginn der Versammlung in Textform zugänglich zu machen.

---

20 So auch BeckOK-StaRUG/*Spahlinger*, § 19 Rn. 25; Römermann/Hübler, 48. Erg.Lfg. Mai 2023, StaRUG, § 19 Rn. 5.

21 Flöther/*Madaus*, StaRUG, § 19 Rn. 11.

22 Vgl. im Einzelnen BeckOK-BGB/*H.-W. Eckert*, 70 Ed. 01.05.2024, BGB § 149 Rn. 4 ff.; MK-BGB/*Busche*, § 149 Rn. 4 ff.

23 So auch BeckOK-StaRUG/*Spahlinger*, § 19 Rn. 10.

(4) In der Versammlung kann auch dann über den Plan abgestimmt werden, wenn dieser aufgrund der Erörterungen in der Versammlung inhaltlich in einzelnen Punkten abgeändert wird.

(5) [1]Jede Gruppe der Planbetroffenen stimmt gesondert ab. [2]Im Übrigen legt der Schuldner die Modalitäten der Abstimmung fest. [3]Üben Planbetroffene ihr Stimmrecht elektronisch aus, ist diesen der Zugang der elektronisch abgegebenen Stimme elektronisch zu bestätigen. [4]Die Stimmabgabe ist auch ohne Teilnahme an der Versammlung bis zum Ende der Abstimmung möglich.

Übersicht

A. Normzweck und Systematik

1 § 20 trägt einerseits dem Ziel der Restrukturierungsrichtlinie (RL [EU] 2019/1023 v. 20.06.2019) Rechnung, dem Schuldner **Mittel für eine privatautonome Gestaltung eines Sanierungsvorhabens** an die Hand zu geben und stellt gleichzeitig sicher, dass die **Rechte der Planbetroffenen auch im Rahmen des Planabstimmungsverfahrens hinreichend berücksichtigt** werden.

2 Entscheidet sich der Schuldner für die vom Gesetzgeber eingeräumte Möglichkeit, die Abstimmung über den Restrukturierungsplan außergerichtlich durchzuführen, so kann er **zwischen einem schriftlichen Abstimmungsverfahren (§§ 17 bis 19) und der Abstimmung in einer Versammlung der Planbetroffenen (§ 20) wählen**. Die Wahl des Abstimmungsverfahrens obliegt grundsätzlich allein dem Schuldner. In der Versammlung der Planbetroffenen nach § 20 wird der Restrukturierungsplan erörtert (§ 20 Abs. 3 Satz 2) und, wenn er nicht oder nur in einzelnen Punkten abgeändert wird, noch in der Versammlung zur Abstimmung gestellt (§ 20 Abs. 4). Dies kann insbesondere dann sinnvoll sein, wenn der Restrukturierungsplan bisher noch nicht mit allen Planbetroffenen abschließend erörtert wurde und wenn der Schuldner mit dem Verlangen eines Planbetroffenen nach Einberufung einer Erörterungsversammlung nach § 21 Abs. 1 rechnet[1]. Die gemeinsame Erörterung des Restrukturierungsplans sowie die Möglichkeit der kurzfristigen Berücksichtigung von Änderungsvorschlägen (nach § 20 Abs. 3 Satz 3 und 4 oder nach § 20 Abs. 4) können das Abstimmungsverhalten der Planbetroffenen zugunsten des Restrukturierungsplans beeinflussen.

3 Die Versammlung der Planbetroffenen nach § 20 kann der Schuldner **auch nach Unterbreitung des Planangebots** noch einberufen, wenn zunächst ein schriftliches Planabstimmungsverfahren nach den §§ 17 bis 19 geplant war und die Annahmefrist noch nicht abgelaufen ist, beispielsweise um einem fruchtlosen Verstreichen der Annahmefrist im schriftlichen Abstimmungsverfahren zuvorzukommen.

1 Begr. RegE BT-Drucks. 19/24181, S. 123.

Wurde aufgrund des Vorliegens der Voraussetzungen des § 73 Abs. 1 Nr. 1 oder Nr. 2 oder Abs. 2 von Amts wegen ein **Restrukturierungsbeauftragter** bestellt, so steht diesem die Entscheidung darüber zu, wie der Restrukturierungsplan zur Abstimmung gebracht wird, § 76 Abs. 2 Nr. 1. 4

§ 20 steht in einem **Alternativverhältnis** zu § 21. Erfolgt die Abstimmung über den Restrukturierungsplan im Rahmen einer Versammlung der Planbetroffenen gem. § 20, so wird der Restrukturierungsplan gem. Abs. 3 mit den Planbetroffenen im Sinne des § 17 Abs. 3 gemeinschaftlich erörtert. Für das Verlangen eines Planbetroffenen nach § 21 Abs. 1 ist dann kein Raum. 5

B. Einberufung der Versammlung (Abs. 1)

Der Schuldner kann den Restrukturierungsplan im Rahmen einer Versammlung der Planbetroffenen zur Abstimmung stellen, Abs. 1 Satz 1. 6

I. Einberufung durch den Schuldner

Die Versammlung der Planbetroffenen zur Abstimmung über den Restrukturierungsplan wird **vom Schuldner einberufen.** Dies gilt **auch dann, wenn** gem. § 73 Abs. 1 Nr. 1 oder Nr. 2 oder Abs. 2 **ein Restrukturierungsbeauftragter bestellt wurde**[2]. Da § 76 Abs. 2 Nr. 1 dem Restrukturierungsbeauftragten lediglich die Wahl des Abstimmungsverfahrens, die Leitung der Versammlung und die Dokumentation gem. § 22 überträgt, verbleibt die Organisation des Abstimmungsverfahren beim Schuldner[3]. Dazu gehört auch die Einberufung der Versammlung der Planbetroffenen, sofern sich der Restrukturierungsbeauftragte hierzu entscheidet. Der Restrukturierungsbeauftragte wird lediglich insoweit tätig, als dies zum Schutz der Planbetroffenen erforderlich ist[4]. 7

Zwingend zu beachtende Vorschriften für den **Inhalt des Einberufungsschreibens** enthält das Gesetz nicht (zu Form und Frist vgl. Rdn. 12 ff.)[5]. 8

Das Einberufungsschreiben sollte jedoch einen **Hinweis** darauf enthalten, dass die **Abstimmung auch** dann durchgeführt werden kann, **wenn nicht alle Planbetroffenen an der Versammlung der Planbetroffenen teilnehmen** (für die gerichtliche Planabstimmung geregelt in § 45 Abs. 3 Satz 2). Nimmt ein Planbetroffener nicht an der Abstimmung im Rahmen der Versammlung der Planbetroffenen teil und gibt er seine Stimme auch nicht auf einem anderen zulässigen Weg ab, wirkt sich seine Stimme im Hinblick auf die **Regelung des § 25 Abs. 1** wie eine Ablehnung aus, worauf ebenfalls ausdrücklich hingewiesen werden sollte[6]. 9

Das Einberufungsschreiben sollte darüber hinaus einen **Hinweis auf § 64 Abs. 2 Satz 1 (Minderheitenschutz)** enthalten[7]. Ein späterer Antrag eines Planbetroffenen, der gegen den Restrukturierungsplan gestimmt hat, auf Versagung der gerichtlichen Bestätigung des Plans wegen einer Schlechterstellung im Sinne des § 64 Abs. 1 ist grundsätzlich nur dann zulässig, wenn der Antragsteller bereits im Abstimmungsverfahren dem Plan widersprochen und dort geltend gemacht hat, dass er durch den Plan voraussichtlich schlechter gestellt wird als er ohne Plan stünde, § 64 Abs. 2 Satz 1. Wird der Planbetroffene, der gegen den Restrukturierungsplan stimmt, aber nicht bereits im Einberufungsschreiben auf das Erfordernis der Geltendmachung der voraussichtlichen Schlechterstellung durch den Plan im Abstimmungsverfahren hingewiesen, so gelten die Zulässigkeitsvoraussetzungen nach § 64 Abs. 2 Satz 1 nicht, vgl. § 64 Abs. 4 Satz 2. Der Planbetroffene kann dann auch ohne sich bisher auf eine Schlechterstellung durch den Restrukturierungsplan berufen zu haben noch beantragen, 10

2 Zust. Jacoby/Thole-*Hofmann* § 20 Rn. 4.
3 So auch Braun-*Blümle/Erbe*, StaRUG, § 76 Rn. 10.
4 Zum Umfang der Schutzbedürftigkeit der Planbetroffenen vgl. Begr. RegE BT-Drucks. 19/24181, S. 174.
5 A.A. wohl Jacoby/Thole-*Hofmann* § 20 Rn. 9, der von einem notwendigen Mindestgehalt ausgeht.
6 So auch Uhlenbruck-*Schönen* § 20 Rn. 8; MK-StaRUG/*Deppenkemper* § 20 Rn. 19; nicht vollständig zustimmend Seibt/Westpfahl-Westpfahl § 20 Rn. 15.
7 So auch *Smid*, DZWiR 2021, 119, 127; Uhlenbruck-*Schönen* § 20 Rn. 23; MK-StaRUG/*Deppenkemper* § 20 Rn. 21; Seibt/Westpfahl-*Westpfahl* § 20 Rn. 15; Jacoby/Thole-*Hofmann* § 20 Rn. 12.

dass die gerichtliche Bestätigung des Plans versagt wird und den Plan so zu Fall bringen, wenn im gestaltenden Teil des Plans keine Mittel für den Ausgleich einer etwaigen Schlechterstellung bereitgehalten wurden, vgl. § 64 Abs. 3 Satz 1.

11 Schließlich sollte das Einberufungsschreiben einen **Hinweis** darauf enthalten, dass eine **sofortige Beschwerde** gegen eine etwaige spätere gerichtliche Bestätigung des Restrukturierungsplans nur dann zulässig ist, wenn der Beschwerdeführer dem Plan im Abstimmungsverfahren widersprochen und gegen den Plan gestimmt hat, § 66 Abs. 3 Satz 1 i.V.m. Abs. 2 Nr. 1 und 2.[8] Damit wird den Planbetroffenen deutlich gemacht, dass sie frühzeitig eine etwaige Schlechterstellung geltend machen müssen und eine Stimmabgabe zugunsten des Restrukturierungsplans widersprüchlich zur späteren sofortigen Beschwerde wäre[9].

II. Form

12 Gemäß Abs. 1 Satz 2 erfolgt die Einberufung schriftlich, sofern keine **Formerleichterung** vereinbart wurde[10]. Gemeint ist **Schriftform** im Sinne des § 126 BGB. Auch, wenn keine Formerleichterung vereinbart wurde, ist daher eine Einberufung **in elektronischer Form** möglich, § 126 Abs. 3 BGB. In dem Fall ist eine qualifizierte elektronische Signatur erforderlich, § 126a Abs. 1 BGB. Eine einfache E-Mail genügt nur dann, wenn eine entsprechende Formerleichterung vereinbart wurde.

III. Frist

13 Die Einberufungsfrist beträgt **mindestens**[11] **14 Tage**, Abs. 1 Satz 3. Dadurch soll den Planbetroffenen ausreichend Überlegungsfrist eingeräumt, einer Überrumpelung entgegengewirkt und dafür Sorge getragen werden, dass die Planbetroffenen genügend Zeit haben, ihre Anreise zu organisieren[12]. Der vollständige Restrukturierungsplan nebst Anlagen ist der Einberufung beizufügen und muss den Einberufenen mindestens 14 Tage vor dem Abstimmungstermin zur Verfügung stehen[13]. Die vorherige Übersendung des Restrukturierungskonzepts verkürzt die Einberufungsfrist – anders als die Annahmefrist gem. § 19 Satz 3 – nicht.

14 Räumt der Schuldner die **Möglichkeit einer elektronischen Teilnahme** an der Versammlung der Planbetroffenen ein, beträgt die Frist **sieben Tage**, Abs. 1 Satz 4. Auch hier handelt es sich um eine Mindestfrist[14]. Es steht dem Schuldner frei jeweils eine längere Frist zu setzen[15]. Auch im Fall der Ermöglichung einer elektronischen Teilnahme muss der vollständige Restrukturierungsplan bzw. das Restrukturierungskonzept nach § 19 Abs. 2 und Abs. 3 nebst Anlagen den Planbetroffenen jedoch mindestens 14 Tage vor dem Abstimmungstermin zur Verfügung stehen[16]. Die Verkürzung der Frist auf sieben Tage nach Abs. 1 Satz 4 bezieht sich allein auf die Einberufung[17]. Da bei einer elektronischen Teilnahme die Organisation der Anreise wegfällt, ist hier eine kürzere Frist ausreichend.

8 So auch Uhlenbruck-*Schönen* § 20 Rn. 24; AG München v. 21.10.2021 – 1542 RES 2180/21.
9 BeckOK-StaRUG/*Skauradszun* § 66 Rn. 44; Seibt/Westpfahl-*Westphal*, StaRUG, § 20 Rn. 15; MK-StaRUG/*Deppenkemper* § 20 Rn. 22.
10 Möglichkeit der Formerleichterung eingefügt durch das Gesetz zur weiteren Digitalisierung der Justiz, BGBl. I 2024, Nr. 234 vom 16.07.2024, in Kraft getreten am 17.07.2024.
11 Vgl. Begr. RegE BT-Drucks. 19/24181, S. 123: »*Mindesteinberufungsfrist*«.
12 Begr. RegE BT-Drucks. 19/24181, S. 123.
13 Begr. RegE BT-Drucks. 19/24181, S. 123.
14 BeckOK-StaRUG/*Spahlinger* § 20 Rn. 12; Uhlenbruck-*Schönen* § 20 Rn. 16.
15 So auch MK-StaRUG/*Deppenkemper* § 20 Rn. 15; Uhlenbruck-*Schönen* § 20 Rn. 16; BeckOK-StaRUG/*Spahlinger* § 20 Rn. 12.
16 Begr. RegE BT-Drucks. 19/24181, S. 123.
17 Begr. RegE BT-Drucks. 19/24181, S. 123.

Die **Fristberechnung** richtet sich nach den §§ 186 ff. BGB[18]. 15

Unklar ist bisher, ob es für den **Fristbeginn** auf den tatsächlichen Zugang des Einberufungsschreibens bei jedem einzelnen Planbetroffenen ankommt oder auf den Zeitpunkt des regelmäßig zu erwartenden Zugangs bei den Planbetroffenen. Teilweise wird vertreten, es müsse der Zugang des Einberufungsschreibens subjektiv für jeden einzelnen Planbetroffenen ermittelt werden. Nur so sei dem Sinn und Zweck der Regelung genüge getan, den einzelnen Planbetroffenen eine ausreichend lang bemessene Überlegungsfrist einzuräumen[19]. Teilweise wird diese Auffassung auch mit dem Hinweis auf § 130 Abs. 1 BGB begründet, nach dem Willenserklärungen erst mit Zugang beim Empfänger wirksam werden[20]. 16

Richtig ist dies wohl in dem Fall, in dem die **Einberufung der Versammlung** nach § 20 **gleichzeitig mit dem Planangebot** nach § 17 an die Planbetroffenen übermittelt wird. Dann kommt es für den Fristbeginn ohnehin auf § 19 an. Bei dem Planangebot nach § 17 handelt es sich auch um eine Willenserklärung, sodass es auf § 130 BGB und damit auf den Zugang bei jedem einzelnen Planbetroffenen ankommt[21]. Für ein **isoliertes Einberufungsschreiben** nach § 20 wird dies jedoch nicht gelten. Bei dem Einberufungsschreiben handelt es sich nicht um eine Willenserklärung, sondern um eine reine Verfahrenshandlung, sodass § 130 BGB schon nicht (weder direkt noch analog) anwendbar ist. Die Frist nach § 20 beginnt daher mit dem Tag zu laufen, an dem die Einberufung unter normalen Umständen dem letzten Planbetroffenen bei ordnungsgemäßer Zustellung zugegangen wäre. Es gilt die Zustellungsfiktion in Anlehnung an § 41 Abs. 1 Satz 3 bei einer Zustellung im Inland und § 41 Abs. 1 S. 2 i.V.m. § 184 Abs. 2 S. 1 ZPO bei Zustellung im Ausland[22]. 16a

Dennoch wird es regelmäßig im Interesse des Schuldners liegen, die rechtzeitige Zustellung an alle relevanten Planbetroffenen nachverfolgen zu können, um eine Mehrheit zugunsten des Restrukturierungsplans sicherzustellen. Es wird sich daher empfehlen, auch für das Einberufungsschreiben eine dem Formerfordernis entsprechende Zustellform zu wählen, die einen sicheren Nachweis des Zugangs ermöglicht, um gegebenenfalls auf verspätete Zustellung reagieren zu können. 16b

IV. Erforderliche Unterlagen

Der Einberufung ist der **vollständige Restrukturierungsplan nebst Anlagen** beizufügen, Abs. 1 Satz 5. Dies gilt jedenfalls dann, wenn die Einberufung der Versammlung der Planbetroffenen mit dem Planangebot im Sinne des § 17 verbunden wird. Ist der Einberufung der Versammlung der Planbetroffenen bereits ein **Planangebot nach § 17** oder eine Übersendung des vollständigen Restrukturierungsplans nebst Anlagen aus einem anderen Grund – bspw. im Zuge von individuellen Verhandlungen mit den Planbetroffenen – **vorausgegangen**, ist eine erneute Übersendung des vollständigen Restrukturierungsplans nebst Anlagen nicht erforderlich[23]. Es wird der Hinweis darauf, dass sich im Vergleich zum Planangebot keinerlei Änderungen ergeben haben im Einberufungsschreiben genügen. In ersterem Falle finden auch die in § 17 festgelegten inhaltlichen Anforderungen an das Planangebot keine (erneute) Anwendung[24]. Im Übrigen sind die Anforderungen an die erforderlichen Unterlagen dieselben (vgl. § 14 und § 15)[25]. Dass eine Übersendung des Restrukturierungsplans nebst Anlagen auch unabhängig von der Einberufung der Versammlung der 17

18 So auch BeckOK-StaRUG/*Spahlinger* § 20 Rn. 10; Römermann/Hübler § 20 Rn. 4; Uhlenbruck-*Schönen* § 20 Rn. 13; MK-StaRUG/*Deppenkemper* § 20 Rn. 15; so auch für die Annahmefrist nach § 19: *Jensen* § 19 Rdn. 14.

19 Flöther-*Madaus* § 20 Rn. 6; Jacoby/Thole-*Hofmann* § 20 Rn. 7; Uhlenbruck-*Schönen* § 20 Rn. 17.

20 Uhlenbruck-*Schönen* § 20 Rn. 17.

21 Vgl. dazu *Jensen* § 19 Rdn. 9 ff.

22 So auch MK-StaRUG/*Deppenkemper* § 20 Rn. 16; BeckOK-StaRUG/*Spahlinger* § 20 Rn. 9 unter Hinweis auf die Einberufung einer GmbH-Gesellschafterversammlung.

23 Zust. Jacoby/Thole-*Hofmann* § 20 Rn. 10; Seibt/Westphal-*Westpfahl*, StaRUG, § 20 Rn. 14.

24 So wohl auch Flöther-*Madaus* § 17 Rn. 3.

25 BeckOK-StaRUG/*Spahlinger* § 20 Rn. 12a.

Planbetroffenen zur Abstimmung über den Restrukturierungsplan erfolgen kann, ergibt sich schon daraus, dass eine Verkürzung der Einberufungsfrist auf sieben Tage zulässig ist, wenn der vollständige Restrukturierungsplan nebst Anlagen den Planbetroffenen dennoch mindestens 14 Tage vor dem Abstimmungstermin zur Verfügung stand (vgl. Rdn. 14).

18 Wurde schon vor der Planabstimmung ein Restrukturierungsbeauftragter bestellt, so ist auch die **Stellungnahme des Restrukturierungsbeauftragten** zur Erklärung nach § 14 Abs. 1 sowie zu Zweifeln am Bestehen oder an der Höhe einer Restrukturierungsforderung, einer Absonderungsanwartschaft, einer gruppeninternen Drittsicherheit oder eines Anteils- und Mitgliedschaftsrechts oder die Stellungnahme zu einem diesbezüglichen Streit als Anlage zum Restrukturierungsplan beizufügen, § 76 Abs. 4 Satz 2. Die Stellungnahme dient den Planbetroffenen als Grundlage für ihre Entscheidung über die Annahme oder Ablehnung des Restrukturierungsplans[26]. Erfolgt die Bestellung des Restrukturierungsbeauftragten erst nach Einberufung der Versammlung der Planbetroffenen aber noch vor der Abstimmung über den Restrukturierungsplan, so ist die Stellungnahme des Restrukturierungsbeauftragten den Planbetroffenen unverzüglich zugänglich zu machen.

19 Jedenfalls dann, wenn sich im Vergleich zu einem bereits übersandten Planangebot nach § 17 nur Änderungen in einzelnen Punkten (vgl. Rdn. 35) ergeben haben, können die Planbetroffenen die Überlegungsfrist insbesondere im Hinblick auf den Überrumpelungsschutz (vgl. Rdn. 13) auch dann vollumfänglich nutzen, wenn ihnen der Restrukturierungsplan nebst Anlagen zwar nicht übersandt wird, den Planbetroffenen aber mit dem Planangebot Zugang zu einem **elektronischen Datenraum** verschafft wird, in dem sämtliche Unterlagen einsehbar sind[27]. Dieses Vorgehen bietet sich insbesondere dann an, wenn eine Vielzahl von Planbetroffenen einzubeziehen sind und/oder der Restrukturierungsplan nebst Anlagen sehr umfangreich ist. Im Übrigen wird so auch der weitere Verwaltungsaufwand minimiert, sollten an dem Restrukturierungsplan noch weitere Änderungen in einzelnen Punkten vorgenommen werden (vgl. Rdn. 30 ff.).

C. Elektronische Teilnahme an der Versammlung (Abs. 2)

20 Gemäß Abs. 2 kann das Planangebot vorsehen, dass Planbetroffene auch ohne Anwesenheit an dem Versammlungsort teilnehmen und sämtliche oder einzelne ihrer Rechte ganz oder teilweise im Wege elektronischer Kommunikation ausüben können (**elektronische Teilnahme**). Bei dem Verweis auf das Planangebot gem. § 17 StaRUG wird es sich um ein redaktionelles Versehen handeln. Gemeint sein dürfte das Einberufungsschreiben gem. § 20 Abs. 1[28]. Die Möglichkeit der elektronischen Teilnahme wird der Schuldner den Planbetroffenen aber auch dann einräumen können, wenn im Planangebot zunächst ein schriftliches Abstimmungsverfahren nach den §§ 17 bis 19 vorgesehen war und der Schuldner nachträglich eine Versammlung der Planbetroffenen zur Abstimmung einberuft und/oder wenn in der Einberufung eine elektronische Teilnahme an der Versammlung zunächst nicht vorgesehen war. Die Möglichkeit der elektronischen Teilnahme dient nach der Vorstellung des Gesetzgebers insbesondere der Stärkung der Teilnahmebereitschaft einzelner Gläubiger[29]. Die Regelung entspricht in ihrer Ausgestaltung im Wesentlichen § 118 Abs. 1 Satz 2 AktG.

21 Der **Schuldner hat die technischen Voraussetzungen dafür zu schaffen**, dass alle auf elektronischem Wege teilnehmenden Planbetroffenen durchgängig alle wesentlichen Vorgänge der Verhandlungen wahrnehmen und sich wie anwesende Planbetroffene äußern und auch mit anderen Teilnehmern kommunizieren können[30]. Erforderlich ist daher in jedem Fall eine **Zwei-Wege-Verbindung in Echt-**

---

26 Begr. RegE BT-Drucks. 19/24181, S. 174.

27 Vgl. auch BeckOK-StaRUG/*Spahlinger* § 17 Rn. 35; Stellungnahme VID zum SanInsFoG v. 02.10.2020, S. 21; ausführlich § 17 Rdn. 49 ff.; a.A. Uhlenbruck-*Schönen* § 20 Rn. 26.

28 So auch Uhlenbruck-*Schönen* § 20 Rn. 35; Flöther-*Madaus* § 20 Rn. 10; BeckOK-StaRUG/*Spahlinger* § 20 Rn. 13.

29 Begr. RegE BT-Drucks. 19/24181, S. 123.

30 Begr. RegE BT-Drucks. 19/24181, S. 123.

zeit. Eine reine Bild- und/oder Tonübertragung genügt nicht, vielmehr müssen die auf elektronischem Wege an der Versammlung teilnehmenden Planbetroffenen auch in der Lage sein, mit den Versammlungsteilnehmern vor Ort direkt kommunizieren zu können. Es müssen insbesondere Fragen gestellt und Redebeiträge geleistet werden können, um eine Diskussion zwischen den Planbetroffenen zu ermöglichen[31]. Der Gesetzgeber schlägt beispielhaft die Teilnahme im Rahmen einer Videokonferenz vor[32], was heute ohne größeren technischen Aufwand für den größten Teil der am Wirtschaftsleben Beteiligten zu organisieren und bewältigen sein dürfte. Es wird sich anbieten, einen gängigen, sowohl web- als auch clientbasiert nutzbaren Cloud-Dienst zu wählen und bereits im Planangebot bzw. im Einberufungsschreiben nach Abs. 1 mitzuteilen, welcher Cloud-Dienst genutzt werden soll. Darüber hinaus sollte auf die von den Anbietern üblicherweise bereitgestellten Testmöglichkeiten verwiesen werden[33].

Die Teilnahme an der Planbetroffenenversammlung kann jedoch **nicht auf elektronische Kommunikationsmittel beschränkt** werden. Jeder Planbetroffene muss auch persönlich an der Versammlung teilnehmen können[34]. Eine rein digitale Versammlung der Planbetroffenen kommt nur dann in Betracht, wenn sich sämtliche an der Versammlung teilnehmenden Planbetroffenen für die Teilnahme auf elektronischem Wege entscheiden. Haben nicht alle Planbetroffenen bereits im Vorfeld eine elektronische Teilnahme angekündigt, so hat der Schuldner die Voraussetzungen für eine persönliche Teilnahme vorzuhalten. 22

Behauptet ein im Wege der elektronischen Kommunikation an der Versammlung teilnehmender Planbetroffener, durch technische Übertragungsschwierigkeiten an der durchgängigen Teilnahme gehindert gewesen zu sein, so hat der **Schuldner nachzuweisen, dass** die **Hinderungsgründe nicht aus der Verantwortungssphäre des Schuldners stammen**[35]. Wurde ein gängiger Cloud-Dienst genutzt und hat die Mehrheit der Planbetroffenen störungsfrei an der Versammlung teilgenommen, spricht der **Beweis des ersten Anscheins** dafür, dass die technischen Probleme nicht im Verantwortungsbereichs des Schuldner liegen[36]. 23

D. Ablauf der Versammlung (Abs. 3 Satz 1, 2)

Der **Schuldner** führt den **Vorsitz der Versammlung** der Planbetroffenen (Abs. 3 Satz 1). 24

Wurde aufgrund des Vorliegens der Voraussetzungen des § 73 Abs. 1 Nr. 1 oder Nr. 2 oder Abs. 2 von Amts wegen ein **Restrukturierungsbeauftragter** bestellt und entscheidet sich dieser für die Durchführung einer außergerichtlichen Planabstimmung nach § 20 (§ 76 Abs. 2 Nr. 1), so leitet er die Versammlung der Planbetroffenen und dokumentiert die Abstimmung, § 76 Abs. 2 Nr. 1. 25

Hat der Schuldner den Versammlungsvorsitz, organisiert er den gesamten Ablauf der Planbetroffenenversammlung eigenverantwortlich. Dabei muss der Schuldner jedoch sicherstellen, dass alle Gläubiger, von denen Sanierungsbeiträge eingeholt werden sollen, angemessen am Planabstimmungsprozess beteiligt werden[37]. In der Praxis wird sich der Schuldner am Ablauf des gerichtlichen Erörterungs- und Abstimmungstermins nach § 235 InsO orientieren können[38]. Danach ergäbe sich exemplarisch folgender Ablauf der Versammlung der Planbetroffenen: 26

- **Feststellung der Anwesenden**
- **Prüfung der Teilnahmeberechtigung der Anwesenden**

31 Begr. RegE BT-Drucks. 19/24181, S. 123.
32 Begr. RegE BT-Drucks. 19/24181, S. 123.
33 Dazu auch BeckOK-StaRUG/*Spahlinger* § 20 Rn. 16.
34 Begr. RegE BT-Drucks. 19/24181, S. 123.
35 Begr. RegE BT-Drucks. 19/24181, S. 123 unter Hinweis auf § 70 Abs. 3 RegE (jetzt § 63 Abs. 3).
36 BeckOK-StaRUG/*Spahlinger* § 20 Rn. 17; Seibt/Westpfahl-*Westphal*, StaRUG, § 20 Rn. 22; MK-StaRUG/*Deppenkemper* § 20 Rn. 69.
37 Begr. RegE BT-Drucks. 19/24181, S. 92.
38 Zum Ablauf des Termins nach § 235 InsO ausführlich Uhlenbruck-*Lüer*/*Streit*, InsO, § 235 Rn. 26.

Teilnahmeberechtigt sind anders als im Abstimmungs- und Erörterungstermin nach § 235 InsO nicht sämtliche Gläubiger, sondern nur die Planbetroffenen. Rechtsgeschäftliche Vertretung ist zulässig, insb. Berater der teilnehmenden Planbetroffenen können vom Schuldner zu Teilnahme zugelassen werden[39] (zur Prüfung der Teilnahmeberechtigung im Einzelnen BeckOK-StaRUG/*Spahlinger* § 20 Rn. 20).

- **Vorstellung des Restrukturierungsplans durch den Schuldner**
- **Gemeinschaftliche Erörterung des Restrukturierungsplans und etwaiger Änderungsvorschläge der Planbetroffenen**
- **Einleitung des Abstimmungsverfahren** (vgl. Rdn. 37 ff.).

27 Unabhängig davon, ob den Planbetroffenen bereits Gelegenheit zur gemeinschaftlichen Erörterung des Restrukturierungsplans oder des Restrukturierungskonzepts, das durch den Restrukturierungsplan umgesetzt werden soll, gegeben wurde, ist in der Versammlung der Planbetroffenen die **Möglichkeit einzuräumen, den zur Abstimmung gestellten Restrukturierungsplan zu erörtern.** Der Schuldner hat dafür Sorge zu tragen, dass alle Planbetroffenen, die sich zum Restrukturierungsplan oder zu sonstigen für die Abstimmung relevanten Umständen äußern wollen, dazu die Gelegenheit bekommen und dass über die angesprochenen Punkte eine Diskussion unter den Planbetroffenen ermöglicht wird[40]. Der Schuldner hat auf Verlangen **Auskunft** über den Restrukturierungsplan und die für die sachgemäße Beurteilung des Plans relevanten Verhältnisse sowie im Fall des § 2 Abs. 4 Satz 1 jeder betroffenen Tochtergesellschaft zu erteilen, Abs. 3 Satz 2. Zu erörtern sind auch die vom Schuldner zugrunde gelegten Stimmrechte.

28 Sind einzelne Planbetroffene der Auffassung, ihre **Fragen** zum Restrukturierungsplan seien **nicht ausreichend beantwortet** worden, so führt dies nicht dazu, dass der Schuldner die Abstimmung nicht einleiten darf. Anderenfalls hätten einzelne Gläubiger die Möglichkeit, den Fortgang des Verfahrens zu verhindern. Es steht den Planbetroffenen frei, aus ihrer Auffassung nach unzureichend beantworteten Fragen die Konsequenz zu ziehen, gegen den Restrukturierungsplan zu stimmen[41].

29 Zeichnet sich ab, dass die erforderliche **Mehrheit für den Plan bereits gesichert** ist, ist eine länger andauernde weitere Erörterung auf Verlangen einzelner ablehnender Planbetroffener nicht mehr geboten[42].

E. Änderungen des Restrukturierungsplans vor der Abstimmung (Abs. 3 Satz 3, 4 und Abs. 4)

I. Änderungsvorschläge der Planbetroffenen vor der Versammlung

30 Die Planbetroffenen haben jederzeit[43] die Möglichkeit, **Vorschläge zur Abänderung des Plans** zu unterbreiten, Abs. 3 Satz 3. In welcher Form der Schuldner den Restrukturierungsplan letztlich zur Abstimmung stellt, obliegt ihm selbst. Der Schuldner kann Änderungsvorschläge übernehmen, muss es jedoch nicht.

31 Nur Änderungsvorschläge, die dem Schuldner **rechtzeitig, d.h. mindestens einen Tag vor dem Beginn der Versammlung** in Textform (§ 126b BGB) **zugänglich gemacht** wurden (Abs. 3 Satz 4), sind in der Versammlung zwingend zu erörtern. Der Schuldner muss aber ausreichend Zeit haben, um den Änderungsvorschlag zu prüfen, Rücksprache mit weiteren an der Erstellung des

39 Jacoby/Thole-*Hofmann* § 20 Rn. 20; Flöther-*Madaus* § 20 Rn. 8; Seibt/Westpfahl-*Westphal*, StaRUG, § 20 Rn. 24; MK-StaRUG/*Deppenkemper* § 20 Rn. 38; BeckOK-StaRUG/*Spahlinger* § 20 Rn. 18; ausführlich zur Zulassung von Anleihegläubigervertretern Uhlenbruck-*Schönen* § 20 Rn. 27; BeckOK-StaRUG/*Spahlinger* § 20 Rn. 18; Jacoby/Thole-*Hofmann* § 20 Rn. 12.

40 Begr. RegE BT-Drucks. 19/24181, S. 123.

41 So zum Erörterungs- und Abstimmungstermin nach § 235 InsO BGH, NJW-RR 2011, 51 Rn. 37; zur Anwendung dieses Grundsatzes auch in der Versammlung nach § 20 BeckOK-StaRUG/*Spahlinger* § 20 Rn. 23; zust. Seibt/Westpfahl-*Westphal*, StaRUG, § 20 Rn. 27.

42 So zum Erörterungs- und Abstimmungstermin nach § 235 InsO BGH, NJW-RR 2011, 51 Rn. 39.

43 So auch Braun-*Pehl*, StaRUG, § 20 Rn. 8.

Restrukturierungsplans Beteiligten zu halten und den Änderungsvorschlag gegebenenfalls im Restrukturierungsplan umzusetzen. Es kann daher nicht genügen, wenn der Änderungsvorschlag (irgendwann) im Laufe des Tages vor der Versammlung der Planbetroffenen beim Schuldner eingeht. Vielmehr ist nach dem Wortlaut (»*einen Tag vor Beginn*«, nicht: »*am Tag vor Beginn*«) sowie dem Sinn und Zweck von Abs. 3 Satz 4 davon auszugehen, dass der Änderungsvorschlag dem Schuldner **mindestens 24 Stunden** vor Beginn des Abstimmungstermins vorliegen muss[44]. Handelt es sich bei dem Tag vor der Versammlung der Planbetroffenen um einen Sonnabend oder Sonntag oder um einen am Ort des Schuldners staatlich anerkannten allgemeinen Feiertag, so ist dieser nach dem Rechtsgedanken von § 193 BGB bei der Fristberechnung nicht zu berücksichtigen.

Werden die Änderungsvorschläge dem Schuldner **nicht rechtzeitig zugänglich gemacht**, so kann er 32
sie in der Versammlung zur Diskussion stellen, muss es aber nicht[45]. In der Praxis wird es sich empfehlen, auch verspätete Änderungsvorschläge soweit möglich noch zu berücksichtigen, um die Akzeptanz der Planbetroffenen zu erhöhen und die Mehrheitsfähigkeit des Plans zu sichern.

Handelt es sich bei den vom Schuldner übernommenen Änderungsvorschlägen um **Änderungen in** 33
nur einzelnen Punkten, kann der Schuldner den Restrukturierungsplan dennoch in der Planbetroffenenversammlung zur Abstimmung stellen, Abs. 4. Die Vorschrift dient der Effektivität und Beschleunigung des Verfahrens. Wird der Restrukturierungsplan durch die übernommenen Änderungsvorschläge **nicht nur in einzelnen Punkten abgeändert**, kann über den abgeänderten Plan nicht mehr in der bereits anberaumten Versammlung abgestimmt werden. Für die Änderung des Plans aufgrund der Erörterung in der Abstimmungsversammlung ist dies in Abs. 4 ausdrücklich geregelt. Ausweislich der Begründung des Regierungsentwurfs gilt dies jedoch auch für die Änderung durch Übernahme eines Änderungsvorschlags nach Abs. 3 Satz 3 und 4 oder aus sonstigen Gründen[46]. Zur **Abgrenzung** der Änderung in einzelnen Punkten gem. Abs. 4 soll auf die **Rechtsprechung zu § 240 InsO** zurückgegriffen werden[47]. Zum möglichen Umfang von Änderungen des Restrukturierungsplans vgl. Rdn. 34 ff.

II. Änderungen aufgrund der Erörterung in der Versammlung

Der Restrukturierungsplan kann auch **aufgrund der Erörterung in der Versammlung** noch **abgeändert** 34
werden. Wird der Restrukturierungsplan aufgrund der Erörterung **nur in einzelnen Punkten** abgeändert, kann noch in der Versammlung über den Plan abgestimmt werden, Abs. 4. Wird der Restrukturierungsplan durch die übernommenen Änderungsvorschläge **nicht nur in einzelnen Punkten** abgeändert, kann über den abgeänderten Plan nicht mehr in der bereits anberaumten Versammlung abgestimmt werden[48].

Zur **Abgrenzung** der Änderung in einzelnen Punkten gem. Abs. 4 soll auf die **Rechtsprechung zu** 35
§ 240 InsO zurückgegriffen werden[49]. Der Kern des Restrukturierungsplans darf daher von den Änderungen nicht berührt werden (**Plankerntheorie**). Die Änderungen müssen von den Planbetroffenen bei hinreichender Informationslage vollumfänglich geprüft und ihre Wirkungen nachvollzogen werden können. Eine Änderung des Planziels dürfte nicht zulässig sein[50]. Anders als § 240 InsO spricht Abs. 4 von Änderungen »*in einzelnen Punkten*«, nicht jedoch von der Änderung »*einzelner Regelungen*«. Die Beschränkung nach Abs. 4 bezieht sich daher wohl sowohl auf den darstellenden als auch auf den gestaltenden Teil des Restrukturierungsplans.

44 Zust. Uhlenbruck-*Schönen* § 20 Rn. 45.
45 Begr. RegE BT-Drucks. 19/24181, S. 123.
46 Begr. RegE BT-Drucks. 19/24181, S. 124.
47 Begr. RegE BT-Drucks. 19/24181, S. 124.
48 Begr. RegE BT-Drucks. 19/24181, S. 124.
49 Begr. RegE BT-Drucks. 19/24181, S. 124.
50 HambKomm-InsR/*Thies* § 240 Rn. 4 m.w.N.

36 Für einen – entweder aufgrund von vor der Versammlung unterbreiteten Änderungsvorschlägen oder aufgrund der Erörterung in der Versammlung – **nicht nur in einzelnen Punkten abgeänderten Restrukturierungsplan** ist ein **neues Planangebot gem. § 17 gegebenenfalls bei gleichzeitiger Einberufung gem. § 20 Abs. 1**, erforderlich[51].

F. Abstimmung (Abs. 5)

37 Abgestimmt werden kann **nur über einen finalen Restrukturierungsplan**. Es ist – anders als bei der Vorlage von Insolvenzplänen – **nicht möglich, konkurrierende Restrukturierungspläne zur Abstimmung zu stellen**[52]. Mit Beginn der Abstimmung über den Restrukturierungsplan in der Versammlung der Planbetroffenen ist der Schuldner endgültig an das Planangebot gebunden[53].

37a Wird der zur Abstimmung gestellte Plan jedoch aufgrund einzelner nicht mehrheitsfähiger Regelungen abgelehnt, so hat der Schuldner die Möglichkeit, noch in demselben Abstimmungstermin unter Austausch der nicht mehrheitsfähigen Einzelregelungen einen **alternativen Restrukturierungsplan** zur Abstimmung zu stellen[54]. Voraussetzung für die Abstimmung über einen alternativen Plan ist insbesondere, dass die alternativen Planregelungen den Planbetroffenen schon mit dem Planangebot (§ 17) oder dem Einberufungsschreiben (§ 20) vorgelegt wurden.

38 **Zweifel** an der ordnungsgemäßen Annahme des Restrukturierungsplans durch die Planbetroffenen gehen **zulasten des Schuldners**, § 63 Abs. 3 Satz 1.

I. Anwendbarkeit der Regelungen und Grundsätze über Willenserklärungen

39 Ob die Planabstimmung konstruktiv als ein Akt der Willensbildung einer als Gemeinschaft der Planbetroffenen zu konzipierenden Personengesamtheit zu deuten ist, als Versuch des Abschlusses eines Vergleichsvertrages oder aber als schlichter Anknüpfungstatbestand für die durch die richterliche Planbestätigung bewirkte Rechtsgestaltung hat der Regierungsentwurf des SanInsFoG ausdrücklich offengelassen[55]. In jedem Fall sind sowohl auf das Planangebot (§ 17) als auch auf Annahmeerklärungen nach § 19 und § 20 die **Regelungen und Grundsätze über Willenserklärungen anzuwenden**, sofern sich aus den §§ 17 ff. nichts Abweichendes ergibt[56]. Anwendbar sind sowohl die §§ 116 bis 144 BGB als auch die übrigen Vorschriften zur Rechtsgeschäftslehre (§§ 104 ff., §§ 145 ff. BGB)[57]. Dies gilt insbesondere hinsichtlich der Auslegung der Annahmeerklärungen[58].

40 Die **Behandlung von Willensmängeln** richtet sich nach den §§ 166 ff. BGB[59]. Willensmängel gem. §§ 166 ff. BGB können nur bis zur Rechtskraft des gerichtlichen Bestätigungsbeschlusses geltend gemacht werden[60].

41 **Mit der rechtskräftigen Bestätigung des Restrukturierungsplans** gelten Mängel im Verfahren der Planabstimmung sowie Willensmängel von Planangebot und Plannannahme als **geheilt**, § 67 Abs. 6.

51 Begr. RegE BT-Drucks. 19/24181, S. 124.
52 Begr. RegE BT-Drucks. 19/24181, S. 123; nur im Grundsatz zustimmend BeckOK-StaRUG/*Spahlinger*, § 20 Rn. 28.
53 So auch *Smid*, DZWiR 2021, 119, 129.
54 So auch BeckOK-StaRUG/*Spahlinger*, § 20 Rn. 28; Uhlenbruck-*Schönen* § 20 Rn. 56; Seibt/Westpfahl-*Westpfahl*, StaRUG, § 20 Rn. 36.
55 Begr. RegE BT-Drucks. 19/24181, S. 121; vgl. dazu auch § 17 Rdn. 13.
56 Begr. RegE BT-Drucks. 19/24181, S. 121.
57 So auch BeckOK-StaRUG/*Spahlinger*, § 17 Rn. 21.
58 Begr. RegE BT-Drucks. 19/24181, S. 121.
59 Begr. RegE BT-Drucks. 19/24181, S. 121.
60 Begr. RegE BT-Drucks. 19/24181, S. 121.

Um insoweit Rechtssicherheit herbeizuführen, kann der Schuldner die gerichtliche Planbestätigung auch dann beantragen, wenn alle Planbetroffenen dem Restrukturierungsplan zugestimmt haben[61].

II. Abstimmungsverfahren

Der **Schuldner legt die Modalitäten der Abstimmung fest**, Abs. 5 Satz 2. Wurde aufgrund des Vorliegens der Voraussetzungen des § 73 Abs. 1 Nr. 1 oder Nr. 2 oder Abs. 2 von Amts wegen ein **Restrukturierungsbeauftragter** bestellt, so legt dieser im Rahmen seiner Aufgaben nach § 76 Abs. 2 Nr. 1 auch die Modalitäten der Abstimmung fest[62]. Etwas anderes ergibt sich weder aus dem Wortlaut des § 76 Abs. 2 Nr. 1 (»*wie* der Restrukturierungsplan zur Abstimmung gestellt wird«) noch aus der Gesetzesbegründung (»In diesen Fällen soll zum einen der Beauftragte über den *Panabstimmungsprozess* bestimmen können…«)[63]. Außerhalb der Aufgaben nach § 76 Abs. 2 Nr. 1 verbleibt nur die Organisation des Abstimmungsverfahrens im Tatsächlichen beim Schuldner. 42

Der Schuldner kann beispielsweise festlegen, dass durch Wahlzettel oder durch Handzeichen abgestimmt wird[64]. Er kann auch festlegen, ob die Stimmen nach der Additions- oder der Substraktionsmethode ausgeweitet werden[65]. Die Stimmabgabe muss jedoch nicht in der Versammlung der Planbetroffenen erfolgen. Auch Planbetroffene, die nicht an der Versammlung teilnehmen, können ihre Stimme bis zum Ende der Abstimmung abgeben, Abs. 5 Satz 4. Ein Schriftformzwang für die Abstimmung besteht – anders als dies bei der Planannahme nach § 17 Abs. 4 grundsätzlich der Fall ist[66] – auch dann nicht, wenn das Planangebot in Schriftform erfolgt und die Planbetroffenen nicht an der Versammlung teilnehmen. Nicht abgewichen werden kann davon, dass jede Gruppe gesondert abstimmt, Abs. 5 Satz 1. Einzelne Planbetroffene, denen mehrere Forderungen und Rechte zustehen, können daher mehrfach zur Abstimmung aufgerufen sein. 43

Der Schuldner kann den Planbetroffenen auch die **Möglichkeit der elektronischen Stimmabgabe** einräumen, Abs. 5 Satz 3. Denkbar ist beispielsweise die Nutzung eines internetbasierten Abstimmungstools, das auch in den zur elektronischen Teilnahme genutzten Cloud-Dienst integriert sein kann. Für die Schaffung der erforderlichen technischen Infrastruktur ist der Schuldner verantwortlich. Denkbar und einfach umsetzbar ist die Ermöglichung der Stimmabgabe per E-Mail. Der Schuldner ist verpflichtet, den Zugang elektronisch abgegebener Stimmen auch **elektronisch** zu **bestätigen**, Abs. 5 Satz 3. Die Vorschrift entspricht im Wesentlichen § 118 Abs. 1 Satz 3 AktG. Durch die umgehende elektronische Bestätigung soll sichergestellt werden, dass alle abgegebenen Stimmen auch zutreffend berücksichtigt werden[67]. Dem Abstimmenden muss ermöglicht werden, zu kontrollieren, ob die eigene Stimme gezählt wurde und die Übermittlung im Wege der elektronischen Kommunikation im Zweifel wiederholen zu können. 44

III. Bindungswirkung abgegebener Stimmen

1. Stimmabgabe vor Einberufung der Versammlung

War zunächst ein schriftliches Planabstimmungsverfahren nach §§ 17 bis 19 angestrebt und hat der Schuldner dann doch eine Versammlung der Planbetroffenen zur Abstimmung über den Restrukturierungsplan einberufen, stellt sich die Frage, wie mit im Zeitpunkt der Einberufung bereits abgegebenen Stimmen zu verfahren ist. 45

61 Vgl. dazu und zur Möglichkeit von salvatorischen Klauseln auch BeckOK-StaRUG/*Spahlinger*, § 17 Rn. 19 f.
62 A.A. BeckOK-StaRUG/*Spahlinger* § 20 Rn. 29.
63 Begr. RegE BT-Drucks. 19/24181, S. 174.
64 Begr. RegE BT-Drucks. 19/24181, S. 124.
65 Dazu ausführlich Uhlenbruck-*Schönen* § 20 Rn. 50.
66 Begr. RegE BT-Drucks. 19/24181, S. 122.
67 Begr. RegE BT-Drucks. 19/24181, S. 124.

46 Gemäß § 21 Abs. 4 Satz 2 sind die Planbetroffenen an ihre Erklärungen zum Restrukturierungsplan **nicht mehr gebunden**, wenn nach Abgabe der Erklärung auf Verlangen eines oder mehrerer Planbetroffener eine Erörterungsversammlung nach § 21 Abs. 1 einberufen wird, weil der Schuldner vor Abgabe des Planangebots nicht allen Planbetroffenen Gelegenheit zur gemeinschaftlichen Erörterung des Plans gegeben hatte (vgl. § 17 Abs. 3). In diesem Fall haben nach Durchführung der Erörterungsversammlung *alle* Planbetroffenen erneut Gelegenheit, über die Annahme oder Ablehnung des Restrukturierungsplans zu entscheiden[68]. Nichts anderes kann gelten, wenn die Versammlung der Planbetroffenen **auf Initiative des Schuldners hin einberufen** wird und bisher nicht allen Planbetroffenen Gelegenheit zur gemeinschaftlichen Erörterung des Plans gegeben wurde[69].

47 Unklar bleibt, ob der Planbetroffene an seine im Zeitpunkt der Einberufung bereits abgegebene Stimme gebunden bleibt, wenn der **Plan bereits gemeinschaftlich erörtert** und im Vergleich zum ursprünglichen Planangebot **bis zur Einberufung nicht mehr geändert** wurde. Im Insolvenzplanverfahren ist die Möglichkeit des Widerrufs einer gem. § 242 InsO schriftlich abgegebenen Stimme umstritten. Der **Widerruf** wird jedoch jedenfalls **bis zu Beginn der Abstimmung zulässig** sein, insbesondere durch Abgabe einer entsprechenden Erklärung in der Versammlung der Planbetroffenen[70].

48 Wird der Plan im Vergleich zum Planangebot noch einmal **in einzelnen Punkten** (vgl. Abs. 4) **oder im Wesentlichen geändert** – sei es vor der Einberufung der Versammlung der Planbetroffenen oder in der Versammlung selbst – so sind die vor der Änderung des Restrukturierungsplans **bereits abgegebenen Stimmen hinfällig**. Die bereits abgegebenen Stimmen beziehen sich nicht auf den Restrukturierungsplan in seiner schließlich zur Abstimmung gestellten Form[71]. Ob der Schuldner auch bei der Änderung des Plans in nur einzelnen Punkten, wie gem. Abs. 4 zulässig, noch in derselben Versammlung der Planbetroffenen über den Plan abstimmen lässt oder ob der Schuldner einen neuen Abstimmungstermin festlegen wird, wird davon abhängen, ob der geänderte Plan mit den anwesenden Planbetroffenen mehrheitsfähig ist.

2. Stimmabgabe nach Einberufung der Versammlung ohne Teilnahme an der Versammlung

49 Die **Stimmabgabe** ist **auch ohne Teilnahme an der Versammlung bis zum Ende der Abstimmung möglich**, Abs. 5 Satz 4. Dies kann jedoch nur dann gelten, wenn der Restrukturierungsplan nach der Einberufung der Versammlung der Planbetroffenen nicht mehr geändert wird.

50 Wird der Restrukturierungsplan in der Versammlung noch **in einzelnen Punkten geändert** (vgl. Abs. 4) und nimmt der Planbetroffene an der Versammlung nicht teil, in der über den geänderten Plan abgestimmt wird, so bezieht sich seine auf anderem Wege bis zum Ende der Abstimmung abgegebene Stimme nicht mehr auf den vom Schuldner zur Abstimmung gestellten Restrukturierungsplan. Wird der Restrukturierungsplan **nicht nur in einzelnen Punkten geändert** und ist daher ein neues Planangebot oder eine neue Einberufung erforderlich (vgl. Rdn. 34 ff.), verfallen die zu diesem Zeitpunkt bereits abgegebenen Stimmen.

51 Zur Möglichkeit des Widerrufs einer schriftlich abgegebenen Stimme s. Rdn. 47.

3. Stimmabgabe in der Versammlung

52 Eine in der Versammlung der Planbetroffenen **endgültig abgegebene Stimme kann nicht mehr zurückgenommen werden**. Auf elektronischem Wege abgegebene Stimmen können ab dem Zeitpunkt nicht mehr zurückgenommen werden, ab dem die Stimmabgabe durch den Schuldner elek-

---

68 Begr. RegE BT-Drucks. 19/24181, S. 124.

69 So auch Uhlenbruck-*Schönen* § 20 Rn. 53.

70 So für die schriftliche Abstimmung über den Insolvenzplan Uhlenbruck-*Lüer/Streit*, InsO, § 242 Rn. 7; MK-InsO/Hintzen, § 242 Rn. 7; HambKomm-InsR/*Thies*, § 242 Rn. 3. m.w.N.; so auch Uhlenbruck-*Schönen* § 20 Rn. 53.

71 A.A. Seibt/Westpfahl-*Westphal*, StaRUG, § 20 Rn. 41; MK-StaRUG/*Deppenkemper* § 20 Rn. 93.

tronisch bestätigt wurde (Abs. 5 Satz 3)[72]. Der Planbetroffene kennt den zur Abstimmung gestellten Restrukturierungsplan, auch wenn dieser in der Versammlung noch einmal in einzelnen Punkten geändert worden sein sollte (vgl. Rdn. 34 ff.). Auch hier wird auf die im Insolvenzplanverfahren entwickelten Grundsätze zurückzugreifen sein. Einen ausdrücklichen Verweis auf das Insolvenzplanrecht enthält die Regierungsbegründung des SanInsFoG insoweit – anders als beispielsweise hinsichtlich der Abgrenzung von Änderungen in nur einzelnen Punkten und Änderungen im Wesentlichen im Sinne von Abs. 4 – jedoch nicht.

§ 21 Erörterung des Restrukturierungsplans

(1) Findet eine Abstimmung im Rahmen einer Versammlung der Planbetroffenen nicht statt, ist unter den Voraussetzungen des § 17 Absatz 3 auf Verlangen eines Planbetroffenen eine Versammlung der Planbetroffenen zur Erörterung des Plans abzuhalten.

(2) [1] § 20 Absatz 1 Satz 2 gilt entsprechend. [2]Die Frist zur Einberufung beträgt mindestens 14 Tage. [3]Räumt der Schuldner die Möglichkeit einer elektronischen Teilnahme ein, beträgt die Frist sieben Tage.

(3) § 20 Absatz 3 gilt entsprechend.

(4) [1]Findet die Versammlung nach Ablauf einer zur Planannahme gesetzten Frist statt, verlängert sich diese bis zum Ablauf des Tags der Versammlung oder bis zu dem Termin, den der Schuldner bis zum Ende der Versammlung bestimmt. [2]Hatte sich ein Planbetroffener bereits zum Planangebot erklärt, entfällt die Bindung an diese Erklärung, wenn er sich binnen der verlängerten Frist erneut erklärt.

Übersicht

A. Normzweck und Systematik

Die Regelung dient dem Schutz der Planbetroffenen. 1

Findet eine Abstimmung über den Restrukturierungsplan nicht im Rahmen einer Versammlung der 2 Planbetroffenen nach § 20 statt (in der gem. § 20 Abs. 3 ohnehin eine Erörterung des Restrukturierungsplans erfolgt), sondern im schriftlichen Abstimmungsverfahren nach den §§ 17 bis 19 und hat der Schuldner vor Abgabe des Planangebots nicht allen Planbetroffenen Gelegenheit zur gemeinschaftlichen Erörterung des Plans oder des Restrukturierungskonzepts gegeben, das durch den Plan umgesetzt werden soll, so können Planbetroffene verlangen, dass eine Versammlung der Planbetroffenen zwecks Erörterung des Plans abgehalten wird.

Das Planangebot hat einen entsprechenden **Hinweis** zu enthalten, **§ 17 Abs. 3** (s. § 17 Rdn. 42). 3

§ 21 und § 20 stehen in einem **Alternativverhältnis**[1]. Erfolgt die Abstimmung über den 4 Restrukturierungsplan im Rahmen einer Versammlung der Planbetroffenen gem. § 20, so wird der Restrukturierungsplan gem. Abs. 3 mit den Planbetroffenen im Sinne des § 17 Abs. 3 gemeinschaftlich erörtert. Für das Verlangen eines Planbetroffenen nach § 21 Abs. 1 ist dann kein Raum. Daraus

72 Kübler/Bork/Prütting-*Graf-Schlicker*, HRI I, § 31 Rn. 68.
1 BeckOK-StaRUG/*Spahlinger*, § 20 Rn. 1; Seibt/Westpfahl-*Westphal*, StaRUG, § 21 Rn. 4; MK-StaRUG/*Deppenkemper* § 21 Rn. 9.

folgt gleichzeitig, dass die Erörterungsmöglichkeiten in einer Versammlung nach § 21 in gleichem Umfang gewährleistet sein müssen wie bei einer Versammlung nach § 20.

B. Verlangen eines Planbetroffenen (Abs. 1)

5 Das Verlangen eines Planbetroffenen zur Einberufung einer Versammlung zur Erörterung der Restrukturierungsplans **bedarf** grundsätzlich **keiner Begründung**[2] und kann **formlos**[3] erfolgen. Der Planbetroffene hat aber die Voraussetzungen des § 17 Abs. 3 darzulegen. Der Schuldner hat dem Verlangen des Planbetroffenen nachzukommen, wenn es ihm vor Ablauf der Annahmefrist gem. § 19 zugeht[4].

C. Einberufung durch den Schuldner

6 Die **Einberufung** obliegt dem **Schuldner**. Kommt der Schuldner dem Verlangen eines Planbetroffenen auf Einberufung einer Versammlung zur Erörterung des Plans gem. Abs. 2 Satz 1 nicht nach, so kann der Plan nach § 63 Abs. 1 Nr. 2 auch dann nicht bestätigt werden, wenn er mit den erforderlichen Mehrheiten angenommen wird[5].

7 Soll in der auf Verlangen eines Planbetroffenen einberufenen Versammlung **über die Erörterung nach Abs. 1 hinaus** auch die **Abstimmung** über den Restrukturierungsplan erfolgen, sollte das Einberufungsschreiben auch die unter § 20 Rdn. 9 ff. aufgeführten Hinweise enthalten. § 64 Abs. 4 Satz 2 gilt ausweislich der Regierungsbegründung unabhängig davon, ob die Planbetroffenenversammlung auf Initiative des Schuldners oder auf Verlangen des Planbetroffenen zurückzuführen ist[6]. Nichts anderes kann hinsichtlich § 66 Abs. 3 Satz 1 gelten. Eine Abstimmung in der von einem oder mehreren Planbetroffenen initiierten Versammlung ist nur unter den Voraussetzungen des § 20 möglich.

8 Schließlich sollte das Einberufungsschreiben einen **Hinweis** auf eine etwaige **Verlängerung des Annahmefrist** gem. Abs. 4 Satz 1[7] und den **Wegfall der Bindungswirkung** bereits abgegebener Stimmen gem. Abs. 4 Satz 2 enthalten[8].

D. Form und Frist (Abs. 2)

9 Abs. 2 entspricht **§ 20 Abs. 1 Satz 2 bis 4**, vgl. dazu § 20 Rdn. 12 ff. Dabei ist die 14-tägige Einberufungsfrist hier ausdrücklich als Mindestfrist geregelt.

E. Ablauf der Erörterungsversammlung (Abs. 3)

10 Gemäß Abs. 3 gilt **§ 20 Abs. 3** für die Erörterungsversammlung **entsprechend**. Hinsichtlich der Erörterung selbst ergeben sich daher keine Unterschiede zur Erörterung in der auf Initiative des Schuldners hin einberufenen Versammlung der Planbetroffenen zur Abstimmung über den Restrukturierungsplan nach § 20 (vgl. § 20 Rdn. 24 ff.). Auch in der Erörterungsversammlung auf Initiative eines oder mehrerer Planbetroffener hin führt der Schuldner den Vorsitz und es gelten die Auskunfts-, Äußerungs- und Erörterungsrechte der Planbetroffenen. Auch in der Erörterungsversammlung sind rechtzeitig eingegangene Änderungsvorschläge zu diskutieren[9]. Auch eine elektronische Teilnahme ist möglich.

---

2 Begr. RegE BT-Drucks. 19/24181, S. 124.

3 BeckOK-StaRUG/*Spahlinger*, § 21 Rn. 4; Seibt/Westpfahl-*Westphal*, StaRUG, § 21 Rn. 5; Uhlenbruck-*Schönen* § 21 Rn. 7; Jacoby/Thole-*Hofmann* § 21 Rn. 4.

4 BeckOK-StaRUG/*Spahlinger*, § 21 Rn. 4; Uhlenbruck-*Schönen* § 21 Rn. 8; MK-StaRUG/*Deppenkemper* § 21 Rn. 12.

5 Begr. RegE BT-Drucks. 19/24181, S. 124.

6 Begr. RegE BT-Drucks. 19/24181, S. 164.

7 Zust. Uhlenbruck-*Schönen* § 21 Rn. 12.

8 Uhlenbruck-*Schönen* § 21 Rn. 12 abhängig von den Umständen des Einzelfalls.

9 Begr. RegE BT-Drucks. 19/24181, S. 124.

Den **Vorsitz der Versammlung** führt der **Schuldner** auch dann, wenn gem. § 73 Abs. 1 Nr. 1 oder Nr. 2 oder Abs. 2 von Amts wegen ein Restrukturierungsbeauftragter bestellt wurde. Die Leitung der Erörterungsversammlung ist dem Restrukturierungsbeauftragen nicht nach § 76 Abs. 2 Nr. 1 zugewiesen[10]. Es steht dem Schuldner aber innerhalb seiner Leitungsbefugnis frei, den Restrukturierungsbeauftragten mit der Leitung der Erörterungsversammlung zu betrauen. 11

Nehmen alle Planbetroffenen an der Erörterungsversammlung teil oder ist der Plan mit den teilnehmenden Planbetroffenen mehrheitsfähig kann im Einverständnis mit den Anwesenden auch in der Erörterungsversammlung noch über den Restrukturierungsplan **abgestimmt** werden[11]. Dies gilt jedoch nur, soweit nicht gem. § 76 Abs. 2 Nr. 1 ein Restrukturierungsbeauftragter für das Abstimmungsverfahren zuständig ist. Dies gilt auch dann, wenn in der Versammlung nach § 21 noch Änderungen in einzelnen Punkten vorgenommen werden. Zwar fehlt in § 21 ein Verweis auf § 20 Abs. 4. Warum eine Abstimmung nach Änderung einzelner Punkte nicht möglich sein sollte, solange die weiteren Voraussetzungen einer Abstimmung vorliegen, ist nicht nachvollziehbar[12]. 12

F. Verlängerung der Annahmefrist (Abs. 4 Satz 1)

Findet die **Versammlung nach Ablauf der Annahmefrist nach § 19** statt, verlängert sich die Annahmefrist gem. Abs. 4 Satz 1 bis zum Ablauf des Tages der Erörterungsversammlung oder bis zu dem Termin, den der Schuldner bis zum Ende der Versammlung bestimmt. Hat ein Planbetroffener bis zum Ablauf der ursprünglichen Annahmefrist nach § 19 noch nicht abgestimmt, so kann er dies innerhalb der verlängerten Frist tun. Eine Teilnahme an der Erörterungsversammlung ist nicht erforderlich. 13

G. Bindungswirkung abgegebener Stimmen (Abs. 4 Satz 2)

Planbetroffene, die ihre **Stimme bereits vor dem Erörterungstermin abgegeben** haben, haben nach Durchführung der Erörterungsversammlung erneut Gelegenheit, über die Annahme oder Ablehnung des Restrukturierungsplans zu entscheiden[13]. An eine bereits abgegebene Erklärung zum Planangebot des Schuldners ist der **Planbetroffene nicht mehr gebunden**, Abs. 4 Satz 2. Dies gilt unabhängig davon, ob der Planbetroffene im Vorfeld für oder gegen den Restrukturierungsplan gestimmt hat. Die Planbetroffenen sollen die Erkenntnisse der Erörterung bei ihrer Abstimmung berücksichtigen können[14]. 14

Abs. 4 Satz 2 ist entsprechend anzuwenden, wenn die **Versammlung der Planbetroffenen innerhalb der ursprünglichen Annahmefrist** stattfindet[15]. 15

Nach seinem Wortlaut beschränkt Abs. 4 Satz 2 den Wegfall der Bindungswirkung von bereits vor dem Erörterungstermin abgegebenen Stimmen **nicht nur** auf **Planbetroffene, die auch an der Erörterungsversammlung teilgenommen haben**. Da Planbetroffene auch auf anderem Wege als durch Teilnahme an der Erörterungsversammlung (beispielsweise durch Absprachen mit weiteren Planbetroffenen) Kenntnis vom Inhalt der Erörterungsversammlung erhalten können, muss es ihnen möglich sein, ebenfalls erneut über den Restrukturierungsplan abzustimmen. Der Schuldner hat 16

---

10 So auch BeckOK-StaRUG/*Spahlinger* § 21 Rn. 17; a.A. Seibt/Westpfahl-*Westphal*, StaRUG, § 21 Rn. 12.

11 So auch BeckOK-StaRUG/*Spahlinger*, § 21 Rn. 12; Seibt/Westpfahl-*Westphal*, StaRUG, § 21 Rn. 14.

12 I.E. auch Seibt/Westpfahl-*Westphal*, StaRUG, § 21 Rn. 14 für eine analoge Anwendung von § 20 Abs. 4; a.A. BeckOK-StaRUG/*Spahlinger* § 21 Rn. 19, der eine Abstimmung nur bei rein sprachlichen Änderungen, Klarstellungen und Korrektur offensichtlicher Fehler zulassen will bzw. bei Änderungsvorbehalt im Planangebot; dem zust. Uhlenbruck-*Schönen* § 21 Rn. 20.

13 Begr. RegE BT-Drucks. 19/24181, S. 124.

14 Begr. RegE BT-Drucks. 19/24181, S. 124.

15 So auch BeckOK-StaRUG/*Spahlinger*, § 21 Rn. 22; Seibt/Westpfahl-*Westphal*, StaRUG, § 21 Rn. 16; Uhlenbruck-*Schönen* § 21 Rn. 28; MK-StaRUG/*Deppenkemper* § 21 Rn. 38.

daher alle Planbetroffenen über die Verlängerung der Annahmefrist nach Abs. 4 Satz 1 zu informieren[16].

§ 22 Dokumentation der Abstimmung

(1) [1]Der Schuldner dokumentiert den Ablauf des Planannahmeverfahrens und hält das Ergebnis der Abstimmung nach Ablauf der Annahmefrist oder nach Durchführung der Abstimmung unverzüglich schriftlich fest. [2]Ist die Auswahl der Planbetroffenen, deren Einteilung in Gruppen oder die Zuweisung von Stimmrechten streitig geworden, ist dies in der Dokumentation zu vermerken.

(2) Die Dokumentation ist den Planbetroffenen unverzüglich zugänglich zu machen.

Übersicht

A. Normzweck und Systematik

1 Die Dokumentation dient zunächst der **Information der Planbetroffenen** und ermöglicht ihnen die **Kontrolle** darüber, ob die abgegebenen Stimmen richtig erfasst wurden. Darüber hinaus bildet die Dokumentation eine **Grundlage für die gerichtliche Überprüfung** des Planabstimmungsprozesses, dessen Ordnungsgemäßheit nach § 63 Abs. 1 Nr. 2 Voraussetzung für die gerichtliche Planbestätigung ist. Die Dokumentation ist dem Antrag auf gerichtliche Bestätigung des mehrheitlich angenommenen Restrukturierungsplans beizufügen, § 60 Abs. 1 Satz 3. Besteht Streit über das einem Planbetroffenen zustehende Stimmrecht, ist das Restrukturierungsgericht im Rahmen der gerichtlichen Planbestätigung jedoch nicht an die (vorläufige) Festlegung durch den Schuldner oder Restrukturierungsbeauftragten in der Dokumentation des Abstimmungsergebnisses gebunden, § 63 Abs. 3 Satz 2. Die Dokumentation durch den Schuldner oder Restrukturierungsbeauftragten erfolgt nur, damit die Abstimmung über den Restrukturierungsplan nicht durch einen Streit über Grund und Höhe der Forderungen und Rechte verzögert wird.

2 Die Dokumentationspflicht gilt sowohl für das versammlungslose Abstimmungsverfahren nach den §§ 17 bis 19 als auch für die Abstimmung im Rahmen einer Versammlung der Planbetroffenen nach § 20.

B. Dokumentationspflicht (Abs. 1)

I. Allgemeines

3 Grundsätzlich obliegt die Dokumentation dem **Schuldner**, Abs. 1 Satz 1. Führt der **Restrukturierungsbeauftragte** das Planannahmeverfahren durch, trifft ihn auch die Dokumentationspflicht (§ 76 Abs. 2 Nr. 1). Dies gilt jedoch **nur im Falle der außergerichtlichen Abstimmung über den Restrukturierungsplan in einer Versammlung nach § 20**. Nach § 76 Abs. 2 Nr. 1 steht dem Restrukturierungsbeauftragten die Entscheidung darüber zu, wie der Restrukturierungsplan zur Abstimmung gebracht wird. Erfolgt die Abstimmung nicht im gerichtlichen Verfahren, leitet der Beauftragte die Versammlung der Planbetroffenen (gemeint ist die Versammlung nach § 20) und dokumentiert die Abstimmung, § 76 Abs. 2 Nr. 1, 2. Halbs. Entscheidet sich der Restrukturierungsbeauftragte also für eine Abstimmung in einer Versammlung der Planbetroffenen nach § 20, so trifft ihn auch die Dokumentationspflicht nach § 22. Findet die Abstimmung über den Restrukturierungsplan jedoch im schriftlichen Verfahren nach §§ 17–19 statt, so trifft die Dokumentationspflicht

16 A.A. BeckOK-StaRUG/*Spahlinger*, § 21 Rn. 23.

nicht etwa den Restrukturierungsbeauftragten, sondern den Schuldner. Dieser hat das Planangebot (§ 17) zu unterbreiten und ist Adressat der Annahmeerklärung nach § 19[1].

Die Dokumentation stellt eine reine **Wissenserklärung** dar und entfaltet keine besondere Beweiskraft[2]. 4

II. Form

Eine bestimmte Form der Dokumentation ist nur für **die Dokumentation des Ergebnisses der Abstimmung** vorgesehen. Das Ergebnis der Abstimmung ist gemäß (Abs. 1 Satz 1) schriftlich festzuhalten. Es gilt § 126 BGB. 4a

Im Übrigen kann der Schuldner die Form der Dokumentation bestimmen. Trifft den Restrukturierungsbeauftragten die Dokumentationspflicht (§ 76 Abs. 2 Nr. 1; vgl. dazu auch Rdn. 3), so bestimmt er die Form der Dokumentation im Übrigen. 4b

III. Umfang

Zu dokumentieren sind der **Ablauf des Planannahmeverfahrens** und das **Abstimmungsergebnis** nach Ablauf der Annahmefrist oder nach Durchführung der Abstimmung, Abs. 1 Satz 1. Die Dokumentation muss dabei die Gesamtheit der Stimmen ausweisen, die bis zum letztmöglichen Zeitpunkt wirksam abgegeben wurden. Der Dokumentation sind **sämtliche Urkunden und sonstigen Nachweise** beizufügen, aus denen sich ergibt, wie die Abstimmung durchgeführt wurde und zu welchem Ergebnis sie geführt hat, vgl. § 60 Abs. 1 Satz 3. Die Dokumentation muss auch ausweisen, ob, wenn ja inwieweit und aus welchem Grund **Stimmrechte streitig** waren, § 24 Abs. 4 Satz 2. 5

Führt die Abstimmung nicht zu einer Annahme des Restrukturierungsplans oder soll kein Antrag auf eine gerichtliche Planbestätigung gestellt werden, so hat der Versammlungsleiter dennoch jedenfalls das Abstimmungsergebnis schriftlich (§ 126 BGB) zu dokumentieren und den Planbetroffenen unverzüglich zur Verfügung zu stellen. Nur so können die Planbetroffenen kontrollieren, ob die abgegebenen Stimmen richtig erfasst wurden. Im Übrigen dient die Dokumentationspflicht der Vorbereitung einer gerichtlichen Überprüfung des Abstimmungsprozesses (§ 63 Abs. 1 Nr. 2, § 60 Abs. 1 Satz 3). Soll der Restrukturierungsplan gar nicht gerichtlich bestätigt werden – sei es, weil die erforderlichen Mehrheiten zur Annahme des Restrukturierungsplans nicht erreicht wurden oder weil von einer gerichtlichen Bestätigung aus anderen Gründen kein Gebrauch gemacht werden soll – so wäre eine Pflicht zur Dokumentation des Abstimmungsprozesses zwar vom Wortlaut des § 22 gedeckt, nicht aber vom Sinn und Zweck der Norm[3]. 5a

C. Zugänglichmachen (Abs. 2)

Insbesondere, um den Planbetroffenen die Kontrolle darüber zu ermöglichen, ob die abgegebenen Stimmen richtig erfasst wurden, ist ihnen die Dokumentation **unverzüglich** zugänglich zu machen, Abs. 2[4]. Die Übermittlung hat daher ohne schuldhaftes Zögern zu erfolgen, § 121 Abs. 1 Satz 1 BGB. In welcher Form die Dokumentation den Planbetroffenen zugänglich zu machen ist, schreibt das Gesetz nicht vor. Ausreichend dürfte es sein, die Dokumentation in **Textform**, beispielsweise als E-Mail, an die Planbetroffenen zu übersenden oder online zur Verfügung zu stellen, wenn gleich- 6

1 So auch Flöther-*Madaus* § 22 Rn. 2; BeckOK-StaRUG/*Spahlinger* § 22 Rn. 3; Uhlenbruck-*Schönen* § 22 Rn. 9; MK-StaRUG/*Deppenkemper* § 22 Rn. 15, vgl. dazu auch § 20 Rdn. 42.
2 Begr. RegE BT-Drucks. 19/24181, S. 124.
3 So auch BeckOK-StaRUG/*Spahlinger* § 22 Rn. 18; a.A. Kübler/Bork/Prütting-*Graf-Schlicker*, HRI I, § 31 Rn. 82.
4 Begr. RegE BT-Drucks. 19/24181, S. 124.

zeitig darauf hingewiesen wird, dass die Urkunde zum Abstimmungsergebnis im Original eingesehen werden kann[5].

§ 23 Gerichtliches Planabstimmungsverfahren

Der Schuldner kann den Restrukturierungsplan in einem gerichtlichen Verfahren zur Abstimmung stellen, welches nach den §§ 45 und 46 durchzuführen ist; die §§ 17 bis 22 finden in diesem Fall keine Anwendung.

Übersicht

A. Normzweck und Systematik

1 Der Schuldner kann die Abstimmung über den Restrukturierungsplan auch in einem gerichtlichen Verfahren nach den §§ 45 und 46 durchführen lassen. Dies kann sinnvoll sein, um Streit über den ordnungsgemäßen Ablauf des Abstimmungsverfahrens zu vermeiden, der nach § 63 Abs. 1 Nr. 2, Abs. 3 zur Versagung der gerichtlichen Planbestätigung führen kann. Die außergerichtliche Verhandlung des Restrukturierungsplans steht immer »*unter dem Damoklesschwert der präzisen Einhaltung der §§ 2 bis 28 StaRUG*«[1]. Als Konsequenz der den Beteiligten eingeräumten Freiheit, den (Abstimmungs-) Prozess eigenverantwortlich zu organisieren und durchzuführen, gehen Fehler und Unzulänglichkeiten im privatautonom durchgeführten Abstimmungsprozess zulasten des Schuldners[2]. Gerade kleine oder Kleinstunternehmen als Schuldner können mit dem Prozess der eigenverantwortlichen Gestaltung eines potenziell komplexen Abstimmungsprozesses überfordert sein. Insbesondere solchen Unternehmen soll daher die Möglichkeit offenstehen, ein gerichtliches Abstimmungsverfahren durchzuführen[3].

B. Gerichtliches Planabstimmungsverfahren

I. Allgemeines

2 Insbesondere in den Fällen, in denen das Restrukturierungsvorhaben aller Voraussicht nach nur gegen den Widerstand eines oder mehrerer Planbetroffener durchgesetzt werden kann, wird der Schuldner regelmäßig frühestmöglich das Restrukturierungsgericht einbinden und sich für das gerichtliche Planabstimmungsverfahren nach den §§ 45 und 46 entscheiden.

3 Die privatautonome Planabstimmung wird dagegen wohl jedenfalls dann praxisrelevant werden, wenn nur einige wenige Gläubiger planbetroffen sind und/oder Widerstand gegen den Restrukturierungsplan nicht zu erwarten ist[4]. Insbesondere die Möglichkeit der Vorprüfung einzelner Fragen zu den Anforderungen, die an das Planabstimmungsverfahren nach den §§ 17 bis 22 zu stellen sind durch das Restrukturierungsgericht auch dann, wenn der Restrukturierungsplan nicht im gerichtlichen Verfahren zur Abstimmung gestellt werden soll (vgl. §§ 46, 47 Satz 3), kann die Planbarkeit des Restrukturierungsverfahrens erheblich verbessern und die Akzeptanz der planbetroffenen Gläubiger auch bei außergerichtlicher Durchführung der Planabstimmung stärken. In diesen Fällen bietet die privatautonome Abstimmung durch die kurzen Mindestfristen von 14 Tagen die Möglichkeit eines »*fast-track*«-Verfahrens[5] zur stillen Restrukturierung.

---

5 So auch Kübler/Bork/Prütting-*Graf-Schlicker*, HRI I, § 31 Rn. 81; Flöther-*Madaus* § 22 Rn. 10.
1 *Paulus*, NZI Beilage 2021, 9, 11.
2 Begr. RegE BT-Drucks. 19/24181, S. 92.
3 Begr. RegE BT-Drucks. 19/24181, S. 92.
4 Zust. Uhlenbruck-*Schönen* § 23 Rn. 15; MK-StaRUG/*Deppenkemper* § 23 Rn. 6.
5 *Thole*, ZIP 2020, 1985.

II. Keine Anwendung der §§ 17 bis 22

Entscheidet sich der Schuldner – oder im Fall des § 76 Abs. 1 Nr. 1 der Restrukturierungsbeauftragte – für die Durchführung eines gerichtlichen Planabstimmungsverfahrens, finden die §§ 17 bis 22 keine Anwendung. Die §§ 24 bis 28 dagegen finden gem. § 45 Abs. 4 Satz 1 im gerichtlichen Planabstimmungsverfahren entsprechende Anwendung. 4

Unterabschnitt 2 Stimmrecht und erforderliche Mehrheiten

Vorbemerkung zu §§ 24 ff. StaRUG

In Teil 2 – Abschnitt 3 »Planabstimmung« (§§ 17–28) – regelt das Gesetz in einem ersten Unterabschnitt »Planangebot und Planannahme« (§§ 17–23) und sodann im zweiten Unterabschnitt »Stimmrecht und erforderliche Mehrheiten« (§§ 24–28). 1

Das Stimmrecht wird in § 24 geregelt, die folgenden Vorschriften §§ 25–28 betreffen die Mehrheiten. In diesen Normen werden die Vorgaben der Art. 9 Abs. 2 Unterabs. 1, 2, Abs. 5, 6 und 11 der Richtlinie (EU) 2019/1023 umgesetzt.

Die §§ 24–28 orientieren sich am Vorbild der entsprechenden Vorschriften im Insolvenzplanrecht, weichen jedoch in wichtigen Punkten hiervon ab. Bspw. ist nach § 25, abweichend von § 244 InsO, keine Kopf- und Summenmehrheit, sondern allein eine qualifizierte Summenmehrheit erforderlich.[1]

Diese Bestimmungen gelten dabei sowohl für das außergerichtliche Planabstimmungsverfahren gem. §§ 17–22 als auch für das gerichtliche Planabstimmungsverfahren gem. §§ 23, 45 f.[2]

Kern und Herzstück des StaRUG ist der in den §§ 4–30 StaRUG geregelte Restrukturierungsplan. 2
Dieser ist in weiten Teilen dem Insolvenzplan nachempfunden und stellt ebenso wie dieser ein »kollektiv-privatautonomes Instrument zur Bewältigung der schuldnerischen Krise« dar.[3] Die erforderliche Gruppenbildung ergibt sich aus § 9 StaRUG, der Schuldner bekommt allerdings die Möglichkeit, die Stimmrechte selbst festzulegen.

Der Restrukturierungsplan bildet, durch eine dem außergerichtlichen Sanierungsrecht in dieser 3
Form bisher unbekannten Mehrheitsentscheidung der Beteiligten, die Grundlage für Eingriffe in Rechte und Forderungen der beteiligten Gläubiger.[4]

Vordringliches Ziel des Restrukturierungsplans ist, anders als im Insolvenzrecht, welches die best- 4
mögliche Gläubigerbefriedigung als oberstes Ziel hat, die Insolvenz des Schuldners zu verhindern und die Bestandsfähigkeit des Unternehmens zu erhalten.

§ 24 Stimmrecht

(1) Das Stimmrecht richtet sich
1. **bei Restrukturierungsforderungen nach deren Betrag, soweit sich aus Absatz 2 nichts anders ergibt,**
2. **bei Absonderungsanwartschaften und gruppeninternen Drittsicherheiten nach deren Wert und**
3. **bei Anteils- oder Mitgliedschaftsrechten nach dem Anteil am gezeichneten Kapital oder Vermögen des Schuldners; Stimmrechtsbeschränkungen, Sonder- oder Mehrstimmrechte bleiben außer Betracht.**

---

1 MK-StaRUG/*Deppenkemper* § 24 Rn. 1.
2 BeckOK-StaRUG/*Spahlinger*, § 24 Rn. 1.
3 *Gehrlein*, BB 2021, 67; BR-Drucks. 619/20, S. 143; *Brinkmann*, ZIP 2020, 2362.
4 *Gehrlein*, BB 2021, 67.

(2) Für Zwecke der Bestimmung des Stimmrechts, das Restrukturierungsforderungen gewähren, werden angesetzt:
1. bedingte Forderungen mit dem ihnen unter Berücksichtigung der Wahrscheinlichkeit des Bedingungseintritts zukommenden Wert;
2. unverzinsliche Forderungen mit dem Betrag, der sich in Anwendung des § 41 Absatz 2 der Insolvenzordnung durch Abzinsung auf den Tag der Planvorlage ergibt;
3. Forderungen, die auf Geldbeträge unbestimmter Höhe gerichtet oder in ausländischer Währung oder einer Rechnungseinheit ausgedrückt sind, mit dem nach § 45 der Insolvenzordnung zu bestimmenden Wert;
4. auf wiederkehrende Leistungen gerichtete Forderungen mit dem nach Maßgabe des § 46 der Insolvenzordnung bestimmten Wert.

(3) [1]Durch Absonderungsanwartschaften oder gruppeninterne Drittsicherheiten gesicherte Forderungen vermitteln in einer Gruppe von Restrukturierungsgläubigern nur insoweit ein Stimmrecht, wie der Schuldner für die gesicherten Forderungen auch persönlich haftet und der Inhaber der Absonderungsanwartschaft auf diese verzichtet oder mit einer abgesonderten Befriedigung ausfallen würde. [2]Solange der Ausfall nicht feststeht, ist die Forderung mit dem mutmaßlichen Ausfall zu berücksichtigen.

(4) [1]Ist das auf eine Forderung oder ein Recht entfallende Stimmrecht streitig, kann der Schuldner der Abstimmung das Stimmrecht zugrunde legen, das er den Planbetroffenen zugewiesen hat. [2]In der Dokumentation der Abstimmung vermerkt er, dass, inwieweit und aus welchem Grund das Stimmrecht streitig ist.

Übersicht

A. Normzweck

1 Die Norm setzt die Vorgaben des Art. 9 Abs. 2 Unterabs. 1 RL um, wonach die Mitgliedsstaaten sicherstellen sollen, dass betroffene Parteien das Recht erhalten über die Annahme eines Restrukturierungsplans abzustimmen. Der deutsche Gesetzgeber hat von den Vorgaben in Art. 9 Abs. 3 RL keinen Gebrauch gemacht, wonach Anteilsinhaber, nachrangige Gläubiger und dem Schuldner nahestehende Personen mit Interessenkonflikten von der Stimmabgabe ausgeschlossen werden können.[1]

§ 24 legt fest, wer mit welchem Stimmgewicht über den Plan abstimmen darf. Die Norm orientiert sich im Wesentlichen an der für die Insolvenzordnung geltenden Regelungen der §§ 237 bis 238a InsO.[2]

1 BeckOK-StaRUG/*Spahlinger*, § 24 Rn. 7.
2 Flöther-*Westpfahl/Knapp*, StaRUG, § 24 Rn. 1.

B. Ermittlung des Stimmrechts

Die Stimmen müssen für die Auswertung der Abstimmung vergleichbar gewichtet werden. Angelehnt an die Vorschriften zum Insolvenzplan ist der wirtschaftliche Wert der in den Plan einbezogenen Forderungen bzw. Rechte maßgeblich.[3] 2

In Absatz 1 sind die Grundsätze der Stimmrechtsgewährung geregelt. Absatz 2 enthält Sonderregelungen für bedingte, unverzinsliche Forderungen, ferner für Forderungen, die auf Geldbeträge in unbestimmter Höhe oder auf wiederkehrende Leistungen gerichtet sind. In Absatz 3 ist geregelt, in welcher Höhe Absonderungsanwartschaften und gruppeninterne Drittsicherheiten ein Stimmrecht vermitteln, wenn der Schuldner für die gesicherte Forderung persönlich haftet.[4]

Stimmberechtigt sind Planbetroffene, also solche Gläubiger, deren Forderungen bereits bekannt und im Vorfeld vom Schuldner geprüft worden sind. Die Stimmberechtigung der Planbetroffenen ergibt sich sowohl unmittelbar aus § 24 StaRUG als auch mittelbar aus den Vorschriften über die Planabstimmung §§ 17 ff. StaRUG. Maßgeblicher Zeitpunkt für die Bestimmung des Stimmrechts ist der Tag der Planvorlage. Bis zum Tag der Annahme des Restrukturierungsplans sind jedoch mögliche Veränderungen bei der Aktivlegitimation zu berücksichtigen.[5]

I. Stimmrecht von Restrukturierungsforderungen, § 24 Abs. 1 Nr. 1 StaRUG

Das Stimmrecht der einzelnen Gläubiger richtet sich im Grundsatz gem. § 24 Abs. 1 Nr. 1 StaRUG nach dem Nominalwert der Restrukturierungsforderung oder nach dem Wert des zu restrukturierenden Rechts. Der Wert der Forderung ist dabei unter Berücksichtigung der bisher entstandenen Zinsen zu berechnen. Stichtag für die Berechnung ist die Vorlage des Plans. Zinsen welche erst nach dieser Vorlage entstanden sind vermitteln weder ein Stimmrecht, noch begründen diese eine nachrangige Gläubigergruppe. 3

Welcher Zeitpunkt für die Bestimmung der Höhe der Forderung (Zinsen/Abzinsung) maßgeblich ist, richtet sich danach, ob es sich um eine außergerichtliche oder eine gerichtliche Abstimmung handelt. Insoweit muss differenziert werden. Handelt es sich um eine außergerichtliche Abstimmung, ist für die Abzinsung der Forderung auf den Zeitpunkt der Planvorlage abzustellen, § 2 Abs. 5 StaRUG. Bei einer gerichtlichen Abstimmung soll dagegen § 45 StaRUG maßgeblich sein.[6] 4

Änderungen, die zu einer anderen Gewichtung des Stimmrechts führen würden, welche aber erst nach diesem Zeitpunkt eingetreten sind, sollen danach außer Betracht bleiben. 5

Eine solche Vorgehensweise erscheint allerdings kaum praktikabel. Gerade in Fällen, in denen es zu gravierenden Änderungen kommt, weil der Eintritt der Bedingung aufgrund geänderter Umstände mit einem Mal weitaus wahrscheinlicher erscheint, oder sei es nur, dass eine bestehende Forderung zu einem späteren Zeitpunkt erfüllt wird, zeigt sich, dass das Abstellen auf den Zeitpunkt der Planvorlage nicht zielführend ist. 6

Stattdessen erscheint es sachgerechter sich an den Vorgaben des Insolvenzplans zu orientieren, bei welchem der Zeitpunkt des Erörterungs- und Abstimmungstermins entscheidend ist.[7] 7

▶ **Hinweis:**

Im Rahmen des Restrukturierungsplans sollte daher ebenso wie bei einem Insolvenzplan der Zeitpunkt der tatsächlichen Abstimmung zugrunde gelegt werden. 8

---

3 MK-StaRUG/*Deppenkemper*, § 24 Rn. 5.
4 Flöther-*Westpfahl/Knapp*, StaRUG, § 24 Rn. 1.
5 MK-StaRUG/*Deppenkemper*, § 24 Rn. 3.
6 Wolgast/Grauer-*Münzel*, StaRUG, § 24 Rn. 13.
7 Wolgast/Grauer-*Münzel*, StaRUG, § 24 Rn. 13.

II. Stimmrechte von absonderungsberechtigten Gläubigern, § 24 Abs. 1 Nr. 2 StaRUG

9 Auch § 24 Abs. 1 Nr. 2 StaRUG orientiert sich an insolvenzrechtlichen Strukturen. Im Fall der Inhaberschaft eines Absonderungsrechts richtet sich das Stimmrecht des Gläubigers demzufolge nach der Höhe des Absonderungsrechts.[8]

10 Haftet der Schuldner dem Inhaber einer solchen Absonderungsrechts gegenüber persönlich, kann es zu einer Aufspaltung der Forderung kommen. Da die absonderungsberechtigten Gläubiger eine eigene Gruppe bilden, bestünde eine doppelte Abstimmungsberechtigung des Gläubigers in zwei verschiedenen Gruppen. Infolge der separaten Abstimmung in den einzelnen Gruppen könnte es zu unterschiedlichen Abstimmungsergebnissen kommen.[9]

11 Um dennoch in der Gruppe der Restrukturierungsforderungen berücksichtigt zu werden, muss der Gläubiger auf die Absonderungsanwartschaft verzichten oder seine Forderung als Ausfallforderung anmelden. Infolgedessen steht ihm ein Stimmrecht in der Höhe seiner voraussichtlichen Ausfallforderung zu. § 24 Abs. 1 Nr. 2 StaRUG folgt insoweit der Regelung des § 237 InsO wonach ebenfalls nur dann ein Stimmrecht des absonderungsberechtigten Gläubigers vorgesehen ist, wenn dieser auf seine Forderung verzichtet oder bereits aus dieser befriedigt worden ist.[10]

12 Soweit gruppeninterne Drittrechte mit Absonderungsanwartschaften vergleichbar sind, sind hierfür die gleichen Grundsätze anzuwenden.

13 Diese Überlegung resultiert daraus, dass eine wirtschaftliche Betroffenheit der Gläubiger durch den Eingriff in das Sicherungsrecht nicht weitergeht, als wenn aus einer Verwertung der Sicherheit überhaupt eine Befriedigung hätte erlangt werden können.[11] Dem Schuldner steht hierbei eine Einschätzungsprärogative zu mit welcher Wahrscheinlichkeit eine Befriedigung des Gläubigers hätte erzielt werden können.[12]

Vertragliche Verwertungsbeschränkungen (limitation language) sind wertmindernd bzw. wertausschließend zu berücksichtigen. Insbesondere bei gruppeninternen Drittsicherungen können solche vertragliche Beschränkungen einer Verwertung entgegenstehen.[13]

III. Stimmrecht bei einbezogenen Anteilsrechten, § 24 Abs. 1 Nr. 3 StaRUG

14 § 24 Abs. 1 Nr. 3 StaRUG trifft eine Regelung zu den Stimmrechten der Anteilsinhaber. Auch diese können nach dem StaRUG gestaltet werden. Die Norm nimmt die durch das ESUG eingeführte Regelung auf und erklärt für die Stimmrechte der Anteils- und Mitgliedschaftsinhaber den Anteil an dem jeweiligen Stammkapital für maßgeblich; was der in der Insolvenzordnung vorgesehenen Regelung des § 238a InsO entspricht. Wurde die Beteiligung auf einen Treuhänder übertragen, so ist dieser Anteilsinhaber im Sinne der Norm.[14] Das Stimmrecht wird allein nach den jeweiligen Kapitalanteilen berechnet. Entsprechend der insolvenzrechtlichen Regelung bleiben auch hier Stimmrechtsbeschränkungen sowie Sonder- oder Mehrfachstimmrechte außer Betracht.[15]

15 Ziel der Regelung ist eine Vereinfachung der Stimmrechtsfeststellung. Zugleich soll dadurch auch verhindert werden, dass die Planabstimmung durch materiell abweichende Stimmrechtsgewichtungen oder Abstimmungsmöglichkeiten beeinflusst werden kann.[16]

---

8 Begr. des RegE zu § 26.
9 Kübler/Bork/Prütting-*Denkhaus*, HRI I, StaRUG § 33 Rn. 130.
10 Begr. des RegE zu § 24; MK-InsO/*Hintzen*, §§ 237, 238 Rn. 19.
11 Begr. des RegE zu § 24.
12 BT-Drucks. 19/24181, 125 f.
13 Flöther-*Westpfahl/Knapp*, StaRUG, § 24 Rn. 4.
14 BeckOK-StaRUG/*Spahlinger*, § 24 Rn. 17.
15 Begr. des RegE zu § 26; Schäfer, ZIP 2020, 2165.
16 Wolgast/Grauer-*Münzel*, StaRUG, § 24 Rn. 56; MK-InsO/*Madaus*, § 238a Rn. 1.

Für Kapitalgesellschaften ist das Stimmrecht nach dem im Handelsregister eingetragenen Stammkapital zu ermitteln. Die genaue Beteiligungshöhe ergibt sich aus der jeweiligen Rechtsform, meist aus der Gesellschafterliste.[17] 16

Das Stimmrecht für die Gesellschafter einer Personengesellschaft bestimmt sich nach deren Beteiligung an dem Vermögen der Gesellschaft. Ohne Kapitalbeteiligung steht den jeweiligen Gesellschaftern auch kein Stimmrecht zu.[18] Die Anteilsverteilung an die einzelnen Anteilsinhaber ist hier dem Gesellschaftsvertrag zu entnehmen.[19] 17

C. Sonderbestimmungen, § 24 Abs. 2 StaRUG

Abs. 2 der Norm enthält Sonderregelungen zur Bestimmung des Stimmrechts bei bedingten, unverzinslichen, ihrer Höhe nach noch nicht bestimmbaren oder auf wiederkehrende Leistungen gerichtete Forderungen. Für diesen Fall normiert § 24 Abs. 2 StaRUG erneut Verweise auf die einschlägigen Normen des Insolvenzrechts. 18

I. Bedingte Forderungen, § 24 Abs. 2 Nr. 1 StaRUG

In einem Restrukturierungsplan können auch bedingte oder noch nicht fällige Forderungen gestaltet werden, gem. § 3 Abs. 1 StaRUG. Anders als im Insolvenzrecht erlaubt das StaRUG eine Gestaltung von sowohl aufschiebend, als auch auflösend bedingten Forderungen. Während eine auflösend bedingte Forderung im Insolvenzrecht bis zu dem Bedingungseintritt mit ihrem vollen Wert berücksichtigt werden kann, soll nach § 24 Abs. 2 StaRUG auch hier die Wahrscheinlichkeit der tatsächlichen Belastung des Schuldners mit der Forderung gewichtet werden. Die im Fall einer bedingten Forderung bestehende Unsicherheit über den Bedingungseintritt wird durch das StaRUG gleichermaßen wirtschaftlich gewichtet.[20] 19

Für den Fall einer bedingten Forderung bestimmt sich das Stimmrecht nicht allein nach dem Nominalbetrag der Forderung, sondern auch unter Berücksichtigung der Wahrscheinlichkeit des Bedingungseintritts. Der Nominalbetrag ist infolgedessen demnach zu bestimmen, mit welcher Wahrscheinlichkeit die Forderung im Fall einer auflösenden Bedingung fortbestehen und mit welcher sie im Fall einer aufschiebenden Bedingung entstehen wird.[21] 20

Ist nach einer Wahrscheinlichkeitsprognose der Bedingungseintritt so weit entfernt, dass damit nach vernünftigen Erwägungen nicht mehr gerechnet werden kann, stellt die Forderung allerdings keinen gegenwärtigen Vermögenswert mehr dar und dem Gläubiger kann allenfalls noch ein beschränktes Stimmrecht zustehen, wobei eine Bestimmung, ab wann ein solches beschränktes Stimmrecht angenommen werden kann schwerfallen dürfte.[22] 21

II. Noch nicht fällige, unverzinsliche Forderungen, § 24 Abs. 2 Nr. 2 StaRUG

Für noch nicht fällige unverzinsliche Forderungen ordnet § 24 Abs. 2 Nr. 2 StaRUG für die Bestimmung des Stimmrechts eine Abzinsung nach Maßgabe des § 41 Abs. 2 InsO auf den Tag der Planvorlage an.[23] Begründet wird das Abzinsungsgebot damit, dass unverzinsliche Forderungen eine Werterhöhung erfahren, wenn sie vor dem vereinbarten Fälligkeitszeitpunkt als fällig behandelt werden.[24] 21a

17 MK-InsO/*Madaus*, § 238 Rn. 10.
18 Beispiel: Kein Stimmrecht hat die voll haftende GmbH bei der »klassischen« GmbH & Co. KG-Regelung.
19 Römermann-*Rühle/Ober*, InsO, § 238a Rn. 5–7.
20 Wolgast/Grauer-*Münzel*, StaRUG, § 24 Rn. 13.
21 Begr. des RegE zu § 26.
22 MK-InsO/*Ehricke/Ahrends*, § 77 Rn. 40.
23 BT-Drucks. 19/24181 S. 126.
24 BeckOK-StaRUG/*Spahlinger*, § 24 Rn. 23.

III. Stimmrecht für unbestimmte Forderungen, § 24 Abs. 2 Nr. 3 StaRUG

22 Um das Stimmrecht im Fall einer unbestimmten Forderung oder im Fall einer ausländischen Forderung bestimmen zu können, ist § 45 InsO heranzuziehen.

23 Demnach sind unbestimmte Forderungen berechnet auf den Zeitpunkt der Verfahrenseröffnung zu schätzen.[25]

24 Da im Fall einer ausländischen Forderung keine Kenntnis über deren tatsächlichen Wert besteht, kann eine solche grundsätzlich nicht zur Insolvenztabelle angemeldet werden. In diesem Fall hat zuvor eine Umrechnung in inländische Währung durch den Gläubiger selbst zu erfolgen.[26]

25 Im Insolvenzrecht muss die Schätzung bzw. die Umrechnung der Gläubiger durchführen, der die Forderung zur Tabelle anmelden möchte. Im Rahmen des Restrukturierungsplans obliegt es jedoch dem Schuldner zu bestimmen welche der Forderungen durch das Planverfahren restrukturiert werden sollen.

26 Infolgedessen muss hier die Umrechnung oder Schätzung auch durch ihn (§ 24 Abs. 4 S. 1) bzw. durch das Restrukturierungsgericht (§ 63 Abs. 4 S. 2 StaRUG und § 45 Abs. 4 S. 2 StaRUG) erfolgen, sofern die ausländische Forderung Teil des Plans werden soll.

27 Maßgeblicher Zeitpunkt für die Umrechnung ist der Tag der Planvorlage, oder, sofern eine gerichtliche Abstimmung erfolgen soll, der Zeitpunkt der Antragsstellung gem. § 60 StaRUG.

IV. Stimmrecht bei wiederkehrenden Leistungen, § 24 Abs. 2 Nr. 4 StaRUG

28 Auch hinsichtlich Forderungen, welche auf wiederkehrende Leistungen gerichtet sind, enthält § 24 Abs. 2 Nr. 4 StaRUG eine Verweisung auf die geltenden Bestimmungen des Insolvenzrechts.[27] Demnach ist der Wert der Forderung nach Maßgabe des § 46 InsO zu bestimmen. Beispiele solcher Forderungen sind Vergütungen aus Dienst- oder Geschäftsbesorgungsverträgen (§ 611 Abs. 1 und § 675 BGB), Darlehenszinsen, familienrechtliche Unterhaltsansprüche i.S.d. § 40 InsO etc.[28]

29 Sinn und Zweck der Norm ist es, Forderungen, welche noch nicht fällig gestellt sind, zu kapitalisieren, um somit durch vergleichbare Geldbeträge eine Gleichbehandlung der Gläubiger zu gewährleisten.[29]

30 Ist die Höhe der Einzelleistung noch unbestimmt, so erfolgt nach § 46 Satz 2 InsO eine § 45 InsO entsprechende Schätzung. Sofern die Höhe bestimmt aber der Endzeitpunkt noch nicht feststeht, ist ein Durchschnittssatz anhand des Gesamtwertes der wiederkehrenden Leistungen zu ermitteln.

31 Ist die Höhe der einzelnen Leistungen bestimmt und auch der Endzeitpunkt, so sind die jeweiligen Einzelleistungen durch einen Durchschnittssatz zu berechnen und abzuzinsen, sodass anschließend eine Summierung der Einzelforderungen erfolgen kann. Die Abzinsung der einzelnen Forderungen hat nach der »Hoffmann'schen Formel« zu erfolgen. Danach ist der Betrag maßgeblich, der zuzüglich der gesetzlichen Zinsen bis zur Fälligkeit den Nennbetrag der Forderung ergibt.[30]

32 Sind sowohl die Höhe der einzelnen Leistungen als auch der Endzeitpunkt unbestimmt, ist die Höhe der Leistungen wiederum zu schätzen. Die Bestimmung des Endzeitpunktes kann ebenfalls nur

25 Uhlenbruck-*Knof*, InsO, § 45 Rn. 11–16.

26 Braun-*Bäuerle*, InsO, § 45 Rn. 1, 2. Weitere Ausführungen zu Fremdwährungsforderungen s. MK-InsO/*Bitter*, § 45 Rn. 17–20.

27 Begr. des RegE zu § 26.

28 Nicht erfasst sind sogenannte Wiederkehrschuldverhältnisse, bei denen der Leistungsbezug des Schuldners auf laufend neu begründeten Verträgen beruht (Wasser, Strom, Gas), vgl. MK-StaRUG/*Deppenkemper*, § 24 Rn. 32, 33.

29 Braun-*Bäuerle*, InsO, § 46 Rn. 1.

30 Braun-*Bäuerle*, InsO, § 46 Rn. 4, 6.

anhand einer Wahrscheinlichkeitsrechnung, welche auf einem statistischen Material zu beruhen hat geschätzt werden. Anschließend kann § 46 Satz 1 InsO zur Anwendung gelangen.[31]

D. Vermeidung doppelter Stimmgewichte, § 24 Abs. 3 StaRUG

§ 24 Abs. 3 StaRUG ist dem Regelungsgehalt des § 237 Abs. 1 Satz 2 InsO nachempfunden. 33

Die Vorschrift bezieht sich auf den Fall, wenn im Restrukturierungsplan nicht nur in eine Absonderungsanwartschaft oder gruppeninterne Drittsicherheit eingegriffen wird, sondern auch in die dadurch gesicherte Forderung desselben Gläubigers. Absatz 3 regelt, ob und unter welchen Voraussetzungen und mit welchem Stimmrecht der Gläubiger am Abstimmungsverfahren teilnimmt. Eine Teilnahme als Inhaber der Absonderungsanwartschaft bzw. der gruppeninternen Drittsicherheit und zudem als Restrukturierungsgläubiger setzt voraus, dass der Schuldner für die gesicherte Forderung persönlich haftet.[32] 33a

Der Inhaber einer Forderung, welche durch ein Absonderungsrecht gesichert ist, kann nicht sowohl mit dem Nominalbetrag seiner Forderung in einer Gruppe von »gewöhnlichen« Forderungsinhabern als auch in der Gruppe der absonderungsberechtigten Gläubiger abstimmen.[33] In beiden Gruppen zusammen kann sein Stimmgewicht höchstens dem Nominalbetrag seiner Restrukturierungsforderung entsprechen. Das Stimmrecht des Gläubigers kann in der Gruppe der Forderungsgläubiger nur insoweit bestehen, wie sein Stimmrecht in der Gruppe der absonderungsberechtigten Gläubiger dahinter zurückbleibt.[34] 34

Gleiches muss bei einer wirtschaftlichen Betrachtungsweise im Fall von gruppeninternen Drittsicherheiten gelten. Um eine doppelte Stimmgewichtung zu vermeiden, kann eine mit einer Drittsicherheit behaftete Forderung innerhalb der Gruppe der ausgewählten Forderungsinhaber nur insoweit ein Stimmrecht vermitteln, als nicht durch den Wert der Drittsicherheit bereits ein Stimmrecht in der maßgeblichen Gruppe gewährt wurde. 35

Das Stimmrecht des betroffenen Gläubigers richtet sich daher in der Gruppe der Forderungsinhaber nach der Forderungshöhe, welche nach Abzug der Drittsicherheit verbleibt. 36

E. Festsetzung der Stimmrechte durch den Schuldner, § 24 Abs. 4 StaRUG

Die Vorschrift dient der Beschleunigung des außergerichtlichen Abstimmungsverfahrens bei streitigem Stimmrecht. Der Schuldner kann im Streitfall das Stimmrecht des Schuldners festsetzen (Abs. 4 S. 1). Anders als bei einem Insolvenzplan, bei welchem dem Gläubiger ein Stimmrecht zuerkannt wird, soweit hinsichtlich der Höhe der Forderung eine Einigung erzielt werden konnte, und im Fall einer fehlenden Einigung das Gericht entscheidet, obliegt es hier dem Schuldner die Höhe der Forderung und damit das Stimmrecht festzulegen.[35] Die Abstimmung soll nicht durch Streitigkeiten über die Höhe einer Forderung oder eines Rechts verzögert werden. 37

Im Fall einer außergerichtlichen Abstimmung besteht auch die Möglichkeit der Durchführung einer Vorprüfung, deren Gegenstand nach § 47 i.V.m. § 46 Abs. 1 Nr. 2 StaRUG auch das Stimmrecht sein kann. Durch eine solche Vorprüfung wird das Verfahren aber gerade entgegen des eigentlichen Zwecks der Vorschrift verzögert. 38

Grundsätzlich hat der Schuldner bei der Abstimmung das Stimmgewicht zugrunde zu legen, welches bereits bei dem zuvor an die Forderungsinhaber übermittelten Planangebots maßgeblich war.[36] 39

---

31 Uhlenbruck-*Knof*, InsO, § 46 Rn. 7.
32 BeckOK-StaRUG/*Spahlinger*, § 24 Rn. 31.
33 BT-Drucks. 19/24181 S. 126.
34 BT-Drucks. 19/24181 S. 126.
35 Begr. des RegE zu § 26; *Spahlinger*, NZI 2021, 32.
36 *Morgen/Arends/Schierhorn*, ZRI 2021, 309.

Nach § 17 Abs. 2 StaRUG ist die Höhe des Stimmrechts bereits in dem ursprünglichen Angebot festzulegen.[37]

40 Will der Schuldner dem Gläubiger der streitigen Forderung eine abweichende Gewichtung zuweisen, so treffen ihn Offenlegungs- und Dokumentationspflichten. Zunächst hat er die unterschiedliche Gewichtung des Stimmrechts den Planbetroffenen gegenüber offenzulegen.[38]

41 Hinsichtlich der weiteren Pflichten des Schuldners muss danach differenziert werden, ob eine Abstimmung der Planbetroffenen im Rahmen einer Versammlung im Sinne des § 20 StaRUG erfolgt. In diesem Fall hat der Schuldner die Zustimmung der Versammlung zu der veränderten Gewichtung des Stimmrechts einzuholen.

42 Erfolgt die Abstimmung außerhalb einer solchen Versammlung, muss der Schuldner die Planbetroffenen über die veränderte Gewichtung lediglich informieren und dies auch in der Dokumentation über die Abstimmung festhalten.

43 Des Weiteren hat der Schuldner nach § 24 Abs. 4 Satz 2 StaRUG in dieser Dokumentation darzulegen, dass, inwieweit und aus welchem Grund die Forderung streitig ist, § 22 StaRUG.[39]

44 Diese Dokumentation dient einer möglichen Nachprüfung durch das Gericht. Bleibt das Stimmrecht weiterhin streitig oder entsteht ein Streit darüber erst nach der Abstimmung, so obliegt es dem Gericht, das Stimmrecht im Rahmen der Planbestätigung nach § 63 Abs. 4 S. 2 StaRUG festzulegen.

45 Dabei ist es an die zugrundeliegende Einschätzung des Schuldners nicht gebunden. Eine solche Bindung besteht nur dann, wenn dem Schuldner hinsichtlich der Festlegung der Stimmrechte ein Beurteilungsspielraum zustand. Dennoch ist der Schuldner gehalten die Festsetzung der Stimmrechte mit Sorgfalt zu treffen, denn im Fall einer fehlerhaften Stimmrechtsfestsetzung droht ihm die Versagung der Planbestätigung.[40]

46 Das höhere Maß an Eigenverantwortlichkeit, die dem Schuldner bei einem außergerichtlichen Restrukturierungsplan zugestanden wird, birgt die Gefahr einer unrichtigen Stimmrechtsfestsetzung durch denselben. Wie damit umzugehen ist unterscheidet sich danach, ob es trotz der außergerichtlichen Planabstimmung zu einem gerichtlichen Abstimmungsverfahren kommt. Im Rahmen eines gerichtlichen Verfahrens kommt § 45 Abs. 4 S. 2 zur Anwendung, wonach im Fall der Uneinigkeit zwischen Gläubigern und Schuldner das Gericht festlegt, ohne dass gegen diese Entscheidung eine Beschwerde möglich ist.[41]

47 Wird die Forderung zu einem späteren Zeitpunkt abweichend festgestellt, so hat dies lediglich zur Konsequenz, dass diese nur insoweit an der Plangestaltung teilnimmt, als sie diesem auch zugrunde gelegt wird. Dadurch soll verhindert werden, dass durch ein schuldnerisches Unternehmen die Forderung eines Gläubigers zu niedrig angesetzt wird, um diesem nur ein möglichst geringes Stimmrecht zuzuweisen. Damit würde der Schuldner lediglich bewirken, dass nicht die gesamte Forderung an dem Planverfahren teilnimmt.[42]

48 Sofern die Planabstimmung außerhalb eines gerichtlichen Verfahrens erfolgt, kommt § 63 Abs. 4 Satz 2 StaRUG zur Anwendung. Das Gericht legt seiner Entscheidung über die Planbestätigung das »nach Maßgabe des § 24 zu bestimmenden Stimmrechts zugrunde«. Legt das Gericht ein anderes bzw. abweichendes Stimmrecht fest, wird die Stimmrechtszuweisung des Schuldners rückwirkend ersetzt. Hierdurch kommt es gegebenenfalls zu einer Veränderung des Abstimmungsergebnisses.

37 *Spahlinger*, NZI 2021, 32.
38 Begr. des ReE zu § 26.
39 *De Bruyn/Ehmke*, NZG 2021, 668.
40 *Spahlinger*, NZI 2021, 33.
41 Wolgast/Grauer-*Münzel,* StaRUG, § 24 Rn. 8–10.
42 *Morgen/Arends/Schlierhorn*, ZRI 2021, 309.

Dabei handelt es sich um einen Verfahrensmangel welcher nicht zu einer Versagung nach § 63 Abs. 1 Nr. 2 StaRUG führen soll.[43]

Sind Restrukturierungsforderungen – dem Grunde und/oder der Höhe nach – streitig, unterliegen sie den auf sie anwendbaren Regelungen des Restrukturierungsplans nur in der Höhe, in der sie später festgestellt sind, nicht aber über den Betrag hinaus, der dem Plan zugrunde gelegt wurde, § 70 Abs. 1.[44] 49

§ 25 Erforderliche Mehrheiten

(1) Zur Annahme des Restrukturierungsplans ist erforderlich, dass in jeder Gruppe auf die dem Plan zustimmenden Gruppenmitglieder mindestens drei Viertel der Stimmrechte in dieser Gruppe entfallen.

(2) [1]Planbetroffene, denen eine Forderung oder ein Recht gemeinschaftlich zusteht, werden bei der Abstimmung als ein Planbetroffener behandelt. [2]Entsprechendes gilt, wenn an einem Recht ein Pfandrecht oder ein Nießbrauch besteht.

Übersicht

A. Normzweck

1 In der Norm wird festgelegt, welche Mehrheiten in einer Abstimmungsgruppe erreicht werden müssen, damit diese Gruppe insgesamt die Annahme des Restrukturierungsplans erklären kann.[1] Wird die erforderliche Mehrheit in einer Gruppe nicht erreicht, so kommt der Plan dennoch zustande, wenn die Voraussetzungen einer gruppenübergreifenden Mehrheitsentscheidung nach den §§ 26–28 StaRUG vorliegen und die Zustimmung dieser Gruppe somit als erteilt gilt.[2]

Der deutsche Gesetzgeber folgt damit den Vorgaben der Richtlinie[3], wonach das nationale Recht die erforderlichen Mehrheiten in einer Weise festlegen soll, dass Minderheiten die Annahme eines Restrukturierungsplans – der ihre Rechte und Interessen nicht in einer unangemessenen Weise beeinträchtigt – nicht vereiteln können.

1a In Absatz 2 der Vorschrift werden die Fälle geregelt, in denen mehreren Planbetroffenen eine Forderung oder ein Recht gemeinschaftlich zusteht (Satz 1) oder an einem Recht ein Pfandrecht oder ein Nießbrauch besteht (Satz 2). Entsprechend dem insolvenzplanrechtlichen Vorbild in § 244 Abs. 2 InsO legt Abs. 2 Satz 1 fest, dass gemeinschaftliche Forderungen und Rechte bei der Planabstimmung nur einmal berücksichtigt werden. In Satz 2 wird deutlich, dass diese Regelung sich auch auf gemeinsame Rechte erstreckt, an denen ein Pfandrecht oder ein Nießbrauch besteht.[4]

43 Wolgast/Grauer-*Münzel*, StaRUG, § 24 Rn. 8–10.
44 BeckOK-StaRUG/*Spahlinger*, § 24 Rn. 41.
1 Morgen-*Kowalewski/Praß*, StaRUG, § 25 Rn. 1.
2 BeckOK-StaRUG/*Spahlinger*, § 25 Rn. 1.
3 ErwG 47 RL (EU) 2019/1023.
4 Uhlenbruck-*Knof*, StaRUG, § 25 Rn. 19.

B. Norminhalt

I. Erforderliche Mehrheit in der jeweiligen Gruppe, § 25 Abs. 1 StaRUG

1. Gruppenbildung

1b Unabhängig davon, ob es sich um ein eigeninitiativ durchgeführtes Planverfahren oder um ein gerichtliches Planverfahren handelt, unterliegt der dem Insolvenzplan nachempfundene Restrukturierungsplan einer Mehrheitsentscheidung.[5]

2 Für das Zustandekommen eines solchen Plans sind aus den beteiligten Gläubigern Gruppen zu bilden, § 9 StaRUG. Die Einteilung der Gruppen erfolgt nach den jeweiligen wirtschaftlichen Interessen. Auch die unterschiedlichen Rechtsstellungen der Beteiligten sind zu berücksichtigen.[6]

3 Anders als der Insolvenzplan, welcher grundsätzlich eine Beteiligung sämtlicher betroffener Gläubiger vorsieht, nehmen dabei nicht alle Gläubiger an der Planbildung teil. Vielmehr eröffnet Art. 9 Absatz 3 der Restrukturierungsrichtlinie die Möglichkeit, bestimmte Gläubiger von dem Verfahren ausschließen zu können. Hiervon hat der deutsche Gesetzgeber in § 4 StaRUG Gebrauch gemacht. Dieser nimmt bestimmte Gläubigergruppen von der Teilnahme an dem Planverfahren gänzlich aus.

4 An dieser Stelle zeigt sich eine flexiblere Gestaltung des Restrukturierungsplans, welcher es dem Schuldner ermöglicht, eine Auswahl unter den Gläubigern zu treffen und selbst zu bestimmen, welche von ihnen an dem Planverfahren teilnehmen sollen.[7]

5 Den betroffenen Unternehmern soll ermöglicht werden, sowohl die Verhandlung als auch den Plan selbst führen und zur Abstimmung stellen zu können. Schließlich soll das StaRUG eine weniger gerichtlich geprägte Alternative zur Gläubigerbefriedigung bieten.[8] Hierdurch soll ein Verzicht auf den Insolvenzverwalter ermöglicht werden, solange der Schuldner bereit ist, die Geschäftsführung auch im Interesse der Gläubiger auszurichten.[9]

6 Die durch den Schuldner ausgewählten Gläubiger bilden die Planbetroffenen. Die Regelung nach deren Maßgabe die Gruppenbildung vorzunehmen ist, sind denen des Insolvenzrechts nachempfunden. Sie erfolgt nach den §§ 8 ff. StaRUG. Demnach steht es dem Schuldner frei, die teilnehmenden Gläubiger nach sachgerechten Kriterien selbst zu bestimmen, welche er im Rahmen des Plans darzulegen und zu erläutern hat. Sachgerecht im Sinne des § 8 Nr. 2 StaRUG ist die Auswahl beispielsweise dann, wenn sie in Anbetracht der wirtschaftlichen Schwierigkeiten des Schuldners angemessen erscheint und unter der Prämisse, dass der operative Geschäftsbetrieb aufrechterhalten bleiben soll und vor allem die hierzu erforderlichen Geschäftspartner des Schuldners von Eingriffen verschont bleiben sollen.[10]

7 Durch die Auswahl der einzelnen Gläubiger und der damit einhergehenden Einflussnahme auf die Zusammensetzung der Gläubiger innerhalb der einzelnen Gruppen, wird dem Schuldner die Möglichkeit eröffnet, einen erheblichen Einfluss auf die Zustimmungsbereitschaft der Gläubiger zu nehmen.[11]

8 Allerdings unterliegt der Schuldner hinsichtlich der Auswahl gewissen Beschränkungen.

9 Nach § 4 StaRUG ist es dem Schuldner verwehrt Forderungen aus unerlaubter Handlung, Geldstrafen und -bußen, Zwangs- und Ordnungsgelder sowie Ansprüche von Arbeitnehmern in den

5 *Mönning/Weniger/Rep*, RAW 2021, 9–16.
6 *Groß/Jungclaus*, SanB 2021, 7.
7 *Wilkens*, WM 2021, 573.
8 *Vallender*, MDR 2021, 201–208; *Specovius/von Wilcken*, NZI 2017, 26.
9 Begr. des RegE zu § 25.
10 Begr. des RegE zu § 30.
11 *Spahlinger*, NZI 2021, 32–35; *Cranshaw/Portisch*, ZInsO 2020, 2621.

Plan miteinzubeziehen.[12] Darin zeigt sich die Intention des Gesetzgebers, mit dem Verfahren ein Instrument zur bilanziellen und finanziellen Restrukturierung zu schaffen.[13]

Im Rahmen der gerichtlichen Planbestätigung erfolgt zudem eine Überprüfung der Gruppenbildung durch das Gericht. 10

Ebenso wie bei der Durchführung eines Insolvenzplans kann auch hier in die bestehenden Rechte der Gläubiger eingegriffen werden und ist ein solcher Eingriff auch zulässig. Im Unterschied zu einem insolvenzrechtlichen Plan nehmen im Fall eines Restrukturierungsplans aber gerade nicht sämtliche Gläubiger an dem Planverfahren teil. Nach dem Ziel des StaRUG soll auch eine teilkollektive Planlösung möglich sein. 11

Problematisch erscheint in diesem Zusammenhang aber, dass diejenigen Gläubiger, welche nicht in das Planverfahren mit einbezogen werden, von der Mitwirkung ausgeschlossen werden. Zwar bleiben ihre Rechtspositionen durch den Ausschluss grundsätzlich unberührt, allerdings können so im Zuge des Restrukturierungsplans wesentliche Vermögensteile oder auch das Vermögen des Schuldners im Ganzen übertragen werden, ohne dass ein Teil der Gläubiger hierauf Einfluss nehmen kann.[14] 12

2. Stimmrecht

Das Stimmrecht soll in sämtlichen Gruppen der Planbeteiligten grundsätzlich einheitlich festgesetzt werden. Auch bei Absonderungsanwartschaften und gruppeninternen Drittsicherheiten richtet sich das Stimmrecht nach deren Wert. 12a

3. Mehrheitserfordernis

Grundsätzlich erfordert das Zustandekommen eines Restrukturierungsplans in Anlehnung an § 244 InsO ebenso wie ein Insolvenzplan eine Mehrheitsentscheidung.[15] 13

Anders als § 244 Abs. 1 Nr. 1 InsO wird in § 25 Abs. 1 StaRUG eine qualifizierte Mehrheit von 75 % verlangt. Die Norm enthält damit eine wesentlich strengere Regel als die bei einem Insolvenzplan vorgesehene einfache Summenmehrheit und schöpft damit den in Art. 9 Abs. 6 Unterabs. 1 und 2 der Richtlinie vorgesehenen Gestaltungsrahmen voll aus.[16] 14

Während die Abstimmung über einen Insolvenzplan zudem ein doppeltes Mehrheitserfordernis, bestehend aus einer Kopf- und Summenmehrheit erfordert, lässt § 25 Abs. 1 StaRUG die Summenmehrheit genügen. 15

Um dem Zweck eines solchen Kopfmehrheitserfordernisses gerecht zu werden, bedarf es der Festlegung eines bestimmten Zeitpunkts welcher für die Zuordnung der stimmberechtigten Forderungen maßgeblich sein soll. Andernfalls würde den Beteiligten die Möglichkeit eröffnet, »durch eine Aufspaltung der stimmrechtstragenden Forderungen und Rechte die Basis der stimmberechtigten Köpfe zu erweitern.«[17] 16

Ein solcher Zeitpunkt könnte ohne Weiteres festgelegt werden, allerdings würde damit voraussichtlich auch eine hohe Streitanfälligkeit über den besagten Zeitpunkt einhergehen.[18] 17

Durch den Verzicht auf das doppelte Mehrheitserfordernis entsteht zwar wiederum die Gefahr einer Dominanz von Großgläubigern; dem soll aber durch die Gruppenbildung von Kleingläubigern ent- 18

---

12 *Wilkens*, WM 2021, 573.
13 *Wilkens*, WM 2021, 573.
14 *Müller*, ZIP 2020, 2253–2259; *Schäfer*, ZIP 2020, 2166.
15 *Gehrlein*, BB 2021, 66–88.
16 *Müller*, ZIP 2020, 2253–2259; *Proske/Streit*, NZI 2020, 969.
17 Begr. des RegE zu § 27.
18 Begr. des RegE zu § 27.

gegengewirkt werden, welche nach § 11 Abs. 2 Satz 4 StaRUG ausdrücklich separate Gruppen zu bilden haben.[19]

19 In den einzelnen Gruppen erfolgt jeweils eine separate Abstimmung.[20]

20 Für die Ermittlung der erforderlichen Summenmehrheit muss auf die Summe der Stimmrechte, die insgesamt auf die in der Gruppe zusammengefassten Forderungen oder Rechte entfallen, abgestellt werden. Das Stimmrecht, das eine Forderung oder ein Recht gewährt, ist nach Maßgabe des § 24 zu bestimmen.[21] Entscheidend ist dabei nicht die Anzahl der tatsächlich an der Abstimmung teilnehmenden Gläubiger. Das führt dazu, dass Stimmenenthaltungen und nicht abgegebene Stimmen als Gegenstimmen gewertet werden.[22] Im Gegensatz zum Insolvenzplanverfahren (§§ 246 Nr. 2, 246a InsO) gilt die Zustimmung einer Gruppe nachrangiger Gläubiger oder Anteilsinhaber nicht per se als erteilt, wenn sich kein Gruppenmitglied an der Abstimmung beteiligt hat.[23]

21 Durch das Erfordernis einer qualifizierten Mehrheit und die damit gegenüber dem Abstimmungsverfahren im Insolvenzrecht entschieden erhöhten Anforderungen für die Annahme des Restrukturierungsplans, soll ein Ausgleich zu dem Verzicht auf die im Insolvenzrecht geforderte kumulative Doppelmehrheit erfolgen.[24]

22 Wie der Insolvenzplan gezeigt hat, kommt es aber häufig vor, dass nicht sämtliche der Gläubiger zu dem Abstimmungs- und Erörterungstermin erscheinen. Daher erscheint es für den Schuldner ratsam, diese vorab zu kontaktieren oder einen der Teilnehmer zur Abstimmung bevollmächtigen zu lassen.

23 Im Fall der gerichtlichen Planbestätigung gem. §§ 67, 74 StaRUG gelten die gestaltenden Regelungen des Plans auch für diejenigen Planbetroffenen, welche gegen den Plan gestimmt haben oder an der Abstimmung nicht teilgenommen haben.[25]

4. Erforderliche Mehrheit für die Bestellung eines gemeinsamen Vertreters von Anleihegläubigern

23a Sind Anleihegläubiger betroffen, so richtet sich die relevante Mehrheit für den Beschluss zur Bestellung eines gemeinsamen Vertreters nach § 5 Abs. 4 S. 1 SchVG und nicht nach § 25 Abs. 1 StaRUG. Demnach reicht die einfache Mehrheit der an der Abstimmung teilnehmenden Stimmrechte in diesem Fall aus.[26]

24 [unbesetzt]

5. Außergerichtliche Einigung

25 Wenn alle Planbetroffenen dem Plan zustimmen und eine vertragliche Einigung zustande kommt, bedarf es keines Einbezugs des Gerichts.

26 Sollte eine Entscheidung des Gerichts getroffen werden müssen, so muss dem Gericht ausreichend Zeit verbleiben, die relevanten Tatsachen prüfen und feststellen zu können um sich eine Überzeugung

19 Begr. des RegE zu § 25; *Müller*, ZIP 2020, 2253–2259; *Groß/Jungclaus*, SanB 2021, 9.
20 Vgl. dem insolvenzplanrechtlichen Vorbild in § 243 InsO.
21 BT-Drucks. 19/24181, 127.
22 *Desch*, BB 2020, 1204; *Proske/Streit*, NZI 2020, 969; *Gehrlein*, BB 2021, 66–81; *Schelo*, WM 2021, 516.
23 Flöther-*Westpfahl/Knapp*, StaRUG, § 25 Rn. 6.
24 *Morgen/Arends/Schierhorn*, ZRI 2021, 309.
25 *Pluta/Konen*, SanB 2020, 154.
26 BeckOK-StaRUG/*Spahlinger*, § 25 Rn. 11a.

zu bilden.[27] Zur Vermeidung von zeitlichen Verzögerungen ist es daher ratsam, das Gericht rechtzeitig in die Verfahren einzubinden, sollte eine gerichtliche Bestätigung notwendig sein.

II. Gemeinschaftliche Forderungen, § 25 Abs. 2 StaRUG

Die Norm wurde dem insolvenzrechtlichen Vorbild des § 244 Abs. 2 InsO nachempfunden. Auch 27
im Fall der Durchführung eines Restrukturierungsplans sollen gemeinschaftlich gehaltene Forderungen ebenso wie bei einem Insolvenzplan nur einmal berücksichtigt werden.[28]

1. Gläubigermehrheiten, § 25 Abs. 2 Satz 1 StaRUG

a) Anwendungsbereich

Beispiele für Gläubiger welchen ein »gemeinschaftliches Recht« zusteht sind unter anderem Gesamt- 28
gläubiger nach § 428 BGB, Gesamthandsgläubiger nach § 432 BGB, Bruchteilsgemeinschaften nach § 741 BGB, Erbengemeinschaft nach § 2032 BGB sowie die Gütergemeinschaft unter Eheleuten nach § 1416 BGB.[29]

Abs. 2 Satz 1 ist ebenfalls auf die Gesellschafter einer GbR (§§ 705 ff. BGB), d.h. einer BGB-Innen- 28a
gesellschaft, anwendbar, wenn diese gesamthänderisch Rechte bzw. Forderungen halten.[30] Nicht unter den Anwendungsbereich fallen hingegen die OHG (§§ 105 ff. HGB) oder die KG (§§ 161 ff. HGB), da die rechtsfähige Personenhandelsgesellschaft selbst die Gläubigerin ist.

Auch sogenannte »Sicherheitsverwertungsgemeinschaften« (»Pools«), fallen unter die Regelung des 29
§ 25 Abs. 2 StaRUG. Schließen sich also bspw. Banken oder Lieferanten hinsichtlich ihrer Absonderungsrechte in Form einer Innen-GbR gem. § 705 BGB[31] zusammen, werden sie dennoch bei der Abstimmung in der Gruppe der Absonderungsberechtigten Gläubiger nur als eine einzelne Stimme gezählt.[32]

Keine Anwendung findet § 25 Abs. 2 S. 1 StaRUG auf die Fälle, wenn sich eine Forderung infolge 29a
von Teilabtretungen auf mehrere Gläubiger verteilt.[33]

b) Rechtsfolge

Steht eine Forderung oder ein Recht mehreren Planbetroffenen gegenüber dem Schuldner gemein- 29b
schaftlich zu, können diese ihr Stimmrecht nur einheitlich ausüben. Sie sind »als ein Planbetroffener« zu behandeln. Demzufolge ist eine vorherige Abstimmung im Innenverhältnis notwendig. Bei der Abstimmung sind die jeweiligen vertraglichen oder gesetzlichen Mehrheitsverhältnisse zu beachten.[34]

[unbesetzt] 30

Können sich die Gläubiger aber innerhalb der Gemeinschaft gerade nicht einigen, und sind diese 31
infolge ihrer Uneinigkeit nicht in der Lage, einen gemeinsamen Willen zu bilden, so ist ihnen eine Abstimmung grundsätzlich nicht möglich. Ist jeder der Gläubiger vertretungsberechtigt, so sind die Stimmabgaben als unwirksam und somit als nicht gegeben zu werten.[35]

---

27 *Deppenkemper*, ZIP 2020, 2432–2442.
28 Begr. des RegE zu § 27.
29 Andres/Leithaus-*Andres*, InsO, § 244 Rn. 3.
30 BeckOK-StaRUG/*Spahlinger*, § 25 Rn. 12, MK-StaRUG/*Deppenkemper*, § 25 Rn. 13.
31 Handelt es sich beim »Pool« um eine rechtsfähige (Außen)Gesellschaft bürgerlichen Rechts, so ist sie selbst als Planbetroffene zu behandeln. In diesem Fall ist § 25 Abs. 2 Satz 1 StaRUG nicht einschlägig, vgl. MK-StaRUG/*Deppenkemper*, § 25 Rn. 14.
32 Uhlenbruck-*Lüer/Streit*, InsO, § 244 Rn. 6.
33 Uhlenbruck-*Knof*, StaRUG, § 25 Rn. 29, BeckOK-StaRUG/*Spahlinger*, § 25 Rn. 14.
34 Uhlenbruck-*Knof*, StaRUG, § 25 Rn. 21.
35 Seibt/Westpfahl-*Westpfahl*, StaRUG, § 25 Rn. 13.

32 Im Gegensatz zu einem Insolvenzplanverfahren muss es den Gläubigern hier aber möglich sein, sich nach dem Zugang des Planangebots aufzulösen und die Forderungen und somit das Stimmrecht aufzuteilen. Da die Stimme der betroffenen Rechtsinhaber nur in der Höhe des zugewiesenen Teilbetrags zählt, besteht in einem solchen Fall gerade auch keine Missbrauchsgefahr.[36]

2. Pfandrecht und Nießbrauch, § 25 Abs. 2 Satz 2 StaRUG

33 § 25 Abs. 2 Satz 2 StaRUG regelt Gleiches für Forderungsinhaber und Pfandrechtsgläubiger, welche für ihre belasteten Forderungen abstimmen wollen. Auch diese bilden eine Gläubigergemeinschaft, wenn ihre Forderungen mit einem rechtsgeschäftlichen oder gesetzlichen Pfandrecht belastet sind. Da auch hier im Innenverhältnis das materielle Recht heranzuziehen ist, muss eine einheitliche Abstimmung erfolgen.[37]

Nach Eintritt der Pfandreife ist jedoch allein der Pfandgläubiger zur Ausübung des Stimmrechts berechtigt, soweit er nach § 1282 Abs. 1 BGB zur Einziehung berechtigt ist. Wurde die Forderung an einen Gläubiger an Zahlung statt überwiesen, so ist dieser allein stimmberechtigt.[38]

§ 26 Gruppenübergreifende Mehrheitsentscheidung

(1) Wird in einer Gruppe die nach § 25 erforderliche Mehrheit nicht erreicht, gilt die Zustimmung dieser Gruppe als erteilt, wenn

1. **die Mitglieder dieser Gruppe durch den Restrukturierungsplan voraussichtlich nicht schlechter gestellt werden als sie ohne einen Plan stünden,**
2. **die Mitglieder dieser Gruppe angemessen an dem wirtschaftlichen Wert beteiligt werden, der auf der Grundlage des Plans den Planbetroffenen zufließen soll (Planwert), und**
3. **die Mehrheit der abstimmenden Gruppen dem Plan mit den erforderlichen Mehrheiten zugestimmt hat; wurden lediglich zwei Gruppen gebildet, genügt die Zustimmung der anderen Gruppe; die zustimmenden Gruppen dürfen nicht ausschließlich durch Anteilsinhaber oder nachrangige Restrukturierungsgläubiger gebildet sein.**

(2) Wird die nach § 25 erforderliche Mehrheit in einer Gruppe nicht erreicht, die nach § 9 Absatz 1 Satz 3 zu bilden ist, so gelten Absatz 1, § 27 Absatz 1 und § 28 für diese Gruppe nur, wenn die vorgesehene Entschädigung die Inhaber der Rechte aus der gruppeninternen Drittsicherheit für den zu erleidenden Rechtsverlust oder den Verlust der Haftung des persönlich haftenden Gesellschafters angemessen entschädigt.

Übersicht

A. Normzweck

1 Durch das StaRUG soll es ermöglicht werden, dass Inhalt und Wirkungen des Restrukturierungsplans auch »gegenüber opponierenden Minderheiten der beplanten Gläubiger bzw. Anteilseigner, deren Rechte ebenfalls in den Plan einbezogen werden können, durchsetzbar sind«.[1] Das StaRUG spricht von einer »gruppenübergreifenden Mehrheitsentscheidung«; in der zugrunde liegenden Restrukturierungsrichtlinie (Art. 11) ist von einem »cross-class-cram-down« die Rede. Bei den Normen §§ 26–28 han-

36 Wolgast/Grauer-*Hansen*, StaRUG, § 25 Rn. 8.
37 MK-InsO/*Hintzen*, § 244 Rn. 16.
38 Seibt/Westpfahl-*Westpfahl*, StaRUG, § 25 Rn. 17, BeckOK-StaRUG/*Spahlinger*, § 25 Rn. 18.
1 *Wilkens*, WM 2021, 573.

delt es sich um Ausprägungen des in § 245 InsO verankerten insolvenzrechtlichen Obstruktionsverbot.[2] Ebenso wie § 245 InsO verfolgen die Vorschriftenden Zweck, ein missbräuchliches Abstimmungsverhalten zu verhindern, sodass ein Plan, welcher im Ergebnis zu einem gleichwertigen oder bessere Ergebnis führen würde, nicht infolge eines negativen Votums blockiert werden kann.[3] Zum ersten Mal soll es auch nach deutschem Recht möglich sein, dissertierende Gläubigergruppen sowohl im außergerichtlichen als auch im gerichtlichen Abstimmungsverfahren zu überstimmen.[4]

Die Grundvoraussetzungen der gruppenübergreifenden Mehrheitsentscheidung sind in § 26 geregelt. 1a
§ 27 spezifiziert § 26 Abs. 1 Nr. 2 und § 28 gewährt eine Ausnahme vom Erfordernis der strikten Gleichbehandlung gleichrangig betroffener Gläubiger. Diese Normen bilden somit einen der praxisrelevantesten Themenkomplexe innerhalb des StaRUG. Da eine Zustimmung aller Gruppen selten erreicht wird, werden diese Vorschriften der »gruppenübergreifenden Mehrheitsentscheidung« bei einem großen Teil der Restrukturierungspläne eine bedeutende Rolle spielen.[5]

Für eine Wirksamkeit der Abstimmung ist im Rahmen eines gerichtlichen Verfahrens allerdings eine 2
Bestätigung der Mehrheitsentscheidung durch das Gericht erforderlich, § 67 StaRUG.[6]

Kann die nach § 25 StaRUG erforderliche Dreiviertelmehrheit in den einzelnen Gruppen nicht 3
erreicht werden, so besteht nach § 26 Abs. 1 StaRUG die Möglichkeit, den Plan dennoch durchsetzen zu können. Hierdurch kann sich eine Gruppenmehrheit über das Votum der übrigen Gruppen hinwegsetzen und das »Blockadepotential einer dissertierenden Minderheit« überwunden werden.[7] Die Zustimmung der entscheidenden Gruppe wird hier in rechtstechnischer Hinsicht »fingiert« und gilt in diesen Fällen als erteilt.[8]

Fraglich ist, ob ein solches Vorgehen zu einem solch frühen Stadium des vorinsolvenzlichen 4
Sanierungsverfahrens bereits angemessen ist. Sachgerechter erscheint es, eine solche Verfahrensweise nur dann für praktikabel zu erachten, wenn es um die Überwindung des Widerstandes einer einzelnen Gruppe geht.[9]

B. Norminhalt

§ 26 StaRUG enthält hierfür drei von Amts wegen zu prüfende Voraussetzungen, welche ein solches 5
Vorgehen ermöglichen sollen. Die in Abs. 1 Nr. 1 bis 3 genannten Voraussetzungen für die Fiktion der Zustimmung einer Gruppe müssen **kumulativ** vorliegen. Die §§ 27 und 28 konkretisieren die in Abs. 1 Nr. 2 normierte Voraussetzung der angemessenen Beteiligung am Planwert. § 26 Abs. 2 enthält eine zusätzliche Voraussetzung der Zustimmungsfiktion für den Fall, dass die nach § 25 erforderliche Mehrheit in einer Gruppe von Inhabern der Rechte aus gruppeninternen Drittsicherheiten nicht erreicht wird oder der Plan die Haftung der persönlich haftenden Gesellschafter beschränkt.[10]

I. Schlechterstellungsverbot (Best interest of creditors test), Abs. 1 Nr. 1

Zunächst ist in § 26 Abs. 1 Nr. 1 StaRUG ein Schlechterstellungsverbot der überstimmten Gruppe 6
normiert.[11] Die Mitglieder dieser Gruppe dürfen durch den Restrukturierungsplan voraussichtlich nicht schlechter gestellt werden als sie ohne Plan stünden. Das Schlechterstellungsverbot gilt für alle

2 *Schülke*, DStR 2021, 621.
3 Uhlenbruck-*Lüer/Streit*, InsO, § 245 Rn. 1; *Mönning/Weniger/Rep*, RAW 2021, 9–16.
4 *Schülke*, DStR 2021, 621; *Westphal/Dittmar*, NZI Beilage 2021, 46.
5 MK-StaRUG/*Herweg*, § 26 Rn. 1.
6 *Skauradszun*, ZRI 2020, 633.
7 *Groß/Jungclaus*, SanB 2021, 7.
8 *Skauradszun*, ZRI 2020, 633.
9 *Müller*, ZIP 2020, 2253–2259; *Arnold*, NZI 2019, 51.
10 BeckOK-StaRUG/*Spahlinger*, § 26 Rn. 2.
11 *Spahlinger*, NZI 2021, 32.

Abstimmungsgruppen, folglich auch für nachrangige Restrukturierungsgläubiger sowie für die Gruppe der Anteilsinhaber. Ob durch den durchzusetzenden Plan tatsächlich eine Schlechterstellung erfolgt, soll nach dem Willen des Gesetzgebers durch einen Vergleich mit dem »nächstbesten Alternativszenario« beurteilt werden.[12] Die Bestimmung des »nächstbesten« Szenarios hat dabei vor allem nach Maßgabe der größtmöglichen Wahrscheinlichkeit zu erfolgen.[13]

7 Dazu ist eine Vergleichsrechnung anzustellen (§ 6 Abs. 2 StaRUG), die im darstellenden Teil des Plans offenzulegen und zu erläutern ist. Die Vergleichsrechnung kann nur auf einer Prognoseentscheidung beruhen, bei welcher eine Schlechterstellung durch den Plan als das unwahrscheinlichere Szenario erscheint. Verbleibende Zweifel gehen zulasten des Plans.

8 Grundsätzlich sind in dem vergleichsweise heranzuziehenden »Alternativszenario« die Fortführungswerte heranzuziehen[14] Als Szenarien kommen bspw. ein Verkauf des Unternehmens anderweitige Fortführungsszenarien aber auch – in Ausnahmefällen – Liquidationsszenarien in Betracht. Gibt es mehrere Szenarien, so hat die Geschäftsleitung bei der Auswahl des Nächstbesten einen gewissen Beurteilungsspielraum.[15]

Die Beurteilung einer Schlechterstellung erfolgt allein anhand einer wirtschaftlichen Betrachtungsweise. Entscheidend sind die Befriedigungsquoten der Gläubiger bzw. die Anteilsquoten der Anteilsinhaber. Sonstige Interessen der Planbetroffenen dürfen keine Rolle spielen. Die Schlechterstellung muss sich dabei aus den Regelungen des Restrukturierungsplans insgesamt ergeben. Eine Schlechterstellung lediglich in Teilaspekten ist nicht ausschlaggebend, solange diese im Ergebnis wieder ausgeglichen wird.[16] Den maßgeblichen Zeitpunkt bildet die gerichtliche Entscheidung. Schließt sich ein Beschwerdeverfahren an, ist der Zeitpunkt der Beschwerdeentscheidung maßgebend.[17]

9 Das zugrunde zu legendes Vergleichsszenario kann nicht die Regelabwicklung im Sinne einer Liquidation sein, weil dies im Restrukturierungsrecht schon einmal nicht die natürliche Folge eines gescheiterten Plans ist. In dem Verfahrensstadium in welchem das StaRUG bereits eingreifen soll, ist der Schuldner drohend zahlungsunfähig. Ihn trifft gerade keine Pflicht nach § 15a Abs. 1 InsO zur Stellung eines Insolvenzantrags. Auch wenn die bestehenden Verbindlichkeiten durch das Vermögen des Schuldners nicht mehr gedeckt sind, bedarf es unter Umständen weiterer zwölf Monate bis aufgrund der drohenden Zahlungsunfähigkeit eine negative Fortführungsprognose anzunehmen ist.[18]

10 Eine Liquidation der Schuldnerin sowie die damit einhergehenden Folgen für die Befriedigungsaussichten der Gläubiger stellt dabei im Regelfall kein mögliches Alternativszenario dar. Hierdurch soll verhindert werden, dass die Vergleichswerte durch Angabe der Liquidationswerte »klein gerechnet« werden. Ähnliches hatte der BGH bereits für das Insolvenzplanrecht entschieden, als er die pauschale Annahme der Betriebseinstellung nicht als ausreichende Darstellung eines Insolvenzplans genügen ließ.[19] Erscheint aber eine Liquidation die einzig mögliche Alternative zu der planbasierten Restrukturierung, so sind auch die Liquidationswerte in die vorzunehmende Vergleichsrechnung einzustellen.[20]

11 Die dem Plan zugrundeliegenden Werte können in Form eines Gutachtens oder durch Vorlage eines konkreten Kaufangebots, welches den aktuellen Marktwert widerspiegelt erbracht werden. Hält

12 BT-Drucks. 19/24181, 128. Der Begriff des »nächstbesten Alternativszenarios« geht auf Art. 2 Abs. 1 Nr. 6 RL zurück. Dort wird das »Kriterium des Gläubigerinteresses« definiert.

13 *Desch*, BB 2020, 1204; *Schäfer*, ZIP 2020, 2166.

14 *Wilkens*, WM 2021, 573; *Morgen/Arends/Schierhorn*, ZRI 2021, 310.

15 BeckOK-StaRUG/*Spahlinger*, § 26 Rn. 22.

16 Seibt/Westpfahl-*Westpfahl*, StaRUG, § 26 Rn. 33, 34.

17 BeckOK-StaRUG/*Spahlinger*, § 26 Rn. 25.

18 Wolgast/Grauer-*Münzel*, StaRUG, § 26 Rn. 13.

19 *Desch*, BB 2020, 2504; BGH, 07.05.2015 – IX ZB 75/14, NZI 2015, 697, 701, Rn. 30.

20 Begr. des RegE zu § 27; Desch, BB 2020, 2504.

einer der opponierenden Gläubiger diese Bewertung für fehlerhaft oder die angesetzten Werte für zu niedrig, hat er diese durch eine eigene Bewertung zu widerlegen und eine Schlechterstellung durch den vorgelegten Plan glaubhaft zu machen.[21] Der Amtsermittlungsgrundsatz des Gerichts erschöpft sich in solchen Fällen in der Prüfung der glaubhaft gemachten Tatsachen.

Auch der gerichtliche Prüfungsumfang der Planbestätigung kann auf die Angaben des Plans sowie die ergänzenden Vorträge der opponierenden Gläubiger beschränkt werden. Eine weitergehende Ermittlung des Gerichts ist nicht erforderlich.[22] 12

Ein mögliches Alternativszenario im Sinne der Norm können nur Konstellationen sein, welche der Schuldner im Fall des Scheiterns des Plans mit zumindest überwiegender Wahrscheinlichkeit tatsächlich umsetzen kann. Dabei sind aber nicht allein Liquidations- oder Insolvenzszenarien in Betracht zu ziehen. 13

▶ **Hinweis:**

> Aufgrund der gewählten Formulierung eines »nächstbesten Alternativszenario«, welche einen erheblichen Interpretationsspielraum hinsichtlich des letztlich vermeintlich »richtige Alternativszenario« und den damit einhergehenden konkreten Aussichten auf die Gläubigerbefriedigung bietet, ist es dem Planersteller zu empfehlen, die Nichtexistenz von alternativen Szenarien welche theoretisch eine Besserstellung der Gläubiger erwarten lassen, von vorneherein nachzuweisen. 14

Ohnehin müssen vollkommen theoretische Szenarien, für welche in der Praxis keine realistischen Umsetzungsmöglichkeiten bestünden gänzlich außer Betracht bleiben. Nur insoweit lassen sich aussagekräftige Rückschlüsse für die Befriedigungsaussichten der betroffenen Gläubiger ziehen.[23] 15

II. Angemessene Beteiligung am Planwert, Abs. 1 Nr. 2

Die Mitglieder der zu überstimmenden Gruppe müssen gem. Abs. 1 Nr. 2 angemessen am Planwert beteiligt werden. Die Norm ist an § 245 Abs. 1 Nr. 2 InsO angelehnt und definiert den Begriff »Planwert« als den wirtschaftlichen Wert, der auf der Grundlage des Plans den Planbetroffenen zufließen soll. Die **Angemessenheit** der Beteiligung wird in den § 27 und 28 konkretisiert. 15a

III. Zustimmung der Mehrheit der Gruppen

Weitere kumulative Voraussetzung für die Möglichkeit, eine dissertierende Gläubigergruppe zu überstimmen, ist die Zustimmung der Mehrheit der gebildeten Gruppen. Erforderlich ist eine einfache Mehrheit. Demnach wird die Mehrheit der abstimmenden Gruppen rein nach der Anzahl der Abstimmungsgruppen bestimmt. Eine Forderungsmehrheit wird nicht vorausgesetzt. Dies bedeutet, dass der (Nominal-)Wert der in den jeweiligen Gruppen abstimmenden Forderungen nur bei der Abstimmung innerhalb der jeweiligen Gruppe eine Rolle spielt und nicht bei der gruppenübergreifenden Mehrheitsentscheidung.[24] 16

Verweigert eine Gruppe ihre Teilnahme an der Abstimmung, wird sie dennoch als »abstimmende Gruppe« gewertet. Enthaltungen oder Nichtteilnahmen wirken wie eine Ablehnung.[25] 16a

Handelt es sich um einen »Zwei-Gruppen-Plan« genügt nach § 26 Abs. 1 Nr. 3 StaRUG bereits die Zustimmung der anderen Gruppe. 16b

---

21 *Desch*, BB 2020, 2504; AG Hamburg, Beschl. v. 12.04.2021 – 61a RES 1/21, Rn. 11.
22 Wolgast/Grauer-*Münzel*, StaRUG, § 26 Rn. 25.
23 *Spahlinger*, NZI-Beilage 2021, 32; *Schelo*, WM 2021, 516; *Wilkens*, WM 2021, 573; *Jacobi/Bischoff*, NJ 2021, 214.
24 Uhlenbruck-*Knof*, StaRUG, § 26 Rn. 28.
25 Uhlenbruck-*Knof*, StaRUG, § 26 Rn. 29.

17 In jeder Konstellation darf es sich bei der majorisierenden Gruppe (bzw. im Fall einer »Zwei-Gruppen-Konstellation« bei der anderen Gruppe) nicht ausschließlich um nachrangige Gläubiger oder Anteilsinhaber handeln. Vielmehr muss in diesem Fall mindestens eine der Gruppen aus »gewöhnlichen« Gläubigern bestehen.[26] Andernfalls wäre es der dissertierenden Gruppe möglich, den Plan zu vereiteln und hierdurch »ein Obstruktionsverbot ad absurdum« zu führen.[27]

18 Geschickten Plangestaltern wird hierdurch dennoch ein nicht ganz unerhebliches Missbrauchspotenzial eingeräumt, welches durch einen Insolvenzplan nicht ermöglicht würde.

19 [unbesetzt]

IV. Gestaltung von Drittsicherheiten, Abs. 2

20 Durch die in § 26 StaRUG vorgesehene »gruppenübergreifende Mehrheitsentscheidung« wird auch die Gestaltung der Rechte solcher Forderungsinhaber ermöglicht, welche mit einer Drittsicherheit behaftet sind, die aus einem verbundenen Unternehmen stammt. Von der Gestaltungsmöglichkeit sind auch gruppeninterne Drittsicherheiten erfasst.

21 Die Inhaber von Rechten aus gruppeninternen Drittsicherheiten stellen eine eigenständige stimmberechtigte Gruppe dar.

22 Insbesondere für Konzerne ist die Option der Überstimmbarkeit dieser Gläubiger von besonderer Bedeutung. Hier stellt sich häufig die Situation dar, dass die zu restrukturierende Holding ihre operativen Gesellschaften von den Restrukturierungsmaßnahmen verschont sehen möchte. Diese haben allerdings meist bereits Kreditsicherheiten zugunsten der »in Schieflage geratenen« Muttergesellschaft übernommen.[28]

23 Eine Restrukturierung der Holding ist allerdings kaum realisierbar, wenn zugleich die Möglichkeit der Gläubiger besteht, ungehindert in die Drittsicherheiten der Sicherungsgeber zu vollstrecken.[29] Trotz der durch § 26 StaRUG geschaffenen Möglichkeit der Überstimmbarkeit dieser Gläubiger, verbleibt diesen die Möglichkeit einer Vollstreckung in das Vermögen der Sicherungsgeber. Um dem Entgegenzuwirken ist in § 2 Abs. 4 StaRUG aber vorgesehen, dass auch die Rechte derjenigen Restrukturierungsgläubiger gestaltet werden können, welche ihnen durch ein mit der Schuldnerin verbundenes Unternehmen etwa als Bürge, Mitschuldner oder aufgrund einer anderweitigen Haftung gewährt wurden.[30]

24 Damit kann eine Vollstreckung in die Sicherheiten vermieden werden. Es bedarf daher nicht der Durchführung eines »multiplen Restrukturierungsverfahren auf der Ebene der einzelnen Sicherungsgläubiger«[31]. Dies spart Zeit und Kosten und die Komplexität des Verfahrens wird dadurch verringert. Da sich im Insolvenzrecht ein ähnliches Problem stellt, soll dort in § 217 Abs. 2 InsO eine analoge Regelung eingeführt werden.

V. Entschädigungspflicht

25 § 26 Abs. 2 StaRUG steht in engem Zusammenhang mit § 2 Abs. 4 StaRUG und enthält eine klarstellende Regelung hierzu, wonach die Eingriffe in die Rechte der Gläubiger, welche interne Drittsicherheiten innehaben, mit einer angemessenen Entschädigung für die erlittenen Rechtsverluste

26 *Desch*, BB 2020, 2504.
27 *Bork*, ZRI 2021, 358.
28 *Hoegen/Kranz*, NZI 2021, 105.
29 *Westphal/Dittmar*, NZI 2021, 46.
30 *Groß/Jungclaus*, SanB 2021, 9.
31 *Westphal/Dittmar*, NZI-Beilage 2021, 46.

verbunden sein muss.[32] Die Entschädigungspflicht ist jedoch an die Werthaltigkeit des Sicherungsrechts gekoppelt.[33]

Seinem Wortlaut nach ist von der Norm lediglich die Gläubigergruppe welche gruppeninterne Drittsicherheiten innehat betroffen und nur diese soll für ihren Rechtsverlust entschädigt werden. Nach dem gesetzgeberischen Willen ist die Norm aber entgegen ihrem Wortlaut so zu verstehen, »dass für die Ingangsetzung des Obstruktionsverbots alle Restrukturierungsgläubiger für den durch Gestaltung ihrer Forderung regelmäßig einhergehenden entsprechenden Verlust der Haftung des persönlich haftenden Gesellschafters i.S.d. § 2 Abs. 4 Satz 1 Halbs. 2 StaRUG angemessen entschädigt werden müssen.«[34] 26

Es bleibt abzuwarten, inwieweit es zu einem eigenen Anwendungsbereich der Norm kommen wird, da im Fall einer Werthaltigkeit der persönlichen Sicherheit des Gläubigers diesem bereits nach dem Schlechterstellungsverbot des § 26 Abs. 1 Nr. 1 StaRUG ein ausgleichender Wert zufließen dürfte.[35] 27

§ 27 Absolute Priorität

(1) Eine Gruppe von Gläubigern ist angemessen am Planwert beteiligt, wenn
1. kein anderer planbetroffener Gläubiger wirtschaftliche Werte erhält, die den vollen Betrag seines Anspruchs übersteigen,
2. weder ein planbetroffener Gläubiger, der ohne einen Plan in einem Insolvenzverfahren mit Nachrang gegenüber den Gläubigern der Gruppe zu befriedigen wäre, noch der Schuldner oder eine an dem Schuldner beteiligte Person einen nicht durch Leistung in das Vermögen des Schuldners vollständig ausgeglichenen wirtschaftlichen Wert erhält und
3. kein planbetroffener Gläubiger, der in einem Insolvenzverfahren gleichrangig mit den Gläubigern der Gruppe zu befriedigen wäre, bessergestellt wird als diese Gläubiger.

(2) Für eine Gruppe der an dem Schuldner beteiligten Personen liegt eine angemessene Beteiligung am Planwert vor, wenn nach dem Plan
1. kein planbetroffener Gläubiger wirtschaftliche Werte erhält, die den vollen Betrag seines Anspruchs übersteigen, und
2. vorbehaltlich des § 28 Absatz 2 Nummer 1 keine an dem Schuldner beteiligte Person, die ohne Plan den Mitgliedern der Gruppe gleichgestellt wäre, einen wirtschaftlichen Wert behält.

Übersicht Rdn.

32 *Westphal/Dittmar*, NZI-Beilage 2021, 47. Bezüglich der Prüfung der Angemessenheit kann das Gericht gem. § 73 Abs. 3 Nr. 2 StaRUG einen Restrukturierungsbeauftragten bestellen.
33 BT-Drucks. 19/24181, 133.
34 Wolgast/Grauer-*Münzel*, StaRUG, § 26 Rn. 35.
35 Wolgast/Grauer-*Münzel*, StaRUG, § 26 Rn. 36.

A. Normzweck

1 § 27 StaRUG dient dem Schutz der im Wege des »cross-class cram-down« überstimmten Gläubiger und trifft hierzu nähere Bestimmungen zu der Angemessenheit einer Wertbeteiligung der nicht zustimmenden Gläubigergruppen. Die Norm konkretisiert die Voraussetzungen aus § 26 Abs. 1 Nr. 2 StaRUG und stellt damit einen Verteilungsmechanismus für den durch den Plan generierten Mehrwert auf.[1]

Die in § 27 Abs. 1 Nr. 1 und 2 StaRUG normierte angemessene Planbeteiligung entspricht dem Wortlaut des § 245 Abs. 2 InsO, worin die Frage was einer angemessenen Beteiligung für eine Gruppe von Gläubigern darstellt näher definiert wird, während § 245 Abs. 3 InsO die angemessene Beteiligung von Anteilsinhabern bestimmt.

B. Norminhalt

I. Überblick

2 Die Vorschrift ist in zwei Absätzen gegliedert. In § 27 Abs. 1 StaRUG wird festgelegt, wann eine Gruppe von Gläubigern angemessen am Planwert beteiligt ist. § 27 Abs. 2 StaRUG regelt die angemessene Beteiligung für Gruppen der an dem Schuldner beteiligten Personen (Anteilsinhaber).

Die drei Voraussetzungen in Absatz 1 für eine angemessene Beteiligung einer Gruppe von Gläubigern am Planwert müssen **kumulativ** vorliegen. Hiernach liegt eine angemessene Beteiligung überstimmter Gruppen vor, wenn (1) das Überkompensationsverbot (Abs. 1 Nr. 1), (2) die absolute Prioritätsregel (Abs. 1 Nr. 2) und (3) das gruppenübergreifende Schlechterstellungsverbot (Abs. 1 Nr. 3) gewahrt sind.

Durchbrechungen erfahren die Regelungen durch § 28 StaRUG. So sind abweichende Regelungen von § 27 Abs. 1 Nr. 2 und Nr. 3 StaRUG unter den Voraussetzungen von § 28 Abs. 1 und Abs. 2 StaRUG möglich.

II. Angemessene Beteiligung der Gläubiger, Abs. 1

1. Verbot der Überkompensation, Abs. 1 Nr. 1

3 Gem. § 27 Abs. 1 Nr. 1 StaRUG ist eine angemessene Planbeteiligung dann anzunehmen, wenn keiner der Gläubiger Werte erhält, welche den Nominalwert seiner Forderung übersteigen (Verbot der Überkompensation). Hiermit soll verhindert werden, dass ein Restrukturierungsplan entgegen seiner Intention als Mittel zur Bevorteilung einzelner Gläubiger missbraucht wird.[2] Zu prüfen ist demnach, welche Werte die Gläubiger anderer Gruppen durch den Plan er- bzw. behalten. Ähnlich wie beim Insolvenzplanverfahren ergeben sich eine Vielzahl von Bewertungsfragen.

Bei Geldleistungen ist deren wirtschaftlicher Wert (= realisierbarer Marktwert) zu ermitteln. Maßgebend bei Forderungen ist deren Barwert.[3] Sieht der Restrukturierungsplan die Befriedigung aus zukünftigen Erträgen vor, so muss bei der Berechnung eine Abzinsung vorgenommen werden.[4]

Im Falle eines Dept-Equity-Swap kann die Ermittlung des wirtschaftlichen Wertes schwierig sein. Werden Forderungen gegen den Schuldner in eine schuldnerische Unternehmensbeteiligung getauscht, so ist der Wert der erworbenen Beteiligung zu ermitteln.[5] Um den tatsächlich realisier-

---

1 Morgen-*Kowalewski/Praß*, StaRUG, § 27 Rn. 1.

2 Morgen-*Kowalewski/Praß*, StaRUG, § 27 Rn. 25.

3 BeckOK-StaRUG/*Spahlinger*, § 27 Rn. 10. In der Praxis wird eine unmittelbare Auszahlung die Ausnahme sein.

4 Flöther-*Knapp,* StaRUG, § 27 Rn. 5; BeckOK-StaRUG/*Spahlinger*, § 27 Rn. 10.

5 Hat ein Gläubiger seine Forderung zu einem Kaufpreis erworben, der unter dem Nennbetrag der Forderung liegt, ist dies für das Verbot der Überkompensation unbeachtlich, vgl. BeckOK-StaRUG/*Spahlinger*, § 27 Rn. 12.

baren Wert bestimmen zu können, müssen die Chancen und Risiken einer Beteiligung für den Anteilsinhaber berücksichtigt werden. In der Regel wird dieser Wert dem Kaufpreis entsprechen, den ein fremder Dritter für die Beteiligung zahlen würde.[6]

2. Absolute Priorität, Abs. 1 Nr. 2

§ 27 Abs. 1 Nr. 2 StaRUG enthält die bereits in § 245 InsO verankerte und der Nr. 11 des U.S. Code angelehnten absolute Priorität (*absolute priority rule*).[7] Demnach wird eine Gläubigergruppe nicht angemessen am wirtschaftlichen Wert beteiligt, wenn ein in einem Insolvenzverfahren nachrangiger planbetroffener Gläubiger, der Schuldner oder eine am Schuldner beteiligte Person einen nicht vollständig durch Leistung in der Vermögen des Schuldners ausgeglichenen wirtschaftlichen Wert erhält.[8] 4

Die Richtlinie (EU) 2019/1023 selbst enthält weniger strenge Anforderungen an einen »cross-class cram-down«. Nach Art. 11 Abs. 1 Buchst. a) der Richtlinie (EU) 2019/1023 genügt bereits die relative Vorrangregel (*relative priority rule*), welche erfordert, dass die nicht zustimmenden Gläubiger ebenso gut gestellt werden, wie im Fall der Durchführung eines Insolvenzverfahrens stünden und dass sie günstiger behandelt werden, als die Mitglieder einer nachrangigen Gruppe.[9] 5

Die Richtlinie (EU) 2019/1023 erlaubt in Art. 11 Abs. 2 Unterabs. 2 allerdings auch die Zugrundelegung der absoluten Prioritätsregel, wenn diese durch Ausnahmen punktuell durchbrochen werden kann. 6

Von dieser Möglichkeit hat der deutsche Gesetzgeber im Ergebnis Gebrauch gemacht und in § 27 Abs. 1 Nr. 2 StaRUG die absolute Prioritätsregel zum Grundsatz bestimmt, von welchem allerdings nach § 28 StaRUG punktuelle Ausnahmen zuzulassen sind, für welche eine Einzelfallentscheidung erforderlich ist.[10] 7

a) Rangverhältnis

Grundvoraussetzung für die Anwendbarkeit der absoluten Prioritätsregel ist das Bestehen eines Rangverhältnisses zwischen den jeweiligen Gläubigern. Abs. 1 Nr. 2 sowie Nr. 3 stellen auf das hypothetische Rangverhältnis der Gläubiger in einem Insolvenzverfahren ab. Die Vorschriften §§ 38, 39 und 199 Abs. 2 InsO sind bei der Bestimmung des Gläubigerrangs heranzuziehen.[11] 8

aa) Keine Befriedigung nachrangiger Gläubiger

Ein solches Rangverhältnis kann bspw. zwischen einem »einfachen« Forderungsgläubiger und dem Inhaber einer nachrangigen Forderung angenommen werden. Kein solches Rangverhältnis besteht aber zwischen einem einfachen Forderungsgläubiger und dem Inhaber eines Absonderungsrechts.[12] Letzteres stellt nach überwiegender Auffassung ein Aliud zu einer Insolvenzforderung dar. Folglich besteht in einem solchen Fall gerade kein Rangverhältnis zwischen den Gläubigern und eine Anwendung des Prioritätsgrundsatzes scheidet aus.[13] 8a

Gleiches muss aber auch im Restrukturierungsrecht gelten. Denn nach dem gesetzgeberischen Willen wurde die in § 27 StaRUG normierte Prioritätsregel der des Insolvenzrechts nachempfunden. 9

---

6 BeckOK-StaRUG/*Spahlinger*, § 27 Rn. 11. Anerkannt sind die üblichen Methoden der Unternehmensbewertung.
7 Römermann-*Rühle*, InsO, § 245 Rn. 17.
8 *Spahlinger*, NZI 2021, 32; *Hofmann*, NZI 2019, 22.
9 *Brinkmann*, European Insolvency & Restructuring, TLE-009-2019; *Hofmann*, NZI 2019, 22; Begr. des RegE zu § 28.
10 Begr. des RegE zu § 28.
11 Flöther-*Knapp*, StaRUG, § 27 Rn. 9.
12 Uhlenbruck-*Lüer/Streit*, InsO, § 245 Rn. 24.
13 Braun-*Braun/Frank*, InsO, § 245 Rn. 10; Römermann-*Rühle*, InsO, § 245 Rn. 18.

Infolgedessen wollte der Gesetzgeber auch hier einen ähnlichen Anwendungsbereich für die Norm festlegen.[14]

10 Infolge der fehlenden Anwendbarkeit des Prioritätsgrundsatzes folgt daraus aber auch, dass die Inhaber der Absonderungsrechte gerade nicht vollständig zu befriedigen sind, bevor den Forderungsinhabern einer einfachen Insolvenzforderung oder etwa Inhabern einer nachrangigen Forderung etwas zukommt.[15]

Auch vertragliche Rangvereinbarungen, sog. Intercreditor Agreements (ICAs), sind im Rahmen von Nr. 2 und Nr. 3 **nicht** zu berücksichtigen.[16]

11 Das StaRUG unterscheidet ferner zwischen einfachen Restrukturierungsgläubiger und nachrangigen Restrukturierungsgläubiger (§ 9 Abs. 1 Nr. 2 und 3).

12 Nachrangige Gläubiger sind dabei diejenigen, welche im Insolvenzrecht den § 39 Abs. 1 Nr. 5, Nr. 5 sowie Abs. 2 InsO zuzuordnen wären. Anders als im Insolvenzrecht gehören im Rahmen des § 27 Abs. 1 Nr. 2 StaRUG solche Forderungen, die aus Zinsen und Säumniszuschlägen stammen, nach § 9 Abs. 1 Nr. 2 StaRUG ebenfalls zu den Restrukturierungsgläubigern.[17] Problematisch ist dabei aber, dass die Norm selbst auf die hypothetischen Rangverhältnisse, welche dem Insolvenzrecht zugrunde liegen, abstellt. Daher ist bei nachrangigen Restrukturierungsgläubigern des Weiteren zu unterscheiden, ob diese unter § 39 Abs. 1 Nr. 4 oder Nr. 5 fallen. Diese haben nach § 9 Abs. 1 Nr. 3 StaRUG eine eigene Gruppe zu bilden. Demnach kann die Zustimmungsfiktion des § 26 StaRUG nur in Fällen greifen, in welchen kein nachrangiger Gläubiger der aus insolvenzrechtlicher Sicht der Norm des § 39 Abs. 1 Nr. 5 InsO unterfällt einen wirtschaftlichen Wert erhalten hat.[18]

13 Dabei genügt die Feststellung, ob einer der nachrangigen Gläubiger im Sinne des § 39 Abs. 1 Nr. 5 InsO einen wirtschaftlichen Wert erhalten hat, bevor eine vollständige Befriedigung der übrigen Gläubiger erfolgt ist.[19]

bb) Keine Befriedigung des Schuldners oder Gesellschafters

14 Auf den ersten Blick erscheint es widersprüchlich, dass der Gesellschafter sein Eigenkapital behält und zugleich durch die Sanierung und infolge der Aufwertung seines Unternehmens eine Wertsteigerung seines Eigenkapitals erhält.[20]

Ob der Anteilseigner einen wirtschaftlichen Wert erhält kann wie folgt geprüft werden: Es erfolgt ein Vergleich der »Going-Concern-Bewertung« des Unternehmens mit Berücksichtigung der im Restrukturierungsplan getroffenen Maßnahmen sowie ohne Plan. Werden Forderungen oder Beteiligungsrechte am Schuldner aufgrund der im Plan getroffenen Maßnahmen werthaltig, kann der Zufluss eines wirtschaftlichen Werts im Sinne des Abs. 1 Nr. 2 bejaht werden.[21]

cc) Kompensation des erhaltenen wirtschaftlichen Werts durch Leistung

15 Lässt sich eine solche Wertsteigerung feststellen, ist dies nach § 27 Abs. 1 Nr. 2 StaRUG legitim, wenn zugleich eine Kompensation durch den Gesellschafter zugunsten des Schuldnervermögens erfolgt, so etwa, wenn der Anteilseigner sich das sanierte Unternehmen durch die Erbringung von

---

14 *Skauradszun*, ZRI 2020, 634.
15 Uhlenbruck-*Lüer/Streit*, InsO, § 245 Rn. 24.
16 Flöther-*Knapp*, StaRUG, § 27 Rn. 10; Morgen-*Kowalewski/Praß*, StaRUG, § 27 Rn. 33.
17 Wolgast/Grauer-*Hansen*, StaRUG, § 27 Rn. 7.
18 Wolgast/Grauer-*Hansen*, StaRUG, § 27 Rn. 8.
19 MK-InsO/*Drukarczyk/Schüler*, § 245 Rn. 77.
20 *Bork*, ZRI 2021, 358.
21 Flöther-*Knapp*, StaRUG, § 27 Rn. 15.

Sanierungsbeiträgen wieder zurückerwirbt (sog. new value exception).[22] Der Ausgleich kann in Form von Geld- oder Sachleistungen erfolgen.[23]

16 Des Weiteren kann ein Ausgleich für die erhaltene Wertsteigerung auch in Form von unentgeltlichen Dienst- oder Arbeitsleistungen oder in der Zurverfügungstellung von erforderlichem »Know-how« erbracht werden.[24]

dd) Durchbrechung der absoluten Prioritätsregel durch § 28 Abs. 2 StaRUG

17 Die Regel des absoluten Vorrangs wird durch § 28 Abs. 2 StaRUG relativiert. Hiernach kann in **zwei Ausnahmefällen** der Schuldner oder eine an dem Schuldner beteiligte Person am Unternehmensvermögen beteiligt bleiben.

Zum einen, wenn die Mitwirkung des Schuldner oder eine an ihm beteiligte Person für den Planerhalt unerlässlich ist.[25] Zum Anderen, kann eine Beanstandung auch dann unterbleiben, wenn dadurch nur ein geringfügiger Eingriff in die Rechte der nicht zustimmenden Gläubigergruppe verbunden ist. Eine solche Geringfügigkeit ist in der Regel anzunehmen, wenn die Forderungsrechte der Gläubiger ungekürzt bleiben und lediglich die Fälligkeit der Forderung nicht mehr als 18 Monate verschoben wird.[26]

18 Trotz der aufgezeigten Durchbrechungsmöglichkeiten könnte sich die Regelung der absoluten Vorrangs insbesondere aus Sicht der Gesellschafter als »echtes Funktionalitätshindernis«[27] erweisen. Denn für die Gesellschafter bedeutet dies, dass sie sich ihre vormaligen Rechtspositionen durch meist erhebliche Sanierungsbeiträge, deren Bemessung außerhalb des formalgeprägten Insolvenzverfahrens mit erheblichen Rechtsanwendungsunsicherheiten verbunden ist, zurückerwerben müssen.[28]

3. Besserstellungsverbot, Abs. 1 Nr. 3

19 § 27 Abs. 1 Nr. 3 des StaRUG entspricht § 245 Abs. 2 Nr. 3 InsO. Wie der Wortlaut zeigt, sind aber nur planbetroffene Gläubiger in den Plan einzubeziehen. Die damit einhergehende Ungleichbehandlung gegenüber den Inhabern der nicht einbezogenen Forderungen ist dem teilkollektiven Charakter des Restrukturierungsplans geschuldet. Missbräuchen soll durch die in § 10 StaRUG normierte Sachgerechtigkeitskontrolle entgegengewirkt werden.[29]

20 Bei Abs. 1 Nr. 3 stellen sich die gleichen Bewertungsprobleme wie beim Verbot der Überkompensation nach Abs. 1 Nr. 1. Des Weiteren nimmt die Vorschrift ebenfalls Bezug auf das insolvenzrechtliche Rangverhältnis. Auf die Ausführungen hierzu, unter Rz. 8 ff. wird verwiesen.

Eine angemessene Beteiligung am Planwert – trotz einer von Abs. 1 Nr. 3 abweichenden Regelung – kann gem. § 28 Abs. 1 vorliegen, wenn diese Regelung nach der Art der zu bewältigenden wirtschaftlichen Schwierigkeiten und nach den Umständen sachgerecht ist. Eine Regelung ist nicht sachgerecht, wenn auf die überstimmte Gruppe mehr als die Hälfte der Stimmrechte der Gläubiger der betroffenen Rangklasse entfällt.

---

22 *Schelo*, WM 2021, 516; *Wilkens*, WM 2021, 573, MK-InsO/*Drukarczyk/Schüler*, § 245 Rn. 78; Begr. des RegE zu § 29.
23 BeckOK-StaRUG/*Spahlinger*, § 27 Rn. 17.
24 *Bork*, ZRI 2021, 358.
25 BeckOK-StaRUG/*Spahlinger*, § 27 Rn. 16.
26 *Wilkens*, WM 2021, 573.
27 *Wilkens*, WM 2021, 573, 580.
28 *Wilkens*, WM 2021, 573, 580.
29 Begr. des RegE zu § 29.

III. Angemessen Beteiligung von Anteilseignern, Abs. 2

21 Die Regelung ist an § 245 Abs. 3 InsO angelehnt und konkretisiert die angemessene Beteiligung der Anteilseigner am Planwert.

1. Keine Überkompensation, Abs. 2 Nr. 1

22 Abs. 2 Nr. 1 entspricht inhaltlich Abs. 1 Nr. 1. Die Vorschrift besagt, dass Anteilseigner eine gruppenübergreifende Mehrheitsentscheidung nicht dulden müssen, sofern Gläubiger mehr als den vollen Betrag ihres Anspruchs erhalten. Auf die Ausführungen unter Rdn. 4 wird verwiesen.

2. Kein Wert zugunsten gleichgestellter Anteilseigner, Abs. 2 Nr. 2

23 Gemäß Abs. 2 Nr. 2 darf (vorbehaltlich des § 28 Abs. 2 Nr. 1) keine an dem Schuldner beteiligte Person, die ohne Plan den Mitgliedern der Gruppe gleichgestellt wäre, einen wirtschaftlichen Wert **behalten.** Es ist nicht nachvollziehbar, warum der Wortlaut – anders als § 245 Abs. 3 Nr. InsO – nicht auf eine Besserstellung, sondern auf das Behalten eines wirtschaftlichen Wertes abstellt. Der Gesetzgeber schließt damit gleichgestellte Anteilseigner beim Cram-down im Restrukturierungsverfahren gänzlich vom Planwert aus. Von einem Redaktionsversehen ist auszugehen.[30]

Die Norm steht unter dem Vorbehalt des § 28 Abs. 2 Nr. 1. Demnach kann der Plan eine andere am Schuldner beteiligte gleichgestellte Person ausnahmsweise am Unternehmensvermögen beteiligen, wenn die Mitwirkung dieser Person an der Fortführung des Unternehmens unerlässlich ist.[31]

§ 28 Durchbrechung der absoluten Priorität

(1) [1]Der angemessenen Beteiligung einer Gruppe von planbetroffenen Gläubigern am Planwert steht es nicht entgegen, wenn eine von § 27 Absatz 1 Nummer 3 abweichende Regelung nach der Art der zu bewältigenden wirtschaftlichen Schwierigkeiten und nach den Umständen sachgerecht ist. [2]Eine von § 27 Absatz 1 Nummer 3 abweichende Regelung ist nicht sachgerecht, wenn auf die überstimmte Gruppe mehr als die Hälfte der Stimmrechte der Gläubiger der betroffenen Rangklasse entfällt.

(2) Einer angemessenen Beteiligung einer Gruppe von planbetroffenen Gläubigern am Planwert steht es nicht entgegen, wenn der Schuldner oder eine an dem Schuldner beteiligte Person entgegen § 27 Absatz 1 Nummer 2 am Unternehmensvermögen beteiligt bleibt, sofern

1. **die Mitwirkung des Schuldners oder der an dem Schuldner beteiligten Person an der Fortführung des Unternehmens infolge besonderer, in seiner Person liegender Umstände unerlässlich ist, um den Planwert zu verwirklichen, und sich der Schuldner oder die an dem Schuldner beteiligte Person im Plan zu der erforderlichen Mitwirkung sowie zur Übertragung der wirtschaftlichen Werte für den Fall verpflichtet, dass seine Mitwirkung aus von ihm zu vertretenden Gründen vor dem Ablauf von fünf Jahren oder einer kürzeren, für den Planvollzug vorgesehenen Frist endet oder**
2. **die Eingriffe in die Rechte der Gläubiger geringfügig sind, insbesondere, weil die Rechte nicht gekürzt werden und deren Fälligkeiten um nicht mehr als 18 Monate verschoben werden.**

Übersicht

30 BeckOK-StaRUG/*Spahlinger*, § 27 Rn. 27; Morgen-*Kowalewski*/*Praß*, StaRUG, § 27 Rn. 74.
31 Pannen/Riedemann/Smid-*Smid*, StaRUG, § 27 Rn. 25.

A. Normzweck

§ 28 StaRUG bildet Ausnahmen, nach welchen eine Ungleichbehandlung gleichrangiger Gläubiger in bestimmten Konstellationen zuzulassen ist. In **Abs. 1** sind partielle Durchbrechungen des Besserstellungsverbots nach § 27 **Abs. 1 Nr. 3** möglich. **Abs. 2** enthält zwei Ausnahmeregelungen für die weitere Beteiligung des Schuldners oder des Anteilseigners nach § 27 **Abs. 1 Nr. 2**. 1

Damit § 28 StaRUG überhaupt zur Anwendung gelangen kann, muss auch eine tatsächliche Verletzung der absoluten Priorität erfolgt sein. Das ist aber in den Fällen auszuschließen, in welchen infolge eines entsprechenden Ausgleichs des Zuflusses an den Anteilseigner oder Schuldner schon eine Durchbrechung des Grundsatzes zu verneinen ist.[1] 2

B. Durchbrechung des Gleichbehandlungsgebots, § 28 Abs. 1 StaRUG

I. Ungleichbehandlung bei Sachgerechtigkeit (Satz 1)

§ 28 Abs. 1 StaRUG soll grundsätzlich entgegen § 27 Abs. 1 Nr. 3 StaRUG eine Ungleichbehandlung von Gläubigern ermöglichen, deren Forderungen im Rahmen eines Insolvenzverfahrens als gleichrangig zu behandeln wären, sofern diese sachgerecht erscheint.[2] 3

Ziel des präventiven Restrukturierungsverfahrens ist die Aufrechterhaltung des operativen Geschäftsbetriebs. Sofern es hierzu erforderlich ist, Geschäftspartner welche einen nicht unerheblichen Beitrag zu der Aufrechterhaltung leisten, von Eingriffen und Beeinträchtigungen zu verschonen, soll der Praxis eine flexiblere Gestaltung ermöglicht werden indem sie »vor dem Zwang rigide Entscheidungen über die Einbeziehung oder Nichteinbeziehung bestimmter Gläubiger zu treffen«[3] zu bewahren sind.[4] 4

Indem die Norm eine Ungleichbehandlung gleichrangiger Gläubiger grundsätzlich zulässt, trägt sie dem Umstand, dass es sich bei dem Restrukturierungsverfahren um ein teilkollektives Verfahren handelt Rechnung. Dadurch liegt es aber in der Natur der Sache, dass keine umfassende Gleichbehandlung aller Gläubiger erfolgen kann. Es wird automatisch zu einer vollen Befriedigung einer Gläubigergruppe kommen, während andere bereits deshalb leer ausgehen, weil sie nicht einmal an dem Planverfahren teilnehmen können.[5] 5

Insoweit stellt § 28 Abs. 1 StaRUG eine Ergänzung zu § 8 S. 2 Nr. 2 StaRUG dar, welcher es dem Schuldner ermöglicht, eine sachgerechte Auswahl unter den Gläubigern zu treffen. Es sind im Grundsatz dieselben Kriterien wie bei der Auswahl der Planbetroffenen heranzuziehen. Demnach kommt es darauf an, ob die Ungleichbehandlung aufgrund der Art der zu bewältigenden wirtschaftlichen Schwierigkeiten des Schuldners und den Umständen angemessen erscheint.[6] Der Schuldner hat einen gewissen Beurteilungsspielraum, ob die unterschiedlichen Regelungen geeignet sind, das Sanierungsziel zu erreichen. Anhand des Sanierungskonzepts kann die Durchbrechung des Besserstellungsverbots ermittelt werden.[7] Insbesondere wird die Finanzkraft der jeweiligen Gläubiger, der Umfang ihrer Forderungen sowie die Abhängigkeit des Schuldners bezüglich der Zusammenarbeit berücksichtigt. Die Gründe für die Differenzierung sind im darstellenden Teil des Restrukturierungsplans zu erläutern.[8] 6

1 *Bork*, ZRI 2021, 358; *Gehrlein*, BB 2021, 71.
2 Begr. des RegE zu § 30.
3 Begr. des RegE zu § 30; BT-Drucks. 19/2418, 130.
4 *Spahlinger*, NZI 2021, 34.
5 *Bork*, ZRI 2021, 357.
6 BeckOK-StaRUG/*Spahlinger*, § 28 Rn. 7.
7 Flöther-*Knapp*, StaRUG, § 28 Rn. 5.
8 BeckOK-StaRUG/*Spahlinger*, § 28 Rn. 7.

II. Hälfte der Stimmrechte (Satz 2)

7 Eine Durchbrechung des § 27 Abs. 1 Nr. 3 StaRUG kann aber dann nicht mehr als sachgerecht beurteilt werden, wenn die Gläubiger der überstimmten Gruppe mehr als 50 % der Forderungen aller ansonsten gleichrangigen Gläubiger auf sich vereinen.[9] Umgekehrt kann eine Ungleichbehandlung nicht stets als sachgerecht angesehen werden, wenn auf die überstimmte Gläubigergruppe weniger als 50 % der betroffenen Forderungen der jeweiligen Rangklasse entfällt. Vielmehr können auch in solchen Fällen weitere Umstände hinzutreten, welche zu einer übermäßigen Belastung der überstimmten Gläubiger führen würden.[10]

8 Die Rechtfertigung einer Ungleichbehandlung der verschiedenen Gläubigergruppen bedarf daher stets einer Abwägung im Einzelfall.

C. Ausnahmen von der Vorrangregelung, § 28 Abs. 2 StaRUG

9 Die Norm enthält zwei Ausnahmetatbestände wonach eine Durchbrechung der absoluten Prioritätsregel zugunsten des Schuldners oder der Gesellschafter möglich ist, sodass für diese die Option besteht, ihre Beteiligungen zu behalten.

10 Ausgenommen von der Vorschrift sind allerdings Gesellschafterdarlehensforderungen. Werden solche »geschont« kann kein Eingriff in die Forderungen und Rechte der überstimmten Gläubiger erfolgen.[11]

11 Des Weiteren sind in den einzelnen Ausnahmetatbeständen verschiedene unbestimmte Rechtsbegriffe enthalten (»infolge besonderer, in ihrer Person liegender Umstände«, »unerlässlich«, »sachgerecht«), die den Restrukturierungsgerichten Entscheidungsspielraum geben.

I. § 28 Abs. 2 Nr. 1 StaRUG

12 § 28 Abs. 2 Nr. 1 StaRUG enthält eine Durchbrechungsmöglichkeit für Schuldner oder Gesellschafter, welche sich zu einer Mitwirkung der Planumsetzung verpflichtet haben. Die Anwendbarkeit des § 28 Abs. 2 Nr. 1 StaRUG ist nach seinem eindeutigen Wortlaut auf den dort genannten Personenkreis beschränkt.

13 Ist die Realisierung des Plans maßgeblich von deren Mitwirkungshandlungen abhängig, sodass er ohne diese, unabhängig von einer mehrheitlichen Zustimmung der Gläubiger nicht umgesetzt werden kann, liegt eine solche Durchbrechung und damit einhergehende Bevorzugung von Schuldner und Anteilsinhaber gerade auch im Interesse der Gläubiger.[12] Würde man in solchen Fällen auf eine strikte Durchsetzung der absoluten Prioritätsregel beharren, stünde dies im Widerspruch zu den Gläubigerinteressen und würde damit den Schutzzweck der Norm, welcher gerade den Gläubigern dienen soll, konterkarieren.[13] Dem Wortlaut der Norm zufolge muss die Mitwirkungshandlung aus Gründen welche in der Person des Schuldners oder Anteilsinhabers liegen »unerlässlich« sein.

14 Als »unerlässlich« können nur solche Mitwirkungshandlungen qualifiziert werden, welche für die Fortführung des Unternehmens unentbehrlich sind, ohne die die Fortführung des Unternehmens nicht möglich wäre. In der Praxis wird dies bejaht werden können, wenn die Erfahrung und Expertise der Schuldner oder der geschäftsführenden Anteilseigner, ihre persönliche Verbindung zu Lieferanten, Kunden und anderweitigen Geschäftspartnern für die Fortführung des Unternehmens unabdingbar sind.

9 *Bork*, ZRI 2021, 357.
10 *Gehrlein*, BB 2021, 71.
11 Begr. des RegE zu § 30.
12 Begr. des RegE zu § 30.
13 Begr. des RegE zu § 30.

Entscheidend für einen solchen Mitwirkungsbeitrag ist, dass sie gerade nicht auf einen Dritten substituiert werden kann. Sollte eine Substitution auf Dritte grundsätzlich möglich sein, so darf die betreffende Person nicht zur Erbringung der erforderlichen Leistung bereit sein. Andernfalls muss das Kriterium der Unerlässlichkeit verneint werden.[14] 15

Die Gesellschafter bzw. der Schuldner müssen sich **darüber hinaus** zur Vornahme der Mitwirkungshandlung an der Planumsetzung **verpflichten**. Gleichzeitig bedarf es auch einer Verpflichtung die empfangenen oder überlassenen Werte zurück zu gewähren, sollte die Mitwirkung an dem Planvollzug aus von ihm zu vertretenden Gründen, vor Ablauf der vorgesehenen fünf Jahre bzw. vor Ablauf eines im Plan vorgesehenen Vollzugszeitraums, enden.[15] Die Fünfjahresfrist beginnt mit der Rechtskraft der Planbestätigung.[16] 16

Dem Wortlaut des Abs. 2 Nr. 1 ist zu entnehmen, dass die im Zeitpunkt der Beendigung der Mitwirkung vorhandenen wirtschaftlichen Werte zu übertragen sind. Dies bedeutet, die Beteiligung muss zurückübertragen werden.[17]

II. § 28 Abs. 2 Nr. 2 StaRUG

Nach § 28 Abs. 2 Nr. 2 StaRUG ist eine Ausnahme von dem absoluten Prioritätsgrundsatz auch dann nicht als unverhältnismäßig zu bewerten, wenn es sich um geringfügige Eingriffe in die Gläubigerrechte handelt. Eine vollständige Verdrängung des Schuldners stünde dazu in keinem angemessenen Verhältnis, da bei geringfügigen Eingriffen auch keine echte Beeinträchtigung von Gläubigerinteressen angenommen werden kann. 17

Von einem geringfügigen Eingriff kann dann ausgegangen werden, wenn es sich bspw. um kurz- oder mittelfristige Verschiebungen der Fälligkeit von etwa bis zu 18 Monaten handelt. Damit sollte ein wirtschaftlicher Rahmen geschaffen werden, welcher in ähnlich gelagerten Fällen eine Orientierungsmöglichkeit bietet.[18] 18

Durch diese Regelungen besteht in der Praxis die Gefahr der Beschränkung des Obstruktionspotenzials opponierender Gläubiger. Diesen obliegt es, auch für solche Planszenarien offen zu bleiben, welche eine maßgebliche Beteiligung der Gesellschafter erfordern.[19] 19

14 *Bork*, ZRI 2021, 358.
15 Begr. des RegE zu § 30; Desch, BB 2020, 2504; *Groß/Jungclaus*, SanB 2021, 10.
16 Flöther-*Knapp*, StaRUG, § 28 Rn. 11.
17 MK-StaRUG/*Herweg*, § 28 Rn. 29; Flöther-*Knapp*, StaRUG, § 28 Rn. 13.
18 Wolgast/Grauer-*Münzel*, StaRUG, § 28 Rn. 22.
19 *Desch*, BB 2020, 2498, 2054.

Anhang zu §§ 26–28 StaRUG: Übersicht über das Regelungssystem zur Überstimmung einer ablehnenden Gläubigergruppe

1 § 26 StaRUG bildet zusammen mit den §§ 27 und 28 StaRUG das Regelungssystem zur Überstimmung einer Gläubigergruppe, welche gegen den Restrukturierungsplan gestimmt hat.

2 Im Folgenden werden die miteinander verbundenen Mechanismen der einzelnen Vorschriften dargestellt:

Wird das nach § 25 StaRUG erforderliche Quorum in Höhe von 75 % der Stimmrechte in einer Gruppe nicht erreicht, kommen die §§ 26–28 StaRUG zum Tragen.

Gruppenübergreifende Mehrheitsentscheidung, § 26 StaRUG

Die verweigerte Zustimmung einer Gruppe zum Restrukturierungsplan gilt als erteilt, wenn folgende Voraussetzungen **kumulativ** vorliegen:

- keine Schlechterstellung (§ 26 Abs. 1 Nr. 1)
- angemessene Beteiligung (§ 26 Abs. 1 Nr. 2)
- Mehrheit der Gruppe stimmt zu (§ 26 Abs. 1 Nr. 3)
  - Ausnahme: bei nur zwei Gruppen genügt die Zustimmung einer Gruppe (2. Hs.)
  - Die zustimmenden Gruppen dürfen nicht ausschließlich Anteilsinhaber oder nachrangige Restrukturierungsgläubiger sein (3. Hs.)

Absolute Priorität, § 27 StaRUG

- Angemessene Beteiligung der **Gläubiger**, **Abs. 1** -

Hiernach liegt eine angemessene Beteiligung überstimmter Gruppen vor, wenn **kumulativ**

- das Überkompensationsverbot (Abs. 1 Nr. 1)
- die absolute Prioritätsregel (Abs. 1 Nr. 2) und
- das gruppenübergreifende Schlechterstellungsverbot (**Abs. 1 Nr. 3**) gewahrt sind.

Durchbrechung der absoluten Priorität, § 28 StaRUG

Eine Ungleichbehandlung von Gläubigern nach **§ 27 Abs. 1 Nr. 3 StaRUG**, deren Forderungen im Rahmen eines Insolvenzverfahrens als gleichrangig zu behandeln sind, ist möglich, wenn:

- die Ungleichbehandlung nach den Umständen **sachgerecht** erscheint (§ 28 Abs. 1 S.1)
- (-), wenn auf die überstimmte Gruppe mehr als die Hälfte der Stimmrechte der
- Gläubiger der betroffenen Rangklasse entfällt.

Absolute Priorität, § 27 StaRUG

- Angemessene Beteiligung der **Anteilseigner, Abs. 2** -

Hiernach liegt eine angemessene Beteiligung Anteilseignern vor, wenn **kumulativ**

- kein Gläubiger über Betrag befriedigt wird (Abs. 2 Nr. 1)
- kein nicht planbetroffener, gleichgestellter Anteilsinhaber einen wirtschaftlichen Wert behält (Abs. 2 Nr. 2)

Durchbrechung der absoluten Priorität, § 28 Abs. 2 StaRUG

Eine Beteiligung des Schuldners oder Anteilsinhabers ist gemäß § 28 Abs. 2 zulässig, wenn:

- Deren Mitwirkung an der Fortführung des Unternehmens erforderlich ist und sie sich zur Mitwirkung und ggfs. Rückübertragung der wirtschaftlichen Werte verpflichtet haben (§ 28 Abs. 2 Nr. 1)
- Der Eingriff in der Rechte der Gläubiger geringfügig ist (keine Kürzung der Rechte / Verschiebung der Fälligkeit um weniger als 18 Monate).

Abb. 1: Übersicht über das Regelungssystem zur Überstimmung einer ablehnenden Gläubigergruppe

Kapitel 2 Stabilisierungs- und Restrukturierungsinstrumente

Abschnitt 1 Allgemeine Bestimmungen

Unterabschnitt 1 Instrumente des Stabilisierungs- und Restrukturierungsrahmens; Verfahren

§ 29 Instrumente des Stabilisierungs- und Restrukturierungsrahmens

(1) Zur nachhaltigen Beseitigung einer drohenden Zahlungsunfähigkeit im Sinne des § 18 Absatz 2 der Insolvenzordnung können die in Absatz 2 genannten Verfahrenshilfen des Stabilisierungs- und Restrukturierungsrahmens (Instrumente) in Anspruch genommen werden.

(2) Instrumente des Stabilisierungs- und Restrukturierungsrahmens im Sinne des Absatzes 1 sind:
1. die Durchführung eines gerichtlichen Planabstimmungsverfahrens (gerichtliche Planabstimmung),
2. die gerichtliche Vorprüfung von Fragen, die für die Bestätigung des Restrukturierungsplans erheblich sind (Vorprüfung),
3. die gerichtliche Anordnung von Regelungen zur Einschränkung von Maßnahmen der individuellen Rechtsdurchsetzung (Stabilisierung) und

4. **die gerichtliche Bestätigung eines Restrukturierungsplans (Planbestätigung).**

(3) Soweit sich aus den Bestimmungen dieses Gesetzes nichts Abweichendes ergibt, kann der Schuldner die Instrumente des Stabilisierungs- und Restrukturierungsrahmens unabhängig voneinander in Anspruch nehmen.

Übersicht

A. Normzweck

1 § 29 ist die **Eingangsvorschrift des 2. Kapitels** des StaRUG, das die Instrumente des Stabilisierungs- und Restrukturierungsrahmens regelt. Abs. 1 definiert die drohende Zahlungsunfähigkeit als zentrale **Zugangsvoraussetzung** zu den Instrumenten des Stabilisierungs- und Restrukturierungsrahmens und deren nachhaltige Beseitigung als **Verfahrensziel.** Abs. 2 enthält eine **Aufzählung der einzelnen Instrumente** des Stabilisierungs- und Restrukturierungsrahmens und Abs. 3 stellt deren Inanspruchnahme in das **Ermessen des Schuldners.**

B. Nachhaltige Beseitigung einer drohenden Zahlungsunfähigkeit (Abs. 1)

I. Verfahrenszugang

1. Allgemeines

2 Nach Abs. 1 können die in Abs. 2 genannten Verfahrenshilfen des Stabilisierungs- und Restrukturierungsrahmens (Instrumente) zur nachhaltigen Beseitigung einer drohenden Zahlungsunfähigkeit im Sinne des § 18 Abs. 2 InsO in Anspruch genommen werden. Daraus lässt sich folgern, dass die **drohende Zahlungsunfähigkeit** im Sinne des § 18 Abs. 2 InsO die **zentrale Zugangsvoraussetzung** zum präventiven Restrukturierungsrahmen ist[1].

3 Vor Eintritt der drohenden Zahlungsunfähigkeit ist die Inanspruchnahme der Instrumente des Stabilisierungs- und Restrukturierungsrahmens hingegen ausgeschlossen[2]. Unternehmen, die bereits insolvenzreif, d.h. zahlungsunfähig oder überschuldet i.S.d. §§ 17, 19 InsO sind, bleibt die Inanspruchnahme der Instrumente des Stabilisierungs- und Restrukturierungsrahmens ebenfalls verwehrt[3], wie sich auch aus § 33 Abs. 2 Nr. 1 ergibt (vgl. zu Überschneidungen zwischen drohender Zahlungsunfähigkeit und Überschuldung Rdn. 8). Da im Fall der eingetretenen Insolvenzreife die Interessen aller Gläubiger tangiert sind, bedarf es aus Sicht des Gesetzgebers eines Gesamtverfahrens zur Bewältigung der eingetretenen Insolvenz, das mit dem Insolvenzplanverfahren und der Möglichkeit einer übertragenden Sanierung seinerseits Sanierungsoptionen bereithält.

4 Der Gesetzgeber setzt damit Art. 4 Abs. 1 der EU-Richtlinie 2019/1023 um, nach der die Mitgliedstaaten sicherzustellen haben, dass der Schuldner bei einer drohenden Insolvenz (»likelihood of insol-

1 Begr. RegE BT-Drucks. 19/24181, S. 132.
2 *Gehrlein*, BB 2021, 66, 71.
3 Begr. RegE BT-Drucks. 19/24181, S. 90.

vency«) Zugang zu einem präventiven Restrukturierungsrahmen hat[4]. Zugleich schafft er die verfassungsrechtlich notwendige **Legitimationsgrundlage** für die Eingriffe in Gläubigerrechte durch Mehrheitsentscheidung[5]. Die sachliche Rechtfertigung hierfür sieht der Gesetzgeber darin, dass im Zustand der drohenden Zahlungsunfähigkeit die vollständige Befriedigung der Gläubiger gefährdet ist[6].

Für die drohende Zahlungsunfähigkeit als Anknüpfungspunkt hat der Gesetzgeber sich zum einen entschieden, weil der präventive Restrukturierungsrahmen **funktionale Übereinstimmungen mit** dem eigenverwaltungsbasierten **Insolvenzplanverfahren** hat, das der Schuldner bei drohender Zahlungsunfähigkeit ebenfalls betreiben könnte. Zum anderen sieht der Gesetzgeber in der drohenden Zahlungsunfähigkeit einen im deutschen Recht »wohletablierten Tatbestand«, der größere **Rechtssicherheit** als z.B. die Begriffe der Stakeholder- oder Strategiekrise oder der Krise i.S.d. früheren Eigenkapitalersatzrechts (vgl. § 32a Abs. 1 GmbHG a.F.) verspricht[7]. 5

2. Drohende Zahlungsunfähigkeit

Der Begriff der drohenden Zahlungsunfähigkeit ist nach Abs. 1 der des § 18 Abs. 2 InsO. Nach § 18 Abs. 2 InsO i.d.F. des SanInsFoG droht der Schuldner zahlungsunfähig zu werden, wenn er voraussichtlich nicht in der Lage sein wird, die bestehenden Zahlungspflichten im Zeitpunkt der Fälligkeit zu erfüllen, wobei in aller Regel ein Prognosezeitraum von 24 Monaten zugrunde zu legen ist[8]. Der vorgenannte Prognosezeitraum gilt nach dem Gesetzeswortlaut »in aller Regel«, d.h. in Einzelfällen kann auch auf einen kürzeren oder längeren Prognosezeitraum abzustellen sein, wodurch Besonderheiten des Schuldners oder seines Geschäftsbetriebs berücksichtigt werden können[9]. Eine Verlängerung kommt z.B. bei nach mehr als 24 Monaten endfälligen Verbindlichkeiten aus Krediten oder Anleihen in Betracht, wenn deren Rückzahlung oder Refinanzierung nicht überwiegend wahrscheinlich erscheint. 6

Eine drohende Zahlungsunfähigkeit entfällt nach dem Willen des Gesetzgebers nicht durch die **überwiegende Wahrscheinlichkeit der erfolgreichen Umsetzung eines Sanierungs- oder Restrukturierungsvorhabens**[10]. Anderenfalls käme es zu dem widersinnigen Ergebnis, dass der Zugang zum präventiven Restrukturierungsrahmen nur eröffnet wäre, wenn die erfolgreiche Umsetzung nicht überwiegend wahrscheinlich wäre. 7

Im Gegensatz dazu kann die überwiegende Wahrscheinlichkeit der erfolgreichen Umsetzung eines Sanierungs- oder Restrukturierungsvorhabens jedoch eine **positive Fortführungsprognose** nach § 19 Abs. 2 Satz 1 InsO begründen und damit eine insolvenzrechtliche Überschuldung ausschließen[11]. Insofern steht der präventive Restrukturierungsrahmen auch Schuldnern offen, die zwar nach § 19 Abs. 2 Satz 1 InsO rechnerisch überschuldet sind, bei denen jedoch die überwiegende Wahrscheinlichkeit besteht, dass ihnen in den nächsten zwölf Monaten die erfolgreiche Umsetzung eines Sanierungs- oder Restrukturierungsvorhabens gelingt[12]. 8

II. Verfahrensziel

1. Beseitigung der drohenden Zahlungsunfähigkeit

Nach Abs. 1 können die Instrumente des Stabilisierungs- und Restrukturierungsrahmens zur nachhaltigen Beseitigung einer drohenden Zahlungsunfähigkeit im Sinne des § 18 Abs. 2 InsO in 9

4 Begr. RegE BT-Drucks. 19/24181, S. 91.
5 Begr. RegE BT-Drucks. 19/24181, S. 90.
6 Begr. RegE a.a.O.
7 Begr. RegE BT-Drucks. 19/24181, S. 90.
8 Ausführl. HambKomm-InsR/*Schröder*, § 18 InsO Rn. 5 ff.
9 Begr. RegE, BT-Drucks. 19/24181, S. 196.
10 Begr. RegE BT-Drucks. 19/24181, S. 91.
11 Begr. RegE BT-Drucks. 19/24181, S. 137, 197.
12 *Gehrlein*, BB 2021, 66, 71; *Thole*, ZIP 2020, 1985, 1993; ausführl. zur Bedeutung der Fortführungsprognose für das StaRUG-Verfahren: *Schönfelder*, NZI 2022, 49 ff.

Anspruch genommen werden. Damit bestimmt Abs. 1 die **nachhaltige Beseitigung einer drohenden Zahlungsunfähigkeit** als **Verfahrensziel** einer präventiven Restrukturierung nach dem StaRUG[13]. Die nachhaltige Beseitigung der drohenden Zahlungsunfähigkeit ist gleichwohl kein gesonderter Prüfungspunkt bei der Planbestätigung (vgl. §§ 63, 64). Sie kann jedoch als **Auslegungshilfe** herangezogen werden, z.B. bei der Bestandsfähigkeitserklärung des Schuldners gem. § 14 Abs. 1[14]. Demgegenüber kommt es auf die Renditefähigkeit rechtlich nicht an, auch wenn Planbetroffene ihr Abstimmungsverhalten voraussichtlich oft auch an der Erhaltung oder Wiederherstellung der Renditefähigkeit und der damit in Zusammenhang stehenden Kapitaldienstfähigkeit orientieren werden.

2. Nachhaltigkeit

10 Der Begriff der »**nachhaltigen Beseitigung der drohenden Zahlungsunfähigkeit**« wird in Abs. 1 nicht näher definiert und ist daher auslegungsbedürftig. § 33 Abs. 1 Satz 2 spricht ganz ähnlich von einer »nachhaltigen Sanierung«. Während der Begriff der nachhaltigen Sanierung i.S.d. § 39 Abs. 4 Satz 2 InsO überwiegend im Zusammenhang mit der Jahresfrist des § 135 Abs. 1 Nr. 2 InsO verstanden wird[15], folgt im Regelungskontext des StaRUG aus § 33 Abs. 2 Satz 3 die gesetzgeberische Wertung, dass von einer nachhaltigen Beseitigung der drohenden Zahlungsunfähigkeit im Zweifel auszugehen ist, wenn die drohende Zahlungsunfähigkeit des Schuldners für einen **Zeitraum von mindestens drei Jahren** nach Planbestätigung beseitigt ist[16]. Würde man demgegenüber das Erfordernis der Nachhaltigkeit nur auf einen Zeitrahmen von mindestens 24 Monaten erstrecken[17], ergäbe sich ein Wertungswiderspruch zu § 18 Abs. 2 Satz 2 InsO, demzufolge der Prognosezeitraum für die drohende Zahlungsunfähigkeit selbst bereits in aller Regel 24 Monate beträgt[18].

C. Instrumente des Stabilisierungs- und Restrukturierungsrahmens (Abs. 2)

I. Allgemeines

11 Der Stabilisierungs- und Restrukturierungsrahmen ist als ein **modularer Rahmen von Verfahrenshilfen** konzipiert, die der Schuldner nach seinem **Ermessen** insgesamt oder auch einzeln und unabhängig voneinander (Abs. 3) in Anspruch nehmen kann, jedoch nicht in Anspruch nehmen muss, um sein Restrukturierungsvorhaben durch- und umzusetzen[19].

12 Die Instrumente des Stabilisierungs- und Restrukturierungsrahmens verstehen sich als **Verfahrenshilfen für einen im Kern außergerichtlichen Sanierungsprozess**[20]. Sie knüpfen an die privatautonomen Verhandlungen zwischen den Beteiligten an und stellen Mechanismen zur Bewältigung kollektiver Handlungsprobleme zur Verfügung, die diese Verhandlungen belasten oder gar zum Scheitern bringen können[21].

13 **Voraussetzung** für die Inanspruchnahme der Verfahrenshilfen ist die **Anzeige des Restrukturierungsvorhabens** des Schuldners nach § 31 beim zuständigen Restrukturierungsgericht.

---

13 *Bork*, NZI-Beilage 1/2021, S. 38; *Gehrlein*, BB 2021, 66, 72.

14 *Thole*, ZIP 2020, 1985, 1991; zust. *Bork*, NZI-Beilage 1/2021, S. 38.

15 Vgl. HambKomm-InsR/*Lüdtke*, § 39 InsO Rn. 67 m.w.N.

16 Flöther-*Hoffmann/Braun*, StaRUG, § 29 Rn. 5; Pannen/Riedemann/Smid-*Pannen*, StaRUG, § 29 Rn. 22; Seibt/Westphal-*Herding/Krafcyk*, StaRUG, § 29 Rn. 23; *Thole*, ZIP 2020, 1985, 1991; wohl auch MK-StaRUG/*Skauradszun*, § 29 Rn. 59; a.A.: Braun-*Haffa/Schuster*, StaRUG, § 29 Rn. 2: 24 Monate; Uhlenbruck-*Fritz*, § 29 StaRUG Rn. 8: Absicht zu nachhaltiger Sanierung maßgebend, ohne Festlegung eines konkreten Zeitraums; ähnl. Morgen-*Hirschberger/Siepmann*, StaRUG, § 30 Rn. 40.

17 So Braun-*Haffa/Schuster* a.a.O.

18 *Balthasar*, NZI-Beilage 1/2021, S. 18, 19.

19 Begr. RegE BT-Drucks. 19/24181, S. 93.

20 Begr. RegE BT-Drucks. 19/24181, S. 93.

21 Begr. RegE a.a.O.

Bei der Inanspruchnahme einzelner Instrumente durch den Schuldner handelt es sich um **jeweils selbstständige Verfahren**. Diese werden durch die gem. § 31 Abs. 3 durch die Anzeige bewirkte Rechtshängigkeit der Restrukturierungssache **zu einer einheitlichen Restrukturierungssache zusammengefasst**, insbesondere auch was die gerichtlichen Zuständigkeiten betrifft[22]. Obgleich es sich also bei den einzelnen Instrumenten um jeweils selbstständige Verfahren handelt, ist stets dasselbe Gericht und bei diesem Gericht gem. § 36 dieselbe Abteilung zuständig[23]. 14

II. Die einzelnen Instrumente

Die auf Antrag des Schuldners zur Verfügung stehenden Instrumente des Stabilisierungs- und Restrukturierungsrahmens werden in Abs. 2 enumerativ aufgezählt. Die Aufzählung der **vier gerichtlichen Verfahrenshilfen** ist abschließend[24]. Die im Regierungsentwurf zunächst vorgesehene Möglichkeit der Vertragsbeendigung gem. §§ 51 ff. StaRUG-RegE ist auf Empfehlung des Rechtsausschusses gestrichen worden[25]. 15

1. Gerichtliche Planabstimmung (Nr. 1)

Abs. 2 Nr. 1 nennt zunächst die gerichtliche Planabstimmung. Grundsätzlich hat der Schuldner die Wahl, ob er die Abstimmung über den Restrukturierungsplan gem. §§ 17 ff. außergerichtlich organisiert oder einen gerichtlichen **Erörterungs- und Abstimmungstermin** gem. §§ 45 f. beantragt[26]. Nur ausnahmsweise steht dem von Amts wegen bestellten Restrukturierungsbeauftragten gem. § 76 Abs. 2 Nr. 1 die Entscheidung darüber zu, wie der Restrukturierungsplan zur Abstimmung gebracht wird. 16

Die gerichtliche Abstimmung ist der sicherere Weg, da gem. § 63 Abs. 3 Satz 1 Zweifel an der ordnungsgemäßen Annahme des Restrukturierungsplans durch die Planbetroffenen zulasten des Schuldners gehen, wenn die Planabstimmung nicht im gerichtlichen Verfahren erfolgt ist. 17

Gem. § 46 Satz 1 kann der Schuldner einen **gesonderten Vorprüfungstermin** des Restrukturierungsplans vor dem Erörterungs- und Abstimmungstermin beantragen. Gegenstand dieser Vorprüfung kann gem. § 46 Satz 2 jede Frage sein, die für die Bestätigung des Restrukturierungsplans erheblich ist. Das Ergebnis der Vorprüfung ist vom Gericht analog § 48 Abs. 2 Satz 1 in einem **Hinweis** zusammenzufassen. Der Hinweis entfaltet wie im Rahmen der Vorprüfung nach § 47 rechtlich **keine Bindungswirkung** für das weitere Verfahren[27]. 18

2. Gerichtliche Vorprüfung (Nr. 2)

Auch wenn eine **außergerichtliche Planabstimmung** beabsichtigt ist, kann der Schuldner eine gerichtliche Vorprüfung des Restrukturierungsplans gem. § 47 Satz 1 beim Restrukturierungsgericht beantragen (Abs. 2 Nr. 2). Gegenstand einer solchen Vorprüfung kann wie nach § 46 Satz 2 jede Frage sein, die für die Bestätigung des Restrukturierungsplans erheblich ist (§ 47 Satz 2). 19

Das Ergebnis der Vorprüfung ist vom Gericht gem. § 48 Abs. 2 Satz 1 in einem Hinweis zusammenzufassen. Der **Hinweis** entfaltet nach den Gesetzesmaterialien rechtlich **keine Bindungswirkung** für das weitere Verfahren[28]. 20

---

22 Begr. RegE BT-Drucks. 19/24181, S. 133.
23 Begr. RegE a.a.O.
24 *Bork*, NZI-Beilage 1/2021, S. 38.
25 Bericht RA BT-Drucks. 19/25353, S. 9.
26 Begr. RegE BT-Drucks. 19/24181, S. 132.
27 *Bork*, NZI-Beilage 1/2021, S. 38, 39.
28 Begr. RegE BT-Drucks. 19/24181, S. 148.

3. Gerichtliche Stabilisierungsanordnung (Nr. 3)

21 Als weitere Verfahrenshilfe für den Schuldner nennt Abs. 2 Nr. 3 die gerichtliche Anordnung von Regelungen zur Einschränkung von Maßnahmen der individuellen Rechtsdurchsetzung (Stabilisierung). Damit sind gerichtliche Stabilisierungsanordnungen auf Antrag des Schuldners nach §§ 49 ff. gemeint. Mit einer Stabilisierungsanordnung werden die Vollstreckung in das schuldnerische Vermögen und die Verwertung von Sicherheiten temporär gesperrt, um die Aussichten auf einen erfolgreichen Abschluss der Verhandlungen zu einem Restrukturierungskonzept zu wahren und zu fördern[29]. Die Stabilisierungsanordnung ist eine **Vollstreckungs- und Verwertungssperre**, vergleichbar mit Sicherungsanordnungen nach § 21 Abs. 2 Satz 1 Nr. 3 u. 5 InsO[30], wobei sich die Stabilisierungsanordnung anders als nach § 21 Abs. 2 Satz 1 Nr. 3 InsO auch auf das unbewegliche Vermögen erstreckt[31].

22 Stabilisierungsanordnungen können nach § 53 Abs. 1 für eine **Dauer** von bis zu drei Monaten ergehen. Im Fall von Folge- und Neuanordnungen kann sich die Dauer gem. § 53 Abs. 3 auf bis zu acht Monate nach Erlass der Erstanordnung verlängern.

4. Gerichtliche Planbestätigung (Nr. 4)

23 Die bedeutsamste Verfahrenshilfe ist die in Abs. 2 Nr. 4 genannte gerichtliche Bestätigung des Restrukturierungsplans gem. §§ 60 ff. Erst mit der gerichtlichen Bestätigung des Restrukturierungsplanes treten die im gestaltenden Teil festgelegten **Wirkungen des Restrukturierungsplanes** auch im Verhältnis zu den Planbetroffenen ein, die gegen den Plan gestimmt haben oder die an der Abstimmung nicht teilgenommen haben, obgleich sie ordnungsgemäß an dem Abstimmungsverfahren beteiligt worden sind (§ 74 Abs. 1). Nur wenn die Verhandlungen der Beteiligten in einen allseits konsentierten Vergleich münden, ist die gerichtliche Planbestätigung für den Schuldner entbehrlich[32], allerdings für die Planbetroffenen im Hinblick auf das Anfechtungsprivileg des § 90 weiterhin von Bedeutung.

24 Die gerichtliche Planbestätigung ist sowohl nach gerichtlicher Planabstimmung als auch nach außergerichtlicher Planabstimmung möglich, wie sich aus § 60 Abs. 1 Satz 2 u. 3 ergibt[33]. Anders als nach § 254 Abs. 1 InsO tritt die Wirksamkeit bereits mit der **Verkündung der Planbestätigung** nach § 65 ein und nicht erst mit der Rechtskraft des Bestätigungsbeschlusses.

D. Dispositionsfreiheit des Schuldners (Abs. 3)

25 Abs. 3 stellt klar, dass die Instrumente des Stabilisierungs- und Restrukturierungsrahmens, soweit sich aus den Bestimmungen des StaRUG nicht Abweichendes ergibt, vom Schuldner unabhängig voneinander in Anspruch genommen werden können. Hinsichtlich des **Ob der Inanspruchnahme** sowie der **Auswahl und ggf. Reihenfolge der** in Anspruch genommenen **Instrumente** werden dem Schuldner also keine rechtlichen Vorgaben gemacht[34]. Ein Drittantragsrecht von Gläubigern oder Arbeitnehmervertretern sieht das Gesetz nicht vor, weil eine Restrukturierung gegen den Willen des Schuldners kaum jemals Erfolg haben kann[35].

26 Mit Abs. 3 wird zugleich zum Ausdruck gebracht, dass die **Verfahrensherrschaft** im präventiven Stabilisierungs- und Restrukturierungsrahmen **grundsätzlich beim Schuldner** liegt[36], ihm obliegt die Strukturierung, Organisation und Durchführung des Restrukturierungsprozesses[37].

---

29 Begr. RegE BT-Drucks. 19/24181, S. 154.
30 Begr. RegE a.a.O.
31 *Bork*, NZI-Beilage 1/2021, S. 38, 39.
32 Begr. RegE BT-Drucks. 19/24181, S. 132.
33 *Bork*, NZI-Beilage 1/2021, S. 38, 39.
34 Begr. RegE BT-Drucks. 19/24181, S. 132.
35 Begr. RegE BT-Drucks. 19/24181, S. 133.
36 Begr. RegE BT-Drucks. 19/24181, S. 132; Ausnahme: § 76 Abs. 2 Nr. 1.
37 Begr. RegE a.a.O., S. 131.

§ 30 Restrukturierungsfähigkeit

(1) [1]Die Instrumente des Stabilisierungs- und Restrukturierungsrahmens können vorbehaltlich des Absatzes 2 von jedem insolvenzfähigen Schuldner in Anspruch genommen werden. [2]Für natürliche Personen gilt dies nur, soweit sie unternehmerisch tätig sind.

(2) Die Bestimmungen dieses Kapitels sind auf Unternehmen der Finanzbranche im Sinne des § 1 Absatz 19 des Kreditwesengesetzes nicht anzuwenden.

Übersicht

A. Normzweck

1 § 30 bestimmt, von wem Instrumente des Stabilisierungs- und Restrukturierungsrahmens in Anspruch genommen werden können und definiert damit dessen **persönlichen Anwendungsbereich**. Die Norm setzt Art. 1 Abs. 2–4 der EU-Richtlinie 2019/1023 um.

B. Begriff der Restrukturierungsfähigkeit (Abs. 1)

I. Verweis auf Insolvenzfähigkeit

2 Abs. 1 Satz 1 verweist zur Bestimmung der Restrukturierungsfähigkeit auf die **Insolvenzfähigkeit** nach **§ 11 InsO**[1]. Das ist konsequent, da es bei der präventiven Restrukturierung um die Abwendung einer wahrscheinlichen Insolvenz geht (vgl. Art. 1 Abs. 1 Buchst. a) EU-Richtlinie 2019/1023). Eine Einschränkung ergibt sich nach Abs. 1 Satz 2 für natürliche Personen auf deren unternehmerische Tätigkeit und eine Ausnahme nach Abs. 2 für die dort genannten Unternehmen der Finanzbranche.

3 Insolvenzfähig sind nach § 11 Abs. 1 InsO **natürliche Personen und juristische Personen des Privatrechts** sowie **nichtrechtsfähige Vereine**. Insolvenzfähige juristische Personen sind insbesondere die GmbH (inkl. UG), die AG, die KGaA, die eingetragene Genossenschaft, der rechtsfähige Verein, der VVaG, die rechtsfähige Stiftung und die SE (Societas Europaea). Nicht insolvenzfähig sind hingegen nach § 12 InsO juristische Personen des öffentlichen Rechts. Insolvenzfähig sind jedoch Krankenkassen und Krankenkassenverbände (§§ 160, 162 SGB V).

4 Ferner sind nach § 11 Abs. 2 Nr. 1 InsO insolvenzfähig **rechtsfähige Personengesellschaften,** also die OHG, die KG, Partnerschaftsgesellschaft (inkl. PartGmbB), die (rechtsfähige) Gesellschaft bürgerlichen Rechts[2] die Partenreederei und die Europäische wirtschaftliche Interessenvereinigung (EWIV). Nicht insolvenzfähig ist die stille Gesellschaft als reine Innengesellschaft[3].

5 **Juristische Personen und Personengesellschaften ausländischer Rechtsformen** sind nach dem StaRUG restrukturierungsfähig, wenn die internationale Zuständigkeit deutscher Gerichte gegeben ist.[4]

Sie werden nach der vom BGH in st.Rspr. vertretenen Sitztheorie[5] im Inland als Gesellschaft ohne Rechtspersönlichkeit behandelt, sofern ihre Rechtsform nicht nach EU-Recht, EWR-Vertrag oder

1 Ausführl. dazu HambKomm-InsR/*Linker*, § 11 Rn. 5 ff.

2 Vgl. § 705 Abs. 2, 1. Alt. BGB. Nicht insolvenz- und damit auch nicht restrukturierungsfähig ist die nicht rechtsfähige Gesellschaft bürgerlichen Rechts i.S.d. § 705 Abs. 2, 2. Alt. BGB (früher sog. Innen-GbR), vgl. Uhlenbruck/*Fritz*, § 30 StaRUG Rn. 14.

3 HambKomm-InsR/*Linker*, § 11 Rn. 29.

4 Dazu § 35 Rdn. 18 ff.

5 Vgl. nur BGHZ 178, 192, Rn. 12 ff. – Trabrennbahn.

Staatsvertrag[6] anerkannt wird. Eine englische Limited mit Verwaltungssitz in Deutschland ist nach dem Brexit je nach ihrer Ausgestaltung als OHG, GbR oder einzelkaufmännisches Unternehmen zu behandeln und insoweit insolvenz- und restrukturierungsfähig[7].

6 Eine **aufgelöste juristische Person oder** eine **rechtsfähige Personengesellschaft** ist restrukturierungsfähig, soweit ihre Fortsetzung beabsichtigt ist[8].

7 Auch der **Nachlass** ist restrukturierungsfähig.[9] Das kann analog Abs. 1 Satz 2 jedoch nur gelten, soweit der Nachlass unternehmerisch tätig ist. Die Insolvenzfähigkeit ergibt sich aus § 11 Abs. 2 Nr. 2 InsO. Das Argument, der Nachlass sei kein »Schuldner« i.S.v. Abs. 1,[10] trägt nicht. Schuldner des Nachlassinsolvenzverfahrens ist der Erbe bzw. die Erbengemeinschaft.[11]

7a Entsprechendes gilt nach § 11 Abs. 2 Nr. 2 InsO für das **Gesamtgut einer fortgesetzten Gütergemeinschaft** und das **Gesamtgut einer Gütergemeinschaft**, das von den Ehegatten oder Lebenspartnern gemeinschaftlich verwaltet wird[12], auch wenn eine unternehmerische Tätigkeit des Gesamtguts in der Praxis selten vorkommen dürfte.

II. Einschränkungen bei natürlichen Personen

8 Die Instrumente des Stabilisierungs- und Restrukturierungsrahmens können nach Abs. 1 Satz 2 von natürlichen Personen nur in Anspruch genommen werden, soweit sie unternehmerisch tätig sind. Damit sind in Übereinstimmung mit Art. 1 Abs. 2 Buchst. h) der EU-Richtlinie 2019/1023 natürliche Personen ausgenommen, die keine Unternehmer sind. Bei natürlichen Personen, die Unternehmer sind, ist die Inanspruchnahme der Instrumente des Stabilisierungs- und Restrukturierungsrahmens auf den unternehmerischen Bereich beschränkt (vgl. auch § 4 Abs. 2).[13]

9 Nach Art. 2 Abs. 1 Nr. 9 der EU-Richtlinie 2019/1023 ist ein Unternehmer eine natürliche Person, die eine gewerbliche, geschäftliche, handwerkliche oder freiberufliche Tätigkeit ausübt. Diese europarechtliche Begriffsbestimmung ist für das StaRUG verbindlich, weswegen das StaRUG keine eigene Definition vornimmt.

C. Ausgenommene Unternehmen der Finanzbranche (Abs. 2)

10 Nach Abs. 2 sind die Bestimmungen über die Instrumente des Stabilisierungs- und Restrukturierungsrahmens auf **Unternehmen der Finanzbranche im Sinne des § 1 Abs. 19 KWG** nicht anzuwenden. Dies sind die dort genannten Unternehmen der **Banken-, Wertpapierdienstleistungs- und Versicherungsbranche.**

11 Für diese Unternehmen bestehen entweder spezialgesetzliche Sanierungsmöglichkeiten (z.B. Gesetz zur Sanierung und Abwicklung von Instituten und Finanzgruppen – SAG) oder spezialgesetzliche Eingriffsbefugnisse zugunsten der zuständigen Aufsichts- und Abwicklungsbehörden[14]. Mit Abs. 2 setzt der Gesetzgeber zugleich Art. 1 Abs. 2 Buchst. a) – f) der EU-Richtlinie 2019/1023 um.

---

6 Z.B. Deutsch-Amerikanischer Freundschafts-, Handels- und Schiffahrtsvertrag v. 29.10.1954, vgl. BGHZ 153, 353.

7 OLG München, BB 2021, 2447; *Bork*, ZRI 2021, 261, 272.

8 Begr. RegE BT-Drucks. 19/24181, S. 133.

9 Anders Vorauflage. Wie hier MK-StaRUG/*Skauradszun*, § 30 Rn. 28; Pannen/Riedemann/Smid-*Pannen*, § 30 Rn. 43; a.A.: BeckOK-StaRUG/*Kramer*, § 30 Rn. 63; Morgen-*Hirschberger/Siepmann*, § 30 Rn. 13; Uhlenbruck-*Fritz*, § 30 StaRUG Rn. 29.

10 So die vorgenannte a.A.

11 Näher dazu HambKomm-InsR/*Böhm*, Vorbem. zu §§ 315 ff. InsO Rn. 13.

12 MK-StaRUG/*Skauradszun*, § 30 Rn. 28; Pannen/Riedemann/Smid-*Pannen*, § 30 Rn. 43; a.A.: BeckOK-StaRUG/*Kramer*, § 30 Rn. 63; Morgen-*Hirschberger/Siepmann*, § 30 Rn. 13; Uhlenbruck-*Fritz*, § 30 StaRUG Rn. 29.

13 Vgl. zum Zugang von natürlichen Personen zum Restrukturierungsrahmen: *Kamin*, ZVI 2022, 91 ff.

14 Vgl. Begr. RegE BT-Drucks. 19/24181, S. 133.

§ 31 Anzeige des Restrukturierungsvorhabens

(1) Voraussetzung für die Inanspruchnahme der Instrumente des Stabilisierungs- und Restrukturierungsrahmens ist die Anzeige des Restrukturierungsvorhabens bei dem zuständigen Restrukturierungsgericht.

(2) [1]Der Anzeige sind beizufügen:
1. der Entwurf eines Restrukturierungsplans oder, sofern ein solcher nach dem Stand des angezeigten Vorhabens noch nicht ausgearbeitet und ausgehandelt werden konnte, ein Konzept für die Restrukturierung, welches auf Grundlage einer Darstellung von Art, Ausmaß und Ursachen der Krise das Ziel der Restrukturierung (Restrukturierungsziel) sowie die Maßnahmen beschreibt, welche zur Erreichung des Restrukturierungsziels in Aussicht genommen werden,
2. eine Darstellung des Stands von Verhandlungen mit Gläubigern, an dem Schuldner beteiligten Personen und Dritten zu den in Aussicht genommenen Maßnahmen und
3. eine Darstellung der Vorkehrungen, welche der Schuldner getroffen hat, um seine Fähigkeit sicherzustellen, seine Pflichten nach diesem Gesetz zu erfüllen.

[2]Der Schuldner hat bei der Anzeige zudem anzugeben, ob die Rechte von Verbrauchern oder von mittleren, kleinen oder Kleinstunternehmen berührt werden sollen, insbesondere, weil deren Forderungen oder Absonderungsanwartschaften durch einen Restrukturierungsplan gestaltet oder die Durchsetzung dieser Forderungen durch eine Stabilisierungsanordnung vorübergehend gesperrt werden sollen. [3]Anzugeben ist auch, ob damit zu rechnen ist, dass das Restrukturierungsziel nur gegen den Widerstand einer nach Maßgabe des § 9 zu bildenden Gruppe durchgesetzt werden kann. [4]Des Weiteren sind frühere Restrukturierungssachen unter Angabe des befassten Gerichts und Aktenzeichens anzugeben.

(3) Mit der Anzeige wird die Restrukturierungssache rechtshängig.

(4) Die Anzeige verliert ihre Wirkung, wenn
1. der Schuldner die Anzeige zurücknimmt,
2. die Entscheidung über die Planbestätigung rechtskräftig wird,
3. das Gericht die Restrukturierungssache nach § 33 aufhebt oder
4. seit der Anzeige sechs Monate oder, sofern der Schuldner die Anzeige zuvor erneuert hat, zwölf Monate vergangen sind.

Übersicht Rdn.

A. Normzweck und Systematik

1 § 31 ist eine **Schlüsselnorm** des verfahrensrechtlichen Teils des StaRUG, denn sie regelt die obligatorischen **Inhalte und** die rechtlichen **Wirkungen der Anzeige des Restrukturierungsvorhabens beim Restrukturierungsgericht.**

2 Die Anzeige des Restrukturierungsvorhabens soll nach dem Willen des Gesetzgebers **zwei Funktionen** erfüllen:

3 Sie soll zum einen der **rechtzeitigen und hinreichenden Information des Restrukturierungsgerichts** über das Restrukturierungsvorhaben dienen insbesondere mit Blick auf zukünftige eilbedürftige Entscheidungen[1]. Die Anzeige soll daher möglichst mit einem solchen **zeitlichen Vorlauf** vor dem ersten Antrag des Schuldners erfolgen, dass dem Gericht ausreichend Zeit verbleibt, sich mit den tatsächlichen Umständen und den Rahmenbedingungen sowie den rechtlichen Fragestellungen vertraut zu machen und gegebenenfalls erforderlich werdende organisatorische Vorbereitungen zu treffen[2]. Aus Schuldner- und Beratersicht ist die begrenzte Wirkungsdauer der Anzeige nach Abs. 4 Nr. 4 (6 bzw. nach Erneuerung 12 Monate, vgl. Rdn. 39) mit zu bedenken. Ein **Vorgespräch** mit dem Restrukturierungsgericht wie nach § 10a InsO sieht das StaRUG nicht ausdrücklich vor, gleichwohl ist es zulässig und regelmäßig sinnvoll[3].

4 Zum anderen soll die durch die Anzeige bewirkte **Rechtshängigkeit** der Restrukturierungssache eine **Zuständigkeitskonzentration bei einem Restrukturierungsgericht in einer Abteilung** herbeiführen[4].

5 Der Stabilisierungs- und Restrukturierungsrahmen ist systematisch als **modularer Rahmen von Verfahrenshilfen** konzipiert, d.h. der Schuldner kann die Instrumente des Stabilisierungs- und Restrukturierungsrahmens nach seinem Ermessen insgesamt oder auch einzeln und unabhängig voneinander in Anspruch nehmen (§ 29 Abs. 3), muss dies jedoch nicht tun, um sein Restrukturierungsvorhaben durch- und umzusetzen[5]. Die Instrumente des Stabilisierungs- und Restrukturierungsrahmens verstehen sich dabei als **Verfahrenshilfen für einen im Kern außergerichtlichen Sanierungsprozess**[6]. Bei den einzelnen Instrumenten, deren Inanspruchnahme dem Schuldner ermöglicht wird, handelt es sich um jeweils selbstständige Verfahren, die infolge der Anzeige durch die **Rechtshängigkeit** der Restrukturierungssache zu einer einheitlichen Restrukturierungssache zusammengefasst werden[7].

B. Bedeutung der Anzeige (Abs. 1)

6 Die Anzeige des Restrukturierungsvorhabens beim Restrukturierungsgericht ist zum einen allgemeine **Voraussetzung für die Inanspruchnahme der Instrumente des Stabilisierungs- und Restrukturierungsrahmens** (Abs. 1) und begründet zum anderen die **Rechtshängigkeit der Restrukturierungssache** (Abs. 3; zu den Rechtswirkungen der Rechtshängigkeit Rdn. 33 ff.).

7 Die Anzeige ist anders als der Insolvenzantrag nach § 13 InsO kein Antrag, den das Restrukturierungsgericht zu bescheiden hätte, sondern eine **einseitige Verfahrenshandlung** des Schuldners[8]. Ihre rechtlichen Wirkungen treten automatisch **von Gesetzes wegen** ein. Es erfolgt keine Zustellung der Anzeige an potenziell Planbetroffene. Diese müssen auch nicht etwa vom Schuldner über die Anzeige informiert werden[9]).

1 Begr. RegE BT-Drucks. 19/24181, S. 134.
2 Begr. RegE a.a.O.
3 *Vallender*, ZRI 2021, 165, 166.
4 Begr. RegE BT-Drucks. 19/24181, S. 133; vgl. § 36.
5 Begr. RegE BT-Drucks. 19/24181, S. 93.
6 Begr. RegE BT-Drucks. 19/24181, S. 93.
7 Begr. RegE BT-Drucks. 19/24181, S. 133.
8 Begr. RegE BT-Drucks. 19/24181, S. 134.
9 AG Hamburg, NZI 2021, 544, 546.

Inhaltliche Mängel der Anzeige stehen ihrer Wirksamkeit nicht entgegen, können jedoch zur Aufhebung der Restrukturierungssache gem. § 33 führen[10]. 8

Die **Wirkungsdauer** einer Anzeige beträgt grundsätzlich **sechs Monate und kann** durch **Erneuerung** auf insgesamt **zwölf Monate** verlängert werden (Abs. 4 Nr. 4, näher dazu und zu anderen Fällen des Wegfalls der Wirkungen der Anzeige Rdn. 39 ff.). 9

C. Anforderungen an die Anzeige (Abs. 2)

I. Allgemeine Anforderungen

Die **Anzeige** hat **durch den Schuldner** zu erfolgen[11]. Bei **juristischen Personen und rechtsfähigen Personengesellschaften** hat die Anzeige nach allgemeinen Regeln von dem gesetzlichen Vertretungsorgan bzw. den vertretungsberechtigten persönlich haftenden Gesellschaftern zu erfolgen. Für eine analoge Anwendung des § 18 Abs. 3 InsO besteht kein Bedürfnis, da die Anzeige noch kein Antrag ist. Ebenso ist eine analoge Anwendung des § 15 Abs. 1 Satz 2 InsO bei führungslosen juristischen Personen abzulehnen, da ein Restrukturierungsvorhaben keine hinreichende Aussicht auf Erfolg verspricht, solange nicht einmal die Vertretungsverhältnisse ordnungsgemäß geklärt sind[12]. 10

Umstritten ist, inwieweit ein zustimmender **Gesellschafterbeschlusses für die Anzeige eines Restrukturierungvorhabens** nach Abs. 1 erforderlich ist. Dabei ist zwischen der verfahrensrechtlichen Wirksamkeit der Anzeige im Außenverhältnis und dem gesellschaftsrechtlichen Erfordernis im Innenverhältnis zu unterscheiden. Nach **h.M.** ist ein zustimmender Gesellschafterbeschluss **für die Wirksamkeit im Außenverhältnis nicht erforderlich.**[13] Unabhängig davon wäre ein Gesellschafterbeschluss nach Anzeige des Restrukturierungsvorhabens nachholbar.[14] Ein Verstoß gegen gesellschaftsrechtliche Zustimmungs- oder Informationspflichten kann jedoch im Innenverhältnis relevant sein.[15] Insofern können sich Schadensersatzansprüche gegen die Geschäftsleitung ergeben, wenn sie ein Restrukturierungsvorhaben ohne erforderlichen Gesellschafterbeschluss betreibt. Auch können Gesellschafter ggf. von der Schuldnerin die Unterlassung eines Restrukturierungsvorhabens ohne erforderlichen Gesellschafterbeschluss verlangen und diesen Anspruch durch einstweilige Verfügung durchsetzen.[16] 10a

Ob und ggf. wann ein **Gesellschafterbeschlusses im Innenverhältnis** erforderlich ist, ist sehr umstritten.[17] Die Rechtsprechungsentwicklung und die Diskussion hierzu sind noch im Fluss.[18] 10b

Es stellt sich zunächst die Grundfrage, ob das **gesellschaftsrechtliche Kompetenzgefüge** durch das StaRUG als *lex specialis* mit spezifischem Schutzkonzept verdrängt wird[19] oder das gesellschaftsrechtliche Kompetenzgefüge zu beachten bleibt, weil das StaRUG lediglich die Durchführung des Restrukturierungsverfahrens regelt, während es hinsichtlich der Willensbildung innerhalb der Gesell-

10 Begr. RegE BT-Drucks. 19/24181, S. 135.

11 Begr. RegE BT-Drucks. 19/24181, S. 134.

12 Ähnl. BeckOK-StaRUG/*Kramer*, § 31 Rn. 29.

13 LG Berlin, NZI 2023, 928, 929, Tz. 3 f.; AG Nürnberg, NZI 2023, 881, 884, Tz. 68; BeckOK-StaRUG/*Kramer*, § 31 Rn. 31 m.w.N.; a.A.: AG Hamburg, ZIP 2023, 584; bestätigt LG Hamburg, ZIP 2023, 2646.

14 AG Charlottenburg, ZInsO 2023, 2118, 2119.

15 AG Charlottenburg, ZInsO 2023, 2118, 2218 f.

16 LG Berlin, NZI 2023, 928.

17 Ausführl. dazu: *Brackmann/Holze*, ZRI 2024, 143 ff.; *Ellers*, DB 2024, 1053 ff.; *Flöther/Wilke*, ZRI 2023, 1029 ff.; *Herding/Krafczyk*, ZRI 2023, 750 ff.

18 Vgl. den Überblick bei *Ellers*, DB 2024, 1053 ff. m.w.N.; ausführl. zum Meinungsstand BeckOK-StaRUG/*Spahlinger*, § 17 Rn. 30.

19 So AG Nürnberg, NZI 2023, 881, 884, jdf. wenn das Vorhaben in Hinblick auf ein Insolvenzverfahren alternativlos ist; *Flöther/Wilke*, ZRI 2023, 1029, 1042; *Madaus*, NZI 2024, 193, 194: »restrukturierungsrechtliche Kompetenzordnung«.

schaft bei den allgemeinen gesellschaftsrechtlichen Anforderungen bleibt[20]. Die letztgenannte Auffassung ist vorzugswürdig. Der Gesetzeswortlaut sieht keine Veränderung des gesellschaftsrechtlichen Kompetenzgefüges vor. Vielmehr heißt es in der Begründung zu § 2 RegE-StaRUG ausdrücklich, dass das »innergesellschaftliche Kompetenzgefüge im Ausgangspunkt unberührt bleiben« solle.[21]

Legt man demgemäß das gesellschaftsrechtliche Kompetenzgefüge zugrunde, ist eine **Differenzierung nach Rechtsformen** geboten. Bei der **AG** wird ein Hauptversammlungsbeschluss von der Rechtsprechung bislang als nicht erforderlich angesehen.[22] Die Begründung liegt darin, dass bei der AG der Vorstand gem. § 76 Abs. 1 AktG die Gesellschaft in eigener Verantwortung und frei von Weisungen der Hauptversammlung führt.[23] Einschränkungen können sich durch Zustimmungsvorbehalte des Aufsichtsrats nach § 111 Abs. 4 AktG ergeben. Auch bei der **SE** ist ein Beschluss der Hauptversammlung nicht erforderlich.[24]

10c Anders liegt es bei der **GmbH**. Nach dem dortigen Kompetenzgefüge muss die Geschäftsführung die Gesellschafterversammlung gem. § 49 Abs. 2 GmbHG stets einberufen, wenn es im Interesse der Gesellschaft erforderlich ist. Auch wenn die Anzeige des Restrukturierungsvorhabens von den geplanten Gestaltungsmaßnahmen zu unterscheiden ist und als solche nur zur Rechtshängigkeit der Restrukturierungssache nach Abs. 3 führt, ist die Restrukturierungsanzeige gleichwohl kein »laufendes Geschäft«, sondern eine außergewöhnliche Geschäftsführungsmaßnahme mit möglicherweise weitreichenden Folgen.[25] Entscheidungen über außergewöhnliche Maßnahmen fallen in der GmbH in den Zuständigkeitsbereich der Gesellschafter.[26] Der erforderliche Gesellschafterbeschluss bedarf gem. § 47 Abs. 1 GmbHG der einfachen Mehrheit, sofern die Satzung nicht anderes vorsieht.[27]

10d Den **Gesellschaftern** bleibt, wenn kein entsprechender Gesellschafterbeschluss vorliegt und sie mit einer Restrukturierungsanzeige nicht einverstanden sind, ggf. die Möglichkeit, die Geschäftsleitung neu zu besetzen und die Anzeige nach Abs. 4 Nr. 1 zurücknehmen zu lassen.[28]

11 Die Anzeige bedarf der **Schriftform**[29], wie sich aus Abs. 2 ergibt (»beizufügen«)[30].

12 Hinsichtlich der **verfahrensrechtlichen Anforderungen** gelten für die Anzeige die Vorschriften der **ZPO entsprechend**, soweit das StaRUG nichts anderes bestimmt (§ 38). Die Anzeige muss also die **Bezeichnung des Schuldners und des Restrukturierungsgerichts** enthalten (§ 38 Satz 1 i.V.m. § 253 Abs. 2 Nr. 1 ZPO) und das beabsichtigte **Restrukturierungsvorhaben** nennen (§ 38 Satz 1 i.V.m. § 253 Abs. 2 Nr. 2 ZPO). Bei der Anzeige eines Restrukturierungsvorhabens durch Rechtsanwälte ist gem. § 38 Satz 1 i.V.m. § 130d ZPO seit 01.01.2022 die Nutzungspflicht für den elektronischen Rechtsverkehr zu beachten (»**beA**«).

13 Sie hat an das gem. § 35 **zuständige Restrukturierungsgericht** zu erfolgen und muss Angaben enthalten, anhand derer das Gericht seine Zuständigkeit prüfen kann[31]. Gleichwohl ist auch eine Anzeige

20 So LG Berlin, NZI 2023, 928, 929, Tz. 6; Flöther-*Goetker*, § 1 Rn. 71; Jacoby/Thole-*Schluck-Amend*, § 31 Rn. 6.

21 BT-Drucks. 19/24181, S. 106.

22 AG Dresden, ZIP 2023, 2316; AG Nürnberg, NZI 2023, 881, 883, Tz. 6, jdf. wenn das Vorhaben in Hinblick auf ein Insolvenzverfahren alternativlos ist; a.A.: Seibt/Westphal-*Seibt*, § 1 Rn. 52 ff.

23 MK-AktG/*Spindler*, § 76 Rn. 31 m.w.N.

24 AG Charlottenburg, NZI 2024, 225, 227, Tz. 24.

25 *Ellers*, DB 2024, 1053, 1054 m.w.N.

26 Scholz-*Schneider/Schneider*, GmbHG, § 37 Rn. 34 m.w.N.

27 *Thole*, BB 2021, 1347, 1350; a.A.: Jacoby/Thole-*Schluck-Amend*, § 31 Rn. 6: Dreiviertelmehrheit; näher zum Meinungsstand zur erforderlichen Beschlussmehrheit: *Ellers*, DB 2024, 1053, 1055 m.w.N.

28 BeckOK-StaRUG/*Kramer*, § 31 Rn. 31.

29 *Vallender*, ZInsO 2020, 2579, 2584.

30 Flöther-*Hoffmann/Braun*, StaRUG, § 31 Rn. 4; a.A.: BeckOK StaRUG/*Kramer*, § 31 Rn. 35; Uhlenbruck-*Fritz*, § 31 StaRUG Rn. 7.

31 *Vallender*, ZRI 2021, 165, 166.

an ein unzuständiges Restrukturierungsgericht wirksam, kann jedoch gem. § 33 Abs. 1 Nr. 2 zur Aufhebung der Restrukturierungssache führen, wenn kein Verweisungsantrag gestellt oder die Anzeige zurückgenommen wird[32].

Die weiteren **inhaltlichen Anforderungen an die Anzeige** ergeben sich im Wesentlichen aus den erforderlichen Anlagen und ergänzenden Erklärungen nach **Abs. 2**. 14

Das **Gericht** hat eine Restrukturierungsanzeige bei Eingang **nur auf Vollständigkeit**, in diesem Verfahrensstadium jedoch noch nicht auf inhaltliche Richtigkeit **zu prüfen**.[33] Es erfolgt keine Zulässigkeitsprüfung wie bei einem Insolvenzantrag. Das Gericht kann dem Schuldner jedoch unabhängig von einer Vorprüfung gem. §§ 47, 48 **gerichtliche Hinweise** gem. § 38 Satz 1 i.V.m. § 139 ZPO erteilen.[34] 14a

II. Erforderliche Anlagen (Abs. 2 Satz 1)

1. Entwurf eines Restrukturierungsplans/Restrukturierungskonzept

a) Allgemeines

Nach Abs. 2 Satz 1 Nr. 1 hat der Schuldner der Anzeige des Restrukturierungsvorhabens den **Entwurf eines Restrukturierungsplans oder** ein **Restrukturierungskonzept** beizufügen, das auf Grundlage einer Darstellung von Art, Ausmaß und Ursachen der zu bewältigenden Krise das Ziel der Restrukturierung sowie die Maßnahmen beschreibt, welche zur (nachhaltigen) Erreichung des Restrukturierungsziels in Aussicht genommen werden. Dahinter steht der Gedanke des Gesetzgebers, dass sich die **Ernsthaftigkeit und** die **Aussichten des Restrukturierungsvorhabens** nur auf der Grundlage eines konkreten Plans oder zumindest eines hinreichend konkreten Konzepts nachvollziehen lassen und dass die Instrumente des Stabilisierungs- und Restrukturierungsrahmens dem Schuldner zur Verfügung stehen sollten, wenn er für **Transparenz des Restrukturierungsvorhabens** auf der Grundlage eines solchen Konzepts sorgt[35]. Der Gesetzgeber geht davon aus, dass der Schuldner auch seinen Gläubigern nicht mit Aussicht auf die erforderliche Zustimmung wird vermitteln können, was er nicht zuvor dem Gericht vermitteln kann[36]. 15

b) Entwurf eines Restrukturierungsplans

Der Anzeige ist im Idealfall also bereits der Entwurf eines Restrukturierungsplans beizufügen. Die **Anforderungen an einen Restrukturierungsplan** ergeben sich im Einzelnen aus **§§ 5–15**. Für kleinere und mittlere Unternehmen macht das BMJV eine Checkliste für Restrukturierungspläne bekannt, welche an deren Bedürfnisse angepasst ist, und veröffentlicht diese auf der Internetseite www.bmjv.bund.de (§ 16). 16

c) Restrukturierungskonzept

Sofern der Entwurf eines Restrukturierungsplans nach dem Stand des angezeigten Vorhabens noch nicht ausgearbeitet und ausgehandelt werden konnte, ist ein Restrukturierungskonzept beizufügen, welches auf Grundlage einer Darstellung von **Art, Ausmaß und Ursachen der Krise** sodann das **Ziel der Restrukturierung** sowie die **Maßnahmen** beschreibt, welche zur Erreichung des Restrukturierungsziels in Aussicht genommen werden. Die Formulierung ist an die des § 270a Abs. 1 Nr. 2 InsO im Rahmen der Eigenverwaltungsplanung angelehnt. Für die Anzeige des Restrukturierungsvorhabens 17

32 *Balthasar*, NZI-Beilage 1/2021, S. 18, 20.

33 AG Hannover, ZRI 2023, 309; näher zum Prüfungsumfang des Restrukturierungsgerichts nach §§ 31, 33 StaRUG: *Skauradszun/Harnack*, DZWIR 2023, 511.

34 AG Hamburg, ZInsO 2022, 728; zust. AG Hannover ZIP 2023, 1140, 1141.

35 Begr. RegE BT-Drucks. 19/24181, S. 134 f.

36 Begr. RegE a.a.O., S. 135.

reicht ein **Grobkonzept**[37]. Ein Vollkonzept i.S. der BGH-Rechtsprechung bzw. des IDW S 6 ist für die Anzeige noch nicht erforderlich[38]. Gleichwohl muss auch das Grobkonzept **vollständig und schlüssig** sein[39].

18 Die Darstellung von Art, Ausmaß und Ursachen der Krise nach Abs. 2 Satz 1 verlangt – auch mit Blick auf § 33 – eine nachvollziehbare **Darstellung der drohenden Zahlungsunfähigkeit**[40], denn das StaRUG definiert die Krise als eine Liquiditätskrise im Sinne drohender Zahlungsunfähigkeit (vgl. § 29 Rdn. 2 ff.). Einer detaillierten Finanzplanung i.S.d. § 18 Abs. 2 InsO bedarf es in diesem frühen Verfahrensstadium gleichwohl noch nicht.

Auch eine nachvollziehbare Darstellung der drohenden Zahlungsunfähigkeit dient der vom Gesetzgeber angestrebten Information und Vorbereitung des Gerichts.[41] Sie ist deswegen unabhängig davon erforderlich, dass das Gericht das Bestehen der drohenden Zahlungsunfähigkeit im Stadium der Anzeige noch nicht näher prüfen[42] muss. Ohne eine Darlegung der drohenden Zahlungsunfähigkeit ist das Restrukturierungskonzept (zur nachhaltigen Beseitigung der drohenden Zahlungsunfähigkeit, § 29 Abs. 1) insgesamt wenig aussagekräftig und taugt nicht dazu, dass das Gericht sich mit den tatsächlichen Umständen und den Rahmenbedingungen sowie den rechtlichen Fragestellungen hinreichend vertraut machen kann.

19 Die drohende Zahlungsunfähigkeit ist im Regelfall durch eine den Anforderungen des § 18 Abs. 2 InsO entsprechende Liquiditätsplanung darzulegen[43]. Die Vorlage einer integrierten Finanzplanung aus Bilanz-, Gewinn- und Verlust- sowie Liquiditätsplanung kann zwar zweckmäßig sein[44], ist im Stadium der Anzeige jedoch nicht erforderlich. Auch müssen das Restrukturierungsziel und die dafür geplanten Maßnahmen im Stadium der Anzeige noch nicht durch eine entsprechende Liquiditätsplanung unterlegt werden.

20 Ergänzend muss der Schuldner in der Anzeige darlegen, dass noch **keine Insolvenzreife** i.S.d. §§ 17, 19 InsO eingetreten ist (vgl. § 29 Rdn. 3), wobei sich dies hinsichtlich der Zahlungsunfähigkeit im Umkehrschluss aus der nur drohenden Zahlungsunfähigkeit und hinsichtlich der Überschuldung aus der überwiegenden Wahrscheinlichkeit der erfolgreichen Umsetzung des angezeigten Restrukturierungsvorhabens ergibt (dazu § 29 Rdn. 8).[45]

2. Darstellung des Verhandlungsstands

21 Nach Abs. 2 Satz 1 Nr. 2 ist der Anzeige eine Darstellung des Stands von Verhandlungen mit Gläubigern, an dem Schuldner beteiligten Personen und Dritten zu den in Aussicht genommenen Maßnahmen beizufügen. Dadurch soll dem **Restrukturierungsgericht** eine **Einschätzung ermöglicht** werden, ob und welchen Rückhalt das Restrukturierungsvorhaben hat und mit welchen Widerständen zu rechnen ist, die ggf. über die Inanspruchnahme der Instrumente des Stabilisierungs- und Restrukturierungsrahmens zu bewältigen sind[46].

---

37 Begr. RegE BT-Drucks. 19/24181, S. 135; *Steffan/Oberg/Poppe*, ZIP 2021, 617, 620.
38 *Steffan/Oberg/Poppe* a.a.O.
39 Begr. RegE BT-Drucks. 19/24181, S. 135.
40 *Balthasar*, NZI-Beilage 1/2021, 18; *Gehrlein*, BB 2021, 66, 72; a.A.: BeckOK-StaRUG/*Kramer*, § 31 Rn. 45; Uhlenbruck-*Fritz*, § 31 StaRUG Rn. 9.
41 Begr. RegE BT-Drucks. 19/24181, S. 134.
42 Vgl. Rdn. 14a.
43 *Balthasar*, a.a.O.; a.A.: BeckOK-StaRUG/*Kramer*, § 31 Rn. 45.
44 So *Balthasar*, a.a.O.
45 A.A.: BeckOK-StaRUG/*Kramer*, § 31 Rn. 45.
46 Begr. RegE BT-Drucks. 19/24181, S. 135.

Gleichwohl ist es **keine Bedingung** für die Planbestätigung, dass der Schuldner das Restrukturierungsvorhaben den **Planbetroffenen vorab angekündigt** oder mit diesen vorab Alternativlösungen gesucht hat[47].

Für potentiell von einem Restrukturierungsvorhaben betroffene Gesellschafter und Gläubiger besteht die Möglichkeit, eine **Schutzschrift** beim Restrukturierungsgericht einzureichen.[48] 21a

3. Know-how auf Schuldnerseite

Der Schuldner muss nach Abs. 2 Satz 1 Nr. 3 mit der Anzeige darlegen, welche **Vorkehrungen** er getroffen hat, um die ihn nach dem StaRUG treffenden Pflichten zu erfüllen. Die Gesetzesmaterialien heben insoweit die Pflichten nach § 32 hervor[49]. Ist der Schuldner zur Erfüllung seiner Pflichten nach dem StaRUG von sich aus nicht in der Lage, muss er Berater hinzuziehen, die ihn aufgrund ihrer Erfahrung und Expertise in den Stand setzen können, insbesondere den gläubigerschützenden Verhaltensanforderungen gerecht zu werden[50]. 22

III. Ergänzende Erklärungen (Abs. 2 Satz 2 bis 4)

1. Voraussichtliche Planbetroffenheit von Verbrauchern und KMU

Nach Abs. 2 Satz 2 hat der Schuldner bei der Anzeige anzugeben, ob die Rechte von Verbrauchern oder von mittleren, kleinen oder Kleinstunternehmen durch eine Plangestaltung oder eine vorherige Stabilisierungsanordnung berührt werden sollen, damit das Gericht rechtzeitig darüber informiert ist, dass möglicherweise ein **Restrukturierungsbeauftragter von Amts wegen** gem. § 73 Abs. 1 Nr. 1 zu bestellen ist[51]. Der Schuldner kann seine Erklärung mit einem Vorschlag für die Auswahl eines Restrukturierungsbeauftragten gem. § 74 Abs. 2 verbinden. 23

2. Voraussichtlicher Widerstand einer Gruppe

Ebenso ist nach Abs. 2 Satz 3 mit Blick auf die mögliche Notwendigkeit der Bestellung eines **Restrukturierungsbeauftragten von Amts wegen** gem. § 73 Abs. 2 anzugeben, ob das Restrukturierungsziel voraussichtlich nur gegen den Widerstand einer nach Maßgabe von § 9 zu bildenden Gruppe durchgesetzt werden kann[52]. Auch hier kann der Schuldner damit einen Vorschlag für die Auswahl eines Restrukturierungsbeauftragten gem. § 74 Abs. 2 verbinden. 24

3. Frühere Restrukturierungssachen

Die Pflicht zur Angabe früherer Restrukturierungssachen (unter Angabe des befassten Gerichts und Aktenzeichens) gem. Abs. 2 Satz 4 soll dem Restrukturierungsgericht die Prüfung erleichtern, ob die Voraussetzungen für eine Aufhebung der Restrukturierungssache nach § 33 Abs. 2 Satz 1 Nr. 4 vorliegen[53]. 25

---

47 AG Charlottenburg, NZI 2024, 225, 228; AG Hamburg, NZI 2021, 544, 546; AG Köln, NZI 2021, 433, 435; BeckOK-StaRUG/*Kramer*, § 31 Rn. 47; a.A.: *Frind*, ZRI 2024, 410, 413 f; *Wollring/Quitzau*, ZRI 2021, 785, 787 f.

48 *Frind*, ZRI 2024, 410, 411 f.

49 Begr. RegE BT-Drucks. 19/24181, S. 135.

50 Begr. RegE a.a.O.

51 Begr. RegE BT-Drucks. 19/24181, S. 134.

52 Begr. RegE BT-Drucks. 19/24181, S. 134.

53 Begr. RegE BT-Drucks. 19/24181, S. 134.

D. Rechtshängigkeit der Restrukturierungssache (Abs. 3)

I. Wirkungen der Rechtshängigkeit gem. § 38 i.V.m. § 261 ZPO

26 Die Rechtshängigkeit der Restrukturierungssache führt zur **Rechtshängigkeitssperre** (§ 38 i.V.m. § 261 Abs. 3 Nr. 2 ZPO) und zur **perpetuatio fori** (§ 38 i.V.m. § 261 Abs. 3 Nr. 1 ZPO) nach allgemeinen zivilprozessualen Grundsätzen[54]. Die Anzeige hat damit insbesondere zur Folge, dass sich die Zuständigkeit des ursprünglich zuständigen Gerichts nicht durch später eintretende Umstände wie eine Sitzverlegung oder einen Wegzug des Schuldners aus dem Bezirk des Gerichts ändert und dass die Inanspruchnahme von Instrumenten des Stabilisierungs- und Restrukturierungsrahmens an einem anderen Gericht unzulässig ist[55].

27 Zugleich tritt gem. § 36 auch eine **Zuständigkeitskonzentration in der Abteilung des Restrukturierungsgerichts** ein, die für die erste Entscheidung zuständig war, obgleich es sich bei den einzelnen Instrumenten um jeweils selbstständige Verfahren handelt[56]. Für die angezeigte Restrukturierungssache ist also stets dasselbe Gericht und bei diesem Gericht dieselbe Abteilung zuständig[57].

II. Pflichten des Schuldners gem. § 32

28 Den Schuldner treffen ab Rechtshängigkeit der Restrukturierungssache die besonderen Pflichten nach § 32, d.h. er hat die Restrukturierungssache mit der Sorgfalt eines ordentlichen und gewissenhaften Sanierungsgeschäftsführers zu betreiben und dabei die Interessen der Gesamtheit der Gläubiger zu wahren (§ 32 Abs. 1), dem Restrukturierungsgericht und einem ggf. bestellten Restrukturierungsbeauftragten alle wesentlichen Änderungen mitzuteilen (§ 32 Abs. 2), dem Restrukturierungsgericht den Eintritt einer Insolvenzreife gem. §§ 17, 19 InsO unverzüglich anzuzeigen (§ 32 Abs. 3) und dem Gericht unverzüglich anzuzeigen, wenn das Restrukturierungsvorhaben keine Aussicht auf Umsetzung hat (§ 32 Abs. 4).

III. Amtsermittlungspflicht des Gerichts (§ 39)

29 Mit der Rechtshängigkeit der Restrukturierungssache beginnt die Amtsermittlungspflicht des Restrukturierungsgerichts nach § 39 Abs. 1[58]. Das betrifft, auch solange noch kein Antrag auf ein Instrument des Stabilisierungs- und Restrukturierungsrahmens gestellt ist, zunächst die gerichtliche **Zuständigkeit**[59]. Ist das Restrukturierungsgericht für die angezeigte Restrukturierungssache unzuständig und hat der Schuldner innerhalb einer vom Restrukturierungsgericht gesetzten Frist keinen Verweisungsantrag gestellt oder die Anzeige zurückgenommen, hebt das Gericht die Restrukturierungssache gem. § 33 Abs. 1 Nr. 2 auf. Ferner hat das Gericht die **Anzeigeunterlagen** zu prüfen und den Schuldner ggf. auf etwaige Mängel gem. § 38 Satz 1 i.V.m. § 139 ZPO hinzuweisen[60]. Die **drohende Zahlungsunfähigkeit** hat das Gericht hingegen erst zu prüfen und dazu zu ermitteln, wenn ein Antrag auf ein Instrument des Stabilisierungs- und Restrukturierungsrahmens vorliegt[61].

IV. Insolvenzanzeigepflicht der Geschäftsleitung (§ 42)

30 Während der Rechtshängigkeit der Restrukturierungssache ruht die Insolvenzantragspflicht und wird durch eine Anzeigepflicht des Eintritts einer Zahlungsunfähigkeit oder Überschuldung gegen-

---

54 *Vallender*, ZRI 2021, 165, 166.
55 Begr. RegE BT-Drucks. 19/24181, S. 135.
56 Begr. RegE BT-Drucks. 19/24181, S. 133.
57 Begr. RegE a.a.O.
58 *Vallender*, ZRI 2021, 165.
59 Ausführl. dazu *Vallender*, ZRI 2021, 165, 166 ff.
60 *Vallender*, ZRI 2021, 165, 167; krit. *Deppenkemper*, ZIP 2020, 2432, 2438; allg. zur Hinweispflicht des Gerichts: AG Hamburg, ZInsO 2022, 728; zust. AG Hannover ZIP 2023, 1140, 1141.
61 BeckOK-StaRUG/*Kramer*, § 31 Rn. 38; *Vallender*, ZRI 2021, 165, 168.

über dem Restrukturierungsgericht ersetzt (§ 42 Abs. 1). Damit will der Gesetzgeber dem Anreiz entgegenwirken, dass der Schuldner allein deshalb auf den Erlass einer Stabilisierungsanordnung hinwirkt, um sich der straf- und haftungsbewehrten Insolvenzantragspflicht zu entledigen[62].

V. Verbot von Lösungsklauseln (§ 44)

Das Verbot von Lösungsklauseln gem. § 44 Abs. 1 gilt bereits ab Rechtshängigkeit der Restrukturierungs- 31
sache.

E. Wegfall der Wirkungen der Anzeige (Abs. 4)

I. Wegfall der Wirkungen

Abs. 4 regelt vier Fälle, in denen die Anzeige des Restrukturierungsvorhabens ihre Wirkung verliert. 32
Damit endet die Rechtshängigkeit der Restrukturierungssache nach Abs. 3. Der **Wegfall der Wirkungen der Anzeige** erfolgt **ex nunc**[63].

Damit fällt zugleich die allgemeine Voraussetzung für die Inanspruchnahme der **Instrumente des** 33
Stabilisierungs- und Restrukturierungsrahmens nach Abs. 1 weg. Da es sich bei der Inanspruchnahme der einzelnen Instrumente um jeweils **selbstständige Verfahren** handelt[64], enden diese Verfahren nicht automatisch, sondern sind grundsätzlich **vom Restrukturierungsgericht aufzuheben** (vgl. § 59 Abs. 1 Nr. 2; Ausn. nach § 59 Abs. 3)[65]. Hingegen werden **sonstige Beschlüsse** wie die Bestellung eines Restrukturierungsbeauftragten entsprechend § 38 Satz 1 i.V.m. § 269 Abs. 3 Satz 1 Halbs. 2 ZPO **automatisch wirkungslos.**[66]

II. Einzelfälle

1. Rücknahme

Die Anzeige verliert ihre Wirkung nach Abs. 4 Nr. 1, wenn der Schuldner sie gem. § 38 i.V.m. § 269 34
ZPO zurücknimmt. Der Wegfall der Rechtshängigkeit im Fall einer Rücknahme durch den Schuldner ist Ausdruck seiner Herrschaft über die Restrukturierungssache[67]. Die Rücknahme der Anzeige bedarf nicht der Zustimmung der Planbetroffenen[68]. Inwieweit die Rücknahme der Restrukturierungsanzeige im Innenverhältnis eines entsprechenden Gesellschafterbeschlusses bedarf, ist noch nicht geklärt[69].

Hingegen scheidet eine Erledigungserklärung aus, weil es sich bei der Anzeige nicht um einen Antrag 35
handelt, der sich erledigen könnte. Allerdings kann eine Erledigungserklärung ggf. als Rücknahme auszulegen sein[70].

2. Rechtskräftige Planbestätigung

Nach Abs. 4 Nr. 2 verliert die Anzeige ihre Wirkung, wenn der Planbestätigungsbeschluss gem. § 60 36
Abs. 1 rechtskräftig wird. Nach Vorstellung des Gesetzgebers kann die Restrukturierungssache aufgehoben werden, wenn es nur noch des Vollzugs des Restrukturierungsplans bedarf[71]. Das gilt auch

62 Begr. RegE BT-Drucks. 19/24181, S. 145.
63 BeckOK-StaRUG/*Kramer*, § 31 Rn. 85.
64 Begr. RegE BT-Drucks. 19/24181, S. 133.
65 BeckOK-StaRUG/*Kramer*, § 31 Rn. 85; zu möglichen Ausn. bei einem Zeitablauf nach Abs. 4 Nr. 4, den der Schuldner nicht zu vertreten hat: BeckOK StaRUG/*Kramer*, § 31 Rn. 89 ff.
66 BeckOK-StaRUG/*Kramer*, § 31 Rn. 84.
67 Begr. RegE BT-Drucks. 19/24181, S. 136.
68 BeckOK-StaRUG/*Kramer*, § 31 Rn. 99.
69 Bejahend *Fuhrmann/Heinen/Schilz*, NZG 2021, 684, 691 f.
70 BeckOK-StaRUG/*Kramer*, § 31 Rn. 95.
71 Begr. RegE BT-Drucks. 19/24181, S. 136.

bei Planüberwachung, wobei das Gericht dann gem. § 72 Abs. 4 noch über die Aufhebung der Planüberwachung zu entscheiden hat.

37 Demgegenüber verliert die Anzeige nicht automatisch ihre Wirkung, wenn die Planbestätigung versagt wird. Dem Schuldner soll es vielmehr möglich bleiben, das Restrukturierungsvorhaben auf Grundlage eines neuen Restrukturierungsplans oder -konzepts weiter zu betreiben[72].

3. Aufhebung der Restrukturierungssache

38 Die Anzeige verliert ihre Wirkung nach Abs. 4 Nr. 3, wenn das Gericht die Restrukturierungssache nach § 33 aufhebt. Der Wegfall der Wirkung der Anzeige tritt insoweit bereits mit Erlass des Aufhebungsbeschlusses und nicht erst mit dessen Rechtskraft ein[73]. Im Beschwerdefall können jedoch sowohl das Restrukturierungsgericht (§ 38 i.V.m. § 570 Abs. 2 ZPO) als auch das Beschwerdegericht (§ 38 i.V.m. § 570 Abs. 3 ZPO) die Vollziehbarkeit des Aufhebungsbeschlusses aussetzen[74].

4. Zeitablauf

39 Nach Abs. 4 Nr. 4 verliert die Anzeige ihre Wirkung, wenn seit der Anzeige sechs Monate oder, sofern der Schuldner die Anzeige zuvor erneuert hat, zwölf Monate vergangen sind. Der Gesetzgeber geht davon aus, dass ein Restrukturierungsvorhaben nach dem StaRUG in aller Regel binnen sechs Monaten umgesetzt werden kann[75]. Lediglich in Ausnahmefällen soll der Schuldner die Wirkungsdauer der Anzeige einmalig um weitere sechs Monate auf zwölf Monate verlängern können[76].

III. Weitere Anzeigen

40 Solange die Restrukturierungssache rechtshängig ist, sind weitere Anzeigen des Restrukturierungsvorhabens unzulässig (§ 38 i.V.m. § 261 Abs. 3 Nr. 1 ZPO). Dem Schuldner steht es jedoch frei, eine erneute Anzeige desselben oder eines anderen Restrukturierungsvorhabens zu stellen, sobald eine vorherige Anzeige ihre Wirkung nach Abs. 4 verloren hat. Die früheren Restrukturierungssachen können je nach Verlauf die Erfolgsaussichten eines erneuten Restrukturierungsvorhabens i.S.d. § 33 Abs. 1 Nr. 2 beeinflussen oder auch nach Maßgabe von § 33 Abs. 1 Nr. 4 zur Aufhebung der Restrukturierungssache führen[77].

§ 32 Pflichten des Schuldners

(1) [1]Der Schuldner betreibt die Restrukturierungssache mit der Sorgfalt eines ordentlichen und gewissenhaften Sanierungsgeschäftsführers und wahrt dabei die Interessen der Gesamtheit der Gläubiger. [2]Insbesondere unterlässt er Maßnahmen, welche sich mit dem Restrukturierungsziel nicht vereinbaren lassen oder welche die Erfolgsaussichten der in Aussicht genommenen Restrukturierung gefährden. [3]Mit dem Restrukturierungsziel ist es in der Regel nicht vereinbar, Forderungen zu begleichen oder zu besichern, die durch den Restrukturierungsplan gestaltet werden sollen.

(2) [1]Der Schuldner teilt dem Gericht jede wesentliche Änderung mit, welche den Gegenstand des angezeigten Restrukturierungsvorhabens und die Darstellung des Verhandlungsstands betrifft. [2]Hat der Schuldner eine Stabilisierungsanordnung nach § 49 erwirkt, teilt er auch unverzüglich wesentliche Änderungen mit, welche die Restrukturierungsplanung betreffen. [3]Ist ein Restruktu-

72 Begr. RegE BT-Drucks. 19/24181, S. 136.
73 Krit. dazu BeckOK-StaRUG/*Kramer*, § 31 Rn. 81.
74 BeckOK-StaRUG/*Kramer*, § 31 Rn. 81.
75 Begr. RegE BT-Drucks. 19/24181, S. 136.
76 Begr. RegE a.a.O.
77 Vgl. BeckOK-StaRUG/*Kramer*, § 31 Rn. 110 f.

rierungsbeauftragter bestellt, bestehen die Pflichten nach den Sätzen 1 und 2 auch gegenüber dem Restrukturierungsbeauftragten.

(3) [1]Während der Rechtshängigkeit der Restrukturierungssache ist der Schuldner verpflichtet, dem Restrukturierungsgericht den Eintritt einer Zahlungsunfähigkeit im Sinne des § 17 Absatz 2 der Insolvenzordnung unverzüglich anzuzeigen. [2]Handelt es sich bei dem Schuldner um eine juristische Person oder um eine rechtsfähige Personengesellschaft, für deren Verbindlichkeiten keine natürliche Person als unmittelbarer oder mittelbarer Gesellschafter haftet, steht der Zahlungsunfähigkeit eine Überschuldung im Sinne des § 19 Absatz 2 der Insolvenzordnung gleich.

(4) Der Schuldner ist verpflichtet, dem Gericht unverzüglich anzuzeigen, wenn das Restrukturierungsvorhaben keine Aussicht auf Umsetzung hat, insbesondere, wenn infolge der erkennbar gewordenen ernsthaften und endgültigen Ablehnung des vorgelegten Restrukturierungsplans durch Planbetroffene nicht davon ausgegangen werden kann, dass die für eine Planannahme erforderlichen Mehrheiten erreicht werden können.

Übersicht

A. Normzweck und Systematik

1 § 32 statuiert die **Grundpflichten des Schuldners** beim Betreiben einer Restrukturierungssache[1]. Die Norm regelt **allgemeine Sorgfaltspflichten** i.R.d. Restrukturierung (**Abs. 1**) sowie **besondere Mitteilungs- und Anzeigepflichten** (**Abs. 2–4**). Sie soll den zweckgemäßen Gebrauch der Instrumente des Stabilisierungs- und Restrukturierungsrahmens im Interesse der Gläubiger sicherstellen sowie Fehlgebrauch und Missbrauch vermeiden[2].

2 Die Pflichten nach § 32 gelten ab Rechtshängigkeit der Restrukturierungssache nach § 31 Abs. 3 (§ 31 Rdn. 28). **Adressat** der Pflichten des § 32 ist der **Schuldner**. Im Fall der Pflichtverletzung droht diesem als **verfahrensrechtliche Sanktion** die **Aufhebung der Restrukturierungssache** nach § 33[3].

3 Hingegen ist § 32 **nicht** als **Schutzgesetz i.S.d. § 823 Abs. 2 BGB** anzusehen[4]. Die Vorschrift soll die Interessen der Gesamtheit der Gläubiger wahren (vgl. Abs. 1 Satz 1) und ist nicht im erforderlichen Maß dazu bestimmt, dem Individualschutz der Gläubiger zu dienen[5].

4 **Parallel** zu § 32 regeln §§ 42 Abs. 1, 43 Abs. 1 entsprechende **haftungsbewehrte Pflichten der Geschäftsleitung,** wenn es sich bei dem Schuldner um eine juristische Person oder um eine rechtsfähige Personengesellschaft handelt. Die im Interesse der Gläubigerschaft dem Schuldner gem. § 32 auferlegten Pflichten konkretisieren insoweit zugleich das Pflichtenprogramm der Geschäftsleitung[6].

1 Begr. RegE BT-Drucks. 19/24181, S. 136.
2 Begr. RegE BT-Drucks. 19/24181, S. 136 f.
3 Begr. RegE BT-Drucks. 19/24181, S. 136.
4 *Scholz*, ZIP 2021, 219, 226; BeckOK-StaRUG/*Kramer*, § 32 Rn. 55; Braun-*Weber/Dömmecke*, StaRUG, § 32 Rn. 15.
5 Vgl. allgemein BGHZ 218, 80, Rn. 14 ff.
6 Begr. RegE BT-Drucks. 19/24181, S. 146.

B. Sorgfaltspflichten i.R.d. Restrukturierungssache (Abs. 1)

5 Abs. 1 Satz 1 verlangt von dem Schuldner, wenn er eine Restrukturierungssache betreibt, in Gestalt einer Generalklausel die **Sorgfalt eines ordentlichen und gewissenhaften Sanierungsgeschäftsführers** und die **Wahrung der Interessen der Gesamtheit der Gläubiger**. Der Gesetzgeber sieht darin das Korrelat für die Rechte und Freiheiten des Schuldners bei der eigenverantwortlichen Gestaltung und Organisation des Restrukturierungsprozesses nach dem StaRUG[7].

I. Sorgfalt eines ordentlichen und gewissenhaften Sanierungsgeschäftsführers

6 Der **Begriff** der Sorgfalt eines ordentlichen und gewissenhaften Sanierungsgeschäftsführers ist **neu** und bedarf der weiteren Konkretisierung durch Rechtsprechung und Literatur. Er ist dem Begriff der Sorgfalt eines ordentlichen und gewissenhaften Geschäftsleiters i.S.d. **§ 93 Abs. 1 Satz 1 AktG nachgebildet.**

7 Abs. 1 Satz 2 liefert eine gewisse **Konkretisierung der Sorgfaltspflicht** dahin, dass insbesondere Maßnahmen zu unterlassen sind, die nicht mit dem Restrukturierungsziel vereinbar sind oder die die Erfolgsaussichten der in Aussicht genommenen Restrukturierung gefährden. **Restrukturierungsziel** ist gem. § 29 Abs. 1 die nachhaltige Beseitigung der drohenden Zahlungsunfähigkeit (vgl. § 29 Rdn. 9 f.). Der **Erfolg der in Aussicht genommenen Restrukturierung** liegt im vorliegenden Zusammenhang in der Annahme und in aller Regel gerichtlichen Bestätigung des Restrukturierungsplans.

8 Abs. 1 Satz 3 nennt dazu ein **Regelbeispiel.** Danach ist es mit dem Restrukturierungsziel in der Regel nicht vereinbar, Forderungen zu begleichen oder zu besichern, die durch den Restrukturierungsplan gestaltet werden sollen. An der Formulierung »in der Regel« wird zugleich deutlich, dass in engen Grenzen Ausnahmen hiervon möglich sind[8].

II. Wahrung der Interessen der Gläubigergesamtheit

9 Die Pflicht zur Wahrung der Interessen der Gesamtheit der Gläubiger nach Abs. 1 Satz 1 macht deutlich, dass die Instrumente des präventiven Stabilisierungs- und Restrukturierungsrahmens trotz der Gestaltungs- und Organisationsfreiheiten des Schuldners in erster Linie den Interessen der Gesamtheit der Gläubiger dienen sollen[9]. Insofern besteht trotz der Streichung von § 2 StaRUG-RegE jedenfalls ein partieller **shift of fiduciary duties,** was das Betreiben der Restrukturierungssache betrifft[10].

10 Das Interesse der Gesamtheit der Gläubiger ist erfahrungsgemäß in aller Regel auf die bestmögliche **Befriedigung bzw. Besicherung der Gläubigerforderungen** gerichtet[11], auch wenn einzelne Gläubiger und Gläubigergruppen stattdessen oder daneben legitime andere Interessen haben können (z.B. Aufrechterhaltung einer Liefer- oder Kundenbeziehung).

C. Mitteilungspflichten bei wesentlichen Änderungen (Abs. 2)

11 Nach **Abs. 2 Satz 1** hat der Schuldner dem Gericht jede wesentliche Änderung mitzuteilen, die den Gegenstand des angezeigten Restrukturierungsvorhabens und/oder die Darstellung des Verhandlungsstands betrifft.

12 Die Vorschrift knüpft an die Anzeige des Restrukturierungsvorhabens nach § 31 an, die der rechtzeitigen und hinreichenden **Information des Restrukturierungsgerichts** über das Restrukturierungs-

7 Begr. RegE BT-Drucks. 19/24181, S. 136 f.
8 Flöther-*Hoffmann/Braun*, StaRUG, § 32 Rn. 6.
9 Begr. RegE BT-Drucks. 19/24181, S. 85 f., 137.
10 BeckOK-StaRUG/*Kramer*, § 32 Rn. 20.
11 Ähnl. BeckOK StaRUG/*Kramer*, § 32 Rn. 20.

vorhaben dienen soll, insbesondere mit Blick auf zukünftige eilbedürftige Entscheidungen[12], und trägt der Tatsache Rechnung, dass zu Beginn häufig nur ein Grobkonzept für die Restrukturierung vorliegt, welches im Zuge der weiteren Verhandlungen zu einem Vollkonzept heranwächst und schließlich in einem Restrukturierungsplan mündet[13]. Demgemäß hat der Schuldner das Gericht insbesondere über **Konkretisierungen und Aktualisierungen** des der Anzeige nach § 31 Abs. 2 Satz 1 Nr. 1 beigefügten **Planentwurfs bzw. Restrukturierungskonzepts** entsprechend dem Stand der Verhandlungen zu informieren[14].

Jedoch sind auch sonstige wesentliche Änderungen dem Gericht mitzuteilen, wenn und soweit sie den Gegenstand des angezeigten Restrukturierungsvorhabens und/oder die Darstellung des Verhandlungsstands betreffen. **Wesentlich** sind im vorliegenden Zusammenhang Änderungen, die **für mögliche gerichtliche Entscheidungen über Instrumente des Stabilisierungs- und Restrukturierungsrahmens erheblich** sind. 13

Hat der Schuldner eine **Stabilisierungsanordnung** bewirkt, erstreckt **Abs. 2 Satz 2** die Mitteilungspflichten auf **wesentliche Änderungen der Restrukturierungsplanung**. Mit Restrukturierungsplanung ist hier die nach § 50 Abs. 2 gemeint, also der dem Antrag auf Erlass der Stabilisierungsanordnung zugrunde gelegte Entwurf des Restrukturierungsplans bzw. des Restrukturierungskonzepts (§ 50 Abs. 2 Nr. 1) sowie der Finanzplan für einen Zeitraum von sechs Monaten (§ 50 Abs. 2 Nr. 2). **Wesentlich** sind im vorliegenden Zusammenhang Änderungen, die **für eine mögliche Aufhebung der Stabilisierungsanordnung erheblich** sind. Abs. 2 Satz 2 soll sicherstellen, dass das Restrukturierungsgericht frühzeitig und fortwährend Informationen erlangen kann, die zur Beurteilung des Fortbestehens der Zahlungsfähigkeit des Schuldners relevant sind, und das Gericht in die Lage versetzen, bei Eintritt einer Insolvenzreife die Stabilisierungsanordnung gem. § 59 aufheben zu können[15]. 14

Ist ein **Restrukturierungsbeauftragter** bestellt, so bestehen die Pflichten nach Satz 1 und 2 auch ihm gegenüber (**Abs. 2 Satz 3**). Dies gilt für den von Amts wegen bestellten Restrukturierungsbeauftragten (§ 73) ebenso wie für den fakultativen Restrukturierungsbeauftragten (§ 77). 15

D. Anzeigepflicht bei Eintritt der Insolvenzreife (Abs. 3)

Nach Abs. 3 ist der Schuldner während der Rechtshängigkeit der Restrukturierungssache verpflichtet, dem Restrukturierungsgericht einen Eintritt der Insolvenzreife gem. §§ 17, 19 InsO unverzüglich anzuzeigen. Eine parallele Anzeigepflicht der Geschäftsleitung ist in § 42 geregelt. Der Schuldner kommt seiner Anzeigepflicht nach Abs. 3 nach, in dem er dem Restrukturierungsgericht mitteilt, er sei insolvenzreif, einer Begründung oder Glaubhaftmachung bedarf die Anzeige nicht.[16] 16

Hintergrund der Anzeigepflicht des Schuldners nach Abs. 3 ist, dass der **Eintritt der Insolvenzreife** während der Rechtshängigkeit der Restrukturierungssache gem. § 33 Abs. 2 Satz 1 Nr. 1 **grundsätzlich** einen **Aufhebungsgrund** begründet, wobei das Gericht aus den dort genannten Gründen von einer Aufhebung der Restrukturierungssache absehen kann (näher dazu § 33 Rdn. 26 ff.). Die Instrumente des Stabilisierungs- und Restrukturierungsrahmens sollen nach dem Willen des Gesetzgebers grundsätzlich nur Unternehmen zur Verfügung stehen, die nicht insolvenzreif sind, während für insolvenzreife Unternehmen das Insolvenzverfahren vorgesehen ist[17]. Die Anzeigepflicht nach Abs. 4 soll dem Gericht die Möglichkeit geben zu prüfen, ob nach § 33 Abs. 2 Satz 1 Nr. 1 die 17

12 Begr. RegE BT-Drucks. 19/24181, S. 134.
13 Begr. RegE BT-Drucks. 19/24181, S. 135.
14 Begr. RegE BT-Drucks. 19/24181, S. 137.
15 Begr. RegE BT-Drucks. 19/24181, S. 137.
16 AG Hannover, ZRI 2023, 312, 313; a.A.: Morgen-*Janjuah/Tangermann*, § 32 Rn. 67: Glaubhaftmachung erforderlich; ebenso Seibt/Westphal-*Herding/Krafczyk*, § 32 Rn. 23.
17 Begr. RegE BT-Drucks. 19/24181, S. 137; vgl. auch § 29 Rdn. 3.

Inanspruchnahme der Instrumente trotz Insolvenzreife ausnahmsweise weiterhin ermöglicht werden soll oder die Restrukturierungssache aufzuheben ist[18].

18 Bei der Insolvenzreifeprüfung ist zu beachten, dass die überwiegende Wahrscheinlichkeit der erfolgreichen Umsetzung des Restrukturierungsvorhabens eine positive Fortführungsprognose i.S.d. § 19 Abs. 2 Satz 1 InsO begründet. In diesem Fall liegt eine Überschuldung gem. § 19 InsO nicht vor und die Restrukturierungssache kann weiterbetrieben werden[19].

19 Die Anzeige nach Abs. 3 hat **unverzüglich** zu erfolgen, d.h. insoweit wie nach § 15a Abs. 1 Satz 1 InsO ohne schuldhaftes Zögern (§ 121 Abs. 1 Satz 1 BGB). Höchstfristen von drei Wochen bei Zahlungsunfähigkeit bzw. sechs Wochen bei Überschuldung wie nach § 15a Abs. 1 Satz 2 InsO sieht Abs. 3 hingegen nicht vor. Das Gericht soll unverzüglich vom Schuldner informiert werden und dann nach Maßgabe von § 33 Abs. 2 Satz 1 Nr. 1 über die Weiterführung oder Aufhebung der Restrukturierungssache entscheiden.

20 Die Anzeigepflicht gilt erst recht, wenn **Insolvenzreife** bereits **bei** der **Anzeige** nach § 31 vorlag[20].

E. Anzeigepflicht bei fehlender Umsetzungsaussicht (Abs. 4)

21 Nach Abs. 4 Halbs. 1 hat der Schuldner dem Gericht unverzüglich anzuzeigen, wenn das **Restrukturierungsvorhaben keine Aussicht auf Umsetzung** hat. In diesem Fall sieht der Gesetzgeber keinen Anlass, dem Schuldner weiterhin die Instrumentarien des Stabilisierungs- und Restrukturierungsrahmens zur Verfügung zu stellen[21], sondern in der fehlenden Aussicht auf Umsetzung einen **Aufhebungsgrund** nach § 33 Abs. 2 Satz 1 Nr. 2.

22 Ein Restrukturierungsvorhaben hat nach Abs. 4 Halbs. 2 insbesondere dann keine Aussicht auf Umsetzung, wenn infolge der erkennbar gewordenen ernsthaften und endgültigen Ablehnung des vorgelegten Restrukturierungsplans durch Planbetroffene **nicht** davon ausgegangen werden kann, dass die für eine Planannahme **erforderlichen Mehrheiten** erreicht werden können. Nach den Gesetzesmaterialien soll eine ablehnende Haltung, die sich gegenüber Zugeständnissen im Verhandlungsweg offen zeigt, zumindest so lange unschädlich sein, wie diese Zugeständnisse die Realisierbarkeit des Restrukturierungsvorhabens nicht infrage stellen[22].

§ 33 Aufhebung der Restrukturierungssache

(1) Das Restrukturierungsgericht hebt die Restrukturierungssache von Amts wegen auf, wenn

1. der Schuldner einen Insolvenzantrag stellt oder über das Vermögen des Schuldners ein Insolvenzverfahren eröffnet ist,

2. das Restrukturierungsgericht für die Restrukturierungssache unzuständig ist und der Schuldner innerhalb einer vom Restrukturierungsgericht gesetzten Frist keinen Verweisungsantrag gestellt oder die Anzeige zurückgenommen hat oder

3. der Schuldner in schwerwiegender Weise gegen seine Pflichten zur Mitwirkung und Auskunftserteilung gegenüber dem Gericht oder einem Restrukturierungsbeauftragten verstößt.

(2) [1]Das Gericht hebt die Restrukturierungssache ferner auf, wenn

1. der Schuldner seine Zahlungsunfähigkeit oder Überschuldung nach § 32 Absatz 3 angezeigt hat oder andere Umstände bekannt sind, aus denen sich ergibt, dass der Schuldner insolvenzreif ist; von einer Aufhebung der Restrukturierungssache kann abgesehen werden, wenn die Eröffnung eines Insolvenzverfahrens mit Blick auf den erreichten Stand in der Restrukturie-

18 Begr. RegE BT-Drucks. 19/24181, S. 137.
19 Begr. RegE BT-Drucks. 19/24181, S. 137.
20 BeckOK-StaRUG/*Kramer*, § 32 Rn. 36; *Thole*, ZIP 2020, 1985, 1991.
21 Begr. RegE BT-Drucks. 19/24181, S. 138.
22 Begr. RegE BT-Drucks. 19/24181, S. 138.

rungssache offensichtlich nicht im Interesse der Gesamtheit der Gläubiger liegen würde; von einer Aufhebung kann auch abgesehen werden, wenn die Zahlungsunfähigkeit oder Überschuldung aus der Kündigung oder sonstigen Fälligstellung einer Forderung resultiert, die nach dem angezeigten Restrukturierungskonzept einer Gestaltung durch den Plan unterworfen werden soll, sofern die Erreichung des Restrukturierungsziels überwiegend wahrscheinlich ist,

2. sich aufgrund einer Anzeige nach § 32 Absatz 4 oder aus sonstigen Umständen ergibt, dass das angezeigte Restrukturierungsvorhaben keine Aussicht auf Umsetzung hat,

3. ihm Umstände bekannt sind, aus denen sich ergibt, dass der Schuldner in schwerwiegender Weise gegen die ihm nach § 32 obliegenden Pflichten verstoßen hat, oder

4. in einer früheren Restrukturierungssache
a) der Schuldner eine Stabilisierungsanordnung oder eine Planbestätigung erwirkt hat oder
b) eine Aufhebung nach Nummer 3 oder nach Absatz 1 Nummer 3 erfolgt ist.

[2]Satz 1 Nummer 4 ist nicht anwendbar, wenn der Anlass für die frühere Restrukturierungssache infolge einer nachhaltigen Sanierung bewältigt wurde. [3]Sind seit dem Ende des Anordnungszeitraums oder der Entscheidung über den Antrag auf Planbestätigung in der früheren Restrukturierungssache weniger als drei Jahre vergangen, ist im Zweifel anzunehmen, dass eine nachhaltige Sanierung nicht erfolgt ist. [4]Der Inanspruchnahme von Instrumenten des Restrukturierungsrahmens steht ein in Eigenverwaltung geführtes Insolvenzverfahren gleich.

(3) Eine Aufhebung der Restrukturierungssache unterbleibt, solange das Gericht von einer Aufhebung einer Stabilisierungsanordnung gemäß § 59 Absatz 3 abgesehen hat.

(4) Gegen die Aufhebung der Restrukturierungssache nach den Absätzen 1 bis 3 steht dem Schuldner die sofortige Beschwerde zu.

Übersicht Rdn.

A. Normzweck

Hat der Schuldner das Restrukturierungsvorhaben dem Restrukturierungsgericht angezeigt, bleibt dieses gem. § 31 Abs. 4 so lange rechtshängig, bis der Schuldner die Anzeige zurücknimmt (§ 31 Abs. 4 Nr. 1), die Entscheidung über die Planbestätigung rechtskräftig wird (§ 31 Abs. 4 Nr. 2), 1 das Gericht die Restrukturierungssache aufhebt (§ 31 Abs. 4 Nr. 3) oder seit der Anzeige sechs Monate oder, sofern der Schuldner die Anzeige zuvor erneuert hat, zwölf Monate vergangen sind (§ 31 Abs. 4 Nr. 4). Bei der Aufhebung der Restrukturierungssache durch das Restrukturierungsgericht handelt es sich folglich um eine der vier vom Gesetz abschließend normierten Alternativen, durch die die Rechtshängigkeit der Anzeige des Restrukturierungsvorhabens beseitigt wird.

2 Unter welchen Voraussetzungen das Restrukturierungsgericht die Restrukturierungssache aufhebt, regelt § 33. Die Aufhebung kann dabei auch auf Umständen beruhen, die bereits zum Zeitpunkt der Anzeige vorlagen. Dadurch fungiert die in § 33 normierte Aufhebung auch als (nachträgliche) Zugangskontrolle zum Stabilisierungs- und Restrukturierungsrahmen.[1]

3 Dritte sind nicht berechtigt, die Aufhebung der Restrukturierungssache zu beantragen, weil ihre Rechte oder Interessen allein durch die Rechtshängigkeit der Restrukturierungssache noch nicht beeinträchtigt werden. Sie können jedoch gem. § 59 Abs. 2 die Aufhebung der Stabilisierungsanordnung beantragen.[2] Der Schuldner ist ebenfalls nicht berechtigt, die Aufhebung der Restrukturierungssache durch das Restrukturierungsgericht unmittelbar zu beantragen. Er kann die Rechtshängigkeit der Restrukturierungssache jedoch beseitigen, indem er die Anzeige zurücknimmt (§ 31 Abs. 4 Nr. 1), sodass ein Antragsrecht nicht erforderlich ist.[3]

4 Der in § 33 geregelten Aufhebung der Restrukturierungssache kommt Bedeutung allein für den gerichtlichen Teil des Stabilisierungs- und Restrukturierungsrahmens zu.[4] Der Schuldner hat daneben aber auch die Möglichkeit, den Restrukturierungsplan im außergerichtlichen Verfahren nach §§ 17 ff. zur Abstimmung zu stellen. Nehmen die Gläubiger den Plan einstimmig an, ist eine gerichtliche Planbestätigung nach überwiegender Auffassung entbehrlich.[5]

B. Norminhalt

I. Aufhebung nach § 33 Abs. 1

5 Gem. § 33 Abs. 1 hebt das Restrukturierungsgericht die Restrukturierungssache von Amts wegen auf, wenn der Schuldner einen Insolvenzantrag stellt (Abs. 1 Nr. 1), das Restrukturierungsgericht sich für unzuständig erklärt und der Schuldner keinen Verweisungsantrag gestellt oder die Anzeige zurückgenommen hat (Abs. 1 Nr. 2) oder wenn der Schuldner gegen seine gegenüber dem Gericht und dem Restrukturierungsbeauftragten bestehenden Mitwirkungs- und Auskunftspflichten in schwerwiegender Weise verstoßen hat (Abs. 1 Nr. 3).

1. Stellung eines Insolvenzantrags oder Eröffnung des Insolvenzverfahrens (Abs. 1 Nr. 1)

6 Das Restrukturierungsgericht hebt die Restrukturierungssache gem. § 33 Abs. 1 Nr. 1 auf, wenn der Schuldner einen Insolvenzantrag stellt oder über das Vermögen des Schuldners das Insolvenzverfahren eröffnet wird. Der Gesetzgeber räumt damit dem Insolvenzantrag des Schuldners bzw. dem bereits eröffneten Insolvenzverfahren über das Vermögen des Schuldners den Vorrang vor der Inanspruchnahme von Restrukturierungsinstrumenten ein und verweist den Schuldner in diesen Konstellationen auf die bereits zur Verfügung stehenden Sanierungsinstrumente, mit denen auch im Insolvenzverfahren die Sanierung des Unternehmens umgesetzt werden kann.[6]

---

1 Begr. RegE, BT-Drucks. 19/24181, S. 138.
2 Begr. RegE, BT-Drucks. 19/24181, S. 138.
3 Morgen-*Blankenburg* § 33 Rn. 4; MK-StaRUG/*Fritz*, § 33 Rn. 5.
4 BeckOK-StaRUG/*Kramer*, § 33 Rn. 1.
5 BeckOK-StaRUG/*Kramer*, § 33 Rn. 1; BeckOK-StaRUG/*Skauradszun* § 60 Rn. 14; Braun-*Fendel*, StaRUG, § 60 Rn. 1; *Desch*, BB 2020, 2498, 2498; *Deppenkemper*, ZIP 2020, 2432, 2433; a.A.: *Brinkmann*, ZIP 2020, 2361, 2362.
6 Begr. RegE, BT-Drucks. 19/24181, S. 138.

Der Referentenentwurf des BMJV vom 19.09.2020[7] hatte die Stellung des Insolvenzantrages durch den Schuldner noch nicht als Aufhebungsgrund vorgesehen.[8] Die Regelung wurde erst mit dem Regierungsentwurf vom 14.10.2020 in § 35 StaRUG-RegE[9] aufgenommen. Stellt der Schuldner bei einer isolierten drohenden Zahlungsunfähigkeit gem. § 18 InsO einen Insolvenzantrag, entscheidet er sich bewusst für eine Sanierung oder anderweitige Insolvenzbewältigung im Insolvenzverfahren. In dieser Konstellation besteht keine Notwendigkeit dafür, die Möglichkeit der Inanspruchnahme des präventiven Rahmens zu eröffnen.[10] 7

Beruht die Eröffnung des Insolvenzverfahrens nicht auf einem Eigenantrag des Schuldners, erfolgt diese nur, wenn der Schuldner zahlungsunfähig oder überschuldet ist. In diesem Fall ist die Inanspruchnahme von Restrukturierungsinstrumenten nicht gewollt und die Restrukturierungssache ebenfalls aufzuheben.[11] 8

a) **Insolvenzantrag des Schuldners**

Damit das Restrukturierungsgericht die Restrukturierungssache nach § 33 Abs. 1 Nr. 1 Alt. 1 aufhebt, muss der Schuldner einen Insolvenzantrag gestellt haben. Unter Insolvenzantrag im Sinne der Vorschrift sind gem. § 13 InsO sowohl Insolvenzanträge im Regelinsolvenzverfahren als auch im Verbraucherinsolvenzverfahren sowie der Antrag auf Eigenverwaltung, auch im Schutzschirmverfahren, zu verstehen.[12] Bei dem Insolvenzantrag muss es sich um einen Eigenantrag des Schuldners handeln. Ein Fremdantrag, auf dessen Grundlage noch kein Eröffnungsbeschluss gem. § 27 InsO erlassen wurde, reicht hingegen nicht aus.[13] Hierdurch kann die Situation vermieden werden, dass ein planbetroffener Gläubiger, der das Restrukturierungsvorhaben ablehnt, durch die Stellung eines Antrags mittelbar die Aufhebung der Sache herbeiführen kann.[14] Ein Fremdantrag könnte dem Gericht jedoch Anlass dafür geben, die möglicherweise eingetretene Insolvenzreife von Amts wegen zu prüfen.[15] 9

Gem. § 15 Abs. 1 Satz 1 InsO kann der Eigenantrag bei juristischen Personen und Gesellschaften ohne Rechtspersönlichkeit von jedem organschaftlichen Vertreter und jedem persönlich haftenden Gesellschafter einzeln gestellt werden.[16] Die Antragspflicht nach § 15a InsO bzw. § 42 BGB ruht während der Rechtshängigkeit der Restrukturierungssache. Denkbar ist eine Relevanz des § 33 Abs. 1 Nr. 1 Alt. 1 in der Praxis deshalb nur, wenn innerhalb der Geschäftsleitung (und im Gesellschafterkreis) im Fall der drohenden Zahlungsunfähigkeit Uneinigkeit darüber besteht, ob die Unternehmenssanierung durch ein Restrukturierungsverfahren nach dem StaRUG oder durch ein Insolvenzverfahren nach der InsO vorzugswürdig ist. Maßgeblich für die Entscheidung über die Aufhebung der Restrukturierungsverfahren kann einzig die Zulässigkeit des Insolvenzantrages sein, was das Restrukturierungsgericht im Zweifel vor einer Aufhebung zu prüfen hat.[17] 10

---

7 Der Referentenentwurf vom 19.10.2020 ist abrufbar unter: https://www.bmj.de/SharedDocs/Downloads/DE/Gesetzgebung/RefE/RefE_SanInsFoG.pdf?__blob=publicationFile&v=3 (zuletzt abgerufen am 31.01.2024).
8 Vgl. § 33 StaRUG-RefE.
9 Begr. RegE, BT-Drucks. 19/24181, S. 26.
10 Begr. RegE, BT-Drucks. 19/24181, S. 138.
11 Begr. RegE, BT-Drucks. 19/24181, S. 138.
12 Morgen-*Blankenburg* § 33 Rn. 6.
13 BeckOK-StaRUG/*Kramer* § 33 Rn. 9.
14 MK-StaRUG/*Fritz*, § 33 Rn. 16; Flöther/Hoffmann/Braun/*Hoffmann*, StaRUG § 33 Rn. 3.
15 BeckOK-StaRUG/*Kramer* § 33 Rn. 26.
16 MK-InsO/*Vuia*, § 13 Rn. 20.
17 So bereits Morgen-*Blankenburg* § 33 Rn. 8; zustimmend MK-StaRUG/*Fritz*, § 33 Rn. 17; a.A. BeckOK-StaRUG/*Kramer* § 33 Rn. 11, der die Zuständigkeit für die Prüfung der ordnungsgemäßen Vertretung im Rahmen der Insolvenzantragstellung beim Insolvenzgericht sieht.

b) Eröffnung des Insolvenzverfahrens

11 Auch die Eröffnung des Insolvenzverfahrens über das Vermögen des Schuldners führt gem. § 33 Abs. 1 Nr. 1 Alt. 2 zur Aufhebung der Restrukturierungssache. Die bloße Einleitung des Eröffnungsverfahrens aufgrund eines Fremdantrags genügt für die Aufhebung der Restrukturierungssache folglich nicht.[18] Erfasst sind – ebenso wie bei § 33 Abs. 1 Nr. 1 Alt. 1 – alle Verfahrensarten.[19] Die Eröffnung erfolgt im deutschen Recht gem. § 27 InsO durch Beschluss.

12 Im Anwendungsbereich des Art. 19 EuInsVO meint die Eröffnung eines Insolvenzverfahrens die Entscheidung zur Eröffnung eines Insolvenzverfahrens. Der EuGH hat diesbezüglich entschieden, dass unter Eröffnung auch »die Entscheidung, die infolge eines auf die Insolvenz des Schuldners gestützten Antrags auf Eröffnung eines in Anhang A der Verordnung genannten Verfahrens ergeht, wenn diese Entscheidung den Vermögensbeschlag gegen den Schuldner zur Folge hat und durch sie ein in Anhang C der Verordnung genannter Verwalter bestellt wird«.[20]

13 Jedenfalls die Bestellung eines »starken« vorläufigen Verwalters gem. § 22 Abs. 1 InsO ist demnach als Eröffnung im Sinne des Art. 19 EuInsVO zu qualifizieren. Nichts anderes kann aber auch für die Bestellung des »schwachen« vorläufigen Insolvenzverwalters gelten. Dies ergibt sich insbesondere daraus, dass die in Art. 2 Nr. 7 EuInsVO enthaltene Legaldefinition der Eröffnungsentscheidung ihrem Wortlaut nach die Entscheidung eines Gerichts zur Eröffnung eines Insolvenzverfahrens oder zur Bestätigung der Eröffnung eines solchen Verfahrens und die Entscheidung eines Gerichts zur Bestellung eines Verwalters einbezieht. Verwalter ist gem. Art. 2 Nr. 5 EuInsVO i.V.m. Anhang B der Verordnung aber auch der vorläufige Verwalter, der die Geschäftstätigkeit des Schuldners überwacht. Der Verordnungsgeber geht also wohl offenbar davon aus, dass die Bestellung jedes vorläufigen Verwalters für die Eröffnung des Insolvenzverfahrens genügt. Eine solche Sichtweise ist insbesondere auch aufgrund von Praktikabilitätserwägungen vorzugswürdig.[21]

14 Offen lässt der Wortlaut des § 33, ob die Aufhebung der Restrukturierungssache nach Abs. 1 Nr. 1 voraussetzt, dass die Entscheidung über die Eröffnung des Insolvenzverfahrens rechtskräftig sein muss. Gegen ein solches Erfordernis spricht allerdings bereits der Wortlaut der Vorschrift. Da der Gesetzgeber an anderer Stelle die Rechtskraft einer Entscheidung ausdrücklich als Tatbestandsmerkmal normiert (vgl. etwa § 31 Abs. 4 Nr. 2) liegt es nahe, dass der Gesetzgeber in § 33 Abs. 1 Nr. 1 bewusst von dieser Voraussetzung abgesehen hat.[22] In diesem Fall steht der Schuldner sodann allerdings vor dem Problem, dass seine gegen den Eröffnungsbeschluss gerichtete sofortige Beschwerde gem. § 4 InsO, § 570 Abs. 1 ZPO keine aufschiebende Wirkung entfaltet. Setzt also das Beschwerdegericht die Vollziehung des Eröffnungsbeschlusses nicht gem. § 4 InsO, 570 Abs. 2, 3 ZPO aus, hebt das Restrukturierungsgericht die Restrukturierungssache auf, ohne dass sich ein späterer Erfolg des Schuldners im Beschwerdeverfahren auf die Aufhebung auswirkt.[23] Dem Schuldner bliebe dann nur die Möglichkeit, gegen den Aufhebungsbeschluss ebenfalls sofortige Beschwerde gem. §§ 33 Abs. 4, 40 Abs. 1 einzulegen und beim Restrukturierungs- oder Beschwerdegericht einen Antrag auf Aussetzung des Beschwerdeverfahrens mit Blick auf die Vorgreiflichkeit des insolvenzverfahrensrechtlichen Beschwerdeverfahrens zu stellen (§ 38 Satz 1, § 148 Abs. 1 ZPO).[24]

---

18 Vgl. Rdn. 9.

19 Morgen-*Blankenburg*, § 33 Rn. 14.

20 EuGH, NJW 2006, 2682; M/M/S-*Müller*, EuInsVO 2015, Art. 19 Rn. 8.

21 Zutreffend M/M/S-*Müller*, EuInsVO 2015, Art. 19 Rn. 8; so auch Morgen-*Blankenburg* § 33 Rn. 19; a.A. BeckOK-StaRUG/*Kramer*, § 33 Rn. 13, nach dessen Auffassung aufgrund von rechtssystematischen Erwägungen das Vorliegen eines formellen Eröffnungsbeschlusses i.S.v. § 27 InsO, nicht jedoch die weitläufigere »Entscheidung zur Eröffnung eines Insolvenzverfahrens« i.S.v. Art. 2 Nr. 7 EuInsVO gemeint sei; dem zustimmend MK-StaRUG/*Fritz*, § 33 Rn. 22.

22 So bereits BeckOK-StaRUG/*Kramer*, § 33 Rn. 14.

23 BeckOK-StaRUG/*Kramer*, § 33 Rn. 14.

24 BeckOK-StaRUG/*Kramer*, § 33 Rn. 14.

Aber auch unter der Berücksichtigung systematischer Erwägungen kann die Rechtskraft des Eröffnungsbeschlusses für die Aufhebung der Restrukturierungssache nicht entscheidend sein. Das Insolvenzgericht lässt durch den Erlass des Eröffnungsbeschlusses erkennen, dass nach seiner Beurteilung der Schuldner materiell insolvenzreif ist. In diesem Stadium sollen dem Schuldner die Instrumente des präventiven Restrukturierungsrahmens nicht mehr zur Verfügung stehen. Voraussetzung für die Aufhebung der Restrukturierungssache ist deshalb einzig die Wirksamkeit der Eröffnungsentscheidung.[25] 15

2. Örtliche Unzuständigkeit des Restrukturierungsgerichts (Abs. 1 Nr. 2)

Einen weiteren Aufhebungsgrund bildet gem. § 33 Abs. 1 Nr. 2 die fehlende örtliche Zuständigkeit des angerufenen Restrukturierungsgerichts. Die örtliche Zuständigkeit des Restrukturierungsgerichts richtet sich nach § 35. Das Restrukturierungsgericht hat diese spätestens in dem Zeitpunkt von Amts wegen zu überprüfen, in dem der Schuldner Restrukturierungsinstrumente in Anspruch nimmt. Ist das von dem Schuldner ersuchte Restrukturierungsgericht unzuständig, hat es den Schuldner darauf hinzuweisen und eine Frist zur Stellung eines Verweisungsantrags oder Rücknahme der Anzeige zu setzen. Wenn innerhalb der gesetzten Frist kein Verweisungsantrag gestellt oder keine Rücknahme der Anzeige erfolgt, hebt das Restrukturierungsgericht die Restrukturierungssache auf.[26] 16

3. Schwerwiegender Pflichtverstoß des Schuldners (Abs. 1 Nr. 3)

Nach § 33 Abs. 1 Nr. 3 ist die Restrukturierungssache schließlich aufzuheben, wenn der Schuldner in schwerwiegender Weise gegen die ihm gegenüber dem Gericht und dem Restrukturierungsbeauftragten obliegenden Pflichten zur Mitwirkung und Auskunftserteilung verstoßen hat. 17

Die Mitwirkungs- und Auskunftspflichten des Schuldners, bei deren Verletzung die Aufhebung der Restrukturierungssache gem. § 33 Abs. 1 Nr. 3 zu erfolgen hat, ergeben sich grundsätzlich aus § 39 Abs. 2[27] und § 76 Abs. 5.[28] Verstößt der Schuldner demgegenüber gegen die in § 32 normierten Pflichten, erfolgt die Aufhebung der Restrukturierungssache gem. § 33 Abs. 2 Nr. 3.[29] 18

Der Pflichtenverstoß des Schuldners muss schwerwiegend gewesen sein, damit dieser zu einer Aufhebung der Restrukturierungssache nach § 33 Abs. 1 Nr. 3 führt. Wann dies der Fall sein soll, lässt sich der Gesetzesbegründung nur teilweise entnehmen. 19

Da sich die Regelung auf die in §§ 39 Abs. 2, 76 Abs. 5 normierten Mitwirkungs- und Auskunftspflichten des Schuldners beziehen, kommen als schwerwiegende Verstöße insbesondere Verstöße gegen die Pflicht zur Erteilung richtiger und auch vollständiger Auskünfte, insbesondere durch Verschweigen oder Zurückhalten relevanter Informationen, die für die Beurteilung der Sanierungsaussichten oder aber die Auswirkungen des Planvollzugs auf die Rechte und Forderungen besonders schutzwürdiger Gläubigerinnen von Bedeutung sind, sowie auch Vermögensverschwendungen, die die Interessen der Gesamtheit der Gläubigerinnen beeinträchtigen, in Betracht. Ferner kann die Nichtwahrnehmung von zur Aufklärung des Sachverhalts im Zusammenhang mit der Prüfung gestellter Anträge durch das Gericht anberaumten Terminen einen die Aufhebung der Restrukturierungssache rechtfertigenden Pflichtenverstoß darstellen.[30] 20

Schwerwiegende Pflichtverstöße des Schuldners belegen seine Ungeeignetheit für die Inanspruchnahme der Instrumente des Stabilisierungs- und Restrukturierungsrahmens. Denn aus solchen Verstößen wird erkennbar, dass der Schuldner nicht bereit, nicht willens oder in der Lage ist, die Inte- 21

25 Morgen-*Blankenburg* § 33 Rn. 21.
26 Begr. RegE, BT-Drucks. 19/24181, S. 138.
27 § 39 Rdn. 30 ff.
28 § 76 Rdn. 43 f.
29 Dazu ab Rdn. 50.
30 Begr. RefE, S. 152.

ressen der Gesamtheit der Gläubigerinnen zu wahren. Da mit den Restrukturierungsinstrumenten jedoch in die Rechte der Gläubiger eingegriffen wird, stellt die Wahrung der Gläubigerinteressen eine wesentliche Voraussetzung für die Inanspruchnahme der Restrukturierungsinstrumente dar. Die Instrumentarien des Stabilisierungs- und Restrukturierungsrahmens werden zur Verwirklichung ernsthafter, die Interessen der Gläubigerschaft wahrender Restrukturierungsvorhaben bereitgestellt, die folglich auch mit der gebotenen Sorgfalt und Gewissenhaftigkeit betrieben werden müssen. Insbesondere soll der Stabilisierungs- und Restrukturierungsrahmen nicht zur Verzögerung und Verschleppung des im Interesse der Gläubiger gebotenen Krisenbewältigungsprozesses missbraucht werden dürfen oder gar dazu, gläubigergefährdende oder -benachteiligende Maßnahmen unter dem Deckmantel einer Stabilisierungsanordnung durchzuführen. Verstößt der Schuldner in manifester und schwerwiegender Weise gegen seine Pflichten zur gewissenhaften Betreibung des Vorhabens unter Wahrung der Interessen der Gläubigerschaft, kann sich hieran auch die Aufhebung der Restrukturierungssache knüpfen (vgl. § 33 Abs. 2 Nr. 3).

22 Die Begrenzung auf schwerwiegende Pflichtverstöße zielt darauf ab, den zu sanktionierenden Verstoß des Schuldners nicht am Grad seines Verschuldens zu messen, sondern die Qualität eines Pflichtenverstoßes und die mit einem solchen Pflichtenverstoß für die im Restrukturierungsrahmen zu wahrenden Interessen der Gesamtheit der Gläubigerinnen einhergehende Gefahr für deren Rechts- und Vermögenspositionen in den Mittelpunkt zu stellen. Auch durch einen leicht fahrlässigen Verstoß gegen eine elementare Pflicht kann der Schuldner zum Ausdruck bringen, dass er nicht in der Lage ist, die Interessen der Gläubigerinnen zu wahren. So kann beispielsweise ein leicht fahrlässiger Verstoß einen schwerwiegenden Pflichtenverstoß darstellen, wenn dieser erhebliche Auswirkungen auf die Arbeit der Restrukturierungsbeauftragen hat und von erheblicher Relevanz für ihre Aufgabenerfüllung ist, indem durch den Pflichtenverstoß zum Beispiel die Interessenwahrung besonders schutzbedürftiger Gläubiger wesentlich erschwert oder unmöglich gemacht wird[31] oder das für den Restrukturierungsprozess erforderliche Vertrauen des Restrukturierungsbeauftragten in das Wirken des Schuldners schwer erschüttert wird.

23 Möglich ist auch, dass sich die Schwere des Verstoßes nicht aus einem einzigen, besonders gravierenden schuldhaften Verhalten des Schuldners ergibt, sondern dass aufgrund einer Gesamtbetrachtung vieler leichterer, insbesondere vorsätzlicher Verstöße die Aufhebung der Restrukturierungssache notwendig erscheint.[32] Ein schwerwiegender Pflichtenverstoß des Schuldners ist jedenfalls dann zu bejahen, wenn das Restrukturierungsgericht bzw. der Restrukturierungsbeauftragte den Schuldner zur Mitwirkung oder Auskunft nach §§ 39 Abs. 2, 76 Abs. 5 erfolglos aufgefordert hat[33], ohne dass dieser Folge geleistet hat.

24 Das Restrukturierungsgericht ist nicht gehalten, den Schuldner fortlaufend im Hinblick auf die Einhaltung seiner Mitwirkungs- und Auskunftspflichten zu überwachen. Der in § 39 normierte Amtsermittlungsgrundsatz gebietet es jedoch, dass das Gericht für den Fall, dass hinreichende Verdachtsmomente für das Vorliegen von schwerwiegenden Pflichtverstößen bestehen, weitere Nachforschungen anstellt und Pflichtverstöße auf Grundlage der ihm bekannten Umstände ermittelt.[34] Da den Restrukturierungsbeauftragten für den Fall, dass er Umstände feststellt, die eine Aufhebung der Restrukturierungssache nach § 33 rechtfertigen, eine Mitteilungspflicht gegenüber dem Gericht trifft,[35] kommen insbesondere seine Mitteilungen als Anlass für weitere Nachforschungen in Betracht. Bei der Berichterstattung müssen der Restrukturierungsbeauftragte und bei der Entscheidungsfindung das Restrukturierungsgericht eine Ermessensentscheidung treffen und sollten bei der Bewertung der Schwere des Verstoßes dieses mit angemessenem Augenmaß ausüben.

31 Begr. RefE, S. 151.
32 BeckOK-StaRUG/*Kramer*, § 33 Rn. 19.
33 Morgen-*Blankenburg* § 33 Rn. 27.
34 Begr. RefE, S. 152.
35 *Flöther*, NZI-Beilage 2021, 48, 49.

Sofern dem Geschäftsführer die erforderliche Vertretungsmacht, zumindest im Innenverhältnis zwischen ihm und der Gesellschaft, zur Stellung eines Antrags auf Einleitung eines Restrukturierungsverfahrens fehlt, beispielsweise mangels Gesellschafterbeschluss, ist nach Auffassung des AG Hamburg[36] die Anzeige der Sache nicht wirksam erfolgt. Kritisch angemerkt wird, dass der Amtsermittlungsgrundsatz zwar in § 39 normiert ist, gesellschaftsrechtliche Zustimmungsvorbehalte für das Verhältnis zwischen Schuldner und Gericht jedoch keine Bedeutung haben. Es würde somit keine Rolle spielen, ob im Innenverhältnis ein wirksamer Gesellschafterbeschluss gefasst wurde.[37] Wie mit mangelhaften Restrukturierungsanzeigen zu Verfahren ist, ist gesetzlich nicht geregelt. In analoger Anwendung des § 33 Abs. 1 Nr. 3 bzw. § 33 Abs. 2 Nr. 3 müsse hier eine Aufhebung der Restrukturierungssache erfolgen. 24a

II. Weitere Aufhebungstatbestände (Abs. 2)

In § 33 Abs. 2 werden weitere Aufhebungstatbestände normiert, die – ebenso wie die in § 33 Abs. 1 enthaltenen Gründe – zu einer Aufhebung von Amts wegen führen können, auch wenn der Wortlaut des Abs. 2 eine Aufhebung von Amts wegen nicht ausdrücklich formuliert.[38] Der Gesetzgeber hat sich explizit gegen ein Drittantragsrecht entschieden.[39] Deshalb kommt nur eine Aufhebung von Amts wegen in Betracht. 25

1. Insolvenzreife des Schuldners (Abs. 2 Satz 1 Nr. 1)

Gem. § 33 Abs. 2 Nr. 1 hebt das Restrukturierungsgericht die Restrukturierungssache auf, wenn der Schuldner seine Zahlungsunfähigkeit oder Überschuldung nach § 32 Abs. 3 angezeigt hat oder dem Gericht andere Umstände bekannt sind, aus denen sich ergibt, dass der Schuldner insolvenzreif ist. 26

Das Restrukturierungsgericht kann jedoch von einer Aufhebung absehen, wenn die Eröffnung eines Insolvenzverfahrens mit Blick auf den erreichten Stand der Restrukturierungssache offensichtlich nicht im Interesse der Gesamtheit der Gläubiger liegen würde (§ 33 Abs. 2 Nr. 1 Halbs. 2). Gleiches gilt für den Fall, wenn die Zahlungsunfähigkeit oder Überschuldung aus der Kündigung oder sonstigen Fälligstellung einer Forderung resultiert, die nach dem angezeigten Restrukturierungsplan einer Gestaltung durch den Plan unterworfen werden soll, sofern die Erreichung des Restrukturierungsziels überwiegend wahrscheinlich ist (§ 33 Abs. 2 Nr. 1 Halbs. 3). 27

Nach dem Willen des Gesetzgebers sollen dem Schuldner die Instrumente des Stabilisierungs- und Restrukturierungsrahmens ab Eintritt der Zahlungsunfähigkeit i.S.d. § 17 Abs. 2 InsO oder, sofern diese auch einen Eröffnungsgrund darstellt, ab Eintritt der Überschuldung i.S.d. § 19 InsO grundsätzlich nicht mehr zur Verfügung stehen. Liegt beim Schuldner einer dieser Insolvenzeröffnungsgründe vor, zeigt dies, dass er sich bereits in einem vertieften Stadium der Insolvenz befindet, die im Interesse aller Gläubiger eine Bewältigung im Rahmen eines alle Gläubiger einbeziehenden Gesamtverfahrens erfordert. Der Stabilisierungs- und Restrukturierungsrahmen als Zusammenfassung jeweils nur partiell-kollektiver Verfahrenshilfen eignet sich hierfür grundsätzlich nicht, weshalb nach Eintritt der Zahlungsunfähigkeit oder Überschuldung in aller Regel das Insolvenzverfahren, nicht aber der Stabilisierungs- und Restrukturierungsrahmen den angemessenen und richtigen Ort für die Bewältigung der schuldnerischen Krise darstellt.[40] 28

Der in § 33 Abs. 2 Nr. 1 normierte Aufhebungstatbestand unterscheidet sich von dem Aufhebungsgrund des Abs. 1 Nr. 1 dadurch, dass der Schuldner noch keinen Insolvenzantrag gestellt hat bzw. das Insolvenzverfahren noch nicht eröffnet wurde. Die materielle Insolvenzreife ist aber bereits bzw. 29

36 AG Hamburg, Beschl. v. 17.03.2023 – 61 c RES 1/23, NZI 2023, 584 m.Anm. *Mock,* NZI 2023, 585.
37 *Gutmann*, NZI 2023, 654.
38 BeckOK-StaRUG/*Kramer*, § 33 Rn. 3; Braun-Haffa/*Schuster*, StaRUG, § 33 Rn. 14.
39 Vgl. Rdn. 3.
40 Begr. RegE, BT-Drucks. 19/24181, S. 139; krit. zum RegE *Proske/Streit*, NZI 2020, 969, 972.

zwischenzeitlich eingetreten, was der Schuldner nach §§ 32 Abs. 3, 42 Abs. 1 Satz 2 dem Restrukturierungsgericht angezeigt hat. Der Aufhebungsgrund des Abs. 2 Nr. 1 ist damit dem in Abs. 1 Nr. 1 normierten Aufhebungsgrund in der Regel zeitlich vorgelagert.[41]

a) Anzeige der Zahlungsunfähigkeit oder Überschuldung

30 Zeigt der Schuldner gem. § 32 Abs. 3 bzw. § 42 Abs. 1 Satz 2 dem Restrukturierungsgericht den Eintritt der Zahlungsunfähigkeit i.S.d. § 17 Abs. 2 InsO oder die Überschuldung i.S.d. § 19 InsO an, hebt das Gericht die Restrukturierungssache regelmäßig auf.

31 Bei der Frage, ob Überschuldung i.S.d. § 19 InsO eingetreten ist, sind nach dem Willen des Gesetzgebers im Rahmen der Fortbestehensprognose (§ 19 Abs. 2 InsO) auch die Aussichten auf die Verwirklichung des Restrukturierungsziels zu berücksichtigen. Vermitteln die Aussichten auf die Verwirklichung des Restrukturierungsziels hingegen eine, wenn auch auf den erfolgreichen Abschluss der Restrukturierungssache bedingte, positive Fortbestehensprognose, liegt eine Überschuldung nicht vor und die Restrukturierungssache kann weiterbetrieben werden.[42]

32 Für die Anzeige nach § 32 Abs. 3 genügt die Mitteilung des Schuldners, er sei zahlungsunfähig oder überschuldet. Eine Begründung ist nicht erforderlich. Insbesondere muss der Schuldner dem Restrukturierungsgericht nicht darlegen, wie er zu seiner Erkenntnis gelangt ist. Auch die Tatsachen, auf denen seine Bewertung beruht, muss der Schuldner dem Gericht nicht mitteilen. Die Anzeige muss das Gericht nicht in die Lage versetzen, die Bewertung nachzuprüfen.[43] Die Anzeige hat unverzüglich, also ohne schuldhaftes Zögern (§ 121 Abs. 1 Satz 1 BGB), zu erfolgen.[44] Stellt der Schuldner außerdem einen Antrag auf Eröffnung des Insolvenzverfahrens, hat das Restrukturierungsgericht die Restrukturierungssache ohnehin gem. Abs. 1 Nr. 1 aufzuheben.[45] Der Schuldner, der die Restrukturierungssache weiter betreiben möchte, wird im Rahmen der Anzeige ausführen und begründen, warum einer der beiden Ausnahmetatbestände des § 33 Abs. 2 Nr. 1, Nr. 2, Halbs. 3 gegeben ist, sodass die Restrukturierungssache nicht aufgehoben wird. Der Schuldner wird sich parallel um eine Stellungnahme des Restrukturierungsbeauftragten in diesem Sinne bemühen. Unterlässt der Schuldner entsprechende Ausführungen und das Bemühen um einen Konsens mit dem Restrukturierungsbeauftragten, ist dies ein Indiz, dass das Restrukturierungsgericht in seine Entscheidung(sgründe) einstellen kann.

b) Bekanntwerden der Insolvenzreife

33 Werden dem Restrukturierungsgericht andere Umstände bekannt, als durch eine Anzeige des Schuldners, aus denen sich dessen Insolvenzreife ergibt, ist die Restrukturierungssache gem. § 33 Abs. 2 Nr. 1 ebenfalls aufzuheben. Den Begriff der Insolvenzreife verwendet das Gesetz an dieser Stelle synonym mit dem Vorliegen der Zahlungsunfähigkeit i.S.d. § 17 Abs. 2 InsO und/oder der Überschuldung i.S.d. § 19 InsO.[46]

34 Hat der Schuldner seine Insolvenzreife entgegen § 32 Abs. 3 dem Restrukturierungsgericht nicht angezeigt, hebt das Gericht die Restrukturierungssache nur aufgrund sonstiger, ihm bekannt gewordener Umstände, aus denen sich die Insolvenzreife des Schuldners ergibt, auf. Zwar gilt im Restrukturierungsverfahren gem. § 39 der Amtsermittlungsgrundsatz. Das Restrukturierungsgericht ist jedoch nicht dazu verpflichtet, anlasslos alle Umstände zu ermitteln, die für die Beurteilung der Frage relevant sind, ob der Schuldner insolvenzreif ist. Werden dem Restrukturierungsgericht jedoch Umstände bekannt, die Anlass zur Annahme geben, dass der Schuldner insolvenzreif sein könnte,

41 BeckOK-StaRUG/*Kramer*, § 33 Rn. 21.
42 Begr. RegE, BT-Drucks. 19/24181, S. 139.
43 BeckOK-StaRUG/*Kramer*, § 32 Rn. 39.
44 MK-StaRUG/*Fritz*, § 33 Rn. 35.
45 BeckOK-StaRUG/*Kramer*, § 33 Rn. 24.
46 Morgen-*Blankenburg* § 33 Rn. 36.

ist das Restrukturierungsgericht zu weiteren Ermittlungen verpflichtet. Es kann insbesondere einen bzw. den Restrukturierungsbeauftragten bestellen, damit dieser gem. § 73 Abs. 3 als Sachverständiger prüft, ob ein nach der Rechtsform des Schuldners relevanter Insolvenzgrund gegeben ist. Kenntnis erlangen von solchen Umständen kann das Gericht aber auch durch Berichte und Anzeigen des Restrukturierungsbeauftragen sowie durch Anträge von Gläubigern, wenn diese die Tatsachen glaubhaft gemacht haben (§ 59 Abs. 2).[47] Im ersten Fall erübrigt sich die Bestellung eines (weiteren) Restrukturierungsbeauftragten im Regelfall.

c) Ausnahmen von der Aufhebung der Restrukturierungssache gem. § 33 Abs. 2 Nr. 1 Halbs. 2, 3

Das Restrukturierungsgericht kann von einer Aufhebung absehen, wenn die Eröffnung eines Insolvenzverfahrens mit Blick auf den erreichten Stand der Restrukturierungssache offensichtlich nicht im Interesse der Gesamtheit der Gläubiger liegen würde (§ 33 Abs. 2 Nr. 1 Halbs. 2). Gleiches gilt für den Fall, wenn die Zahlungsunfähigkeit oder Überschuldung aus der Kündigung oder sonstigen Fälligstellung einer Forderung resultiert, die nach dem angezeigten Restrukturierungsplan einer Gestaltung durch den Plan unterworfen werden soll, sofern die Erreichung des Restrukturierungsziels überwiegend wahrscheinlich ist (§ 33 Abs. 2 Nr. 1 Halbs. 3). 35

aa) Aufhebung nicht im Interesse der Gesamtgläubigerschaft – Halbs. 2

Die Aufhebung kann gem. § 33 Abs. 2 Nr. 1 Halbs. 2 unterbleiben, wenn die Eröffnung eines Insolvenzverfahrens im Hinblick auf den erreichten Stand der Restrukturierungssache offensichtlich nicht im Interesse der Gesamtheit der Gläubiger liegen würde. Dies soll ausweislich der Gesetzesbegründung der Fall sein, wenn die angestrebte Restrukturierung kurz vor ihrem Abschluss steht, insbesondere, weil die Bestätigung eines bereits angenommenen Restrukturierungsplans unmittelbar bevorsteht, und zu erwarten ist, dass sie auch zur Beseitigung der eingetretenen Insolvenzreife führt. In diesem Fall liegt der Übergang ins Insolvenzverfahren aufgrund der damit verbundenen Nachteile sowie der hierfür entstehenden zusätzlichen Kosten nicht im Interesse der Gläubigergesamtheit.[48] 36

Auch wenn hinreichende Aussichten auf die Annahme und Bestätigung eines bereits vorgelegten oder inhaltlich hinreichend konkret erkennbaren Restrukturierungsplans bestehen, soll dieser Gesichtspunkt ausweislich der Gesetzesbegründung gegen die Aufhebung der Restrukturierungssache sprechen, soweit sich bei Ansatz der Höhe und der Fälligkeit der Forderungen, wie diese durch den Plan gestaltet bzw. erhalten werden sollen, ergibt, dass bei Annahme und Bestätigung des Plans keine Insolvenzreife mehr vorliegt.[49] 37

Ob das Gericht die Restrukturierungssache tatsächlich aufhebt, liegt in seinem pflichtgemäßen Ermessen.[50] Allerdings ist die Vorschrift derart eng gefasst, dass das Ermessen des Gerichts erheblich reduziert sein dürfte. Durch die Verwendung des unbestimmten Rechtsbegriffs der »Offensichtlichkeit« wird dem Gericht andererseits ein Beurteilungsspielraum eingeräumt, der nur eingeschränkt überprüfbar ist[51], sodass auch an dieser Stelle Augenmaß angebracht ist. Das Gericht muss sich am konkreten Einzelfall und nicht an abstrakten Prinzipien orientieren. Insbesondere die Frage nach den Anforderungen an den erreichten Stand des Verfahrens muss einzelfallorientiert beantwortet werden.[52] Hier zeigt eine Entscheidung des AG Dresden vom 07.06.2021[53] auf, dass ein 38

47 Begr. RegE, BT-Drucks. 19/24181, 139; vgl. auch *Desch*, BB 2020, 2498, 2500; *Riggert*, NZI-Beilage 2021, 40, 42.
48 Begr. RegE, BT-Drucks. 19/24181, 139.
49 Begr. RegE, BT-Drucks. 19/24181, 139.
50 *Thole*, ZIP 2020, 1985, 1992.
51 *Pluta*, NZI-Beilage 2021, 22, 24.
52 MK-StaRUG/*Fritz*, § 33 Rn. 41.
53 AG Dresden NZI 2021, 893.

Restrukturierungsvorhaben selbst bei Eintritt der Zahlungsunfähigkeit nicht zu versagen ist. Die Eröffnung eines Insolvenzverfahrens lag vorliegend nicht im Interesse der Gläubiger.[54] Das Gericht kann in diesem Fall nicht aus dem Grund, dass das Verfahren noch nicht weit genug fortgeschritten sei (hier war ausreichend, dass nach dem Vorprüfungstermin und weiteren Verhandlungen alle Streitfragen geklärt wurden), die Restrukturierungssache aufheben, wenn dies nicht im Interesse der Gläubiger liegt.[55]

39 Die Aufhebung der Restrukturierungssache liegt offensichtlich nicht im Interesse der Gläubiger, wenn das Restrukturierungsgericht ohne eine tiefergehende Nachprüfung das positive Interesse an der Fortführung des Restrukturierungsverfahrens in einer Gesamtschau aller maßgeblichen Umstände feststellen kann. Im Rahmen des Gesetzgebungsverfahrens wurde vorgeschlagen, die Vorschrift dahin gehend zu ergänzen, dass das Restrukturierungsgericht hierzu das sachverständige Votum eines in diesem Fall zwingend zu bestellenden Restrukturierungsbeauftragten einzuholen hat oder der Schuldner die voraussichtlich mehrheitliche Annahme des Restrukturierungsplanes durch Bestätigungen der planbetroffenen Gläubiger (die in Kenntnis des Eintrittes der Insolvenzgründe abgegeben worden sein müssten) glaubhaft zu machen hat.[56] Übernommen wurden diese Vorschläge allerdings nicht. Ob insbesondere die vorherige Einholung einer sachverständigen Stellungnahme praktikabel ist, erscheint vor dem Hintergrund, dass die Insolvenzreife des Schuldners eine erhebliche Gefährdung der Gläubigerinteressen darstellt, jedenfalls zweifelhaft.[57]

bb) Planunterworfene Forderung – Halbs. 3

40 Insbesondere kann das Restrukturierungsgericht gem. § 33 Abs. 2 Nr. 1 Halbs. 3 ausnahmsweise von der Aufhebung der Restrukturierungssache absehen, wenn die Insolvenzreife des Schuldners aus der Kündigung oder sonstigen Fälligstellung einer Forderung resultiert, die nach dem angezeigten Restrukturierungskonzept einer Gestaltung durch den Plan unterworfen werden soll, sofern die Erreichung des Restrukturierungsziels überwiegend wahrscheinlich ist.

41 Mit dieser Vorschrift hat der Gesetzgeber sichergestellt, dass die Durchführung des Restrukturierungsverfahrens nicht allein durch das Herbeiführen der Zahlungsunfähigkeit durch einzelne Gläubiger des Schuldners verhindert werden kann.[58] Allerdings ist zu beachten, dass die Vorschrift – isoliert betrachtet – weder das Insolvenzantragsrecht der Gläubiger noch die Eröffnungskompetenz des Insolvenzgerichts berührt. Die Vorschrift schützt den Schuldner folglich nicht vor einem überholenden Insolvenzverfahren, es sei denn, es wurde eine Stabilisierungsanordnung erlassen. In diesem Fall ist nach § 58 das Insolvenzeröffnungsverfahren aufgrund eines Gläubigerantrages ausgesetzt.[59]

42 In der Praxis wird die Feststellung der genannten Umstände den Restrukturierungsgerichten voraussichtlich erhebliche Probleme bereiten. Auch hier wird das Gericht auf den Restrukturierungsbeauftragten ggf. als Sachverständiger i.S.d. § 73 Abs. 3 zurückgreifen müssen. Soweit vertreten wird, dass dieses unter Berücksichtigung der aus der bereits eingetretenen Insolvenzreife des Schuldners resultierenden Gefährdung der Gläubigerinteressen nur wenig sachdienlich erscheint[60], mag das für die Alternative gem. Halbs. 2 gelten, nicht jedoch für Halbs. 3. Denn gerade dann, wenn die relevante Forderung nach dem angezeigten Restrukturierungskonzept oder dem eingereichten Restrukturierungsplan einer Gestaltung durch den Plan unterworfen ist, ist es für den Restrukturierungsbeauftragten und das -gericht ein Leichtes, auf diese Dokumente abzustellen bzw. diese zur Grund-

54 *Dahl/Taras,* NJW-Spezial 2021, 599.
55 MK-StaRUG/*Fritz,* § 33 Rn. 41.
56 *Frind,* ZInsO 2020, 2241, 2243 f.; *Vallender,* ZInsO 2020, 2579, 2587.
57 BeckOK-StaRUG/*Kramer,* § 33 Rn. 29; *Thole,* ZIP 2020, 1985, 1993, der die Gefahr einer faktischen Insolvenzverschleppung sieht, sofern das Restrukturierungsgericht nicht mit der gebotenen Eile auf den Eintritt der Insolvenzreife reagiert.
58 *Pluta,* NZI-Beilage 2021, 22, 24.
59 Morgen-*Blankenburg* § 33 Rn. 43.
60 Morgen-*Blankenburg* § 33 Rn. 45.

lage der Prüfung zu machen. Soweit sich aus dem Konzept oder Plan ergibt, dass die betroffene Forderung in ausreichendem, den Insolvenzgrund beseitigendem Umfang umgestaltet werden soll[61], und dass die Erreichung des Restrukturierungsziels überwiegend wahrscheinlich sein, ist die Restrukturierungssache nicht aufzuheben.

Fraglich ist auch, wie mit § 33 Abs. 2 Satz 1 Nr. 1 Halbs. 3 in Bezug auf möglicherweise strafrechtliche Konsequenzen begründende Situationen umzugehen ist. Im Anwendungsbereich der Norm ist bereits bekannt, dass der Schuldner zahlungsunfähig ist. Sollten zum Beispiel im Restrukturierungsplan einzelne Gläubiger, beispielsweise durch bestimmte Tilgungen, begünstigt werden, könnte der Tatbestand einer Gläubigerbegünstigung gem. § 283c StGB vorliegen, wenn wissentlich ein Gläubiger gegenüber den anderen begünstigt wird.[62] Weiter stehen auch hohe Anfechtungsrisiken im Raum, wenn beispielsweise Banken von der Zahlungsunfähigkeit wissen und dennoch Kredite vergeben werden.[63] Diesbezüglich wäre, de lege ferenda, klarzustellen, dass kooperative Mitwirkungshandlungen des Schuldner und der Gläubiger keinen Strafbarkeitsvorwurf begründen, wenn Ziel der Handlungen die Restrukturierung des Schuldners ist.[64] 42a

Was unter dem Restrukturierungsziel zu verstehen ist, lässt sich der Vorschrift allerdings nicht entnehmen. Maßgeblich können jedenfalls nicht die subjektiven Erwartungen des Schuldners an das Restrukturierungsverfahren sein. Vielmehr ist auf die abstrakte Zielsetzung des Restrukturierungsverfahrens und damit jedenfalls auf die nachhaltige Beseitigung oder Abwendung des Eintritts von Insolvenzgründen gemäß der Unternehmensplanung abzustellen. 43

Die in § 33 Abs. 2 Satz 1 Nr. 1 Halbs. 3 geregelte Ausnahme findet nur Anwendung, soweit beim Schuldner bereits Insolvenzreife eingetreten ist. Das Restrukturierungsziel ist in diesen Fällen, die Forderungen so zu restrukturieren, dass die Zahlungsunfähigkeit und Überschuldung des Schuldners dauerhaft beseitigt wird. Nur wenn dies nach dem vorgelegten Konzept oder Plan zu erwarten ist, darf trotz der Insolvenzreife des Schuldners von der Aufhebung abgesehen werden.[65] Das vorausschauend agierende Restrukturierungsgericht wird in Vorbereitung seiner etwaigen Bestätigungsentscheidung bei komplizierten Sachverhalten den Restrukturierungsbeauftragten mit sachverständigen Stellungnahmen gem. § 73 Abs. 3 beauftragen, sodass der Restrukturierungsbeauftragte bei Eintritt bzw. Anzeige der Insolvenzreife idealiter bereits mit der wirtschaftlichen Situation des Schuldners vertraut ist und mit angemessener Reaktionsgeschwindigkeit dem Gericht Bericht erstatten kann. Bei einer entsprechenden Dokumentation bzw. eindeutigen Sachlage ist das Ermessen des Gerichts derart gebunden, dass von der Aufhebung abgesehen werden muss. 44

2. Keine Aussicht auf erfolgreiche Umsetzung des Restrukturierungsvorhabens (Abs. 2 Satz 1 Nr. 2)

Die Restrukturierungssache ist gem. § 33 Abs. 2 Nr. 2 ferner aufzuheben, wenn sich aufgrund einer Anzeige des Schuldners nach § 32 Abs. 4[66] oder aus sonstigen Umständen ergibt, dass das angezeigte Restrukturierungsvorhaben keine Aussicht auf Umsetzung hat. 45

Abs. 2 Satz 1 Nr. 2 unterscheidet sich in dem Sinne von Abs. 2 Satz 1 Nr. 1, dass dieser keine Möglichkeit der Abweichung des Restrukturierungsgerichts vorsieht. Dort, wo der Gesetzgeber hätte Ausnahmen von der Aufhebung machen wollen, hätte er dies entsprechend normiert, sodass hier nicht von einer planwidrigen Regelungslücke ausgegangen werden kann. Hinzu kommt der Ausnahmecharakter des Abs. 2 Satz 1 Nr. 1 Halbs. 2, 3, der eine enge Auslegung gebietet.[67] 45a

61 Morgen-*Blankenburg* § 33 Rn. 46.
62 *Schönfelder*, NZI 2022, 49.
63 *Schönfelder*, NZI 2022, 49.
64 *Schönfelder*, NZI 2022, 49.
65 Morgen-*Blankenburg* § 33 Rn. 47.
66 Vgl. zu den Anforderungen an die Anzeige des Schuldners § 32 Rdn. 21 f.
67 MK-StaRUG/*Fritz*, § 33 Rn. 44.

46 Die Aussichtslosigkeit ist nach der Gesetzesbegründung insbesondere dann (widerleglich)[68] zu vermuten, wenn die Ablehnung des Vorhabens unter denjenigen, deren Zustimmung als Planbetroffene erforderlich wäre, quantitativ so verbreitet ist, dass nicht damit gerechnet werden kann, dass ein das Vorhaben abbildender Restrukturierungsplan mit den erforderlichen Mehrheiten (§§ 25 f.) angenommen werden kann. In diesem Fall besteht kein Anlass dafür, dem Schuldner weiterhin die Instrumentarien des Stabilisierungs- und Restrukturierungsrahmens zur Verfügung zu stellen, denn dem Restrukturierungsvorhaben fehlt die Unterstützung derjenigen, von deren Zustimmung die Umsetzbarkeit des Vorhabens abhängt.[69]

47 Praktische Schwierigkeiten wird dem Restrukturierungsgericht die Gewinnung der entsprechenden Tatsachenkenntnis bereiten, sofern die Gläubiger dem Gericht oder dem Restrukturierungsbeauftragten nicht von sich aus mitteilen, dass sie dem Restrukturierungsplan nicht zustimmen werden. Auch nicht auszuschließen ist, dass Gläubiger oftmals zunächst bewusst eine Weigerungshaltung einnehmen, um ihre Verhandlungsposition zu stärken. Das Gericht wird also nicht zu früh von den fehlenden Erfolgsaussichten der Restrukturierungssache ausgehen dürfen.[70]

48 Aufgrund dessen setzt die Aufhebung der Restrukturierungssache nach § 33 Abs. 2 Satz 1 Nr. 2 ausweislich der Gesetzesbegründung voraus, dass die Ablehnung in ernsthafter und endgültiger Weise zum Ausdruck gebracht worden sein muss. Dies ist etwa anzunehmen, wenn auch bei Nachverhandlungen davon auszugehen ist, dass es nicht zu einer Annahme des Restrukturierungsplans kommen wird.[71] Eine ablehnende Haltung, die sich gegenüber Zugeständnissen im Verhandlungsweg offen zeigt, soll hingegen so lange unschädlich sein, wie diese Zugeständnisse die Realisierbarkeit des Restrukturierungsvorhabens nicht infrage stellen.[72]

49 Die Aussichtslosigkeit kann sich aber auch aus anderen, bspw. externen Gründen ergeben. So können Marktentwicklungen wie im März 2020 oder ein einmaliges und unvorhergesehenes Ereignis wie die Insolvenz eines wesentlichen Kunden und der damit einhergehende und nicht aufzufangende Umsatzeinbruch für den Schuldner etc. zur Aussichtslosigkeit des Restrukturierungsvorhabens führen.

3. Schwerwiegender Verstoß des Schuldners gegen Pflichten aus § 32 (Abs. 2 Nr. 3)

50 Auch ein schwerwiegender Verstoß des Schuldners gegen die in § 32 normierten Pflichten hat nach § 33 Abs. 2 Nr. 3 die Aufhebung der Restrukturierungssache zur Folge.

51 Gem. § 32 hat der Schuldner die Restrukturierungssache mit der Sorgfalt eines ordentlichen und gewissenhaften Sanierungsgeschäftsführers zu betreiben und dabei die Interessen der Gläubigergesamtheit zu wahren (§ 32 Abs. 1 Satz 1).[73] Hierzu unterlässt der Schuldner insbesondere Maßnahmen, welche sich mit dem Restrukturierungsziel nicht vereinbaren lassen oder welche die Erfolgsaussichten der in Aussicht genommenen Restrukturierung gefährden (§ 32 Abs. 1 Satz 2).[74] Mit dem Restrukturierungsziel ist es in der Regel nicht vereinbar, Forderungen zu begleichen oder zu besichern, die durch den Restrukturierungsplan gestaltet werden sollen (§ 32 Abs. 1 Satz 3).[75]

52 Insbesondere die in § 32 Abs. 1 normierten Pflichten sind Ausdruck des den Restrukturierungsrahmen prägenden Grundsatzes, dass die Verfahrenshilfen des Stabilisierungs- und Restrukturierungsrahmens nur für einen sachgerechten Gebrauch angeboten werden. Von ihnen sollen solche Schuldner Gebrauch machen können, die ein Restrukturierungsvorhaben mit der gebotenen

68 BeckOK-StaRUG/*Kramer*, § 33 Rn. 36.
69 Begr. RegE, BT-Drucks. 19/24181, S. 139 f.
70 BeckOK-StaRUG/*Kramer*, § 33 Rn. 36; Braun-Haffa/*Schuster*, StaRUG, § 33 Rn. 28.
71 Morgen-*Blankenburg* § 33 Rn. 50.
72 Begr. RegE, BT-Drucks. 19/24181, S. 139 f.
73 § 32 Rdn. 5.
74 § 32 Rdn. 7.
75 § 32 Rdn. 8.

Ernsthaftigkeit und Gewissenhaftigkeit vorbereiten und betreiben. Dazu gehört ein rechtzeitiges, plangemäßes und nachvollziehbares Vorgehen, das jedenfalls und jederzeit gegenüber dem Gericht transparent zu machen ist. Für Schuldner, die nicht in der Lage sind, ihre Geschäftsführung an den Interessen der Gläubiger zu orientieren und außerstande sind, sich auf ein Restrukturierungskonzept festzulegen, ein solches entsprechend dem Stand der Verhandlungen zu präzisieren, oder für Schuldner, die im Zuge ihrer Geschäftsführung die Erreichung des Restrukturierungsziels und damit die Interessen der Gläubigerschaft gefährden, sind die Instrumente des Rahmens nicht geschaffen.[76]

Den Schuldner treffen während der Rechtshängigkeit der Restrukturierungssache außerdem die in § 32 Abs. 2 bis Abs. 4 statuierten Mitteilungs- und Anzeigepflichten. Danach hat der Schuldner dem Restrukturierungsgericht jede **wesentliche**, den Gegenstand des angezeigten Restrukturierungsvorhabens und die Darstellung des Verhandlungsstands betreffende Änderung anzuzeigen (§ 32 Abs. 2 Satz 1).[77] 53

Hat der Schuldner eine Stabilisierungsanordnung nach § 49 erwirkt, ist er außerdem verpflichtet, dem Restrukturierungsgericht gem. § 32 Abs. 2 Satz 2 unverzüglich alle wesentlichen Änderungen mitzuteilen, welche die Restrukturierungsplanung betreffen.[78] Unverzüglich anzuzeigen hat der Schuldner gem. § 32 Abs. 3 darüber hinaus den Eintritt der Zahlungsunfähigkeit im Sinne des § 17 Abs. 2 InsO bzw. der Überschuldung im Sinne des § 19 Abs. 2 InsO.[79] Die Anzeigepflicht nach § 32 Abs. 3 ersetzt dabei im Restrukturierungsverfahren die Insolvenzantragspflicht gem. § 15a InsO, die nach § 42 Abs. 1 während der Rechtshängigkeit des Restrukturierungsverfahrens ruht. Schließlich ist der Schuldner verpflichtet, dem Restrukturierungsgericht unverzüglich anzuzeigen, wenn das Restrukturierungsvorhaben keine Aussicht auf Umsetzung hat.[80] 54

Zur sachgerechten Durchführung des Restrukturierungsverfahrens gehört auch die Beachtung der gesetzlichen Bestimmungen zur Inanspruchnahme des Restrukturierungs- und Stabilisierungsrahmens. Dazu zählen insbesondere die Regelungen zur Ausgestaltung und Übersendung des Planangebots, zur Durchführung eines Erörterungstermins und der außergerichtlichen Planabstimmung (§ 20), sowie das Verfahren zur gerichtlichen Bestätigung des Plans (§§ 60 ff.).[81] Daneben sind weiterhin die sich aus allgemeinen und ggf. besonderen Geschäftsleiterpflichten ergebenden Pflichten in der Unternehmenskrise zu beachten, insbesondere die Pflicht zur laufenden Prüfung des Vorliegens von Insolvenzgründen.[82] 55

Wie bei der Aufhebung der Restrukturierungssache nach § 33 Abs. 1 Nr. 3, muss auch der Verstoß des Schuldners gegen seine Pflichten aus § 32 schwerwiegend sein.[83] Hiervon ist stets auszugehen, wenn die Gläubigerinteressen durch das Verhalten des Schuldners gefährdet werden.[84] Da die in § 32 normierten Pflichten des Schuldners deutlich weiter gefasst sind, als die in §§ 39 Abs. 2, 76 Abs. 5 normierten Mitwirkungs- und Auskunftspflichten, wird die Aufhebung der Restrukturierungssache nach § 33 Abs. 2 Nr. 3 eine gründlichere Prüfung des Restrukturierungsgerichts erforderlich machen.[85] Allerdings gilt auch hier, dass das Restrukturierungsgericht Verstöße des Schuldners gegen die in § 32 normierten Pflichten nicht ohne Anlass zu ermitteln hat. Die Amtsermittlungspflicht greift auch hier nur ein, wenn dem Gericht Umstände bekannt werden, die hinreichende Verdachts- 56

76 Begr. RegE, BT-Drucks. 19/24181, S. 140.
77 § 32 Rdn. 11.
78 § 32 Rdn. 14.
79 § 32 Rdn. 16.
80 Morgen-*Demisch/Schwencke* § 43 Rn. 54.
81 Morgen-*Demisch/Schwencke* § 43 Rn. 55.
82 Morgen-*Demisch/Schwencke* § 43 Rn. 57.
83 Vgl. dazu unter Rdn. 19.
84 Morgen-*Blankenburg* § 33 Rn. 53.
85 Ähnlich Morgen-*Blankenburg* § 33 Rn. 53.

momente für das Vorliegen von schwerwiegenden Pflichtverstößen bieten.[86] Erst dann ist das Gericht gehalten, den genauen Umfang des Verstoßes zu ermitteln.[87]

4. Frühere Restrukturierungssache (Abs. 2 Nr. 4)

57 Schließlich wird die Restrukturierungssache nach § 33 Abs. 2 Nr. 4 Satz 1 durch das Restrukturierungsgericht aufgehoben, wenn der Schuldner in einer früheren Restrukturierungssache bereits eine Stabilisierungsanordnung oder eine Planbestätigung erwirkt hat (Buchst. a)) oder wenn die frühere Restrukturierungssache wegen schwerwiegender Pflichtverstöße nach § 33 Abs. 1 Nr. 3[88] oder § 33 Abs. 2 Nr. 3[89] aufgehoben wurde (Buchst. b)).

58 Die Vorschrift fungiert als Zugangssperre bzw. jedenfalls als nachträgliche Zugangskontrolle zum Stabilisierungs- und Restrukturierungsrahmen.[90] Insbesondere § 33 Abs. 2 Nr. 4 Satz 1 Buchst. b) soll verhindern, dass der Schuldner eine frühere Aufhebung umgeht, indem er einfach ein neues Restrukturierungsverfahren einleitet.[91] Der Gesetzgeber hat hiermit von der in Art. 4 Abs. 4 der Restrukturierungsrichtlinie[92] enthaltenen Möglichkeit für die Mitgliedstaaten Gebrauch gemacht, für einen bestimmten Zeitraum die Zahl der Zugänge zum präventiven Restrukturierungsverfahren zu beschränken. Hierdurch soll der Missbrauch des Restrukturierungsverfahrens durch mehrfache Eingriffe in Rechtspositionen von Gläubigern oder Anteilsinhabern verhindert werden.[93]

59 Allerdings macht der Gesetzgeber hievon eine Ausnahme, wenn es dem Schuldner gelungen ist, den Anlass für die frühere Restrukturierung durch eine nachhaltige Sanierung zu bewältigen (§ 33 Abs. 2 Nr. 4 Satz 2). Dass dem Schuldner dies nicht gelungen ist, wird nach § 33 Abs. 2 Nr. 4 Satz 3 widerleglich vermutet,[94] wenn seit dem Ende des Anordnungszeitraums oder der Entscheidung über den Antrag auf Planbestätigung in der früheren Restrukturierungssache weniger als drei Jahre vergangen sind. Der Inanspruchnahme von Instrumenten des Restrukturierungsrahmens steht dabei ein in Eigenverwaltung geführtes Insolvenzverfahren gleich (§ 33 Abs. 2 Nr. 4 Satz 4); dieses kann jedoch nur berücksichtigt werden, wenn das Insolvenzverfahren durch einen den Rechtsträger erhaltenden Insolvenzplan nach § 258 InsO aufgehoben wird. Ein asset deal für das Unternehmen, bei dem ein neuer Rechtsträger von der Eigenverwaltung das Unternehmen erwirbt, schadet nicht. Wird der Rechtsträger im Rahmen eines fremdverwalteten Insolvenzverfahrens auf Grundlage eines vom Insolvenzverwalter oder vom Schuldner vorgelegten Insolvenzplans saniert, tritt ebenfalls sinnvollerweise keine Sperrwirkung ein, da die Restrukturierung in diesem Fall überwiegend vom Insolvenzverwalter betrieben wurde und sich der Schuldner dessen Handeln nicht zurechnen lassen muss.

60 Nach der Gesetzesbegründung soll die frühere Restrukturierungssache keine Sperrwirkung mehr entfalten, wenn die Krise, die den Anlass für die Anzeige der früheren Restrukturierungssache geboten hat, nachhaltig bewältigt wurde.[95] Statt einer starren Fristenregelung hat der Gesetzgeber eine Regel-

86 Rdn. 24.
87 Morgen-*Blankenburg* § 33 Rn. 54.
88 Rdn. 17 ff.
89 Rdn. 50 ff.
90 BeckOK-StaRUG/*Kramer*, § 33 Rn. 41.
91 Begr. RegE, BT-Drucks. 19/24181, S. 140.
92 Richtlinie (EU) 2019/1023 des Europäischen Parlaments und des Rates vom 20.06.2019 über präventive Restrukturierungsrahmen, über Entschuldung und über Tätigkeitsverbote sowie über Maßnahmen zur Steigerung der Effizienz von Restrukturierungs-, Insolvenz- und Entschuldungsverfahren und zur Änderung der Richtlinie (EU) 2017/1132 (Richtlinie über Restrukturierung und Insolvenz), ABl. (EU) L 172/18 v. 26.06.2019, abrufbar unter https://eur-lex.europa.eu/legal-content/DE/TXT/PDF/?uri=CELEX:32019L1023 (zuletzt abgerufen am 31.01.2024).
93 Begr. RegE, BT-Drucks. 19/24181, S. 140.
94 Begr. RegE, BT-Drucks. 19/24181, S. 140; BeckOK-StaRUG/*Kramer*, § 33 Rn. 49; Morgen-*Blankenburg* § 33 Rn. 59.
95 Begr. RegE, BT-Drucks. 19/24181, S. 140.

vermutung aufgestellt. Dadurch erhält einerseits der Schuldner, bei dem zum Beispiel aufgrund eines nicht vorhersehbaren Ereignisses ein erneuter Restrukturierungsbedarf entsteht, auch innerhalb der Zeitspanne der Regelvermutung die Chance, sich mithilfe des präventiven Restrukturierungsverfahren erneut zu restrukturieren. Andererseits kann denjenigen Schuldnern der erneute Zugang zu dem Verfahren verweigert werden, bei denen im Wesentlichen kein neuer, sondern ein fortgesetzter Restrukturierungsbedarf besteht. Die Zugangsverweigerung kann in einem solchen Fall auch nach Ablauf der dreijährigen Zeitspanne der Regelvermutung ausgesprochen werden.[96]

III. Ausnahme: Keine Aufhebung der Restrukturierungssache (Abs. 3)

Gem. § 33 Abs. 3 unterbleibt die Aufhebung der Restrukturierungssache, solange das Restrukturierungsgericht nach § 59 Abs. 3 von der Aufhebung der einer Stabilisierungsanordnung absieht. 61

Die Vorschrift stellt sicher, dass in den Fällen des § 59 Abs. 3 die Rechtshängigkeit der Restrukturierungssache erhalten bleibt, solange das Gericht die Stabilisierungsanordnung nicht aufgehoben hat. Hierdurch soll im Interesse der Gläubigergesamtheit ein geordneter Übergang ins Insolvenzverfahren gewährleistet werden.[97] Das Restrukturierungsgericht setzt dem Schuldner hierfür eine Frist von höchstens drei Wochen, innerhalb derer er dem Gericht die Insolvenzantragstellung nachzuweisen hat (§ 59 Abs. 3 Satz 2). Nach Ablauf dieser Frist hat das Gericht die Stabilisierungsanordnung gem. § 59 Abs. 3 Satz 3 aufzuheben.[98] 62

Weder gegen die Entscheidung des Gerichts, nach § 33 Abs. 3 von der Aufhebung der Restrukturierungssache abzusehen, noch gegen die Aufrechterhaltung der Stabilisierungsanordnung nach § 59 Abs. 3 steht den Planbetroffenen oder sonstigen Dritten ein Rechtsmittel zu (vgl. § 40 Abs. 1).[99] 63

C. Verfahrenshinweise

I. Die Aufhebungsentscheidung des Gerichts

Das Restrukturierungsgericht hebt die Restrukturierungssache von Amts wegen auf. Die Aufhebung erfolgt durch Beschluss.[100] Da dem Schuldner gem. § 33 Abs. 4 gegen die Aufhebung der Restrukturierungssache das Rechtsmittel der sofortigen Beschwerde zusteht,[101] sollte die Entscheidung vom Restrukturierungsgericht begründet werden.[102] 64

II. Rechtsfolgen der Aufhebung

Mit Aufhebung der Restrukturierungssache verliert die Anzeige des Restrukturierungsvorhabens gem. § 31 Abs. 4 Nr. 3 ihre Wirkung.[103] Die Aufhebung erfolgt durch Beschluss[104] und führt gem. § 31 Abs. 4 Nr. 3 i.V.m. § 42 Abs. 4 zum Wiederaufleben der nach § 41 Abs. 1 während der Rechtshängigkeit der Restrukturierungssache ruhenden Insolvenzantragspflichten. 65

Uneinheitlich beantwortet wird die Frage, ob der Aufhebungsbeschluss rechtskräftig sein muss, damit Insolvenzantragspflichten wiederaufleben,[105] oder ob diese Wirkung bereits im Zeitpunkt des Wirksamwerdens des Aufhebungsbeschlusses, also mit dessen Bekanntgabe an den Schuldner durch Zustellung gem. § 38 Satz 1, § 329 Abs. 3 ZPO eintritt. Letztere Ansicht stellt diesbezüglich auf 66

96 Begr. RegE, BT-Drucks. 19/24181, S. 140.
97 Begr. RegE, BT-Drucks. 19/24181, S. 140.
98 Vgl. § 59 Rdn. 26.
99 BeckOK-StaRUG/*Kramer*, § 33 Rn. 76.
100 Begr. RegE, BT-Drucks. 19/24181, S. 138.
101 Vgl. dazu unter Rdn. 69.
102 Morgen-*Blankenburg* § 33 Rn. 62.
103 *Pluta*, NZI-Beilage 2021, 22, 24.
104 Begr. RegE, BT-Drucks. 19/24181, S. 138.
105 So etwa *Vallender*, ZRI 2021, 165, 167; *Frind*, ZInsO 2020, 2241, 2243.

einen Vergleich des Wortlauts zu § 31 Abs. 4 Nr. 2 ab, bei dem die Rechtskraft ausdrücklich als Tatbestandsvoraussetzung normiert ist.[106] Darüber hinaus spricht auch die Möglichkeit des Gerichts, im Fall der sofortigen Beschwerde des Schuldners nach § 33 Abs. 4 die Vollziehung des Aufhebungsbeschlusses gem. § 38 Satz 1, 570 Abs. 2, 3 ZPO auszusetzen, für das Wiederaufleben der Insolvenzantragspflichten bereits mit Wirksamwerden des Aufhebungsbeschlusses.[107]

67 Die vor Aufhebung der Restrukturierungssache bereits erwirkte Stabilisierungsanordnung wird von der Wirkung des Aufhebungsbeschlusses nicht erfasst, sondern ist durch das Restrukturierungsgericht gem. § 59 Abs. 1 Nr. 2 gesondert aufzuheben.[108] Unter Berücksichtigung von § 33 Abs. 3 hat die Aufhebung der Stabilisierungsanordnung Vorrang vor der Aufhebung der Restrukturierungssache als Ganzes. Die Aufhebung der Restrukturierungssache ist deshalb erst nach vorheriger Aufhebung der Stabilisierungsanordnung möglich.[109]

68 Ist die Stabilisierungsanordnung zwar vor Aufhebung der Restrukturierungssache vom Schuldner beantragt worden, aber noch nicht erlassen, ist § 59 Abs. 1 Nr. 2 nicht anwendbar. Allerdings wird das Gericht den Erlass der beantragten Anordnung unter Verweis auf die Aufhebung der Restrukturierungssache als nachträglich unzulässig ablehnen.[110]

III. Rechtsmittel

69 Gem. § 33 Abs. 4 steht dem Schuldner gegen die Aufhebung der Restrukturierungssache die sofortige Beschwerde zu.[111] Diese ist gem. § 40 Abs. 1 Satz 2 beim Restrukturierungsgericht einzulegen.[112] Die Beschwerdefrist beginnt mit Verkündung der Entscheidung, § 40 Abs. 2.

70 Die Entscheidung über die Aufhebung wird vom Beschwerdegericht als zweite Tatsacheninstanz voll überprüft. Soweit das Restrukturierungsgericht bei der Aufhebung der Restrukturierungssache ein Ermessen hatte, trifft das Beschwerdegericht eine eigene Ermessensentscheidung, bei der es weitere, vom Restrukturierungsgericht nicht berücksichtigte Umstände einfließen lassen kann.[113]

IV. Kosten

71 Gem. § 25a Abs. 1 GKG trägt grundsätzlich der Schuldner die Kosten für das gerichtliche Restrukturierungsverfahren. Eine Ausnahme hiervon normiert jedoch § 25a Abs. 2 GKG, wonach die Gläubiger, die gem. § 77 einen Antrag auf Einsetzung eines fakultativen Restrukturierungsbeauftragten gestellt haben, die Gerichtskosten in Höhe von 500 € (Nr. 2513 KV GKG) sowie die Auslagen für diesen tragen. Die Entscheidung über die Kostentragung ergeht gem. § 82 Abs. 2 Satz 1 im Rahmen der Kostenfestsetzung.[114]

Anhang zu § 33 StaRUG: Übergang vom Restrukturierungsrahmen ins Insolvenzverfahren

Übersicht Rdn.

106 BeckOK-StaRUG/*Kramer*, § 33 Rn. 71; vgl. auch oben unter Rdn. 14.
107 BeckOK-StaRUG/*Kramer*, § 33 Rn. 71.
108 BeckOK-StaRUG/*Kramer*, § 33 Rn. 74.
109 Ähnlich Morgen-*Blankenburg* § 33 Rn. 61.
110 BeckOK-StaRUG/*Kramer* § 33 Rn. 75.
111 Begr. RegE, BT-Drucks. 19/24181, S. 141.
112 Vgl. § 40 Rdn. 25.
113 BeckOK-StaRUG/*Kramer*, § 33 Rn. 78; zu § 6 InsO MK-InsO/*Ganter*/*Bruns* § 6 Rn. 53a m.w.N.
114 Morgen-*Blankenburg* § 33 Rn. 65.

A. Einleitung

1 Während einer unter Nutzung der Instrumente des Restrukturierungsrahmens beabsichtigten Sanierung kann sich aus verschiedenen Gründen ergeben, dass die Sanierung nicht mit Mitteln des Restrukturierungsrahmens umgesetzt werden kann. Es kann Konstellationen geben, in denen die Sanierung im Rahmen eines Insolvenzverfahrens fortgesetzt werden muss (»zwangsweiser« Übergang ins Insolvenzverfahren)[1] oder aus praktischen und wirtschaftlichen Erwägungen im Insolvenzverfahren fortgeführt werden sollte (freiwilliger bzw. taktischer Übergang ins Insolvenzverfahren).[2] Unabhängig davon, ob der Übergang in das Insolvenzverfahren zwangsweise oder freiwillig erfolgt, ergeben sich verschiedene praktische Fragestellungen, auf die StaRUG und InsO nur zum Teil Antworten liefern.

B. Der Übergang ins Insolvenzverfahren

I. »Zwangsweiser« Übergang ins Insolvenzverfahren

1. Gründe für den »zwangsweisen« Übergang

2 Ein »zwangsweiser« Übergang vom Restrukturierungsrahmen ins Insolvenzverfahren erfolgt insbesondere dann, wenn die Restrukturierungssache nach § 33 aufgehoben wird. Dies hat zur Folge, dass die Anzeige gem. § 31 Abs. 4 Nr. 3 ihre Wirkung verliert.[3] Die nach § 42 Abs. 1 während der Rechtshängigkeit der Restrukturierungssache suspendierten Insolvenzantragspflichten nach § 15a Abs. 1 bis 3 InsO leben mit Entfall der Wirkungen der Anzeige gem. § 31 Abs. 4 wieder auf, § 42 Abs. 4.[4] In einem solchen Fall ist der Schuldner – soweit auf ihn die Antragspflichten nach § 15a InsO anwendbar sind – daher zur unverzüglichen Stellung des Insolvenzantrags verpflichtet.

3 Ein weiterer Fall des »zwangsweisen« Übergangs in das Insolvenzverfahren kann dann bestehen, wenn aufgrund eines Fremdantrags ein Insolvenzverfahren über das Vermögen des Schuldners eröffnet wurde. In diesem Fall ist das Restrukturierungsverfahren zwar gem. § 33 Abs. 1 Nr. 1 aufzuheben. Bis zur Aufhebung der Restrukturierungssache kann es in diesen Fällen jedoch zu einer Überschneidung von Restrukturierungssache und Insolvenzverfahren kommen.

---

1 Vgl. Rdn. 2 ff.
2 Vgl. Rdn. 35 ff.
3 § 33 Rdn. 5 ff.
4 Vgl. § 33 Rdn. 66; insbesondere zu der Frage, ob die Insolvenzantragspflichten bereits mit dem Aufhebungsbeschluss oder erst mit dessen Rechtskraft wieder aufleben.

2. Praktische Fragestellungen beim »zwangsweisen« Übergang ins Insolvenzverfahren

a) Örtliche Zuständigkeit für den Insolvenzantrag

4 Die örtliche Zuständigkeit für den Insolvenzantrag richtet sich nach § 3 InsO. Nach § 3 Abs. 1 InsO ist ausschließlich das Insolvenzgericht zuständig, in dessen Bezirk der Schuldner seinen allgemeinen Gerichtsstand hat. Liegt der Mittelpunkt einer selbstständigen wirtschaftlichen Tätigkeit des Schuldners an einem anderen Ort, so ist ausschließlich das Insolvenzgericht zuständig, in dessen Bezirk dieser Ort liegt.

5 Hat der Schuldner in den letzten sechs Monaten vor der Antragstellung Instrumente gem. § 29 in Anspruch genommen, ist nach § 3 Abs. 2 InsO jedoch auch das Gericht örtlich zuständig, das als Restrukturierungsgericht für die Maßnahmen zuständig war.

6 Schließlich soll bei mehreren zuständigen Gerichten das Gericht, bei dem zuerst die Eröffnung des Insolvenzverfahrens beantragt worden ist, die übrigen Gerichte ausschließen, § 3 Abs. 3 InsO.

7 Bei mehreren für das Insolvenzverfahren zuständigen Gerichten schließt die örtliche Zuständigkeit des zuvor mit der Sache befassten Restrukturierungsgerichts die örtliche Zuständigkeit der anderen Gerichte jedoch nicht aus. § 3 Abs. 2 InsO regelt nur, dass »auch« das frühere Restrukturierungsgericht zuständig ist, nicht aber, dass dieses ausschließlich zuständig ist. Außerdem bestimmt § 3 Abs. 3 InsO eine ausschließliche Zuständigkeit des zuerst angerufenen Gerichts nur für das zuerst angerufene Insolvenzgericht. Anhaltspunkte dafür, dass insoweit eine planwidrige Regelungslücke vorliegt, die durch eine analoge Anwendung des § 3 Abs. 3 InsO zu schließen ist, bestehen nicht. Auch das Grundrecht auf einen gesetzlichen Richter verbietet eine analoge Anwendung des § 3 Abs. 3 InsO.

8 Vielmehr kann es dazu kommen, dass – insbesondere bei einem Fremdantrag, aber theoretisch auch bei einem Eigenantrag – bei einem örtlich zuständigen Insolvenzgericht ein Insolvenzverfahren eröffnet wird und bei einem anderen Gericht parallel noch ein Restrukturierungsverfahren läuft. Diese Gefahr besteht umso mehr, da die Restrukturierungssache nicht öffentlich bekannt gemacht wird.

b) Keine Einheitliche Zuständigkeit

9 Nach § 36 ist für alle Entscheidungen und Maßnahmen in einer Restrukturierungssache die Abteilung zuständig, die für die erste Entscheidung zuständig war. Auch wenn der Restrukturierungsrahmen als »Baukasten« einzelne Instrumente zur Verfügung stellt, die der Schuldner wahlweise alternativ oder kumulativ und auch zeitlich gestaffelt in Anspruch nehmen kann, soll dadurch eine einheitliche Bearbeitung innerhalb des Restrukturierungsgerichts durch den zunächst zuständigen Richter gewährleistet werden. Andernfalls würde z.B. im Fall der Nummernzuständigkeit drohen, dass verschiedene Abteilungen und damit Richter in der gleichen Restrukturierungssache für verschiedene Entscheidungen zuständig wären.

10 Eine dem § 36 vergleichbare Vorschrift findet sich für den Übergang vom Restrukturierungsrahmen in das Insolvenzverfahren weder im StaRUG noch in der InsO. Eine analoge Anwendung des § 36 kommt nicht in Betracht. Es ist nicht ersichtlich, dass eine planwidrige Regelungslücke vorliegt. Außerdem fehlt es an einer vergleichbaren Interessenlage, da sich § 36 mit der einheitlichen Zuständigkeit beim selben Restrukturierungsgericht befasst, während das Verfahren bei einem Wechsel der Verfahrensart von einem Restrukturierungsgericht zum Insolvenzgericht und damit einem anderen Gericht übergeht. Einer analogen Anwendung stünde daher auch das Grundrecht auf einen gesetzlichen Richter entgegen.

11 Beim Wechsel der Verfahrensart kann es daher auch bei einem Wechsel vom Restrukturierungsgericht zum Insolvenzgericht am selben Gerichtsstand zu einem personellen Wechsel kommen. Wollte man dies im Interesse der Verfahrensökonomie verhindern, könnte allenfalls im Geschäftsverteilungsplan des am Sitz des Restrukturierungsgerichts ansässigen Insolvenzgerichts bestimmt werden, dass im Fall einer vorherigen Restrukturierungssache die Abteilung des Insolvenzgerichts zuständig ist, deren Richter zuvor als Restrukturierungsrichter mit der Sache befasst war. Nach dem

aktuellen Geschäftsverteilungsplan vom 01.01.2024 hat beispielsweise das Amtsgericht Hamburg von dieser Möglichkeit keinen Gebrauch gemacht. Im Fall des Wechsels von einer Restrukturierungssache (Verteilung nach Turnus) in ein Insolvenzverfahren (Verteilung nach Buchstabenzuständigkeit) kann es daher – trotz Tätigkeit aller Richter sowohl als Restrukturierungs- und als Insolvenzrichter – zu einem Wechsel des Richters kommen.

c) Antragsfrist bei Bestehen einer Antragspflicht i.S.d. § 15a InsO

Nach §§ 42 Abs. 4, 31 Abs. 4 leben die während der Rechtshängigkeit der Restrukturierungssache gem. § 42 Abs. 1 ruhenden Antragspflichten nach § 15a Abs. 1 bis 3 InsO im Fall der Aufhebung der Restrukturierungssache wieder auf. 12

Sofern ein Insolvenzantragsgrund nach §§ 17 oder 19 InsO vorliegt – was bei Aufhebung der Restrukturierungssache nach § 33 regelmäßig der Fall sein dürfte –, haben die Geschäftsführer unter den weiteren Voraussetzungen des § 15a InsO ohne schuldhaftes Zögern einen Eröffnungsantrag zu stellen. Der Antrag ist nach dem Wortlaut des § 15a InsO spätestens drei Wochen nach Eintritt der Zahlungsunfähigkeit und sechs Wochen nach Eintritt der Überschuldung zu stellen. 13

Fraglich ist, wie das Kriterium »ohne schuldhaftes Zögern« im Fall einer vorangegangenen und nach § 33 aufgehobenen Restrukturierungssache auszulegen ist. Zweck der Höchstfristen des § 15a InsO ist es, im Interesse der Gläubiger nach Eintritt der materiellen Insolvenzreife noch eine Chance zu haben, die Insolvenz durch ernstliche und aussichtsreiche außergerichtliche Sanierungsmaßnahmen abzuwenden.[5] In den Fällen der Aufhebung der Restrukturierungssache nach § 33 ist die Restrukturierungssache aber gerade sogar unter Zuhilfenahme der Instrumente des Restrukturierungsrahmens gescheitert. Außer in den Fällen der Aufhebung nach § 33 Abs. 1 Nr. 2 (Unzuständigkeit und kein Verweisungsantrag) und § 33 Abs. 2 Nr. 4 a) (frühere Restrukturierungssache mit Stabilisierungsanordnung oder Planbestätigung) ist in allen Fällen der Aufhebung nach § 33 nicht damit zu rechnen, dass eine außergerichtliche Sanierung noch Aussicht auf Erfolg hat. Die **Höchstfristen des § 15a InsO dürfen** daher bei einem Übergang ins Insolvenzverfahren nach einer Aufhebung der Restrukturierungssache **in der Regel nicht ausgenutzt werden. Vielmehr ist der Insolvenzantrag in der Regel unverzüglich zu stellen.** 14

Dafür spricht auch § 59 Abs. 3. Danach kann das Restrukturierungsgericht von einer Aufhebung einer Stabilisierungsmaßnahme absehen, wenn die Fortdauer der Restrukturierungsanordnung geboten erscheint, um im Interesse der Gläubiger einen **geordneten Übergang in ein Insolvenzverfahren** zu gewährleisten. In diesem Fall setzt das Gericht dem Schuldner eine Frist von höchstens drei Wochen, um die Stellung des Insolvenzantrags nachzuweisen. Bis zur Aufhebung der Stabilisierungsanordnung unterbleibt gem. § 33 Abs. 3 die Aufhebung der Restrukturierungssache, sodass für diesen Zeitraum auch die Suspendierung der Antragspflichten gem. § 42 Abs. 1 weiter gilt. Der Schuldner wird in dieser Zeit gem. § 76 Abs. 3 Nr. 1 und Nr. 2 laufend von einem in diesem Fall zwingend zu bestellenden Restrukturierungsbeauftragten überwacht. Dies zeigt, dass ein zeitlich verzögerter Übergang von einem Restrukturierungsverfahren in ein Insolvenzverfahren nur zur Erreichung eines geordneten Übergangs im Interesse der Gläubiger und unter gerichtlicher Aufsicht und laufender Kontrolle durch einen Restrukturierungsbeauftragten erfolgen soll. 15

d) Geschäftsführerhaftung zwischen Aufhebung der Restrukturierungssache und Stellung des Insolvenzantrags

Mit dem SanInsFoG wurde die Haftung der Geschäftsleiter für Zahlungen nach Eintritt der Insolvenzreife zentral in § 15b InsO geregelt, ohne jedoch das Konzept der Masseschmälerungshaftung des § 64 GmbHG a.F. wesentlich zu verändern.[6] 16

5 MK-InsO/*Klöhn*, § 15a Rn. 121; HambKomm-InsR/*Linker*, § 15a Rn. 17.
6 *Schmidt*, ZRI 2021, 389.

17 Nach § 15b Abs. 1 InsO dürfen die nach § 15a Abs. 1 Satz 1 InsO antragspflichtigen Mitglieder des Vertretungsorgans und Abwickler einer juristischen Person nach dem Eintritt der Zahlungsunfähigkeit oder der Überschuldung der juristischen Person keine Zahlungen mehr für diese vornehmen, es sei denn, diese sind mit der Sorgfalt eines ordentlichen und gewissenhaften Geschäftsleiters vereinbar. Mit der Sorgfalt eines ordentlichen und gewissenhaften Geschäftsleiters vereinbar sind grundsätzlich Zahlungen, die im ordnungsgemäßen Geschäftsgang erfolgen, insbesondere solche Zahlungen, die der Aufrechterhaltung des Geschäftsbetriebs dienen, § 15b Abs. 2 Satz 1 InsO. Im Rahmen des für eine rechtzeitige Antragstellung maßgeblichen Zeitraums nach § 15a Abs. 1 Satz 1 und 2 gilt dies jedoch gem. § 15b Abs. 2 Satz 2 InsO nur, solange die Antragspflichtigen Maßnahmen zur nachhaltigen Beseitigung der Insolvenzreife oder zur Vorbereitung eines Insolvenzantrags mit der Sorgfalt eines ordentlichen und gewissenhaften Geschäftsleiters betreiben. Schließlich sind Zahlungen, die nach dem gem. § 15a Abs. 1 Satz 1 und 2 für eine rechtzeitige Antragstellung maßgeblichen Zeitpunkt geleistet werden, in der Regel nicht mit der Sorgfalt eines ordentlichen und gewissenhaften Geschäftsleiters vereinbar, § 15b Abs. 3 InsO.[7]

18 Aus der in der Regel sehr kurzen Antragspflicht nach Aufhebung der Restrukturierungssache[8] und der Neuregelung in § 15b Abs. 3 InsO ergibt sich daher, dass Geschäftsleiter **erheblichen Haftungsrisiken** ausgesetzt sind, wenn sie **in der Zeit zwischen der Aufhebung der Restrukturierungssache und vor Stellung des Insolvenzantrags** Zahlungen vornehmen. Geschäftsleitern ist zu empfehlen, in dieser Zeit im Rahmen der **Notgeschäftsführung** nur Zahlungen vorzunehmen, die der Abwendung von Schäden für die Gesamtheit der Gläubiger dienen, um so die Regelvermutung des § 15b Abs. 3 InsO zu vermeiden und einer Haftung nach § 15b Abs. 4 Satz 2 InsO zu entgehen. Außerdem sollten Geschäftsführer in allen Fällen, in denen eine Sanierung mit Mitteln des Restrukturierungsrahmens mit Risiken behaftet ist, frühzeitig einen Insolvenzantrag als Alternativszenario vorbereiten, um im Fall der Aufhebung der Restrukturierungssache unverzüglich handeln zu können.[9]

e) **Auswahl des Insolvenzverwalters bzw. Sachwalters**

19 Bei einem Wechsel vom Restrukturierungsrahmen in ein Insolvenzverfahren stellt sich die Frage, **ob der Restrukturierungsbeauftragte zum Insolvenzverwalter bestellt werden kann** oder aber, ob einer Bestellung die Vorbefassung als Restrukturierungsbeauftragter entgegensteht.[10]

20 Nach **§ 56 Abs. 1 Satz 2 InsO** ist eine Bestellung sowohl des Restrukturierungsbeauftragten als auch des Sanierungsmoderators zum Insolvenzverwalter grundsätzlich möglich, wobei er in Fällen, in denen der Schuldner zwei der drei in § 22a Abs. 1 InsO genannten Voraussetzungen erfüllt, nur dann zum Insolvenzverwalter bestellt werden kann, wenn der vorläufige Gläubigerausschuss zustimmt.

21 In Fällen, in denen ein Pflichtausschuss gem. § 22a Abs. 1 InsO vom Gericht einzusetzen ist, muss der Gläubigerausschuss daher zunächst gehört werden. Im Fall einer mehrheitlichen – nicht einstimmigen – Zustimmung kann der Restrukturierungsbeauftragte zum Insolvenzverwalter bestellt werden. Dies bedeutet nicht, dass das Gericht ihn auch bestellen muss. Eine Bindungswirkung entfaltet nur ein einstimmiger Beschluss gem. § 56a Abs. 2 InsO unter den dort genannten Voraussetzungen.

22 In den Fällen, in denen die Größenkriterien des § 22a Abs. 1 InsO nicht erfüllt sind, kann eine Bestellung auch ohne vorherige Anhörung des Gläubigerausschusses erfolgen.

7 Grundsätzlich so auch schon das OLG Hamburg, ZIP 2010, 2448, zu § 64 GmbHG a.F.; eine maßvolle Ausdehnung im Einzelfall sei jedoch zulässig.
8 Vgl. Rdn. 13 ff.
9 Vgl. auch *Klöhn/Zell*, NZI 2022, 673.
10 So *Smid*, ZInsO 2020, 2184, 2198 jedoch noch zum Regierungsentwurf des StaRUG: »Der Restrukturierungsbeauftragte, sei er obligatorisch oder fakultativ zu bestellen, ist vorbefasst. Als Insolvenzverwalter ist er ungeeignet; die Ergänzung des § 56 Abs. 1 InsO sollte keinesfalls Gesetz werden.«.

Dem Gesetzgeber waren bei der Formulierung des § 56 Abs. 1 Satz 2 InsO **mögliche Interessenkonflikte** durchaus bewusst. Er hat sich aber unter Vergleich zur Bestellung des Sachwalters zum Insolvenzverwalter nach §§ 270e Abs. 3, 271 Satz 2, 272 Abs. 3 InsO dafür entschieden, eine Bestellung grundsätzlich zuzulassen.[11] Dies ist nach der Begründung zu Art. 5 Nr. 14 SanInsFoG sinnvoll, um Reibungsverluste, die bei einem Wechsel der Person entstünden, zu vermeiden. **Der Verfahrensökonomie wird damit vom Gesetzeber der Vorrang gegenüber möglichen Interessenkonflikten eingeräumt.** 23

Trotz des klaren Wortlauts des § 56 Abs. 1 Satz 2 InsO und des aus der Gesetzesbegründung hervorgehenden Willens des Gesetzgebers, die Bestellung des Restrukturierungsbeauftragten und des Sanierungsmoderators zum Insolvenzverwalter zuzulassen, wird vertreten, dass von der Bestellung der gleichen Bestellungsperson in der Regel abgesehen werden solle.[12] Die zuvor als Restrukturierungsbeauftragter tätig gewesene Person sei nicht mehr unabhängig, da sie aufgabengemäß für den Schuldner tätig geworden sei.[13] Dies verkennt, dass der Restrukturierungsbeauftragte und auch der Sanierungsmoderator unabhängig sein müssen und unparteiisch im Interesse des Schuldners und der Gläubiger tätig werden, §§ 75 Abs. 4 Satz 2, 78 Abs. 3, 94 Abs. 1 Satz 1. Sie sind gerade nicht für den Schuldner tätig, sondern als unabhängige, neutrale Mittler für alle Beteiligten. Dementsprechend enthält § 100 Abs. 2 auch eine klare Regelung, dass der Sanierungsmoderator zum Restrukturierungsbeauftragten bestellt werden kann. 24

Einer Bestellung des Restrukturierungsbeauftragten stehe weiter entgegen, dass es sich um ein völlig neues Verfahren handele und – anders als bei der Bestellung des Sachwalters zum Insolvenzverwalter – keine Anrechnung der Vergütung erfolge.[14] Warum dies einer Bestellung entgegenstehen sollte erschließt sich nicht, denn die Tätigkeiten als Restrukturierungsbeauftragter und als Insolvenzverwalter haben – anders als die des Sachwalters und des Insolvenzverwalters – regelmäßig keine Überlappung, sodass die vorherige Bestellung als Restrukturierungsbeauftragter auch nicht teilweise die Arbeit als Insolvenzverwalter erfasst. Sollte es im Einzelfall zu einer Erleichterung der Tätigkeit des Insolvenzverwalters kommen (z.B. weil die Einarbeitung deutlich einfacher ist), kann dies durch einen entsprechenden Abschlag bei der Vergütungsfestsetzung berücksichtigt werden. Weiter spreche die Notwendigkeit der Anfechtbarkeit der Vergütung aus dem Erstverfahren im Regelfall gegen die Bestellung des Restrukturierungsbeauftragten zum Insolvenzverwalter.[15] Der Vergütungsanspruch des Restrukturierungsbeauftragten richtet sich jedoch gegen die Staatskasse, sodass insoweit schon keine für eine Anfechtung gem. §§ 129 ff. InsO erforderliche Benachteiligung der Gläubiger des Schuldners in Betracht kommt. Schließlich spreche gegen eine Bestellung des Restrukturierungsbeauftragten zum Insolvenzverwalter der in der Literatur erwähnte Verdacht, dass Insolvenzverwalter Bestellungen in StaRUG-Verfahren anstreben könnten, um diese dann in ein Folgeinsolvenzverfahren zu steuern, um sich so das Insolvenzverwalteramt zu sichern.[16] Abgesehen davon, dass Personen, denen ein solches Vorgehen zugetraut wird, generell wegen Fehlens der ungeschriebenen Bestellungsvoraussetzung des »Vertrauens« nicht zum Insolvenzverwalter bestellt werden sollten, greift das Argument auch in der Sache nicht. Zum einen hat der Restrukturierungsbeauftragte keine oder nur sehr eingeschränkte Möglichkeiten, das Restrukturierungsverfahren in ein Regelverfahren zu steuern. Außerdem würde der Restrukturierungsbeauftragte Gefahr laufen, sich durch ein solches Vorgehen Schadensersatzansprüchen wegen Verletzung seiner Pflichten nach § 75 Abs. 4 ausgesetzt zu sehen. Darüber hinaus würde der Restrukturierungsbeauftragte durch ein solches Vorgehen das 25

11 BT-Drucks. 619/20, S. 229.
12 *Frind*, ZRI 2021, 397, 399.
13 *Frind*, ZRI 2021, 397, 398 unter Verweis auf *Smid*, ZInsO 2020, 2184 ff.; der Verweis ist irreführend, da *Smid* zum Gesetzesentwurf Stellung genommen und angeregt hat, den neuen § 56 Abs. 1 Satz 2 InsO nicht ins Gesetz aufzunehmen. Der Gesetzgeber hat sich jedoch gerade anders entschieden und § 56 Abs. 1 Satz 2 InsO ist unverändert in Kraft getreten.
14 *Frind*, ZRI 2021, 397, 399.
15 *Frind*, ZRI 2021, 397, 399.
16 *Frind*, ZRI 2021, 397, 399.

Vertrauen der Gläubiger – insbesondere institutioneller Gläubiger – verlieren, was sich negativ auf seine Akzeptanz in weiteren Verfahren auswirken würde. Schließlich dient in größeren und damit lukrativen Verfahren § 56 Abs. 1 Satz 2 InsO als Korrektiv, da Gläubiger der Bestellung nicht mehrheitlich zustimmen würden, wenn der Kandidat zuvor die Restrukturierung »sabotiert« hat.

26 Im Ergebnis bleibt festzuhalten, dass der Restrukturierungsbeauftragte nach dem gesetzgeberischen Willen grundsätzlich zum Insolvenzverwalter bestellt werden kann und nicht aufgrund seiner vorherigen Tätigkeit als Restrukturierungsbeauftragter vorbefasst ist.

f) Zugang zur (vorläufigen) Eigenverwaltung

27 Durch das SanInsFoG wurde nicht nur das StaRUG eingeführt, sondern es wurden auch die Voraussetzungen für den Zugang zum Eigenverwaltungs(antrags)verfahren nach den §§ 270 ff. InsO deutlich verändert. Ausweislich der Gesetzesbegründung dienen die Änderungen der InsO insbesondere dazu, die Erkenntnisse aus der sog. ESUG-Evaluation umzusetzen.

28 Der Schuldner soll mit dem Antrag auf Eigenverwaltung nunmehr gem. § 270a Abs. 1 InsO eine sog. **Eigenverwaltungsplanung** vorlegen. Diese soll enthalten

- einen Finanzplan, der den Zeitraum von sechs Monaten abdeckt und eine fundierte Darstellung der Finanzierungsquellen enthält, durch welche die Fortführung des gewöhnlichen Geschäftsbetriebes und die Deckung der Kosten des Verfahrens in diesem Zeitraum sichergestellt werden soll,
- ein Konzept für die Durchführung des Insolvenzverfahrens, welches auf Grundlage einer Darstellung von Art, Ausmaß und Ursachen der Krise das Ziel der Eigenverwaltung und die Maßnahmen beschreibt, welche zur Erreichung des Ziels in Aussicht genommen werden,
- eine Darstellung des Stands von Verhandlungen mit Gläubigern, den am Schuldner beteiligten Personen und Dritten zu den in Aussicht genommenen Maßnahmen,
- eine Darstellung der Vorkehrungen, die der Schuldner getroffen hat, um seine Fähigkeit sicherzustellen, insolvenzrechtliche Pflichten zu erfüllen, und
- eine begründete Darstellung etwaiger Mehr- oder Minderkosten, die im Rahmen der Eigenverwaltung im Vergleich zu einem Regelverfahren und im Verhältnis zur Insolvenzmasse voraussichtlich anfallen werden.

29 Außerdem soll der Schuldner nach § 270a Abs. 2 Nr. 2 InsO erklären, **ob und in welchen Verfahren zu seinen Gunsten innerhalb der letzten drei Jahre vor dem Antrag Vollstreckungs- oder Verwertungssperren** nach der InsO oder dem StaRUG angeordnet wurden.

30 Voraussetzung für die Anordnung der vorläufigen Eigenverwaltung ist eine **vollständige und schlüssige Eigenverwaltungsplanung** des Schuldners, § 270b Abs. 1 Nr. 1 InsO. Außerdem dürfen dem Gericht keine Umstände bekannt sein, aus denen sich ergibt, dass die Eigenverwaltungsplanung in wesentlichen Punkten auf unzutreffenden Tatsachen beruht, § 270b Abs. 1 Nr. 2 InsO. Unter anderem falls Umstände bekannt sind, aus denen sich ergibt, dass zugunsten des Schuldners in den letzten drei Jahren vor der Stellung des Antrags Vollstreckungs- oder Verwertungssperren nach der InsO oder dem StaRUG angeordnet worden sind, erfolgt die Bestellung eines vorläufigen Sachwalters nur, wenn trotz dieser Umstände zu erwarten ist, dass der **Schuldner bereit und in der Lage ist, seine Geschäftsführung an den Interessen der Gläubiger auszurichten**, § 270b Abs. 2 Nr. 2 InsO. Daraus ergibt sich, dass es im Fall des zwangsweisen Übergangs in ein Insolvenzverfahren aufgrund vorheriger Aufhebung der Restrukturierungssache nach § 33 wesentlich darauf ankommt, aus welchen Gründen die Aufhebung erfolgt ist und ob bereits Stabilisierungsmaßnahmen angeordnet wurden oder nicht.

31 Sofern die Restrukturierungssache nach § 33 Abs. 1 Nr. 3 (schwerwiegender Verstoße gegen Auskunfts- und Mitwirkungspflichten) oder § 33 Abs. 2 Nr. 3 (schwerwiegender Verstoß gegen Pflichten aus § 32) aufgehoben wird, **dürfte in der Regel zu erwarten sein, dass der Schuldner weder bereit noch in der Lage ist, seine Geschäftsführung an den Interessen der Gläubiger auszurichten.**

Dem Schuldner dürfte in einem solchen Fall grundsätzlich die »**Eigenverwaltungswürdigkeit**« **fehlen.**

Legt der Schuldner eine schlüssige und vollständige Restrukturierungsplanung vor, prüft das Gericht die »Eigenverwaltungswürdigkeit« jedoch nur, falls ein Fall des § 270b Abs. 2 InsO (ggf. i.V.m. § 270f InsO) vorliegt. Die Anordnung der (vorläufigen) Eigenverwaltung würde daher nach dem Wortlaut des § 270b Abs. 2 Nr. 2 InsO (ggf. i.V.m. § 270f InsO) trotz der vorangegangenen schwerwiegenden Pflichtverstöße im Restrukturierungsverfahren nur dann unterbleiben, wenn in dem Restrukturierungsrahmen bereits Stabilisierungsanordnungen erlassen wurden. Wurde die Restrukturierungssache jedoch bereits vor Anordnung von Stabilisierungsmaßnahmen nach § 33 Abs. 1 Nr. 3 oder § 33 Abs. 2 Nr. 3 aufgehoben, liegt **nach dem Wortlaut kein Fall des § 270b Abs. 2 Nr. 2 InsO** vor, in dem die Anordnung der Eigenverwaltung daran geknüpft ist, dass der Schuldner bereit und in der Lage ist, seine Geschäftsführung an den Interessen der Gläubiger auszurichten. Allerdings wäre diese Auslegung zu eng. Nach § 270e Abs. 1 Nr. 1 InsO bzw. § 272 Abs. 1 Nr. 1 InsO wird die (vorläufige) Eigenverwaltung nämlich durch Bestellung eines vorläufigen Insolvenzverwalters aufgehoben, wenn der Schuldner in schwerwiegender Weise gegen insolvenzrechtliche Pflichten verstößt oder sich auf sonstige Weise zeigt, dass er nicht bereit oder in der Lage ist, seine Geschäftsführung am Interesse der Gläubiger auszurichten. Hat der Schuldner bereits im Restrukturierungsverfahren gezeigt, dass er in schwerwiegender Weise gegen seine Pflichten verstößt, wäre es weder dem Gericht noch den Gläubigern zuzumuten, die vorläufige Eigenverwaltung erst zuzulassen und dann abzuwarten, ob erneut ein Pflichtenverstoß erfolgt, der die Aufhebung nach § 270e Abs. 1 Nr. 1 InsO bzw. nach § 272 Abs. 1 Nr. 1 InsO rechtfertigt. Für die Anordnung der Eigenverwaltung bei Eröffnung des Verfahrens ist dies in § 270f Abs. 1 InsO auch ausdrücklich so bestimmt. **In Fällen der Aufhebung der Restrukturierungssache nach § 33 Abs. 1 Nr. 3 oder § 33 Abs. 2 Nr. 3 wird ein mit dem Insolvenzantrag verbundener Antrag auf Eigenverwaltung daher regelmäßig keinen Erfolg haben.** 32

In allen anderen Fällen des durch die Aufhebung der Restrukturierungssache erfolgten Wechsels ins Insolvenzverfahren kommt die Anordnung der (vorläufigen) Eigenverwaltung nach § 270b InsO (ggf. i.V.m. § 270f Abs. 1 InsO) grundsätzlich in Betracht. 33

Sofern **in der Restrukturierungssache bereits Stabilisierungsanordnungen erlassen** wurden, ist jedoch § 270b Abs. 2 Nr. 2 InsO zu beachten. Die Anordnung der (vorläufigen) Eigenverwaltung erfolgt dann nur, wenn zu erwarten ist, dass der Schuldner bereit und in der Lage ist, seine Geschäftsführung an den Interessen der Gläubiger auszurichten. In solchen Fällen empfiehlt es sich daher, dem Insolvenzgericht die **Gründe für das Scheitern der Restrukturierungssache und den Übergang in das Insolvenzverfahren detailliert darzulegen**. Außerdem ist dem Schuldner zu empfehlen, **Stellungnahmen der designierten Mitglieder eines vorläufigen Gläubigerausschusses einzuholen**, dass diese mit der Anordnung der vorläufigen Eigenverwaltung einverstanden sind. Ein einstimmiges Votum bindet das Gericht gem. § 270b Abs. 3 Satz 3 InsO. 34

II. Freiwilliger bzw. taktischer Übergang ins Insolvenzverfahren

1. Gründe für den freiwilligen bzw. taktischen Wechsel

Neben dem zwangsweisen Übergang in ein Insolvenzverfahren aufgrund Aufhebung der Restrukturierungssache nach § 33 sind vielfältige Konstellationen denkbar, in denen der Schuldner beschließt, die Sanierung freiwillig – also ohne dazu aufgrund bestehender bzw. wiederauflebender Insolvenzantragspflichten verpflichtet zu sein – im Rahmen eines Insolvenzverfahrens fortzusetzen. 35

Die Gründe für einen freiwilligen Wechsel in ein Insolvenzverfahren können vielfältig sein. Diese können von der Nutzung des Insolvenzausfallgeldes als Sanierungsinstrument bis hin zur sich ergebenden **Notwendigkeit leistungswirtschaftlicher Sanierungsmaßnahmen** reichen. 36

Es ist zu erwarten, dass Restrukturierungsvorhaben nach dem StaRUG regelmäßig neben der finanzwirtschaftlichen Sanierung mit leistungswirtschaftlichen Maßnahmen einhergehen, deren Umsetzung 37 über Planbedingungen i.S.d. § 62 mit dem Restrukturierungsplan verknüpft werden.[17] So werden Sanierungskonzepte regelmäßig Personalmaßnahmen (Personalabbau; Änderung von Tarifverträgen etc.) vorsehen. Jedoch kann im Rahmen eines Restrukturierungsverfahrens weder in Arbeitsverhältnisse eingegriffen noch können Ansprüche aus Arbeitsverhältnissen im Restrukturierungsplan gestaltet werden, § 4. Außerdem werden Sanierungskonzepte in der Regel weitere leistungswirtschaftliche Maßnahmen wie die Beendigung oder Anpassung von Verträgen vorsehen. Allerdings stehen dem Schuldner im Restrukturierungsrahmen keine den §§ 103 ff. InsO vergleichbaren Möglichkeiten der Beendigung von Vertragsverhältnissen zur Verfügung.

38 Zeichnet sich im Rahmen der Verhandlungen mit Mitarbeitern und Vertragspartnern ab, dass die erforderlichen Beiträge nicht, nicht in dem gewünschten Umfang oder nicht in der vorgesehenen Zeit verhandelt werden können, kann sich die Nutzung der Mittel des Insolvenzverfahrens, insbesondere der Möglichkeiten der §§ 103 ff. InsO, als effektive Sanierungsalternative zur beabsichtigten Sanierung mit Mitteln des Restrukturierungsrahmens darstellen.

39 Schließlich kommt ein freiwilliger Wechsel in ein Insolvenzverfahren in Betracht, wenn sich abzeichnet, dass trotz breiter Unterstützung durch die betroffenen Gläubiger, die für die Planbestätigung erforderlichen Mehrheiten von 75 % der Gläubiger einer Gruppe nicht sicher erreicht werden können. Dies kann insbesondere bei der Restrukturierung von Anleihen der Fall sein, weil man nicht 75 % der Gläubiger zu einer Teilnahme an der Abstimmung bewegen kann. In einem solchen Fall kommt der Wechsel in ein Insolvenzverfahren in Betracht, um mit der Mehrheit von 50 % der abstimmenden Gläubiger einen Insolvenzplan umzusetzen.

2. Praktische Fragestellungen beim freiwilligen bzw. taktischen Übergang ins Insolvenzverfahren

a) Örtliche Zuständigkeit für den Insolvenzantrag

40 Die örtliche Zuständigkeit für den Insolvenzantrag richtet sich auch bei einem freiwilligen Wechsel der Verfahrensart nach § 3 InsO. Neben dem nach § 3 Abs. 1 InsO zuständigen Gericht ist daher nach § 3 Abs. 2 InsO auch das Gericht örtlich zuständig, das als Restrukturierungsgericht für zuvor angeordnete Instrumente im Restrukturierungsrahmen zuständig war. In der Regel dürfte es empfehlenswert sein, den Insolvenzantrag bei einem freiwilligen Wechsel der Verfahrensart **bei dem schon tätigen Restrukturierungsgericht** zu stellen, da dieses den Fall kennt und damit eine erneute Einarbeitung entfällt.

b) Keine Einheitliche Zuständigkeit

41 Auch bei einem freiwilligen Wechsel der Verfahrensart gibt es keine dem § 36 vergleichbare Vorschrift, sodass es zu einem Wechsel der Zuständigkeit des Richters kommen kann.[18]

c) Auswahl des Insolvenzverwalters bzw. Sachwalters

42 Auch bei einem Wechsel vom Restrukturierungsrahmen in ein Insolvenzverfahren stellt sich die Frage, ob der Restrukturierungsbeauftragte zum Insolvenzverwalter bestellt werden kann oder aber, ob einer Bestellung die Vorbefassung als Restrukturierungsbeauftragter entgegensteht.[19] Auch hier gilt § 56 Abs. 1 Satz 2 InsO, wonach eine Bestellung grundsätzlich möglich ist, in Fällen des § 22a Abs. 1 InsO jedoch die vorherige mehrheitliche Zustimmung des Gläubigerausschusses erfordert.

43 Im Fall des freiwilligen bzw. taktischen Wechsels der Verfahrensart dürfte jedoch **in der Regel ein gesteigertes Interesse des Schuldners daran bestehen, zu wissen, ob das Gericht den Restrukturierungs-**

---

17 So auch *Grau/Pohlmann/Radunz*, NZI 2021, 522, 523 unter Verweis auf die Gesetzesbegründung.
18 Vgl. ausführlich Rdn. 10 f.
19 Vgl. ausführlich Rdn. 19 ff.

beauftragten oder einen Dritten zum Insolvenzverwalter bzw. Sachwalter bestellt, da der Schuldner in der Regel beabsichtigen dürfte, seiner Sanierung mit den Mitteln des Insolvenzrechts zum Erfolg zu verhelfen. Ihm wird daher in der Regel an der vom Gesetzgeber mit der Einführung des § 56 Abs. 1 Satz 2 InsO ermöglichten Kontinuität besonders gelegen sein. Jedoch ist nicht absehbar, ob und wie Gerichte den § 56 Abs. 1 Satz 2 InsO anwenden werden.[20] Nach § 56 Abs. 1 Satz 2 InsO ist die Bestellung nur möglich, nicht aber zwingend. Bei einem freiwilligen Wechsel der Verfahrensart sollte der Schuldner daher frühzeitig mit dem Gericht das Gespräch suchen und gegebenenfalls auf ein das Gericht nach § 56a Abs. 2 InsO bindendes einstimmige Votum eines designierten Gläubigerausschusses hinwirken.

d) Zustimmung der Gesellschafter zur Insolvenzantragstellung

Im Fall eines freiwilligen Übergangs vom Restrukturierungsverfahren in ein Insolvenzantragsverfahren durch Stellung eines Insolvenzantrags des Schuldners liegt entweder noch keine Insolvenzantragspflicht vor, da der Schuldner lediglich drohend zahlungsunfähig i.S.d. § 18 InsO, nicht aber zahlungsunfähig i.S.d. § 17 InsO oder überschuldet i.S.d. § 19 InsO ist oder die Insolvenzantragspflichten sind aufgrund der erfolgten Anzeige des Restrukturierungsvorhabens noch nach § 42 Abs. 1 Satz 1 suspendiert. 44

In diesen Fällen stellt sich die Frage, ob die Stellung des Insolvenzantrags der **vorherigen Zustimmung der Gesellschafter** bedarf oder nicht. 45

In den Fällen, in denen der **Insolvenzantrag nur aufgrund der drohenden Zahlungsunfähigkeit nach § 18 InsO** gestellt wird, fordert die herrschende Meinung in Rechtsprechung und Literatur, dass die Geschäftsführer zunächst einen zustimmenden Gesellschafterbeschluss einzuholen haben und sich andernfalls gegebenenfalls gegenüber den Gesellschaftern schadensersatzpflichtig machen.[21] Begründet wird dies im Wesentlichen damit, dass die Eröffnung eines Insolvenzverfahrens zur Auflösung der Gesellschaft führe. Daher handele es sich bei einem freiwilligen Insolvenzantrag um ein Grundlagengeschäft, welches einen Gesellschafterbeschluss mit qualifizierter Mehrheit erfordere.[22] Es handele sich um ein den Gesellschaftszweck änderndes Grundlagengeschäft.[23] 46

Für die freiwillige Insolvenzantragstellung während einer anhängigen Restrukturierungssache kann im Grundsatz nichts anderes gelten. Fraglich könnte allenfalls sein, ob ein bereits eingeholter zustimmender Beschluss zur Einleitung des Restrukturierungsverfahrens auch eine freiwillige Insolvenzantragstellung deckt. In der Literatur und Rechtsprechung zum StaRUG ist strittig, ob für die **Einleitung eines Sanierungsverfahrens nach dem StaRUG die vorherige Zustimmung der Gesellschafter** einzuholen ist und wann diese entbehrlich ist.[24] Falls eine solche Zustimmung der Gesellschafter zur Anzeige des Restrukturierungsvorhabens eingeholt wurde, wird diese jedoch in aller Regel nicht auch die freiwillige Stellung eines Insolvenzantrages abdecken, da der Restrukturierungsrahmen – anders als die Eröffnung eines Insolvenzverfahrens – gerade nicht die Auflösung der Gesellschaft zur Folge hat. 47

Daran ändert auch die sich aus § 32 Abs. 1 Satz 1 ergebende **Verpflichtung des Geschäftsführers auf die Interessen der Gläubiger** nichts. Er hat diese »beim Betreiben« der Restrukturierungssache zu berücksichtigen, nicht aber bei der Frage, ob statt des Restrukturierungsrahmens freiwillig die 48

20 Vgl. ausführlich Rdn. 23 ff.

21 *Fuhrmann/Heinen/Schilz*, NZG 2021, 684, 687 m.w.N.

22 *Brinkmann*, ZIP 2014, 197, 204 f.; *Seibt/Bulgrin*, ZIP 2017, 353, 361.

23 OLG München, NZG 2013, 742, 743.

24 *Fuhrmann/Heinen*/Schilz, NZG 2021, 684 ff.; *Seibt/Bulgrin*, DB 2020, 2226 ff.; *Schäfer*, ZIP 2020, 2164 ff.; a.A. wohl *Scholz*, ZIP 2021, 219 ff.; dafür LG Berlin, ZRI 2023, 833; AG Hamburg, Beschl. v. 17.03.2023 – 61c RES 1/23, ZRI 2023, 519; dagegen: AG Dresden, ZRI 2023, 835; AG Nürnberg, NZI 2023, 881; LG Nürnberg, Beck RS 2023, 7897; AG Charlottenburg, ZRI 2023, 836.

weitergehenden Sanierungsmöglichkeiten der Insolvenzordnung genutzt werden sollen. In diesem Fall wird die Restrukturierungssache ja gerade nicht mehr »weiterbetrieben«.

e) Zugang zur Eigenverwaltung

49 Bei einem freiwilligen Wechsel vom Restrukturierungsrahmen in das Insolvenzverfahren ist eine Anordnung der (vorläufigen) Eigenverwaltung unter den Voraussetzungen des § 270b InsO (ggf. i.V.m. § 270f Abs. 1 InsO) **regelmäßig möglich. Allein der Umstand, dass der Schuldner freiwillig und aus eigenen Stücken beschließt, das Sanierungsvorhaben nunmehr in einem Insolvenzverfahren anstelle wie zunächst beabsichtigt in einem Restrukturierungsverfahren umzusetzen, begründet keinen Verdacht dahin gehend, dass der Schuldner weder bereit noch in der Lage ist, sein Verhalten an den Interessen der Gläubiger auszurichten.** Dies schließt jedoch nicht aus, dass sich dies aus anderen Umständen ergibt, die dann im Rahmen der §§ 270f Abs. 1, 270e InsO zu berücksichtigen sind.

50 Besondere Anforderungen ergeben sich gem. § 270b Abs. 2 Nr. 2 InsO jedoch, wenn bereits eine Stabilisierungsanordnung erlassen wurde. Die Anordnung der (vorläufigen) Eigenverwaltung setzt dann voraus, dass zu erwarten ist, dass der Schuldner bereit und in der Lage ist, sein Verhalten an den Interessen der Gläubiger auszurichten. In solchen Fällen empfiehlt es sich daher, dem Insolvenzgericht die **Gründe für den Übergang in das Insolvenzverfahren detailliert darzulegen.** Außerdem ist dem Schuldner zu empfehlen, **Stellungnahmen der designierten Mitglieder eines vorläufigen Gläubigerausschusses einzuholen**, dass diese mit der Anordnung der vorläufigen Eigenverwaltung einverstanden sind. Ein einstimmiges Votum bindet das Gericht gem. § 270b Abs. 3 Satz 3 InsO.

§ 34 Restrukturierungsgericht; Verordnungsermächtigung

(1) [1]Für Entscheidungen in Restrukturierungssachen ist das Amtsgericht, in dessen Bezirk ein Oberlandesgericht seinen Sitz hat, als Restrukturierungsgericht für den Bezirk des Oberlandesgerichts ausschließlich zuständig. [2]Ist dieses Amtsgericht nicht für Regelinsolvenzsachen zuständig, so ist das Amtsgericht zuständig, das für Regelinsolvenzsachen am Sitz des Oberlandesgerichts zuständig ist.

(2) [1]Die Landesregierungen werden ermächtigt, zur sachdienlichen Förderung oder schnelleren Erledigung von Restrukturierungssachen durch Rechtsverordnung
1. **innerhalb eines Bezirks die Zuständigkeit eines anderen, für Regelinsolvenzsachen zuständigen Amtsgerichts zu bestimmen oder**
2. **die Zuständigkeit eines Restrukturierungsgerichts innerhalb eines Landes zusätzlich auf den Bezirk eines oder mehrerer weiterer Oberlandesgerichte zu erstrecken.**

[2]Die Landesregierungen können die Ermächtigung durch Rechtsverordnung auf die Landesjustizverwaltungen übertragen. [3]Mehrere Länder können die Errichtung gemeinsamer Abteilungen eines Amtsgerichts für Restrukturierungssachen oder die Ausdehnung von Gerichtsbezirken für Restrukturierungssachen über die Landesgrenzen hinaus vereinbaren.

Übersicht

A. Normzweck

1 Die Norm regelt die sachliche Zuständigkeit für Restrukturierungssachen. Anders als bei den Insolvenzsachen hat der Gesetzgeber für Restrukturierungssachen sowohl hinsichtlich der sachlichen als auch der örtlichen Zuständigkeit (§ 35) eine umfassende Zentralisierung der Zuständigkeit auf

Ebene der Oberlandesgerichte vorgesehen. Vorgesehen ist ein Restrukturierungsgericht pro Oberlandesgerichtsbezirk.[1]

Wegen struktureller und inhaltlicher Parallelen von Restrukturierungs- und Insolvenzsachen[2] liegt die grundsätzliche Zuständigkeit bei Amtsgerichten, die als Insolvenzgerichte auch für Regelinsolvenzsachen zuständig sind (vgl. Abs. 1 Satz 1, 2). Auch die technische Ausstattung für die Verfahrensbearbeitung (einheitliche Software, Übertragungstechnik für virtuelle Termine oder Versammlungen i.S.d. § 38 i.V.m. § 128a ZPO) kann so besser genutzt werden.[3] 2

Aufgrund des Umfangs und der erforderlichen Spezialkenntnisse für die Bearbeitung soll durch eine weitgehende Zentralisierung eine sachgerechte, professionelle und effiziente sowie der Komplexität der Restrukturierungssachen gerecht werdende Bearbeitung bei den Gerichten gewährleistet werden.[4] 3

Den Ländern steht es nach § 34 Abs. 2 jedoch frei, durch Rechtsverordnung eine andere, an die individuellen Bedürfnisse angepasste, Zuständigkeitsregelung zu schaffen.[5] Die Vorschrift ist auf Art. 4 Abs. 6 der Richtlinie (EU) 2019/1023[6] zurückzuführen, die aber lediglich eine Beteiligung einer Justiz- oder Verwaltungsbehörde voraussetzt und keine Zuständigkeiten vorgibt. 4

Nach Art. 25 der Restrukturierungsrichtlinie müssen die Mitglieder der Justizbehörde eine angemessene Ausbildung erhalten und die erforderliche Sachkunde aufweisen (Art. 25 Buchst. a)). Das Verfahren ist außerdem auf eine effiziente Weise zu führen (Art. 25 Buchst. b)). Der Gesetzgeber hat in Umsetzung der Richtlinie § 22 Abs. 6 GVG erlassen. Die Umsetzung ist jedoch angesichts von Satz 3 (»wenn der Erwerb der Kenntnisse alsbald zu erwarten ist«) nicht hinreichend umgesetzt worden.[7] 5

B. Norminhalt

Die Konzentrierung der Restrukturierungsverfahren in den Oberlandesgerichtsbezirken ist grundsätzlich zu begrüßen.[8] Grundsätzlich entspricht die sachliche Zuständigkeit des Restrukturierungsgerichts der des Insolvenzgerichts. § 34 Abs. 1 Satz 2 stellt aber sicher, dass nur Insolvenzgerichte, die auch Regelinsolvenzsachen bearbeiten, auch die Restrukturierungsverfahren bearbeiten. Ist das nicht der Fall, ist das Amtsgericht am Sitz des Oberlandesgerichts zuständig, welches auch für die Bearbeitung von Regelinsolvenzsachen zuständig ist. Die Zuweisung an Amtsgerichte, die gleichzeitig auch Insolvenzgerichte sind, ermöglicht es, dass die Restrukturierungsgerichte von den Kenntnissen und Erfahrungen der Insolvenzgerichte profitieren können.[9] 6

Teilweise wurde die Vorschrift im Gesetzgebungsverfahren als zu eng kritisiert, da die unterschiedlichen Größen der Einzugsbereiche der Oberlandesgerichte nicht berücksichtigt werden.[10] Auch der Bundesrat hatte sich dahin gehend geäußert und gefordert, den zweiten Absatz der Vorschrift um 7

1 Morgen-*Blankenburg* § 34 Rn. 1.
2 Begr. RegE, BT-Drucks. 19/24181, S. 141.
3 Vgl. BeckOK-StaRUG/*Kramer*, § 34 Rn. 1.
4 Begr. RegE, BT-Drucks. 19/24181, S. 141.
5 *Vallender*, NZI-Beilage 2021, 30.
6 Richtlinie (EU) 2019/1023 des Europäischen Parlaments und des Rates vom 20 Juni 2019 über präventive Restrukturierungsrahmen, über Entschuldung und über Tätigkeitsverbote sowie über Maßnahmen zur Steigerung der Effizienz von Restrukturierungs-, Insolvenz- und Entschuldungsverfahren und zur Änderung der Richtlinie (EU) 2017/1132 (Richtlinie über Restrukturierung und Insolvenz), Abl. 172/18, 26.06.2019.
7 *Frind*, ZInsO, 2020, 2241, 2244; *Vallender*, ZInsO 2020, 2579, 2582; BeckOK-StaRUG/*Kramer*, § 34 Rn. 2; Uhlenbruck/*Zipperer*, InsO, § 34 StaRUG Rn. 6.
8 Vgl. auch *Vallender*, NZI-Beilage 2021, 30.
9 Morgen-*Blankenburg* § 34 Rn. 7.
10 Vgl. *Deppenkemper*, ZIP 2020, 2432, 2436.

eine Nummer 3 zu ergänzen, die den Ländern die Möglichkeit gibt, auch andere bzw. zusätzliche Restrukturierungsgerichte zu schaffen.[11] Eine Änderung erfolgte durch die Bundesregierung aber nicht mehr.[12]

8 Landesregierungen können nach Abs. 2 Satz 1 abweichende Regelungen schaffen: Sie können entweder selbst ein für Restrukturierungssachen zuständiges Amtsgericht bestimmen (Nr. 1) oder den Zuständigkeitsbereich eines Restrukturierungsgerichts auf mehrere Oberlandesgerichtsbezirke innerhalb eines Landes erweitern (Nr. 2). Abs. 2 berücksichtigt die Organisationshoheit der Länder.[13]

9 Abs. 2 Satz 1 bietet den Ländern damit die Möglichkeit, durch Rechtsverordnung ein abweichendes Amtsgericht in einem Oberlandesgerichtsbezirk als zuständiges Restrukturierungsgericht zu bestimmen, nicht aber weitere Restrukturierungsgerichte.[14] Voraussetzung hierfür ist, dass dies einer effizienten Bearbeitung von Restrukturierungsverfahren dient; allein strukturpolitische Erwägungen genügen nicht.[15]

10 Bisher haben Niedersachsen[16] und Nordrhein-Westfalen[17] durch Rechtsverordnung von der Möglichkeit, eine von Abs. 1 abweichende Zuständigkeit zu bestimmen, Gebrauch gemacht.[18]

11 Nach Abs. 2 Satz 3 können die Länder auch durch Vereinbarung landesübergreifend gemeinsame Abteilungen für Restrukturierungssachen errichten oder Gerichtsbezirke über die Landesgrenzen hinweg ausdehnen. Insbesondere Länder mit nur einem Oberlandesgericht können so bezirksübergreifende Zuständigkeiten schaffen.[19] Hierdurch soll eine professionelle und effiziente Bearbeitung von Restrukturierungssachen ermöglicht werden. Gegen diese Gesetzesbegründung wird kritisch angemerkt, dass diesbezüglich bislang kein Nachweis geführt wurde.[20] Daneben fielen infolge einer länderübergreifenden Zuständigkeitskonzentration gesteigerte Verfahrenskosten für den Schuldner an. Dies belaste die Sanierung von kleinen und mittelständischen Unternehmen.[21] Tatsächlich kann durch die Vorschrift die Bearbeitung von Restrukturierungssachen erleichtert werden, wenn sich durch die Zuständigkeitskonzentration das Restrukturierungsgericht wegen hinreichend konstanter Fallzahlen regelmäßig mit derlei Verfahren auseinanderzusetzen hat.[22] Nur so kann das Restrukturierungsgericht die notwendige Expertise und Erfahrung sammeln.

11a Die Vorschrift orientiert sich an den Regelungen in § 3 Abs. 2 FGO und § 3 Abs. 2 VwGO.[23] Anders als bei § 3 Abs. 2 FGO und § 3 Abs. 2 VwGO besteht aber nicht die Möglichkeit, gemeinsame Gerichte zu schaffen, da Restrukturierungsgerichte Teil der ordentlichen Gerichtsbarkeit und keine Fachgerichtsbarkeit sind.[24]

12 Nach dem aktuellen Stand (31.01.2024) existieren 24 Restrukturierungsgerichte in den folgenden Bundesländern von Nord nach Süd:

---

11 BT-Drucks. 19/24903, S. 5.
12 Vgl. Braun-*Baumert*, StaRUG, § 34 Rn. 7.
13 Begr. RegE, BT-Drucks. 19/24181, S. 141.
14 Begr. RegE, BT-Drucks. 19/24181, S. 141; kritisch dazu: *Deppenkemper*, ZIP 2020, 2432, 2436.
15 Vgl. BeckOK-StaRUG/*Kramer*, § 34 Rn. 20.
16 Verordnung zur Änderung der Verordnung zur Regelung von Zuständigkeiten in der Gerichtsbarkeit und Justizverwaltung vom 12.01.2021; Nds. GVBl. 2/2021, S. 12.
17 Verordnung über die Bestimmung des zuständigen Amtsgerichts in Restrukturierungssachen für den Bezirk des Oberlandesgerichts Hamm vom 07.01.2021, GV. NRW. S. 31.
18 Eine Übersichtskarte zu den Restrukturierungsgerichten in Deutschland findet sich auf: https://stephan-madaus.de/tag/restrukturierungsgerichte/(zuletzt abgerufen: 31.01.2024).
19 Bericht des Ausschusses für Recht und Verbraucherschutz (6. Ausschuss), BT-Drucks. 19/25353, S. 8.
20 P/R/S/*Pannen*, StaRUG, § 34 Rn. 29; Uhlenbruck/*Zipperer*, InsO, § 34 StaRUG Rn. 13.
21 P/R/S/*Pannen*, StaRUG, § 34 Rn. 29; Uhlenbruck/*Zipperer*, InsO, § 34 StaRUG Rn. 13.
22 Vgl. BT-Drucks. 19/24181, S. 141.
23 Vgl. Braun-*Baumert*, StaRUG, § 34 Rn. 7; Morgen-*Blankenburg* § 34 Rn. 14.
24 Bericht des Ausschusses für Recht und Verbraucherschutz (6. Ausschuss), BT-Drucks. 19/25353, S. 8.

Schleswig-Holstein: Flensburg	Mecklenburg-Vorpommern: Rostock	13
Hamburg: Hamburg	Niedersachsen: Oldenburg, Hannover, Braunschweig	
Bremen: Bremen	Berlin: Berlin-Charlottenburg	
Brandenburg: Potsdam	Sachsen-Anhalt: Halle (Saale)	
Nordrhein-Westfalen: Essen, Düsseldorf, Köln	Thüringen: Gera	
Sachsen: Dresden	Rheinland-Pfalz: Koblenz, Zweibrücken	
Saarland: Saarbrücken	Hessen: Frankfurt am Main	
Baden-Württemberg: Karlsruhe, Stuttgart	Bayern: Bamberg, Nürnberg, München	

C. Verfahrenshinweise

I. Funktionelle Zuständigkeit

Die funktionelle Zuständigkeit liegt beim Richter.[25] Dies lässt sich allerdings lediglich der Gesetzesbegründung entnehmen.[26] Darüber hinaus besagt § 22 Abs. 6 GVG, eingeführt durch Art. 2 Nr. 1 SanInsFoG, dass Richter auf Probe im ersten Jahr nicht mit Insolvenz- und Restrukturierungssachen befasst werden dürfen. Anders als bei Insolvenzverfahren ist auch eine teilweise Übertragung auf den Rechtspfleger nicht vorgesehen; es fehlt hierzu an einer Regelung im RPflG.[27] 14

II. Unzuständigkeit des Restrukturierungsgerichts

Bei Fehlen der sachlichen Zuständigkeit, hat das Gericht den Schuldner auf die Unzuständigkeit hinzuweisen (§ 38 S. 1 i.V.m. § 139 Abs. 2 ZPO).[28] Das Gericht setzt dem Schuldner eine angemessene Frist für die Stellung eines Verweisungsantrags.[29] Da sich Restrukturierungssachen regelmäßig über eine begrenzte zeitliche Dauer erstrecken, sollte diese Frist mindestens eine und maximal zwei Wochen betragen.[30] Verstreicht die Frist, ohne dass der Schuldner einen Verweisungsantrag stellt, wird die Restrukturierungssache nach § 33 Abs. 1 Nr. 2 durch Beschluss aufgehoben.[31] Möchte der Schuldner einen Verweisungsantrag an das zuständige Gericht stellen, muss aus diesem sein eindeutiger Wille auf Verweisung hervorgehen. Grundsätzlich nicht erforderlich ist die Bezeichnung des Restrukturierungsgerichts, an das verwiesen werden soll, weil es von Amts wegen zu ermitteln ist (vgl. § 39 Abs. 1 Satz 1 StaRUG).[32] Beantragt werden kann die Verweisung entweder schriftlich, vor dem Urkundebeamten der Geschäftsstelle (§ 38 S. 1 i.V.m. § 281 Abs. 2 Satz 1 ZPO) oder auch zu Protokoll vor der Geschäftsstelle eines jeden Amtsgerichts (§ 38 S. 1 i.V.m. § 129a ZPO). 14a

III. Streitigkeiten und Beschwerden nach dem StaRUG

Für Streitigkeiten und Beschwerden mit Bezug zum Unternehmensstabilisierungs- und -restrukturierungsgesetz sind nach §§ 72a Abs. 1 Nr. 7, 119 Abs. 1 Nr. 7 GVG spezialisierte Spruchkörper an den Land- und Oberlandesgerichten zuständig, damit diese Spruchkörper sich häufiger 15

25 *Vallender*, ZInsO 2020, 2579, 2581; *Gehrlein*, BB 2021, 66, 72; BeckOK-StaRUG/*Kramer*, § 34 Rn. 10.
26 So z.B. Begr. RegE, BT-Drucks. 19/24181, S. 165 zu § 38 StaRUG.
27 So auch Braun-*Baumert*, StaRUG, § 36 Rn. 4 unter Verweis auf *Vallender*, ZInsO 2020, 2579, 2581.
28 MK-StaRUG/*Vuia*, § 34 Rn. 9.
29 BeckOK-StaRUG/*Kramer*, § 33 Rn. 16; Jacoby/Thole-*Schluck-Amend* StaRUG, § 33 Rn. 15; Braun-Haffa/*Schuster*, StaRUG, § 33 Rn. 7.
30 Jacoby/Thole-*Schluck-Amend* StaRUG, § 33 Rn. 16; BeckOK-StaRUG/*Kramer*, § 33 Rn. 16; a.A. Morgen-*Blankenburg* § 35 Rn. 19 (»drei Tage«).
31 Morgen-*Blankenburg* § 35 Rn. 23; MK-StaRUG/*Vuia*, § 35 Rn. 32; a.A. BeckOK-StaRUG/*Kramer*, § 33 Rn. 16; BT-Drucks. 19/24181 S. 138.
32 MK-StaRUG/*Vuia*, § 35 Rn. 33.

mit der Materie befassen.[33] Da für die Besetzung der Spruchkörper der Präsident eines Gerichts zuständig bleibt, besteht allerdings die Gefahr, dass durch häufigen Richterwechsel in den Spruchkörpern die gewünschte Spezialisierung an den Gerichten ausbleibt.[34]

§ 35 Örtliche Zuständigkeit

[1]Örtlich zuständig ist ausschließlich das Restrukturierungsgericht, in dessen Bezirk der Schuldner seinen allgemeinen Gerichtsstand hat. [2]Liegt der Mittelpunkt einer wirtschaftlichen Tätigkeit des Schuldners an einem anderen Ort, so ist ausschließlich das Restrukturierungsgericht zuständig, in dessen Bezirk dieser Ort liegt.

Übersicht

A. Normzweck

1 § 35 regelt die örtliche Zuständigkeit in Restrukturierungssachen im Gleichlauf mit § 3 InsO n.F., der die örtliche Zuständigkeit für Insolvenzsachen bestimmt. Maßgeblich kommt es auf den Ort des Mittelpunkts einer selbstständigen wirtschaftlichen Tätigkeit an; die Verortung des allgemeinen Gerichtsstands gem. Satz 1 ist trotz der primären Nennung innerhalb der Norm für die Bestimmung der örtlichen Zuständigkeit von nachgelagerter Bedeutung. Die Gläubiger sollen die Möglichkeit bekommen, sich dort um die Erfüllung ihrer Forderungen zu bemühen, wo sie ihr Vertrauen gelassen haben.[1]

B. Norminhalt

I. Örtliche Zuständigkeit

2 Die Vorschrift bezieht sich auf alle restrukturierungsfähigen Schuldner i.S.d. § 30.

3 Die örtliche Zuständigkeit nach § 35 ist ein ausschließlicher Gerichtsstand. Abweichende Gerichtsstandsvereinbarungen und rügelose Einlassungen sind damit unzulässig, § 38 i.V.m. § 40 Abs. 2 ZPO.[2] Das Gericht hat seine Zuständigkeit von Amts wegen zu prüfen, wobei es auf den Zeitpunkt des Eingangs der Anzeige gem. § 31 Abs. 1 und nicht auf etwaige nachträgliche Änderungen ankommt (§ 38 StaRUG i.V.m. § 261 Abs. 3 Nr. 2 ZPO: »perpetuatio fori«).[3] Ab dem Zeitpunkt des Anzeigeeingangs gilt nach § 38 StaRUG i.V.m. § 261 Abs. 3 Nr. 1 ZPO zudem eine Rechtshängigkeitssperre.[4]

4 In erster Linie richtet sich die Zuständigkeit nach dem Mittelpunkt der selbstständigen wirtschaftlichen Tätigkeit (sog. COMI = centre of main interests) des Schuldners.[5] Nur in wenigen Ausnahmefällen kann bei Restrukturierungssachen auf den allgemeinen Gerichtsstand abzustellen sein.

33 Vgl. Braun-*Baumert*, StaRUG, § 34 Rn. 8.
34 Vgl. Braun-*Baumert*, StaRUG, § 34 Rn. 8.
1 Uhlenbruck-*Pape*, InsO, § 3 Rn. 2; K. Schmidt-*Stephan*, InsO, § 3 Rn. 1; BeckOK-StaRUG/*Kramer*, § 35 Rn. 1.
2 Zu 3 InsO: u.a. HambKomm-InsR/*Rüther* § 3 Rn. 2.
3 Braun-*Baumert*, StaRUG, § 35 Rn. 2; zu § 3 InsO: BGH, ZInsO 2007, 440; BGH, NJW-RR 2007, 1062; OLG Celle, ZIP 2001, 469.
4 Vgl. zu § 3 InsO: BayObLG, ZInsO 2004, 1142; BeckOK-StaRUG/*Kramer* § 38 Rn. 51.
5 Braun-*Baumert*, StaRUG, § 3 Rn. 3; BeckOK-StaRUG/*Kramer* § 35 Rn. 2; zu § 3 InsO: vgl. OLG Köln, ZIP 2000, 672; Uhlenbruck-*Pape* § 3 Rn. 3; K/P/B-*Prütting* § 3 Rn. 7.

Das Gericht hat nach § 39 Abs. 1 Satz 1 von Amts wegen die örtliche Zuständigkeit zu prüfen; es gilt der Maßstab des § 286 ZPO.[6] Entgegen dem ersten Verständnis, ist das Gericht nicht verpflichtet, ohne konkrete Anhaltspunkte »ins Blaue hinein« Ermittlungen anzustellen.[7] Vielmehr ist zu differenzieren: Trägt der Schuldner bei seiner Anzeige nach § 31 Abs. 1 keine Umstände vor, die eine Zuständigkeit des Gerichts begründen, hat das Gericht die Restrukturierungssache gem. § 33 Abs. 1 Nr. 2 aufzuheben. Davor hat das Gericht dem Schuldner einen richterlichen Hinweis zu erteilen und eine angemessene Frist zur Nachbesserung zu setzen.[8] Trägt hingegen der Schuldner zuständigkeitsbegründende Umstände vor, ist das Gericht nicht stets verpflichtet, das Vorbringen von Amts wegen nachzuprüfen. Nur wenn sich für das Gericht kein eindeutiges Bild ergibt, greift die Amtsermittlungspflicht.[9] Welche Maßnahmen das Restrukturierungsgericht im Einzelfall zur Ermittlung seiner Zuständigkeit anordnet, ist in sein pflichtgemäßes Ermessen gestellt. Es fordert ggf. weitere Unterlagen an oder beauftragt einen Sachverständigen bzw. erteilt einen entsprechenden Auftrag an den Restrukturierungsbeauftragten nach § 73 Abs. 3.[10] 5

II. Mittelpunkt der wirtschaftlichen Tätigkeit

§ 35 Satz 1 stellt – wie auch § 3 Abs. 1 InsO – auf die selbstständige wirtschaftliche Tätigkeit des Schuldners ab. Maßgeblich sind die tatsächlichen Gegebenheiten.[11] Schuldner kann auch eine natürliche Person sein, soweit sie selbstständig wirtschaftlich tätig ist. Unter einer selbstständigen wirtschaftlichen Tätigkeit versteht man jede auf Gewinnerzielung gerichtete Tätigkeit in nicht abhängiger Stellung, ohne dass tatsächlich ein Gewinn erzielt werden muss.[12] Ein »Gewerbe« im Rechtssinne ist nicht erforderlich.[13] 6

Für die Bestimmung des wirtschaftlichen Mittelpunkts ist eine Einzelfallbetrachtung der jeweiligen Umstände vorzunehmen.[14] Dafür kann insbesondere auf folgende Indizien[15] abgestellt werden: 7
- Geschäftsführung (operatives Geschäft),
- strategische Entscheidung,
- eigene Aufgabenbereiche, Weisungsabhängigkeit,
- Entscheidung über das Budget,
- Lage der Geschäftsbücher und Unterlagen,
- Rechnungswesen,
- Controlling,
- IT Dienstleistung,
- Einkauf,
- Verkauf,
- eigene Vertragsbeziehungen zu Lieferanten, Kunden, Banken, Versicherungen, Immobilien/Ort des jeweiligen Vertragsschlusses,
- Mahnwesen, Abwicklung von Gewährleistung, Rechtsabteilung,
- Abwicklung des Zahlungsverkehrs (Cash-Pool, Gewinnabführungsvertrag),
- Personalwesen,

6 *Vallender*, ZRI 2021, 165, 166; OLG Schleswig, ZInsO 2016, 231; OLG Frankfurt am Main, ZInsO 2005, 822.
7 MK-StaRUG/*Vuia*, § 35 Rn. 22.
8 *Frind* NZI 2021, 609 (610); Uhlenbruck/*Pape*, InsO § 3 Rn. 18; MK-StaRUG/*Vuia*, § 35 Rn. 21.
9 Vgl. zur Amtsermittlungspflicht im StaRUG: *Vallender*, ZRI 2021, 165, 168; BeckOK-StaRUG/*Kramer*, § 35 Rn. 26; MK-StaRUG/*Vuia*, § 35 Rn. 22.
10 *Vallender*, ZRI 2021, 165, 167.
11 BayObLG, ZIP 2004, 2375; HambKomm-InsR/*Rüther* § 3 Rn. 8.
12 Vgl. dazu zu § 3 InsO: OLG Hamm, ZInsO 1999, 533; HambKomm-InsR/*Rüther* § 3 Rn. 9.
13 Vgl. Braun-*Baumert*, StaRUG, § 35 Rn. 4; Uhlenbruck-Pape § 3 Rn. 4.
14 Vgl. Braun-*Baumert*, StaRUG, § 35 Rn. 5.
15 Indizien aus Pluta, Gutachten zur örtlichen Zuständigkeit des Insolvenzgerichts im Verfahren über das Vermögen der Quelle GmbH, ZInsO 2009, 2188, 2291.

- Öffentlichkeitsarbeit,
- zuständiges Finanzamt,
- Gewerbeerlaubnis,
- zuständige Banken.

8 Anhand der Eintragung des Sitzes im Handelsregister kann vermutet werden, dass dort auch der wirtschaftliche Mittelpunkt des Schuldners liegt. Hierbei handelt es sich allerdings um eine widerlegliche Vermutung.[16]

9 Für die Bestimmung des Mittelpunkts der wirtschaftlichen Tätigkeit ist der Ort maßgeblich, an dem die Willensbildung stattfindet.[17]

III. Allgemeiner Gerichtsstand

10 Ist der Schuldner eine natürliche Person und nicht selbstständig wirtschaftlich tätig, ist er auch nicht nach § 30 restrukturierungsfähig. Eine Restrukturierungsfähigkeit ist i.d.R. auch dann nicht mehr gegeben, wenn der Schuldner die wirtschaftliche Tätigkeit nicht mehr ausübt oder diese bereits eingestellt ist.[18]

11 Ist der Schuldner eine natürliche Person, wird der allgemeine Gerichtsstand gem. § 13 ZPO nach seinem Wohnsitz (§ 7 BGB) bestimmt. Liegen ausnahmsweise mehrere gewillkürte Wohnsitze vor, besteht ein Wahlrecht des Schuldners.[19] Bei juristischen Personen[20] oder Gesellschaften ohne Rechtspersönlichkeit ist gem. § 17 ZPO der Sitz der Verwaltung maßgeblich.

12 Eine besondere praktische Bedeutung kommt dem in § 35 Satz 1 enthaltenen Verweis auf den allgemeinen Gerichtsstand nicht zu.[21] Wie bei § 3 InsO ist der wirtschaftliche Mittelpunkt entscheidend.[22] Auf den allgemeinen Gerichtsstand kann es allenfalls ausnahmsweise dann ankommen, wenn die wirtschaftliche Tätigkeit (vorübergehend) eingestellt worden ist, eine Sanierungsfähigkeit nach § 30 aber trotzdem noch gegeben ist.[23]

C. Verfahrenshinweise

I. Verweisung

13 Die Vorschrift selbst sieht keine Regelung zur Verweisung vor, falls die Anzeige bei einem unzuständigen Gericht eingeht. Nach § 38 StaRUG i.V.m. § 281 ZPO ist auf Antrag des Schuldners eine Verweisung an das zuständige Gericht möglich (siehe vertiefend § 34 Rdn. 15).

14 Erklären sich die nacheinander angerufenen Gerichte alle für unzuständig und liegt damit ein negativer Kompetenzkonflikt[24] vor, ist dieser durch eine Bestimmung des nächsthöheren Gerichts gem. § 38 StaRUG i.V.m. §§ 36, 37 ZPO zu klären.

II. Mehrfachzuständigkeit

15 Gibt es ausnahmsweise mehrere örtlich zuständige Gerichte, z.B. durch mehrfache Wohnsitze, hat der Schuldner ein Wahlrecht gem. § 38 Satz 1 StaRUG i.V.m. § 35 ZPO. Ausgeübt wird dieses

---

16 K/P/B-*Prütting* § 3 Rn. 15.
17 Vgl. Braun-*Baumert*, StaRUG, § 35 Rn. 5 m.w.N.
18 Morgen-*Blankenburg* § 35 Rn. 6.
19 Vgl. BeckOK-StaRUG/*Kramer* § 35 Rn. 9; krit.: Uhlenbruck-*Zipperer*, § 35 StaRUG Rn. 3.
20 BayOLG, ZInsO 2001, 517; MK-Ganter/*Bruns* § 3 Rn. 10a.
21 So auch Braun-*Baumert*, StaRUG, § 35 Rn. 7.
22 Vgl. Braun-*Baumert*, StaRUG, § 35 Rn. 7.
23 So auch Morgen-*Blankenburg* § 35 Rn. 12.
24 Vgl. BeckOK-StaRUG/*Kramer* § 35 Rn. 25.

Wahlrecht durch die Anzeige der Restrukturierungssache bei Gericht.[25] Mit Anzeige wird die Restrukturierungssache gem. § 31 Abs. 3 rechtshängig, wodurch das Wahlrecht erlischt.[26] Nur durch Zurücknahme der Anzeige kann der Schuldner sein Wahlrecht wiederaufleben lassen, um gegebenenfalls die Restrukturierungssache bei dem anderen örtlich zuständigen Gericht anzuzeigen.[27] Besteht aus Sicht des Schuldners ein Wahlrecht, so bietet es sich an, in der Anzeige gem. § 31 hierzu auszuführen. Nur so kommt der Schuldner seiner Pflicht nach, in seiner Anzeige alle für die Feststellung der Zuständigkeit relevanten Tatsachen anzugeben.[28] Mehrfachzuständigkeiten können vermieden werden, wenn die Möglichkeit eines Vorprüfungstermins gem. § 46 wahrgenommen wird, in dem insbesondere über Fragen der Zuständigkeit gesprochen wird. Zu diesem ist die Gesamtheit der Planbetroffenen zu laden (§§ 46 Abs. 1 Satz 3, 45 Abs. 3 Satz 1).[29]

III. Gefahr: Forum Shopping

Kritik erfährt die Vorschrift des § 35, da die Gefahr besteht, dass es im Inland vermehrt zu »Forum Shopping« kommen könnte, indem Schuldner vor der Anzeige der Restrukturierungssache noch ihren Sitz verlegen.[30] Die Gefahr der Zuständigkeitserschleichung, um z.B. ein Verfahren bei einem schuldnerfreundlicheren Gericht zu führen, wird durch eine genaue Zuständigkeitsprüfung des angerufenen Gericht minimiert.[31] Eine bewusste Zuständigkeitsmanipulation durch Verlegung des Sitzes/Mittelpunktes der wirtschaftlichen Tätigkeit, um eine bestimmte Zuständigkeit herbeizuführen, begründet nicht die Zuständigkeit des angerufenen Gerichts.[32] § 35 ist daher zum Schutz der Ausschließlichkeit des Gerichtsstandes teleologisch dahin gehend auszulegen, dass ausnahmsweise nicht die tatsächlichen Umstände maßgeblich sind, wenn diese nur künstlich zur Bestimmung der Zuständigkeit hergestellt worden sind.[33] Von den vorstehenden Ausführungen losgelöst bietet § 37 für Schuldner, die einer Unternehmensgruppe im Sinne des § 3e InsO angehören, die gesetzliche Möglichkeit eines Forum-Shoppings bei den Gerichten, deren Zuständigkeit sich infolge der Struktur der Unternehmensgruppe ergibt. 16

IV. Auswirkungen auf spätere Insolvenzverfahren

Die Zuständigkeit gem. § 35 entfaltet auch Wirkung für ein etwaiges späteres Insolvenzverfahren. Hat der Schuldner innerhalb der letzten 6 Monate vor Antragstellung Instrumente nach § 29 in Anspruch genommen, ist nach § 3 Abs. 2 InsO das Insolvenzgericht örtlich zuständig, welches als Restrukturierungsgericht auch für das Restrukturierungsverfahren zuständig war. 17

V. Internationale Zuständigkeit

Die EuInsVO findet dann Anwendung auf eine Restrukturierungssache, wenn der Schuldner beantragt, dass öffentliche Bekanntmachungen erfolgen sollen, § 84 Abs. 1 Satz 1. Bereits in der ersten Entscheidung hat das Restrukturierungsgericht die Gründe anzugeben, auf denen die internationale Zuständigkeit des Gerichts beruht (§ 84 Abs. 2 Satz 1 Nr. 1) und zudem, ob die Zuständigkeit aus Art. 3 Abs. 1 oder Abs. 2 EuInsVO folgt (§ 84 Abs. 2 Satz 1 Nr. 2). 18

25 Vgl. BeckOK-StaRUG/*Kramer* § 35 Rn. 22.
26 Zu § 3 InsO: MK-InsO/*Ganter*/*Bruns* § 3 Rn. 20.
27 Vgl. dazu ausführlicher: BeckOK-StaRUG/*Kramer* § 35 Rn. 22.
28 Siehe oben Fn. 9 bzw. Rdn. 5.
29 Uhlenbruck-*Zipperer*, InsO, § 35 StaRUG Rn. 8.
30 Braun-*Baumert*, StaRUG, § 35 Rn. 10 f.; Morgen-*Blankenburg* § 35 Rn. 20; zur Manipulationsanfälligkeit: *Frind*, ZInsO 2020, 2241, 2244.
31 Vgl. Morgen-*Blankenburg* § 35 Rn. 21.
32 Vgl. BeckOK-StaRUG/*Kramer* § 35 Rn. 36.
33 Vgl. BeckOK-StaRUG/*Kramer* § 35 Rn. 36.

19 Die EuInsVO selbst geht jedenfalls auch ausdrücklich davon aus, dass Restrukturierungsverfahren Insolvenzverfahren im Sinne der EuInsVO sein kann.[34]

20 Nach Aufnahme der Sanierungsverfahren und der Sanierungsmoderation in Anhang A, richtet sich die internationale Zuständigkeit bei Verfahren im Sinne der EuInsVO nach Art. 3 EuInsVO. Art. 3 Abs. 1 Unterabs. 1 Satz 1 EuInsVO bestimmt, dass, – ähnlich den Regelungen der InsO – die örtliche Zuständigkeit anhand des Mittelpunktes der hauptsächlichen Interessen des Schuldners (COMI = centre of main interests), bestimmt wird. Den Mittelpunkt der hauptsächlichen Interessen des Schuldners definiert Art. 3 Abs. 1 Unterabs. 2 Satz 1 EuInsVO als den Ort, an dem der Schuldner gewöhnlich der Verwaltung seiner Interessen nachgeht und der für Dritte feststellbar ist. Gem. Art. 3 Abs. 1 Unterabs. 2 EuInsVO wird jedoch bei Gesellschaften oder juristischen Personen bis zum Beweis des Gegenteils vermutet, dass der Mittelpunkt ihrer hauptsächlichen Interessen der Ort ihres Sitzes ist, wobei diese Annahme nur gilt, wenn der Sitz nicht in einem Zeitraum von drei Monaten vor Antragstellung bzw. bei Restrukturierungssachen vor Anzeige, in einen anderen Mitgliedstaat verlegt wurde, um einem Forum-Shopping vorzubeugen (Art. 3 Abs. 1 Unterabs. 2 Satz 2 EuInsVO). Für Einzelheiten wird im Übrigen auf die Kommentierungen zu Art. 3 EuInsVO verwiesen.

21 Restrukturierungsverfahren, für die der Schuldner keinen Antrag gem. § 84 Abs. 1 stellt, sind als nicht öffentliche Verfahren zu führen. Die EuInsVO findet keine Anwendung.[35] Außerhalb der EuInsVO bestimmt sich die Zuständigkeit nach § 35 analog.[36] Die Zuständigkeit liegt dann bei inländischen Gerichten, wenn der Schuldner seinen allgemeinen Gerichtsstand oder abweichend davon den Mittelpunkt seiner wirtschaftlichen Tätigkeit im Inland hat.[37]

§ 36 Einheitliche Zuständigkeit

Für alle Entscheidungen und Maßnahmen in der Restrukturierungssache ist die Abteilung zuständig, die für die erste Entscheidung zuständig war.

Übersicht

A. Normzweck

1 Die Vorschrift soll vermeiden, dass sich während der Rechtshängigkeit die Zuständigkeit einer Abteilung am Restrukturierungsgericht ändert. Dieselbe Abteilung soll durchgängig über alle Instrumente und Verfahrensfragen entscheiden.[1] Einer Zuständigkeitszersplitterung durch Geschäftsverteilungspläne soll vorgebeugt werden.[2] Mögliche Zuständigkeitsprobleme, etwa bei Vertretungsfragen, sollen vermieden werden.[3]

2 Angelehnt ist die Vorschrift an § 3c InsO zur Zuständigkeitskonzentration von Gruppen-Folgeverfahren, welche aufgrund einer Änderung durch das SanInsFoG nun ebenfalls auf die Abteilung und nicht auf den Richter abstellt.[4] Personenidentität ist damit in beiden Fällen nicht gewährleistet.

---

34 Vgl. Art. 6 Abs. 8 Uabs. 2, Erwägungsgrund 13 der Restrukturierungsrichtlinie.

35 MK-StaRUG/*Vuia*, § 35 Rn. 45; *Thole*, ZIP 2021, 2153 (2154).

36 Vgl. Morgen-*Blankenburg* § 35 Rn. 27; zu § 3 InsO: AG Düsseldorf, NZI 2017, 63, AG Düsseldorf 09.06.2016 – 513 IK 175/15].

37 Vgl. MK-InsO/*Ganter*/*Bruns* § 3 Rn. 24; Doppelfunktionalität der Regelungen zur örtlichen Zuständigkeit: vgl. K/P/B-*Prütting* § 3 Rn. 33.

1 Begr. RegE, BT-Drucks. 19/24181, S. 142142.

2 Vgl. dazu Morgen-*Blankenburg* § 36 Rn. 1; BeckOK-StaRUG/*Kramer*, § 36 Rn. 1; zu § 3c InsO: K/P/B-*Prütting* § 3c Rn. 2; Uhlenbruck-*Pape* § 3c Rn. 1.

3 Begr. RegE, BT-Drucks. 19/24181, S. 142.

4 Vgl. Morgen-*Blankenburg* § 36 Rn. 1.

Der Gesetzgeber hatte zunächst noch wie bei § 3c InsO a.F. auf den Richter und nicht auf die Abteilung abgestellt. Diese Regelung wurde kritisiert, da die Zuständigkeit auch im Fall der Urlaubs- oder Krankheitsvertretung weiterhin beim Vertreter gelegen hätte.[5] Die Kritik wurde aufgegriffen und umgesetzt, sodass nunmehr auf die Abteilung abgestellt wird.[6] Ausweislich der Begründung soll i.d.R. aber weiterhin derselbe Richter tätig werden.[7] Teilweise wird vertreten, dass eine Anknüpfung an die Zuständigkeit des vorsitzenden Richters einer Abteilung gemäß Geschäftsverteilungsplan besser gewesen wäre, da es auch Abteilungen mit mehreren Richtern gibt.[8] 3

B. Norminhalt

Die Vorschrift bezieht sich auf alle Entscheidungen und Maßnahmen in einer rechtshängigen Restrukturierungssache. 4

Die Rechtshängigkeit tritt mit Eingang der Anzeige beim Restrukturierungsgericht ein (vgl. § 31 Abs. 3), ohne dass eine gesonderte Zulässigkeitsentscheidung erforderlich ist.[9] 5

Die Geschäftsverteilungspläne der Gerichte werden durch die Vorschrift verdrängt bzw. durchbrochen[10] und eine gesetzliche Geschäftsverteilung mit dem zwingenden gesetzlichen Richter festgelegt.[11] Zugleich stellt § 36 aber auch klar, dass die Abteilungszuständigkeit nur dann permanent und umfassend ist, wenn die Abteilung nach dem Geschäftsverteilungsplan im Zeitpunkt der Rechtshängigkeit der Restrukturierungssache zuständig war.[12] Ob § 36 auch gilt, wenn der zuerst mit der Restrukturierungssache befasste Richter unzuständig war, wird unterschiedlich beurteilt. Für eine Anwendung der Norm kann nicht dem Prinzip »berührt, geführt« gefolgt werden.[13] Obwohl der Wortlaut eine Unzuständigkeit des zuerst befassten Richters zulässt, wenn schon Verfahrensmaßnahmen oder -entscheidungen getroffen wurden,[14] erfasst § 36 den unzuständigen Erstrichter nicht, da er nicht der gesetzliche Richter (Art. 101 Abs. 1 Satz 2 GG) ist.[15] Andernfalls würde man der Gefahr von Missbrauch ausgesetzt, wenn auf diese Art und Weise das Verfahren dem unzuständigen Richter anhängen würde.[16] 6

Fraglich bleibt, ob ein Geschäftsverteilungsplan die Zuständigkeit eines Richters vorsehen kann. Dies dürfte mit dem Gesetzeswortlaut nicht vereinbar sein. Während der Referentenentwurf noch die einheitliche Zuständigkeit des vorsitzenden Abteilungsrichters vorsah, wurde dies nicht umgesetzt. Grund dafür ist, dass praktische Umsetzungsschwierigkeiten, wie Verhinderungen aufgrund von Krankheit, Urlaub etc. vermieden werden sollen.[17] Für den Vertretungsrichter wird somit speziell keine Zuständigkeit begründet.[18] Kritisch wird angeführt, dass eine Zuständigkeitsbestimmung für den Fall, dass eine Richterabteilung aus mehreren Richtern besteht, unmöglich würde.[19] Hier kann 6a

5 BAKinso Stellungnahme vom 18.09.2020 zum RefE SanInsFoG, 6 (VI. Nr. 3).

6 Vgl. Braun-*Baumert*, StaRUG, § 36 Rn. 3 unter Verweis auf *Frind*, ZInsO 2020, 2244; *Vallender*, ZInsO 2020, 2579, 2581; Morgen-*Blankenburg*, § 36 Rn. 1.

7 Begr. RegE, BT-Drucks. 19/24181, S. 142.

8 BAKinso Stellungnahme vom 18.09.2020 zum RefE SanInsFoG, 6 (VI. Nr. 3), vgl. auch: Braun-*Baumert*, StaRUG, § 36 Rn. 3 unter Verweis auf *Frind*, ZInsO 2020, 2244; *Vallender*, ZInsO 2020, 2579, 2581.

9 Vgl. Braun-Haffa/*Schuster*, StaRUG, § 31 Rn. 22.

10 K/P/B-*Prütting* § 3c Rn. 2.

11 Vgl. Morgen-*Blankenburg* § 36 Rn. 5.

12 BeckOK-StaRUG/*Kramer*, § 36 Rn. 13.

13 BeckOK-StaRUG/*Kramer*, § 36 Rn. 13; Uhlenbruck-*Zipperer*, § 36 StaRUG Rn. 3.

14 Uhlenbruck-*Zipperer*, § 36 StaRUG Rn. 3; BeckOK-StaRUG/*Kramer*, § 36 Rn. 13.

15 BeckOK-StaRUG/*Kramer*, § 36 Rn. 13.

16 Uhlenbruck-*Zipperer*, § 36 StaRUG Rn. 3.

17 BeckOK-StaRUG, *Kramer*, § 36 Rn. 8; Uhlenbruck-*Zipperer*, § 36 StaRUG Rn. 5.

18 BeckOK-StaRUG, *Kramer*, § 36 Rn. 8; Uhlenbruck-*Zipperer*, § 36 StaRUG Rn. 5; krit.: P/R/S/*Pannen*, StaRUG, § 36 Rn. 16.

19 *Frind*, ZInsO 2020, 2241, 2244; *Vallender*, ZInsO 2020, 2579, 2581.

allerdings eine Aufteilung über ein Ordnungsnummernsystem erfolgen, was eine Zuständigkeitsbestimmung auch bei mehreren Richtern innerhalb einer Abteilung ermöglicht. Da regelmäßig nur ein Richter innerhalb einer Abteilung zuständig ist, wird sich diese Frage nur selten stellen.

6b Bei einem Abteilungswechsel des zuständigen Richters könnte es zweckwidrig sein, den Richter trotz dessen nicht als zuständigen Abteilungsrichter für die Restrukturierungssache zu behalten.[20] Ziel der Norm ist jedoch, dass in derselben Sache durchgängig dieselbe Abteilung tätig wird (siehe Rdn. 1). Es wurde ausdrücklich von einer Zuständigkeit an einen bestimmten Richter abgewichen. Somit dürfte eine Zuständigkeit des die Abteilung wechselnden Richters weder dem genauen Normzweck noch dem Wortlaut entsprechen.[21] Eine andere Ansicht wäre auch hinsichtlich Art. 101 Abs. 1 Satz 2 GG bedenklich, da die Bestimmung des gesetzlichen Richters durch Änderung des Abteilungsvorsitzes beeinflusst werden könnte.[22] Diese Problematik wird sich, aufgrund ihrer Seltenheit, ebenfalls kaum stellen.

7 Bedauerlich ist, dass der Gesetzgeber eine planwidrige Regelungslücke geschaffen hat, indem das StaRUG keine dem § 10a InsO und damit auch keine dem § 10a Abs. 3 InsO entsprechende Regelung kennt. Das Vorgespräch dient gerade in komplexen Sanierungsangelegenheiten der Planungssicherheit des Verfahrens für den Schuldner und andere Verfahrensbeteiligte. Insoweit und wegen der vollkommen vergleichbaren Interessenlage des Schuldners wäre gerade in Restrukturierungssachen ein Vorgespräch mit einer entsprechenden Bindungswirkung des § 10a Abs. 3 InsO in Bezug auf die Zuständigkeit für die das Vorgespräch führende Abteilung förderlich. Da davon auszugehen ist, dass der Gesetzgeber die Regelung eines Vorgesprächs im StaRUG schlicht übersehen hat, besteht insoweit eine (planwidrige) Regelungslücke. Die Interessenlage ist zudem vollkommen identisch. Daher ist **§ 10a InsO**[23] analog auf das StaRUG mit der Folge anzuwenden, dass die einheitliche Zuständigkeit des § 36 auf den Zeitpunkt des Vorgesprächs gem. § 10a Abs. 3 InsO analog vorverlagert wird, soweit die Abteilung nach dem Geschäftsverteilungsplan für die Restrukturierungssache zuständig war.

8 Sämtliche gerichtlichen Entscheidungen und Maßnahmen, die in einer Restrukturierungssache ergehen, werden von derselben Abteilung getroffen. Davon umfasst sind sowohl Entscheidungen über die Instrumente (§§ 29 ff.) als auch sonstige Entscheidungen (z.B. Bestellung des Restrukturierungsbeauftragten, Sachverständigenbestellungen oder Terminierungen).[24] Es wird kritisiert, dass durch den Begriff »Maßnahmen«, die begriffliche Grenze zur Entscheidung verschwimme, da der Begriff Maßnahmen im StaRUG nicht legaldefiniert sei und ansonsten im Zusammenhang mit Handlungen des Schuldners oder Organen, Gläubigern hinsichtlich nichtgerichtlicher Stabilisierungs- und Restrukturierungsmittel verwendet werde.[25] Da jedoch im Allgemeinen klar ist, dass die Vorschrift lediglich sicherstellen soll, dass die von Beginn an bzw. vom Vorgespräch an für die Anzeige der Restrukturierungssache zuständige Abteilung das Verfahren umfassend bearbeitet, dürfte dies bei pragmatischer Betrachtung in der Praxis nicht zu Problemen führen.

9 Die Norm hat lediglich für den Fall, dass zunächst eine Sanierungsmoderation (Az.: SAN) anhängig war und anschließend ein Übergang in den Stabilisierungs- und Restrukturierungsrahmen (Az.: RES) erfolgt, konstitutive Wirkung.[26] Für diesen Fall gewährleistet § 36 die Bearbeitung aus einer Abteilung heraus. Die Vorschrift dient im Übrigen – anders als § 3c InsO – nur der Klarstellung, da eine Restrukturierungssache nur unter einem einheitlichen Aktenzeichen und damit auch nur bei einer Abteilung geführt wird.[27] In der Gesetzesbegründung wird die Restrukturierungssache als

20 BeckOK-StaRUG/*Kramer*, § 36 Rn. 9.
21 A.A.: BeckOk-StaRUG/*Kramer*, § 36 TRn. 9.
22 Ebenso MK-StaRUG/*Vuia*, § 36 Rn. 4.
23 A.A.: BeckOK-StaRUG/*Kramer*, § 36 Rn. 20.
24 Vgl. Morgen-*Blankenburg* § 36 Rn. 4.
25 Vgl. BeckOK-StaRUG/*Kramer*, § 36 Rn. 3.
26 Flöther-*Laroche*, StaRUG, § 36 Rn. 4.
27 Vgl. Morgen-*Blankenburg* § 36 Rn. 5.

eine »zuständigkeitsrechtliche Einheit«[28] bezeichnet. Auch ohne diese Vorschrift verbliebe die Restrukturierungssache bei einem Richterwechsel in der Abteilung.

Anhaltspunkte, dass die Vorschrift auch die Zuständigkeit für Folgeverfahren, bei denen bereits eine Restrukturierungssache anhängig war, regeln soll, enthält der Wortlaut nicht. Vielmehr wird nur auf die konkrete Restrukturierungssache abgestellt.[29] Eine entsprechende Regelung könnte sinnvollerweise aber in den Geschäftsverteilungsplänen der Gerichte vorgesehen werden[30], um z.B. etwaige unternehmensspezifische oder verfahrensspezifische Kenntnisse der Abteilung aus der vorangegangenen Restrukturierungssache auch für die Folgeverfahren, bspw. bei einer Entscheidung nach § 33 Abs. 2 Nr. 4 nutzbar zu machen. 10

§ 37 Abs. 1 ergänzt die einheitliche Zuständigkeit auf Gruppen-Folgeverfahren.[31] Die Abteilung ist dann für die die Zuständigkeit begründende Restrukturierungssache als auch für spätere Gruppen-Folgeverfahren zuständig. 11

§ 37 Gruppen-Gerichtsstand

(1) Auf Antrag eines Schuldners, der einer Unternehmensgruppe im Sinne des § 3e der Insolvenzordnung angehört (gruppenangehöriger Schuldner), erklärt sich das angerufene Restrukturierungsgericht für Restrukturierungssachen anderer gruppenangehöriger Schuldner (Gruppen-Folgeverfahren) für zuständig, wenn dieser Schuldner einen zulässigen Antrag in der Restrukturierungssache gestellt hat und er nicht offensichtlich von untergeordneter Bedeutung für die gesamte Unternehmensgruppe ist.

(2) § 3a Absatz 1 Satz 2 bis 4, Absatz 2, die §§ 3b, 3c Absatz 1, § 3d Absatz 1 Satz 1, Absatz 2 Satz 1 und § 13a der Insolvenzordnung gelten entsprechend.

(3) Auf Antrag des Schuldners erklärt sich unter den Voraussetzungen des Absatzes 1 das für Gruppen-Folgeverfahren in Restrukturierungssachen zuständige Gericht als Insolvenzgericht auch für Gruppen-Folgeverfahren in Insolvenzsachen nach § 3a Absatz 1 der Insolvenzordnung für zuständig.

Übersicht

28 Begr. RegE, BT-Drucks. 19/24181, S. 133.
29 Vgl. Morgen-*Blankenburg* § 36 Rn. 7.
30 Vgl. Morgen-*Blankenburg* § 36 Rn. 7.
31 Vgl. BeckOK-StaRUG/*Kramer*, § 36 Rn. 10; vgl. dazu auch § 37 Rdn. 1.

A. Normzweck

1 Die Vorschrift schafft für Schuldner, bei denen es sich um gruppenangehörige Unternehmen im Sinne von § 3e InsO handelt, einen zusätzlichen und einheitlichen Gruppen-Gerichtsstand. Mit der Vorschrift, die an die Regelungen zum Gruppen-Gerichtsstand in §§ 3a ff. InsO anknüpft, soll die Restrukturierung von Unternehmensgruppen vereinfacht werden. Eine zweckmäßige Restrukturierung von Unternehmensgruppen erfordert eine Abstimmung der Sanierungskonzepte der einzelnen gruppenangehörigen Unternehmen. Diese Abstimmung wird wesentlich erleichtert, wenn dasselbe Gericht die Restrukturierungssachen aller gruppenangehörigen Unternehmen betreut.[1] Durch die Vorschrift werden zudem uneinheitliche Entscheidungen vermieden.[2] Deshalb hat der Gesetzgeber nach dem Vorbild der insolvenzverfahrensrechtlichen Bestimmungen zum Gruppen-Gerichtsstand die schuldnerdispositive Möglichkeit geschaffen, sämtliche Restrukturierungen in einer Unternehmensgruppe in die Zuständigkeit eines Gerichts zu überführen.[3]

2 Wie auch im Rahmen der insolvenzverfahrensrechtlichen Vorbildbestimmungen, gilt grundsätzlich das Prioritätsprinzip: Jedes für ein gruppenangehöriges Unternehmen zuständige Restrukturierungsgericht kann sich auf Antrag eines gruppenangehörigen Unternehmens auch für die Restrukturierungssachen anderer gruppenangehöriger Unternehmen für zuständig erklären, sofern das antragstellende Unternehmen in der Gruppe nicht lediglich von untergeordneter Bedeutung ist.[4]

3 § 37 Abs. 2 übernimmt im Wege der Verweisung auf die insolvenzrechtlichen Vorschriften zum Gruppen-Gerichtsstand das bestehende Konzept der Insolvenzordnung. Anwendbar sind die Regelungen zur Konkretisierung des Begriffs der untergeordneten Bedeutung in der Unternehmensgruppe (§ 3a Abs. 1 Satz 2 und 4 InsO) und zur Auflösung der Konkurrenz zeitgleich gestellter Anträge (§ 3a Abs. 1 Satz 3 InsO). Auch bleibt ein einmal begründeter Gruppen-Gerichtsstand erhalten, wenn die Restrukturierungssache, aus welcher heraus dieser begründet wurde, aufgehoben wird (§ 3b InsO). Sichergestellt wird auch, dass für alle Gruppen-Folgeverfahren die Abteilung zuständig ist, die für die Restrukturierungssache zuständig ist, aus der heraus der Gruppen-Gerichtsstand begründet wurde (§ 3c Abs. 1 InsO). Zur Anwendung kommen schließlich auch die Verweisungsregelungen der § 3d Abs. 1 Satz 1 und Abs. 2 Satz 1 InsO sowie die in § 13a InsO normierten Anforderungen an den Antrag zur Begründung des Gruppen-Gerichtsstands.[5]

4 § 37 Abs. 3 schließlich kombiniert Restrukturierungssachen und Insolvenzverfahren gruppenangehöriger Schuldner. Dieses ist konsequent und praxisorientiert. Denn bei einer Konzernrestrukturierung

1 Begr. RegE, BT-Drucks. 19/24181, S. 142.
2 Jacoby/Thole-*Schluck-Amend*, § 37 Rn. 1.
3 Begr. RegE, BT-Drucks. 19/24181, S. 142.
4 Begr. RegE, BT-Drucks. 19/24181, S. 142.
5 Begr. RegE, BT-Drucks. 19/24181, S. 142.

kommen beide Verfahrensarten zur Bewältigung der wirtschaftlichen Schwierigkeiten der einzelnen Gruppengesellschaften – je nach Bedarf am Einsatz der Sanierungsinstrumente der InsO oder des StaRUG – in Betracht. Dabei umfasst der Konzentrationsantrag nach Abs. 1 bezüglich Restrukturierungssachen nicht den gesondert zu betrachtenden Konzentrationsantrag nach Abs. 3 auf Begründung eines Gruppen-Gerichtsstands für Insolvenzsachen im Gerichtsstand des angerufenen Restrukturierungsgerichts; ist auch insoweit eine Zuständigkeitserstreckung gewünscht, müssen zwei Konzentrationsanträge (nach Abs. 1 und Abs. 3) gestellt werden.[6]

B. Norminhalt

I. Gruppen-Gerichtsstand für Restrukturierungsverfahren (Abs. 1)

Gem. § 37 Abs. 1 kann sich das angerufene Restrukturierungsgericht auf Antrag eines Schuldners, 5
der einer Unternehmensgruppe im Sinne des § 3e InsO angehört (gruppenangehöriger Schuldner), für Restrukturierungssachen anderer gruppenangehöriger Schuldner (Gruppen-Folgeverfahren) für zuständig erklären, wenn dieser Schuldner einen zulässigen Antrag in der Restrukturierungssache gestellt hat und er nicht offensichtlich von untergeordneter Bedeutung für die gesamte Unternehmensgruppe ist. Die örtliche Zuständigkeit ist keine Zulässigkeitsvoraussetzung für den Konzentrationsantrag und nicht eigenständig zu prüfen. Das Restrukturierungsgericht hat seine Zuständigkeit nach § 35, unabhängig von einem Konzentrationsantrag, zu prüfen. Ist das Gericht örtlich unzuständig, hat es den Schuldner darauf hinzuweisen, andernfalls ist die Restrukturierungssache aufzuheben.[7]

1. Voraussetzungen

a) Antrag des Schuldners (Abs. 2 i.V.m. § 13a InsO)

Voraussetzung für die Begründung des Gruppen-Gerichtsstands gem. § 37 ist zunächst ein ent- 6
sprechender Antrag des Schuldners. Antragsberechtigt ist allein der Schuldner. Ist dieser eine juristische Person oder Gesellschaft ohne Rechtspersönlichkeit gelten die allgemeinen Vertretungsregelungen. Antragsberechtigt ist nur der Schuldner, der bereits einen zulässigen Antrag zur Inanspruchnahme eines Instruments des Stabilisierungs- und Restrukturierungsrahmens (§ 29 Abs. 2) gestellt hat. Auch wenn diese Voraussetzung dem Gesetzeswortlaut nicht zu entnehmen ist, ergibt sie sich jedenfalls als »Soll-Anweisung« aus der Gesetzesbegründung. Danach soll die Begründung des Gruppen-Gerichtsstands zweckmäßigerweise auch erst möglich sein, wenn die Zuständigkeit geklärt ist.[8] Die Bewirkung der Rechtshängigkeit der Restrukturierungssache durch eine Anzeige nach § 31 Abs. 1 genügt danach nicht.[9] Erst, wenn der Schuldner ein solches Instrument in Anspruch nehmen will, prüft nach der Konzeption der Vorschriften zum präventiven Restrukturierungsrahmen das Restrukturierungsgericht die eigene Zuständigkeit. Deshalb erachtet es der Gesetzgeber für zweckmäßig, wenn die Begründung des Gruppen-Gerichtsstands erst ab einem Zeitpunkt möglich ist, zu dem das Gericht seine Zuständigkeit geprüft hat.[10]

Die inhaltlichen Vorgaben an den Antrag ergeben sich aus § 13a InsO, auf den in § 37 Abs. 2 aus- 7
drücklich verwiesen wird. Demnach sind in dem Antrag insbesondere die in § 13a Abs. 1 Nr. 1 bis 5 InsO normierten Angaben zu machen und dem Antrag die in § 13a Abs. 2 InsO aufgeführten Unterlagen beizufügen. Hierdurch soll dem Gericht die Prüfung ermöglicht werden, ob die Voraussetzungen für die Begründung des Gruppen-Gerichtsstands gem. § 3a InsO vorliegen; ob dem Antrag folglich stattzugeben ist.[11]

---

6 BeckOK-StaRUG/*Kramer*, § 37 Rn. 6.
7 MK-StaRUG/*Vuia*, § 37 Rn. 7.
8 Begr. RegE, BT-Drucks. 19/24181, S. 142.
9 Begr. RegE, BT-Drucks. 19/24181, S. 142.
10 Begr. RegE, BT-Drucks. 19/24181, S. 142.
11 Begr. RegE, BT-Drucks. 18/407, S. 29; HK-*Sternal* § 13a Rn. 1.

aa) Erforderliche Angaben und Unterlagen

(1) § 13a Abs. 1 Nr. 1 InsO

8 Gem. § 13a Abs. 1 Nr. 1 InsO hat der antragstellende Schuldner den Namen, Sitz, Unternehmensgegenstand sowie die Bilanzsumme und die durchschnittliche Zahl der Arbeitnehmer des letzten Geschäftsjahres der anderen gruppenangehörigen Schuldner anzugeben. Die Angaben betreffen also nicht den Schuldner selbst, sondern alle anderen der Unternehmensgruppe angehörenden Unternehmen, die für die Unternehmensgruppe nicht von untergeordneter Bedeutung sind. Hierdurch soll sichergestellt werden, dass der antragstellende Schuldner selbst nicht von untergeordneter Bedeutung für die Unternehmensgruppe ist und nur missbräuchlich einen Gruppen-Gerichtsstand begründen will.[12]

9 Wann ein Unternehmen für die Unternehmensgruppe von untergeordneter Bedeutung ist, definiert § 3a Abs. 1 Satz 2. Eine untergeordnete Bedeutung des Schuldners ist demnach **in der Regel** nicht anzunehmen, wenn im vorangegangenen abgeschlossenen Geschäftsjahr die Zahl der vom Schuldner im Jahresdurchschnitt beschäftigten Arbeitnehmer mehr als 15 % der in der Unternehmensgruppe im Jahresdurchschnitt beschäftigten Arbeitnehmer ausmachte **und** die Bilanzsumme des Schuldners mehr als 15 % der zusammengefassten Bilanzsumme der Unternehmensgruppe betrug **oder** die Umsatzerlöse des Schuldners mehr als 15 % der zusammengefassten Umsatzerlöse der Unternehmensgruppe betrugen.[13]

10 Der Gesetzgeber macht keine Vorgaben dazu, in welcher Form die Angaben gem. § 13a Abs. 1 Nr. 1 zu erfolgen haben. In der Praxis hat es sich bewährt, eine tabellarische Matrixaufstellung mit den Angaben dem Gruppengerichtsstand-Antrag beizufügen, sodass das Gericht auf einen Blick die relevanten Angaben und Zahlen (im TEUR-Format) überblicken kann.

11 Im Hinblick auf die Angabe des Namens sollte sichergestellt sein, dass das Gruppenmitglied zweifelsfrei im Rechtsverkehr identifiziert werden kann. In der Literatur wurde zutreffend darauf hingewiesen, dass es innerhalb einer Unternehmensgruppe oftmals zu Ähnlichkeiten kommen kann, und deshalb stets die Registernummer und die Rechtsform angegeben werden sollte.[14]

12 Hat das Gruppenmitglied mehrere Sitze (Satzungs- und Verwaltungssitz), sollten beide Sitze angegeben werden.[15]

13 Bei der in dem Antrag anzugebenden Bilanzsumme handelt es sich um die Summe der Aktivseite der Bilanz gem. § 267 Abs. 4a i.V.m. § 266 Abs. 2 HGB nach Abzug eines dort gegebenenfalls ausgewiesenen, nicht durch Eigenkapital gedeckten Fehlbetrags (§ 268 Abs. 3 HGB).[16]

14 Insbesondere die Angabe des Umsatzes dient dazu, gegenüber dem Gericht darzulegen, dass das Gruppenmitglied innerhalb der Unternehmensgruppe nicht von untergeordneter Bedeutung ist. Der Umsatz ergibt sich gem. §§ 275 Abs. 2, 277 HGB aus der Gewinn- und Verlustrechnung des Gruppenmitglieds. Zu beachten ist nach § 305 HGB die Konsolidierung der Konzern-Gewinn-und-Verlustrechnung.[17]

15 Die für den Antrag erforderliche Angabe der durchschnittlichen Arbeitnehmeranzahl des jeweiligen Gruppenmitglieds innerhalb des letzten Geschäftsjahres ist nach § 267 Abs. 5 HGB zu bestimmen.

---

12 K/P/B-*Holzer* § 13a Rn. 9; HK-*Sternal* § 13a Rn. 2; vgl. zu den Indizien für eine rechtsmissbräuchliche Erschleichung der örtlichen Zuständigkeit des Insolvenzgerichts (»German Property Group«) LG Bremen, ZIP 2021, 590.

13 Vgl. auch *Birnbreier*, NZI-Beilage 2018, 11, 13.

14 K/P/B-*Holzer* § 13a Rn. 11.

15 K/P/B-*Holzer* § 13a Rn. 12; Uhlenbruck-*Pape* § 13a Rn. 8.

16 K/P/B-*Holzer* § 13a Rn. 16; HambKomm-InsR/*Pannen*, § 13a Rn. 12.

17 K/P/B-*Holzer* § 13a Rn. 17; Uhlenbruck-*Pape* § 13a Rn. 10.

Für die Zahl der innerhalb des Konzerns beschäftigten Arbeitnehmer ist § 314 Abs. 1 Nr. 4 HGB maßgeblich.[18]

Insbesondere Holdinggesellschaften erfüllen das Regelbeispiel der 15 % der in der Unternehmensgruppe im Jahresdurchschnitt beschäftigten Arbeitnehmer selten. Trotzdem wird man bei der Holding bzw. Obergesellschaft einer Unternehmensgruppe regelmäßig annehmen müssen, dass diese offensichtlich von erheblicher Bedeutung für die gesamte Unternehmensgruppe und deren Wahrnehmung im Geschäftsverkehr ist, sodass die Regelbeispiele des § 3a Abs. 1 Satz 2 InsO insoweit keine Bedeutung haben. 16

(2) § 13a Abs. 1 Nr. 2 InsO: Gemeinsames Interesse der Gläubiger

Gem. § 13a Abs. 1 Nr. 2 müssen in dem Antrag die mit der Begründung des Gruppen-Gerichtsstands für die Gläubiger der gruppenangehörigen Unternehmen einhergehenden Vorteile dargelegt werden. Dabei reichen allgemeine Ausführungen zu den gesetzgeberischen Zielen der Kosteneinsparung und Steigerung der Sanierungschancen durch Koordination der Einzelverfahren nicht aus. Vielmehr sollten sich die erforderlichen Angaben nach § 13a Abs. 1 Nr. 2 InsO an dem konkreten Einzelfall orientieren. Bestehen zwischen den gruppenangehörigen Unternehmen Interessenkollisionen, sind diese ebenfalls darzustellen und es ist eine Abwägung mit den Interessen der Gläubiger vorzunehmen.[19] 17

Eine positive Feststellung, dass die Begründung des Gruppen-Gerichtsstands im gemeinsamen Interesse aller Gläubiger des Konzerns liegt, muss das Gericht nicht treffen. Vielmehr soll es ausreichen, wenn das Gericht zu der Überzeugung gelangt, dass dieses Interesse der Gläubiger nicht zweifelhaft ist. Nach Holzer wird das gemeinsame Interesse immer dann zu bejahen sein, wenn durch die Begründung des Gruppen-Gerichtsstands ein Mehrwert für alle Verfahren zu erwarten ist.[20] Bestehen Zweifel daran, dass die Begründung des Gruppen-Gerichtsstands im Interesse der Gläubiger liegt, kann das Gericht den Antrag ablehnen.[21] 18

Obwohl das Restrukturierungsverfahren nicht ausschließlich am Gläubigerinteresse ausgerichtet ist, kommt diesem im Rahmen der Verfahrenskonzentration über den in § 37 Abs. 2 normierten Verweis auf § 3a Abs. 2 InsO[22] eine eigenständige Bedeutung zu. Aufgrund dieser Verweisung kann nämlich auch das Restrukturierungsgericht den Antrag auf Begründung des Gruppen-Gerichtsstands ablehnen, wenn Zweifel daran bestehen, dass eine Verfahrenskonzentration am angerufenen Gericht im gemeinsamen Interesse der Gläubiger liegt. Folglich sollte – entgegen einer in der Literatur vertretenen Ansicht[23] – auch der Antrag nach § 37 Abs. 1 Angaben dazu enthalten, aus welchen Gründen eine Verfahrenskonzentration am angerufenen Gericht im gemeinsamen Interesse der Gläubiger liegt.[24] 19

(3) § 13a Abs. 1 Nr. 3 InsO: Fortführung oder Sanierung

Gem. § 13a Abs. 1 Nr. 3 hat der antragstellende Schuldner dem Gericht mitzuteilen, ob eine Fortführung und/oder Sanierung der Unternehmensgruppe oder jedenfalls eines Teils davon angestrebt wird. Diese Angaben dürften im Restrukturierungsverfahren allerdings überflüssig sein, denn das Restrukturierungsverfahren ist stets auf eine Sanierung ausgerichtet.[25] 20

---

18 K/P/B-*Holzer* § 13a Rn. 19; MK-InsO/*Vuia* § 13a Rn. 10.
19 NR-*Mönning* § 13a Rn. 7; Andres/Leithaus-*Leithaus* § 13a Rn. 6.
20 K/P/B-*Holzer* § 13a Rn. 21; vgl. HambKomm-InsR/*Pannen*, § 13a Rn. 16.
21 HK-*Sternal* § 13a Rn. 2.
22 Vgl. dazu unter Rdn. 39.
23 So etwa Morgen-*Blankenburg* § 37 Rn. 9, der die Angaben zum Gläubigerinteresse grds. für entbehrlich hält.
24 Zutreffend BeckOK-StaRUG/*Kramer*, § 37 Rn. 17 f.
25 Morgen-*Blankenburg* § 37 Rn. 10.

(4) **§ 13a Abs. 1 Nr. 4: Aufsichtspflichtige Unternehmen**

21 In dem Antrag ist außerdem anzugeben, bei welchem Gruppenunternehmen – unabhängig von seiner Bedeutung im Konzern – es sich um ein aufsichtspflichtiges Unternehmen im Sinne des Kreditwesengesetzes, des Kapitalanlagegesetzbuches, des Zahlungsdienstaufsichtsgesetzes oder des Versicherungsaufsichtsgesetzes handelt.[26] Diese Angaben sind auch im Restrukturierungsverfahren von Bedeutung, denn gem. § 30 Abs. 2 ist die Anwendbarkeit der §§ 29 ff. für aufsichtspflichtige Unternehmen im Sinne des § 1 Abs. 19 KWG ausgeschlossen.

(5) **§ 13a Abs. 1 Nr. 5 InsO: Eröffnete Insolvenzverfahren oder rechtshängige Restrukturierungsverfahren über das Vermögen von Gruppenmitgliedern**

22 Ferner muss der Schuldner das Restrukturierungsgericht darüber informieren, ob bereits über das Vermögen anderer Gruppenmitglieder Insolvenzanträge gestellt oder Insolvenzverfahren eröffnet wurden. Diese Angaben sind auch für das Restrukturierungsverfahren von Bedeutung. Der Schuldner sollte außerdem mitteilen, ob weitere Restrukturierungsverfahren rechtshängig sind, damit das Restrukturierungsgericht erkennen kann, ob Abstimmungsbedarf mit weiteren Restrukturierungsgerichten besteht.[27]

(6) **§ 13a Abs. 2 InsO: Letzter Konzernabschluss**

23 § 13a Abs. 2 InsO schreibt schließlich vor, dass dem Antrag auf Begründung eines Gruppen-Gerichtsstands der letzte konsolidierte Abschluss der Unternehmensgruppe beizufügen ist. Hierdurch soll das Gericht so gut wie möglich über die Unternehmensgruppe sowie deren Tätigkeit und Zusammensetzung informiert werden.[28]

24 Sind Konzernabschlüsse nicht vorhanden, so sollen jedenfalls die Jahresabschlüsse derjenigen gruppenangehörigen Unternehmen vorgelegt werden, die für die Unternehmensgruppe nicht von untergeordneter Bedeutung sind. Vorzulegen sind grundsätzlich geprüfte Abschlüsse. Sind jüngere Quartals- oder Halbjahresabschlüsse vorhanden, sollen nach dem gesetzgeberischen Willen auch diese vorgelegt werden.[29]

bb) Unvollständige oder fehlende Unterlagen

25 Sind die nach § 13a InsO dem Antrag beizufügende Angaben und Unterlagen unvollständig, führt dies nicht ohne Weiteres dazu, dass der Gruppen-Gerichtsstand nicht begründet werden kann.[30] Aus dem Fehlen der erforderlichen Angaben oder Unterlagen können sich für das Gericht aber Zweifel daran ergeben, ob der Gruppen-Gerichtsstand im gemeinsamen Interesse der Gläubiger liegt, wobei solche Zweifel das Gericht zur Abweisung des Antrags gem. § 37 Abs. 2 i.V.m. § 3a Abs. 2 InsO veranlassen können.[31]

b) Gruppenangehörigkeit des Schuldners

26 Als weitere Voraussetzung für die Begründung des Gruppen-Gerichtsstands normiert § 37 Abs. 1, dass der Schuldner einer Unternehmensgruppe i.S.v. § 3e InsO angehören muss. Gem. § 3e Abs. 1 InsO besteht eine Unternehmensgruppe im Sinne der Vorschrift aus rechtlich selbstständigen Unternehmen, die den Mittelpunkt ihrer hauptsächlichen Interessen im Inland haben und die unmittel-

26 NR-*Mönning* § 13a Rn. 9; Braun-*Bußhardt*, InsO, § 13a Rn. 8; HK-*Sternal* § 13a Rn. 23.
27 Morgen-*Blankenburg* § 37 Rn. 11; BeckOK-StaRUG/*Kramer*, § 37 Rn. 18.
28 Begr. RegE, BT-Drucks. 18/407, S. 29; Flöther HdB KonzerninsolvenzR-*v. Wilcken* § 4 Rn. 68; Braun-*Bußhardt*, InsO, § 13a Rn. 9.
29 Begr. RegE, BT-Drucks. 18/407, S. 29; Flöther HdB KonzerninsolvenzR-*v. Wilcken* § 4 Rn. 68; Braun-*Bußhardt*, InsO, § 13a Rn. 9.
30 Begr. RegE, BT-Drucks. 18/407, S. 29.
31 Begr. RegE, BT-Drucks. 18/407, S. 29.

bar oder mittelbar miteinander verbunden sind durch die Möglichkeit der Ausübung eines beherrschenden Einflusses (§ 3e Abs. 1 Nr. 1 InsO) oder eine Zusammenfassung unter einheitlicher Leitung (§ 3e Abs. 1 Nr. 2 InsO). § 3e Abs. 2 InsO stellt klar, dass es sich auch bei der GmbH & Co. KG sowie anderen Verbindungen von Kapitalgesellschaften mit einem persönlich haftenden Gesellschafter um eine Unternehmensgruppe i.S.v. § 3e Abs. 1 InsO handelt.

(1) Rechtlich selbstständige Unternehmen

Rechtlich selbstständig ist ein Unternehmen, wenn es selbst Rechtsträger ist und sein Vermögen 27 nicht einem anderen Rechtsträger im Verbund zugeordnet wird, wie es bspw. bei Betriebsstätten oder Zweigniederlassungen der Fall ist.[32] Das gruppenzugehörige Unternehmen kann als Kapitalgesellschaft, Personengesellschaft oder als Einzelunternehmung konstituiert sein,[33] wobei die natürliche Person/Einzelunternehmung nur auf der obersten Gruppenebene, mithin in der Konzernspitze angesiedelt sein kann.

Es erscheint insoweit zweckmäßig, auf natürliche Personen die Rechtsprechung zu § 304 InsO in 28 Bezug auf Mehrheitsgesellschafter als Unternehmer anzuwenden und diese damit als Unternehmen anzusehen. Dies entspricht auch dem Unternehmensbegriff im AktG, der die Unternehmensgesellschafter von den Privatgesellschaftern abgrenzt. Danach gibt es nur zwei Kategorien von Aktionären: Unternehmensgesellschafter und Privatgesellschafter. Damit ist jeder Aktionär, der nicht (reiner oder bloßer) Privatgesellschafter ist, infolgedessen – im Sinne des Konzernrechts – notwendigerweise Unternehmensgesellschafter, ganz gleich, ob er sonst, außerhalb des Konzernrechts, als Unternehmer gilt.[34]

(2) Unmittelbare oder mittelbare Verbundenheit

(a) Beherrschender Einfluss

Zunächst bestimmt § 3e Nr. 1 InsO in Anlehnung an §§ 18 AktG, 290 HGB, dass eine solche Ver- 29 bundenheit unter den einzelnen Unternehmen vorliegt, wenn das Mutterunternehmen grundsätzlich in der Lage ist, einen beherrschenden Einfluss auf eine andere Gesellschaft auszuüben. Es ist unerheblich, ob der beherrschende Einfluss – etwa durch Zusammenfassung der Tochterunternehmen unter Leitung der Mutter – tatsächlich ausgeübt wird (»Möglichkeit eines Einflusses«). Das Kriterium der möglichen und beherrschenden Einflussnahme wird durch die in § 290 Abs. 2 HGB typisierten Tatbestände konkretisiert, die als unwiderlegbare Vermutung ausgestaltet sind.[35] Hiernach besteht ein beherrschender Einfluss eines Mutterunternehmens, wenn

1. ihm bei einem anderen Unternehmen die Mehrheit der Stimmrechte der Gesellschafter zusteht; 30
2. ihm bei einem anderen Unternehmen das Recht zusteht, die Mehrheit der Mitglieder des die 31 Finanz- und Geschäftspolitik bestimmenden Verwaltungs-, Leitungs- und Aufsichtsorgans zu bestellen oder abzuberufen, und es gleichzeitig Gesellschafter ist;
3. ihm das Recht zusteht, die Finanz- und Geschäftspolitik aufgrund eines mit einem anderen 32 Unternehmen geschlossenen Beherrschungsvertrages oder aufgrund einer Bestimmung in der Satzung des anderen Unternehmens zu bestimmen, oder
4. es bei wirtschaftlicher Betrachtung die Mehrheit der Risiken und Chancen eines Unternehmens 33 trägt, das zur Erreichung eines eng begrenzten und genau definierten Ziels des Mutterunternehmens dient (Zweckgesellschaft).

Neben Unternehmen können Zweckgesellschaften auch sonstige juristische Personen des Privat- 34 rechts oder unselbstständige Sondervermögen des Privatrechts sein, ausgenommen Spezial-Sondervermögen im Sinne des § 2 Abs. 3 InvG oder vergleichbare ausländische Investmentvermögen oder

32 BeckOK-InsO/*Gelbrich*/*Flöther*, § 3e Rn. 1a.
33 BeckOK-InsO/*Gelbrich*/*Flöther*, § 3e Rn. 1a.
34 Emmerich/Habersack Aktien-/GmbH-KonzernR/*Emmerich* AktG § 15 Rn. 6.
35 Begr. RegE, BT-Drucks. 18/407, S. 29.

als Sondervermögen aufgelegte offene inländische Spezial-AIF mit festen Anlagebedingungen im Sinne des § 284 KAGB.

(b) **Einheitliche Leitung**

35 Mit der Formulierung »Zusammenfassung unter einheitlicher Leitung« in § 3e Abs. 1 Nr. 2 InsO werden auch Unternehmen erfasst, welche unter einer einheitlichen Leitung zusammengefasst sind, als sog. Gleichordnungskonzern. Demnach stellen auch zwei Schwestergesellschaften mit unterschiedlichem Unternehmensgegenstand eine Unternehmensgruppe dar[36]. Hierbei ist es ausreichend, wenn sich die Leitung auf einzelne wesentliche Funktionen erstreckt (weiter Konzernbegriff).[37] Damit geht der Begriff der Unternehmensgruppe in der InsO deutlich weiter als der in Art. 2 Nr. 13 EuInsVO, nach dem eine Unternehmensgruppe nur aus einem Mutterunternehmen und all seinen Tochtergesellschaften besteht.

(3) **Mittelpunkt der hauptsächlichen Interessen im Inland**

36 Das Unternehmen, das Teil der Unternehmensgruppe ist, muss zwar nicht seinen Sitz, aber doch den Mittelpunkt seiner hauptsächlichen Interessen im Inland haben. Wann das der Fall ist, richtet sich nach den Grundsätzen des COMI nach Art. 3 Abs. 1 EuInsVO.[38]

37 Im Gegensatz zu § 290 HGB setzt § 3e Abs. 1 InsO allerdings nicht voraus, dass das Mutterunternehmen eine Kapitalgesellschaft ist. Somit können auch in anderen Gesellschaftsformen verfasste Unternehmen taugliche Muttergesellschaften i.S.d. § 3e Abs. 1 InsO sein.[39]

(4) **GmbH & Co. KG**

38 § 3e Abs. 2 InsO regelt schließlich, dass auch eine GmbH & Co. KG sowie andere Verbindungen von Kapitalgesellschaften mit einem persönlich haftenden Gesellschafter eine Unternehmensgruppe darstellen.

c) **Keine untergeordnete Bedeutung des Schuldners in der Unternehmensgruppe**

39 Als weitere Voraussetzung für die Begründung des Gruppen-Gerichtsstands verlangt § 37 Abs. 1, dass der Schuldner nicht offensichtlich von untergeordneter Bedeutung für die gesamte Unternehmensgruppe ist. § 37 Abs. 2 erklärt diesbezüglich § 3a Abs. 1 Satz 2 InsO für anwendbar. Demnach ist eine untergeordnete Bedeutung **in der Regel** nicht anzunehmen, wenn im vorangegangenen Geschäftsjahr die Zahl der im Konzern im Jahresdurchschnitt beschäftigten Arbeitnehmer mehr als 15 % und – alternativ – der Anteil des Schuldners an der Unternehmensgruppe im Hinblick auf die Bilanzsumme oder die Umsatzerlöse des Konzerns jeweils mehr als 15 % betrug.

40 Der Diskussionsentwurf zum Konzerninsolvenzrecht sah lediglich eine Orientierung an der Bilanzsumme und den Umsatzerlösen des Schuldners im Verhältnis zur Unternehmensgruppe vor. Das nach der hier vertretenen Auffassung nunmehr zu stark gewichtete Kriterium der Arbeitnehmer ist erst im Rahmen der Anhörung des Rechtsausschusses (BT-Drucks. 18/11436) hinzugefügt worden; infolgedessen ist die Zahl der Arbeitnehmer nun das maßgebliche Kriterium zur Bestimmung der Bedeutung für die Unternehmensgruppe. Damit soll ausgeschlossen werden, dass die Bestimmung des Konzerngerichtsstands von den Arbeitnehmern »abgekoppelt« wird (BT-Drucks. 18/11436, 23).[40] Diese Überbetonung des Kriteriums der Arbeitnehmerinteressen kann im Einzelfall dem gemeinsamen Interesse der Gläubiger entgegenstehen.

---

36 BGH, ZInsO 2009, 682.

37 NR-Römermann/*Montag* § 3e Rn. 9.

38 Vgl. zur COMI Problematik i.S. NIKI: *Denkhaus/Harbeck*, ZInsO 2018, 949.

39 Begr. RegE, BT-Drucks. 18/407, S. 29.

40 BeckOK-InsO/*Gelbrich/Flöther*, § 3a Rn. 14.

Pleister/Sturm haben diese Bedenken an der erheblichen Bedeutung der Arbeitnehmeranzahl geteilt und in diesem Zusammenhang auf das Verfahren Solar-World verwiesen.[41] Große Konzerne hätten ihren Hauptsitz üblicherweise in großen Städten, während die Produktionsstätten, in denen oftmals die meisten Arbeitnehmer tätig sind, außerhalb der großen Metropolen in ländlichen Gebieten angesiedelt seien. Hierdurch könne die Vorhersehbarkeit des Gerichtsstands für die Gläubiger gefährdet werden, wohingegen eine Konzentration am Gerichtsstand der Konzernmutter für allgemein vorhersehbar gehalten wird.[42] Auf der anderen Seite wird durch die maßgebliche Bedeutung der Arbeitnehmeranzahl dem nationalen forum shopping entgegengetreten, da die Gestaltung der örtlichen Arbeitnehmergewichtung wohl nicht ohne einen gewissen Mehraufwand umsetzbar ist.[43] 41

Den vorgenannten Schwellenwerten kommt jedoch nur Indizwirkung für die Bedeutung der Antragstellerin innerhalb der Unternehmensgruppe zu. Dies ergibt sich bereits aus dem Wortlaut des § 3a Abs. 1 Satz 2 InsO: »in der Regel«. Wird die Bedeutung der antragstellenden gruppenangehörigen Gesellschaft anderweitig belegt, so ist der Antrag auch bei Unterschreitung der Schwellenwerte des § 3a Abs. 1 Satz 2 InsO zulässig.[44] Dem ist zuzustimmen, sodass jede Holding/Obergesellschaft einer Unternehmensgruppe einen Antrag nach §§ 3a, 13a InsO stellen kann und ihre nicht (offensichtlich) untergeordnete Bedeutung auch anders begründen kann. Alternative Indizien, mit denen eine Gruppen-Gesellschaft, insbesondere die Gruppen-Holding ihre nicht untergeordnete Bedeutung wird belegen können sind insbesondere: 42
- Übernahme zentraler Funktionen für die Unternehmensgruppe,
- Außendarstellung gegenüber Vertragspartnern und in der Öffentlichkeit,
- Verortung des Mittelpunkts der selbstständigen wirtschaftlichen Tätigkeit mehrerer, auch nicht insolventer Gruppengesellschaften,
- Organträger-Funktion (ertrags- und/oder umsatzsteuerlich),
- Cashpool-Führer,
- Gruppen-/Konzernfinanzierung über Gruppen-Holding.

Anders als bei der COMI-Bestimmung nach Art. 3 EuInsVO, kommt es bei der Feststellung der Bedeutung der schuldnerischen Gesellschaft für die Unternehmensgruppe qua Gesetzeswortlaut nicht auf die Feststellbarkeit der Indizien für Dritte an. 43

Im Hinblick auf Umsatz und Bilanzsumme ist auf die Konzernabschlüsse gem. § 290 HGB abzustellen (§ 13a Abs. 2 InsO). Die entsprechenden Angaben sind gem. § 13a Abs. 1 Nr. 1 InsO im Antrag zur Begründung des Gruppen-Gerichtsstandes umfassend darzulegen. Ist die Unternehmensgruppe nicht zur Aufstellung von Konzernabschlüssen nach §§ 290 ff. HGB verpflichtet oder fehlen eben diese, so ist das Vorliegen der quantitativen Schwellen und damit die Bedeutung des Schuldners für die Unternehmensgruppe nach freiem richterlichen Ermessen zu ermitteln,[45] bspw. durch untechnische Zusammenfassung der Einzelabschlüsse der gruppenangehörigen Gesellschaften.[46] 44

Soweit in § 13a Abs. 2 InsO auf den Konzernabschluss abgestellt wird, ist zu beachten, dass in diesem die konzerninternen Umsätze der Gruppengesellschaften konsolidiert sind. Werden also dem Antrag nach § 37 Abs. 1 i.V.m. §§ 3a, 13a InsO die Einzelabschlüsse der Gruppengesellschaften vorgelegt und daneben der Konzernabschluss, wird ggf. die Summe der aufaddierten Umsatzerlöse aus den Einzelabschlüssen deutlich über dem Umsatz des Konzernabschlusses liegen. Entsprechendes kann für die addierten Bilanzsummen und die Konzernbilanzsumme gelten. 45

Zwar sind nach § 13a Abs. 1 Nr. 1 InsO neben dem ggf. vorhandenen Konzernabschluss auch immer die Bilanzsumme, Umsatzerlöse und die durchschnittliche Zahl der Arbeitnehmer des letzten 46

41 *Pleister/Sturm*, ZIP 2017, 2329.
42 *Pleister/Sturm*, ZIP 2017, 2329.
43 *Pleister/Sturm*, ZIP 2017, 2329.
44 Vgl. NR-Römermann/*Montag* § 3a Rn. 12.
45 Begr. RegE, BT-Drucks. 18/407, S. 27.
46 BeckOK-InsO/*Gelbrich/Flöther* § 3a Rn. 21.

Geschäftsjahres der anderen gruppenangehörigen Unternehmen anzugeben, sodass die Prüfung nach § 3a InsO (Vergleich von Arbeitnehmerzahl, Umsatz und Bilanzsumme des Einzelunternehmens mit den entsprechenden zusammengefassten Werten) auch bei Vorliegen eines Konzernabschlusses unmittelbar möglich ist; dieses Zahlenwerk muss dann aber für das Gericht übersichtlich und plausibel aufbereitet werden.

47 § 3a Abs. 1 Satz 3 InsO enthält eine Zweifelsfallregelung für den Fall, dass mehrere gruppenangehörige Gesellschaften zeitgleich Anträge nach §§ 3a, 13a InsO stellen. In diesem Fall ist nicht der Antrag der Gesellschaft mit der höchsten Bilanzsumme, sondern der Antrag der Gesellschaft mit der höchsten Arbeitnehmerzahl im vorangegangenen Geschäftsjahr entscheidend.

48 § 3a Abs. 1 Satz 4 InsO sieht eine Ausnahme für den Fall vor, dass die Schwellenwerte von keiner der gruppenangehörigen Gesellschaften erreicht werden. Der Gruppengerichtsstand kann dann bei dem Gericht begründet werden, das für die gruppenangehörige Gesellschaft zuständig ist, die im vorangegangenen abgeschlossenen Geschäftsjahr im Jahresdurchschnitt die meisten Arbeitnehmer beschäftigt hat.

d) Anhörung der am Verfahren Beteiligten

48a Sofern vorhanden ist den Mitgliedern des Gläubigerbeirats sowie ein bereits bestellter Restrukturierungsbeauftragter zu dem Konzentrationsantrag des Schuldners anzuhören. Ebenso ist den planbetroffenen Gläubigern rechtliches Gehör zu verschaffen.[47] Eine Einzelanhörung ist aufgrund der Gefahr unzumutbarer Verzögerungen des Verfahrens und der möglicherweise hohen Kostenbelastung nicht notwendig.[48]

2. Mehrere Anträge

49 Aus § 37 Abs. 2 i.V.m. § 3a Abs. 1 Satz 3 InsO ergibt sich das für die Antragstellung geltende Prioritätsprinzip. Maßgeblich ist also der zeitlich zuerst gestellte Antrag.

50 Sofern mehrere Anträge gem. § 3a InsO gleichzeitig eingehen oder sich nicht mehr ermitteln lässt, welcher zuerst einging, soll die Anzahl der Arbeitnehmer der antragstellenden Schuldner ausschlaggebend sein. Die in diesem Sinne nachrangigen Anträge sind unzulässig.[49]

3. Gefährdung der Gläubigerinteressen

51 Gem. § 37 Abs. 2 StaRUG i.V.m. § 3a Abs. 2 InsO kann das Restrukturierungsgericht den Antrag auf Begründung des Gruppen-Gerichtsstands ablehnen, wenn Zweifel daran bestehen, dass eine Verfahrenskonzentration im gemeinsamen Interesse der Gläubiger liegt. In die Betrachtung sind nicht allein die Gläubiger des antragstellenden Schuldners, sondern alle Gläubiger der gruppenangehörigen Gesellschaften einzubeziehen.[50] Ein Interesse der Gläubiger an der Begründung des Gruppen-Gerichtsstands soll nach der Regierungsbegründung zu § 3a Abs. 2 InsO immer dann anzunehmen sein, wenn sich durch die koordinierte Abwicklung der Einzelverfahren Gewinne für einzelne Insolvenzmassen erzielen lassen, ohne dabei die übrige Masse zu schmälern.[51] Für diese Beurteilung hat das Gericht diejenigen Angaben zugrundezulegen, die der Schuldner nach § 13a Abs. 1 Nr. 2 InsO zu machen hat.[52] Eine positive Feststellung des gemeinsamen Interesses ist jedoch nicht erforderlich.[53]

---

47 MK-StaRUG/*Vuia*, § 37 Rn. 27.
48 MK-StaRUG/*Vuia*, § 37 Rn. 27.
49 So auch BeckOK-StaRUG/*Kramer*, § 37 Rn. 35; Braun-*Baumert*, StaRUG, § 37 Rn. 10.
50 Begr. RegE, BT-Drucks. 18/407, S. 27.
51 Begr. RegE, BT-Drucks. 18/407, S. 27.
52 Vgl. zu den vom Schuldner nach § 13a Abs. 1 Nr. 2 InsO zu machenden Angaben unter Rdn. 17 ff.
53 K/P/B-*Prütting* § 3a Rn. 11.

Inwieweit die vorgenannten, für das Insolvenzverfahren entwickelten Grundsätze auf das Restrukturierungsverfahren zu übertragen sind, hat der Gesetzgeber in seiner Begründung zum StaRUG offengelassen.[54] Festzuhalten ist jedenfalls, dass auch im Restrukturierungsverfahren das Interesse der Gesamtheit der Gläubiger auf den Erhalt oder die Steigerung des Schuldendeckungspotenzials des Schuldners und somit auf den Erhalt seiner Vermögensmasse gerichtet ist.[55] Demgemäß ist den Gläubigern gem. § 43 Abs. 1 Satz 2 bei einer Pflichtverletzung der Gesamtgläubigerschaden zu ersetzen, also derjenige Schaden, der den Gläubigern durch eine Verminderung der Vermögensmasse entstanden ist.[56] Von einer Gefährdung der Gesamtgläubigerinteressen im Sinne des § 37 Abs. 2 i.V.m. § 3a Abs. 2 InsO wird das Restrukturierungsgericht deshalb zumindest dann ausgehen müssen, wenn die Verfahrenskonzentration zu einer Masseschmälerung bei einer gruppenangehörigen Gesellschaft führt. 52

4. Rechtsfolge

Liegen die Voraussetzung für die Begründung des Gruppen-Gerichtsstands nach § 37 Abs. 1 i.V.m. § 3a Abs. 1 InsO vor, erklärt sich das angerufene Restrukturierungsgericht für zuständig. Liegen die Voraussetzungen nicht vor, ist der Antrag als unzulässig zurückzuweisen.[57] Die Entscheidung des Gerichts ergeht durch Beschluss, gegen den die sofortige Beschwerde nicht statthaft ist (vgl. § 40 Abs. 1). Statthaft ist dagegen die Anhörungsrüge (§ 38 S. 1 iVm § 321a ZPO). Hat das Restrukturierungsgericht sich für zuständig erklärt oder den Antrag zurückgewiesen, ohne die Beteiligten anzuhören hat das Gericht den Beschluss aufzuheben und erneut zu entscheiden.[58] 53

5. Verfahrenshinweise

a) Gerichtliche Verfahrenskonzentration

Gem. § 37 Abs. 2 StaRUG i.V.m. § 3c Abs. 1 InsO ist am Gericht des Gruppen-Gerichtsstands für die Gruppen-Folgeverfahren dieselbe Abteilung zuständig, die für das Verfahren zuständig ist, in dem der Gruppen-Gerichtsstand begründet wurde. Die Vorschrift, welche die einheitliche Zuständigkeit innerhalb des Restrukturierungsgerichts, bei dem der Gruppen-Gerichtsstand begründet ist, normiert, wurde durch das SanInsFoG geändert und ist in ihrer jetzigen Fassung am 01.01.2021 in Kraft getreten. 54

Es macht mit Blick auf die angestrebte Zuständigkeitskonzentration wenig Sinn, wenn im Fall eines Gruppen-Gerichtsstandes, an dem also die gruppenangehörigen Schuldner nach § 37 Abs. 1 StaRUG i.V.m § 3a Abs. 1 InsO unter die Zuständigkeit eines Gerichts zusammengefasst werden, verschiedene Abteilungen die anhängigen Verfahren betreuen.[59] Dementsprechend sieht § 37 Abs. 2 StaRUG i.V.m. § 3c Abs. 1 InsO vor, dass diejenige Abteilung für sämtliche Gruppen-Folgeverfahren zuständig ist, die bereits für das Verfahren zuständig ist, in dem der Gruppen-Gerichtsstand begründet wurde. 55

Die Regelung verdrängt den Geschäftsverteilungsplan des Gerichts. Auf diese Weise wird dem Regelungsziel des § 37 StaRUG i.V.m. §§ 3a ff. InsO, die einzelnen Restrukturierungsverfahren der 56

54 Ähnlich Braun-*Baumert*, StaRUG, § 37 Rn. 11.

55 *Schulz*, NZI 2020, 1073, 1077; BeckOK-StaRUG/*Kramer*, § 32 Rn. 20; a.A. Morgen-*Blankenburg* § 37 Rn. 31, der die Möglichkeit einer Masseverschlechterung zum Nachteil der Gläubiger im Restrukturierungsverfahren verneint.

56 *Schulz*, NZI 2020, 1073, 1077; vgl. ausführlich Geschäftsleiterhaftung Morgen-*Demisch/Schwencke* § 43 Rn. 1 ff.

57 Morgen-*Blankenburg* § 37 Rn. 33.

58 MK-StaRUG/*Vuia*, § 37 Rn. 59.

59 So auch Braun-*Baumert*, StaRUG, § 37 Rn. 17.

Konzernmitglieder zu koordinieren und zwischengerichtlichen Abstimmungsbedarf zu minimieren, ein Stück weit entsprochen.[60]

b) Wahlgerichtsstand oder ausschließlicher Gerichtsstand?

57 Im Hinblick auf den Gruppen-Gerichtsstand im Insolvenzverfahren gem. § 3a Abs. 1 InsO entspricht es einhelliger Meinung, dass es sich hierbei lediglich um einen Wahlgerichtsstand handelt. Dies ergibt sich insbesondere daraus, dass gem. § 3c Abs. 2 InsO der Antrag auf Eröffnung eines Gruppen-Folgeverfahrens weiterhin auch bei dem nach § 3 Abs. 1 InsO zuständigen Gericht gestellt werden kann.

58 § 3c Abs. 2 InsO stellt klar, dass ein nach § 3a Abs. 1 InsO begründeter Gruppen-Gerichtsstand kein ausschließlicher Gerichtsstand, sondern ein alternativer Gerichtsstand zum regulären Gerichtsstand bzw. den regulären Gerichtsständen gem. § 3 InsO ist. §§ 3a Abs. 1, 3c Abs. 2 InsO ermöglichen sowohl dem Schuldner als auch dem Gläubiger den Insolvenzantrag wahlweise am regulären Gerichtsstand des Schuldners gem. § 3 InsO oder am abweichenden Gruppen-Gerichtsstand gem. § 3a Abs. 1 InsO zu stellen. Durch einen Beschluss nach § 3a InsO verlieren die Gerichtsstände des § 3 InsO ihren Charakter als ausschließliche Gerichtsstände. Der Gruppen-Gerichtsstand des § 3a InsO entfaltet aber keine Sperrwirkung zulasten der nach § 3 Abs. 1 InsO möglichen Gerichtsstände.[61] Zu beachten ist jedoch die Verweisungsmöglichkeit gem. § 3d InsO. Wurde der Insolvenzantrag vor dem Antrag auf Begründung eines Gruppen-Gerichtsstandes gem. § 3a Abs. 1 InsO gestellt, so geht dieser Insolvenzantrag etwaigen späteren Insolvenzanträgen gem. § 3b Abs. 2 InsO vor.[62]

59 § 37 Abs. 2 verweist allerdings gerade **nicht** auf § 3c Abs. 2 InsO. Die Frage, ob es sich bei dem im Restrukturierungsverfahren gem. § 37 Abs. 1 begründeten Gruppen-Gerichtsstand um einen Wahlgerichtsstand oder um einen ausschließlichen Gerichtsstand handelt, wird deshalb bisher uneinheitlich beantwortet.

60 Teilweise wird vertreten, dass es sich bei dem Gruppen-Gerichtsstand im Restrukturierungsverfahren – anders als im Insolvenzverfahren – um einen ausschließlichen Gerichtsstand handeln muss.[63] Begründet wird dies u.a. damit, dass die Interessenlage im Restrukturierungsverfahren eine andere sei, als im Insolvenzverfahren. Beim Insolvenzverfahren handele es sich um ein Zwangsverfahren, bei dem die beteiligten Unternehmen unterschiedliche Interessen verfolgen können, während der Restrukturierungsrahmen auf eine Konzentration der Verfahren angelegt sei. Es müsse deshalb im Rahmen von § 37 Abs. 1 von einer ausschließlichen Zuständigkeit ausgegangen werden.[64]

61 Die besseren Gründe sprechen allerdings dafür, auch im Rahmen des § 37 Abs. 1 von einem **Wahlgerichtsstand** auszugehen. Das Argument, dass § 37 Abs. 2 keinen ausdrücklichen Verweis auf § 3c Abs. 2 InsO enthält, vermag insoweit nicht zu überzeugen. Richtigerweise wird in diesem Zusammenhang darauf hingewiesen, dass ein entsprechender Verweis zweckwidrig gewesen wäre, weil § 3c Abs. 2 InsO seinerseits einen Verweis auf § 3 Abs. 1 InsO und damit auf das zuständige Insolvenzgericht enthält. Eben dieser Verweis wäre im Restrukturierungsverfahren jedoch sinnlos.[65] Zutreffend ist auch, dass § 3c Abs. 2 InsO bei der Frage, ob es sich bei dem in § 3a Abs. 1 InsO normierten Gruppen-Gerichtsstand um einen Wahl- oder um einen ausschließlichen Gerichtsstand handelt, nach der Gesetzesbegründung nur klarstellende Funktion zukommt.[66] Im Umkehrschluss bedeutet dies, dass das Fehlen einer solchen Klarstellung für das Restrukturierungsverfahren nicht automatisch

60 Begr. RegE, BT-Drucks. 18/407, S. 28.
61 K/P/B-*Prütting* § 3c Rn. 1.
62 Begr. RegE, BT-Drucks. 18/407, S. 28.
63 So etwa Morgen-*Blankenburg* § 37 Rn. 34.
64 So etwa Morgen-*Blankenburg* § 37 Rn. 35.
65 Zutreffend BeckOK-StaRUG/*Kramer*, § 37 Rn. 42.
66 BeckOK-StaRUG/*Kramer*, § 37 Rn. 42; Begr. RegE, BT-Drucks. 18/407, S. 19.

dazu führt, dass es sich bei dem in § 37 Abs. 1 normierten Gruppen-Gerichtsstand um einen ausschließlichen Gerichtsstand handeln soll. Schließlich spricht auch der Umstand, dass selbst in dem in weiten Teilen fremdbestimmten Insolvenzverfahren die Verfahrenskonzentration zur Disposition des Schuldners steht, dafür, diese Wahlfreiheit erst recht für das Restrukturierungsverfahren zu bejahen. Letzteres ist im Unterschied zum Insolvenzverfahren von dem Grundsatz geprägt, dass die Verfahrensherrschaft beim Schuldner liegen soll.[67]

c) **Auswirkung auf anhängige Verfahren**

62 Über den in § 37 Abs. 2 normierten Verweis finden auch § 3d Abs. 1 Satz 1, Abs. 2 InsO im Restrukturierungsverfahren Anwendung. § 3d Abs. 1 Satz 1 InsO normiert i.V.m. § 37 Abs. 1 die fakultative Verweisung eines Restrukturierungsverfahrens an den Gruppen-Gerichtsstand, sofern das Restrukturierungsverfahren eines gruppenangehörigen Schuldners bei einem anderen Gericht – etwa in Unkenntnis eines bereits begründeten Gruppen-Gerichtsstandes – angezeigt wurde. Die Verweisung oder die Ablehnung einer solchen erfolgen durch Beschluss, gegen den es kein Rechtsmittel gibt (vgl. § 40 Abs. 1).[68] Nach herrschender Ansicht zu § 3d InsO ergibt sich die Bindung des Empfangsgerichts an die Entscheidung des verweisenden Gerichts aus § 281 Abs. 2 Satz 4 ZPO analog.[69]

63 Die fakultative Verweisung nach § 3d Abs. 1 Satz 1 InsO unterliegt freiem richterlichen Ermessen (»kann«).[70] Im Rahmen der Ermessenausübung hat das Gericht zu prüfen, ob eine Verweisung unter Berücksichtigung des Verfahrensstands im Interesse der Gläubiger des Schuldners liegt.[71] Nach der Gesetzesbegründung zu § 3d InsO soll eine Verweisung insbesondere dann erfolgen, wenn gruppenangehörige Schuldner – etwa in Unkenntnis der Begründung eines Gruppen-Gerichtsstandes nach § 3a InsO – Anträge auf Eröffnung von Gruppen-Folgeverfahren bei anderen Gerichten als bei dem nach § 3 Abs. 1 InsO zuständigen Gericht stellen.[72] Überträgt man dies auf das Restrukturierungsverfahren, so sollte eine Verweisung insbesondere dann erfolgen, wenn gruppenangehörige Schuldner eine Restrukturierungssache bei einem anderen Restrukturierungsgericht als dem Gericht, bei dem der Gruppen-Gerichtsstand nach § 37 Abs. 1 begründet ist, rechtshängig machen. Unerheblich ist dabei, ob die zu verweisende Restrukturierungssache noch vor oder erst nach der Begründung des Gruppen-Gerichtsstands rechtshängig gemacht wurde.[73]

64 Die Frage ist, auf welcher Grundlage und auf welchem Kenntnisstand das Gericht seine Ermessensentscheidung trifft. Da sich die Amtsermittlungspflicht des § 39 Abs. 1 auf das gesamte Restrukturierungsverfahren bezieht und diese auch Zuständigkeitsfragen betrifft,[74] wird das Gericht, das die Entscheidung von Amts wegen prüft, bei dem Restrukturierungsgericht, welches einen Beschluss nach § 37 Abs. 1 i.V.m. § 3a InsO erlassen hat, zumindest die dieser Entscheidung zugrunde liegenden Unterlagen, insbesondere den Antrag nach §§ 3a, 13a InsO anfordern müssen, um über eine angemessene Entscheidungsgrundlage zu verfügen.

65 Antragsberechtigt ist nach § 37 Abs. 2 StaRUG i.V.m. § 3d Abs. 2 Satz 1 InsO der Schuldner. Planbetroffene sind hingegen nicht antragsberechtigt. Dies folgt aus dem im Restrukturierungsverfahren umso mehr geltenden Grundsatz der Schuldnerdisposition.[75]

67 Ähnlich BeckOK-StaRUG/*Kramer*, § 37 Rn. 42.
68 Braun-*Baumert*, StaRUG, § 37 Rn. 22.
69 BeckOK-StaRUG/*Kramer*, § 37 Rn. 63.
70 A.A. Morgen-*Blankenburg* § 37 Rn. 38, der den Gruppe-Gerichtsstand als ausschließlichen Gerichtsstand einordnet und deshalb kein Raum für ein Ermessen des Gerichts bei der Verweisung sieht.
71 Begr. RegE, BT-Drucks. 18/407, S. 28.
72 Begr. RegE, BT-Drucks. 18/407, S. 28.
73 BeckOK-StaRUG/*Kramer*, § 37 Rn. 59.
74 Vgl. zu der Amtsermittlungspflicht im Insolvenzverfahren HambKomm-InsR/*Rüther*, § 5 Rn. 6.
75 BeckOK-StaRUG/*Kramer*, § 37 Rn. 60.

66 Da § 37 Abs. 2 nur selektiv auf § 3d Abs. 1 Satz 1 InsO verweist, ist eine gebundene Verweisung, wie sie für das Insolvenzverfahren in § 3d Abs. 1 Satz 2 InsO für den Fall eines im Restrukturierungsverfahren ohnehin nicht existierenden Gläubigerantrag vorgesehen ist, ausgeschlossen.

d) Fortgeltung des Gruppen-Gerichtsstands

67 Das Fortbestehen eines einmal durch Beschluss festgelegten Gruppen-Gerichtsstands ist nicht vom Verlauf des Restrukturierungsverfahrens des antragstellenden, gruppenzugehörigen Schuldners abhängig. Solange wenigstens ein Restrukturierungsverfahren eines gruppenangehörigen Schuldners am Gruppen-Gerichtsstand anhängig ist, wird der Gruppen-Gerichtsstand vom Verlauf des Restrukturierungsverfahrens nicht berührt.[76]

68 Für solche Gruppen-Folgeverfahren, die bereits vor Beendigung des Verfahrens über den antragsstellenden Schuldner anhängig waren, ergibt sich das Fortbestehen der Zuständigkeit bereits aus § 38 StaRUG i.V.m. § 261 Abs. 3 Nr. 2 ZPO. § 3b InsO geht nun aber über den Grundsatz der perpetuatio fori hinaus, indem er den Gruppen-Gerichtsstand auch für noch nicht anhängig gemachte Gruppen-Folgeverfahren fortbestehen lässt, sofern mindestens ein Verfahren über das Vermögen eines gruppenangehörigen Schuldners anhängig ist.[77]

69 War jedoch zum Zeitpunkt der Beendigung des Restrukturierungsverfahrens des antragstellenden Schuldners kein Restrukturierungsverfahren eines gruppenangehörigen Schuldners anhängig, so besteht für die Aufrechterhaltung des Gruppen-Gerichtsstandes kein Bedürfnis. Dieser kann allerdings unter den Voraussetzungen des § 37 Abs. 2 StaRUG i.V.m. § 3a InsO erneut begründet werden.[78]

II. Gruppengerichtsstand für Insolvenzverfahren (Abs. 3)

70 Gem. § 37 Abs. 3 erklärt sich das für Gruppen-Folgeverfahren in Restrukturierungssachen zuständige Gericht auf Antrag des Schuldners unter den Voraussetzungen des § 37 Abs. 1 als Insolvenzgericht auch für Gruppen-Folgeverfahren in Insolvenzsachen nach § 3a Abs. 1 InsO für zuständig.

71 Die Vorschrift soll es ermöglichen, auch Insolvenzverfahren als Gruppen-Folgeverfahren bei dem Restrukturierungsgericht zu konzentrieren, bei dem nach § 37 Abs. 1 ein Gruppen-Gerichtsstand begründet ist. Der Gesetzgeber will mit dieser Regelung auch den Fällen gerecht werden, in denen in Bezug auf einzelne gruppenangehörige Unternehmen ein Insolvenzverfahren eröffnet wird, während andere gruppenangehörige Unternehmen die Instrumente des Stabilisierungs- und Restrukturierungsrahmens in Anspruch nehmen.[79] Eine vergleichbare Regelung zu § 56b InsO wurde bezüglich der Personenidentität von Restrukturierungsbeauftragten und Insolvenzverwaltern nicht geschaffen, weshalb ein entsprechendes Verfahren bei der Bestellung nicht beachtet werden muss.[80]

72 Flankiert bzw. gespiegelt wird die Vorschrift von dem durch das SanInsFoG zum 01.01.2021 neu eingefügten § 3a Abs. 4 InsO, wonach sich auf Antrag des Schuldners unter den Voraussetzungen des § 3a Abs. 1 InsO das für Gruppen-Folgeverfahren zuständige Gericht, sofern es nach § 34 zuständig ist, als Restrukturierungsgericht auch für Gruppen-Folgeverfahren in Insolvenzsachen nach § 3a Abs. 1 InsO für zuständig erklärt.

73 Da es aufgrund der durch § 34 vorgesehenen Zuständigkeitskonzentration auf höchstens ein Restrukturierungsgericht pro Oberlandesgerichtsbezirk weniger Restrukturierungsgerichte als

---

76 Braun-*Baumert*, StaRUG, § 37 Rn. 15.

77 Begr. RegE, BT-Drucks. 18/407, S. 27.

78 So auch Braun-*Baumert*, StaRUG, § 37 Rn. 16; Braun-*Baumert*, InsO, § 3b Rn. 2; K/P/B-*Prütting* § 3b Rn. 6.

79 Begr. RegE, BT-Drucks. 19/24181, S. 142.

80 *Hoegen/Kranz*, NZI 2021, 105 (108); Jacoby/Thole-*Schluck-Amend*, StaRUG, § 37 Rn. 12.

Insolvenzgerichte geben wird, soll eine möglichst weitgehende Zusammenfassung der Insolvenz- und Restrukturierungssachen innerhalb einer Unternehmensgruppe sichergestellt werden, indem alle Gruppen-Folgeverfahren bei einem Insolvenzgericht, dass auch Restrukturierungsgericht ist, zusammengefasst werden können.[81] Soweit die Länder bereits durch Rechtsverordnung im Sinne des § 3 Abs. 3 InsO je OLG Bezirk ein Insolvenzgericht bestimmt haben, an dem ein Gruppen-Gerichtsstand nach § 3a InsO begründet werden kann, werden sich diese Gerichte und die Restrukturierungsgerichte decken. Dieses ist einerseits in den Stadtstaaten Berlin, Hamburg und Bremen der Fall, andererseits bspw. in Nordrhein-Westfalen, soweit es die Amtsgerichte Köln, Düsseldorf und Essen betrifft, wobei Letzteres zwar Restrukturierungsgericht im OLG Bezirk Hamm ist, sich aber den Bezirk des OLG Hamm mit Bielefeld als Gruppen-Gerichtsstandsgericht teilt. In Niedersachsen sind die Amtsgerichte Hannover und Oldenburg zugleich Restrukturierungsgericht und Gruppen-Gerichtsstandsgericht der OLG Bezirke Celle und Oldenburg, während es im OLG Bezirk Braunschweig eine Splittung zwischen Braunschweig als Restrukturierungsgericht und Göttingen als Gruppen-Gerichtsstandsgericht für den OLG Bezirk Braunschweig gibt.

1. Voraussetzungen

Voraussetzung für die Begründung des Gruppen-Gerichtsstands nach § 37 Abs. 3 ist, dass sich das 74
Restrukturierungsgericht bereits nach § 37 Abs. 1 für Gruppen-Folgeverfahren in Restrukturierungssachen für zuständig erklärt hat.[82] Dies ergibt sich auch aus dem Wortlaut der Vorschrift, wonach sich das Restrukturierungsgericht »auch für Gruppen-Folgeverfahren« in Insolvenzsachen für zuständig erklären kann. Die isolierte Anwendung von § 37 Abs. 3 kommt demnach nicht in Betracht.[83]

Über den Verweis auf § 37 Abs. 1 müssen ferner die dort aufgeführten Voraussetzungen für die 75
Begründung des Gruppen-Gerichtsstands vorliegen. Die Begründung des Gruppen-Gerichtsstands erfolgt nur auf Antrag des Schuldners.[84] Der Schuldner muss außerdem einer Unternehmensgruppe nach § 3e InsO angehören[85] und darf für diese schließlich nicht von untergeordneter Bedeutung sein.[86] Eine Bindungswirkung soll der Beschluss nach § 37 Abs. 1 für die nachfolgende Entscheidung über die Begründung des Gruppen-Gerichtsstands nach § 37 Abs. 3 aber nicht entfalten. Denkbar ist demnach, dass es zu einer gespaltenen Zuständigkeit in Gruppen-Folgeverfahren kommt, die allerdings wenig sinnvoll wäre. Dies hat das Restrukturierungsgericht bei seiner Entscheidung über die Begründung des Gruppen-Gerichtsstands nach § 37 Abs. 3 zu berücksichtigen.[87]

Schließlich finden über § 37 Abs. 2 auch die dort in Bezug genommenen Vorschriften der InsO 76
Anwendung. Dies ergibt sich bereits daraus, dass diese Vorschriften § 37 Abs. 1 ausfüllen, auf den wiederum § 37 Abs. 3 verweist.[88]

2. Rechtsfolge

Liegen die Voraussetzungen für die Begründung des Gruppen-Gerichtsstands nach § 37 Abs. 3 vor, 77
erklärt sich das Restrukturierungsgericht als Insolvenzgericht für Gruppen-Folgeverfahren in Insolvenzsachen durch Beschluss für zuständig.[89] Auch gegen diese Entscheidung ist kein Rechtsmittel vorgesehen (vgl. § 40 Abs. 1).

81 Begr. RegE, BT-Drucks. 19/24181, S. 191.
82 Begr. RegE, BT-Drucks. 19/24181, S. 142.
83 BeckOK-StaRUG/*Kramer*, § 37 Rn. 47.
84 Vgl. Rdn. 6.
85 Vgl. Rdn. 26.
86 Vgl. Rdn. 39.
87 BeckOK-StaRUG/*Kramer*, § 37 Rn. 48.
88 BeckOK-StaRUG/*Kramer*, § 37 Rn. 49.
89 Braun-*Baumert*, StaRUG, § 37 Rn. 36.

§ 38 Anwendbarkeit der Zivilprozessordnung

[1]Für Verfahren in Restrukturierungssachen gelten, soweit dieses Gesetz nichts anderes bestimmt, die Vorschriften der Zivilprozessordnung entsprechend. [2]§ 128a der Zivilprozessordnung gilt mit der Maßgabe, dass bei Versammlungen und Terminen die Beteiligten in der Ladung auf die Verpflichtung hinzuweisen sind, wissentliche Ton- und Bildaufzeichnungen zu unterlassen und durch geeignete Maßnahmen sicherzustellen, dass Dritte die Ton- und Bildübertragung nicht wahrnehmen können.

Übersicht Rdn.

A. Normzweck

1 Die Vorschrift erklärt die ZPO für Verfahren nach dem StaRUG subsidiär für anwendbar. So wird sichergestellt, dass dem Stabilisierungs- und Restrukturierungsrahmen ein umfassendes Verfahrensrecht zugrunde liegt, welches bei Fehlen von konkreten Regelungen oder bei Zweifelsfragen herangezogen werden kann.[1] Gleichzeitig vermeidet die Vorschrift, dass das StaRUG mit einer Vielzahl von (Verfahrens-) Vorschriften gefüllt wird, welche bereits in der ZPO vorhanden sind.[2] Sie entspricht § 4 InsO.

2 Satz 2 ermöglicht durch den Verweis auf § 128a ZPO die physische oder virtuelle Teilnahme im Wege von Bild- und Tonübertragungen an Terminen oder Versammlungen. Eine gleiche Regelung findet sich nun auch in § 4 Satz 2 InsO.

B. Norminhalt

I. Subsidiäre Anwendung der ZPO

3 Die Vorschriften der ZPO sollen für Restrukturierungssachen und Sanierungsmoderationen entsprechend gelten, soweit das StaRUG keine eigenen Regelungen enthält. Insoweit sind die Vorschriften subsidiär anwendbar. Da die Vorschriften der ZPO auf streitige Verfahren ausgelegt sind, kommt nur eine entsprechende Anwendung auf Restrukturierungssachen und Sanierungsmoderationen in Betracht.[3] Hierbei ist zu prüfen, ob die jeweilige Vorschrift voll anzuwenden ist oder wegen der Besonderheiten eines Restrukturierungsverfahrens gegebenenfalls zu begrenzen ist.[4] Eine Anwendung der zivilprozessualen Normen kann zudem dann nicht in Betracht gezogen werden, wenn die Fälle im Restrukturierungsverfahren derart von zivilprozesslichen Konstellationen abweichen, dass eine Analogie auf sinnvolle Art und Weise unmöglich ist.[5]

1 Begr. RegE, BT-Drucks. 19/24181, S. 142.
2 BeckOK-StaRUG/*Kramer*, § 38 Rn. 1.
3 Vgl. Morgen-*Blankenburg* § 38 Rn. 4.
4 Vgl. Morgen-*Blankenburg* § 38 Rn. 4.
5 MK-StaRUG/*Bruns*, § 38 Rn. 2.

II. Ausgewählte Problemfelder

Bei der entsprechenden Anwendung der ZPO-Vorschriften ist jeweils zu prüfen, ob eine vollständige oder nur eine eingeschränkte Anwendung vor dem Hintergrund der Besonderheiten der Restrukturierungssachen in Betracht kommt. Bei der nachfolgenden Darstellung handelt es sich daher nicht um eine abschließende Aufzählung der anwendbaren Vorschriften aus der ZPO,[6] sondern um eine solche, die die zukünftig wohl praxisrelevanten Anwendungsfälle beinhaltet. 4

1. Gerichtsstände und Bestimmung der Zuständigkeit

Die Vorschrift des § 35 regelt für das StaRUG die örtliche Zuständigkeit. Dabei handelt es sich um einen ausschließlichen Gerichtsstand.[7] Insoweit ist ein Rückgriff auf die Zuständigkeitsregelungen in der ZPO grundsätzlich nicht erforderlich; die §§ 12, 13, 15 und 17 ZPO gelten für die Bestimmung des allgemeinen Gerichtsstands aber entsprechend. 5

Nicht anwendbar sind die Vorschriften zu den Gerichtsstandsvereinbarungen (§§ 38–40 ZPO), da es sich bei § 35 um einen ausschließlichen Gerichtsstand handelt.[8] 6

Zur Bestimmung der Zuständigkeit finden die §§ 36 ff. ZPO Anwendung. Zuständigkeitskonflikte können über § 38 Satz 1 die §§ 36, 37 ZPO und § 88 i.V.m. Art. 102c EGInsO gelöst werden.[9] 7

In der Praxis sind negative Zuständigkeitskonflikte i.S.d. § 36 Abs. 1 Nr. 1 ZPO denkbar, wenn sich mehrere Gerichte rechtskräftig für unzuständig erklärt haben; positive Zuständigkeitskonflikte sind hingegen nur in Ausnahmefällen vorstellbar, z.B. wenn mehrere Organmitglieder einer juristischen Person nebeneinander Anzeigen von Restrukturierungssachen bei verschiedenen Gerichten stellen.[10] 8

2. Ausschließung und Ablehnung von Gerichtspersonen (§§ 41 ff. ZPO)

Die Vorschriften der §§ 41 bis 49 ZPO über die Ablehnung und Ausschließung von Gerichtspersonen sind – wie im Insolvenzverfahren auch – entsprechend anwendbar.[11] Es ist wichtig, dass die Gläubiger Vertrauen zum Gericht haben, da dieses die Interessen aller Beteiligten zu wahren hat.[12] 9

Ein Ausschluss von der Ausübung des Richteramts nach § 41 ZPO kommt in Betracht, wenn die betroffene Person in ihrer Unabhängigkeit gefährdet ist. Dies kann insbesondere dann der Fall sein, wenn der Richter selbst Partei des Verfahrens ist (§ 41 Nr. 1 ZPO) oder ein Angehöriger als Partei beteiligt ist (§ 41 Nr. 2–3 ZPO). Um ein hohes Maß an Vertrauen in das Gericht zu schaffen, findet § 41 ZPO auf alle Betroffenen Anwendung.[13] Die Schwierigkeit ist, dass es im Restrukturierungsverfahren eine Vielzahl von Betroffenen geben kann und nicht bereits mit der Anzeige der Restrukturierungssache feststeht, wer Betroffener ist.[14] Zudem kann sich die Stabilisierungsanordnung auch nur auf einen bestimmten Kreis von Gläubigern erstrecken, während vom Plan eine größere Gläubigerzahl umfasst ist, wodurch erforderlich ist, für jedes in Anspruch genommene Instrument etwaige Konflikte nach § 41 ZPO gesondert zu prüfen.[15] Andererseits ist in der Praxis zu erwarten, 10

---

6 Ausführlich zu den anwendbaren Vorschriften aus der ZPO jeweils auch BeckOK-StaRUG/*Kramer*, § 38 Rn. 7 ff.; Morgen-*Bankenburg* § 38 Rn. 5 ff.
7 Vgl. § 35 Rdn. 3.
8 Vgl. § 35 Rdn. 3.
9 Vgl. BeckOK-StaRUG/*Kramer*, § 38 Rn. 9.
10 Vgl. BeckOK-StaRUG/*Kramer*, § 38 Rn. 9.
11 Zum Insolvenzverfahren: BGH, ZInsO 2007, 326.
12 Vgl. auch Morgen-*Blankenburg* § 38 Rn. 11.
13 So Morgen-*Blankenburg* § 38 Rn. 12.
14 Vgl. Morgen-*Blankenburg* § 38 Rn. 13.
15 Vgl. Morgen-*Blankenburg* § 38 Rn. 13.

dass Restrukturierungssachen überwiegend die Gestaltung von Finanzverbindlichkeiten (§ 8 Satz 1 Nr. 2) oder von Anteilsrechten zum Gegenstand haben, sodass es per se unwahrscheinlich ist, dass Richter und ihre Angehörigen Partei des Verfahrens sind, es sei denn, diese sind als Anteilsinhaber einer (börsennotierten) Gesellschaft betroffen.

11 Für ein sich an eine Restrukturierungssache anschließendes Insolvenzverfahren ist der Insolvenzrichter nicht gem. § 41 Nr. 6 ZPO ausgeschlossen, da es sich um eigenständige Verfahren handelt.

12 Eine Ablehnung wegen Befangenheit nach § 42 Abs. 2 ZPO ist dann zu befürchten, wenn ein Grund vorliegt, der geeignet ist, Misstrauen gegen die Unparteilichkeit der Gerichtspersonen zu rechtfertigen. Es kommen nur objektive Gründe in Betracht, die aus Sicht des Ablehnenden, den Eindruck erwecken können, dass die Gerichtsperson nicht unparteiisch ist.[16] Verfahrensfehler, materiell fehlerhafte Entscheidungen oder die kritische Erörterung der Sach- und Rechtslage mit den Beteiligten können solche Gründe in der Regel nicht darstellen.[17]

13 Die §§ 41 ff. ZPO gelten über § 38 Satz 1 nicht für den Restrukturierungsbeauftragten oder den Sanierungsmoderator. Hier enthält das StaRUG eigene Regeln zur »*Unabhängigkeit*« in § 74 Abs. 1 bzw. § 94 Abs. 1 Satz 2 als Bestellungsvoraussetzung.[18] Die Ablehnungsgründe aus § 42 ZPO sind aber als Entlassungsgründe i.S.v. §§ 75 Abs. 2, 78 Abs. 3 bzw. 96 Abs. 5 Satz 2 zu beachten.

14 Der auf Grundlage von § 41 Abs. 1 Satz 2 ZPO bestellte Sachverständige kann jedoch gem. § 38 Satz 1 i.V.m. § 406 Abs. 1, § 42 ZPO abgelehnt werden.[19]

15 Von dem Ablehnungsrecht kann der Schuldner, der Restrukturierungsbeauftragte und grundsätzlich jeder betroffene Gläubiger in jedem Verfahrensstadium Gebrauch machen.[20] Den Gerichtspersonen steht darüber hinaus ein Selbstablehnungsrecht nach § 48 ZPO zu.

16 Liegt eine wirksame Ablehnung vor, können Handlungen, die keinen Aufschub dulden, noch von der abgelehnten Person vorgenommen werden (§ 47 ZPO).

3. Partei- und Prozessfähigkeit (§§ 50 ff. ZPO)

17 Wie bei § 4 InsO sind die §§ 50–58 ZPO zur Partei- und Prozessfähigkeit entsprechend anwendbar.[21] Für den Schuldner bedarf es allerdings keinen Rückgriff auf § 50 ZPO, da die Restrukturierungsfähigkeit des Schuldners in § 30 geregelt wird.[22]

18 Für Verfahrensunfähige ist auf die Geschäftsfähigkeit der gesetzlichen, nicht jedoch der faktischen Vertreter abzustellen.[23] Fehlt bei Verfahrensunfähigen ein gesetzlicher Vertreter kann über § 38 Satz 1 i.V.m. § 57 ZPO ein Verfahrenspfleger bestellt werden.[24] Die Kurzfristigkeit des Restrukturierungsverfahrens spricht dafür, dass Gefahr im Verzug i.S.d. § 57 ZPO angenommen werden kann.[25] Bei führungslosen juristischen Personen geht die Bestellung eines Notgeschäftsführers (analog § 29 BGB) durch das Registergericht nach h.M. der Bestellung eines Verfahrenspflegers vor.[26] Ein Verfahrenspfleger für den Schuldner kann allenfalls in extremen Ausnahmefällen möglich sein, da Geschäftsunfähigkeit und Führungslosigkeit gegen eine Umsetzung eines

---

16 OLG Köln, ZInsO 2001, 1016.
17 HambKomm-InsR/*Rüther* § 4 Rn. 13.
18 Vgl. BeckOK-StaRUG/*Kramer*, § 38 Rn. 12.
19 Vgl. Morgen-*Blankenburg* § 38 Rn. 21.
20 Vgl. zu § 4 InsO: Uhlenbruck-*Pape* § 4 Rn. 6.
21 OLG Köln, NZI 2000, 134 ff.; Braun-*Baumert*, StaRUG, § 38 Rn. 7.
22 Vgl. Morgen-*Blankenburg* § 38 Rn. 22.
23 Zur InsO: BGH, ZIP 2007, 144, 145.
24 Vgl. Braun-*Baumert*, StaRUG, § 38 Rn. 7.
25 So auch: BeckOK-StaRUG/*Kramer*, § 38 Rn. 15.
26 OLG Zweibrücken, NZI 2001, 378.

Restrukturierungsverfahrens sprechen und zu einer Aufhebung nach § 33 Abs. 2 Satz 1 Nr. 2 führen würden.[27]

4. Verfahrensbevollmächtigte (§§ 78 ZPO)

Die Vorschriften über die Vertretung sind grundsätzlich entsprechend anwendbar. Anwaltszwang 19
besteht in Restrukturierungssachen nicht; jedoch im Verfahren über die Rechtsbeschwerde (§§ 78 Abs. 3, 569 Abs. 3 Nr. 1 ZPO). Die nicht anwaltliche Vertretung ist gem. § 79 ZPO zulässig. Hierzu bedarf es jedoch der Vorlage der Originalurkunde gem. § 80 ZPO.[28] Eine einstweilige Zulassung des Vertreters bei Mängeln an der Vollmacht ist gem. § 89 Abs. 1 Satz 1 ZPO möglich, sofern der Mangel behebbar ist.[29] Wie beim Insolvenzverfahrens ist auch das Betreiben einer Restrukturierungssache wegen der möglichen einschneidenden Folgen nicht von der Prozessvollmacht umfasst.[30]

5. Prozesskosten (§§ 91 ff. ZPO)

Das StaRUG enthält in § 81 Regelungen zur Kostentragung hinsichtlich des Restrukturierungs- 20
beauftragten. Wie im Insolvenzverfahren sind die §§ 91 ff. ZPO im Übrigen anwendbar, sofern es sich um ein quasi-kontradiktorisches Verfahren, d.h. um ein Verfahren, in dem aufgrund widerstreitender Interessen sich gegenseitig ausschließende Verfahrensziele verfolgt werden,[31] handelt.[32] Um dies zu beurteilen, ist jeweils auf das konkrete Verhältnis zwischen dem Schuldner und dem einzelnen Betroffenen abzustellen.[33]

§ 93 ZPO ist wegen des Amtsermittlungsgrundsatzes nicht entsprechend anwendbar.[34] 21

Bei Aufhebung der Restrukturierungssache ist noch keine Kostenentscheidung zu treffen, da die 22
Anzeige kein kontradiktorisches Verhältnis begründet und lediglich den Verfahrensmantel darstellt,[35] auch dann nicht, wenn das Gericht die Restrukturierungssache nach § 33 aufhebt.[36] Der Schuldner trägt die Gerichtskosten nach § 25a Abs. 1 GKG ohnehin. Hinsichtlich der einzelnen Instrumente ist zu differenzieren: Kostenrelevante Situationen liegen bei der gerichtlichen Planabstimmung (§§ 45) und Planbestätigung (§§ 60 ff.) vor, wenn der Planbetroffene erfolgreich gegen den Restrukturierungsplan vorgeht und dieser nicht angenommen oder bestätigt wird.[37] Der Schuldner hat dann die außergerichtlichen Kosten des Betroffenen zu tragen. Anders hingegen stellt sich die Lage bei der Vorprüfung (§§ 47 f.) und der Stabilisierungsanordnung (§§ 49 ff.) dar. Das Vorprüfungsergebnis bindet das Gericht nicht (§ 48 Abs. 2 Satz 1), sodass es noch kein Obsiegen oder Unterliegen gibt.[38] Der Stabilisierungsanordnung kommt lediglich Sicherungscharakter zu.[39] Für eingelegte Rechtsmittel (sofortige Beschwerde, Rechtsbeschwerde) gilt § 97 ZPO.

---

27 Vgl. BeckOK-StaRUG/*Kramer*, § 38 Rn. 15.
28 Vgl. zu § 4 InsO: Uhlenbruck-*Pape* § 4 Rn. 4.
29 Vgl. HambKomm-InsR/*Rüther*, § 4 Rn. 22.
30 Vgl. zu § 4 InsO: HambKomm-InsR/*Rüther*, § 4 Rn. 22.
31 Vgl. zur InsO: MK-InsO/*Ganter*/*Bruns* § 4 Rn. 27.
32 Vgl. Morgen-*Blankenburg* § 38 Rn. 27, zur InsO: Uhlenbruck-*Pape* § 4 Rn. 16.
33 Vgl. BeckOK-StaRUG/*Kramer*, § 38 Rn. 19.
34 Vgl. HambKomm-InsR/*Rüther*, § 4 Rn. 23.
35 Vgl. BeckOK-StaRUG/*Kramer*, § 38 Rn. 22; Morgen-*Blankenburg* § 38 Rn. 28.
36 Vgl. BeckOK-StaRUG/*Kramer*, § 38 Rn. 22.
37 Vgl. BeckOK-StaRUG/*Kramer*, § 38 Rn. 20.
38 Vgl. BeckOK-StaRUG/*Kramer*, § 38 Rn. 21.
39 Vgl. BeckOK-StaRUG/*Kramer*, § 38 Rn. 21; anders: Morgen-*Blankenburg* § 38 Rn. 29, der bei Aufhebung der Stabilisierungsanordnung nach § 59 Abs. 2 ein quasi-kontradiktorische Lage sieht, weshalb eine Kostengrundentscheidung erforderlich sei.

6. Verfahrenskostenhilfe (§§ 114 ff. ZPO)

23 Für den Schuldner kann keine Verfahrenskostenhilfe gewährt werden.[40]

24 Vorstellbar ist allenfalls eine Gewährung von Verfahrenskostenhilfe für Planbetroffene. Dies setzt eine Bedürftigkeit des Planbetroffenen und die hinreichende Erfolgsaussicht seiner Rechtsverteidigung – in diesem Fall das Abwehren des Plans bzw. der Planwirkungen – voraus.[41] Dabei ist zu berücksichtigen, dass aufgrund der zu erwartenden Komplexität von einer Vielzahl von Restrukturierungsplänen zur Wahrung von rechtlichen Interessen nicht selten eine rechtliche Beratung erforderlich sein wird. Für die Teilnahme am Abstimmungsverfahren kann den Gläubigern Verfahrenskostenhilfe bewilligt werden.[42] Eine Bewilligung einer daneben beantragten Anwaltsbeiordnung nach § 121 ZPO kann erfolgen, wenn auch eine vermögende Person unter Einsatz der eigenen Mittel rechtliche Beratung in Anspruch genommen hätte.[43] Nach § 121 Abs. 2 Alt. 2 ZPO hat eine Beiordnung eines Anwalts zu erfolgen, wenn der Schuldner – wie es im Restrukturierungsverfahren regelmäßig der Fall sein wird – selbst anwaltlich vertreten ist. Während für das Insolvenzverfahren der § 121 Abs. 2 Alt. 2 ZPO wegen eines Umkehrschlusses zu § 4a Abs. 2 InsO nicht angewendet wird,[44] kann dies auf das Restrukturierungsverfahren nicht ohne Weiteres übertragen werden.[45]

25 Insoweit muss in Restrukturierungssachen die Anwaltsbeiordnung nach § 121 Abs. 2 Alt. 1 ZPO im Einzelfall geprüft werden.

26 Dem Schuldner ist hinsichtlich der Bewilligungsentscheidung zur Prozess- bzw. Verfahrenskostenhilfe rechtliches Gehör zu gewähren (§ 118 Abs. 1 Satz 1 ZPO). Die Bewilligung ist für jeden Verfahrensabschnitt einzeln zu gewähren (vgl. § 119 Abs. 1 Satz 1 ZPO).

27 Auch den Anteilsinhabern kann Prozesskostenhilfe bewilligt werden, da nicht wie im Insolvenzverfahren ohne Weiteres davon ausgegangen werden kann, dass die Anteilsrechte nichts mehr wert sind.[46]

7. Zustellungen (§ 166 ff. ZPO)

28 Das StaRUG enthält in § 41 eine eigene Regelung für Zustellungen, die Modifikationen zu den §§ 166 ff. ZPO enthält. Insoweit wird auf die dortige Kommentierung verwiesen.[47]

8. Rechtshängigkeitswirkung

29 Die Restrukturierungssache wird mit der Anzeige gem. § 31 Abs. 3 rechtshängig. Für die Anwendung des § 261 Abs. 1 und Abs. 2 ZPO ist daher kein Raum. Allerdings kann hinsichtlich der Wirkung der Rechtshängigkeit auf § 261 Abs. 3 ZPO zurückgegriffen werden. Eine nachträgliche Veränderung der zuständigkeitsbegründenden Tatsachen ändert die örtliche Zuständigkeit des Gerichts (§ 35) nicht (perpetuatio fori). Ist eine Restrukturierungssache bereits anhängig, kann keine weitere Anzeige bei anderen Gerichten gestellt werden.[48]

---

40 Vgl. Morgen-*Blankenburg* § 38 Rn. 33 unter Verweis auf Uhlenbruck InsO-*Pape* § 4 Rn. 23 zum Insolvenzplanverfahren.
41 Vgl. BeckOK-StaRUG/*Kramer*, § 38 Rn. 27.
42 Vgl. zum Insolvenzplanverfahren MK-InsO/*Ganter*/*Bruns* § 4 Rn. 24a.
43 BGH, ZIP 2004, 1922, 1923.
44 BGH, NZI 2004, 595.
45 Vgl. BeckOK-StaRUG/*Kramer*, § 38 Rn. 27.
46 Vgl. Morgen-*Blankenburg* § 38 Rn. 38.
47 Vgl. § 41 Rdn. 1 ff.
48 Vgl. Morgen-*Blankenburg* § 38 Rn. 48.

9. Verweisung (§ 281 ZPO)

Ist das angerufene Gericht örtlich unzuständig, kommt auch bei Restrukturierungssachen eine Verweisung nach § 281 ZPO auf Antrag des Schuldners in Betracht.[49] Gibt es einen Gruppen-Gerichtsstand kann eine Verweisung nach § 37 Abs. 2 i.V.m. § 3d Abs. 1 Satz 1 InsO in Betracht kommen.[50] 30

10. Elektronische Aktenführung und Akteneinsicht/Auskunft (§§ 298 f. ZPO)

Die Vorschriften zur elektronischen Aktenführung, zur Akteneinsicht und zur Erteilung von Auskünften (§§ 298 f. ZPO) sind auch für Restrukturierungssachen entsprechend anwendbar.[51] 31

Wie im Insolvenzverfahren ergibt sich auch für Restrukturierungsverfahren das Recht auf Akteneinsicht aus § 38 Satz 1 i.V.m. § 299 ZPO. Dabei ist hinsichtlich der Berechtigung zwischen den Parteien und Dritten zu unterscheiden. Den Beteiligten des Verfahrens ist grundsätzlich Akteneinsicht nach § 38 Satz 1 i.V.m. § 299 Abs. 1 ZPO zu gewähren. Beteiligte des Verfahrens bei Restrukturierungssachen sind: der Schuldner, die Planbetroffenen, der Restrukturierungsbeauftragte und die Mitglieder des Gläubigerbeirats. 32

Plangaranten sind hingegen nicht Partei des Verfahrens und als Dritte zu behandeln.[52] 33

Für die Akteneinsicht müssen die Parteien kein rechtliches Interesse darlegen; die Akteneinsicht erfolgt uneingeschränkt.[53] Ist ein Missbrauch von Informationen zu befürchten und wird der Verfahrenszweck gefährdet, ist das Akteneinsichtsgesuch zurückzuweisen.[54] 34

Dritte können gem. § 299 Abs. 2 ZPO Akteneinsicht erhalten, wenn die Parteien einwilligen oder ein rechtliches Interesse des Dritten glaubhaft gemacht werden kann.[55] Dabei ist das Interesse des Dritten mit den Interessen der Parteien abzuwägen. Die Rechte des Dritten müssen vom Akteninhalt betroffen sein. Da es sich bei Restrukturierungssachen um freiwillige Verfahren handelt, werden Interessen Dritter selten betroffen sein. Zudem ist im Rahmen der Gewährung des Akteneinsichtsrechts das Recht des Schuldners auf informationelle Selbstbestimmung zu berücksichtigen.[56] 35

Nach Aufhebung der Restrukturierungssache sind auch die Planbetroffenen als Dritte i.S.d. § 299 Abs. 2 ZPO anzusehen. 36

Der Schuldner ist vor Gewährung der Akteneinsicht anzuhören. Über das Einsichtnahmegesuch entscheidet nach § 299 Abs. 2 ZPO der Gerichtsvorstand, eine Übertragung auf den sachbearbeitenden Richter ist jedoch möglich.[57] 37

Von der Akteneinsicht umfasst sind der Hauptband sowie Beibände, wobei bei diesen noch zu differenzieren ist: Akten fremder Behörden sind nur mit der Zustimmung dieser Behörde zur Verfügung zu stellen, ebenso ausgenommen sind der Beiband zum Gläubigerbeirat[58] sowie etwaige PKH-Hefte[59]. 38

Nach § 299 Abs. 3 Satz 1 ZPO erfolgt die Einsicht in die elektronische Akte durch Abruf von Xjustiz-Datensätzen auf dem Akteneinsichtsportal des Bundes und der Länder.[60] Es besteht die Möglich- 39

---

49 Vgl. dazu die Kommentierung zu § 35 Rdn. 13.
50 Vgl. dazu bereits zu § 37 Rdn. 37.
51 *Vallender*, ZInsO 2020, 2579.
52 Vgl. Morgen-*Blankenburg* § 38 Rn. 61.
53 BGH, NZI 2020, 731.
54 BGH, NZI 2020, 731.
55 A.A.: *Vallender*, ZInsO 2020, 2579, 2585: keine Akteneinsicht bei nichtöffentlichen Restrukturierungssachen.
56 HambKomm-InsR/*Rüther*, § 4 Rn. 33.
57 HambKomm-InsR/*Rüther*, § 4 Rn. 51.
58 Zum Beiheft für den Gläubigerausschuss Uhlenbruck-*Pape* § 4 Rn. 29.
59 BGH, NJW 2015, 1827.
60 Dazu ausführlich: Morgen-*Blankenburg* § 38 Rn. 73.

keit, dass die Einsichtnahme auch in den Diensträumen an einem hierfür eingerichteten Arbeitsplatz erfolgen kann. Ausdrucke oder Datenträger werden nur auf Antrag übermittelt (§ 299 Abs. 3 Satz 3 ZPO), wenn ein berechtigtes Interesse dargelegt werden kann.

40 Gegen die ablehnende Entscheidung des Richters über das Akteneinsichtsgesuch einer Partei kann die sofortige Beschwerde eingelegt werden;[61] bei Dritten ist ein Antragsverfahren nach § 23 EGGVG statthaft. Dem Schuldner ist vor der Gewährung der Akteneinsicht rechtliches Gehör zu gewähren.[62]

41 Von dem Akteneinsichtsgesuch ist das bloße Auskunftsbegehren zu unterscheiden. Da es sich nicht um öffentliche Verfahren handelt, sind solche Anfragen zurückhaltend zu behandeln.[63] Das Gericht wird jedenfalls aber auf Sachstandsanfragen von Gläubigern zu reagieren haben.[64]

11. Rechtsmittel (§§ 511 ff. ZPO)

42 Das StaRUG enthält in § 40 eine eigene Regelung zu Rechtsmitteln gegen restrukturierungsspezifische Entscheidungen.[65] Trifft das Gericht nicht restrukturierungsspezifische Entscheidungen, vor allem auf Grundlage von Vorschriften der ZPO (bspw. Ablehnung eines Akteneinsichtsgesuchs nach § 299 ZPO), so sind diese mit den außerhalb des StaRUG vorgesehenen allgemeinen Rechtsmitteln angreifbar. Denn entgegen seinem scheinbar allumfassenden Wortlaut betrifft § 40 nicht sämtliche Entscheidungen des Restrukturierungsgerichts. Rechtsmittel gegen Entscheidungen, die ihre Rechtsgrundlage nicht unmittelbar im StaRUG haben, also nicht »im« Restrukturierungsverfahren, sondern nur »aus Anlass« desselben ergehen, werden von Abs. 1 Satz 1 nicht berührt.[66]

12. Zwangsvollstreckungsrechtliche Vorschriften (§§ 704–959 ZPO)

43 Das StaRUG enthält in § 71 eine Regelung zur Vollstreckung aus dem Restrukturierungsplan.[67] Im Übrigen werden, anders als im Insolvenzverfahren, die Vorschriften zur Zwangsvollstreckung im 8. Buch der ZPO durch das gerichtliche Stabilisierungs- und Restrukturierungsverfahren nicht verdrängt, es sei denn, das Restrukturierungsgericht ordnet auf Antrag des Schuldners eine Stabilisierungsanordnung mit der Wirkung einer Vollstreckungs- oder Verwertungssperre nach §§ 49 ff. an.

44 Die Regelungen zum Klauselerteilungsverfahren gem. §§ 724 ff. ZPO sind auf die Beschlüsse des Restrukturierungsgerichts, die einen vollstreckungsfähigen Inhalt haben, anwendbar. Vor allem haben sie aber Bedeutung für die Vollstreckung der nach § 71 Abs. 1 Satz 1 titulierten Planforderungen.[68]

III. Virtuelle Teilnahme an Terminen und Versammlungen (Satz 2)

45 Die Vorschrift des § 128a ZPO ist nach § 38 Satz 2 grundsätzlich entsprechend anzuwenden. Das Gericht kann nach § 128a ZPO einzelnen oder allen Verfahrensbeteiligten die Möglichkeit eröffnen, virtuell im Wege der Bild- oder Tonübertragung an den gerichtlichen Präsenzterminen teilzunehmen. Die Entscheidung über eine virtuelle Teilnahme steht im pflichtgemäßen Ermessen des Gerichts.[69]

46 Es ist zwischen einer hybriden und rein digitalen Durchführung der Termine und Versammlungen zu unterscheiden.[70]

---

61 BeckOK-StaRUG/*Kramer*, § 38 Rn. 67.
62 MK-InsO/Ganter/*Bruns* § 4 Rn. 70.
63 Vgl. Morgen-*Blankenburg* § 38 Rn. 80.
64 Vgl. BeckOK-StaRUG/*Kramer*, § 38 Rn. 68.
65 Vgl. dazu § 40 Rdn. 4.
66 BeckOK-StaRUG/*Kramer*, § 40 Rn. 6.
67 Vgl. dazu § 71 Rdn. 1.
68 BeckOK-StaRUG/*Kramer*, § 38 Rn. 84.
69 BeckOK-StaRUG/*Kramer*, § 38 Rn. 91.
70 Vgl. Morgen-*Blankenburg* § 38 Rn. 92.

Rein digitale Verhandlungen sind **nicht** zulässig, da § 128a Abs. 1 Satz 2 ZPO den Fall regelt, dass der Termin im Sitzungssaal stattfindet und lediglich einzelne Beteiligte an anderen Orten sind.[71] Ton und Bild sind an den Sitzungssaal und den anderen Ort zu übertragen. 47

Sicherzustellen ist, dass jeder Verfahrensbeteiligter, der sich nicht im Sitzungssaal aufhält, zu jeder Zeit auch sämtliche im Gerichtssaal anwesenden Verfahrensbeteiligte sehen und hören können muss; Ebenso müssen die im Sitzungssaal befindlichen Verfahrensbeteiligten, die von außerhalb zugeschalteten Beteiligten hören und sehen können.[72] 48

In der Ladung hat das Gericht aber ausdrücklich darauf hinzuweisen, dass wissentliche Ton- und Bildaufzeichnungen nicht gestattet sind und Dritten dies auch nicht ermöglicht werden darf. Diese Einschränkung gilt insbesondere vor dem Hintergrund, dass Termine des Restrukturierungsgerichts nicht öffentlich sind.[73] Bei nichtöffentlichen Terminen können heimliche Ton- und Bildaufnahmen eine Strafbarkeit nach § 201 StGB begründen.[74] 49

Gerade bei Restrukturierungssachen mit vielen Verfahrensbeteiligten könnte problematisch sein, wie der Richter die Überwachung einer hybriden Versammlung (teilweise virtuell und teilweise vor Ort) gewährleisten soll.[75] Nach dem Gesetzgeber muss dies »*im Rahmen des technisch Möglichen und wirtschaftlich Zumutbaren – durch geeignete Maßnahmen, z. B. aktuelle Virenschutzprogramme*« sichergestellt werden.[76] 50

IV. Sonstige Verfahrensvorschriften

Bestimmte Vorschriften des GVG sind ebenfalls entsprechend anwendbar. Die verfassungsrechtlichen Verfahrensgarantien (gesetzlicher Richter, Willkürverbot, materieller Grundrechtsschutz, Recht auf informationelle Selbstbestimmung) gelten auch für Restrukturierungssachen.[77] 51

Der zuständige Richter bestimmt sich nach § 22 Abs. 6 GVG. 52

Auch die sitzungspolizeilichen Maßnahmen nach §§ 169 ff. GVG finden entsprechende Anwendung.[78] 53

Die Gerichtssprache ist deutsch (§ 184 GVG). Für ausländische Beteiligte kann gegebenenfalls ein Dolmetscher hinzugezogen werden (§ 185 Abs. 1 Satz 1 GVG). Ausnahmsweise besteht bei einer weiten Auslegung des § 185 Abs. 2 GVG die Möglichkeit, eine Verhandlung auf Englisch zu führen.[79] Ein Bedürfnis, Termine und Versammlungen auf Englisch durchzuführen, könnte sich für Restrukturierungssachen dann ergeben, wenn dies aufgrund der Auswahl der Planbetroffenen erforderlich erscheint.[80] Es ist nicht auszuschließen, dass dieses regelmäßig der Fall sein wird, da das StaRUG insbesondere bei Finanzrestrukturierungen zur Anwendung kommen wird und die Finanzierungsstrukturen auch im deutschen Mittelstand immer internationaler werden. 54

71 Vgl. auch Morgen-*Blankenburg* § 38 Rn. 93 m.w.N.
72 *Windau*, NJW 2020, 2753, 2754.
73 Begr. RegE, BT-Drucks. 19/24181, S. 143.
74 Begr. RegE, BT-Drucks. 19/24181, S. 143.
75 Kritisch zu dieser Vorschrift bereits Stellungnahme BAKinsO vom 18.09.2020 zum RefE SanInsFoG, 6 (VII); *Frind*, ZInsO 2020, 1743, 1748; zu § 4 InsO: *Frind*, NZI 2020, 865; BeckOK-StaRUG/*Kramer*, § 38 Rn. 91.
76 Begr. RegE, BT-Drucks. 19/24181, S. 143.
77 Zur InsO: vgl. HambKomm-InsR/*Rüther*, § 4 Rn. 5.
78 Morgen-*Blankenburg* § 38 Rn. 112.
79 Dazu u.a. *Köhler/Hudetz*, BB 2020, 2179, 2181 f.
80 So auch: Morgen-*Blankenburg* § 38 Rn. 113.

§ 39 Verfahrensgrundsätze

(1) [1]Das Restrukturierungsgericht hat von Amts wegen alle Umstände zu ermitteln, die für das Verfahren in der Restrukturierungssache von Bedeutung sind, soweit in diesem Gesetz nichts Abweichendes bestimmt ist. [2]Es kann zu diesem Zweck insbesondere Zeugen und Sachverständige vernehmen.

(2) Der Schuldner hat dem Restrukturierungsgericht die Auskünfte zu erteilen, die zur Entscheidung über seine Anträge erforderlich sind, und es auch sonst bei der Erfüllung seiner Aufgaben zu unterstützen.

(3) [1]Die Entscheidungen des Restrukturierungsgerichts können ohne mündliche Verhandlung ergehen. [2]Findet eine mündliche Verhandlung statt, so ist § 227 Absatz 3 Satz 1 der Zivilprozessordnung nicht anzuwenden.

Übersicht

A. Normzweck

1 § 39 normiert abweichend vom Titel nicht die generellen Verfahrensgrundsätze des Restrukturierungsverfahrens, sondern vielmehr die von der ZPO abweichenden Verfahrensbesonderheiten. Die allgemeinen Regelungen der ZPO finden über § 38 Satz 1 Anwendung.

2 § 39 regelt den im Restrukturierungsverfahren grundsätzlich geltenden Amtsermittlungsgrundsatz; zugleich dient die Norm der Verfahrensbeschleunigung.[1] Inhaltlich ist die Norm eng an § 5 Abs. 1 InsO angelehnt. Abweichend von § 5 Abs. 1 InsO schränkt die Norm in Abs. 1 den Amtsermittlungsgrundsatz durch einen ausdrücklichen Vorbehalt abweichender Regelungen im StaRUG zur Beschleunigung des Verfahrens ein.[2]

3 Die Implementierung des (eingeschränkten) Amtsermittlungsgrundsatzes unterstreicht die hybride Art des Restrukturierungsverfahrens, welches grundsätzlich schuldnergetrieben und privat-autonom ausgerichtet ist, zugleich aber durch einen Katalog gerichtlicher Maßnahmen unterstützt wird. Das Restrukturierungsgericht wird jedoch nur auf Antrag tätig. Gleichwohl gilt – anders als im Zivilprozess – nicht der Beibringungsgrundsatz.[3] Entsprechend können die Verfahrensbeteiligten zweifelhafte Tatsachen nicht mit bindender Kraft für das Restrukturierungsgericht unstreitig stellen.[4]

4 Die Amtsermittlungspflicht des Restrukturierungsgerichts beginnt grundsätzlich mit dem Eingang der Anzeige des Restrukturierungsvorhabens gem. § 31.[5] § 39 Abs. 2 ergänzt den Amtsermittlungsgrundsatz durch eine umfassende Auskunfts- und Mitteilungspflicht des Schuldners.[6]

1 Begr. RegE, BT-Drucks. 19/24181, S. 143.
2 Begr. RegE, BT-Drucks. 19/24181, S. 143.
3 Morgen-Blankenburg § 39 Rn. 2; Jacoby/Thole-*Schluck-Amend*, § 39 Rn. 3.
4 BeckOK-StaRUG/*Kramer*, § 39 Rn. 4.
5 *Vallender*, ZRI 2021, 165.
6 Morgen-*Blankenburg* § 39 Rn. 1.

Der in Abs. 3 geregelte fakultative Mündlichkeitsgrundsatz dient ebenfalls der Verfahrensbeschleunigung und -vereinfachung.[7] 5

Die Regelungen des § 39 sind entsprechend anwendbar auf das Verfahren über die Sanierungsmoderation gem. §§ 94 ff.[8] 6

B. Norminhalt

Der Gesetzgeber verweist in der Gesetzesbegründung auf die inhaltliche Nähe der insolvenzrechtlichen Verfahrensregeln des § 5 InsO.[9] Gleichwohl gibt es relevante Unterschiede hinsichtlich des Beginns und Umfangs des in § 5 InsO und § 39 normierten Amtsermittlungsgrundsatzes[10] sowie der Auskunfts- und Unterstützungspflichten des Schuldners. 7

I. Amtsermittlungsgrundsatz (Abs. 1)

1. Beginn der Amtsermittlungspflichten

Im Regelinsolvenzverfahren beginnen die Amtsermittlungspflichten des Insolvenzgerichts mit Eingang eines zulässigen Insolvenzantrags.[11] Das Gericht ist erst ab diesem Zeitpunkt verpflichtet, die entscheidungsrelevanten Umstände von Amts wegen zu ermitteln. Im Rahmen des StaRUG erfolgt bei Eingang der Anzeige gem. § 31 hingegen keine dem Insolvenzverfahren immanente Zulässigkeitsprüfung. Die das Restrukturierungsverfahren einleitende und zur Rechtshängigkeit der Restrukturierungssache führende Anzeige gem. § 31 ist kein formaler Antrag auf Einleitung eines Eröffnungsverfahrens[12] der vom Gericht zu bescheiden wäre.[13] Der Amtsermittlungsgrundsatz findet somit nach Eingang der Anzeige des Restrukturierungsvorhabens beim Gericht Anwendung, ohne dass es auf die Zulässigkeit der Anzeige ankommt.[14] 8

2. Art, Umfang und Grenzen der Ermittlungspflichten

Das Restrukturierungsgericht hat in Entsprechung des Amtsermittlungsgrundsatzes regelmäßig sämtliche entscheidungsrelevanten Umstände von Amts wegen zu ermitteln. Es darf mithin keine Entscheidung zulasten einer beweisbelasteten Person treffen, ohne zuvor die entscheidungserheblichen Umstände selber ermittelt zu haben.[15] Amtsermittlung heißt insoweit also lediglich, dass sich das Gericht ggf. um weitere Sachverhaltsaufklärung bemühen muss, nicht aber, dass es spekulieren und seine Sachverhaltshypothese ohne gesicherte Grundlage an die des Schuldners stellen darf.[16] Die Amtsermittlungspflicht beeinflusst nicht per se die objektive Feststellungslast, sondern nur die subjektive Behauptungslast.[17] Kann das Gericht nach Ausschöpfen seiner Ermittlungsmittel einen entscheidungserheblichen Umstand nicht feststellen, so geht dies zulasten des Beweisbelasteten.[18] Die ersten veröffentlichten Entscheidungen zum StaRUG zeigen, dass dieses insbesondere bei der Vergleichsrechnung besondere Bedeutung für die Planbestätigung nach §§ 60 ff. hat. Denn wer sich darauf beruft, dass es auch ohne die Insolvenz glimpflicher für die Gläubiger ausgehen würde, sodass 9

---

7 Begr. RegE, BT-Drucks. 19/24181, S. 143.
8 BeckOK-StaRUG/*Kramer*, § 39 Rn. 2.
9 Begr. RegE, BT-Drucks. 19/24181, S. 143.
10 *Vallender*, ZRI 2021, 165.
11 BGH, ZInsO 2011, 1499; ZIP 2007, 1868; BGH, NJW 2003, 1187.
12 BeckOK-StaRUG/*Kramer*, § 39 Rn. 4.1.
13 Begr. RegE, BT-Drucks. 19/24181, S. 134.
14 BeckOK-StaRUG/*Kramer*, § 39 Rn. 4.1; *Vallender*, ZRI 2021, 165, 165; a.A. Morgen-*Blankenburg* § 39 Rn. 6; wohl auch *Deppenkemper*, ZIP 2020, 2432, 2437.
15 Morgen-*Blankenburg* § 39 Rn. 4.
16 AG Köln, EWiR 2021, 309, 310.
17 BeckOK-StaRUG/*Kramer*, § 39 Rn. 5.
18 BeckOK-StaRUG/*Kramer*, § 39 Rn. 5.

diese nicht den Vergleichswert für die Vergleichsrechnung beinhaltet, muss dies entsprechend belegen.[19]

10 Die Entscheidung, ob bzw. wann Ermittlungen einzuleiten sind, liegt grundsätzlich im Ermessen des Gerichts. Ausschlaggebend für die Ermittlung von Tatsachen durch das Gericht ist regelmäßig das Bekanntwerden entscheidungserheblicher Umstände, bspw. durch Angaben von Verfahrensbeteiligten, sofern diese noch keine hinreichende Entscheidungssicherheit bieten oder aufgrund konkreter Anhaltspunkte Zweifel an der Richtigkeit mitgeteilter Umstände bestehen.[20]

11 Der Amtsermittlungsgrundsatz bewirkt zudem, dass ein übereinstimmender Sachvortrag der Verfahrensbeteiligten keine zwingende Bindungswirkung für das Gericht entfaltet.[21]

12 Art und Umfang der Ermittlungen stehen im pflichtgemäßen Ermessen des Gerichts. Die Maßnahmen müssen jedoch wirksam sein, um die aufzuklärenden Umstände tatsächlich zu ermitteln.[22] Dazu stehen dem Gericht sämtliche Beweismittel im Wege des Freibeweises zur Verfügung.[23] Für die Anordnung von Ermittlungsmaßnahmen ist – mit Ausnahme der Bestellung von Sachverständigen[24] – kein förmlicher Beweisbeschluss erforderlich. Inhaltlich bedeutet der Amtsermittlungsgrundsatz nach dem StaRUG, dass das Gericht selbst versuchen muss, aus den ihm zustehenden Erkenntnisquellen die entscheidungsrelevanten Umstände zu gewinnen.[25]

13 Neben der örtlichen Zuständigkeit ermittelt das Gericht im Rahmen der Planbestätigung auch von Amts wegen, ob der Schuldner tatsächlich drohend zahlungsunfähig gem. § 63 Abs. 1 Nr. 1 ist. Diese Feststellung verlangt nach der Auffassung des AG Köln die volle richterliche Überzeugung von der drohenden Zahlungsunfähigkeit.[26] Diese Auffassung hat zu Recht Kritik erfahren. Denn die Planbestätigung setzt nicht positiv die drohende Zahlungsunfähigkeit voraus. Vielmehr ist die Planbestätigung zu versagen, wenn der Schuldner nicht drohend zahlungsunfähig ist. Hieraus ist abzuleiten, dass die Planbestätigung nicht zu versagen ist, wenn ausnahmsweise nach der Amtsermittlung Zweifel darüber verbleiben, ob tatsächlich keine drohende Zahlungsunfähigkeit vorliegt. Demnach muss das Gericht von der drohenden Zahlungsunfähigkeit nicht vollends überzeugt sein, sondern es muss vom Fehlen der drohenden Zahlungsunfähigkeit voll überzeugt sein, wenn es dem Plan die Bestätigung versagen möchte.[27]

14 In seiner Entscheidung nimmt das AG Köln[28] die für die drohende Zahlungsunfähigkeit erforderliche Wahrscheinlichkeitsprüfung selbst vor, ohne eine sachverständige Stellungnahme gem. §§ 73 Abs. 3 Nr. 1, 63 Abs. 1 Nr. 1 eingeholt zu haben. Ein solches Vorgehen birgt die Gefahr, dass die Gerichte diffuse eigene Maßstäbe an die Bemessung der Wahrscheinlichkeit anlegen, obwohl über derartige Zukunftsprognosen eine sichere Einschätzung nie zu erlangen ist. Im konkreten Fall störte sich das Gericht daran, dass die Schuldnerin von einer Verlängerung des zum 31.12.2021 fälligen Kredits um ein Jahr ausgegangen war, eine weitere Verlängerung aber auf der Grundlage des bisherigen Vortrags nicht für wahrscheinlich hielt. Wie die Begründung des Entwurfs des SanInsFoG deutlich macht (BR-Drucks. 619/20, 99), gilt dessen ungeachtet, dass bei der Prüfung der drohenden Zahlungsunfähigkeit die Erfolgsaussichten einer in Aussicht genommenen Sanierung (innerhalb oder außerhalb des StaRUG) nicht einzupreisen sind (anders aber bei der Überschuldung!). Es geht gerade um die Prüfung des Eintritts der Zahlungsunfähigkeit bei gewöhnlichem Verlauf der Dinge.

19 AG Hamburg, BeckRS 2021, 7959; AG Köln, BeckRS 2021, 5571, Rn. 7.
20 BGH, NZI 2012, 151 Rn. 10, 11; BeckOK-StaRUG/*Kramer*, § 39 Rn. 17.
21 BGH, NZI 2007, 45 Rn. 6.
22 *Vallender*, ZRI 2021, 165, 166.
23 Morgen-*Blankenburg* § 39 Rn. 8.
24 Morgen-*Blankenburg* § 39 Rn. 8.
25 Zu § 5 InsO Uhlenbruck-*Pape* § 5 Rn. 1.
26 AG Köln, BeckRS 2021, 5571 = NZI 2021, 433 mit Anm. *Thole*.
27 *Thole*, NZI 2021, 436.
28 AG Köln, BeckRS 2021, 5571 = NZI 2021, 433 mit Anm. *Thole*.

Man darf den Zugang zum StaRUG nicht mit dem Argument versperren, der Gläubiger, auf dessen weitere Liquiditätsausreichung es auch im Sinne einer Stundung es ankommt, werde sich außergerichtlich bestimmt noch bewegen und einen Sanierungsbeitrag leisten.[29]

Der Amtsermittlungsgrundsatz findet nur Anwendung, soweit im StaRUG nichts Abweichendes bestimmt ist. In Ermangelung von Normen, die im StaRUG den Amtsermittlungsgrundsatz ausdrücklich außer Kraft setzen, sind die in § 39 Abs. 1 Satz 1 genannten Abweichungen durch Gesetzesauslegung zu ermitteln. In den Fällen, in denen der Schuldner Umstände im Rahmen von Verfahrensanträgen selber anzuzeigen hat (z.B. die Angaben nach § 37 Abs. 1 und Abs. 2), besteht keine Amtsermittlungspflicht.[30] Gleiches gilt bei einer geforderten Glaubhaftmachung (bspw. § 59 Abs. 2, 64 Abs. 2 Satz 2., Abs. 4 Satz 3, § 66 Abs. 2 Nr. 3, § 75 Abs. 2 Satz 3).[31] 15

In den Fällen der §§ 33 Abs. 2, 51 Abs. 1 und 2, 59 Abs. 1 Nr. 4 und Abs. 2, 63 Abs. 2, in denen das Gesetz Gerichtsentscheidungen davon abhängig macht, dass bestimmte Umstände bekannt sind, ist der Amtsermittlungsgrundsatz ebenfalls eingeschränkt, d.h., das Gericht ist nicht dazu verpflichtet, solche Umstände proaktiv zu ermitteln.[32] Dies folgt aus der vom Gesetzgeber bewusst reaktiv ausgestalteten Kontrollfunktion des Gerichts.[33] 16

3. Einzelne Ermittlungsmaßnahmen

Dem Gericht stehen gem. § 38 Satz 1 grundsätzlich alle Beweismittel der ZPO zur Verfügung. Es gilt gem. § 38 Satz 1 StaRUG, § 284 Satz 2 ZPO das Freibeweisverfahren. Die Ermittlungsmaßnahmen des Gerichts unterliegen als rein vorbereitende Verfahrenshandlungen keinem Rechtsmittel, unabhängig davon, ob es sich um schlichte Beweisanordnungen oder um Beweisbeschlüsse handelt.[34] 17

a) Bestellung von Sachverständigen

Gem. § 39 Abs. 1 Satz 2 ist das Restrukturierungsgericht insbesondere berechtigt, Sachverständige im Rahmen der Amtsermittlungshandlungen zu vernehmen und gem. § 38 Satz 1 StaRUG, § 402 ff. ZPO auch zu bestellen. Hierbei handelt es sich typischerweise um Rechtssachverständige.[35] Das Gericht ist in der Auswahl des Sachverständigen frei. Da es sich bei einer Restrukturierungssache um keinen Zweiparteienprozess handelt, findet § 404 ZPO insoweit keine Anwendung.[36] Ob der inhaltlichen Nähe zum Restrukturierungsbeauftragten (vgl. § 73 Abs. 3) liegt es nahe, Personen zu bestellen, die die Kriterien des § 74 Abs. 1 erfüllen. 18

Dem Gesetz ist nicht zu entnehmen, in welchem Verhältnis die Bestellung des Restrukturierungsbeauftragten als Sachverständiger gem. § 73 Abs. 3 zu der Bestellung eines originären Sachverständigen gem. §§ 38 Satz 1, 39 Abs. 1 steht. Jedenfalls ist § 73 Abs. 3 keine den § 39 Abs. 1 verdrängende Spezialnorm.[37] Die Bestellung eines Restrukturierungsbeauftragten ist nur möglich, soweit eine zulässige Restrukturierungsanzeige vorliegt. Das Gericht kann zur Ermittlung von Fragen der Zulässigkeit der Restrukturierungsanzeige somit zunächst nur einen **Sachverständigen** im Sinne des § 39 Abs. 1 bestellen. Die nachfolgende Bestellung dieses Sachverständigen zum **Restrukturierungsbeauftragten** gem. § 73 ist grundsätzlich möglich[38] – ähnlich dem Insolvenzverfahren, in dem auch regelmäßig der Sachverständige zum späteren Insolvenzverwalter bestellt wird. Schließlich stellt § 74 19

29 So zu Recht *Thole*, NZI 2021, 436.
30 BeckOK-StaRUG/*Kramer*, § 39 Rn. 12.
31 BeckOK-StaRUG/*Kramer*, § 39 Rn. 13.
32 *Vallender*, ZRI 2021, 165, 169; Morgen-*Blankenburg* § 39 Rn. 7.
33 Begr. RegE, BT-Drucks. 19/24181, S. 150.
34 BeckOK-StaRUG/*Kramer*, § 39 Rn. 36.
35 BeckOK-StaRUG/*Kramer*, § 39 Rn. 21.
36 Morgen-*Blankenburg* § 39 Rn. 13.
37 BeckOK-StaRUG/*Kramer*, § 39 Rn. 23.
38 Morgen-*Blankenburg* § 39 Rn. 11.

Abs. 3 auch die Bestellung eines **weiteren Restrukturierungsbeauftragten** in das Ermessen des Gerichts, soweit das Gericht bei der Bestellung des Restrukturierungsbeauftragten einem Vorschlag des Schuldners oder der Planbetroffenen gefolgt ist.[39]

20 Die Aufgaben des Restrukturierungsbeauftragten als Sachverständiger werden durch Gerichtsbeschluss festgelegt. § 73 Abs. 3 beinhaltet nur Beispiele für derartige Aufträge.[40] Denkbar sind insoweit diverse Prüfungsaufgaben. Die ersten veröffentlichten Entscheidungen der Amtsgerichte in Köln[41] und in Hamburg[42] zeigen, dass die **Planvergleichsrechnung** i.S.d. § 6 Abs. 2 und die Frage nach dem nächstbesten **Alternativszenario** die wohl größte Angriffsfläche für Plangegner bieten. An dieser Stelle werden sich die Gerichte für einen zügigen Verfahrensverlauf rechtzeitig Sachverständige bestellen müssen, wenn es sich im Rahmen der Darstellung des Stands der Verhandlungen bei der Anzeige gem. § 31 Abs. 2 Nr. 2 oder im Rahmen der ersten Stellungnahmen von Planbetroffenen abzeichnet, dass über das anzusetzende Alternativszenario Uneinigkeit herrscht. Es kann jedenfalls nicht die Aufgabe und das Selbstverständnis des Restrukturierungsgerichts sein, ohne sachverständige Stellungnahme über den Ansatz von Multiple-Faktoren bei der Unternehmensbewertung zu entscheiden.[43] Die Einwendung einer kritischen Planbetroffenen und der Hinweis auf andere denkbare Szenarien können für sich genommen nicht genügen, um die Vergleichsrechnung unschlüssig zu machen. Es dürfte vielmehr entscheidend darauf ankommen, ob das vom Schuldner gem. § 6 Abs. 2 dargelegte Alternativszenario plausibel ist und unter den getroffenen wirtschaftlichen Annahmen als das nächstbeste Szenario ohne den Plan erscheint. Nur wenn es kein klares nächstbestes Szenario gibt, wird man mehrere Alternativszenarien prüfen müssen. Substanziierte Hinweise eines Planbetroffenen können die Plausibilität und Schlüssigkeit der Vergleichsrechnung infrage stellen, aber der Planersteller muss nicht auf bloßen Zuruf sämtliche denkbaren Szenarien berücksichtigen, um die Planbestätigung zu erreichen.[44] Umso mehr müssen die Restrukturierungsgerichte an dieser Stelle unterscheiden zwischen einerseits der vom Gericht vorzunehmenden rechtlichen Bewertung eines (nicht ausreichend oder eben doch) substanziierten Vortrags, der die Plausibilität und Schlüssigkeit der Vergleichsrechnung infrage stellt und der andererseits regelmäßig wohl sachverständig zu beantwortenden Frage, ob das im Plan dargestellte Alternativszenario betriebswirtschaftlich bzw. im Sinne einer **Unternehmensbewertung** keine tatsächliche Schlechterstellung beinhaltet.

21 Die Qualifikation des Sachverständigen als Restrukturierungsbeauftragter bzw. Sachverständiger im Sinne des § 39 Abs. 1 ist nicht zuletzt vor dem Hintergrund der unterschiedlichen Vergütung relevant. Die Vergütung des Sachverständigen im Sinne des § 39 Abs. 1 beträgt bei entsprechender Anwendung des § 9 Abs. 4 JVEG 120 €/Stunde wohingegen der Restrukturierungsbeauftragte gem. § 81 Abs. 3 im Regelfall eine Vergütung von bis zu 350 €/Stunde erhält.

22 Die im Gesetz normierten Auskunfts- und Mitwirkungspflichten des Schuldners bestehen ausschließlich gegenüber dem Gericht und dem Restrukturierungsbeauftragten. Der isolierte Sachverständige im Sinne des § 39 Abs. 1 ist somit auf die freiwillige Mitwirkung und Auskunftserteilung der Verfahrensbeteiligten, insbesondere des Schuldners, angewiesen. Das Gesetz kennt – anders als die Insolvenzordnung – keine Zwangsmaßnahmen zur Durchsetzung der Mitwirkungspflichten. Das Gericht kann jedoch dem Schuldner aufgeben, seine Auskunfts- und Mitwirkungspflichten unmittelbar gegenüber dem Sachverständigen zu erfüllen.[45] Kommt der Schuldner dieser Obliegenheit nicht nach, so kann das Gericht die Restrukturierungssache nach § 33 Abs. 1 Nr. 3 aufheben.

---

39 Schulte-Kaubrügger/*Dimassi*, ZIP 2021, 936.
40 Schulte-Kaubrügger/*Dimassi*, ZIP 2021, 936, 941.
41 AG Köln, NZI 2021, 433.
42 AG Hamburg, ZRI 2021, 473.
43 So aber eventuell AG Köln, NZI 2021, 433, Tz. 7.
44 *Thole*, NZI 2021, 436.
45 BGH, NZI 2012, 823 Rn. 11.

Die Bestellung des Sachverständigen im Sinne des § 39 Abs. 1 erfolgt gem. § 38 Satz 1 StaRUG, §§ 358, 359 Nr. 1, 403 ZPO durch Beschluss, in welchem die Aufgaben des Sachverständigen genau zu bezeichnen sind. 23

Die Haftung des gerichtlich bestellten Sachverständigen ist gem. § 839a Abs. 1 BGB auf Vorsatz und grobe Fahrlässigkeit beschränkt. 24

b) Anhörung von Zeugen

Gem. § 39 Abs. 1 Satz 2 ist das Gericht befugt, zum Zwecke der Ermittlungen Zeugen zu vernehmen.[46] Die Regelungen der § 373 ff. ZPO finden über § 38 Satz 1 Anwendung. Entsprechend stehen den Zeugen die Zeugnis- und Aussageverweigerungsrechte der §§ 383 ff. ZPO zu. Beruft sich ein Zeuge auf das Zeugnisverweigerungsrecht aus § 383 Abs. 1 Nr. 6 ZPO, so obliegt es dem Schuldner gem. § 39 Abs. 2, den Zeugen von der Verschwiegenheitspflicht zu entbinden.[47] 25

Die Zeugenvernehmung beginnt regelmäßig mit der Ladung unter Benennung des Vernehmungsgegenstands. Ein förmlicher Beweisbeschluss ist nicht erforderlich.[48] 26

Die vom Restrukturierungsplan betroffenen Gläubiger, Inhaber von Absonderungsanwartschaften und Inhaber von Anteils- und Mitgliedschaftsrechten sind Verfahrensbeteiligte und können somit nicht als Zeugen vernommen werden; sie können allenfalls als Partei gehört werden.[49] 27

In der Praxis dürfte der Zeugenbeweis im Rahmen des Restrukturierungsverfahrens als überwiegend privat-autonom ausgestaltetes Verfahren nur eine untergeordnete Rolle spielen. In Betracht kommt eine Zeugenvernehmung vornehmlich zur Bestimmung der örtlichen Zuständigkeit, Festsetzung der Forderungshöhe und des Ablaufs der außergerichtlichen Planabstimmung.[50] 28

c) Weitere Ermittlungsmittel

Das Gericht kann sich neben den vorgenannten Beweismitteln der ZPO aller weiteren Erkenntnisquellen bedienen. Es kann bspw. Akten anderer Behörden beiziehen, Registerauszüge anfordern und Sachverständigengutachten aus anderen Verfahren nutzen. 29

II. Auskunfts- und Unterstützungspflichten des Schuldners (Abs. 2)

§ 39 Abs. 2 statuiert die allgemeinen Auskunfts- und Mitteilungspflichten des Schuldners. Dieser hat dem Gericht die für die Entscheidung über seine Anträge erforderlichen Auskünfte zu erteilen und das Gericht auch im Übrigen bei der Erfüllung seiner Aufgaben zu unterstützen. Der Wortlaut der Regelung entspricht der des § 20 Abs. 1 Satz 1 InsO. Anders als dem Insolvenzgericht, stehen dem Restrukturierungsgericht jedoch keine Zwangsmaßnahmen zur Verfügung, um die Auskunftspflichten durchzusetzen. Ein Verstoß gegen die Obliegenheit ist für den Schuldner trotzdem nicht folgenlos. Ungeachtet dessen, dass eine Auskunftsverweigerung kaum der Interessenlage des Schuldners entspricht, wird das Gericht in diesem Fall von der Erfolglosigkeit der Restrukturierung ausgehen müssen und das Verfahren gem. § 33 Abs. 2 Nr. 2 aufheben. 30

Der Schuldner ist nicht verpflichtet, strafrechtlich relevante Tatsachen zu offenbaren. Dies folgt bereits aus dem Grundsatz, dass niemand sich selbst belasten muss.[51] Zudem besteht keine Aus- 31

46 Jacoby/Thole-*Schluck-Amend*, § 39 Rn. 6.
47 BeckOK-StaRUG/*Kramer*, § 39 Rn. 27.
48 Morgen-*Blankenburg* § 39 Rn. 22.
49 BeckOK-StaRUG/*Kramer*, § 39 Rn. 31.
50 Morgen-*Blankenburg* § 39 Rn. 21.
51 Braun-*Baumert*, StaRUG, § 39 Rn. 3; BeckOK-StaRUG/*Kramer*, § 39 Rn. 43.

kunftserteilungspflicht, sofern diese dem Schuldner, aufgrund von Unkenntnis, welche nicht ohne unzumutbare sonstige Maßnahmen beseitigt werden kann, unmöglich ist.[52]

31a Auskunftsverpflichtet ist der Schuldner als natürliche Person höchstpersönlich. Selbst andere Beteiligte, wie etwa Gläubiger, Planbetroffene und Dritte sind nicht von der Auskunftspflicht des § 38 Abs. 2 umfasst, auch, wenn sie die Befugnis haben, Anträge im Restrukturierungsverfahren zu stellen. Bedenkt man, dass das größte Interesse an einem erfolgreichen Restrukturierungsverfahren der Schuldner hat, mag diese Unterscheidung von allgemeiner Mitwirkungslast und der objektiven Beweislast einleuchten.[53] Nicht vergessen werden darf jedoch, dass auch die Gläubiger ein eigenes Interesse an der Restrukturierung des Schuldners haben. Eine Differenzierung überzeugt also nicht in jedem Fall, ist aber durch das geltende Recht vorgegeben.[54]

32 Bei juristischen Personen und Personenmehrheiten ist jedes Vertretungsorgan zur Auskunft verpflichtet. Anders als im Insolvenzverfahren trifft die Auskunftspflicht jedoch keine ehemaligen Vertretungsorgane und/oder Gesellschafter. Das Restrukturierungsgericht kann diese Personen jedoch als Zeugen vernehmen.

33 Die allgemeinen Auskunftspflichten bestehen gegenüber dem Restrukturierungsgericht. Gegenüber dem amtlich bestellten Restrukturierungsbeauftragte ist der Schuldner gem. § 76 Abs. 5 ebenfalls auskunftsverpflichtet.

34 Die Auskunftspflicht besteht unabhängig von konkreten Anfragen des Gerichts.[55] Für wesentliche Veränderungen hinsichtlich des Restrukturierungsvorhabens und des Verhandlungsstandes ist die proaktive Auskunftspflicht in § 32 Abs. 2 spezialgesetzlich geregelt.

35 Abs. 2 normiert ferner eine allgemeine Unterstützungspflicht. Nach der Gesetzesbegründung kommt es bei der Ausformung dieser allgemeinen Pflicht auf die Zweckdienlichkeit und Zumutbarkeit der Unterstützungshandlung an.[56] Zu den wesentlichen Unterstützungspflichten zählt insbesondere die Bereitschaftspflicht, d.h. der Schuldner muss für das Gericht erreichbar sein. Weitere Ausformungen der aktiven Mitwirkungspflicht ist die Entbindung von beauftragten Rechtsanwälten, Steuerberatern, Wirtschaftsprüfern oder Notaren von deren Verschwiegenheitspflichten.[57]

III. Entscheidung ohne mündliche Verhandlung (Abs. 3)

36 Die Ermessensvorschrift des Abs. 3 dient der Beschleunigung und Vereinfachung des Verfahrens.[58] Die Norm ermöglicht dem Restrukturierungsgericht Entscheidungen ohne vorherige mündliche Verhandlung zu treffen. Dies gilt jedoch nicht für die in §§ 45 Abs. 1, 46 Abs. 1, 48 Abs. 2, 61 normierten Termine, die zwingend mündlich stattzufinden haben.[59]

C. Praxishinweise für die Bestellung von Sachverständigen

I. Frage der örtlichen Zuständigkeit

37 In der Praxis dürfte die Amtsermittlungspflicht immer dann einsetzen, wenn das Restrukturierungsgericht auch nach ergänzenden Angaben des Schuldners Zweifel an der eigenen (örtlichen) Zuständigkeit hat.[60] Das Gericht wird nicht zuletzt aus Kostengründen in diesem Fall regelmäßig einen Sachverständigen im Sinne des § 39 Abs. 1 bestellen.

52 MK-StaRUG//*Bruns*, § 39 Rn. 8.
53 MK-StaRUG//*Bruns*, § 39 Rn. 5.
54 MK-StaRUG//*Bruns*, § 39 Rn. 5.
55 BeckOK-StaRUG/*Kramer*, § 39 Rn. 42.
56 Begr. RegE, BT-Drucks. 19/24181, S. 143.
57 BeckOK-StaRUG/*Kramer*, § 39 Rn. 46.
58 Begr. RegE, BT-Drucks. 19/24181, S. 143.
59 Morgen-*Blankenburg* § 39 Rn. 38.
60 *Vallender*, ZRI 2021, 165, 167.

II. Frage der drohenden Zahlungsunfähigkeit

Die drohende Zahlungsunfähigkeit ist dem Willen des Gesetzgebers zufolge die Grundvoraussetzung für den Zugang zum Restrukturierungsverfahren.[61] Gleichwohl ist der entsprechende Nachweis nicht zusammen mit der Anzeige des Restrukturierungsvorhabens zu führen, sodass entsprechende Amtsermittlungspflichten bei Eingang der Restrukturierungsanzeige verfrüht wären. Möchte der Schuldner jedoch Instrumente des Stabilisierungs- und Restrukturierungsverfahrens in Anspruch nehmen, so können sich in diesem Zusammenhang Amtsermittlungspflichten in Bezug auf die drohende Zahlungsunfähigkeit ergeben.[62] Dieses betrifft insbesondere die in § 73 Abs. 3 Nr. 1 i.V.m. § 63 Abs. 1 Nr. 1 vorgesehene Sachverständigenbestellung. 38

III. Überprüfung der wirtschaftlichen Annahmen des Plans, insbesondere der Vergleichsrechnung

Im Rahmen der Bestätigungsprüfung sind auch die wirtschaftlichen Annahmen des Plans zu prüfen. Dies ergibt sich aus dem Verweis in § 63 Abs. 1 Nr. 2 auf die Vorschriften zum Inhalt des Plans. Diese Verweisung bezieht sich nach dem Willen des Gesetzgebers auch auf die Plananlagen und damit unter anderem auf § 14 und die dort als Plananlage geforderte begründete Erklärung.[63] Allerdings ist der gerichtliche Prüfungsmaßstab hinsichtlich der wirtschaftlichen Annahmen des Plans deutlich reduziert. Es hat lediglich eine Schlüssigkeitsprüfung zu erfolgen.[64] Der Maßstab entspricht dem aus dem Insolvenzplanverfahren bekannten Prüfungsmaßstab.[65] Substanziierte Hinweise eines Planbetroffenen können die Plausibilität und Schlüssigkeit der Vergleichsrechnung jedoch infrage stellen.[66] Ist dies der Fall, ist eine zeitnahe Bestellung von Sachverständigen gem. § 73 Abs. 3 oder § 39 Abs. 1 dringend geboten. Die sachverständige Beantwortung von Fragen zu den wirtschaftlichen Annahmen, insbesondere zur Planvergleichsrechnung und zur Angemessenheit des angesetzten Alternativszenarios, nimmt regelmäßig mehrere Wochen in Anspruch. Im Sinne der Förderung einer kurzen Verfahrensdauer ist dieser Umstand zu berücksichtigen. 39

§ 40 Rechtsmittel

(1) [1]Die Entscheidungen des Restrukturierungsgerichts unterliegen nur in den Fällen einem Rechtsmittel, in denen dieses Gesetz die sofortige Beschwerde vorsieht. [2]Die sofortige Beschwerde ist bei dem Restrukturierungsgericht einzulegen.

(2) Die Beschwerdefrist beginnt mit der Verkündung der Entscheidung oder, wenn diese nicht verkündet wird, mit deren Zustellung.

(3) [1]Die Entscheidung über die Beschwerde wird erst mit der Rechtskraft wirksam. [2]Das Beschwerdegericht kann jedoch die sofortige Wirksamkeit der Entscheidung anordnen.

Übersicht

61 Begr. RegE, BT-Drucks. 19/24181, S. 1.
62 *Vallender*, ZRI 2021, 165, 168; vgl. insbesondere Rdn. 13.
63 Begr. RegE, BT-Drucks. 19/24181, S. 162.
64 Begr. RegE, BT-Drucks. 19/24181, S. 162 zu Abs. 2.
65 AG Köln, NZI 2021, 433, Tz. 6.
66 *Thole*, NZI 2021, 436.

A. Normzweck

1 § 40 schränkt die allgemeinen Rechtsmittelmöglichkeiten der ZPO für das StaRUG ein. Die in § 40 normierten Einschränkungen der Rechtsmittel sind Ausdruck der dem StaRUG immanenten Beschleunigungs- und Vereinfachungsmaxime.[1] § 40 ist im Kern wortgleich mit § 6 InsO, sodass auf die dortigen allgemeinen Ausführungen zurückgegriffen werden kann.

2 Die Regelungen des § 40 finden auch auf das Verfahren über die Sanierungsmoderation gem. §§ 94 ff. Anwendung.[2]

3 Durch § 40 werden die in Art. 16 der Restrukturierungsrichtlinie normierten Vorgaben[3] zur zügigen und effizienten Justiziabilität von Beschlüssen einer Justizbehörde umgesetzt.

B. Norminhalt

4 § 40 normiert Abweichungen von den allgemeinen Regeln der §§ 567 ff. ZPO, die ansonsten gem. § 38 Satz 1 uneingeschränkt anwendbar wären. Gem. Abs. 1 Satz 1 können restrukturierungsspezifische Entscheidungen des Restrukturierungsgerichts nur dann mit dem Rechtsmittel der sofortigen Beschwerde angegriffen werden, wenn dies im Gesetz ausdrücklich vorgesehen ist. Alle anderen Entscheidungen des Restrukturierungsgerichts, die auf den Normen des StaRUG beruhen, sind nicht beschwerdefähig.[4] Im Sinne eines zügigen Verfahrensfortgangs gilt mithin der Grundsatz der Unanfechtbarkeit der Entscheidungen des Restrukturierungsgerichts.[5] Trifft das Gericht nicht restrukturierungsspezifische Entscheidungen, vor allem auf Grundlage von Vorschriften der ZPO (bspw. Ablehnung eines Akteneinsichtsgesuchs nach § 299 ZPO), so sind diese mit den außerhalb des StaRUG vorgesehenen allgemeinen Rechtsmitteln angreifbar.[6]

5 Nach Abs. 1 Satz 2 kann die sofortige Beschwerde nur beim Restrukturierungsgericht eingelegt werden. Abweichend von § 569 Abs. 1 Satz 1 ZPO kann die Einlegung nicht beim Beschwerdegericht erfolgen.

6 § 40 Abs. 2 regelt die Beschwerdefrist.

7 § 40 Abs. 3 normiert das Wirksamwerden der Beschwerdeentscheidung.

7a Fraglich ist inwieweit Rechtsmittel gegen Beschlüsse der nach § 19 Abs. 6 iVm Abs. 2 S. 2 SchVG einberufenen Anleihegläubigerversammlung statthaft sind.[7] Während in der InsO für derartige Beschlüsse der Rechtsschutz über § 78 InsO eröffnet ist, gibt es eine vergleichbare Vorschrift im StaRUG nicht. Dennoch kann, auch anhand der Gesetzesbegründung[8], nicht davon ausgegangen werden, dass die Rechtschutzmöglichkeiten für Anleihegläubiger im Vergleich zur Insolvenzordnung beschränkt werden sollten. Der Verweis in § 19 Abs. 6 SchVG auf den Abs. 1 der Vorschrift führt eher zu einer doppelt analogen Anwendung des § 78 InsO.[9]

---

1 Begr. RegE, BT-Drucks. 19/24181, S. 143.
2 Morgen-*Blankenburg* § 40 Rn. 1; BeckOK-StaRUG/*Kramer*, § 40 Rn. 4.
3 Abl. L 172/18, 26.09.2019, S. 47.
4 Braun-*Baumert*, StaRUG, § 40 Rn. 7.
5 *Vallender*, ZInsO 2020, 2579, 2586.
6 S. § 38 Rdn. 42 (Ziffer 11); BeckOK-StaRUG/*Kramer*, § 40 Rn. 6.
7 MK-StaRUG/*Vuia*, § 40 Rn. 12.
8 BT-Drucks. 19/24181, 222.
9 MK-StaRUG/*Vuia*, § 40 Rn. 12.

I. Zulässigkeit der sofortigen Beschwerde

Die sofortige Beschwerde ist zulässig, sofern es sich bei der angefochtenen Entscheidung um eine Entscheidung des Restrukturierungsgerichts handelt und die sofortige Beschwerde gegen diese Entscheidung nach dem StaRUG ausdrücklich zugelassen ist. Bloße vorbereitende richterliche Tätigkeiten wie bspw. Beweisbeschlüsse sind keine Entscheidungen des Restrukturierungsgerichts im Sinne des § 40 Abs. 1 Satz 1 und somit auch nicht rechtsmittelfähig.[10] 8

Die durch § 40 Abs. 1 eingeschränkte Beschwerdemöglichkeit erstreckt sich nur auf restrukturierungsspezifische Entscheidungen mit unmittelbarem Bezug zum Restrukturierungsverfahren. Ergeht eine Entscheidung des Restrukturierungsgerichts nur anlässlich des Restrukturierungsvorhabens, so findet der in § 40 Abs. 1 normierte Grundsatz der Unanfechtbarkeit keine Anwendung. Für Entscheidungen, die außerhalb des eigentlichen Restrukturierungsverfahrens ergehen (bspw. Entscheidungen über Befangenheitsanträge, Gewährung von Akteneinsicht, sitzungspolizeiliche Ordnungsmittel), ist gem. § 38 i.V.m. den einschlägigen Normen der ZPO bzw. einschlägigen Spezialgesetzen der allgemeine Beschwerderechtszug eröffnet.[11] Dies gilt auch für die Beschwerde gem. § 4 Abs. 3 JVEG gegen die Festsetzung der Vergütung des vom Restrukturierungsgericht bestellten Sachverständigen.[12] 9

Der allgemeine Beschwerderechtszug gilt auch für Entscheidungen des Rechtspflegers (bspw. im Kostenfestsetzungsverfahren gem. § 38 Satz 1 i.V.m. §§ 103 ff. ZPO, § 21 Nr. 1 RPflG). Entscheidungen des Rechtspflegers, gegen die nach den allgemeinen Verfahrensvorschriften kein Rechtsmittel eingelegt werden kann, können gem. § 11 Abs. 2 RPflG mit der innerhalb einer Frist von zwei Wochen einzulegenden Erinnerung überprüft werden. Hilft der Rechtspfleger der Erinnerung nicht ab, so entscheidet gem. § 11 Abs. 2 Satz 6 RPflG der Richter. Die Erinnerungsentscheidung des Richters ist unanfechtbar.[13] 10

Entscheidungen des Urkundenbeamten der Geschäftsstellen können gem. § 573 Abs. 1 ZPO i.V.m. § 38 StaRUG ebenfalls mit dem Rechtsbehelf der Erinnerung überprüft werden. Allerdings ist gegen die Erinnerungsentscheidung gem. § 573 Abs. 2 ZPO die sofortige Beschwerde statthaft. 11

Neben der Statthaftigkeit sind die Beschwerdeberechtigung, das Vorliegen einer Beschwer, das Rechtsschutzbedürfnis sowie die Form- und Fristerfordernisse weitere Zulässigkeitsvoraussetzungen der sofortigen Beschwerde. 12

1. Statthaftigkeit

Statthaft ist die sofortige Beschwerde gegen restrukturierungsspezifische Entscheidungen mit unmittelbarem Bezug zum Restrukturierungsverfahren lediglich in den im StaRUG vorgesehenen Fällen: 13

- Aufhebung der Restrukturierungssache nach § 33 Abs. 1 bis 3 (§ 33 Abs. 4),
- Zurückweisung des Antrags auf Erlass der Stabilisierungsanordnung (§ 51 Abs. 5 Satz 2),
- Bestätigung/Ablehnung des Restrukturierungsplans (§ 66 Abs. 1),
- Entlassung/Ablehnung der Entlassung des Restrukturierungsbeauftragten (§ 75 Abs. 3) und
- Entscheidungen zur Vergütung des Restrukturierungsbeauftragter gem. §§ 81 Abs. 4 und 6, 82 Abs. 1 (§ 82 Abs. 3).
  Bezüglich der Beschwerdeberechtigung gelten die allgemeinen Vertretungsregeln.[14] Eine analoge Anwendung von § 15 Abs. 1 InsO auf die Einlegung von Rechtsmitteln ist hier allerdings aufgrund von unterschiedlichen Interessen, im Gegensatz zum Insolvenzverfahren, nicht möglich.[15]

10 Braun-*Baumert*, StaRUG, § 40 Rn. 5.
11 Vgl. zu §§ 4, 6 InsO: BGH, NZI 2011, 486 Rn. 6.
12 BeckOK-StaRUG/*Kramer*, § 40 Rn. 15.
13 Nomos-BR RPflG-*Schmid* § 11 Rn. 2.
14 Jacoby/Thole-Schluck-Amend, StaRUG, § 40 Rn. 8.
15 BeckOK-StaRUG/*Kramer*, § 40 Rn. 21.

2. Beschwerdeberechtigung

14 Die Person des Beschwerdeberechtigten wird in den Normen, in denen das Rechtsmittel der sofortigen Beschwerde zugelassen wird, explizit genannt. Soweit es sich bei den genannten Beschwerdeberechtigten um keine natürlichen Personen handelt, steht die Einlegung des Rechtsmittels grundsätzlich dem gesetzlichen Vertreter des Beschwerdeberechtigten zu. Abweichend von § 15 InsO normiert das StaRUG keine besondere gesetzliche Vertretungsmacht. Es gelten insofern die allgemeinen Vertretungsregeln.

3. Beschwer

15 Weitere allgemeine Zulässigkeitsvoraussetzung ist das Vorliegen einer formellen bzw. materiellen Beschwer des Rechtsmittelführers, die nicht allein im Kostenpunkt bestehen darf.[16] Eine formelle Beschwer liegt vor, wenn die angegriffene Entscheidung vom Antrag des Beschwerdeführers zu dessen Nachteil abweicht.[17] Eine materielle Beschwer ist gegeben, wenn der Inhalt der angegriffenen Entscheidung nachteilig für den Beschwerdeführer ist.[18] Greift der Beschwerdeführer eine rechtmäßig ergangene Entscheidung an, die er selbst so beantragt hat, so genügt das bloße Vorliegen einer materiellen Beschwer nicht den Zulässigkeitserfordernissen der sofortigen Beschwerde.[19]

16 Der Grad der Beschwer ist regelmäßig unerheblich – es genügt die nachteilige Veränderung einer Rechtsposition.[20]

17 Die Beschwer muss zum Zeitpunkt der Beschwerdeentscheidung noch bestehen.[21] Liegt zum Zeitpunkt der Entscheidung keine materielle Beschwer mehr vor, so kann in Ausnahmefällen ein Fortsetzungsfeststellungsinteresse des Beschwerdeführers bestehen, bspw. bei einer tiefgreifenden Grundrechtsverletzung zum Nachteil des Beschwerdeführers oder einer fortwirkenden Beeinträchtigung, welche eine Sachentscheidung trotz Erledigung des ursprünglichen Rechtsschutzziels ausnahmsweise erfordert.[22] In diesen Fällen ist die sofortige Beschwerde trotz prozessualer Überholung weiterhin zulässig.

4. Rechtsschutzbedürfnis

18 Der Beschwerdeführer muss ein zum Zeitpunkt der Entscheidung noch bestehendes Rechtsschutzbedürfnis haben. Dieses wird regelmäßig durch die vorhandene Beschwer indiziert. Die sofortige Beschwerde ist in Ermangelung eines Rechtsschutzbedürfnisses unzulässig, wenn der Beschwerdeführer nicht die Beseitigung gerade derjenigen Beschwer anstrebt, derentwegen das Rechtsmittel statthaft ist oder er sich von dem Rechtsmittel materiell nichts erhoffen kann.[23]

19 Ist zum Zeitpunkt der Entscheidung wegen prozessualer Überholung keine Beschwer mehr gegeben, so kann nur im Ausnahmefall des Fortsetzungsfeststellungsinteresses ein andauerndes Rechtsschutzbedürfnis angenommen werden.[24]

5. Form/Frist

20 Die Form- und Fristerfordernisse der sofortigen Beschwerde sind in § 569 ZPO normiert, der gem. § 38 Satz 1 Anwendung findet, soweit § 40 als lex specialis nicht etwas Anderes regelt.

---

16 BGH, ZInsO 2007, 206 Rn. 5.
17 BGH, ZInsO 2007, 206 Rn. 5.
18 BGH, NJW-RR 2015, 1203 Rn. 8.
19 BeckOK-StaRUG/*Kramer*, § 40 Rn. 22.
20 Missverständlich Braun-*Baumert*, StaRUG, § 40 Rn. 9.
21 BGH, NZI 2009, 766, 767 Rn. 10.
22 BGH, ZInsO 2008, 203 Rn. 4.
23 MK-InsO/*Ganter*/*Bruns* § 6 Rn. 35.
24 S. oben Rdn. 17.

Die Beschwerde wird gem. § 569 Abs. 2 ZPO durch Einreichung einer Beschwerdeschrift eingelegt, die die Bezeichnung der angefochtenen Entscheidung sowie die Erklärung enthalten muss, dass Beschwerde gegen diese Entscheidung eingelegt werden soll. Das Restrukturierungsverfahren ist gem. § 38 Satz 1 i.V.m. § 78 Abs. 1 Satz 1 ZPO kein Anwaltsprozess, sodass die Beschwerde gem. § 569 Abs. 3 Nr. 1 ZPO auch durch Erklärung zu Protokoll der Geschäftsstelle eingelegt werden kann. Die Beschwerdeschrift kann sowohl per Fax als auch per beA-Verfahren gem. § 130a ZPO eingelegt werden. Wird ein im Original eigenhändig unterzeichneter Schriftsatz eingescannt und im Anhang einer E-Mail als PDF-Datei nach vorheriger Rücksprache mit der Geschäftsstelle des Gerichts an die Geschäftsstelle geschickt, genügt nach der Rechtsprechung des BGH der Ausdruck einer auf diesem Weg übermittelten Datei der Schriftform.[25] Die Beschwerdeschrift ist zu unterschreiben.[26] Sie darf an keine Bedingung geknüpft sein.[27] 21

Gem. § 38 Satz 1 i.V.m. § 571 Abs. 1 ZPO soll die Beschwerde begründet werden. Enthält die Beschwerdeschrift entgegen § 571 Abs. 1 ZPO keine Begründung, so ist sie gleichwohl zulässig.[28] Das Gericht kann dem Beschwerdeführer gem. § 38 Satz 1 i.V.m. § 571 Abs. 3 Satz 1 ZPO für das Vorbringen von Angriffs- und Verteidigungsmitteln eine Frist setzen. Nach Verstreichen einer solchen Frist sind die Angriffs- und Verteidigungsmittel – nicht aber die Begründung insgesamt – präkludiert.[29] Sofern der Beschwerdeführer keine nachträgliche Begründung angekündigt hat, kann das Gericht auch ohne vorherige Fristsetzung über die Beschwerde entscheiden, sodass der Beschwerdeführer schon im eigenen Interesse bemüht sein wird, die Beschwerde zu begründen.[30] Hat der Beschwerdeführer eine Begründung avisiert, so muss das Gericht die angekündigte Begründung abwarten oder dem Beschwerdeführer eine entsprechende Frist setzen.[31] Hierbei wird eine Frist von zwei Wochen allgemein als ausreichend erachtet.[32] Die sofortige Beschwerde kann allerdings bereits vor Beginn der Beschwerdefrist eingelegt werden.[33] 22

Die sofortige Beschwerde ist gem. § 38 Satz 1 i.V.m. § 569 Abs. 1 Satz 1 ZPO binnen einer Notfrist von zwei Wochen beim zuständigen Gericht einzulegen. Die Frist beginnt abweichend von § 569 Abs. 1 Satz 2 ZPO nicht erst mit Zustellung der Entscheidung, sondern gem. § 40 Abs. 2 bereits mit deren Verkündung. Die Zustellung ist für den Fristbeginn nur dann entscheidend, wenn die Entscheidung nicht verkündet wird. Hierdurch wird dem Beschleunigungsgrundsatz des StaRUG Rechnung getragen. Wird eine nicht verkündete Entscheidung nicht wirksam zugestellt, so beginnt die Beschwerdefrist entsprechend § 38 Satz 1 i.V.m. § 569 Abs. 1 Satz 2 ZPO fünf Monate nach dem Erlass der Entscheidung.[34] 23

Enthält die angegriffene Entscheidung keine oder eine fehlerhafte Rechtsbehelfsbelehrung, so kann der Beschwerdeführer auch nach Ablauf der Notfrist des § 569 Abs. 1 Satz 1 ZPO gem. § 38 Satz 1 i.V.m. § 233 ZPO die Wiedereinsetzung in den vorherigen Stand beantragen. 24

Die Beschwerde ist gem. § 40 Abs. 1 Satz 2 beim **Restrukturierungsgericht** einzulegen. Wird die Beschwerde entgegen § 40 Abs. 1 Satz 2 bei einem anderen Gericht, bspw. dem Landgericht als Beschwerdegericht, eingelegt, so wird hierdurch die Beschwerdefrist nicht gehemmt.[35] 25

---

25 BGH, NJW 2015, 1527, 1528 Rn. 10.
26 MK-ZPO/*Hamdorf* § 569 Rn. 14.
27 Morgen-*Blankenburg* § 40 Rn. 20.
28 MK-ZPO/*Hamdorf* § 571 Rn. 5.
29 MK-ZPO/*Hamdorf* § 571 Rn. 6.
30 Uhlenbruck-*Pape* § 6 Rn. 13.
31 BVerfG, ZIP 1986, 1336.
32 Morgen-*Blankenburg* § 40 Rn. 21.
33 MK-StaRUG/*Vuia*, § 40 Rn. 31.
34 Morgen-*Blankenburg* § 40 Rn. 22.
35 BeckOK-StaRUG/*Kramer*, § 40 Rn. 24.

II. Abhilfeverfahren (Restrukturierungsgericht)

26 Dem eigentlichen Beschwerdeverfahren vor dem Beschwerdegericht ist gem. § 38 Satz 1 i.V.m. § 572 Abs. 1 Satz 1 ZPO aus Gründen der Prozessökonomie ein Abhilfeverfahren vorgeschaltet, in dessen Rahmen das Restrukturierungsgericht prüft, ob es der sofortigen Beschwerde im Wege der Selbstkontrolle abhilft. Hierzu ist das Gericht bis zur Unanfechtbarkeit des Beschlusses von Amts wegen befugt.[36] Vor diesem Hintergrund hat das Restrukturierungsgericht die Zulässigkeit der sofortigen Beschwerde zu prüfen.[37] Im Rahmen des Abhilfeverfahrens hat das Restrukturierungsgericht rechtliches Gehör zu gewähren.[38]

27 Das Restrukturierungsgericht entscheidet durch Abhilfe- bzw. Nichtabhilfebeschluss. Eine Teilabhilfe ist grundsätzlich möglich.[39] Der Beschluss ist zu begründen. Wird durch einen Abhilfebeschluss ein anderer Verfahrensbeteiligter erstmalig beschwert, so kann dieser unter Berücksichtigung der Einschränkung des § 40 Abs. 1 Satz 1 den Abhilfebeschluss mit der sofortigen Beschwerde angreifen.

28 Der Grundsatz der reformatio in peius gilt grundsätzlich auch im Rahmen des Abhilfeverfahrens. Das Verschlechterungsverbot hindert das Restrukturierungsgericht jedoch nicht, eine Entscheidung in zulässiger Weise zu korrigieren, sofern gegen die Entscheidung keine Beschwerde eingelegt wurde.[40]

29 Der Nichtabhilfebeschluss ist gem. § 38 Satz 1 i.V.m. § 572 Abs. 1 Satz 1 ZPO unverzüglich dem Beschwerdegericht vorzulegen.

III. Beschwerdeverfahren (Beschwerdegericht)

30 Nach Vorlage des Nichtabhilfebeschlusses beim Beschwerdegericht obliegt die Entscheidung über die sofortige Beschwerde gem. § 38 Satz 1 i.V.m. § 568 ZPO dem Einzelrichter, sofern die Sache nicht besondere Schwierigkeiten tatsächlicher oder rechtlicher Art aufweist oder die Rechtssache grundsätzliche Bedeutung hat. Eine mündliche Verhandlung steht gem. § 38 Satz 1 i.V.m. § 128 Abs. 4 ZPO regelmäßig im Ermessen des Gerichts. In Anbetracht der wenigen Erfahrungen der Gerichte mit dem StaRUG und der kurzen Dauer des Inkrafttretens des Gesetzes dürften die ersten Entscheidungen in Restrukturierungssachen grundsätzliche Bedeutung haben, sodass im Zweifel eine Kammerentscheidung angemessen ist.

31 Das Beschwerdegericht prüft gem. § 38 Satz 1 i.V.m. § 572 Abs. 2 ZPO von Amts wegen die Zulässigkeit der sofortigen Beschwerde. Im Fall der Unzulässigkeit wird die Beschwerde verworfen. Ist das Rechtsmittel zulässig aber unbegründet, weist das Beschwerdegericht die Beschwerde als unbegründet zurück. Die Zulässigkeitsprüfung ist entbehrlich, wenn die Beschwerde jedenfalls unbegründet ist, ihre Zurückweisung keine weitergehenden Folgen als ihre Verwerfung hat und im Übrigen auch keine Interessen des Beschwerdeführers oder Beschwerdegegners entgegenstehen. In diesem Fall kann unabhängig von der Zulässigkeit der sofortigen Beschwerde eine Sachentscheidung ergehen.[41]

32 Ist die Beschwerde begründet, so ist der angefochtene Beschluss stets aufzuheben.[42] Erachtet das Beschwerdegericht die Beschwerde für begründet, so kann es entweder selbst entscheiden oder die Sache gem. § 38 Satz 1 i.V.m. § 572 Abs. 3 ZPO dem Restrukturierungsgericht zur erneuten Entscheidung übertragen. Im letzteren Fall hat das Restrukturierungsgericht entsprechend § 38 Satz 1

---

36 BGH, ZInsO 2006, 871 Rn. 8/9 (mit weiteren Ausführungen zum Diskussionsstand in der Literatur).

37 BeckOK-StaRUG/*Kramer*, § 40 Rn. 30; MK-ZPO/*Hamdorf* § 572 Rn. 7; a.A.: AG Düsseldorf, ZInsO 2016, 1951, 1952; wohl auch Morgen-*Blankenburg* § 40 Rn. 23.

38 Zur InsO: LG München I, ZInsO 2001, 813.

39 BeckOK-StaRUG/*Kramer*, § 40 Rn. 30.

40 BGH, ZInsO 2006, 871 Rn. 10; a.A.: Morgen-*Blankenburg* § 40 Rn. 23.

41 BGH, ZIP 2006, 1417, Rn. 4.

42 MK-ZPO/*Hamdorf* § 572 Rn. 30.

i.V.m. §§ 577 Abs. 4 Satz 4, 563 Abs. 2 ZPO die rechtliche Beurteilung, die der Aufhebung zugrunde liegt, auch seiner Entscheidung zugrunde zu legen.

Das Beschwerdegericht ist bei seiner Prüfung nicht an die Tatsachenfeststellungen des Restrukturierungsgerichts gebunden, sondern kann als vollwertige zweite Tatsacheninstanz – unter Berücksichtigung des Verbots der reformatio in peius – eine eigene Ermessensentscheidung treffen.[43] Das Beschwerdegericht ist gem. § 38 Satz 1 i.V.m. § 308 Abs. 1 Satz 1 ZPO jedoch nicht befugt, einer Partei etwas zuzusprechen, was nicht beantragt ist. 33

Der Beschwerdeführer kann im Rahmen des Beschwerdeverfahrens gem. § 38 Satz 1 i.V.m. § 571 Abs. 2 ZPO neue Verteidigungs- und Angriffsmittel vorbringen. Hierzu kann das Beschwerdegericht eine Frist setzen. Ein verfristeter Vortrag ist nur zuzulassen, wenn nach der freien Überzeugung des Gerichts die Zulassung die Erledigung des Verfahrens nicht verzögern würde oder wenn die Partei die Verspätung genügend entschuldigt. 34

Das Beschwerdegericht hat dem Beschwerdeführer rechtliches Gehör zu gewähren, wenn es seine Entscheidung auf einen bislang noch nicht diskutierten rechtlichen Gesichtspunkt zu stützen beabsichtigt und wenn es zur Abänderung der Erstentscheidung neigt.[44] 35

Das Beschwerdegericht entscheidet über die sofortige Beschwerde gem. § 38 Satz 1 i.V.m. § 572 Abs. 4 ZPO per Beschluss. Dieser ist zur Vermeidung eines absoluten Revisionsgrundes gem. § 38 Satz 1 i.V.m. §§ 576 Abs. 3, 547 Nr. 6 ZPO regelmäßig mit einer Sachverhaltsdarstellung zu versehen und zu begründen.[45] 36

Das Beschwerdegericht hat ferner über die Zulassung der Rechtsbeschwerde gem. § 38 Satz 1 i.V.m. § 574 Abs. 1 Nr. 2 ZPO zu entscheiden. Nach BGH-Rechtsprechung kann das Beschwerdegericht eine zunächst unterbliebene Zulassung der Rechtsbeschwerde auch nachträglich anordnen, wenn die ursprüngliche Entscheidung auf Verstößen gegen Verfahrensgrundrechte beruht, bspw. die Zulassung willkürlich unterblieben ist.[46] Gem. § 38 Satz 1 i.V.m. § 574 Abs. 3 Satz 1 ZPO hat das Beschwerdegericht die Rechtsbeschwerde von Amts wegen zuzulassen, wenn die Rechtssache grundsätzliche Bedeutung hat oder die Fortbildung des Rechts oder die Sicherung einer einheitlichen Rechtsprechung eine Entscheidung des Beschwerdegerichts erfordert. Auch insoweit gilt, dass in Anbetracht der kurzen Dauer des Inkrafttretens des Gesetzes und der wenigen Erfahrungen der Gerichte mit dem StaRUG die ersten Entscheidungen zu relevanten Themen grundsätzliche Bedeutung haben werden, sodass im Zweifel die Rechtsbeschwerde zuzulassen ist. 37

Lässt das Beschwerdegericht die Rechtsbeschwerde zu und misst der Sache dadurch grundsätzliche bzw. rechtsfortbildende Bedeutung zu, so obliegt die Beschwerdeentscheidung gem. § 38 Satz 1 i.V.m. § 568 Satz 2 ZPO nicht dem Einzelrichter, sondern der zuständigen Kammer des Beschwerdegerichts. Entscheidet abweichend von § 568 Satz 2 ZPO der Einzelrichter, so ist die Zulassung der Rechtsbeschwerde regelmäßig wirksam, die Beschwerdeentscheidung unterliegt jedoch auf Rechtsbeschwerde wegen fehlerhafter Besetzung des Beschwerdegerichts der Aufhebung von Amts wegen.[47] 38

Eine Kostenentscheidung gem. § 38 Satz 1 i.V.m. § 97 ZPO ist nur erforderlich, wenn die Rechtssache kontradiktorischen Charakter hat, bspw. wenn ein Planbetroffener gegen den Restrukturierungsplan opponiert.[48] Gibt es keinen Beschwerdegegner, so trägt der Beschwerdeführer die Kosten. 39

Die Gerichtskosten der sofortigen Beschwerde im Rahmen des StaRUG betragen gem. Nr. 2520 KV GKG 1.000,00 €. Wird die Beschwerde zurückgenommen, so reduziert sich die Gebühr auf 40

43 Morgen-*Blankenburg* § 40 Rn. 26.
44 BeckOK-StaRUG/*Kramer*, § 40 Rn. 33.
45 BGH, NJW-RR 2019, 1150 Rn. 4; Uhlenbruck-*Pape* § 6 Rn. 18.
46 BGH, NJW-RR 2016, 955 Rn. 8.
47 BGH, ZInsO 2003, 317.
48 BeckOK-StaRUG/*Kramer*, § 38 Rn. 20.

500,00 €. Wird die Beschwerde nur teilweise verworfen oder zurückgewiesen, kann das Gericht die Gebühr nach billigem Ermessen auf die Hälfte ermäßigen oder bestimmen, dass eine Gebühr nicht zu erheben ist. Die Rechtsanwaltskosten betragen gem. Nr. 3500 KV RVG eine 0,5 Gebühr sowie ggf. gem. Nr. 3513 KV RVG eine Termingebühr von 0,5.

IV. Wirksamkeit der Entscheidung (Abs. 3)

41 Die Entscheidung des Beschwerdegerichts wird gem. Abs. 3 Satz 1 erst mit Rechtskraft wirksam. Entscheidend ist mithin, ob das Beschwerdegericht die Rechtsbeschwerde gem. § 38 Satz 1 i.V.m. § 574 Abs. 1 Satz 1 Nr. 2 ZPO zugelassen hat. In diesem Fall kann das Beschwerdegericht gem. Abs. 3 Satz 2 mit dem Erlass der Beschwerdeentscheidung zugleich die sofortige Wirksamkeit der Beschwerdeentscheidung anordnen. Hierbei handelt es sich um eine Ermessensentscheidung in Abwägung der jeweiligen Nachteile und einer etwaigen Gefahr im Verzug.[49]

42 Das Rechtsbeschwerdegericht kann gem. § 38 Satz 1 i.V.m. §§ 575 Abs. 5, 570 Abs. 3 ZPO die Anordnung der sofortigen Wirksamkeit außer Kraft setzen.

V. Zulässigkeit der Rechtsbeschwerde

43 Die Rechtsbeschwerde ist – soweit sie zugelassen ist – das einzige Rechtsmittel gegen die Entscheidung des Beschwerdegerichts über die sofortige Beschwerde. Das Rechtsbeschwerdeverfahren ist in §§ 574 ff. ZPO normiert. Über § 38 Satz 1 finden diese allgemeinen Verfahrensvorschriften der ZPO uneingeschränkt Anwendung.

1. Statthaftigkeit

44 Die Rechtsbeschwerde ist statthaft, wenn das Beschwerdegericht sie gem. § 38 Satz 1 i.V.m. § 574 Abs. 1 Satz 1 Nr. 2 ZPO zugelassen hat. Das Rechtsbeschwerdegericht ist gem. § 38 Satz 1 i.V.m. § 574 Abs. 3 Satz 2 ZPO grundsätzlich an die Zulassung gebunden. Es gibt jedoch Fallkonstellationen, in denen der BGH trotz Zulassung der Rechtsbeschwerde durch das Beschwerdegericht die Rechtsbeschwerde als nicht statthaft erachtet hat. So soll nach der Rechtsprechung des BGH die Rechtsbeschwerde dann nicht statthaft sein, wenn bereits die erstinstanzliche Entscheidung von Gesetzes wegen nicht anfechtbar war[50] oder durch die Zulassung der Rechtsbeschwerde ein gesetzlich nicht vorgesehener Instanzenzug eröffnet wird.[51]

2. Form, Frist, Beschwer

45 Die Rechtsbeschwerde ist gem. § 38 Satz 1 i.V.m. § 574 Abs. 1 Satz 1 ZPO, § 133 GVG beim BGH als zuständiges Rechtsbeschwerdegericht einzulegen. Es findet kein vorgeschaltetes Abhilfeverfahren beim Beschwerdegericht statt.

46 Die Form-, Frist- und Begründungserfordernisse der Rechtsbeschwerde sind in § 575 ZPO normiert. Hiernach ist die Rechtsbeschwerde binnen einer Notfrist von einem Monat nach Zustellung des Beschlusses durch Einreichen einer Beschwerdeschrift beim BGH als zuständigem Rechtsbeschwerdegericht einzulegen. Der Mindestinhalt der Beschwerdeschrift ist die Bezeichnung der Entscheidung gegen die die Rechtsbeschwerde gerichtet ist und die Erklärung, dass gegen diese Entscheidung Rechtsbeschwerde eingelegt wird. Anders als die sofortige Beschwerde muss die Rechtsbeschwerde gem. § 575 Abs. 2 ZPO spätestens binnen einer Frist von einem Monat begründet werden. Die Begründungsfrist beginnt mit der Zustellung der angefochtenen Entscheidung. Auf Antrag kann das Beschwerdegericht die Begründungsfrist gem. § 38 Satz 1 i.V.m. § 575 Abs. 2 Satz 3 ZPO, § 551 Abs. 2 Satz 5 und 6 ZPO verlängert werden.

---

49 BeckOK-StaRUG/*Kramer*, § 40 Rn. 37.
50 BGH, NJW-RR 2012, 1156 Rn. 4.
51 BGH, NJW-RR 2013, 490 Rn. 10.

Die Beschwerde- und Begründungsschrift sind gem. § 38 Satz 1 i.V.m. § 575 Abs. 4 Satz 2 ZPO der Gegenseite zuzustellen. Der Rechtsbeschwerdegegner kann sich der Rechtsbeschwerde durch Einreichen einer Rechtsbeschwerdeanschlussschrift gem. § 38 Satz 1 i.V.m. § 574 Abs. 4 ZPO bis zum Ablauf einer Notfrist von einem Monat nach der Zustellung der Begründungsschrift beim Rechtsbeschwerdegericht anschließen, auch wenn er auf die Rechtsbeschwerde verzichtet hat, die Rechtsbeschwerdefrist verstrichen ist oder die Rechtsbeschwerde nicht zugelassen worden ist. 47

Der Mindestinhalt der Begründung ergibt sich aus § 575 Abs. 3 ZPO. Das Rechtsbeschwerdegericht ist gem. § 38 Satz 1 i.V.m. § 577 Abs. 2 Satz 1 ZPO an die in der Begründung zwingend enthaltenen Rechtsbeschwerdeanträge gebunden. 48

Bei dem Rechtsbeschwerdeverfahren handelt es sich um einen Anwaltsprozess gem. § 78 Abs. 1 Satz 3 ZPO. Folglich muss die Beschwerdeschrift gem. § 38 Satz 1 i.V.m. § 575 Abs. 1 Satz 1 ZPO, § 78 Abs. 1 Satz 3 ZPO von einem beim BGH zugelassenen Rechtsanwalt eingelegt werden. Wird die Rechtsbeschwerde nicht von einem beim BGH zugelassenen Rechtsanwalt eingelegt, so ist die Rechtsbeschwerde unzulässig.[52] 49

Der Rechtsbeschwerdeführer muss durch die angegriffene Entscheidung beschwert sein. Die formelle Beschwer ist gegeben, wenn das Beschwerdegericht abweichend vom Antrag entschieden hat. Erhebt nicht der Erstbeschwerdeführer die Rechtsbeschwerde, so ist die Rechtsbeschwerde eines anderen Verfahrensbeteiligten nur statthaft, wenn dieser durch die angegriffene Entscheidung erstmalig in seinen Rechten verletzt wird.[53] 50

VI. Begründetheit der Rechtsbeschwerde

Die Rechtsbeschwerde ist gem. § 38 Satz 1 i.V.m. § 576 ZPO, § 546 ZPO begründet, wenn durch die angegriffene Entscheidung entweder Bundesrechts oder eine Vorschrift verletzt werden, deren Geltungsbereich sich über den Bezirk eines Oberlandesgerichts hinaus erstreckt oder wenn eine Rechtsnorm nicht oder nicht richtig angewendet worden ist. Die Rechtsbeschwerde kann gem. § 38 Satz 1 i.V.m. § 576 Abs. 2 ZPO nicht darauf gestützt werden, dass das Gericht des ersten Rechtszuges seine Zuständigkeit zu Unrecht angenommen oder verneint hat. Die Prüfung des BGH beschränkt sich gem. § 38 Satz 1 i.V.m. § 577 Abs. 2, Satz 3 ZPO, § 559 Abs. 1 ZPO auf dasjenige Parteivorbringen, das aus dem Berufungsurteil oder dem Sitzungsprotokoll ersichtlich ist. Ein in den Tatsacheninstanzen unterbliebenes rechtliches Gehör kann nicht nachgeholt werden.[54] 51

Die Rechtsbeschwerde ist gem. § 38 Satz 1 i.V.m. § 577 Abs. 3 ZPO auch dann als unbegründet zurückzuweisen, wenn die Begründung der angefochtenen Entscheidung zwar eine Rechtsverletzung ergibt, die Entscheidung selbst aber aus anderen Gründen sich als richtig darstellt. 52

VII. Entscheidung des Rechtsbeschwerdegerichts

Das Rechtsbeschwerdegericht entscheidet gem. § 38 Satz 1 i.V.m. § 577 Abs. 6 ZPO durch Beschluss. 53 Im Fall der Unzulässigkeit verwirft der BGH die Rechtsbeschwerde. Bei Unbegründetheit wird die Rechtsbeschwerde zurückgewiesen. Erachtet der BGH die Rechtsbeschwerde für begründet, so hebt er die angegriffene Entscheidung auf und verweist die Sache gem. § 38 Satz 1 i.V.m. § 577 Abs. 4 ZPO zur erneuten Entscheidung an das Beschwerdegericht zurück. Der BGH kann die Sache auch direkt an das Restrukturierungsgericht zurückverweisen, sofern das Beschwerdegericht ohne den Rechtsfehler vernünftigerweise ebenso verfahren wäre.[55] Das Gericht, an das die Sache zurückverwiesen wird, ist gem. § 38 Satz 1 i.V.m. § 577 Abs. 4 Satz 4 ZPO an die rechtliche Beurteilung des

52 BGH, ZInsO 2018, 680, Rn. 3.
53 BeckOK-StaRUG/*Kramer*, § 40 Rn. 42.
54 HambKomm-InsR/*Rüther* § 7 Rn. 22.
55 Vgl. BGH, ZIP 2004, 1717.

BGH gebunden, sofern das Gericht nach der Zurückverweisung keine neuen Tatsachen feststellt.[56] Das Verbot der Schlechterstellung (reformatio in peius) gilt im Beschwerdeverfahren, auch nach Aufhebung und Zurückverweisung.[57]

54 Wenn die Aufhebung der Entscheidung nur wegen einer Rechtsverletzung bei Anwendung des Rechts auf das festgestellte Sachverhältnis erfolgt und nach dem Sachverhalt Entscheidungsreife gegeben ist, kann der BGH gem. § 38 Satz 1 i.V.m. § 577 Abs. 5 ZPO auch selbst abschließend entscheiden.

55 Die Kostenentscheidung wird von dem Gericht getroffen, das die Endentscheidung trifft.[58]

56 Die Gerichtskosten der Rechtsbeschwerde im Rahmen des StaRUG betragen gem. Nr. 2523 KV GKG 2.000,00 €. Wird die Rechtsbeschwerde zurückgenommen, so reduziert sich die Gebühr auf 1.000,00 € (Nr. 2524 KV GKG). Die Rechtsanwaltskosten berechnen sich gem. Nr. 3502 KV RVG nach einer 1,0 Gebühr.

C. Praxishinweise

57 Sieht sich ein Verfahrensbeteiligter in seinem Verfahrensgrundrecht auf Gewährung rechtlichen Gehörs verletzt, so kann er gem. § 38 Satz 1 i.V.m. § 321a ZPO Gehörsrüge erheben. Greift ein Verfahrensbeteiligter eine Entscheidung des Restrukturierungsgerichts mit einer gem. § 40 Abs. 1 Satz 1 nicht statthaften sofortigen Beschwerde an, so obliegt es dem Restrukturierungsgericht den vom Beschwerdeführer gestellten Antrag prozessual zu deuten. Die prozessuale Auslegung orientiert sich an dem Grundsatz, dass im Zweifel dasjenige gewollt ist, was nach den Maßstäben der Rechtsordnung vernünftig ist und dem recht verstandenen Interesse entspricht, wobei nicht unter allen Umständen am buchstäblichen Sinn der Wortwahl einer Partei festzuhalten ist.[59] Eine unzulässige sofortige Beschwerde kann vor diesem Hintergrund ggf. als Gehörsrüge ausgelegt werden.

58 Eine weitere Möglichkeit zur Überprüfung von Entscheidungen des Restrukturierungsgerichts bietet grundsätzlich auch die Vorlage an den EuGH gem. Art. 267 AEUV.[60]

§ 41 Zustellungen

(1) [1]Zustellungen erfolgen von Amts wegen, ohne dass es einer Beglaubigung des zuzustellenden Schriftstücks bedarf. [2]Sie können dadurch bewirkt werden, dass das Schriftstück unter der Anschrift des Zustellungsadressaten zur Post gegeben wird; § 184 Absatz 2 Satz 1, 2 und 4 der Zivilprozessordnung gilt entsprechend. [3]Soll die Zustellung im Inland bewirkt werden, gilt das Schriftstück drei Tage nach Aufgabe zur Post als zugestellt.

(2) [1]An Personen, deren Aufenthalt unbekannt ist, wird nicht zugestellt. [2]Haben sie einen zur Entgegennahme von Zustellungen berechtigten Vertreter, so wird dem Vertreter zugestellt.

(3) Beauftragt das Gericht den Schuldner mit der Zustellung, erfolgt diese nach Maßgabe der §§ 191 bis 195 der Zivilprozessordnung; § 173 der Zivilprozessordnung bleibt unberührt.

Übersicht

56 BeckOK-StaRUG/*Kramer*, § 40 Rn. 46.
57 BGH, NZI 2004, 440.
58 Morgen-*Blankenburg* § 40 Rn. 49.
59 BGH, NJW 2010, 3779 Rn. 4.
60 Hierzu auch: Morgen-*Blankenburg* § 40 Rn. 51.

A. Normzweck

Die Vorschrift des § 41 regelt die Zustellung von Schriftstücken in Restrukturierungssachen im Inland.[1] Als lex specialis geht sie den grundsätzlich nach § 38 Abs. 1 Satz 1 geltenden Vorschriften der ZPO zu den allgemeinen Bestimmungen vor, sofern diese die Art und Weise der Zustellung (Abs. 1), die Entbehrlichkeit (Abs. 2) oder die Beauftragung des Schuldners mit der Zustellung (Abs. 3) betreffen. Eine abschließende Regelung trifft § 41 jedoch nicht: So regelt § 76 Abs. 6 Zustellungen durch den Restrukturierungsbeauftragten.[2] 1

Die Norm entspricht in Abs. 1 und 2 den Regelungen in § 8 Abs. 1 und 2 InsO. § 41 Abs. 1 dient – wie auch § 8 Abs. 1 InsO[3] – der Beschleunigung des Verfahrens in Restrukturierungssachen.[4] § 41 soll den Gerichten ein »unbürokratisches Zustellungsverfahren« zur Verfügung stellen.[5] Insbesondere soll die Möglichkeit geschaffen werden, eine effektive Zustellung an eine potenzielle Vielzahl von Beteiligten zu ermöglichen.[6] 2

Die Vorschrift des § 41 bezieht sich auf den gerichtlichen Teil des StaRUG (§§ 29–93) und gilt damit für alle Zustellungen nach dem StaRUG, die dem Restrukturierungsgericht originär obliegen sowie solche, die nach § 76 Abs. 6 auf den Restrukturierungsbeauftragten übertragen oder auf Grundlage entsprechender Befugnisnormen dem Schuldner übertragen werden.[7] Außerdem findet § 41 auch Anwendung auf die Vorschriften der Sanierungsmoderation (§ 94 ff.), da auch diese Verfahren vom Restrukturierungsgericht geführt werden.[8] Für die sonstigen Übermittlungen von Schriftstücken, die nicht dem Gericht obliegen, gelten die Vorschriften des Privatrechts über Willenserklärungen (analog).[9] 3

Ergänzend zu § 41 ist noch die öffentliche Bekanntmachung gem. § 86 Abs. 3[10] in öffentlichen Restrukturierungssachen zu beachten. Nach dieser Vorschrift, die erst am 17.07.2022 in Kraft treten wird, kommt der öffentlichen Bekanntmachung auf bestimmte in § 85 Abs. 1 Nr. 1–3 aufgezählte Handlungen des Gerichts Zustellwirkung zu, was aber wie bei § 9 InsO nicht dazu führt, dass die Zustellung nicht mehr erforderlich ist.[11] 4

B. Norminhalt

I. Zustellung von Amts wegen gem. § 41 Abs. 1

Nach § 41 Abs. 1 haben die erforderlichen Zustellungen von Amts wegen nach § 166 Abs. 2 ZPO zu erfolgen. Die Vorschriften der §§ 166 ff. ZPO finden über den Verweis in § 38 Abs. 1 Satz 1 grundsätzlich auch in Restrukturierungssachen Anwendung. § 41 Abs. 1 Satz 2 ist insoweit eine Ausnahmevorschrift zu dem Grundsatz der förmlichen Zustellung, als dass Schriftstücke auch dadurch zugestellt werden können, dass sie unter der Anschrift des Zustellungsadressaten zur Post gegeben 5

1 Begr. RegE, BT-Drucks. 19/24181, S. 143.
2 BeckOK-StaRUG/*Kramer*, § 41 Rn. 1; vgl. § 76 Rdn. 45.
3 MK-InsO/*Ganter*/*Bruns* § 8 Rn. 5.
4 Begr. RegE, BT-Drucks. 19/24181, S. 144.
5 Begr. RegE, BT-Drucks. 19/24181, S. 144.
6 Morgen-*Blankenburg* § 41 Rn. 3.
7 BeckOK-StaRUG/*Kramer*, § 41 Rn 3.
8 BeckOK-StaRUG/*Kramer*, § 41 Rn 4.
9 Begr. RegE, BT-Drucks. 19/24181, S. 144; *Desch*, BB 2020, 2498, 2503.
10 Die §§ 84 ff. treten erst ab dem 17.07.2022 in Kraft, vgl. Art. 25 Abs. 3 Nr. 1 SanInsFoG.
11 BeckOK-StaRUG/*Kramer*, § 41 Rn. 6.

werden können. Diese Zustellungsmöglichkeit ist bereits aus § 8 Abs. 1 InsO bekannt und stellt im Insolvenzverfahren die Regel dar.[12] Ein Schriftstück gilt bei Inlandszustellungen spätestens drei Tage nach Aufgabe zur Post als zugestellt.

6 Im Ermessen des Gerichts steht, ob es Schriftstücke – nach Maßgabe der §§ 166 ZPO – förmlich zustellt, gem. § 41 Abs. 1 Satz 2 zur Post gibt,[13] oder formlos zustellt. Die Entscheidung über die Art der Zustellung steht im pflichtgemäßen Ermessen des Gerichts.[14] Eine formlose Zustellung scheidet aus, wenn durch die Entscheidung eine Frist in Gang gesetzt wird, da insoweit der Zugang erforderlich ist und dieser bei formloser Zustellung nicht nachgewiesen werden kann.[15]

1. Zustellungsbedürftigkeit

7 Zwar regelt § 41 Abs. 1 die Art und Weise der Zustellung im Restrukturierungsverfahren, die Frage nach der Erforderlichkeit der Zustellung bleibt jedoch unbeantwortet. Die Erforderlichkeit der Zustellung ergibt sich aus den materiellen Vorschriften des StaRUG oder über den Verweis in § 38 Abs. 1 aus den einschlägigen Vorschriften der ZPO.[16] So schreibt § 51 Abs. 4 Satz 1 die Zustellung der Stabilisierungsanordnung an alle von dieser betroffenen Gläubiger vor. Für Ladungen nach dem StaRUG (§§ 45 Abs. 3 Satz 1 und Satz 3, 46 Abs. 1 Satz 3, 48 Abs. 2 Satz 3, 61 Satz 3) gilt gem. § 38 Abs. 1 Satz 1 i.V.m. § 214 ZPO, dass diese förmlich zu erfolgen haben.[17] Entsprechend gilt dies auch für die Durchführung eines mündlichen oder schriftlichen Termins, da auch zu diesem geladen werden muss.[18]

8 Die Bestätigung des Restrukturierungsplans bedarf keiner Zustellung, da diese gem. § 65 zu verkünden ist. Darüber hinaus ist unter Hinweis auf die Bestätigung ein Abdruck des Plans oder eine Zusammenfassung des wesentlichen Inhalts an die Betroffenen zu senden (vgl. § 65 Abs. 2). Ordnet das StaRUG lediglich die Zusendung (vgl. § 65 Abs. 2 Satz 1), Anhörung (vgl. z.B. §§ 48 Abs. 1, 61, § 75 Abs. 2 Satz 4, § 81 Abs. 6 Satz 2, § 96 Abs. 5 Satz 3), Unterrichtung, Erteilung eines Hinweises (vgl. z.B. §§ 46 Abs. 2, 48 Abs. 2 Satz 1) oder den Erlass von verfahrensleitenden Verfügungen (vgl. §§ 33 Abs. 1 Nr. 2, 51 Abs. 1 Satz 3, § 59 Abs. 3, § 67 Abs. 1 Nr. 2) an, ist eine formlose Mitteilung ausreichend; für gewöhnlich wählt das Gericht aber zu Dokumentationszwecken ohnehin die förmliche Zustellung.[19]

9 Eine förmliche Zustellung ist gem. § 38 i.V.m. § 329 Abs. 2 Satz 2 ZPO zwingend, wenn eine Frist in Gang gesetzt wurde.[20] Im Übrigen liegt die Entscheidung im Ermessen des Gerichts, ob eine Entscheidung zugestellt wird.[21]

2. Zustellungsformen

10 Es steht auch im Ermessen des Gerichts, ob es durch Aufgabe zur Post zustellt (vgl. § 41 Abs. 1 Satz 2). Es kann je nach Bedarf zwischen der förmlichen Zustellung oder der formlosen Zustellung wählen.[22]

---

12 BGH, NZI 2003, 341.
13 Auch wenn die Zustellung durch Aufgabe zur Post in § 184 InsO geregelt ist, geht der BGH im Insolvenzverfahren davon aus, dass es sich dabei nicht um eine förmliche Art der Zustellung handelt; BGH, NZI 2003, 341.
14 Morgen-*Blankenburg* § 41 Rn. 9.
15 Morgen-*Blankenburg* § 41 Rn. 9.
16 BeckOK-StaRUG/*Kramer*, § 41 Rn. 7.
17 Morgen-*Blankenburg* § 41 Rn. 6; BeckOK-StaRUG/*Kramer*, § 41 Rn. 9; Selbiges gilt auch im Insolvenzverfahren. Dazu: Uhlenbruck-*Pape* § 8 Rn. 2.
18 BeckOK-StaRUG/*Kramer*, § 41 Rn. 9.
19 BeckOK-StaRUG/*Kramer*, § 41 Rn. 10.
20 Morgen-*Blankenburg* § 41 Rn. 7; BeckOK-StaRUG/*Kramer*, § 41 Rn. 11; Braun-*Baumert*, StaRUG, § 41 Rn. 3 mit Verweis auf Braun-*Bußhardt*, InsO, § 8 Rn. 4.
21 Morgen-*Blankenburg* § 41 Rn. 7; zu § 8 InsO: MK-InsO/*Ganter*/*Bruns* § 8 Rn. 7.
22 Morgen-*Blankenburg* § 41 Rn. 9.

a) Formelle Zustellung

Nach § 41 Abs. 1 finden die Zustellungen nach dem StaRUG grundsätzlich im Amtsbetrieb statt. Über die Verweisungsnorm des § 38 Satz 1 gelten die §§ 166–190 ZPO. Die Vorschriften zum Parteibetrieb gelten nur, wenn § 41 Abs. 3 Anwendung findet. 11

Die formelle Zustellung kann im Wege verschiedener Möglichkeiten erfolgen. In Betracht kommen insoweit nach Maßgabe der ZPO die Zustellung durch einen Bediensteten der Post oder einen Justizbediensteten gem. § 168 Abs. 1 Satz 2 ZPO oder eine andere Behörde gem. § 168 Abs. 2 ZPO mittels (Zustellungs) Urkunde gem. § 182 ZPO, die Zustellung gegen Empfangsbekenntnis oder automatisierte Eingangsbestätigung gem. § 174 ZPO, die Zustellung durch Aushändigung an der Amtsstelle gem. § 173 ZPO oder die Zustellung durch Einschreiben mit Rückschein gem. § 175 ZPO. 12

b) Zustellung durch Aufgabe zur Post

§ 41 Abs. 1 Satz 2 ermöglicht dem Gericht die besondere Form der Zustellung durch Aufgabe eines Schriftstücks zur Post. Diese Form der Zustellung ist in der ZPO nur vereinzelt, insbesondere bei Auslandszustellungen gem. §§ 183, 184 ZPO geregelt. § 41 Abs. 1 Satz 2 erweitert somit die Befugnisse des Restrukturierungsgerichts.[23] Es handelt sich um eine eigenständige Zustellungsform und nicht lediglich um einen Rechtsgrundverweis auf §§ 183, 184 ZPO.[24] 13

Die Aufgabe zur Post erfolgt in der Weise, dass das Schriftstück unter der Anschrift des Adressaten zur Post gegeben wird. Als Post i.S.d. § 41 Abs. 1 Satz 2 gilt dabei nicht nur die Deutsche Post AG, sondern auch jedes, mit der Zustellung von Schriftstücken betraute private Dienstleistungsunternehmen.[25] Anstelle des Nachweises der Zustellung ist gem. § 41 Abs. 1 Satz 2 i.V.m. § 184 Abs. 2 Satz 4 ZPO in den Akten zu vermerken, zu welchem Zeitpunkt und mit welcher Anschrift das Schriftstück zur Post gegeben wurde. 14

Handelt es sich bei der Zustellung um eine Inlandszustellung, gilt das Schriftstück drei Tage nach Aufgabe zur Post als zugestellt, § 41 Abs. 1 Satz 3. Sofern es sich um eine Auslandszustellung handelt, findet § 184 Abs. 2 Satz 1 und 2 ZPO Anwendung. Sofern das Gericht keine längere Frist bestimmt, gilt das Schriftstück nach zwei Wochen als zugestellt.[26] Für die Fristberechnung sind nur Werktage zu berücksichtigen.[27] Der Empfänger, der das Schriftstück gar nicht oder erst nach der gesetzlichen Fiktion empfangen hat, kann Wiedereinsetzung in den vorherigen Stand gem. § 38 Abs. 1 Satz 1 i.V.m. § 233 ZPO beantragen.[28] Dazu ist erforderlich, dass der Empfänger glaubhaft macht, dass Schriftstück nicht erhalten zu haben.[29] 15

Gem. § 41 Abs. 1 Satz 1 sind zuzustellende Schriftstücke nicht zu beglaubigen. Damit stellt § 41 Abs. 1 Satz 1 eine Ausnahme zu § 169 Abs. 2 ZPO dar. 16

II. Zustellung an Personen mit unbekanntem Aufenthaltsort gem. § 41 Abs. 2

Gem. § 41 Abs. 2 Satz 1 wird an Personen, deren Aufenthaltsort unbekannt ist, nicht zugestellt. Inhaltlich entspricht § 41 Abs. 2 Satz 1 der Vorschrift des § 8 Abs. 2 Satz 1 InsO.[30] Eine Person ist unbekannten Aufenthalts, wenn der Wohnort oder der Sitz nicht durch zumutbare Nachforschungen 17

23 Morgen-*Blankenburg* § 41 Rn. 18.
24 Zum Insolvenzverfahren: BGH, NZI 2003, 341.
25 Zum Insolvenzverfahren: Uhlenbruck-*Pape* § 8 Rn. 3.
26 BeckOK-StaRUG/*Kramer*, § 41 Rn. 24.
27 HambKomm-InsR/*Rüther* § 8 Rn. 9.
28 Zum Insolvenzverfahren: BGH, NZI 2010, 276; Uhlenbruck-*Pape* § 8 Rn. 3.
29 Morgen-*Blankenburg* § 41 Rn. 20.
30 Begr. RegE, BT-Drucks. 19/24181, S. 144.

ermittelt werden kann.[31] Aufgrund des Amtsermittlungsgrundsatzes sind zumutbare Nachforschungen insbesondere die Einholung von Auskünften des für den letzten bekannten Wohnsitz des Adressaten zuständige Einwohnermelde- und Postamts.[32] Darüber hinaus sind regelmäßig Nachforschungen bei ehemals bekannten Vermietern oder Arbeitgebern zumutbar.[33] Die Vorschrift erfasst sowohl natürliche, als auch juristische Personen.[34]

18 Sofern die Person, deren Aufenthalt unbekannt ist, einen zur Entgegennahme von Zustellungen berechtigten Vertreter benannt hat, wird an diesen zugestellt (§ 41 Abs. 2 Satz 2). Erforderlich ist lediglich, dass dem Gericht die Adresse des Vertreters bekannt ist, nicht hingegen, dass sich eine Vollmacht bei der Akte befindet.[35] Ob sich die Adresse des Vertreters im In- oder Ausland befindet, ist nicht von Bedeutung.[36]

19 Ist der Adressat eine Gesellschaft, gilt gem. § 38 Abs. 1 i.V.m. § 170 Abs. 1 Satz 1 ZPO, dass an ihren gesetzlichen Vertreter zugestellt werden muss.[37] Ist dies wegen Führungslosigkeit aufgrund von Amtsniederlegung oder Abberufung nicht möglich, so gilt die Gesellschaft nicht als mit »unbekanntem Aufenthaltsort«.[38] Gem. § 35 Abs. 1 Satz 2 GmbHG und § 78 Abs. 1 Satz 2 AktG kann die Zustellung an die GmbH-Gesellschafter, bzw. den Aufsichtsrat der AG erfolgen.[39] Im Übrigen ist an den vom Registergericht bestellten Notgeschäftsführer zuzustellen.[40]

20 Ist die juristische Person im Handelsregister gelöscht, hat die Zustellung an den zu bestellenden Nachtragsliquidator zu erfolgen.[41]

III. Zustellung durch den Schuldner gem. § 41 Abs. 3

21 § 41 Abs. 3 räumt dem Gericht die Möglichkeit ein, den Schuldner mit der Zustellung zu beauftragen, um sich zu entlasten.[42] Damit ist nicht die Befugnis des Gerichts gemeint, die rechtliche Grundlage für eine Übertragung zu schaffen.[43] Vorausgesetzt wird vielmehr, dass die Übertragung auf den Schuldner auf anderer gesetzlicher Grundlage erlaubt und erfolgt ist.[44] Für diesen Fall bestimmt Abs. 3, dass die zivilprozessualen Vorschriften über Zustellungen auf Betreiben der Parteien gem. §§ 191–195 ZPO Anwendung finden sollen. Eine vergleichbare Vorschrift für das Insolvenzverfahren existiert nicht.

22 Der Anwendungsbereich des § 41 Abs. 3 ist **beschränkt**. Lediglich in § 45 Abs. 3 Satz 3 für die Ladung zum gerichtlichen Erörterungs- und Abstimmungstermin, in § 46 Abs. 1 Satz 3 für die Ladung zum Vorprüfungstermin, in § 48 Abs. 2 Satz 3 für die Ladung zum fakultativen Anhörungstermin und bei der Ladung zum Anhörungstermin vor Planbestätigung nach § 61 Satz 3 sieht das Gesetz die Möglichkeit vor, dass das Gericht den Schuldner mit den Zustellungen beauftragen kann.

23 Das Gericht entscheidet über die Übertragung der Zustellung auf den Schuldner nach pflichtgemäßem Ermessen. Die Vorschrift dient in erster Linie der Entlastung des Restrukturierungs-

31 Uhlenbruck-*Pape* § 8 Rn. 5.
32 Im Zwangsvollstreckungsverfahren: BGH, NJW 2004, 1530, 1531.
33 Uhlenbruck-*Pape* § 8 Rn. 5.
34 BeckOK-StaRUG/*Kramer*, § 41 Rn. 28.
35 Morgen-*Blankenburg* § 41 Rn. 25.
36 NR-*Becker* § 8 Rn. 29.
37 BeckOK-StaRUG/*Kramer*, § 41 Rn. 30.
38 AG Hamburg, NJW 2009, 304.
39 BeckOK-StaRUG/*Kramer*, § 41 Rn. 30.
40 MK-InsO/Ganter/*Bruns* § 8 Rn. 10a.
41 BeckOK-InsO/*Madaus* § 8 Rn. 17; NR-*Becker* § 8 Rn. 2; HambKomm-InsR/*Rüther* § 8 Rn. 13.
42 Begr. RegE, BT-Drucks. 19/24181, S. 144.
43 BeckOK-StaRUG/*Kramer*, § 41 Rn. 32.
44 BeckOK-StaRUG/*Kramer*, § 41 Rn. 32.

gerichts.[45] Dennoch kommt eine Übertragung auf den Schuldner regelmäßig nur bei einer geringen Anzahl von Beteiligten in Betracht.[46] Das Gericht entscheidet im Einzelfall, ob eine Zustellung über den Schuldner prozessökonomisch ist.

Entschließt sich das Gericht zu einer Übertragung der Zustellung auf den Schuldner, erfolgt die Entscheidung als Beschluss.[47] 24

§ 43 Abs. 3 enthält für die Zustellung durch den Schuldner keinen Hinweis auf einen Nachweis der Zustellung. Eine vergleichbare Regelung wie in § 76 Abs. 6 Satz 3 fehlt; der Schuldner ist nicht aus eigener Initiative verpflichtet einen Zustellungsnachweis zu erbringen.[48] Dennoch wird man davon ausgehen können, dass aufgrund seiner Mitwirkungspflicht gem. § 39 Abs. 2 der Schuldner zumindest nach Aufforderung durch das Gericht verpflichtet ist, einen Zustellungsnachweis zu erbringen.[49] Bei einer Zustellung von Anwalt zu Anwalt gilt § 195 Abs. 1 Satz 4 ZPO entsprechend. 25

IV. Auslandszustellungen

Ausweislich der Begründung des Regierungsentwurfs ist der Anwendungsbereich von § 41 auf das Inland beschränkt.[50] Es ist anzunehmen, dass Restrukturierungssachen gerade für größere Unternehmen von Interesse sein werden und damit wohl nicht selten auch internationalen Bezug aufweisen werden.[51] 26

Für Zustellungen in das europäische Ausland finden nach § 183 Abs. 1 Satz 1 Nr. 1 ZPO i.V.m. § 38 die Vorschriften der EG Nr. 1393/2007 des Europäischen Parlaments und des Rates vom 13.11.2007 über die Zustellung gerichtlicher und außergerichtlicher Schriftstücke in Zivil- oder Handelssachen in den Mitgliedsstaaten (»Zustellung von Schriftstücken«) und zur Aufhebung der Verordnung (EG) 1348/2000 des Rates – ZustVO[52] – Anwendung. Bei einer Zustellung in Dänemark ist nach § 183 Abs. 1 Nr. 2 ZPO das Abkommen zwischen der Europäischen Gemeinschaft und dem Königreich Dänemark vom 19.10.2005 über die Zustellung gerichtlicher und außergerichtlicher Schriftstücke in Zivil- oder Handelssachen[53] zu berücksichtigen. Auch im EU-Ausland erfolgt die Zustellung nach Art. 14 ZustVO vorzugsweise über eine Zustellung durch Postdienste per Einschreiben mit Rückschein (§ 38 Satz 1 StaRUG, § 183 Abs. 1 Satz 2 ZPO, § 1068 Abs. 1 ZPO). Nach Art. 4 ff. ZustVO erfolgt die förmliche Zustellung über Übermittlungs- und Empfangsstellen der Mitgliedstaaten (Art. 2 ZustVO). Das nationale Restrukturierungsgericht selbst ist ebenfalls Übermittlungsstelle (§ 38 Satz 1 StaRUG, § 183 Abs. 1 Satz 2 ZPO, § 1069 Abs. 1 ZPO). 27

Für Zustellung in Drittstaaten gilt das Haager Übereinkommen über die Zustellung gerichtlicher und außergerichtlicher Schriftstücke im Ausland und anderer völkerrechtlicher Vereinbarungen vom 15.11.1965 (HZÜ).[54] Nach Art. 10 Buchst. a) HZÜ ist die Zustellung durch die Post grundsätzlich erlaubt. Eine Zustellung ist dann durch Einschreiben mit Rückschein zu bewirken (vgl. § 183 Abs. 2 Satz 2 ZPO); nachrangig kommt eine Zustellung durch die Auslandsvertretungen des Bundes in Betracht (§ 183 Abs. 3 ZPO).[55] 28

45 Begr. RegE, BT-Drucks. 19/24181, S. 144.
46 Morgen-*Blankenburg* § 41 Rn. 35.
47 Morgen-*Blankenburg* § 41 Rn. 36.
48 BeckOK-StaRUG/*Kramer*, § 41 Rn. 36.
49 BeckOK-StaRUG/*Kramer*, § 41 Rn. 36.
50 Begr. RegE, BT-Drucks. 19/24181, S. 144.
51 So auch Morgen-*Blankenburg* § 41 Rn. 37.
52 Abl. L 324/79, 10.12.2007.
53 Abl. L 300/55, 17.11.2005.
54 Begr. RegE, BT-Drucks. 19/24181, S. 144; das HZÜ ist veröffentlicht unter BGBl. 1977 II S. 1452.
55 BeckOK-StaRUG/*Kramer*, § 41 Rn. 45.

Unterabschnitt 2 Restrukturierungsrecht

§ 42 Anzeige von Zahlungsunfähigkeit und Überschuldung; Strafvorschrift

(1) [1]Während der Rechtshängigkeit der Restrukturierungssache ruht die Antragspflicht nach § 15a Absatz 1 bis 3 der Insolvenzordnung und § 42 Absatz 2 des Bürgerlichen Gesetzbuchs. [2]Die Antragspflichtigen sind jedoch verpflichtet, dem Restrukturierungsgericht den Eintritt einer Zahlungsunfähigkeit im Sinne des § 17 Absatz 2 der Insolvenzordnung oder einer Überschuldung im Sinne des § 19 Absatz 2 der Insolvenzordnung ohne schuldhaftes Zögern anzuzeigen.

(2) Die Stellung eines den Anforderungen des § 15a der Insolvenzordnung genügenden Insolvenzantrags gilt als rechtzeitige Erfüllung der Anzeigepflicht nach Absatz 1 Satz 2.

(3) [1]Mit Freiheitsstrafe bis zu drei Jahren oder mit Geldstrafe wird bestraft, wer entgegen Absatz 1 Satz 2 den Eintritt der Zahlungsunfähigkeit oder der Überschuldung nicht oder nicht rechtzeitig anzeigt. [2]Handelt der Täter fahrlässig, ist die Strafe Freiheitsstrafe bis zu einem Jahr oder Geldstrafe. [3]Die Sätze 1 und 2 sind nicht anzuwenden auf Vereine und Stiftungen, für die die Pflicht nach Absatz 1 Satz 1 gilt.

(4) Wenn die Anzeige der Restrukturierungssache nach § 31 Absatz 4 ihre Wirkung verliert, leben die nach Absatz 1 Satz 1 ruhenden Antragspflichten wieder auf.

Übersicht

A. Normzweck

1 § 42 ist während des Gesetzgebungsverfahrens inhaltlich nur unbedeutend geändert worden. Lediglich der Wortlaut des Abs. 4 wurde durch eine redaktionelle Korrektur vereinfacht (Bericht Rechtsausschuss BT-Drucks. 19/25353 S. 8). Das durch den Gesetzgeber angeordnete Ruhen des Insolvenzantragspflicht stellt sicher, dass die während der Rechtshängigkeit der Restrukturierungssache eintretende Insolvenzreife nur anzeigepflichtig ist, sich nicht unmittelbar auf die rechtshängige Restrukturierungssache auswirkt, allerdings besteht die Aufhebungsmöglichkeit durch das Restrukturierungsgericht nach § 33 Abs. 2 Nr. 1. Die Anzeige ermöglicht, dass das Restrukturierungsgericht in die Lage versetzt wird, bei Eintritt der Insolvenzreife zu entscheiden, ob die Fortführung der Restrukturierungssache noch im Interesse der Gesamtgläubigerschaft liegt (§ 33 Abs. 2 Nr. 1). Das Insolvenzgericht bleibt bei der Anzeige der Insolvenzreife zunächst unbeteiligt und das Restrukturierungsgericht hat nach pflichtgemäßem Ermessen darüber zu befinden, ob die Restrukturierungssache nach § 33 Abs 2 Nr. 1, 1. Alt aufgehoben oder gem. § 33 Abs. 2, 2./3. Alt. im Interesse der Gläubigerschaft fortgesetzt werden soll.

Die **temporäre Verdrängung der Insolvenzantragspflichten** gem. § 15a InsO, 42 Abs. 2 BGB war richtlinienkonform geboten[1]. Das Primat der Sanierung möglichst außerhalb eines gerichtlichen Insolvenz- oder Abwicklungsverfahrens ist Kern der Restrukturierungsrichtlinie.[2] Wegen Art. 7 Abs. 1 der Richtlinie (EU) 2019/1023 muss eine nach dem nationalen Recht bestehende Pflicht des Schuldners zur Stellung eines Insolvenzantrags während der Laufzeit einer Aussetzung von Vollstreckungsmaßnahmen (Art. 2 Absatz 1 Nummer 4 der Richtlinie) ruhen, sofern das Insolvenzverfahren, auf das sich die Antragspflicht bezieht, in eine Liquidation des Schuldners münden kann. Da die Suspendierung der Antragspflicht nach Art. 7 Abs. 1 der Richtlinie nur während einer Aussetzung von Vollstreckungsmaßnahmen zwingend geboten ist, wäre die Einschränkung auf den Anordnungszeitraum von Stabilisierungsmaßnahmen gem. §§ 49 ff. ausreichend gewesen. Aus Gründen der Rechtsklarheit und der Möglichkeit, dass sich der Schuldner durch isolierte Stabilisierungsmaßnahmen der Antragspflicht entziehen könnte, hat sich der Gesetzgeber entschieden, die Suspendierung an die Rechtshängigkeit der Restrukturierungssache zu knüpfen. Das entspricht auch der Systematik der Restrukturierungsrichtlinie und der Effizienz des modularen Ansatzes, wonach nur benötigte Elemente des Restrukturierungsrahmens eingesetzt werden sollen.[3] Die Anzeigepflicht bei Eintritt der Insolvenzreife während der Rechtshängigkeit nach § 42 Abs. 1 Satz 2 der Restrukturierungssache ist zwar in der Richtlinie nicht vorgesehen, aber auch nicht ausgeschlossen. Die Anzeigepflicht hindert damit den Schuldner nicht, den auf die Vermeidung eines Insolvenzverfahrens gerichteten Zweck weiterhin zu erreichen.

B. Überblick

§ 42 Abs. 1 Satz 1 ordnet das Ruhen der Insolvenzantragspflicht an. Die nach § 15a Abs. 1 bis 3 InsO und § 42 Abs. 2 BGB Antragspflichtigen sind während der Rechtshängigkeit der Restrukturierungssache im Fall des Eintritts der Zahlungsunfähigkeit oder Überschuldung nicht zur Stellung eines Insolvenzantrages verpflichtet. An die Stelle der Insolvenzantragspflicht tritt gem. § 42 Abs. 1 Satz 2 die Pflicht der (eigentlich) Antragspflichtigen zur Anzeige des Eintritts der Zahlungsunfähigkeit oder Überschuldung gegenüber dem Restrukturierungsgericht. Die fakultative Stellung des Insolvenzantrags wird der Anzeige des Eintritts der Insolvenzgründe Zahlungsunfähigkeit und/oder Überschuldung mit § 42 Abs. 2 gleichgestellt. Ein Verstoß gegen die Anzeigepflicht ist nach § 42 Abs. 3 strafbewehrt. Klarstellend regelt § 42 Abs. 4, dass die Pflicht zur Stellung des Insolvenzantrags wieder auflebt, wenn die Anzeige des Restrukturierungsvorhabens nach § 31 Abs. 4 ihre Wirkung verliert. 2

C. Ruhen der Insolvenzantragspflicht, Abs. 1 Satz 1

An die Anzeige und die Dauer der Rechtshängigkeit der Restrukturierungssache knüpft das Ruhen der Insolvenzantragspflicht gem. § 42 Abs. 1 Satz 1 an. Dies gilt unabhängig davon, ob nachfolgend eine Stabilisierung nach §§ 49 ff. oder ein anderes Instrument beantragt wird[4]. 3

I. Persönlicher Anwendungsbereich

Der Anwendungsbereich dieser Vorschrift folgt dem Anwendungsbereich der durch sie verdrängten Bestimmungen zur Antragspflicht, das heißt § 15a InsO einerseits und § 42 Absatz 2 BGB andererseits[5]. Das Ruhen der Insolvenzantragspflicht gilt somit für alle Antragspflichtigen nach § 15a Abs. 1 bis 3 InsO, § 42 Abs. 2 BGB. Wegen der Einbeziehung des § 15a Abs. 3 InsO gilt dies bei Führungslosigkeit der Gesellschaft auch zugunsten der Gesellschafter/Mitglieder des Aufsichtsrats, es sei denn, 4

1 RegE BT-Drucks. 19/24181, S. 144, vgl. Uhlenbruck-*Fritz* § 42 StaRUG Rn. 3 f.
2 MK-StaRUG/*Fritz* § 42 Rn. 6.
3 MK-StaRUG/*Fritz* § 42 Rn. 8.
4 *Thole*, ZIP 2020, 1985, 1991.
5 RegE BT-Drucks. 19/24181, S. 145.

dass deren Antragspflicht mangels Kenntnis von der Insolvenzreife oder Führungslosigkeit ohnehin nicht besteht.

II. Dauer des Ruhens

5 Das Ruhen der Insolvenzantragspflicht ist temporär. Um für Rechtsklarheit zu sorgen, beginnt das Ruhen der Antragspflicht bereits ohne Weiteres **mit der Anzeige** und der dadurch ausgelösten Rechtshängigkeit der Restrukturierungssache (§ 31 Abs. 3).[6] **Die Rechtshängigkeit setzt allerdings eine** formgerechte Anzeige mit den in § 31 Abs. 2 genannten erforderlichen Anlagen, **insbesondere dem Entwurf eines Restrukturierungsplans oder -konzepts (§ 31 Abs. 2 Nr. 1), voraus**[7]. Eine inhaltliche Prüfung, bspw. der Zugangsvoraussetzungen zu dem Restrukturierungsrahmen, erfolgt durch das Restrukturierungsgericht hingegen nicht und ist damit keine Voraussetzung für die Suspendierung der Antragspflicht.[8] **Die Insolvenzantragspflicht wird nach § 42 Abs. 1 Satz 1 nur mit ex-nunc-Wirkung suspendiert**[9]. Das mit der wirksamen Anzeige der Restrukturierungssache angeordnete Ruhen der Insolvenzantragspflicht kann eine bereits erfolgte Insolvenzverschleppung und die sich daran anknüpfende Haftung nicht heilen. **Das Ruhen endet und die Insolvenzantragspflicht lebt gem. § 42 Abs. 4 wieder auf, wenn die Anzeige der Restrukturierungssache gem. § 31 Abs. 4 ihre Wirkung verliert (vgl. dazu Rdn. 23).**

D. Anzeigepflicht bei Eintritt der Insolvenzreife, Abs. 1 Satz 2

6 Als Korrektiv zur ruhenden Antragspflicht normiert § 42 Abs. 1 Satz 2 die sofortige Anzeigepflicht bei Eintritt der Zahlungsunfähigkeit oder Überschuldung gegenüber dem Restrukturierungsgericht. **An die Stelle der Antragspflicht tritt folglich eine bloße Anzeigepflicht.** Die Anzeigepflicht ersetzt aber nur für die Dauer des Ruhens (vgl. Rdn. 5) die Antragspflicht. Daraus folgt jedoch nicht, dass mit der Restrukturierungsanzeige die Pflicht der Unternehmensführung, weiterhin die Finanz- und Liquiditätslage der Schuldnergesellschaft mit besonderer Sorgfalt zu überwachen, qualitativ an Wert einbüßt oder gar in Gänze außer Kraft gesetzt wäre[10]. Die Überwachungspflicht bleibt, was aus den §§ 1, 43 Abs. 1 folgt, als Kardinalpflicht während der gesamten Restrukturierungsphase bestehen. **Der Geschäftsleiter bleibt somit auch nach Anzeige der Restrukturierungssache verpflichtet, die laufende wirtschaftliche Entwicklung zu überwachen, um der Anzeigepflicht nachkommen zu können.**[11] Er hat die krisenbehaftete Situation des Unternehmens kontinuierlich zu prüfen. In der Krise und während der Rechtshängigkeit der Restrukturierungssache sind an den Umfang und die Intensität der Überwachungspflicht sogar höhere Anforderungen zu stellen. Er hat dann zwar keinen Insolvenzantrag zu stellen, muss aber dem Restrukturierungsgericht die Zahlungsunfähigkeit oder Überschuldung ohne schuldhaftes Zögern anzuzeigen. Die Anzeige ermöglicht dem Restrukturierungsgericht die Entscheidung nach § 33 Abs. 2 Nr. 1 zu treffen, ob die Fortführung der Restrukturierungssache noch im Interesse der Gesamtgläubigerschaft liegt, deren Interessen und Rechte mit dem Eintritt der Insolvenzreife unmittelbar gefährdet sind[12].

I. Persönlicher Anwendungsbereich

7 Normadressaten der Anzeigepflicht sind diejenigen, deren Antragspflicht nach § 42 Abs. 1 Satz 1 ruht. Insoweit ist auf die Ausführungen in Rdn. 4 zu verweisen. Eine inhaltlich gleiche Pflicht sieht § 32 Abs. 3 rechtsformneutral für den Schuldner selbst vor. § 32 Abs. 3 meint die Pflicht des Schuldners selbst, § 42 Abs. 1 Satz 2 hingegen die eigentlich Antragspflichtigen nach § 15a Abs. 1 bis 3

---

6 Kritisch *Frind*, ZInsO 2020, 2241, 2243.
7 Uhlenbruck-*Fritz* § 42 StaRUG Rn. 5; *Brünkmans*, ZInsO 2021, 1, 10.
8 MK-StaRUG/*Fritz* § 42 Rn. 11.
9 Uhlenbruck-*Fritz* § 42 StaRUG Rn. 6; *Thole*, ZIP 2020, 1985, 1991; *Brünkmans*, ZInsO 2021, 1, 10.
10 *Fuhrmann/Heinen/Schilz*, NZG, 2021, 684, 690.
11 MK-StaRUG/*Fritz* § 42 Rn. 23; Pannen/Riedemann/Smid-*Riedemann* § 42 Rn. 27.
12 RegE BT-Drucks. 19/24181, S. 145; *Gehrlein*, BB 2021, 66, 75; *Brünkmans*, ZInsO 2021, 1, 9.

InsO, § 42 Abs. 2 BGB[13]. Wenn einer der nach § 32 Abs. 3 oder § 42 Abs. 1 Satz 2 Verpflichteten diese Anzeigepflicht erfüllt hat, bedarf es keiner weiteren Anzeige durch den jeweils anderen Verpflichteten. Die Anzeige des nach § 42 Abs. 1 Satz 2 Verpflichteten wird aber in der Regel für den Schuldner erfolgen, steht somit der Anzeige nach § 32 Abs. 3 gleich. Umgekehrt erfolgt die Anzeige des Schuldner nach § 32 Abs. 3 durch deren organschaftliche Vertreter, die zugleich Normadressat des § 42 Abs. 1 Satz 2 sind.

II. Eintritt der Insolvenzreife

§ 42 Abs. 1 Satz 2 nimmt wegen der Begriffe der Insolvenzgründe »Zahlungsunfähigkeit« und 8
»Überschuldung« Bezug auf deren Legaldefinitionen in § 17 Abs. 2 InsO bzw. § 19 Abs. 2 InsO.

Der **Begriff der Zahlungsunfähigkeit** ist im Insolvenzrecht für den Eröffnungsgrund sowie die 9
Anfechtung **einheitlich zu verstehen**[14]. Soweit die Zahlungsunfähigkeit außerhalb der InsO bedeutsam ist, wird auf die Definition und Rechtsprechung zu § 17 überwiegend zurückgegriffen[15]. Dies gilt ebenso für das StaRUG. Nach der gesetzlichen Definition ist der Schuldner zahlungsunfähig, wenn er nicht in der Lage ist, seine fälligen Zahlungspflichten zu erfüllen. Der BGH hat in seiner **Grundsatzentscheidung die Kriterien zur Feststellung der Zahlungsunfähigkeit für den Geltungsbereich der InsO konkretisiert**[16]. Von Zahlungsunfähigkeit ist danach regelmäßig auszugehen, wenn die **Liquiditätslücke des Schuldners 10 % oder mehr beträgt**, sofern nicht ausnahmsweise mit an Sicherheit grenzender Wahrscheinlichkeit zu erwarten ist, dass die Liquiditätslücke demnächst vollständig oder fast vollständig beseitigt wird und den Gläubigern ein Zuwarten nach den besonderen Umständen des Einzelfalles zuzumuten ist. Beträgt eine innerhalb von drei Wochen nicht zu beseitigende Liquiditätslücke des Schuldners hingegen **weniger als 10 %** seiner fälligen Gesamtverbindlichkeiten, ist grundsätzlich von Zahlungsfähigkeit auszugehen, es sei denn, es ist bereits absehbar, dass die Lücke demnächst mehr als 10 % erreichen wird. In Abgrenzung hiervon ist eine bloße Zahlungsstockung gegeben, wenn der Zeitraum überschritten wird, den eine kreditwürdige Person benötigt, um sich die benötigten Mittel zu leihen. Dafür erscheinen drei Wochen erforderlich, aber auch ausreichend. Wegen der Einzelheiten wird auf die Kommentierungen zu § 17 InsO verwiesen[17].

Im Rahmen des Restrukturierungsvorhabens sind allerdings **Besonderheiten** zu berücksichtigen. 9a
Gem. § 44 Abs. 1 Nr. 2 ist allein die Rechtshängigkeit der Restrukturierungssache oder die Inanspruchnahme des Stabilisierungs- oder Restrukturierungsrahmens kein Grund für die Gläubiger, Forderungen fällig stellen zu können. Eine Fälligstellung eines Darlehens unter Berufung auf die Verschlechterung der wirtschaftlichen Verhältnisse bleibt allerdings zulässig.[18] Im Vorfeld sollte der Schuldner daher mit den maßgeblichen Gläubigern ein Stillhalteabkommen für das geplante Restrukturierungsverfahren erzielen. Ferner ist zu beachten, dass die Stabilisierungsanordnung zwar die Vollstreckung und Verwertung für die Anordnungsdauer aussetzt, die Fälligkeit hingegen nicht hinausgeschoben wird. Die in § 55 enthaltenen Rechtswirkungen führen zu keiner Stundung von Forderungen. Forderungen von Gläubigern, die von einer Stabilisierungsanordnung betroffen sind, sind in der Liquiditätsprüfung zu berücksichtigen.[19]

Überschuldung liegt nach der Legaldefinition des § 19 Abs. 2 Satz 1 InsO vor, wenn das Vermögen 10
des Schuldners die bestehenden Verbindlichkeiten nicht mehr deckt, es sei denn, die Fortführung des Unternehmens in den nächsten zwölf Monaten ist nach den Umständen überwiegend wahrscheinlich. Hierbei handelt es sich um eine **insolvenzrechtliche Überschuldung, die von der bilan-**

---

13 *Thole*, ZIP 2020, 1985, 1991; *Kranzfelder/Ressmann*, ZInsO 2021, 191, 193; *Brünkmans*, ZInsO 2021, 1, 9; Braun-*Haffa/Schuster*, StaRUG, § 42 Rn. 6.

14 BGH, ZInsO 2006, 827 Rn. 6.

15 BGH, ZInsO 2013, 2107 Rn. 13; BGH, ZInsO 2007, 1115.

16 BGH, ZInsO 2005, 807, seitdem st.Rspr.

17 HambKomm-InsR/*Schröder*, § 17 Rn. 5 ff.

18 Flöther-*Goetker*, StaRUG, § 42 Rn. 19; MK-StaRUG/*Fritz* § 42 Rn. 26.

19 Flöther-*Goetker*, StaRUG, § 42 Rn. 19; MK-StaRUG/*Fritz* § 42 Rn. 27.

ziellen Überschuldung der Handelsbilanz (§§ 247 ff. HGB) **zu unterscheiden ist.** Der Überschuldungstatbestand besteht aus zwei gleichwertigen Kriterien. Zur **rechnerischen Überschuldung** kommt das **Fehlen einer positiven Fortbestehensprognose** hinzu. Erst beide Umstände zusammen begründen den Tatbestand der **Überschuldung im Rechtssinne**[20]. Bei der Beurteilung, ob eine Anzeigepflicht besteht, sind daher beide Komponenten zu prüfen. Wegen der Einzelheiten wird auf die Kommentierungen zu § 19 InsO verwiesen[21]. Kann durch die Umsetzung des Restrukturierungsvorhaben eine drohende Zahlungsunfähigkeit abgewendet werden und ist die angezeigte Restrukturierungssache prognostisch überwiegend erfolgreich, kann dies zu einer positiven Fortbestehensprognose führen, wodurch eine anfängliche rechtliche Überschuldung beseitigt werden kann.[22] Folglich steht auch anfänglich überschuldeten Unternehmen der Zugang zum Restrukturierungsverfahren offen (vgl. dazu Rdn. 11). Hängt die Beseitigung der Überschuldung vom Erfolg des Restrukturierungsvorhabens ab, ist die Geschäftsleitung verpflichtet, laufend die Erfolgsaussichten des Restrukturierungsvorhabens zu überwachen. Entfällt die zunächst für wahrscheinlich gehaltene Erfolgsaussicht während der Rechtshängigkeit der Restrukturierungssache, ist unverzüglich die Anzeige nach § 42 Abs. 1 S. 2 zu erheben. In diesem Fall ist die Restrukturierungssache mangels Erfolgsaussicht nach § 33 Abs. 2 Nr. 2 zwingend durch das Restrukturierungsgericht aufzuheben.

11 Der Anwendungsbereich des Restrukturierungsverfahrens stellt sich daher wie folgt dar: Primärer Anwendungsbereich des Restrukturierungsrahmens ist die Phase nur drohender Zahlungsunfähigkeit. Dem Schuldner muss der Eintritt der Zahlungsunfähigkeit innerhalb der nächsten 24 Monate drohen (§ 18 InsO). Ist mit dem Eintritt der Zahlungsunfähigkeit ohne Sanierungsmaßnahmen bereits während der nächsten 12 Monaten überwiegend wahrscheinlich zu rechnen und ist der Schuldner rechnerisch überschuldet, besteht keine Anzeigepflicht wegen rechtlicher Überschuldung, wenn der Eintritt der Zahlungsunfähigkeit aufgrund der in Aussicht genommenen Sanierungsmaßnahmen wahrscheinlich vermieden werden kann[23]. Aus dem Zusammenwirken von § 42 und § 33 Abs. 2 Nr. 2 folgt allerdings auch, dass ein Restrukturierungsvorhaben selbst dann nicht ausgeschlossen ist, wenn bei der Anzeige nach § 31 Abs. 3 Zahlungsunfähigkeit oder Überschuldung bereits vorliegt.[24]

III. Inhalt der Anzeige

12 Die Anzeige hat gegenüber dem zuständigen Restrukturierungsgericht zu erfolgen. Das Gesetz stellt keine inhaltlichen Anforderungen an die Anzeige selbst. Da die Anzeige die Entscheidungsgrundlage für das Restrukturierungsgericht bilden soll, ob die Restrukturierungssache nach § 33 Abs. 2 Nr. 1 aufzuheben ist oder ein Umstand für eine ausnahmsweise Fortsetzung spricht[25], **sind in der Anzeige die Insolvenzgründe darzulegen und auch glaubhaft zu machen.** Darüber hinaus sind etwaige Angaben in der Anzeige erforderlich, die es dem Restrukturierungsgericht ermöglichen, die Entscheidung über Aufhebung oder Fortsetzung treffen zu können.[26] Namentlich sind Umstände nach § 33 Abs. 2 Nr. 1 darzulegen. § 42 Abs. 1 Satz 2 enthält zudem keine Regelung darüber, ob die Angaben in der Anzeige vollständig und richtig sein müssen. Eine unrichtige oder unvollständige Anzeige kann jedoch keine Entscheidungsgrundlage für das Restrukturierungsgericht sein, weshalb die Anzeige insoweit vollständig und richtig zu sein hat, als es für die Entscheidung des Restrukturierungsgerichts nach § 33 Abs. 2 Nr. 1 wesentlich ist. Der Inhalt der Anzeige geht somit über die Anforderungen eines Eigenantrags nach § 13 InsO hinaus. Erhöhte Anforderungen sind

20 K. Schmidt-*K. Schmidt-Herchen*, InsO, § 19 Rn. 13.
21 HambKomm-InsR/*Schröder*, § 19 Rn. 16 ff.
22 *Thole*, ZIP 2020, 1985, 1992; MK-StaRUG/*Fritz* § 42 Rn. 29.
23 *Thole*, ZIP 2020, 1985, 1992; *Brinkmann*, ZIP 2020, 2361, 2362.
24 Vgl. Rdn. 15.
25 RegE BT-Drucks. 19/24181, S. 145; *Gehrlein*, BB 2021, 66, 75; *Brünkmans*, ZInsO 2021, 1, 9.
26 MK-StaRUG/*Fritz* § 42 Rn. 32.

aus Gründen des Rechtsschutzes bei § 13 InsO nicht erforderlich, da der Schuldner eigenverantwortlich handelt und davon auszugehen ist, dass er sich über die Bedeutung und Auswirkung seines Insolvenzantrags im Klaren ist[27]. Zielrichtung der Anzeigepflicht des § 42 Abs. 1 Satz 2 ist hingegen, das Interesse der Gläubiger zu schützen und dem Restrukturierungsgericht die Grundlage für eine Entscheidung über die Aufhebung und Fortsetzung der Restrukturierungssache zu liefern.

IV. Zeitpunkt der Anzeige

Nach dem Wortlaut des Abs. 1 Satz 2 muss die Anzeige »ohne schuldhaftes Zögern« erfolgen. In der korrespondierenden Vorschrift des § 32 Abs. 3 zur Anzeigepflicht des Schuldners heißt es hingegen, dass der Eintritt der Insolvenzreife »unverzüglich« anzuzeigen ist. Aus der unterschiedlichen Wortwahl lässt sich nicht ableiten, dass der Zeitpunkt der Anzeigepflicht für Schuldner oder deren Organe inhaltlich differenziert. Nach der Legaldefinition des § 121 Abs. 1 Satz 1 BGB ist unverzüglich ohne schuldhaftes Zögern[28]. **Der Eintritt der Zahlungsunfähigkeit oder Überschuldung muss somit sofort, d.h. ohne Ausschöpfung der 3- oder 6-Wochen-Frist des § 15a Abs. 1 InsO, angezeigt werden**[29]. Dies ergibt sich auch aus dem Zweck der Vorschrift, dem Restrukturierungsgericht die Entscheidungsgrundlage für eine Aufhebung oder Fortsetzung nach § 33 Abs. 2 Nr. 1 darzulegen. Eine erweiterte Handlungsfrist für die Anzeigeverpflichteten entsprechend § 15a Abs. 1 InsO würde die Befugnisse des Restrukturierungsgerichts zur Aufhebung der Restrukturierungssache zulasten der Gläubiger beeinträchtigen.[30] 13

V. Folgen der Anzeige

Die Anzeige selbst hat zieht **keine unmittelbare Rechtsfolge** nach sich, berührt die Rechtshängigkeit der Restrukturierungssache nicht. Anders als die Anzeigepflicht zwingt die Anzeigepflicht den Schuldner nicht in ein Insolvenzverfahren[31]. Die bloße Anzeige beeinträchtigt nicht den auf Vermeidung eines Insolvenzverfahrens gerichteten Zweck des präventiven Rahmens. **Die Anzeige führt aber zu einer Entscheidung des Restrukturierungsgerichts darüber, ob die Restrukturierungssache aufzuheben ist oder ausnahmsweise Gründe für die Fortsetzung sprechen (§ 33 Abs. 2 Nr. 1).** Das Restrukturierungsgericht darf danach von der Aufhebung absehen, wenn die Eröffnung des Insolvenzverfahrens mit Blick auf den erreichten Stand in der Restrukturierungssache offensichtlich nicht im Interesse der Gesamtheit der Gläubiger liegen würde (§ 33 Abs. 2 Nr. 1 Alt. 1) oder die Zahlungsunfähigkeit oder Überschuldung aus der Kündigung oder sonstigen Fälligstellung einer Forderung resultiert, die nach dem angezeigten Restrukturierungskonzept einer Gestaltung durch den Restrukturierungsplan unterworfen werden soll, sofern die Erreichung des Restrukturierungsziels überwiegend wahrscheinlich ist (§ 33 Abs. 2 Nr. 1 Alt. 2). Anderenfalls wird das Restrukturierungsgericht die Restrukturierungssache aufheben, mit der Folge, dass die Insolvenzantragspflicht nach § 42 Abs. 4 wieder auflebt. Die Geschäftsleitung ist nach der Aufhebung der Restrukturierungssache verpflichtet, unverzüglich einen Insolvenzantrag zu stellen.[32] Insolvenzreifen Unternehmen stehen die Instrumente des StaRUG grundsätzlich nicht zur Verfügung[33]. Der Stabilisierungs- und Restrukturierungsrahmen soll vielmehr Unternehmen, die sich bereits im Stadium drohender Zahlungsunfähigkeit ihrer wirtschaftlichen Probleme annehmen, eine Sanierungschance bieten. Ist das Unternehmen hingegen insolvenzreif, sind die Interessen der Gläubiger meist in der Weise gefährdet, die eine solche Chance nicht zulässt[34]. Daher wird die Aufhebung der Restrukturierungssache die Regel, die Fortsetzung die Ausnahme sein. 14

27 HambKomm-InsR/*Linker*, § 13 Rn. 21.
28 A.A. *Köllner*, NZI-Beilage 2021, 71, 72 abstellend auf § 142 StGB »ohne jedes vorwerfbare Zögern«.
29 *Pluta*, NZI-Beilage 2021, 22, 24: Unverzüglichkeit ist jedenfalls enger als bei § 15a InsO zu verstehen.
30 MK-StaRUG/*Fritz* § 42 Rn. 36.
31 RegE BT-Drucks. 19/24181, S. 145.
32 S. Rdn. 23; MK-StaRUG/*Fritz* § 42 Rn. 46.
33 RegE BT-Drucks. 19/24181, S. 137.
34 *Kranzfelder/Ressmann*, ZInsO 2021, 191, 193.

VI. Anfängliche Zahlungsunfähigkeit oder Überschuldung

15 Nach dem Wortlaut »während der Rechtshängigkeit« und der Systematik folgend besteht die Anzeigepflicht erst bei einer nach Rechtshängigkeit der Restrukturierungssache eintretenden Zahlungsunfähigkeit oder Überschuldung. **Nach dem Sinn und Zweck der Regelung muss die Anzeigepflicht aber erst recht gelten, wenn der Schuldner schon bei der die Rechtshängigkeit begründenden Anzeige der Restrukturierungssache insolvenzreif ist**[35]. Da § 31 Abs. 3 lediglich auf die Anzeige abstellt und keine gerichtliche Zulässigkeitsentscheidung erfordert, ist die Restrukturierungssache auch bei anfänglicher Zahlungsunfähigkeit oder Überschuldung rechtshängig[36]. Sodann greift die Suspendierung des § 42 Abs. 1. Die Geschäftsleitung ist nach § 42 Abs. 1 S. 2 verpflichtet, unverzüglich die Insolvenzreife anzuzeigen. Die Anzeige der Insolvenzreife nach § 42 Abs. S. 1 ist daher im Fall anfänglicher Zahlungsunfähigkeit oder Überschuldung mit der Anzeige der Restrukturierungssache gem. § 31 Abs. 3 zu verbinden.[37] Das Restrukturierungsgericht wird dann aber die Restrukturierungssache nach § 33 Abs. 2 Nr. 1 in der Regel zeitnah aufheben, es sei denn, einer der Ausnahmetatbestände ist erfüllt (s. Rdn. 14).

E. Fakultativer Insolvenzantrag, Abs. 2

16 Die eigentlich Antragspflichtigen bleiben während der Rechtshängigkeit der Restrukturierungssache berechtigt, aber nicht verpflichtet, einen Insolvenzantrag zu stellen[38]. **Wegen des Ruhens der Antragspflicht nach § 42 Abs. 1 Satz 1 handelt es sich um einen fakultativen Insolvenzantrag.**

I. Antragsberechtigung

17 Der Anzeigepflicht nach § 42 Abs. 1 Satz 2 kann ein Geschäftsleiter auch dadurch nachkommen, dass er einen den Insolvenzantrag stellt[39]. Die temporäre Suspendierung der Antragspflicht nach § 42 Abs. 1 Satz 1 hat allein den Zweck, den Schuldner vor dem Zwang eines Insolvenzantrags zu bewahren, ihm vielmehr den Fortgang der Restrukturierungssache zu ermöglichen, sofern diese erfolgversprechend ist. **Stellt der Schuldner einen Insolvenzantrag, wozu er nicht verpflichtet ist, stellt § 42 Abs. 2 klar, dass hiermit zugleich die Anzeigepflicht nach § 42 Abs. 1 Satz 2 erfüllt wird.** Der Insolvenzantrag muss den **Anforderungen des § 13a InsO genügen**[40]. Wird ein fakultativer Insolvenzantrag gestellt, hat das Restrukturierungsgericht die Restrukturierungssache nach § 33 Abs. 1 Nr. 1 mit der Folge aufzuheben, dass in das Insolvenzeröffnungsverfahren gewechselt wird[41].

II. Zustimmungserfordernis im Innenverhältnis

18 Nach überwiegender Ansicht wird wie bei der Beantragung eines Insolvenzverfahrens im Stadium bloß drohender Zahlungsunfähigkeit auch für die Anzeige der Restrukturierungssache angenommen, dass die organschaftlichen Vertreter im Innenverhältnis die Zustimmung der Aufsichtsorgane einzuholen haben[42]. Ohne zustimmenden Gesellschafterbeschluss verletzt der Geschäftsführer einer GmbH mit einem eigenmächtigen Antrag nach § 18 InsO seine Geschäftsführerpflichten und kann sich schadenersatzpflichtig machen[43]. Bei der AG ist streitig, ob es der Zustimmung die Hauptver-

---

35 *Brünkmans*, ZInsO 2021, 1, 9; *Thole*, ZIP 2020, 1985, 1991.

36 *Thole*, ZIP 2020, 1985, 1993; Uhlenbruck-*Fritz* § 42 StaRUG Rn. 12; *Brünkmans*, ZInsO 2021, 1, 9.

37 *Thole*, ZIP 2020, 1985, 1991; Braun-*Haffa/Schuster* § 42 Rn. 7; Uhlenbruck-*Fritz* § 42 StaRUG Rn. 12.

38 *Fuhrmann/Heinen/Schilz*, NZG, 2021, 684, 691.

39 RegE BT-Drucks. 19/24181, S. 145.

40 RegE BT-Drucks. 19/24181, S. 145.

41 MK-StaRUG/*Fritz* § 42 Rn. 38; *Fuhrmann/Heinen/Schilz*, NZG, 2021, 684, 691; *Pluta*, NZI-Beil. 2021, 22, 24; *Vallender*, MDR 2021, 201, 205.

42 *Fuhrmann/Heinen/Schilz*, NZG, 2021, 684, 688 ff.; differenzierend *Brünkmans*, ZInsO 2021, 125, 127.

43 OLG München, NZI 2013, 542; HambKomm-InsR/*Schröder*, § 18 Rn. 17; K. Schmidt-*K. Schmidt*, InsO, § 18 Rn. 31.

sammlung[44] oder des Aufsichtsrats[45] bedarf. Dieses Zustimmungserfordernis wird auf die Anzeige der Restrukturierungssache nach § 31 übertragen[46]. Liegt ein die organschaftlichen Vertreter bindender Beschluss für die Anzeige der Restrukturierungssache vor, wird die Bindungskraft und -Reichweite durch den Beschlussinhalt geprägt. **Die Zustimmung zur Durchführung eines Restrukturierungsverfahrens ist eine Entscheidung für den präventiven Regelungsrahmen des StaRUG und gegen ein Insolvenzverfahren mit der Möglichkeit eines Insolvenzplans.** Auch wenn die Instrumentarien der Restrukturierung Ähnlichkeit mit den Maßnahmen des Insolvenzplans aufweisen, sind diese keineswegs identisch. Da nur die Anzeige des Eintritts der Insolvenzreife pflichtig ist, die Stellung des Insolvenzantrags aber nicht, ist die **organschaftliche Vertretung im Innenverhältnis gehindert, ohne Einholung einer erneuten Zustimmung einen fakultativen Insolvenzantrag nach § 42 Abs. 2 zu stellen**[47]. Der fakultative Insolvenzantrag würde wegen der zwingenden Aufhebung der Restrukturierungssache gem. § 33 Abs. 1 Nr. 1 zum Wechsel in das Insolvenzverfahren führen, was eine Abkehr von dem Beschlusswillen der Aufsichtsorgane, die Maßnahmen im laufenden Restrukturierungsprozess in Gang zu setzen, bedeuten würde. **Ein gegen dieses interne Zustimmungserfordernis gestellter fakultativer Insolvenzantrag ist im Außenverhältnis gleichwohl wirksam und bindend.**[48] Will die Unternehmensführung einer erneuten Beschlussfassung der Aufsichtsorgane entgehen, sollte sie es bei der Anzeige nach § 42 Abs. 1 Satz 2 belassen und die Entscheidung über die Aufhebung der Restrukturierungssache dem Restrukturierungsgericht nach § 33 Abs. 2 Nr. 1 überlassen.

F. Haftung

I. Haftung bei Verletzung der Anzeigepflicht

Bei der Anzeigepflicht handelt es sich um ein **Schutzgesetz nach § 823 Abs. 2 BGB**[49]. Bei Verstoß 19
gegen die unverzügliche Anzeigepflicht des § 42 Abs. 1 Satz 2 greift eine **Außenhaftung zugunsten der geschädigten Gläubiger**. Im Rahmen der »Anzeigeverschleppungshaftung« sind auf der Ebene der haftungsausfüllenden Kausalität die Quotenschäden der Gläubiger wie bei der Insolvenzverschleppung nach § 823 Abs. 2 BGB i.V.m. § 15a InsO zu ersetzen. Diese Haftung besteht einerseits gegenüber Neugläubigern, die erst nach Eintritt der Insolvenzreife ihren Anspruch erlangt haben, andererseits gegenüber Altgläubigern, deren Ansprüche schon vor der Insolvenzreife begründet waren. Für **Altgläubiger** wird indessen schwierig sein, einen Quotenschaden nachzuweisen. Die Pflichtverletzung (verschleppte Anzeige nach § 42 Abs. 1 Satz 2) ist für den Schadenseintritt nur kausal, wenn das Restrukturierungsgericht bei pflichtgemäßem Verhalten die Restrukturierungssache nach § 33 Abs. 2 Nr. 1 aufgehoben hätte. Der Altgläubiger hat somit auch nachzuweisen, dass das Restrukturierungsgericht gegen eine Fortsetzung und für eine Aufhebung der Restrukturierungssache entschieden hätte[50]. Kommt es später zu einer Eröffnung des Insolvenzverfahrens, ist wie bei der Insolvenzverschleppungshaftung der Insolvenzverwalter zur Geltendmachung der Quotenschäden der Altgläubiger nach § 92 InsO ermächtigt[51]. Neugläubiger haben, wie bei § 823 Abs. 2 i.V.m. § 15a InsO Anspruch auf den vollen Vertrauensschaden (negatives Interesse). Dieser Individual-

---

44 So *Schäfer*, ZIP 2020, 1950, 1951 ff.; *Brinkmann*, ZIP 2014, 197, 205; *Wertenbach*, DB 2013, 1592, 1594.

45 So K. Schmidt-*K. Schmidt*, InsO, § 18 Rn. 31.

46 Dazu ausführlich *Fuhrmann/Heinen/Schilz*, NZG 2021, 684, 690 ff.

47 MK-StaRUG/*Fritz* § 42 Rn. 41; *Fuhrmann/Heinen/Schilz*, NZG 2021, 684, 691.

48 MK-StaRUG/*Fritz* § 42 Rn. 40.

49 *Gehrlein*, BB 2021, 66, 75; *Thole*, ZIP 2020, 1985, 1991; *Brinkmann*, ZIP 2020, 2361, 2368; *Kranzfelder/Ressmann*, ZInsO 2021, 191, 193.

50 MK-StaRUG/*Fritz* § 42 Rn. 57; *Kranzfelder/Ressmann*, ZInsO 2021, 191, 194.

51 Uhlenbruck-*Fritz* § 42 StaRUG Rn. 25; Flöther-*Goetker*, StaRUG, § 42 Rn. 40; BGHZ 126, 181 zur Insolvenzverschleppungshaftung.

schaden kann von den Neugläubigern im Rahmen der Insolvenzverschleppungshaftung selbst verfolgt werden. Dies dürfte auf die Anzeigeverschleppungshaftung zu übertragen sein.[52]

II. Haftung gem. § 15b InsO

20 Das Ruhen der Antragspflicht hat **keine Auswirkung auf die Haftung nach § 15b InsO**[53]. Gem. § 15b Abs. 1 InsO dürfen die Antragspflichtigen nach dem Eintritt der Zahlungsunfähigkeit oder Überschuldung keine Zahlungen mehr aus dem Vermögen des Schuldners vornehmen, sofern diese Zahlungen nicht mit der Sorgfalt eines ordentlichen und gewissenshaften Geschäftsleiters vereinbar sind. Das Ruhen der Antragspflicht ändert daran nichts. Allerdings greift zugunsten der Geschäftsleiter die Erleichterung des **§ 89 Abs. 3**. Ab dem Zeitpunkt der Anzeige nach § 42 Abs. 1 Satz 2 bis zur Aufhebung der Restrukturierungssache gilt jede Zahlung im Rahmen des ordnungsgemäßen Geschäftsgangs als grundsätzlich mit der Sorgfalt eines ordentlichen Geschäftsleiters vereinbar. **Daher sind insbesondere solche Zahlungen nicht haftungsbewehrt, die für die Fortsetzung der gewöhnlichen Geschäftstätigkeit und die Vorbereitung bzw. Umsetzung des Restrukturierungsvorhabens erforderlich sind**[54]. Der Gesetzgeber hat durch die Verwendung des Begriffes »insbesondere« zum Ausdruck gebracht, dass es sich dabei um Regelbeispiele handelt, sodass auch weitere Zahlungen als im ordnungsgemäßen Geschäftsgange erfolgt gelten können.[55] Durch die Haftungserleichterung des § 89 Abs. 3 wird sichergestellt, dass bis zur Entscheidung des Restrukturierungsgerichts die Sanierungschancen nicht durch ein Zahlungsverbot für die Geschäftsleiter zunichte gemacht werden. Diese Haftungserleichterung ist insbesondere dann relevant, wenn das Restrukturierungsgericht nach der Anzeige der Insolvenzreife nicht von der Möglichkeit Gebrauch macht, die Restrukturierungssache aufzuheben. Die Geschäftsleiter können dann trotz eingetretener Zahlungsunfähigkeit oder Überschuldung die zur Fortsetzung des Restrukturierungsverfahrens erforderlichen Zahlungen leisten und müssen keine Haftungsinanspruchnahme fürchten. Allerdings ist die Einschränkung des § 89 Abs. 3 Satz 2 zu beachten. Danach sind Zahlungen ausnahmsweise nicht mit der Sorgfalt eines ordentlichen Geschäftsleiters vereinbar, wenn diese bis zu der absehbar zu erwartenden Entscheidung des Restrukturierungsgerichtes im Sinne des § 33 Abs. 2 Nr. 1 zurückgehalten werden können, ohne dass damit Nachteile für eine Fortsetzung des Restrukturierungsrahmens verbunden sind.

G. Strafbarkeit, Abs. 3

21 Die Bestimmungen über die Strafbarkeit folgen dem Regelungsbild des § 15a Abs. 4 InsO[56]. **Anders als bei § 15a gelten für § 42 Abs. 1 Satz 1 die Schonfristen von drei bzw. sechs Wochen nicht, da die Anzeige der Insolvenzreife ohne schuldhaftes Zögern zu erfolgen hat** (vgl. Rdn. 13). Zielrichtung der Strafandrohung ist, bei unterlassenen oder verspäteten Anzeigen des Eintritts der Insolvenzreife eine Verzögerung der Entscheidung über die Aufhebung der Restrukturierungssache gem. § 33 Abs. 2 Nr. 1 zu vermeiden. Eine solche Verzögerung infolge verspäteter oder unterlassener Anzeige würde die Gläubigerinteressen gefährden. Anders als Im Rahmen des § 15a InsO, wonach auch ein unrichtiger oder unvollständiger Insolvenzantrag strafbewehrt ist, dürfte dies für § 42 Abs. 3 nicht gelten.[57] Obwohl für die Anzeige nach dem Sinn und Zweck inhaltliche Anforderungen anzunehmen sind,[58] enthält der Wortlaut des Gesetzes hierzu nichts.

22 Nach § 42 Abs. 3 Satz 1 wird der Antragspflichtige mit Freiheitsstrafe bis zu drei Jahren oder mit Geldstrafe bestraft, wenn er den Eintritt der Zahlungsunfähigkeit oder Überschuldung entgegen

52 Ebenso MK-StaRUG/*Fritz* § 42 Rn. 57.

53 Flöther-*Goetker*, StaRUG, § 42 Rn. 39; *Kranzfelder/Ressmann*, ZInsO 2021, 191, 194; *Brinkmann*, ZIP 2020, 2361; 2368; *Weber/Dömmecke*, NZI-Beilage 2021, 27, 29.

54 *Brinkmann*, ZIP 2020, 2361, 2368.

55 MK-StaRUG/*Fritz* § 42 Rn. 59.

56 RegE BT-Drucks. 19/24181, S. 145; *Pluta*, NZI-Beilage 2021, 22, 24.

57 MK-StaRUG/*Fritz* § 42 Rn. 49.

58 Vgl. Rdn. 12.

§ 42 Abs. 1 Satz 2 nicht oder nicht rechtzeitig anzeigt. Handelt der Antragspflichtige fahrlässig, ermäßigt sich die Strafandrohung gem. § 42 Abs. 3 Satz 2 auf eine Freiheitsstrafe von bis zu einem Jahr oder Geldstrafe. § 42 Abs. 3 Satz 3 nimmt die bei Vereinen oder Stiftungen Antragspflichtigen (§ 42 Abs. 2 BGB) von der Strafandrohung aus.

H. Wiederaufleben der Antragspflicht, Abs. 4

Die Insolvenzantragspflicht ist nur während der Rechtshängigkeit der Restrukturierungssache gem. 23 § 42 Abs 1 S. 1 suspendiert. Die Anzeige nach § 42 Abs. 1 S. 2 führt nicht gleichzeitig zur Erfüllung der Insolvenzantragspflicht, da die Anzeige nach § 42 Abs. 1 S 2 und die Insolvenzantragspflicht des § 15a InsO ein aliud sind.[59] § 42 Abs. 4 normiert daher klarstellend, dass die Insolvenzantragspflicht wieder auflebt, wenn die Anzeige der Restrukturierungssache gem. § 31 Abs. 4 ihre Wirkung verliert. Das ist der Fall, wenn der Schuldner die Anzeige zurücknimmt (§ 31 Abs. 4 Nr. 1), die Entscheidung über die Planbestätigung rechtskräftig wird (§ 31 Abs. 4 Nr. 2), das Restrukturierungsgericht die Restrukturierungssache nach § 33 aufhebt (§ 31 Abs. 4 Nr. 3) oder seit der Anzeige des Restrukturierungsvorhabens sechs Monate oder, sofern der Schuldner die Anzeige zuvor erneut hat, zwölf Monate vergangen sind (§ 31 Abs. 4 Nr. 4). In diesem Fall ist der Insolvenzantrag bei Vorliegen der Insolvenzreife **unverzüglich zu stellen und nicht erst unter Ausnutzung der 3- bzw. 6-Wochen-Frist des § 15a Abs. 1 InsO**[60]. Im Fall der Rücknahme der Anzeige der Restrukturierungssache gem. § 31 Abs. 4 Nr. 1 lebt die Insolvenzantragspflicht mit Zugang der Rücknahmeerklärung beim Restrukturierungsgericht wieder auf.[61] Bei § 31 Abs. 4 Nr. 2 ist der Zeitpunkt der Rechtskraft der Planbestätigung maßgebend.[62] Wird die Restrukturierungssache gem. § 33 aufgehoben, lebt mit der Aufhebungsentscheidung die Insolvenzantragspflicht wieder auf. Auf die Rechtskraft der Aufhebungsentscheidung kommt es nach dem Wortlaut nicht an. Zwar kann der Schuldner gegen die die Aufhebungsentscheidung sofortige Beschwerde einlegen (§ 33 Abs. 4), er bleibt aber unabhängig von seinem Beschwerderecht zur sofortigen Stellung des Insolvenzantrags verpflichtet.[63] Die sofortige Beschwerde wird damit obsolet, da die Restrukturierungssache mit der Insolvenzantragstellung endgültig gescheitert ist. Die Insolvenzantragstellung ist zwingender Aufhebungsgrund nach § 33 Abs. 1.

§ 43 Pflichten und Haftung der Organe

(1) [1]Handelt es sich bei dem Schuldner um eine juristische Person oder um eine rechtsfähige Personengesellschaft im Sinne des § 15a Absatz 1 Satz 3, Absatz 2 der Insolvenzordnung, wirken dessen Geschäftsleiter darauf hin, dass der Schuldner die Restrukturierungssache mit der Sorgfalt eines ordentlichen und gewissenhaften Geschäftsleiters betreibt und die Interessen der Gesamtheit der Gläubiger wahrt. [2]Für die Verletzung dieser Pflicht haften sie dem Schuldner in Höhe des den Gläubigern entstandenen Schadens, es sei denn sie haben die Pflichtverletzung nicht zu vertreten.

(2) [1]Ein Verzicht des Schuldners auf Ansprüche nach Absatz 1 Satz 2 oder ein Vergleich über diese Ansprüche ist unwirksam, soweit der Ersatz zur Befriedigung der Gläubiger erforderlich ist. [2]Dies gilt nicht, wenn sich der Ersatzpflichtige zur Abwendung eines Insolvenzverfahrens über sein Vermögen mit seinen Gläubigern vergleicht, wenn die Ersatzpflicht in einem Insolvenzplan geregelt wird oder wenn für den Ersatzberechtigten ein Insolvenzverwalter handelt.

(3) Ansprüche nach Absatz 1 Satz 2 verjähren in fünf Jahren. Ist der Schuldner zum Zeitpunkt der Pflichtverletzung eine börsennotierte Gesellschaft, verjähren die Ansprüche in zehn Jahren.

59 MK-StaRUG/*Fritz* § 42 Rn. 38f.
60 *Thole*, ZIP 2020, 1985, 1991; *Brünkmans*, ZInsO, 2021, 1, 14.
61 MK-StaRUG/*Fritz* § 42 Rn. 61.
62 MK-StaRUG/*Fritz* § 42 Rn. 62.
63 BeckOK-StaRUG/*Mock* § 42 Rn. 26; Uhlenbruck-*Fritz* § 42 StaRUG Rn. 29.

Übersicht

A. Entstehungsgeschichte

1 Die Haftungsvorschrift für die Geschäftsleiter ist während des Gesetzgebungsverfahren gravierend geändert worden. Nach dem Regierungsentwurf vom 09.11.2020 sollte **der Geschäftsleiter mit Eintritt der drohenden Zahlungsunfähigkeit primär die Interessen der Gläubigergesamtheit wahren (§ 2 Abs. 1 RegE)**. Weisungen der Überwachungsorgane, insbesondere der Gesellschafterversammlung bei einer GmbH, sollten nach § 2 Abs. 2 RegE für den Geschäftsleiter unbeachtlich sein, soweit diese der Wahrung der Gläubigerinteressen entgegenstehen würden. Dieser als »**shift of fiduciary duties**« bezeichnete Wechsel der von den Geschäftsleitern zu wahrenden Interessen sollte unabhängig von der Anzeige der Restrukturierungssache vorverlagert auf den Zeitpunkt des Eintritts drohender Zahlungsunfähigkeit erfolgen. Die Pflicht zur Berücksichtigung von Gläubigerinteressen wäre kein gesetzliches Novum. Schutzzweck des § 15b InsO sowie dessen Vorläufer § 64 GmbHG, § 93 AktG sind ab Eintritt der Insolvenzreife die Gläubigerinteressen. Neu wäre lediglich die Vorverlagerung auf den Eintritt der drohenden Zahlungsunfähigkeit gewesen. Bei schuldhaftem Verstoß gegen die Pflicht zur Wahrung der Gläubigergesamtinteressen hatte **§ 3 RegE** eine Haftung des Geschäftsleiters gegenüber der Gesellschaft (**Innenhaftung**) angeordnet. Korrespondierend dazu hatte § 45 RegE eine Außenhaftung vorgesehen. Diese Außenhaftung des § 45 RegE stellte auf schuldhafte Pflichtverletzungen beginnend mit der Rechtshängigkeit der Restrukturierungssache ab, während die Geschäftsleiterpflichten aus § 2 RegE und die darauf basierende Innenhaftung aus § 3 RegE an den Zeitpunkt des Eintritts der drohenden Zahlungsunfähigkeit losgelöst von der Rechtshängigkeit der Restrukturierungssache angeknüpft haben. Mit der Anzeige des Restrukturierungsvorhabens bringt der Schuldner zum Ausdruck, dass er drohend zahlungsunfähig ist und zur Bewältigung dieser drohenden Zahlungsunfähigkeit die Instrumente des präventiven Restrukturierungsrahmens in Anspruch nehmen möchte[1]. Da diese ihrerseits auf Eingriffe in die Rechtspositionen

1 RegE BT-Drucks. 19/24181, S. 146.

insbesondere der Gläubiger ausgerichtet sind, liegt eine konkrete Gefährdung der Gläubiger vor, zu der eine erhöhte Verpflichtung zur Wahrung der Interessen der Gläubigerschaft korrespondiert. Dies war ursprünglich Anlass, zusätzlich **§ 45 RegE als Außenhaftung** vorzusehen. Anders als im Fall des § 2 Abs. 1 RegE, wonach die Verletzung der Pflichten zur Wahrung der Interessen der Gläubiger eine Innenhaftung gegenüber der Schuldnerin zur Folge gehabt hätte (§ 3 Abs. 1 RegE), sollte mit § 45 RegE eine Außenhaftung gegenüber den Gläubigern bestehen. Diese Außenhaftung war dem Haftungsmodell des § 60 InsO angeglichen[2]. Jeder Gläubiger hätte danach den bei ihm selbst aus einer während der Rechtshängigkeit der Restrukturierungssache begangenen schuldhaften Verpflichtung entstandenen Schaden unmittelbar gegen die Geschäftsleiter geltend machen und Zahlungen an sich selbst verlangen können.

Dieses Haftungsmodell des Regierungsentwurfes war **erheblicher Kritik ausgesetzt.**[3] Die Grenzziehung zwischen Gesellschafter- und Gläubigerinteressen wäre unklar, was zu unkalkulierbaren Haftungsrisiken geführt hätte[4]. Die Fokussierung auf die Interessen der Gläubigergesamtheit, so wie in § 2 Abs. 2 RegE vorgesehen, hätte für den Geschäftsleiter nicht selten zu einer **komplexen und konfliktreichen Gemengelage** geführt.[5] Die rechtstechnische Ausgestaltung als Innenhaftung (§ 3 RegE), zumal ohne Abstimmung mit den verbandsrechtlichen Innenhaftungstatbeständen, hätte in der Praxis zahlreiche Fragen aufgeworfen[6]. Bei einer Entscheidung für eine Restrukturierung im Gläubigerinteresse, aber gegen den Willen der Gesellschafter, wäre der Geschäftsleiter dem Risiko seiner Abberufung ausgesetzt. Er könnte deshalb geneigt sein, von einer Restrukturierung abzusehen, um einer Abberufung zu entgehen. In diesem Zusammenhang wäre zudem fraglich, ob auch die Personalkompetenz zur Abberufung durch § 2 Abs. 2 RegE tangiert worden wäre[7]. Ferner wurden verfassungsrechtliche Bedenken an den Einschränkungen der Gesellschafterinteressen geäußert[8]. Die Gesellschafter hätten temporär einen Teil ihrer Mitgliedschaftsrechte verloren. Opponierende Gläubiger hätten die Außenhaftung nutzen können, um Geschäftsleitern zu drohen, diese mit jahrelangen und existenzbedrohenden Haftungsprozessen zu überziehen, um Einfluss auf eine begünstigende Restrukturierungsmaßnahme zu nehmen. Ferner könnten Investoren, die zugleich Gläubiger sind, ihren Kaufangeboten Nachdruck verleihen, indem sie damit drohen, für den Fall der Ablehnung Druck auf die Geschäftsleiter auszuüben, sodass diese zur Vermeidung der eigenen Haftung gezwungen sein könnten, ein Restrukturierungsverfahren einzuleiten[9]. Der in § 2 Abs. 2 RegE vorgesehene shift of fiduciary duties hätte die Geschäftsleitungen zudem vor große praktische Herausforderungen gestellt, da die daraus resultierenden konkreten Handlungs- und Unterlassungspflichten unklar geblieben sind[10]. Die ausdrückliche Pflichtenbindung der Geschäftsleiter an die Gläubigerinteressen hätte diese vor die Herausforderung gestellt, schon vor Eintritt einer Insolvenzantragspflicht Sanierungsmaßnahmen ggf. auch gegen den Widerstand der Gesellschafter zu analysieren, gegeneinander abzuwägen und umzusetzen[11]. 2

Diese während des Gesetzgebungsverfahrens geäußerte **Kritik war Anlass, das im Regierungsentwurf vorgesehene Haftungsmodell vollständig zu ändern**[12]. Das aus dem US-amerikanischen Recht bekannte Pflichten-Haftungsmodell eines »shift of fiduciary duties« wurde in das verabschiedete Gesetz nicht übernommen. **Die §§ 2, 3 RegE wurden inhaltlich ersatzlos gestrichen. Hierdurch** 3

2 RegE BT-Drucks. 19/24181, S. 146.
3 VID, Stellungnahme v. 02.10.2020, S. 5 f.; BDU, Stellungnahme v. 02.10.2020 S. 2; *Kuntz*, ZIP 2020, 2423.
4 *Eckert/Holze/Ippen*, NZI 2021, 153, 154.
5 MK-StaRUG/*J. Schmidt* § 1 Rn. 5; *Korch*, NZG 2020, 1299, 1301; *Kuntz*, ZIP 2020, 2423.
6 *Scholz*, ZIP 2021, 219, 220; *Kuntz*, ZIP 2020, 2423.
7 *Eckert/Holze/Ippen*, NZI 2021, 153, 156.
8 MK-StaRUG/*J. Schmidt* § 1 Rn. 5; *Eckert/Holze/Ippen*, NZI 2021, 153, 154.
9 *Brinkmann*, ZIP 2020, 2361, 2369.
10 *Eckert/Holze/Ippen*, NZI 2021, 153.
11 *Brünkmans*, ZInsO 2021, 1, 5.
12 Beschlussempfehlung des 6. Ausschusses für Recht und Verbraucherschutz zum RegE SanInsFoG, BT-Drucks. 19/25303, S. 15 f.

wurde der Außenhaftung des § 45 RegE der Boden entzogen. Folglich ist die Außenhaftung gegenüber den Gläubigern nach Anzeige der Restrukturierungssache (§ 45 RegE) zugunsten der nunmehr geltenden Innenhaftung (§ 43 Abs. 1) fallen gelassen worden. Der Bericht des 6. Ausschusses für Recht und Verbraucherschutz führt als Begründung aus[13]:

4 *»Die Streichung erfolgt in dem Verständnis, dass sie keine Haftungslücken hinterlässt. Zwar werden die an die Überschuldung knüpfenden Haftungs- und Sanktionsnormen künftig an Gewicht verlieren, da der Anwendungsbereich des Überschuldungstatbestands infolge der Verkürzung des relevanten Prognosezeitraums auf zwölf Monate nicht unerheblich eingeschränkt wird. Der Ausschuss geht aber davon aus, dass das Bedürfnis nach Gläubigerschutz, das mit der Rückbildung der davon betroffenen gläubigerschützenden Haftungsnormen einhergeht, durch die gesellschaftsrechtlichen Haftungsnormen aufgefangen werden wird.«*

5 Das Fehlen haftungsrechtlicher Sanktionen bei Einleitung von Restrukturierungsmaßnahmen infolge inhaltlicher **Streichung der §§ 2, 3 RegE ist kritisch zu würdigen.** Die haftungsbewehrte Pflicht zur Wahrung der Gläubigerinteressen war das Gegengewicht für Eingriffe in Gläubigerrechte bei Inanspruchnahme des präventiven Restrukturierungsrahmens[14]. **Die ersatzlose Streichung hat zu einer Unwucht zugunsten des Schuldners geführt.** Das an die Geschäftsleitung und die Überwachungsorgane gerichtete »Warnsignal« des § 2 RegE, die Restrukturierung und den Eintritt in eine in das Insolvenzverfahren ersetzende präventive Restrukturierung nicht als Freifahrtschein für die Bedienung eigener Interessen auf dem Rücken der Gläubigerschaft zu verstehen[15], ist nunmehr weggefallen. Die Pflicht zur Wahrung der Gläubigerinteressen hat das Gegengewicht für Eingriffe in die Gläubigerrechte während des Restrukturierungsvorhabens dargestellt, wie vom Gesetzgeber ausdrücklich betont[16]. Auf dieses Korrektiv hat der Gesetzgeber durch inhaltliche Streichung der §§ 2, 3 RegE ab dem Eintritt der drohenden Zahlungsunfähigkeit verzichtet und damit ein Ungleichgewicht geschaffen[17]. Darüber hinaus werden Zweifel geäußert, die nunmehrige Gesetzeslösung der reinen Innenhaftung ab Rechtshängigkeit der Restrukturierungssache würde den Anforderungen des Art. 19 lit a), lit c) der Richtlinie (EU) 2019/1023 genügen[18]. Diese Richtlinienvorgabe stellt für den Beginn, die Gläubigerinteressen zu wahren, auf den Zeitpunkt einer »wahrscheinlichen Insolvenz« ab. Dies wurde von dem Gesetzgeber aber als Eintritt der drohenden Zahlungsunfähigkeit verstanden, was die §§ 2, 3 RegE unterstreichen. § 43 Abs. 1 stellt für die Haftung hingegen auf einen zeitlich nachgelagerten Zeitpunkt, die Rechtshängigkeit der Restrukturierungssache ab. Würde Art. 19 lit c) der Richtlinie (EU) 2019/1023 den Mitgliedstaaten aufgeben, für den Fall einer »wahrscheinlichen Insolvenz« ein effektives Verbot grob fahrlässiger bestandsgefährdender Maßnahmen einzuführen, bestünde infolge Streichung der §§ 2, 3 RegE ein Umsetzungsdefizit[19]. Ferner besteht mangels Haftungsandrohung im Stadium der drohenden Zahlungsunfähigkeit das Risiko, dass die Restrukturierungsinstrumentarien nicht oder zu spät durch den Schuldner in Anspruch genommen werden. Dies widerspricht der Vorgabe der Richtlinie (EU) 2019/1023, den Schuldner durch einen Stabilisierungs- und Restrukturierungsrahmen zu einer frühzeitigen Sanierung zu motivieren. Schließlich führt die Streichung der §§ 2, 3 RegE zu einer rechtssystematischen Ungleichbehandlung zu den Verfahren der Eigenverwaltung (§ 270a InsO) sowie dem Schutzschirmverfahren (§ 270d InsO). In diesen beiden Verfahrensarten sind die Gläubigerinteressen unstreitig zu wahren[20].

---

13 BT-Drucks. 19/25353, S. 6.

14 RegE BT-Drucks. 19/24181, S. 120.

15 So *Thole*, ZIP 2020, 1985, 1987.

16 RegE BT-Drucks. 19/24181, S. 120.

17 *Eckert/Holze/Ippen*, NZI 2021, 153, 156.

18 *Eckert/Holze/Ippen*, NZI 2021, 153, 156 f; sogar verneinend: *Jungmann*, ZRI 2021, 209, 212; *Kuntz*, ZIP 2021, 597, 610; dagegen für Konformität mit Art. 19 der Richtlinie (EU) 2019/1023 MK-StaRUG/*J. Schmidt* § 1 Rn. 17 ff.

19 *Scholz*, ZIP 2021, 219, 221.

20 RegE BT-Drucks. 19/24181, S. 113.

Es wäre daher konsequent, dies auch für die Inanspruchnahme des präventiven Restrukturierungsrahmens zu fordern[21].

B. Normzweck

§ 43 stellt nach dem Wegfall der §§ 2, 3 RegE nunmehr die zentrale Haftungsnorm des StaRUG dar. Die Vorschrift dient der Umsetzung des Art. 19 der Richtlinie (EU) 2019/1023.[22] Bis zum Inkrafttreten des StaRUG kannte das deutsche Recht keine Norm, welche den Geschäftsleitern konkrete Handlungs- oder Unterlassungspflichte in der vorinsolvenzlichen Krise auferlegt hätte. Abweichend von den vorangegangenen Fassungen des Referentenentwurfes sowie Regierungsentwurfes hat sich der Gesetzgeber für eine reine Innenhaftung entschieden. Eine Außenhaftung zugunsten der Individualgläubiger bleibt nach allgemeinen Vorschriften, insbesondere § 823 Abs. 2 BGB, möglich. Weder § 43 Abs. 1 Satz 1 noch § 32 Abs. 1, welcher das Pflichtenprogramm während der Restrukturierungssache regelt, sind allerdings ein Schutzgesetz i.S.d. § 823 Abs. 2 BGB[23]. 6

C. Überblick

§ 43 regelt die Haftung der Geschäftsleiter gegenüber der Gesellschaft für Gläubigergesamtschäden bei Verletzung von restrukturierungsspezifischen Pflichten während der rechtshängigen Restrukturierungssache. Die Haftung setzt erst mit Rechtshängigkeit der Restrukturierungssache ein (§ 31 Abs. 3). Nach § 43 Abs. 1 Satz 1 haben die Geschäftsleiter von haftungsbeschränkten Unternehmensträgern darauf hinzuwirken, dass der Schuldner die Restrukturierungssache mit der Sorgfalt eines ordentlichen und gewissenhaften Geschäftsleiters betreibt und die Interessen der Gesamtheit der Gläubiger wahrt. Die Vorschrift knüpft an die im Interesse der Gläubigergesamtheit in § 32 Abs. 1 statuierte Pflicht zur Einhaltung der Sorgfalt eines ordentlichen und gewissenhaften Sanierungsgeschäftsführers an und transformiert diese Pflicht des Schuldners in eine eigene der Geschäftsleiter. Verletzt ein Geschäftsleiter diese Pflichten, ist er der Gesellschaft zum Ersatz des den Gläubigern daraus resultierenden Gesamtschadens verpflichtet (§ 43 Abs. 1 Satz 2). Dies gilt jedoch nicht, wenn der Geschäftsleiter die Pflichtverletzung nicht zu vertreten hat (§ 43 Abs. 1 Satz 2 Halbs. 2). Die Absätze 2 und 3 entsprechen den Grundsätzen, denen gesellschaftsrechtliche Haftungsansprüche bei der Verletzung gläubigerschützenden Pflichten unterliegen. Danach ist der Verzicht auf den Ersatzanspruch sowie auch der Vergleich über ihn unwirksam, soweit der Ersatz zur Befriedigung der Gläubiger erforderlich ist (§ 43 Abs. 2 Satz 1). Dies gilt nur dann nicht, wenn der Ersatzpflichtige selbst insolvent ist oder der Vergleich zur Abwendung oder in Gestalt eines Insolvenzplans der Bewältigung dieser Insolvenz dient oder wenn im Fall der Insolvenz des Ersatzberechtigten der Insolvenzverwalter für diesen handelt (§ 43 Abs. 2 Satz 2). Die in § 43 Abs. 3 enthaltenen Verjährungsregelungen entsprechen den Vorschriften zur Verjährung von gesellschaftsrechtlichen Ersatzansprüchen, welche sich auf die Verletzung gläubigerschützender Pflichten beziehen. 7

D. Anwendungsbereich

I. Persönlicher Anwendungsbereich

Normadressat sind die **Geschäftsleiter von juristischen Personen**. Geschäftsleiter sind die Mitglieder des zur Geschäftsführung berufenen Organs der jeweiligen juristischen Person (§ 1 Abs. 1 Satz 1). Für die Restrukturierungsfähigkeit wird nach § 30 Abs. 1 auf einen insolvenzfähigen Schuldner i.S.d. § 11 InsO abgestellt. Vorbehaltlich der Einschränkung des § 30 Abs. 2 sind somit Geschäftsleiter der AG, KGaA, Europäische Aktiengesellschaft (SE), GmbH, UG (haftungsbeschränkt) e.G., 8

---

21 *Thole*, ZIP 2020, 1985, 1987; *Eckert/Holze/Ippen*, NZI 2021, 153, 156.

22 Zum Meinungsstreit, ob § 43 richtlinienkonform ist s. Fn. 18.

23 Vgl. Rdn. 50; Braun-*Weber/Dömmecke*, StaRUG, § 43 Rn. 1.

Stiftung sowie rechtsfähigen Verein erfasst.[24] Ausländische Kapitalgesellschaften sind ebenfalls insolvenzfähig[25] und somit gem. § 30 Abs. 1 restrukturierungsgeeignet.[26] Der VVaG fällt hingegen nicht in den Anwendungsbereich, da Unternehmen der Finanzbranche i.S.d. § 1 Abs. 19 KWG wegen § 30 Abs. 2 nicht restrukturierungsfähig sind.

9 Bei **rechtsfähigen Personengesellschaften** (bis 31.12.2023 Gesellschaften ohne Rechtspersönlichkeit) nach § 15a Abs. 1 Satz 3, Abs. 2 InsO sind Geschäftsleiter diejenigen, die organschaftliche Vertreter der zur Geschäftsführung berufenen Gesellschafter sind. Dies folgt aus § 1 Abs. 2, wonach auf diese Geschäftsleiter § 1 Abs. 1 Satz 1 entsprechende Anwendung findet.

10 Restrukturierungsfähig nach § 30 Abs. 1 sind auch natürliche Personen, soweit sie unternehmerisch tätig sind. **Für die unternehmerisch tätige natürliche Person gilt § 43 indessen nicht.**

II. Zeitlicher Anwendungsbereich

11 Der zeitliche Beginn des Anwendungsbereiches wird nicht ausdrücklich erwähnt, ergibt sich jedoch aus dem Zweck der Vorschrift sowie der Gesetzessystematik. Da sich § 43 Abs. 1 Satz 1 wie § 32 Abs. 1 Satz 1 auf das Betreiben der Restrukturierungssache beziehen, setzt deren Anwendung voraus, dass eine solche Restrukturierungssache vorliegt. Das StaRUG enthält für die »Restrukturierungssache« keine Legaldefinition. Aus der gesetzlichen Systematik ergibt sich jedoch zweifelsfrei, dass dieser Begriff an die Anzeige des Restrukturierungsvorhabens bei dem zuständigen Restrukturierungsgericht (§ 31 Abs. 1) und die damit nach § 31 Abs. 3 zugleich eingetretene Rechtshängigkeit anknüpft. Das StaRUG verwendet den Begriff der Restrukturierungssache ausschließlich im gerichtlichen Kontext[27]. Nach allgemeinem Verständnis beginnt der zeitliche Anwendungsbereich somit mit der **Rechtshängigkeit der Restrukturierungssache infolge Anzeige bei dem zuständigen Restrukturierungsgericht,** § 31 Abs. 3[28]. Der Anwendungsbeginn mit der Rechtshängigkeit der Restrukturierungssache entspricht außerdem dem Wortlaut des Vorläufers § 45 RegE. Der zeitliche Anwendungsbereich dauert während der Rechtshängigkeit an und endet mit dem Zeitpunkt, in dem die Rechtshängigkeit ihre Wirkung nach § 31 Abs. 4 verliert, bspw. der Schuldner die Anzeige zurücknimmt (§ 31 Abs. 4 Nr. 1) oder das Restrukturierungsgericht die Restrukturierungssache aufhebt (§§ 31 Abs. 4 Nr. 3, 33).[29] **Auf eine der Anzeige vorgelagerte drohende Zahlungsunfähigkeit oder Beginn bloßer außergerichtlicher Sanierungsmaßnahmen ist die Norm daher nicht anzuwenden.**[30] In dieser Phase bildet § 1 ein Mindestlevel an Krisenfrüherkennungs- und reaktionspflichten ab.[31]

E. Voraussetzungen

I. Pflichtverletzungen

12 § 43 Abs. 1 Satz 2 stellt einen eigenen Haftungstatbestand dar[32]. Erfasst wird nur die **Verletzung von restrukturierungsspezifischen Pflichten**[33].

---

24 MK-StaRUG/*J. Schmidt* § 43 Rn. 5; Uhlenbruck-*Fritz* § 43 StaRUG Rn. 5.
25 HambKomm-InsR/*Linker*, § 11 Rn. 8.
26 Flöther-*Goetker* § 43 Rn. 10; Uhlenbruck-*Fritz* § 43 StaRUG Rn. 6.
27 *Scholz*, ZIP 2021, 219, 223.
28 MK-StaRUG/*J. Schmidt* § 43 Rn. 3; Braun-*Weber/Dömmecke*, StaRUG, § 43 Rn. 4; *Scholz*, ZIP 2021, 219, 222; *Jungmann*, ZRI 2021, 209, 212; *Guntermann*, WM 2021, 214, 218; *Brünkmans*, ZInsO 2021, 125, 127; a.A. *Smid*, ZInsO 2021, 117, 120: Anknüpfungspunkt sei Eintritt der drohenden Zahlungsunfähigkeit.
29 Flöther-*Goetker* § 43 Rn. 11; Uhlenbruck-*Fritz* § 43 StaRUG Rn. 7.
30 S.a. Rdn. 14; Uhlenbruck-*Fritz* § 43 StaRUG Rn. 7.
31 Vgl. § 1 Rdn. 3 ff.; Übersicht der Pflichten- und Haftungsbereiche bei MK-StaRUG/*J. Schmidt* § 1 Rn. 13 ff.
32 *Scholz*, ZIP 2021, 219, 225.
33 *Smid*, ZInsO 2021, 117.

1. Allgemeiner Pflichtenkreis

Der Pflichtenkreis des Geschäftsleiters wird durch § 43 Abs. 1 Satz 1 definiert. Der Geschäftsleiter hat darauf hinzuwirken, dass der Schuldner die Restrukturierungssache mit der Sorgfalt eines ordentlichen und gewissenhaften Geschäftsleiters betreibt und die Interessen der Gesamtheit der Gläubiger wahrt. 13

a) Ergänzung des Haftungsregimes

Die Rechtsprechung und herrschende Literaturauffassung ist dadurch geprägt, dass sich die Pflichten der Geschäftsleitung verdichten, je näher die Zahlungsunfähigkeit rückt. **Die Organpflichten erhöhen sich proportional zur Verschärfung der Krise.** Zugleich wird der Interessenschwerpunkt im Verlauf der Krise im Gleichschritt in Richtung Gläubigerschutz verschoben. Während zu Beginn des 24-monatigen Prognosezeitraums des § 18 Abs. 2 InsO ein breites Ermessen über die Auswahl einer Vielzahl von zur Verfügung stehenden Restrukturierungsalternativen besteht, wird sich die dem Grunde nach bestehende Pflicht zur Wahrung der Gläubigerinteressen zunehmend zu konkreten Handlungs- oder Unterlassungsalternativen verdichten. In diesem Zusammenhang war **fraglich, ab welchem Zeitpunkt der Geschäftsleiter verpflichtet ist, ein an den Gläubigerinteressen ausgerichtetes Alternativszenario aufzustellen und vorzubereiten, um mögliche Vermögensbeeinträchtigungen des krisenbehafteten Unternehmens zu verhindern**[34]. Der Zeitpunkt des Eintritts in die Restrukturierungsphase konnte aufgrund der Abgrenzungsschwierigkeiten nicht mit der gewünschten Klarheit bestimmt werden. Diese Unsicherheit hat dazu geführt, dass die Gläubigerinteressen oftmals erst in der unmittelbaren Nähe einer Insolvenzreife berücksichtigt wurden. Diesen Umstand aufgreifend hatte sich der Gesetzgeber zunächst für den shift of fiduciary duties mit den §§ 2, 3 RegE entschieden[35]. Trotz der inhaltlichen Streichung der §§ 2, 3 RegE sowie Neuausrichtung des § 43 (Vorläufer § 45 RegE) tritt nunmehr mit Rechtshängigkeit der Restrukturierungssache ein partieller Wechsel dahin gehend ein, an wessen Interessen die Unternehmensfortführung auszurichten ist (vgl. Rdn. 18). Außerhalb des Anwendungsbereiches des § 43 Abs. 1 S. 1 war ein fixer Zeitpunkt des shift of fiduciary duties schwer definierbar. Nunmehr verdichtet sich nach § 43 Abs. 1 S. 1 mit der Rechtshängigkeit der Restrukturierungssache (§ 31 Abs. 3) die Pflichtenbindung der Geschäftsleiter[36]. **Zur bisherigen Innenhaftung der Geschäftsleiter kommt mit § 43 Abs. 1 Satz 2 ein weiterer Haftungstatbestand, welcher die Innenhaftung um die Höhe des den Gläubigern entstandenen Schadens ergänzt, hinzu**[37]. **Die weiteren Haftungsvorschriften aus § 43 GmbHG bzw. §§ 92, 93 AktG und daneben § 15b InsO bleiben unberührt und kommen auch während des Restrukturierungsverfahrens weiter zur Anwendung**[38]. Die verbandsrechtlichen Haftungstatbestände können im Anwendungsbereich des § 43 Abs. 1 deshalb weiterhin herangezogen werden, weil § 43 Abs. 1 Satz 1 keinen temporären shift of fiduciary duties impliziert, sondern die Pflicht zur Wahrung der Interessen der Gesamtheit der Gläubiger in die allgemeine Geschäftsleiterverantwortung nur dort überlagert, wo Geschäftsführungsentscheidungen mit einem zweckentsprechenden Gebrauch der Instrumente des Stabilisierungs- und Restrukturierungsrahmens in Konflikt geraten. Ferner ist zu beachten, dass vieles dafür spricht, dass auch Schadenersatzansprüche wegen Verletzung der Pflichten aus § 43 Abs. 1 Satz 1 auf die verbandsrechtlichen Haftungstatbestände gestützt werden können[39]. Die verbandsrechtlichen Pflichten und Haftungstatbestände werden durch den neuen Pflichtenkreis des § 43 Abs. 1 Satz 1 ergänzt sowie modifiziert. 14

34 *Bea/Dressler*, NZI 2021, 67.

35 RegE BT-Drucks. 19/24181, S. 105 f.

36 *Thole*, ZIP 2020, 1985, 1986; *Bea/Dressler*, NZI 2021, 67, 69.

37 *Scholz*, ZIP 2021, 219, 225; *Bea/Dressler*, NZI 2021, 67, 69.

38 Vgl. Rdn. 48; *Smid*, ZInsO 2021, 117, 119; *Scholz*, ZIP 2021, 219, 225; vgl. Übersicht der Pflichten- und Haftungsbereiche in MK-StaRUG/*J. Schmidt* § 1 Rn. 13 ff.

39 Ebenso *Scholz*, ZIP 2021, 219, 225; *Smid*, ZInsO 2021, 117, 119.

b) Pflichtenkonkretisierung

15 In § 43 Abs. 1 Satz 1 heißt es, die Geschäftsleiter haben darauf **hinzuwirken**, dass **der Schuldner** die Restrukturierungssache mit der Sorgfalt eines ordentlichen und gewissenhaften Geschäftsleiters betreibt und die Interessen der Gesamtheit der Gläubiger wahrt. Die Vorschrift ist als interne Pflichtenbindung konzipiert[40]. **Die Formulierung »darauf hinwirken« ist missverständlich.**[41] Zum persönlichen Anwendungsbereich des § 43 Abs. 1 gehören nur Geschäftsleiter von juristischen Personen sowie rechtsfähigen Personengesellschaften nach § 15a Abs. 1 Satz 3, Abs. 2 InsO (vgl. Rdn. 8, 9). Niemand anderes als der Geschäftsleiter handelt für das Unternehmen. Wenn also der Schuldner (schuldnerische Gesellschaft) handelt, wird sie durch ihr Organ, den Geschäftsleiter, vertreten. Wirkt der Geschäftsleiter darauf hin, dass die schuldnerische Gesellschaft die Interessen der Gläubigergesamtheit zu wahren hat, ist es der Geschäftsführer selbst, der agiert und dem eine solche Pflicht gegenüber den Gläubigern auferlegt ist[42]. Nach dem Statut der schuldnerischen Gesellschaft kann nur der Geschäftsleiter als organschaftlicher Vertreter für das Unternehmen handeln. Daraus ergibt sich, dass den Geschäftsleiter gegenüber den Gläubigern der schuldnerischen Gesellschaft **eine eigene Pflicht**[43] trifft, welche er verletzt, wenn er die Restrukturierungssache nicht mit der Sorgfalt eines ordentlichen und gewissenhaften Geschäftsleiters betreibt.

16 Die in § 43 Abs. 1 Satz 1 geregelten Pflichten der Geschäftsleiter während der Rechtshängigkeit einer Restrukturierungssache werden weiter durch § 32 Abs. 1 konkretisiert. § 32 Abs. 1 richtet sich rechtsformneutral an sämtliche restrukturierungsfähige Schuldner. § 43 Abs. 1 Satz 1 macht damit die in § 32 normierte Pflicht des Schuldners, die Restrukturierungssache mit der Sorgfalt eines ordentlichen und gewissenhaften Sanierungsgeschäftsführers zu betreiben und dabei die Interessen der Gläubigergesamtheit zu wahren, letztendlich zu einer eigenen Pflicht des Geschäftsleiters des Schuldners[44]. Nach § 32 Abs. 1 Satz 1 ist der Schuldner verpflichtet, die Restrukturierungssache mit der Sorgfalt eines ordentlichen und gewissenhaften Sanierungsgeschäftsführers zu betreiben und dabei die Interessen der Gesamtheit der Gläubiger zu wahren. § 32 Abs. 1 Satz 1 entspricht inhaltlich dem § 43 Abs. 1 Satz 1, da als Normadressat der Geschäftsleiter dem Schuldner als dessen handelndes Organ gleichzustellen ist (vgl. Rdn. 15). Darüber hinausgehend konkretisiert § 32 Abs. 1 Satz 2 den Pflichtenkreis. Danach sind insbesondere Maßnahmen zu unterlassen, die mit dem Restrukturierungsziel unvereinbar sind oder die Erfolgsaussichten der in Aussicht genommenen Restrukturierung gefährden. § 32 Abs. 1 Satz 3 stellt in diesem Zusammenhang klar, dass die Begleichung oder Besicherung von Forderungen, welche durch den Restrukturierungsplan gestaltet werden sollen, mit dem Restrukturierungsziel in der Regel nicht vereinbar ist. **Die Konkretisierung der Schuldnerpflichten aus § 32 Abs. 1 Satz 2 und 3 gelten auch für § 43 Abs. 1 Satz 1.** Die allgemeine Umschreibung des Pflichtenkreises in §§ 32, 43 verdeutlicht, dass sich die Pflicht, die Restrukturierungssache mit der Sorgfalt eines ordentlichen und gewissenhaften Sanierungsgeschäftsführers zu betreiben, nicht darin erschöpft, nur den im StaRUG niedergelegten verfahrensrechtlichen Einzelpflichten nachzukommen[45]. **Die Vorschriften statuieren vielmehr Grundpflichten des Schuldners bzw. seiner Geschäftsleiter**[46]. Damit soll nach dem Willen des Gesetzgebers ein zweckentsprechender Gebrauch der Instrumente des präventiven Restrukturierungsrahmens sichergestellt sowie Missbrauch vermieden werden. Die Instrumentarien des Stabilisierungs- und Restrukturierungsrahmens werden zur Verwirklichung ernsthafter, die Interessen der Gläubigerschaft wahrender Restrukturierungsvorhaben bereitgestellt, die folglich auch mit der gebotenen Sorgfalt und Gewissen-

40 *Scholz*, ZIP 2021, 219, 223.
41 Ebenso MK-StaRUG/*J. Schmidt* § 43 Rn. 9.
42 MK-StaRUG/*J. Schmidt* § 43 Rn. 10; *Hölzle/Curtz*, ZIP 2021, 1293, 1300; *Smid*, ZInsO 2021, 117, 119.
43 *Jungmann*, ZRI 2021, 209, 212; *Kransfelder/Ressmann*, ZInsO 2021, 191, 195; *Scholz*, ZIP 2021, 219, 222; *Kuntz*, ZIP 2021, 597, 603; MK-StaRUG/*J. Schmidt* § 43 Rn. 9.
44 S. Fn. 43; Bericht 6. Rechtsausschuss für Recht und Verbraucherschutz BT-Drucks. 19/25353, S. 8.
45 *Scholz*, ZIP 2021, 219, 223.
46 RegE BT-Drucks. 19/24181, S. 136 f.

haftigkeit betrieben werden müssen. Anders als im Insolvenzverfahren werden dem Schuldner weitergehende Freiheiten bei eigenverantwortlicher Gestaltung und Organisation des Gesamtprozesses eingeräumt. Die darin liegende Gestaltungs- und Organisationsfreiheit bei der Erwirkung von Rechtsfolgen, welche die Beteiligten des Prozesses belasten, erfordert eine Rückbindung an das Ziel, die Interessen der Gläubiger zu wahren[47]. Diese gesetzgeberischen Erwägungen unterstreichen, dass der in **§§ 32, 43 geregelte generelle Sorgfaltsmaßstab die verfahrensrechtlichen Einzelpflichten ergänzt.**

Da sich § 43 Abs. 1 Satz 1 nur auf die Verletzung von restrukturierungsspezifischen Pflichten bezieht, bedarf es einer Handlung, die geeignet ist, den Verfahrensfort- und/oder -ausgang negativ zulasten der Gläubiger zu beeinflussen. Solche Handlungen können die Grundlage für eine Haftung nach § 43 Abs. 1 Satz 2 bilden, wenn sie in der Folge die Annahme rechtfertigen, dass die Geschäftsleiter die Gläubigerinteressen nicht sachgerecht gewahrt haben[48]. Neben der verspäteten Einleitung des präventiven Restrukturierungsrahmens kommen auch andere Pflichtverletzungen in Betracht. Hierzu können bspw. die nicht sachgerechte Verfahrensumsetzung, die mangelhafte Planung des Verfahrens[49], unkoordinierte Verhandlungen mit den Gläubigern, die fehlerhafte Anzeige nach § 31, ein fehlerhafter Antrag auf Erlass einer Stabilisierungsanordnung[50] sein. Ferner kommen in Betracht: Vornahme riskanter Geschäfte[51], ungenutzte Geschäftschancen[52]. Die sachgerechte Durchführung des präventiven Restrukturierungsrahmens ist somit wesentliche Geschäftsleistungspflicht[53]. Der Stabilisierungs- und Restrukturierungsrahmen darf nicht zur Verzögerung der im Interesse der Gläubiger gebotenen Krisenbeseitigung oder gar zu gläubigerbenachteiligenden Maßnahmen führen.[54] 17

c) Neuausrichtung der Geschäftsleiterpflichten

Außerhalb des zeitlichen Anwendungsbereiches des § 43 Abs. 1 Satz 1, dem Zeitraum vor Anzeige des Restrukturierungsvorhabens beim Restrukturierungsgericht, haben die Geschäftsleiter ihr Handeln am Wohl der Interessen der Gesellschaft auszurichten. Abgeleitet aus der Legalitätspflicht haben die Geschäftsleiter die der Gesellschaft obliegenden gesetzlich zwingenden Vorschriften der Rechtsordnung zu wahren und sämtliche Handlungen zu unterlassen, die den Interessen der Gesellschaft zuwiderlaufen. Nach inhaltlicher Streichung der §§ 2, 3 RegE besteht Uneinigkeit, ob § 43 Abs. 1 Satz 1 einen shift of fiduciary duties beginnend ab dem Zeitpunkt der Rechtshängigkeit der Restrukturierungssache begründet. Teilweise wird dies unter Hinweis auf das Fallenlassen der Regelungsinhalte der §§ 2, 3 RegE verneint[55]. § 43 Abs. 1 Satz 1 stellt hingegen klar, dass ab Rechtshängigkeit der Restrukturierungssache die Entscheidungen über die Unternehmensfortführung an den Interessen der Gläubigergesamtheit auszurichten sind. Da der Gesetzgeber in diesem Stadium ausdrücklich die Verletzung der Gläubigerinteressen als haftungsbegründend ansieht, wird deshalb angenommen, der shift of fiduciary duties erfolge spätestens mit der Rechtshängigkeit der Restrukturierungssache[56]. Dieser Ansicht ist nur eingeschränkt beizutreten. **Die Pflicht der Geschäftsleiter, während der Rechtshängigkeit der Restrukturierungssache die Interessen der Gesamtgläubiger zu wahren, ist partiell zu verstehen (gradual shift fiduciary of duties)**[57]. **Die Pflicht zur** 18

47 RegE BT-Drucks. 19/24181, S. 136 f.
48 *Smid*, ZInsO 2021, 117, 121.
49 *Smid*, ZInsO 2021, 117, 120.
50 *Smid*, ZInsO 2021, 117, 120; MK-StaRUG/*J. Schmidt* § 43 Rn. 16.
51 Guntermann, WM 2021, 214, 219.
52 BeckOK-*Kramer* § 32 Rn. 25.
53 *Smid*, ZInsO 2021, 117, 121.
54 RegE BT-Drucks. 19/24181, S. 137.
55 *Kranzfelder/Ressmann*, ZInsO 2021, 191 f.
56 Für generellen shift of fiduciary duties *Beal/Dressler*, NZI 2021, 67, 69; *Bitter*, ZIP 2021, 321, 333; *Hoegen/Kranz*, NZI 2021, 105, 106; *Thole*, BB 2021, 1347, 1351.
57 Ebenso MK-StaRUG/*J. Schmidt* § 43 Rn. 12; *Korch*, GmbHR 2021, 793, 794; *Kuntz*, ZIP 2021, 597, 604.

Wahrung der Interessen der Gläubigergesamtheit überlagert die allgemeine Geschäftsleiterverantwortung nur dort, wo Geschäftsführungsentscheidungen mit einem zweckentsprechenden Gebrauch der Instrumente des Stabilisierungs- und Restrukturierungsrahmens in Konflikt geraten[58]. Nur soweit die Pflicht zur Wahrung der Gläubigerinteressen nach §§ 32 Abs. 1, 43 Abs. 1 Satz 1 mit den Interessen der Anteilsinhaber kollidieren, ist Erstgenannten stets der Vorrang einzuräumen. Die »Wahrung« der Interessen der Gläubigergemeinschaft bedeutet keine ausschließliche Ausrichtung hieran oder gar absoluten Vorrang der Gläubigerinteressen. Da sowohl Gesellschafter als auch Gläubiger regelmäßig eine zeitnahe Krisenbewältigung anstreben, verlaufen deren Interessen allerdings oftmals parallel.

d) Entscheidungsermessen

19 Bei der Wahrung ihrer gesetzlichen und statuarischen Aufgaben haben sich die Geschäftsleiter innerhalb dieser Grenzen an bestimmte weitere Maßstäbe zu halten, wobei ihnen ein sogenanntes unternehmerisches Ermessen einzuräumen ist[59]. Der Geschäftsleitung ist ein Handlungsspielraum zuzubilligen, ohne dem eine unternehmerische Tätigkeit schlechthin undenkbar ist. Grenzen werden diesem unternehmerischen Ermessen durch die Legalitätspflicht, Orientierung am Wohl der Gesellschaft sowie Einhaltung von Compliance-Standards gesetzt[60]. **Zu dem Handlungsspielraum gehört nicht nur das Eingehen geschäftlicher Risiken, sondern auch die Gefahr von Fehlbeurteilungen und Fehlentscheidungen, denen jeder Unternehmensleiter, mag er noch so verantwortungsbewusst handeln, ausgesetzt ist**[61]. Konkretisiert wurde dieser durch die Rechtsprechung entwickelte und **als Business Judgement Rule bezeichnete Handlungsspielraum** durch Einfügen des § 93 Abs. 1 Satz 2 AktG[62]. Demnach liegt eine Pflichtverletzung nicht vor, wenn das Vorstandsmitglied bei einer unternehmerischen Entscheidung vernünftigerweise annehmen durfte, auf der Grundlage angemessener Informationen zum Wohle der Gesellschaft zu handeln. Der Anwendungsbereich der Business Judgement Rule betrifft auch die Geschäftsführer einer GmbH[63]. Das Entscheidungsermessen stellt eine Haftungsprivilegierung für Organe dar. Eine Schadenersatzpflicht für Geschäftsleiter bei unternehmerischen Entscheidungen kommt daher erst dann in Betracht, wenn die Grenzen, in denen sich verantwortungsvolles, am Unternehmenswohl orientiertes und auf sorgfältiger Ermittlung der Entscheidungsgrundlagen beruhendes Handeln bewegen muss, deutlich überschritten sind[64]. Die Business Judgement Rule setzen sich aus vier Elementen zusammen. Zunächst ist ein Handeln auf Grundlage angemessener Informationen erforderlich. Das Handeln hat darüber hinaus ohne Wahrung von Sonderinteressen oder sachfremden Einflüssen zu erfolgen. Ferner hat sich das unternehmerische Handeln am Wohle der Gesellschaft zu orientieren. Schließlich haben die Geschäftsleiter im guten Glauben zu agieren[65].

20 **Ein solcher Beurteilungsspielraum in Anlehnung an die Business Judgement Rule hat auch bei Betreiben der Restrukturierungssache zu gelten**[66]. **Mit Beginn der Inanspruchnahme von Instru-**

---

58 *Scholz*, ZIP 2021, 219, 223.

59 BGH, NJW 1997, 1926; Scholz-*Schneider/Crezelius*, GmbHG, § 43 Rn. 53.

60 Scholz-*Schneider/Crezelius*, GmbHG, § 43 Rn. 360; Baumbach/Hueck-*Beurskens*, GmbHG, § 43 Rn. 11, 27.

61 BGH, NJW 1997, 1926, eingehend zu den Kriterien des Business Judgement Rule: *Fuhrmann/Heinen/Schilz*, NZG 2020, 1368.

62 Gesetz zur Unternehmensintegrität und zur Modernisierung des Anfechtungsrechts vom 22.09.2005 – UMAG.

63 BGH, NJW 2003, 358; BGH, NJW 2008, 3361.

64 BGH, NJW 1997, 1926.

65 *Eckert/Holze/Ippen*, NZI 2021, 153, 155.

66 Ebenso MK-StaRUG/*J. Schmidt* § 43 Rn. 22; *Guntermann*, WM 2021, 214, 219; *Scholz*, ZIP 2021, 219, 224; *Bea/Dressler*, NZI 2021, 67, 68; *Eckert/Holze/Ippen*, NZI 2021, 153, 155; *Brünkmans*, ZInsO 2021, 1, 5; *Seibt/Bulgrin*, DB 2020, 2226, 2231; einschränkend Uhlenbruck-*Fritz* § 43 StaRUG Rn. 12; verneinend *Kuntz*, ZIP 2021, 597, 608 f.; *Thole*, BB 2021, 1347, 1351; Braun-*Weber/Dömmecke* § 43 Rn. 8.

menten des Stabilisierungs- und Restrukturierungsrahmens schränkt sich das Handlungsermessen allerdings ein. Risikobehaftete Entscheidungen können nicht mehr in dem gleichen Ausmaß getroffen werden wie zuvor[67]. Die Beibehaltung eines Ermessensspielraums im Sinne des Business Judgement Rule entspricht somit dem Willen des Gesetzgebers. Um Gläubigerinteressen nicht zu gefährden, verringert sich das Handlungsermessen mit Zuspitzung der Krise immer mehr. Der Handlungsspielraum verschiebt sich daher im Verlauf einer Krise vom Merkmal »zum Wohle der Gesellschaft« zugunsten der Gläubigerinteressen. Es kommt nicht als weiteres Element die Wahrung der Gläubigerinteressen hinzu[68], **sondern das Handeln zum Wohle der Gesellschaft wird zunehmend durch das Handeln zum Wohl der Gläubigerinteressen verdrängt.** In diesem Sinne verlangen §§ 32 Abs. 1, 43 Abs. 1 Satz 1 im Grundsatz nichts weiter, als dass Geschäftsleiter im Zusammenhang mit dem Betreiben der Restrukturierungssache stets vernünftigerweise annehmen dürfen müssen, auf Grundlage angemessener Informationen die Interessen der Gläubiger zu wahren[69]. Der zuzubilligende Ermessensspielraum ist allerdings überschritten, wenn Kosten und Risiken in Kauf genommen werden, die mit dem auf die Wahrung der Gläubigerinteressen zugeschnittenen Schutzzweck unvereinbar sind[70]. Maßnahmen, welche geneigt sind, die drohende Zahlungsunfähigkeit zu vertiefen, sind zu unterlassen. Risiken dürfen nicht mehr in dem Maße eingegangen werden, wie dies vor Beginn des Restrukturierungsvorhabens möglich ist.

2. Sanierungsrelevante Geschäftsleiterpflichten im Einzelnen

a) Pflicht zur Krisenfrüherkennung

21 Gem. § 1 Abs. 1 Satz 1 werden die Geschäftsleiter zur fortlaufenden Überwachung von bestandsgefährdenden Entwicklungen verpflichtet. Hierbei handelt es sich um eine Überwachungspflicht, welche bereits vor Inkrafttreten des StaRUG zum Pflichtenprogramm der Geschäftsleitung gehört hat[71]. **Die in § 1 Abs. 1 enthaltenen Pflichten gelten unabhängig von der Rechtshängigkeit der Restrukturierungssache.**[72] Die allgemeine Verpflichtung zur Krisenfrüherkennung enthält weder eine weitere Konkretisierung, noch eine Konsequenz bei Nichteinhaltung. Durch die Streichung der §§ 2, 3 RegE steht § 1 allein als allgemeine Pflichtenanweisung an die Geschäftsleiter und muss im Rahmen deren Pflichten besondere Beachtung finden[73]. Die allgemeine Pflicht der Geschäftsleitung zur Krisenfrüherkennung ist bereits nach allgemeiner Auffassung vor Inkrafttreten des StaRUG Teil der Geschäftsleiteraufgaben gewesen[74] und teilweise gesetzlich normiert (§ 91 Abs. 2 AktG, § 25a Abs. 1 Satz 3 KWG). § 1 Abs. 1 Satz 1 bleibt allerdings hinter den Pflichten des § 91 Abs. 2 AktG zurück, da letztgenannte Vorschrift die Einrichtung eines Überwachungssystems vorsieht. Der Gesetzgeber hat die im präventiven Rahmen besonders ausgeprägten Spielräume für die privatautonome Gestaltung und Organisation des Krisenbewältigungsprozesses zum Anlass genommen, das Sanierungsrecht um Regelungen zu den Pflichten des Schuldners und zur Haftung seiner Geschäftsführer zu ergänzen[75]. § 1 Abs. 1 Satz 1 wird daher **als klarstellend charakterisiert**[76]. § 1 Abs. 1 Satz 1 hat primär die Funktion, das geltende Recht im Interesse an Rechtsklarheit für die Rechtsanwender einer positiven Regelung zuzuführen[77]. Gleichwohl ist mit § 1 Abs. 1 Satz 1 klargestellt, dass sich die Ausstrahlungswirkung des § 91 Abs. 2 AktG allein auf die Pflicht zur Überwachung bestandsgefährdender Entwicklungen bezieht und entgegen einzelner Stellungnahmen im

67 RegE BT-Drucks. 19/24181, S. 120.
68 So aber *Eckert/Holze/Ippen*, NZI 2021, 153, 155.
69 *Scholz*, ZIP 2021, 219, 224.
70 *Brünkmans*, ZInsO 2021, 1, 5.
71 *Gehrlein*, BB 2020, 66, 75.
72 Vgl. Übersicht in MK-StaRUG/*J. Schmidt* § 1 Rn. 13 ff.
73 *Kranzfelder/Ressmann*, ZInsO 2021, 191, 192.
74 BGH, ZInsO 2012, 1536; MK-GmbHG/*Fleischer*, § 43 GmbHG Rn. 62.
75 RegE BT-Drucks. 19/24181, S. 85 ff.
76 *Kranzfelder/Ressmann*, ZInsO 2021, 191, 192; *Desch*, BB 2020, 2498, 2500.
77 RegE BT-Drucks. 19/24181, S. 103.

Schrifttum[78] **nicht als verbandsübergreifende Pflicht zur Einrichtung eines Überwachungssystems verstanden werden darf.** Dies wird durch die Begründung des Regierungsentwurfs verdeutlicht. Der Gesetzgeber hat mit der Schaffung einer allgemeinen, Rechtsform übergreifenden Pflicht zur Risikoüberwachung nicht verkannt, dass es sich namentlich bei kleineren Unternehmen verbietet, übermäßige Organisationspflichten zu statuieren. **Bei überschaubaren Verhältnissen kleinerer Unternehmen ist es erlaubt, den Risikoüberwachungsgeboten auch ohne größere organisatorische Vorkehrungen gerecht zu werden, welche kleinere Unternehmen anderenfalls überfordern würden**[79]. § 1 Abs. 1 Satz 1 regelt damit eine Pflichtaufgabe mit erheblichem Beurteilungsspielraum bei der konkreten Umsetzung der Risikoüberwachung, was indessen keine Auswirkung auf spezialgesetzliche engere Vorgaben, insbesondere § 91 Abs. 2 AktG, hat.

22 **Die Ausgestaltung eines Krisenfrühwarnsystems und dessen Umfang richten sich nach der Größe, Branche und Struktur des Unternehmens. Je größer und komplexer das Unternehmen ist, desto höher sind die Anforderungen an die Überwachungspflicht**[80]. Das Institut der Wirtschaftsprüfer (IDW) definiert Risiken im PS 340[81] als Entwicklungen oder Ereignisse, die zu einer für das Unternehmen negativen Zielabweichung führen können. Bestandsgefährdend sind Entwicklungen, wenn Risiken einzeln oder im Zusammenwirken mit anderen Risiken dem Ziel der Unternehmensführung entgegenstehen. Die Risikotragfähigkeit wird als maximales Risikoausmaß definiert, welches das Unternehmen ohne Gefährdung eines Fortbestandes tragen kann. Die frühzeitige Erkennung der Krisensituation ist dadurch gekennzeichnet, dass die bestandsgefährdende Entwicklung so rechtzeitig erkannt werden muss, dass geeignete Maßnahmen zur Sicherung des Fortbestandes des Unternehmens noch ergriffen werden können[82]. Der Geschäftsleiter ist nicht nur wegen § 1 Abs. 1 Satz 1 und einer möglichen Haftung aus § 43 Abs. 1 Satz 2 verpflichtet, über die Feststellung des Eintritts der drohenden Zahlungsunfähigkeit i.S.d. § 18 Abs. 2 InsO hinaus ständig prognostisch die voraussichtliche Entwicklung der Liquiditätslage des Unternehmens zu beobachten. Bei dieser Prognose des künftigen Eintritts der drohenden Zahlungsunfähigkeit muss die gesamte Entwicklung der Finanzlage des Schuldners bis zur Fälligkeit aller bestehenden Verbindlichkeiten in die Betrachtung mit einbezogen werden[83]. Die organschaftlichen Vertreter des Schuldners haben die Pflicht, die vorhandene Liquidität und die Einnahmen, welche bis zum Ende des Prognosezeitraums zu erwarten sind, den Verbindlichkeiten gegenüberzustellen, welche bereits fällig sind oder bis zu diesem Zeitpunkt voraussichtlich fällig werden. Wegen eines vereinfachten Krisenfrühwarnsystems für kleine und mittelständische Unternehmen wird auf die Ausführung von *Kühne/Lienhard*[84] verwiesen. Als weiterer Orientierungsmaßstab können Checklisten zur Krisenfrüherkennung dienen[85].

b) Pflicht zur Ergreifung von Gegenmaßnahmen

23 **Nach § 1 Abs. 1 Satz 2 obliegt der Geschäftsleitung bei Bekanntwerden von bestandsgefährdenden Entwicklungen, geeignete Gegenmaßnahme zu treffen.** Diese Regelung setzt Art. 19 Buchst. b) der Richtlinie (EU) 2019/2023 um, wonach die Mitgliedstaaten sicherstellen müssen, dass die Unternehmensleitung bei einer wahrscheinlichen Insolvenz die Notwendigkeit gebührend berücksichtigt, Schritte zur Abwendung einer Insolvenz einzuleiten. Der gesetzliche Anknüpfungspunkt der subjektiven Wahrnehmung bestandsgefährdender Entwicklungen in § 1 Abs. 1 Satz 2 deckt sich nicht mit den Vorgaben des Art. 19 Buchst. b) der Richtlinie (EU) 2019/1023, wonach als objektives Kriterium die wahrscheinliche Insolvenz für die Ergreifung von Gegenmaßnahmen maßgebend

78 Habersack/Casper/Löbbe-*Paefgen*, GmbHG, § 43 Rn. 60.
79 RegE BT-Drucks. 19/24181, S. 104; vgl. § 1 Rdn. 6.
80 *Kranzfelder/Ressmann*, ZInsO 2021, 191, 192.
81 IDW, Die Prüfung des Risikofrüherkennungssystems, Stand 27.05.2020, WPg 16/1999, S. 658 ff.
82 IDW PS 340 n.F., Rn. 8.
83 *Smid*, ZInsO, 2021, 117, 121.
84 SanB 2020, 144, 147.
85 *Kranzfelder/Ressmann*, ZInsO 2021, 191, 192 f.

ist. Da der subjektiven Wahrnehmung bestandsgefährdender Entwicklungen die Pflicht zur fortlaufenden Überwachung vorausgeht, trifft den Geschäftsleiter letztendlich die Pflicht, den Kriseneintritt zu erkennen. **Deshalb ist § 1 Abs. 1 Satz 2 richtlinienkonform als Pflicht zu verstehen, geeignete Maßnahmen bei Auftreten bestandsgefährdender Entwicklungen zu ergreifen**[86]. Für die Frage, **ob Gegenmaßnahmen zu ergreifen sind, steht den Geschäftsleitern kein Ermessensspielraum zu**[87]. **Bei der Auswahl der zu treffenden Gegenmaßnahmen und deren Durchführung haben die Geschäftsleiter hingegen einen Beurteilungsspielraum, welcher ihnen nach Maßgabe der spezialgesetzlichen Regelungen für Maßnahmen der Geschäftsführung zuzubilligen ist**[88]. Insoweit kommen die Business Judgement Rule verbandsübergreifend, allerdings unter Berücksichtigung gesellschaftsrechtlicher Besonderheiten, zur Anwendung.

Geeignete Maßnahmen zur Krisenbekämpfung kann, wenn drohende Zahlungsunfähigkeit i.S.d. 24
§ 18 Abs. 2 unmittelbar bevorsteht oder eingetreten ist, neben dem Eigenantrag auf Eröffnung eines Insolvenzverfahrens zu dessen Vermeidung insbesondere die Inanspruchnahme des präventiven Restrukturierungsrahmens sein[89]. Die vermögenserhaltende Schutzpflicht des Geschäftsleiters liegt somit in der rechtzeitigen Inanspruchnahme eines Stabilisierungs- und Restrukturierungsrahmens, vorausgesetzt die Geschäftsleiter können nicht bereits zu diesem frühen Zeitpunkt erkennen, dass eine Bestandserhaltung und Überwindung der Krise Aussicht auf Erfolg hat. Eine Pflichtverletzung der Geschäftsleiter liegt folglich dann nicht vor, wenn dieser vernünftigerweise davon ausgehen durfte, auf der Grundlage angemessener Informationen die Interessen der Gläubiger wahren zu können[90]. Ist für die Geschäftsleiter absehbar, dass das Restrukturierungsziel nicht erreicht werden kann, ist zum Schutz der Gläubiger Insolvenzantrag unter Berufung auf drohende Zahlungsunfähigkeit zu stellen[91].

c) Pflicht zur Berichterstattung an Überwachungsorgane

Erlangen die Geschäftsleiter Kenntnis über Entwicklungen, welche den Fortbestand des Unter- 25
nehmens gefährden, haben sie **neben der Erfüllung der Pflicht zur Ergreifung von Gegenmaßnahmen den zur Überwachung der Geschäftsleitung berufenen Organen gem. § 1 Abs. 1 Satz 2 Halbs. 2 unverzüglich Bericht zu erstatten.**[92] Für die AG folgt diese Berichtserstattungspflicht bereits aus § 90 Abs. 1 Satz 1 Nr. 1, Abs. 2 Nr. 1 Halbs. 2 AktG, wenn sich im Hinblick auf grundsätzliche Fragen der Unternehmensplanung die Lage akut verändert hat. Sowohl für die GmbH als auch die Genossenschaften stellt die Berichtspflicht ein Novum dar. Bei der AG und der Genossenschaft ist der Bericht an den Aufsichtsrat zu richten. Überwachungsorgan der GmbH ist die Gesellschafterversammlung, sofern kein (fakultativer) Aufsichtsrat besteht. Die Pflicht zur Berichterstattung an Überwachungsorgane bezieht sich allein auf Organe, welche nach Gesetz oder Satzung gegenüber der Gesellschaft zur laufenden Überwachung der Geschäftsleitung verpflichtet sind. Auf Organe, die wie die Hauptversammlung in der AG lediglich über Maßregeln zur Prüfung und Überwachung der Geschäftsleitung oder die Geltendmachung von Ersatzansprüchen beschließen können, erstreckt sich diese Berichtspflicht nicht[93].

86 *Scholz*, ZIP 2021, 219, 229.
87 *Brinkmans*, ZInsO 2021, 1, 3.
88 RegE Drucks. 19/24181, S. 104.
89 *Smid*, ZInsO 2021, 117, 122.
90 *Smid*, ZInsO 2021, 117, 122.
91 Uhlenbruck-*Fritz* § 43 StaRUG Rn. 31; Pannen/Riedemann/Smid-*Riedemann* § 43 Rn. 44; *Smid*, ZInsO 2021, 117, 122.
92 Uhlenbruck-*Fritz* § 43 StaRUG Rn. 16; Pannen/Riedemann/Smid-*Riedemann* § 43 Rn. 37.
93 *Scholz*, ZIP 2021, 219, 230.

d) Befassungsveranlassungspflicht

26 Gem. § 1 Abs. 1 Satz 3 haben die Geschäftsleiter unverzüglich auf die Befassung anderer Organe hinzuwirken, wenn die zu ergreifenden Maßnahmen deren Zuständigkeiten berühren. **Die Gesellschafter-, Haupt-, General- und Mitgliederversammlung ist somit erst zu befassen, wenn die von der Geschäftsleitung erwogenen Maßnahmen deren Zuständigkeit betreffen.** § 1 Abs. 1 Satz 3 spricht deshalb von »anderen Organen«.

e) Weitergehende spezialgesetzliche Pflichten

27 **Außerhalb des StaRUG bestehende Pflichten der Geschäftsleitung bleiben gem. § 1 Abs. 3 unberührt.** Diese Vorschrift stellt klar, dass die gesellschaftsrechtlichen Pflichten nach anderen Bestimmungen bestehen bleiben[94]. Hierzu gehören insbesondere die gesellschaftsrechtlichen Pflichten aus § 43 Abs. 1 GmbHG, § 93 Abs. 1 AktG, § 34 Abs. 1 GenG, die Pflicht zur Einberufung einer Versammlung der Anteilseigner bei Verlust der Hälfte des gezeichneten Kapitals gem. § 49 Abs. 3 GmbHG, § 92 Abs. 1 AktG, § 33 Abs. 3 GenG[95]. Ferner bleiben die besonderen Pflichten nach Eintritt der Insolvenzreife gem. §§ 15a, 15b InsO unberührt, soweit sich für § 15a InsO nichts anderes aus § 42 Abs. 1 ergibt. Öffentlich-rechtliche Pflichten, insbesondere das Sicherheits- und Ordnungsrecht, Gefahrenabwehrrecht sowie Steuerrecht, sind ebenso mit § 1 Abs. 3 gemeint. Sämtliche dieser Pflichten gelten, soweit nicht das StaRUG die für die Haftung nach diesen Normen relevanten Tatbestandsvoraussetzungen im Einzelfall modifiziert[96].

3. Weitergehende Pflichten bei Rechtshängigkeit der Restrukturierungssache

28 Für die Geschäftsleitung ergeben sich aus dem StaRUG einzeln geregelte ergänzende Pflichten, welche ab Rechtshängigkeit der Restrukturierungssache greifen.

a) Sanierungsbetreibungspflicht

29 **Mit Anzeige des Restrukturierungsvorhabens bei dem Restrukturierungsgericht wird dem Schuldner die Sanierungsbetreibungspflicht nach § 32 Abs. 1 Satz 1 auferlegt.** Die Restrukturierungssache ist mit der Sorgfalt eines ordentlichen und gewissenhaften Sanierungsgeschäftsführers unter Wahrung der Gläubigerinteressen zu betreiben. **Die Konkretisierung dieser Pflicht erfolgt vor dem Hintergrund, dass der Schuldner mit der Anzeige des Restrukturierungsvorhabens zum Ausdruck bringt, drohend zahlungsunfähig zu sein und zur Bewältigung dieser drohenden Zahlungsunfähigkeit die Instrumente des präventiven Restrukturierungsrahmen in Anspruch nehmen möchte**[97]. § 32 Abs. 1 statuiert die Grundpflichten des Schuldners nach Anzeige der Restrukturierungssache. Mit der Anzeige des Restrukturierungsvorhabens formuliert der Schuldner selbst das Restrukturierungsziel und den Fahrplan, an dem sich das unternehmerische Handeln des Schuldners nunmehr auszurichten hat, um in den Genuss der mit der Anzeige verbundenen Privilegien, insb. Aussetzung der Insolvenzantragspflicht gem. § 42 Abs. 1, zu kommen[98]. Bevor der Geschäftsleiter ein Instrument des Stabilisierungs- und Restrukturierungsrahmens in Anspruch nimmt, muss er die Folgen einer solchen Inanspruchnahme sorgfältig abwägen. Insbesondere ist der Restrukturierungsplan vorzubereiten und bei dessen Ausgestaltung sind die §§ 2 ff. zu beachten. Dabei sind die Interessen der Gläubigergesamtheit gem. §§ 32 Abs. 1 Satz 1, 43 Abs. 1 Satz 1 zu berücksichtigen. Der so entwickelte Restrukturierungsplan, dessen Entwurf der Anzeige nach § 31 Abs. 2 Ziffer 1 beizufügen ist, bestimmt das Restrukturierungsziel, ist somit Orientierungsmaßstab und Grundlage für das weitere Handeln der Geschäftsleitung. Jede Form von Ver-

94 *Gehrlein*, BB 2020, 66, 67.
95 *Scholz*, ZIP 2021, 219, 230; Braun-*Ehret*, StaRUG, § 1 Rn. 8.
96 *Smid*, ZInsO 2021, 117, 119.
97 RegE BT-Drucks. 19/24181, S. 146.
98 *Brünkmans*, ZInsO 2021, 1, 8.

schleierung der Verhältnisse und Verzögerung oder gar unmittelbar gläubigerschädigenden Maßnahmen führen zum Pflichtenverstoß[99].

aa) Weisungsgebundenheit an Gesellschafterbeschlüsse

30 § 2 Abs. 2 Satz 2 RegE sah vor, dass Beschlüsse und Weisungen der Überwachungsorgane sowie anderer Organe unbeachtlich sind, soweit sie der gebotenen Wahrung der Gläubigerinteressen entgegenstehen. Im Spannungsverhältnis dazu hat § 2 Abs. 4 RegE gestanden, wonach die Geschäftsleiter nach Maßgabe der allgemeinen Bestimmungen auch die Interessen der an dem Schuldner beteiligten Personen und der sonstigen Beteiligten zu berücksichtigen haben. Beide Regelungen wurden ersatzlos gestrichen. Es stellt sich somit die Frage, ob und inwieweit Weisungen der Gesellschafter bei der Sanierungsbetreibungspflicht zu berücksichtigen sind. Teilweise wird daher angenommen, dass Weisungen der Gesellschafter für die Geschäftsleiter verbindlich und haftungsausschließend sind, selbst dann, wenn durch das weisungsgebundene Handeln Pflichten des § 43 verletzt werden.[100] Dagegen spricht, dass Weisungen nicht schrankenlos zu beachten sind, so dass solche die den Pflichten aus § 43, erst Recht § 30 GmbHG oder § 15b InsO, zuwiderlaufen, unbeachtlich sind.[101] **Ein absoluter Vorrang der Interessen der Gläubigergesamtheit, welcher zur vollständigen Verdrängung der Interessen der Anteilsinhaber des Schuldners führt, ergibt sich aus den §§ 32 Abs. 1 Satz 1, 43 Abs. 1 Satz 1 nicht** (vgl. Rdn. 18). Die Pflicht zur Wahrung der Interessen der Gläubigergesamtheit überlagert die allgemeine Geschäftsleiterverantwortung nur dort, wo Geschäftsführungsentscheidungen mit einem zweckentsprechenden Gebrauch der Instrumente des Stabilisierungs- und Restrukturierungsrahmens in Konflikt geraten. **Die Geschäftsleiter haben folglich weiterhin Weisungen der Gesellschafter zu beachten, als das Restrukturierungsvorhaben nicht gefährdet wird und die Gläubigerinteressen nicht verletzt werden**[102]. Unbeachtlich sind hingegen Weisungen, die gegen die zum Schutz der Gläubiger erlassenen Vorschriften verstoßen, wie insb. § 43.

bb) Sorgfaltsanforderungen

31 Nach § 32 Abs. 1 Satz 2 ist die Restrukturierungssache mit der Sorgfalt eines ordentlichen und gewissenhaften Sanierungsgeschäftsleiters wahrzunehmen. Die Vorschrift konkretisiert den allgemeinen Sorgfaltsmaßstab des § 276 Abs. 2 BGB im Hinblick auf die verfahrensbezogenen Pflichten des Schuldners und deren Geschäftsleiter nach dem StaRUG[103]. **Der Schuldner und seine Geschäftsleiter schulden die Sorgfalt, die ein ordentlicher Geschäftsmann in verantwortlich leitender Position bei selbstständiger Wahrnehmung fremder Vermögensinteressen zu beachten hat**[104]. Die Geschäftsleiter haben wie ein selbstständiger, treuhänderischer Verwalter fremden Vermögens zu handeln[105]. Soweit hierbei primär die Interessen der Gläubigergesamtheit zu wahren sind, agiert der Geschäftsleiter bei der Restrukturierungssache wie ein für die Gläubiger tätiger Verwalter fremden Vermögens[106]. Aus der Sorgfaltspflicht folgt unmittelbar, dass die **Angaben, die mit der Anzeige der Restrukturierungssache nach § 31 Abs. 2 gegenüber dem Restrukturierungsgericht zu erfolgen haben, wahrheitsgemäß sein müssen.**[107] Zwar enthält die Vorschrift keine Verpflichtung zur Eides-

99 RegE BT-Drucks. 19/24181, S. 137.

100 *Eckert/Holze/Ippen*, NZI 2021, 153, 157; *Guntermann*, WM 2021, 214, 220; *Kuntz*, ZIP 2021, 597, 609 f.

101 MK-StaRUG/*J. Schmidt* § 43 Rn. 29; Flöther-*Goetker* § 1 Rn. 36, 42f; *Bitter*, ZIP 2021, 321, 334; *Brünkmans*, ZInsO 2021, 125, 128; *Scholz*, ZIP 2021, 219, 224; *Thole*, BB 2021, 1305, 1351.

102 Uhlenbruck-*Fritz* § 43 StaRUG Rn. 20; *Brünkmans*, ZInsO 2021, 125, 128; *Rauhut*, NZI-Beilage 2021, 52, 54.

103 *Scholz*, ZIP 2021, 219, 225; *Weber/Dömmecke*, NZI-Beilage 2021, 27, 29.

104 Altmeppen/*Altmeppen*, GmbHG, § 43 Rn. 3.

105 OLG Oldenburg, NZG 2007, 434, 435; OLG Zweibrücken, NZG 1999, 506, 507.

106 *Weber/Dömmecke*, NZI-Beilage 2021, 27, 29.

107 Uhlenbruck-*Fritz* § 43 StaRUG Rn. 18.

stattlichen Versicherung der vom Schuldner aufgestellten Behauptungen[108]. Die Wahrheitspflicht folgt dann aber aus den allgemeinen prozessualen Grundsätzen (§ 39, § 138 ZPO).

b) Informationspflichten

aa) Anzeige des Eintritts der Insolvenzreife

32 Während der Rechtshängigkeit, also nach Anzeige einer Restrukturierungssache beim zuständigen Restrukturierungsgericht, ruht zwar gem. § 42 Abs. 1 Satz 1 die Pflicht zur Stellung eines Insolvenzantrages gem. § 15a InsO. Der Schuldner bzw. dessen Geschäftsleiter ist aber gem. §§ 32 Abs. 3, 42 Abs. 1 Satz 2 verpflichtet, dem Restrukturierungsgericht den Eintritt der Zahlungsunfähigkeit i.S.d. § 17 Abs. 2 InsO und, wenn es sich beim Schuldner um eine juristische Person oder rechtsfähige Personengesellschaft i.S.d. § 1 Abs. 2 handelt, auch den Eintritt der Überschuldung i.S.d. § 19 Abs. 2 InsO unverzüglich anzuzeigen. Die eingetretene Insolvenzreife steht der Durchführung der Restrukturierungssache in der Regel entgegen. Das Restrukturierungsgericht kann nach § 33 Abs. 2 Nr. 1 die Restrukturierungssache aufheben. Die Anzeige soll dem Restrukturierungsgericht die Entscheidung ermöglichen, ob die Restrukturierungssache trotz eingetretener Insolvenzreife fortgeführt werden kann oder zu beenden ist[109]. Der Geschäftsleiter muss zwar keinen Insolvenzantrag stellen, aber er hat die Entwicklung seines krisenbehafteten Unternehmens genau zu beobachten, um, sofern ein Insolvenzgrund nach §§ 17, 19 InsO vorliegt, diesen dem Restrukturierungsgericht ohne schuldhaftes Zögern anzuzeigen.[110]

bb) Anzeige bei fehlender Aussicht der Restrukturierungssache

33 Eine weitere Anzeigepflicht ergibt sich aus § 32 Abs. 4. Danach ist der Schuldner verpflichtet, dem Restrukturierungsgericht unverzüglich anzuzeigen, wenn das Restrukturierungsvorhaben keine Aussicht auf Umsetzung hat, insbesondere wenn infolge der erkennbar gewordenen ernsthaften und endgültigen Ablehnung des vorgelegten Restrukturierungsplans durch Planbetroffene nicht davon ausgegangen werden kann, dass die für eine Planannahme erforderlichen Mehrheiten erreicht werden können.[111] Bei Verletzung dieser Pflicht kommt eine Haftung nach § 43 Abs. 1 Satz 2 in Betracht[112]. Die Anzeige enthält ein prognostisches Element. Aus der Sicht des ordnungsgemäß handelnden Sanierungsgeschäftsleiters muss überwiegend wahrscheinlich sein, dass die für die Planannahme erforderlichen Mehrheiten nicht erreicht werden können. Zweifel allein sind unzureichend.

cc) Weitere Mitteilungspflichten gegenüber dem Restrukturierungsgericht

34 Aus § 32 Abs. 2 Satz 1, 2 folgt die Pflicht des Schuldners, dem Restrukturierungsgericht jede wesentliche Änderung mitzuteilen, welche den Gegenstand des angezeigten Restrukturierungsvorhabens und die Darstellung des Verhandlungsstands betrifft. Die Schwelle der Wesentlichkeit ist dabei niedrig anzusetzen, da der Schuldner das Risiko einer abweichenden gerichtlichen Auffassung und damit einer Verfahrensaufhebung gem. § 33 Abs 2 trägt.[113] Wurde eine Stabilisierungsanordnung nach § 39 erwirkt, sind auch unverzüglich wesentliche Änderungen, welche die Restrukturierungsplanung betreffen, mitzuteilen. Diese Informationspflichten bestehen gem. § 32 Abs. 2 Satz 3 auch gegenüber einem vom Restrukturierungsgericht bestellten Restrukturierungsbeauftragten.

108 *Smid*, ZInsO 2021, 117, 123; »schweres Defizit«.
109 RegE BT-Drucks. 19/24181, S. 145; *Gehrlein*, BB 2021, 66, 75.
110 Uhlenbruck-*Fritz* § 43 StaRUG Rn. 14.
111 Uhlenbruck-*Fritz* § 43 StaRUG Rn. 15; Pannen/Riedemann/Smid-*Riedemann* § 43 Rn. 44.
112 *Smid*, ZInsO 2021, 117, 123.
113 Braun-*Weber/Dömmecke* § 32 Rn. 9; Uhlenbruck-*Fritz* § 43 StaRUG Rn. 17.

c) Besondere Pflichten bei Stabilisierungsanordnungen

Der Schuldner hat gem. § 50 die Möglichkeit, Stabilisierungsanordnungen zu beantragen. Dabei hat er **richtige und vollständige Angaben** zu machen. Auch im Zusammenhang mit dieser Vorschrift ist der Gesetzgeber dahin gehend zu kritisieren, dass eine Regelung über eine Pflicht zur Versicherung der Vollständigkeit und Richtigkeit der gemachten Angaben fehlt. Gleichwohl lässt sich die Wahrheitspflicht aus allgemeinen prozessualen Grundsätzen ableiten (vgl. Rdn. 31). Ferner hat der Schuldner gem. § 50 Abs. 1 den Inhalt, den Adressatenkreis sowie die Dauer der beantragten Stabilisierungsanordnung zu bezeichnen. Darüber hinaus hat er gem. § 50 Abs. 2 dem Antrag eine Restrukturierungsplanung mit dem im Gesetz genannten Umfang beizufügen. Schließlich sind Erklärungen gem. § 50 Abs. 3 abzugeben. Verletzt der Schuldner diese Pflichten, richtige und vollständige Angaben zum Antrag auf Erlass von Stabilisierungsanordnungen zu machen, sind die Geschäftsleiter gem. § 57 Satz 1 den davon betroffenen Gläubigern zum Ersatz des daraus entstandenen Schadens verpflichtet. Hierbei handelt es sich um eine Außenhaftung. Für die Innenhaftung greift § 43 Abs. 1 Satz 2. 35

d) Besondere Pflichten gegenüber dem Restrukturierungsbeauftragten

§ 76 Abs. 5 normiert die Pflicht des Schuldners, dem nach § 73 obligatorisch bestellten Restrukturierungsbeauftragten die erforderlichen Auskünfte zu erteilen, ihm Einsicht in die Bücher und Geschäftsunterlagen zu gewähren und ihn bei der Erfüllung seiner Aufgaben zu unterstützen. Wurde ein Restrukturierungsbeauftragter bestellt, ist der Schuldner gem. § 32 Abs. 2 Satz 3 verpflichtet, ihm jede wesentliche Änderung mitzuteilen, welche den Gegenstand des angezeigten Restrukturierungsvorhabens und die Darstellung des Verhandlungsstands tangieren. Ferner obliegt dem Schuldner bei Erwirken einer Stabilisierungsanordnung, dem Restrukturierungsbeauftragten auch unverzüglich wesentliche Änderungen mitzuteilen, welche die Restrukturierungsplanung betreffen. 36

II. Verschulden

Ein Schadenersatzanspruch nach § 43 Abs. 1 Satz 2 setzt voraus, dass der Geschäftsleiter die Pflichtverletzung zu vertreten hat. Der Verschuldungsmaßstab ergibt sich aus den §§ 276 ff. BGB. Danach haben die Geschäftsleiter gem. § 276 Abs. 1 Satz 1 BGB Vorsatz und Fahrlässigkeit zu vertreten, ausreichend ist jede Form der Fahrlässigkeit.[114] § 43 Abs. 1 Satz 2 bestimmt keine eigene Verschuldensanforderung an die Geschäftsführerhaftung[115]. Der Sorgfaltsmaßstab des § 276 Abs. 2 BGB wird durch § 43 Abs. 1 Satz 1 konkretisiert[116] und verschärft diesen. Vorausgesetzt wird ein eigenes Verschulden des Geschäftsleiters. Eine Zurechnung von Verschulden anderer Organmitglieder, von Mitarbeitern der Gesellschaft oder Beratern nach § 278 BGB erfolgt nicht.[117] 37

III. Schaden

Der Anspruch des § 43 Abs. 1 Satz 2 ist auf den kausalen **Gesamtschaden** gerichtet[118]. **Einzelschäden von Gläubigern sind somit durch § 43 Abs. 1 Satz 2 nicht kompensierbar**[119]. Der Gesetzgeber hat damit auf die berechtigten Zweifel an der Funktionsweise und Anreizwirkung einer Außenhaftung durch Einführung einer Innenhaftung reagiert[120]. Die Begründung zu § 3 RegE, welcher ebenfalls eine Innenhaftung bezogen auf den Gesamtschaden der Gläubiger vorsah, definiert den Schaden 38

114 MK-StaRUG/*J. Schmidt* § 43 Rn. 35; Braun-Weber/*Dömmecke* § 43 Rn. 10.
115 *Smid*, ZInsO 2021, 117, 118.
116 *Scholz*, ZIP 2021, 219, 225; *Weber/Dömmecke*, NZI-Beilage 2021, 27, 29.
117 MK-StaRUG/*J. Schmidt* § 43 Rn. 37.
118 MK-StaRUG/*J. Schmidt* § 43 Rn. 39; *Scholz*, ZIP 2021, 219, 224; *Brünkmans*, ZInsO 2021, 125, 128; *Smid*, ZInsO 2021, 117; *Bitter*, ZIP 2021, 321, 333; *Gehrlein*, BB 2020, 66, 75.
119 *Brünkmans*, ZInsO 2021, 125, 128.
120 Bericht des 6. Rechtsausschusses Recht und Verbraucherschutz, BT-Drucks. 19/25353, S. 8.

des Unternehmensträgers als jenen Verlust, den die Gläubiger zu tragen haben, und der dazu führt, dass die Krise vertieft und der Unternehmensträger sich weiter von dem Zustand entfernt, der es ihm erlaubt, außerhalb eines Insolvenzverfahrens weiter seinem Zweck nachzugehen[121]. Nach der Vorstellung des Gesetzgebers ist damit ein Quotenschaden zu ersetzen, den die Gläubiger gemeinschaftlich durch eine Verminderung des schuldnerischen Vermögens erlitten haben, bspw. durch Verminderung der Aktiva oder Erhöhung der Passiva. **Nach Vorstellung des Gesetzgebers handelt es sich um einen Schaden des Unternehmensträgers, weil sich mit jedem Verlust, den die Gläubiger zu tragen haben, die Krise vertieft und der Unternehmensträger sich weiter von dem Zustand entfernt, der es ihm erlaubt, außerhalb eines Insolvenzverfahrens weiter seinem Zweck nachzugehen**[122]. Der Schaden wird nach alledem dadurch ermittelt, dass von dem Saldo der Aktiva und Verbindlichkeiten der Gesellschaft nach und aufgrund der die Interessen der Gläubiger schädigenden Pflichtverletzung des Geschäftsleiters die Differenz der zuvor bestehenden Aktiva und Verbindlichkeiten in Abzug gebracht wird[123]. Der Schadensumfang wird daher dem Insolvenzverschleppungsschaden i.S.d. BGH-Rechtsprechung zur Haftung des Steuerberaters gleichzusetzen sein[124]. Da es um den Schaden des Unternehmensträgers geht, sind auch Schäden von Gläubigern, die nicht formell an der Restrukturierung beteiligt sind, bspw. weil deren Forderung nicht gestaltet werden soll, einzubeziehen.[125] Der Schaden berechnet sich entsprechend dem Quotenschaden der Insolvenzgläubiger aus der Differenz zwischen dem Saldo von Vermögen und Verbindlichkeiten ohne die Pflichtverletzung und dem aus der Pflichtverletzung resultierenden Saldo von Vermögen und Verbindlichkeiten.[126] Als Beweiserleichterung zur Ermittlung der Schadenshöhe steht § 287 ZPO zur Verfügung.[127]

IV. Anspruchsgeltendmachung

39 Die Geschäftsleiterhaftung gem. § 43 Abs. 1 Satz 2 ist abweichend von § 45 RegE als reine Innenhaftung ausgestaltet. **Anspruchsinhaber ist somit der Schuldner**. Eine direkte Inanspruchnahme der Geschäftsleiter durch die Gläubiger ist ausgeschlossen[128]. Im StaRUG fehlt es an einer §§ 92, 280 InsO vergleichbaren Einziehungsbefugnis zugunsten des Restrukturierungsbeauftragten. Stattdessen hat der Gesetzgeber die Ansprüche dem Schuldner als Anspruchsinhaber zugewiesen. Das präventive Restrukturierungsverfahren kennt keine Partei kraft Amtes, die wie ein Insolvenzverwalter für die Einziehung von Ansprüchen des Schuldners berechtigt ist. **Der Restrukturierungsbeauftragte ist hierfür nicht zuständig**[129]. Eine analoge Anwendung der §§ 92, 280 InsO auf den Restrukturierungsbeauftragten kommt mangels planwidrigen Regelungslücke nicht in Betracht[130]. Im Insolvenzfall obliegt dem Insolvenzverwalter die Anspruchsdurchsetzung nach §§ 80, 92 InsO, bei angeordneter Eigenverwalter dem Sachwalter (§ 280 InsO).[131]

40 Als auf Ersatz eines Gesamtschadens gerichteter Anspruch der Gesellschaft gegen den Geschäftsführer ist der Schadenersatz bei einer GmbH von den Gesellschaftern nach § 46 Nr. 8 GmbHG geltend zu machen[132]. Bei der AG bzw. Genossenschaft vertritt der Aufsichtsrat Vorstandsmitglieder

121 RegE, BT-Drucks. 19/24181, S. 108.
122 RegE, BT-Drucks. 19/24181, S. 108.
123 *Smid*, ZInsO 2021, 117, 118, der allerdings nur auf die Differenz der Verbindlichkeiten abstellt und damit auch die Möglichkeit der Reduzierung des Aktivvermögens unberücksichtigt lässt.
124 BGH, ZInsO 2017, 432 Rn. 52.
125 Uhlenbruck-*Fritz* § 43 StaRUG Rn. 26.
126 MK-StaRUG/*J. Schmidt* § 43 Rn. 39.
127 Uhlenbruck-*Fritz* § 43 StaRUG Rn. 25; *Weber/Dömmecke*, NZI-Beilage 2021, 27, 29.
128 *Kranzfelder/Ressmann*, ZInsO 2021, 191, 195.
129 *Smid*, ZInsO 2021, 117, 118.
130 *Brünkmans*, ZInsO 2021, 125, 128.
131 *Brünkmans*, ZInsO 2021, 125, 128; *Hölzle/Curtze*, ZIP 2021, 1293, 1300; *Huber/Kranzfelder/Wiedeck*, DB 2021, 2880, 2882.
132 *Smid*, ZInsO 2021, 117, 118.

gegenüber der Gesellschaft gerichtlich und außergerichtlich (§ 112 Satz 1 AktG, § 39 Abs. 1 Satz 1 GenG). Bei Personenhandelsgesellschaften ist nach § 124 Abs. 1 HGB zur Vertretung der Gesellschaft jeder Gesellschafter ermächtigt, soweit er nicht durch den Gesellschaftsvertrag von der Vertretung ausgeschlossen ist. Die Vertretungsmacht der Gesellschafter erstreckt sich nach § 124 Abs. 4 HGB auf alle gerichtlichen und außergerichtlichen Geschäfte und Rechtshandlungen. Ist die Einzelvertretung durch die Satzung ausgeschlossen, kommt eine gesamthänderische Einzelklagebefugnis in Betracht, mittels der die Mitwirkung des Ersatzpflichtigen ersetzt wird[133].

Bei einer Einmann-GmbH oder bei einer GmbH & Co. KG, bei welcher der alleinige Kommanditist zugleich alleiniger Gesellschafter-Geschäftsführer der Komplementärin ist, **bestehen praktische Durchsetzungsschwierigkeiten**. Es ist überwiegend unwahrscheinlich, dass der Gesellschafter den Schadenersatzanspruch des Schuldners gem. § 46 Nr. 8 GmbHG gegen sich selbst geltend macht. In diesem Fall bleibt nur die Möglichkeit, den Schadenersatzanspruch im Fall des Scheiterns und Aufhebung der Restrukturierungssache in dem sich anschließenden Insolvenzverfahren durch den Insolvenzverwaltern nach § 92 InsO geltend zu machen[134]. 41

F. Gesamtschuldnerische Haftung

Schadenersatzpflichtig nach § 43 Abs. 1 Satz 2 ist nur das jeweilige Mitglied der Geschäftsleitung, welches die ihm obliegende Pflicht verletzt hat.[135] Die übrigen Mitglieder der Geschäftsleitung haften grundsätzlich nicht mit. Eine Zurechnung von Fehlverhalten anderer Organmitglieder, nachgeordneten Mitarbeitern oder externer Berater nach § 278 BGB erfolgt regelmäßig nicht[136]. Eine Mithaftung der weiteren Geschäftsleiter kann sich aber dann aus der Verletzung eine Überwachungspflicht ergeben. Eine **Ressortaufteilung** auf der Ebene der Geschäftsführung kann haftungseinschränkend sein.[137] Eine solche Geschäftsverteilung setzt eine klare und eindeutige Abgrenzung der Geschäftsführungsaufgaben aufgrund einer von allen Mitgliedern des Organs mitgetragenen Aufgabenzuweisungen voraus, welche die vollständige Wahrnehmung der Geschäftsführungsaufgaben durch hierfür fachlich und persönlich geeignete Personen sicherstellt und ungeachtet der Ressortzuständigkeit eines einzelnen Geschäftsführers die Zuständigkeit des Gesamtorgans insbesondere für nicht delegierbare Angelegenheiten der Geschäftsführung wahrt[138]. Liegt eine solche Ressortaufteilung vor, kann sich eine gesamtschuldnerische Haftung dennoch ergeben, wenn ein Geschäftsleiter eine in sein Ressort fallende Pflicht verletzt und die übrigen Geschäftsleiter ihre ressortübergreifende Beobachtungs- und Überwachungspflicht missachten[139]. 42

Beruht der Schaden auf pflichtwidrigem Verhalten mehrerer Geschäftsführer, haften diese gesamtschuldnerisch[140]. Der Innenregress richtet sich dann nach § 426 BGB. Ein Ausgleich zu gleichen Teilen erfolgt, soweit nicht ein anderes bestimmt ist. Letzteres kann sich aus unterschiedlich zu gewichtenden Verantwortungsbeiträgen ergeben, so etwa zwischen dem in erster Linie verantwortlichen Ressortinhaber einerseits und dessen Geschäftsführerkollegen andererseits, wenn diese lediglich ihre Beobachtungs- und Überwachungspflichten vernachlässigt haben[141]. 43

133 *Smid*, ZInsO 2021, 117, 118.

134 *Brinkmans*, ZInsO 2021, 125, 128; *Weber/Dömmecke*, NZI-Beilage 2021, 27, 28.

135 MK-StaRUG/*J. Schmidt* § 43 Rn. 36.

136 MK-StaRUG/*J. Schmidt* § 43 Rn. 36; Scholz/*Verse*, GmbHG, § 43 Rn. 277; Noack/Servatius/Haas-*Beurskens*, GmbHG, § 43 Rn. 59.

137 MK-StaRUG/*J. Schmidt* § 43 Rn. 34.

138 BGH, ZInsO 2019, 394 Rn. 19 ff.

139 Lutter/Hommelhoff-*Kleindiek*, GmbHG, § 43 Rn. 29; Noack/Servatius/Haas-*Beurskens*, GmbHG, § 43 Rn. 59.

140 Uhlenbruck-*Fritz* § 43 StaRUG Rn. 25; *Smid*, ZInsO 2021, 117, 118; Lutter/Hommelhoff-*Kleindiek*, GmbHG, § 43 Rn. 38.

141 Lutter/Hommelhoff-*Kleindiek*, GmbHG, § 43 Rn. 38.

G. Beweislast

44 Es gelten die allgemeinen Grundsätze zur Darlegungs- und Beweislast. Der Schuldner muss die anspruchsbegründeten Tatsachen darlegen und ggf. beweisen. Hierzu gehören grundsätzlich die Pflichtverletzung des Geschäftsleiters, der Schadensumfang sowie die haftungsbegründende und haftungsausfüllende Kausalität. Für die Darlegungs- und Beweislast betreffend die Pflichtverletzung sind gesellschaftsrechtliche Besonderheiten zu beachten, die auf die Haftung nach § 43 Abs. 1 Satz 2 zu übertragen sind.[142] Eine GmbH trifft im Rechtsstreit um Schadensersatzansprüche gegen ihren Geschäftsführer gem. § 43 Abs. 2 GmbHG – entsprechend den Grundsätzen zu § 93 Abs. 2 AktG, § 34 Abs. 2 GenG – die Darlegungs- und Beweislast nur dafür, dass und inwieweit ihr durch ein Verhalten des Geschäftsführers in dessen Pflichtenkreis ein Schaden erwachsen ist. Hingegen hat der Geschäftsführer darzulegen und erforderlichenfalls zu beweisen, dass er seinen Sorgfaltspflichten gem. § 43 Abs. 1 GmbHG nachgekommen ist oder ihn kein Verschulden trifft, oder dass der Schaden auch bei pflichtgemäßem Alternativverhalten eingetreten wäre[143]. Dabei genügt der Schuldner seiner Darlegungslast zur Pflichtverletzung bereits, wenn er Tatsachen vorträgt, dass ihm durch ein möglicherweise pflichtwidriges Verhalten des Geschäftsführers ein Schaden entstanden ist, während der Geschäftsführer sodann darlegen und beweisen muss, dass er die Sorgfalt eines ordentlichen und gewissenhaften Geschäftsleiters angewandt hat[144]. Das Darlegungs- und Beweismaß aufseiten des Schuldners als Anspruchsinhaber reduziert sich betreffend die Pflichtwidrigkeit darauf, dass nur ein möglicherweise pflichtwidriges Verhalten des Geschäftsführers zu belegen ist[145]. Für die Darlegung des Schadens sowie der haftungsauslösenden Kausalität hilft dem Schuldner die Erleichterung des § 287 Abs. 1 ZPO[146]. Die Haftung des Geschäftsleiters entfällt, wenn dieser die Pflichtverletzung nicht zu vertreten hat, § 43 Abs. 1 Satz 2 Halbs. 2. Die Beweislast dafür betrifft den Geschäftsleiter[147], da das Verschulden durch das Gesetz vermutet wird (»es sei denn«).[148] Die Geschäftsleiter können sich exkulpieren, indem sie nachweisen, dass die Restrukturierungssache mit der Sorgfalt eines ordentlichen und gewissenhaften Geschäftsleiters betrieben haben und die Interessen der Gesamtheit der Gläubiger gewahrt wurden.

H. Verzicht oder Vergleich

45 § 43 Abs. 2 Satz 1 verbietet einen Verzicht des Schuldners auf die Schadenersatzansprüche gegen seine Geschäftsleiter, soweit der Ersatz zur Befriedigung der Gläubiger erforderlich ist. Auch ein Vergleich über die Schadenersatzansprüche ist ausgeschlossen. Dieses Verbot gilt nur dann nicht, wenn der Geschäftsleiter selbst insolvent ist und der Vergleich zur Abwendung oder in Gestalt eines Insolvenzplans zur Bewältigung dieser persönlichen Insolvenz dient oder wenn im Fall der Insolvenz des Schuldners dessen Insolvenzverwalter für ihn handelt, § 43 Abs. 2 Satz 2. § 43 Abs. 2 entspricht dem Grundsatz, denen gesellschaftsrechtliche Haftungsansprüche bei der Verletzung gläubigerschützender Pflichten unterliegen[149]. Tatsächlich steht die Regelung aber nur § 9b Abs. 1 GmbH gleich. § 43 Abs. 2 bleibt hinter dem Rechtsfolgenregime des § 93 Abs. 5 Satz 1, 3 AktG zurück und lässt außerdem die Anordnung des § 43 Abs. 3 Satz 3 GmbHG bei Verletzung gläubigerschützender Pflichten vermissen, wonach die Verpflichtung der Geschäftsführer nicht dadurch auf-

142 MK-StaRUG/*J. Schmidt* § 43 Rn. 42.

143 MK-StaRUG/*J. Schmidt* § 43 Rn. 44; BGH, NJW 2003, 358; BGH, NZG 2014, 1058 Rn. 33 zu § 43 Abs. 2 GmbHG.

144 BGH, NJW 2009, 2598 Rn. 5; BGH, ZIP 2008, 736 zu § 43 GmbHG.

145 Abweichend *Scholz*, ZIP 2021, 219, 225: keine Beweislastumkehr analog § 93 Abs. 2 Satz 2 AktG, dafür im Einzelfall sekundäre Darlegungslast.

146 Uhlenbruck-*Fritz* § 43 StaRUG Rn. 25; *Weber/Dömmecke*, NZI-Beilage 2021, 27, 29; BGH, NJW 2003, 358 zu § 43 GmbHG.

147 MK-StaRUG/*J. Schmidt* § 43 Rn. 37, 44; *Scholz*, ZIP 2021, 219, 225; *Smid*, ZInsO 2021, 117, 118; *Kranzfelder/Ressmann*, ZInsO 2021, 191, 195.

148 *Hölzle/Curtze*, ZIP 2021, 1293, 1300; *Korch*, GmbHR 2021, 793, 794.

149 Bericht des 6. Rechtsausschusses Recht und Verbraucherschutz, BT-Drucks. 19/25353, S. 8.

gehoben werden kann, dass diese in Befolgung eines Beschlusses der Gesellschafter gehandelt haben, soweit der Ersatz zur Befriedigung der Gläubiger erforderlich ist. Die Berufung auf die Befolgung eines Beschlusses der Gesellschafter wird im Fall des § 43 Abs. 1 Satz 2 keine haftungsfreistellende Folge haben, da dies dem Gläubigerschutz widerspricht. **Die den Geschäftsleitern nach §§ 32 Abs. 1, 43 Abs. 1 Satz 1 obliegenden Pflichten können folglich nicht durch gegenläufige Beschlüsse der Gesellschafterversammlung infrage gestellt werden**[150].

Ein Verzicht i.S.d. Vorschrift ist weit zu verstehen. Erfasst sind sowohl der Erlassvertrag und negative Schuldanerkenntnis nach § 397 BGB, als auch ein Entlastungsbeschluss der Gesellschafterversammlung, soweit diesem Verzichtswirkung zukommt[151]. Der Begriff des Vergleiches entspricht § 779 BGB, ein Prozessvergleich ist ebenso erfasst. Maßgeblicher Beurteilungszeitpunkt für die Erforderlichkeit der Gläubigerbefriedigung ist der Abschluss des Vergleiches oder des Verzichts. Ein solcher ist nur wirksam, wenn feststeht, dass bis zur Verjährung des Anspruches keine weitergehende Geltendmachung für die Gläubigerbefriedigung erforderlich werden kann. **Die Unwirksamkeit des Vergleichs oder Verzichts wird zur Gläubigerbefriedigung regelmäßig dann erforderlich sein, wenn der Schuldner nicht in der Lage ist, alle Gläubigeransprüche vollständig zu befriedigen. Etwaige Zweifel gehen zulasten der Geschäftsleiter.**[152] Der Schadenersatz ist daher auf jeden Fall zur Befriedigung erforderlich, wenn die Gesellschaft ohne ihn überschuldet oder zahlungsunfähig ist[153], aber auch bereits bei bestehenden ernsthaften Zahlungsschwierigkeiten.[154] Kann der Schuldner hingegen sämtliche Verbindlichkeiten tilgen, ist eine Vergleich/Verzicht wirksam. Unabhängig von der Erforderlichkeit für die Gläubigerbefriedigung ist ein Verzicht oder Vergleich nach § 43 Abs. 2 Satz 2 wirksam, wenn sich der Geschäftsleiter zur Abwendung eines Insolvenzverfahrens über sein Vermögen mit seinen Gläubigern vergleicht, die Ersatzpflicht in einem Insolvenzplan geregelt wird oder wenn für den Schuldner ein Insolvenzverwalter handelt. 46

I. Verjährung

Gem. § 43 Abs. 3 Satz 1 verjährt der Haftungsanspruch aus § 43 Abs. 1 Satz 2 nach Ablauf von 5 Jahren. Ist der Schuldner im Zeitpunkt der Pflichtverletzung eine börsennotierte Gesellschaft, beträgt die Verjährungsfrist nach § 43 Abs. 3 Satz 2 10 Jahre. Die in § 43 Abs. 3 enthaltenen Verjährungsregelungen entsprechen den Vorschriften zur Verjährung von gesellschaftsrechtlichen Ersatzansprüchen, welche sich an die Verletzung gläubigerschützender Pflichten knüpfen[155]. Die Verjährungsvorschriften sind mit denjenigen der gesellschaftsrechtlichen Haftungsansprüche aus § 43 Abs. 4 GmbHG, § 93 Abs. 6 AktG, § 34 Abs. 6 GenG vergleichbar. Der Lauf der Verjährung beginnt mit der Entstehung des Anspruchs.[156] Der Entstehungszeitpunkt wird danach bestimmt, wann der Anspruch erstmals geltend gemacht werden konnte. Bei der Gesellschaft setzt das einen dem Grunde nach bereits eingetretenen und nicht bloß drohenden Schaden voraus, wenn auch die Schadenshöhe noch nicht bezifferbar sein muss[157]. Auf die Kenntnis der Gesellschafter von den anspruchsbegründenden Tatsachen kommt es für den Beginn des Fristenlaufes nicht an. § 199 Abs. 1 BGB findet auf spezialgesetzliche Verjährungsfristen keine Anwendung[158]. Beruht der Schaden auf meh- 47

150 *Scholz*, ZIP 2021, 219, 224.
151 MK-StaRUG/*J. Schmidt* § 43 Rn. 51; BGH, NJW-RR 1986, 1293, 1294 zu §§ 30, 43 GmbHG.
152 Uhlenbruck-*Fritz* § 43 StaRUG Rn. 29; BeckOK-StaRUG/*Mock* § 43 Rn. 23.
153 MK-StaRUG/*J. Schmidt* § 43 Rn. 53; Scholz/*Veil*, GmbHG, § 9b Rn. 8.
154 MK-StaRUG/*J. Schmidt* § 43 Rn. 53; Scholz/*Veil*, GmbHG, § 9b Rn. 8.
155 Bericht des 6. Rechtsausschusses Recht und Verbraucherschutz, BT-Drucks. 19/25353, S. 8.
156 MK-StaRUG/*J. Schmidt* § 43 Rn. 60; BGH, NZG 2018, 1301 Rn. 16 f. zu § 93 Abs. 6 AktG; BGH, NJW 2009, 68 Rn. 16 zu § 43 Abs. 2 GmbHG.
157 BGH, ZIP 2018, 2117; OLG Brandenburg, GmbHR 2018, 578, 579; Lutter/Hommelhoff-*Kleindiek*, GmbHG, § 43 Rn. 67.
158 BGHZ, 110, 190, 199; BGH, GmbHR 2008, 1319, 1321.

reren Handlungen, welche als einheitliches Geschehen zu betrachten sind, ist maßgeblich für den Verjährungsbeginn erst der Abschluss des letzten Teilakts[159].

J. Verhältnis zu anderen Haftungsnormen

48 Streitig ist, ob während der Rechtshängigkeit der Restrukturierungssache die gesellschaftsrechtlichen Haftungstatbestände **parallel zu § 43 anwendbar**[160] **sind oder durch § 43 als lex specialis verdrängt werden.**[161] Um Haftungslücken zu vermeiden, sind bei der Verletzung von allgemeinen Geschäftsführerpflichten während der Rechtshängigkeit der Restrukturierungssache die gesellschaftsspezifischen allgemeinen Haftungsnormen wie § 93 Abs. 2 AktG oder§ 43 Abs. 2 GmbHG weiterhin anwendbar, während ein Verstoß gegen restrukturierungsspezifische durch § 43 sanktioniert wird. Verletzt der Geschäftsleiter beim Betrieb der Restrukturierungssache sowohl seine Pflichten aus § 43 als auch seine rechtsformspezifischen allgemeinen Handlungspflichten, kommen Ansprüche aus § 43 und den lex generalis der § 93 Abs. 2 AktG/§ 43 Abs. 2 GmbHG nebeneinander in Betracht.

49 Erwirkt der Schuldner eine Stabilisierungsanordnung aufgrund vorsätzlich oder fahrlässig falscher Angaben, haftet der Geschäftsleiter gegenüber den Gläubigern nach § 57. § 57 als Außenhaftung verdrängt nicht § 43[162], sondern kommt neben der Innenhaftung des § 43 zur Anwendung.[163]

50 **§ 43 ist kein Schutzgesetz i.S.d. § 823 Abs. 2 BGB.**[164] Gegen die Annahme eines Schutzgesetzes spricht, dass § 43 eine reine Innenhaftung für einen Gesamtgläubigerschaden, hingegen keine Außenhaftung für individuelle Gläubigerschäden vorsieht.

51 Tritt während der Rechtshängigkeit der Restrukturierungssache Insolvenzreife nach §§ 17, 19 InsO ein, ist dies nicht nur nach § 42 anzeigepflichtig, sondern die Geschäftsleiter können zusätzlich **aus § 15b InsO** haften.[165]

§ 44 Verbot von Lösungsklauseln

(1) [1]Die Rechtshängigkeit der Restrukturierungssache oder die Inanspruchnahme von Instrumenten des Stabilisierungs- und Restrukturierungsrahmens durch den Schuldner ist ohne Weiteres kein Grund
1. **für die Beendigung von Vertragsverhältnissen, an denen der Schuldner beteiligt ist,**
2. **für die Fälligstellung von Leistungen oder**
3. **für ein Recht des anderen Teils, die diesem obliegende Leistung zu verweigern oder die Anpassung oder anderweitige Gestaltung des Vertrags zu verlangen.**

[2]Sie berühren ohne Weiteres auch nicht die Wirksamkeit des Vertrags.

(2) Dem Absatz 1 entgegenstehende Vereinbarungen sind unwirksam.

(3) [1]Die Absätze 1 und 2 gelten nicht für Geschäfte nach § 104 Absatz 1 der Insolvenzordnung und Vereinbarungen über das Liquidationsnetting nach § 104 Absatz 3 und 4 der Insolvenzordnung und Finanzsicherheiten im Sinne von § 1 Absatz 17 des Kreditwesengesetzes. [2]Dies gilt auch für Geschäfte, die im Rahmen eines Systems nach § 1 Absatz 16 des Kreditwesengesetzes der Verrechnung von Ansprüchen und Leistungen unterliegen.

---

159 BGH, GmbHR 2008, 1033, 1034; BGH, ZIP 2018, 2117 Rn. 18.

160 So MK-StaRUG/*J. Schmidt* § 43 Rn. 62; Uhlenbruck-*Fritz* § 43 StaRUG Rn. 33; *Korch*, GmbHR 2021, 793, 799; *Scholz*, ZIP 2021, 219, 225.

161 *Kuntz*, ZIP 2021, 597, 607; Pannen/Riedemann/Smid-*Riedemann* § 43 Rn. 78.

162 So aber MK-StaRUG/*J. Schmidt* § 43 Rn. 63; BeckOK-StaRUG/*Mock* § 57 Rn. 5.

163 Ebenso Uhlenbruck-*Fritz* § 43 StaRUG Rn. 32.

164 Uhlenbruck-*Fritz* § 43 StaRUG Rn. 32; MK-StaRUG/*J. Schmidt* § 43 Rn. 64; *Korch*, GmbHR 2021, 793, 799, *Scholz*, ZIP 2021, 219, 225; *Thole*, BB 2021, 1347, 1351.

165 Morgen-*Demisch/Schwencke* § 43 Rn. 125–127.

A. Normzweck

Die Norm wurde während des Gesetzgebungsverfahrens inhaltlich kaum, sondern nur teilweise strukturell geändert. Die Rechtsfolgen sind in den Ziffern 1 bis 3 des Abs. 1 übersichtlicher dargestellt worden. Ferner wurde Abs. 3 teilweise ergänzt. 1

Die Vorschrift ist dem **Regelungsinhalt des § 119 InsO nachgebildet.** § 44 ist systematisch und teleologisch mit § 119 InsO verwandt[1]. Der gesetzgeberische Zweck ist, dass die Restrukturierungssache und die Inanspruchnahme von Instrumenten des Restrukturierungsrahmens an sich ohne Weiteres keine Auswirkungen auf den Bestand der Vertragsverhältnisse haben sollen. Der Bestand der Vertragsverhältnisse soll als Grundlage für die Erreichung des Restrukturierungsziels dem Schuldner unverändert erhalten bleiben.[2] Bspw. soll sichergestellt werden, dass betriebsnotwendige Miet- und Leasinggegenständen während der Rechtshängigkeit der Restrukturierungssache weiterhin genutzt werden können und Kreditlinien unverändert zur Verfügung stehen. Zudem soll vermieden werden, dass durch vorzeitige Fälligstellung Zahlungsunfähigkeit eintritt und deshalb die Restrukturierungsache aufgehoben wird.[3] § 44 bezweckt somit eine Stabilisierung der Betriebsfortführung im vertraglich vorhandenen Rahmen.

§ 44 setzt die Bestimmung aus Art. 7 Abs. 5 der Richtlinie (EU) 2019/1023 um. Danach haben die Mitgliedstaaten sicherzustellen, dass weder die Beantragung oder Eröffnung von Verfahren des präventiven Rahmens noch insbesondere die Gewährung einer Aussetzung der Einzelzwangsvollstreckung den Anknüpfungspunkt für vertragliche Klauseln bieten darf, die es den Vertragsgegnern des Schuldners ohne Weiteres erlauben, sich vom Vertrag zu lösen, diesen zu gestalten, Leistungen fällig zu stellen oder zu verweigern[4]. Solche Vertragsklauseln müssen unwirksam sein, sofern die Fälligstellungs-, Loslösungs-, Gestaltungs- oder Leistungsverweigerungsrechte allein an die genannten Tatbestände anknüpfen. **Von diesen Einschränkungen bleiben hingegen Klauseln unberührt, welche zusätzlich Bezug zu weiteren Gründen haben, insbesondere ein Verzug des Schuldners oder eine sonstige Leistungsstörung**[5]. Mit § 44 wird verhindert, dass Vertragspartner des Schuldners den Sanierungserfolg des Restrukturierungsvorhabens durch die Ausübung von Rechten in Bezug auf den Vertrag gefährden oder verhindern. Aus diesem Grund sind weder die Anzeige einer Restrukturierungssache noch die Inanspruchnahme von Instrumenten des Stabilisierungs- und Restrukturierungsrahmens durch den Schuldner ein Grund, Gestaltungsrechte oder Leistungsverweigerungsrecht auszuüben. Die gleiche Zielrichtung verfolgt § 55, der im Fall einer Stabilisierungsanordnung § 44 um weitergehende Einschränkungen in Bezug auf vertragliche Leistungsverweigerungs-, Vertragsbeendigungs- und Abänderungsrechte ergänzt.

1 *Heckschen/Weitbrecht*, NZI 2020, 976, 977; *Thole*, ZIP 2020, 1985, 1993; MK-StaRUG/*Fritz* § 44 Rn. 2.
2 Pannen/Riedemann/Smid-*Riedemann* § 44 Rn. 3 f.; MK-StaRUG/*Fritz* § 44 Rn. 3.
3 Uhlenbruck-*Fritz* § 44 StaRUG Rn. 2; *Heckschen/Weitbrecht*, NZI 2020, 976.
4 RegE BT-Drucks. 19/24181, S. 146.
5 RegE BT-Drucks. 19/24181, S. 146; vgl. Rdn. 6.

1a Die Ausnahmeregelung des § 44 Abs. 3 für bestimmte bankrechtliche Rechtsgeschäfte beruht auf den Regelungen der Finanzsicherheitsrichtlinie 2022/41/EG und der Finalitätsrichtlinie 1998/26/EG, die gem. § 31 Abs. 1 der Richtlinie (EU) 2019/1023 unberührt bleiben sollen.[6]

B. Überblick

2 § 44 Abs. 1 Satz 1 regelt zunächst, dass die Rechtshängigkeit der Restrukturierungssache oder die Inanspruchnahme von Stabilisierungs- und Restrukturierungsinstrumenten durch den Schuldner dem Vertragsgegner ohne Weiteres kein Recht zur Beendigung des Vertragsverhältnisses, zur Fälligstellung von Leistungen, zur Leistungsverweigerung, zur Anpassung oder anderweitigen Gestaltung des Vertrages gewähren. Klarstellend ergänzt § 44 Abs. 1 Satz 2, dass die Rechtshängigkeit der Restrukturierungssache oder die Inanspruchnahme von Stabilisierungs-/Restrukturierungsmaßnahmen die Wirksamkeit des Vertrages nicht berühren. Aus § 44 Abs. 2 ergibt sich, dass der Norm entgegenstehende Vertragsklauseln, welche Rechtsfolgen nur an die Anzeige einer Restrukturierungssache oder der Inanspruchnahme von Instrumenten anknüpfen, unwirksam sind. Vertragliche Vereinbarungen, welche zusätzlich eine oder mehrere weitere Voraussetzungen enthalten, wie insbesondere einen Verzug des Schuldners oder sonstige Leistungsstörungen, bleiben hingegen zulässig. Ausgenommen von den Rechtsfolgen des § 44 Abs. 1, Abs. 2 bleiben die in § 44 Abs. 3 genannten Geschäfte und Vereinbarungen.

C. Anwendungsbereich

3 Die Vorschrift ist **beschränkt auf Vertragsverhältnisse**, an denen der Schuldner beteiligt ist.[7] Dies folgt einerseits aus dem Wortlaut des § 44 Abs. 1 Satz 1 Nr. 1 sowie den Bezugnahmen in § 44 Abs. 1 Satz 1 Nr. 3 und § 44 Abs. 1 Satz 2 (»des Vertrages«). Normadressat ist der Vertragspartner des Schuldners, dessen Rechte zur Sicherung des Restrukturierungsvorhabens eingeschränkt werden. Mit erfasst sind auch die **nach Rechtshängigkeit der Restrukturierungssache geschlossenen (neuen) Verträge** des Schuldners.[8] Für die Anwendbarkeit des § 44 kommt es nach der Zielrichtung der Norm nicht darauf an, ob das Vertragsverhältnis bereits vor der Anzeige der Restrukturierungssache begründet worden ist. Fraglich ist, ob § 44 **Rückforderungsrechte bei Schenkungen**, meist bei Übertragung von Immobilien oder Gesellschaftsanteilen enthalten, erfasst, wenn diese als Voraussetzung die Rechtshängigkeit der Restrukturierungssache oder Inanspruchnahme von Stabilisierungs-/Restrukturierungsinstrumente vorsehen. Praxisrelevant sind auch entsprechende statuarische Einziehungsklauseln. Solche Regelungen unterliegen nach bisher h.M. nicht dem Anwendungsbereich des § 119 InsO[9], was dafür spricht, auf derartige Klauseln auch nicht den Schutzzweck des § 44 zu übertragen[10]. Zu den Ausnahmeregelungen des § 44 Abs. 3 wird auf die Ausführungen zur Rdn. 15 verwiesen. Zulässig bleiben bloße Unterrichtungspflichten gegenüber dem Vertragspartner wegen der Anzeige der Restrukturierungssache oder Inanspruchnahme von Maßnahmen des § 29 Abs. 2.[11]

D. Voraussetzungen

I. Rechtshängigkeit der Restrukturierungssache

4 Als Erstes der beiden alternativ möglichen Tatbestandsmerkmale ist die Rechtshängigkeit der Restrukturierungssache Voraussetzung. Gem. § 31 Abs. 3 wird die Restrukturierungssache mit der

6 Vgl. Rdn. 15; RegE BT-Drucks. 19/24181, S. 146; Braun-*Haffa/Schuster* § 44 Rn. 9.
7 MK-StaRUG/*Fritz* § 44 Rn. 8.
8 Flöther-*Spliedt*, StaRUG, § 44 Rn. 3; Uhlenbruck-*Fritz* § 44 StaRUG Rn. 5.
9 BGH, NZI 2018, 22.
10 Ebenso *Heckschen/Weitbrecht*, NZI 2020, 976, 977.
11 Uhlenbruck-*Fritz* § 44 StaRUG Rn. 27.

Anzeige bei dem Restrukturierungsgericht rechtshängig. Die Rechtshängigkeit setzt allerdings eine formgerechte Anzeige mit den in § 31 Abs. 2 genannten erforderlichen Anlagen, insbesondere dem Entwurf eines Restrukturierungsplans oder -konzepts (§ 31 Abs. 2 Nr. 1), voraus[12].

II. Inanspruchnahme von Stabilisierungs- und Restrukturierungsinstrumenten

5 Als weiteres alternatives Tatbestandsmerkmal ist für die Rechtsfolge des § 44 ausreichend, wenn Instrumente des Stabilisierungs- und Restrukturierungsrahmens in Anspruch genommen werden. § 29 Abs. 2 enthält einen enumerativen Katalog dieser Instrumente. Zur nachhaltigen Beseitigung einer drohenden Zahlungsunfähigkeit können die gerichtliche Planabstimmung, gerichtliche Vorprüfung, gerichtliche Anordnungen zur Stabilisierung sowie die gerichtliche Bestätigung eines Restrukturierungsplan genutzt werden. Der Wortlaut des § 44 Abs. 1 Satz 1 verlangt nicht die Inanspruchnahme aller Instrumente. **Ausreichend ist somit, dass der Schuldner lediglich eines dieser Instrumente beansprucht.** Unter dem Begriff der **Inanspruchnahme** fällt nicht nur die Gewährung der unter dem jeweiligen Instrument begehrten Verfahrenshilfe, sondern bereits der **hierauf gerichtete Antrag** des Schuldners[13]. Durch diese **Vorverlagerung** wird sichergestellt, dass keine negativen Folgen auf den Bestand und die Abwicklung bestehender Vertragsverhältnisse ab dem Zeitpunkt der Beantragung entstehen können. Für die Maßgeblichkeit der Antragstellung entspricht außerdem Art. 7 Abs. 5 der Richtlinie (EU) 2019/1023, wonach die Vorverlagerung bei Aussetzung von Einzelzwangsvollstreckungsmaßnahmen im Rahmen von Stabilisierungsanordnungen ausdrücklich gefordert ist.

III. Begriff »ohne Weiteres«

6 Im Rahmen des § 44 kommt den Worten »ohne Weiteres« entscheidende Bedeutung zu. Die Rechtsfolgen des § 44 treten nur dann ein, wenn neben der Rechtshängigkeit der Restrukturierungssache oder der Inanspruchnahme eines Instruments des Stabilisierungs- und Restrukturierungsrahmens keine weiteren Umstände vorliegen, welche sich auf den Bestand des Vertrages oder Rechte des Vertragspartners auswirken können.[14] Über die Einschränkungen »ohne Weiteres« wird erreicht, dass die isolierte Rechtshängigkeit der Restrukturierungssache oder die Inanspruchnahme von Stabilisierungs- und Restrukturierungsinstrumenten sich noch nicht nachteilig auf Verträge des Schuldners auswirkt, allerdings weitere Gründe für Gegenrechte des Vertragspartners gegeben sein können. Die Formulierung »ohne Weiteres« macht deutlich, dass bei Hinzutreten weiterer Gründe Verträge von den Rechtsfolgen des § 44 unberührt bleiben.[15] Dies korrespondiert auch mit der zu § 119 InsO ergangenen Rechtsprechung. **Materiell-rechtlich auf anderer Grundlage bestehende Vertragsrechte werden hierdurch nicht eingeschränkt**[16]. Solche zusätzlichen Gründe können insbesondere ein **Verzug des Schuldners oder eine sonstige Leistungsstörungen** sein[17]. Ist der Schuldner bspw. mit seinen Zahlungsverpflichtungen derart in Verzug, dass der Vertragspartner zur Kündigung berechtigt ist, stellt dies einen weiteren Grund im Sinne dieser Vorschrift dar. Der Vertragspartner kann den Vertrag in diesem Fall unbeschadet der Rechtshängigkeit der Restrukturierungssache oder Inanspruchnahme von Stabilisierungs-/Restrukturierungsinstrumenten kündigen.[18]

12 *Brünkmans*, ZInsO 2021, 1, 10; MK-StaRUG/*Fritz* § 44 Rn. 15; Morgen-*Hirschberger/Siepmann*, Präventive Restrukturierung, § 31.
13 RegE BT-Drucks. 19/24181, S. 146.
14 *Bork*, ZRI 2021, 345; 351; MK-StaRUG/*Fritz* § 44 Rn. 19.
15 RegE BT-Drucks. 19/24181, S. 146.
16 *Thole*, ZIP 2020, 1985, 1994.
17 RegE BT-Drucks. 19/24181, S. 146; *Gehrlein*, BB 2021, 66, 75.
18 Uhlenbruck-*Fritz* § 44 StaRUG Rn. 12.

1. Wesentliche Verschlechterung der Vermögensverhältnisse

7 Häufig enthalten vertragliche Vereinbarungen eine Beendigungsmöglichkeit bei wesentlicher Verschlechterung der Vermögensverhältnisse. Das außerordentliche Kündigungsrecht bei Darlehensverträgen aus § 490 BGB stellt ebenfalls auf den Eintritt oder bereits auf den drohenden Eintritt einer wesentlichen Vermögensverschlechterung als Grund zur fristlosen Kündigung ab. Weder aus der Rechtshängigkeit der Restrukturierungssache noch aus der Inanspruchnahme von Instrumenten des Stabilisierungs- und Restrukturierungsrahmens kann isoliert auf eine wesentliche Verschlechterung der Vermögensverhältnisse geschlossen werden. Anderenfalls würde § 44 ins Leere laufen. § 44 Abs. 1 sperrt zwar nicht das Kündigungsrecht bei entsprechenden vertraglichen Regelungen zur Verschlechterung der Vermögensverhältnisse oder aus § 490 Abs. 1 BGB, allerdings müssen über die Rechtshängigkeit der Restrukturierungssache oder Inanspruchnahme von Instrumenten des Stabilisierungs- und Restrukturierungsrahmens hinaus weitere Umstände hinzutreten, welche hierauf schließen lassen. Diese Konsequenz ergibt sich bereits aus dem Wortlaut, dass weder die Rechtshängigkeit der Restrukturierungssache noch die Inanspruchnahme von Instrumenten des Stabilisierungs- und Restrukturierungsrahmens ohne Weiteres keinen Grund für die Kündigung/Fälligstellung/Vertragsanpassung oder -umgestaltung bilden.[19] Vielmehr müssen weitere Umstände hinzutreten, damit die Rechte des Vertragspartners von den Einschränkungen des § 44 Abs. 1, Abs. 2 unberührt bleiben[20].

2. Drohende Zahlungsunfähigkeit

8 Die drohende Zahlungsunfähigkeit ist gem. § 29 Abs. 1 Voraussetzung für die Inanspruchnahme der Instrumente des präventiven Restrukturierungsrahmens und damit auch der Anzeige der Restrukturierungssache. Der Stabilisierungs- und Restrukturierungsrahmen soll Unternehmen, die sich im Stadium drohender Zahlungsunfähigkeit ihrer wirtschaftlichen Probleme annehmen, eine Sanierungschance bieten. **Die drohende Zahlungsunfähigkeit ist daher den in § 44 Abs. 1 genannten Tatbestandsmerkmalen immanent und kann bereits deswegen keinen weiteren Grund darstellen**[21]. Ist der Schuldner drohend zahlungsunfähig und macht die Restrukturierungssache rechtshängig, greift § 44. Allein wegen der drohenden Zahlungsunfähigkeit als Eintrittsvoraussetzungen in den präventiven Rahmen kann der Vertragspartner auf den Vertrag nicht einwirken, solange die Restrukturierungssache nicht rechtshängig ist oder keine Instrumente des Stabilisierungs-/Restrukturierungsrahmens in Anspruch genommen wurden. Kann nach einer Klausel der Vertrag gekündigt werden, wenn der Schuldner drohend zahlungsunfähig und die Restrukturierungssache rechtshängig ist, ist diese Vertragsklausel nach § 44 Abs. 2 unwirksam.[22]

E. Rechtsfolgen

9 Liegen die tatbestandlichen Voraussetzungen des § 44 vor, schließen sich daran mehrere Rechtsfolgen an. Weder die Rechtshängigkeit der Restrukturierungssache noch die Inanspruchnahme von präventiven Instrumenten ist allein ein Grund für die in § 44 Abs. 1 Satz 1 Nr. 1–3 genannten Einwirkungen auf Verträge des Schuldners. Ferner bleibt die Wirksamkeit des Vertrages unberührt (§ 44 Abs. 1 Satz 2). § 44 Abs. 2 enthält die weitergehende Rechtsfolge, dass dem § 44 Abs. 1 entgegenstehende Vereinbarungen unwirksam sind.

I. Keine Vertragsbeendigung, Abs. 1 Satz 1 Nr. 1

10 Gem. § 44 Abs. 1 Satz 1 Nr. 1 führt die Rechtshängigkeit der Restrukturierungssache oder die Inanspruchnahme von Instrumenten des Stabilisierungs- und Restrukturierungsrahmen ohne Weiteres

19 MK-StaRUG/*Fritz* § 44 Rn. 23.
20 Wohl anders *Desch*, BB 2020, 2498, 2502; *Gehrlein*, BB 2021, 66, 75.
21 *Heckschen/Weitbrecht*, NZI 2020, 976; *Thole*, ZIP 2020, 1985, 1994.
22 Flöther-*Spliedt*, StaRUG, § 44 Rn. 5; *Desch*, BB 2020, 2498, 2502; MK-StaRUG/*Fritz* § 44 Rn. 24.

nicht zur Beendigung von Vertragsverhältnissen, an denen der Schuldner beteiligt ist. Art. 7 Abs. 5 der Richtlinie (EU) 2019/1023 hat den Mitgliedstaaten nur vorgegeben, es sei sicherzustellen, dass Gläubiger aufgrund einer Vertragsklausel, welche entsprechende Maßnahmen vorsieht, allein aus den Gründen gem. Art. 7 Abs. 5 Buchst. a)-d) der Richtlinie (EU) 2019/1023 Verträge nicht kündigen können. **Der Gesetzgeber hat bei Umsetzung dieser Richtlinie die Rechtsfolge auf »Beendigung« von Vertragsverhältnissen erweitert.** Danach werden von § 44 Abs. 1 Satz 1 Nr. 1 alle Vereinbarungen erfasst, deren Rechtsfolge die Möglichkeit einer Vertragsbeendigung vorsieht. **Neben einer Kündigungsmöglichkeit können somit auch Vereinbarungen über einen Rücktrittsgrund, eine Befristung oder auflösende Bedingung erfasst sein.** Praktische Relevanz hat die Regelung insb. bei Darlehens- und Mietverträgen. Eine außerordentliche Kündigung allein unter Berufung auf die Anzeige der Restrukturierungssache oder Inanspruchnahme von Maßnahmen des § 29 Abs. 2 ist unzulässig.[23]

II. Keine Fälligstellung, Abs. 1 Satz 1 Nr. 2

11 Die Rechtshängigkeit der Restrukturierungssache oder die Inanspruchnahme von präventiven Instrumenten erlaubt es dem Vertragspartner des Schuldners nicht ohne Weiteres, Leistungen fällig zu stellen. Vielmehr müssen weitere Gründe, insbesondere Verzug oder sonstige Leistungsstörungen, hinzukommen, welche sachlicher Grund für die Fälligstellung sind. Ist die Fälligstellung nach den vertraglichen Vereinbarungen aus anderen Gründen möglich, bspw. auf erstes Anfordern, bleibt dies zulässig.[24]

III. Keine Leistungsverweigerung/Vertragsanpassung/sonstige Gestaltung, Abs. 1 Satz 1 Nr. 3

12 Die Rechtshängigkeit der Restrukturierungssache oder die Inanspruchnahme von Instrumenten des Stabilisierungs- und Restrukturierungsrahmens hindert den Vertragspartner des Schuldners ohne Hinzutreten weiterer Gründe, die ihm obliegende Leistung zu verweigern oder die Anpassung oder anderweitige Gestaltung des Vertrages zu verlangen. Erfasst sind lediglich vertraglich vereinbarte Leistungsverweigerungs- und Gestaltungsrechte. Gesetzliche Leistungsverweigerungs- und Gestaltungsrechte (§§ 273, 320, 323 ff. BGB) werden nicht eingeschränkt[25] und können weiterhin ausgeübt werden, wobei Einschränkungen aus § 55 zu beachten sind. Gläubiger können daher Zurückbehaltungsrechte wegen fälliger Gegenforderungen nach § 273 BGB ausüben und der nicht vorleistungspflichtige Gläubiger kann nach § 320 BGB Leistung Zug um Zug verlangen.[26]

IV. Keine Unwirksamkeit des Vertrages, Abs. 1 Satz 2

13 § 44 Abs. 1 Satz 2 stellt klar, dass die Rechtshängigkeit der Restrukturierungssache oder die Inanspruchnahme der Instrumente ohne Weiteres auch die Wirksamkeit des Vertrages nicht berühren. Diese beiden Tatbestandsmerkmale haben folglich keinen Einfluss auf den Bestand der Verträge des Schuldners.

V. Unwirksamkeit entgegenstehender Vereinbarungen, Abs. 2

14 Nach § 44 Abs. 2 sind Vertragsklauseln unwirksam, welche die in § 44 Abs. 1 genannten Rechtsfolgen an die Rechtshängigkeit der Restrukturierungssache oder die Inanspruchnahme einzelner Instrumente des Rahmens durch den Schuldner anknüpfen. Da § 44 Abs. 1 lediglich klarstellt, dass diese Rechtsfolgen nicht ohne Weiteres an die genannten Tatbestände anknüpfen dürfen, bleiben Klauseln zulässig, die zusätzliche weitere Umstände enthalten, wie insbesondere Verzug

23 Pannen/Riedemann/Smid-*Riedemann* § 44 Rn. 11; MK-StaRUG/*Fritz* § 44 Rn. 28.
24 Flöther-*Spliedt*, StaRUG, § 44 Rn. 16; Uhlenbruck-*Fritz* § 44 StaRUG Rn. 20.
25 Anders offenbar MK-StaRUG/*Fritz* § 44 Rn. 33 zu § 321 BGB.
26 Flöther-*Splieth* § 44 Rn. 20; MK-StaRUG/*Fritz* § 44 Rn. 35.

oder eine andere Leistungsstörung des Schuldners[27]. **Unwirksam sind somit vertragliche Klauseln, welche den Vertrag insgesamt oder einzelne Pflichten daraus, allein unter die auflösende Bedingung stellen, dass der Schuldner eine Restrukturierungssache rechtshängig macht oder ein Instrument des präventiven Rahmens in Anspruch nimmt.** Entsprechendes gilt für vertragliche Kündigungs-, Leistungsverweigerungs- und Vertragsanpassungsrechte für diese Fälle. Von der Unwirksamkeit der Klausel ist nach den allgemeinen Grundsätzen des § 139 BGB **nicht der gesamte Vertrag betroffen.** Dies ergibt sich aus § 44 Abs. 1 Satz 2, wonach die Wirksamkeit des Vertrages ohne Weiteres nicht berührt wird. Dafür spricht außerdem der Wortlaut des Gesetzes. § 44 Abs. 2 stellt nur auf entgegenstehende Vereinbarungen ab, während § 44 Abs. 1 auf das gesamte Vertragsverhältnis Bezug nimmt. Nur die isolierte Vereinbarung (oder besser Vertragsklausel), welche § 44 Abs. 1 entgegensteht, ist unwirksam.[28] Die Unwirksamkeit des gesamten Vertrages könnte negative Auswirkungen auf die Restrukturierungssache haben, weshalb der Sinn und Zweck der Sanierungsförderung ebenfalls für eine isolierte Unwirksamkeit der entsprechenden Vertragsklauseln spricht. Eine geltungserhaltende Reduktion der von § 44 Abs. 2 erfassten Klauseln scheidet, wie bei § 119 InsO[29], aus.[30]

F. Besonderheiten nach Abs. 3

15 Ausgenommen vom Verbot der Lösungsklauseln und der Rechtsfolge der Unwirksamkeit sind gem. § 44 Abs. 3 Geschäfte nach § 104 Abs. 1 InsO (Warentermin- und Finanzleistungsverträge) und Vereinbarungen über Liquidationsnetting nach § 104 Abs. 3, Abs. 4 InsO. Ebenso unberührt bleiben von der Rechtswirkung des § 44 Finanzsicherheiten i.S.d. § 1 Abs. 17 KWG sowie Geschäfte, welche im Rahmen eines Systems nach § 1 Abs. 16 KWG der Verrechnung von Ansprüchen und Leistungen unterliegen. Die beiden letzten Ausnahmen dienen der Umsetzung der Vorgaben aus der Finanzsicherheitsrichtlinie 2002/47/EG und der Finalitätsrichtlinie 1998/26/EG, deren Bestimmungen gem. Art. 31 Abs. 1 der Richtlinie (EU) 2019/1023 unberührt bleiben.[31]. Finanzsicherheiten werden nicht nur dann erfasst, wenn Sie in einem Sicherungszusammenhang mit Geschäften nach § 104 Abs. 1 Satz 1 InsO stehen, sondern auch dann, wenn sie andere Forderungen sichern.[32] Ausweislich der Gesetzesbegründung hat die durch § 44 Abs. 3 sichergestellte Restrukturierungsfestigkeit des Liquidationsnetting den Zweck, auch die Insolvenzfestigkeit dieser erwähnten Arrangements zu tragen, weil die von diesen Vereinbarungen erfassten Geschäfte keine Rechtsunsicherheiten vertragen, ob sie dann auch tatsächlich durchgeführt werden oder nicht[33]. Zwar könnte dieser Zweck auch durch einen strikten Beendigungsmechanismus nach dem Vorbild des § 104 Abs. 1 InsO erreicht werden. Weil es im Restrukturierungsrahmen aber einem den § 104 Abs. 1 InsO mit samt seiner Rechtsfolge vergleichbaren Instrument fehlt, hat es der Gesetzgeber bei der Anerkennung der zum Liquidationsnetting getroffenen Vereinbarungen belassen. Der Gesetzgeber hat sich deshalb für die in Art. 7 Abs. 6 der Richtlinie (EU) 2019/1023 beschriebenen Möglichkeit entschieden, wonach Netting-Arrangements von den Folgen einer Aussetzung von Einzelzwangsvollstreckungsmaßnahmen auch insoweit ausgenommen werden können, wie dies nicht durch die Finanzsicherheiten- oder Finalitätsrichtlinien erzwungen wird[34]. Mit der Ausnahme von den Rechtsfolgen des § 44 Abs. 1, Abs. 2 wird gewährleistet, dass diese Geschäfte ungeachtet von der Restrukturierungs- und Stabilisierungsmechanismen nach den für sie getroffenen Regelungen durchgeführt und beendet werden können.

---

27 RegE BT-Drucks. 19/24181, S. 146.
28 MK-StaRUG/*Fritz* § 44 Rn. 41.
29 HambKomm-*Ahrendt*, InsO § 119 Rn. 7.
30 Ebenso Uhlenbruck-*Fritz* § 44 StaRUG Rn. 26.
31 RegE BT-Drucks. 19/24181, S. 146; MK-StaRUG/*Fritz* § 44 Rn. 7.
32 RegE BT-Drucks. 19/24181, S. 146.
33 RegE BT-Drucks. 19/24181, S. 147.
34 RegE BT-Drucks. 19/24181, S. 147.

Abschnitt 2 Gerichtliche Planabstimmung

§ 45 Erörterungs- und Abstimmungstermin

(1) [1]Auf Antrag des Schuldners bestimmt das Restrukturierungsgericht einen Termin, in dem der Restrukturierungsplan und das Stimmrecht der Planbetroffenen erörtert werden und anschließend über den Plan abgestimmt wird. [2]Die Ladungsfrist beträgt mindestens 14 Tage.

(2) [1]Dem Antrag ist der vollständige Restrukturierungsplan nebst Anlagen beizufügen. [2]Soll auf die Zustellung des vollständigen Restrukturierungsplans und der Anlagen verzichtet werden, hat der Antrag Angaben dazu zu enthalten, wie der elektronische Zugang zu diesen Dokumenten sichergestellt wird; insbesondere sind die den Betroffenen bereitzustellenden Zugangsdaten mitzuteilen.

(3) [1]Die Planbetroffenen sind zu dem Termin zu laden. [2]Der Ladung ist der vollständige Restrukturierungsplan nebst Anlagen beizufügen. [3]Die Ladung enthält den Hinweis darauf, dass der Termin und die Abstimmung auch dann durchgeführt werden können, wenn nicht alle Planbetroffenen teilnehmen. [4]Das Gericht kann den Schuldner mit der Zustellung der Ladungen beauftragen.

(3a) [1]Auf die Beifügung des vollständigen Restrukturierungsplans nebst Anlagen gemäß Absatz 3 Satz 2 kann verzichtet werden, wenn der Schuldner den elektronischen Zugriff auf diese Dokumente gewährleistet und der Geladene anhand der in der Ladung enthaltenen Zugangsdaten auf die Dokumente zugreifen kann. [2]Liegt ein wichtiger Grund vor, kann der Geladene die Übermittlung der schriftlichen Dokumente verlangen.

(4) [1]Auf das Verfahren finden die §§ 239 bis 242 der Insolvenzordnung sowie die §§ 24 bis 28 dieses Gesetzes entsprechende Anwendung. [2]Ist streitig, welches Stimmrecht die Forderung, die Absonderungsanwartschaft, die gruppeninterne Drittsicherheit oder das Anteils- oder Mitgliedschaftsrecht einem Planbetroffenen gewährt und lässt sich darüber keine Einigung zwischen den Beteiligten erzielen, legt das Gericht das Stimmrecht fest.

§ 239 InsO Stimmliste

Der Urkundsbeamte der Geschäftsstelle hält in einem Verzeichnis fest, welche Stimmrechte den Beteiligten nach dem Ergebnis der Erörterung im Termin zustehen.

§ 240 InsO Änderung des Plans

[1]Der Vorlegende ist berechtigt, einzelne Regelungen des Insolvenzplans auf Grund der Erörterung im Termin inhaltlich zu ändern. [2]Über den geänderten Plan kann noch in demselben Termin abgestimmt werden.

§ 241 InsO Gesonderter Abstimmungstermin

(1) [1]Das Insolvenzgericht kann einen gesonderten Termin zur Abstimmung über den Insolvenzplan bestimmen. [2]In diesem Fall soll der Zeitraum zwischen dem Erörterungstermin und dem Abstimmungstermin nicht mehr als einen Monat betragen.

(2) [1]Zum Abstimmungstermin sind die stimmberechtigten Beteiligten und der Schuldner zu laden. [2]Dies gilt nicht für Aktionäre oder Kommanditaktionäre. [3]Für diese reicht es aus, den Termin öffentlich bekannt zu machen. [4]Für börsennotierte Gesellschaften findet § 121 Absatz 4a des Aktiengesetzes entsprechende Anwendung. [5]Im Fall einer Änderung des Plans ist auf die Änderung besonders hinzuweisen.

§ 242 InsO Schriftliche Abstimmung

(1) Ist ein gesonderter Abstimmungstermin bestimmt, so kann das Stimmrecht schriftlich ausgeübt werden.

(2) [1]Das Insolvenzgericht übersendet den stimmberechtigten Beteiligten nach dem Erörterungstermin den Stimmzettel und teilt ihnen dabei ihr Stimmrecht mit. [2]Die schriftliche Stimmabgabe wird nur berücksichtigt, wenn sie dem Gericht spätestens am Tag vor dem Abstimmungstermin zugegangen ist; darauf ist bei der Übersendung des Stimmzettels hinzuweisen.

Übersicht Rdn.

A. Normzweck

1 Leitbild des StaRUG ist die privatautonome Gestaltung des Restrukturierungsplans durch den Unternehmer und ein von ihm organisiertes Abstimmungsverfahren zur Annahme des Plans. Grundsätzlich soll das Restrukturierungsgericht nur so minimal wie möglich, quasi subsidiär beteiligt werden. Tatsächlich werden gerichtliche Hilfen in der Praxis voraussichtlich auch nur im Bedarfsfall in Anspruch genommen werden. Für den Schuldner läuft eine Sanierung im Idealfall früh, still, schnell und im Einvernehmen mit den Gläubigern ab.[1] Nur wenn dieses Ziel am Widerstand einzelner Gläubiger scheitert, wird das Schuldnerunternehmen eine gerichtliche Planabstimmung und nachfolgend eine gerichtliche Planbestätigung in Anspruch nehmen, um damit zu bewirken, dass ein mit den erforderlichen Mehrheiten angenommener bzw. zustimmungsersetzender und gerichtlich bestätigter Restrukturierungsplan auch für und gegen die Planbetroffenen wirkt, die dem Plan nicht zugestimmt haben (§§ 67 ff.).[2]

---

1 *K. Schmidt*, Gutachten für den 54. Deutschen Juristentag, S. D 133.

2 BR-Drucks. 619/20, S. 150: »*Münden die Verhandlungen mit den Beteiligten in einen allseits konsertierten Vergleich, ist es (auch nach Anzeige des Restrukturierungsvorhabens) möglich, dass gar keine Verfahrenshilfen in Anspruch genommen werden.*«.

Die gerichtlich organisierte und durchgeführte Planabstimmung gem. § 29 Abs. 2 Nr. 1 tritt neben die weiteren in § 29 Abs. 2 Nr. 2 bis 4 genannten und zur Durchsetzung des Restrukturierungsvorhabens modular, d.h. einzeln oder zusammen in Anspruch zu nehmenden Verfahrenshilfen (Instrumente) des StaRUG, namentlich der gerichtlichen Vorprüfung (Nr. 2), gerichtlicher Stabilisierungsanordnungen (Nr. 3) und der gerichtlichen Bestätigung des Restrukturierungsplans (Nr. 4). Allein von der gerichtlichen Durchführung der Abstimmung über einen ggf. bereits gerichtlich vorgeprüften Plan kann sich der Schuldner einen Disziplinierungseffekt und die Stärkung der Einigungsbereitschaft der Parteien erhoffen.[3] Aufseiten der Planbetroffenen wird Akzeptanz durch Vertrauen in die Rechtmäßigkeit der Inhalte des Restrukturierungsvorhabens geschaffen. Ein Anwendungsbereich der gerichtlichen Planabstimmung wird vor allen bei Restrukturierungsvorhaben erkannt, in denen nicht nur wenige, professionelle Finanzgläubiger, sondern eine Vielzahl von Gruppen und insbesondere Kleingläubiger betroffen sind.[4] Dem Schuldner und den Planbetroffenen ermöglicht dieses Hilfsinstrument im Ergebnis Sicherheit und Planbarkeit für die Umsetzung der Restrukturierung.[5] 2

Das gerichtliche Abstimmungsverfahren, d.h. der terminliche Ablauf, Fristen und Zustellungen, werden im StaRUG nur sehr schlank geregelt. Über die Verweise des § 45 Abs. 4 auf einige der Bestimmungen über das vom Schuldner organisierte Planabstimmungsverfahren (Stimmrechte und erforderliche Mehrheiten gem. §§ 24 bis 28) und bestimmte Regelungen der Insolvenzordnung zum Abstimmungsverfahren über einen Insolvenzplan (§§ 239 bis 242 InsO) sind die dortigen Bestimmungen für die gerichtliche Planabstimmung heranzuziehen. Ebenso kann für das in Anlehnung an die insolvenzrechtlichen Regelungen durchzuführende Verfahren auf die entsprechend ergangene »Insolvenzplan-Rechtsprechung« zurückgegriffen werden, soweit diese auf das Verfahren zur gerichtlichen Abstimmung über einen Restrukturierungsplan übertragbar ist und spezifische StaRUG-Rechtsprechung noch nicht ergangen ist. Keine Anwendung für das gerichtliche Abstimmungsverfahren finden gem. § 23 die Regeln über das privatautonome Planangebot sowie dessen Erörterung und Abstimmung in §§ 17 bis 22. 3

Kommt es antragsgemäß zur gerichtlichen Planabstimmung, wird in § 45 die Durchführung des Erörterungs- und Abstimmungstermins geregelt. Wie bei der in §§ 235 ff. InsO geregelten Abstimmung über einen Insolvenzplan, erfolgt grundsätzlich die Anberaumung eines einheitlichen Termins, in dem der Restrukturierungsplan und das Stimmrecht der Planbetroffenen erörtert werden, die Stimmrechte der Planbetroffenen festgestellt werden und anschließend über den Plan abgestimmt wird.[6] Die Bestimmung eines von der Erörterung getrennten, späteren Abstimmungstermins, der ggf. im schriftlichen Verfahren durchgeführt werden kann, bleibt aber wie im Insolvenzplanverfahren möglich. 4

Während die gerichtliche Vorprüfung des Plans auf dessen Inhalte gerichtet ist, soll mit der Möglichkeit einer gerichtlichen Abstimmung über den Plan vermieden werden, dass eine Angreifbarkeit des privatautonom durchgeführten Abstimmungsverfahrens der Bestätigung des Plan entgegensteht.[7] Zu beachten ist, dass bei Prüfung der Planbestätigung Zweifel des Gerichts an der ordnungsgemäßen Durchführung des außergerichtlichen Abstimmungsverfahrens zulasten des Schuldners gehen (§ 63 Abs. 3 Satz 1). Die Gesetzesbegründung nennt als Risiken, die sich aus einer außergerichtlichen Planabstimmung ergeben können, beispielhaft die sich aus § 70 Abs. 3 ergebenden Nachweisrisiken.[8] 5

Die in §§ 45, 46 normierte gerichtliche Planabstimmung und Vorprüfung des Plans waren im Gesetzesentwurf der Bundesregierung für ein Gesetz zur Fortentwicklung des Sanierungs- und Insolvenzrechts (SanInsFoG), dessen Art. 1 das Gesetz über den Stabilisierungs- und Restrukturierungs- 6

3 *Stahlschmidt*, ZInsO 2021, 205, 209.
4 *Thole*, ZIP 2020, 1985, 1994.
5 *Vallender*, ZInsO 2020, 2677, 2678.
6 Zur Orientierung an § 235 Abs. 1 InsO: RegE SanInsFoG, BT-Drucks. 19/24181, S. 147.
7 Braun-*Hirte*, StaRUG, § 45 Rn. 2.
8 RegE SanInsFoG, BT-Drucks. 19/24181, S. 147.

rahmen für Unternehmen (StaRUG) ist und der die Gesetzesbegründung enthält, noch in den §§ 47 und 48 geregelt. Diese Normenverschiebung ist zu beachten, soweit für die Auslegung auf die Begründung des Regierungsentwurfs Bezug genommen wird.

B. Voraussetzungen der gerichtlichen Planabstimmung

7 Neben den allgemeinen Voraussetzungen der in § 29 Abs. 2 Nr. 1 bis 4 aufgeführten Verfahrenshilfen des Stabilisierungs- und Restrukturierungsrahmens (Instrumente) des StaRUG erfordert die Einleitung einer gerichtlichen Abstimmung über den Restrukturierungsplan einen hierauf gerichteten Antrag.

I. Allgemeine Voraussetzungen der gerichtlichen Planabstimmung

8 Als Verfahrenshilfe gem. § 29 Abs. 2 Nr. 1 setzt die gerichtliche Planabstimmung gem. §§ 29 bis 31 zunächst voraus, dass der Schuldner drohend zahlungsunfähig und restrukturierungsfähig ist. Ferner muss das Restrukturierungsvorhaben dem zuständigen Restrukturierungsgericht angezeigt worden und die Restrukturierungssache damit rechtshängig sein.

1. Drohende Zahlungsunfähigkeit, § 29

9 Nach § 29 Abs. 1 können die in Absatz 2 genannten Verfahrenshilfen zur nachhaltigen Beseitigung einer drohenden Zahlungsunfähigkeit im Sinne des § 18 Abs. 2 InsO in Anspruch genommen werden. Es ist deshalb spätestens für die Planbestätigung (§ 63 Abs. 1 Nr. 1) zu prüfen, dass mit dem Restrukturierungsverfahren die nachhaltige Beseitigung einer (nur) drohenden Zahlungsunfähigkeit bezweckt wird, mithin Zahlungsunfähigkeit im Sinne des § 17 InsO oder Überschuldung im Sinne des § 19 InsO noch nicht eingetreten ist. Die drohende Zahlungsunfähigkeit konkretisiert im deutschen StaRUG die in der EU-Richtlinie 2019/1023 als Voraussetzung genannte »wahrscheinliche Insolvenz«. Sie muss als Mindestvoraussetzung für Rechtseingriffe bei den Planbetroffenen bzw. als Eintrittsschwelle in das StaRUG-Verfahren gegeben sein. Eine drohende Zahlungsunfähigkeit des Schuldners ist vom Restrukturierungsgericht noch nicht bereits mit der Anzeige des Restrukturierungsvorhabens zu prüfen, spätestens aber bei der Inanspruchnahme einer Verfahrenshilfe.[9] Da die drohende Zahlungsunfähigkeit dem Schuldner auch die Möglichkeit eines Insolvenzantrags eröffnet (§ 18 InsO), kann er sich zwischen den Alternativen eines StaRUG-Restrukturierungsverfahren oder einer insolvenzrechtlichen Sanierungslösung über einen Insolvenzplan im Eigenverwaltungsverfahren entscheiden.[10] Im Krisenstadium der drohenden Zahlungsunfähigkeit ist die wirtschaftliche Gefährdungslage der Gläubiger für beide Verfahrensalternativen identisch und Grundlage der freien Schuldnerentscheidung über ein StaRUG- oder InsO-Verfahren. Hieraus rechtfertigt sich die in weiten Teilen von StaRUG-Gesetzgeber geschaffene Parallelität zum Insolvenzplanverfahren.

10 Der vorprüfende Richter muss von der drohenden Zahlungsunfähigkeit vollständig überzeugt sein.[11] Diese Überzeugung ist im Rahmen der Amtsermittlung nach § 39 Abs. 1 Satz 1 zu bilden. Der Richter muss die Feststellung treffen, dass mit überwiegender Wahrscheinlichkeit der Schuldner nicht in der Lage sein wird, die bestehenden Zahlungspflichten im Zeitpunkt der Fälligkeit zu erfüllen, wobei in aller Regel ein Prognosezeitraum von 24 Monaten zugrunde zu legen ist (§ 18 Abs. 2 InsO). Beginn des Prognosezeitraums ist der voraussichtliche Erörterungs- und Abstimmungstermin als Tag der letzten mündlichen Verhandlung.[12] Tritt noch vor dem Erörterungs- und Abstimmungstermin Zahlungsunfähigkeit ein, ist dieses unschädlich, wenn es nur noch der Durchführung des Termins bedarf und die Aufhebung der Restrukturierungssache gem. § 33 Abs. 2 Nr. 1

9 *Vallender*, ZInsO 2020. 2579, 2583; kritisch dazu *Frind*, ZInsO 2020, 2244.
10 *Gehrlein*, BB 2021, 66, 71.
11 AG Köln, Beschl. v. 03.03.2021, 83 RES 1/21, ZIP 2021, 806.
12 *Ziegenhagen*, ZInsO 2021, 2053.

offensichtlich nicht im Gläubigerinteresse ist.[13] Bei der Prüfung können die Verbindlichkeiten mit den Ansätzen des Restrukturierungsplans berücksichtigt werden. Mit dem SanInsFoG wurde die Definition der drohenden Zahlungsunfähigkeit in § 18 Abs. 2 InsO n.F. geändert. Der Prognosezeitraum (»voraussichtlich«) beläuft sich nun »in aller Regel« auf 24 Monate. Der zweijährige Prognosezeitraum wird ab dem Tag der letzten mündlichen Verhandlung berechnet, also dem (ggf. voraussichtlichen) Erörterungs- und Abstimmungstermin.[14] Das Merkmal »voraussichtlich« ist so zu verstehen, dass der Eintritt der Zahlungsunfähigkeit wahrscheinlicher sein muss als deren Vermeidung. Die Wahrscheinlichkeit muss jedenfalls 50 % überschreiten.[15]

Die für diese – vom Gericht nur summarisch anzustellende – Prognose erforderlichen Daten und Informationen hat der Schuldner in geeigneter Weise, d.h. in der Regel mit einem Finanzplan über den Prognosezeitraum, darzulegen. Dem Hinweisbeschluss des AG Köln[16] vom 03.03.2021 lag der Fall zugrunde, dass die Schuldnerin mit Verweis auf einen Gesprächsinhalt davon ausging, dass eines der planbetroffenen Kreditinstitute das Kreditengagement voraussichtlich zum 31.12.2022 kündigen werde und bei einer bis dahin nicht umgesetzten Veräußerung von Beteiligungen an einer anderen Unternehmensgruppe fälligen Zahlungsverpflichtungen nicht mehr werde nachgekommen werden können. In der gerichtlichen Anhörung schloss jedoch die betreffende Bank eine Verlängerung ihres Kreditengagements über den 31.12.2022 hinaus nicht aus, sodass das Gericht eine drohende Zahlungsunfähigkeit verneint und auf die fehlende Statthaftigkeit des Restrukturierungsplans hingewiesen hat. Der pauschale Hinweis auf einen Gesprächsinhalt genüge der Glaubhaftmachung nicht. 11

2. Restrukturierungsfähigkeit, § 30

Die Inanspruchnahme der Verfahrenshilfen gem. § 29 Abs. 2, also auch der gerichtlichen Vorprüfung des Restrukturierungsplans, bedarf einer in §§ 11 und 12 InsO geregelten Insolvenzfähigkeit des Schuldners (§ 30 Abs. 1 Satz 1). 12

Bei natürlichen Personen muss eine unternehmerische Tätigkeit vorliegen (§ 30 Abs. 1 Satz 2). Diese unternehmerische Tätigkeit muss andauern und im eigenen Namen und auf eigene Rechnung frei von Weisungen Dritter erfolgen. 13

Die Verfahrenshilfen des Stabilisierungs- und Restrukturierungsrahmens können nicht in Anspruch genommen werden von Unternehmen der Finanzbranche im Sinne des § 1 Abs. 19 KWG (§ 30 Abs. 2). 14

3. Anzeige des Restrukturierungsvorhabens, § 31

Vor oder mit dem Antrag auf gerichtliche Planabstimmung muss das Restrukturierungsvorhaben beim zuständigen Restrukturierungsgericht angezeigt werden (§ 31). Die Anzeige begründet die Rechtshängigkeit der Restrukturierungssache und lässt die Insolvenzantragspflicht nach § 15a InsO ruhen (§ 42 Abs. 1). Es bedarf keiner förmlichen Verfahrenseröffnung wie beim Insolvenzverfahren. Auch wenn gesetzlich nicht vorgesehen, sollte das Gericht bei Eingang der Anzeige seine örtliche Zuständigkeit prüfen, damit bei einer nachfolgend in Anspruch genommenen Verfahrenshilfe keine vermeidbaren Verzögerungen entstehen. Bei Unzuständigkeit ist mit gerichtlichem Hinweis ein Verweisungsantrag zu empfehlen, bei dessen Unterbleiben die Restrukturierungssache abzuweisen ist.[17] 15

---

13 AG Dresden, Beschl. v. 07.06.2021, 574 RES 2/21, ZInsO 2021, 1398 – Zahlungsunfähigkeit begründende Forderung war planbetroffen und Plan führte zur Beseitigung der Zahlungsunfähigkeit.

14 AG Köln, Beschl. v. 03.03.2021, 83 RES 1/21, ZIP 2021, 806.

15 Uhlenbruck-*Mock*, § 18 Rn. 26.

16 AG Köln, Beschl. v. 03.03.2021, 83 RES 1/21, ZIP 2021, 806 ff.

17 *Fried*, NZI 2021, 609/610.

16 Das Restrukturierungsgericht prüft die drohende Zahlungsunfähigkeit und Restrukturierungsfähigkeit des Schuldners noch nicht bei Eingang der Anzeige. Eine bei Gericht eingegangene Restrukturierungsanzeige ist lediglich auf Vollständigkeit, nicht aber auf inhaltliche Richtigkeit zu prüfen.[18] Bereits mit der Anzeige des Restrukturierungsvorhabens beim Restrukturierungsgericht hat der Schuldner aber den Sachverhalt und die wesentlichen Ziele der anvisierten Restrukturierung darzulegen. Der Anzeige des Restrukturierungsvorhabens sind gem. § 31 Abs. 2 der Entwurf oder das Konzept eines Restrukturierungsplans beizufügen, um Art, Ausmaß und Ursachen der Krise und das Ziel der Restrukturierung darzustellen. Demgemäß müssen mit der Anzeige gem. § 31 noch nicht die erst mit dem zur Abstimmung gestellten Plan einzureichenden Anlagen nach §§ 14 und 15 (Bestandfähigkeitserklärung, Finanzplanung, Vermögensübersicht, Zustimmungserklärungen) eingereicht werden. Soweit das Gericht allerdings die Bestätigungsfähigkeit des Plans insgesamt und nicht nur einzelne Fragen prüfen soll, empfiehlt es sich, das Gericht auch soweit die vorgenannten Anlagen noch nicht vorliegen, mit allen diese ersetzenden Informationen und Unterlagen zu versorgen, um eine vollumfängliche Prüfung zu ermöglichen.[19] Ferner einzureichen sind eine Darstellung über den Verhandlungsstand mit Gläubigern und Gesellschaftern sowie eine Darstellung der Vorkehrungen, welche der Schuldner getroffen hat, um seine Fähigkeit sicherzustellen, seine Pflichten nach dem StaRUG zu erfüllen. Das Gericht soll damit in die Lage versetzt werden, sich auf Anträge zur Inanspruchnahme der Verfahrenshilfen vorzubereiten und einen solchen Antrag einzuordnen, da diese ggf. – wie zum Beispiel ein Antrag auf Erlass einer Stabilisierungsanordnung – schnell zu bescheiden sind.[20] Über den Informationscharakter für das Gericht hinaus hat die Zugangsvoraussetzung der Anzeige des Restrukturierungsvorhabens den Zweck zu dokumentieren, ob und ggf. mit welchem Inhalt und Ergebnis im Vorwege ernsthafte Sanierungsverhandlungen mit den Gläubigern stattgefunden haben. Die planbetroffenen Gläubiger sollen grundsätzlich nicht von einem (ggf. missbräuchlichen) Restrukturierungsvorhaben erst mit der gerichtlichen Ladung und ohne Zustellung des zur Abstimmung zu stellenden Plans von dem in Zweiwochenfrist anberaumten Erörterungs- und Abstimmungstermin erfahren, was ihnen faktisch eine ausreichende Vorbereitungsmöglichkeit nehmen würde.[21] In begründeten Ausnahmefällen sind Vorverhandlungen mit den Gläubigern entbehrlich.[22] Hierzu müsste das Schuldnerunternehmen in der Anzeige ausführen, warum diese Verhandlungen aussichtslos oder sanierungshindernd gewesen wären.

16a Das Restrukturierungsgericht prüft die eingegangene Anzeige des Restrukturierungsvorhabens nicht auf inhaltliche Richtigkeit.[23] Auch die Erfolgsaussichten einer Annahme des Plan ggf. im Rahmen eines gerichtlichen Abstimmungsverfahrens werden nicht geprüft, ebenso wenig materiell-rechtliche Fragen zum Plan, die Gegenstand einer gerichtlichen Vorprüfung gem. §§ 47, 48 sind.

17 Der Antrag auf gerichtliche Planabstimmung gem. § 45 kann zugleich mit der Anzeige des Restrukturierungsvorhabens erfolgen.

II. Antrag auf gerichtliche Planabstimmung

18 Die Durchführung eines gerichtlichen Planabstimmungsverfahrens kann vom Schuldner (§ 45 Abs. 1 Satz 1) oder von einem obligatorisch bestellten Restrukturierungsbeauftragten beantragt

---

18 AG Hannover, Beschl. v. 27.02.2023 – 951 RES 1/23 – 1, ZRI 2023, 309.

19 *Frind*, NZI 2021, 609/612 – ggf. Auflagenbeschluss des Gerichts zur Einreichen weiterer Unterlagen.

20 *Gehrlein*, BB 2021, 66, 72.

21 *Frind*, ZInsO 2021, 1093, 1095.

22 AG Hamburg, Beschl. v. 12.04.2021, 61a RES 1/21, ZRI 2021, 473; *Ziegenhagen*, ZInsO 2021, 2053/2056: Vorverhandlungen keine Bedingung für Planbestätigung, aber in der Anzeige gem. § 31 soll auf deren Unterbleiben hinzuweisen sein; anders AG Köln, Beschl. v. 03.03.2021, 83 RES 1721, ZIP 2021, 806 – Vorgerichtliches Scheitern von Sanierungsverhandlungen als Zulässigkeitsvoraussetzung des Restrukturierungsvorhabens.

23 AG Hannover, Beschl. v. 27.02.2023 – 951 RES 1/23 – 1, ZRI 2023, 309.

werden. Das Restrukturierungsgericht bestimmt nur dann einen Termin zur Erörterung und anschließenden Abstimmung über den Restrukturierungsplan, wenn ein entsprechender Antrag vorliegt.

1. Antrag des Schuldners

Die gerichtliche Planabstimmung kann der Schuldner einzeln oder zusammen mit anderen Verfahrenshilfen des Stabilisierungs- und Restrukturierungsrahmens (§ 29) in Anspruch nehmen. Die gerichtliche Planabstimmung wird aber in der Regel mit einer nachfolgenden gerichtlichen Planbestätigung verbunden werden. Oftmals wird der Vorleger auch die gerichtliche Vorprüfung des Plans oder einzelner Gegenstände des Plans beantragen. Ein Antrag auf Stabilisierungsanordnungen ist einzelfallabhängig. 19

Mit dem Eingang des Antrags wird der Zeitpunkt der Planvorlage fixiert (§ 2 Abs. 5, § 24 Abs. 2 Nr. 2). Von Bedeutung ist dieser Zeitpunkt u.a. für die gestaltbaren Rechtsverhältnisse gem. § 2 Abs. 1 bis 4. 20

Der Antrag selbst ist schriftlich einzureichen, darüber hinaus aber nicht an eine besondere Form gebunden. Dem Antrag ist der vollständige Restrukturierungsplan nebst sämtlichen Anlagen beizufügen, § 45 Abs. 2. Dadurch sollen das Restrukturierungsgericht und die Planbetroffenen, denen der Plan zugestellt wird, vorab und vollständig über den Gegenstand des anzuberaumenden Erörterungs- und Abstimmungstermins informiert werden.[24] 21

Der neue, mit dem Gesetz zur weiteren Digitalisierung der Justiz (BGBl. 2024, Nr. 234) eingefügte und zum 17.07.2024 in Kraft getretene § 45 Abs. 2 Satz 2 steht im Zusammenhang mit dem neuen § 45 Abs. 3a. Der Verzicht auf die Beifügung des Restrukturierungsplans nebst Anlagen setzt voraus, dass bereits im Antrag des Schuldners auf Durchführung des Erörterungs- und Abstimmungstermins die Zugangsdaten mitgeteilt werden, unter denen die Dokumente elektronisch zugänglich sind. In der Praxis wird hierfür eine Internetseite eingerichtet werden, für deren Aufruf dann PIN-Codes erstellt werden. Die Zugangsdaten werden dann vom Gericht mit der Ladung zugestellt und ermöglichen den Planbetroffenen auf diese Weise einen unmittelbaren Zugang zu den relevanten Dokumenten. 21a

Die nach § 45 Abs. 3 Satz 2 grundsätzlich erforderliche Beifügung des Restrukturierungsplans und der zugehörigen Anlagen soll verzichtbar sein, wenn vom Planvorleger ein effektiver elektronischer Zugriff auf diese Dokumente gewährleistet wird und die Geladenen in den Stand gesetzt werden, anhand der in der Ladung enthaltenen Zugangsdaten effektiv auf die Dokumente zuzugreifen. In diesen Fällen besteht grundsätzlich auch kein Anspruch darauf, eine schriftliche Fassung der Dokumente zu verlangen. Nur dann, wenn ein wichtiger Grund vorliegt und dem Planvorleger nachgewiesen wird, der es aus Sicht des Planbetroffenen nicht zumutbar erscheinen lässt, auf die elektronische Fassung verwiesen zu bleiben, ist der Planvorleger verpflichtet, dem jeweiligen Planbetroffenen eine schriftliche Fassung zu übermitteln. 21b

2. Antrag des Restrukturierungsbeauftragten

Neben dem Schuldner kann auch ein obligatorisch eingesetzter Restrukturierungsbeauftragter, dem die Entscheidung über die Art der Durchführung der Abstimmung zugewiesen ist, die Abstimmung des Restrukturierungsplans in einem gerichtlichen Verfahren beantragen (§ 76 Abs. 2 Nr. 1 i.V.m. § 73 Abs. 1 Nr. 1 und 2, Abs. 2). Das Antragsrecht des Restrukturierungsbeauftragten verdrängt nicht das Antragsrecht des Schuldners, sondern tritt neben dieses. Kommt es zur Kollision, indem einer der Antragsberechtigten sein Recht ausübt, obwohl der andere erklärtermaßen die außergerichtliche Planabstimmung (§§ 17 ff.) anstrebt, wird die gerichtliche Planabstimmung durchgeführt. 22

24 RegE SanInsFoG, BT-Drucks. 19/24181, S. 147.

III. Terminbestimmung und Ladung durch das Gericht

23 Um das Ziel des StaRUG-Gesetzgebers einer zügigen Verfahrensabwicklung erreichen zu können, ist vom Restrukturierungsgericht bei Vorliegen eines zulässigen Antrags auf Durchführung der gerichtlichen Planabstimmung im Grundsatz ein einheitlicher Erörterungs- und Abstimmungstermin anzuberaumen. Im Einzelfall kann jedoch eine Abtrennung des Abstimmungstermins geboten sein, der dann allerdings allein der Abstimmung und nicht weiteren Erörterungen über den Plan dient. Die den Planbetroffenen mit dem Erörterungstermin eingeräumte Möglichkeit der Beteiligung und eigener Änderungsvorschläge soll vor Einleitung des Abstimmungsverfahrens die Akzeptanz des vorgelegten Restrukturierungsplans gegenüber allen Beteiligten erhöhen.

1. Zuständigkeit

24 Die örtliche Zuständigkeit des Restrukturierungsgerichts ist in § 35 geregelt. Wie der Insolvenzrichter nach § 18 Abs. 1 Nr. 2 RPflG für die Durchführung des Termins über die Erörterung und Abstimmung eines Insolvenzplans gem. § 235 InsO, ist der Restrukturierungsrichter für die gerichtliche Erörterung und Abstimmung eines Restrukturierungsplans funktionell zuständig. Dieses ist § 21 Abs. 6 GVG zu entnehmen, im StaRUG selbst wurde eine ausdrückliche Zuweisung nicht aufgenommen. Die Zuständigkeit des Richters lässt sich auch der Begründung des Gesetzesentwurfs entnehmen.[25] Von einer Erweiterung der funktionellen Zuständigkeit des Rechtspflegers im RPflG wurde abgesehen, sodass es bei der richterlichen Zuständigkeit verbleibt (Art. 92 GG, § 1 DRiG).[26]

25 Für alle Entscheidungen und Maßnahmen in der Restrukturierungssache ist die Abteilung zuständig, die für die erste Entscheidung zuständig war, § 36.

2. Zustellung der Ladung

26 Zum Erörterungs- und Abstimmungstermin sind vom Restrukturierungsgericht die stimmberechtigten Planbetroffenen (§ 9 Abs. 1) und der Schuldner zu laden (§§ 45 Abs. 4 i.V.m. § 241 Abs. 2 Satz 1 InsO). Den Beteiligten ist die Möglichkeit einzuräumen, durch Anwesenheit oder virtuell an dem Termin teilzunehmen, §§ 38 Satz 2 i.V.m. 128a ZPO. Namentlich unbekannte, aber im Restrukturierungsplan hinreichend konkret bezeichnete Gläubiger von Restrukturierungsforderungen sind durch öffentliche Bekanntmachung ihrer Planbetroffenheit aufzufordern, am Erörterungs- und Abstimmungstermin teilzunehmen.[27]

26a Der Kreis der zu ladenden Planbetroffenen ist von besonderer Bedeutung, da im Rahmen der späteren Abstimmung über den Plan die Stimmen der geladenen Planbetroffenen maßgeblich ist und nicht nur die Stimmen der an der Abstimmung teilnehmenden Planbetroffenen. Die Enthaltung an der Abstimmung gilt als Ablehnung des Plans. Das Gericht kann im Rahmen der § 38 Satz 1, § 139 Abs. 1 ZPO auf Mängel bei der Auswahl der zu ladenden Planbetroffenen hinweisen, die aus dem vom Schuldner eingereichten Entwurf des Restrukturierungsplans oder einem gem. § 10a InsO analog durchgeführten Vorgespräch ersichtlich werden.[28] Ist der Restrukturierungsplan fertiggestellt und in Verkehr gegeben, sollen sich die Planbetroffenen nicht mehr aus § 7 Abs. 1 ergeben, sondern allein danach, in wessen Rechte der Schuldner im gestaltenden Teil des Plans eingreift.[29]

27 Das Gericht kann den Schuldner (§ 45 Abs. 3 Satz 2) oder den obligatorisch bestellten Restrukturierungsbeauftragten (§ 76 Abs. 6 Satz 1), dem die Beantragung der gerichtlichen Planabstimmung zugewiesen ist, mit der Zustellung der Ladungen beauftragen. Über die Durchführung der Zustellung sind Nachweise zu fertigen und dem Gericht für die Akte zu überlassen. Nach dem

---

25 Begr. RegE SanInsFoG, BT-Drucks. 19/24181, S. 142; *Vallender*, NZI-Beilage 2021, 30.
26 *Vallender*, ZInsO 2020, 2579, 2581.
27 AG Hannover, Beschl. v. 21.04.2023 – 951 RES 1/23 – 1, ZRI 2023, 730.
28 AG Hamburg, Hinweisbeschl. v. 17.01.2022 – 61c RES 1/21, ZInsO 2022, 670.
29 *Marotzke*, ZInsO 2021, 2540.

Gesetzeswortlaut sind die Zustellungen gem. § 45 zwingend. Das bedeutet, dass das (teilweise) Unterbleiben der Zustellung einen Verfahrensfehler begründet, der im weiteren Verlauf des Verfahrens einer gerichtlichen Bestätigung des Restrukturierungsplans entgegensteht.[30]

Auch wenn dieses in § 45 Abs. 3 nicht ausdrücklich vorgesehen ist, ist der Ladung eine Abschrift des vollständigen Restrukturierungsplans nebst sämtlichen Anlagen sowie eine Darstellung der bereits angefallenen und der noch zu erwartenden Kosten des Restrukturierungsverfahrens beizufügen, damit den Planbetroffenen alle Informationen für ihre Abstimmungsentscheidung zugänglich sind.[31] Hierbei ggf. aus dem Umfang der Unterlagen folgende technische Zustellungsprobleme kann das Gericht umgehen, indem es die Zustellung der Ladung dem Schuldner oder dem Restrukturierungsbeauftragten überträgt. Der Schuldner hätte auch im privatautonomen Abstimmungsverfahren mit dem Planangebot den vollständigen Plan nebst Anlagen gem. § 17 Abs. 1 Satz 2 zuzustellen. Das Informationsbedürfnis der abstimmungsberechtigten Planbetroffenen hängt nicht davon ab, ob die Abstimmung privatautonom oder gerichtlich durchgeführt wird. Weder aus der für das gerichtliche Abstimmungsverfahren bestimmten Nichtanwendbarkeit (§ 23) der Regeln über die Vorbereitung der privatautonomen Abstimmung, die § 17 beinhalten, noch aus einem fehlenden Verweis auf § 235 Abs. 3 Satz 2 InsO, der für das insolvenzplanrechtliche Abstimmungsverfahren die Beifügung des Plans zur Ladung zum Abstimmungstermin regelt, kann etwas Anderes geschlossen werden. Es würde vielmehr den Zweck der gerichtlichen Planabstimmung, das Verfahren zu beschleunigen und für die Beteiligten rechtssicher zu gestalten, geradezu konterkarieren, aus dem Fehlen einer ausdrücklichen gesetzlichen Regelung zu folgern, dass eine erschwerte oder unterbliebene Information der Abstimmenden hingenommen werden sollte. 28

Grundsätzlich sind Einzelladungen vorzunehmen. Noch nicht einheitlich geklärt ist, ob eine öffentliche Bekanntmachung zum Nachweis der Zustellung an alle Beteiligten im Sinne des § 86 Abs. 3 genügt. Dagegen, dass eine gesetzlich vorgesehene Einzelzustellung durch diese Norm abbedungen wird spricht ein systematischer Umkehrschluss aus den ausdrücklichen Entbehrlichkeitstatbeständen in § 51 Abs. 4 Satz 2 und § 85 Abs. 2 Satz 1. Dieses gelte erst recht, wenn die Identitäten aller Zustellungsempfänger (wenn auch mit Aufwand) feststellbar sind.[32] Anders entschied das AG Nürnberg[33] für die Zustellung an eine Vielzahl von Aktionären, dass die öffentliche Bekanntmachung gem. § 86 Abs. 3 zum Nachweis der Zustellung an alle Beteiligten genügt, auch wenn das StaRUG neben der öffentlichen Bekanntmachung besondere Zustellungen vorschreibt. 28a

In der Ladung ist darauf hinzuweisen, dass es der Durchführung des Termins nicht entgegensteht, wenn nicht sämtliche Geladene erscheinen (§ 45 Abs. 3 Satz 1). Der Termin soll nicht durch schlichtes Nichterscheinen Einzelner vereitelt werden können.[34] 29

3. Ladungsfrist

Für den Termin zur Erörterung und Abstimmung über einen Restrukturierungsplan soll die Ladungsfrist mindestens 14 Tage betragen (§ 45 Abs. 1 Satz 2). Die Mindestladungsfrist gilt unabhängig davon, ob die Ladung durch das Gericht oder den Schuldner bzw. den Restrukturierungsbeauftragten zugestellt wird. 30

Im Insolvenzplanverfahren ist dem Gericht für die Bestimmung des Erörterungs- und Abstimmungstermins eine Monatsfrist ab Abschluss der gerichtlichen Vorprüfung des Insolvenzplans eingeräumt (§ 235 Abs. 1 Satz 2 InsO). Die Vorprüfung des Insolvenzplans soll innerhalb von zwei Wochen ab Planvorlage abgeschlossen sein, sodass ein Zeitraum von mindestens sechs Wochen zwischen Planeinreichung und Erörterung bzw. Abstimmung liegt. Das StaRUG verzichtet darauf, dem 31

30 Zum Insolvenzplan: HK-*Flessner* § 233 Rn. 4.
31 So auch *Frind*, ZInsO 2021, 1093, 1094.
32 AG Hannover, Beschl. v. 27.02.2023, 951 RES 1/23, ZInsO 2023, 568/569.
33 AG Nürnberg, Beschl. v. 21.06.2023 – RES 397/23, ZInsO 2023, 1907.
34 RegE SanInsFoG, BT-Drucks. 19/24181, S. 147.

Restrukturierungsgericht eine zeitliche Vorgabe für den Zeitraum zwischen Planvorlage bzw. Antrag auf gerichtliche Abstimmung und Versenden der Terminsladung zu setzen. Der vom Gericht benötigte Zeitraum hängt insbesondere davon ab, ob mit Planvorlage auch die gerichtliche Vorprüfung beantragt wurde oder diese von Amts wegen erfolgt (§ 46 Abs. 3) und wie komplex der Plan gestaltet ist. Für eine Vorprüfung hat der Schuldner den Plan und sämtliche Anlagen vorzulegen. Nach Abschluss der Vorprüfung oder, wenn eine solche nicht erfolgt, bei Vorliegen aller Zustellungsunterlagen wird das Gericht unverzüglich terminieren. Die Ladungsfrist soll neben dem Interesse des Planvorlegers an einem zügigen Verfahren auch das Interesse der Planbetroffenen berücksichtigen, die Rechtsfolgen des Plans und ihr Abstimmungsverhalten vorab ausreichend prüfen zu können.

32 Das Restrukturierungsgericht kann einen von der Erörterung gesonderten Termin zur Abstimmung über den Restrukturierungsplan bestimmen, §§ 45 Abs. 4 i.V.m. § 241 Abs. 1 Satz 1 InsO. Dieses ist insbesondere dann geboten, wenn Streit über den Planinhalt bereits im Ladungszeitpunkt absehbar ist oder sich im Erörterungstermin ergibt. Ändert der Schuldner den Restrukturierungsplan infolge der Ergebnisse des Erörterungstermins, ist vom Gericht mit der Ladung zum Abstimmungstermin die geänderte Planfassung zu übersenden und auf die Änderungen besonders hinzuweisen (§§ 45 Abs. 4 i.V.m. § 241 Abs. 2 Satz 5 InsO). Im Fall eines gesonderten Abstimmungstermins soll der Zeitraum zwischen dem Erörterungstermin und dem Abstimmungstermin nicht mehr als einen Monat betragen (§§ 45 Abs. 4 i.V.m. § 241 Abs. 1 Satz 2 InsO).

33 Eine schriftliche Abstimmung im Nachgang zum Erörterungstermin ist zulässig. In diesem Fall erhalten die stimmberechtigten Planbetroffenen bereits mit der abgeänderten Fassung des Plans einen Stimmzettel, der die Höhe des Stimmrechts enthält. Die Stimmabgabe muss bedingungslos und eindeutig sein, d.h. es ist nur eine Zustimmung oder eine Ablehnung zum Plan möglich.[35] Die schriftliche Stimme muss dem Gericht spätestens einen Tag vor dem Abstimmungstermin vorliegen. Auch der Widerruf einer bereits abgegebenen Stimme ist nur bis zu diesem Zeitpunkt möglich.

34 Nicht zu laden sind Aktionäre oder Kommanditaktionäre (§§ 45 Abs. 4 i.V.m. § 241 Abs. 2 Satz 2 InsO). Die Insolvenzordnung verweist insoweit auf die öffentliche Bekanntmachung des Termins (§ 241 Abs. 2 Satz 3 InsO), die jedoch im Restrukturierungsverfahren nicht erfolgt.

35 Für börsennotierte Gesellschaften findet § 121 Abs. 4a AktG entsprechende Anwendung (§§ 45 Abs. 4 i.V.m. § 241 Abs. 2 Satz 4 InsO).

C. Abstimmungsverfahren

36 Hinsichtlich der Durchführung der Abstimmung verweist § 45 Abs. 4 Satz 1 auf eine entsprechende Anwendung der §§ 239 bis 242 InsO sowie auf die §§ 24 bis 28 dieses Gesetzes, welche das Stimmrecht und erforderliche Mehrheiten bei der vom Schuldner organisierten Planabstimmung regeln. Die Versammlungsleitung des Erörterungs- und Abstimmungstermins obliegt dem Restrukturierungsrichter.[36] Im Erörterungstermin stellt der Planverfasser die wesentlichen Inhalte des Restrukturierungsplans vor und begründet diese. Im direkten Anschluss an die Vorstellung des Plans wird den Planbetroffenen Gelegenheit gegeben, zu einzelnen Punkten oder dem Gesamtplan Fragen zu stellen, Anmerkungen, Gegenvorstellungen bzw. Änderungsvorschläge vorzutragen. Diese Möglichkeit besteht im Erörterungstermin unabhängig davon, ob eine gerichtliche Vorprüfung des Plans (§ 46) vorausgegangen ist und die Planbetroffenen bereits in diesem Rahmen angehört wurden. Wird vom Restrukturierungsgericht erkannt, dass ein Planbetroffener die Sach- oder Rechtslage nicht richtig einschätzt, ist ein richterlicher Hinweis geboten.

37 Die Erörterung des Plans kann zu seiner Abänderung durch den Schuldner vor der Abstimmung führen. Die Planbetroffenen und das Gericht können keine Änderungen vornehmen. Die Plan-

35 Zum Insolvenzplan: MK-InsO/*Hintzen* § 242 Rn. 1.
36 *Vallender*, ZInsO 2677, 2678.

betroffenen bleiben auf die Möglichkeit verwiesen, bei der Abstimmung gegen den Plan zu stimmen, sollte sich der Schuldner weigern, ihre Änderungswünsche zum Plan entsprechend dem Ergebnis der Erörterung zu berücksichtigen. Im Anschluss an die Erörterung erfolgt die Stimmrechtszuteilung und zum Schluss die Abstimmung über den Restrukturierungsplan. Der Schuldner kann bereits im Erörterungstermin einen Antrag auf gerichtliche Planbestätigung stellen (§ 60 Abs. 1 Satz 2).[37] Hat er die Planbestätigung bereits beantragt, kann diese im Erörterungs- und Abstimmungstermin verkündet werden (§ 65 Abs. 1).

I. Stimmrechte der Planbetroffenen und deren Ausübung

Im Unterschied zur Abstimmung über einen Insolvenzplan zählen bei der Abstimmung über den Restrukturierungsplan nicht nur die Stimmen der im Abstimmungstermin körperlich oder virtuell anwesenden bzw. der am schriftlichen Abstimmungsverfahren teilnehmenden Planbetroffenen. Die Stimmen der geladenen und an der Abstimmung nicht teilnehmenden Planbetroffenen gelten als Ablehnung. Für das Mehrheitserfordernis des §§ 45 Abs. 4, 25 Abs. 1 sind damit stets die Stimmrechte aller Planbetroffenen maßgeblich. 38

Bei der Stimmrechtszuweisung ist zwischen der Planbetroffenheit wegen Restrukturierungsforderungen, Absonderungsanwartschaften bzw. gruppeninternen Drittsicherheiten und Anteils- oder Mitgliedschaftsrechten zu unterscheiden. Gem. § 45 Abs. 4 i.V.m. § 24 Abs. 1 Nr. 1 bis 3 richtet sich das Stimmrecht der Planbetroffenen 39

- bei Restrukturierungsforderungen nach deren Betrag, soweit sich aus § 24 Abs. 2 nichts anders ergibt (Nr. 1),
- bei Absonderungsanwartschaften und gruppeninternen Drittsicherheiten nach deren Wert (Nr. 2),
- bei Anteils- oder Mitgliedschaftsrechten nach dem Anteil am gezeichneten Kapital oder Vermögen des Schuldners; Stimmrechtsbeschränkungen, Sonder- oder Mehrstimmrechte bleiben außer Betracht (Nr. 3).

Die Festsetzung der Stimmrechte der Planbetroffenen durch das Restrukturierungsgericht muss vor dem Beginn der Abstimmung über den Plan abgeschlossen sein.[38] Eine ohne Klärung der Stimmrechte vorgenommene Abstimmung ist zu wiederholen. Es begründet einen Verfahrensmangel, eine Einigung oder eine gerichtliche Entscheidung über die Stimmrechtsfestsetzung zunächst zurückzustellen, eine Abstimmung unter Beteiligung aller anwesenden Planbetroffenen unabhängig von (der Höhe) ihrer Stimmberechtigung durchzuführen und erst nachträglich über die Stimmrechtsfestsetzung zu entscheiden.[39] 40

1. Stimmrechte für Restrukturierungsforderungen, § 24 Abs. 2

Gem. § 45 Abs. 4 i.V.m. § 24 Abs. 2 ist bei der Bestimmung des Stimmrechts von Planbetroffenen, die Inhaber von Restrukturierungsforderungen sind, Folgendes zu beachten: 41

a) Bedingte Forderungen, § 24 Abs. 2 Nr. 1

Aufschiebend oder auflösend bedingte Forderungen werden mit dem ihnen unter Berücksichtigung der Wahrscheinlichkeit des Bedingungseintritts zukommenden Wert angesetzt. Der Plan muss die Eintrittswahrscheinlichkeit der Bedingung wertmäßig bestimmen und alle zur Bewertung der Eintrittswahrscheinlich der Bedingung erforderlichen Informationen enthalten und unterschiedliche Einschätzungen des Schuldners und des Forderungsinhabers darstellen. 42

37 *Vallender*, ZInsO 2677, 2678.
38 Zum Insolvenzplan: BGH, Beschl. v. 17.12.2020, IX ZB 38/18, ZIP 2021, 203.
39 Zum Insolvenzplan: BGH, Beschl. v. 17.12.2020, IX ZB 38/18, ZIP 2021, 203.

b) Unverzinsliche Forderungen, § 24 Abs. 2 Nr. 2

43 Unverzinsliche Forderungen werden für die Stimmrechtszuweisung mit dem Betrag angesetzt, der sich in Anwendung des § 41 Abs. 2 InsO durch Abzinsung mit dem gesetzlichen Zinssatz auf den Tag der Planvorlage bei Gericht ergibt. Die Forderung vermindert sich dadurch auf den Betrag, der bei Hinzurechnung der gesetzlichen Zinsen für die Zeit von der Planvorlage bis zur Fälligkeit dem vollen Betrag der Forderung entspricht.

c) Unbestimmte Forderungshöhe, § 24 Abs. 2 Nr. 3

44 Forderungen, die auf Geldbeträge unbestimmter Höhe gerichtet oder in ausländischer Währung oder einer Rechnungseinheit ausgedrückt sind, werden mit dem nach § 45 InsO zu bestimmenden Wert angesetzt. Soweit § 45 InsO für die Schätzung bzw. den maßgeblichen Kurswert auf den Zeitpunkt der Eröffnung des Insolvenzverfahrens abstellt, kommt es hier für die Höhe des Stimmrechts auf die Forderungshöhe im Zeitpunkt der Vorlage des Restrukturierungsplans, d.h. den Eingang bei Gericht an.

d) Forderungen auf wiederkehrende Leistungen, § 24 Abs. 2 Nr. 4

45 Auf wiederkehrende Leistungen gerichtete Forderungen werden mit dem nach Maßgabe des § 46 InsO bestimmten Wert angesetzt. Wenn für die wiederkehrenden Leistungen der Betrag und die Dauer bestimmt sind, ist das Stimmrecht für die Forderung mit dem Betrag anzusetzen, der sich für die Forderung ergibt, wenn die noch ausstehenden Leistungen unter Abzug des in § 41 InsO bezeichneten Zwischenzinses zusammengerechnet werden. Ist die Dauer der Leistungen unbestimmt, ist die dem Stimmrecht zugrunde zu legende Forderungshöhe entsprechend § 45 Satz 1 InsO zu schätzen.

2. Stimmrechte für Absonderungsanwartschaften/gruppeninterne Drittsicherheiten, § 24 Abs. 3

46 Durch Absonderungsanwartschaften oder gruppeninterne Drittsicherheiten gesicherte Forderungen vermitteln in einer Gruppe von Restrukturierungsgläubigern nur insoweit ein Stimmrecht, wie der Schuldner für die gesicherten Forderungen auch persönlich haftet und der Inhaber der Absonderungsanwartschaft auf diese verzichtet oder mit einer abgesonderten Befriedigung ausfallen würde. Solange der Ausfall nicht feststeht, ist die Forderung mit dem mutmaßlichen Ausfall zu berücksichtigen.

3. Stimmrechte für streitige Forderungen, § 24 Abs. 4

47 Ist das auf eine Forderung oder ein Recht entfallende Stimmrecht streitig, kann das Restrukturierungsgericht der Abstimmung das Stimmrecht zugrunde legen, das es den Planbetroffenen mit der Stimmrechtsfestsetzung zugewiesen hat (s. dazu Rdn. 48 ff.). Im Sitzungsprotokoll vermerkt das Gericht, dass, inwieweit und aus welchem Grund das Stimmrecht streitig ist. Eine von der Planregelung abweichende Stimmrechtsfestsetzung bedarf allerdings eines Antrags des Planbetroffenen, d.h. das Gericht wird eine Stimmrechtskorrektur nicht von sich aus vornehmen. Nicht an der Erörterung teilnehmende Planbetroffene streitiger Forderungen laufen demnach Gefahr, nicht in der von ihnen beanspruchten Forderungshöhe an der Abstimmung beteiligt zu sein.

II. Stimmrechtsfestsetzung durch das Gericht und Stimmliste

48 Nach dem Grundgedanken des StaRUG sollen sich die Beteiligten ohne den Einfluss des Gerichts über das Restrukturierungsvorhaben und die Stimmrechte einigen. Die Planbetroffenen unstreitiger Forderungen haben ohne weitere Voraussetzungen ein Stimmrecht in Höhe ihrer Forderungen. Die Planbetroffenen streitiger, nicht titulierter Forderungen sind nur stimmberechtigt, soweit sie sich mit dem Schuldner über das Stimmrecht geeinigt haben. Bei unstreitigen Stimmrechten oder solchen, auf die sich die Beteiligten gütlich einigen konnten bedarf es keiner gerichtlichen Entscheidung. Kommt keine Einigung über das Stimmrecht zustande, so ist es vom Restrukturierungsgericht für

die Abstimmung über den Plan festzusetzen. Im Terminsprotokoll ist festzuhalten, dass und welche Stimmrechte warum streitig waren. Die Festsetzung des Stimmrechts impliziert die Feststellung der Stimmberechtigung. Die Stimmrechtsfestsetzung erfolgt nach billigem Ermessen aufgrund summarischer Prüfung der Forderung und unter Berücksichtigung der eingereichten Unterlagen. Es können daher Probleme und zeitliche Verzögerungen entstehen, wenn möglicherweise nicht sämtliche relevanten Unterlagen als Grundlagen für die gerichtliche Stimmrechtsentscheidung vorliegen. Bei erheblichem zeitlichen Aufwand für die Feststellung der Stimmrechte ist es dem Restrukturierungsgericht möglich, noch vor der Abstimmung eine unverbindliche »Probeabstimmung« durchzuführen, um zu klären, ob die festzustellenden Stimmrechte überhaupt entscheidungserheblich sind[40] und die Einigungsbereitschaft der Beteiligten auf diesem Weg gestärkt werden kann. Nach abschließender Klärung der Stimmrechtsverhältnisse hat dann aber die eigentliche Abstimmung stattzufinden und ist das Abstimmungsergebnis festzustellen.

Die Festsetzung erfolgt ausschließlich in Bezug auf die Abstimmung über den Plan, fixiert aber nicht materiell die Höhe des Anspruchs des Planbetroffenen gegenüber dem Schuldner.[41] Die Festsetzung ist von Bedeutung für die Feststellung der erforderlichen Mehrheit. Das Abstimmungsergebnis nach festgestellten Stimmrechten ändert sich auch dann nicht, wenn nachfolgend in einem außerhalb des Restrukturierungsverfahrens laufenden Rechtsstreit das zuständige Prozessgericht eine abweichende Höhe der Forderung des Planbetroffenen feststellt.[42] Für die Planbestätigung und das dort zu prüfende Erreichen der erforderlichen Mehrheiten bleibt die erfolgte Festsetzung des Stimmrechts aber auch dann verbindlich. 49

Nach Abschluss der Erörterung und der gegebenenfalls erforderlichen gerichtlichen Festsetzung der Stimmrechte und vor der Abstimmung ist eine Stimmliste in Bezug auf alle Planbetroffenen zu erstellen. Die Stimmliste wird durch den Urkundsbeamten des Restrukturierungsgerichts protokolliert (§ 45 Abs. 4 i.V.m. § 239 InsO). Stimmberechtigt sind nur die Planbetroffenen. Die im Verzeichnis aufgeführten Stimmrechte entsprechen den unstreitigen bzw. zwischen den Beteiligten im Erörterungstermin gütlich vereinbarten bzw. – bei streitig gebliebenen Positionen – gerichtlich festgesetzten Stimmrechten. 50

Hat der Richter eine Stimmrechtsfestsetzung vorgenommen, kann er auf Antrag des Schuldners bzw. des Restrukturierungsbeauftragten oder eines an der Abstimmung teilnehmenden Planbetroffenen seine Entscheidung noch bis zur Abstimmung ändern. Die Korrektur der Stimmrechtsfestsetzung ist zwar auch nach Durchführung der Abstimmung noch möglich, entfaltet dann aber keine Rückwirkung auf das bereits festgestellte Abstimmungsergebnis, sondern wirkt nur für künftige Abstimmungen.[43] 51

Gegen die Stimmrechtsfestsetzung des Restrukturierungsgerichts ist kein Rechtsmittel gegeben. Diese kann erst mit einer sofortigen Beschwerde (§ 66) gegen den späteren Planbestätigungsbeschluss des Restrukturierungsgerichts angegriffen werden. 52

III. Änderungen des Restrukturierungsplans

Der Schuldner ist berechtigt, einzelne Regelungen des Restrukturierungsplans aufgrund der Erörterung im gerichtlichen Termin oder inzwischen neuer Erkenntnisse inhaltlich zu ändern. Übersteigen die Änderungen des Schuldners nicht den Umfang der im Insolvenzplanverfahren gem. § 240 InsO möglichen Änderungen, kann über den geänderten Plan noch in demselben Termin abgestimmt werden (§ 45 Abs. 4 i.V.m. § 240 InsO), anderenfalls ist vom Gericht ein gesonderter Abstimmungstermin anzuberaumen. Nach dem Erörterungstermin können keine inhaltlichen Ände- 53

40 Zum Insolvenzplan: BGH, Beschl. v. 17.12.2020, IX ZB 38/18, ZIP 2021, 203.
41 RegE SanInsFoG, BT-Drucks. 19/24181, S. 147.
42 RegE SanInsFoG, BT-Drucks. 19/24181, S. 148.
43 Zum Insolvenzplan: MK-InsO/*Ehricke/Ahrens*, 4. Aufl., § 77 Rn. 28; MK-InsO/*Hintzen*, 4. Aufl., §§ 237, 238 Rn. 28; Uhlenbruck-*Knof*, InsO, § 77 Rn. 25.

rungen mehr vorgenommen werden, möglich ist dann nur noch die Berichtigung offensichtlicher Fehler, die sich nicht auf die Rechtsstellung der Planbetroffenen auswirken.

54 Die Möglichkeit der zulässigen Planänderung dient der Effektivität und Beschleunigung des Verfahrens, um durch ohne großen Aufwand vorzunehmende Änderungen ein Scheitern des Plans zu vermeiden. Sollte sich aus der gerichtlichen Vorprüfung (§ 46) nach Anhörung der Planbetroffenen oder aus dem gerichtlichem Hinweisbeschluss Änderungsbedarf ergeben, sind die Modifikationen bereits vor der Erörterung in den Plan einzupflegen. Für den Insolvenzplan wird vertreten, dass sich die Änderungsbefugnis auf den gestaltenden Teil des Plans beschränkt.[44] Der Kern des Plans muss unberührt bleiben. Für den Insolvenzplan wird diese Einschränkung in der Weise ausgelegt, dass die Abstimmenden die Änderungen ohne Einholung rechtlicher Beratung vollumfänglich prüfen und nachvollziehen können müssen.[45] Kritisch zu betrachten sind insbesondere erst im Erörterungstermin nachträglich vorgenommene Änderungen der Gruppenstruktur.[46] Probleme in diesem Bereich sollten zum Gegenstand eines Vorprüfungstermins (§ 46) gemacht werden, um eine gerichtliche Klärung vor der Erörterung des Plans zu erzielen. Ausgeschlossen ist die nachträgliche Erweiterung der Planbetroffenen.

55 Die Änderungen sind dem Wortlaut nach zu Protokoll zu geben. Das Gericht hat sodann die Zulässigkeit des Änderungsumfangs und eine ggf. erforderliche Vertagung zu prüfen. Ob die einzelnen Abweichungen für sich oder in der Gesamtheit einen entsprechenden Grad erreichen, liegt im Ermessen des Restrukturierungsrichters. Der Restrukturierungsplan kann nur so angenommen oder im Ganzen abgelehnt werden, wie er vom Schuldner zur Abstimmung gestellt wird. Die Planbetroffenen können keine Änderungen vornehmen.

IV. Form der Abstimmung

56 Die Abstimmung unter verfahrensleitender Funktion des Gerichts erfolgt im Termin, regelmäßig direkt im Anschluss an die Planerörterung und Stimmrechtsfeststellung. Der Ablauf des Abstimmungsverfahrens wird vom Restrukturierungsgericht protokolliert (§ 38 i.V.m. §§ 159, 160 ZPO). Die Stimmliste wird dem Abstimmungsprotokoll als Anlage beigefügt.

57 Die Abstimmung im Abstimmungstermin erfolgt mündlich. Eine abgegebene Stimme kann nicht widerrufen werden.[47]

58 Für den Fall eines gesonderten Abstimmungstermins (§ 45 Abs. 4 i.V.m. § 241 Abs. 1 Satz 1 InsO), der nach dem Erörterungstermin binnen Monatsfrist anberaumt werden soll, kann das Gericht eine schriftliche Durchführung und Stimmrechtsausübung anordnen (§ 45 Abs. 4 i.V.m. § 242 Abs. 1 Satz 1 InsO). Hierfür übersendet das Restrukturierungsgericht den stimmberechtigten Planbetroffenen nach dem Erörterungstermin den Stimmzettel, der für die Wirksamkeit der Stimmabgabe zu verwenden ist, und teilt ihnen dabei ihr Stimmrecht mit (§ 45 Abs. 4 i.V.m. § 242 Abs. 2 Satz 1 InsO). Die schriftliche Stimmabgabe wird nur berücksichtigt, wenn sie dem Gericht spätestens am Tag vor dem Abstimmungstermin zugegangen ist; darauf ist bei der Übersendung des Stimmzettels hinzuweisen (§ 45 Abs. 4 i.V.m. § 242 Abs. 2 Satz 2 InsO). Der gesonderte Abstimmungstermin ist eine mündliche Verhandlung im Sinne der ZPO. Die schriftlich abgegebenen Stimmen sind zu verlesen[48] und können danach nicht mehr durch einen später erscheinenden Stimmberechtigten abgeändert werden.[49]

44 HambKomm-InsR/*Thies*, 8. Aufl., § 240 Rn. 3.
45 HK-*Haas*, § 240 Rn, 5.
46 LG Düsseldorf, ZInsO 2020, 840; LG Hamburg, NZI 2018, 261, 263.
47 Zum Insolvenzplanverfahren: HK-*Flessner* § 243 Rn. 5; MK-*Hintzen* § 243 Rn. 4, 6; für eine Widerrufsmöglichkeit bis zur Ergebnismitteilung dagegen Uhlenbruck-*Lüer* § 243 Rn. 6.
48 Zum Insolvenzplanverfahren: Uhlenbruck-*Lüer* § 243 Rn. 5.
49 Zum Insolvenzplanverfahren: MK-InsO/*Hintzen* § 243 Rn. 4.

V. Erforderliche Mehrheiten zur Annahme des Restrukturierungsplans

59 Jede Gruppe stimmt gesondert und innerhalb der Gruppe jeder Stimmberechtigte einzeln über den Restrukturierungsplan ab. Ein Stimmberechtigter kann einen Dritten mit der Stimmabgabe bevollmächtigen.

60 Zur Annahme des Restrukturierungsplans ist es erforderlich, dass in jeder Gruppe auf die dem Plan zustimmenden Gruppenmitglieder mindestens 75 % der Stimmrechte in dieser Gruppe entfallen (§ 45 Abs. 4 i.V.m. § 25 Abs. 1). Auf die Kopfmehrheit kommt es nicht an.[50]

61 Planbetroffene, denen eine Forderung oder ein Recht gemeinschaftlich zusteht, werden bei der Abstimmung als ein Planbetroffener behandelt. Entsprechendes gilt, wenn an einem Recht ein Pfandrecht oder ein Nießbrauch besteht (§ 45 Abs. 4 i.V.m. § 25 Abs. 2).

VI. Zustimmungsfiktionen – gruppenübergreifende Mehrheitsentscheidung

62 Wird in einer abstimmenden Gruppe die 75 %-Mehrheit nicht erreicht, gilt gem. § 45 Abs. 4 i.V.m. § 26 Abs. 1 die Zustimmung dieser Gruppe unter den folgenden, kumulativ vorliegenden Voraussetzungen als erteilt (Zustimmungsfiktion). Die in § 26 normierte Möglichkeit des sog. *cross class cram down* dient nicht nur der Durchsetzbarkeit des Restrukturierungsvorhabens, sondern fungiert zugleich als Schutz für die ablehnenden Planbetroffenen, indem Hürden für die Zustimmungsfiktion aufgestellt werden. Diese sind strukturell an das Obstruktionsverbot der Gläubiger in § 245 InsO bei der Abstimmung über einen Insolvenzplan angelehnt. Das Gericht stellt die Zustimmungsfiktion nicht durch einen gesonderten Beschluss fest, sondern trifft die Entscheidung im Rahmen der Bestätigung des Restrukturierungsplans, welche auch das Zustandekommen der Plananahme mit der erforderlichen Mehrheit feststellt.

1. Keine Schlechterstellung, § 26 Abs. 1 Nr. 1

63 Die Mitglieder der Gruppe ohne ausreichende Mehrheit dürfen durch den Restrukturierungsplan voraussichtlich nicht schlechter gestellt werden als sie ohne einen Plan stünden. Hinter diese Mindestposition müssen die Planbetroffenen nicht zurücktreten. Das in § 26 Abs. 1 Nr. 1 normierte und durch eine Vergleichsrechnung (§ 6 Abs. 2) unterlegte Schlechterstellungsverbot ist der zentrale Rechtfertigungsmechanismus für den Eingriff in Gläubigerrechte bei Vorliegen nur drohender Zahlungsunfähigkeit.

63a Eine wesentliche Schlechterstellung muss der Planbetroffene als Beschwerdeführer im Beschwerdeverfahren gegen den Planbestätigungsbeschluss glaubhaft machen, ebenso dass dieser Nachteil nicht durch eine Zahlung aus den in § 64 Abs. 3 genannten Mitteln ausgeglichen werden kann. Eine nur voraussichtliche Schlechterstellung, d.h. eine Schlechterstellungsgefahr, durch den Restrukturierungsplan genügt nach Ansicht des LG Nürnberg[51] dafür nicht. Demgegenüber hält e das AG Hannover[52] für ausreichend, dass die einen Minderheitenschutzantrag stellende Planbetroffene durch den Restrukturierungsplan voraussichtlich schlechter gestellt wird, als er ohne den Plan stünde. Das Vorliegen der voraussichtlichen Schlechterstellung gem. § 39 Abs. 1 ist danach von Amts wegen zu ermitteln, wobei sich die gerichtliche Prüfung auf die vom Antragsteller dargelegten und glaubhaft gemachten Umstände beschränkt.

64 Eine Schlechterstellung liegt voraussichtlich vor, wenn bei wirtschaftlicher Betrachtung die Schlechterstellung wahrscheinlicher (= größer als 50 %) ist als die Nichtschlechterstellung.[53] Der Schuldner hat im darstellenden Teil des Restrukturierungsplans fundiert darzulegen und zu begründen, dass keine Schlechterstellung der einzelnen Planbetroffenen vorliegt. Insoweit hat das Gericht für die

50 *Vallender*, ZInsO 2677, 2678.
51 LG Nürnberg-Fürth, Beschl. v. 17.07.2023 – 4 T 3814/23, ZRI 2023, 794.
52 AG Hannover, Beschl. v. 20.10.2023 – 951 RES 1/23 – 1, ZRI 2023, 962.
53 Zum Insolvenzplan: SanR-*Kaldenbach*, Teil 3, § 245 InsO Rn. 8.

Zustimmungsfiktion eine Prognoseentscheidung (»voraussichtlich«) zu treffen.[54] Das Gericht kann hierfür einen Sachverständigen beauftragen.

65 Die vom Restrukturierungsgericht zu berücksichtigenden Alternativszenarien hat der Planverfasser in der Vergleichsrechnung gem. § 6 Abs. 2 als zwingenden Bestandteil des darstellenden Teils des Plans darzustellen. Anders als in einem Insolvenzplanverfahren fehlt im StaRUG-Verfahren der Vergleichsmaßstab eines »übergeordneten« Insolvenzregelverfahrens.[55] Vergleichsgrundlage im StaRUG-Verfahren muss, wenn der Plan eine Fortführung vorsieht, gem. § 6 Abs. 2 Satz 3 regelmäßig eine Fortführungslösung ohne den Restrukturierungsplan sein, es sei denn, eine Fortführung ohne den Plan ist aussichtslos.[56] Das konkrete Fortführungsszenario wurde vom StaRUG-Gesetzgeber offengelassen. Da ein »Dual-Track«-Verfahren bei einer geräuschlosen Eigensanierung regelmäßig nicht in Betracht kommt, Erlöse aus einem potenziellen Unternehmensverkauf daher nur zu schätzen sind, und auch eine Fortführung und Sanierung in einem Insolvenz(plan)verfahren nicht zwingend ist, wird die Darstellung immer einzelfallbezogen das wahrscheinlichste, nächstbeste Alternativszenario[57] ohne Restrukturierungsplan (z.B. zusätzliche Fremdmittel von Bank- oder Investorenseite) beschreiben müssen. Im Zweifel ist vom Schuldner eine Unternehmensbewertung nach dem Maßstab IDW S8 (fairness opinion) einzuholen.[58] Ist die im Plan dargestellte Vergleichsrechnung für das Gericht nicht nachvollziehbar, müsste diesbezüglich bei einem Antrag auf gerichtliche Planabstimmung und/oder Planbestätigung jedenfalls eine Vorprüfung von Amts wegen (§ 46 Abs. 3) erfolgen. Unzureichend wäre der bloße Vergleich mit einem fiktiv alternativen Restrukturierungsplan, der für die identischen Planbetroffenen schlicht ungünstigere Konditionen begründen würde, da diese Option die willkürliche Gestaltung von Alternativen eröffnen und den Zweck der Vergleichsrechnung leerlaufen lassen würde.

66 Trägt der Schuldner vor, dass eine Fortführung ohne den Restrukturierungsplan aussichtslos ist, um den Vergleich mit einem Liquidationsszenario zu eröffnen, ist Folgendes zu beachten: Das Unterstellen einer (allein vorhandenen) Liquidationsalternative ermöglicht es dem Schuldner, die Planbetroffenen zu größtmöglichen, möglicherweise völlig überzogenen Zugeständnissen zu bewegen. Es ist auch mit Blick auf den weit gefassten Prognosehorizont von 24 Monaten für die (nur) drohende Zahlungsunfähigkeit allenfalls als Ausnahmefall denkbar und vom Gesetzgeber als Ausnahmevorschrift gestaltet (*»es sei denn«*). Es muss dezidiert begründet werden, dass sich kein konkretes und verlässliches Alternativszenario unter Ansatz von Fortführungswerten darstellen lässt. Nur in diesem Fall ist die Insolvenz des Schuldners Vergleichsmaßstab.[59] Die »absolute« Untergrenze – ein Vergleich mit den Werten, die sich bei der Liquidation im Insolvenzverfahren ergeben[60] ist in jedem Fall einzuhalten. Ablehnende Planbetroffene müssen vortragen und belegen, dass ein alternatives Fortführungsszenario oder die Möglichkeit einer Veräußerbarkeit ohne Planeingriffe besteht, sofern dieses von der Schuldnerin verneint wird.[61]

67 Allein die mehrheitliche Annahme eines Restrukturierungsplans gewährleistet nicht, dass die Planbetroffenen tatsächlich die Planleistungen erhalten. Eine Insolvenz des Schuldners, auch wenn diese durch den Plan gerade vermieden werden soll, kann nie vollständig ausgeschlossen werden. Dennoch ist bei der Vergleichsrechnung zusätzlich zur Verzinsung für die zeitliche Verzögerung bei Planzahlungen ein Risikoaufschlag zur Berücksichtigung des Ausfallrisikos nicht geboten.[62]

---

54 Zum Insolvenzplan: HambKomm-InsR/*Thies*, 8. Aufl., § 245 Rn. 8; Andres/Leithaus-*Andres*, § 245 InsO Rn. 3.
55 *Frind*, ZInsO 2021, 1093, 1097.
56 *Thole*, ZIP 2020, 1985, 1989.
57 EU-Richtlinie, Art. 2 Abs. 1 Nr. 6.
58 *Frind*, ZInsO 2021, 1093, 1098.
59 AG Hamburg, Beschl. v. 12.04.2021, 61a RES 1/21, ZRI 2021, 473.
60 Braun-*Böhm*, StaRUG, § 6 Rn. 27.
61 AG Hamburg, Beschl. v. 12.04.2021, 61a RES 1/21, ZRI 2021, 473.
62 Zum Insolvenzplan: SanR-*Kaldenbach*, Teil 3, § 245 InsO Rn. 24.

68 Auch, wenn nach dem Zahlenwerk der Vergleichsrechnung eine Schlechterstellung der Planbetroffenen nicht gegeben ist, kann eine Planbestätigung versagt werden bzw. scheidet bereits eine Zustimmungsfiktion aus, wenn die Erfüllbarkeit der Ansprüche der Planbetroffenen offenkundigen Zweifeln unterliegt, die der Schuldner nach Aufforderung des Gerichts nicht ausräumen konnte. Dabei muss die Evidenz der Nichterfüllbarkeit so deutlich zu Tage treten, dass es keiner Überprüfung durch einen Sachverständigen bedarf. Dem Gericht obliegt es nur die Rechtmäßigkeit des Plans, nicht aber seine wirtschaftliche Zweckmäßigkeit zu prüfen.[63]

2. Angemessene Beteiligung am Planwert, § 26 Abs. 1 Nr. 2

69 Die Mitglieder der Gruppe ohne ausreichende Mehrheit müssen angemessen an dem wirtschaftlichen Wert beteiligt werden, der auf der Grundlage des Plans den Planbetroffenen zufließen soll (Planwert). Diese Voraussetzung schränkt zum einen den Spielraum des Schuldners bei der Gestaltung des Restrukturierungsplans ein, sichert aber gleichzeitig bei nachvollziehbarer Darstellung der Beachtung der angemessenen wirtschaftlichen Beteiligung aller Planbetroffenen deren Akzeptanz und Einigungsbereitschaft. Ferner können schon im Vorfeld der Anzeige des Restrukturierungsvorhabens in den Sanierungsverhandlungen überzogene Forderungen einzelner Planbetroffener mit Verweis auf die Möglichkeit der Zustimmungsfiktion bei Wahrung dieses Bestätigungserfordernisses argumentativ zurückgewiesen bzw. mit der gerichtlichen Zustimmungsersetzung gedroht werden. Es ist hinsichtlich der angemessenen Beteiligung am Planwert zwischen planbetroffenen Fremdgläubigern und Gesellschaftergläubigern zu unterscheiden:

a) Fremdgläubiger

70 Eine angemessene Beteiligung einer Gruppe von Fremdgläubigern am Planwert wird für die vom Schuldner organisierte Planabstimmung in § 27 Abs. 1 definiert. Die dort bestimmten Fallgruppen sind auch auf das gerichtliche Planabstimmungsverfahren anwendbar (§ 45 Abs. 4). Eine Gläubigergruppe ist danach angemessen am Planwert beteiligt, wenn

- kein anderer planbetroffener Gläubiger wirtschaftliche Werte erhält, die den vollen Betrag seines Anspruchs übersteigen (Nominalwert der Forderung als Höchstwert der Beteiligung),
- weder ein planbetroffener Gläubiger, der ohne einen Plan in einem Insolvenzverfahren mit Nachrang gegenüber den Gläubigern der Gruppe zu befriedigen wäre, noch der Schuldner oder eine an dem Schuldner beteiligte Person einen nicht durch Leistung in das Vermögen des Schuldners vollständig ausgeglichenen wirtschaftlichen Wert erhält. Diesem Grundsatz steht es nicht entgegen, wenn der Schuldner oder eine an dem Schuldner beteiligte Person am Unternehmensvermögen beteiligt bleibt, sofern die Mitwirkung des Schuldners oder der an dem Schuldner beteiligten Person an der Fortführung des Unternehmens infolge besonderer, in seiner Person liegender Umstände unerlässlich ist, um den Planmehrwert zu verwirklichen, und sich der Schuldner oder die an dem Schuldner beteiligte Person im Plan zu der erforderlichen Mitwirkung sowie zur Übertragung der wirtschaftlichen Werte für den Fall verpflichtet, dass seine Mitwirkung aus von ihm zu vertretenden Gründen vor dem Ablauf von fünf Jahren oder einer kürzeren, für den Planvollzug vorgesehenen Frist endet (§ 28 Abs. 2 Nr. 1). Diese Regelung, die den Grundsatz absoluter Priorität höherrangiger vor nachrangigen Gruppen eingrenzt, bietet Raum für erhebliches Streitpotenzial hinsichtlich des Begriffs der »erforderlichen Mitwirkung«, um den Planmehrwert zu verwirklichen.[64]
- die Eingriffe in die Rechte der Gläubiger geringfügig sind, insbesondere, weil die Rechte nicht gekürzt werden und deren Fälligkeiten um nicht mehr als 18 Monate verschoben werden (§ 28 Abs. 2 Nr. 2).
- kein planbetroffener Gläubiger, der in einem Insolvenzverfahren gleichrangig mit den Gläubigern der Gruppe zu befriedigen wäre, bessergestellt wird als diese Gläubiger. Diesem Grundsatz steht

63 *Vallender*, ZInsO 2020, 2677, 2679.
64 *Thole*, ZIP 2020, 1985, 1990.

es nicht entgegen, wenn eine hiervon abweichende Regelung nach der Art der zu bewältigenden wirtschaftlichen Schwierigkeiten und nach den Umständen sachgerecht ist (Ausnahmeregel des § 28 Abs. 1 Satz 1). Nach einer Rückausnahme ist es allerdings nicht sachgerecht, wenn auf die überstimmte Gruppe mehr als die Hälfte der Stimmrechte der Gläubiger der betroffenen Rangklasse entfällt, § 28 Abs. 1 Satz 2.

b) Gesellschaftergläubiger

71 Eine angemessene Beteiligung einer Gruppe von Gesellschaftergläubigern *(»der an dem Schuldner beteiligten Personen«)* am Planwert wird für die gerichtliche Planabstimmung in § 45 Abs. 4 i.V.m. § 27 Abs. 2 wie folgt definiert und liegt vor, wenn nach dem Plan

- kein planbetroffener Gläubiger wirtschaftliche Werte erhält, die den vollen Betrag seines Anspruchs übersteigen, und
- vorbehaltlich des § 28 Abs. 2 Nr. 1 keine an dem Schuldner beteiligte Person, die ohne Plan den Mitgliedern der Gruppe gleichgestellt wäre, einen wirtschaftlichen Wert behält.

3. Mehrheitserfordernis der abstimmenden Gruppen, § 26 Abs. 1 Nr. 3

72 Die Mehrheit der abstimmenden Gruppen muss dem Restrukturierungsplan mit den erforderlichen Mehrheiten zustimmen. Wurden lediglich zwei Gruppen gebildet, genügt die Zustimmung der anderen Gruppe. Anders als im Insolvenzplanverfahren, wo in § 245 Abs. 1 Nr. 3 eine § 26 Abs. 1 Nr. 3 Halbs. 2 entsprechende Zwei-Gruppen-Regel fehlt, ist nicht die Bildung von mindestens drei Gruppen für das Gruppenmehrheitserfordernis notwendig. Bei der Mehrheitsermittlung werden – ebenfalls abweichend vom Insolvenzplanverfahren – nicht nur die tatsächlich an der Abstimmung teilnehmenden Gruppen erfasst. Stimmt kein Stimmberechtigter einer Gruppe ab, ist dieses als Ablehnung der Gruppe zu werten.

73 Die zustimmenden Gruppen dürfen nicht ausschließlich durch Anteilsinhaber oder nachrangige Restrukturierungsgläubiger gebildet sein.

4. Sonderregelung bei gruppeninternen Sicherheiten

74 Sieht der gestaltende Teil des Restrukturierungsplans Eingriffe in die Rechte von Gläubigern aus gruppeninternen Drittsicherheiten vor, bilden die davon betroffenen Gläubiger eigenständige Gruppen (§ 9 Abs. 1 Satz 3). Wenn die 75 %-Mehrheit in einer Gruppe dieser Art nicht erreicht wird, gelten die §§ 26 Abs. 1, 27 und 28 für diese Gruppe nur, wenn die vorgesehene Entschädigung die Inhaber der Rechte aus der gruppeninternen Drittsicherheit für den zu erleidenden Rechtsverlust oder den Verlust der Haftung des persönlich haftenden Gesellschafters angemessen entschädigt (§ 26 Abs. 2).

§ 46 Vorprüfungstermin

(1) [1]Auf Antrag des Schuldners bestimmt das Gericht einen gesonderten Termin zur Vorprüfung des Restrukturierungsplans vor dem Erörterungs- und Abstimmungstermin. [2]Gegenstand dieser Vorprüfung kann jede Frage sein, die für die Bestätigung des Restrukturierungsplans erheblich ist, insbesondere,

1. **ob die Auswahl der Planbetroffenen und die Einteilung der Planbetroffenen in Gruppen den Anforderungen der §§ 8 und 9 entspricht,**
2. **welches Stimmrecht eine Restrukturierungsforderung, eine Absonderungsanwartschaft oder ein Anteils- oder Mitgliedschaftsrecht gewährt oder**
3. **ob dem Schuldner die Zahlungsunfähigkeit droht.**

[3]§ 45 Absatz 3 gilt entsprechend. [4]Die Ladungsfrist beträgt mindestens sieben Tage.

(2) Das Ergebnis der Vorprüfung fasst das Gericht in einem Hinweis zusammen.

(3) Das Gericht kann einen Vorprüfungstermin auch von Amts wegen bestimmen, wenn dies zweckmäßig ist.

Übersicht

A. Normzweck

Im Rahmen der gerichtlichen Planabstimmung kann das Restrukturierungsgericht auf Antrag des Schuldners oder eines obligatorisch bestellten Restrukturierungsbeauftragten (§ 73 Abs. 1 Nr. 1 und 2) den Plan vorprüfen und insbesondere vor Anberaumung des Erörterungs- und Abstimmungstermins einen Termin zur Vorprüfung des Plans und des anvisierten Abstimmungsverfahrens ansetzen. Das Vorprüfungsverfahren nach § 46 im gerichtsseitigen Abstimmungsverfahren unterscheidet sich in einigen Punkten vom Vorprüfungsverfahren im schuldnerseitigen Abstimmungsverfahren (§§ 47, 48), das auch teilweise als »isoliertes Vorprüfungsverfahren« bezeichnet wird.[1] Anders als bei einem privatautonom organisierten Abstimmungsverfahren kann die Vorprüfung des Plans auch von Amts wegen erfolgen, wenn dieses dem Restrukturierungsgericht zweckmäßig erscheint (§ 46 Abs. 3). Der Vorprüfungstermin dient der Anhörung der Planbetroffenen und hat einen gerichtlichen Hinweisbeschluss zum Ziel. So frühzeitig wie möglich sollen mit den Planbetroffenen alle Fragen geklärt werden, die für eine spätere Planbestätigung von Bedeutung sind, da die Planbestätigung zur Folge hat, dass die Planwirkungen auch für und gegen die Planbetroffenen wirken, die dem Plan nicht zugestimmt haben (§§ 67 ff.). Das Gericht ist bei der amtswegigen Vorprüfung (§ 46 Abs. 3) nicht an den Fragenkatalog des Schuldnerantrags gebunden. Erkennt das Gericht, dass der Schuldnerantrag bestätigungshindernde Punkte nicht benennt, bietet sich eine überlagernde amtswegige Vorprüfung an, da die Vorprüfung die einzige Möglichkeit ist, noch vor dem Bestätigungsverfahren Planhindernisse auszuräumen. Ferner besteht sodann über die Einholung der Stellungnahmen der planbetroffenen Gläubiger Gelegenheit zur Aufklärung prüfungsrelevanten Sachverhalts. Durch die gerichtlichen Hinweise zu verfahrensrechtlich relevanten Fragestellungen wird dem Schuldner Gelegenheit zur Plananpassung gegeben. 1

Im Gegensatz zur Vorprüfung im Insolvenzplanverfahren (§§ 231 ff. InsO) ist die gerichtliche Vorprüfung des Restrukturierungsplans grundsätzlich fakultativ. Der vorprüfende Richter hat die Gestaltungsautonomie des Planvorlegers sowie die Entscheidungskompetenz der Planbetroffenen zu beachten. Im Unterschied zum Insolvenzplanverfahren führen eine spätere gerichtliche Planbestätigung hindernde Planfehler im Rahmen der Vorprüfung nicht zur Zurückweisung des Plans durch das Gericht. Das Restrukturierungsgericht weist den Schuldner lediglich auf die fehlende 2

1 *Frind*, NZI 2021, 609.

Möglichkeit der Planbestätigung hin und zeigt dem Schuldner die Planmängel auf, damit dieser entsprechend nachbessern kann.

3 Ob eine Vorprüfung des Plans im gerichtlichen Abstimmungsverfahren sinnvoll oder für den Sanierungserfolg gar erforderlich ist, entscheidet sich am Einzelfall. Zeichnen sich Streitigkeiten mit den Planbetroffenen über die Zuweisung von Stimmrechten (Bestehen, Höhe und Durchsetzbarkeit der Forderungen der Planbetroffenen) oder den Planinhalt ab, ist nicht nur eine Einbindung des Gerichts in das Abstimmungsverfahren und eine Planbestätigung, sondern regelmäßig auch eine Vorprüfung durch das Gericht dringend zu empfehlen. Der Gesetzgeber erkennt das Bedürfnis, Unsicherheiten bezüglich von bestimmten Planinhalten einer gerichtlichen Klärung zuzuführen, um (zunächst) ablehnende Planbetroffene für das Vorhaben zu gewinnen und die spätere gerichtliche Bestätigung gem. §§ 60 ff. nicht zu gefährden. Das Verfahren wird mit der Vorprüfung für die Beteiligten transparenter und planbarer. Soweit sich Bestätigungshindernisse aus erheblichem Vorbringen der Planbetroffenen gegen den Planinhalt ergeben, wäre die Fortsetzung eines von vornherein aussichtslosen Planverfahrens nicht sinnvoll. Das Angebot an den Schuldner, eine gerichtliche Vorprüfung des Plans zu beantragen, dient dazu, Verzögerungen im Restrukturierungsverfahren durch fehlerhafte oder aussichtslose Pläne, die gesetzliche Mindestanforderungen nicht erfüllen, zu vermeiden.[2]

4 Die modularen Verfahrenshilfen des Stabilisierungs- und Restrukturierungsrahmens können vom Schuldner auch einzeln in Anspruch genommen werden. Insbesondere kann eine gerichtliche Vorprüfung auf Antrag des Schuldners und die Anhörung der Planbetroffenen auch dann erfolgen, wenn über den Plan im Wege eines privatautonom organisierten Verfahrens abgestimmt wird (§§ 47, 48).

B. Voraussetzungen der Vorprüfung im gerichtlichen Abstimmungsverfahren

5 Neben den allgemeinen Voraussetzungen der in § 29 Abs. 2 Nr. 1 bis 4 aufgeführten Verfahrenshilfen des StaRUG erfordert die Vorprüfung des Restrukturierungsplans im gerichtlichen Abstimmungsverfahren einen hierauf gerichteten Antrag.

I. Allgemeine Voraussetzungen der gerichtlichen Vorprüfung

6 Als Verfahrenshilfe gem. § 29 Abs. 2 Nr. 2 setzt die gerichtliche Vorprüfung gem. §§ 29 bis 31 zunächst voraus, dass der Schuldner drohend zahlungsunfähig und restrukturierungsfähig ist. Ferner muss das Restrukturierungsvorhaben dem zuständigen Restrukturierungsgericht angezeigt worden und die Restrukturierungssache damit rechtshängig sein. Diese allgemeinen Voraussetzungen gelten bereits für den Antrag auf Durchführung der gerichtlichen Erörterung und Abstimmung über den Plan gem. § 45. Insoweit wird auf die Kommentierung zu § 45 Rdn. 9 bis 17 verwiesen.

II. Antrag auf gerichtliche Vorprüfung

7 Die gerichtliche Vorprüfung des Restrukturierungsplans kann vom Schuldner (§ 46 Abs. 1 Satz 1) oder von einem ggf. bestellten Restrukturierungsbeauftragten beantragt werden. Das Restrukturierungsgericht bestimmt nur dann einen Termin zur Anhörung der Planbetroffenen zum Restrukturierungsplan, wenn ein entsprechender Antrag vorliegt.

1. Antrag des Schuldners

8 Die gerichtliche Vorprüfung des Plans kann der Schuldner einzeln oder zusammen mit anderen Verfahrenshilfen des Stabilisierungs- und Restrukturierungsrahmens (§ 29) in Anspruch nehmen. Die gerichtliche Planabstimmung wird aber in der Regel mit einer nachfolgenden gerichtlichen

2 So zur gerichtlichen Vorprüfung des Insolvenzplans: LG Hamburg v. 15.01.2018 – 326 T 40/17, ZIP 2018, 389.

Planbestätigung verbunden werden. Oftmals wird der Vorleger auch die gerichtliche Vorprüfung des Plans oder einzelner Gegenstände des Plans beantragen, um die Bestätigung hindernde Fehler des Plans frühzeitig zu beheben. Der Antrag auf Anberaumung eines Vorprüfungstermins kann mit dem Antrag auf ein gerichtliches Abstimmungsverfahren, also dem Antrag auf Anberaumung des Erörterungs- und Abstimmungstermins gem. § 45 Abs. 1 Satz 1, verbunden werden. Zur Frage, ob für die Wirksamkeit des Antrags ein zustimmenden Gesellschafterbeschluss erforderlich ist, wird auf die Rn. 67a ff. verwiesen.

Der Vorprüfungsantrag ist – wie der Antrag auf gerichtliche Planabstimmung – schriftlich einzu- 9
reichen, darüber hinaus aber nicht an eine besondere Form gebunden. Bei zu unbestimmten, d.h. nicht prüfungsfähigen Fragen des Schuldners oder Fragen, die für die spätere Bestätigungsfähigkeit des Plans ohne Bedeutung und deshalb unzulässig sind, hat das Gericht den Schuldner auf die Erforderlichkeit der Nachbesserung hinzuweisen (§ 38 i.V.m. § 139 ZPO) und bei Unterbleiben den schuldnerseitigen Vorprüfungsantrag zurückzuweisen. Es bietet sich für den Schuldner an, den Fragenkatalog der Vorprüfung vor Antragstellung mit dem zuständigen Restrukturierungsrichter analog eines Vorgesprächs gem. § 10a InsO abzustimmen. Bereits dem Antrag auf gerichtliche Planabstimmung ist der vollständige Restrukturierungsplan nebst sämtlichen Anlagen beizufügen, § 45 Abs. 2. Dadurch sollen das Restrukturierungsgericht und die Planbetroffenen, denen der Plan zugestellt wird, vorab und vollständig über den Gegenstand des anzuberaumenden Erörterungs- und Abstimmungstermin informiert werden.[3] Für den Vorprüfungsantrag gem. § 46 Abs. 1 liegen diese Unterlagen dem Gericht danach bereits vor und müssen nicht nochmals eingereicht werden.

Vor Einleitung des gerichtlichen Abstimmungsverfahrens und damit auch vor dem Antrag auf 10
gerichtliche Vorprüfung sollte der Schuldner den Plan vollständig und detailliert ausgearbeitet haben. Die Abstimmungen mit den unterstützenden Planbetroffenen sollten abgeschlossen sein, sodass dem Gericht und den Planbetroffenen ein abschließend konzipierter Plan vorliegt.

Es sollte die realistische Aussicht bestehen, dass das Plankonzept mehrheitsfähig ist. Entgegenstehende 11
Auffassungen bzw. die ablehnende Haltung bestimmter Planbetroffener sollten dem Gericht unmittelbar mit dem Antrag angezeigt werden. Die Schwierigkeiten in den privatautonomen Verhandlungen zwischen den Beteiligten und die Mechanismen zur Bewältigung der Probleme sind mit dem Antrag offenzulegen. Ferner sollte der Antrag auf abweichende Entscheidungen anderer Restrukturierungsgerichte hinweisen, die möglicherweise für eine Planbestätigung problematisch sind.

2. Antrag des Restrukturierungsbeauftragten

Das in § 76 Abs. 2 Nr. 1 bestimmte Recht des obligatorisch bestellten Restrukturierungsbeauf- 12
tragten, ein gerichtliches Abstimmungs- und Vorprüfungsverfahren zu beantragen, beinhaltet das Recht, im Rahmen dieses Abstimmungsverfahrens die gerichtliche Vorprüfung des Plans zu beantragen und schließt das eigene Antragsrecht des Schuldners nicht aus.

3. Vorprüfung von Amts wegen

Sofern das Restrukturierungsgericht bereits bei Anzeige des Planvorhabens (§ 31) und Antrag des 13
Schuldners auf gerichtliche Durchführung der Planabstimmung (§ 45) von sich aus feststellt, dass einzelne Bestimmungen des Plans unter den Betroffenen streitig oder in ihrer Rechtmäßigkeit zweifelhaft sind, kann es – bei Fehlen eines entsprechenden Antrags des Schuldners oder des Restrukturierungsbeauftragten – einen Vorprüfungstermin von Amts wegen anberaumen (§ 46 Abs. 3), wenn dieses geboten und zweckmäßig ist.

Geboten ist dieses dann, wenn die vom Gericht als kritisch identifizierten Planbestimmungen Punkte 14
betreffen, die auch Gegenstand eines Vorprüfungstermins sein können, d.h. für die Bestätigungsfähigkeit des Plans von Bedeutung sind. Zweckmäßig ist dieses immer dann, wenn dadurch das

3 RegE SanInsFoG, BT-Drucks. 19/24181, S. 147.

Verfahren beschleunigt und die Konsensfindung gefördert bzw. spätere Rechtsmittel gegen die Planbestätigung vermieden werden können. Insbesondere ist der Vorprüfungstermin geboten, um einen Erörterungstermin zu entlasten und die Abtrennung eines gesonderten Abstimmungstermins zu vermeiden.[4] Sollten vom Schuldnerunternehmen vor Anzeige des Restrukturierungsvorhabens keine ernsthaften konsensualen Sanierungsverhandlungen mit den planbetroffenen Gläubigern unternommen worden sein und das Restrukturierungsvorhaben diese quasi ohne Vorwarnung treffen, sind an das Zweckmäßigkeitserfordernis des § 46 Abs. 3 für eine amtswegige Vorprüfung nur geringe Anforderungen zu stellen.

III. Bestimmung des Vorprüfungstermins und Ladung durch das Gericht

15 Das Restrukturierungsgericht bestimmt im Rahmen der Vorprüfung des Restrukturierungsplans einen Termin zur Anhörung der Planbetroffenen. Dabei sind die Gegenstände der Anhörung den planbetroffenen Gläubigern mit der Ladung zum Anhörungstermin transparent mitzuteilen.[5]

1. Zuständigkeit

16 Wie der Insolvenzrichter nach § 18 Abs. 1 Nr. 2 RPflG für die Vorprüfung eines Insolvenzplans gem. §§ 231 ff. InsO, ist der Restrukturierungsrichter für die gerichtliche Vorprüfung eines Restrukturierungsplans funktionell zuständig. Dieses ist § 21 Abs. 6 GVG zu entnehmen, im StaRUG selbst wurde eine ausdrückliche Zuweisung nicht aufgenommen. Die Zuständigkeit des Richters lässt sich auch der Begründung des Gesetzesentwurfs entnehmen.[6] Von einer Erweiterung der funktionellen Zuständigkeit des Rechtspflegers im RPflG wurde abgesehen, sodass es bei der richterlichen Zuständigkeit verbleibt (Art. 92 GG, § 1 DRiG).[7] Für alle Entscheidungen und Maßnahmen in der Restrukturierungssache ist die Abteilung zuständig, die für die erste Entscheidung zuständig war, § 36. Der gerichtlichen Vorprüfung wird häufig der Antrag auf gerichtliche Planabstimmung vorausgehen.

2. Zustellung der Ladung

17 Hinsichtlich der Ladung zum Vorprüfungstermin verweist § 46 Abs. 1 Satz 3 auf die Bestimmung zur Ladung zum Erörterungs- und Abstimmungstermin in § 45 Abs. 3. Demgemäß sind zum Vorprüfungstermin vom Restrukturierungsgericht die stimmberechtigten Planbetroffenen (§ 9 Abs. 1) und der Schuldner zu laden (§§ 45 Abs. 4 i.V.m. § 241 Abs. 2 Satz 1 InsO). Über § 38 ist § 128a ZPO anwendbar, der dem Gericht für die Durchführung des Vorprüfungstermins die Möglichkeit eröffnet, einzelne oder alle Planbetroffenen entweder physisch am Versammlungsort oder virtuell mittels Bild- und Tonübertragung am Termin teilzunehmen. Sollte es die (überörtliche) Gläubigerstruktur und der Beschleunigungsgrundsatz des Restrukturierungsverfahrens erfordern, kann der Anhörungstermin auch im Vorprüfungsverfahren gem. § 46 schriftlich durchgeführt werden, auch wenn – anders als im »isolierten Vorprüfungsverfahren« gem. §§ 47, 48 – diese Möglichkeit in § 46 nicht ausdrücklich genannt wird.

18 Die Ladung hat den Hinweis zu enthalten, dass der Termin auch dann durchgeführt werden kann, wenn nicht alle Planbetroffenen teilnehmen (§ 45 Abs. 3 Satz 2). Das Gericht kann den Schuldner (§ 45 Abs. 3 Satz 2) oder den obligatorisch bestellten Restrukturierungsbeauftragten (§ 76 Abs. 6 Satz 1), dem die Beantragung der gerichtlichen Planabstimmung zugewiesen ist, mit der Zustellung der Ladungen beauftragen. Über die Durchführung der Zustellung sind Nachweise zu fertigen und dem Gericht für die Akte zu überlassen. Nach dem Gesetzeswortlaut sind die Zustellungen zwin-

---

4 Begr. RegE SanInsFoG, BT-Drucks. 19/24181, S. 148.

5 *Frind*, NZI 2021, 609/611 – mit dem Vorschlag der Zusammenfassung des Anhörungsumfangs in einem (gesetzlich nicht geregelten) »Vorprüfungsbeschluss«, der den Fragenkatalog definiert.

6 Begr. RegE SanInsFoG, BT-Drucks. 19/24181, S. 142; *Vallender*, NZI-Beilage 2021, 30.

7 *Vallender*, ZInsO 2020, 2579, 2581.

gend, sodass das Unterbleiben der Zustellung der Ladung zu dem Anhörungstermin einen Verfahrensfehler begründet, der im weiteren Verlauf des Verfahrens einer gerichtlichen Bestätigung des Restrukturierungsplans entgegensteht.[8] Dieses wird auch nicht geheilt, wenn nachfolgend die Ladung zum Erörterungs- und Abstimmungstermin ordnungsgemäß erfolgen sollte.

Anders als die Ladung zum Erörterungs- und Abstimmungstermin muss die Ladung zum Anhörungstermin im Rahmen der Vorprüfung noch nicht mit der Übersendung einer Abschrift des vollständigen Restrukturierungsplans nebst sämtlichen Anlagen erfolgen. Die Planbetroffenen müssen für die Anhörung noch nicht zwingend über alle Informationen verfügen, da noch keine Abstimmungsentscheidung getroffen wird und sie diese Informationen mit der Ladung zum Abstimmungstermin erhalten. Der Termin dient vielmehr dem Gericht zur Feststellung etwaiger Einwendungen der Planbetroffenen gegenüber dem Plan. 19

3. Ladungsfrist

Da sich die Planbetroffenen vor ihrer Anhörung noch nicht abschließend zum Plan positionieren müssen, beträgt die Ladungsfrist nur mindestens sieben Tage (§ 46 Abs. 1 Satz 4) und ist damit kürzer als die vierzehntätige Ladungsfrist zum Erörterungs- und Abstimmungstermin (§ 45 Abs. 1 Satz 2). Sollte zunächst ohne Vorprüfungsantrag das gerichtliche Abstimmungsverfahren beantragt und bereits zum Erörterungs- und Abstimmungstermin geladen worden sein, ist es möglich, dass für einen nachgeschobenen Antrag auf einen gerichtlichen Vorprüfungstermin nicht mehr fristgerecht innerhalb von sieben Tagen geladen werden kann, wenn die vierzehntätige Ladungsfrist für den Erörterungstermin bereits zu weit vorangeschritten ist. In diesem Fall kann ein Vorprüfungstermin nicht mehr ordnungsgemäß geladen werden und demgemäß nicht mehr stattfinden, sodass der Vorprüfungsantrag unzulässig ist. Die in der Vorprüfung vorgesehene Anhörung der Planbetroffenen muss dann im Rahmen der Planerörterung stattfinden und bei Änderungsbedarf hinsichtlich der Planinhalte ein gesonderter Abstimmungstermin binnen Monatsfrist anberaumt werden. 20

C. Prüfungsumfang des Gerichts

Bei der Vorprüfung im Rahmen einer gerichtlichen Planabstimmung bestimmt zunächst der Antrag des Schuldners den Prüfungsumfang des Gerichts. Der Antrag kann auf die punktuelle Prüfung einzelner Planregelungen oder auf eine vollumfängliche Prüfung der Bestätigungsfähigkeit des Plans gerichtet sein. 21

I. Prüfungstiefe

In der Praxis werden vor allem die materiellen Prüfungen für den Richter Probleme aufwerfen, während eine etwaige Verletzung formeller Kriterien evident sein dürfte. Das Gericht hat hinsichtlich der wirtschaftlichen Planinhalte die Entscheidungskompetenz der Planbetroffenen zu wahren und die wirtschaftlichen Vorgaben des vorgelegten Restrukturierungsplans nicht zu bewerten oder gar zu optimieren, etwa um die Aussichten einer späteren Annahme zu steigern.[9] Der gerichtliche Prüfungsumfang erstreckt sich lediglich auf die Rechtmäßigkeit des Restrukturierungsplans, nicht jedoch auf dessen wirtschaftliche Zweckmäßigkeit.[10] Zulässigerweise kann vom Antragsteller nur die Klärung der Rechtmäßigkeit einer Planbestimmung begehrt werden. Gegenstand der Vorprüfung sind daher das Identifizieren von Formmängeln und eine summarische Plausibilitätskontrolle[11] der 22

8 Zum Insolvenzplan: HK-*Flessner* § 233 Rn. 4.

9 So zur Vorprüfung des Insolvenzplans: BGH v. 07.05.2015 – IX ZB 75/14, ZIP 2015, 1346; BSGE 90, 157/160.

10 AG Nürnberg, Beschl. v. 21.06.2023 – RES 397/23, ZRI 2023, 629.

11 So zur Vorprüfung des Insolvenzplans: HambKomm-InsR/*Thies*, § 231 Rn. 12, 27; a.A. *Horstkotte*, ZInsO 2014, 1297/1300.

wirtschaftlichen Rahmendaten des Plans. Bei der Kontrolle der formellen Kriterien sind sämtliche rechtlichen Gesichtspunkte zu beachten.[12]

23 Nur summarisch zu prüfen sind die Aussichten der Annahme des Plans und der Erfüllbarkeit der aus dem gestaltenden Teil des Plans hervorgehenden Ansprüche. Die Bewertung von Vermögensgegenständen kann im Vorprüfungsverfahren regelmäßig nicht beanstandet werden.[13] Nicht zu prüfen ist vom Gericht, ob ein Punkt zweckmäßig geregelt ist, der Planbetroffene also wirtschaftlich bessersteht als ohne diese Bestimmung.[14] Es geht um eine Schlüssigkeitsprüfung des Plans, bevor er den Planbetroffenen zugestellt wird, ähnlich der richterlichen Prüfung im Zivilprozess zur Geeignetheit des klägerischen Parteivortrags vor Zustellung der Klageschrift an den Beklagten. Eine umfangreichere Prüfung ist im weiteren Verfahren bei der Planbestätigung möglich. Zudem können nach der Vorprüfung auch im Erörterungstermin noch Änderungen erfolgen.

24 Diese Prüfungsmaßstäbe werden sich insbesondere bei der Prüfung der Vergleichsrechnung nach § 6 Abs. 2, dem Herzstück des Restrukturierungsplans, bemerkbar machen. Mit der Vergleichsrechnung muss der Schuldner die Planbetroffenen zur Zustimmung überzeugen. Dem Gericht ist eine konkrete Überprüfung der wirtschaftlich prognostizierten Folgen des Plans regelmäßig nicht möglich. Nach der Begründung des Regierungsentwurfs beschränkt sich die Vorprüfung des Gerichts deshalb auf die nächstbeste Alternative zum Restrukturierungsplan, wobei der Prüfungsmaßstab reduziert ist und für die wirtschaftlichen Folgen des Plans und seiner Alternativen nur eine Schlüssigkeitsprüfung vorzunehmen ist.[15] Das Gericht hat dabei zu prüfen, ob der Plan für die zu Grunde gelegten Zahlen und Daten nachvollziehbar auf in der Praxis gängige Verfahren der plausiblen Unternehmensbewertung zurückgreift (IDW S1: »Grundsätze zur Durchführung von Unternehmensbewertungen« Rn. 143 oder Ertragswert- und Discounted-Cash-Flow-Bewertungsverfahren oder IDW S8: »Grundsätze für die Erstellung von Fairness-Opinions«).

II. Amtsermittlungsgrundsatz

25 Gem. § 39 Satz 1 hat das Restrukturierungsgericht von Amts wegen alle Umstände zu ermitteln, die für das Verfahren in der Restrukturierungssache von Bedeutung sind, soweit in diesem Gesetz nichts Abweichendes bestimmt ist. Die Formulierung entspricht der Regelung des Amtsermittlungsgrundsatzes im Insolvenzverfahren (§ 5 Satz 1 InsO), welche allerdings die Einschränkung abweichender Gesetzesbestimmungen nicht enthält. Beschränkt werden soll der Amtsermittlungsgrundsatzes dort, wo es das Gesetz zur besonderen Beschleunigung des Verfahrens vorsieht.[16] Die Kompetenzen des Gerichts sind auch mit der Beteiligtenautonomie im StaRUG-Verfahren in Einklang zu bringen.

26 Gilt im Vorprüfungsverfahren nicht der Beibringungsgrundsatz, sondern der Amtsermittlungsgrundsatz, muss das Gericht von sich aus Tatsachen erforschen und Beweise beschaffen und erheben. Das Gericht hat alle Umstände zu ermitteln, die für das Verfahren von Bedeutung sind, wenn der Verfahrensstand Anlass für Ermittlungen bietet, wofür dem Gericht ein Beurteilungsspielraum gegeben ist.[17] Der Amtsermittlungsgrundsatz gilt jedenfalls dann, wenn sich die Vorprüfung auf die

12 So zur Vorprüfung des Insolvenzplans: BGH v. 07.05.2015 – IX ZB 75/14, ZIP 2015, 1346 – insb. die Bestimmungen des gestaltenden Teils des Plans im Hinblick auf die unmittelbare Gestaltungswirkung und die Vollstreckbarkeit, und den Umfang der Informationen im darstellenden Teil für die Entscheidung der Beteiligten und des Gerichts sowie die Vollständigkeit der Plananlagen und die Vorschriften der Gruppenbildung.

13 So zur Vorprüfung des Insolvenzplans: BGH v. 07.05.2015 – IX ZB 75/14, ZIP 2015, 1346 – einzelne Vermögensgegenstände dürfen bei Bewertungsunsicherheiten mit einem Erinnerungswert von 1,00 € angesetzt werden.

14 *Thole*, ZIP 2020, 1985, 1994.

15 AG Köln, Beschl. v. 03.03.2021, 83 RES 1/21, ZIP 2021, 806.

16 Begründung RegE SanInsFoG, BT-Drucks. 19/24181, S. 143.

17 BGH, Beschl. v. 01.12.2011, IX ZB 232/10, ZIP 2012, 143 zu § 5 Abs. 1 InsO.

Bestätigungsfähigkeit des Plans insgesamt bezieht und nicht nur auf einzelne Vorprüfungsfragen, da der Amtsermittlungsgrundsatz auch für die spätere Planbestätigung greift.

Bei der Schlüssigkeitsprüfung der Vergleichsrechnung gem. § 6 Abs. 2 gilt im Vorprüfungsverfahren ausnahmsweise der Beibringungsgrundsatz, d.h. die Darstellung im Plan muss den formalen Anforderungen an eine Vergleichsrechnung genügen. Der Schuldner hat für die verglichenen Alternativszenarien alle prüfungs- und entscheidungsrelevanten Unterlagen und Informationen mit fundierten Begründungen zur Verfügung zu stellen. Das Gericht bestellt keinen Sachverständigen zur Überprüfung der Vergleichsrechnung. 27

Der Amtsermittlungsgrundsatz gilt jedenfalls hinsichtlich des Bestehens einer drohenden Zahlungsunfähigkeit des Schuldnerunternehmens als spätere Planbestätigungsvoraussetzung.[18] Bei der Prüfung des Planinhalts und des geplanten Abstimmungsverfahrens können amtswegig offenkundige Kenntnisse herangezogen werden (§ 291 ZPO). Der Amtsermittlungsgrundsatz greift spätestens dann, wenn nach Anzeige des Restrukturierungsvorhabens (§ 31) ein Antrag auf gerichtliche Verfahrenshilfe (Planvorprüfung, Planabstimmung, Planbestätigung, Stabilisierungsanordnung) gestellt wird. Nach anderer Auffassung setzt die Amtsermittlung bereits hinsichtlich der Zulässigkeit der Anzeige ein, da mit der Rechtshängigkeit der Restrukturierungssache bereits Rechtswirkungen entfaltet werden (z.B. Aussetzung der Insolvenzantragspflicht, § 42 Abs. 1 Satz 2).[19] Zutreffend ist, dass die Amtsermittlungspflicht auch ohne Antrag auf eine Verfahrenshilfe einsetzt, wenn dem Gericht Umstände bekannt werden, die wie die Insolvenzreife des Schuldners (§ 33 Abs. 2 Nr. 1), die mangelnde Erfolgsaussicht des Restrukturierungsvorhabens (§ 33 Abs. 2 Nr. 2), ein schwerwiegender Verstoß gegen die Schuldnerpflichten aus § 32 (§ 33 Abs. 2 Nr. 3) oder frühere Sicherungsmaßnahmen bzw. Aufhebungen (§ 33 Abs. 1 Nr. 4) zur Aufhebung der Restrukturierungssache von Amts wegen führen können. 28

Zur Durchführung der Amtsermittlung im Rahmen der Vorprüfung kann das Restrukturierungsgericht neben der Anhörung des Schuldners und der Planbetroffenen nach pflichtgemäßem Ermessen auch Akten beiziehen, Zeugen vernehmen oder einen Sachverständigen einsetzen (§ 39 Abs. 1 Satz 2). Die Rechte eines Sachverständigen und die Kriterien seiner Auswahl bestimmen sich gem. § 38 Satz 1 nach den zivilprozessualen Grundsätzen der §§ 402 ff. ZPO. 29

Dem Gericht ist es möglich und für die Praxis zu empfehlen, einen Restrukturierungsbeauftragten zu bestellen und diesem als Sachverständigen Prüfungsaufträge erteilen (§ 73 Abs. 3 Nr. 1).[20] Der in Restrukturierungssachen bestellte Sachverständige erhält eine Vergütung nach dem JVEG.[21] Das Gericht kann vor der Planabstimmung eine Stellungnahme des Restrukturierungsbeauftragten zur Erklärung des Schuldners gem. § 14 (Bestandsfähigkeit, Vermögensübersicht, Ergebnis und Finanzplan) einholen, die dem Plan als Anlage beizufügen und den Planbetroffenen mit dem Plan zuzustellen ist, § 76 Abs. 4 Satz 2. 29a

Regelmäßig werden in der Vorprüfung komplexe Prüfungen vorzunehmen sein, die einen Sachverständigen erfordern, der die Qualifikation und die Arbeitsmittel eines Restrukturierungsbeauftragten mitbringt (§ 74 Abs. 1).[22] Das Gericht wird bei der Auswahl des Sachverständigen auf die beim zuständigen Richter als zur Amtsübernahme gelisteten, vom Schuldner unabhängigen Personen zurückgreifen, regelmäßig Rechtsanwälte, Steuerberater und Wirtschaftsprüfer, die in Insolvenz- und Restrukturierungssachen laufend beauftragt werden und entsprechend erfahren sind.[23] Es bietet sich deshalb bei Gericht das Führen einer Vorauswahlliste an. 30

---

18 AG Köln, Beschl. v. 03.03.2021, 83 RES 1721, ZIP 2021, 806.

19 *Vallender*, ZRI 2021, 165, 166; a.A.: *Deppenkemper*, ZIP 2020, 2432, 2437 – noch kein Amtsermittlungsgrundsatz ab Anzeige.

20 Begründung RegE SanInsFoG, BT-Drucks. 19/24181, S. 143.

21 AG Hannover, Beschl. v. 17.05.2023 – 951 RES 1/23 – 1, ZRI 2023, 729.

22 *Vallender*, ZInsO 2020, 2579, 2585.

23 Begründung RegE SanInsFoG, BT-Drucks. 19/24181, S. 171.

III. Auskunfts- und Mitwirkungspflicht des Schuldners

31 Der Schuldner ist verpflichtet, dem Restrukturierungsgericht und dem ggf. von diesem beauftragten Sachverständigen/Restrukturierungsbeauftragten alle für die Vorprüfung des Restrukturierungsplans erforderlichen Auskünfte zu erteilen und an der Aufklärung durch das Gericht mitzuwirken (§§ 39 Abs. 2, 76 Abs. 5). Insbesondere ist die Einsichtnahme in die prüfungsrelevanten Geschäftsunterlagen zu ermöglichen.[24] Zwangsmittel zur Durchsetzung der Auskunfts- und Unterstützungspflichten sind im Gegensatz zum Insolvenzrecht (§ 98 InsO) im StaRUG nicht vorgesehen. Es kann bei einem Pflichtenverstoß allenfalls der Antrag auf die Verfahrenshilfe zurückgewiesen und die Restrukturierungssache von Amts wegen aufgehoben werden (§ 33 Abs. 1 Nr. 3).

IV. Prüfungsgegenstände

32 Gegenstand der gerichtlichen Vorprüfung kann nach § 46 Abs. 1 Satz 2 jede Frage sein, die für die Bestätigung des Restrukturierungsplans erheblich ist. Nur beispielhaft *(»insbesondere«)* werden in Abs. 1 Satz 2 Nr. 1 bis 3 Punkte aufgelistet, die Gegenstand einer Vorprüfung sein können. Genannt werden insoweit in Nr. 1 die Auswahl der Planbetroffenen und deren Gruppeneinteilung, in Nr. 2 die Zuordnung von Stimmrechten und in Nr. 3 das Vorliegen einer drohenden Zahlungsunfähigkeit als Voraussetzung der Planbestätigung. Im Beispielkatalog erscheint die Vorprüfung der drohenden Zahlungsunfähigkeit des Schuldners überflüssig, da diese bereits allgemeine Voraussetzung einer StaRUG-Verfahrenshilfe im Sinne des § 29 Abs. 2 ist und daher bereits mit der Zulässigkeit des Antrags auf gerichtliche Vorprüfung zu prüfen ist. Der StaRUG-Gesetzgeber hat wie bei der Vorprüfung eines Insolvenzplans in § 231 InsO bewusst davon abgesehen, einen Prüfungskatalog abschließend zu definieren und dem Richter eine Prüfungstiefe vorzugeben. Dennoch wird der vorprüfende Richter die Einhaltung der gesetzlichen, nicht dispositiven Mindestanforderungen an den Plan zu prüfen haben. Hierzu gehört die ausschließliche Vorlageberechtigung des Schuldners bzw. des eingesetzten Restrukturierungsbeauftragten, die Beachtung der gesetzlichen Vorschriften zum Planinhalt und zur formgerechten Planstruktur.

33 Trotz der gesetzlich nicht vorgesehenen Beschränkung des Prüfungsumfangs wird eine Begrenzung der Prüfungskompetenz des Restrukturierungsgerichts in der Weise vorzunehmen sein, dass der Prüfungsgegenstand auch für eine etwaige gerichtliche Planbestätigung (§§ 60 ff.) von Relevanz sein muss.[25] Maßgeblich sind alle in § 63 genannten Versagungsgründe. Wegen der Bedeutung für die Stimmrechtszuweisung und die Angemessenheit der Beteiligung am Planwert, können auch das Bestehen und die Durchsetzbarkeit von streitigen Forderungen der Planbetroffenen Gegenstand der Vorprüfung sein. Ferner kann die Zulässigkeit bzw. Sachgerechtigkeit der Gruppenbildung überprüft werden. Strebt der Schuldner aufgrund nicht einheitlicher Zustimmung der Planbetroffenen zum Restrukturierungsplan zur Herstellung von Rechtssicherheit die gerichtliche Planbestätigung an, was regelmäßig bei Einleitung eines gerichtlichen Abstimmungs- und Vorprüfungsverfahrens der Fall sein dürfte, erscheint es allein sinnvoll, mit dem Antrag gem. § 46 Abs. 1 Satz 1 den Plan auf seine Bestätigungsfähigkeit insgesamt vorprüfen zu lassen. Dieses gilt auch bei einer Vorprüfung von Amts wegen. Zu den möglichen Prüfungsgegenständen ist im Einzelnen Folgendes anzumerken:

1. Formgerechte Planstruktur

34 Der Restrukturierungsplan ist vergleichbar einem Insolvenzplan zu gestalten (§§ 5 bis 15). Das Gericht prüft, ob der Plan den gesetzlichen Vorgaben zur inhaltlichen Struktur des § 5 genügt. Das Bundesministerium für Justiz und Verbraucherschutz (BMJV) hat im Umsetzung von § 16 als Orientierungshilfe für den Aufbau und die Gliederung des Plans eine »Checkliste für Restrukturierungs-

24 Begründung RegE SanInsFoG, BT-Drucks. 19/24181, S. 174.

25 Braun-*Hirte*, StaRUG, § 46 Rn. 3.

pläne«[26] veröffentlicht. Dabei wird darauf verwiesen, dass auch unter Beachtung sämtlicher für die Planbestätigung gegebenen gesetzlichen Vorgaben zur Planstruktur die konkreten Anforderungen an den Planinhalt jeweils einzelfallabhängig und grundsätzlich autonom festzulegen sind.

Dem Planvorleger wird zwar eine weite Gestaltungsmöglichkeit eingeräumt, um eine einzelfallgerechte und den wirtschaftlichen Interessen der Beteiligten nahekommende Ausarbeitung zu ermöglichen.[27] Dennoch verbleiben zwingende Vorschriften, von denen die Plangestaltung nicht abweichen kann (§§ 5 bis 15). Hierbei geht es um die Regeln zum Planaufbau in einen darstellenden Teil (§ 6) und einen gestaltenden Teil (§ 7) sowie die nach der Anlage zu § 5 Satz 2 erforderlichen Angaben. Enthalten muss der Plan gem. § 14 die Erklärung zur Bestandsfähigkeit des Unternehmens, eine Vermögensübersicht, einen Ergebnis- und Finanzplan sowie die Darstellung der Auswirkungen der angestrebten Sanierung und eine Aufstellung der Forderungen nach Gruppen und die Planbetroffenen. Diese Plananlagen sind beizufügen und im darstellenden Teil zu erläutern. Weitere Erklärungen und Angaben können gem. § 15 erforderlich sein. Das Vorliegen einer entsprechenden Aufgliederung ist durch das Gericht festzustellen. 35

Der Eintritt von Planbedingungen (§ 62) ist erst im Rahmen der Planbestätigung zu prüfen, nicht bereits Gegenstand der Vorprüfung. 36

a) Darstellender Teil

Im darstellenden Teil (§ 6) sind alle Angaben zu den Grundlagen und den Auswirkungen des Restrukturierungsplans aufzuführen. Die Vorschrift entspricht weitgehend § 220 InsO zur Struktur eines Insolvenzplans. Es sind alle Angaben zu machen, die für die Entscheidung der von dem Plan Betroffenen über die Zustimmung zum Plan und für dessen gerichtliche Bestätigung erheblich sind, einschließlich der rechtlichen und wirtschaftlichen Verhältnisse des Unternehmens, der Krisenursachen und der zur Krisenbewältigung vorzunehmenden Maßnahmen. Das erarbeitete **Sanierungskonzept** ist detailliert und schlüssig darzulegen. Soweit Restrukturierungsmaßnahmen vorgesehen sind (v.a. arbeitsrechtliche Gestaltungen), die nicht über den gestaltenden Teil des Plans umgesetzt werden können oder sollen, sind sie im darstellenden Teil gesondert hervorzuheben. 37

Gem. § 6 Abs. 2 enthält der darstellende Teil insbesondere eine **Vergleichsrechnung**, in der die Auswirkungen des Restrukturierungsplans auf die Befriedigungsaussichten der Planbetroffenen dargestellt werden. Sieht der Plan eine Fortführung des Unternehmens vor, ist für die Ermittlung der Befriedigungsaussichten ohne Plan zu unterstellen, dass das Unternehmen fortgeführt wird. Dies gilt nicht, wenn ein Verkauf des Unternehmens oder eine anderweitige Fortführung aussichtslos ist (vgl. Kommentierung zu § 45 Rdn. 65, 66). 38

Sieht der Restrukturierungsplan Eingriffe in die Rechte von Gläubigern aus gruppeninternen Drittsicherheiten (§ 2 Abs. 4) vor, sind in die Darstellung auch die Verhältnisse des die Sicherheit gewährenden verbundenen Unternehmens und die Auswirkungen des Plans auf dieses Unternehmen einzubeziehen. 39

Der darstellende Teil muss nach allem eine hinreichende Grundlage für die Entscheidung der Beteiligten über die Zustimmung zum Plan bzw. für dessen gerichtliche Bestätigung ermöglichen.[28] Der Umfang der Detaillierung richtet sich nach den individuellen Gegebenheiten. Jedenfalls ist eine dezidierte Umschreibung des Planziels erforderlich. Der Vergleichsrechnung wird dabei aus Richtersicht nicht schon an dieser Stelle (Prüfung der formellen Kriterien), sondern erst später bei der Schlüssigkeitsprüfung der dargestellten Vergleichsszenarien besondere Bedeutung zukommen. 40

26 www.bmj.de/DE/themen/wirtschaft_finanzen/schulden_insolvenz/checkliste_16_StaRUG/Checkliste_StaRUG_node.html.

27 Zum Insolvenzplan: BGH v. 05.02.2009 – IX ZB 230/07, ZIP 2009, 480; BT-Drucks. 12/2443, S. 195.

28 Zum Insolvenzplan: BGH v. 13.10.2011 – IX ZB 37/08, NZI 2012, 139 – der Wortlaut (»soll«) bedeutet nicht, dass die geforderten Angaben fakultativ sind.

b) Gestaltender Teil

41 Der gestaltende Teil des Restrukturierungsplans legt fest, wie die Rechtsstellung der Inhaber der Restrukturierungsforderungen, der Absonderungsanwartschaften, der Rechte aus gruppeninternen Drittsicherheiten und der Anteils- oder Mitgliedschaftsrechte (Planbetroffenen) durch den Plan geändert werden soll (§ 7 Abs. 1). Der gestaltende Teil enthält auch die für die Abstimmung vorgesehene Einteilung der Planbetroffenen in Gruppen (§ 9), die sog. Gruppenbildung.

42 Besondere Bedeutung gewinnt die Prüfung des gestaltenden Teils des Restrukturierungsplans deshalb, da die inhaltlichen Erklärungen aufgrund der späteren Funktion als Vollstreckungstitel (§ 71 Abs. 1) hinreichend bestimmt sein müssen. Die Rechtsänderungen, die betroffenen Personen und die Forderungen müssen konkret und vollstreckungsfähig bezeichnet und beziffert werden.

43 Soweit Restrukturierungsforderungen oder Absonderungsanwartschaften gestaltet werden, ist zu bestimmen, um welchen Bruchteil diese gekürzt, für welchen Zeitraum sie gestundet, wie sie gesichert und welchen sonstigen Regelungen sie unterworfen werden sollen (§ 7 Abs. 2 Satz 1). Das gilt entsprechend für die Gestaltung der Rechte aus gruppeninternen Drittsicherheiten (§ 2 Abs. 4).

44 Gem. § 7 Abs. 4 können im gestaltenden Teil mit Zustimmung der betroffenen Gläubiger deren Restrukturierungsforderungen in Anteils- oder Mitgliedschaftsrechte an dem Schuldner umgewandelt werden (*debt-to-equity-swap*). Der Restrukturierungsplan kann eine Kapitalherabsetzung oder -erhöhung, die Leistung von Sacheinlagen, den Ausschluss von Bezugsrechten oder die Zahlung von Abfindungen an ausscheidende an dem Schuldner beteiligte Personen vorsehen.[29] Der Plan kann vorsehen, dass Anteils- oder Mitgliedschaftsrechte übertragen werden. Im Übrigen kann jede Regelung getroffen werden, die gesellschaftsrechtlich zulässig ist. § 225a Abs. 4 und 5 InsO ist entsprechend anzuwenden.

c) Plananlagen

44a In § 14 ist geregelt, welche Anlagen einem vollständigen Plan beizufügen sind. Es handelt sich dabei zunächst um das Verzeichnis der Planbetroffenen und die Erklärung zur Bestandsfähigkeit des Unternehmens (§ 14 Abs. 1). Ferner sind eine Vermögensübersicht sowie ein Ergebnis- und Finanzplan (§ 14 Abs. 2) beizufügen. Abhängig vom Plankonzept sind gem. § 15 weitere Anlagen beizufügen, die Erklärungen persönlich haftender Gesellschafter, Anteilrechte übernehmender Planbetroffener, sich verpflichtender Dritter, Sicherheiten stellender Konzernunternehmen oder des Finanzamts bezüglich der ertragssteuerlichen Behandlung von Sanierungsgewinnen enthalten.

44b Die Bestandsfähigkeitserklärung muss die Beseitigung der drohenden Zahlungsunfähigkeit ausgehend von einem 24-monatigen Prognosezeitraum darstellen.[30]

2. Auswahl der Planbetroffenen

45 Das StaRUG beschränkt den Restrukturierungsrahmen nicht auf Finanzgläubiger. Vielmehr kann sich ein Restrukturierungsplan mit Ausnahme von Aussonderungsrechten, Arbeitnehmerforderungen, Forderungen aus betrieblicher Altersvorsorge, deliktischen Forderungen und staatliche Sanktionsforderungen auf alle Arten von Forderungen und Sicherungsrechten erstrecken. Der Restrukturierungsplan kann auch in Anteils- und Mitgliedschaftsrechte der Gesellschafter eingreifen. Unter der Voraussetzung einer angemessenen Entschädigung ist es zudem möglich, mit dem Plan in gruppeninterne Drittsicherheiten eingreifen, die dem Schuldner in der Unternehmensgruppe von einem verbundenen Unternehmen i.S.d. § 15 AktG, d.h. von Mutter-, Tochter- oder Schwesterunternehmen, gestellt werden. Insoweit ist eine eigene Gruppe zu bilden, die Drittsicherungsgeber sind konkret zu benennen.

---

29 AG Nürnberg, Beschl. v. 21.06.2023 – RES 397/23, ZInsO 2023, 1907 – LEONI AG – Ausschluss von Kleinaktionären ohne Zustimmung der Hauptversammlung.

30 AG München, Beschl. v. 15.02.2023, 1507 RES 3229/22, ZIP 2023, 603.

46 Die Auswahl der Planbetroffenen durch den Schuldner muss nach sachgerechten Kriterien erfolgt sein (§ 8). Der Schuldner muss seine Auswahlentscheidung im darstellenden Teil des Plans erläutern. Sachgerecht ist die Auswahl,
- wenn nicht in den Plan einbezogene Forderungen auch in einem Insolvenzverfahren voraussichtlich vollständig erfüllt würden;
- wenn ausschließlich Finanzverbindlichkeiten und die für diese bestellten Sicherheiten berührt werden;
- wenn keine Forderungen von Kleingläubigern (Verbraucher, KMU-Unternehmen) berührt werden;
- wenn sämtliche Forderungen mit Ausnahme der nicht gestaltbaren Rechtsverhältnisse einbezogen werden.

47 Die Auswahl der Planbetroffenen ist auch dann sachgerecht, wenn nur Fremdkreditgeber eines Konsortialkreditvertrags durch einen Eingriff in ihre Rechte betroffen sind, nicht jedoch auch Anteilseigner bzw. Anteilsrechte oder nachrangige Gesellschafterdarlehen. Weder § 2 Abs. 3 noch § 8 erfordern eine Planbetroffenheit von Anteilseignern bzw. Eingriffe in Anteilsrechte oder nachrangige Gesellschafterdarlehen.[31]

3. Einteilung der Planbetroffenen in Gruppen

48 Wie im Insolvenzplanrecht (§ 222 Abs. 1 InsO) wird auch im StaRUG-Verfahren in Pflichtgruppen und fakultative Gruppen unterteilt und zwischen gesicherten und ungesicherten Forderungen unterschieden.[32] In § 9 Abs. 1 ist bestimmt, dass bei der Festlegung der Rechte der Planbetroffenen im Restrukturierungsplan Gruppen zu bilden sind, soweit Planbetroffene mit unterschiedlicher Rechtsstellung betroffen sind. Der Restrukturierungsplan muss den Anforderungen des § 9 entsprechen und die nach dem StaRUG zwingend vorgesehenen Gruppen beachten. Das sind die
- Gruppe der Inhaber von Anwartschaftsrechten, § 9 Abs. 1 Satz 2 Nr. 1
- Gruppe nachrangiger Gläubiger, § 9 Abs. 1 Satz 2 Nr. 2
- Gruppe nicht nachrangiger Gläubiger, § 9 Abs. 1 Satz 2 Nr. 3
- Gruppe Inhaber von Anteils- oder Mitgliedschaftsrechten, § 9 Abs. 1 Satz 2 Nr. 4.

49 In die Pflichtgruppe nach § 9 Abs. 1 Satz 2 Nr. 4 sind die Gesellschafter im Zeitpunkt der Abstimmung über den Plan aufzunehmen. Nach Planvorlage erfolgte Anteilsverkäufe sind zu berücksichtigen. Das Stimmrecht der Anteilsinhaber des Schuldners bestimmt sich allein nach deren Beteiligung am gezeichneten Kapital oder Vermögen des Schuldners. Stimmrechtsbeschränkungen, Sonder- oder Mehrstimmrechte bleiben außer Betracht. Gesellschafter, deren Rechte durch den Plan nicht beeinträchtigt werden, haben kein Stimmrecht.

50 Die Vorprüfung des Gerichts umfasst die Sachgerechtigkeit der Abgrenzung bei der Gruppenbildung als Grundlage der Bildung von Mehrheiten im Abstimmungstermin. Weicht der Restrukturierungsplan von diesem Grundmodell ab oder sieht er ergänzend weitere Gruppen vor, muss die Gruppeneinteilung im Plan unter Berücksichtigung der wirtschaftlichen Interessen der Planbetroffenen sachgerecht sein. Bei der Gruppenbildung hat der Planersteller ein gegenüber § 222 InsO wesentlich weiteres Ermessen.[33] Die Gruppenbildung ist dabei grundsätzlich so lange nicht zu beanstanden, wie sie nicht ersichtlich unsachgerecht ist und die Mehrheiten im Abstimmungstermin manipulieren soll.[34] Schwierigkeiten kann die Abgrenzung von unzulässiger manipulativer Gruppenbildung zur erlaubten strategischen Gruppenbildung bilden. Eine missbräuchliche Gestaltung liegt vor, wenn die vom Schuldner gewählte Gruppenkonstellation ein Abstimmungsergebnis erwarten lässt, das im

31 AG Köln, Beschl. v. 03.03.2021, 83 RES 1/21, ZIP 2021, 806.
32 *Gehrlein*, BB 2021, 66, 69.
33 *Stahlschmidt*, ZInsO 2021, 207.
34 Zum Insolvenzplan fordert HK-Flessner, § 231 Rn. 4, einen strengeren Maßstab, da die Gruppenbildung bis zum Abstimmungstermin keiner gerichtlichen Kontrolle mehr unterliegt.

Gesamtinteresse rational agierenden planbetroffenen Gläubigern jede Kontrolle entziehen würde.[35] Eine nach formloser Vorabstimmung vorgenommene Gruppenbildung, bei der im Ergebnis zwischen sanierungswilligen und sanierungsunwilligen Gesellschaftern unterschieden wird, ist missbräuchlich und nicht sachgerecht.[36] Sollte hingegen die Sachgerechtigkeit der Gruppenbildung festgestellt werden, kann eine Manipulation des Abstimmungsergebnisses nicht mehr unterstellt werden. Ein-Personen-Gruppen sind zulässig.

51 Es kommt darauf an, ob die obligatorischen Gruppen gem. § 9 Abs. 1 gebildet wurden, soweit der Plan in die dortigen Rechte eingreift. Die Gläubiger müssen zwingend namentlich den einzelnen Gruppen zuzuordnen sein, eine Beschreibung der Gruppe ist nicht ausreichend. Die Zuordnung derselben Planbetroffenen auf mehrere verschiedene Gruppen widerspricht dem auch für einen Restrukturierungsplan anzunehmenden Differenzierungsverbot.[37] Ist eine Differenzierung der Gläubigerinteressen nicht möglich, ist auch ein Ein-Gruppen-Plan zulässig.

52 Zulässig ist eine nicht sachgerechte Gruppeneinteilung ausnahmsweise dann, wenn sie unschädlich ist.[38] Dieses ist z.B. der Fall, wenn die Zusammensetzung aller Gruppen und die anteiligen Stimmrechte in jeder Gruppe identisch sind, sodass faktisch ein »Ein-Gruppen-Plan« vorliegt und damit keiner der Planbetroffenen einfacher oder schwieriger überstimmt werden kann, als dies bei einer sachgerechten Bildung nur einer Gruppe der Fall wäre.[39]

53 Das Gericht hat zu untersuchen, ob die Pflichtgruppen entsprechend der unterschiedlichen Rechtsstellung der Gläubiger gebildet sind und ob bei der fakultativen Gruppenbildung (§ 9 Abs. 2) die gleiche Rechtsstellung und gleichartigen wirtschaftlichen Interessen berücksichtigt wurden. Für die Unterscheidung in zwei oder mehr gebildeten Gruppen muss es eine sachliche Rechtfertigung geben. Der Plan muss im darstellenden Teil begründen, nach welchen Vorschriften und Abgrenzungskriterien die Gruppenbildung erfolgte.[40]

54 Neben die obligatorische Gruppenbildung tritt die sog. fakultative Gruppenbildung gem. § 9 Abs. 2, mit der ermöglicht wird, innerhalb einer beteiligten Gruppe gesonderte Gruppen mit Beteiligten gleichgerichteter wirtschaftlicher Interessen zu bilden. Damit ist nicht nur die gleiche Rechtsstellung, sondern auch das wirtschaftliche Interesse des Beteiligten von Bedeutung. Hier wird besonderes Gewicht der Vorprüfung auf die Sachgerechtigkeit des umschriebenen wirtschaftlichen Interesses liegen. Damit das Gericht eine entsprechende Vorprüfung vornehmen kann, sind vom Planvorleger die wirtschaftlichen Interessen der Beteiligten im Plan zu erläutern, § 9 Abs. 2 Satz 3. Die Aufnahme dieser Kriterien sowie eine entsprechend den Kriterien vorgenommene Aufteilung ist zu überprüfen.

55 Abgrenzungskriterium kann die Höhe der Forderung sein, sodass Kleingläubiger im Rahmen der nach Abs. 1 zu bildenden Gruppen zu eigenständigen Gruppen zusammenzufassen sind, § 9 Abs. 2 Satz 4. Die Bildung einer Gruppe der Steuergläubiger ist zulässig, da diese regelmäßig ein gleichartiges und gemeinsames wirtschaftliches Interesse haben, die Forderungen gesetzlich entstehen und öffentlich-rechtlich festgesetzt werden.

4. Grundsatz der Gleichbehandlung

56 Alle Planbetroffenen innerhalb einer Gruppe (§ 10) sind gleich zu behandeln bzw. bei einer Abweichung die entsprechende Zustimmung der gruppenangehörigen Planbetroffenen zu doku-

35 *Doebert/Krüger*, NZI 2021, 614/618.

36 AG München, Beschl. v. 15.02.2023, 1507 RES 3229/22, ZIP 2023, 603.

37 AG Köln, Beschl. v. 03.03.2021, 83 RES 1/21, ZIP 2021, 806 – mit Verweis für einen Insolvenzplan auf AG Köln, Beschl. v. 06.04.2016, 74 IN 45/15, NZI 2016, 537.

38 AG Köln, Beschl. v. 03.03.2021, 83 RES 1/21, ZIP 2021, 806.

39 AG Köln, Beschl. v. 03.03.2021, 83 RES 1/21, ZIP 2021, 806.

40 Zum Insolvenzplan: BGH v. 07.05.2015 – IX ZB 75/14, ZIP 2015, 1346 – vorausgegangen AG Hamburg v. 20.05.2014 – 67c IN 232/13, ZInsO 2014, 2530 ff.; LG Neuruppin v. 19.04.2013 – 2 T 33/13 – sachgerechte Abgrenzung bei Bildung mehrerer Kleingläubigergruppen erforderlich.

mentieren. Es dürfen keine unzulässigen Sonderabkommen getroffen werden. Das Gleichbehandlungsgebot gilt nur innerhalb einer Plangruppe und schließt eine unterschiedliche Behandlung der Gruppen nicht aus. Beispielhaft ist es zulässig der Gruppe der Kleingläubiger eine höhere Quote zuzuteilen als der Gruppe der Großgläubiger.[41]

Zur Annahme des Restrukturierungsplans durch die Planbetroffenen müssen in jeder Gruppe auf 57
die dem Plan zustimmenden Gruppenmitglieder mindestens 75 % der Stimmrechte in dieser Gruppe entfallen (§ 25 Abs. 1), eine Kopfmehrheit ist nicht erforderlich. Wird die 75 %-Mehrheit in einer Gruppe nicht erreicht, stimmen aber die anderen Gruppen zu, gilt die Zustimmung dieser Plangruppe dennoch als erteilt, wenn die Mitglieder dieser Gruppe durch den Restrukturierungsplan voraussichtlich nicht schlechter gestellt werden als sie ohne einen Plan stünden (§ 26 Nr. 1), die Mitglieder dieser Gruppe angemessen an dem wirtschaftlichen Wert beteiligt werden, der auf Grundlage des Plans den Planbetroffenen zufließen soll (§ 26 Nr. 2) und die Mehrheit der abstimmenden Gruppen dem Plan mit den erforderlichen Mehrheiten zugestimmt hat (§ 26 Nr. 3). Das Gleichbehandlungsgebot schließt hinsichtlich einer möglichen Zustimmungsfiktion ablehnender Planbetroffener das Verbot der Schlechterstellung und das Gebot der angemessenen Beteiligung am Planwert ein (s. dazu Kommentierung § 45 Rdn. 63 bis 71).

Eine Ungleichbehandlung eines Planbetroffenen liegt nicht vor, wenn eine Beteiligungsoption allen 58
Kreditgebern gleichermaßen eingeräumt wird, der Planbetroffene selbst diese Option aber nicht wahrnehmen möchte. Unerheblich ist es, wenn die Beteiligungsoption den hierfür optierenden Kreditgebern zugleich eine nachrangige Absicherung der Verbindlichkeiten aus einem bestehenden Konsortialkreditvertrag verschafft, den nicht hierfür optierenden Kreditgebern hingegen nicht.[42]

5. Vergleichsrechnung

Im Rahmen der Bestätigungsprüfung sind auch die wirtschaftlichen Annahmen des Plans zu prüfen, 59
da § 63 Abs. 1 Nr. 2 insoweit auf die Vorschriften zum Planinhalt verweist und sich dieser Verweis auch auf die Plananlagen und damit auf § 14 und die dort als Plananlage geforderte begründete Erklärung bezieht.[43] Allerdings ist der gerichtliche Prüfungsmaßstab hinsichtlich der wirtschaftlichen Annahmen des Plans auf eine Schlüssigkeitsprüfung reduziert.[44] Der Prüfungsmaßstab entspricht dem der Bestätigungsprüfung im Insolvenzplanverfahren.

Für den Restrukturierungsplan darf die Annahme durch die Planbetroffenen oder die Bestätigung 60
durch das Gericht nicht evident aussichtslos sein. Das Gericht prüft hinsichtlich der Annahmefähigkeit des Plans antizipiert die Möglichkeit des Erreichens der erforderlichen Mehrheiten bei der vorgesehenen Gruppenbildung (Gruppenmehrheit, § 25) und gruppenübergreifenden Mehrheitsentscheidung bzw. einer Zustimmungsfiktion bei beachtetem Schlechterstellungsverbot (§ 26).

Die vom Restrukturierungsgericht zu berücksichtigenden Alternativszenarien hat der Planverfasser 61
in der Vergleichsrechnung gem. § 6 Abs. 2 als zwingenden Bestandteil des darstellenden Teils des Plans darzustellen. Der Auswahl des Szenarios, auf dem die Vergleichsrechnung des Planerstellers beruht, kommt im Restrukturierungsverfahren als Maßstab für eine mögliche Schlechterstellung der planbetroffenen, ggf. dissentierenden Gläubiger und Ansatzpunkt für deren Rechtsbehelfe (Minderheitenschutzantrag gem. § 64 Abs. 2 oder sofortige Beschwerde gegen Planbestätigung gem. § 66 Abs. 2 Nr. 3) eine zentrale Rolle zu.[45] Die Auswahl des Vergleichsmaßstabs und die vom Planersteller detailliert und nachprüfbar darzustellende Vergleichsrechnung bilden deswegen einen Schwerpunkt der gerichtlichen Vorprüfung.

41 *Gehrlein*, BB 2021, 66, 69.
42 AG Köln, Beschl. v. 03.03.2021, 83 RES 1/21, ZIP 2021, 806.
43 RegE SanInsFoG, BT-Drucks. 19/24181, S. 162.
44 RegE SanInsFoG, BT-Drucks. 19/24181, S. 162 zu Absatz 2.
45 *Doebert/Krüger*, NZI 2021, 614/617.

61a Als ein die Gläubigerentscheidung maßgeblich beeinflussendes Planelement muss die Vergleichsrechnung ausreichend begründet sein.[46] Eine ungenügende Begründung des unterstellten Alternativszenarios macht den darstellenden Teil des Restrukturierungsplans mangelhaft und ist als Bestätigungshindernis (§ 63 Abs. 1 Nr. 2) im gerichtlichen Hinweisbeschluss als Ergebnis der Vorprüfung festzustellen. Hat es der Schuldner unterlassen, vor Anzeige des Restrukturierungsvorhabens mit den planbetroffenen Gläubigern in ernsthafte konsensuale Sanierungsverhandlungen einzutreten, sind besonders hohe Anforderungen an die Darstellung des Alternativszenarios zu stellen und gehen verbleibende Zweifel des Gerichts zu Lasten des Planerstellers.[47]

61b Anders als in einem Insolvenzplanverfahren fehlt im StaRUG-Verfahren der Vergleichsmaßstab eines »übergeordneten« Insolvenzregelverfahrens.[48] Vergleichsgrundlage im StaRUG-Verfahren muss, wenn der Plan eine Fortführung vorsieht, gem. § 6 Abs. 2 Satz 3 regelmäßig eine Fortführungslösung ohne den Restrukturierungsplan sein, es sei denn, eine Fortführung ohne den Plan ist aussichtslos.[49] Das konkrete Fortführungsszenario wurde vom StaRUG-Gesetzgeber offengelassen. Das wirtschaftliche Ergebnis des Plans ist als Bezugsgröße dem wirtschaftlichen Ergebnis ohne Plan (Vergleichsgröße) gegenüberzustellen. In Fortführungsfällen kommen regelmäßig fünf Alternativszenarien[50] in Betracht: Sanierung ohne einen Restrukturierungsplan mit Behebung der drohende Zahlungsunfähigkeit – Fortführung im Rahmen eines Insolvenzplans – Fortführung mit übertragender Sanierung in einem Insolvenzverfahren – Verkauf außerhalb der Insolvenz – Teilverkauf außerhalb der Insolvenz. Das ausgewählte Szenario ist in der Vergleichsplanung darzustellen.

61c Da ein »Dual-Track«-Verfahren bei einer geräuschlosen Eigensanierung regelmäßig nicht in Betracht kommt, Erlöse aus einem potenziellen Unternehmensverkauf daher nur zu schätzen sind, und auch eine Fortführung und Sanierung in einem Insolvenz(plan)verfahren nicht zwingend ist, wird die Darstellung immer einzelfallbezogen das wahrscheinlichste, nächstbeste Alternativszenario[51] ohne Restrukturierungsplan (z.B. zusätzliche Fremdmittel von Bank- oder Investorenseite) beschreiben müssen. Im Zweifel ist vom Schuldner eine Unternehmensbewertung nach dem Maßstab IdW S8 (fairness opinion) einzuholen.[52] Ist die im Plan dargestellte Vergleichsrechnung für das Gericht nicht nachvollziehbar, müsste diesbezüglich bei einem Antrag auf gerichtliche Planbestätigung jedenfalls eine Vorprüfung von Amts wegen (§ 46 Abs. 3) erfolgen. Unzureichend wäre der bloße Vergleich mit einem fiktiv alternativen Restrukturierungsplan, der für die identischen Planbetroffenen schlicht ungünstigere Konditionen begründen würde, da diese Option die willkürliche Gestaltung von Alternativen eröffnen und den Zweck der Vergleichsrechnung leerlaufen lassen würde.

61d Als Vergleichs- und Bezugsgrößen sind die realisierbaren Befriedigungsquoten sowie der Auszahlungszeitpunkt heranzuziehen. Die Vergleichsrechnung hat alle entscheidungsrelevanten Planprämissen und -risiken zu berücksichtigen. Restrukturierungskosten und ggf. steuerliche Folgen eines Sanierungsgewinn sind aufzunehmen. Das Zahlenwerk der Alternativszenarien sollte übersichtlich, tabellarisch dargestellt werden und für das jeweilige Szenario auf einer integrierten Planungsrechnung aufbauen.[53]

62 Trägt der Schuldner vor, dass eine Fortführung ohne den Restrukturierungsplan aussichtslos ist, um den Vergleich mit einem Liquidationsszenario zu eröffnen, ist Folgendes zu beachten: Das Unterstellen einer (allein vorhandenen) Liquidationsalternative ermöglicht es dem Schuldner, die Planbetroffenen zu größtmöglichen, möglicherweise völlig überzogenen Zugeständnissen zu bewegen. Es ist auch mit Blick auf den weit gefassten Prognosehorizont von 24 Monaten für die (nur) dro-

46 Die Rechtsprechung zum Insolvenzplanverfahren kann herangezogen werden: BGH v. 07.05.2015, ZInsO 2015, 1398.
47 *Doebert/Krüger*, NZI 2021, 614/618.
48 *Frind*, ZInsO 2021, 1093, 1097.
49 *Thole*, ZIP 2020, 1985, 1989.
50 *Ringelspacher/Fehl-Weileder*, ZRI 2022, 210.
51 EU-Richtlinie, Art. 2 Abs. 1 Nr. 6.
52 *Frind*, ZInsO 2021, 1093, 1098.
53 *Ringelspacher/Fehl-Weileder*, ZRI 2022, 210.

hende Zahlungsunfähigkeit allenfalls als Ausnahmefall denkbar und vom Gesetzgeber als Ausnahmevorschrift gestaltet (*»es sei denn«)*. Es muss dezidiert begründet werden, dass sich kein konkretes und verlässliches Alternativszenario unter Ansatz von Fortführungswerten darstellen lässt. Nur in diesem Fall ist die Insolvenz des Schuldners Vergleichsmaßstab.[54] Hinsichtlich eines alternativen Insolvenzverfahrens ist auszuführen, ob dieses über eine Eigensanierung (Insolvenzplan), über übertragende Sanierung (asset deal) oder eine Liquidation abzuwickeln wäre. Die »absolute« Untergrenze – ein Vergleich mit den Werten, die sich bei der Liquidation im Insolvenzverfahren ergeben[55] ist in jedem Fall einzuhalten. Ablehnende Planbetroffene müssen vortragen und belegen, dass ein alternatives Fortführungsszenario oder die Möglichkeit einer Veräußerbarkeit ohne Planeingriffe besteht, sofern dieses von der Schuldnerin verneint wird.[56]

Allein die mehrheitliche Annahme eines Restrukturierungsplans gewährleistet nicht, dass die Planbetroffenen tatsächlich die Planleistungen erhalten. Eine Insolvenz des Schuldners, auch wenn diese durch den Plan gerade vermieden werden soll, kann nie vollständig ausgeschlossen werden. Dennoch ist bei der Vergleichsrechnung zusätzlich zur Verzinsung für die zeitliche Verzögerung bei Planzahlungen ein Risikoaufschlag zur Berücksichtigung des Ausfallrisikos nicht geboten.[57] 63

Auch wenn nach dem Zahlenwerk der Vergleichsrechnung eine Schlechterstellung der Planbetroffenen nicht gegeben ist, kann eine Planbestätigung versagt werden bzw. scheidet bereits eine Zustimmungsfiktion aus, wenn die Erfüllbarkeit der Ansprüche der Planbetroffenen offenkundigen Zweifeln unterliegt, die der Schuldner nicht ausräumen konnte. Dabei muss die Evidenz der Nichterfüllbarkeit so deutlich zu Tage treten, dass es keiner Überprüfung durch einen Sachverständigen bedarf. Dem Gericht obliegt es nur die Rechtmäßigkeit des Plans, nicht aber seine wirtschaftliche Zweckmäßigkeit zu prüfen.[58] 64

6. Erfüllbarkeit des Plans

Die im gestaltenden Teil des Plans aufgeführten Ansprüche der Beteiligten sind vom Gericht dahingehend zu prüfen, ob eine offensichtliche Unerfüllbarkeit vorliegt. Der Schuldner hat die Erfüllbarkeit glaubhaft zu machen (§ 294 ZPO), d.h. zur Überzeugung des Richters muss eine überwiegende Wahrscheinlichkeit für die Erfüllbarkeit des Plans sprechen. Es handelt sich um eine Prognoseentscheidung. Auch bei verbleibenden Zweifeln ist grundsätzlich von der Erfüllbarkeit des Plans auszugehen. Eine positive Feststellung der späteren Erfüllbarkeit ist aufgrund der Unsicherheiten zur künftigen wirtschaftlichen Entwicklung des Schuldnerunternehmens ohnehin nicht möglich. 65

Die evidenten Zweifel an der Erfüllbarkeit/Vollstreckbarkeit müssen aus dem vorgelegten Plan selbst hervorgehen (Widersprüchlichkeit im Zahlenwerk). Es handelt sich um eine Evidenz-Prüfung.[59] Dabei genügt es, wenn sich der Planvorleger hinsichtlich der wirtschaftlichen Entwicklung auf das Zahlenwerk der (jüngeren) Vergangenheit bezieht, sofern keine konkreten Umstände bekannt sind, die vermuten lassen, dass die Vergangenheitswerte für die wirtschaftliche Entwicklung im planrelevanten Zeitraum nicht mehr repräsentativ sind. 66

7. Wiederholte Planvorlage

Es kann nur ein Restrukturierungsplan zurzeit eingereicht werden. Alternative Restrukturierungspläne scheiden damit aus. Nach den Erkenntnissen der Anhörung im Vorprüfungsverfahren oder des Erörterungstermins können noch vor der Abstimmung Planänderungen vorgenommen werden. 67

54 AG Hamburg, Beschl. v. 12.04.2021, 61a RES 1/21, ZRI 2021, 473.
55 Braun-*Böhm*, StaRUG, § 6 Rn. 27.
56 AG Hamburg, Beschl. v. 12.04.2021, 61a RES 1/21, ZRI 2021, 473.
57 Zum Insolvenzplan: SanR-*Kaldenbach*, Teil 3, § 245 InsO Rn. 24.
58 *Vallender*, ZInsO 2020, 2677, 2679.
59 BSG v. 21.11.2002 – B 11 AL 35/02 R, ZIP 2003, 445, 447.

Offensichtliche Planfehler können berichtigt werden. Im Unterschied zum Insolvenzplanverfahren können dem Gericht nicht mehrere Pläne zur Abstimmung vorgelegt werden.[60]

8. Einbeziehung der Anteilseigner/Gesellschafter

67a Bisher nicht einheitlich beurteilt wird die Frage, ob bzw. wann bzw. in welchen Fallkonstellationen das Gericht die Einbeziehung der Gesellschafter bzw. des Willensbildungs- oder Aufsichtsorgans in das Restrukturierungsvorhaben zu prüfen hat, sofern der vorgelegte Restrukturierungsplan hierzu keine Angaben und Nachweise enthält. Insbesondere die öffentlichen Restrukturierungsverfahren der LEONI AG[61] sowie der beiden börsennotierten Unternehmen Softline AG[62] und Gerry Weber International AG[63] stehen beispielhaft für in der Planpraxis regelmäßig vorgesehene gesellschaftsrechtliche Maßnahmen und unterstreichen vor dem Hintergrund einer bisher vielschichtigen Judikatur die Bedeutung von Rechtssicherheit im Spannungsfeld zwischen gesellschaftsrechtlichen und restrukturierungsrechtlichen Prinzipien. Grundsätzlich ist die Sanierung der Gesellschaft nicht nur im Gläubiger-, sondern auch im Gesellschafterinteresse, da nur so die Anteilswerte erhalten bleiben. Stehen deshalb die Gesellschafter einheitlich den Restrukturierungsvorhaben positiv gegenüber, wäre ein Zustimmungsbeschluss unproblematisch herbeizuführen. Im Regelfall wird das Vertretungsorgan auch einen Zustimmungsbeschluss einholen, um eine Haftung im Innenverhältnis zu vermeiden. Beinhaltet der Plan gesellschaftsrechtliche Regelungen, die als sog. Grundlagengeschäfte (z.B. Umwandlung der Gesellschaft) gesellschaftsrechtlich einer qualifizierten Mehrheit von 75 % benötigen, wäre eine Gesellschafterminderheit von 25 % oder weniger ebenfalls unproblematisch, selbst wenn auch die Einleitung des Restrukturierungsverfahrens als ein außergewöhnliches Geschäft angesehen wird. Ist die Gesellschaftermehrheit gegen den Plan, könnte sie das Vertretungsorgan abberufen und die Anzeige des Restrukturierungsvorhabens durch ein neu bestelltes Vertretungsorgan zurücknehmen lassen.[64] Problematisch erscheint vor diesem Hintergrund nach allem nur der Umgang bei einer Gesellschafterminderheit zwischen 26 % und 49 %. Bei solchen Gesellschafterverhältnissen drängt sich die Frage auf, ob das StaRUG-Verfahren ggf. instrumentalisiert wird, um dissertierende Minderheitsgesellschafter gegen ihren Willen hinauszudrängen, um das Restrukturierungsverfahren ohne (ausreichende) Mehrheit in der Gesellschafterversammlung/Hauptversammlung umzusetzen oder sogar als Alleinzweck des Restrukturierungsverfahrens. Die Frage kann sich bereits bei der Anzeige des Restrukturierungsvorhabens (§ 31) oder später bei den verschiedenen Instrumentenanträgen (§ 29) sowie bei der Planbestätigung (§ 60) ergeben.

67b Das AG Hamburg[65] hat diese Frage im Zusammenhang mit der Wirksamkeit der Anzeige des Restrukturierungsverfahrens (§ 31) geprüft und entschieden, dass ein Restrukturierungsverfahren aufzuheben ist, wenn das Vorhaben von einem GmbH-Geschäftsführer angezeigt wurde, der keine

---

60 SanR-*Kaldenbach*, §§ 235 ff. InsO Rn. 12.

61 AG Nürnberg, Beschl. v. 21.06.2023, RES 397/23, ZIP 2023, 2317, – Plan beinhaltet Kapitalherabsetzung auf Null mit anschließender Kapitalerhöhung unter Bezugsrechtsausschluss, wodurch bisher größter Aktionär zum Alleinaktionär wird und Sanierungsmittel über neue Bareinlagen zur Verfügung stellt. Daneben Anpassung von Kreditkonditionen der Finanzgläubiger.

62 AG Dresden, Beschl. v. 09.08.2023, 572 RES 1/23, ZIP 2023, 2316, – Plan beinhaltet keine Eingriffe in Gläubigerrechte, es werden ausschließlich gesellschaftsrechtliche Maßnahmen vorgesehen. Ein-Gruppen-Plan der Aktionäre mit 75 %-Mehrheit, Kapitalherabsetzung mit anschließender Kapitalerhöhung unter Bezugsrechtsausschluss der Altaktionäre (Squeeze-out), Formwechsel in eine GmbH und Übernahme sämtlicher Anteile durch einen vormaligen Großaktionär, der Abfindung an ausscheidende Aktionäre zahlt.

63 AG Essen, Beschl. v. 25.10.2023, 161 RES 1/23 – Plan beinhaltet Kapitalherabsetzung auf Null (Folge: Börsennotierung der Aktien erlischt), Kapitalerhöhung und Übernahme durch Sanierungsinvestor, formwechselnde Umwandlung in eine GmbH, finanzielle Restrukturierungsmaßnahmen auf Fremdkapitalseite.

64 *Zehlicke/Krafczyk*, ZRI 2023, 519/522.

65 AG Hamburg, Beschl. v. 17.03.2023 – 61c RES 1/23, ZRI 2023, 519.

Vertretungsmacht für diese Prozesshandlung hat, weil er zuvor keinen ihn dazu ermächtigenden Gesellschafterbeschluss herbeigeführt hatte. Zur Anzeige des Restrukturierungsvorhabens ist der Geschäftsführer danach nur vertretungsberechtigt, wenn ein zustimmender, mit für Grundlagengeschäfte qualifizierter Mehrheit (75 %) gefasster Gesellschafterbeschluss vorliegt. Bei der Einleitung des Restrukturierungsverfahrens handele es sich gesellschaftsrechtlich um ein außergewöhnliches Geschäft, das ohne ermächtigenden Gesellschafterbeschluss im Außenverhältnis einen Missbrauch der Vertretungsmacht des Geschäftsführers darstellt. Nach der Rechtsprechung des AG Hamburg hat das Restrukturierungsgericht aufgrund der Amtsermittlungspflicht (§ 39 Abs. 1) die Wirksamkeit der Restrukturierungsanzeige als Prozesserklärung zu prüfen. Dränge sich dem Gericht auf, dass der Geschäftsführer keinen Gesellschafterbeschluss habe und auch keine nachträgliche Zustimmung erhalten werde, liege ein evidenter Verstoß vor. Das LG Hamburg[66] bestätigte diese Entscheidung mit der Feststellung, dass ein Geschäftsführer ohne Zustimmung der Gesellschafter das Restrukturierungsverfahren nach § 31 nicht wirksam anzeigen könne, wenn der Restrukturierungsplan einer GmbH rein gesellschaftliche Maßnahmen vorsieht. Für sog. Grundlagengeschäfte sei allein die Gesellschafterversammlung zuständig, die mit einer Mehrheit von 75 % zu beschließen habe. Es widerspreche Sinn und Zweck des StaRUG, gesellschaftsrechtliche Zustimmungserfordernisse mittels eines Restrukturierungsvorhabens auszuhöhlen.

Die überwiegende Literaturmeinung[67] ist dieser Auffassung nicht gefolgt und hält einen ermächtigenden Gesellschafterbeschluss zwar für erforderlich, aber nur mit Bedeutung für das Innenverhältnis. Wird der gesellschaftsrechtlich erforderliche Beschluss nicht eingeholt, ist dieser Verstoß in Bezug auf die Wirksamkeit von Prozesshandlungen nach dem StaRUG im Außenverhältnis unbeachtlich.[68] Die Rechtsfolge der Verletzung interner Beschränkungen der Vertretungsmacht ist die Haftung des Geschäftsführers (§ 43 Abs. 2 GmbHG) bzw. Vorstands (§ 93 Abs. 2 AktG) gegenüber der Gesellschaft.[69] Zu beachten ist, dass Eingriffe in Gesellschafterrechte vom StaRUG ausdrücklich vorgesehen sind. Anteils- und Mitgliedschaftsrechte werden als durch den Plan gestaltbare Rechtsverhältnisse genannt (§ 2 Abs. 3), die soweit gesellschaftsrechtlich zulässig geändert oder übertragen werden können.[70] Das Gesetz nennt in § 7 Abs. 4 ausdrücklich u.a. den freiwilligen debt-equity-swap, die Kapitalherabsetzung oder -erhöhung, den Ausschluss von Bezugsrechten, die Zahlung von Abfindungen an ausscheidende Gesellschafter und andere gesellschaftsrechtlich zulässige Maßnahmen. Sollten die (Minderheits-)Gesellschafter die Restrukturierung in der geplanten Weise nicht unterstützen, ist entscheidend, ab welchem Zeitpunkt bzw. Krisenstadium den Gläubigerinteressen der Vorrang gegenüber den Gesellschafterinteressen einzuräumen ist und wie sich das Restrukturierungsgericht davon überzeugen kann, dass dieser Zeitpunkt erreicht ist. Erst der Eintritt der Insolvenzantragspflicht wegen Zahlungsunfähigkeit (§ 17 InsO) oder Überschuldung (§ 19 InsO) lässt die Gesellschafterinteressen gegenüber den Gläubigerinteressen vollständig in den Hintergrund treten, da Gesellschafterforderungen insolvenzrechtlich nachrangig sind (§ 39 InsO). Da die Anzeige eines Restrukturierungsvorhabens es erfordert, dass die Zahlungsunfähigkeit zumindest droht, liegt eine vergleichbare Konstellation vor, wie bei der freiwilligen Einleitung eines Insolvenzverfahrens wegen drohender Zahlungsunfähigkeit (§ 18 InsO). Der Geschäftsführer kann bei drohender Zahlungsunfähigkeit zwischen der Einleitung eines Insolvenzverfahrens und der eines Restrukturierungsverfahrens wählen (Dualität von Insolvenz- und StaRUG-Verfahren). Das StaRUG-Verfahren bedeutet eine geringere Eingriffsintensität (Entscheidungsautonomie bleibt beim Unternehmen), sodass keine schärferen Zugangsvoraussetzungen aufgestellt werden können als für ein Insolvenzverfahren. Für den fakultativen Antrag gem. § 18 InsO ist anerkannt, dass das Vertretungsorgan der Zustimmung der Gesellschafter nur im Innenverhältnis bedarf. Ein Insolvenzantrag entwertet die Anteilsrechte der Gesellschafter, aus der Einleitung eines Restrukturierungsverfahrens ist dieses nicht zwingend 67c

66 LG Hamburg, Beschl. v. 20.04.2023 – 304 T 15/23, NZG 2023, 1133.

67 *Mock*, NZI 2023, 584; *Zehlicke/Krafczyk*, ZRI 2023, 520.

68 Zusammenfassung des Streitstandes bei *Hacker/d'Avoine*, NWB Sanieren und Restrukturieren 2024, 4 ff.

69 *Fuhrmann/Heinen/Schilz*, NZG 2021, 684/690.

70 *Flöther/Wilke*, ZRI 2023, 1029.

herzuleiten, es hängt vielmehr von der Ausgestaltung des Plans ab, ob und inwieweit in Gesellschafterrechte eingegriffen wird. Diese Ansicht ist schlüssig, löst aber nicht das Problem des Umgangs mit angezeigten Restrukturierungsverfahren, die nach Einschätzung des Gerichts missbräuchlich instrumentalisiert werden, um Minderheitsgesellschafter hinauszudrängen.

67d Das AG Nürnberg[71] hat für die Aktiengesellschaft mit Verweis auf die nicht beschränkbare Vertretungsmacht des Vorstandes (§ 78 AktG) entschieden, dass die Anzeige eines Restrukturierungsvorhabens im Außenverhältnis auch ohne den nur im Innenverhältnis bedeutsamen Zustimmungsbeschluss der Hauptversammlung wirksam ist. Der Vorstand der Aktiengesellschaft bedarf danach zur wirksamen Antragstellung nach dem StaRUG der vorherigen Zustimmung der Hauptversammlung jedenfalls dann nicht, wenn ausreichend glaubhaft gemacht wurde, dass das Vorhaben im Hinblick auf ein Insolvenzverfahren alternativlos ist. Es entspreche dem Sinn des Restrukturierungsverfahrens, dass es durch die Geschäftsleitung auch gegen den Widerstand von Gläubigergruppen oder Gesellschaftern umgesetzt und Sanierungsblockaden aufgelöst werden können. Der Gesetzgeber habe ausdrücklich die Möglichkeit geschaffen, (auch größere) Gruppen von Planbetroffenen durch gruppenübergreifende Mehrheitsentscheidungen zu überstimmen (cross-class cram-down) und damit Restrukturierungsmaßnahmen gerade gegen den Widerstand der Gesellschafter durchzuführen. Das LG Nürnberg-Fürth[72] hat diese Rechtsprechung bestätigt, die mit der Einschränkung »im Hinblick auf ein Insolvenzverfahren alternativlos« jedenfalls die Möglichkeit eröffnet, einzelfallbezogene Entscheidungen über die Erforderlichkeit eines ermächtigenden Gesellschafterbeschlusses je nach dem Krisengrad des Unternehmens zu treffen.

Auch das AG Charlottenburg und das AG Dresden[73] halten für die Einleitung eines Restrukturierungsverfahrens einen zustimmenden Beschluss der Hauptversammlung nicht für erforderlich. Der mögliche Widerstand der Aktionäre begründe einen unvertretbaren Zeitverlust für die Restrukturierung.

Das LG Berlin[74] hat für die GmbH entschieden, dass die Geschäftsführung für die Einleitung eines Restrukturierungsverfahrens eines zustimmenden Gesellschafterbeschlusses (nur) im Innenverhältnis bedarf, insbesondere wenn der Restrukturierungsplan Eingriffe in die Gesellschafterrechte vorsieht. Ein fehlender Gesellschafterbeschluss kann nach einer Entscheidung des AG Charlottenburg[75] im Restrukturierungsverfahren nachgeholt werden. Eine Verletzung gesellschaftsrechtlicher Informationspflichten stehe der Planbestätigung nicht entgegen, wenn die durch das StaRUG vorgeschriebenen Informationspflichten eingehalten worden sind.

67e Der Streit hat sich im Zusammenhang mit der Anzeige eines Restrukturierungsvorhabens entwickelt, auch wenn eine bei Gericht eingegangene Restrukturierungsanzeige lediglich auf Vollständigkeit, nicht aber auf inhaltliche Richtigkeit zu prüfen ist.[76] In konsequenter Umsetzung der Rechtsauffassung des AG Hamburg, das Fehlen eines ermächtigenden Gesellschafterbeschlusses führe über das Institut des Missbrauchs der Vertretungsmacht zur Unwirksamkeit der Anzeige als Prozesshandlung im Außenverhältnis, wäre die Prüfung hier richtig verortet. Folgt man allerdings der herrschenden Gegenauffassung, die Auswirkungen nur im Innenverhältnis sieht, könnte das Fehlen eines zustimmenden Gesellschafterbeschlusses für das Restrukturierungsvorhaben trotzdem Gegenstand der gerichtlichen Vorprüfung nach § 46 sein. Das wäre der Fall, wenn eine Verletzung gesellschaftsrechtlicher Zustimmungserfordernisse einen Grund für die Versagung der Planbestätigung (§ 63) darstellt, denn das Gericht hat den Plan auf seine Bestätigungsaussichten zu prüfen. Der Restrukturierungsplan ist grundsätzlich zu bestätigen, sofern kein gesetzlicher

71 AG Nürnberg, Beschl. v. 21.06.2023 – RES 397/23, ZInsO 2023, 1907.
72 LG Nürnberg-Fürth, Beschl. v. 17.07.2023, 4 T 3814/23, ZIP 2023, 2053.
73 AG Charlottenburg, Beschl. v. 04.01.2024, 36s RES 6525/23, NZI 2024, 225; AG Dresden, Beschl. v. 09.08.2023, 572 RES 1/23, ZIP 2023, 2316.
74 LG Berlin, Beschl. v. 31.05.2023, 100 O 18/23, ZRI 2023, 833.
75 AG Charlottenburg, Beschl. v. 31.07.2023, 36f RES 1604/23, ZRI 2023, 836.
76 AG Hannover, Beschl. v. 27.02.2023 – 951 RES 1/23 – 1, ZRI 2023, 309.

Versagungsgrund vorliegt.[77] Die Bestätigung ist zu versagen, wenn die Annahme des Restrukturierungsplans unlauter herbeigeführt worden ist, insbesondere durch Begünstigung eines Planbetroffenen, § 63 Abs. 5. Führt der Plan über einen Kapitalschnitt und Bezugsrechtsausschluss zur Übernahme sämtlicher Anteile durch einen Gesellschafter ist ein Planbetroffener begünstigt. Dieses Modell ist auf den ersten Blick noch nicht unlauter, zumal es im StaRUG explizit genannt wird (§ 7 Abs. 4). Eine unlautere Herbeiführung könnte aber dann vorliegen, wenn die Voraussetzungen erst unter Umgehung der Rechte von Minderheitsgesellschaftern geschaffen wurden. Die Kritiker der Entscheidung des AG Hamburg wenden ein, dass das Institut des Missbrauchs der Vertretungsmacht nicht passe, da es eine fehlende Schutzwürdigkeit des Geschäftspartners voraussetze, Erklärungsempfänger der Anzeige nach § 31 aber das Restrukturierungsgericht sei.[78] Ebenso wie das Institut des Missbrauchs der Vertretungsmacht begründet sich der Lauterkeitsbegriff des § 63 Abs. 5 aus dem Grundsatz von Treu und Glauben (§ 242 BGB). Würden Gesellschafterrechte bereits mit dem Vorliegen drohender Zahlungsunfähigkeit abrupt enden, läge mit der Anzeige gem. § 31 keine Verletzung von Gesellschafterrechten vor, selbst wenn es sich um einen rein gesellschaftsrechtlichen Plan handelt. Wird der Status der drohenden Zahlungsunfähigkeit hingegen graduell sich steigernd bis zum Eintritt der Zahlungsunfähigkeit betrachtet und dazu gleichlaufend ein sukzessives Zurücktreten der Gesellschafter- hinter die Gläubigerinteressen anerkannt, ist eine differenzierende Betrachtung geboten. Bei rein gesellschaftsrechtlichen Plänen und evident widerstreitenden (Minderheits-)Gesellschafterinteressen kann das Gericht in folgenden Schritten vorgehen:

Zunächst wird das Restrukturierungsgericht im ersten Schritt das tatsächliche Vorliegen der drohenden Zahlungsunfähigkeit verschärft prüfen müssen, um ausschließen, dass diese nur vorgegeben wird, um das Verfahren zur Lösung eines Gesellschafterstreits zu missbrauchen.

Innerhalb einer festgestellten drohenden Zahlungsunfähigkeit kann in einem zweiten Schritt nach dem Gedanken des AG Nürnberg der Krisengrad anhand des prognostizierten Datums und der Eintrittswahrscheinlichkeit der Zahlungsunfähigkeit abgestuft werden. Je näher oder wahrscheinlicher der Eintritt der Zahlungsunfähigkeit ist, desto mehr treten die gesellschaftsrechtlichen Prinzipien gegenüber dem Restrukturierungsrecht zurück bzw. wird das Gesellschaftsrecht durch das Restrukturierungsrecht als lex speciales verdrängt. In der sehr krisennahen Situation soll das Restrukturierungsrecht im Gläubigerinteresse das Gesellschaftsrecht überlagern und die Willensbildung der Gesellschafter in das Restrukturierungsverfahren verlagert werden.

Ist hingegen noch kein hoher Krisengrad gegeben, sind rein gesellschaftsrechtliche Übernahmepläne ohne Eingriffe in Fremdgläubigerrechte schon deshalb kritisch zu überprüfen, da der Planvorleger möglicherweise davon ausgeht, die Zustimmung der Fremdgläubiger zu freiwilligen Forderungsverzichten nicht zu erhalten, weil die Fremdgläubiger die drohende Zahlungsunfähigkeit noch nicht als tatsächliche Gefährdung ihrer Forderungen betrachten. In diesem Fall wäre es nicht einzusehen, die Gläubigerinteressen als gegenüber den Gesellschafterinteressen schutzwürdiger zu betrachten. Der Plan, mittels eines (zulässigen) Restrukturierungsverfahrens eine Übernahme von Geschäftsanteilen herbeizuführen, wäre dann in einem dritten Schritt auf eine Unlauterbarkeit zu überprüfen. Dieses wäre der Fall, wenn der übernehmende Gesellschafter in einer für die Gläubiger noch nicht bedrohlichen Situation bloße Rechtspositionen nach dem StaRUG verwendet, um ein gesellschaftsrechtlich nicht zu erreichendes und materiell nicht gerechtfertigtes Ergebnis zu bewirken. Nach der Begründung des Regierungsentwurfs soll mit der Bestimmung in § 63 Abs. 5 nach dem Vorbild von § 250 Nr. 2 InsO missbräuchlichen Praktiken im Zuge der Planverhandlungen und der Planabstimmung entgegengewirkt werden.[79] Gegenstand sind in erster Linie zwar Verstöße gegen Verfahrensvorschriften und die unlautere Herbeiführung der Annahme des Plans. Die Herbeiführung der Annahme des Restrukturierungsplans setzt aber die Einleitung des Verfahrens voraus. Unlauter

77 AG Nürnberg, Beschl. v. 21.06.2023, RES 397/23, ZRI 2023, 629.
78 *Zehlicke/Krafczyk*, ZRI 2023, 519/522; *Hacker/d'Avoine*, NWB Sanieren und Restrukturieren 2024, 4/10.
79 Begr. RegE SanInsFoG § 70 (jetzt § 63), S. 191.

ist jedes Verhalten, das gegen das Gebot von Treu und Glauben verstößt. Zielt das Restrukturierungsverfahren erkennbar allein darauf ab, unter Umgehung gesellschaftsrechtlicher Mehrheitserfordernisse Minderheitsgesellschafter aus der Gesellschaft zu drängen, kann trotz des Vorliegens drohender Zahlungsunfähigkeit und eines Anzeigerechts aus § 31 eine Verfahrenseinleitung unlauter sein, wenn der Krisengrad auch eine Sanierung ohne oder mit milderen Eingriffen in Gesellschafterrechte noch möglich erscheinen ließ. Das rechtliche Können reicht hier weiter als das rechtliche Dürfen. Die Einstufung des von Planvorleger darzulegenden Krisengrads liegt im Ermessen des Restrukturierungsgerichts. Auf das Risiko der Versagung der Planbestätigung kann das Gericht den Planvorleger im Rahmen des Beschlusses nach § 46 oder auch außerhalb dessen hinweisen. Dem Planvorleger könnte Gelegenheit gegeben werden, ein als unlauter zu betrachtendes Ausscheiden von Minderheitsgesellschaftern durch Abfindungszahlungen auszugleichen.

D. Hinweisbeschluss

68 Nach Anhörung des Schuldners und der teilnehmenden Planbetroffenen im Vorprüfungstermin ergeht durch das Restrukturierungsgericht gem. § 46 Abs. 2 ein Hinweisbeschluss, mit dem das Gericht sein Vorprüfungsergebnis zur Rechtmäßigkeit der geprüften Planbestimmung zusammenfasst. Der Hinweisbeschluss zeigt die Mängel auf, die einer Planbestätigung entgegenstehen würden.

69 Bindungswirkung für das weitere Verfahren, insbesondere eine spätere gerichtliche Planbestätigung entfaltet der Hinweisbeschluss nicht. Ändert das Gericht im weiteren Verfahren jedoch seine Auffassung und schätzt die Rechtmäßigkeit der vorgeprüften Planbestimmung abweichend vom Hinweisbeschluss ein, sind der Schuldner und die Planbetroffenen zu unterrichten und ihnen Gelegenheit zur Stellungnahme zu geben.[80] Dieses folgt aus dem Grundsatz der Wahrung rechtlichen Gehörs (Art. 103 GG). Auch hier kann eine Parallele zum Vorprüfungsverfahren eines Insolvenzplans (§§ 231 f. InsO) gezogen werden, im Rahmen dessen die gerichtliche Entscheidung, einen Insolvenzplan nicht zurückzuweisen, das Gericht für die im weiteren Planverfahren zu treffende Bestätigungsentscheidung (§ 250) nicht bindet.[81]

70 Soweit ein Haftungsrisiko darin zu erblicken ist, dass für den Hinweisbeschluss nicht das Spruchrichterprivileg anzuwenden ist und deshalb nicht der Haftungsmaßstab des Art. 34 GG i.V.m. § 839 BGB gilt, kann sich der Restrukturierungsrichter durch ein Sachverständigengutachten absichern.[82]

71 Ein Rechtsmittel gegen den Hinweisbeschluss steht weder dem Schuldner noch den Planbetroffenen zu.

72 Der Hinweisbeschluss wird nur den Planbetroffenen bekannt gemacht, es sei denn, der Antragsteller entscheidet sich für das öffentliche Planverfahren, mit dem allein eine erleichterte Anerkennung der Wirkungen des Restrukturierungsplan in anderen EU-Mitgliedsstaaten auf Basis der EuInsVO zu erreichen sein wird. Nach einer Empfehlung des BAKinso[83] sollte das Ergebnis einer gerichtlichen Vorprüfung dem Restrukturierungsplan als Anlage beigefügt werden, da der Kreis der Planbetroffenen bei Planerörterung gegenüber dem des Vorprüfungsverfahrens erweitert sein könnte.

---

80 Begr. RegE SanInsFoG, 148, Anhang C, Rn. 254; *Nawroth*, NWB Sanieren 3/2021, 72/77.

81 BGH v. 16.02.2017 – IX ZB 103/15.

82 *Vallender*, ZInsO 2020, 2677, 2681.

83 Stellungnahme zum Entwurf einer »Checkliste für Restrukturierungspläne« gem. § 16 StaRUG gem. Schreiben des BMJV v. 31.01.2022, Az. RA6-3760/20-3-R3 21/2022, ZInsO 2022, 714.

Abschnitt 3 Vorprüfung

§ 47 Antrag

[1]Auf Antrag des Schuldners führt das Restrukturierungsgericht auch dann eine Vorprüfung durch, wenn der Restrukturierungsplan nicht im gerichtlichen Verfahren zur Abstimmung gebracht werden soll. Gegenstand einer solchen Vorprüfung kann jede Frage sein, die für die Bestätigung des Restrukturierungsplans erheblich ist. [2]Neben den in § 46 Absatz 1 Satz 2 genannten Gegenständen können dies insbesondere auch die Anforderungen sein, die an das Planabstimmungsverfahren nach den §§ 17 bis 22 zu stellen sind.

Kommentierung siehe § 48.

§ 48 Verfahren

(1) Die von der Vorprüfungsfrage berührten Planbetroffenen sind anzuhören.

(2) [1]Das Ergebnis der Vorprüfung fasst das Gericht in einem Hinweis zusammen. [2]Der Hinweis soll innerhalb von zwei Wochen nach Antragstellung oder, sofern ein Anhörungstermin stattfindet, innerhalb von zwei Wochen nach diesem Termin ergehen. [3]Für die Ladung zu dem Anhörungstermin gelten § 45 Absatz 3 und § 46 Absatz 1 Satz 4 entsprechend.

Übersicht

A. Normzweck

Die Vorprüfung des Restrukturierungsplans im gerichtlichen Planabstimmungsverfahren ist in § 46 geregelt. Daneben eröffnen §§ 47, 48 dem Schuldner auch dann die Möglichkeit, auf Antrag den Restrukturierungsplan auf seine Bestätigungsfähigkeit gerichtlich vorprüfen zu lassen, wenn dieser entsprechend des nach dem StaRUG vorgesehenen, außergerichtlichen Grundtypus nicht Gegenstand eines gerichtlichen Planabstimmungsverfahrens sein soll, der Schuldner also den Plan über einen privatautonom organisierten Abstimmungsprozess gem. §§ 17 ff. durchzusetzen beabsichtigt. 1

Auch in diesem Abstimmungsprozess können Fragen hinsichtlich der Bestätigungsfähigkeit des Plan klärungsbedürftig sein.[1]

2 Eine gerichtliche Vorprüfung des Restrukturierungsplans gem. § 47 erfolgt nicht von Amts wegen. Ob ein Antrag auf gerichtliche Vorprüfung des Plans im außergerichtlichen Abstimmungsverfahren sinnvoll oder für den Sanierungserfolg gar erforderlich ist, entscheidet sich am Einzelfall. Zeichnen sich Streitigkeiten mit den Planbetroffenen über die Zuweisung von Stimmrechten (Bestehen, Höhe und Durchsetzbarkeit der Forderungen der Planbetroffenen) oder den Planinhalt ab, ist eine Einbindung des Gerichts durch eine Planbestätigung und dieser vorausgehend regelmäßig auch eine gerichtliche Vorprüfung dringend zu empfehlen. Dies ist bereits dann der Fall, wenn einem Plan, der nur mehrheitlich, aber nicht einstimmig angenommen würde, zur Wirksamkeit verholfen werden soll. Der Gesetzgeber erkennt das Bedürfnis, Unsicherheiten bezüglich von bestimmten Planinhalten einer gerichtlichen Klärung zuzuführen, um (zunächst) ablehnende Planbetroffene für das Vorhaben zu gewinnen und ggf. die spätere gerichtliche Bestätigung gem. §§ 60 ff. nicht zu gefährden. Die Wirkungen des Plans treten gegenüber den Planbetroffenen, die ihm nicht zugestimmt haben, nur im Fall einer gerichtlichen Planbestätigung ein (§ 67). Das Verfahren wird mit der Vorprüfung für die Beteiligten transparenter und planbarer. Soweit sich Bestätigungshindernisse aus erheblichem Vorbringen der Planbetroffenen gegen den Planinhalt ergeben, wäre die Fortsetzung eines von vornherein aussichtslosen Planverfahrens nicht sinnvoll. Das Angebot an den Schuldner, eine gerichtliche Vorprüfung des Plans zu beantragen, dient dazu, Verzögerungen im Restrukturierungsverfahren durch fehlerhafte oder aussichtslose Pläne, die gesetzliche Mindestanforderungen nicht erfüllen, zu vermeiden.[2]

3 Die antragsbezogene gerichtliche Vorprüfung des Restrukturierungsplans ist der obligatorischen gerichtlichen Vorprüfung eines Insolvenzplans nur in Teilen vergleichbar. Der vorprüfende Richter hat die Gestaltungsautonomie des Planvorlegers sowie die Entscheidungskompetenz der Planbetroffenen zu beachten. Der StaRUG-Gesetzgeber beabsichtigte, mit der Möglichkeit zur Vorprüfung durch das Restrukturierungsgericht und zur vorgezogenen Anhörung der Planbetroffenen den Beteiligten vor der Abstimmung über den Plan die Sicherheit zu geben, dass gesetzliche Mindestanforderungen für Restrukturierungspläne eingehalten werden. Mit Blick auf wirtschaftlich sinnvolle, ausreichend mehrheitsfähige und damit aussichtsreiche Pläne soll eine zügige Vorprüfung gewährleisten, dass eine schnelle Umsetzung der Unternehmenssanierung im Restrukturierungsverfahren möglich ist. Die Mehrheitsaussichten des Plans werden mittels der Einbeziehung aller Planbetroffenen und möglichen Nachbesserungen durch den Planverfasser als Reaktion auf die Anhörung gesteigert.

4 Da sich – wie im Insolvenzplanverfahren – Hürden der gerichtlichen Vorprüfung gerade in komplexen Plangestaltungen ergeben können, bietet es sich für den Planvorleger an, den zuständigen Richter zu ersuchen, den fertiggestellten Planentwurf – noch vor Einleitung des Vorprüfungsverfahrens – vorzubesprechen.[3]

5 Der Ablauf und die Dauer der gerichtlichen Vorprüfung im privatautonom gestalteten Abstimmungsverfahren sind in § 48 geregelt. Es handelt sich um ein Anhörungsverfahren, das den Planbetroffenen rechtliches Gehör (Art. 103 GG) gewährleistet und dem Gericht ermöglicht, die ggf. im Schuldnerantrag nicht aufgeführten Einwendungen der Betroffenen hinsichtlich der zu prüfenden Planregelung zu erfahren und im Hinweisbeschluss zu berücksichtigen.

---

1 Begründung RegE SanInsFoG, BT-Drucks. 19/24181, S. 149.

2 So zur gerichtlichen Vorprüfung des Insolvenzplans: LG Hamburg v. 15.01.2018 – 326 T 40/17, ZIP 2018, 389.

3 Zum Insolvenzplan: *Stahlschmidt*, ZInsO 2018, 494/495 leitet ein Anspruch des Planerstellers auf Erörterung des Planentwurfs aus Art. 19 Abs. 4, 20 Abs. 3 GG her. So auch *Martini/Horstkotte*, ZInsO 2017, 1913/1914.

Im Gesetzesentwurf der Bundesregierung für ein Gesetz zur Fortentwicklung des Sanierungs- und Insolvenzrechts (SanInsFoG), dessen Art. 1 das Gesetz über den Stabilisierungs- und Restrukturierungsrahmen für Unternehmen (StaRUG) ist und der die Gesetzesbegründung enthält, war die eine außergerichtliche Planabstimmung begleitende gerichtliche Vorprüfung in den §§ 49 und 50 geregelt. Diese Normenverschiebung ist zu beachten, soweit für die Auslegung auf die Begründung des Regierungsentwurfs Bezug genommen wird. 6

B. Voraussetzungen der gerichtlichen Vorprüfung im privatautonomen Abstimmungsverfahren

Neben den allgemeinen Voraussetzungen der in § 29 Abs. 2 Nr. 1 bis 4 aufgeführten Verfahrenshilfen des StaRUG erfordert die gerichtliche Vorprüfung des Restrukturierungsplans im privatautonomen Abstimmungsverfahren einen hierauf gerichteten Antrag. 7

I. Allgemeine Voraussetzungen der gerichtlichen Vorprüfung

Als Verfahrenshilfe gem. § 29 Abs. 2 Nr. 2 setzt die gerichtliche Vorprüfung gem. §§ 29 bis 31 zunächst voraus, dass der Schuldner drohend zahlungsunfähig und restrukturierungsfähig ist. Ferner muss das Restrukturierungsvorhaben dem zuständigen Restrukturierungsgericht angezeigt worden und die Restrukturierungssache damit rechtshängig sein. 8

1. Drohende Zahlungsunfähigkeit, § 29

Die gerichtliche Vorprüfung des Restrukturierungsplans ist ebenso wie die Möglichkeit der gerichtlichen Planabstimmung bzw. Planbestätigung und der Stabilisierungsanordnungen eine der in § 29 Abs. 2 Nr. 1 bis 4 genannten, modularen Verfahrenshilfen für den Schuldner. Nach § 29 Abs. 1 können die in Absatz 2 genannten Verfahrenshilfen des Stabilisierungs- und Restrukturierungsrahmens (Instrumente) zur nachhaltigen Beseitigung einer drohenden Zahlungsunfähigkeit im Sinne des § 18 Absatz 2 InsO in Anspruch genommen werden. Es ist deshalb spätestens für die Planbestätigung (§ 63 Abs. 1 Nr. 1) zu prüfen, dass mit dem Restrukturierungsverfahren die nachhaltige Beseitigung einer (nur) drohenden Zahlungsunfähigkeit bezweckt wird, mithin Zahlungsunfähigkeit im Sinne des § 17 InsO oder Überschuldung im Sinne des § 19 InsO noch nicht eingetreten ist. Die drohende Zahlungsunfähigkeit konkretisiert im deutschen StaRUG die in der EU-Richtlinie 2019/1023 als Voraussetzung genannte *»wahrscheinliche Insolvenz«*. Sie muss als Mindestvoraussetzung für Rechtseingriffe bei den Planbetroffenen bzw. als Eintrittsschwelle in das StaRUG-Verfahren gegeben sein. Eine drohende Zahlungsunfähigkeit des Schuldners ist vom Restrukturierungsgericht noch nicht bereits mit der Anzeige des Restrukturierungsvorhabens zu prüfen, spätestens aber bei der Inanspruchnahme einer Verfahrenshilfe.[4] Da die drohende Zahlungsunfähigkeit dem Schuldner auch die Möglichkeit eines Insolvenzantrags eröffnet (§ 18 InsO), kann er sich zwischen den Alternativen eines StaRUG-Restrukturierungsverfahren oder einer insolvenzrechtlichen Sanierungslösung über einen Insolvenzplan im Eigenverwaltungsverfahren entscheiden.[5] Im Krisenstadium der drohenden Zahlungsunfähigkeit ist die wirtschaftliche Gefährdungslage der Gläubiger für beide Verfahrensalternativen identisch und Grundlage der freien Schuldnerentscheidung über ein StaRUG- oder InsO-Verfahren. Hieraus rechtfertigt sich die in weiten Teilen von StaRUG-Gesetzgeber geschaffene Parallelität zum Insolvenzplanverfahren. 9

Der vorprüfende Richter muss zur Feststellung der drohenden Zahlungsunfähigkeit vollständig davon überzeugt sein, dass es überwiegend wahrscheinlich ist, dass der Schuldner voraussichtlich nicht in der Lage sein wird, die bestehenden Zahlungspflichten im Zeitpunkt der Fälligkeit zu erfüllen, wobei in aller Regel ein Prognosezeitraum von 24 Monaten zugrunde zu legen ist (§ 18 Abs. 2 InsO).[6] Bei der Prüfung können die Verbindlichkeiten mit den Ansätzen des Restrukturierungs- 10

4 *Vallender*, ZInsO 2020. 2579, 2583; kritisch dazu *Frind*, ZInsO 2020, 2244.
5 *Gehrlein*, BB 2021, 66, 71.
6 AG Köln, Beschl. v. 03.03.2021, 83 RES 1/21, ZIP 2021, 806.

plans berücksichtigt werden. Mit dem SanInsFoG wurde die Definition der drohenden Zahlungsunfähigkeit in § 18 Abs. 2 InsO n.F. geändert. Der Prognosezeitraum (»voraussichtlich«) beläuft sich nun »in aller Regel« auf 24 Monate. Der gem. § 18 Abs. 2 InsO maßgebliche Prognosezeitraum von 24 Monaten wird ab dem Tag der letzten mündlichen Verhandlung berechnet, also dem (ggf. voraussichtlichen) Erörterungs- und Abstimmungstermin.[7] Das Merkmal *»voraussichtlich«* ist so zu verstehen, dass der Eintritt der Zahlungsunfähigkeit wahrscheinlicher sein muss als deren Vermeidung. Die Wahrscheinlichkeit muss jedenfalls 50 % überschreiten.[8]

11 Die für diese, vom Gericht nur summarisch anzustellende Prognose erforderlichen Daten hat der Schuldner in geeigneter Weise, in der Regel mit einem Finanzplan über den Prognosezeitraum, darzulegen. Dem Hinweisbeschluss des AG Köln vom 03.03.2021 lag der Fall zugrunde, dass die Schuldnerin mit Verweis auf einen Gesprächsinhalt davon ausging, dass eines der planbetroffenen Kreditinstitute das Kreditengagement voraussichtlich zum 31.12.2022 kündigen wird und bei einer bis dahin nicht umgesetzten Veräußerung von Beteiligungen an einer anderen Unternehmensgruppe fälligen Zahlungsverpflichtungen nicht mehr nachgekommen werden könne. In der gerichtlichen Anhörung schloss die betreffende Bank aber eine Verlängerung ihres Kreditengagements über den 31.12.2022 hinaus nicht aus, sodass das Gericht eine drohende Zahlungsunfähigkeit verneint und auf die fehlende Statthaftigkeit des Restrukturierungsplans hingewiesen hat. Der pauschale Hinweis auf einen Gesprächsinhalt genüge der Glaubhaftmachung nicht.

2. Restrukturierungsfähigkeit, § 30

12 Die Inanspruchnahme der Verfahrenshilfen gem. § 29 Abs. 2, also auch der gerichtlichen Vorprüfung des Restrukturierungsplans, bedarf einer in §§ 11 und 12 InsO geregelten Insolvenzfähigkeit des Schuldners (§ 30 Abs. 1 Satz 1).

13 Bei natürlichen Personen muss eine unternehmerische Tätigkeit vorliegen (§ 30 Abs. 1 Satz 2). Diese unternehmerische Tätigkeit muss andauern und im eigenen Namen und auf eigene Rechnung frei von Weisungen Dritter erfolgen.

14 Die Verfahrenshilfen des Stabilisierungs- und Restrukturierungsrahmens können nicht in Anspruch genommen werden von Unternehmen der Finanzbranche im Sinne des § 1 Abs. 19 KWG (§ 30 Abs. 2).

3. Anzeige des Restrukturierungsvorhabens, § 31

15 Vor oder mit dem Antrag auf gerichtliche Planabstimmung muss das Restrukturierungsvorhaben beim zuständigen Restrukturierungsgericht angezeigt werden (§ 31). Die Anzeige begründet die Rechtshängigkeit der Restrukturierungssache und lässt die Insolvenzantragspflicht nach § 15a InsO ruhen (§ 42 Abs. 1). Es bedarf keiner förmlichen Verfahrenseröffnung wie beim Insolvenzverfahren.

16 Das Restrukturierungsgericht prüft die Voraussetzung der drohenden Zahlungsunfähigkeit noch nicht bei Eingang der Anzeige. Bereits mit der Anzeige des Restrukturierungsvorhabens beim Restrukturierungsgericht hat der Schuldner den Sachverhalt und die wesentlichen Ziele der anvisierten Restrukturierung darzulegen. Der Anzeige des Restrukturierungsvorhabens sind gem. § 31 Abs. 2 der Entwurf oder das Konzept eines Restrukturierungsplans beizufügen, um Art, Ausmaß und Ursachen der Krise und das Ziel der Restrukturierung darzustellen, sowie eine Darstellung über den Verhandlungsstand mit Gläubigern und Gesellschaftern und eine Darstellung der Vorkehrungen, welche der Schuldner getroffen hat, um seine Fähigkeit sicherzustellen, seine Pflichten nach diesem Gesetz zu erfüllen. Das Gericht soll damit in die Lage versetzt werden, sich auf Anträge zur Inanspruchnahme der Verfahrenshilfen vorzubereiten und einen solchen Antrag einzuordnen, da diese ggf. – wie zum Beispiel ein Antrag auf Erlass einer Stabilisierungsanordnung – schnell zu bescheiden

7 AG Köln, Beschl. v. 03.03.2021, 83 RES 1/21, ZIP 2021, 806.
8 Uhlenbruck-*Mock*, § 18 Rn. 26.

sind.[9] Es soll dem Restrukturierungsgericht eine Einschätzung ermöglicht werden, ob und welchen Rückhalt das Restrukturierungsvorhaben hat und mit welchen Widerständen zu rechnen ist. Nach einer Ansicht[10] hat die Anzeige über den Informationscharakter hinaus den Zweck zu dokumentieren, dass tatsächlich schon ernsthafte Sanierungsverhandlungen mit den Gläubigern stattgefunden haben. Die planbetroffenen Gläubiger sollen nicht von einem (ggf. missbräuchlichen) Restrukturierungsvorhaben erst mit der gerichtlichen Ladung zu einem in vierzehntägiger Frist anberaumten Erörterungs- und Abstimmungstermin erfahren, was ihnen faktisch eine ausreichende Vorbereitungsmöglichkeit nehmen würde. Nach anderer Ansicht[11] ist es keine Bedingung für die Planbestätigung, dass das Restrukturierungsvorhaben den Planbetroffenen vor Anzeige beim Gericht angekündigt wird und/oder mit diesen zuvor (erfolglos) Alternativlösungen gesucht werden. Die Anzeige nach § 31 Abs. 2 Nr. 2 habe nur Informationscharakter, vorausgegangene Verhandlungen seien keine Zugangsvoraussetzung für die Verfahrenshilfen des § 29 Abs. 2. Gegen letztere Ansicht spricht der Grundgedanke des StaRUG, dass in einem privatautonomen Verfahren gerichtliche Instrumente nur der Durchsetzung helfend, quasi subsidiär in Anspruch genommen werden. Dieses spricht dafür, dass sich der Gesetzgeber ein bereits in Gang gesetztes Sanierungsverfahren vorgestellt hat, also Verhandlungen erfolgt sind, die einen Dissens haben sichtbar werden lassen, der gerichtliche Hilfsinstrumente erforderlich macht.

Der Antrag auf gerichtliche Vorprüfung (§ 47) des Plans kann zugleich mit der Anzeige des Vorhabens erfolgen. 17

II. Antrag auf gerichtliche Vorprüfung

Die gerichtliche Vorprüfung des Restrukturierungsplans im privatautonomen Abstimmungsverfahren kann vom Schuldner (§ 47 Abs. 1 Satz 1) oder von einem obligatorisch bestellten Restrukturierungsbeauftragten beantragt werden. Das Restrukturierungsgericht bestimmt nur dann einen Termin zur Anhörung der Planbetroffenen zum Restrukturierungsplan, wenn ein entsprechender Antrag vorliegt. 18

Der Antrag hat die Vorprüfungsfrage konkret zu benennen oder sich auf eine vollumfängliche Prüfung zu richten. Über den Prüfungsumfang des § 46 hinaus kann das Gericht auch die ordnungsgemäße Durchführung des außergerichtlichen Abstimmungsverfahrens gem. §§ 17 bis 22 prüfen. 19

Der Antrag selbst ist schriftlich einzureichen, darüber hinaus aber nicht an eine besondere Form gebunden. Dem Antrag ist der vollständige Restrukturierungsplan nebst sämtlichen Anlagen beizufügen. 20

Mit dem Eingang des Antrags wird der Zeitpunkt der Planvorlage fixiert (§ 2 Abs. 5, § 24 Abs. 2 Nr. 2). Von Bedeutung ist dieser Zeitpunkt u.a. für die gestaltbaren Rechtsverhältnisse gem. § 2 Abs. 1 bis 4. 21

Die im Rahmen der gerichtlichen Planabstimmung gem. § 46 Abs. 3 mögliche Vorprüfung von Amts wegen erfolgt nicht, solange die Planabstimmung privatautonom durchgeführt werden soll. 22

1. Antrag des Schuldners

Die gerichtliche Planabstimmung kann der Schuldner einzeln oder zusammen mit anderen Verfahrenshilfen des Stabilisierungs- und Restrukturierungsrahmens (§ 29) in Anspruch nehmen. Die gerichtliche Planabstimmung (§§ 45, 46) entfällt hier aber, da der Schuldner sich für eine privatautonome Abstimmung entschieden hat. Nachfolgend ist aber eine gerichtliche Planbestätigung (§§ 60 ff.) möglich. 23

9 *Gehrlein*, BB 2021, 66, 72.
10 *Frind*, ZInsO 2021, 1093, 1095.
11 AG Hamburg, Beschl. v. 12.04.2021, 61a RES 1/21, ZRI 2021, 473.

24 Weitere Prüfungen des Restrukturierungsgerichts können erforderlich werden, wenn der planvorlegende Schuldner keine natürliche Person ist und die Vertretungsregeln für die Kapital- oder Personengesellschaft eingehalten werden müssen. Hierbei kommt es – wie bei der Vorlage eines Insolvenzplans in analoger Anwendung des § 18 Abs. 3 InsO – auf die alleinige oder gemeinsame Vertretungsberechtigung der Planvorleger an, sofern nicht die Vorlage durch alle Mitglieder des Vertretungsorgans, allen persönlichen Gesellschaftern oder Abwicklern erfolgt.

25 Vor dem Antrag auf gerichtliche Vorprüfung sollte der Schuldner den Plan vollständig und detailliert ausgearbeitet haben. Die Abstimmungen mit den unterstützenden Planbetroffenen sollten abgeschlossen sein, sodass dem Gericht und den Planbetroffenen ein abschließend konzipierter Plan vorliegt. Es sollte die realistische Aussicht bestehen, dass das Plankonzept mehrheitsfähig ist. Entgegenstehende Auffassungen bzw. die ablehnende Haltung bestimmter Planbetroffener sollten dem Gericht unmittelbar mit dem Antrag angezeigt werden. Die Schwierigkeiten in den privatautonomen Verhandlungen zwischen den Beteiligten und die Mechanismen zur Bewältigung der Probleme sind mit dem Antrag offenzulegen. Ferner sollte der Antrag auf abweichende Entscheidungen anderer Restrukturierungsgerichte hinweisen, die möglicherweise für eine Planbestätigung problematisch sind.

2. Antrag des Restrukturierungsbeauftragten

26 Ist ein Restrukturierungsbeauftragter von Amts wegen eingesetzt, kann das Gericht diesem die Entscheidung darüber zuweisen, wie der Restrukturierungsplan zur Abstimmung gebracht wird. In diesem Fall kann der Restrukturierungsbeauftragte eine gerichtliche Vorprüfung beantragen (§ 76 Abs. 2 Nr. 1), auch wenn das Abstimmungsverfahren privatautonom durchgeführt werden soll. Ein Restrukturierungsbeauftragte ist von Amts wegen zu bestellen,

- wenn im Rahmen der Restrukturierung die Rechte von Verbrauchern oder mittleren, kleinen oder Kleinstunternehmen berührt werden sollen, weil deren Forderungen oder Absonderungsanwartschaften durch den Restrukturierungsplan gestaltet werden sollen oder
- wenn die Durchsetzung solcher Forderungen oder Absonderungsanwartschaften durch eine Stabilisierungsanordnung gesperrt werden soll (§ 73 Abs. 1 Nr. 1) oder
- wenn der Schuldner eine Stabilisierungsanordnung beantragt, welche sich mit Ausnahme der nach § 4 ausgenommenen Forderungen gegen alle oder im Wesentlichen alle Gläubiger richten soll (§ 73 Abs. 1 Nr. 2) oder
- wenn absehbar ist, dass das Restrukturierungsziel nur gegen den Willen von Inhabern von Restrukturierungsforderungen oder Absonderungsanwartschaften erreichbar ist, ohne deren Zustimmung zum Restrukturierungsplan eine Planbestätigung allein unter den Voraussetzungen des § 26 möglich ist (§ 73 Abs. 2).

C. Prüfungsumfang des Gerichts

27 Bei der gerichtlichen Vorprüfung im Rahmen einer privatautonomen Planabstimmung bestimmt zunächst der Antrag des Schuldners den Prüfungsumfang des Gerichts. Der Antrag kann auf die punktuelle Prüfung einzelner Planregelungen oder auf eine vollumfängliche Prüfung der Bestätigungsfähigkeit des Plans gerichtet sein. Neben Fragen zum Regelungsinhalt des Restrukturierungsplans können auch Fragen zum außergerichtlichen Abstimmungsverfahren (§§ 17 bis 22) Gegenstand des Schuldnerantrags sein. Dieses betrifft insbesondere Fragen zur Gruppenbildung und Stimmrechtsfestsetzung. Der Schuldnerantrag bestimmt den Umfang der gerichtlichen Prüfung. Eine Erweiterung der gerichtlichen Vorprüfung ist nur möglich, wenn der Schuldner seinen Antrag – ggf. nach einem vorausgegangenen gerichtlichen Hinweis (§ 38 i.V.m. § 139 ZPO) – selbst erweitert. Ein gerichtlicher Hinweis bietet sich insbesondere an, wenn das Gericht die spätere Planbestätigung hindernde Fehler bereits erkannt hat. Eine amtswegige Erweiterung der Vorprüfung ist allerdings im »isolierten Vorprüfungsverfahren« gem. §§ 47, 48 anders als bei der Vorprüfung im Rahmen des gerichtlichen Abstimmungsverfahrens (§§ 45, 46) nicht möglich (ein Verweis auf § 46 Abs. 3 fehlt).

I. Prüfungstiefe

In der Praxis werden vor allem die materiellen Prüfungen für den Richter Probleme aufwerfen, während eine etwaige Verletzung formeller Kriterien evident sein dürfte. Das Gericht hat hinsichtlich der wirtschaftlichen Planinhalte die Entscheidungskompetenz der Planbetroffenen zu wahren und die wirtschaftlichen Vorgaben des vorgelegten Restrukturierungsplans nicht zu bewerten oder gar zu optimieren, etwa um die Aussichten einer späteren Annahme zu steigern.[12] Zulässigerweise kann vom Antragsteller nur die Klärung der Rechtmäßigkeit einer Planbestimmung begehrt werden. Gegenstand der Vorprüfung sind daher das Identifizieren von Formmängeln und eine summarische Plausibilitätskontrolle[13] der wirtschaftlichen Rahmendaten des Plans und des anvisierten Abstimmungsverfahrens. Bei der Kontrolle der formellen Kriterien sind sämtliche rechtlichen Gesichtspunkte zu beachten.[14] 28

Nur summarisch zu prüfen sind die Aussichten der Annahme des Plans und der Erfüllbarkeit der aus dem gestaltenden Teil des Plans hervorgehenden Ansprüche. Die Bewertung von Vermögensgegenständen kann im Vorprüfungsverfahren regelmäßig nicht beanstandet werden.[15] Nicht zu prüfen ist vom Gericht, ob ein Punkt zweckmäßig geregelt ist, der Planbetroffene also wirtschaftlich bessersteht als ohne diese Bestimmung.[16] Es geht um eine Schlüssigkeitsprüfung des Plans, bevor er den Planbetroffenen zugestellt wird, ähnlich der richterlichen Prüfung im Zivilprozess zur Geeignetheit des klägerischen Parteivortrags vor Zustellung der Klageschrift an den Beklagten. Eine umfangreichere Prüfung ist im weiteren Verfahren bei der Planbestätigung möglich. Zudem können auch im Anhörungstermin noch Änderungen erfolgen. 29

Diese Prüfungsmaßstäbe werden sich insbesondere bei der Prüfung der Vergleichsrechnung nach § 6 Abs. 2, dem Herzstück des Restrukturierungsplans, bemerkbar machen. Mit der Vergleichsrechnung muss der Schuldner die Planbetroffenen zur Zustimmung überzeugen. Dem Gericht ist eine Erhebung der tatsächlich wirtschaftlich zu prognostizierenden Folgen regelmäßig nicht möglich. Nach der Begründung des Regierungsentwurfs beschränkt sich die Vorprüfung des Gerichts deshalb auf die nächstbeste Alternative zum Restrukturierungsplan, wobei der Prüfungsmaßstab reduziert ist und für die wirtschaftlichen Folgen des Plans und seiner Alternativen nur eine Schlüssigkeitsprüfung vorzunehmen ist.[17] 30

II. Amtsermittlungsgrundsatz

Gem. § 39 Satz 1 hat das Restrukturierungsgericht von Amts wegen alle Umstände zu ermitteln, die für das Verfahren in der Restrukturierungssache von Bedeutung sind, soweit in diesem Gesetz nichts Abweichendes bestimmt ist. Die Formulierung entspricht der Regelung des Amtsermittlungsgrundsatzes im Insolvenzverfahren (§ 5 Satz 1 InsO), welche allerdings die Einschränkung abweichender Gesetzesbestimmungen nicht enthält. Beschränkt werden soll der Amtsermittlungs- 31

12 So zur Vorprüfung des Insolvenzplans: BGH v. 07.05.2015 – IX ZB 75/14, ZIP 2015, 1346; BSGE 90, 157/160.

13 So zur Vorprüfung des Insolvenzplans: HambKomm-InsR/*Thies*, § 231 Rn. 12, 27; a.A. *Horstkotte*, ZInsO 2014, 1297/1300.

14 So zur Vorprüfung des Insolvenzplans: BGH v. 07.05.2015 – IX ZB 75/14, ZIP 2015, 1346 – insb. die Bestimmungen des gestaltenden Teils des Plans im Hinblick auf die unmittelbare Gestaltungswirkung und die Vollstreckbarkeit, und den Umfang der Informationen im darstellenden Teil für die Entscheidung der Beteiligten und des Gerichts sowie die Vollständigkeit der Plananlagen und die Vorschriften der Gruppenbildung.

15 So zur Vorprüfung des Insolvenzplans: BGH v. 07.05.2015 – IX ZB 75/14, ZIP 2015, 1346 – einzelne Vermögensgegenstände dürfen bei Bewertungsunsicherheiten mit einem Erinnerungswert von 1,00 € angesetzt werden.

16 *Thole*, ZIP 2020, 1985, 1994.

17 AG Köln, Beschl. v. 03.03.2021, 83 RES 1/21, ZIP 2021, 806.

grundsatz dort, wo es das Gesetz zur besonderen Beschleunigung des Verfahrens vorsieht.[18] Die Kompetenzen des Gerichts sind auch mit der Beteiligtenautonomie im StaRUG-Verfahren in Einklang zu bringen.

32 Der Amtsermittlungsgrundsatz gilt jedenfalls dann, wenn sich die Vorprüfung auf die Bestätigungsfähigkeit des Plans insgesamt bezieht und nicht nur auf einzelne Vorprüfungsfragen, da der Amtsermittlungsgrundsatz auch für die spätere Planbestätigung greift. Gilt im Vorprüfungsverfahren nicht der Beibringungsgrundsatz, sondern der Amtsermittlungsgrundsatz, muss das Gericht von sich aus Tatsachen erforschen und Beweise beschaffen und erheben. Das Gericht hat alle Umstände zu ermitteln, die für das Verfahren von Bedeutung sind, wenn der Verfahrensstand Anlass für Ermittlungen bietet, wofür dem Gericht ein Beurteilungsspielraum gegeben ist.[19] Zur Durchführung der Amtsermittlung im Rahmen der Vorprüfung kann das Restrukturierungsgericht neben der Anhörung des Schuldners und der Planbetroffenen nach pflichtgemäßem Ermessen auch Akten beiziehen, Zeugen vernehmen oder einen Sachverständigen einsetzen (§ 39 Abs. 1 Satz 2). Die Rechte eines Sachverständigen und die Kriterien seiner Auswahl bestimmen sich gem. § 38 Satz 1 nach den zivilprozessualen Grundsätzen der §§ 402 ff. ZPO.

33 Bei der Schlüssigkeitsprüfung der Vergleichsrechnung gem. § 6 Abs. 2 gilt im Vorprüfungsverfahren ausnahmsweise der Beibringungsgrundsatz, d.h. die Darstellung im Plan muss den formalen Anforderungen an eine Vergleichsrechnung genügen. Der Schuldner hat für die verglichenen Alternativszenarien alle prüfungs- und entscheidungsrelevanten Unterlagen und Informationen mit fundierten Begründungen zur Verfügung zu stellen. Das Gericht bestellt keinen Sachverständigen zur Überprüfung der Vergleichsrechnung.

34 Der Amtsermittlungsgrundsatz greift spätestens dann, wenn nach Anzeige des Restrukturierungsvorhabens (§ 31) ein Antrag auf gerichtliche Verfahrenshilfe gestellt wird. Nach anderer Auffassung setzt die Amtsermittlung bereits hinsichtlich der Zulässigkeit der Anzeige ein, da mit der Rechtshängigkeit der Restrukturierungssache bereits Rechtswirkungen entfaltet werden (z.B. Aussetzung der Insolvenzantragspflicht, § 42 Abs. 1 Satz 2).[20] Zutreffend ist, dass die Amtsermittlungspflicht auch ohne Antrag auf eine Verfahrenshilfe einsetzt, wenn dem Gericht Umstände bekannt werden, die wie die Insolvenzreife des Schuldners (§ 33 Abs. 2 Nr. 1), die mangelnde Erfolgsaussicht des Restrukturierungsvorhabens (§ 33 Abs. 2 Nr. 2), ein schwerwiegender Verstoß gegen die Schuldnerpflichten aus § 32 (§ 33 Abs. 2 Nr. 3) oder frühere Sicherungsmaßnahmen bzw. Aufhebungen (§ 33 Abs. 1 Nr. 4) zur Aufhebung der Restrukturierungssache von Amts wegen führen können.

35 Dem Gericht ist es möglich und für die Praxis zu empfehlen, einen Restrukturierungsbeauftragten zu bestellen und diesem als Sachverständigungen Prüfungsaufträge erteilen (§ 73 Abs. 3 Nr. 1).[21] Regelmäßig werden in der Vorprüfung komplexe Prüfungen vorzunehmen sein, die einen Sachverständigen erfordern, der die Qualifikation und die Arbeitsmittel eines Restrukturierungsbeauftragten mitbringt (§ 74 Abs. 1).[22] Das Gericht wird bei der Auswahl des Sachverständigen auf die beim zuständigen Richter als zur Amtsübernahme gelisteten, vom Schuldner unabhängigen Personen zurückgreifen, regelmäßig Rechtsanwälte, Steuerberater und Wirtschaftsprüfer, die in Insolvenz- und Restrukturierungssachen laufend beauftragt werden und entsprechend erfahren sind.[23] Es bietet sich deshalb bei Gericht das Führen einer Vorauswahlliste an.

18 Begründung RegE SanInsFoG, BT-Drucks. 19/24181, S. 143.
19 BGH, Beschl. v. 01.12.2011, IX ZB 232/10, ZIP 2012, 143 zu § 5 Abs. 1 InsO.
20 *Vallender*, ZRI 2021, 165, 166; a.A.: *Deppenkemper*, ZIP 2020, 2432, 2437 – noch kein Amtsermittlungsgrundsatz ab Anzeige.
21 Begründung RegE SanInsFoG, BT-Drucks. 19/24181, S. 143.
22 *Vallender*, ZInsO 2020, 2579, 2585.
23 Begründung RegE SanInsFoG, BT-Drucks. 19/24181, S. 171.

III. Auskunfts- und Mitwirkungspflicht des Schuldners

36 Der Schuldner ist verpflichtet, dem Restrukturierungsgericht und dem ggf. von diesem beauftragten Sachverständigen/Restrukturierungsbeauftragten alle für die Vorprüfung des Restrukturierungsplans erforderlichen Auskünfte zu erteilen und an der Aufklärung durch das Gericht mitzuwirken (§§ 39 Abs. 2, 76 Abs. 5). Insbesondere ist die Einsichtnahme in die prüfungsrelevanten Geschäftsunterlagen zu ermöglichen.[24] Zwangsmittel zur Durchsetzung der Auskunfts- und Unterstützungspflichten sind im Gegensatz zum Insolvenzrecht (§ 98 InsO) im StaRUG nicht vorgesehen. Es kann bei einem Pflichtenverstoß allenfalls der Antrag auf die Verfahrenshilfe zurückgewiesen und die Restrukturierungssache von Amts wegen aufgehoben werden (§ 33 Abs. 1 Nr. 3).

IV. Prüfungsgegenstände

37 Bei der privatautonom durchgeführten Planabstimmung, bestimmt der Antrag des Schuldners den Vorprüfungsumfang des Gerichts. Der Antrag kann auf die punktuelle Prüfung einzelner Planregelungen oder auf eine vollumfängliche Prüfung des Plans gerichtet sein. Der StaRUG-Gesetzgeber hat wie bei der Vorprüfung eines Insolvenzplans in § 231 InsO davon abgesehen, einen Prüfungskatalog abschließend zu definieren und dem Richter eine Prüfungstiefe vorgegeben. Gegenstand der Vorprüfung kann jede Frage sein, die für die Bestätigung des Restrukturierungsplans erheblich ist (§ 29 Abs. 2 Nr. 2). Das entspricht dem Wortlaut des den Vorprüfungstermin im gerichtlichen Abstimmungsverfahren regelnden § 46 Abs. 1 Satz 2, welcher einen Beispielkatalog *(»insbesondere«)* nennt, der auch auf § 47 übertragbar und nicht abschließend ist. Erheblich ist die Prüfungsfrage dann, wenn die rechtliche Zulässigkeit der Regelung zweifelhaft ist oder zwischen Planbetroffenen Streit über die Regelung herrscht, von dessen Klärung die mehrheitliche Zustimmung zum Plan abhängt. Insbesondere können auch Fragen, die das privatautonom organisierte Planabstimmungsverfahren betreffen, einer gerichtlichen Klärung zugeführt werden.

38 Das Restrukturierungsgericht prüft zunächst, ob der Bestätigung des Restrukturierungsplans Versagungstatbestände nach § 63 entgegenstehen. Dazu gehört eine etwaige Verletzung der Vorschriften über den Planinhalt und die verfahrensmäßige Behandlung des Restrukturierungsplans. Der vorprüfende Richter wird vor allem die Einhaltung der gesetzlichen, nicht dispositiven Mindestanforderungen an den Plan zu prüfen haben. Hierzu gehört die ausschließliche Vorlageberechtigung des Schuldners bzw. des eingesetzten Restrukturierungsbeauftragten, die Beachtung der gesetzlichen Vorschriften zum Planinhalt und zur formgerechten Planstruktur. Gegenstand der Prüfung sind das Identifizieren von Formmängeln und eine summarische Plausibilitätskontrolle[25] der wirtschaftlichen Rahmendaten. Bei der Kontrolle der formellen Kriterien sind sämtliche rechtlichen Gesichtspunkte zu beachten.[26]

39 Das Gericht hat die Entscheidungskompetenz der Planbetroffenen zu wahren. Die wirtschaftlichen Vorgaben des vorgelegten Restrukturierungsplans sind solange nicht zu beanstanden, soweit sie vor dem Hintergrund der wirtschaftlichen Verhältnisse des Unternehmens plausibel sind und bei Abweichungen von den bisherigen Kennzahlen begründet werden, indem zum Beispiel leistungswirtschaftliche Maßnahmen dargelegt werden, die sich auf die Umsatz- oder Ertragslage auswirken. Ob dieses die Planbetroffenen überzeugt, hat das Gericht nicht zu bewerten. Die Hin-

24 Begründung RegE SanInsFoG, BT-Drucks. 19/24181, S. 174.

25 So zur Vorprüfung des Insolvenzplans: HambKomm-InsR/*Thies*, 8. Aufl., § 231 InsO Rn. 12, 27; a.A. *Horstkotte*, ZInsO 2014, 1297/1300.

26 So zur Vorprüfung des Insolvenzplans: BGH v. 07.05.2015 – IX ZB 75/14, ZIP 2015, 1346 – insb. die Bestimmungen des gestaltenden Teils des Plans im Hinblick auf die unmittelbare Gestaltungswirkung und die Vollstreckbarkeit, und den Umfang der Informationen im darstellenden Teil für die Entscheidung der Beteiligten und des Gerichts sowie die Vollständigkeit der Plananlagen und die Vorschriften der Gruppenbildung.

weise des Gerichts müssen nicht darauf abzielen, die Aussichten einer späteren Planannahme zu steigern.[27]

40 Trotz der gesetzlich nicht vorgesehenen Beschränkung des Prüfungsumfangs wird eine Begrenzung der Prüfungskompetenz des Restrukturierungsgerichts in dieser Weise vorzunehmen sein, dass der Prüfungsgegenstand auch für eine etwaige gerichtliche Planbestätigung (§§ 60 ff.) von Relevanz sein muss.[28] Wegen der Bedeutung für die Stimmrechtszuweisung und die Angemessenheit der Beteiligung am Planwert, können auch das Bestehen und die Durchsetzbarkeit von streitigen Forderungen der Planbetroffenen Gegenstand der Vorprüfung sein. Ferner kann die Zulässigkeit bzw. Sachgerechtigkeit der Gruppenbildung überprüft werden. Strebt der Schuldner aufgrund nicht einheitlicher Zustimmung der Planbetroffenen zum Restrukturierungsplan zur Herstellung von Rechtssicherheit die gerichtliche Planbestätigung an, erscheint es jedoch allein sinnvoll, den Plan auf seine Bestätigungsfähigkeit insgesamt vorzuprüfen zu lassen. Zu den möglichen Prüfungsgegenständen ist im Einzelnen Folgendes anzumerken:

1. Formgerechte Planstruktur

41 Der Restrukturierungsplan ist vergleichbar einem Insolvenzplan zu gestalten (§§ 5 bis 16). Das Gericht prüft, ob der Plan den gesetzlichen Vorgaben zur inhaltlichen Struktur des § 5 genügt.

42 Dem Planvorleger wird zwar eine weite Gestaltungsmöglichkeit eingeräumt, um eine einzelfallgerechte und den wirtschaftlichen Interessen der Beteiligten nahekommende Ausarbeitung zu ermöglichen.[29] Dennoch verbleiben zwingende Vorschriften, von denen die Plangestaltung nicht abweichen kann. Hierbei geht es um die Regeln zum Planaufbau in einen darstellenden Teil (§ 6) und einen gestaltenden Teil (§ 7) sowie die nach der Anlage zu § 5 Satz 2 erforderlichen Angaben. Enthalten muss der Plan gem. § 14 die Erklärung zur Bestandsfähigkeit des Unternehmens, eine Vermögensübersicht, einen Ergebnis- und Finanzplan sowie die Darstellung der Auswirkungen der angestrebten Sanierung und eine Aufstellung der Forderungen nach Gruppen und die Planbetroffenen. Diese Plananlagen sind im darstellenden Teil zu erläutern. Weitere Erklärungen und Angaben können gem. § 15 erforderlich sein. Das Vorliegen einer entsprechenden Aufgliederung ist durch das Gericht festzustellen.

43 Der Eintritt von Planbedingungen (§ 62) ist erst im Rahmen der Planbestätigung zu prüfen, nicht bereits Gegenstand der Vorprüfung.

a) Darstellender Teil

44 Im darstellenden Teil (§ 6) sind alle Angaben zu den Grundlagen und den Auswirkungen des Restrukturierungsplans aufzuführen. Die Vorschrift entspricht weitgehend § 220 InsO zur Struktur eines Insolvenzplans. Es sind alle Angaben zu machen, die für die Entscheidung der von dem Plan Betroffenen über die Zustimmung zum Plan und für dessen gerichtliche Bestätigung erheblich sind, einschließlich der Krisenursachen und der zur Krisenbewältigung vorzunehmenden Maßnahmen. Soweit Restrukturierungsmaßnahmen vorgesehen sind (v.a. arbeitsrechtliche Gestaltungen), die nicht über den gestaltenden Teil des Plans umgesetzt werden können oder sollen, sind sie im darstellenden Teil gesondert hervorzuheben.

45 Gem. § 6 Abs. 2 enthält der darstellende Teil insbesondere eine Vergleichsrechnung, in der die Auswirkungen des Restrukturierungsplans auf die Befriedigungsaussichten der Planbetroffenen dargestellt werden. Sieht der Plan eine Fortführung des Unternehmens vor, ist für die Ermittlung der Befriedigungsaussichten ohne Plan zu unterstellen, dass das Unternehmen fortgeführt wird. Dies

---

27 So zur Vorprüfung des Insolvenzplans: BGH v. 07.05.2015 – IX ZB 75/14, ZIP 2015, 1346; BSGE 90, 157/160.

28 Braun-*Hirte*, StaRUG, § 46 Rn. 3.

29 Zum Insolvenzplan: BGH v. 05.02.2009, IX ZB 230/07, ZIP 2009, 480.

gilt nicht, wenn ein Verkauf des Unternehmens oder eine anderweitige Fortführung aussichtslos ist (vgl. Kommentierung zu § 45 Rdn. 65, 66).

Sieht der Restrukturierungsplan Eingriffe in die Rechte von Gläubigern aus gruppeninternen Drittsicherheiten (§ 2 Abs. 4) vor, sind in die Darstellung auch die Verhältnisse des die Sicherheit gewährenden verbundenen Unternehmens und die Auswirkungen des Plans auf dieses Unternehmen einzubeziehen. 46

Der darstellende Teil muss nach allem eine hinreichende Grundlage für die Entscheidung der Beteiligten über die Zustimmung zum Plan bzw. für dessen gerichtliche Bestätigung ermöglichen.[30] Der Umfang der Detaillierung richtet sich nach den individuellen Gegebenheiten. Jedenfalls ist eine dezidierte Umschreibung des Planziels erforderlich. Der Vergleichsrechnung wird dabei aus Richtersicht nicht schon an dieser Stelle (Prüfung der formellen Kriterien), sondern erst später bei der Schlüssigkeitsprüfung der dargestellten Vergleichsszenarien besondere Bedeutung zukommen. 47

b) Gestaltender Teil

Der gestaltende Teil des Restrukturierungsplans legt fest, wie die Rechtsstellung der Inhaber der Restrukturierungsforderungen, der Absonderungsanwartschaften, der Rechte aus gruppeninternen Drittsicherheiten und der Anteils- oder Mitgliedschaftsrechte (Planbetroffenen) durch den Plan geändert werden soll (§ 7 Abs. 1). 48

Besondere Bedeutung gewinnt die Prüfung des gestaltenden Teils des Restrukturierungsplans deshalb, da die inhaltlichen Erklärungen aufgrund der späteren Funktion als Vollstreckungstitel (§ 71 Abs. 1) hinreichend bestimmt sein müssen. Die Rechtsänderungen, betroffenen Personen und Forderungen müssen konkret und vollstreckungsfähig bezeichnet und beziffert werden. 49

Soweit Restrukturierungsforderungen oder Absonderungsanwartschaften gestaltet werden, ist zu bestimmen, um welchen Bruchteil diese gekürzt, für welchen Zeitraum sie gestundet, wie sie gesichert und welchen sonstigen Regelungen sie unterworfen werden sollen (§ 7 Abs. 2 Satz 1). Das gilt entsprechend für die Gestaltung der Rechte aus gruppeninternen Drittsicherheiten (§ 2 Abs. 4). 50

Gem. § 7 Abs. 4 können im gestaltenden Teil mit Zustimmung der betroffenen Gläubiger deren Restrukturierungsforderungen in Anteils- oder Mitgliedschaftsrechte an dem Schuldner umgewandelt werden (*debt-to-equity-swap*). Der Restrukturierungsplan kann eine Kapitalherabsetzung oder -erhöhung, die Leistung von Sacheinlagen, den Ausschluss von Bezugsrechten oder die Zahlung von Abfindungen an ausscheidende an dem Schuldner beteiligte Personen vorsehen. Der Plan kann vorsehen, dass Anteils- oder Mitgliedschaftsrechte übertragen werden. Im Übrigen kann jede Regelung getroffen werden, die gesellschaftsrechtlich zulässig ist. § 225a Abs. 4 und 5 InsO ist entsprechend anzuwenden. 51

2. Auswahl der Planbetroffenen

Das StaRUG beschränkt den Restrukturierungsrahmen nicht auf Finanzgläubiger. Vielmehr kann sich ein Restrukturierungsplan mit Ausnahme von Aussonderungsrechten, Arbeitnehmerforderungen, Forderungen aus betrieblicher Altersvorsorge, deliktischen Forderungen und staatliche Sanktionsforderungen auf alle Arten von Forderungen und Sicherungsrechten erstrecken. Der Restrukturierungsplan kann auch in Anteils- und Mitgliedschaftsrechte der Gesellschafter eingreifen. Unter der Voraussetzung einer angemessenen Entschädigung ist es zudem möglich, mit dem Plan in gruppeninterne Drittsicherheiten eingreifen, die dem Schuldner in der Unternehmensgruppe von einem verbundenen Unternehmen i.S.d. § 15 AktG, d.h. von Mutter-, Tochter- oder Schwesterunternehmen, gestellt werden. 52

30 Zum Insolvenzplan: BGH v. 13.10.2011, IX ZB 37/08, NZI 2012, 139.

53 Die Auswahl der Planbetroffenen durch den Schuldner hat nach sachgerechten Kriterien (§ 8) zu erfolgen. Der Schuldner muss seine Auswahlentscheidung im darstellenden Teil des Plans erläutern. Sachgerecht ist die Auswahl,
- wenn nicht in den Plan einbezogene Forderungen auch in einem Insolvenzverfahren voraussichtlich vollständig erfüllt würden;
- wenn ausschließlich Finanzverbindlichkeiten und die für diese bestellten Sicherheiten berührt werden;
- wenn keine Forderungen von Kleingläubigern (Verbraucher, KMU-Unternehmen) berührt werden;
- wenn sämtliche Forderungen mit Ausnahme der nicht gestaltbaren Rechtsverhältnisse einbezogen werden.

54 Die Auswahl der Planbetroffenen ist auch dann sachgerecht, wenn nur Fremdkreditgeber eines Konsortialkreditvertrags durch einen Eingriff in ihre Rechte betroffen sind, nicht jedoch auch Anteilseigner bzw. Anteilsrechte oder nachrangige Gesellschafterdarlehen. Weder § 2 Abs. 3 noch § 8 erfordern eine Planbetroffenheit von Anteilseignern bzw. Eingriffe in Anteilsrechte oder nachrangige Gesellschafterdarlehen.[31]

3. Einteilung der Planbetroffenen in Gruppen

55 In § 9 Abs. 1 ist bestimmt, dass bei der Festlegung der Rechte der Planbetroffenen im Restrukturierungsplan Gruppen zu bilden sind, soweit Planbetroffene mit unterschiedlicher Rechtsstellung betroffen sind. Der Restrukturierungsplan muss den Anforderungen des § 9 entsprechen und die nach dem StaRUG zwingend vorgesehenen Gruppen beachten. Das sind die
- Gruppe der Inhaber von Anwartschaftsrechten, § 9 Abs. 1 Satz 2 Nr. 1
- Gruppe nachrangiger Gläubiger, § 9 Abs. 1 Satz 2 Nr. 2
- Gruppe nicht nachrangiger Gläubiger, § 9 Abs. 1 Satz 2 Nr. 3
- Gruppe Inhaber von Anteils- oder Mitgliedschaftsrechten, § 9 Abs. 1 Satz 2 Nr. 4.

56 In die Pflichtgruppe nach § 9 Abs. 1 Satz 2 Nr. 4 sind die Gesellschafter im Zeitpunkt der Abstimmung über den Plan aufzunehmen. Nach Planvorlage erfolgte Anteilsverkäufe sind zu berücksichtigen. Das Stimmrecht der Anteilsinhaber des Schuldners bestimmt sich allein nach deren Beteiligung am gezeichneten Kapital oder Vermögen des Schuldners. Stimmrechtsbeschränkungen, Sonder- oder Mehrstimmrechte bleiben außer Betracht. Gesellschafter, deren Rechte durch den Plan nicht beeinträchtigt werden, haben kein Stimmrecht.

57 Die Vorprüfung des Gerichts umfasst die Sachgerechtigkeit der Abgrenzung bei der Gruppenbildung als Grundlage der Bildung von Mehrheiten im privatautonom gestalteten Abstimmungstermin. Weicht der Restrukturierungsplan von diesem Grundmodell ab oder sieht er ergänzend weitere Gruppen vor, muss die Gruppeneinteilung im Plan unter Berücksichtigung der wirtschaftlichen Interessen der Planbetroffenen sachgerecht sein. Bei der Gruppenbildung hat der Planersteller ein gegenüber § 222 InsO wesentlich weiteres Ermessen.[32] Die Gruppenbildung ist dabei grundsätzlich so lange nicht zu beanstanden, wie sie nicht ersichtlich unsachgerecht ist und die Mehrheiten im Abstimmungstermin manipulieren soll.[33] Schwierigkeiten kann die Abgrenzung von unzulässiger manipulativer Gruppenbildung zur erlaubten strategischen Gruppenbildung bilden. Sollte hingegen die Sachgerechtigkeit der Gruppenbildung festgestellt werden, kann eine Manipulation des Abstimmungsergebnisses nicht mehr unterstellt werden. Ein-Personen-Gruppen sind zulässig.

58 Es kommt darauf an, ob die obligatorischen Gruppen gem. § 9 Abs. 1 gebildet wurden, soweit der Plan in die dortigen Rechte eingreift. Die Gläubiger müssen namentlich genannt werden und den

31 AG Köln, Beschl. v. 03.03.2021, 83 RES 1/21, ZIP 2021, 806.

32 *Stahlschmidt*, ZInsO 2021, 207.

33 Zum Insolvenzplan fordert HK-*Flessner*, § 231 Rn. 4, einen strengeren Maßstab, da die Gruppenbildung bis zum Abstimmungstermin keiner gerichtlichen Kontrolle mehr unterliegt.

einzelnen Gruppen zuzuordnen sein. Die Zuordnung derselben Planbetroffenen auf mehrere verschiedene Gruppen widerspricht dem auch für einen Restrukturierungsplan anzunehmenden Differenzierungsverbot.[34] Ist eine Differenzierung der Gläubigerinteressen nicht möglich, ist auch ein Ein-Gruppen-Plan zulässig.

Zulässig ist eine nicht sachgerechte Gruppeneinteilung, wenn sie ausnahmsweise unschädlich ist.[35] 59
Dieses ist z.B. der Fall, wenn die Zusammensetzung aller Gruppen und die anteiligen Stimmrechte in jeder Gruppe identisch sind, sodass faktisch ein »Ein-Gruppen-Plan« vorliegt und damit keiner der Planbetroffenen einfacher oder schwieriger überstimmt werden kann, als dies bei einer sachgerechten Bildung nur einer Gruppe der Fall wäre.[36]

Das Gericht hat zu untersuchen, ob die Pflichtgruppen entsprechend der unterschiedlichen Rechts- 60
stellung der Gläubiger gebildet sind und ob bei der fakultativen Gruppenbildung (§ 9 Abs. 2) die gleiche Rechtsstellung und gleichartigen wirtschaftlichen Interessen berücksichtigt wurden. Für die Unterscheidung in zwei oder mehr gebildeten Gruppen muss es eine sachliche Rechtfertigung geben. Der Plan muss im darstellenden Teil begründen, nach welchen Vorschriften und Abgrenzungskriterien die Gruppenbildung erfolgte.[37]

Neben die obligatorische Gruppenbildung tritt die sog. fakultative Gruppenbildung gem. § 9 Abs. 2, 61
mit der ermöglicht wird, innerhalb einer beteiligten Gruppe gesonderte Gruppen mit Beteiligten gleichgerichteter wirtschaftlicher Interessen zu bilden. Damit ist nicht nur die gleiche Rechtsstellung, sondern auch das wirtschaftliche Interesse des Beteiligten von Bedeutung. Hier wird besonderes Gewicht der Vorprüfung auf die Sachgerechtigkeit des umschriebenen wirtschaftlichen Interesses liegen. Damit das Gericht eine entsprechende Vorprüfung vornehmen kann, sind vom Planvorleger die wirtschaftlichen Interessen der Beteiligten im Plan zu erläutern, § 9 Abs. 2 Satz 3. Die Aufnahme dieser Kriterien sowie eine entsprechend den Kriterien vorgenommene Aufteilung ist zu überprüfen.

Abgrenzungskriterium kann die Höhe der Forderung sein, sodass Kleingläubiger im Rahmen der 62
nach Abs. 1 zu bildenden Gruppen zu eigenständigen Gruppen zusammenzufassen sind, § 9 Abs. 2 Satz 4.

4. Grundsatz der Gleichbehandlung

Alle Planbetroffenen innerhalb einer Gruppe (§ 10) sind gleich zu behandeln bzw. bei einer 63
Abweichung die entsprechende Zustimmung der gruppenangehörigen Planbetroffenen zu dokumentieren. Es dürfen keine unzulässigen Sonderabkommen getroffen werden. Das Gleichbehandlungsgebot gilt nur innerhalb einer Plangruppe und schließt eine unterschiedliche Behandlung der Gruppen nicht aus. Beispielhaft ist es zulässig der Gruppe der Kleingläubiger eine höhere Quote zuzuteilen als der Gruppe der Großgläubiger.[38]

Zur Annahme des Restrukturierungsplans durch die Planbetroffenen müssen in jeder Gruppe auf 64
die dem Plan zustimmenden Gruppenmitglieder mindestens 75 % der Stimmrechte in dieser Gruppe entfallen (§ 25 Abs. 1), eine Kopfmehrheit ist nicht erforderlich.[39] Wird die 75 %-Mehrheit in einer Gruppe nicht erreicht, stimmen aber die anderen Gruppen zu, gilt die Zustimmung dieser Plangruppe dennoch als erteilt, wenn die Mitglieder dieser Gruppe durch den Restrukturierungsplan voraussichtlich nicht schlechter gestellt werden als sie ohne einen Plan stünden (§ 26 Nr. 1), die Mitglieder dieser Gruppe angemessen an dem wirtschaftlichen Wert beteiligt werden, der auf Grund-

34 AG Köln, Beschl. v. 03.03.2021, 83 RES 1/21, ZIP 2021, 806.
35 AG Köln, Beschl. v. 03.03.2021, 83 RES 1/21, ZIP 2021, 806.
36 AG Köln, Beschl. v. 03.03.2021, 83 RES 1/21, ZIP 2021, 806.
37 Zum Insolvenzplan: BGH v. 07.05.2015, IX ZB 75/14, ZIP 2015, 1346 – vorausgegangen AG Hamburg v. 20.05.2014 – 67c IN 232/13, ZInsO 2014, 2530 ff.; LG Neuruppin v. 19.04.2013 – 2 T 33/13 – sachgerechte Abgrenzung bei Bildung mehrerer Kleingläubigergruppen erforderlich.
38 *Gehrlein*, BB 2021, 66, 69.
39 AG Hamburg, Beschl. v. 12.04.2021, 61a RES 1/21, ZRI 2021, 473.

lage des Plans den Planbetroffenen zufließen soll (§ 26 Nr. 2) und die Mehrheit der abstimmenden Gruppen dem Plan mit den erforderlichen Mehrheiten zugestimmt hat (§ 26 Nr. 3). Das Gleichbehandlungsgebot schließt hinsichtlich einer möglichen Zustimmungsfiktion ablehnender Planbetroffener das Verbot der Schlechterstellung und das Gebot der angemessenen Beteiligung am Planwert ein (s. dazu Kommentierung § 45 Rdn. 63 bis 71).

65 Eine Ungleichbehandlung eines Planbetroffenen liegt nicht vor, wenn eine Beteiligungsoption allen Kreditgebern gleichermaßen eingeräumt wird, der Planbetroffene selbst diese Option aber nicht wahrnehmen möchte. Unerheblich ist es, wenn die Beteiligungsoption den hierfür optierenden Kreditgebern zugleich eine nachrangige Absicherung der Verbindlichkeiten aus einem bestehenden Konsortialkreditvertrag verschafft, den nicht hierfür optierenden Kreditgebern hingegen nicht.[40]

5. Vergleichsrechnung

66 Im Rahmen der Bestätigungsprüfung sind auch die wirtschaftlichen Annahmen des Plans zu prüfen, da § 63 Abs. 1 Nr. 2 insoweit auf die Vorschriften zum Planinhalt verweist und sich dieser Verweis auch auf die Plananlagen und damit auf § 14 und die dort als Plananlage geforderte begründete Erklärung bezieht.[41] Allerdings ist der gerichtliche Prüfungsmaßstab hinsichtlich der wirtschaftlichen Annahmen des Plans auf eine Schlüssigkeitsprüfung reduziert.[42] Der Prüfungsmaßstab entspricht dem der Bestätigungsprüfung im Insolvenzplanverfahren.

67 Für den Restrukturierungsplan darf die Annahme durch die Planbetroffenen oder die Bestätigung durch das Gericht nicht evident aussichtslos sein. Das Gericht prüft hinsichtlich der Annahmefähigkeit des Plans antizipiert die Möglichkeit des Erreichens der erforderlichen Mehrheiten bei der vorgesehenen Gruppenbildung (Gruppenmehrheit, § 25) und gruppenübergreifenden Mehrheitsentscheidung bzw. einer Zustimmungsfiktion bei beachtetem Schlechterstellungsverbot (§ 26).

68 Die vom Restrukturierungsgericht zu berücksichtigenden Alternativszenarien hat der Planverfasser in der Vergleichsrechnung gem. § 6 Abs. 2 als zwingenden Bestandteil des darstellenden Teils des Plans darzustellen. Anders als in einem Insolvenzplanverfahren fehlt im StaRUG-Verfahren der Vergleichsmaßstab eines »übergeordneten« Insolvenzregelverfahrens.[43] Vergleichsgrundlage im StaRUG-Verfahren muss, wenn der Plan eine Fortführung vorsieht, gem. § 6 Abs. 2 Satz 3 regelmäßig eine Fortführungslösung ohne den Restrukturierungsplan sein, es sei denn, eine Fortführung ohne den Plan ist aussichtslos.[44] Das konkrete Fortführungsszenario wurde vom StaRUG-Gesetzgeber offengelassen. Da ein »Dual-Track«-Verfahren bei einer geräuschlosen Eigensanierung regelmäßig nicht in Betracht kommt, Erlöse aus einem potenziellen Unternehmensverkauf daher nur zu schätzen sind, und auch eine Fortführung und Sanierung in einem Insolvenz(plan)verfahren nicht zwingend ist, wird die Darstellung immer einzelfallbezogen das wahrscheinlichste, nächstbeste Alternativszenario[45] ohne Restrukturierungsplan (z.B. zusätzliche Fremdmittel von Bank- oder Investorenseite) beschreiben müssen. Im Zweifel ist vom Schuldner eine Unternehmensbewertung nach dem Maßstab IdW S8 (fairness opinion) einzuholen.[46] Ist die im Plan dargestellte Vergleichsrechnung für das Gericht nicht nachvollziehbar, hat das Gericht den Schuldner auf die fehlende Bestätigungsaussicht hinzuweisen.

69 Trägt der Schuldner vor, dass eine Fortführung ohne den Restrukturierungsplan aussichtslos ist, um den Vergleich mit einem Liquidationsszenario zu eröffnen, ist Folgendes zu beachten: Das Unterstellen einer (allein vorhandenen) Liquidationsalternative würde es dem Schuldner eröffnen, die

40 AG Köln, Beschl. v. 03.03.2021, 83 RES 1/21, ZIP 2021, 806.
41 Begründung RegE SanInsFoG, BT-Drucks. 19/24181, 162.
42 Begründung RegE SanInsFoG, BT-Drucks. 19/24181, 162 zu Abs. 2.
43 *Frind*, ZInsO 2021, 1093, 1097.
44 *Thole*, ZIP 2020, 1985, 1989.
45 EU-Richtlinie, Art. 2 Abs. 1 Nr. 6.
46 *Frind*, ZInsO 2021, 1093, 1098.

Planbetroffenen zu größtmöglichen, möglicherweise völlig überzogenen Zugeständnissen zu bewegen. Es ist auch mit Blick auf den weit gefassten Prognosehorizont von 24 Monaten für die (nur) drohende Zahlungsunfähigkeit allenfalls als Ausnahmefall denkbar und vom Gesetzgeber als Ausnahmevorschrift gestaltet (*»es sei denn«)*. Es muss dezidiert begründet werden, dass sich kein konkretes und verlässliches Alternativszenario unter Ansatz von Fortführungswerten darstellen lässt. Nur in diesem Fall ist die Insolvenz des Schuldners Vergleichsmaßstab.[47] Die »absolute« Untergrenze – ein Vergleich mit den Werten, die sich bei der Liquidation im Insolvenzverfahren ergeben[48] ist einzuhalten. Ablehnende Planbetroffene müssen vortragen und belegen, dass ein alternatives Fortführungsszenario oder die Möglichkeit einer Veräußerbarkeit ohne Planeingriffe besteht, sofern dieses vom Schuldner verneint wird.[49] Unzureichend wäre auch der bloße Vergleich mit einem fiktiv alternativen Restrukturierungsplan, der für die identischen Planbetroffenen schlicht ungünstigere Konditionen begründen würde, da diese Option die willkürliche Gestaltung von Alternativen eröffnen und den Zweck der Vergleichsrechnung leerlaufen lassen würde.

Allein die mehrheitliche Annahme eines Restrukturierungsplans im privatautonomen Verfahren gewährleistet nicht, dass die Planbetroffenen tatsächlich die Planleistungen erhalten. Eine Insolvenz des Schuldners, auch wenn diese durch den Plan gerade vermieden werden soll, kann nie vollständig ausgeschlossen werden. Dennoch ist bei der Vergleichsrechnung zusätzlich zur Verzinsung für die zeitliche Verzögerung bei Planzahlungen ein Risikoaufschlag zur Berücksichtigung des Ausfallrisikos nicht geboten.[50] 70

Auch wenn nach dem Zahlenwerk der Vergleichsrechnung eine Schlechterstellung der Planbetroffenen nicht gegeben ist, kann eine Planbestätigung versagt werden bzw. scheidet bereits eine Zustimmungsfiktion aus, wenn die Erfüllbarkeit der Ansprüche der Planbetroffenen offenkundigen Zweifeln unterliegt, die der Schuldner nicht ausräumen konnte. Dabei muss die Evidenz der Nichterfüllbarkeit so deutlich zu Tage treten, dass es keiner Überprüfung durch einen Sachverständigen bedarf. Dem Gericht obliegt es nur die Rechtmäßigkeit des Plans, nicht aber seine wirtschaftliche Zweckmäßigkeit zu prüfen.[51] 71

6. Erfüllbarkeit des Plans

Die im gestaltenden Teil des Plans aufgeführten Ansprüche der Beteiligten sind vom Gericht dahin gehend zu prüfen, ob eine offensichtliche Unerfüllbarkeit vorliegt. Der Schuldner hat die Erfüllbarkeit glaubhaft zu machen (§ 294 ZPO), d.h. zur Überzeugung des Richters muss eine überwiegende Wahrscheinlichkeit für die Erfüllbarkeit des Plans sprechen. Es handelt sich um eine Prognoseentscheidung. Auch bei verbleibenden Zweifeln ist grundsätzlich von der Erfüllbarkeit des Plans auszugehen. Eine positive Feststellung der späteren Erfüllbarkeit ist aufgrund der Unsicherheiten zur künftigen wirtschaftlichen Entwicklung des Schuldnerunternehmens ohnehin nicht möglich. 72

Die evidenten Zweifel an der Erfüllbarkeit/Vollstreckbarkeit müssen aus dem vorgelegten Plan selbst hervorgehen (Widersprüchlichkeit im Zahlenwerk). Es handelt sich um eine Evidenz-Prüfung.[52] Dabei genügt es, wenn sich der Planvorleger hinsichtlich der wirtschaftlichen Entwicklung auf das Zahlenwerk der (jüngeren) Vergangenheit bezieht, sofern keine konkreten Umstände bekannt sind, die vermuten lassen, dass die Vergangenheitswerte für die wirtschaftliche Entwicklung im planrelevanten Zeitraum nicht mehr repräsentativ sind. 73

47 AG Hamburg, Beschl. v. 12.04.2021, 61a RES 1/21, ZRI 2021, 473.
48 Braun-*Böhm*, StaRUG, § 6 Rn. 27.
49 AG Hamburg, Beschl. v. 12.04.2021, 61a RES 1/21, ZRI 2021, 473.
50 Zum Insolvenzplan: SanR-*Kaldenbach*, Teil 3, § 245 InsO Rn. 24.
51 *Vallender*, ZInsO 2020, 2677, 2679.
52 Zum Insolvenzplan: BSG v. 21.11.2002 – B 11 AL 35/02 R, ZIP 2003, 445, 447.

7. Wiederholte Planvorlage

74 Es kann nur ein Restrukturierungsplan zurzeit eingereicht werden. Alternative Restrukturierungspläne scheiden damit aus. Im Unterschied zum Insolvenzplanverfahren können dem Gericht nicht mehrere Pläne zur Abstimmung vorgelegt werden.[53] Nach den Erkenntnissen der Anhörung im Vorprüfungsverfahren können noch vor der Abstimmung Planänderungen vorgenommen werden. Offensichtliche Planfehler können berichtigt werden.

8. Anforderungen an die außergerichtliche Planabstimmung

a) Formgerechtes Planangebot

75 Gegenstand einer Vorprüfung außerhalb des gerichtlichen Planabstimmungsverfahrens kann jede Frage sein, die für die Bestätigung des Restrukturierungsplans erheblich ist. Dieses können auch die Anforderungen sein, die an das privatautonome Planabstimmungsverfahren nach den §§ 17 bis 22 zu stellen sind (§ 47 Satz 3).

76 Herzstück des außergerichtlichen Verfahrens ist das an die Planbetroffenen gerichtete Angebot des Schuldners, den Restrukturierungsplan anzunehmen (§ 17). Die formgerechte Ausgestaltung dieses sog. Planangebots kann Gegenstand der Vorprüfung sein. Planangebot und die Plananahme unterliegen grundsätzlich der Schriftform (§ 17 Abs. 4).

77 Das Planangebot hat den deutlichen Hinweis darauf zu enthalten, dass der Plan im Fall seiner mehrheitlichen Annahme und gerichtlichen Bestätigung auch gegenüber Planbetroffenen wirksam wird, die das Angebot nicht annehmen (§ 17 Abs. 1 Satz 1).

78 Ein weiteres Formerfordernis besteht darin, dass dem Planangebot der vollständige Restrukturierungsplan nebst Anlagen sowie eine Darstellung der bereits angefallenen und der noch zu erwartenden Kosten des Restrukturierungsverfahrens einschließlich der Vergütung des Restrukturierungsbeauftragten beizufügen ist (§ 17 Abs. 1 Satz 2).

79 Aus dem Planangebot muss hervorgehen, mit welchen Forderungen oder Rechten der jeweilige Planbetroffene in den Restrukturierungsplan einbezogen ist, welchen Gruppen der Planbetroffene zugeordnet ist und welche Stimmrechte die ihm zustehenden Forderungen und Rechte gewähren (§ 17 Abs. 2).

80 Der Schuldner hat vor Abgabe des Planangebots allen Planbetroffenen Gelegenheit zur gemeinschaftlichen Erörterung des Plans oder des Restrukturierungskonzepts zu geben, das durch den Plan umgesetzt werden soll. Erfolgt diese Erörterung nicht, hat das Planangebot den Hinweis darauf zu enthalten, dass auf Verlangen zumindest eines Planbetroffenen eine Versammlung der Planbetroffenen zwecks Erörterung des Plans abgehalten wird (§ 17 Abs. 3).

b) Annahmefrist

81 Ferner hat das Restrukturierungsgericht zu prüfen, ob die vom Schuldner den Planbetroffenen für die Annahme des Restrukturierungsplans gesetzte Frist der vierzehntätigen Mindestfrist des § 19 entspricht. Die Annahmefrist kann nur dann ausnahmsweise kürzer sein, wenn dem Plan ein Restrukturierungskonzept zugrunde liegt, das allen Planbetroffenen seit mindestens 14 Tagen in Textform zugänglich gemacht worden ist (§ 19 Satz 3).

c) Abstimmungsverfahren und Erörterung des Plans

82 Gegenstand der Vorprüfung kann auch die ordnungsgemäße Planung des privatautonom gestalteten Abstimmungsverfahrens sein. Die gerichtliche Vorprüfung eines streitigen Stimmrechts ist möglich,

53 SanR-*Kaldenbach*, §§ 235 ff. InsO Rn. 12.

ohne dass in ein gerichtliches Abstimmungsverfahren übergegangen werden muss.[54] Da die Abstimmung im Zeitpunkt der Vorprüfung noch nicht erfolgt ist, kann die tatsächlich ordnungsgemäße Durchführung nicht beurteilt werden.

Gem. § 20 Abs. 1 kann der Schuldner den Restrukturierungsplan im Rahmen einer schriftlich mit einer Frist von 14 Tagen einberufenen Versammlung der Planbetroffenen zur Abstimmung stellen. Der Einberufung ist der vollständige Restrukturierungsplan nebst Anlagen beizufügen. 83

Es ist gem. § 20 Abs. 2 zulässig, wenn das Planangebot vorsieht, dass Planbetroffene auch ohne Anwesenheit an dem Versammlungsort teilnehmen und sämtliche oder einzelne ihrer Rechte ganz oder teilweise im Wege elektronischer Kommunikation ausüben können (elektronische Teilnahme). Räumt der Schuldner die Möglichkeit einer elektronischen Teilnahme ein, beträgt die Einberufungsfrist sieben Tage. 84

Findet kein Präsenztermin zu Abstimmung über den Plan statt, ist unter den Voraussetzungen des § 17 Abs. 3 auf Verlangen eines Planbetroffenen eine Versammlung der Planbetroffenen zur Erörterung des Plans abzuhalten, § 21 Abs. 1. Für die Einberufung der Erörterungsversammlung gelten die gleichen Form- und Fristregeln wie für eine Abstimmungsversammlung. 85

Planbetroffenen muss gem. § 20 Abs. 3 das Recht eingeräumt werden, Vorschläge zur Abänderung des Plans zu unterbreiten. Die Vorschläge sind dem Schuldner mindestens einen Tag vor dem Beginn der Abstimmungs- oder Erörterungsversammlung in Textform zugänglich zu machen. Inhaltliche Planänderungen aufgrund der Erörterungen in der Versammlung hindern die Abstimmung nicht. 86

Der Plan muss gem. § 20 Abs. 5 ein Verfahren vorsehen, in dem jede Gruppe der Planbetroffenen gesondert abstimmt. Die Stimmabgabe ist auch ohne Teilnahme an der Versammlung bis zum Ende der Abstimmung möglich. 87

D. Anhörungsverfahren und Hinweisbeschluss des Gerichts, § 48

Die Anhörung der von den Vorprüfungsfragen berührten Planbetroffenen dient zum einen dazu, rechtliches Gehör zu gewähren. Zum anderen werden dem Restrukturierungsgericht etwaige Einwände der Planbetroffenen bekannt und vermieden wird, dass der gerichtliche Hinweisbeschluss aufgrund erst später bekannt gewordener Einwände geändert werden muss.[55] 88

I. Zuständigkeit

Wie der Insolvenzrichter nach § 18 Abs. 1 Nr. 2 RPflG für die Vorprüfung eines Insolvenzplans gem. §§ 231 ff. InsO, ist der Restrukturierungsrichter für die gerichtliche Vorprüfung eines Restrukturierungsplans funktionell zuständig. Dieses ist § 21 Abs. 6 GVG zu entnehmen, im StaRUG selbst wurde eine ausdrückliche Zuweisung nicht aufgenommen. Die Zuständigkeit des Richters lässt sich auch der Begründung des Gesetzesentwurfs entnehmen.[56] Von einer Erweiterung der funktionellen Zuständigkeit des Rechtspflegers im RPflG wurde abgesehen, sodass es bei der richterlichen Zuständigkeit verbleibt (Art. 92 GG, § 1 DRiG).[57] 89

II. Ladung durch das Gericht

Das Anhörungsverfahren kann nach Ermessen des Gerichts entweder schriftlich oder nach Anberaumung eines Anhörungstermins mündlich durchgeführt werden.[58] Bei Durchführung eines Anhörungstermins sind die die stimmberechtigten Planbetroffenen (§ 9 Abs. 1) und der Schuldner 90

54 *Thole*, ZIP 2020, 1985, 1990.
55 Begründung RegE SanInsFoG, BT-Drucks. 19/24181, S. 149.
56 Begr. RegE SanInsFoG, BT-Drucks. 19/24181, S. 142; *Vallender*, NZI-Beilage 2021, 30.
57 *Vallender*, ZInsO 2020, 2579, 2581.
58 *Gehrlein*, BB 2021, 66, 73; *Vallender*, ZInsO 2020, 2677, 2680.

entsprechend §§ 45 Abs. 3, 46 Abs. 1 Satz 3 zu laden. Hat das Gericht nur eine punktuelle Frage zu klären, hört es nur die von der im Schuldnerantrag beschriebenen Vorprüfungsfrage Betroffenen an. Der Schuldnerantrag sollte in diesem Fall die insoweit Betroffenen bereits nennen. Die Ladung hat den Hinweis zu enthalten, dass der Termin auch dann durchgeführt werden kann, wenn nicht alle geladenen Planbetroffenen teilnehmen (§ 45 Abs. 3 Satz 2).

91 Das Gericht kann den Schuldner (oder den antragstellenden Restrukturierungsbeauftragten) mit der Zustellung der Ladung beauftragen. Über die Durchführung der Zustellung sind Nachweise zu fertigen und dem Gericht für die Akte zu überlassen.

92 Die Ladungsfrist beträgt mindestens sieben Tage. Über § 38 ist § 128a ZPO anwendbar, der dem Gericht für die Durchführung des Vorprüfungstermins die Möglichkeit eröffnet, einzelne oder alle Planbetroffenen entweder physisch am Versammlungsort oder virtuell mittels Bild- und Tonübertragung am Termin teilzunehmen.

III. Anhörungsfrist

93 Eine gesetzliche Frist besteht für die Durchführung des Anhörungsverfahrens durch das Restrukturierungsgericht nicht. Da es sich um ein Eilverfahren handelt, ist allerdings in § 48 Abs. 2 Satz 2 eine Sollbestimmung vorgesehen, nach der das Gericht innerhalb von zwei Wochen nach Antragstellung bzw. nach einem ggf. anberaumten Anhörungstermin den Hinweisbeschluss erlassen soll. Der StaRUG-Gesetzgeber unterstrich mit dieser Sollvorschrift den Beschleunigungszweck des Vorprüfungsverfahrens. Danach sollen die Planbetroffenen, um einen zügigen Hinweisbeschluss zu ermöglichen, kurzfristig nach Vorlage des Plans angehört werden und das Gericht sodann innerhalb von zwei Wochen den Hinweisbeschluss fassen, sofern nicht im Einzelfall längere Prüfungen erforderlich sind.

94 Dabei ist das Gericht darauf angewiesen, dass ihm die für die Entscheidung erforderlichen Unterlagen und Informationen vorliegen. Zu Verzögerungen kann es kommen, wenn das Gericht ergänzend zu den Antragsunterlagen weitere Dokumente anfordern muss. Die Frist beginnt mit dem Vorliegen aller erforderlichen Unterlagen zu laufen.

95 Da es sich nur um eine Sollvorschrift handelt, ist dem Gericht bei umfangreichen und/oder komplexen Vorprüfungsfragen ein längerer Prüfungszeitraum einzuräumen. Sollte eine längere, die Zweiwochenfrist jedenfalls überschreitende Prüfungsdauer bereits bei Eingang des Vorprüfungsantrags absehbar sein, sollte das Gericht dem Antragsteller mitteilen, bis wann ein Hinweisbeschluss zu erwarten ist, damit das Verfahren für die Beteiligten weiter zeitlich planbar bleibt.

IV. Gerichtlicher Hinweisbeschluss, § 48 Abs. 2

96 Der Hinweisbeschluss, mit dem das Gericht nach Abschluss der Vorprüfung seine Prüfungsergebnisse zusammenfasst, zeigt etwaige Mängel auf, die einer Planbestätigung entgegenstehen würden.

97 Der Hinweisbeschluss hat keine Bindungswirkung für das weitere Verfahren, insbesondere nicht für eine spätere gerichtliche Planbestätigung, unabhängig davon, ob die Vorprüfung als Hilfsinstrument im privatautonomen Abstimmungsverfahren oder im gerichtlichen Planabstimmungsverfahren (§ 46 Abs. 2) erfolgte. Ändert das Gericht im weiteren Verfahren jedoch seine Auffassung und schätzt die Rechtmäßigkeit der vorgeprüften Planbestimmung abweichend vom Hinweisbeschluss ein, sind der Schuldner und die Planbetroffenen zu unterrichten und ihnen Gelegenheit zur Stellungnahme zu geben.[59] Dieses folgt aus dem Grundsatz der Wahrung rechtlichen Gehörs (Art. 103 GG). Auch hier kann eine Parallele zum Vorprüfungsverfahren eines Insolvenzplans (§§ 231 f. InsO) gezogen werden, im Rahmen dessen die gerichtliche Entscheidung, einen Insolvenzplan nicht zurückzu-

59 Begr. RegE SanInsFoG, BT-Drucks. 19/24181, S. 148, Anhang C, Rn. 254; *Nawroth*, NWB Sanieren 3/2021, 72/77.

weisen, das Gericht für die im weiteren Planverfahren zu treffende Bestätigungsentscheidung (§ 250) nicht bindet.[60]

Soweit ein Haftungsrisiko darin zu erblicken ist, dass für den Hinweisbeschluss nicht das Spruchrichterprivileg anzuwenden ist und deshalb nicht der Haftungsmaßstab des Art. 34 GG i.V.m. § 839 BGB gilt, kann sich der Restrukturierungsrichter durch ein Sachverständigengutachten absichern.[61] 98

Ein Rechtsmittel gegen den Hinweisbeschluss steht weder dem Schuldner noch den Planbetroffenen zu. 99

Der Hinweisbeschluss wird nur den Planbetroffenen bekannt gemacht, es sei denn, der Antragsteller entscheidet sich für das öffentliche Planverfahren, mit dem allein eine erleichterte Anerkennung der Wirkungen des Restrukturierungsplan in anderen EU-Mitgliedsstaaten auf Basis der EuInsVO zu erreichen sein wird. 100

Abschnitt 4 Stabilisierung

§ 49 Stabilisierungsanordnung

(1) Soweit dies zur Wahrung der Aussichten auf die Verwirklichung des Restrukturierungsziels erforderlich ist, ordnet das Restrukturierungsgericht auf Antrag des Schuldners an, dass
1. Maßnahmen der Zwangsvollstreckung gegen den Schuldner untersagt oder einstweilen eingestellt werden (Vollstreckungssperre) und
2. Rechte an Gegenständen des beweglichen Vermögens, die im Fall der Eröffnung eines Insolvenzverfahrens als Ab- oder Aussonderungsrecht geltend gemacht werden könnten, von dem Gläubiger nicht durchgesetzt werden dürfen und dass solche Gegenstände zur Fortführung des Unternehmens des Schuldners eingesetzt werden können, soweit sie hierfür von erheblicher Bedeutung sind (Verwertungssperre).

(2) [1]Forderungen, die nach § 4 einer Gestaltung durch einen Restrukturierungsplan unzugänglich sind, bleiben von einer Anordnung nach Absatz 1 und deren vertragsrechtlichen Wirkungen unberührt. [2]Die Anordnung kann sich im Übrigen gegen einzelne, mehrere oder alle Gläubiger richten.

(3) Die Anordnung nach Absatz 1 kann auch das Recht von Gläubigern zur Durchsetzung von Rechten aus gruppeninternen Drittsicherheiten (§ 2 Absatz 4) sperren.

Übersicht

60 Zum Insolvenzplan: BGH v. 16.02.2017, IX ZB 103/15.
61 *Vallender*, ZInsO 2020, 2677, 2681.

A. Einleitung

I. Überblick

1 Nach Abs. 1 ordnet das Restrukturierungsgericht auf Antrag des Schuldners Stabilisierungsmaßnahmen in Form einer Vollstreckungs- und Verwertungssperre an, soweit dies zur Wahrung der Aussichten auf die Verwirklichung des Restrukturierungsziels erforderlich ist. Der Abs. 1 enthält mithin den materiellen Kern der Stabilisierungsanordnung, wobei sich in § 54 ergänzend noch Maßgaben für die Folgen speziell der Verwertungssperre und in § 55 ergänzend noch Maßgaben für die vertragsrechtlichen Wirkungen einer Stabilisierungsanordnung finden.

2 In Abs. 2 ist die Reichweite der Anordnung hinsichtlich der Art der Forderung sowie der Gruppe erfassbarer Gläubiger geregelt. Auch mit Blick auf den Umfang der Stabilisierungsanordnung wird der Charakter des Restrukturierungsrahmens als Rahmen mit teil-kollektiver Wirkungen deutlich.

3 Nach Abs. 3 kann eine Stabilisierungsanordnung nach Abs. 1 auch eine Sperrung des Rechts von Gläubigern zur Durchsetzung von Rechten aus gruppeninternen Drittsicherheiten anordnen. Insoweit wird die grundsätzliche Entscheidung des StaRUG für die Möglichkeit der Einbeziehung von gruppeninternen Drittsicherheiten i.S.v. § 2 Abs. 4 in das Restrukturierungsvorhaben im Kontext der Stabilisierungsanordnung konsequent umgesetzt.

4 Neben den in Abs. 1 Nr. 2 genannten Wirkungen einer Verwertungssperre ergeben sich weitere Rechtsfolgen aus § 54.

5 Zu den vertragsrechtlichen Wirkungen der Stabilisierungsanordnung finden sich in § 55 explizite Regelungen.

6 Die Stabilisierungsanordnung berührt nach § 56 nicht Verfügungen über Finanzsicherheiten nach § 1 Abs. 17 KWG, Verrechnungen, die in Zahlungs- und Abwicklungssysteme nach § 1 Abs. 16 KWG eingebracht wurden, sowie das Liquidationsnetting.

II. Restrukturierungsrichtlinie und Normzweck

7 Die Vorschrift dient der Umsetzung von Art. 6 (Aussetzung von Einzelzwangsvollstreckungsmaßnahmen) und Art. 7 (Folgen der Aussetzung von Einzelzwangsvollstreckungsmaßnahmen) der Richtlinie über Restrukturierung und Insolvenz[1] in deutsches Recht, nach denen die Mitgliedstaaten die Möglichkeit der Aussetzung von Einzelvollstreckungsmaßnahmen sicherzustellen haben. Die Aussetzung von Einzelvollstreckungsmaßnahmen meint nach der Begriffsbestimmung in Art. 2 Abs. 1 Nr. 4 der Richtlinie über Restrukturierung und Insolvenz das von einer Justiz- oder Verwaltungsbehörde gewährt oder kraft Gesetz geltende vorübergehende Ruhen des Rechts eines Gläubigers, eine Forderung gegen einen Schuldner und, wenn im nationalen Recht vorgesehen, gegen einen Dritten, der Sicherheiten geleistet hat, im Rahmen eines Gerichts-, Verwaltungs- oder anderen Verfahrens durchzusetzen, oder des Rechts, die Vermögenswerte oder das Unternehmen des Schuldners zu pfänden oder außergerichtlich zu verwerten. Der deutsche Gesetzgeber hat sich für das Erfordernis einer gerichtlichen Anordnung und gegen den Eintritt der Wirkungen eines Moratoriums kraft Gesetzes entschieden. Dies beruht zum einen auf der Erwägung, dass eine gerichtliche Anordnung im Einzelfall mit einem derart gewichtigen Eingriff in die Gläubigerrechte besser zu vereinen ist[2].

1 Richtlinie [EU] 2019/1023 v. 20.06.2019, Amtsblatt der EU 2019 L 172/18.

2 § 56 RegE-StaRUG BT-Drucks. 19/24181, S. 154.

Zum anderen soll durch die Prüfung des jeweiligen Einzelfalls die Berücksichtigung von Besonderheiten ermöglicht werden[3].

§ 49 Abs. 1 setzt die von Art. 6 Abs. 1 RestRL geforderte Aussetzung von Einzelvollstreckungsmaßnahmen um. Gem. Art. 2 Abs. 1 Nr. 4 RestRL handelt es sich dabei um das von einer Justiz- oder Verwaltungsbehörde gewährt oder kraft Gesetz geltende vorübergehende Ruhen des Rechts eines Gläubigers, eine Forderung gegen einen Schuldner und, wenn im nationalen Recht vorgesehen, gegen einen Dritten, der Sicherheiten geleistet hat, im Rahmen eines Gerichts-, Verwaltungs- oder anderen Verfahrens durchzusetzen, oder des Rechts, die Vermögenswerte oder das Unternehmen des Schuldners zu pfänden oder außergerichtlich zu verwerten 8

Der Normzweck ist auf den Erhalt der Aussichten auf einen erfolgreichen Abschluss der Verhandlungen zur Verwirklichung des Restrukturierungsziels, indem eine Verfehlung dieses Ziels aufgrund von Maßnahmen individuellen Rechtsdurchsetzung einzelner Gläubiger verhindert werden kann[4]. Es soll mithin verhindert werden, dass die betroffenen Gläubiger ihre Forderungen ohne Rücksicht auf eine im Interesse aller Beteiligten liegenden Restrukturierungslösung einseitig durchsetzen. Gleichzeitig geht der Gesetzgeber davon aus, dass die Vollstreckung in das Schuldnervermögen oder die Verwertung von Sicherheiten sich nachteilig auf die Bereitschaft der übrigen Gläubiger, das Restrukturierungsvorhaben zu unterstützen, auswirken kann[5]. 9

Die Vollstreckungs- und Verwertungssperre dienen auch dem Zweck, den technisch-organisatorischen Verbund des Vermögens des Schuldners zusammenzuhalten, soweit dies für eine Betriebsfortführung von Bedeutung ist[6]. Die Sanierungschancen sollen erhalten bleiben und nicht durch einzelne Gläubiger zunichtegemacht werden können. 10

Die Anordnung einer Stabilisierung durch Vollstreckungs- und Verwertungssperre soll im Ergebnis gewissermaßen einen »Schutzraum« für Verhandlungen des Schuldners mit den an der Restrukturierung beteiligten Stakeholdern schaffen,[7] damit dem Schuldner eine Brücke geschlagen werden kann von der Anzeige der Restrukturierungssache bis hin zum Abschluss des Verfahrens durch Bestätigung des Restrukturierungsplans. Der Überbrückungscharakter der Anordnung wird auch in den zeitlichen Vorgaben für die Anordnungsdauer und ihre Verlängerung deutlich (s. §§ 52, 53 StaRUG). 11

III. Keine Stundungswirkung

Der durch die Stabilisierungsanordnung geschaffene »Schutzraum« für Verhandlungen ist insoweit durchlässig, als die Stabilisierungsanordnung kein umfassendes Moratorium bewirkt, welches insbesondere auch ein Hinausschieben der Fälligkeit (Stundung) zur Folge hat.[8] Die Stabilisierungsanordnung kann mithin nicht verhindern, dass eine Zahlungsunfähigkeit nach § 17 InsO eintritt und der Schuldner nach §§ 32 Abs. 3 Satz 1 und 42 Abs. 1 Satz 2 zur unverzüglichen Anzeige des Eintritts der Zahlungsunfähigkeit gegenüber dem Restrukturierungsgericht verpflichtet ist. Der Schuldner hat im Grundsatz seine Gläubiger mithin zumindest insoweit von dem eingeschlagenen Restrukturierungsweg zu überzeugen, als er eine Fälligstellung von Forderungen verhindern oder eine Stundung von bereits fälligen Forderungen erreichen muss. 12

---

3 § 56 RegE-StaRUG BT-Drucks. 19/24181, S. 154.

4 Vgl. § 56 RegE-StaRUG BT-Drucks. 19/24181, S. 154; Seibt/Westphal-*Schönen/Bender*, StaRUG, § 49 Rn. 4; Wolgast/Grauer-*Streeck*, StaRUG, § 49 Rn. 3; *Desch*, Das neue Restrukturierungsrecht, § 4 Rn. 8; s.a. Art. 6 Abs. 1 und Erwägungsgrund Nr. 32 der Richtlinie über Restrukturierung und Insolvenz.

5 § 56 RegE-StaRUG BT-Drucks. 19/24181, S. 154.

6 Zu dem entsprechenden Normzweck des § 21 Abs. 2 Nr. 3 und 5 InsO, der dem Erhalt des wirtschaftlichen Verbunds eines Unternehmens während des Eröffnungsverfahrens dient und damit eine Fortführung und Sanierung des schuldnerischen Unternehmens erleichtern soll, s. BT-Drucks. 16/3227, S. 15; so auch Seibt/Westphal-*Schönen/Bender*, StaRUG, § 49 Rn. 5.

7 Ebenso Seibt/Westphal-*Schönen/Bender*, StaRUG, § 49 Rn. 4.

8 Hierzu auch Seibt/Westphal-*Schönen/Bender*, StaRUG, § 49 Rn. 42.

13 Allerdings bedeutet der Eintritt der Zahlungsunfähigkeit nicht zwangsläufig die Aufhebung der Restrukturierungssache und den Übergang in ein Insolvenzverfahren. In der Folge der Anzeige der Zahlungsunfähigkeit hebt das Gericht nach Maßgabe des § 33 Abs. 2 Nr. 1 Halbs. 1 die Restrukturierungssache nämlich dann nicht auf, wenn die Eröffnung eines Insolvenzverfahrens mit Blick auf den erreichten Stand in der Restrukturierungssache offensichtlich nicht im Interesse der Gesamtheit der Gläubiger liegt (s. dazu § 33 Rdn. 36). Ferner kann nach § 33 Abs. 2 Nr. 1 Halbs. 2 von der Aufhebung der Restrukturierungssache auch abgesehen werden, wenn die Zahlungsunfähigkeit aus der Kündigung oder sonstigen Fälligstellung einer Forderung resultiert, die nach dem angezeigten Restrukturierungskonzept einer Gestaltung durch den Plan unterworfen werden soll, sofern die Erreichung des Restrukturierungsziels überwiegend wahrscheinlich ist. Durch diese Regelungen wird über die Wirkungen der Stabilisierungsanordnung hinaus letztlich eine stundungsgleiche Wirkung erzielt, indem der Eintritt der Fälligkeit einer Forderung für den weiteren Verlauf der Restrukturierungssache folgenlos bleibt. Dem Gläubiger wird insoweit das nach Anordnung einer Stabilisierungsanordnung mit einer Vollstreckungs- und Verwertungssperre trotzdem verbleibende Obstruktionspotenzial im Hinblick auf die Auslösung einer Zahlungsunfähigkeit zumindest in den in § 33 Abs. 2 Nr. 1 bestimmten Situation genommen.

IV. Parallele zu Sicherungsmaßnahmen gem. § 21 InsO

14 Die Gesetzesbegründung weist auf die Parallele zwischen der Stabilisierungsanordnung mit der durch sie bewirkten Vollstreckungs- und Verwertungssperre und den Sicherungsmaßnahmen im Insolvenzantragsverfahren nach § 21 Abs. 2 Nr. 3 und 5 InsO hin: Bei der Stabilisierungsanordnung handele es sich regelmäßig um eine Eilmaßnahme, die inhaltlich und funktional mit der Anordnung von Sicherungsmaßnahmen im vorläufigen Insolvenzverfahren gem. § 21 Abs. 2 Nr. 3 und 5 InsO vergleichbar sei[9].

15 Die zwischen beiden Instrumenten gezogene Parallele zeigt sich an zahlreichen konzeptionellen Aspekten wie z.B. der fehlenden Anhörung (dazu unten Rdn. 34), der Kompensation für den Eingriff in die Sicherungsrechte durch Nutzungsentschädigung und Wertersatz (dazu unten § 54 Rdn. 3 ff.) sowie der Pflicht zur Auskehrung oder Separierung von erzielten Erlösen gem. § 54 Abs. 2, in der letztlich eine Kodifizierung der Rechtsprechung des BGH zu § 21 Abs. 2 Nr. 5 InsO zu erkennen ist[10] (dazu unten § 54 Rdn. 19).

16 Allerdings ergibt sich ein Unterschied im Anwendungsbereich der beiden Normen daraus, dass die Verwertungssperre nach Abs. 1 Nr. 2 sämtliche Rechte an Gegenständen des beweglichen Vermögens, die im Fall der Eröffnung eines Insolvenzverfahrens als Ab- oder Aussonderungsrecht geltend gemacht werden könnten, erfasst, während die Verwertungssperre nach § 21 Abs. 2 Nr. 5 InsO auf solche Gegenstände beschränkt bleibt, die im Fall der Eröffnung des Insolvenzverfahrens von § 166 InsO erfasst würden oder deren Aussonderung verlangt werden könnte. Ferner ist anders als bei § 21 Abs. 2 Nr. 3 InsO im Rahmen der Vollstreckungssperre nach Abs. 1 Nr. 1 auch die Vollstreckung in unbewegliches Vermögen erfasst (dazu unten Rdn. 41 ff.).

17 Im Rechtstatsächlichen ist die Situation nach Anzeige der Restrukturierungssache und nach Stellung eines Insolvenzantrags vergleichbar, wobei es Unterschiede bzgl. der Risikoerhöhung gibt. So ist insbesondere die Gefährdung des Sicherungsnehmers nach Antragstellung wegen bereits eingetretener Zahlungsunfähigkeit und/oder Überschuldung ersichtlich höher als im Fall der Anzeige einer Restrukturierungssache, die im Stadium der bloß drohenden Zahlungsunfähigkeit erfolgt. Es liegt in beiden Konstellationen jedoch im Interesse des Sicherungsnehmers, dass der Betrieb nach Insolvenzantragstellung oder nach Anzeige der Restrukturierungssache möglichst störungsfrei fortgeführt

---

9 So ausdrücklich § 56 RegE-StaRUG BT-Drucks. 19/24181, S. 154; vgl. MK-StaRUG/*Skauradszun*, § 49 Rn. 6.

10 S. zu dieser Rechtsprechung BGH, Urt. v. 24.01.2019 – IX ZR 110/17, NZI 2019, 274 m.Anm. *Ganter*.

werden kann, um etwaige Sanierungschancen zu wahren, wobei die Aussicht auf eine erfolgreiche Sanierung im Fall der Anzeige der Restrukturierungssache nach dem paradigmatischen Fall des Gesetzes gut sind, während das bei »einfacher« Insolvenzantragstellung zumindest nicht der paradigmatische Fall ist.

Der Unterschied zeigt sich vor allem mit Blick auf den »Sicherheitenkreislauf«[11]: Der Schuldner darf in der Rolle als Sicherungsgeber im Rahmen eines ordnungsgemäßen Geschäftsgangs sein Warenlager ohne größere Einschränkungen durch die Raumsicherungsübereignung umschlagen bzw. die Forderungen aus den Lieferungen und Leistungen einziehen, um wieder Vorräte anschaffen bzw. neue Forderungen generieren zu können, die anschließend wieder als Sicherheiten dienen. 18

V. Rechtsvergleichender Seitenblick (Auswahl)

1. Niederlande

In den Niederlanden erfolgte die Umsetzung der Richtlinie über Restrukturierung und Insolvenz[12] durch das Wet Homologatie Onderhands Akkoord (WHOA). 19

Die Art. 6 (Aussetzung von Einzelzwangsvollstreckungsmaßnahmen) und Art. 7 (Folgen der Aussetzung von Einzelzwangsvollstreckungsmaßnahmen) der Richtlinie wurden hierin in der Weise umgesetzt, dass während einer sog. Abkühlungsperiode, welche dem Instrument der Stabilisierung in den §§ 49 ff. entspricht, zunächst Verwertungs- und Vollstreckungsmaßnahmen der betroffenen Gläubiger gesperrt sind (Art. 376 [2] Buchst. a) WHOA). Danach sind Vollstreckungshandlungen jeder Art, einschließlich der Herausgabe von Sachen des Schuldnervermögens ausgeschlossen[13]. Zudem können Gegenstände des Schuldnervermögens, die zur Sicherheit übereignet oder abgetreten wurden, während des Moratoriums weiter genutzt oder im gewöhnlichen Geschäftsgang veräußert werden (Art. 377 [1] WHOA). 20

Schließlich ist die Möglichkeit sowohl des Gläubigers als auch des Schuldners, einen Antrag auf Eröffnung eines Insolvenzverfahrens zu stellen, für die Dauer der Abkühlungsphase suspendiert (Art. 376 [2] Buchst. c) WHOA). Während also nach dem deutschen StaRUG auch während der Dauer einer Stabilisierungsanordnung nur der Gläubigerantrag kraft Gesetzes gesperrt ist (s. dazu Kommentierung zu § 58), im Fall des Eigenantrags des Schuldners die Rechtshängigkeit der Restrukturierungssache aber aufgehoben und ein Insolvenzverfahren eröffnet werden kann, wird nach dem WHOA während einer Abkühlungsphase nicht über die Eröffnung eines Insolvenzverfahrens entschieden[14]. 21

2. Frankreich

Der französische Gesetzgeber hat mit einem Reformgesetz (»*ordonnance*«) vom 15.09.2021 die Richtlinie (EU) 2019/1023 vom 20.06.2019 über präventive Restrukturierungsrahmen umgesetzt, und zwar für Verfahren, die nach dem 01.10.2021 eröffnet werden. Der französische Gesetzgeber hat im Zuge der verschiedenen Reformen des Insolvenzgesetzes vom 25.01.1985, auf dem das französische Insolvenzrecht beruht und welches das Reorganisationsverfahren und das Insolvenzliquidationsverfahren schuf[15], weitere Verfahrenstypen geschaffen, damit für jede Krisensituation das passende »Werkzeug« zur Verfügung steht.[16] So gibt es bereits seit 2010 das »beschleunigte finanzielle Sanierungsverfahren« (*sauvegarde financière accélérée*, kurz »SFA« genannt)[17] und seit 22

11 Dazu *Huber*, NZI 2020, 89, 90.
12 Richtlinie [EU] 2019/1023 v. 20.06.2019, Amtsblatt der EU 2019 L 172/18.
13 *Herding/Kranz*, ZRI 2021, 123, 126.
14 *Kern*, NZI-Beilage 2021, 74, 76.
15 Für einen rechtshistorischen Überblick über die neuere französische Insolvenzrechtsgeschichte vgl. *Degenhardt*, NZI 2014, 433, 434.
16 *Degenhardt*, NZI 2020, 720.
17 Hierzu *Degenhardt*, NZI 2013, 830 ff.

2014 das »beschleunigte Sanierungsverfahren« (*sauvegarde accélérée*), das anders als das SFA nicht nur die Finanzgläubiger betrifft, sondern auch die sonstigen Gläubiger des Schuldners (mit Ausnahme der Arbeitnehmer).[18] Dieses Verfahren soll nun – in reformierter Form – der Umsetzung der Richtlinie (EU) 2019/1023 vom 20.06.2019 über präventive Restrukturierungsrahmen dienen[19], wobei der Schuldner – trotz der nun aufgehobenen SFA – die Möglichkeit hat, das Verfahren auf bestimmte Kategorien von Gläubigern zu beschränken. Das reformierte beschleunigte Sanierungsverfahren (geregelt in Art. L.628-1 bis L.628-8 des französischen HGB (*Code de commerce*, »C.com.«)) wird nur dann eröffnet, wenn der Schuldner u.a. (i) sich noch in einem zuvor eröffneten Schlichtungsverfahren (*procédure de conciliation*)[20] befindet und (ii) nachweist, dass er einen Insolvenzplan entworfen hat, der den Fortbestand des Unternehmens sicherstellen soll und geeignet ist, eine ausreichende Zustimmung seitens der betroffenen Gläubiger zu erhalten, um seine Annahme innerhalb der Verfahrensdauer des beschleunigten Sanierungsverfahrens als wahrscheinlich erscheinen zu lassen. Obwohl das allgemeine Sanierungsverfahren (*procédure de sauvegarde*)[21], von der das beschleunigte Sanierungsverfahren eine Variante darstellt, nur gegenüber solchen Schuldnern eröffnet werden kann, die noch nicht zahlungsunfähig sind, steht dessen beschleunigte Variante weiterhin auch solchen Schuldnern offen, die zahlungsunfähig sind, sofern die Zahlungsunfähigkeit bei Beantragung des vorangegangenen Schlichtungsverfahrens noch nicht länger als 45 Tage bestand (Art. L. 628-1 Abs. 5 C.com.), was in Frankreich als »kurze Zahlungsunfähigkeit« angesehen wird[22].

23 Ein Moratorium kann den Gläubigern in Frankreich auf gerichtliche Einzelanordnung bereits während des vorgeschalteten Schlichtungsverfahrens begegnen. Trotz der an sich konsensualen Natur des Schlichtungsverfahrens erlaubt Art. L.611-7 Abs. 5 C.com. dem Präsidenten des Gerichts, welches das Verfahren eröffnet hat, sofern ein Gläubiger (i) den Schuldner mahnt, (ii) gegen den Schuldner sonstige Rechtsverfolgungsmaßnahmen einleitet oder (iii) einer Aufforderung des Schlichters, seine Forderung zu stunden, nicht nachkommt, auf Antrag des Schuldners, (i) Schonfristen (*délais de grâce*) mit einer Dauer von bis zu zwei Jahren in Bezug auf die diesem Gläubiger geschuldeten Beträge gem. Art. 1343-5 Abs. 1 des französischen Zivilgesetzbuchs (*Code civil*) auszusprechen, wobei der Richter den Fortbestand dieser Schonfristen davon abhängig machen kann, dass es innerhalb des Schlichtungsverfahrens zur Vereinbarung eines Schlichtungsvergleichs kommt, oder (ii) für die Dauer des Schlichtungsverfahrens die Zahlung noch nicht fälliger Beträge aufzuschieben oder Ratenzahlung anzuordnen. Eine solche Entscheidung führt von Gesetzes wegen dazu, dass etwaige Zwangsvollstreckungsmaßnahmen des Gläubigers ausgesetzt werden (Art. 1343-5 Abs. 4 Code civil). Bereits seit 2014 können Schonfristen auch während der Laufzeit eines gerichtlich bestätigten oder genehmigten Schlichtungsvergleichs durch den Richter, der das Schlichtungsverfahren eröffnet hatte, gegenüber solchen Gläubigern angeordnet werden, die gebeten wurden, an dem Schlichtungsverfahren teilzunehmen, sich aber an dem Vergleich nicht beteiligt haben (Art. L.611-10-1 Abs. 2 Satz 1 C.com.)[23].

24 Auch während des beschleunigten Sanierungsverfahrens ist ein generelles Moratorium denkbar. Das Gesetzeskapitel zum beschleunigten Sanierungsverfahren ordnet grundsätzlich die entsprechende Anwendung der Regelungen des Sanierungsverfahrens an – und damit auch die des *ex lege* generell während der Dauer des Verfahrens (seit der Reform vom 15.09.2021: zwei Monate, die das Gericht auf insgesamt bis zu vier Monate verlängern kann) geltenden Moratoriums. Das Moratorium erfasst

---

18 Die Sanierung soll hiernach innerhalb von drei Monaten zu einem bestätigten Insolvenzplan führen, s. *Degenhardt*, NZI 2020, 720, 721.

19 So der Bericht an den Präsidenten der französischen Republik zu der Reform vom 15.09.2021, Journal Officiel de la République Française v. 16.09.2021, Text 20, Abschn. II.

20 Dazu *Degenhardt*, NZI 2020, 720 (721).

21 Dazu *Degenhardt*, NZI 2020, 720 (721).

22 Zu hieraus resultierenden Inkohärenzen Degenhardt, Bulletin Joly Entreprises en Difficulté 2015, 60–63.

23 Vgl. *Degenhardt*, NZI 2014, 433, 435.

jedoch nur solche Gläubiger, die durch den Planentwurf unmittelbar betroffen werden. Das in Art. L.622-21 C.com. für das Sanierungsverfahren (und damit entsprechend auch für dessen beschleunigte Variante) vorgesehene Moratorium, bewirkt insbesondere, dass alle Rechtsverfolgungsmaßnahmen für Insolvenzforderungen unterbrochen werden bzw. nicht mehr eingeleitet werden können, soweit diese auf ein Zahlungsurteil oder die Auflösung eines Vertrags wegen Nichterfüllung einer Geldschuld gerichtet sind.

3. Österreich

Die österreichische Umsetzung der der Richtlinie über Restrukturierung und Insolvenz[24] erfolgte durch den Erlass einer Restrukturierungsordnung. 25

Die Einleitung eines Restrukturierungsverfahrens kann danach auf Antrag des Schuldners von einer Vollstreckungssperre begleitet werden (§§ 18 ff. ReO). Folge einer solchen Vollstreckungssperre ist die Aussetzung von Vollstreckungsmaßnahmen. Nicht bewirkt wird eine Prozesssperre oder eine Stundung von Forderungen. 26

4. Großbritannien

Auch England reagierte trotz fehlender Umsetzungsverpflichtung auch die Richtlinie über Restrukturierung und Insolvenz[25], indem sie den Corporate Insolvency and Governance Act 2020 erlassen hat. 27

Hiernach kann ein Restructuring Plan durch ein Moratorium flankiert werden. Während dieses Moratoriums besteht für Zahlungsverpflichtungen, welche bereits vor Anordnung des Moratoriums fällig werden oder während des Moratoriums fällig werden, aber bereits vorher begründet wurden (pre-moratorium debts), eine Zahlungspause (payment holiday), allerdings existieren zahlreiche Ausnahmen (Corporate Insolvency and Governance Act 2020 Part A1, Chapter 4, A18)[26]. Nicht von der Stundungswirkung erfasst sind neben solchen Verbindlichkeiten des Schuldners, die erst während des Moratoriums begründet werden (moratorium debts) auch solche vor Anordnungserlass begründete Verbindlichkeiten, die der Vergütung des Restrukturierungs-Monitors dienen, welche die Gegenleistung für während des Moratoriums gelieferte Waren oder Dienstleistungen darstellen, die aus Finanzierungsverträgen entstehen sowie Mietzahlungen für einen Zeitraum während des Moratoriums, Gehälter und Löhne aus Arbeitsverträgen und Abfindungszahlungen (Corporate Insolvency and Governance Act 2020 Part A1, Chapter 4, A18). 28

Weitere Wirkungen des Moratoriums bestehen in einem Ausschluss der Möglichkeit Gläubigerinsolvenzanträge zu stellen und in einer Verwertungssperre hinsichtlich Sicherheiten der Gläubiger (Corporate Insolvency and Governance Act 2020 Part A1, Chapter 4, A20-A23). 29

B. Anordnung von Stabilisierungsmaßnahmen (Abs. 1)

I. Antrag und Anordnung

1. Inhalt

Der Erlass einer Stabilisierungsanordnung nach § 49 Abs. 1 setzt stets einen Antrag des Schuldners voraus. In formaler Hinsicht notwendig ist gem. § 38 StaRUG i.V.m. § 496 ZPO ein schriftlich bei Gericht eingereichter oder mündlich zu Protokoll der Geschäftsstelle angebrachter Antrag[27]. Der Erlass einer Stabilisierungsanordnung von Amts wegen ist hingegen nicht zulässig. 30

24 Richtlinie [EU] 2019/1023 v. 20.06.2019, Amtsblatt der EU 2019 L 172/18.
25 Richtlinie [EU] 2019/1023 v. 20.06.2019, Amtsblatt der EU 2019 L 172/18.
26 Dazu auch *Tashiro*, NZI-Beilage 2021, 77, 78.
27 Braun-*Riggert*, StaRUG, § 49 Rn. 1; MK-StaRUG/*Skauradszun*, § 49 Rn. 6.

31 Der Antrag muss gem. § 50 Abs. 1 den Inhalt, den Adressatenkreis und die Dauer der begehrten Stabilisierungsanordnung enthalten[28]. Ferner ist dem Antrag eine Restrukturierungsplanung beizufügen, die den Maßgaben des § 50 Abs. 2 genügt.

32 Das Gericht darf über den beantragten Umfang der Stabilisierungsanordnung hinsichtlich Inhalt, Adressatenkreis und Dauer nicht hinausgehen, die Anordnung kann allerdings hinter dem Antrag zurückbleiben[29].

33 Die Anordnung muss hinreichend bestimmt sein und muss den betroffenen Gläubiger oder wenigstens die betroffene Gläubigergruppe sowie die erfassten Gegenstände eindeutig erkennen lassen. Das Restrukturierungsgericht kann – entsprechend der Anordnung des Insolvenzgerichts nach § 21 Abs. 2 Satz 1 Nr. 5 InsO[30] – die Vollstreckungs- und Verwertungssperre hinsichtlich bestimmter Gegenstände anordnen, bei denen nach seiner Überzeugung die gesetzlichen Voraussetzungen vorliegen. Das setzt die Feststellung voraus, welche Rechte welcher Gläubiger betroffen sind, welche Gegenstände für eine Betriebsfortführung eingesetzt werden soll und hierfür von erheblicher Bedeutung sind. Dabei mag es in Betracht kommen, bestimmte Gläubiger und Arten von Gegenständen zusammenfassend zu bezeichnen. Unzulässig und wegen fehlender Bestimmtheit unwirksam sind jedoch formularmäßige Pauschalanordnungen, die auf die erforderliche Prüfung der gesetzlichen Voraussetzungen verzichten[31]. Die Anforderungen an die Bestimmtheit sind demnach auch im Kontext der Stabilisierungsanordnung wegen der Eingriffstiefe in die Rechte, die im Fall der Eröffnung eines Insolvenzverfahrens als Aus- oder Absonderungsrechte geltend gemacht werden würden, durchaus hoch. Überzogen wären die Anforderungen allerdings, wenn man z.B. im Fall einer Globalzession einer Individualisierung in dem Sinne verlangen würde, dass die von der Anordnung betroffenen Forderungen im Einzelnen aufgelistet werden müssten[32].

2. Keine Anhörung

34 Trotz der Eingriffswirkung in die Gläubigerrechte erfolgt vor einer Stabilisierungsanordnung keine Anhörung der betroffenen Gläubiger[33]. Dahinter steckt die gesetzgeberische Erwägung, dass Stabilisierungsmaßnahmen im Regelfall eine Eilmaßnahme darstellen und inhaltlich und funktional der ebenfalls auf eine Anhörung verzichtenden Anordnung von Sicherungsmaßnahmen im vorläufigen Insolvenzverfahren gem. § 21 Abs. 2 Nr. 3 und 5 InsO vergleichbar sind[34].

II. Erforderlichkeit

35 Angesichts des Eingriffs in die Gläubigerrechte bei Erlass einer Stabilisierungsanordnung ist zudem notwendig, dass dieser »zur Wahrung der Aussichten auf die Verwirklichung des Restrukturierungsziels erforderlich« ist. Das systematische Verhältnis der Voraussetzung der Erforderlichkeit nach Maßgabe des Abs. 1 Halbs. 1 und der ähnlich formulierten Voraussetzung der Erforderlichkeit in dem Katalog der Voraussetzungen der Stabilisierungsanordnung nach § 51 Abs. 1 Nr. 4 ist unklar. Nach § 51 Abs. 1 Nr. 4 ergeht die Stabilisierungsanordnung unter den in § 51 aufgelisteten Voraussetzungen, wenn u.a. »keine Umstände bekannt sind, aus denen sich ergibt, dass [...] die beantragte Anordnung nicht erforderlich ist, um das Restrukturierungsziel zu verwirklichen«.

28 Dazu auch *Schneider/Loszynski*, SanB 2020, 136, 138.

29 Wolgast/Grauer-*Streeck*, StaRUG, § 49 Rn. 18.

30 Dazu BGH, Urt. v. 03.12.2009 – IX ZR 7/09 [Rn. 19], BGHZ 183, 269.

31 So ausdrücklich mit Blick auf § 21 Abs. 2 Satz 1 Nr. 5 InsO etwa BGH, Urt. v. 03.12.2009 – IX ZR 7/09 [Rn. 19], BGHZ 183, 269.

32 So mit Blick auf § 21 Abs. 2 Satz 1 Nr. 5 InsO etwa AG Hamburg, Beschl. v. 30.09.2011 – 67g IN 381/11, ZInsO 2011, 2045, 2046.

33 Braun-*Riggert*, StaRUG, § 49 Rn. 1; BeckOK-StaRUG/*Mock*, § 49 Rn. 5; MK-StaRUG/*Skauradszun*, § 49 Rn. 23; Seibt/Westphal-*Schönen/Bender*, StaRUG, § 49 Rn. 14.

34 § 56 RegE-StaRUG BT-Drucks. 19/24181, S. 154.

Im Ausgangspunkt gilt auch hinsichtlich des Antrags auf Erlass einer Stabilisierungsanordnung und 36
der Voraussetzung der Erforderlichkeit nach § 39 der Amtsermittlungsgrundsatz, nicht der Beibringungsgrundsatz nach § 138 ZPO (zur Anwendung der Vorschriften der ZPO s. § 38 Satz 1). Allerdings macht der § 50 Vorgaben bzgl. der im Zuge der Antragstellung beizubringenden Angaben und der einzureichenden Restrukturierungsplanung. Hier findet sich indes keine explizite Maßgabe zu der Voraussetzung der Erforderlichkeit der Stabilisierungsanordnung. Allerdings ist entsprechend § 253 Abs. 2 Nr. 2 ZPO i.V.m. § 38 Satz 1 StaRUG zu verlangen, dass der Antragsteller die Voraussetzungen für die beantragte Stabilisierungsanordnung in substanziierter, nachvollziehbarer Form darlegt, also auch zu der Erforderlichkeit vorträgt. Ein solcher Vortrag ist mit Blick auf Abs. 1 Halbs. 1 und § 51 Abs. 1 Satz 1 Nr. 4 jedenfalls in der Praxis anzuraten. Fehlt ein Vortrag zur Erforderlichkeit der Anordnung in dem Antrag, hat der Schuldner nach § 39 Abs. 2 spätestens auf Aufforderung des Restrukturierungsgerichts die Auskünfte zu erteilen, die zur Entscheidung über seinen Antrag erforderlich sind, und es auch sonst bei der Prüfung der Voraussetzungen für die Stabilisierungsanordnung zu unterstützen. Darüber hinaus hat das Gericht nur aufgrund gerichtsbekannter Umstände oder aufgrund der sonstigen Angaben in dem Antrag oder einer bei dem Restrukturierungsgericht durch einen planbetroffenen Gläubiger hinterlegten Schutzschrift Veranlassung, die Erforderlichkeit entgegen der Darstellung des Schuldners zu hinterfragen und weitere Ermittlungen anzustellen[35].

III. Vollstreckungssperre (Nr. 1)

Eines der beiden Stabilisierungsinstrumente ist die in Abs. 1 Nr. 1 geregelte Vollstreckungssperre. 37
Diese untersagt es Gläubigern, Maßnahmen der Zwangsvollstreckung in das Vermögen des Schuldners zu ergreifen. Die Vollstreckungssperre führt also zu einem zwangsweisen Stillstand des Vollstreckungsverfahrens[36]. Die Regelung in Abs. 1 Nr. 1 ist stark an die Regelung des § 21 Abs. 2 Nr. 3 InsO betreffend die Sicherungsmaßnahme im Stadium des vorläufigen Insolvenzverfahrens angelehnt[37].

Es sind sämtliche Vollstreckungsmaßnahmen umfasst: Die Zwangsvollstreckung wegen Geld- 38
forderungen (§§ 802a bis 882i ZPO), die Zwangsvollstreckung zur Erwirkung der Herausgabe von Sachen und zur Erwirkung von Handlungen oder Unterlassungen (§§ 883 bis 898 ZPO), die Vollziehung von Arrest und einstweilige Verfügung (§§ 916 bis 945b ZPO) und die Zwangsvollstreckung in das unbewegliche Vermögen nach dem ZVG.

Eine bereits laufende Zwangsvollstreckung ist nach § 775 Nr. 2 ZPO einzustellen. Als Verbot ver- 39
hindert sie künftige Vollstreckungsmaßnahmen nach § 775 Nr. 1 ZPO. Die Vollstreckungssperre ist von den Vollstreckungsorganen von Amts wegen zu berücksichtigen. In der Praxis legt der Schuldner eine Ausfertigung der gerichtlichen Entscheidung vor, mit der die Vollstreckungssperre nach Abs. 1 Nr. 1 angeordnet wurde. Einstellung bedeutet dann die Nicht-Fortsetzung bzw. den Nicht-Beginn der Vollstreckung (MüKo-ZPO/Karsten Schmidt/Brinkmann, § 775 Rn. 5).

Eine unzulässige Vollstreckungsmaßnahme kann der Schuldner im Wege der Erinnerung nach § 766 40
ZPO rügen und so die Aufhebung der Maßnahme erreichen[38]. Ein Pfändungspfandrecht entsteht nicht, nur die öffentlich-rechtliche Verstrickung[39]. Ist durch eine vor der Stabilisierungsanordnung

---

35 Vgl. dazu auch *Vallender*, ZRI 2021, 165, 169; *Schneider/Loszynski*, SanB 2020, 136, 139; MK-StaRUG/*Skauradszun*, § 49 Rn. 23.

36 Braun-Riggert, StaRUG, § 49 Rn. 3.

37 *Bork*, NZI-Beilage 2021, 38, 39; *Thole*, ZIP 2020, 1985, 1995; Seibt/Westphal-*Schönen/Bender*, StaRUG, § 49 Rn. 40.

38 So auch Seibt/Westphal-*Schönen/Bender*, StaRUG, § 49 Rn. 53; mit Blick auf § 21 Abs. 2 Nr. 3 InsO ebenso Uhlenbruck/*Vallender*, InsO § 21 Rn. 27.

39 Mit Blick auf § 21 Abs. 2 Nr. 3 InsO ebenso MK-InsO/*Haarmeyer/Schildt*, § 21 Rn. 75.

zulässige Vollstreckung bereits wirksam ein Pfändungspfandrecht entstanden, ist wiederum dessen Verwertung nach Abs. 1 Nr. 2 gesperrt[40].

41 Anders als bei § 21 Abs. 2 Nr. 3 InsO ist im Rahmen des Abs. 1 Nr. 1 allerdings auch die Vollstreckung in unbewegliches Vermögen erfasst[41]. Der Vollzug der Vollstreckungssperre in unbewegliches Vermögen erfolgt gem. § 30g ZVG durch das Vollstreckungsgericht[42]. Hiernach stellt das Vollstreckungsgericht das Vollstreckungsverfahren auf Antrag des Schuldners einstweilen ein, wenn eine das Restrukturierungsgericht eine Vollstreckungssperre nach Abs. 1 Nr. 1 angeordnet hat, es sei denn die Einstellung ist dem betreibenden Gläubiger unter Berücksichtigung seiner wirtschaftlichen Verhältnisse nicht zuzumuten.

42 Nach § 30g Abs. 2 Satz 1 ZVG gilt, dass das Vollstreckungsgericht die einstweilige Einstellung mit der Auflage anzuordnen hat, dass dem betreibenden Gläubiger laufend die geschuldeten Zinsen zu zahlen sind und ein durch die Nutzung entstehender Wertverlust durch laufende Zahlungen auszugleichen ist. Dies gilt nach § 30g Abs. 2 Satz 2 ZVG nicht, soweit nach der Höhe der Forderung sowie dem Wert und der sonstigen Belastung des Grundstücks nicht mit einer Befriedigung des Gläubigers aus dem Versteigerungserlös zu rechnen ist. Diese Regelungen entspricht der Regelung in § 54, der die Folgen der Verwertungssperre zum Gegenstand hat.

43 Von der Vollstreckungssperre nicht erfasst werden die Vollstreckung lediglich vorbereitender Maßnahmen wie etwa die Erteilung einer Vollstreckungsklausel[43].

44 Nicht von der Regelung berührt wird zudem die Durchsetzung von Forderungen im gerichtlichen Erkenntnis- oder Mahnverfahren[44]. Angesicht der Stabilisierungsanordnung und der Verhandlung über ein Restrukturierungsplan kommt ein Ruhenlassen des Verfahrens nach § 251 ZPO in Betracht[45].

45 Die Vornahme oder die Beantragung einer gerichtlichen oder behördlichen Vollstreckungshandlung lässt die Verjährung gem. § 212 Abs. 1 Nr. 2 BGB neu beginnen. Da die Verwertungssperre nach Abs. 1 Nr. 1 diesen Neubeginn der Verjährung verhindert, bewirkt die Anordnung einer Vollstreckungssperre zum Schutz des Gläubigers gem. § 204 Abs. 1 Nr. 10a BGB die Hemmung der Verjährung.

IV. Verwertungssperre (Nr. 2)

46 Als weiteres Instrument der Stabilisierung statuiert Abs. 1 Nr. 2 eine Verwertungssperre betreffend Rechte an Gegenständen des beweglichen Vermögens, die im Fall der Eröffnung eines Insolvenzverfahrens als Ab- und Aussonderungsrechte geltend gemacht werden könnten (zu den erfassten Gegenständen unten Rdn. 48 f.). Die in Abs. 1 Nr. 1 legal definierte Verwertungssperre hat bei näherem Hinsehen mehrere Elemente: Zunächst kann gerichtlich angeordnet werden, dass Gläubiger ihre Rechte nicht durchsetzen dürfen (zur Durchsetzungssperre unten Rdn. 50 ff.). Die Gegenstände, auf die sich das hypothetische Aus- oder Absonderungsrecht beziehen, verbleiben mithin im technisch-organisatorischen Verbund des Vermögens des Schuldners. Das Gericht kann außerdem anordnen, dass die Gegenstände dort zur Fortführung des Unternehmens des Schuldners auch »eingesetzt« werden dürfen (zur Einsetzungsbefugnis unten Rdn. 53 ff.), soweit diese hierfür von erheblicher Bedeutung sind (hierzu unten Rdn. 65).

---

40 *Thole*, ZRI 2021, 231, 232 (mit dem Hinweis, dass die Verwertung als Teil des Vollstreckungsverfahrens auch nach Abs. 1 Nr. 1 nicht mehr betrieben werden dürfte).

41 § 56 RegE-StaRUG BT-Drucks. 19/24181, S. 154; Braun-*Riggert*, StaRUG, § 49 Rn. 3.

42 BeckOK-StaRUG/*Mock*, § 49 Rn. 10.

43 Wolgast/Grauer-*Streeck*, StaRUG, § 49 Rn. 29; vgl. zur parallelen Frage im Kontext des Vollstreckungsverbots nach § 89 InsO etwa BGH, Urt. v. 12.12.2007 – VII ZB 108/06 [Rn. 13], ZInsO 2008, 158.

44 Braun-*Riggert*, StaRUG, § 49 Rn. 3; *Thole*, ZIP 2020, 1985, 1995; *ders.*, ZRI 2021, 231, 232; a.A. zum Erkenntnisverfahren *Skauradszun*, ZRI 2020, 404 [noch zur Richtlinie].

45 Wolgast/Grauer-*Streeck*, StaRUG, § 49 Rn. 31.

Die Folgen einer Verwertungssperre werden in § 54 weiter ausgestaltet (für Einzelheiten zu den Folgen der Verwertungssperre, insbesondere Zinsen, Nutzungsentschädigung und Wertersatz s. Kommentierung zu § 54). 47

1. Erfasste Gegenstände

Rechte an Gegenständen des beweglichen Vermögens, die im Fall der Eröffnung eines Insolvenzverfahrens als Ab- und Aussonderungsrechte geltend gemacht werden könnten, können sowohl Gegenstände des Anlage- wie auch des Umlaufvermögens sein[46]. Als Absonderungsrechte erfasst sind insbesondere Sicherheiten wie die Sicherheitsübereignung, die Globalzession oder der verlängerte und erweiterte Eigentumsvorbehalt der Warenlieferanten. Der einfache Eigentumsvorbehalt oder die Forderungsinhaberschaft etwa eines echten Factors und das Eigentum des Vermieters oder Leasinggebers sind dagegen Beispiele für Rechte, die in einem eröffneten Insolvenzverfahren zur Aussonderung berechtigen würden[47]. 48

Die Regelung gleicht teilweise dem § 21 Abs. 2 Satz 1 Nr. 5 Halbs. 1 InsO, geht aber insofern darüber hinaus, als dass nicht nur mit Ab- und Aussonderungsrechten belastete Gegenstände des beweglichen Vermögens erfasst sind, die im Fall der Eröffnung eines Insolvenzverfahrens von § 166 InsO erfasst würden oder deren Aussonderung verlangt werden könnte, sondern sämtliche bewegliche Gegenstände des Schuldnervermögens und damit etwa auch Gegenstände, an denen ein Pfändungspfandrecht des Gläubigers besteht[48]. 49

2. Durchsetzungssperre

Die Anordnung einer Verwertungssperre nach Abs. 1 Nr. 2 bewirkt, dass Rechte an Gegenständen des beweglichen Vermögens, die im Fall der Eröffnung eines Insolvenzverfahrens als Ab- oder Aussonderungsrecht geltend gemacht werden könnten, von dem Gläubiger »nicht durchgesetzt werden dürfen«. In § 21 Abs. 2 Satz 1 Nr. 5 InsO formuliert leicht abweichend, dass solche Rechte vom Gläubiger »nicht verwertet oder eingezogen werden dürfen«. Der Begriff der Durchsetzung ist jedoch nicht enger als die Formulierung in § 21 Abs. 2 Satz 1 Nr. 5 InsO[49] und umfasst insbesondere auch die Einziehung durch den Sicherungsnehmer, d.h. der Sicherungszessionar darf die an ihn übertragene Forderung nicht einziehen (Einziehungssperre).[50] 50

Die Durchsetzung eines Sicherungsrechts, das im Fall der Eröffnung eines Insolvenzverfahrens als Absonderungsrecht geltend gemacht werden könnte, erfolgt im Wege der Verwertung. Die Verwertung einer Sicherheit kommt frühestens mit Eintritt der Verwertungsreife in Betracht, deren Voraussetzungen sich aus dem Vertrag oder dem Gesetz ergeben. In den allermeisten Fällen setzt die Verwertungsreife Fälligkeit des gesicherten Anspruchs voraus oder den Verzug (Nichtleistung trotz Fälligkeit und Mahnung oder Verstreichen einer bestimmten Frist zur Leistung). Die Durchsetzung eines Herausgabeanspruchs, der im Fall der Eröffnung eines Insolvenzverfahrens zur Aussonderung berechtigen würde, setzt schlicht dessen Geltendmachung voraus. Im Fall eines Herausgabeanspruchs gegen den Schuldner (z.B. des Eigentümers in der Rolle als Vermieter oder Leasinggeber nach Auslaufen eines befristeten Miet- oder Leasingverhältnisses oder seine Beendigung durch Kündigung) kann diesem die Verwertungssperre nach Abs. 1 Nr. 2 entgegengehalten werden. Ist dem Gläubiger des Herausgabeanspruchs gelungen, kurzfristig einen vollstreckbaren Titel zu erwirken, kann einer Vollstreckung aus diesem Titel wiederum eine angeordnete Vollstreckungssperre nach Abs. 1 Nr. 1 entgegengehalten werden. 51

46 *Zuleger*, NZI-Beilage 2021, 43, 44.
47 Braun-*Riggert*, StaRUG, § 49 Rn. 3.
48 Wolgast/Grauer-*Streeck*, StaRUG, § 49 Rn. 34.
49 *Thole*, ZIP 2020, 1985, 1996: »[...] unterschiedliche Wortlaut [...] ist rechtlich unerheblich«.
50 Vgl. auch Seibt/Westphal-*Schönen/Bender*, StaRUG, § 49 Rn. 60.

52 Die Fälligstellung eines gesicherten Anspruchs (z.B. Darlehensrückzahlungsanspruch) oder die Kündigung eines Vertrags über die Nutzungsüberlassung (z.B. Miete, Leasing) sind keine Verwertungshandlungen, mögen sie mitunter auch notwendige vorgelagerte Schritte der Verwertung sein (zu den notwendigen vorbereitenden Maßnahmen einer Vollstreckung s.o. Rdn. 43 ff.). Dasselbe gilt für den Widerruf der Einziehungs-, Veräußerungs-, oder Verarbeitungsermächtigungen des Sicherungsgebers durch den Sicherungsnehmer, der ebenfalls nicht durch eine Verwertungssperre nach Abs. 1 Nr. 2 gehindert wird[51]. Die Ausübung eines vertraglich vereinbarten Rechts zum Widerruf einer Einziehungs-, Veräußerungs-, oder Verarbeitungsermächtigungen stellt aber eine »Vertragsabänderung« dar, welche die Beschränkungen nach Maßgabe des § 55 Abs. 1 zu beachten hat[52].

3. Befugnis zum Einsatz bei der Betriebsfortführung

53 Das Restrukturierungsgericht kann jedoch nicht nur die Entziehung des Gegenstands infolge Durchsetzung eines Herausgabeanspruchs verhindern, sondern kann auch den Einsatz des Gegenstands zur Fortführung des Unternehmens ausdrücklich gestatten. Ergeht eine solche Anordnung nach Nr. 5 nicht, so richtet sich die Nutzungsbefugnis allein nach den vertraglichen bzw. allgemeinen zivilrechtlichen Regelungen. Ist hiernach die Nutzung ohnehin erlaubt, braucht es eine gerichtliche Anordnung der Befugnis zum Einsatz des Gegenstands an sich nicht. Um Streit über die Nutzungsbefugnis und ggf. eine (vermeintliche) verbotene Eigenmacht des Rechteinhabers zu vermeiden, sollte die Anordnung der Befugnis zum Einsatz des Gegenstands im Fall einer Anordnung einer Durchsetzungssperre regelmäßig flankieren (denkbar ist z.B., dass vertraglich die Nutzung nur »im ordentlichen Geschäftsgang« erlaubt ist und über die Erfüllung dieser Bedingung ein Streit entbrennt). Beides dürfte ohnehin in den allermeisten Fällen Hand in Hand gehen, weil sich die Erforderlichkeit einer Durchsetzungssperre regelmäßig aus der Erforderlichkeit der weiteren Nutzung des Gegenstands ergibt.

54 Die Grundlage der Nutzung des an sich herauszugebenden Gegenstandes zur Fortführung des Unternehmens ist ein hoheitlich begründetes, privatrechtliches Nutzungsverhältnis, das das vertragliche Nutzungsverhältnis überlagert[53].

55 Es fragt sich, welchen Umfang die Ermächtigung nach Abs. 1 Nr. 2 zum »Einsatz« der Gegenstände zum Zwecke der Fortführung des Unternehmens haben kann, ob der Schuldner durch das Restrukturierungsgericht etwa z.B. auch ermächtigt werden kann, Forderungen einzuziehen, die zur Sicherung eines Anspruchs abgetreten sind, oder bewegliche Sachen, an denen Rechte bestehen, die im Fall der Eröffnung eines Insolvenzverfahrens als Aus- oder Absonderungsrechte geltend gemacht werden könnten, zu veräußern oder zu verarbeitet.

56 Die Formulierung »Einsatz« des Gegenstands zur Fortführung des Unternehmens impliziert wie bei § 21 Abs. 2 Satz 1 Nr. 5 InsO, dass der Gegenstand allein auf Basis der Anordnung nach Abs. 1 Nr. 2 nicht veräußert oder verbraucht werden darf[54]. Dieses Ergebnis wird durch ein systematisches Argument aus § 54 Abs. 2 gestützt, in dem die Pflicht zur Separierung des Erlöses begründet wird, wenn der Schuldner »nach Maßgabe der vertraglichen Vereinbarungen mit dem Berechtigten« Forderungen einzieht, die zur Sicherung eines Anspruchs abgetreten sind, oder er bewegliche Sachen,

---

51 *Thole*, ZRI 2021, 231, 239; Seibt/Westphal-*Schönen/Bender*, StaRUG, § 49 Rn. 61.

52 *Thole*, ZRI 2021, 231, 239, der aber im Ergebnis wegen der allgemeinen Gefährdung des Sicherungsinteresses nicht von einem Ausschluss des Widerrufs ausgeht.

53 Mit Blick auf § 21 Abs. 2 Satz 1 Nr. 5 InsO ebenso BGH, Urt. v. 28.06.2012 – IX ZR 219/10 [Rn. 22], BGHZ 194, 1; s.a. HambKomm-InsR/*Schröder*, § 21 Rn. 82.

54 *Bork*, ZRI 2021, 345, 359; zur entsprechenden Auslegung im Kontext des § 21 Abs. 2 Satz 1 Nr. 5 InsO s. etwa BGH, Urt. v. 24.01.2019 – IX ZR 110/17 [Rn. 34], NZI 2019, 274 m.Anm. *Ganter*; a.A. K/P/B-*Blankenburg*, § 21 Rn. 222; MK-InsO/*Haarmeyer/Schildt*, § 21 Rn. 99 [unter der Voraussetzung, dass das Sicherungsrecht nicht beeinträchtigt wird, wie dies z.B. bei Verbindung, Vermischung und Verarbeitung von Sachen der Fall wäre, wo sich das Recht des Dritten qua dinglicher Surrogation an dem Wert, der den verwendeten Gegenstand ersetzt, fortsetzt].

an denen Rechte bestehen, die im Fall der Eröffnung eines Insolvenzverfahrens als Aus- oder Absonderungsrechte geltend gemacht werden könnten, veräußert oder verarbeitet. Der Einschub »nach Maßgabe der vertraglichen Vereinbarungen mit dem Berechtigten« wurde erst auf den letzten Metern des Gesetzgebungsprozesses vorgenommen und dient ausweislich des Berichts des Rechtsausschusses des Deutschen Bundestages ausdrücklich der Klarstellung, dass dem Schuldner keine von der Gestattung durch den Berechtigten unabhängige Befugnis zur Einziehung, Veräußerung oder Verarbeitung zusteht[55].

Die Klarstellung in § 54 Abs. 2 (oben Rdn. 56) bezieht ausdrücklich die Einziehung von sicherungshalber abgetretenen Forderungen mit ein, d.h. für die Einziehung gilt mit Blick auf die Grenzen der Anordnung nach Abs. 1 Nr. 2 dasselbe wie für die Veräußerung oder Verarbeitung[56]. Dies stellt eine Abweichung von der Rechtslage im vorläufigen Insolvenzverfahren nach § 21 Abs. 2 Satz 1 Nr. 5 InsO dar: Die gerichtliche Anordnung der Befugnis zum »Einsatz« soll dort auch die Möglichkeit der Ermächtigung des vorläufigen Insolvenzverwalters umfassen, sicherungshalber abgetretene Forderungen aufgrund eines an den Gläubiger gerichteten Verwertungsverbots ohne dessen Einwilligung mit schuldbefreiender Wirkung einziehen zu können[57]. 57

Die gerichtliche Anordnung der Befugnis zum »Einsatz« eines bestimmten Gegenstands gestattet es dem Schuldner lediglich, im Rahmen der Betriebsfortführung weiterhin mit den Gegenständen in einer Weise zu wirtschaften, in welcher der Gegenstand im Betrieb erhalten bleibt[58]. So ist es dem Schuldner aufgrund einer gerichtlich angeordneten Nutzungsbefugnis möglich, Gegenstände auch dann weiterhin betrieblich einzusetzen, wenn die der ursprünglichen Nutzung zugrunde liegenden Verträge durch die Gläubiger gekündigt werden[59]. Fehlt eine Anordnung nach Abs. 1 Nr. 2, richtet sich die Nutzungsbefugnis des Schuldners ausschließlich nach allgemeinem Zivilrecht, meist also nach der Sicherungsabrede oder des Nutzungsrechtsverhältnisses (Miete, Leasing etc.) zwischen Gläubiger und Schuldner[60]. Untersagt daher ein Gläubiger gemäß der vertraglichen Vereinbarung die weitere Nutzung eines Gegenstandes, bedarf es einer Anordnung der Befugnis zum Einsatz des Gegenstands zur Fortführung des Betriebes nach Abs. 1 Nr. 2, damit die Nutzung weiterhin berechtigt erfolgt. 58

4. Einziehungs-, Veräußerungs-, und Verarbeitungsermächtigungen

Die Befugnis des Schuldners zur Einziehung, Verarbeitung oder Veräußerung kann sich, weil sie die Begriffsgrenzen des »Einsatzes« des Gegenstandes zur Fortführung des Unternehmens überschreiten, nur aus dem allgemeinen Zivilrecht ergeben, nicht aus einer Ermächtigung nach Abs. 1 Nr. 2[61]. Derartige Einziehungs-, Verarbeitungs- und Weiterveräußerungsermächtigungen finden sich regelmäßig in den zugrunde liegenden Sicherungsvereinbarungen. 59

Die vertraglichen Ermächtigungen in den Sicherungsvereinbarungen sind zwar in aller Regel auf die Einziehung, Verarbeitung und Weiterveräußerung im »ordnungsgemäßen Geschäftsverkehr« beschränkt. Allerdings sind die Anzeige einer Restrukturierungssache und auch der Erlass einer Stabilisierungsanordnung keine Umstände, aufgrund derer die Einziehung, Verarbeitung und Weiter- 60

55 S. Bericht des Ausschusses für Recht und Verbraucherschutz, BT-Drucks. 19/25353, S. 9; auf das Klarstellungsbedürfnis hingewiesen hat *Thole* in seiner Stellungnahme als Sachverständiger im Rechtsausschusses, dazu *Thole*, ZRI 2021, 231, 238; ebenso Seibt/Westphal-*Schönen/Bender*, StaRUG, § 49 Rn. 65.

56 *Thole*, ZRI 2021, 231, 239.

57 BGH, Urt. v. 24.01.2019 – IX ZR 110/17 [Rn. 32], NZI 2019, 274 m.Anm. *Ganter*; dazu auch Uhlenbruck-*Vallender*, InsO, § 21 Rn. 38.

58 S. zur InsO *Andres/Hees*, NZI 2011, 881, 883; K/P/B-*Blankenburg*, § 21 Rn. 222.

59 S. zur InsO *Ganter*, ZIP 2015, 1767, 1769; BeckOK-InsO/*Kopp*, § 21 Rn. 116.

60 Vgl. zu § 21 Abs. 2 Satz 1 Nr. 5 InsO HambKomm-InsR/*Schröder*, § 21 Rn. 82.

61 Dazu oben Rdn. 57; ferner mit Blick auf § 21 Abs. 2 Satz 1 Nr. 5 InsO BGH, Urt. v. 24.01.2019 – IX ZR 110/17 [Rn. 22], NZI 2019, 274; HambKomm-InsR/*Schröder*, § 21 InsO Rn. 82.

veräußerung als nicht mehr ordnungsgemäß angesehen werden müssen[62]. Die Einziehung, Verarbeitung und Weiterveräußerung kann mithin auch bei Erlass einer Stabilisierungsanordnung weiterhin im »ordnungsgemäßen Geschäftsverkehr« vorgenommen sein. Die Auslegung des Begriffs des »ordentlichen Geschäftsverkehrs« hat nach §§ 133, 157 BGB insbesondere vor dem Hintergrund des Zwecks der Ermächtigung, nämlich dem Schutz des Sicherungsinteresses des Gläubigers zu erfolgen[63]. Ob ein solcher Geschäftsgang anzunehmen ist, wird allein durch das objektive kaufmännische Verhalten bei der Vornahme der Veräußerung, Einziehung oder Verarbeitung bestimmt[64]. Maßgeblich ist danach, ob der Sicherungsgeber davon ausgehen darf, der Sicherungsnehmer werde die Einziehung, Veräußerung oder Ermächtigung unter den gegebenen konkreten Umständen als mit seinem Sicherungsbedürfnis vereinbar ansehen und deshalb mit ihr einverstanden sein[65]. Die Anforderungen hieran dürfen nicht zu streng sein, weil etwa beim Warenumsatzgeschäft die Weiterveräußerung, Einziehung oder Verarbeitung auch ohne ausdrückliche Vereinbarung der selbstverständliche Zweck des Geschäfts ist und weil im Interesse der Rechtssicherheit notwendig auf objektive, auch einem Drittabnehmer erkennbare Kriterien abzustellen ist[66]. Ferner darf nicht übersehen werden, dass die Rechtshängigkeit der Restrukturierungssache und der Erlass der Stabilisierungsanordnung eine bloß drohende Zahlungsunfähigkeit voraussetzen und eine Zahlungsunfähigkeit oder Überschuldung gerade noch nicht vorliegen.

61 Nicht ausdrücklich geregelt ist die Frage, ob vertraglich vereinbarte Einziehungs-, Veräußerungs-, und Verarbeitungsermächtigungen mit Anordnung einer Verwertungssperre automatisch ohne Weiteres erlöschen. Der BGH[67] hat mit Blick auf die Betriebsfortführung im Insolvenzantragsverfahren und eine Anordnung nach § 21 Abs. 2 Satz 1 Nr. 5 InsO bereits festgestellt, dass der automatische Wegfall der Einziehungs-, Weiterveräußerungs- und Verarbeitungsermächtigungen mit Insolvenzantragstellung oder Bestellung eines vorläufigen Insolvenzverwalters zur Folge hätte, dass jedenfalls in Geschäftsbereichen, in welchen unter Eigentumsvorbehalt gelieferte oder Geldkreditgebern übereignete Ware verarbeitet oder unter Eigentumsvorbehalt gelieferte oder Geldkreditgebern übereignete Ware weiterveräußert wird, mit Stellung des Insolvenzantrags oder mit Bestellung eines vorläufigen Insolvenzverwalters die Produktion und der Verkauf sofort eingestellt werden müssten. Schuldner und vorläufigem Insolvenzverwalter würde keine Zeit gegeben, mit den Sicherungsnehmern und Vorbehaltsverkäufern Vereinbarungen über die Verwertung schuldnerfremder Rechte zu treffen. Eine Betriebsfortführung wäre unter diesen Voraussetzungen kaum möglich. Das automatische Erlöschen von Einziehungs-, Veräußerungs-, und Verarbeitungsermächtigungen würde auch dem Zweck der Verwertungssperre nach Abs. 1 Nr. 2 zuwiderlaufen, welche die Betriebsfortführung nach Anzeige der Restrukturierungssache unter Zuhilfenahme einer Stabilisierungsanordnung gerade ermöglichen will. Die Interessen der Sicherungsgläubiger wird durch § 54 geschützt (zu den Einzelheiten dieses Schutzes s. Kommentierung § 54). Deshalb ist die Frage, ob Einziehungs-, Veräußerungs-, und Verarbeitungsermächtigungen mit Anordnung einer Verwertungssperre nach Abs. 1 Nr. 2 automatisch ohne Weiteres erlöschen, wie im Kontext des Insolvenzantragsverfahrens zu verneinen[68].

62 Würden die Sicherheitenverträge vertragliche Beendigungsklauseln in dem Sinne beinhalten, dass Einziehungs-, Veräußerungs-, und Verarbeitungsermächtigungen mit Rechtshängigkeit der

62 Ebenso *Trowski*, NZI 2021, 297, 298; zweifelnd wohl *Desch*, BB 2020, 2498, 2507.

63 BGH, Urt. v. 24.01.2019 – IX ZR 110/17 [Rn. 37], NZI 2019, 274 m.Anm. *Ganter*.

64 BGH, Urt. v. 16.03.1977 – VIII ZR 215/75 [Rn. 18], NJW 1977, 901.

65 BGH, Urt. v. 24.01.2019 – IX ZR 110/17 [Rn. 37], NZI 2019, 274 m.Anm. *Ganter*.

66 BGH, Urt. v. 16.03.1977 – VIII ZR 215/75 [Rn. 16], BGHZ 68, 199.

67 BGH, Urt. v. 24.01.2019 – IX ZR 110/17 [Rn. 25 u. 28], NZI 2019, 274 m.Anm. *Ganter*; ausdrückliche Fortsetzung von BGHZ 144, 192.

68 Vgl. auch Seibt/Westphal-*Schönen/Bender*, StaRUG, § 49 Rn. 65; Wolgast/Grauer-*Streeck*, StaRUG, § 49 Rn. 49; *Thole*, ZIP 2020, 1985, 1996; entsprechend beantwortet mit Blick auf die Insolvenzantragsstellung oder Anordnung von Sicherungsmaßnahmen BGH, Urt. v. 24.01.2019 – IX ZR 110/17 [Rn. 25 u. 28], NZI 2019, 274 m.Anm. *Ganter*.

Restrukturierungssache oder mit Anordnung einer Verwertungssperre nach Abs. 1 Nr. 2 erlöschen sollen, so wäre eine solche Regelung wegen des Verbots von Lösungsklauseln nach § 44 Abs. 1 Nr. 3 unwirksam.

Kann der Berechtigte nach Maßgabe der vertraglichen Vereinbarung die Einziehungs-, Veräußerungs-, oder Verarbeitungsermächtigung widerrufen, muss er sich die Ausübung eines Widerrufsrechts genau überlegen. Die Einziehung durch ihn selbst kann nämlich nach Abs. 1 Nr. 2 gesperrt sein, sodass eine »Blockade« droht, die auch nicht im Interesse des Berechtigten liegen wird, zumal er nach § 54 Abs. 2 bei Einziehung durch den Schuldner nach Maßgabe der vertraglichen Vereinbarungen geschützt wird. 63

Besteht die Einziehungs-, Veräußerungs-, und Verarbeitungsermächtigungen nach Erlass einer Stabilisierungsanordnung fort, wird sie also insbesondere nicht nach den vertraglichen vereinbarten Maßgaben widerrufen, sind zum Schutz des Berechtigten nämlich die Maßgaben des § 54 Abs. 2 zu beachten. Hiernach sind die infolge Einziehung, Veräußerung oder Verarbeitung erzielten Erlöse an den Berechtigten auszukehren oder unterscheidbar zu verwahren, es sei denn, der Schuldner trifft mit dem Berechtigten eine anderweitige Vereinbarung (zu den Einzelheiten s. Kommentierung § 54). 64

5. Relevanz für die Betriebsfortführung

An den Begriff der erheblichen Bedeutung für die Fortführung des Unternehmens sind keine hohen Anforderungen zu stellen[69]. Ein Gegenstand ist demnach zur Fortführung des Unternehmens des Schuldners von erheblicher Bedeutung, wenn der Betriebsablauf ohne die Nutzungsmöglichkeit nicht nur geringfügig gestört würde[70]. Eine derartige Anordnung hat keine vertragsgestaltende Wirkung zwischen Schuldner und Gläubiger, vielmehr wird die vertragliche Abrede für die Zeit der Anordnung von einem besonderen, hoheitlich begründeten, privatrechtlichen Nutzungsverhältnis überlagert[71]. 65

Neben den in § 49 Abs. 1 Nr. 2 genannten Wirkungen einer Verwertungssperre ergeben sich weitere Rechtsfolgen aus § 54[72]. 66

6. Keine Unzulässigkeit der Aufrechnung

Die Möglichkeiten der Aufrechnung werden durch die Stabilisierungsanordnung und auch nicht durch die Rechtshängigkeit der Restrukturierungssache nicht eingeschränkt und bestehen in dem Umfang der §§ 387 bis 396 BGB fort. 67

Dies eröffnet für Gläubiger Opportunitäten, die den Grundsätzen des Stabilisierungs- und Restrukturierungsrahmens an sich zuwiderlaufen. So können Gläubiger von Restrukturierungsforderungen, die in dem Restrukturierungsplan gestaltet werden sollen, ihre Forderungen etwa an Drittschuldner des Schuldners abtreten, mit der Folge, dass diese mit ihrer erst nach Rechtshängigkeit der Restrukturierungssache erworbenen Forderungen gegen die Forderungen des Schuldners zum Nominalwert aufrechnen können. Ferner sind auch Gestaltungen denkbar, die eine Aufrechnung ermöglichen, die nach den Maßgaben des § 96 Abs. 1 Nr. 3 InsO in einem Insolvenzverfahren unzulässig wären. 68

Die fehlende Regelung zur Zulässigkeit bzw. Unzulässigkeit der Aufrechnung nach Rechtshängigkeit der Restrukturierungssache im StaRUG ist ein Versäumnis des Gesetzgebers, das auch nicht im Wege der Analogie zu den Regelungen in § 96 Abs. 1 Nr. 1 und Nr. 2 InsO wettgemacht werden 69

69 Vgl. zu § 21 Abs. 2 Satz 1 Nr. 5 InsO etwa K. Schmidt-*Hölle*, § 21 Rn. 78.

70 Seibt/Westphal-*Schönen/Bender*, StaRUG, § 49 Rn. 63; Wolgast/Grauer-*Streeck*, StaRUG, § 49 Rn. 38.

71 Wolgast/Grauer-*Streeck*, StaRUG, § 49 Rn. 44; zu § 21 Abs. 2 Satz 1 Nr. 5 InsO BGH, ZInsO 2012, 1421 Rn. 22.

72 BeckOK-StaRUG/*Mock*, § 49 Rn. 18.

kann[73]. Auch der Rechtsgedanke des § 32 Abs. 1 Satz 3, nach dem der Schuldner Forderungen nicht mehr begleichen oder besichern soll, die durch den Restrukturierungsplan gestaltet werden, kann nicht gegen eine Aufrechnungserklärung durch den Drittschuldner/Gläubiger des Schuldners ins Feld geführt werden, sondern allenfalls einer Aufrechnung durch den Schuldner entgegenstehen[74].

C. Ausgenommene Rechtsverhältnisse und Teilkollektivität (Abs. 2)

70 § 49 Abs. 2 sieht in Satz 1 zum einen für bestimmte Forderungen Ausnahmen von der Wirkung der Stabilisierungsinstrumente nach Abs. 1 vor. Satz 2 enthält eine Klarstellung hinsichtlich der Anordnungsmöglichkeiten bei mehreren Gläubigern.

I. Ausgenommene Forderungen (Satz 1)

71 Gem. Satz 1 bleiben Forderungen, die nach § 4 einer Gestaltung durch einen Restrukturierungsplan unzugänglich sind, von einer Anordnung nach Abs. 1 und deren vertragsrechtlichen Wirkungen gem. §§ 54, 55 unberührt. Denn nach dem Willen des Gesetzgebers sollen Stabilisierungsanordnungen nur bezüglich Forderungen ergehen können, die durch einen Restrukturierungsplan gestaltbar sind[75]. § 4 regelt, welche Rechtsverhältnisse einer Gestaltung durch einen Restrukturierungsplan unzugänglich sind. Von den Wirkungen einer Stabilisierungsanordnung unberührt bleiben danach Forderungen von Arbeitnehmern oder im Zusammenhang mit dem Arbeitsverhältnis, einschließlich der Rechte aus Zusagen auf betriebliche Altersvorsorge. Des Weiteren ausgenommen sind Forderungen aus vorsätzlich begangenen unerlaubten Handlungen sowie Forderungen nach § 39 Abs. 1 Nr. 3 InsO.

II. Teilkollektivität (Satz 2)

72 Der Satz 2 stellt klar, dass sich eine Anordnung nach Abs. 1 gegen einzelne, mehrere oder gegen alle Gläubiger richten kann. Die Teilkollektivität des Stabilisierungs- und Restrukturierungsrahmens nach dem StaRUG, der eben nicht wie das Insolvenzverfahren alle Gläubiger erfasst, zeigt sich demnach auch im Zusammenhang mit der Stabilisierungsanordnung. Der Ausschnitt der planbetroffenen Gläubiger und der von der Stabilisierungsanordnung betroffenen Gläubiger muss jedoch nicht übereinstimmen. Die Flexibilität soll einen situationsangemessenen Gebrauch des Stabilisierungsanordnung ermöglichen[76]. Insbesondere denkbar ist, dass sich eine Stabilisierungsanordnung gegen einzelne Akkordstörer[77] oder gegen Finanzkreditgeber richtet[78]. Ein Vorgehen gegen alle Gläubiger ist zwar möglich, allerdings könnte es für eine Stabilisierungsanordnung insbesondere hinsichtlich Kleingläubigern an der Erforderlichkeit der Anordnung gegenüber allen Gläubigern fehlen[79].

D. Erstreckung auf Drittsicherheiten (Abs. 3)

73 Gem. § 49 Abs. 3 kann die Stabilisierungsanordnung auch auf Rechte aus gruppeninternen Drittsicherheiten i.S.d. § 2 Abs. 4 erstreckt werden. Die Regelung geht auf Art. 2 Abs. 1 Nr. 4 RestRL sowie deren Erwägungsgrund Nr. 32 S. 2 zurück. Dritte sind gem. § 2 Abs. 4 verbundene Unternehmen i.S.d. § 15 AktG, die als Bürge, Mitschuldner oder anderweitig haften oder Sicherheiten

73 Zu einem solchen Ansatz s. aber *Proske/Streit*, NZI 2020, 968, 970; zweifelnd auch *Thole*, ZRI 2021, 231, 234.
74 *Thole*, ZRI 2021, 231, 234.
75 § 56 RegE-StaRUG BT-Drucks. 19/24181, S. 154.
76 § 56 RegE-StaRUG BT-Drucks. 19/24181, S. 154.
77 *Riggert*, NZI-Beilage 2021, 40, 42; BeckOK-StaRUG/*Mock*, § 49 Rn. 22, vgl. auch Seibt/Westphal-*Schönen/Bender*, StaRUG, § 49 Rn. 37.
78 Braun-*Riggert*, StaRUG, § 49 Rn. 8.
79 BeckOK-StaRUG/*Mock*, § 49 Rn. 23.1.

für Verbindlichkeiten des Schuldners gewährt haben[80]. Die Möglichkeit der Einbeziehung und Gestaltung von gruppeninternen Drittsicherheiten war nach dem Gesetzesentwurf der Bundesregierung zum StaRUG noch auf Sicherheiten von Tochtergesellschaften im Sinne von § 290 HGB (Upstream-Sicherheiten) beschränkt. Erst kurz vor dem Gesetzesbeschluss wurde der Anwendungsbereich erweitert und auf gruppeninterne Drittsicherheiten von verbundenen Unternehmen im Sinne des § 15 AktG. Damit sollten auch Sicherheiten von (auch ausländischen) Muttergesellschaften (Downstream-Sicherheiten) und/oder Schwestergesellschaften (Sidestream-Sicherheiten) erfasst werden.

Die Einbeziehung gruppeninterner Drittsicherheiten dient nach der Gesetzesbegründung dem Zweck der Erleichterung von Konzernrestrukturierungen, indem die Eröffnung eines Insolvenzverfahrens oder die Inanspruchnahme von Instrumenten des Stabilisierungs- und Restrukturierungsrahmens auf der Ebene des die Sicherheit stellenden Konzernunternehmens vermieden werden[81]. 74

Der hier in der Gesetzesbegründung in Bezug genommene mögliche »Dominoeffekt« der Inanspruchnahme von Instrumenten des Stabilisierungs- und Restrukturierungsrahmens auf sämtliche Ebenen einer Unternehmensgruppe droht insbesondere bei Personalsicherheiten, also einer Bürgschaft, Garantie oder Gesamtschuld. Die persönliche Mithaftung des Dritten vermittelt hier das Risiko, dass z.B. die Entschuldung durch Restrukturierungsplan auf Ebene des Restrukturierungsschuldners auf den anderen Ebenen der Unternehmensgruppe seine Wirkung verfehlt, wenn die Gläubiger ihren »Ausfall« auf diesen anderen Ebenen gegen die gruppenangehörigen Drittsicherheitengeber geltend machen. 75

Mit Blick auf Personalsicherheiten wird die Wirkung der Stabilisierungsanordnung über die Wirkungen nach Abs. 1 Nr. 1 und Nr. 2 hinaus erweitert, weil nach Abs. 3 die Anordnung allgemein die »Durchsetzung von Rechten« aus gruppeninternen Drittsicherheiten sperren kann. Die Verwertungssperre nach Abs. 1 Nr. 2 ist hinsichtlich Personalsicherheiten nicht einschlägig, weil sie nur die Durchsetzung von Rechten an Gegenständen des beweglichen Vermögens sperrt und nicht den Fall der persönlichen Mithaft erfasst. Es ist in Abs. 3 aber auch nicht bloß die »Durchsetzung von Rechten« mit Mitteln der Zwangsvollstreckung gemeint. Es ist daher auch nicht bloß die Zwangsvollstreckung wegen Forderungen aus der persönlichen Mithaft nach Abs. 1 Nr. 1 gesperrt, sondern die Durchsetzung von Rechten aus der gruppeninternen Drittsicherheit schlechthin.[82] Die Stabilisierungsanordnung bewirkt bezogen auf einbezogenen gruppeninterne Drittsicherheiten demnach auch, dass eine persönliche Mithaft nicht geltend gemacht werden kann. 76

Für Sachsicherheiten von verbundenen Unternehmen ist dagegen die Verwertungssperre im Sinne des Abs. 1 Nr. 2 ein tauglicher Inhalt der Stabilisierungsanordnung. Hier ist insbesondere an den in der Praxis häufig anzutreffenden Fall der Gewährung von Anteilspfandrechten durch die (mittelbaren) Gesellschafter des Restrukturierungsschuldners, also die Verpfändung von Anteilen an dem Restrukturierungsschuldner oder an Holdinggesellschaften »oberhalb« des Restrukturierungsschuldners aus dem Vermögen eines (mittelbaren) Gesellschafters als Dritten, zu denken. 77

Auch die Anordnung einer Sperre der »Durchsetzung von Rechten« aus gruppeninternen Drittsicherheiten nach Abs. 3 muss sich an dem Kriterium der Erforderlichkeit nach Abs. 1 Halbs. 1 messen lassen, setzt also voraus, dass die Anordnung einer Sperre betreffend Sicherheiten aus dem Vermögen eines Dritten »zur Wahrung der Aussichten auf die Verwirklichung des Restrukturierungsziels erforderlich ist«. Dieselbe Voraussetzung ergibt sich auch aus § 51 Abs. 1 Nr. 4, nach dem eine Stabilisierungsanordnung ergeht, wenn keine Umstände bekannt sind, aus denen sich ergibt, dass die beantragte Anordnung nicht erforderlich ist, um das Restrukturierungsziel zu verwirklichen. 78

---

80 MK-StaRUG/*Skauradszun*, § 49 Rn. 49; Seibt/Westphal-*Schönen/Bender*, StaRUG, § 49 Rn. 68; Wolgast/Grauer-*Streeck*, StaRUG, § 49 Rn. 66.

81 § 4 RegE-StaRUG, BT-Drucks. 19/24181, S. 113.

82 A.A. Seibt/Westphal-*Schönen/Bender*, StaRUG, § 49 Rn. 69.

79 Ob darüber hinaus im Fall der Einbeziehung von Sachsicherheiten und der Anordnung einer Verwertungssperre im Sinne des Abs. 1 Nr. 2 die weitergehende Voraussetzung erfüllt sein muss, dass die Gegenstände der Sachsicherheit zur Fortführung des Unternehmens des Schuldners von erheblicher Bedeutung sein müssen, ist systematisch unklar. Insofern kann die Bezugnahmen in Abs. 3 auf die »Anordnung nach Absatz 1« auch die Voraussetzungen für eine solche Anordnung nach Abs. 1 mit umfassen, soweit sie Inhalte der Stabilisierungsanordnung betrifft, die entsprechend auch für die gruppeninternen Drittsicherheiten einschlägig sind. Allerdings zielt der Zweck dieser weitergehenden Voraussetzung einer Verwertungssperre nach Abs. 1 Nr. 2 darauf ab, den technisch-organisatorischen Verbund des Vermögens des Schuldners zusammenzuhalten, soweit dies für eine Betriebsfortführung von Bedeutung ist (zum Normzweck oben Rdn. 10). Da die gruppeninternen Drittsicherheiten nicht in diesen technisch-organisatorischen Verbund des Vermögens des Schuldners, sondern in das Vermögen des Dritten fallen, dürfte eine entsprechende Anwendung dieser weitergehenden Voraussetzung auf den Fall der Einbeziehung gruppeninterner Drittsicherheiten unpassend sein. Der Sinn und Zweck der Möglichkeit einer Einbeziehung gruppeninterner Drittsicherheiten in die Stabilisierungsanordnung nach Abs. 3 ist auch nicht die Sorge um eine unmittelbare Störung oder sogar Unmöglichkeit der Fortführung des Unternehmens des Restrukturierungsschuldners im Fall der Durchsetzung von Rechten aus der gruppeninternen Drittsicherheit, sondern ein »Dominoeffekt«, der sich über die anderen Ebenen der Unternehmensgruppe letztlich mittelbar auch wieder auf die Restrukturierungsbemühungen des Restrukturierungsschuldners auswirken könnte (s.o. Rdn. 74 ff.). Bei Anordnung einer Sperre der Durchsetzung von Rechten aus gruppeninternen Drittsicherheiten nach Abs. 3 bleibt es demnach bei der Prüfung des Kriteriums der Erforderlichkeit für die Wahrung der Aussichten auf die Verwirklichung des Restrukturierungsziels (oben Rdn. 78). Eine darüber hinausgehende erhebliche Bedeutung des Gegenstands der Drittsicherheit, etwa der verpfändete Anteil eines Gesellschafters an dem Restrukturierungsschuldner, für die Betriebsfortführung ist nicht Voraussetzung.

80 Die Erforderlichkeit der Sperre der Durchsetzung von Rechten aus gruppeninternen Drittsicherheiten wird sich hinsichtlich Personalsicherheiten regelmäßig mit der drohenden Inanspruchnahme aus der persönlichen Mithaft und dem sich anschließenden »Dominoeffekt« (s.o. Rdn. 75) begründen lassen. Für die in der Praxis häufig anzutreffenden Anteilspfandrechte als typischer Fall der Dritt-Sachsicherheit durch die (mittelbaren) Gesellschafter des Restrukturierungsschuldners, also die Verpfändung von Anteilen an dem Restrukturierungsschuldner oder an Holdinggesellschaften »oberhalb« des Restrukturierungsschuldners aus dem Vermögen eines (mittelbaren) Gesellschafters als Dritten, bedeutet das Kriterium der Erforderlichkeit dagegen einen besonderen Begründungsaufwand. Denn der Eintritt der Pfandreife setzt im Fall des Anteilspfandrechts nicht die Durchsetzung einer Forderung gegen den die Sicherheit gewährenden Gesellschafter voraus, sondern lediglich die Fälligkeit einer besicherten Forderung, insbesondere gegen den Restrukturierungsschuldner. Es droht mithin nicht die Insolvenz des Dritten. Im Übrigen hat der Pfandgläubiger im Fall der Verwertung eines Anteilspfandrechtes gerade ein Interesse daran, dass die Pfandverwertung nicht durch die Insolvenz und einem damit einhergehenden Vermögensbeschlag behindert oder sogar verhindert wird. Es ist in dieser Konstellation darzulegen, warum der Wechsel des (mittelbaren) Gesellschafters infolge einer Verwertung des Anteilspfandrechts die Verwirklichung des Restrukturierungsziels gefährden würde. Dabei darf nicht übersehen werden, dass die Einbeziehung des Anteils des Gesellschafters nach § 2 Abs. 3 und auch eines Pfandrechts an diesem Anteil nach § 2 Abs. 4 in den Restrukturierungsplan unabhängig davon möglich bleibt, wer Gesellschafter ist. So bleibt etwa die in einem Restrukturierungsplan vorgesehene lastenfreie Übertragung der Anteile an dem Restrukturierungsschuldner auf einen Investor oder Eigenkapitalschnitt auf null mit anschließender Kapitalerhöhung unter Ausschluss des Bezugsrechts der bisherigen Gesellschafter möglich. Es ist demnach nicht zwingend, dass im Fall einer Verwertung des Anteilspfandrechts der Fortgang des Restrukturierungsvorhabens gefährdet ist und bedarf vielmehr einer besonderen Begründung. Anders liegen die Dinge möglicherweise dann, wenn der bisherige Gesellschafter sich selbst bereit erklärt hat, erforderliches »frisches Geld« im Zuge einer Sanierungskapitalerhöhung oder in Form von Gesellschafterdar-

lehen zur Verfügung zu stellen, wobei der Restrukturierungsplan ein Erfassen der neuen Anteile durch das bestehende Pfandrecht verhindert. Bei einer zwischenzeitlichen Verwertung eines Anteilspfandrechts könnte je nach Gestaltung des Restrukturierungsplans für den Gesellschafter der Anreiz, Sanierungsbeiträge zu leisten, verloren gehen und ein Verwertungssperre rechtfertigen.

Vom Schuldner zu bedenken ist auch, dass infolge der Verwertung einer Drittsicherheit ein Regressanspruch des Drittsicherheitengebers entstehen kann, der je nach Ausgestaltung der Sicherheitenverträge unmittelbar gegenüber dem Restrukturierungsschuldner geltend gemacht werden könnte. Der drohende Regress könnte die Aussichten auf die Verwirklichung des Restrukturierungsziels ebenfalls verschlechtern. Eine Einbeziehung des Regressanspruchs in den Restrukturierungsplan begegnet dann mitunter Schwierigkeiten wegen der zeitlichen Abgrenzung der gestaltbaren Forderungen nach Maßgabe des § 2 Abs. 5, wobei die Regressansprüche infolge Sicherheitenverwertung vorsichtshalber auch als Eventualverbindlichkeiten nach § 3 Abs. 1 einbezogen werden könnten. 81

E. Rechtsbehelfe

Das Restrukturierungsgericht entscheidet über den Antrag auf Erlass der Stabilisierungsanordnung gem. § 51 Abs. 5 Satz 1 durch Beschluss. Weist das Gericht den Antrag zurück, steht dem Schuldner gegen den Beschluss gem. § 51 Abs. 5 Satz 2 die sofortige Beschwerde zu. 82

Den von der Stabilisierungsanordnung betroffenen Gläubigern steht gegen den Erlass der Stabilisierungsanordnung keine sofortige Beschwerde zu. Sofern die Gläubiger gem. § 59 Abs. 2 einen Aufhebungsgrund glaubhaft machen können, steht diesen allerdings jederzeit die Möglichkeit offen, einen Antrag auf Aufhebung der Stabilisierungsanordnung zu stellen[83]. 83

Aus Sicht der potenziell von einer Stabilisierungsanordnung betroffenen Gläubiger kann es auch sinnvoll sein, eine Schutzschrift bei dem zuständigen Restrukturierungsgericht zu hinterlegen, um sicherzustellen, dass das Restrukturierungsgericht bei seiner Entscheidung über den Erlass der Stabilisierungsanordnung bestimmte Umstände berücksichtigt, z.B. solche, die gegen die Erforderlichkeit der Einbeziehung bestimmter Sicherungsrechte oder Herausgabeansprüche sprechen. 84

§ 50 Antrag

(1) Der Schuldner hat die beantragte Stabilisierungsanordnung nach § 49 Absatz 1 ihrem Inhalt, dem Adressatenkreis und der Dauer nach zu bezeichnen.

(2) Der Schuldner fügt dem Antrag eine Restrukturierungsplanung bei, welche umfasst:
1. **einen auf den Tag der Antragstellung aktualisierten Entwurf des Restrukturierungsplans oder ein auf diesen Tag aktualisiertes Konzept für die Restrukturierung nach § 31 Absatz 2 Satz 1 Nummer 1,**
2. **einen Finanzplan, der den Zeitraum von sechs Monaten umfasst und eine fundierte Darstellung der Finanzierungsquellen enthält, durch welche die Fortführung des Unternehmens in diesem Zeitraum sichergestellt werden soll; dabei bleiben Finanzierungsquellen außer Betracht, die sich mit dem Restrukturierungsziel nicht vereinbaren lassen.**

(3) Des Weiteren hat der Schuldner zu erklären,
1. **ob, in welchem Umfang und gegenüber welchen Gläubigern er sich mit der Erfüllung von Verbindlichkeiten aus Arbeitsverhältnissen, Pensionszusagen oder dem Steuerschuldverhältnis, gegenüber den Sozialversicherungsträgern oder Lieferanten in Verzug befindet,**
2. **ob und in welchen Verfahren zu seinen Gunsten innerhalb der letzten drei Jahre vor dem Antrag Vollstreckungs- oder Verwertungssperren nach diesem Gesetz oder nach § 21 Absatz 2 Satz 1 Nummer 3 oder 5 der Insolvenzordnung angeordnet wurden und**

83 Dazu auch *Bork*, NZI-Beilage 2021, 38, 39.

3. ob er für die letzten drei abgeschlossenen Geschäftsjahre seinen Verpflichtungen aus den §§ 325 bis 328 oder aus § 339 des Handelsgesetzbuchs nachgekommen ist.

Übersicht

A. Überblick und Normzweck

1 § 50 detailliert die Anforderungen an den gem. § 49 zum Erlass einer Stabilisierungsanordnung erforderlichen Antrag des Schuldners. Nach Abs. 1 bedarf es zunächst einer präzisen Bezeichnung der begehrten Stabilisierungsmaßnahme. Abs. 2 regelt die Voraussetzungen, die eine beizufügende Restrukturierungsplanung erfüllen muss. Weitere vom Schuldner zu erklärende Umstände ergeben sich aus Abs. 3. Zweck der Norm ist, die gerichtliche Prüfung der Anordnungsvoraussetzungen zu erleichtern[1].

2 In der Praxis sollte sich der Antrag auf Erlass einer Stabilisierungsanordnung an der Gliederung und den Begrifflichkeiten des Gesetzes orientieren, damit der Normzweck der errichteten Prüfung der Antragsvoraussetzungen gefördert wird[2].

B. Inhalt der begehrten Anordnung (Abs. 1)

3 Nach § 50 Abs. 1 muss der Schuldner in seinem Antrag den beabsichtigten Inhalt, den Adressatenkreis sowie die Dauer der begehrten Stabilisierungsanordnung bezeichnen[3].

4 Maßstab für die erforderliche Bestimmtheit der jeweiligen Angaben ist, ob diese eine gerichtliche Prüfung der Rechtfertigung eines Eingriffs in die Gläubigerrechte zulassen[4].

5 Die Antragsberechtigung des Schuldners ergibt sich aus § 30[5].

6 Die formalen Anforderungen richten sich gem. § 38 nach der ZPO. Gem. § 38 StaRUG i.V.m. § 496 ZPO sind »sonstige Anträge und Erklärungen« schriftlich zu Gericht einzureichen oder mündlich zu Protokoll der Geschäftsstelle anzubringen[6]. Die nach dem allgemeinen Zivilprozessrecht eröffnete Möglichkeit, den Antrag auch mündlich zu Protokoll der Geschäftsstelle anzubringen, dürfte angesichts der dem Antrag beizufügen Restrukturierungsplanung an praktische Grenzen stoßen[7].

1 Seibt/Westpfahl-*Schönen/Bender*, StaRUG, § 50 Rn. 11; BeckOK-StaRUG/*Mock*, § 50 Rn. 2; Wolgast/Grauer-*Streeck*, StaRUG, § 50 Rn. 1.
2 Wolgast/Grauer-*Streeck*, StaRUG, § 50 Rn. 2.
3 Dazu und zum Folgenden auch *Schneider/Loszynski*, SanB 2021, 136, 138.
4 Wolgast/Grauer-*Streeck*, StaRUG, § 50 Rn. 4.
5 BeckOK-StaRUG/*Mock*, § 50 Rn. 5; Wolgast/Grauer-*Streeck*, StaRUG, § 50 Rn. 4; mit anderer Begründung MK-StaRUG/*Skauradszun*, § 49 Rn. 22.
6 Braun-*Riggert*, StaRUG, § 49 Rn. 1; MK-StaRUG/*Skauradszun*, § 49 Rn. 25.
7 Ebenso Wolgast/Grauer-*Streeck*, StaRUG, § 50 Rn. 6.

I. Inhalt

7 Hinsichtlich des erforderlichen Inhalts bedarf es der Bezeichnung der begehrten Stabilisierungsanordnung nach § 49 Abs. 1 Nr. 1 (Vollstreckungssperre) oder Nr. 2 (Verwertungssperre) sowie der Darlegung, warum diese erforderlich ist[8].

8 Die Beantragung einer Vollstreckungssperre erfordert, dass bis zum voraussichtlichen Eintritt der Rechtskraft des Restrukturierungsplans eine Vollstreckung in das Schuldnervermögen zumindest droht[9]. Das potenzielle Vollstreckungsrechtsverhältnis muss – so konkret wie möglich – bereits dargelegt werden. Liegt bereits ein Vollstreckungstitel vor, so ist dieser im Antrag zu bezeichnen[10]. Die Vollstreckung muss allerdings noch nicht begonnen haben[11]. Es genügt, wenn eine Vollstreckung angedroht wurde oder wenn Umstände bekannt werden, nach denen durch einen Gläubiger die Voraussetzungen für den Beginn einer Vollstreckung geschaffen werden.

9 Bei Beantragung einer Verwertungssperre ist hingegen der einer drohenden Verwertung zugrunde liegende Sicherungsvertrag mit Datum sowie die wesentlichen Verwertungsbedingungen zu bezeichnen[12]. Unzulässig und unwirksam sind formularmäßige Pauschalanordnungen, die auf die erforderliche Prüfung der gesetzlichen Voraussetzungen verzichten[13]. Die Gegenstände des beweglichen Anlagevermögens, an denen Rechte bestehen, die im Fall der Eröffnung eines Insolvenzverfahrens als Ab- oder Aussonderungsrechte geltend gemacht werden könnten, sind wegen des bereits bei Bestellung dieser Rechte geltenden sachenrechtlichen Bestimmtheitsgebots regelmäßig durch Vorlage des Sicherheitenvertrags auch für die Zwecke der Stabilisierungsanordnung hinreichend konkretisiert. Bei revolvierenden Sicherheiten kann es erforderlich sein, ebenfalls wie bei ihrer Bestellung die Angaben zu machen, die für eine hinreichende Bestimmbarkeit sorgen (Beschreibung Sicherungsraum, Lieferungs- und Leistungsbeziehung etc.). Im Kontext der Anordnung nach § 21 Abs. 2 Satz 1 Nr. 5 InsO ist hinsichtlich einer Globalzession die Anordnung eines Einziehungsverbots für sämtliche zur Sicherheit abgetretenen Forderungen als hinreichend angesehen worden[14]. Im Kontext des Erlasses einer Stabilisierungsanordnung gelten keine strengeren Anforderungen, sodass auch hier bei einer Globalzession die Anordnung eines Einziehungsverbots für sämtliche zur Sicherheit abgetretenen Forderungen hinreichend ist[15].

II. Adressatenkreis

10 Der gem. § 50 Abs. 1 zu bezeichnende Adressatenkreis meint alle von der beantragten Stabilisierungsmaßnahme betroffenen Gläubiger. Die Gläubiger können in Adressatenkreise eingeteilt werden (etwa Lieferanten, Dienstleister, Kreditinstitute), welche in der Regel den gem. § 9 gebildeten Gläubigergruppen entsprechen[16].

11 Die Gläubiger müssen im Antrag mit zustellungsfähiger Anschrift genannt werden[17]. Dies ist erforderlich, damit das Restrukturierungsgericht nach § 41 oder der Restrukturierungsbeauftragte nach § 76 Abs. 5 die Zustellung der Anordnung an die betroffenen Gläubiger erledigen kann.

8 Seibt/Westpfahl-*Schönen/Bender*, StaRUG, § 50 Rn. 12; Wolgast/Grauer-*Streeck*, StaRUG, § 50 Rn. 7; BeckOK-StaRUG/*Mock*, § 50 Rn. 4.

9 Braun-*Riggert*, StaRUG, § 49 Rn. 3; Seibt/Westpfahl-*Schönen/Bender*, StaRUG, § 50 Rn. 12; MK-StaRUG/*Skauradszun*, § 50 Rn. 10.

10 *Riggert*, NZI-Beilage 2021, 40, 41.

11 Wolgast/Grauer-*Streeck*, StaRUG, § 50 Rn. 9.

12 Braun-*Riggert*, StaRUG, § 49 Rn. 4; Wolgast/Grauer-*Streeck*, StaRUG, § 50 Rn. 10.

13 So ausdrücklich BGH, Urt. v. 03.12.2009 – IX ZR 7/09 [Rn. 19], NZI 2010, 95.

14 *Ganter*, NZI 2010, 551 ff.; *Wiche/Wendler*, ZInsO 2011, 1530 ff.; AG Hamburg, Beschl. v. 30.09.2011 – 67g IN 381/11, ZInsO 2011, 2045, 2046; zum Ganzen auch MK-InsO/*Haarmeyer/Schildt*, § 21 Rn. 99.

15 Ebenfalls für eine Übertragung dieses Maßstabs offenbar Wolgast/Grauer-*Streeck*, StaRUG, § 50 Rn. 10.

16 Wolgast/Grauer-*Streeck*, StaRUG, § 50 Rn. 13: »für die Prüfung der Erforderlichkeit zweckmäßig«; Braun-*Riggert*, StaRUG, § 49 Rn. 5.

17 MK-StaRUG/*Skauradszun*, § 50 Rn. 11; Wolgast/Grauer-*Streeck*, StaRUG, § 50 Rn. 14.

Das Erfordernis der Zustellung ergibt sich aus § 51 Abs. 4 Satz 1. Es kann zwar in den öffentlichen Restrukturierungssachen im Sinne von § 84 zukünftig entfallen, wenn sich die Anordnung mit Ausnahme der § 4 genannten Gläubiger gegen alle Gläubiger richtet. Aber diese (Ausnahme-) Konstellation ist zumindest derzeit noch nicht einschlägig, weil die Vorschriften über die öffentlichen Restrukturierungssachen in den §§ 84 bis 88 erst mit Wirkung vom 17.07.2022 in Kraft treten. Die Bezeichnung der betroffenen Gläubiger mit Name und Anschrift sollte insbesondere in den Fällen unproblematisch sein, in denen bereits ein fortgeschrittener Entwurf des Restrukturierungsplans mit der Antragstellung vorgelegt wird. Denn gem. der Anlage zu § 5 Satz 2 betreffend die notwendigen Angaben im Restrukturierungsplan (s. dort Nr. 3) sind auch die Planbetroffenen entweder namentlich zu benennen oder durch hinreichend konkrete Bezeichnung der Forderung oder Rechte zu beschreiben.

III. Dauer

12 Des Weiteren muss der Antrag die beabsichtigte Dauer der Stabilisierungsmaßnahme bezeichnen. Die Zulässigkeit einer beantragten Anordnungsdauer ergibt sich aus § 53, sodass eine Höchstdauer von drei Monaten nicht überschritten werden darf[18]. Im Zweifel ist die Stabilisierungsanordnung restriktiv zu erlassen und später die Möglichkeit einer Folge oder Neuanordnung wahrzunehmen. Bei Beantragung einer Folge- oder Neuanordnung gem. § 52 sind die dafür erforderlichen Voraussetzungen nach den § 53 Abs. 2 und 3 darzulegen[19]. Um für die Verwirklichung des Restrukturierungsziels erforderlich zu sein, muss die beantragte Dauer der Stabilisierung sich nach dem voraussichtlichen Zeitpunkt der Abstimmung über den Restrukturierungsplan nach § 20 Abs. 1 richten[20].

13 Auch der Beschluss des Restrukturierungsgerichts, mit dem die Stabilisierungsanordnung erlassen wird, muss die Dauer bezeichnen. Eine unbefristete Stabilisierungsanordnung »bis zur Aufhebung« nach Maßgabe des § 59 ist unzulässig.

IV. Erforderlichkeit

14 Aus dem systematischen Zusammenhang zu den § 49 Abs. 1 und § 51 Abs. 1 Nr. 4 ergibt sich über den Wortlaut der Vorschrift hinaus, dass die Erforderlichkeit einer Stabilisierungsanordnung dargelegt werden muss, um eine Stabilisierungsanordnung zu erreichen[21]. Eine solche Erforderlichkeit kann indes bereits hinreichend aus den übrigen Angaben zu Inhalt, Adressatenkreis und Dauer der Anordnung ergeben[22].

C. Beifügen einer Restrukturierungsplanung (Abs. 2)

15 Gem. Abs. 2 muss der Schuldner dem Antrag eine Restrukturierungsplanung beifügen. Diese muss sowohl einen tagesaktuellen Entwurf des Restrukturierungsplans bzw. ein Restrukturierungskonzept nach § 31 Abs. 2 Satz 1 Nr. 1 (Nr. 1) als auch einen sechsmonatigen Finanzplan (Nr. 2) enthalten.

16 Die Regelung erinnert an die im Rahmen der vorläufigen Eigenverwaltung mit dem Antrag vorzulegende Eigenverwaltungsplanung gem. § 270a InsO, der ebenfalls durch das SanInsFoG[23] neu gefasst wurde und mit Wirkung vom 01.01.2021 in Kraft getreten ist.

---

18 Braun-*Riggert*, StaRUG, § 50 Rn. 6; Seibt/Westpfahl-*Schönen/Bender*, StaRUG, § 50 Rn. 10.
19 Braun-*Riggert*, StaRUG, § 50 Rn. 6.
20 Wolgast/Grauer-*Streeck*, StaRUG, § 50 Rn. 19.
21 Seibt/Westpfahl-*Schönen/Bender*, StaRUG, § 50 Rn. 12; Wolgast/Grauer-*Streeck*, StaRUG, § 50 Rn. 21.
22 Wolgast/Grauer-*Streeck*, StaRUG, § 50 Rn. 21.
23 Gesetz v. 22.12.2020, BGBl. I S. 3256.

I. Restrukturierungsplan bzw. Konzept nach § 31 Abs. 2 Satz 1 Nr. 1 (Nr. 1)

Der beizufügende Entwurf des Restrukturierungsplans bzw. das Konzept dienen dem Restrukturierungsgericht zur Prüfung der Schlüssigkeit und Vollständigkeit der Restrukturierungsplanung gem. § 51 Abs. 1[24]. In beiden Fällen ist eine Aktualisierung auf den Tag der Antragsstellung erforderlich[25]. 17

Der Entwurf des Restrukturierungsplans hat bereits die Maßgaben für die Anforderungen an den Restrukturierungsplan nach §§ 5 ff. zu erfüllen. Es ist ein aus Sicht des Schuldners »finaler Entwurf« gemeint, d.h. ein vollständiges Planangebot, das annahmefähig ist. Dies setzt voraus, dass der »Entwurf« alle Inhalte und Anlagen eines Restrukturierungsplans im Sinne der §§ 5 ff. enthält, sodass dieser aus Sicht des Schuldners einreichbar bzw. jedenfalls zu einer gerichtlichen Vorprüfung gem. §§ 46, 47 geeignet ist[26]. »Entwurf« meint hier mit anderen Worten nicht »unvollständige Fassung«. Je nach Stadium des Verfahrens und vor allem je nach Fortschritt der Verhandlungen mit den Gläubigern ist ein solcher Entwurf ausgereift, d.h. nicht nur »vollständig«, sondern auch »abgestimmt«. Dabei ist unschädlich, wenn sich im weiteren Verlauf der Verhandlungen oder im Rahmen des Erörterungstermins noch Änderungen ergeben. Zum Entwurf des Restrukturierungsplan zählt auch die Darlegung der drohenden Zahlungsunfähigkeit i.S.v. § 18 InsO. Ferner sollte auch der Entwurf einer Vergleichsrechnung gem. § 6 Abs. 2 Satz 1 mit dem Entwurf des Restrukturierungsplans vorgelegt werden können. 18

Ein Konzept für die Restrukturierung muss gem. § 31 Abs. 2 Nr. 1 auf Grundlage einer Darstellung von Art, Ausmaß und Ursachen der Krise das Restrukturierungsziel sowie die zur Erreichung beabsichtigten Maßnahmen enthalten. Wie detailliert und umfangreich eine solche Darstellung sein muss, hängt von den Umständen des Einzelfalls sowie der Größe des Unternehmens ab[27]. Da der Restrukturierungsplan aus dem Konzept abgeleitet wird, müssen die eingereichten Unterlagen erkennen lassen, dass sie als konzeptionelle Grundlage eines Restrukturierungsplans geeignet sind und sich die erforderlichen Inhalte ableiten lassen. Im Kern sollten insbesondere die historischen Angaben und die Darstellung und Analyse des Ist-Zustandes, die weitgehend unabhängig vom Fortschritt der Verhandlungen mit den Gläubigern sind, enthalten sein. Hierzu zählen auch Angaben zu den Vermögenswerten und Verbindlichkeiten des Schuldners zum Zeitpunkt der Vorlage des Konzept bzw. Restrukturierungsplans, einschließlich einer Bewertung der Vermögenswerte, eine Beschreibung der wirtschaftlichen Situation des Schuldners und der Position der Arbeitnehmer sowie eine Beschreibung der Ursachen und des Umfangs der wirtschaftlichen Schwierigkeiten des Schuldners (vgl. Nr. 2 betreffend die notwendigen Angaben im Restrukturierungsplan gem. Anlage zu § 5 Satz 2 StaRUG). Hierzu zählt auch die Darlegung der drohenden Zahlungsunfähigkeit i.S.v. § 18 InsO. Ferner sollte das dem Restrukturierungsplan zugrunde liegende Konzept so weit ausgereift sein, dass Angaben zu den zur Krisenbewältigung vorzunehmenden Maßnahmen gem. § 6 Abs. 1 Satz 2 abgeleitet werden können, und auch der Entwurf einer Vergleichsrechnung gem. § 6 Abs. 2 Satz 1 sollte vorgelegt werden können. 19

Damit eine Stabilisierungsanordnung nach § 51 Abs. 1 ergehen kann, muss das Konzept über die Anforderungen des § 31 Abs. 2 Nr. 1 hinaus vollständig sowie schlüssig sein und auf einer hinreichenden Tatsachengrundlage beruhen[28]. Dasselbe gilt für den Restrukturierungsplan. 20

II. Finanzplan (Nr. 2)

Dem Antrag ist gem. Abs. 2 Nr. 2 außerdem ein Finanzplan beizufügen, aus welchem sich anhand einer fundierten Darstellung der Finanzierungsquellen die Gewährleistung der Fortführung des 21

24 MK-StaRUG/*Skauradszun*, § 50 Rn. 16; Wolgast/Grauer-*Streeck*, StaRUG, § 50 Rn. 24.
25 BeckOK-StaRUG/*Mock*, § 50 Rn. 12.
26 Vgl. zu diesem Begriffsverständnis im Kontext des § 59 Abs. 1 Nr. 3 etwa Braun-*Riggert*, StaRUG, § 59 Rn. 4; Wolgast/Grauer-*Mikolajczak*, StaRUG, § 59 Rn. 13; s.a. § 59 Rdn. 10.
27 MK-StaRUG/*Skauradszun*, § 50 Rn. 17; Braun-*Riggert*, StaRUG, § 50 Rn. 8.
28 MK-StaRUG/*Skauradszun*, § 50 Rn. 16; Braun-*Riggert*, StaRUG, § 50 Rn. 7.

Unternehmens für einen Zeitraum von sechs Monaten entnehmen lässt. Zweck der Regelung ist, dass die Finanzierung des Schuldners über die Anordnungshöchstdauer nach § 53 hinaus, nämlich bis zum Zeitpunkt des angenommenen Eintritt der Rechtskraft des Restrukturierungsplans, sichergestellt sein soll[29].

22 Die mit der Stabilisierungsanordnung verbundenen erheblichen Eingriffe in die Gläubigerrechte rechtfertigen sich mit der Annahme, dass es Aussichten auf eine erfolgreiche Umsetzung des Restrukturierungsvorhabens gibt. Die Durchfinanzierung des Schuldners für den Zeitraum bis zur geplanten Rechtskraft der Bestätigung des Restrukturierungsplans ist allein nicht hinreichende Bedingung für die erfolgreiche Umsetzung, aber notwendige Bedingung. Bei dem Restrukturierungsversuch würde es sich schlicht um einen untauglichen Versuch handeln, wenn man noch vor Bestätigung des Restrukturierungsplans mit dem Eintritt der Zahlungsunfähigkeit des Schuldners zu rechnen hätte (die Nicht-Aufhebung trotz Zahlungsunfähigkeit nach § 33 Abs. 2 Nr. 1 kann nicht eingeplant werden). Insofern darf nicht übersehen werden, dass im Zuge der Anzeige des Restrukturierungsvorhabens nach § 31 keine initiale Prüfung von Eröffnungsvoraussetzungen o.Ä. stattfindet, sondern umgekehrt nach § 33 eine Aufhebung der Restrukturierungssache unter bestimmten Voraussetzungen in Betracht kommt. Eine dieser Voraussetzungen ist das Bekanntwerden von Umständen, aus denen sich ergibt, dass das angezeigte Restrukturierungsvorhaben keine Aussicht auf Umsetzung hat. Das Restrukturierungsgericht hat die Aufhebungsgründe nach § 33 zwar von Amts wegen im Blick zu behalten, gleichwohl ist der Antrag auf Erlass einer Stabilisierungsanordnung mitunter der erste Anlass, die Erfolgsaussichten des Restrukturierungsvorhabens und damit auch die Durchfinanzierung des Schuldners als Voraussetzungen für den Erlass der Stabilisierungsanordnung positiv festzustellen.

23 Unter fundierter Darstellung der Finanzierungsquellen ist zu verstehen, dass konkrete Finanzierungsquellen für den sechsmonatigen Zeitraum nachgewiesen werden[30]. Außer Betracht bleiben müssen gem. Halbs. 2 indes solche Finanzierungsquellen, die mit dem Restrukturierungsziel nicht vereinbar sind. Dies soll verhindern, dass der Stabilisierungszeitraum etwa durch kurzfristige Fremdkapitalfinanzierungen oder die Veräußerung der Unternehmenssubstanz, auf die der Schuldner zur Sanierung angewiesen ist, finanziert wird, die Finanzierung mithin also durch nicht nachhaltige Maßnahmen erfolgt[31].

24 Der Finanzplan ist eine reine Liquiditätsplanung über sechs Monate, wobei die kurzfristige Liquidität (13-Wochen-Planung) möglichst auf Wochen oder sogar Tagesbasis zu erfolgen hat. Darüber hinaus kann auf Monatsbases geplant werden[32].

25 Die Planannahmen können nicht pauschal aus der Zeit vor der Anzeige der Restrukturierungssache fortgeschrieben werden. Die periodengerechte Zuordnung der erwarteten Zahlungseingänge und -ausgänge stellt in der Restrukturierungssituation eine erhebliche Herausforderung dar. Zu berücksichtigen sind auf der Ausgabenseite etwa die Beratungs- und Gerichtskosten, ggf. einschließlich einer Vergütung für den Restrukturierungsbeauftragten. Auf der Einnahmenseite ist etwa zu berücksichtigen, dass nach § 54 Abs. 2 im Fall des Erlasses einer Stabilisierungsanordnung eine Pflicht zur Separierung von Erlösen besteht, wenn keine abweichende Vereinbarung über die weitere Verwendung dieser Erlöse für die Fortführung des Geschäftsbetriebs getroffen werden kann (s. dazu § 54 Rdn. 20 ff.). Dass hier unter Unsicherheit mit Annahmen gearbeitet werden muss, liegt in der Natur

29 § 57 RegE-StaRUG BT-Drucks. 19/24181, S. 155; Wolgast/Grauer-*Streeck*, StaRUG, § 50 Rn. 31.

30 Seibt/Westpfahl-*Schönen/Bender*, StaRUG, § 50 Rn. 18; BeckOK-StaRUG/*Mock*, § 50 Rn. 15.

31 § 57 RegE-StaRUG BT-Drucks. 19/24181, S. 155; *Riggert*, NZI-Beilage 2021, 40; BeckOK-StaRUG/*Mock*, § 50 Rn. 16; Seibt/Westpfahl-*Schönen/Bender*, StaRUG, § 50 Rn. 19; MK-StaRUG/*Skauradszun*, § 50 Rn. 21.

32 Vgl. auch Tz. 38 ff. der Maßgaben des Entwurfs einer Neufassung des IDW Standards: Bescheinigungen nach §§ 270d und 270a InsO [IDW ES 9 n.F.] Entwurfsstand: 12.01.2021; Seibt/Westpfahl-*Schönen/Bender*, StaRUG, § 50 Rn. 18.

der Sache. Insoweit kann die sorgfältigste Planung jederzeit zur Makulatur werden. Nicht übersehen werden darf nämlich, dass eine solche Planung eine erhebliche Zahl an Geldbewegungen abbilden soll, die unter Unsicherheit prognostiziert werden.

Der Finanzplan nach Abs. 2 Nr. 2 unterscheidet sich von der der Planung, die der Erklärung nach § 14 Abs. 1 zugrunde liegt, nach der die drohende Zahlungsunfähigkeit des Schuldners durch den Plan beseitigt und die Bestandsfähigkeit des Schuldners sicher- oder wiederhergestellt wird, und auch von der Darlegung zur Zahlungsunfähigkeit im Zeitraum nach Bestätigung des Restrukturierungsplans bis zur Befriedigung der Gläubiger nach § 14 Abs. 2 Satz 2. 26

III. Darlegung der drohenden Zahlungsunfähigkeit

Die Stabilisierungsanordnung ergeht gem. § 51 Abs. 1 Satz 1 Nr. 3, wenn die von dem Schuldner vorgelegte Restrukturierungsplanung vollständig und schlüssig ist und keine Umstände bekannt sind, aus denen sich ergibt, dass der Schuldner noch nicht drohend zahlungsunfähig ist. Die dem Antrag beigefügt Restrukturierungsplanung muss das Restrukturierungsgericht daher auch in die Lage versetzen, sich ein Bild von der drohenden Zahlungsunfähigkeit des Schuldners i.S.v. § 18 InsO machen zu können. 27

Auch wenn eine Darlegungspflicht der drohenden Zahlungsunfähigkeit nicht ausdrücklich in Abs. 2 geregelt ist, ergibt sich das Darlegungserfordernis mittelbar aus anderen Normen. So ist die Darlegung der drohenden Zahlungsunfähigkeit Teil der Darstellung des Umfangs der wirtschaftlichen Schwierigkeiten des Schuldners im darstellenden Teil des vorzulegenden Entwurfs des Restrukturierungsplans (oben Rdn. 19). Sie ergibt sich ferner auch aus § 14 Abs. 1, nach dem sich aus dem Plan die Beseitigung der drohenden Zahlungsunfähigkeit ergeben muss. Für ein Darlegungserfordernis spricht daneben der Umstand, dass ansonsten die diesbezügliche Plausibilitätsprüfung im Rahmen des § 51 Abs. 1 Satz 1 Nr. 3 mangels Überprüfbarkeit entgegenstehender Umstände eines weiten Teils seines Anwendungsbereichs beraubt würde[33]. Mithin erscheint ein Darlegungserfordernis auch der drohenden Zahlungsunfähigkeit sachgerecht[34]. 28

D. Weitere Erklärungen des Schuldners (Abs. 3)

Der antragsstellende Schuldner hat nach Abs. 3 zudem weitere Erklärungen abzugeben. Der Zweck der Erklärungen ist, ein Gleichauf der Voraussetzungen für das Erlangen einer Stabilisierungsmaßnahme und der Anordnung der vorläufigen Eigenverwaltung herzustellen[35]. Dem Wortlaut nach erforderlich ist lediglich eine Erklärung über die in Abs. 3 Nr. 1 bis 3 genannten Umstände, nicht der Nachweis deren Richtigkeit. Gleichwohl können solche Nachweise vom Restrukturierungsgericht angefordert werden[36]. 29

I. Kein Schuldnerverzug (Nr. 1)

Nach Nr. 1 muss der Schuldner erklären, ob, in welchem Umfang und gegenüber welchen Gläubigern er sich mit der Erfüllung spezifischer Verbindlichkeiten im Verzug befindet. Erfasst sind Verbindlichkeiten aus Arbeitsverhältnissen, Pensionszusagen, Steuerschuldverhältnis, gegenüber Sozialversicherungsträgern oder Lieferanten. Durch die Erklärung wird das Gericht in die Lage versetzt, die Anordnungsvoraussetzungen nach § 51 Abs. 2 zu prüfen. Erhebliche Zahlungsrückstände können gem. § 51 Abs. 2 Nr. 1 gegen die Annahme sprechen, der Schuldner sei zu einer an den Inte- 30

33 Wolgast/Grauer-*Streeck*, StaRUG, § 50 Rn. 28.
34 Wolgast/Grauer-*Streeck*, StaRUG, § 50 Rn. 28; *Balthasar*, NZI-Beilage 2021, 18; a.A. Braun-*Riggert*, StaRUG, § 51 Rn. 6, der auf das Fehlen einer ausdrücklichen Pflicht im Gesetz hinweist.
35 § 57 RegE-StaRUG BT-Drucks. 19/24181, S. 155.
36 BeckOK-StaRUG/*Mock*, § 50 Rn. 17.

ressen der Gläubigergesamtheit ausgerichteten Geschäftsführung bereit und in der Lage, was zu einer Versagung der Stabilisierungsanordnung führen kann[37].

II. Vorherige Vollstreckungs- und Verwertungssperren (Nr. 2)

31 Der Nr. 2 zufolge hat der Schuldner zu erklären, ob, in welchen Verfahren und gegenüber welchen Gläubigern zu seinen Gunsten innerhalb der letzten drei Jahren von dem Antrag bereits Vollstreckungs- und Verwertungssperren nach dem StaRUG oder gem. § 21 Abs. 2 Satz 1 Nr. 3 oder Nr. 5 InsO angeordnet wurden. Hierbei muss der Schuldner Gericht und Aktenzeichen angeben[38]. Relevanz entfaltet die Erklärung deshalb, weil eine Stabilisierungsmaßnahme im Fall einer Vollstreckungs- oder Verwertungssperre in den letzten drei Jahren gem. § 51 Abs. 2 Satz 2 nur angeordnet werden kann, wenn trotzdem zu erwarten ist, dass der Schuldner die Bereitschaft und Fähigkeit aufweist, seine Geschäftsführung am Interesse der Gläubigergesamtheit auszurichten oder der Anlass für die ursprüngliche Anordnung nachhaltig beseitigt wurde[39].

III. Erfüllen handelsrechtlicher Offenlegungspflichten (Nr. 3)

32 Schließlich muss der Schuldner erklären, ob er für die letzten drei Geschäftsjahre seinen Verpflichtungen aus den §§ 325 bis 328 oder aus § 339 HGB nachgekommen ist (Nr. 3). Im Fall einer Nichterfüllung der handelsrechtlichen Offenlegungspflichten kann eine Stabilisierungsanordnung nach § 51 Abs. 2 Nr. 2 nur ergehen, wenn dennoch anzunehmen ist, dass der Schuldner seine Geschäftsführung an den Interessen der Gläubigergesamtheit auszurichten vermag und beabsichtigt.

§ 51 Voraussetzungen der Stabilisierungsanordnung

(1) [1]Die Stabilisierungsanordnung ergeht, wenn die von dem Schuldner vorgelegte Restrukturierungsplanung vollständig und schlüssig ist und keine Umstände bekannt sind, aus denen sich ergibt, dass

1. die Restrukturierungsplanung oder die Erklärungen zu § 50 Absatz 3 in wesentlichen Punkten auf unzutreffenden Tatsachen beruht oder beruhen,
2. die Restrukturierung aussichtslos ist, weil keine Aussicht darauf besteht, dass ein das Restrukturierungskonzept umsetzender Plan von den Planbetroffenen angenommen oder vom Gericht bestätigt werden würde,
3. der Schuldner noch nicht drohend zahlungsunfähig ist oder
4. die beantragte Anordnung nicht erforderlich ist, um das Restrukturierungsziel zu verwirklichen.

[2]Schlüssig ist die Planung, wenn nicht offensichtlich ist, dass sich das Restrukturierungsziel nicht auf Grundlage der in Aussicht genommenen Maßnahmen erreichen lässt. [3]Weist die Restrukturierungsplanung behebbare Mängel auf, erlässt das Gericht die Anordnung für einen Zeitraum von höchstens 20 Tagen und gibt dem Schuldner auf, die Mängel innerhalb dieses Zeitraums zu beheben.

(2) [1]Sind Umstände bekannt, aus denen sich ergibt, dass

1. erhebliche Zahlungsrückstände gegenüber den in § 50 Absatz 3 Nummer 1 genannten Gläubigern bestehen oder

37 Braun-*Riggert*, StaRUG, § 50 Rn. 7.

38 § 57 RegE-StaRUG BT-Drucks. 19/24181, S. 155; Seibt/Westpfahl-*Schönen/Bender*, StaRUG, § 50 Rn. 23.

39 Wolgast/Grauer-*Streeck*, StaRUG, § 50 Rn. 42; Seibt/Westpfahl-*Schönen/Bender*, StaRUG, § 50 Rn. 23.

2. der Schuldner für mindestens eines der letzten drei abgeschlossenen Geschäftsjahre gegen die Offenlegungspflichten nach den §§ 325 bis 328 oder nach § 339 des Handelsgesetzbuchs verstoßen hat,

erfolgt die Stabilisierungsanordnung nur, wenn trotz dieser Umstände zu erwarten ist, dass der Schuldner bereit und in der Lage ist, seine Geschäftsführung an den Interessen der Gläubigergesamtheit auszurichten. [2]Dies gilt auch, wenn zugunsten des Schuldners in den letzten drei Jahren vor der Stellung des Antrags die in § 49 Absatz 1 genannten Vollstreckungs- oder Verwertungssperren oder vorläufige Sicherungsanordnungen nach § 21 Absatz 1 Satz 2 Nummer 3 oder 5 der Insolvenzordnung angeordnet wurden, sofern nicht der Anlass dieser Anordnungen durch eine nachhaltige Sanierung des Schuldners bewältigt wurde.

(3) Liegt zum Zeitpunkt der Stabilisierungsanordnung kein Restrukturierungsplan vor, kann das Gericht dem Schuldner eine Frist setzen, binnen derer der Restrukturierungsplan vorzulegen ist.

(4) [1]Die Stabilisierungsanordnung ist allen Gläubigern, die von ihr betroffen sind, zuzustellen. [2]In öffentlichen Restrukturierungssachen (§ 84) kann auf eine Zustellung verzichtet werden, wenn sich die Anordnung mit Ausnahme der in § 4 genannten Gläubiger gegen alle Gläubiger richtet.

(5) [1]Das Restrukturierungsgericht entscheidet über den Antrag auf Erlass der Stabilisierungsanordnung durch Beschluss. [2]Soweit das Gericht den Antrag zurückweist, steht dem Schuldner gegen den Beschluss die sofortige Beschwerde zu.

Übersicht

A. Normzweck und Überblick

§ 51 regelt die Voraussetzungen, unter denen das Gericht die beantragte Stabilisierungsanordnung erlassen muss. Der gerichtliche Prüfungsmaßstab ist hierbei auf eine bloße Plausibilitätskontrolle der Restrukturierungsplanung beschränkt, um die ggf. zeitkritische Stabilisierungsanordnung nicht von einer unter Umständen umfangreichen Prüfung abhängig zu machen[1]. Die Vorschrift weicht daher vom ansonsten geltenden Amtsermittlungsgrundsatz gem. § 39 Abs. 1 Satz 1 ab[2]. 1

Bestehen gerichtliche Zweifel an dem Restrukturierungsvorhaben als Ganzes oder an der Erforderlichkeit einer Stabilisierungsmaßnahme, kann ein Restrukturierungsbeauftragter gem. § 73 zur inhaltlichen Prüfung eingesetzt werden[3]. 2

1 § 58 RegE-StaRUG BT-Drucks. 19/24181, S. 155.

2 Braun-*Riggert*, StaRUG, § 51 Rn. 1; MK-StaRUG/*Skauradszun*, § 51 Rn. 4; nach Wolgast/Grauer-*Streeck*, StaRUG, § 51 Rn. 8 bedarf es bei wesentlichen Eingriffen in die Gläubigerrechte indes einer positiven Überzeugung des Gerichts vom Vorliegen der Anordnungsvoraussetzungen, sodass diese bei gerichtlichen Zweifeln nicht ergehen darf.

3 Wolgast/Grauer-*Streeck*, StaRUG, § 51 Rn. 6.

B. Voraussetzungen einer Stabilisierungsanordnung (Abs. 1)

3 Eine Stabilisierungsanordnung ergeht gem. Abs. 1, wenn die vom Schuldner mit dem Antrag vorzulegende Restrukturierungsplanung vollständig und schlüssig ist und keine Umstände bekannt sind, aus denen sich einer der Ausschlussgründe nach Abs. 1 Nr. 1 bis 4 ergibt. Sind dagegen Umstände bekannt, aus denen sich einer der in Abs. 2 Satz 1 Nr. 1 und 2 sowie in Satz 2 genannten Tatbestände ergibt, ergeht eine Stabilisierungsanordnung nur, wenn trotz dieser Umstände zu erwarten ist, dass der Schuldner die Fähigkeit und Bereitschaft aufweist, die Geschäftsführung an den Interessen der Gläubigergesamtheit auszurichten.

I. Antrag

4 Der Erlass einer Stabilisierungsanordnung durch das Restrukturierungsgericht setzt zwingend einen Antrag des Schuldners gem. §§ 49, 50 voraus. Eine Stabilisierungsanordnung kann von dem Restrukturierungsgericht nicht von Amts wegen erlassen werden.

II. Vollständigkeit der Restrukturierungsplanung

5 Zunächst erforderlich nach Abs. 1 ist, dass die vorgelegte Restrukturierungsplanung vollständig ist. Insoweit ergeht eine formale gerichtliche Vollständigkeitsprüfung anhand der in § 50 Abs. 2 genannten Bestandteile der Restrukturierungsplanung[4].

III. Schlüssigkeit der Restrukturierungsplanung

6 Zudem muss die Restrukturierungsplanung schlüssig sein. Der Begriff der Schlüssigkeit ist in Abs. 2 Satz 2 legaldefiniert und ist einschlägig, wenn nicht offensichtlich ist, dass sich das Restrukturierungsziel nicht auf Grundlage der in Aussicht genommenen Maßnahmen erreichen lässt. Die doppelte Verneinung verlangt mit anderen Worten, dass die Untauglichkeit der in Aussicht genommenen Maßnahmen zur Erreichung des Restrukturierungsziels offensichtlich sein muss. Es handelt sich der Sache nach eher um eine Plausibilitätsprüfung als eine Schlüssigkeitsprüfung. Die Untauglichkeit einer Maßnahme bzw. eines Maßnahmenbündels ergibt sich, wenn sie objektiv nicht zur Zielerreichung geeignet ist. Ferner kann die Restrukturierungsplanung unschlüssig sein, wenn eine notwendige Maßnahme (z.B. zwingende Zustimmung oder zwingender Sanierungsbeitrag eines Stakeholders) eingeplant ist, aber nicht umgesetzt werden kann (z.B. wegen endgültiger Verweigerung der Zustimmung).

7 Offensichtlich ist als evidentes, eindeutiges Vorliegen zu verstehen[5]. Im Kontext des § 231 Abs. 1 Satz 1 Nr. 2 InsO hat der BGH festgestellt, dass das Wort »offensichtlich« zum Ausdruck bringen soll, dass nur in eindeutigen Fällen von der Befugnis zur Zurückweisung Gebrauch gemacht werden darf[6].

8 Nicht zu prüfen ist hingegen die wirtschaftliche Zweckmäßigkeit der Restrukturierungsplanung[7].

IV. Ausschlussgründe nach Abs. 1 Nr. 1 bis 4

9 Die Anordnung ergeht nicht, wenn das Gericht Kenntnis von Umständen erlangt, aus denen sich einer der Ausschlussgründe des Abs. 1 Nr. 1 bis 4 ergibt. Unerheblich ist hierbei, auf welche Weise

4 BeckOK-StaRUG/*Mock*, § 51 Rn. 5 f; MK-StaRUG/*Skauradszun*, § 51 Rn. 4; Seibt/Westpfahl-*Schönen/Bender*, StaRUG, § 51 Rn. 13.

5 Braun-*Riggert*, StaRUG, § 51 Rn. 3; kritisch *Schneider/Loszynski*, SanB 2020, 136, 138; *Thole*, ZIP 2020, 1985, 1996, die aufgrund der begrifflichen Unschärfe vor der Gefahr regional divergierender Prüfungsmaßstäbe warnen.

6 BGH, Beschl. v. 20.07.2017 – IX ZB 13/16 [Rn. 10], NZI 2017, 751; Seibt/Westpfahl-*Schönen/Bender*, StaRUG, § 51 Rn. 16.

7 Seibt/Westpfahl-*Schönen/Bender*, StaRUG, § 51 Rn. 14; Wolgast/Grauer-*Streeck*, StaRUG, § 51 Rn. 15.

das Gericht davon erfährt[8]. Es handelt sich um absolute Ausschlussgründe, sodass bei Kenntnis des Gerichts von deren Vorliegen eine Stabilisierungsanordnung nicht ergehen darf[9].

Fraglich erscheint, ob die gem. § 39 Abs. 1 grundsätzlich geltende Amtsermittlungspflicht auch hinsichtlich der Umstände besteht, die den Ausschlussgründen zugrunde liegen[10]. Dem Wortlaut und der Gesetzesbegründung lässt sich eine solche Abweichung von § 39 Abs. 1 jedenfalls nicht ausdrücklich entnehmen[11]. Während dem Gericht unbekannte Umstände keine Auswirkungen auf die Anordnungsentscheidung entfalten, liegt die primäre gerichtliche Aufgabe in der Prüfung der eingereichten Unterlagen. Anlass zu diesbezüglichen Amtsermittlungen besteht daher nur, wenn die eingereichten Unterlagen den Verdacht des Vorliegens einer der Ausschlussgründe hervorrufen[12]. 10

1. Beruhen auf unzutreffenden Tatsachen (Nr. 1)

Nach Nr. 1 darf bei Kenntnis des Gerichts keine Stabilisierungsanordnung ergehen, wenn die Restrukturierungsplanung oder die Erklärungen zu Abs. 3 in wesentlichen Punkten auf falschen Tatsachen beruht oder beruhen. 11

Wesentliche Punkte i.S.d. Vorschrift sind tangiert, wenn die Erreichung des Restrukturierungsziels bei Zugrundelegung der tatsächlichen Umstände ausgeschlossen oder unwahrscheinlich ist[13]. Erforderlich ist also, dass grundlegende Prämissen der Restrukturierungsplanung betroffen sind[14]. 12

Hinsichtlich Umständen, die für das Erreichen des Restrukturierungsziels nicht maßgeblich erscheinen, sind daher geringe Abweichungen zwischen erklärtem und tatsächlichem Sachverhalt irrelevant. Wesentlich im Rahmen der Erklärungen nach Abs. 3 sind der jeweilige Aussagenkern[15]. Ein Ausschlussgrund läge danach etwa vor, wenn der Schuldner wahrheitswidrig einen Zahlungsverzug verneint oder dessen Höhe mehr als unerheblich von der tatsächlichen abweicht[16]. 13

2. Aussichtslosigkeit der Restrukturierung (Nr. 2)

Ein weiterer Ausschlussgrund liegt nach Nr. 2 darin, dass die Restrukturierung mangels Aussicht auf eine Planannahme durch die Betroffenen oder gerichtliche Planbestätigung aussichtslos ist. 14

Insoweit ist eine Prognoseentscheidung des Gerichts erforderlich[17]. Dem Wortlaut »keine Aussicht« lässt sich entnehmen, dass die Planannahme oder die gerichtliche Bestätigung nahezu ausgeschlossen sein müssen[18]. Zur vergleichbaren Regelung des § 231 Abs. 1 Satz 1 Nr. 2 InsO entschied der BGH, dass die Entscheidungskompetenz der Gläubigerversammlung bestmöglich zu wahren ist, weshalb dem Gericht eine Prüfung der wirtschaftlichen Zweckmäßigkeit oder des voraussichtlichen Erfolgs 15

8 BeckOK-StaRUG/*Mock*, § 51 Rn. 7.
9 Seibt/Westpfahl-*Schönen/Bender*, StaRUG, § 51 Rn. 22; Wolgast/Grauer-*Streeck*, StaRUG, § 51 Rn. 51.
10 So wohl auch Seibt/Westpfahl-*Schönen/Bender*, StaRUG, § 51 Rn. 22; dagegen Wolgast/Grauer-*Streeck*, StaRUG, § 51 Rn. 19; Braun-*Riggert*, StaRUG, § 51 Rn. 5.
11 *Vallender*, ZRI, 2021, 165, 169; § 58 RegE-StaRUG BT-Drucks. 19/24181, S. 155.
12 *Vallender*, ZRI, 2021, 165, 169; *Schneider/Loszynski*, SanB 2020, 136, 139; mit Blick auf die Prüfung der Vollständigkeit und Schlüssigkeit der Eigenverwaltungsplanung gem. § 270b Abs. 1 Satz 1 Nr. 1 InsO geht auch *Frind* ZIP 2021, 171, 172, davon aus, dass sich das Gericht zunächst auf die vorgelegte Eigenverwaltungsplanung beschränken kann und dazu eine Ermittlung von Amts wegen zunächst ausgeschlossen ist.
13 Wolgast/Grauer-*Streeck*, StaRUG, § 51 Rn. 23.
14 Braun-*Riggert*, StaRUG, § 51 Rn. 4; Seibt/Westpfahl-*Schönen/Bender*, StaRUG, § 51 Rn. 24.
15 Wolgast/Grauer-*Streeck*, StaRUG, § 51 Rn. 24; Seibt/Westpfahl-*Schönen/Bender*, StaRUG, § 51 Rn. 24.
16 Wolgast/Grauer-*Streeck*, StaRUG, § 51 Rn. 24; Braun-*Riggert*, StaRUG, § 51 Rn. 5.
17 Seibt/Westpfahl-*Schönen/Bender*, StaRUG, § 51 Rn. 27; BeckOK-StaRUG/*Mock*, § 51 Rn. 9.
18 Braun-*Riggert*, StaRUG, § 51 Rn. 4.

des Plans verwehrt ist[19]. Dieser Maßstab muss auch im Rahmen des Abs. 2 Nr. 2 gelten[20]. Jedenfalls wenn der Schuldner noch die Möglichkeit hat, den Plan bis zur Abstimmung zu ändern, kann von einer Aussichtslosigkeit der Restrukturierung nicht ausgegangen werden[21].

3. Keine drohende Zahlungsunfähigkeit (Nr. 3)

16 Zudem darf gem. Nr. 3 eine Stabilisierungsanordnung nicht ergehen, wenn dem Gericht Umstände bekannt sind, aus denen sich ergibt, dass der Schuldner noch nicht drohend zahlungsunfähig ist. Das Vorliegen drohender Zahlungsunfähigkeit nach § 18 Abs. 2 InsO ist materiell-rechtliche Voraussetzung für die Inanspruchnahme von Stabilisierungsmaßnahmen gem. § 29 Abs. 1[22]. Mangelt es hieran, besteht kein Anlass für eine Stabilisierungsanordnung.

17 Aus dem Finanzplan nach § 50 Abs. 2 Nr. 2 mit einem Planungs- und Prognosehorizont von sechs Monaten wird das Gericht nicht zwingend erkennen können, ob eine drohende Zahlungsunfähigkeit vorliegt, da der Planungs- und Prognosehorizont nach § 18 InsO regelmäßig 24 Monate abzudecken hat. Allerdings kann das Restrukturierungsgericht aus einem unzureichenden Finanzplan sehr wohl mitunter schon Umstände ersehen, aus denen sich der Eintritt der drohenden Zahlungsunfähigkeit innerhalb der kommenden sechs Monate ergibt.

18 Die nach § 50 Abs. 2 mit dem Antrag auf Erlass einer Stabilisierungsanordnung beizufügende Restrukturierungsplanung sollte jedoch auch unabhängig von dem Finanzplan nach § 50 Abs. 2 Nr. 2 auch eine Darstellung zu der drohenden Zahlungsunfähigkeit i.S.v. § 18 InsO enthalten[23]. Insofern wird es mit dem Antrag zusammen auch immer eine Darstellung des Schuldners zur drohenden Zahlungsunfähigkeit geben, aus denen sich für die Prüfung nach Abs. 1 Satz 1 Nr. 3 relevanten Umstände ergehen können. Da sich die Prüfung durch das Restrukturierungsgericht im Wesentlichen mit den durch den Schuldner zusammen mit seinem Antrag eingereichten Unterlagen auseinandersetzt, dürften bei sorgfältiger Vorbereitung der Restrukturierungsplanung mit dieser in aller Regel keine Umstände vorgetragen werden, aus denen sich ergibt, dass der Schuldner noch nicht drohend zahlungsfähig ist. Hat ein Gläubiger Sorge vor einer allzu einseitigen Darstellung der Zahlungsfähigkeit bzw. Zahlungsunfähigkeit durch den Schuldner, sollte die Hinterlegung einer Schutzschrift bei dem zuständigen Restrukturierungsgericht für den Fall des Antrags auf Erlass einer Stabilisierungsanordnung erwogen werden, um auf Umstände aufmerksam zu machen, die eine mögliche Darstellung zur Zahlungsfähigkeit innerhalb der nächsten 24 Monate widerlegen.

19 Ergibt die Prüfung durch das Restrukturierungsgericht, dass der Schuldner nicht drohend zahlungsunfähig ist, kann keine Stabilisierungsanordnung ergehen und muss zudem eine Aufhebung der Restrukturierungssache nach § 33 Abs. 2 Satz 1 Nr. 2 erwogen werden, weil mangels drohender Zahlungsunfähigkeit die Instrumente des Stabilisierungs- und Restrukturierungsrahmens nicht zur Verfügung stehen, insbesondere auch keine gerichtliche Planbestätigung denkbar ist. Ist jedoch schon absehbar, dass eine gerichtliche Planbestätigung vonnöten sein wird, um einen erforderlichen Cramdown oder Cross-class Cram Down bewirken zu können, hat die Restrukturierungssache keine Aussicht auf Erfolg.

20 Ergibt die Prüfung umgekehrt, dass der Schuldner nicht bloß drohend zahlungsunfähig, sondern akut zahlungsunfähig oder überschuldet ist, kann ebenfalls keine Stabilisierungsanordnung ergehen[24].

---

19 BGH, Beschl. v. 07.05.2015 – IX ZB 75/14 [Rn. 8], NZI 2015, 697.

20 Braun-*Riggert*, StaRUG, § 51 Rn. 4.

21 Wolgast/Grauer-*Streeck*, StaRUG, § 51 Rn. 27.

22 *Balthasar*, NZI-Beilage 2021, 18; Seibt/Westpfahl-*Schönen/Bender*, StaRUG, § 51 Rn. 28.

23 Dazu § 50 Rdn. 19; diesen weiteren Unterlagen offenbar keine besondere Relevanz zusprechend dagegen Braun-*Riggert*, StaRUG, § 51 Rn. 6; *Riggert*, NZI-Beilage 2021, 40, der deshalb auch keine besondere praktische Relevanz des Ausschlussgrundes nach Abs. 1 Satz 1 Nr. 3 erkennen mag.

24 Wolgast/Grauer-*Streeck*, StaRUG, § 51 Rn. 37.

4. Fehlende Erforderlichkeit der beantragten Anordnung (Nr. 4)

21 Schließlich ist eine Stabilisierungsanordnung nach Nr. 4 zu versagen, wenn das Gericht Kenntnis von Umständen erlangt, aus denen sich ergibt, dass die beantragte Anordnung zur Erreichung des Restrukturierungsziels nicht erforderlich ist (dazu auch § 50 Rdn. 14). Dies ist der Fall, wenn die Anordnung zur Erreichung des Restrukturierungsziels entweder bereits nicht geeignet ist oder sich dieses auch auf weniger eingriffsintensive Weise erreichen lässt[25].

22 Die Erforderlichkeit einer Stabilisierungsanordnung kann im Hinblick auf eine Vollstreckung oder Verwertungssperre nach § 49 Abs. 1 Nr. 1 und Nr. 2 etwa nicht gegeben sein, wenn schon rechnerisch der sich aus der Vollstreckung oder Verwertung ergebende unmittelbare Nachteil für die Aussichten bei der erfolgreichen Umsetzung des Restrukturierungsvorhabens unerheblich ist. Allerdings hat der Gesetzgeber hinsichtlich der Erforderlichkeit einer Stabilisierungsanordnung nicht nur an unmittelbare Nachteile im Blick, sondern auch bloß mittelbare Nachteile, die sich daraus ergeben können, dass die in »Sanierungsmoral« im Fall einzelner Vollstreckungen oder Verwertungshandlungen zu sehr leidet. So weist die Gesetzesbegründung ausdrücklich darauf hin, dass Maßnahmen der individuellen Rechtsdurchsetzung auch geeignet sein können, sich nachteilig auf die Bereitschaft anderer Gläubiger auszuwirken, das Restrukturierungsvorhaben durch einen Sanierungsbeitrag zu unterstützen oder gar erst zu ermöglichen[26].

23 An der Erforderlichkeit kann es etwa fehlen, wenn der Stabilisierungsantrag auch Klein- und Kleinstgläubiger einschließt[27].

V. Behebbare Mängel (Abs. 1 Satz 3)

24 Weist die Restrukturierungsplanung behebbare Mängel auf, erlässt das Gericht gem. Abs. 1 Satz 3 die Stabilisierungsanordnung für einen Zeitraum von höchstens 20 Tagen und gibt dem Schuldner auf, die Mängel innerhalb dieses Zeitraums zu beheben (vgl. auch zu dem Parallel-Problem der Behebung von Mängeln der Eigenverwaltungsplanung § 270b Abs. 1 Satz 2 InsO). Die vorläufige Anordnung mit gleichzeitiger 20-tägige Höchstfrist für die Beseitigung etwaiger Mängel der Restrukturierungsplanung erscheint als verhältnismäßiger Kompromiss, wenn man die möglichen drohenden Nachteile einer Verzögerung beim Erlass der Stabilisierungsanordnung und die möglichen drohenden Nachteile aufseiten der betroffenen Gläubiger gegeneinander abwägt.

25 Nicht behebbar ist dagegen ein Mangel, der so schwerwiegend ist, dass ein neuer Restrukturierungsplan eingereicht werden müsste[28]. Der Mangel oder die Mängel müssen zudem innerhalb der 20-tägigen Höchstfrist behebbar sein, um einer Anordnung nicht entgegenzustehen[29]. Werden die Mängel endgültig behoben, ordnet das Gericht die beantragte Stabilisierungsmaßnahme endgültig an[30].

C. Gefährdung von Gläubigerinteressen (Abs. 2)

26 Bei Vorliegen der in Abs. 2 Nr. 1 und Nr. 2 genannten Tatbestände wird der gerichtliche Prüfungsmaßstab dahin gehend erweitert, dass eine Stabilisierungsanordnung nur ergehen darf, wenn zu erwarten ist, dass der Schuldner bereit und in der Lage ist, seine Geschäftsführung an den Interessen der Gläubigergesamtheit auszurichten.

27 Die Nr. 1 erfasst den Fall, dass gegenüber den in § 50 Abs. 3 Nr. 1 bezeichneten Gläubigern erhebliche Zahlungsrückstände bestehen.

---

25 Vgl. BeckOK-StaRUG/*Mock*, § 51 Rn. 12; Seibt/Westpfahl-*Schönen/Bender*, StaRUG, § 51 Rn. 31.
26 Begr. RegE-StaRUG zu Abschnitt 5, BT-Drucks. 19/24181, S. 154.
27 Braun-*Riggert*, StaRUG, § 51 Rn. 7; Wolgast/Grauer-*Streeck*, StaRUG, § 51 Rn. 38.
28 Braun-*Riggert*, StaRUG, § 51 Rn. 8; MK-StaRUG/*Skauradszun*, § 51 Rn. 24.
29 BeckOK-StaRUG/*Mock*, § 51 Rn. 15.
30 § 53 RegE-StaRUG, BT-Drucks. 19/24181, S. 155.

28 Die Nr. 2 erfordert einen Verstoß des Schuldners gegen die Offenlegungspflichten nach den §§ 325 bis 328 oder nach § 339 HGB innerhalb der letzten drei abgeschlossenen Geschäftsjahre.

29 In diesen Umständen erkennt der Gesetzgeber ein Indiz für die mangelnde Berücksichtigung der Gläubigerinteressen durch den Schuldner[31]. Im Gleichauf mit den Neuregelungen zur Eigenverwaltung nach § 270b Abs. 2 InsO soll eine Stabilisierungsanordnung zwar möglich bleiben, aber zum Schutz der Gläubiger muss die Erwartung einer an den Gläubigerinteressen ausgerichteten Geschäftsführung besonders überprüft werden[32].

30 Diese zusätzlichen Voraussetzungen müssen gem. Abs. 2 Satz 2 auch dann erfüllt sein, wenn innerhalb der letzten drei Jahre vor Antragsstellung zugunsten des Schuldners bereits Vollstreckung- oder Verwertungssperren nach dem StaRUG oder nach § 31 Abs. 2 Satz 2 Nr. 3 oder Nr. 5 InsO angeordnet wurden, sofern nicht der Anlass dieser Anordnungen durch eine nachhaltige Sanierung des Schuldners bewältigt wurde. Eine nachhaltige Sanierung lag vor, wenn die ergriffenen Maßnahmen zur Sicherung der Fortführungsfähigkeit im Sinne einer positiven Fortführungsprognose und der Bestandsfähigkeit dazu geführt haben, dass eine Bestandsgefährdung des Unternehmens, die vormals bestanden hat, beseitig wurde, also insbesondere auch eine drohende Zahlungsunfähigkeit und Überschuldung abgewendet worden sind. Hinsichtlich der nachhaltigen Beseitigung des Anlasses der früheren Anordnung trifft den Schuldner die Beweislast[33].

D. Fristsetzung zur Vorlage eines Restrukturierungsplans (Abs. 3)

31 In Fällen, in denen dem Antrag des Schuldners kein aktueller Entwurf eines Restrukturierungsplans, sondern gem. § 50 Abs. 2 Nr. 1 Alt. 2 lediglich ein aktualisiertes Konzept für die Restrukturierung beigefügt wurde, kann das Gericht dem Schuldner nach Abs. 3 eine Frist zur Vorlage des Restrukturierungsplans setzen (zu dem Begriff des »Entwurfs« eines Restrukturierungsplans s. § 50 Rdn. 18).

32 Nicht erforderlich ist es, dass bei Fristablauf ein finaler Restrukturierungsplan vorgelegt wird. Zwar muss dieser den Anforderungen der §§ 5 ff. genügen und auf den Tag aktualisiert sein, allerdings kann der Plan im Laufe der Verhandlungen mit den Gläubigern noch geändert werden[34].

33 Die Länge der Frist ist gesetzlich nicht geregelt und muss auf die beteiligten Interessen Rücksicht nehmen[35]. Die Angemessenheit der Frist ist im Einzelfall zu beurteilen und kann nicht pauschal vorgegeben werden. Sie hängt auch von Art und Größe des Unternehmens des Schuldners ab. Die Gläubiger müssen in Ansehung der Komplexität des Restrukturierungsvorhabens hinreichend Zeit bekommen, um den Restrukturierungsplan für sich zu analysieren und zu bewerten, bevor der Abstimmungstermin stattfindet. Dabei ist auch zu berücksichtigen, ob und inwieweit das mit dem Antrag vorgelegte Konzept bereits geeignet ist, den Gläubigern ein konkretes Bild von der geplanten Restrukturierung und den avisierten Maßnahmen zur Erreichung des Restrukturierungsziels zu vermitteln.

34 Bei erfolglosem Fristablauf hebt das Restrukturierungsgericht die Stabilisierungsanordnung gem. § 59 Abs. 1 Nr. 3 wieder auf.

E. Zustellung und Bekanntmachung (Abs. 4)

35 Um sicherzustellen, dass die Gläubiger nicht in Unkenntnis der Stabilisierungsanordnung Vollstreckungs- oder Verwertungsversuche unternehmen, regelt Abs. 4 die Zustellung der Stabilisierungs-

31 Wolgast/Grauer-*Streeck*, StaRUG, § 51 Rn. 44.
32 § 58 RegE-StaRUG BT-Drucks. 19/24181, S. 156.
33 Wolgast/Grauer-*Streeck*, StaRUG, § 51 Rn. 46.
34 Wolgast/Grauer-*Streeck*, StaRUG, § 51 Rn. 51.
35 Nach Braun-*Riggert*, StaRUG, § 51 Rn. 10 muss diese angemessen sein; BeckOK-StaRUG/*Mock*, § 51 Rn. 29 orientiert sich an der 20-Tage-Frist des Abs. 1 Satz 3; Wolgast/Grauer-*Streeck*, StaRUG, § 51 Rn. 49 hält eine Frist von vier bis sechs Wochen in der Regel für angemessen.

anordnung an die von ihr betroffenen Gläubiger[36]. Die Vorschrift dient damit dem Schutz der Gläubiger vor nutzlosen Aufwendungen[37]. Zu den Anforderungen an den Antrag auf Erlass einer Stabilisierungsanordnung im Hinblick auf das Zustellungserfordernis s. § 50 Rdn. 11. Zu den Einzelheiten der Bewirkung der Zustellung siehe ferner Kommentierung zu § 41.

Nach Satz 2 kann in öffentlichen Restrukturierungssachen (§ 84) auf eine Zustellung (in Zukunft) verzichtet werden, wenn sich die Anordnung mit Ausnahme der in § 4 genannten Gläubiger gegen alle Gläubiger richtet. Allerdings ist diese (Ausnahme-) Konstellation derzeit noch nicht anwendbar, weil die Vorschriften über die öffentlichen Restrukturierungssachen in den §§ 84 bis 88 erst mit Wirkung vom 17.07.2022 in Kraft treten. 36

F. Gerichtliche Entscheidung und Rechtsmittel (Abs. 5)

Gem. § 51 Abs. 5 entscheidet das Restrukturierungsgericht über den Antrag auf Anordnung einer Stabilisierungsmaßnahme durch Beschluss. Es erfolgt also keine mündliche Verhandlung. 37

Wird der Antrag des Schuldners auf Erlass einer Stabilisierungsanordnung zurückgewiesen, steht dem Schuldner gegen den Beschluss die sofortige Beschwerde zu. 38

Den Gläubigern steht kein Beschwerderecht zu, ihnen bleibt allerdings die Möglichkeit, Aufhebungsanträge nach § 59 Abs. 2 zu stellen. Ferner kann sich in der Praxis aus taktischen Gründen die Hinterlegung einer Schutzschrift bei dem zuständigen Restrukturierungsgericht anbieten, um das Gericht auf solche Umstände hinzuweisen, die etwa nach Abs. 1 Satz 1 Nr. 1 bis Nr. 4 zwingend gegen den Erlass einer Stabilisierungsanordnung sprechen. 39

§ 52 Folgeanordnung, Neuanordnung

Unter den Voraussetzungen des § 51 Absatz 1 und 2 kann eine Stabilisierungsanordnung auf weitere Gläubiger erstreckt, inhaltlich erweitert oder zeitlich verlängert werden (Folgeanordnung) oder, sofern die Anordnungsdauer bereits überschritten ist, erneuert werden (Neuanordnung).

Übersicht

A. Normzweck und Überblick

Um der Dynamik eines Restrukturierungsprozesses Rechnung tragen zu können, ermöglicht es § 52, Folge- oder Neuanordnungen zu erlassen[1]. Die Vorschrift geht auf Art. 6 Abs. 7 RestRL zurück[2]. 1

B. Folgeanordnung

Bei einer Folgeanordnung wird die ursprüngliche Stabilisierungsanordnung auf neue Gläubiger erstreckt, inhaltlich oder zeitlich erweitert. Die Anforderungen einer Folgenanordnung sollen weder höher noch geringer sein als die einer erstmaligen Anordnung, sodass hinsichtlich der personalen, inhaltlichen und/oder zeitlichen Erweiterung der Stabilisierungsmaßnahme die Voraussetzungen des § 51 vorliegen müssen[3]. Es bedarf eines Antrags des Schuldners, der im Ausgangspunkt sämt- 2

36 § 58 RegE-StaRUG BT-Drucks. 19/24181, S. 156, Seibt/Westpfahl-*Schönen/Bender*, StaRUG, § 51 Rn. 52.

37 BeckOK-StaRUG/*Mock*, § 51 Rn. 30; MK-StaRUG/*Skauradszun*, § 51 Rn. 37.

1 So ausdrücklich § 59 RegE-StaRUG BT-Drucks. 19/24181, S. 156.

2 BeckOK-StaRUG/*Mock*, § 52 Rn. 3; Seibt/Westpfahl-*Schönen/Bender*, StaRUG, § 52 Rn. 3.

3 Braun-*Riggert*, StaRUG, § 52 Rn. 2; Seibt/Westpfahl-*Schönen/Bender*, StaRUG, § 52 Rn. 15.

liche Voraussetzungen des § 50 erfüllen muss, in welchem die Erweiterung der Stabilisierungsmaßnahme beschrieben und deren Erforderlichkeit dargelegt wird[4].

3 In zeitlicher Hinsicht sind die Grenzen des § 53 einzuhalten, es gilt also die regelmäßige Höchstdauer von drei Monaten gem. § 53 Abs. 1, welche auch durch eine Folgenanordnung grundsätzlich nicht überschritten werden darf. Zu den Einzelheiten der Anordnungsdauer siehe Kommentierung zu § 53.

4 Eine Verlängerung ist nur unter den zusätzlichen Voraussetzungen der Abs. 2 und 3 von § 53 auf bis zu acht Monate möglich[5].

C. Neuanordnung

5 Ist die Anordnungsdauer der ursprünglichen Anordnung abgelaufen, kommt eine nahtlose Folgeanordnung nicht mehr in Betracht[6]. In diesen Fällen kann eine Neuanordnung erlassen werden[7]. Auch hier müssen die Voraussetzungen des § 51 vorliegen. Ein erneuter Antrag auf Erlass einer weiteren Anordnung nach § 50 ist unter Darlegung auch der Erforderlichkeit vollständig einzureichen[8]. In zeitlicher Hinsicht gilt wiederum § 53; zu den Einzelheiten der Anordnungsdauer siehe Kommentierung zu § 53.

§ 53 Anordnungsdauer

(1) Die Stabilisierungsanordnung kann für eine Dauer von bis zu drei Monaten ergehen.

(2) [1]Folge- oder Neuanordnungen können nur im Rahmen der Anordnungshöchstdauer nach Absatz 1 ergehen, es sei denn,
1. der Schuldner hat den Gläubigern ein Planangebot unterbreitet und
2. es sind keine Umstände bekannt, aus denen sich ergibt, dass mit einer Planannahme innerhalb eines Monats nicht zu rechnen ist.

[2]In diesem Fall verlängert sich die Anordnungshöchstdauer um einen Monat und die Anordnung richtet sich ausschließlich gegen Planbetroffene.

(3) [1]Hat der Schuldner die gerichtliche Bestätigung des von den Planbetroffenen angenommenen Restrukturierungsplans beantragt, können Folge- oder Neuanordnungen bis zur Rechtskraft der Planbestätigung, höchstens aber bis zum Ablauf von acht Monaten nach dem Erlass der Erstanordnung ergehen. [2]Dies gilt nicht, wenn der Restrukturierungsplan offensichtlich nicht bestätigungsfähig ist.

(4) Absatz 3 ist nicht anzuwenden, wenn der Mittelpunkt der hauptsächlichen Interessen des Schuldners innerhalb eines Zeitraums von drei Monaten vor der ersten Inanspruchnahme von Instrumenten des Stabilisierungs- und Restrukturierungsrahmens aus einem anderen Mitgliedstaat der Europäischen Union in das Inland verlegt wurde und keine öffentlichen Bekanntmachungen nach den §§ 84 bis 86 erfolgen.

Übersicht

4 Wolgast/Grauer-*Streeck*, StaRUG, § 52 Rn. 9; *Desch*, Das neue Restrukturierungsrecht, § 4 Rn. 19.
5 *Bork*, NZI-Beilage 2021, 38, 39 Seibt/Westpfahl-*Schönen/Bender*, StaRUG, § 52 Rn. 14.
6 § 59 RegE-StaRUG BT-Drucks. 19/24181, S. 156.
7 *Smid*, ZInsO 2021, 198, 200.
8 Wolgast/Grauer-*Streeck*, StaRUG, § 52 Rn. 11.

A. Normzweck und Überblick

Die Stabilisierungsanordnung greift erheblich in die Recht der betroffenen Gläubiger ein. Vor diesem Hintergrund ist der Schuldner angehalten, die Eingriffsintensität möglichst gering zu halten, indem z.B. die Erforderlichkeit der Anordnung gegeben sein muss. Der § 53 setzt der Anordnung von Stabilisierungsmaßnahmen in zeitlicher Hinsicht Grenzen und wahrt so die Verhältnismäßigkeit der Maßnahme. 1

Abs. 1 ordnet eine grundsätzlich geltende Anordnungshöchstdauer von drei Monaten an. Abs. 2 und Abs. 3 erlauben unter gewissen Voraussetzungen die ausnahmsweise Überschreitung dieser Höchstdauer bis auf maximal acht Monate. 2

Die Vorschrift geht auf Art. 6 Abs. 6 bis 8 der Restrukturierungs-Richtlinie zurück, demzufolge Stabilisierungsanordnungen in der Regel auf eine Höchstdauer von vier Monaten zu begrenzen sind. 3

Der Zeitraum von bis zu drei Monaten ist an die Maximaldauer von drei Monaten für die Ausarbeitung und Vorlage eines Insolvenzplans im Schutzschirmverfahren (§ 270d Abs. 1 Satz 2 InsO) angelehnt[1]. Dieser Zeitraum wird als ausreichend erachtet für die Erarbeitung eines Restrukturierungsplans und das Erzielen eines hinreichenden Fortschritts in den Gläubigerverhandlungen[2]. 4

B. Erstanordnung (Abs. 1)

Nach Abs. 1 kann eine erstmalig beantragte Stabilisierungsanordnung für eine Höchstdauer von drei Monaten erlassen werden. Eine Überschreitung der Höchstdauer ist nur nach Maßgabe der Abs. 2 und 3 möglich. Angesichts des Umstands, dass bereits bei Beantragung einer Stabilisierungsanordnung regelmäßig eine Auseinandersetzung mit den Voraussetzungen einer Restrukturierung erfolgt sein wird, erscheint diese Zeitspanne zur Herbeiführung einer Entscheidung der Planbetroffenen über den Restrukturierungsplan jedenfalls ausreichend[3]. 5

Innerhalb dieser drei Monate hat das Restrukturierungsgericht die konkrete Anordnungsdauer nach pflichtgemäßen Ermessen festzulegen[4]. Vor dem Hintergrund, dass die Stabilisierungsanordnung gem. § 51 Abs. 1 Satz 1 Nr. 4 nur ergehen darf, wenn diese zu Verwirklichung des Restrukturierungsziels erforderlich erscheint, ist auch in zeitlicher Hinsicht eine Beschränkung auf die zur Zielerreichung erforderliche Anordnungsdauer geboten[5]. Der initiale Erlass der Stabilisierungsanordnung wird regelmäßig deutlich unterhalb der Höchstdauer von drei Monaten liegen. Das StaRUG geht nämlich davon aus, dass das Restrukturierungskonzept und im Idealfall sogar der Restrukturierungsplan im Entwurf bereits bei Anzeige der Restrukturierungssache nach § 31 vorliegen und bereits Verhandlungen mit den planbetroffenen Gläubigern laufen. Die reine Implementierung der gefundenen Lösung wird im Regelfall keine Stabilisierungsanordnung mit einer Dauer von drei Monaten erforderlich erscheinen lassen. Dass sich dieser Prozess in die Länge ziehen kann, weil (Nach-)Verhandlungen mit den planbetroffenen Gläubigern oder auch Nachbesserungen an dem Restrukturierungsplan (etwa angeregt durch einen gerichtlichen Hinweis im Nachgang zu einem Vorprüfungstermin nach § 48 Abs. 2 Satz 1) erforderlich werden, verkennt das Gesetz nicht und sieht deshalb die Möglichkeit von Folge- und Neuanordnungen nach Abs. 2 vor. 6

1 § 60 RegE-StaRUG BT-Drucks. 19/24181, S. 156; *Schneider/Loszynski*, SanB 2020, 136, 140.

2 § 60 RegE-StaRUG BT-Drucks. 19/24181, S. 156; Seibt/Westpfahl-*Schönen/Bender*, StaRUG, § 53 Rn. 3.

3 Ebenso Wolgast/Grauer-*Streeck*, StaRUG, § 53 Rn. 5.

4 BeckOK-StaRUG/*Mock*, § 53 Rn. 4; a.A. Seibt/Westpfahl-*Schönen/Bender*, StaRUG, § 52 Rn. 14, die eine an den Antrag gebundene Entscheidung des Gerichts annehmen.

5 Wolgast/Grauer-*Streeck*, StaRUG, § 53 Rn. 5.

C. Folge- und Neuanordnungen (Abs. 2)

7 Grundsätzlich entfällt die Wirkung der Stabilisierungsmaßnahme mit Ablauf der Anordnungsdauer[6]. Der Abs. 2 eröffnet jedoch die Möglichkeit, Folge- oder Neuanordnungen zu erlassen. Dies ist grundsätzlich nur innerhalb des von Abs. 1 gesetzten zeitlichen Rahmens von drei Monaten möglich[7]. Eine Folge- oder Neuanordnung setzt dann voraus, dass die ursprüngliche Anordnung bzw. vorherige Anordnungen die Höchstdauer noch nicht völlig ausgeschöpft haben.

8 Liegen allerdings die in Abs. 2 Nr. 1 und Nr. 2 genannten Voraussetzungen kumulativ vor, ist eine Erweiterung der Anordnungsdauer um einen Monat über die Höchstfrist von drei Monaten hinaus auf dann insgesamt vier Monate möglich. Notwendig ist dafür nach Nr. 1, dass der Schuldner den Gläubigern ein Planangebot gemacht hat. Eine Zustimmung der vom Restrukturierungsplan betroffenen Gläubiger ist zunächst noch nicht erforderlich[8]. Die Anforderungen an das Vorliegen eines Plangebots richten sich nach § 17. Erforderlich ist, dass das Angebot den vom Restrukturierungsplan betroffenen Gläubigern zugeht[9].

9 Zudem dürfen gem. Nr. 2 keine Umstände bekannt sein, aus denen sich ergibt, dass mit einer Plannahme innerhalb eines Monats nicht zu rechnen ist. Hintergrund dieser ausnahmsweisen Verlängerungsmöglichkeit ist, dass die Restrukturierungsbemühungen des Schuldners in einem derart fortgeschrittenen Verfahrensstadium nicht durch ein Auslaufen der Stabilisierungsmaßnahmen gefährdet werden sollen[10]. Es erscheint angemessen, die Abstimmung über einen (fertigen) Restrukturierungsplan nicht auf den letzten Metern schutzlos zu stellen, wenn die Höchstfrist von drei Monaten nach Abs. 1 an sich ausgeschöpft wurde. Vielmehr sollen die Chancen des Schuldners auf eine Planannahme erhalten bleiben, wenn nur noch die Planabstimmung aussteht[11]. Diese Verlängerungsmöglichkeit ist vom Richtliniengeber in Art. 6 Abs. 7 der Restrukturierungs-Richtlinie vorgesehen worden. Die Anordnung richtet sich gem. Abs. 2 Satz 2 im Verlängerungszeitraum nur gegen die Planbetroffenen.

D. Folge- und Neuanordnungen bei Antrag auf gerichtliche Planbestätigung (Abs. 3)

10 Bei Beantragung der gerichtlichen Bestätigung des von den Planbetroffenen gem. §§ 24 ff. angenommenen Restrukturierungsplans sieht § 53 Abs. 3 eine von Abs. 1 abweichende Höchstfrist der Anordnungsdauer vor. Die Verlängerung erstreckt sich auf den Zeitraum bis zur Rechtskraft der gem. den §§ 60 ff. erfolgten Planbestätigung, höchstens jedoch auf acht Monate ab Erlass der Erstanordnung[12].

11 Da ab Beantragung der gerichtlichen Planbestätigung der weitere Verfahrensgang allein von der gerichtlichen Bearbeitung des Antrags abhängt, soll verhindert werden, dass wegen diesbezüglicher Verzögerungen aus der Sphäre des Restrukturierungsgerichts das Erreichen des Restrukturierungsziels durch Vollstreckungs- und Verwertungsmaßnahmen einzelner Gläubiger gefährdet wird[13].

12 Vor einer Folge- oder Neuanordnung gem. Abs. 3 hat das Gericht zu prüfen, ob eine Annahme des Plans durch die erforderliche Mehrheit der Planbetroffenen erfolgt ist[14]. Die Ausnahmeregelung geht auf Art. 6 Abs. 8 der Restrukturierungs-Richtlinie zurück, verkürzt die darin ermöglichte Höchstdauer indes von zwölf auf acht Monate.

---

6 Wolgast/Grauer-*Streeck*, StaRUG, § 53 Rn. 7.
7 Braun-*Riggert*, StaRUG, § 53 Rn. 2; MK-StaRUG/*Skauradszun*, § 52 Rn. 7.
8 Braun-*Riggert*, StaRUG, § 53 Rn. 2.
9 Braun-*Riggert*, StaRUG, § 53 Rn. 2; Seibt/Westpfahl-*Schönen/Bender*, StaRUG, § 53 Rn. 17.
10 BeckOK-StaRUG/*Mock*, Rn. 8 f.
11 § 60 RegE-StaRUG BT-Drucks. 19/24181, S. 157.
12 *Bork*, NZI-Beilage 2021, 38; Seibt/Westpfahl-*Schönen/Bender*, StaRUG, § 53 Rn. 20.
13 Seibt/Westpfahl-*Schönen/Bender*, StaRUG, § 53 Rn. 20; Wolgast/Grauer-*Streeck*, StaRUG, § 53 Rn. 10.
14 Braun-*Riggert*, StaRUG, § 53 Rn. 3.

Scheidet die gerichtliche Bestätigung des Restrukturierungsplans bereits offensichtlich aus, kann deren Beantragung den Eingriff in die Vollstreckungs- und Verwertungsrechte der Gläubiger nicht mehr legitimieren[15]. Aus diesem Grund sieht § 53 Abs. 2 Satz 2 eine Rückausnahme für diesen Fall vor, sodass bei offensichtlich fehlender Bestätigungsfähigkeit des Plans wieder die Grundregel des Abs. 1 gilt. Gerichtlich erfolgt eine summarische Prüfung hinsichtlich der Bestätigungsfähigkeit des Restrukturierungsplans[16]. 13

E. Verlegung des Mittelpunkts der hauptsächlichen Schuldnerinteressen (Abs. 4)

Wurde innerhalb von drei Monaten vor der ersten Inanspruchnahme von Instrumenten nach dem StaRUG der Mittelpunkt der hauptsächlichen Interessen des Schuldners aus einem anderen EU-Mitgliedstaat in das Inland verlegt und liegt keine öffentliche Bekanntgabe gem. den §§ 84 bis 86 vor, findet die Ausnahmeregelung des Abs. 3 gem. § 53 Abs. 4 keine Anwendung. 14

Die Vorschrift geht auf Art. 6 Abs. 8 der Restrukturierungs-Richtlinie zurück, nach welcher die Aussetzung von Vollstreckungs- und Verwertungsmaßnahmen im Fall einer Verlegung des Mittelpunktes der hauptsächlichen Interessen innerhalb von drei Monaten vor Stellung eines Eröffnungsantrags eines Restrukturierungsverfahrens auf vier Monate zu begrenzen ist[17]. Die Umsetzung des deutschen Gesetzgebers stellt hinsichtlich des Beginns des dreimonatigen Zeitraums auf die erstmalige Inanspruchnahme von Stabilisierungsinstrumenten ab, da beim präventiven Restrukturierungsverfahren nach dem StaRUG kein Eröffnungsantrag erfolgt[18]. Die Einziehung einer zeitlichen Obergrenze soll einer missbräuchlichen Verlegung des Mittelpunktes der hauptsächlichen Interessen, der nach Art. 3 EuInsVO auch für die internationale Zuständigkeit der Gerichte für Insolvenzverfahren maßgeblich ist, entgegenwirken bzw. ihre negativen Folgen für die betroffenen Gläubiger zumindest zeitlich begrenzen. Die pauschale Skepsis mit der Sitzverlegungen in unmittelbarer zeitlicher Nähe zu der Einleitung von Insolvenz- oder Sanierungsverfahren begegnet wird, ist zwar aufgrund zahlreicher praktischer Beispiele nachvollziehbar. Es gibt aber ebenso zahlreiche Beispiele für Sitzverlegungen zum Zwecke der Sanierung, die Sanierungsoptionen im Interesse der Gesamtgläubigerschaft gerade erst eröffnet haben. Eine differenziertere Sicht wäre daher wünschenswert, die pauschale Sicht als richtlinienkonforme Umsetzung aber hinzunehmen. Bei der Berechnung der zeitlichen Obergrenze von höchstens vier Monaten sind jedoch nur die Monate zu berücksichtigen, in denen eine Stabilisierungsanordnung Wirkung entfaltet hat und mithin die Interessen der betroffenen Gläubiger tatsächlich beschränkt hat, d.h. nicht solche Monate zwischen Erst- und einer (nicht lückenlos angeordneten) Folgeanordnung. 15

§ 54 Folgen der Verwertungssperre

(1) [1]Ist eine Verwertungssperre ergangen, sind dem Gläubiger die geschuldeten Zinsen zu zahlen und der durch die Nutzung eintretende Wertverlust ist durch laufende Zahlungen an den Gläubiger auszugleichen. [2]Dies gilt nicht, soweit nach der Höhe der Forderung und der sonstigen Belastung des Gegenstands mit einer Befriedigung des Gläubigers aus dem Verwertungserlös nicht zu rechnen ist.

(2) Zieht der Schuldner nach Maßgabe der vertraglichen Vereinbarungen mit dem Berechtigten Forderungen ein, die zur Sicherung eines Anspruchs abgetreten sind, oder veräußert oder verarbeitet er bewegliche Sachen, an denen Rechte bestehen, die im Fall der Eröffnung eines Insolvenzverfahrens als Aus- oder Absonderungsrechte geltend gemacht werden könnten, sind die dabei erzielten Erlöse an den Berechtigten auszukehren oder unterscheidbar zu verwahren, es sei denn, der Schuldner trifft mit dem Berechtigten eine anderweitige Vereinbarung.

15 § 60 RegE-StaRUG BT-Drucks. 19/24181, S. 157.
16 BeckOK-StaRUG/*Mock*, § 53 Rn. 15; Seibt/Westpfahl-*Schönen/Bender*, StaRUG, § 53 Rn. 23.
17 Braun-*Riggert*, StaRUG, § 53 Rn. 4.
18 Wolgast/Grauer-*Streeck*, StaRUG, § 53 Rn. 15; Seibt/Westpfahl-*Schönen/Bender*, StaRUG, § 53 Rn. 24.

Übersicht

A. Überblick und Normzweck

1 § 54 regelt die Folgen einer Stabilisierungsanordnung in Form einer Verwertungssperre nach § 49 Abs. 1 Nr. 2. Gem. Abs. 1 muss der Schuldner dem Gläubiger die geschuldeten Zinsen zahlen und einen etwaigen durch die Nutzung eingetretenen Wertverlust ausgleichen, soweit dies auch aus dem Verwertungserlös hätten gezahlt werden können. Abs. 2 stellt Pflichten des Schuldners im Fall eines Forderungseinzugs oder bei sonstiger Beeinträchtigung eines Sicherungsrechts auf.

2 Eine Verwertungssperre hat zunächst zur Folge, dass Gläubiger Rechte an Gegenständen des beweglichen Vermögens des Schuldners, die im Fall der Eröffnung eines Insolvenzverfahrens als Ab- und Aussonderungsrechte geltend gemacht werden könnten, nicht durchsetzen dürfen. Damit bleibt der technisch-organisatorische Verbund des schuldnerischen Vermögens erhalten und sein Unternehmen kann fortgeführt werden. Zudem kann der Schuldner berechtigt werden, solche Gegenstände, soweit sie für die Fortführung des Unternehmens des Schuldners von erheblicher Bedeutung sind, einzusetzen. § 54 dient dem Zweck der Wahrung der Gläubigerinteressen bei Anordnung einer solchen Sperre[1]. Die Norm beruht auf der Erwägung, dass der Schuldner im Fall einer Verwertungssperre nach § 49 Abs. 1 Nr. 2 nicht besser stehen soll als in einem vorläufigen Insolvenzverfahren und ist folglich an § 21 Abs. 1 Nr. 5 InsO angelehnt[2].

B. Entschädigung Nutzungsausfall (Zinsen) und Ausgleich Wertverlust (Abs. 1)

I. Regel (Abs. 1 Satz 1)

3 Die Verwertungssperre nach § 49 Abs. 1 Nr. 2 zeitigt zum Schutz des Berechtigten nach Abs. 1 Satz 1 zwei Rechtsfolgen: Nach Abs. 1 Satz 1 sind dem Gläubiger im Fall einer Verwertungssperre die geschuldeten Zinsen zu zahlen und der durch die Nutzung eintretende Wertverlust durch laufende Zahlungen auszugleichen. Der Regelungsinhalt und die Formulierung sind angelehnt an die Formulierung in § 21 Abs. 2 Satz 1 Nr. 5 InsO i.V.m. § 169 Satz 2 InsO und gehen von der Erwägung aus, dass die Verwertungssperre nach § 49 keinen tiefergehenden Eingriff in Gläubigerrechte bewirken soll, als die entsprechende Verwertungssperre nach § 21 Abs. 2 Satz 1 Nr. 5 InsO[3]. Das Begriffsverständnisses, das dem § 21 Abs. 2 Satz 1 Nr. 5 InsO sowie § 169 Satz 2 InsO zugrunde liegt, kann daher auch entsprechend für die Auslegung des hier betrachteten Abs. 1 Satz 1 fruchtbar gemacht werden (dazu sogleich im Folgenden).

---

1 BeckOK-StaRUG/*Mock*, § 54 Rn. 1; Seibt/Westpfahl-*Schönen/Bender*, StaRUG, § 54 Rn. 2.

2 § 61 RegE-StaRUG BT-Drucks. 19/24181, S. 157; *Bork*, NZI-Beilage 2021, 38, 39; Wolgast/Grauer-*Streeck*, StaRUG, § 54 Rn. 4.

3 Vgl. Hinweis in Begründung zu § 61 RegE-StaRUG, BT-Drucks. 19/24181, S. 157.

1. Entschädigung für den Nutzungsausfall (Zinsen)

Bei den Zinsen handelt es sich um eine Entschädigung für den Nutzungsausfall infolge der Verwertungssperre[4]. 4

Die Sperrung des Herausgabeanspruchs des Inhabers eines Rechts, das in einem hypothetischen Insolvenzverfahren zur Aussonderung berechtigen würde, führt zu einem Zinsanspruch, der den Nutzungsausfall kompensieren soll. Der Anspruch besteht in Höhe des Nutzungswerts des Gegenstands, den der Gläubiger ohne die gerichtliche Anordnung der Verwertungssperre nach § 49 Abs. 1 Nr. 2, also bei einer unverzüglichen Erfüllung des durchsetzbaren Herausgabeanspruchs marktüblich als Mietzins für den Gegenstand hätte erzielen können. Hinsichtlich der Höhe der vom Schuldner zu zahlenden Zinsen ist im Zweifel der vertraglich vereinbarte Zins oder das vertraglich vereinbarte Nutzungsentgelt maßgeblich[5]. Der Zins fällt daher z.B. bei einem Mietverhältnis in Höhe des zuvor vereinbarten Mietzinses an[6]. 5

Die Berechnungsgrundlage für den Zinsanspruch im Fall der gesperrten Verwertung von Sicherungsrechten ist der erwartete Verwertungserlös, d.h. der im Zeitpunkt des Beginns des Zinslaufs geschätzte tatsächliche Wert des Sicherungsguts. Im Fall der gesperrten Verwertung von Sicherungsrechten darf nicht übersehen werden, dass die gesicherte Forderung bereits zu verzinsen ist, sei es auf Basis eines vertraglichen Zinsanspruchs oder eines Verzugszinses nach § 286 BGB. Es darf insoweit freilich nicht »doppelt« verzinst werden. Die im Insolvenzverfahren besondere Bedeutung der unterschiedlichen Anspruchsgrundlagen liegt in der unterschiedlichen Einordnung der Zinsverbindlichkeiten als Insolvenzforderungen (die ggf. aber wegen des Rechts zur abgesonderten Befriedigung voll befriedigt werden können) oder als Masseverbindlichkeiten. Im Rahmen der Stabilisierungsanordnung spielt der insolvenzrechtliche Rang indes keine Rolle. 6

Liegt keine vertragliche Vereinbarung vor, greifen die gesetzlichen Regelungen, wobei entsprechend der Rechtsprechung zu § 169 InsO eine Mindestverzinsung von 4 % nach § 246 BGB vorgeschlagen wird[7]. Die Zinszahlungen sind fortlaufend zu erbringen[8]. Eine abweichende Regelung im Sinne einer Kreditierung der Zinszahlungspflicht ist verhandelbar und in Einzelfällen womöglich zum Zwecke der Schonung der Liquidität auch erforderlich. 7

2. Ausgleich für Wertverlust

Der neben den Zinsen geschuldete Ausgleich des durch die Nutzung eintretenden Wertverlustes umfasst die Wertminderung des Gegenstands infolge »Abnutzung«. Die Abnutzung kann vertragsgemäß sein, aber auch »übermäßig«. Die vertragsgemäße Abnutzung ist regelmäßig in der Nutzungsausfallentschädigung (»Zinsen«) bereits enthalten und kann freilich nicht »doppelt« geltend gemacht werden. Sie muss deshalb aus dem Ausgleich des Wertverlustes herausgerechnet werden[9]. Die im Kontext der §§ 21 Abs. 2 Satz 1 Nr. 5, 169 Satz 2 InsO notwendige zeitliche Differenzierung spielt im Kontext des § 54 Abs. 1 Satz 1 keine Rolle, weil hier die Pflicht zur Zahlung des Zinses sofort 8

4 Vgl. zu diesem Begriffsverständnis etwa BGH, Urt. v. 08.09.2016 – IX ZR 52/15 [Rn. 7], NZI 2016, 946 m.Anm. *Mitlehner*.

5 Vgl. auch BeckOK-StaRUG/*Mock*, § 54 Rn. 6; *Desch*, Das neue Restrukturierungsrecht, § 4 Rn. 28.

6 Vgl. etwa BGH, Urt. v. 03.12.2009 – IX ZR 7/09 [Rn. 29], NZI 2010, 95.

7 BGH, Urt. v. 14.11.2019 – IX ZR 50/17 [Rn. 40], NZI 2020, 20 m.Anm. *Mitlehner*; Braun-*Riggert*, StaRUG, § 54 Rn. 4; *Desch*, Das neue Restrukturierungsrecht, § 4 Rn. 28; gem. Wolgast/Grauer-*Streeck*, StaRUG, § 54 Rn. 7 soll dies nur der Fall sein, wenn sich ein primär maßgebliches verkehrsübliches Nutzungsentgelt nicht unproblematisch ermitteln lässt.

8 *Zuleger*, NZI-Beilage 2021, 43, 44; Seibt/Westpfahl-*Schönen/Bender*, StaRUG, § 54 Rn. 15; Braun-*Riggert*, StaRUG, § 54 Rn. 4 und Wolgast/Grauer-*Streeck*, StaRUG, § 54 Rn. 7 gehen von einer monatlichen Zahlungspflicht aus.

9 In Anlehnung an das Verständnis im Kontext des § 21 Abs. 2 Satz 1 Nr. 5 i.V.m. § 169 Satz 2 InsO, dazu BGH, Urt. v. 08.09.2016 – IX ZR 52/15 [Rn. 8], NZI 2016, 946 m.Anm. *Mitlehner*; zu § 54 StaRUG bereits: *Desch*, Das neue Restrukturierungsrecht, § 4 Rn. 28; Wolgast/Grauer-*Streeck*, StaRUG, § 54 Rn. 8.

mit Erlass der Stabilisierungsanordnung einsetzt, nicht erst ab dem Zeitpunkt drei Monate nach der Anordnung[10].

9 Die Höhe des Wertersatzanspruchs bemisst sich nach der Differenz des Wertes der betroffenen Gegenstände bei Beginn und Ende der Nutzung[11]. Diese Differenzmethode gewährt auch einen Ausgleich für eine Beschädigung oder Zerstörung der Sache, weil diese den Wert bei Ende der Nutzung mindern[12].

10 Die Methode zur Wertermittlung ist weder im StaRUG noch in der InsO vorgegeben. In Anlehnung an die Rechtsprechung des BGH zu § 21 Abs. 2 Satz 1 Nr. 5 InsO richten sich Darlegung und Beweis des Wertersatzanspruchs auch im Kontext des § 54 Abs. 1 nach den allgemeinen Regeln des Zivilprozesses, insbesondere nach § 287 ZPO[13]. Hiernach kann die Anknüpfung an Erfahrungssätze wie die vom Bundesministerium der Finanzen herausgegebenen Abschreibungslisten oder eine Berechnung auf der Grundlage des Verhältnisses der tatsächlichen Nutzung zur durchschnittlichen Gesamtnutzung, bei Fahrzeugen anhand der tatsächlichen Laufleistung zur durchschnittlichen Gesamtlaufleistung, ebenso zulässig sein wie die konkrete Berechnung des Wertverlustes anhand von Gutachten, welche den Wert der betroffenen Gegenstände zu Beginn und Ende des Nutzungszeitraums dokumentieren.

11 Des Weiteren hat der Schuldner dem Gläubiger einen etwaigen durch Nutzung eingetretenen Wertverlust der Sicherheit durch laufende Zahlungen zu ersetzen. Hinsichtlich der zeitlichen Perioden der Zahlungen ist das Interesse des Gläubigers (Refinanzierungsaufwand und Ausfallrisiko) zu berücksichtigen[14], wobei auch insoweit eine bisher geltende vertragliche Regelung (z.B. monatlich, quartalsweise) zu berücksichtigen ist. Im Zweifel sollte eine monatliche Zahlung erfolgen, es sei denn eine monatliche Abrechnung bedeutet einen unverhältnismäßigen Aufwand[15]. Ein Aufschub der Ausgleichszahlungen bzw. eine betragliche Anpassung kann mit dem Gläubiger vereinbart werden[16].

12 Im Fall einer Verwertungssperre betreffend unbewegliche Gegenstände gilt das zuvor Gesagt nach Maßgabe des § 30g Abs. 2 Satz 1 ZVG entsprechend.

II. Ausnahme (Satz 2)

13 Eine Ausnahme statuiert Abs. 1 Satz 2, wonach Ansprüche auf Nutzungsentschädigung oder Wertersatz nicht zu zahlen sind, wenn nach der Höhe der Forderung und der sonstigen Belastung des Gegenstands mit einer Befriedigung des Gläubigers aus dem Verwertungserlös nicht zu rechnen ist. Gemeint ist der Fall der Untersicherung[17]. Die Beweislast dafür, dass der Gläubiger durch eine Verwertung nicht befriedigt würde, trägt der Schuldner[18].

---

10 Vgl. hierzu § 169 Satz 2 InsO; s. dazu auch BGH, Urt. v. 08.09.2016 - IX ZR 52/15 [Rn. 8], NZI 2016, 946 m.Anm. *Mitlehner*.

11 BGH, Urt. v. 08.09.2016 - IX ZR 52/15 [Rn. 9], NZI 2016, 946 m.Anm. *Mitlehner*; ferner BGH, Urt. v. 08.03.2012 - IX ZR 78/11 [Rn. 23], NZI 2012, 369.

12 Mit Blick auf § 21 Abs. 2 Satz 1 Nr. 5 InsO auch BGH, Urt. v. 08.03.2012 - IX ZR 78/11 [Rn. 23], NZI 2012, 369; *Ganter*, NZI 2007, 549; Uhlenbruck-*Vallender*, InsO, § 21 Rn. 38k.

13 Dazu und zum Folgenden BGH, Urt. v. 08.09.2016 - IX ZR 52/15 [Rn. 10], NZI 2016, 946 m.Anm. *Mitlehner*.

14 Wolgast/Grauer-*Streeck*, StaRUG, § 54 Rn. 10; Seibt/Westpfahl-*Schönen/Bender*, StaRUG, § 54 Rn. 20.

15 Ebenso *Riggert*, NZI-Beilage 1/2021, 40, 42.

16 Einen dem § 169 Satz 2 InsO vergleichbaren gesetzlichen Aufschub gibt es im Kontext des § 54 StaRUG nicht, s. *Zuleger*, NZI-Beil. 1/2021, 43, 44.

17 Braun-*Riggert*, StaRUG, § 54 Rn. 4.

18 BeckOK-StaRUG/*Mock*, § 54 Rn. 9; vgl. auch Seibt/Westpfahl-*Schönen/Bender*, StaRUG, § 54 Rn. 25.

C. Verwendung des Verwertungserlöses (Abs. 2)

I. Allgemeines

Gem. Abs. 2 trifft den Schuldner im Fall des Einzugs von zur Sicherheit abgetretenen Forderungen sowie bei Veräußerung oder Verarbeitung von Gegenständen, an denen Rechte bestehen, die im Fall der Eröffnung eines Insolvenzverfahrens als Aus- oder Absonderungsrechte geltend gemacht werden können (z.B. Veräußerung oder Verarbeitung von unter Eigentumsvorbehalt gelieferter Waren oder Waren aus einem raumsicherungsübereigneten Warenlager), die Pflicht, die erzielten Erlöse an den Berechtigten auszukehren oder unterscheidbar zu verwahren, wenn keine anderslautende Vereinbarung vorliegt. 14

Auch wenn Abs. 2 – anders als Abs. 1 (»Ist eine Verwertungssperre ergangen […]«) – keinen expliziten Bezug zu der Verwertungssperre und dem Erlass einer Stabilisierungsanordnung formuliert, dürfte die Separierungspflicht nach Abs. 2 aus systematischen Gründen eine Verwertungssperre voraussetzen, was allein schon die im Plural formulierte Überschrift der Norm (»Folgen der Verwertungssperre«) nahelegt. Die Separierungspflicht besteht nicht, solange keine Stabilisierungsanordnung erlassen und eine Einziehungs-, Verarbeitungs- und Veräußerungsbefugnis nicht widerrufen wurde bzw. sich die Beschränkung der Befugnis auf Verfügungen im »ordnungsgemäßen Geschäftsgang« (noch) nicht auswirkt (dazu sogleich Rdn. 17). Dann läuft der »Sicherheitenkreislauf« wie ursprünglich in den Sicherheitenverträgen von den Parteien auch antizipiert ab. Der Schuldner soll berechtigterweise die dem Gläubiger sicherungshalber abgetretenen Forderungen einziehen und über das ihm zur Sicherheit abgetretene Umlaufvermögen verfügen und die Liquidität für die Betriebsfortführung verwenden können. 15

Die Pflicht zur Separierung nach Abs. 2 setzt voraus, dass die Einziehung, die Verarbeitung oder die Veräußerung »nach Maßgabe der vertraglichen Vereinbarungen mit dem Berechtigten« vorgenommen sind. Der Einschub »nach Maßgabe der vertraglichen Vereinbarungen mit dem Berechtigten« wurde erst auf den letzten Metern des Gesetzgebungsprozesses vorgenommen und dient ausweislich des Berichts des Rechtsausschusses des Deutschen Bundestages ausdrücklich der Klarstellung, dass dem Schuldner keine von der Gestattung durch den Berechtigten unabhängige Befugnis zur Einziehung, Veräußerung oder Verarbeitung zusteht[19]. Der Schuldner muss also vertraglich zur Einziehung, Verarbeitung oder Veräußerung ermächtigt sein[20]. 16

Die Pflicht zur Separierung des Erlöses besteht regelmäßig nicht schon auf Basis des vertraglichen Schuldverhältnisses, also nicht unabhängig von einer Stabilisierungsanordnung, solange die Ermächtigung zur Einziehung, Verarbeitung oder Veräußerung nicht widerrufen wurde und sie sich »im ordnungsgemäßen Geschäftsbetrieb« vollziehen. Wenn der Grad der Bestandsgefährdung des Restrukturierungsschuldners die Interessen des Sicherungsnehmers erheblich gefährdet, liegen die Voraussetzungen der Ermächtigung regelmäßig nicht (mehr) vor, sodass die Separierungspflicht auf vertraglicher Basis auch ohne Stabilisierungsanordnung greift[21]. In dieser Unterscheidung liegt der konstitutive Regelungsgehalt des Abs. 2, der gerade voraussetzt, dass der Schuldner »nach Maßgabe der vertraglichen Vereinbarung mit dem Berechtigten Forderungen ein[zieht]«, mit anderen Worten die Grenzen der vertraglichen Ermächtigung gerade noch nicht überschritten sind. Der Grad der Bestandsgefährdung des Restrukturierungsschuldners und mithin auch der Grad der Gefährdung der Interessen des Sicherungsnehmers kann je nach Restrukturierungssache stark unterschiedlich 17

---

19 S. Bericht des Ausschusses für Recht und Verbraucherschutz, BT-Drucks. 19/25353, S. 9; auf das Klarstellungsbedürfnis hingewiesen hat Thole in seiner Stellungnahme als Sachverständiger im Rechtsausschusses, dazu *Thole*, ZRI 2021, 231, 238.

20 So auch der Hinweis bei Braun-*Riggert*, StaRUG, § 54 Rn. 5; Wolgast/Grauer-*Streeck*, StaRUG, § 54 Rn. 18; s.a. § 49 Rdn. 59.

21 Zur Anknüpfung dieser Frage an die in den Verträgen regelmäßig zu findende Beschränkung der Ermächtigung auf den »ordnungsgemäßen Geschäftsverkehr« s. § 49 Rdn. 60; gleichsinnig, aber mit abweichender Anknüpfung *Thole*, ZRI 2021, 231, 239.

sein, was auch durch die in dem Entwurf eines Restrukturierungsplans zur Wiederherstellung der Bestandsfähigkeit enthaltenen erforderlichen Maßnahmen dokumentiert wird (von geringfügigen Eingriffen in die Rechte der Gläubiger i.S.v. § 28 Abs. 2 Nr. 2 bis hin zu Forderungskürzungen in erheblichen Umfang etc.).

18 Die Norm ähnelt § 170 Abs. 1 InsO, der ebenfalls eine Auskehrungspflicht des Schuldners im Fall der Verwertung von beweglichen Sachen oder Forderungen, an denen ein Absonderungsrecht des Gläubigers besteht, anordnet. Sie bleibt allerdings insoweit hinter der insolvenzrechtlichen Vorschrift zurück, als dass eine Entnahme von Feststellungs- und Verwertungskosten nicht geregelt ist. § 170 Abs. 1 InsO verfolgt das Ziel, die Insolvenzmasse von den Bearbeitungskosten, die mit der Feststellung und Verwertung von Gegenständen verbunden sind, zu entlasten[22]. Ob eine solche Regelung außerhalb eines Insolvenzverfahrens erforderlich ist, erscheint zweifelhaft. So besteht im außerinsolvenzlichen Sanierungsverfahren kein vergleichbares Bedürfnis, einen Ausgleich zwischen Insolvenzgläubigern und Absonderungsgläubigern dahin gehend zu schaffen, dass die Kosten der Feststellung und Verwertung von denjenigen getragen werden, zu deren Gunsten verwertet wird und nicht zulasten der Insolvenzmasse ergehen[23]. Maßgeblich für die Frage der Feststellungs- und Verwertungskosten ist im Fall einer Restrukturierung nach dem StaRUG daher die vertragliche Vereinbarung zwischen Schuldner und Gläubiger, welche auch die Verwertungsbefugnis des Schuldners begründet. Dem Schuldner bleibt es aber unbenommen, solche Beiträge frei auszuhandeln, um die Liquiditätssituation zu verbessern (s. zu den anderweitigen Vereinbarungen ausf. unten Rdn. 20 ff.).

II. Separierung der Erlöse

19 Im Fall einer Pflicht zur Separierung der Erlöse trägt eine Einzahlung auf einem gesonderten Geschäftskonto des Schuldners oder auf ein für den Schuldner gehaltenes allgemeines Treuhandkonto den Interessen des Gläubigers nicht hinreichend Rechnung, weil die Erlöse im Fall einer Insolvenz in die Insolvenzmasse fielen und der Gläubiger daran kein Ab- oder Aussonderungsrecht geltend machen könnte[24]. Erforderlich ist eine treuhänderische Verwahrung zugunsten des Berechtigten auf einem offenen Treuhandkonto, sodass auch im Fall eines Insolvenzverfahrens die betroffenen Gläubiger durch einen Aussonderungsanspruch hinreichend geschützt sind[25]. In diesem Fall erwirbt der Gläubiger ein insolvenzfestes Aussonderungsrecht nach § 47 InsO[26].

III. Anderweitige Vereinbarung (»unechter« Restrukturierungskredit)

20 Die Pflicht des Schuldners zur Separierung oder Auskehrung der Verwertungserlöse besteht gem. Abs. 2 a.E. nur vorbehaltlich einer anderweitigen Vereinbarung zwischen Schuldner und dem von der Verwertungssperre betroffenen Gläubiger. Im Fall einer Restrukturierung kann ein erhöhter Liquiditätsbedarf des Schuldners mit – angesichts der bereits eingetretenen drohenden Zahlungsunfähigkeit – erschwerten Finanzierungsmöglichkeiten zusammenfallen[27]. Ähnlich der Situation nach Stellung eines Insolvenzantrags kann hier ein Bedürfnis nach einer Vereinbarung mit besicherten Gläubigern über die »Freigabe« bzw. »Kreditierung« der an sich zu separierenden Verwertungserlösen zum Zwecke der Fortführung des Geschäftsbetriebs entstehen[28].

---

22 Uhlenbruck-*Brinkmann*, InsO, § 170 Rn. 1.

23 Vgl. *Schneider/Loszynski*, SanB 2020, 136, 140, denen zufolge systematisch und teleologisch kein Raum für eine Entnahme von Feststellungs- und Verwertungskostenpauschalen ist; unklar *Thole*, ZIP 2020, 1985, 1996, demzufolge das Schutzniveau nicht hinter dem Insolvenzeröffnungsverfahren zurückbleiben dürfe, allerdings zugunsten des Sicherungsnehmers.

24 Braun-*Riggert*, StaRUG, § 54 Rn. 7; *Zuleger*, NZI-Beilage 1/2021, 43, 44.

25 *Riggert*, NZI-Beilage 2021, 40, 42; *Zuleger*, NZI-Beilage 1/2021, 43, 44; Wolgast/Grauer-*Streeck*, StaRUG, § 54 Rn. 16.

26 BGH, Urt. v. 24.01.2019 – IX ZR 110/17 [Rn. 40], NZI 2019, 274 m.Anm. *Ganter*.

27 *Desch*, BB 2020, 2498, 2507.

28 Vgl. auch *Knauth*, NZI 2020, 158, 161.

1. Inhalt

Durch den Hinweis auf die Möglichkeit anderweitiger Vereinbarungen lässt das StaRUG solche »unechten« Restrukturierungskredite ausdrücklich zu. Vergleichbar zum »unechten« Massekredit im (vorläufigen) Insolvenzverfahren können dem Schuldner hierbei die Erlöse aus der Verwertung von Sicherungsrechten kreditiert werden, ohne dass »fresh money« ausgereicht werden müsste[29]. Im Rahmen des »unechten« Massekredits wird eine Vereinbarung über die Einziehung von Forderungen bzw. die Verarbeitung und/oder den Abverkauf von Gegenständen, die z.B. unter eine Raumsicherungsübereignung fallen oder im Wege eines erweiterten Eigentumsvorbehalts erworben worden sind, und die Verwendung der daraus resultierenden Erlöse zum Zwecke der Fortführung des Geschäftsbetriebs getroffen[30]. 21

Der Abschluss einer solchen Vereinbarung setzt zuvor die Klärung der Sicherheiten und Berechtigten voraus. In der Praxis wird man in komplexen Fällen auf die Bildung eines Lieferantenpools hinwirken müssen, um auf möglichst effizientem Wege eine Vereinbarung abschließen zu können. 22

2. Insolvenzfestigkeit

Eine anfechtungsrechtliche Privilegierung der Bestellung von Sicherheiten oder der Rückführung von Zwischenfinanzierungen wie dem »unechten« Restrukturierungskredit erfolgt aufgrund der §§ 89 Abs. 1, 90 lediglich sehr begrenzt. Der § 90 hat ausschließlich die Regelungen eines rechtskräftig bestätigten Restrukturierungsplans und Rechtshandlungen, die im Vollzug eines solchen Plans erfolgen, im Blick und entfaltet daher keinen Schutz für Zwischenfinanzierungen, die gerade dazu dienen, die Brücke hin zur rechtskräftigen Bestätigung des Restrukturierungsplans zu schlagen. 23

Im Hinblick auf solche »Überbrückungsfinanzierungen«, die währende der Rechtshängigkeit einer Restrukturierungssache noch vor der Planbestätigung gewährt werden, soll § 89 Abs. 1 den Kreditgeber schützen, indem die Annahme einer Rechtshandlung, die mit dem Vorsatz einer Benachteiligung der Gläubiger vorgenommen wurde, nicht allein darauf gestützt werden können soll, dass ein an der Rechtshandlung Beteiligter Kenntnis davon hatte, dass die Restrukturierungssache rechtshängig war oder dass der Schuldner Instrumente des Stabilisierungs- und Restrukturierungsrahmens in Anspruch nahm also z.B. eine Stabilisierungsanordnung erlassen wurde. Die Annahme hat die Vorsatzanfechtung im Blick, in dessen Tatbestand nach § 133 Abs. 1 Satz 2 InsO an die Kenntnis von der drohenden Zahlungsunfähigkeit des Schuldners im Regelfall die Vermutung geknüpft wird, dass auch Kenntnis von dem Gläubigerbenachteiligungsvorsatz des Schuldners vorgelegen hat (wobei für kongruente Deckungen gem. § 133 Abs. 2 InsO an die Stelle der drohenden Zahlungsunfähigkeit des Schuldners nach Abs. 1 Satz 2 die eingetretene Zahlungsunfähigkeit tritt, für die § 89 Abs. 2 jedoch einen entsprechenden Schutzmechanismus vorsieht). Die für die Vorsatzanfechtung nach § 133 InsO nachzuweisende Kenntnis des Gläubigers von dem Gläubigerbenachteiligungsvorsatz des Schuldners kann sich demnach nicht auf die Vermutung nach § 133 Abs. 1 Satz 2 InsO stützen, obwohl der Vermutungstatbestand (in Form der drohenden Zahlungsunfähigkeit) bei Rechtshängigkeit der Restrukturierungssache stets erfüllt sein sollte. Allerding kann sich eine Vorsatzanfechtung nach § 133 InsO auch ohne Zuhilfenahme des Vermutungstatbestands nach § 133 Abs. 1 Satz 2 InsO begründen lassen, wenn genügend weitere tatsächliche Beweisanzeichen für den Benachteiligungsvorsatz vorliegen[31]. 24

Die »Überbrückungsfinanzierung« kann sich anders als die »Sanierungsfinanzierung« (noch) nicht auf ein tragfähiges Sanierungskonzept berufen, das regelmäßig eine Kenntnis von der drohenden 25

29 *Ziegler*, NZI-Beilage 2021, 43, 45; *Trowski*, NZI 2021, 297, 300.

30 Dazu und zu Einzelheiten der Gestaltung »unechter« Massekredite im vorläufigen Insolvenzverfahren s. etwa *Trowski*, WM 2014, 1257; *Schönfelder*, WM 2007, 1489.

31 Zu diesen statt vieler Uhlenbruck-*Borries*/Hirte, InsO, § 133 Rn. 83 ff. Der BGH hat zudem jüngst eine Neuausrichtung seiner bisherigen Rechtsprechung zu den subjektiven Voraussetzungen der Vorsatzanfechtung vorgenommen, s. BGH, Urt. v. 06.05.2021 – IX ZR 72/20, NZI 2021, 720; dazu etwa *Thole*, ZEI 2021, 609 ff.

Zahlungsunfähigkeit ausschließt und eine anfechtungsrechtlich unbedenkliche Willensrichtung belegen können soll[32]. Eine Gläubigerbenachteiligungsabsicht des Schuldners und eine entsprechende Kenntnis des Anfechtungsgegners können nach Ansicht des BGH aber auch dann ausgeschlossen sein, wenn lediglich ein Überbrückungskredit gewährt wurde, der nicht die Qualität eines Sanierungsversuchs erreicht[33]. Der Überbrückungskredit dient ja gerade dazu, ein Sanierungskonzept zu erstellen. Die Grundsätze des »Überbrückungsprivilegs« dürften sich auf die Zwischenfinanzierung während der Rechtshängigkeit einer Restrukturierungssache übertragen lassen.

26 Eine Anfechtung nach § 130 InsO kommt in einem Folgeinsolvenzverfahren in Regelfall nicht in Betracht, weil zwar eine drohende Zahlungsunfähigkeit vorliegt, aber keine eingetretene Zahlungsunfähigkeit, die indes gem. § 130 InsO vorausgesetzt ist. Das Anfechtungsrisiko nach § 130 InsO ist mithin erst dann erheblich, wenn der Schuldner nach § 32 Abs. 3 Satz 1 InsO dem Restrukturierungsgericht den Eintritt der Zahlungsunfähigkeit anzeigt, das Restrukturierungsgericht die Restrukturierungssache jedoch nach Maßgabe des § 33 Abs. 2 Nr. 1 nicht einstellt.

3. Gläubigervorrangklasse

27 Der »Zwischenfinanzierer« wird nicht mit einer Gläubigervorrangklasse in einem Folgeinsolvenzverfahren incentiviert (vgl. etwa den Vorrang des Kreditrahmens gem. § 264 Abs. 1 InsO oder die Aufwertung des sog. unechten Massekredits zur Masseverbindlichkeit im späteren Insolvenzverfahren). Der Gesetzgeber hat die in Art. 17 Abs. 4 der Restrukturierungsrichtlinie enthaltenen Option, zum Zwecke der Rettung insolventer Unternehmen gewährtes »fresh money« im Fall des Scheiterns der Restrukturierungsbemühungen in einem Folgeinsolvenzverfahren zulasten der Insolvenzmasse bevorzugt zurückzuzahlen, nicht wahrgenommen[34].

IV. Haftung

28 Entsteht dem Gläubiger aufgrund einer nicht ordnungsgemäßen Auskehrung oder Verwahrung der Erlöse nach Maßgabe des § 54 Abs. 2 ein Schaden, haftet der Geschäftsleiter des Schuldners insoweit gem. § 57 Satz 3 verschuldensabhängig nach § 57 Satz 1. Das Verschulden wird hierbei gem. § 57 Satz 2 vermutet. Zu den Einzelheiten siehe Kommentierung § 57.

§ 55 Vertragsrechtliche Wirkungen

(1) [1]Ist der Schuldner zum Zeitpunkt der Stabilisierunganordnung einem Gläubiger etwas aus einem Vertrag schuldig, so kann der Gläubiger nicht allein wegen der rückständigen Leistung eine ihm im Anordnungszeitraum obliegende Leistung verweigern oder Vertragsbeendigungs- oder -abänderungsrechte geltend machen; unberührt bleibt das Recht des Gläubigers, die Erbringung des Teils der ihm obliegenden Gegenleistung zu verweigern, der auf die rückständige Leistung des Schuldners entfällt. [2]Ergehen Folge- oder Neuanordnungen, ist der Zeitpunkt der Erstanordnung maßgeblich.

(2) Absatz 1 gilt nicht, wenn der Schuldner für die Fortführung des Unternehmens nicht auf die dem Gläubiger obliegende Leistung angewiesen ist.

(3) [1]Ist der Gläubiger vorleistungspflichtig, hat er das Recht, die ihm obliegende Leistung gegen Sicherheitsleistung oder Zug um Zug gegen die dem Schuldner obliegende Leistung zu erbringen. [2]Absatz 1 berührt nicht das Recht von Darlehensgebern, den Darlehensvertrag vor der Auszahlung des Darlehens wegen einer Verschlechterung der Vermögensverhältnisse des Schuldners oder der Werthaltigkeit der für das Darlehen gestellten Sicherheit zu kündigen (§ 490 Absatz 1 des Bürgerlichen Gesetzbuchs). [3]Satz 2 gilt auch für andere Kreditzusagen.

---

32 BGH, Urt. v. 12.05.2016 – IX ZR 65/14, NZI 2016, 636 m.w.N. zur umfangreichen Rspr.
33 BGH, Urt. v. 04.12.1997 – IX ZR 47/97 [unter III. 3. d) bb)], NJW 1998, 1561.
34 Ausf. zu dieser Option *Parzinger*, ZIP 2019, 1748 ff.

Übersicht

A. Normzweck und Allgemeines

§ 55 regelt die vertragsrechtlichen Wirkungen einer Stabilisierungsanordnung nach § 49 Abs. 1, 1
welche die Folgen einer Vollstreckungs- oder Verwertungssperre gem. § 54 ergänzen. Die vertragsrechtlichen Wirkungen treten bei Erlass einer Stabilisierungsanordnung automatisch, also ohne gesonderte gerichtliche Anordnung ein[1]. Dabei regeln Abs. 1 und Abs. 2 die Wirkungen der Stabilisierungsanordnung auf Rechte des Gläubigers im Fall bereits rückständiger Leistungen des Schuldners, während Abs. 3 das Vorleistungsrisiko des Gläubigers beherrschbar machen will.

Die Regelung dient der Umsetzung des Art. 7 Abs. 4 RestRL, nach welcher von Stabilisierungsmaß- 2
nahmen betroffene Gläubiger daran gehindert werden sollen, allein aufgrund des Umstands, dass vor Anordnung der Stabilisierungsmaßnahme entstandene Schulden nicht zurückgezahlt wurden, Leistungsstörungsrechte aus für den Schuldner wesentlichen Verträgen geltend zu machen[2].

Ausweislich den Gesetzgebungsmaterialien verfolgt die Norm den Zweck, zu verhindern, dass »durch 3
Maßnahmen der individuellen Rechtsdurchsetzung betroffene Gläubiger den Wirkungen eines Plans dadurch zuvorkommen, dass sie sich zuvor einseitig befriedigen.« Gleichzeitig liegt § 55 das Prinzip zugrunde, dass dem Gläubiger trotz Stabilisierung nicht zugemutet werden soll, sein Risiko weiter zu erhöhen[3].

B. Wirkungen bei rückständigen Leistungen (Abs. 1 und 2)

I. Beschränkung der Geltendmachung von Leistungsstörungsrechten (Abs. 1)

Der Abs. 1 beschränkt im Fall einer Stabilisierungsanordnung die Möglichkeit Leistungsstörungs- 4
rechte geltend zu machen, die ausschließlich an die Rückständigkeit der geschuldeten Leistung anknüpfen. Hierzu zählen Zurückbehaltungsrechte, Vertragsbeendigungsrechte und -änderungsrechte.

1. Voraussetzungen

Voraussetzung der vertraglichen Wirkung nach Abs. 1 Satz 1 ist, dass der Schuldner zum Zeitpunkt 5
der Stabilisierungsanordnung »einem Gläubiger etwas aus einem Vertrag schuldig« ist. Auf diese Schuld zum Zeitpunkt der Stabilisierungsanordnung muss sich die (ggf. auch erst später) rückständige Leistung des Schuldners beziehen, derentwegen dann kein Zurückbehaltungsrecht oder Vertragsbeendigungs- oder -abänderungsrecht geltend gemacht werden darf. Eine Leistung ist »rück-

1 Wolgast/Grauer-*Mikolajczak*, StaRUG, § 55 Rn. 1; *Bork*, ZRI 2021, 345, 351.

2 § 62 StaRUG-RegE, BT-Drucks. 19/24181, S. 158.

3 § 62 StaRUG-RegE, BT-Drucks. 19/24181, S. 158; *Thole*, ZRI 2021, 231, 235.

ständig« im Sinne des Abs. 1 Satz 1, wenn sie fällig und einredefrei ist; ein Verzug des Schuldners i.S.v. § 286 BGB ist nicht erforderlich[4].

6 Die Fälligkeit muss nach Abs. 1 Satz 1 noch nicht zum Zeitpunkt der Stabilisierungsanordnung bereits eingetreten sein. Es genügt, dass die Schuld begründet ist und dass es sich mithin um eine durch Restrukturierungsplan nach § 2 Abs. 1 Nr. 1 gestaltbare Forderung handelt[5]. Der Hintergrund ist hier, dass hinsichtlich der Gestaltung der Restrukturierungsforderungen nach § 2 Abs. 5 Satz 2 ebenfalls auf die Rechtsverhältnisse zum Zeitpunkt des Erlasses der Stabilisierungsanordnung abgestellt wird. Der Gläubiger einer gegen den Schuldner i.S.v. § 2 Abs. 1 Nr. 1 begründeten Restrukturierungsforderung, die Gegenstand einer Gestaltung durch den Restrukturierungsplan sein kann, soll die mögliche Gestaltung der Restrukturierungsforderung nicht durch die Ausübung von Kündigungs- oder Vertragsabänderungsrechten unterminieren. Ferner ist der Schuldner nach § 32 Abs. 1 Satz 3 aufgefordert, keine Forderungen zu begleichen oder zu besichern, die durch den Restrukturierungsplan gestaltet werden sollen. Befolgt der Schuldner diese Maßgabe, droht die Fortführung des Betriebs durch die Geltendmachung von Zurückbehaltungsrechten und die Ausübung von Vertragsbeendigungsrechten oder Änderungsrechten erheblich gestört zu werden. Deshalb schließt der Abs. 1 Satz 1 die Geltendmachung oder Ausübung solcher Rechte allein wegen der Rückstands der Leistung aus. Sind Forderungen dagegen zum Zeitpunkt des Erlasses der Stabilisierungsanordnung noch nicht begründet, sondern erst später, sind solche Forderungen nicht gestaltbar i.S.v. § 2 Abs. 1 Nr. 1. Dementsprechend ist der Schuldner dem Gläubiger zu diesem Zeitpunkt auch noch nichts »aus einem Vertrag schuldig« i.S.v. Abs. 1 Satz 1. Der Gläubiger kann dann wegen rückständiger Leistungen bezogen auf solche Forderungen, die erst nach dem Zeitpunkt des Erlasses der Stabilisierungsanordnung gegen den Schuldner begründet wurden und fällig geworden sind, durch § 55 ungehindert sämtliche Zurückbehaltungsrechte oder Vertragsbeendigungsrechte oder -änderungsrechte geltend machen.

7 Bei Dauerschuldverhältnissen ist mit Blick auf die zeitliche Zäsur immer zu fragen, ob die betreffende Forderung als Restrukturierungsforderung bereits vor dem Erlass der Stabilisierungsanordnung begründet war, und sei sie auch zunächst nur bedingt und nicht fällig i.S.v. § 3 Abs. 1, oder erst später begründet wurde. Die Verzugszinsen, die wegen rückständiger Leistungen aus der Zeit vor der Stabilisierungsanordnung, aber betreffend den Zeitraum nach dem Erlass der Stabilisierungsanordnung fällig werden, sind gleichwohl von Abs. 1 Satz 1 miterfasst[6].

8 Das Datum des Erstbeschlusses, mit dem die Stabilisierung angeordnet wird (vgl. § 51 Abs. 5 Satz 1), markiert die Zäsur, nicht der Zeitpunkt der Zustellung an den Gläubiger (vgl. § 51 Abs. 4 Satz 1). Ergehen im weiteren Verlauf noch Folge- oder Neuanordnungen (vgl. § 52), bleibt nach Abs. 1 Satz 2 der Zeitpunkt der Erstanordnung maßgeblich (insoweit auch synchron zu § 2 Abs. 5 Satz 2).

2. Rechtsfolgen

9 Liegen die Voraussetzungen des Abs. 1 vor und ist kein Ausschlussgrund nach Abs. 2 (dazu unten Rdn. 17 ff.) gegeben, so kann der Gläubiger nicht allein wegen der rückständigen Leistung eine ihm im Anordnungszeitraum obliegende Leistung verweigern oder Vertragsbeendigungs- oder -abänderungsrechte geltend machen. Das zentrale Vertragsbeendigungsrecht ist die Kündigung, zu denken ist aber auch an vertragliche oder gesetzliche Rücktritts- oder Widerrufsrecht. Vertragsabänderungen infolge rückständiger Leistungen können sich aus z.B. Nachbesicherungsklauseln oder Regelungen zum Risikoaufschlag beim Zins ergeben. Eine Vertragsänderung kann aber auch

---

4 *Thole*, ZIP 2020, 1985, 1994; Wolgast/Grauer-*Mikolajczak*, StaRUG, § 55 Rn. 9; BeckOK-StaRUG/*Mock*, § 55 Rn. 6; Seibt/Westpfahl-*Schönen/Bender*, StaRUG, § 55 Rn. 14.

5 A.A. Wolgast/Grauer-*Mikolajczak*, StaRUG, § 55 Rn. 9 u. 10; Seibt/Westpfahl-*Schönen/Bender*, StaRUG, § 55 Rn. 15 f.

6 Ebenso *Thole*, ZRI 2021, 231, 236 f.

in einem Widerruf oder Wegfall von vertraglich eingeräumten Einziehungs-, Veräußerungs- und Verarbeitungsermächtigungen liegen[7]. Zu den Leistungsverweigerungsrechten unten Rdn. 12 ff.

Der Ausschluss der unterschiedlichen Rechte bewirkt keine Stundung der bereits fälligen Forderungen[8]. Die vertragsrechtliche Wirkung nach Abs. 1 Satz 1 zeitigt daher auch nur dann einen liquiditätswirksamen Effekt, wenn die Vertragsbeendigung durch Kündigung gesperrt ist und die Kündigung zu (weiteren) fälligen Zahlungsverpflichtungen führen würde. 10

Die Zahlung auf eine Restrukturierungsforderung bleibt zwar auch möglich, wenn die Voraussetzungen des Abs. 1 Satz 1 vorliegen. Eine solche Zahlung muss jedoch besonders genau geprüft werden, damit der Schuldner keine Sorgfaltspflichtverletzung begeht. Nach § 32 Abs. 1 Satz 2 hat er Maßnahmen, welche sich mit dem Restrukturierungsziel nicht vereinbaren lassen oder welche die Erfolgsaussichten der in Aussicht genommenen Restrukturierung gefährden, grundsätzlich zu unterlassen. Der Satz 3 von § 32 Abs. 1 stellt klar, dass es mit dem Restrukturierungsziel in der Regel nicht vereinbar ist, Forderungen zu begleichen oder zu besichern, die durch den Restrukturierungsplan gestaltet werden sollen. Das Abweichen von dieser Regel ist hinreichend zu begründen. 11

Die Formulierung »nicht allein wegen« der rückständigen Leistung unterstreicht, dass von der Regelung Leistungsstörungsrechte (Zurückbehaltung/Leistungsverweigerung sowie Vertragsbeendigung/-abänderung) unberührt bleiben, die unabhängig von der rückständigen Leistung des Schuldners oder im Zusammenhang mit dem bestehenden Rückstand begründet sind[9]. Beruht also ein dem Gläubiger zustehendes Recht zumindest auch auf einem über den Rückstand der Leistung hinausgehenden Grund, findet die einschränkende Wirkung des Abs. 1 keine Anwendung. Die ggf. weitere Voraussetzung einer Fristsetzung zum Bewirken der rückständigen Leistung, die sich aus dem Vertrag oder aus dem Gesetz (z.B. § 323 Abs. 1 BGB) ergeben kann, ändert nichts daran, dass ein nach fruchtlosem Fristablauf begründetes Recht zur Vertragsbeendigung oder -abänderung allein auf der rückständigen Leistung beruht[10]. 12

Denkbare alternative oder zusätzliche Umstände, an denen in Verträgen die Geltendmachung eines Zurückbehaltungsrechts oder die Ausübung einer Kündigung- oder Abänderungsrechten anknüpfen können, damit sich Ausübung »nicht allein« auf die rückständigen Leistung stützt, können die drohende Zahlungsunfähigkeit i.S.v. § 18 InsO oder – etwas generischer – die Verschlechterung der Vermögensverhältnisse (vgl. § 490 Abs. 1 BGB) sein oder die Verletzung von vertraglich vereinbarten Verhaltenspflichten oder Finanzkennzahlen (z.B. Liquiditäts-Covenant, EBITDA Covenant). Bei der Vertragsgestaltung sind hier aber die Gestaltungsgrenzen aus dem Verbot der Lösungsklauseln nach § 44 zu beachten. 13

Sind die Voraussetzungen nach Abs. 1 erfüllt, verbleibt dem Gläubiger hinsichtlich synallagmatisch verknüpfter Leistungen gem. Abs. 1 Satz 1 Halbs. 2 zwar noch die Einrede aus § 320 BGB, es ist ihm aber verwehrt, seine Leistung aufgrund des Zurückbehaltungsrechts aus § 273 BGB zu verweigern[11]. Der Einrede aus § 320 BGB steht dem Gläubiger auch offen, wenn keine Vorleistungspflicht besteht und auch noch keine Leistung erbracht wurde und vor allem auch die Leistung des Schuldners nicht rückständig ist. Dann kann der Gläubiger nach § 320 BGB von dem Schuldner Zug-um-Zug-Leistung verlangen[12]. Auch ein Zurückbehaltungsrecht nach § 273 BGB ist in dieser Konstellation nicht durch Abs. 1 Satz 1 Halbs. 2 ausgeschlossen. 14

7 Wolgast/Grauer-*Mikolajczak*, StaRUG, § 55 Rn. 39; a.A. Seibt/Westpfahl-*Schönen/Bender*, StaRUG, § 55 Rn. 32.

8 Wolgast/Grauer-*Mikolajczak*, StaRUG, § 55 Rn. 17.

9 § 62 StaRUG-RegE, BT-Drucks. 19/24181, S. 158; Braun-*Riggert*, StaRUG, § 55 Rn. 8; Flöther-*Schönfelder*, StaRUG, § 55 Rn. 7.

10 *Thole*, ZRI 2021, 231, 236.

11 *Thole*, ZRI 2021, 231, 236; Seibt/Westpfahl-*Schönen/Bender*, StaRUG, § 55 Rn. 28 f.

12 *Thole*, ZRI 2021, 231, 236.

15 Der Wortlaut des Abs. 1 Satz 1 lässt die persönliche Reichweite nicht eindeutig erkennen, ob sich die vertragsrechtlichen Wirkungen im Fall der Stabilisierungsanordnung gegenüber sämtlichen Gläubigern entfalten oder nur gegenüber den Gläubigern, die individuell Adressat der Stabilisierungsanordnung sind. Angesichts des doch erheblichen Eingriffs in die Rechtsstellung der Gläubiger, die sich vor dem oben Rdn. 3 genannten Hintergrund rechtfertigt, sollten die Wirkungen des § 55 nur gegenüber den Gläubigern eintreten, denen gegenüber auch die Stabilisierungsanordnung erlassen wurde[13].

16 Die zeitliche Reichweite beschränkt sich auf die Dauer der Stabilisierungsanordnung, einschließlich Folge- oder Neuanordnungen.

II. Ausschluss bei mangelnder Angewiesenheit auf die Leistung (Abs. 2)

17 Abs. 2 enthält einen Ausschlussgrund für den Fall mangelnder Angewiesenheit auf die dem Gläubiger obliegende Leistung. Danach gilt Abs. 1 nicht, wenn der Schuldner für die Fortführung des Unternehmens nicht auf die Leistung angewiesen ist. Aus dieser negativen Formulierung lässt sich entnehmen, dass im Zweifel von einer entsprechenden Angewiesenheit auszugehen ist, die Darlegungs- und Beweislast für deren Fehlen also beim Gläubiger liegt[14]. Diese Vermutungsregelung lässt sich vor dem Hintergrund erklären, dass das Restrukturierungsgericht bereits vor Erlass der Stabilisierungsanordnung deren Erforderlichkeit auch hinsichtlich der vertragsrechtlichen Wirkung zumindest im Rahmen einer Plausibilitätskontrolle prüft[15].

18 Nach den Gesetzesmaterialien soll eine Angewiesenheit des Unternehmens auf die Leistung dann nicht vorliegen, wenn die Leistung des Gläubigers nicht von erheblicher Bedeutung für die Unternehmensfortführung ist[16]. Eine bloße Störung der Unternehmensfortführung soll demnach nicht ausreichen[17]. Gem. Art. 7 Abs. 4, Unterabs. 1 der RestRL soll die Erforderlichkeit für die Weiterführung des täglichen Betriebs des Unternehmens maßgeblich sein, einschließlich solcher Verträge über Lieferungen, deren Aussetzung dazu führen würde, dass die Geschäftstätigkeit zum Erliegen kommt. Für eine nähere Konturierung der erheblichen Bedeutung erscheint ein Rückgriff auf § 21 Abs. 2 Satz 1 Nr. 5 InsO sowie auf § 135 Abs. 3 InsO möglich[18].

19 Offen bleibt angesichts der gesetzlichen Formulierung, ob hinsichtlich der Angewiesenheit auch hypothetische Erwägungen wie eine mögliche Ersatzbeschaffung, etwa von Rohstoffen zu berücksichtigen sind[19]. Dafür wird hervorgebracht, dies werde aufgrund der oft mangelnden Einblicke in den Betrieb des Schuldners praktisch oft den einzigen erheblichen Einwand des darlegungspflichten Gläubigers darstellen, sodass Abs. 2 bei Nichtberücksichtigung hypothetischer Erwägungen leerzulaufen droht[20]. Gleichwohl kann auch bei hypothetischer Ersatzmöglichkeit eine Angewiesenheit im Sinne des Abs. 2 vorliegen, wenn Ersatz etwa nur zeitlich verzögert oder zu wesentlich schlechteren Konditionen zu erlangen ist[21]. Maßgeblich ist auch hier stets, ob durch die Nichtleistung ein Erliegen des Unternehmens zu befürchten ist.

13 Wolgast/Grauer-*Mikolajczak*, StaRUG, § 55 Rn. 5; unter Verweis auf den Wortlaut auf eine Wirkung gegenüber alle Gläubiger hinweisend *Schneider/Loszynski*, SanB 2020, 136, 140; Seibt/Westpfahl-*Schönen/Bender*, StaRUG, § 55 Rn. 23.

14 Braun-*Riggert*, StaRUG, § 55 Rn. 3; Wolgast/Grauer-*Mikolajczak*, StaRUG, § 55 Rn. 13; Seibt/Westpfahl-*Schönen/Bender*, StaRUG, § 55 Rn. 19.

15 Wolgast/Grauer-*Mikolajczak*, StaRUG, § 55 Rn. 13.

16 § 62 StaRUG-RegE, BT-Drucks. 19/24181, S. 158; Braun-*Riggert*, StaRUG, § 55 Rn. 3.

17 Wolgast/Grauer-*Mikolajczak*, StaRUG, § 55 Rn. 14.

18 Wolgast/Grauer-*Mikolajczak*, StaRUG, § 55 Rn. 14; Seibt/Westpfahl-*Schönen/Bender*, StaRUG, § 55 Rn. 21.

19 *Thole*, ZIP 2020, 1985, 1994; Wolgast/Grauer-*Mikolajczak*, StaRUG, § 55 Rn. 15.

20 Wolgast/Grauer-*Mikolajczak*, StaRUG, § 55 Rn. 15.

21 Wolgast/Grauer-*Mikolajczak*, StaRUG, § 55 Rn. 15.

C. Vorleistungspflicht des Gläubigers und Kreditverträge (Abs. 3)

I. Vorleistungspflicht des Gläubigers (Satz 1)

Ist der Gläubiger vertraglich zur Vorleistung verpflichtet, hat er gem. Abs. 3 Satz 1 das Recht, die Leistung nur gegen Sicherheitsleistung oder Zug-um-Zug gegen die dem Schuldner obliegende Leistung zu erbringen. Hintergrund der Regelung ist die Erwägung, dass es einem vorleistungspflichtigen Gläubiger in der Situation der Rechtshängigkeit einer Restrukturierungssache nach Erlass einer Stabilisierungsanordnung nicht (mehr) zugemutet werden kann, durch weitere Vorleistung das Risiko eines Ausfalls in einer Insolvenz zu erhöhen[22]. 20

Zur Art der Sicherheitsleistung erscheint angesichts der vergleichbaren Interessenlage ein Anknüpfen an die zu § 321 BGB entwickelten Grundsätze möglich, wobei sich die Art der Sicherheitsleistung nach §§ 232 ff. BGB bestimmt[23]. 21

II. Darlehensverträge und andere Kreditzusagen (Satz 2 u. 3)

Der Abs. 3 Satz 2 stellt unter Verweis auf § 490 BGB klar, dass Abs. 1 nicht das Recht von Darlehnsgebern berührt, »den Darlehensvertrag vor der Auszahlung des Darlehens wegen einer Verschlechterung der Vermögensverhältnisse des Schuldners oder der Werthaltigkeit der für das Darlehen gestellten Sicherheit zu kündigen.« Jedenfalls vor Valutierung verliert ein Darlehensgeber mithin nicht das Recht, bei Vorliegen der Voraussetzungen des § 490 Abs. 1 BGB das Darlehen zu kündigen. Der Abs. 3 Satz 3 überträgt diese Regelung auch auf andere Formen von Kreditzusagen. Die ausdrückliche Regelung ist dem gesetzgeberischen Anliegen geschuldet, durch eine Stabilisierungsanordnung keine Erhöhung des vertraglich übernommenen Risikos auf Gläubigerseite zu begründen[24]. 22

Nicht explizit geregelt ist hingegen der Fall einer Kündigung nach § 490 Abs. 1 BGB bei bereits erfolgter Valutierung. Dies wirft die Frage auf, ob ein Darlehensgeber der Anordnung einer Stabilisierung auch nach Auszahlung noch mit einer Darlehenskündigung nach § 490 Abs. 1 BGB begegnen kann. Fraglich erscheint hierbei zum einen, ob eine solche Kündigungsmöglichkeit im Anwendungsbereich des § 55 nach Darlehensauszahlung überhaupt besteht, zum anderen, ob im Fall einer Stabilisierungsanordnung regelmäßig die Voraussetzungen einer Kündigung wegen wesentlicher Verschlechterung der Vermögenslage oder der Werthaltigkeit einer Sicherheit vorliegen 23

1. Verhältnis von § 55 StaRUG zu § 490 Abs. 1 BGB nach Valutierung

In Ermangelung einer expliziten Regelung der Konstellation der Kündigung nach Valutierung ist davon auszugehen, dass sich die Anwendbarkeit des § 490 Abs. 1 BGB nach Auszahlung eines Darlehens nach der Grundregel des § 55 Abs. 1 richtet[25]. Danach kann die Kündigung eines Darlehens beschränkt sein, wenn sie alleine an dem Rückstand der Leistung des Schuldners anknüpft. Anknüpfungspunkt des Kündigungsrechts nach § 490 Abs. 1 BGB ist indes nicht die rückständige Leistung als solche, sondern die wesentliche Vermögensverschlechterung des Schuldners, also eine ganzheitliche Betrachtung der Vermögenslage, die zahlreiche weitere Umstände in den Blick nimmt[26]. Damit ist eine Kündigung nach § 490 Abs. 1 BGB nicht vom Anwendungsbereich des Abs. 1 erfasst, sodass diese Möglichkeit der Vertragsbeendigung auch nach Darlehensauszahlung bestehen bleibt. Der Abs. 3 Satz 2 entfaltet nach diesem Verständnis lediglich eine klarstellende Wirkung hinsichtlich der Kündigungsmöglichkeit vor Valutierung. 24

22 § 62 StaRUG-RegE, BT-Drucks. 19/24181, S. 158.
23 Zu der vergleichbaren Interessenlage MK-BGB/*Emmerich*, § 321 Rn. 17.
24 § 62 StaRUG-RegE, BT-Drucks. 19/24181, S. 158.
25 *Thole*, ZRI 2021, 231, 237.
26 S.a Wolgast/Grauer-*Mikolajczak*, StaRUG, § 55 Rn. 35; *Thole*, ZRI 2021, 231, 237.

25 Andererseits ließe sich aus der expliziten Nennung der Kündigung vor Auszahlung e contrario ableiten, dass § 490 Abs. 1 BGB nach Auszahlung durch Abs. 3 Satz 2 ausgeschlossen sein soll[27]. Eine solche Betrachtungsweise erscheint allerdings zweifelhaft. Zwar dient die Kündigungsmöglichkeit nach Auszahlung nicht mehr dem gesetzgeberischen Anliegen, dem Gläubiger ein höheres Vorleistungsrisiko nicht aufzubürden, sondern läuft vielmehr dem Hauptanliegen der Norm, nämlich die Verhinderung einer die Planumsetzung gefährdenden einseitigen Befriedigung der Gläubiger durch individuelle Rechtsdurchsetzungsmaßnahmen zuwider[28]. Allerdings verfolgt das StaRUG dieses Ziel ausschließlich durch eine Sperrwirkung von Leistungsstörungsrechten, die an die Rückständigkeit einer geschuldeten Leistung anknüpfen. An sonstige Umstände anknüpfende Gläubigerrechte richten sich demnach allein nach allgemeinem Vertragsrecht. Eine solche Sperrwirkung in Bezug auf den § 490 Abs. 1 BGB nach Auszahlung stünde folglich im Widerspruch zu den übrigen, nicht auf Leistungsrückstände beruhenden Gläubigerrechten. Sachgerechter erscheint daher, auch im Rahmen des § 490 BGB von der allgemeinen Regelung des Abs. 1 auszugehen, welche die Kündigung nach § 490 Abs. 1 BGB grundsätzlich zulässt. Dies entspricht zudem den Wertungen der §§ 55, 44, nach denen es den Parteien prinzipiell offensteht, ein auf einem anderen materiellen Umstand beruhendes Lösungsrecht zu vereinbaren[29]. Auch die Gesetzgebungsmaterialien stützen die Annahme einer derartigen Sperrwirkung nicht, heißt es zu Abs. 3 Satz 2 doch lediglich, dieser stelle sicher, »dass die Anordnung einer Stabilisierungsmaßnahme das Kündigungsrecht des Darlehensgebers nach § 490 BGB nicht berührt«.

26 Im Ergebnis entfaltet Abs. 3 Satz 2 vor Auszahlung lediglich klarstellende Wirkung hinsichtlich des Kündigungsrechts nach § 490 Abs. 1 BGB. Nach Darlehensvalutierung ist auf Abs. 1 zu schauen, der grundsätzlich keine Sperrwirkung hinsichtlich des an einen zusätzlichen Umstand anknüpfenden § 490 Abs. 1 BGB vorsieht.

2. Regelmäßiges Vorliegen der Kündigungsvoraussetzungen des § 490 Abs. 1 BGB

27 Offen ist, ob dem von einer Stabilisierungsanordnung betroffenen Darlehensgeber nach Darlehensauszahlung regelmäßig auch ein Kündigungsrecht nach § 490 Abs. 1 BGB zusteht. Dies wäre der Fall, wenn die Voraussetzungen, unter denen unter denen § 55 Wirkung entfaltet, in der Regel auch den Kündigungstatbestand des § 490 Abs. 1 BGB erfüllen.

a) Voraussetzungen einer Stabilisierungsanordnung nach § 29 Abs. 2 StaRUG

28 Die vertragsrechtliche Wirkung des § 55 ist Folge einer Stabilisierungsanordnung nach § 49 Abs. 1. Diese setzt als eines der in § 29 Abs. 2 genannten Instrumente materiell stets das Vorliegen einer drohenden Zahlungsunfähigkeit i.S.d. § 18 InsO voraus, die als Verfahrensziel nachhaltig beseitigt werden soll[30]. Nach § 18 Abs. 2 Satz 1 InsO besteht drohende Zahlungsunfähigkeit, wenn der Schuldner voraussichtlich nicht in der Lage sein wird, die bestehenden Zahlungspflichten im Zeitpunkt der Fälligkeit zu erfüllen. Dabei ist gem. § 18 Abs. 2 Satz 2 InsO ein Prognosezeitraum von 24 Monaten zugrunde zu legen. Liegt keine drohende Zahlungsunfähigkeit vor, kann der Schuldner keine der in § 29 normierten Instrumente des Stabilisierungs- und Strukturierungsrahmens in Anspruch nehmen, sondern ist auf die außergerichtliche Sanierung verwiesen[31]. Um also als Leistungsstörungsrecht des von einer Stabilisierungsmaßnahme betroffenen Darlehensgebers in Betracht zu kommen, müssten die Voraussetzungen § 490 Abs. 1 BGB nach Auszahlung regelmäßig erfüllt sein, wenn eine drohende Zahlungsunfähigkeit i.S.v. § 18 InsO vorliegt.

---

27 Vgl. auch Braun-*Riggert*, StaRUG, § 55 Rn. 9.
28 § 62 StaRUG-RegE, BT-Drucks. 19/24181, S. 158.
29 Vgl. *Thole*, ZRI 2021, 231, 238.
30 *Gehrlein*, BB 2021, 66, 71; *Thole*, ZIP 2020, 1985, 1990; *Müller*, ZIP 2020, 2253, 2254.
31 Wolgast/Grauer-*Wöhren*, StaRUG, § 29 Rn. 11.

b) Voraussetzungen der Kündigung nach § 490 Abs. 1 BGB nach Auszahlung

§ 490 Abs. 1 BGB erfordert den tatsächlichen oder drohenden Eintritt einer wesentlichen Verschlechterung der Vermögensverhältnisse des Darlehensnehmers, durch welche die Darlehensrückzahlung gefährdet wird. Diese muss nach Vertragsschluss eintreten, ermöglicht ein Kündigungsrecht nach Auszahlung des Darlehens gem. Halbs. 2 allerdings nur in der Regel[32]. Wann eine wesentliche Verschlechterung vorliegt, ist gesetzlich nicht definiert. Zur Ermittlung dient ein Vergleich der Situation bei Abschluss des Darlehensvertrags und bei Kündigung[33]. Es bedarf insoweit einer Gesamtschau aller wirtschaftlichen Umstände des Einzelfalls aus objektiver Perspektive[34]. Die Praxis orientiert sich hier weitgehend an einer umfangreichen Kasuistik[35]. Danach wird eine wesentliche Verschlechterung etwa durch laufende Verluste durch mangelnde Kunden, die Häufung weiterer Verbindlichkeiten oder ein dauerhaftes und erhebliches Überziehen der Kreditlinie indiziert[36]. 29

Weitgehend Einigkeit besteht hier darüber, dass ein hinreichender Anhaltspunkt zur Begründung einer wesentlichen Verschlechterung der Vermögensverhältnisse vorliegt, wenn die Gefahr der Zahlungsunfähigkeit unmittelbar droht, soweit diese nicht bereits bei Vertragsschluss im Rahmen eines Sanierungsdarlehens bestand[37]. Die unmittelbar drohende Zahlungsunfähigkeit soll auch dann als Kündigungsgrund genügen, wenn eine Überschuldung nicht festgestellt ist[38]. Fraglich erscheint hier, ob sich zur Bestimmung der unmittelbar drohenden Gefahr der Zahlungsunfähigkeit auf den im Rahmen des § 18 Abs. 2 Satz 2 InsO geltenden Prognosezeitraum von 24 Monaten abstellen lässt oder § 490 Abs. 1 BGB eine engere Bestimmung der drohenden Gefahr erfordert[39]. Für die Übertragbarkeit des 24-monatigen Prognoserahmens aus § 18 Abs. 2 InsO lässt sich anführen, dass, wenn eine sich innerhalb dieses Zeitraums abzeichnende Zahlungsunfähigkeit des Schuldners sogar als Grund zur Eröffnung eines Insolvenzverfahrens dienen kann, auch eine fristlose Darlehenskündigung möglich sein muss[40]. 30

Letztlich entscheidendes Kriterium zur Bestimmung der unmittelbar drohenden Gefahr der Zahlungsunfähigkeit im Rahmen des § 490 Abs. 1 BGB muss indes der Normzweck sein. Der Vorschrift liegt die Erwägung zugrunde, dass der Darlehensgeber eine sich abzeichnende Insolvenz des Darlehensnehmers nicht abwarten müssen soll, um sich vom Darlehensvertrag lösen zu dürfen, sondern in den tatbestandlich erfassten Fällen die Möglichkeit erhalten muss, »so schnell wie möglich zu retten, was zu retten ist«[41]. Während der in § 18 Abs. 2 Satz 2 InsO zugrunde gelegte Prognosezeitraum der Ermöglichung eines Insolvenzverfahrens dient und damit den Schutz aller Gläubiger im Blick hat, verfolgt § 490 Abs. 1 BGB lediglich den Schutz eines konkreten Darlehensgebers. Vor diesem Hintergrund wenig überzeugend schiene es, die starre Frist von 24 Monaten ohne Rücksicht auf die konkreten Darlehensmodalitäten zur Bestimmung heranzuziehen. Maßgeblich sein sollte vielmehr die Frage, wann und unter welchen Voraussetzungen das Darlehen vertragsgemäß zurückgezahlt werden muss und ob die drohende Zahlungsunfähigkeit diese Rückzahlung als gefährdet erscheinen lässt. Praktisch dürfte eine gem. § 18 Abs. 2 InsO drohende Zahlungsunfähigkeit damit 31

---

32 MK-BGB/*K. P. Berger*, § 490 Rn. 2.
33 *Regenfus*, ZBB 2015, 383, 385.
34 OLG Frankfurt am Main, Urt. v. 10.01.2003 – 10 U 122/02, BKR 2003, 870.
35 *Regenfus*, ZBB 2015, 383, 385; *Knops*, WM 2012, 1649, 1651.
36 *Regenfus*, ZBB 2015, 383, 387.
37 BGH, Urt. v. 20.05.2003 – XI ZR 50/02 [Rn. 20], WM 2003, 1416, 1417.
38 BGH, Urt. v. 21.09.1989 – III ZR 287/88 [Rn. 6], NJW-RR 1990, 110, 111; Staudinger/*Mülbert*, BGB, § 490 Rn. 15.
39 Während BGH, Urt. v. 20.05.2003 – XI ZR 50/02 [Rn. 20], WM 2003, 1416, 1417; BGH, Urt. v. 21.09.1989 – III ZR 287/88 [Rn. 6], NJW-RR 1990, 110, 111; BGH, Beschl. v. 26.09.1985 – III ZR 213/84 [Rn. 9], WM 1985, 1493; *Regenfus*, ZBB 2015, 383, 387 hierauf nicht eingehen, lässt *Knops*, WM 2012, 1649, 1653 die Frage der Übertragbarkeit insolvenzrechtlicher Bestimmungsgrundsätze ausdrücklich offen.
40 Vgl. Langenbucher/Bliesener/Spindler-*Krepold*, BGB § 490 Rn. 216.
41 Begr. FraktE BT-Drucks. 14/6040, 254; Staudinger/*Mülbert*, BGB, § 490 Rn. 3.

regelmäßig auch eine unmittelbar drohende Gefahr der Zahlungsunfähigkeit darstellen, welche als Kündigungsgrund im Rahmen des § 490 Abs. 1 BGB anerkannt ist. Je nach den konkreten Modalitäten des Darlehensvertrags und der Umstände des Einzelfalls erscheint indes auch ein Auseinanderfallen der beiden Gefährdungstatbestände denkbar.

32 Damit dürfte im Fall einer Stabilisierungsanordnung nach § 49 Abs. 1, welche gem. § 29 Abs. 2 eine drohende Zahlungsunfähigkeit i.S.d. § 18 Abs. 2 InsO erfordert, in vielen Fällen auch eine wesentliche Verschlechterung der Vermögensverhältnisse vorliegen, die bei Gefährdung des Rückzahlungsanspruchs zur Kündigung berechtigt. Eine Gefährdung des Rückzahlungsanspruchs besteht, wenn aufgrund der Verschlechterung eine akute Ausfallgefährdung vorliegt[42]. Auch dies ist bei einer drohenden Zahlungsunfähigkeit aufgrund des gesteigerten Insolvenzrisikos wohl regelmäßig anzunehmen[43].

33 Allerdings gewährt § 490 Abs. 1 BGB ein Kündigungsrecht nach Auszahlung des Darlehens nur in der Regel. Erforderlich ist danach eine Gesamtwürdigung der Kündigungssituation[44], welche einen ausnahmsweisen Ausschluss des Kündigungsrechts ermöglicht, etwa bei nur vorübergehender Verschlechterung des Vermögens oder aber, wenn die sofortige Rückzahlung die Insolvenz des Darlehensschuldners herbeiführen würde, wohingegen bei einer ratenweisen Rückzahlung die Solvenz erhalten bliebe[45].

34 Die berechtigte Kündigung bewirkt die Fälligkeit des Rückzahlungsanspruchs des Darlehensgebers aus § 488 Abs. 1 Satz 2 BGB und die Beendigung des Darlehensvertrages als solchen. Die Fälligkeit des Rückzahlungsanspruchs wird nicht selten zum Eintritt der Zahlungsunfähigkeit führen, sodass die Anzeigepflichten nach § 32 Abs. 3 Satz 1 und § 42 Abs. 1 Satz 2 ausgelöst werden. Das Restrukturierungsgericht prüft dann die Aufhebung der Restrukturierungssache nach § 33 Abs. 2 Satz 1 Nr. 1, wobei insbesondere dann, wenn die fällige Forderung auf Rückzahlung des Darlehens als Restrukturierungsforderung durch den vorgeschlagenen Restrukturierungsplan gestaltet werden soll, eine Aufhebung nur erfolgt, wenn die Erreichung des Restrukturierungsziels nicht mehr überwiegend wahrscheinlich ist. Eine unberechtigte Kündigung entfaltet dagegen keine gestaltende Wirkung. Das Risiko der Fehleinschätzung hinsichtlich der Wirksamkeit einer Kündigung und mithin Fälligkeit des Rückzahlungsanspruchs trägt der anzeigepflichtige Schuldner bzw. anzeigepflichtige Geschäftsführer.

§ 56 Finanzsicherheiten, Zahlungs- und Abwicklungssysteme, Liquidationsnetting

(1) [1]Die Stabilisierungsanordnung berührt nicht die Wirksamkeit von Verfügungen über Finanzsicherheiten nach § 1 Absatz 17 des Kreditwesengesetzes und die Wirksamkeit der Verrechnung von Ansprüchen und Leistungen aus Zahlungsaufträgen, Aufträgen zwischen Zahlungsdienstleistern oder zwischengeschalteten Stellen oder Aufträgen zur Übertragung von Wertpapieren, die in Systeme nach § 1 Absatz 16 des Kreditwesengesetzes eingebracht wurden. [2]Dies gilt auch dann, wenn ein solches Rechtsgeschäft des Schuldners am Tag der Anordnung getätigt und verrechnet oder eine Finanzsicherheit bestellt wird und der andere Teil nachweist, dass er die Anordnung weder kannte noch hätte kennen müssen; ist der andere Teil ein Systembetreiber oder Teilnehmer in dem System, bestimmt sich der Tag der Anordnung nach dem Geschäftstag im Sinne des § 1 Absatz 16b des Kreditwesengesetzes.

(2) [1]Von der Stabilisierungsanordnung und ihren Wirkungen bleiben Geschäfte, die den Gegenstand einer Vereinbarung über das Liquidationsnetting im Sinne von § 104 Absatz 3 und 4 der Insolvenzordnung bilden können, sowie Vereinbarungen über das Liquidationsnetting unberührt.

42 MK-BGB/*K. P. Berger*, § 490 Rn. 8.
43 Vgl. *Regenfus*, ZBB 2015, 383, 385.
44 BT-Drucks. 14/6040 S. 254; Jauernig/*Berger*, § 490 Rn. 7.
45 Jauernig/*Berger*, § 490 Rn. 7.

[2]Die aus dem Liquidationsnetting resultierende Forderung kann einer Vollstreckungssperre und, im Rahmen des nach Absatz 1 Zulässigen, auch einer Verwertungssperre unterworfen werden.

Übersicht

A. Überblick und Normzweck

§ 56 definiert die Ausnahmen von der Reichweite und der Wirkungen der Stabilisierungsanordnung im Interbankenverkehr wie sie auch im Kontext des Verbots von Lösungsklauseln gem. § 44 Abs. 3, der Vollstreckungs- und Verwertungssperre im vorläufigen Insolvenzverfahren gem. § 21 Abs. 2 Satz 2 und 3 InsO oder im weitesten Sinne auch des Wahlrechts des Insolvenzverwalters betreffend beiderseits noch nicht vollständig erfüllter Vertrage gem. § 104 InsO zu finden sind. 1

Gem. Abs. 1 wird die Wirksamkeit von Verfügungen über Finanzsicherheiten nach § 1 Abs. 17 KWG sowie von Wertpapiergeschäften i.S.d. § 1 Abs. 16 KWG durch die Stabilisierungsanordnung nicht berührt. Abs. 2 ordnet an, dass auch Geschäfte, die den Gegenstand einer Vereinbarung über das Liquidationsnetting nach § 104 Abs. 3 und 4 InsO bilden können sowie Vereinbarungen über das Liquidationsnetting selbst von der Stabilisierungsanordnung unberührt bleiben. 2

Die Regelung beruht auf Art. 31 Abs. 1 der Restrukturierungs-Richtlinie, wonach die Finanzsicherheitenrichtlinie 2002/47/EG und die Finalitätsrichtlinie 98/26/EG Vorrang vor den Bestimmungen der Restrukturierungs-Richtlinie genießen[1]. Diese Richtlinien dienen der Förderung des freien Dienstleistungs- und Kapitalverkehrs im Finanzbinnenmarkt (Interbankenverkehr) und sehen eine Privilegierung bestimmter Sicherheiten gegenüber Bestimmungen des nationalen Insolvenzrechts vor, welche deren effektive Verwertung gefährden[2]. 3

B. Finanzsicherheiten und Verrechnungen (Abs. 1)

I. Regelungsinhalt

Art. 4 Abs. 1 und Abs. 5 der Finanzsicherheitenrichtlinie 2002/47/EG ordnen an, dass die Verwertung von Finanzsicherheiten weder durch die Eröffnung eines Insolvenzverfahrens noch durch die Einleitung von Sanierungsmaßnahmen beeinträchtig werden dürfen[3]. Gem. Abs. 1 Satz 1 berührt die Stabilisierungsanordnung daher weder die Wirksamkeit von Verfügungen über Finanzsicherheiten nach § 1 Abs. 17 KWG noch die Wirksamkeit der Verrechnung von Ansprüchen und Leistungen aus Zahlungsaufträgen, Aufträgen zwischen Zahlungsdienstleistern oder zwischengeschalteten Stellen oder Aufträgen zur Übertragung von Wertpapieren, die in Systeme nach § 1 Abs. 16 KWG eingebracht wurden. Die Norm entspricht der Regelung in § 21 Abs. 2 Satz 2 und Satz 3 InsO[4]. 4

Nach Abs. 1 Satz 2 gilt dies auch dann, wenn das Rechtsgeschäft am Tag der Anordnung getätigt und verrechnet oder eine Finanzsicherheit bestellt wird und der andere Teil nachweist, dass er die Anordnung weder kannte noch hätte kennen müssen. Handelt es sich bei dem anderen Teil um 5

1 BeckOK-StaRUG/*Mock*, § 56 Rn. 3.
2 Vgl. Erwägungsgrund Nr. 5 der Richtlinie 2002/47/EG; Uhlenbruck-*Vallender*, InsO, § 21 Rn. 39; *Schneider/Loszynski*, SanB 2020, 136, 141.
3 Vgl. Uhlenbruck-*Vallender*, InsO, § 21 Rn. 39.
4 Braun-*Riggert*, StaRUG, § 56 Rn. 1; BeckOK-StaRUG/*Mock*, § 56 Rn. 1; s.a. den Hinweis zu § 63 RegE-StaRUG, BT-Drucks. 19/24181, S. 158.

einen Systembetreiber oder einem Teilnehmer in einem System, bestimmt sich der Tag der Anordnung nach dem Geschäftstag i.S.d. § 1 Abs. 16 KWG.

II. Geltung für den Interbankenverkehr

6 Der Begriff der Finanzsicherheiten wurde vom Gesetzgeber in § 1 Abs. 17 KWG detailliert geregelt[5]. Danach erfasst sind Barguthaben, Geldbeträge, Wertpapiere, Geldmarktinstrumente sowie Schuldscheindarlehen einschließlich aller damit im Zusammenhang stehender Rechte oder Ansprüche, die als Sicherheit in Form eines beschränkt dinglichen Sicherungsrechts oder im Wege der Vollrechtsübertragung aufgrund einer Vereinbarung zwischen einem Sicherungsnehmer und einem Sicherungsgeber bestellt werden, sofern die Vertragsparteien öffentliche Rechtliche Körperschaften (vorbehaltlich einiger Ausnahmen), Zentralbanken sowie supranationale Körperschaften, beaufsichtigte Finanzinstitute, zentrale Vertragsparteien, Verrechnungsstellen und Clearingstellen i.S.d. Art. 2 Buchst. c), d), e) der RL 98/26/EG und vergleichbare Einrichtungen, die einer mitgliedstaatlichen Aufsicht unterliegen und für Terminkontrakt-, Options-, und Derivatemärkte fungieren[6]. Erfasst wird damit in erster der Linie der Interbankenverkehr.

7 In sachlicher Hinsicht sind nur die oben genannten Sicherheiten erfasst, nicht hingegen die im privaten Kreditgeschäft gewöhnlich gewählten Sicherheiten wie etwa die Sicherungsübereignung, Grundpfandrechte oder die Globalzession[7]. Auch aus diesem Grund entfaltet Abs. 1 eine geringe praktische Bedeutung im Rahmen der Stabilisierungsanordnung[8].

III. Geltung für juristische Personen, Einzelkaufleute oder Personengesellschaften

8 Persönliche anwendbar sind die Regelungen über Finanzsicherheiten i.S.d. § 1 Abs. 17 KWG über den Verweis auf Art. 1 Abs. 2 Buchst. e) Finanzsicherheitenrichtlinie 2002/47/EG indes auch auf juristische Personen, Einzelkaufleute oder Personengesellschaften, sofern eine andere Vertragspartei eine der oben genannten Einrichtungen ist. In diesem Fall erforderlich ist allerdings gem. § 1 Abs. 17 Satz 2 KWG, dass der Sicherheit eine Verbindlichkeit zugrunde liegt, welche sich auf Finanzinstrumente i.S.d. § 1 Abs. 11 KWG bezieht oder deren Anschaffung oder Finanzierung betreffen[9]. Erfasst sind damit Geschäfte wie etwa Wertpapierdarlehens- oder Wertpapierpensionsgeschäfte, mit denen die meisten Unternehmen regelmäßig nicht in Berührung kommen, nicht hingegen besicherte Gelddarlehen[10]. Bereits aus diesem Grund wird Abs. 1 Satz 1 außerhalb des Interbankenverkehrs praktisch keine große Rolle spielen[11].

C. Liquidationsnetting (Abs. 2)

9 Gem. Abs. 2 Satz 1 bleibt das Liquidationsnetting nach § 104 Abs. 3 und 4 InsO von der Stabilisierungsanordnung unberührt. Nach Satz 2 kann die aus dem Liquidationsnetting resultierende Forderung wie eine »einfache« Forderung jedoch einer Vollstreckungs- und nach den Grundsätzen des Abs. 1 einer Verwertungssperre unterworfen werden.

---

5 MK-InsO/*Haarmeyer/Schildt*, § 21 Rn. 105.

6 Vgl. § 1 Abs. 17 KWG; Art. 1 Abs. 2 der Finanzsicherheitenrichtlinie 2002/47/EG; *Kieper*, ZInsO 2003, 1109, 1111.

7 *Meyer*, NZI 2004, 367, 368; *Kieper*, ZInsO 2003, 1109, 1113; *Obermüller*, ZInsO 2004, 187, 188; *Wimmer*, ZInsO 2004, 2 ff.; MK-InsO/*Haarmeyer/Schildt*, § 21 Rn. 105; Uhlenbruck-*Vallender*, InsO, § 21 Rn. 39.

8 Braun-*Riggert*, StaRUG, § 56 Rn. 2.

9 Wolgast/Grauer-*Mikolajczak*, StaRUG, § 56 Rn. 3.

10 Mit Blick auf § 21 Abs. 2 Satz 2 und 3 InsO s. *Meyer/Rein*, NZI 2004, 367, 368; *Kieper*, ZInsO 2003, 1109, 1111.

11 Wolgast/Grauer-*Mikolajczak*, StaRUG, § 56 Rn. 3.

I. Vereinbarungen über das Liquidationsnetting und Geschäfte, die Gegenstand einer solchen Vereinbarung sein können (Satz 1)

Der Satz 1 stellt sicher, dass Vereinbarungen über das Liquidationsnetting sowie Geschäfte, die den Gegenstand einer solchen Vereinbarung bilden können, von der Stabilisierungsanordnung unberührt bleiben. Erfasst sind Geschäfte nach § 104 Abs. 1 InsO, also Warenfixgeschäfte und Finanzleistungen im Sinne der Norm[12]. Ersteres sind Verträge über Waren, die einen Markt- oder Börsenpreis haben, bei denen die Lieferung genau zu einer festbestimmten Zeit oder innerhalb einer festbestimmten Frist vereinbart ist. Letzteres sind alle Arten von Finanzleistungen, denen ein Markt- oder Börsenpreis zukommt und für die eine bestimmte Zeit oder Frist vereinbart war, welche nach der Eröffnung des Verfahrens eintritt oder abläuft. 10

§ 104 Abs. 3 InsO erlaubt es, dass eine Mehrzahl dieser Einzelgeschäfte als ein einheitliches Geschäft i.S.d. Abs. 1 gelten, wenn die Geschäfte mittels eines entsprechenden Rahmenvertrags zu einem einheitlichen Vertrag zusammengefasst werden, der vorsieht, dass die einbezogenen Geschäfte bei Vorliegen bestimmter Gründe nur einheitlich ergehen können. Dieses Liquidationsnetting, durch welches die Mehrzahl einzelvertraglicher Forderungen zwischen zwei Parteien zu einer einheitlichen Ausgleichsforderung saldiert werden, dient insbesondere der Reduktion des Kontrahentenrisikos[13]. Hinsichtlich des zwischen zwei Parteien vereinbarten Netting-Vertrags kommt diesen ein in § 104 Abs. 4 InsO näher bestimmter Gestaltungsspielraum zu. 11

Die gem. § 104 Abs. 3 InsO als einheitliches Geschäft zusammengefassten Einzelgeschäfte sowie die nach § 104 Abs. 4 InsO zulässigen Abweichungen davon bleiben gem. Abs. 2 Satz 1 von der Stabilisierungsanordnung unberührt[14]. 12

II. Aus Liquidationsnetting resultierende Forderung (Satz 2)

Im Rahmen des Liquidationsnettings ergeht regelmäßig zugunsten einer Partei ein saldierter Ausgleichsanspruch[15]. Der Abs. 2 Satz 2 regelt, dass diese aus der Saldierung resultierende Nettoforderung im Rahmen einer Stabilisierungsanordnung einer Vollstreckungs- und, sofern die Voraussetzungen des Abs. 1 erfüllt sind, Verwertungssperre unterworfen werden kann[16]. 13

§ 57 Haftung der Organe

[1]Handelt es sich bei dem Schuldner um eine juristische Person oder um eine rechtsfähige Personengesellschaft im Sinne des § 15a Absatz 1 Satz 3, Absatz 2 der Insolvenzordnung und erwirkt er aufgrund vorsätzlich oder fahrlässig unrichtiger Angaben eine Stabilisierungsanordnung, ist der Geschäftsleiter den davon betroffenen Gläubigern zum Ersatz des Schadens verpflichtet, den diese durch die Anordnung erleiden. [2]Dies gilt nicht, wenn ihn kein Verschulden trifft. [3]Die Sätze 1 und 2 gelten auch für den Ersatz des Schadens, der einem Gläubiger aus einer nicht ordnungsgemäßen Auskehrung oder Verwahrung der Erlöse nach § 54 Absatz 2 entsteht. [4]Für Ansprüche nach den Sätzen 1 und 3 gilt § 43 Absatz 3 entsprechend.

Übersicht

12 Ausf. dazu und zum Folgenden Uhlenbruck-*Knof*, InsO, § 104 Rn. 83.
13 Uhlenbruck-*Knof*, InsO, § 104 Rn. 5.
14 Wolgast/Grauer-*Mikolajczak*, StaRUG, § 56 Rn. 4.
15 BT-Drucks. 18/9983, S. 8; MK-InsO/*Fried*, § 104 Rn. 215.
16 S.a. den Hinweis bei § 56 RegE-StaRUG, BT-Drucks. 19/24181, S. 159.

A. Normzweck und Überblick

1 § 57 regelt die Haftung von Organen des Schuldners gegenüber von der Stabilisierungsanordnung betroffenen Gläubigern, wenn die Anordnung i.S.d. § 49 Abs. 1 aufgrund vorsätzlich oder fahrlässig unrichtiger Angaben erwirkt (Satz 1) oder die nach § 54 Abs. 2 bestehende Pflicht zur ordnungsgemäßen Auskehrung und Verwahrung von Erlösen verletzt wurde (Satz 3). Der Geschäftsleiter kann sich in beiden Fällen exkulpieren »Dies gilt nicht [...]«), wenn kein Verschulden vorliegt (Satz 2).

2 Die Norm bezweckt den Ersatz individueller Schäden und nicht eines Gläubigergesamtschadens, sodass es sich um eine Außenhaftung handelt[1]. Sie dient nicht der Umsetzung der Restrukturierungs-Richtlinie, sondern stellt eine eigenständige Regelung des deutschen Gesetzgebers dar[2].

3 Die verschuldensabhängige Haftung des § 57 ist Ausgleich dafür, dass die gem. § 49 Abs. 1 angeordnete Vollstreckungs- und Verwertungssperre einen erheblichen Eingriff in die Gläubigerrechte darstellt, ohne dass einer Stabilisierungsanordnung nach § 49 Abs. 1 eine vollumfängliche gerichtliche Prüfung vorangeht[3]. Ein ähnliches Gefährdungspotenzial besteht bei der Einziehung bzw. Verwertung von Sicherungsgut durch den Schuldner nach § 54 Abs. 2. Die Eingriffstiefe zusammen mit der niedrigen Anordnungsschwelle rechtfertigen eine besondere Haftungsanordnung gegenüber den verantwortlichen Schuldnerorganen[4]. Die drohende Haftung soll zu einem besonders sorgfältigen und gewissenhaften Umgang mit dem Instrument der Stabilisierungsanordnung anhalten.

4 In Anwendungsbereich des § 57 wird die allgemeine Innenhaftung der Geschäftsleiter gem. § 43 Abs. 1 Satz 2 verdrängt[5]. Daneben anwendbar ist ein deliktischer Schadensersatzanspruch nach §§ 823 Abs. 2 i.V.m. § 266 Abs. 1 StGB[6].

B. Tatbestand

I. Persönlicher Anwendungsbereich (Satz 1)

5 In persönlicher Hinsicht gilt § 57 nur für Schuldner, bei denen es sich um eine juristische Person (insbes. also die GmbH [einschließlich der UG], die Aktiengesellschaft, die KGaA, die eG, die SE und die SPE sowie Verein und Stiftung) oder um eine Gesellschaft ohne Rechtspersönlichkeit im Sinne des § 15a Abs. 1 Satz 3, Abs. 2 InsO handelt. Letztere erfordert, dass weder auf Gesellschaftsebene, noch auf Ebene der persönlich haftenden Gesellschafter eine natürliche Person direkt oder mittelbar für die Gesellschaftsverbindlichkeiten persönlich haftet[7]. Damit wird insbesondere die Kommanditgesellschaft erfasst, etwa in Form der GmbH & Co. KG und deren weiteren Formen als Kapitalgesellschaft und Co. KG, daneben auch die OHG sowie die GbR ohne natürliche Person als Gesellschafter[8].

1 *Brünkmans*, ZInsO 2021, 1, 12.
2 BeckOK-*Mock*, StaRUG, § 57 Rn. 3.
3 S.a. Begr. RefE-StaRUG zu § 61, S. 174; Wolgast/Grauer-*Mikolajczak*, StaRUG, § 57 Rn. 1; *Gehrlein*, BB 2021, 66, 74.
4 Braun-*Weber/Dömmecke*, StaRUG, § 57 Rn. 1.
5 *Brünkmans*, ZInsO 2021, 1, 12.
6 Braun-*Weber/Dömmecke*, StaRUG, § 57 Rn. 10.
7 MK-InsO/*Klöhn*, § 15a Rn. 49.
8 Uhlenbruck-*Hirte*, InsO § 15a Rn. 9.

Zu der Person des Haftungsschuldners (Passivlegitimation) unten Rdn. 33 sowie zu der Person des Haftungsgläubigers (Aktivlegitimation) unten Rdn. 34. 6

II. Erwirken der Stabilisierungsanordnung durch schuldhafte Falschangaben (Satz 2)

1. Unrichtige Angaben

Nach Satz 1 ist Voraussetzung, dass der Geschäftsleiter vorsätzlich oder fahrlässig unrichtige Angaben macht. Die tatbestandlich erfassten Angaben ergeben sich aus dem Antrag auf Erlass einer Stabilisierungsanordnung nach den Maßgaben des § 50[9]. Erfasst sind danach insbesondere die »Angaben« im Zusammenhang mit der dem Antrag beizufügenden Restrukturierungsplanung gem. § 50 Abs. 2, einschließlich des Entwurfs des Restrukturierungsplans oder des Konzepts sowie des dem Antrag ebenfalls beizufügenden Finanzplans. Darüber hinaus macht der Schuldner »Angaben« i.S.v. Satz 1 im Rahmen seiner Erklärungen gem. § 50 Abs. 3 zu einem etwaigen Verzug mit bestimmten Forderungen (Nr. 1), nach dem StaRUG oder nach § 21 Abs. 2 Satz 1 Nr. 3 oder 5 InsO angeordnete Vollstreckungs- oder Verwertungssperren der vergangenen drei Jahre (Nr. 2) sowie zur Beachtung der Offenlegungspflichten nach §§ 325–328 und § 339 HGB in den letzten drei abgeschlossenen Geschäftsjahren (Nr. 3). 7

Der Umfang der nach Satz 1 relevanten Angaben im Zusammenhang mit dem Erlass einer Stabilisierungsanordnung ist jedoch nicht durch § 50 abschließend vorgegeben. Es können vielmehr darüber hinausgehende Angaben gegenüber dem Restrukturierungsgericht gemacht werden, wenn solche z.B. vom dem Restrukturierungsgericht im Zusammenhang mit der Entscheidung über den Antrag nachgefragt werden[10]. 8

Ebenso wie gem. § 51 Abs. 1 Nr. 1 eine Stabilisierungsanordnung auch ergehen kann, wenn die Angaben betreffend die Restrukturierungsplanung nach § 50 Abs. 2 oder die Erklärungen nach § 50 Abs. 3 in unwesentlichen Punkten unrichtig sind (dazu § 51 Rdn. 11 ff.), müssen die Angaben in der Restrukturierungsplanung nach § 50 Abs. 2 oder die Erklärungen nach § 50 Abs. 3 auch im Kontext der Haftung nach § 57 in wesentlichen Punkten unrichtig sein, damit die Haftung in Betracht kommt[11]. 9

Unrichtige Angaben sind solche, die objektiv falsch sind[12]. Die unrichtigen Angaben müssen dem Geschäftsleiter zumindest zurechenbar sein[13], wobei Darstellungen und Berechnungen von Sanierungsberatern, die im Auftrag des Schuldners bei der Zusammenstellung der Restrukturierungsplanung unterstützend tätig sind, dem Geschäftsleiter zuzurechnen sind. 10

Der Abgabe unrichtiger Angaben nach § 50 steht es gleich, wenn der Schuldner dem Restrukturierungsgericht wesentliche Änderungen, welche die Restrukturierungsplanung betreffen, nicht gem. § 32 Abs. 2 Satz 2 unverzüglich anzeigt, sodass zunächst zutreffende Angaben nachträglich falsch werden[14]. In dieser Konstellation ist in der weiteren Prüfung etwas modifiziert zu fragen, ob das Restrukturierungsgericht bei Kenntnis dieser nachträglichen Änderungen die Stabilisierungsanordnung gem. § 59 aufgehoben hätte (statt erlassen hätte, s. zu dieser hypothetischen Betrachtung unten Rdn. 14). 11

Ebenso gilt der Normbefehl des § 57 auch hinsichtlich der Angaben im Zusammenhang mit Folge- oder Neuanordnungen (zu den Anforderungen an den Antrag bei Folge- oder Neuanordnungen s. § 52 Rdn. 2 u. 5). 12

9 Braun-*Weber/Dömmecke*, StaRUG, § 57 Rn. 2; Wolgast/Grauer-*Mikolajczak*, StaRUG, § 57 Rn. 8.
10 Ebenso BeckOK-*Mock*, StaRUG, § 57 Rn. 6.
11 Braun-*Weber/Dömmecke*, StaRUG, § 57 Rn. 2.
12 Wolgast/Grauer-*Mikolajczak*, StaRUG, § 57 Rn. 8; Seibt/Westpfahl-*Schönen/Bender*, StaRUG, § 57 Rn. 14.
13 BeckOK-*Mock*, StaRUG, § 57 Rn. 6.
14 *Brünkmans*, ZInsO 2021, 1, 12.

13 Die Darlegungs- und Beweislast hinsichtlich des Vorliegens unrichtiger Angaben liegt nach allgemeinen Grundsätzen beim Gläubiger. Sofern infolge der Unrichtigkeit der Angaben die Stabilisierungsordnung durch das Restrukturierungsgericht nach § 59 oder sogar die Restrukturierungssache nach § 33 aufgehoben wurde, dient dem Gläubiger der Aufhebungsbeschluss zum Erkenntnisgewinn, wobei er weitergehend gem. § 38 StaRUG i.V.m. § 299 Abs. 1 ZPO Akteneinsicht nehmen kann[15]. In einem etwaigen Folgeinsolvenzverfahren kann der betroffene Gläubiger zudem als Gläubiger im Insolvenzverfahren nach § 4 InsO i.V.m. § 299 Abs. 1 ZPO auch Akteneinsicht in die Insolvenzverfahrensakten nehmen.

2. Erwirken einer Stabilisierungsanordnung (Kausalität)

14 Der Schuldner muss die Stabilisierungsanordnung aufgrund der unrichtigen Angaben »erwirkt« haben. Dem Wortlaut »Erwirken« lässt sich entnehmen, dass mittels der unrichtigen Angaben eine erfolgreiche Einwirkung auf das Verhalten des Restrukturierungsgerichts erfolgt sein muss. Der Begriff setzt also das Vorliegen objektiver Kausalität zwischen der unrichtigen Angabe und dem Erlass der Stabilisierungsanordnung voraus[16]. Erforderlich ist daher, dass bei zutreffenden Angaben keine Stabilisierungsanordnung durch das Restrukturierungsgericht ergangen wäre[17]. Es ist mithin eine hypothetische Betrachtung dazu anzustellen, ob und inwieweit bei Kenntnis der richtigen Angaben die Entscheidung des Restrukturierungsgerichts hinsichtlich des Erlasses der Stabilisierungsanordnung anders ausgefallen und ein Antrag abgelehnt worden wäre.

15 Aufgrund des großzügigeren Prüfungsmaßstabs bei der Entscheidung des Restrukturierungsgerichts über den Erlass einer Stabilisierungsanordnung und dem gewissen Beurteilungsspielraum des Gerichts bei der Bewertung der Analyse der historischen Krisenursachen oder Prognosen über die zukünftige Geschäftsentwicklung und die Effekte der avisierten Maßnahmen zur Erreichung des Restrukturierungsziels kann die Darlegung einer Kausalität der Unrichtigkeit einzelner Angaben für die Entscheidung des Gerichts schwierig sein, weil die hypothetische Betrachtung (s.o. Rdn. 14) kein eindeutiges Ergebnis liefert. In der Praxis dürfte sich ein »Erwirken« der Stabilisierungsanordnung durch unrichtige Angaben regelmäßig nur in eindeutigen Fällen darlegen lassen[18], etwa wenn ein zur Erreichung des Restrukturierungsziels zwingend notwendiger Sanierungsbeitrag als verbindlich zugesagt dargestellt wird, dieser aber von dem Beteiligten bereits endgültig abgelehnt wurde und auch keine Aussicht auf anderweitige Schließung der Lücke dargelegt werden kann. Das Erreichen des Restrukturierungsziels ist dann offensichtlich nicht plausibel.

16 Mit Blick auf unrichtige Angaben im Zusammenhang mit den Erklärungen nach § 50 Abs. 3 kann sich der Schuldner im Rahmen der hypothetischen Betrachtung nicht darauf zurückziehen, dass nach § 51 Abs. 2 eine Stabilisierungsanordnung auch dann hätte erlassen werden können, wenn Umstände bekannt sind, aus denen sich ergibt, dass erhebliche Zahlungsrückstände gegenüber den in § 50 Abs. 3 Nr. 1 genannten Gläubigern bestehen oder ein Verstoß gegen die Offenlegungspflichten nach den §§ 325 bis 328 oder nach § 339 HGB vorliegt. Denn insoweit greift der absolute Ausschlussgrund nach § 51 Abs. 1 Satz 1 Nr. 1, nach dem eine Stabilisierungsanordnung nicht ergeht, wenn die Restrukturierungsplanung oder die Erklärungen zu § 50 Abs. 3 in wesentlichen Punkten auf unzutreffenden Tatsachen beruht oder beruhen. Der Einwand des Schuldners, das Restrukturierungsgericht hätte bei angenommener Offenlegung der verschwiegenen Zahlungsrückstände oder Verstöße gegen die Offenlegungspflicht nach § 51 Abs. 2 Satz 1 Nr. 1 und Nr. 2 eine Stabilisierungsanordnung gleichwohl erlassen können, weil der Schuldner bereit und in der Lage gewesen ist, seine Geschäftsführung an den Interessen der Gläubiger Gesamtheit auszurichten, kann nicht verfangen. Diese Möglichkeit wird nur dem redlichen Schuldner geboten. Insoweit führt der

15 Wolgast/Grauer-*Mikolajczak*, StaRUG, § 57 Rn. 13; Braun-*Baumert*, StaRUG, § 38 Rn. 7.
16 BeckOK-*Mock*, StaRUG, § 57 Rn. 7; Wolgast/Grauer-*Mikolajczak*, StaRUG, § 57 Rn. 10.
17 *Brünkmans*, ZInsO 2021, 1, 12; MK-StaRUG/*Fritz*, § 57 Rn. 14.
18 Ebenso *Brünkmans*, ZInsO 2021, 1, 12; Wolgast/Grauer-*Mikolajczak*, StaRUG, § 57 Rn. 10, 13; MK-StaRUG/*Fritz*, § 57 Rn. 16.

Umstand unrichtiger Angaben als solcher schon zur Ablehnung des Antrags auf Erlass einer Stabilisierungsanordnung (zu der Wesentlichkeitsschwelle in diesem Zusammenhang s. § 51 Rdn. 11 ff.). Die Absolutheit der Ausschlussgründe nach § 51 Abs. 1 Satz 1 Nr. 1 bis 4 muss auch bei der hypothetischen Betrachtung ihre Berücksichtigung finden[19].

An der Kausalität mangelte es aber, wenn auch bei vollständigem Fehlen der Angaben eine Anordnung erlassen worden wäre. Aus diesem Grund müssen Angaben zur Restrukturierungsplanung oder Angaben nach § 50 Abs. 3 in wesentlichen Punkten unrichtig sein[20]. 17

3. Kausaler Schaden

Nach Satz 1 ersatzfähig ist derjenige Schaden, welchen ein davon betroffener Gläubiger infolge der Stabilitätsanordnung erleidet. Notwendig ist also haftungsausfüllende Kausalität zwischen der Anordnung und dem Schadenseintritt[21]. Unter Anwendung der Differenzhypothese gem. § 249 Abs. 1 BGB ist der Schaden daher anhand eines Vergleichs der Lage des Gläubigers mit und ohne Erlass der Stabilitätsanordnung zu ermitteln. Zu ersetzen ist danach der positive und nicht nur der Vertrauensschaden[22]. 18

Kausale Folge der Stabilitätsanordnung wird regelmäßig eine zeitlich verzögerte Möglichkeit des Gläubigers sein, in das Schuldnervermögen zu vollstrecken oder seine Sicherungsrechte zu verwerten[23]. Einen daraus entstehenden Schaden stellt der Forderungsausfall dar, wenn aufgrund einer zwischenzeitlich eingetretenen Insolvenz oder der Beeinträchtigung eines Sicherungsguts die Befriedigung durch Zwangsvollstreckung oder Verwertung eines Sicherungsmittels vereitelt wird[24]. Wird über das Schuldnervermögen ein Insolvenzverfahren eröffnet, ist zur Vermeidung einer Besserstellung des Gläubigers im Rahmen der Differenzhypothese indes zu berücksichtigen, ob und inwieweit hypothetische Vollstreckungs- und Verwertungshandlungen des Gläubigers der Insolvenzanfechtung unterlegen hätten[25]. 19

Die Beweislast für den Eintritt des Schadens und die haftungsausfüllende Kausalität liegt beim Gläubiger[26]. Wegen der notwendigen Berücksichtigung hypothetischer Kausalverläufe kann sich die exakte Bezifferung des durch die Stabilisierungsanordnung entstandenen Schadens aus Gläubigersicht praktisch schwierig – in Einzelfällen gar unmöglich – gestalten[27]. 20

III. Nicht ordnungsgemäßen Auskehrung oder Verwahrung der Erlöse (Satz 3)

Nach Satz 3 gilt die Schadensersatzpflicht des Geschäftsleiters nach Satz 1 und Satz 2 auch bei einer nicht ordnungsgemäßen Auskehrung oder Separierung der Erlöse nach § 54 Abs. 2. § 54 Abs. 2 überlässt es vorbehaltlich einer anderweitigen Vereinbarung dem Schuldner, ob er Erlöse unverzüglich auskehrt oder diese während der Stabilisierung zunächst selbst treuhänderisch verwahrt. Im letzteren Fall trifft ihn indes die Pflicht zur unverzüglichen Separierung, um den Gläubiger vor einem Verlust seiner Rechte zu schützen[28]. Die Separierung hat dergestalt zu erfolgen, dass die dingliche Berechtigung des Gläubigers auch in einem Insolvenzverfahren sichergestellt ist[29]. Verstößt der 21

19 A.A. Wolgast/Grauer-*Mikolajczak*, StaRUG, § 57 Rn. 11 a.E.
20 Braun-*Weber/Dömmecke*, StaRUG, § 57 Rn. 2; s.a. oben Rdn. 16.
21 *Brinkmans*, ZInsO 2021, 1, 12; MK-StaRUG/*Fritz*, § 57 Rn. 35 f.
22 BeckOK-*Mock*, StaRUG, § 57 Rn. 8.
23 Wolgast/Grauer-*Mikolajczak*, StaRUG, § 57 Rn. 19.
24 *Brinkmans*, ZInsO 2021, 1, 12; Braun-*Weber/Dömmecke*, StaRUG, § 57 Rn. 6.
25 Braun-*Weber/Dömmecke*, StaRUG, § 57 Rn. 6.
26 Wolgast/Grauer-*Mikolajczak*, StaRUG, § 57 Rn. 20.
27 Wolgast/Grauer-*Mikolajczak*, StaRUG, § 57 Rn. 20; *Thole*, ZIP 2020, 1985, 1996.
28 Braun-*Weber/Dömmecke*, StaRUG, § 57 Rn. 8.
29 Wolgast/Grauer-*Mikolajczak*, StaRUG, § 57 Rn. 24; zu den Anforderungen an die Separierung s. § 54 Rdn. 19.

Geschäftsleiter also vorsätzlich oder fahrlässig gegen die Auskehrungs- oder Verwahrungspflicht nach § 54 Abs. 2, haftet er gem. Satz 3 persönlich im Außenverhältnis gegenüber den Gläubigern für den ihnen daraus entstandenen Schaden.

22 Die Schadensersatzpflicht greift ausschließlich im Anwendungsbereich des § 54 Abs. 2, also nur in Bezug auf Erlöse, die aufgrund einer vertraglichen Vereinbarung seit Erlass der Stabilisierungsanordnung eingezogen oder durch Verwertung erlangt worden sind[30].

23 Der § 54 Abs. 2 setzt ein Handeln des Schuldners »nach Maßgabe der vertraglichen Vereinbarungen mit dem Berechtigten« voraus. Wird die Ermächtigung zur Einziehung, Verarbeitung oder Ermächtigung widerrufen oder liegen ihre Voraussetzungen nicht (mehr) vor, ist § 54 Abs. 2 nicht einschlägig (s. dazu § 54 Rdn. 14 ff.). Zieht der Schuldner abweichend von § 54 Abs. 2 unter Missachtung der Maßgaben der vertraglichen Vereinbarungen mit dem Berechtigten Forderungen ein, die zur Sicherung eines Anspruchs abgetreten sind, oder veräußert oder verarbeitet er bewegliche Sachen, an denen Rechte bestehen, die im Fall der Eröffnung eines Insolvenzverfahrens als Aus- oder Absonderungsrechte geltend gemacht werden könnten, und verwendet die dabei erzielten Erlöse im Rahmen der Betriebsfortführung, kommt eine Außenhaftung nach Satz 3 zumindest in direkter Anwendung nicht in Betracht. Aus der vertraglichen Beziehung, die der Ermächtigung zugrunde liegt (z.B. Sicherheitenvertrag oder Kauf unter verlängertem Eigentumsvorbehalt) erwachsen grundsätzlich nur dem Schuldner als Vertragspartner Pflichten, nicht hingegen dem Geschäftsführer. Auch der Geschäftsführer ist – aus Sicht des Vertragsverhältnisses – Dritter und aus den für den Schuldner geschlossenen Verträgen deshalb grundsätzlich nicht persönlich verpflichtet[31]. Eine Haftung gegenüber den Gläubigern im Außenverhältnis kommt nach allgemeinem Zivilrecht etwa noch nach § 826 BGB oder auch §§ 823 Abs. 2 BGB i.V.m. § 266 StGB in Betracht[32]. Im Übrigen bleibt die Innenhaftung nach § 43 Abs. 1 Satz 2, wobei der individuelle Schaden des Gläubigers nicht auch ein Schaden der Gesellschaft sein muss (zu der Innenhaftung s. Kommentierung zu § 43).

C. Verschulden (Satz 2)

24 Gem. § 57 Satz 2 haftet der Geschäftsführer nicht, wenn ihn kein Verschulden trifft. Erforderlich ist damit nach § 276 Abs. 1 Satz 1 BGB Vorsatz oder Fahrlässigkeit. Vorsatz ist Wissen und Wollen der objektiven Tatbestandsmerkmale[33]. Fahrlässig handelt gem. § 276 Abs. 2 BGB, wer die verkehrserforderliche Sorgfalt außer Acht lässt.

25 Aus der negativen Formulierung des Satz 2 ergibt sich, dass ein Verschulden des Geschäftsleiters vermutet wird[34]. Dieser trägt also die Beweislast und muss sich exkulpieren, um einer Haftung zu entgehen.

26 Nach der Formulierung in der Gesetzesbegründung setzt die Norm ein »Doppelverschulden« auf Ebene des Schuldners und des jeweiligen Mitglieds der Geschäftsleitung voraus[35]. Dies ist bei juristischen Personen (zum personalen Anwendungsbereich oben Rdn. 5) zumindest insoweit missverständlich, als die Haftung des Geschäftsführers eine individuelle Verantwortlichkeit für eigenes pflicht- und sorgfaltswidriges Verhalten voraussetzt. Liegt eine solche Verantwortlichkeit bei dem Geschäftsleiter vor, schlägt diese nach Maßgabe des § 31 BGB wegen der Organstellung auch »auf die Ebene des Schuldners« durch[36]. Aufgrund der Ausweitung der Organhaftung auf nichtorgan-

30 Wolgast/Grauer-*Mikolajczak*, StaRUG, § 57 Rn. 23; Seibt/Westpfahl-*Schönen/Bender*, StaRUG, § 57 Rn. 30.

31 Vgl. BGH, Urt. v. 07.05.2019 – VI ZR 512/17 [Tz. 12], NJW 2019, 2164.

32 Ebenso Wolgast/Grauer-*Mikolajczak*, StaRUG, § 57 Rn. 23; Seibt/Westpfahl-*Schönen/Bender*, StaRUG, § 57 Rn. 30.

33 Ausf. zum Vorsatzbegriff statt vieler MK-BGB/*Grundmann*, § 276 Rn. 154 ff.

34 BeckOK-*Mock*, StaRUG, § 57 Rn. 11.

35 § 64 RegE-StaRUG BT-Drucks. 19/24181, S. 159; Braun-*Weber/Dömmecke*, StaRUG, § 57 Rn. 2.

36 So auch der Hinweis bei Wolgast/Grauer-*Mikolajczak*, StaRUG, § 57 Rn. 16.

schaftliche Repräsentanten in analoger Anwendung des § 31 BGB kann es hier zu schwierigen Abgrenzungsfragen kommen, wie sich nämlich aus Sicht der Geschäftsleiter ein Verhalten nicht-organschaftliche Repräsentanten, das der juristischen Person als dem Zurechnungsadressaten zugerechnet wird[37], auf das eigene Verschulden auswirkt. Wegen der individuellen Verantwortlichkeit erfolgt keine persönliche Haftung (zu einer etwaigen abgeleiteten Verantwortlichkeit wegen Verletzung von Leitungs- und Organisationspflichten sogleich unten Rdn. 27 ff.).

Soweit die Haftung nach Satz 1 voraussetzt, dass die Angaben vorsätzlich oder fahrlässig falsch gemacht worden sein müssen, kommen insbesondere in größeren Unternehmen Fragen der Wissenszurechnung hinzu. So kann es aufgrund arbeitsteiliger Organisationen zu einem Auseinanderfallen von Handlungsverantwortung (Geschäftsleiter als Antragsteller) und Wissensträgerschaft (bestimmte Mitarbeiter eines Geschäftsbereichs des Unternehmens) kommen. Fraglich ist, ob solches Wissen, dass bei einem Mitarbeiter des Schuldners vorhanden ist, der juristischen Person zugerechnet werden muss, mit der Folge, dass der handlungsverantwortliche Geschäftsleiter die Unrichtigkeit seiner Angaben zumindest hätte erkennen müssen. Im Ausgangspunkt ist für die Wissenszurechnung bei juristischen Personen zwischen Organwalter auf der einen und einfachen Mitarbeitern auf der anderen Seite zu unterscheiden. Dem Verband ist das Wissen seiner Organe stets und allein aufgrund der Organstellung zuzurechnen. Die Zurechnung des Organwalterwissens stützt sich ebenfalls auf § 31 BGB oder unmittelbar auf die sog. Organtheorie[38]. Dagegen wird das Wissen einfacher Mitarbeiter (»einfach« im Sinne von »ohne Organstellung«) der juristischen Person nicht ohne Weiteres zugerechnet. Hierfür bedarf es einer Zurechnungsnorm. Die herrschende Meinung erstreckt den Rechtsgedanken aus § 166 Abs. 1 BGB auch auf sog. Wissensvertreter. Damit wird der Anwendungsbereich über die rechtsgeschäftlichen Verhältnisse und bestellte Stellvertreter im Sinne von § 164 BGB ausgedehnt. Die Rechtsfigur soll dem Postulat folgen, die juristische Person dürfe in Bezug auf subjektive Tatbestandsmerkmale wie Kenntnis, Arglist und Vorsatz nicht besser stehen als eine natürliche Person[39]. Im Ergebnis wird entsprechend § 166 BGB einer juristischen Person aus Gründen des Verkehrsschutzes in weiterem Umfang das Wissen von Mitarbeitern hinsichtlich solcher Vorgänge zugerechnet, deren Relevanz für spätere Geschäftsvorgänge dem Wissenden erkennbar ist und die deshalb dokumentiert und verfügbar gehalten oder an andere Personen weitergegeben werden müssen[40]. 27

Aus den vorgenannten Grundsätzen ergibt sich eine Informationsorganisationspflicht oder besser Informationsorganisationsobliegenheit: Dasjenige Unternehmen, das eine arbeitsteilige Organisation geschaffen hat, wodurch es organisationsbedingt zu einer »Wissensaufspaltung« kommt, kann sich nicht auf eine fehlende Kenntnis in einzelnen Bereichen seiner Organisation berufen. Die Verfügbarkeit der relevanten Informationen hat das Unternehmen zu gewährleisten. Hinsichtlich Angaben, die aus dem eigenen Unternehmen erlangt wurden, erfordert der Nachweis fehlender Fahrlässigkeit, dass eine betriebliche Organisation vorliegt, welche die Informationsorganisationspflicht wahrt, indem sie dem Geschäftsleiter eine zur ordnungsgemäßen Erfüllung seiner Aufgaben notwendige Übersicht über die wirtschaftliche und finanzielle Situation des Schuldners erlaubt[41]. 28

Nach der in der Rechtsprechung gängigen Definition sind unter Wissensvertretern solche Hilfsperson zu verstehen, die als Repräsentanten der juristischen Person dazu berufen sind, bestimmte Aufgaben im Geschäftsverkehr in eigener Verantwortung zu erledigen und die dabei anfallenden 29

37 Statt vieler MK-BGB/*Leuschner*, § 31 Rn. 14.

38 *Wagner*, ZHR 181 [2017], 203, 206 f.; *Guski*, ZHR 184 [2020], 363, 370; s.a. BGH, Urt. v. 08.12.1989 – V ZR 246/87, BGHZ 109, 327 = NJW 1990, 975.

39 Vgl. zu diesem Postulat etwa BGH, Urt. v. 15.04.1997 – XI ZR 105/96, BGHZ 135, 202 = NJW 1997, 1917.

40 BGH, Urt. v. 15.04.1997 – XI ZR 105/96, BGHZ 135, 202 = NJW 1997, 1917; BGH, Urt. v. 27.03.2001 – VI ZR 12/00, NJW 2001, 2535.

41 Wolgast/Grauer-*Mikolajczak*, StaRUG, § 57 Rn. 16; vgl. zu § 64 GmbHG a.F. NJW-RR 2012, 1122.

Informationen zur Kenntnis zu nehmen und weiterzugeben[42]. Hierunter fallen z.B. auch Mitarbeiter des Controllings oder solche Mitarbeiter, die im Zusammenhang mit dem Restrukturierungsvorhaben bestimmte Aufgaben übernommen haben. Es sind aber nicht nur Mitarbeiter des Unternehmens, sondern auch beauftragte Unternehmens- und Sanierungsberater erfasst.

30 Hinsichtlich Angaben, die der Geschäftsleiter aus dem Unternehmen oder von dritter Seite erlangt hat, muss er stets eine Plausibilitätsprüfung unterziehen, deren Kontrolldichte abhängig ist von der Qualifikation des die Informationen zuliefernden Mitarbeiters oder Dritten[43].

31 Zur Exkulpation kann zudem die eigene Ressortunzuständigkeit innerhalb einer mehrköpfigen Geschäftsleitung vorgebracht werden[44]. Jeder Geschäftsführer trägt die volle Handlungsverantwortung (nur) für die ihm zugewiesenen Aufgaben[45]. Eine Geschäftsverteilung oder Ressortaufteilung auf der Ebene der Geschäftsführung setzt eine klare und eindeutige Abgrenzung der Geschäftsführungsaufgaben aufgrund einer von allen Mitgliedern des Organs mitgetragenen Aufgabenzuweisung voraus[46].

32 Die Ressortverantwortung des zuständigen Geschäftsführers entbindet die übrigen Geschäftsführer jedoch nicht von jeder Verantwortung. Vielmehr verbleibt die Pflicht zur Kontrolle und Überwachung als »Restverantwortung« bestehen, die umso engmaschiger erfolgen muss, je relevanter die sorgfältige Erfüllung der Ressortverantwortung des zuständigen Geschäftsführers für den Bestand des gesamten Unternehmens ist[47]. Die Entscheidung über die zentralen Weichenstellungen der Sanierung sind zudem Aufgabe der Gesamtgeschäftsleitung und können nicht einzelnen (Sanierungs-) Geschäftsführern allein überantwortet werden[48]. Gelingt der Nachweis des Erfüllens dieser Überwachungspflicht, kann gegen das vermutete Verschulden eines Geschäftsführers die Zuständigkeit eines anderen Mitglieds der Geschäftsleitung, etwa des Chief Restructuring Officer (CRO), hervorgebracht werden[49].

D. Rechtsfolge

I. Haftungsschuldner

33 Gegner des Anspruchs aus § 57 sind die Mitglieder der Geschäftsleitung des Schuldners, etwa deren Geschäftsführer und Vorstände. Soweit mehrere Personen verantwortlich sind, haften diese als Gesamtschuldner[50].

II. Haftungsgläubiger

34 Inhaber des Schadensersatzanspruchs sind von der Stabilisierungsanordnung betroffene Gläubiger, also nur deren unmittelbare Adressaten[51]. Lediglich mittelbar von der Anordnung betroffene Gläu-

---

42 BGH, Urt. v. 08.12.1989 – V ZR 246/87, BGHZ 109, 327 = NJW 1990, 975; s.a. *Wagner*, ZHR 181 (2017), 203, 207 f.; *Guski*, ZHR 184 (2020), 363, 371.

43 Braun-*Weber/Dömmecke*, StaRUG, § 57 Rn. 5.

44 Braun-*Weber/Dömmecke*, StaRUG, § 57 Rn. 5.

45 Zu diesem Grundsatz der Ressortverantwortung und der Relevanz der Ressortverteilung innerhalb des Geschäftsführergremiums für die Pflichtenstellung der einzelnen Geschäftsführer statt vieler MK-GmbHG/*Fleischer*, § 43 Rn. 117.

46 Zu diesen Anforderungen an Aufgabenzuweisung auf Geschäftsführungsebene s. etwa BGH, Urt. v. 06.11.2018 – II ZR 11/17, NZI 2019, 225.

47 Gleichsinnig Wolgast/Grauer-*Mikolajczak*, StaRUG, § 57 Rn. 18.

48 Zum Rückfall von Ressortzuständigkeiten in die originäre Zuständigkeit der Gesamtgeschäftsleitung in Krisensituationen statt vieler MK-GmbHG/*Fleischer*, § 43 Rn. 125c ff.

49 Wolgast/Grauer-*Mikolajczak*, StaRUG, § 57 Rn. 18.

50 § 64 RegE-StaRUG BT-Drucks. 19/24181, S. 159.

51 Wolgast/Grauer-*Mikolajczak*, StaRUG, § 57 Rn. 6; MK-StaRUG/*Fritz*, § 57 Rn. 35 f; Seibt/Westpfahl-*Schönen/Bender*, StaRUG, § 57 Rn. 10; a.A. Flöther-*Schönfelder*, StaRUG, § 57 Rn. 9.

biger können dagegen nur über den allgemeinen Innenhaftungsanspruch des § 43 Abs. 1 Satz 2 und mithin nur mittelbar einen Nachteilsausgleich erzielen[52].

E. Verjährung (Satz 4)

Gem. Satz 4 richtet sich die Verjährung von Ansprüchen aus § 57 nach § 43 Abs. 3. Danach gilt eine Verjährungsfrist von fünf Jahren. Ist der Schuldner zum Zeitpunkt der Pflichtverletzung eine börsennotierte Gesellschaft, verjähren Ansprüche sogar erst innerhalb von zehn Jahren. Die Verjährung beginnt kenntnisunabhängig mit der Anspruchsentstehung[53]. 35

§ 58 Insolvenzantrag

Das Verfahren über den Antrag eines Gläubigers, das Insolvenzverfahren über das Vermögen des Schuldners zu eröffnen, wird für die Anordnungsdauer ausgesetzt.

Übersicht

A. Normzweck und Allgemeines

§ 58 ordnet an, dass für die Dauer einer Stabilitätsanordnung durch eine Verfahrensaussetzung nicht über ein vom Gläubiger gestellten Insolvenzantrag entschieden wird. Die Aussetzung des Antragsverfahrens ändert freilich nichts an der tatsächlichen Situation, erfolgt der Gläubigerantrag also zu Recht wegen des Eintritts der Zahlungsunfähigkeit oder Überschuldung, greift die Anzeigepflicht der Geschäftsleiter wegen Eintritts der Zahlungsunfähigkeit oder Überschuldung nach §§ 32 Abs. 3 Satz 1, 42 Abs. 1 Satz 2. 1

Die Vorschrift dient der Umsetzung des Art. 7 Abs. 2 der Restrukturierungs-Richtlinie, welche bei Anordnung einer Stabilisierungsmaßnahme den Aufschub von durch Gläubiger beantragten Insolvenzverfahren vorsieht[1]. Von der vom Richtliniengeber in Art. 7 Abs. 3 RestRL eingeräumten Möglichkeit, Ausnahmen von der Verfahrensaussetzung im Fall der Zahlungsunfähigkeit vorzusehen, hat der deutsche Gesetzgeber keinen Gebrauch gemacht[2]. 2

Da Verfahren nach dem StaRUG in der Regel nicht öffentlich durchgeführt werden (vgl. § 84), ist es möglich, dass bei Verschiedenheit von Insolvenzgericht und Restrukturierungsgericht das Insolvenzgericht, welches über den Gläubigerantrag entscheidet, zeitweilig keine Kenntnis von der Stabilisierungsanordnung besitzt[3]. Dies kann dazu führen, dass bereits vorläufige Maßnahmen gem. § 21 InsO angeordnet werden[4]. In diesem Fall ist eine Beschlussfassung über die Aufhebung oder Aussetzung möglich, wobei sich eine vorherige Abstimmung mit dem Restrukturierungsgericht empfiehlt, da sich aus der Insolvenzakte zwingende Aufhebungsgründe für die Stabilisierungsanordnung gem. §§ 59 Abs. 1, 31 Abs. 4, 33 Abs. 2 Nr. 1 ergeben können[5]. 3

52 *Brinkmans*, ZInsO 2021, 1, 12.
53 Braun-*Weber/Dömmecke*, StaRUG, § 57 Rn. 8; Wolgast/Grauer-*Mikolajczak*, StaRUG, § 57 Rn. 27; MK-StaRUG/*Fritz*, § 57 Rn. 55.
1 Hierzu auch *Schneider/Loszynski*, SanB 2020, 136, 142.
2 Braun-*Riggert*, StaRUG, § 58 Rn. 1.
3 Wolgast/Grauer-*Mikolajczak*, StaRUG, § 58 Rn. 2.
4 *Frind*, ZInsO 2020, 2241, 2246 schlägt daher vor, de lege ferenda die Verfahrensaussetzung nur als Stabilisierungsanordnung nach § 49 Abs. 1, welche eine vorherige Prüfung der Insolvenzakte durch das Restrukturierungsgericht erforderte, auszugestalten; *Vallender*, ZInsO 2020, 2677, 2683 [s. dort Fn. 51] schlägt eine Ergänzung der MiZi vor.
5 Wolgast/Grauer-*Mikolajczak*, StaRUG, § 58 Rn. 7; *Vallender*, ZInsO 2020, 2677, 2683; Seibt/Westpfahl-*Schönen/Bender*, StaRUG, § 58 Rn. 11.

B. Verfahrensaussetzung

4 Nach § 58 sind während der Dauer einer Stabilisierungsanordnung Antragsverfahren wegen Gläubigeranträgen kraft Gesetzes ohne weitere Anordnung des Restrukturierungsgerichts ausgesetzt. Die Aussetzung des Antragsverfahrens macht Gläubigeranträge zwar nicht nichtig, sie entfalten im Anordnungszeitraum aber keine Rechtswirkung. Diese tritt – ebenfalls automatisch kraft Gesetzes – erst nach Beendigung der Stabilisierungsmaßnahme wieder ein[6]. Im Fall des weitergeführten Antragsverfahren ist die zwischenzeitliche erfolgreiche Sanierung durch Rechtskraft des Restrukturierungsplans nach dem StaRUG bei der Frage, ob ein Insolvenzeröffnungsgrund vorliegt, selbstverständlich zu berücksichtigen[7].

5 Die Vorschrift erfasst alle Gläubiger, die ein Insolvenzantragsverfahren einleiten, nicht bloß solche, die von den Stabilisierungsmaßnahmen betroffen sind[8].

6 Ausgesetzt sind nur von Gläubigern beantragte Insolvenzverfahren. Unberührt bleibt damit das Recht des Schuldners, im Sinne des § 33 Abs. 1 Nr. 1 einen Eigenantrag zu stellen, etwa um die Sanierungsmöglichkeiten des Insolvenzrechts zu nutzen[9]. Ansonsten verpflichtet ihn §§ 32 Abs. 3 Satz 1, 42 Abs. 1 Satz 2 unabhängig von § 58 wegen Eintritts der Zahlungsunfähigkeit oder Überschuldung eine Anzeige bei dem Restrukturierungsgericht zu erstatten.

C. Sonstige Verteidigungsmöglichkeiten

7 Rechtsschutzmöglichkeiten eines antragsstellenden Gläubigers bestehen insoweit, als dieser die Aufhebung der Stabilisierungsanordnung nach § 59 Abs. 2 beantragen kann, indem er unter Verweis auf § 33 die Insolvenzreife des Schuldners glaubhaft macht[10].

§ 59 Aufhebung und Beendigung der Stabilisierungsanordnung

(1) Das Restrukturierungsgericht hebt die Stabilisierungsanordnung auf, wenn
1. der Schuldner dies beantragt,
2. die Anzeige nach § 31 Absatz 4 ihre Wirkungen verloren hat oder wenn die Voraussetzungen einer Aufhebung der Restrukturierungssache nach § 31 Absatz 4 Nummer 3, § 33 vorliegen,
3. der Schuldner es versäumt, dem Gericht nach Ablauf einer zu diesem Zweck eingeräumten angemessenen Frist den Entwurf eines Restrukturierungsplans zu übermitteln oder
4. Umstände bekannt sind, aus denen sich ergibt, dass der Schuldner nicht bereit und in der Lage ist, seine Geschäftsführung an den Interessen der Gläubigergesamtheit auszurichten, insbesondere weil
a) die Restrukturierungsplanung in wesentlichen Punkten auf unzutreffenden Tatsachen beruht oder
b) die Rechnungslegung und Buchführung des Schuldners so unvollständig oder mangelhaft sind, dass sie eine Beurteilung der Restrukturierungsplanung, insbesondere des Finanzplans, nicht ermöglichen.

(2) Die Stabilisierungsanordnung wird wegen der in Absatz 1 Nummer 2 und 4 genannten Gründe auch auf Antrag eines von der Anordnung betroffenen Gläubigers aufgehoben, wenn dieser das Vorliegen des Beendigungsgrunds glaubhaft macht.

(3) [1]Das Restrukturierungsgericht kann von einer Aufhebung absehen, wenn die Fortdauer der Stabilisierungsanordnung geboten erscheint, um im Interesse der Gesamtheit der Gläubiger einen

6 Braun-*Riggert*, StaRUG, § 58 Rn. 2; Seibt/Westpfahl-*Schönen/Bender*, StaRUG, § 58 Rn. 14.
7 So auch der Hinweis von Wolgast/Grauer-*Mikolajczak*, StaRUG, § 58 Rn. 6.
8 Wolgast/Grauer-*Mikolajczak*, StaRUG, § 58 Rn. 5; MK-StaRUG/*Fritz*, § 58 Rn. 11.
9 BeckOK-StaRUG/*Mock*, § 58 Rn. 4.
10 Braun-*Riggert*, StaRUG, § 58 Rn. 4.

geordneten Übergang in ein Insolvenzverfahren zu gewährleisten. [2]Das Gericht setzt dem Schuldner eine Frist von höchstens drei Wochen, innerhalb derer er dem Gericht die Beantragung eines Insolvenzverfahrens nachzuweisen hat. [3]Nach Ablauf dieser Frist ist die Stabilisierungsanordnung aufzuheben.

(4) Die Stabilisierungsanordnung endet, wenn der Restrukturierungsplan bestätigt ist oder die Planbestätigung versagt wird.

Übersicht

A. Normzweck und Überblick

I. Normzweck

1 § 59 sieht verschiedene Tatbestände vor, bei deren Vorliegen eine Stabilisierungsanordnung endet oder aufgehoben werden kann. Die Norm zur Aufhebung und Beendigung der Stabilisierungsanordnung trägt dem Umstand Rechnung, dass die Restrukturierung ein dynamischer Lebenssachverhalt ist. Die Umstände, die im Zeitpunkt der Entscheidung über die Stabilisierungsanordnung die Voraussetzung für ihren Erlass ausgefüllt haben, können sich im weiteren Verlauf ändern oder ganz wegfallen. Auch können Fehleinschätzungen im Nachhinein erkennbar werden. Vor Erlass einer Stabilisierungsanordnung beschränkt sich der Prüfungsmaßstab des Restrukturierungsgerichts hinsichtlich der Anordnungsvoraussetzungen nach § 51 auf eine bloße Plausibilitäts- und Schlüssigkeitskontrolle[1]. § 59 erlaubt es dem Gericht, das Vorliegen der Voraussetzungen fortlaufend zu überprüfen und auf neue Entwicklungen reagieren zu können[2]. Da die Voraussetzungen des Erlasses einer Stabilisierungsanordnung ganz überwiegend dazu dienen, die Gläubiger vor unverhältnismäßigen Eingriffen in ihre Gläubigerrechte zu schützen, dient die kontinuierliche Überwachung der Rechtfertigungsbasis ebenfalls dem Gläubigerschutz. Der Erlass einer Stabilisierungsanordnung ist für alle Beteiligen im Dienste des Gläubigerschutzes mithin eine »Daueraufgabe«[3]. Sie geht im Wesentlichen auf Art. 6 Abs. 9 der Restrukturierungs-Richtlinie zurück.

II. Überblick

2 § 59 erfasst mehrere Möglichkeiten, nach denen eine Stabilisierungsanordnung aufgehoben oder beendet wird. Abs. 1 nennt Voraussetzungen, bei deren Vorliegen eine Aufhebung von Amts wegen durch das Restrukturierungsgericht erfolgt, wobei nach Abs. 1 Nr. 1 eine solche Aufhebung durch das Restrukturierungsgericht von Amts wegen im Fall eines entsprechenden Aufhebungsantrags des Schuldners selbst erfolgt. Abs. 2 gewährt Gläubigern die Möglichkeit, eine solche Aufhebung zu beantragen. In beiden Fällen sieht Abs. 3 vor, dass das Gericht für eine Dauer von bis zu drei Wochen

1 § 58 RegE BT-Drucks. 19/24282, S. 155.
2 Wolgast/Grauer-*Mikolajczak*, StaRUG, § 59 Rn. 2; MK-StaRUG/*Fritz*, § 59 Rn. 3.
3 Vgl. auch BeckOK-StaRUG/*Mock*, § 59 Rn. 1.

von der Aufhebung absehen kann, wenn dies im Interesse der Gläubigergesamtheit geboten erscheint. Abs. 4 regelt zwei Fälle, in denen die Stabilisierungsanordnung kraft Gesetzes endet.

B. Aufhebung der Stabilisierungsanordnung von Amts wegen (Abs. 1)

3 Nach Abs. 1 hebt das Restrukturierungsgericht die Stabilisierungsanordnung von Amts wegen auf, wenn einer der enumerativ aufgelisteten Aufhebungsgründe in den Nrn. 1 bis 4 vorliegt. Bei der Aufhebungsentscheidung nach Abs. 1 handelt es sich um eine gebundene Entscheidung (»hebt auf«). Einen Ermessensspielraum hat das Restrukturierungsgericht in den Fällen der Aufhebung nach Abs. 1 nur im Hinblick auf die einstweilige Absehung von einer Aufhebung gem. Abs. 3 (s.u. Rdn. 24 ff.).

4 Für die Prüfung möglicher Aufhebungsgründe gilt der Amtsermittlungsgrundsatz nach § 39 Abs. 1 Satz 1. Anders nur bei dem Aufhebungsgrund nach Abs. 1 Nr. 4, weil hier dem Restrukturierungsgericht die Umstände des Aufhebungsgrundes bekannt sein müssen. Durch diese Formulierung, nach der dem Restrukturierungsgericht »Umstände bekannt« sein müssen, wird ausweislich der Regierungsbegründung verdeutlicht, dass keine Amtsermittlungspflicht des Restrukturierungsgerichts besteht, somit das Gericht zur Aufhebung führende Umstände oder Pflichtverletzungen nicht von Amts wegen ermitteln muss[4]. Die Kenntnis solcher Umstände können sich etwa aus einem Bericht des Restrukturierungsbeauftragen nach § 76 Abs. 3 oder auch durch Eingaben von an der Restrukturierungssache beteiligten Gläubigern bei dem Restrukturierungsgericht ergeben[5]. Werden auf diesem Wege Anhaltspunkte gewonnen, die eine Aufhebung nach Abs. 1 Nr. 4 nahelegen, muss das Restrukturierungsgericht weiter ermitteln und den Schuldner z.B. unter Verweis auf seine Unterstützungspflichten nach § 39 Abs. 2 um Auskunft zu noch nicht abschließend ermittelten Umständen ersuchen[6].

I. Antrag des Schuldners (Nr. 1)

5 Der Aufhebungsgrund nach Abs. 1 Nr. 1 erfüllt die Vorgabe nach § Art. 7 Abs. 9 UA 1 Buchst. b) Alt. 1 der Restrukturierungs-Richtlinie, nach welcher der Schuldner jederzeit die Beendigung der Stabilisierungsanordnung herbeiführen können soll[7] Der Schuldnerantrag ist einzige Voraussetzung für die gerichtliche Aufhebung, die letztlich Ausdruck der Dispositionsmaxime des Schuldners ist[8].

6 Der Schuldner kann über die Stabilisierungsanordnung nach Abs. 1 Nr. 1 auch nur teilweise disponieren, indem er etwa nur bestimmte Gläubiger oder bestimmte Absonderungs- und Aussonderungsanwartschaften aus der Stabilisierungsanordnung herausnehmen lässt. Diese Möglichkeit der nur teilweisen Aufhebung auf Antrag des Schuldners ergibt sich schon aus Gründen der Praktikabilität, weil der Schuldner sonst den Weg gehen müsste, die vollständige Aufhebung zu beantragen, um dann im nächsten Schritt die Neuanordnung einer Stabilisierung mit nur noch begrenzten Umfang zu beantragen.

II. Synchronisation mit dem Entfallen der Rechtshängigkeit der Restrukturierungssache und den Gründen für ihre Aufhebung

7 Der durch die Stabilisierungsanordnung einhergehende Eingriff in die Gläubigerrechte erfährt seine Legitimation durch die Einbettung der Stabilisierungsanordnung in eine rechtshängige

---

4 Zu § 66 RegE-StaRUG, BT-Drucks. 19/24181, S. 159; MK-StaRUG/*Fritz*, § 59 Rn. 19; Seibt/Westpfahl-*Schönen/Bender*, StaRUG, § 59 Rn. 14.

5 Dazu *Vallender*, ZRI 2021, 165, 170; zu der strategischen Möglichkeit der Hinterlegung einer Schutzschrift bei dem Restrukturierungsgericht s. § 49 Rdn. 36 u. 84; § 51 Rdn. 18.

6 Dazu auch *Vallender*, ZRI 2021, 165, 170.

7 Dazu auch § 66 RegE-StaRUG, BT-Drucks. 19/24282, S. 159).

8 Braun-*Riggert*, StaRUG, § 59 Rn. 2; Wolgast/Grauer-*Mikolajczak*, StaRUG, § 59 Rn. 6.

Restrukturierungssache[9]. Die Inanspruchnahme sämtlicher Instrumente des Stabilisierungs- und Restrukturierungsrahmens setzt nach § 31 Abs. 1 die Rechtshängigkeit der Restrukturierungssache infolge Anzeige voraus. Der Aufhebungsgrund nach Abs. 1 Nr. 2 synchronisiert die Gründe für die Aufhebung der Stabilisierungsanordnung mit den Gründen für die Aufhebung einer Restrukturierungssache selbst nach § 31 Abs. 4 Nr. 3 i.V.m. § 33 sowie die sonstigen Gründe für ein Entfallen der Rechtshängigkeit.

Der Verlust der Wirkungen der Anzeige der Restrukturierungssache nach § 31 Abs. 4, der auch zum Wegfall der Rechtshängigkeit der Restrukturierungssache führt, ist gem. § 59 Abs. 1 Nr. 2 Alt. 1 konsequenterweise auch Grund für die Aufhebung der Stabilisierungsanordnung. Die Anzeige der Restrukturierungssache verliert ihre Wirksamkeit gem. § 31 Abs. 4, wenn der Schuldner die Anzeige der Restrukturierungssache zurücknimmt (Nr. 1), die Entscheidung über die Planbestätigung rechtskräftig wird (Nr. 2), das Gericht die Restrukturierungssache nach § 33 aufhebt (Nr. 3) oder seit der Anzeige sechs bzw. bei Erneuerung der Anzeige zwölf Monate vergangen sind (Nr. 4). Zu den Einzelheiten des Verlusts der Wirkungen der Anzeige der Restrukturierungssache s. § 31. 8

Aufzuheben ist eine Stabilisierungsanordnung zudem nach § 59 Abs. 1 Nr. 2 Alt. 2 ferner bereits bei Vorliegen der Voraussetzungen einer Aufhebung der Restrukturierungssache nach §§ 31 Abs. 4 Nr. 3, 33. Maßgeblich ist hier allein das Vorliegen der Aufhebungsvoraussetzungen, nicht hingegen, ob bereits eine gerichtliche Aufhebung erfolgt ist oder eine solche rechtskräftig geworden ist. Dies soll gewährleisten, dass der durch die Aufhebung der Stabilisierungsanordnung vermittelte Schutz der Gläubigerinteressen nicht von der Rechtskraft des Aufhebungsbeschlusses abhängt, sondern gewährleistet ist, sobald die Aufhebungsvoraussetzungen der Restrukturierungssache vorliegen[10]. Die Kehrseite dieses Schutzes der Gläubigerinteressen ist die Gefahr, dass eine Aufhebung der Stabilisierungsanordnung dazu führt, dass die Aussichten auf eine erfolgreiche Umsetzung des Restrukturierungsvorhabens zunichtegemacht werden, obwohl bei Aufhebung der Stabilisierungsanordnung die Voraussetzungen der Aufhebung der Restrukturierungssache nicht vorgelegen haben, was aber erst im Rahmen der sofortigen Beschwerde festgestellt wurde[11]. In diesem Fall wird die Aufhebung der Stabilisierungsanordnung nicht selten eine »selbsterfüllende Prophezeiung« bedeuten, wenn die Aufhebung der Vollstreckungs- und Verwertungssperre die Betriebsfortführung erheblich stört und infolge dieser Störung die angezeigte Restrukturierungssache keine Aussicht auf Umsetzung hat (vgl. Aufhebungsgrund § 33 Abs. 2 Nr. 2). 9

III. Nicht fristgerechte Übermittlung des Entwurfs des Restrukturierungsplans (Nr. 3)

Ein weiterer Grund für die Aufhebung der Stabilisierungsanordnung nach Abs. 1 Nr. 3 ist die nicht fristgerechte Übermittlung des Entwurfs des Restrukturierungsplans. Die Fristsetzung knüpft an die Möglichkeit der Entscheidung über den Antrag auf Erlass einer Stabilisierungsanordnung auf Basis eines Konzepts für die Restrukturierung gem. §§ 50 Abs. 2 Nr. 1, 51 Abs. 3 an (s. zu dieser Möglichkeit auch § 51 Rdn. 31 ff.). Zwar weichen die Formulierungen in § 51 Abs. 3 (Frist zur Vorlage des Restrukturierungsplans) und in § 59 Abs. 1 Nr. 3 (Frist zur Vorlage des Entwurfs eines Restrukturierungsplans) voneinander ab. Damit ist aber kein materieller Unterschied verbunden, weil in beiden Fällen ein aus Sicht des Schuldners »finaler Entwurf« gemeint ist, d.h. ein vollständiges Planangebot, das annahmefähig ist. Dies setzt voraus, dass der »Entwurf« alle Inhalte und Anlagen eines Restrukturierungsplans im Sinne der §§ 5 ff. enthält, sodass dieser aus Sicht des Schuldners 10

9 Braun-*Riggert*, StaRUG, § 59 Rn. 2.

10 § 66 RegE-StaRUG BT-Drucks. 19/24181, S. 159; BeckOK-StaRUG/*Mock*, § 59 Rn. 6.

11 Zu dieser Gefahr s. Wolgast/Grauer-*Mikolajczak*, StaRUG, § 59 Rn. 10, der daher de lege ferenda vorschlägt, die Aufhebung der Stabilisierungsanordnung im Regelfall an die rechtskräftige Aufhebung der Restrukturierungssache zu knüpfen und eine Aufhebung vor Rechtskraft nur als Ausnahme zu ermöglichen, wenn die Interessen der Gläubiger erheblich gefährdet erscheinen.

einreichbar bzw. jedenfalls zu einer gerichtlichen Vorprüfung gem. §§ 46, 47 geeignet ist[12]. »Entwurf« meint hier mit anderen Worten nicht »unvollständige Fassung«[13]. Ob diese Anforderungen erfüllt sind, entscheidet das Restrukturierungsgericht[14]. Dabei ist unschädlich, wenn sich im weiteren Verlauf der Verhandlungen oder im Rahmen des Erörterungstermins noch Änderungen ergeben.

11 Wann eine von Gericht gesetzte Frist angemessen ist, geht aus der Norm nicht ausdrücklich hervor. Maßgeblich sind hier die Umstände des Einzelfalls, insbesondere die Größe des Unternehmens sowie die Komplexität des Restrukturierungsvorhabens[15]. Vor dem Hintergrund der in die Gläubigerrechte eingreifenden Wirkung der Stabilisierungsanordnung ist zu beachten, dass das Gesetz von einem professionell organisierten und vorbereiteten Schuldner ausgeht, welcher zudem bereits zur Anzeige der Restrukturierungssache nach § 31 Abs. 2 Satz 1 Nr. 1 und bei Beantragung der Stabilisierungsanordnung nach § 51 Abs. 2 Nr. 1 einen Planentwurf vorlegen muss.[16]

IV. Unzureichende Ausrichtung an den Gläubigerinteressen (Nr. 4)

12 Der Abs. 1 Nr. 4 enthält als weiteren Aufhebungsgrund die mangelnde Ausrichtung der Handlungen des Schuldners an den Interessen der Gläubigergesamtheit. Die Norm umfasst einen Grundtatbestand sowie in Buchst. a) und Buchst. b) zwei Regelbeispiele hinsichtlich konkreter Mängel in der Restrukturierungsplanung, der Buchführung oder der Rechnungslegung[17]. Die Regelungen weisen Parallelen zu § 270e Abs. 1 Nr. 1 InsO auf[18].

13 Anders als hinsichtlich der übrigen Aufhebungsgründe besteht im Rahmen der Nr. 4 keine Amtsermittlungspflicht des Gerichts[19]. Unzulässig sind Ermittlungen zwar nicht[20]. Verpflichtet ist das Gericht indes nur dazu, bei Kenntniserlangung von durch Nr. 4 erfassten Umständen die Stabilisierungsanordnung aufzuheben. Bekannt werden können dem Gericht solche Umstände etwa aus den Berichten oder Anzeigen des Restrukturierungsbeauftragten oder auf sonstige Weise durch an der Restrukturierungssache beteiligte Personen[21]; dazu auch oben Rdn. 10 f.

14 Bereits bei Erlass der Stabilisierungsanordnung ist gem. § 51 Abs. 2 Satz 1 die Bereitschaft und Fähigkeit des Schuldners, seine Geschäftsführung an den Interessen der Gläubiger auszurichten, gerichtlich zu prüfen. Allerdings erfolgt in diesem Rahmen nur eine Plausibilitätskontrolle[22]. Durch diese bereits erfolgte Schlüssigkeits- und Plausibilitätsprüfung erfährt der Prüfungsmaßstab nach § 59 Abs. 1 Nr. 4 indes keine Einschränkung, auch wenn die für die Aufhebungsentscheidung maßgeblichen Umstände bereits bei Erlass der Anordnung vorlagen, das Gericht hiervon aber keine Kenntnis hatte[23].

---

12 Braun-*Riggert*, StaRUG, § 59 Rn. 4; Wolgast/Grauer-*Mikolajczak*, StaRUG, § 59 Rn. 13; MK-StaRUG/*Fritz*, § 59 Rn. 44.

13 Zu diesem Verständnis auch Wolgast/Grauer-*Mikolajczak*, StaRUG, § 59 Rn. 13.

14 Wolgast/Grauer-*Mikolajczak*, StaRUG, § 59 Rn. 13.

15 Braun-*Riggert*, StaRUG, § 59 Rn. 4; s. zu diesem Aspekt auch § 51 Rdn. 33; MK-StaRUG/*Fritz*, § 59 Rn. 40.

16 Wolgast/Grauer-*Mikolajczak*, StaRUG, § 59 Rn. 14, der sich an der 20-tägigen Frist des § 51 Abs. 1 Satz 3 orientiert; Braun-*Riggert*, StaRUG, § 59 Rn. 4 betont, dass der Zeitpunkt, zu dem die Anzeige der Restrukturierungssache nach § 31 erfolgt ist, relevant ist und hält eine von diesem Zeitpunkt an laufende Frist von drei Monaten für angemessen. Im Rahmen des § 50 Abs. 3 plädiert Wolgast/Grauer-*Streeck*, StaRUG, § 51 Rn. 49 für eine Frist von vier bis sechs Wochen; s. zum Ganzen auch § 51 Rdn. 33.

17 BeckOK-StaRUG/*Mock*, § 59 Rn. 8.

18 So auch der Hinweis von Braun-*Riggert*, StaRUG, § 59 Rn. 5.

19 § 66 RegE-StaRUG BT-Drucks. 19/24181, S. 159.

20 Braun-*Riggert*, StaRUG, § 59 Rn. 5; *Vallender*, ZRI 2021, 165, 170.

21 § 66 RegE-StaRUG BT-Drucks. 19/24181, S. 159.

22 Dazu § 58 RegE-StaRUG BT-Drucks. 19/24181, S. 155; s.a. BeckOK-StaRUG/*Mock*, § 51 Rn. 5; *Schneider/Loszynski*, SanB 2020, 136, 138.

23 Wolgast/Grauer-*Mikolajczak*, StaRUG, § 59 Rn. 17.

1. Regelbeispiele gem. Buchst. a) und b)

§ 59 Abs. 1 Nr. 4 Buchst. a) und b) enthalten zwei Regelbeispiele für das Fehlen von Bereitschaft und Fähigkeit des Schuldners, seine Geschäftsführung an den Gläubigerinteressen auszurichten. Deren Vorliegen begründet die unwiderlegliche Vermutung mangelnder Bereitschaft und Fähigkeit des Schuldners[24]. 15

a) Beruhen des Restrukturierungsplans auf unzutreffenden Tatsachen (Buchst. a))

Gem. Buchst. a) wird das Vorliegen eines Aufhebungsgrundes nach Abs. 1 Nr. 4 vermutet, wenn der Restrukturierungsplan in wesentlichen Punkten auf unzutreffenden Tatsachen beruht. Bezugspunkt der Wesentlichkeit ist die Bedeutung eines Umstands für die Restrukturierungsplanung, sodass der gleiche Wesentlichkeitsmaßstab gilt wie bei § 51 Abs. 1 Satz 1[25]. Es muss sich also um grundlegende Prämissen für die Durchführung der Restrukturierungsplanung handeln[26]. Dies ist der Fall, wenn das Erreichen des Restrukturierungsziels bei Zugrundelegung der tatsächlichen Umstände ausgeschlossen oder zumindest unwahrscheinlich erscheint[27]. 16

Unerheblich ist, ob die Restrukturierungsplanung von Anfang an in wesentlichen Punkten unzutreffend war oder ob dies erst nachträglich der Fall wurde[28]. Bei erst nachträglich eintretender Unrichtigkeit wesentlicher Punkte der Restrukturierungsplanung trifft den Schuldner eine Mitteilungspflicht gegenüber dem Restrukturierungsgericht aus § 32 Abs. 2 Satz 2[29]. 17

b) Gravierende Mängel in der Rechnungslegung und Buchführung (Buchst. b))

Die Nichtberücksichtigung der Interessen der Gläubigergesamtheit wird gem. Buchst. b) ferner dann unwiderleglich vermutet, wenn Rechnungslegung und Buchführung des Schuldners so unvollständig oder mangelhaft sind, dass sie eine Beurteilung der Restrukturierungsplanung nicht ermöglichen. Denn in diesem Fall entbehrt die Restrukturierungsplanung einer nachweislichen tatsächlichen Grundlage[30]. Zur betriebswirtschaftlichen Beurteilung kann das Restrukturierungsgericht die gutachterliche Stellungnahme eines Restrukturierungsbeauftragten nach § 73 Abs. 3 einholen[31]. 18

2. Grundtatbestand

Neben dem Vorliegen der Regelbeispiele kann sich die mangelnde Bereitschaft und Fähigkeit des Schuldners, im Interesse der Gläubigergesamtheit zu handeln, auch aus weiteren Umständen ergeben. Notwendig ist eine Gesamtwürdigung aller Umstände des Einzelfalls unter Berücksichtigung des Interesses der Gläubigergesamtheit an einer Aufhebung der Stabilisierungsanordnung[32]. 19

C. Aufhebung auf Antrag eines Gläubigers (Abs. 2)

Nach Abs. 2 ist eine Aufhebung der Stabilisierungsanordnung auch auf Antrag eines Gläubigers möglich, der einen der in Abs. 1 Nr. 2 und 4 genannten Aufhebungsgründe glaubhaft macht. 20

---

24 Dazu § 66 RegE-StaRUG BT-Drucks. 19/24181, S. 159; s.a. Wolgast/Grauer-*Mikolajczak*, StaRUG, § 59 Rn. 18.

25 Braun-*Riggert*, StaRUG, § 59 Rn. 6; s. dazu auch § 51 Rdn. 18; MK-StaRUG/*Fritz*, § 59 Rn. 56.

26 Braun-*Riggert*, StaRUG, § 51 Rn. 4.

27 Wolgast/Grauer-*Streeck*, StaRUG, § 51 Rn. 23.

28 Dazu § 66 RegE-StaRUG, BT-Drucks. 19/24181, S. 160.

29 Dazu § 66 RegE-StaRUG, BT-Drucks. 19/24181, S. 160; BeckOK-StaRUG/*Mock*, § 59 Rn. 10.

30 Wolgast/Grauer-*Mikolajczak*, StaRUG, § 59 Rn. 21.

31 Braun-*Riggert*, StaRUG, § 59 Rn. 7.

32 Wolgast/Grauer-*Mikolajczak*, StaRUG, § 59 Rn. 22; Seibt/Westpfahl-*Schönen/Bender*, StaRUG, § 59 Rn. 32.

21 Die Antragsberechtigung ist auf solche Gläubiger beschränkt, die von der Stabilisierungsanordnung betroffen sind[33].

22 Die Glaubhaftmachung des Gläubigers richtet sich nach § 294 ZPO[34]. Das Vorliegen des behaupteten Aufhebungsgrundes muss demnach überwiegend wahrscheinlich sein[35].

23 Da der Gläubigerantrag auf Aufhebung der Stabilisierungsanordnung nicht auf ihre fehlende Erforderlichkeit gestützt werden kann, können Argumenten gegen die Erforderlichkeit zweckmäßigerweise nur im Vorfeld des Erlasses der Stabilisierungsanordnung vorgebracht werden, z.B. im Rahmen einer Schutzschrift[36].

D. Absehen von einer Aufhebung (Abs. 3)

24 Nach Abs. 3 kann das Restrukturierungsgericht vorläufig von der Aufhebung der Stabilisierungsanordnung absehen, um im Interesse der Gläubigergesamtheit einen geordneten Übergang in ein Insolvenzverfahren zu gewährleisten. Parallel ist auch die Aufhebung der Restrukturierungssache nach § 33 Abs. 3 hintangestellt.

25 Ob und inwieweit das Restrukturierungsgericht von dieser Möglichkeit Gebrauch macht, liegt in ihrem Ermessen. Nicht übersehen werden darf indes, dass die Interessen der Gläubigergesamtheit umgekehrt gerade durch das Hinauszögern des Übergangs in ein Insolvenzverfahren gefährdet sein können[37]. Dieser Umstand hat in die Ermessenausübung einzufließen.

26 In diesem Fall setzt das Gericht dem Schuldner eine Frist von höchstens drei Wochen, innerhalb derer er dem Gericht die Beantragung eines Insolvenzverfahrens nachzuweisen hat. Das Fristerfordernis soll sicherstellen, dass die Anordnung nicht länger als für den geordneten Übergang in ein Insolvenzverfahren notwendig aufrechterhalten wird und orientiert sich zeitlich an der Höchstfrist für die Stellung eines Insolvenzantrags wegen Zahlungsunfähigkeit nach § 15a Abs. 1 InsO[38]. Nach Ablauf der Frist wird die Stabilisierungsanordnung aufgehoben. Dies erfolgt unabhängig davon, ob innerhalb der gesetzten Frist die Beantragung eines Insolvenzverfahrens nachgewiesen wurde oder nicht[39].

27 Ein für ein Absehen von der Aufhebung zu gewährleistender geordneter Übergang in ein Insolvenzverfahren liegt vor, wenn eine Erhaltung der Fortführungsfähigkeit des Schuldners und mithin eine Sanierung im Insolvenzverfahren weiter möglich bleibt[40]. In diesem Fall steht der für einzelne Gläubiger mit der Stabilisierung verbundene Nachteil auch nicht im Widerspruch zum Interesse der Gläubigergesamtheit an einem geordneten Übergang. Ist bis zum Ablauf der gerichtlichen Frist nicht vom Eintritt drohender Zahlungsunfähigkeit auszugehen, bleibt ein Absehen von der Aufhebung ausgeschlossen, weil der Übergang in ein Insolvenzverfahren nicht möglich ist[41].

---

33 Dazu § 66 RegE-StaRUG BT-Drucks. 19/24181, S. 160.

34 Braun-*Riggert*, StaRUG, § 59 Rn. 10; *Schneider/Loszynski*, SanB 2020, 136, 139 sehen insoweit noch gesetzgeberischen Klarstellungsbedarf.

35 S. etwa BGH, Beschl. v. 21.10.2010 – V ZB 210/09 [Rn. 7], NJW-RR 2011, 136.

36 Hierzu § 49 Rdn. 36; Unverständnis äußert *Riggert*, NZI-Beilage 2021, 40, 42, der es überraschend findet, dass der Gläubiger sich nicht darauf berufen kann, die gegen ihn beantragte Stabilisierungsanordnung sei zur Erreichung des Stabilisierungsziels nicht erforderlich, obgleich diese eine wesentliche Anforderung an die Rechtmäßigkeit der Anordnung nach § 51 Abs. 1 Nr. 4 darstellt.

37 Zu dieser Kritik *Vallender*, ZInsO 2020, 2677, 2684 f.; *Frind*, ZInsO 2020, 2241, 2246.

38 Dazu § 66 RegE-StaRUG BT-Drucks. 19/24181, S. 160.

39 Braun-*Riggert*, StaRUG, § 59 Rn. 13.

40 Braun-*Riggert*, StaRUG, § 59 Rn. 11.

41 Braun-*Riggert*, StaRUG, § 59 Rn. 11.

E. Beendigung kraft Gesetzes (Abs. 4)

Der Abs. 4 bestimmt, dass die Stabilisierungsanordnung endet, wenn der Restrukturierungsplan bestätigt ist oder die Planbestätigung versagt wird. In beiden Fällen besteht zur Verwirklichung des Restrukturierungsziels kein Bedürfnis mehr an der Aufrechterhaltung der Anordnung[42]. Erforderlich ist eine rechtskräftige Entscheidung über die Planbestätigung[43]. Die Änderung tritt kraft Gesetzes ein[44]. 28

Abschnitt 5 Planbestätigung

Unterabschnitt 1 Bestätigungsverfahren

Vorbemerkung zu §§ 60–66 StaRUG

Übersicht

1 Gemäß den Vorgaben in Art. 4 Abs. 6 RL soll gegenüber den insolvenzverfahrensrechtlichen Vorbildern die Autonomie der Beteiligten innerhalb des präventiven Restrukturierungsrahmens gestärkt werden. Die Beteiligten sollen nicht nur, wie im Insolvenzplanverfahren, über den Inhalt des Plans disponieren können, sondern grundsätzlich auch die Möglichkeit haben, die Planabstimmung außergerichtlich nach den von dem Schuldner festgelegten Modalitäten durchzuführen. Dies bedeutet, dass der Restrukturierungsplan grundsätzlich keiner gerichtlichen Bestätigung bedarf.

2 Der Schuldner hat jedoch die Möglichkeit den Restrukturierungsplan durch das Restrukturierungsgericht bestätigen zu lassen um eine verbindliche Regelung auch gegenüber beteiligten aber dissentierenden Planbetroffenen zu entfalten. Dabei umfasst die Planbestätigung sowohl das privatautonome (§§ 60 Abs. 1 Satz 3, 63 Abs. 3 Satz 1) als auch das gerichtliche Abstimmungsverfahren.

A. Entstehungsgeschichte

3 Art. 10 Abs. 1 RL sieht vor, dass der Restrukturierungsplan in folgenden Fällen von einer Justiz- oder Verwaltungsbehörde bestätigt werden muss, um für die Parteien **verbindlich** zu sein:
- Restrukturierungspläne, die die Forderungen oder Beteiligungen ablehnender betroffener Parteien beeinträchtigen;
- Restrukturierungspläne, die eine neue Finanzierung vorsehen;
- Restrukturierungspläne, die zum Verlust von mehr als 25 % der Arbeitsplätze führen, sofern dieser Verlust nach nationalem Recht zulässig ist (der deutsche Gesetzgeber hat von diesem Wahlrecht keinen Gebrauch gemacht).

4 Art. 10 Abs. 2 RL hat ferner die Bedingungen vorgegeben, unter denen ein Restrukturierungsplan von einer Justiz- oder Verwaltungsbehörde bestätigt werden kann. Demnach müssen folgende Voraussetzungen erfüllt sein:
- Der Restrukturierungsplan ist im Einklang mit Art. 9 (Annahme von Restrukturierungsplänen) angenommen worden.
- Gläubiger mit ausreichenden gemeinsamen Interessen in derselben Klasse werden gleich und im Verhältnis zu ihren Forderungen behandelt.

---

42 Dazu § 66 RegE-StaRUG BT-Drucks. 19/24181, S. 160.

43 Dazu § 66 RegE-StaRUG BT-Drucks. 19/24181, S. 160; Wolgast/Grauer-*Mikolajczak*, StaRUG, § 59 Rn. 36.

44 Braun-*Riggert*, StaRUG, § 59 Rn. 1.

- Der Restrukturierungsplan ist allen betroffenen Parteien im Einklang mit nationalem Recht übermittelt worden.
- Gibt es ablehnende Gläubiger, so erfüllt der Restrukturierungsplan das Kriterium des Gläubigerinteresses (eine diesbezügliche Überprüfung findet nur statt, wenn ein Beteiligter die Verletzung dieses Kriteriums beanstandet hat).
- Eine etwaige neue Finanzierung, die zur Umsetzung des Restrukturierungsplans erforderlich ist und die Interessen der Gläubiger nicht in unangemessener Weise beeinträchtigt, liegt vor.

5 Des Weiteren müssen die Mitgliedsstaaten gem. Art. 10 Abs. 3 RL sicherstellen, dass Justiz- oder Verwaltungsbehörden die Bestätigung eines Restrukturierungsplans ablehnen können, wenn keine vernünftige Aussicht besteht, dass der Plan die Insolvenz des Schuldners verhindern oder die Bestandsfähigkeit des Unternehmens gewährleisten würde.

B. Umsetzung der Richtlinie durch den deutschen Gesetzgeber

6 Die Planbestätigung wird in § 29 Abs. 2 Nr. 4 als ein Instrument bzw. eine Verfahrenshilfe aufgeführt, die der Schuldner »zur nachhaltigen Bewältigung einer drohenden Zahlungsunfähigkeit im Sinne des § 18 Abs. 2 InsO in Anspruch nehmen kann«. Sie ist das **Kernstück** der aufgeführten Stabilisierungs- und Restrukturierungsinstrumente und von entscheidender Bedeutung für die Planbetroffenen.[1]

7 Der deutsche Gesetzgeber hat die Vorgaben der Richtlinie in den §§ 60 ff. (Planbestätigung) umgesetzt. Wie schon in der Richtlinie finden sich in den Vorschriften §§ 60 bis 66 bzw. 71 Parallelen zum Insolvenzplan. So ist § 62 ähnlich wie § 249 InsO (bedingter Plan), § 63 in Anlehnung an § 250 Nr. 1 InsO (Verstoß gegen Verfahrensvorschriften), § 65 wie § 252 InsO (Bekanntgabe der Entscheidung) und § 66 wie § 253 InsO (Rechtsmittel) aufgebaut. Die Wirkungen des Restrukturierungsplans werden in §§ 67 ff. ebenfalls in Anlehnung an das Insolvenzplanrecht beschrieben.[2]

7a Mit Wirkung zum 27.07.2022 wurde ein neuer Absatz 2 in § 63 eingefügt. Die Vorschrift dient der Klarstellung sowie der Umsetzung europarechtlicher Vorgaben in Art. 14 Abs. 1 RL.[3]

C. Wirkungen des bestätigten Restrukturierungsplans

8 Mit der Bestätigung des Restrukturierungsplans treten die im gestaltenden Teil festgelegten Wirkungen gegen alle Planbetroffenen ein, § 67 Abs. 1. Dies gilt auch im Verhältnis zu Planbetroffenen, die gegen den Plan gestimmt haben oder die an der Abstimmung nicht teilgenommen haben, obgleich sie ordnungsgemäß an dem Abstimmungsverfahren beteiligt worden sind. Mit dieser Regelung wird nun sogenannten Akkordstörern die Möglichkeit genommen, Sanierungen zu verhindern, die aus gesamtwirtschaftlicher Perspektive sinnvoll sind.

§ 60 Antrag

(1) [1]Auf Antrag des Schuldners bestätigt das Gericht den von den Planbetroffenen angenommenen Restrukturierungsplan durch Beschluss. [2]Der Antrag kann auch im Erörterungs- und Abstimmungstermin gestellt werden. [3]Ist die Planabstimmung nicht im gerichtlichen Verfahren (§ 45) erfolgt, hat der Schuldner dem Antrag auf Bestätigung des Restrukturierungsplans neben dem zur Abstimmung gestellten Plan und seinen Anlagen die Dokumentation über das Abstimmungsergebnis sowie sämtliche Urkunden und sonstigen Nachweise beizufügen, aus denen sich ergibt, wie die Abstimmung durchgeführt wurde und zu welchem Ergebnis sie geführt hat.

---

1 Braun-*Fendel*, StaRUG, Vorb. §§ 60–66 Rn. 6.

2 *Thole*, ZIP 2020, 1985, 1997.

3 Hiernach wird die gerichtliche Rechtmäßigkeitsprüfung einer gruppenübergreifenden Mehrheitsentscheidung im Hinblick auf die in der Folge durchzuführende Unternehmensbewertung einem gesonderten Antragserfordernis unterstellt; vgl. Seibt/Westpfahl-*Parzinger/Lappe*, StaRUG, § 63 Rn. 4.

(2) [1]Handelt es sich bei dem Schuldner um eine rechtsfähige Personengesellschaft oder um eine Kommanditgesellschaft auf Aktien, bedarf der Antrag auf Bestätigung eines Restrukturierungsplans, der die persönlich haftenden Gesellschafter nicht von deren Haftung für die durch den Plan gestalteten Forderungen und Rechte befreit, der Zustimmung aller persönlich haftenden Gesellschafter. [2]Dies gilt nicht, soweit es sich bei den persönlich haftenden Gesellschaftern

1. um juristische Personen handelt oder
2. um rechtsfähige Personengesellschaften handelt, bei denen kein persönlich haftender Gesellschafter eine natürliche Person ist und kein persönlich haftender Gesellschafter selbst eine rechtsfähige Personengesellschaft ist, bei der ein persönlich haftender Gesellschafter eine natürliche Person ist oder sich die Verbindung von Gesellschaften in dieser Art fortsetzt.

Übersicht

A. Normzweck

Die im gestaltenden Teil eines Restrukturierungsplans festgelegten Wirkungen treten bei einer gerichtlichen Bestätigung des Plans auch gegenüber den Gläubigern ein, die gegen den Plan gestimmt oder an der Abstimmung nicht teilgenommen haben (§ 67). Eine Planbestätigung durch das Restrukturierungsgericht bedarf es ebenfalls bei Restrukturierungsplänen, die eine neue Finanzierung vorsehen (Art. 10 Abs. 1 RL). 1

§ 60 ermöglicht es dem Schuldner eine gerichtliche Bestätigung herbeizuführen und den Restrukturierungsplan für alle Parteien verbindlich zu gestalten. Abs. 1 der Vorschrift stellt klar, dass eine gerichtliche Bestätigung nur auf Antrag des Schuldners zulässig ist. Gemäß den Vorgaben in Art. 4 Abs. 6 RL soll gegenüber den insolvenzverfahrensrechtlichen Vorbildern die Autonomie der Beteiligten innerhalb des präventiven Restrukturierungsrahmens gestärkt werden. Die Beteiligten sollen nicht nur, wie im Insolvenzplanverfahren, über den Inhalt des Plans disponieren können, sondern grundsätzlich auch die Möglichkeit haben, die Planabstimmung außergerichtlich nach den von dem Schuldner festgelegten Modalitäten durchzuführen. 2

Dies bedeutet, dass der Restrukturierungsplan grundsätzlich keiner gerichtlichen Bestätigung bedarf. Der Gesetzgeber hat den Gläubigern demnach ganz bewusst kein eigenes Antragsrecht eingeräumt. 3

Die Planbestätigung umfasst sowohl das privatautonome (§§ 60 Abs. 1 Satz 3, 63 Abs. 3 Satz 1) als auch das gerichtliche Abstimmungsverfahren. 4

B. Norminhalt

I. Antrag des Schuldners (Abs. 1)

In Absatz 1 ist klargestellt, dass eine gerichtliche Bestätigung eines von den Planbetroffenen mit den erforderlichen Mehrheiten angenommenen Restrukturierungsplans nur auf Antrag des Schuldners zulässig ist. Das Restrukturierungsgericht darf weder auf Antrag einzelner Gläubiger oder Anteilsinhaber oder des Restrukturierungsbeauftragen noch aufgrund eines Beschlusses der Mehrheit der Planbetroffenen einen Restrukturierungsplan bestätigen, wenn kein Antrag des Schuldners vorliegt. Auch ein einstimmiges Gesuch aller Planbetroffenen macht das Antragserfordernis vonseiten des Schuldners nicht entbehrlich.[1] Eine Bestätigung ist nach der Maßgabe des § 63 zu versagen. 5

Fehlt ein wirksamer Antrag und beschließt das Restrukturierungsgericht dennoch die Bestätigung, so liegt ein Verfahrensfehler nach § 38 StaRUG i.V.m. § 308 Abs. 1 Satz 1 ZPO vor. Nach über- 5a

1 Begr. RegE SanInsFoG, § 67 (jetzt § 60) S. 161.

wiegender Auffassung führt der Verstoß jedoch nicht zur Nichtigkeit der Entscheidung, sondern die Planbestätigung wäre lediglich anfechtbar.[2]

5b Der Antrag kann auch zurückgenommen werden. Dies entspricht der Dispositionsfreiheit des Schuldners, vgl. § 269 ZPO.[3] Die Rücknahme bedarf nicht der Zustimmung der Planbetroffenen.[4]

6 Der Antrag des Schuldners kann nach Abs. 1 Satz 2 auch im Erörterungs- und Abstimmungstermin gestellt werden. Für den Fall, dass ein solcher Termin nicht stattgefunden hat, hat der Schuldner dem Restrukturierungsgericht mit dem Bestätigungsantrag alle Informationen und Unterlagen zu übermitteln, die für die Bestätigungsentscheidung benötigt werden. Eine Pflicht zur Übermittlung der Unterlagen besteht nicht. Jedoch sind Anträge auf Bestätigung, denen keine oder nur unvollständige Dokumente i.S.v. Abs. 1 Satz 3 beigefügt wurden, in der Regel unzulässig.[5]

6a Das Gesetzt sieht eine bestimmte Frist für den Antrag nicht vor. Das Restrukturierungsvorhaben muss jedoch beim zuständigen Restrukturierungsgericht schon angezeigt sein (§ 31 Abs. 1) und die Anzeige darf ihre Wirkung nicht nach § 31 Abs. 4 verloren haben.[6]

Des Weiteren besteht kein besonderes Formerfordernis. Der Antrag kann schriftlich gestellt oder mündlich in einem gerichtlichen Termin zu richterlichem Sitzungsprotokoll erklärt werden.[7]

7 Das Gericht entscheidet durch Beschluss.

II. Zustimmung aller persönlich haftender Gesellschafter (Abs. 2)

8 Absatz 2[8] wurde nachträglich zum Schutz natürlicher Personen aufgenommen. Hiernach bedarf der Antrag auf Bestätigung des Restrukturierungsplans der Zustimmung aller persönlich haftenden Gesellschafter, sofern die Bestätigung durch eine besondere Bestimmung im Plan gem. § 11 Satz 2 ausnahmsweise nicht zum Ausschluss ihrer Haftung führt.[9] Dies gilt nicht, soweit es sich bei den unmittelbar oder mittelbar haftenden Gesellschaftern nicht um natürliche Personen handelt.[10]

9 Natürliche Personen sind im Rahmen der Bestätigung des Plans bei gleichzeitig fortbestehender persönlicher Haftung besonders schutzwürdig. So könnten beispielsweise die Gläubiger und der Schuldner im Plan Bestimmungen treffen, wonach die Gläubiger dem Schuldner einen Teil der Schulden erlassen. Im Anschluss könnten sich die Gläubiger bei den unmittelbar oder mittelbar persönlich haftenden Gesellschaftern und ihrem Privatvermögen schadlos halten. Eine solche Regelung würde die unmittelbar oder mittelbar persönlich haftenden Gesellschafter belasten und wäre vor dem Hintergrund der grundsätzlich akzessorisch ausgestalteten persönlichen Haftung problematisch. Aus diesem Grund müssen die unmittelbar oder mittelbar persönlich haftenden Gesellschafter – sofern es sich bei ihnen um natürliche Personen handelt – dem Antrag zur Bestätigung des Plans zustimmen.

10 Bei mehrstöckigen Personengesellschaften[11] kommt es bezüglich dem Zustimmungserfordernis darauf an, ob »am Ende« des gestuften Beteiligungsverhältnisses natürliche Personen als persönlich

---

2 BGH NJW 2019, 2166 Rn. 11, Prütting/Gehrlein-*Thole* ZPO § 308 Rn. 11. Der Schuldner kann den Beschluss analog § 66 Abs. 1 Satz 2 angreifen.
3 Jacoby/Thole-*Thole,* StaRUG, § 60 Rn. 11.
4 Seibt/Westpfahl-*Parzinger/Lappe*, StaRUG, § 60 Rn. 36.
5 Es besteht eine Hinweispflicht des Gerichts, vgl. BeckOK-StaRUG/*Skauradszun,* § 60 Rn. 28; Seibt/Westpfahl-*Parzinger/Lappe*, StaRUG, § 60 Rn. 33.
6 BeckOK-StaRUG/*Skauradszun,* § 60 Rn. 2.
7 MK-StaRUG/*Jungmann*, § 60 Rn. 26.
8 § 60 Abs. 2 Satz 1, Satz 2 Nr. 2 geänd. m.W.v. 01.01.2024 durch G v. 10.08.2021 (BGBl. I S. 3436).
9 Begr. RegE SanInsFoG, § 67 (jetzt § 60) S. 161.
10 Begr. RegE SanInsFoG, § 67 (jetzt § 60) S. 161.
11 Der Begriff »Gesellschaft ohne Rechtspersönlichkeit« wurde mit Wirkung zum 01.01.2024 durch den Begriff »rechtsfähige Personengesellschaften« ersetzt. Eine inhaltliche Änderung geht damit nicht einher.

haftende Gesellschafter stehen.[12] Eine Zustimmung ist bspw. bei einer GmbH & Co. KG nicht erforderlich, da anders als bei einer typischen Kommanditgesellschaft der persönlich und unbegrenzt haftende Gesellschafter (Komplementär) keine natürliche Person ist.

Die Zustimmung bedarf keiner bestimmten Form. Es ist jedoch sinnvoll, dem Antrag die schriftlichen Zustimmungserklärungen beizufügen. 11

§ 61 Anhörung

[1]Vor der Entscheidung über die Bestätigung des Restrukturierungsplans kann das Gericht die Planbetroffenen anhören. [2]Ist die Planabstimmung nicht im gerichtlichen Verfahren erfolgt, hat das Gericht einen Termin zur Anhörung der Planbetroffenen durchzuführen. [3]§ 45 Absatz 3 und § 46 Absatz 1 Satz 4 gelten entsprechend.

Übersicht

A. Normzweck

Die Vorschrift regelt den Anspruch der Planbetroffenen[1] auf rechtliches Gehör vor der Entscheidung des Gerichts über die Bestätigung des Restrukturierungsplans. Die Norm unterscheidet hierbei, ob die Planabstimmung in einem gerichtlichen Verfahren gem. § 45 oder außergerichtlich stattgefunden hat, Satz 2. 1

Die Anhörung zielt darauf an, den Planbetroffenen die Möglichkeit zu geben, sich zum Vorliegen von Versagungsgründen (einschließlich Verfahrensmängeln) zu äußern.[2] 1a

B. Norminhalt

I. Ermessensentscheidung des Gerichts (Satz 1)

Hatten Planbetroffene die Möglichkeit an einem gerichtlichen Erörterungs- und Abstimmungstermin teilzunehmen, muss diesen Beteiligten keine erneute Gelegenheit zur Stellungnahme gegeben werden, wenn sie in diesem Termin hätten Stellung beziehen können. Dies gilt auch für diejenigen vom Plan Betroffenen, die trotz ordnungsgemäßer Ladung nicht an diesem Termin teilgenommen haben.[3] Diese Vorschrift ist Ausfluss des Art. 10 Abs. 4 RL, der den Mitgliedsstaaten vorschreibt, dass bei einer gerichtlichen Planbestätigung die Entscheidung zügig zu erfolgen hat. Das Ob und Wie einer Anhörung der Planbetroffenen steht – bei einem gerichtlichen Verfahren – deshalb im Ermessen des Gerichts. 2

II. Muss-Vorschrift (Satz 2)

Hat die Planabstimmung hingegen außergerichtlich stattgefunden, muss eine Anhörung der Planbetroffenen stattfinden. Diese hat im Rahmen eines mündlichen Anhörungstermins zu erfolgen. Der klare Wortlaut des Satzes 2 schließt die Möglichkeit einer schriftlichen Anhörung aus.[4] 3

12 MK-StaRUG/*Jungmann*, § 60 Rn. 63.
1 Definition der Planbetroffenen ergibt sich aus § 7 Abs. 1.
2 Seibt/Westpfahl-*Parzinger/Lappe,* StaRUG, § 61 Rn. 10.
3 BegrRegE SanInsFoG, § 68 (jetzt § 61) S. 161.
4 Flöther-*Laroche,* StaRUG, § 61 Rn. 5; Seibt/Westpfahl-*Parzinger/Lappe,* StaRUG, § 61 Rn. 36.

III. Teilnahmeberechtigung

3a Neben den Planbetroffenen ist auch der Restrukturierungsbeauftragte teilnahmeberechtigt. Eine Ladung des Schuldners ist ebenfalls zulässig.[5] Die Teilnahmeberechtigung gilt unabhängig davon, ob es sich um eine fakultative oder um eine verpflichtende Anhörung handelt.

3b Es kann zweckmäßig sein, dass sich einzelne Gläubigergruppen von einem Bevollmächtigten vertreten lassen, um somit eine effiziente Anhörung und ein zügiges Verfahren zu ermöglichen.[6]

IV. Ladung

4 Findet eine Anhörung statt, so sind die Planbetroffenen gem. Satz 3 i.V.m. § 45 Abs. 3 Satz 1 zu dem Termin zu laden. Die Ladung muss den Hinweis enthalten, dass der Termin auch dann durchgeführt werden können, wenn nicht alle Planbetroffenen teilnehmen. Dieser Passus wurde in § 45 Abs. 3 aufgenommen, damit einzelne ordnungsgemäß geladene Planbetroffene die Durchführung des Termins nicht durch schlichtes Nichterscheinen vereiteln können.[7] Das Gericht kann gem. Satz 3 i.V.m. § 45 Abs. 3 Satz 3 auch den Schuldner mit den Ladungen beauftragen, wobei in diesen Fällen die Zustellungen nur gemäß der §§ 191–195 ZPO zulässig sind. Beauftragt das Gericht einen Restrukturierungsbeauftragten mit der Zustellung, kann er die Schriftstücke per Post aufgeben.[8]

5 Die Ladungsfrist beträgt gem. Satz 3 i.V.m. § 46 Abs. 1 Satz 4 mindestens sieben Tage.[9] Diese bewusst gewählte kurze Frist reicht aus, da bereits eine Abstimmung über den Restrukturierungsplan stattgefunden hat und die Planbetroffenen sich somit mit dem Inhalt des Plans schon vertraut machen konnten.[10]

V. Folgen einer fehlerhaften oder unterbliebenen Anhörung

6 Die Anhörung ist Teil des Planbestätigungsverfahren und nicht des Planannahmeverfahrens. Daher führt eine fehlerhafte oder unterbliebene Anhörung nicht zur einer Versagung des Plans gem. §§ 63 f. StaRUG. Im Beschwerdeverfahren gegen die gerichtliche Planbestätigung kann die Anhörung nachgeholt werden.[11] Die Planbetroffenen können nach § 38 Satz 1 StaRUG i.V.m. § 321a ZPO bei Verletzung des rechtlichen Gehörs eine Anhörungsrüge einlegen.[12]

§ 62 Bedingter Restrukturierungsplan

Ist im Restrukturierungsplan vorgesehen, dass vor dessen Bestätigung bestimmte Leistungen erbracht oder andere Maßnahmen verwirklicht werden sollen, wird der Plan nur bestätigt, wenn diese Voraussetzungen erfüllt sind und Versagungsgründe nicht vorliegen.

Übersicht

5 BeckOK-StaRUG/*Skauradszun*, § 61 Rn. 11b; Seibt/Westpfahl-*Parzinger/Lappe,* StaRUG, § 61 Rn. 15; Morgen-*Arends/Backes*, StaRUG, § 61 Rn. 11.
6 Seibt/Westpfahl-*Parzinger/Lappe,* StaRUG, § 61 Rn. 17.
7 BegrRefE des Bundesministeriums der Justiz und für Verbraucherschutz, SanInsFoG, S. 162.
8 Uhlenbruck-*Hoffmann*, StaRUG, § 61 Rn. 5.
9 Zwischen Ladung und Anhörungstermin müssen sieben volle Tage liegen (Nettofrist), vgl. BeckOK-StaRUG/*Skauradszun*, § 61 Rn. 13.
10 BT-Drucks. 19/25353, S. 9.
11 Morgen-*Arends/Backes*, StaRUG, § 61 Rn. 15.
12 Seibt/Westpfahl-*Parzinger/Lappe,* StaRUG, § 61 Rn. 41.

A. Normzweck

In Anlehnung an § 249 InsO (Bedingter Plan) sieht § 62 vor, dass der Restrukturierungsplan nur bestätigt wird, wenn im Plan vorgesehene Leistungen oder andere Maßnahmen, vor der Planbestätigung auch tatsächlich erbracht bzw. verwirklicht wurden. Die Vorschrift ermöglicht es, die gerichtliche Planbestätigung von Bedingungen abhängig zu machen um dadurch dessen Durchführbarkeit sicherzustellen.[1] Im Wesentlichen geht es um Leistungen und Maßnahmen Dritter, da es typischerweise um Bedingungen geht, die außerhalb des Einflussbereichs des Schuldners oder der Planbetroffenen liegen.[2] Durch die Abhängigkeit vom Eintritt der Bedingungen können die Plannahme als Voraussetzung für die Leistung des Dritten auf der einen Seite und die tatsächliche Leistungserbringung als Voraussetzung für die Planbestätigung auf der anderen Seite miteinander verzahnt werden.[3] Eine Abwicklung Zug-um-Zug wird hierdurch ermöglicht. Die Vorschrift erhöht auf diese Weise die Transaktionssicherheit für Sanierungsbeiträge Dritter. 1

Die Planbetroffenen erhalten durch den Bedingungseintritt vor der Bestätigung des Plans die Sicherheit, dass sie ihre Beiträge zur Sanierung erst nach oder gleichzeitig mit den Sanierungsbeiträgen außerhalb des Restrukturierungsplans leisten müssen.[4] 1a

Eine Bestätigung des Restrukturierungsplans unterbleibt, wenn nicht sämtliche Bedingungen im Sinne des § 62 erfüllt sind. 2

B. Bedingungen

Als Bedingungen kommen alle zivilrechtlich denkbaren ausreichend bestimmten Leistungen und Maßnahmen in Betracht.[5] Die Planbedingungen können sowohl aufschiebender als auch auflösender[6] Natur sein. 3

Zu den Bedingungen gehört insbesondere die Umsetzung von solchen Restrukturierungsmaßnahmen, welche außerhalb des gestaltenden Teils des Restrukturierungsplans stehen. Beispielhaft hierfür ist die Zusage und Bereitstellung von Sanierungskrediten, die Bestellung von Sicherheiten oder die Durchsetzung einer Kapitalherabsetzung mit anschließender Kapitalerhöhung.[7] In den Begründungen zum Regierungsentwurf werden die Veräußerung von Vermögensgegenständen oder auch die Änderung von Anleihebedingungen durch einen Beschluss nach § 5 SchVG angeführt.[8] 4

Als Beispiele für »bestimmte Leistungen« sind ferner Lieferanten- oder Kundenvereinbarungen zu bestimmten Konditionen oder positive Bescheidungen von Steuersachverhalten[9] zu nennen. 4a

▶ **Praxishinweis:**

Bedingungen sind aus Sicht der Gläubiger, möglicher Investoren (Dritter) und des Schuldners vorteilhaft und fördern dadurch die Bereitschaft zur Annahme des Restrukturierungsplans.[10] Bspw. ist im Fall einer geplanten Sanierung neues Kapital unabdingbar. Die Investitionsbereitschaft von Investoren kann durch einen bedingten Plan erheblich gesteigert werden, wenn 5

---

1 HambKomm-InsR/*Thies* § 249 Rn. 1.
2 Seibt/Westpfahl-*Parzinger/Lappe*, StaRUG, § 62 Rn 17.
3 Morgen-*Arends/Backes*, StaRUG, § 62 Rn. 2.
4 Seibt/Westpfahl-*Parzinger/Lappe*, StaRUG, § 62 Rn 29.
5 HambKomm-InsR/*Thies* § 249 Rn. 3.
6 Römermann-*Braun*, InsO, § 249 Rn. 2. Eine auflösende Bedingung wird jedoch aufgrund der bereits ausgelösten Rechtsfolge nur selten praktikabel sein, vgl. Morgen-*Arends/Backes*, StaRUG, § 62 Rn. 12.
7 Vgl. § 249 InsO.
8 Begr. RegE SanInsFoG, § 69 (jetzt § 62), S. 161.
9 Hierzu zählt die Bescheidung eines gem. § 227 AO gestellten Erlassantrages hinsichtlich der bei Planerfüllung anfallenden Steuern auf Sanierungsgewinne, vgl. Morgen-*Arends/Backes*, StaRUG, § 62 Rn. 18.
10 FK-InsO/*Jaffé* § 249 Rn. 4.

vor der Planbestätigung wesentliche Entscheidungen herbeigeführt sein müssen.[11] Eine bloße schuldrechtliche Verpflichtung wird dem Sicherungsinteresse der Betroffenen oftmals nicht gerecht. Auf diese Weise wird sichergestellt, dass der Plan nicht wirksam wird, wenn vorgesehene Leistungen bzw. Maßnahmen ausbleiben. Es wird eine Abwicklung »Zug um Zug« ermöglicht.[12] Auch der Schuldner erlangt Gewissheit, dass der Plan bei Erfüllung aller Bedingungen realisiert wird und er Einschnitte in gesellschaftsrechtliche Strukturen seines Unternehmens somit nicht grundlos hingenommen hat.

5a Das Gericht hat sich von Amts wegen davon zu überzeugen, dass die entsprechenden Leistungen erbracht oder andere Maßnahmen verwirklicht wurden.[13]

C. Verweis auf § 63

6 In der Vorschrift ist ferner normiert, dass neben der Erfüllung aller Bedingungen auch keine Versagungsgründe vorliegen dürfen. Da das Restrukturierungsgericht die Prüfung möglicher Versagungsgründe gem. § 63 von Amts wegen durchzuführen hat, ist der entsprechende Passus lediglich als Verweis auf § 63 zu verstehen. Ihm wird daher keine eigenständige Bedeutung beigemessen.[14]

D. Verzicht auf Fristenregelung

7 Nach § 249 Satz 2 InsO kann das Insolvenzgericht eine Frist bestimmen, innerhalb derer die Bedingungen erfüllt werden müssen. Diese Regelung soll längere Ungewissheit über die Bestätigung des Plans vermeiden. Da das StaRUG jedoch anders als das Insolvenzverfahren »auf eine weitgehend nicht verfahrensförmig ausgestaltete bloße gerichtliche Unterstützung einer im Kern von dem Schuldner und den Planbetroffenen eigenverantwortlich zu gestaltenden Sanierung ausgestaltet ist, und weil die Planbestätigung nur auf gesonderten Antrag des Schuldners in Betracht kommt«[15], erschien es dem Gesetzgeber nicht angebracht, eine entsprechende Regelung in dieser Vorschrift aufzunehmen.

§ 63 Versagung der Bestätigung

(1) Die Bestätigung des Restrukturierungsplans ist von Amts wegen zu versagen, wenn

1. **der Schuldner nicht drohend zahlungsunfähig ist;**
2. **die Vorschriften über den Inhalt und die verfahrensmäßige Behandlung des Restrukturierungsplans sowie über die Annahme des Plans durch die Planbetroffenen in einem wesentlichen Punkt nicht beachtet worden sind und der Schuldner den Mangel nicht beheben kann oder innerhalb einer angemessenen, vom Restrukturierungsgericht gesetzten Frist nicht behebt oder**
3. **die Ansprüche, die den Planbetroffenen durch den gestaltenden Teil des Plans zugewiesen werden, und die durch den Plan nicht berührten Ansprüche der übrigen Gläubiger offensichtlich nicht erfüllt werden können.**

(2) [1]Liegt ein Mangel nach Absatz 1 Nummer 2 darin begründet, dass infolge einer unzutreffenden Bewertung des Unternehmens die Voraussetzungen für eine gruppenübergreifende Mehrheitsentscheidung nach den §§ 26 bis 28 nicht gegeben sind, so kann die Versagung der Bestätigung auf diesen Mangel nur gestützt werden, wenn ein hierdurch benachteiligter Planbetroffene dies beantragt. [2]Der Antrag ist nur zulässig, wenn der Antragsteller dem Plan bereits im Abstimmungsverfahren widersprochen hat. [3]Ist die Abstimmung außerhalb eines gerichtlichen Abstim-

11 FK-InsO/*Jaffé* § 249 Rn. 4.
12 K/P/B-*Pleister*, InsO, § 249 Rn. 4.
13 Seibt/Westpfahl-*Parzinger/Lappe*, StaRUG, § 62 Rn. 35, Morgen-*Arends/Backes*, StaRUG, § 62 Rn. 21.
14 Braun-*Fendel*, StaRUG, § 62 Rn. 4.
15 Begr. RegE SanInsFoG, § 69 (jetzt § 62), S. 162.

mungstermins erfolgt, so gilt dies nur dann, wenn in dem Planangebot oder, sofern eine Versammlung der Planbetroffenen stattgefunden hat, in dem Einberufungsschreiben zu der Versammlung auf die Erforderlichkeit des Widerspruchs und die Folgen eines unterbliebenen Widerspruchs gesondert hingewiesen worden ist.

(3) Sieht der Restrukturierungsplan eine neue Finanzierung vor, ist die Bestätigung zu versagen, wenn das dem Plan zugrundeliegende Restrukturierungskonzept unschlüssig ist oder wenn Umstände bekannt sind, aus denen sich ergibt, dass das Konzept nicht von den tatsächlichen Gegebenheiten ausgeht oder keine begründete Aussicht auf Erfolg vermittelt.

(4) [1]Ist die Planabstimmung nicht im gerichtlichen Verfahren erfolgt, gehen Zweifel an der ordnungsgemäßen Annahme des Restrukturierungsplans durch die Planbetroffenen zulasten des Schuldners. [2]Besteht Streit über das einem Planbetroffenen zustehende Stimmrecht, legt das Gericht seiner Entscheidung das nach Maßgabe des § 24 zu bestimmende Stimmrecht zugrunde.

(5) Die Bestätigung ist auch zu versagen, wenn die Annahme des Restrukturierungsplans unlauter herbeigeführt worden ist, insbesondere durch Begünstigung eines Planbetroffenen.

Übersicht

A. Allgemeines

Gemeinsam mit § 64 ist § 63 die zentrale Vorschrift des gerichtlichen Bestätigungsverfahrens. Die Norm gibt dem Restrukturierungsrichter vor, welche negativen Bestätigungsvoraussetzungen von Amts wegen bzw. gemäß Absatz 2 auf Antrag zu prüfen sind.[1] 1

Das Gericht muss einen herausfordernden Prüfungskatalog in einem kleinen Zeitfenster bewältigen.[2] Neben den formellen und materiellen Rechtmäßigkeitsvoraussetzungen des Restrukturierungsplans muss eine Prüfung der betriebswirtschaftlichen Tragfähigkeit des Plans auf offensichtliche Unzulänglichkeiten mit Blick auf das Verfahrensziel erfolgen.[3] Zweckmäßigkeitsüberlegungen sind vom Gericht hingegen nicht anzustellen. Es soll ausschließlich eine reine Rechtsprüfung unternommen werden.[4] 1a

Die Prüfung einiger Versagungsgründe kann mit der möglichen Bestellung eines Restrukturierungsbeauftragten nach § 73 Abs. 3 verbunden werden.[5] 1b

B. Normzweck

Die Prüfung des Restrukturierungsgerichts auf Versagungsgründe gem. § 63 dient insbesondere dem Gläubigerschutz. Die überstimmten Planbetroffenen können aufgrund der gerichtlichen Über- 1c

1 BeckOK-StaRUG/*Skauradszun*, § 63 Rn. 1.
2 Morgen-*Brackmann/Langer*, StaRUG, § 63 Rn. 5.
3 Seibt/Westpfahl-*Parzinger/Lappe*, StaRUG, § 63 Rn. 1.
4 Uhlenbruck-*Hoffmann*, § 63 StaRUG Rn. 5; BeckOK-StaRUG/*Skauradszun*, § 63 Rn. 4.
5 Uhlenbruck-*Hoffmann*, § 63 StaRUG Rn. 3.

prüfung darauf vertrauen, dass der Restrukturierungsplan unter Beachtung der Vorschriften des StaRUG zustande kam und die Annahme nicht unlauter herbeigeführt wurde. Die gerichtliche Überprüfung ist demnach als **Legitimationsvoraussetzung** zu sehen, überstimmte Planbetroffene gegen ihren Willen an den Plan zu binden.[6]

2 Die Vorschrift normiert in Abs. 1 Voraussetzungen für die Bestätigung des Restrukturierungsplans, die als Versagungsgründe und damit als negative Bestätigungsvoraussetzungen ausgestaltet sind. Stellt das Restrukturierungsgericht Versagungsgründe fest, muss es die Planbestätigung von Amts wegen zwingend versagen.

2a Der neu eingeführte Abs. 2 dient der Klarstellung sowie der Umsetzung europarechtlicher Vorgaben in Art. 14 Abs. 1 RL. Er soll sicherstellen, dass eine Entscheidung über die Bewertung des Unternehmens des Schuldners nur dann durch das Gericht erfolgt, wenn ein Restrukturierungsplan von einer ablehnenden betroffenen Partei wegen eines mutmaßlichen Verstoßes gegen die Bedingungen für einen klassenübergreifenden Cram-down gem. Art. 11 Abs. 1 lit. B Ziffer. ii RL beanstandet wird.[7]

3 Das Restrukturierungsgericht hat ferner die Bestätigung des Plans gem. Abs. 3 abzulehnen, wenn keine begründete Aussicht besteht, dass der Plan die Insolvenz des Schuldners verhindern oder die Bestandsfähigkeit des Unternehmens gewährleisten würde.[8] Wurde die Planabstimmung außergerichtlich durchgeführt, so gehen Zweifel an der ordnungsgemäßen Annahme des Plans zulasten des Schuldners, Abs. 4.

3a Bei der Prüfung der Versagungsgründe ist das Gericht an eine Rechtsauffassung, die im Rahmen einer Vorprüfung nach §§ 47, 48 geäußert wurde, nicht gebunden.[9]

C. Die einzelnen Versagungsgründe

I. Versagungsgründe gem. Abs. 1

1. Keine drohende Zahlungsunfähigkeit (Abs. 1 Nr. 1)

4 § 29 Abs. 1 weist die nachhaltige Bewältigung der drohenden Zahlungsunfähigkeit von restrukturierungsfähigen Schuldnern (Definition in § 30) als Zielbestimmung des StaRUG aus.

5 Dem Gesetzgeber zufolge, gehört die drohende, aber noch nicht eingetretene Zahlungsunfähigkeit zu den Voraussetzungen für den Zugang zu den in § 29 Abs. 2 vorgesehenen Stabilisierungs- und Restrukturierungsinstrumenten.

6 Eingriffe in die Rechte der Planbetroffenen durch einen Restrukturierungsplan sind folglich nur möglich, wenn eine drohende Zahlungsunfähigkeit gem. § 18 InsO vorliegt.[10] Der gem. § 18 Abs. 2 InsO maßgebliche Prognosezeitraum von 24 Monaten wird ab dem Tag der letzten mündlichen Verhandlung berechnet. Liegt keine drohende Zahlungsunfähigkeit vor, ist die Bestätigung des Restrukturierungsplans nach Nr. 1 von Amts wegen zu versagen.[11] Das Restrukturierungsgericht muss für den Versagungsgrund des Absatzes 1 Nr. 1 **voll überzeugt** davon sein, dass der Schuldner **nicht** drohend zahlungsunfähig ist.[12]

7 Das Restrukturierungsgericht kann die Frage, ob eine drohende Zahlungsunfähigkeit beim Schuldner vorliegt oder nicht, durch einen Restrukturierungsbeauftragten prüfen lassen, vgl. § 73 Abs. 3

---

6 Seibt/Westpfahl-*Parzinger/Lappe*, StaRUG, § 63 Rn. 7.
7 BeckOK-StaRUG/*Skauradszun*, § 63 Rn. 7a.
8 *Gehrlein*, BB 2021, S. 66, 74.
9 Morgen-*Brackmann/Langer*, StaRUG, § 63 Rn. 63; Jacoby/Thole-*Berner/Thole*, StaRUG, § 63 Rn. 5.
10 Begr. RegE SanInsFoG § 70 (jetzt § 63), S. 162.
11 Begr. RegE SanInsFoG § 70 (jetzt § 63), S. 162.
12 BeckOK-StaRUG/*Skauradszun*, § 63 Rn. 12.

Nr. 1. Auf diese Option wird das Gericht vermutlich in den meisten Fällen zurückgreifen, da der Schuldner der Anzeige seines Restrukturierungsvorhabens keine Unterlagen beifügen muss, aus denen sich die drohende Zahlungsunfähigkeit ergibt, vgl. § 31 Abs. 2.

Offengelassen werden muss die Frage, wie das Restrukturierungsgericht in dem Fall entscheiden soll, wenn eine bereits eingetretene Zahlungsunfähigkeit durch die Planbestätigung beseitigt werden kann. Im Referentenentwurf zu § 63 wurde eine Ausnahme von der Planversagung trotz eingetretener Zahlungsunfähigkeit noch mit dem Argument des fortgeschrittenen Stadiums der Restrukturierung bejaht.[13] Im Regierungsentwurf hingegen wird auf diesen Fall nicht mehr eingegangen. 8

In der Literatur wird unter Verweis auf die Begründung des Regierungsentwurfs zu § 33 Abs. 2 Nr. 1 Halbs. 2 die Auffassung vertreten, dass der Gesetzgeber eine Versagung im vorgenannten Fall nicht »bewusst ausschließen wollte«[14]. In der Begründung des RegE zu § 33 wird ausgeführt, dass eine Fortführung der Restrukturierungssache trotz eingetretener Insolvenzreife dann denkbar ist, wenn die angestrebte Restrukturierung kurz vor ihrem Abschluss steht, insbesondere weil die Bestätigung eines bereits angenommenen Restrukturierungsplans unmittelbar bevorsteht, und zu erwarten ist, dass sie auch zur Beseitigung der eingetretenen Insolvenzlage führt.[15] Ein Übergang in ein Insolvenzverfahren mit den damit verbundenen Nachteilen und Kosten kann nicht im Interesse der Gläubigergemeinschaft liegen. Das Gericht kann in diesem Fall von einer Aufhebung der Restrukturierungssache absehen.[16] 9

2. Wesentlicher Mangel im Inhalt des Plans, der verfahrensmäßigen Behandlung des Plans oder der Durchführung des Abstimmungsverfahrens (Abs. 1 Nr. 2)

Der Gesetzgeber hat mit dieser Norm die Vorgaben von Art. 10 Abs. 1 Unterabs. 1 a, b und c sowie Abs. 3 RL umgesetzt. 10

Das Restrukturierungsgericht hat im Rahmen der Planbestätigung die Anforderungen an den Restrukturierungsplan gem. §§ 5 bis 15 sowie an die Planabstimmung gem. §§ 17 bis 28 zu prüfen. 11

Die Bestätigung darf im Sinne von Abs. 1 Nr. 2 nur versagt werden, wenn ein wesentlicher Verstoß des Schuldners gegen eine der Vorschriften vorliegt, der nicht behebbar ist oder nicht innerhalb einer angemessenen, vom Restrukturierungsgericht gesetzten Frist behoben werden kann. Was unter einem wesentlichen Punkt zu verstehen ist, wird vom Gesetz nicht ausdrücklich erläutert. Die Literatur geht davon aus, dass ein wesentlicher Verstoß stets dann vorliegt, wenn der Mangel Auswirkungen auf die Annahme des Plans gehabt haben könnte.[17] 12

Die Prüfung orientiert sich an § 250 Nr. 1 InsO.[18] 13

a) Inhalt des Restrukturierungsplans

Mit dem Verweis auf die Vorschriften zum Planinhalt (§§ 5 bis 15) verweist der Gesetzgeber unter anderem auch auf § 14 und die dort als Plananlage geforderte begründete Erklärung. Der Vorgabe des Art. 10 Abs. 3 RL wird damit genüge getan, wonach das Restrukturierungsgericht die Bestätigung des Restrukturierungsplans ablehnen kann, wenn keine vernünftige Aussicht besteht, dass der Plan die Insolvenz des Schuldners verhindern oder die Bestandsfähigkeit des Unternehmens gewährleisten würde.[19] 14

13 Begr. RefE SanInsFoG § 70 (jetzt § 63), S. 177.
14 Braun-*Fendel*, StaRUG, § 63 Rn. 3.
15 Begr. RegE SanInsFoG § 35 (jetzt § 33), S. 162.
16 Begr. RegE SanInsFoG § 35 (jetzt § 33), S. 162.
17 MK-InsO/*Sinz* § 250 Rn. 11.
18 Begr. RegE SanInsFoG § 70 (jetzt § 63), S. 163.
19 Begr. RefE SanInsFoG § 70 (jetzt § 63), S. 177.

15 Hinsichtlich der **Wesentlichkeit** des Verstoßes kann auf die Praxiserfahrung im Rahmen der Anwendung des § 250 Nr. 1 InsO zurückgegriffen werden.[20]. Demnach ist bei einem Verstoß gegen § 7 (Bestimmtheit und Klarheit des gestaltenden Teils), § 9 (Korrektheit und Angemessenheit der Gruppenbildung) und § 10 (Wahrung des Gleichbehandlungsgrundsatzes) der Einfluss auf das Zustandekommen der Annahme des Plans und damit die Wesentlichkeit des Verstoßes stets zu bejahen. Die Wesentlichkeit bei Verstößen gegen andere Vorschriften ist dagegen vom jeweiligen Einzelfall abhängig.[21]

b) Verfahrensmäßige Behandlung

16 In den §§ 17–22 ist das außergerichtliche Restrukturierungsplanverfahren geregelt. Das Gericht wird insbesondere prüfen, ob der Schuldner den Mindestanforderungen des § 17 (Planangebot) nachgekommen ist. Das Planangebot muss den ausdrücklichen Hinweis darauf enthalten, dass der Plan im Fall seiner mehrheitlichen Annahme auch gegenüber den Planbetroffenen wirksam wird, die das Angebot nicht annehmen. Ferner müssen den Planbetroffenen der vollständige Restrukturierungsplan nebst Anlagen sowie einer Darstellung der Kosten des Verfahrens einschließlich der Vergütung des Restrukturierungsbeauftragten übermittelt worden sein. Darüber hinaus wird die Einhaltung der Fristen, die in §§ 19–21 aufgeführt sind, überprüft.

17 Hat der Schuldner den Weg der gerichtlichen Planabstimmung eingeschlagen, prüft das Restrukturierungsgericht im Rahmen des § 63 die Einhaltung der Vorschriften entsprechend den Vorgaben in § 45 (Erörterungs- und Abstimmungstermin) und § 46 (Vorprüfungstermin). Die §§ 17–22 sind in diesem Fall nicht anwendbar, vgl. § 23.

c) Abstimmungsverfahren

18 Für die Abstimmung über einen Restrukturierungsplan richten sich das Stimmrecht der Planbetroffenen und die für die Annahme des Restrukturierungsplans erforderlichen Mehrheiten nach den §§ 24–28. Diese Vorschriften gelten sowohl für das gerichtliche als auch für das außergerichtliche Planabstimmungsverfahren, vgl. §§ 23 und 45 Abs. 4.

19 § 4 regelt die Stimmrechte der Planbetroffenen. Für eine Annahme des Plans ist eine Mehrheit von 75 % der Stimmrechte erforderlich.[22] Die gruppenübergreifende Mehrheitsentscheidung ist in § 26 geregelt. In §§ 27 und 28 ist die absolute Priorität und deren Durchbrechung normiert. Die Regelungen weisen eine hohe Detailtiefe auf – daher ist von einer erhöhten Fehleranfälligkeit in diesem Bereich auszugehen.[23]

d) Fristsetzung des Gerichts bei behebbaren Mängeln

20 Wurde ein wesentlicher Verstoß vonseiten des Gerichts festgestellt ist die Planbestätigung zu versagen, wenn der Mangel bzw. Verstoß vom Schuldner nicht behoben werden kann oder nicht innerhalb einer angemessenen, vom Restrukturierungsgericht gesetzten Frist behoben wird. Auf die Behebbarkeit des Mangels ist folglich abzustellen. Diese ist zu bejahen, wenn der Mangel durch Neuvornahme oder Nachbesserung beseitigt werden kann, ohne dass bereits erfolgte Verfahrenshandlungen wiederholt werden müssen.[24]

---

20 Da der Gesetzgeber in seiner Norm ausdrücklich auf § 250 Nr. 1 InsO verweist, kann für § 63 Abs. 1 Nr. 2 nur das Gleiche gelten.

21 Braun-*Frank*, InsO, § 250 Rn. 2. Beispiele für wesentliche inhaltliche Mängel, siehe BeckOK-StaRUG/*Skauradszun*, § 63 Rn. 17 ff.

22 Eine lediglich auf die Summe der Stimmrechte der erschienenen Gruppenmitglieder bezogene Mehrheit ist hingegen unzureichend (Begr. RegE SanInsFoG § 25 [jetzt § 23], S. 147).

23 So auch Braun-*Fendel*, StaRUG, § 63 Rn. 8.

24 BGH, 16.02.2017 – IX ZB 103/15.

3. Versagung wegen Nichterfüllung

21 Das Gericht hat die Bestätigung des Plans auch dann zu versagen, wenn die durch den Plan gestalteten Ansprüche der Planbetroffenen sowie die durch den Plan nicht berührten Ansprüche der übrigen Gläubiger offensichtlich nicht erfüllt werden können.

22 Hierbei ist das Gericht jedoch auf eine Offenkundigkeitsprüfung beschränkt.[25] Ein Verweis im Rahmen des § 73 Abs. 3 Nr. 1 fehlt – demnach ist davon auszugehen, dass der Gesetzgeber bei der vorliegenden Norm ganz bewusst auf eine mögliche Einschaltung eines Restrukturierungsbeauftragten verzichten wollte.

II. Schutzantrag bei gruppenübergreifender Mehrheitsentscheidung (Abs. 2)

22a Liegt ein Mangel nach Abs. 1 Nr. 2 darin begründet, dass infolge einer unzutreffenden Bewertung des Unternehmens die Voraussetzungen für eine gruppenübergreifende Mehrheitsentscheidung nach den §§ 26 bis 28 nicht gegeben sind, so kann die Versagung der Bestätigung auf diesen Mangel nur gestützt werden, wenn ein hierdurch benachteiligter Planbetroffener dies **beantragt.**

Der Gesetzgeber hat mit dem neu eingeführten Absatz 2[26] sichergestellt, dass eine zeit- und kostenintensive Bewertung, die regelmäßig die Hilfe eines Sachverständigen erfordert, nur dann erfolgen soll, wenn ein hierdurch benachteiligter Planbetroffene einen Antrag gestellt hat.[27]

22b Der Antragsteller muss der überstimmten Gruppe angehören, deren Schlechterstellung geprüft werden soll. Gemäß Abs. 2 Satz 2 muss er zudem bereits im Abstimmungsverfahren dem Plan **widersprochen** haben. Die herrschende Literaturmeinung geht ferner davon aus, dass der Planbetroffene auch **gegen den Plan gestimmt** haben muss und begründet dies mit der Formulierung in der zugrundliegenden Norm (Art. 14 Abs. 1 Buchst. b) RL).[28]

22c Dem Gesetz sind keine Erfordernisse hinsichtlich Form und Frist zu entnehmen. Der Antrag kann folglich nach § 38 i.V.m. § 496 ZPO schriftlich beim Restrukturierungsgericht eingereicht oder mündlich zu Protokoll der Geschäftsstelle abgegeben werden. Der Antrag sollte vor der Beendigung des Erörterungs- und Abstimmungstermins (§ 45) bzw. des gesonderten Abstimmungstermins (§ 45 Abs. 4 Satz 1 StaRUG i.V.m. § 241 Abs. 1 InsO) oder – im Fall der außergerichtlichen Abstimmung – bis zur Beendigung des Anhörungstermins (§ 61 Satz 2) gestellt werden.[29]

III. Neue Finanzierung (Abs. 3)

23 Sieht der Restrukturierungsplan eine neue Finanzierung im Sinne von § 12 vor, so hat das Restrukturierungsgericht bei der Prüfung im Rahmen der Planbestätigung Folgendes zu beachten. Eine Bestätigung des Plan ist zu versagen, wenn das Restrukturierungskonzept
- unschlüssig ist (Abs. 3 Alt. 1),
- auf falschen Gegebenheiten beruht (Abs. 3 Alt. 2) oder
- keine begründete Aussicht auf Erfolg vermittelt (Abs. 3 Alt. 3).

---

25 Begr. RegE SanInsFoG § 70 (jetzt: § 63), S. 190.

26 Die Norm wurde durch das Gesetz vom 20.07.2022 zur Einführung virtueller Hauptversammlungen von Aktiengesellschaften und Änderung genossenschafts- sowie insolvenz- und restrukturierungsrechtlicher Vorschriften mit Wirkung zum 27.07.2022 (BGBl. I 1166) geändert. Es wurde ein neuer Absatz 2 eingefügt. Die bisherigen Absätze 2 bis 4 wurden die Absätze 3 bis 5.

27 Absatz 2 wurde auf Beschlussempfehlung des Rechtsausschusses am 06.07.2022 nachträglich in die Vorschriften zur Versagung der Bestätigung aufgenommen und die Einführung am 07.07.2022 im Bundestag beschlossen (BT-Drucks. 20/2653, 25 und 39 f.).

28 BeckOK-StaRUG/*Skauradszun,* § 64 Rn. 37d, Jacoby/Thole-*Berner/Thole,* StaRUG, § 64 Rn. 39; *Jungmann,* ZRI 2022, 721, 725.

29 BeckOK-StaRUG/*Skauradszun,* § 64 Rn. 37f und 37g.

24 Der Gesetzgeber hat somit die Vorgaben aus Art. 10 Abs. 2 Unterabs. 1 Buchst. e) RL umgesetzt, wonach eine Justiz- oder Verwaltungsbehörde zu prüfen hat, ob eine neue Finanzierung für die Umsetzung des Restrukturierungsplans erforderlich ist und die Interessen der Gläubiger nicht in unangemessener Weise beeinträchtigt.[30]

25 Unter einer »neuen Finanzierung« im Sinne von § 12 sind Darlehen oder sonstige Kredite zu verstehen, die zur Finanzierung der Restrukturierung auf der Grundlage des Plans erforderlich sind. Hiervon umfasst ist auch die Gestellung von Personal- und Sachsicherheiten für eine neuen Finanzierung, zum Beispiel die Eingehung einer Mithaftung zur Absicherung eines Kredits.[31] Auch Waren, Vorräte, Rohstoffe und Versorgungsdienstleistungen und auch Factoring können unter den Begriff der neuen Finanzierung subsumiert werden.[32]

26 Das Gericht ist bei seiner Prüfung – ebenso wie in Abs. 1 Nr. 3 – auf eine Schlüssigkeitsprüfung und die Berücksichtigung offensichtlicher Mängel beschränkt.[33] Allerdings stellt Absatz 3 höhere Anforderungen an die Schlüssigkeitsprüfung. Dies wird durch den Bezug auf § 73 Abs. 3 Nr. 1 verdeutlicht. Das Gericht kann einen Restrukturierungsbeauftragten als Sachverständigen mit der Prüfung von § 63 Abs. 3 beauftragen. Jedoch sind sowohl das Gericht als auch ein etwaig bestellter Sachverständiger bzw. Restrukturierungsbeauftragter auf die Prüfung der vorgelegten Antragsunterlagen beschränkt.[34]

IV. »Im Zweifel zulasten des Schuldners« (Abs. 4)

27 Der Gesetzgeber stellt in Absatz 4 klar, dass Zweifel an der ordnungsgemäßen Annahme des Restrukturierungsplans durch die Planbetroffenen zulasten des Schuldners gehen. Er begründet dies damit, dass im Fall eines privatautonomem Abstimmungsverfahrens eine gerichtliche Vorabkontrolle und Begleitung des Abstimmungsprozesses fehlt.[35]

28 Zum Vergleich – in einem gerichtlichen Erörterungs- und Abstimmungstermin wird das Stimmrecht nach § 45 Abs. 4 Satz 2 verbindlich vom Restrukturierungsgericht festgelegt, wenn keine Einigung der erschienenen Beteiligten erzielt werden konnte. Besteht hingegen in einem außergerichtlich durchgeführten Verfahren Streit hinsichtlich der Stimmrechte, legt das Gericht im Rahmen der Planbestätigung die Stimmrechte nach Maßgabe von § 24 fest. Hierbei ist das Gericht weder an die (vorläufige) Festlegung des Stimmrechts durch den Schuldner in dessen Dokumentation des Abstimmungsergebnisses nach § 22 Abs. 1 noch an das vom Schuldner nach § 24 Abs. 4 zugrunde gelegten Stimmrecht gebunden.[36]

28a Der Schuldner ist gut beraten, die Einhaltung der formalen Voraussetzungen in §§ 18, 20 und 21 nachweisbar zu dokumentieren. In der Praxis dürfte die Vorschrift insbesondere für elektronisch durchgeführte Abstimmungsverfahren relevant werden, da Zweifel an der ordnungsgemäßen Durchführung stets zu Lasten des Schuldners gehen. Bei komplexen Abstimmungsverfahren ist es Schuldnern daher anzuraten, spezialisierte Service-Provider zu beauftragen, um technisch einwandfreie Prozesse zu gewährleisten.[37]

28b Kann der Schuldner eine gesetzeskonforme außergerichtliche Abstimmung nicht nachweisen, folgt daraus nicht zwingend die Versagung der Planbestätigung. Das Gericht hat vielmehr zu prüfen, ob

30 Begr. RegE SanInsFoG § 70 (jetzt § 63), S. 191.
31 Begr. RegE SanInsFoG § 14 (jetzt § 12), S. 139.
32 Braun-*Fendel*, StaRUG, § 63 Rn. 12.
33 Begr. RegE SanInsFoG § 70 (jetzt § 63), S. 191.
34 Seibt/Westpfahl-*Parzinger/Lappe*, StaRUG, § 63 Rn. 126 und 128.
35 Begr. RegE SanInsFoG § 70 (jetzt § 63), S. 191.
36 Begr. RegE SanInsFoG § 70 (jetzt § 63), S. 191.
37 Morgen-*Brackmann/Langer*, StaRUG, § 63 Rn. 54.

sich der etwaige Fehler bzw. der fehlende Nachweis überhaupt auf das Abstimmungsergebnis ausgewirkt hat.[38]

V. Unlautere Herbeiführung der Annahme (Abs. 5)

In Absatz 5 ist ein weiterer Versagungsgrund normiert. In Anlehnung an § 250 Nr. 2 InsO prüft das Gericht, ob eine unlautere Herbeiführung der Planannahme vorliegt. Die Annahme ist unlauter, wenn sie gegen Treu und Glauben verstößt.[39] Als Beispiel hierfür können neben der vom Gesetz genannten Begünstigung eines Planbetroffenen, die Täuschung der Beteiligten über wesentliche Entscheidungsgrundlagen oder der verdeckte Stimm- oder Forderungskauf zur Beeinflussung der Abstimmungsmehrheiten genannt werden.[40] Voraussetzung hierfür ist ferner, dass die unlautere Herbeiführung kausal für die Annahme des Plans ist. Eine Versagung kommt nur dann in Betracht, wenn die Kausalität des unlauteren Verhaltens für die Planannahme für das Gericht mit Gewissheit feststeht.[41] 29

§ 64 Minderheitenschutz

(1) [1]Auf Antrag eines Planbetroffenen, der gegen den Restrukturierungsplan gestimmt hat, ist die Bestätigung des Plans zu versagen, wenn der Antragsteller durch den Restrukturierungsplan voraussichtlich schlechter gestellt wird als er ohne den Plan stünde. [2]Hat der Schuldner gegen den Inhaber einer Absonderungsanwartschaft eine Vollstreckungs- oder Verwertungssperre erwirkt, die diesen an der Verwertung der Anwartschaft hinderte, bleiben Minderungen im Wert der Anwartschaft, die sich während der Dauer der Anordnung ergeben, für die Bestimmung der Stellung des Berechtigten ohne Plan außer Betracht, es sei denn, die Wertminderung hätte sich auch ohne die Anordnung ergeben.

(2) [1]Der Antrag nach Absatz 1 ist nur zulässig, wenn der Antragsteller bereits im Abstimmungsverfahren dem Plan widersprochen und geltend gemacht hat, dass er durch den Plan voraussichtlich schlechter gestellt wird als er ohne Plan stünde. [2]Ist die Planabstimmung in einem gerichtlichen Erörterungs- und Abstimmungstermin erfolgt, muss der Antragsteller spätestens in diesem Termin glaubhaft machen, durch den Plan voraussichtlich schlechter gestellt zu werden.

(3) [1]Der Antrag nach Absatz 1 ist abzuweisen, wenn im gestaltenden Teil des Restrukturierungsplans Mittel für den Fall bereitgestellt werden, dass ein Planbetroffener eine Schlechterstellung nachweist. [2]Ob der Antragsteller einen Ausgleich aus diesen Mitteln erhält, ist außerhalb der Restrukturierungssache zu klären.

(4) [1]Hat weder eine Versammlung der Planbetroffenen (§ 20) noch ein Erörterungs- und Abstimmungstermin (§ 45) stattgefunden, gilt Absatz 2 Satz 1 nur, wenn im Planangebot besonders auf das Erfordernis der Geltendmachung der voraussichtlichen Schlechterstellung durch den Plan im Abstimmungsverfahren hingewiesen wurde. [2]Hat eine Versammlung der Planbetroffenen stattgefunden, gilt Absatz 2 Satz 1 nur, wenn in dem Einberufungsschreiben besonders auf das Erfordernis der Geltendmachung der voraussichtlichen Schlechterstellung durch den Plan im Abstimmungsverfahren hingewiesen wurde. [3]Absatz 2 Satz 2 gilt nur, wenn in der Ladung besonders auf das Erfordernis der Glaubhaftmachung der voraussichtlichen Schlechterstellung durch den Plan spätestens im Erörterungs- und Abstimmungstermin hingewiesen wurde.

38 Uhlenbruck-*Hoffmann*, § 63 StaRUG Rn. 23; BeckOK-StaRUG/*Skauradszun*, § 63 Rn. 49.
39 HambKomm-InsR/*Thies* § 250 Rn. 11.
40 Römermann/*Rühle* § 250 Rn. 15, 17.
41 S. SanR-*Leichtle* §§ 248–253 InsO Rn. 16.

Übersicht

A. Normzweck

1 Diese Norm dient dem Minderheitenschutz der überstimmten Planbetroffenen. Das Gericht hat gem. § 64 zu prüfen, ob das Kriterium des Gläubigerinteresses im Rahmen der Plangestaltung und Planbestätigung gewahrt wurde. Die Prüfung findet ausschließlich auf Antrag eines Planbetroffenen statt, nicht von Amts wegen. Der Gesetzgeber ist damit den Vorgaben in Art. 2 Abs. 1 Nr. 6 i.V.m. Art. 10 Abs. 2 Unterabs. 1 Buchst. d), Unterabs. 2 RL gefolgt.

2 Die Norm orientiert sich im Ausgangspunkt an § 251 Abs. 1 InsO. Kein ablehnender Gläubiger darf durch den Restrukturierungsplan schlechter gestellt werden als er ohne Plan stünde. § 64 schützt insbesondere den Planbetroffenen innerhalb einer Gruppe davor, dass er von den anderen Planbetroffenen in seiner Gruppe überstimmt wird und es zu einer unsachgemäßen Benachteiligung innerhalb einer Gruppe kommt.[1] Ihm soll zumindest der wirtschaftliche Wert seiner Forderung oder Beteiligung garantiert werden.[2]

B. Norminhalt

I. Antrag (Abs. 1)

3 Die Überprüfung gem. § 64 findet ausschließlich auf Antrag des Planbetroffenen statt. Antragsberechtigt ist jeder Planbetroffene, der gegen den Plan gestimmt hat. Der Antrag unterliegt keiner besonderen Form. Er kann daher nach § 38 S. 1 i.V.m. § 496 ZPO schriftlich oder mündlich zu Protokoll der Geschäftsstelle gestellt werden. Im Falle eines gerichtlichen Abstimmungsverfahrens ist eine mündliche Antragstellung, die in das Terminsprotokoll aufgenommen wird, ausreichend.[3]

Der Antrag muss spätestens bis zur Bekanntgabe der Entscheidung über die Bestätigung des Restrukturierungsplans gestellt werden.[4]

4 Absatz 1 erstreckt den Schutz, den das Kriterium des Gläubigerinteresses vermittelt, auf sämtliche Planbetroffene und damit nach den Vorgaben in § 7 Abs. 1 auch auf Anteilsinhaber. Diese Ausweitung des Schutzes ist die notwendige Konsequenz aus der der Einbeziehung der Anteilsinhaber in den Kreis derjenigen, deren Rechte einer Planregelung zwangsweise unterworfen werden können.[5] Die Eingriffe in die Rechte der Anteilsinhaber lassen sich, wenn sie im Zuge einer gruppenübergreifenden Überstimmung erfolgen, nur rechtfertigen, wenn ihnen zumindest der Wert erhalten bleibt, der ihnen die Beteiligung noch vermittelte.[6]

II. Prüfung der Erfüllung des Gläubigerinteresses

5 Das Gericht prüft ob das Kriterium des Gläubigerinteresses erfüllt ist. Kein ablehnender Gläubiger darf durch einen Restrukturierungsplan schlechter gestellt werden als er ohne Plan stünde. Hierzu

1 Braun-*Fendel*, StaRUG, § 64 Rn. 3.
2 BT-Drucks. 19/24181, 163.
3 Jacoby/Thole-*Berner/Thole*, StaRUG, § 64 Rn. 5.
4 Uhlenbruck-*Knof*, StaRUG, § 64 Rn. 12; BeckOK-StaRUG/*Skauradszun*, § 64 Rn. 40.
5 Begr. RegE SanInsFoG § 71 (jetzt § 64), S. 192.
6 Begr. RegE SanInsFoG § 71 (jetzt § 64), S. 192.

ist gem. § 6 Abs. 2 eine Vergleichsrechnung durchzuführen. Der Begründung des Gesetzgebers zufolge ist nicht nur die Stellung des Gläubigers im Fall einer Liquidation des schuldnerischen Unternehmens gegenüberzustellen, sondern auch der Fall des nächstbesten Alternativszenarios als Vergleichsmaßstab heranzuziehen.[7] Als Begründung wird angeführt, dass ein gescheitertes Bestätigungsverfahren – anders als im Insolvenzplanverfahren – nicht auf ein eröffnetes Insolvenzverfahren zurückfällt. Somit kommen bei der Vergleichsrechnung auch andere Fortführungsszenarien in Betracht, sofern sie nur hinreichend wahrscheinlich sind und sich auch insoweit als nächstbeste Alternative präsentieren.[8]

Es müssen folglich zwei Prognosen vorgenommen werden. Zunächst muss ermittelt werden, wie der Antragsteller nach dem Restrukturierungsplan steht.[9] Dieses Planszenario stellt den Bezugspunkt für den Vergleich dar. Den so ermittelten Barwerten muss das Gericht die Befriedigungsaussichten im nächstbesten Alternativszenario gegenüberstellen. In der Regel wird es auf einen Vergleich mit einem Szenario in der Insolvenz (bspw. eine Unternehmensfortführung mit Insolvenzplan oder eine übertragende Sanierung) hinauslaufen, wenn nicht ausnahmsweise ein Sanierungsvergleich in Betracht kommt.[10] 5a

Das Gericht muss die Vergleichsrechnung nachvollziehen und ermitteln, welche Vermögensveränderung oder Ausschüttung beim Antragsteller ohne den Restrukturierungsplan zu erwarten wäre.[11] Insgesamt geht es dem Kriterium des Gläubigerinteresses darum, überstimmten Gläubigern zumindest den Wert zu erhalten, den die Forderung hat. In der Hinsicht besteht eine Parallele zu § 251 Abs. 1 Nr. 2 InsO.[12] Dies bedeutet, dass der Gläubiger auch ein Aliud oder ein Surrogat akzeptieren muss, solange eine wirtschaftliche Gleichwertigkeit besteht.[13] 6

Das Gericht hat demzufolge zu prüfen, ob zwischen der Planabwicklung und der Abwicklung des nächstbesten Alternativszenarios eine voraussichtliche Differenz zu Lasten des Antragstellers besteht.[14] Bei der gerichtlichen Entscheidung handelt es sich um eine solche mit Prognosecharakter. Die Prüfung umfasst nicht, ob Planziele tatsächlich erreicht sind. Der Antragsteller trägt somit das Risiko einer Fehleinschätzung durch das Gericht.[15] 6a

Die Prüfung alternativer Szenarien wird das Gericht in der Praxis vermutlich einem Restrukturierungsbeauftragten übertragen, § 73 Abs. 3 Nr. 1. 7

In § 64 Abs. 1 Satz 2 ist normiert, dass bei der Erwirkung von Verwertungs- und Vollstreckungssperren keine Berücksichtigung von Wertverlusten erfolgt. Hierdurch soll sichergestellt werden, dass Wertverluste, die Sicherheiten während der Dauer einer den Sicherungsnehmer an der Verwertung hindernden Stabilisierungsanordnung erleiden, bei der Bestimmung der Stellung des Sicherungsnehmers ohne Plan unberücksichtigt bleiben.[16] 8

7 Die Richtlinie führt hierzu aus, dass kein ablehnender Gläubiger durch den Restrukturierungsplan schlechter gestellt werden darf, als er bei Anwendung der normalen Rangfolge der Liquidationsprioritäten nach nationalem Recht, sei es im Fall der Liquidation, unabhängig davon, ob diese stückweise oder in Form eines Verkaufs als fortgeführtes Unternehmen erfolgt, oder im Fall des nächstbesten Alternativszenarios, wenn der Restrukturierungsplan nicht bestätigt würde, stünde.

8 Begr. RegE SanInsFoG § 71 (jetzt § 64), S. 191.

9 Künftige Zahlungen sind je nach Stellung im Alternativszenario abzuzinsen, Jacoby/Thole-*Berner/Thole*, StaRUG, § 64 Rn. 21.

10 Jacoby/Thole-*Berner/Thole*, StaRUG, § 64 Rn. 26.

11 Uhlenbruck-*Knof*, StaRUG, § 64 Rn. 48.

12 Begr. RegE SanInsFoG § 71 (jetzt § 64), S. 191.

13 Uhlenbruck-*Lüer/Streit*, InsO, § 251 Rn. 27; Seibt/Westpfahl-*Sattler*, StaRUG, § 64 Rn. 48.

14 Seibt/Westpfahl-*Sattler*, StaRUG, § 64 Rn. 45.

15 Seibt/Westpfahl-*Sattler*, StaRUG, § 64 Rn. 44.

16 Begr. RegE SanInsFoG § 71 (jetzt § 64), S. 192.

III. Glaubhaftmachung der Schlechterstellung/Widerspruch (Abs. 2)

9 In Anlehnung an § 251 Abs. 2 InsO hat der Planbetroffene die wirtschaftliche Schlechterstellung glaubhaft zu machen.

10 Entsprechend den Regelungen in § 251 Abs. 1 InsO sind die Anforderungen an die Darlegung der Schlechterstellung hoch. Der Antragsteller muss glaubhaft darstellen, dass die Planregelung im wirtschaftlichen Ergebnis im Vergleich zur Regelabwicklung mit überwiegender Wahrscheinlichkeit eine voraussichtliche Schlechterstellung bewirkt.[17] Dies erfordert die Vorlage einer konkreten und detaillierten Vergleichsrechnung. Die Vergleichsrechnung des Planverfassers wird als Ausgangspunkt herangezogen werden. Der Antragsteller kann jedoch eigene, weitergehende und individualisierte Bewertungen hinzufügen.[18]

11 Sein Antrag ist ferner nur zulässig, wenn er bereits im Abstimmungstermin dem Restrukturierungsplan widersprochen und geltend gemacht hat, dass er durch den Plan voraussichtlich schlechter gestellt wird als er ohne Plan stünde. Ist die Planabstimmung in einem gerichtlichen Erörterungs- und Abstimmungstermin erfolgt, muss der Antragsteller spätestens in diesem Termin glaubhaft gemacht haben, durch den Plan voraussichtlich schlechter gestellt zu werden. Die Regelung soll sicherstellen, dass dem Schuldner bereits bei der Abstimmung deutlich wird, dass eine Schlechterstellung gerügt werden könnte.[19]

1. Widerspruch und Geltendmachung der Schlechterstellung im Rahmen der außergerichtlichen Abstimmung

12 Der Antragsteller hat den Widerspruch und die Geltendmachung der Schlechterstellung gegenüber dem Schuldner geltend zu machen. Der Widerspruch ist zwar formfrei möglich, jedoch sollte die Geltendmachung der voraussichtlichen Schlechterstellung aus Sicht eines objektiven Empfängerhorizonts klar erkennbar sein. Der Schuldner muss seinerseits den Widerspruch und die geltend gemachte Schlechterstellung nach § 22 dokumentieren.[20]

13 Allein der Widerspruch und die Geltendmachung der Schlechterstellung reichen nicht aus – der Planbetroffene muss zudem einen Antrag auf Minderheitenschutz nach Abs. 1 stellen.[21]

2. Glaubhaftmachung im gerichtlichen Erörterungs- und Abstimmungstermin

14 Das Gericht ist bei der Prüfung auf die von dem Antragsteller vorgebrachten und glaubhaft gemachten Tatsachen und Schlussfolgerungen beschränkt. Der Antragsteller kann sich vor Gericht aller Beweismittel bedienen (§ 38 Abs. 1 StaRUG, § 294 Abs. 1 ZPO). Es können jedoch nur präsente Beweismittel berücksichtigt werden, anhand derer eine sofortige Beweisaufnahme erfolgen kann.[22] Dem Schuldner ist eine Gegenglaubhaftmachung gestattet.[23]

Das Gericht muss hingegen keine volle Überzeugung bezüglich der Schlechterstellung erlangt haben, es reicht eine überwiegende Wahrscheinlichkeit.[24] Eine abschließende Prüfung durch das Restrukturierungsgericht findet im Erörterungs- und Abstimmungstermin nicht statt. Dies ist dem Minderheitenschutz (oder der sofortigen Beschwerde) vorbehalten.[25]

---

17 S. SanR-*Leichtle* §§ 248–253 § 251 InsO Rn. 27.
18 S. SanR-*Leichtle* §§ 248–253 InsO Rn. 25, 26.
19 Begr. RegE SanInsFoG § 71 (jetzt § 64), S. 192.
20 BeckOK-StaRUG/*Skauradszun* § 64 Rn. 46, 47.
21 BeckOK-StaRUG/*Skauradszun* § 64 Rn. 48.
22 HambKomm-InsR/*Thies* § 251 Rn. 10.
23 Jacoby/Thole-*Berner/Thole*, StaRUG, § 64 Rn. 12.
24 BeckOK-StaRUG/*Skauradszun* § 64 Rn. 52.
25 BeckOK-StaRUG/*Skauradszun* § 64 Rn. 53.

IV. Nachbesserungsklausel (Abs. 3)

Abs. 3 enthält ebenso wie § 251 InsO eine salvatorische Klausel, die eine Zurückweisung des Antrags gestattet, wenn der Restrukturierungsplan einen finanziellen Ausgleich an widersprechende Planbetroffene für den Fall nachgewiesener Schlechterstellung vorsieht. Entscheidend ist, dass die Mittel tatsächlich verfügbar bzw. dass deren Finanzierung gesichert ist.[26]. In Betracht kommen Guthabenkonten, Rücklagen, Treuhand oder Bankbürgschaften. Mit Rücklagen sind keine Kapital- oder Gewinnrücklagen im Sinne von § 272 Abs. 2 und Abs. 3 HGB gemeint, sondern zurückzubehaltende Beträge, die als Rückstellungen i.S.v. § 249 HGB zu bilanzieren sind.[27] 15

Die Höhe der Mittel muss des Weiteren ausreichen, um die potentiellen Forderungen der Antragsteller zu erfüllen.[28] Als Parameter sind neben der Gesamtzahl der Planbetroffenen, deren Forderungsvolumen sowie der Umfang der Schlechterstellung gegenüber dem relevanten Alternativszenario zu berücksichtigen. Die Berechnung erfolgt mit der Prämisse, dass höchstens 25 % der Stimmberechtigten gegen den Plan votieren (da dieser sonst nicht angenommen werden kann s. § 25) und ausnahmslos alle dissentierenden Gläubiger einen Minderheitenschutzantrag[29] stellen.[30] 15a

Eine namentliche Zuordnung der bereitgestellten Mittel an konkrete Antragsteller ist hingegen nicht erforderlich.

Die Bestimmung ist ohne unmittelbares Vorbild in der Richtlinie, ist aber mit dieser vereinbar, weil mit den bereitzustellenden Mitteln eine Schlechterstellung des Planbetroffenen, der eine solche geltend macht, ausgeglichen werden kann.[31] 16

Sind im Plan Mittel ausgewiesen, so hat der Streit über einen Ausgleich des Planbetroffenen auf dem ordentlichen Klageweg außerhalb der Restrukturierungssache zu erfolgen, Abs. 3 Satz 2. Durch die Auslagerung solcher Streitigkeiten sollen Blockademöglichkeiten und Verzögerungen durch einzelne Planbetroffene reduziert werden. 17

Die Zurückweisung des Minderheitenschutzantrages erfolgt ebenfalls durch Beschluss. 18

V. Hinweispflichten (Abs. 4)

Die Regelung in Abs. 4 gilt dem Schutz der Planbetroffenen. So sollen die Zulässigkeitsvoraussetzungen nach Absatz 2 nur gelten, wenn auf diese besonders hingewiesen wurde. In welchem Dokument der Hinweis enthalten sein muss, richtet sich nach der Art des Abstimmungsverfahrens. Bei Durchführung einer Planbetroffenenversammlung gilt Satz 2 unabhängig davon, ob diese auf eine Initiative des Schuldners oder ein Verlangen eines Planbetroffenen gem. § 21 Abs. 1 zurückzuführen ist.[32] Um den Schutzzweck effektiv zu erfüllen, müssen die Hinweise unmissverständlich und drucktechnisch deutlich erkennbar angebracht sein.[33] 19

---

26 Flöther-*Knapp*, StaRUG, § 64 Rn. 39.

27 S. SanR-*Leichtle* §§ 248–253 InsO Rn. 30; HambKomm-InsR/*Thies* § 251 InsO Rn. 15.

28 Vgl. auch BGH 20.07.2017 – IX ZB 13/16 Rn. 14; ZIP 2017, 1576, 1578 Rn. 14.

29 Für Anträge nach § 64 ist es unerheblich, ob der Antragsteller innerhalb seiner Abstimmungsgruppe oder gruppenübergreifend überstimmt wurde. Bei Anwendung eines sog. Cross-Class Cram-down kann daher der Anteil der dissentierenden Planbetroffenen auch über 25 % liegen; Morgen-*Langer/Wolf*, StaRUG, § 64 Rn. 155.

30 Seibt/Westpfahl-*Sattler*, StaRUG § 64 Rn. 55. Vgl. für ausführliche Rechenbeispiele: Morgen-*Langer/Wolf*, StaRUG, § 64 Rn. 148–153; BeckOK-StaRUG/*Skauradszun*, § 64 Rn. 88 ff.

31 Begr. RegE SanInsFoG § 71 (jetzt § 64), S. 192.

32 Begr. RegE SanInsFoG § 71 (jetzt § 64), S. 192; BT-Drucks. 19/24181, 163, 164.

33 Uhlenbruck-*Knof*, StaRUG § 64 Rn 31.

§ 65 Bekanntgabe der Entscheidung

(1) Wird die Entscheidung über den Antrag auf Bestätigung des Restrukturierungsplans nicht im Anhörungstermin oder im Erörterungs- und Abstimmungstermin verkündet, ist sie in einem alsbald zu bestimmenden besonderen Termin zu verkünden.

(2) [1]Wird der Restrukturierungsplan bestätigt, so ist den Planbetroffenen unter Hinweis auf die Bestätigung ein Abdruck des Plans oder eine Zusammenfassung seines wesentlichen Inhalts zuzusenden; für an dem Schuldner beteiligte Aktionäre oder Kommanditaktionäre gilt dies nicht. [2]Börsennotierte Gesellschaften haben eine Zusammenfassung des wesentlichen Inhalts des Plans über ihre Internetseite zugänglich zu machen. [3]Die Übersendung eines Abdrucks des Plans oder eine Zusammenfassung seines wesentlichen Inhalts nach Satz 1 kann unterbleiben, wenn der vor der Abstimmung übersendete Plan unverändert angenommen wurde.

Übersicht

A. Normzweck

1 Die Vorschrift orientiert sich an § 252 InsO und regelt die Bekanntgabe der Entscheidung über den Antrag auf Bestätigung des Restrukturierungsplans. Abs. 1 regelt die Formen und den entsprechenden Zeitpunkt der Bekanntgabe der Entscheidung. In Abs. 2 ist die Bekanntgabe des Planinhalts gegenüber den Planbetroffenen normiert.

1a § 65 ist als Bindeglied zur sofortigen Beschwerde nach § 66 zu verstehen. Durch Abs. 1 der Norm soll sichergestellt werden, dass die Planbetroffenen zeitgleich Kenntnis von der Entscheidung des Restrukturierungsgerichts erlangen. Hierdurch wird ein einheitlicher Lauf der Rechtsmittelfrist erreicht.[1]

B. Norminhalt

I. Bekanntgabe der Entscheidung (Abs. 1)

2 Entsprechend den Regelungen in § 252 InsO entscheidet das Restrukturierungsgericht über den Antrag auf Bestätigung des Restrukturierungsplans durch Beschluss. Dieser bedarf nur der mündlichen Bekanntgabe und nicht der Zustellung.[2] Die Verkündung der Entscheidung kann im Erörterungs- und Abstimmungstermin (§ 45) oder im Anhörungstermin (§ 61) erfolgen. Alternativ kann ein Verkündungstermin anberaumt werden, der alsbald stattzufinden hat. Die Verkündung in einem besonderen Termin kommt in allen Fällen in Betracht, in denen Versagungsgründe nach § 63 geltend gemacht oder ein Minderheitenschutzantrag nach § 64 gestellt wurde.[3] Der gesonderte Verkündungstermin soll nicht nur alsbald bestimmt werden, sondern auch alsbald stattfinden.[4] Hat der Schuldner nach § 84 Abs. 1 einen Antrag auf Vornahme einer öffentlichen Bekanntmachung gestellt, ist der Beschluss nach § 85 Abs. 1 Nr. 3 öffentlich bekanntzumachen.[5]

3 Der Beschluss bedarf der Begründung und er muss protokolliert werden, § 38 StaRUG i.V.m. § 160 Abs. 3 Nr. 6 ZPO.[6]

---

1 Seibt/Westpfahl-*Sattler*, StaRUG, § 65 Rn. 2. Gemäß § 40 Abs. 2 beginnt der Lauf der Rechtsmittelfrist bereits mit der Verkündung der Entscheidung.

2 Uhlenbruck-*Lüer/Streit*, InsO, § 252 Rn. 2.

3 BeckOK-StaRUG/*Skauradszun*, § 64 Rn. 7.

4 Unter Berücksichtigung der Beschleunigungs- und Effizienzvorgaben des Art. 10 Abs. 4 der Restrukturierungs-RL sollte die Entscheidung zeitnah, also grundsätzlich innerhalb weniger Tage, verkündet werden, vgl. Seibt/Westpfahl-*Sattler*, StaRUG, § 65 Rn. 8.

5 Begr. RegE SanInsFoG § 72 (jetzt § 65), S. 192.

6 Braun-*Fendel*, StaRUG, § 65 Rn. 3.

Mit der Verkündung wird die Rechtsmittelfrist in Gang gesetzt, vgl. §§ 66, 40 Abs. 1 und Abs. 2. 4

II. Bekanntgabe des Planinhalts (Abs. 2)

In Abs. 2 wird die Verkündung gegenüber den Planbetroffenen sichergestellt. Der Gesetzgeber hat sich hierbei an § 252 Abs. 2 InsO orientiert. 5

Wird der Restrukturierungsplan bestätigt, so ist den Planbetroffenen unter Hinweis auf die Bestätigung ein Planabdruck oder eine Zusammenfassung seines wesentlichen Inhalts zuzusenden. Die Zusammenfassung wird regelmäßig von dem Planverfasser erstellt. Es ist anzuraten, den gestaltenden Teil vollständig und den darstellenden Teil stark gekürzt wiederzugeben.[7] Änderungen, die nach der Übersendung des Plans an die Planbetroffenen erfolgt sind, sollten für einen besseren Überblick besonders kenntlich gemacht werden.[8] Eine Übersendung an die Planbetroffenen erfolgt unabhängig davon, ob sich die jeweiligen Planbetroffenen an der Abstimmung beteiligt hatten oder ob ihnen ein Stimmrecht gewährt wurde.[9] 6

Eine Übersendung an andere Beteiligte als die Planbetroffenen soll dagegen nicht erfolgen, da nur diese nach § 66 Abs. 1 beschwerdeberechtigt sind.[10] Auch an dem Schuldner beteiligte Aktionäre oder Kommanditaktionäre erhalten keinen Planabdruck, gem. § 65 Abs. 2 Satz 1 Halbs. 2. Jedoch müssen börsennotierte Gesellschaften eine Zusammenfassung des wesentlichen Inhalts des Restrukturierungsplans über ihre Internetseite zugänglich machen. In diesen Fällen ist anzuraten, den Beteiligten Passwörter zuzuteilen. Auf diese Weise kann die Zusammenfassung im Internet geschützt vor den Augen Unbeteiligter eingesehen werden.[11] 7

Abs. 2 Satz 3 zufolge, kann die Übersendung eines Planabdrucks oder eine Zusammenfassung seines wesentlichen Inhalts unterbleiben, wenn der vor der Abstimmung übersandte Plan unverändert angenommen wurde. Es genügt lediglich die Mitteilung hierüber. Diese Vorschrift dient – analog § 252 Abs. 2 – der Verfahrensvereinfachung.[12] 8

Bereits mit der Verkündung des Beschlusses treten die festgelegten Wirkungen des Restrukturierungsplans ein, § 67 Abs. 1. Dies stellt eine Abweichung zum Insolvenzplanverfahren dar, wonach gem. § 254 Abs. 1 InsO die im gestaltenden Teil festgelegten Wirkungen erst mit der Rechtskraft der Bestätigung des Insolvenzplans eintreten.[13] 9

§ 66 Sofortige Beschwerde

(1) [1]Gegen den Beschluss, durch den der Restrukturierungsplan bestätigt wird, steht jedem Planbetroffenen die sofortige Beschwerde zu. [2]Dem Schuldner steht die sofortige Beschwerde zu, wenn die Bestätigung des Restrukturierungsplans abgelehnt worden ist.

(2) Die sofortige Beschwerde gegen die Bestätigung des Restrukturierungsplans ist nur zulässig, wenn der Beschwerdeführer
1. **dem Plan im Abstimmungsverfahren widersprochen hat (§ 64 Absatz 2),**
2. **gegen den Plan gestimmt hat und**
3. **glaubhaft macht, dass er durch den Plan wesentlich schlechter gestellt wird als er ohne den Plan stünde und dass dieser Nachteil nicht durch eine Zahlung aus den in § 64 Absatz 3 genannten Mitteln ausgeglichen werden kann.**

7 HambKomm-InsR/*Thies* § 252 Rn. 5.
8 SanR-*Leichtle* §§ 248–253 Rn. 51.
9 Braun-*Fendel*, StaRUG, § 65 Rn. 6.
10 Begr. RegE SanInsFoG § 72 (jetzt § 65), S. 192.
11 SanR-*Leichtle* §§ 248–253 Rn. 50.
12 Begr. RegE SanInsFoG § 72 (jetzt § 65), S. 192.
13 Begr. RegE SanInsFoG § 74 (jetzt § 67), S. 193.

(3) [1]Absatz 2 Nummer 1 und 2 gilt nur, wenn im Einberufungsschreiben oder in der Ladung zum Termin auf die Notwendigkeit des Widerspruchs und der Ablehnung des Plans besonders hingewiesen wurde. [2]Hat weder eine Versammlung der Planbetroffenen (§ 20) noch ein Erörterungs- und Abstimmungstermin (§ 45) stattgefunden, so gilt Absatz 2 Nummer 1 und 2 nur, wenn im Planangebot auf die Notwendigkeit des Widerspruchs und der Ablehnung des Plans besonders hingewiesen wurde.

(4) Auf Antrag des Beschwerdeführers ordnet das Gericht die aufschiebende Wirkung der Beschwerde an, wenn der Vollzug des Restrukturierungsplans mit schwerwiegenden, insbesondere nicht rückgängig zu machenden Nachteilen für den Beschwerdeführer einhergeht, die außer Verhältnis zu den Vorteilen des sofortigen Planvollzugs stehen.

(5) [1]Das Beschwerdegericht weist die Beschwerde gegen die Bestätigung des Restrukturierungsplans auf Antrag des Schuldners unverzüglich zurück, wenn die alsbaldige Rechtskraft der Planbestätigung vorrangig erscheint, weil die Nachteile eines verzögerten Planvollzugs die Nachteile für den Beschwerdeführer überwiegen; ein Abhilfeverfahren findet nicht statt. [2]Dies gilt nicht, wenn ein besonders schwerer Rechtsverstoß vorliegt. [3]Weist das Beschwerdegericht die Beschwerde nach Satz 1 zurück, ist der Schuldner dem Beschwerdeführer zum Ersatz des Schadens verpflichtet, der ihm durch den Planvollzug entsteht; die Rückgängigmachung der Wirkungen des Restrukturierungsplans kann nicht als Schadensersatz verlangt werden. [4]Für Klagen, mit denen Schadensersatzansprüche nach Satz 3 geltend gemacht werden, ist das Landgericht ausschließlich zuständig, das die Beschwerde zurückgewiesen hat.

Übersicht Rdn.

A. Normzweck

1 Gemäß den Vorgaben in Art. 16 Abs. 1 RL sollen die Mitgliedsstaaten einen Rechtsbehelf gegen einen Beschluss einer Justizbehörde über die Bestätigung oder Ablehnung eines Restrukturierungsplans vorsehen. In § 66 Abs. 1 hat der Gesetzgeber normiert, dass der Bestätigungs- oder Versagungsbeschluss des Restrukturierungsgerichts mit der sofortigen Beschwerde angefochten werden kann. Das Beschwerdegericht überprüft anhand der Vorschriften §§ 60 bis 65, ob die Bestätigung ordnungsgemäß erfolgt oder versagt wurde.

2 Die Norm soll – analog zu § 253 InsO – den Beteiligten einen effektiven Rechtsschutz gewähren, aber gleichzeitig eine Verzögerung bei der Planumsetzung, welche den Erfolg der Restrukturierung gefährden könnte, so weit als möglich vermeiden.[1] Dieses Ziel soll durch eine moderate Beschränkung der Rechtsschutzmöglichkeiten (ausgestaltet in Abs. 2) erreicht werden.[2]

3 Auch wenn die Hürden in § 66, insbesondere in Abs. 4, hoch erscheinen, so sollte der Schuldner von vorneherein darauf achten, den Restrukturierungsplan nicht unnötig angreifbar auszugestalten.[3]

1 Begr. RegE SanInsFoG § 73 (jetzt § 66), S. 193.
2 K/P/B-*Pleister* InsO § 253 Rn. 2.
3 Braun-*Fendel*, StaRUG, § 66 Rn. 18.

Ferner sollte er sich im Klaren sein, dass er im Fall eines Schadensersatzprozesses nach § 66 Abs. 5 Satz 4 im Zweifel mit seinem gesamten Vermögen haften könnte.[4]

B. Norminhalt

I. Beschwerdeführer (Abs. 1)

Abweichend von § 253 InsO steht die sofortige Beschwerde gegen die Planbestätigung nur den Planbetroffenen zu. Zu den beschwerdeberechtigten Planbetroffenen gehören nicht nur die Inhaber von Restrukturierungsforderungen, sondern auch die von Absonderungsanwartschaften. Werden Anteils- oder Mitgliedschaftsrechte durch den Plan geändert, sind auch Gesellschafter beschwerdeberechtigt.[5] Ist hingegen die Bestätigung des Restrukturierungsplans abgelehnt worden, so steht das Rechtsmittel der sofortigen Beschwerde nur dem Schuldner zu. 4

Eine Beschwerdebefugnis des Schuldners gegen die Planbestätigung ist nicht sinnvoll, da nur der Schuldner ein Planinitiativrecht hat und auch nur er die Bestätigung des Restrukturierungsplans beantragen kann. Folglich wird auch nur dem Schuldner, der die Verfahrensherrschaft innehat, die Möglichkeit eröffnet die Ablehnung der Planbestätigung anzufechten.[6] 5

Die sofortige Beschwerde ist gem. § 40 Abs. 1 Satz 2 durch Einreichung einer Beschwerdeschrift beim Restrukturierungsgericht einzulegen. Die Frist zur Einlegung des Rechtsmittels beginnt mit der Verkündung des Beschlusses über den Antrag auf Bestätigung des Restrukturierungsplans gem. § 65 i.V.m. § 40 Abs. 2. Die Dauer der Beschwerdefrist richtet sich nach § 40 Abs. 2 StaRUG, § 569 Abs. 1 Satz 1 ZPO und beträgt zwei Wochen. Da es sich um eine Notfrist handelt, kann sie weder verkürzt noch verlängert werden (§ 38 S. 1 i.V.m. § 224 Abs. 1 S. 2 ZPO).[7] 6

II. Zulässigkeit der sofortigen Beschwerde (Abs. 2)

Der Planbetroffene, der mittels der sofortigen Beschwerde gegen die Bestätigung des Restrukturierungsplans vorgeht, muss als Beschwerdeführer bestimmte Voraussetzungen erfüllen. Entsprechend den Regelungen in § 253 Abs. 2 InsO bedarf es insoweit einer formellen und einer materiellen Beschwer. 7

1. Formelle Beschwer (Abs. 2 Nr. 1 und Nr. 2)

Der Planbetroffene muss dem Plan nach Maßgabe des Abs. 2 widersprochen haben. Anders als in § 253 Abs. 2 Nr. 1 InsO muss er dem Plan im Abstimmungsverfahren und nicht zwingend in einem Abstimmungstermin widersprochen haben. Die Abweichung ist den Unterschieden der zulässigen Organisationsformen der Abstimmung geschuldet.[8] Hat folglich weder ein Erörterungs- und Abstimmungstermin gem. § 45 noch eine Planbetroffenenversammlung nach § 20 stattgefunden, so hat der Planbetroffene – damit er später eine zulässige sofortige Beschwerde gegen den Bestätigungsbeschluss einlegen kann – dem Restrukturierungsplan in anderer Weise eindeutig zu widersprechen.[9] 8

Darüber hinaus muss der Planbetroffene gegen den Plan gestimmt haben, Abs. 2 Nr. 2. Hat der Beschwerdeführer nicht gegen den Plan gestimmt, so fehlt ihm das Rechtsschutzbedürfnis. Das Gericht hat das Vorliegen der Gegenstimme von Amts wegen zu prüfen.[10] 9

4 Braun-*Fendel*, StaRUG, § 66 Rn. 18.
5 Uhlenbruck-*Knof*, StaRUG, § 66 Rn. 13.
6 Begr. RegE SanInsFoG § 73 (jetzt § 66), S. 193.
7 Eine Wiedereinsetzung in den vorigen Stand ist hingegen möglich (§ 38 S. 1 i.V.m. § 233 S. 1 ZPO).
8 Begr. RegE SanInsFoG § 73 (jetzt § 66), S. 193.
9 Begr. RegE SanInsFoG § 73 (jetzt § 66), S. 193.
10 BeckOK-StaRUG/*Skauradszun*, § 66 Rn. 15 und 16.

2. Materielle Beschwer (Abs. 2 Nr. 3)

10 Der Planbetroffene muss glaubhaft machen, dass er durch den Plan wesentlich schlechter gestellt wird als er ohne den Plan stünde und dass dieser Nachteil nicht durch eine Zahlung aus den in § 64 Abs. 3 genannten Mitteln ausgeglichen werden kann. Hierfür reicht nicht irgendeine materielle Beschwer. Es bedarf vielmehr der Glaubhaftmachung einer konkreten wirtschaftlichen Schlechterstellung des Beschwerdeführers durch die Planbestätigung. Entsprechend der Regelung in § 253 Abs. 2 Nr. 3 InsO hat der Gesetzgeber auch im Restrukturierungsverfahren eine Erheblichkeitsschwelle eingeführt. Eine wesentliche Schlechterstellung wird im Insolvenzplanverfahren angenommen, wenn die Abweichung von dem Wert, den der Beschwerdeführer bei einer Verwertung ohne Insolvenzplan erhalten hätte, unter 10 % liegt.[11]

10a Das Gericht hat zudem die absolute Größe der Schlechterstellung zu bewerten, dies bedeutet, es muss auch eine absolute Geringwertigkeitsschwelle überschritten worden sein. Bei der Prüfung sind die Gesamtumstände des Einzelfalls sowie die Verfahrensgröße einzubeziehen.[12]

III. Begründetheit der sofortigen Beschwerde

10b Nach der herrschenden Meinung hat das Beschwerdegericht eine **vollständige Rechtmäßigkeitsprüfung** durchzuführen, das heißt die Verletzung sämtlicher Vorschriften über die Bestätigung des Restrukturierungsplans gem. §§ 60–65 sind zu prüfen Demnach gehören die Regelungen betreffend den Inhalt, die verfahrensmäßige Behandlung, die Annahme durch die Gläubiger und die Zustimmung des Schuldners zum Prüfungsmaßstab. Für eine umfassende Begründetheitsprüfung spricht der Wortlaut des Absatzes 5 Satz 2, wonach die Beschwerde nicht unverzüglich zurückgewiesen werden darf, wenn ein besonders schwerer Rechtsverstoß vorliegt.[13]

10c Ob eine wesentliche Schlechterstellung nach Abs. 2 Nr. 3 ebenfalls Teil der Begründetheitsprüfung ist, wird unterschiedlich beurteilt.[14]

10d Das Gericht muss im Rahmen der Begründetheitsprüfung von den behaupteten Tatsachen voll überzeugt sein (sog. Vollbeweis). Nach der Rechtsprechung des BGH setzt das Gesetzt jedoch nicht eine von allen Zweifeln freie Überzeugung voraus.[15]

IV. Anforderung an die Ladung (Abs. 3)

11 Entsprechend den Regelungen in § 253 Abs. 3 InsO kann die Einhaltung der Zulässigkeitsvoraussetzungen nach § 66 Abs. 2 Nr. 1 und Nr. 2 von dem Beschwerdeführer nur verlangt werden, wenn im Einberufungsschreiben oder in der Ladung zum Termin auf die Notwendigkeit des Widerspruchs und der Ablehnung des Plans besonders hingewiesen wurde. Hat weder eine Versammlung der Planbetroffenen gem. § 20 noch ein Erörterungs- und Abstimmungstermin gem. § 45 stattgefunden, muss im Planangebot auf die Notwendigkeit des Widerspruchs und der Ablehnung des Plans gesondert hingewiesen werden, Abs. 3 Satz. 2. Die Regelungen dienen dem Schutz der Planbetroffenen. Durch die Hinweispflicht soll verhindert werden, dass diese durch die eingeschränkten Rechtsschutzmöglichkeiten überrascht werden.[16]

---

11 SanR-*Leichtle* §§ 248–253 InsO Rn. 64.

12 Uhlenbruck-*Knof*, § 66 StaRUG Rn. 41.

13 Seibt/Westpfahl-*Sattler*, StaRUG § 66 Rn. 32; BeckOK-StaRUG/*Skauradszun,* § 66 Rn. 46.

14 Bejahend: BeckOK-StaRUG/*Skauradszun* § 66 Rn. 46. Ablehnend: Morgen-*Blankenburg*, StaRUG, § 66 Rn. 34; Seibt/Westpfahl-*Sattler*, StaRUG, § 66 Rn. 32.

15 BGH Urt. v. 19.07.0219 – V ZR 255/17, NJW 2019, 3147.

16 Begr. RegE SanInsFoG § 73 (jetzt § 66), S. 193.

V. Aufschiebende Wirkung (Abs. 4)

Grundsätzlich hat ein Rechtsbehelf gegen den Beschluss zur Bestätigung eines Restrukturierungsplans in Bezug auf die Ausführung des Plans keine aufschiebende Wirkung. Dies entspricht dem Grundgedanken, das Restrukturierungsverfahren effizient und zügig durchzuführen.[17] 12

Abweichend hiervon können die Mitgliedstaaten gem. Art. 16 Abs. 3 Unterabs. 2 RL jedoch eine Ausnahme vorsehen, wenn dies zur Wahrung der Interessen einer Partei notwendig und angemessen ist. Der deutsche Gesetzgeber hat in § 66 Abs. 4 hiervon Gebrauch gemacht. Danach ordnet das Restrukturierungsgericht[18] auf Antrag des Beschwerdeführers die aufschiebende Wirkung der sofortigen Beschwerde an, wenn der Vollzug des Restrukturierungsplans zu schwerwiegenden, insbesondere nicht rückgängig zu machenden Nachteilen für den Beschwerdeführer führt, die außer Verhältnis zu den Vorteilen des sofortigen Planvollzugs stehen. Durch die Wortwahl »schwerwiegend« und »außer Verhältnis« wird deutlich, dass die Anforderungen für eine Anordnung der aufschiebenden Wirkung weit über die entsprechenden Regeln in der Zivilprozessordnung (§ 570 ZPO) hinausgehen. Hierdurch sollen – wie im Insolvenzplanverfahren – Verzögerungen bei der Planumsetzung vermieden werden.[19] 13

VI. Sofortige Zurückweisung (Abs. 5)

1. Allgemein

Analog zu den Regelungen in § 253 Abs. 4 InsO kann das Beschwerdegericht die sofortige Beschwerde unverzüglich zurückweisen, wenn die alsbaldige Rechtskraft der Planbestätigung vorrangig erscheint, weil die Nachteile eines verzögerten Planvollzugs die Nachteile für den Beschwerdeführer überwiegen. So könnte bspw. die Fortführung eines Geschäftsbetriebs mit einer größeren Anzahl an Arbeitnehmern aufgrund Wegfalls von Absatzstrukturen, Auftragseingängen etc. betroffen sein.[20] 14

2. Verfahren

Der Schuldner reicht den Antrag gem. § 66 Abs. 5 Satz 1 beim Beschwerdegericht ein. Es gelten die allgemeinen Formvorschriften des § 569 Abs. 2 ZPO. 15

Gem. § 40 Abs. 1 Satz 2 ist die sofortige Beschwerde jedoch in Abkehr von § 569 Abs. 1 Satz 1 ZPO nur beim Restrukturierungsgericht einzureichen. 16

Mit Ausnahme der Fälle, in denen ein besonders schwerer Rechtsverstoß vorliegt, ist ein Abhilfeverfahren durch das Restrukturierungsgericht jedoch grundsätzlich ausgeschlossen, Abs. 5 Satz 1, letzter Halbs. und Satz 2. Ein schwerer Verstoß ist dann zu bejahen, wenn dieser bei konkreter Würdigung zu einer Versagung der Planbestätigung nach § 63 hätte führen müssen. Dem Plan müsste der Makel der Unwirksamkeit durch diesen Verstoß »quasi auf der Stirn geschrieben« stehen.[21] Insbesondere ist ein besonders schwerer Rechtsverstoß in den Fällen der unlauteren Herbeiführung der Planannahme, der evidenten Ungleichbehandlung der Gruppenmitglieder, der Nichtangaben von Vermögensgegenständen bei der Vergleichsberechnung oder bei einer vorsätzlichen Nichtbeteiligung bekannter Gläubiger am Planverfahren zu bejahen.[22] 17

---

17 Begründung zur Richtlinie (EU) 2019/1023 vom 20.06.2019, L 172/18, S. 17. Dies wurde auch in Art. 16 Abs. 3 RL verankert.

18 Zuständig ist das Restrukturierungsgericht und nicht das Beschwerdegericht, vgl. Seibt/Westpfahl-*Sattler*, StaRUG, § 66 Rn. 37; Uhlenbruck-*Knof*, StaRUG, § 66 Rn. 61.

19 Begr. RegE SanInsFoG § 73 (jetzt § 66), S. 193.

20 SanR-*Leichtle* §§ 248–253 InsO Rn. 72.

21 Braun-*Braun/Frank*, InsO, § 253 Rn. 15; SanR-*Leichtle* §§ 248–253 InsO Rn. 79.

22 K. Schmidt-*Spliedt* § 253 Rn. 18; HambKomm-InsR/*Thies* § 250 Rn. 8; SanR-*Leichtle* §§ 248–253 InsO Rn. 79.

18 Das Landgericht weist die Beschwerde unverzüglich zurück, sofern die Nachteile einer Verzögerung des Planvollzugs die Nachteile des Beschwerdeführers überwiegen. Durch dieses effektive Instrument kann von vornherein aussichtslosen oder missbräuchlichen Beschwerden gegen die Planbestätigung entgegengewirkt werden.[23]

3. Schadensersatzanspruch

19 Dem Beschwerdeführer steht im Fall der Zurückweisung seiner Beschwerde nach Maßgabe von Abs. 5 Satz 1 und Satz 2 ein Schadensersatzanspruch nach § 66 Abs. 5 Satz 3 und Satz 4 zu. Es handelt sich um eine eigenständige Anspruchsgrundlage für einen Schadensersatz.[24] Der Schadensersatzanspruch setzt neben der Zulässigkeit und Begründetheit der sofortigen Beschwerde, einen Schaden sowie die Kausalität zwischen Vollzug des Restrukturierungsplans und dem Schaden voraus. Der Anspruch ist verschuldensunabhängig.[25]

Eine Entschädigung hat ausschließlich in Geld zu erfolgen. Die Rückgängigmachung der Wirkungen des Restrukturierungsplans kann nicht verlangt werden. Entsprechend den Regelungen in § 253 Abs. 4 InsO besteht der Schaden des Beschwerdeführers in der Differenz des Betrages, der ihm – einerseits – durch das Planverfahren zufließen soll (Planwert) und den wirtschaftlichen Positionen des Beschwerdeführers ohne Restrukturierungsplan andererseits.[26]

20 Im Gegensatz zur Entschädigungsregelung in § 64 Abs. 3 muss der Restrukturierungsplan jedoch keine Mittel vorsehen, die zur Erfüllung des Schadenersatzanspruches nach § 66 Abs. 5 zur Verfügung stehen. Dies hat zur Folge, dass sich der Anspruch unmittelbar gegen den Schuldner richtet, der dafür mit seinem gesamten Vermögen haftet.[27]

21 Für Klagen, mit denen Schadensersatzansprüche nach § 66 Abs. 5 Satz 3 geltend gemacht werden, ist das Landgericht ausschließlich zuständig, das die Beschwerde zurückgewiesen hat.

VII. Entscheidung

21a Das Beschwerdegericht hat von Amts wegen zu prüfen, ob die Beschwerde statthaft und in der gesetzlichen Form und Frist eingelegt worden ist. Wurde bspw. die gesetzlich vorgegebene Frist nicht eingehalten, so ist die Beschwerde gem. § 575 Abs. 2 Satz 2 ZPO als unzulässig zu verwerfen. Ist die Beschwerde zulässig, aber nicht begründet, so wird die Beschwerde zurückgewiesen.

22 Bei einer zulässigen und begründeten Beschwerde, hebt das Beschwerdegericht den planbestätigenden Beschluss des Restrukturierungsgerichts auf. Das Beschwerdegericht kann in der Sache selbst entscheiden oder die Sache ggfs. mit einem Hinweis an das Restrukturierungsgericht zurückverweisen.[28]

Mit der Aufhebung des Bestätigungsbeschlusses werden die Wirkungen des Restrukturierungsplans iSv § 67 Abs. 1 rückwirkend beseitigt[29] und das Verfahren wird wieder auf den Stand von § 60 zurückversetzt. Die Abstimmung über den Restrukturierungsplan ist hingegen nicht hinfällig.[30]

VIII. Rechtsbeschwerde

23 Gegen die Entscheidung des Beschwerdegerichts ist die Rechtsbeschwerde statthaft, sofern sie ausdrücklich zugelassen wird, § 38 i.V.m. § 574 Abs. 1 Nr. 2 ZPO.

---

23 Uhlenbruck-*Lüer/Streit* InsO § 253 Rn. 17.
24 BeckOK-StaRUG/*Skauradszun*, § 66 Rn. 76; Uhlenbruck-*Knof*, StaRUG, § 66 Rn. 83.
25 Uhlenbruck-*Knof*, StaRUG, § 66 Rn. 84.
26 Braun-*Braun/Frank*, InsO, § 253 Rn. 18.
27 Begr. RegE SanInsFoG § 73 (jetzt § 66), S. 193.
28 BeckOK-StaRUG/*Skauradszun*, § 66 Rn. 58.
29 *Jungmann*, ZIP 2022, 353, 354.
30 Braun-*Fendel*, StaRUG, § 66 Rn. 16.

Unterabschnitt 2 Wirkungen des bestätigten Plans; Überwachung der Planerfüllung

§ 67 Wirkungen des Restrukturierungsplans

(1) [1]Mit der Bestätigung des Restrukturierungsplans treten die im gestaltenden Teil festgelegten Wirkungen ein. [2]Dies gilt auch im Verhältnis zu Planbetroffenen, die gegen den Plan gestimmt haben oder die an der Abstimmung nicht teilgenommen haben, obgleich sie ordnungsgemäß an dem Abstimmungsverfahren beteiligt worden sind.

(2) Handelt es sich bei dem Schuldner um eine rechtsfähige Personengesellschaft oder eine Kommanditgesellschaft auf Aktien, wirkt eine Befreiung des Schuldners von Verbindlichkeiten auch zugunsten seiner persönlich haftenden Gesellschafter, sofern im Restrukturierungsplan nichts anderes bestimmt ist.

(3) [1]Die Rechte der Restrukturierungsgläubiger gegen Mitschuldner und Bürgen des Schuldners sowie die Rechte der Gläubiger an Gegenständen, die nicht zum Vermögen des Schuldners gehören, oder aus einer Vormerkung, die sich auf solche Gegenstände bezieht, werden mit Ausnahme der nach § 2 Absatz 4 gestalteten Rechte aus gruppeninternen Drittsicherheiten von dem Restrukturierungsplan nicht berührt. [2]Der Schuldner wird jedoch durch den Plan gegenüber dem Mitschuldner, Bürgen oder sonstigen Rückgriffsberechtigten befreit wie gegenüber dem Gläubiger.

(4) Ist ein Gläubiger weitergehend befriedigt worden, als er es nach dem Restrukturierungsplan zu beanspruchen hat, so begründet dies keine Pflicht zur Rückgewähr des Erlangten.

(5) Werden Restrukturierungsforderungen in Anteils- oder Mitgliedschaftsrechte an dem Schuldner umgewandelt, kann der Schuldner nach der gerichtlichen Bestätigung des Restrukturierungsplans keine Ansprüche wegen einer Überbewertung der Forderungen im Plan gegen die bisherigen Gläubiger geltend machen.

(6) Mit der rechtskräftigen Bestätigung des Restrukturierungsplans gelten Mängel im Verfahren der Planabstimmung sowie Willensmängel von Planangebot und Planannahme als geheilt.

Übersicht

A. Einführung

1 Ähnlich wie die insolvenzrechtliche Parallelvorschrift des § 254 InsO regelt § 67 die **Rechtswirkungen des Restrukturierungsplans.** Die Unterschiede zwischen § 67 und seinem insolvenzrechtlichen Pendant ergeben sich im Wesentlichen aus dem vornehmlich auf den Unternehmenserhalt und nicht allein die Gläubigerbefriedigung gerichteten Wesen des Restrukturierungsplans. Darüberhinaus treten die Rechtswirkungen des Restrukturierungsplans nur für diejenigen Beteiligten ein, die planunterworfen sind (§§ 2 f., 8), während sich der Insolvenzplan auf alle Gläubiger bezieht. Die Norm konkretisiert Art. 10 Abs. 1 und 15 der Restrukturierungsrichtlinie.

2 Abs. 1 regelt den Zeitpunkt des Eintritts der Regelungen des gestaltenden Teils des Plans und die Erstreckungswirkung auf Planbetroffene. Abs. 2 trifft eine Auslegungsregel dahingehend, dass im Fall eines Restrukturierungsplans über eine Gesellschaft ohne Rechtspersönlichkeit oder eine Kommanditgesellschaft auf Aktien sich eine im Plan vorgesehene Befreiung von Schulden im Zweifel auch zugunsten der persönlich haftenden Gesellschafter auswirkt. Abs. 3 befasst sich in weit-

gehender Anlehnung an § 254 Abs. 2 InsO mit Drittsicherheiten. Abs. 4 versagt Ansprüche gegen solche Planbetroffenen, die über die Festlegung des Plans hinaus befriedigt worden sind. Abs. 5 schließt eine Nachschusspflicht nach den Grundsätzen der Differenzhaftung derjenigen Inhaber von Restrukturierungsforderungen aus, die im Rahmen des Restrukturierungsplans Anteilsinhaber werden. Abs. 6 schließlich normiert eine Heilung von Mängeln im Verfahren der Planabstimmung sowie von Willensmängeln von Planangebot und Planannahme im Fall einer rechtskräftigen Bestätigung des Insolvenzplans.

B. Regelungsgehalt

I. Eintritt der Wirkungen des Plans, § 67 Abs. 1 Satz 1

3 Die Umgestaltung der materiellen Rechtslage durch die Regelungen des gestaltenden Teils wird mit der gerichtlichen **Bestätigung des Restrukturierungsplans wirksam**[1], die der Schuldner nach § 60 beantragen muss Ab diesem Zeitpunkt sind die in den Plan einbezogenen Rechte nur noch in dem Umfang durchsetzbar, in dem sie sich aus dem Restrukturierungsplan ergeben. Dies lässt jedoch die Möglichkeit, im Plan zu regeln, dass die Rechtswirkungen unter weiteren Voraussetzungen (Bedingungen i.S.d. § 158 BGB) stehen, unberührt.

3a Beantragt der Schuldner die gerichtliche Bestätigung des Plans nicht, gilt auch § 67 nicht. In diesem Fall gilt ein Plan einvernehmlich für diejenigen, die ihm zugestimmt haben, qua Vereinbarung.[2] Zu diesen beiden Alternativen verhält sich § 18: im Zweifel ist anzunehmen, dass das Planangebot unter der Bedingung steht, dass alle Planbetroffenen zustimmen oder dass der Plan gerichtlich bestätigt wird.

4 **Ohne eine gerichtliche Planbestätigung**, die nur auf Antrag erfolgt (§ 60 Abs. 1), treten die Rechtswirkungen des Restrukturierungsplan eo ipso also auch dann ein, wenn alle Planbetroffenen dem Plan zugestimmt haben und eine neue Finanzierung nicht aufgenommen wurde.[3] Aber auch in einem solchen Fall eines einvernehmlichen Restrukturierungsplans kommt eine Planbestätigung auf Antrag in Betracht, wenn der Schuldner die Herbeiführung der nur einem bestätigten Restrukturierungsplan vorbehaltenen weiteren Rechtswirkungen (z.B. §§ 89, 90) anstrebt.

5 Im Gegensatz zur insolvenzrechtlichen Parallelvorschrift des § 254 Abs. 1 InsO kommt es für die Frage der Wirkungen des § 67 **nicht auf die Rechtskraft der Bestätigung** an, vielmehr auf die Verkündung nach § 65. Dies hat seinen Grund in Art. 16 Abs. 3 der Richtlinie, die vorschreibt, dass ein Rechtsbehelf gegen einen Beschluss zur Bestätigung eines Restrukturierungsplans in Bezug auf die Ausführung des Plans keine aufschiebende Wirkung hat, solange nicht der nationale Gesetzgeber regelt, dass im Sinne der Wahrung der Interessen einer Partei die Aussetzung der Durchführung des Restrukturierungsplans oder von Teilen davon notwendig und angemessen ist[4]. Die Rechtskraft der Bestätigung ist allerdings gem. § 71 Abs. 1 die Voraussetzung für die Vollstreckbarkeit des Plans für die Gläubiger.

6 Von letztgenannter Möglichkeit hat der nationale Gesetzgeber in § 66 Abs. 4 Gebrauch gemacht, der die **aufschiebende Wirkung** einer Beschwerde nicht nur an den Antrag knüpft, sondern daran, dass der Vollzug des Restrukturierungsplans mit **schwerwiegenden, insbesondere nicht rückgängig zu machenden Nachteilen** für den Beschwerdeführer einhergehen muss, die außer Verhältnis zu den Vorteilen des sofortigen Planvollzugs stehen. Diese Beschränkung der Wirkungen des Rechtsbehelfs soll vermeiden, dass der Sanierungserfolg von vornherein durch Verzögerungen erschwert wird oder scheitert[5].

---

1 Näher: *Brünkmans* ZIP 2022, 1573.

2 Hierzu: *Frind* ZInsO 2020, 2241 (2245).

3 Zum Restrukturierungsplan durch Vereinbarung: *Frind* ZInsO 2020, 2241 (2245).

4 Näher zu Art. 16 Abs. 3 RL: *Hirschberger*, in: Morgen (Hrsg.), Art. 16 Rn. 29 ff.

5 Braun-*Bauch*, StaRUG, § 67 Rn. 3.

Die im gestaltenden Teil des Plans festgelegten Wirkungen sind alle dort vorgesehenen materiellrechtlichen Regelungen wie die Begründung von Rechten, deren Beschneidung (Erlass, Verzicht, Stundung, Aufhebung etc.), die Übertragung von Geschäftsanteilen oder Forderungen usf. Alle Regelungen sollen zusammengefasst und einheitlich verwirklicht werden, denn erst die Summe der unterschiedlichen Regelungen des Plans ist Bestandteil einer **sanierungsrechtlichen Gesamtkonzeption**, die als Ganzes in Kraft treten soll. 7

Die Wirkungen des Restrukturierungsplans erstrecken sich im Gegensatz zum gesamtvollstreckungsrechtlichen Ansatz des Insolvenzplans nur auf die vom Schuldner ausgewählten und zum Gegenstand des Plans gemachten Forderungen und Rechtsverhältnisse, § 7 Abs. 1 StaRUG. 8

Dabei erstrecken sie sich auch auf solche Planbetroffenen, die **dagegen gestimmt haben oder die sich trotz ordnungsgemäßer verfahrensmäßiger Einbeziehung nicht beteiligt** haben. Es liegt auf der Hand, dass sich ein Planbetroffener, dessen Rechte durch den Restrukturierungsplan tangiert werden, gegenüber den anderen Beteiligten der gleichen Gruppe durch eine Nichtteilnahme am Verfahren, also ein passives Abwarten, **keinen Sondervorteil** verschaffen darf. Abgesehen von dieser auch dem Insolvenzplan systemimmanenten Selbstverständlichkeit entspricht dies auch den Anforderungen der Artt. 8 ff. der Richtlinie. Die Rechte opponierender Minderheiten werden über die gerichtliche Planbestätigung nach § 63 und den Minderheitenschutz nach § 64 gewahrt. 9

Die ordnungsgemäße verfahrensmäßige Einbeziehung setzt die tatsächliche Möglichkeit der Teilnahme an der Abstimmung voraus. Dies wiederum setzt die Kenntnis des Planbetroffenen von der anhängigen Restrukturierungssache voraus, die entweder durch individuelles Anschreiben oder durch öffentliche Bekanntmachung verschafft werden kann, wenn der Schuldner dies beantragt (§§ 84, 85). Beteiligt sich ein Planbetroffener nicht an der Abstimmung, muss derjenige die ordnungsgemäße Beteiligung beweisen, der sich auf die Rechtswirkung des Plans auch für diesen Gläubiger beruft. 10

II. Erstreckung auf persönlich haftende Gesellschafter, Abs. 2

Handelt es sich bei der Schuldnerin um eine Gesellschaft ohne Rechtspersönlichkeit oder eine Kommanditgesellschaft auf Aktien, erstreckt sich die Befreiungswirkung des Restrukturierungsplans auch auf deren persönlich haftende Gesellschafter. Dies gilt allerdings nur, wenn der Plan nichts Anderes regelt. Bereits § 11 S. 2 regelt dies. Es handelt sich daher bei § 67 Abs. 2 um eine **Auslegungsregel** nach dem Vorbild des § 227 Abs. 2 InsO. Das Bestehenbleiben der Haftung der persönlich haftenden Gesellschafter würde zu Fehlanreizen zulasten der Gesellschaft führen[6]. Die Auslegungsregel beschränkt sich jedoch auf die gesetzliche akzessorische Haftung und lässt eine parallele vertragliche Haftung (z.B. aus Bürgschaft) unberührt[7]. Die Befreiungswirkung des Restrukturierungsplans kann der Gesellschafter im Fall seiner Inanspruchnahme als Einrede im Sinne des § 767 Abs. 1 ZPO einwenden. Weicht der Restrukturierungsplan von der Auslegungsregel des § 67 Abs. 2 ab – diese Abweichungsmöglichkeit ist die wahre Bedeutung des § 67 Abs. 2 –, ist hierfür aufgrund der Akzessorietät der Gesellschafterhaftung die Zustimmung der Gesellschafter (in der Gruppe der Gesellschafter) erforderlich. 11

Ob sich die Auslegungsregel auch auf ausgeschiedene Gesellschafter bezieht, ist zweifelhaft. Das gesetzgeberische Motiv, Fehlanreize zulasten der Gesellschaft zu vermeiden, ist hier an sich nicht einschlägig. Eine Erstreckung auf ausgeschiedene Gesellschafter wird daher bisweilen verneint[8]. Diese Meinung hat nicht nur die gesetzgeberische Idee, sondern auch den Wortlaut der Vorschrift für sich. Für eine Erstreckung spricht aber nicht nur die Akzessorietät der Gesellschafterhaftung, sondern insbesondere bedeutet das Ausscheiden eines Gesellschafters nicht automatisch den Verlust 12

6 Begr. RegE S. 190.

7 Wolgast/Grauer-*Dankert*, StaRUG, § 67 Rn. 11.; zur InsO: Uhlenbruck-*Lüer/Streit*, InsO, § 227 Rn. 18.

8 MK-InsO/*Breuer*, § 227 Rn. 13; HambKomm-InsR/*Thies*, § 227 Rn. 8.

des Interesses am Bestand der Gesellschaft[9]. Nach richtiger Ansicht erfasst § 67 Abs. 2 daher auch ausgeschiedene Gesellschafter im Rahmen ihrer Nachhaftung.

III. Mithaftung, Abs. 3

13 § 67 Abs. 3 entspricht weitgehend § 254 Abs. 2 InsO. Die Vorschrift ist zunächst Ausdruck des Grundsatzes, dass der Restrukturierungsplan nur die Planbetroffenen berührt. Soweit sich **Dritte** vorinsolvenzlich für den Schuldner **verbürgt oder** für ihn **anderweitig Sicherheiten i.w.S. bestellt** haben (Schuldbeitritte, Garantien), werden sie vom Plan nach Abs. 2 nicht erfasst, soweit keine Einbeziehung der Rechte aus gruppeninternen Drittsicherheiten nach § 2 Abs. 4 erfolgt ist. Persönliche Ansprüche der Gläubiger gegen Dritte, etwa aus einer Bürgschaft und dingliche Sicherungsrechte der Gläubiger am Vermögen Dritter, werden also durch den Plan nicht berührt. Ebenso wenig können die Wirkungen einer **Vormerkung** beeinträchtigt werden, die den Anspruch eines Gläubigers auf Einräumung oder Aufhebung eines Rechts an dem Grundstück eines Dritten sichert. **Der Schuldner wird jedoch durch den Plan gegenüber dem Mitschuldner, dem Bürgen oder anderen Rückgriffsberechtigten in gleicher Weise befreit wie gegenüber dem Gläubiger**, Abs. 3 Satz 2. Der Schuldner muss also den Rückgriffsanspruch im Innenverhältnis nur noch in der Höhe erfüllen, in der der Restrukturierungsgläubiger seine Quote nicht in Anspruch genommen hat. Das bedeutet, der am Verfahren unbeteiligte Dritte kann seinen Anspruch gegen den Schuldner nur noch insoweit verwirklichen, wie der Planbetroffene auf die Quote verzichtet hat. Hier wird der Dritte ausnahmsweise von der Wirkung des Plans erfasst. **Die Vorschrift will vermeiden, dass dem Schuldner die Planvorteile durch Regressforderungen Dritter sogleich wieder genommen werden.**

IV. Überschießende Erfüllung, Abs. 4

14 Ist ein Gläubiger weitergehend befriedigt worden als ihm eine Befriedigung nach dem Restrukturierungsplan zusteht, so ist der Schuldner zur Rückgewähr insoweit nicht verpflichtet, als eine Befriedigung nicht über die ursprünglich bestehende Forderung hinausgeht. Wie beim Insolvenzplan[10] auch (§ 254 Abs. 3 InsO) besteht eine **Naturalobligation** fort, die einen Rechtsgrund für eine volle Befriedigung bildet.[11] Nur Leistungen des Schuldners, die noch darüber hinausgehen, sind unter dem Gesichtspunkt der ungerechtfertigten Bereicherung gem. § 812 Abs. 1 Satz 1, 1. Alt. BGB herauszugeben[12]. Überschießende Befriedigungen dürften in einem folgenden Insolvenzverfahren keinem Anfechtungsschutz unterliegen[13]. Im Fall bewusster überobligationsmäßiger Zahlungen riskiert der Schuldner die Aufhebung der Restrukturierungssache (§§ 32 Abs. 1, 33 Abs. 2 Satz 1 Nr. 3).

V. Differenzhaftung, Abs. 5

15 Im Fall der Umwandlung von Restrukturierungsforderungen in Anteils- oder Mitgliedschaftsrechte schließt § 67 Abs. 5 eine **Nachschusspflicht nach den Grundsätzen der Differenzhaftung** für diejenigen Gläubiger aus, die im Rahmen des Planverfahrens Forderungen gegen den Schuldner im Wege der Sacheinlage einbringen und damit Anteilsinhaber werden. Sein insolvenzrechtliches Pendant hat die Vorschrift in § 254 Abs. 4 InsO. Die Nachschusspflicht bestünde ansonsten, wenn im Rahmen der Kapitalerhöhung der Wert der Forderungen, die als Sacheinlage eingebracht worden sind, zu hoch angesetzt war. Im Fall der scheiternden Sanierung droht dem Gläubiger ohne die Regelung in Abs. 5

9 Wolgast/Grauer-*Dankert*, StaRUG, § 67 Rn. 12; im Ergebnis BeckOK-StaRUG/*Wilke*, § 67 Rn. 34; mit umfangreicher Begründung und Streitdarstellung zur InsO: Uhlenbruck-*Lüer/Streit*, § 227 Rn. 19. Eine Erstreckung wird ebenso vertreten von K. Schmidt-*Spliedt*, InsO, § 227 Rn. 5; Braun-*Frank*, InsO, § 227 Rn. 8; NR/*Braun*, § 227 Rn. 4.

10 BGH NZI 2013, 85.

11 Braun-Braun/*Frank*, InsO, § 254 Rn. 13; K/P/B-*Spahlinger*, § 254 Rn. 15; MK-InsO/*Huber*, § 254 Rn. 33 f.; *Schiessler*, Der Insolvenzplan, 1997, 192.

12 Braun-*Bauch*, StaRUG, § 67 Rn. 10.; Wolgast/*Grauer-Dankert*, StaRUG, § 67 Rn. 18.

13 Braun-*Bauch*, StaRUG, § 67 Rn 12. Im Ergebnis auch BeckOK-StaRUG/*Wilke*, § 67 Rn. 47.

nicht nur der Verlust seiner Forderung, sondern auch eine Nachschusspflicht. Die Regelung dient also der **Planungssicherheit** der gewandelten Restrukturierungsforderungen. Die Vorschrift ist abschließend, eine Überbewertung kann weder durch den (den Restrukturierungsplan ja selbst erstellenden und damit nicht schutzwürdigen[14]) Schuldner noch die Mitgesellschafter geltend gemacht werden.

VI. Heilung, Abs. 6

16 Mängel im Verfahren der Planabstimmung sowie Willensmängel vom Planangebot und Planannahme gelten mit der rechtskräftigen Bestätigung des Restrukturierungsplans als geheilt. § 67 Abs. 6 enthält also eine **gesetzliche Fiktion**. Mängel bei der Planannahme soll der davon Betroffene im Rahmen der sofortigen Beschwerde geltend machen (§ 66). Willensmängel des Planbetroffenen, wie z.B. ein Irrtum über Rechtsnatur oder Wirkung des Restrukturierungsplans oder ein Irrtum über die Bedeutung seiner eigenen Zustimmung gelten ebenfalls unter genannten Bedingungen als geheilt. Eine solche Regelung ist notwendig, da ansonsten die Vorschriften des BGB über Zustandekommen, Wirksamkeit und Anfechtbarkeit[15] von Willenserklärungen anwendbar sein dürften. Denn viel mehr noch als der Insolvenzplan[16] hat der Restrukturierungsplan wegen der noch stärkeren privatautonomen Ausgestaltung des Restrukturierungsverfahrens vertragliche bzw. vertragsähnliche Elemente[17]. Die Regelung soll Gefahren für den Erfolg des Restrukturierungsvorhabens vermeiden und frühzeitig für Rechtssicherheit sorgen. Für den Planbetroffenen ist sie, insbesondere wegen des Fehlens einer Parallele zu §§ 221 Satz 2, 248a InsO und dem Eintritt der Wirkungen schon mit Bestätigung gefährlich und noch viel mehr als beim Insolvenzplan besteht Veranlassung, sich frühzeitig und intensiv mit den vorgeschlagenen Regelungen zu beschäftigen.

16a Mängel im Abstimmungsverfahren sind Verstöße gegen die Vorbereitung der Abstimmung, im wesentlichen also Fehler bei Ladung und Information, und Fehler beim Ablauf des Termins. Führen diese verfahrensrechtlichen Mängel soweit, dass einzelne Planbetroffene nicht ordnungsgemäß beteiligt werden, geht allerdings § 67 Abs. 1 vor: die Planwirkungen können diesen Betroffenen nicht treffen.

16b Auch Willensmängel von Planangebot und Planannahme gelten als geheilt. Bereits sprachlich sind damit Willensmängel Dritter, deren Erklärungen nach § 68 Abs. 3 in den Plan aufgenommen werden, von der Regelung nicht erfasst. Willensmängel sind solche Mängel, die nach §§ 116 ff. BGB zur Anfechtung berechtigen[18]. Erfasst sein sollen, da die Vorschrift die notwendige Rechtssicherheit herbeiführen soll, auch Vertretungsmängel.[19]

16c Nichtige Regelungen unterfallen jedoch nicht § 67. Das gleiche für offensichtliche Fehler. Formfehler unterfallen § 68 Abs. 1, 3. Vor der Bestätigung des Restrukturierungsplans führen derartige unzulässige Regelungen und Verstöße, wenn sie nicht behoben werden, zur Versagung der Planbestätigung nach § 63 Abs. 1. Wurde der Plan bestätigt und enthält er nichtige Regelungen, bleiben diese ohne Wirkung. Eine Gesamtnichtigkeit tritt nicht ein, es sei denn, dass er aufgrund der festgelegten nichtigen Bestimmungen insgesamt nichtig oder undurchführbar ist.[20]

§ 68 Sonstige Wirkungen des Restrukturierungsplans

(1) Wenn Rechte an Gegenständen begründet, geändert, übertragen oder aufgehoben oder Geschäftsanteile an einer Gesellschaft mit beschränkter Haftung abgetreten werden sollen, gelten

14 Wolgast/*Grauer-Dankert*, StaRUG, § 67 Rn. 19.
15 Ausgenommen ist dabei nur § 123 BGB wegen § 90 StaRUG.
16 Hierzu BGH, NZI 2015, 697; krit. *Madaus*, NZI 2020, 545, 546.
17 Daher ebenso Braun-*Bauch*, StaRUG, § 67 Rn. 18.
18 Begr RegE, BT-Drucks. 19/24181, S. 121.
19 Flöther/*Hoffmann-Braun*, § 67 Rn. 24; K. Schmidt-*Spliedt*, § 67 Rn. 25.
20 Für den Insolvenzplan BGH ZIP 2015, 1346. Ebenso K. Schmidt-*Spliedt*, § 67 Rn. 34.

die in den Restrukturierungsplan aufgenommenen Willenserklärungen der Planbetroffenen und des Schuldners als in der vorgeschriebenen Form abgegeben.

(2) Die in den Restrukturierungsplan aufgenommenen Beschlüsse und sonstigen Willenserklärungen der Planbetroffenen und des Schuldners gelten als in der vorgeschriebenen Form abgegeben. Gesellschaftsrechtlich erforderliche Ladungen, Bekanntmachungen und sonstige Maßnahmen zur Vorbereitung von Beschlüssen der Planbetroffenen gelten als in der vorgeschriebenen Form bewirkt.

(3) Entsprechendes gilt für die in den Restrukturierungsplan aufgenommenen Verpflichtungserklärungen, die einer Maßnahme nach Absatz 1 oder Absatz 2 zugrunde liegen.

Übersicht Rdn.

A. Einführung

1 § 68 entspricht inhaltlich weitestgehend § 254a InsO[1], ergänzt § 67[2] und normiert die Reichweite der Wirkungen des Restrukturierungsplans für in ihn aufgenommene Willenserklärungen und die diesen zugrunde liegenden Verpflichtungserklärungen. Die Vorschrift **erleichtert die Umsetzung** des Restrukturierungsplans[3]. Der Restrukturierungsplan soll möglichst zügig umgesetzt werden. Wie auch beim Insolvenzplan hängt der Erfolg der Restrukturierung häufig auch von der Umsetzungsgeschwindigkeit ab. Die Norm trägt dazu bei, indem sie bei bestimmten Rechtsänderungen, deren Wirksamkeit z.B. von registerlichen Eintragungen abhängt, Erleichterungen bei der Umsetzung schafft.

B. Regelungsgegenstand

I. Grundsätze

2 Der Restrukturierungsplan kann unmittelbar Rechte an Gegenständen begründen, ändern, übertragen oder aufheben und in ihm können ferner Geschäftsanteile an einer GmbH abgetreten werden. Wenn dies der Fall ist, gelten insoweit die in den Plan aufgenommenen Willenserklärungen der Planbetroffenen (§ 7 Abs. 1) und des Schuldners mit der Bestätigung des Restrukturierungsplans **als in der vorgeschriebenen Form abgegeben**.

3 § 68 Abs. 2 erweitert diese Wirkungen auf sämtliche in den Plan aufgenommenen Beschlüsse und Willenserklärungen der Planbetroffenen und des Schuldners sowie gesellschaftsrechtlich erforderliche Ladungen, Bekanntmachungen und sonstige Maßnahmen zur Vorbereitung von Beschlüssen der Planbetroffenen. Die vorgeschriebene Form gilt als eingehalten, die Norm erhält daher eine gesetzliche Fiktion. Dabei ist es unerheblich, ob sich die Notwendigkeit der Form aus dem Gesetz oder dem Gesellschaftsvertrag bzw. der Satzung ergibt. Unter die Norm fallen in erster Linie gesellschaftsrechtliche Maßnahmen beim Schuldner; die zulässigen Maßnahmen ergeben sich aus § 7 Abs. 4.

4 Über § 68 Abs. 3 gilt die Formerstreckung zugleich für die diesen Maßnahmen zugrunde liegenden Verpflichtungserklärungen.

---

1 Begr. RefE SanInsFoG, S. 182; Siehe daher aus der insolvenzrechtlichen Kommentarliteratur u.a.: SanR-*Martini*, § 254a passim.
2 BeckOK-StaRUG/*Wilke*, § 68 Rn. 1.
3 Wolgast/*Grauer-Dankert*, StaRUG, § 68 Rn. 2.

Insgesamt enthält damit § 68 **gesetzliche Fiktionen zur Erleichterung der Umsetzung des Restrukturierungsplans**. Die Vorschrift macht somit vor allem zusätzliche (Zeit erfordernde) notarielle Beurkundungen oder Beglaubigungen von Willenserklärungen oder der ihr zugrunde liegenden Verpflichtungserklärungen entbehrlich. Ersetzt wird also niemals die Willenserklärung selbst (bzw. im Fall des § 68 Abs. 3 die ihr zugrunde liegende Verpflichtungserklärung), sondern stets nur die **erforderliche Form**[4]. 5

Die von der Rechtsordnung vorausgesetzte Publizität der Rechtsänderung, z.B. in Form von Registereintragungen, Eintragungen in das Grundbuch oder die Verschaffung des Besitzes bei Bestellung eines Pfandrechts, verhindern jedoch eine vollständige Integration dinglicher Rechtsänderungen oder gesellschaftsrechtlicher Kapitalmaßnahmen in den Restrukturierungsplan. Die vorgesehenen Erleichterungen umfassen also nur das zur Rechtsänderung notwendige (dingliche) sowie das ihr zugrunde liegende (schuldrechtliche) Rechtsgeschäft sowie über Abs. 3 die zugrunde liegende Verpflichtungserklärung, **während Vollzugsakte erforderlich bleiben.**[5] Die Besitzübergabe nach §§ 929 ff. BGB oder registerliche Eintragungen ins Handelsregister oder Grundbuch werden also nicht ersetzt. Der grundbuchliche Eintragungsantrag selbst und die Eintragungsbewilligung (§ 19 GBO) in notarieller Form (§ 29 GBO) können allerdings im Restrukturierungsplan selbst enthalten sein und durch Vorlage einer Ausfertigung des Restrukturierungsplans nebst Bestätigungsbeschluss (§ 67) nachgewiesen werden. 6

II. Reichweite

Unter die Vorschrift fallen dingliche wie schuldrechtliche Willenserklärungen der Planbetroffenen und des Schuldners. Willenserklärungen Dritter werden mithin auch dann nicht von der Erleichterung dieser Vorschrift erfasst, wenn sie in den Plan aufgenommen wurden. Eine Ausnahme gilt nach Abs. 3 nur, wenn es sich um Verpflichtungserklärungen Dritter handelt, die im Plan gegenüber den Planbetroffenen und dem Schuldner übernommen werden (§ 15 Abs. 3).[6] 7

III. Dingliche Rechtsänderungen

Sieht der Restrukturierungsplan vor, dass Rechte an Massegegenständen begründet, geändert, übertragen oder aufgehoben oder Geschäftsanteile einer GmbH abgetreten werden, so sind **nach dem Inkrafttreten des Plans Verfügungen über diese Gegenstände nach sachenrechtlichen bzw. gesellschaftsrechtlichen Vorschriften vorzunehmen.** Aus Vereinfachungsgründen können die hierzu notwendigen Willenserklärungen der Beteiligten in den gestaltenden Teil des Restrukturierungsplans aufgenommen werden, § 13. Erfolgt diese Aufnahme, bestimmt Abs. 1, dass diese Willenserklärungen mit dem Eintritt der Planwirkungen als formwirksam abgegeben gelten. 8

IV. Konzentrationswirkung der Prüfung des Restrukturierungsgerichts

Ebenso wenig wie § 254a Abs. 2 beantwortet § 68 Abs. 2 die Frage der **Prüfungskompetenz des Registergerichts in Bezug auf die Eintragungsfähigkeit** der gesellschaftsrechtlichen Änderungen im Handelsregister. Da § 68 Abs. 2 nicht den nach Gesellschaftsrecht erforderlichen konstitutiven Publizitätsakt ersetzt, stellt sich die Frage, ob und ggf. in welchem Umfang dem Registergericht bei einem durch das Restrukturierungsgericht bestätigten Restrukturierungsplan noch ein Prüfungsrecht zusteht[7]. 9

Das Restrukturierungsgericht prüft die Durchführbarkeit des Restrukturierungsplans, dazu gehört i.d.R. auch die Frage der registerlichen Eintragungsfähigkeit. Eine erneute Prüfung durch das Register- 10

4 BeckOK-StaRUG/*Wilke*, § 68 Rn. 1.
5 Wolgast/*Grauer-Dankert*, StaRUG, § 68 Rn. 3. Zum Insolvenzplan: *Horstkotte/Martini*, ZInsO 2012, 557.
6 Siehe auch Jacoby/Thole-*Spliedt*, § 68 Rn. 9.
7 Zu der zur Parallelvorschrift des § 254a InsO geführten Diskussion: MK-InsO/*Madaus*, § 225a Rn. 22 m.w.N.

gericht determiniert nicht nur diese Aufgabe des Restrukturierungsgerichts, sondern führt zu **vermeidbarem Mehraufwand** und beinhaltet die **Gefahr divergierender gerichtlicher Entscheidungen.** Diese Gefahren bestehen nur in den Fällen nicht, in denen das Restrukturierungsgericht nicht zuständig ist, weil die Eintragungsfähigkeit sich nicht aus dem Plan selbst (und nur aus ihm) ergibt, sondern gemeinsam mit weiteren Voraussetzungen außerhalb des Plans, z.B. im Fall einer Erhöhung des Grundkapitals wegen der Anlagen nach § 188 Abs. 3 AktG. In diesem Fall hat das Registergericht eine **subsidiäre Prüfungskompetenz**[8].

11 Ob diese nur beschränkte Prüfungskompetenz auch im Fall offensichtlicher Mängel gilt, ist im insolvenzrechtlichen Schrifttum umstritten[9]. In jedem Fall empfiehlt es sich – wie beim Insolvenzplan auch – die Frage der Eintragungsfähigkeit bereits im Rahmen der Planerstellung mit dem Registergericht vorzubesprechen[10].

§ 69 Wiederaufleben gestundeter oder erlassener Forderungen

(1) [1]Sind aufgrund des gestaltenden Teils des Restrukturierungsplans einbezogene Restrukturierungsforderungen gestundet oder teilweise erlassen worden, so wird die Stundung oder der Erlass für den Gläubiger hinfällig, gegenüber dem der Schuldner mit der Erfüllung des Plans erheblich in Rückstand gerät. [2]Ein erheblicher Rückstand ist erst anzunehmen, wenn der Schuldner eine fällige Verbindlichkeit nicht bezahlt hat, obwohl der Gläubiger ihn schriftlich gemahnt und ihm dabei eine mindestens zweiwöchige Nachfrist gesetzt hat.

(2) Wird vor vollständiger Erfüllung des Restrukturierungsplans über das Vermögen des Schuldners ein Insolvenzverfahren eröffnet, so ist die Stundung oder der Erlass im Sinne des Absatzes 1 für alle Gläubiger hinfällig.

(3) Im Restrukturierungsplan kann etwas von Absatz 1 oder 2 Abweichendes vorgesehen werden. Jedoch kann von Absatz 1 nicht zum Nachteil des Schuldners abgewichen werden.

Übersicht

A. Einführung

1 Die Planbetroffenen, die dem Restrukturierungsplan zustimmen, tun dies in der berechtigten und durch die Aufstellung des Plans hervorgerufenen Erwartung, dass der Schuldner seinen Verpflichtungen auch nachkommt. **§ 69 sanktioniert frustrierte Erwartungen eines Gläubigers** – Abs. 1 – bzw. der Gläubiger – Abs. 2 – unter angemessener Rücksichtnahme auf schuldnerische Interessen. Neben dieser **Schutzfunktion** für die Planbetroffenen kommt der Vorschrift eine **Disziplinierungsfunktion** im Hinblick auf den Schuldner zu.[1]

2 Die Vorschrift, die ohne Vorbild in der Restrukturierungsrichtlinie ist, entspricht mit den restrukturierungsplanbedingten Besonderheiten dem Vorbild des § 255 InsO[2], vermeidet aber dessen missverständliche Überschrift, die suggeriert, dass das Wiederaufleben vereinbart werden müsste (»Wiederauflebensklausel«).

8 *Horstkotte/Martini*, ZInsO 2012, 557, 567, Rn. 67; sich dem anschließend MK-InsO/*Madaus*, § 254a Rn. 22 m.w.N.

9 In diesem Fall bejahen eine Prüfungskompetenz u.a.: *Horstkotte*, ZInsO 2015, 416; *Müller*, KTS 2012, 419, 448; a.A. *Madaus*, ZIP 2012, 2133, 2138; A/G/R-*Silcher*, § 254a Rn. 2; Uhlenbruck-*Lüer/Streit*, InsO, § 254a Rn. 11.

10 Wolgast/*Grauer-Dankert*, StaRUG, § 68 Rn. 8.

1 BeckOK-StaRUG/*Wilke*, § 69 Rn. 1.

2 Siehe daher auch: SanR-*Martini*, § 255 Rn. 1 ff.

Abs. 2 soll sicherstellen, dass die Planbetroffenen im Fall eines sich anschließenden Insolvenzverfahrens wieder in ihre ursprüngliche Rechtsstellung einrücken. Die Erwartung des Gläubigers, mit seinem teilweisen Verzicht zur Sanierung des Unternehmens beizutragen, hat sich zerschlagen, es handelt sich in der Sache um einen **Fall des Wegfalls der Geschäftsgrundlage.** Es gibt keinen Grund für den Gläubiger mehr, an seinem teilweisen Verzicht oder der Stundung seiner Forderungen festzuhalten. 3

B. Regelungsinhalt

I. Abs. 1

Sieht der gestaltende Teil des Restrukturierungsplans einen **Teilerlass** oder eine **Stundung** in Bezug auf Restrukturierungsforderungen vor, gibt Abs. 1 Satz 1 dem betroffenen Gläubiger gegenüber dem säumigen Schuldner ein **Druckmittel** in die Hand. Die Säumnis des Schuldners bei der Erfüllung der ihn treffenden Leistungspflichten macht den Teilerlass oder die Stundung ihm gegenüber hinfällig. D.h. es lebt die ursprüngliche Forderung wieder auf, die aber nunmehr durch den Plan tituliert ist. Die Säumnis hat stets nur Auswirkungen auf das Rechtsverhältnis zum einzelnen Gläubiger, obwohl der Plan gegenüber allen Betroffenen wirkt, § 67 Abs. 1, und sowohl innerhalb der Gruppe (§ 10) als auch gruppenübergreifend (§ 27 Abs. 1 Nr. 3) die Beteiligten gleich behandeln soll, wenn der Betroffene nicht ausnahmsweise einer Ungleichbehandlung zustimmt. 4

Die Norm führt von diesen Grundsätzen abweichend im Ergebnis im Einzelfall zu einer Besserstellung einzelner Gläubiger, die aber hingenommen wird, solange es nicht zu einer Insolvenz kommt.[3] Diese Rechtsfolge kann nicht vermieden werden, da § 69 Abs. 3 S. 2 Abweichungen von § 69 Abs. 1 und 2 zu Lasten des Schuldners nicht erlaubt. Eine Bestimmung, dass ein den Anforderungen des § 69 Abs. 1 genügender Rückstand auch zur Hinfälligkeit der Stundung oder des Erlasses auch für andere Gläubiger führt, wäre daher unwirksam. 4a

Auf den **vollständigen Forderungserlass** ist § 69 schon dem Wortlaut (»teilweise«) nach nicht anwendbar.[4] Davon abgesehen kann es einen Rückstand mit der Erfüllung bei vollständigem Erlass schon begrifflich nicht geben. Etwas anderes gilt nur dann, wenn dem Erlass eine Gegenleistung zugunsten des Gläubigers zugrunde liegen soll, die nicht erfüllt wird. Auch in diesem Fall ist die Vorschrift anwendbar.[5] 5

Der Rückstand muss sich auf eine planbetroffene **Restrukturierungsforderung i.S.d. § 7 Abs. 1** beziehen. Darüber hinaus muss die Forderung unstreitig sein; auf streitige Restrukturierungsforderungen ist die Sonderregelung des § 70 Abs. 2 anwendbar. Schließlich muss der Schuldner selbst derjenige sein, der schuldet. Auf durch einen Dritten übernommene Verpflichtungen ist die Vorschrift nicht anwendbar. Ein **Rückstand** kann nur bestehen, wenn die Forderung einredefrei und fällig ist. 6

Abs. 1 Satz 2 definiert, unter welchen Voraussetzungen ein **erheblicher Rückstand** des Schuldners, also ein die Hinfälligkeit der Beschränkungen des Forderungsrechts auslösender Rückstand, vorliegt. Danach muss die Forderung, auf die der Schuldner nicht geleistet hat, zunächst **fällig** gewesen sein.[6] Hinzutreten muss, dass der Gläubiger den Schuldner nach Fälligkeit zur Leistung gemahnt und ihm zur Erfüllung eine **Frist von 2 Wochen** gesetzt hat. Die Mahnung muss schriftlich (§ 126 BGB) erfolgen. Sie kann weder durch Klage noch durch Mahnbescheid ersetzt werden.[7] Diese Frist muss der Schuldner **verstreichen** gelassen haben. Eine vor Fälligkeit erfolgte Mahnung ist unwirksam. Eine zu kurze Frist ist ebenfalls unwirksam und setzt den Lauf der gesetzlichen Frist nicht in Gang.[8] Die Frist beginnt mit Zugang der Mahnung beim Schuldner[9]. 7

3 Jacoby/Thole-*Spliedt*, § 69 Rn. 2.
4 A.A. HambKomm-InsR/*Thies*, § 255 Rn. 12.
5 NR/*Braun*, § 255 Rn. 2.
6 Braun-Braun/*Frank*, InsO, § 255 Rn. 6; K/P/B-*Spahlinger*, § 255 Rn. 15; MK-InsO/*Huber* § 255 Rn. 17; Uhlenbruck-Lüer/*Streit*, InsO, § 255 Rn. 5; *Schiessler*, Der Insolvenzplan, 1997, 195.
7 BeckOK-StaRUG/*Wilke*, § 69 Rn. 17; zur InsO: MK-InsO/*Huber* § 255 Rn. 21 ff.
8 FK-InsO/*Jaffé*, § 255 Rn. 18.
9 MK-InsO/*Huber/Madaus*, § 255 Rn. 24; Braun-*Bauch*, StaRUG, § 69 Rn. 2.

8 Der Begriff des **Verzuges** ist vom Gesetzgeber bewusst vermieden worden, **es kommt also nicht darauf an, ob der Zahlungsrückstand des Schuldners verschuldet ist.** Für einen Mangel an Zahlungsmitteln muss der Schuldner aber immer einstehen, § 276 Abs. 1 Satz 1 BGB.

9 Im Rückstand befinden muss sich der *Schuldner*; es reicht also nicht, wenn ein Dritter nicht leistet.

10 **Beseitigt der Schuldner den Rückstand nicht rechtzeitig, so werden Stundung oder Teilerlass hinfällig.** Die Forderung, die im gestaltenden Teil nur Beschränkungen unterworfen wurde, entsteht aber nicht etwa neu. Sie lebt vielmehr im ursprünglichen Umfang wieder auf, u.U. reduziert um zwischenzeitliche Zahlungen.[10]

II. Abs. 2

11 Der Grund für ein Wiederaufleben der Forderungen *nur einzelner Gläubiger* fällt weg, wenn es zur Eröffnung eines Insolvenzverfahrens kommt, bevor der Plan vollständig erfüllt wurde. Denn dann steht das Scheitern der Sanierung fest. Der Gläubiger soll nur einmal zur Kasse gebeten werden und zwar durch die Beschneidung seiner Restrukturierungsforderung und nicht erneut, wenn er im Fall einer sich anschließenden Insolvenz auf die so beschnittene Restrukturierungsforderung eine Insolvenzquote erhält[11]. Die Eröffnung des Insolvenzverfahrens alleine ist ausreichend, ein Rückstand gegenüber den Planbetroffenen setzt § 69 Abs. 2 gerade nicht voraus.

12 Daher werden nach Abs. 2 in diesem Fall Stundung und Erlass **insgesamt hinfällig** und nicht nur beschränkt auf den aktiv werdenden Gläubiger. Auch unter Abs. 2 fallen entgegen dem missverständlichen Wortlaut **nur teilweise erlassene Forderungen**, da § 68 Abs. 2 eine Schlechterstellung der Gläubiger in einem Insolvenzverfahren verhindern soll und es zu dieser bereits nicht kommen kann, wenn er zuvor vollständig verzichtet hatte.[12]

III. Abs. 3

13 Der Plan kann Regelungen vorsehen, die von Abs. 1 und 2 **abweichen**. Diese Regelungen dürfen aber im Fall des Abs. 1 die Situation nicht zum Nachteil des Schuldners verändern[13]. Unzulässig wäre es daher, eine kürzere Nachfrist zu vereinbaren oder auf die Schriftform zu verzichten. Auch darf nicht statt der Eröffnung eines Insolvenzverfahrens auf das Vorliegen eines Insolvenzantrages abgestellt werden.

14 Dagegen kann im Plan zulasten des Schuldners eine von Abs. 2 abweichende Regelung getroffen werden.[14]

§ 70 Streitige Forderungen und Ausfallforderungen

(1) Streitige Restrukturierungsforderungen unterliegen der auf sie anwendbaren Regelung des Restrukturierungsplans in der Höhe, in der sie später festgestellt sind, nicht aber über den Betrag hinaus, der dem Plan zugrunde gelegt wurde.

(2) [1]Ist eine Restrukturierungsforderung im Abstimmungsverfahren bestritten worden oder steht die Höhe der Ausfallforderung des Inhabers einer Absonderungsanwartschaft noch nicht fest, so

10 MK-InsO/*Huber*, § 255 Rn. 26; Jacoby/Thole-*Spliedt*, § 69 Rn. 11; a.A. Flöther/*Hoffmann-Braun*, § 69 Rn. 11.

11 Anschaulich Jacoby/Thole-*Spliedt*, § 69 Rn. 10: Vermeidung einer Doppelbelastung.

12 Mit überzeugender Begründung MK-InsO/*Huber* § 255 Rn. 33; zustimmend NR-*Braun* § 255 Rn. 6; a.A. *Schiessler*, Der Insolvenzplan, 1997, 197.

13 Näher: Wolgast/*Grauer-Dankert*, StaRUG, § 68 Rn. 9.

14 Braun-Braun/*Frank*, InsO, § 255 Rn. 12; K/P/B-*Spahlinger* § 255 Rn. 22 ff.; MK-InsO/*Huber*, § 255 Rn. 41; Graf-Schlicker-*Kebekus/Wehler*, InsO, § 255 Rn. 4; Uhlenbruck-*Lüer/Streit*, InsO, § 255 Rn. 22 f.; *Schiessler*, Der Insolvenzplan, 1997, 197.

ist ein Rückstand mit der Erfüllung des Restrukturierungsplans im Sinne des § 69 Absatz 1 nicht anzunehmen, wenn der Schuldner die Forderung bis zur endgültigen Feststellung in der Höhe berücksichtigt, die der Entscheidung über das Stimmrecht bei der Abstimmung über den Plan entspricht. [2]Ist keine Entscheidung des Restrukturierungsgerichts über das Stimmrecht getroffen worden, so hat das Restrukturierungsgericht auf Antrag des Schuldners oder des Gläubigers nachträglich festzustellen, in welchem Ausmaß der Schuldner die Forderung vorläufig zu berücksichtigen hat.

(3) [1]Ergibt die endgültige Feststellung der Forderung, dass der Schuldner zu wenig gezahlt hat, so hat er das Fehlende nachzuzahlen. [2]Ein erheblicher Rückstand mit der Erfüllung des Restrukturierungsplans ist erst anzunehmen, wenn der Schuldner das Fehlende nicht nachzahlt, obwohl der Gläubiger ihn schriftlich gemahnt und ihm dabei eine mindestens zweiwöchige Nachfrist gesetzt hat.

(4) Ergibt die endgültige Feststellung der Forderung, dass der Schuldner zu viel gezahlt hat, so kann er den Mehrbetrag nur insoweit zurückfordern, als dieser auch den nicht fälligen Teil der Forderung übersteigt, die dem Gläubiger nach dem Restrukturierungsplan zusteht.

Übersicht

A. Einführung

1 § 70 orientiert sich an der Parallelvorschrift zum Insolvenzplan (§ 256 InsO) und ist angelegt in Erwägungsgrund 46 der Restrukturierungsrichtlinie, weist aber aufgrund der schon dogmatischen Unterschiede zwischen Restrukturierungsplan und Insolvenzplan zwangsläufig Unterschiede auf. Diese sind schon deshalb zwingend, weil der Restrukturierungsplan als **weitestgehend privatautonome Vereinbarung** zwischen den Beteiligten im Gegensatz zum gesamtvollstreckungsrechtlichen Ansatz des Insolvenzplans weder Forderungsanmeldung noch Forderungsfeststellung kennt. In Ermangelung eines Forderungsfeststellungsverfahrens soll die Norm insbesondere dazu beitragen, dass die Annahme und Umsetzung des Restrukturierungsplans durch einen andauernden Streit über die Berechtigung einzelner Restrukturierungsforderungen nicht verzögert oder gar gefährdet wird. Sie regelt also den Umgang mit streitigen Forderungen und mit Ausfallforderungen und normiert die Konsequenzen einer Nachzahlungsverpflichtung bzw. eines möglichen Rückforderungsrechts. Denn diese Fälle sind für den Schuldner mit Unsicherheiten verbunden, in welcher Höhe er tatsächlich leisten muss, ohne Gefahr zu laufen, dass Forderungen wieder aufleben.

B. Regelungsinhalt

I. Umfang der Einbeziehung der Forderung (Abs. 1)

2 Es ist der Schuldner selbst, der den Restrukturierungsplan erstellt und bestimmt in welcher Höhe eine Restrukturierungsforderung in den Plan einbezogen wird. Da ein dem Insolvenzverfahren vergleichbares Forderungsprüfungs- und Feststellungsverfahren fehlt, legt der Restrukturierungsplan nur fest, wie eine Restrukturierungsforderung behandelt wird, trifft aber keine Aussage über deren Bestand und Höhe[1].

2a Dass es zwischen Schuldner und Gläubiger Streit über den Bestand und die Höhe einer Forderung geben kann, liegt auf der Hand und wird auch gesetzlich vorausgesetzt (§§ 45 Abs. 4, 71 Abs. 1).

1 Begr. RegE SanInsFoG S. 183.

3 Die Klärung der Berechtigung der Forderung dem Grunde und der Höhe nach erfolgt außerhalb des Restrukturierungsverfahrens, da sich der nationale Gesetzgeber hiervon versprochen hat, das Verfahren effizient und zügig zu gestalten[2]. Entweder einigt sich der Gläubiger mit dem Schuldner also außerhalb des Plans oder jener erhebt Leistungsklage. Die Forderungen der Finanzverwaltung werden durch Verwaltungsakt festgestellt.

4 Ein mit dem Einfluss des Schuldners verbundenes **Missbrauchspotenzial** versucht § 70 Abs. 1 in der Weise abzufedern, dass die Wirkungen des Restrukturierungsplans nie über denjenigen Betrag hinausgehen, der dem Plan zugrundegelegt wurde. Dabei ist es unerheblich, ob die Begrenzung bewusst oder irrtümlich erfolgte[3]. Im umgekehrten Fall, also der zu hohen Angabe der Restrukturierungsforderung im Plan, ist die dort vorgesehene Kürzung auch nur insoweit möglich, als die Forderung sich später als berechtigt herausstellt. Da nur dasjenige, was Gegenstand des Plans ist, von den Planwirkungen umfasst wird, wird der Schuldner die Forderung möglichst vollumfänglich in den Plan einbeziehen. Bei streitigen Forderungen wird der Schuldner sie im Zweifel mit dem höchst denkbaren Betrag angeben, sie aber zugleich ganz oder teilweise bestreiten, um die Rechtswirkungen des § 71 zu vermeiden.

II. Schutzwirkung der gerichtlichen Feststellung (Abs. 2)

5 Aus **Vorsichtsgründen** müsste der Schuldner im Rahmen der Erstellung des Restrukturierungsplans eine streitige Forderung eher zu hoch als zu niedrig ansetzen, da streitige Restrukturierungsforderungen wegen § 70 Abs. 1 nur in der dem Plan zugrunde gelegten Höhe einer Regelung unterliegen. Auf der anderen Seite ergibt sich aus der in Ansatz gebrachten Höhe der Restrukturierungsforderung das Stimmrecht, § 20 Abs. 1 Ziff. 1. Daher kann auf Antrag des Schuldners das Stimmrecht einer Restrukturierungsforderung nach § 46 Abs. 1 Satz 2 Ziff. 2, 1. Alt. im Wege einer gerichtlichen Vorprüfung durch das Restrukturierungsgericht geprüft werden. Dies kann für den Schuldner gefährlich sein, wenn die Restrukturierungsforderung tatsächlich höher ist und er damit mit der Erfüllung dieser Forderung in Rückstand gerät (§ 69).

6 Hier hilft ihm § 70 Abs. 2: Ist eine Restrukturierungsforderung im Abstimmungsverfahren bestritten worden oder steht die Höhe der Ausfallforderung des Inhabers einer Absonderungsanwartschaft noch nicht fest, **liegt ein Rückstand dann nicht vor, wenn der Schuldner diese Forderung bis zur endgültigen Feststellung in der Höhe berücksichtigt, die der Entscheidung über das Stimmrecht bei der Abstimmung über den Plan entspricht**. Die gerichtliche Festlegung des Stimmrechts hat also eine **quasi streitentscheidende Zuteilungswirkung** ähnlich einer Entscheidung im Verfahren des vorläufigen Rechtsschutzes.[4]

7 Fehlt es an einer Entscheidung des Restrukturierungsgerichts über das Stimmrecht nach § 46 Abs. 1 Satz 2 Ziff. 2, so hat das Restrukturierungsgericht auf Antrag des Schuldners oder des Gläubigers nachträglich festzustellen, in welchem Umfang der Schuldner die Forderung vorläufig zu berücksichtigen hat. **Der Schuldner muss also zunächst nur den bei der Stimmrechtsentscheidungen berücksichtigten Betrag seinen Zahlungen zugrunde legen**. Tut er dies, gerät er nicht in Rückstand.

III. Nachholung der Zahlung und Rückstand (Abs. 3)

8 Die Zahlungsverpflichtung des darüber hinausgehenden Teils lässt dies natürlich unberührt, das Delta führt jedoch die Rechtswirkungen des § 69 Abs. 1 zunächst nicht herbei. Der Schuldner hat es nachzuzahlen, sobald die Forderung endgültig geklärt wurde, entweder durch Einigung zwischen Schuldner und Gläubiger oder durch gerichtliche Feststellung des Prozessgerichts. Erst ab diesem Zeitpunkt gilt nunmehr die Regelung des § 69 Abs. 1. Jetzt gibt es keinen Grund mehr, den Schuldner zu schützen.

---

2 Begr. RefE SanInsFoG S. 183.

3 BeckOK-*Wilke*, § 70 Rn. 15; BT-Drucks. 19/24181, S. 167.

4 Siehe auch SanR-*Martini*, § 256 Rn. 7.

IV. Überzahlung (Abs. 4)

§ 70 Abs. 4 ist lex specialis zu § 67 Abs. 4: Stellt sich mit endgültiger Klärung der Forderung heraus, dass der Schuldner zu viel gezahlt hat, so fehlt es an einem Rechtsgrund für das Behaltendürfen der Mehrleistung durch den Gläubiger, sodass der Schuldner diesen Betrag unter dem Gesichtspunkt der ungerechtfertigten Bereicherung (§ 812 Abs. 1 Satz 1, 1. Alt BGB) zurückfordern kann. Die fehlende Fälligkeit des Überzahlten kann der Schuldner jedoch nicht einwenden, eine vorfristige Zahlung führt also nicht zu einem Rückforderungsanspruch. Damit werden im Ergebnis sinnlose Fälle des Hin- und Herzahlens vermieden.[5] 9

§ 71 Vollstreckung aus dem Restrukturierungsplan

(1) [1]Aus dem rechtskräftig bestätigten Restrukturierungsplan können die Restrukturierungsgläubiger, deren Forderungen im Bestätigungsbeschluss nicht als bestritten ausgewiesen sind, wie aus einem vollstreckbaren Urteil die Zwangsvollstreckung gegen den Schuldner betreiben. [2]§ 202 der Insolvenzordnung gilt entsprechend.

(2) Absatz 1 gilt auch für die Zwangsvollstreckung gegen einen Dritten, der durch eine dem Restrukturierungsgericht eingereichte schriftliche Erklärung für die Erfüllung des Plans neben dem Schuldner ohne Vorbehalt der Einrede der Vorausklage Verpflichtungen übernommen hat.

(3) Macht ein Gläubiger die Rechte geltend, die ihm im Fall eines erheblichen Rückstands des Schuldners mit der Erfüllung des Plans zustehen, so hat er zur Erteilung der Vollstreckungsklausel für diese Rechte und zur Durchführung der Vollstreckung die Mahnung und den Ablauf der Nachfrist glaubhaft zu machen, jedoch keinen weiteren Beweis für den Rückstand des Schuldners zu führen.

(4) Bestand für die einer Planregelung unterliegende Forderung bereits ein vollstreckbarer Titel, tritt der rechtskräftig bestätigte Restrukturierungsplan an dessen Stelle; die weitere Vollstreckung aus dem früheren Titel ist insoweit unzulässig.

Übersicht

A. Einführung

Die Norm behandelt im Ergebnis in Anlehnung an § 257 InsO eine Leistungsstörung, nämlich die Notwendigkeit der Zwangsvollstreckung einer vom Restrukturierungsplan betroffenen Restrukturierungsforderung. Die Norm stellt den rechtskräftig bestätigten Restrukturierungsplan dem vollstreckbaren Urteil gleich und zwar nicht nur gegenüber dem Schuldner, sondern auch gegenüber einem Dritten, der im Restrukturierungsplan Verpflichtungen übernommen hat. Von § 257 InsO unterscheidet sich die Norm aber zwangsläufig insoweit, als dass es ein dem Insolvenzverfahren vergleichbares Forderungsanmelde- und prüfungsverfahren nicht gibt. Die Norm soll einerseits sicherstellen, dass der Gläubiger eine Forderung, die der Restrukturierungsplan ihm nach § 17 zubilligt, auch gegen den Schuldner zwangsvollstrecken kann, andererseits sichergestellt ist, dass der Gläubiger, der bereits einen Vollstreckungstitel in den Händen hält, auch nicht mehr weitergehend zwangsvollstrecken kann. 1

Ebenso wie § 257 InsO will die Norm also vermeiden, dass der Gläubiger, dem nach dem Restrukturierungsplan eine Leistung zusteht, die er nicht erhält, den Klageweg beschreiten muss, 2

5 Flöther/*Hoffmann-Braun*, § 70 Rn. 11.

um in den Besitz eines Titels zukommen. Wenn der Schuldner eine Forderung in den Restrukturierungsplan selbst aufnimmt und kein Streit über die Höhe der Forderung besteht, ist es auch gerechtfertigt, dem Gläubiger die Zwangsvollstreckung aus dem rechtskräftig bestätigten Plan zu ermöglichen[1]. Ziel ist damit die **vereinfachte Regelung zur Herbeiführung der Vollstreckbarkeit** im Fall einer Störung der Umsetzung des Restrukturierungsplans.

3 Erfüllt der Schuldner den Plan nicht, lässt dies die rechtsgestaltenden Wirkungen des Restrukturierungsplans (§§ 67, 68) unberührt. Nicht etwa kann ein Gläubiger Fortführung oder Wiederaufnahme des Verfahrens verlangen. Es ist also streng zwischen dem »**formalen Erfolg**« des Plans für den Schuldner und dem »**materiellen**«, **ergo wirtschaftlichen, Erfolg** für den Gläubiger (in Form der Leistung dessen, was ihm nach dem Plan zusteht) zu unterscheiden.

4 § 71 eröffnet dem Gläubiger, dessen Forderung nicht bedient wurde, die Möglichkeit, unter bestimmten Voraussetzungen die Vollstreckung aus dem Plan zu betreiben. Die Vorschrift wird flankiert durch § 69, also die Vorschrift über das Wiederaufleben gestundeter oder erlassener Forderungen, und § 70, der sich auf die Erfüllung bestrittener Forderungen und Ausfallforderungen bezieht. Ältere Vollstreckungstitel sind mit Rechtskraft des Restrukturierungsplans obsolet. Der Gläubiger kann aus ihnen nicht mehr vollstrecken.[2] Das Gleiche gilt für öffentlich-rechtliche Leistungsbescheide, wobei die öffentliche Hand die Wahl zwischen einem Vorgehen nach § 71 und dem Vorgehen im Wege des Verwaltungszwangs hat.[3]

B. Regelungsinhalt

I. Vollstreckung von Planforderungen, Abs. 1

5 Absatz 1 bestimmt, dass (nur) die Restrukturierungsgläubiger aus dem rechtskräftig bestätigten Restrukturierungsplan wie aus einer vollstreckbaren Urkunde gem. § 794 Abs. 1 Nr. 1 ZPO die Zwangsvollstreckung gegen den Schuldner betreiben können, es sei denn, deren Forderungen sind im Bestätigungsbeschluss als bestritten ausgewiesen. Dem rechtskräftig bestätigten Restrukturierungsplan kommt also eine Titelwirkung zu. Dies entspricht § 257 Abs. 1 S. 1–3 InsO.

6 Der Vollstreckung aus dem Plan unterfallen mithin **nur unbestrittene Forderungen**[4]. Das ist gerechtfertigt, denn wenn der Schuldner die Forderung in den Restrukturierungsplan aufnimmt, so beansprucht er für sich die umfassende Gestaltungswirkung des § 70 Abs. 1. Möchte der Schuldner die Titulierung bestrittener Forderungen vermeiden, die er nur aufgrund dieser Gestaltungswirkung des § 70 in den Restrukturierungsplan aufgenommen hat, muss er das Bestreiten dieser Forderung im Planbestätigungsverfahren geltend machen und so darauf hinwirken, dass dieser Status auch im Bestätigungsbeschlusses enthalten ist[5]. Dieses Prinzip tritt an die Stelle des insolvenzrechtlichen Forderungsanmeldeverfahrens. Die Forderungen des Schuldners werden wegen § 17 Abs. 2 allein schon durch das Planangebot des Schuldners zum Inhalt des Plans gemacht. Im Gegensatz zum Insolvenzverfahren kommt es also alleine auf die Initiative des Schuldners an. Ein Tätigwerden des Gläubigers – wie im Insolvenzverfahren durch Forderungsanmeldung zur Tabelle – ist nicht erforderlich.

7 Entscheidend für die Möglichkeit der Vollstreckung ist nicht die Verkündigung des Bestätigungsbeschlusses (§ 67 Abs. 1), sondern die Rechtskraft des Plans, die erst mit Ablauf der Rechtsmittelfrist von 2 Wochen für die sofortige Beschwerde oder für den Fall der Einlegung eines Rechtsmittels nach Entscheidung des Beschwerdegerichts eintritt (§ 66).

1 Begr. RegE, BR-Drucks. 619/20, S. 194.
2 Für den Insolvenzplan: Römermann/*Rühle*, § 257 Rn. 9 m.w.N.
3 Für den Insolvenzplan ausführl. Uhlenbruck-*Lüer/Streit*, InsO, § 257 Rn. 19 m.w.N.
4 BeckOK-StaRUG/*Wilke*, § 71 Rn. 5.
5 Begr. RegE S. 192; BeckOK-StaRUG/*Wilke*, § 71 Rn. 5; Wolgast/*Grauer-Dankert*, StaRUG, § 71 Rn. 3.

Wegen seiner Titelfunktion müssen die gestaltenden Regelungen des Restrukturierungsplans Elemente des Individualzwangsvollstreckungsrechts in sich aufnehmen. Aus dem Plan muss sich zweifelsfrei ergeben, wer Adressat seiner Regelungen ist, wer also dem Gläubiger die Leistung schuldet. Darüber hinaus müssen die Regelungen des gestaltenden Teils **vollstreckungsfähig** sein, der Restrukturierungsplan muss die erforderliche Klarheit und Widerspruchsfreiheit aufweisen, damit Art, Zeit und Umfang der Gläubigerbefriedigung sich aus den einzelnen Regelungen des gestaltenden Teils eindeutig ergeben. 8

Ein Plan kann freilich mit aufschiebenden oder auflösenden Bedingungen verknüpft werden, er entbehrt aber der erforderlichen Klarheit und Widerspruchsfreiheit, wenn z.B. zwar eine feste Quote bestimmt wird, ihre Fälligkeit aber von aufschiebenden Bedingungen abhängt, die tatsächlich nicht eintreten können. In diesem Fall führt die Unmöglichkeit des Eintritts der aufschiebenden Bedingung zur Unwirksamkeit des Geschäfts und stellt damit die gebotene Vollstreckungsfähigkeit infrage.[6] 9

Ausschließlich zuständig für die **Erteilung der Vollstreckungsklausel** ist das Gericht, bei dem die Restrukturierungssache anhängig ist, wie sich aus § 71 Abs. 1 Satz 2 ergibt, der auf § 202 InsO verweist. Gehört der Streitgegenstand nicht zur Zuständigkeit der Amtsgerichte, ist das Landgericht zuständig, in dessen Zuständigkeitsbereich das befasste Amtsgericht liegt, § 202 Abs. 2. 10

Der Titel, aus dem vollstreckt wird, besteht aus **drei Teilen**: dem Restrukturierungsplan selbst, dem rechtskräftigen Bestätigungsbeschluss und einem Rechtskraftvermerk samt Vollstreckungsklausel[7]. Im Insolvenzverfahren bedürfte der Gläubiger darüber hinaus eines Tabellenauszuges, der seine Forderung ausweist. Da dem Restrukturierungsverfahren ein dem Insolvenzverfahren vergleichbarer Prozess der Forderungsfeststellung fehlt, tritt an seine Stelle die unzweifelhafte Bestimmbarkeit der zu vollstreckenden Forderung aus dem gestaltenden Teil des Restrukturierungsplans selbst. 11

II. Zwangsvollstreckung gegen Dritte, Abs. 2

Der dem § 257 Abs. 2 InsO entsprechende Absatz 2 erweitert die Regelung des Abs. 1 auf einen **Dritten**, wenn dieser durch schriftliche (§ 126 BGB) Erklärung gegenüber dem Restrukturierungsgericht Verpflichtungen aus dem Plan übernommen hat (§§ 15 Abs. 3, 68 Abs. 3), sofern ein Vorbehalt der Einrede der Vorausklage nicht erfolgt ist[8]. Typischer Anwendungsfall des § 71 Abs. 2 sind Garantien Dritter. 12

Eine solche Erklärung liegt auch dann vor, wenn sie Bestandteil des Insolvenzplans ist, beispielsweise als Anlage.[9] Sie erfasst aber auch eine in anderer Weise[10] beim Restrukturierungsgericht eingereichte Erklärung, auch eine spätere[11]. Soweit Dritte – **Bürgschaftsgeber**, aber auch **Gesellschafter** – sich ohne Vorbehalt der Vorausklage im Rahmen des Planes verpflichtet haben, ist der Plan nach Abs. 2 Vollstreckungstitel für die Individualzwangsvollstreckung, wobei diese Dritten mit der Drittwiderspruchsklage gem. § 771 ZPO geltend machen können, sie seien nicht am Verfahren beteiligt gewesen. Wegen der Zwangsvollstreckung gegen Dritte bedarf es gem. Abs. 2 allein der zum Plan genommenen Erklärung dieser Dritten, etwa wegen bestimmter, durch den Plan festgeschriebener Ansprüche zu haften, ohne dass Abs. 2 etwa die formgerechte (§ 794 Abs. 1 Nr. 5 ZPO) Unterwerfung unter die sofortige Zwangsvollstreckung vorsähe. 13

6 Für den Insolvenzplan: BGH, Urt. v. 26.04.2018 – IX ZB 49/17.
7 Wolgast/*Grauer-Dankert*, StaRUG, § 71 Rn. 3.
8 Jacoby/Thole-*Spliedt*, § 71 Rn. 10.
9 Amtl. Begr. zu § 304 RegEInsO, BT-Drucks. 12/2443, S. 214.
10 A.A. für den Insolvenzplan: FK-InsO/*Jaffé*, § 257 Rn. 16, nach dem die Erklärung des Dritten zwingend sowohl schriftlich erfolgen als auch gem. § 230 Abs. 3 Anlage des Plans sein muss.
11 Wolgast/*Grauer-Dankert*, StaRUG, § 71 Rn. 8.

III. Vollstreckung wiederauflebender Forderungen, Abs. 3

14 Eine im Restrukturierungsplan geregelte Stundung oder ein Erlass sind gem. § 69 Abs. 1 hinfällig, wenn der Schuldner mit der Planerfüllung gegenüber einem Restrukturierungsgläubiger in Rückstand geraten ist und trotz einer Nachfristig von mindestens zwei Wochen ab Zugang einer schriftlichen Mahnung nicht zahlt. Will der Gläubiger jetzt die Zwangsvollstreckung aus dem Restrukturierungsplan wegen erheblicher Rückstände (§ 69) betreiben, muss der Gläubiger im Klauselerteilungsverfahren **nicht den vollen Beweis** für das Vorliegen erheblicher Rückstände führen. Es bedarf gem. dem über § 38 Satz 1 anwendbaren § 294 ZPO nur der **Glaubhaftmachung** der Mahnung und der Setzung und des Ablaufs der Zweiwochen-Frist des § 69 Abs. 1 Satz 2.

15 Vorbild der Norm ist § 257 Abs. 3 InsO.

16 Dies geschieht durch **präsente Beweismittel**, also regelmäßig durch das Mahnschreiben als Privaturkunde und den Nachweis des Zugangs des Mahnschreibens mit der Nachfristsetzung, bestenfalls noch ergänzt um eine eidesstattliche Versicherung[12].

17 Gelingt dem Gläubiger die Glaubhaftmachung nicht, hat er nach § 731 ZPO Klage auf Erteilung der Vollstreckungsklausel zu erheben[13].

18 Gegen die erteilte Klausel kann der Schuldner im Wege der Klauselerinnerung (§ 732 ZPO) oder der Klauselgegenklage (§ 732 ZPO) vorgehen.

IV. Ersatz vorheriger Titel, Abs. 4

19 Der rechtskräftig bestätigte Restrukturierungsplan tritt an die Stelle etwaiger zuvor bestehender Titel für planbetroffene Restrukturierungsforderungen. Zeitliche Zäsur ist die Rechtskraft der Bestätigungsentscheidung. Ohne diese Regelung wäre der planbetroffene Gläubiger nicht daran gehindert, aus dem (hier sog.) »Alttitel« seine Forderung zu vollstrecken, da eine dem § 89 InsO entsprechende Regelung fehlt und eine die Zwangsvollstreckung untersagende Stabilisierungsanordnung nach § 49 Abs. 1 Ziff. 1 nur auf Antrag ergeht. In derartigen Vollstreckungen sieht der Gesetzgeber eine Gefährdung des Restrukturierungsplans, sodass die Vollstreckung aus früheren Titeln unzulässig ist[14]. Einer dennoch versuchten Zwangsvollstreckung aus dem Alttitel kann der Schuldner mit der Vollstreckungserinnerung nach § 766 ZPO begegnen.

19a § 71 Abs. 4 erhält keine Regelung für den Fall, dass ein solcher Titel erst nach Rechtskraft des Bestätigungsbeschlusses ergeht. Materiell wirkt der Plan aber dennoch gegenüber (auch diesem) Planbetroffenen. Tritt Rechtskraft der Bestätigungsentscheidung während des laufenden Prozesses ein, kann der Schuldner dies dort einwenden; es fällt dann das Rechtsschutzbedürfnis für die Klage weg[15]. Tritt die Rechtskraft erst nach dem Schluss der mündlichen Verhandlung ein, kann der Schuldner Vollstreckungsabwehrklage nach § 767 ZPO erheben. Daran ist er durch § 767 Abs. 2 ZPO nicht gehindert. Die erfolgreiche Vollstreckungsabwehrklage beseitigt nicht den Titel als solchen, wohl aber die Vollstreckung hieraus.

20 **Dieses Verbot beschränkt sich allerdings auf solche Forderungen, die gem. § 8 in den Restrukturierungsplan einbezogen wurden und die vor der Planbestätigung erwirkt wurden**[16]. Die Vollstreckung aus nicht in den Plan einbezogenen Forderungen ist weiterhin erlaubt und daher ebenfalls geeignet, den Restrukturierungsplan zu gefährden. Allerdings hat sich der Schuldner dies

12 BeckOK-StaRUG/*Wilke*, § 71 Rn. 9; Wolgast/*Grauer-Dankert*, StaRUG, § 71 Rn. 11.
13 BeckOK-StaRUG/*Wilke*, § 71 Rn. 9 a.E.
14 Begr. RegE S. 194.
15 Jacoby/Thole-*Spliedt*, § 72 Rn. 13.
16 Siehe auch Begr. RegE, BT-Drucks. 19/24181, 169.

selbst zuzuschreiben, denn er war es ja, der ja vorbehaltlich § 4 entschieden hat, welche Restrukturierungsforderungen einbezogen wurden und welche nicht.

Weiter vollstrecken darf der Gläubiger auch denjenigen Teil einer titulierten Forderung, der über das im Plan zu Grunde gelegte hinausgeht[17]. 21

§ 71 Abs. 4 erfasst seinem Wortlaut nach nur diejenigen Fälle, in denen für die einer Planregelung unterliegende Forderung ein vollstreckbarer Titel bereits vorlag, bevor es zur rechtskräftigen Planbestätigung kam. Die Gesetzesbegründung weist daraufhin, dass auch nach Rechtskraft der Planbestätigung ein weiterer Titel über eine einbezogene Forderung ergehen kann, z.B. ein Urteil in einer die Forderung betreffende Leistungsklage oder ein geänderter Steuerbescheid. Aus der Gesetzesbegründung ergibt sich, dass die so titulierte Forderung dann allerdings nur unter Beachtung der nach § 70 Abs. 1 bestimmenden Gestaltungswirkung des Plans, die durch den späteren Titel nicht entfallen, vollstreckt werden[18]. Bereits aus der Anhängigkeit der Leistungsklage als solcher ergibt sich, dass die Forderung streitig ist, sodass ein Fall des § 70 Abs. 1 vorliegt. Schwieriger sind die Tatbestandsvoraussetzungen des § 70 beim Steuerbescheid: Seine fehlende Endgültigkeit mag sich aus einem anhängigen Einspruch ergeben, aus dem Vorbehalt der Nachprüfung nach § 164 AO oder einer späteren Änderung aus anderen Gründen. Zu einer Anwendbarkeit des § 70 kommt man hier nur, wenn man die vorläufige Festsetzung nicht der endgültigen gleichstellt, vielmehr eine vorläufige Festsetzung als streitige Forderung behandelt[19]. 22

Ergibt sich nachträglich eine niedrigere Forderung als diejenige, die dem Plan zugrunde gelegt wurde, gilt § 70 Abs. 1: Die Forderung ist gedeckelt auf den im Plan vorgesehenen Betrag. Liegt die im Ergebnis berechtigte Forderung darunter, gilt der niedrigere Betrag. Diese niedrigere Forderung unterliegt den Planregelungen. 23

Stellt sich im Nachgang heraus, dass die Forderung tatsächlich höher ist als sie im Plan vorausgesetzt war, so dürfte sich aus §§ 71 Abs. 4, 70 Abs. 1 ergeben, dass nur der im Plan vorausgesetzte geringere Teil der Vollstreckung zugänglich ist. Dagegen spricht auch nicht die Gesetzesbegründung zu § 70, da dort nur vorausgesetzt wird, dass der Gläubiger über den im Plan hinaus angesetzten Forderungsbetrag ungekürzt und ohne Einschränkung durch den Plan gegen den Schuldner geltend machen kann, was nicht zwingend die Vollstreckbarkeit impliziert[20]. 24

§ 72 Planüberwachung

(1) Im gestaltenden Teil des Restrukturierungsplans kann vorgesehen werden, dass die Erfüllung der den Gläubigern nach dem gestaltenden Teil zustehenden Ansprüche überwacht wird.

(2) Die Überwachung ist einem Restrukturierungsbeauftragten zu übertragen.

(3) Stellt der Restrukturierungsbeauftragte fest, dass Ansprüche, deren Erfüllung überwacht wird, nicht erfüllt werden oder nicht erfüllt werden können, so hat er dies unverzüglich dem Restrukturierungsgericht und den Gläubigern anzuzeigen, denen nach dem gestaltenden Teil des Plans Ansprüche gegen den Schuldner zustehen.

(4) Das Restrukturierungsgericht beschließt die Aufhebung der Überwachung, wenn
1. **die Ansprüche, deren Erfüllung überwacht wird, erfüllt sind oder wenn gewährleistet ist, dass sie erfüllt werden,**
2. **seit dem Eintritt der Rechtskraft des Restrukturierungsplans drei Jahre verstrichen sind oder**
3. **das Insolvenzverfahren über das Vermögen des Schuldners eröffnet oder die Eröffnung mangels Masse abgewiesen wird.**

---

17 BeckOK-StaRUG/*Wilke*, § 71 Rn. 12; Wolgast/*Grauer-Dankert*, StaRUG, § 71 Rn. 13.
18 Begr. RegE, BT-Drucks. 19/24181, S. 169.
19 BeckOK-StaRUG/*Wilke*, § 71 Rn. 19.
20 A.A. BeckOK-StaRUG/*Wilke*, § 71 Rn. 22.

Übersicht

A. Einführung

1 Die Gläubiger des sich durch einen Restrukturierungsplan sanierenden Schuldners dürfen als Gegenleistung zu den ihnen verlangten Beschränkungen ihrer Rechte erwarten, dass dieser seinen Verpflichtungen aus dem Plan auch nachkommt. Dies gilt nicht nur für die dem Plan zustimmenden Gläubiger, sondern erst recht für diejenigen, die ihm nicht zugestimmt haben, deren Rechtsstellung jedoch aufgrund der §§ 25 ff. ebenso wie im Fall der Zustimmung tangiert ist. Denn üblicherweise noch mehr als die zustimmenden Gläubiger haben diese wegen der sie zwangsweise betreffenden Umgestaltung ihrer Rechte die **Erwartung, wenigstens insoweit Befriedigung zu erlangen, wie der Schuldner dies im Restrukturierungsplan vorgesehen hat.**

2 Bei den zustimmenden Gläubigern versucht die Planüberwachung, das Vertrauen in den Schuldner, das mit der Zustimmung zum Restrukturierungsplan signalisiert wird, nicht zu enttäuschen, bei den dissertierenden Gläubigern ist es eher das Vertrauen in die Rechtsordnung allgemein.

3 In Anlehnung an die insolvenzrechtlichen Parallelvorschriften der §§ 260, 261 InsO und ohne Vorgabe in der Restrukturierungsrichtlinie[1] regelt die Norm die Überwachung der Erfüllung der den Gläubigern nach dem gestaltenden Teil des Plans zustehenden Ansprüche, die einem Restrukturierungsbeauftragten zu übertragen sind.

4 Dessen in § 72 Abs. 3 genannte Pflichten versetzen das Restrukturierungsgericht in die Lage, die Überwachung in den in § 70 Abs. 4 genannten Fällen aufzuheben.

5 Da mit Planbestätigung Kontroll- und Eingriffsmöglichkeiten des Restrukturierungsgerichts (Aufhebung der Restrukturierungssache nach § 33, amtswegige Bestellung eines Restrukturierungsbeauftragten gem. §§ 73 ff.) enden, ist die der Disposition des Planerstellers unterliegende Anordnung der Planüberwachung die einzige Möglichkeit, die Planerfüllung zu kontrollieren.

B. Regelungsgehalt

I. Planüberwachung (Abs. 1)

6 Die Anordnung der Planüberwachung im gestaltenden Teil des Restrukturierungsplans ist fakultativ, muss also, wenn sie gewünscht ist, ausdrücklich geregelt werden. Ist dies der Fall, umfasst die Planüberwachung die Erfüllung der den Gläubigern nach dem gestaltenden Teil zustehenden Ansprüche. Der Schuldner bleibt Herr des Verfahrens, wird aber in dem Punkt der Planerfüllung gleichsam unter Aufsicht gestellt. **Nur darauf darf sich die Überwachung beziehen.** Eine Beschränkung der Befugnisse des Schuldners, etwa zur Geschäftsführung, darf jedenfalls nicht im Rahmen der Planüberwachung vorgesehen werden[2]. Das Gesetz kennt keine den §§ 263 und 264 Abs. 2 InsO entsprechenden Regelungen. Einzig eine Auskunfts-, Vorlage- und Mitwirkungspflicht trifft den Schuldner nach § 76 Abs. 5.

6a Typische Fälle der Überwachung sind die Zahlung der im Plan zugesagten Quote, der Umgang mit Sicherungsrechten und andere Erfüllungshandlungen des Schuldners, nicht aber von Dritten.

---

1 BeckOK-StaRUG/*Wilke*, § 72 Rn. 2.

2 Braun-*Frank*, InsO, § 26 Rn. 4; Pannen/Riedemann/Smid-*Smid*, § 72 Rn. 8.

II. Aufgaben des Restrukturierungsbeauftragten (Abs. 2, 3)

Die Planüberwachung erfolgt zwingend durch den Restrukturierungsbeauftragten, der durch das Restrukturierungsgericht zu bestellen ist (§ 73 Abs. 1 Ziff. 3); die Bestellung einer anderen Person ist nicht möglich[3]. Ist ein Restrukturierungsbeauftragter schon bestellt, übernimmt dieser auch die Überwachung nach § 72, anderenfalls wird ein Restrukturierungsbeauftragter erstmalig bestellt[4]. Er hat den Schuldner im Hinblick auf die Erfüllung der Ansprüche nach dem gestaltenden Teil des Insolvenzplans zu überwachen und das Restrukturierungsgericht und diejenigen Gläubiger unverzüglich zu informieren, denen nach dem gestaltenden Teil des Plans Ansprüche gegen den Schuldner zustehen. Die Informationsverpflichtung trifft ihn alternativ auch dann, wenn der Schuldner die vorgesehenen Ansprüche nicht erfüllt oder wenn er sie nicht erfüllen kann, bei objektiver Prüfung also ersichtlich ist, dass die vorhandenen finanziellen Mittel und Finanzierungsmöglichkeiten fehlen, um die Ansprüche zu erfüllen. Weitere Verpflichtungen hat der Restrukturierungsplanbeauftragte ohne Weiteres nicht. Da er jedoch unter der Aufsicht des Restrukturierungsgerichts steht (§ 75 Abs. 1 Satz 1) kann das Gericht jederzeit einzelne Auskünfte oder einen Bericht über den Sachstand verlangen. 7

Dass die Planüberwachung zwingend durch den Restrukturierungsbeauftragten zu erfolgen hat, § 72 Abs. 2, bezieht sich dem Wortlaut des § 71 nach auf den Fall, dass die Überwachung im gestaltenden Teil des Restrukturierungsplans vorgesehen ist. Ob es ungeachtet dessen zulässig ist, außerhalb dieser Vorschrift eine außergerichtliche Überwachung, z.B. durch eine Gruppe von Gläubigern, vorzusehen[5], erscheint zweifelhaft. Hiervon sollte wegen der damit wohl unzweifelhaft vom gesetzlichen Leitbild abweichenden Gestaltung jedenfalls aus Gründen der Vorsicht abgesehen werden. 7a

III. Aufhebung der Überwachung (Abs. 4)

Das Restrukturierungsgericht beschließt die Aufhebung der Überwachung, sobald die Ansprüche, deren Erfüllung überwacht werden, tatsächlich erfüllt sind oder ihre Erfüllung jedenfalls gewährleistet ist, seit dem Eintritt der Rechtskraft des Restrukturierungsplans 3 Jahre verstrichen sind oder das Insolvenzverfahren über das Vermögen des Schuldners eröffnet oder die Eröffnung mangels einer die Kosten des Verfahrens deckenden Masse abgewiesen wird. Ein Rechtsmittel gegen die Aufhebung ist nicht vorgesehen. Damit das Gericht die Aufhebung der Überwachung nach Erfüllung oder Sicherstellung der Erfüllung beschließen kann, muss es hiervon auch erfahren. Mangels einer Anzeigepflicht des Restrukturierungsbeauftragten nach § 72 Abs. 3 ist es daher Sache des Schuldners, die Erfüllung oder Sicherstellung der Erfüllung anzuzeigen[6]. 8

Das Gesetz regelt nicht, wann von einer **Gewährleistung der Erfüllung** auszugehen ist. In entsprechender Anwendung des § 258 Abs. 2 Satz 2 InsO wird man davon ausgehen können, wenn der Schuldner einen **Finanzplan vorlegt, der eine belastbare Liquiditätsrechnung enthält**[7]. Zur Vermeidung von Auslegungsschwierigkeiten sollte der Plan genau regeln, was anstelle eines Nachweises der Erfüllung als Nachweis der Gewährleistung der Erfüllung beigebracht werden kann[8]. 9

3 Wolgast/*Grauer-Dankert*, StaRUG, § 72 Rn. 5.
4 Begr RegE SanInsFoG, S. 169.
5 So Jacoby/Thole-*Spliedt*, § 72 Rn. 1.
6 Braun-*Bauch*, StaRUG, § 72 Rn. 7.
7 Ebenso Braun-*Bauch*, StaRUG, § 72 Rn. 7. Anders BeckOK-StaRUG/*Wilke*, § 72 Rn. 11, wonach sich die Gewährleistung aus jedweder Kreditsicherheit ergeben kann.
8 BeckOK-StaRUG/*Wilke*, § 72 Rn. 12.

Kapitel 3 Restrukturierungsbeauftragter

Abschnitt 1 Bestellung von Amts wegen

§ 73 Bestellung von Amts wegen

(1) [1]Das Restrukturierungsgericht bestellt einen Restrukturierungsbeauftragten, wenn
1. im Rahmen der Restrukturierung die Rechte von Verbrauchern oder mittleren, kleinen oder Kleinstunternehmen berührt werden sollen, weil deren Forderungen oder Absonderungsanwartschaften durch den Restrukturierungsplan gestaltet werden sollen oder die Durchsetzung solcher Forderungen oder Absonderungsanwartschaften durch eine Stabilisierungsanordnung gesperrt werden soll,
2. der Schuldner eine Stabilisierungsanordnung beantragt, welche sich mit Ausnahme der nach § 4 ausgenommenen Forderungen gegen alle oder im Wesentlichen alle Gläubiger richten soll,
3. der Restrukturierungsplan eine Überwachung der Erfüllung der den Gläubigern zustehenden Ansprüche vorsieht (§ 72).

[2]Das Gericht kann im Einzelfall von einer Bestellung absehen, wenn die Bestellung zur Wahrung der Rechte der Beteiligten nicht erforderlich oder offensichtlich unverhältnismäßig ist.

(2) [1]Eine Bestellung erfolgt auch, wenn absehbar ist, dass das Restrukturierungsziel nur gegen den Willen von Inhabern von Restrukturierungsforderungen oder Absonderungsanwartschaften erreichbar ist, ohne deren Zustimmung zum Restrukturierungsplan eine Planbestätigung allein unter den Voraussetzungen des § 26 möglich ist. [2]Dies gilt nicht, wenn an der Restrukturierung allein Unternehmen des Finanzsektors als Planbetroffene beteiligt sind. [3]Den Unternehmen des Finanzsektors stehen Planbetroffene gleich, die als Rechtsnachfolger in die von Unternehmen des Finanzsektors begründeten Forderungen eingetreten sind oder die mit Forderungen aus geld- oder kapitalmarktgehandelten Instrumenten betroffen werden. [4]Den geld- und kapitalmarktgehandelten Instrumenten stehen nicht verbriefte Instrumente gleich, die zu gleichlautenden Bedingungen ausgegeben wurden.

(3) Das Gericht kann einen Restrukturierungsbeauftragten bestellen, um Prüfungen als Sachverständiger vorzunehmen, insbesondere
1. zu den Bestätigungsvoraussetzungen nach § 63 Absatz 1 Nummer 1, Absatz 3 und § 64 Absatz 1 oder
2. zur Angemessenheit der Entschädigung bei einem Eingriff in gruppeninterne Drittsicherheiten oder einer Beschränkung der Haftung von unbeschränkt haftenden Gesellschaftern.

Übersicht

A. Allgemeines

Die Restrukturierung beruht auf der selbstständigen und eigenverantwortlichen Tätigkeit der Schuldner, die von Verfahrenshilfen des Stabilisierungs- und Restrukturierungsrahmens Gebrauch machen können. Bedarf es jedoch zur Sicherstellung von Interessen schutzwürdiger Beteiligten einer Überwachung, kann die Einbindung einer neutralen Person als koordinierende Instanz in Betracht kommen.[1] 1

§ 73 wird diesem Szenario gerecht, indem in bestimmten Fällen gem. § 73 Abs. 1 Satz 2 die Bestellung einer solchen, neutralen Person in Gestalt eines Restrukturierungsbeauftragten vorgesehen ist. Eine enumerative Auflistung der Fälle, in welchen die Bestellung eines Restrukturierungsbeauftragten obligatorisch zu erfolgen hat, ist in § 73 Abs. 1 Satz 1 enthalten. Über die dort genannten Fälle hinaus besteht kein Ermessen des Gerichts, einen Restrukturierungsbeauftragten einzusetzen. Einzige Ausnahme stellt § 73 Abs. 3 dar, wobei die Aufgaben des sachverständigen Restrukturierungsbeauftragten deutlich hinter denjenigen des obligatorisch zu bestellenden Restrukturierungsbeauftragten zurückbleiben. 2

I. Mögliche Bestellungsalternativen

Das StaRUG unterscheidet verschiedene Arten des Restrukturierungsbeauftragten, die, abhängig von der Bestellung, unterschiedliche Aufgaben, Befugnisse und Rechtsmacht haben. Neben dem *obligatorischen Sanierungsbeauftragten* gem. § 73 Abs. 1, 2, dem *sachverständigen Restrukturierungsbeauftragten* gem. § 73 Abs. 3 und dem *fakultativen Restrukturierungsbeauftragten* gem. § 77 kann gem. § 74 Abs. 3 unter den dort genannten Voraussetzungen auch ein *kumulativer Restrukturierungsbeauftragter*, bestellt und dem obligatorischen Sanierungsbeauftragten an die Seite gestellt werden. 3

Je nach Rechtsstellung des Restrukturierungsbeauftragten variieren dessen Aufgaben.[2] Die gerichtliche Bestellung sollte aus Gründen der Rechtsklarheit die Funktion des Restrukturierungsbeauftragten zwingend benennen. Es muss auf die jeweilige Rechtsgrundlage verwiesen werden, da mit der Bestellung auch eine bestimmte Haftung verbunden sein kann.[3] 4

Die einmal erfolgte Bestellung ist aber nicht statisch. Möglich ist das »Hineinwachsen« in eine andere Rolle als Restrukturierungsbeauftragter. Die Funktionen können sich dann in einer Person überlagern. Beispielsweise kann die Bestellung eines zunächst fakultativen Restrukturierungsbeauftragten beim späteren Eintritt der Voraussetzungen des § 73 Abs. 1, 2 oder einer gerichtlichen Ermessensentscheidung nach § 73 Abs. 3 auch um die Bestellung zum obligatorischen oder sachverständigen Restrukturierungsbeauftragten erweitert werden. Es verschiebt sich dann nicht nur der Aufgabenbereich, sondern es verändert sich auch der Haftungsmaßstab. Daher bedarf es eines ergänzenden Beschlusses des Restrukturierungsgerichts, um die neue Rechtsstellung des Restrukturierungsbeauftragten klarzustellen. 5

Es genügt ein Klarstellungsbeschluss, da die Funktion im Kern dieselbe ist.[4] Dabei handelt es sich nicht um eine neue, kumulative Bestellung, wonach dieselbe Person zwei Ämter bekleidet, sondern um ein einheitliches, in seinem Funktionsumfang erweitertes Amt. Aufgaben und Rechtsmacht haben sich lediglich verschoben.[5] Dies hat auch zur Folge, dass lediglich ein einheitlicher Vergütungsanspruch und gerade kein gesonderter Anspruch für die Bestellung zum fakultativen Restrukturierungs- 6

1 Vgl. BT-Drucks. 19/24181, S. 169.

2 Näher dazu § 76 StaRUG.

3 Zur Haftung im Einzelnen vgl. § 75 Rdn. 42; zu gläubigerschädigenden Pflichtverletzungen s.a. *Hölzle*, ZIP 2017, 1307, 1313.

4 S.a. Braun-*Blümle/Erbe*, StaRUG, § 73 Rn. 24, die in einem Praxishinweis die Möglichkeit eines »Restrukturierungs-Gutachters« als möglichen Regelfall prognostizieren.

5 Anders: in der vorläufigen Insolvenzverwaltung durch Bestellung des vorläufigen Insolvenzverwalters einerseits und derselben Person zum Sachverständigen andererseits.

beauftragten und später zum obligatorischen Restrukturierungsbeauftragten besteht. Dies ergibt sich bereits aus § 82 Abs. 2 Satz 3.[6]

7 Aus dem Grundsatz der »Einheit des Amtes« ergeben sich weitere Folgerungen: Zum einen kann kein obligatorischer Restrukturierungsbeauftragter neben dem fakultativen Restrukturierungsbeauftragten bestellt werden.[7] Andererseits kann auch nach der Bestellung eines fakultativen Restrukturierungsbeauftragten und dem anschließenden Eintritt der Voraussetzungen des § 73 die Bestellung einer anderen Person als des fakultativen Restrukturierungsbeauftragten zum obligatorischen Restrukturierungsbeauftragten nur unter den engen Voraussetzungen des § 75 Abs. 2 erfolgen, da hierin zugleich die Abberufung des bisherigen fakultativen Restrukturierungsbeauftragten läge.[8]

II. Keine Bestellung eines isolierten Sachverständigen im Aufgabenbereich des sachverständigen Restrukturierungsbeauftragten

8 Im Restrukturierungsverfahren gilt grundsätzlich eine dem § 5 Abs. 1 InsO nachempfundene Amtsermittlungspflicht, § 39 Abs. 1. Das Gericht kann daher neben dem Restrukturierungsbeauftragten gem. § 39 Abs. 1 Satz 2 i.V.m. §§ 402 ff. ZPO auch einen Sachverständigen zur Ermittlung der für das Verfahren wesentlichen Umstände bestellen. Zum Sachverständigen kann insbesondere der bereits bestellte Restrukturierungsbeauftragte bestellt werden.[9] § 39 Abs. 1 S. 1 weicht jedoch insoweit von dem Vorbild des § 5 Abs. 1 InsO ab, dass die Amtsermittlung nur insoweit gilt, wie »in diesem Gesetz nichts Abweichendes bestimmt ist«. Die Bestellung eines Sachverständigen gem. § 39 Abs. 1 S. 2 ist daher nur in diesem eingeschränkten Umfang eröffnet. Etwas Anderes ist aber insoweit bestimmt, als das Gesetz die Möglichkeit der Bestellung eines sachverständigen Restrukturierungsbeauftragten in § 73 Abs. 3 ausdrücklich vorsieht.

8a Soll der Restrukturierungsbeauftragte das Gericht unterstützen oder entlasten,[10] so ist er ergänzend mit einem Auftrag zur Prüfung als Sachverständiger zu versehen, also zum sachverständigen Restrukturierungsbeauftragten zu bestellen. In der Gesetzesbegründung heißt es, »Das Gericht kann einen Beauftragten bestellen, damit dieser Prüfungen als Sachverständiger vornimmt.«. Die Bestellung eines bereits obligatorisch oder fakultativ bestellten Restrukturierungsbeauftragten zum Sachverständigen gem. § 39 Abs. 1 S. 2 ist unzulässig.[11] Ein Nebeneinander der Bestellung von Restrukturierungsbeauftragtem und Sachverständigem in einer Person ist – anders als im Insolvenzeröffnungsverfahren – nicht vorgesehen; der Fall des § 39 Abs. 2 betrifft die isolierte Bestellung eines Sachverständigen in dem Fall, in dem ein Restrukturierungsbeauftragter gerade nicht bestellt ist. § 73 Abs. 3 begründet insoweit eine funktionale Sperrwirkung für die Bestellung des Restrukturierungsbeauftragten auch zum Sachverständigen, da anderenfalls unauflösbare Konflikte die Folge wären.[12] Stellt der Restrukturierungsbeauftragte nämlich (nur) in seiner Eigenschaft als Sachverständiger Umstände fest, die eine Aufhebung nach § 33 rechtfertigten, so ist fraglich, ob dies Pflichten nach § 76 Abs. 1 und damit im Unterlassensfalle auch eine Haftung des Restrukturierungsbeauftragten nach § 75 Abs. 4 S. 3 auslöst. Zudem ist offen, ob die Pflichten des Schuldners aus § 76 Abs. 5 auch gegenüber dem Sachverständigen bestehen. Diese Konflikte können nur durch Bestellung des sachverständigen Restrukturierungsbeauftragten vermieden werden, wie es vom Gesetzgeber offenkundig vorgesehen ist.

---

6 Danach wird für die Übertragung von Aufgaben ein einheitliches Amt vorausgesetzt.

7 Eine Parallelität der Ämter ist nicht möglich, a.A. *Schulte-Kaubrügger/Dimassi*, ZIP 2021, 936, 940.

8 Zur Beschwerdemöglichkeit vgl. § 75 Abs. 3 StaRUG.

9 AG Hannover v. 17.05.2023 – 951 RES 1/23, ZRI 2023, 729.

10 Vgl. BT-Drucks. 19/24181, S. 171.

11 Ebenso BeckOK-StaRUG/*Hänel* (8. Ed. v. 01.04.2023) § 73 Rn. 112; Morgen-*Langer*, StaRUG, § 73 Rn. 2; *Hölzle*, PL SanInsFoG, § 73 StaRUG Rn. 8; a.A. AG Hannover v. 17.05.2023 – 951 RES 1/23, ZRI 2023, 729.

12 Ausführlich *Jungmann*, ZRI 2023, 689.

Der in § 73 Abs. 3 beschriebene Aufgabenkreis ist nicht abschließend (»insbesondere«). Es ist daher stets ein sachverständiger Restrukturierungsbeauftragter zu bestellen, soweit das Gericht Ermittlungen mit Bezug auf das Restrukturierungsvorhaben für notwendig oder geboten hält. Die Bestellung eines (isolierten) Sachverständigen darf somit nicht das Mittel sein, um diesem die Aufgaben des sachverständigen Restrukturierungsbeauftragten zu übertragen und auf diesem Wege das Entstehen von Vergütungsansprüchen gem. §§ 80 ff. zu unterlaufen.[13] 9

III. Vorgespräch

Anders als in § 10a InsO ist für das Restrukturierungsverfahren ein Anspruch des Schuldners auf Durchführung eines obligatorischen Vorgesprächs nicht geregelt. Gleichwohl ist die Durchführung eines solchen Termins im Interesse der Verfahrensbeschleunigung und der Vorhersehbarkeit nicht nur äußerst sinnvoll,[14] sondern auch Ausprägung der Mitverantwortung des Gerichts für eine umfassende tatsächliche und rechtliche Klärung des Verfahrensstoffes[15] im Rahmen der materiellen Prozessleitung; dieser Grundsatz des § 139 ZPO findet über § 38 auch im Restrukturierungsverfahren Anwendung. Ein Anspruch auf Durchführung eines Vorgesprächs ist analog § 10a InsO daher anzuerkennen. Zudem folgt die Anerkennung eines Anspruchs auch der Ratio des § 46 Abs. 3, weil dem Gericht so frühzeitig die Möglichkeit eingeräumt wird, über die Notwendigkeit oder Sinnhaftigkeit einer amtswegig anzuordnenden Vorprüfung zu entscheiden. 9a

Aus Sicht des Schuldners sollte das Vorgespräch vor allem auch dazu dienen, sich mit dem Gericht über die Notwendigkeit oder den Antrag auf Bestellung eines Restrukturierungsbeauftragten und dessen Auswahl, die zeitlichen Erfordernisse des Restrukturierungsvorhabens vor allem mit Blick auf die Terminierung und etwaige rechtliche Herausforderungen, die im Rahmen einer Vorprüfung oder der Bestätigungsentscheidung möglicherweise streitig zu werden drohen, abzustimmen. 9b

B. Norminhalt

I. Zur Rechtshängigkeit der Restrukturierungssache als Voraussetzung

§ 73 bringt nicht zum Ausdruck, ob für die Bestellung des Restrukturierungsbeauftragten, gleich in welcher Bestellungsform, die Anzeige des Restrukturierungsvorhabens beim Restrukturierungsgericht gem. § 31 durch den Schuldner nötige Bestellungsvoraussetzung ist.[16] 10

Dafür spräche, dass das Restrukturierungsgericht ohne eben jene Anzeige durch den Schuldner keine Kenntnis von dem Vorhaben habe, jedenfalls nicht in der in § 31 vorgeschriebenen Form informiert ist. 11

Gegen die Notwendigkeit der Rechtshängigkeit für die Bestellung sprechen jedoch eindeutig die Systematik des Gesetzes und vor allem auch der Schutzzweck der Norm. § 31 Abs. 1 stellt klar, dass die Anzeige des Restrukturierungsvorhabens bei dem zuständigen Restrukturierungsgericht lediglich als Voraussetzung für die Inanspruchnahme der Instrumente des Stabilisierungs- und Restrukturierungsrahmens dient. Diese Instrumente sind in § 29 Abs. 2 enumerativ aufgelistet.[17] Die Bestellung des Restrukturierungsbeauftragten gehört nicht dazu. 12

Die amtswegige Bestellung des Restrukturierungsbeauftragten nach § 73 Abs. 1, 2 dient der Wahrung der Gläubigerinteressen. Der Gläubigerschutz darf jedoch nicht zur Disposition des Schuldners dadurch stehen, dass dieser durch das Unterlassen der Anzeige die Bestellung des Aufsichtsorgans verhindert. Gleichzeitig beginnt das Restrukturierungsvorhaben, wie die grundsätzlich nur optionale 13

---

13 Bei gleicher Haftung wären die Entschädigungssätze auf die des JVEG beschränkt. Insoweit contra legem *Frind*, ZRI 2021, 397.

14 Vgl. *Frind*, ZRI 2021, 397.

15 Vgl. BT-Drucks. 14/4722, S. 77 zur Neufassung des § 139 ZPO im Rahmen des ZPO-RG.

16 A.A. *Frind*, ZRI 2021, 397.

17 Zu den Zugangsvoraussetzungen für diese Instrumente s. ausführlich *Balthasar*, NZI-Beilage 2021, 18 ff.

Einbindung des Gerichts zeigt, nicht erst mit der Anzeige, sondern deutlich früher, nämlich bereits faktisch mit der Aufnahme von Verhandlungen mit Restrukturierungsgläubigern.[18]

14 Für den Restrukturierungsbeauftragten, der das Verhandlungsgleichgewicht zwischen Schuldner und Gläubiger gewährleisten soll, ist es erforderlich, dass er den Verhandlungen beiwohnen kann und nicht erst teilnimmt, wenn sich die Gefährdung der Gläubigerinteressen manifestiert hat. Das Gericht muss tätig werden, sobald und soweit es auch auf andere Weise, als durch die Anzeige des Schuldners von dem Restrukturierungsvorhaben Kenntnis erlangt. Insbesondere können betroffene Gläubiger bei Gericht die amtswegige Einsetzung eines Restrukturierungsbeauftragten anregen. Vor der Bestellung wird der Schuldner jedoch regelmäßig im Rahmen der Gewährung rechtlichen Gehörs anzuhören und zur Stellungnahme aufzufordern sein.

II. Die obligatorische Bestellung

1. Vorbemerkung

15 Die obligatorische Bestellung eines Restrukturierungsbeauftragten hat in zwei Grundkonstellationen zu erfolgen. § 73 Abs. 1 knüpft an die Betroffenheit von Gläubigerrechten und § 73 Abs. 2 knüpft an die absehbar notwendig werdende Überwindung von Minderheiten an. § 73 Abs. 1, 2 geht auf Art. 5 Abs. 3 der Richtlinie RL [EU] 2019/1023 zurück, wonach die Bestellung eines Restrukturierungsbeauftragten »zur Unterstützung des Schuldners und der Gläubiger bei der Aushandlung und Ausarbeitung des Plans« vorgeschrieben wird.[19] Daneben kann das Gericht zur Unterstützung der eigenen Prüfungsobliegenheiten den sachverständigen Restrukturierungsbeauftragten nach § 73 Abs. 3 bestellen.

16 Die in § 73 Abs. 1 Voraussetzungen für die Bestellung eines obligatorischen Restrukturierungsbeauftragten sind abschließend enumeriert. Darüber hinaus hat das Gericht kein Entschließungsermessen. Ein solches ist lediglich gem. § 73 Abs. 1 Satz 2 für die ausnahmsweise unterbleibende Bestellung eines Restrukturierungsbeauftragten eröffnet, wovon im Gläubigerinteresse allerdings nur sehr zurückhaltend Gebrauch zu machen ist.

2. Bestellungsgrund: Betroffenheit von Gläubigerrechten (Abs. 1 Nr. 1)

17 Die Schuldner sollen im Rahmen der präventiven Restrukturierung grundsätzlich die Kontrolle über ihre Vermögenswerte behalten und weitestgehend autonom handeln. Dadurch soll der Anreiz geschaffen werden, frühzeitig in das Restrukturierungsverfahren einzutreten.[20] Die Bestellung eines Restrukturierungsbeauftragten zur Überwachung der Tätigkeit oder zur teilweisen Übernahme der Kontrolle über den täglichen Betrieb soll daher unter Berücksichtigung der Umstände nur im Einzelfall erfolgen.[21] Danach ist die Bestellung eines Restrukturierungsbeauftragten immer erforderlich, wenn die Interessen der Gläubiger in Abwägung mit den Schuldnerinteressen dies erforderlich erscheinen lassen, insbesondere wenn die Unterstützung der Parteien bei der Aushandlung des Restrukturierungsplans geboten erscheint.[22]

18 Sobald durch den Restrukturierungsplan in die Rechte von Verbrauchern oder mittleren, kleinen oder Kleinstunternehmen eingegriffen werden soll, hält der Gesetzgeber diesen Fall für obligatorisch gegeben. Damit wird dem Befund Rechnung getragen, dass die von der Restrukturierung Betroffenen möglicherweise nicht in der Lage sind, ihre Interessen und Rechte wirksam zur Geltung zu bringen.

---

18 *Hölzle*, PL SanInsFoG, §§ 31, 33 StaRUG Rn. 5 ff.

19 Das StaRUG als Teil des SanInsFoG und somit Umsetzung der EU-Richtlinie über einen präventiven Restrukturierungsrahmen v. 20.06.2019.

20 *Schülke*, DStR 2021, 621.

21 RL [EU] 2019/1023, ErwG 30.

22 RL [EU] 2019/1023, ErwG 31.

Die ausschließlich privatautonome Aushandlung würde nicht hinreichende Gewähr für einen angemessenen Ausgleich und ein ausgewogenes Verhandlungsergebnis bieten.[23]

Die Bestellung des obligatorischen Restrukturierungsbeauftragten dient damit der Verhinderung einer Übervorteilung einzelner Beteiligter. Mithin geht es insbesondere um die Sicherstellung eines angemessenen Interessenausgleichs, da eine Vielzahl von gegenläufigen Interessen betroffen sind.[24] Außerdem wird ein Verhandlungsgleichgewicht der Planbetroffenen angestrebt. Um dies zu gewährleisten ist der Restrukturierungsbeauftragte einerseits Verwalter der Interessen der Gläubiger und andererseits auch Unterstützer des Gerichts und damit Hüter Integrität des Verfahrens insgesamt. 19

Der Restrukturierungsplan greift in Rechte von Verbrauchern, kleinen oder mittleren Unternehmen ein, wenn natürliche Personen, die nach § 13 BGB die Verbraucherdefinition erfüllen, oder Unternehmen, die die Definitionskriterien eines »KMU« gemäß der Empfehlung der EU-Kommission vom 06.05.2003 (ABl. EU L 124/36)[25] erfüllen, von den Regelungen des Plans betroffen sind. Dies kann auch bei Restrukturierungsplänen der Fall sein, die ausschließlich der Lösung von Gesellschafterstreitigkeiten dienen, wenn nicht auszuschließen ist, dass zum Gesellschafterkreis auch Verbraucher, kleine oder mittlere Unternehmen gehören.[26] 20

Damit dürfte die Mehrzahl der Restrukturierungen erfasst werden. Von der Ausnahme- und Öffnungsklausel des § 73 Abs. 1 Satz 2 ist dennoch nur sehr zurückhaltend Gebrauch zu machen, nämlich nur, soweit systemisch ausgeschlossen ist, dass das vom Gesetzgeber typisiert unterstellte Verhandlungsungleichgewicht nicht gegeben ist. Dies kann z.B. im Rahmen rein finanzwirtschaftlicher Restrukturierungen der Fall sein, soweit insbesondere private Finanzgläubiger die Beteiligung über Projektgesellschaften (SPV's) organisiert haben, die selbst das KMU-Kriterium erfüllen, hinter welchen allerdings institutionalisierte Gläubiger stehen. 21

Neben dem Kriterium des Gläubigerinteresses bestehen keine weiteren Bestellungsvoraussetzungen. Auch kommt es auf die Art oder Tiefe des gestaltenden Eingriffs in die Forderungen der Klein- und Kleinstgläubiger/KMU nicht an. Diesen Gläubigern sei es, so die Vorstellung des Gesetzgebers, nicht ohne Weiteres möglich, die Sachgerechtigkeit und Intensität des Eingriffs sowie dessen Erforderlichkeit zu beurteilen. Würde eine Eingriffsschwelle verlangt werden, würde die Beurteilung der Erforderlichkeit zur Interessenwahrung in die Hände des Gerichts gelegt werden, das jedoch an den Verhandlungen nicht beteiligt ist und deshalb nur einen sehr eingeschränkten Beurteilungshorizont hat. 22

Ferner ist für die Bestellung eines Restrukturierungsbeauftragten nicht erforderlich, dass in die Rechte mehrerer, einer Mehrzahl oder gar aller Klein- oder Kleinstgläubiger/KMU eingegriffen wird. Vielmehr genügt der Eingriff in die Rechte eines Einzelnen. Schon dadurch kann die sachgerechte Auswahl der Planbetroffenen gem. § 8 betroffen sein.[27] 23

Die Bestellung eines Restrukturierungsbeauftragten ist auch obligatorisch, soll eine Stabilisierungsanordnung ergehen. Dabei ist unerheblich, ob der betroffene Klein- oder Kleinstgläubiger/KMU auch planbetroffen ist oder nicht. Stabilisierungsanordnungen können gegen alle Gläubiger ungeachtet der Tatsache ergehen, ob sie Planbetroffene sind oder nicht.[28] Die Bestellung des Restrukturierungsbeauftragten dient auch dem Schutz der nicht planbetroffenen Klein- und Kleinstgläubiger/KMU. 24

23 BT-Drucks. 19/24181, S. 170.
24 *Fritz/Scholtis*, NZI 2020, 49, 51.
25 Danach sind KMU solche Unternehmen, die weniger als 250 Personen beschäftigen und die entweder einen Jahresumsatz von höchstens 50 Mio. € erzielen oder deren Jahresbilanz sich auf höchstens 43 Mio. € beläuft. Bei verbundenen Unternehmen sind die jeweiligen Werte zusammenzurechnen, ebenso *Schulte-Kaubrügger/Dimassi*, ZIP 2021, 936, 937.
26 AG Dresden v. 09.08.2023 – 572 RES 1/23, NZI 2023, 968.
27 S. dazu vertieft *Hölzle*, PL SanInsFoG, § 8 Rn. 4 ff.
28 Vgl. §§ 49–51 StaRUG.

25 Für den Eintritt der Bestellungsvoraussetzungen ist nicht erforderlich, dass der Schuldner den Antrag auf Erlass der Stabilisierungsanordnung bereits gestellt hat. Es genügt die absehbare Notwendigkeit eines solchen Antrages. Diese kann sich beispielsweise aus Darstellung des Restrukturierungskonzepts oder des Verhandlungsstandes mit den Gläubigern durch den Schuldner gem. § 31 Abs. 2 Nr. 2 ergeben. Das Gericht kann aber auch auf anderem Weg Kenntnis hiervon erlangen. Allein die Ankündigung oder ›Drohung‹ des Schuldners gegenüber einem einzigen Gläubiger auch nach nur faktischer Einleitung[29] des Restrukturierungsvorhabens, etwa mit dem Ziel, den Gläubiger zu Zugeständnissen zu bewegen, reicht daher für die Bestellung eines obligatorischen Restrukturierungsbeauftragten aus.

3. Bestellungsgrund: kollektive Stabilisierungsanordnung (Abs. 1 Nr. 2)

26 Sobald das Restrukturierungsverfahren ein insolvenzähnliches Gepräge annimmt, weil der Schuldner den Erlass einer Stabilisierungsanordnung, die sich gegen alle oder im Wesentlichen alle Gläubiger mit ihren gestaltbaren Forderungen richten soll, beantragt, sieht das Gesetz eine quasi-insolvenzrechtliche Aufsicht durch die obligatorische Bestellung eines Restrukturierungsbeauftragten gem. § 73 Abs. 1 Nr. 2 vor.[30]

27 Es genügt hier nicht die bloße Absicht oder Ankündigung einer Stabilisierungsanordnung. Vielmehr ist der tatsächliche Eingang des Antrags erforderlich. Erst dadurch erlangt das Verfahren die quasi-kollektivrechtliche Wirkung.

28 Um das Vorliegen des Merkmals »alle oder im Wesentlichen alle Gläubiger« beurteilen zu können, bedarf es einer Übersicht über sämtliche Gläubiger des Schuldners. Es kommt nicht nur auf die Planbetroffenen an. Diese Übersicht ist dem Antrag auf Erlass einer Stabilisierungsanordnung gem. § 50 Abs. 2 Nr. 1 beizufügen. Gem. § 6 ist auch im darstellenden Teil zwingend die Angabe auch der nicht planbetroffenen Gläubiger erforderlich, sodass auch der Entwurf des Restrukturierungsplans Informationsquelle für das Gericht zur Beurteilung des Vorliegens der obligatorischen Bestellungsvoraussetzungen ist.

29 Das Gericht muss den Restrukturierungsbeauftragten auch dann bestellen, wenn der Antrag auf Erlass einer Stabilisierungsanordnung zurückzuweisen ist. Somit ist es unerheblich, ob die Voraussetzungen für den Erlass der Stabilisierungsanordnung vorliegen oder der Antrag des Schuldners z.B. mangels Vorlage sämtlicher Unterlagen bereits unzulässig ist. Der Schuldner gibt bereits mit dem Antrag zu erkennen, dass er in die Rechte der Gläubiger einzugreifen beabsichtigt, was die Notwendigkeit der gerichtlichen Aufsicht auslöst.

30 Das Merkmal alle oder im Wesentlichen alle Gläubiger ist in der Gesetzesbegründung nicht weiter als durch ein Abstellen auf das Gepräge eines insolvenzähnlichen Quasi-Gesamtverfahrens konkretisiert.[31] Die Auslegung gestaltet sich daher schwierig. In der Sache geht es um die Streubreite, auf die das Verfahren ausgerichtet ist, sodass zunächst außer Streit stehen dürfte, dass das Merkmal qualitativ zu verstehen ist. Daraus folgt, dass auch durch den Antrag auf Erlass einer Stabilisierungsanordnung nur gegen einen dominierenden Gläubiger, neben dem eine Vielzahl in der Forderungshöhe unbedeutender weiterer Gläubiger besteht, die Voraussetzung für die obligatorische Bestellung eines Restrukturierungsbeauftragten gegeben sind.

---

29 Zum Begriff der »faktischen Einleitung« des Verfahrens vgl. ausführlich *Hölzle*, PL SanInsFoG, §§ 31, 33 StaRUG Rn. 5, 9 ff. Danach treten die Pflichtbindungen insbesondere aus § 32 StaRUG bereits vor der Anzeige des Restrukturierungsvorhabens nach § 31 StaRUG, nämlich bereits zu dem Zeitpunkt ein, zu dem der Schuldner Verhandlungen mit dem erkennbaren Ziel, diese in den Abschluss eines Restrukturierungsplans münden zu lassen, ein.

30 BT-Drucks. 19/24181, S. 170.

31 BT-Drucks. 19/24181, S. 170.

Außerdem wird eine normative Betrachtung dem Zweck der Vorschrift am ehesten gerecht. Im Wesentlichen alle Gläubiger sind somit auch betroffen, wenn die für die prägende Struktur des Unternehmens wesentlichen Gläubiger erfasst sind. Dies sind all diejenigen, die insbesondere für die Fortführung des schuldnerischen Unternehmens von Bedeutung sind. 31

Die Bestellungsvoraussetzungen liegen bei normativer Betrachtung ungeachtet der Tatsache vor, in welchem kopf- oder summenmäßigen Verhältnis die Gläubiger aus einem nicht strukturbestimmenden Bereich zum strukturbestimmenden Bereich stehen, wenn das Unternehmen einen das Gepräge des Unternehmens bestimmenden operativen Geschäftszweck hat und sämtliche Gläubiger dieses Bereichs von der Stabilisierungsanordnung betroffen sind. 32

Der gläubigerschützende Charakter der Norm gebietet eine weite Auslegung, weshalb ungeachtet der vorstehenden Besonderheiten von der Einbeziehung im Wesentlichen aller Gläubiger schon dann auszugehen ist, wenn entweder 75 % der Köpfe aller Gläubiger oder 75 % der Summe aller Gläubiger von dem Antrag des Schuldners potenziell betroffen sind. 33

4. Bestellungsgrund: Anordnung der Planüberwachung (Abs. 1 Nr. 3)

Der gestaltende Teil des Restrukturierungsplans kann gem. § 72 Abs. 1 vorsehen, dass die Erfüllung der den Planbetroffenen nach dem Plan zustehenden Ansprüche überwacht wird. Diese Überwachung erfolgt gem. § 72 Abs. 2 zwingend durch einen Restrukturierungsbeauftragten. Sofern ein solcher bislang nicht bestellt wurde, hat dies gem. § 73 Abs. 1 Nr. 3 amtswegig zu erfolgen. Ist aus einem anderen Grund bereits ein Restrukturierungsbeauftragter bestellt worden, so setzt sich dessen Amt mit der Planüberwachung fort (Einheit des Amtes, oben Rdn. 6). 34

Bei dem planüberwachenden Restrukturierungsbeauftragten handelt es sich nicht um eine weitere Differenzierungsform, sondern lediglich um die Definition einer weiteren tatbestandlichen Fallgruppe für die obligatorische Einsetzung, soweit diese nicht bereits aus anderem Grund erfolgt ist. Gemäß der Einheit des Amtes ist nur nach Maßgabe der Entlassungsvoraussetzungen des § 75 Abs. 2, 3 die Bestellung eines anderen planüberwachenden Restrukturierungsbeauftragten als des bereits bestellten möglich. Die Möglichkeit der parallelen Bestellung einer anderen Person besteht nicht. 35

Die Aufgabe beschränkt sich auf die Planüberwachung. Die Bestellung des Restrukturierungsbeauftragten vor der Bestätigung des Restrukturierungsplans ist daher weder erforderlich noch geboten. Als Konsequenz sollte die Bestellung im Rahmen des Bestätigungsbeschlusses erfolgen und auf die Rechtskraft des Beschlusses bedingt werden.[32] 36

5. Dispens von der obligatorischen Bestellung nach Abs. 1 (Abs. 1 Satz 2)

Der Gesetzgeber geht davon aus, dass die Bestellung des Restrukturierungsbeauftragten insbesondere dann erforderlich ist, wenn typisiert nicht unterstellt werden kann, dass die von dem Restrukturierungsplan oder der Stabilisierungsanordnung betroffenen Gläubiger In der Lage sind, ihre Rechte vollumfänglich selbst zu wahren und die drohenden Eingriffe in ihre Rechtspositionen vollumfänglich einerseits wirtschaftlich einzuordnen und andererseits rechtlich zu würdigen. 37

Soweit auf die quantitativen Kriterien zur Bestimmung von KMU abgestellt wird, werden hiervon eine Vielzahl von Unternehmen erfasst, was es im Einzelfall erforderlich erscheinen lassen kann, von der Bestellung eines obligatorischen Restrukturierungsbeauftragten abzusehen, weil die betroffenen Gläubiger auch unter Berücksichtigung der allein typisierten Betrachtung in der Lage sind, ihre Interessen sachgerecht selbst zu wahren. 38

Der Gesetzgeber hat in § 73 Abs. 1 Satz 2 daher eine Öffnungsklausel für die obligatorische Bestellung nach § 73 Abs. 1 Nr. 1–3 vorgesehen. Danach kann die Bestellung eines Restrukturierungsbeauf- 39

32 So auch *Schulte-Kaubrügger/Dimassi*, ZIP 2021, 936, 938.

tragten nach pflichtgemäßem Ermessen des Gerichts unterbleiben. Voraussetzung ist, dass die Rechte der Beteiligten gewahrt werden. Der Dispens sollte nur im absoluten Ausnahmefall zur Anwendung kommen, da die gläubigerschützende Norm nicht konterkariert werden darf. Der Restrukturierungsbeauftragte dient ja als Korrektiv der Autonomie des Schuldners.

40 Die Unverhältnismäßigkeit der Beeinträchtigung der Gläubigerrechte kann sich bei qualitativer Betrachtung lediglich daraus ergeben, dass sämtliche Gläubiger absehbar mit dem Abschluss des Restrukturierungsplans einverstanden sind, dieser kurzfristig umgesetzt werden soll und z.B. sämtliche Gläubiger dem Gericht gegenüber erklären, die Einsetzung nicht für erforderlich zu halten.

41 Das Gericht muss die Gläubiger nicht vor sich selbst schützen. Daraus folgt jedoch, dass das Absehen von der Einsetzung grundsätzlich die Anhörung der betroffenen Gläubiger erfordert.

42 Die Ausnahme- und Öffnungsklausel des § 73 Abs. 1 Satz 2 gilt bei richtlinienkonformer Auslegung nur für die obligatorische Einsetzung nach § 73 Abs. 1. Die entsprechende Anwendung auch auf die Einsetzungsgründe nach § 73 Abs. 2 ist ausgeschlossen. Die Richtlinie räumt der Justizbehörde in Art. 5 Abs. 3 ein Entschließungsermessen nur im Fall ihres Buchst. a) ein, der die allgemeine Aussetzung von Einzelzwangsvollstreckungsmaßnahmen betrifft. Art. 5 Abs. 3 Buchst. b) der Richtlinie hingegen sieht für den Fall der absehbaren Notwendigkeit einer gruppenübergreifenden Mehrheitsentscheidung nach § 26 (cross class cram down) gerade keine Öffnungsmöglichkeit vor.[33]

6. Bestellungsgrund: absehbare Notwendigkeit einer gruppenübergreifenden Mehrheitsentscheidung (Abs. 2)

43 Mittels einer klug differenzierten Planarchitektur können im Plan Mehrheiten gestaltet werden, insbesondere weil § 26 vorsieht, dass bei zur zwei gebildeten Gruppen die Zustimmung nur einer Gruppe genügt. Damit wird unter dem auch die Durchsetzung von Minderheitsplänen möglich. Die Wahrung des Gläubigerinteresses und die neutrale Beurteilung der verfahrens- und materiell-rechtlichen Anforderungen an den Plan sind gerade in diesen Fällen wichtig und entsprechend zu berücksichtigen.

44 Daher sieht § 73 Abs. 2 Satz 1 vor, dass die Bestellung eines Restrukturierungsbeauftragten obligatorisch erfolgen muss, wenn absehbar ist, dass das Restrukturierungsziel nur gegen den Willen einzelner Planbetroffener, ganz gleich welche Forderungen betroffen sind, erreichbar ist.

45 Aus dem Gesetzeswortlaut folgt, dass der Widerstand einzelner Gläubiger nicht genügt, sondern das Minderheitenquorum von mehr als 25 % der in der jeweiligen Gruppe vertretenen Gläubigersummen erreicht werden muss, weil anderenfalls die Zustimmung der Gruppe nach § 25 Abs. 1 erreicht wird und eine gruppenübergreifende Mehrheitsentscheidung nach § 26 Abs. 1 gerade nicht erforderlich ist. Der Restrukturierungsbeauftragte soll daher, und dies zu Recht, nicht zur Wahrung individualisierter Interessen einzelner Gläubiger bestellt werden – deren Schutz erfolgt nach §§ 64, 66; seine Bestellung dient der systemischen Interessenwahrung und dem Schutz der Integrität des Verfahrens sowie seiner zweckgerechten Nutzung. Die Anwendung des § 73 Abs. 2 Satz 1 unterhalb der Schwelle von 25 % der Forderungen einer Gläubigergruppe in extensiver Auslegung der Norm verbietet sich daher.[34]

46 Ein derartiger Widerstand ist bereits dann absehbar, wenn nicht ausgeschlossen werden kann, dass die Summe der Forderungen der nicht zustimmenden Gläubiger das nötige Quorum erreichen wird. Es genügt ausdrücklich, dass das Notwendigwerden einer gruppenübergreifenden Mehrheitsentscheidung absehbar ist. Das ist schon dann der Fall, wenn die Zustimmung mindestens einer Gläubigergruppe nicht mit überwiegender Wahrscheinlichkeit erreichbar ist.

---

33 *Schülke*, DStR 2021, 621, 625.

34 Wie hier *Hölzle*, PL SanInsFoG, § 73 StaRUG Rn. 39 ff.

Das Gericht kann hiervon u.a. durch eine entsprechende Anzeige des Schuldners gem. § 31 Abs. 2 Satz 3 Kenntnis erlangen. Außerdem kann es durch entsprechende Eingaben der betroffenen Gläubiger oder auch im Rahmen eines Vorprüfungs- oder Erörterungstermins (§§ 21, 45, 46) Erkenntnisse erlangen. Es bedarf keiner Bestellung eines Restrukturierungsbeauftragten, wenn und so weit anzunehmen ist, dass sämtliche Beteiligten zur Wahrung ihrer Rechte selbst imstande sind. 47

Der Gesetzgeber unterstellt diese Fähigkeit typisiert in § 73 Abs. 2 Satz 2–4, soweit von dem Restrukturierungsplan ausschließlich Unternehmen des Finanzsektors betroffen sind. Planbetroffene, die Forderungen aus geld- oder kapitalmarktgehandelten Instrumenten haben, stehen diesen Unternehmen gleich. 48

Diese Gleichstellung kann auf den ersten Blick verwundern, sind doch dadurch insbesondere auch Kleinanleger betroffen. Von daher stellt sich die Frage der Konkurrenz zu § 73 Abs. 1 Nr. 1. Es ist nicht anzunehmen, dass der Gesetzgeber mit der Ausnahme des § 73 Abs. 2 Satz 4 zugleich die obligatorische Bestellung nach § 73 Abs. 1 Nr. 1 suspendieren wollte, da dies weitreichende Folgen für die Gläubiger haben kann. Der Gesetzesbegründung ist diesbezüglich kein Hinweis zu entnehmen. Vielmehr heißt es dort, dass bei diesen Parteien die Annahme bestehe, dass sie in der Lage sind, ihre Interessen effektiv zur Geltung zu bringen.[35] In Ansehung der in § 73 Abs. 1 Nr. 1 geschützten Gläubiger gilt dies jedoch gerade nicht, weshalb ein Anwendungsvorrang vor § 73 Abs. 2 Satz 2–4 besteht. 49

III. Zeitpunkt der Anordnung und Pflichten des Schuldners

Wenn das Restrukturierungsgericht Kenntnis von den Anordnungsvoraussetzungen erlangt, hat die obligatorische Bestellung eines Restrukturierungsbeauftragten unverzüglich zu erfolgen. Sofern die Kenntniserlangung auf anderen Quellen als einer Mitteilung des Schuldners beruht, ist dem Schuldner jedoch vor der Bestellung eines Restrukturierungsbeauftragten rechtliches Gehör zu gewähren. Somit kann die Bestellung des Restrukturierungsbeauftragten in jedem Verfahrensstadium erfolgen. Je weiter das Verfahren fortgeschritten ist, desto eher kann sich Ausnahmefall gem. § 73 Abs. 1 Satz 2 ergeben, weil dann ggf. leichter anzunehmen sein kann, dass die Bestellung eines Restrukturierungsbeauftragten zur Wahrung der Gläubigerinteressen nicht (mehr) geboten erscheint. Dies spricht jedoch umso mehr dafür, dass die Anzeige des Restrukturierungsvorhabens durch den Schuldner gerade nicht Voraussetzung sein kann und darf. 50

Das Gericht ist über alle wesentlichen Umstände durch den Schuldner in Kenntnis zu setzen, damit zu jedem Zeitpunkt des Verfahrens bestmöglich gewährleistet wird, dass das Gericht über die Notwendigkeit der Bestellung eines Restrukturierungsbeauftragten entscheiden kann. 51

Zu den Pflichten des Schuldners gehört außerdem nach § 31 Abs. 2 die Pflicht, der Anzeige die für das Restrukturierungsvorhaben wesentlichen Unterlagen beizufügen. Außerdem muss er über wesentliche Umstände, wie z.B. den Verhandlungsstand mit Gläubigern, eine Erklärung abgeben. Ferner hat er anzugeben, ob damit zu rechnen ist, dass das Restrukturierungsziel nur gegen den Widerstand einer nach Maßgabe des § 9 zu bildenden Gruppe durchgesetzt werden kann. 52

Des Weiteren ist der Schuldner nach § 32 Abs. 2 verpflichtet, dem Gericht wesentliche Änderungen mitzuteilen, sofern sie den Gegenstand des Restrukturierungsvorhabens betreffen. Vor allem sind davon Umstände, die für die Bestellung eines Restrukturierungsbeauftragten von Amts wegen gem. § 73 maßgeblich sein können, erfasst. Das Gericht allein entscheidet über die Beurteilung der Maßgeblichkeit, sodass ein Beurteilungsermessen, welche Informationen er dem Gericht als maßgeblich übermittelt und welche er als nicht maßgeblich zurückhält, nicht zusteht. 53

Sollte der Schuldner diese Pflichten missachten, stellt das einen Grund für die Aufhebung der Restrukturierungssache sowohl gem. § 33 Abs. 1 Nr. 3 als auch gem. § 33 Abs. 2 Nr. 3 dar. Es 54

35 BT-Drucks. 19/24181, S. 171.

bedarf hierzu keiner konkreten Gefährdung der Gläubigerinteressen. Vielmehr genügt potenziell das Unterbleiben einer obligatorischen Bestellung eines Restrukturierungsbeauftragten und der Gefährdung im Rahmen einer abstrakt-generellen Betrachtung.

55 Daneben tritt die in § 39 Abs. 1 geregelte Amtsermittlungspflicht. Das Restrukturierungsgericht ist somit verpflichtet, sobald sich Indizien ergeben, die eine Tatbestandserfüllung für die obligatorische Bestellung eines Restrukturierungsbeauftragten nicht ganz entfernt möglich erscheinen lassen, diesen nachzugehen und entsprechende Ermittlungen anzustellen. Es kann insbesondere eine Bestellung eines Sachverständigen nach § 39 Abs. 1 Satz 2 erfolgen. Dieser Sachverständige sollte regelmäßig auch zum Restrukturierungsbeauftragten bestellt werden, da er sich bereits mit den maßgeblichen Umständen beschäftigt hat.[36]

IV. Sachverständiger Restrukturierungsbeauftragter (Abs. 3)

56 Die während einer Restrukturierung im Gläubigerinteresse vorzunehmenden Überprüfungen und Beurteilungen sind von erheblicher Komplexität. Darüber hinaus besteht regelmäßig ein gewisser Zeitdruck. Der Schuldner und die Gläubiger sind in der Regel von Experten anwaltlich vertreten. Dies führt zu einem erheblichen Ungleichgewicht in der zur Verfügung stehenden Kapazität auf Schuldner- und Gerichtsseite. Das Restrukturierungsgericht hat häufig nicht die Möglichkeit, auf wissenschaftliche Hilfskräfte zurückzugreifen.

57 Um diesem Umstand Rechnung zu tragen, wird in § 73 Abs. 3 die Waffengleichheit dadurch hergestellt, dass für das Gericht die Möglichkeit eröffnet wird, zur Unterstützung einen Restrukturierungsbeauftragten zu bestellen.[37] Die aufgeführten Beispielsfälle, sind dabei nicht abschließend (»insbesondere«). Dem Gericht steht in diesen Fällen ein Ermessen zu. Insbesondere die verfahrensmäßig korrekte Gestaltung des Restrukturierungsplans und auch komplexe, binnen kürzester Zeit zu beurteilende, Rechtsfragen können Gegenstand einer Beauftragung sein.

58 Dieser Auftrag kann dabei im Ermessen des Gerichts sowohl allgemein formuliert (»Beurteilung des Vorliegens der Bestätigungsvoraussetzungen«) oder auf konkrete Fragestellungen beschränkt werden. Außerdem hat der sachverständige Restrukturierungsbeauftragte gem. § 76 Abs. 1 dem Restrukturierungsgericht unverzüglich mitzuteilen, wenn er Umstände feststellt, die eine Aufhebung der Restrukturierungssache nach § 33 rechtfertigen.

59 Wenn die weiteren Voraussetzungen des § 73 Abs. 1, 2 nicht vorliegen, beschränkt sich die Tätigkeit des sachverständigen Restrukturierungsbeauftragten auf die gestellten Fragen. Im Übrigen hat er keine Überwachungsfunktion und kein Mandat zur Begleitung der Verhandlungen.

V. Folgewirkungen für die Bestellung in einem späteren Insolvenzverfahren

60 Der vormals im Verfahren tätige Restrukturierungsbeauftragte oder Sanierungsmoderator kann, wenn der Schuldner mindestens zwei der drei in § 22a Abs. 1 InsO genannten Voraussetzungen erfüllt, nach § 56 Abs. 1 Satz 2 InsO nur dann nachfolgend auch zum Insolvenzverwalter bestellt werden, wenn der vorläufige Gläubigerausschuss dem zustimmt. Zwar liegt in der Tätigkeit als Restrukturierungsbeauftragter oder Sanierungsmoderator eine über die allgemeine Beratung nach § 56 Satz 4 Nr. 2 InsO hinausgehende Tätigkeit; diese Tätigkeit schließt aber nur dann die Unabhängigkeit des vormaligen Restrukturierungsbeauftragten als Insolvenzverwalter tatsächlich aus, sofern sich daraus ernstliche Zweifel an der Unvoreingenommenheit oder Unparteilichkeit des Kandidaten ergeben.[38] In der Folge läge dann ein Bestellungshindernis vor. Kraft Gesetzes wird dem Gläubigerausschuss aber die Kompetenz zugewiesen, aus Gründen der Verfahrenseffizienz einem

36 A.A. wohl *Frind*, ZRI 2021, 397.
37 BT-Drucks. 19/24181, S. 171.
38 Vgl. dazu BGH Urt. v. 24.01.1991 – IX ZR 250/89, gem. BT-Drucks. 19/24181, S. 197.

sachlich-fachlich vorbefassten Verwalteraspiranten insoweit Dispens von dem im Übrigen freilich unberührt bleibenden Unabhängigkeitsdogma zu erteilen.[39]

Vergleichbar hat der Gesetzgeber diese Frage auch im Rahmen der einheitlichen Verwalterbestellungen in Konzerninsolvenzen gem. § 56b InsO geregelt. Es wird vorrangig darauf abgestellt, dass eine einheitliche Verwalterbestellung dann erfolgen kann, wenn die zu erwartenden Konflikte sich im überschaubaren Rahmen halten.[40] Außerdem wird darauf abgestellt, ob diese auch gelöst werden können.[41] Sollte der Fall vorliegen, wird das Insolvenzgericht im Rahmen der Ermessensausübung das Votum des Gläubigerausschusses berücksichtigen. 61

Es entsteht keine Bindungswirkung für das Gericht durch den Beschluss des Ausschusses nach § 56 Abs. 1 Satz 2 InsO.[42] Es wird lediglich die Möglichkeit der Entscheidung geschaffen. Für die Bestellung bleibt weiterhin ein einstimmiger Beschluss nach § 56a Abs. 1 InsO erforderlich, der zeitgleich gefasst werden kann. 62

Der Gesetzgeber knüpft für das Gläubigerausschussvotum an den Größenkriterien des § 22a InsO an und nicht an der tatsächlichen Einsetzung eines Gläubigerausschusses. Das ist nicht nachvollziehbar. Die Norm soll eine an den konkreten Umständen des Einzelfalles orientierte Entscheidung sicherstellen.[43] Hierzu ist der vorläufige Gläubigerausschuss auch dann berufen, wenn er aufgrund eines Antrages nach § 22a Abs. 2 InsO eingesetzt wird. Somit ist umgekehrt eine Entscheidung des vorläufigen Gläubigerausschusses ausgeschlossen, wenn zwar die Voraussetzungen des § 22a Abs. 1 InsO vorliegen, das Gericht aber zulässigerweise nach § 22a Abs. 3 InsO von der Einsetzung eines Ausschusses abgesehen hat. 63

Von daher ist § 56 Abs. 1 Satz 2 InsO teleologisch dahin gehend auszulegen, dass bei der Bestellung eines vorläufigen Gläubigerausschusses eine Anhörung zu erfolgen hat. Sonst entscheidet das Gericht lediglich in pflichtgemäßem Ermessen. Es spielt keine Rolle, in welcher Funktion der Restrukturierungsbeauftragte tätig geworden ist. Auch der fakultative Restrukturierungsbeauftragte ist nicht in besonderer Weise vorbefasst.[44] 64

Die in der Richtlinie angelegte »Beratungsfunktion« erfolgt jedoch in keinem Bestellungsfall allein oder auch nur überwiegend im Schuldnerinteresse, sondern immer mit dem vermittelnden Auftrag unter Berücksichtigung vor allem auch der Gläubigerinteressen.[45] 65

Ferner ist ausdrücklich das Neutralitätsgebots gem. § 75 Abs. 4 Satz 2 (ggf. i.V.m. § 78 Abs. 3) angeordnet. Der Restrukturierungsbeauftragte ist daher immer im Wesentlichen auch zur Wahrung der Gläubigerinteressen verpflichtet. Somit kann aus einer auch beratenden Funktion kein grundsätzlicher Konflikt im Sinne einer indiziert fehlenden Unabhängigkeit hergeleitet werden. 66

Dasselbe gilt bezüglich der zu besorgenden Konflikte wegen der etwaigen Anfechtbarkeit eines Honorars, welches der Restrukturierungsbeauftragte erhalten hat.[46] Dieser Anspruch des Restrukturierungsbeauftragten richtet sich gem. § 82 Abs. 1 gegen die Staatskasse.[47] Es erfolgt keine Zahlung aus dem Vermögen des Schuldners, weshalb sie auch nicht der Anfechtung unterliegen kann. Es ändert auch nichts daran, dass der Schuldner der Staatskasse gegenüber als Kostenschuldner verpflichtet wird. 67

39 So bereits *Hölzle*, ZIP 2013, 447 und dem vorgreiflich *Schmidt/Hölzle*, ZIP 2012, 2238.
40 S. zu den Grundlagen *Lissau/Hölzle*, in: FS Pannen [2017], S. 465.
41 Vgl. hierzu auch *Hölzle*, PL SanInsFoG, § 56b InsO Rn. 23 ff.
42 BT-Drucks. 19/24181, S. 197.
43 BT-Drucks. 19/24181, S. 197.
44 A.A. aber wohl *Frind*, ZRI 2021, 397.
45 RL [EU] 2019/1023, ErwG 31.
46 Mit diesem unzutreffenden, weil sachlich unrichtigen, Aspekt ebenfalls *Frind*, ZRI 2021, 397, 399.
47 BT-Drucks. 19/24181, S. 177.

68 Für den Ausschluss des früheren Restrukturierungsbeauftragten für die spätere Tätigkeit als Insolvenzverwalter oder Sachwalter sind daher konkrete Anhaltspunkte erforderlich. Daraus muss sich ergeben, dass der frühere Restrukturierungsbeauftragte in seiner Amtsführung als Sach- oder Insolvenzverwalter gehindert ist.[48]

§ 74 Bestellung

(1) Zum Restrukturierungsbeauftragten ist ein für den jeweiligen Einzelfall geeigneter, in Restrukturierungs- und Insolvenzsachen erfahrener Steuerberater, Wirtschaftsprüfer oder Rechtsanwalt oder eine sonstige natürliche Person mit vergleichbarer Qualifikation zu bestellen, die von den Gläubigern und dem Schuldner unabhängig ist und die aus dem Kreis aller zur Übernahme des Amtes bereiten Personen auszuwählen ist.

(2) [1]Das Restrukturierungsgericht berücksichtigt bei der Auswahl eines Restrukturierungsbeauftragten nach § 73 Absatz 1 und 2 Vorschläge des Schuldners, der Gläubiger und der an dem Schuldner beteiligten Personen. [2]Hat der Schuldner die Bescheinigung eines in Restrukturierungs- und Insolvenzsachen erfahrenen Steuerberaters, Wirtschaftsprüfers, Rechtsanwalts oder einer Person mit vergleichbarer Qualifikation vorgelegt, aus der sich ergibt, dass der Schuldner die Voraussetzungen des § 51 Absatz 1 und 2 erfüllt, kann das Gericht vom Vorschlag des Schuldners nur dann abweichen, wenn die vorgeschlagene Person offensichtlich ungeeignet ist; dies ist zu begründen. [3]Wenn Planbetroffene, auf welche in jeder der nach § 9 gebildeten oder zu bildenden Gruppen von Inhabern von Restrukturierungsforderungen und Absonderungsanwartschaften mehr als 25 Prozent des Stimmrechts entfallen oder voraussichtlich entfallen werden, einen gemeinschaftlichen Vorschlag unterbreiten und wenn keine Bindung des Gerichts nach Satz 2 besteht, kann das Gericht vom gemeinsamen Vorschlag der Planbetroffenen nur dann abweichen, wenn die vorgeschlagene Person offensichtlich ungeeignet ist; dies ist zu begründen.

(3) Folgt das Restrukturierungsgericht einem Vorschlag des Schuldners nach Absatz 2 Satz 2 oder der Planbetroffenen nach Absatz 2 Satz 3, kann es einen weiteren Restrukturierungsbeauftragten bestellen und diesem dessen Aufgaben übertragen; dies gilt nicht für die Aufgaben nach § 76 Absatz 2 Nummer 1 Halbsatz 1 und 2.

Übersicht

A. Allgemeines

1 § 74 normiert ein an §§ 56, 270d Abs. 2 InsO angelehntes Auswahlmodell für die Bestellung des Restrukturierungsbeauftragten, weshalb auf die zur Bestellung des Insolvenzverwalters ergangene Rechtsprechung zurückgegriffen werden kann. Dem Gericht wird grundsätzlich ein Auswahlermessen

48 Wie hier insgesamt *Hölzle/Curtze*, ZIP 2021, 1293 ff.

eingeräumt, wobei der Gesetzgeber davon ausgeht, dass bei dem jeweiligen Restrukturierungsgericht Vorauswahllisten[1] geführt werden. Die Vorschläge des Schuldners sind dabei (lediglich) zu berücksichtigen. Der Gesetzgeber bringt deutlich zum Ausdruck, dass ein Vorschlag des Schuldners die Unabhängigkeit des Vorgeschlagenen nicht beeinträchtigt. Damit wird der bei einigen Insolvenzgerichten noch immer zu beobachtenden Praxis begegnet, vorgeschlagene Personen contra legem grundsätzlich nicht in die Auswahl einzubeziehen.

Das Gesetz sieht zugleich aber in § 74 Abs. 2 S. 2 auch die Möglichkeit eines für das Gericht grundsätzlich bindenden Vorschlages des Schuldners vor. Dazu muss der Schuldner eine qualifizierten Bescheinigung vorlegen, welche die Kriterien des § 51 Abs. 1, 2 erfüllt.[2] Für diese Regelung diente § 270d Abs. 2 InsO als Vorbild. Auch einer qualifizierten Gläubigermehrheit steht subsidiär ein grundsätzlich bindendes Vorschlagsrecht zu. Dasselbe gilt, sofern bestellt, auch für den Gläubigerbeirat gem. § 93 Abs. 2. 2

Nach § 74 Abs. 3 hat das Gericht das Recht, in den Fällen der Bindung an einen Vorschlag von Schuldner oder Gläubiger, einen nach pflichtgemäßem Ermessen ausgewählten zusätzlichen Restrukturierungsbeauftragten (kumulativen Restrukturierungsbeauftragten) zu bestellen und diesem ebenfalls nach pflichtgemäßen Ermessen sämtliche Aufgaben eines Restrukturierungsbeauftragten zu übertragen. Davon ausgenommen ist die Entscheidung darüber, wie der Restrukturierungsplan zur Abstimmung gebracht wird. Darin liegt ein Unterschied zur Insolvenzordnung, die eine vergleichbare Regelung zu Recht nicht enthält, da ein Nebeneinander zweiter Restrukturierungsbeauftragter wenig praxistauglich sein dürfte. Sinnhafter erscheint es insoweit, mit dem Schuldner im Vorgespräch analog § 10a InsO (s. § 73 Rdn. 9a) eine Verständigung betreffend die zu bestellende Person des Restrukturierungsbeauftragten zu erreichen. 3

B. Norminhalt

I. Anforderungen an die Person

1. Allgemeines

§ 74 Abs. 1 ist als Umsetzung der Art. 26 und 27 der Richtlinie (EU 2019/1023) hinsichtlich der an die Person des Restrukturierungsbeauftragten zu stellenden Anforderungen dem § 56 Abs. 1 InsO nachgebildet. Als Restrukturierungsbeauftragter kommen nur natürliche Personen in Betracht; wie in der Insolvenzordnung ist die Bestellung juristischer Personen ausgeschlossen. Folgende Kriterien sind, wie in § 56 InsO, entscheidend: 4
- Übernahmebereitschaft,
- (generelle) Geschäftskunde,
- Eignung im konkreten Einzelfall und
- (sachlich/fachliche) Unabhängigkeit.

Der Gesetzgeber bringt mit der Formulierung, dass eine für den jeweiligen Einzelfall geeignete, in Restrukturierungs- und Insolvenzsachen erfahrene, besonders qualifizierte Person zu bestellen ist, zum Ausdruck, dass er das Anforderungsprofil des Restrukturierungsbeauftragten mit dem eines Sach- oder Insolvenzverwalters für vergleichbar hält. Das wird ebenfalls durch den mehrfachen Vergleich mit der Rechtslage bei der Auswahl des Sachwalters oder Insolvenzverwalters in der Gesetzesbegründung deutlich.[3] 5

2. Eignung

Neben der, auch für jeden Insolvenzverwalter entscheidenden, Fähigkeit der Verhandlungsführung und Vermittlung zwischen den verschiedenen Interessen aller Parteien, bedarf es einer besonderen 6

1 BT-Drucks. 19/24181, S. 171.
2 Vgl. *Hölzle*, PL SanInsFoG, §§ 49–51, 54, 56 Rn. 70.
3 BT-Drucks. 19/24181, S. 171.

Eignung im Einzelfall, da die Tätigkeit des Restrukturierungsbeauftragten vor allem betriebswirtschaftlich geprägt ist.[4] Dabei wird auf die unternehmerische Erfahrung der Person hinsichtlich Betriebsfortführungen oder auch Übernahmen abgestellt.

7 Die Bestellung einer Person, die gem. § 74 Abs. 1 zum »Kreis aller zur Übernahme des Amtes bereiten Personen« gehört, erfolgt bei vielen Restrukturierungsgerichten nach der beim selben Amtsgericht geführten Vorauswahlliste der Insolvenzverwalter und Sachwalter;[5] andere Gerichte führen eigenständige Vorauswahllisten für Restrukturierungsbeauftragte. Allerdings sollten die Listen für Zwecke der Beurteilung auch der unternehmerischen Fähigkeiten der Kandidaten um besondere unternehmerische Erfahrungen ergänzt werden. Dabei sollte insbesondere auch die Erfahrung z.B. aus Unternehmensfortführungen und Organfunktionen in Eigenverwaltungsverfahren aufgenommen werden.

3. Unabhängigkeit

8 Auch hinsichtlich der Anforderungen an die Unabhängigkeit stellt § 74 Abs. 1 dieselben Anforderungen, wie § 56 Abs. 1 InsO an die Unabhängigkeit des Insolvenzverwalters. Ob der Stellung als Gewährsperson für die Integrität des Verfahrens wird hierauf auch in der Gesetzesbegründung in Anlehnung an die Richtlinie großen Wert gelegt.[6] Die Unabhängigkeit ist von großer Bedeutung im Verfahren.[7]

9 Der Gesetzgeber hat ausdrücklich klargestellt, dass nur weil ein Beteiligter den Restrukturierungsbeauftragten vorgeschlagen hat, dessen Unabhängigkeit nicht infrage gestellt wird.[8] Auch diese Vorschläge sind somit vom Gericht zu berücksichtigen. Dennoch ist zu es die zu beobachtende Praxis, dass Gerichte Vorschläge entweder gar nicht entgegennehmen oder die vorgeschlagene Person allein des Vorschlages wegen im Auswahlprozess mit einem Malus belegen.

10 Gem. § 270d Abs. 2 Satz 1 InsO darf der Aussteller einer Schutzschirm-Bescheinigung nicht zum Sachwalter bestellt werden. In § 74 Abs. 2 Satz 2 ist die Möglichkeit der Ausstellung einer Bescheinigung vorgesehen. Eine entsprechende Regelung, dass der Aussteller dann nicht zum Restrukturierungsbeauftragten bestellt werden darf, fehlt in § 74 Abs. 2 InsO jedoch, wenngleich die Sachlage mit derjenigen des Ausstellers der Schutzschirm-Bescheinigung identisch ist.

11 Es wäre die abstrakte Gefahr begründet, dass der Restrukturierungsbeauftragte in Aussicht auf die Bestellung die Bescheinigung gleichsam in eigener Sache ausstellt, wodurch sowohl seine Unabhängigkeit als auch seine Unparteilichkeit beeinträchtigt wäre. Dafür ist der Maßstab eines objektiven, nichtbeteiligten Dritten heranzuziehen. Somit scheidet der Aussteller der Bescheinigung zwingend als Restrukturierungsbeauftragter aus. Dogmatisch kann das bereits in Anwendung der allgemeinen Bestellungsvoraussetzungen des § 74 Abs. 1 begründet werden, sodass die analoge Heranziehung des § 270d Abs. 2 Satz 1 InsO zwar entbehrlich, wegen des Bestehens einer offensichtlich unbeabsichtigten Regelungslücke bei vergleichbarer Rechtslage aber jedenfalls zulässig ist.

12 Anders zu beurteilen ist die Möglichkeit der späteren Bestellung eines vormaligen Restrukturierungsbeauftragten zum Sachwalter oder Insolvenzverwalter in einem nachfolgenden Insolvenzverfahren.[9]

4 S. § 76 StaRUG zu den Aufgaben im Einzelnen.

5 Kritisch *Frind*, ZRI 2021, 397.

6 BT-Drucks. 19/24181, S. 171.

7 S. Uhlenbruck-*Zipperer*, InsO, § 56 Rn. 2, der darstellt, dass die Unabhängigkeit als einer von zwei Zentralbegriffen alle Reformen des § 56 InsO überdauerte.

8 BT-Drucks. 19/24181, S. 172.

9 Vgl. bereits ausführlich § 73 Rdn. 60.

II. Verschiedene Vorschlagsrechte

1. Generelle Anforderungen an einen Vorschlag

In § 74 Abs. 2 werden insgesamt drei mögliche Varianten eines Vorschlages zur Person des Restrukturierungsbeauftragten genannt.[10] 13

Regelmäßig ist ein Vorschlag durch die Beschreibung des Anforderungsprofils zu substanziieren, da das Gericht nur dann die für die Ausübung des pflichtgemäßen Ermessens relevanten Umstände kennt. Daher sollte sich der Vorschlag nicht auf die bloße Nennung der Person beschränken.[11] Für das Gericht ist nur ein solcher Vorschlag berücksichtigungsfähig, der die Ermessensausübung ermöglicht und eröffnet. Dem Gericht kann die Nichtberücksichtigung eines durch bloße Namensnennung Vorgeschlagenen daher nicht angelastet werden. 14

Das Gesetz beschränkt das Vorschlagsrecht nicht auf lediglich eine Person. Neben der schlichten Mitteilung eines Anforderungsprofils ist, wie im § 56a InsO, auch eine Namensliste, gleich ob mit oder ohne Rangfolge, möglich. 15

2. Nicht bindender Vorschlag eines Verfahrensbeteiligten (§ 74 Abs. 2 Satz 1)

§ 74 Abs. 2 Satz 1 regelt zunächst das Vorschlagsrecht des Schuldners, der Gläubiger oder der am Schuldner beteiligten Personen bei der Bestellung eines Restrukturierungsbeauftragten von Amts wegen gem. § 73 Abs. 1, 2. Da der sachverständige Restrukturierungsbeauftragte im Wesentlichen zur Unterstützung des Gerichts bestellt wird, besteht in Ansehung seiner Person kein Vorschlagsrecht.[12] 16

Das Gesetz sieht auch für den fakultativen Restrukturierungsbeauftragten kein ausdrückliches Vorschlagsrecht des Schuldners vor. Dieses Recht steht nach § 78 Abs. 2 lediglich einer qualifizierten Gläubigermehrheit zu. Außerdem verweist § 78 Abs. 1 nur auf § 74 Abs. 1, nicht aber auch auf dessen Abs. 2.[13] Obwohl der Restrukturierungsbeauftragte auf Antrag des Schuldners bestellt werden soll und vor allem mit der Unterstützung des Schuldners bei der Ausarbeitung des Restrukturierungskonzepts betraut wird, findet sich in der Gesetzesbegründung kein Hinweis darauf, weshalb gerade dem Schuldner in Ansehung dieses Restrukturierungsbeauftragten kein Vorschlagsrecht zustehen soll, wo ein solches bei dem vornehmlich im Gläubigerinteresse bestellten und den Schuldner beaufsichtigenden Restrukturierungsbeauftragten besteht. 17

A maiore ad minus ist davon auszugehen, dass es sich hierbei um ein gesetzgeberisches Versehen handelt und ein planwidrige Regelungslücke vorliegt. In der Konsequenz ist § 74 Abs. 2 Satz 1 auch im Fall der Bestellung eines fakultativen Restrukturierungsbeauftragten analog heranzuziehen, da die Rechtslage vergleichbar ist. 18

Auch die Ablehnung einer analogen Anwendung, änderte nichts daran, dass die Auswahl und Bestellung des Restrukturierungsbeauftragten in pflichtgemäßer Ausübung des Ermessen erfolgen muss. Bei dieser Ermessensausübung sind dann auch die dem Restrukturierungsbeauftragten zu übertragenden Aufgaben zu berücksichtigen. Der Einschätzung des Schuldners zur Person des Restrukturierungsbeauftragten, mit dem er sich eine Zusammenarbeit vorstellen kann, ist bei der Ermessensausübung zu berücksichtigen, da dieser fakultative Restrukturierungsbeauftragte gem. § 79 den Schuldner bei der Ausarbeitung des Restrukturierungskonzepts unterstützen soll.[14] 19

10 Zur Übersicht der Varianten s.u. Rdn. 40.

11 Dies ergibt sich auch aus Erwägungsgrund 88 der Richtlinie (RL [EU] 2019/1023), wonach auch dem Schuldner und den Gläubigern ein Auswahlermessen zugestanden werden kann.

12 Zum sachverständigen Restrukturierungsbeauftragten vgl. § 73 Rdn. 56.

13 Vgl. § 78 Rdn. 3.

14 § 79 Rdn. 2.

20 Das Gericht ist zwar nicht an einen nicht qualifizierten, gleichwohl substanziierten Vorschlag eines Beteiligten nach § 74 Abs. 2 Satz 1 gebunden.[15] Dennoch ist das Gericht verpflichtet, den Vorschlag aber jedenfalls zu berücksichtigen.[16]

21 Das Gericht hat im Rahmen der Ermessensausübung auch zu berücksichtigen, von wem der Vorschlag gemacht wurde. Ein Gläubigervorschlag, insbesondere, wenn er von einem für das Gelingen des Verfahrens bedeutsamen Gläubiger unterbreitet wird, hat größeres Gewicht, als der Vorschlag des Schuldners. Dies gilt jedenfalls bei der Bestellung von Amts wegen gem. § 73 Abs. 1, 2, da sie vor allem im Gläubigerinteresse erfolgt. Auch Gläubiger die nicht planbetroffen sind, haben ein Vorschlagsrecht. Ohne die Betroffenheit im Verfahren, beispielsweise durch einen späteren (absehbaren) Antrag auf Stabilisierungsanordnung, hat ein solcher Vorschlag allerdings deutlich geringeres Gewicht.

3. Bindender Vorschlag des Schuldners, § 74 Abs. 2 Satz 2

22 Dem Schuldner wird in § 74 Abs. 2 Satz 2 auch die Möglichkeit eröffnet, dem Gericht einen im Grundsatz bindenden Vorschlag zur Person des Restrukturierungsbeauftragten zu unterbreiten. Genauso wie in § 270d Abs. 2 Satz 2 ist Voraussetzung, dass mit dem Vorschlag die Vorlage einer Bescheinigung eines in Restrukturierungs- und Insolvenzsachen erfahrenen Steuerberaters, Wirtschaftsprüfers, Rechtsanwalts oder einer Person mit vergleichbarer Qualifikation vorgelegt wird.

23 Durch die Bindung an den Vorschlag soll die Planbarkeit und Attraktivität der präventiven Restrukturierung für den Schuldner erhöht werden. Außerdem soll der Schuldner einen Anreiz erhalten, die Instrumente des Stabilisierungsrahmens zu nutzen.[17]

24 Der Inhalt der Bescheinigung unterscheidet sich von demjenigen zur Einleitung eines Schutzschirmverfahrens maßgeblich. § 74 Abs. 2 Satz 2 verweist hinsichtlich des Inhaltes auf § 51 Abs. 1, 2, dessen inhaltliche Voraussetzungen als gegeben bescheinigt werden müssen.

25 Diese Verweisung ist insoweit unglücklich, als die tatbestandlichen Anforderungen in § 51 Abs. 1, 2, der die Voraussetzungen für den Erlass einer Stabilisierungsanordnung regelt, negativ formuliert sind, nämlich die Stabilisierungsanordnung nur ergehen darf, wenn die in § 51 Abs. 1, 2 genannten Ausschließungsgründe nicht vorliegen. Demgegenüber ist § 74 Abs. 2 Satz 2 positiv formuliert, wonach bei wörtlicher Anwendung der Vorschlag des Schuldners nur bindend ist, wenn die Ausschließungsgründe für eine Stabilisierungsanordnung gegeben sind. Dass dies offenkundig nicht gemeint ist, liegt auf der Hand und dürfte dem Umstand geschuldet sein, dass das Gesetz mit größtmöglicher Eile durch den Gesetzgebungsprozess gebracht worden ist. Für die Bindungswirkung eines Vorschlages des Schuldners ist gem. § 74 Abs. 2 Satz 2 daher die Vorlage einer qualifizierten Bescheinigung erforderlich, wonach die Ausschließungsgründe des § 51 Abs. 1, 2 nicht vorliegen.

26 Im Einzelnen geht es darum, die Restrukturierungswürdigkeit des Schuldners (§ 51 Abs. 2) und die Sachgerechtigkeit der in Aussicht genommenen Restrukturierung (§ 51 Abs. 1) zu bescheinigen, wobei die Bescheinigung zunächst keine Ausführungen zu dem Tatbestandsmerkmal des § 51 Abs. 1 Nr. 4 enthalten muss, wenn und soweit die Inanspruchnahme einer Stabilisierungsanordnung (noch) nicht absehbar ist. Für die inhaltliche Ausgestaltung der Ausschließungsgründe und damit die inhaltlich an die Bescheinigung zu stellenden Anforderungen im Einzelnen kann auf die dortigen Ausführungen verwiesen werden.[18]

---

15 Vgl. zum substanziierten Vorschlag soeben Rdn. 13.

16 BT-Drucks. 19/24181, S. 172.

17 BT-Drucks. 19/24181, S. 172.

18 Zu der inhaltlichen Ausgestaltung der Ausschließungsgründe und die Anforderungen an die Bescheinigung vgl. *Hölzle*, PL SanInsFoG, §§ 49–51, 54, 56 Rn. 70; wie hier auch *Hölzle*, PL SanInsFoG, § 74 Rn. 22 ff.

4. Bindender Vorschlag einer qualifizierten Planbetroffenenmehrheit, § 74 Abs. 2 Satz 3

Das Vorschlagsrecht einer qualifizierten Planbetroffenenminderheit steht dem Vorschlagsrecht des Schuldners gem. § 74 Abs. 2 Satz 3 zwar gleich, ist jedoch subsidiär.[19] Eine Bindungswirkung für das Gericht besteht also nur dann, sofern keine Bindung an einen Vorschlag des Schuldners gegeben ist. Unklar bleibt, ob dies nur gelten soll, wenn im Zeitpunkt des Eingangs des Vorschlags bereits ein Schuldnervorschlag vorliegt, oder ob die Bindungswirkung auch nachträglich ex tunc verloren geht, wenn der Schuldner den Vorschlag erst nach dem Gläubigervorschlag einreicht.[20] 27

Der Schuldnervorschlag geht richtigerweise so lange vor, wie noch nicht auf Grundlage des Planbetroffenenvorschlages ein Restrukturierungsbeauftragter wirksam bestellt wurde. Sonst würde es in der Hand der Gläubiger liegen, den vorrangigen Schuldnervorschlag zu unterlaufen, da der Vorschlag der Planbetroffenen gerade nicht an besondere Voraussetzungen geknüpft ist. So ist keine Vorlage der für den Schuldnervorschlag erforderlichen Bescheinigung nötig. Das vorrangige Vorschlagsrecht soll nicht allein durch den Zeitvorteil leerlaufen, da die Anfertigung der Bescheinigung entsprechend Zeit in Anspruch nimmt. Der Wortlaut des Gesetzes, wonach der Vorschlag der Planbetroffenen bindend ist, wenn keine Bindung an einen Vorschlag des Schuldners besteht, unterstreicht, dass es auf den Zeitpunkt der Beschlussfassung des Gerichts und nicht den des Eingangs der Anträge ankommt. 28

Im Gegensatz zum nicht bindenden Vorschlag gem. § 74 Abs. 2 Satz 1 steht das bindende Vorschlagsrecht nicht einer qualifizierten Minderheit aller Gläubiger, sondern nur einer solchen aus der Gruppe der Planbetroffenen offen. Im Zweifel ist von der Planbetroffenheit eines vorschlagenden bzw. an einem Vorschlag beteiligten Gläubigers auszugehen, wenn die genaue Auswahl der Planbetroffenen noch nicht feststeht. Das kann daran liegen, dass der Schuldner bislang nicht den Entwurf des Restrukturierungsplans eingereicht hat. Der Sinn und Zweck des Gesetzes gebietet es, im Zweifel von der Planbetroffenheit auszugehen.[21] 29

Für die Bindungswirkung eines koordinierten Gläubigervorschlages ist das Erreichen einer qualifizierten Sperrminorität erforderlich. Dafür müssen aus jeder gebildeten oder auf Grundlage des bislang lediglich vorgelegten Restrukturierungskonzepts voraussichtlich zu bildenden Planbetroffenengruppe 25 % des Stimmrechts in dem koordinierten Vorschlagsquorum vertreten sein. Sofern die konkrete Gruppenbildung oder die konkrete Zusammensetzung noch nicht feststeht, ist lediglich auf die bereits feststehenden Gruppen in der bekannten Zusammensetzung abzustellen. Damit das Vorschlagsrecht nicht leerläuft, ist im Zweifel von der Bindungswirkung des Vorschlages auch dann auszugehen, wenn die Gruppenbildung noch nicht feststeht. 30

Durch ein langes Offenlassen der konkreten Ausgestaltung der Planbetroffenengruppen und der in ihnen vertretenen Stimmrechte könnte der Schuldner sonst das Vorschlagsrecht der Planbetroffenen unterlaufen. Somit ist bei der Feststellung des Erreichens des maßgeblichen Quorums ein großzügiger Maßstab anzulegen. § 74 Abs. 2 Satz 3 ist extensiv auszulegen. Zusätzlich darf eine restriktive Auslegung durch das Gericht auch nicht als Mittel genutzt werden, sich von unliebsamen Vorschlägen zu lösen. 31

Durch den Gesetzeswortlaut wird deutlich, dass es sich um einen »gemeinsamen« Vorschlag der im Quorum versammelten Planbetroffenen handeln muss. Ebenso, wie die Tatsache, dass ein Quorum verlangt wird, spricht dies dafür, dass innerhalb der Minderheit ebenfalls ein Einstimmigkeitserfordernis gilt. Ausdrücklich geregelt ist kein Mehrheitserfordernis. Ohne die Einstimmigkeit, würde die 25 %-Grenze aber keinen Sinn ergeben, da, würde man eine einfache Mehrheitsentscheidung annehmen, das Quorum auf 12,5 % absänke. Zusammen mit dem Vorschlag ist dem Gericht daher 32

19 BT-Drucks. 19/24181, S. 172.

20 Dies könnte insbesondere als Reaktion *auf* den Gläubigervorschlag erfolgen.

21 Wie bereits erwähnt i.S.d. BT-Drucks. 19/24181, S. 172.

regelmäßig auch anzuzeigen und ggfs. glaubhaft zu machen, dass der Vorschlag einstimmig gefasst wurde. Dies kann durch eine entsprechende Dokumentation des Beschlusses erfolgen.

5. Bindender Vorschlag eines Gläubigerbeirats, §§ 93 Abs. 2, 74 Abs. 2 Satz 3

33 Gem. § 93 ist nach dem Vorbild des Gläubigerausschusses im Insolvenzverfahren ein Gläubigerbeirat vorgesehen. Dieser ist immer dann zu bilden, wenn das Restrukturierungsverfahren insolvenzverfahrensähnliche, also gesamtverfahrensartige Züge annimmt.[22] Trotz der Anlehnung kann jedoch keine pauschale entsprechende Anwendung der Aufgabenbestimmung des Gläubigerausschusses erfolgen.[23]

34 Wenn ein Gläubigerbeirat gebildet wird, tritt ein einstimmiger Beschluss des Gläubigerbeirats an die Stelle des gemeinschaftlichen Vorschlags der Planbetroffenen. Das Vorschlagsrecht der qualifizierten Gläubigerminderheit nach § 74 Abs. 2 Satz 3 lebt auch dann nicht wieder auf, wenn es im Gläubigerbeirat keine Einigung gibt. Diese Suspendierung des Vorschlagsrechts ergibt sich bereits aus dem Wortlaut des Gesetzes.

35 Sollte der Gläubigerbeirat jedoch nach Eingang eines qualifizierten Minderheitenvorschlages gebildet werden, aber noch vor der Bestellung eines Restrukturierungsbeauftragten, so verliert der vorherige Minderheitenvorschlag seine Wirkung. Dennoch hat das Gericht vor der Bestellung des Restrukturierungsbeauftragten den Gläubigerbeirat anzuhören und diesem Gelegenheit zur Unterbreitung eines einstimmigen Vorschlages zu geben, da der Wille der Gläubiger zur Bestellung schon deutlich wurde.[24]

6. Unbeachtlichkeit eines grds. bindenden Vorschlags, Begründungspflicht

36 Ebenso wie der Vorschlag des Schuldners nach § 74 Abs. 2 Satz 2 kann auch der Vorschlag der qualifizierten Gläubigerminderheit bzw. des Gläubigerbeirates nach § 74 Abs. 2 Satz 3 unbeachtlich sein. Dies ist der Fall, wenn die vorgeschlagene Person offensichtlich ungeeignet ist. Es wird eine weitere Parallele zur Insolvenzordnung deutlich, die Unbeachtlichkeit ist aus § 56a InsO bekannt. Es sind strenge Anforderungen, die an die offensichtliche Ungeeignetheit zu stellen sind. Dafür kann auf die dortigen Ausführungen verwiesen werden.

37 Die Ungeeignetheit kann sich in der Praxis vor allem aus dem Gesichtspunkt einer fehlenden Unabhängigkeit ergeben. Diese wiederum resultiert aus einer etwaigen Vorbefassung in eigener Person oder eines mit ihm zur gemeinsamen Berufsausübung verbundenen Person. Es ist zu beachten, dass nicht aus jeder Vorbefassung gleich die fehlende Unabhängigkeit folgt. Nach der einschlägigen BGH-Rechtsprechung muss dieser Entscheidung ein strenger Begründungsmaßstab zugrunde gelegt werden, da in die Rechte zur freien Berufsausübung eingegriffen wird.[25]

38 Das Gericht muss, sollte es die offensichtliche Ungeeignetheit des Vorgeschlagenen ausnahmsweise für gegeben ansehen und dem Vorschlag deshalb nicht folgen, dies gesondert begründen gem. § 74 Abs. 2 Satz 2, Halbs. 2, Abs. 2 Satz 3 Halbs. 2. Der Zweck der Begründungspflicht liegt wohl darin, dass einerseits die Zurückweisung nur reflektiert erfolgen soll und andererseits die nötige Transparenz des richterlichen Handelns gewahrt werden soll. Dies ist für die Integrität des Verfahrens und für das nötige Vertrauen aller Beteiligten in das Verfahren von hoher Bedeutung.

7. Übersicht der Vorschlagsvarianten

39 Überblicksartig zusammengefasst stellen sich die verschiedenen Vorschlagsvarianten daher wie folgt dar:

---

22 Vgl. § 93 Rdn. 2 ff.
23 *Ahrens*, NZI-Beilage, 2021, 57, 59.
24 Mehr sogleich unter Rdn. 51.
25 Grundlagenentscheidung BGH, Urt. v. 24.01.1991 – IX ZR 250/89.

Norm (StaRUG)	Vorschlagsberechtigung	in Bezug auf Art des RB	Anforderungen an den Vorschlag	Wirkung des Vorschlages	40
§ 74 Abs. 2 Satz 1	– Schuldner – jeder Gläubiger – jeder Anteilseigner	– obligatorischer RB – fakultativer RB (analog)	– substanziiert – Anforderungsprofil	– keine Bindungswirkung – Berücksichtigungspflicht i.R.d. Ermessensausübung	
§ 74 Abs. 2 Satz 2	– Schuldner	– obligatorischer RB – fakultativer RB (analog)	– qual. Bescheinigung § 51 Abs. 1, 2 StaRUG	– Bindungswirkung, solange nicht offensichtlich ungeeignet	
§ 74 Abs. 2 Satz 3	– Planbetroffene	– obligatorischer RB – fakultativer RB (analog)	– qual. Minderheit (25 % jeder Gruppe)	– Bindungswirkung, solange nicht offensichtlich ungeeignet – subsidiär ggü Schuldnervorschlag – suspendiert, wenn Gläubigerbeirat bestellt	
§§ 93 Abs. 2, 74 Abs. 2 Satz 3	– Gläubigerbeirat	– obligatorischer RB – fakultativer RB (analog)	– einstimmig	– Bindungswirkung, solange nicht offensichtlich ungeeignet – subsidiär ggü Schuldnervorschlag	
-/-	Kein Vorschlagsrecht	– sachverständiger RB – kumulativer RB	-/-	– Auswahl in pflichtgemäßem Ermessen des Gerichts	

III. Bestellung eines kumulativen Restrukturierungsbeauftragten, § 74 Abs. 3

In Anlehnung an den mit Bindungswirkung vom Schuldner vorgeschlagenen Sachwalter im Schutzschirmverfahren prägt der Gesetzgeber in der Gesetzesbegründung den Begriff des »mitgebrachten Restrukturierungsbeauftragten«.[26] In § 74 Abs. 3 kommt dabei ein institutionalisiertes Misstrauen gegen einen vom Schuldner oder von der qualifizierten Gläubigerminderheit vorgeschlagenen und bestellten Restrukturierungsbeauftragten zum Ausdruck, das grundlegend verfehlt ist. 41

Für dieses Misstrauen gibt es keinerlei Anlass. Die Norm ist missglückt. Sofern die vorgeschlagene Person nicht unabhängig ist, so ist sie ungeeignet und das Gericht ist an den Vorschlag nicht gebunden.[27] Ist der Vorgeschlagene jedoch unabhängig, wovon im Zweifelsfall auszugehen ist, so gibt es keinen Grund, einen kumulativen Restrukturierungsbeauftragten zu bestellen, hierdurch die Integrität des Vorgeschlagenen infrage zu stellen und das Verfahren zudem unnötig zu verteuern. 42

Durch § 74 Abs. 3 wird das Instrument des bindenden Vorschlages als Fremdkörper und Ausnahmeregelung stigmatisiert. Dies entspricht gerade nicht den in der Gesetzesbegründung ausdrücklich 43

26 BT-Drucks. 19/24181, S. 173.
27 S.o. Rdn. 36.

formulierten Zielen, die Planbarkeit und Vorhersehbarkeit und damit die Attraktivität des Verfahrens für den Schuldner zu fördern.[28]

44 In teleologischer Auslegung ist es deshalb geboten, nicht das bindende Vorschlagsrecht, sondern die Bestellung des kumulativen Restrukturierungsbeauftragten als Ausnahmevorschrift zu qualifizieren und daran eine äußerst restriktive Auslegung des § 74 Abs. 3 zu koppeln.

45 Es kann nicht davon ausgegangen werden, dass das Restrukturierungsgericht in allen Fällen der Bestellung eines obligatorischen oder fakultativen Restrukturierungsbeauftragten auf Vorschlag berechtigt wäre, zugleich einen kumulativen Restrukturierungsbeauftragten zu bestellen. Vielmehr bedarf es hinreichender Anhaltspunkte für die Erforderlichkeit dieser Maßnahme für die Erreichbarkeit des Restrukturierungsziels im Einklang mit den Gläubigerinteressen. Denn nur darum geht es. Danach muss es als Voraussetzung für die Bestellung eines kumulativen Restrukturierungsbeauftragten überwiegend wahrscheinlich sein, dass dessen Bestellung für Erreichung des Restrukturierungsziels verhältnismäßig ist. Die Verhältnismäßigkeitsprüfung erfordert die Prüfung der Erforderlichkeit, der Gebotenheit und der Verhältnismäßigkeit im engeren Sinne.

46 Sofern die besonderen Umstände für die Bestellung vorliegen, ist in einer weiteren Verhältnismäßigkeitsprüfung über den Umfang der zu übertragenden Aufgaben zu entscheiden. Auch hier ist die entsprechende Zurückhaltung geboten.

47 Dem kumulativen Restrukturierungsbeauftragten können alle Aufgaben eines obligatorischen Restrukturierungsbeauftragten übertragen werden. Davon ausgenommen ist die Entscheidung darüber, wie der Restrukturierungsplan zur Abstimmung gebracht wird und sofern die Abstimmung nicht im gerichtlichen Verfahren erfolgt, die Leitung der Versammlung, § 76 Abs. 2 Nr. 1.

48 Der infolge eines bindenden Vorschlags vom Gericht bestellte Restrukturierungsbeauftragte kann daher auf die Rolle des »Zeremonienmeisters« beschränkt werden. Weitere Aufgaben und Funktionen können (ausschließlich) dem kumulativen Restrukturierungsbeauftragten übertragen werden. Die Bindungswirkung läuft in solchen Extremfällen ins Leere. Das Gericht kann darüber hinaus den kumulativen Restrukturierungsbeauftragten anstelle des obligatorischen Restrukturierungsbeauftragten auch mit Aufgaben eines sachverständigen Restrukturierungsbeauftragten betrauen.

49 Der kumulative Restrukturierungsbeauftragte verdrängt so den auf Vorschlag bestellten obligatorischen Restrukturierungsbeauftragten. Das Gericht sollte also in dem Bestellungsbeschluss ein hohes Maß an Sorgfalt hinsichtlich der Definition des Aufgabenbereichs des kumulativen Restrukturierungsbeauftragten anlegen. Nur so können Rechtsunsicherheiten und Kompetenzstreitigkeiten, die das Verfahren insgesamt massiv behinderten, vermieden werden.

50 § 74 Abs. 3 findet keine Anwendung bei der Bestellung eines fakultativen Restrukturierungsbeauftragten auf Vorschlag der qualifizierten Gläubigerminderheit gem. § 78 Abs. 2 oder auf bindenden Vorschlag des Schuldners gem. § 74 Abs. 2 Satz 2 analog. Es mangelt an einer Legitimation des Gerichts, einen bindenden Vorschlag zur Person des nur auf Antrag zu bestellenden Restrukturierungsbeauftragten durch kumulative Bestellung des gerichtseigenen Kandidaten zu unterlaufen. Sofern der fakultative Restrukturierungsbeauftragte im Sinne der »Einheit des Amtes« in die Rolle des obligatorischen Restrukturierungsbeauftragten hineinwächst lebt zugleich das Recht des Gerichts auf, ausnahmsweise die Bestellung eines kumulativen Restrukturierungsbeauftragten vorzunehmen.[29]

IV. Anhörung

51 In den §§ 22a, 56a InsO ist umfassend geregelt, ob und inwieweit mit Rücksicht auf die Vorschlagsrechte eine Anhörung der Vorschlagsberechtigten durchzuführen ist. Eine entsprechende Regelung im StaRUG fehlt und ist auch in der Gesetzesbegründung nicht erwähnt.

---

28 BT-Drucks. 19/24181, S. 172.

29 Zur Einheit des Amtes vgl. § 73 Rdn. 6.

Die Anhörung der qualifizierten Planbetroffenenminderheit, der das Vorschlagsrecht nach § 74 Abs. 2 Satz 3 zusteht, ist weder praktikabel noch zu verlangen. Regelmäßig ist diese Gruppe nicht definiert, da sie sich aus der Gesamtheit der Planbetroffenen beliebig zusammensetzen kann. Für eine Anhörung müsste sämtlichen Planbetroffenen die Gelegenheit gegeben werden, das qualifizierte Minderheitenquorum zu bilden. Die Bestellung des Restrukturierungsbeauftragten, insbesondere bei der amtswegigen Bestellung des obligatorischen Restrukturierungsbeauftragten stellt in der Regel eine Eilentscheidung dar. Diese Anhörung ist daher nicht zu verlangen. Die Bildung ist eher ein verfahrensrechtliches Gestaltungsrecht der Planbetroffenen, auf dessen tatsächliche Wahrnehmung das Gericht allenfalls einen bloßen Hinweis geben kann, jedoch nicht mitwirken muss. 52

Wenn sich ein qualifiziertes Minderheitenquorum bereits gebildet hat und dies dem Gericht auch angezeigt wurde, kann dies jedoch anders sein. Dann ist dem Gericht bereits bekannt, dass die Planbetroffenen die ihnen zustehenden Rechte ausüben wollen. Aus der allgemeinen zivilprozessualen Pflicht zur sachgerechten, verfahrensfördernden und effizienten Verfahrensleitung gem. § 39 Abs. 1 Satz 1 StaRUG i.V.m. § 139 ZPO folgt die Pflicht, auf diesen dokumentierten Gläubigerwillen Rücksicht zu nehmen. Dann soll es die Gelegenheit zur Unterbreitung eines Vorschlages vor Bestellung des Restrukturierungsbeauftragten geben. 53

Liegen die Voraussetzungen für die Bestellung eines obligatorischen Restrukturierungsbeauftragten vor, so darf das Vorschlagsrecht des Schuldners, das wesentliches verfahrensmäßiges Beteiligungsrecht ist, nicht durch schnelle Bestellung eines Restrukturierungsbeauftragten unterlaufen werden. Das Gericht hat im Rahmen seiner sachdienlichen Verfahrensführung dem Schuldner dann rechtliches Gehör zu gewähren und muss ihm Gelegenheit dazu geben, einen entsprechenden Vorschlag zu unterbreiten. 54

In diesem Eilverfahren wird hierzu jedoch eine kurze Frist von regelmäßig nicht länger als drei Tagen gesetzt. Sollte der Schuldner nicht vorbereitet sein, wird er nicht in der Lage sein, einen qualifizierten und damit bindenden Vorschlag nach § 74 Abs. 2 Satz 2 einzureichen, da die Bescheinigung innerhalb der Kürze der Zeit nicht wird erstellt werden kann. Dennoch sollte der Schuldner die Möglichkeit erhalten, einen nicht bindenden Vorschlag nach § 74 Abs. 2 Satz 1 zu stellen. 55

Soweit ein Gläubigerbeirat eingesetzt ist, gelten die Ausführungen gleichermaßen. Auch dessen verfahrensmäßigen Beteiligungsrechte dürfen nicht durch schnelle Entscheidungen unterlaufen werden. Ebenfalls mit kurzer Frist ist ihm daher die Gelegenheit zur Stellungnahme zu geben. Nach der bereits erfolgten Einsetzung eines Gläubigerbeirates gilt dies umso mehr, da dieser zu einer schnellen Entscheidung in der Lage ist. Außer der erforderlichen Einstimmigkeit gibt es keine weiteren Voraussetzungen, um eine Bindungswirkung zu erzeugen. 56

§ 75 Rechtsstellung

(1) [1]Der Restrukturierungsbeauftragte steht unter der Aufsicht des Restrukturierungsgerichts. [2]Das Gericht kann jederzeit einzelne Auskünfte oder einen Bericht über den Sachstand verlangen.

(2) [1]Das Restrukturierungsgericht kann den Restrukturierungsbeauftragten aus wichtigem Grund aus dem Amt entlassen. [2]Die Entlassung kann von Amts wegen oder auf Antrag des Restrukturierungsbeauftragten, des Schuldners oder eines Gläubigers erfolgen. [3]Auf Antrag des Schuldners oder eines Gläubigers erfolgt die Entlassung nur, wenn der Beauftragte nicht unabhängig ist; dies ist von dem Antragsteller glaubhaft zu machen. [4]Vor der Entscheidung ist der Restrukturierungsbeauftragte zu hören.

(3) [1]Gegen die Entlassung steht dem Beauftragten die sofortige Beschwerde zu. [2]Gegen die Ablehnung des Antrags steht dem Antragsteller die sofortige Beschwerde zu.

(4) [1]Der Restrukturierungsbeauftragte erfüllt seine Aufgaben mit der gebotenen Sorgfalt und Gewissenhaftigkeit. [2]Er nimmt seine Aufgaben unparteiisch wahr. [3]Verletzt er die ihm obliegenden Pflichten in schuldhafter Weise, ist er den Betroffenen zum Schadensersatz verpflichtet. [4]Die

Verjährung des Anspruchs auf Ersatz des Schadens, der aus einer Pflichtverletzung des Restrukturierungsbeauftragten entstanden ist, richtet sich nach den Regelungen über die regelmäßige Verjährung nach dem Bürgerlichen Gesetzbuch. [5]Der Anspruch verjährt spätestens in drei Jahren nach der Beendigung der Rechtshängigkeit der Restrukturierungssache. [6]Ist eine Planüberwachung angeordnet, tritt an die Stelle des Endes der Rechtshängigkeit der Restrukturierungssache der Abschluss der Planüberwachung.

Übersicht

A. Allgemeines

1 In § 75 werden die §§ 58–60 InsO, die für den Insolvenzverwalter und über § 274 Abs. 1 InsO auch für den Sachwalter gelten, für den Restrukturierungsbeauftragten zusammengefasst. Bezüglich der Amtspflichten und Schadensersatzverpflichtung des Insolvenzverwalters sowie die vom Gericht zu führende Aufsicht kann daher auf den Entwicklungsstand in Rechtsprechung und Literatur zu den entsprechenden Normen der Insolvenzordnung zurückgegriffen werden. Auch das Amt des Restrukturierungsbeauftragten erfordert eine übergeordnete Instanz, welche die Aufsicht über die Amtsführung vornimmt und die über eine mögliche Entlassung entscheidet. So soll die Integrität des Verfahrens gewährleistet werden. Darüber hinaus kann aber auch nicht auf die verhaltens- und handlungssteuernde Wirkung von Haftungsanordnungen verzichtet werden, was die abstrakt-generelle Bestimmung eines Sorgfaltsmaßstabes und die daran anknüpfende Anordnung einer Schadensersatzpflicht im Fall eines Verstoßes erfordert. Dem wird § 75 Abs. 4 Satz 1 gerecht, der den Sorgfaltsmaßstab definiert, während § 75 Abs. 4 Satz 2 erneut die Bedeutung der Unparteilichkeit und Unvoreingenommenheit des Restrukturierungsbeauftragten hervorhebt.

2 Wie gleichlautend in § 59 Abs. 2 InsO neu geregelt ist, kann die Entlassung des Restrukturierungsbeauftragten nicht nur von Amts wegen erfolgen. Vielmehr ist sie auch auf Antrag des Schuldners oder eines jeden Gläubigers möglich. Dabei kann die Entlassung auf Antrag des Schuldners oder eines Gläubigers jedoch nur wegen fehlender Unabhängigkeit erfolgen. Das muss vom Antragsteller glaubhaft gemacht werden. Beim Fehlverhalten des Verwalters sind Schuldner und Gläubiger auch nach wie vor auf die Anzeige gegenüber dem Restrukturierungsgericht beschränkt. Somit kann lediglich die Anregung aufsichtsrechtlichen bzw. amtswegigen Einschreitens erfolgen.

B. Norminhalt

I. Gerichtliche Aufsicht (§ 75 Abs. 1)

3 Das Restrukturierungsgericht setzt den Restrukturierungsbeauftragten ein. Trotz des Fehlens einer dem Insolvenzverwalter vergleichbaren Verwaltungs- und Verfügungsbefugnisse über das schuldnerische Vermögen wird er im Vermögensinteresse eines anderen, nämlich vor allem im Interesse des Schutzes des Vermögens der Planbetroffenen, aber auch im Vermögenserhaltungsinteresse des Schuldners tätig. Aus dem zum Schutze der Planbetroffenen statuierten Aufsichtsrecht des Gerichts folgt daher nach allgemeinen rechtsstaatlichen Grundsätzen auch eine Aufsichtspflicht des Gerichts.[1]

1 BVerfG, Beschl. v. 28.07.1992 – 1 BvR 859/92.

Es ist unerheblich, in welcher Ausprägung der Restrukturierungsbeauftragte im konkreten Fall bestellt ist. Durch § 75 erfolgt die Regelung unmittelbar für den obligatorischen, den sachverständigen und den kumulativen Restrukturierungsbeauftragten gleichermaßen.[2] Über die Verweisung des § 78 Abs. 3 gilt die Vorschrift auch für den fakultativen Restrukturierungsbeauftragten.

Die Aufsicht ist stets sowohl abstrakt-generell auf die Person des Restrukturierungsbeauftragten im Allgemeinen, als auch konkret auf die Amtsführung in einem bestimmten Verfahren bezogen. D.h., dass sich das Gericht sowohl davon überzeugen muss, dass der Restrukturierungsbeauftragte über die nötige Geschäftskunde, betriebliche Organisation und Kapazität für Verfahren der jeweiligen Größenordnung verfügt, sich allerdings nicht auf die Überprüfung dieser allgemeinen Umstände zurückziehen kann, sondern hat auch das Verhalten des Restrukturierungsbeauftragten im konkreten Einzelfall zu beaufsichtigen hat. Diese Aufsicht ist dabei nicht anlassbezogen; ihr einsetzen setzt daher keine Umstände voraus, die zu Misstrauen Anlass geben, sondern dient gerade der Vermeidung von pflichtwidrigen Verhalten des Beauftragten. 4

Die Aufsicht erfolgt nach pflichtgemäßem Ermessen des Gerichts. Nach § 39 Abs. 1 Satz 2 ist das Gericht im Einzelfall auch berechtigt, sofern erforderlich, einen Sachverständigen heranzuziehen. Im Vergleich zur Bestellung eines kumulativen Restrukturierungsbeauftragten gem. § 74 Abs. 3 ist dies weniger einschneidend.[3] Die Ausübung von Aufsichtsmaßnahmen hat auch im Verhältnis zum Restrukturierungsbeauftragten verhältnismäßig zu sein, soll das Verhältnis zwischen dem Restrukturierungsbeauftragtem und dem Restrukturierungsgericht doch nicht unnötig belastet werden, da eine vertrauensvolle Zusammenarbeit für das Gelingen des Verfahrens von enormer Bedeutung ist. 5

Im gegenständlichen Anwendungsbereich der gerichtlichen Aufsicht ist das gesamte verfahrensbezogene Handeln des Restrukturierungsbeauftragten umfasst. Damit erstreckt sich die Aufsicht zunächst auf den dem Restrukturierungsbeauftragten konkret übertragenen Aufgabenkreis, geht jedoch darüber hinaus, soweit der Restrukturierungsbeauftragte mit Verfahrensbezug auch in der Peripherie seines unmittelbaren Aufgabenbereichs tätig wird. So hat der obligatorische Restrukturierungsbeauftragte nach § 76 zunächst nicht die Aufgabe, an der Verhandlung des Restrukturierungsplans mitzuwirken oder den Schuldner und die Planbetroffenen hierbei zu unterstützen. Allerdings ergibt sich eine solche Mitwirkung des Restrukturierungsbeauftragten mittelbar aus den Bestellungsgründen insbesondere des § 73 Abs. 1 Nr. 1 (vgl. § 76 Rdn. 22 ff.), weshalb die gerichtliche Aufsicht insbesondere hinsichtlich der Einhaltung des Neutralitätsgebots des § 75 Abs. 4 Satz 2 sich auch auf diese Tätigkeit des Restrukturierungsbeauftragten erstreckt.[4] 6

Das Gericht genügt seiner Aufsichtspflicht grundsätzlich, solange keine besonderen Erkenntnisse vorliegen, durch die sorgfältige Lektüre der vom Restrukturierungsbeauftragten eingereichten Berichte und Stellungnahmen. Gem. § 75 Abs. 1 Satz 2 ist das Gericht darüber hinaus jederzeit berechtigt und ggf. auch verpflichtet, entsprechende Rückfragen zu stellen und (ergänzende) Stellungnahmen einzufordern. Zusätzlich sollte es im Rahmen der Bestellung vom Restrukturierungsbeauftragten auch einen regelmäßigen Zwischenbericht verlangen. Anders als in der vergleichbaren Praxis im Insolvenzverfahren erscheint ein 4-wöchiger Berichtsturnus jedoch zu lang, weshalb regelmäßig ein 14-tägiger Berichtsturnus, oder sogar ein wöchentlicher Bericht geboten ist. 7

Als Annex zu der gerichtlichen Aufsicht, ist der Restrukturierungsbeauftragte zu jedem Zeitpunkt auch ohne Anforderung verpflichtet, über außergewöhnliche Umstände und Veränderungen unaufgefordert Bericht zur Gerichtsakte zu erstatten. Dies gilt auch, soweit diese Umstände hinter den nach § 76 Abs. 1 mitzuteilenden Gründen für die Aufhebung der Restrukturierungssache nach § 33 zurückbleiben.[5] Die Würdigung der Umstände obliegt nicht der Beurteilung des Restrukturierungsbeauftragten. Die Entscheidung darüber, ob sie das für eine Aufhebung der Restrukturierungssache 8

2 Für die Differenzierung vgl. § 73 Rdn. 3 ff.
3 Zum kumulativen Restrukturierungsbeauftragen vgl. § 74 Rdn. 41.
4 Wie hier *Hölzle*, PL SanInsFoG, § 75 Rn. 3 ff.
5 Zu den Aufgaben s. § 76 Rdn. 4 ff.

erforderliche Maß erreichen, obliegt allein dem Gericht, weshalb sämtliche Umstände auch unterhalb der vom Restrukturierungsbeauftragten für maßgeblich gehaltenen Schwelle unmissverständlich und für das Gericht ohne besonderen Aufwand erkennbar darzustellen sind.

9 Im Grundsatz ist die Berichtspflicht also keine Holschuld des Gerichts, sondern eine Bringschuld des Restrukturierungsbeauftragten. Sie ist selbst dann zu erfüllen, wenn das Gericht im Einzelfall keine konkreten Berichtsfristen festgesetzt hat. Der Berichtsturnus liegt dann im pflichtgemäßen Ermessen des Restrukturierungsbeauftragten. Dieses Ermessen ist orientiert am Verfahrenszweck des Berichts auszuüben. Der Restrukturierungsbeauftragte kann sich daher auch nicht darauf beschränken, dem Gericht lediglich und insbesondere auf elektronischem Wege den Zugang zu Informationen zu gewähren und sich dann darauf zu verweisen, das Gericht habe jederzeit Zugang zu allen wesentlichen Information gehabt. Das Gericht kann den Zugang zu einem EDV-gestützten, internetbasierten Verwaltungstool zwar jederzeit verlangen; dies ersetzt allerdings nicht die gesonderte Berichtspflicht des Restrukturierungsbeauftragten, weil das Gericht gerade nicht verpflichtet ist, die dann vorhandenen Daten selbst auf etwaig maßgeblich Umstände und Veränderungen zu sichten und zu überprüfen.

II. Aufsichtsmaßnahmen unterhalb der Schwelle der Entlassung

10 Welche Aufsichtsmaßnahmen das Gericht im Fall einer Pflichtverletzung unterhalb der Schwelle der Entlassung aus dem Amt gem. § 75 Abs. 2 ergreifen kann, ist in § 75 Abs. 2 nicht geregelt. Eine dem § 58 Abs. 2 InsO entsprechende Regelung fehlt. Diese Festsetzung des Zwangsgeldes ist ein Akt der Eingriffsverwaltung und bedarf daher einer ausdrücklichen Ermächtigungsgrundlage.[6] Sie ist daher analog § 58 Abs. 2 InsO – auch als verhältnismäßiges Minus gegenüber der Entlassung nach § 75 Abs. 2 – nicht zulässig.

11 Trotz einer fehlenden, dem § 58 InsO nachgebildeten, Regelung, ändert das nichts an der Geltung des Verhältnismäßigkeitsgrundsatzes bei der Wahrnehmung der gerichtlichen Aufsicht. Dem Gericht kommt im Verhältnis zum Restrukturierungsbeauftragten eine Fürsorgepflicht zu. Es kann daher nicht darauf geschlossen werden, dass der Restrukturierungsbeauftragte auch bei kleinsten Pflichtversäumnissen sofort zu entlassen wäre. Diese Entlassung soll als ultima ratio erst dann erfolgen, wenn durch die Pflichtversäumnisse das Vertrauen wesentlicher Verfahrensbeteiligter in den Restrukturierungsbeauftragten erheblich beeinträchtigt ist. Als Referenzmaßstab ist auf die Sicht eines nicht beteiligten objektiver Dritten und darauf abzustellen, dass dieser nicht mehr damit rechnen kann, dass der Restrukturierungsbeauftragte zur unbefangenen und unvoreingenommenen Erfüllung seiner Aufgaben in der Lage ist.[7] Die Entlassung sowie die Drohung mit derselben darf nicht als Mittel zur Disziplinierung des Restrukturierungsbeauftragten missbraucht werden.[8]

12 Daher sind vor einer Entlassung alle von § 75 Abs. 1 Satz 1 gedeckten Aufsichtsmaßnahmen auszuschöpfen. Hierzu gehört insbesondere die Fristsetzung zur ordnungsgemäßen Erfüllung der bisher nicht oder nicht ordnungsgemäß erfüllten Aufgaben.

III. Entlassung des Restrukturierungsbeauftragten (§ 75 Abs. 2, 3)

1. Entlassung von Amts wegen

13 Das Restrukturierungsgericht kann nach § 75 Abs. 1 Satz 1 den Restrukturierungsbeauftragten (nur) aus wichtigem Grund aus dem Amt entlassen. Die Entlassung erfolgt gem. § 75 Abs. 2 S. 2, Alt. 1 grundsätzlich von Amts wegen.

---

6 Vgl. LG Münster, Beschl. v. 03.03.2020 – 5 T 87/20, kein Zwangsgeld gegen organschaftlichen Vertreter in der Eigenverwaltung.

7 Vgl. hierzu die für die Entlassung des Insolvenzverwalters grundlegende Entscheidung BGH, Urt. v. 24.01.1991 – IX ZR 250/89.

8 LG Göttingen, Beschl. v. 04.07.2003 – 10 T 37/03.

Die Entlassung des Restrukturierungsbeauftragten hat für alle Beteiligten erhebliche Folgen. Sie darf daher als ultima ratio nur dann erfolgen, wenn die Gründe so wesentlich sind, dass die Entlassung für die Fortführung des Verfahrens und die Erreichung des Restrukturierungsziels notwendig ist. 14

Außerdem kann die Entlassung nur aus dem Restrukturierungsbeauftragten persönlich vorwerfbaren Gründen erfolgen. Sie müssen es als sachlich nicht mehr vertretbar erscheinen lassen, ihn im Amt zu belassen.[9] Ferner rechtfertigen ähnlich gewichtige Gründe die Entlassung, wie z.B. die Unfähigkeit zur weiteren Amtsführung infolge von Krankheit. 15

Es muss feststehen, dass ein Verbleiben des Restrukturierungsbeauftragten im Amt die Verfahrensabwicklung objektiv nachhaltig beeinträchtigen würde.[10] Der Restrukturierungsbeauftragte ist in derselben Weise wie der Insolvenzverwalter im Hinblick auf Art. 12 GG schutzbedürftig,[11] auch wenn sich das Berufsbild des Restrukturierungsbeauftragten noch nicht in derselben Weise hat verfestigen können.[12] Das Tätigkeits- und Aufgabenbild beider aufgrund hoheitlicher Bestellung im Drittvermögensinteresse tätig werdender Personen ist absolut vergleichbar. Außerdem ist der Personenkreis der Bestellten in großen Teilen deckungsgleich. Schließlich setzen beide Ämter in derselben Weise die Einrichtung und Vorhaltung eines entsprechend organisierten Kanzleibetriebes voraus.[13] 16

Es ist unerheblich, ob der Beruf des Restrukturierungsbeauftragten als Teil des Berufsbildes des Insolvenzverwalters gilt, oder ob sich hierfür ein gesondertes Berufsbild herausgebildet hat. Vom Schutz der Berufsfreiheit sind auch Berufe erfasst, die vom Gesetzgeber nicht angelegt sind, jedoch infolge der Entwicklung entstehen.[14] Dies gilt vor allem für die Entwicklung der rechts- und wirtschaftsberatenden Berufe in den letzten Jahrzehnten.[15] Ein Eingriff in die Berufsfreiheit ist daher nur zulässig, soweit er höherwertige Interessen des Gemeinwohls verfolgt und den Grundsatz der Verhältnismäßigkeit wahrt.[16] 17

Es müssen also objektive Umstände feststehen, die aus der Sicht eines vernünftigen Gläubigers oder Schuldners objektiv berechtigte Zweifel an der Unvoreingenommenheit oder Unparteilichkeit begründen. Es genügt dabei allerdings die Feststellung abstrakt zu besorgender Zweifel an der Unvoreingenommenheit oder Unparteilichkeit. Einer konkreten Feststellung bedarf es nicht.[17] 18

Dies hat besondere Bedeutung insbesondere in den Fällen, in denen die etwaigen Entlassungsgründe nicht in der Person des Restrukturierungsbeauftragten selbst liegen, sondern z.B. in einer möglichen Vorbefassung eines mit dem Restrukturierungsbeauftragten zur gemeinsamen Berufsausübung verbundenen Person. In solchem Fall nämlich indiziert die Vorbefassung eines Dritten nämlich gerade nicht die fehlende Unabhängigkeit auch des in Aussicht genommenen oder bereits bestellten Restrukturierungsbeauftragten, sondern muss viel mehr glaubhaft gemacht und zur Überzeugung des Gerichts festgestellt werden, weshalb die Tätigkeit des Dritten den Restrukturierungsbeauftragten in eine Abhängigkeitslage versetzt, die bei objektiver Betrachtung zu begründetem Zweifel führen, dass er an der pflichtgemäßen Amtsführung gehindert ist. Insbesondere einzelne Honorarinteressen in größeren, zur gemeinsamen Berufsausübung verbundenen Einheiten, die nicht ein für den Unternehmenserfolg bestimmendes Ausmaß erreichen, genügen hierfür in aller Regel nicht.[18] 19

9 BGH, Beschl. v. 09.07.2009 – IX ZB 35/09.
10 BGH, Beschl. v. 04.05.2017 – IX ZB 102/15.
11 Zurückhaltender *Fritz/Scholtis*, NZI 2020, 49, 53.
12 Gegen eine Vergleichbarkeit *Frind*, ZRI 2021, 397 und deshalb für einen geringen Schutz des Restrukturierungsbeauftragten plädierend.
13 S. dazu BVerfG, Beschl. v. 12.01.2016 – 1 BvR 3102/13.
14 BVerfG, Beschl. v. 29.10.1997 – 1 BvR 780/87.
15 BVerfG, Beschl. v. 12.01.2016 – 1 BvR 3102/13.
16 BGH, Beschl. v. 08.12.2005 – IX ZB 308/04.
17 BGH, Beschl. v. 04.05.2017 – IX ZB 102/15.
18 Wie hier *Hölzle*, PL SanInsFoG, § 75 StaRUG Rn. 12 ff.

2. Entlassung auf Schuldner- oder Gläubigerantrag

20 § 75 Abs. 2 Satz 2 sieht vor, dass die Entlassung auch auf Antrag des Schuldners oder eines Gläubigers erfolgen kann.[19] Gem. § 75 Abs. 2 Satz 3 Halb. 1 kann der Antrag auf Entlassung zulässig allerdings nur darauf gestützt werden, der Restrukturierungsbeauftragte sei nicht unabhängig. Dies ist vom Antragsteller glaubhaft zu machen und muss zur Überzeugung des Gerichts feststehen.

21 Aus der Formulierung »nicht unabhängig ist« folgt indessen nicht, dass nicht auch im Anwendungsbereich der Entlassung des Restrukturierungsbeauftragten auf Schuldner- oder Gläubigerantrag die objektiv begründete konkrete Besorgnis ausreichend, sondern vielmehr die Abhängigkeit von einem Verfahrensbeteiligten positiv nachzuweisen wäre. Dies folgt bereits daraus, dass die Glaubhaftmachung genügt und keine Feststellung im Sinne eines Vollbeweises erforderlich ist. Zudem liegt der Schutzzweck des Antragsrechts gerade darin, dem Schuldner und einzelnen Gläubigern das Recht einzuräumen, einen Restrukturierungsbeauftragten wegen eines zu besorgenden Interessenkonflikts.[20] In Anerkennung gerade dieses Schutzzwecks hat sich jedoch das genügen der objektiv begründeten feststehenden Besorgnis als für das Fehlen der Unabhängigkeit genügend herausgebildet. Es gelten daher die vorstehenden Ausführungen (Rdn. 15 ff.) entsprechend.

22 Dem Restrukturierungsbeauftragten ist vor der Entscheidung über die Entlassung rechtliches Gehör zu gewähren. Nach der Anhörung muss zur Überzeugung des Gerichts feststehen, dass die Besorgnis der fehlenden Unabhängigkeit gerade in der Person des Restrukturierungsbeauftragten objektiv begründet ist. Wegen der hohen Eingriffsintensität einer Entlassung und der erheblichen Auswirkungen auf das Verfahren sind an diese Entscheidung hohe Anforderungen zu stellen.

23 Die Ausübung des Antragsrechts des Schuldners kann von jedem (allein-)vertretungsberechtigten Organ erfolgen. Das Gesetz sieht insoweit keine qualifizierten Vertretungserfordernisse vor. Es empfiehlt sich jedoch die analoge Anwendung des § 15 Abs. 2 S. 3 InsO, wonach die übrigen Mitglieder des Vertretungsorgans oder persönlich haftenden Gesellschafter vom Restrukturierungsgericht anzuhören sind, wenn nur ein Mitglied des Vertretungsorgans oder nur einer von mehreren persönlich haftenden Gesellschaftern den Antrag gestellt hat. So kann der Antrag nicht als Mittel zum Druck im innerorganschaftlichen Streit missbraucht werden.

24 Auf der anderen Seite ist im Grundsatz jeder Gläubiger berechtigt einen Antrag zu stellen. Dies kann unabhängig davon erfolgen, ob er planbetroffen ist oder nicht, was sich allein daraus rechtfertigt, dass der Restrukturierungsbeauftragte auch die Rechte der Nichtplanbetroffenen zu wahren hat.

25 Ein Antragsrecht des Gläubigerbeirats nach § 93 ist nicht geregelt. Ob die Regelungslücke unbeabsichtigt ist, ist der Gesetzesbegründung nicht zu entnehmen, aber wahrscheinlich, da das Institut des Gläubigerbeirates erst mit großer Eile im Gesetzgebungsverfahren durch den Rechtsausschuss eingefügt wurde und erforderliche Folgeänderungen dabei übersehen worden sind. In erweiterter Auslegung des § 75 Abs. 2 und in analoger Anwendung des § 59 Abs. 2 InsO ist dem Gläubigerrat ein Antragsrecht einzuräumen.

3. Entlassung auf Antrag des Restrukturierungsbeauftragten

26 Der Restrukturierungsbeauftragte kann seine Entlassung auch selbst beantragen. Das Erfordernis eines qualifizierten Entlassungsgrundes gilt allerdings auch in diesem Fall und dient gerade dem Schutz des Verfahrens. Die Entlassung auf eigenen Antrag steht daher nicht zur voraussetzungslosen Disposition des Restrukturierungsbeauftragten.

---

19 Dies geht auf Art. 26 Abs. 1 Buchst. d) der Richtlinie (RL [EU] 2019/1023) zurück.
20 BT-Drucks. 19/24181, S. 173.

4. Entlassungsbeschluss und Rechtsmittel

Die Entlassung erfolgt als actus contrarius der Bestellung durch Beschluss. Dieser Beschluss ist gem. § 75 Abs. 2 zu begründen. 27

Als Rechtsbehelf gegen den Entlastungsbeschluss steht dem Restrukturierungsbeauftragten gem. § 75 Abs. 4 Satz 1 die sofortige Beschwerde zu. Dasselbe gilt gem. § 75 Abs. 4. Satz 2 für jeden Antragsberechtigten, folgt das Gericht dem Antrag nicht. 28

Die Ausgestaltung des Beschwerdeverfahrens im Einzelnen ist in § 40 geregelt. Die Entlassung des Restrukturierungsbeauftragten wird gem. § 40 Abs. 3 Satz 1 erst mit Rechtskraft der Beschwerdeentscheidung wirksam. Das Beschwerdegericht kann jedoch nach § 40 Abs. 3 Satz 2 die sofortige Wirksamkeit der Entscheidung anordnen. 29

Im Fall der Entlassung eines obligatorisch bestellten Restrukturierungsbeauftragten verträgt das Verfahren kein Vakuum. Es ist daher mit der Rechtskraft der Entlassungsentscheidung oder der Anordnung deren sofortiger Wirksamkeit gem. § 40 Abs. 3 Satz 2 unverzüglich ein neuer Restrukturierungsbeauftragter zu bestellen. Sollte ein fakultativer Restrukturierungsbeauftragten entlassen werden, ist der Schuldner anzuhören. Er soll mitteilen, ob er seinen Antrag aufrechterhält, da die Entlassung des Restrukturierungsbeauftragten einen massiven Eingriff in den Ablauf des Verfahrens bedeutet. 30

Außerdem ist die Entlassung eines fakultativen Restrukturierungsbeauftragten wegen fehlender Unabhängigkeit immer auch Anlass dafür, dass das Gericht prüft, ob Aufhebungsgründe nach § 33 vorliegen. Dies folgt daraus, dass der Schuldner nach § 33 Abs. 1 Nr. 3 verpflichtet ist, solche Umstände, welche die fehlende Unabhängigkeit des Restrukturierungsbeauftragten besorgen lassen, ungefragt zu offenbaren. Unterlässt er dies und beeinflusst er dadurch das Verfahren, kann eine Verletzung der Pflicht aus §§ 32 Abs. 1, 33 Abs. 2 Nr. 3, wonach das Verfahren im Gläubigerinteresse zu führen ist, vorliegen. 31

Mit der Aufhebung des Entlassungsbeschlusses im Rahmen eines Beschwerdeverfahrens geht auch die Entlassung des neu bestellten Restrukturierungsbeauftragten einher. Dies folgt aus dem Verbot der Doppelbestellung.[21] Dem Gericht steht daher auch kein Auswahlermessen zwischen beiden bestellten Restrukturierungsbeauftragten zu. Mit dem Erfolg der Beschwerde wird die Entlassung ex tunc unwirksam. 32

IV. Pflichtenmaßstab und Haftung (§ 75 Abs. 4)

1. Bestimmung des restrukturierungsbezogenen Pflichtenmaßstabes

In § 75 Abs. 4 Satz 1 wird der allgemeine Sorgfaltsmaßstab für die Tätigkeit des Restrukturierungsbeauftragten festgelegt. Danach hat dieser die ihm obliegenden Aufgaben mit der gebotenen Sorgfalt und Gewissenhaftigkeit zu erfüllen. Des Weiteren wird in Satz 2 dann noch einmal gesondert herausgestellt, dass die Aufgaben unparteiisch wahrzunehmen sind. Schließlich erfolgt in Satz 3 die Haftungsanordnung, wonach schuldhafte Pflichtverletzungen einen Schadensersatzanspruch begründen. 33

Nach Auffassung des Gesetzgebers erfordert die Stellung des Restrukturierungsbeauftragten als Gewährsperson, dass der Restrukturierungsbeauftragte in Anlehnung an § 60 Abs. 1 InsO auch die zivilrechtliche Verantwortung für etwaiges Fehlverhalten übernehmen muss.[22] Mit dem Verweis auf § 60 Abs. 1 InsO wird deutlich, dass die für die Haftung des Insolvenzverwalters entwickelten Grundsätze auf die Haftung des Restrukturierungsbeauftragten zu übertragen sind. Die Übertragung dieser Grundsätze ist indes nur hinsichtlich der abstrakten Ausformung der Haftungsvorschrift und 34

21 BGH, Beschl. v. 23.09.2010 – IX ZA 21/10.
22 BT-Drucks. 19/24181, S. 173.

ihrer abstrakt-generellen Anwendungsgrundsätze möglich, nicht jedoch hinsichtlich der Ausprägung im Einzelnen, weil sich hierzu im Regelfall die Aufgaben des Insolvenzverwalters und des Restrukturierungsbeauftragten zu sehr unterscheiden. Insbesondere trifft den Restrukturierungsbeauftragten nicht die Pflicht, das Vermögen des Schuldners zu bewahren und ordnungsgemäß zu verwalten.[23] Den Besonderheiten des jeweiligen Aufgabenkreises ist daher bei der Bestimmung des Pflichtenmaßstabs Rechnung zu tragen.

35 Im Grundsatz gilt jedoch unter Übertragung der zu § 60 Abs. 1 InsO ergangenen Rechtsprechung, dass der Restrukturierungsbeauftragte allen Beteiligten zum Schadenersatz verpflichtet ist, wenn er schuldhaft die Pflichten verletzt, die ihm nach dem StaRUG obliegen. Diese Pflicht hat sich am gesetzlichen Leitbild des ordentlichen und gewissenhaften Restrukturierungsbeauftragten auszurichten, welches an die handels- und gesellschaftsrechtlichen Sorgfaltsanforderungen angelehnt ist, aber den Besonderheiten des Restrukturierungsverfahrens Rechnung zu tragen hat.[24] Aus dem Gebot der gewissenhaften Wahrnehmung der Pflichten folgt, dass den Restrukturierungsbeauftragten vor allem auch Informationsbeschaffungspflichten treffen und er sich nicht allein auf die Prüfung derjenigen Informationen verlassen und zurückziehen darf, die ihm vom Schuldner proaktiv zur Verfügung gestellt werden. Dies auch dann nicht, wenn der Schuldner sich grundsätzlich als verlässlich darstellt und es keinen Anlass gegeben hat, an dessen Redlichkeit zu zweifeln. Das Verlangen nach und die Prüfung der verfügbaren Informationen darf nicht durch ein Vertrauen in den Schuldner ersetzt werden. Solange und soweit sich allerdings keine Anhaltspunkte dafür ergeben haben, dass die vom Schuldner bereitgestellten Informationen nicht unvollständig oder unrichtig sind, sondern vielmehr bei objektiver fachkundiger Prüfung und Beurteilung kein Grund besteht, daran zu zweifeln, dass die für die Erfüllung der restrukturierungsspezifischen Pflichten maßgeblichen Umstände vollständig und richtig dokumentiert sind, sind weitere (forensische) Ermittlung nicht geschuldet.

36 Durch die gesonderte Erwähnung in § 75 Abs. 4 Satz 2 macht der Gesetzgeber darüber hinaus noch einmal deutlich, dass neben der Gewissenhaftigkeit der Wahrnehmung des Amtes vor allem der Neutralität der Amtsführung ein besonderes Gewicht zukommt. Hierbei handelt es sich nicht um eine Redundanz zu dem Bestellungskriterium der Unabhängigkeit, da der nicht unabhängige Restrukturierungsbeauftragte im Regelfall schon nicht bestellt werden darf, weshalb die mit diesem Kriterium identische Anordnung einer Neutralitätspflicht im Rahmen der Amtsführung keinen Sinn machte. Vielmehr kommt dem Neutralitätsgebot eigenständige Bedeutung insoweit zu, Als sie den Besonderheiten des Restrukturierungsmandats Rechnung trägt, dass regelmäßig eine Vielzahl von Interessen zum Ausgleich zu bringen hat. Anders als im Insolvenzverfahren kann dem Restrukturierungsbeauftragten, wie z.B. § 79 zeigt, auch die Funktion zukommen, den Schuldner zu beraten und bei der Erstellung des Restrukturierungsplans zu begleiten. Auch der obligatorische Restrukturierungsbeauftragte hat sehr viel stärker die Interessen des Schuldners zu berücksichtigen, als dies im Insolvenzverfahren der Fall ist. Dessen ungeachtet bleibt zwar das Gläubigerinteresse, wie auch § 32 Abs. 1 zeigt, dass wesentlich bestimmende Merkmal für die Verfahrens- und Verhandlungsführung, allerdings sind auch die Gläubigerinteressen untereinander nicht homogen und werden insbesondere die Interessen planbetroffener und nicht planbetroffener Gläubiger regelmäßig deutlich auseinandergehen. Durch das Neutralitätsgebot stellt der Gesetzgeber noch einmal ausdrücklich klar, dass es dem Restrukturierungsbeauftragten auch insoweit verwehrt ist, sich auf eine Seite zu schlagen, sondern er viel mehr gehalten ist, die Erreichung des Restrukturierungsziels unter angemessenem Ausgleich der Interessen aller Beteiligten, einschließlich der nicht Planbetroffenen herbeizuführen.

37 Inhaltlich wird der Pflichtenmaßstab dabei gerade durch das vom Gesetz vorgegebene Restrukturierungsziel der nachhaltigen Wiederherstellung der Bestandsfähigkeit des Schuldners unter Beachtung des

23 Vgl. BGH, WM 2014, 1434.
24 Vgl. BGH, ZIP 2017, 779.

Verbots der Übersanierung[25] ebenso wie durch die von den Planbetroffenen zur Zweckerreichung beschlossenen Restrukturierungsmaßnahmen bestimmt. Die konkrete Ausgestaltung der Pflichten hängt dabei jedoch stets von den Umständen des Einzelfalls ab.[26]

Die Festlegung des objektiven Pflichtenumfangs und Mindestmaßstabs hat dabei restrukturierungsspezifisch zu erfolgen[27] und zu berücksichtigen, dass der Gesetzgeber nicht bloß an die handels- und gesellschaftsrechtlichen Pflichten angeknüpft, sondern sich in der gesetzlichen Formulierung nur an diese angelehnt hat, womit er deutlich zum Ausdruck bringt, dass die Besonderheiten zu beachten sind, die sich aus den Aufgaben des Restrukturierungsbeauftragten und aus den Umständen ergeben, unter denen er seine Tätigkeit ausübt.[28] 38

Die Beschränkung auf restrukturierungsspezifische Pflichten bewirkt, dass haftungsbegründend nur die Verletzung solcher Pflichten ist, die dem Restrukturierungsbeauftragten in dieser Eigenschaft durch die Vorschriften des StaRUG übertragen sind. Damit soll gerade der Gefahr einer Ausuferung der Haftung des Restrukturierungsbeauftragten vorgebeugt werden.[29] Der Pflichtenumfang wird hierdurch allerdings nicht nur objektiv, sondern auch subjektiv eingegrenzt. So obliegen dem Restrukturierungsbeauftragten restrukturierungsspezifische Pflichten nur im Verhältnis zu den Planbetroffenen, nicht planbetroffenen Gläubigern, die aber z.B. von einer Stabilisierungsanordnung oder einer unzutreffenden Auswahl der Planbetroffenen berührt werden, Absonderungsanwartschaftsberechtigten, verbundenen Unternehmen, die Drittsicherheiten gestellt haben und dem Schuldner. Die Ausdehnung der restrukturierungsspezifischen Pflichten auch auf Organe insbesondere des Schuldners ist nur insoweit möglich, wie ihm diese als Gläubiger oder Planbetroffene gegenübertreten, nicht aber im Sinne einer drittschützenden Erweiterung der Haftungsanordnung. Eine Haftung des Restrukturierungsbeauftragten infolge einer (späteren) Inanspruchnahme der schuldnerischen Organe z.B. aus § 15b InsO oder aus §§ 32, 42, 43[30] scheidet daher aus.[31] 39

Entsprechend der Erstreckung der Haftung des Insolvenzverwalters gem. § 60 Abs. 1 InsO auch auf Massegläubiger gilt jedoch auch im Anwendungsbereich des § 75 Abs. 4, dass der Restrukturierungsbeauftragte auch all jenen Gläubigern und Vertragspartnern gegenüber restrukturierungsspezifische Pflichten zu erfüllen hat, die während des laufenden Verfahrens ihre Leistung weiter erbringen und auf die Fähigkeit des Schuldners vertrauen, während des Verfahrens zahlungsfähig zu bleiben. Nach § 33 Abs. 2 Nr. 1 ist die Restrukturierungssache aufzuheben, sobald Umstände bekannt sind, aus denen sich ergibt, dass der Schuldner insolvenzreif ist. Nach § 76 Abs. 1 ist der Restrukturierungsbeauftragte ungeachtet der Ausgestaltung des Amts im Einzelfall verpflichtet, dem Restrukturierungsgericht sämtliche Umstände, die eine Aufhebung der Restrukturierungssache nach § 33 rechtfertigen, unverzüglich mitzuteilen. Unterbleibt diese Mitteilung und wird die Restrukturierungssache deshalb nicht mit der Folge des Wiederauflebens der Insolvenzantragspflicht gem. § 42 aufgehoben und erleiden einzelne Vertragspartner bzw. Gläubiger daraus Insolvenzverschleppungsschäden, so kann dies eine Haftung des (vormaligen) Restrukturierungsbeauftragten begründen, die in diesem Fall gesamtschuldnerisch neben die Haftung des Organs aus § 15b InsO tritt. Dem Gläubiger steht es in dieser Konstellation frei, wen er in Anspruch nimmt; war die Inanspruchnahme des Organs allerdings bereits erfolgreich, so entfällt insoweit der Schaden. Daraus folgt auch, dass im Fall der Inanspruchnahme des Restrukturierungsbeauftragten diese nur Zug-um-Zug gegen Abtretung etwaiger Schadensersatzansprüche gegen das Organ entsprechend § 255 BGB erfolgreich sein kann. 40

25 Zum Verbot der Übersanierung ausführlich *Hölzle*, PL SanInsFoG, § 7 Rdn. 15 ff.
26 Vgl. BGH, ZIP 2017, 779.
27 BGH, ZIP 2020, 1080.
28 BGH, ZIP 2020, 1080; BGH, NZI 2016, 52.
29 BGH, ZIP 2016, 1126.
30 Mit einem Überblick über das Haftungsregime für Organe nach der InsO vgl. *Bea/Dressler*, NZI 2021, 67.
31 Vgl. BGH, ZIP 2016, 1126.

41 Die Beurteilung einer Pflichtverletzung des Restrukturierungsbeauftragten erfolgt stets aus der ex ante Perspektive und berücksichtigt, dass der Restrukturierungsbeauftragte eine Prognoseentscheidung unter häufig erheblicher Unsicherheit und regelmäßig auch unter großem Zeitdruck zu treffen hat.[32] Soweit im Aufgabenkreis des Restrukturierungsbeauftragten auch unternehmerische Entscheidungen zu treffen sind, findet wie auch für den Insolvenzverwalter die Business Judgement Rule des § 93 AktG keine Anwendung,[33] sondern ist der dem Restrukturierungsbeauftragten zustehende weite Ermessensspielraum restrukturierungsspezifisch im Anwendungsbereich des § 75 Abs. 4 unmittelbar zu bestimmen.

2. Haftung und Schaden

42 Die Haftung nach § 75 Abs. 4 ist verschuldensabhängig. Das Verschulden wird nicht wie etwa in § 61 InsO vermutet. Vielmehr trägt der Anspruchsteller, wie im Anwendungsbereich des § 60 Abs. 1 InsO, die vollständige Darlegungs- und Beweislast. Bei negativen Tatsachen kann den Restrukturierungsbeauftragten nach den allgemeinen Grundsätzen eine sekundäre Darlegungslast treffen.[34]

43 Zwischen den Ansprüchen aus § 60 InsO und aus § 75 Abs. 4 ergeben sich noch weitere wesentliche und auch konstruktive Unterschiede. Bei § 60 InsO wird differenziert, ob die Verletzung der insolvenzspezifischen Pflicht im Gesamtgläubiger- oder im individuellen Interesse lag. Bei Verletzung von Gesamtgläubigerinteressen stellt sich der Schadensersatzanspruch als Gesamtschaden dar, der nur von einem (Sonder-) Insolvenzverwalter geltend gemacht werden kann. Individuelle auf den Quotenschaden gerichtete Ansprüche sind bis zur Aufhebung des Insolvenzverfahrens suspendiert. Dieses Konzept ist für gegen den Restrukturierungsbeauftragten gerichtete Ansprüche nicht durchgängig tragfähig.

44 Ausgangspunkt für das insolvenzrechtliche Konzept des Ersatzes des Gesamtschadens nach § 60 Abs. 1 InsO ist, dass jede Pflichtverletzung des Verwalters, die sich mittelbar oder unmittelbar nachteilig auf das zur Insolvenzmasse gehörende Vermögen auswirkt, die Gläubiger im Grundsatz gemeinschaftlich schädigt. Dementsprechend steht auch der Ersatzanspruch grundsätzlich der Gläubigergemeinschaft gesamtheitlich zu, sofern es sich nicht um die Verletzung einer nur im Individualinteresse bestehenden Pflicht handelt.[35] Der Gesamtschaden zeichnet sich regelmäßig durch eine Verminderung der Insolvenzmasse oder durch die Begründung zusätzlicher Masseverbindlichkeiten aus. Begründet die Pflichtverletzung sowohl ein Gesamtschaden der Masse als auch ein Einzelschaden bei einem bestimmten Beteiligten, so geht für die Dauer des Insolvenzverfahrens die Haftung für den Gesamtschaden vor, soweit er sich auf den Quotenschaden beschränkt; Schäden, die über den Quotenschaden hinausgehen, weil die Vermögensposition auch im Insolvenzverfahren unmittelbar hätte geltend gemacht und durchgesetzt werden können, können auch während des laufenden Insolvenzverfahrens individuell geltend gemacht werden.

45 Dieses Konzept ist auf § 75 Abs. 4 Satz 3 nicht ohne Weiteres übertragbar. Anders als § 43 Abs. 1 Satz 2 ordnet § 75 Abs. 4 Satz 3 nicht die Haftung gegenüber dem Schuldner – dann handelte es sich um die Haftung für den eingetretenen Gesamtschaden – sondern die Haftung gegenüber den von der Pflichtverletzung jeweils Betroffenen an. Das legt vor allem in Ansehung der – mutmaßlich bewusst – abweichenden Formulierung zu § 43 Abs. 1 Satz 2 zunächst die Ersatzpflicht für den individuellen Schaden eines jeden Betroffenen nahe.

46 In der Tat wäre dem individuell Geschädigten, sei es ein Planbetroffener, ein Absonderungsanwartschaftsberechtigter oder ein sonstiger Gläubiger mit der Gewährung eines in das Schuldnervermögen zu erstattenden Gesamtschadensersatzanspruchs nicht gedient. In der Natur des Restrukturierungsverfahrens liegt es gerade, dass nicht das gesamte Vermögen des Schuldners liquidiert und der gleich-

32 Vgl. BGH, ZIP 2020, 1080; BGH, WM 2014, 1434.
33 BGH, ZIP 2020, 1080.
34 BGH, Beschl. v. 15.10.2015 – IX ZR 296/14.
35 Vgl. statt Vieler MK-InsO/*Schoppmeyer*, § 60 Rn. 116.

mäßigen Befriedigung der Gläubiger zugeführt wird, sondern dass verschiedenste Restrukturierungsmaßnahmen, die hinsichtlich Zweckmäßigkeit und Gestaltungsbreite zur Disposition des Schuldners stehen, zum Gegenstand des Restrukturierungsplans gemacht werden können und sich somit ein in das Vermögen des Schuldners geleisteter Schadensersatz nicht notwendigerweise kompensatorisch bei dem Geschädigten auswirkt. Vielmehr bestünde die begründete Sorge, dass das als Schadensersatz Geleistete im Vermögen des Schuldners verbleibt und allein diesem zugutekommt. § 75 Abs. 4 Satz 3 kann seinen Zweck daher nur dann erfüllen, wenn die Geltendmachung eines individuellen Schadensersatzanspruchs Vorrang vor einem Gesamtanspruch genießt und daher das im Anwendungsbereich des § 60 Abs. 1 InsO geltende Regel-Ausnahme-Verhältnis gerade umgekehrt wird. Die Haftung des Restrukturierungsbeauftragten für individuell eintretende Schäden wird auch dem Neutralitätsprinzip besser gerecht, da die unterschiedliche Behandlung von Betroffenen im Verfahren und die danach verschiedene Teilhabe am Vermögen des Schuldners eine sachgerechte Kompensation im Rahmen eines Gesamtschadensausgleichs jedenfalls erheblich verkomplizierte, wenn nicht sogar insgesamt unmöglich machte.

Anders stellt sich dies nur im Fall einer Folgeinsolvenz[36] dar. Wird nämlich nach Aufhebung oder Beendigung des Restrukturierungsvorhabens ein Insolvenzverfahren über das Vermögen des Schuldners eingeleitet, so wirken die Unterschiede in der Teilhabe der vormals am Restrukturierungsverfahren Beteiligten an dem schuldnerischen Vermögen nicht fort, sondern gilt der insolvenzrechtliche Grundsatz der gleichmäßigen Gläubigerbefriedigung der jeweiligen Gläubiger im selben Rang. Die Verletzung solcher restrukturierungsspezifischen Pflichten, die im Gesamtgläubigerinteresse bestehen, ist daher von dem Zeitpunkt der Eröffnung des Folgeinsolvenzverfahrens an vorrangig im Gesamtgläubigerinteresse gem. § 92 InsO gesamtheitlich zu liquidieren. Ein Schadensersatzanspruch wegen der Verletzung von Pflichten, die ausschließlich im individuellen Interesse einzelner Beteiligter bestehen, kann daneben vom Betroffenen nach wie vor individuell gegen den Restrukturierungsbeauftragten auch außerhalb des Insolvenzverfahrens geltend gemacht werden.[37] 47

3. Verjährung

§ 75 Abs. 4 Satz 4–6 regeln die Verjährung des Schadensersatzanspruchs in Anlehnung an § 62 Satz 2, 3 InsO. Heranzuziehen ist die allgemeine zivilrechtliche Verjährung mit einer Verjährungshöchstfrist von drei Jahren. Beginn der Verjährung ist die Beendigung der Rechtshängigkeit der Restrukturierungssache. Es ist unerheblich, aus welchem Rechtsgrund die Beendigung der Rechtshängigkeit erfolgt.[38] 48

Gem. § 75 Abs. 4 Satz 6 tritt an die Stelle des Endes der Rechtshängigkeit der Abschluss der Planüberwachung, sofern eben jene angeordnet ist. Es bleibt ungeklärt, ob dies nur dann gilt, wenn die Planüberwachung zum Aufgabenkreis des Restrukturierungsbeauftragten gehört. Diese Annahme ist jedoch abzulehnen. Für den nicht planüberwachenden Restrukturierungsbeauftragten verlängert sich im Fall der Planüberwachung die Verjährungsfrist um den Überwachungszeitraum. Hintergrund ist, dass diese Planüberwachung angeordnet wird, damit die im Restrukturierungsplan vorgesehenen Maßnahmen noch nicht vollständig vollzogen sind. Mithin erfolgte noch keine plangemäß geschuldete Befriedigung. Weder der Wortlaut des § 75 Abs. 4 Satz 6 noch die Gesetzesbegründung erhalten einen Hinweis darauf, dass für den späteren Beginn der Verjährung nach der Funktion des Restrukturierungsbeauftragten zu differenzieren wäre.[39] Dies wird auch dem Umstand gerecht, dass den Planbetroffenen nicht zugemutet werden soll, Schadensersatzansprüche zu einem Zeitpunkt geltend machen zu müssen, zu dem gar nicht feststeht, ob der Plan überhaupt vollständig erfüllt wird. 49

36 Allgemein dazu vgl. *Hölzle/Curtze*, ZIP 2021, 1293.
37 Wie in diesem Abschnitt insgesamt *Hölzle*, PL SanInsFoG, § 75 Rn. 43 ff.
38 Möglich ist ein Umstand i.S.d. § 31 Abs. 4 oder eine Aufhebung nach § 33.
39 Vgl. BT-Drucks. 19/24181, S. 173.

§ 76 Aufgaben

(1) Stellt der Restrukturierungsbeauftragte Umstände fest, die eine Aufhebung der Restrukturierungssache nach § 33 rechtfertigen, hat er diese dem Restrukturierungsgericht unverzüglich mitzuteilen.

(2) Liegen die Voraussetzungen von § 73 Absatz 1 Nummer 1 oder 2 oder Absatz 2 vor,
1. steht dem Restrukturierungsbeauftragten die Entscheidung darüber zu, wie der Restrukturierungsplan zur Abstimmung gebracht wird; erfolgt die Abstimmung nicht im gerichtlichen Verfahren, leitet der Beauftragte die Versammlung der Planbetroffenen und dokumentiert die Abstimmung; der Beauftragte prüft die Forderungen, Absonderungsanwartschaften, gruppeninternen Drittsicherheiten und Anteils- und Mitgliedschaftsrechte der Planbetroffenen; ist eine Restrukturierungsforderung, Absonderungsanwartschaft oder gruppeninterne Drittsicherheit oder ein Anteils- und Mitgliedschaftsrecht dem Grunde oder der Höhe nach streitig oder zweifelhaft, weist er die anderen Planbetroffenen darauf hin und wirkt auf eine Klärung des Stimmrechts im Wege einer Vorprüfung nach den §§ 47 und 48 hin,
2. kann das Gericht dem Beauftragten die Befugnis übertragen,
   a) die wirtschaftliche Lage des Schuldners zu prüfen und dessen Geschäftsführung zu überwachen,
   b) von dem Schuldner zu verlangen, dass eingehende Gelder nur von dem Beauftragten entgegengenommen und Zahlungen nur von dem Beauftragten geleistet werden können,
3. kann das Gericht dem Schuldner aufgeben, dem Beauftragten Zahlungen anzuzeigen und Zahlungen außerhalb des gewöhnlichen Geschäftsbetriebs nur zu tätigen, wenn der Beauftragte zustimmt,
4. hat der Beauftragte auch die Aufgabe, den Schuldner und die Gläubiger bei der Ausarbeitung und Aushandlung des Restrukturierungskonzepts und des auf ihm basierenden Plans zu unterstützen.

(3) Wird zugunsten des Schuldners eine Stabilisierungsanordnung erlassen,
1. prüft der Beauftragte fortlaufend, ob die Anordnungsvoraussetzungen fortbestehen und ob ein Aufhebungsgrund vorliegt; zu diesem Zweck untersucht der Beauftragte die Verhältnisse des Schuldners;
2. steht dem Beauftragten das Recht zu, die Gründe für die Aufhebung der Anordnung geltend zu machen.

(4) [1]Legt der Schuldner einen Restrukturierungsplan zur Bestätigung vor, nimmt der Beauftragte Stellung zur Erklärung nach § 14 Absatz 1. [2]Erfolgt die Bestellung des Beauftragten vor der Planabstimmung, ist die Stellungnahme den Planbetroffenen als weitere Anlage beizufügen. [3]Der Bericht nach Satz 1 stellt auch die Zweifel am Bestehen oder an der Höhe einer Restrukturierungsforderung, einer Absonderungsanwartschaft, einer gruppeninternen Drittsicherheit oder eines Anteils- und Mitgliedschaftsrechts nach Absatz 2 Nummer 1 Halbsatz 4 oder einen diesbezüglichen Streit dar.

(5) Der Schuldner ist verpflichtet, dem Beauftragten die erforderlichen Auskünfte zu erteilen, ihm Einsicht in die Bücher und Geschäftspapiere zu gewähren und ihn bei der Erfüllung seiner Aufgaben zu unterstützen.

(6) [1]Das Restrukturierungsgericht kann den Restrukturierungsbeauftragten beauftragen, die dem Gericht obliegenden Zustellungen durchzuführen. [2]Zur Durchführung der Zustellung und zur Erfassung in den Akten kann der Beauftragte sich Dritter, insbesondere auch eigenen Personals, bedienen. [3]Er hat die von ihm nach § 184 Absatz 2 Satz 4 der Zivilprozessordnung angefertigten Vermerke unverzüglich zu den Gerichtsakten zu reichen.

Übersicht

A. Allgemeines

In § 76 StaRUG wird erneut die allgemeine Pflicht des Restrukturierungsbeauftragten verdeutlicht, die ihm obliegenden Aufgaben mit der gebotenen Sorgfalt, Gewissenhaftigkeit und Neutralität zu erfüllen.[1] In diesem Rahmen wird der mögliche Aufgabenkreis des obligatorischen Restrukturierungsbeauftragten definiert. Es wird zwischen den konkretisierten allgemeinen Pflichtaufgaben, die ungeachtet der weiteren Aufgabenzuweisung im Einzelfall gelten und den Ergänzungsaufgaben unterschieden.[2] Auf Antrag ist es gem. § 77 Abs. 2 möglich, dem fakultativen Restrukturierungsbeauftragten einzelne oder alle Pflicht- oder Ergänzungsaufgaben des obligatorischen Restrukturierungsbeauftragten zu übertragen.[3] 1

Der Restrukturierungsbeauftragte hat sein Amt grundsätzlich persönlich auszuüben, was allerdings dem Einsatz qualifizierter Mitarbeiter auch in überschaubaren Restrukturierungsverfahren nicht entgegensteht; die Delegation von Aufgaben an qualifizierte Mitarbeiter ist zulässig, eine vollständige Delegation demgegenüber unzulässig.[4] 1a

Das Gesetz folgt der Grundstruktur, dass je breiter das Verfahren angelegt und je tiefer die zu erwartenden Eingriffe in die Gläubigerrechte sind, je weiter das Verfahren also den Wirkungen eines in Eigenverwaltung geführten Insolvenzverfahrens ähnelt, desto mehr das Profil des Restrukturierungsbeauftragten dem eines Sachwalters im Eigenverwaltungsverfahren anzunähern ist. Dies ist nicht nur gesetzgeberisches Motiv, sondern auch Auslegungshilfe für den dem Gericht eröffneten Ermessensspielraum bei der Anordnung bzw. Übertragung zusätzlicher Kompetenzen auf den Restrukturierungsbeauftragten.[5] 2

Im Einzelfall ist es möglich, dass die Reichweite der dem Restrukturierungsbeauftragten übertragenden Aufgaben einen Umfang erreicht, der dessen Tätigkeit nahezu vollständig derjenigen des Sachwalters angleicht.[6] 3

Adressat des § 76 ist nur der obligatorische oder der nach § 77 Abs. 2 entsprechend beauftragte fakultative Restrukturierungsbeauftragte selbst. Wird ein isolierter Sachverständiger oder der Restrukturierungsbeauftragte gem. § 73 Abs. 3 zum sachverständigen Restrukturierungsbeauftragten bestellt,[7] unterliegt dieser insbesondere nicht der Pflicht, Umstände im Sinne des § 33 mitzuteilen. 3a

1 Dazu bereits § 75 Abs. 4.
2 Auf den Einzelfall abstellend auch *Fritz/Scholtis*, NZI 2020, 49, 54.
3 S. § 77 Rdn. 6.
4 AG Hamburg v. 01.11.2022 – 61c RES 1/21, ZIP 2023, 94.
5 Vgl. BT-Drucks. 19/24181, S. 174.
6 Möglich gem. § 76 Abs. 2 Nr. 2 Buchst. b) StaRUG.
7 Vgl. ausführlich § 73 Rdn. 8; s.a. *Jungmann*, ZRI 2023, 689.

B. Norminhalt

I. Pflichtaufgaben

1. »Bekannt werden« von Umständen (§ 76 Abs. 1)

4 In § 76 Abs. 1 ist die allgemeine Mitteilungspflicht des Restrukturierungsbeauftragten als eine von zwei Pflichtaufgaben geregelt. Er hat, sobald die Kenntnis besteht, dem Gericht unverzüglich das Vorliegen von Umständen anzuzeigen, welche die Aufhebung der Restrukturierungssache nach § 33 rechtfertigen.

5 Die Anzeigepflicht bezieht sich nicht auf eingetretene Aufhebungsgründe, sondern vielmehr auf Umstände, welche die Aufhebung der Restrukturierungssache rechtfertigen (können). Das bedeutet, dass der Restrukturierungsbeauftragte keine rechtliche Würdigung der Umstände vorzunehmen, sondern diese vollständig und ohne Berücksichtigung eigener Gewichtung und Bewertung dem Gericht zur Kenntnis zu bringen hat. Er darf nicht auf die Anzeige von Umständen verzichten, weil er sie für nicht tatbestandlich im Sinne des § 33 ansieht. Die Subsumtion ist allein dem Gericht vorbehalten.

6 Der Restrukturierungsbeauftragte soll nur verpflichtet sein, solche Umstände anzuzeigen, die ihm aus Anlass seiner Tätigkeit »bekannt werden«, woraus nach der Gesetzesbegründung[8] zu schließen sein soll, dass der Restrukturierungsbeauftragte nicht aktiv die Verhältnisse des Schuldners überprüfen muss. Die Anzeigepflicht soll danach nur bestehen, wenn sich dem Beauftragten im Rahmen der Tätigkeit entsprechende Umstände offenbaren.

7 Es bleibt danach offen, ob der Restrukturierungsbeauftragte verpflichtet ist, die vom Schuldner überlassen Unterlagen sachkundig auszuwerten und Prüfungsergebnisse zutage zu fördern, die ein fachkundiger Dritter bei entsprechend sorgsamer Prüfung aus den vorliegenden Unterlagen ableiten kann. Das Gesetz ist insoweit sehr unglücklich formuliert und bringt den Restrukturierungsbeauftragten in eine ungewisse und vor allem haftungsrechtlich schwer einzugrenzende Lage

8 Gegen die Verpflichtung zur Auswertung und Prüfung spricht der Wortlaut der Gesetzesbegründung. Auf der anderen Seite besteht gem. § 32 Abs. 2 Satz 3 die Informations- und Mitteilungspflicht des Schuldners aus § 32 Abs. 2 Satz 1, 2 auch gegenüber einem bestellten Restrukturierungsbeauftragten. Dies dient dem Zweck, frühzeitig Informationen sicherzustellen und das Gericht zum Schutz der Gläubiger in die Lage zu versetzen, entweder Stabilisierungsanordnungen zu beenden oder eben das Verfahren insgesamt aufzuheben.[9]

9 Die den §§ 22 Abs. 3, 97 InsO nachgebildete Auskunfts- und Informationspflicht des Schuldners aus § 76 Abs. 5 verfolgt einen ähnlichen Zweck.[10] § 76 Abs. 1 dient auch der Konkretisierung der allgemeinen Pflicht des Restrukturierungsbeauftragten zur sorgfältigen, gewissenhaften und neutralen Erfüllung der Aufgaben. Es scheint damit nicht vereinbar, anzunehmen, der Restrukturierungsbeauftragte sei nicht gehalten die ihm vorliegenden Unterlagen auch auszuwerten.

10 Schließlich ist es mit der Ratio der Bestellung eines obligatorischen Restrukturierungsbeauftragten, die gerade in den Fällen besonders relevanter Eingriffe in Gläubigerrechte erfolgt, und mit der Gewährleistung des nötigen Vertrauens der Verfahrensbeteiligten in den Restrukturierungsbeauftragten als Gewährsperson für die Integrität des Verfahrens, die nicht nur Korrektiv der eigenverantwortlichen Steuerung des Verfahrens durch den Schuldner,[11] sondern auch Motiv für die Haftungsanordnung in § 75 ist, schwer vereinbar, ist der Restrukturierungsbeauftragte nicht gehalten, ihm vorliegende Unterlagen auch auszuwerten und die aus ihnen in Ansehung der an die Person des

8 Vgl. dazu BT-Drucks. 19/24181, S. 173.
9 Siehe dazu auch BT-Drucks. 19/24181, S. 137.
10 Dazu unten Rdn. 43.
11 BT-Drucks. 19/24181, S. 169.

Restrukturierungsbeauftragten gestellten Qualifikationsanforderungen objektiv ableitbaren Schlüsse auch zu ziehen.

Flankiert wird dies damit, dass der Schuldner gehalten ist, den Restrukturierungsbeauftragten über den Fortgang des Verfahrens und seine wirtschaftlichen Verhältnisse zu informieren. Auch jenseits der gesetzlich ausgestalteten Mitteilungspflichten trifft den Restrukturierungsbeauftragten nach § 76 Abs. 1 die grundsätzliche Pflicht, diese Unterlagen auch fach- und sachkundig so weit auszuwerten, wie dies zur Beurteilung der fortwährenden Erreichbarkeit des Restrukturierungsziels geboten ist. Das ergibt sich auch aus der allgemeinen Pflichtaufgabe aus § 76 Abs. 4, die Voraussetzungen des § 14 Abs. 1, nämlich die Erreichbarkeit der Wiederherstellung der Bestandsfähigkeit des Schuldners, zu prüfen. 11

Dem Restrukturierungsbeauftragten werden vor allem auch solche Umstände aus Anlass seiner Tätigkeit »bekannt«, die erst das Ergebnis der von ihm vorzunehmenden Prüfung und Auswertung der überlassenen Unterlagen darstellen. Somit erstreckt sich der Tatbestand auf solche Umstände, die ihm aus Anlass der Tätigkeit »bekannt werden mussten«. Das entspricht auch dem Willen des Gesetzgebers, wie er in der Gesetzesbegründung niedergelegt ist, da die Anzeigepflicht danach eingreift, wenn dem Beauftragten »bei seiner Aufgabenerfüllung« entsprechende Umstände bekannt werden und zur Aufgabenerfüllung auch die Auswertung entsprechender Unterlagen gehört.[12] Eine restriktive Auslegung von § 76 Abs. 1 hat also zur Folge, dass keine Exkulpationsmöglichkeit, zur Auswertung nicht verpflichtet gewesen zu sein, eröffnet ist. Eine andere Auffassung entspricht nicht dem Telos des Gesetzes. 12

2. Informationsbeschaffungspflicht

Aus der fehlenden Pflicht aktiv fortlaufend die Verhältnisse des Schuldners auf das Vorliegen von Umständen hin zu überprüfen, welche eine Aufhebung der Restrukturierungssache rechtfertigen könnten, folgt nicht, dass der Restrukturierungsbeauftragte sich vollständig auf die vom Schuldner freiwillig überlassenen Unterlagen ohne Ansehung von deren Vollständigkeit und Qualität beschränken darf. Aus §§ 32 Abs. 2 Satz 3, 76 Abs. 5 folgt nicht nur das Recht des Restrukturierungsbeauftragten, sondern auch die Pflicht, die entsprechenden Auskünfte und Unterlagen zu verlangen. 13

Zur Wahrung des Neutralitätsgebots muss der Restrukturierungsbeauftragte darauf hinwirken, dass ihm die erforderlichen Informationen und Unterlagen in aussagekräftiger und prüfbarer Form zur Verfügung gestellt und auch aktualisiert werden. Somit kann er die ihm obliegenden Aufgaben mit der gebotenen Sorgfalt und Gewissenhaftigkeit erfüllen.[13] Kommt der Schuldner dem nicht nach, so begründet dies für sich einen anzeigepflichtigen Umstand gem. § 76 Abs. 1 i.V.m. § 33 Abs. 1 Nr. 3, Abs. 2 Nr. 3. 14

Sollte der Schuldner diesen Informationsobliegenheiten nachkommen besteht unbeschadet übertragener Ergänzungsaufgaben keine Verpflichtung des Restrukturierungsbeauftragten, darüber hinaus besondere Prüfungshandlungen vorzunehmen.[14] Das Maß der vom Restrukturierungsbeauftragten bei Ausführung seines Amtes geschuldeten Handlungen ist im Übrigen abhängig von den Umständen des Einzelfalls. 15

3. Prüfung der Erklärung zur Bestandsfähigkeit (§ 76 Abs. 4)

Die Erklärungen des Schuldners bezüglich der nachhaltigen Bestandsfähigkeit nach § 14 zu prüfen, gehört ebenfalls zu den Pflichtaufgaben des Restrukturierungsbeauftragten. Diese Erklärung ist wesentlicher Bestandteil des Restrukturierungskonzepts und des Restrukturierungsplans.[15] In § 14 16

12 Vgl. BT-Drucks. 19/24181, S. 173.
13 Vgl. § 75 Rdn. 36.
14 Zu den Ergänzungsaufgaben s. sogleich Rdn. 29.
15 Vgl. dazu *Hölzle*, PL SanInsFoG, §§ 31, 33 Rn. 52, § 7 Rn. 15 ff.

ist ein wesentlicher Kernbereich der präventiven Restrukturierung geregelt, der zugleich die Grundstruktur des Restrukturierungskonzepts inkorporiert. Somit kommt der Prüfung der Erklärung des Schuldners zur Bestandsfähigkeit eine besondere Bedeutung zu.

17 Die Erklärung hat auch unmittelbare Bedeutung für die Bestätigungsfähigkeit des Restrukturierungsplans. Die Bestätigung ist nach § 63 Abs. 1 Nr. 3 zu versagen, wenn die den Beteiligten durch den Plan zugewiesenen Ansprüche offensichtlich nicht erfüllbar sind. Sollte die nachhaltige Wiederherstellung der Bestandsfähigkeit nicht gesichert sein, liegt ein solcher Grund vor. Die Prüfung durch den Restrukturierungsbeauftragten hat daher auch die Funktion, das Gericht zu entlasten[16] und einen wesentlichen Teil der inhaltlichen Prüfung des Restrukturierungsplans in Bezug auf die in § 31 Abs. 2 Nr. 1 genannten Bestandteile des Restrukturierungsplans obligatorisch dem Restrukturierungsbeauftragten zu übertragen. In der Sache ist damit daher die vollumfängliche Prüfung der Tauglichkeit und Erfüllbarkeit des Restrukturierungskonzepts durch den Restrukturierungsbeauftragten verbunden. Der Prüfungsmaßstab richtet sich nach der Bedeutung der Erklärung zur Bestandsfähigkeit für das Restrukturierungskonzept und damit nach den an das Restrukturierungskonzept insgesamt zu stellenden Anforderungen (vgl. § 6). Diese Pflichtaufgabe des Restrukturierungsbeauftragten gehört daher zu den im Gläubigerinteresse wahrzunehmenden Kernaufgaben, deren Bedeutung für das Vertrauen in das Verfahren und den Restrukturierungsplan insbesondere vor dem Hintergrund, dass der obligatorisch zu bestellende Restrukturierungsbeauftragte nach der Vorstellung des Gesetzgebers gerade die Interessen derjenigen Gläubiger wahrzunehmen hat, die typisiert nicht in der Position sind, diese selbstständig im Verfahren wahrzunehmen.[17]

18 Durch § 76 Abs. 4 Satz 2 wird sichergestellt, dass die Stellungnahme des Restrukturierungsbeauftragten, wird dieser vor der Übermittlung des Plans an die Planbetroffenen bestellt, diesem als weitere Anlage beizufügen ist. Somit wird die Stellungnahme Bestandteil der Grundlagen für die Planbetroffenen sein, sich eine Meinung zu bilden sowie ihr Stimmverhalten daran auszurichten.[18]

19 Die im Gesetz nicht geregelte Frage der durch das Gericht zu setzenden Berichtsfrist ist abhängig von dem Verfahrensstadium. Außerdem richtet sie sich danach, wann die Übermittlung des Plans an die Planbetroffenen voraussichtlich vorzunehmen ist. Sollte der Plan bereits übermittelt sein, müsste im Rahmen der Fristsetzung sichergestellt werden, dass der Restrukturierungsbeauftragte seinen Bericht rechtzeitig vor einem Erörterungstermin nach § 45 oder einer durchgeführten Planbetroffenenversammlung nach §§ 20, 21 einreicht. Der Schutzzweck der Prüfung des materiellen Kerns des Restrukturierungsvorhabens gebietet es, im Notfall den Abstimmungstermin zu verlegen.

20 Auch der weitere Gegenstand der Pflichtprüfung gem. § 76 Abs. 4 kann seinen Zweck nur erfüllen, wenn dieser Hinweis vor der Erörterung des Plans erfolgt. Durch diese Hinweispflicht soll vor allem dem möglichen Missbrauchspotenzial durch kollusives Zusammenwirken des Schuldners mit einem oder einzelnen Gläubigern entgegengewirkt werden. Das Gericht hat im Rahmen der Planerörterung und -abstimmung nur sehr eingeschränkte Überprüfungsmöglichkeiten, sofern Schuldner und Gläubiger zur Berechtigung einer Forderung oder eines Rechts übereinstimmend ihren Standpunkt vortragen.

21 Diesem eröffneten Missbrauchspotenzial hinsichtlich der Gestaltung von Mehrheiten soll durch die Forderungsprüfung und der Stimmrechtsgewährung auf den Restrukturierungsbeauftragten begegnet werden. Somit kann eine dem Insolvenzverfahren ähnliche Objektivierung erreicht werden, wenn er lediglich entsprechende Hinweise zu erteilen hat. Mittelbar trägt der Restrukturierungsbeauftragte daher auch die Gewähr für die materielle Rechtmäßigkeit des Abstimmungsverfahrens.

---

16 BT-Drucks. 19/24181, S. 174.

17 Wie hier *Hölzle*, PL SanInsFoG, § 76 StaRUG Rn. 17.

18 BT-Drucks. 19/24181, S. 174.

4. Übertragung der allgemeinen Pflichtaufgaben auf den fakultativen Restrukturierungsbeauftragten

Nach dem Gesetzeswortlaut sowie der Gesetzessystematik obliegen die allgemeinen Pflichtaufgaben aus § 76 Abs. 1, 4 ausschließlich dem obligatorischen Restrukturierungsbeauftragten.[19] Daraus folgt auch, dass die Differenzierung zwischen § 76 Abs. 1 und § 76 Abs. 2 Nr. 1 systematisch nicht nachvollziehbar ist. Bei beiden Aufgabenfeldern handelt es sich um solche, die dem obligatorischen Restrukturierungsbeauftragten als allgemeine Pflichtaufgabe ohne gesonderte Übertragung durch das Restrukturierungsgericht obliegen. Darüber hinaus entspricht die Beschränkung der allgemeinen Pflichtaufgaben des § 76 Abs. 1, 2 Nr. 1, 4 nicht dem effektiven Gläubigerschutz und der Wahrung der Integrität des Verfahrens. 22

Mit der besonderen Bedeutung der allgemeinen Hinweispflicht aus § 76 Abs. 1 und der Prüfungs- und Hinweispflicht aus § 76 Abs. 4 ist es schwer vereinbar, dass die Reichweite des Gläubigerschutzes davon abhängen soll, mit welchem Aufgabenkreis der Restrukturierungsbeauftragte konkret bestellt wird und welche Rechtsstellung ihm im konkreten Einzelfall zukommt. Die Differenzierung in der Rechtsstellung des Restrukturierungsbeauftragten ist für die Planbetroffenen häufig weder erkennbar noch nachvollziehbar. Es ist daher nicht auszuschließen, dass jene Planbetroffenen unterstellen, dass bspw. ein fakultativer Restrukturierungsbeauftragter nicht nur die Verhandlungen und die Erstellung des Plans unterstützt, sondern selbstverständlich auch zu deren Interessenwahrung und insbesondere zur Anzeige von möglicherweise aufhebungsrelevanten Umständen im Sinne der §§ 31 Abs. 4, 33 verpflichtet ist.[20] Bei strenger Bindung an den Gesetzeswortlaut wäre dies indes nicht so. 23

Mangels unbeabsichtigter Regelungslücke scheidet eine analoge Anwendung des § 76 Abs. 1, 4 insbesondere auf den fakultativen Restrukturierungsbeauftragten aus. Dies liegt an § 78 Abs. 3, wonach hinsichtlich der Rechtsstellung des fakultativen Restrukturierungsbeauftragten ausdrücklich auf die entsprechende Anwendung allein des § 75 verwiesen wird.[21] Mit der Verweisung hat der Gesetzgeber scheinbar eine bewusste Entscheidung getroffen, welche Vorschriften über die Rechtsstellung des obligatorischen Restrukturierungsbeauftragten auch auf den fakultativen Restrukturierungsbeauftragten entsprechende Anwendung finden sollen.[22] 24

Allerdings sind weder die Gläubiger bzw. die Planbetroffenen hierdurch schutzlos gestellt, noch ist der fakultative Restrukturierungsbeauftragte hiernach von der Pflicht zur Anzeige von Umständen, welche die Aufhebung der Restrukturierungssache nach § 33 rechtfertigen (können), befreit. Dies auch unabhängig davon, ob dem fakultativen Restrukturierungsbeauftragten auf Antrag nach § 77 Abs. 2 einzelne oder alle Pflicht- oder Ergänzungsaufgaben nach § 76 übertragen werden. Auch wenn dies nicht der Fall ist, besteht eine Hinweispflicht entsprechend § 76 Abs. 1; nur ist diese Anzeigepflicht nicht gegenüber dem Restrukturierungsgericht, sondern gegenüber den Planbetroffenen begründet. 25

Diese Pflicht ergibt sich aus der Aufgabenbestimmung in § 79 sowie aus der Verweisung in § 78 Abs. 3 auf § 75 insgesamt und damit auch auf § 75 Abs. 4 S. 1, 2. Danach besteht die Aufgabe des fakultativen Restrukturierungsbeauftragten unter anderem darin, die Gläubiger bei der Ausarbeitung und Aushandlung des Restrukturierungskonzepts und des auf ihm basierenden Plans zu unterstützen. Diese Unterstützung insbesondere bei der Aushandlung des Restrukturierungskonzepts hat der Restrukturierungsbeauftragte gem. § 78 Abs. 3 i.V.m. § 75 Abs. 4 Satz 1, 2 mit der gebotenen Sorgfalt und Gewissenhaftigkeit, vor allem aber unparteiisch zu erbringen. Die gewissenhafte Begleitung der Aushandlung eines Restrukturierungsplans erfordert aber, dass der 26

19 Klargestellt in BT-Drucks. 19/24181, S. 173, indem auf die Fälle der »notwendigen Bestellung« rekurriert wird.
20 Im Einzelnen §§ 77–79 StaRUG.
21 Vgl. § 78 Rdn. 9.
22 Vgl. dazu auch BT-Drucks. 19/24181, S. 173, wonach die Hinweispflicht ausdrücklich nur für den obligatorischen Restrukturierungsbeauftragten angeordnet wird.

Restrukturierungsbeauftragte darauf hinwirkt, dass ein bestätigungsfähiger Plan ausgehandelt wird. Dies erfordert gem. § 63 Abs. 1 Nr. 1 die Feststellung (allein) der drohenden Zahlungsunfähigkeit des Schuldners und gem. § 63 Abs. 1 Nr. 3, dass die den Planbetroffenen im gestaltenden Teil des Plans zugewiesenen Ansprüche und die durch den Plan nicht berührten Ansprüche der übrigen Gläubiger nicht offensichtlich unerfüllbar sein dürfen. Gerade Letzteres ist aber der Fall, wenn die Restrukturierungssache vor Bestätigung des Restrukturierungsplans nach § 33 möglicherweise und abhängig von der sachgerechten Ermessensausübung des Restrukturierungsgerichts aufzuheben wäre. Da die Aufhebung gem. § 33 von Amts wegen erfolgt und nicht antragsgebunden ist besteht auch kein schutzwürdiges Interesse des Schuldners, darauf vertrauen zu dürfen, dass Umstände, die möglicherweise eine Aufhebung nach § 33 rechtfertigen können, nicht entdeckt werden. Die Unterschlagung solcher Umstände würde zudem gegen das Neutralitätsgebot des § 75 Abs. 4 Satz 2 verstoßen, an das auch der fakultative Restrukturierungsbeauftragte über die Verweisung in § 78 Abs. 3 gebunden ist.

27 Daraus folgt, dass der fakultative Restrukturierungsbeauftragte infolge seiner Verpflichtung zur sorgfältigen und gewissenhaften Unterstützung der Verhandlungen und zur Wahrung des Neutralitätsgebots in derselben Weise verpflichtet ist, ihm vorgelegte Unterlagen auszuwerten und zu validieren und im Fall von sich ergebenden Zweifeln darauf auch hinzuweisen und erforderlichenfalls rückzufragen. Darüber hinaus ist es dem fakultativen Restrukturierungsbeauftragten unmöglich, sorgfältig und gewissenhaft an der Erstellung des Restrukturierungskonzepts mitzuwirken, wenn er vom Schuldner nicht die für die Beurteilung von dessen wirtschaftlicher Lage, der Krisenursachen und der zu ihrer Beseitigung erforderlichen Maßnahmen nötigen Unterlagen anfordert. Auch den fakultativen Restrukturierungsbeauftragten treffen daher dieselben Informationsbeschaffungspflichten, wie den obligatorischen Restrukturierungsbeauftragten. Stellt er bei der Auswertung der von ihm angeforderten bzw. der ihm überlassenen Unterlagen fest, dass Umstände bestehen, die unter Berücksichtigung des Ermessensspielraums des Gerichts etwaig eine Aufhebung der Restrukturierungssache nach § 33 rechtfertigen können, so ist er verpflichtet, hierauf hinzuweisen. Adressat dieser Hinweispflicht ist im Fall der Bestellung (nur) eines fakultativen Restrukturierungsbeauftragten nicht das Restrukturierungsgericht, sondern sind die Planbetroffenen, gleich welcher Rechtsstellung.

28 Nach Anzeige entsprechender Umstände durch den Restrukturierungsbeauftragten gegenüber einzelnen oder allen Planbetroffenen können diese das Restrukturierungsgericht entsprechend in Kenntnis setzen und die Aufhebung der Restrukturierungssache nach § 33 anregen. Das Restrukturierungsgericht ist sodann zum amtswegigen Tätigwerden und zur pflichtgemäßen Ausübung des Ermessens verpflichtet.[23]

II. Ergänzungsaufgaben (§ 76 Abs. 2)

1. Ergänzende Pflichtaufgabe, § 76 Abs. 2 Nr. 1, Abs. 3

29 In § 76 Abs. 2 sind Ergänzungsaufgaben geregelt, die dem Restrukturierungsbeauftragten z.T. fakultativ übertragen werden können, z.T. aber auch obligatorisch obliegen. Sie betreffen im Wesentlichen nur planüberwachende Restrukturierungsbeauftragte nach § 73 Abs. 1 Nr. 3. Das Gesetz trägt damit dem Umstand Rechnung, dass es sich in diesen Fällen der obligatorischen Bestellung eines Restrukturierungsbeauftragten nach § 73 Abs. 1 Satz 1 Nr. 1, 2, Abs. 2 um solche Fälle handelt, in denen die Planbetroffenen nicht in der Lage sind, ihre Rechte in gebotenem Umfang selbst wahrzunehmen.[24]

30 Bei der Ergänzungsaufgabe des § 76 Abs. 2 Nr. 1 handelt es sich um eine ergänzende Pflichtaufgabe, die dem Restrukturierungsbeauftragten unabhängig von einer gesonderten Übertragung in dem

23 Wie hier insgesamt *Hölzle*, PL SanInsFoG, § 76 StaRUG Rn. 24 ff.
24 BT-Drucks. 19/24181, S. 174.

Bestellungsbeschluss stets obliegt. Der Restrukturierungsbeauftragte hat danach über das zur Anwendung kommende Planabstimmungsverfahren zu entscheiden und im Fall der privatautonomen Abstimmung hat er die Versammlung zu leiten. Außerdem hat er die Forderungen, Absonderungsanwartschaften, gruppenintern Drittsicherheiten sowie Anteils- und Mitgliedschaftsrechte der Planbetroffenen zu prüfen. Er muss dann auch auf streitige oder dem Grunde oder der Höhe nach zweifelhafte Forderungen und Sicherungsrechte hinweisen.

Es ist daher nicht erforderlich, dass eine besondere Anordnung der Übertragung nach § 76 Abs. 2 Nr. 1 auf den obligatorischen Restrukturierungsbeauftragten erfolgt. Eine Ausnahme bildet der nur planüberwachende Restrukturierungsbeauftragte nach § 73 Abs. 1 Satz 1 Nr. 3. Die Zugehörigkeit zu den Pflichtaufgaben des Aufgabenkreises nach § 76 Abs. 2 Nr. 1 unterscheidet sich daher nicht von den Pflichtaufgaben nach § 76 Abs. 1. 31

Ebenfalls eine ergänzende Pflichtaufgabe ist die fortlaufende Prüfungspflicht des obligatorischen Restrukturierungsbeauftragten nach § 76 Abs. 3, wonach diesen die laufende Prüfungspflicht hinsichtlich des Fortbestehens der Anordnungsvoraussetzungen einer erlassenen Stabilisierungsanordnung trifft. Ab dem Zeitpunkt, zu dem eine Stabilisierungsanordnung erlassen worden ist, ist der Restrukturierungsbeauftragte daher verpflichtet, fortlaufend die Aufhebungsgründe insbesondere des § 59 Abs. 1 Nr. 2, 4 zu prüfen. Diese Aufgabe deckt sich insoweit mit der allgemeinen Pflichtaufgabe des § 76 Abs. 1. Danach ist das Vorliegen von Umständen, welche die Aufhebung der Restrukturierungssache nach § 33 rechtfertigen, auch nach § 76 Abs. 3 Nr. 1 i.V.m. § 59 Abs. 1 Nr. 2 fortlaufend aktiv zu prüfen. Somit wird sich nicht auf das »bekannt werden« beschränkt, auch wenn die Unterschiede nicht groß sind, da auch die Prüfung vorgelegter Unterlagen erforderlich ist. 32

Die Prüfungspflicht nach § 76 Abs. 3 beginnt erst mit dem Erlass der Stabilisierungsanordnung. Sie erstreckt sich daher lediglich auf die Aufhebungsgründe nach § 59, nicht auch auf die Anordnungsvoraussetzungen des § 51. Da allerdings die Pflicht zur amtswegigen Bestellung eines Restrukturierungsbeauftragten nach § 73 Abs. 1 Nr. 2 bereits mit dem Antrag auf Erlass einer Stabilisierungsanordnung unter den dort genannten Voraussetzungen begründet sein kann, kann das Restrukturierungsgericht den obligatorischen Restrukturierungsbeauftragten freilich gem. § 73 Abs. 3 ergänzend auch zum sachverständigen Restrukturierungsbeauftragten mit dem Aufgabenkreis der Prüfung schon der Anordnungsvoraussetzungen nach § 51 bestellen. 33

Nach § 76 Abs. 3 Nr. 2 erstreckt sich der Aufgabenkreis des obligatorischen Restrukturierungsbeauftragten neben der fortlaufenden Prüfung der Anordnungsvoraussetzungen und des möglichen Eintritts von Aufhebungsgründen auch auf das Recht – und daran anknüpfend, die Pflicht – die Gründe für die Aufhebung der Anordnung geltend zu machen und einen entsprechenden Aufhebungsantrag zu stellen. 34

Der Restrukturierungsbeauftragte hat hinsichtlich der Geltendmachung der Aufhebungsgründe kein Entschließungsermessen. Dies ergibt sich aus der Pflicht zur sorgfältigen und gewissenhaften Erfüllung der Aufgaben nach § 75 Abs. 4 Satz 1 und der Neutralitätspflicht gem. § 75 Abs. 4 Satz 2. Stellt der Restrukturierungsbeauftragte solche Gründe fest, ist er verpflichtet, den Aufhebungsantrag zu stellen. Es steht ihm nicht zu, sein Ermessen hinsichtlich der Zweckmäßigkeit und Gebotenheit der Aufhebung der Stabilisierungsanordnung an die Stelle des Ermessens des Gerichts zu stellen. Er kann jedoch im Rahmen des Aufhebungsantrages das Gericht auf mögliche Umstände hinweisen, die für die Ermessensausübung nach § 59 Abs. 3 Satz 1 erheblich sind. Dabei ist aber auch die Neutralität zu wahren. Der Restrukturierungsbeauftragte macht sich nach § 75 Abs. 4 Satz 3 gegenüber betroffenen Gläubigern schadensersatzpflichtig, sollte er die rechtzeitige Antragstellung versäumen.[25] 35

25 Vgl. § 75 Rdn. 33 ff., § 76 Rdn. 17.

2. Echte Ergänzungsaufgaben, § 76 Abs. 2

36 Über die bisher beschriebenen Aufgabenkreise hinaus ist für das Gericht unter dem Gesichtspunkt der »Waffengleichheit« die Möglichkeit nach § 76 Abs. 2 Nr. 2, 3 eröffnet, den Restrukturierungsbeauftragten mit weiteren Aufgaben zu betrauen. Hierbei handelt es sich dann um echte Ergänzungsaufgaben.

37 Eingangsvoraussetzung für die Übertragung von Ergänzungsaufgaben ist zunächst die Bestellung eines obligatorischen Restrukturierungsbeauftragten gem. § 73 Abs. 1 Nr. 1, 2, Abs. 2. Aber auch im Fall der Bestellung eines fakultativen Restrukturierungsbeauftragten kann gem. § 77 Abs. 2 die Übertragung von Ergänzungsaufgaben auf den fakultativen Restrukturierungsbeauftragten beantragt werden.[26]

38 Motiv für die zum Teil sehr weitgehende Möglichkeit, dem Restrukturierungsbeauftragten Ergänzungsaufgaben zu übertragen und diesen so der Rechtsstellung eines Sachwalters im eigenverwalteten Insolvenzverfahren anzugleichen, ist gerade die Ähnlichkeit des im Fall der Notwendigkeit der obligatorischen Bestellung eines Restrukturierungsbeauftragten mit sehr weitgehenden Eingriffen in die Gläubigerrechte verbundenen Restrukturierungsverfahrens zum eigenverwalteten Insolvenzverfahren. Nach der Vorstellung des Gesetzgebers lassen sich die Wirkungen eines solchen Restrukturierungsverfahrens von denen eines in Eigenverwaltung geführten Insolvenzverfahrens kaum mehr unterscheiden. Dementsprechend soll es dem Gericht mit Blick auf die Vergleichbarkeit der Verhältnisse mit der Situation eines Insolvenzverfahrens möglich sein, dem Beauftragten zusätzliche Kompetenzen zuzuweisen, um das Profil des Beauftragten dem eines Sachwalters im Eigenverwaltungsverfahren anzunähern.[27]

39 Dieses Motiv des Gesetzgebers ist freilich zugleich Auslegungshilfe und Richtschnur für das Restrukturierungsgericht, weitergehende Anordnungen immer dann und in Abhängigkeit davon zu treffen, wenn und inwieweit das Verfahren gesamtverfahrensartige und damit dem Insolvenzverfahren vergleichbare Züge annimmt, wobei es nicht allein auf die Kollektivität des Verfahrens, sondern vor allem auch auf die Intensität des Eingriffs in Gläubigerrechte und den Umfang des Eingriffs in das Vermögen bzw. der Umgestaltung des Vermögens des Schuldners ankommt, weil sich das Insolvenzverfahren gerade nicht nur durch seine Kollektivität, sondern auch durch seinen gesamtvollstreckungsrechtlichen Charakter auszeichnet.

40 Vor diesem Hintergrund hat die Anordnung fakultativer Ergänzungsaufgaben im pflichtgemäßen Ermessen des Gerichts unter Wahrung des Verhältnismäßigkeitsgrundsatzes zu erfolgen, wobei im Rahmen der Verhältnismäßigkeitsprüfung zu berücksichtigen ist, dass das Verfahren, wie § 32 Abs. 1 deutlich zeigt, vorrangig im Gläubigerinteresse zu führen ist und nicht zuletzt deshalb das Sicherungsinteresse der Gläubiger dem Interesse des Schuldners an einer möglichst geringen Eingriffsintensität und einem hohen Grad an Selbstverwaltung grundsätzlich vorgeht.

41 Bei typisierter Betrachtung und Berücksichtigung der jeweiligen Eingriffsintensität in das Selbstverwaltungsrecht des Schuldners zeichnet sich danach eine grundsätzliche Rang- und Reihenfolge in der Verhältnismäßigkeitsprüfung ab, wonach jeweils abzuwägen ist, ob das an früherer Stelle stehende Mittel ausreichend geeignet ist, die berechtigten Interessen der Gläubiger zu wahren und falls nicht, auf das jeweils nächste Mittel zurückzugreifen ist:

- Mit der geringsten Eingriffsintensität in die Rechte des Schuldners ist die Anordnung gem. § 76 Abs. 2 Nr. 2 Buchst. a) verbunden, den Restrukturierungsbeauftragten mit der Prüfung der wirtschaftlichen Lage des Schuldners und der Überwachung von dessen Geschäftsführung zu beauftragen. Das Tätigkeits- und Anforderungsprofil entspricht dem des § 274 Abs. 2 S. 1 InsO, weshalb insoweit auf die Rechtsprechung und Kommentarliteratur zu den allgemeinen Aufgaben des Sachwalters verwiesen werden kann;

26 Vgl. § 77 Rdn. 6.
27 BT-Drucks. 19/24181, S. 174.

- Auf der nächsten Stufe besteht sodann die dem § 275 Abs. 1 InsO nachgebildete Verpflichtung des Schuldners, dem Restrukturierungsbeauftragten sämtliche Zahlungen anzuzeigen und Zahlungen außerhalb des gewöhnlichen Geschäftsbetriebes nur zu tätigen, wenn der Restrukturierungsbeauftragte dem zustimmt. Wie bei der fehlenden Zustimmung des Sachwalters nach § 275 Abs. 1 InsO auch, hat die fehlende Zustimmung keinen Einfluss auf die Wirksamkeit der Rechtshandlung bzw. Tilgungsleistung im Außenverhältnis, kann sie jedoch den Verstoß gegen Mitwirkungspflichten begründen, der die Aufhebung der Restrukturierungssache nach § 33 Abs. 1 Nr. 3 – jedenfalls im Wiederholungsfall – nach sich ziehen kann;
- Auf der dritten Stufe steht sodann die Übertragung der Ergänzungsaufgabe nach § 76 Abs. 2 Nr. 2 Buchst. b), nämlich die Übertragung der Kassenführungsbefugnis entsprechend § 275 Abs. 2 InsO auf den Restrukturierungsbeauftragten. Spätestens in diesem Fall ist der Restrukturierungsbeauftragte nicht mehr nur in die Begleitung des Restrukturierungsvorhabens selbst, sondern unmittelbar auch in die operative Unternehmensführung eingebunden. Von dieser Maßnahme sollte nur im Ausnahmefall Gebrauch gemacht werden können, wenn anderenfalls nur die Aufhebung des Verfahrens in Betracht käme, weil nicht zu erwarten ist, dass der Schuldner willens oder in der Lage ist, das Verfahren im Interesse der Gläubiger zu führen, aber gleichwohl zu erwarten ist, dass der erfolgreiche Abschluss des Restrukturierungsverfahrens das für die Gläubiger beste Ergebnis realisieren wird.

Gegen den Erlass einzelner Maßnahmen steht dem Schuldner kein Beschwerderecht zu. Diese liegen 42
allein im Ermessen des Gerichts.[28]

III. Auskunfts- und Mitwirkungspflicht des Schuldners, § 76 Abs. 5

Der Schuldner ist nach § 76 Abs. 5 im selben Umfang wie der Insolvenzschuldner nach §§ 22 43
Abs. 3, 97 InsO verpflichtet, dem Restrukturierungsbeauftragten die erforderlichen Auskünfte zu erteilen. Zusätzlich ist dem Restrukturierungsbeauftragten Einsicht in die Bücher und Geschäftspapiere zu gewähren. Der Schuldner muss ihn bei der Erfüllung seiner Aufgaben unterstützen. Diese Pflicht erstreckt sich auf alle Umstände, die für die Erfüllung der Aufgaben des Restrukturierungsbeauftragten von Bedeutung sein können. Aus der Pflicht des Schuldners folgt auch die Pflicht des Restrukturierungsbeauftragten die entsprechenden Unterlagen einzufordern.

Die Pflicht des Schuldners beschränkt sich wie in § 22 Abs. 3 InsO nicht auf die Beantwortung von 44
Fragen und die Bereitstellung präsenten Wissens. Es besteht auch eine Offenbarungspflicht bezüglich aller verfahrensrelevanten Umstände. Schließlich ist er darüber hinaus auch zur Informationsbeschaffung verpflichtet, soweit ihm einzelne vom Restrukturierungsbeauftragten zum Zwecke der Erfüllung seiner Aufgaben angeforderte Unterlagen nicht vorliegen.[29]

IV. Übertragung der Zustellung, § 76 Abs. 6

Entsprechend § 8 Abs. 3 InsO kann das Restrukturierungsgericht den Restrukturierungsbeauftragten 45
beauftragen, sämtliche dem Gericht obliegende Zustellungen durchzuführen. Er verfügt in der Regel über die bessere, hierfür erforderliche, Infrastruktur. Diese Übertragung erfolgt durch Beschluss, der auch bereits mit dem Bestellungsbeschluss abstrakt für alle künftigen Zustellungen im Verfahren verbunden werden kann. Über den Auslagenersatz erfolgt die Kostenerstattung. Auch diese Vorschriften entsprechen vollständig dem insolvenzrechtlichen Vorbild. Von einer weiteren Darstellung wird hier deshalb abgesehen.

28 Wie hier insgesamt *Hölzle*, PL SanInsFoG, § 76 StaRUG Rn. 39 ff.
29 Vgl. im Einzelnen K. Schmidt-*Hölzle*, InsO, § 22 Rn. 47 ff.

Abschnitt 2 Bestellung auf Antrag

§ 77 Antrag

(1) [1]Auf Antrag des Schuldners bestellt das Restrukturierungsgericht einen Restrukturierungsbeauftragten zur Förderung der Verhandlungen zwischen den Beteiligten (fakultativer Restrukturierungsbeauftragter). [2]Gläubigern steht dieses Recht gemeinschaftlich zu, wenn auf sie mehr als 25 Prozent der Stimmrechte in einer Gruppe entfallen oder voraussichtlich entfallen werden und wenn sie sich zur gesamtschuldnerischen Übernahme der Kosten der Beauftragung verpflichten.

(2) Der Antrag kann darauf gerichtet sein, dem Beauftragten zusätzlich eine oder mehrere Aufgaben nach § 76 zuzuweisen.

Übersicht

A. Allgemeines

1 Im zweiten Abschnitt des dritten Kapitels sind in den §§ 77, 78 und 79 neben dem Antrag auch die Bestellung, die Rechtsstellung und die Aufgaben des fakultativen Restrukturierungsbeauftragten geregelt.[1] Nicht nur der Schuldner hat ein Antragsrecht sondern auch eine qualifizierte Gläubigerminderheit. Dadurch ist auch die Möglichkeit vorgesehen, dem fakultativen Restrukturierungsbeauftragten gem. § 77 Abs. 2 neben den Aufgaben nach § 79 auch Aufgaben aus dem Tätigkeitsbereich des obligatorischen Restrukturierungsbeauftragten nach § 76 zuzuweisen. Somit kann das Aufgabenprofil in großem Umfang erweitert werden.[2] Hingegen ist es nicht möglich von Amts wegen einen fakultativen Restrukturierungsbeauftragten zu bestellen.

2 Der fakultative Restrukturierungsbeauftragte soll im Interesse aller Beteiligten den Restrukturierungsprozess voranbringen und als Mediator agieren.[3] Dabei nimmt er vor allem eine vermittelnde Rolle ein.[4] Anders als der obligatorische Restrukturierungsbeauftragte, soll er den Schuldner nicht überwachen und die Voraussetzungen für Eingriffe in Gläubigerrechte prüfen. Daher ist ein bindender Gläubigervorschlag zur Person des Restrukturierungsbeauftragten möglich, der jedoch nicht gegen den Widerspruch des Schuldners verbindlich ist. In analoger Anwendung des § 74 Abs. 2 Satz 2 steht auch dem Schuldner das Recht zu, einen für das Gericht bindenden Vorschlag zu unterbreiten. Die Rolle des Mediators schließt es im Regelfall aus, den fakultativen Restrukturierungsbeauftragten nach § 73 Abs. 3 ergänzend zum sachverständigen Restrukturierungsbeauftragten oder gem. § 39 zu einem isolierten Sachverständigen zu bestellen, weil die Beratung des Schuldners häufig in Konflikt mit den als Sachverständiger zu treffenden Feststellungen treten dürfte.[5]

B. Norminhalt

I. Bestimmender Antrag, Sonderaufgaben, sofortige Beschwerde

3 Gem. § 77 Abs. 1 wird der fakultative Restrukturierungsbeauftragte nur auf Antrag bestellt. Nach Auffassung des Gesetzgebers ist nicht ersichtlich, weshalb das Gericht einen Mediator einsetzen

1 Zur Differenzierung und Abgrenzung vgl. § 73 Rdn. 3.
2 *Flöther*, NZI-Beilage 2021, 48, 50.
3 BT-Drucks. 19/24181, S. 175.
4 *Flöther*, NZI-Beilage 2021, 48, 50.
5 Ausführlich *Jungmann*, ZRI 2023, 689.

können soll, wenn und soweit dies von den Beteiligten gar nicht gewollt ist.[6] Eine Bestellung von Amts wegen ist daher nicht vorgesehen.

Es gibt keine Formvorschrift für den Antrag nach § 77 Abs. 1. Daher kann der Antrag gem. § 38 Satz 1 StaRUG i.V.m. § 129a ZPO auch zu Protokoll der Geschäftsstelle (grds. eines jeden Amtsgerichts) gestellt werden.[7] Einer Begründung bedarf es nicht. Durch den Antrag wird der Verfahrensabschnitt der Begleitung des Restrukturierungsverfahrens durch einen Restrukturierungsbeauftragten wirksam eingeleitet. Insoweit hat er bestimmende Wirkung.[8] 4

Zur Bestellung des Restrukturierungsbeauftragten bedarf es noch eines Beschlusses des Restrukturierungsgerichts. Dem Gericht steht aber kein Entschließungsermessen zu. Die Zurückweisung des Antrages, mit der Begründung die Bestellung sei mit unverhältnismäßigen Kosten verbunden, ist unzulässig. Es handelt sich um eine gebundene Entscheidung des Gerichts. 5

Für den erweiterten Antrag nach § 77 Abs. 2 gilt dasselbe. Der Antrag auf Bestellung eines fakultativen Restrukturierungsbeauftragten kann auch darauf gerichtet sein, dem Restrukturierungsbeauftragten zusätzlich eine oder mehrere Aufgaben nach § 76 zuzuweisen.[9] Insoweit handelt es sich um eine eingeschränkte Rechtsfolgenverweisung. Daraus folgt, dass das Gericht an den qualifizierten Antrag ohne Entschließungsermessen grundsätzlich gebunden ist. Es hat keine Zweckmäßigkeitserwägungen anzustellen. Außerdem erfolgt keine Prüfung der Voraussetzungen des § 76 Abs. 2. Ein Antrag wäre dann gar nicht erforderlich. Bei § 77 Abs. 2 kann es sich daher nur um eine Rechtsfolgenverweisung handeln. 6

Die Rechtsfolgenverweisung ist jedoch insoweit eingeschränkt, als dass es bei dem Grundsatz der Verhältnismäßigkeit der Anordnung von Überwachungs-, Aufsichts- und Eingriffsmaßnahmen bleiben muss. Ein Gläubigerantrag ist nicht geeignet, allgemeine prozessuale Grundsätze, die nicht zuletzt auch dem Schutz des Schuldners dienen, außer Kraft zu setzen. 7

Somit hat das Gericht in geltungserhaltender Reduktion dem Antrag nur eingeschränkt stattzugeben und die mildere Aufsichts- und Überwachungsmaßnahme anzuordnen, wenn sich der Antrag z.B. darauf richtet, dem Restrukturierungsbeauftragten gem. § 76 Abs. 2 Nr. 2 Buchst. b) die Kassenführungsbefugnis zu übertragen, ohne dass Gründe glaubhaft gemacht wurden, die eine solche Maßnahme verhältnismäßig erscheinen lassen.[10] 8

Wegen der Anwendbarkeit des Verhältnismäßigkeitsgrundsatzes ist es sinnvoll, dass der Antragsteller, der die Übertragung von Pflicht- und Ergänzungsaufgaben nach § 76 auch auf den fakultativen Restrukturierungsbeauftragten gem. § 77 Abs. 2 beantragt, diesen Antrag begründet. Außerdem muss er dem Gericht substanziiert erläutern, weshalb die Übertragung weiterer Aufgaben erforderlich, geboten und verhältnismäßig im engeren Sinne ist. Das Gericht kann nur mit einer solchen Begründung entscheiden, ob es an den Antrag gebunden ist und ihm deshalb auch frei von Zweckmäßigkeitserwägungen zu folgen hat. 9

Nur soweit Indizien dafür bestehen, dass der Schuldner das Verfahren nicht vorrangig im (Gesamt-) Gläubigerinteresse betreibt, kommen besonders weitgehende Eingriffe in Betracht. Dies gilt insbesondere dann, wenn in Abwägung der Umstände nicht ausgeschlossen werden kann, dass das Verfahren zur Schädigung einzelner oder mehrerer Gläubiger betrieben werden soll. 10

Nach § 78 Abs. 3 findet auf die Rechtsstellung des fakultativen Restrukturierungsbeauftragten § 75 entsprechende Anwendung.[11] Unter Berücksichtigung der Tatsache, dass die Anwendbarkeit des 11

6 BT-Drucks. 19/24181, S. 175.
7 Vgl. z.B. Stein/Jonas-*Kern*, ZPO, 23. Aufl. 2016, § 129a Rn. 10.
8 Vgl. dazu grundlegend BGH, Beschl. v. 30.04.1979 – GmS-OGB 1/78.
9 Zum Umfang der Aufgaben s. § 79 Rdn. 5.
10 Zur Rang- und Reihenfolge vgl. § 76 Rdn. 40 f.; § 79 Rdn. 8.
11 Vgl. dazu § 78 Rdn. 9.

Verhältnismäßigkeitsgrundsatzes auf den Umfang der antragsgebunden anzuordnenden Pflicht- und Ergänzungsaufgaben nach § 76 auch einen effektiven Rechtsschutz erfordert, erstreckt sich die Verweisung auch auf das in § 75 Abs. 3 geregelte Beschwerderecht. Das wiederum erstreckt sich insoweit auch auf die Übertragung einzelner Aufgaben nach § 77 Abs. 2. Somit steht dem Antragsteller gegen die Ablehnung der Übertragung einzelner Aufgaben das Recht zur sofortigen Beschwerde offen.

12 Durch diese Auslegung erfolgt ein Gleichlauf mit dem Rechtsschutzsystem des § 21 InsO, wonach dem Schuldner ebenfalls die sofortige Beschwerde gegen die Anordnung einzelner Sicherungsmaßnahmen eröffnet ist.[12] Diese Beschwerde ist allerdings auf die Geltendmachung eines Verstoßes gegen den Verhältnismäßigkeitsgrundsatz beschränkt. Sie ist somit nur im Ausnahmefall unter besonderen Umständen, die ein Ungleichgewicht zwischen dem Sicherungsbedürfnis der Gläubiger und dem Schuldnerinteresse offenkundig erscheinen lassen, möglich.

II. Antragsbefugnis

13 Das Antragsrecht des Schuldners, einen fakultativen Restrukturierungsbeauftragten zu bestellen, steht ihm voraussetzungslos zu. Der qualifizierte Antrag gem. § 77 Abs. 2 folgt dem Antragsrecht nach § 77 Abs. 1 und ist ebenfalls an keine weiteren Voraussetzungen geknüpft.

14 Nach § 77 Abs. 1 Satz 2 besteht ein doppelt qualifiziertes Antragsrecht der Gläubiger. Es bedarf einer qualifizierten Gläubigerminderheit, die sich zugleich mit dem Antrag zur Übernahme der mit der Bestellung verbundenen Kosten verpflichten muss. Das betrifft das Honorar des Restrukturierungsbeauftragten nach §§ 81, 83, sowie die Auslagen, die das Gericht nach Nr. 2513 und 9017 des Kostenverzeichnisses zum Gerichtskostengesetz an den Restrukturierungsbeauftragten zu zahlen hat.

15 Die Gläubigerminderheit ist antragsbefugt, wenn sie in einer Gläubigergruppe mehr als 25 % der Stimmrechte, die auf die Gruppe entfallen oder voraussichtlich entfallen, vertreten. Ob das Quorum erreicht ist, wird gemäß der Grundsätze zu § 74 Abs. 2 Satz 3 bestimmt.[13] Somit gilt ein großzügiger Feststellungsmaßstab und im Zweifel ist von der Erfüllung auszugehen.

16 Das Quorum ist unabhängig davon erfüllt, wie viele Gruppen in dem Restrukturierungsplan (voraussichtlich) zu bilden oder dispositiv gebildet sind. § 77 Abs. 1 Satz 2 bleibt daher hinter dem Qualifikationserfordernis des § 74 Abs. 3 Satz 3 zurück. Dies stimmt mit der Intention des Gesetzgebers auch überein, weil das Verlangen einer qualifizierten Minderheit ausschließlich dem Zweck dient, nicht einzelnen Gläubigern zu ermöglichen, dass sie das Antragsrecht nutzen, um den Sanierungsprozess zu stören.[14]

17 In Anbetracht des Telos der Norm muss auch eine teleologische Extension der Vorschrift eröffnet sein, sodass unabhängig von der Gruppenbildung auch ein Quorum von 25 % aller Gläubiger für die Zulässigkeit des Antrages genügt. Sonst läge es in der Hand des Schuldners, durch geschickte Gruppenbildung die antragswilligen Gläubiger so minorisieren, dass das Quorum in keiner der Gruppen erreicht wird. Aus § 77 Abs. 1 Satz 2 wird nicht deutlich, in welcher Form die Antragsvoraussetzungen und die Verpflichtung zur Kostenübernahme vorliegen müssen.

18 Die Last der Kostentragung folgt aus der Kostenansatzentscheidung gem. §§ 19, 25a Abs. 2 GKG i.V.m. § 82 Abs. 2 Satz 3. Die durch den Antrag auf Bestellung eines fakultativen Restrukturierungsbeauftragten entstandenen Kosten sind den antragstellenden Gläubigern aufzuerlegen. Sie haften nach § 31 Abs. 1 GKG als Gesamtschuldner. Dieser Verpflichtung kommt keine materiell-rechtliche Bedeutung zu, insbesondere wirkt die Verpflichtungserklärung nicht anspruchsbegründend.

---

12 Vgl. K. Schmidt-*Hölzle*, InsO, § 22 Rn. 26 ff.
13 Vgl. § 74 Rdn. 27.
14 Vgl. dazu BT-Drucks. 19/24181, S. 175.

Somit kommt dieser Verpflichtungserklärung lediglich eine Warnfunktion zu. Sie dient dazu, sicherzustellen, dass die Gläubiger sich der mit dem Antrag verbundenen Kostentragungslast bewusst sind. Formerfordernisse bestehen nicht. Insbesondere müssen nicht die Anforderungen an eine wirksame, gegenüber dem Restrukturierungsgericht abgegebene und diesem zugegangene, Willenserklärung erfüllt sein. Es handelt sich um eine Wissenserklärung. Für die Zulässigkeit des Antrages reicht die plausible Darlegung, dass die im Quorum vertretenen Gläubiger über die Kostentragungslast aufgeklärt sind. 19

III. Bestellungsverfahren und -zeitpunkt

Das Gericht darf die Beschlussfassung nicht unnötig hinauszuzögern, sondern hat den Bestellungsbeschluss unverzüglich zu fassen. Dies wird dem Umstand gerecht, dass es sich um eine gebundene Entscheidung in einem Eilverfahren handelt. 20

Es ergeben sich lediglich Einschränkungen aus dem Kostenrecht. Die Bestellung eines fakultativen Restrukturierungsbeauftragten soll gem. § 81 Abs. 5 erst nach Zahlung der Gerichtskosten und der (voraussichtlichen) Vergütung des Restrukturierungsbeauftragten erfolgen.[15] Die Vergütung des Restrukturierungsbeauftragten wird vom Gericht gezahlt und als Auslage nach Nr. 9017 des Kostenverzeichnisses zum Gerichtskostengesetz dem Kostenschuldner auferlegt. Beim StaRUG handelt es sich nicht um eine Prozessordnung nach § 10 GKG. Mit dem Inkrafttreten des StaRUG war somit auch eine Änderung des GKG erforderlich. Diese Änderung befindet sich in § 13a GKG, nach dessen Abs. 2 über den Antrag auf Bestellung eines Restrukturierungsbeauftragten oder eines Sanierungsmoderators erst nach Zahlung der Gerichtsgebühr für das Verfahren entschieden werden soll. 21

Nach § 82 Abs. 2 Nr. 3 erfolgt die Festsetzung der Kosten durch einen entsprechenden Kostenansatzbeschluss. Dieser setzt voraus, dass das Restrukturierungsgericht gem. § 81 Abs. 4 die Stundensätze festsetzt. Außerdem ist nach § 83 eine abweichende Vergütung und ein Höchstbetrag für das Honorar (Budget) festzusetzen. Außerdem sind die antragstellenden Gläubiger als Auslagenschuldner anzuhören. 22

Diese Anhörung ist nicht praktikabel bzw. gar unmöglich, weil in großen Verfahren das Quorum eine erhebliche Zahl von Gläubigern umfassen kann. Daher sollte es den antragstellenden Gläubigern, die in aller Regel fachkundig vertreten werden, freistehen, einen Empfangsbevollmächtigten und Vertreter für die Anhörung zu bestellen. Dieser wird dann ermächtigt Erklärungen gegenüber dem Restrukturierungsgericht abzugeben. Unnötige Verzögerungen des Verfahrens können so vermieden werden. 23

Um unverzüglich über den Antrag entscheiden zu können hat das Gericht die Anhörung des Restrukturierungsbeauftragten und die Festsetzung der Stundensätze sowie des Budgets vorzunehmen. Ehe der Bestellungsbeschluss ergehen kann, muss zunächst auf Grundlage der Kostenentscheidung der Vorschuss eingezahlt werden. 24

Sofern die Person des Restrukturierungsbeauftragten feststeht und sich alle antragstellenden Gläubiger gem. § 83 Abs. 1 Nr. 1 mit den festzusetzenden Stundensätzen und dem Budget einverstanden zeigen, kann das Verfahren beschleunigt werden. Dies ist insbesondere dann der Fall, wenn ein bindender Vorschlag gemacht wird. Ähnlich wie bei der zivilprozessualen Klageerhebung kann dann mit dem Antrag auf Bestellung des fakultativen Restrukturierungsbeauftragten sogleich der Nachweis über die Einzahlung der Gerichtskosten nebst Auslagen nach Nr. 9017 des Kostenverzeichnisses zum GKG eingereicht werden. Das Gericht kann den Bestellungsbeschluss dann unverzüglich fassen. Probleme können sich in der Praxis allerdings insoweit ergeben, als für die Verbuchung des Kostenvorschusses ein gerichtliches Kassenzeichen erforderlich ist. Dieses muss nicht immer mit dem gerichtlichen Aktenzeichen des Verfahrens übereinstimmen, so dass sich Verzögerungen ergeben können, die aus der Sphäre der jeweiligen Justizkasse resultieren und damit weder vom Schuldner 25

15 Vgl. *Hölzle*, PL SanInsFoG, §§ 80–83 Rn. 71.

noch vom Restrukturierungsgericht beeinflusst werden können. Um solcherart Verzögerung zu vermeiden, bietet es sich z.B. an, dass der nach § 31 Abs. 2 Nr. 3 regelhaft beauftragte anwaltliche Berater des Schuldners sich für die Einzahlung der Kosten stark sagt;[16] in diesem Fall kann das Gericht den Restrukturierungsbeauftragten bestellen, ohne die tatsächliche Gutschrift bei der Justizkasse abwarten zu müssen.

§ 78 Bestellung und Rechtsstellung

(1) Auf die Bestellung des fakultativen Restrukturierungsbeauftragten findet § 74 Absatz 1 entsprechende Anwendung.

(2) Wird von Gläubigern, die zusammen alle voraussichtlich in den Restrukturierungsplan einbezogenen Gruppen repräsentieren, ein Vorschlag zur Person des fakultativen Restrukturierungsbeauftragten gemacht, kann das Gericht von diesem nur dann abweichen, wenn die Person offensichtlich ungeeignet ist oder, falls der Beauftragte lediglich zum Zwecke der Förderung der Verhandlungen zwischen den Beteiligten bestellt werden soll, der Schuldner dem Vorschlag widerspricht; eine Abweichung ist zu begründen.

(3) Auf die Rechtsstellung des fakultativen Restrukturierungsbeauftragten findet § 75 entsprechende Anwendung.

Übersicht

A. Allgemeines

1 Bei § 78 handelt es sich hinsichtlich Bestellung Rechtsstellung des fakultativen Restrukturierungsbeauftragten um eine Verweisungsnorm. Eigenständigen Regelungsgehalt hat lediglich § 78 Abs. 2, soweit dort ein bindendes Vorschlagsrecht vorgesehen ist.

B. Norminhalt

I. Bestellung und nicht bindender Vorschlag

2 Nach § 78 Abs. 1 findet auf die Bestellung des fakultativen Restrukturierungsbeauftragten § 74 Abs. 1 entsprechende Anwendung. Es handelt sich um eine Rechtsgrundverweisung. Die in § 74 Abs. 1 definierten Anforderungen einschließlich der Unabhängigkeit gelten somit auch für den fakultativen Restrukturierungsbeauftragten. Auch das einfache Vorschlagsrecht des Schuldners und der antragstellenden Gläubiger zur Person des Restrukturierungsbeauftragten und die Verpflichtung des Gerichts, einen solchen Vorschlag im Rahmen der Ausübung des Ermessens zu berücksichtigen, sind damit eingeschlossen.[1]

II. Bindender Vorschlag zur Person

3 Einen bindenden Vorschlag des Schuldners zur Person des fakultativen Restrukturierungsbeauftragten sieht das Gesetz nicht vor. Dies gilt auch dann nicht, wenn der Schuldner selbst den Antrag auf Bestellung stellt. Das ist nicht sachgerecht. Auch die Gesetzesbegründung erläutert nicht, weshalb gerade bei der Bestellung eines fakultativen Restrukturierungsbeauftragten auf Antrag des Schuldners Letzterem kein bindendes Vorschlagsrecht zustehen soll, wo ein solches aber sehr dort eröffnet ist, wo ein Restrukturierungsbeauftragter obligatorisch zum Schutze der Gläubigerinteressen

16 AG Dresden v. 09.08.2023 – 572 RES 1/23, ZIP 2023, 2316.
1 Vgl. § 74 Rdn. 13 ff. und BT-Drucks. 19/24181, S. 175.

zu bestellen ist. Es ist daher a maiore ad minus von einem gesetzgeberischen Versehen auszugehen, woraus folgt, dass es sich um eine planwidrige Regelungslücke handelt. Die analoge Anwendbarkeit des § 74 Abs. 2 Satz 2 auch bei der Bestellung des fakultativen Restrukturierungsbeauftragten ist damit eröffnet.[2]

Eine eigenständige Regelung zum Gläubigervorschlag ist in § 78 Abs. 2 demgegenüber ausdrücklich vorgesehen. Danach ist ein Gläubigervorschlag grundsätzlich dann bindend, wenn er von Gläubigern unterbreitet wird, die jede der voraussichtlich im Plan zu bildenden Gruppen repräsentieren und die vorgeschlagene Person nicht offensichtlich ungeeignet ist.[3] Das Quorum unterscheidet sich von § 77 Abs. 1 Satz 2, da keine Mindestgläubigerzahl bzw. Forderungshöhe erreicht werden muss, sondern es genügt, dass jede Gruppe repräsentiert ist. Sollte der Plan (voraussichtlich) nur zwei Gruppen vorsehen, genügt der Vorschlag von zwei Gläubigern, einem aus jeder Gruppe. Der Gesetzgeber geht davon aus, dass dies nicht zu missbräuchlichen Vorschlägen führen wird.[4] 4

Die Anforderungen an die Feststellung der Repräsentanz dürfen jedoch nicht überspannt werden, weil das Gesetz eine niedrigschwellige Hürde für die Bindungswirkung vorsieht.[5] Somit bedarf es für die Nichtbeachtung des Vorschlages konkrete und greifbare Anhaltspunkte für das Fehlen eines repräsentierten Gläubigerwillens in der jeweiligen Gruppe. Die vorschlagenden Gläubiger sind angehalten, die Repräsentationsverhältnisse in der jeweiligen Gruppe darzustellen und so etwaigen Zweifeln bereits im Vorfeld zu begegnen. Sollte die Gruppenbildung noch nicht feststehen, gelten die für den bindenden Vorschlag nach § 74 Abs. 2 Satz 3 gemachten Ausführungen entsprechend.[6] 5

Die Auswahl des Restrukturierungsbeauftragten setzt voraus, dass absehbar die Zusammenarbeit mit den Gläubigern und mit dem Schuldner unter Wahrung der Neutralität gem. § 78 Abs. 3 i.V.m. § 75 Abs. 4 Satz 2 möglich ist. Dies liegt auch daran, dass die Aufgaben des fakultativen Restrukturierungsbeauftragten maßgeblich in der Begleitung und Moderation der Verhandlungen liegen. Sollte der Schuldner die in Aussicht genommene Person grundsätzlich ablehnen, kann der fakultative Restrukturierungsbeauftragte seine Aufgabe nicht erfüllen. Daher ist vorgesehen, dass dem Schuldner nicht aufgezwungen werden kann, wer dies wird. Der Schuldner soll ja »Herr des Verfahrens« bleiben.[7] Deshalb ist der Vorschlag gem. § 78 Abs. 2 Halbs. 1 nicht verbindlich, sollte der Schuldner dem Vorschlag der Gläubiger widersprechen. 6

Damit einhergehend ist das Restrukturierungsgericht verpflichtet, den Schuldner zum Vorschlag der Gläubiger anzuhören. Die Anhörung kann unter Setzung einer Frist von höchstens drei Tagen erfolgen. Diese Anhörung im Rahmen einer Eilentscheidung ist im Gesetz nicht vorgesehen. 7

Darüber hinaus ist zu beachten, dass der fakultative Restrukturierungsbeauftragte als Moderator einen gerechten Interessenausgleich herbeiführen soll. Dies muss beim Widerspruchsrecht des Schuldners berücksichtigt werden. Sollten dem fakultativen Restrukturierungsbeauftragten nach § 77 Abs. 2 auch Aufgaben nach § 76 übertragen werden, entfällt das Widerspruchsrecht des Schuldners.[8] Es ist dann möglich, dass die Gläubiger, mit einem Antrag nach § 77 Abs. 2, das Widerspruchsrecht des Schuldners gegen den Gläubigervorschlag nach § 78 Abs. 2 Halbs. 1 aushebeln. Es bedarf einer Begründung, sollte das Gericht von einem grundsätzlich bindenden Vorschlag, gleich von wem er gestellt wurde, abweicht. 8

2 Ausführlich § 74 Rdn. 22.
3 Vgl. zur Ungeeignetheit § 74 Rdn. 6.
4 Vgl. auch BT-Drucks. 19/24181, S. 175.
5 Zur Auslegung der Formulierung »repräsentieren« im Gesetzeswortlaut vgl. *Flöther*, NZI-Beilage 2021, 48, 50 f.
6 S. § 74 Rdn. 27.
7 BT-Drucks. 19/24181, S. 175.
8 BT-Drucks. 19/24181, S. 175.

III. Rechtsstellung

9 Für die Rechtsstellung des fakultativen Restrukturierungsbeauftragten gilt nach § 78 Abs. 3 der § 75 entsprechend. Allerdings ist zu beachten, dass solange dem fakultativen Restrukturierungsbeauftragten keine weiteren Aufgaben übertragen werden, er gem. § 79 den Schuldner und die Gläubiger bei der Ausarbeitung und Aushandlung des Restrukturierungskonzepts unterstützt. Das heißt er ist insbesondere nicht verpflichtet, Umstände im Sinne des § 76 Abs. 1 mitzuteilen und haftet demgemäß im Falle einer unterbliebenen Mitteilung auch dann nicht, wenn ihm solche Umstände offenbar geworden sind.[9]

§ 79 Aufgaben

Der fakultative Restrukturierungsbeauftragte unterstützt den Schuldner und die Gläubiger bei der Ausarbeitung und Aushandlung des Restrukturierungskonzepts und des auf ihm basierenden Plans.

A. Allgemeines

1 Mit § 79 beschreibt in nur einem Satz die Aufgabe des fakultativen Restrukturierungsbeauftragten. Im Vordergrund steht dabei die Unterstützung des Schuldners und der Gläubiger bei der Aushandlung des Restrukturierungsvergleichs, weshalb dem fakultativen Restrukturierungsbeauftragten überwiegend Moderatorenfunktion zukommt. Das schließt allerdings die Geltung der Pflichtaufgaben auch für den fakultativen Restrukturierungsbeauftragten nicht aus (§ 76 Rdn. 22).

B. Norminhalt

2 § 79 konkretisiert die bereits in § 77 Abs. 1 Satz 1 in allgemeinen Form beschriebenen Aufgaben des (fakultativen) Restrukturierungsbeauftragten. Danach obliegt dem Restrukturierungsbeauftragten die Förderung der Verhandlungen zwischen den Verfahrensbeteiligten. Der fakultative Restrukturierungsbeauftragte soll den Schuldner und die Gläubiger bei der Ausarbeitung und Aushandlung des Restrukturierungskonzepts und des auf ihm basierenden Plans unterstützen. Ihm kommt insoweit Beratungs- und Moderationsfunktion zu.[1]

3 Die Aufgaben des fakultativen Restrukturierungsbeauftragten umfassen im Ausgangspunkt daher nicht zu förderst den Schutz von Gläubigerinteressen, die Überwachung des Schuldners oder die Prüfung der Voraussetzungen für Eingriffe in Gläubigerrechte. Vielmehr soll er im Interesse aller Beteiligten den Restrukturierungsprozess voranzubringen und die Herstellung eines ausgeglichenen Restrukturierungsziels zu erreichen helfen. Somit wird er als Mediator oder Vermittler tätig, um einen Interessenausgleich herzustellen.[2] Der fakultative Restrukturierungsbeauftragte ist gem. § 78 Abs. 3 i.V.m. § 75 Abs. 4 Satz 2 im Rahmen seiner Tätigkeit dem Neutralitätsgebot verpflichtet.

4 Mit der Beschränkung auf die Unterstützung bei der Erstellung und Verhandlung des Restrukturierungskonzepts ist ausdrücklich ausgeschlossen, dass der Restrukturierungsbeauftragte das Restrukturierungskonzept oder den Restrukturierungsplan selbst erstellt. Auch ist die Erteilung eines Auftrages zur Erstellung von Konzept oder Plan entsprechend § 284 Abs. 1 InsO ausgeschlossen. Der fakultative Restrukturierungsbeauftragte kann daher nicht in eine sachwaltergleiche Rolle gedrängt werden.

5 Gem. § 77 Abs. 2 können dem Restrukturierungsbeauftragten im Rahmen der eingeschränkten Rechtsfolgenverweisung allerdings alle Aufgaben eines obligatorischen Restrukturierungsbeauftragten

9 Ähnlich Seibt/Westpfahl-*Geiwitz/von Danckelmann*, StaRUG, § 78 Rn. 11.
1 So auch *Flöther*, NZI-Beilage 2021, 48, 50.
2 BT-Drucks. 19/24181, S. 175.

nach § 76 übertragen werden.[3] Erfolgt die Übertragung von Ergänzungsaufgaben, geht damit die Übertragung der Pflichtaufgaben des § 76 zwingend einher. Dies ist notwendige gesetzessystematische Folge. Die Ergänzungsaufgabe der Prüfung der wirtschaftlichen Lage des Schuldners nach § 76 Abs. 2 Nr. 2 Buchst. a) kann bspw. ihre gläubigerschützende Funktion nur erfüllen, wenn damit auch die Anzeigepflicht nach § 76 Abs. 1, 3 verbunden ist.

Während es im Rahmen des § 76 einer entsprechenden Anordnung der Übertragung der Pflichtaufgaben naturgemäß nicht bedarf, da die Übertragung von Ergänzungsaufgaben ohne Bestehen des Pflichtaufgabenbereichs nicht denkbar ist, hat der Gesetzgeber den fehlenden Konnex im Anwendungsbereich des § 77 Abs. 2 offenbar übersehen, sodass in systematischer Hinsicht das zwingende Zusammenwirken von Pflicht- und Ergänzungsaufgaben klarzustellen ist. 6

Aus Transparenzgründen ist die Klarstellung, dass von der Übertragung der Ergänzungsaufgaben auch die Übertragung der Pflichtaufgaben erfasst wird, wünschenswert und geboten, allerdings nicht konstitutiv. 7

Das Gericht ist in Bezug auf die dem Restrukturierungsbeauftragten zu übertragenden Ergänzungsaufgaben an den Antrag nach § 77 Abs. 2 gebunden. Sollte jedoch über die eingeschränkte Rechtsfolgenverweisung das Verhältnismäßigkeitsprinzip dem entgegenstehen, dessen Anwendung dazu führt, dass im Ausnahmefall im Wege der geltungserhaltenden Reduktion des Antrages lediglich die nächst niedrigschwelligere Aufgabenzuweisung erfolgt, ist eine Einschränkung vorzunehmen. 8

Abschnitt 3 Vergütung

§ 80 Vergütungsanspruch

[1]Der Restrukturierungsbeauftragte hat nach Maßgabe der nachfolgenden Bestimmungen Anspruch auf Vergütung (Honorar und Auslagen). [2]Vereinbarungen über die Vergütung sind nur dann wirksam, wenn die nachfolgenden Bestimmungen zum zulässigen Inhalt und zum Verfahren beachtet sind.

Übersicht **Rdn.**

A. Normzweck

Dem Restrukturierungsbeauftragten steht für seine persönliche Tätigkeit und für den Einsatz seiner qualifizierten Mitarbeiter ein Anspruch auf angemessene Vergütung zu. Diesen Grundsatz normiert § 80 und definiert, dass sich die Vergütung zusammensetzt aus einem Honoraranspruch und dem Ersatz getätigter Auslagen. Weiter wird normiert, dass Vergütungsvereinbarungen im Stabilisierungs- und Restrukturierungsrahmen für Unternehmen grundsätzlich zulässig sind. Bemerkenswert ist dies in erster Linie, weil die praxisrelevanten Vorschriften des StaRUG zur Plangestaltung weitgehend aus der Insolvenzordnung übernommen wurden und im Insolvenzverfahren Vereinbarungen über die Vergütung des Verwalters unzulässig sind. Die unterschiedliche Behandlung von Vergütungsvereinbarungen folgt auch aus dem Umstand, dass dem Restrukturierungsbeauftragten nach Ansicht 1

3 Zu den Aufgaben s. § 76 Rdn. 4.

des Gesetzgebers grundsätzlich andere Aufgaben zukommen als einem (vorläufigen) Insolvenzverwalter[1].

2 Mit den §§ 80 ff. will der Gesetzgeber dem sich aus Art. 27 Abs. 4 RL(EU) 2019/1023 ergebenden **Umsetzungsauftrag** entsprechen, ein Vergütungssystem zu errichten, das einen zügigen und effizienten Verfahrensabschluss ermöglichen und Streitigkeiten über die Vergütung des Restrukturierungsbeauftragten vermeiden soll. Wie ein nach den Verfahrenszielen ausgerichtetes Vergütungssystem konkret auszugestalten ist, hat der Richtliniengeber nicht festgelegt sondern der nationalen Umsetzung überlassen. Ebenso wie die möglichen Aufgabenbereiche des Restrukturierungsbeauftragten sind auch die Vergütungskonstellationen vielfältig. So kann ein Vergütungsanspruch entstehen auf:
- Regelvergütung nach Stundenhonorar gem. § 81 Abs. 3,
- Erhöhtes Stundenhonorar gem. § 83 Abs. 1 Satz 1,
- Vergütung nach abweichenden Grundsätzen gem. § 83 Abs. 1 Satz 2,
- Vergütung als sachverständiger Restrukturierungsbeauftragter gem. §§ 73 Abs. 2, 81,
- Vergütung als isolierter Sachverständiger gem. § 39 Abs. 1 Satz 2 i.V.m. § 9 Abs. 4 JVEG.

B. Inhalt des Vergütungsanspruchs

I. Grundsatz: Stundenhonorar

3 Den §§ 81–83 liegt ein **Regel-Ausnahmeverhältnis** zugrunde, das eine regelmäßige Vergütung nach Stundensätzen vorsieht, von der in besonderen Fällen der Höhe und dem Grunde nach abgewichen werden kann. Bei seiner Entscheidung über die Vergütung des Restrukturierungsbeauftragten konnte der Gesetzgeber auf bewährte Vergütungsmodelle zurückgreifen und deren Eignung für den neu eingeführten Stabilisierungs- und Restrukturierungsrahmen für Unternehmen abwägen. Denkbar wäre gewesen, den Beauftragten wie den (vorläufigen) Insolvenzverwalter zu vergüten, indem man die Einnahmen und Ausgaben während der Dauer des Verfahrens oder das von dem Verfahren betroffene Vermögen als Bemessungsgrundlage für eine Vergütung heranzieht.[2] Alternativ wäre eine Anlehnung an die Honorarordnungen für Rechtsanwälte (RVG) und Steuerberater (StBVV) möglich gewesen, die für die Vergütungshöhe am Gegenstandswert anknüpfen.

4 Eine Vergütung des Restrukturierungsbeauftragten nach den Vorschriften der InsVV lehnt der Gesetzgeber grundsätzlich ab. Zur Begründung verweist er darauf, das Aufgaben- und Tätigkeitsprofil eines Restrukturierungsbeauftragten weiche deutlich von demjenigen eines (vorläufigen) Insolvenzverwalters ab.[3] Die Entscheidung für eine Regelvergütung nach Stundensätzen ist von der Vorstellung des Gesetzgebers getragen, dass die Tätigkeiten des Restrukturierungsbeauftragten **große Schnittmengen** mit dem Tätigkeitsbereich eines Sanierungsberaters aufweise, bei dem eine Stundenvergütung marktüblich sei.[4] Unerwähnt blieben in diesem Zusammenhang die unterschiedlichen Interessen, die der Berater einerseits und ein Restrukturierungsbeauftragter andererseits zu wahren haben. Letzterer wird – anders als der Sanierungsberater – gerade nicht im Interesse einer Partei tätig. Vielmehr muss der Restrukturierungsbeauftragte unabhängig (§ 74 Abs. 1) und unparteiisch sein (§ 75 Abs. 4 Satz 2) und haftet aus einer Pflichtverletzung nicht nur seinem Auftraggeber. Deshalb knüpft der anzulegende Haftungsmaßstab an seine unparteiische Aufgabenwahrnehmung an, die mit der gebotenen Sorgfalt und Gewissenhaftigkeit im Interesse aller zu erfolgen hat. Aus seiner Rechtsstellung ergibt sich gem. § 75 Abs. 4 eine generelle Schadenersatzpflicht für sämtliche von einer etwaigen Pflichtverletzung Betroffenen. Vor diesem Hintergrund ist das Stundenhonorar keine zwingende Folge der Aufgabenverteilung.

---

1 Zur Aufgabenverteilung vgl. BT-Drucks. 19/24181, S. 176.
2 Für den von Amts wegen zu bestellenden Beauftragten befürwortend wohl *Vallender*, ZInsO 2020, 2677, 2685.
3 BT-Drucks. 19/24181, S. 176.
4 Vgl. BT-Drucks. 19/24181, S. 176.

Weiter strebt der Gesetzgeber mit dem Grundsatz des Stundenhonorars eine Kostenersparnis an und hebt hervor, dass die Bestellung eines Restrukturierungsbeauftragten die Ziele des Stabilisierungs- und Restrukturierungsrahmens vereiteln würde, wenn sich daraus Kostenbelastungen für den Schuldner ergäben, welche die durch die Sanierungsbeiträge der Planbetroffenen bewirkte Verbesserung der finanziellen Situation weitestgehend oder sogar vollständig aufzehren würden.[5] Unerwähnt bleibt, dass wesentlicher Kostenfaktor im StaRUG-Verfahren die Beratungskosten auf Seiten des Schuldners sind, die nach den Vergütungsordnungen der engagierten Berufsträger der freien Gestaltung der Parteien unterliegen. Zu Recht wird deshalb teilweise bezweifelt, ob das Vergütungsmodell des StaRUG tatsächlich imstande ist, die Kosten gering zu halten.[6] 5

Zudem sollen die Vergütungsvorschriften im Sinne des Sanierungserfolges **Vergütungstransparenz** gewährleisten, indem die Vergütung des Restrukturierungsbeauftragten ausschließlich durch das Restrukturierungsgericht festgesetzt wird und Zahlungen an den Beauftragten aus der Staatskasse erfolgen.[7] Erst anschließend werden die Kosten gem. § 25a GKG auf diejenigen übergeleitet, die sie auch zu tragen haben. Grundsätzlich ist der Schuldner des Verfahrens auch alleiniger Kostenschuldner und muss die Vergütung des Restrukturierungsbeauftragten tragen[8]. 6

II. Anspruchsinhaber

Die Vergütungsvorschriften der §§ 80 ff. regeln gleichermaßen die Vergütung des fakultativen Restrukturierungsbeauftragten, des von Amts wegen zu bestellenden und mittels Verweisung in § 98 Abs. 2 auch die Vergütung des Sanierungsmoderators. Anspruchsinhaber ist stets der Beauftragte, auch hinsichtlich des Honorars für den Einsatz seiner qualifizierten Mitarbeiter. 6a

1. Vergütung des isolierten Sachverständigen

Es steht im Ermessen des Restrukturierungsgerichts, zur Klärung von Verfahrensfragen, die dem Restrukturierungsverfahren typischerweise vorausgehen, einen sog. **isolierten Sachverständigen** nach § 39 Abs. 1 Satz 2 zu beauftragen. Die Einsetzungsmöglichkeiten sind vielfältig. Beispielsweise ist eine Bestellung möglich, wenn zur Bestimmung der gerichtlichen Zuständigkeit weitere Umstände ermittelt werden müssen oder aber ein Vorprüfungsverfahren durchzuführen ist.[9] 7

Die Vergütung des isolierten Sachverständigen richtet sich nicht nach den §§ 80 ff., sondern in entsprechender Anwendung von § 9 Abs. 4 Satz 1 JVEG.[10] Die Bestellung des isolierten Sachverständigen kann über den Rückgriff aus das JVEG je nach Aufgabenbereich **eine kostengünstigere und effektivere Alternative** zum sachverständigen Restrukturierungsbeauftragten darstellen, der nach dem §§ 80 ff. zu vergüten ist. Ferner sind über § 38 Satz 1 die Vorschriften der Zivilprozessordnung anwendbar, mit Blick auf den Sachverständigen also insbesondere die §§ 144, 404 ff. ZPO. Das Amt des isolierten Sachverständigen endet dementsprechend gem. § 408 Abs. 1 Satz 2 ZPO mit Abschluss seiner Tätigkeit oder mit der Entbindung von seinen Pflichten, was nicht zuletzt auch im Hinblick auf die kurzen Fristen zur Geltendmachung des Vergütungsanspruchs nach dem JVEG zu beachten ist[11]. 8

---

5 BT-Drucks. 19/24181, S. 176.

6 Vgl. unter Hinweis auf das ESUG Lissner, ZInsO 2020, 2249, 2251; i.E. auch in Bieg/Borchardt/Frind-*Curtze/Doebert*, Unternehmenssanierung, Teil 2 VI. Rn. 96.

7 Vgl. BT-Drucks. 19/24181, S. 176.

8 Vgl. hierzu im Einzelnen die Kommentierung zu § 82 Rdn. 15.

9 BAKInsO Stellungnahme SanInsFoG v. 30.09.2020, S. 6 f.; *Frind*, ZRI 2021, 397, 400.

10 Vgl. *Vallender*, ZRI 2021, 165, 167; *Frind*, ZRI 2021, 397, 399.

11 Gem. § 1 JVEG erlischt der Vergütungsanspruch, wenn er nicht innerhalb von drei Monaten geltend gemacht wird.

2. Restrukturierungsbeauftragter als Sachverständiger

9 Ferner kann das Gericht gem. § 73 Abs. 3 einen Restrukturierungsbeauftragten bestellen, um Prüfungen als Sachverständiger vorzunehmen. Die Sachverständigentätigkeit ist mit der förmlichen Bestellung als Restrukturierungsbeauftragter nach den Vorschriften der §§ 80 ff. zu vergüten.

10 Dem anfänglich lediglich als Sachverständiger tätigen Restrukturierungsbeauftragten können im Verlauf des Verfahrens **weitere Aufgaben übertragen** werden.[12] Die zusätzlich übertragenen Aufgaben sind unter Umständen höher zu vergüten. Eine Anrechnung von Vergütungen für unterschiedliche Aufgaben erfolgt nicht, zumal Personenidentität der Vergütungsberechtigten möglich aber nicht zwingend ist.

3. Die Vergütung mehrerer Restrukturierungsbeauftragter

11 Bestellt das Gericht einen Restrukturierungsbeauftragten aufgrund eines bindenden Vorschlags nach § 74 Abs. 2, kann es zusätzlich noch einen weiteren Restrukturierungsbeauftragen »seines Vertrauens« bestellen und diesem Aufgaben übertragen, abgesehen von der Abstimmung über den Restrukturierungsplan, § 76 Abs. 2 Nr. 1 Halbs. 1, und der Leitung und Dokumentation der Abstimmung, § 76 Abs. 2 Nr. 1 Halbs. 2.

12 Mit der Bestellung der Restrukturierungsbeauftragten ist jeweils isoliert und einzeln nach den allgemeinen Vorschriften (§ 81 Abs. 4) das Vergütungsvolumen festzusetzen, bestehend aus Stundensatz und Stundenbudget. Freilich rechtfertigen unterschiedliche Aufgaben durchaus auch eine unterschiedliche Vergütung der beiden Beauftragten.

▶ **Hinweis:**

13 Das Gesetz regelt keine Voraussetzungen für die Bestellung eines zusätzlichen Beauftragten; sie steht allein im pflichtgemäßen Ermessen des Gerichts. Dabei ist allerdings zu berücksichtigen, dass ein zusätzlicher Restrukturierungsbeauftragter die Kosten und den Abstimmungs- und Koordinationsaufwand zwischen den Beteiligten erhöht.[13]

III. Anspruchsgegner

13a Eine Sanierung über das StaRUG ist mit Kosten verbunden, in erster Linie Beratungshonorare, Gerichtskosten und die Kosten für den auf Antrag oder von Amts wegen bestellten Restrukturierungsbeauftragten. Grundsätzlich trägt derjenige die Kosten der Sanierung, der die Instrumente des StaRUG in Anspruch nimmt – in der Regel also der Schuldner. Für die Gerichtskosten folgt dies aus § 25a GKG – eingeführt durch Art. 11 Nr. 5 SanInsFoG – soweit das Gesetz nicht ausnahmeweise eine abweichende Kostentragung vorsieht. Bestandteil der Gerichtskosten ist auch die Vergütung des Restrukturierungsbeauftragten, die zu den Auslagen nach Nr. 9017 des Kostenverzeichnisses zählt.

13b Ausnahmsweise sieht § 25a GKG Abs. 2 vor, dass die Gläubiger für die Vergütung des Restrukturierungsbeauftragten als Gesamtschuldner haften, wenn ein fakultativer Restrukturierungsbeauftragter auf Antrag eines qualifizierten Gläubigerquorums gem. § 77 Abs. 1 S. 2 bestellt wird.[14] Werden dem auf Antrag von Gläubigern eingesetzten Restrukturierungsbeauftragten zusätzlich Aufgaben auf Antrag des Schuldners oder von Amts wegen übertragen, ist die Vergütung den Gläubigern nur für Tätigkeiten aufzuerlegen, die auf ihrem Antrag beruhen (§ 82 Abs. 2 Satz 3).

13c Zu zahlen ist die Vergütung stets aus der Staatskasse, auch wenn eine Vergütungsvereinbarung geschlossen wurde.[15] Mit der Vergütungsfestsetzung durch das Gericht und der Zahlung aus der

---

12 *Frind*, ZRI 2021, 397, 400 f.

13 Wolgast/Grauer-*Kölsch*, § 74 Rn. 36.

14 Morgen-*Schinkel*, StaRUG, § 80 Rn. 27.

15 Uhlenbruck-*Penzlin/Mikolajczak* § 80 StaRUG Rn. 53.

Staatskasse will der Gesetzgeber verhindern, dass die verbindlichen gesetzlichen Vorgaben für die Vergütung des Restrukturierungsbeauftragten umgangen werden.[16]

IV. Vergütung, Honorar, Kosten und Auslagen

14 Die Begriffe Honorar, Vergütung, Kosten und Auslagen werden innerhalb des StaRUG und auch im Vergleich zu anderen Regelwerken **uneinheitlich verwendet**, was die Anwendung nicht erleichtert.[17] § 80 Satz 1 definiert die Vergütung mit Honorar und Auslagen und weicht damit von den Begrifflichkeiten der §§ 63 f. InsO und der InsVV ab, die nach Vergütung und Auslagen trennen. Vollständig irreführend ist die uneinheitliche Verwendung des Auslagenbegriffs, der in § 80 Satz 1, § 81 Abs. 7 und § 82 Abs. 4 die Aufwendungen des Restrukturierungsbeauftragten meint, und in § 81 Abs. 4 Satz 3, Abs. 5 und Abs. 6 Satz 2, § 82 Abs. 2 und 3 sowie in § 83 Abs. 1 Satz 1 Nr. 1 und Abs. 2 Auslagen i.S.v. KV 9017 GKG und daher auch Beträge einschließt, die an den Restrukturierungsbeauftragten und ggf. die Mitglieder eines Gläubigerbeirats i.S.v. § 93 zu zahlenden sind. Letztere sind damit Teil der Gerichtskosten.

V. Zulässigkeit von Vergütungsvereinbarungen

15 Gem. § 80 Satz 2 sind Vereinbarungen über die Vergütung des Restrukturierungsbeauftragten möglich, aber nur wirksam, wenn die Inhalts- und Verfahrensvorschriften der §§ 80 ff. beachtet werden. Korrespondierend regelt § 1 Abs. 2 Satz 2 RVG n.F., dass die Vergütung von Restrukturierungsbeauftragtem und Sanierungsmoderator ausschließlich nach den §§ 80 ff. zu erfolgen hat.[18] Im Rahmen eines (Teil-) Kollektivverfahrens ist die Dispositionsbefugnis der Sanierungsakteure über die Vergütung des gerichtlichen Kontrollorgans ein Novum. Für das **Insolvenzverfahren** hat der Bundesgerichtshof festgestellt, dass **Vereinbarung über die Vergütung** für die Tätigkeit als Insolvenzverwalter oder Sachwalter mangels gesetzlicher Grundlage und Vereinbarkeit mit der Neutralitätspflicht nichtig sind.[19] Die gleichermaßen bestehende Neutralitätspflicht des Restrukturierungsbeauftragten soll einer Vergütungsvereinbarung indessen nicht entgegenstehen.

16 Festgesetzt wird die Vergütung gem. § 82 durch das Restrukturierungsgericht, und zwar als Regelvergütung gem. § 81 oder als Vergütung in besonderen Fällen gem. § 83. Dies gilt auch, wenn eine Vergütungsvereinbarung geschlossen wurde. Zum Inhalt von Vergütungsvereinbarungen im Einzelnen und deren bindende Wirkung für die Vergütungsfestsetzung vgl. die Kommentierung zu § 83 Rdn. 25 ff.

§ 81 Regelvergütung

(1) Der Restrukturierungsbeauftragte erhält, soweit er persönlich tätig wird, ein Honorar auf der Grundlage angemessener Stundensätze.

(2) Soweit der unterstützende Einsatz qualifizierter Mitarbeiter erforderlich ist, erhält der Restrukturierungsbeauftragte auch für deren Tätigkeit ein Honorar auf der Grundlage angemessener Stundensätze.

(3) [1]Bei der Bemessung der Stundensätze berücksichtigt das Restrukturierungsgericht die Unternehmensgröße, Art und Umfang der wirtschaftlichen Schwierigkeiten des Schuldners und die Qualifikation des Restrukturierungsbeauftragten sowie der qualifizierten Mitarbeiter. [2]Im Regelfall beläuft sich der Stundensatz für die persönliche Tätigkeit des Restrukturierungsbeauftragten auf bis zu 350 Euro und für die Tätigkeit qualifizierter Mitarbeiter auf bis zu 200 Euro.

---

16 BT-Drucks. 19/24181, 176.
17 Vgl *Frind*, ZRI 2021, 397, 400.
18 Vgl hierzu Wolgast/Grauer-*Ludwig*, § 80 Rn. 2.
19 Vgl nur BGH, ZInsO 2017, 538, 260 Rn. 28 ff.

(4) [1]Mit der Bestellung des Restrukturierungsbeauftragten setzt das Restrukturierungsgericht die Stundensätze fest. [2]Zugleich bestimmt es auf der Grundlage von Stundenbudgets, die dem voraussichtlichen Aufwand und der Qualifikation des Beauftragten und der qualifizierten Mitarbeiter angemessen Rechnung tragen, einen Höchstbetrag für das Honorar. [3]Dazu hört das Restrukturierungsgericht die zu bestellende Person und diejenigen an, die die Auslagen nach Nummer 9017 des Kostenverzeichnisses zum Gerichtskostengesetz schulden (Auslagenschuldner).

(5) [1]Die Bestellung eines fakultativen Restrukturierungsbeauftragten soll erst nach Zahlung der Gerichtsgebühr für die Bestellung nach Nummer 2513 des Kostenverzeichnisses zum Gerichtskostengesetz und eines Vorschusses auf die Auslagen nach Nummer 9017 des Kostenverzeichnisses zum Gerichtskostengesetz erfolgen. [2]Erfolgt eine Bestellung von Amts wegen, soll das Restrukturierungsgericht auch über jeden Antrag des Schuldners auf Inanspruchnahme eines Instruments des Stabilisierungs- und Restrukturierungsrahmens erst nach Zahlung der Gerichtsgebühr für die Bestellung nach Nummer 2513 des Kostenverzeichnisses zum Gerichtskostengesetz und eines Vorschusses auf die Auslagen nach Nummer 9017 des Kostenverzeichnisses zum Gerichtskostengesetz entscheiden.

(6) [1]Reichen die der Ermittlung des Höchstbetrags zugrunde gelegten Stundenbudgets für eine sachgerechte Wahrnehmung der Aufgaben und Befugnisse nicht aus, legt der Beauftragte Grund und Ausmaß des Erhöhungsbedarfs unverzüglich dem Restrukturierungsgericht dar. [2]Das Restrukturierungsgericht hat in diesem Fall nach Anhörung der Auslagenschuldner unverzüglich über eine Anpassung der Budgets zu entscheiden. [3]Absatz 5 gilt entsprechend.

(7) Für den Ersatz der Auslagen gelten § 5 Absatz 2 Satz 1 Nummer 2 und die §§ 6, 7 und 12 Absatz 1 Satz 2 Nummer 4 des Justizvergütungs- und -entschädigungsgesetzes entsprechend.

Übersicht

A. Normzweck

1 Der Restrukturierungsbeauftragte soll, sofern er persönlich tätig geworden ist, nach angemessenen Stundensätzen honoriert werden. Dabei steht die Höhe des sich aus Stundensatz und Zeitbudget bemessenden Honorars grundsätzlich **nicht zur freien Disposition der Sanierungsbeteiligten**, sondern wird durch das Restrukturierungsgericht mit Bestellung des Restrukturierungsbeauftragten budgetiert. Eine Ausnahme hiervon bildet die **Vergütungsvereinbarung** nach § 83 Abs. 2. Endgültig festgesetzt wird die Vergütung nach Beendigung des Amtes mit Beschluss des Restrukturierungsgerichts, § 82 Abs. 1. Im Sinne der vom Gesetzgeber angestrebten Vergütungstransparenz und zur Rechtsmittelfähigkeit sind die Höhe des Stundensatzes und das Stundenbudget in den Anordnungsbeschluss aufzunehmen.[1] Sowohl gegen die Festsetzung von Stundensatz und Zeitbudget als auch

1 *Frind*, ZRI 2021, 397, 405.

gegen die endgültige Festsetzung der Vergütung ist die sofortige Beschwerde statthaft, § 82 Abs. 3. Für den Einsatz **qualifizierter Mitarbeiter** normiert Abs. 2 den grundsätzlichen Honoraranspruch ebenfalls auf Grundlage angemessener Stundensätze.

B. Die Festsetzung des Stundensatzes

Für die persönliche Tätigkeit des Restrukturierungsbeauftragten beläuft sich der Stundensatz im Regelfall auf bis zu 350 €, für die Tätigkeit seiner qualifizierten Mitarbeiter auf bis zu 200 €. Das in der Sanierungsberatung übliche Stundenhonorar ist für gerichtlich festzusetzende Vergütungen bislang nur im Anwendungsbereich des JVEG bekannt. Es stellt deshalb ein Novum dar, dass im StaRUG die Vergütung nach dem freien Ermessen des Restrukturierungsgerichts anhand von Stundensätzen und Zeitbudget festgesetzt und aus der Staatskasse gezahlt wird.[2] Neu ist auch, dass der zuständige Richter nicht nur über die Person des Restrukturierungsbeauftragten, sondern gleichzeitig auch über dessen Honorar entscheidet. Im Insolvenzverfahren obliegt die **Amtsbestellung** dem Richter und die **Vergütung** – außer im Insolvenzplanverfahren – dem Rechtspfleger. 2

I. Das Vergütungsmodell des StaRUG

Die Vergütung nach Stundensätzen im Regelrahmen des § 81 Abs. 3 Satz 2 wurde von Berufsverbänden und in der Literatur mitunter stark kritisiert, teils als systemisch verfehlt, teils als schlicht zu gering. 3

1. Gesetzgeberische Entscheidung für die Vergütung nach Stundensätzen

Die Diskussion um ein für das Restrukturierungsverfahren taugliches Vergütungsmodell dreht sich im Kern um die Frage, wie das Amt des Restrukturierungsbeauftragten aufgaben- und vergütungstechnisch zwischen den alt hergebrachten Ämtern und Tätigkeitsfeldern des Sanierungsberaters, Insolvenzverwalters sowie des Sachwalters und deren Vergütung einzuordnen ist. 4

Der Gesetzgeber selbst differenziert bei der **Aufgabenverteilung** danach, ob der Beauftragte von Amts wegen oder auf Antrag eingesetzt wird. Der fakultative Beauftragte soll eine vermittelnde Funktion übernehmen und primär die Verhandlungen zwischen den Beteiligten fördern[3]. So unterstützt er etwa den Schuldner und die Gläubiger bei der Aushandlung des Restrukturierungskonzepts und des darauf basierenden Plans (§ 79). Von der fakultativen Einsetzung ist die Bestellung von Amts wegen zu unterscheiden, die nach Auffassung des Gesetzgebers mit der Einsetzung eines Sachwalters in einem Eigenverwaltungsverfahren vergleichbar ist. Gestützt wird die Vergleichbarkeit im Wesentlichen darauf, dass beiden Ämtern eine Überwachungsfunktion innewohnt. Sobald Umstände bekannt werden, die den Erfolg der Sanierung bzw. deren Fortführung für aussichtslos scheinen lassen, sind der Restrukturierungsbeauftragte und der Sachwalter gleichermaßen gegenüber dem Gericht zur Mitteilung verpflichtet (§ 76 Abs. 1 StaRUG bzw. § 274 Abs. 3 InsO).[4] 5

Trotz der ins Feld geführten Aufgabenparallelität des obligatorischen Beauftragten und des Sachwalters im Insolvenzverfahren wendet der Gesetzgeber nicht das Vergütungssystem der InsVV entsprechend an. Vielmehr greift er auf das der Sanierungsberatung entliehene Stundenhonorar zurück und vergütet gleichermaßen den fakultativen Restrukturierungsbeauftragten und den von Amts wegen zu bestellenden nach Stundensätzen. Dies, obwohl er beiden die dargestellten unterschiedlichen Funktionen und Aufgaben im Verfahren zuweist. Ohne weitere Differenzierung begründet der Gesetzgeber die Vergütung des Restrukturierungsbeauftragten nach Stundenhonorar mit »großen Schnittmengen« zum Tätigkeitsbereich eines Sanierungsberaters und der für diesen marktüblichen Stundenvergütung.[5] 6

2 *Thole*, ZIP 2020, 1985, 1997.
3 BT-Drucks. 19/24181, S. 174; s.a. Art. 2 Abs. 1 Nr. 1 Buchst. a) RL(EU) 2019/1023.
4 BT-Drucks. 19/24181, S. 173 f.
5 BT-Drucks. 19/24181, S. 176.

7 Einen **Rückgriff auf andere Vergütungsmodelle** und die InsVV ermöglicht die Vorschrift des § 83 Abs. 1 Satz 1 Nr. 3, Satz 2.[6]

In der Literatur wird eine entsprechende Anwendung der InsVV abgelehnt, weil die Probleme des § 3 InsVV und die dazu seit langem geführte Diskussion um das »Normalverfahren« auf das Vergütungssystem des StaRUG übertragen würden.[7] Dem ist zuzugeben, dass die Rechtsprechung zum insolvenzrechtlichen Vergütungsrecht einem »Flickenteppich« gleicht und seit Jahren um einheitliche Strukturen ringt. Die mögliche **Kombination von Vergütungssystemen** im StaRUG verspricht auf der einen Seite Flexibilität, bedeutet andererseits für den Rechtsanwender – insbesondere den Restrukturierungsrichter – aber, den vergütungsrechtlichen Kompass immer wieder neu justieren zu müssen, wobei es derzeit noch an Entscheidungen mangelt, die eine gute Orientierung ermöglichen. Andererseits ist die befürchtete Unschärfe bei der Vergütungsfestsetzung bereits jetzt im StaRUG angelegt, weil der gesetzliche Stundensatz im »Regelfall« gelten soll. Diesen gilt es – gleich dem »Normalfall« in der InsVV – zu definieren und im nächsten Schritt zu begründen, in welchen Fällen eine abweichende Vergütung gerechtfertigt sein soll.

2. Höhe des Stundensatzes

8 Fraglich ist durchaus, ob die gesetzlich normierte Regelvergütung wertmäßig dem Stundenhonorar eines Sanierungsberaters entspricht, an dem sich der Gesetzgeber nach eigener Aussage orientiert hat. Teilweise wird mit Hinweis auf statistische Erhebungen angeführt, dass die gesetzlichen **Höchstregelsätze** hinter den Honoraren zurückbleiben, die durchschnittlich in der Beratung im Bereich Restrukturierung, Sanierung und Insolvenz üblich sind[8]. *Morgen* verweist insoweit auf Stundensätze von bis zu € 1.000,00 in internationalen Sachverhalten[9]. Jedenfalls liegt die gesetzliche Höchstgrenze unter dem marktüblichen Mittelwert für Partnervergütungen in den einschlägigen Rechtsgebieten. Die Praxis wird zeigen, ob zu den gesetzlichen Höchstregelsätzen geeignete Personen bereit sind, das Amt des Restrukturierungsbeauftragten zu übernehmen, die die in § 74 Abs. 1 aufgeführten Qualitätsstandards erfüllen und die erforderliche Unabhängigkeit mitbringen. In größeren Beratungseinheiten zeichnet sich bereits eine Tendenz ab, für das Amt des Restrukturierungsbeauftragten nur zur Verfügung zu stehen, wenn eine Vergütungsvereinbarung gem. § 83 Abs. 2 geschlossen wird die den kanzleiinternen Vorgaben der Partnervergütung Rechnung trägt.

9 Vorgetragen wurde gegen den Stundenhöchstsatz zudem, dass weder die persönliche Haftung und die damit einhergehenden steigenden Vermögensschadenshaftpflichtversicherungskosten, noch das aus dem **Insolvenzrisiko** des beratenen Unternehmens folgende Ausfallrisiko des Restrukturierungsbeauftragten mit dem Höchstsatz berücksichtigt würden.[10] Dem Argument des Insolvenzrisikos steht entgegen, dass der Restrukturierungsbeauftragte keinen direkten Zahlungsanspruch gegen den Schuldner hat, der nicht erfüllt wird oder bei einem Scheitern des Verfahrens und einer Folgeinsolvenz der Anfechtung unterliegt.[11] Der Zahlungsanspruch besteht gegen die Staatskasse, es gibt insoweit kein Ausfallrisiko. Das Haftungsrisiko kann dadurch abgemildert werden, dass die Kosten einer für das Verfahren erhöhten Haftpflichtversicherung in entsprechender Anwendung des § 12 Abs. 1 Satz 1 JVEG als notwendige Auslagen erstattet werden, wodurch allerdings nur versicherbare Risiken kostenneutral abgedeckt werden können.[12]

---

6 Zu den Einzelheiten vgl. die Kommentierung zu § 83 Rdn. 12 f.

7 *Deppenkemper*, ZIP 2020, 2432, 2442; so im Ergebnis auch *Zimmer,* ZInsO 2020, 2117, 2124 a.E.

8 Vgl. *Zimmer*, ZInsO 2020, 2117, 2124, unter Verweis auf eine Untersuchung des JUVE-Verlages für 2019, die im Bereich Restrukturierung/Sanierung/Insolvenz die durchschnittlichen Stundensätze für Partner von 358 € und für den Associate 281 € aufführt.

9 INDAT Report 9/2020, 30, 31.

10 VID, Stellungnahme zum SanInsFoG vom 02.10.2020, S. 59 a.E.; Gravenbrucher Kreis, Stellungnahme zum SanInsFoG v. 30.09.2020, S. 11.

11 Vgl. auch BeckOK-StaRUG/*Kümpel,* § 80 Rn. 10.

12 Vgl. hierzu Rdn. 36.

Der gesetzliche Höchstregelsatz muss **konkurrenzfähig** sein, um geeignete Personen für die Aufgaben des Restrukturierungsbeauftragten zu gewinnen.[13] Andernfalls ist das Gericht regelmäßig gehalten, einen die Regelvergütung übersteigenden Stundensatz gem. § 83 Abs. 1 festzusetzen. Dies würde eine Umkehr des Regel-Ausnahme-Verhältnisses bedeuten und das Verfahren zusätzlich verkomplizieren. Gleiches gilt für den Stundensatz qualifizierter Mitarbeiter.[14] Beim Einsatz qualifizierter Mitarbeiter kann ein nicht marktgerechter Höchstsatz schwer wiegen, wenn in komplexen Verfahren ggf. mehrere qualifizierte Mitarbeiter einzusetzen sind, die in anderen Mandaten deutlich höher abgerechnet werden können. Die Abrechnungsdifferenz potenziert sich in diesen Fällen. Nicht zuletzt unter Inflationsgesichtspunkten werden die gesetzlichen Höchstsätze absehbar anzupassen sein. Auf die damit verbundenen Schwierigkeiten ist im Rahmen der Gesetzgebung hingewiesen worden.[15] Der Gesetzgeber hielt dennoch an der Stundenvergütung fest. 10

II. Zur Festsetzung im Einzelfall (Abs. 4)

1. Zeitpunkt der Entscheidung

Mit der Bestellung des Restrukturierungsbeauftragten setzt das Restrukturierungsgericht die Stundensätze fest und bestimmt auf der Grundlage von Stundenbudgets einen Höchstbetrag für das Honorar. Diese frühzeitige Budgetierung der Vergütung soll sicherstellen, dass der Restrukturierungsbeauftragte und die Kostenschuldner i.S.d. § 25a GKG von vornherein die finanziellen Grundlagen für die Tätigkeit des Beauftragten einschätzen können.[16] Dies setzt allerdings voraus, dass sowohl die Person des Restrukturierungsbeauftragten als auch sein voraussichtlich in dem Verfahren anfallender **Arbeitsaufwand und die Höhe seines Stundensatzes feststehen.** Der Restrukturierungsrichter muss mit der für das Amt des Restrukturierungsbeauftragten in Aussicht genommenen Person vor dessen Bestellung den Stundensatz und das Stundenbudget erörtern (§ 81 Abs. 4 Satz 1, 2, § 82). Das Ergebnis ist wiederum mit dem voraussichtlichen Auslagenschuldner zu erörtern (§ 81 Abs. 4 Satz 3). 11

Wird ein den Regelsatz des § 81 Abs. 3 Satz 2 übersteigender Stundensatz vereinbart oder soll die Vergütung gem. § 83 Abs. 1 Satz 1 Nr. 3, Satz 2 nach anderen Grundsätzen erfolgen, sind gleichsam alle für die Vergütung relevanten Faktoren wie Stundensatz oder Berechnungsgrundlage nebst möglichen Erhöhungsfaktoren in den Beschluss aufzunehmen. Andernfalls würde die vom Gesetzgeber zu Verfahrensbeginn angestrebte **Vergütungstransparenz** nicht erreicht. Ferner ließe sich eine Angemessenheitskontrolle nicht schlüssig vornehmen.[17] 12

Die frühe Budgetierung stellt den zu bestellenden Restrukturierungsbeauftragten vor die Herausforderung, vor Amtsantritt Auskunft darüber zu erteilen, welcher Stundensatz und welcher Zeitaufwand für die Abwicklung des Verfahrens angemessen erscheinen. Eine **verlässliche Aufwandskalkulation** wird er nach zutreffender Auffassung regelmäßig nur dann anstellen können, wenn er bereits vor Beginn seiner Tätigkeit einen »tieferen Einblick in die Vermögenssituation des Schuldners« gewinnen konnte und zudem Kenntnis davon hat, wie es um die »fachlichen und unternehmerischen Fähigkeiten der Geschäftsleitung« steht.[18] Ohne diese Einblicke wird eine belastbare Aussage über die Verfahrenskosten nicht möglich sein.[19] Das **Informationsbedürfnis** verstärkt sich mit zunehmender Komplexität und Größe des Verfahrens. Dies lässt sich praktisch nur lösen, wenn das Gericht einen Restrukturierungsbeauftragten bestellt, der mit der finanz- und leistungswirtschaftlichen Situation des Unternehmens bereits vertraut ist. Im Hinblick auf Art. 27 Abs. 1 RL(EU) 13

---

13 Vgl. *Zimmer*, a.a.O., 2122.
14 Morgen-*Schinkel*, StaRUG, § 81 Rn. 9.
15 *Flöther*, Stellungnahme z. RegE SanInsFoG, v. 23.11.2020, S. 9.
16 BT-Drucks. 19/24181, S. 176.
17 Vgl. dazu auch Bieg/Borchardt/Frind-*Curtze/Doebert*, Unternehmenssanierung, Teil 2 B. VI. Rn. 112.
18 Gravenbrucher Kreis, Stellungnahme zum SanInsFoG v. 30.09.2020, S. 12.
19 Vgl. Braun-*Wolf*, StaRUG, § 81 Rn. 7.

2019/1023 und die erforderliche Unabhängigkeit des Restrukturierungsbeauftragten hat die Bundesrechtsanwaltskammer jedoch zu Recht festgestellt, dass eine Vorabbefassung mit der wirtschaftlichen Lage dem Neutralitätsgebot zuwiderlaufen kann.[20] Allerdings besteht andererseits die Gefahr der Verfahrensverzögerung, wenn die für das Sanierungsverfahren benötigten Informationen nicht frühzeitig zur Verfügung gestellt werden.[21] Abhilfe könnte hier ein isolierter Sachverständiger leisten, der mit der Prüfung der Vergütung beauftragt wird.[22] Dies birgt aber das Risiko, dass für die vom Sachverständigen ermittelte Vergütung letztlich niemand das Amt des Restrukturierungsbeauftragten übernehmen möchte, weil sie zu niedrig ist. Der mit der Prüfung beauftragte Sachverständige selbst käme konsequenterweise mangels Neutralität für das Amt nicht mehr in Betracht. Der Effizienzgedanke der Richtlinie legt vor diesem Hintergrund nahe, der in Aussicht stehenden Person die erforderlichen Unterlagen und Informationen für seine Beurteilung der Vergütungsfragen zur Verfügung zu stellen. Wird die Person bestellt, ist der im Vorfeld angefallene Prüfungsaufwand zu vergüten.[23]

14 Insgesamt bereitet die Vorab-Budgetierung erhebliche Schwierigkeiten und wird regelmäßig **Nachjustierung erforderlich machen**, weil zu Beginn des Verfahrens der Aufwand nicht belastbar einzuschätzen ist.[24]

2. Festsetzung des Stundensatzes

15 Nach § 81 Abs. 1 i.V.m. Abs. 3 hat das Restrukturierungsgericht einen angemessenen Stundensatz zu bestimmen. Da das Gesetz für die Angemessenheit der Vergütung keine Vermutung aufstellt und keine dem JVEG vergleichbaren Vorgaben normiert, liegt die Festsetzung im freien Ermessen des Restrukturierungsgerichts. Maßgeblich sind für die Entscheidung die in § 81 Abs. 3 Satz 1 normierten Vergütungskriterien, namentlich die **Unternehmensgröße, Art und Umfang der wirtschaftlichen Schwierigkeiten des Schuldners** und die Qualifikation des Restrukturierungsbeauftragten sowie die seiner qualifizierten Mitarbeiter. Unerwähnt lässt das Gesetz für die Vergütungsbemessung die dem Beauftragten **übertragenen Aufgaben**. Diese sind für die Vergütungshöhe gleichwohl relevant[25], wie sich aus § 83 Abs. 1 Satz 1 Nr. 3, Satz 2 ergibt, der aufgabenbedingt eine Vergütung »nach anderen Grundsätzen« zulässt. Zusätzlich ist deshalb vom Gericht zu berücksichtigen, welche Aufgaben dem Restrukturierungsbeauftragten im Verfahren übertragen werden. Handelt es sich um einen einfach gelagerten Fall und ist das Vergütungsvolumen absehbar gering und ohne nachhaltige Auswirkungen für das Sanierungsergebnis, kann von einer Festsetzung des Stundensatzes ausnahmsweise abgesehen werden. Ein Gesamtbudget ist gleichwohl festzulegen, um das Honorar auf einen Höchstbetrag zu deckeln.[26]

16 Erschwert wird die Suche nach einem angemessenen Stundenhonorar durch den großen Anwendungsbereich des Gesetzes. Das StaRUG soll nach dem Willen des Gesetzgebers der **Sanierung von Unternehmen aller Größenordnungen** dienen, also vom Einzelunternehmer bis zum börsennotierten Großunternehmen. Im Fokus des Anwendungsbereichs stehen KMU.[27] Gleichzeitig liefert der Gesetzgeber keine Vorgaben oder Regelbeispiele, um dem Rechtsanwender die Festlegung zu ver-

---

20 BRAK, Stellungnahme zum SanInsFoG aus Oktober 2020, S. 8; so auch schon *Blersch*, NZI-Beilage 01/2019, 77, 79.

21 BAKinso, Stellungnahme zum SanInsFoG v. 18.09.2020, S. 12.

22 BeckOK-StaRUG/*Kümpel*, § 81 Rn. 6.

23 MK-StaRUG/*Vuia* § 81 Rn. 32–36; zur Erstreckung des Stundenbudgets auf bereits vor der Festsetzung erbrachte Leistungen vgl. AG Hannover NZI 2023, 885.

24 Vgl. *Flöther*, NZI-Beilage 01/2021, 48–51.

25 A.A. Flöther-*Flöther/Erdmann*, StaRUG, § 81 Rn. 11, der von einer abschließenden Regelung ausgeht.

26 Hierzu auch AG Hamburg ZIP 2023, 94, das bei einem geringen Vergütungsvolumen insgesamt die Festsetzung von Stundensatz und Budget für entbehrlich hält.

27 BT-Drucks. 19/24181, S. 150.

einfachen, nach welchen Kriterien im Einzelfall ein Honorar von 250,00 € oder von 350,00 € angemessen sein soll.

Der in § 81 Abs. 3 gesetzlich vorgegebene Regelrahmen enthält zudem lediglich eine Obergrenze des Stundensatzes. Weder aus den Drucksachen noch dem Gesetz selbst lässt sich eine Untergrenze entnehmen.[28] Eine teilweise unter Hinweis auf einen möglichen Gleichlauf der Vergütung des Restrukturierungsbeauftragten und derjenigen von Gläubigerausschussmitgliedern angeführte Untergrenze von 220 €[29] überzeugt nicht, weil die Ämter und die mit ihnen verbundenen Aufgaben nicht vergleichbar sind. Vielmehr ist auf die Besonderheiten des Einzelfalls abzustellen. Der nach dem Gesetzgeber für ein Stundenhonorar ausschlaggebende Vergleich zum Sanierungsberater erfordert einen konkurrenzfähigen Stundensatz, der nicht hinter den in der Sanierungsberatung üblichen Honoraren zurückbleibt. Vor diesem Hintergrund dürfte der gesetzlich geregelte Höchstsatz absehbar die Regelvergütung des Restrukturierungsbeauftragten darstellen, soweit das Verfahren nicht ausnahmsweise einfach gelagert ist[30]. 17

Liegt im Zeitpunkt der Bestellung des Restrukturierungsbeauftragten eine **Vergütungsvereinbarung** vor, die die Voraussetzungen des § 83 Abs. 2 nach richterlicher Überzeugung erfüllt, ist die Festsetzung der Stundensätze und die Bestimmung des Höchstbetrags entbehrlich.[31] Die voraussichtlichen Auslagenschuldner haben mit Abschluss der Vereinbarung Kenntnis von der Höhe der Auslagen, eines gesonderten Beschlusses bedarf es aus Gründen der Vergütungstransparenz zu Beginn des Verfahrens somit nicht, bei der **endgültigen Festsetzung** der Vergütung hingegen sehr wohl. 17a

3. Bemessungskriterien für die Vergütung

a) Gesetzliche Kriterien

Die Vorschrift des § 81 Abs. 3 S. 1 benennt die folgenden Kriterien für die Bemessung der Stundensätze 17b
- Unternehmensgröße,
- Art und Umfang der wirtschaftlichen Schwierigkeiten des Schuldners und die
- Qualifikation des Restrukturierungsbeauftragten sowie der qualifizierten Mitarbeiter.

Bei der **Unternehmensgröße** wird überwiegend auf die Größenklassen des § 267 HGB abgestellt[32], alternativ auf die Kriterien zur Einsetzung eines vorläufigen Gläubigerausschusses in § 22a InsO[33]. Praktikable Anwendungshilfen geben letztere nur, wenn die gesetzlichen Schwellenwerte erreicht werden, weil dies den gesetzlichen Höchststundensatz indizieren dürfte, außer in einfach gelagerten Fällen.

Beim Kriterium der **wirtschaftlichen Schwierigkeiten des Schuldners** ist im Ergebnis eine Prognose anzustellen, welche Maßnahmen in dem Verfahren für eine erfolgreiche Restrukturierung erforderlich sein werden und wie komplex deren Prüfung und Umsetzung ist. In diesem Zusammenhang wird unter anderem eine Differenzierung nach der Art der involvierten Verbindlichkeiten vertreten, die ggf. höhere Stundensätze bei zu restrukturierenden Finanzverbindlichkeiten als bei Verbindlichkeiten von Kleingläubigern ermöglicht[34]. 17c

Das Bemessungskriterium der **Qualifikation** des Restrukturierungsbeauftragten und seiner qualifizierten Mitarbeiter bietet für sich genommen keinen praktikablen Ansatz für die Vergütungshöhe, 17d

---

28 Krit. dazu *Zimmer*, ZInsO 2020, 2117, 2124.
29 Ebda.; im Ergebnis wohl auch *Mock*, EWiR 2021, 145 f. unter Hinweis auf BGH vom 14.01.2021 – IX ZB 71/18.
30 Hierzu auch Uhlenbruck-*Penzlin/Mikolajczak* § 81 Rn. 49: Umkehr des Regel-Ausnahme-Verhältnisses.
31 BeckOK-StaRUG/*Kümpel* § 83 Rn. 70.
32 Uhlenbruck-*Penzlin/Mikolajczak* § 81 StaRUG Rn. 28.
33 Flöther-*Flöther/Erdmann*, StaRUG, § 81 Rn. 12.
34 Morgen-*Schinkel*, StaRUG, § 81 Rn. 15.

weil Qualifikationsmerkmale gesetzlich nicht normiert sind und ihnen kein Marktwert zugeordnet ist, wie etwa der Wert eines Examens oder sonstiger nachgewiesener Expertise. Da gesetzliche Anknüpfungspunkte für die Vergütungsbemessung nach Qualifikation fehlen, können hilfsweise die Abrechnungshonorare herangezogen werden, die entweder andere in dem Verfahren befasste und entsprechend qualifizierte Berater fakturieren[35] oder die der Restrukturierungsberater in vergleichbaren Fällen für seine Tätigkeit und die seiner qualifizierten Mitarbeiter üblicherweise abrechnet. Freilich müssen die Bezugsgrößen bekannt sein, damit sie für eine pekuniäre Gewichtung einer Qualifikation herangezogen werden können[36].

17e Abzustellen ist auf die Qualifikation, die **für das jeweilige Verfahren erforderlich** ist. Dies folgt nicht zuletzt aus § 74 Abs. 1, wonach ein für den jeweiligen **Einzelfall geeigneter** Steuerberater, Wirtschaftsprüfer oder Rechtsanwalt oder eine sonstige natürliche Person mit vergleichbarer Qualifikation zum Restrukturierungsbeauftragten zu bestellen ist.

b) Sonstige Kriterien

17f Die Vorschrift des § 81 Abs. 3 enthält keine Öffnungsklausel, die einen Rückgriff auf andere Kriterien für die Bemessung des Stundensatzes ermöglicht, als die aufgeführten. Der Katalog ist abschließend[37]. Unverständlich ist vor allem, dass die dem Restrukturierungsbeauftragten **übertragenen Aufgaben** bei der Bemessung der Vergütung gesetzlich keine Berücksichtigung finden. Schließlich begründet der Gesetzgeber seine Entscheidung für eine stundenweise Vergütung des Restrukturierungsbeauftragten mit einer angeblichen Parallelität seiner Aufgaben mit denen eines Sanierungsberaters. Es erstaunt deshalb, dass für die Höhe der Vergütung kein Bezug zu den Aufgaben hergestellt wird, jedenfalls nicht ausdrücklich.

17g Richtigerweise ist die Aufzählung in Absatz 3 nicht so zu verstehen, dass andere Verfahrensaspekte als die ausdrücklich genannten für die Vergütung unerheblich sind. Die dem Restrukturierungsbeauftragten **übertragenen Aufgaben** sind im Rahmen der gesetzlich normierten Bemessungskriterien darzustellen und bei der Vergütungshöhe **inzident zu berücksichtigen**. So erfordern die Prüfung und Überwachung eines Restrukturierungsplans üblicherweise eine andere fachliche Qualifikation, als die dem Beauftragten übertragene Aufgabe eines Verhandlungsmoderators.[38] Umfasst das Amt des Restrukturierungsbeauftragten die Prüfung umfassender Rechtsfragen, ist diese Aufgabe für eine ggf. erforderliche Qualifikation als Rechtsanwalt für das Amt zu berücksichtigen und insoweit vergütungsrelevant.

▶ **Hinweis:**

Das Amtsgericht Dresden nimmt bei der Prüfung der »Angemessenheit« des Stundensatzes eine Gesamtschau aus der Unternehmensgröße, der Qualifikation des Restrukturierungsbeauftragten und der ihm übertragene Aufgaben vor.[39]

17h **Unmittelbare Auswirkung** haben die dem Restrukturierungsbeauftragten übertragenen Aufgaben, wenn sie denen eines Sachwalters in einem in Eigenverwaltung geführten Insolvenzverfahren weitgehend gleichkommen. Dies rechtfertigt gem. § 83 Abs. 1 Nr. 3 eine von den Regelsätzen des § 81 Abs. 3 S. 2 abweichende (höhere) Vergütung.

---

35 Vgl. hierzu Morgen-*Schinkel*, StaRUG, § 81 Rn. 15; im Zusammenhang mit »wirtschaftlichen Schwierigkeiten«.

36 Zur beruflichen Schweigepflicht in diesem Zusammenhang Uhlenbruck-*Penzlin/Mikolajczak* § 81 StaRUG Rn. 43.

37 Flöther-*Flöther/Erdmann*, StaRUG, § 81 Rn. 11; a.A. BeckOK-StaRUG/*Kümpel* § 81 Rn. 4; Braun-*Wolf* § 81 Rn. 5.

38 Morgen-*Schinkel*, StaRUG, § 81 Rn. 16.

39 AG Dresden ZRI 2023, 835.

4. Vergütung qualifizierter Mitarbeiter

a) Qualifizierte Mitarbeiter

Regelmäßig sind die mit der Sanierung verbundenen Aufgaben und der Arbeitsaufwand allein durch den Restrukturierungsbeauftragten in dem oftmals engen Sanierungszeitfenster nicht zu bewältigen. Die Vorschrift des § 81 Abs. 2, 3 sieht deshalb vor, dass der Einsatz qualifizierter Mitarbeiter ebenfalls vergütet werden kann, mit einem Stundensatz von bis zu 200 €. Um dem Restrukturierungsgericht die Entscheidung über die Vergütung der qualifizierten Mitarbeiter zu ermöglichen, obliegt es dem Restrukturierungsbeauftragten, die Qualifikation der Mitarbeiter und die Erforderlichkeit ihres Einsatzes **substantiiert darzulegen**. 18

Gesetzlich ist die Qualifikation der eingesetzten Mitarbeiter nicht geregelt, die Definition obliegt im Einzelfall dem Rechtsanwender. Nach den Gesetzesmaterialien sind qualifizierte Mitarbeiter solche, deren Aufgaben über **rein administrative Tätigkeiten hinausgehen** und die spezifisch im Rahmen der Restrukturierung zu erfüllende Tätigkeiten ausüben, welche besondere rechtliche oder betriebswirtschaftliche Kenntnisse voraussetzen, und die solche Kenntnisse auch aufgrund einer entsprechenden Ausbildung nachweislich besitzen.[40] Daraus folgt im Umkehrschluss zunächst, dass mit dem Stundensatz für die persönliche Tätigkeit des Restrukturierungsbeauftragten die auf den **administrativen Mehraufwand** entfallenden Personalkosten **abgegolten** sind.[41] »Qualifiziert« können neben Steuerberatern, Rechtsanwälten und sonstigen Berufsträgern auch Wirtschaftsjuristen und Steuerfachangestellte oder ähnlich qualifizierte Mitarbeiter sein. 19

Der Begriff **Mitarbeiter** umfasst alle Arten von Beschäftigungsverhältnissen, also gleichermaßen abhängig Beschäftigte und freie Mitarbeiter[42]. Eine extensive Ausdehnung des Mitarbeiterbegriffs auf die bloße »*Mitarbeit* im Verfahren«, die externe Dritte generell einbezieht, ist im Ergebnis wohl abzulehnen.[43] Nach zutreffender Auffassung fehlt dem StaRUG eine dem § 4 Abs. 1 S. 3 InsVV entsprechende Regelung, die den Restrukturierungsbeauftragten zum Abschluss entsprechender Verträge ermächtigt.[44] Zulässig ist eine Beauftragung externer Dritter mit der Zustellung (§ 76 Abs. 6). 19a

b) Erforderlichkeit des Einsatzes

Es liegt auf der Hand, dass der Restrukturierungsbeauftragte nicht alle Tätigkeiten höchst persönlich ausführen kann und muss. Ein gesondertes Honorar für den Einsatz qualifizierter Mitarbeiter erhält er aber nur, wenn deren Einsatz erforderlich ist. Erforderlich ist die Delegation von Tätigkeiten an Mitarbeiter, wenn sie zeitlich oder aus Kostengründen geboten ist. In **zeitlicher Hinsicht** muss der Restrukturierungsbeauftragte seine Aufgaben möglichst zügig erledigen, um den Sanierungserfolg nicht zu gefährden. Es liegt im Interesse aller Beteiligten, wenn er die ihm übertragenen Aufgaben möglichst zeitnah abschließt. An das zeitliche Erfordernis einer Delegation sind deshalb keine hohen Anforderungen zu stellen. In komplexen Fällen ist regelmäßig von vornherein ein alleiniges Tätigwerden des Restrukturierungsbeauftragten ausgeschlossen. 20

Aus Kostengründen kann der Einsatz qualifizierter Mitarbeiter geboten und damit erforderlich sein, wenn deren Tätigkeit mit einem geringerem Stundensatz abzurechnen sind als die des Restrukturierungsbeauftragten. Bei gleicher Qualifikation kann für den Restrukturierungsbeauftragten und für seinen qualifizierten Mitarbeiter identische Stundensätze abgerechnet werden, in den Grenzen des § 8 20a

40 BT-Drucks. 19/24181, S. 176.
41 Braun-*Wolf*, StaRUG, § 81 Rn. 3.
42 Vgl. Flöther-*Flöther/Erdmann*, StaRUG, § 81 Rn. 7; Bieg/Borchardt/Frind-*Curtze/Doebert*, Unternehmenssanierung, Teil 2 B. VI. Rn. 100.
43 So aber Flöther-*Flöther/Erdmann*, StaRUG, § 81 Rn. 7.
44 MK-StaRUG/*Vuia* § 81 Rn. 14.

Abs. 3 S. 2 (Höchstsatz 200 €).[45] Dabei ist die Delegation als **Option ausgestaltet**. Eine Pflicht des Restrukturierungsbeauftragten zur Hinzuziehung qualifizierter Mitarbeitern zu geringeren Stundensätze als den eigenen besteht nicht.

20b Eine **vollständige Delegation** gerichtlich übertragener Aufgaben an Mitarbeiter ist unzulässig und widerspricht der Höchstpersönlichkeit des Amtes. In Abs. 2 ist ein lediglich »unterstützender Einsatz« von Mitarbeitern vorgesehen.[46] **Wesentliche Tätigkeiten (Kernaufgaben)**, wie die Leitung des gerichtlichen Abstimmungsverfahrens oder die Stellungnahme zum Restrukturierungsplan muss der Beauftragte persönlich ausführen[47]. Im Übrigen genügt es, wenn der Restrukturierungsbeauftragte die ihm übertragenen Aufgaben bei erforderlicher Zuarbeit Dritter leitend und verantwortlich ausführt.

20c Schließlich ist die Übertragung nur erforderlich, wenn die **Unterstützung über rein administrative Tätigkeiten hinausgehen**. Erforderte eine Tätigkeit nicht den Einsatz qualifizierter Mitarbeiter, besteht insoweit kein Honoraranspruch. Für die Höhe des Honorars ist die Qualifikation eines Mitarbeiters im Zusammenhang mit den konkret von ihm übernommenen Tätigkeiten relevant. Wie der Einsatz des Mitarbeiters an sich, muss auch seine Qualifikation für die von ihm erbrachte Tätigkeit erforderlich sein. Es ist auf die Ausbildung und die Berufszugehörigkeit abzustellen, die grundsätzlich dazu befähigt, bei einzelnen spezifische und über administrative Tätigkeiten hinausgehenden Aufgaben zu unterstützen.[48]

5. Festsetzung des Stundenbudgets

21 Mit Bestellung des Restrukturierungsbeauftragten wird gem. § 81 Abs. 4 Satz 2 neben dem Stundensatz auch das für das Restrukturierungsverfahren erforderliche Stundenbudget und das seiner qualifizierten Mitarbeiter durch das Gericht bestimmt. Dadurch wird die Höhe des Vergütungsanspruch festgelegt und – vorbehaltlich einer nach § 81 Abs. 6 möglichen Anpassung – nach oben hin begrenzt. Neben der angestrebten Kostentransparenz für den Restrukturierungsbeauftragten und die Kostenschuldner i.S.d. § 25a GKG ist die Ermittlung der Kostenhöhe auch für § 17 Abs. 1 Satz 2 von Bedeutung, da die Vergütung des Restrukturierungsbeauftragten bereits im Planangebot mit der entsprechenden Vergleichsrechnung beziffert werden muss.

21a Das Zeitbudget setzt sich zusammen aus **sämtlichen zu vergütenden Tätigkeiten**, die im Zusammenhang mit den dem Restrukturierungsbeauftragten übertragenen Aufgaben von ihm persönlich und von seinen qualifizierten Mitarbeitern erbracht werden. Dazu zählt neben der Wahrnehmung von Besprechungen, Terminen und Sitzungen auch die Zeit für deren Vor- und Nachbereitung, rechtliche Prüfungen, Sichtung von Akten sowie Reisezeiten für An- und Abfahrten. Die Tätigkeiten sind im Hinblick auf § 81 Abs. 6 im Einzelnen im Beschluss darzustellen.

21b Die **Berechnung des Budgets** ist transparent dazustellen, in dem die Stundensätze des Restrukturierungsbeauftragten und seiner qualifizierten Mitarbeiter beziffert und mit den jeweiligen Stundenbudgets multipliziert werden. Bei der Budgetierung des Vergütungsvolumens sind die voraussichtlich einzusetzenden Mitarbeiter und deren Qualifikation sowie der für sie geplante Zeitaufwand namentlich zu benennen.[49] Eine spätere Verschiebung der internen Aufgabenverteilung und der tatsächlich bei den Mitarbeitern angefallenen Stundenaufwand im Vergütungsantrag ist bei gleicher Qualifikation unerheblich, wenn das Budget insgesamt nicht überschritten wird[50]. Die mit dem Budget verfolgte

45 AG Hamburg NZI 2023, 271.
46 MK-StaRUG/*Vuia* § 81 Rn. 15.
47 MK-StaRUG/*Vuia* § 81 Rn. 15.
48 Morgen-*Schinkel*, StaRUG, § 81 Rn. 9.
49 Morgen-*Schinkel*, StaRUG, § 81 Rn. 16.
50 Vgl. hierzu AG Hamburg NZI 2023, 271, das in einfach gelagerten Restrukturierungssachen ein Gesamtbudget (2.000 €) ohne die Festsetzung des Stundensatzes und eines Stundenbudgets für ausreichend hält.

Abrechnungstransparenz bezieht sich nur auf die Kosten der Sanierung insgesamt, nicht aber darauf wie sich diese auf die eingesetzten Mitarbeiter verteilen.

Auslagen gem. Abs. 7 bleiben bei der Budgetierung außer Betracht und sind Gegenstand der endgültigen Vergütungsfestsetzung.

6. Anhörung durch das Gericht

Nach § 81 Abs. 4 Satz 3 hört das Restrukturierungsgericht die zu bestellenden Personen und diejenigen Verfahrensbeteiligten an, die die Auslagen nach Nummer 9017 des Kostenverzeichnisses zum Gerichtskostengesetz tragen. Durch die Anhörung soll letztlich gewährleistet werden, dass Verfahrensaufwand und Vergütungsanspruch einander entsprechen. Ohne dass sich dies aus der Vorschrift selbst ergibt, muss die Anhörung vor der Bestellung des Restrukturierungsbeauftragten erfolgen, da **mit seiner Bestellung** der Höchstbetrag für die Vergütung festgesetzt werden muss.[51] Die Regelung wird zu Recht als »unsinnig«[52] kritisiert, da die Anhörung der Bestellung des Restrukturierungsbeauftragten zwingend vorgeschaltet wurde und damit Einfallstor für eine Vielzahl denkbarer Verfahrensverzögerungen ist[53]. 22

III. Nachträgliche Anpassung der Vergütung

1. Anpassung des Stundenbudgets (Abs. 6)

Stellt sich nach der Bestellung des Restrukturierungsbeauftragten heraus, dass das festgesetzte Zeitbudget mit der sachgerechten Wahrnehmung der Sanierungsaufgaben nicht zu vereinen ist, steht es dem Restrukturierungsbeauftragten gem. § 81 Abs. 6 frei, das Restrukturierungsgericht mit einer sofortigen Entscheidung über die **Budgetanpassung** zu befassen. 23

Der Restrukturierungsbeauftragte sollte im eigenen Interesse darauf Acht geben, den Erhöhungsbedarf des Stundenbudgets so früh wie möglich dem Gericht anzuzeigen. Andernfalls läuft er Gefahr, dass ihm die Mehrarbeit infolge eines abgelehnten Antrags auf Budgetanpassung nicht vergütet wird,[54] er aber dennoch den mit der Tätigkeit verbundenen Haftungsrisiken ausgesetzt ist.[55] Bereits im laufenden Verfahren sind vor diesem Hintergrund die festgesetzten Zeitbudgets ständig durch eine sorgfältige Dokumentation fest- und nachzuhalten, um eine Anpassung bei Gericht frühzeitig anzeigen zu können. Vom Risiko einer positiven Entscheidung über eine beantragte Budgetanpassung abzugrenzen ist der Anpassungszeitraum, der durchaus auch einen bereits in der Vergangenheit angefallenen Mehraufwand einschließen und ex tunc genehmigen kann.[56] Ausgeschlossen ist aber, dass die Vergütung über ein festgesetztes und ggf. angepasstes Budget hinaus endgültig festgesetzt wird.[57] 24

2. Anpassung des Stundensatzes

Ebenso wie der Arbeitsaufwand den anfänglich geplanten Rahmen übersteigen kann, können die Umstände es auch erfordern, dem Restrukturierungsbeauftragten im Laufe des Verfahrens zusätzliche oder **andere Aufgaben** zu übertragen. Davon, dass sich die Umstände im Verlauf des Verfahrens ändern können, geht auch der Gesetzgeber aus[58] und normiert in § 32 Abs. 2 Satz 1 eine entsprechende Mitteilungspflicht gegenüber dem Restrukturierungsgericht. Das **Gesetz regelt aber keine Anpassung des Stundensatzes.** Der Restrukturierungsbeauftragte kann lediglich gem. § 82 25

51 Wolgast/Grauer-*Ludwig*, § 81 Rn. 8.
52 Vgl. *Frind* ZRI 2021, 397 (405), der von einer der unsinnigsten Regelungen des StaRUG spricht.
53 BeckOK-StaRUG/*Kümpel* § 80 Rn. 2.
54 BT-Drucks. 19/24181, S. 177.
55 VID, Stellungnahme zum SanInsFoG vom 02.10.2020, S. 63.
56 AG Hannover ZRI 2023, 622; vgl. auch BeckOK-StaRUG/*Kümpel*, § 81 Rn. 6.
57 BT-Drucks. 19/24181, S. 177.
58 BT-Drucks. 19/24181, S. 177.

Abs. 3 i.V.m. § 40 Abs. 1 gegen die Festsetzung des Stundensatzes sofortige Beschwerde erheben. Nach Ablauf der Rechtsmittelfrist sieht das Gesetz keine Anpassung vor.

26 Nach der Vorstellung des Gesetzgebers sind die vom Gericht zu Beginn des Verfahrens festgesetzten Stundensätze dauerhaft verbindlich[59]. Indessen ist eine Vergütungsanpassung auch außerhalb der Rechtsmittelfristen geboten. Besonders deutlich wird dies, wenn der Restrukturierungsbeauftragte zunächst gutachterlich tätig wird und im Laufe des Verfahrens zunehmend überwachende Aufgaben übernimmt, etwa, weil eine Stabilisierungsanordnung erforderlich wird. So kann das Gericht zunächst einen Restrukturierungsbeauftragten als Sachverständigen einsetzen, der erst im weiteren Verlauf mit der Überwachung der Geschäftsführung beauftragt wird (§ 76 Abs. 2 Nr. 2a) und ggf. in diesem Zusammenhang auch die Kassenführung übernimmt (§ 76 Abs. 2 Nr. 2b). Das Gericht kann insoweit die Überwachungsfunktion des Beauftragten sukzessive erweitern. In den Begrifflichkeiten der Richtlinie wandelt sich dessen Rolle von »**einer vermittelnden und koordinierenden Instanz**«, die die Aufgabe hat, »**Integrität und Effizienz des Prozesses**« sicherzustellen, zu Aufgaben »**zur Überwachung der Tätigkeit eines Schuldners** oder zur teilweisen Übernahme der Kontrolle über den täglichen Betrieb eines Schuldners«. Mit den zusätzlich übertragenen Aufgaben steigt das Haftungsrisiko, dem mit einer Anpassung der Vergütung zu begegnen ist. Mitunter wird auch eine Herabsetzung des Stundensatzes angezeigt sein, etwa beim Wechsel in die Planüberwachung nach § 72 Abs. 2.[60]

27 Die gebotene Vergütungstransparenz verbietet in den genannten Fällen eine nach dem Gesetz denkbare Honoraranpassung über eine (unsubstanziierte) Erhöhung des Stundenbudgets. Vielmehr ist in vergleichbaren Fällen das anfänglich vorgesehene Stundenhonorar unter Umständen nicht mehr angemessen und anzupassen. Ohne eine Anpassungsmöglichkeit müssten bei der anfänglichen Festsetzung des Honorars bereits alle denkbaren künftigen Komplikationen berücksichtigt und eingepreist werden (worst case). Bleiben zu Beginn des Verfahrens denkbare und berücksichtigte Komplikationen letztlich aus, würde sich das Honorar wiederum ex post als unangemessen hoch darstellen. Auch insoweit ist eine Anpassung des Stundenhonorars in entsprechender Anwendung von § 81 Abs. 6 geboten.[61] Als Kehrseite ist den künftigen Kostenschuldnern gegen die Stundensatzanpassung die sofortige Beschwerde in entsprechender Anwendung von § 82 Abs. 3 zu gewähren.[62] Andernfalls droht eine Umgehung der vom Gesetzgeber verfolgten Transparenz über das Vergütungsvolumen für alle Beteiligten, eine Anhörung genügt insoweit nicht. Hintergrund ist das Enumerationsprinzip gem. § 40 Abs. 1 S. 1, das Rechtsmittel nur in ausdrücklich geregelten Fällen zulässt.

27a Lehnt man eine gebotene Stundensatzanpassung über eine entsprechende Anwendung des § 81 Abs. 6 ab, setzt die Anpassung des Stundensatzes auf Antrag des Restrukturierungsbeauftragten die **Zustimmung aller in § 82 Abs. 3 aufgeführten Beteiligten** voraus. Stimmen alle in § 82 Abs. 3 genannten Beteiligten der Stundensatzanpassung zu, kommt dies einer Vergütungsvereinbarung gleich, die in den Grenzen des § 83 Abs. 2 S. 2 wirksam und auch nach der Festsetzung des Stundensatzes durch das Restrukturierungsgericht möglich ist.[63] Wird die Zustimmung verweigert, muss die zu Beginn des Verfahrens beauftragte Tätigkeit abgeschlossen und abgerechnet werden und durch das Gericht eine neue Beauftragung zu geändertem Stundensatz erfolgen[64].

28 Der angepasste Stundensatz gilt einheitlich für sämtliche Tätigkeiten, die nach der Festsetzung vom Restrukturierungsbeauftragten übernommen werden. Entsprechend der Systematik des JVEG ist ein Nebeneinander unterschiedlicher Stundensätze für verschiedene Tätigkeiten des Beauftragten

59 BT-Drucks. 19/24181, 176.
60 BeckOK-StaRUG/*Kümpel*, § 81 Rn. 6.
61 BeckOK-StaRUG/*Kümpel*, § 81 Rn. 6; Jacoby/Thole-*Martini*, StaRUG, § 81 Rn. 30.
62 Jacoby/Thole-*Martini*, StaRUG, § 82 Rn. 11.
63 Vgl. hierzu die Kommentierung zu § 83 Rdn. 30 ff.
64 MK-StaRUG/*Vuia* § 81 Rn. 49, der eine Anpassung des Stundensatzes generell ablehnt.

zu vermeiden.[65] Besonderheiten gelten, wenn im Laufe des Verfahrens abweichend von dem ursprünglichen Stundenhonorar eine Vergütung nach anderen Grundsätzen erforderlich wird. Erfolgt beispielsweise die Vergütung in entsprechender Anwendung der InsVV, ist zu prüfen, ob zuvor angefallene **Stundenhonorare anzurechnen** sind, weil es angemessen erscheint oder eine Abgrenzung der Vergütungen nach Aufgaben und erbrachten Tätigkeiten nicht möglich ist. Dies kann im Wege der Anrechnung der bereits angefallenen Stundenhonorare erfolgen, oder im Rahmen einer Gesamtschau bei der endgültigen Festsetzung der Vergütung. Eine Anrechnung ist freilich **nur bei Personenidentität** der beauftragten Akteure möglich.

IV. Rechtsmittel

Gegen die Festsetzung des Stundensatzes gem. Abs. 4, gegen die Festsetzung (Abs. 4) oder die Erhöhung (Abs. 6) des Stundenbudgets und gegen die Festsetzung der Vergütung gem. § 82 Abs. 1 steht dem Restrukturierungsbeauftragten und jedem Auslagenschuldner gem. § 82 Abs. 3 die sofortige Beschwerde zu.[66] Nach hier vertretener Auffassung ist die Vorschrift zudem entsprechend auf die Anpassung des Stundensatzes anzuwenden. 28a

V. Gerichtsgebühr und Kostenvorschuss

Die Vorschrift des § 81 Abs. 5 sieht umfangreiche Vorschusspflichten für die Sanierungsakteure vor. 29
Mit der Norm soll die öffentliche Hand davor geschützt werden, mit dem Anspruch auf Erstattung der aus der Staatskasse verauslagten Auslagen später gegen den Auslagenschuldner **auszufallen.**[67] Der **fakultative Restrukturierungsbeauftragte** soll nach § 81 Abs. 5 Satz 1 erst bestellt werden, wenn die Auslagenschuldner die Gerichtsgebühr nach KVZ 2513 GKG sowie einen Vorschuss auf die Auslagen nach KVZ 9017 GKG gezahlt haben. Für den **obligatorischen Restrukturierungsbeauftragten** soll das Gericht gem. § 81 Abs. 5 Satz 2 die Entscheidung über ein vom Schuldner beantragtes Instrument i.S.d. § 29 davon abhängig machen, ob die Gerichtsgebühren und der Kostenvorschuss auf die Auslagen gezahlt worden sind. Gemeint sind Instrumente, wie die Anordnung einer Stabilisierungsanordnung (§§ 49 ff.) oder die gerichtliche Bestätigung des Restrukturierungsplans (§§ 60 ff.). Beide Regelungen des § 81 Abs. 5 sind **Soll-Vorschriften**[68], wodurch die Höhe des Vorschusses im freien Ermessen des Gerichts liegt.[69] Dieser sollte nach dem Sinn und Zweck der Vorschrift so bemessen sein, dass die aus der Staatskasse zu verauslagenden Zahlungen gedeckt sind, um das vom Gesetzgeber befürchtete Ausfallrisiko zu minimieren.[70] Dementsprechend sieht § 81 Abs. 1 vor, dass sich bei einer Anpassung des Stundenbudgets der Vorschuss erhöht, die Vorschusspflicht aber bestehen bleibt. **Vorschussschuldner** ist im Fall der fakultativen Bestellung eines Restrukturierungsbeauftragten nach § 81 Abs. 5 Satz 1 entweder der die Bestellung beantragende Schuldner (§ 77 Abs. 1 Satz 1) oder gesamtschuldnerisch die den Antrag stellenden Gläubiger (§ 77 Abs. 1 Satz 2). Bei der von Amts wegen erfolgenden Bestellung (§ 73) hat der Schuldner für dessen Vergütung einzustehen und den Vorschuss zu leisten. Im begründeten Einzelfall steht es dem Gericht frei, auf die Zahlung der Gerichtsgebühren und des Kostenvorschusses zu verzichten bzw. davon abweichende Regelunge zu treffen.[71]

Der Begriff Auslagen ist missverständlich und wird nicht einheitlich verwendet mit den Auslagen 30
im Insolvenzverfahren in § 8 Abs. 1 InsVV. Die Auslagen sind Teil der Gerichtskosten und schließen

65 Hinzuweisen ist an dieser Stelle auf die Abgrenzung zum Amt des isolierten Sachverständigen nach § 39 Abs. 1 Satz 2.
66 Vgl. hierzu die Kommentierung zu § 82 Rdn. 18 ff.
67 BT-Drucks. 19/24181, S. 177.
68 A.A. Bieg/Borchardt/Frind-*Curtze/Doebert*, Unternehmenssanierung, Teil 2 B. VI. Rn. 106.
69 Wolgast/Grauer-*Ludwig*, § 81 Rn. 11.
70 Braun-*Wolf*, StaRUG, § 81 Rn. 11.
71 Im Ergebnis wohl auch Morgen-*Schinkel*, StaRUG, § 81 Rn. 38, a.A. Uhlenbruck-*Penzlin/Mikolajczak* § 81 StaRUG Rn. 87 für eine grundsätzliche Vorschusspflicht. Vgl. hierzu auch AG Hannover NZI 2023, 425 Rn. 16 f.

die Vergütung des Restrukturierungsbeauftragten ein.[72] Der Gesetzgeber führt in diesem Zusammenhang aus[73]:

▶ **Hinweis:**

31 Damit diese Vorgaben nicht umgangen werden können, ist vorgesehen, dass die Vergütung vom Restrukturierungsgericht festgesetzt wird und dass Zahlungen an den Restrukturierungsbeauftragten nur aus der Staatskasse erfolgen. Die Überleitung der Kosten auf diejenigen Beteiligten (in den meisten Fällen der Schuldner), die sie letztlich leisten sollen (§ 25a GKG), erfolgt in einem zweiten Schritt, indem sie den nach Nummer 9017 des Kostenverzeichnisses zum GKG im Rahmen der Gerichtskosten zu erstattenden Auslagen zugeordnet werden.

32 Die Vergütung des Restrukturierungsbeauftragten wird somit ausdrücklich den im Rahmen der Gerichtskosten zu erstattenden Auslagen zugeordnet.

33 Der für den Vorschuss ermittelte Liquiditätsbedarf ist in der Planung für das Verfahren zu berücksichtigen und kann im Ergebnis zu einem faktischen Ausscheidenskriterium für die Verfahrensart werden. Die Vorschusspflicht kann letztlich über Erfolg und Misserfolg der Sanierung entscheiden, weil die erforderlichen Liquiditätsreserven vorhanden sein müssen.[74] Um diesem Problem zu begegnen, wäre es denkbar, den Vorschuss auf die Vergütung in Abhängigkeit von der Liquidität des Schuldners zu mindern. Dafür spricht, dass der Gesetzgeber mit dem StaRUG vornehmlich die Sanierung von KMU ermöglichen wollte. Allerdings gebietet dies nicht zwingend die restriktive Handhabung der Vorschusspflicht abhängig von der Liquidität des Schuldners. Vielmehr ist die Geschäftsführung angehalten, die Sanierung über das **StaRUG rechtzeitig einzuleiten**, solange die erforderlichen finanziellen Mittel im Unternehmen noch vorhanden sind. Die Pflicht des Geschäftsleiters zur frühzeitigen Krisenfrüherkennung und -vermeidung ist nicht zuletzt in § 1 ausdrücklich geregelt und dem Verfahren somit immanent.

VI. Erstattung von Auslagen

1. Fahrtkosten und Reisekosten

34 Gemäß § 80 S. 1 steht dem Restrukturierungsbeauftragten außer seinem Honorar auch ein Anspruch auf Auslagenerstattung zu. Im Einzelnen regelt Abs. 7, welche Auslagen erstattungsfähig sind, nicht ausdrücklich, sondern mittels eines Verweises auf das JVEG. Mit der Verweisung sollte der Gesetzestext möglichst knapp gehalten werden.[75]. Erfasst sind nur solche Auslagen, die in unmittelbarem Zusammenhang mit dem Restrukturierungsverfahren stehen.[76]

35 Gemäß § 5 Abs. 2 Satz 1 Nr. 2 JVEG steht dem Restrukturierungsbeauftragten für die Nutzung eines PKW eine Kilometerpauschale in Höhe von 0,42 € verlangen, das ihm gehört oder unentgeltlich zur Nutzung überlassen wurde (**Fahrtkosten**). Damit sollen die Anschaffungs-, Unterhaltungs- und Betriebskosten ebenso wie die Abnutzung des Fahrzeugs abgegolten werden.[77] Nach zutreffender Auffassung ist die Vorschrift ergänzend dahingehend auszulegen, dass auch Kosten für die Nutzung öffentlicher Verkehrsmittel erstattungsfähig sind und § 5 JVEG insoweit insgesamt entsprechende Anwendung findet.[78] Es dürfte sich um ein Versehen des Gesetzgebers handeln. Des Weiteren kann der Restrukturierungsbeauftragte nach § 6 JVEG **Reisekosten** ersetzt verlangen. Dabei wird unterschieden zwischen dem

---

72 *Frind*, ZRI 2021, 397, 406.
73 BT-Drucks. 19/24181, S. 176.
74 Vgl. *Frind*, ZRI 2021, 397, 406, der daraus eine fehlende Eignung des Verfahrens für kleine und mittlere Unternehmen ableitet, für die allenfalls eine Sanierungsmoderation infrage komme.
75 BT-Drucks. 19/24181, S. 177.
76 Wolgast/Grauer-*Ludwig*, § 81 Rn. 10.
77 BeckOK-Kostenrecht/*Bleutge*, § 5 JVEG Rn. 23.
78 BeckOK-StaRUG/*Kümpel* § 81 Rn. 80, MK-StaRUG/*Vuia* § 81 Rn. 68.

Tagegeld nach § 6 Abs. 1 JVEG, das sich nach § 9 Abs. 4a EStG bemisst, und den **Übernachtungskosten** nach § 6 Abs. 2 JVEG, deren Vergütung sich nach dem Bundesreisekostengesetz richtet.[79]

2. Sonstige Aufwendungen

Für den Ersatz gesetzlich nicht geregelter Auslagen verweist der Gesetzgeber auf des § 7 Abs. 1 Satz 1 JVEG, der insoweit einen Auffangtatbestand darstellt. Erstattungsfähige Auslagen müssen notwendig sein, also **erforderlich für die Erledigung der übertragenen Aufgabe**. Weiter müssen die Auslagen einen klaren Bezug zur jeweiligen Tätigkeit haben und dürfen **nicht übermäßig oder unnötig** sein. Abzugrenzen sind die notwendigen Auslagen von den allgemeinen Kosten des Restrukturierungsbeauftragten, die mit seinem Honorar abgegolten sind. Gleiches gilt für den gem. § 81 Abs. 2 honorierten Einsatz qualifizierter Mitarbeiter. Zu Überschneidungen bei den eingesetzten Mitarbeitern kann es im Zusammenhang mit § 7 Abs. 1 Satz 2 JVEG kommen, wonach Kosten notwendiger Vertretungen und notwendiger Begleitpersonen ersetzt werden. Hier sind **Doppelhonorierungen** eingesetzter Mitarbeiter zu vermieden, für die nicht gleichzeitig ein Honorar nach § 81 Abs. 2 und ein Kostenersatz nach dem JVEG beansprucht werden kann[80]. Auch ist die Vorschrift eng auszulegen und auf Fälle zu begrenzen, in denen der Restrukturierungsbeauftragte verhindert (Vertreter) ist oder aus sonstigen tatsächlichen Gründen eine Begleitperson benötigt wird, beispielsweise ein Dolmetscher.[81] Anders als der Insolvenzverwalter in § 4 Abs. 1 S. 2 InsVV ist der Restrukturierungsbeauftragte grundsätzlich **nicht befugt, Werk- oder Dienstverträge mit Wirkung für die Schuldnerin zu schließen**. Der Verweis auf § 7 JVEG ist nicht als Öffnungsklausel zu verstehen, die den generellen Abschluss von Beratungsverträgen ermöglicht. Schließlich kann der Restrukturierungsbeauftragte auf Antrag die auf das Honorar entfallende **Umsatzsteuer** nach § 12 Abs. 1 Nr. 4 JVEG ersetzt verlangen. Hier gelten die allgemeinen Grundsätze, insbesondere § 13 Abs. 1 UStG im Hinblick auf den Leistungszeitpunkt bei Gesamtleistungen und Teilleistungen. 35a

3. Vermögensschadenhaftpflichtversicherung – kein Ersatz von Gemeinkosten

Gesetzlich nicht geregelt ist, ob die **Kosten einer Vermögensschadenshaftpflichtversicherung** als Auslagen erstattungsfähig sind. Grundsätzlich sind die Kosten einer Berufshaftpflichtversicherung Teil der Gemeinkosten, die nach den Vorschriften des JVEG mit der Vergütung abgegolten sind.[82] Allerdings ist ein ausreichender Versicherungsschutz im Interesse aller Verfahrensbeteiligten, da der Restrukturierungsbeauftragte allen Beteiligten gegenüber haftet. Gebietet das vorhandene Vermögen und/oder die bestehenden Verbindlichkeiten den Abschluss einer gesonderten Haftpflichtversicherung oder die Erhöhung einer bestehenden Police, sind die damit verbundenen Mehrkosten deshalb zu erstatten.[83] Dies kann auf zwei Wegen erreicht werden. In Betracht kommt eine Erstattung als notwendige Auslagen über eine **entsprechende Anwendung von § 12 JVEG**.[84] Alternativ ist der Aufwand für die Vermögensschadenhaftpflichtversicherung bei der **Festsetzung des Stundensatzes** zu berücksichtigen. Auch wenn der Versicherungsschutz keine ausdrückliche Erwähnung in § 81 Abs. 3 Satz 1 findet, kann der Umstand bei den gesetzlichen Bemessungskriterien berücksichtigt werden, etwa bei der Unternehmensgröße und den vorhandenen Vermögenswerten. Die Mehrkosten einer ausreichenden Versicherung könnten auf den Stundensatz umgelegt werden. Folgeprobleme ergeben sich aber, wenn das Stundenbudget später erhöht werden muss. Der nach dem Willen des Gesetzgebers unveränderliche Stundensatz führt bei erhöhtem Stundenaufkommen, dazu, dass die umgelegten Versicherungskosten überkompensiert werden. Die Erstattung der Versicherungs(mehr) kosten als **Auslagen über § 12 JVEG** erscheint deshalb vorzugswürdig.[85] 36

79 E/D/Z-*Binz*, § 6 JVEG Rn. 2, 4.
80 MK-StaRUG/*Vuia* § 81 Rn. 85.
81 Hierzu BeckOK-StaRUG/*Kümpel* § 81 Rn. 84.
82 BeckOK-KostR/*Bleutge* § 12 JVEG Rn. 49.
83 So auch AG Dresden ZRI 2024, 34; Flöther-*Flöther/Erdmann*, StaRUG, § 81 Rn. 29.
84 Flöther-*Flöther/Erdmann*, StaRUG, § 81 Rn. 29.
85 Morgen-*Schinkel*, StaRUG, § 81 Rn. 48; Uhlenbruck-*Penzlin/Mikolajczak* § 81 StaRUG Rn. 112.

§ 82 Festsetzung der Vergütung

(1) Auf Antrag des Restrukturierungsbeauftragten setzt das Restrukturierungsgericht nach Beendigung des Amtes des Restrukturierungsbeauftragten die Vergütung durch Beschluss fest.

(2) [1]Das Restrukturierungsgericht entscheidet bei der Festsetzung der Vergütung nach Absatz 1 auch darüber, wer in welchem Umfang die Auslagen nach Nummer 9017 des Kostenverzeichnisses zum Gerichtskostengesetz zu tragen hat. [2]Die Auslagen sind dem Schuldner aufzuerlegen. [3]Abweichend von Satz 2 sind die Auslagen bei Bestellung eines fakultativen Restrukturierungsbeauftragten auf Antrag von Gläubigern den antragstellenden Gläubigern aufzuerlegen, soweit sie nicht für Tätigkeiten entstehen, die das Restrukturierungsgericht dem Restrukturierungsbeauftragten von Amts wegen oder auf Antrag des Schuldners übertragen hat.

(3) Gegen die Festsetzung des Stundensatzes nach § 81 Absatz 4, gegen die Bestimmung oder Anpassung des Höchstbetrags nach § 81 Absatz 4 und 6 und gegen die Festsetzung der Vergütung steht dem Restrukturierungsbeauftragten und jedem Auslagenschuldner die sofortige Beschwerde zu.

(4) Auf Antrag des Restrukturierungsbeauftragten ist ein angemessener Vorschuss auszuzahlen, wenn ihm erhebliche Auslagen entstanden sind oder voraussichtlich entstehen werden oder wenn die zu erwartende Vergütung für bereits erbrachte Arbeiten einen Betrag von 10 000 Euro übersteigt.

Übersicht

A. Normzweck

1 Die Vergütung des Restrukturierungsbeauftragten wird nach Beendigung des Amtes auf dessen Antrag und auf Grundlage des **anfänglich bestimmten Vergütungsbudgets** durch das Restrukturierungsgericht endgültig festgesetzt. Die Vergütung ist Teil der Gerichtskosten und wird den gerichtlichen Auslagen gem. KVZ 9017 zum GKG zugeordnet. In einem zweiten Schritt entscheidet das Gericht, wer die Kosten zu tragen hat. Die Kostentragung knüpft daran an, wer die Instrumente des StaRUG und die Leistungen der gerichtlich bestellten Amtsträger in Anspruch genommen hat. Regelmäßig trägt der Schuldner die Kosten. Im Hinblick auf § 40 Abs. 1 regelt Abs. 3, gegen welche Entscheidungen des Restrukturierungsgerichts das Rechtsmittel der sofortigen Beschwerde statthaft und wer beschwerdeberechtigt ist. Abs. 4 gewährt dem Restrukturierungsbeauftragten einen Anspruch auf einen Vorschuss auf seine Vergütung.

B. Festsetzung der Vergütung

2 Die Festsetzung der Vergütung erfolgt gem. § 82 Abs. 1 **per Beschluss** durch das Restrukturierungsgericht. Der Vergütungsanspruch des Restrukturierungsbeauftragten richtet sich unmittelbar gegen die Staatskasse.[1] Für die Durchsetzung des Anspruchs ist eine formelle Vergütungsfestsetzung auch dann erforderlich, wenn eine Vergütungsvereinbarung gem. § 83 Abs. 2 vorliegt.[2]

---

1 BT-Drucks. 19/24181, S. 177.

2 Morgen-*Schinkel*, StaRUG § 80 Rn. 37; a.A. ohne Begründung Braun-*Wolf*, StaRUG, § 83 Rn. 8; vgl. hierzu auch die Kommentierung zu § 83 Rdn. 30.

I. Zuständigkeit

Die Festsetzung der Vergütung erfolgt durch das Restrukturierungsgericht. Funktionell besteht Richterzuständigkeit. Auch bei einer **Rücknahme** der Anzeige durch den Schuldner und einem sich möglicherweise **anschließenden Insolvenzverfahren** bleibt es bei der funktionellen Zuständigkeit des Richters für die Vergütungsfestsetzung.[3] 2a

II. Anhörung

Eine **Anhörung** sieht das Gesetz vor der Beschlussfassung nicht vor. Die Kostenschuldner werden zu Anfang des Verfahrens im Zusammenhang mit der Festsetzung des Vergütungsbudgets angehört. Zu der Höhe der festgesetzten Vergütung besteht insoweit kein Anhörungserfordernis, weil das Budget bei der Festsetzung nicht überschritten werden darf.[4] Anders verhält es sich mit der anteiligen Überleitung der Kosten auf die Kostenschuldner gem. Abs. 2 Satz 3, die erst mit der Vergütungsfestsetzung erfolgt und zu der eine Anhörung geboten erscheint. Wird die Anhörung versäumt, ist dies kein durchgreifender Verfahrensfehler, sondern kann im Beschwerdeverfahren nachgeholt werden, wenn rechtliches Gehör gewährt wird.[5] Andernfalls drohen Verfahrensverzögerungen. Im Sinne einer Beschleunigung ist der Restrukturierungsbeauftragte stets anzuhören und ein gerichtlicher Hinweis zu erteilen (§ 38 Satz 1 StaRUG i.V.m. § 139 ZPO), wenn das Restrukturierungsgericht Bedenken gegen den Antrag hat und von diesem Abweichen will. Einfache Abweichungen und Fehler lassen sich dadurch zügig erörtern und ggf. beheben. 2b

III. Inhalt des Beschlusses

Der Beschluss über die Festsetzung der Vergütung muss die **maßgeblichen Elemente** enthalten, die für den Vergütungsberechtigten die Auszahlung aus der Staatskasse zulassen und etwaigen Beschwerdeberechtigten die Begründung einer sofortigen Beschwerde gegen die Entscheidung ermöglichen. 3

Gem. § 80 Abs. 1 setzt sich die Vergütung des Restrukturierungsbeauftragten aus seinem Honorar und den erstattungsfähigen Auslagen zusammen. Der Honoraranspruch besteht für die persönliche Tätigkeit des Restrukturierungsbeauftragten und für den unterstützenden Einsatz seiner qualifizierten Mitarbeiter, soweit er erforderlich war. 4

Ausgangspunkt für die Vergütungsfestsetzung sind die mit der Bestellung des Restrukturierungsbeauftragten festgesetzten Honorarparameter, bestehend aus Stundensatz und Stundenbudget.[6] Die endgültige Festsetzung erfolgt auf Grundlage der substantiiert nachgewiesenen Stunden. Wird ein Honorar für qualifizierte Mitarbeiter festgesetzt, ist im Beschluss auszuführen, dass deren Einsatz erforderlich war, also welche Aufgaben konkret angefallen sind, die über rein administrative Tätigkeiten hinausgehen und sich auf spezifisch im Rahmen der Restrukturierung zu erfüllende Tätigkeiten beziehen, die besondere Kenntnisse voraussetzen.[7] 5

Die Vergütung ist auf das gem. § 81 Abs. 4 festgesetzte und ggf. gem. § 81 Abs. 6 angepasste Budget gedeckelt. Das Gericht kann bei der endgültigen Vergütungsfestsetzung nicht über das ermittelte Vergütungsbudget hinausgehen.[8] **Stundensatz und Stundenbudget** sind als wesentliche Bezugsgrößen deshalb bereits zwingend in den Beschluss der Bestellung des Restrukturierungsbeauftragten aufzunehmen[9]. Erfolgt die Vergütung nach anderen Grundsätzen gem. § 83 Abs. 1 Satz 2, ist die Berechnungsmethode darzulegen, die sich aus der Bemessungsgrundlage und der möglichen Bruch- 6

---

3 *Vallender* ZInsO 2020, 2677, 2686.

4 Uhlenbruck-*Penzlin/Mikolajczak* § 82 StaRUG Rn. 25; a.A. MK-StaRUG/*Vuia* § 82 Rn. 12 ff.

5 Grundsätzlich BGH NZI 2012, 619, 621.

6 Zu möglichen Anpassungen von Stundenbudget und Stundensatz vgl. die Kommentierung zu § 81 Rdn. 23 f.

7 Vgl. zu den Anforderungen BT-Drucks. 119/24181, S. 176.

8 BT-Drucks. 19/24181, S. 176.

9 So auch *Frind*, ZRI 2021, 397, 405, a.A. AG Hamburg ZIP 2023, 94, für die Zulässigkeit einer Vergütungspauschale bei einfach gelagerten Fällen mit geringer Vergütung.

teilsvergütung oder sonstigen tätigkeitsbezogenen Berechnungsfaktoren zusammensetzt (RVG-Staffelungen, Pauschalen etc.).

► **Hinweis:**

7 Werden die Vergütungsvorschriften der InsVV entsprechend herangezogen ist im Beschluss die Bemessungsgrundlage darzustellen. Gem. § 83 Abs. 1 Satz 2 können die gegen den Schuldner gerichteten Forderungen herangezogen werden. Streitige Forderungen können in Anlehnung an die Stimmrechte gem. § 24 quotiert anzusetzen sein.[10]

8 Neben dem Honorar sind die erstattungsfähigen Auslagen festzusetzen, die sich über den Verweis des § 81 Abs. 7 nach den Bestimmungen des JVEG richten. Der Verweis dient der Entlastung des Gesetzes[11], ist aber aufgrund des von § 82 Abs. 2 inhaltlich abweichenden Auslagenbegriffs missverständlich.[12]

IV. Vergütungsantrag, Fälligkeit, Verjährung

9 Die Festsetzung der Vergütung erfolgt auf **Antrag** des Restrukturierungsbeauftragten nach **Beendigung des Amtes.** Verfahrensbedingt tritt die Beendigung in den Fällen des § 31 Abs. 4 mit dem Ende der Rechtshängigkeit der Restrukturierungssache oder mit der Entlassung des Restrukturierungsbeauftragten ein. Insbesondere endet das Amt mit
- der Entlassung des Restrukturierungsbeauftragten (§§ 75 Abs. 2, 78 Abs. 3),
- der nahtlosen Bestellung des Restrukturierungsbeauftragte in einem Anschlussinsolvenzverfahren zum (vorläufigen) Insolvenzverwalter oder Sachwalter.
- Ende der Rechtshängigkeit der Restrukturierungssache in den Fällen des § 31 Abs. 4.

► **Hinweis:**

10 Wird eine Vergütungsvereinbarung geschlossen, die eine vom Stundenhonorar abweichende Vergütung vorsieht, sollte diese auch regeln, wie die Vergütung bei einer vorzeitigen Beendigung des Amtes (anteilig) zu bemessen ist, etwa in Anlehnung an die Regelungen zur InsVV und die dazu anerkannte Rechtsprechung.

Das Amt kann zudem mit einem **Aufgabenwechsel** des Restrukturierungsbeauftragten vergütungsrechtlich abgeschlossen sein. Über abgeschlossene Aufgaben und die darauf entfallenden Stunden kann abgerechnet werden, wenn andere Aufgaben noch ausstehen oder vom Gericht neue Aufgaben erteilt werden.[13]

1. Entstehung und Fälligkeit des Vergütungsanspruchs

10a Der Restrukturierungsbeauftragte erhält eine **Tätigkeitsvergütung.** Sein **Vergütungsanspruch entsteht** mit der Erbringung der vergütungspflichtigen Tätigkeit und steigt mit fortlaufender Arbeitsleistung an.[14] Damit die Auszahlung aus der Staatskasse erfolgen kann, muss der Anspruch zudem fällig sein. Unterschiedlich wird beantwortet, ob Fälligkeit unmittelbar mit Beendigung der Tätigkeit eintritt,[15] oder ob die Vergütungsfestsetzung durch das Restrukturierungsgericht **Fälligkeitsvoraussetzung**[16] ist. Unter Praxisgesichtspunkten bietet das Beschlussdatum einen transparenten

10 Vgl. BeckOK-StaRUG/*Kümpel*, § 82 Rn. 3.
11 BT-Drucks. 19/24181, S. 177.
12 Zum Auslagenersatz siehe auch die Kommentierung zu § 81 Rdn. 34 ff.
13 Vgl. hierzu § 80 Rdn. 10; so auch Flöther-*Eckelt/Flöther*, StaRUG, § 74 Rn. 37 ff.
14 Seibt/Westpfahl-*Geiwitz/von Danckelmann* § 80 Rn. 5; MK-StaRUG/*Vuia* § 80 Rn. 9; Jacoby/Thole-*Martini* § 82 Rn. 13.
15 BeckOK-StaRUG/*Kümpel* § 80 Rn. 23: »Festsetzung hat deklaratorische Wirkung«.
16 Flöther-*Flöther/Erdmann*, StaRUG, § 80 Rn. 7; Uhlenbruck-*Penzlin/Mikolajczak* § 80 StaRUG Rn. 50.

Anknüpfungspunkt für die Fälligkeit. Dies gilt insbesondere in Hinblick auf die Möglichkeit, abgeschlossene Teilaufgaben und den hierauf entfallenden Aufwand abzurechnen; hier ist die Beendigung der Tätigkeit nicht ohne weiteres nach außen erkennbar. Damit korrespondiert ein Anspruch des Restrukturierungsbeauftragten auf **unverzügliche Bescheidung** seines Antrages unter Berücksichtigung des einzuhaltenden Verfahrens.[17]

2. Verjährung

Die **Verjährung des Vergütungsanspruchs** richtet sich nach den allgemeinen Vorschriften des Zivilrechts. Die Regelungen des § 2 JVEG finden mangels Verweisung im StaRUG keine Anwendung, soweit nicht ausnahmsweise die Vergütung auf Grundlage des JVEG erfolgt (isolierter Sachverständiger).[18] Gemäß § 195 BGB verjährt der Vergütungsanspruch vor der gerichtlichen Festsetzung nach drei Jahren. Maßgeblich für den Verjährungsbeginn ist gem. § 199 Abs. 1 Nr. 1 und Nr. 2 BGB das Jahr, in dem bei **Vorliegen der Antragsvoraussetzungen** ein ordnungsgemäßer Vergütungsantrag eingereicht werden kann. Der festgesetzte Vergütungsanspruch verjährt in 30 Jahren (§ 197 Abs. 1 Nr. 3 BGB). Auf die **Einrede der Verjährung** kann sich ausschließlich der Vergütungsschuldner berufen. 10b

3. Inhalt des Antrages

In dem Vergütungsantrag hat der Restrukturierungsbeauftragte die anspruchsbegründenden Tatsachen substanziiert darzulegen. Als **Berechnungsgrundlage** sind vorrangig die angefallenen Stunden und die zu Beginn des Verfahrens festgesetzten Stundensätze zu nennen; das Gesamthonorar ist auszuweisen.[19] Bei einer Vergütung nach Stundensätzen sind die ausgeübten Tätigkeiten und der hierfür angefallene **Zeitaufwand** anhand detaillierter Stunden- und Tätigkeitslisten darzulegen. Nur die genaue Erfassung und die ebenfalls erforderliche Zuordnung des Zeitaufwands auf die dem Restrukturierungsbeauftragten übertragenen Aufgaben erlauben die in § 82 Abs. 2 Satz 3 vorgesehene, anteilige Belastung antragstellender Gläubiger mit der Vergütung im Rahmen der Auslagenschuldnerschaft.[20] Auch muss das Gericht anhand der Tätigkeitsnachweises prüfen können, dass die Tätigkeiten im Zusammenhang mit den erteilten Aufträgen stehen, da überobligatorischer Aufwand nicht vergütet wird, wobei aber ein großzügiger Maßstab angezeigt ist.[21] Zu den **Abrechnungsintervallen**: Der vom Gesetzgeber für das Stundenhonorar des Restrukturierungsbeauftragten angeführte Vergleich zum Sanierungsberater legt es nahe, die in der Beratung übliche Abrechnungspraxis heranzuziehen, die **Taktungen** von 6 Minuten oder weniger vorsieht. Überwiegend wird § 8 Abs. 2 S. 2 JVEG entsprechend herangezogen, wonach die letzte begonnene Stunde voll abzurechnen ist, wenn sie zu mehr als 30 Minuten für die Erbringung der (letzten) Tätigkeit erforderlich war; anderenfalls hälftig.[22] Erfolgt die Vergütung gem. § 83 Abs. 1 Satz 2 nach anderen Grundsätzen sind die Bemessungsgrundätze im Einzelnen darzulegen. Auf die Vergütung gezahlte Vorschüsse sind ebenfalls aufzuführen, um die Verrechnung in der Gerichtskostenschlussrechnung zu ermöglichen.[23] 11

Gem. § 81 Abs. 2 erhält der Restrukturierungsbeauftragte für die Tätigkeit **qualifizierter Mitarbeiter** nur dann ein Honorar, soweit deren unterstützender Einsatz erforderlich war. Für abgerechnete Tätig- 12

---

17 Zum Anspruch auf unverzügliche Beschlussfassung MK-StaRUG/*Vuia* § 82 Rn. 10, der für Verzögerungen auf einen möglichen Staatshaftungsanspruch verweist und ein Entschädigungsanspruch nach § 198 GVG.

18 § 31 Abs. 7 verweist nur zum Auslagenersatz auf § 5 Abs. 2 S. 1 Nr. 2 und die §§ 6, 7 und 12 Abs. 1 S 2 Nr. 4.

19 Vgl. hierzu AG Hamburg ZIP 2023, 94, das in einfach gelagerten Fällen eine pauschale Vergütung (2.000 €) ohne nähere Ausführungen für zulässig hält, was in einfach gelagerten Fällen praktikabel erscheint.

20 MK-StaRUG/*Vuia* § 82 Rn. 9.

21 BeckOK-StaRUG/*Kümpel* § 82 Rn. 15a.

22 Für eine Taktung von 15 Minuten *Hölzle*, SanInsFoG, §§ 80–83 Rn. 15.

23 Morgen-*Schinkel*, StaRUG, § 82 Rn. 5.

keiten qualifizierter Mitarbeiter ist neben dem angefallenen Zeitaufwand zu dem anfänglich gerichtlich festgesetzten Stundensatz detailliert darzustellen, welche Tätigkeit ausgeübt wurde, inwieweit diese den Einsatz eines qualifizierten Mitarbeiters erfordert hat, und dass die konkret eingesetzte Person »qualifiziert« im Sinne des Gesetzes ist.[24] Kommt der Restrukturierungsbeauftragte seiner Darlegungslast nicht nach, hat ein Hinweis des Gerichts gegenüber dem Beauftragten zu erfolgen.[25]

13 Nach überwiegender Auffassung in der Literatur ist eine (**Zwischen-**) **Vergütungsfestsetzung** auch vorzunehmen, wenn dem Restrukturierungsbeauftragten neue Aufgaben zugewiesen werden, die einen anderen Stundensatz erfordern, als den anfänglich festgesetzten.[26] Insbesondere kann sich das Tätigkeitsfeld des auf einen Gläubigerantrag fakultativ bestellten Restrukturierungsbeauftragten um die in § 76 normierten Aufgaben erweitern, wenn im Verfahrensverlauf Gründe für eine notwendige Bestellung von Amts wegen i.S.d. § 73 eintreten oder der Schuldner eine entsprechende Aufgabenzuweisung nach § 77 Abs. 2 beantragt. Ein Aufgabenwechsel soll als Amtsbeendigung i.S.v. § 82 Abs. 1 anzusehen sein und eine Teilabrechnung über die erbrachten Tätigkeiten und anschließende Neufestsetzung der Vergütungsparameter erfordern. Gegen eine Abrechnung spricht, dass aus der Vergütungsfestsetzung und möglichen Rechtsmitteln Verzögerungen drohen, die nicht erforderlich und nicht geboten sind, auch im Hinblick auf mögliche Vorschüsse des Restrukturierungsbeauftragten auf die Vergütung gem. § 82 Abs. 4. Nach hier vertretener Auffassung ist mit einem Aufgabenwechsel eine gebotene Anpassung des Stundensatzes in entsprechender Anwendung des § 81 Abs. 6 zulässig. Den künftigen Kostenschuldnern ist gegen die Stundensatzanpassung die sofortige Beschwerde in entsprechender Anwendung von § 82 Abs. 3 zu gewähren. Lehnt man eine entsprechende Anwendung der Anpassungsvorschriften ab, ist die Änderung des Stundensatzes dennoch mit Zustimmung aller potentiellen Auslagenschuldner möglich, da die einvernehmliche Anpassung einer Vergütungsvereinbarung gleichkommt, die auch nach gerichtlicher Festsetzung der Vergütungsparameter zulässig ist.[27] Stimmen nicht alle Auslagenschuldner der Anpassung des Stundensatzes zu und lehnt man mit der wohl herrschenden Meinung eine Analogie zu § 81 Abs. 6 ab, ist bei der Erteilung zusätzlicher Aufgaben über die bis dahin erbrachten Leistungen zu dem bis dahin festgesetzten Stundensatz abzurechnen.

14 Nach der Festsetzung der Vergütung stellt der Restrukturierungsbeauftragte eine Rechnung an das Restrukturierungsgericht, damit die Zahlung aus der Staatskasse erfolgen kann. Anfallende Umsatzsteuer ist auszuweisen, § 81 Abs. 7 i.V.m. § 12 Abs. 1 Satz 2 Nr. 4 JVEG.

C. Bestimmung des Kostenschuldners

15 Im nächsten Schritt entscheidet das Gericht, *wer* die Vergütung des Restrukturierungsbeauftragten zu tragen hat. Gezahlt wird die Vergütung aus der Staatskasse. Das Gericht bestimmt, wer sie der Staatskasse zu erstatten hat. Dies erfolgt im Wege der Auslagenerstattung. Die Vergütung des Restrukturierungsbeauftragten ist Teil der Gerichtskosten und gehört zu den Auslagen nach Nr. 9017 des KVZ zum GKG. Die an den Restrukturierungsbeauftragten gezahlte Vergütung wird damit auf die Beteiligten übergeleitet, die sie letztlich leisten sollen.[28]

16 Gem. § 82 Abs. 2 Satz 2 hat regelmäßig der Schuldner die Auslagen zu tragen. Ist auf Antrag einer gem. § 77 Abs. 1 Satz 2 hinreichenden Mehrheit der Gläubiger und auf deren Kostenübernahmeerklärung ein fakultativer Restrukturierungsbeauftragter bestellt worden, sind diesen gem. § 82 Abs. 2 Satz 3 die Auslagen gesamtschuldnerisch anteilig aufzuerlegen. Die Belastung der Gläubiger ist beschränkt auf Auslagen, die im Zusammenhang mit ihrem **Antrag** entstanden und deshalb von ihrer **Kostenübernahmeerklärung** erfasst sind. Die Vergütung des Restrukturierungsbeauftragten muss also im Zusammenhang mit denjenigen Aufgaben angefallen sein, die das Gericht ihm auf

24 Vgl. hierzu die Kommentierung zu § 81 Rdn. 19.
25 Vgl. oben Rdn. 2b.
26 BeckOK-StaRUG/*Kümpel*, § 82 Rn. 5.
27 Vgl. hierzu die Kommentierung zu § 81 Rdn. 27.
28 Begr. RegE SanInsFoG z. § 87 StaRUG, BT-Drucks. 19/24181.

Antrag der Gläubiger übertragen hat.[29] Die Vergütung setzt sich zusammen aus dem Honorar und den Auslagen des Restrukturierungsbeauftragten.

Für Honorare und Auslagen, die im Zusammenhang mit Aufgaben angefallen sind, die dem von Amts wegen oder auf Antrag des Schuldners bestellten Beauftragten übertragen wurden, bleibt es bei der Belastung des Schuldners mit den Auslagen. Sind die erstattungsfähigen Auslagen des Restrukturierungsbeauftragten nicht eindeutig einer Aufgabenerfüllung zuzuordnen, sind diese anteilig im Verhältnis des Honorars zwischen dem Schuldner und den Gläubigern zu quoteln.[30] Die Auslagenschuldner sind namentlich zu benennen und der Umfang ihrer Kostenschuld zu beziffern. Eine gerichtliche Entscheidung erfolgt nach § 82 Abs. 2 nur über die Auslagen nach Nr. 9017 KV GKG und nicht über die Gebühr nach Nr. 2513 KV GKG[31] 17

▶ **Hinweis:**

In diesem Zusammenhang kommt der Substanziierung des Vergütungsantrags durch den Restrukturierungsbeauftragten zusätzliche Bedeutung zu, um eine korrekte Zuordnung der Auslagen im Sinne von KVZ 9017 GKG zu den von ihm erfüllten Aufgaben zu ermöglichen und diese dadurch dem Schuldner und den Gläubigern entsprechend auferlegen zu können.

D. Rechtsmittel gegen die Festsetzung der Vergütung

Gem. § 40 Abs. 1 Satz 1 ist gegen Entscheidungen des Restrukturierungsgerichts nur in den gesetzlich geregelten Fällen die **sofortige Beschwerde** statthaft. § 82 Abs. 3 gewährt die sofortige Beschwerde gegen die Festsetzung des Stundensatzes nach § 81 Abs. 4, gegen die Bestimmung oder Anpassung des Höchstbetrags nach § 81 Abs. 4 und 6 sowie gegen die endgültige Festsetzung der Vergütung nach § 82 Abs. 1. Nach hier vertretener Auffassung ist die sofortige Beschwerde zudem gegen die nachträgliche Anpassung des Stundensatzes des Restrukturierungsbeauftragten über § 81 Abs. 6 gegeben. Für die Statthaftigkeit der Beschwerde gegen die endgültige Vergütungsfestsetzung ist unerheblich, ob die Vergütung nach dem freien Ermessen des Gerichts oder auf Grundlage einer Vergütungsvereinbarung gem. § 83 Abs. 2 erfolgt.[32] Die Beschwerdefrist beträgt zwei Wochen (§ 569 Abs. 1 Satz 1 ZPO) und beginnt mit Verkündung der Entscheidung oder mit deren Zustellung, wenn eine Verkündung nicht erfolgt.[33] 18

Statthaft ist die Beschwerde gem. § 82 Abs. 3 auch gegen die Vergütung nach anderen Grundsätzen gem. § 83 Abs. 1 Satz 2 obgleich ein Verweis auf § 83 Abs. 1 fehlt[34]. Die Vorschrift normiert einen Ausnahmefall, in dem von der Regelvergütung nach oben abgewichen werden kann, die **Kostenbelastung** für die Auslagenschuldner also **höher** ist, als bei der Regelvergütung. Konsequenterweise muss deshalb das Rechtsmittel der sofortigen Beschwerde – erst recht – statthaft sein. Folgt man dieser Auffassung nicht, kann nur gegen die endgültige Festsetzung der Vergütung nach anderen Grundsätzen sofortige Beschwerde erhoben werden. Freilich richtet sich dann die Prüfung der Rechtmäßigkeit der Vergütung nur noch nach den vom Gericht (isoliert nicht mehr angreifbar) herangezogenen Vergütungsgrundsätzen. 19

Gegen die Entscheidung, **wer** in welchem Umfang die Auslagen zu tragen hat, wird kein ausführliches Beschwerderecht gewährt. Allerdings erfolgt die Festsetzung »bei« der Entscheidung über die 19a

29 Morgen-*Schinkel*, StaRUG, § 82 Rn. 9.
30 A.A. BeckOK-StaRUG/*Kümpel*, § 82 Rn. 6, für eine hälftige Aufteilung.
31 BeckOK-KostR/*Semmelbeck*, § 25a GKG Rn. 8.1.
32 Vgl. insoweit auch die Kommentierung zu § 83 Rdn. 24 bzw. 29.
33 Jacoby/Thole-*Martini*, StaRUG, § 82 Rn. 12.
34 So auch *Deppenkemper*, ZIP 2020, 2432, 2442; MK-StaRUG/*Vuia* § 83 Rn. 33; a.A. BeckOK-StaRUG/*Kümpel*, § 83 Rn. 13.

Vergütung. Die Auslagenlast ist als isolierte Beschwer gemeinsam mit der Vergütung im Wege der sofortigen Beschwerde angreifbar.[35]

20 Da die gem. Abs. 3 beschwerdefähigen Entscheidungen überwiegend ergehen, bevor der Auslagenschuldner bestimmt wurde, ist die **voraussichtliche Auslagenschuldnerschaft** für die **Beschwerdeberechtigung** ausreichend.[36] Andernfalls würde das Beschwerderecht gegen die Festsetzung von Stundensätzen und -budget leerlaufen. Beschwert sind voraussichtliche Auslagenschuldner jedenfalls dann, wenn sie die Auslagen nach KVZ 9017 GKG voraussichtlich zu tragen haben.[37] Der gesetzliche Kreis der Beschwerdeberechtigten ist abschließend. Insbesondere steht **planbetroffenen Gläubigern kein Beschwerderecht** zu, obgleich sie aus der Vergütung zumindest mittelbar belastet sind. Wird doch die Liquidität des Unternehmens aus dem zu Beginn des Verfahrens zu leistenden Auslagenvorschusses stark reduziert.[38] Letztlich ist das fehlende Beschwerderecht der Gläubiger aber der Effizienz des Verfahrens geschuldet.

21 Zu den Einzelheiten der sofortigen Beschwerde vgl. die Kommentierung zu § 40. Es gilt das Verschlechterungsverbot, wodurch auf die alleinige Beschwerde des Restrukturierungsbeauftragten keine niedrigere Vergütung und auf die alleinige Beschwerde der Auslagenschuldner keine höhere Vergütung festgesetzt werden darf.[39] Ordnet das Beschwerdegericht gem. § 40 Abs. 3 die sofortige Wirksamkeit der Entscheidung an, muss die Rechtsmittelfrist nicht abgewartet werden.

E. Auszahlung eines angemessenen Vorschusses

22 Dem Restrukturierungsbeauftragten steht nach § 82 Abs. 4 ein angemessener Vorschuss auf seine Vergütung zu. Diese Regelung soll verhindern, dass der Restrukturierungsbeauftragte über Gebühr mit den Lohnkosten eingesetzter Mitarbeiter und mit Auslagen in Vorleistung treten muss.[40] In seiner **ursprünglichen Fassung** sah § 82 Abs. 4 vor, dass der Antrag auf Auszahlung eines Vorschusses **festgesetzt** wird. Der Gesetzgeber hat letztlich von einer förmlichen Festsetzung abgesehen, da der Vorschuss auf die später festzusetzende Vergütung angerechnet wird und sich aus der Bemessung des Vorschusses für die spätere Festsetzung der Vergütung keine Bindungswirkungen ergeben soll.[41] Für die Auszahlung bedarf es lediglich einer gerichtlichen Auszahlungsanweisung an die Gerichtskasse.[42] Die Entscheidung über den Vorschuss ist **unanfechtbar**.

23 Der Vorschuss setzt einen entsprechenden Antrag des Restrukturierungsbeauftragten voraus, in dem die gesetzlichen Vorschussvoraussetzungen darzulegen sind. Regelungen zu Form und Inhalt des Antrages enthält das Gesetz nicht. Als Fallgruppen für einen Vorschuss normiert das Gesetz, dass dem Restrukturierungsbeauftragten **entweder erhebliche Auslagen** entstanden sind oder absehbar ist, dass solche entstehen werden oder aber auszumachen ist, dass die zu erwartende **Vergütung für bereits erbrachte Arbeiten** einen Betrag von 10.000 € übersteigt. Den Gesetzesmaterialien ist nicht zu entnehmen, ab welcher Höhe angefallene oder künftig absehbare **Auslagen »erheblich«** im Sinne des Gesetzes sein sollen. Hier ist auf den Einzelfall abzustellen und nicht einzusehen, weshalb der Restrukturierungsbeauftragte nicht nur mit seiner Arbeitsleistung und derjenigen seiner qualifizierten Mitarbeiter, sondern zusätzlich mit finanziellen Mitteln **nennenswert in Vorlage** gehen soll. Eine Obergrenze von höchstens 5.000 € erscheint insoweit tauglich und angemessen. Liegen nach einem gezahlten Vorschuss die Auszahlungsvoraussetzungen erneut vor, ist auf Antrag ein weiterer Vorschuss zu gewähren.[43]

---

35 MK-StaRUG/*Vuia* § 82 Rn. 42, Vergütungsparameter als zu prüfende »Vorfrage«.
36 Vgl. auch BeckOK-StaRUG/*Kümpel*, § 82 Rn. 6.
37 Vgl. BT-Drucks. 19/24181, S. 177; hierzu auch *Zimmer*, ZInsO 2020, 2117, 2127.
38 BeckOK-StaRUG/*Kümpel* § 82 Rn. 49; MK-StaRUG/*Vuia* § 82 Rn. 43.
39 BeckOK-StaRUG/*Kümpel* § 82 Rn. 54; MK-StaRUG/*Vuia* Rn. 49.
40 BT-Drucks. 19/24181, S. 177.
41 BT-Drucks. 19/25303, S. 79.
42 Morgen-*Schinkel*, StaRUG, § 82 Rn. 15.
43 Morgen-*Schinkel*, StaRUG, § 82 Rn. 16.

Abzugrenzen ist der Vergütungsvorschuss von dem Vorschuss, der gemäß 81 Abs. 5 auf die Auslagen zu leisten ist. Um das vom Gesetzgeber befürchtete Ausfallrisiko der Staatskasse zu minimieren, sollte der Vorschuss auf die Vergütung erst gezahlt werden, nachdem der Auslagenvorschuss gem. § 81 Abs. 5 gezahlt wurde.[44] 23a

Nicht geregelt ist die Vorschusspflicht für den Fall, dass die **Vergütung nach anderen Grundsätzen** gem. § 82 Abs. 1 Satz 2 erfolgt. Werden für die Vergütungsberechnung beispielsweise die Vorschriften der InsVV herangezogen, ist ein angemessener Vorschuss auf die voraussichtliche Gesamtvergütung zu zahlen. Der Vorschussantrag ist in diesem Fall entsprechend zu begründen. Da die für die Vergütungsbemessung relevanten Faktoren bereits bekannt sind, kann der voraussichtliche Vergütungsanspruch belastbar prognostiziert werden. 24

§ 83 Vergütung in besonderen Fällen

(1) [1]In besonderen Fällen können Stundensätze als Grundlage für das Honorar festgesetzt werden, welche die Höchstbeträge des § 81 Absatz 3 übersteigen, insbesondere, wenn
1. alle voraussichtlichen Auslagenschuldner zustimmen,
2. sich ansonsten keine geeignete Person zur Übernahme des Amtes bereit erklärt oder
3. die dem Restrukturierungsbeauftragten übertragenen Aufgaben unter den besonderen Umständen der Restrukturierungssache den Aufgaben nahekommen, die einem Sachwalter in einem in Eigenverwaltung geführten Insolvenzverfahren übertragen sind, insbesondere, weil eine allgemeine Stabilisierungsanordnung ergeht oder weil in den Restrukturierungsplan mit Ausnahme der nach § 4 auszunehmenden Gläubiger alle oder im Wesentlichen alle Gläubiger und an dem Schuldner beteiligten Personen einbezogen werden.

[2]Im Fall des Satzes 1 Nummer 3 kommt auch eine Vergütung nach anderen Grundsätzen, insbesondere eine Bemessung auf Grundlage des Wertes der in den Restrukturierungsplan einbezogenen Forderungen gegen den Schuldner oder des Unternehmensvermögens in Betracht.

(2) Wenn der Restrukturierungsbeauftragte auf Antrag und auf Vorschlag aller voraussichtlichen Auslagenschuldner bestellt wird und der Restrukturierungsbeauftragte und sämtliche Auslagenschuldner eine Vereinbarung über die Vergütung vorlegen, hat das Gericht diese Vereinbarung der Bemessung der Vergütung zugrunde zu legen, wenn die Vereinbarung nicht zu einer unangemessenen Vergütung führt.

Übersicht

44 Uhlenbruck-*Penzlin/Mikolajczak* § 82 StaRUG Rn. 53.

A. Normzweck

1 Die Vorschrift des § 83 eröffnet dem Restrukturierungsgericht die Möglichkeit, bei komplex gelagerten Fällen, von der Regelvergütung abzuweichen und entweder

- einen die Höchstbeträge des § 81 Abs. 3 übersteigenden Stundensatz zu gewähren (§ 83 Abs. 1 Satz 1),
- eine Vergütung nach anderen Grundsätzen festzusetzen (§ 83 Abs. 1 Satz 2) oder
- auf Grundlage einer Vergütungsvereinbarung die Vergütung festzusetzen (§ 83 Abs. 2).

2 Wie aus Nummer 2 folgt, soll die Vorschrift in erster Linie verhindern, dass sich in komplex gelagerten Fällen aufgrund starrer Vergütungsvorschriften keine geeignete Person für das Amt des Restrukturierungsbeauftragten findet. Auch spricht nichts dagegen, von den gesetzlichen Regelsätzen nach oben abzuweichen, wenn alle von der Kostenentscheidung betroffenen Verfahrensbeteiligten dem zugestimmt haben.[1] Begrifflich schließt »Honorar« Zahlungen für Leistungen qualifizierter Mitarbeiter ein, weshalb eine **Durchbrechung der Höchstbeträge** nicht nur für den Restrukturierungsbeauftragten möglich ist, sondern auch für dessen qualifizierte Mitarbeiter.

3 Dem **Regel-Ausnahme-Verhältnis der Vergütung** liegt die Überlegung des Gesetzgebers zu Grunde, dass der Schuldner nach dem StaRUG – entsprechend den Vorgaben der Restrukturierungsrichtlinie[2] – auch nach Anzeige eines Restrukturierungsvorhabens grundsätzlich die Vermögensverfügungsbefugnis und die Kontrolle über sein Unternehmen behält. Daran anknüpfend sieht die Gesetzesbegründung zum StaRUG den Restrukturierungsbeauftragten primär als »Korrektiv« zur Wahrung der Interessen von Beteiligten, die nicht ohne Weiteres in der Lage sind, ihre Interessen im Restrukturierungsprozess zur Geltung zu bringen.[3] Zugleich wird er als »eine dritte und neutrale Person« benannt, die »als vermittelnde und koordinierende Instanz« die Aufgabe hat, die »Integrität und Effizienz des Prozesses« sicherzustellen. In dieser beratenden Funktion steht der Restrukturierungsbeauftragte einem Sanierungsberater gleich und wird mit einem Stundenhonorar vergütet.[4]

4 **Ändert sich die Rolle** des Beauftragten, weil er zunehmend Aufgaben »zur Überwachung der Tätigkeit eines Schuldners oder zur teilweisen Übernahme der Kontrolle über den Betrieb eines Schuldners«, übernimmt oder findet sich zu den Regelstundensätzen kein geeigneter Beauftragter, kann eine abweichende Vergütung festgesetzt werden.

B. Besondere Vergütung

5 § 83 Abs. 1 Satz 1 formuliert Regelbeispiele für Fallgruppen, in denen ein die Regelsätze gem. § 81 Abs. 3 Satz 2 übersteigendes Honorar festgesetzt werden kann.[5] Das System des Stundenhonorars wird dabei beibehalten. Erscheint ein Stundenhonorar ungeeignet, ermöglicht Abs. 1 Satz 2 eine Vergütung »nach anderen Grundsätzen«, wenn der Beauftragte mit **sachwalterähnlichen** Aufgaben gem. Abs. 1 Satz 1 Nr. 3 betraut wird. Aufgrund der Formulierung als Regelbeispiel kann das

1 BT-Drucks. 19/24181 S. 178.
2 Vgl. ErwG 30 RL(EU) 2019/1023.
3 BT-Drucks. 19/24181, S. 169.
4 A.A. *Flöther*, NZI Beilage 01/2021, 48, 54, der auf die stundenbasierte Vergütung des Sachverständigen nach dem Vorbild der InsVV abstellt und diese für prinzipiell vorzugswürdig hält.
5 Zu der Kritik an dieser Regelung insgesamt *Smid*, ZInsO 2020, 2184, 2198.

Restrukturierungsgericht grundsätzlich nach freiem Ermessen von der Regelvergütung abweichen.[6] Ein Rechtsanspruch auf die Festsetzung einer höheren Vergütung besteht nicht.[7] Durch den allgemeinen Verweis auf § 81 Abs. 3 und den Begriff »Vergütung« (Honorar und Auslagen), gilt die Vorschrift auch für die Vergütung qualifizierter Mitarbeiter[8] und ermöglicht höhere Auslagenerstattungen im Sinne von § 81 Abs. 7, über den im JVEG geregelten Sätzen.[9]

I. Gesetzliche Fallgruppen höherer Vergütung

1. Zustimmung der Auslagenschuldner

6 Gem. § 83 Abs. 1 Satz 1 Nr. 1 können von § 81 Abs. 3 abweichende Stundensätze festgesetzt werden, wenn alle voraussichtlichen Auslagenschuldner der höheren Vergütung zustimmen. Nach dem Dafürhalten des Gesetzgebers ist es nur sachgerecht, einer im Einvernehmen von Restrukturierungsbeauftragtem und Auslagenschuldnern getroffenen Vergütungsvereinbarung den Vorrang zu gewähren, da die Auslagenschuldner die Kosten der Vergütung nach KVZ 9017 GKG ohnehin zu tragen haben.[10] Auslagenschuldner ist regelmäßig der Schuldner (§ 82 Abs. 2 Satz 2), soweit nicht Gläubiger die Einsetzung eines fakultativen Beauftragten beantragt haben und gesamtschuldnerisch die damit verbundenen Kosten als Auslagen zu tragen haben. Liegen keine Gläubigeranträge vor, genügt die Zustimmung des Schuldners zur erhöhten Vergütung.[11] Die Vorschrift **korrespondiert mit der Möglichkeit einer Vergütungsvereinbarung** in Abs. 2 und verdeutlicht, dass die Auslagenschuldner gemeinsam mit dem Beauftragten weitgehend frei über die Vergütung entscheiden können. Eine teilweise im Schrifttum vertretene Auffassung, die Vorschrift finde nur Anwendung, wenn mehrere Auslagenschuldner vorhanden seien, ist deshalb abzulehnen und im Gesetz nicht angelegt.[12]

7 Die Zustimmung der Auslagenschuldner entbindet das Restrukturierungsgericht nicht von der Kontrolle, ob die konsentierte Vergütung angemessen ist, insbesondere nicht zu erheblichen **Fehlanreizen für den Restrukturierungsbeauftragten** oder zu einer erheblichen **Gefährdung der Befriedigungsaussichten nicht an der Vereinbarung beteiligter Gläubiger** führt.[13] Konkrete Prüfungskriterien normiert der Gesetzgeber nicht. Tauglicher Wertungsaspekt dürften die am Markt in vergleichbaren Fallkonstellationen üblichen Beraterhonorare sein. Zum einen entspricht dies der Wertung des Gesetzgebers, der die grundsätzliche Entscheidung für Stundensätze mit den angeblichen Parallelen des Restrukturierungsbeauftragten zum Sanierungsberater begründet. Zum anderen enthält Abs. 1 Nr. 2 die Wertung, dass die am Markt üblichen Honorare maßgeblich sein sollen.

8 Da die gesetzlichen Regelbeispiele der Vergütungserhöhung alternativ und nicht kumulativ gelten, ist das Gericht im Fall der Zustimmung nicht gehalten, zu prüfen, ob geeignete Personen bereit sind, das Amt des Restrukturierungsbeauftragten zum Regelstundensatz zu übernehmen.

2. Fehlen eines geeigneten Restrukturierungsbeauftragten

9 Gem. Nr. 2 kann ein die Regelvergütung übersteigendes Honorar vereinbart werden, wenn sich ansonsten keine geeignete Person zur Übernahme des Amtes bereiterklärt. Nach dem Wortlaut des

---

6 BeckOK-StaRUG/*Kümpel*, Einl. § 83 StaRUG; a.A. *Schulte-Kaubrügger/Dimassi*, ZIP 2021, 936, 945: verstehen die Fallgruppen des § 83 Abs. 1 Satz 1 StaRUG als gesetzlichen Tatbestand, indem sie entweder einen höheren Stundensatz festsetzen oder aber in den Fällen des § 83 Abs. 1 Satz 1 Nr. 3 StaRUG nach § 83 Abs. 1 Satz 2 StaRUG ein gänzlich anderes Vergütungsmodell wählen.

7 BeckOK-StaRUG/*Kümpel* § 83 Rn. 16 f.

8 Jacoby/Thole-*Martini*, StaRUG, § 83 Rn. 11; Flöther-*Flöther/Erdmann*, StaRUG, § 83 Rn. 20.

9 Morgen-*Schinkel*, StaRUG, § 83 Rn. 22.

10 BT-Drucks. 19/24181, S. 178.

11 Kritisch hierzu *Thole*, ZIP 2020, 1985, 1998.

12 Uhlenbruck-*Penzlin/Mikolajczak* § 83 StaRUG Rn. 8; Morgen-*Schinkel*, StaRUG, § 83 Rn. 6; BeckOK-StaRUG/*Kümpel* § 83 Rn. 4 f.; a.A. *Thole*, ZIP 2020, 1985, 1998.

13 BT-Drucks. 19/24181, S. 178.

Gesetzes erfordert das Regelbeispiel Absagen geeigneter Personen auf **aktive Anfragen des Restrukturierungsgerichts**. Auch die Gesetzesmaterialen stellen darauf ab, ob keine geeignete Person zur Übernahme des Amtes zur Regelvergütung bereit war. Die Vorschrift wird zu Recht kritisiert, weil zumindest eine Negativerklärung von angefragten Restrukturierungsbeauftragten vorliegen muss.[14] Kritisch ist insbesondere, dass das Restrukturierungsgericht in einem ohnehin knapp bemessenen Zeitfenster den Sanierungsfall auf dem Markt ausschreiben müsste. Da die Höhe des Honorars mit der Bestellung des Restrukturierungsbeauftragten festzusetzen ist, wird eine vorgelagerte Abfrage mehrerer geeigneter Personen zu Verzögerungen führen. Diese müssen Gelegenheit haben, die Besonderheiten des Falles und die Angemessenheit der in Aussicht stehenden Regelvergütung zu prüfen. Zudem gebietet die Vertraulichkeit der vergütungsrelevanten Informationen, die Anfrage nicht breit zu streuen, sondern geeignete Personen nacheinander abzufragen, was den Zeitaufwand zusätzlich erhöht. Der Erfolg der vorzunehmenden Ausschreibung hängt vor allem von einer präzisen und detaillierten Problembeschreibung ab.[15] Allerdings entbindet der Zeitdruck den Richter nicht von der Prüfungspflicht. Der praktische Anwendungsbereich der Vorschrift wird dadurch aber stark eingeschränkt.

10 In der Literatur wird teilweise befürchtet, dass sich immer jemand finden werde, der zum Höchstsatz des Regelrahmens tätig wird und über eine Erhöhung des Zeitbudgets dennoch auf eine stattliche Vergütung kommen wird.[16] Dem ist mit der Einschränkung zuzustimmen, dass Mitbewerber nicht *generell*, sondern *konkret* für das in Rede stehende Verfahren geeignet sein müssen, neben der fachlichen Ausbildung ggf. auch durch branchenspezifische Erfahrungen. Die Gesetzesbegründung nennt als Beispiel, dass die »Sache Spezialwissen« erfordert, über das nur wenige, üblicherweise besser vergütete Kandidaten verfügen.[17] Eine zunehmende Komplexität schränkt den Kreis der denkbaren Mitbewerber um das Amt des Beauftragten durchaus ein. Die notwendige und einzelfallbezogen vorzunehmende Prüfung der Geeignetheit dürfte auch denkbaren Flächenbewerbungen von Amtsanwärtern entgegenstehen, die bundesweit und unaufgefordert den Gerichten anbieten, stets zum Regelsatz für das Amt des Restrukturierungsbeauftragten zur Verfügung zu stehen.

11 Letztlich wird die praktische Relevanz der Vorschrift dadurch beschränkt, dass sich regelmäßig **Überschneidungen zu anderen Regelbeispielen** des § 83 Abs. 1 Nr. 1 ergeben. Da diese alternativ und nicht kumulativ vorliegen müssen, ist eine Vergütung über dem Regelsatz in diesen Fällen auch dann möglich, wenn keine Negativerklärungen angefragter geeigneter Personen vorliegen. Sind die Voraussetzungen eines der übrigen Regelbeispiele erfüllt, ist eine Ausschreibung entbehrlich. Es sollte eine Lösung über § 83 Abs. 1 Satz 1 Nr. 1, 3 oder Satz 2 oder mit anderer Begründung gesucht werden, da bei fehlendem Konsens eine Entscheidung nach § 83 Abs. 1 Satz 1 Nr. 2 angesichts der dem Wortlaut nach kaum erfüllbaren bzw. belegbaren Voraussetzungen rechtsmittelanfällig ist.

3. Übertragung sachwalterähnlicher Aufgaben

12 Eine die Regelsätze des § 81 Abs. 3 Satz 2 übersteigende Vergütung kann zudem festgesetzt werden, wenn die dem Restrukturierungsbeauftragten übertragenen Aufgaben denjenigen nahekommen, die einem Sachwalter in einem in Eigenverwaltung geführten Insolvenzverfahren zukommen. Neben einer Erhöhung des Stundensatzes kann in diesen Fallgruppen alternativ auch gem. § 83 Abs. 1 Satz 2 ein anderes Vergütungsmodell gewählt werden. Die Entscheidung steht im freien Ermessen des Gerichts und kann deshalb auch erhöhte Stundensätze vorsehen, ohne auf andere Berechnungsgrundlagen zu rekurrieren.[18]

---

14 I. E auch Flöther-*Flöther/Erdmann*, StaRUG, § 83 Rn. 9.

15 *Frind*, ZInsO 2020, 2241, 2248.

16 *Morgen*, INDat-Report Ausgabe 9/2020, 13, 31; *Vallender*, ZInsO 2020, 2677, 2686.

17 BT-Drucks. 19/24181, S. 178.

18 BT-Drucks. 19/24181, S. 178.

Zur Begründung führt der Gesetzgeber aus, in besonders gelagerten Fällen könnten die Aufgaben des Restrukturierungsbeauftragten denen ähneln, die auch ein Sachwalter in einem in Eigenverwaltung eröffneten Insolvenzverfahren zu erfüllen habe, wie in den Regelbeispielen der Nr. 3.[19] Eine Vergütung über den gesetzlichen Regelsätzen ist demnach in Verfahren angemessen, in denen eine **Stabilisierungsanordnung** ergehen soll, oder weil in den **Restrukturierungsplan** (mit Ausnahme der nach § 4 auszunehmenden Gläubiger) ein Großteil der Gläubiger oder die Gesamtheit der Gläubiger und die an dem Schuldner beteiligten Personen einbezogen werden sollen. 13

Die Aufzählung in Nr. 3 ist nicht abschließend, sondern enthält **Regelbeispiele**.[20] Werden dem Restrukturierungsbeauftragten vergleichbare Aufgaben übertragen, kann er ebenfalls über dem Regelstundensatz vergütet werden. Die gesetzlichen Regelbeispiele nennen Aufgaben des Restrukturierungsbeauftragten mit Kollektivcharakter wie in der Gesamtvollstreckung.[21]. 14

Grund für eine höhere Vergütung ist in den Regelbeispielen zudem ein grundsätzlich erhöhter Haftungsumfang und das daraus erhöhte **Haftungsrisiko**, insbes. wenn eine größere Gläubigeranzahl in das Verfahren einbezogen wird und der Restrukturierungsbeauftragte diverse Aufgaben übertragen bekommt.[22] Das Gericht kann die Aufgaben des Beauftragten sukzessive erweitern. In den Begrifflichkeiten der Richtlinie wandelt sich die Rolle von »einer vermittelnden und koordinierenden Instanz«, die die Aufgabe hat, »Integrität und Effizienz des Prozesses« sicherzustellen,[23] zu Aufgaben »zur Überwachung der Tätigkeit eines Schuldners oder zur teilweisen Übernahme der Kontrolle über den täglichen Betrieb eines Schuldners«.[24] 15

Fallgruppen einer potentiell höheren Vergütung sind vor diesem Hintergrund die Planüberwachung (§ 72), die Übertragung der Kassenführung (§ 76 Abs. 2 Nr. 2b), Überwachung der Geschäftsführung (§ 76 Abs. 2 Nr. 2a) oder ein Zustimmungsvorbehalt für Zahlungen außerhalb des gewöhnlichen Geschäftsbetriebes (§ 76 Abs. 2 Nr. 3).[25] **Weitere Fallgruppen** sind denkbar. Wobei die Übernahme eines erhöhten Haftungsrisikos für sich genommen nur ausnahmsweise eine höhere Vergütung rechtfertigen dürfte, etwa, wenn die mit den übertragenen Aufgaben verbundenen Risiken nicht zu angemessenen Konditionen versichert werden können. Letztlich müssen die Aufgaben des Restrukturierungsbeauftragten sachwalterähnlich sein.[26] 15a

II. Stundensätze und davon abweichende Vergütungen

1. Bemessung des erhöhten Stundensatzes

Liegen die Voraussetzungen für eine Vergütung über den gesetzlichen Regelsätzen vor, stellt sich die Frage nach der korrekten Bemessung. Gesetzliche gesonderte Bemessungskriterien fehlen. Es gelten die allgemeinen Kriterien in § 81 Abs. 3 S. 1[27], die aber für sich genommen wenig Orientierung dafür bieten, was vergütungsrechtliche Regel und was Ausnahme sein soll. Die dem Beauftragten übertragenen Aufgaben sind zu berücksichtigen. Diese sind nicht nur maßgeblich für die Frage *ob* eine höhere Vergütung gerechtfertigt ist, sondern auch für deren Höhe. 16

Die Motive des Gesetzgebers legen nahe, den Restrukturierungsbeauftragten **wie einen Sanierungsberater** zu vergüten. Ausschlaggebend für die stundenweise Vergütung des Restrukturierungsbeauftragten war, dass diesem nach Ansicht des Gesetzgebers eine Rolle zukommt, ähnlich einem 16a

19 BT-Drucks. 19/24181, 178.
20 BT-Drucks. 19/24181, 178.
21 Flöther-*Flöther/Erdmann*, StaRUG, § 83 Rn. 13; a.A. *Thole*, ZRI 2020, 393, 397 mit Hinweis auf eine generell vergleichbare Aufgabenverteilung von Sachwalter und Restrukturierungsbeauftragten.
22 BeckOK-StaRUG/*Kümpel*, § 83 Rn. 7.
23 BT-Drucks. 19/24181, S. 169 (zu Kapitel 3).
24 ErwG 30 RL(EU) 2019/1023.
25 Morgen-*Schinkel*, StaRUG, § 83 Rn. 16.
26 Jacoby/Thole-*Martini*, StaRUG, § 83 Rn. 21; MK-StaRUG/*Vuia* § 83 Rn. 15.
27 Uhlenbruck-*Penzlin/Mikolajczak* § 83 StaRUG Rn. 21.

Sanierungsberater. Als Referenzwerte können die Honorare der Berater herangezogen werden, die von der Schuldnerin in dem Verfahren mandatiert sind.[28] Den Bezug zu einer **marktübliche Beratervergütung** stellt der Gesetzgeber im Zusammenhang mit Abs. 1 Nr. 2 für den Fall her, dass das Verfahren Spezialwissen des Restrukturierungsbeauftragten erfordert, das typischerweise am Markt höher als die Regelsätze in § 81 Abs. 3 vergütet wird.[29] Gegen eine undifferenzierte Übernahme von Beraterhonoraren spricht, dass für die Vergütung gem. § 83 Abs. 1 S. 1 die im Zusammenhang mit dem konkreten Verfahren auftretenden **Umstände** maßgeblich sind. Zudem soll die Erreichung der Ziele des Restrukturierungsverfahrens nicht durch zu hohe Verfahrenskosten gefährdet werden.[30] Starre Grenzen ergeben sich daraus nicht. Diese Wertungen des Gesetzgebers sind bei der Ermessensausübung im Zusammenhang mit der Vergütungsfestsetzung aber zu berücksichtigen.

2. Vergütung nach anderen Grundsätzen

16b Werden dem Restrukturierungsbeauftragten Aufgaben übertragen, die denen eines Sachwalters nahekommen, kann seine Vergütung auch nach anderen Grundätzen bemessen werden (§ 83 Abs. 1 S. 2). Das Gesetz regelt nicht abschließend, wie die Vergütung »nach anderen Grundätzen« erfolgen soll. Als Regelbeispiele nennt die Vorschrift den Wert der in den Restrukturierungsplan einbezogenen Gläubigerforderungen oder des Unternehmensvermögens als mögliche Berechnungsgrundlagen. Das Gericht entscheidet nach **freiem Ermessen** über die Vergütung und die anzusetzenden Maßstäbe. Um Rechtsbehelfe gegen die Vergütungsfestsetzung und die damit verbundenen Verzögerungen zu vermeiden, ist das Gericht angehalten, plausible und transparente Kriterien für die Bemessung der Vergütung heranzuziehen und in der Vergütungsfestsetzung darzustellen.

a) Geeignete Berechnungsgrundsätze

aa) Höhe der Restrukturierungsforderungen

17 Als mögliche Berechnungsgrundlage nennt das Gesetz zunächst den **Wert aller in den Restrukturierungsplan einbezogenen Forderungen** gegen den Schuldner. Bei der Wertermittlung – vor allem im Hinblick auf streitige Forderungen – können die Vorschriften über die Stimmrechtsfestsetzung gem. § 24 entsprechend herangezogen werden. Die Vergütung kann beispielsweise quotal aus den Forderungen ermittelt werden oder sich an der Quote orientieren, die Gläubiger aus seinem vorgelegten Restrukturierungsplan erhalten sollen. In der Praxis vorteilhaft ist die Forderungssumme, weil sie frühzeitig im Verfahren bekannt und nachvollziehbar zu ermitteln ist. Gegen die Forderungshöhe als Bemessungsgrundlage wird angeführt, sie lasse keine Rückschlüsse zu, ob die ermittelte Vergütung auch gezahlt werden könne.[31]

bb) Unternehmensvermögen und betriebswirtschaftliche Kennzahlen

18 Als weiteren Ansatz zur Berechnung der Vergütung nennt das Gesetz das Vermögen des Schuldners. Der Vermögensbegriff wird nicht definiert, also ob der in Geld ausgedrückte Wert aller materiellen und immateriellen Güter gemeint ist, die im Eigentum des Schuldners stehen. Oder das Reinvermögen, also die Differenz aus dem Aktivvermögen und der Verbindlichkeiten. Weder dem Gesetz noch der Richtlinie (EU) 2019/1023 lassen sich konkrete Vorgaben zur Vermögensbewertung zu Vergütungszwecken entnehmen. Dies bleibt dem Rechtsanwender überlassen, dem die Werte bereits zu Beginn des Verfahrens bekannt sein müssen, um mit der Bestellung des Restrukturierungsbeauftragten seine Vergütung festsetzen zu können.

---

28 Flöther-*Flöther/Erdmann*, StaRUG, § 83 Rn. 18; Morgen-*Schinkel*, StaRUG, § 83 Rn. 18 unter Hinweis auf die vom Gesetzgeber gezogenen Parallelen zur Sanierungsberatung; a.A. BeckOK-StaRUG/*Kümpel* § 83 Rn. 41, der zur Zurückhaltung mahnt.

29 BT-Drucks. 19/24181, 178.

30 MK-StaRUG/*Vuia* § 83 Rn. 18.

31 Flöther-*Flöther/Erdmann*, StaRUG, § 83 Rn. 24.

cc) Sonstige Grundlagen der Vergütungsbemessung

Alternativ zu den gesetzlichen Regelbeispielen können andere Grundsätze für die Vergütung des Restrukturierungsbeauftragten herangezogen werden. In den Fällen des § 83 Abs. 1 Nr. 3 hält der Gesetzgeber es für sachgerecht, den Restrukturierungsbeauftragten wie einen Sachwalter zu vergüten.[32] Ein Rückgriff auf die Vorschriften der InsVV liegt deshalb nahe, die eine Vergütung nach Bruchteilen an der Insolvenzmasse vorsieht. Allerdings lehnt der Gesetzgeber eine unmittelbare Anwendung der InsVV ab. Ein »**unmodifizierten Rückgriff**« auf die die Berechnungsgrundlage der InsVV sei nicht möglich, weil sich die Tätigkeit eines Restrukturierungsbeauftragten typischerweise nicht auf das gesamte Vermögen beziehe.[33] Offen bleibt, wie der Massebegriff der InsVV zu modifizieren sein soll. Bei der Suche nach Alternativen zur Insolvenzmasse als Berechnungsgrundlage ist zu berücksichtigen, dass die Vergütung mit der Bestellung des Restrukturierungsbeauftragten festgesetzt wird. Die Restrukturierungsrichtlinie hebt zudem an zahlreichen Stellen den **Effizienzgedanken** hervor.[34] Für die Bemessungsgrundlage sind deshalb Werte heranzuziehen, die für das Verfahren ohnehin relevant und zu bestimmen sind und die dem Restrukturierungsgericht **im Zeitpunkt der Entscheidung** über die Vergütungshöhe bereits bekannt, oder mit überschaubaren Aufwand zu ermitteln sind.[35] In Betracht kommen dabei vor allem die vom Schuldner vorangehend eingereichten Unterlagen und ggf. schon der Restrukturierungsplan.[36] Im Zeitpunkt der Vergütungsbudgetierung wird der Restrukturierungsplan regelmäßig zumindest im Entwurf vorliegen, da dieser grundsätzlich gem. § 31 Abs. 1, Abs. 2 mit der Anzeige des Restrukturierungsvorhabens dem Restrukturierungsgericht vorzulegen ist. Dieser enthält Angaben über die Restrukturierungsforderungen und über das Vermögen der Schuldnerin, das in der Vergleichsrechnung im Restrukturierungsplan darzustellen ist, regelmäßig zu Fortführungswerten. Beide Werte sind praktikable Bemessungsgrundlagen und können herangezogen werden.[37] 19

Gegen einen Rückgriff auf eine neu zu ermittelnde Berechnungsgrundlage für die Vergütungsbemessung spricht, dass eine **Wertekonstanz** weniger Angriffsfläche für Rechtsmittel und die damit verbundenen Verfahrensverzögerungen bietet. 20

b) Tätigkeitsvergütung nach sonstigen Parametern

Soll der Restrukturierungsbeauftragte wie ein Sachwalter vergütet werden, ist neben der Berechnungsgrundlage festzusetzen, wie die tätigkeitsbezogene Bruchteilsvergütung zu ermitteln ist. Hier können die Vergütungsvorschriften des Sachwalters (§§ 10, 2, 12 InsVV) und die Fallgruppen des § 3 InsVV entsprechend herangezogen werden. 21

Zu- oder Abschläge auf die Vergütung sind einzelfallbezogen darzustellen. Verfahrensbedingt fallen Regelaufgaben des Sachwalters beim Restrukturierungsbeauftragten gar nicht an, etwa die Entgegennahme und Prüfung von Forderungsanmeldungen sowie die Prüfung und Durchsetzung von Anfechtungsansprüchen. Andererseits hat der Restrukturierungsbeauftragte grundsätzlich den Restrukturierungsplan zu prüfen und zur Erklärung des Schuldners gem. § 14 Stellung zu nehmen. Auch ist der **Haftungsradius** des Restrukturierungsbeauftragten größer. Dies folgt aus den in § 75 Abs. 4 normierten Sorgfalts- und Haftungspflichten gegenüber allen Beteiligten. 22

32 BT-Drucks. 19/24181, S. 178.
33 BT-Drucks. 19/24181, S. 178.
34 Vgl. *Zimmer*, ZInsO 2020, 2117, 2121.
35 So auch *Zimmer*, ZInsO 2020, 2117, 2121.
36 BeckOK-StaRUG/*Kümpel*, § 83 Rn. 8.
37 Morgen-*Schinkel*, StaRUG, § 83 Rn. 25.

22a Neben den Vorschriften der InsVV können auch wertbezogene Vergütungen entsprechend dem RVG, der StBVV oder auch Pauschalen[38], sowie eine Kombination unterschiedlicher Ansätze festgesetzt werden.[39]

III. Verfahren, Anhörung und Rechtsbehelfe

23 Gemäß § 81 Abs. 4 setzt das Gericht mit der Bestellung des Restrukturierungsbeauftragten den Stundensatz und einen Höchstbetrag für sein Honorar fest. Für die Vergütung nach anderen Grundsätzen ist der Festsetzungszeitpunkt nicht geregelt, ein Verweis auf § 81 Abs. 4 fehlt. Die vom Gesetzgeber angestrebte **Kostentransparenz für alle Auslagenschuldner** gebietet in entsprechender Anwendung, dass die Vergütung nach anderen Grundsätzen gleichermaßen zu budgetieren ist. Die für die Vergütungsbemessung relevanten Parameter sind mit festzusetzen.[40] Auch regelt das Gesetz keine Rechtsbehelfe gegen die Festsetzung. Die sofortige Beschwerde ist nach § 40 Abs. 1 Satz 1 nur in den gesetzlich normierten Fällen zulässig. Die für Vergütungsfragen insoweit relevante Vorschrift des § 82 Abs. 3 sieht ein Beschwerderecht für abweichende Vergütungsmodelle nicht vor. Fraglich ist deshalb, ob bei der Wahl eines alternativen Vergütungsmodells ein rechtsmittelfähiges Anhörungs- und Vorabfestsetzungsverfahren i.S.d. § 81 Abs. 4, 6 durchzuführen ist, dessen Entscheidung gem. § 82 Abs. 3 mittels sofortiger Beschwerde angefochten werden kann.[41] In den gesetzlich normierten Fällen der Regelvergütung soll die frühzeitige Festsetzung des Vergütungsbudgets erfolgen, um den künftigen Auslagenschuldnern transparent die in Aussicht stehenden Kosten planbar offenzulegen.[42] Dies gilt auch in den Fällen der Vergütung nach abweichenden Grundsätzen, weshalb eine Anhörung zu erfolgen hat.

24 Ebenso muss gegen die Festsetzung der Vergütung nach anderen Grundsätzen die sofortige Beschwerde statthaft sein.[43] Die Vorschrift normiert einen Ausnahmefall, in dem von der Regelvergütung nach oben abgewichen werden kann, die **Kostenbelastung** für die Auslagenschuldner also **höher** ist, als bei der Regelvergütung. Konsequenterweise muss deshalb das Rechtsmittel der sofortigen Beschwerde – erst recht – statthaft sein. Das Beschwerderecht ist in den Fällen des § 83 Abs. 1 Satz 2 in analoger Anwendung des § 81 Abs. 4, 6 herzuleiten. Lehnt man ein Beschwerderecht ab, kann nur gegen die endgültige Festsetzung der Vergütung sofortige Beschwerde erhoben werden. Freilich richtet sich dann die Prüfung der Rechtmäßigkeit der Vergütung nur noch nach den vom Gericht (isoliert nicht mehr angreifbar) herangezogenen Vergütungsgrundsätzen.[44]

IV. Vergütungsvereinbarung durch die Sanierungsakteure

25 Die von der Auslagenentscheidung im Sanierungsverfahren betroffenen Akteure können unter den Voraussetzungen des § 83 Abs. 2 eine Vereinbarung über die Vergütung schließen. Der Gesetzgeber hält es für sachgerecht, einer im Einvernehmen von Restrukturierungsbeauftragtem und Auslagenschuldnern getroffenen Vergütungsvereinbarung den Vorrang zu gewähren, da die Auslagenschuldner die Kosten der Vergütung nach KVZ 9017 GKG ohnehin zu tragen haben.[45] Damit weicht er von dem zum Insolvenzrecht in der Rechtsprechung anerkannten Grundsatz ab, dass Vereinbarungen über die Vergütung des Insolvenzverwalters oder Sachwalters mit der **Neutralitätspflicht des Amtes**

---

38 Vgl. hierzu auch AG Hamburg ZIP 2023, 94, das auch in einfach gelagerten Fällen, in denen die Voraussetzungen des § 83 Abs. 1 nicht vorliegen, für zulässig hält.

39 MK-StaRUG/*Vuia* § 83 Rn. 22; vgl. *Deppenkemper*, ZIP 2020, 2432, 2442.

40 Morgen-*Schinkel*, StaRUG, § 83 Rn. 25 f.

41 BeckOK-StaRUG/*Kümpel*, § 83 Rn. 9.

42 BT-Drucks. 19/24181, S. 176.

43 So auch *Deppenkemper*, ZIP 2020, 2432, 2442; a.A. BeckOK-StaRUG/*Kümpel*, § 83 Rn. 14.

44 Im Ergebnis BeckOK-StaRUG/*Kümpel*, § 83 Rn. 14; abweichend MK-StaRUG/*Vuia* § 82 Rn. 42, der von einer zu prüfenden Vorfrage im Rahmen der endgültigen Vergütungsfestsetzung ausgeht.

45 BT-Drucks. 19/24181, S. 178.

unvereinbar und deshalb unwirksam sind.[46] Im StaRUG-Verfahren knüpft § 80 Satz 2 die Wirksamkeit einer Vergütungsvereinbarung daran, dass die gesetzlichen Bestimmungen zum Inhalt und zum Verfahren beachtet werden.

1. Inhaltliche Schranken der Vergütungsvereinbarung

26 Die Vorschrift des § 83 Abs. 2 normiert als Inhaltskontrolle einer Vergütungsvereinbarung eine **Angemessenheitsprüfung.** Diese soll sicherstellen, dass Fehlanreize für den Restrukturierungsbeauftragten ausgeschlossen werden und die Befriedigungsaussichten der Gläubiger, die nicht Teil der Vergütungsvereinbarung waren, nicht gefährdet werden.[47] Die Angemessenheitskontrolle des § 83 Abs. 2 bildet im Zusammenspiel mit § 80 Satz 2 die äußersten Leitplanken von Vergütungsvereinbarungen.[48] Aus den sonstigen Normen des StaRUG ergeben sich keine unmittelbaren Inhaltsbeschränkungen für eine Vergütungsvereinbarung, insbesondere müssen die Regelbeispiele des § 83 Abs. 1 Satz 1 nicht vorliegen, um eine vom Regelstundensatz abweichende Vergütung zu vereinbaren.

26a Eckpfeiler für eine praktikable **Inhaltskontrolle** von Vergütungsvereinbarungen sind die Verfahrensziele und die Absichten des Gesetzgebers. Zum einen ist nicht jede Abweichung von der gesetzlichen Vergütung unangemessen, sondern einer Vereinbarung immanent, die der Gesetzgeber für zulässig hält[49]. Im Rahmen der Angemessenheitsprüfung muss das Gericht zudem beachten, dass eine Vergütungsvereinbarung die Neutralität des Beauftragten beeinträchtigen kann.[50] Ebenso kann eine Vergütungsvereinbarung den Verfahrenszielen zuwiderlaufen, wenn sie Fehlanreize bei der Abrechnung setzt. Die gerichtliche Angemessenheitsprüfung erfordert, dass die Vergütungsvereinbarung eine Begründung enthält, aus der sich die Motivation der Parteien für die Übereinkunft über die Vergütung ergibt. Außerhalb der Angemessenheitskontrolle kommt dem Gericht kein Ermessen zur Abweichung von einer Vergütungsvereinbarung zu.[51]

2. Verfahrensbesonderheiten bei Vergütungsvereinbarungen

a) Parteien einer Wirksamen Vergütungsvereinbarung

27 Gem. § 83 Abs. 2 ist eine Vergütungsvereinbarung für und mit dem Restrukturierungsbeauftragten möglich, der auf Antrag und auf Vorschlag aller voraussichtlichen Auslagenschuldner bestellt wird. Ihrem Wortlaut nach hat die Vorschrift **keinen praktischen Anwendungsbereich**[52], weil der Schuldner – als zumindest stets anteiliger Auslagenschuldner – für die Person des fakultativen Restrukturierungsbeauftragten kein gesetzliches Vorschlagsrecht hat und der Bestellung von Amts wegen kein »Antrag« des Schuldners vorausgeht. Daraus, dass der Gesetzgeber einer Vergütungsvereinbarung mitunter ausdrücklich den Vorrang gewähren will, folgt aber, dass Vergütungsvereinbarungen möglich sein müssen. Aus der Gesetzesbegründung zu § 83 ergibt sich nicht, ob es sich um ein Versehen des Gesetzgebers handelt und inwieweit der Anwendungsbereich im Wege der Auslegung zu erweitern ist. Die Vorschrift des § 83 Abs. 2 ist dahingehend auszulegen, dass die Zustimmung aller künftigen Auslagenschuldner und des Restrukturierungsbeauftragten für eine Vergütungsvereinbarung zulässigen Inhalts ausreichend ist. Ist der Schuldner alleiniger Auslagenschuldner, genügt eine mit ihm geschlossene Vergütungsvereinbarung zulässigen Inhalts.[53] Der Aus-

46 Flöther-*Flöther/Erdmann*, StaRUG, § 80 Rn. 4, 10; a.A. MK-StaRUG/*Vuia* § 80 Rn. 27 der von einer grundsätzlichen Unwirksamkeit von Vergütungsvereinbarungen mit gesetzlich geregelten Ausnahmen ausgeht.
47 BT-Drucks. 19/24181, S. 178.
48 Vgl. *Flöther*, NZI-Beilage 01/2021, 48, 51.
49 MK-StaRUG/*Vuia* § 80 Rn. 49.
50 Vgl. *Frind*, ZInsO 2020, 2241, 2248.
51 BT-Drucks. 19/24181, S. 178.
52 Im Ergebnis auch *Frind*, ZRI 2021, 397, 405.
53 Uhlenbruck-*Penzlin/Mikolajczak* § 83 StaRUG Rn. 59 f.; MK-StaRUG/*Vuia* § 83 Rn. 42; a.A. BeckOK-StaRUG/*Kümpel*, § 83 Rn. 12.

lagenschuldner folgt aus § 82 Abs. 2 i.V.m. § 25a GKG. Über die Schuldnerschaft entscheidet das Gericht erst mit der Vergütungsfestsetzung (§ 82 Abs. 1). Für die Prüfung einer Vergütungsvereinbarung ist deshalb darauf abzustellen, wer nach dem prognostizierten Verfahrensablauf als Auslagenschuldner in Betracht kommt[54].

28 Allerdings ist zwischen dem **fakultativen und dem von Amts wegen bestellten Restrukturierungsbeauftragten zu unterscheiden**, dies ergibt sich bereits aus dem Wortlaut der Vorschrift.[55] Vor allem im Fall § 73 Abs. 1 Nr. 1 wird der Restrukturierungsbeauftragte von Amts wegen bestellt, um als neutrale Instanz die Interessen der **Kleingläubiger zu schützen**, weil diese regelmäßig nicht in der Lage sind, ihre Interessen und Rechte wirksam zur Geltung zu bringen.[56] Die nach dem Gesetzgeber schutzwürdigen Gläubiger sind an der Entscheidung über eine mögliche Vergütungsvereinbarung regelmäßig nicht zu beteiligen, weil sie mangels gestellter Anträge nicht Auslagenschuldner sind. Um Interessenkollisionen seitens des Restrukturierungsbeauftragten vorzubeugen, ist in den Fallgruppen schutzwürdiger Gläubigerinteressen eine Vergütungsvereinbarung mit dem von Amts wegen bestellten Restrukturierungsbeauftragten abzulehnen.[57] Hier gilt, dass der von Amts wegen bestellte Beauftragte auch »**von Amts wegen**« **zu vergüten** ist, freilich nur auf dessen entsprechenden Vergütungsantrag.[58]

b) Zeitpunkt der Vereinbarung

29 Eine **Vergütungsvereinbarung ist auch noch möglich**, nachdem das Gericht bereits eine Vergütung nach Stundensätzen rechtskräftig gem. § 81 Abs. 4 budgetiert hat. Entscheidend ist mit dem Gesetzgeber, dass alle voraussichtlichen Auslagenschuldner eine Vereinbarung über die Vergütung geschlossen haben, nicht aber der Zeitpunkt der Einigung.[59] Dem Gesetz lässt sich nicht entnehmen, dass eine nach der gerichtlichen Budgetierung geschlossene Vergütungsvereinbarung unzulässig sein soll,[60] zumal sich die Aufgaben des Restrukturierungsbeauftragten zwischenzeitig geändert haben können.

30 Das Restrukturierungsgericht setzt die Vergütung gem. § 82 Abs. 1 per Beschluss auf Antrag des Restrukturierungsbeauftragten mit dem Inhalt der Vergütungsvereinbarung fest.[61] Dies folgt aus dem Wortlaut von § 83 Abs. 2, wonach das Gericht die Vereinbarung der Bemessung »der Vergütung zugrunde zu legen hat«, was eine gerichtliche Festsetzung voraussetzt. Erforderlich ist eine gerichtliche Vergütungsfestsetzung zudem, weil eine Parteivereinbarung für sich genommen keinen Zahlungsanspruch gegen die Staatskasse begründet.[62] Die Festsetzung erfolgt nach den allgemeinen Vorschriften des § 82 Abs. 1. Gegen die Festsetzung ist somit die sofortige Beschwerde gem. § 82 Abs. 3 statthaft.[63] Beschwerdeberechtigt sind der Restrukturierungsbeauftragte und sämtliche Auslagenschuldner. Diese sind von der Entscheidung beschwert, wenn das Gericht zum Nachteil des jeweiligen Beschwerdeführers von der Vergütungsvereinbarung abweicht.

31 Fraglich ist, wie mit einer nach Auffassung des Restrukturierungsgerichts unangemessenen Vergütungsvereinbarung zu verfahren ist. Teilweise wird vertreten, dass eine unangemessene Vereinbarung zwingend und unter Angabe von Gründen **zurückzuweisen** und eine Regelvergütung im Rahmen des § 81

---

54 MK-StaRUG/*Vuia* § 83 Rn. 37; a.A. Braun-*Wolf*, StaRUG, § 83 Rn. 8, der eine gerichtliche Festsetzung ablehnt.

55 Ohne Begründung auch *Frind*, ZRI 2021, 397, 405.

56 BT-Drucks. 19/24181, S. 170.

57 I.E. auch Morgen-*Schinkel*, StaRUG, § 83 Rn. 30; a.A. Uhlenbruck-*Penzlin/Mikolajczak* § 83 StaRUG Rn. 63 f., der mit eine formelle Betrachtung ablehnt und Vergütungsvereinbarungen unabhängig von der Bestellung von Amts wegen für zulässig hält.

58 *Thole*, ZRI 2020, 393, 401: der die Vereinbarung im deutschen Recht als Fremdkörper bezeichnet.

59 Zur Anpassung des Stundensatzes vgl. auch die Kommentierung zu § 81 Rdn. 23 ff.

60 BeckOK-StaRUG/*Kümpel*, § 83 Rn. 13; Uhlenbruck-*Penzlin/Mikolajczak* § 83 StaRUG Rn. 69.

61 A.A. Braun-*Wolf*, StaRUG, § 83 Rn. 8, der die Vergütungsvereinbarung für ausreichend erachtet und eine Vergütungsfestsetzung für nicht erforderlich hält.

62 Uhlenbruck-*Penzlin/Mikolajczak* § 83 StaRUG Rn. 70 f.

63 BeckOK-StaRUG/*Kümpel* § 83 Rn. 78.

StaRUG Vergütung festzusetzen sein soll.[64] Dass die Festsetzung einer Regelvergütung zwingende Folge einer unangemessenen Vereinbarung ist und Nachbesserungen ausgeschlossen sein sollen, ergibt sich aber weder aus dem Wortlaut der Vorschrift noch aus den Gesetzesmaterialien. Denn gegen die von der Vergütungsvereinbarung abweichende Festsetzung der Vergütung ist die sofortige Beschwerde statthaft. Das Beschwerdegericht hat als zweite Tatsacheninstanz neue Tatsachen und gem. § 38 Satz 1 i.V.m. § 572 Abs. 2 ZPO auch neue Vorträge des Beschwerdeführers zu berücksichtigen[65], was ebenfalls die Vorlage einer nachgebesserten Vergütungsvereinbarung ermöglicht. Ist die Vergütungsvereinbarung trotz Nachbesserung bis zuletzt unangemessen, ist diese vom Gericht nicht zu berücksichtigen und die Vergütung nach den allgemeinen Vorschriften der §§ 81, 83 festzusetzen.

▶ **Hinweis:**

Im **Beschwerdeverfahren** kann bereits auf eine Abhilfe durch das Restrukturierungsgericht gem. § 38 Satz 1 i.V.m. § 572 Abs. 1 ZPO hingewirkt werden, indem eine nachgebesserte Vergütungsvereinbarung vorgelegt wird, die den Monierungen des Restrukturierungsgerichts Rechnung trägt. Das Gericht sollte frühzeitig auf mögliche Bedenken an der Angemessenheit der Vergütungsvereinbarung hinweisen, um Nachbesserungen durch die Beteiligten zu ermöglichen und Rechtsmittel zu vermeiden. 32

Kapitel 4 Öffentliche Restrukturierungssachen

§ 84 Antrag und erste Entscheidung

(1) [1]In Verfahren über Restrukturierungssachen erfolgen öffentliche Bekanntmachungen nur, wenn der Schuldner dies beantragt. [2]Der Antrag ist vor der ersten Entscheidung in der Restrukturierungssache zu stellen und kann nur bis zur ersten Entscheidung zurückgenommen werden. [3]Auf den Antrag findet Artikel 102c § 5 des Einführungsgesetzes zur Insolvenzordnung entsprechende Anwendung.

(2) [1]Hat der Schuldner beantragt, dass in den Verfahren in der Restrukturierungssache öffentliche Bekanntmachungen erfolgen sollen, sind in der ersten Entscheidung, die in der Restrukturierungssache ergeht, anzugeben:

1. **die Gründe, auf denen die internationale Zuständigkeit des Gerichts beruht, sowie**
2. **ob die Zuständigkeit auf Artikel 3 Absatz 1 oder Absatz 2 der Verordnung (EU) 2015/848 des Europäischen Parlaments und des Rates vom 20. Mai 2015 über Insolvenzverfahren (ABl. L 141 vom 5.6.2015, S. 19; L 349 vom 21.12.2016, S. 6) in der jeweils geltenden Fassung beruht.**

[2]Auf Antrag des Schuldners stellt das Gericht in einem Beschluss seine internationale Zuständigkeit und die Art des Verfahrens fest. [3]Artikel 102c § 4 des Einführungsgesetzes zur Insolvenzordnung ist entsprechend anzuwenden.

Übersicht

64 Braun-*Wolf*, StaRUG, § 83 Rn. 5.
65 BGH, Beschl. v. 09.10.2008 – IX ZB 60/07, WKRS 2008, 24872, Rn. 2.

A. Vorbemerkung

1 Die im Kapitel 4 des StaRUG normierten §§ 84 bis 88 zu »öffentlichen Restrukturierungssachen« sind erst am 17.07.2022 und damit mehr als eineinhalb Jahre nach den übrigen Normen des StaRUG in Kraft getreten.[1] Die Vorschriften knüpfen an die von der Richtlinie (EU) 2019/1023 (»**Restrukturierungsrichtlinie**«)[2] vorgegebenen Maßstäbe zur Vereinbarkeit der präventiven Restrukturierungsverfahren der EU-Mitgliedstaaten mit den Vorschriften der Verordnung (EU) 2015/848 des Europäischen Parlaments und des Rates vom 20.05.2015 über Insolvenzverfahren (»**EuInsVO**«)[3] an. Die Restrukturierungsrichtlinie soll unbeschadet des Anwendungsbereichs der EuInsVO gelten, vollständig mit dieser Verordnung vereinbar sein und diese ergänzen.[4] Während die **EuInsVO** vor allem Fragen der **grenzüberschreitenden Zuständigkeit**, der **Anerkennung** und der **Vollstreckung** sowie des **anwendbaren Rechts** auch von präventiven Verfahren regelt, die die Rettung wirtschaftlich bestandsfähiger Schuldner fördern, soll die **Restrukturierungsrichtlinie** u.a. für präventive Restrukturierungsverfahren die **materiellrechtlichen Mindeststandards** festlegen.[5] Nach dem Richtliniengeber stand es den Mitgliedstaaten zwar frei, präventive Restrukturierungsverfahren beizubehalten oder einzuführen, die nicht die Bedingungen der öffentlichen Bekanntmachung für die Mitteilung nach **Anhang A der EuInsVO** erfüllen[6] und somit nicht dem Anwendungsbereich der EuInsVO zu unterfallen. Die Restrukturierungsrichtlinie zielt aber darauf ab, die grenzüberschreitende Anerkennung von Verfahren sowie die Anerkennung und Vollstreckbarkeit von gerichtlichen Entscheidungen zu erleichtern.[7] Zudem erachtete der Richtliniengeber die Anwendung der EuInsVO auch für präventive Verfahren im Hinblick auf die darin vorgesehenen Schutzvorkehrungen gegen eine missbräuchliche Verlagerung des hauptsächlichen Interesses des Schuldners als vorteilhaft.[8]

---

1 Gemäß Art. 25 Abs. 3 Nr. 1 des Gesetzes v. 22.12.2020 (BGBl. I, S. 3256).

2 Richtlinie (EU) 2019/1023 des Europäischen Parlaments und des Rates v. 20.06.2019 über präventive Restrukturierungsrahmen, über Entschuldung und über Tätigkeitsverbote sowie über Maßnahmen zur Steigerung der Effizienz von Restrukturierungs-, Insolvenz- und Entschuldungsverfahren und zur Änderung der Richtlinie (EU) 2017/1132 (Richtlinie über Restrukturierung und Insolvenz) – Restrukturierungsrichtlinie, ABl. (EU) L 172/18 v. 26.06.2019.

3 ABl. (EU) L 141/19 v. 05.06.2015; ber. L 349/6 v. 21.12.2016, zuletzt geändert durch Verordnung (EU) 2021/2260 des Europäischen Parlaments und des Rates vom 15.12.2021, ABl. (EU) L 455/4.

4 Erwägungsgrund (13) der Restrukturierungsrichtlinie.

5 Erwägungsgrund (12) der Restrukturierungsrichtlinie.

6 Vgl. Erwägungsgrund (13) der Restrukturierungsrichtlinie.

7 Vgl. Erwägungsgrund (13) der Restrukturierungsrichtlinie.

8 Erwägungsgrund (14) der Restrukturierungsrichtlinie. Gemeint sind insbesondere Schutzvorkehrungen, um einem betrügerischen oder missbräuchlichen »*forum shopping*«, d.h. eine nur zum Schein erfolgte Sitzverlegung des Schuldners unter Vortäuschung des Mittelpunktes seiner hauptsächlichen Interessen im Ausland, entgegenzuwirken.

Diese in den Erwägungsgründen der Restrukturierungsrichtlinie niedergelegte Zielrichtung wurde nicht in spezifischen Richtlinienartikeln manifestiert. Aus ihnen geht jedoch deutlich hervor, dass es der Richtliniengeber den Mitgliedstaaten ausdrücklich nahegelegt hat, den präventiven Restrukturierungsrahmen in den Anwendungsbereich der EuInsVO aufzunehmen. Die Regelungen der EuInsVO gelten gem. Art. 1 Absatz 1 EuInsVO nur für **öffentliche Gesamtverfahren**, die in **Anhang A der EuInsVO** aufgeführt sind. Vertraulich geführte (Insolvenz-) Verfahren sind vom Anwendungsbereich der EuInsVO ausgenommen,[9] weshalb ein vertrauliches Restrukturierungsverfahren nicht in Anhang A der EuInsVO aufgenommen werden kann.[10] Der **deutsche Gesetzgeber** hat sich für einen **Mittelweg** entschieden.[11] Er hat davon abgesehen, die präventive Restrukturierung nach den Vorschriften des StaRUG grundsätzlich öffentlich auszugestalten und damit stets dem Anwendungsbereich der EuInsVO zu unterwerfen. Wie seinerzeit beabsichtigt[12], sind öffentlich geführte Restrukturierungssachen mittlerweile in Anhang A der EuInsVO zu finden (s. Rdn. 5). Über die §§ 84 ff. wird dem Schuldner ein Weg eröffnet, die Restrukturierungssache öffentlich zu betreiben und dadurch eine unionsweite Anerkennung und Wirksamkeit der Entscheidungen des Restrukturierungsgerichts zu erzielen.[13] 2

Der vom StaRUG zur Verfügung gestellte **präventive Stabilisierungs- und Restrukturierungsrahmen** kann **in öffentlich bekanntgemachten Verfahren und in nicht publik gemachten Verfahren** in Anspruch genommen werden. Bei einer Inanspruchnahme von Sanierungshilfen unter Ausschluss der Öffentlichkeit hatte der Gesetzgeber die Vorstellung, dass der operative Geschäftsbetrieb im Idealfall unbeeinflusst von den finanziellen Schwierigkeiten und den zu deren Bewältigung eingeleiteten verfahrensrechtlichen Maßnahmen fortgeführt werden könne.[14] Zudem solle der Prozess der Planerstellung und der Planabstimmung weitgehend der privaten Selbstorganisation der Beteiligten überlassen werden, die von den damit eröffneten Möglichkeiten eigenverantwortlich Gebrauch zu machen haben.[15] Der Schuldner steuert das Verfahren maßgeblich selbst. Er muss die Restrukturierungssache erst dann beim Restrukturierungsgericht anzeigen, wenn er eine der als Instrumente bezeichneten Verfahrenshilfen des Stabilisierungs- und Restrukturierungsrahmens (vgl. § 29) in Anspruch nehmen bzw. beantragen möchte. Flankierend dazu, **entscheidet der Schuldner allein durch seinen Antrag**, ob öffentliche Bekanntmachungen in der Restrukturierungssache i.S.d. §§ 84 ff. erfolgen. Wird ein solcher Antrag vom Schuldner bis zur ersten Entscheidung des Restrukturierungsgerichts nicht gestellt oder bis dahin zurückgenommen, unterbleiben in der Restrukturierungssache öffentliche Bekanntmachungen (s. Rdn. 16 ff.).[16] Daraus folgt, dass eine **Restrukturierung nach dem StaRUG grundsätzlich** vertraulich **unter Ausschluss der Öffentlichkeit** stattfinden soll. Die im Idealfall »stille« Abwicklung der Sanierung wird insbesondere in der Literatur als Chance begriffen, ein Verfahren ohne das Stigma der Insolvenz zu führen.[17] Der Stabilisierungs- und Restrukturierungsrahmen grenzt sich damit vom **Insolvenzverfahren** ab, das **zwangsläufig öffentlich** durchgeführt wird und für das die Insolvenzordnung in zahlreichen Fällen die öffentliche Bekanntmachung vorschreibt.[18] Die Ausgestaltung der öffentlichen Bekanntmachung von Insolvenzsachen ist in § 9 InsO normiert und erfolgt im Internet unter **www.insolvenzbekanntmachungen.** 3

9 Erwägungsgrund (13) S. 1 der EuInsVO.

10 MK-InsO/*Reinhart*, VO (EU) 2015/848, Art. 1 Rn. 13.

11 Z.B. lässt auch das niederländische Wet Homologatie Onderhands Akkoord, kurz »WHOA« oder auch als »Dutch scheme« bezeichnet, dem Schuldner die Wahl zwischen einem öffentlichen und nicht-öffentlichen Verfahren, vgl. *Kern*, NZI-Beilage 2021, 74 (76); näher zu weiteren Modellen anderer EU-Mitgliedstaaten: BeckOK-StaRUG/*Skauradszun*, § 84, Rn. 9 ff.

12 BT-Drucks. 19/24181, Begr. zu Kap. 4, §§ 91–95 StaRUG-E, S. 178.

13 BT-Drucks. 19/24181, Begr. zu Kap. 4, §§ 91–95 StaRUG-E, S. 178.

14 BT-Drucks. 19/24181, S. 87.

15 BT-Drucks. 19/24181, S. 87.

16 BT-Drucks. 19/24181, Begr. zu Kap. 4, §§ 91–95 StaRUG-E, S. 178.

17 *Garber*, ZInsO 2020, 830 (830); kritisch u.a. *Cranshaw/Portisch*, ZInsO 2020, 2561 (2562 m.w.N.).

18 Einen Überblick geben: MK-InsO/*Ganter/Bruns*, § 9 Rn. 7.

de. Macht der Schuldner von der Option eines öffentlichen Verfahrens nach den §§ 84 ff. Gebrauch, erfolgt die öffentliche Bekanntmachung der Restrukturierungssache **seit dem 17.07.2022** ebenfalls in einem eigenen hierzu geschaffenen virtuellen Register im Internet unter **www.restrukturierungs-bekanntmachung.de** (näher § 86 Rdn. 2). Vor diesem Hintergrund wurde die Verordnung zu öffentlichen Bekanntmachungen in Insolvenzverfahren im Internet gem. Art. 7 SanInsFoG geändert und gilt mit Wirkung vom 17.07.2022 unter der aktualisierten Überschrift »**Verordnung zu öffentlichen Bekanntmachungen in Insolvenzverfahren und Restrukturierungssachen im Internet**« und der ergänzten amtlichen Abkürzung »**InsBekV**« auch für öffentliche Bekanntmachungen in Restrukturierungssachen.[19]

4 [unbesetzt]

5 Mit Wirkung vom 09.01.2022 wurde im Rahmen eines ordentlichen Gesetzgebungsverfahrens auf Ebene der Europäischen Union nach Art. 289, 294 AEUV durch die Verordnung (EU) 2021/2260 des Europäischen Parlaments und des Rates vom 15.12.2021[20] für Deutschland »Die öffentliche Restrukturierungssache« in Anhang A der EuInsVO aufgenommen. Dadurch erfüllt das öffentliche geführte Restrukturierungsverfahren i.S.d. §§ 84 f. die Merkmale eines Gesamtverfahrens i.S.d. Art. 1 Abs. 1 EuInsVO, der Geltungsbereich der EuInsVO ist für das Verfahren begründet und damit die Anerkennung der Verfahrensergebnisse über die Vorschriften der EuInsVO in allen EU-Mitgliedstaaten (außer Dänemark) gewährleistet. Für die in Anhang A der EuInsVO nicht genannten Verfahren, wie das nicht-öffentliche Restrukturierungsverfahren, ist die EuInsVO nicht anwendbar.

6 Die Frage, ob sämtliche öffentliche Verfahren unter dem präventiven Restrukturierungsrahmen dem Anwendungsbereich der EuInsVO als »öffentliche Gesamtverfahren« gem. Art. 1 Abs. 1 EuInsVO zugeordnet werden können,[21] ist mit der Aufnahme in den Anhang A und der damit verbundenen automatischen Anwendbarkeit der EuInsVO obsolet geworden. Nach Art. 1 Abs. 1 EuInsVO ist die EuInsVO nur anwendbar auf öffentliche Verfahren. Gemeint ist, dass die Eröffnung des Verfahrens öffentlich bekannt gegeben wird.[22] Mangels einer förmlichen Eröffnungsentscheidung gilt im Rahmen des StaRUG die erste Entscheidung (vgl. Rdn. 20 ff.) als Eröffnungsentscheidung gem. Art. 2 Nr. 7 EuInsVO. Soweit Art. 1 Abs. 1 EuInsVO neben der Öffentlichkeit des Verfahrens in materiell-rechtlicher Hinsicht ein »Gesamtverfahren« fordert, lässt der Verordnungsgeber auch nur partiell-kollektive Verfahren zu, bei denen nicht sämtliche, aber ein wesentlicher Teil der Gläubiger am Verfahren teilnimmt, sofern das Verfahrensziel nicht die endgültige Einstellung der Unternehmenstätigkeit, sondern die Rettung des Schuldners ist.[23] Der präventive Restrukturierungsrahmen, der stets auf die Abwendung einer Insolvenz abzielt, ist flexibel gestaltbar und erlaubt die Einbeziehung einzelner, eines wesentlichen Teils der Gläubiger oder aller Gläubiger.

7 Aufgrund der Einordnung von öffentlichen Restrukturierungssachen als Insolvenzverfahren i.S.d. EuInsVO hat der Gesetzgeber zudem die einschlägigen **Bestimmungen des Art. 102c EGInsO** für entsprechend anwendbar erklärt (vgl. §§ 84 Abs. 2, 88).[24]

8 Im gesetzgeberischen Entstehungsverlauf des StaRUG sind die Normen zu öffentlichen Restrukturierungssachen in den §§ 84 bis 88 (mit Ausnahme nummerischer Aktualisierungen auf-

19 Vgl. BT-Drucks. 19/24181, Begr. zu Art. 7 SanInsFoG, S. 214 f.

20 ABl. (EU) L 455/4 v. 20.12.2021, zeitgleich erfolgte die Aufnahme des Restrukturierungsbeauftragten in Anhang B der EuInsVO.

21 Hierfür bereits plädierend, um schwierige Abgrenzungsfragen im Einzelfall zu vermeiden: u.a. Morgen-*Abel/Herbst*, Präventive Restrukturierung, Kap. 3, Rn. 66 ff., 135.

22 Erwägungsgrund (12) der EuInsVO.

23 Vgl. Art. 2 Abs. 1 Nr. 1 EuInsVO u. Erwägungsgrund (14) S. 1 der EuInsVO.

24 BT-Drucks. 19/24181, Begr. zu Kap. 4, §§ 91–95 StaRUG-E, S. 178 f.

grund von Normstreichungen[25]) im Wesentlichen unberührt geblieben. Die **§§ 84 bis 88 traten** gem. Art. 25 Abs. 3 Nr. 1 SanInsFoG **erst am 17.07.2022 in Kraft**, womit der deutsche Gesetzgeber die maximale Umsetzungsfrist der Restrukturierungsrichtlinie ausgeschöpft hat. Nach Art. 34 Abs. 2 der Restrukturierungsrichtlinie konnten Mitgliedstaaten, die bei der Umsetzung der Richtlinie auf besondere Schwierigkeiten stoßen, eine Verlängerung der grundsätzlich am 17.07.2021 endenden Umsetzungsfrist um höchstens ein Jahr in Anspruch nehmen. Die Inanspruchnahme der verlängerten Umsetzungsfrist hinsichtlich der Regelungen in §§ 84 ff. zu öffentlichen Restrukturierungssachen erfolgte, um einen hinreichenden **Vorlauf für die technische Umsetzung** zu gewähren.[26] Aus denselben Gründen sind auch die in diesem Kontext gem. Art. 7 SanInsFoG normierten **Anpassungen der Insolvenzbekanntmachungsverordnung** erst am 17.07.2022 in Kraft getreten (vgl. Art. 25 Abs. 3 Nr. 2 SanInsFoG, näher § 86 Rdn. 1).

[unbesetzt] 9

Bis zum Inkrafttreten der Regelungen zu öffentlichen Restrukturierungssachen am 17.07.2022 10
war es Schuldnern nicht möglich, die Restrukturierungssache gemäß der seit dem 01.01.2021 in Kraft getretenen Regelungen des StaRUG öffentlich zu betreiben und damit eine öffentliche Bekanntmachung der einzelnen Verfahrensschritte zu erreichen. Für diese und auch nach dem Inkrafttreten der §§ 84 ff. nicht-öffentlich bekanntgemachten Restrukturierungsverfahren, die auch als »**vertrauliche Restrukturierungsverfahren**« bezeichnet werden, ist umstritten und bislang nicht entschieden, auf welcher rechtlichen Grundlage die internationale Zuständigkeit zu beurteilen ist und die Anerkennung und Vollstreckung von Verfahrensergebnissen erreicht werden kann (s.u. Rdn. 47 ff. zu den Folgen von nicht-öffentlich geführten Restrukturierungssachen).

[unbesetzt] 11

Die **Vorteile einer nicht-öffentlichen Restrukturierungssache** sind evident: Ein vertrauliches Ver- 12
fahren kann dazu beitragen, die Reputation des Schuldners zu erhalten. Insbesondere bei finanzwirtschaftlichen Restrukturierungen mit einem Bankenkonsortium kann eine Sanierung »hinter verschlossenen Türen« dem Schutz von Lieferanten- und Kundenbeziehungen dienen, damit einer negativen Liquiditätsentwicklung und schlechten Bonitätseinstufung entgegenwirken und ggf. die Erfolgschancen der Sanierung erhöhen. Stellt der Schuldner keinen Antrag gem. § 84 Abs. 1, nimmt er den Planbetroffenen zudem die Option, sich vor einer Planabstimmung untereinander im Restrukturierungsforum gem. § 87 etwa zu einer bestimmten Stimmrechtsausübung zu organisieren.[27] Dagegen kann Publizität eine Restrukturierung erschweren oder unmöglich machen.[28] Gleichwohl muss bezweifelt werden, dass ein nicht-öffentliches Verfahren stets vertraulich gehalten werden kann und die unerwünschten Negativeffekte nicht dennoch eintreten. So ist etwa zu bedenken, dass gem. § 38 Satz 1 i.V.m. § 299 Abs. 1 ZPO in nicht-öffentlichen Restrukturierungssachen neben dem Schuldner die designierten Planbetroffenen die gerichtliche Restrukturierungsakte werden einsehen können.[29] Neben daraus herrührenden Indiskretionen, können auch etwaig erforderliche Begleitgespräche, wie etwa mit dem Betriebsrat, wichtigen Kunden, Vermietern oder Lieferanten, oder bei publikationspflichtigen Kapitalgesellschaften die dortigen Mitteilungen zu einer »Veröffentlichung« der Restrukturierung beitragen.[30] Daher bleibt abzuwägen, ob die **Vorteile einer öffentlichen Restrukturierungssache** insbesondere aufgrund der Verzahnung mit europäischem Recht überwiegen. Denn nur mit der öffentlichen Bekanntmachung i.S.d. §§ 84 ff. kann die

25 Im StaRUG-Referentenentwurf v. 19.09.2020: §§ 88 ff.; im StaRUG-RegE, BT-Drucks. 19/24181: § 91 ff.; endgültig durch die Beschlussempfehlung des Ausschusses für Recht und Verbraucherschutz (6. Ausschuss), BT-Drucks. 19/25303: §§ 84 ff.

26 BT-Drucks. 19/24181, Begr. zu Art. 25 SanInsFoG, S. 224.

27 Vgl. § 87 Rdn. 4.

28 *Bismarck/Schulz*, NZI 2019, 82 (84).

29 *Vallender*, ZInsO 2020, 2579 (2585).

30 *Bork*, ZRI 2021, 345, 350; *Cranshaw/Portisch*, ZInsO 2020, 2561 (2567).

Restrukturierungssache dem Geltungsbereich der EuInsVO unterfallen und eine unionsweite Anerkennung und Vollstreckung gerichtlicher Entscheidungen (vgl. Art. 19, 20, 32 EuInsVO) sichergestellt werden. Ohne eine solche Anerkennung müsste der Schuldner einerseits fürchten, dass im Ausland jederzeit Erkenntnis- und Vollstreckungsverfahren betrieben werden könnten, die konträr zu der geplanten Restrukturierung laufen und diese erschweren oder gar vereiteln. Andererseits könnte er nicht darauf vertrauen, dass die vom Restrukturierungsgericht getroffenen Entscheidungen (z.B. der gerichtlich bestätigte Restrukturierungsplan) im Ausland ohne Weiteres anerkannt werden und vollstreckbar sind.[31] Schließlich können öffentliche Restrukturierungssachen der Verfahrensvereinfachung durch verschiedene Zustellungserleichterungen dienen (vgl. §§ 51 Abs. 4 Satz 2, 85 Abs. 4, s. Rdn. 38 f.), die bei komplexen Gläubiger- und Gesellschafterstrukturen zum Tragen kommen. In Anbetracht der Komplexität des StaRUG als modulares Regelwerk ist zu erwarten, dass weiterhin tendenziell größere Unternehmen von den im StaRUG vorgesehenen Sanierungsmöglichkeiten Gebrauch machen werden.[32] Es liegt auf der Hand, dass mit zunehmender Größe von Unternehmen insbesondere grenzüberschreitende Sachverhalte (ausländische Gläubiger, im Ausland belegenes Vermögen, vereinbarte Gerichtsstände im Ausland, finanzierende ausländische Banken) bei einer Sanierung zu berücksichtigen sind. Insbesondere, wenn ohnehin alle Gläubiger in den Restrukturierungsplan einbezogen werden, kann die öffentliche Bekanntmachung daher in Restrukturierungssachen (mit Auslandsbezug) sinnvoll sein.

12a Durch das Gesetz zur weiteren Digitalisierung der Justiz, mit dem die bereits fortgeschrittene Digitalisierung in der Justiz in allen Verfahrensordnungen weiter gefördert werden soll, sind am 17.07.2024 erstmalig **Änderungen der §§ 84, 85 und 86** in Kraft getreten.[33] Bei öffentlichen Restrukturierungssachen nach den §§ 84 ff. sollen die über das Internet bekannt zu machenden Gegenstände konkretisiert werden.[34] Die in § 84 Abs. 2 Satz 2 enthaltene Regelung zum Inhalt der öffentlichen Bekanntmachung wurde unverändert in § 85 Abs. 1 überführt und in einem neuen § 84 Abs. 2 Satz 2 dem Schuldner die Möglichkeit eröffnet, schon vor und unabhängig von der Inanspruchnahme eines Instruments nach § 29 Abs. 2 eine die Bekanntmachungspflicht auslösende Entscheidung des Gerichts über das Bestehen der internationalen Zuständigkeit herbeizuführen.[35] Ferner ist § 85 neu gefasst worden, wonach u.a. nicht mehr sämtliche Entscheidungen des Restrukturierungsgerichts öffentlich bekannt zu machen sind.[36] In § 86 soll lediglich – im Gleichlauf mit § 9 InsO – die Internetdomain für Bekanntmachungen in Restrukturierungssachen mit »www.restrukturierungsbekanntmachung.de« verbindlich vorgegeben werden.[37]

B. Normzweck

13 § 84 soll es dem Schuldner ermöglichen, die Restrukturierungssache öffentlich bekanntzumachen. Nach den Vorstellungen des Gesetzgebers werden Restrukturierungen zur Vermeidung negativer Publizitätseffekte vornehmlich in einem vertraulichen Rahmen durchgeführt, gleichwohl kann **im Einzelfall das Bedürfnis bestehen, die Öffentlichkeit herzustellen.**[38] So ermöglicht die Öffentlichkeit der Restrukturierungssache neben Zustellungserleichterungen (vgl. Rdn. 38 f.) insbesondere die Anerkennungsfähigkeit der im Stabilisierungs- und Restrukturierungsrahmen erzielten Ergeb-

31 Zu denken ist ferner an die Durchsetzung weiterer Verfahrenshilfen gem. § 29 StaRUG gegen ausländische Gläubiger oder die Anerkennung der von einer ausländischen Bank gewährten neuen Finanzierungen im Kontext von Haftungs- und Anfechtungsprivilegien, vgl. Braun-*Tashiro*, StaRUG, § 84, Rn. 21.

32 Aus ex-ante-Sicht vor Inkrafttreten des StaRUG: *Morgen*, INDat Report 09/2020, S. 15.

33 Gemäß Art. 38 Nr. 5–7 des Gesetzes v. 12.07.2024 (BGBl. I 2024, Nr. 234); BT-Drucks. 20/10943, S. 1.

34 BT-Drucks. 20/10943, S. 32.

35 BT-Drucks. 20/10943, S. 67.

36 BT-Drucks. 20/10943, S. 67 f.

37 BT-Drucks. 20/10943, S. 68.

38 BT-Drucks. 19/24181, Begr. zu § 91 StaRUG-E, S. 179.

nisse auf europäischer Ebene (vgl. Rdn. 43 ff.) und stellt zudem sicher, dass auch solche Gläubiger von der Restrukturierungssache Kenntnis nehmen können, die von dem Schuldner nicht eigens einbezogen werden.[39]

C. Norminhalt

Der von § 84 eröffnete **Anwendungsbereich** für öffentliche Bekanntmachungen erstreckt sich auf **Verfahren über Restrukturierungssachen**. In terminologischer Hinsicht wird das »Restrukturierungsvorhaben« mit seiner Anzeige durch den Schuldner beim zuständigen Restrukturierungsgericht nach § 31 Abs. 1 zur rechtshängigen »Restrukturierungssache« gem. § 31 Abs. 3.[40] Daraus folgt, dass öffentliche Bekanntmachungen i.S.d. §§ 84 ff. grundsätzlich eine rechtshängige Restrukturierungssache beim zuständigen Restrukturierungsgericht voraussetzen. Während § 84 Abs. 1 die Bedingungen für eine wirksame Antragstellung auf öffentliche Bekanntmachungen durch den Schuldner regelt, richtet sich § 84 Abs. 2 mit den darin vorgegebenen Angaben in der ersten Entscheidung und der öffentlichen Bekanntmachung im Wesentlichen an das Restrukturierungsgericht. 14

Die in Kapitel 4 des Teil 2 des StaRUG über »Öffentliche Restrukturierungssachen« in §§ 84–88 normierten Regelungen finden **keine Anwendung** auf die in Teil 3 des StaRUG geregelte Sanierungsmoderation. Der Gesetzgeber hat mit Blick auf den Reputationsschutz des Schuldners und der Tatsache, dass eine Sanierungsmoderatorin gegebenenfalls weit im Voraus einer möglichen Insolvenz in Anspruch genommen werden kann, bewusst auf eine optionale Durchführung der **Sanierungsmoderation** als öffentliches Verfahren verzichtet.[41] Konsequenterweise wird in § 95 Abs. 2 klargestellt, dass die Bestellung des Sanierungsmoderators nicht öffentlich bekannt gemacht wird. 15

I. Antrag auf öffentliche Bekanntmachungen, § 84 Abs. 1

1. Antragsbefugnis

In Verfahren über Restrukturierungssachen erfolgen öffentliche Bekanntmachungen nicht von Amts wegen, sondern **nur auf Antrag des Schuldners**. Ist der Schuldner eine juristische Person oder eine Gesellschaft ohne Rechtspersönlichkeit, sind seine gesetzlichen Vertretungsorgane bzw. die vertretungsberechtigten persönlich haftenden Gesellschafter antragsbefugt (z.B. für die GmbH der Geschäftsführer, § 35 Abs. 1 Satz 1 GmbHG; für die AG, die Genossenschaft und den eingetragenen Verein der Vorstand §§ 78 Abs. 1 Satz 1 AktG, 25 GenG, 26 BGB; für die OHG die Gesellschafter, § 125 Abs. 1 HGB und für die KG der Komplementär, §§ 161 Abs. 2, 125 Abs. 1 HGB).[42] Ein Antrag nach § 84 bedarf keiner vorherigen Billigung durch die Gesellschafter oder Mitglieder des Aufsichtsrates.[43] 16

Die alleinige Entscheidungsbefugnis des Schuldners über die Öffentlichkeit des Verfahrens und damit über die Anwendbarkeit der EuInsVO auf die Restrukturierungssache erfährt teilweise **Kritik**.[44] Zwar mag dies im Einzelfall unangemessen wirken, ist aber die Konsequenz der dem Schuldner grundsätzlich eingeräumten Verfahrensherrschaft und Befugnis, den Stabilisierungs- und 17

39 BT-Drucks. 19/24181, Begr. zu § 91 StaRUG-E, S. 179.
40 Braun-*Tashiro*, StaRUG, § 84, Rn. 7.
41 BT-Drucks. 19/24181, Begr. zu § 101 StaRUG-E, S. 184.
42 Vgl. entsprechend zur Anzeigebefugnis für das Restrukturierungsvorhaben, § 31 Rdn. 10.
43 BeckOK-StaRUG/*Skauradszun*, § 84 Rn. 12; MK-StaRUG/*Madaus*, § 84 Rn. 8.
44 U.a. Stellungnahme des Verbandes Insolvenzverwalter Deutschlands (VID) zum Referentenentwurf eines Gesetzes zur Fortentwicklung des Sanierungs- und Insolvenzrechts (SanInsFoG) v. 02.10.2020, S. 68, abrufbar unter https://www.vid.de/wp-content/uploads/2020/10/VID-Stellungnahme-zum-RefE-SanInsFoG.pdf; Stellungnahme des Deutschen Gewerkschaftsbundes (DGB) zu dem Gesetzentwurf der Bundesregierung zur Fortentwicklung des Sanierungs- und Insolvenzrechts (SanInsFoG) – BT-Drucks. 19/24181 zur öffentlichen Anhörung von Sachverständigen am 27.11.2020 des Ausschusses für Recht und Verbraucherschutz des Deutschen Bundestages v. 24.11.2020, S. 15, abrufbar unter https://www.dgb.de/downloadcenter/++co++31a6d8ae-2f02–11eb-b744–001a4a160123.

Restrukturierungsrahmen eigenverantwortlich zu organisieren und durchzuführen. Ein Drittantragrecht würde insoweit eine systemwidrige Nähe zu einem Insolvenzverfahren erzeugen.

2. Zuständigkeit

18 Der Antrag auf öffentliche Bekanntmachung ist bei dem Restrukturierungsgericht zu stellen, welches für das Restrukturierungsverfahren zuständig ist (§§ 34 ff.). Insoweit ergeben sich keine Besonderheiten (vgl. § 31 Rdn. 13). Die Anordnung der öffentlichen Bekanntmachung durch das Restrukturierungsgericht zählt zu dessen verfahrensbegleitenden Entscheidungen[45] und erfolgt durch Beschluss. Die funktionelle Zuständigkeit für die Bearbeitung von Restrukturierungssachen liegt beim Richter[46] und damit auch die im Zusammenhang mit öffentlichen Restrukturierungssachen i.S.d. §§ 84 ff. zu treffenden gerichtlichen Entscheidungen.

3. Zeitpunkt der Antragstellung und Antragsrücknahme, § 84 Abs. 1 Satz 2

19 Der auf die öffentliche Bekanntmachung gerichtete Antrag ist nach § 84 Abs. 1 Satz 2 **vor der ersten Entscheidung** in der Restrukturierungssache **zu stellen** und kann nur **bis zur ersten Entscheidung zurückgenommen** werden. Der Antrag des Schuldners ist ab der ersten Entscheidung des Gerichts für die gesamte Restrukturierungssache **bindend.**[47]

20 Den Terminus »**erste Entscheidung**« hat der Gesetzgeber weder legaldefiniert noch in der Gesetzesbegründung näher beschrieben. Jedenfalls fungiert diese erste Entscheidung mit Blick auf die Anerkennung öffentlicher Restrukturierungssachen im grenzüberschreitenden Geltungsbereich der EuInsVO als Eröffnungsentscheidung i.S.d. Art. 2 Nr. 7 EuInsVO.[48] Statt eines formalen Eröffnungsverfahrens, mit einem Eröffnungsantrag und einer auf einen solchen Antrag folgenden Verfahrenseröffnung, sieht das StaRUG in § 31 lediglich eine **einseitige Anzeige des Restrukturierungsvorhabens durch den Schuldner** gegenüber dem Gericht vor.[49] Die Anzeige hat die unmittelbare Folge, dass das angezeigte Restrukturierungsvorhaben inhaltlich umrissen und als Restrukturierungssache rechtshängig wird (§ 31 Abs. 3), ohne dass es hierfür einer gerichtlichen Entscheidung bedarf.[50] Sie gibt dem Gericht die Möglichkeit, sich mit der Restrukturierungssache vertraut zu machen, sich auf spätere Anträge des Schuldners hinsichtlich der Inanspruchnahme von Instrumenten gem. § 29 vorbereiten sowie seine Zuständigkeit prüfen zu können.[51] Sie löst aber grundsätzlich kein Tätigwerden des Gerichts aus.[52] Mangels einer vom Gericht zu treffenden »ersten« Entscheidung im Zusammenhang mit dem Eingang der Anzeige des Restrukturierungsvorhabens, ist die Frage, bis wann der Schuldner einen Antrag auf öffentliche Bekanntmachung i.S.d. § 84 zu stellen hat, **einzelfallabhängig** (s. Rdn. 21 ff.). Da die erste Entscheidung gem. § 84 Abs. 2 Satz 3 i.V.m. Art. 102c § 4 EGInsO rechtsmittelfähig sein muss, kann allein die erste Befassung des Gerichts als solche, insbesondere mit seiner Zuständigkeit, das Zeitfenster für einen Antrag des Schuldners auf öffentliche Bekanntmachung nicht begrenzen.[53] Die Neufassung von § 84 Abs. 2 Satz 2 stellt klar, dass die erste Entscheidung des Gerichts auch der auf Antrag des Schuldners gefasste Beschluss über das Bestehen seiner internationalen Zuständigkeit sein kann.

45 Vgl. *Vallender*, ZInsO 2020, 2579 (2582).
46 *Vallender*, NZI-Beilage 2021, 30 (30).
47 BT-Drucks. 19/24181, Begr. zu § 91 StaRUG-E, S. 179.
48 BT-Drucks. 19/24181, Begr. zu § 91 StaRUG-E, S. 179.
49 BT-Drucks. 19/24181, S. 131.
50 BT-Drucks. 19/24181, S. 133.
51 BT-Drucks. 19/24181, S. 131.
52 *Vallender*, NZI-Beilage 2021, 30 (30, Fn. 4): Da die Anzeige eine Verfahrenshandlung darstellt, ist eine Akte anzulegen, ohne dass sich daran weitere gerichtliche Maßnahmen anzuschließen haben.
53 A.A. Braun-*Tashiro*, StaRUG, § 84, Rn. 13, die für ein weites Verständnis des Begriffs »erste Entscheidung« plädiert.

Eine erste Entscheidung des Gerichts kann bereits die durch Beschluss von Amts wegen erfolgende **Aufhebung der Restrukturierungssache gem. § 33** sein, z.B. wenn im Fall der örtlichen Unzuständigkeit des Gerichts der Schuldner innerhalb der ihm gesetzten Frist die Anzeige nicht zurücknimmt oder keinen Verweisungsantrag stellt (§ 33 Abs. 1 Nr. 2).[54] Allerdings entfällt mit der Aufhebung der Restrukturierungssache auch der Bezugsgegenstand des Antrags auf öffentliche Bekanntmachung (vgl. § 31 Abs. 4 Nr. 3) und die Frage nach der Veröffentlichung zukünftiger Entscheidungen ist gegenstandslos.[55] Erfolgt die Anzeige beim örtlich unzuständigen Gericht und beantragt der Schuldner die **Verweisung** (§ 38 Satz 1 i.V.m. § 281 Abs. 1 Satz 1 ZPO), so liegt jedenfalls in dem Verweisungsbeschluss noch keine erste Entscheidung des zuständigen Gerichts. Denkbar ist allerdings, dass der Schuldner im folgenden Verfahren vor dem örtlich zuständigen Gericht an seine Wahl hinsichtlich einer öffentlichen oder nicht-öffentlichen Restrukturierungssache gebunden ist, weil die Verweisung insoweit einem ggf. zuvor gestellten Antrag auf öffentliche Bekanntmachung i.S.d. § 84 Abs. 1 Satz 1 die Wirksamkeit erhält.[56] 21

Eine erste Entscheidung wird in der Praxis oftmals mit der von Amts wegen erfolgenden **Bestellung eines Restrukturierungsbeauftragten** nach § 73 in Betracht kommen. Mit der Anzeige seines Restrukturierungsvorhabens hat der Schuldner gem. § 31 Abs. 2 Satz 2 u. 3 auch anzugeben, ob die Rechte von Verbrauchern oder von mittleren, kleinen oder Kleinstunternehmen berührt werden sollen, und ob damit zu rechnen ist, dass das Restrukturierungsziel nur gegen den Widerstand einer nach Maßgabe des § 9 zu bildenden Gruppe durchgesetzt werden kann. Diese Angaben sind erforderlich, weil in beiden Fällen ein Restrukturierungsbeauftragter grundsätzlich von Amts wegen zu bestellen ist (§ 73 Abs. 1 Nr. 1, Abs. 2 Satz 1). Neben den übrigen in § 73 Abs. 1 genannten Fällen, die eine zwingende Bestellung von Amts wegen erfordern (Antrag auf Erlass einer Stabilisierungsanordnung, sofern alle oder im Wesentlichen alle Gläubiger davon betroffen sind, § 73 Abs. 1 Nr. 2 oder der Restrukturierungsplan sieht eine Überwachung der zu erfüllenden Ansprüche vor, § 73 Abs. 1 Nr. 3), bleibt zu erwarten, dass das Gericht vielfach von der fakultativen Bestellung eines Restrukturierungsbeauftragten von Amts wegen Gebrauch machen wird, um diesen als Sachverständigen einzusetzen (§ 73 Abs. 3). In allen sonstigen Fällen erfolgt eine Bestellung des Restrukturierungsbeauftragten nur auf Antrag des Schuldners oder einer qualifizierten Gläubigerfraktion (§ 77 Abs. 1), die ebenfalls als erste Entscheidung des Gerichts betrachtet werden kann. Die Bestellung des Restrukturierungsbeauftragten kann als erste Entscheidung des Gerichts gleichzeitig als Eröffnungsentscheidung i.S.d. Art. 2 Nr. 7 ii) EuInsVO fungieren, da – parallel zur Aufnahme von öffentlichen Restrukturierungssachen in Anhang A der EuInsVO – der **Restrukturierungsbeauftragte als »Verwalter«** i.S.d. Art. 2 Nr. 5 EuInsVO in **Anhang B der EuInsVO** aufgenommen wurde. Dabei ist zu berücksichtigen, dass er die Definition i.S.d. Art. 2 Nr. 5 EuInsVO nicht ohne Weiteres erfüllt,[57] weil sein einzelfallabhängiges Aufgabenspektrum neben einer einem Sachwalter ähnelnden Funktion (vgl. § 76 Abs. 2) auch lediglich eine rein unterstützende Tätigkeit zulässt.[58] 22

Eine erste gerichtliche Entscheidung i.S.d. § 84 kann auch infolge der vom Schuldner beantragten Inanspruchnahme eines der Instrumente des Stabilisierungs- und Restrukturierungsrahmens gem. § 29 getroffen werden[59], wie etwa die **Anordnung einer Stabilisierung** gem. §§ 29 Abs. 2 Nr. 3, 49. Die Bestellung eines Restrukturierungsbeauftragten kann der Bescheidung des Antrags auf Erlass 23

54 So auch Morgen-*Abel/Herbst*, StaRUG, § 84 Rn. 20.

55 So auch Morgen-*Abel/Herbst*, StaRUG, § 84 Rn. 20.

56 Vgl. für den Insolvenzantrag: MK-InsO/*Ganter/Bruns*, § 3 Rn. 30.

57 *Thole*, ZIP 2020, 1985, 1998; *Piekenbrock*, ZInsO 2022, 2512 (2513).

58 Bspw. bei der Anordnung eines Zustimmungsvorbehalts ähnelt die Tätigkeit des Restrukturierungsbeauftragte der eines Sachwalter, weshalb eine öffentliche Bekanntmachung entsprechend §§ 23, 277 Absatz 3 InsO für geboten gehalten wird, u.a.: Stellungnahme des Verbandes Insolvenzverwalter Deutschlands (VID) zum Referentenentwurf eines Gesetzes zur Fortentwicklung des Sanierungs- und Insolvenzrechts (SanInsFoG) v. 02.10.2020, S. 68, abrufbar unter https://www.vid.de/wp-content/uploads/2020/10/VID-Stellungnahme-zum-RefE-SanInsFoG.pdf.

59 Zur gerichtlichen Planabstimmung und Vorprüfung: BeckOK-StaRUG/*Skauradszun*, § 84 Rn. 14 f.

einer Stabilisierungsanordnung als erste Entscheidung des Gerichts jedoch vorausgehen (vgl. § 73 Abs. 1 Nr. 2). Da das Gericht sowohl über die Bestellung eines Restrukturierungsbeauftragten[60] als auch über den Antrag des Schuldners auf Inanspruchnahme von Verfahrenshilfen[61], wie der Stabilisierungsanordnung, erst entscheiden soll, wenn die dafür jeweils vorgesehenen Gebühren und Auslagenvorschüsse gezahlt sind, kann der Schuldner den Zeitpunkt der ersten gerichtlichen Entscheidung ggf. beeinflussen.

24 Die **Rücknahme des Antrags auf öffentliche Bekanntmachung** der Restrukturierungssache ist ebenfalls in § 84 Abs. 1 Satz 2 zeitlich begrenzt durch die erste Entscheidung des Restrukturierungsgerichts. Hintergrund ist, dass bereits die erste Entscheidung (vgl. § 85) öffentlich bekanntzumachen ist, die Restrukturierungssache öffentlich wird und damit letztlich nicht mehr unbekannt gemacht werden kann.[62] Die Frage, wann die Veröffentlichungen vom Gericht nach der ersten Entscheidung wieder gelöscht werden, richtet sich nach § 3 Abs. 4 InsBekV (vgl. § 86 Rdn. 9).

▶ **Praxishinweis:**

25 Den Antrag auf öffentliche Bekanntmachung i.S.d. § 84 Abs. 1 hat der Schuldner bis zur ersten Entscheidung des Restrukturierungsgerichts zu stellen und kann ihn auch nur bis dahin zurücknehmen. Damit ist die Frage nach dem konkreten »bis wann« im Einzelfall unterschiedlich zu beantworten. Eine solche erste Entscheidung kann bereits unmittelbar der Anzeige des Restrukturierungsvorhabens nach § 31 Abs. 1 folgen (z.B. durch die von Amts wegen erfolgende Bestellung eines Restrukturierungsbeauftragten). Die Frage nach dem »ab wann« ist dagegen eindeutig zu beantworten: Maßgeblich ist die Anzeige des Restrukturierungsvorhabens nach § 31 Abs. 1. Da das Gericht mit seiner ersten Entscheidung den letztmöglichen Zeitpunkt der Antragstellung selbst bestimmt, empfiehlt es sich aus Schuldner- und Beratersicht schon rechtzeitig vor der Anzeige der Restrukturierungssache eine abschließende Entscheidung darüber zu treffen, ob die öffentliche Bekanntmachung der Restrukturierungssache im konkreten Einzelfall zweckmäßig ist oder nicht. Bejahendenfalls, sollte der Antrag nach § 84 bereits mit der Anzeige des Restrukturierungsvorhabens verbunden werden, um nicht durch eine schnelle von Amts wegen zu treffende Entscheidung des Gerichts für das gesamte restliche Verfahren gebunden zu sein. Eine möglichst frühzeitige Entscheidung des Schuldners ist auch vom Gesetzgeber intendiert[63], der diesem mit der Neufassung von § 84 Abs. 2 Satz 2 auf die Möglichkeit verweist, eine schnelle erste Entscheidung des Gerichts in Form eines Beschlusses über das Bestehen der internationalen Zuständigkeit herbeizuführen (s. Rdn. 32).

4. Form des Antrags

26 Der Gesetzgeber hat keine Form für den auf die öffentliche Bekanntmachung der Restrukturierungssache gerichteten Antrag des Schuldners normiert. Mangels eines normierten Schriftformerfordernisses und mangels eines beim Restrukturierungsgericht herrschenden Anwaltszwangs, ist denkbar, dass der Schuldner seinen Antrag nach § 84 Abs. 1 Satz 2 auch zu Protokoll der Geschäftsstelle gem. § 38 Satz 1 i.V.m. § 129a ZPO erklärt. Aus Gründen der Rechtssicherheit und Dokumentation

---

60 Vgl. § 81 Abs. 5, näher Morgen-*Schinkel*, StaRUG, § 81 Rn. 32 ff.

61 Gem. § 13a Abs. 1 GKG (Nr. 2511 KV GKG). Im StaRUG-Referentenentwurf v. 19.09.2020 war in § 13a GKG-E noch vorgesehen, die Entscheidung über den Antrag auf die Inanspruchnahme der Verfahrenshilfen zudem von der Zahlung eines angemessenen Vorschusses auf die Auslagen für die öffentliche Bekanntmachung, soweit eine solche zu erfolgen hat, abhängig zu machen, S. 84.

62 Näher BeckOK-StaRUG/*Skauradszun*, § 84 Rn. 16.

63 BT-Drucks. 19/24181, S. 179, die dortigen Formulierungen »der Schuldner muss zu Beginn seines Restrukturierungsvorhabens entscheiden« und »hat mit dem ersten Antrag in der Restrukturierungssache zu beantragen« sind ungünstig gewählt. Wie schon in den nächsten Sätzen der Gesetzesbegründung deutlich wird, soll eine Antragsstellung bzw. -rücknahme nach Beginn des Restrukturierungsvorhabens bis zur ersten Entscheidung des Gerichts möglich sein.

sollte der Antrag auf öffentliche Bekanntmachung stets **schriftlich** gestellt werden. Der den Schuldner vertretende Rechtsanwalt hat die für ihn geltenden elektronischen Übermittlungswege per **beA** gem. § 38 Satz 1 i.V.m. § 130d ZPO zu berücksichtigen.[64]

5. Zusätzliche Angaben im Antrag, § 84 Abs. 1 Satz 3 i.V.m. Art. 102c § 5 EGInsO

Durch den Verweis in § 84 Abs. 1 S. 3 findet auf den auf die öffentliche Bekanntmachung der Restrukturierungssache gerichtete Antrag **Art. 102c § 5 EGInsO** entsprechende Anwendung, der zusätzliche Angaben verlangt. Nach Art. 102c § 5 EGInsO soll der Eröffnungsantrag des Schuldners, soweit Anhaltspunkte für die internationale Zuständigkeit eines anderen EU-Mitgliedstaates für die Eröffnung eines Hauptinsolvenzverfahrens nach Art. 3 Abs. 1 EuInsVO vorliegen, bestimmte zusätzliche Angaben enthalten. 27

Art. 102c § 5 EGInsO Zusätzliche Angaben im Eröffnungsantrag des Schuldners

Bestehen Anhaltspunkte dafür, dass auch die internationale Zuständigkeit eines anderen Mitgliedstaats der Europäischen Union für die Eröffnung eines Hauptinsolvenzverfahrens nach Artikel 3 Absatz 1 der Verordnung (EU) 2015/848 begründet sein könnte, so soll der Eröffnungsantrag des Schuldners auch folgende Angaben enthalten:

1. *seit wann der Sitz, die Hauptniederlassung oder der gewöhnliche Aufenthalt an dem im Antrag genannten Ort besteht,*
2. *Tatsachen, aus denen sich ergibt, dass der Schuldner gewöhnlich der Verwaltung seiner Interessen in der Bundesrepublik Deutschland nachgeht,*
3. *in welchen anderen Mitgliedstaaten sich Gläubiger oder wesentliche Teile des Vermögens befinden oder wesentliche Teile der Tätigkeit ausgeübt werden und*
4. *ob bereits in einem anderen Mitgliedstaat ein Eröffnungsantrag gestellt oder ein Hauptinsolvenzverfahren eröffnet wurde.*

Satz 1 findet keine Anwendung auf die im Verbraucherinsolvenzverfahren nach § 305 Absatz 1 der Insolvenzordnung zu stellenden Anträge.

Die von Art. 102c § 5 EGInsO geforderten zusätzlichen Angaben bezwecken, dem Gericht die Ermittlung des Mittelpunktes der hauptsächlichen Interessen des Schuldners (*centre of main interests*, sog. »COMI«) sowie der internationalen Zuständigkeit zu erleichtern und es zugleich für den nach Art. 4 EuInsVO zu leistenden Begründungsaufwand zu sensibilisieren.[65] Liegen Anhaltspunkte dafür vor, dass die Zuständigkeit nach Art. 3 Abs. 1 EuInsVO in einem anderen Mitgliedstaat begründet sein könnte, löst dies eine **Mitwirkungs- und Beibringungspflicht des Schuldners** aus und das Gericht soll bei Anlass zu Zweifeln die Vorlage zusätzlicher Nachweise vom Schuldner verlangen.[66] 28

In entsprechender Anwendung des Art. 102c § 5 EGInsO soll der Schuldner nach § 84 Abs. 1 Satz 3 in seinem Antrag auf öffentliche Bekanntmachung der Restrukturierungssache Angaben zu seinem COMI machen, die es dem Restrukturierungsgericht erlauben, die internationale Zuständigkeit zu prüfen (vgl. § 39 Abs. 1). Schließlich hat das Gericht in der ersten Entscheidung seine internationale Zuständigkeit auf Grundlage der Angaben des Schuldners gem. § 84 Abs. 2 Satz 1 zu begründen (vgl. Rdn. 31). Entsprechend Art. 102c § 5 EGInsO ist anzugeben, seit wann der Sitz, die Hauptniederlassung oder der gewöhnliche Aufenthalt an dem im Antrag angegebenen Ort besteht (Nr. 1), Tatsachen, aus denen sich ergibt, dass der Schuldner gewöhnlich der Verwaltung seiner Interessen in Deutschland nachgeht (Nr. 2), in welchen anderen Mitgliedstaaten sich Gläubiger oder wesentliche Vermögensteile befinden oder wesentliche Teile der Tätigkeit ausgeübt werden (Nr. 3) und ob 29

64 BeckOK-StaRUG/*Skauradszun*, § 84 Rn. 12a; Seibt/Westphal-*Palenker*, § 84 Rn. 20.
65 MK-InsO/*Thole*, Art. 102c EGInsO § 5 Rn. 1 m.w.N.
66 Näher Vallender-*Vallender/Zipperer*, EuInsVO, Art. 102c EGInsO § 5 Rn. 5 ff.; MK-InsO/*Thole*, Art. 102c EGInsO § 5 Rn. 3, 11 m.w.N.

bereits in einem anderen Mitgliedstaat ein Antrag gestellt oder ein Hauptinsolvenzverfahren eröffnet wurde (Nr. 4).[67] Die in Art. 102c § 5 Satz 2 EGInsO formulierte Nichtanwendbarkeit für Verbraucherinsolvenzverfahren nach § 305 Abs. 1 InsO wird bei Restrukturierungssachen nicht relevant, da der Stabilisierungs- und Restrukturierungsrahmen mangels Restrukturierungsfähigkeit bei Verbrauchern nicht in Anspruch genommen werden kann (vgl. § 30 Abs. 1 Satz 2). Es handelt sich um eine Sollvorschrift, deren Nichtbeachtung allein nicht zur Unzulässigkeit des Antrags führt.[68]

▶ **Praxishinweis:**

30 Stellt sich nach der ersten Entscheidung des Restrukturierungsgerichts heraus, dass in einem anderen Mitgliedstaat bereits ein Hauptinsolvenzverfahren i.S.d. Art. 3 Abs. 1 EuInsVO eröffnet wurde, so greifen die gem. § 88 anwendbaren Art. 102c §§ 2, 3 Abs. 1, 3 EGInsO über Kompetenzkonflikte. Zudem ist eine Zuständigkeitsrüge nach Art. 102c § 4 EGInsO i.V.m. Art. 5 EuInsVO kraft Verweises in § 84 Abs. 2 Satz 3 bei öffentlichen Restrukturierungssachen möglich. Es liegt daher im Eigeninteresse des Schuldners, nach bestem Wissen und Gewissen alle zuständigkeitsrelevanten Umstände in seinem Antrag auf öffentliche Bekanntmachung der Restrukturierungssache anzugeben.

II. Erste Entscheidung des Restrukturierungsgerichts, § 84 Abs. 2

1. Angaben in der ersten Entscheidung, § 84 Abs. 2 Satz 1

31 Die **erste Entscheidung** in einer Restrukturierungssache (s. Rdn. 20 ff.) gilt als Eröffnungsentscheidung i.S.d. Art. 2 Nr. 7 EuInsVO, weshalb sie sich zu den Gründen zu verhalten hat, auf denen das Gericht seine internationale Zuständigkeit stützt.[69] Hintergrund dieser Regelung ist Art. 4 Abs. 1 Satz 2 EuInsVO, wonach das mit dem Antrag auf Eröffnung eines Insolvenzverfahrens befasste Gericht die Annahme seiner **internationalen Zuständigkeit nach Art. 3 EuInsVO** zu begründen hat.[70] Seit der Aufnahme von öffentlichen Restrukturierungssachen in Anhang A der EuInsVO gilt der Stabilisierungs- und Restrukturierungsrahmen im Fall seiner Öffentlichkeit gem. Art. 2 Nr. 4 EuInsVO als »Insolvenzverfahren« i.S.d. EuInsVO. Für die Qualifizierung des Verfahrens als »Hauptinsolvenzverfahren«[71] nach den Bestimmungen der EuInsVO ist maßgeblich, dass der Schuldner den Mittelpunkt seiner hauptsächlichen Interessen (»COMI«) in Deutschland hat.[72] Daher hat das Gericht in seiner ersten Entscheidung die **Gründe**, auf denen seine internationale Zuständigkeit beruht, zu nennen (§ 84 Abs. 2 Satz 1 Nr. 1) **und** anzugeben, ob die Zuständigkeit auf **Art. 3 Abs. 1 EuInsVO** (der Schuldner hat den Mittelpunkt seiner hauptsächlichen Interessen – center of main interests oder kurz »COMI« – im Inland, unionsweites Hauptinsolvenzverfahren) **oder** auf **Art. 3 Abs. 2 EuInsVO** (Niederlassung im Inland, territorial beschränktes Sekundärinsolvenzverfahren) beruht (§ 84 Abs. 2 Satz 1 Nr. 2).[73] Der Gesetzgeber erlaubt somit, dass öffentliche Restrukturierungssachen nicht nur als Hauptinsolvenzverfahren i.S.d. Art. 3 Abs. 1 EuInsVO, sondern auch als Sekundärinsolvenzverfahren i.S.d. Art. 3 Abs. 2 EuInsVO geführt werden können.[74] Letzteres setzt voraus, dass der Schuldner nicht seinen COMI, sondern eine Niederlassung i.S.d. Art. 2 Nr. 10 EuInsVO in Deutschland hat, und hat zur Folge, dass die Wirkungen des Stabilisierungs- und Restrukturierungsrahmens auf das in Deutschland belegene Vermögen des Schuldners beschränkt sind (vgl. Art. 34 ff. EuInsVO). Bei seiner Entscheidung wird das Gericht sich zunächst an den im

67 Im Einzelnen K/P/B-*Holzer*, InsO, Art. 102c EGInsO § 5 Rn. 5 ff.
68 BeckOK-StaRUG/*Skauradszun*, § 84 Rn. 18a; Seibt/Westphal-*Palenker*, § 84 Rn. 23.
69 BT-Drucks. 19/24181, S. 176 (§ 87-StaRUG-RegE).
70 Vgl. *Thole*, ZIP 2020, 1985, 1998.
71 Dann als »Hauptrestrukturierungssache« bezeichnend: BeckOK-StaRUG/*Skauradszun*, § 84 Rn. 18, 20.
72 *Thole*, ZIP 2020, 1985, 1998; klarstellend, dass entsprechend Art. 7 EuInsVO deutsches Recht gilt: AG Dresden, Beschl. v. 09.08.2023 – 572 RES 1/23 Rn. 4 – juris.
73 Exemplarisch: AG Hannover, Beschl. v. 14.03.2023 – 951 RES 1/23 Rn. 43 – juris.
74 Zum »Sekundärrestrukturierungsrahmen«: BeckOK-StaRUG/*Skauradszun*, § 84 Rn. 50 ff.

schuldnerischen Antrag gemachten Angaben gem. § 84 Abs. 1 Satz 3 i.V.m. Art. 102c § 5 EGInsO orientieren. Mangelt es dem Gericht an einer hinreichenden Entscheidungsgrundlage, sollte es den Schuldner gem. § 39 Abs. 2 zu weiteren Nachweisen auffordern.[75] Bei Kompetenzkonflikten hat das Gericht gem. § 88 die Vorschriften des Art. 102c §§ 2, 3 Abs. 1, Abs. 3 EGInsO (s. § 88 Rdn. 8) zu beachten.

2. Entscheidung über das Bestehen der internationalen Zuständigkeit, § 84 Abs. 2 Satz 2

Durch das Gesetz zur Digitalisierung der Justiz ist am 17.07.2024 die Neufassung des § 84 Abs. 2 Satz 2 in Kraft getreten.[76] Der Regelungsgehalt von § 84 Abs. 2 Satz 2 a.F., wonach die öffentliche Bekanntmachung in der Restrukturierungssache die in Art. 24 Abs. 2 der EuInsVO genannten Pflichtangaben enthalten muss, wurde unverändert in § 85 Abs. 1 n.F. übernommen. Gemäß § 84 Abs. 2 Satz 2 n.F. stellt das Gericht auf Antrag des Schuldners in einem Beschluss seine internationale Zuständigkeit und die Art des Verfahrens fest. Nach dem Gesetzgeber wird dem Schuldner mit § 84 Abs. 2 Satz 2 n.F. die Möglichkeit eröffnet, schon vor und unabhängig von der Inanspruchnahme eines Instruments nach § 29 Abs. 2 eine die Bekanntmachungspflicht auslösende Entscheidung des Gerichts über das Bestehen der internationalen Zuständigkeit herbeizuführen, welche als Verfahrenseröffnung i.S.d. Art. 2 Nr. 7 EuInsVO im Ausland anzuerkennen ist.[77] Diese Regelung steht im Einklang mit Art. 2 Nr. 7 i) EuInsVO. Denn jede Entscheidung des Gerichts kann als Eröffnungsentscheidung in der öffentlichen Reststrukturierungssache fungieren, sofern sie einen Verfahrenseinleitungswillen erkennen lässt[78] und als erste Entscheidung gem. § 84 Abs. 2 Satz 3 i.V.m. Art. 102c § 4 EGInsO rechtmittelfähig ist. Ein Beschluss über die Feststellung der begründeten internationalen Zuständigkeit infolge eines Antrages auf öffentliche Bekanntmachung des Verfahrens i.S.d. § 84 Abs. 1 Satz 1 erfüllt diese Voraussetzungen und tat dies bereits vor Inkrafttreten des neuen § 84 Abs. 2 Satz 2.[79]. 32

[unbesetzt] 33–34

3. Rechtsbehelf gegen die erste Entscheidung, § 84 Abs. 2 Satz 3 i.V.m. Art. 102c § 4 EGInsO

Durch den Verweis auf Art. 102c § 4 EGInsO regelt § 84 Abs. 2 Satz 3 die entsprechende Anwendung des Rechtsmittels nach Art. 5 Abs. 1 EuInsVO. 35

Art. 102c § 4 EGInsO Rechtsmittel nach Artikel 5 der Verordnung (EU) 2015/848

Unbeschadet des § 21 Absatz 1 Satz 2 und des § 34 der Insolvenzordnung steht dem Schuldner und jedem Gläubiger gegen die Entscheidung über die Eröffnung des Hauptinsolvenzverfahrens nach Artikel 3 Absatz 1 der Verordnung (EU) 2015/848 die sofortige Beschwerde zu, wenn nach Artikel 5 Absatz 1 der Verordnung (EU) 2015/848 das Fehlen der internationalen Zuständigkeit für die Eröffnung eines Hauptinsolvenzverfahrens gerügt werden soll. Die §§ 574 bis 577 der Zivilprozessordnung gelten entsprechend, wobei die Entscheidung über die Beschwerde gemäß § 6 Absatz 3 der Insolvenzordnung erst mit Rechtskraft wirksam wird.

Nach Art. 102c § 4 EGInsO steht dem Schuldner und jedem Gläubiger gegen die Entscheidung über die Eröffnung des Hauptinsolvenzverfahrens nach Art. 3 Abs. 1 EuInsVO die **sofortige Beschwerde** zu, soweit das Fehlen der internationalen Zuständigkeit des Eröffnungsgerichts gem. Art. 5 Abs. 1 EuInsVO gerügt werden soll. Gegenstand der sofortigen Beschwerde i.S.d. §§ 84 Abs. 2 Satz 3 i.V.m. 40 Abs. 1 Satz 1 ist die erste Entscheidung des Restrukturierungsgerichts in öffentlichen Restrukturierungssachen, mit der die **internationale Zuständigkeit gem. Art. 3 Abs. 1** 36

75 Vgl. zum Prüfungsrahmen Braun-*Tashiro*, StaRUG, § 84, Rn. 16.
76 Gemäß Art. 38 des Gesetzes v. 12.07.2024 (BGBl. I 2024, Nr. 234).
77 BT-Drucks. 20/10943, S. 67.
78 MK-StaRUG/*Madaus*, § 84 Rn. 15a.
79 Vgl. AG Halle (Saale), Beschl. v. 05.02.2024 – 58 RES 1/24.

EuInsVO bejaht worden ist. Die Ablehnung der ersten Entscheidung durch das Restrukturierungsgericht mangels internationaler Zuständigkeit ist nicht mit dem Rechtsbehelf nach Art. 5 Abs. 1 EuInsVO angreifbar.[80] Sofern in den Normen des StaRUG gegen die ablehnende Entscheidung die sofortige Beschwerde vorgesehen ist (z.B. in § 51 Abs. 5 Satz 2: Zurückweisung des Antrags auf Erlass einer Stabilisierungsanordnung),[81] kann die verneinte internationale Zuständigkeit jedoch in diesem Rahmen mit überprüft werden.[82] Eine Anfechtung der örtlichen, sachlichen oder funktionellen Zuständigkeit ist über Art. 5 Abs. 1 EuInsVO ebenfalls nicht möglich.[83] **Anfechtungsberechtigt** sind nach dem Wortlaut des Art. 5 Abs. 1 EuInsVO der Schuldner oder jeder Gläubiger. Da nicht jeder Gläubiger des Schuldners in die Restrukturierungssache eingebunden sein muss, sollten **nur diejenigen Gläubiger anfechtungsberechtigt** sein, die vom Stabilisierungs- und Restrukturierungsrahmen **betroffen** sind.[84] Da die betroffenen Gläubiger, in deren Rechte mit einem Restrukturierungsplan eingegriffen werden soll, zum Zeitpunkt der ersten Entscheidung (s.o. Rdn. 20 ff.) – wie z.B. bei einer Stabilisierungsanordnung – ggf. noch nicht feststehen, können nur die Gläubiger ein Rechtsmittel einlegen, deren Forderungen betroffen sind.[85] Das Rechtsmittel ist nach § 40 Abs. 1 Satz 2 **beim Restrukturierungsgericht einzulegen**. Auf die sofortige Beschwerde sind gem. § 38 Satz 1 die §§ 567 ff. ZPO anzuwenden, mithin gilt eine **Notfrist von zwei Wochen** gem. § 569 Abs. 1 ZPO.[86] Abweichend von § 569 Abs. 1 Satz 2 ZPO beginnt die Frist für die Einlegung der sofortigen Beschwerde gem. § 40 Abs. 2 nicht erst mit der Zustellung der Entscheidung, sondern mit der Verkündung. Wird die Entscheidung hingegen nicht verkündet, kann auf die Zustellung abgestellt werden. Wird die nicht verkündete Entscheidung nicht wirksam zugestellt, beginnt die Beschwerdefrist entsprechend § 38 Satz 1 i.V.m. § 569 Abs. 1 Satz 2 ZPO fünf Monate nach dem Erlass der Entscheidung.[87] Gem. Art. 102c § 4 Satz 2 EGInsO sind gegen die Entscheidung über die sofortige Beschwerde die Vorschriften zur Rechtsbeschwerde gem. §§ 574–577 ZPO entsprechend anzuwenden.

III. Rechtsfolgen

37 Bei einer Inanspruchnahme des Stabilisierungs- und Restrukturierungsrahmens als »Öffentliche Restrukturierungssache« nach den §§ 84 ff. können sich für den Schuldner sowohl auf nationaler Ebene nach den Normen des StaRUG als auch auf europäischer Ebene nach den Normen der EuInsVO verschiedene Rechtsfolgen ergeben.

1. Rechtsfolgen nach dem StaRUG

a) Zustellungsverzichte und -erleichterungen

38 Wenn sich der Schuldner dafür entschieden hat, die Restrukturierungssache öffentlich i.S.d. §§ 84 ff. durchzuführen, sieht das Gesetz verschiedene Zustellungsverzichte und -erleichterungen vor.

39 Grundsätzlich ist eine **Stabilisierungsanordnung** den von ihr betroffenen Gläubigern gem. § 51 Abs. 4 Satz 1 zuzustellen. Sofern der Schuldner die Vornahme von öffentlichen Bekanntmachungen beantragt hat, kann auf eine Zustellung der Stabilisierungsanordnung nach **§ 51 Abs. 4 Satz 2** verzichtet werden, wenn sich die Anordnung (mit Ausnahme der in § 4 genannten Gläubiger) **gegen alle Gläubiger** richtet (s. § 51 Rdn. 36). Durch die Zustellung der Stabilisierungsanordnung soll

80 BeckOK-StaRUG/*Skauradszun*, § 84 Rn. 30; vgl. auch Schmidt/*Undritz*, Art. 5 EuInsVO, Rn. 5 m.w.N.

81 Die Entscheidungen des Restrukturierungsgerichts unterliegen gem. § 40 Abs. 1 Satz 1 StaRUG nur in den gesetzlich angeordneten Fällen dem Rechtsmittel der sofortigen Beschwerde (z.B. in §§ 51 Abs. 5 Satz 2, 75 Abs. 3 Satz 1 StaRUG), s. § 40 Rdn. 13.

82 Näher BeckOK-StaRUG/*Skauradszun*, § 84 Rn. 30.

83 MK-InsO/*Thole*, Art. 5 EuInsVO Rn. 7.

84 So auch BeckOK-StaRUG/*Skauradszun*, § 84 Rn. 31.

85 MK-InsO/*Thole*, Art. 5 EuInsVO Rn. 3.

86 Vgl. Schmidt/*Undritz*, Art. 5 EuInsVO, Rn. 18.

87 Morgen-*Blankenburg*, StaRUG, § 40 Rn. 22.

grundsätzlich sichergestellt werden, dass alle von ihr betroffenen Gläubiger nicht in Unkenntnis der Stabilisierungsmaßnahmen Vollstreckungsversuche unternehmen.[88] Ob auf eine Zustellung verzichtet wird, steht im Ermessen des Gerichts. Gem. **§ 85 Abs.** 4 ist eine Zustellung von **Ladungen zu Terminen gegenüber Aktionären, Kommanditaktionären und Inhabern von Schuldverschreibungen** bei erfolgten öffentlichen Bekanntmachungen i.S.d. § 85 Abs. 1 und Abs. 2 nicht erforderlich (s. § 85 Rdn. 14 f.). Schließlich wirkt eine öffentliche Bekanntmachung, die den formalen Anforderungen entspricht, gem. **§ 86 Abs. 3** als **Nachweis der Zustellung an alle Beteiligten** und erzeugt i.V.m. § 86 Abs. 1 Satz 2 eine **Zustellungsfiktion**.

b) Dauer der Stabilisierungsanordnung

40 Die Gesamtdauer der Stabilisierungsanordnung ist in vertraulichen Restrukturierungssachen, d.h. ohne eine über §§ 84 ff. hergestellte Öffentlichkeit, auf höchstens vier Monate begrenzt, wenn der Mittelpunkt der hauptsächlichen Interessen des Schuldners innerhalb von drei Monaten vor der ersten Inanspruchnahme von Instrumenten des Stabilisierungs- und Restrukturierungsrahmens aus einem anderen EU-Mitgliedstaat in das Inland verlegt wurde (vgl. § 53 Abs. 4).[89] Daraus folgt im Umkehrschluss, dass die Gesamtdauer von Stabilisierungsanordnungen in öffentlichen Restrukturierungssachen unter den Voraussetzungen des § 53 Abs. 3 bis zu einer Höchstfrist von maximal acht Monaten nach Erlass der Erstanordnung möglich ist.

2. Rechtfolgen nach der EuInsVO

41 Nachdem öffentlich geführte Restrukturierungssachen in Anhang A der EuInsVO aufgenommen worden sind und damit dem Anwendungsbereich der EuInsVO unterliegen (s.o. Rdn. 2 ff.), war mit Inkrafttreten der §§ 84 ff. am 17.07.2022 eine Verzahnung des StaRUG mit der EuInsVO eingetreten.

a) Grundsatz der lex fori concursus

42 Die als Eröffnungsentscheidung gem. Art. 2 Nr. 7 EuInsVO fungierende erste Entscheidung des Restrukturierungsgerichts i.S.d. § 84 (s.o. Rdn. 20 ff.) erzeugt im Fall von öffentlichen Restrukturierungssachen nicht nur eine Sperrwirkung für andere Hauptinsolvenzverfahren i.S.d. Art. 3 Abs. 3 EuInsVO[90], nach Maßgabe des Art. 7 Abs. 1 EuInsVO folgt daraus auch die Anwendbarkeit deutschen Rechts auf die öffentliche Restrukturierungssache. Denn nach dem **lex fori concursus-Grundsatz** des **Art. 7 EuInsVO** ist für ein Insolvenzfahren und seine verfahrensrechtlichen und materiell-rechtlichen Folgewirkungen das Recht des Staates der Verfahrenseröffnung maßgeblich. Damit regelt deutsches Recht gem. Art. 7 Abs. 2 EuInsVO die Voraussetzungen für die »Eröffnung« der öffentlichen Restrukturierungssache, wie das Verfahren durchzuführen und zu beenden ist sowie insbesondere die in Art. 7 Abs. 2 Satz 2 EuInsVO statuierten Regelungsgegenstände (z.B. mit Blick auf die §§ 31 Abs. 4, 33, 67 ff. die Voraussetzungen und Wirkungen der Verfahrensbeendigung, insbesondere durch Vergleich, vgl. Art. 7 Abs. 2 Satz 2 Buchst. j) EuInsVO).[91] Bei der Gestaltung des Restrukturierungsrahmens sollten daher auch die Ausnahmen hiervon nach den Kollisionsnormen der **Art. 8–18 EuInsVO** beachtet werden, wie etwa die Sonderregelung des Art. 8 EuInsVO für dinglich gesicherte Gläubiger. Nach Art. 8 Abs. 1 EuInsVO sind Gläubiger mit dinglichen Rechten an körperlichen oder unkörperlichen, beweglichen oder unbeweglichen Gegenständen des Schuldners, die sich zum Zeitpunkt der ersten Entscheidung des Restrukturierungsgerichts[92] im Hoheitsgebiet eines anderen Mitgliedstaates befinden, von der Verfahrenseröffnung

---

88 BT-Drucks. 19/24181, Begr. zu § 58 Abs. 4 StaRUG-E, S. 156.

89 In Umsetzung des Art. 6 Abs. 8 Uabs. 2 der Restrukturierungsrichtlinie, BT-Drucks. 19/24181, S. 157.

90 Braun-*Tashiro*, StaRUG, § 84 Rn. 14.

91 Näher zu den einzelnen Regelungsgegenständen aus Art. 7 Abs. 2 EuInsVO: BeckOK-StaRUG/*Skauradszun*, § 84 Rn. 40.

92 Nun ebenso BeckOK-StaRUG/*Skauradszun*, § 84 Rn. 41.

nicht berührt. In einem anderen Mitgliedstaat belegene dingliche Rechte können danach ohne Rücksicht auf deutsches Recht durchgesetzt werden (z.B. trotz einer Stabilisierungsanordnung gem. §§ 29 Abs. 2 Nr. 3, 49) und sind nicht gestaltbar (z.B. im Restrukturierungsplan als Absonderungsanwartschaft, § 2 Abs. 1 Nr. 2).[93]

b) Anerkennung und Vollstreckung gerichtlicher Entscheidungen

43 Die **erste Entscheidung des Restrukturierungsgerichts** (s.o. Rdn. 20 ff.) fungiert als Eröffnungsentscheidung gem. Art. 2 Nr. 7 EuInsVO und ist damit im Geltungsbereich der EuInsVO automatisch von allen anderen Mitgliedstaaten gem. **Art. 19 Abs. 1 Uabs. 1 EuInsVO** anzuerkennen. Der Eintritt der Anerkennungswirkung im Geltungsbereich der EuInsVO ist keine unmittelbare Folge der öffentlichen Bekanntmachung i.S.d. §§ 84 ff. Die Aufnahme eines Verfahrens in Anhang A der EuInsVO setzt insoweit zwar die Öffentlichkeit des Verfahrens voraus. Mit der Aufnahme von öffentlichen Restrukturierungssachen in den Anhang A der EuInsVO erzeugt aber bereits die wirksame[94] Eröffnungsentscheidung eine umfassende Anerkennungswirkung (vgl. Art. 20 Abs. 1 EuInsVO), auch wenn eine öffentliche Bekanntmachung als solche noch aussteht und »so bald als möglich« nach Eröffnung des Verfahrens zu erfolgen hat (vgl. Art. 24 Abs. 1 Satz 2 EuInsVO).

44 Die **Anerkennung aller sonstigen Entscheidungen des Restrukturierungsgerichts** zur Durchführung und Beendigung des Verfahrens, ein gerichtlich bestätigter Vergleich sowie Annexentscheidungen und Entscheidungen über Sicherungsmaßnahmen erfolgen gem. **Art. 32 Abs. 1 Uabs. 1–3 EuInsVO.** Von den sonstigen Entscheidungen sind alle Entscheidungen des Gerichts erfasst, ohne Rücksicht auf ihre Bezeichnung als Urteil, Beschluss, o.Ä., mithin gehören auch einfache Anordnungen oder Verfügungen dazu.[95] In öffentlichen Restrukturierungssachen sind somit alle Entscheidungen des Restrukturierungsgerichts, wie insbesondere der **vom Gericht bestätigte Restrukturierungsplan** als bestätigter Vergleich nach Art. 32 Abs. 1 Uabs. 1 Satz 1 EuInsVO automatisch in anderen EU-Mitgliedstaaten anzuerkennen.[96]

45 Sofern die Entscheidungen in einer öffentlichen Restrukturierungssache einen vollstreckbaren Inhalt haben, erfolgt eine **Vollstreckung gem. Art. 32 Abs. 1 Uabs. 1 Satz 2 EuInsVO** nach Art. 39–44 u. 47–57 der Verordnung (EU) Nr. 1215/2012[97] (»**EuGVVO**«). Art. 19 EuInsVO regelt nur die Anerkennung, nicht aber die Vollstreckbarerklärung von Eröffnungsentscheidungen. Bei Insolvenzverfahren ist dies unproblematisch, da die Gestaltungswirkung der Verfahrenseröffnung selbstvollziehend ist und keiner Vollstreckung bedarf.[98] Bei öffentlichen Restrukturierungssachen kann dies wegen der Vielfalt möglicher erster Entscheidungen (s.o. Rdn. 20 ff.) anders sein. Hat die erste Entscheidung des Restrukturierungsgerichts einen vollstreckbaren Inhalt, ist auf diese als Eröffnungsentscheidung auch Art. 32 Abs. 1 Uabs. 1 Satz 2 EuInsVO anzuwenden.[99]

46 Als **Grenze** der Anerkennung und Vollstreckung von Entscheidungen in einem anderen EU-Mitgliedstaat ist der **ordre-public-Vorbehalt in Art. 33 EuInsVO** zu beachten. Danach kann jeder Mitgliedstaat die Anerkennung oder Vollstreckung der in einem anderen Mitgliedstaat ergangenen Entscheidung ablehnen, wenn diese zu einem offensichtlich mit seiner öffentlichen Ordnung (*ordre public*), insbesondere mit den Grundprinzipien oder den verfassungsmäßig garantierten Rechten und Freiheiten

93 Zu gruppeninternen Drittsicherheiten: *Hoegen/Kranz*, NZI 2021, 105 (109); *Westphal/Dittmar*, NZI-Beilage 1/2021, 46 (46).

94 MK-InsO/*Thole*, Art. 19 VO (EU) 2015/848, Rn. 18 f.

95 MK-InsO/*Thole*, Art. 32 VO (EU) 2015/848, Rn. 6 m.w.N.

96 BeckOK-StaRUG/*Skauradszun*, § 84 Rn. 44 m.w.N. und verschiedenen Fallbeispielen, Rn. 45.

97 Verordnung (EU) Nr. 1215/2012 des Europäischen Parlaments und des Rates vom 12.12.2012 über die gerichtliche Zuständigkeit und die Anerkennung und Vollstreckung von Entscheidungen in Zivil- und Handelssachen, (ABl. L 351 vom 20.12.2012, S. 1), nicht amtliche Kurzbezeichnungen »EuGVVO«, »EuGVO« oder »Brüssel-Ia-Verordnung«.

98 Mankowski/Müller/J. Schmidt-*Müller*, EuInsVO 2015, Art. 32 Rn. 36.

99 Allg. Vallender-*Reutershan*, Art. 32 EuInsVO Rn. 3 m.w.N.

des Einzelnen, unvereinbaren Ergebnis führen würde. Der Grundsatz des gegenseitigen Vertrauens der Mitgliedstaaten erfordert es, dass die Gründe für eine Nichtanerkennung der Entscheidung des Erststaates im Zweitstaat auf das unbedingt notwendige Maß beschränkt sind.[100] Der ordre-public-Vorbehalt hat Ausnahmecharakter und darf nur restriktiv angewandt werden.[101]

D. Annex: Nicht-öffentliche Restrukturierungssachen

Wenn der Schuldner davon absieht, einen Antrag auf öffentliche Bekanntmachung gem. § 84 Abs. 1 47
Satz 1 zu stellen, etwa weil er sich der Vorteile einer vertraulich durchgeführten Restrukturierung nicht begeben möchte, handelt es sich um eine nicht-öffentliche Restrukturierungssache und der Anwendungsbereich der §§ 84 ff. bleibt verschlossen. Gleiches gilt, wenn sich erst nach der ersten Entscheidung des Restrukturierungsgerichts herausstellt, dass etwa anerkennungsrechtliche Aspekte auf EU-Ebene eine Rolle spielen, da eine Antragstellung durch den Schuldner zu diesem Zeitpunkt gem. § 84 Abs. 1 Satz 2 nicht mehr möglich ist und es bei einer nicht-öffentlichen Restrukturierungssache verbleibt. Nicht-öffentliche Verfahren sind mangels Publizität vom Anwendungsbereich der EuInsVO ausgeschlossen. In der nicht-öffentlichen Verfahrensvariante stellen sich verschiedene Folgefragen mit Blick auf die internationale Zuständigkeit, die Anerkennung und ggf. Vollstreckung von gerichtlichen Entscheidungen im Ausland, deren rechtliche Grundlagen bislang nicht geklärt sind.

I. Parteiöffentlichkeit

Zunächst bleibt es bei einer **Parteiöffentlichkeit** der Restrukturierungssache, auch außerhalb des 48
Anwendungsbereichs der §§ 84 ff. Denn der Schuldner und die designierten Planbetroffenen werden gem. § 299 Abs. 1 ZPO i.V.m. § 38 Satz 1 Einsicht in die Restrukturierungsakte nehmen können. Nicht an der Restrukturierungssache beteiligte Personen haben grundsätzlich keinen Anspruch auf Akteneinsicht nach Maßgabe des § 299 Abs. 2 ZPO, wenn es sich um eine nicht öffentliche Restrukturierungssache handelt.[102] Die betroffenen Gläubiger erfahren von einer Stabilisierungsanordnung durch Zustellung (§ 51 Abs. 4 Satz 1), vom Planabstimmungsverfahren und einer gerichtlichen Vorprüfung spätestens durch Einberufung der Versammlung (§ 20 Abs. 1) oder Ladung (§§ 45 Abs. 1 u. 3, 48 Abs. 2 Satz 3).[103]

II. Internationale Zuständigkeit, Anerkennung und Vollstreckung außerhalb des Geltungsbereichs der EuInsVO

In der Literatur hat sich ein breites Meinungsspektrum dazu gebildet, ob eine **europaweite** 49
Anerkennung und grenzüberschreitende Wirkung der nicht-öffentlichen Restrukturierungssachen über die Vorschriften der EU-Verordnung Nr. 1215/2012, Verordnung des Europäischen Parlaments und des Rates vom 12.12.2012 über die gerichtliche Zuständigkeit und die Anerkennung und Vollstreckung von Entscheidungen in Zivil- und Handelssachen (»**EuGVVO**«)[104] in Betracht kommt[105] oder eine unionsweite Anerkennung auf anderer Grundlage gefunden werden muss.[106]

---

100 Erwägungsgrund Nr. 65 zur EuInsVO.

101 *Mankowski*, KTS 2011, 185 (186 f. m.w.N.).

102 *Vallender*, ZInsO 2020, 2579, 2585.

103 *Bork*, ZRI 2021, 345, 350.

104 Auch als »Brüssel Ia-VO« bezeichnet.

105 Dafür: u.a. *Skauradszaun*, u.a. in BeckOK-StaRUG, § 84 Rn. 63 ff.; *Madaus*, ZIP 2022, 1233 (1236 f.); *Herding/Zehlicke*, NZI 2023, 855 (859); *J. Schmidt*, ZInsO 2021, 654 (657 f.). Dagegen: u.a. Paulus/Dammann-*Dammann*, Art. 1 Rn. 82 ff.; *Paulus/Bähr/Hackländer*, ZIP 2021, 1085 (1090); *Schlöder/Parzinger/Knebel*, ZIP 2021, 1041 (1043 f.); *Cranshaw/Portisch*, ZInsO 2020, 2561, 2567; *Thole*, u.a. in: MK-InsO, Art. 19 VO (EU) 2015/848, Rn. 7 m.w.N., ZIP 2021, 2153 (2154 ff.); Morgen-*Abel/Herbst*, StaRUG, Anh. zu § 86 Rn. 20 ff., 24.

106 Näher *Schlöder/Parzinger/Knebel*, ZIP 2021, 1041 (1042 ff.); eingehend mit dem Meinungsspektrum befassend: AG Karlsruhe, Beschl. v. 25.03.2022 – 102 REs 2/21, Rn. 21 ff. – juris, ZIP 2023, 651 (652 ff.).

50 Die EuGVVO gilt im **Grundsatz für Zivil- und Handelssachen** (Art. 1 Abs. 1 EuGVVO). Deutsche Stabilisierungs- und Restrukturierungsrahmen haben insbesondere einen gesellschafts-, schuld- und sachenrechtlichen Regelungsgehalt und sind in der Gesamtschau den Zivil- und Handelssachen zuzuordnen.[107] Damit könnte der Anwendungsbereich der EuGVVO für deutsche Restrukturierungssachen dem Grunde nach eröffnet sein.

51 Bei einer Anwendbarkeit der Vorschriften der EuGVVO würde sich die **internationale Zuständigkeit des Gerichts** nach den **Art. 4 ff. EuGVVO** richten. Die allgemeine internationale Zuständigkeit liegt gem. Art. 4 Abs. 1 EuGVVO grundsätzlich bei den Gerichten desjenigen Mitgliedsstaats, in dessen Hoheitsgebiet der Beklagte seinen Wohnsitz hat. Da der Restrukturierungsrahmen weder Kläger noch Beklagte kennt, sondern nur Schuldner und Gläubiger, muss diese Wertung auf die Interessenlage bei einer Restrukturierung übertragen werden. Auch der Restrukturierungsrahmen weist kontradiktorische Züge auf. Im Vergleich zum Schuldner, der eine proaktive Stellung einnimmt (Anzeige des Restrukturierungsvorhabens, Antrag auf Inanspruchnahme von den Instrumenten des Stabilisierungs- und Restrukturierungsrahmens), agieren seine Gläubiger eher aus einer defensiven Rolle heraus (Beteiligung bei der Planabstimmung, Minderheitenschutz gem. § 64), die der Eigenschaft als Beklagte näher kommt als die Klägerrolle.[108] Das hat zum einen zur Folge, dass der Gerichtsstand bei (auch) im Ausland ansässigen Gläubigern in vielen verschiedenen Ländern begründet sein kann. Die internationale Zuständigkeit deutscher Gerichte könnte jedoch, sofern eine hinreichende Anzahl von Gläubigern ihren Sitz in Deutschland hat, über eine mögliche Verfahrensbündelung gegenüber allen Gläubigern in ihrer Eigenschaft als Planbetroffene gem. Art. 8 Nr. 1 EuGVVO erreicht werden.[109] Zum anderen ist zu beachten, dass **auch ausländische Unternehmen ohne einen COMI oder Sitz in Deutschland** mit einer Mehrheit von in Deutschland ansässigen Gläubigern als »Beklagte« über Art. 8 Nr. 1 EuGVVO die deutschen Verfahren in Anspruch nehmen können.[110] Daneben eröffnet die Verordnung aber auch zahlreiche weitere besondere (Art. 7 ff. EuGVVO) und auch ausschließliche Zuständigkeiten (Art. 24 EuGVVO).[111]

52 Die automatische **Anerkennung und Vollstreckung** von in einem Mitgliedstaat ergangenen Entscheidungen in anderen Mitgliedstaaten wird in **Art. 36 ff. EuGVVO** statuiert. Nach Art. 36 Abs. 1 EuGVVO sind die in einem Mitgliedsstaat ergangenen Entscheidungen grundsätzlich in den anderen Mitgliedstaaten automatisch anzuerkennen. »Entscheidung« meint gem. Art. 2 Abs. 1 Buchst. a) EuGVVO jede von einem Mitgliedsstaat erlassene Entscheidung ohne Rücksicht auf ihre Bezeichnung. Die automatische Anerkennung von Entscheidungen des Restrukturierungsgerichts könnte daher auf Art. 36 EuGVVO oder etwa bei einer Qualifizierung des bestätigten Restrukturierungsplans als »gerichtlicher Vergleich« i.S.d. Art. 2 Buchst. b) EuGVVO auf Art. 59 i.V.m. Art. 58 EuGVVO gestützt werden.[112] Hinsichtlich der Vollstreckung von Entscheidungen gelten die Art. 39 ff. EuGVVO. Die Vorschriften gelten über Art. 32 Abs. 1 Uabs. 1 Satz 2 EuInsVO weitgehend auch bei öffentlichen Restrukturierungssachen im Anwendungsbereich der EuInsVO, so dass sich hier im

107 BeckOK-StaRUG/*Skauradszun*, § 84 Rn. 62 m.w.N.; MK-StaRUG/*Madaus*, § 84 Rn 99.

108 *Skauradszun,* ZIP 2019, 1501 (1506 f.), ders. BeckOK-StaRUG, § 84 Rn. 75; entsprechend zum englischen Scheme of Arrangement: *Sax/Swierczok,* ZIP 2017, 601 (602).

109 BeckOK-StaRUG/*Skauradszun*, § 84 Rn. 77; *J. Schmidt,* ZInsO 2021, 654 (658).

110 *Madaus,* Stellungnahme zum Regierungsentwurf eines Gesetzes zur Fortentwicklung des Sanierungs- und Insolvenzrechts (SanInsFoG) sowie zum diesbezüglichen Antrag der Fraktion der FDP v. 12.11.2010, abrufbar unter: https://www.bundestag.de/resource/blob/806302/5235168ddc676b9436c854032 2e53865/madaus-data.pdf; *Zehlicke/Herding/Parzinger*, ZIP 2024, 164 (169).

111 Näher, auch zum Verhältnis des Art. 8 Nr. 1 EuGVVO zu Art. 24 EuGVVO: BeckOK-StaRUG/*Skauradszun*, § 84 Rn. 81 ff.

112 *Skauradszun*, u.a. in ZIP 2019, 1501 ff.; ders. ZRI 2020, 625 (631); *Freitag*, ZIP 2019, 541 (548); a.A. *Thole*, ZIP 2020, 1985 (1998); *Paulus/Bähr/Hackländer*, ZIP 2021, 1085 (1089 f.); *Hoegen*/Kranz, NZI 2021, 105 (109).

Verhältnis zu nicht-öffentlichen Restrukturierungssachen keine nennenswerten Unterschiede ergeben würden.

Gegen eine Eröffnung des Anwendungsbereichs der EuGVVO für nicht-öffentliche Restrukturierungssachen spricht, dass die Verordnung **gem. Art. 1 Abs. 2 Buchst. b) EuGVVO ausdrücklich nicht auf »Konkurse, Vergleiche und ähnliche Verfahren« anzuwenden** ist. Daran anknüpfend heißt es im **Erwägungsgrund Nr. 7 der EuInsVO**, dass »Konkurse, Vergleiche und ähnliche Verfahren sowie damit zusammenhängende Klagen« vom Anwendungsbereich der EuGVVO ausgenommen sind und **unter die EuInsVO fallen** sollten. Danach besteht grundsätzlich ein **Exklusivitätsverhältnis** von EuInsVO einerseits und EuGVVO andererseits. Da öffentliche Restrukturierungssachen mit Aufnahme in Anhang A der EuInsVO als Insolvenzverfahren i.S.d. Art. 1 Abs. 1 EuInsVO einzuordnen sind und in den Anwendungsbereich der EuInsVO fallen, dürften auch nicht-öffentliche Restrukturierungssachen als dem Insolvenzverfahren bzw. Konkurs »ähnliche Verfahren« vom Anwendungsbereich der EuGVVO ausgenommen sein.[113] Denn der Charakter des Verfahrens nach den Regelungen des StaRUG ändert sich dem Grunde nach nicht, nur weil es an dem Vorhandensein öffentlicher Bekanntmachungen fehlt, das Verfahren als solches aber ansonsten gleich abläuft.[114] Eine Regelung zur öffentlichen Bekanntmachung hat allein betrachtet keinen konkursrechtlichen Charakter, so dass der Zusatz oder das Fehlen der Bekanntmachung eine Restrukturierungssache auch nicht mehr oder weniger konkursähnlich erscheinen lassen kann. Für die Einordnung als konkursähnliches Verfahren spricht auch, dass der Gesetzgeber bewusst die dem eigenverwaltungsbasierten Insolvenzplanverfahren zu entnehmenden Grundwertungen auf den präventiven Rahmen übertragen hat, die auch die konkrete Ausgestaltung der Instrumente des präventiven Rahmens prägen und dieser damit weitgehende funktionale Übereinstimmungen mit den insolvenzrechtlichen Sanierungsoptionen aufweist.[115] 53

Der Annahme, dass nicht-öffentliche Restrukturierungssachen unter die Bereichsausnahme der EuGVVO des Art. 1 Abs. 2 Buchst. b) EuGVVO fallen und sich damit die Anwendbarkeit der EuGVVO verbietet, wird im Wesentlichen entgegengehalten, dass die Judikatur des EuGH[116] **Anwendungslücken zwischen der EuInsVO und der EuGVVO möglichst ausschließen** wollte.[117] Ein Blick auf die europäische Gesetzgebungshistorie der Vorläufernormen von EuGVVO und EuInsVO zeigt, dass ein lückenloses Zuständigkeitssystem geschaffen werden sollte.[118] Dementsprechend sind nach ständiger Rechtsprechung des EuGH *»die Verordnungen Brüssel Ia-VO und EuInsVO 2000 […] insoweit so auszulegen, dass jede Regelungslücke und Überschneidung zwischen den in ihnen enthaltenen Rechtsvorschriften vermieden wird.«*[119] Auch Satz 3 des Erwägungsgrundes Nr. 7 der EuInsVO bestimmt, dass die EuInsVO so auszulegen ist, dass Rechtslücken zwischen der EuInsVO und der EuGVVO so weit wie möglich vermieden werden. Eine solche Rechtslücke könnte bestehen, wenn für nicht-öffentliche Restrukturierungssachen weder die EuInsVO (mangels des Attributs der Öffentlichkeit) noch die EuGVVO (aufgrund des der EuInsVO näheren, konkursähnlichen Verfahrens Art. 1 Abs. 2 Buchst. b) EuGVVO) gelten würde. Diese Rechtslücke ließe sich zwar im Rahmen der Anwendbarkeit der EuGVVO schließen, wenn man in Art. 1 Abs. 2 Buchst. b) EuGVVO hineinliest, dass der Anwendungsbereich der EuGVVO nur für »in 54

113 U.a. *Schlöder/Parzinger/Knebel*, ZIP 2021, 1041 (1044); *Cranshaw/Portisch*, ZInsO 2020, 2561 (2567); *Hoegen*/Kranz, NZI 2021, 105 (109); Paulus/Dammann-*Dammann*, Art. 1 Rn. 82 ff.

114 *Westpfahl/Dittmar*, NZI-Beilage 2021, 46 (46 f.); *Hoegen/Kranz*, NZI 2021, 105 (109).

115 BT-Drucks. 19/24181, S. 86 f.; aufgrund der Ähnlichkeit des StaRUG-Verfahrensablaufs zu §§ 217 ff. InsO verbiete sich ein Statutenwechsel schon aus Gründen der Redlichkeit: *Paulus/Bähr/Hackländer*, ZIP 2021, 1085 (1090 m.w.N.).

116 EuGH, Urt. v. 06.02.2019 – Rs C-535/17, NK/BNP Paribas Fortis NV, NZI 2019, 302 (303).

117 *Cranshaw/Portisch*, ZInsO 2020, 2561, 2567; zum Vergleich mit dem englischen Scheme of Arrangement: *J. Schmidt*: ZInsO 2021, 654 (658).

118 Näher *J. Schmidt*, ZInsO 2021, 654, 657.

119 EuGH, NZI 2019, 861 (862).

Anhang A der EuInsVO« aufgenommene Konkursverfahren nicht eröffnet ist.[120] Hier kommt indessen der **klarstellende Satz 4 des Erwägungsgrundes Nr. 7 der EuInsVO** zum Tragen, wonach der **alleinige Umstand, dass ein nationales Verfahren nicht in Anhang A der EuInsVO aufgeführt ist, nicht bedeuten sollte, dass es unter die EuGVVO fällt.**[121] Daher lässt sich vielmehr argumentieren, dass wenn sich ein Mitgliedsstaat bewusst gegen die Aufnahme in Anhang A der EuInsVO entscheidet, er sich dann nicht auf die Anerkennung der EuGVVO berufen kann.[122] Der europäische Gesetzgeber hat sich bei der Schaffung der Restrukturierungsrichtlinie nicht positioniert, ob entsprechende Lücken zwischen der EuInsVO und der EuGVVO gewollt waren oder ob er die internationale Zuständigkeit der Gerichte und die europaweite Anerkennung von Entscheidungen abschließend mit der EuInsVO und der EuGVVO geregelt wissen wollte. Er hat eine Erleichterung der grenzüberschreitenden Anerkennung von präventiven Restrukturierungsverfahren angestrebt und befürwortet, die Verfahren so auszugestalten, dass sie in Anhang A der EuInsVO aufgenommen werden können, um »forum shopping« zu verhindern (s.o. Rdn. 1).[123] Jedenfalls kann bei der Anwendung der EuGVVO auf nicht-öffentliche Restrukturierungssachen nicht ausgeschlossen werden, dass die Art. 4 und Art. 8 Nr. 1 EuGVVO einen gewissen »**Restrukturierungstourismus**« beflügeln könnten.[124]

55 Die Anwendbarkeit der Vorschriften der EuGVVO auf nicht-öffentliche Restrukturierungssachen dürfte zu verneinen sein (s.o. Rdn. 53), so dass sich die **internationale Zuständigkeit** außerhalb des Geltungsbereichs der EuInsVO an der der örtlichen Zuständigkeit gem. **§ 35 Satz 2 analog** orientiert und anknüpfend an die örtliche Zuständigkeit des Gerichts der Mittelpunkt der wirtschaftlichen Tätigkeit des Schuldners entscheidend ist.[125] Schuldnern mit einem COMI im Ausland wird der Zugang zum deutschen Restrukturierungsrahmen damit allerdings erschwert.[126] Die Herleitung der internationalen Zuständigkeit aus der Doppelfunktionalität des § 35 Satz 2 präferiert auch das AG Karlsruhe, das sich zudem eingehend mit dem vielschichtigen Meinungsspektrum zur rechtlichen Grundlage für eine **Anwendbarkeit deutschen Rechts** bei vertraulich geführten Verfahren auseinandergesetzt hat.[127] Herangezogen werden u.a. als Gesellschaftsstatut das Recht des Mitgliedstaates des Satzungssitzes[128], eine direkte[129] oder analoge[130] Anwendung von § 335 InsO, ein rechtsfortbildender Ansatz in Anlehnung an die englische Praxis[131] sowie der allgemeine lex fori-Grundsatz[132]. Letztere Auffassung ist vorzugswürdig. Danach zieht der lex-fori-Grundsatz nicht nur das Verfahrensrecht in die Rechtsordnung des zuständigen Gerichts, sondern gilt auch bei untrennbar

120 Überzeugend MK-InsO/*Thole*, Art. 19 VO (EU) 2015/848, Rn. 7 m.w.N.; *ders.*, ZIP 2021, 2153 (2155).

121 MK-InsO/*Thole*, Art. 19 VO (EU) 2015/848, Rn. 7; *Paulus/Bähr/Hackländer*, ZIP 2021, 1085 (1089 f.).

122 MK-InsO/*Thole*, Art. 19 VO (EU) 2015/848, Rn. 7.

123 Erwägungsgrund (13) und (14) der Restrukturierungsrichtlinie.

124 *Skauradszun*, ZIP 2019, 1501 (1507); *J. Schmidt*, ZInsO 2021, 654 (658).

125 *Thole*, ZIP 2021, 2153 (2157); *Kern*, NZI-Beilage 1/2021, 74 (76); *Hoegen/Kranz*, NZI 2021, 105 (109, Fn. 68); *Kahlert/Schumann*, DStR 2021, 2741 (2749).

126 Andere Länder lassen dagegen eine »sufficient connection« für die Anwendung des eigenen Restrukturierungsrahmen genügen, vgl. *Schlöder/Parzinger/Knebel*, ZIP 2021, 1041 (1047).

127 AG Karlsruhe, Beschl. v. 25.03.2022 – 102 REs 2/21, ZIP 2023, 651 (652 ff.).

128 *J. Schmidt*, ZInsO 2021, 654 (661); dagegen u.a.: gesellschaftsrechtliche Einordnung bei unternehmerisch tätigen natürlichen Personen (§ 30 Abs. 1 S. 2) bleibt unklar, näher BeckOK-StaRUG/*Skauradszun*, § 84 Rn. 86.

129 Graf-Schlicker/*Bornemann*, § 335 InsO Rn. 25; dagegen AG Karlsruhe, ZIP 2023, 651 (654): es handelt sich auch bei Verneinung der Anwendbarkeit der EuGVVO um kein Insolvenzverfahren.

130 BeckOK-StaRUG/*Skauradszun*, § 84 Rn. 100 f.; krit. u.a. *Herding/Zehlicke*, NZI 2023, 855 (859).

131 *Madaus*, Darf der StaRUG-Plan Rechtsverhältnisse gestalten, die ausländischem Recht unterliegen? Blog-Beitrag v. 31.08.2021, abrufbar unter: https://stephanmadaus.de/tag/internationale-zustaendigkeit/; MK-StaRUG/*Madaus*, § 84 Rn. 156 ff.

132 *Thole*, ZIP 2021, 2153 (2157 ff.); dagegen u.a. *Madaus*, ZIP 2022, 1233 (1238); BeckOK-StaRUG/*Skauradszun*, § 84 Rn. 100.

miteinander verwobenem Verfahrensrecht und materiellem Recht.[133] Für den Restrukturierungsplan und das einzuhaltende Verfahren, aber auch für die Gestaltungsreichweite des Plans gilt dann deutsches Recht.[134] Die grenzüberschreitende europaweite **Anerkennung und Vollstreckung** von Entscheidungen des Restrukturierungsgerichts ergibt sich sodann aus dem jeweiligen **autonomen internationalen Insolvenz- oder Zivilprozessrecht des jeweils betroffenen EU-Mitgliedstaats**[135] sowie ergänzend aus dem Vertragsstatut nach Art. 12 Rom I-VO.[136]

Es bleibt zu hoffen und zu erwarten, dass der **EuGH** diese Fragen nach der internationalen Zuständigkeit der Gerichte sowie der europaweiten Anerkennung und Vollstreckung von Entscheidungen in Restrukturierungssachen für die vertrauliche Verfahrensvariante außerhalb des Anwendungsbereichs der §§ 84 ff. beantworten wird. Es sei denn, der Ruf nach weiterem Handlungsbedarf wird gehört und eine europäische gesetzgeberische Lösung geschaffen, die neben die EuInsVO und die EuGVVO tritt.[137] 56

Außerhalb der EU entscheiden die **nationale Anerkennungspraxis und -theorien in den jeweiligen Drittstaaten** über die Anerkennung des deutschen Stabilisierungs- und Restrukturierungsrahmen.[138] Dies betrifft insbesondere die Anerkennung im **Vereinigten Königreich** und in den **USA**.[139] Bei Unsicherheiten über die Anerkennungsfähigkeit des deutschen Stabilisierungs- und Restrukturierungsrahmens im jeweils betroffenen Ausland kann es sich anbieten, bereits im Vorfeld der Restrukturierungssache entsprechende Fragestellungen verbindlich von einem Sachverständigen beantworten zu lassen.[140] 57

In Deutschland kommt die Anerkennung von nicht in Anhang A der EuInsVO aufgenommenen präventiven Restrukturierungsverfahren eines anderen EU-Mitgliedstaats (z.B. die vertrauliche Variante des niederländischen sog. »Dutch Scheme«) entweder über **§ 343 InsO** oder, wenn man eine negative Abgrenzungsfunktion von Anhang A der EuInsVO annehmen will, über **§ 328 Abs. 1 ZPO** in Betracht.[141] 58

---

133 *Thole*, ZIP 2021, 2153 (2158 f); dem folgend auch MK-StaRUG/*Prusko*, § 2 Rn. 117; *Kahlert/Schumann*, DStR 2021, 2741 (2749); das AG Karlsruhe hält beide Wege – § 335 InsO analog, Anwendung des Lex-fori-Grundsatzes – für gleichermaßen gut vertretbar, Beschl. v. 25.03.2022 – 102 REs 2/21, ZIP 2023, 651 (654).

134 *Thole*, ZIP 2021, 2153 (2159).

135 Vgl. *Paulus/Bähr/Hackländer*, ZIP 2021, 1085 (1090 m.w.N.), die zutreffend auf eine Unübersichtlichkeit aufgrund der bunten Vielfalt der Anerkennungsmechanismen unter den 27 Mitgliedstaaten hinweisen; *Westpfahl/Dittmar*, NZI-Beilage 2021, 46 (47); Paulus/Dammann-*Dammann*, Art. 1 Rn. 84.

136 *Schlöder/Parzinger/Knebel*, ZIP 2021, 1041 (1048); *Hoegen/Kranz*, NZI 2021, 105 (109, Fn. 73): Bspw. könnte Art. 12 Abs. 1 Buchst. d) Rom I-VO bei einer von der ausländischen Tochtergesellschaft ausgegebenen Garantie nach dt. Recht relevant werden. Danach ist das nach der Rom I-VO anzuwendende Recht maßgeblich für »die verschiedenen Arten des Erlöschens der Verpflichtungen«. Unterliegt die Garantie deutschem Recht, wäre auch für einen (teilweisen) Forderungserlass deutsches Recht maßgeblich.

137 *Thole*, ZIP 2021, 2153 (2162); Zur europäischen Restrukturierungsverordnung: *Madaus*, auf: https://stephanmadaus.de/2020/10/02/auf-in-die-moderne-das-saninsfog-macht-den-restrukturierungsstandort-deutschland-2021-wettbewerbsfaehig/; *Herding/Zehlicke*, NZI 2023, 855 (863).

138 *Paulus/Bähr/Hackländer*, ZIP 2021, 1085 (1090).

139 Ausführlich *Schlöder/Parzinger/Knebel*, ZIP 2021, 1041 (1048 ff., mit Blick auf Großbritannien nach dem Brexit und auf die USA bzgl. New Yorker Recht unterliegenden High Yield-Anleihen). Zu Kombinationsmöglichkeiten englischer und deutscher Restrukturierungsverfahren nach dem StaRUG: *Zehlicke/Herding/Parzinger*, ZIP 2024, 164 ff.

140 *Paulus/Bähr/Hackländer*, ZIP 2021, 1085 (1090).

141 MK-InsO/*Thole*, Art. 19 VO (EU) 2015/848 Rn. 7 m.w.N.; *Schlöder/Parzinger/Knebel*, ZIP 2021, 1041 (1046 f.).

§ 85 Besondere Bestimmungen

(1) Öffentlich bekannt zu machen sind die in Artikel 24 Absatz 2 der Verordnung (EU) 2015/848 genannten Angaben.

(2) Des Weiteren sind öffentlich bekannt zu machen:
1. Ort und Zeit gerichtlicher Termine,
2. die Bestellung eines Restrukturierungsbeauftragten,
3. die Entscheidungen des Restrukturierungsgerichts nach § 37 Absatz 1 und 2,
4. die Stabilisierungsanordnung nach § 49 Absatz 1, wenn sich diese gegen die Gesamtheit der Gläubiger richtet; wurde eine Stabilisierungsanordnung öffentlich bekannt gemacht, ist auch deren Aufhebung nach § 59 Absatz 1 oder Absatz 2 oder deren Beendigung nach § 59 Absatz 4 öffentlich bekannt zu machen,
5. die sonstigen Entscheidungen des Restrukturierungsgerichts nach § 72 Absatz 4 sowie nach § 81 Absatz 4 und 6, § 82 Absatz 1 und § 93 Absatz 4, jedoch ohne festgesetzte Stundensätze, ohne Honorar- und Vergütungsbeträge sowie ohne die Höhe der Auslagen,
6. der Verlust der Wirkungen der Anzeige gemäß § 31 Absatz 4.

(3) [1]Sobald eine Entscheidung, die eine von dem Restrukturierungsgericht öffentlich bekannt gemachte Entscheidung aufhebt oder abändert, Rechtskraft erlangt hat, hat das Restrukturierungsgericht auch die Aufhebung oder Abänderung der Entscheidung öffentlich bekannt zu machen. [2]Satz 1 gilt entsprechend, wenn das Beschwerdegericht gemäß § 66 Absatz 4 die aufschiebende Wirkung der Beschwerde gegen die Bestätigung des Restrukturierungsplans anordnet.

(4) [1]Erfolgen öffentliche Bekanntmachungen nach den Absätzen 1 und 2, so ist eine Zustellung von Ladungen zu Terminen gegenüber Aktionären, Kommanditaktionären und Inhabern von Schuldverschreibungen nicht erforderlich. [2]Unterbleibt die Zustellung von Ladungen nach § 45 Absatz 3, sind jedem Planbetroffenen auf dessen Verlangen die Ladung sowie der vollständige Restrukturierungsplan nebst Anlagen elektronisch zuzuleiten oder elektronisch zugänglich zu machen. [3]Handelt es sich bei dem Schuldner um eine börsennotierte Aktiengesellschaft, so ist § 121 Absatz 4a des Aktiengesetzes entsprechend anzuwenden.

(5) [1]In den Fällen des Absatzes 2 Nummer 5 sind die vollständigen Beschlüsse und Entscheidungen nach § 81 Absatz 4 und 6, § 82 Absatz 1 und § 93 Absatz 4 in der Geschäftsstelle des Restrukturierungsgerichts zur Einsichtnahme auszulegen. [2]In der Bekanntmachung ist auf die Möglichkeit der Einsichtnahme hinzuweisen.

Übersicht

A. Normzweck

1 § 85 regelt als Folgenorm von § 84 sog. besondere Bestimmungen, die bei der öffentlichen Bekanntmachung einer Restrukturierungssache gelten. Die in Kapitel 4 des 2. Teils des StaRUG normierten Regelungen der §§ 84 bis 88 ermöglichen es dem Schuldner, die Restrukturierungssache öffentlich zu betreiben.[1] § 85 trat – wie die §§ 84, 86–88 auch – erst am 17.07.2022 in Kraft.[2] Die öffentliche Bekanntmachung ist Voraussetzung für eine unionsweite Anerkennung und Vollstreckbarkeit von Entscheidungen des Restrukturierungsgerichts im Geltungsbereich der EuInsVO (s. § 84 Rdn. 41 ff.). Denn die Regelungen der EuInsVO gelten gem. Art. 1 Abs. 1 EuInsVO nur für öffentliche Gesamt-

1 BT-Drucks. 19/24181, Begr. zu Kap. 4, §§ 91–95 StaRUG-E, S. 178.
2 Gem. Art. 25 Abs. 3 Nr. 1 SanInsFoG (BGBl. I, S. 3256).

verfahren, die in Anhang A der EuInsVO aufgeführt sind. Mittlerweile sind öffentliche Restrukturierungssachen in den Anhang A der EuInsVO aufgenommen und eine zentrale und länderübergreifende Plattform für öffentliche Bekanntmachungen ist unter **www.restrukturierungsbekanntmachung.de** eingerichtet (s. § 86 Rdn. 2).[3] Die öffentlich bekanntzumachenden **Pflichtinformationen** der Restrukturierungssache i.S.d. § 84 gibt **Art. 24 Abs. 2 EuInsVO** vor. Gemäß **Art. 24 Abs. 3 EuInsVO** ist es den Mitgliedstaaten jedoch unbenommen, zusätzlich **ergänzende Pflichtinformationen** für ihre nationalen Register zu fordern.[4] Mit dem Gesetz zur weiteren Digitalisierung der Justiz ist zum 17.07.2024 eine **Neufassung von § 85** in Kraft getreten, durch die dessen Regelungsgehalt an die nach der Insolvenzordnung vorzunehmenden öffentlichen Bekanntmachungen angepasst werden soll.[5] Der vormals in § 84 Abs. 2 Satz 2 a.F. enthaltene Verweis auf die öffentlich bekanntzumachenden Pflichtinformationen i.S.d. Art. 24 Abs. 2 EuInsVO wurde aufgrund des Sachbezugs und zur Vermeidung von Verweisen in § 85 Abs. 1 n.F. überführt.[6] Nunmehr sieht § 85 Abs. 2 n.F. (§ 85 Abs. 1 a.F.) ergänzend die zwingende Veröffentlichung weiterer Angaben vor, die als Rechtsfolge gem. § 85 Abs. 4 (§ 85 Abs. 2 a.F.) eine Verfahrensvereinfachung auf nationaler Ebene durch Zustellungserleichterungen gewährleistet.[7] Der Gesetzgeber hat unter Verweis auf den Grundsatz der Datensparsamkeit und Datenminimierung in der Neufassung der Norm den § 85 Abs. 1 Nr. 3 a.F. entfallen lassen, der pauschal die öffentliche Bekanntmachung sämtlicher Entscheidungen des Restrukturierungsgerichts in der Restrukturierungssache als Auffangtatbestand forderte, und hat gleichzeitig präzisierend in § 85 Abs. 2 und Abs. 3 n.F. – neben Angaben zu Ort und Zeit gerichtlicher Termine sowie der Bestellung des Restrukturierungsbeauftragten – die Bekanntmachung weiterer für das Verfahren wesentliche Entscheidungen aufgenommen.[8]

B. Norminhalt

§ 85 bestimmt ergänzend zu den von Abs. 1 i.V.m. Art. 24 Abs. 2 EuInsVO vorgegebenen Pflichtinformationen in Abs. 2 und Abs. 3 **weitere Informationen**, die in öffentlichen Restrukturierungssachen **zwingend öffentlich bekannt zu machen** sind. Erfolgt eine entsprechende Veröffentlichung, gewährt § 85 Abs. 4 **Zustellungserleichterungen,** die sich an den §§ 235 Abs. 3 Satz 3, 3. Halbs., Satz 4, 241 Abs. 2 Satz 2 InsO orientieren.[9] 2

I. Öffentlich bekanntzumachende Angaben, § 85 Abs. 1 i.V.m. Art. 24 Abs. 2 EuInsVO

§ 85 Abs. 1 stellt sicher, dass die öffentliche Bekanntmachung in der Restrukturierungssache die in Art. 24 Abs. 2 der EuInsVO genannten Angaben enthalten muss. Dabei handelt es sich um die folgenden Pflichtinformationen: 3

Art. 24 Abs. 2 EuInsVO Einrichtung von Insolvenzregistern

(1) […]

(2) Die Informationen nach Absatz 1 sind gemäß den Voraussetzungen nach Artikel 27 öffentlich bekanntzumachen und umfassen die folgenden Informationen (im Folgenden »Pflichtinformationen«):
a) Datum der Eröffnung des Insolvenzverfahrens;
b) Gericht, das das Insolvenzverfahren eröffnet hat, und — soweit vorhanden — Aktenzeichen;
c) Art des eröffneten Insolvenzverfahrens nach Anhang A und gegebenenfalls Unterart des nach nationalem Recht eröffneten Verfahrens;

3 BT-Drucks. 19/24181, Begr. zu Kap. 4, §§ 91–95 StaRUG-E, S. 178 f.
4 Vallender-*Zipperer*, EuInsVO, Art. 24 Rn. 10; Schmidt-*Undritz*, EuInsVO, Art. 24 Rn. 4.
5 Gemäß Art. 38 des Gesetzes v. 12.07.2024 (BGBl. I 2024, Nr. 234); BT-Drucks. 20/10943, S. 67.
6 BT-Drucks. 20/10943, S. 67.
7 BT-Drucks. 19/24181, Begr. zu § 92 StaRUG-E, S. 179.
8 BT-Drucks. 20/10943, S. 67.
9 BT-Drucks. 19/24181, Begr. zu § 92 StaRUG-E, S. 179.

d) Angaben dazu, ob die Zuständigkeit für die Eröffnung des Verfahrens auf Artikel 3 Absatz 1, 2 oder 4 beruht;
e) Name, Registernummer, Sitz oder, sofern davon abweichend, Postanschrift des Schuldners, wenn es sich um eine Gesellschaft oder eine juristische Person handelt;
f) Name, gegebenenfalls Registernummer sowie Postanschrift des Schuldners oder, falls die Anschrift geschützt ist, Geburtsort und Geburtsdatum des Schuldners, wenn er eine natürliche Person ist, unabhängig davon, ob er eine selbständige gewerbliche oder freiberufliche Tätigkeit ausübt;
g) gegebenenfalls Name, Postanschrift oder E-Mail-Adresse des für das Verfahren bestellten Verwalters;
h) gegebenenfalls die Frist für die Anmeldung der Forderungen bzw. einen Verweis auf die Kriterien für die Berechnung dieser Frist;
i) gegebenenfalls das Datum der Beendigung des Hauptinsolvenzverfahrens;
j) das Gericht, das gemäß Artikel 5 für eine Anfechtung der Entscheidung zur Eröffnung des Insolvenzverfahrens zuständig ist und gegebenenfalls die Frist für die Anfechtung bzw. einen Verweis auf die Kriterien für die Berechnung dieser Frist.

4 In öffentlichen Restrukturierungssachen sind danach die folgenden Angaben öffentlich bekannt zu machen:[10] **Buchst. a**) das **Datum der ersten Entscheidung** in der Restrukturierungssache (fungierend als Eröffnungsentscheidung gem. Art. 2 Nr. 7 EuInsVO); **Buchst. b**) das entscheidende **Restrukturierungsgericht** und **RES**-Aktenzeichen; **Buchst. c**) Bezeichnung der Verfahrensart als **öffentliche Restrukturierungssache**; **Buchst. d**) Angabe, ob die **Zuständigkeit** für die erste Entscheidung auf **Art. 3 Abs. 1 oder 2 EuInsVO** beruht; **Buchst. e**) und **f**) **Angaben zum Schuldner**: Name, Registernummer, Sitz oder – sofern abweichend – Postanschrift, wenn es sich um eine Gesellschaft oder eine juristische Person handelt, bzw. Name, ggf. Registernummer sowie Postanschrift oder – falls die Anschrift geschützt ist – Geburtsort und Geburtsdatum, wenn es sich um eine natürliche Person handelt; **Buchst. g**): ggf. Name, Postanschrift oder E-Mail-Adresse des bestellten **Restrukturierungsbeauftragten**. Der Zusatz »gegebenenfalls« bedeutet keine Einschränkung der Publizitätspflicht, sondern trägt dem Umstand Rechnung, dass nicht in jedem Verfahren diese Informationen erhoben werden.[11] Jedenfalls die Bestellung des Restrukturierungsbeauftragten ist bereits gem. § 85 Abs. 2 Nr. 2 öffentlich bekanntzumachen; **Buchst. h**) entfällt, da eine Frist für Forderungsanmeldungen bei Restrukturierungssachen kein Äquivalent findet[12]; **Buchst. i**) sofern die Restrukturierungssache als »Hauptinsolvenzverfahren« i.S.d. Art. 3 Abs. 1 EuInsVO geführt wurde: ggf. das **Datum der Beendigung der öffentlichen Restrukturierungssache**. Denkbar ist insbesondere der Zeitpunkt, an dem die Anzeige gem. § 31 Abs. 4 ihre Wirkung verliert und damit die Rechtshängigkeit der Restrukturierungssache entfällt[13]: das Datum der Rücknahme der Anzeige (§ 31 Abs. 4 Nr. 1), das Datum der Rechtskraft des Beschlusses über die Planbestätigung (§ 31 Abs. 4 Nr. 2[14]), das Datum des Aufhebungsbeschlusses (§§ 31 Abs. 4 Nr. 3, 33) oder das Datum nach Ablauf von sechs bzw. zwölf Monaten seit der Anzeige (§ 31 Abs. 4 Nr. 4); **Buchst. j)** das **für eine Anfechtung der ersten Entscheidung nach Art. 5 EuInsVO zuständige Restrukturierungsgericht** und ggf. die Anfechtungsfrist bzw. ein Verweis auf die Kriterien für die Fristberechnung. Nach §§ 40 Abs. 1, 84 Abs. 2 Satz 3 i.V.m. Art. 102c § 4 EGInsO ist das Restrukturierungsgericht zuständig, bei dem die sofortige Beschwerde gegen die Annahme der internationalen Zuständigkeit gem. Art. 5 Abs. 1 EuInsVO innerhalb einer Notfrist von zwei Wochen einzulegen ist, vgl. § 40.

5 Neben den von § 85 Abs. 1 vorgegebenen Pflichtinformationen sind die **weiteren in § 85 Abs. 2 und Abs. 3 genannten Angaben öffentlich bekannt zu machen**. Die technische Ausgestaltung der öffentlichen Bekanntmachung richtet sich nach **§ 86**.

---

10 Vgl. auch BeckOK-StaRUG/*Skauradszun*, § 84 (a.F.) Rn. 27.
11 Vallender/*Zipperer*, EuInsVO, Art. 24 Rn. 9.
12 Näher *Skauradszun*, KTS 2021, 1 (13).
13 Ausführlich BeckOK-StaRUG/*Kramer*, § 31 Rn. 83 ff.
14 Der anschließende Vollzug des Restrukturierungsplans zählt dann nicht mehr zur eigentlichen Restrukturierungssache, BeckOK-StaRUG/*Kramer*, § 31 Rn. 77.

[unbesetzt] 6

II. Weitere öffentlich bekannt zu machende Angaben, § 85 Abs. 2 und Abs. 3

Zu den weiteren in öffentlichen Restrukturierungssachen i.S.d. § 84 zwingend öffentlich bekannt 7 zu machenden Angaben gehören nach dem am 17.07.2024 in Kraft getretenen **Pflichtangabenkatalog des § 85 Abs. 2**: Ort und Zeit gerichtlicher Termine (Nr. 1), die Bestellung eines Restrukturierungsbeauftragten (Nr. 2), die Entscheidung über die Begründung eines Gruppengerichtsstands (Nr. 3), der Erlass einer Stabilisierungsanordnung, die sich gegen die Gesamtheit der Gläubiger richtet (Nr. 4), die Aufhebung der Planüberwachung und die Entscheidungen zur Vergütung des Restrukturierungsbeauftragten sowie der Mitglieder des Gläubigerbeirats (ohne Stundensätze und Beträge) sowie der Verlust der Wirkungen der Anzeige (Nr. 6). Der Inhalt einer öffentlichen Bekanntmachung hat sich grundsätzlich daran zu orientieren, dass die Verfahrensbeteiligten in die Lage versetzt werden müssen, ihre Rechte wahrzunehmen, derentwegen die Bekanntmachung erfolgt.[15]

Daran anknüpfend hat der Gesetzgeber die Veröffentlichung der **Aufhebung oder Abänderung einer öffentlich bekannt gemachten Entscheidung** des Restrukturierungsgerichts in einem neuen **§ 85 Abs. 3** statuiert. Das Gericht hat nach § 85 Abs. 3 Satz 1 mit Eintritt der Rechtskraft der (ggf. von einem Rechtsmittelgericht getroffenen) Entscheidung, mit der die zuvor öffentlich bekannt gemachte Entscheidung aufgehoben oder geändert wird, ebenfalls öffentlich bekanntzumachen.[16] Dies gilt nach § 85 Abs. 3 Satz 2 auch für die Anordnung der aufschiebenden Wirkung der Beschwerde gegen die Bestätigung des Restrukturierungsplans durch das Beschwerdegericht gem. § 66 Abs. 4.

Gem. **§ 85 Abs. 2 Nr. 1** (§ 85 Abs. 1 Nr. 1 a.F.) sind **Ort und Zeit gerichtlicher Termine** bekannt- 8 zumachen. Zu diesen Terminen gehören etwa der Erörterungs- und Abstimmungstermin (§ 45) sowie der Vorprüfungstermin (§ 46 Abs. 1) bei gerichtlicher Planabstimmung, der Anhörungstermin in der gerichtlichen Vorprüfung (§ 48 Abs. 2 Satz 2), der Anhörungstermin vor der Planbestätigung (§ 61 Satz 2) und der gesonderte Verkündungstermin zur Bekanntgabe der Entscheidung über den Antrag auf Bestätigung des Restrukturierungsplans (§ 65 Abs. 1).[17]

Nach **§ 85 Abs. 2 Nr. 2** ist die **Bestellung des Restrukturierungsbeauftragten** öffentlich bekannt- 9 zumachen. Diese Angabe knüpft an die von § 85 Abs. 1 bereits geforderten Pflichtinformationen zur Person des bestellten Verwalters gem. Art. 24 Abs. 2 Buchst. g) EuInsVO an (s. Rdn. 4). Die Verfahrensbeteiligten werden über die Bestellung sowohl des von Amts wegen (§ 73) als auch des auf Antrag (§ 77) bestellten Restrukturierungsbeauftragten informiert. In § 85 Abs. 1 Nr. 2 a.F. war noch die Abberufung des Restrukturierungsbeauftragten als vom Gericht bekanntzumachende Entscheidung vorgesehen. In Entsprechung zu den Bekanntmachungen in Insolvenzsachen hat sich der Gesetzgeber in der Neufassung des § 85 für eine Beschränkung auf die Bestellung des Restrukturierungsbeauftragten entschieden.[18] Jedoch folgt aus § 85 Abs. 3, dass auch die rechtskräftige Entscheidung über die Aufhebung der öffentlich bekannt gemachten Bestellung des Restrukturierungsbeauftragten, mithin seine Entlassung nach § 75 Abs. 2, öffentlich bekannt gemacht werden muss.

Die neue Regelung des **§ 85 Abs. 2 Nr. 3** sieht vor, dass die Entscheidungen des Restrukturierungs- 10 gerichts über die **Begründung eines Gruppengerichtsstands** nach § 37 Abs. 1 und Abs. 2 öffentlich bekanntzumachen sind. Im Einklang mit den konzerninsolvenzrechtlichen Zuständigkeitsregelungen zum Gruppen-Gerichtsstand nach §§ 3a ff. InsO sah der Gesetzgeber ein Regelungsbedürfnis, da die Entscheidung über § 37 Abs. 1 i.V.m. § 3 Abs. 2 InsO sowie über § 37 Abs. 3 einen zusätzlichen Gerichtsstand für Insolvenzverfahren begründet.[19]

---

15 Vgl. zu § 9 InsO: MK-InsO/*Ganter/Bruns*, § 9 Rn. 17; Uhlenbruck-*Pape*, InsO, § 9 Rn. 4.
16 BT-Drucks. 20/10943, S. 68.
17 BeckOK-StaRUG/*Skauradszun*, § 85 a.F. Rn. 10.
18 BT-Drucks. 20/10943, S. 68.
19 BT-Drucks. 20/10943, S. 68.

11 Gemäß des neuen **§ 85 Abs. 2 Nr. 4** hat das Restrukturierungsgericht den **Erlass** einer **Stabilisierungsanordnung nach § 49 Abs. 1** öffentlich bekannt zu machen, wenn sich diese **gegen die Gesamtheit der Gläubiger** richtet. Zudem ist die **Aufhebung** der öffentlich bekannt gemachten Stabilisierungsanordnung nach § 59 Abs. 1 oder Abs. 2 oder deren **Beendigung** nach § 59 Abs. 4 öffentlich bekannt zu machen. Der Gesetzgeber begründet die Neuregelung mit dem Zweck der verfahrensrechtlichen Absicherung der zustellungsersetzenden Funktion der öffentlichen Bekanntmachung bei Erlass einer Stabilisierungsanordnung, die sich gegen die Gesamtheit der Gläubiger richtet.[20] Dies ergibt sich aus § 51 Abs. 4 Satz 2 (s.a. § 84 Rdn. 39). Sofern der Schuldner die Vornahme von öffentlichen Bekanntmachungen beantragt hat, kann auf eine Zustellung der Stabilisierungsanordnung verzichtet werden, solange sich die Anordnung (mit Ausnahme der in § 4 genannten Gläubiger) gegen alle Gläubiger richtet.

12 Der neue **§ 85 Abs. 2 Nr. 5** regelt die **sonstigen öffentlich bekanntzumachenden Entscheidungen des Restrukturierungsgerichts.** In Abkehr vom vorherigen in § 85 Abs. 1 Nr. 3 a.F. normierten Auffangtatbestand, der die öffentliche Bekanntmachung sämtlicher gerichtlicher Entscheidungen in der Restrukturierungssache vorgab,[21] hält der Gesetzgeber derart weitgehende Bekanntmachungen für nicht (mehr) geboten und hat in Anlehnung an die Regelungen zu den Bekanntmachungen in Insolvenzsachen nunmehr in § 85 Abs. 2 Nr. 5 den Umfang der sonstigen gerichtlichen Entscheidungen erheblich beschränkt.[22] Die Norm ordnet die öffentliche Bekanntmachung der folgenden gerichtlichen Entscheidungen an: die **Aufhebung der Planüberwachung nach § 72 Abs. 4** sowie die Entscheidungen nach **§§ 81 Abs. 4 und Abs. 6, 82 Abs. 1 zur Vergütung des Restrukturierungsbeauftragten** sowie nach **§ 93 Abs. 4 zu den Vergütungen der Mitglieder des Gläubigerbeirats**, jedoch ohne festgesetzte Stundensätze, ohne Honorar- und Vergütungsbeträge sowie ohne die Höhe der Auslagen.

Im Gleichklang mit der Regelung zur Aufhebung der Insolvenzplanüberwachung gem. § 268 Abs. 2 InsO verlangt § 85 Abs. 2 Nr. 5 ausdrücklich die Bekanntmachung der gerichtlichen Entscheidung über die **Aufhebung der Überwachung des Restrukturierungsplans** gem. § 72 Abs. 4. Damit ist etwa der Beschluss über die Bestätigung eines Restrukturierungsplans gem. § 65 Abs. 1 – entgegen des gesetzgeberischen Willens bei Schaffung des § 85[23] – nicht mehr veröffentlichungspflichtig.[24] § 85 Abs. 3 Satz 2 bestimmt, dass die Anordnung der aufschiebenden Wirkung der Beschwerde gegen die Bestätigung des Restrukturierungsplans durch das Beschwerdegericht gem. § 66 Abs. 4 öffentlich bekanntzumachen ist.

Im Übrigen verlangt § 85 Abs. 2 Nr. 5 die öffentliche Bekanntmachung von bestimmten **Entscheidungen** des Restrukturierungsgerichts **im Zusammenhang mit Vergütungen**: die Festsetzung der Stundensätze und des Honorarhöchstbetrages des Restrukturierungsbeauftragten nach § 81 Abs. 4, die Erhöhung seines Stundenbudgets nach § 81 Abs. 6, die Festsetzung seiner Vergütung nach § 82 Abs. 1 sowie die Vergütung und Auslagen des Gläubigerbeirats nach § 93 Abs. 4. Entsprechend § 64 Abs. 2 Satz 2 Halbs. 1 InsO hat der Gesetzgeber in § 85 Abs. 2 Nr. 5 die Angaben zu den festgesetzten Stundensätzen, den Honorar- und Vergütungsbeträgen, Auslagen und sonstigen Beträgen ausdrücklich von der Veröffentlichungspflicht ausgenommen, damit keine Rückschlüsse auf die konkrete Vergütung der betroffenen Person möglich sind.[25] Anknüpfend an § 64 Abs. 2 Satz 2 Halbs. 2 InsO[26] bestimmt der **neue § 85 Abs. 5**, dass die vollständigen Beschlüsse und Ent-

20 BT-Drucks. 20/10943, S. 68.
21 Einen Überblick gibt: BeckOK-StaRUG/*Skauradszun*, § 85 a.F. Rn. 13.
22 BT-Drucks. 20/10943, S. 67 f.
23 Zu § 85 Abs. 1 Nr. 3 a.F.: BT-Drucks. 19/24181, Begr. zu § 72 StaRUG-E, S. 164.
24 Dies steht im Einklang mit der InsO, wonach eine öffentliche Bekanntmachung des Beschlusses über die Bestätigung oder Versagung der Bestätigung eines Insolvenzplans gem. § 252 InsO ebenfalls nicht vorgesehen ist, u.a. K. Schmidt InsO/*Spliedt*, InsO § 252 Rn. 1.
25 BT-Drucks. 20/10943, S. 68.
26 Dort aufgrund der Nähe zu § 64 Abs. 2 Satz 2 Halbs. 1 InsO systematisch besser gelöst.

scheidungen nach §§ 81 Abs. 4 und Abs. 6, 82 Abs. 1, 93 Abs. 4 in der **Geschäftsstelle des Restrukturierungsgerichts zur Einsichtnahme** auszulegen sind (Satz 1) und die Bekanntmachung einen **Hinweis auf die Möglichkeit der Einsichtnahme** enthalten muss (Satz 2).

Es bleibt auch nach der Neufassung des § 85 zu erwarten, dass die Gerichte oftmals von der Möglichkeit gem. § 86 Abs. 1 Satz 1 Halbs. 2. Gebrauch machen und die öffentliche Bekanntmachung auf Auszüge ihrer Entscheidungen beschränken werden.[27]

Die öffentliche Bekanntmachung des Verlusts der Wirkungen der Anzeige gem. § 31 Abs. 4 ist in dem neuen **§ 85 Abs. 2 Nr. 6** statuiert. Die **Anzeige des Restrukturierungsvorhabens verliert ihre Wirkung** in den in § 31 Abs. 4 abschließend geregelten Fälle: die Rücknahme der Anzeige durch den Schuldner (§ 31 Abs. 4 Nr. 1), das Vorliegen einer rechtskräftigen Entscheidung über die Planbestätigung (§ 31 Abs. 4 Nr. 2), das Vorliegen einer Entscheidung über die Aufhebung der Restrukturierungssache (§§ 31 Abs. 4 Nr. 3, 33) oder nach Ablauf von sechs bzw. zwölf Monaten seit der Anzeige (§ 31 Abs. 4 Nr. 4). Der Wirkungsverlust der Anzeige hat den Wegfall der Rechtshängigkeit der Restrukturierungssache zur Folge, weshalb der Gesetzgeber mit der Regelung in § 85 Abs. 2 Nr. 6 die Information der Gläubiger über die Beendigung der Restrukturierungssache bezweckt hat.[28] Damit knüpft er an die von § 85 Abs. 1 bereits geforderte Pflichtinformation zur Beendigung der öffentlichen Restrukturierungssache gem. Art. 24 Abs. 2 Buchst. j) EuInsVO an (s. Rdn. 4). 13

III. Zustellungserleichterungen, § 85 Abs. 4

Mit dem Gesetz zur weiteren Digitalisierung der Justiz ist mit Wirkung zum 17.07.2024 die zuvor in § 85 Abs. 2 a.F. enthaltene Regelung über Zustellungserleichterungen in § 85 Abs. 4 überführt worden, die sich an den §§ 235 Abs. 3 Satz 3 Halbs. 3, Satz 4, 241 Abs. 2 Satz 2 InsO orientiert.[29] Danach ist eine **Zustellung von Ladungen zu Terminen** gegenüber **Aktionären, Kommanditaktionären und Inhabern von Schuldverschreibungen** in Fällen einer öffentlichen Restrukturierungssache, bei der die Angaben aus § 85 Abs. 1 und Abs. 2[30] öffentlich bekannt gemacht worden sind, **nicht erforderlich**. Da es sich bei Aktiengesellschaften und Kommanditgesellschaften auf Aktien oftmals um Publikumsgesellschaften handelt, deren Anteile breit gestreut sind, mithin Name und Anschrift der betroffenen Anteilseigner zumeist nicht bekannt sind, kann diese Personengruppe entsprechend den aktienrechtlichen Vorgaben über die Ladung zur Hauptversammlung durch die öffentliche Bekanntmachung informiert werden.[31] Den personellen Anwendungsbereich auch auf Inhaber von Schuldverschreibungen zu erstrecken, ist im Kontext des mit Art. 18 des SanInsFoG eingeführten § 19 Abs. 6 SchVG, der das Verhältnis des Schuldverschreibungsgesetzes zum StaRUG regelt, konsequent.[32] Wenn das Gericht eine Zustellung im Einzelfall für sinnvoll erachtet, steht es in seinem **pflichtgemäßen Ermessen**, diese gleichwohl für Ladungen zu Terminen zu verfügen.[33] Im Interesse der Verfahrensbeschleunigung und Kostensparsamkeit ist es im Grundsatz sachgerecht, von der Zustellungserleichterung des § 85 Abs. 4 Gebrauch zu machen.[34] 14

In der Praxis stellte sich im Fall der nicht erforderlichen Zustellung nach § 85 Abs. 2 a.F. allerdings die Folgefrage, wie Aktionären, Kommanditaktionären und Inhabern von Schuldverschreibungen die Inhalte des Restrukturierungsplan zugänglich gemacht werden können, der vollständig nebst Anlagen der Ladung nach § 45 Abs. 3 Satz 2 beizufügen ist.[35] Als interessengerechte Lösung wurde die analoge

---

27 Ausführlich BeckOK-StaRUG/*Skauradszun*, § 85 a.F. Rn. 16 f.

28 BT-Drucks. 20/10943, S. 68.

29 Zu § 85 Abs. 2 a.F.: BT-Drucks. 19/24181, Begr. zu § 92 StaRUG-E, S. 179.

30 In diesem Kontext wohl insbesondere Ort und Zeit gerichtlicher Termine gem. § 85 Abs. 2 Nr. 1.

31 Vgl. zu § 235 Abs. 3 Satz 3 InsO: K/P/B-*Pleister*, InsO, § 235 Rn. 29.

32 Braun-*Tashiro*, StaRUG, § 85 a.F. Rn. 7.

33 So auch BeckOK-StaRUG/*Skauradszun*, § 85 a.F. Rn. 18.

34 Zu § 85 Abs. 2 a.F.: BeckOK-StaRUG/*Skauradszun*, § 85 Rn. 18; *Tresselt/Reps*, ZIP 2023, 2657 (2658 f. m.w.N.).

35 Zu § 85 Abs. 2 a.F. ausführlich: *Tresselt/Reps*, ZIP 2023, 2657 (2662 ff.).

Anwendung des § 235 Abs. 2 Satz 2, Abs. 3 Satz 5 Halbs. 2 InsO diskutiert und damit einhergehend die Möglichkeit der Einsichtnahme in den vollständigen Restrukturierungsplan auf der Geschäftsstelle des Gerichts, worauf in der öffentlichen Bekanntmachung hinzuweisen ist, sowie das Zugänglichmachen einer Zusammenfassung des wesentlichen Inhalts des Plans über die Internetseite des Schuldners.[36] Mit dem **neuen § 85 Abs. 6 Satz 2** hat der Gesetzgeber die Regelungslücke nunmehr geschlossen. Danach sind im Fall der unterbliebenen Zustellung der Ladung gem. § 45 Abs. 3 jedem Planbetroffenen auf dessen Verlangen die Ladung sowie der vollständige Restrukturierungsplan nebst Anlagen elektronisch zuzuleiten oder elektronisch zugänglich zu machen ist. Der Schuldner darf keine besonderen Anforderungen an den Übertragungsweg stellen und hat dem Planbetroffenen auf dessen Verlangen die Dokumente daher auch per einfacher E-Mail zu übermitteln.[37]

15 Handelt es sich bei dem Schuldner um eine börsennotierte Aktiengesellschaft, findet nach § 85 Abs. 4 Satz 3 der § 121 Abs. 4a AktG entsprechende Anwendung.[38] Danach müssen börsennotierte Gesellschaften, die nicht ausschließlich Namensaktien ausgegeben haben oder die Einberufung der Hauptversammlung den Aktionären nicht unmittelbar per eingeschriebenem Brief übersenden, die Einberufung der Hauptversammlung spätestens zum Zeitpunkt der Bekanntmachung solchen Medien zur Veröffentlichung zuleiten, bei denen davon ausgegangen werden kann, dass sie die Information in der gesamten Europäischen Union verbreiten. Diese Voraussetzung ist bei einer Veröffentlichung im elektronischen Bundesanzeiger erfüllt.[39] In Restrukturierungssachen dürfte eine entsprechende öffentliche Bekanntmachung der nach §§ 84, 85 geforderten Angaben durch das Restrukturierungsgericht und nicht durch das schuldnerische Unternehmen zu veranlassen sein.[40]

§ 86 Öffentliche Bekanntmachung; Verordnungsermächtigung

(1) [1]Die öffentliche Bekanntmachung erfolgt durch eine zentrale und länderübergreifende Veröffentlichung im Internet*); diese kann auszugsweise geschehen.[2]Die Bekanntmachung gilt als bewirkt, sobald nach dem Tag der Veröffentlichung zwei weitere Tage verstrichen sind.

(2) [1]Das Bundesministerium der Justiz und für Verbraucherschutz wird ermächtigt, durch Rechtsverordnung mit Zustimmung des Bundesrates die Einzelheiten der zentralen und länderübergreifenden Veröffentlichung im Internet zu regeln. [2]Dabei sind insbesondere Löschungsfristen vorzusehen sowie Vorschriften, die sicherstellen, dass die Veröffentlichungen
1. unversehrt, vollständig, sachlich richtig und aktuell bleiben,
2. jederzeit ihrem Ursprung nach zugeordnet werden können.

(3) Die öffentliche Bekanntmachung genügt zum Nachweis der Zustellung an alle Beteiligten, auch wenn dieses Gesetz neben ihr eine besondere Zustellung vorschreibt.

***) www.restrukturierungsbekanntmachung.de**

Übersicht

36 Zu § 85 Abs. 2 a.F. *Tresselt/Reps*, ZIP 2023, 2657 (2664, 2269); BeckOK-StaRUG/*Skauradszun*, § 85 Rn. 24.

37 BT-Drucks. 20/10943, S. 68.

38 Exemplarisch zu § 85 Abs. 2 a.F.: AG Nürnberg, Beschl. v. 21.06.2023 – RES 397/23, NZI 2023, 881 (883).

39 Vgl. zu § 235 Abs. 3 Satz 3 InsO: HK-InsO/*Haas*, § 235 Rn. 7; K/P/B-*Pleister*, InsO, § 235 Rn. 27.

40 BeckOK-StaRUG/*Skauradszun*, § 85 a.F. Rn. 21.

A. Normzweck

§ 86 regelt **Medium** und **Ausgestaltung der öffentlichen Bekanntmachung** in Restrukturierungssachen. § 86 Abs. 1 stellt sicher, dass die Veröffentlichung auf einer zentralen und länderübergreifenden Plattform stattfindet.[1] Macht der Schuldner von der Option Gebrauch, die Restrukturierungssache nach den §§ 84 ff. öffentlich zu betreiben, wird die öffentliche Bekanntmachung unter www.restrukturierungsbekanntmachung.de veröffentlicht. Nach der erfolgten Aufnahme von öffentlich geführten Restrukturierungssachen in den Anhang A der EuInsVO (§ 84 Rdn. 5), stellt § 86 die für die Verzahnung des Stabilisierungs- und Restrukturierungsrahmens und der EuInsVO erforderliche Öffentlichkeit her. Die Norm entspricht im Wesentlichem dem § 9 InsO. Sie betrifft ausschließlich die Fälle, in denen das Restrukturierungsverfahren öffentlich geführt wird und das Gesetz ausdrücklich eine öffentliche Bekanntmachung vorsieht.[2] Während die in § 86 Abs. 2 vorgesehene Verordnungsermächtigung dazu dient, den Gesetzestext von den technischen Einzelheiten der öffentlichen Bekanntmachung zu entlasten, bezweckt § 86 Abs. 3 eine Verfahrensvereinfachung, indem die Regelung in öffentlichen Restrukturierungssachen eine Einzelzustellung an eine unter Umständen große Zahl von Betroffenen entbehrlich machen soll.[3] Wie die anderen Normen des Kapitel 4 des Teil 2 des StaRUG über öffentliche Restrukturierungssachen (§§ 84, 85, 87, 88) trat § 86 erst am 17.07.2022 in Kraft, da der Gesetzgeber erst die technischen Voraussetzungen für die Veröffentlichungen schaffen musste.[4] Zuletzt wurde mit dem Gesetz zur weiteren Digitalisierung der Justiz mit Wirkung zum 17.07.2024 – entsprechend § 9 InsO – in § 86 Abs. 1 Halbs. 1 die amtliche Fußnote »www.restrukturierungsbekanntmachung.de« eingefügt, die die Internetdomain für die Bekanntmachungen in Restrukturierungssachen nunmehr verbindlich vorgibt.[5] 1

B. Norminhalt

I. Zentrale länderübergreifende Veröffentlichung, § 86 Absatz 1

Gem. § 86 Abs. 1 sollen öffentliche Bekanntmachungen in Restrukturierungssachen durch eine zentrale und länderübergreifende Internetplattform erfolgen, bei der davon ausgegangen werden kann, dass sie den betroffenen Rechtskreisen bekannt ist und von diesen auch genutzt wird.[6] In der Literatur herrschte Einigkeit, dass eine Veröffentlichung auf der für Insolvenzsachen bundeseinheitlich genutzten Plattform des Justizportals des Bundes und der Länder »www.insolvenzbekanntmachungen.de« nicht auch für Restrukturierungssachen verwendet werden sollte, um dem zweckbedingten Abstandsgebot des Stabilisierungs- und Restrukturierungsrahmens zur Insolvenz Rechnung zu tragen.[7] Der Gesetzgeber hat im Zusammenhang mit der Änderung der InsBekV (s. Rdn. 8) bemerkt, dass Art und Umfang der jeweiligen Bekanntmachung in Restrukturierungssachen identisch zu den Bekanntmachungen in Insolvenzsachen sei, so dass sowohl das bestehende Know-how als auch die Infrastruktur genutzt werden könne und der zusätzliche Aufwand insoweit gering sein werde.[8] Das **Land Nordrhein-Westfalen**, welches das zentrale und länderübergreifende Insolvenzbekanntmachungsportal für öffentliche Bekanntmachungen der Insolvenzgerichte unter www.insolvenzbekanntmachungen.de betreibt, **betreibt** nunmehr auch das **zentrale und länderübergreifende Restrukturierungsbekanntmachungsportal** für öffentliche Bekanntmachungen der Restrukturierungsgerichte unter der Domain »**www.restrukturierungsbekanntmachung.de**«. Die im Plural als »Restrukturierungsbekanntmachungen« bezeichnete Internetseite passt insoweit nicht 2

1 BT-Drucks. 19/24181, Begr. zu § 93 StaRUG-E, S. 179.
2 BT-Drucks. 19/24181, Begr. zu § 93 StaRUG-E, S. 179.
3 BT-Drucks. 19/24181, Begr. zu § 93 StaRUG-E, S. 180.
4 BT-Drucks. 19/24181, Begr. zu Art. 25 SanInsFoG, S. 224.
5 Gemäß Art. 38 des Gesetzes v. 12.07.2024 (BGBl. I 2024, Nr. 234); BT-Drucks. 20/10943, S. 68.
6 BT-Drucks. 19/24181, Begr. zu § 93 StaRUG-E, S. 179.
7 Braun-Tashiro, StaRUG, § 86 Rn. 5; BeckOK-StaRUG/*Skauradszun*, § 86 Rn. 8.
8 BT-Drucks. 19/24181, S. 101.

zu der im Singular geführten Domain »www.restrukturierungsbekanntmachung.de«[9], was insbesondere bei Rechtsbehelfsbelehrungen der Gerichte eine Fehleranfälligkeit impliziert.[10]

3 Im Geltungsbereich der EuInsVO sollen nationale, elektronisch über das Internet verfügbare Insolvenzregister geschaffen werden (Art. 24), die in einem zweiten Schritt miteinander vernetzt werden (Art. 25).[11] Mit §§ 9, 30 InsO und der Internetseite www.insolvenzbekanntmachungen.de steht bereits ein Insolvenzregister mit entsprechender Suchfunktion auf nationaler Ebene für Insolvenzsachen bereit.[12] Derzeit werden die Insolvenz- und Konkursregister der Mitgliedstaaten i.S.d. Art. 25 EuInsVO zur Bildung eines einheitlichen Europäischen Insolvenzregisters miteinander verbunden.[13] Zwar dürfte das für die öffentlichen Bekanntmachungen nach § 86 geschaffene Register ebenfalls den Anforderungen des Art. 24 EuInsVO genügen (vgl. § 85 Abs. 1 i.V.m. Art. 24 Abs. 2 EuInsVO), der Gesetzgeber hat sich jedoch nicht zu einer möglichen Vernetzung i.S.d. Art. 25 EuInsVO geäußert.[14] Er hat es ebenfalls unerwähnt gelassen, warum § 88 keinen Verweis auf Art. 102c § 7 EGInsO enthält, der in Umsetzung von Art. 28 EuInsVO u.a. sicherstellt, dass eine öffentliche Bekanntmachung der Eröffnungsentscheidung und ggf. eine Verwalterbestellung in Mitgliedstaaten mit Niederlassungen des Schuldners auf Antrag des Schuldners bzw. des Verwalters veröffentlicht wird.[15] Auf der Titelseite von www.restrukturierungsbekanntmachung.de wird darauf hingewiesen, dass die Vernetzung des Restrukturierungsportals mit dem Europäischen Justizportal noch nicht abgeschlossen werden konnte, die nach Art. 25 und Art. 27 EuInsVO zur Sicherstellung der Anerkennung von Verfahrenswirkungen auch im EU-Ausland erforderlich ist.[16]

1. Inhalt der öffentlichen Bekanntmachung

4 In welchen Fällen und mit welchem Inhalt eine öffentliche Bekanntmachung in Restrukturierungssachen zu erfolgen hat, geht aus § 86 nicht hervor. Die zu veröffentlichen Angaben ergeben sich aus § 84 und aus § 85 Abs. 1 i.V.m. Art. 24 Abs. 2 EuInsVO, Abs. 2 und Abs. 3. § 86 Abs. 1 Halbs. 2 gestattet eine nur auszugsweise öffentliche Bekanntmachung. Der Inhalt der öffentlichen Bekanntmachung hat dabei stets die Adressaten in die Lage zu versetzen, ihre Rechte wahrzunehmen, derentwegen die Bekanntmachung erfolgt.[17] Bei Beschlüssen erfordert dies eine öffentliche Bekanntmachung des Beschlusstenors sowie der für das Verständnis der Entscheidung maßgeblichen Teile der Beschlussgründe.[18] Für das Gericht wird die auszugsweise öffentliche Bekanntmachung insbesondere zum Schutz von unternehmensinternen Informationen etwa bei einem Beschluss über die Versagung der Bestätigung des Restrukturierungsplans bedeutsam sein.[19] Wird durch die öffentliche Bekanntmachung eine Rechtsmittelfrist in Gang gesetzt, wird – wie bei § 9 InsO – die Rechtsmittelbelehrung bekannt zu machen sein.[20]

---

9 Die Domain www.restrukturierungsbekanntmachungen.de war bereits Anfang des Jahres 2021 vergeben.

10 Eine Auswertung der veröffentlichten Rechtsbehelfsbelehrungen in den Restrukturierungsbekanntmachungen zeigt, dass die Anzahl der Verweise auf die falsche Domain »www.restrukturierungsbekanntmachungen.de« die Anzahl des korrekten Verweises auf »www.restrukturierungsbekanntmachung.de« überwiegt (Stand: 08.03.2024, Veröffentlichung in 9 Verfahren von 8 Restrukturierungsgerichten); vgl. auch BeckOK-StaRUG/*Skauradszun*, § 86 Rn. 8.1.

11 MK-InsO/*Thole*, VO (EU) 2015/848 Art. 24 Rn. 4 f.

12 MK-InsO/*Thole*, VO (EU) 2015/848 Art. 24 Rn. 5.

13 Mitteilung im Europäischen Justizportal, abrufbar unter https://e-justice.europa.eu/content_insolvency_registers-110-de.do.

14 Braun-*Tashiro*, StaRUG, § 86 Rn. 10 f.

15 Braun-*Tashiro*, StaRUG, § 86 Rn. 12; näher *Skauradzun/Kümpel/Nijnens*, NZI 2023, 481 (484 f.).

16 Abrufbar unter https://restrukturierungsbekanntmachung.de/res-ap/(Stand: 03.08.2024).

17 Bzgl. § 9 Abs. 1 Satz 2 InsO: BGH, Beschl. v. 14.12.2017 – IX ZB 65/16, ZInsO 2018, 135, 138 m.w.N.

18 Bzgl. § 9 Abs. 1 Satz 2 InsO: BGH, ZInsO 2018, 135, 138 m.w.N.

19 BeckOK-StaRUG/*Skauradszun*, § 86 Rn. 9.

20 Zu § 9 InsO: HK-InsO/*Sternal*, § 9 Rn. 6 m.w.N.

Die §§ 84 ff. regeln nicht, in welchem Zeitrahmen öffentliche Bekanntmachungen zu erfolgen haben. § 85 Abs. 1 verweist hinsichtlich der bekannt zu machenden Angaben auf Absatz 2 des Art. 24 EuInsVO. In Anlehnung daran ist es naheliegend, die Informationen in Restrukturierungssachen grundsätzlich so bald als möglich nach der Eröffnungsentscheidung, d.h. nach der ersten Entscheidung in der Restrukturierungssache (s. § 84 Rdn. 20 ff.), i.S.d. Art. 24 Abs. 1 Satz 2 EuInsVO bekannt zu machen. 5

2. Wirkung der öffentlichen Bekanntmachung

Gem. § 86 Abs. 1 Satz 2 gilt die öffentliche Bekanntmachung mit dem Ablauf von zwei weiteren Tagen nach dem Tag der Veröffentlichung als bewirkt. Da § 86 Abs. 1 nach der Gesetzesbegründung dem § 9 Abs. 1 InsO entspricht[21], beginnt die Frist mit der erstmaligen Einstellung der Daten ins Internet und der Tag des Einstellens wird für die Fristberechnung nach § 38 Satz 1 i.V.m. § 222 Abs. 1 ZPO, § 187 Abs. 1 BGB nicht mitgerechnet.[22] Fällt der letzte Tag der Frist auf einen Sonnabend, Sonntag oder gesetzlichen Feiertag, endet die Frist gem. § 38 Satz 1 i.V.m. § 222 Abs. 2 ZPO mit Ablauf des nächsten Werktages. Dabei ist zu berücksichtigen, dass nur die formgerechte Veröffentlichung ihre Wirkung entfaltet.[23] Die öffentliche Bekanntmachung hat die **Wirkung eines Zustellungsnachweises** gem. § 86 Abs. 3 (s. Rdn. 10). Sie dient zudem der Anerkennung der im Stabilisierungs- und Restrukturierungsrahmen erzielten Ergebnisse in anderen EU-Mitgliedstaaten. Der Eintritt der Anerkennungswirkung im Geltungsbereich der EuInsVO ist jedoch keine unmittelbare Folge der öffentlichen Bekanntmachung i.S.d. §§ 84 ff. (vgl. § 84 Rdn. 43). Mit der Aufnahme von öffentlichen Restrukturierungssachen in den Anhang A der EuInsVO erzeugt bereits die wirksame[24] Eröffnungsentscheidung eine umfassende Anerkennungswirkung (vgl. Art. 20 Abs. 1 EuInsVO), auch wenn eine öffentliche Bekanntmachung als solche noch aussteht und »so bald als möglich« nach Eröffnung des Verfahrens zu erfolgen hat (vgl. Art. 24 Abs. 1 Satz 2 EuInsVO). 6

3. Kosten der öffentlichen Bekanntmachung

Gerichtliche Maßnahmen nach dem StaRUG fallen gem. § 1 Abs. 1 Satz 1 Nr. 3a GKG in den Anwendungsbereich des GKG. Danach werden für die öffentliche Bekanntmachung in einem elektronischen Informations- und Kommunikationssystem, wie dem Internet, keine Auslagen erhoben (Nr. 9004 Abs. 1 KV GKG).[25] 7

II. Verordnungsermächtigung, § 86 Abs. 2

Von der Ermächtigung in § 86 Abs. 2 StaRUG, die Einzelheiten der zentralen und länderübergreifenden Veröffentlichung im Internet zu regeln, hat der Gesetzgeber durch die Änderung der Verordnung zu öffentlichen Bekanntmachungen in Insolvenzverfahren im Internet[26] gem. Art. 7 SanInsFoG Gebrauch gemacht. Die Verordnung gilt mit Wirkung vom 17.07.2022 unter der aktualisierten Überschrift »**Verordnung zu öffentlichen Bekanntmachungen in Insolvenzverfahren und Restrukturierungssachen im Internet**« und der ergänzten amtlichen Abkürzung »**InsBekV**« auch für öffentliche Bekanntmachungen in Restrukturierungssachen.[27] 8

Die Verordnung regelt die grundsätzlichen Voraussetzungen der Internetbekanntmachungen (§ 1), Fragen des Datenschutzes und der Datensicherheit (§ 2), die Löschungsfristen (§ 3) und das Ein- 9

---

21 BT-Drucks. 19/24181, Begr. zu § 93 StaRUG-E, S. 179.

22 Zu § 9 InsO: BeckOK-InsO/*Madaus*, § 9 Rn. 9 m.w.N.; *ders.* in MK-StaRUG/*Madaus*, § 86 Rn. 8.

23 Zu § 9 InsO: HK-InsO/*Sternal*, § 9 Rn. 7; Uhlenbruck-*Pape*, § 9 InsO Rn. 5.

24 MK-InsO/*Thole*, Art. 19 VO (EU) 2015/848, Rn. 18 f.

25 BeckOK-KostR/*Klahr*, 33. Ed. 01.01.2024, GKG KV 9004 Rn. 5; bzgl. § 9 InsO: Uhlenbruck-*Pape*, § 9 InsO Rn. 8; HK-InsO/*Sternal*, § 9 Rn. 5.

26 Verordnung zu öffentlichen Bekanntmachungen in Insolvenzverfahren im Internet vom 12.02.2002 (BGBl. I S. 677), zuletzt geändert durch Art. 7 des Gesetzes v. 22.12.2020 (BGBl. I S. 3256).

27 BT-Drucks. 19/24181, Begr. zu Art. 7 SanInsFoG, S. 214 f.

sichtsrecht (§ 4).[28] In § 1 Satz 3 InsBekV wird die entsprechende Geltung der Verordnung für öffentliche Bekanntmachungen in Restrukturierungssachen im Internet angeordnet, um Doppelungen im Verordnungstext zu vermeiden.[29] Zudem wird in § 3 Abs. 4 InsBekV geregelt, dass die Veröffentlichung von Daten aus einer Restrukturierungssache spätestens sechs Monaten nach der Anordnung des jeweiligen Stabilisierungs- oder Restrukturierungsinstruments und bei Stabilisierungsanordnungen nach dem Ende ihrer Wirkungsdauer gelöscht werden. Vor dem Hintergrund der öffentlich bekannt zu machenden Daten (§ 85), die weder eine Stabilisierungsanordnung noch ein sonstiges Instrument nach § 29 Abs. 2 StaRUG betreffen müssen, ist § 3 Abs. 4 InsBekV unvollständig und die insoweit offensichtlich bestehende Regelungslücke durch eine analoge Rechtsanwendung des § 3 InsBekV zu schließen.[30] Daher ist die öffentliche Bekanntmachung eines Beschlusses über die Bestellung eines Restrukturierungsbeauftragten nach seiner »Wirkungsdauer« gem. § 3 Abs. 4 Alt. 2 InsBekV analog, d.h. dem Ende seines Amtes, zu löschen.[31] Soweit in § 86 Abs. 2 Satz 2 Nr. 1 und Nr. 2 normiert wird, dass die Daten auch während der Veröffentlichung unversehrt, vollständig, sachlich richtig sowie aktuell bleiben und darüber hinaus jederzeit ihrem Ursprung nach zugeordnet werden können müssen, entsprechen die Vorschriften den Bestimmungen in § 9 Abs. 2 Satz 3 Nr. 1 u. Nr. 2 InsO.[32] Der Gesetzgeber hat das Bedürfnis nach einer Regelung für weitere Veröffentlichungen, die das Insolvenzgericht im Rahmen des § 9 Abs. 2 Satz 1 InsO nach Landesrecht veranlassen kann, im Restrukturierungsrecht aufgrund des nur teilkollektiven Charakters des Verfahrens verneint und dabei berücksichtigt, dass bisher auch zu § 9 Abs. 2 Satz 1 InsO kein ausfüllendes Landesrecht ergangen ist.[33]

III. Zustellungsnachweis, § 86 Abs. 3

10 Gem. § 86 Abs. 3 genügt die öffentliche Bekanntmachung zum Nachweis der Zustellung an alle Beteiligten, auch wenn das StaRUG neben ihr eine besondere Zustellung vorschreibt. Daraus folgt i.V.m. § 86 Abs. 1 Satz 2 eine **Zustellungsfiktion** an alle Beteiligten mit Ablauf von zwei Tagen nach dem Tag der öffentlichen Bekanntmachung. Eine **fehlerhafte oder unvollständige** öffentliche Bekanntmachung löst dagegen grundsätzlich **keine Zustellungswirkung** aus.[34] Der Tag der (fingierten) Zustellung ist maßgeblich für den Beginn von Rechtsmittelfristen (z.B. der Beschwerdefrist, § 40 Abs. 2), so kann die Rechtsmittelfrist auch durch öffentliche Bekanntmachung allein gegenüber den Verfahrensbeteiligten in Lauf gesetzt werden. Dies gilt jedoch nicht, wenn die Entscheidung dem Beteiligten bereits zuvor im Wege der wirksamen Einzelzustellung zugegangen ist, dann ist auf den früheren Zeitpunkt der Einzelzustellung abzustellen.[35]

11 Nach der Gesetzesbegründung soll Absatz 3 in öffentlichen Restrukturierungsrahmen zwecks Verfahrensvereinfachung eine Einzelzustellung an eine unter Umständen große Zahl von Betroffenen entbehrlich machen.[36] Diese **Entbehrlichkeit von Einzelzustellungen** geht aus dem Wortlaut des § 86 Abs. 3 **nicht** hervor.[37] § 86 Abs. 3 Halbs. 2 bestimmt vielmehr, dass das Gericht gesetzlich vorgeschriebene Einzelzustellungen trotzdem zu bewirken hat. Unterbleibt eine durch das Gesetz eigentlich vorgeschriebene Einzelzustellung zugunsten der öffentlichen Bekanntmachung, dürfte –

---

28 Vgl. Uhlenbruck/*Pape*, § 9 InsO Rn. 7.

29 BT-Drucks. 19/24181, Begr. zu Art. 7 SanInsFoG, S. 215.

30 AG Hannover, Beschl. v. 14.03.2023 – 951 RES 1/23 Rn. 46 – juris.

31 AG Hannover, Beschl. v. 14.03.2023 – 951 RES 1/23 Rn. 47 – juris.

32 BT-Drucks. 19/24181, Begr. zu § 93 StaRUG-E, S. 180.

33 BT-Drucks. 19/24181, Begr. zu § 93 StaRUG-E, S. 180 m.V.a. BeckOK-InsO/*Madaus*, § 9 Rn. 22.

34 Zu § 9 InsO: HK-InsO/*Sternal*, § 9 Rn. 9 m.w.N.

35 Zu § 9 InsO: BeckOK-InsO/*Madaus*, 34. Ed. 15.10.2023, § 9 Rn. 15; Braun-*Tashiro*, StaRUG, § 86 Rn. 8 m.w.N.

36 BT-Drucks. 19/24181, Begr. zu § 93 StaRUG-E, S. 180.

37 BeckOK-StaRUG/*Skauradszun*, § 86 Rn. 13; i.E. zustimmend: AG Hannover, Beschl. v. 27.02.2023 – 951 RES 1/23, NZI 2023, 425 (426); ausführlich im Kontext von § 41 Abs. 1 Satz 3: *Tresselt/Reps*, ZIP 2023, 2657 (2658 ff.).

wie bei der Parallelnorm des § 9 InsO – die Zustellungswirkung der öffentlichen Bekanntmachung aber unbeschadet eines ggf. pflichtwidrigen Handelns des Gerichts eintreten.[38] Ein im Ermessen des Gerichts stehender Zustellungsverzicht aufgrund öffentlicher Bekanntmachung sieht das Gesetz in öffentlichen Restrukturierungssachen bspw. in § 51 Abs. 4 Satz 2 hinsichtlich der Bekanntgabe von Stabilisierungsanordnungen an die betroffenen Gläubiger vor, sofern sich die Anordnung (mit Ausnahme der in § 4 genannten Gläubiger) gegen alle Gläubiger richtet.

§ 87 Restrukturierungsforum; Verordnungsermächtigung

(1) Planbetroffene können im Restrukturierungsforum des Bundesanzeigers andere Planbetroffene auffordern, das Stimmrecht im Rahmen einer Planabstimmung in bestimmter Weise auszuüben, eine Stimmrechtsvollmacht zu erteilen oder einen Vorschlag zur Änderung des vorgelegten Restrukturierungsplans zu unterstützen.

(2) Die Aufforderung hat die folgenden Angaben zu enthalten:
1. den Namen und eine Anschrift des Planbetroffenen,
2. den Schuldner,
3. das Restrukturierungsgericht und das Aktenzeichen der Restrukturierungssache,
4. den Vorschlag für die Stimmrechtsausübung, für die Stimmrechtsvollmacht oder zur Änderung des Plans und
5. den Tag der Versammlung der Planbetroffenen oder des Fristablaufs zur Annahme des Planangebots.

(3) Die Aufforderung kann auf eine Begründung auf der Internetseite des Auffordernden und deren elektronische Adresse hinweisen.

(4) Der Schuldner kann im Restrukturierungsforum des Bundesanzeigers auf eine Stellungnahme zu der Aufforderung auf seiner Internetseite hinweisen.

(5) Das Bundesministerium der Justiz und für Verbraucherschutz wird ermächtigt, durch Rechtsverordnung, die nicht der Zustimmung des Bundesrates bedarf, die äußere Gestaltung des Restrukturierungsforums und weitere Einzelheiten insbesondere zu der Aufforderung, dem Hinweis, den Entgelten, zu Löschungsfristen, zum Löschungsanspruch, zu Missbrauchsfällen und zur Einsichtnahme zu regeln.

Übersicht

A. Normzweck

Das in § 87 normierte **Restrukturierungsforum** soll den Planbetroffenen, insbesondere auch denjenigen mit kleinen Stimmrechten, **eine Plattform im Bundesanzeiger** zur Verfügung stellen, die es ihnen ermöglicht, im Vorfeld der Planabstimmung miteinander in Kontakt zu treten.[1] In diesem Rahmen sollen sich die Planbetroffenen organisieren, ihre Interessen gemeinsam vertreten und sich auf gemeinsame Abstimmungsstrategien oder Änderungsvorschläge zum Restrukturierungsplan verständigen können.[2] Vor diesem Hintergrund kann ein einzelner Planbetroffener auf **www.bundesanzeiger.de/pub/de/restrukturierungsforum** andere Planbetroffene zu den in § 87 Abs. 1 bestimmten Verhaltensweisen auffordern, und zwar mit den in § 87 Abs. 2 benannten und im Restrukturierungs- 1

38 Zu § 9 InsO: BeckOK-InsO/*Madaus*, 34. Ed. 15.10.2023, § 9 Rn. 13 m.w.N.
1 BT-Drucks. 19/24181, Begr. zu § 94 StaRUG-E, S. 180.
2 Vgl. BT-Drucks. 19/24181, Begr. zu § 94 StaRUG-E, S. 180.

forum zu veröffentlichenden Angaben. Möchte der Planbetroffene seinen Vorschlag begründen, kann er eine solche Begründung gem. § 87 Abs. 3 auf seiner Internetseite veröffentlichen und auf diese in der Aufforderung hinweisen. Der Schuldner ist gem. § 87 Abs. 4 berechtigt, den Vorschlag des auffordernden Planbetroffenen zu erwidern, indem er im Restrukturierungsforum auf eine eigene Stellungnahme auf seiner Internetseite hinweist. Dadurch soll sichergestellt werden, dass die anderen Planbetroffenen im Bedarfsfall von einer Gegenäußerung des Schuldners Kenntnis erlangen.[3] Schließlich soll die in § 87 Abs. 5 normierte Verordnungsermächtigung zugunsten des Bundesministeriums für Justiz und für Verbraucherschutz den Gesetzestext von technischen Einzelheiten entlasten.[4]

2 Die mit § 87 erfolgte Einführung des Restrukturierungsforums basiert **nicht** auf einer Vorgabe der Richtlinie (EU) 2019/1023 (»**Restrukturierungsrichtlinie**«)[5]. Die Norm trat gem. Art. 25 Abs. 3 Nr. 1 SanInsFoG, wie die §§ 84–86, 88 StaRUG auch, **erst am 17.07.2022 in Kraft**. Der Gesetzgeber begründete dies mit dem Umstand, erst die technischen Voraussetzungen für die Umsetzung der Normen schaffen zu müssen.[6]

3 Die Einrichtung des Restrukturierungsforums im Bundesanzeiger in § 87 wird aus verschiedenen Gründen **kritisch** betrachtet. Nach § 6 Abs. 1 Satz 2 enthält der Restrukturierungsplan alle Angaben, die für die Entscheidung der von dem Plan Betroffenen über die Zustimmung zum Plan und für dessen gerichtliche Bestätigung erheblich sind. Zu den notwendigen Angaben im Plan gehören gem. Nr. 3 der Anlage (zu § 5 Satz 2) des StaRUG, dass die Planbetroffenen entweder namentlich zu benennen oder unter hinreichend konkreter Bezeichnung der Forderungen oder Rechte zu beschreiben sind. Da eine Kontaktaufnahme und Kommunikation zwischen den Planbetroffenen damit bereits durch ihre namentliche Benennung in einem Plan ermöglicht werden kann, erscheint die Einrichtung des Forums **praktisch nicht zwingend geboten**.[7] Selbst bei einem Verzicht auf die namentliche Nennung der Planbetroffenen im Plan wird die Privilegierung des Bundesanzeigers als privatwirtschaftliche Plattform für den Austausch der Planbetroffenen als **rechtlich problematisch** angesehen, insbesondere mit Blick auf moderne Gruppen-Kommunikationsanwendungen (z.B. WhatsApp), die auch über das Gericht bekannt gemacht werden könnten.[8] Erschwerend kommt hinzu, dass die Veröffentlichung im Bundesanzeiger **kostenpflichtig** sein wird (vgl. § 87 Abs. 5 »Einzelheiten zu Entgelten«). Die Ähnlichkeit des im Bundesanzeiger eingerichteten Aktionärsforums (gem. § 127a AktG i.V.m. Aktionärsforumsverordnung), das der privaten Kommunikation zwischen Aktionären und Aktionärsvereinigungen dient und in der Praxis kaum genutzt wird, liegt auf der Hand.[9] Weiterhin stellt sich die Frage, ob es nicht der notwendigen Angabe im Plan bedurft hätte, die Planbetroffenen auf die Möglichkeit zur Koordination über das Restrukturierungsforum im Bundes-

3 BT-Drucks. 19/24181, Begr. zu § 94 StaRUG-E, S. 180.

4 BT-Drucks. 19/24181, Begr. zu § 94 StaRUG-E, S. 180.

5 Richtlinie (EU) 2019/1023 des Europäischen Parlaments und des Rates v. 20.06.2019 über präventive Restrukturierungsrahmen, über Entschuldung und über Tätigkeitsverbote sowie über Maßnahmen zur Steigerung der Effizienz von Restrukturierungs-, Insolvenz- und Entschuldungsverfahren und zur Änderung der Richtlinie (EU) 2017/1132 (Richtlinie über Restrukturierung und Insolvenz) – Restrukturierungsrichtlinie, ABl. (EU) L 172/18 v. 26.06.2019.

6 BT-Drucks. 19/24181, Begr. zu Art. 25 SanInsFoG, S. 224.

7 Stellungnahme des Verbandes Insolvenzverwalter Deutschlands (VID) zum Referentenentwurf eines Gesetzes zur Fortentwicklung des Sanierungs- und Insolvenzrechts (SanInsFoG) v. 02.10.2020, S. 69 f., abrufbar unter https://www.vid.de/wp-content/uploads/2020/10/VID-Stellungnahme-zum-RefE-SanInsFoG.pdf.

8 Stellungnahme des Verbandes Insolvenzverwalter Deutschlands (VID) zum Referentenentwurf eines Gesetzes zur Fortentwicklung des Sanierungs- und Insolvenzrechts (SanInsFoG) v. 02.10.2020, S. 69 f., abrufbar unter https://www.vid.de/wp-content/uploads/2020/10/VID-Stellungnahme-zum-RefE-SanInsFoG.pdf.

9 Abrufbar unter www.bundesanzeiger.de/pub/de/shareholder-forum?0; näher Seibt/Westphal-*Palenker*, § 87 Rn. 8.

anzeiger hinzuweisen. Soll doch das Forum vor allem an Planbetroffene mit kleinen Stimmrechten adressiert sein, denen das Vorhandensein einer solchen Plattform im Unterschied zu institutionellen Gläubigern ggf. nicht zwingend bekannt ist. Insbesondere Finanzgläubiger im Konsortium stimmen sich in der Praxis regelmäßig untereinander ab, ohne dass es dafür einer gesonderten öffentlichen Plattform bedarf.[10]

Es ist nicht ausdrücklich geregelt, dass das Restrukturierungsforum nur in öffentlichen Restrukturierungssachen gem. §§ 84 ff. für Planbetroffene nutzbar ist. Die systematische Platzierung des § 87 im Kapitel 4 des StaRUG zu »Öffentlichen Restrukturierungssachen« spricht jedoch eindeutig für einen vom Gesetzgeber beabsichtigten limitierten **Anwendungsbereich auf öffentlich geführte Restrukturierungssachen.** Dies ist auch konsequent, da ein öffentlicher Dialog im Bundesanzeiger und die ggf. damit verbundenen veröffentlichten Begründungen und Stellungnahmen auf den Internetseiten der Beteiligten die Entscheidung des Schuldners, zu einem möglichst stillen Restrukturierungsverfahren unter Ausschluss der Öffentlichkeit konterkarieren würde. Anders wäre es sicher zu bewerten, wenn der Verordnungsgeber die Ermächtigung mit Blick auf die »Einzelheiten zur Einsichtnahme« (s. Rdn. 13) dahin gehend ausschöpfen würde, dass der Zugang zum Forum und die Einsichtsrechte auf die Beteiligten beschränkt wird.[11] Dann bliebe es Sache des auffordernden Planbetroffenen hinsichtlich der Vorschlagsbegründung sowie des Schuldners hinsichtlich einer etwaigen Gegenäußerung das Zugriffsrecht auf deren Internetseiten ebenfalls zu beschränken. Die Notwendigkeit einer Abstimmung unter den Planbetroffenen dürfte jedenfalls auch in nicht-öffentlichen Verfahren gegeben sein.[12] Da eine öffentliche Restrukturierungssache einen Antrag des Schuldners voraussetzt (§ 84 Abs. 1), kann dieser damit (auch) steuern, ob die Planbetroffenen im Vorfeld der Planabstimmung von dem in § 87 vorgesehenen Restrukturierungsforum Gebrauch machen können (an dem er sich selbst nur mit einem Hinweis beteiligen kann, vgl. § 87 Abs. 4). 4

B. Norminhalt

I. Restrukturierungsforum, § 87 Abs. 1

Im Restrukturierungsforum können Planbetroffene mit ihrer Aufforderung andere Planbetroffene dazu bewegen, in bestimmter Weise über den Restrukturierungsplan abzustimmen oder eine Stimmrechtsvollmacht zu erteilen und damit versuchen, auf das Ergebnis der Planabstimmung Einfluss zu nehmen. Zudem können andere Planbetroffene dazu aufgefordert werden, einen Vorschlag zur Änderung des vorgelegten Restrukturierungsplans zu unterstützen. Der Schuldner kann lediglich als Reaktion auf eine solche Aufforderung einen Hinweis im Restrukturierungsforum zu einer Stellungnahme auf seiner Internetseite einstellen. 5

Die zulässigen Verhaltensweisen, zu denen Planbetroffene andere Planbetroffene auffordern können, sind in § 87 Abs. 1 abschließend genannt: 6

- die Aufforderung, das Stimmrecht im Rahmen einer Abstimmung über den Restrukturierungsplan in bestimmter Weise auszuüben,
- die Aufforderung, eine Stimmrechtsvollmacht zu erteilen, oder
- die Aufforderung, einen Vorschlag zur Änderung des Restrukturierungsplans zu unterstützen.

Grundsätzlich bedarf es zur Annahme des Restrukturierungsplans einer Summenmehrheit von 75 % der gesamten Stimmrechte in der jeweils abstimmenden Gruppe (d.h. anders als im Insolvenzplan nicht nur einfache Kopf- und Summenmehrheit in jeder Gruppe) (vgl. § 25). Aufgrund dieser hohen Zustimmungsbarriere ist denkbar, dass eine (auf der Internetseite des Auffordernden gut begründete) **Aufforderung zu einem bestimmten Stimmverhalten** dazu beitragen kann, auf noch unentschlossene Planbetroffene im Vorfeld der Abstimmung einzuwirken und für eine (ggf. geänderte) Planannahme 7

10 *Cranshaw/Portisch*, ZInsO 2020, 2561 (2568).
11 Vgl. *Cranshaw/Portisch*, ZInsO 2020, 2561 (2568).
12 Braun-*Tashiro*, StaRUG, § 87 Rn. 5.

zu motivieren.[13] Dies gilt insbesondere für Planbetroffene mit kleinen Stimmrechten, sofern diese rechtzeitig vor der Annahmefrist des Plans bzw. vor der Einberufungsfrist der Versammlung der Planbetroffenen von einer Aufforderung im Bundesanzeiger Kenntnis erlangen. Von Bedeutung ist dabei auch die weitere in § 87 Abs. 1 vorgesehene Option für Planbetroffene, zur **Erteilung einer Stimmrechtsvollmacht** aufzufordern und damit eine konzentrierte Ausübung von Stimmrechten zu erreichen. Weitere Einzelheiten zur Stimmrechtsvollmacht werden in § 87 nicht geregelt. Wenn sich der auffordernde Planbetroffene selbst als Stimmrechtsbevollmächtigter vorschlägt, ist auf Interessenkollisionen zu achten, die jedenfalls innerhalb seiner abstimmenden Gruppe grundsätzlich nicht zu erwarten sind.[14] Schließlich können andere Planbetroffene von einem Planbetroffenen aufgefordert werden, einen **Vorschlag zur Änderung des vorgelegten Restrukturierungsplans zu unterstützen.** Dabei ist beachtlich, dass es der Abstimmung über den Plan nicht entgegensteht, wenn dieser aufgrund der Erörterungen in der Versammlung und damit im Abstimmungstermin inhaltlich in einzelnen Punkten noch abgeändert wird (§ 20 Abs. 4). Letztlich entscheidet indes der Schuldner, welches Planangebot er zur Abstimmung stellt.[15]

II. Angaben in der Aufforderung, § 87 Abs. 2

8 Die Aufforderung eines Planbetroffenen gegenüber den anderen Planbetroffenen im Restrukturierungsforum nach § 87 Abs. 1 hat kumulativ die folgenden in § 87 Abs. 2 aufgeführten Pflichtangaben zu enthalten:
- den Namen und eine Anschrift des Planbetroffenen (Nr. 1),
- den Schuldner (Nr. 2),
- das Restrukturierungsgericht und das Aktenzeichen der Restrukturierungssache (Nr. 3),
- den Vorschlag für die Stimmrechtsausübung, für die Stimmrechtsvollmacht oder zur Änderung des Plans und (Nr. 4)
- den Tag der Versammlung der Planbetroffenen oder des Fristablaufs zur Annahme des Planangebots (Nr. 5).

9 Durch diese im Restrukturierungsforum zu veröffentlichenden Angaben sollen die anderen Planbetroffenen die Auffassung des Auffordernden und den Inhalt seines Vorschlags nachvollziehen und diesen rechtzeitig vor der Abstimmung kontaktieren können.[16] Im Hinblick auf die anzugebenden personenbezogenen Daten wird das Bundesministerium für Justiz und Verbraucherschutz im Rahmen der Rechtsverordnung (s. Rdn. 13) geeignete Mittel zur Sicherstellung des Datenschutzes finden müssen.[17] Denn es bleibt zu erwarten, dass die die Einzelheiten regelnde Verordnung bzw. der Bundesanzeiger Verlag als Betreiber des Bundesanzeigers eine Veröffentlichung durch die Planbetroffenen unter einem Pseudonym nicht gestatten wird.[18] Um den anderen Planbetroffenen eine erleichterte Kontaktaufnahme zum Auffordernden zu ermöglichen, sollte dieser von der vom Gesetzgeber bedachten Option Gebrauch machen und zudem seine Daten für eine elektronische Kontaktaufnahme im Restrukturierungsforum veröffentlichen lassen.[19] Hinsichtlich des einzelnen Vorschlags des Planbetroffen gegenüber den anderen Planbetroffenen (Nr. 4) dürfte aus § 87 Abs. 3 folgen, dass sich jedwede Begründung bereits im Restrukturierungsforum verbietet.

III. Hinweis auf Begründung der Aufforderung, § 87 Abs. 3

10 Wenn der Planbetroffene seine im Restrukturierungsforum veröffentlichte Aufforderung begründen möchte, verweist ihn § 87 Abs. 3 lediglich auf die Möglichkeit, im Restrukturierungsforum auf eine

13 So auch BeckOK-StaRUG/*Skauradszun*, § 87 Rn. 1, 7.
14 BeckOK-StaRUG/*Skauradszun*, § 87 Rn. 8.
15 BeckOK-StaRUG/*Skauradszun*, § 87 Rn. 12.
16 BT-Drucks. 19/24181, Begr. zu § 94 StaRUG-E, S. 180.
17 Braun-*Tashiro*, StaRUG, § 87 Rn. 8.
18 Vgl. zum Aktionärsforum: § 3 Aktionärsforumsverordnung.
19 BT-Drucks. 19/24181, Begr. zu § 94 StaRUG-E, S. 180.

solche Begründung auf seiner Internetseite und deren elektronische Adresse hinzuweisen. Ein solcher Verweis erfordert zwar weitere Aktivitäten seitens des Planbetroffenen, der das leichte Auffinden einer entsprechenden Begründung auf seiner Internetseite sicherstellen sollte, und auch seitens der anderen Planbetroffenen, die motiviert genug sein müssen, sich weiter »durchzuklicken«. Eine gesonderte Begründung wird aber regelmäßig sinnvoll sein, damit die anderen Planbetroffenen den entsprechenden Vorschlag nachvollziehen können.[20] Mit dem Verweis auf die Internetseite des auffordernden Planbetroffenen für eine Begründung seines Vorschlags geht jedoch auch ein Missbrauchsrisiko einher, da sich kaum Grenzen für eine inhaltliche Befassung setzen lassen.[21] Es bleibt abzuwarten, in welcher Form das Bundesministerium für Justiz und für Verbraucherschutz im Rahmen der Rechtsverordnung dahingehende Schutz- und Präventionsmaßnahmen regeln wird (s. Rdn. 13).[22] Um Haftungsrisiken zu minimieren, sollte der auf seine Internetseite hinweisende Planbetroffene genau prüfen, ob die in seiner Begründung genannten Tatsachen auch öffentlich bekannt gemacht werden dürfen.[23]

IV. Hinweis auf Stellungnahme des Schuldners, § 87 Abs. 4

Gem. § 87 Abs. 4 kann der Schuldner im Restrukturierungsforum auf eine Stellungnahme zum Vorschlag des auffordernden Planbetroffenen i.S.e. Gegenäußerung hinweisen, die auf seiner Internetseite veröffentlicht ist. Diese Option sollte der Schuldner nutzen, wenn sich der im Forum veröffentlichte Vorschlag eines auffordernden Planbetroffenen gegen seine Interessen richtet. Dabei wird sich insbesondere dann ein schneller Handlungsbedarf ergeben, wenn ein Planbetroffener im Forum die Ablehnung des Planangebots vorschlägt und dementsprechend die anderen Planbetroffenen dazu auffordert, gegen den Restrukturierungsplan zu stimmen.[24] 11

Die Veröffentlichung einer Gegenäußerung des Schuldners auf seiner Internetseite und ein Hinweis im Restrukturierungsforum auf eine entsprechende eigene Stellungnahme ist die einzige Möglichkeit für ihn, im Bedarfsfall das Restrukturierungsforum zu nutzen. Er darf sich nicht aktiv beteiligen und bspw. Gegenaufforderungen im Forum veröffentlichen. Andererseits kann er der Begründung des Auffordernden mit einer überzeugenden Gegenäußerung auf seiner Website unter Umständen »den Wind aus den Segeln nehmen«, ohne dass § 87 dem Auffordernden die Möglichkeit einer Replik einräumt. Zudem steht es dem Schuldner frei, bei Planbetroffenen für die Einstellung eines positiven Vorschlags im Restrukturierungsforum zu werben.[25] Der Schuldner sollte das Restrukturierungsforum daher stetig überwachen, um die Dynamiken unter den Planbetroffenen zu seinen Ungunsten rechtzeitig zu erkennen und den für ihn negativen Entwicklungen mit einer entsprechenden Gegenäußerung schnell entgegenwirken zu können.[26] 12

V. Verordnungsermächtigung, § 87 Abs. 5

Das Bundesministerium für Justiz und Verbraucherschutz ist gem. § 87 Abs. 5 ermächtigt, durch Rechtsverordnung technische Details, die äußere Gestaltung und weitere Einzelheiten des Restrukturierungsforums zu regeln.[27] Dazu zählen insbesondere Details zur Aufforderung, zum Hinweis des Auffordernden und des Schuldners, zu den Entgelten, zu Löschungsfristen, zum Löschungsanspruch, zu Missbrauchsfällen und zur Einsichtnahme. Hier stellen sich zahlreiche Fragen für die ein Regelungsbedürfnis besteht (z.B. Bedarf es vor einer Aufforderung der gesonderten Registrierung 13

20 So auch BeckOK-StaRUG/*Skauradszun*, § 87 Rn. 18.
21 Braun-*Tashiro*, StaRUG, § 87 Rn. 9.
22 Braun-*Tashiro*, StaRUG, § 87 Rn. 9.
23 BeckOK-StaRUG/*Skauradszun*, § 87 Rn. 19.
24 BeckOK-StaRUG/*Skauradszun*, § 87 Rn. 20.
25 BeckOK-StaRUG/*Skauradszun*, § 87 Rn. 7.
26 Braun-*Tashiro*, StaRUG, § 87 Rn. 11.
27 Im Vergleich zur Ermächtigungsverordnung für die Ausgestaltung einer Internetplattform für die öffentlichen Bekanntmachungen gem. § 86 Abs. 2 bedarf es hier keiner Zustimmung des Bundesrates.

des Planbetroffenen, in dessen Rahmen zudem die Eigenschaft als Planbetroffener nachzuweisen ist? Bedarf es einer Kontrolle der auf externen Internetseiten enthaltenen Begründungen für die Vorschläge des Planbetroffenen bzw. für die Stellungnahme des Schuldners und falls ja, wer führt diese in welchem Umfang aus? Wird der Schuldner von den Aktivitäten der Planbetroffenen im Forum benachrichtigt, um bei Bedarf auf eine Gegenäußerung hinweisen zu können? Wann liegt ein Missbrauchsfall vor und wann rechtfertigt dieser die Löschung von Veröffentlichungen im Forum? Steht dem Schuldner ein Schadensersatzanspruch gegen Planbetroffene bei vorsätzlich oder fahrlässig fehlerhaften Aufforderungen zu?[28]). Es bleibt abzuwarten, ob die Rechtsverordnung den Verfahrensbeteiligten einen Rahmen für die praxistaugliche Anwendung des Restrukturierungsforums vorgeben wird.

§ 88 Anwendbarkeit des Artikels 102c des Einführungsgesetzes zur Insolvenzordnung

In öffentlichen Restrukturierungssachen ist Artikel 102c §§ 1, 2, 3 Absatz 1 und 3, die §§ 6, 15, 25 und 26 des Einführungsgesetzes zur Insolvenzordnung entsprechend anwendbar.

Übersicht

A. Normzweck

1 § 88 regelt, dass und in welchem Umfang die Vorschriften des Art. 102c des Einführungsgesetzes zur Insolvenzordnung (»**EGInsO**«) in öffentlichen Restrukturierungssachen entsprechend anwendbar sind, soweit sich deren Anwendbarkeit nicht bereits aus anderen Vorschriften der §§ 84 ergibt.[1] Art. 102c EGInsO enthält Durchführungsvorschriften zur EuInsVO, die den Vorgaben der EuInsVO im deutschen Recht Rechnung tragen, indem sie notwendige flankierende Hilfsregelungen zur Einpassung des europäischen Rechts in die Strukturen der deutschen Rechtsordnung schaffen.[2] Mit der Aufnahme von öffentlichen Restrukturierungssachen zum Anhang A der EuInsVO wird im Geltungsbereich der europäischen Verordnung eine grenzüberschreitende Anerkennung und Vollstreckbarkeit der mit den Instrumenten des StaRUG erzielten Verfahrensergebnisse über die Anerkennungsmechanismen der EuInsVO ermöglicht (s. § 84 Rdn. 5).[3] Da öffentliche Restrukturierungssachen wie ein Insolvenzverfahren i.S.d. EuInsVO behandelt werden, werden mit den §§ 1, 2, 3 Abs. 1 u. 3 sowie den §§ 6, 15, 25 und 26 EGInsO die einschlägigen Vorschriften von Art. 102c EGInsO konsequenterweise für entsprechend anwendbar erklärt.[4]

2 § 88 trat – wie die übrigen Regelungen in §§ 84–87 zu öffentlichen Restrukturierungssachen – erst am 17.07.2022 in Kraft.[5] Der deutsche Gesetzgeber begründete die Ausschöpfung der maximalen

28 Dafür BeckOK-StaRUG/*Skauradszun*, § 87 Rn. 23; ggf. bei Überschreiten der Grenzen des § 826 BGB: *Cranshaw/Portisch*, ZInsO 2020, 2561 (2568).

1 BT-Drucks. 19/24181, Begr. zu § 95 StaRUG-E, S. 180; so verweist § 84 Abs. 1 Satz 3 auf Art. 102c § 5 EGInsO und § 84 Abs. 2 Satz 3 auf Art. 102c § 4 EGInsO.

2 MK-InsO/*Thole*, Vor Art. 102c § 2 EGInsO Rn. 11.

3 BT-Drucks. 19/24181, Begr. zu Kap. 4, §§ 91–95 StaRUG-E, S. 178 f., 180.

4 BT-Drucks. 19/24181, Begr. zu Kap. 4, §§ 91–95 StaRUG-E, S. 178 f.

5 Vgl. Art. 25 Abs. 3 Nr. 1 SanInsFoG (BGBl. I, S. 3256).

Umsetzungsfrist für die Restrukturierungsrichtlinie[6] mit dem Umstand, einen hinreichenden Vorlauf für die Schaffung der technischen Voraussetzungen für die öffentlichen Bekanntmachungen zu benötigen.[7]

B. Norminhalt

Der Anwendungsbereich des § 88 ist eröffnet, wenn eine öffentliche Restrukturierungssache vorliegt. Damit ist gemeint, dass der Schuldner bis zur ersten Entscheidung des Restrukturierungsgerichts einen Antrag auf öffentliche Bekanntmachung nach Maßgabe des § 84 Abs. 1 gestellt hat und infolgedessen die Restrukturierungssache öffentlich betrieben wird. 3

Die Norm erklärt nur diejenigen Vorschriften des Art. 102c EGInsO für entsprechend anwendbar, die sich nicht auf die Anwendbarkeit von spezifischen InsO-Vorschriften für das Insolvenzverfahren im Verhältnis zur EuInsVO beziehen: die örtliche Zuständigkeit des Gerichts (Art. 102c § 1 EGInsO), die Vermeidung von Kompetenzkonflikten und die Einstellung des Verfahrens zugunsten eines anderen Mitgliedstaats (Art. 102c § 2, § 3 Abs. 1 und 3 EGInsO), die örtliche Zuständigkeit für Annexklagen (Art. 102c § 6 EGInsO), die Planbestätigung in Sekundärinsolvenzverfahren (Art. 102c § 15 EGInsO), die Rechtsbehelfe gegen Entscheidungen nach Art. 69 Abs. 2 EuInsVO (Art. 102c § 25 EGInsO) sowie Art. 77 Abs. 4 EuInsVO (Art. 102c § 26 EGInsO).[8] 4

I. Örtliche Zuständigkeit des Restrukturierungsgerichts, Art. 102c § 1 EGInsO

Gem. § 88 ist Art. 102c § 1 EGInsO als Vorschrift über die örtliche Zuständigkeit in öffentlichen Restrukturierungssachen entsprechend anwendbar. Sofern deutschen Gerichten im Insolvenzverfahren zwar die internationale Zuständigkeit gem. Art. 3 Abs. 1 EuInsVO zukommt (*centre of main interests*, sog. »COMI« in Deutschland), aber nach § 3 InsO keine örtliche Zuständigkeit in Deutschland begründet ist, knüpft Art. 102c § 1 Abs. 1 EGInsO die ausschließliche örtliche Zuständigkeit an das Insolvenzgericht, in dessen Bezirk der Schuldner den Mittelpunkt seiner hauptsächlichen Interessen, d.h. seinen COMI, hat. Übertragen auf öffentliche Restrukturierungssachen wird von Art. 102c § 1 Abs. 1 EGInsO der Fall geregelt, dass den deutschen Restrukturierungsgerichten zwar die internationale Zuständigkeit nach Art. 3 Abs. 1 EuInsVO zukommt, weil der Schuldner seinen COMI im Inland hat und es sich damit um ein »Hauptinsolvenzverfahren«[9] i.S.d. EuInsVO handelt (vgl. auch § 84 Abs. 2 Satz 1 Nr. 2), es aber an der örtlichen Zuständigkeit nach § 35 mangelt, so dass dasjenige Restrukturierungsgericht ausschließlich örtlich zuständig ist, in dessen Bezirk der Schuldner seinen COMI hat. Negativvoraussetzung ist damit zunächst, dass der Schuldner keinen die örtliche Zuständigkeit gem. § 35 Satz 1 begründenden allgemeinen Gerichtsstand in Deutschland unterhält (§ 38 Satz 1 i.V.m. §§ 12 ff. ZPO, insbesondere als juristische Person keinen Sitz im Inland).[10] Bei Unternehmen bzw. unternehmerisch tätigen Schuldnern werden der Mittelpunkt seiner hauptsächlichen Interessen (Art. 3 Abs. 1 EuInsVO) und der Mittelpunkt seiner wirtschaftlichen Tätigkeit, der die örtliche Zuständigkeit gem. § 35 Satz 2 begründet, in der Regel jedoch deckungsgleich sein.[11] 5

Beruht die internationale Zuständigkeit deutscher Gerichte in öffentlichen Restrukturierungssachen auf Art. 3 Abs. 2 EuInsVO, weil der Schuldner eine Niederlassung in Deutschland hat (vgl. Art. 2 Nr. 10 EuInsVO), ohne dass ein Gerichtsstand nach § 35 begründet ist, ist gem. § 88 i.V.m. Art. 102c § 1 Abs. 2 Satz 1 EGInsO das Restrukturierungsgericht ausschließlich örtlich zuständig, in dessen 6

---

6 Gem. Art. 34 Abs. 2 Restrukturierungsrichtlinie setzte dies voraus, dass die Mitgliedstaaten bei der Umsetzung der Richtlinie auf besondere Schwierigkeiten stoßen.

7 BT-Drucks. 19/24181, Begr. zu Art. 25 SanInsFoG, S. 224.

8 BT-Drucks. 19/24181, Begr. zu § 95 StaRUG-E, S. 180; zur umfassenden Anwendung des Art. 102c EGInsO: *Skauradzun/Kümpel/Nijnens*, NZI 2023, 481 ff.

9 Auch als »Hauptrestrukturierungssache« bezeichnend: BeckOK-StaRUG/*Skauradszun*, § 88 Rn. 6.

10 BeckOK-StaRUG/*Skauradszun*, § 88 Rn. 6.

11 Entspr. zu § 3 Abs. 1 Satz 2 InsO: Vallender/*Vallender-Zipperer*, Art. 102c § 1 EGInsO Rn. 6.

Bezirk der Schuldner seine Niederlassung hat. Wie der Gesetzgeber es bereits in § 84 Abs. 2 Satz 1 Nr. 2 deutlich gemacht hat, geht auch aus dem Verweis auf Art. 102c § 1 Abs. 2 EGInsO hervor, dass die Durchführung einer öffentlichen Restrukturierungssache nicht nur als Hauptinsolvenzverfahren i.S.d. Art. 3 Abs. 1 EuInsVO, sondern auch als Sekundärinsolvenzverfahren i.S.d. Art. 3 Abs. 2 EuInsVO möglich sein soll.[12] Das hat zur Folge, dass die Wirkungen des Stabilisierungs- und Restrukturierungsrahmens auf das in Deutschland belegene Vermögen des Schuldners beschränkt sind (vgl. Art. 34 ff. EuInsVO[13]). Aufgrund des Verweises in Art. 102c § 1 Abs. 2 Satz 2 EGInsO auf § 3 Abs. 2 InsO[14] ist auch in öffentlichen Restrukturierungssachen das sog. Prioritätsprinzip[15] zu beachten. Sind mehrere Restrukturierungsgerichte zuständig (weil mehrere Niederlassungen in Deutschland vorhanden sind), ist dasjenige Gericht ausschließlich örtlich zuständig, bei dem zuerst die öffentliche Restrukturierungssache gem. § 84 Abs. 1 Satz 1 beantragt worden ist.[16]

7 Gem. § 88 i.V.m. Art. 102c § 1 Abs. 3 EGInsO kann auch eine subsidiäre örtliche Zuständigkeit für Entscheidungen oder Maßnahmen nach der EuInsVO bei dem Restrukturierungsgericht begründet sein, in dessen Bezirk sich das Vermögen des Schuldners befindet, obwohl dieser weder seinen COMI noch eine Niederlassung in Deutschland hat. In Betracht kommen Fälle, in denen es eines zuständigen inländischen Gerichts bedarf, um z.B. Eintragungen in Registern wie das Grundbuch vornehmen lassen zu können (vgl. 29 Abs. 2 EuInsVO).[17]

II. Vermeidung von Kompetenzkonflikten, Art. 102c § 2 EGInsO

8 Gem. § 88 ist Art. 102c § 2 EGInsO über die Vermeidung von Kompetenzkonflikten zwischen verschiedenen Gerichten der EU-Mitgliedstaaten hinsichtlich der internationalen Zuständigkeit in öffentlichen Restrukturierungssachen entsprechend anwendbar. Dabei regelt **Art. 102c § 2 Abs. 1 EGInsO** den sog. **positiven Kompetenzkonflikt** und **Art. 102c § 2 Abs. 2 EGInsO** den sog. **negativen Kompetenzkonflikt.**[18] Wenn das Gericht eines anderen EU-Mitgliedstaats ein Hauptinsolvenzverfahren i.S.d. Art. 3 Abs. 1 EuInsVO eröffnet hat (z.B. die öffentliche Variante des niederländischen sog. Dutch Scheme), so ist, solange dieses Verfahren anhängig ist, gem. § 88 i.V.m. Art. 102c § 2 Abs. 1 Satz 1 EGInsO eine bei einem deutschen Restrukturierungsgericht zweite Restrukturierungssache i.S.e. zweiten Hauptinsolvenzverfahrens unzulässig (sog. **positiver Kompetenzkonflikt**).[19] Ein entgegen Art. 102c § 2 Abs. 1 Satz 1 EGInsO »eröffnetes Verfahren«[20] des Restrukturierungsgerichts ist in entsprechender Anwendung des Art. 102c § 2 Abs. 1 Satz 2 EGInsO bei Vorliegen der Voraussetzungen des Art. 3 Abs. 2 EuInsVO (Niederlassung des Schuldners im Inland, Art. 2 Nr. 10 EuInsVO) als territorial beschränktes Sekundärinsolvenzverfahren nach Maßgabe der Art. 34 ff. EuInsVO fortzuführen (s. § 84 Rdn. 31) oder bei Nichtvorliegen der Voraussetzungen »einzustellen«. Die »Verfahrenseinstellung« i.S.d. Art. 102c § 2 Abs. 1 Satz 2 Halbs. 2 EGInsO wird übertragen auf öffentliche Restrukturierungssache und bedeutet deren **Aufhebung von Amts wegen** gem. § 33, was einen Wirkungsverlust der Anzeige gem. § 31 Abs. 4 Nr. 3 zur Folge hat. Dabei sind die Regelungen in Art. 102c § 3 Abs. 1 u. Abs. 3 EGInsO zu beachten, die jeweils auf Art. 102c § 2 Abs. 1 Satz 2 EGInsO verweisen (s.u. Rdn. 9 ff.). Wenn das Gericht eines anderen EU-Mitgliedstaats die

12 Als »Sekundärrestrukturierungssache« bezeichnend: BeckOK-StaRUG/*Skauradszun*, § 88 Rn. 8.

13 Kritisch zur Sinnhaftigkeit eines Sekundärverfahrens nach den Vorschriften des StaRUG, u.a. *Schlöder/Parzinger/Knebel*, ZIP 2021, 1041 (1042).

14 Es dürfte sich um ein Redaktionsversehen handeln und nach Änderung durch das SanInsFoG nunmehr § 3 Abs. 3 InsO gemeint sein: BeckOK-StaRUG/*Skauradszun*, § 88 Rn. 9.

15 Näher K/P/B-*Holzer*, Art. 102c § 1 EGInsO Rn. 10.

16 So auch in Anlehnung an § 3 Abs. 3 InsO: BeckOK-StaRUG/*Skauradszun*, § 88 Rn. 9.

17 BeckOK-StaRUG/*Skauradszun*, § 88 Rn. 10 m.w.N.

18 Vgl. zum Insolvenzverfahren: K/P/B-Holzer, Art. 102c § 2 EGInsO Rn. 1; Vallender-*Vallender/Zipperer*, EuInsVO, Art. 102c § 2 EGInsO Rn. 2 f.

19 BeckOK-StaRUG/*Skauradszun*, § 88 Rn. 11.

20 Vgl. § 84 Rdn. 20 ff. zur als Eröffnungsentscheidung nach Art. 2 Nr. 7 EuInsVO fungierenden ersten Entscheidung des Restrukturierungsgerichts.

Eröffnung eines Hauptinsolvenzverfahren i.S.d. Art. 3 Abs. 1 EuInsVO abgelehnt hat, weil nach Art. 3 Abs. 1 EuInsVO die deutschen Gerichte international zuständig seien, so darf gem. § 88 i.V.m. Art. 102c § 2 Abs. 2 EGInsO ein deutsches Restrukturierungsgericht die als Eröffnungsentscheidung gem. Art. 2 Nr. 7 EuInsVO fungierende erste Entscheidung i.S.d. § 84 Abs. 2 nicht mit der Begründung ablehnen, dass die Gerichte des anderen Mitgliedstaats zuständig seien (sog. **negativer Kompetenzkonflikt**). Das deutsche Gericht muss sich dabei die Einschätzung des ausländischen Gerichts über die internationale Zuständigkeit nicht zu eigen machen und kann über die eigene Zuständigkeit kraft eigener Überzeugungsbildung entscheiden.[21]

III. Aufhebung der Restrukturierungssache zugunsten eines anderen Mitgliedstaats, Art. 102c § 3 Abs. 1 u. Abs. 3 EGInsO

Gem. § 88 ist in öffentlichen Restrukturierungssachen Art. 102c § 3 Abs. 1 u. Abs. 3 EGInsO entsprechend für die Einstellung des Verfahrens zugunsten eines anderen Mitgliedstaats anwendbar. § 88 verweist allein auf diejenigen Vorschriften des Art. 102c EGInsO, die nicht die Anwendung der Insolvenzverfahren spezifischen Vorschriften der InsO im Verhältnis zur EuInsVO betreffen.[22] Daher mangelt es an einem Verweis auf Absatz 2 des Art. 102c § 3 EGInsO, in dem die fortdauernden spezifischen Wirkungen des Insolvenzverfahrens nach Verfahrenseinstellung geregelt sind. Denn vor Rechtskraft des Restrukturierungsplans können keine Rechtshandlungen in Bezug auf eine Restrukturierungssache erfolgen bzw. keine Wirkungen eintreten, die nicht auf die Dauer der Rechtshängigkeit der Restrukturierungssache beschränkt sind.[23] 9

Art. 102c § 3 Abs. 1 EGInsO bestimmt, dass das Restrukturierungsgericht den Schuldner **vor der Aufhebung** einer öffentlichen Restrukturierungssache gem. §§ 33, 31 Abs. 4 Nr. 1 aufgrund eines positiven Kompetenzkonflikts nach Art. 102c § 2 Abs. 1 Satz 2 EGInsO (s.o. Rdn. 8) hören soll. Da die Vorschrift auch die vorherige **Anhörung** des Insolvenzverwalters sowie des etwaig bestellten Gläubigerausschusses vorschreibt, sollte in öffentlichen Restrukturierungssachen, sofern eine entsprechende Bestellung nach der ersten Entscheidung i.S.d. § 84 Abs. 2 bereits erfolgt ist (oder die Bestellung des Restrukturierungsbeauftragten als solche die erste Entscheidung darstellt, s. § 84 Rdn. 22), auch der Restrukturierungsbeauftragte sowie ein etwaiger Gläubigerbeirat gem. § 93 vom Gericht angehört werden. In entsprechender Anwendung des Art. 102c § 3 Abs. 1 Satz 2 EGInsO (»jeder Insolvenzgläubiger«) dürfte zumindest auch jeder Planbetroffene bei Aufhebung der Restrukturierungssache beschwerdebefugt sein. 10

Art. 102c § 3 Abs. 3 Satz 1 EGInsO regelt, dass das Restrukturierungsgericht **vor der Aufhebung** einer öffentlichen Restrukturierungssache gem. §§ 33, 31 Abs. 4 Nr. 1 aufgrund eines positiven Kompetenzkonflikts nach Art. 102c § 2 Abs. 1 Satz 2 EGInsO (s.o. Rdn. 8) das Gericht des anderen EU-Mitgliedstaats, bei dem das Hauptinsolvenzverfahren i.S.d. Art. 3 Abs. 1 EuInsVO anhängig ist, und den für dieses Verfahren bestellten ausländischen Insolvenzverwalter[24] zu **unterrichten** hat. Dabei soll gem. Art. 102c § 3 Abs. 3 Satz 2 EGInsO angegeben werden, wie die Eröffnung des aufzuhebenden Verfahrens bekannt gemacht wurde, in welchen öffentlichen Büchern und Registern die Eröffnung eingetragen wurde (als Pflichtangabe gem. § 85 Abs. 1 i.V.m. Art. 24 Abs. 2 Buchst. a) EuInsVO auf www.restrukturierungsbekanntmachung.de gem. § 86) und wer (ggf.) Restrukturierungsbeauftragter ist. In dem Aufhebungsbeschluss ist gem. Art. 102c § 3 Abs. 3 Satz 3 EGInsO ferner das Gericht des anderen EU-Mitgliedstaats zu bezeichnen, zu dessen Gunsten die öffentliche Restrukturierungssache aufgehoben wird. Diesem Gericht ist gem. Art. 102c § 3 Abs. 3 Satz 4 EGInsO eine Ausfertigung des Aufhebungsbeschlusses zu übersenden. Das Restrukturierungsgericht sollte beachten, dass gem. § 85 Abs. 1 i.V.m. Art. 24 Abs. 2 Buchst. i) EuInsVO das Datum des 11

21 Entsprechend für das Insolvenzgericht: MK-InsO/*Thole*, Art. 102c § 2 EGInsO Rn. 22.
22 BT-Drucks. 19/24181, Begr. § 95 StaRUG-E, S. 181.
23 BT-Drucks. 19/24181, Begr. § 95 StaRUG-E, S. 181.
24 Bzw. dessen Pendant, siehe Art. 2 Nr. 5 EuInsVO und die in Anhang B zur EuInsVO genannten Personen und Stellen.

Aufhebungsbeschlusses (§§ 31 Abs. 4 Nr. 3, 33) öffentlich bekannt zu machen ist. Art. 102c § 3 Abs. 3 Satz 5 EGInsO bestimmt schließlich, dass § 215 Abs. 2 InsO nicht anzuwenden ist. Damit wird klargestellt, dass das inländische Vermögen des Schuldners automatisch der universalen Beschlagswirkung des im Ausland zuerst eröffneten Hauptverfahrens unterfällt und nicht, wie in § 215 Abs. 2 InsO geregelt, der Schuldner mit der Einstellung des inländischen Insolvenzverfahrens die Verwaltungs- und Verfügungsbefugnis über sein in Deutschland belegenes Vermögen zurückerhält.[25] Da in öffentlichen Restrukturierungssachen die Verwaltungs- und Verfügungsbefugnis des Schuldners über sein Vermögen nicht auf einen Restrukturierungsbeauftragten übergeht, wird diese Regelung im Regelfall ins Leere laufen.[26]

IV. Örtliche Zuständigkeit für Annexklagen, Art. 102c § 6 EGInsO

12 Art. 102c § 6 EGInsO regelt die örtliche Zuständigkeit für Annexklagen, der gem. § 88 in öffentlichen Restrukturierungssachen entsprechend anzuwenden ist. Kommt den deutschen Gerichten infolge der Eröffnung eines Insolvenzverfahrens die Zuständigkeit für Klagen nach Art. 6 EuInsVO zu (wie bspw. Anfechtungsklagen), ohne dass sich aus anderen Vorschriften eine örtliche Zuständigkeit ergibt, so wird gem. Art. 102c § 6 Abs. 1 EGInsO der Gerichtsstand durch den Sitz des Insolvenzgerichts bestimmt. Für Klagen nach Art. 6 Abs. 1 EuInsVO, die nach Art. 6 Abs. 2 EuInsVO in Zusammenhang mit einer anderen zivil- oder handelsrechtlichen Klage gegen denselben Beklagten stehen, ist nach Art. 102c § 6 Abs. 2 EGInsO auch das Gericht örtlich zuständig, das für die andere zivil- oder handelsrechtliche Klage zuständig ist. Entsprechend gelten diese Regelungen gem. § 88 i.V.m. Art. 102c § 6 EGInsO bei der Bestimmung der örtlichen Zuständigkeit für Klagen, die unmittelbar aus der öffentlichen Restrukturierungssache hervorgehen und in engem Zusammenhang damit stehen. Der Anwendungsbereich des Art. 102c § 6 EGInsO erstreckt sich dabei auch auf Annexklagen im Rahmen eines als Sekundärinsolvenzverfahren i.S.d. Art. 34 ff. EuInsVO[27] geführten Verfahrens.

V. Restrukturierungsplan, Art. 102c § 15 EGInsO

13 Gem. § 88 ist Art. 102c § 15 EGInsO in öffentlichen Restrukturierungssachen entsprechend anzuwenden. Art. 102c § 15 Satz 1 EGInsO bestimmt, dass wenn in einem Insolvenzplan im Rahmen eines deutschen Sekundärinsolvenzverfahrens eine Stundung, ein Erlass oder sonstige Einschränkungen der Rechte von Gläubigern vorgesehen sind, das Insolvenzgericht den Plan nur bei Zustimmung aller betroffenen Gläubiger zum Insolvenzplan bestätigen darf. Nach Art. 102c § 15 Satz 2 EGInsO gilt dies nicht für Planregelungen, mit denen in Absonderungsrechte eingegriffen wird. Die Regelung in Art. 102c § 15 EGInsO ist im Kontext von Art. 47 Abs. 2 EuInsVO zu sehen. Art. 47 Abs. 2 EuInsVO sieht vor, dass jede Beschränkung der Rechte der Gläubiger (z.B. eine Stundung oder eine Schuldbefreiung), die sich aus einer im Sekundärinsolvenzverfahren vorgeschlagenen Maßnahme i.S.d. Art. 47 Abs. 1 EuInsVO ergibt, ohne Zustimmung aller von ihr betroffenen Gläubiger keine Auswirkungen auf das nicht von diesem Verfahren erfasste Vermögen des Schuldners haben darf. Während Art. 102c § 15 EGInsO die Versagung der Bestätigung des Insolvenzplans anordnet, falls diesem nicht alle betroffenen Insolvenzgläubiger zugestimmt haben, betrifft Art. 47 Abs. 2 EuInsVO nur die materielle Ausgestaltung des Insolvenzplans. Art. 102c § 15 EGInsO wird daher wegen Verstoßes gegen den Anwendungsvorrang des Rechts der EU gem. Art. 24 GG als rechtswidrig und im Sekundärinsolvenzverfahren als unbeachtlich erachtet.[28] Vor dem Hintergrund dieser Rechtsunsicherheiten eignet sich eine öffentliche Restrukturierungssache im Rahmen eines Sekundärinsolvenzverfahrens i.S.d. der EuInsVO nur unter Vorbehalt.[29]

25 MK-InsO/*Thole*, Art. 102c § 3 EGInsO Rn. 13.
26 BeckOK-StaRUG/*Skauradszun*, § 88 Rn. 16.
27 MK-InsO/*Thole*, Art. 102c § 6 EGInsO Rn. 5.
28 K/P/B-*Holzer*, Art. 102c § 15 EGInsO Rn. 4; MK-InsO/*Reinhart*, Art. 102c § 15 EGInsO Rn. 2.
29 Braun-*Tashiro*, StaRUG, § 88 Rn. 11.

VI. Rechtsbehelfe gegen Entscheidung nach Art. 69 Abs. 2 EuInsVO, Art. 102c § 25 EGInsO

§ 88 verweist für öffentliche Restrukturierungssachen auf die entsprechend geltende Vorschrift des Art. 102c § 25 EGInsO. Nach Art. 102c § 25 Satz 1 EGInsO ist gegen die sog. nachträgliche Opt-in Entscheidung des Gruppen-Koordinators gem. Art. 69 Abs. 2 EuInsVO die Erinnerung statthaft. Zudem gilt nach Art. 102c § 25 Satz 2 EGInsO der § 573 ZPO entsprechend. Die Vorschrift betrifft das in Art. 56 ff. EuInsVO geregelte Gruppen-Koordinationsverfahren (auch als europäisches Konzerninsolvenzrecht bezeichnet), welches der deutsche Gesetzgeber damit auch in öffentlichen Restrukturierungssachen für möglich erachtet, wenn also betreffend das Vermögen mehrerer Mitglieder derselben Unternehmensgruppe in unterschiedlichen EU-Mitgliedstaaten »Insolvenzverfahren« i.S.d. EuInsVO anhängig sind.[30] 14

VII. Rechtsmittel gegen Kostenentscheidung nach Art. 77 Abs. 4 EuInsVO, Art. 102c § 26 EGInsO

Schließlich ist gem. § 88 in öffentlichen Restrukturierungssachen Art. 102c § 26 EGInsO entsprechend anwendbar. Art. 102c § 26 EGInsO bestimmt, dass gegen die Entscheidung über die Kosten des Gruppen-Koordinationsverfahrens nach Art. 77 Abs. 4 EuInsVO (Vergütung des Koordinators) die sofortige Beschwerde statthaft ist und die §§ 574–577 ZPO entsprechend geltend. Im Hinblick auf eine öffentliche Restrukturierungssache würde diese Vorschrift im Rahmen eines Gruppenkoordinationsverfahrens entsprechend relevant werden, wenn die Abrechnung des dortigen Koordinators auf Widerspruch gem. Art. 77 Abs. 4 EuInsVO stößt und einzelne Mitglieder der Unternehmensgruppe mit der Entscheidung des Gerichts über den Widerspruch nicht einverstanden sind.[31] 15

Kapitel 5 Anfechtungs- und Haftungsrecht

Vorbemerkung zu §§ 89–91 StaRUG

Die Vorschriften des 5. Kapitels des 2. Teils aus dem StaRUG sind für den Fall geschaffen worden, dass die eingeleitete Restrukturierung scheitert und es anschließend zu einer Folgeinsolvenz kommt oder ein einzelner Gläubiger Rechtsschutz nach dem AnfG sucht. Dann besteht die Gefahr der erfolgreichen Geltendmachung von Anfechtungs- oder Haftungsansprüchen, die ihren Ursprung in der – letztlich fehlgeschlagenen – Restrukturierung haben. In der Regel werden diese Ansprüche durch eine/n Insolvenzverwalter/in oder Sachwalter/in verfolgt. Geschäftspartner, Investoren oder Finanzierer, ohne die eine erfolgreiche Sanierung nicht möglich ist, sollen durch diese potentielle Gefahr nicht von ihrem Engagement abgehalten werden. Die §§ 89, 90 haben deshalb das Ziel, das restrukturierungsimmanente Risiko der Anfechtung und Haftung weitestgehend auszuschalten. 1

Irrelevant dafür sind die Gründe des Scheiterns und – was den § 89 anbetrifft – auch der Zeitpunkt, d.h. ob noch vor der Annahme des Restrukturierungsplans (§§ 17–28, 45, 46) bzw. seiner gerichtlichen Bestätigung (§§ 60–72) oder danach. § 90 bezieht sich dagegen erst auf den Zeitraum nach einer rechtskräftigen Planbestätigung. 2

Ein Restrukturierungsverfahren ist jedenfalls hinsichtlich der Entstehung von Anfechtungs- oder Haftungsansprüchen nicht mit einem Insolvenz(eröffnungs)verfahren – egal ob in (vorläufiger) Insolvenz- oder Eigenverwaltung – vergleichbar. Es kann ausschließlich bei nur drohender Zahlungsunfähigkeit eingeleitet (§ 29 Abs. 1, § 14 Abs. 1) und durchgeführt (Ausnahme: § 33 Abs. 2 Satz 1 Nr. 1 Halbs. 2, 3) werden, während bei Stellung eines Insolvenzantrages oftmals bereits Zahlungs- 3

30 Näher BeckOK-StaRUG/*Skauradszun*, § 88 Rn. 22 ff.

31 BeckOK-StaRUG/*Skauradszun*, § 88 Rn. 27.

unfähigkeit vorliegt (s. dazu § 89 Rdn. 35 f.). Das Restrukturierungsverfahren kennt keine Differenzierung zwischen Insolvenzforderungen und Masseverbindlichkeiten. Zudem verfolgt das StaRUG andere Ziele und legt andere Wertungen zugrunde als die InsO.[1]

4 Im StaRUG sind verschiedene Mechanismen vorgesehen, um ein eventuelles Scheitern des angedachten Restrukturierungsplans möglichst frühzeitig zu erkennen. So hat der Schuldner dem Gericht unverzüglich anzuzeigen, wenn das Restrukturierungsvorhaben keine Aussicht auf Umsetzung hat, § 32 Abs. 4. Das Gericht hat die Sache dann nach § 33 Abs. 2 Satz 1 Nr. 2 von Amts wegen aufzuheben. Wenn sich nach Annahme des Plans herausstellt, dass die Ansprüche der (Nicht-) Planbetroffenen offensichtlich nicht erfüllt werden können, muss das Gericht die Planbestätigung von Amts wegen versagen, § 63 Abs. 1 Nr. 3. Unter den Voraussetzungen des § 73 bestellt das Gericht einen Restrukturierungsbeauftragten, dessen Aufgaben in § 76 geregelt sind.

§ 89 Rechtshandlungen, die während der Rechtshängigkeit der Restrukturierungssache vorgenommen werden

(1) Die Annahme eines sittenwidrigen Beitrags zur Insolvenzverschleppung oder einer Rechtshandlung, die mit dem Vorsatz einer Benachteiligung der Gläubiger vorgenommen wurde, kann nicht allein darauf gestützt werden, dass ein an der Rechtshandlung Beteiligter Kenntnis davon hatte, dass die Restrukturierungssache rechtshängig war oder dass der Schuldner Instrumente des Stabilisierungs- und Restrukturierungsrahmens in Anspruch nahm.

(2) Hebt das Gericht nach einer Anzeige der Zahlungsunfähigkeit oder Überschuldung die Restrukturierungssache nicht nach § 33 Absatz 2 Satz 1 Nummer 1 auf, so gilt Absatz 1 auch für die Kenntnis der Zahlungsunfähigkeit oder Überschuldung.

(3) [1]Hat der Schuldner eine Zahlungsunfähigkeit oder Überschuldung nach § 32 Absatz 3 angezeigt, so gilt bis zur Aufhebung der Restrukturierungssache nach § 33 Absatz 2 Satz 1 Nummer 1 jede Zahlung im ordnungsgemäßen Geschäftsgang, insbesondere Zahlungen, die für die Fortführung der gewöhnlichen Geschäftstätigkeit und die Vorbereitung und Umsetzung des angezeigten Restrukturierungsvorhabens erforderlich sind, als mit der Sorgfalt eines ordentlichen Geschäftsleiters vereinbar. [2]Das gilt nicht für Zahlungen, die bis zu der absehbar zu erwartenden Entscheidung des Restrukturierungsgerichts zurückgehalten werden können, ohne dass damit Nachteile für eine Fortsetzung des Restrukturierungsvorhabens verbunden sind.

Übersicht

1 *Skauradszun*, KTS 2021, 1, 10.

A. Normzweck und Überblick

Nach den Vorgaben der Art. 17 und 18 der EU-Richtlinie müssen bestimmte Rechtshandlungen, die angemessen und unmittelbar notwendig für die Aushandlung oder Umsetzung eines Restrukturierungsplans sind, angemessen geschützt werden.[1] Gemäß der Gesetzesbegründung dürfen an die durch diese Maßnahmen bewirkte Benachteiligung der Gläubigergesamtheit keine nachteiligen Rechtsfolgen anknüpfen.[2] 1

Abs. 1 und 2 beziehen sich auf die Anfechtung nach §§ 129 f. InsO oder dem AnfG (genauer gesagt: nur auf die Vorsatzanfechtung) bzw. auf einen potenziell sittenwidrigen Beitrag zur Insolvenzverschleppung. Abs. 3 ist nur bei Kapitalgesellschaften einschlägig und betrifft eine mögliche Haftung des Geschäftsleiters nach § 15b Abs. 4 InsO. Die Abs. 2 und 3 betreffen den Sonderfall, dass das Restrukturierungsverfahren trotz angezeigter Insolvenzreife gem. § 33 Abs. 2 Satz 1 Nr. 1 Halbs. 2, 3 nicht vom Gericht aufgehoben wird. 2

Im Rahmen der Sanierungsmoderation, die keine Restrukturierungssache darstellt, ist § 89 nicht anwendbar, weil die §§ 94 f. nicht auf diese Vorschrift verweisen, sondern gem. § 97 Abs. 3 nur auf § 90. 3

Die Vorschrift des § 89 entspricht § 96 RegE. Im Gesetzgebungsverfahren erfolgte durch den Rechtsausschuss des Bundestages keine inhaltliche Änderung mehr.[3] 4

B. Schutz vor Anfechtung (Abs. 1)

In der Gesetzesbegründung heißt es, Abs. 1 soll der Gefahr vorbeugen, dass sich die Geschäftspartner des Schuldners allein durch die Rechtshängigkeit der Restrukturierungssache oder die Inanspruchnahme von Instrumenten des Stabilisierungs- und Restrukturierungsrahmens (im Folgenden auch: die Restrukturierungssache) wegen der Sorge um spätere Insolvenzanfechtungen abschrecken lassen, ihre Geschäftsbeziehung zum Schuldner fortzuführen oder sich am Restrukturierungsplan zu beteiligen.[4] Dabei geht der Gesetzgeber davon aus, dass das geltende Anfechtungsrecht diesen Anforderungen bereits genügt, weshalb es an sich keiner neuen Regelungen bedürfe und § 89 Abs. 1 lediglich klarstellende Wirkung habe.[5] 5

Die Vorschrift ist anders ausgestaltet als der Anfechtungsschutz nach § 90. Sie schließt die Anfechtung nicht umfassend aus und setzt nicht voraus, dass ein Restrukturierungsplan rechtskräftig bestätigt wurde. 6

I. Vorsatzanfechtung

Der Wortlaut spricht von »einer Rechtshandlung, die mit dem Vorsatz einer Benachteiligung der Gläubiger vorgenommen wurde«. Ein solcher Benachteiligungsvorsatz ist als Tatbestandsmerkmal ausschließlich in den Anfechtungsnormen des § 133 Abs. 1 Satz 1 InsO bzw. § 3 Abs. 1 Satz 1 AnfG enthalten. Deshalb zielt § 89 Abs. 1 auch nur auf diese sog. Vorsatzanfechtung ab.[6] Ebenfalls erfasst ist eine nach § 133 Abs. 1 Satz 1 InsO anfechtbare Aufrechnung, die gem. § 96 Abs. 1 Nr. 3 InsO unzulässig ist. 7

---

1 BT-Drucks. 19/24181, S. 181.
2 BT-Drucks. 19/24181, S. 181.
3 BT-Drucks. 19/25303, S. 13.
4 BT-Drucks. 19/24181, S. 181.
5 BT-Drucks. 19/24181, S. 181; so auch: *Gehrlein*, BB 2021, 66, 77; *Bork*, ZInsO 2020, 2177, 2178; kritisch *Proske/Streit*, NZI 2020, 969, 975.
6 Flöther-*Hoegen/Herding*, StaRUG, § 89 Rn. 23; *Hölzle/Curtze*, ZIP 2021, 1293, 1301; *Schoppmeyer*, ZIP 2021, 869, 872; *Bork*, ZInsO 2020, 2177, 2178, 2181; a.A.: Uhlenbruck-*Borries* § 89 StaRUG, Rn. 14, 16, 18 f.

8 Die Vorschrift schützt somit weder im Rahmen der sog. besonderen Insolvenzanfechtung im Dreimonatszeitraum vor Antragstellung (§§ 130–132 InsO), die kein Pendant im AnfG hat, noch der speziellen Anfechtungsvorschriften der §§ 133 Abs. 4, 134–137, 322 InsO bzw. §§ 3 Abs. 4, 4–6a AnfG.

9 Ein Schutz vor der Kongruenzanfechtung aus § 130 Abs. 1 InsO ist nicht notwendig, weil sie in diesem Stadium der Restrukturierung noch gar nicht relevant sein kann. Sie setzt die Zahlungsunfähigkeit oder einen Insolvenzantrag voraus, eine Restrukturierung kann aber nur bei drohender Zahlungsunfähigkeit angezeigt werden (§ 29 Abs. 1, § 14 Abs. 1) und die Sache ist vom Restrukturierungsgericht bei einem Insolvenzantrag des Schuldners zwingend (§ 33 Abs. 1 Nr. 1) und bei Zahlungsunfähigkeit in aller Regel (§ 33 Abs. 2 Satz 1 Nr. 1) aufzuheben. Zu den Besonderheiten, wenn die Restrukturierungssache bei Insolvenzreife nicht aufgehoben wird s. § 89 Rdn. 44 f.

II. Tatbestandsmerkmale

1. Rechtshängigkeit einer Restrukturierungssache

10 Voraussetzung ist, dass – gem. § 89 Abs. 1 Alt. 1 – eine Restrukturierungssache rechtshängig war (§ 31 Abs. 1, 3). Die 2. Alt., die Inanspruchnahme von Instrumenten des Stabilisierungs- und Restrukturierungsrahmens (§ 29), hat keine eigenständige Bedeutung, da die Inanspruchnahme an die Rechtshängigkeit der Restrukturierungssache anknüpft, § 31 Abs. 1, 3.[7]

11 Die Vorschrift verlangt – anders als § 90 – nicht, dass ein Restrukturierungsplan rechtskräftig bestätigt wurde.[8] Sie kommt somit auch dann zur Anwendung, wenn die angestrebte Sanierung direkt scheitert und die Sache nach § 33 aufgehoben wird, was gem. § 31 Abs. 4 Nr. 3 zur Beendigung der Rechtshängigkeit führt.

2. Rechtshandlung

12 Der Schutz bezieht sich auf eine »Rechtshandlung«. Darunter ist – wie im Anfechtungsrecht (§ 129 InsO, § 1 AnfG)[9] – jedes von einem Willen getragene Handeln zu verstehen, das rechtliche Wirkungen auslöst und das schuldnerische Vermögen zum Nachteil der Gläubiger verändern kann.[10] Der Wortlaut der Vorschrift ist etwas schief, da sie ausschließlich auf die Vorsatzanfechtung abzielt, diese aber enger gefasst ist und nur eine Rechtshandlung *des Schuldners* für anfechtbar erklärt. Bei Rechtshandlungen Dritter, d.h. ohne Zutun des Schuldners (wie z.B. im Rahmen einer Zwangsvollstreckung), ist § 89 Abs. 1 nicht einschlägig, weil kein Schutzbedürfnis im Hinblick auf die Vorsatzanfechtung besteht.[11]

13 Als **relevante Rechtshandlungen** sind im RegE unter Bezugnahme auf die EU-Richtlinie insbesondere neue Finanzierungen, Zwischenfinanzierungen und Transaktionen genannt, die angemessen und unmittelbar notwendig für die Aushandlung oder Umsetzung eines Restrukturierungsplans sind.[12]

▶ **Beispiele:**

14 Dazu gehören etwa: die Aufnahme, Besicherung oder Rückzahlung eines Darlehens; die Bestellung und Bezahlung von Waren, Versorgungs- oder Dienstleistungen; die Annahme und Ausführung von Aufträgen/Bestellungen; die Zahlung von Mieten, Leasingraten, Gehältern, Sozialversicherungsbeiträgen oder Steuern; die Beauftragung und Bezahlung von Beratern; der Verkauf von (nicht betriebsnotwendigem) Anlagevermögen oder z.B. ein Sicherheitentausch.

---

7 Zum möglichen Hintergrund der 2. Alt. im Gesetzeswortlaut: Uhlenbruck-*Borries* § 89 StaRUG, Rn. 29.
8 Uhlenbruck-*Borries* § 89 StaRUG, Rn. 6.
9 BGH, ZInsO 2014, 598 Rn. 9; HambKomm-InsR/*Rogge/Leptien* § 129 InsO Rn. 3; Uhlenbruck-*Borries/Hirte* § 129 InsO Rn. 86.
10 Uhlenbruck-*Borries* § 89 StaRUG, Rn. 10, 31.
11 Wolgast/Grauer-*Ludwig/Schumacher*, StaRUG, § 89 Rn. 11.
12 BT-Drucks. 19/24181, S. 181.

15 Die fragliche Rechtshandlung muss – was Voraussetzung jeder Anfechtung ist – objektiv gläubigerbenachteiligend i.S.v. § 129 Abs. 1 InsO bzw. § 1 Abs. 1 AnfG gewesen sein. Das ist anzunehmen, wenn nach wirtschaftlicher Betrachtungsweise durch die Rechtshandlung entweder die Aktiva des Schuldners verringert oder die Passiva vermehrt worden sind.[13]

16 Anders als z.T. angenommen[14] bezieht sich die Vorschrift nicht nur auf solche Rechtshandlungen bzw. Transaktionen, die – wie es allgemein in der Gesetzesbegründung heißt – angemessen und unmittelbar notwendig sind. Auf ein solches ungeschriebenes Tatbestandsmerkmal deutet nichts hin. Ausufernde Beraterhonorare oder vergleichbare, nicht ausgewogene Geschäfte sind im Rahmen der Gesamtabwägung nach § 133 Abs. 1 Satz 1 InsO (= § 3 Abs. 1 Satz 1 AnfG) zu gewichten. Werden sie als Bargeschäft vollzogen, das nur bei Kongruenz möglich ist,[15] kommt eine Vorsatzanfechtung nach der InsO allerdings nur dann in Betracht, wenn Unlauterkeit vorliegt, § 142 Abs. 1 InsO. Die fragliche Rechtshandlung muss nicht Teil der Restrukturierungssache gewesen sein.[16]

3. Zeitlicher Anwendungsbereich/Zwischenfinanzierungen

17 Aus dem Sinn und Zweck und dem Wortlaut der Vorschrift ergibt sich, dass nur solche Rechtshandlungen erfasst sind, die während der Rechtshängigkeit der Restrukturierungssache vorgenommen wurden[17] oder die – bei mehreren Rechtshandlungen (etwa der ratenweisen Rückzahlung von Darlehen) – ihren Ursprung in diesem Zeitraum haben. Die Rechtshängigkeit beginnt mit der Anzeige des Restrukturierungsvorhabens beim zuständigen Restrukturierungsgericht (§ 31 Abs. 1, 3). Sie endet, wenn sie gem. § 31 Abs. 4 ihre Wirkung verliert, d.h. nach Rücknahme der Anzeige (Nr. 1), rechtskräftiger Planbestätigung (Nr. 2), Aufhebung der Restrukturierungssache gem. § 33 (Nr. 3) oder Ablauf von 6 bzw. 12 Monaten (Nr. 4). Die zeitliche Abgrenzung erfolgt gem. § 140 InsO[18] bzw. § 8 AnfG, d.h. maßgeblich ist, wann die rechtlichen Wirkungen einer Rechtshandlung eintreten. Der Anfechtungsschutz gem. § 89 Abs. 1 gilt – anders als bei § 90 – nicht nur bis zu einer nachhaltigen Sanierung des Unternehmens. Vielmehr greift er jederzeit ein, d.h. auch dann, wenn die durch den potenziellen Anfechtungsgegner unterstützte konkrete Sanierung nicht gescheitert, sondern das Unternehmen erst im Anschluss an eine nachhaltige Erholung in eine neue Krise geraten ist.

18 § 90 ist die speziellere Vorschrift, sodass Regelungen eines rechtskräftig bestätigten Restrukturierungsplans und Rechtshandlungen, die im Vollzug eines solchen Plans erfolgen, nicht unter § 89 Abs. 1 fallen. Das gilt ebenso für die Vorbereitungsphase der Restrukturierung (d.h. vor deren Anzeige), in welcher – in aller Regel durch Berater – u.a. die vorzulegenden Dokumente erstellt werden.[19] In der Vorbereitungsphase erfolgte Zwischenfinanzierungen unterfallen somit ebenfalls nicht dem § 89 Abs. 1.[20]

19 Zwischenfinanzierungen, die während der Rechtshängigkeit der Restrukturierungssache gewährt werden, sind dagegen geschützt. Dieser Schutz umfasst auch die Darlehensraten, die erst nach Beendigung der Restrukturierung (§ 31 Abs. 4) zurückgezahlt werden, da sie ihren Ursprung in dem geschützten Zeitraum haben. Vorsatz und Kenntnis i.S.d. Vorsatzanfechtung müssen aber

13 Zu den Einzelheiten: HambKomm-InsR/*Rogge/Leptien* § 129 InsO Rn. 42 f.; Uhlenbruck-*Borries*/Hirte § 129 InsO Rn. 159 f.

14 Braun-*Tashiro*, StaRUG, § 89 Rn. 7, 9, 21; Bieg/Borchardt/Frind-*Bismarck/Schulz/Steiger*, Unternehmenssanierung, Teil 2 B IX. Rn. 32, 33.

15 BGH, NZI 2015, 183 Rn. 25; BGH, ZInsO 2010, 673 Rn. 29.

16 Uhlenbruck-*Borries* § 89 StaRUG Rn. 33.

17 Uhlenbruck-*Borries* § 89 StaRUG Rn. 48; Braun-*Tashiro*, StaRUG, § 89 Rn. 2, 4; Flöther-*Hoegen/Herding*, StaRUG, § 89 Rn. 37.

18 So auch: Uhlenbruck-*Borries* § 89 StaRUG Rn. 52.

19 Uhlenbruck-*Borries* § 89 StaRUG Rn. 50; *Schoppmeyer*, ZIP 2021, 869, 876.

20 Uhlenbruck-*Borries* § 89 StaRUG Rn. 50, 67; Flöther-*Hoegen/Herding*, StaRUG, § 89 Rn. 43; *Schoppmeyer*, ZIP 2021, 869, 876; *Bork*, ZInsO 2020, 2177, 2180.

jeweils im Zeitpunkt der Vornahme der Rechtshandlung vorliegen,[21] sodass die Rückzahlung jeder Kreditrate gesondert zu betrachten ist und neue Indizien hinzukommen können.

▶ **Praxistipp:**

20 Die Bedienung von Darlehensraten kann nicht als Bargeschäft i.S.v. § 142 InsO gestaltet werden.[22] Wenn ein Darlehen aber vollständig und unanfechtbar gesichert ist, scheidet eine Anfechtung der Rückzahlung bereits mangels Gläubigerbenachteiligung aus, da in diesem Fall nur ein insolvenzfestes Absonderungsrecht abgelöst wird.[23] Bei der Prüfung der Anfechtbarkeit einer Sicherheit ist nur der Bestellungszeitpunkt maßgeblich, § 140 Abs. 1 InsO (= § 8 Abs. 1 AnfG).
Neue Finanzierungen, die erst im Vollzug eines rechtskräftig bestätigten Restrukturierungsplans zur Auszahlung kommen, unterliegen dem Anfechtungsausschluss des § 90 (streitig – s. § 90 Rdn. 7 f.) und sind somit deutlich besser geschützt.

4. Kenntnis von der Restrukturierungssache

21 Der Anfechtungsschutz greift für den Fall ein, dass ein an der Rechtshandlung Beteiligter, d.h. der Schuldner oder ein potenzieller Anfechtungsgegner, Kenntnis von der rechtshängigen Restrukturierungssache bzw. der Inanspruchnahme von Instrumenten des Stabilisierungs- und Restrukturierungsrahmens hatte. Es ist irrelevant, auf welche Art und Weise die Kenntnis erlangt wurde, beim Schuldner ist sie ohnehin immer gegeben. Wird ein Restrukturierungsplan ohne gerichtliche Planabstimmung angenommen, erfolgt keine gerichtliche Bestätigung und werden auch im Übrigen keine Instrumente in Anspruch genommen, ist § 89 Abs. 1 nicht einschlägig.

III. Rechtsfolge

1. Ausschluss der Indizwirkung

22 Bei der Vorsatzanfechtung hat ein Gericht gem. § 286 ZPO die subjektiven Tatbestandsvoraussetzungen unter Würdigung aller maßgeblichen Umstände des Einzelfalls zu prüfen, wobei die vom BGH entwickelten Beweisanzeichen zu berücksichtigen sind.[24] § 89 Abs. 1 bestimmt, dass die Vorsatzanfechtung »nicht allein darauf gestützt werden« kann, dass ein Beteiligter Kenntnis von der Restrukturierungssache hatte. Sie wird somit nicht von vornherein ausgeschlossen, sodass es sich bei Abs. 1 auch nicht um eine Fiktion handelt.[25]

23 Vielmehr darf kraft gesetzlicher Anordnung das Indiz der Kenntnis von der Restrukturierungssache bei der Ermittlung des subjektiven Tatbestandes der Vorsatzanfechtung nicht berücksichtigt werden,[26] auch dann nicht, wenn zusätzliche Indizien vorliegen.[27] Das bezieht sich sowohl auf den Benachteiligungsvorsatz des Schuldners als auch auf die Kenntnis des anderen Teils hiervon (§ 133 Abs. 1 Satz 1 InsO, § 3 Abs. 1 Satz 1 AnfG). Alle anderen Indizien, die für einen Vorsatz oder eine Kenntnis sprechen können, sind – so wie die widerlegbare Vermutung aus § 133 Abs. 1 Satz 2 oder Abs. 3 Satz 1 InsO (= § 3 Abs. 1 Satz 2, Abs. 3 Satz 1 AnfG) – weiterhin zu prüfen und können

---

21 HambKomm-InsR/*Rogge/Leptien* § 133 InsO Rn. 18, 29; Uhlenbruck-*Borries/Hirte* § 133 InsO Rn. 47, 58.

22 BGH, NZI 2013, 816 Rn. 2; BGH, ZInsO 2006, 712 Rn. 33.

23 BGH, ZInsO 2016, 220 Rn. 3; BGH, NZI 2015, 320 Rn. 8; HambKomm-InsR/*Rogge/Leptien* § 129 InsO Rn. 46.

24 BGH, ZInsO 2024, 195 Rn. 40 f.; BGH, ZInsO 2021, 554 Rn. 16; BGH, ZInsO 2020, 2666 Rn. 27.

25 A.A. offenbar *Madaus*, NZI Beilage 1/2021, 35, 37. Er berücksichtigt bei seiner Argumentation nicht, dass die Vermutungsregelung des § 133 Abs. 1 Satz 2 InsO im Fall der Kongruenz erst bei eingetretener Zahlungsunfähigkeit eingreift (§ 133 Abs. 3 Satz 1 InsO), bei welcher keine Restrukturierung nach dem StaRUG eingeleitet werden kann.

26 Uhlenbruck-*Borries* § 89 StaRUG Rn. 56; *Bork*, ZInsO 2020, 2177, 2178.

27 *Schoppmeyer*, ZIP 2021, 869, 875.

eine Anfechtbarkeit begründen.[28] Das gilt auch für die Kenntnis von Umständen, die notwendigerweise erfüllt (z.B. drohende Zahlungsunfähigkeit oder der Restrukturierungsbedarf im Allgemeinen), in Abs. 1 aber nicht erwähnt sind (streitig).[29] Die Gegenansicht berücksichtigt nicht ausreichend, dass die widerlegbare Vermutung bei drohender Zahlungsunfähigkeit nur im Fall der – kaum schützenswerten – Inkongruenz greift (s. ausführlich § 89 Rdn. 27 f.).

Praxistipp:

Um möglichst wirksam geschützt zu sein, sollten die Rechtshandlungen während der Restrukturierung – soweit umsetzbar – als Bargeschäft i.S.v. § 142 InsO gestaltet werden, d.h. als unmittelbarer Austausch von Leistung und Gegenleistung. Dann kommt eine Anfechtung nach der InsO ausschließlich gem. § 133 Abs. 1 Satz 1 InsO und nur in Betracht, wenn der andere Teil erkannt hat, dass der Schuldner unlauter handelte, § 142 Abs. 1 InsO. 24
Im AnfG ist ein Bargeschäftsprivileg nicht vorgesehen. Ein Bargeschäft kann dort aber als entlastendes Indiz gewertet werden. Allerdings setzt die Anfechtung gem. § 3 AnfG dann keine Unlauterkeit voraus.

Ein weiterer Schutz kann über gegenläufige Indizien hergestellt werden. Dabei ist insbesondere an die Rechtsprechung des BGH im Rahmen von § 133 Abs. 1, 3 InsO zum ernsthaften, aber letztlich fehlgeschlagenen Sanierungsversuch zu denken,[30] bei welchem ein anfechtungsrechtlich unbedenkliches Handeln angenommen werden kann.[31] Im Rahmen der Haftungsprivilegierung des § 89 Abs. 1 muss ebenfalls der Anfechtungsgegner beweisen, dass es sich um ein schlüssiges Restrukturierungsvorhaben handelte.[32] 25

Praxistipp:

Der vom Schuldner vorgelegte Restrukturierungsplan (§§ 5 f.), der Entwurf bzw. das Konzept für die Restrukturierung (§ 31 Abs. 2 Nr. 1) oder die Restrukturierungsplanung (§ 50 Abs. 2) sollten daher jeweils die Voraussetzungen dieser Rechtsprechung[33] erfüllen. Das Sanierungskonzept, das nicht zwingend dem IDW S 6 zu entsprechen hat[34], muss danach in den Anfängen schon in die Tat umgesetzt sein. Erforderlich ist u.a. eine Analyse der Verluste und der Möglichkeit deren künftiger Vermeidung, eine Beurteilung der Erfolgsaussichten und der Rentabilität des Unternehmens in der Zukunft sowie Maßnahmen zur Vermeidung oder Beseitigung der drohenden Insolvenzreife. 26

2. Inkongruente Leistungen

Eine Sicherung oder Befriedigung ist inkongruent, wenn der potenzielle Anfechtungsgegner sie »nicht oder nicht in der Art oder nicht zu der Zeit zu beanspruchen hatte« (§ 131 Abs. 1 InsO). Solche inkongruenten Leistungen sind stets erleichtert anfechtbar, weil sie besonders verdächtig sind.[35] 27

28 Uhlenbruck-*Borries* § 89 StaRUG Rn. 56, 58; Wolgast/Grauer-*Ludwig/Schumacher*, StaRUG, § 89 Rn. 19, 20; BeckOK-StaRUG/*Fridgen* § 89 Rn. 20; *Bork*, ZInsO 2020, 2177, 2178.

29 *Hölzle/Curtze*, ZIP 2021, 1293, 1301; *Thole*, ZIP 2020, 1985, 1998; a.A.: Uhlenbruck-*Borries* § 89 StaRUG Rn. 69, 70; Flöther-*Hoegen/Herding*, StaRUG, § 89 Rn. 28; *Schoppmeyer*, ZIP 2021, 869, 875.

30 Wilkens, WM 2021, 573, 583.

31 Siehe etwa: BGH, ZInsO 2024, 190 Rn. 16 f.; BGH, ZInsO 2022, 1734 Rn 32 f.; BGH, ZInsO 2020, 1471 Rn. 53; ausführlich dazu: Uhlenbruck-*Borries/Hirte* § 133 InsO Rn. 128 f.

32 Theiselmann/*Herding*, Praxishandbuch Restrukturierungsrecht, Kap. 10 Rn. 149; a.A.: Uhlenbruck-*Borries* § 89 StaRUG Rn. 62, 63.

33 Ausführlich dazu: BGH, ZInsO 2018, 2017, Rn. 9 f.; BGH, ZInsO 2016, 1251 Rn. 14 f.

34 BeckOK-StaRUG/*Fridgen* § 89 Rn. 29.

35 BGH, ZInsO 2010, 1090 Rn. 5; BGH, NZI 2002, 485.

Beispiele für inkongruente Leistungen:

28 Die nachträgliche Besicherung einer bereits bestehenden Forderung, das AGB-Pfandrecht der Banken, Zahlungen vor Fälligkeit, Zahlungen zur Abwendung einer angedrohten Zwangsvollstreckung (im Dreimonatszeitraum) oder Zahlungen durch Dritte (nach Anweisung »auf Schuld«).

29 Deshalb greift der Vermutungstatbestand des § 133 Abs. 1 Satz 2 InsO (= § 3 Abs. 1 Satz 2 AnfG) im Fall der Inkongruenz bereits bei drohender Zahlungsunfähigkeit und nur bei Kongruenz erst, wenn Zahlungsunfähigkeit eingetreten ist (§ 133 Abs. 3 Satz 1 InsO = § 3 Abs. 3 Satz 1 AnfG). In der Praxis der (außer-)gerichtlichen Durchsetzung von Anfechtungsansprüchen spielt dieser Vermutungstatbestand eine große Rolle. Eine Inkongruenz stellt zudem – bei gleichzeitig beengten finanziellen Verhältnissen – ein wichtiges Indiz für den Benachteiligungsvorsatz des Schuldners und die Kenntnis des Anfechtungsgegners hiervon dar.[36]

30 Die Wertung anderer Indizien und auch die widerlegbare gesetzliche Vermutung aus § 133 Abs. 1 Satz 2 InsO (= § 3 Abs. 1 Satz 2 AnfG) werden durch § 89 Abs. 1 nicht ausgeschlossen. Da eine Restrukturierung nach dem StaRUG drohende Zahlungsunfähigkeit voraussetzt (§ 29 Abs. 1, § 14 Abs. 1) sind im Rahmen einer möglichen Folgeinsolvenz etwaige während der Restrukturierung vorgenommenen inkongruenten Leistungen erleichtert nach § 133 Abs. 1 Satz 1 InsO (oder ggf. § 3 Abs. 1 Satz 1 AnfG) anfechtbar. Ein Anfechtungsschutz aus § 89 Abs. 1 besteht in diesem Fall in der Regel nicht. Das ist interessengerecht, weil inkongruente Leistungen nicht oder jdf. kaum schutzbedürftig sind. Im Gegenteil dürfte – wenn der Schuldner an ihnen beteiligt ist – in aller Regel eine Verletzung der Interessen der Gläubigergesamtheit gem. §§ 32 Abs. 1 Satz 1, 43 Abs. 1 Satz 1 vorliegen. Deshalb normiert z.B. § 32 Abs. 1 Satz 3, dass die Besicherung von Restrukturierungsforderungen in der Regel nicht mit dem Restrukturierungsziel vereinbar ist.

3. Kongruente Leistungen

31 *Schoppmeyer* hält § 89 Abs. 1 für nicht wirksam genug, weil die Voraussetzungen der Vorsatzanfechtung bereits mit Eintritt in das Restrukturierungsverfahren erfüllt sein könnten, da der Schuldner dann stets drohend zahlungsunfähig ist.[37] Bei kongruenten Deckungen bestehe – unabhängig von der Vermutung des § 133 Abs. 3 Satz 1 InsO – die Gefahr, dass jedenfalls für den Vollbeweis drohende Zahlungsunfähigkeit als Indiz für die Kenntnis des Gläubigers ausreichen könne.

32 Diese Sorge ist nicht berechtigt. Mit der Anfechtungsreform aus dem Jahr 2017 hat der Gesetzgeber die Vorsatzanfechtung eingeschränkt und kongruente Deckungen besser geschützt.[38] Der Vermutungstatbestand wurde bei Kongruenz enger gefasst und greift nach neuem Recht erst bei eingetretener Zahlungsunfähigkeit. Damit sind kongruente Leistungen bei nur drohender Zahlungsunfähigkeit generell allenfalls in besonderen Ausnahmefällen nach §§ 133 Abs. 1 Satz 1 InsO, 3 Abs. 1 Satz 1 AnfG anfechtbar, was durch die Gesetzesbegründung zur Anfechtungsreform bestätigt wird.[39] Auch die Anforderungen an einen Vollbeweis müssen diese Wertungen berücksichtigen. In solchen Ausnahmefällen besteht zugleich kein Bedürfnis für einen Schutz nach § 89 Abs. 1. Jedenfalls auf der Basis der geänderten Rechtsprechung zur Vorsatzanfechtung[40] besteht kein Anlass mehr für die geäußerten Bedenken. Dieser vermeintliche Anlass ist zudem durch die Neuausrichtung der

36 BGH, ZInsO 2022, 1734 Rn. 40, 58; BGH, ZInsO 2020, 2274 Rn. 18.

37 *Schoppmeyer*, ZIP 2021, 869, 872; ähnlich: BeckOK-StaRUG/*Fridgen* § 89 Rn. 10; Flöther-*Hoegen/Herding*, StaRUG, § 89 Rn. 27, 28.

38 BT-Drucks. 18/7054, S. 13, 18.

39 BT-Drucks. 18/7054, S. 18: »In diesem Fall rechtfertigt die Kenntnis der nur drohenden Zahlungsunfähigkeit daher den Schluss auf den Benachteiligungsvorsatz des Schuldners nicht.«.

40 BGH, ZInsO 2021, 1627 Rn. 39, 40.

BGH-Rechtsprechung,[41] die letztlich zu einer Verschärfung der Anforderungen an die Vorsatzanfechtung geführt hat, weggefallen.[42]

IV. Revolvierende Sicherheiten

Einen (vermeintlichen) Sonderfall stellen revolvierende Sicherheiten dar, die sich ständig verändern 33 und rollierend an neuen Sicherungsgegenständen entstehen, z.B. bei der Globalzession von bestehenden und zukünftigen Forderungen aus Lieferung & Leistung oder der Sicherungsübereignung eines Warenlagers mit wechselndem Bestand. In einem Insolvenzverfahren handelt es sich dabei um Absonderungsrechte (§ 51 Nr. 1 InsO), das StaRUG spricht von Absonderungsanwartschaften (§§ 2 Abs. 1 Nr. 2, 9 Abs. 1 Nr. 1). Mit dem Einzug einer abgetretenen offenen Forderung auf das Geschäftskonto des Schuldners erlischt diese und zugleich auch das Sicherungsrecht des Kreditgebers aus der Abtretung. Solange der Geschäftsbetrieb weiterläuft werden die eingezogenen Forderungen ständig durch neue ersetzt, die ebenfalls von der Abtretung erfasst sind.

Im Fall einer Verwertungssperre nach § 49 Abs. 1 Nr. 2 schützt das StaRUG die Inhaber revolvie- 34 render Sicherheiten über die §§ 54 Abs. 2, 57 Satz 3. Wegen dieser gesetzlich normierten Separierungspflicht wird diskutiert, ob Restrukturierungen nach dem StaRUG einen »unechten« Restrukturierungskredit benötigen[43] (s. ausführlich § 54 Rdn. 20 f.), ähnlich dem unechten Massekredit im Insolvenzeröffnungsverfahren.[44] Im Kapitel zum Anfechtungs- und Haftungsrecht (§§ 89–91) sind keine besonderen Regelungen für revolvierende Sicherheiten enthalten, was zum Teil auf Kritik stößt.[45]

Ein besonderer Schutz erscheint jedoch kaum notwendig. Die Gefahr einer späteren Anfechtung 35 im Dreimonatszeitraum scheidet grds. aus,[46] weil § 130 Abs. 1 InsO die Zahlungsunfähigkeit voraussetzt, eine Restrukturierung aber nur bei drohender Zahlungsunfähigkeit eingeleitet und durchgeführt werden kann, § 29 Abs. 1, § 14 Abs. 1 (zur Ausnahme s. nachfolgend). Revolvierende Sicherungsrechte entstehen deshalb weiterhin anfechtungsfest, sodass ein Restrukturierungsverfahren nicht mit einem Insolvenzeröffnungsverfahren (in vorläufiger Insolvenz- oder Eigenverwaltung) vergleichbar ist.[47] § 133 Abs. 1 Satz 1 InsO (oder § 3 Abs. 1 Satz 1 AnfG) spielt bei revolvierenden Sicherheiten in der Praxis keine Rolle.[48] Zudem ist die Vorsatzanfechtung bei einer kongruenten Leistung und nur drohender Zahlungsunfähigkeit in aller Regel ausgeschlossen, weil der Vermutungstatbestand dann noch nicht greift (s. § 89 Rdn. 32).

Anders ist dies, wenn im Verfahren Zahlungsunfähigkeit eintritt. Hebt das Gericht nach deren 36 Anzeige die Restrukturierungssache ausnahmsweise nicht auf, ist der potenzielle Anfechtungsgegner über Abs. 2 geschützt. Kommt es zur Aufhebung der Sache kann – während des Restrukturierungsverfahrens – lediglich in dem sehr kurzen Zeitraum ab der Anzeige noch ein Anfechtungsrisiko drohen, wenn der Anfechtungsgegner nachweisbar Kenntnis von der Zahlungsunfähigkeit hat[49] (s. dazu Rdn. 46). Diese Gefahr besteht im unmittelbaren Vorfeld möglicher Insolvenzen aber immer. Allein im Hinblick auf § 89 Abs. 3 Satz 2 sollten bis zu einer Entscheidung des Gerichts die Zahlungen soweit möglich zurückgehalten werden.

---

41 BGH, ZInsO 2021, 1627 Rn. 30 f.; bestätigt u.a. durch BGH, ZInsO 2024, 195 Rn. 42 m.w.N.

42 Uhlenbruck-*Borries* § 89 StaRUG Rn. 71.

43 *Trowski*, NZI 2021, 297; *Wilkens*, WM 2021, 573, 583; *Knauth*, NZI 2021, 158.

44 Zum unechten Massekredit m.w.N.: Bieg/Borchardt/Frind-*Henkel*, Unternehmenssanierung, Teil 3 B IV. Rn. 58, 59.

45 Bieg/Borchardt/Frind-*Bismarck/Schulz/Steiger*, Unternehmenssanierung, Teil 2 B IX. Rn. 27; *Trowski*, NZI 2021, 297, 300; *Knauth*, NZI 2021, 158, 162.

46 *Gehrlein*, BB 2021, 66, 77; *Trowski*, NZI 2021, 297, 299.

47 *Trowski*, NZI 2021, 297, 298; einschränkend (»nicht vollends deckungsgleich«): *Knauth*, NZI 2021, 158, 162.

48 *Knauth*, NZI 2021, 158, 160.

49 *Knauth*, NZI 2021, 158, 159.

37 Später entstehende Rechte aus revolvierenden Sicherheiten (§ 140 Abs. 1 InsO)[50] sind im Vergleich zu Sicherheiten, die unmittelbar Zug um Zug gegen Darlehensauszahlung entstehen, grds. nicht schlechtergestellt. Denn die gesamte Zeit der Rechtshängigkeit der Restrukturierungssache wird in die Berechnung der Anfechtungsfristen nicht einberechnet, § 91. Allerdings können revolvierende Sicherheiten hinsichtlich zukünftig entstehender Vermögensgegenstände nicht als privilegiertes Bargeschäft i.S.v. § 142 InsO gestaltet werden.[51]

C. Begrenzung der Sittenwidrigkeit bei Finanzierungen oder Sicherheiten (Abs. 1)

38 § 89 Abs. 1 schützt die Beteiligten zudem vor der »Annahme eines sittenwidrigen Beitrags zur Insolvenzverschleppung«. Damit ist gemäß der Gesetzesbegründung eine mögliche Haftung (§§ 138, 826 BGB) auf Grundlage der Rechtsprechung des BGH zur Sittenwidrigkeit der Gewährung oder Besicherung von Krediten gemeint.[52]

I. Rechtsprechung des BGH

39 Die Voraussetzungen dieser Rechtsprechung[53] sind deutlich strenger als die der (Vorsatz-)anfechtung,[54] weshalb sie in der Praxis nur eine untergeordnete Rolle spielt.

40 Sittenwidrigkeit liegt z.B. vor, wenn ein Kreditgeber eigennützig und mindestens leichtfertig die unvermeidliche Insolvenz eines Unternehmens nur hinausschiebt, indem er Kredite gewährt, die nicht zur Sanierung ausreichen, sondern nur dazu, den Zusammenbruch zu verzögern, sodass andere Gläubiger über die Kreditfähigkeit des Unternehmens getäuscht und geschädigt werden.[55] Eine Besicherung kann sittenwidrig sein, wenn der Schuldner fast sein gesamtes freies Vermögen zur Sicherung auf einen Gläubiger überträgt und dies unter Umständen abgeschlossen wird, die dazu geeignet und bestimmt sind, andere Gläubiger über die Kreditwürdigkeit zu täuschen und dadurch zur Vergabe weiterer Kredite zu verleiten.[56] Soweit ersichtlich hat der BGH bislang offengelassen, ob in diesen Fällen immer Insolvenzreife (§§ 17, 19 InsO) vorliegen muss oder ob auch drohende Zahlungsunfähigkeit (§ 18 InsO) bzw. Sanierungsbedürftigkeit ausreichen.[57] Ein »Überbrückungskredit« kann dabei einem besonderen Schutz unterliegen.[58]

41 Die Frage der Nichtigkeit eines Darlehens oder einer Sicherung kann immer nur aufgrund einer umfassenden Gesamtwürdigung des einzelnen Vertrages unter Berücksichtigung aller den Vertrag kennzeichnenden Umstände beurteilt werden.[59]

II. Rechtsfolge

42 Ein während des Restrukturierungsverfahrens (s. § 89 Rdn. 17) neu gewährter oder verlängerter Kredit inkl. Besicherung wird – als neue Finanzierung (§ 12) – in der Regel nie die Voraussetzungen der Sittenwidrigkeit erfüllen.[60] Das geltende Recht sieht keine Regelungen vor, wonach Kreditgeber

---

50 BGH, ZInsO 2020, 1471 Rn. 41; BGH, NZI 2015, 765 Rn. 15.

51 Die Abtretung künftiger Forderungen oder die Vereinbarung anderer revolvierender Sicherheiten stellt in aller Regel kein Bargeschäft dar: BGH, ZInsO 2008, 91 Rn. 40.

52 BT-Drucks. 19/24181, S. 182.

53 Ausführlich dazu: MK-InsO/*Ganter*, vor §§ 49–52 InsO Rn. 89, 90; *Huber*, NZI 2017, 507; *Huber*, NZI 2015, 447.

54 BGH, ZInsO 2016, 1201 Rn. 43; BGH, NJW 1998, 2592, 2594.

55 BGH, ZInsO 2016, 1201 Rn. 40.

56 BGH, ZInsO 2016, 1201 Rn. 41; BGH, NJW 1995, 1668.

57 BGH, ZInsO 2016, 1201 Rn. 52.

58 BGH, NZI 2017, 507 m.Anm. *Huber*.

59 BGH, ZInsO 2016, 1201 Rn. 42.

60 Uhlenbruck-*Borries* § 89 StaRUG Rn. 68.

allein deshalb einer Haftung unterliegen, weil die von ihnen gewährte Finanzierung oder deren Besicherung die Gläubigergesamtheit benachteiligt.[61]

Kommt eine Sittenwidrigkeit in Betracht, ist die Rechtsfolge des Abs. 1 identisch mit derjenigen bei der Vorsatzanfechtung (s. Rdn. 22 f.). Im Rahmen der auch bei §§ 138, 826 BGB vorzunehmenden Gesamtabwägung aller Indizien darf die Kenntnis eines Beteiligten von der Restrukturierungssache nicht berücksichtigt werden. Alle anderen Beweisanzeichen sind aber weiterhin zu prüfen.[62] 43

D. Erweiterter Schutz nach Anzeige der Insolvenzreife (Abs. 2)

Der Schuldner ist verpflichtet, dem Restrukturierungsgericht unverzüglich den Eintritt der Zahlungsunfähigkeit oder – soweit maßgeblicher Eröffnungsgrund – auch der Überschuldung anzuzeigen, § 32 Abs. 3. Das Gericht wird die Restrukturierungssache dann in der Regel nach § 33 Abs. 2 Satz 1 Nr. 1 aufheben, es sei denn, die Voraussetzungen von dessen 2. und 3. Halbs. liegen vor. Für den Fall, dass ausnahmsweise keine Aufhebung erfolgt, erweitert Abs. 2 den Schutz aus § 89 Abs. 1 auf die Kenntnis eines Beteiligten von der Zahlungsunfähigkeit oder der Überschuldung. 44

I. Normzweck

Gemäß der Gesetzesbegründung erscheint es widersprüchlich, Geschäftspartner des Schuldners allein deshalb einem erhöhten Haftungs- oder Anfechtungsrisiko auszusetzen, weil sie Kenntnis von der Insolvenzreife hatten, obwohl das Restrukturierungsgericht zu dem Ergebnis gekommen ist, dass eine Beendigung der Restrukturierungssache gerade nicht im Interesse der Gläubigergesamtheit lag.[63] 45

II. Anzeige des Schuldners

Für den Anfechtungsschutz ist es nicht notwendig, dass die Anzeige des Schuldners »unverzüglich« i.S.v. § 32 Abs. 3 Satz 1 erfolgt ist. Wenn er die Insolvenzreife aber gar nicht anzeigt und das Gericht nur anderweitig davon erfährt (§ 33 Abs. 2 Satz 1 Nr. 1 Halbs. 1 Alt. 2) ist § 89 Abs. 2 nicht anzuwenden.[64] Zudem ist die Vorschrift nicht einschlägig, wenn das Gericht im Anschluss an die Anzeige des Schuldners die Sache nach § 33 Abs. 2 Satz 1 Nr. 1 Halbs. 1 aufhebt. In der Übergangszeit bis zur Entscheidung des Gerichts, die in der Regel sehr kurz sein wird, besteht dann – anders als nach Abs. 3 für die Haftung des Geschäftsleiters – kein besonderer Schutz. 46

▶ **Praxistipp:**

Im Idealfall sollten nach der Anzeige gem. § 32 Abs. 3 zunächst grds. keine Zahlungen mehr vorgenommen werden. In Abs. 3 ist dies im Hinblick auf die Geschäftsleiterhaftung ausdrücklich geregelt (»Zahlungen, die bis zu der absehbar zu erwartenden Entscheidung des Restrukturierunggerichts zurückgehalten werden können«). Lieferanten/Auftragnehmer des Schuldners sollten ihre Leistungen insbes. in dieser Zeit nur als Bargeschäft (§ 142 InsO) erbringen oder diese ggf. zurückhalten.[65] 47

III. Rechtsfolge

Im Rahmen der Vorsatzanfechtung wird die Kenntnis des anderen Teils vom Gläubigerbenachteiligungsvorsatz (widerlegbar) gesetzlich vermutet, wenn dieser wusste, dass der Schuldner zahlungsunfähig 48

61 BT-Drucks. 19/24181, S. 181.

62 Braun-*Tashiro*, StaRUG, § 89 Rn. 16.

63 BT-Drucks. 19/24181, S. 182.

64 BeckOK-StaRUG/*Fridgen* § 89 Rn. 19, 23; *Schoppmeyer*, ZIP 2021, 869, 876; a.A.: Wolgast/Grauer-*Ludwig/Schumacher*, StaRUG, § 89 Rn. 24.

65 Uhlenbruck-*Borries* § 89 StaRUG Rn. 80.

ist und die Handlung die Gläubiger benachteiligte, § 133 Abs. 1 Satz 2, Abs. 3 Satz 1 InsO (= § 3 Abs. 1 Satz 2, Abs. 3 Satz 1 AnfG). Nach der Rechtsprechung des BGH stellt die Kenntnis des Schuldners von der eigenen Zahlungsunfähigkeit zugleich ein starkes Indiz für seinen Benachteiligungsvorsatz dar, weil er weiß, dass sein Vermögen dann nicht ausreicht, um sämtliche Gläubiger zu befriedigen.[66] Auf der Basis der seit 2021 verschärften BGH-Rechtsprechung ist nunmehr zusätzlich erforderlich, dass der Schuldner wusste oder jedenfalls billigend in Kauf nahm, seine übrigen Gläubiger auch künftig nicht mehr vollständig befriedigen zu können.[67]

49 § 89 Abs. 2 sieht vor, dass ein Gericht bei der Prüfung der subjektiven Tatbestandsvoraussetzungen der Vorsatzanfechtung diese Kenntnis des Schuldners und des potenziellen Anfechtungsgegners von der Zahlungsunfähigkeit nicht berücksichtigen darf. Da dieses Indiz in der Praxis der Durchsetzung solcher Ansprüche eine entscheidende Rolle spielt, ist die Vorsatzanfechtung – bei kongruenten Deckungen – damit nahezu ausgeschlossen. Bei den weniger schützenswerten inkongruenten Deckungen ist das anders[68], weil dort etwa die Inkongruenz selbst als Indiz gewertet werden kann[69] und weil der nur bei Inkongruenz anwendbare Vermutungstatbestand des § 133 Abs. 1 Satz 2 InsO (= § 3 Abs. 1 Satz 2 AnfG), der bereits bei drohender Zahlungsunfähigkeit greift, durch § 89 Abs. 2 nicht ausgeschlossen ist (s. § 89 Rdn. 27 f.).

50 Die Regelung des § 89 Abs. 2 ergänzt lediglich Abs. 1, sodass sie sich ebenfalls nur auf die Vorsatzanfechtung erstreckt, nicht aber auf § 130 Abs. 1 InsO (streitig).[70] Das bedeutet, in dem Sonderfall des § 89 Abs. 2 besteht eine recht hohe Gefahr einer späteren Anfechtung nach § 130 Abs. 1 InsO, wenn die Restrukturierung – trotz der positiven Einschätzung des Gerichts – innerhalb des Dreimonatszeitraums scheitert. Das gilt auch für revolvierende Sicherheiten (s. § 89 Rdn. 33 f.).

51 Das Gleiche gilt für eine mögliche Haftung aus §§ 138, 826 BGB wegen eines/r sittenwidrigen Kredits bzw. Besicherung. Anders als bei der Anfechtung spielt hier auch die Überschuldung eine Rolle.

E. Privilegierte Zahlungen nach Anzeige der Insolvenzreife (Abs. 3)

52 Seit Inkrafttreten des SanInsFoG ist die Haftung für Geschäftsleiter wegen Insolvenzverschleppung (aus § 64 Satz 1 GmbHG a.F. etc.) einheitlich und rechtsformneutral in § 15b Abs. 4 InsO normiert. Der Gesetzgeber hat dabei das Zahlungsverbot aus § 15b Abs. 1 InsO und die darauf aufbauende Haftung entschärft (§ 15b Abs. 2 Satz 1 InsO). Danach gelten Zahlungen, die im ordnungsgemäßen Geschäftsgang erfolgen und insbesondere der Aufrechterhaltung des Geschäftsbetriebes dienen, als sorgfaltsgemäß. Voraussetzung ist, dass der für einen rechtzeitigen Insolvenzantrag maßgebliche Zeitraum noch nicht verstrichen ist (§ 15b Abs. 3 InsO) und die Geschäftsleiter Maßnahmen zur nachhaltigen Beseitigung der Insolvenzreife oder zur Vorbereitung eines Insolvenzantrages betreiben (§ 15b Abs. 2 Satz 2 InsO).

I. Umfang der Privilegierung

53 Das StaRUG enthält mit § 89 Abs. 3 hierzu eine Spezialregelung für den Fall, dass der Schuldner den Eintritt einer Zahlungsunfähigkeit oder ggf. Überschuldung dem Gericht nach § 32 Abs. 3 angezeigt hat (die gesetzliche Antragspflicht ist dabei gem. § 42 Abs. 1 Satz 1 suspendiert). Nicht

---

66 BGH, ZInsO 2020, 893 Rn. 10; BGH, ZInsO 2018, 511 Rn. 10; Uhlenbruck-*Borries/Hirte* § 133 InsO Rn. 83.

67 BGH, ZInsO 2021, 1627 Rn. 30 f.; bestätigt u.a. durch BGH, ZInsO 2024, 195 Rn. 42 m.w.N.

68 Wolgast/Grauer-*Ludwig/Schumacher*, StaRUG, § 89 Rn. 27.

69 S. dazu: HambKomm-InsR/*Rogge/Leptien* § 133 InsO Rn. 54; Uhlenbruck-*Borries/Hirte* § 133 InsO Rn. 99 f.

70 BeckOK-StaRUG/*Fridgen* § 89 Rn. 30b; *Hölzle/Curtze*, ZIP 2021, 1293, 1301; a.A.: *Schoppmeyer*, ZIP 2021, 869, 876; zweifelnd auch: Flöther-*Hoegen/Herding*, StaRUG, § 89 Rn. 53.

notwendig ist, dass die Anzeige »unverzüglich« i.S.v. § 32 Abs. 3 Satz 1 erfolgt ist (streitig)[71], zumal der Wortlaut des § 89 Abs. 3 Satz 1 nur auf die Anzeige abstellt und der exakte (taggenaue) Zeitpunkt des Eintritts einer Insolvenzreife in der Praxis kaum feststellbar sein dürfte. Zudem kann sich der Schutz nur auf Zahlungen beziehen, die nach der Anzeige erfolgen.[72] Damit hat der Geschäftsleiter die notwendige Transparenz hergestellt und es gibt keine materielle Rechtfertigung, ihn so zu stellen wie im Fall einer unterlassenen Anzeige. Wenn das Gericht zu dem Ergebnis kommt, dass eine Fortsetzung der Sanierung anstelle eines Insolvenzverfahrens im Interesse der Gläubigergesamtheit liegt (§ 33 Abs. 2 Satz 1 Nr. 1) erscheint es – so die Gesetzesbegründung – nicht sachgerecht, die Geschäftsleiter zur Umstellung auf eine Notgeschäftsführung zu zwingen, weil diese die Sanierung gefährden könnte.[73] Nach der Anzeige gilt deshalb jede Zahlung im ordnungsgemäßen Geschäftsgang, insbesondere die (1.) für die Fortführung der gewöhnlichen Geschäftstätigkeit und (2.) für die Vorbereitung und Umsetzung des angezeigten Restrukturierungsvorhabens erforderlich ist, als mit der Sorgfalt eines ordentlichen Geschäftsleiters vereinbar, § 89 Abs. 3 Satz 1. Hierbei handelt es sich um eine nicht widerlegbare Fiktion.[74]

Hinsichtlich der 1. Alt. kann auf die Kommentierung zu § 15b Abs. 2 Satz 1 InsO verwiesen werden, trotz etwas anderslautender Formulierung ist das Gleiche gemeint (streitig).[75] Die Erforderlichkeit von Zahlungen gem. der 2. Alt. ergibt sich – je nach Verfahrensstand – aus dem Entwurf bzw. dem Konzept für die Restrukturierung (§ 31 Abs. 2 Nr. 1), der Restrukturierungsplanung (§ 50 Abs. 2) oder dem Restrukturierungsplan (§§ 5 f.).[76] Gemeint sind Zahlungen, die nicht unbedingt für die Fortführung, wohl aber für die angestrebte Restrukturierung notwendig sind, wie u.a. für Beraterhonorare oder Personalmaßnahmen. Zahlungen auf Verbindlichkeiten, für die der Vertragspartner bereits vollständig in Vorleistung gegangen ist, unterfallen ebenfalls der Haftungserleichterung (streitig).[77] Diese erfolgen grds. im ordnungsgemäßen Geschäftsgang, wenn die Restrukturierung weitergeführt und die Sache nach der Anzeige nicht aufgehoben wird. Bis zu der Entscheidung des Gerichts müssen solche Zahlungen aber nach § 89 Abs. 3 Satz 2 zurückgehalten werden, weil im Fall einer Aufhebung unverzüglich Insolvenzantrag zu stellen ist. Anders ist dies nur dann zu beurteilen, wenn es sich um eine Forderung handelt, die dem Restrukturierungsplan unterworfen werden soll[78] (siehe auch die Wertung aus § 32 Abs. 1 Satz 3). Für Steuerforderungen ist § 15b Abs. 8 InsO anzuwenden.[79] 54

Die Fiktion aus § 89 Abs. 3 Satz 1 ist für alle Zahlungen bis zu einer (möglichen) Aufhebung der Restrukturierungssache anwendbar. Wenn keine Aufhebung erfolgt, gilt sie weiter bis die Anzeige des Restrukturierungsvorhabens nach § 31 Abs. 4 Nr. 1, 2 oder 4 ihre Wirkung verliert. 55

Ein nicht rechtzeitig gestellter Insolvenzantrag kann auch zu einer Haftung der Geschäftsleiter gegenüber den Altgläubigern auf Ersatz des Quotenschadens gem. § 823 Abs. 2 BGB i.V.m. § 15a Abs. 1 InsO führen.[80] Im Rahmen dieser Haftung, die in der Praxis keine große Rolle spielt, sieht das Gesetz keine Privilegierung vor. 56

71 A.A.: BeckOK-*StaRUG/Fridgen* § 89 Rn. 42; Wolgast/Grauer-*Ludwig/Schumacher*, StaRUG, § 89 Rn. 33; Flöther-*Hoegen/Herding*, StaRUG, § 89 Rn. 64, 66.

72 Wolgast/Grauer-*Ludwig/Schumacher*, StaRUG, § 89 Rn. 37.

73 BT-Drucks. 19/24181, S. 182.

74 Uhlenbruck-*Borries* § 89 StaRUG Rn. 145.

75 Uhlenbruck-*Borries* § 89 StaRUG Rn. 90, 120; Flöther-*Hoegen/Herding*, StaRUG, § 89 Rn. 69, 71; a.A.: *Hölzle/Curtze*, ZIP 2021, 1293, 1299.

76 Uhlenbruck-*Borries* § 89 StaRUG Rn. 128.

77 Uhlenbruck-*Borries* § 89 StaRUG Rn. 110, 126; a.A.: BeckOK-StaRUG/*Fridgen* § 89 Rn. 38.

78 Uhlenbruck-*Borries* § 89 StaRUG Rn. 126.

79 Uhlenbruck-*Borries* § 89 StaRUG Rn. 99; siehe ferner: BeckOK-StaRUG/*Fridgen* § 89 Rn. 37.

80 S. dazu: HambKomm-InsR/*A. Schmidt*, Anhang I H. Rn. 60 f.

II. Ausnahme

57 Bis zu der absehbar zu erwartenden Entscheidung des Restrukturierungsgerichts sind Zahlungen nicht privilegiert, die zurückgehalten werden können, ohne dass damit Nachteile für eine Fortsetzung des Restrukturierungsvorhabens verbunden sind (§ 89 Abs. 3 Satz 2). Damit wird klargestellt, dass dieser Zeitraum nicht für aufschiebbare Zahlungen genutzt werden darf.[81] Das sind solche, bei denen durch das Aufschieben die weitere Zusammenarbeit oder Belieferung nicht gefährdet ist und keine zusätzlichen Kosten anfallen (Säumniszuschläge, Verzugszinsen etc.).[82] Darunter ist nicht zu verstehen, dass – wie z.T. vertreten wird[83] – nur vorfällige Zahlungen von der Privilegierung ausgenommen sind.

F. Beweislast

58 Im Rahmen von Abs. 1 stellen sich keine besonderen Beweisprobleme. Der Insolvenzverwalter bzw. Sachwalter oder Gläubiger muss die Voraussetzungen der Vorsatzanfechtung beweisen[84], die in Abs. 1 genannten Indizien dürfen jedoch nicht bei der Begründung der Anfechtung berücksichtigt werden.

59 Die Tatbestandsvoraussetzungen des Abs. 2 muss der potenzielle Anfechtungsgegner bzw. Beteiligte einer sittenwidrigen Finanzierung beweisen, namentlich dass eine Restrukturierungssache rechtshängig war, der Schuldner die Insolvenzreife anzeigt und das Gericht die Sache nicht aufgehoben hat.

60 Bei Abs. 3 muss der Geschäftsleiter beweisen, dass der Schuldner die Insolvenzreife angezeigt hat, die Restrukturierungssache im Zeitpunkt der fraglichen Zahlung noch nicht aufgehoben war und diese Zahlung im ordnungsgemäßen Geschäftsgang erfolgte. Der Insolvenzverwalter oder Sachwalter bzw. die Gesellschaft müssen beweisen, dass die fragliche Zahlung i.S.v. § 89 Abs. 3 Satz 2 hätte zurückgehalten werden können.

§ 90 Planfolgen und Planvollzug

(1) Die Regelungen eines rechtskräftig bestätigten Restrukturierungsplans und Rechtshandlungen, die im Vollzug eines solchen Plans erfolgen, sind mit Ausnahme von Forderungen im Rang des § 39 Absatz 1 Nummer 5 der Insolvenzordnung und Sicherheitsleistungen, die nach § 135 der Insolvenzordnung oder den §§ 6 und 6a des Anfechtungsgesetzes anfechtbar sind, bis zur nachhaltigen Restrukturierung einer Anfechtung nur zugänglich, wenn die Bestätigung auf der Grundlage unrichtiger oder unvollständiger Angaben des Schuldners erfolgte und dem anderen Teil dies bekannt war.

(2) Sieht der gestaltende Teil des Restrukturierungsplans die Übertragung des gesamten schuldnerischen Vermögens oder wesentlicher Teile davon vor, gilt Absatz 1 nur, soweit sichergestellt wird, dass die Gläubiger, die nicht planbetroffen sind, sich gegenüber den Planbetroffenen vorrangig aus der dem Wert des Gegenstands der Übertragung angemessenen Gegenleistung befriedigen können.

Übersicht Rdn.

81 BT-Drucks. 19/24181, S. 182; *Hölzle/Curtze*, ZIP 2021, 1293, 1300.

82 Uhlenbruck-*Borries* § 89 StaRUG Rn. 137.

83 Braun-*Tashiro*, StaRUG, § 89 Rn. 20.

84 Wolgast/Grauer-*Ludwig/Schumacher*, StaRUG, § 89 Rn. 39.

A. Normzweck und Überblick

In Anlehnung an Art. 18 Abs. 5 der Richtlinie privilegiert die Vorschrift den Vollzug des gerichtlich bestätigten Restrukturierungsplans.[1] Die Beteiligten sollen grds. von der Stabilität des Plans und der in seinem Vollzug vorgenommenen Handlungen ausgehen dürfen.[2] Deshalb ist die Anfechtung bis zur nachhaltigen Restrukturierung generell ausgeschlossen, außer bei Gesellschafterdarlehen oder -sicherheiten (Abs. 1). Wenn der gestaltende Teil die Übertragung mindestens wesentlicher Teile des schuldnerischen Vermögens vorsieht, muss die Befriedigung der nicht planbetroffenen Gläubiger besonders sichergestellt sein (Abs. 2). 1

Die Regelung entspricht § 97 RegE, durch den Rechtsausschuss des Bundestages erfolgte keine inhaltliche Änderung.[3] Später im Jahr 2022 wurde der § 6a AnfG in den § 90 Abs. 1 eingefügt, womit ein ursprüngliches Redaktionsversehen behoben wurde.[4] 2

B. Anfechtungsschutz (Abs. 1)

I. Planregelungen und Planvollzug

1. Allgemeines

Das Anfechtungsprivileg nach § 90 Abs. 1 greift nur ein, wenn der von den Planbetroffenen angenommene Restrukturierungsplan gerichtlich bestätigt wurde (§§ 60–72) und die Bestätigung rechtskräftig ist.[5] Lediglich eine Annahme des Plans, sei es in einem außergerichtlichen (§§ 17–28) oder gerichtlichen Verfahren (§§ 23, 45, 46), reicht nicht aus,[6] weshalb Pläne ohne Bestätigung durch das Gericht in der Praxis kaum eine Rolle spielen dürften. Ein im Rahmen einer Sanierungsmoderation (§§ 94–100) abgeschlossener Vergleich inkl. der Handlungen, die in dessen Vollzug erfolgen (s. § 97 Rdn. 6), ist ebenfalls nach § 90 geschützt, wenn er gerichtlich bestätigt wurde, § 97 Abs. 3. 3

Die Vorschrift erfasst (1.) die Regelungen eines rechtskräftig bestätigten Restrukturierungsplans und (2.) Rechtshandlungen, die im Vollzug eines solchen Plans erfolgen. Unter ersteren sind Rechtsänderungen zu verstehen, die der gestaltende Teil des Plans selbst unmittelbar beinhaltet und ohne Vollzugsakt bewirken kann.[7] Handlungen zum Planvollzug sind solche aus dem gestaltenden Teil, welche die Umsetzung des Plans ermöglichen.[8] Dazu können auch – in deren späterer Insolvenz – Handlungen Dritter gehören, z.B. eine Sicherheit für ein dem Restrukturierungsschuldner gewährtes Darlehen[9] (s. § 15 Abs. 3). 4

1 BT-Drucks. 19/24181, S. 182.
2 BT-Drucks. 19/24181, S. 182.
3 BT-Drucks. 19/25303, S. 13.
4 Uhlenbruck-*Borries* § 90 StaRUG Rn. 71; *Frind*, ZInsO 2022, 1540, 1541.
5 Dazu ausführlich: Uhlenbruck-*Borries* § 90 StaRUG Rn. 11 f.
6 Uhlenbruck-*Borries* § 90 StaRUG Rn. 10.
7 Uhlenbruck-*Borries* § 90 StaRUG Rn. 23; Wolgast/Grauer-*Ludwig/Schumacher*, StaRUG, § 90 Rn. 4; *Madaus*, NZI Beilage 1/2021, 35.
8 BT-Drucks. 19/24181, S. 182; Uhlenbruck-*Borries* § 90 StaRUG Rn. 28.
9 Uhlenbruck-*Borries* § 90 StaRUG Rn. 31; Flöther-*Hoegen/Herding*, StaRUG, § 89 Rn. 31; a.A.: BeckOK-StaRUG/*Fridgen* § 90 Rn. 9b; s. ferner: *Wilkens*, WM 2021, 573, 583.

▶ **Hinweis:**

5 Somit bezieht sich die Vorschrift z.B. auf: neue Finanzierungen oder Besicherungen (§ 12); (Quoten-) Zahlungen auf gekürzte oder gestundete Restrukturierungsforderungen der Planbetroffenen (§§ 2 Abs. 1 Nr. 1, 7 Abs. 1, 2, 67 Abs. 1)[10] bzw. gruppeninterne Drittsicherheiten (§§ 2 Abs. 4, 67 Abs. 3); die Übertragung von Vermögensgegenständen (§§ 13, 68) bzw. Anteils- und Mitgliedschaftsrechten (§§ 2 Abs. 3, 15 Abs. 2); die Abgabe von Willenserklärungen (§ 68); einen Debt-Equity-Swap (§ 7 Abs. 4) oder Ausgleichszahlungen zur Verhinderung einer Schlechterstellung (§§ 13, 64 Abs. 3).

6 Rechtshandlungen, die vor rechtskräftiger Bestätigung des Restrukturierungsplans (und nach Anzeige des Vorhabens) vorgenommen werden, sind ausschließlich von § 89 Abs. 1 erfasst (s. dazu § 89 Rdn. 17 f.).

2. Neue Finanzierungen/Revolvierende Sicherheiten

7 Kernbestandteil vieler Restrukturierungspläne sind neue Finanzierungen i.S.v. § 12, zu denen auch Besicherungen gehören (s. dazu ferner § 63 Abs. 2). Im RefE zum StaRUG war in dem damaligen § 14 Satz 2 RefE noch vorgesehen, dass auch »die Prolongation oder Stundung von Forderungen« als neue Finanzierung gilt. Mit dem RegE wurde dies geändert, wohl um Missbrauchsgefahren zu vermeiden.[11] Somit unterfallen etwa die Verlängerung eines bestehenden, vor rechtskräftiger Bestätigung des Restrukturierungsplans ausgereichten Darlehens und dessen Besicherung nicht dem § 12 (streitig) und sind somit auch nicht von § 90 Abs. 1 geschützt[12] (s. dazu auch § 12 Rdn. 12, 13).

8 Umstritten ist, ob die Rückzahlung von Darlehen aus neuen Finanzierungen von dem Anfechtungsausschluss des § 90 Abs. 1 umfasst ist. Hintergrund ist ein – möglicherweise unbedachter – Satz in der Begründung des RegE, wonach die Auszahlung eines Darlehens eine Handlung zum Vollzug des Plans sei, »nicht jedoch dessen spätere Rückführung«.[13] Dieser geht möglicherweise auf Hinweise aus der Literatur zum RefE zurück, die meinen, die Rückzahlung diene nicht dem Vollzug[14] und sei – anders als die Ausreichung – auch nicht im Plan geregelt.[15] Diese Ausführungen sind nicht ganz verständlich, zumal die Auszahlung eines (marktgerechten) Darlehens an den Schuldner mangels Gläubigerbenachteiligung ohnehin nicht anfechtbar sein kann,[16] sondern vielmehr einen Zufluss liquider Mittel bewirkt und keinen Abfluss. Einige Autoren schließen sich der Gesetzesbegründung an.[17] Nach dieser Auffassung ist ein neues Darlehen im Ergebnis nicht anfechtungsfest, es sei denn, es ist voll besichert (s. dazu § 89 Rdn. 20).

9 Dem kann nicht gefolgt werden.[18] Der Vollzug eines Restrukturierungsplans, der einen neuen Kredit vorsieht, ist ohne diesen gar nicht umsetzbar. Zu einem Kredit gehört notwendigerweise

---

10 *Schoppmeyer*, ZIP 2021, 869, 878.

11 Auf diese hatte *Thole*, ZIP 2020, 1985, 1999 hingewiesen. Kritisch dazu: *Proske/Streit*, NZI 2020, 969, 970.

12 Flöther-*Hoegen/Herding*, StaRUG, § 89 Rn. 20b; *Wilkens*, WM 2021, 573, 583; *Stahlschmidt*, ZInsO 2021, 205, 208; a.A.: Bieg/Borchardt/Frind-*Bismarck/Schulz/Steiger*, Unternehmenssanierung, Teil 2 B IX. Rn. 8; wohl auch: Braun-*Tashiro*, StaRUG, § 90 Rn. 3.

13 BT-Drucks. 19/24181, S. 182; kritisch: *Proske/Streit*, NZI 2020, 969, 975.

14 *Thole*, ZIP 2020, 1985, 1999.

15 *Bork*, ZInsO 2020, 2177, 2181.

16 Uhlenbruck-*Borries* § 90 StaRUG Rn. 38; *Schoppmeyer*, ZIP 2021, 869, 877.

17 Bieg/Borchardt/Frind-*Thies*, Unternehmenssanierung, Teil 2 VII. Rn. 153; *Bork*, ZRI 2021, 345, 352; *Gehrlein*, BB 2021, 66, 78; *Desch*, BB 2020, 2498, 2506; mit ausführlicher Begründung auch: BeckOK-StaRUG/*Fridgen* § 90 Rn. 32a. 1 f.; *Hölzle/Curtze*, ZIP 2021, 1293, 1302.

18 So auch: Uhlenbruck-*Borries* § 90 StaRUG Rn. 38; Braun-*Tashiro*, StaRUG, § 90 Rn. 6; Flöther-*Hoegen/Herding*, StaRUG, § 89 Rn. 29; Bieg/Borchardt/Frind-*Bismarck/Schulz/Steiger*, Unternehmenssanierung, Teil 2 B IX. Rn. 19; *Schoppmeyer*, ZIP 2021, 869, 878; zum RefE: *Bork*, ZInsO 2020, 2177, 2181.

auch dessen Rückzahlung, die somit ebenfalls »im Vollzug« des Restrukturierungsplans erfolgt. Nur dieses Ergebnis entspricht dem Sinn und Zweck der Richtlinie, (Zwischen-) Finanzierungen zu schützen, ohne welche sinnvolle Restrukturierungen überlebensfähiger Unternehmen oftmals nicht möglich sind. Deshalb lässt sich das Ergebnis auch mit einer richtlinienkonformen Auslegung begründen.[19]

Die Regelung bezieht sich zudem auf sämtliche von § 12 Satz 2 erfasste Sicherungen für einen Neu- 10
kredit. Darunter sind auch revolvierende Sicherheiten, wie etwa die Abtretung zukünftiger Forderungen aus Lieferung und Leistung, zu verstehen (s. dazu § 89 Rdn. 33 f.). Diese erfolgen im Vollzug des Plans, auch wenn sie i.S.v. § 140 Abs. 1 InsO[20] (= § 8 Abs. 1 AnfG) erst nach Beendigung der Restrukturierungssache (§ 31 Abs. 4) entstehen.[21]

II. Umfang des Anfechtungsschutzes

Voraussetzung ist, dass zunächst eine gläubigerbenachteiligende Rechtshandlung vorliegt, ohne die 11
eine Anfechtung gar nicht drohen kann, § 129 InsO, § 1 AnfG (s. dazu unter § 89 Rdn. 15).

1. Erfasste Anfechtungstatbestände

§ 90 Abs. 1 betrifft die Anfechtung nach sämtlichen Vorschriften, inkl. einer gem. § 96 Abs. 1 Nr. 3 12
InsO unwirksamen Aufrechnung. Auch im Plan geregelte inkongruente Deckungen (gem. §§ 131 Abs. 1, 133 Abs. 1 Satz 1 InsO, § 3 Abs. 1 Satz 1 AnfG) oder unentgeltliche Leistungen (§ 134 Abs. 1 InsO, § 4 Abs. 1 AnfG) sind geschützt.[22] Das ist hinsichtlich der Planbetroffenen sachgerecht, weil diese Rechtshandlungen – wenn sie denn überhaupt vorgesehen sind – im Plan oder den Plananlagen (§§ 14, 15) erwähnt sein müssen und die Planbetroffenen dem Plan mehrheitlich zugestimmt haben. Wenn ein Darlehensgeber einer Neufinanzierung sich später – etwa im Vorfeld einer Folgeinsolvenz – eine inkongruente Deckung oder Sicherheit geben lässt, die als solche nicht im Restrukturierungsplan vorgesehen ist, handelt es sich nicht um eine Rechtshandlung »im Vollzug« des Plans.[23] Geschäftsleiter sind dazu verpflichtet, darauf hinzuwirken, dass der Schuldner die Interessen der Gläubigergesamtheit wahrt, § 43 Abs. 1. Deshalb wird es in der Praxis inkongruente oder unentgeltliche Leistungen in einem Restrukturierungsplan kaum geben.

Ausgenommen vom Anfechtungsschutz sind lediglich (1.) Forderungen im Rang des § 39 Abs. 1 13
Nr. 5 InsO und (2.) Sicherheitsleistungen, die nach § 135 InsO oder §§ 6, 6a AnfG anfechtbar sind. Die 1. Alt. bezieht sich auf eine Anfechtung gem. § 135 Abs. 1 Nr. 2, Abs. 2 InsO bzw. §§ 6 Abs. 1 Satz 1 Nr. 2, 6a AnfG. Mit der 2. Alt. ist eine Anfechtung gem. § 135 Abs. 1 Nr. 1 InsO bzw. §§ 6 Abs. 1 Satz 1 Nr. 1, 6a AnfG gemeint. Erfasst sind jeweils Gesellschafterdarlehen und Forderungen aus Rechtshandlungen, die einem solchen wirtschaftlich entsprechen. Das Sanierungs- und Kleinbeteiligtenprivileg aus § 39 Abs. 4, 5 InsO ist anwendbar.[24]

---

19 *Madaus*, NZI Beilage 1/2021, 35, 36; a.A.: *Hölzle/Curtze*, ZIP 2021, 1293, 1303.

20 Zur Bestimmung des Vornahmezeitpunktes der Rechtshandlung siehe: Uhlenbruck-*Borries* § 90 StaRUG Rn. 30, 39, 55.

21 Theiselmann/*Herding*, Praxishandbuch Restrukturierungsrecht, Kap. 10 Rn. 158; a.A.: Bieg/Borchardt/Frind-*Bismarck/Schulz/Steiger*, Unternehmenssanierung, Teil 2 B IX. Rn. 14, 19; *Hölzle/Curtze*, ZIP 2021, 1293, 1303 wollen deshalb im Rahmen von § 90 Abs. 1 eine Angemessenheitsprüfung vornehmen, ähnlich wie bei § 90 Abs. 2.

22 *Schoppmeyer*, ZIP 2021, 869, 877. Dies wird von *Bork*, ZInsO 2020, 2177, 2183, kritisiert.

23 Mit dieser Auslegung dürften sich die Bedenken von *Bork*, ZInsO 2020, 2177, 2183, zerstreuen lassen. Uhlenbruck-*Borries* § 90 StaRUG Rn. 32 hält eine inkongruente Leistung im Rahmen einer späteren Anpassung der Sanierungsplanung für nicht nach § 133 InsO anfechtbar.

24 BeckOK-StaRUG/*Fridgen* § 90 Rn. 16; Uhlenbruck-*Borries* § 90 StaRUG Rn. 72.

2. Bis zur nachhaltigen Restrukturierung

14 Die Anfechtungsprivilegierung endet, wenn es »zu einer nachhaltigen Restrukturierung« gekommen ist. Ein weitergehenderer Schutz wäre, falls es später aus anderen Gründen zu einer Insolvenz kommt, gegenüber den nicht in den Plan einbezogenen (Neu-) Gläubigern nicht zu rechtfertigen, heißt es in der Gesetzesbegründung.[25] Abgesichert werden soll nur das Risiko, dass der Plan entgegen den Erwartungen scheitert.[26] Der Begriff ist an § 39 Abs. 4 Satz 2 InsO (»bis zur nachhaltigen Sanierung«) angelehnt,[27] zur Auslegung kann die Kommentierung zu dieser Vorschrift herangezogen werden. Notwendig ist die Beseitigung der drohenden Zahlungsunfähigkeit sowie die Einhaltung des Sanierungspfades und der Ziele der Sanierungsplanung.[28]

3. Kein Schutz bei unrichtigen oder unvollständigen Angaben

15 Die Anfechtung ist nicht ausgeschlossen, wenn die Planbestätigung »auf der Grundlage unrichtiger oder unvollständiger Angaben des Schuldners erfolgte und dem anderen Teil dies bekannt war.« Hierzu ist ein kollusives Zusammenwirken von Schuldner und potenziellem Anfechtungsgegner erforderlich.[29] Die falschen Angaben können im Plan selbst oder den Plananlagen (§§ 14, 15) enthalten sein.[30]

16 Sie müssen einen kausalen Bezug zu der angefochtenen Rechtshandlung aufweisen.[31] Nicht notwendig ist, dass Sie mitursächlich für die Planbestätigung gewesen sind, allein weil dies nicht sicher feststellbar ist (streitig).[32]

III. Rechtsfolge

17 Als Rechtsfolge sieht § 90 Abs. 1 vor, dass die Regelungen im Plan und die Rechtshandlungen, die in dessen Vollzug erfolgen, umfassend und von vornherein der Insolvenz- und Gläubigeranfechtung entzogen sind, abgesehen von § 135 InsO oder §§ 6, 6a[33] AnfG. Dabei schützt die Regelung nur vor einer Anfechtung in einer etwaigen Insolvenz des Restrukturierungsschuldners[34] bzw. in einer Einzelzwangsvollstreckung gegen diesen. Damit ist der Schutz viel weitgehender ausgestaltet als der nach § 89 Abs. 1, allerdings ist dort auch das Schutzbedürfnis geringer (s. § 89 Rdn. 5).

C. Sonderfall: Vermögensübertragung (Abs. 2)

I. Tatbestand

18 Wenn der gestaltende Teil des Restrukturierungsplans die Übertragung des gesamten schuldnerischen Vermögens oder wesentlicher Teile davon vorsieht, gelten zum Schutz der nicht planbetroffenen Gläubiger höhere Anforderungen. Diese Gläubiger dürfen nicht über den Plan abstimmen (s. §§ 6 Abs. 1 Satz 2, 8, 20 Abs. 1, 45 Abs. 1) und müssen zwingend vollständig befriedigt werden. Deren wirtschaftliche Interessen am Erhalt der Haftungsmasse sind deshalb

---

25 BT-Drucks. 19/24181, S. 182.

26 BT-Drucks. 19/24181, S. 182; *Bork*, ZInsO 2020, 2177, 2183.

27 Braun-*Tashiro*, StaRUG, § 90 Rn. 9, 11; Wolgast/Grauer-*Ludwig/Schumacher*, StaRUG, § 90 Rn. 16; *Schoppmeyer*, ZIP 2021, 869, 878.

28 Uhlenbruck-*Borries* § 90 StaRUG Rn. 47 f.

29 Braun-*Tashiro*, StaRUG, § 90 Rn. 16; Nach BeckOK-StaRUG/*Fridgen* § 90 Rn. 24.

30 Uhlenbruck-*Borries* § 90 StaRUG Rn. 58; Braun-*Tashiro*, StaRUG, § 90 Rn. 17.

31 BeckOK-StaRUG/*Fridgen* § 90 Rn. 26; Wolgast/Grauer-*Ludwig/Schumacher*, StaRUG, § 90 Rn. 11; Flöther-*Hoegen/Herding*, StaRUG, § 89 Rn. 38.

32 BeckOK-StaRUG/*Fridgen* § 90 Rn. 27; *Hölzle/Curtze*, ZIP 2021, 1293, 1303; a.A.: Uhlenbruck-*Borries* § 90 StaRUG Rn. 61; *Schoppmeyer*, ZIP 2021, 869, 879.

33 § 6a AnfG wurde nunmehr – zur Beseitigung des vormaligen Redaktionsversehens – in den Gesetzestext aufgenommen: Uhlenbruck-*Borries* § 90 StaRUG Rn. 71; *Frind*, ZInsO 2022, 1540, 1541.

34 Uhlenbruck-*Borries* § 90 StaRUG Rn. 73.

durch eine Vermögensübertragung in besonderem Maße beeinträchtigt.[35] Gemeint ist nur die Übertragung von unbelastetem Vermögen.[36] Wenn die Ansprüche der nicht planbetroffenen Gläubiger offensichtlich nicht erfüllt werden können, ist bereits die Planbestätigung von Amts wegen zu versagen, § 63 Abs. 1 Nr. 3. Anders als zum Teil vertreten wird[37] ist § 90 Abs. 2 nicht extensiv und richtlinienkonform dahingehend auszulegen, dass die Vorschrift auch dann anzuwenden ist, wenn das verbliebene freie Vermögen im Wesentlichen zur Tilgung oder Besicherung der Forderungen planbetroffener Gläubiger eingesetzt wird. Es ist nicht ersichtlich, dass die Richtlinie diesen besonderen Schutz der Nicht-Planbetroffenen vorgibt, der einhergeht mit der Versagung des Anfechtungsschutzes gegenüber den Planbetroffenen, die mit dem Restrukturierungsplan einen Sanierungsbeitrag geleistet haben.

Es ist nicht definiert, was unter »wesentliche Teile« des Vermögens zu verstehen ist. Im Schrifttum heißt es, feste Quoten ließen sich nicht bilden und es sei darauf abzustellen, ob die Übertragung die Befriedigung der nicht planbetroffenen Gläubiger gefährdet.[38] Maßgeblich ist nach hier vertretener Ansicht, ob im jeweiligen Einzelfall die verbleibenden, frei verfügbaren liquiden Mittel (insbes. Bankguthaben und fällige offene Forderungen) ausreichen, um deren Forderungen zu begleichen. 19

Der Schutz des Abs. 2 bezieht sich auf alle nicht planbetroffenen Gläubiger, die im Zeitpunkt der rechtskräftigen Planbestätigung eine fällige offene Forderung gegen den Schuldner haben. Bei Dauerschuldverhältnissen (z.B. Mieten oder Gehälter) geht es deshalb nicht darum, auch die laufenden, zukünftig fällig werdenden Forderungen besonders abzusichern. *Hölzle/Curtze* sprechen sich insoweit für eine Einbeziehung der in den nächsten fünf Jahren fällig werdenden Ansprüche aus.[39] Das ist in der Praxis nicht leistbar und diese Ansicht ist auch deshalb nicht überzeugend, weil solche Restrukturierungsforderungen gar nicht gestaltbar sind (§ 3 Abs. 2). Diese Gläubiger können von vornherein gar nicht planbetroffen sein, d.h. ihre Forderungen unterfallen nicht dem Schutzzweck des § 90 Abs. 2. 20

II. Sicherstellung vorrangiger Befriedigung

Für die nicht planbetroffenen Gläubiger muss – so die Gesetzesbegründung – eine vorrangige Befriedigungsmöglichkeit aus dem mit der Übertragung erzielten wertangemessenen Erlös gewährleistet sein.[40] Es muss sichergestellt sein, dass sie sich vor den Planbetroffenen aus der Gegenleistung befriedigen können. 21

Das ist nur gewährleistet, wenn auch eine entsprechende Rechtsposition vorliegt. Deshalb muss den nicht vom Plan betroffenen Gläubigern an der Gegenleistung ein Recht eingeräumt sein, das im Fall einer Insolvenz ein Aus- oder Absonderungsrecht (§§ 47, 49–51 InsO) begründet.[41] Dies kann z.B. dadurch umgesetzt werden, dass die Gegenleistung auf ein Treuhandkonto eingezogen wird.[42] 22

Die Gegenleistung muss dem Wert des übertragenen Vermögens entsprechen.[43] Die Übernahme von Verbindlichkeiten ist insoweit nicht zu berücksichtigen.[44] Erfolgte der Verkauf unter Wert, ist – bei der Übertragung zumindest wesentlicher Teile des Vermögens gem. Abs. 2 – kein Anfechtungs- 23

---

35 BT-Drucks. 19/24181, S. 182.

36 Bieg/Borchardt/Frind-*Bismarck/Schulz/Steiger*, Unternehmenssanierung, Teil 2 B IX. Rn. 17.

37 *Hölzle/Curtze*, ZIP 2021, 1293, 1303.

38 *Schoppmeyer*, ZIP 2021, 869, 880; ähnlich: *Hölzle/Curtze*, ZIP 2021, 1293, 1304.

39 *Hölzle/Curtze*, ZIP 2021, 1293, 1305.

40 BT-Drucks. 19/24181, S. 182.

41 Weniger streng: *Hölzle/Curtze*, ZIP 2021, 1293, 1305; s. ferner: Flöther-*Hoegen/Herding*, StaRUG, § 89 Rn. 45, 46.

42 Uhlenbruck-*Borries* § 90 StaRUG Rn. 99; BeckOK-StaRUG/*Fridgen* § 90 Rn. 40.

43 Wolgast/Grauer-*Ludwig/Schumacher*, StaRUG, § 90 Rn. 24.

44 BeckOK-StaRUG/*Fridgen* § 90 Rn. 40; *Hölzle/Curtze*, ZIP 2021, 1293, 1304.

schutz aus § 90 Abs. 1 gegeben.[45] Über einen transparenten Investoren- oder Käuferprozess kann der Schuldner es verhindern, sich insoweit angreifbar zu machen.[46]

24 Entspricht der Restrukturierungsplan nicht den Anforderungen des § 90 Abs. 2, entfällt der Anfechtungsschutz generell, zugunsten aller Gläubiger, ob sie planbetroffen waren oder nicht.[47]

D. Beweislast

25 Im Rahmen von § 90 Abs. 1 muss der potenzielle Anfechtungsgegner beweisen, dass sich die Anfechtung auf Regelungen eines rechtskräftig bestätigten Restrukturierungsplans oder Rechtshandlungen, die im Vollzug eines solchen Plans erfolgen, bezieht.[48] Zudem muss er beweisen, dass eine nachhaltige Restrukturierung noch nicht eingetreten ist.[49] Eine widerlegbare gesetzliche Vermutung dahingehend, dass in Anlehnung an § 33 Abs. 2 Satz 3 innerhalb von drei Jahren noch keine nachhaltige Sanierung erreicht ist[50], ist abzulehnen.

26 Der Insolvenzverwalter bzw. Sachwalter oder der Gläubiger muss beweisen, dass die Planbestätigung ggf. auf der Basis unrichtiger oder unvollständiger Angaben des Schuldners erfolgte und dem anderen Teil dies bekannt war.[51]

27 Bei dem Sonderfall des Abs. 2 muss der Anfechtungsgegner beweisen, dass die vorrangige Befriedigung der nicht planbetroffenen Gläubiger sichergestellt wurde. Dem Insolvenzverwalter, Sachwalter oder Gläubiger obliegt der Beweis, dass die Übertragung des gesamten Vermögens oder zumindest wesentlicher Teile davon zu einer nicht angemessenen Gegenleistung erfolgte.[52]

§ 91 Berechnung von Fristen

In die Fristen der §§ 3 bis 6a des Anfechtungsgesetzes sowie der §§ 88, 130 bis 136 der Insolvenzordnung wird die Zeit der Rechtshängigkeit der Restrukturierungssache nicht eingerechnet.

Übersicht

A. Normzweck und Überblick

1 Die Anfechtungsfristen in der InsO und dem AnfG legen den zeitlichen Anwendungsbereich eines Anfechtungstatbestandes fest. Die Fristen betragen drei Monate (nur bei einer Insolvenz), ein Jahr, zwei, vier oder zehn Jahre und werden ab Stellung des Insolvenzantrages zurückgerechnet, § 139 Abs. 1 InsO. Die Frist der Rückschlagsperre des § 88 Abs. 1 InsO beträgt einen Monat. Bei der Gläubigeranfechtung ist der in §§ 7 Abs. 1, 6 Abs. 1 AnfG genannte Zeitpunkt maßgeblich.

2 Die Vorschrift des § 91 bestimmt, dass bei der Zurückrechnung der Zeitraum der Rechtshängigkeit der Restrukturierungssache (inkl. des Tages des Eintritts und des Endes der Rechtshängigkeit[1]) jeweils ausgeblendet wird, sodass sich die Anfechtungsfrist im Ergebnis verlängert. Dadurch soll eine Schlechterstellung der Gesamtheit der Gläubiger eines etwaigen späteren Insolvenzverfahrens allein

45 Braun-*Tashiro*, StaRUG, § 90 Rn. 20.
46 Uhlenbruck-*Borries* § 90 StaRUG Rn. 92; Braun-*Tashiro*, StaRUG, § 90 Rn. 24.
47 Offengelassen von: *Schoppmeyer*, ZIP 2021, 869, 881.
48 Uhlenbruck-*Borries* § 90 StaRUG Rn. 16.
49 Wolgast/Grauer-*Ludwig/Schumacher*, StaRUG, § 90 Rn. 25; *Schoppmeyer*, ZIP 2021, 869, 880; a.A.: Uhlenbruck-*Borries* § 90 StaRUG Rn. 77; Flöther-*Hoegen/Herding*, StaRUG, § 89 Rn. 36.
50 So *Hölzle/Curtze*, ZIP 2021, 1293, 1304.
51 *Schoppmeyer*, ZIP 2021, 869, 880.
52 Braun-*Tashiro*, StaRUG, § 90 Rn. 21.
1 BeckOK-StaRUG/*Fridgen* § 91 Rn. 24.

aufgrund der Dauer des präventiven Restrukturierungsverfahrens verhindert werden.[2] Zudem soll die Regelung eine etwaige Flucht in die Restrukturierung zur Erschwerung einer Anfechtung vermeiden.[3] Im Rahmen der Sanierungsmoderation (§§ 94 f.) gilt die Regelung nicht.[4]

Die Bestimmung entspricht § 98 RegE, der im Rechtsausschuss des Bundestages inhaltlich nicht geändert wurde.[5] 3

B. Nicht eingerechneter Zeitraum

Die Rechtshängigkeit der Restrukturierungssache beginnt mit der Anzeige des Restrukturierungs- 4 vorhabens (§ 31 Abs. 1, 3) und endet, wenn diese ihre Wirkung verliert (§ 31 Abs. 4), mithin wenn der Schuldner die Anzeige zurücknimmt (Nr. 1), nach rechtskräftiger Planbestätigung (Nr. 2), nach vorheriger Aufhebung der Restrukturierungssache (Nr. 3) oder wenn seit der Anzeige 6 bzw. 12 Monate vergangen sind (Nr. 4). § 91 bezieht sich auf alle ggf. anfechtbaren Rechtshandlungen, die vor oder während der Rechtshängigkeit vorgenommen wurden.[6] Für Rechtshandlungen, die nach Rechtshängigkeit in Vollzug des Plans erfolgten, trifft die Regelung keine Aussage.[7] Die Verlängerung der Anfechtungsfrist betrifft alle potenziellen Anfechtungsgegner, ob planbetroffen oder nicht.[8]

C. Beweislast

Beruft sich der Insolvenzverwalter, der Sachwalter oder ein Gläubiger auf eine Anfechtungsnorm 5 (bzw. auf § 88 InsO), die nur aufgrund der Verlängerung der Anfechtungsfrist gem. § 91 anwendbar sein kann, muss er beweisen, von wann bis wann die Restrukturierungssache rechtshängig war.[9]

Kapitel 6 Arbeitnehmerbeteiligung; Gläubigerbeirat

§ 92 Beteiligungsrechte nach dem Betriebsverfassungsgesetz

Die Verpflichtungen des Schuldners gegenüber den Arbeitnehmervertretungsorganen und deren Beteiligungsrechte nach dem Betriebsverfassungsgesetz bleiben von diesem Gesetz unberührt.

Übersicht

A. Einführung

Nach Art. 13 der RL dürfen bestehende europäische und nationale Arbeitnehmerrechte durch das 1 präventive Restrukturierungsverfahren nicht eingeschränkt werden. Die Bestimmung normiert also, dass durch den präventiven Restrukturierungsrahmen die individuellen und kollektiven Rechte der Arbeitnehmer nach dem Union-Arbeitsrecht und dem nationalen Arbeitsrecht nicht beeinträchtigt

2 BT-Drucks. 19/24181, S. 183.
3 Uhlenbruck-*Borries* § 91 StaRUG Rn. 1; Braun-*Tashiro*, StaRUG, § 91 Rn. 2; Wolgast/Grauer-*Ludwig/Schumacher*, StaRUG, § 91 Rn. 3.
4 Uhlenbruck-*Borries* § 91 StaRUG Rn. 5.
5 BT-Drucks. 19/25303, S. 13.
6 Braun-*Tashiro*, StaRUG, § 91 Rn. 2, 4.
7 Braun-*Tashiro*, StaRUG, § 91 Rn. 5.
8 Uhlenbruck-*Borries* § 91 StaRUG Rn. 14; BeckOK-StaRUG/*Fridgen* § 91 Rn. 15; Wolgast/Grauer-*Ludwig/Schumacher*, StaRUG, § 90 Rn. 8.
9 Uhlenbruck-*Borries* § 91 StaRUG Rn. 22.

werden dürfen. Die RL verpflichtet den nationalen Gesetzgeber, die Einhaltung der individualarbeitsrechtlichen und kollektiv-arbeitsrechtlichen Rechte der Arbeitnehmerinnen sicherzustellen. Arbeitnehmer sollen während der gesamten Dauer des Verfahrens den vollen arbeitsrechtlichen Schutz genießen. Hinsichtlich der Informations- und Beteiligungsrechte der Arbeitnehmervertretungen setzt § 92 diese Vorgaben in deutsches Recht um. Die Norm schreibt die Aufrechterhaltung sämtlicher Beteiligungsrechte nach dem BetrVG vor und verpflichtet damit die Schuldnerin im präventiven Restrukturierungsrahmen, diese Rechte entsprechend den Vorgaben des BetrVG zu wahren.

B. Arbeitnehmervertretungsorgane

2 Die Vorschrift stellt auf die Verpflichtung der Schuldnerin gegenüber den »Arbeitnehmervertretungsorganen« ab, wie es das Gesetz formuliert. Was Arbeitnehmervertretungen in diesem Zusammenhang sind, wird weder im Gesetz noch im Regierungsentwurf weiter definiert. In der Regierungsbegründung ist der Betriebsrat gem. § 1 BetrVG und der Wirtschaftsausschuss gem. § 106 Abs. 1 Satz 1 BetrVG explizit genannt, jedoch wird auch auf Arbeitnehmervertretungsgremien im Allgemeinen verwiesen.[1] Unproblematisch sind damit auch der Konzernbetriebsrat nach § 54 BetrVG oder etwaige von diesen Vorgaben abweichende betriebsverfassungsrechtliche Organe gem. § 3 BetrVG von der Norm erfasst.[2]

3 Unklar ist, ob auch weitere Mitbestimmungsgremien in den Schutzbereich des § 92 einzubeziehen sind, was eine entsprechend weite Auslegung der Norm erforderlich macht. Dann müssten alle kollektivrechtlichen Mitbestimmungsgremien erfasst werden, die ihre Basis im BetrVG haben. Allerdings sollen von § 92 der Sprecherausschuss der leitenden Angestellten nach dem SprAUG, das Gremium der Jugend- und Auszubildenden-Vertretung gem. § 60 JAV, der Gesamt-Jugend- und Auszubildenden-Vertretung gem. § 72 JAV und der Konzern-Jugend- und Auszubildenden-Vertretung gem. § 73a BetrVG nicht von § 92 erfasst werden, da diese Gremien keine selbstständigen, dem Betriebsrat gleichberechtigt gegenüberstehenden Organe der Betriebsverfassung seien und ihnen gegenüber dem Schuldner keine eigenständigen Beteiligungsrechte zustünden.[3]

4 Im Grundsatz müssen damit alle kollektivrechtlichen Mitbestimmungsgremien gemeint sein, die ihre Grundlage im BetrVG haben. Der Regierungsentwurf erwähnt ausdrücklich den Betriebsrat, der auch in der Ausprägung des Gesamtbetriebsrats oder des Konzernbetriebsrats erfasst sein wird, sowie den Wirtschaftsausschuss gem. § 106 Abs. 1 Satz 1 BetrVG,[4] der in Betrieben mit in der Regel mehr als einhundert ständig beschäftigten Arbeitnehmern zu bilden ist. Um einen umfassenden Schutz der Arbeitnehmerrechte zu gewährleisten, wird jedoch auch zu unterstellen sein, dass weitere Mitbestimmungsgremien, die im BetrVG angelegt sind, aber abweichenden Regelungen unterliegen können, von dem Schutzbereich der Norm erfasst sind. Dieses weite Verständnis entspricht auch dem § 13 Abs. 1 RL. Dies betrifft bspw. Personalvertretungen gem. § 117 BetrVG für das fliegende Personal in der Luftfahrt, auch wenn deren Beteiligungsrechte aufgrund einer tarifvertraglichen Regelung festgeschrieben werden können, jedenfalls sofern diese – wie üblich – auf die Bestimmungen des BetrVG Bezug nehmen. Gleiches muss für Bordvertretungen in Seeschifffahrtsunternehmen gelten, §§ 114, 115 BetrVG. Ob dagegen aufgrund der eindeutigen Verweisung auf das BetrVG auch eine Ausweitung des Regelungskreises des § 92 auf Mitarbeitervertretungen bei konfessionellen Arbeitgebern oder auf Betriebe, in denen das öffentlich-rechtliche Personalvertretungsrecht gilt, beabsichtigt ist, ist fraglich. Liegen die Voraussetzungen des § 118 Abs. 2 BetrVG vor, findet das BetrVG auf die Religionsgemeinschaft und ihre Einrichtungen keine Anwendung. Auch auf juristische Personen des öffentlichen Rechts findet das BetrVG keine Anwendung, § 130 BetrVG. Insoweit ist allein vom Wortlaut her für § 92 kein Raum. Nach dem Sinn und Zweck der Norm ist

---

1 Begr. zu § 99 (jetzt § 92), RegE SanInsFoG, 215.
2 Morgen-*Röger*, PräV, § 92 Rn. 4.
3 Morgen-*Röger*, PräV, § 92 Rn. 5.
4 Begr. zu § 99 (jetzt § 92), RegE SanInsFoG, 215.

jedoch auch insoweit eine weite Auslegung des Schutzbereichs angebracht. Dafür spricht schon die Begründung des Regierungsentwurfs nach welcher durch die Inanspruchnahme des Stabilisierungs- und Restrukturierungsrahmens Rechte und Befugnisse des Wirtschaftsausschusses, des Betriebsrats, »oder anderer Arbeitnehmervertretungsgremien« nicht verkürzt werden dürfen.[5] Diese weite Auslegung findet ihre Rechtfertigung auch in der RL, nach der gem. § 13 Abs. 1 die Mitgliedstaaten sicherzustellen haben, dass die individuellen und kollektiven Rechte der Arbeitnehmer nach dem Arbeitsrecht der Union und dem nationalen Arbeitsrecht durch den präventiven Restrukturierungsrahmen nicht beeinträchtigt werden.[6]

Im Sinne dieser weiten Auslegung ist die Bestimmung auch auf solche Gremien anzuwenden, die nicht unmittelbar dem BetrVG entspringen, aber dem Schutz und der Sicherung von Arbeitnehmerrechten dienen. Dies gilt insbesondere für die Schwerbehindertenvertretung gem. § 178 SGB IX, die im Ergebnis als Arbeitnehmervertretungsorgan im Sinne der RL zu sehen ist. Der Schwerbehindertenvertretung steht das Recht zur beratenden Teilnahme an Betriebsrats-, Gesamtbetriebsrats- und Konzernbetriebsratssitzungen zu, § 178 Abs. 4 SGB IX. Zudem ist bei geplanten Kündigungsmaßnahmen die Schwerbehindertenvertretung gem. § 178 Abs. 2 SGB IX zu beteiligen, soweit diese schwerbehinderte Personen betreffen. 4a

§ 92 verweist ausdrücklich auf die Einhaltung der Beteiligungsrechte des Wirtschaftsausschusses gem. § 106 BetrVG. Der Wirtschaftsausschuss ist von dem Arbeitgeber in wirtschaftlichen Angelegenheiten rechtzeitig und umfassend zu informieren (§ 106 Abs. 2 Satz 1 BetrVG) und der Arbeitgeber muss diese mit dem Wirtschaftsausschuss beraten (§ 106 Abs. 1 BetrVG). Dabei ist der Wirtschaftsausschuss kein eigenes Mitbestimmungsorgan, sondern bloßes Hilfsorgan des Betriebsrats.[7] Im Katalog des § 106 Abs. 2 BetrVG sind die wirtschaftlichen Angelegenheiten, über die zu unterrichten und zu beraten ist, aufgeführt. Es handelt sich jedoch nicht um eine abschließende Aufzählung.[8] Maßnahmen in Zusammenhang mit dem Stabilisierungs- und Restrukturierungsrahmen tangieren die wirtschaftlichen Angelegenheiten eines Unternehmens regelmäßig unmittelbar. Insoweit ist der Beteiligung des Wirtschaftsausschusses besondere Beachtung zu schenken. Bereits die beabsichtigte Anzeige eines Restrukturierungsvorhabens gem. § 31 Abs. 1 führt zur Unterrichtungs- und Beratungspflicht des Wirtschaftsausschuss nach § 106 Abs. 2 Satz 1, Abs. 3 Nr. 10 BetrVG.[9] 5

Auf Seite des Arbeitgebers ist der Schuldner im Stabilisierungs- und Restrukturierungsrahmen befugt, über sein Vermögen zu verfügen und dieses zu verwalten. Er behält demnach auch die Arbeitgeberstellung und ist insoweit auch gegenüber den betriebsverfassungsrechtlichen Gremien verhandlungs- und abschlussbefugt. 6

C. Regelungsinhalt

Beinhaltet das Restrukturierungsvorhaben Maßnahmen oder Umstände, welche die Aufgaben, Rechte und Befugnisse des Wirtschaftsausschusses, des Betriebsrats oder anderer Arbeitnehmervertretungsgremien sowie die Pflichten des Arbeitgebers diesen gegenüber betreffen, so werden diese durch die Inanspruchnahme des Stabilisierungs- und Restrukturierungsrahmens in keiner Weise verkürzt. Der präventive Sanierungs- und Restrukturierungsrahmen räumt den Arbeitnehmervertretungen demnach keine eigene spezifische Beteiligung im vorinsolvenzlichen Sanierungsverfahren ein. Insbesondere werden die Arbeitnehmervertretungen nicht zu unmittelbaren Beteiligten des Verfahrens.[10] Lediglich über den Gläubigerbeirat nach § 93 findet eine Verfahrensbeteiligung statt, dessen Einrichtung jedoch auch beim Vorliegen der Voraussetzungen des § 93 Abs. 1 im Ermessen des Gerichtes liegt. 7

5 Begr. zu § 99 (jetzt § 92) RegE SanInsFoG, 215.
6 Richtlinie 2019/1023/EG.
7 ErfK-ArbR/*Kania* BetrVG, § 106 Rn. 1.
8 ErfK-ArbR/*Kania* BetrVG, § 106 Rn. 7.
9 Morgen-*Röger*, PräV, § 92 Rn. 19.
10 *Göpfert/Giese*, NZI-Beil. 2021, 55, 55.

Die Zusammensetzung des Gläubigerbeirates richtet sich dabei nach den Vorschriften des vorläufigen Gläubigerausschusses (§ 93 Abs. 1 Satz 2 i.V.m. § 21 Abs. 2 Satz 1 Nr. 1a InsO), sodass regelmäßig auch ein Arbeitnehmervertreter Mitglied des Gläubigerbeirates sein wird. Die Aufgaben des Gläubigerbeirates entsprechend dabei gem. § 93 Abs. 3 Satz 1 denen des Gläubigerausschusses im Insolvenzverfahren.[11]

8 Der Umfang der Beteiligung, d.h. insbesondere dieser Rechte der Gremien auf Unterrichtung und Anhörung, richtet sich dabei aber immer nach den jeweils geltenden spezifischen Regelungen. Insoweit will § 92 die Rechte der Arbeitnehmervertretungsgremien nicht verkürzen, aber auch nicht erweitern.[12] Es ist deshalb nur geboten, die Rechte dieser Arbeitnehmervertretungen im Rahmen der gesetzlichen Vorgaben zu wahren und insoweit eine Beteiligung vorzunehmen. Keinesfalls werden aufgrund § 92 diesen Gremien weitere Rechte eingeräumt, als ihnen nach den bestehenden Regelungen zustehen. Auch wird § 92 nicht das Recht zur Kündigung von kollektivrechtlichen Regelungen (Betriebsvereinbarungen, Regelungsabreden) einschränken. Dies muss dem Arbeitgeber weiter im gegebenen rechtlichen Rahmen möglich sein.

9 Zwar verweist der Wortlaut des § 92 ausdrücklich auf das BetrVG, sodass insoweit zunächst ausschließlich auf Aufgaben, Rechte und Befugnisse aus diesem Gesetz abzustellen sein wird, ungeachtet dessen ist nach der Begründung des Regierungsentwurfs aber davon auszugehen, dass die Rechte der Arbeitnehmervertretungen insgesamt durch den präventiven Restrukturierungsrahmen nicht angetastet werden dürfen. Für dieses weite Verständnis spricht auch die Regelung des § 6 Nr. 1, nachdem über den Restrukturierungsplan in Forderungen von Arbeitnehmern aus und in Zusammenhang mit Arbeitsverhältnissen insgesamt nicht eingegriffen werden darf. § 92 ist damit im Ergebnis nicht nur auf die Regelungen des BetrVG beschränkt. Diese Auffassung entspricht auch dem in der RL niedergelegten Grundsatz, dass kollektive Rechte durch den präventiven Restrukturierungsrahmen nicht beeinträchtigt werden dürfen. Insoweit ist davon auszugehen, dass neben den spezifischen Rechten aus dem BetrVG auch solche Rechte der Arbeitnehmervertretungen nicht beeinträchtigt werden dürfen, die sich nicht unmittelbar aus dem BetrVG ergeben. Diese Wertung ist von erheblicher Relevanz, denn insbesondere im Zusammenhang mit Restrukturierungsmaßnahmen ergeben sich Rechte der Arbeitnehmervertretungen auch aus anderen Gesetzen, so insbesondere aus dem KSchG.

I. Allgemeine betriebsverfassungsrechtliche Beteiligungsrechte

10 Die Begründung zum Regierungsentwurf stellt klar, dass Restrukturierungsvorhaben, die Maßnahmen beinhalten, die Aufgaben, Rechte und Befugnisse der Arbeitnehmervertretungen berühren und die Pflichten des Arbeitgebers diesen gegenüber betreffen, Rechte dieser Gremien nicht beschränken dürfen. Auch wenn § 92 unmittelbar auf Maßnahmen abstellt, die aus dem Restrukturierungsvorhaben heraus selbst Auswirkungen auf die Mitbestimmungsgremien haben, können mittelbar in Zusammenhang mit dem Restrukturierungsvorhaben auch die allgemeinen betriebsverfassungsrechtlichen Mitbestimmungsrechte betroffen sein. Aus diesem Grund ist der gesamte Katalog kollektiver Rechte im Blick zu behalten.

11 Auch wenn in dem betroffenen Betriebs kein Wirtschaftsausschuss gem. § 106 BetrVG gebildet ist, so kann doch bei Unternehmen mit mehr als 20 Arbeitnehmern im Rahmen der Quartalinformation gem. § 110 BetrVG eine Informationsverpflichtung des Betriebsrates bestehen.[13]

12 Bei den betriebsverfassungsrechtlichen Beteiligungsrechten ist zwischen Mitwirkungsrechten, Informationsrechten und Mitbestimmungsrechten zu unterscheiden. Die Mitwirkungsrechte sind abgestuft ausgestaltet und von unterschiedlicher Intensität. Sie reichen von Informations- und Fragerechten über Anhörungsrechte und Beratungsverpflichtungen bis hin zu Widerspruchsrechten sowie

---

11 *Göpfert/Giese*, NZI-Beil. 2021, 55, 57.
12 *Göpfert/Giese*, NZI-Beil. 2021, 55, 55.
13 *Salamon/Krimm*, NZA 2021, 235.

echten Zustimmungserfordernissen. Allgemeine Informationsrechte sind solche aus § 80 Abs. 2 und §§ 92 ff. BetrVG. Die Mitbestimmungsrechte stellen die stärkste Form der Beteiligung nach dem BetrVG dar. Können sich die Betriebsparteien nicht einigen, entscheidet in diesen Fällen die Einigungsstelle. Von besonderer Bedeutung sind insbesondere die Beteiligungsrechte bei personellen Einzelmaßnahmen nach § 99 BetrVG und in sozialen Angelegenheiten nach § 87 Abs. 1 BetrVG.

II. Beteiligungsrechte in Restrukturierungssituationen

In einer Restrukturierung kommen neben der Reduzierung von Personalkosten durch Eingriffe in die Vergütung oder sonstige Arbeitsbedingungen regelmäßig auch Personalabbaumaßnahmen infrage. Diese berühren die Rechte bestehender Arbeitnehmervertretungen massiv und lösen entsprechende zwingende Beteiligungsrechte aus, die im Einzelfall auch gerichtlich durchgesetzt werden können. Insoweit ist auf eine frühzeitige und umfassende Information und Einbindung der Arbeitnehmervertretungen zu achten, bevor Fakten geschaffen werden. Das entspricht nicht nur den Vorgaben des BetrVG, sondern auch dem ausdrücklichen Willen des Gesetzgebers im Rahmen des Stabilisierungs- und Restrukturierungsverfahrens. 13

Nach der RiLi ist die Arbeitnehmervertretung über die jüngste Entwicklung und die wahrscheinliche Weiterentwicklung der Tätigkeit und der wirtschaftlichen Situation des Unternehmens oder des Betriebs zu informieren, damit diese dem Schuldner ihre Bedenken hinsichtlich der Geschäftssituation und in Bezug auf die Notwendigkeit, Restrukturierungsmechanismen in Betracht zu ziehen, mitteilen kann (Art. 13 Abs. 1 b i RiLi). Zudem hat die Unterrichtung der Arbeitnehmervertreter über alle präventiven Restrukturierungsverfahren, die sich auf die Beschäftigung auswirken könnten, etwa auf die Möglichkeit der Arbeitnehmer, ihre Löhne und etwaige zukünftige Zahlungen, auch im Rahmen der betrieblichen Altersversorgung, einzutreiben, zu erfolgen (Art. 13 Abs. 1 b ii RiLi). Endlich ist die Unterrichtung und Anhörung der Arbeitnehmervertreter zu Restrukturierungsplänen, bevor sie gem. Art. 9 zur Annahme oder einer Justiz- oder Verwaltungsbehörde gem. Art. 10 zur Bestätigung vorgelegt werden, notwendig. Auch wenn diese Vorgaben nicht ausdrücklich in den deutschen Gesetzestext Eingang gefunden haben, so ist die Bestimmung des § 92 doch so auszulegen, dass die vorgenannten Informations- und Beteiligungsinhalte gewahrt werden müssen. Diese gehen dabei in Umfang und Zeitpunkt zum Teil über die Bestimmungen des BetrVG hinaus und verlangen deshalb ein planvolles Vorgehen des Schuldners. Insbesondere die Verpflichtung zur Unterrichtung bei Maßnahmen, die sich auf die Beschäftigung auswirken, führt zu einer Ausweitung der bisher gegebenen Informationsrechte der Betriebsräte, denn diese Verpflichtung besteht auch unterhalb der Schwellenwerte des § 111 BetrVG, also im Fall einer Betriebsänderung.[14] Aber nicht schon die geplante Betriebsänderung selbst, sondern bereits Auswirkungen auf die Personalplanung oder entsprechende Planungsprämissen im Restrukturierungsplan lösen Beteiligungsrechte des Betriebsrates aus.[15] Inhaltlich sind auch Informationen zum vorgeschlagenen Restrukturierungsplan vorzulegen, sodass die Arbeitnehmervertretung die verschiedenen Szenarien eingehend prüfen kann[16]. Dies spricht für eine umfassende Information mit einer Darstellung unterschiedlicher Szenarien, die der Betriebsrat auch überprüfen können muss, ggf. durch Einschaltung eines Sachverständigen. 14

Umfangreiche Mitwirkungsrechte der Arbeitnehmervertretungen bestehen bei Betriebsänderungen gem. §§ 111 ff. BetrVG. Der Begriff der Betriebsänderung ist in § 111 BetrVG definiert. Neben den organisatorischen Änderungen des Betriebsablaufs ist insbesondere die Betriebseinschränkung, d.h. der Personalabbau in Sanierungsfällen, von praktischer Bedeutung. Ob ein reiner Personalabbau auch zu einer Betriebsänderung führt, bestimmt sich nach § 112a BetrVG. Voraussetzung ist die Überschreitung der entsprechenden Arbeitnehmer-Schwellenwerte. Maßgeblich ist dabei die Zahl der in der Regel beschäftigten Arbeitnehmer. 15

14 *Göpfert/Giese*, NZI-Beil. 2021, 55, 56.
15 Römermann/*M. Braun*, 48. Erg.Lfg. Mai 2023, StaRUG § 92 Rn. 30, 31.
16 *Göpfert/Giese*, NZI-Beil. 2021, 55, 56.

16 Nach den §§ 111, 112a BetrVG stellen folgende Maßnahmen Betriebsänderungen dar:
- Einschränkung oder Stilllegung des gesamten Betriebs oder wesentlicher Betriebsteile,
- Verlegung des gesamten Betriebs oder wesentlicher Betriebsteile,
- Zusammenschluss mit anderen Betrieben oder die Spaltung von Betrieben,
- grundlegende Änderung der Betriebsorganisation, des Betriebszwecks oder der Betriebsanlagen,
- Einführung grundlegend neuer Arbeitsmethoden und Fertigungsverfahren,
- personelle Einschränkungen/Personalabbau in den Schwellenwerten des § 17 Abs. 1 KSchG.

17 Sofern demnach das Restrukturierungsvorhaben Maßnahmen beinhaltet, die die vorgenannten Punkte tangieren, liegt eine Betriebsänderung vor, sodass eine interessenausgleichspflichtige Maßnahme gegeben ist. Aus § 92 folgt, dass in diesem Fall zwingend die zuständigen Arbeitnehmervertretungen entsprechend den gesetzlichen Vorschriften und im Einklang mit der geltenden Rechtsprechung zu beteiligen sind, damit es nicht zu einer »Rechteverkürzung« kommt. Im präventiven Restrukturierungsrahmen gibt es demnach keine Privilegierungen im Vergleich zu der Rechtslage außerhalb des Rahmens. Auch gelten nicht die besonderen Regelungen der InsO.[17] Die betriebsverfassungsrechtlichen Beteiligungsrechte bestehen unabhängig von der Form der rechtlichen Umsetzung der beteiligungspflichtigen Sachverhalte.[18]

18 Häufig ist nicht es nicht einfach festzustellen, wann die Schwelle von der bloßen Planung von mitbestimmungsrelevanten Maßnahmen zu einer Umsetzung dieser Maßnahmen überschritten wird. Die Informationspflicht des Betriebsrates besteht ab dem Zeitpunkt, in dem die Betriebsänderung durch den Arbeitgeber konkret geplant ist und sich bspw. durch die Festlegung der Anzahl der betroffenen Arbeitnehmer hinreichend konkretisiert hat. Das Beteiligungsrecht ist in jedem Fall dann verwirklicht, wenn der Arbeitgeber erste Maßnahmen umsetzt, bspw. Arbeitnehmer unwiderruflich von der Erbringung der Arbeitsleistung freistellt. Hier kann es zu einer Vorverlagerung des Beteiligungszeitpunktes im Rahmen des Restrukturierungsverfahrens kommen, denn entsprechend der RiLi muss die Arbeitnehmervertretung über die jüngste Entwicklung und die wahrscheinliche Weiterentwicklung der Tätigkeit, die wirtschaftlichen Situation und über alle präventiven Restrukturierungsverfahren, die sich auf die Beschäftigung auswirken könnten, informiert werden. Die Information besteht damit bereits in einem Stadium, bevor konkrete Planungen bzgl. einer Betriebsänderung gegeben sind. Zwar muss bei einer geplanten Betriebsänderung der Betriebsrat seine Vorstellungen einbringen können und insoweit dürfen die betriebsändernden Maßnahmen nicht final sein, sondern die Gespräche müssen ergebnisoffen geführt werden können, aber eine Planung muss schon bestehen, um die Informationspflicht des Arbeitgebers auszulösen. Die Informationspflicht nach § 92 setzt also in Auslegungen der Bestimmungen der RiLi zeitlich früher ein, faktisch also frühzeitiger als die Information des Betriebsrates bei Betriebsänderungen nach dem BetrVG. Hier löst nämlich die bloße Planung einer Maßnahme noch nicht die Beteiligung des Betriebsrates aus. Vielmehr müssen konkrete Maßnahmen ergriffen werden. Sofern aber in dem Restrukturierungsplan bereits konkrete Maßnahmen beschrieben werden, die die Qualität einer Betriebsänderung haben (bspw. Sanierungskonzepte, die Personalabbaumaßnahmen einschließen), wird der Schritt von der reinen Planung bzw. der Festlegung von vorbereitenden Maßnahmen zur Umsetzung der Betriebsänderung vollendet werden, denn mit der gerichtlichen Bestätigung des Plans treten gem. § 67 die im gestaltenden Teil festgelegten Wirkungen ein.[19] Der Restrukturierungsplan ist insoweit bindend.[20] Insoweit ist dies bei der Gestaltung des Plans zu beachten und frühzeitig der Betriebsrat einzubinden. Damit ist im Ergebnis festzuhalten, dass ein Restrukturierungsplan, der Betriebsänderungen zu Gegenstand hat, faktisch der Beteiligung des Betriebsrates unterliegt.[21] Denkbar wäre allenfalls, dass die in dem Restrukturierungsplan beschriebenen Maßnahmen unter

17 *Göpfert/Giese*, NZI-Beil. 2021, 55, 55.
18 Begr. zu § 99 (jetzt § 92), RegE SanInsFoG, 215.
19 *Benkert*, NJW-Spezial 2021, 178.
20 *Salamon/Krimm*, NZA 2021, 235.
21 *Benkert*, NJW-Spezial 2021, 178.

den Vorbehalt der Beteiligung des Betriebsrates gestellt werden und insoweit eine Einschränkung erfolgt.[22]

Kündigungsrechtlich von zentraler Bedeutung ist die Anhörung des Betriebsrats gem. § 102 BetrVG. Vor jeder Kündigung ist im Anwendungsbereich des BetrVG der Betriebsrat anzuhören. Auch hier wird über § 92 faktisch klargestellt, dass Einschränkungen des Anhörungsverfahrens im vorinsolvenzlichen Restrukturierungsverfahren nicht zulässig sind. 19

Im Rahmen von Massenentlassungen ist beim Überschreiten der Schwellenwerte des § 17 KSchG neben der erforderlichen Anzeige der geplanten Entlassungen nach § 17 Abs. 2 KSchG auch das Konsultationsverfahren mit der Arbeitnehmervertretung durchzuführen. Die Vorschriften der §§ 17, 18 KSchG wurden auf Grundlage der Massenentlassungsrichtlinie 98/59/EG in das deutsche Recht umgesetzt. Bereits Art. 13 Abs. 1c der RL über Restrukturierung und Insolvenz bestimmt, dass auch Rechte aus der Massenentlassungsrichtlinie durch den präventiven Restrukturierungsrahmen nicht beeinträchtigt werden dürfen. Auch wenn sich § 92 ausdrücklich nur auf die Einhaltung der Rechte aus dem BetrVG bezieht ist davon auszugehen, dass im vorinsolvenzlichen Restrukturierungsrahmen die Regelungen des KSchG uneingeschränkt gelten, zumal auch die InsO keine Einschränkungen des Kündigungsschutzes kennt. Im Rahmen des Konsultationsverfahrens muss der Arbeitgeber gem. § 17 Abs. 2 Satz 1 Nr. 1–6 KSchG die Gründe für die geplanten Entlassungen, die Zahl und die Berufsgruppen der zu entlassenden Arbeitnehmer (Berufsgruppenliste), die Zahl und die Berufsgruppen der in der Regel beschäftigten Arbeitnehmer, den Zeitraum, in dem die Entlassungen vorgenommen werden sollen, die vorgesehenen Kriterien für die Auswahl der zu entlassenden Arbeitnehmer und die für die Berechnung etwaiger Abfindung vorgesehenen Kriterien mitteilen. Die Betriebsparteien haben dann gem. § 17 Abs. 2 Satz 2 KSchG die Option darüber zu beraten, wie Entlassungen vermieden, eingeschränkt oder ihre Folgen abgemildert werden können. Erfolgt all dies nicht oder nicht richtig, sind die ausgesprochenen Kündigungen wegen des Verstoßes gegen ein gesetzliches Verbot (§ 134 BGB) unwirksam. 20

Ist im Rahmen einer Sanierungsmaßnahme der Ausspruch betriebsbedingter Kündigungen beabsichtigt, so sind gem. § 92 auch betriebsverfassungsrechtliche Kündigungsbeschränkungen uneingeschränkt zu beachten. Diese können bspw. in Betriebsvereinbarungen festgeschrieben sein und das Anhörungsrecht des Betriebsrats gem. § 102 BetrVG zu einem echten Zustimmungserfordernis des Betriebsratsgremiums ausweiten oder den Ausspruch betriebsbedingter Kündigungen insgesamt einschränken oder sogar ausschließen. Häufig finden sich solche Regelungen in Betrieblichen Bündnissen für Arbeit oder Standortsicherungsvereinbarungen auf tarifvertraglicher Basis. Da die Anwendbarkeit insolvenzrechtlicher Privilegierungen, insbesondere die des § 113 Satz 1 InsO, im präventiven Restrukturierungsrahmen ausscheidet, werden solche Kündigungsbeschränkungen auch nicht durchbrochen und sind damit zu uneingeschränkt berücksichtigen. Eine Kündigung solcher Vereinbarungen ist jedoch auch nach § 92 im Rahmen des rechtlichen Handlungsrahmens möglich. 21

III. Konsequenzen aus einem Verstoß gegen Beteiligungsrechte

Gem. § 63 Abs. 1 Nr. 2 kann es zur Versagung der Planbestätigung kommen, wenn die Vorschriften über den Inhalt und die verfahrensmäßige Behandlung des Restrukturierungsplans in einem wesentlichen Punkt nicht beachtet worden sind und der Schuldner den Mangel nicht beheben kann oder innerhalb einer angemessenen, vom Restrukturierungsgericht gesetzten Frist nicht behebt. Sollten demnach die frühzeitige Beteiligung der Arbeitnehmervertretung nicht oder nicht richtig erfolgt sein und insoweit § 92 verletzt worden sein, könnte die Planbestätigung versagt werden. Zudem können aus der Verletzung von Rechten aus dem BetrVG weitere Folgen ergeben, bspw. die Geltendmachung von Unterlassungsansprüchen oder auch die Verwirklichung von Ordnungswidrigkeitstatbeständen. Der Schuldner muss sich demnach im vorinsolvenzlichen Restrukturierungsrahmen innerhalb der betriebsverfassungsrechtlichen Vorgaben bewegen. Kollektivrechtliche Privilegierungen, 22

---

22 *Benkert*, NJW-Spezial 2021, 178.

wie sie im eröffneten Insolvenzverfahren gegeben sind, sollen nach dem Regierungsentwurf nicht greifen. Dies betrifft z.B. die insolvenzspezifischen Beschlussverfahren nach § 122, 126 InsO, die insoweit ausscheiden.

D. Praxishinweis

23 § 92 statuiert, dass sich der Schuldner im vorinsolvenzlichen Restrukturierungsrahmen in dem regulären betriebsverfassungsrechtlichen Regelungsregime bewegen muss. Kollektivrechtliche Privilegierungen, wie sie im eröffneten Insolvenzverfahren gegeben sind, greifen nicht. Damit ist es von entscheidender Bedeutung, vor der Planung von arbeitsrechtlichen Sanierungsmaßnahmen die betriebsverfassungsrechtliche Situation zu erfassen und bezüglich der konkret in Aussicht genommenen Maßnahmen die jeweils einschlägigen betriebsverfassungsrechtlichen Beteiligungsrechte zu ermitteln und zu bewerten. Diese Bewertung hat in zeitlicher Hinsicht zu erfolgen (frühzeitige Einbindung der Arbeitnehmervertretung, aber auch Verzögerung des Prozesses durch vorgegebene Verfahrensschritte und eventuelle Gegenmaßnahmen der Arbeitnehmervertretung) und Folgen in wirtschaftlicher Hinsicht (Klagerisiken, Abfindungshöhen im Fall von Personalabbaumaßnahmen) zu berücksichtigen.

§ 93 Gläubigerbeirat

(1) [1]**Sollen in einer Restrukturierungssache mit Ausnahme der in § 4 genannten Forderungen die Forderungen aller Gläubiger durch einen Restrukturierungsplan gestaltet werden, und weist die Restrukturierungssache gesamtverfahrensartige Züge auf, kann das Gericht einen Gläubigerbeirat einsetzen. § 21 Absatz 2 Satz 1 Nummer 1a der Insolvenzordnung gilt entsprechend.** [2]**In dem Beirat können auch nicht planbetroffene Gläubiger vertreten sein.**

(2) **Ist ein Gläubigerbeirat eingerichtet, tritt an die Stelle des gemeinschaftlichen Vorschlags der Planbetroffenen nach § 74 Absatz 2 Satz 3 der einstimmige Beschluss des Gläubigerbeirats.**

(3) [1]**Die Mitglieder des Beirats unterstützen und überwachen den Schuldner bei seiner Geschäftsführung.** [2]**Der Schuldner zeigt dem Beirat die Inanspruchnahme der Instrumente des Stabilisierungs- und Restrukturierungsrahmens an.**

(4) [1]**Die Mitglieder des Gläubigerbeirates haben Anspruch auf Vergütung für ihre Tätigkeit und auf Erstattung angemessener Auslagen.** [2]**Die Höhe der Vergütung richtet sich nach § 17 der Insolvenzrechtlichen Vergütungsverordnung.**

Übersicht **Rdn.**

A. Vertretung der Gläubigerschaft in der Restrukturierungssache

1 Erst auf Vorschlag des Ausschusses für Recht und Verbraucherschutz[1] ist kurz vor Verabschiedung des StaRUG die Möglichkeit der Einsetzung eines Gläubigerbeirates in das Gesetz aufgenommen worden. Allerdings soll dessen Einsetzung auf Ausnahmefälle beschränkt sein, in denen »Bedürfnisse nach einer Koordinierung der unterschiedlichen Interessen und Betroffenheiten entstehen«.[2] In diesem Fall kann das Restrukturierungsgericht einen Gläubigerbeirat einsetzen, der die Interessen der Gesamtheit der Gläubiger vertritt und insoweit in der Restrukturierungssache das Organ der Gläu-

1 Vgl. den Bericht vom 16.12.2020, BT-Drucks. 19/25353, S. 10 f. (zu § 93).
2 Bericht des Ausschusses für Recht und Verbraucherschutz BT-Drucks. 19/25353, S. 10 (zu § 93).

biger darstellt. Damit unterscheidet sich der Gläubigerbeirat i.S.v. § 93 von einem Gläubigerbeirat, dessen Einsetzung auch im Insolvenzverfahren als möglich angesehen wird. Der Gläubigerbeirat ist zwar nicht in der InsO vorgesehen, wird aber verbreitet als bloß beratendes formloses Gremium der Gläubigerversammlung oder des Gläubigerausschusses für zulässig gehalten.[3] Er soll »Diskussionsforum«[4] und »Koordinierungsgremium«[5] sein können. Das StaRUG knüpft mit dem Begriff des Gläubigerbeirats einerseits an die Vorstellung eines Gremiums zur Koordinierung der verschiedenen Gläubigerinteressen an, andererseits orientiert sich dessen rechtliche Ausgestaltung an den insolvenzrechtlichen Regeln zum Gläubigerausschuss. Für den Gläubigerbeirat findet nach Abs. 1 Satz 2 die Vorschrift des § 21 Abs. 2 Satz 1 Nr. 1a InsO entsprechende Anwendung. Daraus ergibt sich nicht nur ein Verweis auf die Vorschriften zur Einsetzung (§ 67 Abs. 2 und 3 InsO), sondern auch die Vorschriften zur Rechtsstellung des Ausschusses und seiner Mitglieder (§§ 69–73 InsO) gelten entsprechend.

B. Einsetzung und Zusammensetzung des Gläubigerbeirats

I. Einsetzung des Gläubigerbeirats

2 Dem StaRUG liegt die Überlegung zugrunde, dass es sich bei der Restrukturierungssache im Unterschied zum Insolvenzverfahren um kein Gesamtverfahren handelt.[6] Eine Vertretung der Gläubiger in der Restrukturierungssache wird daher grundsätzlich nicht nur als verzichtbar, sondern auch als nachteilig angesehen.[7] Insoweit wird zu Recht darauf verwiesen, dass eine verfahrensmäßige Vertretung von Gläubigern, denen in der Restrukturierungssache keine Sanierungsbeiträge abgefordert werden, unerwünschte Anreize schafft.[8] Aus diesem Grund soll nur im Ausnahmefall ein Gläubigerbeirat einzusetzen sein.[9] Diesen Ausnahmefall umschreibt Abs. 1 Satz 1 dahin, dass mit Ausnahme der in § 4 genannten Forderungen die Forderungen aller Gläubiger durch den Restrukturierungsplan gestaltet werden sollen und die Restrukturierungssache gesamtverfahrensartige Züge aufweist.

3 Als Voraussetzung der Einsetzung des Gläubigerbeirats muss sich aus der Anzeige des Restrukturierungsvorhabens zunächst ergeben, dass der Schuldner die Gestaltung der Forderungen aller Gläubiger mit Ausnahme der nach § 4 nicht gestaltbaren Forderungen plant. Eine Gestaltung liegt immer dann vor, wenn die Rechtsstellung der Gläubiger geändert werden soll (vgl. § 7 Abs. 1).[10] Sobald der Schuldner eine Einschränkung des planbetroffenen Gläubigerkreises plant, ist die Einsetzung des Gläubigerbeirats ausgeschlossen.[11] Hinzukommen muss, dass die Restrukturierungssache gesamtverfahrensartige Züge hat. Die gesamtverfahrensartigen Züge ergeben sich noch nicht daraus, dass alle Gläubiger in den Restrukturierungsplan einbezogen werden sollen. Vielmehr ergibt sich aus der Begründung des Ausschusses für Recht und Verbraucherschutz[12], dass dafür erforderlich ist, dass »eine Vielzahl von Gläubigern mit inhomogenen Interessen vertreten ist.« Entsprechend soll ein Verfahren keine gesamtverfahrensartigen Züge aufweisen, »wenn sich die Gläubigerschaft ausschließlich aus wenigen Gläubigern mit vergleichbaren Interessen zusammensetzt.«[13] Die Restrukturierungssache weist also nur dann gesamtverfahrensartige Züge auf, wenn es aufgrund der unterschiedlichen

3 Jaeger/Henckel/Gerhardt-*Gerhardt* § 67 InsO Rn. 36–38; Uhlenbruck-Knof § 67 InsO Rn. 3.
4 Jaeger/Henckel/Gerhardt-*Gerhardt* § 67 InsO Rn. 36 (unter Verweis auf den Regierungsentwurf zur InsO, vgl. BT-Drucks. 12/2443, S. 99).
5 Uhlenbruck-*Knof* § 67 InsO Rn. 3.
6 Bericht des Ausschusses für Recht und Verbraucherschutz BT-Drucks. 19/25353, S. 10 (zu § 93).
7 Bericht des Ausschusses für Recht und Verbraucherschutz BT-Drucks. 19/25353, S. 10 (zu § 93).
8 Bericht des Ausschusses für Recht und Verbraucherschutz BT-Drucks. 19/25353, S. 10 (zu § 93).
9 Vgl. den Bericht des Ausschusses für Recht und Verbraucherschutz BT-Drucks. 19/25353, S. 10 (zu § 93).
10 Unverständlich dazu die Überlegungen von *Sämisch*, ZRI 2021, 361, 362.
11 Ebenso MK-StaRUG/*Madaus* § 93 Rn. 6; einschränkend *Sämisch*, ZRI 2021, 361, 362; Uhlenbruck-*Knof*, § 93 Rn. 7.
12 Vgl. den Bericht BT-Drucks. 19/25353, S. 10 (zu § 93).
13 Bericht des Ausschusses für Recht und Verbraucherschutz BT-Drucks. 19/25353, S. 10 (zu § 93).

Interessen der Gläubiger ein Bedürfnis dafür gibt, sie verfahrensmäßig zu koordinieren. Derartige unterschiedliche Interessen werden sich häufig aus den unterschiedlichen Rechtspositionen (Geldkredit, Warenkredit, Vermieter, institutioneller Gläubiger usw.) ergeben, bedeutsam kann aber auch die Frage sein, ob eine Fortsetzung der Geschäftsbeziehungen mit dem Schuldner vorgesehen ist. Die bloße Bildung verschiedener Gruppen gibt hingegen über die Interessenlage häufig noch keinen ausreichenden Aufschluss, weil Gläubiger nicht selten mehreren Gruppen zuzuordnen sind, insbesondere Inhaber von Absonderungsanwartschaften.[14] Der Gläubigerbeirat »kann« von dem Restrukturierungsgericht eingesetzt werden. Darin ist nicht nur die Zuweisung einer bloßen Kompetenz zu sehen, vielmehr wird dem Restrukturierungsgericht auch bei Einbeziehung aller Gläubiger und dem Vorliegen einer Restrukturierungssache mit gesamtverfahrensartigen Zügen ein Spielraum dafür eingeräumt, über Sinn und Notwendigkeit der Einsetzung des Gläubigerbeirats nach pflichtgemäßem Ermessen zu entscheiden.[15]

II. Zusammensetzung des Gläubigerbeirats

4 Für die Zusammensetzung des Gläubigerbeirats wird in Abs. 1 Satz 2 die entsprechende Anwendung von § 21 Abs. 2 Satz 1 Nr. 1a InsO angeordnet. § 21 Abs. 2 Satz 1 Nr. 1a InsO verweist seinerseits auf § 67 Abs. 2 und 3 InsO. Die entsprechende Anwendung bedeutet, dass im Gläubigerbeirat die Inhaber von Absonderungsanwartschaften, die Inhaber der Restrukturierungsforderungen mit den höchsten Forderungen und die Kleingläubiger vertreten sein sollen. Darüber hinaus soll dem Beirat auch ein Vertreter der Arbeitnehmer angehören. Insoweit ist durch Abs. 1 Satz 3 ausdrücklich vorgesehen, dass auch nicht planbetroffene Gläubiger Beiratsmitglieder sein können. Das betrifft Gläubiger, die nicht planbetroffen sind, weil ihre Forderungen nach § 4 nicht gestaltungsfähig sind. Dazu zählen insbesondere die Forderungen von Arbeitnehmern (§ 4 Satz Nr. 1). Auch Arbeitnehmer können also als Gläubiger Beiratsmitglieder sein, obwohl ihre Forderungen durch den Restrukturierungsplan nicht gestaltet werden können.[16] Darüber hinaus wird durch den Verweis in § 21 Abs. 2 Satz 1 Nr. 1a InsO auf § 67 Abs. 3 InsO klargestellt, dass auch Personen bestellt werden können, die keine Gläubiger sind. Dieser erst durch das SanInsFoG aufgenommene Verweis zielt insbesondere auf die Beteiligung von Gewerkschaftsvertretern.[17] Auch die Bundesagentur für Arbeit oder die Finanzverwaltung (d.h. der Bund bzw. das betroffene Land oder ein Mitglied der betroffenen Behörde) können bestellt werden, ohne planbetroffene Gläubiger zu sein.[18]

5 Die Entscheidung darüber, welche (natürlichen oder juristischen) Personen zu Beiratsmitgliedern bestellt werden, liegt wie die Entscheidung darüber, ob überhaupt ein Gläubigerbeirat eingesetzt wird, im Ermessen des Restrukturierungsgerichts. Bei der Ermessensentscheidung wird das Gericht i.d.R. die Gesichtspunkte berücksichtigen, wie sie auch für die Auswahl der Gläubigerausschussmitglieder gelten.[19] Das bedeutet, es muss zumindest zwei Mitglieder bestellen, i.d.R. wird sich – zur Vermeidung von Pattsituationen – eine ungerade Zahl von Beiratsmitgliedern anbieten.[20] Damit wird sich häufig eine Besetzung mit drei oder fünf Mitgliedern empfehlen. Bei der personellen Auswahl der Beiratsmitglieder sind Vorschläge der Beteiligten, Interessenbekundungen und auch die Bereitschaft zur Übernahme des Amtes zu berücksichtigen. Vor der Entscheidung hat das Gericht den Schuldner wegen seiner Verpflichtung zur Kostentragung anzuhören.[21] Die Entscheidung ist nicht anfechtbar, vgl. § 40 Abs. 1.

---

14 Anders *Sämisch*, ZRI 2021, 361, 363; wie hier MK-StaRUG/*Madaus* § 93 Rn. 6.

15 So auch BeckOK-StaRUG/*Mock* § 93 Rn. 7; MK-StaRUG/*Madaus* § 93 Rn. 13.

16 So ausdrücklich der Bericht des Ausschusses für Recht und Verbraucherschutz BT-Drucks. 19/25353, S. 11 (zu § 93).

17 So die Begründung zum Gesetzesentwurf der Bundesregierung zum SanInsFoG, BT-Drucks. 19/24181, S. 197 (zu Nr. 12).

18 Braun-*Hirte*, StaRUG, § 93 Rn. 6.

19 Dazu etwa Uhlenbruck-*Knof* § 67 InsO Rn. 18 ff.

20 Vgl. Uhlenbruck-*Knof* § 67 InsO Rn. 20; K. Schmidt-*Jungmann* § 67 InsO Rn. 28.

21 *Ahrens*, NZI-Beilage 2021, 57, 58; MK-StaRUG/*Madaus* § 93 Rn. 14.

C. Aufgaben und Befugnisse des Gläubigerbeirats

I. Aufgaben des Gläubigerbeirats

Aus Abs. 3 ergibt sich, dass die Mitglieder des Beirats den Schuldner bei seiner Geschäftsführung unterstützen und überwachen. Die Vorschrift lehnt sich an die Regelung des § 69 Satz 1 InsO an, die dem Gläubigerausschuss entsprechende Aufgaben zuweist. Aus der Pflicht zur Unterstützung des Insolvenzverwalters ergibt sich, dass die Tätigkeit des Gläubigerbeirats auf Förderung der Restrukturierungssache durch Kooperation mit dem Schuldner zielt. Die Unterstützung des Schuldners mag vor allem dann bedeutsam sein, wenn die Mitglieder des Ausschusses über besondere Sachkunde verfügen, die sie durch Rat, Warnung, Hinweise u.Ä. zur Geltung bringen können.[22] 6

Bei der Überwachung des Schuldners ist zunächst zu bedenken, dass darin ein Eingriff in die eigenverwaltungsähnliche Stellung des Schuldners liegt. Allerdings kann auch dem Restrukturierungsbeauftragten unter den Voraussetzungen von § 76 Abs. 2 Nr. 2a die Überwachung der Geschäftsführung des Schuldners übertragen werden. Anders als im Insolvenzverfahren ist die Zielrichtung der überwachenden Tätigkeit des Gläubigerbeirats nicht ohne Weiteres erkennbar. Es liegt nahe, dass der Gläubigerbeirat die Geschäftsführung des Schuldners daraufhin überwacht, ob er die Restrukturierungssache mit der Sorgfalt eines ordentlichen und gewissenhaften Sanierungsgeschäftsführers i.S.v. § 32 betreibt.[23] Insoweit überwacht der Gläubigerbeirat etwa, ob der Schuldner seinen Pflichten zur Mitteilung wesentlicher Änderungen nachkommt, vgl. § 32 Abs. 2 Satz 1 und 2, und seine weiteren Anzeigepflichten erfüllt, vgl. § 32 Abs. 3 und 4. Daher hat der Gläubigerbeirat insbesondere auch zu überwachen, ob der Schuldner seiner Pflicht, den Eintritt der Zahlungsunfähigkeit und/oder Überschuldung anzuzeigen, nachkommt. Auch Rechnungslegung und Buchführung des Schuldners sind im Hinblick auf den zur Erwirkung einer Stabilisierungsanordnung erforderlichen Finanzplan (§ 50 Abs. 2 Nr. 2 StaRUG) zu prüfen, vgl. § 59 Abs. 1 Nr. 4 b. 7

Die Überwachung durch den Gläubigerbeirat wird primär dadurch ermöglicht, dass der Schuldner diesen unterrichtet. Insoweit präzisiert Abs. 3 Satz 2 die allgemeine Unterrichtungspflicht des Schuldners, indem die Vorschrift ihn ausdrücklich verpflichtet, dem Beirat die Inanspruchnahme der verschiedenen Instrumente des Stabilisierungs- und Restrukturierungsrahmens (vgl. § 29 Abs. 2) anzuzeigen. Wie im Insolvenzverfahren wird man erwarten können, dass der Beirat sich nicht auf die Entgegennahme der Berichte des Schuldners beschränkt, sondern bei Bedarf auch aktiv tätig wird und Nachfragen stellt oder Nachweise anfordert. Im Hinblick auf die Prüfung des Eintritts von Insolvenzgründen ist auch denkbar, dass der Beirat die in § 69 Satz 2 InsO angesprochenen Rechte in Anspruch nimmt und sich über den Gang der Geschäfte unterrichtet, Bücher und Geschäftspapiere einsehen will und den Geldverkehr und -bestand prüfen lässt.[24] 8

Stellt der Gläubigerbeirat fest, dass der Schuldner die Restrukturierungssache nicht mit der Sorgfalt eines ordentlichen und gewissenhaften Sanierungsgeschäftsführers i.S.v. § 32 betreibt, so hat er nach pflichtgemäßem Ermessen das Restrukturierungsgericht darüber zu unterrichten, indem er etwa auf wesentliche Änderungen für das angezeigte Restrukturierungsvorhaben oder die Restrukturierungsplanung hinweist, den Eintritt von Zahlungsunfähigkeit und/oder Überschuldung oder die Aussichtslosigkeit des Restrukturierungsvorhabens. Auf der Grundlage dieser Unterrichtung durch den Gläubigerbeirat wird das Restrukturierungsgericht dann die Aufhebung der Restrukturierungssache (§ 33) und die Aufhebung einer Stabilisierungsanordnung (§ 59) zu prüfen haben. 9

---

22 Vgl. zur Unterstützung durch Gläubigerausschussmitglieder Jaeger/Henckel/Gerhardt-*Gerhardt* § 69 InsO Rn. 9; Uhlenbruck-*Knof* § 69 InsO Rn. 21.

23 So auch Braun-*Hirte*, StaRUG, § 93 Rn. 12.

24 So auch Braun-*Hirte*, StaRUG, § 93 Rn. 11; MK-StaRUG/*Madaus* § 93 Rn. 27; dagegen aber *Ahrens*, NZI-Beilage 2021, 57, 59; BeckOK-StaRUG/*Mock* § 93 Rn. 20.1; Morgen-*Blankenburg*, StaRUG, § 93 Rn. 25; Uhlenbruck-*Knof*, StaRUG, § 93 Rn. 29.

II. Befugnisse des Gläubigerbeirats

10 In Anlehnung an das sich aus § 56a InsO ergebende Vorschlagsrecht des vorläufigen Gläubigerausschusses für den (vorläufigen) Insolvenzverwalter wird dem Gläubigerbeirat durch Abs. 2 ein vergleichbares Recht zur Bestimmung des Restrukturierungsbeauftragten eingeräumt: Bei der Bestellung des Restrukturierungsbeauftragten besteht gem. § 74 Abs. 2 Satz 3 ein (gegenüber dem Schuldnervorschlag subsidiäres) Recht der Gläubiger, einen das Restrukturierungsgericht grundsätzlich bindenden Vorschlag zur Person des Restrukturierungsbeauftragten zu unterbreiten.[25] Dazu ist erforderlich, dass auf die Gläubiger mehr als 25 % der Stimmrechte in einer Gruppe des Restrukturierungsplans entfallen. An die Stelle eines solchen Vorschlags der planbetroffenen Gläubiger tritt der Vorschlag des Gläubigerbeirats. Voraussetzung dafür ist allerdings, dass der Beschluss einstimmig gefasst worden ist (was der Regelung des § 56a Abs. 2 Satz 1 InsO entspricht).

11 Weitere Befugnisse werden dem Gläubigerbeirat nicht zugewiesen. Allerdings ergibt sich aus seiner Aufsichtsfunktion auch das Recht, dem Restrukturierungsgericht Tatsachen zu unterbreiten, aus denen sich Pflichtverletzungen des Schuldners bei der Betreibung der Restrukturierungssache ergeben (vgl. o. Rdn. 9). Insoweit kann der Beirat dem Gericht aber nur die von Amts wegen zu prüfenden Tatsachen vortragen. Er hat weder eigene Antragsrechte noch kann er die Rechte einzelner Gläubiger (etwa auf Aufhebung der Stabilisierungsanordnung nach § 59 Abs. 2) ausüben.

D. Weitere Rechtsstellung des Beirats und der Beiratsmitglieder

12 Soweit § 93 keine vorrangige Regelung enthält, finden aufgrund der Verweisung in Abs. 1 Satz 2 auf die entsprechende Geltung von § 21 Abs. 2 Satz 1 Nr. 1a InsO die §§ 69 bis 73 InsO entsprechende Anwendung. Für Beschlüsse des Gläubigerbeirats (etwa im Hinblick auf Mitteilungen an das Restrukturierungsgericht) gelten die sich aus § 72 InsO ergebenden Gültigkeitserfordernisse. Für den Beschluss nach Abs. 2 ist allerdings Einstimmigkeit erforderlich (o. Rdn. 10). Beiratsmitglieder können entsprechend § 70 InsO aus wichtigem Grund entlassen werden. Sie haften entsprechend § 71 InsO, und zwar gegenüber allen beteiligten Inhabern von Absonderungsanwartschaften und Restrukturierungsforderungen. Dagegen lässt sich aufgrund der Einschränkungen, die § 71 InsO vornimmt, weder eine Haftung gegenüber nicht planbeteiligten Gläubigern herleiten (z.B. gegenüber Arbeitnehmern) noch gegenüber dem Schuldner, seinen Anteilsinhabern oder (bei der Gestaltung von gruppeninternen Drittsicherheiten gem. § 2 Abs. 4) gegenüber verbundenen Unternehmen.[26] Aufgrund der Haftungsrisiken, die sich bei unzureichender Überwachung ergeben, wird sich für die Beiratsmitglieder i.d.R. der Abschluss einer Haftpflichtversicherung empfehlen.[27] Die Vergütungsregelung des § 73 InsO wird durch die besondere Regelung des Abs. 4 zur Vergütung der Mitglieder des Gläubigerbeirats ersetzt. Als Auslagen sind auch die Prämien für die Haftpflichtversicherung zu erstatten.[28]

Teil 3 Sanierungsmoderation

§ 94 Antrag

(1) [1]Auf Antrag eines restrukturierungsfähigen Schuldners bestellt das Gericht eine geeignete, insbesondere geschäftskundige und von den Gläubigern und dem Schuldner unabhängige natürliche Person zum Sanierungsmoderator. [2]Dies gilt nicht, wenn der Schuldner offensichtlich zah-

25 Vgl. *Schulte-Kaubrügger/Dimassi*, ZIP 2021, 936, 944.

26 Zur Beschränkung der Haftung aus § 71 InsO s. die Begründung RegE BT-Drucks. 12/2443, S. 132 und im Anschluss daran BGH, ZIP 2014, 2242 Rn. 44.

27 Braun-*Hirte*, StaRUG, § 93 Rn. 22.

28 Braun-*Hirte*, StaRUG, § 93 Rn. 23; Morgen-*Blankenburg*, StaRUG, § 93 Rn. 37.

lungsunfähig ist. [3]Handelt es sich bei dem Schuldner um eine juristische Person oder eine rechtsfähige Personengesellschaft, für deren Verbindlichkeiten keine natürliche Person als unmittelbarer oder mittelbarer Gesellschafter haftet, gilt Satz 2 auch bei einer offensichtlichen Überschuldung.

(2) [1]Im Antrag sind anzugeben:
1. der Gegenstand des Unternehmens und
2. die Art der wirtschaftlichen oder finanziellen Schwierigkeiten.

[2]Dem Antrag sind ein Verzeichnis der Gläubiger und ein Verzeichnis des Vermögens sowie die Erklärung des Schuldners beizufügen, nicht zahlungsunfähig zu sein. [3]Handelt es sich bei dem Schuldner um eine juristische Person oder eine rechtsfähige Personengesellschaft, für deren Verbindlichkeiten keine natürliche Person als unmittelbarer oder mittelbarer Gesellschafter haftet, hat sich die Erklärung auch darauf zu erstrecken, dass keine Überschuldung vorliegt.

(3) Der Antrag ist an das für Restrukturierungssachen zuständige Gericht zu richten.

Übersicht

A. Sanierungsmoderation als Alternative zum Stabilisierungs- und Restrukturierungsrahmen

1 Mit der Sanierungsmoderation wird dem Schuldner in den §§ 94 ff. eine Alternative zum Stabilisierungs- und Restrukturierungsrahmen angeboten, die ihm im Fall wirtschaftlicher oder finanzieller Schwierigkeiten die Unterstützung eines Dritten zur Lösung seiner Schwierigkeiten ermöglicht (vgl. § 96 Abs. 1).[1] Das Angebot soll sich vor allem an kleinere Unternehmen richten, die sich die Kosten einer professionellen Sanierungsberatung nicht leisten können.[2] Daneben richtet sich das Angebot aber auch an Schuldner, bei denen sich im Rahmen von Sanierungsverhandlungen der Bedarf nach einer neutralen Vermittlungsperson ergibt.[3] Schließlich wird die Sanierungsmoderation auch als Vorstufe zur Inanspruchnahme von Instrumenten des Stabilisierungs- und Restrukturierungsrahmens angesehen (vgl. § 100).[4] Für die Lösung der wirtschaftlichen oder finanziellen Schwierigkeiten ist in § 97 ein Sanierungsvergleich vorgesehen, dessen Bestätigung durch das Restrukturierungsgericht zur Einschränkung der Anfechtung führt (vgl. § 97 Abs. 3). Im Übrigen ist das Verfahren bewusst einfach gehalten, um den Einstieg in die Bewältigung der Schwierigkeiten nicht unnötig zu erschweren. Mit der Sanierungsmoderation greift der Gesetzgeber auf Vorbilder des französischen Rechts zurück (»Mandat ad hoc« und »conciliation«), die ebenfalls als präventive Verfahren konzipiert sind, die auf eine einvernehmliche Lösung durch Einigung des Schuldners mit seinen Gläubigern zielen.[5] Die praktische Bedeutung der Sanierungsmoderation ist bislang gering.

1 Begründung zum Gesetzesentwurf der Bundesregierung zum SanInsFoG, BT-Drucks. 19/24181, S. 183 (zu Teil 3).
2 Begründung zum Gesetzesentwurf der Bundesregierung zum SanInsFoG, BT-Drucks. 19/24181, S. 183 (zu § 100).
3 Begründung zum Gesetzesentwurf der Bundesregierung zum SanInsFoG, BT-Drucks. 19/24181, S. 183 (zu § 100).
4 Begründung zum Gesetzesentwurf der Bundesregierung zum SanInsFoG, BT-Drucks. 19/24181, S. 183 (zu § 100).
5 Zum Rückgriff auf das französische Recht z.B. *Thole*, ZIP 2020, 1985, 2000. Zu beiden Verfahren Kindler/Nachmann/Bitzer, Handbuch Insolvenzrecht in Europa, Teil 2, Frankreich, Rn. 33 ff., 43 ff.

2 Die Sanierungsmoderation lässt sich wie folgt charakterisieren[6]: Sie ist ein freiwilliges Verfahren. Die Moderation wird durch Antrag des Schuldners eingeleitet und auch die Teilnahme der Gläubiger beruht auf Freiwilligkeit. Wie der Stabilisierungs- und Restrukturierungsrahmen kann sie sich darauf beschränken, nur einzelne Gläubiger einzubeziehen, wie sich aus § 96 Abs. 3 Nr. 2 ergibt. Das Verfahren ist nicht öffentlich (vgl. § 95 Abs. 2), nur von kurzer Zeitdauer (§ 95 Abs. 1), Zwangseingriffe in die Rechte der Gläubiger sind nicht vorgesehen. Der Begriff der Sanierungsmoderation bezieht sich in der gesetzlichen Regelung zumeist auf die Tätigkeit des Sanierungsmoderators, dem Umstand, dass die Sanierungsmoderation auch ein entsprechendes Verfahren darstellt, das durch Antrag des Schuldners und Bestellung des Sanierungsmoderators initiiert wird, hat der Gesetzgeber nur wenig Aufmerksamkeit geschenkt.

B. Bestimmung des Sanierungsmoderators

I. Eignung des Sanierungsmoderators

3 Das Gericht bestellt nur auf Antrag des Schuldners einen Sanierungsmoderator. Aus Abs. 1 Satz 1 ergeben sich insoweit zunächst die Anforderungen an den Sanierungsmoderator. Es muss sich um eine geeignete natürliche Person handeln. Das Merkmal der Eignung wird durch zwei weitere Kriterien näher bestimmt: Der Sanierungsmoderator muss geschäftskundig und von den Gläubigern und dem Schuldner unabhängig sein. Mit diesen Voraussetzungen werden Anforderungen formuliert, wie sie in ähnlicher Weise etwa auch für die Bestellung des Insolvenzverwalters (§ 56 Abs. 1 Satz 1 InsO) oder des Restrukturierungsbeauftragten (§ 74 Abs. 1) aufgestellt werden. Mit dem Merkmal der Geschäftskunde ist darauf verwiesen, dass der Sanierungsmoderator über die für den Einzelfall erforderlichen rechtlichen und kaufmännischen Kenntnisse zur Wahrnehmung seiner Aufgaben verfügen muss.[7] Er muss also über ausreichende Kenntnisse verfügen, um die wirtschaftlichen oder finanziellen Schwierigkeiten des Schuldners analysieren und bewerten zu können und für sie angemessene Lösungen unter Berücksichtigung verschiedener Alternativen aufzeigen können. Die Unabhängigkeit ist zentrale Voraussetzung für die Möglichkeit der Wahrnehmung moderierender Funktion des Sanierungsmoderators. Sie fehlt bei einer Vorbefassung des Sanierungsmoderators mit den Angelegenheiten, die Gegenstand der Moderation sein sollen. Damit fehlt die Unabhängigkeit, wenn der Sanierungsmoderator (oder ein mit ihm verbundene Sozius, § 45 Abs. 3 BRAO) im Hinblick auf die wirtschaftlichen oder finanziellen Schwierigkeiten des Schuldners bereits vorbefasst war, gleich auf welcher Seite; auch Tätigkeiten im Hinblick auf frühere wirtschaftliche oder finanzielle Schwierigkeiten des Schuldners können seine Unabhängigkeit beeinträchtigen. Darüber hinaus wird man wegen der moderierenden Funktion auch gerade Fähigkeiten erwarten dürfen, die auf den Ausgleich widerstreitender Interessen zielen, also etwa Einfühlungsvermögen, Kommunikationsfähigkeit, gutes Konfliktmanagement usw. Auch der Sanierungsmoderator muss in geordneten wirtschaftlichen Verhältnissen leben und eine seiner Aufgabe entsprechende Haftpflichtversicherung haben (zur Haftung s.u. § 96 Rdn. 9). Weitere mögliche Anforderungen (wie etwa Büroorganisation, Ortsnähe usw.[8]) sind angesichts der beschränkten Aufgabe des Sanierungsmoderators – je nach Einzelfall – weniger streng zu beurteilen als in Insolvenzverfahren.[9] Wie bei Insolvenzverwaltern oder Restrukturierungsbeauftragten werden die Gerichte voraussichtlich zukünftig Vorauswahllisten für einen infrage kommenden Kreis von Sanierungsmoderatoren führen.

II. Ausschluss der Bestellung bei Vorliegen offensichtlicher Insolvenzgründe

4 Die Bestellung eines Sanierungsmoderators scheidet gem. Abs. 1 Satz 2 aus, wenn der Schuldner offensichtlich zahlungsunfähig ist. Das Gleiche gilt gem. Abs. 1 Satz 3 bei offensichtlicher Überschuldung, wenn es sich bei dem Schuldner um eine juristische Person handelt oder eine rechtsfähige

6 Zu den Kennzeichen *Hoegen*, NZI-Beilage 2021, 59, 59.
7 Zum Merkmal der Geschäftskunde Uhlenbruck/*Zipperer* § 56 InsO Rn. 17 ff.
8 Vgl. dazu Uhlenbruck/*Zipperer* § 56 InsO Rn. 27 ff.
9 Ähnlich Braun-*Blümle/Erbe*, StaRUG, § 94 Rn. 28.

Personengesellschaft (früher »Person ohne Rechtspersönlichkeit«, geändert mit Wirkung zum 01.01.2024 durch das MoPeG), für deren Verbindlichkeiten keine natürliche Person als unmittelbarer oder mittelbarer Gesellschafter haftet (also etwa bei der GmbH & Co. KG). Zahlungsunfähigkeit und Überschuldung bestimmen sich nach den §§ 17 und 19 InsO. Nur bei offensichtlichem Vorliegen eines maßgeblichen Insolvenzgrundes ist die Bestellung des Sanierungsmoderators ausgeschlossen. Diese Einschränkung beruht anscheinend darauf, dass der Nachweis eines noch nicht eingetretenen Insolvenzgrundes keine nachzuweisende Voraussetzung für die Inanspruchnahme der Sanierungsmoderation darstellt. Anhand der vom Schuldner vorzulegenden Unterlagen (vgl. u. Rdn. 6) wird das Gericht häufig nicht ausreichend beurteilen können, ob Zahlungsunfähigkeit und/oder Überschuldung vorliegt. Andererseits soll es insoweit auch keine Amtsermittlungen anstellen und die Bestellung des Sanierungsmoderators nur ablehnen, wenn der Insolvenzgrund auf der Hand liegt.[10] Damit trägt der Schuldner die Verantwortung dafür, dass noch kein Insolvenzgrund eingetreten ist und er seine Antragspflichten gem. § 15a InsO nicht verletzt.

C. Antrag auf Bestellung des Sanierungsmoderators

I. Allgemeine Voraussetzungen

Der Antrag auf Bestellung des Sanierungsmoderators kann nach Abs. 1 Satz 1 nur von einem restrukturierungsfähigen Schuldner gestellt werden. Insoweit ist auf § 30 verwiesen. Das bedeutet, dass natürliche Personen den Antrag nur stellen können, soweit sie unternehmerisch tätig sind, § 30 Abs. 1 Satz 2. Für die in § 30 Abs. 2 umschriebenen Unternehmen ist die Sanierungsmoderation ausgeschlossen. Der Antrag ist nach Abs. 3 an das für Restrukturierungssachen zuständige Gericht zu richten. Insoweit gilt grundsätzlich die sich aus § 34 Abs. 1 ergebende Regelung zur sachlichen Zuständigkeit, die aber (auf der Grundlage von § 34 Abs. 2) teils durch Rechtsverordnung der Länder verdrängt wird. Für die örtliche Zuständigkeit gelten die §§ 35–37.[11] Im Übrigen stellt der Antrag eine Prozesshandlung dar, für welche die allgemeinen Voraussetzungen gelten. Das bedeutet z.B., dass der Antrag schriftlich oder zu Protokoll der Geschäftsstelle (§ 496 ZPO) zu stellen ist.[12] 5

II. Notwendige Angaben, Verzeichnisse und Erklärungen

Als »Mindestinformationen«[13] hat der Schuldner in seinem Antrag gegenüber dem Gericht bestimmte Angaben zu machen sowie Verzeichnisse und Erklärungen beizufügen. Im Antrag ist der Gegenstand des Unternehmens anzugeben (Abs. 2 Satz 1 Nr. 1) und die Art der wirtschaftlichen oder finanziellen Schwierigkeiten (Abs. 2 Satz 1 Nr. 2). Daraus sollte das Gericht ersehen können, in welcher Branche das Unternehmen tätig ist und welcher Art seine Schwierigkeiten sind. Die wirtschaftlichen oder finanziellen Schwierigkeiten müssen kein bestimmtes Stadium erreicht haben, insbesondere muss noch keine drohende Zahlungsunfähigkeit vorliegen.[14] Sodann hat der Schuldner ein (vollständiges)[15] Verzeichnis der Gläubiger und ein Verzeichnis seines Vermögens vorzulegen (Abs. 2 Satz 2). Es genügt die bloße Angabe der Gläubiger, da das Gesetz, wenn es auch eine Angabe über die Höhe der Forderungen erwartet, dies auch ausdrücklich vorschreibt (vgl. §§ 13 Abs. 1 Satz 3, 305 Abs. 1 Nr. 3 InsO).[16] In das Verzeichnis sind auch Gläubiger aufzunehmen, deren Forderungen streitig sind, dies ist ggf. kenntlich zu machen. Für das Vermögensverzeichnis kann sich der Schuld- 6

10 Ähnlich Flöther-*Swierczok/Schubert*, StaRUG, § 94 Rn. 7 (»Evidenzkontrolle«).
11 Flöther-*Swierczok/Schubert*, StaRUG, § 94 Rn. 2.
12 Braun-*Blümle/Erbe*, StaRUG, § 94 Rn. 7.
13 Begründung zum Gesetzesentwurf der Bundesregierung zum SanInsFoG, BT-Drucks. 19/24181, S. 183 (zu § 100).
14 Wie hier MK-StaRUG/*Fridgen* § 94 Rn. 56; Uhlenbruck-*Borries*, § 94 StaRUG Rn. 13; a.A. *Cranshaw/Portisch*, ZInsO 2020, 2561, 2576.
15 AG Düsseldorf, ZInsO 2021, 1453.
16 Jacoby/Thole-*Ehret* § 94 Rn. 11; Uhlenbruck-*Borries*, § 94 StaRUG Rn. 36 m.w.N.; a.A. MK-StaRUG/*Fridgen* § 94 Rn. 44.

ner an gängigen Formularen orientieren; eine Bewertung der Vermögensgegenstände ist nicht erforderlich. Nach der Gesetzesbegründung ist, sofern die Überschuldung als Insolvenzgrund in Betracht kommt, darüber hinaus eine Übersicht über die Verbindlichkeiten beizufügen.[17] Aus dem Gesetzestext ergibt sich dieses Erfordernis aber nicht. Der Schuldner hat schließlich die Erklärung beizufügen, dass er nicht zahlungsunfähig ist und, sofern die Überschuldung als Insolvenzgrund in Betracht kommt, auch die Erklärung, dass keine Überschuldung vorliegt (Abs. 2 Satz 2 und 3). Eine Versicherung der Richtigkeit oder Vollständigkeit der Angaben wird nicht erwartet und ist auch nicht erforderlich, da unzutreffende Angaben ggf. zur Strafbarkeit wegen Verletzung der Antragspflichten gem. § 15a InsO führen und für darüber hinausgehende Sanktionen keine Notwendigkeit besteht. Fehlen die erforderlichen Unterlagen ist der Antrag – nach erfolgloser Fristsetzung – als unzulässig zurückzuweisen.

III. Vorschlag für den Sanierungsmoderator

7 Der Schuldner kann – auch ohne besondere gesetzliche Regelung – dem Gericht eine bestimmte Person als Sanierungsmoderator vorschlagen. Nach dem sich aus § 56 Abs. 1 Satz 3 Nr. 1 InsO ergebenden Rechtsgedanken schließt ein solcher Vorschlag die erforderliche Unabhängigkeit des Sanierungsmoderators nicht aus. Eine Bindungswirkung kann der Vorschlag des Schuldners ohne gesetzliche Regelung aber nicht entfalten.[18] Insoweit genügt es, wenn das Gericht im Rahmen der Ausübung seines Ermessens den Vorschlag des Schuldners im Hinblick auf die angestrebte Sanierungsmoderation ausreichend berücksichtigt.[19]

§ 95 Bestellung

(1) [1]Die Bestellung des Sanierungsmoderators erfolgt für einen Zeitraum von bis zu drei Monaten. [2]Auf Antrag des Moderators, welcher der Zustimmung des Schuldners und der in die Verhandlungen einbezogenen Gläubiger bedarf, kann der Bestellungszeitraum um bis zu drei weitere Monate verlängert werden. [3]Wird innerhalb dieses Zeitraums die Bestätigung eines Sanierungsvergleichs nach § 97 beantragt, verlängert sich die Bestellung bis zur Entscheidung über die Bestätigung des Vergleichs.

(2) Die Bestellung wird nicht öffentlich bekannt gemacht.

Übersicht

A. Bestellungszeitraum

1 Anders als die Gesetzesüberschrift suggeriert, regelt die Vorschrift nicht die Bestellung des Sanierungsmoderators, sondern den Bestellungszeitraum und die Nichtöffentlichkeit des Verfahrens. Abs. 1 Satz 1 geht als Grundlage der Sanierungsmoderation von einem Zeitraum von drei Monaten aus, für den der Sanierungsmoderator bestellt ist. Ohne Verlängerung erlischt seine Stellung danach automatisch, sodass auch das Verfahren beendet ist. Für den Bestellungsbeschluss empfiehlt es sich, das Enddatum der Bestellung aufzunehmen.[1] Nach der Gesetzesbegründung sollen durch die Beschränkung des Bestellungszeitraums »Ineffizienzen, Missbrauch oder gar Insolvenzver-

17 Begründung zum Gesetzesentwurf der Bundesregierung zum SanInsFoG, BT-Drucks. 19/24181, S. 183 (zu § 100).

18 Für Bindungswirkung aber Braun-*Blümle/Erbe*, StaRUG, § 94 Rn. 38 ff. Kritisch zum Fehlen eines Vorschlagsrechts des Schuldners etwa auch *Hoegen*, NZI-Beilage 2021, 59, 61 m.w.N.

19 Für eine weitgehende Ermessensreduzierung bei einem Vorschlag des Schuldners Uhlenbruck-*Borries*, § 94 StaRUG Rn. 58.

1 Uhlenbruck-*Borries* § 95 Rn. 3.

schleppungen« verhindert werden.[2] Vor diesem Hintergrund dürfte die erneute Inanspruchnahme der Sanierungsmoderation zur Beseitigung von Schwierigkeiten, die bereits Gegenstand einer früheren Sanierungsmoderation waren, unzulässig sein, sofern kein erneutes Rechtsschutzinteresse aufgezeigt wird.[3]

Abs. 1 sieht zwei Möglichkeiten der Verlängerung des Bestellungszeitraums vor: 2

1. Nach Abs. 1 Satz 2 kann der Bestellungszeitraum um drei weitere Monate (auf insgesamt sechs Monate) verlängert werden. Dazu ist ein Antrag des Moderators auf Verlängerung des Bestellungszeitraums erforderlich und die Zustimmungserklärungen des Schuldners und sämtlicher in die Verhandlungen einbezogenen Gläubiger. Dem liegt die Annahme zugrunde, dass ohne Bereitschaft aller Beteiligter zur Fortsetzung der Verhandlungen eine Verlängerung des Moderationszeitraums sinnlos ist. Dementsprechend werden die Beteiligten ihre Zustimmung nur erklären, wenn sie die Fortsetzung der Sanierungsmoderation für erfolgversprechend halten. Für den Ausschluss opponierender Gläubiger aus der laufenden Sanierungsmoderation gibt es keine Grundlage.[4] Die Verlängerung des Zeitraums erfolgt durch Beschluss des Gerichts und ist in dessen Ermessen gestellt. Dabei wird angesichts der Unterstützung der Beteiligten i.d.R. eine Verlängerung geboten sein, wenn keine besonderen Gründe vorliegen, die gegen die Verlängerung sprechen.[5] 3
2. Abs. 1 Satz 3 regelt sodann den Fall, dass innerhalb des Bestellungszeitraums die Bestätigung eines Sanierungsvergleichs nach § 97 beantragt wird. Sofern nur der Antrag auf Bestätigung noch im Bestellungszeitraum (gleich ob ursprünglicher oder bereits verlängerter Zeitraum) erfolgt, verlängert sich der Bestellungszeitraum im Unterschied zu Abs. 1 Satz 2 kraft Gesetzes bis zur Entscheidung des Gerichts über die Bestätigung des Vergleichs.[6] 4

B. Bekanntmachung

Durch Abs. 2 wird die öffentliche Bekanntmachung der Bestellung eines Sanierungsmoderators ausdrücklich ausgeschlossen. In welcher Weise das Gericht die Bestellung hätte bekannt machen können, ist ohnehin schwer erkennbar. Jedenfalls wird dadurch unterstrichen, dass das mit der Bestellung des Sanierungsmoderators eingeleitete Vermittlungsverfahren vertraulich ist.[7] Die entsprechen Pflichten auf Wahrung der Vertraulichkeit richten sich aber nur an das Gericht und den Sanierungsmoderator[8]. Für Gläubiger können sich Verpflichtungen zur Wahrung der Vertraulichkeit aus den Rechtsbeziehungen zum Schuldner ergeben. Es kann sich daher für den Schuldner empfehlen, mit den in die Sanierungsmoderation einbezogenen Gläubigern ausdrückliche Abreden über die Vertraulichkeit der Gespräche zu treffen.[9] 5

§ 96 Sanierungsmoderation

(1) Der Sanierungsmoderator vermittelt zwischen dem Schuldner und seinen Gläubigern bei der Herbeiführung einer Lösung zur Überwindung der wirtschaftlichen oder finanziellen Schwierigkeiten.

2 Begründung zum Gesetzesentwurf der Bundesregierung zum SanInsFoG, BT-Drucks. 19/24181, S. 183 (zu § 101 Abs. 1).
3 Ähnlich Flöther-*Swierczok/Schubert*, StaRUG, § 94 Rn. 4 a.E.; grundsätzlich für erneuten Zugang zur Sanierungsmoderation MK-StaRUG/*Fridgen* § 95 Rn. 60.
4 Dafür aber BeckOK-StaRUG/*Hänel* § 95 Rn. 21; Uhlenbruck-*Borries* § 95 Rn. 7.
5 So auch Uhlenbruck-*Borries* § 95 Rn. 8; ähnlich BeckOK-StaRUG/*Hänel* § 95 Rn. 39.
6 Ebenso Uhlenbruck-*Borries* § 95 Rn. 11.
7 Begründung zum Gesetzesentwurf der Bundesregierung zum SanInsFoG, BT-Drucks. 19/24181, S. 184 (zu § 101 Abs. 2).
8 Gegen durch § 95 Abs. 2 begründete Verschwiegenheitsplicht des Sanierungsmoderators aber Flöther-*Swierczok/Schubert*, StaRUG, 95 Rn. 17.
9 Braun-*Blümle/Erbe* § 95 Rn. 10.

(2) Der Schuldner gewährt dem Moderator Einblick in seine Bücher und Geschäftsunterlagen und erteilt ihm die angeforderten zweckmäßigen Auskünfte.

(3) Der Sanierungsmoderator erstattet dem Gericht über den Fortgang der Sanierungsmoderation monatlich schriftlich Bericht. Der Bericht enthält mindestens Angaben über
1. die Art und Ursachen der wirtschaftlichen oder finanziellen Schwierigkeiten;
2. den Kreis der in die Verhandlungen einbezogenen Gläubiger und sonstigen Beteiligten;
3. den Gegenstand der Verhandlungen und
4. das Ziel und den voraussichtlichen Fortgang der Verhandlungen.

(4) [1]Der Sanierungsmoderator zeigt dem Gericht eine ihm bekannt gewordene Zahlungsunfähigkeit des Schuldners an. [2]Handelt es sich bei dem Schuldner um eine juristische Person oder um eine rechtsfähige Personengesellschaft, bei der kein persönlich haftender Gesellschafter eine natürliche Person ist, gilt dies auch für die Überschuldung des Schuldners.

(5) [1]Der Sanierungsmoderator steht unter der Aufsicht des Restrukturierungsgerichts. [2]Das Restrukturierungsgericht kann den Sanierungsmoderator aus wichtigem Grund aus dem Amt entlassen. [3]Vor der Entscheidung ist der Sanierungsmoderator zu hören.

Übersicht

A. Rechtsstellung des Sanierungsmoderators

1 Aus der Vorschrift ergibt sich die Rechtsstellung des Sanierungsmoderators. Durch Abs. 1 wird die zentrale Aufgabe des Sanierungsmoderators geregelt. Abs. 2 regelt die Rechte des Sanierungsmoderators gegenüber dem Schuldner. Aus Abs. 3 ergeben sich seine allgemeinen Pflichten gegenüber dem Gericht. Durch Abs. 4 wird mit der Verpflichtung zur Anzeige der Zahlungsunfähigkeit und Überschuldung eine besondere Pflicht des Sanierungsmoderators geregelt. Abs. 5 regelt weitere Aspekte der Rechtsstellung des Sanierungsmoderators.

B. Aufgabe des Sanierungsmoderators

2 Nach Abs. 1 liegt die Aufgabe des Sanierungsmoderators darin, zwischen dem Schuldner und seinen Gläubigern zu vermitteln. Durch die Vermittlung soll eine Lösung gefunden werden, mit der die wirtschaftlichen oder finanziellen Schwierigkeiten des Schuldners überwunden werden. Die Aufgabe der Vermittlung setzt Unabhängigkeit und Neutralität voraus. Um seine Aufgabe erfüllen zu können, muss der Sanierungsmoderator über die wirtschaftlichen oder finanziellen Schwierigkeiten des Schuldners ausreichend informiert sein. Deshalb gibt ihm Abs. 2 entsprechende Informationsrechte. Das Vermittlungsverfahren wird sich in mancher Hinsicht an Modellen der Mediation orientieren können.[1] So wird der Sanierungsmoderator zu Beginn seiner Tätigkeit die Rahmenbedingungen des Vermittlungsverfahrens mit den Beteiligten festlegen, er wird die Art der Schwierigkeiten des Schuldners und die dazu von den Beteiligten vertretenen Positionen sichten und mit ihnen Lösungsmöglichkeiten erörtern. Anders als in vielen Mediationsverfahren, in denen die Betroffenen die Lösungen selbst zu entwickeln haben, werden die Beteiligten voraussichtlich auch die Unterbreitung von Lösungsvorschlägen durch den Sanierungsmoderator erwarten. Eine Besonderheit liegt auch darin, dass der Sanierungsmoderator den Beteiligten häu-

1 Vgl. zum Verhältnis von Sanierungsmoderation und Mediation *Herbert*, SanB 2021, 91.

fig vor Augen wird führen müssen, welche Konsequenzen sich ergeben, wenn es zu keiner Lösung der Schwierigkeiten des Schuldners kommt. Das Gesetz stellt sich in § 97 vor, dass die erfolgreiche Vermittlung in einen Sanierungsvergleich mündet, für den die Möglichkeit besteht, dass der Schuldner dessen Bestätigung durch das Gericht beantragt. Diese Vorstellung trifft nur dann zu, wenn man den Begriff des Sanierungsvergleichs weit genug fasst und darunter nicht nur Vergleiche i.S.v. § 779 BGB versteht, sondern auch andersartige Vereinbarungen (wie etwa bloße Stundungsvereinbarungen), s.u. § 97 Rdn. 1.

C. Informationsrechte des Sanierungsmoderators

Aus Abs. 2 ergeben sich Informationsrechte des Sanierungsmoderators gegenüber dem Schuldner. 3
Der Schuldner ist ihm gegenüber verpflichtet, Einblick in seine Bücher und Geschäftsunterlagen zu gewähren. Das entspricht der insolvenzrechtlichen Regelung in § 22 Abs. 3 Satz 3 InsO zum vorläufigen Insolvenzverwalter. Das Einsichtnahmerecht erstreckt sich auf sämtliche Unterlagen und Papiere, die einen Bezug zum Geschäftsbetrieb des Schuldners haben, einschließlich digital archivierter Unterlagen.[2] Der Sanierungsmoderator hat nur ein Einsichtsrecht, keinen Anspruch auf Überlassung der Unterlagen, vielfach wird aber die Überlassung von Kopien oder Dateien hilfreich sein. Wie beim vorläufigen Insolvenzverwalter ist anzunehmen, dass berufsrechtliche Verschwiegenheitspflichten des Schuldners der Einsichtnahme durch den Sanierungsmoderator nicht entgegenstehen.[3] Das Gesetz sieht zur Durchsetzung der Rechte des Sanierungsmoderators keine Zwangsbefugnisse vor, da ohne die freiwillige Mitwirkung des Schuldners die Sanierungsmoderation zum Scheitern verurteilt ist.[4]

Der Sanierungsmoderator hat darüber hinaus das Recht, Auskünfte vom Schuldner anzufordern. 4
Der Schuldner ist sodann verpflichtet, die angeforderten Auskünfte zu erteilen, soweit sie zweckmäßig sind. Darin liegt eine Beschränkung der Auskunftspflicht auf den mit der Sanierungsmoderation verfolgten Zweck der Überwindung konkreter wirtschaftlicher oder finanzieller Schwierigkeiten des Schuldners. Die Anforderung von Auskünften, die über diesen Rahmen hinausgehen, ist unzulässig, entsprechende Fragen muss der Schuldner nicht beantworten. Auch für die Erfüllung der Auskunftspflichten des Schuldners sieht das Gesetz keine Zwangsbefugnisse vor (s.o. Rdn. 3). Daher kann der Sanierungsmoderator die Nichterteilung von Auskünften nur zum Anlass nehmen, sein Amt zur Verfügung zu stellen und seine Abberufung nach § 99 Abs. 1 Nr. 1 zu beantragen.[5] Bei Streit über den Umfang der Auskunftspflichten wird eine dem Ziel des Verfahrens entsprechende Einigung erforderlich sein, soll das Verfahren nicht an diesem Punkt scheitern.

D. Berichtspflichten des Sanierungsmoderators

Nach Abs. 2 Satz 1 hat der Sanierungsmoderator eine Berichtspflicht gegenüber dem Gericht. Inso- 5
weit besteht eine Verpflichtung zur Erstattung eines monatlichen Berichts. Das Gericht wird dem Sanierungsmoderator aber auch kürzere Berichtsfristen auferlegen können. Durch den Bericht wird das Gericht über den Verlauf der Sanierungsmoderation in Kenntnis gesetzt.[6] Zugleich legt der Sanierungsmoderator damit auch Rechenschaft über seine Tätigkeit gegenüber dem Gericht.[7] Aus Abs. 2 Satz 2 ergeben sich Mindestanforderungen für den Bericht des Sanierungsmoderators, die

2 Vgl. K. Schmidt/*Hölzle* § 22 InsO Rn. 44 f.; Uhlenbruck/*Vallender* § 22 InsO Rn. 287.

3 Vgl. HK-*Rüntz* § 22 InsO Rn. 68; Uhlenbruck/*Vallender* § 22 InsO Rn. 287.

4 Wenig überzeugend daher Flöther-*Swierczok/Schubert*, StaRUG, § 96 Rn. 15, die § 98 InsO analog anwenden wollen.

5 MK-StaRUG/*Fridgen* § 96 Rn. 25; Seibt/Westpfahl-*Behme* § 96 Rn. 12; Uhlenbruck-*Borries* § 96 Rn. 14.

6 Vgl. Begründung zum Gesetzesentwurf der Bundesregierung zum SanInsFoG, BT-Drucks. 19/24181, S. 184 (zu § 102 Abs. 3 und 4).

7 Vgl. Begründung zum Gesetzesentwurf der Bundesregierung zum SanInsFoG, BT-Drucks. 19/24181, S. 184 (zu § 102 Abs. 3 und 4).

auch zu einer Standardisierung beitragen. Die Schilderung von Art und Ursachen der wirtschaftlichen oder finanziellen Schwierigkeiten (Nr. 1) knüpft an die entsprechenden Angaben des Schuldners in seinem Antrag (§ 94 Abs. 2 Nr. 2) an und dient insoweit der Präzisierung des Gegenstandes der Moderation. Durch die Angabe des Kreises der in die Verhandlung einbezogenen Gläubiger und sonstiger Beteiligter (Nr. 2) wird der Teilnehmerkreis der Sanierungsmoderation bestimmt. Mit dem Gegenstand der Verhandlungen (Nr. 3) schildert der Sanierungsmoderator die inhaltlichen Schwerpunkte der Vermittlungsgespräche. Die Angabe des Zieles und des voraussichtlichen Fortgangs der Verhandlungen (Nr. 4) bezweckt eine Kontrolle des Fortschritts der Sanierungsmoderation. Mangels besonderer Regelung gilt für die Einsicht der zur Gerichtsakte gelangten Berichte § 299 ZPO entsprechend, sodass zwischen den an der Sanierungsmoderation beteiligten Gläubigern und nicht beteiligten Gläubigern als Dritten zu unterscheiden ist.[8] Angesichts der Vertraulichkeit des Verfahrens können Dritte aber nur schwerlich ein Einsichtsrecht haben.[9]

E. Anzeigepflichten des Sanierungsmoderators

6 Der Sanierungsmoderator hat nach Abs. 4 Satz 1 eine ihm im Zuge der Moderationstätigkeit bekannt gewordene Zahlungsunfähigkeit des Schuldners dem Gericht anzuzeigen. Die Anzeigepflicht erstreckt sich bei juristischen Personen und rechtsfähigen Personengesellschaften, die keine natürliche Person als persönlich haftenden Gesellschafter haben, auch auf die dem Sanierungsmoderator bekannt gewordene Überschuldung, Abs. 4 Satz 2. Aus der Formulierung, dass der Sanierungsmoderator »eine ihm bekanntgewordene Zahlungsunfähigkeit« anzuzeigen hat, ist zu schließen, dass er insoweit keine fortdauernde Prüfungspflicht hat, sondern nur eine Pflicht zur Weiterleitung der von ihm im Rahmen seiner Tätigkeit erlangten Kenntnisse.[10] Eine Anzeigepflicht im Hinblick auf den Eintritt drohender Zahlungsunfähigkeit scheidet nach dem Wortlaut der gesetzlichen Regelung und ihrem Sinn und Zweck aus.[11] Anders als im Fall der Rechtshängigkeit der Restrukturierungssache (vgl. § 42) führt die Sanierungsmoderation nicht dazu, dass die sich aus § 15a InsO ergebenden Antragspflichten ruhen und durch Anzeigepflichten gegenüber dem Gericht ersetzt werden. Unabhängig von der Anzeige des Sanierungsmoderators bleibt der Schuldner also bei Eintritt der Zahlungsunfähigkeit und/oder Überschuldung zur Erfüllung seiner Insolvenzantragspflichten verpflichtet. Durch die Anzeige des Sanierungsmoderators wird auf antragspflichtige Schuldner zumindest faktisch der Druck erhöht, die Antragspflichten zu erfüllen. Im Übrigen führt die Anzeige des Sanierungsmoderators nach § 99 Abs. 1 Nr. 2 – ohne inhaltliche Prüfung des Gerichts (s.u. § 99 Rdn. 5) – zur Abberufung des Sanierungsmoderators und damit zum Abbruch des Moderationsverfahrens. Insoweit sollen mit der Anzeigepflicht des Sanierungsmoderators »Ineffizienzen, Missbrauch oder gar Insolvenzverschleppungen durch den Schuldner« verhindert werden.[12]

F. Beaufsichtigung des Sanierungsmoderators durch das Gericht

I. Reichweite und Mittel der Beaufsichtigung

7 Wie der Restrukturierungsbeauftragte (§ 75 Abs. 1 Satz 1) oder der Insolvenzverwalter (§ 58 Abs. 1 Satz 1 InsO) steht auch der Sanierungsmoderator gem. Abs. 5 Satz 1 unter der Aufsicht des Gerichts. Auch die Aufsicht über den Sanierungsmoderator erstreckt sich nur auf die Rechtmäßigkeit seines

8 Anders Braun-*Blümle/Erbe*, StaRUG, § 96 Rn. 13.

9 Gänzlich ablehnend Uhlenbruck-*Borries* § 96 Rn. 28.

10 Gegen eine eigene Pflicht des Sanierungsmoderators zur Ermittlung der Insolvenzreife auch *Hoegen*, NZI-Beilage 2021, 59, 61; Flöther-*Swierczok/Schubert*, StaRUG, § 96 Rn. 25; MK-StaRUG/*Fridgen* § 96 Rn. 102; Uhlenbruck-*Borries* § 96 Rn. 33 m.w.N.

11 So auch Braun-*Blümle/Erbe*, StaRUG, § 96 Rn. 13.

12 Begründung zum Gesetzesentwurf der Bundesregierung zum SanInsFoG, BT-Drucks. 19/24181, S. 184 (zu § 102 Abs. 3 und 4).

Handelns, sie ist keine Zweckmäßigkeitskontrolle.[13] Nach der Gesetzesbegründung beschränkt sich die Aufsicht auf die Berichtspflicht und beinhaltet die Prüfung der Einhaltung der Berichtsfrist und eine Prüfung, ob der Bericht die in Abs. 2 vorgesehenen Mindestangaben enthält.[14] Diese Sicht ist zu eng.[15] Das Gericht wird ggf. auch zu prüfen haben, ob sich Gründe ergeben oder bekannt werden, welche gegen die Eignung des Sanierungsmoderators sprechen. Der Aufsicht unterliegt auch die Einhaltung weiterer verfahrensrechtlicher Pflichten des Sanierungsmoderators, etwa die Verletzung der Anzeigepflicht gem. Abs. 4 oder die Verletzung von Verschwiegenheitspflichten. Im Rahmen seiner Aufsicht kann das Gericht den Sanierungsmoderator nur durch Beanstandung zu pflichtgemäßem Verhalten anhalten, im Übrigen hat es als ultima ratio die Möglichkeit der Entlassung des Moderators aus wichtigem Grund.

II. Entlassung aus wichtigem Grund

8 Gem. Abs. 5 Satz 2 kann das Restrukturierungsgericht den Sanierungsmoderator aus wichtigem Grund entlassen. In Anknüpfung an die Rechtsprechung des BGH zur Entlassung des Insolvenzverwalters gem. § 59 InsO ist von einem wichtigen Grund auszugehen, wenn das Verhalten des Sanierungsmoderators sein Verbleiben im Amt unter Berücksichtigung seiner schutzwürdigen Interessen die Belange der beteiligten Gläubiger und die Rechtmäßigkeit der Verfahrensabwicklung objektiv nachhaltig beeinträchtigen würde.[16] Danach kann sich ein wichtiger Grund vor allem aus schuldhaften Pflichtverletzungen ergeben. Als wichtiger Grund kommen aber auch wertneutrale Umstände in Betracht, so etwa Krankheit, berufliche Überlastung, auch Bestellungshindernisse bei fehlender Unabhängigkeit oder fehlender Eignung. Die Entlassung des Sanierungsmoderators steht im Ermessen des Gerichts.[17] Vor der Entscheidung ist der Sanierungsmoderator anzuhören, Abs. 5 Satz 3. Dies dient primär der Wahrung rechtlichen Gehörs, ggf. aber auch der Aufklärung des Sachverhalts. Anders als beim Restrukturierungsbeauftragten (§ 75 Abs. 3) oder dem Insolvenzverwalter (§ 59 Abs. 2 InsO) sind keine Rechtsbehelfe vorgesehen, was im Hinblick auf die überschaubare Zeitdauer des Verfahrens verständlich ist, aber im Hinblick auf die Beeinträchtigung der Berufsausübung des Sanierungsmoderators problematisch erscheint.[18]

G. Haftung des Sanierungsmoderators

9 Das Gesetz sieht keine Haftungsregelung für den Fall der Verletzung von Pflichten des Sanierungsmoderators vor. Auf den ersten Blick scheint dies vor dem Hintergrund seiner nur beschränkten Aufgaben verständlich zu sein.[19] Bei näherer Betrachtung kann aber auch der Sanierungsmoderator im Rahmen seiner Tätigkeit Pflichtverletzungen begehen, die zu erheblichen Schäden bei den Beteiligten führen und für die er ihnen gegenüber billigerweise haften muss. Das betrifft etwa den Fall der Verletzung von Verschwiegenheitspflichten, möglicherweise auch den Fall der Verletzung von Anzeigepflichten nach Abs. 4. Die dann gebotene Haftung ist daraus herzuleiten, dass ein gesetzliches Schuldverhältnis des Sanierungsmoderators zu den Beteiligten des Verfahrens besteht, sodass er im Fall schuldhafter Verletzung der aus diesem Schuldverhältnis resultierenden Pflichten ent-

13 A.A. MK-StaRUG/*Fridgen* § 96 Rn. 125.
14 Begründung zum Gesetzesentwurf der Bundesregierung zum SanInsFoG, BT-Drucks. 19/24181, S. 184 (zu § 102 Abs. 5).
15 So auch Uhlenbruck-*Borries* § 96 Rn. 37.
16 Vgl. etwa BGH, ZIP 2017, 1230 Rn. 8; BGH, ZIP 2014, 2399 Rn. 7 (jeweils zum Insolvenzverwalter).
17 Vgl. zum Insolvenzverwalter BGH, ZIP 2017, 1230 Rn. 9 m.w.N. zu den Schranken gerichtlicher Überprüfung.
18 Kritisch auch BeckOK-StaRUG/*Hänel* § 96 Rn. 75 f.
19 So offenbar Braun-*Blümle/Erbe*, StaRUG, § 96 Rn. 26.

sprechend § 280 Abs. 1 BGB haftet.[20] Das entspricht der Überlegung, dass z.B. auch § 60 InsO nur die gesetzliche Ausformung eines gesetzlichen Schuldverhältnisses darstellt.[21]

§ 97 Bestätigung eines Sanierungsvergleichs

(1) [1]Ein Sanierungsvergleich, den der Schuldner mit seinen Gläubigern schließt und an dem sich auch Dritte beteiligen können, kann auf Antrag des Schuldners durch das Restrukturierungsgericht bestätigt werden. [2]Die Bestätigung wird versagt, wenn das dem Vergleich zugrunde liegende Sanierungskonzept
1. nicht schlüssig ist oder nicht von den tatsächlichen Gegebenheiten ausgeht oder
2. keine vernünftige Aussicht auf Erfolg hat.

(2) Der Sanierungsmoderator nimmt zu den Voraussetzungen des Absatzes 1 Satz 2 schriftlich Stellung.

(3) Ein nach Absatz 1 bestätigter Sanierungsvergleich ist nur unter den Voraussetzungen des § 90 anfechtbar.

Übersicht

A. Der Sanierungsvergleich

1 Das Gesetz hält den Abschluss eines Sanierungsvergleichs zwischen dem Schuldner und den beteiligten Gläubigern offenbar für die einzige Möglichkeit der Überwindung der wirtschaftlichen oder finanziellen Schwierigkeiten des Schuldners. Denkbare Inhalte einer Vereinbarung, die zur Überwindung der Schwierigkeiten des Schuldners getroffen wird, sind Stundungen, Prolongationen, Neukredite, die Bestellung neuer Sicherheiten oder die Anpassung von Vertragsbedingungen usw.[1] Bei dem Sanierungsvergleich kann es sich – je nach Inhalt der getroffenen Vereinbarungen – um einen Vergleich i.S.v. § 779 BGB handeln, möglich ist aber auch ein Vertrag sui generis i.S.v. § 311 Abs. 1 BGB.[2] Jedenfalls ist der Sanierungsvergleich als materiell-rechtlicher Vertrag des Zivilrechts zu beurteilen, der zu seiner Wirksamkeit grundsätzlich keiner bestimmten Form bedarf. Anders als der Restrukturierungs- oder Insolvenzplan (vgl. § 68 Abs. 1 StaRUG, § 254a Abs. 1 InsO) ersetzt der Sanierungsvergleich aber keine Formerfordernisse, sodass anderweitige Formerfordernisse, die sich aus Gesetz oder Rechtsgeschäft ergeben, auch im Sanierungsvergleich beachtet werden müssen. Da es sich um einen materiell-rechtlichen Vertrag handelt und nicht um einen Prozessvergleich[3] verschafft der Sanierungsvergleich als solcher weder einen Vollstreckungstitel, noch entfaltet er (wie der

---

20 So auch Seibt/Westpfahl-*Behme* § 96 Rn. 23; für Haftung analog der Haftung des Restrukturierungsbeauftragten, also § 75 Abs. 4 Satz 3 StaRUG *Cranshaw/Portisch*, ZInsO 2020, 2561, 2577; für die Heranziehung der Haftungsmaßstäbe der Anwaltshaftung *Smid*, ZInsO 2020, 2184, 2195; für bloße Deliktshaftung Flöther-*Swierczok/Schubert*, StaRUG, § 95 Rn. 4 ff.; offen *Hoegen*, NZI-Beilage 2021, 59, 62.

21 Vgl. K. Schmidt/*Thole* § 60 InsO Rn. 2; Uhlenbruck/*Sinz* § 60 InsO Rn. 1.

1 *Hoegen*, NZI-Beilage 2021, 59, 62.

2 *Hoegen*, NZI-Beilage 2021, 59, 62; ähnlich BeckOK-StaRUG/*Hänel* § 97 Rn. 11; Jacoby/Thole-*Ehret* § 97 Rn. 5; für Vergleich *Smid*, ZInsO 2020, 2184, 2189; *Cranshaw/Portisch*, ZInsO 2020, 2561, 2576; Flöther-*Swierczok/Schubert*, StaRUG, § 97 Rn. 3.

3 *Smid*, ZInsO 2020, 2184, 2189; *Thole*, ZIP 2020, 1985, 2000; wohl auch *Hoegen*, NZI-Beilage 2021, 59, 63; a.A. *Cranshaw/Portisch*, ZInsO 2020, 2561, 2576 u. 2577.

Restrukturierungsplan) Gestaltungswirkung. Insoweit müssen sich die Beteiligten ggf. zusätzlicher Instrumente bedienen, z.B. der Unterwerfung unter die sofortige Zwangsvollstreckung (§ 794 Abs. 1 Nr. 5 ZPO) oder des Anwaltsvergleichs (vgl. § 796a ZPO).[4] Nach der ausdrücklichen Regelung in Abs. 1 können sich an dem Sanierungsvergleich auch Dritte beteiligen, sodass der Vertrag weder auf die in die Sanierungsmoderation einbezogenen Gläubiger beschränkt ist noch auf den Schuldner (insoweit ist auch die Einbeziehung verbundener Unternehmen oder von Gesellschaftern möglich[5]). Die Zustimmung zum Sanierungsvergleich erfolgt immer freiwillig, eine Zustimmungsersetzung wie beim Restrukturierungs- oder Insolvenzplan ist nicht vorgesehen.

B. Die Bestätigung des Sanierungsvergleichs

I. Bestätigung und Wirksamkeit des Sanierungsvergleichs

Der geschlossene Sanierungsvergleich kann durch das Restrukturierungsgericht bestätigt werden. 2
Einzige Folge dieser Bestätigung ist die eingeschränkte Anfechtbarkeit des Sanierungsvergleichs (s.u. Rdn. 6). Die Wirksamkeit des Sanierungsvergleichs ist nicht von der gerichtlichen Bestätigung abhängig.[6] Daher kann es sich bei Bedarf empfehlen, die Bestätigung zur Voraussetzung der Wirksamkeit des Sanierungsvergleichs zu machen.[7] Die Bestätigung erfolgt nur auf Antrag des Schuldners. Aus Abs. 1 Satz 2 ergeben sich die Voraussetzungen für die Versagung der Bestätigung des Sanierungsvergleichs, d.h. wenn die Voraussetzungen für die Versagung nicht vorliegen, ist der Sanierungsvergleich zu bestätigen.

II. Das Sanierungskonzept des Sanierungsvergleichs

Aus der Regelung in Abs. 1 ergibt sich, dass der Schuldner für die Bestätigung ein dem Vergleich 3
zugrunde liegendes Sanierungskonzept vorzulegen hat. Welche Anforderungen für dieses Sanierungskonzept gelten, ergibt sich weder aus dem Gesetz noch der Gesetzesbegründung. Es liegt aber die Annahme nahe, dass dem Gesetzgeber die vom BGH entwickelten Grundsätze zum die Vorsatzanfechtung gem. § 133 InsO ausschließenden Sanierungskonzept vor Augen standen, die im Hinblick auf den durch Abs. 3 vorgesehenen Ausschluss der Anfechtbarkeit auch sachgerecht erscheinen. Danach gilt zunächst, dass das Sanierungskonzept nicht bestimmten formalen Erfordernissen genügen muss (etwa IDW Standard S. 6).[8] Das gilt insbesondere, wenn man berücksichtigt, dass auch gerade kleinere Unternehmen Adressat der Sanierungsmoderation sind. Auch kleinere Unternehmen müssen aber ein Sanierungskonzept vorlegen, dass eine Analyse der eigenen wirtschaftlichen Lage im Rahmen der Wirtschaftsbranche enthält und eine Darstellung der Krisenursachen sowie der Vermögens-, Ertrags- und Finanzlage.[9] Die Anforderungen an die Darstellung der Ausgangslage und die Prognose der Durchführbarkeit des Konzepts werden vom BGH weiter wie folgt umschrieben: »Erforderlich ist eine Analyse der Verluste und der Möglichkeit deren künftiger Vermeidung, eine Beurteilung der Erfolgsaussichten und der Rentabilität des Unternehmens in der Zukunft und Maßnahmen zur Vermeidung oder Beseitigung der (drohenden) Insolvenzreife. Bei einem Sanierungsvergleich muss zumindest festgestellt werden, die Art und Höhe der Verbindlichkeiten, die Art und Zahl der Gläubiger und die zur Sanierung erforderlichen Quote des Erlasses der Forderungen.«[10] Aus dieser Rechtsprechung ergibt sich weiter auch, dass ein Sanierungskonzept nicht zwingend die

4 So auch BeckOK-StaRUG/*Hänel* § 97 Rn. 77; Uhlenbruck-*Borries*, § 97 StaRUG Rn. 9.
5 So auch Flöther-*Swierczok/Schubert*, StaRUG, § 97 Rn. 5.
6 Braun-*Blümle/Erbe*, StaRUG, § 97 Rn. 8.
7 Für entsprechende Anwendung von § 154 Abs. 2 BGB BeckOK-StaRUG/*Hänel* § 97 Rn. 29; dagegen MK-StaRUG/*Fridgen* § 97 Rn. 18. Im Übrigen werden auch Klauseln zum Wiederaufleben von Forderungen für den Fall des Scheiterns des Sanierungsvergleichs empfohlen, vgl. *Hoegen*, NZI-Beilage 2021, 59, 63.
8 BGH, NZI 2018, 840 Rn. 10; BGH, NZI 2016, 636 Rn. 19.
9 BGH, NZI 2016, 636 Rn. 19.
10 BGH, NZI 2018, 840 Rn. 10; BGH, NZI 2016, 636 Rn. 18.

Einbeziehung sämtlicher Gläubiger voraussetzt. Vielmehr kann ein Sanierungsversuch auch dann aussichtsreich sein, wenn die beabsichtigten Maßnahmen sich nur auf einen Teil der Gläubiger erstrecken, sofern dadurch dem Schuldner ausreichende Liquidität zur Befriedigung sämtlicher Gläubiger verschafft wird.[11]

III. Prüfung des Sanierungskonzepts durch das Gericht

4 Das vorgelegte Sanierungskonzept ist vom Gericht zunächst darauf zu prüfen, ob es schlüssig ist und von den tatsächlichen Gegebenheiten ausgeht (Abs. 1 Satz 2 Nr. 1). Sodann ist es daraufhin zu prüfen, ob es keine vernünftige Aussicht auf Erfolg hat (Abs. 1 Satz Nr. 2). Zu diesen Voraussetzungen hat der Sanierungsmoderator zuvor gem. Abs. 2 schriftlich Stellung zu nehmen. Insoweit nimmt dieser Aufgaben als Sachverständiger wahr.[12] Bei der Schlüssigkeitsprüfung wird dem Gericht häufig nur eine Überprüfung der Plausibilität der vereinbarten Maßnahmen zur Beseitigung der aufgezeigten wirtschaftlichen oder finanziellen Schwierigkeiten möglich sein. Für die tatsächlichen Gegebenheiten des Sanierungskonzeptes kann es regelmäßig nur auf die Stellungnahme des Sanierungsmoderators zurückgreifen. Bei der Prüfung, ob »keine vernünftige Aussicht auf Erfolg« besteht, handelt es sich um eine besonders hervorgehobene Prognose über die Realisierbarkeit des Sanierungskonzepts, für die dem Gericht (auf der Tatbestandsseite) ein Beurteilungsspielraum zusteht.[13] Im Rahmen seiner Entscheidung muss das Gericht berücksichtigen, dass die Beteiligten schon im eigenen Interesse einem Sanierungsvergleich nur dann zustimmen werden, wenn sie von dem Sanierungskonzept überzeugt sind. Insoweit kann die Aufgabe des Gerichts nur darin bestehen, offensichtlich unzureichende Sanierungskonzepte herauszufiltern, für die sich das Anfechtungsprivileg nicht rechtfertigen lässt. Eine z.T.[14] geforderte Prüfung, ob die Interessen von Gläubigern, die nicht in die Sanierungsmoderation einbezogen worden sind, offensichtlich zurückgesetzt worden sind, ist dafür nicht ausdrücklich vorgesehen, kann aber im Rahmen der Schlüssigkeitsprüfung im Hinblick auf die Frage, ob dem Schuldner durch den Sanierungsvergleich ausreichende Liquidität zur Befriedigung sämtlicher Gläubiger verschafft wird, bedeutsam sein (s.o. Rdn. 3 a.E.). Ist das Sanierungskonzept nicht schlüssig, geht es nicht von den tatsächlichen Gegebenheiten aus oder hat es keine vernünftige Aussicht auf Erfolg, so wird die Bestätigung versagt. D.h. das Gericht muss die Bestätigung des Vergleichs versagen, ohne dass es einen Ermessensspielraum hat.[15]

IV. Bestätigungsentscheidung und Beendigung der Sanierungsmoderation

5 Die Bestätigung des Sanierungsvergleichs erfolgt durch Beschluss des Restrukturierungsgerichts. Ein Rechtsbehelf ist für den Schuldner bei Ablehnung der Bestätigung nicht vorgesehen, was unverständlich ist. Insoweit sollte auch ohne ausdrückliche Anordnung auf die §§ 567 ff. ZPO zur sofortigen Beschwerde zurückgegriffen werden.[16] Zur Herstellung der »Waffengleichheit« wird man dann auch eine Beschwerde von Gläubigern gegen die Bestätigung des Sanierungsvergleichs zulassen müssen. Mit der rechtskräftigen Entscheidung über die Bestätigung des Sanierungsvergleichs ist die Sanierungsmoderation beendet, sodass auch das Amt des Sanierungsmoderators automatisch endet. Durch klarstellenden Beschluss kann das Restrukturierungsgericht diese Rechtsfolge aussprechen.

---

11 BGH, NZI 2018, 840 Rn. 12; BGH, NZI 2016, 636 Rn. 16; BGH, NZI 2012, 142 Rn. 13.

12 Begründung zum Gesetzesentwurf der Bundesregierung zum SanInsFoG, BT-Drucks. 19/24181, S. 184 (zu § 103); Braun-*Blümle/Erbe*, StaRUG, § 97 Rn. 8.

13 Vgl. zum Beurteilungsspielraum BeckOK-StaRUG/*Hänel* § 97 Rn. 65.

14 Dafür *Thole*, ZIP ZIP 2020, 1985, 2000; *Vallender*, ZInsO 2020, 2677, 2687; MK-StaRUG/*Fridgen* § 97 Rn. 77; dagegen *Hoegen*, NZI-Beilage 2021, 59, 63.

15 BeckOK-StaRUG/*Hänel* § 97 Rn. 65.

16 Dafür auch Flöther-*Swierczok/Schubert*, StaRUG, § 97 Rn. 13 (über eine Analogie zu § 66 Abs. 1 S. 2 StaRUG); für Analogie zu § 38 StaRUG MK-StaRUG/*Fridgen* § 97 Rn. 102; für Antrag nach § 23 Abs. 1 EGGVG BeckOK-StaRUG/*Hänel* § 97 Rn. 77; gegen Rechtsmittel Jacoby/Thole-*Ehret* § 97 Rn. 23.

C. Eingeschränkte Anfechtbarkeit des Sanierungsvergleichs

Infolge der gerichtlichen Bestätigung ist ein Sanierungsvergleich nach Abs. 3 nur unter den Voraussetzungen des § 90 anfechtbar. Das bedeutet umgekehrt, dass für Sanierungsvergleiche, für die keine Bestätigung erfolgt, etwa weil der Schuldner sie gar nicht beantragt, kein Anfechtungsschutz besteht.[17] § 90 bezieht sich in seiner unmittelbaren Anwendung auf den rechtskräftig bestätigten Restrukturierungsplan und Rechtshandlungen, die im Vollzug eines solchen Plans erfolgen. Aus dem Wortlaut von Abs. 3, der sich nur auf den Sanierungsvergleich bezieht, wird geschlossen, dass sich daraus eine Einschränkung nur für die Anfechtbarkeit des Sanierungsvergleichs ergibt, nicht auch für dessen Erfüllungshandlungen.[18] Es spricht aber mehr dafür, dass der Gesetzgeber insgesamt auf die in § 90 angeordneten Rechtsfolgen verweisen wollte, da kein sachlicher Grund ersichtlich ist, den bestätigten Sanierungsvergleich in diesem Punkt anders zu behandeln als den rechtskräftig bestätigten Restrukturierungsplan. Deshalb ist Abs. 3 so zu verstehen, dass auch die Rechtshandlungen, die in Vollzug des Sanierungsvergleichs erfolgen, unter den Voraussetzungen von § 90 der Anfechtung entzogen sind.[19] Dabei ist auch zu berücksichtigen, dass der Sanierungsvergleich – anders als der Restrukturierungsplan – keine Gestaltungswirkung hat und damit ohnehin nur ein geringerer Bereich für den Ausschluss der Anfechtbarkeit der Regelungen des Sanierungsvergleichs bleibt.[20] 6

Die Einschränkung der Anfechtbarkeit bezieht sich danach auf den bestätigten Sanierungsvergleich und Rechtshandlungen, die in Vollzug des Vergleichs erfolgen. Die Einschränkung gilt aber nicht, wenn die Bestätigung des Sanierungsvergleichs auf der Grundlage unrichtiger oder unvollständiger Angaben des Schuldners erfolgte und dem anderen Teil (dem Anfechtungsgegner) dies bekannt war. Dabei kommt es auf die Frage, ob dem Schuldner ein Vorwurf bezüglich der Unrichtigkeit seiner Angaben zu machen ist, nicht an,[21] es genügt vielmehr bloße Mitursächlichkeit.[22] Zeitlich gilt die Einschränkung der Anfechtbarkeit nur »bis zur nachhaltigen Sanierung«. Das bedeutet, wenn es später aufgrund von Schwierigkeiten, die nicht Gegenstand der Sanierungsmoderation waren, zu einer Insolvenz kommt, gelangt die Einschränkung der Anfechtung nicht zur Anwendung, weil dies gegenüber den nicht einbezogenen Gläubigern oder Neugläubigern nicht zu rechtfertigen wäre.[23] Ob der Anfechtungsschutz darüber hinaus (insbesondere bei Scheitern der Sanierung) einschränkend auszulegen ist, ist zweifelhaft.[24] Von dem durch § 90 gewährten Schutz vor Anfechtung sind Forderungen, die im Insolvenzverfahren den Rang von § 39 Abs. 1 Nr. 5 InsO haben, und Sicherheitsleistungen, die nach § 135 InsO oder § 6 AnfG anfechtbar sind, ausgeschlossen. Die Nichterwähnung von § 6a AnfG gilt zu Recht als Redaktionsversehen, da sie der Regelung in § 135 Abs. 2 InsO entspricht.[25] Durch die Ausnahmen entfällt aufgrund insolvenzrechtlicher Wertungen der Anfechtungsschutz für derartige Finanzierungsformen.[26] Vom 7

17 *Schoppmeyer*, ZIP 2021, 869, 880.

18 *Thole*, ZIP 2020, 1985, 2000; *Hoegen*, NZI-Beilage 2021, 59, 63; Braun-*Blümle/Erbe*, StaRUG, § 97 Rn. 24.

19 Ebenso *Schoppmeyer*, ZIP 2021, 869, 880; Flöther-*Swierczok/Schubert*, StaRUG, § 97 Rn. 28; BeckOK-StaRUG/*Hänel* § 97 Rn. 81; Uhlenbruck-*Borries*, § 97 StaRUG Rn. 29; a.A. MK-StaRUG/*Fridgen* § 97 Rn. 106.

20 Vgl. zum Anfechtungsschutz für Planregelungen *Bork*, ZInsO 2020, 2177, 2180, *Madaus*, NZI-Beilage 2021, 35, 35.

21 Braun-*Blümle/Erbe*, StaRUG, § 97 Rn. 21 halten offenbar zumindest Fahrlässigkeit für erforderlich.

22 *Schoppmeyer*, ZIP 2021, 869, 879.

23 Vgl. die Begründung zum Gesetzesentwurf der Bundesregierung zum SanInsFoG, BT-Drucks. 19/24181, S. 182 (zu § 97 Abs. 1) zum Restrukturierungsplan unter Aufnahme der Kritik von *Bork*, ZInsO 2020, 2177, 2183 f.

24 Dafür *Schoppmeyer*, ZIP 2021, 869, 878 f.

25 *Schoppmeyer*, ZIP 2021, 869, 877.

26 *Madaus*, NZI-Beilage 2021, 35, 35; schon früher *Bork*, ZInsO 2020, 2177, 2183.

Schutz des Vollzugs eines Sanierungsvergleichs ist – entgegen der Gesetzesbegründung[27] – aus telelogischen Gründen auch die spätere Tilgung eines im Sanierungsvergleich vereinbarten und gewährten Darlehens erfasst.[28]

8 Eine Anwendung von § 90 Abs. 2 ist für den Sanierungsvergleich zunächst einmal deshalb ausgeschlossen, weil der Sanierungsvergleich keinen gestaltenden Teil enthält. Allerdings ist zu überlegen, ob der Rechtsgedanke nicht auch für einen bloß schuldrechtlich wirkenden Sanierungsvergleich gilt, der vom Schuldner durch Übertragung seines gesamten Vermögens oder wesentlicher Teile davon, erfüllt wird. Insoweit kann die unterschiedliche Rechtstechnik für die Übertragung des schuldnerischen Vermögens kein ausschlaggebender Gesichtspunkt sein. Vielmehr gilt auch in diesem Fall der Zweck der Vorschrift, dass es eines besonderen Schutzes der nicht planbetroffenen Gläubiger am Erhalt der Haftungsmasse bedarf.[29] Daher ist die aufgrund eines Sanierungsvergleichs durch den Schuldner erfolgende Übertragung des Vermögens oder wesentlicher Teile davon nur dann anfechtungsfest, wenn der Sanierungsvergleich sicherstellt, dass nicht am Sanierungsvergleich beteiligte Gläubiger eine vorrangige Befriedigungsmöglichkeit gegenüber den an dem Vergleich beteiligten Gläubigern haben, und zwar aus dem als Gegenleistung erzielten Erlös, der dem Wert des übertragenen Vermögens angemessen sein muss.[30]

§ 98 Vergütung

(1) [1]Der Sanierungsmoderator hat Anspruch auf eine angemessene Vergütung. [2]Diese bemisst sich nach dem Zeit- und Sachaufwand der mit der Sanierungsmoderation verbundenen Aufgaben.

(2) Die §§ 80 bis 83 finden entsprechende Anwendung.

Übersicht

A. Normzweck

1 § 98 regelt den Vergütungsanspruch des Sanierungsmoderators, der sich ebenso wie beim Restrukturierungsbeauftragten grundsätzlich nach Zeitaufwand bemisst. Einzelheiten werden zur Vergütung nicht geregelt, das Gesetz erschöpft sich in einer Verweisung auf die Vorschriften zur Vergütung des Restrukturierungsbeauftragten. Beide Tätigkeiten will der Gesetzgeber somit generell einheitlich stundensatzbezogen vergütet wissen.[1]

B. Vergütungsanspruch

2 Der Sanierungsmoderator hat einen Anspruch auf eine sich am Zeit- und Arbeitsaufwand orientierende, stundensatzbasierte Vergütung. Der ohnehin verfassungsrechtlich bestehende Vergütungs-

27 Vgl. die Begründung zum Gesetzesentwurf der Bundesregierung zum SanInsFoG, BT-Drucks. 19/24181, S. 182 (zu § 97 Abs. 1).

28 Vgl. zum Restrukturierungsplan *Bork*, ZInsO 2020, 2177, 2181; *Madaus*, NZI-Beilage 2021, 35, 36; a.A. *Thole*, ZIP 2020, 1985, 1999.

29 Vgl. die Begründung zum Gesetzesentwurf der Bundesregierung zum SanInsFoG, BT-Drucks. 19/24181, S. 182 (zu § 97 Abs. 2). Für die Anwendung von § 90 Abs. 2 StaRUG bei der Sanierungsmoderation auch *Schoppmeyer*, ZIP 2021, 869, 880.

30 Vgl. die Begründung zum Gesetzesentwurf der Bundesregierung zum SanInsFoG, BT-Drucks. 19/24181, S. 182 (zu § 97 Abs. 2).

1 BT-Drucks. 19/24181, S. 184.

anspruch ergibt sich gleichermaßen aus § 98 Abs. 1 und über die Verweisung in Abs. 2 aus § 81 Abs. 1.

C. Entsprechende Anwendbarkeit der §§ 80 ff.

Nach § 98 Abs. 2 sind die Vorschriften der §§ 80 bis 83 auf den Vergütungsanspruch des Sanierungsmoderators entsprechend anzuwenden. Ebenso wie beim Restrukturierungsbeauftragten **setzt das Gericht mit der Bestellung des Sanierungsmoderators** dessen Stundensatz und den seiner qualifizierten Mitarbeiter sowie das jeweilige Stundenbudget fest.[2] Endgültig festgesetzt wird die Vergütung nach Beendigung des Amts auf Antrag des Sanierungsmoderators mit Beschluss des Restrukturierungsgerichts. Die Zahlung erfolgt aus der Staatskasse, die alleiniger Rechnungsadressat ist.[3] Letztlich zu tragen hat die Vergütung der Schuldner als alleiniger Antragsteller, dem über § 81 Abs. 2 und 25a GKG die Gerichtskosten und die in diesem Rahmen zu erstattenden Auslagen auferlegt werden, zu denen auch die Vergütung des Sanierungsmoderators gehört (KV 9017 GKG). Am Gleichlauf der Vergütung von Restrukturierungsbeauftragtem und Sanierungsmoderator wird zu Recht kritisiert, dass die mit den Ämtern verbundenen Aufgaben nur schwerlich zu vergleichen sind.[4] Ferner erschwert die Anwendung der Vergütungsvorschriften des Restrukturierungsbeauftragten auf den Sanierungsmoderator den Verfahrenseinstieg in die Sanierungsmoderation unnötigerweise.[5] Schon deshalb müssten sich, um vergütungsrechtliche Systemwidrigkeiten zu vermeiden, die Vergütungsmodelle auch zwingend voneinander unterscheiden.[6] Der Gesetzgeber hat indessen für beide Ämter am Grundsatz der Stundenvergütung festgehalten. 3

I. Budgetierung des Honoraranspruchs

Mit der Bestellung des Sanierungsmoderators bestimmt das Gericht auf der Grundlage von Stundenbudgets einen Höchstbetrag für dessen Honorar (§ 81 Abs. 4 Satz 2 entsprechend). Bei der Abschätzung des Stundenhonorars stellen sich die gleichen Schwierigkeiten wie bei dem Restrukturierungsbeauftragten.[7] Der Einsatz des Moderators ist zwar rein vermittelnder Natur, der eine wirtschaftliche Lösung zwischen dem Schuldner und den Gläubigern ermöglichen soll (§ 96 Abs. 1). Aber der Einsatz ist **zeitlich auf bis zu drei Monate** angesetzt (§ 95 Abs. 1 Satz 1), ein langer Prognosezeitraum. Zu Beginn des Verfahrens dürfte eine belastbare Prognose zum Verlauf der Moderation mit den einzelnen Gläubigern und dem damit verbundenen Aufwand schwierig sein. Erfordert die Moderation zusätzlichen Zeitaufwand, der über das festgesetzte Budget hinausgeht, hat der Sanierungsmoderator dem Restrukturierungsgericht Grund und Ausmaß des Erhöhungsbedarfs unverzüglich darzulegen (§ 81 Abs. 6), das dann über die Anpassung des Stundenbudgets entscheidet. Insoweit ergeben sich keine Besonderheiten gegenüber dem Restrukturierungsbeauftragten. Bei der Festsetzung des Stundensatzes und des Stundenbudgets des Sanierungsmoderators und seiner qualifizierten Mitarbeiter hat das Gericht insbesondere die Festsetzungsvorschriften des § 81 Abs. 4 und die in § 81 Abs. 3 Satz 1 genannten inhaltlichen Parameter zu berücksichtigen. Gegen die Entscheidung ist gem. §§ 98 Abs. 2, 82 Abs. 3 die sofortige Beschwerde statthaft. 4

1. Höhe des Stundensatzes

Der Regelstundensatz des Sanierungsmoderators beträgt höchstens 350 € für seine persönliche Tätigkeit und 200 € für die Tätigkeit qualifizierter Mitarbeiter (§ 81 Abs. 3 entsprechend). Eine **Untergrenze** für die Vergütung regelt das Gesetz ebenso wenig, wie Fallgruppen angemessener Stunden- 5

2 Vgl. hierzu im Einzelnen die Kommentierungen zu § 81 Rdn. 11.
3 BeckOK-StaRUG/*Hänel* § 98 Rn. 4.
4 Gravenbrucher Kreis, Stellungnahme zum SanInsFoG vom 30.09.2020, S. 11; ebenso *Flöther*, NZI-Beilage 01/2021, 48, 51 f.
5 Bieg/Borchardt/Frind-*Curtze/Doebert*, Unternehmenssanierung, Teil 2 B. VI. Rn. 18.
6 So im Ergebnis *Flöther*, NZI-Beilage 01/2021, 48, 51 f.
7 Morgen-*Schinkel*, StaRUG, § 98 Rn. 4.

sätze für unterschiedliche Unternehmensgrößen oder nach Komplexität der Moderationstätigkeit, wie etwa die Gläubigeranzahl oder die Höhe der Gläubigerforderungen.[8] Ein Rückgriff auf die Vorschriften des JVEG verbietet sich, weil die Aufgaben des Sanierungsmoderators über eine reine Sachverständigentätigkeit hinausgehen und die moderierenden Aufgaben im Vordergrund stehen. Die Aufgaben des Sanierungsmoderators sind mit denen des fakultativen Restrukturierungsbeauftragten vergleichbar.[9] Der Gesetzgeber hebt hervor, dass der Sanierungsmoderator dem Schuldner die Möglichkeit der Unterstützung bei der Ausarbeitung einer Lösung zur **Überwindung der wirtschaftlichen oder finanziellen Schwierigkeiten** leistet, insbesondere um einen Sanierungsvergleich zu schließen. Eine Sanierungsmoderation soll dabei vor allem für Kleinst- und kleinen Unternehmen in Betracht kommen, die sich eine Beratung und Unterstützung durch professionelle Sanierungsberater nicht leisten können, aber auf Unterstützung von dritter Seite angewiesen sind[10], um die Krise zu überwinden.[11] Der Sanierungsmoderator übernimmt damit auch beratende Funktion, die andernfalls dem Sanierungsberater zukommt. Die Kosten für eine Sanierungsberatung sollen nicht oder nur in geringem Umfang anfallen, weil der Sanierungsmoderator diese Aufgaben mitübernimmt.

5a Üblicherweise machen **Beratungshonorare einen großen Teil der Sanierungskosten** für das betroffene Unternehmen aus.[12] Vor diesem Hintergrund erscheint es nicht angezeigt, auf den Stundensatz des Sanierungsmoderators generell einen Abschlag vorzunehmen, wie mitunter gefordert wird.[13] Übernimmt er doch Aufgaben, die üblicherweise dem Berater des Schuldners obliegen, wodurch die Beratungskosten geringer ausfallen. Insoweit sind uneingeschränkt die Parameter des § 81 Abs. 3 für die Bemessung des Stundensatzes heranzuziehen, nämlich die Unternehmensgröße, Art und Umfang der wirtschaftlichen Schwierigkeiten des Schuldners und die Qualifikation des Sanierungsmoderators sowie der qualifizierten Mitarbeiter.

▶ **Hinweis:**

6 In diesem Zusammenhang sei auf den Vorschlag von *Thole* hingewiesen, die Sanierungsmoderation für den Schuldner der Prozesskostenhilfe zugänglich zu machen.[14] Mangels ausdrücklicher Regelung im StaRUG, wäre es gleichsam denkbar, die §§ 114 ff. ZPO über § 38 Satz 1 StaRUG entsprechend anzuwenden. Gegen die generelle Anwendbarkeit auf die Sanierungsmoderation spricht indessen, dass die Prozesskostenhilfe grundsätzlich nur bei gerichtlichen Verfahren beantragt werden kann.

7 Letztlich muss der Stundensatz konkurrenzfähig mit dem der Berufsgruppen sein, die der Gesetzgeber als für das Amt des Sanierungsmoderators geeignet hält, damit geeignete Berufsträger das Amt übernehmen. Als Anhaltspunkt sollten die marktüblichen Stundensätze der Berufsgruppen herangezogen werden. Es stellen sich somit die gleichen Herausforderungen, wie im Zusammenhang mit dem Honorar des Restrukturierungsbeauftragten.[15]

---

8 Vgl. Wolgast/*Grauer-Marwedel* § 98 Rn. 5, der eine Bestimmung nur mit »esoterische Methoden« für möglich hält.

9 Vgl. zum Vergleich der Aufgaben auch *Smid*, ZInsO 2020, 2184, 2189.

10 BT-Drucks. 19/24181, S. 183.

11 BT-Drucks. 19/24181, S. 184.

12 Vgl. *Frind*, ZRI 2021, 397, 399; *Deppenkemper*, ZIP 2020, 2432, 2435; *Paulus*, ZIP 2020, 2363.

13 A.A. im Ergebnis wohl *Frind*, ZRI 2021, 397, 405; krit. zu den Kosten auch *Cranshaw/Portisch*, ZInsO 2020, 2561, 2576 ff.; *Hoegen*, NZI-Beilage 01/2021, 59, 62; *Smid*, ZInsO 2020, 2184, 2189; *Vallender*, ZInsO 2020, 2677, 2687 f.

14 *Thole*, Stellungnahme zum SanInsFoG vom 18.11.2020 (abrufbar unter: https://www.bundestag.de/resource/blob/807272/56e4f277fcfd5bb33b01d7b954e5793d/thole-data.pdf); s.a. *Reuter*, INDat-Report 8/2020, 3, der anführt, die Sanierungsmoderation kostenlos zur Verfügung zu stellen.

15 Vgl. hierzu die Kommentierung zu § 81 Rdn. 6.

2. Ausnahmen von der Regelvergütung

In besonderen Fällen können gem. § 83 Abs. 1 Satz 1 Stundensätze festgesetzt werden, welche die Höchstbeträge des § 81 Abs. 3 übersteigen. Von den Fallgruppen des § 83 Abs. 1 Satz 1 sind für den Sanierungsmoderator nur die Nr. 1 und Nr. 2 denkbar, da dieser keine sachwalterähnlichen Aufgaben übernimmt, wie in Nr. 3 vorgesehen.[16] Ferner können die Sanierungsakteure eine Vergütungsvereinbarung schließen entsprechend § 83 Abs. 2. Die Möglichkeit einer entsprechenden Verständigung zwischen dem Schuldner und dem Sanierungsmoderator wird auch in der Gesetzesbegründung angeführt, wonach auch »andere Vergütungsmodelle« im Einverständnis mit dem Schuldner in Betracht kommen können.[17] Das Einverständnis des Schuldners ist nötig, da er alleiniger Auslagenschuldner nach Nummer 9017 des Kostenverzeichnisses zum GKG ist.[18] Offen lässt der Gesetzgeber, welche Vergütungsmodelle frei vereinbar sein sollen. Es ist auch insoweit auf die Ausführungen zu der Vergütung des Restrukturierungsbeauftragten zu verweisen. 8

II. Vorschusspflicht §§ 98 Abs. 2, 81 Abs. 5

Entsprechend § 81 Abs. 5 soll vor der Bestellung des Sanierungsmoderators die Gerichtsgebühr und ein Vorschuss auf die Auslagen (Nummer 9017 des Kostenverzeichnisses zum GKG), gezahlt werden, d.h. insbesondere auf die Vergütung des Sanierungsmoderators. Die **Vorschusspflicht trifft den Schuldner** als späteren Auslagenverpflichteten im Sinne von § 82 Abs. 2 Satz 2. In welcher Höhe im Einzelfall ein Vorschuss zu zahlen ist, obliegt dem Ermessen des Gerichts.[19] Bei der Bemessung ist zum einen zu berücksichtigen, dass der Gesetzgeber keine zu hohen finanziellen Hürden für das Verfahren aufstellen wollte.[20] Andererseits bezweckt die Vorschusspflicht, dass der Erstattungsanspruch der Staatskasse gegen den Auslagenschuldner nach Abschluss des Verfahrens nicht ins Leere geht. Richtigerweise wird deshalb regelmäßig der mit der Bestellung des Moderators festgesetzte Höchstbetrag für das Honorar als Vorschuss zu fordern sein[21], soweit nicht Ausnahmen geboten sind. Die Anpassung des Vergütungsbudgets in der laufenden Sanierungsmoderation lässt die Vorleistungspflicht des Schuldners unberührt. Durch die Vorschusspflicht wird nicht nur der Erstattungsanspruch der Staatskasse gesichert, sondern zeitgleich ein Zeichen des Schuldners abverlangt, dass er ein ernsthaftes Interesse an der Erreichung des Sanierungsziels hat.[22] 9

III. Festsetzung der Vergütung und Vorschussanspruch des Moderators

Endgültig wird die Vergütung gem. §§ 98 Abs. 2, 82 Abs. 1 auf Antrag des Sanierungsmoderators mit Beschluss des zuständigen Restrukturierungsgerichts nach Beendigung des Amtes festgesetzt. Das Amt endet mit dessen Abberufung, Ablauf des Bestellzeitraums oder mit der Bestellung eines Restrukturierungsbeauftragten. Gegen die Vergütungsfestsetzung ist das Rechtsmittel der sofortigen Beschwerde statthaft gem. §§ 98 Abs. 2, 82 Abs. 3. 10

Auch die Gewähr von Vorschusszahlungen an den Sanierungsmoderator sind auf dessen Antrag entsprechend § 82 Abs. 4 möglich. Da die Sanierungsmoderation im Vergleich zum eigentlichen Sanierungsverfahren deutlich weniger Zeit beansprucht, wird die Vorschlusspflicht für die Praxis voraussichtlich nur von geringer Bedeutung sein.[23] 11

16 Insoweit ist auf die Kommentierung zu § 83 Rdn. 5 f. zu verweisen.
17 BT-Drucks. 19/24181, S. 184.
18 Zu den Grenzen der Vergütungsvereinbarung vgl. die Kommentierung zu § 83 Rdn. 26.
19 Vgl. die Kommentierung zu § 81 Rdn. 29.
20 Vgl. zur Gerichtsgebühr BT-Drucks. 19/24181, S. 220.
21 So auch Morgen-*Schinkel*, StaRUG, § 98 Rn. 9.
22 Braun-*Blümle/Erbe*, StaRUG, § 98 Rn. 3; a.A. *Smid*, ZInsO 2020, 2184, 2189, nach dem das Honorar und die Vorschusspflicht des Schuldners die Absicht des Gesetzgebers konterkariere, den Sanierungsmoderator gerade denjenigen (KM) Unternehmen zur Verfügung zu stellen, die auf Unterstützung angewiesen sind, sind sich einen professionellen Sanierungsberater aber nicht leisten können.
23 So auch Braun-*Blümle/Erbe*, StaRUG, § 98 Rn. 10.

IV. Anrechnung von Honoraren

12 Der Sanierungsmoderator kann gem. § 100 Abs. 2 zum – anschließenden – Restrukturierungsbeauftragten bestellt werden. Dadurch entstehen zusätzliche Kosten, die der Gesetzgeber grundsätzlich geringhalten will. Eine Anrechnungsvorschrift ist für Vergütungen in einzelnen Abschnitten des Rahmens nicht normiert und ist in der jetzigen Systematik auch nicht angezeigt.[24] Denn die Tatsache, dass derjenige, der mehrere – teils gänzlich voneinander verschiedene – Aufgaben wahrnimmt, seine Tätigkeiten auch vergütet bekommt, ist vergütungsrechtlich nicht zu beanstanden. Dies gilt umso mehr, als dass das gesetzliche Regel-Ausnahmemodell einer Vergütung nach Stundensätzen eine genaue Zuordnung des abzurechnenden Arbeitsaufwands auf die übertragenen Aufgaben erlaubt.

§ 99 Abberufung

(1) Der Sanierungsmoderator wird abberufen:

1. auf eigenen Antrag oder auf Antrag des Schuldners,

2. von Amts wegen, wenn dem Restrukturierungsgericht durch den Moderator die Insolvenzreife des Schuldners angezeigt wurde.

(2) Wird der Moderator nach Absatz 1 Nummer 1 abberufen, bestellt das Gericht auf Antrag des Schuldners einen anderen Moderator.

Übersicht

A. Beendigung der Sanierungsmoderation

1 Die Vorschrift regelt die Abberufung des Sanierungsmoderators und damit einen Fall, in dem seine Tätigkeit durch das Gericht ohne inhaltliche Prüfung beendet wird. Insoweit unterscheidet sich die Abberufung von der Entlassung des Sanierungsmoderators aus wichtigem Grund gem. § 96 Abs. 5 Satz 2. Von der Abberufung des Sanierungsmoderators zu trennen ist die Frage, welche Auswirkungen dies auf das Verfahren der Sanierungsmoderation hat. Dies ist je nach Tatbestand der Abberufung unterschiedlich zu beurteilen.

B. Abberufung des Sanierungsmoderators und ihre Rechtsfolgen

2 Abs. 1 unterscheidet in Nr. 1 und Nr. 2 die Abberufung auf Antrag von der Abberufung von Amts wegen. Die Abberufungstatbestände sind als abschließend zu verstehen, sodass weder weitere Antragsrechte in Betracht kommen noch weitere Gründe der Aufhebung von Amts wegen.

I. Abberufung gem. Abs. 1 Nr. 1

3 Der Sanierungsmoderator wird gem. Abs. 1 Nr. 1 auf Antrag abberufen. Der Antrag kann durch den Sanierungsmoderator selbst gestellt werden oder durch den Schuldner. Gläubiger haben dagegen kein derartiges Antragsrecht. Der Antrag bedarf keiner Begründung.[1] Entsprechend prüft das Gericht auch nur, ob ein ausreichender Antrag gestellt ist, und nimmt die Abberufung durch Beschluss vor. Der Abberufungsgrund beruht darauf, dass die Sanierungsmoderation ohne ein ausreichendes Vertrauensverhältnis zwischen Schuldner und Sanierungsmoderator nicht möglich ist. Daher soll ihnen die Möglichkeit gegeben werden, dieses Verhältnis bei einer Störung zu beenden, ohne dass dazu

---

24 A.A. *Lissner*, ZInsO 2020, 2248, 2251, 2255 mit dem Hinweis auf »spätere Ämter«.

1 Begründung zum Gesetzesentwurf der Bundesregierung zum SanInsFoG, BT-Drucks. 19/24181, S. 185 (zu § 105).

nähere Begründungen erforderlich sind.[2] Vor diesem Hintergrund erscheint auch eine Anhörung des Sanierungsmoderators bei Antrag des Schuldners oder des Schuldners bei Antrag des Sanierungsmoderators nicht erforderlich.[3]

Aus Abs. 2 ergibt sich, dass das Gericht bei Abberufung des Sanierungsmoderators nach Abs. 1 Nr. 1 auf Antrag des Schuldners einen anderen Sanierungsmoderator bestellt. Dies gilt unabhängig davon, ob der Schuldner oder der Sanierungsmoderator den Abberufungsantrag gestellt hat. Insoweit wird dem Schuldner das Recht gegeben, über den Fortgang der Sanierungsmoderation zu entscheiden.[4] Verzichtet der Schuldner auf einen derartigen Antrag, ist das Verfahren der Sanierungsmoderation beendet. Es wird sich empfehlen, dass das Gericht den Schuldner auf die Möglichkeit eines Antrages nach Abs. 2 hinweist und eine Frist setzt, um den Schwebezustand eines Sanierungsmoderationsverfahrens ohne Sanierungsmoderator zu verkürzen. Stellt der Schuldner einen Antrag auf Bestellung eines anderen Sanierungsmoderators, so erfolgt die Auswahl des neuen Moderators nach den sich aus § 94 Abs. 1 Satz 1 ergebenden Maßstäben. Eine erneute Prüfung der Zugangsvoraussetzungen ist für diesen Fall nicht vorgesehen und auch nicht erforderlich, weil das anhängige Verfahren der Sanierungsmoderation unter Wechsel der Person des Sanierungsmoderators fortgesetzt wird.[5] Praktisch wird sich viel eher die Frage stellen, ob die Sanierungsmoderation angesichts der verstrichenen Zeit noch in dem nach § 95 vorgesehenen Zeitraum zu bewältigen ist. Die Bestellung des neuen Sanierungsmoderators löst keinen neuen Bestellungszeitraum i.S.v. § 95 Abs. 1 aus, da der Bestellungszeitraum auf das Verfahren zu beziehen ist. Damit übernimmt der neue Sanierungsmoderator das Amt für den bereits bestimmten Bestellungszeitraum und hat lediglich die Möglichkeit eines Antrages auf Verlängerung des Bestellungszeitraums gem. § 95 Abs. 1 Satz 2. 4

II. Abberufung gem. Abs. 1 Nr. 2

Der Sanierungsmoderator wird gem. Abs. 1 Nr. 2 auch dann abberufen, wenn dem Restrukturierungsgericht die Insolvenzreife des Schuldners durch den Sanierungsmoderator angezeigt worden ist. Grundlage der Abberufung ist damit die Anzeige der Zahlungsunfähigkeit und/oder Überschuldung durch den Sanierungsmoderator gem. § 96 Abs. 4. Eine inhaltliche Prüfung der Richtigkeit der Anzeige erfolgt durch das Gericht nicht.[6] Deshalb sieht das Gesetz auch keine Anhörung der Beteiligten vor.[7] Insoweit liegt die Verantwortung für die Richtigkeit der angezeigten Umstände beim Sanierungsmoderator. Die Abberufung des Sanierungsmoderators beruht darauf, dass die Fortsetzung der Sanierungsmoderation bei Eintritt der Insolvenzreife »zum Schutz der Interessen der Gläubigergesamtheit nicht mehr tunlich«[8] ist, weil dies Insolvenzverschleppungen begünstigen könnte (s.o. § 96 Rdn. 6). Die vom Gericht durch Beschluss vorzunehmende Abberufung des Sanierungsmoderators führt – im Unterschied zum Abberufungsgrund nach Abs. 1 Nr. 1 – auch automatisch zur Beendigung des Moderationsverfahrens.[9] Das ergibt sich nicht nur aus dem mit der Abberufung verfolgten Zweck, sondern auch daraus, dass in diesem Fall Abs. 2 keine Anwendung findet und damit die Bestellung eines neuen Moderators ausgeschlossen ist. 5

---

2 Vgl. die Begründung zum Gesetzesentwurf der Bundesregierung zum SanInsFoG, BT-Drucks. 19/24181, S. 185 (zu § 105).

3 Dafür aber MK-StaRUG/*Fridgen* § 99 Rn. 6.

4 Vgl. auch MK-StaRUG/*Fridgen* § 99 Rn. 8.

5 Wie hier BeckOK-StaRUG/*Hänel* § 99 Rn. 44; anders aber Braun-*Blümle/Erbe*, StaRUG, § 97 Rn. 5; MK-StaRUG/*Fridgen* § 99 Rn. 38.

6 So auch Jacoby/Thole-*Ehret* § 99 Rn. 8; MK-StaRUG/*Fridgen* § 99 Rn. 12; Seibt/Westpfahl-*Behme* § 99 Rn. 6; a.A. BeckOK-StaRUG/*Hänel* § 96 Rn. 45; widersprüchlich Uhlenbruck-*Borries* § 96 StaRUG Rn. 34 einerseits und § 99 StaRUG Rn. 11 andererseits.

7 Für Anhörung zumindest des Schuldners aber Braun-*Blümle/Erbe*, StaRUG, § 97 Rn. 8, ohne dass ersichtlich ist, wohin dies führen soll.

8 Begründung zum Gesetzesentwurf der Bundesregierung zum SanInsFoG, BT-Drucks. 19/24181, S. 185 (zu § 105).

9 So auch Braun-*Blümle/Erbe*, StaRUG, § 97 Rn. 7.

§ 100 Übergang in den Stabilisierungs- und Restrukturierungsrahmen

(1) Nimmt der Schuldner Instrumente des Stabilisierungs- und Restrukturierungsrahmens in Anspruch, bleibt der Sanierungsmoderator im Amt, bis der Bestellungszeitraum abläuft, er nach § 99 abberufen wird oder ein Restrukturierungsbeauftragter bestellt wird.

(2) Das Restrukturierungsgericht kann den Sanierungsmoderator zum Restrukturierungsbeauftragten bestellen.

Übersicht

A. Sanierungsmoderation und Stabilisierungs- und Restrukturierungsrahmen

1 Die Sanierungsmoderation kann eine Vorstufe zum Stabilisierungs- und Restrukturierungsrahmen sein. Das gilt insbesondere dann, wenn die wirtschaftlichen oder finanziellen Schwierigkeiten des Schuldners noch nicht das Stadium der drohenden Zahlungsunfähigkeit erreicht haben oder aber noch ausreichend Zeit ist bis zum erwarteten Eintritt der Zahlungsunfähigkeit. Denkbar ist auch, dass der Schuldner sich gerade unter dem Eindruck der Sanierungsmoderation zur Inanspruchnahme des Stabilisierungs- und Restrukturierungsrahmens entschließt. Der Gesetzgeber hat für einen »gleitenden« Übergang von der Sanierungsmoderation zum Stabilisierungs- und Restrukturierungsrahmen zu Recht lediglich Regeln im Hinblick auf das Amt des Sanierungsmoderators und dessen Person für erforderlich gehalten.

B. Fortdauer des Amtes als Sanierungsmoderator

2 Gem. Abs. 1 kann der Sanierungsmoderator auch dann noch im Amt bleiben, wenn der Schuldner Instrumente des Stabilisierungs- und Restrukturierungsrahmen in Anspruch nimmt. Insoweit ist zunächst zweifelhaft, ob das Gesetz mit der Inanspruchnahme der Instrumente des Stabilisierungs- und Restrukturierungsrahmens den Zeitpunkt für die Regelungsbedürftigkeit des Übergangs richtig bestimmt hat. Voraussetzung für die Inanspruchnahme dieser Instrumente ist gem. § 31 zunächst die Anzeige des Restrukturierungsvorhabens bei dem zuständigen Restrukturierungsgericht. Häufig wird die Anzeige auch mit der sofortigen Inanspruchnahme der sich aus § 29 Abs. 2 ergebenden Instrumente des Stabilisierungs- und Restrukturierungsrahmens verbunden sein, zwingend ist dies aber nicht. Da das neue Verfahren aber bereits mit der Anzeige des Restrukturierungsvorhabens eingeleitet wird und auch schon ohne Inanspruchnahme der Instrumente des Stabilisierungs- und Restrukturierungsrahmens ein Restrukturierungsbeauftragter bestellt werden kann, hätte es näher gelegen, wenn Abs. 1 auf die Anzeige des Restrukturierungsvorhabens abgestellt hätte. Für die Inanspruchnahme der Instrumente des Stabilisierungs- und Restrukturierungsrahmens genügt der entsprechende Antrag des Schuldners, die entsprechende gerichtliche Entscheidung muss noch nicht vorliegen.[1]

2a Die unzureichende Abgrenzung von Sanierungsmoderation und Restrukturierungssache durch die Vorschrift führt dazu, dass (dann, wenn der Schuldner nach der Anzeige des Restrukturierungsvorhabens nicht sogleich auch Instrumente des Stabilisierungs- und Restrukturierungsrahmens in Anspruch nimmt) neben dem bereits bestellten Sanierungsmoderator ggf. ein Restrukturierungsbeauftragter bestellt wird. Dieses von der Vorschrift schwerlich bezweckte Ergebnis ist zu vermeiden, indem sie – entgegen ihrem zu weit geratenen Wortlaut – teleologisch reduziert wird. Dem Zweck der Regelung nach endet daher das Amt des Sanierungsmoderators bereits mit der Bestellung des Restrukturierungsbeauftragten, ohne dass es einer vorherigen Inanspruchnahme der Instrumente

1 So auch MK-StaRUG/*Fridgen* § 100 Rn. 9.

des Stabilisierungs- und Restrukturierungsrahmens bedarf.[2] Die Beendigung des Amtes des Sanierungsmoderators sollte in diesem Fall ausdrücklich durch das Gericht ausgesprochen werden.[3] Hingegen wird man nach dem klaren Wortlaut der Vorschrift annehmen müssen, dass der Sanierungsmoderator im Amt bleibt, wenn zwar Instrumente des Stabilisierungs- und Restrukturierungsrahmens in Anspruch genommen werden, aber kein Restrukturierungsbeauftragter bestellt wird (und im Übrigen auch kein Grund für die Beendigung des Amtes vorliegt), obwohl auch dies nicht ohne Weiteres plausibel ist. Wird ein Insolvenzantrag gestellt, ist anzunehmen, dass es regelmäßig jedenfalls auf Antrag nach § 99 Abs. 1 Nr. 1 zur Beendigung der Sanierungsmoderation kommt.[4]

Trotz der Inanspruchnahme der Instrumente des Stabilisierungs- und Restrukturierungsrahmens bleibt der Sanierungsmoderator übergangsweise im Amt. Seine Tätigkeit endet, wenn (1) der Bestellungszeitraum abläuft, (2) wenn er nach § 99 abberufen wird oder (3) ein Restrukturierungsbeauftragter (nach den §§ 73 ff.) bestellt wird. Nicht aus dem Gesetz ersichtlich ist, welche Aufgaben der Sanierungsmoderator in diesem Übergangsstadium haben soll. Da er nur die ihm zugewiesenen Aufgaben hat, ist er weiterhin zur Vermittlung zwischen dem Schuldner und seinen Gläubigern verpflichtet und hat demgemäß nach § 96 Abs. 3 darüber Bericht zu erstatten, zudem hat er insbesondere die sich aus § 96 Abs. 4 ergebende Pflicht zur Anzeige eines Insolvenzgrundes.[5] 3

C. Bestellung des Sanierungsmoderators zum Restrukturierungsbeauftragten

Durch Abs. 2 wird geregelt, dass das Restrukturierungsgericht den Sanierungsmoderator zum Restrukturierungsbeauftragten bestellen kann. Ähnliche Vorschriften finden sich z.B. in §§ 271 Satz 3, 272 Abs. 3 InsO für das Verhältnis von Sachwalter und Insolvenzverwalter. Ähnlich wie diese Bestimmungen zielt auch Abs. 2 auf die Klarstellung, dass seine bisherige Tätigkeit den Sanierungsmoderator für die Tätigkeit als Restrukturierungsbeauftragter nicht ungeeignet macht. Damit überlässt das Gesetz die Entscheidung, ob der bisherige Sanierungsmoderator zum Restrukturierungsbeauftragten bestellt wird, dem pflichtgemäßen Ermessen des Gerichts. Die Gesetzesbegründung hebt hervor, dass die Bestellung des Sanierungsmoderators zum Restrukturierungsbeauftragten vor allem dann in Betracht kommt, wenn auf Antrag des Schuldners oder der Gläubiger ein fakultativer Restrukturierungsbeauftragter nach den §§ 77 ff. bestellt werden soll.[6] Das beruht auf der Überlegung, dass Sanierungsmoderator und fakultativer Restrukturierungsbeauftragter ohnehin vergleichbare Aufgaben haben (vgl. § 77 Abs. 1 Satz 1 mit § 96 Abs. 1).[7] Für die Bestellung des Sanierungsmoderators zum Restrukturierungsbeauftragten kann weiter insbesondere sprechen, dass dieser schon mit den wirtschaftlichen oder finanziellen Schwierigkeiten des Schuldners vertraut ist. Gegen die Bestellung zum Restrukturierungsbeauftragten spricht es, wenn der Sanierungsmoderator das Vertrauen Beteiligter verloren hat, auch wenn dies nicht zu einem Antrag auf Abberufung nach § 99 Abs. 1 Nr. 1 geführt hat. 4

▶ Hinweis:

Sofern der Schuldner vermeiden will, dass der bisherige Sanierungsmoderator zum Restrukturierungsbeauftragten bestellt wird, sollte er noch vor Eintritt in den Stabilisierungs- und Restrukturierungsrahmen den Antrag auf Abberufung gem. § 99 Abs. 1 Nr. 1 stellen und damit sein Misstrauen zum Ausdruck bringen.[8] 5

---

2 Für diese teleologische Reduktion BeckOK-StaRUG/*Hänel* § 100 Rn. 25; Uhlenbruck-*Borries* § 100 StaRUG Rn. 8; dagegen MK-StaRUG/*Fridgen* § 100 Rn. 26.
3 MK-StaRUG/*Fridgen* § 100 Rn. 29.
4 Dazu MK-StaRUG/*Fridgen* § 100 Rn. 27; BeckOK-StaRUG/*Hänel* § 100 Rn. 26.
5 Vgl. auch MK-StaRUG/*Fridgen* § 100 Rn. 16.
6 Begründung zum Gesetzesentwurf der Bundesregierung zum SanInsFoG, BT-Drucks. 19/24181, S. 185 (zu § 106).
7 *Smid*, ZInsO 2020, 2184, 2189; *Schulte-Kaubrügger/Dimassi*, ZIP 2021, 936, 943.
8 *Hoegen*, NZI-Beilage 2021, 59, 63.

Teil 4 Frühwarnsysteme

§ 101 Informationen zu Frühwarnsystemen

Informationen über die Verfügbarkeit der von öffentlichen Stellen bereitgestellten Instrumentarien zur frühzeitigen Identifizierung von Krisen werden vom Bundesministerium der Justiz und für Verbraucherschutz unter seiner Internetadresse www.bmjv.bund.de bereitgestellt.

Übersicht

A. Normzweck und Historie

1 Die Norm setzt die Vorgaben des Art. 3 der Richtlinie über Restrukturierung und Insolvenz (RL [EU] 2019/1023)[1] um. Schuldnern soll möglichst frühzeitig Zugang zu einem präventiven Restrukturierungsrahmen eröffnet werden. Dieser Zweck soll durch entsprechende Frühwarnsysteme gefördert werden. § 1 StaRUG verpflichtet daher die Geschäftsleitungsorgane, entsprechende Frühwarnsysteme zu etablieren; eine Verpflichtung, die das Aktienrecht bereits mit dem KonTraG 1998 in § 91 Abs. 2 AktG eingeführt hatte und nunmehr unabhängig von der Größe und Rechtsform des Unternehmens umzusetzen ist. Nur Schuldner, die bestandsgefährdende Entwicklungen frühzeitig erkennen, können auch rechtzeitig Maßnahmen zu deren Beseitigung ergreifen.

2 Die Einrichtung eines Frühwarnsystems soll die Organe in die Lage versetzen, fortlaufend die Unternehmensentwicklung zu überwachen, um Krisenanzeichen rechtzeitig erkennen zu können. Andererseits soll sichergestellt werden, dass im Fall erkannter finanzieller Schwierigkeiten Informationen zu den infrage kommenden präventiven Restrukturierungsverfahren in leicht zugänglicher und verständlicher Form zur Verfügung stehen. Die Frühwarnsysteme knüpfen an die Krisenfrüherkennung nach § 1 an.[2] In der Praxis verfügen vor allem große Unternehmen häufig über Frühwarnsysteme, KMU hingegen in der Regel nicht.

3 Art. 3 Abs. 1 der Richtlinie verpflichtet die Mitgliedstaaten, dem Schuldner Zugang zu einem oder mehreren klaren und transparenten Frühwarnsystemen zu ermöglichen. Die Frühwarnsysteme müssen Umstände erkennen lassen, die zu einer **wahrscheinlichen Insolvenz** führen und dem Schuldner signalisieren können, dass unverzüglich gehandelt werden muss. Gem. Art. 3 Abs. 3 der Richtlinie müssen die Mitgliedstaaten sicherstellen, dass die Schuldner und die Arbeitnehmervertreter Zugang zu relevanten und aktuellen Informationen über die Verfügbarkeit von Frühwarnsystemen sowie zu Verfahren und Maßnahmen zur Restrukturierung und Entschuldung haben. Art. 3 Abs. 4 der Richtlinie sieht weiter vor, dass die Informationen online zur Verfügung gestellt werden und insbesondere für KMU leicht zugänglich sind und nutzerfreundlich aufbereitet werden. Erwägungsgrund 22 der Richtlinie adressiert an den nationalen Gesetzgeber die Vorstellung, dass die zugänglich zu machenden Frühwarnsysteme an die Unternehmensgröße angepasst werden.

4 Der Verpflichtung zur Umsetzung dieser Regelungen in nationales Recht ist der deutsche Gesetzgeber mit Schaffung des § 101 nachgekommen. Mit der Regelung wird die dauerhafte Bereitstellung der geforderten Online-Informationsplattform mit Informationen über Frühwarnsysteme gesetzlich abgesichert. Ob die Frühwarnsysteme zu einer höheren Sanierungs- und Restrukturierungsquote beitragen können,[3] wird im Wesentlichen davon abhängen, ob die in § 29 vorgesehenen Instrumente des Stabilisierungs- und Restrukturierungsrahmens in größerem Umfang zur praktischen Anwendung

---

1 RL (EU) 2019/1023 v. 20.06.2019, Amtsbl. EU L 172/18.

2 *Müller/Gerhart*, KSI 2021, 53, 55.

3 Zweifelnd *Harmann*, ZInsO 2019, 1701, 1703 f.

gelangen und von Schuldnern als ernsthafte Sanierungsoption in Erwägung gezogen werden. Denn gerade bei KMU sind die Anzeichen einer Liquiditätskrise frühzeitig bekannt. Trotz identifizierter Risiken wird häufig die tatsächliche Bedrohungslage nicht erkannt.[4] In der Hoffnung auf eine Verbesserung der wirtschaftlichen Lage wird die Möglichkeit eines frühzeitigen Insolvenzantrages nicht wahrgenommen.[5] Dazu tragen in der Praxis bei den Geschäftsleitern kleinerer Unternehmern Fehlvorstellungen über Voraussetzung und Vorliegen der Insolvenzgründe bei.[6] Entscheidend ist daher die Bereitschaft, beim Auslösen eines Frühwarnsystems auch Maßnahmen zur Sanierung zu ergreifen. Dazu sind Geschäftsleiter nach § 1 nun jedenfalls rechtsformübergreifend verpflichtet,[7] wenngleich weiterhin keine Sanierungspflicht für Geschäftsleiter besteht.[8] Letztlich kann mit dem Zugang zu Frühwarnsystemen und ihrer Etablierung ein Anreiz geschaffen werden, sich professionell beraten zu lassen.

B. Norminhalt

I. Frühwarnsysteme

Ein geeignetes Frühwarnsystem setzt nach Art. 3 Abs. 1 der Richtlinie einerseits voraus, dass das System die Umstände erkennen kann, die zu einer wahrscheinlichen Insolvenz führen können, und andererseits, dass es Schuldnern signalisieren kann, unverzüglich handeln zu müssen. Trotz der zentralen Stellung des Tatbestandsmerkmals der wahrscheinlichen Insolvenz ist die Begrifflichkeit in der Richtlinie nicht legaldefiniert. Gem. Art. 2 Abs. 2 Buchst. b) der Richtlinie ist der Begriff der wahrscheinlichen Insolvenz stattdessen im Sinne des nationalen Rechts zu verstehen. 5

Der deutsche Gesetzgeber hat sich in § 29 entschieden, die drohende Zahlungsunfähigkeit i.S.d. § 18 Abs. 2 InsO als Zugangsvoraussetzung zu den Stabilisierungs- und Restrukturierungselementen zu bestimmen. Damit wird der Begriff der wahrscheinlichen Insolvenz i.S.d. Art. 4 Abs. 1 der Richtlinie mit der drohenden Zahlungsunfähigkeit gleichgesetzt.[9] Das Frühwarnsystem muss deshalb Umstände erkennen lassen, die zu einer drohenden Zahlungsunfähigkeit i.S.d. § 18 Abs. 2 InsO führen können. 6

Dies entspricht der Vorstellung der Richtlinie, dass Frühwarnsysteme zum frühestmöglichen Zeitpunkt bei Anzeichen eines Krisenfrühstadiums anschlagen.[10] Bereits bei beginnenden finanziellen Schwierigkeiten soll ein Anreiz geschaffen werden, ein präventives Restrukturierungsverfahren zu nutzen[11] 7

Die Bestimmung der Umstände, die zu einer drohenden Zahlungsunfähigkeit führen können, erfordert eine Prognose, ob sich die bereits bestehenden Krisenanzeichen im weiteren Verlauf zu einer Zahlungsunfähigkeit vertiefen können. Ein Prognosezeitraum wie der 24-Monatszeitraum der drohenden Zahlungsunfähigkeit nach § 18 Abs. 2 Satz 2 InsO ist für diese Prognose nicht vorgegeben. Maßgeblich ist daher, ob die gegenwärtigen Umstände den Schluss rechtfertigen, zu einem künftigen Zeitpunkt könnten die Voraussetzungen der Zahlungsunfähigkeit eintreten. Die Umstände müssen damit die Annahme rechtfertigen, es werde künftig ein Zustand eintreten, in dem der Schuldner in dem zweijährigen Prognosezeitraum für die drohende Zahlungsunfähigkeit nicht in der Lage sein wird, sämtliche bestehenden Zahlungspflichten im Zeitpunkt der Fälligkeit zu erfüllen. 8

---

4 *Nickert/Nickert*, DStR 2021, 883.
5 *Hartmann*, ZInsO 2019, 1701, 1712.
6 Ausf. *Schülke*, DStR 2021, 621, 622; vgl. *Harmann*, ZInsO 2019, 1701, 1703.
7 Ausf. *Müller/Gerhart*, KSI 2021, 53, 53 f.
8 Braun-*Weber/Dömmecke*, StaRUG, § 102 Rn. 2 m.w.N.
9 Begr. RegE SanInsFoG, BT-Drucks. 19/24181, 131 f.; *Schülke*, DStR 2021, 621, 624; *Gehrlein*, BB 2021, 66, 71.
10 Braun-*Ehret*, StaRUG, § 101 Rn. 2.
11 Erwägungsgrund 22 RL (EU) 2019/1023.

9 Ausreichend können einzelne Beweisanzeichen aus der Rspr. des BGH sein, die zwar auf eine Zahlungsunfähigkeit hindeuten,[12] aber in ihrer Gesamtschau noch keine Zahlungsunfähigkeit oder Zahlungseinstellung begründen.[13]

10 Auch andere, für sich genommen nicht existenzgefährdende Risiken, sollten von einem Frühwarnsystem erfasst werden. Auch die Kumulation kleinerer Risiken kann im weiteren Verlauf zu einer existenzgefährdenden Krise führen.[14] Für eine künftige drohende Zahlungsunfähigkeit kommen insbesondere auch auslaufende Kredite oder absehbare Zahlungspflichten in großem Umfang außerhalb des zweijährigen Prognosezeitraums des § 18 Abs. 2 Satz 2 InsO infrage.

11 Die in der Betriebswirtschaft vorherrschende Vorstellung einer Krisenentwicklung, die auch dem IDW S 6[15] zugrunde liegt, spielt weder bei den Überlegungen der Richtlinie noch nach den Erwägungen des deutschen Gesetzgebers eine entscheidende Rolle. Nicht die klassischen Krisenstadien von der Stakeholder-, Strategie-, Produkt- und Absatzkrise sind von einem Frühwarnsystem zu erfassen, sondern vor allem risikobehaftete Geschäfte, Unrichtigkeiten in der Rechnungslegung und Verstöße gegen gesetzliche Vorschriften, die sich wesentlich auf die Vermögens-, Finanz- und Ertragslage eines Unternehmens auswirken können.[16]

12 Hinsichtlich der funktionalen Ausgestaltung und den Anforderungen an Frühwarnsysteme benennt die Richtlinie ebenfalls keine näheren Voraussetzungen. Es muss sich lediglich um klare und transparente Frühwarnsysteme handeln. Wann ein solches System aber klar und transparent ist, ist der Richtlinie nicht zu entnehmen. Da die Frühwarnsysteme gem. Erwägungsgrund 17 der Richtlinie vor allem auf KMU abzielen, muss insoweit die Sicht eines durchschnittlichen Geschäftsleiters eines KMU maßgeblich sein.

13 Ausdrücklich genannt sind in Art. 3 Abs. 2 Buchst. a) bis c) einzelne Regelbeispiele für Frühwarnsysteme. Dazu zählen zunächst Mechanismen zur Benachrichtigung des Schuldners bei Nichterbringung bestimmter Arten von Zahlungen. Erwägungsgrund 22 der Richtlinie nennt als solche Zahlungen insbesondere Steuern und Sozialversicherungsbeiträge. Von ähnlicher Relevanz können Verbindlichkeiten sein, die im Hinblick auf den Geschäftsbetrieb des Schuldners existenzielle Bedeutung haben, etwa weil ohne Betriebsräume und ohne eine Stromversorgung ein Betrieb nicht zu unterhalten ist.[17] Problematisch ist allerdings bei der Nichterbringung dieser Zahlungen, dass dann bereits gewichtige Beweisanzeichen für eine Zahlungseinstellung und damit der gem. § 17 Abs. 2 Satz 2 InsO vermuteten Zahlungsunfähigkeit vorliegen[18] und die Hinweise deshalb zu spät für die Sanierungs- und Restrukturierungsinstrumente kommen können.[19]

14 Weiterhin kommen als Frühwarnsysteme öffentliche und private Beratungsangebote in Betracht. Schließlich können für informierte Dritte wie Wirtschaftsprüfer, Steuerbehörden oder Sozialversicherungsträger Anreize geschaffen werden, den Schuldner auf negative Entwicklungen aufmerksam zu machen.

15 Die technische Umsetzung des jeweiligen Frühwarnsystems bleibt den Mitgliedsstaaten überlassen. Art. 3 Abs. 1 der Richtlinie sieht lediglich vor, dass die Mitgliedstaaten IT-Technologien nutzen können. Möglich ist deshalb auch ein nicht Technologie-basiertes Frühwarnsystem.

---

12 S. dazu m.w.N. *Hölken*, DZWIR 2018, 207 ff.
13 *Hartmann*, ZInsO 2019, 1701, 1703 f.
14 *Nickert/Nickert*, DStR 2021, 883.
15 IDW Standard: Anforderungen an Sanierungskonzepte (IDW S 6) vom 16.05.2018, Rn. 32.
16 MK-AktG/*Spindler*, § 91 Rn 21.
17 Vgl. BGH, NZI 2013, 932, 933 Rn. 12.
18 *Hölken*, DZWIR 2018, 207, 209 f.
19 *Hartmann*, ZInsO 2019, 1701, 1703 f.

II. Bestehende Frühwarnsysteme

16 In Deutschland bestehen bereits verschiedene Beratungsangebote, Hinweispflichten und staatliche Förderprogramme als Frühwarnsysteme i.S.d. Richtlinie.[20] Ein Mechanismus zur Benachrichtigung bei Nichterbringung bestimmter Zahlungen ist in Deutschland nicht vorgesehen. Es wurde davon abgesehen, eine naheliegende Hinweispflicht der Finanzämter und Sozialversicherungsträger gesetzlich festzusetzen, wie sie in der Richtlinie als mögliches Frühwarnsystem angegeben wird. Die Nichtzahlung von Steuern und Sozialversicherungsbeiträgen sind als Beweisanzeichen anerkannt, die in der Gesamtschau mit anderen Beweisanzeichen die Annahme einer Zahlungseinstellung gem. § 17 Abs. 2 Satz 2 InsO belegen können. Praktisch wird oft das Beweisanzeichen der Rückgabe von Lastschriften vorliegen, weil Steuern und Sozialversicherungsbeiträge in der Regel abgebucht werden.

17 Als Beratungsdienst i.S.d. Art. 3 Abs. 2 Buchst. b) der Richtlinie sind in Deutschland vor allem Beratungsangebote der Industrie- und Handelskammern sowie der Handwerkskammer etabliert. Daneben unterhält das Bundesministerium für Wirtschaft und Klimaschutz das Existenzgründerportal die Website www.existenzgruendungsportal.de. Dort finden sich unter der Rubrik »Krisenmanagement« nur noch Verlinkungen weiterer Beratungsangebote. Gleiches gilt für die Website www.bmj.de, die unter der Rubrik »Frühwarnsysteme« ebenfalls nur auf weitere Informationsquellen allgemeiner Art verweist.

18 Die Inhalte sind (Stand 7/2024) durchweg oberflächlich gehalten und ermöglichen allenfalls eine erste Orientierung, die dazu führen wird, einen Berater mit der genaueren Prüfung zu beauftragen. Keinesfalls können die Angebote eine sachverständige Beratung ersetzen. Die veröffentlichten Checklisten und Übersichten bergen deshalb die Gefahr von Scheinsicherheiten[21] mit teils fragwürdigem Inhalt.

19 Tatsächlich werden auf den Internetseiten im Wesentlichen keine Informationen zu Frühwarnsystemen bereitgestellt, sondern nur zu weiteren Beratungsangeboten.

20 Bereits gesetzlich normiert sind an verschiedenen Stellen Hinweispflichten i.S.v. Anreizen gem. Art. 3 Abs. 2 Buchst. c) der Richtlinie. Vor allem sind Abschlussprüfer mittelgroßer und großer Unternehmen i.S.d. § 267 HGB bei Abschlussprüfungen verpflichtet, vorweg zu der Beurteilung der Lage des Unternehmens oder Konzerns durch die gesetzlichen Vertreter Stellung zu nehmen, wobei insbesondere auf die Beurteilung des Fortbestandes und der künftigen Entwicklung des Unternehmens einzugehen ist. Außerdem hat der Abschlussprüfer über Tatsachen zu berichten, die den Bestand des geprüften Unternehmens oder des Konzerns gefährden oder seine Entwicklung wesentlich beeinträchtigen können. Auf Risiken, die den Fortbestand des Unternehmens oder eines Konzernunternehmens gefährden, ist gem. § 322 Abs. 2 Satz 2 HGB im Bestätigungsvermerk zum Jahresabschluss und Lagebericht nach § 322 Abs. 1 HGB gesondert einzugehen. Bei der Beurteilung des Prüfungsergebnisses muss der Abschlussprüfer gem. § 322 Abs. 6 Satz 2 HGB darauf eingehen, ob die Chancen und Risiken der zukünftigen Entwicklung im Jahresabschluss und Lagebericht zutreffend dargestellt sind.

21 Daneben waren bereits nach der bisherigen Rspr. des BGH Steuerberater, die mit der Erstellung eines Jahresabschlusses beauftragt wurden, verpflichtet, auf einen Insolvenzgrund hinzuweisen.[22] Mittlerweile wurde dieser Gedanke in § 102 gesetzlich umgesetzt und die haftungsbewehrte Hinweispflicht auf weitere Berufsgruppen ausgedehnt.

III. Informationszugang

22 Die Pflicht der Mitgliedsstaaten zur Sicherstellung eines Informationszugangs von Schuldnern und Arbeitnehmervertretern in Bezug auf Frühwarnsysteme und Maßnahmen der Restrukturierung und

20 *Gehrlein*, BB 2021, 66, 79.
21 *Schülke*, DStR 2021, 621, 623.
22 BGH, NZI 2017, 312.

Entschuldung ist in Art. 3 Abs. 3 der Richtlinie statuiert. Die Informationen über Frühwarnsysteme müssen öffentlich online und in insbesondere für KMU leicht zugänglicher und nutzerfreundlich ausgestalteter Form veröffentlicht werden. Nach Erwägungsgrund 22 kann vor allem eine Website oder Webpage eingerichtet werden. Nach dem Gesetzeswortlaut sollen die Informationen vom Bundesministerium der Justiz und für Verbraucherschutz unter seiner Internetadresse www.bmjv.bund.de veröffentlicht werden; inzwischen ist diese Internetadresse stillgelegt. Ein Informationsangebot wird nur auf der Seite www.bmj.de vorgehalten und auf Internetadressen weiterer Informationsanbieter verwiesen.

23 Es bleibt zu konstatieren, dass der Zugang zu einem umfassenden, geordneten und systematisierten Informationspool fehlt.

§ 102 Hinweis- und Warnpflichten

Bei der Erstellung eines Jahresabschlusses für einen Mandanten haben Steuerberater, Steuerbevollmächtigte, Wirtschaftsprüfer, vereidigte Buchprüfer und Rechtsanwälte den Mandanten auf das Vorliegen eines möglichen Insolvenzgrundes nach den §§ 17 bis 19 der Insolvenzordnung und die sich daran anknüpfenden Pflichten der Geschäftsleiter und Mitglieder der Überwachungsorgane hinzuweisen, wenn entsprechende Anhaltspunkte offenkundig sind und sie annehmen müssen, dass dem Mandanten die mögliche Insolvenzreife nicht bewusst ist.

Übersicht Rdn.

A. Normzweck und Historie

1 § 102 hat keine Grundlage in der Richtlinie über Restrukturierung und Insolvenz.[1] Es bestand deshalb auch keine Pflicht zur Umsetzung einer Richtlinie in nationales Recht. Die Gesetzesänderungen zur Umsetzung der Richtlinie wurden vom Gesetzgeber vielmehr zum Anlass genommen, die bislang nicht ausdrücklich gesetzlich geregelte Hinweispflichten und die Haftung von Steuerberatern, Wirtschaftsprüfern u.a. bei der Erstellung von Jahresabschlüssen zu kodifizieren. Systematisch ist die Norm zudem ein Fremdkörper innerhalb des StaRUG. Noch im Referentenentwurf war vorgesehen, die Pflichten in § 57 Abs. 5 StBerG zu regeln.[2] Zu Recht wurde jedoch u.a. von der BStBK bemängelt, dass die Erstellung eines Jahresabschlusses nachlaufend erfolge und keinesfalls ein Frühwarnsystem darstelle, welches den Zugang zu einem präventiven Restrukturierungsverfahren gewährleisten könne. Die nachträgliche Feststellung beginnender Zahlungsschwierigkeiten kommt dann regelmäßig zu spät.

2 Mit dem StaRUG wurde die präventive Restrukturierung mit den in § 29 Abs. 2 genannten Instrumenten des Stabilisierungs- und Restrukturierungsrahmens zur Beseitigung der drohenden Zahlungsunfähigkeit gem. § 18 Abs. 2 InsO in nationales Recht umgesetzt. Positive Eingangsvoraussetzung zum präventiven Restrukturierungsverfahren ist nach § 29 Abs. 1 die drohende Zahlungsunfähigkeit, während Zahlungsunfähigkeit (§ 17 InsO) und Überschuldung (§ 19 InsO) den Zugang ausschließen. Gem. § 14 muss dem Restrukturierungsplan stets eine Erklärung beigefügt werden, dass mit dem Plan die drohende Zahlungsunfähigkeit beseitigt werden kann. Bei Zahlungsunfähigkeit oder Überschuldung hebt das Restrukturierungsgericht gem. § 33 die

1 RL (EU) 2019/1023 v. 20.06.2019, Amtsbl. EU L 172/18.
2 RefE SanInsFoG, Art. 19, hierzu auch die Stellungnahme der BStBK vom 01.10.2020.

Restrukturierungssache im Regelfall auf[3]. Demgegenüber betrifft § 102 gerade den Fall bereits bestehender Insolvenzreife. Zwar besteht nunmehr bei allen Insolvenzgründen, also auch der drohenden Zahlungsunfähigkeit, eine Hinweispflicht. Aus den regelmäßig bei der Erstellung des Jahresabschlusses vorliegenden Informationen werden sich aber in den seltensten Fällen Prognosen zur künftigen Zahlungsfähigkeit des Mandanten ableiten lassen. Die Hinweispflichten werden sich für die betroffenen Berufsträger daher in erster Linie auf das Vorliegen einer Antragspflicht, also bei eingetretener Zahlungsunfähigkeit oder Überschuldung, konzentrieren. Dann ist das Restrukturierungsverfahren unterdessen aufzuheben. Die Voraussetzungen für das Eingreifen der Pflichten der Berufsträger nach § 102 und die Zugangsvoraussetzungen zu den präventiven Stabilisierungs- und Restrukturierungsinstrumente i.S.d. § 29 schließen einander deshalb regelmäßig aus. Insoweit erscheint die Annahme des deutschen Gesetzgebers fragwürdig, die Hinweis und Warnpflichten des § 102 stellten ebenfalls ein Instrument zur Früherkennung von Unternehmenskrisen i.S.d. Art. 3 Abs. 1 und 2 Buchst. c) der Richtlinie dar.[4] Lediglich ein Hinweis auf eine drohende Zahlungsunfähigkeit ist als Maßnahme der Früherkennung jedenfalls im Grundsatz ein taugliches Frühwarnsystem i.S.d. Richtlinie.

Die Norm geht auf das Urteil des BGH vom 26.01.2017 – IX ZR 285/14[5] zurück.[6] In dieser Entscheidung änderte der Insolvenzrechtssenat des BGH seine Rechtsprechung und nahm im Hinblick auf die Going-Concern-Prämisse nach § 252 Abs. 2 Nr. 1 HGB erstmalig eine Hinweispflicht eines mit der Erstellung eines Jahresabschlusses beauftragten Steuerberaters an. Voraussetzung dazu ist nach dem BGH, dass sich auf der Grundlage der dem Steuerberater zur Verfügung stehenden Unterlagen und der ihm sonst bekannten Umstände tatsächliche oder rechtliche Gegebenheiten ergeben, die einer Fortführung der Unternehmenstätigkeit entgegenstehen können und dass entsprechende Anhaltspunkte offenkundig sind und er annehmen muss, dass die mögliche Insolvenzreife der Mandantin nicht bewusst ist. Für die Auslegung des § 102 können deshalb die Grundsätze aus dieser Entscheidung herangezogen werden. 3

In der Folge hatten sich mehrere Instanzgerichte mit der Übertragbarkeit auf Wirtschaftsprüfer auseinandergesetzt und das OLG Düsseldorf dies mit Urteil vom 20.12.2018 – 10 U 70/18[7] schließlich auch angenommen.[8] Mit § 102 hat der Gesetzgeber diese Grundsätze ausgeweitet und dabei eine berufsstandsübergreifende zivilrechtliche Haftungsnorm geschaffen. Eine im Gesetzgebungsverfahren ebenfalls in Betracht gezogene Änderung berufsrechtlicher Vorschriften wurde aufgegeben. 4

Die Hinweis- und Warnpflichten sollen nach dem Willen des Gesetzgebers als Instrument zur Früherkennung der Bestandsgefährdung eines Unternehmens i.S.d. Art. 3 Abs. 1 und 2 Buchst. c) der Richtlinie auch gesetzlich klargestellt werden (Begr. RegE SanInsFoG, BT-Drucks. 19/24181, 187). Dies erscheint vor dem Hintergrund etwas fragwürdig, dass die Frühwarnsysteme nach § 101 bereits zu einem wesentlich früheren Zeitpunkt bei ersten Krisenanzeichen eingreifen sollen und gem. § 1 die Geschäftsleiter Entwicklungen, welche den Fortbestand der juristischen Person gefährden können, fortlaufend überwachen müssen. Die Hinweispflicht nach § 102 greift demgegenüber erst zu einem wesentlich späteren Zeitpunkt bei Vorliegen eines Insolvenzgrundes. 5

B. Norminhalt

I. Erfasste Berufsträger

Die Norm enthält eine abschließende Auflistung der hinweispflichtigen Berufsträger. Dazu zählen Steuerberater, Steuerbevollmächtigte, Wirtschaftsprüfer, vereidigte Buchprüfer und Rechtsanwälte. 6

3 Zu den Ausnahmen vgl. *Denkhaus/v. Kaltenborn*, § 33 Rdn. 35 ff.
4 Begr. GesE SanInsFoG, BT-Drucks. 19/24181, 187 f.
5 NJW 2017, 1611; ausf. dazu *Pape*, NZI 2019, 260 ff.; *Roth*, ZInsO 2017, 2199 ff.
6 Kritisch BeckOK-StaRUG/*Mock*, § 102 Rn. 4.
7 ZInsO 2020, 104.
8 Ausf. dazu *Juretzek*, NZI 2019, 740 ff.

Der Gesetzgeber hat sich bei dieser Auflistung an der Auflistung in § 3 Nr. 1 StBerG orientiert.[9] Erfasst sind alle Berufsträger, die mit der Erstellung eines Jahresabschlusses betraut sein können. Die Erweiterung auf die Berufsträger, die einen Jahresabschluss erstellen können, ist im Hinblick auf die vom BGH statuierte Haftung interessengerecht. Denn der BGH hat die Haftung maßgeblich mit der Erstellung des Jahresabschlusses begründet. Durch diese erhält der Berufsträger die erforderlichen Kenntnisse im Hinblick auf das Vorliegen von Insolvenzgründen. Dann ist es auch naheliegend, die Hinweispflicht auf alle Berufsträger zu erstrecken, die einen Jahresabschluss erstellen können. Der Gesetzgeber geht daher zutreffend davon aus, dass kein Grund für eine unterschiedliche Behandlung von Steuerberatern einerseits und den anderen mit der Erstellung von Jahresabschlüssen betrauten Berufsträgern bestehen.[10]

7 Nicht zu den hinweispflichtigen Berufsträgern zählen Abschlussprüfer, da der Abschlussersteller einen wesentlich besseren Einblick in die wirtschaftliche Lage hat.[11] Allerdings sind bei Prüfungshandlungen regelmäßig Abwägungen zur Risikobeurteilung anzustellen.[12] Die sich hieraus ergebenden Pflichten des Abschlussprüfers sind über § 323 HGB haftungsbewehrt.[13]

8 Ebenso wenig sind Berufsträger erfasst, die lediglich andere Abschlüsse wie eine Steuerbilanz, einen Konzernabschluss oder einen Zwischenbericht erstellen.[14]

II. Hinweispflicht

1. Insolvenzgründe

9 Die Hinweispflicht bezieht sich auf alle Insolvenzgründe der §§ 17–19 InsO und umfasst ausdrücklich die drohende Zahlungsunfähigkeit.[15] Bereits im Gesetzgebungsverfahren wurde kritisiert, dass ein Insolvenzgrund, der bereits zum oder vor dem Abschlussstichtag vorliege, von dem Berufsträger erst mehrere Monate nach deren Eintritt erkannt werden könne.[16] Da Informationspflichten aber nur da entstehen können, wo dem Berufsträger die Informationen für die Beurteilung der Hinweispflicht zur Verfügung stehen und dies regelmäßig erst bei Erstellung der Jahresabschlusses der Fall ist, kommt eine frühere Hinweispflicht insoweit systembedingt kaum in Betracht.

2. Offenkundige Anhaltspunkte

10 Für einen Insolvenzgrund müssen entsprechende Anhaltspunkte offenkundig für den Berufsträger sein. Die bloße Erkennbarkeit eines Insolvenzgrundes ist nicht ausreichend[17] An das Vorliegen dieses Tatbestandsmerkmal sind in Abhängigkeit zum jeweiligen Insolvenzgrund hohe Anforderungen zu stellen.[18] Beurteilungsmaßstab ist stets der Kenntnisstand des mit der Erstellung des Jahresabschlusses betrauten Berufsträgers. Aufgrund deren besonderer Sachkunde ist zunächst ein strenger Maßstab anzulegen.[19] Nach der Rechtsprechung des BGH zur Haftung eines Steuerberaters liegen offenkundige Anhaltspunkte etwa vor, wenn die Jahresabschlüsse der Gesellschaft in aufeinanderfolgenden Jahren wiederholt nicht durch Eigenkapital gedeckte Fehlbeträge aufweisen oder wenn für den Steuerberater offenkundig ist, dass die bilanziell überschuldete Gesellschaft über keine stil-

---

9 Begr. GesE SanInsFoG, BT-Drucks. 19/24181, 188.
10 Begr. GesE SanInsFoG, BT-Drucks. 19/24181, 188.
11 Braun-*Weber/Dömmecke*, StaRUG, § 102 Rn. 6; BeckOK-StaRUG/*Mock*, § 102 Rn. 8.
12 Vgl. hierzu: IDW Prüfungsstandard: Die Beurteilung der Fortführung der Unternehmenstätigkeit im Rahmen der Abschlussprüfung (IDW PS 270) vom 11.07.2018, Rn 15–23.
13 OLG Saarbrücken, DStR 2013, 2240; MK-HGB/*Ebke* § 323 HGB Rn. 29.
14 BeckOK-StaRUG/*Mock*, § 102 Rn. 9.
15 *Neu/Senger*, GmbHR 2021, 517, 520; Braun-*Weber/Dömmecke*, StaRUG, § 102 Rn. 7.
16 *Weber/Dömmecke*, NZI-Beilage 2021, 27, 28; Braun-*Weber/Dömmecke*, StaRUG, § 102 Rn. 16.
17 BGH, ZInsO 2023, 1833 Rn. 23.
18 BeckOK-StaRUG/*Mock*, § 102 Rn. 10.
19 Braun-*Weber/Dömmecke*, StaRUG, § 102 Rn. 8.

len Reserven verfügt.[20] Einer Fortführung entgegenstehende Indizien sind daneben das Erwirtschaften erheblicher Verluste, eine zu geringe Eigenkapitalausstattung, Liquiditätsprobleme, eine bilanzielle Überschuldung sowie sonstige Beweisanzeichen für eine insolvenzrechtliche Überschuldung, Zahlungsunfähigkeit oder Zahlungseinstellung.[21]

Die Offenkundigkeit richtet sich dabei nach den Umständen, die dem Berufsträger aufgrund der 11
Erstellung des Jahresabschlusses bekannt sind.[22] Zu berücksichtigen sind daneben auch dem Berufsträger sonst bekannte Umstände z.B. aus einem Dauermandat. Der Berufsträger ist aber nicht verpflichtet, von sich aus weitere Tatsachen zu ermitteln.[23] Da eigene, in die Zukunft gerichtete Liquiditätsplanungen, Prognosen oder komplexe Rechnungen nicht zum Auftrag bei der Erstellung eines Jahresabschlusses gehören, werden sich in den seltensten Fällen offenkundige Anhaltspunkte für das Vorliegen einer drohenden Zahlungsunfähigkeit ergeben, auf die der Berufsträger hinweisen müsste.

3. Unkenntnis des Mandanten

Schließlich besteht eine Hinweispflicht nur, wenn der Berufsträger von der Unkenntnis des Man- 12
danten von der möglichen Insolvenzreife ausgehen muss.[24] Dies wird im Regelfall vorliegen. Ausnahmsweise fehlt es an der Unkenntnis des Mandanten, wenn der Berufsträger einerseits von der Kenntnis des Mandanten von den auf einen Insolvenzgrund hindeutenden Umstände und andererseits von einer tatsächlich und rechtlich zutreffenden Einschätzung dieser Umstände ausgehen darf. Ausreichend dazu kann auf der anderen Seite aber bereits der Hinweis des Mandanten sein, das Problem des Vorliegen eines Insolvenzgrundes sei bekannt.[25] Der Berufsträger darf sich also nicht darauf verlassen, die entsprechenden Umstände seien ohne Weiteres aus der Unterbilanz ersichtlich.[26]

4. Hinweis

Inhaltlich muss der Hinweis des Berufsträgers die maßgeblichen auf einen Insolvenzgrund hin- 13
weisenden Umstände im Einzelnen bezeichnen und den Mandanten konkret darauf hinweisen, dass diese Umstände Anlass zu einer Prüfung einer möglichen Insolvenzreife geben.[27] Die Hinweispflicht ist aber nicht auf die Pflicht zur Nennung der tatsächlichen Umstände oder allgemeine Hinweise begrenzt.[28] Vielmehr muss der Berufsträger auch auf die daraus resultierenden Folgen die sich daraus ergebenden Pflichten hinweisen. Dazu zählt an erster Stelle der Hinweis auf einen möglichen Insolvenzgrund nach § 17–19 InsO. Weiter hat der Berufsträger aber auch auf eine etwaige Insolvenzantragspflicht nach § 15a InsO, die Anzeigepflicht nach § 42 und den Zahlungsverboten nach § 15b InsO hinzuweisen. Wird der Jahresabschluss im Rahmen von Instrumenten des Stabilisierungs- und Restrukturierungsrahmens nach § 29 erstellt, hat der Berufsträger auch auf die Pflichten und die Haftung nach § 32 und § 43 hinzuweisen.[29] Der Hinweis sollte schriftlich erteilt und der Empfang des Hinweises dokumentiert werden.

In zeitlicher Hinsicht hat der Berufsträger den Mandanten ab Kenntnis der entsprechenden Umstände 14
auf das Vorliegen eines möglichen Insolvenzgrundes hinzuweisen. Dies kann auch bereits zu einem Zeitpunkt vor Fertigstellung des Jahresabschlusses sein, wenn bereits zu diesem Zeitpunkt ausreichende Anzeichen für einen möglichen Insolvenzgrund offenkundig sind.

20 BGH, NJW 2017, 1611, 1616 Rn. 45.
21 *Pape*, NZI 2019, 260, 262; zu Beweisanzeichen *Hölken*, DZWIR 2018, 207 ff.
22 Vgl. BGH, NJW 2017, 1611, 1616 Rn. 45.
23 Vgl. BGH, NJW 2017, 1611, 1616 Rn. 46.
24 BGH, ZInsO 2023, 1833 Rn. 23.
25 BGH, NJW 2017, 1611, 1617 Rn. 50.
26 Pape, NZI 2019, 260, 263.
27 BGH, NJW 2017, 1611, 1617 Rn. 49.
28 Pape, NZI 2019, 260, 263.
29 Braun-*Weber/Dömmecke*, StaRUG, § 102 Rn. 11.

C. Haftung

15 Eine ausdrückliche Haftungsnorm ist in § 102 nicht enthalten. Bei Pflichtverletzungen wird aber dennoch nach allgemeinen Grundsätzen Schadensersatz geschuldet.[30] In der Insolvenz können Haftungsansprüche gem. § 92 InsO vom Insolvenzverwalter geltend gemacht werden.[31] Dritte können in den Schutzbereich des Vertrages einbezogen sein. Hier kommen neben dem Geschäftsleiter auch das faktische Organ in Betracht.[32] Eine Einbeziehung kommt vor allem dort in Betracht, wo der Berater mit der Beurteilung einer Krisensituation beauftragt wird, da in diesen Fällen der Geschäftsleiter mit der Hauptleistung wegen der sich aus § 1 StaRUG und § 15a InsO ergebenden Norminhalte bestimmungsgemäß in Berührung kommt.[33]

I. Schuldverhältnis und Pflichtverletzung

16 Anspruchsgrundlage für die Haftung des Berufsträgers ist §§ 280 Abs. 1, 675 Abs. 1 BGB in Verbindung mit dem jeweiligen Mandatsvertrag. Eine Pflichtverletzung i.S.d. § 280 Abs. 1 BGB liegt vor, wenn der Berufsträger seiner Hinweispflicht nicht, nicht vollständig oder nicht rechtzeitig nachgekommen ist.

II. Vertretenmüssen

17 Das Verschulden des Berufsträgers wird gem. § 280 Abs. 1 Satz 2 BGB gesetzlich vermutet. Der Anspruchsinhaber hat also das Verschulden nicht zu beweisen.[34] Vielmehr muss der Berufsträger darlegen und beweisen, weder fahrlässig, noch vorsätzlich i.S.d. § 276 BGB seine Hinweispflicht verletzt zu haben, insbesondere also die im Verkehr erforderliche Sorgfalt beachtet zu haben.

III. Schaden

18 Ersatzfähig ist der Schaden, der durch die Verschleppung des Insolvenzantrags entstanden ist.[35] Der Schaden ist gem. §§ 249 ff. BGB nach der Differenzhypothese zu bestimmen. Maßgeblich ist ein Vergleich der hypothetischen Vermögenslage der Gesellschaft bei pflichtgemäßem Hinweis des Berufsträgers und der Vermögenslage bei unterlassenem oder verspäteten Hinweis. Hätte der ordnungsgemäße Hinweis zu einer Antragspflicht des Mandanten geführt, ist der Zeitraum zwischen einer rechtzeitigen Antragstellung und der tatsächlichen Antragstellung maßgebend.[36] Insbesondere die Vermehrung von Verbindlichkeiten wegen verspäteter Insolvenzantragstellung stellt einen Schaden dar.[37] Der gesamte Verschleppungsschaden ist ersatzfähig.[38]

19 Voraussetzung für eine Schadenersatzanspruch ist daneben aber, dass die Gesellschaft auch tatsächlich früher Insolvenz angemeldet hätte, wenn sie auf das Vorliegen eines möglichen Insolvenzgrundes hingewiesen worden wäre.[39] Für diese Kausalität der Pflichtverletzung für den eingetretenen Schaden ist der Anspruchsinhaber darlegungs- und beweisbelastet. Insoweit kehrt die Vermutung aufklärungsrichtigen Verhaltens die Beweislast allerdings um.[40] Nach ständiger Rechtsprechung des BGH ist derjenige, der vertragliche oder vorvertragliche Aufklärungspflichten verletzt hat, beweispflichtig dafür, dass der Schaden auch eingetreten wäre, wenn er sich pflichtgemäß verhalten hätte, der

30 *Gehrlein*, BB 2021, 66, 79; *Schülke*, DStR 2021, 621, 626.
31 *Schülke*, DStR 2021, 621, 626.
32 BGH, ZInsO 2023, 1833 Rn. 11 ff.
33 BGH, ZInsO 2023, 1833 Rn. 22.
34 *Pape*, NZI 2019, 260, 264.
35 *Pape*, NZI 2019, 260, 264.
36 *Pape*, NZI 2019, 260, 264.
37 BGH, NJW 2013, 2345, 2347 Rn. 27.
38 BGH, NJW 2013, 2345, 2347 Rn. 28.
39 BGH, NJW 2017, 1611, 1617 Rn. 52.
40 *Pape*, NZI 2019, 260, 264.

Geschädigte den Rat oder Hinweis also unbeachtet gelassen hätte. Dabei handelt es sich um eine zur Beweislastumkehr führende widerlegliche Vermutung.[41] Der Berufsträger kann die Vermutung also nur mit dem vollen Beweis des Gegenteils erschüttern.[42]

IV. Mitwirkendes Verschulden

Die Insolvenzantragspflicht nach § 15a Abs. 1 InsO bleibt unabhängig von einer etwaigen Verletzung der Hinweispflicht eines Berufsträgers nach § 102 bestehen. Allerdings kann ein Schadensersatzanspruch infolge eines der Schuldnerin analog § 31 BGB zuzurechnenden Mitverschuldens ihres Geschäftsführers nach § 254 Abs. 1 BGB erheblich gemindert oder sogar ganz ausgeschlossen sein.[43] Die antragspflichtigen Organe haften zudem ebenfalls für den Verschleppungsschaden nach §§ 823 Abs. 2 BGB, 15a InsO. Die sämtliche anspruchsbegründenden Tatsachen vor, kann eine gesamtschuldnerische Haftung von Berufsträger und antragspflichtigem Organ bestehen.[44] 20

Anhang zu § 102 StaRUG: Beraterhaftung

Übersicht

A. Einleitung

Die Haftung für Fehler in der Krisenberatung hat in den letzten Jahren zunehmend an Bedeutung gewonnen. Sie stellt neben dem Risiko, erhaltene Honorare aufgrund einer Insolvenzanfechtung wieder an die Masse erstatten zu müssen, ein weiteres Problemfeld für die Berufsgruppen dar, die Unternehmen in der Restrukturierungsphase beratend zur Seite stehen. Durch den präventiven Restrukturierungsrahmen, den das StaRUG eröffnet, wird einerseits das Spielfeld für Sanierungsberater erweitert, andererseits sind mit der Begleitung eines Restrukturierungsverfahrens neue Haftungsrisiken verbunden. Mit dem erweiterten Pflichtenkatalog von Schuldnern und ihrer Geschäftsleiter steigt der Beratungsbedarf und es ist zu erwarten, dass die Hinzuziehung von Beratern unter dem StaRUG künftig zu einem früheren Zeitpunkt erfolgen wird. Neben der erforderlichen Implementierung von Frühwarnsystemen i.S.d. § 1 Abs. 1 Satz 1 werden vor allem durch die zu ergreifenden Gegenmaßnahmen bei erkannten Krisenfrühanzeichen Anreize gesetzt, sich möglichst frühzeitig mit Restrukturierungsmaßnahmen zu befassen und geeignete Berater einzubinden. 1

Thematisch sind daher in der Beratung sanierungsbedürftiger Unternehmen drei Komplexe zu unterscheiden, die zu einer Haftung der Berater führen können. 2

41 BGH, NJW 2012, 2427, 2429 Rn. 28 f. m.w.N.
42 MK-BGB/*Emmerich*, § 311 Rn. 208.
43 BGH, NJW 2013, 2345, 2347 Rn. 29.
44 *Pape*, NZI 2019, 260, 264.

3 Bereits etabliert und nunmehr durch § 102 kodifiziert ist die mitlaufende Beratung vor allem des steuerlichen Beraters, den bei Anhaltspunkten, die offenkundig für das Vorliegen eines Insolvenzgrundes sind, eine Hinweispflicht gegenüber dem Unternehmen, den Geschäftsleitern und den Mitgliedern der Überwachungsorgane trifft. Auch die Pflichten des Sanierungsberaters bei der außergerichtlichen Restrukturierung sind durch Entscheidungen des BGH und mehrerer Obergerichte hinreichend konturiert. Neu hinzugetreten sind die Pflichten der Schuldner und Geschäftsleiter innerhalb des Restrukturierungsrahmens und damit komplementär auch ihrer Berater.

4 Die Beratung kann daher nach den verschiedenen Phasen grob untergliedert werden in die Beratung im Zusammenhang mit der Krisenfrüherkennung und dem -management, die Beratung im Restrukturierungsverfahren bei drohender Zahlungsunfähigkeit und schließlich die Beratung bei Eintritt der materiellen Insolvenz. Zu unterscheiden ist zwischen den konkreten Pflichten aus dem Beratungsvertrag und den Hinweispflichten, insbesondere auf das Vorliegen eines Insolvenzgrundes. Verbunden mit der Sanierungsberatung sind stets Haftungsrisiken für die beteiligten Berater. Die Haftung der Berater wird vor allem relevant, wenn die Sanierung oder Restrukturierung scheitert und im anschließenden Regelinsolvenzverfahren der Insolvenzverwalter Haftungsansprüche prüft.

B. Allgemeine vertragliche Haftung

5 Allgemein setzen vertragliche Schadensersatzansprüche aus § 280 Abs. 1 BGB eine Verletzung vertraglicher Pflichten voraus. Bei der Beraterhaftung liegt der Schwerpunkt in der fehlerhaften oder der unterlassenen Beratung. Die Beratung in Sanierungs- und Restrukturierungsangelegenheiten erfolgt regelmäßig auf Basis eines Mandats, das den Aufgaben- und Pflichtenbereich, ebenso wie etwaige Haftungsbeschränkungen regelt. Die vom Berater übernommenen Pflichten haben sich auch ohne ausdrückliche Einbeziehung an den gesetzlichen Pflichten und Vorgaben zu orientieren. Geschäftsleiter und Aufsichtsorgane sind gerade bei KMU ohne externe Hilfe häufig nicht in der Lage, die ihnen obliegenden Pflichten zur Krisenfrüherkennung und Krisenbewältigung zu erfüllen, sei es, weil ihnen die Zeit neben der Einbindung in das operative Geschäft fehlt, sei es, weil ihnen die Expertise fehlt.

6 Mit dem neu geschaffenen Pflichtenprogramm müssen Geschäftsleiter deshalb regelmäßig bereits bei ersten Krisenanzeichen Berater beauftragen, um bestandsgefährdende Entwicklungen zu ermitteln oder erkannte bestandsgefährdende Entwicklungen zu prüfen und ggf. die geeigneten Maßnahmen zu ergreifen. Ein Geschäftsleiter ist verpflichtet, sich bei fehlenden persönlichen Kenntnissen fachkundig beraten zu lassen.[1]

I. §§ 675, 611, 280 Abs. 1 BGB

1. Beratungsvertrag

7 Der Beratervertrag ist regelmäßig als Geschäftsbesorgungsvertrag mit dienstvertraglichem Charakter gem. §§ 675, 611 BGB ausgestaltet.[2] Für die Annahme eines Werkvertrages ist regelmäßig kein Raum, insb. schuldet der Berater keinen erfolgreichen Abschluss der Sanierung. Für die Pflichten des Sanierungsberaters aus dem Beratungsvertrag besteht keine gesetzliche Regelung. Art und Umfang der Pflichten des Sanierungsberaters sind daher im Wege der Vertragsauslegung gem. §§ 133, 157 BGB nach Treu und Glauben mit Rücksicht auf die Verkehrssitte zu ermitteln. Ausgehend vom Wortlaut der vertraglichen Vereinbarung sind auch die Begleitumstände des Vertragsabschlusses, die Interessenlage der Vertragsparteien und die Zwecksetzung des Vertrags zu berücksichtigen.[3] Ergänzend

1 BGH, NZG 2012, 672 (zu § 64 Abs. 2 Satz 1 GmbHG a.F.); *Goette*, DStR 2016, 1752, 1758 f.
2 LG Aachen, ZInsO 2021, 1343, 1347.
3 OLG Frankfurt am Main, ZIP 2018, 488, 492.

kann im Rahmen der Verkehrssitte der zum Zeitpunkt des jeweiligen Vertragsschlusses geltende IDW-Standard herangezogen werden.[4]

2. Pflichten

Die jeweiligen Pflichten des Beraters ergeben sich vor allem aus den vertraglichen Vereinbarungen, können aber die konkrete Beratungsituation nicht ausblenden. Man wird regelmäßig erwarten dürfen, dass der Auftrag zur Begleitung eines Restrukturierungsverfahrens die Pflicht des Beraters umfassen wird, den Schuldner bei der Beachtung des gesetzlichen Rahmens des StaRUG zu beraten. Bei der Einbindung in die Erstellung eines Krisenfrühwarnsystems ergeben sich daher naturgemäß andere Pflichten als bei der Begleitung eines Restrukturierungsverfahrens nach dem StaRUG oder bei der Erstellung eines IDW S 6 Gutachtens. Zumindest der anwaltliche Berater ist auch außerhalb der Mandatsvereinbarungen verpflichtet, den Mandanten auf drohende Gefahren und Risiken hinzuweisen, wenn diese offenkundig sind oder sich bei ordnungsgemäßer Bearbeitung hätten aufdringen müssen. In diesem Fall muss der Anwalt auch Grund zur Annahme haben, dass sein Auftraggeber sich der Risiken nicht bewusst ist.[5] 8

a) Krisenfrüherkennung und Krisenmanagement

Werden Berater bei der Implementierung eines Systems zur Krisenfrüherkennung hinzugezogen, muss sich die Beratung an den gesetzlichen Vorgaben des § 1 StaRUG orientieren.[6] Die getroffenen Maßnahmen müssen grundsätzlich geeignet sein, dem Geschäftsleiter die zur Krisenfrüherkennung erforderlichen Informationen rechtzeitig zur Verfügung zu stellen.[7] Dabei haben sich die Anforderungen u.a. an der Größe, der Branche und der Struktur des Unternehmens auszurichten.[8] An diesen Erfordernissen hat sich die Beratung auszurichten und vor allem das den Geschäftsleitern bei der Auswahl, der Einrichtung und der Ausgestaltung eingeräumte Ermessen zu berücksichtigen. Wie bei § 91 AktG kann zur Ausgestaltung eines Risikomanagementsystems der Prüfungsstandard IDW PS 340 herangezogen werden. Der hinzugezogene Berater darf diese Standards aber ebenso wenig wie der Geschäftsleiter ungeprüft übernehmen, sondern muss sicherstellen, dass diese für das Unternehmen geeignet sind.[9] Neben der Kostenseite müssen die Berater auch die Handhabbarkeit des Risikomanagementsystems in angemessenem Umfang berücksichtigen. 9

Hat das Risikomanagementsystem bestandsgefährdende Risiken offenbart und werden die Berater erst zum Krisenmanagement beigezogen, ändert sich auch der Pflichtenkatalog der Berater. Regelmäßig wird zunächst eine zügige Bestandsaufnahme zur Ermittlung des Krisenstadiums erforderlich sein, um geeignete Gegenmaßnahmen zu treffen. Die sich aus § 1 StaRUG ergebende Verpflichtung, geeignete Gegenmaßnahmen zu ergreifen, ergänzt (rechtsformunabhängig) die etablierte Verpflichtung des Vorstands der AG und des Geschäftsführers der GmbH zur Sanierung eines Unternehmens.[10] Die Beraterpflichten sind im Folgenden am festgestellten Krisenstadium zu orientieren. Eine Produkt- und Absatzkrise erfordert einen anderen Beratungsansatz als eine sich abzeichnende oder bereits eingetretene Liquiditätskrise. Die Auswahl der richtigen Restrukturierungsmaßnahme, insbesondere die Beratung über die infrage kommenden Verfahrensarten, ist ein Kernelement der Berateraufgaben. 10

---

4 OLG Frankfurt am Main, ZIP 2018, 488, 492.
5 BGH, ZInsO 2018, 1846.
6 Hierzu *Tresselt/Lochmann*, § 1 Rdn. 4 ff., 9 ff.
7 Hüffer/Koch, AktG, § 91 Rn. 9.
8 Zu § 91 AktG: Begr. RegE KonTraG, BT-Drucks. 13/9712, 15.
9 MK-AktG/*Spindler*, § 91 Rn. 59.
10 *K. Schmidt*, ZIP 1988, 1497, 1505.

b) Beraterpflichten innerhalb des Restrukturierungsverfahrens

11 Mit den Instrumenten des Stabilisierungs- und Restrukturierungsrahmens nach § 29 Abs. 2, die bei einer wahrscheinlichen Insolvenz, also der drohenden Zahlungsunfähigkeit nach § 18 Abs. 2 InsO, in Anspruch genommen werden können, wurde der für die vorinsolvenzliche Sanierungsberatung relevante Zeitraum erheblich vergrößert. Die Einleitung eines Restrukturierungsverfahrens nach dem StaRUG allein mit Bordmitteln wird ohne externe Berater nicht möglich sein. Ebenso wie bei der Eigenverwaltung nach der Insolvenzordnung muss der Schuldner entsprechenden Sachverstand zur Beachtung des rechtlichen Rahmens vorhalten. Ob das Fehlen sanierungsrechtlicher Fachkompetenz ein Grund ist, z.B. die Anordnung von Stabilisierungsmaßnahmen nach § 49 zu versagen, bleibt abzuwarten. Jedenfalls wird das Restrukturierungsgericht Anlass zur Prüfung haben, ob aus dem Fehlen Umstände abgeleitet werden können, die befürchten lassen, dass der Schuldner bereit und in der Lage ist, seine Geschäftsführung an den Interessen der Gläubigergesamtheit auszurichten, § 59 Abs. 1 Nr. 4.

12 Nach dem Vorbild der Eigenverwaltung werden Sanierer auch in StaRUG-Verfahren in der Rolle als *Chief Restructuring Officer* (CRO) Verantwortung in Organstellung übernehmen, als Generalbevollmächtigte bestellt oder als externe Berater unterstützen. Während der Pflichtenkatalog für den CRO direkt im Gesetz beschrieben ist, haben externe Berater (und Generalbevollmächtigte) dafür Sorge zu tragen, dass die sich aus dem StaRUG ergebenden Pflichten von den Schuldnern und ihren Organen beachtet werden.

13 Hierzu zählen vor allem
- die Pflicht auf die Einhaltung der gesetzlichen Formalien, z.B. der Anzeige des Restrukturierungsvorhabens gem. § 31, der Anzeige wesentlicher Veränderungen gem. § 32 Abs. 1 und der Aussichtslosigkeit des Restrukturierungsverfahrens gem. § 32 Abs. 4,
- die sich aus § 29 ergebende Pflicht, die Instrumente des Stabilisierungs- und Restrukturierungsrahmens nur bei **drohender Zahlungsunfähigkeit** i.S.d. § 18 Abs. 2 InsO in Anspruch zu nehmen,
- die allgemeine Pflicht, die Restrukturierungssache gem. § 32 Abs. 1 mit der Sorgfalt **eines ordentlichen und gewissenhaften Sanierungsgeschäftsführers** zu betreiben und hierbei die Interessen der Gläubigergesamtheit zu beachten (sog. **shift of duties**, weg von der Verpflichtung, die Interessen der Gesellschaft und der Gesellschafter zu wahren, hin zu den Gesellschaftsgläubigern) und, damit verbunden, gem. § 32 Abs. 1 Satz 4 keine Forderungen zu begleichen, die durch den Plan gestaltet werden sollen,
- die Pflicht zur Anzeige der Zahlungsunfähigkeit und Überschuldung der Schuldnerin gem. § 42 Abs. 1.

14 Die Berater werden i.d.R. die notwendige Expertise beisteuern müssen, um verfahrensrechtliche Besonderheiten zu beachten, vor allem bei der Inanspruchnahme der Instrumente des Stabilisierungs- und Restrukturierungsrahmens gem. § 29 Abs. 2. Zur Vermeidung von Haftungsrisiken muss eine laufende Überwachung erfolgen, ob während der Restrukturierungssache Zahlungsunfähigkeit oder Überschuldung eintritt. Darauf ist von Seiten der Berater mit Nachdruck hinzuwirken. Vor allem der Liquiditätsplanung ist besondere Aufmerksamkeit zu widmen. Während der Schuldner verpflichtet ist, seinem Berater die Verhältnisse umfassend darzustellen und die erforderlichen Unterlagen offenzulegen[11], muss der Berater die Angaben des Schuldners verproben und darf diese nicht ungeprüft übernehmen. Stellt der Berater fest, dass anzeigepflichtige Umstände vorliegen, muss er darauf hinwirken, dass der Schuldner die Anzeige gegenüber dem Restrukturierungsgericht vornimmt. Das gilt vor allem im Hinblick auf die – im Übrigen auch strafbewehrte – Verpflichtung, den Eintritt der Zahlungsunfähigkeit und Überschuldung anzuzeigen.

11 BGH, NZG 2012, 672, 673 Rn. 16.

c) Beraterpflichten bei der Sanierung außerhalb des Restrukturierungsverfahrens

15 Bei der Erstellung eines Sanierungsgutachtens sind regelmäßig die Anforderungen an Sanierungskonzepte gem. IDW Standard (IDW S 6) zu beachten. Auch wenn ein Sanierungsgutachten »in Anlehnung an« IDW S 6 beauftragt wird, müssen inhaltlich die Anforderung der BGH-Rechtsprechung an Sanierungskonzepte erfüllt werden. Der BGH hat die Voraussetzungen eines *lege artis* erstellten Sanierungskonzepts in einer Vielzahl von Entscheidungen dargelegt[12]. Neben dem *Institut der Wirtschaftsprüfer in Deutschland e.V.* mit dem IDW S 6 hat auch das ISU – Institut für die Standardisierung von Unternehmenssanierungen mit den Grundsätzen ordnungsgemäßer Sanierungskonzepte GoS © und den Mindestanforderungen an Sanierungskonzepte MaS © notwendige Inhalte von Sanierungskonzepten beschrieben, an denen sich Sanierungsberater orientieren können.

16 Der Sanierungsberater ist daher verpflichtet, die wirtschaftliche Ausgangslage einschließlich der Finanz-, Vermögens- und Ertragslage zu analysieren.[13] Die Analyse muss eine Vergangenheitsbetrachtung, die Ursachen der Krise und der Möglichkeiten ihrer künftigen Verhinderung umfassen.[14] Das Sanierungskonzept muss auf eine nachhaltige Sanierung und eine Wiederherstellung der Ertragsfähigkeit ausgerichtet sein; die beschriebenen Maßnahmen müssen die Wiederherstellung der uneingeschränkten Zahlungsfähigkeit und die positive Fortführungsprognose begründen.[15] In der Rechtsprechung der OLG wird zum Teil ergänzend verlangt, dass den Sanierungskonzepten integrierte Planungen mit Liquiditätsplanungen, Plan-GuV und Planbilanzen zugrunde liegen und die Planrechnungen verprobt werden.[16]

17 Auch ohne den Auftrag zur Erstellung eines Sanierungskonzeptes ist der Sanierungsberater bei einer außergerichtlichen Sanierung verpflichtet, das Vorliegen von Insolvenzgründen zu prüfen, den Schuldner auf das Vorliegen hinzuweisen und gegebenenfalls auf die Stellung eines Insolvenzantrages hinzuwirken.[17] Dies gehört zu den Kernaufgaben des Beratungsauftrags. Eine wesentliche vertragliche Pflicht des Sanierungsberaters besteht regelmäßig darin, unmittelbar nach Auftragserteilung mögliche Insolvenzgründe zu prüfen. Die Beratungspflicht beginnt daher grundsätzlich bereits mit Ablauf der »Einarbeitungsfrist« nach Auftragserteilung.

18 Fehlen dem beauftragten Berater die rechtlichen Kenntnisse zur Beurteilung der Insolvenzantragsgründe, muss er darauf hinwirken, dass ergänzender insolvenzrechtlicher Rat eingeholt wird.

3. Pflichtverletzung

19 Pflichtverletzungen von Beratern liegen vor, wenn die vertraglichen Haupt- oder Nebenpflichten nicht oder schlecht erfüllt worden sind. Die Beratung hat sich am Auftragsumfang und dem gesetzlichen Rahmen zu orientieren und muss der Besonderheit Rechnung tragen, dass Schuldner, Geschäftsleiter oder Aufsichtsorgane im Rahmen der Sanierung zur Erfüllung ihrer Pflichten rechtlichen, steuerlichen oder betriebswirtschaftlichen Rat einholen, um ihre Sorgfaltspflichten gegenüber der Gesellschaft, den Gesellschaftern oder den Gläubigern zu erfüllen.

20 Beauftragen Geschäftsleiter den Berater, um seine Pflichten aus § 1 Abs. 1 zu erfüllen, kann eine Pflichtverletzung des Beraters darin liegen, dass ein ungeeignetes Krisenfrühwarnsystem implementiert wird, das bestandsgefährdende Krisenanzeichen nicht identifiziert, sei es, weil es generell ungeeignet ist oder für den konkreten Anwendungsfall untauglich ist. Beratungsfehler ergeben sich aber auch dann, wenn Risiken zwar durch den Geschäftsleiter oder den Berater identifiziert wurden, aber keine hinweisende zur Notwendigkeit geeigneter Gegenmaßnahmen erteilt werden.

---

12 BGH, NZI 2016, 636 m.w.N.
13 BGH, NJW 1998, 1561, 1564.
14 BGH, ZIP 2002, 351.
15 BGH, NZI 2016, 636, 639.
16 OLG Köln, ZInsO 2010, 238; OLG Celle, ZInsO 2015, 2444.
17 OLG Bamberg, ZInsO 2023, 1884.

21 Wird der Berater mit der Begleitung des Restrukturierungsverfahrens beauftragt, muss er dafür Sorge tragen, dass der Schuldner und dessen Organe die sich aus dem StaRUG ergebenden Pflichten erfüllen. Gemeinsam mit dem Schuldner muss der Berater die organisatorischen Vorkehrungen treffen, dass der gesetzliche Rahmen eingehalten wird.

22 Pflichtverletzungen können darin begründet sein, dass die formellen Verfahrensregeln des StaRUG nicht eingehalten werden, oder die Restrukturierungsplanung untauglich ist. Zwar schuldet der Berater nicht den Erfolg der angestrebten Sanierung, das mit dem Schuldner erarbeitete Sanierungskonzept, aber die Restrukturierungsplanung muss zumindest für einen objektiven Gläubiger konsensfähig sein.

23 Besonders haftungsträchtig sind Pflichtverletzungen im Zusammenhang mit dem Eintritt der Zahlungsunfähigkeit oder insolvenzrechtlichen Überschuldung. Dies gilt auch und vor allem, wenn von den Geschäftsleitern Instrumente des Stabilisierungs- und Restrukturierungsrahmens des § 29 Abs. 2 eingeleitet werden. Zwar ruht während der Rechtshängigkeit der Restrukturierungssache gem. § 42 Abs. 1 Satz 1 die Insolvenzantragspflicht des § 15a InsO. Nach § 42 Abs. 1 Satz 2 sind die Antragspflichtigen aber zur unverzüglichen Anzeige von Zahlungsunfähigkeit oder Überschuldung beim Restrukturierungsgericht verpflichtet. Die schuldhafte Verletzung dieser Anzeigepflicht wird nach § 42 Abs. 3 mit dem gleichen Strafrahmen wie § 15a Abs. 4, 5 InsO strafrechtlich sanktioniert.

24 Fehlerquellen in der Beratung sind dabei das gänzlich fehlende Monitoring der Zahlungsfähigkeit und der positiven Fortbestehensprognose oder die ungeprüfte Übernahme des Zahlenwerks der Schuldnerin. Wird der Eintritt der Insolvenzreife während des Restrukturierungsvorhabens erkannt, muss der Berater auf das Vorliegen und die sich hieraus ergebenden Konsequenzen hinweisen.

25 Er verletzt diese Pflicht, wenn er den Hinweis unterlässt oder einen fehlerhaften Hinweis erteilt. Liegen die Voraussetzungen des § 33 Abs. 2 Nr. 1 2. Teilsatz vor, müssen dem Restrukturierungsgericht bei der Anzeige die Umstände dargelegt werden, warum die Erreichung des Restrukturierungsziels trotz eingetretener Insolvenzreife überwiegend wahrscheinlich ist.

26 Pflichtverletzungen bei der außergerichtlichen Restrukturierung betreffen vor allem Schlechtleistungen bei der Erstellung von Sanierungskonzepten, die entweder nicht den Anforderungen der Rechtsprechung erfüllen oder erkennbar nicht konsensfähig sind.

27 Liegen bereits eine zum Insolvenzantrag verpflichtende Insolvenzreife vor, können insolvenzspezifische Haftungsansprüche gegen Berater, die durch Beratungsfehler eine Insolvenzverschleppung durch den Schuldner fördern, begründet werden. Insoweit kommt zum einen die Verletzung einer Pflicht zum Hinweis auf das Vorliegen eines Insolvenzgrundes und zum anderen die fehlerhafte Beratung im Hinblick auf die sonstigen vertraglichen Pflichten, insbesondere die Prüfung von Insolvenzgründen, in Betracht.

28 Für die mit der Erstellung eines Jahresabschlusses für einen Mandanten beauftragten Steuerberater, Steuerbevollmächtigte, Wirtschaftsprüfer, vereidigte Buchprüfer und Rechtsanwälte besteht mit § 102 eine speziellere Haftungsnorm. Die allgemeine Beraterhaftung kann daher zum Tragen kommen, wenn die Berufsträger nicht mit der Erstellung eines Jahresabschlusses beauftragt sind oder es sich um Berater handelt, die nicht zu den Berufsträgern des § 102 zählen. Die Erstellung des Jahresabschlusses ist nach der Rechtsprechung des BGH aber Voraussetzung der Pflicht eines Berufsträgers zum Hinweis auf einen möglichen Insolvenzgrund.[18] § 102 wiederum erfasst sämtliche zur Erstellung von Jahresabschlüssen berechtigten Berufsträger. In erster Linie steht deshalb eine fehlerhafte Beratung eines Sanierungsberaters, die zu einer verspäteten Antragstellung durch das antragspflichtige Organ führt, im Raum.

18 BGH, NJW 2017, 1611.

4. Kausalität, Mitverschulden, Haftungsbeschränkung

Voraussetzung für einen Schadenersatzanspruch ist weiter, dass der Beratungsfehler für die Pflichtverletzung des Schuldners oder seiner Organe kausal geworden ist. Der Geschäftsleiter hätte also z.B. bei ordnungsgemäßer Beratung ein geeignetes Krisenfrühwarnsystem implementiert oder geeignete Maßnahmen zur Beseitigung bestandsgefährdender Risiken ergriffen haben müssen. 29

Für diese Kausalität zwischen Verletzung der Beratungs- bzw. Hinweispflicht und dem Unterlassen des Ergreifens geeigneter Gegenmaßnahmen ist der Anspruchsinhaber darlegungs- und beweisbelastet. 30

Der fehlende Hinweis auf die Insolvenzantragspflicht ist nur dann kausal, wenn das Organ der Gesellschaft auch tatsächlich früher Insolvenz angemeldet hätte.[19] 31

Allerdings besteht grundsätzlich die Vermutung aufklärungsrichtigen Verhaltens, sodass die Beweislast umgekehrt wird.[20] Es wird also vermutet, dass der Mandant beratungsgemäß gehandelt hätte, wenn er auf die Pflicht zur Ergreifung geeigneter Gegenmaßnahmen oder zur Stellung eines Insolvenzantrags hingewiesen worden wäre. Nach ständiger Rechtsprechung des BGH ist derjenige, der vertragliche oder vorvertragliche Aufklärungspflichten verletzt hat, beweispflichtig dafür, dass der Schaden auch eingetreten wäre, wenn er sich pflichtgemäß verhalten hätte, der Geschädigte den Rat oder Hinweis also unbeachtet gelassen hätte. Dabei handelt es sich um eine zur Beweislastumkehr führende widerlegliche Vermutung.[21] Der Berufsträger kann die Vermutung also nur mit dem vollen Beweis des Gegenteils erschüttern.[22] 32

Ursprünglich ging der BGH davon aus, dass die Beweislastumkehr für die Kausalität der Verletzung der Hinweispflicht entfällt, wenn für die Organe verschiedene Handlungsalternativen bestehen.[23] Mittlerweile hat der BGH diese Einschränkung aber jedenfalls für Kapitalanlagefälle,[24] die bürgerlichrechtliche Prospekthaftung[25] und bei einer fehlerhaften Beratung durch einen Grundstücksverkäufer[26] aufgegeben. Daraus folgt, dass die Vermutung aufklärungsrichtigen Verhaltens deshalb nun auch dann grundsätzlich anwendbar ist, wenn sich der Beratene bei zutreffender Information in einem Entscheidungskonflikt befunden hätte,[27] dem Geschäftsleiter also verschiedene Alternativen als geeignete Gegenmaßnahmen zur Verfügung gestanden hätten. Dies ist in frühen Krisenstadien typischerweise der Fall. Denn zu diesem Stadium stehen noch ausreichend Mittel zur Ergreifung verschiedener Sanierungs- oder Restrukturierungsmaßnahmen zur Verfügung. 33

Wurde die Hinweis- und Beratungspflicht des Sanierungsberaters verletzt, zu deren Inhalt auch der Hinweis auf Handlungsalternativen gehört, ist der eingetretene Schaden kausal auf die pflichtwidrige Pflichtverletzung des Geschäftsleiters zurückzuführen, wenn der Schaden gerade als Folge des Unterlassens des Ergreifens von geeigneten Gegenmaßnahmen eingetreten ist. 34

Soweit der Berater die Beratungs- bzw. Hinweispflicht verletzt, kann der Schadensersatzanspruch wegen Mitverschuldens nach § 254 BGB gemindert oder ausgeschlossen sein, wenn der Geschäftsleiter selbst die den Fortbestand der Schuldnerin gefährdenden Entwicklungen erkannt hat.[28] Grundsätzlich muss der Berater von der Belehrungspflicht des Auftraggebers ausgehen. Die bloße Erkenn- 35

19 BGH, NJW 2017, 1611, 1617 Rn. 52.
20 *Pape*, NZI 2019, 260, 264.
21 BGH, NJW 2012, 2427, 2429 Rn. 28 f. m.w.N.
22 MK-BGB/*Emmerich*, § 311 Rn. 208.
23 BGH, ZInsO 2012, 1312, 1317; BGHZ 123, 311, 319; OLG Köln, DStRE 2011, 397.
24 BGH, NJW 2012, 2247; NJW 2013, 801.
25 BGH, NJW-RR 2012, 1312 Rn. 24; NZG 2014, 432 Rn. 10.
26 BGH, NZG 2017, 542 Rn. 20.
27 MK-BGB/*Emmerich*, § 311 Rn. 230.
28 Vgl. zum Anspruchsausschluss beim Steuerberater BGH, ZInsO 2013, 1409, 1412 f.; ZInsO 2017, 432, 433; OLG Schleswig, StbG 1994, 279; *Zugehör*, NZI 2008, 652, 657.

barkeit der den Fortbestand der Schuldnerin gefährdenden Entwicklungen oder der Insolvenzreife begründet für den Geschäftsleiter noch kein Mitverschulden.[29]

36 Im Einzelfall ist der wechselseitige Verschuldensgrad von Geschäftsleiter und Berater zu prüfen.[30] Maßgeblich ist, in welchem Umfang der Schuldner Prüfungsaufgaben auf den Berater übertragen hat und damit auch die Finanz- und Insolvenzkontrolle und damit die Selbstprüfungspflicht auf den Berater verlagert.[31]

37 Verletzt der Sanierungsberater die Pflicht zur Beratung bei Insolvenzantragspflicht, ist regelmäßig davon auszugehen, dass die Organe des Schuldners die Antragspflicht nicht erkannt haben. Durch den erteilten Prüfungsauftrag haben sich die Organe ihrer Selbstprüfungspflicht entledigt.[32] Dann ist der Einwand des Mitverschuldens ausgeschlossen. Voraussetzung der Entlastung und fehlenden Mitverschuldens ist jedoch, dass der Geschäftsleiter den unabhängigen und fachlich qualifizierten Berater umfassend informiert hat und die erbrachte Beratungsleistung, insbesondere bei der Erstellung einer Fortführungsprognose, einer Plausibilitätskontrolle unterzieht.[33]

38 Schadensersatzansprüche zwischen Berater und Schuldner können einer vertraglich vereinbarten Haftungsbeschränkung unterliegen.[34] Diese Haftungsbeschränkung kann auch gegenüber dem Insolvenzverwalter geltend gemacht werden, der Schadensersatzansprüche aus dem Beratungsvertrag mit dem Schuldner ableitet.

5. Schaden

39 Soweit die Haftungsvoraussetzungen erfüllt sind, muss der Berater den Schaden erstatten, der als Folge seines Beratungsfehlers entstanden ist. Dieser Schaden bemisst sich nach der Differenz der tatsächlichen Vermögenslage und derjenigen, die bei zutreffender Beratung bestanden hätte. Letztendlich umfasst dieser Schaden die infolge des Unterlassens des Ergreifens geeigneter Gegenmaßnahmen eingetretene Minderung der Aktiva sowie die Erhöhung der Passiva.[35] Praktisch dürfte dieser Schaden unterdessen kaum zu ermitteln sein. Denn es lässt sich der hypothetische Verlauf, der beim Ergreifen geeigneter Gegenmaßnahmen eingetreten wäre, im Nachhinein kaum zutreffend ermitteln.

40 Hat der Berater versäumt, den Schuldner auf die Antragspflicht hinzuweisen, hat er den Schaden zu ersetzen, der zwischen dem Beginn der Beratungs- bzw. Hinweispflicht wegen Insolvenzreife und der tatsächlichen Insolvenzantragstellung eingetreten ist. Dieser Schaden umfasst die in der Insolvenzverschleppung eingetretene Minderung der Aktiva sowie die Erhöhung der Passiva und lässt sich somit aus einer Vertiefung der Überschuldung berechnen.[36]

41 Nicht zu erstatten sind Verluste, die nicht auf der Fortsetzung der üblichen Geschäftstätigkeit, sondern auf der Eingehung wirtschaftlich nicht vertretbarer Risiken beruhen.[37]

6. Darlegungs- und Beweislast

42 Den Anspruchsinhaber trifft die Darlegungs- und Beweislast für den Beginn der Beratungspflicht des Sanierungsberaters. Zum Beginn der Beratungspflicht genügt beim Sanierungsberater der Vor-

29 Vgl. BGH, ZInsO 2012, 1312, 1317.
30 BGH, ZInsO 2013, 1409, 1412 f.
31 Vgl. eing. *Gehrlein*, ZInsO 2013, 2296, 2298 ff.
32 *Gräfe*, DStR 2010, 669, 672.
33 BGH, NJW 2007, 2118.
34 *Pape*, NZI 2019, 260, 266; vgl. §§ 67a StBerG, 52 BRAO.
35 Vgl. für den Insolvenzverschleppungsschaden BGH, ZInsO 2013, 1409; *Zugehör*, NZI 2008, 652, 656; *Gräfe*, DStR 2010, 669, 671.
36 BGH, ZInsO 2013, 1409; *Zugehör*, NZI 2008, 652, 656; *Gräfe*, DStR 2010, 669, 671.
37 BGH, ZInsO 2013, 1409.

trag zum Abschluss des Beratungsvertrages und dem Eintritt von Entwicklungen, die den Fortbestand der Schuldnerin gefährden, bzw. der Eintritt der materiellen Insolvenz. Im Übrigen sind die jeweils vorgeworfenen Pflichtverletzungen tatbestandlich darzulegen.

Soweit der Berater die Kenntnis von den Fortbestand der Schuldnerin gefährdenden Entwicklungen bestreitet, trifft ihn die Darlegungslast für entlastende Umstände. Der Berater muss ferner die Erfüllung der Hinweis- bzw. Beratungspflicht darlegen und beweisen. 43

Der Kausalitätsbeweis kann dann durch Vernehmung des Geschäftsleiters geführt werden, wie es sich bei ordnungsgemäßer Beratung verhalten hätte.[38] Soweit die Kausalität zwischen der Pflichtverletzung und der unterlassenen Ergreifung geeigneter Gegenmaßnahmen vermutet wird (s.o. Rdn. 32), muss der Berater den vollen Beweis des Gegenteils führen. 44

Den Schadensumfang muss der Anspruchsinhaber darlegen und beweisen. Dies stellt erhebliche Probleme dar. Die tatsächliche Vermögenslage und die Vermögenslage bei zutreffender Beratung können kaum zutreffend ermittelt werden. 45

Mitverschulden des antragspflichten Organs und Haftungsbeschränkung muss der Berater darlegen und beweisen. 46

II. §§ 322 Abs. 2 Satz 3, 323 Abs. 1 Satz 3 HGB

Für den Abschlussprüfer einer börsennotierten Aktiengesellschaft besteht gem. § 317 Abs. 4 HGB die Pflicht zur Prüfung des vom Vorstand einzurichtenden Risikofrüherkennungssystems. Gem. § 91 Abs. 2 AktG hat der Vorstand geeignete Maßnahmen zu treffen, insbesondere ein Überwachungssystem einzurichten, damit den Fortbestand der Gesellschaft gefährdende Entwicklungen früh erkannt werden. Gem. § 317 Abs. 4 HGB hat der Abschlussprüfer zu beurteilen, ob der Vorstand die ihm nach § 91 Abs. 2 AktG obliegenden Maßnahmen in einer geeigneten Form getroffen hat und ob das danach einzurichtende Überwachungssystem seine Aufgaben erfüllen kann. Der Abschlussprüfer hat deshalb zu beurteilen, ob die nach § 91 Abs. 2 AktG getroffenen Maßnahmen wirksam und angemessen sind. 47

Zu den Anforderungen an den Prüfungsumfang hat der Abschlussprüfer die Vorgaben der IDW PS 340 zu beachten, wobei allerdings umstritten ist, ob den IDW Prüfungsgrundsätzen verbindlicher Charakter zukommt oder es sich nur um verbandsinterne Regeln ohne rechtliche Verbindlichkeit im Außenverhältnis handelt.[39] 48

Bei einer vorsätzlichen oder fahrlässigen Verletzung der gesetzlichen Pflichten des Abschlussprüfers besteht mit § 323 Abs. 1 Satz 3 HGB eine spezialgesetzliche Haftungsnorm.[40] 49

Ergeben sich aus den geprüften Unterlagen, dem Lagebericht bzw. dem Konzernlagebericht Hinweise auf Umstände, die den Fortbestand des Unternehmens oder eines Konzernunternehmens ergeben, muss der Abschlussprüfer hierauf eingehen und hat gem. § 322 Abs. 2 Satz 3 HGB in seinem Bestätigungsvermerk auf bestandsgefährdende Risiken besonders einzugehen.[41] 50

Von besonderer Bedeutung ist auch die Haftung des Sanierungsberaters für die Belastung der Insolvenzmasse mit Beraterkosten. Der Berater muss prüfen, ob die vereinbarte Vergütung im Hinblick auf die Entlohnung der eigenen Tätigkeit und im Hinblick auf die Belastung der späteren Insolvenzmasse insgesamt angemessen ist.[42] Soweit das Honorar unangemessen hoch ist, kann der Sanierungsberater verpflichtet sein, das gezahlte Honorar an die Insolvenzmasse zu erstatten bzw. 51

---

38 BGH, ZInsO 2013, 1409.

39 Zum Streitstand: MK-HGB/*Ebke*, § 323 Rn. 31 ff., m.w.N.

40 Ausf. Baumbach/Merkt, HGB, § 323 Rn. 7 ff.

41 OLG Düsseldorf, NZI 2019, 757.

42 *Smid*, ZInsO 2014, 1181, 1187.

kann der Schuldner gegen den Honoraranspruch mit dem Schadensersatzanspruch wegen fehlerhafter Beratung aufrechnen.

C. Masseschmälerungshaftung, § 15b InsO

52 Eine unmittelbare Beraterhaftung aus § 15b Abs. 4 Satz 1 InsO für verbotene Zahlungen nach Eintritt der Insolvenzreife kommt nur für den Berater in Organstellung in Betracht. Ein Verstoß gegen § 15b InsO ist kein der Teilnahme Dritter zugänglicher deliktischer Schadensersatzanspruch[43], sondern auch in der Neufassung durch § 15b InsO ein Anspruch eigener Art.[44]

53 Eine Inanspruchnahme aus dieser summenmäßig schärfsten Haftung droht dem Berater aber über den Umweg des Freistellungsanspruchs des Geschäftsleiters.

54 Der vom Insolvenzverwalter oder Sachwalter aus § 15b Abs. 4 Satz 1 InsO in Anspruch genommene Geschäftsleiter kann den ihm aus der Inanspruchnahme entstehenden Schaden gegen den Berater geltend machen, den Anspruch an den Insolvenzverwalter abtreten oder einen Freihaltungsanspruch geltend machen.

55 Schließlich muss der Berater auch mit Regressansprüchen eines D&O-Versicherers rechnen. Nachdem der BGH trotz der dogmatischen Einordnung des Anspruchs aus § 15b Abs. 4 InsO (§ 64 Satz 1 GmbHG a.F.) als Anspruch eigener Art den Deckungsschutz einer D&O-Versicherung eröffnet hat,[45] werden sich die Versicherer bei Anhaltspunkten für fehlerhafte Sanierungsberatung beim Berater freihalten.

I. Anspruchsvoraussetzungen

56 Voraussetzung ist zunächst, dass der Geschäftsleiter in den Schutzbereich des Beratervertrages einbezogen worden ist. Weist der Berater nicht rechtzeitig auf die Insolvenzantragspflicht hin und hat unter den oben beschriebenen Voraussetzungen seine Pflichten aus dem Beratervertrag verletzt, kann sich der Geschäftsleiter beim Berater schadlos halten.[46]

57 Diese Schadensersatzansprüche kann der Insolvenzverwalter pfänden, nachdem die Haftungsansprüche gegen den Geschäftsführer tituliert wurden.

58 Die Voraussetzungen eines Vertrages mit Schutzwirkung zugunsten Dritter können grundsätzlich auch beim Sanierungsberater erfüllt sein.[47] Da eine Beratung der Gesellschaft regelmäßig zugleich auch dem Geschäftsführer zugutekommt, liegt die erforderliche Leistungsnähe vor.[48] Als weiteres Tatbestandsmerkmal des Vertrages mit Schutzwirkung zugunsten Dritter liegt auch das berechtigte Interesse des Vertragspartners (dem Schuldner) vor, den Geschäftsleiter in den Schutzbereich des Vertrages einzubeziehen. Es liegt grundsätzlich im Interesse des Schuldners, dass zum Erhalt der Masse noch vorhandenes Vermögen bei Vorliegen eines Insolvenzgrundes erhalten bleibt und ein Insolvenzverfahren eingeleitet wird. Da das schuldnerische Unternehmen nur durch seine Organe handelt, ist es darauf angewiesen, dass das Organ seiner Pflicht aus § 15a InsO nachkommt.[49] Für Berater ist es zum Zeitpunkt des Abschlusses des Vertrages zudem in der Regel erkennbar, dass das Organ mit Blick auf die Haftungsrisiken ein eigenes Interesse an dem Sanierungsberatervertrag hat.

---

43 BGH, ZInsO 2019, 1839.
44 MK-GmbHG/*Müller*, § 64 Rn. 162; K/P/B-*Bork*/*Kebekus*, § 15b InsO Rn. 5.
45 BGH, ZInsO 2021, 53.
46 BGH, ZInsO 2012, 1312; *Wagner*/*Zabel*, NZI 2008, 660, 663 ff.; *Schmittmann*, ZInsO 2008, 1170, 1172 f.; krit. *Müller*, ZInsO 2013, 2181, 2187.
47 BGH, ZInsO 2023, 1833; OLG Bamberg, ZInsO 2023, 1884; LG Aachen, ZInsO 2021, 1343, 1348.
48 BGH, ZInsO 2023, 1833; OLG Bamberg, ZInsO 2023, 1884; LG Aachen, ZInsO 2021, 1343, 1348.
49 BGH, ZInsO 2023, 1833; LG Aachen, ZInsO 2021, 1343, 1348.

Das Organ der Schuldnerin ist nach Treu und Glauben auch schutzbedürftig, weil keine eigenen vertraglichen Ansprüche gegen den Berater bestehen.[50]

Auch dieser Haftungsanspruch setzt zunächst eine Beratungs- bzw. Hinweispflicht im Hinblick auf die Insolvenzreife voraus (dazu oben Rdn. 14 ff.) und ist Einwänden aus Mitverschulden (Rdn. 35), fehlender Kausalität (Rdn. 31 ff.) und Haftungsbeschränkung (Rdn. 38) ausgesetzt. 59

II. Schaden

Der Schaden umfasst die Haftungsverbindlichkeiten des antragspflichtigen Organs nach § 15b Abs. 4 InsO, die von dem Zeitpunkt an entstanden sind, als der Berater nach dem Inhalt des Beratungsvertrages den Hinweis auf die Insolvenzreife erteilen sollte. Die Darlegungs- und Beweislastverteilung entspricht den Ausführungen unter Rdn. 42 ff. Die Darlegung des Schadens ist hier erheblich leichter, da der Insolvenzverwalter die einzelnen Masseschmälerungen bereits für den Haftungsprozess gegen den Geschäftsführer ermittelt hat. 60

III. Prozessuale Hinweise

Berater können in Masseschmälerungsprozesse gegen Geschäftsleiter im Wege der Streitverkündung einbezogen werden. Der Berater sollte wegen der Interventionswirkungen der Streitverkündung sorgfältig prüfen, ob er dem Rechtsstreit beitritt. Er muss bei wirksamer Streitverkündung nach §§ 72 ff. ZPO die Richtigkeit der Entscheidung gegen sich gelten lassen und damit die Feststellung und die rechtliche Beurteilung der Tatsachen und der präjudiziellen Rechtsverhältnisse.[51] Voraussetzung ist, dass die Streitverkündung rechtzeitig erfolgt und der Streitverkündete noch die Möglichkeit hat, auf den Prozess Einfluss zu nehmen, was regelmäßig nach Schluss der mündlichen Verhandlung in der letzten Tatsacheninstanz nicht mehr der Fall ist.[52] Trotz des sich aus § 101 ZPO ergebenden Kostenrisikos des Beraters, sollte die Prozessführung des Geschäftsführers unterstützt werden, um sich nicht der Verteidigungsmöglichkeiten vor allem gegen die Feststellung des Zeitpunkts der Insolvenzreife zu begeben. 61

D. Deliktische Haftung, §§ 823 Abs. 2, 830 Abs. 2, 840 Abs. 1 BGB i.V.m. § 15a Abs. 1 InsO, § 42 StaRUG

Die Organe des Schuldners können wegen Insolvenzverschleppung auf Ausgleich des sog. »Quotenschadens« in Anspruch genommen werden, wenn bei Vorliegen der Zahlungsunfähigkeit oder Überschuldung i.S.d. § 19 Abs. 2 InsO innerhalb eines Restrukturierungsverfahrens die Anzeige nach § 42 Abs. 1 unterbleibt oder außerhalb des Restrukturierungsverfahrens der gebotene Insolvenzantrag nicht gestellt wird[53]. 62

Voraussetzung für eine Beraterhaftung wegen Mitwirkung an der Insolvenzverschleppung ist stets die Insolvenzantragspflicht des Schuldners nach § 15a Abs. 1–3 InsO bzw. im Rahmen von rechtshängigen Restrukturierungssachen die Anzeigepflicht nach § 42 Abs. 1. Berater von natürlichen Personen oder Handelsgesellschaften mit natürlichen Personen als persönlich haftenden Gesellschaftern unterliegen daher grundsätzlich keiner Insolvenzverschleppungshaftung. 63

Berater können als Teilnehmer an der Verletzung der Insolvenzantragstellungspflicht haftbar gemacht werden, wenn sie trotz Garantenpflicht nicht auf die Antragspflicht hinweisen oder durch weitere 64

50 BGH, ZInsO 2023, 1833; LG Aachen, ZInsO 2021, 1343, 1348.
51 BGH, NJW 1748, 1750 Rn. 28.
52 Musielak/Voit-*Weth*, § 74 ZPO Rn. 4.
53 HambKomm-InsR/*Schmidt*, Anh. § 15a Rn. 11 ff.

Leistungen an den Schuldner die Unterlassung der Antragstellung fördern[54] oder gar zur Insolvenzverschleppung anstiften.[55]

65 Dieser Anspruch ist in der Praxis nur schwer durchsetzbar, da er folgende Voraussetzungen erfüllen muss:
- vorsätzliche Haupttat des Organs, das die Antragspflicht aus § 15a InsO verletzt,
- Doppelvorsatz des Beraters, gerichtet auf die Haupttat des Organs und die Beihilfehandlung bzw. Anstiftung,
- Bezifferung des Quotenschadens der Altgläubiger.

66 Ein besonderes Problem stellen in diesem Kontext Beratungsleistungen durch Berufsträger und Angehörige der rechtsberatenden, steuerberatenden und wirtschaftsprüfenden Berufe dar. Grundsätzlich stellt nicht jede Handlung, welche die Tatbegehung fördert, eine strafbare Beihilfe darf. Bei berufstypischen, eigentlich neutralen Beratungs- oder Unterstützungshandlungen, ist eine wertende Einzelfallbetrachtung vorzunehmen. Hält der Berater es lediglich für möglich, dass der Schuldner seine Hilfeleistung zur Begehung einer Straftat genutzt wird, so ist nur in Ausnahmefällen eine strafbare Beihilfe gegeben. Nämlich dann, wenn er mit der Hilfeleistung einen erkennbar tatgeneigten Täter solidarisiert und dessen Tat fördert.[56] Auch wenn deutlich wird, dass es dem Schuldner ausschließlich darauf ankommt, eine strafbare Handlung zu begehen, verliert die eigentlich neutrale Leistung des Beraters den Alltagscharakter und wird zur strafbaren Solidarisierung mit dem Täter.[57] Derartige Fälle sind denkbar, wenn es dem Schuldner z.B. bei der Beauftragung eines Sanierungskonzeptes nicht darum geht, eine erfolgversprechende Sanierung zu planen und umzusetzen, sondern lediglich, Zeit zu gewinnen und eine Feigenblattfunktion zu erfüllen.[58]

67 Deliktische Schadensersatzansprüche sind daher – ebenso wie gegenüber den Organen des Schuldners – auch gegenüber den Beratern kein praxistaugliches Haftungsinstrumentarium des Insolvenzverwalters.

Anlage (zu § 5 Satz 2) Notwendige Angaben im Restrukturierungsplan

Neben den sich aus den §§ 5 bis 15 ergebenden Angaben hat der Restrukturierungsplan mindestens die folgenden Angaben zu enthalten:

1. **Firma oder Namen und Vornamen, Geburtsdatum, Registergericht und Registernummer, unter der der Schuldner in das Handelsregister eingetragen ist, Geschäftszweig oder Beschäftigung, gewerbliche Niederlassungen oder Wohnung des Schuldners und bei mehreren Niederlassungen die Hauptniederlassung;**
2. **die Vermögenswerte und Verbindlichkeiten des Schuldners zum Zeitpunkt der Vorlage des Restrukturierungsplans, einschließlich einer Bewertung der Vermögenswerte, eine Beschreibung der wirtschaftlichen Situation des Schuldners und der Position der Arbeitnehmer sowie eine Beschreibung der Ursachen und des Umfangs der wirtschaftlichen Schwierigkeiten des Schuldners;**
3. **die Planbetroffenen, die entweder namentlich zu benennen oder unter hinreichend konkreter Bezeichnung der Forderungen oder Rechte zu beschreiben sind;**

---

54 *Wagner*, ZInsO 2009, 449, 450 ff.; zur Haftung der Berater gegenüber Neugläubigern *Froehner*, ZInsO 2011, 1617.
55 *Bales*, ZInsO 2010, 2073, 2075.
56 BGH, NStZ 2018, 328, 329.
57 BGH, a.a.O., 329.
58 MK-GmbHG/*Müller*, § 64 Rn. 209; MK-GmbHG/*Fleischer*, ZIP 2009, 1397, 1404.

4. **die Gruppen, in welche die Planbetroffenen für die Zwecke der Annahme des Restrukturierungsplans unterteilt wurden, und die auf deren Forderungen und Rechte entfallenden Stimmrechte;**
5. **die Gläubiger, Inhaber von Absonderungsanwartschaften sowie Inhaber von Anteils- oder Mitgliedschaftsrechten, die nicht in den Restrukturierungsplan einbezogen wurden, zusammen mit einer Erläuterung der Gründe für die unterbliebene Einbeziehung; eine Beschreibung unter Bezugnahme auf Kategorien gleichartiger Gläubiger, Inhaber von Absonderungsanwartschaften sowie Inhaber von Anteils- oder Mitgliedschaftsrechten genügt, wenn dadurch die Überprüfung der sachgerechten Abgrenzung nach § 8 nicht erschwert wird;**
6. **Name und Anschrift des Restrukturierungsbeauftragten, sofern ein solcher bestellt ist;**
7. **die Auswirkungen des Restrukturierungsvorhabens auf die Beschäftigungsverhältnisse sowie Entlassungen und Kurzarbeiterregelungen und die Modalitäten der Unterrichtung und Anhörung der Arbeitnehmervertretung;**
8. **sofern der Restrukturierungsplan eine neue Finanzierung (§ 12) vorsieht, die Gründe für die Erforderlichkeit dieser Finanzierung.**

Übersicht

A. Überblick

1 Einzelheiten zu den notwendigen Angaben im Restrukturierungsplan (**Mindestangaben**) sind zur Entlastung und besseren Lesbarkeit des Gesetzestextes in einer Anlage ausgelagert.[1] Mit dem Inhalt dieser Anlage setzt der Gesetzgeber bestimmte Vorgaben der Restrukturierungsrichtlinie[2] um:
- Nr. 1 der Anlage (Identität des Schuldners) konkretisiert Art. 8 Abs. 1 a) der Richtlinie,
- Nr. 2 (wirtschaftliche Verhältnisse des Schuldners) beruht auf Art. 8 Abs. 1 b) der Richtlinie,
- Nr. 3 (Planbetroffene) auf Art. 8 Abs. 1 c),
- Nr. 4 (Gruppen und Stimmrechte) auf Art. 8 Abs. 1 d),
- Nr. 5 (Nichtbetroffene; Gründe der unterbliebenen Einbeziehung) auf Art. 8 Abs. 1 e),
- Nr. 6 (Restrukturierungsbeauftragter) auf Art. 8 Abs. 1 f),
- Nr. 7 (Arbeitnehmer) auf Art. 8 Abs. 1 g) iii) und iv) und
- Nr. 8 (neue Finanzierung) auf Teilen von Art. 8 Abs. 1 g) vi) der Richtlinie (die Einbeziehung der neuen Finanzierung als solche ist in § 14 geregelt).[3]

2 Die übrigen Vorgaben von Art. 8 der Richtlinie sind hingegen im Gesetzeshauptteil umgesetzt (Art. 8 Abs. 1 g) i) und ii) in § 7, Art. 8 Abs. 1 g) v) in § 14 Abs. 2 S. 2, Art. 8 Abs. 1 h) in § 14 Abs. 1 und Art. 8 Abs. 2 in § 16).[4]

3 Die nach der Gesetzesanlage notwendigen Mindestangaben betreffen überwiegend den darstellenden (so die Nrn. 1, 2, 5, 6, 7 und 8), teilweise aber (auch) den gestaltenden Teil (so die Nrn. 3 und 4).

B. Regelungsinhalt

4 Welche Angaben das Gesetz im Einzelnen fordert, wird aus dem Gesetzestext – bei verständiger Würdigung und, erforderlichenfalls, Auslegung – aus sich heraus verständlich. Für Einzelheiten sei auf die Kommentierung zu § 6 verwiesen.

1 Vgl. RegE BT-Drucks. 19/24181, S. 115 f.

2 Richtlinie (EU) 2019/1023 des Europäischen Parlaments und des Rates vom 20.06.2019 über präventive Restrukturierungsrahmen, über Entschuldung und über Tätigkeitsverbote sowie über Maßnahmen zur Steigerung der Effizienz von Restrukturierungs-, Insolvenz- und Entschuldungsverfahren und zur Änderung der Richtlinie (EU) 2017/1132 (Richtlinie über Restrukturierung und Insolvenz).

3 Vgl. RegE BT-Drucks. 19/24181, S. 188.

4 Vgl. RegE BT-Drucks. 19/24181, S. 188.

C. Verstoßfolgen

5 Sind die nach der Gesetzesanlage erforderlichen Angaben im Restrukturierungsplan nicht enthalten, ist dieser mangelhaft. Ist der Mangel nicht behebbar oder wird ein behebbarer Mangel nicht innerhalb der vom Restrukturierungsgericht gesetzten Frist behoben, hat das Restrukturierungsgericht die Bestätigung des Plans von Amts wegen zu versagen (§ 63 Abs. 1 Nr. 2). Soweit die Angaben im Plan Gegenstand einer Vorprüfung (§ 46, §§ 47 f.) sind, weist das Restrukturierungsgericht auf etwaige Mängel hin.

Teil 2: Außergerichtliche Sanierung

Kapitel 1 Grundlagen

Übersicht

A. Einführung und Eingrenzung des Themas

Es steht außer Frage, dass in Deutschland ansässige und/oder in Deutschland tätige Unternehmen vor einer Vielzahl von unterschiedlichen **neuen Herausforderungen** stehen, die geeignet sind, ihre eigene sowie die wirtschaftliche Situation in der Bundesrepublik nachhaltig zu prägen und umzuwälzen. Dies gilt nicht nur für das sich stetig ändernde regulatorische Umfeld (z.B. Anforderungen an nachhaltiges Unternehmenshandeln, Sorgfaltspflichten in der Lieferkette, Datenschutzvorschriften oder die Foreign Subsidies Regulation), sondern neben den Nachwirkungen der Corona-Pandemie vor allem auch für politische Einflüsse (allen voran die Kriege in der Ukraine und im Nahen Osten) und neue, sich stark wandelnde Technologien (z.B. Elektromobilität, Digitalisierung) und deren Auswirkungen auf einzelne Industriezweige und die dort stattfindenden Transformationsprozesse. Das wirkt sich auf verschiedene Weise auf die »Sanierungslandschaft« aus: Erstens bringen die großen Herausforderungen, vor denen Unternehmen stehen, aller Wahrscheinlichkeit nach mittel- bis langfristig einen verstärkten Sanierungsbedarf mit sich. Zweitens gilt für erforderliche Sanierungen das zuvor Geschriebene – insbesondere das sich stetig ändernde regulatorische Umfeld, aber auch die sonstigen Rahmenbedingungen, werden die nachhaltige Sanierung eines Krisenunternehmens auch in Zukunft nicht einfacher machen. 1

Die Sanierung von Unternehmen mit den Mitteln der Insolvenzordnung ist nicht Thema dieses Bands aus der Reihe der Hamburger Kommentare. Die Erläuterung der Sanierung mit den Instrumenten des StaRUG erfolgt im ersten Teil dieses Buchs. Im zweiten Teil soll es nun um die außergerichtliche Sanierung gehen. 1a

Für die an einer außergerichtlichen Restrukturierung beteiligten Personen (Unternehmen, Eigentümer und Investoren, Banken und Kreditgeber) sowie für die beratenden Berufe, Insolvenzverwalter und Gerichte besteht stets die latente Gefahr, die **wirtschaftlichen und rechtlichen Folgen** solcher Dynamiken nicht oder nicht hinreichend zu würdigen und im »juristischen Alltag« nicht passgenau umzusetzen. Die folgenden Kapitel sollen dazu dienen – aus der Sicht der an einer außergerichtlichen Sanierung beteiligten Personenkreise – die jeweiligen Interessenlagen darzustellen und dem Leser gerade vor dem Hintergrund sich ändernder rechtlicher Rahmenbedingungen **praktische Hinweise** zu geben. 2

Dabei ist zu berücksichtigen, dass jeder Versuch, sich mit Fragen der außergerichtlichen Sanierung zu befassen, notwendig auf **bestimmte Bereiche beschränkt** sein muss bzw. Teilaspekte von vorn- 3

herein keine Berücksichtigung finden können. Nicht ausführlich behandelt werden daher bspw. die folgenden Themen:
- Auswirkungen des europäischen Insolvenzrechts auf die Beratungspraxis (Ausnahme: Anerkennungsfragen);
- besondere Industrien mit speziellem regulatorischen Umfeld (z.B. Kreditinstitute und Versicherungsunternehmen);
- Konzerninsolvenzrecht und Konzernsituationen (es sei denn, in einzelnen Kapiteln wird darauf kontextabhängig eingegangen).

4 Deshalb stehen zwangsläufig die Beschäftigung mit KWG, VVG und EuInsVO außerhalb des Fokus dieses Abschnitts und der »juristische Stoff« definiert sich im Wesentlichen durch die Regelungen der InsO, des StaRUG, des BGB sowie des einschlägigen Gesellschafts- und Handelsrechts (AktG, GmbHG, HGB) und kreist somit um den möglichen Oberbegriff eines »**krisennahen Unternehmensrechtes**«.

5 Zu beachten ist dabei, dass die außergerichtliche Sanierung im Wesentlichen gleichzusetzen ist mit dem Begriff der »vorinsolvenzlichen Restrukturierung« und damit die Betrachtung in **zeitlicher Hinsicht** dann endet, wenn ein außergerichtlicher Sanierungsversuch scheitert, d.h. sobald die Geschäftsführung verpflichtet ist, einen Insolvenzantrag zu stellen (§ 15a InsO) und der »Sanierungspfad« – durch Anordnung vorläufiger Sicherungsmaßnahmen des Insolvenzgerichts (§§ 21, 22 InsO) – in ein gerichtliches Sanierungsverfahren übergeht. Die seit 01.01.2021 mögliche Sanierung mit den Mitteln des StaRUG ist angesichts der Einschaltung des Restrukturierungsgerichts spätestens bei der (nahezu immer erforderlichen) Planbestätigung ebenfalls keine außergerichtliche Sanierung mehr, sondern eine außerinsolvenzliche.

6 Die Darstellung ist nach den am Sanierungsprozess **Beteiligten** und deren typischen Interessenlagen aufgebaut und beschäftigt sich maßgeblich mit den zur Verfügung stehenden **Maßnahmen** und **Sanierungsinstrumenten.** Die einzelnen Kapitel sind daher als eine Art Leitfaden für die Prüfung, Strukturierung und Umsetzung jener »Krisen-Werkzeuge« zu lesen. Bevor auf die einzelnen Aspekte näher eingegangen wird, sollen im Rahmen dieser Einleitung vorab noch einige Begrifflichkeiten geklärt, einzelne aktuelle Fragen besprochen und der weitere Gang der Darstellung aufgezeigt werden.

B. Begriffe

I. Krise und Krisenstadien bzw. -ursachen

7 Das deutsche Recht kennt keine Legaldefinition des Begriffs »Krise«. Auch das Inkrafttreten von § 1 StaRUG hat daran nichts geändert. Im allgemeinen Sprachgebrauch wird eine Krise als Zeit, die den Höhe- und Wendepunkt einer **gefährlichen Entwicklung** darstellt, bezeichnet. Diese Definition umschreibt auch die Unternehmenskrise sehr treffend, droht doch hier, dass im Fall der Untätigkeit oder scheiternder Bemühungen, das Unternehmen durch (gerichtliche oder außergerichtliche) Liquidation sein »Lebensende« findet. Zugleich kann einer drohenden oder eingetretenen Krise auch enormes **Potenzial** innewohnen. Es bietet sich die Gelegenheit, im Rahmen einer umfassenden Sanierung auch solche Umstände anzugehen, die erst künftig zur Krise führen können. Das Ergebnis kann ein Unternehmen sein, welches erheblich gestärkt aus der Krise hervorgeht.

8 Welche **Stadien** eine Unternehmenskrise durchläuft bzw. durchlaufen kann, ist seit geraumer Zeit Gegenstand einer Fülle an Theorien und die Frage kann daher hier nur angerissen werden. Der einschlägige Wirtschaftsprüfer-Standard (IDW S 6) fasst die Krisenstadien als Stakeholder-, Strategie-, Produkt/Absatz-, Erfolgs-, Liquiditätskrise und schließlich Insolvenzreife zusammen.[1] Besondere Bedeutung dürfte dieser Einordnung nicht zukommen; sie ist aber als »**Sicherheitstest**« geeignet, um zu überprüfen, ob für das relevante Stadium auch die naheliegenden Maßnahmen

1 Zu Art, Umfang und Inhalten eines Sanierungsgutachtens nach IDW S 6 s. ausführlich Teil 2 Kapitel 3.

geprüft und umgesetzt worden sind. Bei einer Liquiditätskrise steht z.B. wegen des hohen Zeitdrucks die zügige Beschaffung liquider Mittel im Vordergrund und nicht etwa die langfristige strategische Entwicklung. Außerdem mag die Definition verschiedener Krisenstadien aufzeigen, dass eine Krise des Unternehmens nicht erst dann eintritt, wenn die Insolvenzreife unmittelbar bevorsteht. Dieses späte Stadium der Krise drängt sich auch dem bis dahin Untätigen oder Uneinsichtigen auf. Wesentlich wichtiger ist jedoch, **frühe Krisenstadien zu erkennen**, da in dieser Phase mehr Handlungsmöglichkeiten und grundsätzlich ausreichend Zeit für deren Umsetzung verbleiben. Zu einem späten Zeitpunkt sind aber die Handlungsmöglichkeiten zunehmend eingeschränkt und die verfügbare Zeit nimmt (exponentiell) ab. Dies zeigt die große Bedeutung von Krisenfrühwarnsystemen.[2]

Die **Ursachen** für Unternehmenskrisen sind zahlreich, vielfältig und je nach Unternehmen unterschiedlich; sei es ein allgemein schwaches Branchen- und Marktumfeld, eine zu dünne Liquiditätsausstattung oder der kurzfristige Wegfall von Kundenbeziehungen: Den Ursachen für eine Krise des Unternehmens ist letztlich nur gemein, dass sie sich gerade nicht streng kategorisieren lassen und eine Einzelfallbetrachtung erfordern. Das Sanierungskonzept muss deshalb eben jene **individuellen Umstände** herausarbeiten und die für die Überwindung der Krisenursachen erforderlichen Maßnahmen in geeigneter Weise adressieren. 9

II. Restrukturierung/Sanierung

Unter »Restrukturierung« oder »Sanierung« werden im vorliegenden Kontext alle Maßnahmen verstanden, die der **finanziellen Gesundung eines notleidenden Unternehmens** dienen und geeignet sind, das Unternehmen vor dem Zusammenbruch zu bewahren und wieder ertragsfähig zu machen.[3] Durch eine Restrukturierung soll folglich die Existenz des Unternehmens gesichert und eine Insolvenz vermieden oder überwunden werden.[4] In Betracht kommen dafür sowohl finanzwirtschaftliche als auch leistungswirtschaftliche Maßnahmen. Letztere knüpfen dabei an die verschiedenen Funktionen und Prozessabläufe des Unternehmens an und können daher in jedem Unternehmensbereich (bspw. Produktion, Vertrieb, Personal)[5] vorkommen.[6] Zweck leistungswirtschaftlicher Sanierungsmaßnahmen ist es, die Rentabilität der betriebswirtschaftlichen Hauptaktivitäten langfristig wiederherzustellen.[7] Es sollen folglich Umsatzerlöse gesteigert und Kosten gesenkt werden (**operative Restrukturierung**).[8] Finanzwirtschaftliche Maßnahmen sollen dagegen die Zahlungsfähigkeit und das Eigenkapital des Unternehmens verbessern bzw. stärken (**finanzielle Restrukturierung**).[9] In diesem Rahmen kann zwischen Sanierungsbeiträgen des Unternehmens und der Gesellschafter (sog. Interne Sanierung) und Sanierungsbeiträgen der Gläubiger (sog. Externe Sanierung) unterschieden werden.[10] 10

2 Zu Krisenfrühwarnsystem s.u. Teil 2 Kapitel 2 Rdn. 9 ff. und die Kommentierung zu § 1 StaRUG.

3 BMF, Grundsatzfragen der Kreditwirtschaft, Rn. 872; s.a. K/P/B-*Prütting*, § 1 Rn. 37; Deubert/Förschle/Störk-*Förschle/Heinz*, Sonderbilanzen, Q Rn. 1.

4 Deubert/Förschle/Störk-*Förschle/Heinz*, Sonderbilanzen, Q Rn. 10 ff.

5 Überblick über die Sanierung im leistungswirtschaftlichen Bereich bei Buth/Hermanns-*Buth/Hermanns*, Restrukturierung, Sanierung, Insolvenz, § 12 Rn. 2 ff.

6 HRI II-*Geiwitz/v. Danckelmann*, § 21 Rn. 62; s.a. IDW S6 Rn. 57.

7 Nerlich/Kreplin/Rhode-*Kreplin/Fanselow*, MAH InsO, § 1 Rn. 17; Deubert/Förschle/Störk-*Förschle/Heinz*, Sonderbilanzen, Q Rn. 11.

8 Theiselmann-*Arnold/Spahlinger/Maske-Reiche*, Praxishandbuch Restrukturierungsrecht, Kap. 1 Rn. 1; HRI II-*Geiwitz/v. Danckelmann*, § 21 Rn. 64.

9 Nerlich/Kreplin/Rhode-*Kreplin/Fanselow*, MAH InsO, § 1 Rn. 17; ähnlich Buth/Hermanns-*Haghani/Holzamer*, Restrukturierung, Sanierung, Insolvenz, § 24 Rn. 2.

10 Theiselmann-*Arnold/Spahlinger/Maske-Reiche*, Praxishandbuch Restrukturierungsrecht, Kap. 1 Rn. 4; K. Schmidt/Uhlenbruck-*Schluck-Amend*, Die GmbH in Krise, Restrukturierung und Insolvenz, Rn. 5.7; für einen Überblick über mögliche Maßnahmen im finanzwirtschaftlichen Bereich Nerlich/Kreplin/Rhode-*Assmann*, MAH InsO, § 6 Rn. 63 ff.

11 Im Rahmen der **strategischen Restrukturierung** erfolgt eine langfristige und nachhaltige Neuausrichtung der Unternehmensstrategie unter Analyse der strategischen Krisenursachen, welche auf drei Ebenen erfolgen kann:
- Zunächst ist auf **globaler Ebene** zu entscheiden, ob künftig auf weiteres Marktwachstum gesetzt wird, oder eine Konsolidierung des Status Quo erfolgt.[11]
- Sodann ist abhängig davon auf **Unternehmensebene** eine entsprechende Strategie zu entwickeln. Diese kann im Fall eines angestrebten Wachstums in der Durchdringung nicht beherrschter Märkte sowie der Erschließung neuer Märkte durch interne Entwicklung neuer Produkte oder externe Akquisition und Kooperation bestehen.[12] Demgegenüber ist bei einer Konsolidierung unter Umständen auch der Rückzug aus Geschäftsfeldern durch Desinvestitionen und Betriebsschließungen notwendig.[13]
- Schließlich ist auf **niedrigster Ebene** die Strategie für einzelne Geschäftsfelder kritisch zu überprüfen und ggf. neu auszurichten. Hierzu gehört unter anderem die Entscheidung über Zielgruppen, Produktinnovation und -qualität sowie Serviceangebote.[14] Hierbei stellt sich insbes. die Frage, ob Produkte über die Produktqualität (Präferenzstrategie) oder den Produktpreis (Preis-Mengen-Strategie) vermarktet werden sollen.[15] Des Weiteren sollten Wertschöpfungsstrukturen und die angestrebte Stellung im Geschäftsfeld als Gesamtmarkt- oder Nischenanbieter betrachtet und ggf. angepasst werden.[16]

III. Innenfinanzierung/Außenfinanzierung

12 Zu den Maßnahmen der **Innenfinanzierung** gehören z.B.:
- Veräußerung des Anlage- und Umlaufvermögens,
- weniger oder keine Neuinvestitionen,
- »Sale-and-lease-back« notwendiger Betriebsmittel,
- Abbau bestehender (Waren-) Vorräte,
- Einziehung fälliger Forderungen,
- Stundung von Lieferantenverbindlichkeiten,
- Auflösung stiller Reserven.[17]

13 Im Rahmen der **Außenfinanzierung** kommen in erster Linie Beiträge der Eigen- und Fremdkapitalgeber in Betracht. Dazu gehören auf Gesellschafterseite: Kapitalmaßnahmen, (Teil-) Verzicht auf Dividendenausschüttungen, Gewährung von Gesellschafterdarlehen.[18] Mögliche Beiträge der bisherigen Fremdkapitalgeber sind bspw. Forderungsstundung, Erweiterung bestehender Kreditlinien sowie Mezzanine-Finanzierungen.[19] Bilanziell können Forderungsverzichte, Rangrücktritte oder Debt-to-Equity-Swaps für Entlastung sorgen.[20] Neben Eigen- und Fremdkapitalgebern können auch Dritte zur finanzwirtschaftlichen Sanierung beitragen, etwa die öffentliche Hand (staatliche Subventionen und Bürgschaften) oder Arbeitnehmer (Lohnverzicht).[21]

---

11 Buth/Hermanns-*Kraus*, Restrukturierung, Sanierung, Insolvenz, 4. Aufl. 2014, § 4 Rn. 21.
12 Buth/Hermanns-*Kraus*, Restrukturierung, Sanierung, Insolvenz, 4. Aufl. 2014, § 4 Rn. 21.
13 *Krystek/Moldenhauer*, Hdb. Krisen- und Restrukturierungsmanagement, S. 224 f.
14 Vgl. ausführlich zur Geschäftsfeldstrategie *Krystek/Moldenhauer*, Hdb. Krisen- und Restrukturierungsmanagement, S. 225 ff.
15 Buth/Hermanns-*Kraus*, Restrukturierung, Sanierung, Insolvenz, 4. Aufl. 2014, § 4 Rn. 22.
16 Buth/Hermanns-*Kraus*, Restrukturierung, Sanierung, Insolvenz, 4. Aufl. 2014, § 4 Rn. 22.
17 Vgl. zur Innenfinanzierung auch Teil 2 Kapitel 4 Rdn. 42 ff.
18 Vgl. hierzu ausführlich Thierhoff/Müller-*Krumbholz*, Unternehmenssanierung, Kap. 5 Rn. 1 ff.
19 Vgl. hierzu ausführlich Thierhoff/Müller-*Krumbholz*, Unternehmenssanierung, Kap. 5 Rn. 43 ff.; vgl. auch *Krystek/Moldenhauer*, Hdb. Krisen- und Restrukturierungsmanagement, S. 242 ff.
20 *Krystek/Moldenhauer*, Hdb. Krisen- und Restrukturierungsmanagement, S. 244 ff.
21 Vgl. ausführlich zu den verschiedenen Maßnahmen Teil 2 Kapitel 4.

C. Außergerichtliche Sanierung, StaRUG oder Insolvenzverfahren – ein Wegweiser

In allen Sanierungssituationen stellen sich die Beteiligten – das Krisenunternehmen und seine Berater sowie die anderen Stakeholder und ihre jeweiligen Berater – in verschiedenen Phasen der Sanierung immer wieder die Frage, welche und ob die erforderlichen Maßnahmen außergerichtlich umgesetzt werden können oder ob die Inanspruchnahme eines gerichtlichen Verfahrens entweder erforderlich ist oder jedenfalls so große Vorteile bietet, dass die Nachteile aufgewogen werden. Die folgende Darstellung gibt einen kurzen Überblick über mögliche Erwägungen bei der Entscheidung für eine außergerichtliche Sanierung oder den Gang in ein förmliches Verfahren.[22] Für den Fall, dass keine der dargestellten Vorgehensweisen zweckmäßig erscheint, kann auch die Inanspruchnahme ausländischer Instrumente wie Solvent Scheme of Arrangement oder Restructuring Plan nach Part 26A des UK Companies Act als Alternative in Betracht gezogen werden (vgl. hierzu auch Rdn. 27 ff.). 13a

I. Außergerichtliche Sanierung

Krisenunternehmen steht jederzeit die Möglichkeit offen, die Sanierung außerhalb eines förmlichen Verfahrens auf konsensualer Basis vorzunehmen. Das kann nur zum Erfolg führen, wenn alle Stakeholder, von denen Sanierungsbeiträge erwartet werden – insbesondere Fremdfinanzierer, Vertragspartner wie Kunden, Lieferanten und Vermieter, ggf. Arbeitnehmer und Gesellschafter – den geplanten Maßnahmen zustimmen. Wenn dies zu erwarten ist, stellt die außergerichtliche Sanierung eine effiziente (insbesondere im Hinblick auf die regelmäßig höheren Transaktionskosten, die in förmlichen Verfahren anfallen) und vor allem geräuschlose Möglichkeit dar, das betroffene Unternehmen zu retten. Solange die erforderliche Zustimmung vorliegt, sind der außergerichtlichen Sanierung hinsichtlich ihres Umfangs und der einbezogenen Rechtsverhältnisse keine Grenzen gesetzt.[23] Dem betroffenen Unternehmen steht es auch bei Vorliegen von drohender Zahlungsunfähigkeit frei, die Sanierung unter diesen Rahmenbedingungen zunächst ohne ein förmliches Verfahren zu versuchen.[24] Sollte eine an sich erfolgversprechende und von der Mehrheit der Betroffenen mitgetragene Sanierung an der fehlenden Zustimmung einzelner Stakeholder zu scheitern drohen,[25] ist es bewährte Praxis, die Einleitung eines förmlichen Verfahrens, in dem die beabsichtigte Maßnahme auch ohne Zustimmung der nicht kooperationsbereiten Partei durchgeführt werden kann, vorzubereiten und dieses alternative Vorgehen im Rahmen der Verhandlungen aufzuzeigen. 13b

II. Inanspruchnahme von Instrumenten des StaRUG

Die Instrumente des Stabilisierungs- und Restrukturierungsrahmens können nach § 29 Abs. 1 StaRUG zur nachhaltigen Beseitigung einer drohenden Zahlungsunfähigkeit in Anspruch genommen werden. Zahlungsunfähigkeit oder Überschuldung dürfen jedoch nicht vorliegen. Mit den Instrumenten des Stabilisierungs- und Restrukturierungsrahmens, insbesondere der gerichtlichen Planabstimmung (§§ 23, 45 f. StaRUG) und der gerichtlichen Planbestätigung (§§ 60 ff. StaRUG), können nach § 2 StaRUG Restrukturierungsforderungen (Abs. 1 Nr. 1) und Absonderungsanwartschaften (Abs. 1 Nr. 2) sowie die zugrundeliegenden mehrseitigen Rechtsverhältnisse (Abs. 2), Anteils- und Mitgliedschaftsrechte (Abs. 2) und gruppeninterne Drittsicherheiten (Abs. 3) gestaltet werden. Abgesehen von der Änderung der mehrseitigen Rechtsverhältnisse nach § 2 Abs. 2 StaRUG ist ein Eingriff in bestehende Vertragsverhältnisse nicht möglich. Außerdem sind jegliche Forderungen im Zusammenhang mit Arbeitsverhältnissen und Rechte aus Zusagen auf betriebliche Altersversorgung nach § 4 Satz 1 Nr. 1 StaRUG der Gestaltung durch einen Restrukturierungsplan unzugänglich. 13c

---

22 Vgl. auch die ähnliche Darstellung bei K. Schmidt/Uhlenbruck/*Schluck-Amend*, § 5.

23 Einschließlich der Restrukturierung von Anleihen, dazu ausführlich Teil 3 Kapitel 8; vgl. auch die Darstellungen bei Theiselmann-*Lürken/Ruf*, Praxishandbuch Restrukturierungsrecht, Kap. 4 und insbesondere zur Anleiherestrukturierung außerhalb des SchVG Hopt/Seibt-*Lürken/Plank/Ruf*, Schuldverschreibungsrecht, Kap. 12.

24 Darauf weist auch HRI I-*Bork*, § 1 Rn. 9 hin.

25 Zu diesem sog. Holdout-Problem etwa MK-StaRUG/*Skauradszun*, § 29 Rn. 11.

Diese beiden wesentlichen Einschränkungen machen deutlich, dass sich die Instrumente des StaRUG vorwiegend für finanzielle Restrukturierungen eignen. Sämtliche Maßnahmen, die für – auch komplexe – finanzielle Restrukturierungen benötigt werden, einschließlich der häufig erforderlichen Eingriffe in Gesellschafterrechte, können mit den Instrumenten des StaRUG mit Mehrheitsentscheidung und damit auch gegen den Willen einzelner Planbetroffener umgesetzt werden. Operative Sanierungsmaßnahmen können – soweit konsensual möglich – begleitend durchgeführt und beispielsweise durch die Aufnahme von dahingehenden Planbedingungen in den Restrukturierungsplan abgesichert werden.[26] Eine solche Verknüpfung verbessert regelmäßig die Position des betroffenen Unternehmens in den Verhandlungen mit Parteien, deren Mitwirkung nicht mit Mitteln des StaRUG herbeigeführt werden kann.

III. Sanierung im Insolvenzverfahren

13d Um das Offensichtliche vorwegzunehmen: Das betroffene Unternehmen ist zwingend in einem Insolvenzverfahren zu sanieren, wenn (außerhalb eines StaRUG) einer der Pflicht-Antragsgründe, also Zahlungsunfähigkeit (§ 17 InsO) oder Überschuldung (§ 19 InsO), vorliegt. Nur bei drohender Zahlungsunfähigkeit (§ 18 InsO) kann das Schuldnerunternehmen freiwillig in ein Insolvenzverfahren gehen und auf diese Weise die Mittel der Insolvenzordnung für die Sanierung in Anspruch nehmen. Als Vorteile – gerade auch in Abgrenzung zu den Instrumenten des StaRUG – sind vor allem die Möglichkeit zur Beendigung von Verträgen jeglicher Art (§§ 103 ff. InsO) sowie die Vereinfachung von personalwirtschaftlichen Sanierungsmaßnahmen (insbesondere durch die Regelungen in §§ 113, 120 ff. InsO) zu nennen. In einem Insolvenzverfahren kann das betroffene Unternehmen daher umfassend operativ saniert werden. Der wesentliche Nachteil aus der Perspektive der Gesellschafter dürfte sein, dass die Eröffnung eines Insolvenzverfahrens in aller Regel (abgesehen von Situationen, in denen die Gesellschafter das Unternehmen – auf welche Weise auch immer – zurückkaufen) mit dem Totalverlust der Beteiligung einhergeht. Außerdem betrifft die Sanierung im Rahmen eines Insolvenzverfahrens stets die Rechte aller Gläubiger, was passgenaue Lösungen erschwert und zu »Kollateralschäden« führen kann,[27] und ist regelmäßig mit erheblichen Transaktionskosten verbunden. Unabhängig vom Insolvenzgrund, der zur Verfahrenseröffnung führt, kann das Krisenunternehmen die Durchführung des Insolvenzverfahrens in Eigenverwaltung beantragen. Sämtliche Sanierungsmaßnahmen werden dann, wenn das Gericht dem Antrag folgt, durch das Management – das in der Regel durch fachkundige Berater ergänzt oder jedenfalls unterstützt wird – vorgenommen, das dabei unter Aufsicht eines gerichtlich bestellten Sachwalters steht. Der Eingriff in die Unternehmensführung ist dadurch in Eigenverwaltungsverfahren erheblich weniger stark ausgeprägt als in Regelinsolvenzverfahren, in denen ein Insolvenzverwalter die Führung des Unternehmens übernimmt.

D. Einzelne aktuelle Fragestellungen

I. Erste Erfahrungen mit dem StaRUG

13e Etwas mehr als drei Jahre nach Inkrafttreten des StaRUG hat sich das neue Gesetz als Sanierungswerkzeug bewährt. Diese Aussage hätte vor einem Jahr, also zu Beginn des Jahres 2023, so noch nicht getroffen werden können.

13f In den ersten beiden Jahren wurde das Instrument kaum genutzt, zumal die Vorschriften über öffentliche Restrukturierungssachen (§§ 84 ff. StaRUG) erst im Juli 2022 in Kraft getreten sind. Im Jahr 2021 wurden laut einer Erhebung bei den Restrukturierungsgerichten nur 22 Restrukturierungs-

---

26 K. Schmidt/Uhlenbruck-*Schluck-Amend*, Die GmbH in Krise, Restrukturierung und Insolvenz, § 5 Rn. 5.18; Jacoby/Thole-*Thole*, StaRUG, § 62 Rn. 4; zur praktischen Relevanz von Maßnahmen des Individual- und Kollektivarbeitsrechts MK-StaRUG/*Jungmann*, § 62 Rn. 39.

27 Zu diesem wesentlichen Unterschied zwischen den Instrumenten des StaRUG und dem Insolvenzverfahren Theiselmann-*Bernsau/Raiß*, Praxishandbuch Restrukturierungsrecht, Kap. 16 Rn. 1.

vorhaben angezeigt; aus dieser überschaubaren Anzahl resultierten lediglich vier Planbestätigungsbeschlüsse.[28] Auch im Jahr 2022 wurden nur unwesentlich mehr Restrukturierungsvorhaben angezeigt, nämlich 27, und daraus resultierten sieben Planbestätigungsbeschlüsse.[29] Das einzige größere StaRUG-Verfahren in den beiden Anfangsjahren, das öffentlich bekannt wurde, war das der ETERNA Mode Holding GmbH. Die übrigen Verfahren dürften überwiegend kleinere Unternehmen betroffen haben und zogen nicht einmal in Fachkreisen Aufmerksamkeit auf sich. Unabhängig davon, dass in den ersten beiden Jahren nur wenige Restrukturierungspläne vorgelegt und dann tatsächlich bestätigt wurden, hat das Gesetz Unternehmen mit Restrukturierungsbedarf auch in diesem Zeitraum gute Dienste geleistet: In nicht wenigen Fällen genügte die (glaubhafte) Drohung mit der Anzeige eines Restrukturierungsvorhabens und die Vorbereitung der entsprechenden Dokumentation, um Holdout-Gläubiger zum Einlenken zu bewegen.

Seinen Durchbruch hatte das StaRUG im Jahr 2023. In diesem Jahr wurden 56 Restrukturierungsvorhaben – mithin doppelt so viele wie im Jahr zuvor – angezeigt.[30] Zwar resultierten hieraus nur elf Planbestätigungsbeschlüsse, allerdings konnten 2023 zusätzlich acht Restrukturierungssachen aus den Vorjahren abgeschlossen werden.[31] Bei den Restrukturierungen zweier börsennotierter Gesellschaften, LEONI AG und Gerry Weber International AG, kam die ganze Bandbreite möglicher Gestaltungen in Restrukturierungsplänen zum Einsatz, jeweils einschließlich der Durchführung von Kapitalmaßnahmen, von denen in beiden Fällen auch der Streubesitz betroffen war.[32] Eine besondere Herausforderung stellt in diesen Situationen die Vorbereitung des Erörterungs- und Abstimmungstermins, insbesondere dessen öffentliche Bekanntmachung, dar.[33] Abgesehen von diesen prominenten Fällen hat das StaRUG auch in anderen Konstellationen Anwendung gefunden, bspw. in »Sanieren oder Ausscheiden«-Situationen, u.a. im Start-up-Umfeld.[34] Besonders konfliktbehaftet waren dabei Restrukturierungspläne, die ausschließlich die Gestaltung von Gesellschafterrechten vorsahen und befürchten ließen, dass sie als Alternative zur gerichtlichen Entscheidung von Gesellschafterstreitigkeiten genutzt werden sollten.[35] Letztlich kann festgehalten werden, dass die Instrumente das StaRUG in verschiedenen Sanierungssituationen größtenteils erfolgreich angewendet werden und sich das Gesetz trotz anfänglicher Skepsis in Fachkreisen durchaus bewährt hat. **13g**

Weiterhin gilt, wie in Rdn. 13b bereits erwähnt, dass mit den Instrumenten des StaRUG vor allem finanzielle Restrukturierungen implementiert werden können. In Konzernsituationen kommt, wie der Fall Gerry Weber zeigt, auch eine Verbindung des StaRUG-Verfahrens auf Ebene der (Fremdverbindlichkeiten tragenden) Obergesellschaft (Holding) mit Insolvenzverfahren (üblicherweise in Eigenverwaltung) auf Ebene der operativen Gesellschaften in Betracht, um dort weitergehende operative Sanierungsmaßnahmen umsetzen zu können. **13h**

II. Relevante Neuerungen im Gesellschaftsrecht

Im Gesellschaftsrecht sind zwei Gesetzesänderungen mit Auswirkungen auf das Insolvenz- und Restrukturierungsrecht erwähnenswert, nämlich die Änderungen des Umwandlungsgesetzes durch das UmRUG und die Änderungen im Personengesellschaftsrecht durch das MoPeG. **13i**

28 INDat Report 1/2022, S. 75 ff.

29 INDat Report 2/2023, S. 46 ff.

30 INDat Report 2/2024, S. 52 ff.

31 INDat Report 2/2024, S. 52 ff.

32 In diesen beiden Fällen sehen *Herding/Krafczyk*, ZRI 2023, 750 »das Potenzial des StaRUG« gezeigt.

33 Dazu ausführlich *Tresselt/Reps*, ZIP 2023, 2657 ff.

34 Z.B. AG München, Beschl. v. 15.02.2023 – 1507 RES 3229/22, ZIP 2023, 603 ff.; vgl. auch die Fallbeispiele von *Urlaub*, ZRI 2023, 997 ff.

35 Eine solche Konstellation lag den in der Literatur höchst umstrittenen Entscheidungen AG Hamburg, Beschl. v. 17.03.2023 – 61c RES 1/23 – ZIP 2023, 1038 f. und LG Hamburg, Beschl. v. 20.04.2023 – 304 T 15/23, ZIP 2023, 2646 ff zugrunde.

13j Am 01.03.2023 ist das Gesetz zur Umsetzung der Umwandlungsrichtlinie (UmRUG) in Kraft getreten.[36] Hauptzweck des Gesetzes war die Einführung von Vorschriften zu grenzüberschreitenden Umwandlungen. Aus Sicht des Insolvenz- und Restrukturierungsrechts ist aber vor allem eine Änderung in § 133 Abs. 3 Satz 2 UmwG relevant, wonach bei Spaltungen die Haftung der an der Spaltung beteiligten Rechtsträger auf den Wert des ihnen am Tag des Wirksamwerdens zugeteilten Nettoaktivvermögens begrenzt ist. Die gesetzliche Regelung ist bewusst[37] eher knapp ausgefallen, weswegen neben begrifflichen Unklarheiten[38] bei der Ermittlung des jeweils zugeteilten Nettoaktivvermögens in der Praxis Schwierigkeiten befürchtet werden.[39] Als Nettoaktivvermögen dürfte der Überschuss der Aktiva über die Verbindlichkeiten, Rückstellungen, Rechnungsabgrenzungsposten und passiven latenten Steuern zu verstehen sein.[40] Maßgeblich ist im Einklang mit dem übrigen Gebrauch des Begriffs der Buchwert, den der jeweilige Rechtsträger nach dem Wirksamwerden der Spaltung in seiner Bilanz fortführt bzw. ansetzt; auf den Verkehrs- oder Zeitwert kann es nicht ankommen, weil dem Nettoaktivvermögen keine konkreten Vermögensgegenstände zugeordnet werden können, zudem dürfte eine solche Betrachtung die Ermittlung nur weiter erschweren.[41] Diese wesentliche Änderung des Umfangs der Nachhaftung bei Spaltungen könnte insbesondere die Durchführung von Carve-out-Transaktionen im Wege der Gesamtrechtsnachfolge attraktiver machen.

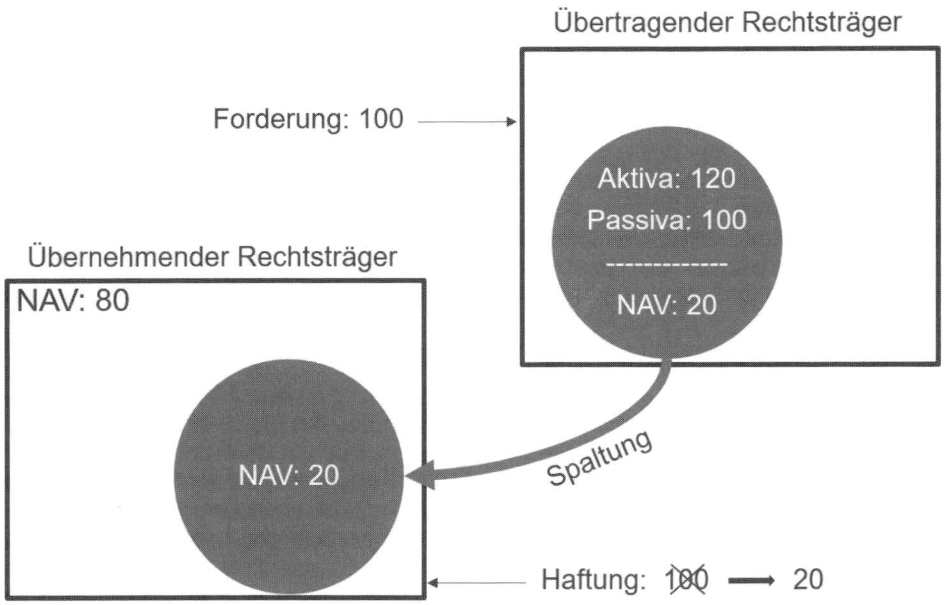

Abb. 1: Schematische Darstellung der Nachhaftung nach § 133 UmwG nach dem UmRUG
Quelle: Eigene Darstellung

36 BGBl. I 2023 Nr. 51, S. 2 ff.

37 BT-Drucks. 20/4806, S. 93: »Der […] Begriff des Nettoaktivvermögens ist nicht näher definiert; seine Konturierung bleibt Rechtsprechung und Lehre überlassen«.

38 *Brandi/Schmidt*, AG 2023, 297, 306.

39 Etwa von *Löbbe*, ZHR 2023, 498, 527 mit dem berechtigten Hinweis auf Abgrenzungsschwierigkeiten bei einem Wirksamwerden der Spaltung in der Mitte des Monats (was wegen §§ 130, 131 UmwG in der Praxis gut möglich ist); ebenso *Bungert/Strothotte*, BB 2022, 1411, 1418 und *Brandi/Schmidt*, AG 2023, 297, 306.

40 *Bungert/Strothotte*, BB 2022, 1411, 1418.

41 *Bungert/Strothotte*, BB 2022, 1411, 1418; *Gattringer*, NZG 2023, 443, 450; wohl auch *Brandi/Schmidt*, AG 2023, 297, 306; a.A. Lutter/*Schwab*, UmwG, § 133 Rn. 7a, der den Wert anhand von tatsächlichen Marktwerten ermitteln will.

Auch das Inkrafttreten des Gesetzes zur Modernisierung des Personengesellschaftsrechts (MoPeG) am 01.01.2024[42] hat verschiedene Auswirkungen, die im hier behandelten Zusammenhang von Interesse sind. So führt die Insolvenz eines Gesellschafters einer Personen- und Personenhandelsgesellschaft nun auch ohne eine entsprechende Satzungsregelung oder einen Fortsetzungsbeschluss nicht mehr zwingend zur Auflösung der Gesellschaft, sondern – wenn mindestens zwei Gesellschafter verbleiben – nur zum Ausscheiden des insolventen Gesellschafters (§ 723 Abs. 1 Nr. 3 BGB, § 130 Abs. 1 Nr. 3 HGB, jeweils i.V.m. § 712a BGB). Zudem löst es das vieldiskutierte Problem der Simultaninsolvenz bei der GmbH & Co. KG,[43] indem § 179 HGB nun ausdrücklich regelt, dass die Eröffnung des Insolvenzverfahrens über das Vermögen eines Gesellschafters einer KG nicht zum Ausscheiden dieses Gesellschafters führt, wenn dieser Gesellschafter der einzige persönliche haftende Gesellschafter der KG ist und über deren Vermögen ebenfalls ein Insolvenzverfahren eröffnet wurde oder die Voraussetzungen hierfür vorliegen und ein Insolvenzantrag gestellt wurde. Diese Neuregelung dürfte die Sanierung einer GmbH & Co. KG erleichtern, weil der Erhalt des Rechtsträgers nun ohne Weiteres möglich ist.[44] Eine weitere wichtige Neuerung ist die Möglichkeit, auch bei Personen- und Personenhandelsgesellschaften einen vom Verwaltungssitz abweichenden Satzungssitz zu vereinbaren (§ 706 Satz 1 BGB, der über die Verweisungen in §§ 105 Abs. 3, 161 Abs. 2 HGB auch für OHG und KG Anwendung findet). Das ermöglicht die Verlegung des Verwaltungssitzes ins Ausland, was in Situationen, in denen zugleich der COMI (centre of main interest) ins Ausland verlegt, zur Anwendung ausländischen Insolvenz- und Restrukturierungsrechts führen kann.[45] 13k

III. Digitalisierung und Restrukturierung

Wie der VID attestiert, folgt die »administrative Verfahrensabwicklung der Insolvenzordnung […] im Wesentlichen immer noch den Grundsätzen der Konkursordnung von 1877«.[46] Um diese Versäumnisse zu beheben, wurde bereits im Jahr 2017 eine Arbeitsgruppe »**Insolvenzverfahren 4.0**« ins Leben gerufen, die dem Gesetzgeber Vorschläge für eine zunehmende Digitalisierung des Insolvenzverfahrens unterbreitet hat.[47] Die zahlreichen Vorschlägen wurden, mit Ausnahme von Änderungen, die aus der Einführung des besonderen elektronischen Anwaltspostfachs resultieren, bisher nicht umgesetzt. 14

Ungeachtet der modernisierungsbedürftigen Rechtslage werden jedoch selbstverständlich auch in der Restrukturierungs- und Insolvenzbranche neue Technologien zur Verfahrenserleichterung eingesetzt, wie etwa die verbreitete Verwendung digitaler Gläubigerinformationssysteme zeigt. Die technischen Möglichkeiten werden jedoch bei Weitem nicht ausgereizt. Große Hoffnung wird in diesem Zusammenhang sicherlich nicht zu Unrecht auf den Einsatz künstlicher Intelligenz gesetzt. Technologien aus diesem Bereich werden mittelfristig vor allem in der Analyse großer Datenmengen eine nicht mehr wegzudenkende Rolle spielen. Sie können – wenn die entsprechenden Informationen in maschinenlesbarer Form zur Verfügung stehen – beispielsweise zur Ermittlung des Vorliegens von Insolvenzgründen oder zur Ermittlung von Anfechtungsansprüchen genutzt werden oder jedenfalls wertvolle Unterstützung bieten.[48] 15

Die Nutzung der Blockchain-Technologie hat nicht zuletzt für die Herstellung und Verwaltung von Kryptowährungen in den letzten Jahren viel Aufmerksamkeit erfahren. Das Platzen der Krypto-Blase im Herbst 2022 führte zur Insolvenz großer Spieler in der Krypto-Welt wie Genesis, BlockFi und 16

42 BGBl. I 2021, S. 3436 ff.

43 Zur Rechtslage vor Inkrafttreten des MoPeG *Hoffmann*; NZI 2023, 315, 316 f.

44 *Hoffmann*, NZI 2023, 315, 318; *Tresselt/Locher*, NWB Sanieren 2023, 296, 301.

45 Ausführlich *Tresselt/Locher*, NWB Sanieren 2023, 296, 297 f.

46 Vgl. das »Eckpunktepapier Insolvenzverfahren 4.0« abrufbar unter https://www.vid.de/wp-content/uploads/2018/07/eckpunktepapier-insolvenzverfahren-4.0.pdf.

47 »Eckpunktepapier Insolvenzverfahren 4.0«, a.a.O.

48 *Linardatos*, ZIP 2022, 154, 154 ff.; vgl. auch die früheren Überlegungen von *Till*, NZI 2019, 405 ff. und die ebenfalls etwas ältere Case Study von *Dill/Möllers*, KSI 2019, 263 ff.

allen voran FTX. In diesem Zusammenhang haben sich Wissenschaft und Praxis ausführlich mit insolvenzrechtlichen Fragen rund um Kryptowerte und ihre Verwahrung wie beispielsweise ihre Behandlung in einem Insolvenzverfahren über das Vermögen ihres Eigentümers[49] und dem unter bestimmten Umständen möglichen Bestehen von Aussonderungsrechten an Kryptowerten der Kunden in der Insolvenz des Verwahrers befasst.[50] Zunehmende praktische Bedeutung kommt Kryptoanleihen, also Schuldverschreibungen, die durch Eintragung in das Kryptowertpapierregister begeben werden, zu. Der rechtliche Rahmen hierfür steht seit Inkrafttreten des Gesetzes über elektronische Wertpapiere (eWpG) am 10.06.2021 zur Verfügung und wurde bereits für zahlreiche Emissionen genutzt.[51] Auch diesbezüglich wurden insolvenzrechtliche Fragen wie das Zusammenspiel des eWpG mit den Vorschriften des SchVG, des StaRUG und der InsO bei der Gestaltung der Rechte an einem Kryptowertpapier und dessen Emissionsbedingungen bereits untersucht.[52]

17 Existenzielle Bedeutung hat für eine Vielzahl von Unternehmen die Nutzung großer Datenbestände. Sind diese gut gepflegt, können sie einen erheblichen Wert aufweisen und das Unternehmen für Investoren interessant machen. Umgekehrt können die Daten bei Verstößen gegen datenschutzrechtliche Vorgaben ein sanierungshemmendes Risiko darstellen.[53] Die in der Praxis häufige Speicherung der Daten in einer **Cloud** kann für ein Unternehmen in der Krise zum Problem werden, wenn der Cloudanbieter bei ausbleibenden Zahlungen den Zugang sperrt.[54] Für den gegenteiligen Fall, dass der Cloudanbieter in die Insolvenz gerät, sollte durch entsprechende Vertragsgestaltung sichergestellt werden, dass dem Unternehmen, das die Cloud-Dienstleistungen in Anspruch nimmt, ein **Aussonderungsanspruch aus § 47 InsO** hinsichtlich der extern gespeicherten Daten zusteht.[55]

18 Insgesamt lässt sich festhalten, dass die (juristische) Diskussion bei gerichtlichen und außergerichtlichen Sanierungen über einen sinnvollen und vermehrten Einsatz von neuen Technologien und die Herausforderungen, die aus neuen Technologien resultieren, jedenfalls in Deutschland weiterhin am Anfang steht und daher **dringend intensiviert** werden sollte, um mit den rapiden Entwicklungen Schritt halten zu können.

19–26 [unbesetzt]

IV. Aktuelles zur Anerkennung ausländischer Sanierungsinstrumente

27 Im Doing-Business-Report 2020 der Weltbank belegt Deutschland im internationalen Vergleich im Bereich »Resolving Insolvency« den **vierten Rang** (nach Finnland, den USA und Japan). Im europäischen Vergleich steht das deutsche Insolvenzrecht damit auf Platz zwei.[56] Auch Befragungen unter Insolvenzrechtsexperten kommen zu dem Ergebnis, dass das deutsche Insolvenzrecht durch die Verabschiedung des ESUG im internationalen Vergleich attraktiver geworden ist. 39 % der Befragten bezeichneten dies als »voll und ganz« oder jedenfalls »größtenteils« zutreffend. Weitere 45 % befürworteten diese These als »eher zutreffend«.[57] Diese positiven Einschätzungen hinsichtlich der Wettbewerbsfähigkeit des deutschen Insolvenzrechts werden in der Fachliteratur weitgehend

49 *Skauradszun*, ZIP 2021, 2610 ff.; *d'Avoine/Hamacher*, ZIP 2022, 6 ff.

50 *Skauradszun/Schweizer/Kümpel*, ZIP 2022, 2101 ff.; *d'Avoine/Hamacher*, ZIP 2022, 2214 ff.

51 Vgl. die von der BaFin geführte Kryptowertpapierliste (https://www.bafin.de/DE/PublikationenDaten/Datenbanken/Kryptowertpapiere/kryptowerte_node.html, zuletzt abgerufen am 04.02.2024).

52 *Skauradszun/Schweizer*, ZRI 2023, 881 ff.

53 *Braegelmann/Brockdorf*, Startups in der Insolvenz: Sind Daten wertvoll oder eine Altlast?, Gründerszene v. 27.08.2018, abrufbar unter https://www.gruenderszene.de/business/insolvenzverfahren-daten-altlast?ref=next (zuletzt abgerufen am 03.01.2024).

54 *Braegelmann/Brockdorf*, a.a.O.

55 Leupold/Wiebe/Glossner-*Hartung/Berjasevic*, IT-Recht, Teil 11.4.1 Rn. 45; vgl. auch Röhricht/Graf von Westphalen/Haas/Mock/Wöstmann-*Weidert/Bug*, HGB, Zulieferverträge in der Industrie 4.0, Rn. 206 ff.

56 Weltbank, https://archive.doingbusiness.org/en/doingbusiness (zuletzt aufgerufen am 03.01.2024).

57 McKinsey & Company/Noerr, InsO Studie 2018, S. 4.

bestätigt.[58] Diese Wettbewerbsfähigkeit dürfte vom Inkrafttreten des StaRUG noch einmal erheblich profitiert haben, besteht doch nun die Möglichkeit, einzelne Holdout-Gläubiger mit den Instrumenten des Gesetzes auch außerhalb der Insolvenz durch Mehrheitsentscheidung zur Mitwirkung zu zwingen.[59]

Allerdings wird weiterhin teilweise das ausländische – insbesondere englische – Recht gegenüber dem deutschen als **sanierungsfreundlicher** angesehen.[60] Der Rückgriff auf das englische Recht wurde durch das Ausscheiden des Vereinigten Königreichs aus der EU aber sicherlich nicht erleichtert. Insoweit könnte sich für Deutschland zumindest theoretisch eine Chance ergeben, im innereuropäischen Wettbewerb der Sanierungs- und Insolvenzrechtsstandorte weiter an Attraktivität zu gewinnen und selbst (vermehrt) zum **Ziel einer Sanierungsmigration** für Unternehmen aus anderen EU-Ländern zu werden.[61] In der Realität dürfte die verstärkte Inanspruchnahme von Sanierungsinstrumenten nach deutschem Recht jedoch zumindest nach aktueller Rechtslage in erster Linie daraus resultieren, dass Schuldner mit COMI in Deutschland seit Inkrafttreten des StaRUG weniger Gründe haben,[62] ihre Restrukturierung im Ausland durchzuführen, als an der Inanspruchnahme des deutschen Restrukturierungsrahmens durch ausländische Schuldner. Legt man nämlich § 35 StaRUG ebenso wie (früher) § 3 Abs. 1 Satz 2 InsO dahin gehend aus, dass er auch die internationale Zuständigkeit bestimmt, können nur Schuldner mit COMI in Deutschland die Instrumente des StaRUG in Anspruch nehmen;[63] eine »sufficient connection«, die in anderen Jurisdiktionen ausreichend ist, genügt nicht.[64] Damit ist »forum shopping« mit dem Ziel der Durchführung eines StaRUG-Verfahrens in Deutschland nicht ohne einen sogenannten »COMI-Shift«, also die Verlegung des Mittelpunkts der selbstständigen wirtschaftlichen Tätigkeit, möglich. Anders wäre dies allerdings, wenn man StaRUG-Verfahren als vom Anwendungsbereich der Brüssel Ia-VO umfasst ansieht.[65] In diesem Fall wäre ein »forum shopping« ggf. deutlich »einfacher«. 28

[unbesetzt] 29

Seit dem Austritt des Vereinigten Königreichs kommt die **Anerkennung** der Eröffnung eines Insolvenzverfahrens im jeweils anderen Staat nach Art. 19 EuInsVO – vorbehaltlich Art. 67 Abs. 3 Buchst. c) des Austrittsabkommens zwischen der EU und dem Vereinigten Königreich – nicht mehr in Betracht (Art. 50 Abs. 3 EUV). Die Anerkennung von Insolvenzverfahren aus Drittstaaten in Deutschland richtet sich nach den restriktiveren Voraussetzungen des § 343 Abs. 1 InsO. Erforderlich ist insoweit zum einen, dass das britische Gericht auch nach deutschem Recht zuständig ist (womit v.a. der COMI selbstständig überprüft wird) und dass die Anerkennung nicht zu einem 30

58 *Mönning/Schäfer/Schiller*, BB Beilage 2017, Nr. 01, S. 2; *Piekenbrock*, NZI 2012, 905, 908; zur Lage vor der ESUG-Reform: *Eidenmüller/Frobenius/Prusko,* NZI 2010, 545, 549.

59 Zum Vergleich des StaRUG mit vergleichbaren Gesetzen anderer Mitgliedsstaaten Seibt/Westpfahl-*Mankowski*, StaRUG, Anh. § 88 Rn. 272 ff.

60 MHdb-GesR-*Steffek*, 4. Aufl. 2013, Bd. 6, § 37 Rn. 7 ff.; vgl. auch *Madaus*, NZI 2017, 329, 333; *Müller*, ZGR 2018, 56, 57.

61 McKinsey & Company/Noerr, InsO-Studie 2018, S. 26; im Hinblick auf deutsche Gesellschaftsformen auch *Weller/Thomale/Benz,* NJW 2016, 2378, 2383.

62 Zu Beispielen für dennoch vorgenommenen Sanierungsmigrationen und möglichen Gründen hierfür *Zehlicke/Herding/Parzinger*, ZIP 2024, 164, 165.

63 Der COMI als Anknüpfungspunkt für die internationale Zuständigkeit gilt natürlich auch insoweit, als öffentliche Restrukturierungssachen (§§ 84 ff. StaRUG) dem Willen des deutschen Gesetzgebers entsprechend in den Anhang A der EuInsVO aufgenommen werden; vgl. dazu BT-Drucks. 19/24181, S. 178 f.

64 Zu diesem Aspekt *Schlöder/Parzinger/Knebel*, ZIP 2021, 1041, 1047; zu den verschiedenen Anknüpfungstatbeständen, die Zugang zu ausländischen Instrumenten gewähren, HRI I-*Prusko*, § 42 Rn. 15 ff.

65 Dafür *Skauradszun*, ZIP 2019, 1501, 1505; *J. Schmidt*, ZInsO 2021, 654, 658; (sehr) skeptisch K/P/B-*Madaus*, InsO, 78. Lfg. 11/18, EuInsVO 2015, Art. 1 Rn. 21; *Thole*, ZIP 2020, 1985, 1998; *Schlöder/Parzinger/Knebel*, ZIP 2021, 1041, 1043 ff.

Ergebnis führt, das mit wesentlichen Grundsätzen des deutschen Rechts, insbesondere Grundrechten, unvereinbar ist.

31 Die Anerkennung von in Deutschland eröffneten Insolvenzverfahren im Vereinigten Königreich richtet sich nach den **Cross-Border Insolvency Regulations** (CBIR) 2006, die das UNCITRAL Model Law on Cross-Border Insolvency in nationales Recht umsetzt. Für die Anerkennung ist unter anderem erforderlich, dass das Verfahren in dem Land eröffnete wurde, in dem der COMI des Schuldners liegt, es sich um ein kollektives Verfahren handelt und das Verfahren auf Sanierung oder Liquidation gerichtet ist.

32 Ein nach englischem Recht vorgesehenes Sanierungsinstrument, das auch bei deutschen Unternehmen eingesetzt wird, ist das **Solvent Scheme of Arrangement (SoA)**. Es ist geregelt in den sec. 895 – 905 des englischen Companies Act (CA) 2006. Dieses »Vergleichsplanverfahren«[66], das außerhalb oder innerhalb eines formellen Insolvenzverfahrens stattfindet, bietet die Möglichkeit der Abänderung von Verträgen, die zwischen dem Schuldnerunternehmen und seinen Gläubigern oder Gesellschaftern geschlossen wurden.[67] Seit dem Brexit kann sich eine Zuständigkeit englischer Gerichte zur Bestätigung des Schemes einer deutschen Gesellschaft allein aus nationalem Recht ergeben.[68] Das setzt nach der ständigen Rechtsprechung der englischen Gerichte bei ausländischen Unternehmen voraus, dass sie eine **hinreichend enge Verbindung** (»sufficiently close connection«) mit England aufweisen, wobei hier keine besonders strengen Anforderungen gelten.[69] Neben dem Erfordernis einer hinreichend engen Verbindung fordern die englischen Gerichte für die Begründung ihrer Zuständigkeit allerdings zusätzlich die **»effectiveness« des Scheme**.[70] Voraussetzung ist danach, dass das Scheme die Gläubiger auch tatsächlich bindet, was wiederum erfordert, dass **dieses im Ausland anerkannt** wird. Dies stellt sich nunmehr als **problematisch** dar. Die wesentlichen Gründe sind:

- Unter dem bisherigen Recht ergab sich die Anerkennung eines SoA in Deutschland nach wohl überwiegender Auffassung aus Art. 36 ff. EuGVVO/Brüssel Ia-VO.[71] Seit dem Ausscheiden Großbritanniens aus der EU findet die EuGVVO auf Entscheidungen britischer Gerichte – vorbehaltlich Art. 67 Abs. 2 Buchst. a) des Austrittsabkommens zwischen der EU und dem Vereinigten Königreich – keine Anwendung mehr.
- Eine Anerkennung als ausländisches Insolvenzverfahren gem. § 343 InsO scheidet nach der h.M. aus.[72] Entscheidend sei, dass mit dem ausländischen Verfahren »in etwa die gleichen Ziele verfolgt werden wie mit den in der InsO vorgesehenen Verfahren«.[73] Ziel des deutschen Insolvenzverfahrens ist gem. § 1 Satz 1 InsO die gemeinschaftliche Befriedigung der Gläubiger. Dem-

66 So die Bezeichnung des BGH, Urt. v. 15.02.2012 – IV ZR 194/09, NJW 2012, 2113, 2114.

67 Vgl. zu verschiedenen Gestaltungsmöglichkeiten etwa *Paulus*, ZIP 2011, 1077, 1078.

68 Zu den Ansichten dazu, auf welcher Grundlage sich die Zuständigkeit nach derzeitiger Rechtslage ergibt, s. *Sax/Swierczok*, ZIP 2016, 1945, 1947.

69 Vgl. High Court of Justice (Chancery Division), Urt. v. 06.05.2011 – [2011] EWHC 1104 (Ch) – In re Rodenstock, ZIP 2011, 1017, 1019.

70 High Court of Justice (Chancery Division), Urt. v. 06.05.2011 – [2011] EWHC 1104 (Ch) – In re Rodenstock, ZIP 2011, 1017, 1021.

71 Burdett-*Bork*, The Implications of Brexit for the Restructuring and Insolvency Industry, S. 52; *Freitag/Korch*, ZIP 2016, 1849, 1855; *Sax/Swierczok*, ZIP 2017, 601, 602; K. Schmidt-*Brinkmann*, InsO, § 335 Rn. 10; in diese Richtung tendierend wohl auch BGH, Urt. v. 15.02.2012 – IV ZR 194/09, NJW 2012, 2113, 2115 m.w.N. zum Streitstand; a.A. OLG Celle, Urt. v. 08.09.2009 – 8 U 46/09, ZIP 2009, 1969, 1971; *Lüke/Scherz*, ZIP 2012, 1101, 1108 f., wonach die Anerkennung des Scheme keine Entscheidung i.S.d. Art. 36 Abs. 1 EuGVVO darstellen soll.

72 Vgl. BGH, Urt. v. 15.02.2012 – IV ZR 194/09, NJW 2012, 2113, 2115; *Freitag/Korch*, ZIP 2016, 1849, 1855; *Gebler*, NZI 2010, 665, 668; K. Schmidt-*Brinkmann*, InsO, § 335 Rn. 9; *Sax/Swierczok*, ZIP 2016, 1945, 1951; *dies.*, ZIP 2017, 601, 603 f.; HRI I-*Skauradszun*, § 14 Rn. 134; a.A. LG Rottweil, Urt. v. 17.05.2010 – 3 O 2/08, BeckRS 2010, 13330.

73 BGH, Urt. v. 15.02.2012 – IV ZR 194/09, NJW 2012, 2113, 2114; BGH, Urt. v. 13.10.2009 – X ZR 79/06, NZI 2009, 859, 860; vgl. ferner MK-*Thole*, InsO, § 343 Rn. 13.

gegenüber kann das SoA Regelungen vorsehen, die nur das Verhältnis des Schuldnerunternehmens zu einzelnen Gläubigern, Gläubigergruppen oder Gesellschaftern betreffen. Dies ist freilich auch im Rahmen eines StaRUG-Verfahrens und anderer präventiver Restrukturierungsverfahren möglich, die in anderen EU-Mitgliedstaaten in Umsetzung der Restrukturierungsrichtlinie geschaffen wurden. Mit Blick auf die Ausstrahlungswirkung der Restrukturierungsrichtlinie auf das Verständnis von Restrukturierungs- und Insolvenzrecht und angesichts der Vorteile eines einheitlichen, dem COMI-Prinzip folgenden Anerkennungsregimes für Restrukturierungsverfahren, spricht mehr dafür als dagegen, **§ 343 InsO analog** für die Anerkennung eines SoA heranzuziehen. Die analoge Anwendung von § 343 InsO kommt in Betracht, weil der Gesetzgeber des SanInsFoG offengelassen hat, ob dem StaRUG vergleichbare ausländische Sanierungsverfahren anerkennungsfähig sein sollen und daher bewusst eine Lücke gelassen hat, die von der Rechtsprechung zu schließen ist. Voraussetzung für die analoge Anwendung von § 343 InsO ist, dass das betroffene Unternehmen seinen COMI in Deutschland hat. Die durch § 343 Abs. 1 Satz 2 Nr. 1 InsO aufgeworfene Frage nach der internationalen Zuständigkeit ist in dieser Konstellation analog § 3 InsO zu beantworten.[74] Solange die Gerichte hinsichtlich der einzelnen ausländischen Sanierungsinstrumente keine einheitliche Linie entwickelt haben oder der BGH entschieden hat, kann Rechtssicherheit erlangt werden, indem ein paralleles »Anerkennungs-StaRUG« durchgeführt wird, also ein im Wesentlichen gleicher Restrukturierungsplan in Deutschland noch einmal bestätigt wird.[75]

– Sofern man die analoge Anwendung von § 343 InsO ablehnt, verbleibt als normative Grundlage – allerdings sehr fraglich – für die Anerkennung § 328 ZPO, der die Anerkennung ausländischer Zivilurteile regelt. Erforderlich ist nach dessen Abs. 1 Nr. 1 u.a., dass das ausländische Gericht für die Entscheidung nach den deutschen Gesetzen zuständig gewesen wäre (sog. **Anerkennungszuständigkeit**). Letztlich wäre damit für die Bestimmung der internationalen Zuständigkeit auf die spiegelbildliche Anwendung der §§ 12 ff. ZPO zurückzugreifen.[76] Eine internationale Zuständigkeit der britischen Gerichte wäre damit also – vorbehaltlich einer **Prorogation** gem. §§ 38, 40 ZPO[77] – nur dann gegeben, wenn **alle** Gläubiger, die in das SoA einbezogen sind, ihren **allgemeinen Gerichtsstand**, also Wohnsitz (§§ 12, 13 ZPO) oder Sitz (§§ 12, 17 ZPO) in England haben.[78] Gibt es aber z.B. einzelne Gläubiger in Deutschland, käme eine internationale Zuständigkeit nicht in Betracht. Dadurch wäre der praktische Anwendungsbereich des SoA künftig erheblich eingeschränkt.

Der im Juni 2020 im Vereinigten Königreich eingeführte Restructuring Plan nach Part 26A des UK Companies Act hat bereits erhebliche praktische Relevanz erlangt. Der Restructuring Plan kam in prominenten Verfahren wie dem der Adler Group S.A. zum Einsatz und wurde auch bereits für die parallele Sanierung mit einem präventiven Restrukturierungsverfahren nach italienischem Recht genutzt.[79] Entscheidungen deutscher Gerichte zur Anerkennung eines UK Restructuring Plan liegen, soweit ersichtlich, noch nicht vor. Die Gründe, die für oder gegen die Anerkennung über die verschiedenen denkbaren Mechanismen sprechen, decken sich jedoch weitgehend mit den für die Anerkennung eines SoA maßgeblichen Umständen: **32a**

– Eine Anerkennung über § 343 InsO in direkter Anwendung scheitert nach der überzeugenden Ansicht der h.M. insbesondere daran, dass in das Verfahren nicht sämtliche Gläubiger einbezo-

74 S. K. Schmidt-*Brinkmann*, InsO, § 343 Rn. 11.

75 Vgl. dazu *Zehlicke/Herding/Parzinger*, ZIP 2024, 164 ff.

76 *Freitag/Korch*, ZIP 2016, 1849, 1855; *Sax/Swierczok*, ZIP 2017, 601, 606.

77 Vgl. Burdett-*Bork*, The Implications of Brexit for the Restructuring and Insolvency Industry, S. 54.

78 Im Ergebnis ebenso *Hübler*, NZI 2021, 169, 172 (zu BGH, Beschl. v. 17.12.2020 – IX ZB 72/19), die jedoch die Rom I-VO heranzieht.

79 High Court of Justice (Chancery Division), Urt. v. 25.08.2023 – [2023] EWHC 2193 (Ch) – In re Cimolai SPA.

gen werden.[80] Die Einordnung des UK Restructuring Plan durch den High Court im Gategroup-Verfahren als konkursähnliches Verfahren[81] bindet deutsche Gerichte insoweit nicht.[82] Wie beim SoA könnte aber aus den in Rdn. 32 dargelegten Gründen eine Anerkennung analog § 343 InsO erfolgen.[83]

– Auch eine Anerkennung nach § 328 ZPO dürfte nicht in Betracht kommen. Neben dem in Rdn. 32 genannten Problem der örtlichen Zuständigkeit führt vor allem die sog. Rule in Gibbs (vgl. dazu auch Rdn. 33) dazu, dass die Gegenseitigkeit der Anerkennung entgegen § 328 Abs. 1 Nr. 5 ZPO nicht verbürgt ist, weil ein englisches Gericht die Gestaltung von Forderungen, die englischem Recht unterliegen, durch ein deutsches Restrukturierungsverfahren nicht anerkennen würde.[84]

33 Nicht ganz einfach zu beantworten ist die Frage, ob ein **StaRUG-Verfahren** im Vereinigten Königreich anerkannt werden würde. Im Grundsatz richtet sich die Anerkennung von StaRUG-Verfahren ebenfalls nach der CBIR 2006. Ein gerichtlich bestätigter Restrukturierungsplan dürfte angesichts der eher großzügigen Auslegung der oben dargestellten Voraussetzungen im englischen Recht – so müssen etwa nicht zwingend alle Gläubiger auch tatsächlich in das Verfahren einbezogen werden, damit es als Kollektivverfahren angesehen werden kann – in den Anwendungsbereich der CBIR 2006 fallen.[85] Diese Einschätzung wird durch die bereits erwähnte Entscheidung des UK High Court of Justice bestätigt, der den »UK Restructuring Plan« als Insolvenzverfahren angesehen hat.[86] Der Restructuring Plan weist diverse Ähnlichkeiten zum StaRUG auf.[87] Ein Hindernis könnte sich jedoch aus dem common law-Prinzip der »Rule in Gibbs« ergeben, wonach die Gestaltung von Forderungen, die englischem Recht unterliegen – wie häufig Forderungen aus Konsortialfinanzierungen – nach dem Recht anderer Staaten nicht in Betracht kommt.[88] Voraussetzung dafür ist jedoch, dass der Gläubiger sich auf diesen Rechtsgrundsatz beruft, statt sich der Regelung im ausländischen Plan zu unterwerfen. Wenn sich der Gläubiger nicht unterwirft, dürfte die parallele (oder nachträgliche) Durchführung eines Restrukturierungsverfahrens nach englischem Recht erforderlich werden.[89]

---

80 BeckOK-StaRUG/*Skauradszun*, § 84 Rn. 93c; Seibt/Westpfahl-*Mankowski*, StaRUG, Anh. § 88 Rn. 192; Flöther-*Sax*, StaRUG, Anhang F. Rn. 128; *Sax/Berkner/Saed*, NZI 2021, 517, 519 f.; *Hoos/Schwartz/Schlander*, ZIP 2021, 2214, 2221; *Schwarz*, ZRI 2023, 478, 479; zum Kollektivverfahren als Voraussetzung für die Anerkennung nach § 343 InsO LG Frankfurt am Main, Urt. v. 02.06.2022 – 2-24 S 169/21, ZRI 2022, 800, 802; vgl. auch LG Stuttgart, Urt. v. 12.05.2022 – 34 O 33/21, Rn. 14 (juris), wonach ein Verfahren, in dem ein außergerichtlich abgeschlossener Vergleich mit den Gläubigern durch das Gericht nur festgestellt wird, für die Anerkennung nach § 343 InsO nicht genügt; a.A. Graf-Schlicker-*Bornemann*, InsO, § 335 Rn. 27.

81 High Court of Justice (Chancery Division), Urt. v. 17.02.2021 – [2021] EWHC 304 (Ch) – In re gategroup Guarantee Limited.

82 *Sax/Berkner/Saed*, NZI 2021, 517, 520; *Schwarz*, ZRI 2023, 478, 479.

83 A.A. *Skauradszun/Kümpel/Schröder*, ZIP 2024, 665, 671 f., die darauf hinweisen, dass die Anerkennungsregelungen nicht planwidrig fehlen.

84 Vgl. dazu die Entscheidung des Court of Appeal (Civil Division), Urt. v. 18.12.2018 [2018] EWCA Civ 2802; zur fehlenden Anerkennung nach § 328 ZPO ebenfalls BeckOK-StaRUG/*Skauradszun*, § 84 Rn. 93d; *ders./Kümpel/Schröder*, ZIP 2024, 665, 674 f.; *Sax/Berkner/Saed*, NZI 2021, 517, 521 f.; *Schwarz*, ZRI 2023, 478, 481; skeptisch auch *Hoos/Schwartz/Schlander*, ZIP 2021, 2214, 2221.

85 *Schlöder/Parzinger/Knebel*, ZIP 2021, 1041, 1049; allgemein für die Maßgeblichkeit der CBIR 2006 HRI-Skauradszun, § 14 Rn. 133.

86 High Court of Justice (Chancery Division), Urt. v. 17.02.2021 – [2021] EWHC 304 (Ch) – In re gategroup Guarantee Limited.

87 Vergleich bei *Tashiro*, NZI-Beilage 1/2021, 77; ebenso *Sax/Berkner/Saed*, NZI 2021, 517, 520.

88 Ausführlich dazu *Schlöder/Parzinger/Knebel*, ZIP 2021, 1041, 1049 f.

89 Zur Kombination von vertraulichen und öffentlichen Restrukturierungsplänen nach dem StaRUG mit englischen Schemes of Arrangements und Restructuring Plans *Zehlicke/Herding/Parzinger*, ZIP 2024, 164, 168 ff.

V. Folgewirkungen der staatlichen Unterstützung zur Bewältigung verschiedener Krisen

In der Vorauflage wurde an dieser Stelle noch ausführlich über die verschiedenen Hilfs- und Förderprogramme des Bundes und der Länder zur Bewältigung der erheblichen Auswirkungen der Corona-Pandemie und der behördlichen Maßnahmen, die zur Verhinderung ihrer Ausbreitung getroffen wurden, berichtet. Weniger als zwei Monate nach Erscheinen der Vorauflage begann dann der russische Angriffskrieg in der Ukraine, der neben den unmittelbaren Folgen des Kriegsgeschehens und der im Zuge dessen beschlossenen Sanktionen zu einem starken Anstieg der Energiekosten führte und auf diese Weise Unternehmen erneut vor große Herausforderungen stellte. Darauf reagierte die Bundesregierung einmal mehr mit umfassenden Hilfspaketen, die von KfW-Kreditprogrammen und Bürgschaftsprogrammen bis hin zu erheblichen steuerlichen Entlastungen reichten.[90] 34

Daneben reagierte der Gesetzgeber, indem das COVInsAG in Sanierungs- und insolvenzrechtliches Krisenfolgenabmilderungsgesetz (SanInsKG) umbenannt und inhaltlich angepasst wurde. Nach § 4 Abs. 2 Satz 1 SanInsKG galt vom 09.11.2022 bis zum 31.12.2023 statt des Prognosezeitraums von zwölf Monaten im Rahmen der Überschuldungsprüfung und statt der jeweils sechsmonatigen Betrachtungszeiträume für die Eigenverwaltungsplanung und den Finanzplan, der dem Antrag auf eine Stabilisierungsanordnung nach §§ 49 ff. StaRUG beizufügen ist, ein Zeitraum von vier Monaten. Außerdem wurde die Maximalfrist für die Insolvenzantragstellung wegen Überschuldung durch § 4a SanInsKG ebenfalls für den Zeitraum vom 09.11.2022 bis zum 31.12.2023 von sechs Wochen auf acht Wochen verlängert. 35

Die Regelungen des SanInsKG sind am 31.12.2023 außer Kraft getreten. Schon ab 01.09.2023 war nach der zutreffenden Ansicht der h.M. für die Prüfung der Insolvenzantragspflicht wegen Überschuldung ein Zwölf-Monats-Zeitraum maßgeblich.[91] Aus insolvenzrechtlicher Sicht ist damit wieder alles »auf Anfang« gestellt. Krisenunternehmen müssen nach zwei längeren Zeiträumen erheblichen Entgegenkommens des Gesetzgebers nun mit dem gewohnten Fahrwasser zurechtkommen und das übliche Pflichtenprogramm beachten. Bei Fertigstellung dieses Beitrags lagen noch keine Zahlen vor, die eine valide Bestimmung der Auswirkungen insbesondere des Auslaufens des verkürzten Prognosezeitraums ermöglichen. Auch Entlastungsprogramme wie die Strom- und Gaspreisbremse und Förderprogramme, zum Beispiel im Bereich Elektromobilität, sind zum 31.12.2023 ausgelaufen und das Auslaufen anderer Unterstützungsmaßnahmen wie die Anwendung reduzierter Mehrwertsteuersätze auf Gas folgte kurz darauf. All das könnte dazu beitragen, dass die lange erwartete Insolvenzwelle bevorsteht. In diesem Fall bleibt abzuwarten, ob staatliche Unterstützung wieder in vergleichbarem Umfang gewährt wird. 36

VI. Ausblick

Der russische Angriffskrieg in der Ukraine und der dadurch beförderte Energiepreisanstieg haben schneller als erwartet wieder in den »Krisenmodus« geführt. Die Auswirkungen auf die Zahl der Insolvenzen und großen vorinsolvenzlichen Restrukturierungen blieben überschaubar. Einen größeren Einfluss hierauf hatte die deutlich restriktivere Geldpolitik der Notenbanken einschließlich der Europäischen Zentralbank, die zu Verwerfungen insbesondere im Immobiliensektor geführt haben. Soweit Insolvenzverfahren in Eigenverwaltung durchgeführt wurden, stellten die durch das SanInsFoG vorgenommenen Änderungen kein Zugangshindernis dar. In eher idiosynkratisch gelagerten Fällen komplexer finanzieller Restrukturierungen mit Obstruktionspotenzial hat sich das StaRUG als geeignetes Sanierungsinstrument erwiesen. Insgesamt hat das SanInsFoG zu einer erheblichen Veränderung der Sanierungslandschaft in Deutschland geführt und dazu beigetragen, dass 37

---

90 Vgl. den Überblick des Bundesfinanzministeriums zu den verschiedenen Maßnahmen (https://www.bundesfinanzministerium.de/Content/DE/Standardartikel/Themen/Schlaglichter/Entlastungen/schnelle-spuerbare-entlastungen.html, zuletzt abgerufen am 04.02.2024).

91 HambKomm-InsR/*Denkhaus/Kuleisa*, SanInsKG, § 4 Rn. 30; BeckOK-SanInsKG/*Wolfer*, § 4 Rn. 8 ff.; *Fritz*/Schmittmann-*Fritz/Leipe*, SanInsKG, § 4 Rn. 74 ff.; *Thole*, NZI-Beilage 2023, 36, 38; wohl auch *Schmitz/Bünemann*, NZI 2022, 696, 971; a.A. *Glöckler/Lemmernmann*, ZInsO 2023, 2245, 2247 ff.

die Rahmenbedingungen für erfolgreiche Unternehmensrestrukturierungen – auch im internationalen Vergleich – immer besser werden. Zumindest unter diesem Gesichtspunkt ist das Land für die kommenden Herausforderungen deutlich besser gewappnet als noch vor wenigen Jahren.

38 Zu diesen Herausforderungen zählen die bei Abschluss dieses Beitrags andauernden kriegerischen Auseinandersetzungen in der Ukraine und im Nahen Osten. Die bisher robuste gesamtwirtschaftliche Lage und insbesondere die erfreuliche Arbeitsmarktsituation ziehen eine »*higher for longer*«-Zinspolitik der großen Zentralbanken nach sich, die sich seit geraumer Zeit auf das (Re-)Finanzierungsumfeld für Unternehmen auswirkt. Hinzu kommt, dass ein großer Teil der deutschen Unternehmen bedingt durch Digitalisierung, Veränderungen im Konsumentenverhalten und die Herausforderungen des Umbaus zu einer CO_2-neutralen Wirtschaft weiterhin vor einem Transformationsprozess steht, der Gewinner und Verlierer zurücklassen wird. »Gewitterwolken am Horizont« wie ein drohender Einmarsch Chinas in Taiwan tragen zur Planungsunsicherheit für Unternehmen bei. In dieser Gemengelage ist ein leistungsfähiges Restrukturierungs- und Insolvenzrecht unverändert von hoher Bedeutung.

Kapitel 2 Krisen-Compliance – Haftungs- und Anfechtungsrisiken in der Sanierungssituation

Übersicht Rdn.

A. Einleitung

I. Bedeutung des Themas

1 Nachdem die Zahl der Insolvenzverfahren, insbesondere die Zahl der Unternehmensinsolvenzen mit einer gewissen Größe, in den Vorjahren deutlich zurückgegangen war, hat sich dieser Trend zuletzt umgekehrt. Auch wenn die Werte aus der Zeit vor der Corona-Krise noch nicht wieder erreicht werden, waren bei der Zahl der Insolvenzanträge seit Juni 2023 im Vergleich zum jeweiligen Vorjahresmonat stets zweistellige Zuwachsraten zu verzeichnen; im Januar 2024 ist die Zahl der beantragten Regelinsolvenzen im Vergleich zum Vorjahresmonat um 26,2 % gestiegen.[1] Unabhängig von der Entwicklung der Fallzahlen bei den Unternehmensinsolvenzen lässt sich beobachten, dass die Frage der Organhaftung für etwaiges Fehlverhalten in Krise und Insolvenz **immer mehr in den Fokus der Diskussion** gerückt ist.[2] Diese Einschätzung spiegelt sich auch in der subjektiven Wahrnehmung vieler Geschäftsleiter wider. Studien[3] belegen, dass sich circa ein Drittel der befragten Geschäftsleiter heutzutage höheren Haftungsrisiken ausgesetzt sieht als früher. Nach einer im Jahr 2017 durchgeführten Studie gingen 57 Prozent der Geschäftsleiter davon aus, dass die meisten

1 Pressemitteilung Nr. 061 des Statistischen Bundesamts vom 16.02.2024, abrufbar unter https://www.destatis.de/DE/Presse/Pressemitteilungen/2024/02/PD24_061_52411.html (zuletzt abgerufen am 21.02.2024).

2 Vgl. nur *Leyendecker*, »Zwischen Haft und Haftung«, Süddeutsche Zeitung v. 11.05.2010; VersicherungswirtschaftHeute 13.07.2018, »Ohne D&O geht es heute nicht mehr«; *Sutorius*, »Aufsichtsräte im Visier der Insolvenzverwalter«, Welt v. 28.06.2017; *Bayer*, NJW 2014, 2546; *v. Schenck*, NZG 2015, 494.

3 VOV D&O-Studie 2013: Managerhaftung & D&O-Versicherung, S. 42; VOV D&O-Studie 2014: Managerhaftung & D&O-Versicherung, S. 34.

D&O-Schadensfälle auf eine Inanspruchnahme durch Insolvenzverwalter zurückgehen – ein Anstieg von 6 % im Vergleich zum Jahr 2015.[4] Es hat daher den Anschein, jedenfalls aus Sicht der handelnden Organe, dass Insolvenzverwalter vermehrt versuchen, Haftungsansprüche gegen ehemalige und aktive Organe außergerichtlich und gerichtlich geltend zu machen, um auf diese Weise die Insolvenzmasse im Interesse der Gläubiger zu vergrößern.[5] In einer kürzlich veröffentlichten Studie zu den aus D&O-Sicht wichtigsten Trends für Manager wird die Insolvenz mehrfach als eines der zentralen Haftungsrisiken genannt.[6]

Die zunehmende Anzahl der Auseinandersetzungen und damit die latent größer gewordene Gefahr 2
vor allem für die Geschäftsleitung und deren Aufsichtsorgane, aber auch für die Sanierungsberater, sich in der Krise des Unternehmens haftungsrelevant zu verhalten, führt unmittelbar zu der Frage, ob Unternehmen die richtige **Krisen-Compliance**[7] eingeführt haben oder unverzüglich einführen sollten. Diese Frage lässt sich generell für Unternehmen stellen, die sich entweder bereits in der Krise befinden oder bei denen sich eine Krise abzeichnet, da die meisten Pflichten für die Geschäftsführung und deren Aufsichtsorgane **drittschützenden Charakter** haben und daher rechtsformunabhängig sind. Dies gilt insbesondere für die Pflicht, einen Insolvenzantrag unverzüglich zu stellen, sobald entweder Zahlungsunfähigkeit oder Überschuldung eingetreten ist (§ 15a InsO), die Beachtung der Zahlungsverbote (§ 64 GmbHG a.F., § 92 AktG a.F., nun § 15b InsO) – die auch bei Personengesellschaften anzuwenden sind – sowie strafrechtliche Sanktionen, z.B. wegen Eingehungsbetruges (§ 263 StGB).[8]

Auch für die **Berater kann** sich eine Haftung für Pflichtverletzungen ergeben. Gegenüber der Gesell- 3
schaft kann sich eine solche direkt aus dem Beratervertrag ergeben. Eine Inanspruchnahme durch Dritte, insbesondere die Geschäftsführer und Gesellschafter des Schuldners kommt über die Rechtsfigur des Vertrags mit Schutzwirkung zugunsten Dritter sowie einem echten Vertrag zugunsten Dritter in Betracht. Selbst gegenüber anderen Dritten, wie z.B. anderen Konzerntöchtern oder Banken ist eine Haftung in Ausnahmefällen möglich. Zuletzt droht auch eine deliktische Haftung aus § 823 Abs. 2 BGB i.V.m. mit einem Schutzgesetz.

II. Definitionen

1. Compliance

Eine Legaldefinition des Compliance-Begriffs existiert nicht. Die dem **Deutschen Corporate Gover-** 4
nance Kodex unter Grundsatz 5 zugrundeliegende Definition, wonach »*[d]er Vorstand […] für die Einhaltung der gesetzlichen Bestimmungen und der unternehmensinternen Richtlinien zu sorgen [hat] und […] auf deren Beachtung im Unternehmen hin[wirkt] (Compliance)*«[9], gilt nur für börsennotierte Aktiengesellschaften. Dennoch hat sich dieses Compliance-Verständnis allgemein durchgesetzt.[10] Unter Compliance ist rechtsformneutral die Pflicht der Unternehmensleitung zu verstehen, sich gesetzeskonform zu verhalten (sog. Legalitätspflicht) und dafür Sorge zu tragen, dass aus dem Unternehmen heraus keine Gesetze verletzt werden (sog. Legalitätskontrollpflicht).[11] So formulierte das

---

4 S. Pressemitteilung VOV vom 03.04.2017, Studie: Die meisten D&O-Haftungsfälle entstehen durch Ansprüche von Insolvenzverwaltern, abrufbar unter https://www.presseportal.de/pm/115995/3602497 (zuletzt abgerufen am 29.01.2024).

5 Zu dieser zunehmenden Relevanz Krieger/Schneider-*Sieg*, Handbuch Managerhaftung, Rn. 23.63.

6 Allianz Commercial, Directors and officers (D&O) insurance insights 2024, abrufbar unter https://commercial.allianz.com/news-and-insights/news/directors-and-officers-insurance-insights-2023-press-de.html (zuletzt abgerufen am 29.01.2024).

7 *Tresselt/Schlott*, KSzW 2017, 192.

8 Vgl. zum drittschützenden Charakter MK-*Wagner*, BGB, § 823 Rn. 690 f.

9 Fassung des DCGK vom 28.06.2022.

10 Noack/Servatius/Haas-*Beurskens*, GmbHG, § 37 Rn. 25; MK-GmbHG/*Stephan/Tieves*, § 37 Rn. 26.

11 Für die AG Koch-*Koch*, AktG, § 93 Rn. 17; für die GmbH Scholz-*Verse*, GmbHG, § 43 Rn. 151; ausführlich *Goette*, ZHR 175 (2011), 388, 390 m.w.N.; *Arnold*, ZGR 2014, 76, 77; *ders./Rudzio*, in: FS

LG München I die Pflicht des Vorstands, das Unternehmen so zu organisieren und zu beaufsichtigen, dass Gesetzesverletzungen nicht stattfinden.[12] Dieser Pflicht genüge der Vorstand bei Gefährdungslagen nur dann, wenn er eine auf Schadensprävention und Risikokontrolle angelegte **Compliance-Organisation** einrichte.[13] Verstößt der Vorstand gegen seine Compliance-Pflicht, drohen Haftungsrisiken für Unternehmen und Geschäftsleitung.[14] Es geht bei Compliance daher nicht nur um bloße Gesetzestreue. Dahinter steht vor allem die Frage, ob die Einhaltung gesetzlicher Vorgaben und unternehmensinterner Richtlinien sichergestellt ist.[15] Ziel von Compliance ist es daher, Haftungsrisiken durch pflichtgemäßes Verhalten zu vermeiden.[16]

2. Restrukturierung

5 Unter Restrukturierung werden alle Maßnahmen verstanden, die der finanziellen Gesundung eines notleidenden Unternehmens dienen und geeignet sind, das Unternehmen vor dem Zusammenbruch zu bewahren und wieder ertragsfähig zu machen.[17] Durch eine Restrukturierung soll folglich die Existenz des Unternehmens gesichert und eine Insolvenz vermieden oder überwunden werden.[18] In Betracht kommen dafür sowohl finanzwirtschaftliche als auch leistungswirtschaftliche Maßnahmen. Letztere knüpfen dabei an die verschiedenen Funktionen und Prozessabläufe des Unternehmens an und können daher in jedem Unternehmensbereich (bspw. Produktion, Vertrieb, Personal)[19] vorkommen.[20] Zweck leistungswirtschaftlicher Sanierungsmaßnahmen ist es, die Rentabilität der betriebswirtschaftlichen Hauptaktivitäten langfristig wiederherzustellen.[21] Es sollen folglich Umsatzerlöse gesteigert und Kosten gesenkt werden (**operative Restrukturierung**).[22] Finanzwirtschaftliche Maßnahmen sollen dagegen die Zahlungsfähigkeit und das Eigenkapital des Unternehmens verbessern bzw. stärken (**finanzielle Restrukturierung**).[23] In diesem Rahmen kann zwischen Sanierungsbeiträgen des Unternehmens und der Gesellschafter (sog. Interne Sanierung) und Sanierungsbeiträgen der Gläubiger (sog. Externe Sanierung) unterschieden werden.[24]

Wegen, 2015, S. 93; *Bicker*, AG 2012, 542, 543 f.; *Hoffmann/Schieffer*, NZG 2017, 401, 402; Straube/Rasche-*Straube*, Arbeitsrechtliche Korruptionsbekämpfung, Kap. C Rn. 19.

12 LG München I, Urt. v. 10.12.2013 – 5 HK O 1387/10, AG 2014, 332, 333.

13 LG München I, Urt. v. 10.12.2013 – 5 HK O 1387/10, AG 2014, 332, 334.

14 *Arnold*, KSzW 2016, 231; *Bicker*, AG 2012, 542; H/M/L-*Hauschka/Moosmayer/Lösler*, Corporate Compliance, § 1 Rn. 15.

15 *Arnold*, ZGR 2014, 76, 78 f.; *ders./Rudzio*, in: FS Wegen, 2015, S. 93; *Meyer*, CCZ 2014, 113; *Passarge*, NZI 2009, 86.

16 H/M/L-*Hauschka/Moosmayer/Lösler*, Corporate Compliance, § 1 Rn. 7; *Hauschka*, NJW 2004, 257; *Passarge*, NZI 2009, 86, 87.

17 BMF, Grundsatzfragen der Kreditwirtschaft, Rn. 872; s.a. K/P/B-*Prütting*, § 1 Rn. 37; Deubert/Förschle/Störk-*Förschle/Heinz*, Sonderbilanzen, Q Rn. 1.

18 Deubert/Förschle/Störk-*Förschle/Heinz*, Sonderbilanzen, Q Rn. 10 ff.

19 Überblick über die Sanierung im leistungswirtschaftlichen Bereich bei Buth/Hermanns-*Buth/Hermanns*, Restrukturierung, Sanierung, Insolvenz, § 12 Rn. 2 ff.

20 HRI II-*Geiwitz/Schneider*, § 25 Rn. 60; s.a. IDW S6 Rn. 57.

21 Nerlich/Kreplin/Rhode-*Kreplin/Fanselow*, MAH InsO, § 1 Rn. 17; Deubert/Förschle/Störk-*Förschle/Heinz*, Sonderbilanzen, Q Rn. 11.

22 Theiselmann-*Arnold/Spahlinger/Maske-Reiche*, Praxishandbuch des Restrukturierungsrechts, Kap. 1 Rn. 1; HRI II-*Geiwitz/Danckelmann*, § 21 Rn. 64.

23 Nerlich/Kreplin/Rhode-*Kreplin/Fanselow*, MAH InsO, § 1 Rn. 17; ähnlich Buth/Hermanns-*Haghani/Holzamer*, Restrukturierung, Sanierung, Insolvenz, § 24 Rn. 2.

24 Theiselmann-*Arnold/Spahlinger/Maske-Reiche*, Praxishandbuch des Restrukturierungsrechts, Kap. 1 Rn. 4; K. Schmidt/Uhlenbruck-*Schluck-Amend*, GmbH in Krise, Restrukturierung und Insolvenz, Rn. 5.7; für einen Überblick über mögliche Maßnahmen im finanzwirtschaftlichen Bereich Nerlich/Kreplin/Rhode-*Assmann*, MAH InsO, § 6 Rn. 63 ff.

III. Zielkonflikt zwischen (Krisen-) Compliance und erfolgversprechender Restrukturierung?

Der Geschäftsleitung obliegt eine aus der Legalitätspflicht folgende **Compliance-Pflicht.**[25] Als Leitungsaufgabe endet diese Pflicht dabei nicht mit Eintritt der Gesellschaft in eine Krisensituation.[26] In diesem Fall sieht sich die Geschäftsleitung vor eine neue Herausforderung gestellt: Sie ist auch (und gerade) in diesem Stadium weiterhin zu gesetzestreuem Verhalten verpflichtet. Zusätzlich werden in der Krise allerdings **weitere Pflichten für die Organe**[27] relevant, von denen sie oft keine oder nur unzureichende Kenntnis haben. Darüber hinaus müssen sich die Organe des Unternehmens mit komplexen Restrukturierungsentscheidungen beschäftigen, die sie vor dem Hintergrund des häufig in Sanierungssituationen bestehenden Zeitdrucks treffen müssen. 6

Auf der einen Seite besteht daher für das Unternehmen und seine Organe ein hoher **Handlungsdruck**, um den Erwartungen und Interessen der beteiligten Stakeholder gerecht zu werden. Auf der anderen Seite müssen die Organe des Unternehmens besonders **vorsichtig** handeln, da die Entscheidungsdichte dazu zwingt, sich mit den rechtlichen Vorgaben intensiv und sorgfältig auseinanderzusetzen. Damit die Geschäftsleitung und die Aufsichtsorgane bei dieser Fahrt zwischen »Skylla und Charybdis« weiterhin »auf Kurs« bleiben, sind die handelnden Personen dazu gezwungen, sich **möglichst frühzeitig**, mithilfe der anwaltlichen Berater, mit den rechtlichen Rahmenbedingungen und Handlungspflichten vertraut zu machen (**Aufklärung und Dokumentation**). Geschäftsleiter und Berater sollten sodann gemeinsam prüfen, welche Pflichten im **konkreten Fall** besonders bedeutsam sind und welche konkreten Maßnahmen geeignet erscheinen, etwaige Haftungsrisiken zu vermeiden oder zu minimieren (**Maßnahmenplan**). 7

▶ **Praxistipp:**

Außerdem sollte im Fall einer außergerichtlichen Sanierung geprüft werden, wie eine Restrukturierung in finanzieller, wirtschaftlicher und rechtlicher Hinsicht **strukturiert** werden kann, welches Verhalten der beteiligten Stakeholder typischer- und vernünftigerweise zu erwarten ist, ggf. welche zusätzlichen (personellen oder organisatorischen) Kapazitäten dafür benötigt werden und wie der weitere »Verfahrensablauf« geplant, dokumentiert und umgesetzt werden kann (**Projektorganisation**). Ein solcher »Fahrplan« bzw. **Projektplan** dient nicht nur dazu, dass die Geschäftsleitung bzw. die Unternehmensorgane in unerwarteten oder unbekannten Situationen aktionsfähig bleiben, sondern kann auch die beteiligten Stakeholder – sofern dem »Fahrplan« zugestimmt wird, an ein **gemeinsames Ziel binden** und das Insolvenzrisiko reduzieren – und damit mittelbar das Haftungsrisiko für die Geschäftsleitung. 8

B. Pflichten der Geschäftsleitung

I. Vor der Krise: Krisenfrühwarnsysteme

In diesem frühen Stadium liegt eine Unternehmenskrise zwar noch nicht vor. Deutet sich allerdings eine künftige Krise an, z.B. aufgrund sich verändernder Marktbedingungen, darf die Geschäftsleitung in diesem Stadium nicht untätig bleiben. Der Fokus liegt zu diesem Zeitpunkt auf der Einrichtung von »Krisenfrühwarnsystemen«.[28] Vorgaben hierzu ergeben sich aus § 91 Abs. 2 AktG (s. Rdn. 10 ff.) sowie seit Inkrafttreten des SanInsFoG aus § 1 StaRUG (s. § 1 Rdn. 7 f.). 9

1. Krisenfrühwarnsysteme

Der durch das KonTraG 1998 eingeführte § 91 Abs. 2 AktG verpflichtet den Vorstand, ein Überwachungssystem einzuführen, um **gesellschaftsgefährdende Entwicklungen** früh zu erkennen. Teilweise wird daraus die gesetzlich nicht geregelte allgemeine Compliance-Pflicht des Vorstands her- 10

25 LG München I, Urt. v. 10.12.2013 – 5 HK O 1387/10, NZG 2014, 345, 346.
26 Koch-*Koch*, AktG, § 76 Rn. 12; MK-GmbHG/*Stephan*/*Tieves*, § 37 Rn. 26.
27 Zu den einzelnen Pflichten der Geschäftsführer s. sogleich Rdn. 9 ff.
28 *Tresselt*/*Schlott*, KSzW 2017, 192.

geleitet.[29] Allerdings stellt diese Vorschrift nur eine Konkretisierung der allgemeinen Leitungsaufgabe des Vorstands aus §§ 76, 93 AktG dar[30], sodass auch die allgemeine Compliance-Pflicht als Leitungsaufgabe aus diesen Vorschriften folgen muss.[31] Die Errichtung eines Krisenfrühwarnsystems und die damit einhergehende **Bestandssicherungspflicht** des Vorstands ist im Anwendungsbereich enger als die allgemeine Compliance-Pflicht, da sie auf existenzgefährdende Maßnahmen beschränkt ist.[32] § 91 Abs. 2 AktG ist daher vielmehr ein Ausschnitt der allgemeinen Compliance-Pflicht.

11 Das in § 91 Abs. 2 AktG normierte Überwachungssystem ist darüber hinaus vom Compliance-Management-System zu unterscheiden. Während das Überwachungssystem bestandsgefährdende Entwicklungen aufdecken soll, dient ein Compliance-Management-System als Ausfluss der **Legalitätskontrollpflicht** der Überwachung des Unternehmens und der Mitarbeiter.[33]

a) Einrichtung eines Krisenfrühwarnsystems/Risk Management

12 Die Krisenführerkennung ist grundlegende Voraussetzung für die Vermeidung bestandsgefährdender Entwicklungen.[34] Unter Bestandsgefährdungen sind solche nachteiligen Veränderungen zu verstehen, die sich wesentlich auf die Vermögens-, Finanz- und Ertragslage der Gesellschaft auswirken.[35] Die herrschende Ansicht orientiert sich in diesem Zusammenhang an insolvenzrechtlichen Vorgaben und nimmt eine Bestandsgefährdung bei Entwicklungen an, die das Insolvenzrisiko erheblich steigern oder hervorrufen.[36] Die Vorschrift dient folglich der Insolvenz- und Krisenprophylaxe.[37] Erfasst werden nicht nur risikobehaftete Geschäfte, sondern auch Fehler in der Rechnungslegung und Verstöße gegen gesetzliche Vorschriften.[38] Verschiedene Entwicklungen sind dabei auch in ihrem Zusammenspiel und nicht nur isoliert zu betrachten.[39]

13 Der Pflichtenkatalog des Vorstands kann in zwei Stufen umschrieben werden: Auf **erster Stufe** hat der Vorstand Maßnahmen zu treffen, die zur Früherkennung von Entwicklungen mit Insolvenzrisiko geeignet sind. Um nachteilige Entwicklungen überhaupt erkennen zu können, muss der Vorstand dabei zunächst den **Ist-Zustand** der Gesellschaft kennen.[40] Welche **Maßnahme zur Früherkennung** geeignet ist, entscheidet der Vorstand nach seinem Ermessen gem. § 93 Abs. 1 Satz 2 AktG.[41] Es kann sich dabei um **organisatorische**, **personelle** oder **verfahrenstechnische** Maßnahmen

29 *Berg*, AG 2007, 271, 274 ff.; *Dreher*, in: FS Hüffer, 2010, S. 168 ff.; *Spindler*, WM 2008, 905, 906 f.

30 BT-Drucks. 13/9712, S. 15; BeckOGK-MK-GmbHG/*Fleischer*, AktG, § 91 Rn. 38; Hommelhoff/Hopt/Leyens-*Thole*, Unternehmensführung durch Vorstand und Aufsichtsrat, § 48 Rn. 10.

31 So die h.M.; vgl. nur Koch-*Koch*, AktG, § 93 Rn. 12; *Arnold/Rudzio*, KSzW 2016, 231, 232 m.w.N.; *Bicker*, AG 2012, 542, 543 f.; *Goette*, ZHR 175 (2011), 388, 392.

32 Hommelhoff/Hopt/Leyens-*Klahold*, Unternehmensführung durch Vorstand und Aufsichtsrat, § 16 Rn. 55 mit Verweis auf die Unterschiede zwischen § 91 Abs. 2 und Abs. 3 AktG; *Arnold/Rudzio*, KSzW 2016, 231, 233; *Bicker*, AG 2012, 542, 544.

33 IDW-Standard Grundsätze ordnungsmäßiger Prüfung von Compliance Management Systemen, PS 980; vgl. auch MHdb-GesR-*Hoffmann-Becking*, Bd. 4, § 25 Rn. 32.

34 Buth/Hermanns-*Wilden*, Restrukturierung, Sanierung, Insolvenz, § 2 Rn. 7.

35 BT-Drucks. 13/9712, S. 15; so auch Henssler/Strohn-*Dauner-Lieb*, AktG, § 91 Rn. 7.

36 Koch-*Koch*, AktG, § 91 Rn. 7; Marsch-Barner/Schäfer-*Arnold*, Hdb börsennotierte AG, Ziff. 20.21; KölnKomm – *Cahn*, AktG, § 91 Rn. 26; MK-AktG/*Spindler*, § 91 Rn. 21 m.w.N.

37 Küting/Weber-*Weiss/Heiden*, Handbuch der Rechnungslegung, 3. Lfg. 2003, § 91 Rn. 62; BeckOGK-MK-GmbHG/*Fleischer*, AktG, § 91 Rn. 30.

38 BT-Drucks. 13/9712, S. 15.

39 *Baums*, Recht der Unternehmensfinanzierung, § 52 Rn. 6; Hölters/Weber-*Müller-Michaels*, AktG, § 91 Rn. 6; MK-AktG/*Spindler*, § 91 Rn. 20.

40 Henssler/Strohn-*Dauner-Lieb*, AktG, § 91 Rn. 7; Hölters/Weber-*Müller-Michaels*, AktG, § 91 Rn. 6; MK-AktG/*Spindler*, § 91 Rn. 20.

41 OLG Frankfurt, Urt. v. 12.12.2007 – 17 U 111/01, AG 2008, 453, 455; Henssler/Strohn-*Dauner-Lieb*, AktG, § 91 Rn. 8; Koch-*Koch*, AktG, § 91 Rn. 9; MK-AktG/*Spindler*, § 91 Rn. 30.

handeln.[42] Die einzelnen getroffenen Maßnahmen muss der Vorstand schriftlich festhalten.[43] Voraussetzung der Eignung ist, dass die Maßnahmen systematisch bestandsgefährdende Entwicklungen aufdecken können.[44] Die Eignungsentscheidung hängt dabei unter anderem von der Größe, Unternehmensbranche, Struktur, dem Risikopotenzial der Märkte oder dem Kapitalmarktzugang ab.[45] Für die Eignung einer Maßnahme kommt es darauf an, ob der Vorstand die erforderlichen Informationen rechtzeitig erhält.[46] Der Vorstand muss die Gesellschaft daher so organisieren, dass den zuständigen Stellen zu jeder Zeit ein Überblick über die wirtschaftliche und finanzielle Lage der Gesellschaft möglich ist.[47]

Die Maßnahmen müssen der Früherkennung dienen. Je früher gegen bestandsgefährdende Ent- 14
wicklungen vorgegangen wird, desto erfolgsversprechender sind die eingeleiteten Gegenmaßnahmen.[48] Frühzeitig ist eine Erkenntnis, wenn sie zu einem Zeitpunkt erfolgt, der ausreichend Zeit für die Ergreifung von Gegenmaßnahmen und damit die Sicherung des Fortbestands der Gesellschaft gibt.[49] Nachteiligen Veränderungen darf keine Zeit bleiben, um bestandsgefährdende Ausmaße anzunehmen.[50]

§ 91 Abs. 2 AktG statuiert die Pflicht des Vorstands, ein **Überwachungssystem** einzurichten. Dabei 15
stellt die Pflicht zur Errichtung eines Überwachungssystems keinen Unterfall der geeigneten Maßnahmen dar,[51] sondern umfasst als **zweite Stufe** die Pflicht des Vorstands, die von ihm getroffenen geeigneten Maßnahmen zu überprüfen.[52] Die Ausgestaltung eines Überwachungssystems steht dabei im Ermessen des Vorstands und ist **vom Einzelfall abhängig.**[53] Entgegen einer verbreiteten Ansicht in der betriebswirtschaftlichen Literatur[54] ist der Vorstand nach herrschender Auffassung in diesem

42 KölnKomm – *Cahn*, AktG, § 91 Rn. 28; Lange/Wall-*Zimmer/Sonneborn*, Risikomanagement, § 1 Rn. 184; *J. Hüffer*, in: FS Imhoff, 1998, S. 101; zu den Möglichkeiten der Ausgestaltung eines Früherkennungssystems HRI I-*Nickert*, § 5 Rn. 49 ff.

43 LG München I, Urt. v. 05.04.2007 – 5 HK O 15964/06, NZG 2008, 319, 320; VG Frankfurt am Main, Urt. v. 08.07.2004 – 1 E 7363/03, AG 2005, 264, 266; Staub/*Habersack*, HGB, § 317 Rn. 33; *d'Avoine/Michels*, NZI 2022, 1, 3; zu den Dokumentationspflichten nach IDW PS 340 *Brandes/Rabenau*, ZIP 2021, 2374, 2378.

44 *Drygala/Drygala*, ZIP 2000, 297, 299; KölnKomm-*Cahn*, AktG, § 91 Rn. 25.

45 BT-Drucks. 13/9712, S. 15; MK-AktG/*Spindler*, § 91 Rn. 30.

46 Henssler/Strohn-*Dauner-Lieb*, AktG, § 91 Rn. 8; Hölters/Weber-*Müller-Michaels*, AktG, § 91 Rn. 6; Koch-*Koch*, AktG, § 91 Rn. 9.

47 LG München I, Urt. v. 05.04.2007 – 5 HK O 15964/06, NZG 2008, 319, 320; VG Frankfurt am Main, Urt. v. 08.07.2004 – 1 E 7363/03, AG 2005, 264, 266; *Mosiek*, wistra 2003, 370, 372.

48 RL (EU) 2019/1023 des Europäischen Parlaments und des Rates v. 20 Juni 2019 über präventive Restrukturierungsrahmen, Erwägungsgrund 22.

49 BT-Drucks. 13/9712, S. 15; so auch KölnKomm-*Cahn*, § 91 Rn. 24; BeckOGK-MK-GmbHG/*Fleischer*, AktG, § 91 Rn. 33; K. Schmidt/Lutter-*Sailer-Coceani*, AktG, § 91 Rn. 11.

50 Koch-*Koch*, AktG, § 91 Rn. 9.

51 So aber Hirte/Mülbert/Roth-*Kort*, § 91 Rn. 49; KölnKomm-*Cahn*, § 91 Rn. 29; MK-AktG/*Spindler*, § 91 Rn. 32.

52 LG Berlin, Urt. v. 02.07.2002 – 2 O 358/01, AG 2002, 682, 683; VG Frankfurt am Main, Urt. v. 08.07.2004 – 1 E 7363/03, AG 2005, 264, 265; Henssler/Strohn-*Dauner-Lieb*, AktG, § 91 Rn. 9; Koch-*Koch*, AktG, § 91 Rn. 13; *Kiethe*, NZG 2003, 401, 402; K. Schmidt/Lutter-*Sailer-Coceani*, AktG, § 91 Rn. 13; Marsch-Barner/Schäfer-*Arnold*, Hdb börsennotierte AG, Ziff. 20.21; BeckOGK-MK-GmbHG/*Fleischer*, AktG, § 91 Rn. 37; Wachter-*Link*, AktG, § 91 Rn. 11.

53 OLG Frankfurt, Urt. v. 12.12.2007 – 17 U 111/07, AG 2008, 453, 455; Grigoleit-*Grigoleit/Tomasic*, AktG, § 91 Rn. 7; BeckOGK-MK-GmbHG/*Fleischer*, § 91 Rn. 37; Wachter-*Link*, AktG, § 91 Rn. 11.

54 Für die Errichtung eines umfassenden Risikomanagementsystems etwa *Bockslaff*, NVersZ 1999, 104, 104 ff.; *Eggemann/Konradt*, BB 2000, 503, 504; *von Holleben/Menz*, CR 2010, 63, 64 f.; *Kuhl/Nickel*, DB 1999, 133, 133 ff.; *Pollanz*, DB 1999, 393, 394; Heidel-*Oltmanns*, AktG, § 91 Rn. 6 und 8; *Preußner/Becker*, NZG 2002, 846, 848; KölnKomm-*Cahn*, AktG, § 91 Rn. 22 m.w.N.

Zusammenhang nicht zur Errichtung eines umfassenden Risikomanagementsystems[55] verpflichtet.[56] Ab einer bestimmten Größe liegt allerdings die **Einrichtung von Controlling- und Innenrevisionsstellen** nahe, die dem Vorstand rechtzeitig die erforderlichen Informationen übermitteln sollen.[57] Darüber hinaus wird eine sachlich sinnvolle **Zuständigkeitsverteilung** und eine **Dokumentationspflicht** des Vorstands verlangt.[58]

16 Der Vorstand ist grundsätzlich zu **gesamtverantwortlichem** Handeln verpflichtet.[59] Bei arbeitsteiligem Zusammenwirken treffen die unzuständigen Vorstandsmitglieder Überwachungspflichten hinsichtlich der zuständigen Vorstandsmitglieder.[60]

17 Für Abschlussprüfer hat das Institut der Wirtschaftsprüfer (IDW) den Prüfungsstandard **IDW PS 340** erstellt, der Vorgaben zur Prüfung der vom Vorstand nach § 91 Abs. 2 AktG ergriffenen Maßnahmen enthält. Eine Prüfung des Risikofrüherkennungssystems durch den Abschlussprüfer ist nach § 317 Abs. 4 HGB bei börsennotierten Aktiengesellschaften vorgeschrieben. Die Prüfungspflicht erstreckt sich neben der Etablierung geeigneter Maßnahmen i.S.v. § 91 Abs. 2 AktG auch auf deren Anwendung und Durchführung während des zu prüfenden Geschäftsjahres.[61] Dieser Standard geht über die oben dargestellten Anforderungen des § 91 Abs. 2 AktG hinaus, da alle – und nicht nur bestandsgefährdende – Risiken aufgedeckt und erfasst werden sollen.[62] Für Gesellschaften ist dennoch eine Orientierung an den gesetzlichen Vorgaben geboten. Wie ein Überwachungssystem im Einzelnen ausgestaltet sein muss, bleibt der Geschäftsleitung – erforderlichenfalls in Absprache mit anwaltlichen Beratern – vorbehalten. Auf das diesbezüglich bestehende unternehmerische Ermessen weist auch der Prüfungsstandard hin.[63] Gerade weil es sich hierbei im Kern um Rechtsfragen handelt, werden die Geschäftsleiter trotz des Vorliegens dieser Auslegungshilfe des IDW regelmäßig rechtlichen Rat einholen.

b) Analoge Anwendung auf die GmbH?

18 Für die GmbH fehlt eine dem § 91 Abs. 2 AktG entsprechende Vorschrift. Der Gesetzgeber ging allerdings von einer »**Ausstrahlungswirkung**« des § 91 Abs. 2 AktG auf den Pflichtenrahmen der Geschäftsleitungsorgane anderer Gesellschaftsformen aus.[64] Auch in der Literatur wurde eine ana-

55 Zum Begriff s. IDW Prüfungsstandard: Die Prüfung des Risikofrüherkennungssystems (IDW PS 340), Rn. 2.

56 OLG Celle, Urt. v. 28.05.2008 – 9 U 184/07, WM 2008, 1745, 1746; *Baums*, ZHR 175 (2011), 160, 197; *ders.* ZGR 2011, 218, 274; *Bihr/Kalinowsky*, DStR 2008, 620, 621; *Blasche*, CCZ 2009, 62, 63; *Bork*, ZIP 2011, 101, 104 f.; *Drygala/Drygala*, ZIP 2000, 297, 299; Henssler/Strohn-*Dauner-Lieb*, AktG, § 91 Rn. 9; Grigoleit-*Grigoleit/Tomasic*, AktG, § 91 Rn. 8; Hirte/Mülbert/Roth-*Kort*, AktG, § 91 Rn. 22a und 85; Koch-*Koch*, AktG, § 91 Rn. 11; *Kießling/Kießling*, WM 2003, 513, 520; *Kort*, ZGR 2010, 440, 443; KölnKomm-*Cahn*, § 91 Rn. 22; K. Schmidt/Lutter-*Sailer-Coceani*, AktG, § 91 Rn. 14; Lange/Wall-*Zimmer/Sonneborn*, Risikomanagement, § 1 Rn. 176; MK-AktG/*Spindler*, § 91 Rn. 33; *Mosiek*, wistra 2003, 370, 372; Römermann-*Theusinger/Jung*, MAH GmbH-Recht, § 24 Rn. 11; *Seibert*, in: FS Bezzenberger, 2000, S. 437; BeckOGK-MK-GmbHG/*Fleischer*, AktG, § 91 Rn. 35; Wachter-*Link*, AktG, § 91 Rn. 12; s.a. RegE, BT-Drucks. 16/10067, S. 102, wonach dem Vorstand die Entscheidung über das »Ob« und »Wie« eines umfassenden internen Risikomanagementsystems vorbehalten ist.

57 Koch-*Koch*, AktG, § 91 Rn. 13; K. Schmidt/Lutter-*Sailer-Coceani*, AktG, § 91 Rn. 13; Lange/Wall-*Zimmer/Sonneborn*, Risikomanagement, § 1 Rn. 187; BeckOGK-MK-GmbHG/*Fleischer*, AktG, § 91 Rn. 37; Wachter-*Link*, AktG, § 91 Rn. 11.

58 LG München I, Urt. v. 05.04.2007 – 5 HK O 15964/06, NZG 2008, 319, 320; Henssler/Strohn-*Dauner-Lieb*, AktG, § 91 Rn. 9; Koch-*Koch*, AktG, § 91 Rn. 13; K. Schmidt/Lutter-*Sailer-Coceani*, AktG, § 91 Rn. 13; BeckOGK-MK-GmbHG/*Fleischer*, AktG, § 91 Rn. 36; Wachter-*Link*, AktG, § 91 Rn. 11.

59 BeckOGK-MK-GmbHG/*Fleischer*, AktG, § 91 Rn. 38; KölnKomm-*Cahn*, AktG, § 91 Rn. 17 m.w.N.

60 LG Berlin, Urt. v. 02.07.2002 – 2 O 358/01, AG 2002, 682, 684.

61 IDW PS 340, Rn. 43.

62 Dazu im Einzelnen *Bunting*, ZIP 2012, 357; Koch-*Koch*, AktG, § 91 Rn. 10; Hirte/Mülbert/Roth-*Kort*, AktG, § 91 Rn. 91; MK-AktG/*Spindler*, § 91 Rn. 38.

63 IDW PS 340, Rn. A11.

64 BT-Drucks. 13/9712, S. 15.

loge Anwendung überwiegend befürwortet, wenn auch mit unterschiedlicher Begründung. Vorherrschend war die Auffassung einer generellen Anwendung des § 91 Abs. 2 AktG.[65] Teilweise wurde eine analoge Anwendung auf die GmbH dagegen an das Vorliegen bestimmter Voraussetzungen geknüpft.[66] Häufiges Argument war in diesem Zusammenhang die Größe der GmbH und die Komplexität des jeweiligen Unternehmens.[67] Für eine GmbH, die nach Größe und Komplexität einer AG und damit dem Leitbild eines Großunternehmens entspreche, müsse folglich auch die Vorschrift des § 91 Abs. 2 AktG gelten. Selbst diejenigen Stimmen, die eine analoge Anwendung aufgrund einer fehlenden planwidrigen Regelungslücke verneinten, zogen die Grundsätze des § 91 Abs. 2 AktG im Rahmen der Pflicht des Geschäftsführers aus § 43 Abs. 1 GmbHG zur ordnungsgemäßen Organisation der Gesellschaft heran.[68] War nach Art, Größe und Komplexität der Unternehmensstruktur eine Überwachung erforderlich und richtete der Geschäftsführer eine solche aber nicht ein, überschritt er das ihm zustehende Ermessen und handelte pflichtwidrig.[69]

c) Analoge Anwendung auf Personengesellschaften?

Auch im Hinblick auf Personengesellschaften scheidet eine analoge Anwendung des § 91 Abs. 2 AktG aus. Der Gesetzgeber hat die Regelungslücke erkannt, sodass sie nicht planwidrig ist. Dennoch spricht die Gesetzesbegründung zum KonTraG von einer Ausstrahlungswirkung auf den Pflichtenrahmen der Geschäftsführer auch anderer Gesellschaftsformen.[70] Damit ist eine Übertragung der Grundsätze des § 91 Abs. 2 AktG **auch auf Personengesellschaften möglich** und hier wohl noch mehr als bei GmbHs von den einzelfallabhängigen Gegebenheiten wie Größe und Komplexität der Unternehmensstruktur abhängig.[71] 19

2. Umsetzung im StaRUG

In Umsetzung der Verpflichtungen aus Art. 19 der EU-Richtlinie **über präventive Restrukturierungsrahmen** vom 28.03.2019[72] enthält § 1 StaRUG Pflichten der Geschäftsleiter im Zusammenhang mit Krisenfrüherkennung und Krisenmanagement. Die Vorschrift zielt ausweislich der Gesetzesbegründung darauf ab, die zuvor dargestellte Rechtslage im Interesse der Rechtsklarheit in das Gesetz aufzunehmen. Die vorstehenden Ausführungen treffen daher weiterhin zu und werden durch die gesetzliche Regelung bestätigt. Einzelheiten zur Vorschrift und ihren Auswirkungen finden sich in der Kommentierung zu § 1 StaRUG. 20

---

65 *Altmeppen*, ZGR 1999, 291, 300 ff.; *Baums*, Recht der Unternehmensfinanzierung, § 56 Rn. 34; *Bihr/Kalinowsky*, DStR 2008, 620; *Eggemann/Konradt*, BB 2000, 503, 504; *Ernst*, WPg 1998, 1025, 1027; *Heldmann*, DB 2010, 1235; *Kammerer-Galahn*, AnwBl 2009, 77, 78; *Kießling/Kießling*, WM 2003, 513, 523; Lutter/Hommelhoff-*Kleindiek*, GmbHG, § 43 Rn. 31; *Kort*, GmbHR 2013, 566, 570; *Lensdorf*, CR 2007, 413, 414; *Schaupensteiner*, NZA Beilage 2011, 8, 10; Scholz-*Schneider*, GmbHG, 11. Aufl. 2014, § 43 Rn. 96; Römermann-*Theusinger/Jung*, MAH GmbH-Recht, § 24 Rn. 9.

66 Für das Erfordernis eines Aufsichtsrats *Claussen/Korth*, in: FS Lutter, S. 337 ff und *Hommelhoff*, in: FS Sandrock, S. 379; für die Orientierung an § 267 HGB *Drygala/Drygala*, ZIP 2000, 297, 300 ff.; für eine Regelung im Gesellschaftsvertrag oder in der Geschäftsordnung *Claussen/Korth*, in: FS Lutter, S. 337 ff.

67 Vgl. *Drygala/Drygala*, ZIP 2000, 297, 300 ff.; *Lenz/Ostrowski*, BB 1997, 1523, 1527; *Lutter*, GmbHR 2000, 301, 305.

68 *Bork*, ZIP 2011, 101, 105; *Heldmann*, DB 2010, 1235; MK-GmbHG/*Fleischer*, § 43 Rn. 73.

69 *Bork*, ZIP 2011, 101, 105.

70 BT-Drucks. 13/9712, S. 15.

71 Nicht näher konkretisierend Gummert-*Weiß*, MAH PersG, § 23 Rn. 13; wohl auch K. Schmidt/Uhlenbruck-*Sinz*, GmbH in Krise, Restrukturierung und Insolvenz, Rn. 3.8.

72 RL (EU) 2019/1023 des Europäischen Parlaments und des Rates v. 20 Juni 2019 über präventive Restrukturierungsrahmen.

▶ **Praxistipp:**

21 Vor diesem Hintergrund ist jeder Geschäftsführer verpflichtet, im Rahmen seines Ermessens und unter Berücksichtigung aller Faktoren – dazu gehören auch Größe und Komplexität der Unternehmensstruktur – über das »Ob« und »Wie« der Einrichtung eines Überwachungssystems zu entscheiden. Ein solches wird man für kleine Gesellschaften – man denke hier an Ein-Mann-Gesellschaften oder Gesellschaften mit kleinem Wirkungskreis– nicht verlangen können. Aber auch in diesem Fall sollte die Geschäftsführung zumindest die Gründe dokumentieren, warum die Einführung eines solchen Frühwarnsystems für die Unternehmensorganisation nicht notwendig bzw. stemmbar ist. Bei **komplexeren Strukturen** wird ein Überwachungssystem allerdings **in der Regel erforderlich sein**. Fehlt dem Geschäftsführer die nötige Sachkunde, so ist er auf die Heranziehung externer Berater angewiesen.

II. Pflichten in der drohenden Krise

22 Die Überprüfungs- und Überwachungspflichten steigen beim ersten Auftreten von Krisenanzeichen.[73] Erfährt der Vorstand von bestandsgefährdenden Entwicklungen in der Gesellschaft, ist er aus §§ 76, 93 AktG zur Ergreifung von **Gegenmaßnahmen** verpflichtet.[74] Das ergibt sich nunmehr rechtsformübergreifend auch aus § 1 Abs. 1 Satz 2 StaRUG. Vorbereitend kann bereits in einem frühen Stadium die Bildung von Organisationsstrukturen zur Erleichterung einer späteren Restrukturierung zu empfehlen sein; Gleiches gilt für eine größtmögliche lokale Begrenzung des Insolvenzrisikos durch vorsorgliches »Ring Fencing«.

23 Darüber hinaus ist allgemein anerkannt, dass das geschäftsführende Gesellschaftsorgan **zur Unternehmenssanierung verpflichtet** ist.[75] Die **Sanierungspflicht** ergibt sich für den Geschäftsführer einer GmbH aus **§ 43 Abs. 1** GmbHG, für den Vorstand einer AG aus **§ 93 Abs. 1** AktG sowie für den Vorstand einer Genossenschaft aus **§ 34 Abs. 1** GenG.[76] Die Geschäftsleiter haben die Befugnis und ggf. Pflicht, im Vergleich zu einem Insolvenzverfahren weniger einschneidende Sanierungsmaßnahmen, die besser zur Schadensabwendung von Gesellschaft, Gläubigern und der Allgemeinheit geeignet sind, zu prüfen und ggf. durchzuführen.[77] Als weitere, konkretisierende Rechtsgrundlage der Sanierungspflicht kann zudem die organschaftliche Bindung des geschäftsführenden Organs an den erwerbswirtschaftlichen Gewinnerzielungszweck der Gesellschaft sowie die treuhandartige Stellung des Organs herangezogen werden.[78]

---

73 OLG Rostock, Urt. v. 21.04.2006 – 6 U 17/02, OLG-NL 2006, 250, 251; OLG Stuttgart, Urt. v. 26.05.2003 – 5 U 160/02, GmbHR 2003, 835, 836; *Bork*, ZIP 2011, 101, 102; MK-GmbHG/*Fleischer,* § 43 Rn. 75; Rowedder/Pentz-*Schnorbus*, § 43 Rn. 13 m.w.N.; *Seibt*, ZIP 2013, 1597, 1599.

74 Hölters/Weber-*Müller-Michaels*, AktG, § 91 Rn. 6; Grigoleit-*Grigoleit/Tomasic*, AktG, § 91 Rn. 9; MK-AktG/*Spindler*, § 91 Rn. 30.

75 Vgl. *Bork*, ZIP 2011, 101, 106; Gottwald/Haas-*Gundlach*, Insolvenzrechts-Handbuch, § 7 Rn. 45; Grigoleit-*Grigoleit/Tomasic*, AktG, § 91 Rn. 9; Hommelhoff/Hopt/Leyens-*Thole*, Unternehmensführung durch Vorstand und Aufsichtsrat, § 48 Rn. 24; Lutter/Hommelhoff-*Kleindiek*, § 43 Rn. 35; MK-GmbHG/*Fleischer,* § 43 Rn. 76; *Seibt*, ZIP 2013, 1597, 1598 f. m.w.N.; *Schluck-Amend/Walker*, GmbHR 2001, 375, 376; *Veil*, ZGR 2006, 374, 378; *Westermann*, DZWIR 2006, 487; auf Basis einer Sanierungsbefugnis eine Sanierungspflicht andeutend BGH, Urt. v. 07.09.19179 – II ZR 118/77, NJW 1979, 1823, 1826; für die Bejahung einer Verpflichtung zur Unterstützung von Sanierungsmaßnahmen ausdrücklich LG München I, Urt. v. 31.05.2007 – 5 HK O 11977/06, NZI 2007, 609, 613.

76 Grigoleit-*Grigoleit/Tomasic*, AktG, § 91 Rn. 9; Lutter/Hommelhoff-*Kleindiek*, § 43 Rn. 35; MK-GmbHG/*Fleischer,* § 43 Rn. 64; *Schluck-Amend/Walker*, GmbHR 2001, 375; *Veil*, ZGR 2006, 374, 379; *Westermann*, DZWIR 2006, 487; *Tresselt/Glöckler*, NWB Sanieren 2021, 80, 85.

77 BGH, Urt. v. 07.09.19179 – II ZR 118/77, NJW 1979, 1823, 1826.

78 *Bork*, ZIP 2011, 101, 106; *Kuss*, WPg 2009, 326, 327 f.; *Veil*, ZGR 2006, 374, 379 m.w.N.

1. Anwendungszeitraum der Sanierungspflicht

Die Sanierungspflicht entsteht nicht erst im unmittelbaren Zusammenhang mit Insolvenzgründen, sondern bereits in einem **vorgelagerten Stadium.**[79] Erkennt das geschäftsführende Organ Krisensignale oder muss es diese bei pflichtgemäßer Beobachtung, insbesondere in Anwendung eines eingerichteten Krisenfrühwarnsystems, erkennen, ist es zur Einleitung der Sanierung und Prüfung entsprechender Sanierungsmaßnahmen verpflichtet.[80] Können Maßnahmen im Einzelfall sofort – ohne Zustimmung externer Gläubiger bzw. Beteiligter – umgesetzt werden, sollte die Geschäftsführung unverzüglich handeln. Die Sanierungspflicht des Geschäftsführers endet mit dem Wegfall der Sanierungsfähigkeit des Unternehmens; die Insolvenzeröffnung allein genügt hingegen nicht.[81] Der Übergang der Verwaltungs- und Verfügungsbefugnis auf den Insolvenzverwalter gem. § 80 InsO führt nicht zum Wegfall der Organstellung, sondern lediglich zu einer Kompetenzbegrenzung auf den Schuldnerbereich.[82] Exemplarisch können hierfür die Verwaltung des insolvenzfreien Vermögens[83], die Durchführung einer durch die Gesellschafter beschlossenen Kapitalerhöhung oder die Wahrung kapitalmarktrechtlicher Pflichten genannt werden.[84] Auch in diesem verbleibenden Kompetenzbereich bleibt der Geschäftsführer verpflichtet, die Sanierung des Unternehmens(-trägers) zu fördern. Erst Recht gilt die **Sanierungspflicht** nach Insolvenzeröffnung **im Rahmen der Eigenverwaltung** weiter, in der die Verwaltungs- und Verfügungsbefugnis gem. § 270 Abs. 1 Satz 1 InsO vollständig beim Schuldner und mithin dem Organ verbleibt. 24

2. Kompetenzrechtliche Grenzen der Sanierungspflicht

Die Sanierungspflicht des Organs findet ihre Begrenzung im kompetenzrechtlichen Verhältnis zu den Gesellschaftern; die Pflicht zur Sanierung kann lediglich so weit gehen, wie das Organ gesellschaftsrechtlich zur Entscheidung über die Sanierung und die Durchführung einzelner Sanierungsmaßnahmen befugt ist. Die Entscheidung über das »Ob« der Sanierung obliegt dabei als grundlegende, außergewöhnliche Geschäftsführungsmaßnahme, die den Bestand der Gesellschaft betrifft, den Gesellschaftern.[85] Hinsichtlich des »Wie« und der Durchführung einzelner Sanierungsmaßnahmen ist hingegen im Einzelfall die Zuständigkeit danach abzugrenzen, ob der Entscheidung grundlegende Bedeutung zukommt und deshalb eine Entscheidung durch die Gesellschafter erforderlich ist.[86] Dem geschäftsführenden Organ obliegt es jedoch in jedem Fall auf Basis einer Sanierungsprüfung im Rahmen eines Sanierungskonzepts mögliche Sanierungsmaßnahmen auszuarbeiten und den Gesellschaftern vorzuschlagen.[87] Zudem ist es bis zur Entscheidung der Gesellschafter Aufgabe des Organs, die zum Erhalt der Sanierungsfähigkeit erforderlichen **Sofortmaßnahmen** zu ergreifen.[88] Als Sofortmaßnahmen sind vor allem Maßnahmen zur Sicher- bzw. Wiederherstellung der Liquidität, Sicherung der logistischen Voraussetzungen einer Unternehmensfortführung, die Verwertung 25

---

79 *Schluck-Amend/Walker*, GmbHR 2001, 375, 376; *Seibt*, ZIP 2013, 1597, 1599; *Veil*, ZGR 2006, 374, 396 f.

80 *Bork*, ZIP 2011, 101, 107; *Seibt*, ZIP 2013, 1597, 1599; *Westermann*, DZWIR 2006, 487.

81 *Schluck-Amend/Walker*, GmbHR 2001, 375, 376; die (fortbestehende) Sanierungsfähigkeit als Voraussetzung für die Sanierungspflicht betont auch Hommelhoff/Hopt/Leyens-*Thole*, Unternehmensführung durch Vorstand und Aufsichtsrat, § 48 Rn. 24.

82 BGH, Urt. v. 26.01.2006 – IX ZR 282/03, ZInsO 2006, 260; MK-InsO/*Vuia*, § 80 Rn. 112 ff.

83 BGH, Urt. v. 26.01.2006 – IX ZR 282/03, ZInsO 2006, 260; MK-InsO/*Vuia*, § 80 Rn. 112.

84 MK-InsO/*Vuia*, § 80 Rn. 112b f. m.w.N.

85 *Haas*, Reform des gesellschaftsrechtlichen Gläubigerschutzes, Gutachten E zum 66. DJT, Stuttgart 2006, S. 108 f.; Lutter/Hommelhoff-*Kleindiek*, § 43 Rn. 36; *Veil*, ZGR 2006, 374, 380.

86 Lutter/Hommelhoff-*Kleindiek*, § 43 Rn. 36; *Veil*, ZGR 2006, 374, 380; a.A. wohl für eine grundsätzliche »Letztentscheidungsbefugnis« der Gesellschafter: *Haas*, Reform des gesellschaftsrechtlichen Gläubigerschutzes, Gutachten E zum 66. DJT, Stuttgart 2006, S. 108 f.

87 *Bork*, ZIP 2011, 101, 108; Veil, ZGR 2006, 374, 396 f.; *Westermann*, DZWIR 2006, 487.

88 *Bork*, ZIP 2011, 101, 108 m.w.N.

nicht betriebsnotwendigen Anlagevermögens sowie arbeitsrechtliche Notmaßnahmen anzusehen.[89] Zu kompetenzrechtlichen Grenzen der Inanspruchnahme von Instrumenten des StaRUG vgl. die Ausführungen in Rdn. 44a ff.

3. Inhalt der Sanierungspflicht

26 Der Inhalt des zu erstellenden Sanierungskonzepts hat sich an den Besonderheiten des Einzelfalles zu orientieren, der Standard »Anforderungen an Sanierungskonzepte« (IDW S 6) des Instituts für Wirtschaftsprüfer kann gegebenenfalls als Orientierungshilfe dienen. Zu den Kernanforderungen zählt eine **Ursachen- und Schwachstellenanalyse** innerhalb derer Krisenursachen festgestellt und zukünftige Chancen und Risiken beurteilt werden.[90]

27 Ein Unternehmen ist sanierungsfähig, wenn Sanierungsmaßnahmen zum Ausschluss bzw. zur Beseitigung von Insolvenzgründen führen und mit großer Wahrscheinlichkeit finanzielle Stabilität und die für eine eigenständige Weiterexistenz notwendige Ertragskraft erreicht werden können.[91] Ist das Unternehmen sanierungsfähig, müssen durch das geschäftsführende Organ mögliche interne und externe Maßnahmen und Strategien geprüft und ihre Wirkungen dargestellt werden.[92] Interne Sanierungsmaßnahmen sind vor allem in den Bereichen Produktion, Personal und Vertrieb sowie durch Umwandlungen im Bereich der Konzernstruktur, Gesellschafterdarlehen und Kapitalmaßnahmen denkbar.[93] Zum anderen kann im Rahmen einer externen Sanierung die Unterstützung durch Gläubiger und Dritte in Form von Stundungen, Forderungsverzichten, Debt-Equity-Swaps oder Sanierungsdarlehen erforderlich werden.[94] Nach Zustimmung der Gesellschafter sind die vorgeschlagenen Sanierungsmaßnahmen durch das Organ umzusetzen.[95]

► **Hinweis:**

28 Sollte eine Restrukturierung nur möglich oder zielführend sein, sofern ein Investor »frisches Geld« zur Verfügung stellt oder sonstige signifikante Sanierungsbeiträge erbringt, kann es selbstverständlich auch zum Pflichtenkreis der Geschäftsleitung gehören, einen für die Erreichung des Ziels notwendigen Investorenprozess (M&A Prozess) anzustoßen und voranzutreiben. Dies gilt erst recht dann, und umfasst auch die Suche nach neuen Investoren, falls die bisherigen Gesellschafter bzw. Investoren nicht gewillt oder in der Lage sind, entsprechende Beiträge zuzuführen oder einen eigenen Kapitaleinwerbeprozess zu gestalten.

89 *Bork*, ZIP 2011, 101, 108 m.w.N.

90 Vgl. IDW S 6 Rn. 56 ff.; 61 ff.; BGH, Urt. v. 12.05.2016 – IX ZR 65/14, NZG 2016, 1034, 1036; BGH, Urt. v. 04.12.1997 – IX ZR 47/97, NJW 1998, 1561; *Bork*, ZIP 2011, 101, 106 f.; K. Schmidt/Uhlenbruck-*Schluck-Amend*, Die GmbH in Krise, Restrukturierung und Insolvenz, Rn. 2.202; MK-GmbHG/*Fleischer*, § 43 Rn. 64 m.w.N.; *Wälzholz*, Centrale für GmbH – GmbH-Handbuch, Rn. 4155 ff.

91 Vgl. IDW S 6 Rn. 18; BGH, Urt. v. 12.05.2016 – IX ZR 65/14, NZG 2016, 1034, 1038; BGH, Urt. v. 04.12.1997 – IX ZR 47/97, NZG 2006, 189, 190; *Bork*, ZIP 2011, 101, 106 f.; *Krystek/Klein*, DB 2010, 1769, 1770 f.; *Schluck-Amend/Walker*, GmbHR 2001, 375, 377.

92 Vgl. IDW S 6 Rn. 70 ff.; *Bork*, ZIP 2011, 101, 107; MK-GmbHG/*Fleischer*, § 43 Rn. 64 m.w.N.; *Schluck-Amend/Walker*, GmbHR 2001, 375, 377; *Seibt*, ZIP 2013, 1597, 1599; zum Begriff K. Schmidt/Uhlenbruck-*Schluck-Amend*, Die GmbH in Krise, Restrukturierung und Insolvenz, Rn. 5.7.

93 Für eine ausführliche Darstellung möglicher interner Sanierungsmaßnahmen s. K. Schmidt/Uhlenbruck-*Schluck-Amend*, Die GmbH in Krise, Restrukturierung und Insolvenz, § 6.

94 Für eine ausführliche Darstellung möglicher externer Sanierungsmaßnahmen s. K. Schmidt/Uhlenbruck-*Schluck-Amend*, Die GmbH in Krise, Restrukturierung und Insolvenz, § 7.

95 Lutter/Hommelhoff-*Kleindiek*, § 43 Rn. 35.

III. Pflichten in der Krise

1. Einleitung

Mit dem Eintritt der Krise ist die Geschäftsleitung dazu verpflichtet, die im Rahmen eines Krisenfrühwarnsystems getroffenen Maßnahmen »scharf zu schalten«; anstelle der bisherigen Organisationspflichten treten nun **weitergehende Prüf-, Überwachungs- und Dokumentationspflichten.**[96] Von besonderer Bedeutung ist die Gewährleistung der rechtzeitigen Insolvenzantragstellung im Fall des Eintritts der materiellen Insolvenz durch Zahlungsunfähigkeit (§ 17 InsO) oder Überschuldung (§ 19 InsO). Insbesondere wird dabei die dokumentierte Prüfung und ständige **Überwachung der positiven Fortführungsprognose** praktisch relevant, da die Gesellschaft in der Krise regelmäßig überschuldet sein wird und die Frage nach einer Insolvenzantragspflicht (§ 15a InsO) vom möglicherweise kurzfristigen Wegfall der Fortführungsprognose abhängt. Daneben wird die zuverlässige Zeitpunktbestimmung des Eintritts der materiellen Insolvenz auch im Hinblick auf Organhaftungs- (§ 43 GmbHG, § 93 AktG), Insolvenzanfechtungs- (§§ 129 ff. InsO) und Straftatbestände (§§ 263 ff., 266 f., 283 ff. StGB) sowie insolvenzrechtliche Zahlungsverbote (§ 15b InsO) virulent. Während dem Organ im Vorfeld der materiellen Insolvenz u.a. für die Beurteilung der Fortführungsprognose ein »gewisser Beurteilungsspielraum« unter Anwendung der »**Business Judgement Rule**« zukommt, führt der Eintritt der Zahlungsunfähigkeit (§ 17 InsO) oder Überschuldung (§ 19 InsO) überdies dazu, dass die Zielrichtung des Geschäftsleitungsermessens nicht länger von den Interessen der Gesellschafter bestimmt wird, sondern sich vorrangig an den **Zielen der Insolvenzordnung** (§ 1 InsO) auszurichten hat (»**Insolvency Judgement Rule**«).[97] (Auch) in der Phase nach dem Eintritt drohender Zahlungsunfähigkeit (aber vor dem Eintritt von Zahlungsunfähigkeit oder Überschuldung) ist den Geschäftsleitern bei der Prüfung, Vorbereitung, Vorlage oder Inanspruchnahme eines Sanierungsvorhabens oder von StaRUG-Restrukturierungsmöglichkeiten ein Entscheidungsspielraum im Sinne der Business Judgement Rule einzuräumen (»**Restructuring Judgement Rule**«).[98] 29

Das geschäftsführende Organ der Gesellschaft unterliegt der Pflicht, eine **beständige wirtschaftliche Selbstkontrolle** vorzunehmen.[99] Der konkrete Umfang dieser Pflicht richtet sich nach Art, Branche und Größe der Gesellschaft sowie der konkreten wirtschaftlichen Lage des Unternehmens und der beabsichtigten Geschäftsführungsmaßnahme. Die Geschäftsführungspflichten sind grundsätzlich sowohl in zivil- als auch in strafrechtlicher Hinsicht auf **faktische Organe** gleichermaßen anwendbar.[100] 30

2. Pflichtenkatalog

a) Informationspflichten

Aus der Kompetenzverteilung zwischen geschäftsführendem Organ und Gesellschaftern im Rahmen der Krisenbewältigung ergibt sich ein Bedürfnis nach gegenseitigem Informationsaustausch.[101] § 49 Abs. 3 GmbHG sowie § 92 Abs. 1 AktG statuieren die Pflicht des Geschäftsführers bzw. Vorstands, eine Gesellschafterversammlung bzw. Hauptversammlung einzuberufen, wenn aufgrund einer Bilanz 31

96 Vgl. *Tresselt/Schlott*, KSzW 2017, 192.

97 Vgl. *Tresselt/Schlott*, a.a.O.

98 S. dazu *Tresselt/Glöckler*, NWB Sanieren 2021, 109 ff.

99 BGH, Urt. v. 06.06.1994 – II ZR 292/91, ZIP 1994, 1103, 1110; *Bork*, ZIP 2011, 101, 102; Lutter/Hommelhoff-*Kleindiek*, § 43 Rn. 33 m.w.N.; MK-GmbHG/*Fleischer*, § 43 Rn. 75 m.w.N.; *Uhlenbruck*, GmbHR 1999, 313, 320.

100 Vgl. ausführlich MK-GmbHG/*Fleischer*, § 43 Rn. 272 ff. m.w.N.; MK-AktG/*Spindler*, § 93 Rn. 18 ff. m.w.N.; zur Insolvenzantragspflicht und Anwendbarkeit der Zahlungsverbote vgl. BGH, Urt. v. 11.07.2005 – II ZR 235/03, NZG 2005, 816 f.; zur Anwendbarkeit der §§ 823 Abs. 2 BGB, 266 StGB vgl. BGH, Urt. v. 27.06.2005 – II ZR 113/03, NZG 2005, 755; zur Anwendbarkeit der §§ 30, 43 Abs. 3 GmbHG vgl. BGH, Urt. v. 25.06.2001 – II ZR 38/99, NZG 2001, 893, 894.

101 *Bork*, ZIP 2011, 101, 108 m.w.N.; *Veil*, ZGR 2006, 374, 382.

oder pflichtgemäßem Ermessen (»Bilanz im Kopf«) davon ausgegangen werden muss, dass ein Verlust in Höhe der Hälfte des Stamm- bzw. Grundkapitals besteht.[102] Darüber hinaus hat das geschäftsführende Organ den Gesellschaftern bzw. der Hauptversammlung diesen Kapitalverlust gem. § 84 Abs. 1 GmbHG bzw. §§ 92 Abs. 1, 401 AktG anzuzeigen. Eine Verletzung der Anzeigepflicht ist dabei strafbewährt und stellt einen Verstoß gegen ein Schutzgesetz zugunsten der Gesellschaft und Gesellschafter bzw. Aktionäre i.S.d. § 823 Abs. 2 BGB dar.[103] Daneben besteht die für Verletzung von Prüfungs- und Überwachungspflichten allgemein geltende Organhaftung gegenüber der Gesellschaft gem. § 43 Abs. 2 GmbHG bzw. § 93 Abs. 2 AktG.[104]

b) Insolvenzantragspflicht

32 Nach § 15a Abs. 1 Satz 1 InsO hat das Vertretungsorgan bzw. dessen Mitglieder nach Eintritt der Zahlungsunfähigkeit oder Überschuldung **unverzüglich** einen Insolvenzantrag zu stellen. Die Antragstellung muss bei Zahlungsunfähigkeit spätestens nach drei Wochen und bei Überschuldung spätestens nach sechs Wochen erfolgen (§ 15a Abs. 1 Satz 2 InsO), wobei die jeweilige Frist als Höchstfrist anzusehen ist und nicht ohne triftigen Grund, also laufende, noch erfolgversprechende Sanierungsbemühungen, ausgeschöpft werden darf.[105] Die Verletzung dieser Pflicht hat nicht nur zivilrechtliche, sondern auch strafrechtliche Folgen.[106] Demgegenüber kann eine Organhaftung auch dann bestehen, wenn ein Antrag auf Eröffnung des Insolvenzverfahrens **verfrüht** gestellt wird; etwa ohne Prüfung etwaiger Sanierungsmöglichkeiten, ohne Vorliegen eines Insolvenzgrundes oder bei drohender Zahlungsunfähigkeit i.S.d. § 18 InsO ohne Gesellschafterbeschluss.[107]

c) Beachtung der Zahlungsverbote

aa) Neuregelung in § 15b InsO

33 Die Überwachung von Insolvenzgründen ist auch im Hinblick auf die gem. § 15b InsO bestehenden **Zahlungsverbote** erforderlich, die seit 01.01.2021 § 64 GmbHG a.F. bzw. § 92 Abs. 2 AktG a.F. ersetzen. Gem. § 15b Abs. 1 Satz 1 InsO ist es den nach § 15a Abs. 1 Satz 1 antragspflichtigen Mitgliedern des Vertretungsorgans untersagt, nach Eintritt der Zahlungsunfähigkeit i.S.d. § 17 InsO oder Überschuldung i.S.d. § 19 InsO »Zahlungen« vorzunehmen. Der Begriff der Zahlung ist dabei weit zu verstehen und umfasst Leistungen und Handlungen, die Zahlungen in ihrer liquiditätsentziehenden Wirkung entsprechen.[108] Daran soll die Zusammenfassung der bestehenden Regeln in der InsO nichts ändern.[109] Auch hinsichtlich vieldiskutierten Problems des Umgangs mit der Ein-

---

102 MK-*Liebscher*, GmbH, § 49 Rn. 58; Rowedder/Pentz-*Ganzer*, § 49 Rn. 10; Grigoleit-*Grigoleit/Tomasic*, AktG, § 92 Rn. 7.

103 Lutter/Hommelhoff-*Kleindiek*, § 84 Rn. 2; MK-AktG/*Wittig*, § 401 Rn. 7 m.w.N.; Rowedder/Pentz-*Klinger*, § 84 Rn. 2 m.w.N.; BeckOGK-*Fleischer*, AktG, § 92 Rn. 18; a.A. für eine Beschränkung auf die Gesellschafter *Altmeppen*, GmbHG, § 84 Rn. 11; MK-*Altenhain*, GmbHG, § 84 Rn. 2; a.A. für die AG Grigoleit-*Grigoleit/Tomasic*, AktG, § 92 Rn. 9 m.w.N.

104 *Bork*, ZIP 2011, 101, 109; *Altmeppen*, GmbHG, § 84 Rn. 11; BeckOGK-*Fleischer*, AktG, § 92 Rn. 17 m.w.N.

105 Ganz h.M., vgl. K/P/B-*Steffek*, InsO, § 15a Rn. 59 m.w.N.

106 Vgl. K. Schmidt-*Herchen*, § 15a Rn. 33 ff. und 51 ff.; MK-InsO/*Klöhn*, § 15a Rn. 140 ff. und 322 ff.; Römermann-*Mönning*, § 15a Rn. 37 ff.

107 OLG München, Urt. v. 21.03.2013 – 23 U 3344/12, ZIP 2013, 1121, 1122 f.; Noack/Servatius/Haas-*Haas*, GmbHG, § 64 Rn. 294; *Goette*, in: FS 50 Jahre BGH, 2000, S. 137; Gottwald/Haas-*Haas/Kolmann/Kurz*, Insolvenzrechts-Handbuch, § 90 Rn. 165 ff.; Krieger/Schneider-*Balthasar*, Handbuch Managerhaftung, Rn. 37.5; K. *Schmidt*, ZIP 1988, 1497, 1505; *Leinkugel/Skauradszun*, GmbHR 2011, 1121, 1126; *Tresselt/Müller*, KSzW 2015, 198, 200.

108 BT-Drucks. 16/6140, S. 46; MK-AktG/*Spindler*, § 92 Rn. 31; MK-*Müller*, GmbHG, § 64 Rn. 169; M/H/L/S-*Nerlich*, GmbHG, § 64 Rn. 14 ff.; HambKomm-InsR/*Schmidt*, InsO, § 15b Rn. 16; BeckOK-InsO/*Wolfer* § 15b Rn. 11.

109 BT-Drucks. 19/24181, S. 194.

ziehung von Forderungen oder Entgegennahme von Überweisungen auf ein debitorisch geführtes Konto dürfte die Neuregelung keine spezifischen, über die in Rdn. 34 dargestellten Änderungen hinausgehenden, Auswirkungen mit sich bringen.[110] Im Fall einer pflichtwidrigen Zahlung ist das geschäftsführende Organ der Gesellschaft zur Erstattung des objektiven Wertes der Leistung verpflichtet. Dies ergibt sich nun aus § 15b Abs. 4 Satz 1 InsO. Haftungsmildernd zu berücksichtigen ist gem. § 15b Abs. 4 Satz 2 InsO ein geringerer Schaden, der bei der Gläubigerschaft eingetreten ist: In diesem Fall beschränkt sich die Ersatzpflicht auf den Ausgleich dieses geringeren Schadens. Eine Selbstverständlichkeit[111] regelt Absatz 4 Satz 3, indem klargestellt wird, dass Beschlüsse eines Organs der Gesellschaft eine verbotene Zahlung im haftungsrechtlichen Sinne nicht rechtfertigen können.

34 Zulässig sind gem. **§ 15b Abs. 1 Satz 2 InsO** Zahlungen, die mit der Sorgfalt eines ordentlichen und gewissenhaften Geschäftsleiters vereinbar sind. Nach Absatz 2 Satz 1 gelten Zahlungen, die im **ordnungsgemäßen Geschäftsgang** erfolgen und insbesondere solche Zahlungen, die der Aufrechterhaltung des Geschäftsbetriebs dienen, als mit der Sorgfalt eines ordentlichen und gewissenhaften Geschäftsleiters vereinbar. Damit wird im Wesentlichen die bestehende Auffassung in Rechtsprechung und Literatur[112] kodifiziert; der Gesetzgeber beabsichtigt jedoch eine im Vergleich zu den Maßstäben der Rechtsprechung für die Notgeschäftsführung großzügigere Regelung.[113] Diese Privilegierung hat eine zeitliche Beschränkung, die mit ihrem Zweck in Einklang steht: Während des für die rechtzeitige Antragstellung maßgeblichen Zeitraums sind Zahlungen nur privilegiert, solange die Geschäftsleiter Maßnahmen zur nachhaltigen Beseitigung der Insolvenzreife oder zur Vorbereitung eines Insolvenzantrags mit der Sorgfalt eines ordentlichen und gewissenhaften Geschäftsleiters betreiben (Abs. 2 Satz 2). Ist der Zeitpunkt für eine rechtzeitige Antragstellung verstrichen, bestimmt § 15b Abs. 3 InsO, dass Zahlungen regelmäßig nicht mehr mit der Sorgfalt eines ordentlichen und gewissenhaften Geschäftsleiters vereinbar sind. Die neue Regelung in § 15b Abs. 4 Satz 2 InsO sieht vor, dass sich die Ersatzpflicht der Geschäftsleiter, falls eine Zahlung entgegen Absatz 1 einen geringeren Schaden für die Gläubiger hervorruft als den Betrag der Zahlung, auf den Ausgleich dieses Schadens beschränkt. Soweit ersichtlich sind hierzu noch keine Entscheidungen ergangen. Es bleibt daher abzuwarten, ob die Neuregelung spürbare Auswirkungen auf die Haftungsrisiken für Geschäftsleiter hat.[114] In jedem Fall dürfte es die Geschäftsleiter vor erhebliche Herausforderungen stellen, der ihnen obliegende Darlegungs- und Beweislast gerecht zu werden.[115]

35 Gem. **§ 15b Abs. 5 Satz 1 InsO** sind den Geschäftsleitern **Zahlungen an Gesellschafter** untersagt, die zur Zahlungsunfähigkeit der Gesellschaft führen mussten, es sei denn, dies war bei Beachtung der Sorgfalt eines ordentlichen und gewissenhaften Geschäftsleiters nicht erkennbar. Da auch hier keine Änderung der bisherigen Rechtslage intendiert ist,[116] kann davon ausgegangen werden, dass die bisher anerkannten Einschränkungen weiterhin gelten. Eine dem Gesellschafter gegen die Gesellschaft zustehende, fällige und durchsetzbare Forderung ist in der Liquiditätsbilanz zu berück-

110 Dazu *Schmidt*, ZRI 2021, 389, 391; *ders.*, ZRI 2024, 93, 95; insgesamt kritisch *Bitter*, GmbHR 2022, 57, 70 f.; vgl. auch die ausführliche Darstellung bei *Lieder/Wagner*, ZGR 2021, 495 ff.

111 BeckOK-InsO/*Wolfer* § 15b Rn. 36.

112 BGH, Urt. v. 23.06.2015 – II ZR 366/13, NZG 2015, 998, 1001; BGH, Urt. v. 05.11.2007 – II ZR 262/06, NJW-RR 2008, 495, 496; M/H/L/S-*Nerlich*, GmbHG, § 64 Rn. 22; MK-*Müller*, GmbHG, § 64 Rn. 191 m.w.N.

113 BT-Drucks. 19/24181, S. 194; so auch BeckOK-InsO/*Wolfer* § 15b Rn. 16.

114 HambKomm-InsR/*Schmidt*, InsO, § 15b Rn. 70 f. und *ders.*, ZRI 2024, 93, 96 weist in diesem Zusammenhang darauf hin, dass der BGH schon bisher die Figur der Kompensation der Masseschmälerung akzeptiert hat, deren Erweiterung nicht angezeigt sei; optimistischer BeckOK-InsO/*Wolfer* § 15b Rn. 34.

115 K/P/B-*Bork/Kebekus*, InsO, § 15b Rn. 70 ff.; BeckOK-InsO/*Wolfer* § 15b Rn. 34; Krieger/Schneider-*Balthasar*, Handbuch Managerhaftung, Rn. 37.68.

116 BT-Drucks. 19/24181, S. 196.

sichtigen.[117] Deshalb ist die Norm nur anwendbar, soweit auf eine nicht fällige Forderung des Gesellschafters gezahlt wird und infolgedessen die Deckungslücke **auf mehr als 10 % vergrößert** wird oder die Zahlung zur Fälligstellung anderer Forderungen geführt hat; etwa durch einen Kreditgeber, der die Darlehensgewährung vom Belassen der Gesellschafterforderung abhängig gemacht hat.[118] Gesellschafterforderung in diesem Sinne wird regelmäßig nur das Investorendarlehen sein, nicht aber eine konzerninterne (Verrechnungs-) Forderung.

36 Eine wichtige Neuerung enthält **§ 15b Abs. 8 InsO**. Die Vorschrift löst die **Pflichtenkollision** auf, der Geschäftsleiter bisher im Hinblick auf das Spannungsverhältnis zwischen steuerrechtlichen Zahlungspflichten einerseits und den Zahlungsverboten andererseits ausgesetzt waren. Zwischen Eintritt von Zahlungsunfähigkeit oder Überschuldung und Eröffnung des Insolvenzverfahrens liegt eine Verletzung steuerrechtlicher Zahlungspflichten nicht vor, wenn die Geschäftsleiter den Pflichten zur Antragstellung aus § 15a InsO nachkommen. Nicht geregelt hat der Gesetzgeber hingegen die parallele Pflichtenkollision im Hinblick auf die Abführung von Sozialversicherungsbeträgen. Die teilweise für eine analoge Anwendung der Vorschrift hierauf vorgebrachten Argumente überzeugen nicht, da nicht erkennbar ist, dass es sich um eine planwidrige Regelungslücke handelt.[119]

bb) Anwendbarkeit des alten Rechts

37 Die Einzelheiten der Weitergeltung der »alten« Zahlungsverbote über den 31.12.2020 hinaus waren zunächst umstritten. In der Literatur wurde diskutiert, ob für die Beurteilung der zeitlichen Geltung auf die Übergangsvorschrift in Art. 103m EGInsO abzustellen ist.[120] Bei den Vorschriften über die Zahlungsverbote handelt es sich jedoch nicht um Vorschriften, die »[a]uf Insolvenzverfahren« (so der Wortlaut von Art. 103m EGInsO) anzuwenden sind.[121] Von einem Altfall war daher auch vor einer ausdrücklichen gesetzlichen Regelung diesbezüglich nach den Grundsätzen des intertemporalen Haftungsrechts auszugehen, wenn die in Rede stehende Zahlung bis zum 31.12.2020 geleistet wurde; seitdem ist § 15b InsO anwendbar.[122] Der Gesetzgeber hat die Streitfrage in diesem Sinne gelöst, indem er mit Wirkung vom 18.08.2021 im Zuge der Verabschiedung des MoPeG in Art. 103m EGInsO zwei Sätze ergänzt hat, wonach § 15b InsO erstmals auf Zahlungen anzuwenden ist, die nach dem 31.12.2020 vorgenommen sind.

▶ **Praxistipp:**

38 Es ist zu empfehlen, einzelne Zahlungen im Rahmen einer Krise lediglich nach **Prüfung durch anwaltliche Berater** und entsprechender Dokumentation der Prüfergebnisse zu leisten. Des weiteren können **Listen** mit erlaubten und verbotenen Zahlungen erstellt werden. Zahlungen bestimmter Größenordnungen sollten **organisatorisch** der ausschließlichen Kompetenz des Vertretungsorgans zugewiesen sein. Der Rat, »vorsorglich die Zahlungsverbote zu beachten«, sollte nur nach eingehender Prüfung und Abwägung der Vor- und Nachteile durch den anwaltlichen Berater erteilt werden. Erstens besteht das Risiko, dadurch unbeabsichtigt die gesetzliche Vermutung er Zahlungseinstellung (§ 17 Abs. 1 Satz 2 InsO) herbeizuführen. Zweitens

---

117 BGH, Urt. v. 09.10.2012 – II ZR 298/11, ZIP 2012, 2391; *Altmeppen*, GmbHG, Anh. § 60 Rn. 269 m.w.N.; K/P/B-*Bork/Kebekus*, InsO, § 15b Rn. 99; Noack/Servatius/Haas-*Haas*, GmbHG, § 64 Rn. 200; a.A. wohl K. Schmidt-*K. Schmidt/Herchen*, InsO, § 15b Rn. 40.

118 BGH, Urt. v. 09.10.2012 – II ZR 298/11, ZIP 2012, 2391, 2392; Noack/Servatius/Haas-*Haas*, GmbHG, § 64 Rn. 201; a.A. *Altmeppen*, GmbHG, Anh. § 60 Rn. 271 m.w.N.

119 Wie hier K/P/B-*Bork/Kebekus*, InsO, § 15b Rn. 56; *Thole*, BB 2021, 1347, 1354; *Baumert*, NZG 2021, 443, 449; für eine analoge Anwendung etwa M/H/L/S-*Hölzle*, GmbHG, § 15b InsO Rn. 64; *Hodgson*, NZI Beilage 1/2021, 85, 87; *Bitter*, ZIP 2021, 321, 328.

120 Vgl. etwa die Darstellung bei *Hackenburg/Beck*, ZInsO 2021, 413 ff.; *Hentschel/Ruster*, ZInsO 2021, 637 ff.

121 *Hentschel/Ruster*, ZInsO 2021, 637, 639; *Bork/Knobloch*, ZRI 2021, 240.

122 *Thole*, BB 2021, 1347, 1352; *Bork/Knobloch*, ZRI 2021, 240, 241 f.; *Hackenberg/Beck*, ZInsO 2021, 413, 417; *Hentschel/Ruster*, ZInsO 2021, 637, 639 f.; *Bitter*, ZIP 2021, 321, 332.

stellt sich die Frage, welche nicht betriebsnotwendigen Zahlungen das Unternehmen leisten würde, wenn die Zahlungsvorbehalte nicht vorsorglich beachtet werden, worin tatsächlich der Mehrwert dieser Strategie liegt. Drittens dürfte ein Leistungsverweigerungsrecht hinsichtlich fälliger Zahlungsansprüche regelmäßig nur dann bestehen, wenn die Voraussetzungen des § 15b Abs. 1 InsO vorliegen – dann werden die Zahlungsverbote aber gerade nicht nur vorsorglich eingehalten.

d) Kapitalerhaltungspflicht

Neben den Zahlungsverboten sind in der Krise regelmäßig die Kapitalerhaltungsvorschriften § 30 Abs. 1 Satz 1 GmbHG und § 57 Abs. 1 Satz 1 AktG zu berücksichtigen. Im Fall einer pflichtwidrigen Auszahlung des Stammkapitals bzw. der Einlagen haftet der Geschäftsführer bzw. Vorstand gegenüber der Gesellschaft gem. § 43 Abs. 3 GmbHG bzw. § 93 Abs. 3 Nr. 1 AktG.[123] 39

e) Beachtung strafrechtlicher Vorschriften

Weitere Pflichten ergeben sich in Hinblick auf strafrechtliche Risiken. Besonders ist dabei eine mögliche Strafbarkeit wegen Eingehungsbetrugs i.S.d. § 263 StGB zu beachten, die in der Krisensituation bereits aus der Entgegennahme **ungesicherter Vorausleistungen** resultieren kann. Es ist zu empfehlen, dieses Risiko durch **Liquiditätsplanungen** zu minimieren. Soweit eine ausreichende Liquidität nicht gewährleistet ist, sind die Geschäftspartner ggf. **aufzuklären** oder deren Forderungen zu **besichern**. 40

Zu nennen sind des Weiteren die Vorschriften zur Insolvenzverschleppung § 15a Abs. 4, 5 InsO, der Kapitalanlage- und Kreditbetrug i.S.d. §§ 263, 264a, 265b StGB, die Untreue i.S.d. §§ 266 f. StGB, die Verletzung der Verlustanzeigepflicht i.S.d. §§ 84 GmbHG, 401 AktG sowie die Regelungen über Insolvenzstraftaten im engeren Sinne §§ 283 ff. StGB. Darüber hinaus bestehen gem. §§ 34 Abs. 1, 69 AO steuerrechtliche Pflichten und Haftungsrisiken, die auch und vor allem in der Krise besonderer Aufmerksamkeit bedürfen. 41

f) Pflicht zur Hinzuziehung von Beratern

Im Hinblick auf eine größtmögliche Reduzierung der beschriebenen Haftungsrisiken besteht zudem eine (mittelbare) Pflicht des geschäftsführenden Organs zur Hinzuziehung von Beratern. Denn die Organe können sich nach der strengen Rechtsprechung des BGH **nur dann exkulpieren**, wenn ein von ihnen hinzugezogener unabhängiger und fachlich geeigneter Berater auf Grundlage umfassend dargelegter Gesellschaftsverhältnisse zu dem Ergebnis gekommen ist, dass durch eine bestimmte Handlung des geschäftsführenden Organs keine der genannten Pflichten verletzt wird.[124] Das Organ selbst hat das Ergebnis einer erneuten Plausibilitätskontrolle zu unterziehen.[125] Im Hinblick auf die Prüfung von Insolvenzgründen ist zusätzlich auf die unverzügliche Vorlage des Prüfungsergebnisses hinzuwirken.[126] Vgl. zu den Pflichten der Berater Rdn. 99 ff. 42

3. Pflichten bei drohender Zahlungsunfähigkeit

a) Allgemeine Pflichten

Nach § 18 Abs. 2 Satz 1 InsO liegt drohende Zahlungsunfähigkeit vor, wenn der Schuldner voraussichtlich nicht in der Lage sein wird, die bestehenden Zahlungspflichten im Zeitpunkt der Fälligkeit zu erfüllen. Nach dem mit Inkrafttreten des SanInsFoG neu hinzugekommenen Satz 2 ist bei der 43

123 Vgl. hierzu *Altmeppen*, GmbHG, § 43 Rn. 119 m.w.N.; Grigoleit-*Grigoleit/Rachlitz*, AktG, § 57 Rn. 33.
124 Zur Pflicht der Geschäftsführer, sich in Krisensituationen fachkundig beraten zu lassen, erstmals BGH, Urt. v. 06.06.1994 – II ZR 292/91, NJW 1994, 2220, 2224.
125 BGH, Urt. v. 27.03.2012 – II ZR 171/10, NZI 2012, 567, 568; BGH, Urt. v. 20.09.2011 – II ZR 234/09, NZG 2011, 1271, 1273; BGH, Urt. v. 14.05.2007 – II ZR 48/06, NZI 2007, 477, 479; MK-AktG/*Spindler*, § 93 Rn. 101; Krieger/Schneider-*Krieger*, Handbuch Managerhaftung, Rn. 4.9.
126 BGH, Urt. v. 27.03.2012 – II ZR 171/10, NZI 2012, 567, 569.

Betrachtung in aller Regel ein Prognosezeitraum von **24 Monaten** zugrunde zu legen. An den Eintritt der drohenden Zahlungsunfähigkeit knüpft der Gesetzgeber keine unmittelbaren Pflichten. Nach § 18 Abs. 1 InsO berechtigt die drohende Zahlungsunfähigkeit den Schuldner jedoch, einen Antrag auf Eröffnung des Insolvenzverfahrens zu stellen. Zudem ist die drohende Zahlungsunfähigkeit nach § 29 Abs. 1 StaRUG Voraussetzung, um die Instrumente des Stabilisierungs- und Restrukturierungsrahmens in Anspruch nehmen zu können.

44 Ungeachtet dessen, dass sowohl ein Insolvenzantrag nach § 18 Abs. 1 InsO als auch die Anzeige eines Restrukturierungsvorhabens nach § 31 StaRUG freiwillige Maßnahmen sind, unterliegen die Geschäftsleiter auch im Stadium der drohenden Zahlungsunfähigkeit der allgemeinen gesellschaftsrechtlichen Sanierungspflicht (vgl. oben Rdn. 23 ff.).[127] Bei der Prüfung, Vorbereitung, Vorlage oder Inanspruchnahme eines Sanierungsvorhabens oder von StaRUG-Restrukturierungsmöglichkeiten ist den Geschäftsleitern ein Entscheidungsspielraum im Sinne der Business Judgement Rule einzuräumen (»Restructuring Judgement Rule«).

b) Insbesondere: Zustimmungserfordernisse bei der Inanspruchnahme von Instrumenten des StaRUG

44a Wenn Geschäftsleiter zu dem Ergebnis gelangen, dass die Inanspruchnahme von Mitteln des StaRUG für die Umsetzung ihres Restrukturierungsvorhabens erforderlich ist, müssen sie sich die Frage stellen, ob sie hierfür die Zustimmung anderer Gesellschaftsorgane benötigen. Dabei ist erstens die Wirksamkeit im Außenverhältnis von einer etwaigen Zustimmungsbedürftigkeit im Innenverhältnis zu trennen und zweitens zwischen verschiedenen Krisenphasen zu unterscheiden.[128]

aa) Außen- und Innenverhältnis

44b Die Anzeige eines Restrukturierungsvorhabens nach § 31 StaRUG ist im Außenverhältnis unabhängig davon, ob etwaige gesellschaftsrechtliche Zustimmungserfordernisse beachtet wurden, stets wirksam.[129] Die Bedeutung zweier Gerichtsentscheidungen aus der jüngeren Vergangenheit, die ohne tragfähige Begründung zum gegenteiligen Ergebnis gelangen,[130] sollte in diesem Zusammenhang nicht überschätzt werden.[131] Insbesondere ist zu beachten, dass dem Hamburger Verfahren ein Gesellschafterstreit zugrunde lag, so dass unklar bleibt, inwieweit die in den Entscheidungen getätigten Aussagen verallgemeinerungsfähig sind. Jedenfalls liegen keine Gründe dafür vor, ausnahmsweise eine auf die Rechtsfigur des Missbrauchs der Vertretungsmacht gestützte Ausnahme von dem allgemeinen Grundsatz anzunehmen, wonach Grenzen des rechtlichen Dürfen im Innenverhältnis nicht auf das rechtliche Können im Außerverhältnis durchschlagen.[132] Schon weil ungeklärt ist, ob im Innenverhältnis überhaupt ein zustimmender Beschluss erforderlich ist (dazu sogleich), dürfte

---

127 Vgl. mit Bezug zum StaRUG zuletzt etwa *Tresselt/Glöckler*, NWB Sanieren 2021, 80, 85.

128 Dazu grundlegend Morgen-*Tresselt*, Präventive Restrukturierung, Art. 12 Rn. 101 ff.; vgl. auch die ausführliche Darstellung von *Skauradszun/Harnack*, ZGR 2023, 71 ff.

129 H.M., vgl. AG Nürnberg, Beschl. v. 21.06.2023 – RES 397/23, NZI 2023, 881, 883; BeckOK-*Kramer*, StaRUG, § 31 Rn. 31; Uhlenbruck-*Fritz*, StaRUG, § 31 Rn. 8; Jacoby/Thole-*Schluck-Amend*, StaRUG, § 31 Rn. 6; *Seibt/Bulgrin*, DB 2020, 2226, 2235; *Brinkmann*, KTS 2021, 303, 316; *Thole*, BB 2021, 1347, 1350; *Gehrlein*, BB 2022, 1096, 1097; *Skauradszun/Harnack*, DZWIR 2023, 511, 514 ff.

130 In erster Linie AG Hamburg, Beschl. v. 17.03.2023 – 61c RES 1/23 – ZIP 2023, 1038 f. und LG Hamburg, Beschl. v. 20.04.2023 – 304 T 15/23, ZIP 2023, 2646 ff.

131 Ablehnend auch die Anmerkungen von *Skauradszun/Harnack*, DZWIR 2023, 511; *Mock*; NZI 2023, 585; *Flöther/Wilke*, ZRI 2023, 1029; *Zehlicke/Krafczyk*, ZRI 2023, 520; zustimmend hingegen die Anmerkung von *Bayer*, GmbHR 2023, 918.

132 Zu diesem Abstraktionsprinzip allgemein MK-*Schubert*, BGB, § 164 Rn. 221; zur Geltung von § 37 Abs. 2 GmbHG für das Handeln gegenüber Behörden und Gerichten MK-GmbHG/*Stephan/Tieves*, § 37 Rn. 180; zur Geltung von § 82 Abs. 1 AktG auch für außergewöhnliche Geschäfte MK-AktG/*Spindler*, § 82 Rn. 27.

der angenommene Verstoß des Vertreters die Schwelle nicht erreichen, ab der ein Missbrauch der Vertretungsmacht angenommen werden kann.[133] Gegen eine Außenwirkung spricht auch, dass das Vorliegen eines zustimmenden Beschlusses anderer Gesellschaftsorgane nicht zum Prüfungsumfang des Restrukturierungsgerichts bei Anzeigen nach § 31 StaRUG (genauso wenig wie bei späteren Entscheidungen, z.B. der Versagung der Planbestätigung nach § 63 StaRUG) zählt und die analoge Heranziehung von § 33 Abs. 1 Nr. 3 StaRUG als Rechtsgrundlage für die Aufhebung der Restrukturierungssache fernliegend erscheint.[134]

Mit der Erkenntnis, dass die Anzeige des Restrukturierungsvorhabens im Außenverhältnis in jedem Fall wirksam ist, ist den betroffenen Geschäftsleitern nur teilweise geholfen. Sollten sie im Innenverhältnis zur Einholung zustimmender Gesellschafter-, Aufsichtsrats- oder Hauptversammlungsbeschlüsse verpflichtet sein, drohen bei Restrukturierungsanzeigen ohne entsprechende Beschlüsse erhebliche Haftungsrisiken. Mögliche Ansprüche der Gesellschaft gegen die Geschäftsleiter ergeben sich wie im Falle der Insolvenzantragstellung bei drohender Zahlungsunfähigkeit ohne erforderliche Zustimmungsbeschlüsse[135] insbesondere aus § 93 Abs. 2 Satz 1 AktG und § 43 Abs. 2 GmbHG. Aus der Perspektive der Gesellschafter dürfte die maßgebliche Handlung der Geschäftsleiter die Anzeige des Restrukturierungsvorhabens sein, weil mit der Anzeige die Restrukturierungssache rechtshängig wird und ab diesem Zeitpunkt der Schuldner insbesondere verpflichtet ist, die Interessen der Gesamtheit der Gläubiger zu wahren (§§ 32 Abs. 1 Satz 1, 43 Abs. 1 Satz 1 StaRUG).[136] Falls die Gesellschafter in den Restrukturierungsplan einbezogen werden sollen und eine nachteilige Veränderung ihrer Rechtsstellung droht (was regelmäßig der Fall sein dürfte, vgl. aber § 28 Abs. 2 StaRUG), sind sie ab diesem Zeitpunkt in aller Regel auf ihre Mitwirkungsrechte als Planbetroffene nach dem StaRUG verwiesen. Die Grenzen, in denen die Gesellschafter rechtmäßig Beschlüsse fassen können, mit denen sie versuchen, Einfluss auf die Restrukturierungssache zu nehmen, dürften sich in diesem Stadium erheblich verengt haben.[137] Die Notwendigkeit eines zustimmenden Beschlusses würde sich zudem in Widerspruch sowohl zu dem vom Gesetzgeber mit der Einführung von § 1 StaRUG verfolgten Konzept als auch zu dem inzwischen verbreitet anerkannten Risiko einer Restrukturierungsverschleppungshaftung[138] für Geschäftsleiter setzen.[139] 44c

bb) Verschiedene Krisenphasen

Hinsichtlich der Pflicht im Innenverhältnis ist zwischen Situationen, in denen die Gesellschafter die Inanspruchnahme von Instrumenten des StaRUG grundlos verhindern oder erschweren und Situationen, in denen dies nicht der Fall ist, zu unterscheiden.[140] Die Sanierung wird grundlos verhindert oder erschwert, wenn die gesellschaftsrechtliche Einflussnahme zu einer Insolvenz des Unternehmens führt, obwohl ein Insolvenzverfahren durch andere Szenarien abwendbar wäre und das 44d

133 *Skauradszun/Harnack*, DZWIR 2023, 511, 516 f.
134 Ebenso *Skauradszun/Harnack*, DZWIR 2023, 511, 517 ff.
135 Vgl. dazu OLG München, Urt. v. 21.03.2013 – 23 U 3344/12, NZI 2013, 542, 543.
136 Jacoby/Thole-*Schluck-Amend*, StaRUG, § 31 Rn. 35; Seibt/Westpfahl-*Herding/Krafczyk*, StaRUG, § 31 Rn. 24.
137 *Skauradszun/Harnack*, ZGR 2023, 71, 85 ff.; zu den engen Voraussetzungen für eine Weisung zur Rücknahme der Anzeige *Flöther/Wilke*, ZRI 2023, 1029, 1042.
138 Dazu *Skauradszun/Amort*, DB 2021, 1317, 1323 ff.; *Hölzle*, FS Gehrlein, S. 261, 269 ff.
139 Das Spannungsverhältnis zwischen Beschlusserfordernis und Restrukturierungsverschleppungshaftung sehen auch *Flöther/Wilke*, ZRI 2023, 1029, 1044.
140 Seibt/Westpfahl-*Herding/Krafczyk*, StaRUG, § 29 Rn. 16 u. *ders./ders.*, ZRI 2023, 750, 751 ff. unterscheiden insoweit zwischen dem »idealen« und dem »kritischen« Restrukturierungsfenster; ähnlich *Flöther/Wilke*, ZRI 2023, 1029, 1041 f.; angelegt ist diese Unterscheidung auch in der Entscheidung des LG Berlin, Beschl. v. 31.05.2023 – 100 O 18/23, NZI 2023, 928, die ausdrücklich darauf hinweist, dass es sich »hier zum Zeitpunkt der Entscheidung über das Restrukturierungsverfahren auch nicht um eine Situation [handelte], in der Insolvenzantragspflicht bestand«.

Insolvenzverfahren im Vergleich zu anderen Szenarien nicht wirtschaftlich vorteilhaft wäre.[141] Das ist hingegen nicht der Fall, wenn die Gesellschafter bereit sind, eigene Sanierungsbeiträge zu leisten und/oder eine wirtschaftlich belastbare und rechtlich sowie tatsächlich durchführbare Alternative vorbringen, die für die Betroffenen mindestens zum gleichen Ergebnis wie die von den Geschäftsleitern vorgesehene Sanierung führt.[142]

44e In einer Situation, in der die Gesellschafter die Sanierung grundlos verhindern oder erschweren (weil das Alternativszenario zum StaRUG-Verfahren die Eröffnung eines Insolvenzverfahrens ist), sind die Geschäftsleiter nicht verpflichtet, vor Anzeige eines Restrukturierungsvorhabens einen zustimmenden Gesellschafterbeschluss einzuholen; entgegenstehende Weisungen sind unbeachtlich und den Geschäftsleitern droht kein Haftungsrisiko.[143] Es wird sich dabei regelmäßig um Situationen handeln, in denen ohne Durchführung eines StaRUG-Verfahrens keine Fortführungsprognose besteht, weil innerhalb der nächsten zwölf Monate eine relevante Liquiditätslücke existiert und das Nichtvorliegen des Pflicht-Insolvenzantragsgrundes der Überschuldung i.S.v. § 19 InsO von der überwiegenden Wahrscheinlichkeit einer erfolgreichen Restrukturierung mithilfe der Instrumente des StaRUG abhängt.[144] Ist dies der Fall, sind die bestehenden Regelungen zu den Pflichten der Geschäftsleiter und den Einflussmöglichkeiten der Gesellschafter mit Blick auf Art. 12 und 19 Buchst. a) der RL (EU) 2019/1023 und die Vorwirkungen von §§ 32 Abs. 1, 43 Abs. 1 StaRUG dahingehend auszulegen, dass eine Obstruktion durch die Gesellschafter verhindert wird und die Geschäftsleiter folglich pflichtgemäß handeln, wenn sie Instrumente des StaRUG in Anspruch nehmen.[145] Das StaRUG verfolgt gerade das Ziel, Holdout-Positionen zu vermeiden, und die Inanspruchnahme von Instrumenten des StaRUG führt, anders als die Eröffnung eines Insolvenzverfahrens wegen drohender Zahlungsunfähigkeit, nicht zur Auflösung der Gesellschaft und zur Verwertung ihres Vermögens, so dass die zu § 18 InsO entwickelte Argumentation diesem Ergebnis nicht entgegensteht.[146] Hinzu kommt, dass den Gesellschaftern die Schutzmechanismen des StaRUG zur Verfügung stehen.[147] Einer Differenzierung zwischen den verschiedenen Gesellschaftsformen bedarf es nach dieser Sichtweise nicht.[148] Erwähnenswert ist auch, dass es sich hierbei um eine spezifisch deutsche Diskussion handelt und die Problemstellung in anderen Rechtsordnungen kaum anschlussfähig sein dürfte.

44f Zahlreiche Autoren gehen allgemein davon aus, dass im Innenverhältnis keine Zustimmung anderer Gesellschaftsorgane erforderlich ist, und verlangen nicht zusätzlich, dass das geplante StaRUG-Ver-

---

141 *Tresselt/Glöckler*, NWB Sanieren 2021, 109, 112 f. mit detaillierter Übersicht über mögliche Kriterien, die für die Beurteilung herangezogen werden können.

142 *Tresselt/Glöckler*, NWB Sanieren 2021, 109, 112.

143 *Tresselt/Glöckler*, NWB Sanieren 2021, 109, 113; im Ergebnis ebenso AG Nürnberg, Beschl. v. 21.06.2023 – RES 397/23, NZI 2023, 881, 883 (für die AG); AG Dresden, Beschl. v. 09.08.2023 – 572 RES 1/23, NZI 2023, 968; BeckOK-*Spahlinger*, StaRUG, § 17 Rn. 31a; *Flöther/Wilke*, ZRI 2023, 1029, 1041 f. (die grundsätzlich kein Zustimmungserfordernis sehen); *Herding/Krafczyk*, ZRI 2023, 750, 751 f. (für das »kritische Restrukturierungsfenster«); wohl auch HRI I-*Graf-Schlicker*, § 31 Rn. 12 (Unbeachtlichkeit von Zustimmungsvorbehalten und Weisungen, wenn diese »die Gläubigerinteressen gefährden«) eher skeptisch Seibt/Westpfahl-*Westpfahl*, StaRUG, § 17 Rn. 39; für die Gegenansicht stellvertretend Flöther-*Goetker*, StaRUG, § 1 Rn. 78 ff.; vgl. auch die ausführliche Darstellung der verschiedenen Auffassungen bei BeckOK-*Skauradszun*, StaRUG, § 2 Rn. 87.1 ff.

144 Zur Berücksichtigungsfähigkeit einer Restrukturierung mit den Mitteln des StaRUG HambKomm-InsR/*Schröder*, InsO, § 19 Rn. 25; *Doster*, ZRI 2023, 645, 646 mit Nachweisen aus dem RegE zum SanInsFoG; ausführlich *Rendels/Zabel/Körner*, ZRI 2021, 653, 661 ff.; das Restrukturierungsvorhaben muss hierfür noch nicht angezeigt worden sein, es kommt vielmehr darauf an, ob sein erfolgreicher Abschluss überwiegend wahrscheinlich ist (so auch HambKomm-InsR/*Schröder*, InsO, § 19 Rn. 25 m.w.N., auch zur Gegenansicht).

145 *Tresselt/Glöckler*, NWB Sanieren 2021, 109, 111.

146 *Skauradszun/Harnack*, DZWIR 2023, 511, 513 f.; *Flöther/Wilke*, ZRI 2023, 1029, 1037.

147 *Skauradszun/Harnack*, DZWIR 2023, 511, 514; *Flöther/Wilke*, ZRI 2023, 1029, 1038.

148 Zur Situation bei Personengesellschaften nach Inkrafttreten des MoPeG *Tresselt/Locher*, NWB Sanieren 2023, 296, 299 f.

fahren die einzig erfolgversprechende Alternative zur Insolvenz ist.[149] Ist das Alternativszenario »Insolvenz« noch nicht überwiegend wahrscheinlich, etwa weil bei Liquiditätslücken in den kommenden zwölf Monaten der »Lösungsraum« weiterhin offen ist oder relevante Liquiditätslücken erst in den Monaten 13 bis 24 und damit im »idealen Restrukturierungsfenster«[150] auftreten, ist zur Vermeidung von Haftungsrisiken besondere Vorsicht geboten. Die Geschäftsleiter haben vor der Anzeige eines Restrukturierungsvorhabens ohne Zustimmung der anderen Gesellschaftsorgane die Argumente für und gegen die Annahme einer grundlosen Blockade des Restrukturierungsvorhabens durch die Gesellschafter eingehend gegeneinander abzuwägen. Aspekte, an denen sich die Geschäftsleiter orientieren können, sind dabei insbesondere das Bilanzbild der Gesellschaft, die Einhaltung der absoluten Prioritätsregel im vorgeschlagenen Restrukturierungsplan, die Vergleichsrechnung im vorgeschlagenen Restrukturierungsplan, auch im Vergleich mit dem nächstbesten Alternativszenario, die tatsächliche und rechtliche Umsetzbarkeit des Restrukturierungsplans einschließlich der Aussicht auf Annahme mit den erforderlichen Mehrheiten und etwaige Alternativvorschläge der Gesellschafter.[151] Geht diese Abwägung zugunsten der Annahme einer grundlosen Blockade des Restrukturierungsvorhabens durch die Gesellschafter aus, kann im Einzelfall eine Anzeige nach § 31 Abs. 1 StaRUG auch ohne die Zustimmung anderer Gesellschaftsorgane erfolgen.

4. Überwachung der Insolvenzgründe und insbesondere der insolvenzrechtlichen Fortführungsprognose als Kern-Aufgabe des Krisen-Monitorings

Die krisenbezogenen Pflichten und erheblichen Haftungsrisiken der geschäftsführenden Organe 45 knüpfen im Wesentlichen an den Eintritt der materiellen Insolvenz der Gesellschaft an. In Hinblick auf die Darlegungs- und Beweislast in späteren Haftungs- und Anfechtungsprozessen darf die Krisen-Compliance nicht bei der Prüfung und Überwachung der Insolvenzgründe enden, sondern erfordert darüber hinaus eine **ausreichende** und stetig zu aktualisierende **Dokumentation**. Die Prüfung, Überwachung und Dokumentation der Insolvenzgründe und insbesondere der insolvenzrechtlichen Fortführungsprognose sind das *»Herzstück jeder unternehmensseitiger Krisen-Compliance.«*[152]

a) Prüfung der Zahlungsunfähigkeit

Die Prüfung der Zahlungsunfähigkeit erfolgt grundsätzlich stichtagsbezogen.[153] Sie liegt gem. § 17 46 InsO vor, wenn der Schuldner zum Prüfungszeitpunkt nicht in der Lage ist, seine fälligen Zahlungspflichten zu erfüllen. Aus der Stichtagsbezogenheit der Prüfung ergibt sich, dass die Prüfung abgeschlossen ist, wenn auf der ersten Stufe bereits die aktuell verfügbaren liquiden Mittel genügen, um die aktuell fälligen Verbindlichkeiten zu bedienen. Diese Voraussetzung ist bereits erfüllt, wenn 90 % der fälligen Verbindlichkeiten bedient werden können. Nur wenn das nicht der Fall ist, bedarf es einer Prognose durch Aufstellung eines Finanzplans.[154] Eine bloße **Zahlungsstockung** führt nicht zum Eintritt der materiellen Insolvenzreife.[155] In der Praxis hat sich zum Zwecke des Monitorings die Erstellung eines **13-Wochen Liquiditätsplans** nach insolvenzrechtlichen Grundsätzen etabliert,

---

149 BeckOK-*Skauradszun*, StaRUG, § 2 Rn. 87.3; MK-StaRUG/*Prusko*, § 2 Rn. 120; *Skauradszun/Harneck*, DZWIR 2023, 511, 513 f.; *Flöther/Wilke*, ZRI 2023, 1029, 1040; *Mulert/Steiner*, NZG 2021, 673, 677; vgl. auch *Paulus*, EWiR 2023, 728 f. mit Verweis auf Art. 32 i.V.m. Erwägungsgrund 96 der RL (EU) 2019/1023.

150 *Herding/Krafczyk*, ZRI 2023, 750, 751 f.

151 Dazu bereits eingehend *Tresselt/Glöckler*, NWB Sanieren 2021, 109, 112 f.

152 *Tresselt/Schlott*, KSzW 2017, 192, 193.

153 Braun-*Salm-Hoogstraeten*, InsO, § 17 Rn. 8; MK-*Eilenberger*, InsO, § 17 Rn. 19; Römermann-*Mönning*, InsO, § 17 Rn. 36; Uhlenbruck-*Mock*, InsO, § 17 Rn. 89 m.w.N.

154 K. Schmidt/Uhlenbruck-*Brinkmann*, Die GmbH in Krise, Restrukturierung und Insolvenz, Rn. 14.32 m.w.N.

155 BT-Drucks. 12/2443, S. 114; BGH, Urt. v. 24.05.2005 – IX ZR 123/04, NZG 2005, 811, 812; MK-*Eilenberger*, InsO, § 17 Rn. 18b; Uhlenbruck-*Mock*, InsO, § 17 Rn. 28 m.w.N.; HambKomm-InsR/*Schröder*, InsO, § 17 Rn. 24.

im Rahmen dessen die zum Stichtag verfügbare IST-Liquidität und die SOLL-Liquidität in den folgenden Planwochen abgebildet werden; dies ermöglicht ein frühzeitiges Erkennen der Zahlungsunfähigkeit, sodass rechtzeitig geeignete Gegenmaßnahmen getroffen werden können.[156] Für die ex post-Ermittlung des Vorliegens von Zahlungsunfähigkeit hat der BGH zuletzt mehrfach darauf hingewiesen, dass die Zahlungsunfähigkeit auch auf andere Weise als durch Vorlage einer Liquiditätsbilanz für den maßgeblichen Dreiwochenzeitraum belegt werden kann: Sowohl ein Liquiditätsstatus auf den Stichtag in Verbindung mit einem Finanzplan für die auf den Stichtag folgenden drei Wochen mit tagesgenauer Darstellung der Ein- und Auszahlungen[157] als auch die Aufstellung mehrerer tagesgenauer Liquiditätsstatus, in denen ausgehend von dem am Stichtag eine erhebliche Unterdeckung ausweisenden Status an keinem der im Prognosezeitraum liegenden bilanzierten Tage die Liquiditätslücke in relevanter Weise geschlossen werden kann, genügen.[158] Dies dürfte Insolvenzverwaltern die Darlegung des Vorliegens von Zahlungsunfähigkeit in späteren Prozessen erleichtern und auf diese Weise die Haftungsrisiken für Geschäftsleiter verschärfen.[159]

b) Prüfung der Überschuldung, insbesondere der Fortführungsprognose

aa) Die Überschuldung

47 Die insolvenzrechtliche Überschuldung ist zweistufig zu prüfen.[160] Zunächst muss gem. § 19 Abs. 2 Satz 1 InsO festgestellt werden, dass die Gesellschaft rechnerisch überschuldet ist, also die Verbindlichkeiten die Vermögenswerte übersteigen. Da diese Voraussetzung im Krisen- und Restrukturierungszusammenhang in der Regel vorliegen wird, ist die Prüfung der insolvenzrechtlichen Fortführungsprognose als zweite Stufe praktisch von großer Relevanz.[161] Maßgeblich ist dabei ein Prognosezeitraum von 12 Monaten (§ 19 Abs. 2 Satz 1 InsO). Die Prüfung der Fortführungsprognose sollte im Idealfall auf Grundlage einer integrierten und aktualisierten Unternehmensplanung erfolgen. Aufgrund praktischer Realisierungsschwierigkeiten ist die Geschäftsführung in »Umbruchphasen« jedoch berechtigt, zunächst auf Basis der bisherigen Unternehmensplanung eine **Top-Down-Liquiditätsplanung** nach insolvenzrechtlichen Grundsätzen zu erstellen und im Rahmen dessen überwiegend wahrscheinliche Sanierungsmaßnahmen zu berücksichtigen, solange diese nicht evident zu einer anderen Beurteilung führt, als die künftige aktualisierte Unternehmensplanung.[162]

47a Die Überschuldung als Pflichtantragsgrund sieht sich weiterhin rechtspolitischer Kritik ausgesetzt.[163] Viele der Argumente hierfür sind jedoch nicht stichhaltig.[164] So ist schon nicht erkennbar bzw. jedenfalls nicht nachgewiesen (z.B. durch konkrete Fälle, Untersuchungen oder Marktanalysen), dass sich die Pflicht der Geschäftsleiter, bei Überschuldung einen Insolvenzantrag zu stellen, als »Sanierungshindernis« auswirkt. Die Insolvenzantragspflicht bei Überschuldung schafft vielmehr Anreize für die betroffenen Geschäftsleiter, rechtzeitig wirksame Sanierungsmaßnahmen zu ergreifen.

---

156 *Tresselt/Schlott*, KSzW 2017, 192.

157 BGH, Urt. v. 28.04.2022 – IX ZR 48/21, NZI 2022, 733, 734.

158 BGH, Urt. v. 28.06.2022 – II ZR 112/21, NZI 2022, 787, 788; vgl. dazu HambKomm-InsR/*Schröder*, InsO, § 17 Rn. 28e, 51.

159 *Kruth*, DB 2022, 2906, 2909; ähnlich *Gutmann/Michels*, NZI 2023, 7, 8.

160 K. Schmidt-*K. Schmidt/Herchen*, InsO, § 19 Rn. 12 ff.; MK-*Drukarczyk/Schüler*, InsO, § 19 Rn. 51 ff.; Römermann-*Mönning*, InsO, § 19 Rn. 42 f.

161 HambKomm-InsR/*Schröder*, InsO, § 19 Rn. 19; *Tresselt/Schlott*, KSzW 2017, 192, 193.

162 *Tresselt/Schlott*, KSzW 2017, 192, 197.

163 Vgl. die Darstellung bei MK-*Drukarczyk/Schüler*, InsO, § 19 Rn. 108 ff.; in diesem Sinne zuletzt etwa *Schluck-Amend*, ZRI 2023, 586 ff. und Gesellschaft für Restrukturierung – TMA Deutschland e.V., Stellungnahme »Vorübergehende Verkürzung des Prognosezeitraums im Rahmen der Überschuldungsprüfung gemäß § 19 Abs. 2 S. 1 InsO auf Grund der aktuellen geopolitischen und gesamtwirtschaftlichen Situation«, https://www.tma-deutschland.org/facharbeitskreise.html?file=files/downloadbereich/Facharbeitskreise/stellungnahmen/TMA-Stellungnahme-Voruebergehende-Verkuerzung-des-Prognosezeitraumes-im-Rahmen-der-Ueberschuldungspruefung.pdf, zuletzt abgerufen am 23.02.2024.

164 So im Ergebnis auch *Brinkmann*, NZI 2019, 921 ff.

Der Gesetzgeber hat durch die Einführung von § 1 StaRUG zum Ausdruck gebracht, dass er keinen Anlass für Kompromisse bei den Geschäftsleiterpflichten sieht, so dass Änderungen diesbezüglich in der näheren Zukunft eher unwahrscheinlich sein dürften.

▶ **Hinweis:**

Während der Prüfphase besteht keine Insolvenzantragspflicht i.S.d. § 15a InsO, da diese erst mit der objektiven Erkennbarkeit des Insolvenzgrundes auf Basis einer unverzüglichen und pflichtgemäßen Prüfung beginnt.[165] Die Prüfung erfolgt dabei auf Basis einer rollierenden Planung, die mindestens die nächsten 56 Wochen bzw. 13 Monate umfasst und nach insolvenzrechtlichen Grundsätzen aufgestellt wurde. Insbesondere bezüglich der insolvenzrechtlichen Anforderungen an die Liquiditätsplanung sollte bei Bedarf Rechtsrat eingeholt werden. 48

bb) Insbesondere: Prüfung der insolvenzrechtlichen Fortführungsprognose

Eine positive Fortführungsprognose setzt stets einen **Fortführungswillen** der betroffenen Gesellschaft voraus.[166] Dabei ist auf den Willen des geschäftsführenden Organs abzustellen[167], wobei dieser mittelbar auch vom Gesellschafterwillen abhängig ist.[168] Grundsätzlich besteht eine Vermutung für das Vorliegen des Fortführungswillens.[169] Ein Fortführungswille wird in der Praxis jedoch dann zu verneinen sein, wenn ein Gesellschafterbeschluss über die vollständige Abwicklung des Unternehmens gefasst wurde oder sich ein bestehender Abwicklungswille anderweitig, etwa durch konkrete Abwicklungsmaßnahmen oder eine Betriebsstillegung[170], nach außen manifestiert.[171] Weitere Voraussetzung einer positiven Fortführungsprognose ist eine **positive Liquiditätsprognose,** wobei eine darüber hinausgehende positive **Ertragsfähigkeitsprognose** war nach bislang herrschender Mei- 49

---

165 Noack/Servatius/Haas-*Haas*, GmbHG, § 64 Rn. 236; Ulmer/Habersack/Löbbe-*Casper*, GmbHG, Anhang nach § 62 Rn. 83; HambKomm-InsR/*Linker*, InsO, § 15a Rn. 16; HK-*Kleindiek*, InsO, § 15a Rn. 13; Lutter/Hommelhoff-*Kleindiek*, GmbHG, § 15a InsO Rn. 77 f.; MK-*Müller*, GmbHG, § 64 Rn. 74; *Poertzgen*, ZInsO 2008, 944, 947 f.; *Tresselt/Schlott*, KSzW 2017, 192, 198; in diesem Sinne wohl auch BGH, Urt. v. 17.07.2008 – IX ZB 225/07, NZI 2008, 557; auf den objektiven Eintritt des Insolvenzgrundes abstellend BeckOK-InsO/*Wolfer* § 15a Rn. 20 ff.; MK-InsO/*Klöhn*, § 15a Rn. 119; Scholz-*Bitter*, GmbHG, § 64 Rn. 281; für ein Abstellen auf die positive Kenntnis des Organs Römermann-*Mönning*, InsO, § 15a Rn. 16; *Altmeppen*, GmbHG, Anh. § 60 Rn. 259 sowie die alte Rspr. des BGH: vgl. BGH, Urt. v. 09.07.1979 – II ZR 118/77, NJW 1979, 1823, 1827.

166 BGH, Beschl. v. 09.10.2006 – II ZR 303/05, NZI 2007, 44; BGH; Urt. v. 18.10.2010 – II ZR 151/09, ZIP 2010, 2401; OLG Koblenz, Urt. v. 17.07.2014 – 6 U 1344/13, BeckRS 2015, 11560; OLG Stuttgart, Urt. v. 18.01.2006 – 4 U 189/05, juris Rn. 28; KG, Urt. v. 01.11.2005 – 7 U 49/05, GmbHR 2006, 374, 375; *Haarmann/Vorwerk*, BB 2015, 1603, 1605; HambKomm-InsR/*Schröder*, InsO, § 19 Rn. 36; HK-*Laroche*, § 19 Rn. 8; K/P/B-*Steffek*, § 19 Rn. 90; *Sikora*, ZInsO 2010, 1761, 1762; *Tresselt/Schlott*, KSzW 2017, 192, 193; a.A. *Hüttemann*, in: FS K. Schmidt, 2009, S. 765 f.; differenzierend Scholz-*Bitter*, GmbHG, Vor § 64 Rn. 55.

167 BGH, Beschl. v. 09.10.2006 – II ZR 303/05, NZI 2007, 44; OLG Hamburg, Urt. v. 25.06.2010 – 11 U 133/06, ZIP 2010, 2448, 2449; Noack/Servatius/Haas-*Haas*, GmbHG, Vor § 64 Rn. 33; *Ganter*, NZI 2014, 673, 676; HambKomm-InsR/*Schröder*, InsO, § 19 Rn. 36; Henssler/Strohn-*Arnold*, § 19 InsO Rn. 6; Römermann-*Mönning*, InsO, § 19 Rn. 45; *Altmeppen*, GmbHG, Anh. § 60 Rn. 58; *Tresselt/Schlott*, KSzW 2017, 192, 194; Uhlenbruck-*Mock*, § 19 Rn. 221; a.A. *Goette*, DStR 2016, 1684, 1688 f.; wohl auch OLG Hamburg, Urt. v. 08.11.2013 – 11 U 192/11, ZInsO 2013, 2447, 2449.

168 *Tresselt/Schlott*, KSzW 2017, 192, 194; wohl auch *Haarmann/Vorwerk*, BB 2015, 1603, 1605; Bork/Hölzle-*Naraschewski*, Handbuch Insolvenzrecht, Kap. 24 Rn. 25.

169 *Goette*, DStR 2016, 1684, 1689 unter Verweis auf BGH, Urt. v. 21.11.2005 – II ZR 277/03, NZG 2006, 189; HambKomm-InsR/*Schröder*, InsO, § 19 Rn. 36; *Tresselt/Schlott*, KSzW 2017, 192, 194.

170 KG, Urt. v. 01.11.2005 – 7 U 49/05, ZInsO 2006, 437 ff.

171 Hierzu eingehend *Tresselt/Schlott*, KSzW 2017, 192, 194.

nung **nicht erforderlich**.[172] Der BGH stellte in diesem Sinne vor allem auf die mittelfristige Finanzkraft des Unternehmens ab, berücksichtigte darüber hinaus aber teilweise auch Elemente der Ertragskraft.[173]

49a Hinsichtlich der positiven Liquiditätsprognose ist zu beachten, dass von Dritten in der Krise zur Schließung von Liquiditätslücken Verfügung gestellte finanzielle Mittel nur berücksichtigt werden dürfen, wenn das Krisenunternehmen einen Rechtsanspruch auf die Zurverfügungstellung der Mittel hat.[174] Eine weiche Patronatserklärung genügt daher in aller Regel nicht.[175] Sind in einer Finanzierungsvereinbarung, die diesen Anforderungen genügt, Kündigungsrechte vereinbart, haben die Geschäftsleiter im Rahmen der Überwachung der Fortführungsprognose zu prüfen, ob sich die wirtschaftliche Situation seit Abschluss der Finanzierungsvereinbarung verändert hat und ob sie weiterhin mit überwiegender Wahrscheinlichkeit davon ausgehen können, dass die Vereinbarung nicht gekündigt wird.[176]

49b Unter anderem aufgrund des auf 12 Monate verkürzten Prognosezeitraums wird das Element der Ertragsfähigkeit in Zukunft (weiter) an Bedeutung gewinnen. Der BGH hat kürzlich entschieden, dass sich ein Sanierungskonzept, das Grundlage für eine positive Fortführungsprognose sein soll, in aller Regel – nämlich immer dann, wenn der Insolvenzgrund nicht ausnahmsweise ausschließlich auf einem Finanzierungsproblem beruht – nicht auf die finanzwirtschaftliche Seite beschränken darf.[177] Weil Krisen, die auf Veränderungen im Marktumfeld beruhen und dazu führen, dass das betroffene Unternehmen nicht profitabel arbeitet, die dauerhafte Zahlungsfähigkeit infrage stellen, muss ein Sanierungskonzept aufzeigen, dass und wie die Krisenursachen beseitigt werden können.[178] Damit rückt der BGH Sanierungskonzepte, die der Insolvenzvermeidung dienen, in die Nähe der Anforderungen von § 14 Abs. 1 StaRUG, wonach dem Restrukturierungsplan eine begründete Erklärung zu den Aussichten darauf, dass die drohende Zahlungsunfähigkeit des Schuldners durch den Plan beseitigt wird und dass die Bestandsfähigkeit des Schuldners sicher- oder wiederhergestellt wird, beizufügen ist.[179] Die Bedeutung des Kriteriums der Ertragsfähigkeit bestätigt auch eine Serie von Entscheidungen des OLG Düsseldorf, das für Start-up-Unternehmen fordert, »dass eine nachvollziehbare, realistische (Finanz-)Planung mit einem operativen Konzept vorliegt, das die geplante Etablierung der Geschäftsidee […] erfolgversprechend erscheinen lässt«; die Herleitung der Zahlen sei zu erläutern und es sei darzulegen, inwieweit die Zahlen laufend der tatsächlichen Geschäftsent-

---

172 *Aleth/Harlfinger*, NZI 2011, 166, 168; Noack/Servatis/Haas-*Haas*, GmbHG, Vor § 64 a.F. Rn. 37; *Bitter/Kresser*, ZIP 2012, 1733, 1743; *Frystatzki*, NZI 2011, 173, 179; Graf-Schlicker-*Bremen*, InsO, § 19 Rn. 17; *Haarmann/Vorwerk*, BB 2015, 1603, 1610; *Hirte/Knof/Mock*, ZInsO 2008, 1217, 1222; IDW S 11 Rn. 63 (reine Zahlungsfähigkeitsprognose); Jaeger-*Müller*, InsO, § 19 Rn. 36; HK-*Laroche*, InsO, § 19 Rn. 9; K/P/B-*Steffek*, § 19 Rn. 82; K. Schmidt-*K. Schmidt/Herchen*, InsO, § 19 Rn. 52; MK-*Drukarcyk/Schüler*, InsO, § 19 Rn. 73; Römermann-*Mönning*, InsO, § 19 Rn. 20; Scholz-*Bitter*, GmbHG, Vor § 64 Rn. 56; *Tresselt/Schlott*, KSzW 2017, 192, 196; Uhlenbruck-*Mock*, § 19 Rn. 220; BeckOK-InsO/*Wolfer* § 19 Rn. 10; Beck/Depré/Ampferl-*Ampferl/Kilper*, Praxis der Sanierung und Insolvenz, § 2 Rn. 145; a.A. *Dahl*, NZI 2008, 719, 720; *Ehlers*, NZI 2011, 161, 162; *Ehlers/Meimberg*, ZInsO 2010, 1169, 1170; FK-*Schmerbach*, § 19 Rn. 38; *Grube/Röhm*, wistra 2009, 81, 83; *Sikora*, ZInsO 2010, 1761, 1762; *Wolf*, DStR 2009, 2682, 2684.

173 Vgl. BGH, Urt. v. 09.10.2006 – II ZR 303/05, NZI 2007, 44; BGH, Urt. v. 13.07.1992 – II ZR 269/91, NJW 1992, 2891, 2892.

174 BGH, Urt. v. 13.07.2021 – II ZR 84/20, NZI 2021, 872, 874.

175 BGH, Urt. v. 13.07.2021 – II ZR 84/20, NZI 2021, 872, 875.

176 BGH, Urt. v. 13.07.2021 – II ZR 84/20, NZI 2021, 872, 875; vgl. dazu auch *Bieg/Hölzle*, ZIP 2022, 2419, 2422.

177 BGH, Urt. v. 03.03.2022 – IX ZR 78/20, NZI 2022, 385, 392 f.

178 BGH, Urt. v. 03.03.2022 – IX ZR 78/20, NZI 2022, 385, 393.

179 *Bieg/Hölzle*, ZIP 2022, 2419, 2423; vgl. zum österreichischen Konzept der Primär- und Sekundärprognose im Rahmen der Überschuldungsprüfung etwa BeckOK-InsO/*Boscheinen-Duursma*, Länderbericht Österreich Rn. 93.

wicklung angepasst werden.[180] Diese und die vorherigen Entscheidungen in dieser Sache sind aus verschiedenen Gründen vielfach kritisch aufgenommen worden,[181] müssen jedoch unter Vorsichtsgesichtspunkten in die Beratungspraxis Eingang finden. Keine zwingende Voraussetzung einer positiven Fortführungsprognose ist die teilweise Umsetzung eines Sanierungskonzepts; nach herrschender Meinung in der Literatur genügt, dass die Geschäftsleitung ein Sanierungskonzept **für geeignet** und dessen **Umsetzung für wahrscheinlich** hält.[182] Die Prüfung, welche Aussichten ein Sanierungsversuch hat, ist sowohl hinsichtlich seiner rechtlichen als auch hinsichtlich seiner tatsächlichen Umsetzbarkeit laufend an die veränderten Umstände anzupassen.[183] Soweit vorsorglich Vorbereitungsmaßnahmen für ein mögliches Insolvenzplanverfahren getroffen werden, stellt dies kein Indiz gegen eine positive Fortführungsprognose dar.[184]

▶ **Hinweis:**

Soweit vorsorglich Vorbereitungsmaßnahmen für ein mögliches Insolvenz(plan)verfahren getroffen werden, stellt dies kein Indiz gegen eine positive Fortführungsprognose dar. Denn bei der vorsorglichen Vorbereitung eines Insolvenzszenarios handelt es sich um eine Pflicht der Geschäftsführung bzw. des Vorstands der Gesellschaft, da die Vertretungsorgane im Unternehmensinteresse gehalten sind, Alternativen zu prüfen und vorzubereiten, sofern dies organisatorisch möglich und wirtschaftlich mit vertretbarem Umfang durchführbar ist. 50

c) Beurteilungsspielraum/Business Judgement Rule

Die Entscheidung über das Vorliegen einer positiven Fortführungsprognose und die damit verbundene Antragspflicht i.S.d. § 15a InsO erfolgt eigenständig durch das geschäftsführende Organ; dabei besteht nach Auffassung des BGH ein *»gewisser Beurteilungsspielraum«* im Rahmen dessen auf der Basis sämtlicher Erkenntnisquellen unterschiedliche Szenarien sorgfältig abzuwägen sind und das überwiegend wahrscheinliche Szenario schlüssig und plausibel abzuleiten ist.[185] Richtigerweise gilt bei der Beurteilung der Fortführungsprognose – weitergehender – die »Business Judgement Rule«.[186] Die Einschätzung durch das geschäftsführende Organ darf sich dabei auch auf (ungeklärte) Rechtsfragen – sofern diese für die Fortführungsprognose relevant sind – beziehen, soweit sie auf einer angemessenen Informationsgrundlage getroffen wurde.[187] Die getroffene Entscheidung ist gerichtlich **nur auf ihre Plausibilität und Vertretbarkeit aus ex ante-Sicht** überprüfbar.[188] Praktisch 51

180 OLG Düsseldorf, Urt. v. 16.08.2023 – 12 U 59/22, NZI 2024, 76, 80.

181 *Baumert*, NZI 2024, 83; *Bork*, ZRI 2023, 897, 899 ff.; *Mock*, BB 2022, 1929, 1933; *Swierczok/Labusga*, NZI 2022, 562 f.; a.A. wohl *Martini/Karrasch*, NZI 2021, 858, 862 ff.

182 *Tresselt/Schlott*, KSzW 2017, 192, 197 f.; vereinzelt diskutiert: vgl. *Goette*, DStR 2016, 1752, 1756 f.; *Sikora*, ZInsO 2010, 1761, 1769 f.

183 BGH, Urt. v. 03.03.2022 – IX ZR 78/20, NZI 2022, 385, 393.

184 *Tresselt/Schlott*, KSzW 2017, 192, 199.

185 BGH, Urt. v. 12.02.2007 – II ZR 308/05, ZIP 2007, 674, 675; BGH, Urt. v. 06.06.1994 – II ZR 292/91, NJW 1994, 2220, 2224; *Fischer*, NZI 2016, 665, 668; *Goette*, DStR 2016, 1752, 1753 f.; IDW S 11 Rn. 65; *Tresselt/Schlott*, KSzW 2017, 192, 194 f.; zur Optionenanalyse *Andersch/Philipp*, NZI 2017, 782.

186 Krieger/Schneider-*Balthasar*, Handbuch Managerhaftung, Rn. 37.37; *Goette*, DStR 2016, 1752, 1753 f. m.w.N.; Heinrich-*Spahlinger*, Krise als Chance?!, S. 103, 114 ff.; *Tresselt/Schlott*, KSzW 2017, 192, 195; wohl auch *Haarmann/Vorwerk*, BB 2015, 1603, 1612.

187 Zu Vorstandsentscheidungen bei unklarer Rechtslage *Bingel/Link*, AG 2024, 177 ff.

188 BGH, Urt. v. 06.06.1994 – II ZR 292/91, NJW 1994, 2220, 2224; OLG Schleswig, Urt. v. 11.02.2020 – 5 U 60/09, NZI 2010, 492, 493; OLG Hamburg, Urt. v. 25.06.2010 – 11 U 133/06, ZIP 2010, 2448, 2449; OLG Koblenz, Urt. v. 05.11.2004 – 5 U 875/04, NZG 2005, 79, 80; *Aleth/Harlfinger*, NZI 2011, 166, 172; Noack/Servatius/Haas-*Haas*, GmbHG, Vor § 64 a.F. Rn. 40b; *Fischer*, NZI 2016, 665, 667 f.; *Sikora*, ZInsO 2010, 1761, 1772 f.; *Tresselt/Schlott*, KSzW 2017, 192, 195; Uhlenbruck-*Mock*, InsO, § 19 Rn. 229.

wird vor allem die Frage relevant, inwieweit die Geschäftsleitung **Sanierungsbeiträge Dritter** bei der Beurteilung der Fortführungsprognose berücksichtigen darf. Richtigerweise sind im Hinblick auf den Charakter als Prognoseentscheidung keine über den Maßstab der überwiegenden Wahrscheinlichkeit hinausgehenden Anforderungen zu stellen.[189] In der Regel wird unterstellt werden können, dass Dritte immer dann Sanierungsbeiträge leisten werden, wenn nach Vornahme einer **kursorischen Optionenanalyse** eine Insolvenz der Gesellschaft für den Gläubiger wirtschaftlich nachteiliger erscheint, als die Gewährung des Sanierungsbeitrags.[190] Gegen die überwiegende Wahrscheinlichkeit eines Sanierungsbeitrags spricht indes die **abschließende und eindeutige** Erklärung des Dritten, einen Beitrag nicht zu leisten, wobei eine Abgrenzung und Unterscheidung zum bloßen Aufbau einer Verhandlungsposition vorgenommen werden muss.[191]

d) Praktische Handlungsempfehlungen

52 Es ist zu empfehlen, die positive Fortführungsprognose, z.B. im Rahmen regelmäßiger Geschäftsführer-Sitzungen, laufend zu prüfen und zu aktualisieren sowie die Ergebnisse entsprechend zu protokollieren. Sollte sich ergeben, dass eine positive Fortführungsprognose zweifelhaft ist oder wird, sind unverzüglich etwaige Gegenmaßnahmen zu prüfen und vorsorglich externe Berater zur Unterstützung bei der Prüfung einzuschalten. Im Rahmen einer laufenden Sanierung, die eine Aneinanderreihung verschiedener Maßnahmen erfordert, ist die Festlegung von »Meilensteinen« empfehlenswert, um auf diese Weise den Fortschritt der Restrukturierung und mögliche Risiken für die Fortführungsprognose zu prüfen bzw. zu identifizieren.

5. Eintritt von Insolvenzgründen und »Insolvency Judgement Rule«

53 Während das geschäftsführende Organ bis zum Eintritt der materiellen Insolvenz sein Handeln an den Interessen des Unternehmens und der Gesellschafter zu orientieren hat, bewirkt der Eintritt der Zahlungsunfähigkeit (§ 17 InsO) oder Überschuldung (§ 19 InsO) ein »Umschlagen« der Handlungsmaxime zugunsten des Erhalts des Unternehmens und einer **vorrangigen Wahrung des Gläubigerinteresses** nach einer bestmöglichen Befriedigung.[192] Den Gesellschaftern ist ab diesem Zeitpunkt eine Einflussmöglichkeit auf die Geschäftsführung bei ihrer Entscheidung über die Insolvenz- und Sanierungsantragstellung genommen; eine Zustimmung der Gesellschafter ist nicht mehr erforderlich, entgegenstehende Weisungen sind nicht zu beachten.[193] Demgegenüber verbleibt es bei einer bloß drohenden Zahlungsunfähigkeit (§ 18 InsO) bei der Einflussmöglichkeit im Innenverhältnis; das geschäftsführende Organ hat hier keine eigene Einschätzungsprärogative hinsichtlich der Insolvenz- und Sanierungsantragstellung.[194] Nach Eintritt der materiellen Insolvenz steht dem geschäftsführenden Organ ein von den Gesellschaftern **unbeeinflussbarer Entscheidungsspielraum** zu, im Rahmen dessen das Organ der Gesellschaft auch für fehlerhafte Entscheidungen dann nicht haftet, wenn es ex ante auf Grundlage angemessener Informationen, im Hinblick auf die Ziele des Insolvenzverfahrens i.S.d. § 1 InsO, nach bestem Wissen und Gewissen gehandelt hat (**»Insolvency**

---

189 *Fischer*, NZI 2016, 665, 672; *Riegger/Spahlinger*, in: FS Wellensiek, 2001, S. 122 f.; *Tresselt/Schlott*, KSzW 2017, 192, 195.; a.A. MK-*Drukarczyk/Schüler*, § 19 Rn. 56; Kölner Schrift zur Insolvenzordnung-*Müller/Haas*, S. 1805.

190 *Fischer*, NZI 2016, 655, 672; *Tresselt/Schlott*, KSzW 2017, 192, 195.

191 *Tresselt/Schlott*, KSzW 2017, 192, 195.

192 *Tresselt/Müller*, KSzW 2015, 198, 201.

193 *Tresselt/Müller*, KSzW 2015, 198, 200; vgl. zur Beschränkung des Weisungsrechts OLG Nürnberg, Urt. v. 09.06.1999 – 12 U 4408/98, NJW-RR 2001, 104, 105]; MK-GmbHG/*Stephan/Tieves*, § 37 Rn. 126.

194 OLG München, Urt. v. 21.03.2013 – 23 U 3344/12, NZG 2013, 742, 744; *Müller*, DB 2014, 41, 44; *Lang/Muschalle*, NZI 2013, 953, 955; *Leinekugel/Skauradszun*, GmbHR 2011, 1121, 1123 ff.; *Möhlenkamp*, BB 2013, 2828, 2830; *Thole*, ZIP 2013, 1937, 1944; *Tresselt/Müller*, KSzW 2015, 198, 200; *Wertenbruch*, DB 2013, 1592, 1593.

Judgement Rule«).[195] Insbesondere gehört die sachgerechte Stellung von **Sanierungsanträgen** i.S.d. §§ 270 ff. InsO zum Prüfungsprogramm der Geschäftsleitung, wobei vor allem zu prüfen ist, ob die einzelnen Sanierungsanträge der Verwirklichung der Insolvenzziele dienen und ob diese rechtlich möglich und in Hinblick auf eine Sanierung sinnvoll erscheinen.[196] Wird die materielle Insolvenz – etwa aufgrund der Zuführung von Kapital durch Gesellschafter – nachhaltig beseitigt, erfolgt eine erneute Änderung der Ermessensgrundlage der Geschäftsleitung zurück zur vorrangigen Berücksichtigung der Gesellschafts- und Gesellschafterinteressen.[197]

6. Annex: Compliance Review

Der Compliance Review erlangt in der außergerichtlichen und gerichtlichen Restrukturierungspraxis zunehmend an Bedeutung. Ziel ist die rückwirkende Aufarbeitung des Vorliegens erfüllter Tatbestände der Organhaftung (insb. §§ 43 GmbHG, 92, 93 AktG). Ein Compliance Review ist insbesondere bei Übernahme von Geschäftsführer- und Vorstandpositionen, der Vorbereitung eines Verfahrens in Eigenverwaltung (§ 270 InsO) sowie im Vorfeld der Geltendmachung von Haftungsansprüchen empfehlenswert. Auch Insolvenzverwalter können sich zur effektiven Masseanreicherung durch die Geltendmachung von Organhaftungsansprüchen dem Mittel einer Compliance Review bedienen. Eine Compliance Review beginnt zunächst mit einer allgemeinen Informationssammlung (insb. über Struktur, Organisation und Governance des Unternehmens; betroffene Bereiche und strukturell/organisatorisch verantwortliche Personen), Auswertung von Fallakten (insb. Projektakten, Rechnungs- und Kontenunterlagen; Aufsichtsrats- und Vorstands-Protokolle, Berichte und Vorlagen, soweit auf den Fall bezogen; Revisions- und Controlling-Berichte) sowie einer forensischen Erhebung unternehmensbezogener Daten. Im Einzelfall kann eine forensische Untersuchung des E-Mail-Verkehrs notwendig werden, aber nur auf Basis eines dokumentierten Anfangsverdachts bzw. erklärter Zustimmung des Betroffenen; ebenso wie die umfassende Durchführung von Interviews sowohl mit verdächtigen als auch unverdächtigen Mitarbeitern. Darüber hinaus kann eine Beweiserhebung durch Inaugenscheinnahme, Darstellung regulärer Abläufe und Prozesse sowie Einholung von Gutachten zu Teilsachverhalten erfolgen. Die Ergebnisdarstellung im Rahmen eines Compliance Review erfolgt regelmäßig in Form eines Sachberichts und einer davon getrennten juristischen Bewertung. 54

C. Pflichten der Gesellschafter

I. Insolvenzantragspflicht

Bei Zahlungsunfähigkeit oder Überschuldung sind grundsätzlich die Geschäftsleiter oder Abwickler gem. § 15a Abs. 1 Satz 1 zur Stellung eines Insolvenzantrags verpflichtet (s.o. Rdn. 32). Gesellschafter haben dagegen grundsätzlich keine Pflicht, einen Insolvenzantrag zu stellen. Eine solche Pflicht kommt für Gesellschafter nur im Fall der Führungslosigkeit einer sich in der Krise befindenden Gesellschaft in Betracht.[198] § 15a Abs. 3 InsO normiert für die GmbH eine »Ersatzzuständigkeit«[199] der Gesellschafter. Bei der AG und eG fällt diese Pflicht dem Aufsichtsrat zu, sodass die Aktionäre nicht zur Insolvenzantragstellung verpflichtet sind.[200] Umstritten und noch nicht geklärt ist, wer bei einer GmbH mit Aufsichtsrat antragspflichtig ist. Nach einer Ansicht komme es für die Antragspflicht darauf an, wem kraft gesetzlicher Kompetenzzuweisung die Befugnis zur Geschäftsführer- 55

195 *Tresselt/Müller*, KSzW 2015, 198, 201.

196 Vgl. hierzu eingehend *Tresselt/Müller*, KSzW 2015, 198, 202 ff.

197 *Tresselt/Müller*, KSzW 2015, 198, 204.

198 Vgl. zur Antragspflicht der Gesellschafter den prominenten Fall der Unister Holding GmbH: Nach dem Unfalltod des Alleingeschäftsführers Thomas Wagner waren die Gesellschafter zur Insolvenzantragstellung verpflichtet.

199 BT-Drucks. 16/6140, S. 55.

200 FK-*Schmerbach*, § 15a Rn. 21; K. Schmidt-*K. Schmidt/Herchen*, § 15a Rn. 22; MK-*Klöhn*, § 15a Rn. 84; Uhlenbruck-*Hirte*, § 15a Rn. 62.

bestellung zusteht.[201] Zur Antragsstellung verpflichtet wäre der Aufsichtsrat dann nur im Fall des § 31 Abs. 1 MitBestG. Richtigerweise sollen aber auch in diesem Fall die **Gesellschafter antragsverpflichtet** sein.[202] Dafür spricht, dass der Gesetzgeber im Rahmen des Gesetzgebungsverfahrens des MoMiG auch für den Fall, dass ein Aufsichtsrat besteht, von einer Antragspflicht der Gesellschafter ausging.[203]

56 Was unter **Führungslosigkeit** zu verstehen ist, definiert § 15a Abs. 3 InsO nicht. Es kann aber auf die Legaldefinition des § 10 Abs. 2 Satz 2 Halbs. 1 oder § 35 Abs. 1 Satz 2 GmbHG zurückgegriffen werden. Danach ist eine Gesellschaft führungslos, wenn sie keinen Geschäftsführer hat. Voraussetzung ist, dass ein Vertretungsorgan rechtlich oder tatsächlich nicht existiert.[204] Ist nur der Aufenthalt des tatsächlich bestehenden Geschäftsführers unbekannt, genügt dies nach der Begründung des Regierungsentwurfs für eine Führungslosigkeit nicht.[205] Auch die bloße Handlungsunwilligkeit[206] des amtierenden organschaftlichen Vertreters begründet keine Führungslosigkeit.[207] Von Führungslosigkeit muss aber auch dann ausgegangen werden, wenn ein Geschäftsführer beispielsweise aufgrund eines Krankenhausaufenthaltes weder physisch noch psychisch in der Lage ist, einen entsprechenden Willen zu bilden oder Dokumente zu unterzeichnen. Nicht abschließend geklärt sind dagegen die Rechtsfolgen einer Amtsniederlegung zur Unzeit. Jedenfalls seit Inkrafttreten des MoMiG ist davon auszugehen, dass eine Amtsniederlegung zur Unzeit wirksam ist und deshalb zur Führungslosigkeit führen kann.[208]

57 Die Verpflichtung der Gesellschafter zur Antragsstellung besteht erst dann nicht mehr, wenn ein neuer Geschäftsführer bestellt wird. Durch die Ersatzzuständigkeit wollte der Gesetzgeber daher einen mittelbaren Anreiz zur Geschäftsführerbestellung schaffen.[209] In diesem Fall geht die Antragspflicht auf den neu bestellten Geschäftsführer über.[210] Ein nur **faktischer Geschäftsführer** lässt die Verpflichtung zur Antragsstellung der Gesellschafter **nicht** entfallen.[211]

58 Die Antragspflicht trifft jeden Gesellschafter unabhängig von seiner Beteiligungsquote.[212] Eine Antragspflicht kommt gem. § 15a Abs. 3 InsO allerdings nur in Betracht, wenn der betreffende Gesellschafter **Kenntnis** von der Zahlungsunfähigkeit oder Überschuldung und der Führungslosigkeit hat. Hat der Gesellschafter keine Kenntnis vom Vorliegen eines dieser Merkmale, trifft ihn keine Pflicht zur Insolvenzantragsstellung. Kenntnis im Sinne des § 15a Abs. 3 InsO meint dabei positive

---

201 Noack/Servatius/Haas-*Haas*, GmbHG, § 64 Rn. 233; Römermann-*Mönning*, § 15a Rn. 36; so wohl auch K. Schmidt-*K. Schmidt/Herchen*, § 15a Rn. 22; Argumentation befürwortend auch MK-*Klöhn*, § 15a Rn. 87, der allerdings an der Entstehungsgeschichte der Vorschrift festhält.

202 So auch HK-*Kleindiek*, § 15a Rn. 26; *Altmeppen*, GmbHG, Anh. § 60 Rn. 86; *Wälzholz*, DStR 2007, 1914, 1915; im Ergebnis ebenso MK-*Klöhn*, § 15a Rn. 87.

203 Vgl. Rechtsausschuss zum RegE MoMiG, BT-Drucks. 16/9737, S. 56, der an dieser Stelle von einem Gleichlauf mit § 15a Abs. 3 InsO spricht.

204 Thierhoff/Müller-*Lötschert/Müller/Schmidt*, Unternehmenssanierung, Kap. 8 Rn. 141.

205 BT-Drucks. 16/6140, S. 55; so auch K. Schmidt-*K. Schmidt/Herchen*, § 15a Rn. 19; K/P/B-*Steffek*, InsO, 71. Erg.Lfg. 2017, § 15a Rn. 37 m.w.N.; MK-*Klöhn*, § 15a Rn. 88.

206 In diesem Fall können die Gesellschafter von ihrem Weisungsrecht gem. § 37 Abs. 1 GmbHG Gebrauch machen.

207 MK-*Klöhn*, § 15a Rn. 88; Römermann-*Mönning*, § 15a Rn. 26; K/P/B-*Steffek*, InsO, § 15a Rn. 37.

208 So M/H/L/S-*Terlau*, GmbHG, § 38 Rn. 84; MK-GmbHG/*Stephan/Tieves*, § 38 Rn. 64 ff.; *Altmeppen*, GmbHG, § 38 Rn. 81 f.; a.A. dagegen OLG München, Beschl. v. 16.03.2011 – 31 Wx 64/11, NZG 2011, 432; OLG Frankfurt, Beschl. v. 11.11.2014 – 20 W 317/11, GmbHR 2015, 363.

209 BT-Drucks. 16/6140, S. 55; Braun-*Sorg*, § 15a Rn. 28.

210 BT-Drucks. 16/6140, S. 55.

211 K. Schmidt-*K. Schmidt/Herchen*, § 15a Rn. 19; K/P/B-*Steffek*, InsO, § 15a Rn. 39; MK-*Klöhn*, § 15a Rn. 83, 88; Römermann-*Mönning*, § 15a Rn. 32; Thierhoff/Müller-*Lötschert/Müller/Schmidt*, Unternehmenssanierung, Kap. 8 Rn. 141.

212 HK-*Kleindiek*, § 15a Rn. 25; K/P/B-*Steffek*, § 15a Rn. 42; MK-*Klöhn*, § 15a Rn. 84; Uhlenbruck-*Hirte*, § 15a Rn. 62.

Kenntnis, sodass fahrlässige Unkenntnis nicht genügt.[213] Der positiven Kenntnis steht das bewusste Verschließen vor der Kenntnis des Insolvenzgrunds oder der Führungslosigkeit gleich.[214] Der Nachweis der fehlenden Kenntnis obliegt dem antragsverpflichteten Gesellschafter.[215]

Den Gesellschafter trifft keine ausufernde oder permanente Nachforschungspflicht.[216] Sie soll nach der Gesetzesbegründung nur in folgenden Fällen in Betracht kommen: Kennt der Gesellschafter die Führungslosigkeit, trifft ihn eine Nachforschungspflicht hinsichtlich der Vermögensverhältnisse der Gesellschaft.[217] Kennt der Gesellschafter im umgekehrten Fall die Zahlungsunfähigkeit oder Überschuldung, muss er sich bei fehlendem Insolvenzantrag des Geschäftsführers über eine mögliche Führungslosigkeit informieren.[218] 59

▶ **Hinweis:**

Gesellschafter sollten in diesen Fällen ihre **Prüfergebnisse dokumentieren**, um im Fall gerichtlicher Auseinandersetzung ihrer Beweisverpflichtung nachkommen zu können. 60

II. Pflicht zur Mitwirkung an Sanierungs- oder Abwicklungsmaßnahmen

Trotz umstrittener Begründung[219] ist für Gesellschafter eine allgemeine gesellschaftsrechtliche **Treuepflicht** anerkannt.[220] Sie besteht vertikal gegenüber der Gesellschaft und horizontal gegenüber den Mitgesellschaftern, im Regelfall nicht jedoch gegenüber Dritten.[221] Die Treuepflicht verpflichtet die Gesellschafter, die Interessen der Gesellschaft und der Mitgesellschafter zu wahren und zu fördern und nicht durch schädigendes Verhalten zu beeinträchtigen.[222] Sie wird dabei als Oberbegriff für unterschiedliche Pflichten der Gesellschafter verstanden.[223] Grenze der Treuepflicht ist das berechtigte eigene Interesse des Gesellschafters.[224] 61

Der genaue Inhalt der Treuepflicht lässt sich aus einer auf den konkreten Einzelfall bezogenen Interessenabwägung zwischen dem Eigeninteresse des Gesellschafters und dem Gesellschaftsinteresse bzw. den mitgliedschaftlichen Interessen der übrigen Gesellschafter ermitteln.[225] Wie § 705 Abs. 1 BGB zeigt, hat jeder Gesellschafter eine **aktive Förderpflicht** – daran hat das MoPeG nichts geändert.[226] Diese Förderpflicht kann sich in Krisensituationen auch auf die Sanierung der Gesellschaft richten.[227] Der Gesellschafter muss insoweit an allen Maßnahmen mitwirken, die zur Erhaltung 62

213 BT-Drucks. 16/6140, S. 55 f.
214 BT-Drucks. 16/6140, S. 56.
215 Braun-*Sorg*, § 15a Rn. 29; K. Schmidt-*K. Schmidt/Herchen*, § 15a Rn. 23.
216 BT-Drucks. 16/6140, S. 55.
217 BT-Drucks. 16/6140, S. 55.
218 BT-Drucks. 16/6140, S. 55.
219 MK-*Merkt*, GmbHG, § 13 Rn. 100 f. m.w.N.
220 Oetker-*Lieder*, HGB, § 108 Rn. 29; für die GmbH auch BGH, Urt. v. 25.09.1986 – II ZR 262/85, NJW 1987, 189; für die AG BGH, Urt. v. 20.03.1995 – II ZR 205/94, NJW 1995, 1739 (Girmes); zur Treuepflicht in der Ein-Personen-GmbH s. MK-*Merkt*, GmbHG, § 13 Rn. 111 ff.
221 MK-*Merkt*, GmbHG, § 13 Rn. 102 ff.
222 Noack/Servatius/Haas-*Fastrich*, GmbHG, § 13 Rn. 21; *Altmeppen*, GmbHG, § 13 Rn. 32.
223 Lutter/Hommelhoff-*Bayer*, GmbHG, § 14 Rn. 29; für eine allgemeine Verhaltensregel Noack/Servatius/Haas-*Fastrich*, GmbHG, § 13 Rn. 21.
224 Hopt-*Roth*, HGB, § 108 Rn. 23.
225 Noack/Servatius/Haas-*Fastrich*, GmbHG, § 13 Rn. 22 f.; BeckHdb PersG-*Eberhard*, § 12 Rn. 118; Römermann-*Schluck-Amend*, MAH GmbH-Recht, § 23 Rn. 25; Saenger/*Inhester-Saenger*, § 13 Rn. 20.
226 MK-BGB/*Schäfer*, § 705 Rn. 10.
227 *Häsemeyer*, ZHR 160 (1996), 109, 113; Lutter/Hommelhoff-*Bayer*, GmbHG, § 14 Rn. 33.

des in der Gesellschaft Geschaffenen und zur Erreichung ihres Zwecks dringend geboten sind.[228] Befindet sich die Gesellschaft in der Krise, erhöht sich die Pflichtbindung der Gesellschafter.[229]

1. Nachschusspflicht?

a) Personengesellschaften

63 Gesellschafter einer Personengesellschaft sind gem. § 710 BGB (i.V.m. §§ 105 Abs. 3, 161 Abs. 2 HGB) während der Gesellschaftsdauer weder zur Erhöhung des vereinbarten Beitrags noch zum Nachschuss verpflichtet.[230] Als dem Individualschutz dienendes Grundlagengeschäft ist es immer der Gesellschafterversammlung vorbehalten und kann nicht delegiert werden.[231] Im **Gesellschaftsvertrag** können allerdings Regelungen über eine Nachschussverpflichtung **unter engen Grenzen** getroffen werden.[232] Aus der gesellschaftsvertraglichen Regelung müssen dabei Art und Umfang der Nachschusspflicht eindeutig oder zumindest in objektiv bestimmbarer Weise hervorgehen.[233] Ohne eine solche Regelung oder einen einstimmigen Gesellschafterbeschluss besteht eine Nachschussverpflichtung dagegen nicht. Auch daran hat das MoPeG nichts geändert.[234]

b) Kapitalgesellschaften

64 Für die Gesellschafter einer GmbH kann gem. § 26 Abs. 1 GmbHG eine Nachschusspflicht im Gesellschaftsvertrag vorgeschrieben sein. Gem. § 53 Abs. 4 GmbHG ist dafür ein Beschluss sämtlicher Gesellschafter erforderlich.[235] Zwingende Voraussetzung ist außerdem ein Beschluss der Gesellschafterversammlung über die Einforderung der Nachschüsse, für den eine einfache Mehrheit allerdings genügt, wenn die Satzung keine abweichende Regelung enthält.[236] Erst dann besteht ein Anspruch der Gesellschaft auf Zahlung der Nachschüsse.[237] Das Aktienrecht kennt dagegen keine Nachschüsse, da die Verpflichtung zur Zahlung von Nachschüssen im Widerspruch zu §§ 54, 55 AktG steht und damit zu einem Verstoß gegen § 23 Abs. 5 AktG führt.[238] Aktionäre sind daher zur Zahlung von Nachschüssen nicht verpflichtet.[239] Sie können sich allerdings durch schuldrechtliche Abreden[240] mit der Gesellschaft oder anderen Aktionären zu Leistungen verpflichten.[241] Die Gesellschafter einer eG sind dagegen – falls der Gesellschaftsvertrag dies vorsieht – zur Zahlung von Nachschüssen in der Insolvenz der Gesellschaft gem. §§ 6 Nr. 3, 105 GenG verpflichtet.

c) Andere Behandlung in der Krise?

65 Verfügt die Gesellschaft in der Krise über zu wenig Kapital, stellt sich die Frage, ob diese Krisensituation eine besondere Behandlung erfordert und die Gesellschafter weitergehenden Treuepflichten unterworfen sind.

---

228 Römermann-*Schluck-Amend*, MAH GmbH-Recht, § 23 Rn. 25.

229 M/H/L/S-*Lieder*, GmbHG, § 13 Rn. 186; MK-*Merkt*, GmbHG, § 13 Rn. 159.

230 Jauernig-*Stürner*, BGB, § 707 a.F. Rn. 1; MK-BGB/*Schäfer*, § 710 Rn. 7; Thierhoff/Müller-*Lötschert/Müller/Schmidt*, Unternehmenssanierung, Kap. 8 Rn. 172.

231 MK-BGB/*Schäfer*, § 710 Rn. 2.

232 S. zu dieser Frage MK-BGB/*Schäfer*, § 710 Rn. 5.

233 Jauernig-*Stürner*, BGB, § 707 a.F. Rn. 3; Thierhoff/Müller-*Lötschert/Müller/Schmidt*, Unternehmenssanierung, Kap. 8 Rn. 173.

234 MK-BGB/*Schäfer*, § 710 Rn. 1.

235 MK-*Schütz*, GmbHG, § 26 Rn. 6.

236 MK-*Schütz*, GmbHG, § 26 Rn. 65.

237 BeckOK-*Jaeger*, GmbHG, § 26 Rn. 17.

238 Deubert/Förschle/Störk-*Förschle/Heinz*, Sonderbilanzen, Q Rn. 207.

239 MK-*Schütz*, GmbHG, § 26 Rn. 15; Thierhoff/Müller-*Lötschert/Müller/Schmidt*, Unternehmenssanierung, Kap. 8 Rn. 174.

240 Diese Abreden unterliegen den allgemeinen Regeln des BGB und können gesellschaftsrechtlich nicht sanktioniert werden, vgl. Grigoleit-*Grigoleit/Rachlitz*, AktG, § 54 Rn. 15, 18.

241 MK-*Götze*, AktG, § 54 Rn. 31.

aa) Zustimmungspflicht zu Kapitalmaßnahmen in der AG

66 Grundsätzlich besteht keine Treuepflicht dahingehend, um jeden Preis an Sanierungsmaßnahmen teilzunehmen.[242] Die Gesellschafter sind aber aufgrund der Treuepflicht gehalten, ihre Rechte unter angemessener Berücksichtigung der gesellschaftsbezogenen Interessen auszuüben.[243] Für den Fall einer sanierungsbedürftigen Aktiengesellschaft hat der BGH in seiner »Girmes«-Entscheidung geurteilt, »dass es die Treuepflicht dem einzelnen Gesellschafter verbietet, eine sinnvolle und mehrheitlich angestrebte Sanierung aus eigennützigen Gründen zu verhindern«.[244] Sind Gläubiger bereit, einem Sanierungskonzept nur nach einer Kapitalmaßnahme zuzustimmen, müssen die Gesellschafter dieser aufgrund ihrer Treuepflicht in der Regel zustimmen.[245]

bb) »Sanieren oder Ausscheiden«

67 In ähnlichem Zusammenhang ist für Personengesellschaften die »Sanieren oder Ausscheiden«-Rechtsprechung[246] des BGH ergangen. Der BGH hat die sanierungsunwilligen Gesellschafter dabei vor die Wahl gestellt, Sanierungsmaßnahmen zuzustimmen oder aus der Gesellschaft auszuscheiden. Dem Urteil vom 19.10.2009 – II ZR 240/08 lag dabei der Sachverhalt zugrunde, dass eine Gesellschafterversammlung mit der für Änderungen des Gesellschaftsvertrags erforderlichen Mehrheit den Beschluss fasste, die Gesellschaft durch einen Kapitalschnitt zu sanieren. Dabei war kein Gesellschafter zur Teilnahme an der Kapitalerhöhung verpflichtet, allerdings waren die sanierungsunwilligen Gesellschafter nach der gesellschaftsvertraglichen Bestimmung verpflichtet, aus der Gesellschaft im Fall fehlender Zahlungsbereitschaft auszuscheiden.[247] Dies sei laut BGH zulässig, weil die Gesellschafter durch den Ausschluss nicht schlechter gestellt wurden, als sie bei einer Liquidation der Gesellschaft gestanden hätten.

68 Die Frage nach der Anwendbarkeit der »Sanieren oder Ausscheiden«-Rechtsprechung stellt sich auch für die Kommanditgesellschaft, denn die Haftungsbeschränkung der Kommanditisten ist gem. § 161 Abs. 1 HGB ein Wesensmerkmal der KG.[248] Das OLG Karlsruhe hat in diesem Zusammenhang in einem nicht rechtskräftigen Urteil entschieden, dass die »Sanieren oder Ausscheiden«-Rechtsprechung **auch für eine KG uneingeschränkt gelte**, »solange eine Kommanditgesellschaft [...] von ihrem Kommanditisten im Sanierungsfall einen freiwilligen Beitrag verlangt, der zusammen mit der geleisteten Pflichteinlage auf die Höhe der eingetragenen Haftsumme begrenzt ist.«[249]

69 Nach verbreiteter und richtiger Ansicht können die »Sanieren oder Ausscheiden«-Grundsätze **auf die GmbH übertragen werden.**[250] Der Ausschluss erfolgt in diesen Fällen entweder durch eine Kapitalherabsetzung auf Null oder – bei Vorliegen einer entsprechenden Satzungsbestimmung –

242 BeckHdb PersG-*Eberhard*, § 12 Rn. 118; *K. Schmidt*, GesR, S. 134; Schauhoff/Kirchhain-*Brünkmans*, Hdb der Gemeinnützigkeit, § 20 Rn. 106.

243 BeckHdb PersG-*Eberhard*, § 12 Rn. 118.

244 BGH, Urt. v. 20.03.1995 – II ZR 205/94, NJW 1995, 1739, 1743.

245 MK-*Merkt*, GmbHG, § 13 Rn. 151.

246 BGH, Urt. v. 19.10.2009 – II ZR 240/08, NZI 2009, 907; BGH, Urt. v. 25.01.2011 – II ZR 122/09, DStR 2011, 823; BGH, Beschl. v. 09.06.2015 – II ZR 227/14, DNotZ 2016, 139.

247 Diese Pflicht kann auch im Fall einer fehlenden gesellschaftsvertraglichen Regelung bestehen, s. dazu BGH, Beschl. v. 09.06.2015 – II ZR 227/14, DNotZ 2016, 139, 140 f.

248 S. dazu *Dorka/Derwald*, NZG 2010, 694; Reul/Heckschen/Wienberg-*Heckschen*, Insolvenzrecht in der Gestaltungspraxis, § 4 Rn. 496 ff.; *Rummel/Enge*, NZG 2017, 256.

249 OLG Karlsruhe, Urt. v. 22.04.2016 – 4 U 226/15, NZG 2017, 260, 261.

250 *Baums*, Recht der Unternehmensfinanzierung, § 60 Rn. 35 ff.; *Döge*, ZIP 2018, 1220, 1224 ff.; MHdb-GesR-*Böhm/Breier*, Bd. 3, § 32 Rn. 31; MK-*Merkt*, GmbHG, § 13 Rn. 159; *Priester*, ZIP 2010, 497, 499 ff.; Römermann-*Schluck-Amend*, MAH GmbH-Recht, § 23 Rn. 25; Thierhoff/Müller-*Lötschert/Müller/Schmidt*, Unternehmenssanierung, Kap. 8 Rn. 182.

durch Einziehung.[251] Fehlt eine Satzungsbestimmung, ist auch eine Ausschlussklage aus wichtigem Grund möglich.[252] Für die AG ist die Anwendung dieser Grundsätze umstritten.[253]

69a Von der rein gesellschaftsrechtlichen Frage zu unterscheiden sind Restrukturierungspläne nach dem StaRUG, in die nur Gesellschafter einbezogen werden sollen, mit dem Ziel, eine Gruppe von Gesellschaftern aus der Gesellschaft auszuschließen. In einem Verfahren vor dem AG München hat das zuständige Restrukturierungsgericht im Rahmen einer Vorprüfung nach § 46 StaRUG darauf hingewiesen, dass nach seiner Rechtsauffassung eine gruppenübergreifende Mehrheitsentscheidung bei nur zwei Gruppen, die jeweils aus Gesellschaftern bestehen, nicht in Betracht kommt.[254] Eine teleologische Reduzierung des eindeutigen Wortlauts von § 26 Abs. 1 Nr. 3 StaRUG, wonach eine gruppenübergreifende Mehrheitsentscheidung nicht möglich ist, wenn die zustimmenden Gruppen ausschließlich durch Gesellschafter oder nachrangige Gläubiger gebildet werden, hat das Gericht abgelehnt.[255] Dieses Problem haben die Planverfasser in einem Verfahren vor dem AG Dresden, in dem ausschließlich Gesellschafter Planbetroffene waren, umgangen, indem sie lediglich eine Gruppe gebildet haben. Diese Gruppe hat dem Plan (knapp) zugestimmt, der anschließend gerichtlich bestätigt wurde.[256]

cc) Verwässerung

70 Grundlage der Treuepflicht ist die auf dem konkreten Gesellschaftsverhältnis beruhende berechtigte Erwartungshaltung der übrigen Gesellschafter.[257] Sieht der Gesellschaftsvertrag vor, dass eine Erhöhung des Kapitals nur mit Zustimmung aller Gesellschafter möglich ist und im Fall einer nicht einstimmigen Entscheidung nur die zustimmenden Gesellschafter ihre Einlagen erhöhen, während die übrigen Gesellschafter eine Verwässerung ihrer Anteile hinnehmen müssen, kann es keine berechtigte Erwartungshaltung der zustimmenden Gesellschafter hinsichtlich des Ausscheidens der sanierungsunwilligen Gesellschafter geben.[258]

dd) Bezugsrecht

71 Im Rahmen von Kapitalmaßnahmen in Sanierungssituationen haben Gesellschafter nach § 186 Abs. 1 Satz 1 AktG grundsätzlich ein Bezugsrecht. Neue Investoren werden aber nicht selten das Bezugsrecht der Altgesellschafter ausschließen wollen.[259] Ein Bezugsrechtsausschluss ist grundsätzlich möglich, ist aber nur unter den formellen Voraussetzungen des § 186 Abs. 3 und 4 AktG (für die GmbH in analoger Anwendung[260]) zulässig. In materieller Hinsicht muss der Ausschluss darüber hinaus sachlich gerechtfertigt sein.[261] Dies wird nur dann anzunehmen sein, wenn die Gesellschaft vernünftigerweise ein berechtigtes Interesse am Ausschluss hat und zu erwarten ist, dass der angestrebte Zweck die Interessen der ausgeschlossenen Gesellschafter überwiegt.[262] Auch bei Kapitalerhöhungen in Restrukturierungsplänen nach dem StaRUG ist ein Bezugsrechtsaus-

---

251 MK-*Merkt*, GmbHG, § 13 Rn. 159; *Priester*, ZIP 2010, 497.

252 MK-*Merkt*, GmbHG, § 13 Rn. 159; *Priester*, ZIP 2010, 497.

253 Dafür etwa Grigoleit-*Grigoleit*, AktG, § 1 Rn. 63; *Brand*, KTS 2011, 481, 485 ff.; wohl auch *Herding/Krafczyk*, ZRI 2023, 250, 758; ablehnend *Baums*, Recht der Unternehmensfinanzierung, § 60 Rn. 24 ff.

254 AG München, Beschl. v. 15.02.2023 – 1507 RES 3229/22, ZIP 2023, 603.

255 AG München, Beschl. v. 15.02.2023 – 1507 RES 3229/22, ZIP 2023, 603 f.; dazu kritisch *Thole*, ZIP 2023, 563, 565 f.

256 AG Dresden, Beschl. v. 27.11.2023 – 572 RES 1/23, BeckRS 2023, 39347.

257 BGH, Urt. v. 25.01.2011 – II ZR 122/09, NZG 2011, 510, 512 f. in Abgrenzung zu BGH, Urt. v. 19.10.2009 – II ZR 240/08, NZI 2009, 907.

258 BGH, Urt. v. 25.01.2011 – II ZR 122/09, NZG 2011, 510, 512 f.

259 K. Schmidt/Uhlenbruck-*Uhlenbruck/K. Schmidt*, Die GmbH in Krise, Restrukturierung und Insolvenz, Rn. 6.2.

260 Ganz h.M., vgl. nur MK-*Lieder*, GmbHG, § 55 Rn. 116.

261 BGH, Urt. v. 13.03.1978 – II ZR 142/76, NJW 1978, 1316, 1317.

262 BGH, Urt. v. 13.03.1978 – II ZR 142/76, NJW 1978, 1316, 1317.

schluss zulässig; in diesen Fällen wird das Gesellschaftsrecht durch die speziellen Regelungen des StaRUG überlagert, aus denen sich die Anforderungen an die (verfassungsrechtliche) Rechtfertigung ergeben.[263]

ee) Freigabeverfahren des § 246a AktG

In Sanierungssituationen wird für Kapitalmaßnahmen darüber hinaus auch das Freigabeverfahren relevant. § 246a AktG normiert, dass bei Kapitalmaßnahmen das Gericht auf Antrag der Gesellschaft feststellen kann, dass eine gegen eine Kapitalmaßnahme erhobene Anfechtungsklage einer Eintragung nicht entgegensteht. Für die GmbH fehlt eine solche Regelung und auch die Frage nach einer analogen Anwendung der Vorschrift ist höchstrichterlich noch nicht geklärt[264] und im Schrifttum umstritten. Mit der inzwischen wohl überwiegenden Ansicht[265] ist die Annahme einer **analogen Anwendung dennoch richtig** und jedenfalls in Sanierungssituationen besonders dringend geboten, da Sanierungsmaßnahmen häufig kurzfristig getroffen werden müssen und Zeitverzögerungen Sanierungen gefährden und sogar verhindern. Das Freigabeverfahren und die »Sanieren oder Ausscheiden«-Rechtsprechung könnten vor allem auch als **Druckmittel** dienen, um sanierungsunwillige Gesellschafter zur Mitwirkung an konsensualer Lösung zu bewegen. 72

2. Pflicht zur Liquidation der Gesellschaft?

Die Treuepflicht der Gesellschafter kann sich in der Krise nicht nur auf eine Sanierung, sondern auch auf die Zustimmung zur Auflösung und interessengerechten Abwicklung richten.[266] Dies soll beispielsweise dann der Fall sein, wenn eine Insolvenz auf Dauer unvermeidlich ist und eine Auflösung der Gesellschaft mit einem Verkauf des Unternehmens die bestmögliche Verwertung verspricht.[267] Nach Auffassung von Lutter, die freilich sehr fraglich ist, besteht eine Treuepflicht zur Mitwirkung an der (solventen) Liquidation dann, wenn offensichtlich keine Chancen und realistische Alternativen am Markt bestehen.[268] 73

D. Pflichten des Aufsichtsrats bzw. Beirats

Die Verantwortung des Aufsichtsrats für die Gewährleistung einer ordnungsgemäßen Krisencompliance wird immer umfassender, da die Geschäftsleiter aufgrund von Verstößen gegen oder wegen Schwächen des Compliance-Systems in letzter Zeit zunehmend in Haftung genommen werden (müssen). Haften die Geschäftsleiter aber auf erster Stufe, so schließt sich häufig auf einer zweiten Stufe die Frage an, ob auch der Aufsichtsrat wegen der Verletzung seiner Pflicht zur Kontrolle der Geschäftsleitung, gem. §§ 116, 93 Abs. 2 oder Abs. 3 AktG in Anspruch genommen werden kann.[269] 74

---

263 Aus der Rechtsprechung AG Nürnberg, Beschl. v. 21.06.2023 – RES 397/23, NZI 2023, 881, 884; grundlegend bereits Morgen-*Tresselt*, StaRUG, § 7 Rn. 39.

264 Lediglich das KG hat sich zu dieser Frage geäußert und eine analoge Anwendung des § 246a AktG auf die GmbH unter Hinweis auf das Fehlen einer Regelungslücke verneint, vgl. KG, Beschl. v. 23.06.2011 – 23 AktG 1/11, NZG 2011, 1068.

265 Für eine analoge Anwendung MK-*Lieder*, GmbHG, § 57 Rn. 66; Lutter/Hommelhoff-*Bayer*, GmbHG, § 57 Rn. 25b; *Bayer/Lieder*, NZG 2011, 1170, 1171 ff.; *Geißler*, GmbHR 2008, 128, 132 f.; *Harbarth*, GmbHR 2005, 966, 968 ff.; a.A. Noack/Servatius/Haas-*Noack*, GmbHG, § 54 Rn. 28; Scholz-*Priester/Tebben*, GmbHG, § 57 Rn. 50; MK-GmbHG/*Fleischer*, DB 2011, 2132, 2133 ff.; *Sauerbruch*, GmbHR 2007, 189, 190 ff.

266 BeckHdb PersG-*Eberhard*, § 12 Rn. 120; *Lutter*, ZHR 162 (1998), 164, 170; *K. Schmidt*, GesR, S. 135; MHdb-GesR-*Böhm/Breier*, Bd. 3, § 32 Rn. 31; Rowedder/Pentz-*Pentz*, GmbHG, § 13 Rn. 68.

267 BeckHdb PersG-*Eberhard*, § 12 Rn. 120; *K. Schmidt*, GesR, S. 135.

268 *Lutter*, ZHR 162 (1998), 164, 170.

269 *Siepelt/Pütz*, CCZ 2018, 78, 78; vgl. auch *Hasselbach*, NZG 2012, 41, 47.

I. Rechtliche Grundlagen

75 Die allgemeinen Compliance-Pflichten des Aufsichtsrats meinen im Grundsatz eine **Überwachungspflicht** der Vorstandstätigkeit, welche auf § 111 Abs. 1 AktG fußt.[270] Diese Norm gilt unmittelbar jedoch nur für den Aufsichtsrat einer AG.

76 Für den obligatorischen Aufsichtsrat einer GmbH gilt die Norm entsprechend.[271] Über § 52 Abs. 1 GmbHG erstreckt sich die Pflicht zur Kontrolle der Geschäftsleitung auch weitestgehend auf den fakultativen Aufsichtsrat einer GmbH.[272]

▶ **Hinweis:**

77 Inwiefern die Überwachung der Geschäftsleitung hingegen auch eine Pflicht des **Beirats einer GmbH** ist, hängt von den ihm zugewiesenen Aufgaben ab.[273] Hierbei muss allerdings – selbst bei Beiräten, die gesetzlich zwingend die Geschäftsleitung zu überwachen haben – die im GmbH-Recht geltende Gestaltungsfreiheit beachtet werden, wodurch es im Einzelfall zu erheblichen Abweichungen zum Aufgabenkatalog des aktienrechtlichen Aufsichtsrats kommen kann.[274] Welche konkreten Compliance-Pflichten einen Beirat im Sanierungsfall treffen, ist dementsprechend eine Frage des Einzelfalls, die nur mit Blick auf die ihm zugedachten Aufgaben und Kompetenzen beantwortet werden kann.

II. Grundsätzliche Überwachungspflicht des Aufsichtsrats

78 Im Vorfeld der Insolvenzreife bemisst sich die Art, Intensität und der Umfang der Überwachungspflicht des Aufsichtsrats nach der Lage der Gesellschaft.[275] Man spricht insoweit von der »abgestuften Überwachungspflicht« des Aufsichtsrats.[276] Je kritischer sich die Situation der Gesellschaft darstellt, desto intensiver muss sich der Aufsichtsrat mit der Situation auseinandersetzen.[277]

79 Im Rahmen des üblichen Geschäftsbetriebs reicht es insoweit aus, dass der Aufsichtsrat die Einrichtung eines Compliance-Systems überwacht, die (Compliance-) Berichte des Vorstands entgegennimmt, diese sorgfältig prüft, plausibilisiert und mit dem Vorstand kritisch erörtert.[278] Der Aufsichtsrat hat im Regelfall somit sicherzustellen, dass der Vorstand seiner Compliance-Verantwortung gerecht wird und etwaige Pflichtverletzungen des Vorstands im Rahmen dieser Tätigkeiten aufgedeckt, abgestellt und schlussendlich sanktioniert werden.[279]

---

270 MK-AktG/*Habersack*, § 111 Rn. 20; *ders.*, AG 2014, 1, 2; *Siepelt/Pütz*, CCZ 2018, 78, 79.

271 Vgl. § 1 Abs. 1 Nr. 3 Satz 2 DrittelbG/§ 25 Abs. 1 Nr. 2 MitbestG/§ 3 Abs. 2 Montan-MitbestG.

272 Vgl. BGH, Urt. v. 20.09.2010 – II ZR 78/09, NJW 2011, 221, 223; Noack/Servatius/Haas-*Noack*, GmbHG, § 52 Rn. 100; M/H/L/S-*Giedinghagen*, GmbHG, § 52 Rn. 9; *Strohn*, NZG 2011, 1161, 1163.

273 Vgl. BeckOK-*Jaeger*, GmbHG, § 52 Rn. 82 und 85 f.; MK-GmbHG/*Spindler*, § 52 Rn. 778, 780.

274 MK-GmbHG/*Spindler*, § 52 Rn. 780.

275 OLG Stuttgart, Urt. v. 29.02.2012 – 20 U 3/11, AG 2012, 298, 300; Koch-*Koch*, AktG, § 111 Rn. 30; *Lutter/Krieger/Verse*, Rechte und Pflichten des Aufsichtsrats, § 3 Rn. 92; *Reichert/Ott*, NZG 2014, 241, 246.

276 MK-AktG/*Habersack*, § 111 Rn. 55 ff.; *Reichert/Ott*, NZG 2014, 241, 245.

277 BeckOK-*Jaeger*, GmbHG, § 52 Rn. 31; *Hasselbach*, NZG 2012, 41, 48; MK-AktG/*Habersack*, § 111 Rn. 56; *Reichert/Ott*, NZG 2014, 241, 246.

278 *Lutter/Krieger/Verse*, Rechte und Pflichten des Aufsichtsrats, § 3 Rn. 75; MK-AktG/*Habersack*, § 111 Rn. 55; *Reichert/Ott*, NZG 2014, 241, 245 f.; vgl. auch *Siepelt/Pütz*, CCZ 2018, 78, 79.

279 *Habersack*, AG 2014, 1, 2.

III. Pflichten in der Krise

Befindet sich die Gesellschaft hingegen in einer angespannten oder sich zuspitzenden finanziellen Lage, so hat der Aufsichtsrat weitere Maßnahmen zu ergreifen.[280] Insbesondere hat er sich auch dann mit der Krise zu befassen und ggf. Maßnahmen zu ergreifen, wenn die Geschäftsleitung ihm gem. § 1 Abs. 1 Satz 2 StaRUG Bericht erstattet. Dem Aufsichtsrat kann es insoweit zuzumuten sein, **zusätzliche Berichte** anzufordern, sich eventuell in **Sondersitzungen** mit der Situation der Gesellschaft auseinanderzusetzen und auch die Einführung von **speziellen Zustimmungsvorbehalten** im Sinne des § 111 Abs. 4 Satz 1 AktG zu prüfen.[281] Diese Plicht kann auch den – obligatorischen sowie fakultativen – Aufsichtsrat einer GmbH treffen.[282] 80

Hat sich die Situation der Gesellschaft so weit verschlechtert, dass der Eintritt der **Insolvenzreife** droht und sich die Gesellschaft dementsprechend bereits in einer handfesten finanziellen Krise befindet, so treffen den Aufsichtsrat noch umfassendere Pflichten.[283] Insoweit hat er neben den bereits erwähnten Maßnahmen noch weitere Anstrengungen zu unternehmen, um die Lage der Gesellschaft zu verbessern. Zu diesem Zweck kann es geraten sein, dass er unter Einschaltung der Expertise von externen Sachverständigen die Lage der Gesellschaft analysieren lässt und geeignete Maßnahmen zur Überwindung der Krise prüft.[284] Der dem Aufsichtsrat hierbei zukommende Pflichtenkatalog kann so weit reichen, dass ihm vorübergehend – im Fall einer besonders kritischen Lage der Gesellschaft[285] – sogar die Vornahme zwingend erforderlicher Geschäftsführungsmaßnahmen obliegt, ohne dass ihm dabei aber die grundsätzliche Geschäftsführung zustehen darf, welche als Leitungsaufgabe ausschließlich dem originären Aufgabenkreis des Vorstands angehört.[286] 81

Der Aufsichtsrat hat dafür Sorge zu tragen, dass dem Unternehmen eine Unternehmensleitung vorsteht, welche der Krisensituation gewachsen ist. Sofern er also der Meinung ist, dass die bestehende Geschäftsführung diesen Anforderungen nicht genügt, hat er eine **personelle Umgestaltung zu erwägen** und gegebenenfalls herbeizuführen.[287] Den fakultativen Aufsichtsrat einer GmbH oder demjenigen nach § 1 Abs. 3 DrittelbG trifft diese Pflicht hingegen nur dann, wenn ihm die Kompetenz zur Abberufung und Bestellung von Geschäftsführern übertragen worden ist.[288] 82

Sofern eine Sanierung der Gesellschaft möglich erscheint, hat der Aufsichtsrat darauf zu drängen, dass der Vorstand ein **Sanierungskonzept** erarbeitet, ihm die Ergebnisse der Sanierungsberater (z.B. 83

---

280 *Lange*, D&O-Versicherung und Managerhaftung, § 2 Rn. 1127; MK-AktG/*Habersack*, § 111 Rn. 56 f.; *Reichert/Ott*, NZG 2014, 241, 246.

281 *Hasselbach*, NZG 2012, 41, 47 f.; MK-AktG/*Habersack*, § 111 Rn. 56 f.; Lange, D&O-Versicherung und Managerhaftung, § 2 Rn. 1127; *Lutter/Krieger/Verse*, Rechte und Pflichten des Aufsichtsrats, § 3 Rn. 96 und 99, die klarstellen, dass die Zustimmungsvorbehalte nicht zu einer grundsätzlichen Hemmung der Vorstandstätigkeiten führen dürfen; *Reichert/Ott*, NZG 2014, 241, 246; vgl. auch *Strohn*, NZG 2011, 1161, 1163.

282 § 52 GmbHG/§ 1 Abs. 1 Nr. 3 Satz 2 DrittelbG/§ 25 Abs. 1 Nr. 2 MitbestG.

283 BGH, Urt. v. 16.03.2009 – II ZR 280/07, NJW 2009, 2454, 2455; *Strohn*, NZG 2011, 1161, 1163; *Lutter/Krieger/Verse*, Rechte und Pflichten des Aufsichtsrats, § 3 Rn. 95.

284 *Habersack*, AG 2014, 1, 3; *Lutter/Krieger/Verse*, Rechte und Pflichten des Aufsichtsrats, § 3 Rn. 96; *Hasselbach*, NZG 2012, 41, 45; *Reichert/Ott*, NZG 2014, 241, 246; vgl. BGH, Urt. v. 20.09.2011 – II ZR 234/09, AG 2011, 876.

285 *Lutter/Krieger/Verse*, Rechte und Pflichten des Aufsichtsrats, § 3 Rn. 97.

286 *Habersack*, AG 2014, 1, 3; Koch-*Koch*, AktG, § 111 Rn. 30; *Lutter/Krieger/Verse*, Rechte und Pflichten des Aufsichtsrats, § 3 Rn. 97; *Reichert/Ott*, NZG 2014, 241, 246; vgl. auch *Kort*, in: FS J. Hopt, 2010, S. 983, 998; a.A. BeckOGK-*Spindler*, AktG, § 111 Rn. 32.

287 BGH, Urt. v. 16.03.2009 – II ZR 280/07, NJW 2009, 2454, 2455; MK-AktG/*Habersack*, § 111 Rn. 56; *Lutter/Krieger/Verse*, Rechte und Pflichten des Aufsichtsrats, § 3 Rn. 97; für eine Abberufungspflicht hinsichtlich unzuverlässiger Vorstandsmitglieder Hopt/Hommelhoff/Leyens-*Thole*, Unternehmensführung durch Vorstand und Aufsichtsrat, § 48 Rn. 61.

288 BeckOK-*Jaeger*, GmbHG, § 52 Rn. 32.

IDW S6 Gutachten) oder der Einschätzung der beratenden Anwälte, insbesondere zum (Nicht-) Vorliegen von Insolvenzgründen, vorlegt und dieses von den Organen eingehend beraten wird.[289] Die vom Vorstand im Vorfeld des Sanierungsplans zu erstellenden Berichte – bspw. bezüglich der Ursachen der Krise und den vorhandenen Ressourcen der Gesellschaft –, hat der Aufsichtsrat sorgfältig zu prüfen und sofern er diese für notwendig hält, noch einmal von **externen Sachverständigen** prüfen und ggf. sogar neu erstellen zu lassen.[290]

IV. Gegenstand der Überwachung

84 Sofern sich die Gesellschaft im Zustand der Insolvenzreife befindet, trifft den Aufsichtsrat die Verantwortung, den Vorstand oder die Geschäftsführung intensiv dabei zu überwachen, dass diese ihren Compliance-Pflichten im ausreichenden Maße gerecht werden.[291]

1. Erfüllung der Insolvenzantragspflicht

85 Konkret kommt dem Aufsichtsorgan die Pflicht zu,
- die Geschäftsleitung bei der kontinuierlichen Prüfung der Insolvenzreife – insbesondere der Fortführungsprognose – zu überwachen und zu überprüfen, ob diese ihre Insolvenzantragspflicht rechtzeitig erfüllt[292];
- im Fall der Führungslosigkeit der Gesellschaft die Stellung des Insolvenzantrags selbst vorzunehmen. Dies gilt gem. § 15a Abs. 3 InsO allerdings nur dann, sofern es sich bei der Gesellschaft um eine AG, eine Genossenschaft oder eine SE handelt;
- eine Geschäftsleitung, welche sich weigert, einen erforderlichen Insolvenzantrag zu stellen, ihres Amtes zu entheben und den Antrag – sofern nach § 15a Abs. 3 InsO zulässig – selbst zu stellen.[293] Dem Aufsichtsrat einer GmbH, welchem die Personalkompetenz nicht übertragen wurde, trifft in diesem Fall die Pflicht, die Gesellschafterversammlung einzuberufen und sie über die Insolvenzreife in Kenntnis zu setzen.[294]

2. Beachtung von Zahlungsverboten

86 Der Aufsichtsrat hat darüber hinaus zu kontrollieren und darauf hinzuwirken, dass die Geschäftsleitung die insolvenzrechtlichen Zahlungsverbote gem. § 15b InsO einhält.[295]

3. Interne Compliance

87 Des Weiteren hat der Aufsichtsrat für die Interne Compliance im Aufsichtsrat zu sorgen. Dies bedeutet, dass jedes Mitglied des Aufsichtsorgans dafür Sorge zu tragen hat, dass sich der Aufsichtsrat als Kollegialorgan sowie jedes Mitglied an die gesetzlichen Vorgaben hält und die ihn treffenden Pflichten auch in der Unternehmenskrise erfüllt.[296]

---

289 Vgl. *Lutter/Krieger/Verse*, Rechte und Pflichten des Aufsichtsrats, § 3 Rn. 98.

290 *Lutter/Krieger/Verse*, Rechte und Pflichten des Aufsichtsrats, § 3 Rn. 98; *Semler*, AG 1983, 141, 146 f.; Potthoff/Trescher/Theissen-*Theissen*, Das Aufsichtsratsmitglied, Rn. 1292.

291 Vgl. zur Pflicht des Aufsichtsrats, die Einhaltung der Zahlungsverbote einzuhalten, KG, Urt. v. 29.04.2021 – 2 U 108/18, NZG 2021, 1358, 1360.

292 BGH, Urt. v. 16.03.2009 – II ZR 280/07, NJW 2009, 2454, 2454; *Lutter/Krieger/Verse*, Rechte und Pflichten des Aufsichtsrats, § 3 Rn. 96, 100; BeckOGK-*Spindler*, AktG, § 111 Rn. 126; *Strohn*, NZG 2011, 1161, 1163.

293 BGH, Urt. v. 16.03.2009 – II ZR 280/07, NJW 2009, 2454, 2455; *Lutter/Krieger/Verse*, Rechte und Pflichten des Aufsichtsrats, § 3 Rn. 100; *Strohn*, NZG 2011, 1161, 1163.

294 *Strohn*, NZG 2011, 1161, 1163.

295 BGH, Urt. v. 20.09.2010 – II ZR 78/09, NJW 2011, 221, 222; BeckOGK-*Spindler*, AktG, § 111 Rn. 126; *Strohn*, NZG 2011, 1161, 1163.

296 Vgl. zu gegenseitigen Überwachung etwa *Siepelt/Pütz*, CCZ 2018, 78, 84.

V. Verfügbare Mittel zur Aufgabenbewältigung

Um dem ihn in der Krise treffenden Pflichtenkatalog gerecht zu werden, stehen dem Aufsichtsorgan eine Vielzahl an unterschiedlichen Mitteln und Maßnahmen zur Verfügung. 88

1. Regelmäßige Vorstandsberichte gem. § 90 Abs. 1 und 2 AktG

Grundlegend für die Überwachungsaufgaben des Aufsichtsrats ist die Sicherstellung ausreichender Informationen.[297] Hierzu kann der Aufsichtsrat auf die ihm in regelmäßigen Abständen vorgelegten Vorstandsberichte im Sinne des § 90 Abs. 1 und 2 AktG zurückgreifen. Im Fall der sich anbahnenden Unternehmenskrise hat der Aufsichtsrat dafür Sorge zu tragen, dass sich die **Berichtsintensität und -frequenz** des Vorstands angemessen erhöht.[298] Für den Aufsichtsrat einer GmbH sind solche regelmäßigen Berichte nicht von Gesetzes wegen vorgeschrieben, allerdings hat er diese aktiv anzufordern.[299] 89

2. Anforderungsbericht gem. § 90 Abs. 3 AktG

Der Aufsichtsrat sowie jedes Aufsichtsratsmitglied hat das Recht, einzelne Fragen an die Geschäftsleitung zu richten, welche gegenüber dem Gesamtaufsichtsrat als Organ zu beantworten sind.[300] Nähert sich die Gesellschaft einer finanziellen Schieflage an, muss sich der Aufsichtsrat zeitnah vom Vorstand im Rahmen eines Anforderungsberichts über die Lage der Gesellschaft informieren lassen.[301] Sofern sich die Gesellschaft bereits in einer Krise befindet, hat der Aufsichtsrat darüber hinaus mindestens **einmal im Monat** einen solchen Bericht der Unternehmensleitung einzufordern.[302] 90

3. Einsichts- und Prüfungsrecht gem. § 111 Abs. 2 Satz 1 und 2 AktG

Der Aufsichtsrat kann – in Gesamtheit oder durch einzelne Mitglieder – alle der Gesellschaft zustehenden Informationsquellen einsehen und prüfen, um so an **eigenständige Informationen** zu gelangen.[303] Diese Rechte hat der Aufsichtsrat auszuüben, wenn die Vorstandsberichte Hinweise auf eine unzureichende Compliance des Unternehmens enthalten.[304] Um dem Verdacht von Compliance-Verstößen auf den Grund zu gehen, kann der Aufsichtsrat externe Berater beauftragen.[305] 91

4. Einrichtung von Zustimmungsvorbehalten gem. § 111 Abs. 4 Satz 2 AktG

Der Aufsichtsrat kann die Einrichtung, Änderung und Vornahme von Compliancestrukturen und -maßnahmen unter den Vorbehalt seiner Zustimmung stellen. Auf diese Weise hat er die Möglichkeit, auf Änderungen und Maßnahmen hinzuwirken und diese durch Verweis auf sein Vetorecht 92

---

297 Noack/Servatius/Haas-*Noack*, GmbHG, § 52 Rn. 132; MK-AktG/*Habersack*, § 111 Rn. 58.

298 *Hasselbach*, NZG 2012, 41, 43; vgl. BGH, Urt. v. 16.03.2009 – II ZR 280/07, NJW 2009, 2454, 2455.

299 Noack/Servatius/Haas-*Noack*, GmbHG, § 52 Rn. 134; BeckOK-*Jaeger*, GmbHG, § 52 Rn. 32; *Lutter/Krieger/Verse*, Rechte und Pflichten des Aufsichtsrats, § 15 Rn. 1125 und § 16 Rn. 1218.

300 Noack/Servatius/Haas-*Noack*, GmbHG, § 52 Rn. 134; BeckOK-*Jaeger*, GmbHG, § 52 Rn. 32; *Siepelt/Pütz*, CCZ 2018, 78, 81.

301 MK-AktG/*Habersack*, § 111 Rn. 61; *Strohn*, NZG 2011, 1161, 1163.

302 *Lutter/Krieger/Verse*, Rechte und Pflichten des Aufsichtsrats, § 3 Rn. 99.

303 Noack/Servatius/Haas-*Noack*, GmbHG, § 52 Rn. 137, der klarstellt, dass für die Ausübung des Einsichtsrechts eine Gremienentscheidung vonnöten ist; *Hasselbach*, NZG 2012, 41, 44 f.

304 *Strohn*, NZG 2011, 1161, 1163, vgl. auch *Habersack*, AG 2014, 1, 6.

305 *Habersack*, AG 2014, 1, 7; *Hasselbach*, NZG 2012, 41, 45; *Siepelt/Pütz*, CCZ 2018, 78, 81, *Strohn*, NZG 2011, 1161, 1163; die notwendige Vertretungsbefugnis der Gesellschaft ergibt sich aus § 111 Abs. 2 Satz 2 AktG.

durchzusetzen.[306] Hierbei muss der Aufsichtsrat sicherstellen, dass wesentliche Maßnahmen im Rahmen der Unternehmenskrise nicht ohne sein Wissen und seine Zustimmung vorgenommen werden können und hat einen entsprechenden **Zustimmungskatalog** zu erarbeiten.[307]

5. Ausübung der Personalkompetenz gem. § 84 AktG

93 Um eine krisengeeignete Unternehmensleitung zu gewährleisten, kann der Aufsichtsrat von seiner Personalkompetenz Gebrauch machen.[308] Insoweit kann er Mitglieder der **Unternehmensleitung** bestellen und abberufen.[309] Dieselbe Kompetenz kommt dem obligatorischen Aufsichtsrat[310] einer GmbH zu. Der fakultative Aufsichtsrat einer GmbH erhält die Personalkompetenz nur im Fall einer gesonderten Zuweisung im Gesellschaftsvertrag.[311] Dasselbe gilt wegen § 1 Abs. 1 Nr. 3 DrittelbG für den obligatorischen Aufsichtsrat.[312]

VI. Drohende Folgen bei Verletzung der Compliance-Pflichten

94 Kommt der Aufsichtsrat seinen Pflichten im Zusammenhang mit der Unternehmenskrise nicht nach, so kann dies zu negativen Folgen für seine Organmitglieder führen.

1. Haftung wegen Überwachungsversagen

95 In Betracht kommt zunächst eine **Innenhaftung**[313] der Aufsichtsratsmitglieder wegen einer Verletzung ihrer Überwachungspflichten.[314] Allerdings dürfte es regelmäßig an einem Schaden der Gesellschaft fehlen, da weder der Quotenschaden der Alt- noch der individuelle Schaden der Neugläubiger mit einem Schaden der Gesellschaft gleichzusetzen ist.[315]

96 Die Mitglieder von Aufsichts- und Beiräten können aber gem. § 830 Abs. 2 BGB als Teilnehmer am **Insolvenzverschleppungsdelikt** der Antragspflichtigen gegenüber den Gläubigern der insolventen Gesellschaft haften.[316] Waren die Mitglieder des Aufsichtsorgans nach § 15a Abs. 3 InsO selbst antragspflichtig und haben sie diese Pflicht schuldhaft verletzt, so können sie gem. § 823 Abs. 2 BGB i.V.m. § 15a Abs. 3 InsO den Gesellschaftsgläubigern unmittelbar für die entstandenen Schäden haften.[317]

---

306 *Habersack*, AG 2014, 1, 4; *Siepelt/Pütz*, CCZ 2018, 78, 79.

307 *Hasselbach*, NZG 2012, 41, 47.

308 *Hasselbach*, NZG 2012, 41, 46; *Lutter/Krieger/Verse*, Rechte und Pflichten des Aufsichtsrats, § 3 Rn. 97.

309 *Lutter/Krieger/Verse*, Rechte und Pflichten des Aufsichtsrats, § 3 Rn. 97, die in der Unfähigkeit zur ordnungsgemäßen Geschäftsführung in der Krise einen wichtigen Grund zur Abberufung im Sinne des § 84 Abs. 3 Satz 2 AktG sehen.

310 Nach §§ 31 Abs. 1 MitbestG, 84 AktG.

311 Noack/Servatius/Haas-*Noack*, GmbHG, § 52 Rn. 122; BeckOK-*Jaeger*, GmbHG, § 52 Rn. 32.

312 MK-GmbHG/*Spindler*, § 52 Rn. 428; Noack/Servatius/Haas-*Noack*, GmbHG, § 52 Rn. 251.

313 Gem. § 52 GmbHG/§ 1 Abs. 1 Nr. 3 Satz 2 DrittelbG/§ 25 Abs. 1 Nr. 2 MitbestG i.V.m. §§ 116, 93 Abs. 2 AktG.

314 BGH, Urt. v. 16.03.2009 – II ZR 280/07, AG 2009, 404, 405; BGH, Urt. v. 09.07.1979 – II ZR 211/76, AG 1979, 263; Lutter/Hommelhoff-*Kleindiek*, GmbHG, § 15a InsO Rn. 94; MK-InsO/*Klöhn*, § 15a Rn. 94; *Poertzgen*, NZI 2010, 915, 916 (Anm. zu BGH, Beschl. v. 20.09.2010 – II ZR 78/09); vgl. auch *Lutter/Krieger/Verse*, Rechte und Pflichten des Aufsichtsrats, § 13 Rn. 986.

315 *Habersack*, JZ 2010, 1191, 1192; MK-InsO/*Klöhn*, § 15a Rn. 94; *Poertzgen*, NZI 2010, 915, 916 (Anm. zu BGH, Beschl. v. 20.09.2010 – II ZR 78/09).

316 MK-InsO/*Klöhn*, § 15a Rn. 94; *Poertzgen*, NZI 2010, 915, 917 (Anm. zu BGH, Beschl. v. 20.09.2010 – II ZR 78/09); Lutter/Hommelhoff-*Kleindiek*, GmbHG, § 15a InsO Rn. 95; *Strohn*, NZG 2011, 1161, 1163; vgl. auch *Lutter/Krieger/Verse*, Rechte und Pflichten des Aufsichtsrats, § 3 Rn. 96.

317 BeckOK-InsO/*Wolfer* § 15a Rn. 30.

2. Haftung für unerlaubte Zahlungen

Darüber hinaus können die Mitglieder des Aufsichtsrats einer AG zur Erstattung von § 15b InsO widersprechenden Zahlungen verpflichtet sein, § 116 Satz 1 AktG i.V.m. § 15b InsO.[318] Zwar wird auch hier der Gesellschaft in der Regel durch die Zahlung kein Schaden drohen, da die Zahlung regelmäßig zur Schuldentilgung dienen wird. In einem solchen Fall kann aber den Gesellschaftsgläubigern ein Schaden entstehen, da die Tilgung von Gesellschaftsschulden mit freien Mitteln eine **Verkürzung der Insolvenzmasse** der Gesellschaft nach sich zieht.[319] Der BGH hatte zum alten Recht klargestellt, dass durch die Regelung in § 93 Abs. 3 Nr. 6 AktG a.F. der Schaden der Gesellschaftsgläubiger dem Schaden der Gesellschaft gleichzustellen ist, sodass eine Haftung der Aufsichtsratsmitglieder gem. §§ 116, 93 Abs. 3 Nr. 6 AktG drohen kann.[320] Der Gesetzgeber hat mit Inkrafttreten des SanInsFoG in § 116 Satz 1 AktG einen Verweis auf § 15b InsO aufgenommen, sodass sich hieran nichts geändert hat. 97

Dasselbe galt bei wortlautgetreuer Gesetzesanwendung[321] auch vor Inkrafttreten des SanInsFoG schon für den obligatorischen Aufsichtsrat in einer GmbH.[322] Für den fakultativen Aufsichtsrat einer GmbH ergab sich hingegen nach altem Recht eine Besonderheit: § 52 Abs. 1 GmbHG verwies auf die Schadensersatznorm des § 116 AktG nur mit der ausdrücklichen Einschränkung »in Verbindung mit § 93 Abs. 1 und 2 Satz 1 und 2«. Damit wurde auf den damals maßgeblichen § 93 Abs. 3 AktG für den fakultativen Aufsichtsrat über die nur partielle Verweisung in § 52 GmbHG gerade kein Bezug genommen. Seit 01.01.2021 führt der Verweis auf § 116 AktG in § 52 Abs. 1 GmbHG jedoch zu einer Anwendbarkeit von § 15b InsO, der nunmehr direkt in § 116 Satz 1 AktG enthalten ist, sodass der »Umweg« über § 93 Abs. 3 Nr. 6 AktG a.F. entfällt. Auch ein **fakultativer Aufsichtsrat** ist nach dem Wortlaut daher einem potenziellen Haftungsrisiko ausgesetzt.[323] 98

E. Pflichten der Berater

Sanierungssituationen zeichnen sich durch hohe Komplexität und hohe Haftungsrisiken aus. Hieraus folgt, dass häufig Berater(-teams) mit unterschiedlicher Expertise an der Sanierung der Gesellschaft mitwirken.[324] Typisch ist ein Zusammenwirken von Unternehmens- und Steuerberatern, Wirtschaftsprüfern sowie Anwälten, wobei den einzelnen Beratern regelmäßig gesonderte Aufgaben zugeteilt werden.[325] Der Sanierungsberatungsauftrag bezieht sich vornehmlich auf die Analyse und Überwindung der Unternehmenskrise.[326] Auch wenn sich der genaue Pflichtenumfang aus der jeweils getroffenen Vereinbarung ergibt,[327] erfasst die Beratung in aller Regel zumindest betriebswirtschaftliche und rechtliche Aspekte.[328] 99

---

318 *Lutter/Krieger/Verse*, Rechte und Pflichten des Aufsichtsrats, § 13 Rn. 986, die die Pflichtwidrigkeit dieser Handlung unterstreichen; vgl. auch BGH, Urt. v. 20.09.2010 – II ZR 78/09, ZIP 2010, 1988, 1989; BGH, Urt. v. 16.03.2009 – II ZR 280/08, ZIP 2009, 860, 861; *Thiessen*, ZGR 2011, 275.

319 *Strohn*, NZG 2011, 1161, 1167.

320 BGH, Urt. v. 20.09.2010 – II ZR 78/09, NJW 2011, 221, 222; *Strohn*, NZG 2011, 1161, 1167.

321 Nach § 1 Abs. 1 Nr. 3 DrittelbG/§ 25 Abs. 1 Nr. 2 MitbestG i.V.m. § 116 AktG, § 15b InsO.

322 BeckOK-*Jaeger*, GmbHG, § 52 Rn. 78a; Lutter/Hommelhoff-*Kleindiek*, GmbHG, § 16b InsO Rn. 24, *Schürnbrand*, NZG 2010, 1207, 1209, vgl. auch *Strohn*, NZG 2011, 1161, 1168; a.A. *Altmeppen*, ZIP 2010, 1973, 1978, der eine Haftung des obligatorischen Aufsichtsrats der GmbH ausschließt, da durch diesen die Arbeitnehmermitbestimmung gesichert, nicht aber auch die Gesellschaftsgläubiger privilegiert werden sollen.

323 Ebenso *Baumert*, NZG 2021, 443, 448; a.A. Noack/Servatius/Haas-*Noack*, GmbHG, § 52 Rn. 74; eher skeptisch auch *Bitter*, ZIP 2021, 321, 332.

324 Heinrich-*Spahlinger*, Krise als Chance?!, S. 104 f. und 123; *Uhlenbruck/Leibner*, KTS 2004, 505, 523.

325 S. dazu die Ausführungen bei Heinrich-*Spahlinger*, Krise als Chance?!, S. 104 f.

326 *Uhlenbruck/Leibner*, KTS 2004, 505, 510.

327 BGH, ZIP 2012, 1353; 1354; *Kayser*, ZIP 2014, 597, 601; *Müller*, ZInsO 2013, 2181.

328 Vgl. HRI-*Bierbach*, § 11 Rn. 179.

I. Anforderungen an die Berater

100 An den Berater sind abhängig von der zu erbringenden Beratungsleistung unterschiedliche Anforderungen zu stellen. Dabei wird bei Rechtsanwälten die sorgfältige Sachverhaltsermittlung und juristische Bewertung im Vordergrund stehen. Neben juristischen Kenntnissen sind auch **einschlägige Erfahrungen** aus ähnlichen Situationen, oder Restrukturierungsfällen generell, erforderlich.

101 Bei Unternehmensberatern, Steuerberatern und Wirtschaftsprüfern wird die betriebswirtschaftliche Bewertung im Vordergrund stehen.

102 Sie sollten bestimmte Mindeststandards einhalten – unter anderem in Bezug auf die Beschreibung und Analyse des Unternehmens, die Maßnahmen zur Sanierung, den Vermögens-, Verbindlichkeiten- und Finanzstatus sowie die Gewinn- und Verlustrechnungen.[329] Praktisch empfiehlt es sich auch hier, dass der betriebswirtschaftliche Berater über ausreichende Erfahrung, hohes Ansehen in der Branche und ein gutes Verhandlungsgeschick verfügt.[330]

II. Pflichtenkreis der Sanierungsberater

103 Die Tätigkeit als Sanierungsberater zeichnet sich durch einen **anspruchsvollen Pflichtenkatalog** aus, welcher sich im Einzelfall an dem **konkreten Beratungsmandat** zu orientieren hat.[331] Generalisierend lassen sich jedoch einige typische Beraterpflichten zusammenfassen. Entscheidend bleibt jedoch stets der im Beratervertrag festgelegte Pflichtenkatalog bzw. Tätigkeitsumfang. Da im Kernbereich der Sanierung (auch) Rechtsberatung zu leisten ist, ist die folgende Darstellung der Pflichten zuvorderst auf Anwälte zugeschnitten, kann jedoch an vielen Stellen auch auf die sonstigen Sanierungsberater übertragen werden.[332]

1. Allgemeine berufsrechtliche Pflichten

104 Regelmäßig treffen Sanierungsberater spezifische berufsrechtliche Pflichten. Dies gilt insbesondere für Rechtsberater, für welche die BRAO Anwendung findet.

a) Verschwiegenheitspflicht

105 Gem. § 43a Abs. 2 BRAO trifft Rechtsanwälte eine umfassende Verschwiegenheitspflicht, welche den Sanierungsberater unter Umständen sogar zur Verschwiegenheit gegenüber dem Insolvenzverwalter der Gesellschaft verpflichtet.[333] Allerdings muss der Sanierungsberater den Mandanten im Rahmen des Abschlusses eines Beratungsvertrags darauf hinweisen, dass er – speziell für den Fall des Scheiterns der Sanierung – gegebenenfalls von seiner Verschwiegenheitspflicht entbunden und somit zur Preisgabe von Informationen gezwungen werden kann.[334]

b) Vermeidung von Interessenkollisionen

106 Gem. § 43 Abs. 4 BRAO hat der Rechtsanwalt – unter strafrechtlicher Sanktionierung eines Verstoßes gem. § 356 StGB – im Rahmen seiner Berufsausübung darauf zu achten, dass er keine **wider-**

---

329 Eine detaillierte Aufzählung findet sich bei Dannecker/Knierim-*Knierim*, Insolvenzstrafrecht, Rn. 1226; vgl. auch die wegweisende Entscheidung des OLG Celle, Urt. v. 23.10.2003 – 16 U 199/02, NJW 2003, 3638.

330 Vgl. HRI II-*Bierbach*, § 8 Rn. 185.

331 BGH, Urt. v. 14.06.2012 – IX ZR 145/11, ZIP 2012, 1353; 1354; *Kayser*, ZIP 2014, 597, 601; *Müller*, ZInsO 2013, 2181; vgl. auch Heinrich-*Spahlinger*, Krise als Chance?!, S. 123.

332 *Kayser*, ZIP 2014, 597, 599.

333 Nerlich/Kreplin/Rhode-*Riering/Henningsmeier*, MAH InsO, § 23 Rn. 14 f.; vgl. Dannecker/Knierim-*Knierim*, Insolvenzstrafrecht, Rn. 1229.

334 *Uhlenbruck/Leibner*, KTS 2004, 505, 520.

streitenden Interessen vertritt. Verstößt er gegen diese Pflicht, kann daraus auch eine Strafbarkeit wegen Parteiverrat nach § 356 StGB resultieren.[335]

Dies kann vor allem in einer Sanierungskonstellation relevant werden. Die Interessen der Gesellschaft, deren Organe und ihrer Gesellschafter werden häufig deckungsgleich, i.e. auf ein gemeinsames Sanierungsziel, gerichtet sein.[336] Allerdings können sie sich im Einzelfall auch diametral zueinander verhalten, z.B. wenn die Gesellschafter zu Sanierungsbeiträgen aufgefordert werden, die sie nicht bereit sind zu erbringen. Eine gleichzeitige Vertretung der verschiedenen Parteien ist in einem solchen Fall ausgeschlossen.[337] **107**

2. Sanierungsspezifische Pflichten

Im Rahmen der Sanierungsberatung wird eine umfassende und möglichst erschöpfende Rechtsberatung geschuldet, welche häufig arbeits-, gesellschafts-, steuer- und insolvenzrechtliche Fragestellungen beinhaltet und daher fundierte Kenntnisse des Beraters in diesen Materien erfordert.[338] **108**

a) Aufklärungspflicht

Vorderste Pflicht des Sanierungsberaters ist es, den zugrunde liegenden Sachverhalt durch Befragung des Mandanten umfassend aufzuklären und die genauen Ursachen für die Unternehmenskrise zu analysieren.[339] Hierbei darf der Berater grundsätzlich auf die Wahrheit der Angaben seiner Mandanten vertrauen und muss nur in Ausnahmefällen – sofern der Sachverhalt besondere Sorgfalt erfordert – weitere Aufklärungsmaßnahmen durchführen.[340] **109**

b) Prüfungspflichten

Auf Grundlage des ermittelten Sachverhalts hat der Berater die Rechtslage sorgfältig zu prüfen und der Frage nachzugehen, ob eine Sanierungsmöglichkeit besteht und falls ja, welche die größte Erfolgswahrscheinlichkeit bietet.[341] Zu diesem Zweck muss der Berater die Möglichkeiten kennen, mit welchen eine Unternehmenskrise beseitigt werden kann und in der Lage sein, die in der Praxis entwickelten Modelle zur außergerichtlichen Sanierung angepasst auf den konkreten Einzelfall anzuwenden.[342] Kommt er bei der Prüfung hingegen zu dem Ergebnis, dass eine Sanierung in rechtlicher Hinsicht nicht umsetzbar ist, hat er seinen Mandanten im Hinblick auf die Alternativen (z.B. Insolvenzverfahren, Verkauf des Unternehmens und Liquidation der Gesellschaft) zu beraten.[343] **110**

Bezieht sich das Mandat speziell auf die Erstellung eines **Sanierungsgutachtens**, hat der Berater einen sich in der Praxis herausgebildeten Erwartungskatalog abzuarbeiten.[344] **111**

335 Nerlich/Kreplin/Rhode-*Riering/Henningsmeier*, MAH InsO, § 23 Rn. 16.
336 Nerlich/Kreplin/Rhode-*Riering/Henningsmeier*, MAH InsO, § 23 Rn. 17.
337 HRI II-*Bierbach*, § 8 Rn. 187; Nerlich/Kreplin/Rhode-*Riering/Henningsmeier*, MAH InsO, § 23 Rn. 17.
338 Dannecker/Knierim-*Knierim*, Insolvenzstrafrecht, Rn. 1226; Nerlich/Kreplin/Rhode-*Riering/Henningsmeier*, MAH InsO, § 23 Rn. 31.
339 Dannecker/Knierim-*Knierim*, Insolvenzstrafrecht, Rn. 1229; Heinrich-*Spahlinger*, Krise als Chance?!, S. 122 f.; Nerlich/Kreplin/Rhode-*Riering/Henningsmeier*, MAH InsO, § 23 Rn. 18 f.
340 Dannecker/Knierim-*Knierim*, Insolvenzstrafrecht, Rn. 1229.
341 Nerlich/Kreplin/Rhode-*Riering/Henningsmeier*, MAH InsO, § 23 Rn. 18 ff.; *Uhlenbruck/Leibner*, KTS 2004, 505.
342 Dannecker/Knierim-*Knierim*, Insolvenzstrafrecht, Rn. 1228; Nerlich/Kreplin/Rhode-*Riering/Henningsmeier*, MAH InsO, § 23 Rn. 22 ff.
343 Nerlich/Kreplin/Rhode-*Riering/Henningsmeier*, MAH InsO, § 23 Rn. 19.
344 Zu den konkreten Kriterien s. Dannecker/Knierim-*Knierim*, Insolvenzstrafrecht, Rn. 1226; *Volk*, DStR 2004, 287; vgl. OLG Celle, Urt. v. 23.10.2003 – 16 U 199/02, NJW 2003, 3638; vgl. auch Teil 2 Kapitel 3.

c) Dokumentationspflicht

112 Vom Sanierungsberater wird erwartet, dass er unter Beachtung der berufsspezifischen Standards für eine umfassende Dokumentation der erbrachten Arbeitsleistung – bspw. durch den Einsatz von Checklisten und Gesprächsprotokollen – sorgt.[345]

d) (Rechts-) Beratungspflichten

113 Die Sanierungsberatung – speziell die des Anwalts – muss möglichst umfassend und erschöpfend sein, was bedeutet, dass er Zweifel, Bedenken und Risiken, die im konkreten Fall auftreten können, darzulegen hat.[346] Kommen verschiedene Sanierungsvarianten in Betracht, hat er die **Vor- und Nachteile** der jeweiligen Vorgehensweisen aufzuzeigen und bei seiner Empfehlung den erfolgversprechendsten, sichersten und – sofern vorhanden – an der höchstrichterlichen Rechtsprechung orientierten Weg zu wählen.[347] Stellt der Sanierungsberater fest, dass der Mandant sich für einen besonders risikoreichen oder sogar strafbaren Weg entscheidet, hat er ihn hierauf hinzuweisen und über das konkrete Ausmaß des Risikos zu unterrichten.[348]

114 Befindet sich das Unternehmen dabei noch außerhalb der Insolvenz und besteht die Möglichkeit bereits durch betriebswirtschaftliche Maßnahmen nachhaltige Erfolge zu erzielen, beschränkt sich die Beratung in der Regel auf deren Umsetzung und die Vornahme finanzwirtschaftlicher Maßnahmen.[349]

115 Im Rahmen des Insolvenzverfahrens – partiell aber auch schon zuvor – treffen den Rechtsberater darüber hinausgehende Pflichten; so muss der Berater bspw. in Hinblick auf das *Arbeitsrecht* vor allem die im Rahmen der Insolvenz spezifischen Instrumente berücksichtigen.[350] Im *gesellschaftsrechtlichen Bereich* hat der Anwalt häufig zu prüfen, ob es zu Verstößen gegen die **Kapitalerhaltungsvorschriften** der Gesellschaft kam und ob ihr Ersatzansprüche zustehen könnten.[351] In diesem Zusammenhang hat er auch die **Zahlungsverbote** nach § 15b InsO zu erläutern.[352] Weiter hat er auf die gesellschaftsrechtlichen Anzeige- und Einberufungspflichten – §§ 49 Abs. 3 GmbHG/92 Abs. 1 AktG – und die Strafbarkeit bei deren Verletzung hinzuweisen.[353]

116 Auch auf die insolvenzrechtlichen **Anfechtungstatbestände** gem. §§ 129 ff. InsO hat der Anwalt im Einzelfall hinzuweisen. Vor allem in den Fällen, in denen Geschäftsführer oder Gesellschafter beraten werden, sind diese dafür zu sensibilisieren, dass von der Gesellschaft geleistete Vermögenswerte im Rahmen einer Insolvenz möglicherweise angefochten und zurückgefordert werden können.[354]

---

345 Dannecker/Knierim-*Knierim*, Insolvenzstrafrecht, Rn. 1229; Nerlich/Kreplin/Rhode-*Riering/Henningsmeier*, MAH InsO, § 22 Rn. 18.

346 Vgl. BGH, Urt. v. 06.02.1992 – IX ZR 95/91, NJW 1992, 1159, 1160; BGH, Urt. v. 29.04.2003 – IX ZR 54/02, NJW-RR 2003, 1212; Nerlich/Kreplin/Rhode-*Riering/Henningsmeier*, MAH InsO, § 23 Rn. 31; *Uhlenbruck/Leibner*, KTS 2004, 505, 509 f.

347 Vgl. BGH, BGH, Urt. v. 29.04.2003 – IX ZR 54/02, NJW-RR 2003, 1212, 1213.

348 Vgl. BGH, Urt. v. 08.12.1983 – I ZR 183/81, NJW 1984, 791, 792; BGH, Urt. v. 06.02.1992 – IX ZR 95/91, NJW 1992, 1159, 1160; der BGH sieht hierin allgemeine Pflicht der anwaltlichen Beratung, sodass dies auch für eine Sanierungsberatung gelten muss.

349 Näheres bei Nerlich/Kreplin/Rhode-*Riering/Henningsmeier*, MAH InsO, § 23 Rn. 21.

350 S. im Detail: Nerlich/Kreplin/Rhode-*Riering/Henningsmeier*, MAH InsO, § 23 Rn. 33 ff.

351 Nerlich/Kreplin/Rhode-*Riering/Henningsmeier*, MAH InsO, § 23 Rn. 36 ff.; *Uhlenbruck/Leibner*, KTS 2004, 505, 509.

352 Dannecker/Knierim-*Knierim*, Insolvenzstrafrecht, Rn. 1227.

353 Dannecker/Knierim-*Knierim*, Insolvenzstrafrecht, Rn. 1227; *Uhlenbruck/Leibner*, KTS 2004, 505, 509.

354 Nerlich/Kreplin/Rhode-*Riering/Henningsmeier*, MAH InsO, § 23 Rn. 40.

Aufgrund der potenziellen persönlichen Haftung und der drohenden strafrechtlichen Konsequenzen hat der Sanierungsberater sein Hauptaugenmerk auf die **Insolvenzantragspflicht** gem. § 15a InsO zu legen.[355] 117

▶ **Praxistipp:**

Um eine Haftung aller Beteiligten nach Möglichkeit zu vermeiden, hat er darauf hinzuwirken, dass mit Beginn der Sanierungsberatung das (Nicht-) Vorliegen von Insolvenzgründen regelmäßig geprüft und dokumentiert wird.[356] 118

3. Hinweispflicht aus Steuerberatungsmandat

Die Frage, ob ein allgemeines – also gerade nicht konkret in Bezug auf die Sanierung erteiltes – Steuerberatungsmandat die vertragliche Nebenpflicht umfasst, Insolvenzgründe auch ohne explizite Beauftragung zu prüfen, war bisher umstritten.[357] Der BGH[358] ging früher mit Teilen der Literatur[359] davon aus, dass eine solche Hinweispflicht nicht bestehe. 119

Im Einklang mit der neuen Rechtsprechung des BGH[360] und der herrschenden Ansicht in der Literatur[361] ist der Steuerberater jedoch vertraglich verpflichtet, Schäden von seinem Mandanten abzuwenden und zu diesem Zweck von ihm erkannte oder für ihn offenkundige Insolvenzgründe, von welchen er annehmen durfte, dass sie und die einhergehende Insolvenzreife seinem Mandanten noch nicht bekannt waren, mitzuteilen. Mit **§ 102 StaRUG** hat der Gesetzgeber diese Pflicht kodifiziert.[362] 120

4. Pflichten aus der Stellung als Restrukturierungsbeauftragter oder Sanierungsmoderator

Auch ein Steuerberater kann im Rahmen einer anhängigen Restrukturierungssache das Amt eines Restrukturierungsbeauftragten oder eines Sanierungsbeauftragten ausüben, § 74 Abs. 1 bzw. § 94 Abs. 1 Satz 1 StaRUG.[363] Die Voraussetzungen einer Bestellung zum Restrukturierungsbeauftragten bzw. Sanierungsmoderator und die Pflichten bei der Ausübung des Amtes werden in der Kommentierung zu §§ 73 ff. StaRUG (Restrukturierungsbeauftragter) bzw. §§ 94 ff. StaRUG (Sanierungsmoderator) erläutert. 121

III. Haftung

Von praktischer Bedeutung ist die Frage der Beraterhaftung, da Insolvenzverwalter vermehrt Haftungsansprüche gegenüber Sanierungsberatern geltend machen, um über den Rückgriff auf Haftpflichtversicherungen der Berater eine Aufstockung der Insolvenzmasse zu erreichen.[364] 122

---

355 Nerlich/Kreplin/Rhode-*Riering/Henningsmeier*, MAH InsO, § 23 Rn. 31 und 41 ff.; vgl. Heinrich-*Spahlinger*, Krise als Chance?!, S. 122 ff.; *Eschenfelder*, BB 2015, 1963, 1966; *Kayser*, ZIP 2014, 597, 601; *Müller*, ZInsO 2013, 2181.

356 Nerlich/Kreplin/Rhode-*Riering/Henningsmeier*, MAH InsO, § 23 Rn. 50, s. hierzu auch oben Rdn. 42 ff.

357 Vgl. die ausführliche Darstellung des Streitstands bei Heinrich-*Spahlinger*, Krise als Chance?!, S. 125.

358 BGH, Urt. v. 07.03.2013 – IX ZR 64/12, ZIP 2013, 829, 830.

359 Heinrich-*Spahlinger*, Krise als Chance?!, S. 125; *Gehrlein*, NZG 2013, 961, 962; *Kayser*, ZIP 2014, 597, 602.

360 BGH, Urt. v. 26.01.2017 – IX ZR 285/14, NJW 2017, 1611, 1615, welcher Teile der alten Rechtsprechung explizit aufgibt.

361 *Gräfe*, DStR 2010, 618, 621; *Mutschler*, DStR 2012, 539, 540 (zu OLG Celle, Urt. v. 06.04.2011 – 3 U 190/10); *Schwarz*, NZI 2012, 869, 870.

362 *Kahlert*, ZIP 2021, 668, 671; s.a. die Kommentierung zu § 102 StaRUG.

363 Hierzu *Kahlert*, ZIP 2021, 668 ff.

364 Heinrich-*Spahlinger*, Krise als Chance?!, S. 105.

1. Vertragliche Haftung gegenüber der Gesellschaft

123 Der **Sanierungsberatungsvertrag** wird regelmäßig als Werkvertrag einzuordnen sein, sodass den Beratern bei Verletzung ihrer Pflichten eine Haftung für Schäden aus §§ 634 Nr. 4, 280 ff. BGB drohen kann.[365] Entgegen einer Entscheidung des BGH[366] haftet ein Abschlussprüfer im Rahmen der Haftung nach § 323 Abs. 1 Satz 3 HGB dabei allerdings richtigerweise nicht für den Insolvenzvertiefungsschaden, da es sich hierbei nicht um einen Schaden der Gesellschaft handelt.[367]

124 Daneben können Berater auch aufgrund einer konkludenten Ausweitung des Beratungsvertrags haften.[368] Dies kann vor allem dann relevant werden, wenn Berater über ihr eigentliches Mandat hinaus Angaben zu insolvenzbezogenen Themen der Gesellschaft machen.[369] In diesen Fällen sind die Berater stets zur Vollständigkeit und Richtigkeit ihrer Äußerungen verpflichtet[370], sodass sie bei fehlerhaften oder irreführenden Angaben einer vertraglichen Schadensersatzhaftung unterliegen können.[371]

2. Vertragliche und quasi-vertragliche Haftung gegenüber Dritten

125 Berater können auch Dritten gegenüber haften, die selbst keinen Beratungsvertrag mit ihnen geschlossen haben.

a) Beratungsvertrag mit Schutzwirkung zugunsten Dritter

126 Von Bedeutung sind die Fälle, in denen Dritte Schadensersatzansprüche aus dem Institut des Vertrages mit Schutzwirkung zugunsten Dritter herleiten.[372] Dies ist für Berater besonders problematisch, da ihnen aufgrund der erhöhten Zahl an potenziellen Anspruchstellern ein höheres Haftungsrisiko droht und sie sich u.U. auch nicht auf im Verhältnis zum Vertragspartner geschlossene Haftungsbeschränkungen berufen können.[373]

127 Schließt die Gesellschaft mit einem Berater einen Beratungsvertrag ab, welcher u.a. die Prüfung von Insolvenzgründen vorsieht, wird in aller Regel die Geschäftsleitung als dritte Person in den **Schutzbereich** des Vertrags einbezogen sein.[374] In diesen Fällen kann ein (Dritt-)Haftungsrisiko für den Berater bestehen, wenn ihm ein möglicher Insolvenzgrund bekannt ist oder sich dessen Vorliegen bei ordnungsgemäßer Mandatsbearbeitung aufdrängen würde (bloße Erkennbarkeit genügt nicht) und der Berater Grund zur Annahme hat, dass sich der Mandant des Insolvenzgrundes und der daraus resultierenden Handlungspflichten nicht bewusst ist.[375] Das gilt nicht nur für Rechtsberater: Eine haftungsbewehrte Hinweispflicht gegenüber Geschäftsleitern kann auch Sanierungsberater

---

365 BGH, NJW 2012, 3165; BGH, NJW 2013, 2345; *Eschenfelder*, BB 2015, 1963, 1964; Heinrich-*Spahlinger*, Krise als Chance?!, S. 108; *Müller*, ZInsO 2013, 2181; a.A. *Kayser*, ZIP 2014, 597, 598, der den Sanierungsberatungsvertrag als Geschäftsbesorgungsvertrag mit dienstvertraglichem Charakter gem. §§ 675 Abs. 1, 611 BGB auffasst.

366 BGH, Urt. v. 06.06.2013 – IX ZR 204/12, NJW 2013, 2345, 2347.

367 *Bork*, ZRI 2024, 229, 234 ff.

368 BGH, Urt. v. 14.06.2012 – IX ZR 145/11, NZG 2012, 866, 869; BGH, Urt. v. 06.06.2013 – IX ZR 204/12, NZG 2013, 911, 912 f; *Kayser*, ZIP 2014, 597, 602.

369 Heinrich-*Spahlinger*, Krise als Chance?!, S. 123; beispielhaft BGH, Urt. v. 06.06.2013 – IX ZR 204/12, NZG 2013, 911.

370 BGH, Urt. v. 06.06.2013 – IX ZR 204/12, GWR 2013, 320; *Ehlers*, BB 2014, 131, 132; *Eschenfelder*, BB 2015, 1963, 1964; *Kayser*, ZIP 2014, 597, 599; *Müller*, ZInsO 2013, 2181, 2182.

371 BGH, Urt. v. 06.06.2013 – IX ZR 204/12, NZG 2013, 911, 912; Heinrich-*Spahlinger*, Krise als Chance?!, S. 124.

372 Heinrich-*Spahlinger*, Krise als Chance?!, S. 134.

373 Heinrich-*Spahlinger*, Krise als Chance?!, S. 134.

374 Heinrich-*Spahlinger*, Krise als Chance?!, S. 135 f., der aber klarstellt, dass eine Einbeziehung in den Fällen nicht erfolgt, in denen sich die Geschäftsleitung eigenständig beraten lässt.

375 BGH, Urt. v. 29.06.2023 – IX ZR 56/22, NJW 2023, 2775, 2778.

treffen, die an einem IDW S6-Gutachten arbeiten und Rechtsberatungs- und Wirtschaftsprüfungsleistungen in ihrem Beratervertrag explizit ausgeschlossen haben.[376] Eine Einbeziehung kann auch in Bezug auf die Gesellschafter erfolgen, sofern die vertragliche Leistung des Beraters, für diesen bei Vertragsschluss erkennbar, als Grundlage für Entscheidungen und Vermögensdispositionen der Gesellschafter dienen sollte.[377] Konzerngesellschaften oder verbundene Unternehmen sind ebenso wie Banken und Finanzierer hingegen nur im Ausnahmefall in den Schutzbereich des Beratungsvertrags einzubeziehen.[378] Der BGH hat kürzlich entschieden, dass nach den allgemeinen Maßstäben für das Vorliegen von Verträgen mit Schutzwirkung für Dritte grundsätzlich auch faktische Geschäftsführer in den Schutzbereich des Beratungsvertrags einbezogen werden können, wenn deren Existenz für den Rechtsberater erkennbar ist.[379]

b) Sonstige Dritthaftungsfälle

Eine Haftung des Beraters gegenüber Dritten kann sich auch dann ergeben, wenn der Beratungsvertrag als echter Vertrag zugunsten Dritter i.S.d. § 328 Abs. 1 BGB ausgestaltet wurde.[380] In diesen Fällen führt die Verletzung einer Beratungspflicht zu einem vertraglichen Schadensersatzanspruch des Dritten gegenüber dem Berater. **128**

Daneben ist auch die Haftung des Beraters für eine Inanspruchnahme besonderen Vertrauens nach §§ 280 Abs. 1, 311 Abs. 3, 241 Abs. 2 BGB denkbar; bspw. in Fällen, in denen der Berater für die Gesellschaft mit Gläubigern oder Dritten verhandelt und mit früheren Erfolgen bei der Sanierung von Unternehmen wirbt.[381] **129**

3. Deliktische Haftung

Berater können auch über die deliktsrechtliche Ebene in Anspruch genommen werden. Zuvorderst ist insoweit an eine Haftung gem. § 823 Abs. 2 BGB i.V.m. der Verletzung eines Schutzgesetzes[382] zu denken. Daneben ist auch eine Haftung des Beraters als Anstifter oder Gehilfe im Sinne des § 830 Abs. 2 BGB sowie wegen einer sittenwidrigen Schädigung nach § 826 BGB möglich.[383] **130**

IV. Strafbarkeit

Durch das Tätigwerden für eine Gesellschaft im Krisenfall können den Berater auch strafrechtliche Konsequenzen treffen. Zwar knüpfen die meisten im Zusammenhang mit der Insolvenz stehenden Delikte für die Strafbarkeit als Täter an die Eigenschaft als Geschäftsleiter des Unternehmens an, im Rahmen einer möglichen Eigenschaft als faktischer Geschäftsführer kann die Täterqualität jedoch im Einzelfall auch in der Person des Beraters vorliegen.[384] Zudem kommen vereinzelte Straftatbestände in Betracht, welche unmittelbar den Berater treffen können.[385] Praktisch relevant ist das Risiko einer Strafbarkeit wegen Teilnahme an einer (Insolvenz-) Straftat.[386] Ebenso in Betracht **131**

376 OLG Bamberg, Urt. v. 31.07.2023 – 2 U 38/22, ZRI 2023, 819, 821 ff.
377 BGH, Urt. v. 14.06.2012 – IX ZR 145/11, NJW 2012, 3165, 3168; näher hierzu Heinrich-*Spahlinger*, Krise als Chance?!, S. 136 f.
378 Ausführlich Heinrich-*Spahlinger*, Krise als Chance?!, S. 137 f.
379 BGH, Urt. v. 29.06.2023 – IX ZR 56/22, NJW 2023, 2775, 2778.
380 *Eschenfelder*, BB 2015, 1963, 1964; Heinrich-*Spahlinger*, Krise als Chance?!, S. 109.
381 Vgl. BGH, Urt. v. 03.04.1990 – XI ZR 206/88, NJW 1990, 1907; BGH, Urt. v. 13.02.2003 – IX ZR 62/02, NJW-RR 2003, 1035; Heinrich-*Spahlinger*, Krise als Chance?!, S. 109 f.
382 In Betracht kommen unter anderem §§ 263, 266, 283 ff. StGB und § 15a InsO.
383 Heinrich-*Spahlinger*, Krise als Chance?!, S. 110 f.
384 BGH, Beschl. v. 18.12.2014 – 4 StR 323/14, NZG 2015, 246; K. Schmidt-*K. Schmidt/Herchen*, § 15a Rn. 49 m.w.N.; a.A. HK-Ransiek, InsO, § 15a Rn. 48; MK-InsO/*Klöhn*, § 15a Rn. 328 m.w.N.
385 Heinrich-*Spahlinger*, Krise als Chance?!, S. 113 m.w.N.
386 Heinrich-*Spahlinger*, Krise als Chance?!, S. 113; vgl. hierzu bspw. LG Lübeck, Beschl. v. 27.03.2023 – 5 Qs 33/22 720 Js 4897/20 – BeckRS 2023, 5731, nach dem die Kenntnis des beurkundenden Notars

kommt eine Strafbarkeit des Beraters wegen psychischer Beihilfe[387] zur Insolvenzverschleppung, etwa wenn die anwaltliche Beratung fortgesetzt wird, obwohl der Mandant entgegen § 15a Abs. 1 InsO und entsprechender nachdrücklicher Hinweise des Berater keinen Insolvenzantrag stellt. In diesem Fall kann zum Ausschluss eines Strafbarkeitsrisikos auf Seiten des Beraters die Niederlegung des Mandats geboten sein.

F. Schutz durch D&O Versicherung

132 Die Frage nach Schutzmöglichkeiten für im Rahmen der Sanierung auf Unternehmensseite tätige Personen hat erhebliche Bedeutung. Dies nicht zuletzt, da in der AG – gem. § 93 Abs. 3 Satz 4 AktG – kein allgemeiner und in der GmbH – gem. § 9b GmbHG – ein u.U. nur eingeschränkter Verzicht auf Schadensersatzansprüche gegen Mitglieder der Unternehmensleitung und des Aufsichtsorgans möglich ist. Um vor persönlicher Haftung geschützt zu sein,[388] wird regelmäßig eine Directors' & Officers'-Liability- (sog.: D&O)[389] Versicherung abgeschlossen.

I. Arten der D&O-Versicherung

133 Im Kontext der D&O-Versicherungen ist zu beachten, dass eine Vielzahl von unterschiedlichen Anbietern mit unterschiedlichem Versicherungsschutz vorhanden ist und eine Standardisierung bis heute noch nicht stattgefunden hat.[390]

134 Zudem ist bei D&O-Versicherungen danach zu differenzieren, wer diese abgeschlossen hat. So besteht die Möglichkeit, dass das jeweilige Organmitglied selbstständig mit einem Versicherungsunternehmen einen Vertrag zur Absicherung seines Haftungsrisikos abschließt (Individual-D&O-Versicherung). Deutlich häufiger ist hingegen der Fall, dass das Unternehmen mit einem Versicherungsunternehmen einen Versicherungsvertrag zugunsten seiner Organmitglieder abschließt (**Unternehmens-D&O-Versicherung**).[391] Die folgenden Ausführungen beziehen sich ausschließlich auf die Rechtslage in diesen Unternehmens-D&O-Versicherungen.

II. Funktionsweise der D&O-Versicherung

135 D&O-Versicherungen zeichnen sich durch besondere Leistungsbeziehungen der beteiligten Personen aus. So wird der Versicherungsvertrag zwischen dem Versicherungsunternehmen und der Gesellschaft geschlossen, wodurch Letztere auch zur Prämienschuldnerin wird. Die Schutzrechte aus diesem Vertragsverhältnis stehen aber nicht der Gesellschaft selbst, sondern grundsätzlich ausschließlich dem versicherten Personenkreis zu.[392]

136 Dieser erfasst in aller Regel die Mitglieder der Geschäftsleitung und des Aufsichtsorgans. Um die notwendige Unabhängigkeit der beiden Organe zu wahren und Interessenkonflikte der Versicherungsgesellschaft zu vermeiden, wird mittlerweile vereinzelt empfohlen, für den Vorstand und den Aufsichtsrat **separate D&O-Versicherungen** abzuschließen.[393] Neben den genannten Organmitgliedern

---

von der Vorbereitung einer »Firmenbestattung« der Gesellschaft einen hinreichenden Verdacht dahingehend begründet, dass dieser Kenntnis von einer bevorstehenden Insolvenzverschleppung hatte, da in diesem Rahmen die Begehung von Straftaten gem. § 15a Abs. 1 S. 1, Abs. 4 Nr. 1 InsO vorhersehbar ist.

387 Vgl. zu den Anforderungen etwa BeckOK-StGB/*Kudlich*, § 27 Rn. 11 ff.

388 *Fassbach/Hülsberg*, CB 2018, 1 f.; MK-*Langheid*, VVG, § 43 Rn. 32.

389 Seitz/Finkel/Klimke-*Finkel/Seitz*, D&O-Versicherung, Einf. Rn. 61.

390 M/H/L/S-*Ziemons*, GmbHG, § 43 Rn. 556; Seitz/Finkel/Klimke-*Finkel/Seitz*, D&O-Versicherung, Teil 2 Rn. 1.

391 Langheid/Rixecker-*Rixecker*, VVG, § 43 Rn. 15; MK-*Langheid*, VVG, § 44 Rn. 20.

392 Langheid/Rixecker-*Rixecker*, VVG, § 43 Rn. 15 und § 44 Rn. 7; M/H/L/S-*Ziemons*, GmbHG, § 43 Rn. 557, Seitz/Finkel/Klimke-*Finkel/Seitz*, D&O-Versicherung, Einf. Rn. 80 ff.

393 *Fassbach/Hülsberg*, CB 2018, 1, 4 m.w.N.

kann sich der Versicherungsschutz abhängig von der jeweiligen Vereinbarung jedoch auch auf eine Vielzahl weiterer Personen erstrecken.[394]

137 Es handelt sich bei dem von der Gesellschaft mit dem Versicherungsunternehmen abgeschlossenen Versicherungsvertrag um einen **Vertrag zugunsten Dritter** im Sinne der §§ 328 ff. BGB. In der Terminologie des Versicherungsvertragsrechts spricht man von einer Vermögensschaden-Haftpflichtversicherung für fremde Rechnung gem. §§ 100 ff., 43 ff. VVG.[395] Aufgrund der aufgezeigten Struktur steht dem Anspruchsgläubiger eines Schadensersatzanspruchs wegen einer Pflichtverletzung eines Organwalters in der Regel jedoch kein Direktanspruch gegen die D&O-Versicherung zu.[396] Vielmehr hat er den Schuldner in Anspruch zu nehmen, welcher wiederum seine D&O-Versicherung in Regress nehmen muss.[397] Denkbar ist jedoch die Abtretung des versicherungsvertraglichen Freistellungsanspruchs an den Geschädigten, zu denen bei Innenhaftungsansprüchen auch die Versicherungsnehmerin gehören kann.[398] In diesem Fall gilt die Beweislastumkehr gem. § 93 Abs. 2 Satz 2 AktG auch im Rechtsstreit zwischen Gesellschaft und Versicherer.[399]

138 Kommt es zur Freistellung des Versicherten durch die D&O-Versicherung gehen dem Versicherten potenziell zustehende Regressansprüche grundsätzlich gem. § 86 Abs. 1 Satz 1 VVG auf den Versicherer über.[400] Zu beachten ist hierbei allerdings, dass dieser gesetzlich angeordnete **Forderungsübergang** vertraglich ausgeschlossen werden kann und möglicherweise Regressverbote für die D&O-Versicherer bestehen können.[401]

139 Für den Eintritt des Versicherungsfalls gilt bei der D&O-Versicherung fast immer das sogenannte **Claims-made-Prinzip** (oder auch Anspruchserhebungsprinzip), d.h. für den Versicherungsschutz ist der Zeitpunkt der Anspruchsgeltendmachung gegenüber dem versicherten Organ und nicht der Zeitpunkt der Pflichtverletzung relevant.[402] Das Anspruchserhebungsprinzip ist bei der D&O-Versicherung üblicherweise so ausgestaltet, dass alle Ansprüche erfasst werden, die während des Versicherungszeitraums geltend gemacht werden, unabhängig davon, ob das schadensauslösende Ereignis bereits vor Beginn des Versicherungszeitraums stattgefunden hat (sog. Rückwärtsdeckung).[403] Ferner sehen die meisten Versicherungsbedingungen sog. Nachhaftungsfristen vor. Dem Zusammenspiel von Rückwärtsdeckung und Nachhaftungsfristen ist insb. beim Versichererwechsel besondere Aufmerksamkeit zu schenken, um Deckungslücken zu vermeiden.[404]

140 Schließlich sind nach den allermeisten Versicherungsbedingungen sog. Umstandsmeldungen möglich; zu Nachmeldefristen und Umstandsmeldungen sogleich noch unter Rdn. 144 f.

141 Zu beachten ist zudem, dass, je nach **Risikoprofil** des zu versichernden Unternehmens, die D&O-Versicherungsverträge über weitreichende, individuelle Risikoausschlüsse verfügen können;[405] zu

394 *Lange*, D&O-Versicherung und Managerhaftung, § 6 Rn. 40.
395 M/H/L/S-*Ziemons*, GmbHG, § 43 Rn. 557, MK-*Langheid*, VVG, § 44 Rn. 21.
396 Langheid/Rixecker-*Rixecker*, VVG, § 44 Rn. 7; MK-*Langheid*, VVG, § 44 Rn. 22 und 24.
397 Zu den praktischen Problemen hierbei Langheid/Rixecker-*Rixecker*, VVG, § 44 Rn. 7; MK-*Langheid*, VVG, § 44 Rn. 21.
398 BGH, Urt. v. 13.04.2016 – IV ZR 304/13, NZG 2016, 745 und BGH, Urt. v. 13.04.2016 – IV ZR 51/14, AG 2016, 395; eingehend dazu *Harzenetter*, NZG 2016, 728.
399 OLG Köln, Urt. v. 21.11.2023 – 9 U 206/22, ZIP 2024, 20, 25 f.; so bereits *Harzenetter*, NZG 2016, 728, 732.
400 Vgl. *Lange*, D&O-Versicherung und Managerhaftung, § 18 Rn. 27 ff. m.w.N.; Seitz/Finkel/Klimke-*Finkel/Seitz*, D&O-Versicherung, Ziff. 10 Rn. 44.
401 *Lange*, D&O-Versicherung und Managerhaftung, 2014, § 18 Rn. 33 ff. m.w.N.
402 OLG München, Urt. v. 08.05.2009 – 25 U 5136/08, NZG 2009, 714; M/H/L/S-*Ziemons*, GmbHG, § 43 Rn. 562; MK-VVG/*Muschner*, § 2 Rn. 26; Seitz/Finkel/Klimke-*Finkel/Seitz*, D&O-Versicherung, Ziff. 2 Rn. 5.
403 MK-VVG/*Muschner*, § 2 Rn. 26; M/H/L/S-*Ziemons*, GmbHG, § 43 Rn. 562.
404 Vgl. zum Ganzen etwa Krieger/Schneider-*Ihlas*, Handbuch Managerhaftung, Rn. 24.35 ff.
405 *Lange*, D&O-Versicherung und Managerhaftung, § 11 Rn. 188.

den spezifisch die Insolvenz betreffenden Klauseln sogleich unter Rdn. 150. Beim Abschluss der D&O-Verträge sollten Organwalter allerdings besonderes Augenmerk auf derartige Ausschlussklauseln legen, da bei diesen unter Umständen keine – sie schützende – AGB-Kontrolle eingreift.[406]

III. Schutzumfang

1. Normalfall

142 Im Normalfall vermittelt die D&O-Versicherung einen Abwehranspruch gegen nicht begründete Schadensersatzansprüche sowie einen Freistellungsanspruch bei begründeten Schadensersatzansprüchen der versicherten Personen gegen die Versicherungsgesellschaft.[407]

143 Für Mitglieder des Vorstands fordert § 93 Abs. 2 Satz 3 AktG jedoch einen sogenannten **Selbstbehalt**, der mindestens zehn Prozent des Schadens bis zum 1,5-fachen der Jahresfixvergütung erfassen muss.[408] Den Mitgliedern des Vorstands bleibt es allerdings unbenommen, das verbleibende Haftungsrisiko über eine Individual-D&O-Versicherung abzusichern.[409] Dasselbe gilt für die Organe in einer dualistischen – Art. 9 Abs. 1c) ii), 51 SE-VO – sowie monistischen SE. Anders als in vorherigen Fassungen lässt sich dem DCGK keine Empfehlung mehr entnehmen, einen vergleichbaren Selbstbehalt für die D&O-Versicherung der Aufsichtsratsmitglieder vorzusehen.[410]

a) Nachmeldefristen und Umstandsmeldungen

144 Aufgrund des Claims-made-Prinzips ist für den Eintritt des Versicherungsfalles der **Zeitpunkt** der Anspruchserhebung maßgebend.[411] Nach Ablauf der Versicherung geltend gemachte, aber während der Laufzeit der Versicherung verursachte Schäden sind grundsätzlich nicht versichert.[412] Diese können jedoch durch sog. Nachmeldefristen bzw. Nachhaftungsfristen mit einbezogen werden. Diese gewährleisten, dass die innerhalb eines begrenzten Zeitraums nach Vertragsende erhobenen Ersatzansprüche noch unter den Versicherungsschutz fallen.[413] Der übliche Zeitrahmen der Nachmeldung beträgt mittlerweile mindestens 3–5 Jahre und bleibt somit zum Teil hinter den Verjährungsfristen für Pflichtverletzungen von Organmitgliedern zurück.[414] Das Unternehmen sollte nach Möglichkeit auf Nachmeldefristen achten, die sich an den Verjährungsfristen für Schadensersatzansprüche orientieren.

145 Darüber hinaus besteht die Möglichkeit, eine sog. **Umstandsmeldung** (»notice of circumstances«) zu vereinbaren. Folge einer wirksamen Umstandsmeldung ist, dass für die gemeldeten Sachverhalte der Versicherungsfall bereits mit der Umstandsmeldung als eingetreten gilt, selbst wenn die Anspruchserhebung erst in einer späteren Versicherungsperiode oder während einer Nachmeldefrist stattfindet. Es besteht somit die Möglichkeit, einen erwarteten Schaden bereits vor Anspruchserhebung anzumelden und einer bestimmten Versicherungsperiode zuzuordnen.[415]

---

406 *Lange*, D&O-Versicherung und Managerhaftung, § 11 Rn. 188; *v. Westphalen*, VersR 2011, 145, 146.
407 Vgl. M/H/L/S-*Ziemons*, GmbHG, § 43 Rn. 558 ff.
408 MK-*Lorenz/Wandt*, VVG, Einl Rn. 19 m.w.N.; Seitz/Finkel/Klimke-*Finkel/Seitz*, D&O-Versicherung, Einf. Rn. 62; Einzelheiten etwa bei *Harzenetter*, DStR 2010, 653 ff.
409 MK-AktG/*Spindler*, § 93 Rn. 254.
410 Vgl. dazu Kremer/Bachmann/Favoccia/v. Werder-*Kremer*, DCGK, G 25 Rn. 8.
411 OLG München, Urt. v. 08.05.2009 – 25 U 5136/08, NZG 2009, 714; M/H/L/S-*Ziemons*, GmbHG, § 43 Rn. 562; MK-VVG/*Muschner*, § 2 Rn. 26; Seitz/Finkel/Klimke-*Finkel/Seitz*, D&O-Versicherung, Ziff. 2 Rn. 5.
412 Seitz/Finkel/Klimke-*Finkel/Seitz*, D&O-Versicherung, Ziff. 3 Rn. 15.
413 Seitz/Finkel/Klimke-*Finkel/Seitz*, D&O-Versicherung, Ziff. 3 Rn. 17; *v. Schenck*, NZG 2015, 494, 496.
414 *v. Schenck*, NZG 2015, 494, 498.
415 *v. Schenck*, NZG 2015, 494, 496.

b) Klauseln zur Kontinuitätsgarantie und Verschaffungsklauseln

Beim **Ausscheiden** einer versicherten Person stellt sich die Frage, welche Auswirkungen dies auf die Geltendmachung von Ansprüchen hat. Wegen des Claims-Made-Prinzips werden die Versicherungsbedingungen und Deckungssummen zugrunde gelegt, die im Zeitpunkt der Anspruchsentstehung vereinbart sind. Falls eine Pflichtverletzung erst lange Zeit nach dem Ausscheiden erkannt und als Anspruch geltend gemacht wird, besteht die Gefahr, dass sich die Versicherungsbedingungen und insbesondere die Deckungssummen zwischenzeitlich deutlich verschlechtert haben.[416] 146

Um sich dagegen zu schützen, besteht die Möglichkeit, Klauseln zur Kontinuitätsgarantie zu vereinbaren. Diese bestimmen, dass im Fall der Fortsetzung des Vertrags mit vom Versicherer veranlassten Bedingungsbeschränkungen diese nicht für Pflichtverletzungen gelten, die vor der neuen Vereinbarung begangen wurden. Für diese Pflichtverletzungen gilt dann der zuletzt geltende Versicherungsumfang.[417] 147

In den Dienstverträgen der Organe finden sich darüber hinaus häufig sog. **Verschaffungsklauseln.** In diesen lassen sich die Organe das Vorhalten einer D&O Versicherung festschreiben. Die konkrete Ausgestaltung der Klauseln ist praktisch nicht einfach, da ein umfassender Schutz die Aufzählung aller Umstände erfordern würde, die zu einem Verlust oder einer wesentlichen Verschlechterung des Versicherungsschutzes führen können.[418] 148

2. Insolvenz

a) Schicksal des Versicherungsvertrags

Durch die Eröffnung des Insolvenzverfahrens erlöschen die Leistungspflichten des Versicherungsvertrags – entgegen einer früher vertretenen Ansicht – nicht, sodass es zu keiner Beendigung des Vertragsverhältnisses kommt.[419] Dies gilt selbst für den Fall, dass der Insolvenzverwalter im Rahmen seines Wahlrechts nach § 103 InsO die Erfüllung des Vertrages ablehnt.[420] Allerdings sind in diesem Fall die **Hauptleistungspflichten** des Versicherungsvertrages – einschließlich einer möglicherweise vereinbarten Nachhaftung – nicht mehr durchsetzbar, sodass den versicherten Personen kein effektiver Schutz durch die D&O-Versicherung mehr zusteht.[421] Das spielt hingegen keine Rolle, wenn der Versicherungsanspruch nach den jeweiligen Versicherungsbedingungen materiell-rechtlich nicht dem (insolventen) Versicherungsnehmer, sondern dem Versicherten (Geschäftsleiter) zusteht.[422] 149

b) Insolvenzklauseln

In der Praxis der D&O-Versicherungen haben sich verschiedene Klauselarten entwickelt, welche die Insolvenz in den Blick nehmen.[423] 150

- Unter einer sogenannten *harten Insolvenzklausel* versteht man bspw. Regelungen, durch welche alle Schadensersatzansprüche, welche wegen oder im Zusammenhang mit einer Insolvenz der Versicherungsnehmerin oder einer mitversicherten Tochter stehen, ausgeschlossen werden.[424]

---

416 *Cyrus*, NZG 2018, 7, 13.
417 *Cyrus*, NZG 2018, 7, 13.
418 *Cyrus*, NZG 2018, 7, 13.
419 BGH, Urt. v. 25.04.2002 – IX ZR 313/99, NJW 2002, 2783, 2785; BGH, Urt. v. 01.12.2011 – IX ZR 79/11, NJW 2012, 678, 679; Seitz/Finkel/Klimke-*Finkel/Seitz*, D&O-Versicherung, Ziff. 3 Rn. 57 f.
420 BGH, Urt. v. 01.12.2011 – IX ZR 79/11, NJW 2012, 678, 679; Seitz/Finkel/Klimke-*Finkel/Seitz*, D&O-Versicherung, Ziff. 3 Rn. 57 f.
421 Seitz/Finkel/Klimke-*Finkel/Seitz*, D&O-Versicherung, Ziff. 3 Rn. 58.
422 BGH, Urt. v. 04.03.2020 – IV ZR 110/19, ZIP 2020, 672, 673.
423 *Lange*, D&O-Versicherung und Managerhaftung, § 11 Rn. 191.
424 *Lange*, D&O-Versicherung und Managerhaftung, § 11 Rn. 191.

- Darüber hinaus finden sich in manchen D&O-Versicherungsverträgen sogenannte *insolvenzabhängige Lösungsklauseln.*[425] Hierunter versteht man Vertragsklauseln, die ein Lösungsrecht einer Vertragspartei oder eine auflösende Vertragsbedingung für den Fall vorsehen, dass eine Partei ihre Zahlungen einstellt, einen Insolvenzantrag gestellt oder das Insolvenzverfahren eröffnet hat.[426] Praktisch häufig sind darüber hinaus auch Klauseln, die festlegen, dass für den Fall des Eintritts solcher insolvenzbezogener Umstände, der Versicherungsschutz automatisch mit Ablauf der gegenwärtigen Versicherungsperiode endet.[427] Derartige Klauseln sind jedoch – aktueller Rechtsprechung des BGH folgend – im Sinne des § 119 InsO unwirksam, da sie das gem. § 103 InsO dem Insolvenzverwalter zustehende Wahlrecht im Voraus vereiteln.[428] Etwas anderes kann indes für Klauseln gelten, nach welchen sich der Versicherer aufgrund des Eintritts insolvenzbezogener Umstände lediglich von seinen Nachhaftungspflichten befreien kann.[429]
- Es finden sich auch Klauseln, welche den Versicherungsschutz von D&O-Versicherungen zeitlich auf Handlungen beschränken, die vor Eintritt der Insolvenzreife vorgenommen wurden.[430] Praktisch sind derartige Klauseln jedoch von untergeordneter Relevanz.[431] Häufiger anzutreffen sind hingegen Regelungen, welche den Versicherungsschutz auf Pflichtverletzungen beschränken, die vor der Stellung des Insolvenzantrags begangen wurden.[432] Letzterem folgen nun die AVB für D&O-Versicherungen: Während Ziffer 3.4 AVB-AVG (Stand: Februar 2016) den Versicherungsschutz mit Eintritt der Insolvenzreife enden ließ, endet nach dem nunmehr aktuellen Muster AVB-D&O (Stand: Mai 2020)[433] der Versicherungsschutz mit Stellung des Insolvenzantrags (Klausel A-5.5).

c) Insolvenzrechtswidrig geleistete Zahlungen

151 Eine relevante Frage ist, ob Ersatzansprüche wegen Zahlungen nach Eintritt der Insolvenzreife von den allgemeinen Versicherungsbedingungen einer D&O-Versicherung erfasst sind. Unzweifelhaft war dies seit jeher, wenn diese in D&O-Verträgen – wie in der Praxis häufig – ausdrücklich aufgeführt werden oder die Versicherungsgesellschaft nach Vertragsschluss eine Einbeziehungsbestätigung abgibt.

▶ Hinweis:

152 Die Geschäftsführung sollte unbedingt darauf achten, dass eine solche Einbeziehungsbestätigung rechtzeitig erfolgt, um etwaige Unsicherheiten über den Versicherungsumfang von vornherein zu vermeiden.

153 Für den Fall, dass der D&O-Vertrag keine ausdrückliche Regelung vorsieht, war vor Klärung der Rechtslage durch den BGH zu differenzieren:

425 BGH, Urt. v. 15.11.2012 – IX ZR 169/11, NJW 2013, 1159, 1160; *Lange*, D&O-Versicherung und Managerhaftung, § 3 Rn. 134.

426 BGH, Urt. v. 15.11.2012 – IX ZR 169/11, NJW 2013, 1159, 1160; BGH, Urt. v. 27.05.2003 – IX ZR 51/02, NJW 2003, 2744, 2746; *Lange*, D&O-Versicherung und Managerhaftung, § 3 Rn. 134.

427 *Lange*, D&O-Versicherung und Managerhaftung, § 3 Rn. 98 mit Klauselbeispiel.

428 BGH, Urt. v. 15.11.2012 – IX ZR 169/11, NJW 2013, 1159, 1160; *Lange*, D&O-Versicherung und Managerhaftung, § 3 Rn. 98; vgl. Langheid/Rixecker-*Rixecker*, VVG, § 16 Rn. 4.

429 Vgl. *Lange*, D&O-Versicherung und Managerhaftung, § 10 Rn. 117 mit entsprechendem Klauselbeispiel.

430 *Lange*, D&O-Versicherung und Managerhaftung, § 11 Rn. 191; Seitz/Finkel/Klimke-*Finkel/Seitz*, D&O-Versicherung, Ziff. 3 Rn. 51.

431 Seitz/Finkel/Klimke-*Finkel/Seitz*, D&O-Versicherung, Ziff. 3 Rn. 51; die Wirksamkeit derartiger Klauseln bezweifelnd Prölss/Martin-*Voit*, VVG, AVB D&O Abs. 5.5 Rn. 3.

432 *Lange*, D&O-Versicherung und Managerhaftung, § 10 Rn. 117.

433 Abgedruckt in Prölss/Martin-*Voit*, VVG, AVB D&O Abs. 5.5.

Für den aktienrechtlichen Ersatzanspruch aus §§ 92 Abs. 2 Satz 1, 93 Abs. 3 Nr. 6 AktG a.F. war bereits seit einiger Zeit anerkannt, dass dieser als Schadensersatzanspruch zu qualifizieren ist.[434] Mithin wurde er vom Schutzbereich eines Standard-D&O-Vertrags erfasst. 154

Nicht ganz eindeutig war dies hingegen für den Ersatzanspruch aus § 64 GmbHG a.F. Nach einer Entscheidung des OLG Düsseldorf sollte dieser nicht durch einen Standard-D&O-Vertrag gedeckt werden.[435] Dafür soll insbesondere gesprochen haben, dass § 64 GmbHG a.F. kein Deliktstatbestand sondern ein »Ersatzanspruch eigener Art« war.[436] 155

Diese Ansicht konnte – v.a. mit Blick auf die praktische Wirklichkeit der D&O-Versicherungen – im Ergebnis nicht überzeugen. Den Anspruch aus § 64 GmbHG a.F. mit Verweis auf seine Schutzrichtung – zugunsten der Gesellschaftsgläubiger – und dem Umstand, dass dieser keinen Schaden der Gesellschaft verlange, nicht als Schadensersatz- oder schadensersatzähnlichen Anspruch im Sinne der Versicherungsbedingungen zu qualifizieren, erscheint sehr fragwürdig und ist im Ergebnis auch unzutreffend. So dient auch der deliktsrechtlich anerkannte insolvenzrechtliche Schadensersatzanspruch aus § 823 Abs. 2 BGB i.V.m. 15a InsO dem Schutze der Gesellschaftsgläubiger und setzt tatbestandlich keinen Schaden der Gesellschaft voraus. Darüber hinaus hinge es für die in Anspruch genommenen Geschäftsführer letztlich vom Zufall oder der Willkür der Anspruchsteller ab, ob ihnen ein Ersatzanspruch gegen ihre D&O-Versicherung – bspw. im Fall der Geltendmachung des häufig mitverwirklichten § 43 Abs. 2 GmbHG – zustünde, was zu unbilligen Ergebnissen führen kann. Weil das aus § 64 GmbHG a.F. erwachsende Haftungsrisiko für den Organwalter von erheblicher Bedeutung ist, würde ein Ausschluss desselbigen von der D&O-Versicherung zur Aushöhlung des Versicherungsschutzes in essenziellen Teilen führen.[437] Wie das OLG Düsseldorf selbst ausführt, ist letztlich die Auslegung der Versicherungsbedingungen von entscheidender Bedeutung.[438] Ein Versicherungsvertrag ist dabei so auszulegen, wie er von einem durchschnittlichen Versicherungsnehmer ohne versicherungsrechtliche Spezialkenntnisse bei verständiger Würdigung, aufmerksamer Durchsicht und Berücksichtigung des erkennbaren Sinnzusammenhangs zu verstehen ist.[439] Im Bereich der D&O-Versicherung ist davon auszugehen, dass ein Geschäftsführer – auf dessen Sichtweise es gem. § 31 BGB ankommt – den Versicherungsvertrag so verstehen durfte, dass Ersatzansprüche nach § 64 GmbHG a.F., unabhängig von ihrer formaljuristischen Einordnung, in den Vertrag einbezogen sind.[440] So fielen Ansprüche aus der aktienrechtlichen Parallelvorschrift der §§ 92 Abs. 2 Satz 1, 93 Abs. 3 Nr. 6 AktG a.F. – als originäre Schadensersatzansprüche[441] – von Gesetzes wegen in den Schutzbereich einer D&O-Versicherung. Einem durchschnittlichen Unternehmensleiter konnte jedoch nicht der juristische Fachverstand abverlangt werden, zu wissen, dass er für eine insolvenzrechtswidrige Zahlung als GmbH-Geschäftsführer einer Haftung eigener Art und als Vorstand einer AG einer Schadensersatzhaftung unterliegt. Für eine Ansprüche aus § 64 GmbHG a.F. einbeziehende Auslegung der D&O-Versicherung sprach weiter, dass die Ansprüche aus § 64 GmbHG a.F. aufgrund ihres erheblichen Haftungspotenzials für die Organwalter gerade von hervorgehobener Bedeutung sind und diese – würden sie davon ausgehen, dass derartige Ansprüche nicht unter den Schutzbereich der üblichen D&O-Versicherung fielen – eine ausdrückliche Haftungserweiterung vereinbaren würden. 156

---

434 MK-AktG/*Spindler*, § 93 Rn. 277; BeckOGK-MK-GmbHG/*Fleischer*, AktG, § 93 Rn. 317 m.w.N.
435 OLG Düsseldorf, Urt. v. 20.07.2018 – 4 U 93/16, ZIP 2018, 1542, 1545; ebenso OLG Celle, Beschl. v. 01.04.2016 – 8 W 20/16, BeckRS 2016, 125428; *Cyrus*, NZG 2018, 7, 9; *Lange*, D&O-Versicherung und Managerhaftung, § 8 Rn. 17.
436 OLG Düsseldorf, Urt. v. 20.07.2018 – 4 U 93/16, ZIP 2018, 1542, 1545.
437 *Geissler*, GWR 2018, 285, 286.
438 OLG Düsseldorf, Urt. v. 20.07.2018 – 4 U 93/16, ZIP 2018, 1542, 1545.
439 BGH, Urt. v. 20.12.2006 – IV ZR 325/05, NJW 2007, 1205, 1208; *Geissler*, GWR 2018, 285, 286.
440 *Geissler*, GWR 2018, 285, 286.
441 MK-AktG/*Spindler*, § 93 Rn. 277; BeckOGK-*Fleischer*, AktG, § 93 Rn. 317.

157 Auf einer Linie mit der hier vertretenen Ansicht befindet sich die zwischenzeitlich ergangene Entscheidung des BGH, die den Streit im November 2020 entschieden hat.[442] Der IV. Zivilsenat hat die dogmatische Einordnung weiterhin offengelassen und seine Entscheidung allein darauf gestützt, wie ein durchschnittlicher, um Verständnis bemühter Versicherungsnehmers sie bei verständiger Würdigung, aufmerksamer Durchsicht und unter Berücksichtigung des erkennbaren Sinnzusammenhangs versteht.[443] Nach diesen Maßstäben sei die Klausel dahin gehend zu verstehen, dass der in § 64 Satz 1 GmbHG a.F. geregelte Anspruch ein **bedingungsgemäßer gesetzlicher Haftpflichtanspruch auf Schadensersatz** ist.[444]

158 Mit Wirkung vom 01.01.2021 entfiel die Notwendigkeit für die Differenzierung zwischen der aktienrechtlichen Haftung und der Regelung im GmbHG: In § 15b Abs. 4 InsO wurde eine rechtsformübergreifende Haftung für Zahlungen nach Insolvenzreife aufgenommen. In der Literatur wird seither vertreten, dass die Formulierung in § 15b Abs. 4 Satz 2 InsO auch der dogmatischen Streitfrage um die Einordnung als Schadensersatz die Grundlage entziehe, da die Ersatzpflicht nunmehr als Schadensersatzanspruch ausgestaltet sei.[445] Darauf kommt es jedoch wie gezeigt im Ergebnis nicht an, da die Auslegung der Klausel aus Sicht des Versicherungsnehmers maßgeblich ist. Für die Standardklausel hat der BGH die Frage zutreffend dahingehend entschieden, dass **Versicherungsschutz** besteht.

▶ **Praxistipp:**

159 Obwohl inzwischen geklärt sein dürfte, dass Ansprüche aus § 15b Abs. 4 InsO unter den Schutzbereich einer Standard-D&O-Versicherung fallen, ist es angesichts etwaiger abweichender Formulierungen in den Versicherungsverträgen für die Praxis generell empfehlenswert, dass sich die Versicherungsnehmer bestätigen lassen, dass die Ersatzansprüche von dem Versicherungsvertrag erfasst sind oder darauf hinwirken, dass diese – ggf. nachträglich – einbezogen werden.[446]

G. Annex: Pflichten der Finanzierer

160 Der Schwerpunkt der Frage nach möglichen Unterstützungspflichten finanzierender Banken in der Krise einer Gesellschaft liegt ersichtlich im **Kreditgeschäft**.[447] Zum einen wird eine Pflicht zur Kreditgewährung diskutiert, zum anderen können Kündigungsmöglichkeiten für bereits bestehende Kredite eingeschränkt sein. Hier soll kurz der Frage nachgegangen werden, ob sich Kreditgeber ggf. aktiv an einer Sanierung beteiligen müssen.

I. Keine Kreditgewährungspflicht

161 Eine allgemeine öffentlich-rechtliche Pflicht der Kreditinstitute zur Kreditgewährung an Unternehmen in der Krise besteht auch unter Berücksichtigung der gesamtwirtschaftlichen Verantwortung der Banken nicht; die Kreditvergabe basiert auf der privatautonomen Entscheidung

442 BGH, Urt. v. 18.11.2020 – IV ZR 217/19, NJW 2021, 231.
443 BGH, Urt. v. 18.11.2020 – IV ZR 217/19, NJW 2021, 231.
444 BGH, Urt. v. 18.11.2020 – IV ZR 217/19, NJW 2021, 231, 232.
445 So etwa *Brinkmann*, ZIP 2020, 2361, 2367; *Brinkmann/Schmitz-Justen*, ZIP 2021, 24, 25; *Bitter*, ZIP 2021, 321, 331; *Göb/Nebel*, NZI 2021, 17, 18; a.A. BeckOK-InsO/*Wolfer* § 15b Rn. 27; vgl. auch BT-Drucks. 19/24181, S. 195, wonach der Streit um die Rechtsnatur des Anspruchs mit der Vorschrift nicht abschließend entschieden werden soll.
446 Vgl. *Cyrus*, NZG 2018, 7, 9.
447 *Canaris*, ZHR 143 (1979), 113, 114.

der Banken.[448] Auch eine Kreditgewährungspflicht aus Treu und Glauben ist grundsätzlich abzulehnen.[449]

II. Pflicht zur Unterlassung einer ordentlichen Kündigung

Einschränkungen der ordentlichen Kündigungsmöglichkeit können sich zum einen aus dem Verbot **162**
der Kündigung zur »Unzeit« ergeben. Zwar genügt die Krise der Gesellschaft allein nicht[450]; führt eine Kündigung jedoch dazu, dass ein Sanierungskonzept des Kreditnehmers vereitelt werden würde, kann es sich um eine **Kündigung zur Unzeit** handeln, soweit der Kreditnehmer nicht aufgrund besonderer Umstände mit einer Kündigung rechnen musste oder ein wichtiger Grund zur Kündigung vorlag.[451] Zum anderen können der Einwand des Rechtsmissbrauchs und das Gebot der Rücksichtnahme i.S.d. § 242 BGB einer ordentlichen Kündigung entgegenstehen.[452] Ein hierfür erforderliches grobes Missverhältnis zwischen den Interessen der Bank und den Interessen des Darlehensnehmers besteht nicht aufgrund der bloßen Krisensituation.[453] Denkbar ist ein grobes Missverhältnis beim Bestehen eines besonderen Abhängigkeitsverhältnisses[454] oder im Fall eines sanierungsfähigen Unternehmens, das ausreichend Sicherheiten bietet, weshalb ein Aufschieben der Kündigung die Interessen der Bank voraussichtlich nicht beeinträchtigt.[455] Hat die Bank ein Sanierungsdarlehen gewährt, gilt die zugrunde liegende Sanierungsvereinbarung als eine die ordentliche Kündigung ausschließende Sonderregelung, solange damit verbundene Auflagen durch den Kreditnehmer eingehalten werden und im Einzelfall keine abweichenden Regelungen getroffen werden.[456]

---

448 BGH, Urt. v. 26.03.1984 – II ZR 171/83, NJW 1984, 1893, 1900; BGH, Urt. v. 29.05.2001 – VI ZR 114/00, NJW 2001, 2632, 2633; *Hopt*, ZHR 143 (1979), 139, 157; MK-*Berger*, BGB, Vor § 488 Rn. 101 f.; Ellenberger/Bunte-*Häuser*, Bankrechts-Handbuch, § 65 Rn. 35 m.w.N.

449 Dies wurde vom BGH bisher ausdrücklich offengelassen, vgl. BGH, Urt. v. 21.09.1989 – III ZR 287/88, NJW-RR, 1990, 110, 111; die Instanzrechtsprechung lehnt eine Sanierungspflicht aus Treu und Glauben grundsätzlich ab, vgl. OLG Zweibrücken, Urt. v. 21.09.1984 – 1 U 244/82, ZIP 1984, 1334; OLG Frankfurt, Urt. v. 07.03.1985 – 1 U 98/84, MDR 1986, 849; OLG Düsseldorf, Urt. v. 09.02.1989 – 6 U 90/88, NJW-RR 1989, 1519, 1521 m.w.N.; OLG Karlsruhe, Urt. v. 03.08.1990 – 10 U 168/89, NJW-RR 1991, 948; OLG München, Urt. v. 14.10.1993 – 19 U 3437/93, WM 1994, 1028, 1030; die herrschende Ansicht in der Literatur stimmt dem zu, vgl. *Claussen*, ZHR 147 (1983), 195, 200; *K. Schmidt*, WM 1983, 490, 492; *Obermüller*, ZIP 1980, 1059, 1061; *Rümker*, KTS 1981, 493, 503, Ellenberger/Bunte-*Häuser*, Bankrechts-Handbuch, § 65 Rn. 41 ff. m.w.N.; differenzierend *Berger*, BKR 2009, 45, 49; *Gawaz*, Bankenhaftung für Sanierungskredite, S. 82 f. m.w.N.; *Hopt*, ZHR 143 (1979), 139, 159 f.; zu weitgehend *Canaris*, ZHR 143 (1979), 113, 137 f.

450 *Canaris*, ZHR 143 (1979), 113, 115; Ellenberger/Bunte-*Häuser*, Bankrechts-Handbuch, § 65 Rn. 70.

451 OLG Hamm, Urt. v. 12.09.1990 – 31 U 102/90, NJW-RR 1991, 242, 243; OLG Schleswig, Beschl. v. 03.05.2010 – 5 U 29/10, WM 2011, 460, 461; Ellenberger/Bunte/*Häuser*, Bankrechts-Handbuch, § 65 Rn. 70 m.w.N.

452 *Canaris*, ZHR 143 (1979), 113, 116 f.; *K. Schmidt*, WM 1983, 490, 491; MK-*Berger*, BGB, Vor § 488 Rn. 104 m.w.N.; *Rümker*, KTS 1981, 493; Ellenberger/Bunte-*Häuser*, Bankrechts-Handbuch § 65 Rn. 72 m.w.N.

453 BGH, Urt. v. 26.03.1984 – II ZR 171/83, NJW 1984, 1893, 1900; BGH, Urt. v. 29.05.2001 – VI ZR 114/00, NJW 2001, 2632, 2633; MK-*Berger*, BGB, Vor § 488 Rn. 101 f. m.w.N.

454 BGH, Urt. v. 03.03.1956 – IV ZR 334/55, WM 1956, 527, 530; *Canaris*, ZHR 143 (1979), 113, 125; Ellenberger/Bunte-*Häuser*, Bankrechts-Handbuch, § 65 Rn. 77.

455 Vgl. ausführlich zu Wertungsgesichtspunkten und möglichen weiteren Fallgruppen *Canaris*, ZHR 143 (1979), 113, 124 ff.; darüber hinaus auch *Hopt*, ZHR 143 (1979), 162, 162 f.; *K. Schmidt*, WM 1983, 490, 491; *Rümker*, KTS 1981, 493; Ellenberger/Bunte-*Häuser*, Bankrechts-Handbuch § 65 Rn. 72 m.w.N.

456 BGH, Urt. v. 06.07.2004 – XI ZR 254/02, NJW 2004, 3779, 3780; BGH, Urt. v. 14.09.2004 – XI ZR 184/03, ZIP 2004, 2131, 2134; *Berger*, BKR 2009, 45, 48; *Bitter/Alles*, WM 2013, 537, 538; MK-*Berger*, BGB, Vor § 488 Rn. 103 m.w.N.; Ellenberger/Bunte-*Häuser*, Bankrechts-Handbuch, § 65 Rn. 78 ff. m.w.N.; a.A. für die Kündigung eines Kontokorrentkredites OLG Hamm, Urt. v. 22.01.1990 – 8 U 129/89, WM 1991, 1116, 1118.

III. Pflicht zur Unterlassung einer außerordentlichen Kündigung

163 Umgekehrt kann die Unternehmenskrise einen zur außerordentlichen Kündigung berechtigenden »wichtigen Grund« i.S.d. § 490 Abs. 1 BGB darstellen.[457] Allerdings ist eine dafür erforderliche Unzumutbarkeit der Kreditfortsetzung für die Bank nur dann gegeben, wenn unter Berücksichtigung aller Sicherheiten eine Gefährdung der Darlehensrückzahlung prognostizierbar ist.[458] Können die Sanierungschancen im Einzelfall jedoch als »sehr günstig« bezeichnet werden, wird eine Unzumutbarkeit i.d.R. abzulehnen sein.[459] Eine bestehende **Sanierungsvereinbarung** schließt die außerordentliche Kündigung aus, sofern in der Vereinbarung nichts Abweichendes geregelt ist; etwas anderes gilt nur, soweit sich eine Sanierung ungünstig entwickelt und aufgrund einer wesentlichen Verschlechterung der Vermögensverhältnisse die Sanierung nach gründlicher Prüfung »wenig aussichtsreich« erscheint bzw. sich die Sanierung nicht mehr im erwarteten Rahmen bewegt.[460]

IV. Keine Pflicht zur Kündigungsandrohung

164 Eine Bank ist im Kontext der Kreditkündigungen auch in der Krise grundsätzlich nicht verpflichtet, ihre Kündigung zunächst anzudrohen; etwas Anderes kann nur dann gelten, wenn beim Kreditnehmer – etwa aufgrund bisheriger Duldung von Überziehungen der Kreditlinie – erkennbare Unsicherheit darüber besteht, ob die Bank auch weiterhin zu Zugeständnissen bereit ist.[461]

---

457 *Bitter/Alles*, WM 2013, 537 m.w.N.; Ellenberger/Bunte-*Häuser*, Bankrechts-Handbuch, § 65 Rn. 83.

458 *Bitter/Alles*, WM 2013, 537; Ellenberger/Bunte-*Häuser*, Bankrechts-Handbuch, § 65 Rn. 86 m.w.N.; vgl. zum Begriff der Unzumutbarkeit BGH, Urt. v. 10.11.1977 – III ZR 39/76, NJW 1978, 947, 948; BGH, Urt. v. 19.09.1979 – III ZR 93/76, NJW 1980, 399, 400; BGH, Urt. v. 06.03.1986 – III ZR 245/84, NJW 1986, 1928, 1930; OLG München, Urt. v. 02.04.1990 – 17 U 2411/89, NJW-RR 1991, 928, 930.

459 Ellenberger/Bunte-*Häuser*, Bankrechts-Handbuch, § 65 Rn. 87 m.w.N.

460 BGH, Urt. v. 14.09.2004 – XI ZR 184/03, NJW 2004, 3782, 3783; BGH, Urt. v. 20.12.1955 – I ZR 171/53, WM 1956, 217, 220; OLG Frankfurt, Beschl. v. 13.09.2007 – 15 U 19/07, BeckRS 2011, 25384; *Bitter/Alles*, WM 2013, 537, 538; MK-*Berger*, BGB, Vor § 488 Rn. 103 m.w.N.; Ellenberger/Bunte-*Häuser*, Bankrechts-Handbuch, § 65 Rn. 88 ff. m.w.N.

461 BGH, Urt. v. 10.11.1977 – III ZR 39/76, NJW 1978, 947, 948; zustimmend *Hopt*, ZHR 143 (1979), 139, 161; Ellenberger/Bunte-*Häuser*, Bankrechts-Handbuch, § 65 Rn. 93.

Kapitel 3 IDW S 6 – Erstellung und Beurteilung von Sanierungskonzepten

Übersicht

1 Sanierungskonzepte sind ein fester Bestandteil der deutschen Sanierungskultur. Das Sanierungskonzept nach IDW S 6 bietet den Stakeholdern eine umfassende Entscheidungsgrundlage, um notwendige Handlungen vorzunehmen. Ausgangspunkt vieler Sanierungskonzepte sind dementsprechend häufig Gläubigerinteressen, die ihrerseits eine belastbare Grundlage für eigene Entscheidungen benötigen (s. insb. MaRisk). Strukturell liegt der Schwerpunkt von Sanierungskonzepten nach IDW S 6 auf betriebswirtschaftlichen Aspekten, indem aufgezeigt wird, wie ein Unternehmen aus einer Krisensituation herausgeführt werden soll.

2 Das Institut der Wirtschaftsprüfer legt in dem IDW Standard 6 »Anforderungen an Sanierungskonzepte« (IDW S 6) die Berufsauffassung der Wirtschaftsprüfer abgeleitet aus Rechtsprechung, Theorie und Praxis dar. Das IDW hat seit der 3. Auflage dieses Werkes den Standard überarbeitet, so dass die aktuelle, dieser Kommentierung zugrunde liegende Fassung die mit Stand 22.06.2023 ist. Diese Fassung des IDW S 6 steht in einer Reihe mit ihren Vorgängern[1] und hat diese weiterentwickelt. Treiber der Entwicklung ist dabei einerseits die stetige Anpassung an die aktuelle Rechtsprechung. Bereits mit der Fassung aus 2018 ist der IDW S 6 deutlich komprimiert worden (ein

1 FAR 1/1991 sowie IDW S 6 in der Fassung von 2009, 2012 und 2018.

Ansinnen, das aus der Praxis gewünscht wurde); ergänzende Fragen insb. aus praktischer Sicht werden darüber hinaus in den »Fragen und Antworten: Zur Erstellung von Sanierungskonzepten nach IDW S 6 (F&A zu IDW S 6)« behandelt[2]. Die F&A sind ebenfalls überarbeitet worden, berücksichtigt ist der Stand vom 13.12.2023.

A. Die Änderungen gem. aktuellen Stand des IDW S 6 vom 22.06.2023 im Überblick

2a Mit der Neufassung des IDW S 6 mit Stand 22.06.2023 erfolgt eine Aktualisierung primär mit der Aufnahme der ESG-Anforderungen[3] sowie der Reflektion der Änderungen der Gesetzeslage (Einführung StaRUG) und der Aktualisierung der Rechtsprechungsverweise. Entsprechend bleibt die Struktur des IDW S 6 weitgehend unverändert, gut daran zu erkennen, dass nur zwei neue Randnummern (neu 66 und 67) im IDW S 6 zu den Komplexen Digitalisierung und ESG eingeführt sind und ansonsten auch die Randnummern-Struktur identisch geblieben ist.

2b Besonderes Augenmerk verdienen mithin die Änderungen im Kontext der ESG-Anforderungen. Generell haben sich hier zwei Vorgehensweisen angeboten: die Aufnahme durch Integration in die bestehende Struktur des IDW S 6 oder die Aufnahme durch Bildung eines eigenen Gliederungspunktes im IDW S 6. Das zweite Vorgehen hätte die Gewichtung dieses Aspektes stärker verdeutlicht. Das IDW ist jedoch den ersten Weg gegangen und hat die ESG-Anforderungen in die bisherige Struktur eingebunden. Dieses ist jedenfalls aus dem Inhalt und Aufbau eines S 6 nachvollziehbar, sind die ESG-Anforderungen im Rahmen der Maßnahmendefinition doch regelmäßig allenfalls gleichwertig mit »typischen« Sanierungsmaßnahmen[4]. Die ESG-Anforderungen fokussieren grundsätzlich eher auf einen mittelfristigen Horizont (im IDW S 6 wird diese Sicht besonders deutlich, da der ESG-Aspekt im Rahmen der Leitbild Diskussion den **langfristigen** Zielvorstellungen und Grundstrategien zugeordnet wird (s. IDW S 6 RN 65)), während der IDW S 6 die Beseitigung der **aktuell** vorliegenden Krise mittels konkreter Maßnahmen fokussiert. Gleichwohl ist nicht zu verkennen, dass die Relevanz von ESG-Überlegungen im S6-Kontext zunimmt (s. hier die Ausführungen bei Rdn. 56a f.) und der IDW S 6 die generelle Bedeutung bereits dadurch betont, dass die ESG Anforderungen früh bei den Grundlagen der Sanierung, dort bei der Beschreibung der nachhaltigen Fortführungsfähigkeit im Sinne der Sanierungsfähigkeit, angeführt sind (s. IDW S 6 Rn. 20) und die ESG-Anforderungen beim Leitbild eine eigene RN erhalten haben (s. IDW S 6 Rn. 67).

2c Als weiterer wesentlicher Punkt wurde in der aktualisierten Fassung die Entwicklung der Rechtsprechung aufgegriffen. Entfallen ist das Merkmal, dass die im Sanierungskonzept dargelegten Maßnahmen jedenfalls in den Ansätzen schon in die Tat umgesetzt sein müssen. Auf dieses Rechtsprechungsmerkmal ist mehrfach in der früheren Fassung des IDW S 6 mit Hinweis auf das BGH-Urteil vom 12.11.1992[5] hingewiesen worden; eine entsprechende Formulierung fand sich auch in dem Muster für die Schlussbemerkung zur Zusammenfassung als separater Spiegelstrich. Dieses Merkmal ist entfallen. Sonstige Änderungen aus der Rechtsprechung heraus, insbesondere aktuellere Urteile gegenüber der Fassung aus 2018, enthält der aktuelle Stand vom 22.06.2023 nicht.

2d Bemerkenswert ist neben den Änderungen naturgemäß auch, was nicht geändert worden ist. Die Änderungen haben die vorgenannten Themenbereiche ergänzt, haben aber die wesentlichen Inhalte des IDW S6 unverändert gelassen. So hat es insbesondere auch keine Änderungen an den Kern-

2 F&A zu IDW S6 in der Fassung vom 13.12.2023, abgedr. in IDW Life Nr. 07/08 aus 2024, S. 688 f. Die F&A zu IDW S 6 stellen ihrerseits weder zusätzliche Anforderungen zur Ergänzung des IDW S 6 dar, noch handelt es sich um verbindliche Hinweise zur Auslegung dieses Standards; s. Vorwort F&A zu IDW S 6. A.A. *Becker/Bieckmann/Wechsung/Müller*, DStR 2017, 2508 noch zum IDW ES 6.

3 ESG Anforderungen = Environmental, Social, Governance-Anforderungen.

4 In der neuen Fassung der F&A zum IDW S 6 wird dies deutlich, indem unter 3.6 darauf hingewiesen wird, dass sich die ESG-Themen grundsätzlich nicht von sonstigen Themen der Unternehmenssanierung hinsichtlich ihrer Behandlung im IDW S 6 unterscheiden.

5 BGH, Urt. v. 12.11.1992 – IX ZR 236/91, ZIP 1993, S. 279. »Zu fordern ist vielmehr ein in sich schlüssiges Konzept, das jedenfalls in den Anfängen schon in die Tat umgesetzt ist […].«

anforderungen, wie sie im Kapitel 2 des IDW S 6 »Grundlagen« aufgeführt sind, gegeben. Dies ist auch erklärlich, folgen doch die Kernanforderungen mit dem dortigen Aufbau eines Sanierungskonzeptes einem strukturierten Ablauf über Identifikation des Problems, Darstellung der Lösung des Problems und Abbilddung in die Zahlenwelt. Der IDW S 6 gießt damit »nur« die sachlich gebotene Struktur eines Konzeptes in eine Form, und an dieser Grundstruktur hat sich durch aktuelle Tendenzen der Gesetzgebung, der Rechtsprechung oder der praktischen Anwendung von Sanierungskonzepten in Sanierungsfällen nichts geändert. Es liegt daher keine Form der »Gestaltungshoheit« bei den Grundsatzthemen wie den Kernanforderungen vor, sondern der Inhalt folgt dort der durch die Aufgabenstellung vorgegebenen Aufbau- und Inhaltsstruktur.

Eine detaillierte Gegenüberstellung der Änderungen der Fassung vom 22.06.2023 findet sich in Rdn. 182. 2e

B. Der Geltungsbereich des IDW S 6

Der IDW S 6 wird im Rahmen einer Erstellung oder der Beurteilung eines Sanierungskonzeptes generell durch vertragliche Ausgestaltung[6] des entsprechenden Auftrags einbezogen. 3

Um den Geltungsbereich des IDW S 6 zu erläutern, bedarf es zunächst der Darlegung der Grundkonzeption, und damit des Anspruches, den der IDW S 6 selbst erfüllen möchte. 4

Mit dem IDW S 6 werden Anforderungen, die die Rechtsprechung an Sanierungskonzepte anlegt, betriebswirtschaftlich konkretisiert[7]. Die unmittelbare und verbindliche Anwendung des IDW S 6 gibt damit den Beteiligten (insb. Organe und Bankmitarbeiter bzw. Vertreter alternativer [Finanz-] Gläubiger) die Sicherheit, dass die erforderlichen qualitativen Anforderungen des BGH und des IDW S 6 im Sanierungskonzept berücksichtigt sind, und liefert somit eine Art »Qualitätssiegel[8]« und größtmöglichen Schutz bezüglich straf[9]- und haftungsrechtlicher Risiken sowie regulatorischer Anforderungen[10]. 5

Sehr anschaulich wird die Sinnhaftigkeit des Einbezugs des IDW S 6-Maßstabs bei der Formulierung des Auftrags durch den BGH-Fall, der dem Urteil vom 28.03.2019 zugrunde liegt[11], dokumentiert: Streitfrage zwischen dem Beklagten (einem Papierlieferanten) und dem Insolvenzverwalter ist, ob der Lieferant auf ein ihm vorgelegtes Sanierungskonzept vertrauen durfte. Das Sanierungskonzept wurde im Schriftverkehr als »Sanierungsskizze« bezeichnet. Nach der Vorinstanz OLG Zweibrücken erfüllte das Sanierungskonzept nicht die Rechtsprechungs-Voraussetzungen an ein Sanierungskonzept. Das OLG urteilte mit dem Leitsatz: *»Ein Sanierungskonzept kann der Feststellung des Gläubigerbenachteiligungsvorsatzes des Schuldners und der entsprechenden Kenntnis des Anfechtungsgegners nur entgegenstehen, wenn es als erstes von weiteren notwendigen Komponenten eine Analyse der Ursachen der wirtschaftlichen Lage der Schuldnerin enthält.«*[12]. Der BGH hob das Urteil auf und verwies zurück. Für den BGH war die Ursachendarstellung in der Sanierungsskizze hinreichend. 6

---

6 Der Vertrag wird zwischen Unternehmen und S6-Konzept Ersteller geschlossen. Während andere Rechtskreise Beauftragungen unmittelbar durch beteiligte Gläubiger, insb. Kreditinstitute kennen, wird diese Konstellation im nationalen Recht aufgrund der Gefahren aus der Rechtsfigur der faktischen Geschäftsführung nicht durchgeführt; s. hierzu Langenbucher/Bliesener/Spindler-*Richter*, 31. Kapitel, Rn. 61.

7 IDW S 6 Rn. 4 und 5 sowie F & A zu IDW S 6, 2.4.

8 So ausdrücklich auch *Harder*, NZI 2023, 785, 792 sowie *Crone/Werner*, Modernes Sanierungsmanagement, Kapitel 5.5.1.

9 Zum strafrechtlichen Kontext der Sorgfaltspflichten der Vorstandmitglieder von Kreditinstituten bei der Vergabe von Sanierungskrediten s. BGH, WM 2021, 796 f.

10 F & A zu IDW S 6, 2.4; *Crone/Werner*, Modernes Sanierungsmanagement, Kapitel 5.1.

11 BGH, Urt. v. 28.03.2019 – IX ZR 7/18, BeckRS 2019, 6270.

12 OLG Zweibrücken, Urt. v. 05.12.2017 – 8 U 49/15, BeckRS 2017, 155859.

7 Dasselbe Konzept (als »Sanierungsskizze« bezeichnet) wurde daher von zwei Instanzen komplett unterschiedlich beurteilt. Damit ist genau das Gegenteil dessen, was man erreichen wollte und in der Situation musste, nämlich Rechtssicherheit für eine Sanierungsvereinbarung zu schaffen, eingetreten. Diese Unsicherheiten hätte klar durch Einbezug des IDW S 6 vermieden werden können. Es kann den Beteiligten in der ohnehin schwierigen Situation, in der Sanierungsbeiträge verhandelt werden, schlicht nicht zugemutet werden, auch noch über die Erfüllung der Merkmale der Rechtsprechung, die an ein Sanierungskonzept angelegt werden, zu streiten.

8 Das LG Aachen geht in einer Entscheidung sogar noch weiter: Danach können die Grundsätze des IDW S6 zur Ermittlung von Art und Umfang der Pflichten eines Sanierungsberaters auch dann herangezogen werden, wenn die Anforderungen des IDW S 6 gar nicht vertraglich vereinbart sind. Ausreichend ist die Bezeichnung als Sanierungskonzept und seines Zwecks, da die Verkehrssitte zur Ermittlung der tatsächlichen Übung der beteiligten Verkehrskreise den IDW S 6 als Maßstab nimmt[13].

▶ **Praxistipp:**

9 In Sanierungssituationen ist damit anzuraten, bei der Konzepterstellung oder -beurteilung die Anwendung des IDW S 6 zu beauftragen, um mithin die o.g. größtmögliche Sicherheit für alle am Sanierungsprozess Beteiligten zu erreichen. Eine Beauftragung eines Konzeptes ohne diesen Einbezug, wie auch eine Beauftragung »in Anlehnung an IDW S 6«[14] oder mit vergleichbaren, relativierenden Formulierungen, birgt anderweitig die Gefahr, dass die »Zusammenfassung einleuchtender Vernunfterwägungen[15]« unvollständig ist oder nicht den inhaltlichen Anforderungen insb. der BGH-Rechtsprechung genügt[16].

10 Hiervon zu trennen ist die Möglichkeit, dass auch explizit nur Teilbereiche, wie z.B., die Erstellung einer Liquiditätsplanung für Zwecke einer insolvenzrechtlichen Fortbestehensprognose nach § 19 InsO gem. IDW S 11[17], beauftragt werden können. Wird ein Fortführungskonzept als Vorstufe für ein umfassendes Sanierungskonzept nach IDW S 6 beauftragt, ist in der Schlussbemerkung anzu-

13 LG Aachen, Urt. v. 14.04.2021 – 11 O 241/17, BeckRS 2021, 10869, Rn. 60.

14 Das OLG Bamberg hatte einen Fall zu beurteilen, in dem auf der initialen Projektskizze zur Beauftragung nur Leistungen »in Anlehnung an« den IDW S 6 Standard vereinbart waren. Das OLG Bamberg hat sodann geprüft, ob dies eine konkrete vertragliche Bestimmung ist, die der Heranziehung der Regelungen des IDW S 6 Standards vorgeht. Dies wurde mit Hinweis darauf, dass der eigentliche Initiator (die Bank) unstreitig ein Gutachten nach IDW S 6 wollte und auch inhaltlich auf zentrale Bestandteile des IDW S 6 abgestellt wurde, abgelehnt; s. OLG Bamberg, Urt. v. 31.07.2023 – 2 U 38/22, NZI 2023, 785, Rn. 27. Siehe auch die Anmerkung Harder zu diesem Urteil und etwaigen Formulierungen »… nach IDW S 6 …« oder » … in Anlehnung an …« und zum Leistungsumfang bei Sanierungsgutachten in NZI 2023, 785, 792.

15 Zu diesem Begriff s. OLG Köln, Urt. v. 24.09.2009, 18 U 134/05 sowie F & A zu IDW S 6, 2.4; *Crone/Werner*, Modernes Sanierungsmanagement, S. 79.

16 Der BGH weist im Urt. v. 12.05.2016 bzgl. der Vorsatzanfechtung darauf hin, dass die Einhaltung der Voraussetzungen des IDW S 6 für eine erfolgreiche Sanierung in der Regel eine positive Prognose ermöglichen mag, die Einhaltung jedoch nicht zwingend sei insb. bei kleineren Unternehmen, BGH, Urt. v. 12.05.2016 – IX ZR 65/14, Rn. 19; fortgeführt durch BGH, Urt. v. 14.06.2018 – IX ZR 22/15, Rn. 10. So auch *Gehrlein*, DB 2017, 472, 474 und *Crone/Werner*, Modernes Sanierungsmanagement, S. 67. Der BGH-Fall vom 12.05.2016 kennzeichnet sich allerdings exemplarisch dadurch, dass wesentliche Bestandteile des S6 fehlen (dort z.B. Ausführungen zur Krisenursache) und der Beklagte genau dadurch nicht positiv von einer dauerhaften Beseitigung der Krisenursache ausgehen durfte. Konsequent führen Uhlenbruck-*Borries*/Hirte, § 133 Rn. 136, daher aus, dass eine Orientierung an dem IDW-Standard empfehlenswert sein kann, da die Einhaltung der dort für erforderlich gehaltenen Voraussetzungen in der Regel eine positive Prognose für eine erfolgreiche Sanierung im Sinne der Rechtsprechung ermögliche.

17 Aktuelle Fassung: Entwurf einer Neufassung eines IDW Standards: Beurteilung des Vorliegens von Insolvenzeröffnungsgründen (IDW ES 11 n.F.) (Stand 27.09.2022).

merken, dass es sich nicht um ein umfassendes Sanierungskonzept i.S.d. IDW S 6 handelt[18]. Entsprechend ist es konsequent, dass die Erstellung eines Sanierungskonzeptes nach IDW S 6 keine Vorbehaltsaufgabe eines Wirtschaftsprüfers darstellt, sondern auch von Angehörigen anderer Berufsgruppen erbracht werden kann. Maßstab ist die BGH-Rechtsprechung, wonach auf einen unvoreingenommenen – nicht notwendigerweise unbeteiligten –, branchenkundigen Fachmann abzustellen ist[19].

Sofern ein Wirtschaftsprüfer mit der Erstellung oder Beurteilung des Sanierungskonzeptes beauftragt ist[20], handelt es sich um ein Gutachten, und nicht um eine betriebswirtschaftliche Prüfung i.S.d. § 2 Abs. 1 WPO[21]. 11

Aufgrund jüngerer Rechtsprechung[22] ist zu diskutieren, inwieweit der zugrunde liegende Auftrag konkretisiert werden muss und ob insb. Teile der später dargelegten Kernbestandteile weggelassen werden können. Das OLG Frankfurt am Main hat hierzu argumentiert, dass der IDW Standard ausschließlich zur Auslegung des abschließend vertraglich festgelegten Pflichtenkatalogs herangezogen werden könne, nicht aber zu deren Erweiterung[23]. In der Folge hat das OLG Frankfurt am Main entschieden, dass die Prüfung der Insolvenzreife trotz der Textpassage der »auf der Grundlage des Standards IDW ES 6« zu erbringenden Leistung nicht Auftragsgegenstand geworden ist. Eine andere Ansicht hierzu vertritt das LG Aachen, dass eine Aufklärung über das Vorliegen von Insolvenzgründen bei einem Sanierungsberatervertrag für eine vertragliche Pflicht hält.[24] 12

Das OLG Bamberg hat diesen Punkt nochmal verdeutlicht und geurteilt, dass es zu den Kernanforderungen an den Gutachter im Rahmen einer Sanierungsbegutachtung nach IDW S 6 gehört, in einer Form auf die eingetretene Zahlungsunfähigkeit hinzuweisen, die geeignet ist, die verantwortlichen Personen zur Einleitung der insolvenzrechtlich erforderlichen (Eil-)Maßnahmen anzuhalten[25]. Diese Pflicht gilt auch dann, wenn pauschaliert in der Vertraglichen Vereinbarung ausgeführt ist, dass der Gutachter keine Rechts- oder Steuerberatungs- oder Wirtschaftsprüfungsleistungen erbringt[26]. Das OLG Bamberg hat dabei ausgeführt, dass in dem vorbezeichneten Fall des OLG FFM der Leistungsinhalt durch eine abschließende Aufzählung von 14 Leistungspunkten definiert war, und damit dort gerade keine umfassende Beauftragung zur Erstellung eines Sanierungsgutachtens mit Fortführungsprognose nach IDW S 6 erfolgte. Im Fall des OLG Bamberg hingegen sei die Beauftragung nach dem Standard S 6 vereinbart und auch kein Hinweis auf eine ausdrückliche oder konkludente Einschränkung sichtbar[27].

Anzuraten ist daher, den Auftragsgegenstand so konkret zu fassen, dass hinreichend klar wird, was vereinbart ist und hier z.B. auf die Kernbestandteile (s.u.) zu verweisen. Die Konzeption des IDW S 6 geht davon aus, dass jedenfalls die Kernbestandteile Auftragsgegenstand werden (müssen), da nur auf der Grundlage aller Kernbestandteile eine Aussage zur Sanierungsfähigkeit erfolgen kann. Zu den 13

---

18 Vgl. IDW S 6 Rn. 7 und 94 sowie F & A zu IDW S 6, 2.8.

19 BGH, Urt. v. 14.06.2018 – IX ZR 22/15, Rn. 10; BGH v. 04.12.1997 – IX ZR 47/97, Rn. 25 m.w.N.; *Crone/Werner*, Modernes Sanierungsmanagement, Kapitel 5.4.

20 Für den Wirtschaftsprüfer ist insb. zu beachten, dass der IDW S 6 die Berufsauffassung wiedergibt und die Beachtung der fachlichen Verlautbarungen des IDW, mithin auch des IDW S 6, zugleich auch Satzungsverpflichtung für alle Mitglieder des IDW ist.

21 Der bisherige ausdrückliche Hinweis hierzu in der IDW S 6 Fassung vom 16.05.2018, dort Rn. 6, ist entfallen. Es sind jedoch die entsprechenden Hinweise bei der Berichterstattung Rn. 91 und im Muster für die Schlussbemerkung in Rn. 97, jeweils in der neuen Fassung des IDW S 6 vom 22.06.2023, erhalten geblieben.

22 S. insb. OLG Frankfurt am Main, Urt. v. 17.01.2018 – 4 U 4/17, ZIP 2018, 488 f. (nicht rechtskräftig).

23 OLG Frankfurt am Main, ZIP 2018, 493; hierzu *Stöber*, DB 2018, 1450 f.

24 LG Aachen, Urt. v. 14.04.2021 – 11 O 241/17, BeckRS 2021, 10869, Rn. 65.

25 OLG Bamberg, Urt. v. 31.07.2023 – 2 U 38/22, NZI 2023, 785, 1. Leitsatz.

26 OLG Bamberg, Urt. v. 31.07.2023 – 2 U 38/22, NZI 2023, 785 Rn. 27.

27 OLG Bamberg, Urt. v. 31.07.2023 – 2 U 38/22, NZI 2023, 785 Rn. 27 und 28.

Kernbestandteilen zählt dabei auch, ob eine Insolvenzgefährdung vorliegt (IDW S 6 Rn. 11). Dies ist insb. auch vor dem Hintergrund der Abgrenzung unterschiedlicher Beratungsaufträge notwendig[28].

C. Anlässe für Sanierungskonzepte

14 Der häufigste Fall, der den Anlass für die Erstellung eines Sanierungskonzeptes darstellt, ist die Erstellung als Grundlage einer Finanzierungsentscheidung in der Krise des Unternehmens. Wenn ein Institut die Begleitung einer Sanierung in Betracht zieht, so hat es sich nach den Mindestanforderungen an das Risikomanagement (MaRisk) ein Sanierungskonzept zur Beurteilung der Sanierungsfähigkeit des Kreditnehmers vorlegen zu lassen und auf dieser Grundlage seine Entscheidung zu treffen (MaRisk BTO 1.2.5 Behandlung von Problemkrediten Tz. 2 und 3)[29]. In der Praxis empfiehlt sich in dieser Konstellation, den Inhalt des Auftrages vor Auftragsvergabe mit den Finanzierern abzustimmen[30], um hier deren Kenntnis und Erwartung aus einer ggfls. langjährigen Begleitung des Falles zu reflektieren.

15 Problematisch ist die Situation, in der ein Teil der finanzierenden Banken ein Engagement bereits als Problemkredit wertet, ein anderer Teil aber noch nicht. Hier kann die Beauftragung eines IDW S 6 eine eigene Dynamik entwickeln, die kommunikativ aufgefangen werden muss.

16 Verdeutlicht werden soll die Gefahr an folgender Beispielskonstellation: Ein Private Equity Haus hat ein Unternehmen bestehend aus zwei Segmenten in jeweils separaten Gesellschaften erworben. Die Kaufstruktur erfolgt über eine Holding, die nur die Beteiligungen an den beiden operativen Gesellschaften hält. Aus den Beteiligungserlösen bedient die Holding die Kaufpreisfinanzierung, die auf ihrer Ebene liegt. Im weiteren Verlauf schwächelt eine der beiden Töchter und erbringt nicht mehr die geplanten Beteiligungserträge, sodass die Holding ihren Kapitaldienst nicht mehr erbringt. Da der Bankenkreis zwischen Holding und Tochtergesellschaften überschneidend ist, fordern Banken, die auf beiden Ebenen engagiert sind, ein Sanierungskonzept nach IDW S6 für die Holding und für beide Tochtergesellschaften. Hier offenbart sich die Gefahr, dass die Tochtergesellschaften, die möglicherweise für sich genommen keine Sanierungsfälle sind und bei den Banken, die nicht überschneidend sind, nicht als Risikofälle beurteilt werden, durch die Beauftragung eines IDW S 6 in eine belastende Eigendynamik geraten. Eine proaktive Kommunikation muss bereits frühzeitig auf Ebene der Holding so erfolgen, dass situationsgerecht die Aufträge definiert werden und die Diskussion über die Struktur der Aufträge so frühzeitig geführt wird, dass ein möglichst geräuscharmer Prozess durchgeführt werden kann. Im Fallbeispiel kann alternativ auf Ebenen der Tochtergesellschaften ein IBR (Independent Business Review) erstellt werden oder der Bericht auf Ebene der Holding so strukturiert werden, dass es keiner separaten Beauftragung durch die Tochtergesellschaften bedarf.

17 Insgesamt ist der typische Anwendungsfall eines Sanierungskonzeptes nach IDW S 6 dadurch geprägt, dass es eine »**Dreier-Konstellation**« gibt. Die Banken sind hier im deutschen Rechtskreis nicht unmittelbare Auftraggeber des Sanierungskonzeptes; das Konzept wird vielmehr zwischen dem betroffenen Unternehmen und dem IDW S 6 Ersteller direkt beauftragt. Zusätzlich bedarf es dann begleitender Reglungen, die darauf abzielen, dass die Banken den Bericht (und weitere Kommunikation) erhalten dürfen, ohne dass gegen etwaige Vertraulichkeitsregelungen verstoßen wird. Ferner ist der Einbezug der Banken in den Haftungsbereich der Mandatsvereinbarung zwischen dem betroffenen Unternehmen und dem Konzeptersteller zu regeln, da in dieser Konstellation der Auf-

28 So wurde das betroffene Unternehmen auch in dem dem OLG Frankfurt am Main-Urteil zugrunde liegenden Fall separat anwaltlich zu insolvenzrechtlichen Fragen beraten.

29 F&A zu IDW S 6 unter 2.9; zu den innerorganisatorischen Folgen der MaRisK s.a. Langenbucher/Bliesener/Spindler-*Richter,* 31. Kapitel, Rn. 64 sowie *Sax/Amer* Teil 2 Kap. 4 Rdn. 472 f.

30 Ähnlich Langenbucher/Bliesener/Spindler-*Richter*, 31. Kapitel, Rn. 61, indem darauf verwiesen wird, das beteiligte Kreditinstitut habe sich zu vergewissern, dass ein umfassender und vorbehaltloser Prüfungsauftrag erteilt wurde sowie *Niering/Hillebrand*, Wege durch die Unternehmenskrise, S. 72 mit Hinweis darauf, die Vorgaben der Gläubiger, insbesondere der Banken, zu berücksichtigen.

trag als Reflex aus der MaRisk-Notwendigkeit erteilt wird[31]. Es empfiehlt sich, in dem (abgestimmten) Ausgangsvertrag zur Beauftragung des IDW S 6 diese Fragen bereits so mitzuregeln, dass sowohl die Weitergabe als auch die Haftungserweiterung mit dem Ziel des Einbezugs der Kreditinstitute in den Haftungskreis antizipativ gelöst werden.

Generell werden die Anlässe von einer der wesentlichen Funktionen eines Sanierungskonzeptes, nämlich als nachvollziehbare und schlüssige Entscheidungsgrundlage zu dienen, geprägt[32]. Dementsprechend werden auch über den MaRisk-indizierten Anwendungsbereich hinaus Sanierungskonzepte dann veranlasst, wenn z.B. mit Stakeholdern, Arbeitnehmervertretern und Gewerkschaften oder Lieferanten[33] über Sanierungsbeiträge verhandelt wird[34]. Der IDW S 6 listet in Rn. 2 selbst exemplarisch weitere Anlässe auf (Entlastung von Gläubigern z.B. bei Teilzahlungsplänen, Entlastung für Organe mit straf- und zivilrechtlicher Richtung, Sanierungsprivileg), wobei hier erfahrungsgemäß der rechtliche Entlastungsaspekt[35] eine große Rolle spielt[36]. Im Rahmen der Neufassung des IDW S 6 ist bei der Anführung der Anlässe der Anlass der Entlastung der Organe im Zusammenhang mit zivilrechtlichen Haftungsaspekten neu gefasst worden und verweist nunmehr auf §§ 15b InsO, 1 StaRUG statt auf § 64 GmbHG. 18

Auffällig ist diese rechtlich geprägte Motivation in Fällen mit internationaler Finanzierungsstruktur. 19
Die ausländischen Rechtsordnungen kennen die Figur des Sanierungskonzeptes nach IDW S 6 nicht; dort werden üblicherweise IBR's (Independent Business Review) beauftragt, regelmäßig durch die Finanzierer selbst. Liegt eine solch international geprägte Struktur vor, so sollte direkt bei der Auftragsvergabe antizipiert werden, ob im Laufe des Prozesses doch noch ein IDW S 6 gefordert werden kann, z.B. weil lokale Banken Avale stellen oder lokal unterstützende Kontokorrentlinien gewähren, die im Gesamtkontext keine materielle Rolle spielen und daher vom Finanzberater bei der Restrukturierung der Finanzverbindlichkeiten einfach mit der bestehenden Vereinbarung »vorgerollt« werden. Trotz dessen, dass ein Beitrag der lokalen Banken hier ggfls. nicht notwendig ist (sondern das »Stehenlassen« reicht), kann aufgrund der lokalen Kriterien der Ruf nach einem IDW

31 S. unten unter Haftung Rdn. 173–178.

32 Zum strafrechtlichen Kontext der Sorgfaltspflichten der Vorstandsmitglieder von Kreditinstituten bei der Vergabe von Sanierungskrediten s. BGH, WM 2021, 796 f.

33 BGH, Urt. v. 12.05.2016 – IX ZR 65/14, Rn. 25, weist ausdrücklich darauf hin, dass ein Gläubiger auf die Vorlage erforderlicher Informationen im Vorfelde einer Sanierungsvereinbarung im eigenen Interesse bestehen muss und er anderweitig mit Anfechtungsrisiko handele. Ein Auskunftsrecht des Gläubigers auf Vorlage des Planes besteht danach allerdings nicht. Der BGH unterscheidet bzgl. des Kenntnis von der Schlüssigkeit eines Sanierungskonzeptes und stellt an Lieferanten geringe Anforderungen, sodass dort in den entschiedenen Fällen sogar ein als »Sanierungsskizze« bezeichneter Sanierungsplan ausreichte; hierzu NJW-Spezial 2019, 407 sowie Kiesel, FD-InsR 2019, 417234.

34 Eine umfangreiche Auflistung der Anlässe findet sich bei *Crone/Werner*, Modernes Sanierungsmanagement, Kapitel 5.1.2.

35 Den Zusammenhang Benachteiligungsvorsatz und Sanierungskonzept beleuchten in Uhlenbruck-*Borries/* Hirte, § 133 Rn. 128 f. Hierzu auch LG Aachen, Urt. v. 14.04.2021 – 11 O 241/17, BeckRS 2021, 10869, Rn. 37. *Tresselt/Lochmann* führen den IDW S 6 als Orientierungshilfe beim Inhalt der Sanierungspflicht der Organe an, vgl. Teil 2 Kap. 2 Rdn. 26.

36 So auch Maatz/Neuhaus, KSI 2017, 251 sowie Langenbucher/Bliesener/Spindler-*Richter*, 31. Kapitel, Rn. 45 mit dem Hinweis, die Entlastung von dem Vorwurf unrechtmäßigen Verhaltens bei der Gewährung finanzieller Unterstützung in Sanierungssituationen setze ernsthafte Sanierungsbemühungen und damit ein schlüssiges Sanierungskonzept voraus. Richter verweist dabei auch auf die Einführung eines Sanierungsgutachtens als Urkundsbeweis bei etwaigen Prozessen (s. dort Rn. 56). Die Rechtsprechung entstammt naturgemäß den Konstellationen, in denen sich der Sanierungserfolg nicht einstellte; dementsprechend prägen Haftungs- und Anfechtungsfragen die juristische Auseinandersetzung (insb. Haftung des Kreditgebers nach § 826 BGB, Anfechtungen Sicherheiten nach § 133 InsO sowie Untreuetatbestände im Kontext mit der Vergabe von Sanierungskrediten § 266 StGB i.V.m. § 18 KWG). S. z.B. die Rechtsprechungsübersicht im Kontext von Sanierungskonzepten und Anfechtungen bei *Gehrlein*, DB 2017, 474 f.

S 6 mitten im Prozess laut werden, sodass man gut beraten ist, diese Situation bei Anlage der Aufträge und bei der Ausführung des Auftrages zu antizipieren.

D. Sanierungskonzepte und gesetzlich geordnete Verfahrensarten (StaRUG und InsO)

20 Der IDW S 6 definiert seinen Anwendungsbereich bewusst weit. Aufgrund des Ansatzes, für den jeweils vorliegenden Sanierungsfall eine eigene fachgerechte Lösung zu präsentieren, reicht der Anwendungsbereich vom sehr frühen Anfang einer Stakeholderkrise, die regelmäßig noch nicht unmittelbar von Liquiditätsproblemen begleitet wird, bis zur Anwendung bei einer eingetretenen Insolvenz. Das Konzept hängt ab von der Krisenursache und dem jeweiligen Krisenstadium, womit auch die Insolvenz als letzte Stufe der Krisenstadien umfasst ist.

21 Der IDW S 6 stellt dies bereits am Anfang in Rn. 3 klar, indem darauf hingewiesen wird, dass die Sanierung eines Unternehmens nicht nur außergerichtlich, sondern auch im Rahmen eines Insolvenzverfahren (insb. in einem Insolvenzplanverfahren[37] – ggf. i.V.m. einer Eigenverwaltung) erfolgen kann[38].

22 Dementsprechend sind die verschiedenen Subspielarten eines Insolvenzverfahren (Schutzschirm, Regelverfahren, mit und ohne Eigenverwaltung etc.) jeweils auch klassische Anwendungsbeispiele für IDW S 6 Konzepte[39].

23 Fraglich ist, wie sich das IDW S 6 Konzept zum neu verabschiedeten StaRUG und damit konkret zum Restrukturierungsplan verhält.

Das Verhältnis ist zunächst für die außergerichtliche Phase einer Sanierung zu beleuchten. Der IDW S 6 ist hier eindeutig: das StaRUG ist eine mögliche Option der Sanierung und erweitert das »Baukasteninstrumentarium«.

Inhaltlich sortiert der IDW S 6 damit das StaRUG in den Bereich der Sanierungsmaßnahmen unter dem dortigen Kapitel 5 »Sanierungsmaßnahmen für die Bewältigung der Unternehmenskrise«, dort Rn. 72, ein. Der IDW S 6 stellt dabei fest, dass die Betrachtung der Sanierungsoption einer Restrukturierung nach StaRUG umso wichtiger ist, je weiter die Krise fortgeschritten ist. Die verschiedenen Optionen (außergerichtlich, StaRUG, InsO-Spielarten) sind dann einander gegenüberzustellen und zu beurteilen. Dies resultiert aus dem Zweck des IDW S 6, Entscheidungsgrundlage für Stakeholder zu sein, für die sich dabei je nach einzelner Situation die Vorteile der einzelnen Optionen unterschiedlich darstellen können.

Um sich der Frage zu nähern, wie sich das IDW S 6 Konzept im StaRUG-Verfahren, d.h. zu den der Anzeige des Restrukturierungsvorhabens nach § 31 Abs 2 StaRUG beizufügenden Unterlagen (Entwurf des Restrukturierungsplans oder Konzept für die Restrukturierung) bzw. nachfolgend zum Restrukturierungsplan verhält, bietet es sich an, die Bestandteile eines Sanierungskonzeptes und eines Restrukturierungsplans miteinander zu vergleichen[40].

---

37 S. hierzu den Entwurf einer Neufassung eines IDW Standards: Anforderungen an Insolvenzpläne (IDW ES 2 n.F.) Stand 27.09.2022.

38 Zur Anwendung im Rahmen eines Insolvenzplanverfahrens vgl. Bork/Hölzle-*Wienberg/Dellit*, Rn. 44 f u.a. mit dem Hinweis, dass das Sanierungskonzept im Rahmen eines Insolvenzplans nicht nur von den Beteiligten, sondern auch vom Insolvenzgericht nachvollziehbar und prüfbar sein muss.

39 Dementsprechend hat im Rahmen der jeweiligen Verfahren die Sanierungsplanung auch die Verfahrensbesonderheiten abzubilden, d.h. insb. z.B. Insolvenzgeldeffekte, spezifische Maßnahmen z.B. nach § 103 InsO, Kosten des Verfahrens wie auch die Sanierungsgewinne.

40 Mit § 16 StaRUG hat der Gesetzgeber das BMJV mit der Bekanntmachung einer Checkliste für Restrukturierungspläne betraut, die an die Bedürfnisse von kleinen und mittleren Unternehmen angepasst ist. Die Checkliste mit Stand 14.07.2022 ist abrufbar unter https://www.bmj.de/DE/themen/wirtschaft_finanzen/schulden_insolvenz/checkliste_16_StaRUG/Checkliste_StaRUG_node.html.

24

Inhalte	**IDW S 6**	**StaRUG Restrukturierungsplan**
Darstellender Teil	Nicht explizit; die inhaltlichen Elemente sind allerdings vergleichbar	ja
Basisinformationen inkl. VFE-Lage	ja	Grds. weniger detailliert (keine Erwähnung VFE-Lage)
Analyse Krisenstadium und -ursache	ja	Nur Krisenursache
Analyse Insolvenzgefährdung	ja	ja, die drohende ZU muss beseitigt werden
Darstellung des Leitbilds	ja	nein
Vergleichsrechnung	Kein Pflichtbestandteil, aber möglich und im Einzelfall sinnvoll.	ja
Darstellung der Sanierungsmaßnahmen	ja	ja
Finanzielle Maßnahmen als Sanierungsmaßnahmen	ja	ja
Operative Maßnahmen als Sanierungsmaßnahmen	ja	Grds. nein, nur Darstellung nach § 6 Abs. 1 Satz 3, keine Gestaltung. Aber: Mittelbarer Einbezug über Bedingungen nach § 69 oder Nebenbestimmungen via Kreditverträge nach § 2 Abs. 2 möglich[41]
Ein integrierter Unternehmensplan	ja	Grds. weniger detailliert (die Auswirkungen des Plans sind zu beschreiben, der explizite Hinweis auf eine integrierte Planung fehlt. Lediglich für den Zeitraum, während dessen die Gläubiger befriedigt werden sollen, ist nach § 14 Abs. 2 StaRUG eine Plan-GuV und Plan-Cash-Flow Darlegung zwingend)[42]
Einschätzung der Sanierungsfähigkeit	ja	Nein. Das StaRUG nutzt allerdings zwei neue unbestimmte Rechtsbegriffe: den der Bestandsfähigkeit, die nach § 14 Abs. 1 StaRUG sicher- oder wiederhergestellt sein muss. Und zudem den der nachhaltigen Beseitigung einer drohenden Zahlungsfähigkeit nach § 29 Abs. 1 StaRUG[43].

41 S. *Wilkens*, WM 2021, 573, Fn. 24. Auch der Restrukturierungsplan, der dem Fall AG Hamburg, Beschl. v. 12.04.2021 – 61a RES 1/21, BeckRS 2021, 7959, zugrunde liegt, ist ein bedingter Plan. Die dortige Bedingung war allerdings nicht operativ, sondern betraf die Erteilung einer verbindlichen Auskunft nach § 89 AO durch das zuständige Finanzamt.

42 Hiervon zu unterscheiden ist die Finanzplanung nach § 50 Abs. 2 Nr. 2 StaRUG, die lediglich als Grundlage für die Stabilisierungsanordnung notwendig ist. Sie ist ein weiterer Teil der Restrukturierungsplanung nach § 50 Abs. 2, der den Entwurf des Restrukturierungsplanes oder ein aktuelles Konzept und zusätzlich den Finanzplan für 6 Monate umfasst.

43 Hierzu *Balthasar*, NZI-Beilage 2021, 18, 19.

Inhalte	IDW S 6	StaRUG Restrukturierungsplan
Gestaltender Teil	Nein. Das S6 Konzept benennt die Maßnahmen und erläutert die Wirkungen. Es bedarf jedoch separater Umsetzungsakte.	ja

25 Insgesamt ist die Ausgestaltung im IDW S 6 deutlich wirtschaftlicher ausgerichtet, während die Bestandteilsangaben in §§ 5 bis 15 und in der Anlage zu § 5 Satz 2 sehr rechtlich geprägt sind.

26 Man erkennt hieraus zusammengefasst, dass die Ausgestaltung des Gesetzestextes zum Restrukturierungsrahmen deutliche Überschneidungen zu den Kernbestandteilen des IDW S6 aufweist. Insgesamt jedoch ist das Anforderungsprofil des Restrukturierungsplans deutlich geringer als das des IDW S 6. Dabei darf jedoch nicht verkannt werden, welchem Interesse ein StaRUG-Restrukturierungsplan dient. Mit ihm soll analog dem Ziel des IDW S 6-Konzeptes die Krise bewältigt werden[44]. Hierfür gewährt das StaRUG Gestaltungsrechte in bestimmte Rechtsverhältnisse (insb. in Forderungen gegen den Schuldner), über die die Planbetroffenen abstimmen. Dem Restrukturierungsplan muss es daher gelingen, eine so verlässliche, und überzeugende Dokumentation zu schaffen, um genau diese gewollte Abstimmung zu erreichen. Sehr schnell wird deutlich, dass der S6 auch in dieser Situation anwendbar sein kann, da mit dem S6 auf eine erprobte Grundlage zurückgegriffen wird, deren bisherige Anwendung im außergerichtlichen und Insolvenzbereich nunmehr um die StaRUG-Spielart erweitert ist[45].

27 Insbesondere kann das IDW S 6-Sanierungskonzept auch bereits zu einem Zeitpunkt genutzt werden, in dem der Entwurf des Restrukturierungsplans noch nicht gefertigt ist, das Restrukturierungsvorhaben aber bereits nach § 31 Abs. 1 StaRUG dem zuständigen Registergericht als Voraussetzung für die Inanspruchnahme der Instrumente des Stabilisierungs- und Restrukturierungsrahmens angezeigt werden soll. § 32 Abs. 2 Nr. 1 legt dar, dass der Anzeige alternativ der Entwurf des Restrukturierungsplans beigefügt wird oder, sofern ein solcher nach dem Stand des angezeigten Vorhabens noch nicht ausgearbeitet und ausgehandelt werden konnte, ein Konzept für die Restrukturierung, welches auf Grundlage einer Darstellung von Art, Ausmaß und Ursachen der Krise das Ziel der Restrukturierung (Restrukturierungsziel) sowie die Maßnahmen beschreibt, welche zur Erreichung des Restrukturierungsziels in Aussicht genommen werden. Hier liegt es nahe, den Gedanken der BGH-Rechtsprechung zur Vorsatzanfechtung zu bemühen, wonach für die dortigen Voraussetzungen (Darlegung der positiven Prognose) die Einhaltung der Voraussetzungen des IDW S 6 die Darlegung ermöglicht, jedoch nicht zwingend ist[46]. So erfüllt auch bzgl. § 31 Abs. 2 Nr. 1 StaRUG ein IDW S 6 Konzept sicher die Voraussetzungen für das dort beschriebene Restrukturierungskonzept, übererfüllt es sogar (z.B. spricht § 31 Abs. 2 Nr. 1 StaRUG nicht von einer Darlegung der Planung). Hier sind insbesondere die Konstellationen ins Auge gefasst, in denen ohnehin ein IDW S 6 Konzept vorliegt, auf dessen Grundlage außergerichtlich die Verhandlungen geführt werden[47] und das dann, sollte der weitere Sanierungsweg die Ausnutzung von Instrumenten des Stabilisierungs- und Restrukturierungsrahmens nach § 29 StaRUG geboten erscheinen lassen, im Rahmen der Anzeige genutzt werden kann.

44 § 6 Abs. 1 Satz 2 StaRUG.

45 S. *Wilkens*, WM 2021, 573, Fn. 21.

46 S. Fn. 11.

47 *Wilkens*, WM 2021, 573, 575 weist ebenfalls darauf hin, dass das StaRUG Verfahren genau für diese Sanierungsvorhaben offen stehen soll, in denen ein wenigstens in Ansätzen bereits mit den (wesentlichen) Gläubigern verhandeltes Restrukturierungskonzept in einem gesicherten Rechtsrahmen umgesetzt werden soll. IDW S 15, Rn. 14 geht davon aus, dass bei der Anzeige des Restrukturierungsvorhabens eher selten bereits ausgearbeitete Sanierungskonzepte vorliegen.

Der Vergleich zur Nutzung des IDW S 6 Sanierungskonzeptes im Insolvenzplan drängt sich hier auf[48]. Auch dort ist der Einsatz des IDW S 6 Konzeptes ein bewährtes Instrument, um eine Überzeugungsbildung zu ermöglichen; der Insolvenzplan seinerseits ist dann ein Baukastenelement im Sanierungskonzept, um einer Sanierung ganzheitlich zum Erfolg zu verhelfen. Der Restrukturierungsplan als »kleiner Bruder« des Insolvenzplanes ist in seinem Anwendungsbereich aufgrund der Begrenzung der gestaltbaren Rechte (nur) situativer einsetzbar; strukturell ist eine Übertragung des erprobten Zusammenspiels zwischen IDW S 6 Konzept und Insolvenzplan auf das Pendantpaar IDW S 6 Konzept und Restrukturierungsplan angezeigt. 28

Schließlich gibt es hinreichend Stimmen in der Literatur, die jedenfalls bei Neufinanzierungen (vgl. § 12 StaRUG) zur Vermeidung einer Haftung nach § 826 BGB trotz der Regelungen des § 89 Abs. 1 StaRUG ein Restrukturierungskonzept nach IDW S 6 ohnehin für geboten halten.[49] 29

Deutlich abzugrenzen ist der IDW S 6 von der Bescheinigung nach § 74 Abs 2 StaRUG und den Beurteilungen der Voraussetzungen der Stabilisierungsanordnung nach § 51 StaRUG. Beide Punkte sind inzwischen in einem eigenen IDW-Standard geregelt: »Anforderung an die Bescheinigung nach § 74 Abs. 2 StaRUG und Beurteilung der Voraussetzungen der Stabilisierungsanordnung (§ 51 StaRUG) (IDW S 15)«. In dem dortigen Standard ist das Verhältnis dieser Bescheinigung und der gutachterlichen Stellungnahme zur Beurteilung eines Sanierungskonzeptes nach IDW S 6 eindeutig geregelt, indem der IDW S 15 in Rn. 9 klarstellt, dass die Bescheinigung nach § 74 Abs 2 StaRUG bzw. eine gutachtliche Stellungnahme zu § 51 StaRUG **keine** Beurteilung eines Sanierungskonzeptes nach IDW S 6 sind. 29a

Der IDW S 15 ordnet die einzelnen Verfahrensschritte des Stabilisierungs- und Restrukturierungsrahmens betriebswirtschaftlich ein. Erst der letzte Sanierungsschritt in § 14 StaRUG, wonach zu erklären ist, dass die Bestandsfähigkeit des Schuldners sicher- oder wiederhergestellt ist, entspricht in betriebswirtschaftlicher Hinsicht dem Maßstab des IDW 6 (IDW S 15 Rn. 16). Die Bestandsfähigkeit erreicht ein Unternehmen nur, wenn es wettbewerbsfähig und refinanzierungsfähig ist und damit die Anforderungen der Sanierungsfähigkeit nach IDW S 6 erfüllt. 29b

▶ **Praxistipp:**

Inhaltlich stellt das StaRUG letztlich »nur« ein zusätzliches Baukastenelement dar, mit welchen Wegelementen[50] die Sanierung insgesamt gelingt. Da es in den wenigsten Fällen eines Sanierungsfalles ausschließlich um Sanierungsmaßnahmen in der Form der Gestaltung der mit dem StaRUG gestaltbaren Rechtsverhältnisse geht, sondern vielmehr regelmäßig um umfassende ganzheitliche Maßnahmen, bei denen alle Stakeholder (Kunden, Arbeitnehmer, Lieferanten etc.) Beiträge leisten, ist die Einbettung in ein IDW S6 Konzept anzuraten. Auch in den Fällen der ausschließlichen Sanierung via StaRUG Gestaltung[51] kann die Nutzung des IDW S6 Konzeptes zur Überzeugungsbildung sinnvoll sein, zumal häufig ohnehin im Vorwege aufgrund vorheriger außergerichtlicher Gespräche mit den späteren Planbetroffenen ein solches IDW Konzept beauftragt worden sein wird. 30

48 *Wilkens*, WM 2021, 573, 574 beschreibt den StaRUG-Verfahrensrahmen als ein »Insolvenzplanverfahren ohne Insolvenz«.

49 *Wilkens*, WM 2021, 573, 583, *Balthasar*, NZI-Beilage 2021, 18, 19; *Hacker/Weber*, WPg 2021, 258, 260; *Zuleger*, NZI 2021, 43, 45 weist ebenfalls auf das Anfechtungsproblem hin und die damit verbundene Frage, ob bei Neufinanzierungen die Vorgaben der Rechtsprechung zu Sanierungen in der vertieften Krise zu prüfen seien.

50 Zur visualisierten Darstellung des Weges s. Abb. 1.

51 *Wilkens*, WM 2021, 573, 574 weist darauf hin, dass das StaRUG, nachdem im Gesetzgebungsverfahren die Möglichkeit der Vertragsbeendigung ersatzlos gestrichen wurde, ausschließlich auf die bilanziell-finanzielle Sanierung abzielt.

E. Erstellung vs. Beurteilung

31 Der IDW S 6 stellt als Regelfall die Erstellung des Sanierungskonzeptes dar. In Rn. 8 wird dann darauf hingewiesen, dass die Grundsätze entsprechend anzuwenden sind, wenn ein von den gesetzlichen Vertretern (und ggf. ihren Beratern) vorgelegtes Sanierungskonzept begutachtet werden soll.

32 In der Praxis ist festzustellen, dass diese eher unscheinbare Begutachtungs-Klausel einen erheblichen Anwendungsfall darstellt. Bei der Beauftragung ist klar zu kennzeichnen, wer welche Aufgabe erfüllt[52]. Daran hat sich dann auch der konkrete Auftragsinhalt auszurichten. Diese Differenzierung geht häufig durcheinander, hat aber wesentliche Konsequenzen. Kann sich das Management bei Planverfehlungen dahinter »verstecken«, dass die Planung vom IDW S 6-Ersteller stammt? Welche Tiefe in dem Verständnis wesentlicher Prozesse muss der Ersteller erreichen? Wieweit kann er sich auf Unterlagen Dritter verlassen? Bei der Konzepterstellung durch einen Berater ist jedenfalls entscheidend, dass sich die gesetzlichen Vertreter des betroffenen Unternehmens das Sanierungskonzept zu eigen machen (wie in dem Muster für die »Schlussbemerkung zur Zusammenfassung« in der Anlage 1 des IDW S 6 ausgeführt).

33 Für den Wirtschaftsprüfer, der auch zugleich als Abschlussprüfer des Unternehmens tätig ist, schließen sich die Erstellung eines Sanierungskonzeptes und die Abschlussprüfung aus. Hier scheitert es am Selbstprüfungsverbot[53]. Die Beurteilung eines Sanierungskonzeptes hingegen ist mit der Abschlussprüfung vereinbar. Bei wertender Betrachtung wird hier die Beurteilung, die der Wirtschaftsprüfer im Rahmen der Testierung und damit insb. der Going Concern Annahme vornehmen muss[54], nur vorverlagert.

F. Bestandteile des Sanierungskonzeptes

34 Grob vereinfachend stellt sich der abstrakte Gedankenweg in einem Sanierungskonzept wie folgt dar:

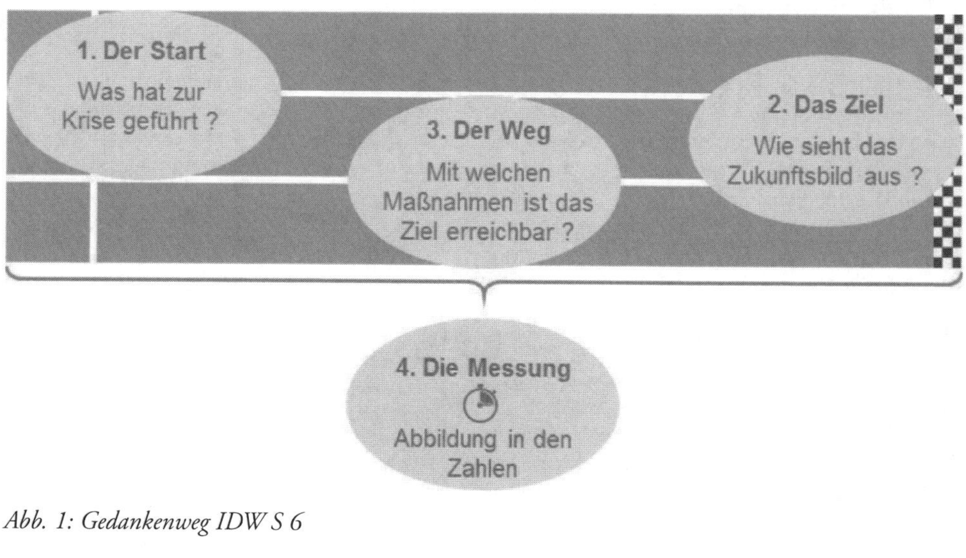

Abb. 1: Gedankenweg IDW S 6

52 So auch *Niering/Hillebrand*, S. 72.
53 So auch Beck'sches Handbuch der Rechnungslegung – *Hermanns*, Rn. 13.
54 Hierzu s. IDW Prüfungsstandard: Die Beurteilung der Fortführung der Unternehmenstätigkeit im Rahmen der Abschlussprüfung (IDW PS 270 n.F. (10.2021)), Stand 29.10.2021.

Der IDW S 6 detailliert die Kernbestandteile etwas weiter, und gibt dann am Ende sogar ein Beispiel für eine Mustergliederung vor. Danach sind Kernbestandteile: 35
- Die Beschreibung von Auftragsgegenstand und -umfang,
- Basisinformationen über die wirtschaftliche und rechtliche Ausgangslage des Unternehmens in seinem Umfeld, einschließlich der Vermögens-, Finanz- und Ertragslage,
- die Analyse von Krisenstadium und -ursachen sowie Analyse, ob eine Insolvenzgefährdung vorliegt,
- die Darstellung des Leitbilds mit dem Geschäftsmodell des sanierten Unternehmens,
- die Darstellung der Maßnahmen zur Abwendung einer Insolvenzgefahr und Bewältigung der Unternehmenskrise sowie zur Herstellung des Leitbildes des sanierten Unternehmens,
- ein integrierter Unternehmensplan,
- die zusammenfassende Einschätzung der Sanierungsfähigkeit.

Die Kernbestandteile sind ihrem Gehalt nach gegenüber der bisherigen Version des IDW S 6 gleich geblieben. 36

I. Anforderung der Rechtsprechung

Die gefestigte Rechtsprechung nannte bisher als Maßstab 37

»ein schlüssiges, von den tatsächlichen Gegebenheiten ausgehendes Sanierungskonzept [...], das mindestens in den Anfängen schon in die Tat umgesetzt [ist] und die ernsthafte und begründete Aussicht auf Erfolg [hat]«[55]. 38

Diese Rechtsprechung ist hinsichtlich des Merkmals »..., das mindestens in den Anfängen schon umgesetzt ist, ...« ins Wanken geraten. Hintergrund ist die Entscheidung des BGH vom 03.03.2022, in dem der BGH im Leitsatz 1 e) postuliert: 38a

»Zahlungen des Schuldners an einen Sanierungsberater können auch dann ohne Benachteiligungsvorsatz erfolgen, wenn das Sanierungskonzept noch nicht in den Anfängen umgesetzt ist, sofern der Sanierungsversuch nicht von vornherein aussichtlos ist und der Schuldner mit der Vorstellung handelt, dass eine Vergütung dieser Beratungsleistungen erforderlich ist, um die Erfolgsaussichten einer Sanierung prüfen oder eine Sanierung beginnen zu können«[56].

In der Folge sind in der aktuellen Fassung des IDW S 6 die Verweise auf dieses Merkmal entfallen, so dass auch und insbesondere dieses Merkmal nicht mehr Bestandteil des Musters für die Schlussbemerkung zur Zusammenfassung ist.

Der Ausgangsfall, der den BGH zu o.g. Leitsatz veranlasste, weist zwei Besonderheiten auf: 38b
- zunächst ist wesentlichster Teil der Sanierung in dem entschiedenen Fall eine Maßnahme, die mit einer Rechtsfrage verbunden ist. Inhaltlich geht es um Anwendungsfragen nach dem SchVG. Eine sehr atypische Konstellation, nämlich die Abhängigkeit von einer einzelnen Rechtsfrage, hat die Rechtsprechungsänderung veranlasst. Die üblichen Sanierungen, bei denen ein Sanierungskonzept nach IDW S 6 zur Anwendung kommt, weisen demgegenüber eine Vielzahl von Maßnahmen und insb. tatsächlichen Entscheidungen aus. Dies nimmt gleichzeitig dem Merkmal die Schärfe, da in der Regel bei umfassenden Sanierungen bereits parallel mit Teilen der Maßnahmen begonnen wird.

---

55 BGH, Urt. v. 28.03.2019 – IX ZR 7/18 mit Verweis auf das Grundsatzurteil BGH, Urt. v. 12.05.2016 – IX ZR 65/14, Rn. 15 f und BGH, Urt. v. 14.06.2018 – IX ZR 22/15, Rn. 9 f. Das Urt. v. 28.03.2019 erging zur alten Fassung des § 133 InsO, der neue Wortlaut kann ggfls. weitere Erleichterungen hinsichtlich der Anforderungen für den Anfechtungsgegner an die Kenntnis des tragfähigen Sanierungskonzeptes bringen, s. hierzu *Knof*, EWiR 2019, 631.

56 BGH, Urt. v. 03.03.2022 – IX ZR 78/20.

– Zudem handelt es sich um die Zahlungen an den Sanierungsberater, die am Anfang standen. Auf diese Situation greift der Gedanke bzgl. des »in den Anfängen schon in die Tat umgesetzt« ohnehin nicht, da ansonsten kein Konzept beauftragt werden kann.

Es erscheint allerdings zweifelhaft, ob der BGH generell das Merkmal fallen lassen wollte oder nur für diese besondere Situation der Zahlung an den Sanierungsberater. Immerhin führt der BGH in einem zeitlich nachfolgenden Urteil das Merkmal weiterhin auf[57].

39 Die nachfolgende Übersicht veranschaulicht, dass die Kernbestandteile aus weiteren Anforderungen der Rechtsprechung abgeleitet sind:

40

IDW S 6 Kernbestandteile	Rechtsprechung
Basisinformationen Ausgangslage inkl. VFE-Lage	»Eine solche Prüfung muss die wirtschaftliche Lage des Schuldners im Rahmen seiner Wirtschaftsbranche analysieren […] sowie die Vermögens- Ertrags- und Finanzlage erfassen[58]«.
Analyse Krisenstadium und -ursache	»Eine solche Prüfung muss […] die Krisenursachen […] erfassen«[59].
Analyse Insolvenzgefährdung	»Die Maßnahmen müssen eine positive Fortführungsprognose begründen«[60].
Darstellung des Leitbilds	»Nach den überzeugenden Darlegungen des Sachverständigen setzt ein Sanierungskonzept im Wesentlichen voraus: […] Leitbild des sanierten Unternehmens […][61]«.
Darstellung der Sanierungsmaßnahmen	»Danach müssen […] die für ihre Sanierung konkret in Angriff genommenen Maßnahmen zusammen objektiv geeignet sein, die Gesellschaft in überschaubarer Zeit durchgreifend zu sanieren […]«[62].
Ein integrierter Unternehmensplan	»Nach den überzeugenden Darlegungen des Sachverständigen setzt ein Sanierungskonzept im Wesentlichen voraus: […] Planverprobungsrechnung […]«[63]. »Erforderlich sind die dazu gehörigen Liquiditätsplanungen, die Plan-GuV und die Planbilanz für einen längeren Prognosezeitraum.[64]«
Einschätzung der Sanierungsfähigkeit	»Danach müssen […] nach der pflichtgemäßen Einschätzung eines objektiven Dritten […] die Gesellschaft (objektiv) sanierungsfähig […] sein […][65]«.

41 Es ist gut erkennbar, dass die Kernbestandteile die BGH-Rechtsprechung aufgreifen. Der IDW S 6 enthält an vielen Stellen Auslegungsdetails zu den einzelnen Kernbestandteilen. Ferner werden diverse Praxisfragen in dem zusätzlichen IDW-Dokument »F&A zu IDW S 6« angesprochen (die F&A sind allerdings nicht verbindlich für die Auslegung). Dementsprechend konzentrieren sich die nachfolgenden Erläuterungen dieser Kernbestandteile auf gängige Anwendungsfragen.

57 BGH, Urt. v. 26.10.2023 – IX ZR112/22 Rn. 16.
58 BGH, Urt. v. 12.05.2016 – IX ZR 65/14, Rn. 19 mit Verweis auf BGH, Urt. v. 04.12.1997 – IX ZR 47/97, ZIP 1998, 251.
59 BGH, Urt. v. 12.05.2016 – IX ZR 65/14, Rn. 19 mit Verweis auf BGH, Urt. v. 04.12.1997 – IX ZR 47/97, ZIP 1998, 251.
60 BGH, Urt. v. 12.05.2016 – IX ZR 65/14, Rn. 36.
61 OLG Köln, Urt. v. 24.09.2009 – 18 U 134/05, WPg 2011, 442.
62 BGH, Urt. v. 21.11.2005 – II ZR 277/03, ZIP 2005, 281 m.w.N.
63 OLG Köln, Urt. v. 24.09.2009 – 18 U 134/05, WPg 2011, 442.
64 OLG Celle, Urt. v. 08.10.2015 – 16 U 17/15, Rn. 30.
65 BGH, Urt. v. 21.11.2005 – II ZR 277/03, ZIP 2005, 281 m.w.N.

II. Umsetzung in der Praxis

1. Konzern vs. Einzelgesellschaften

Regelmäßig stellt sich bei Unternehmen, die Bestandteil eines Konzernverbundes sind, die Frage, ob sich das Sanierungskonzept auf den Konzern oder das Einzelunternehmen beziehen muss. 42

Diese Frage ist zunächst vorab bei der Diskussion des Auftragsgegenstandes zu klären. Grundsätzlich ist beides in der Praxis anzufinden. Regelmäßig können im Konzernverbund die Verhältnisse der Einzelgesellschaft nicht ohne Reflektion der Querbezüge auf den Konzernverbund beurteilt werden (so z.B. insb. bei einer Konzernliquiditätsplanung[66]). Die Sanierungsfähigkeit des Konzerns bestimmt sich inhaltlich nach der Fortführungsfähigkeit der Einzelgesellschaften und der Wettbewerbsfähigkeit des Konzerns im Ganzen[67]. Es ist daher eine rechtlich gebotene Einzelbetrachtung[68] kombiniert mit der inhaltlich und wirtschaftlich notwendigen Konzernbetrachtung sinnvoll. 43

Fraglich ist, ob dabei der Begriff »Konzern« disponibel ist und die Anwender frei sind, wie und auf welcher Ebene eines mehrschichtigen Konzerns die Sanierungsfähigkeit des Konzerns zu messen ist. 43a

In der Praxis sieht man gerade im Private Equity Umfeld Konstruktionen, in denen Teile der Finanzierung, gerade als Lösung in Restrukturierungsfällen, auf eine höhere Ebene geschoben werden (Debt Push Up), um so die operativen Einheiten von der Finanzierungshöhe zu entlasten. Dies ist ein typisches Element, mit dem beim operativen Teil eines Konzerns die dortige Fremdfinanzierung an die operative Ertragskraft angepasst wird, während gleichzeitig auf der oberen Strukturebene die Gläubiger an Überschüssen partizipieren können.

In diesem Fall dient gerade der Debt Push Up der Entkoppelung der Ertragsfähigkeit von dem überschießenden Finanzierungsteil[69]; entsprechend kann das IDW S 6 Konzept hier abgrenzen.

2. Basisinformationen inkl. VFE-Lage

Dieses Kapitel im Sanierungskonzept erfüllt zwei Funktionen: 44
- Der Leser soll die wesentlichen Merkmale des Unternehmens sowohl bzgl. des Unternehmens selbst, als auch bzgl. seiner Stellung im Markt verstehen
- Idealerweise wird dem Leser entweder hier oder ggf., in Abhängigkeit von der Bedeutung und Abweichung gegenüber berichteten Zahlen, in einem separaten Kapitel, erläutert, wie groß das Problem ist, das mit den Sanierungsmaßnahmen zu bewältigen ist.

Die erste Funktion wird inhaltlich durch die deskriptive Beschreibung des Unternehmens (Historische Entwicklung und Profil; organisatorische, rechtliche und steuerliche Verhältnisse; Übersicht über Geschäftsfelder und Produkte) und die analytisch geprägte Darstellung der Wirtschaftslage des Unternehmens in seiner Branche (Leistungswirtschaft; Finanzwirtschaft [insb. Darlegung der historischen Entwicklung wesentlicher Kennzahlen der GuV, Bilanz und Liquidität]; Markt und Wettbewerb sowie SWOT-Analyse) gefüllt[70]. 45

Für die zweite Funktion bedarf es einer hinreichend tiefen Analyse, inwieweit berichtete Zahlen mit einem »normalisierten« Zustand übereinstimmen. Hier sind einerseits periodenfremde und klassische atypische Positionen zu bereinigen. Häufig wurden im Vorkrisenstadium z.B. zur Sicherstellung 46

---

66 So auch *Crone/Werner*, Modernes Sanierungsmanagement, Kapitel 5.8.2.

67 F&A zu IDW S 6 unter 2.10 a.E.

68 Die rechtliche Notwendigkeit für die Betrachtung der Einzelheiten ergibt sich aus der notwendigen Prüfung der Insolvenzgründe, die Rechtsträgerbezogen zu erfolgen hat. Zudem können weitere Aspekte die Beurteilung auf Einzelgesellschaftsebene erfordern, so regelmäßig, wenn steuerliche relevante Sachverhalte gestaltet werden.

69 Voraussetzung ist die richtige vertragliche Gestaltung; siehe aus Steuersicht hierzu *Förster*, DStR 2023, 1041, 1048.

70 S. Punkte III. und IV. der Beispielsgliederung im IDW S 6.

der Liquidität, aber auch ggfls. zur Erreichung von Covenantsgrenzen, Handlungen vorgenommen, die ihrerseits auf die buchhalterischen Zahlen ausstrahlen. Diese Normalisierung dient der Bestimmung der Absprungbasis, die daneben durch dynamische Entwicklungen zu ergänzen ist (z.B. bei Verlust wesentlicher Aufträge, die sich noch nicht in der Vergangenheit abgebildet haben etc.).

47 Eine visualisierte Darstellung findet sich in der IDW WPH-Edition, Sanierung und Insolvenz, 2017, B, Rn. 59, Abb. 4.

48 Um den Anforderungen der BGH-Rechtsprechung zu genügen ist diese sehr formell gehaltene Übersicht auf den Einzelfall anzupassen; zudem ist insbesondere auch die Stellung in der Wirtschaftsbranche des Unternehmens darzulegen[71].

3. Analysen Krisenstadium und -ursache und Insolvenzgefährdung

49 Die Analyse des Krisenstadiums und der -ursache dient der Vorbereitung der Definition der Sanierungsmaßnahmen, da diese auf die Ursachen eine Antwort geben müssen.

50 Nachfolgend findet sich die gängige Abbildung der Struktur der Krisenstadien[72], die sich in aller Regel aufbauend aufeinander entwickeln:

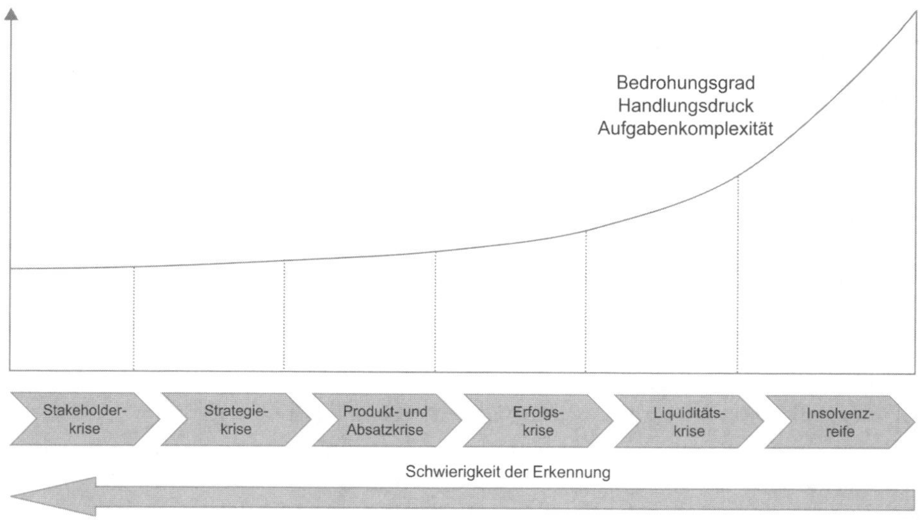

Abb. 2: Typischer Krisenverlauf nach IDW S 6

51 Das jeweilige Krisenstadium bestimmt die Inhalte des Sanierungskonzeptes. So konzentriert sich der Ersteller des IDW S 6 beim Vorliegen einer Liquiditätskrise auf die kurzfristige Sicherstellung der Liquidität[73], um dann in einem weiteren Schritt die vorgelagerten Krisenursachen zu beseitigen. Bei einer akuten Illiquiditätslage müssen unverzüglich, innerhalb längstens drei Wochen, Maßnahmen zu deren Beseitigung umgesetzt werden[74].

---

71 S. BGH, Urt. v. 12.05.2016 – IX ZR 65/14, Rn. 19: »… im Rahmen seiner Wirtschaftsbranche analysieren …«.

72 Ausführlich zum betriebswirtschaftlichen und rechtlichen Krisenbegriff Langenbucher/Bliesener/Spindler-*Richter*, 31. Kapitel, Rn. 6–16.

73 S. zum jeweiligen Pflichtenkatalog der Organe in einer Krise *Tresselt/Lochmann* oben Vorbemerkung zu § 1 Rdn. 3 ff.

74 In einer Vorstufe der Auftragsdurchführung ist hier regelmäßig eine Beurteilung der Insolvenzantragsgründe nach IDW S 11 erforderlich.

In den Fokus der Rechtsprechung gerückt ist die Frage der Pflichten des IDW S 6-Verfassers zur Beurteilung von Insolvenzgründen und zu den dann notwendigen Hinweisen darauf. **51a**

Zunächst ist es zweifelsfrei, dass im Rahmen eines Konzeptes nach IDW S 6 auch eine Analyse, ob eine Insolvenzgefährdung vorliegt, zu erfolgen hat (IDW S 6 Rn. 11, 61). Diese Analyse ist Teil der Kernanforderungen an ein IDW S 6 Konzept[75], auf sie kann aus Gründen der Vollständigkeit und insbesondere der Bedeutung nicht verzichtet werden[76].

Die Würdigung der insolvenzrechtlichen Konsequenzen muss nicht zwingend durch den Konzeptersteller erfolgen. In vielen Fällen kann es sinnvoll sein, der Geschäftsleitung die Einholung rechtlichen Rats zu empfehlen. Erfolgt die insolvenzrechtliche Würdigung durch einen in Insolvenzsachen erfahrenen Dritte, hat der Konzeptersteller die Beurteilung zu plausibilisieren (IDW S 6 Rn. 13 und 14). **51b**

Ergibt die Beurteilung, dass ein Insolvenzgrund vorliegt, muss auf die mögliche Antragspflicht hingewiesen werden. Dieser Hinweis ist zwingend zu dokumentieren.

Der Gutachter selbst hat dann festzustellen, ob ein Grund vorliegt, seine Tätigkeit vorzeitig zu beenden oder zu versagen, z.B. wenn für ihn erkennbar wird, dass eine außergerichtliche Sanierung versucht werden soll, obwohl eine Insolvenzantragspflicht besteht (IDW S 6 Rn. 14, § 49 WPO). **51c**

Besonderes Augenmerk ist darauf zu legen, ob, sofern bereits eine Antragspflicht besteht, auf diese Antragspflicht gebührend im Bericht hingewiesen ist. In dem der Entscheidung des OLG Bamberg zugrunde liegenden Fall ist in dem Bericht offensichtlich mehrfach auf eine drohende Zahlungsunfähigkeit und eine bestehende Liquiditätslücke hingewiesen worden. Das OLG Bamberg stellt jedoch darauf ab, dass ein Hinweis auf eine drohende Zahlungsunfähigkeit eben kein Hinweis auf eine bestehende Zahlungsunfähigkeit ist und damit für den gesetzlichen Vertreter des Auftraggebers die Notwendigkeit der Einleitung von Eilmaßnahmen bis hin zur Insolvenzantragsstellung nicht erkennbar war[77]. **51d**

▶ **Hinweis:**

Hervorzuheben ist, dass der IDW S 6 auch bei bereits insolventen Unternehmen Anwendung findet[78]. In der praktischen Handhabung wird dort der Schwerpunkt typischerweise auf Maßnahmen und Lösungen liegen, die sich aus der Insolvenzsituation und damit insb. aus insolvenzspezifischen Rechten herleiten. **52**

4. Darstellung des Leitbildes des sanierten Unternehmens inklusive ESG-Anforderungen

Das Leitbild umfasst das Zielbild des sanierten Unternehmens, es bildet ein realisierbares, zukunftsfähiges Geschäftsmodell ab. **53**

Es stellt die zukünftigen Geschäftsfelder dar, zeigt die Wertevorstellungen und Unternehmenskultur auf und legt dar, welche Wettbewerbsposition und insb. -vorteile angestrebt werden. Das Leitbild ist damit insbesondere durch strategische Betrachtungen geprägt, wozu ausdrücklich auch die digitale Strategie zu zählen ist[79]. Die neue Fassung des IDW S6 fordert explizit eine interne und externe Analyse des Unternehmens – in Abhängigkeit des Geschäftsmodells – und auch eine Einschätzung, ob das Unternehmen voraussichtlich den Herausforderungen der Digitalisierung gewachsen ist[80]. **54**

---

75 S.a. oben Rdn. 12 und OLG Bamberg, Urt. v. 31.07.2023 – 2 U 38/22, NZI 2023, 785, 1. Leitsatz.
76 Die Neufassung der F&A zu IDW S 6 greift dies unter 2.6 und 3.5 explizit auf.
77 OLG Bamberg, Urt. v. 31.07.2013, 2 U 38/22, Rn. 33.
78 S. z.B. die Ausführungen BeckOK-InsO/*Geiwitz/von Danckelmann*, § 220 Rn. 28 und *Brünkmans/Thole* Rn. 32 zum Einsatz des Sanierungskonzeptes nach IDW S 6 im Rahmen eines Insolvenzplanes.
79 Die Bedeutung der Digitalisierung betonen auch *Becker/Müller/Schoenmakers*, KSI 2018, S. 13 f.
80 Vgl. IDW S 6 Rn. 25, 60 und 66.

55 Die Bedeutung der Diskussion des Leitbildes im Rahmen eines Sanierungskonzeptes ist hoch. Die Maßnahmen sind daran auszurichten und zu definieren, wie das Leitbild erreicht wird[81]. Nur mit einem stimmigen Leitbild werden die Stakeholder, z.B. die Mitarbeiter, überzeugt, an der Sanierung mitzuwirken und zu ihr beizutragen.

56 Das Leitbild hat daher primär einen qualitativen Charakter. Es hat daneben auch einen quantitativen Aspekt, indem das Leitbild einen Zustand zeigt, in dem das Unternehmen bereits saniert ist und mithin die quantitativen Aspekte der Sanierungsfähigkeit (s.u. Rdn. 136–150) erfüllt sind.

56a Eine besondere Bedeutung erfahren die ESG-Anforderungen im Rahmen des Leitbild des sanierten Unternehmens. Die aktuelle Fassung des IDW S 6 hat die ESG-Anforderungen neu in den IDW S 6 Standard verwoben; den Schwerpunkt bilden die Ausführungen hier bei der inhaltlichen Ausfüllung des Begriffs des Leitbilds des sanierten Unternehmens[82].

56b Der IDW S 6 definiert zunächst exemplarisch, welche Aspekte der ESG-Anforderungen den dauerhaften Fortbestand des Unternehmens berühren können. Bei den Environmental (Umwelt)-Anforderungen sind aufgeführt die Folgen des Geschäftsmodells auf den Klimawandel durch Emissionen, Ressourcen-, Energie-, Wassereffizienz etc. Bei den Social (Sozialen) Anforderungen sind Kriterien wie faire Vergütung, Arbeitsnormen im Unternehmen und entlang der Lieferkette sowie der Beitrag des Unternehmens in der Gesellschaft aufgelistet. Die Governance-Anforderungen führen schließlich transparente und wertorientierte Leitlinien zur Unternehmensführung einschließlich der Aufsicht an.

56c Die Ausführungen im IDW S 6 sind eher rudimentär gehalten in Bezug auf die ESG-Anforderungen. Rein formell ist dies bereits daran zu erkennen, dass der IDW S 6 den ESG Anforderungen kein separates Kapitel spendiert, sondern die Anforderungen nur in die bestehende Struktur verwebt.

In der Neufassung der F&A hat das Thema ESG zusammen mit dem Punkt Cybersecurity einen eigenen Sub-Gliederungspunkt erhalten (3.6). Dieser steht jedoch unter dem Vorzeichen, ob immer umfangreich über ESG (und Cyber-Security)-Anforderungen berichtet werden muss und fokussiert daher primär den Berichtsumfang.

Inhaltlich reflektiert der IDW S 6 primär darauf, ob das Unternehmen die ESG-Anforderungen einhält und hierdurch keinen Nachteil erleidet. So spricht Rn. 20 explizit davon, dass eine Vernachlässigung der Nachhaltigkeitsanforderungen das Unternehmen schwächt, Rn. 60 ob das Unternehmen den Anforderungen gewachsen ist, in Rn. 67 werden dazu die Risiken aus der Nichtbeachtung der Kriterien aufgeführt. Die F&A weisen zudem auch auf eingeschränkte Finanzierungsmöglichkeiten hin[83].

Enthalten ist damit auch die Analyse der Einhaltung diverser unmittelbarer rechtlicher Verpflichtungen, die im Zusammenhang mit einzelnen ESG-Kriterien bestehen. Beispielhaft sei hier das Lieferkettensorgfaltspflichtengesetz genannt.

56d Die Vermeidung von Nachteilen ist jedoch nur ein Aspekt im Kontext der ESG-Anforderungen.

56e Zusätzlich ist zu analysieren, welche aktiven Berichtspflichten jenseits des IDW S 6 Konzeptes das betroffene Unternehmen aktuell und in Zukunft treffen[84]. Die EU hat die CSRD verabschiedet

---

81 So auch *Gerig/Meller/Nientkewitz*, ZIP 2017, 2033.

82 Vgl. IDW S 6 Rn. 67. Zum Komplex ESG und Sanierungskonzeptes siehe auch *Vollmer*, DB 2023, 694 ff; *Müller*, ZInsO 2022, 686 ff.

83 Neufassung F&A zu IDW S 6 unter 3.6; s. zudem z.B. Anforderungen der deutschen und europäischen Bankenaufsicht für die Kreditvergabe und -überwachung im Zusammenhang mit ESG-Risiken.

84 Siehe hierzu auch »Ausgestaltung und Prüfung des internen Kontrollsystems zur Aufstellung eines Nachhaltigkeitsberichts unter Beachtung des IDW PS 982« (IDW Praxishinweis 4/2023).

(Corporate Sustainability Reporting Directive), die am 05.01.2023 in Kraft getreten ist[85]. Sie löst die bisherige NFRD (Nonfinancial Reporting Directive) ab. Sie ist bis Mitte 2024 in nationales Recht umzusetzen.

Bisher waren lediglich große Unternehmen von öffentlichem Interesse und mehr als 500 Mitarbeitern zur Nachhaltigkeitsberichterstattung verpflichtet. Diese Anforderung wird ausgedehnt. Ab Januar 2025 sind zusätzlich Unternehmen in der ESG-Reportingpflicht nach der CSRD, die zwei von folgenden drei Kriterien erfüllen: mehr als 250 Mitarbeiter, Bilanzsumme > 20 Millionen Euro oder einem Jahresumsatz von 40 Millionen Euro. Kapitalmarktorientierte Klein- und mittelständische Unternehmen (KMU) folgen ab Januar 2026. Letztere können allerdings einen Aufschub bis 2028 in Anspruch nehmen.

Neben der Anwendbarkeit hat sich zudem der Inhalt, was berichtet werden muss, geändert. Insbesondere ist eingeführt worden das Merkmal der »Doppelten Wesentlichkeit«, das bei der Berichterstattung beachtet werden muss. **56f**

Das Unternehmen hat die Wesentlichkeit von Nachhaltigkeitsaspekten immer aus zwei Perspektiven zu betrachten:

- Mit der Inside-Out-Perspektive, auch Impact Materiality genannt, ermittelt das Unternehmen, welche Auswirkungen das eigene unternehmerische Handeln auf verschiedene Nachhaltigkeitsthemen hat. Dieser Blick dominiert bei der Sicht des IDW S 6 auf die ESG-Anforderungen, indem auf die negative Konsequenz bei Nichtbeachtung der Kriterien abgestellt wird.
- Daneben ist auch die Outside-In-Perspektive zu betrachten, die analysiert, welche Faktoren der ESG-Themen von außen auf das Unternehmen und damit dessen finanzielle Lage und die Zukunftsfähigkeit des Geschäftsmodells einwirken.

Die Unternehmen in o.g. Anwendungsrahmen sind daher ohnehin aufgefordert, diese Doppelte Wesentlichkeit zu analysieren und zu berichten, so dass es jedenfalls bei diesen Unternehmen geboten ist, auch im Rahmen des IDW S 6 Konzeptes dem Aspekt der Doppelten Wesentlichkeit durch entsprechende Ausführungen hinreichend Rechnung zu tragen.

Da der Aspekt der Doppelten Wesentlichkeit aber keinen unmittelbaren Bezug zur Größe des Unternehmens oder zur Kapitalmarktorientierung aufweist, ist zu überlegen, ob dieser Aspekt jenseits der durch die Berichtspflicht unmittelbar betroffenen Unternehmen aufgegriffen und Bestandteil eines Sanierungskonzeptes sein sollte.

Zudem sollte der Blickwinkel im IDW S 6 auf die ESG-Anforderungen nicht nur Passiv als Risikominimierung begriffen werden. Auch der aktive Blick im Sinne von Chancen und wie die Erfüllung der ESG-Anforderungen positiv zur Zukunft beitragen können, sollte reflektiert werden. **56g**

Die Nachhaltigkeitskriterien strahlen inzwischen umfänglich auf nahezu alle Prozesse in einem Unternehmen aus. Neben den direkten Auswirkungen (Anpassung des Produktsortiments oder Änderung der Lieferkette aufgrund der ESG-Anforderungen) sind auch die indirekten Auswirkungen zB im Recruiting zu beachten, die alle das zukünftige Leitbild unterstützen müssen.

Auch spielt die ESG-Konformität zusehends im Rahmen der Kreditentscheidung eine Rolle, so dass sowohl bei der Frage des Ob der Kreditgewährung, als auch des Wie (Konditionierung) die Anforderungen zu berücksichtigen sind[86]. **56h**

Die Neufassung der F&A zu IDW S 6 führt deutlich detaillierter auf, welche Fragen in Abhängigkeit von dem Geschäftsmodell sowohl im Kontext ESG, als auch im Bereich Cybersecurity auftauchen können. Es ist davon auszugehen, dass sich hier »Checklisten« entwickeln werden, um die **56i**

---

85 Weitere Einzelheiten hierzu s. https://www.umweltbundesamt.de/umweltberichterstattung-csr-richtlinie.

86 Vgl. z.B. Anforderungen der deutschen und europäischen Bankenaufsicht für die Kreditvergabe und -überwachung im Zusammenhang mit ESG-Risiken. Zum Themenkomplex ESG und Finanzierung auch *Bea/Dressler,* NZI 2022, 249 ff; *Löw/Karplyuk,* WPg 2023, 1085 ff.

Komplexe ESG und Cybersecurity für Entscheider, die auf Basis des IDW S 6 Konzeptes Entscheidungen treffen müssen, greifbar und auch vergleichbar zu machen.

Zu Recht weist die Neufassung darauf hin, dass im Einzelfall abzuwägen ist, ob sowohl bei den ESG- wie auch bei Cybersecurity-Themen geeignete Experten hinzuziehen sind[87].

56j Eine beispielhafte Liste, anhand welcher Punkte der Komplex ESG in einem IDW S 6 Konzept behandelt werden kann, findet sich in Rdn. 183.

▶ **Praxistipp:**

56k Die ESG-Anforderungen sind umfassend im Rahmen des IDW S 6 mitzubetrachten. Dies gilt sowohl für die Vergangenheit-/Krisenursachenanalyse, als auch für das Leitbild und die zu definierenden Maßnahmen.
Zudem ist notwendig, zu analysieren, ob eine Berichterstattungspflicht im Rahmen der CSRD aktuell bzw. in Zukunft vorliegt. Schon hieraus kann auch im IDW S 6 die Berücksichtigung der beiden Nachhaltigkeitsblickwinkel der »Doppelten Wesentlichkeit«, d.h. die Inside-Out-Perspektive (welche Auswirkungen hat das eigene Handeln) wie auch die Outside-In-Perspektive (was wirkt auf das Unternehmen ein) notwendig sein. Auch ohne eine solche Berichterstattungspflicht können fallabhängig solche erweiterten Ausführungen für den Adressatenkreis sinnvoll sein.

5. Darstellung der Sanierungsmaßnahmen

57 Die Darstellung der Sanierungsmaßnahmen ist das Herzstück des IDW S 6-Konzeptes[88]. Mit den Maßnahmen wird das Problem, die Krisenlage, gelöst. Diese Bedeutung ist bei der Bemessung des Anteils dieses Kapitels am Gesamtbericht zu reflektieren.

58 Bei Erstellung eines Sanierungskonzeptes gilt es in Bezug auf die Sanierungsmaßnahmen einige Leitplanken zu beachten:

- Von der bisherigen BGH-Rechtsprechung, wonach ein Sanierungskonzept bereits in den Anfängen in die Tat umgesetzt sein muss, ist der BGH jedenfalls bzgl. der Zahlungen an den Sanierungsberater abgerückt[89]. Ungeachtet dessen reicht jedoch eine ausschließlich theoriebezogene Herleitung von Maßnahmen nicht aus. Als anschauliches Negativbeispiel dient der Fall vom OLG München[90]: Dort hat der Beklagte behauptet, er und sein Sanierungsteam seien jederzeit fähig gewesen, ein striktes Kostenmanagement zu betreiben und die Schuldnerin sei durch ihren Gesellschafter-Geschäftsführer für jeden denkbaren Liquiditätsbedarf gerüstet gewesen. Das hat das OLG München zur Darlegung eines schlüssigen und realisierbaren Unternehmenskonzeptes als nicht ausreichend bewertet.
- Eine Unterscheidung zwischen nicht monetär messbaren, aber relevanten Maßnahmen und hart messbaren Maßnahmen zur Überführung in die Planrechnung ist sinnvoll. Soweit die Wirkung der Maßnahmen in der Planrechnung berücksichtigt wird, muss der Maßstab der »Überwiegenden Wahrscheinlichkeit« eingehalten werden.
- Sofern die Maßnahmen von der Mitwirkung Dritter abhängen, ist auch hier der Maßstab der überwiegenden Wahrscheinlichkeit einzuhalten. Dies gilt grundsätzlich sowohl bzgl. operativer Maßnahmen, die im Kontext mit Dritten durchgeführt werden (z.B. bei Berücksichtigung von Preiserhöhungen als eine Umsatzmaßnahme mit hohem Ergebnishebel) als auch bzgl. finanzieller Maßnahmen, die von Dritten erbracht werden müssen (z.B. Gesellschaftereinlage, Tilgungs-

87 Die Berücksichtigung von ESG- und Cyber-Security-Anforderungen hat nach IDW S 6 regelmäßig gleichwohl einen geringeren Umfang als eine ESG- bzw. IT-Due-Diligence, die einer separaten Mandatierung vorbehalten bleibt.

88 Demgegenüber bezeichnen *Zwirner/Vodermeier*, DB 2017, 2564, die Sanierungsplanung als Herzstück. Diese ist jedoch nur ein Reflex und lediglich die zahlenmäßige Darstellung der Maßnahmen in der Planung.

89 BGH, Urt. v. 03.03.2022 – IX ZR 78/20.

90 OLG München, Endurteil v. 17.01.2019 – 23 U 998/18, BeckRS 2019, 152, Rn. 32.

oder Zinsstundung bzw. -reduktion; Haircut bzgl. Verbindlichkeiten). Die aktuelle Fassung des IDW S 6, Rn. 96, verdeutlicht dies nochmals indem in dem Abschnitt zur Berichterstattung wie folgt ausgeführt wird: »In allen Fällen muss der Eintritt der für die Sanierung wesentlichen Annahmen und die Umsetzung der Maßnahmen überwiegend wahrscheinlich sein. Anderenfalls kann bis zur hinreichenden Konkretisierung der offenen Sachverhalte nur ein Entwurf des Sanierungskonzepts an die Adressaten herausgegeben werden«.
- Die Maßnahmen müssen auf die Krisenursachen Antworten finden; dementsprechend ist die Palette der Maßnahmen (insb. operative Maßnahmen mit den zahlreichen Unterpunkten und/oder finanzielle Maßnahmen[91]) zwingend individuell von Fall zu Fall unterschiedlich.

In der Praxis sieht man zwei große Quellen, an denen der Sanierungserfolg in Bezug auf den Komplex Sanierungsmaßnahmen häufig scheitert: 59
- Die definierten Maßnahmen werden nicht konsequent umgesetzt. Die Umsetzbarkeit ist bei der Definition der Maßnahmen bereits zu berücksichtigen, genauso wie die mit der Umsetzung verbundenen Kosten[92].
- Die Sanierungsmaßnahmen reichen aufgrund fehlerhafter Analysen der Ausgangssituation oder aufgrund zu geringer Wirkung der Maßnahmen nicht aus, um das Problem zu lösen. Unsicherheiten bei der Wirkung sollte antizipativ mit Sensitivitäts- oder Alternativrechnungen bei der Erstellung begegnet werden[93]. Gleichwohl ist es in der Praxis häufig genug anzutreffen, dass auch der sog. Worst Case nicht erreicht wird. Die Themen liegen hier zumeist in dem Grundkonzept der Planungsannahmen (insb. Basisannahmen zur Umsatzentwicklung exkl. der Maßnahmenwirkung) oder in der unzureichenden Mitwirkung der relevanten »Umsetzungsbeteiligten« bei der Definition der Maßnahmen und der daraus abgeleiteten Effekte.

Typische Maßnahmen zur Überwindung der jeweiligen Krisenstadien sind:[94] 60

61

Krisenstadium	Typische Maßnahmen
Liquiditätskrise	Mobilisierung Liquiditätsreserven (z.B. Verbesserung Working Capital); Zuführung externer Liquidität; Moratorien[95]
Erfolgskrise	Aufgabe oder Hinzunahme Geschäftsbereiche[96]; Verbesserung Wertschöpfungstiefe; Optimierung Kostenstrukturen in den einzelnen Aufwandsarten (z.B. Material: u.a. Verbesserung Einkaufspreise, Reduzierung Ausschussquote; Personal[97]: u.a. Veränderung Vergütungsstrukturen, Personalabbau, Reduzierung Fehlzeiten)

91 S. hierzu Teil 2 Kapitel 4 in diesem Buch.

92 Die Umsetzungsdurchführung bzw. deren Begleitung selbst ist nicht automatischer Bestandteil des Sanierungskonzeptauftrags.

93 Die F&A zu IDW S 6 führen unter 7.1. aus, dass Sensitivitäten nicht zwingend sind, wohl aber zweckdienlich sein können. Der Sachverständige, auf dessen Ausführungen sich das Urteil des OLG Köln, Urt. v. 24.09.2009 – 18 U 134/05 Rn. 80 bezog, hielt demgegenüber eine Best- und Worst Case Betrachtung für erforderlich.

94 Der IDW S 6 behandelt das Kapitel Maßnahmen unter 5. relativ kurz; deutlich praktischer sind dort die Beispielsmaßnahmen in den F&A zu IDW S 6 unter 6.1. Üblicherweise wird zwischen. Leistungswirtschaftlichen und Finanzwirtschaftlichen Sanierungsmaßnahmen unterschieden, s. hierzu jeweils *Crone/Werner*, Modernes Sanierungsmanagement, Kap. 6 und 7.

95 Bei den Maßnahmendefinition sollte auch der Komplex ESG-Anforderungen mit betrachtet werden, s. hierzu oben Rdn. 56a f.

96 Dies kann auch über entsprechende M&A Aktivitäten erfolgen, wobei die Herausforderung dann regelmäßig in der Dokumentation der überwiegenden Wahrscheinlichkeit des Erfolges der Maßnahme und deren Auswirkung bestehen, da die Maßnahme häufig vor belastbarem Marktsounding in der Planung Berücksichtigung findet. Zum Komplex »Distressed M&A und Sanierung« vgl. auch *Ziegenhagen/Spranger* in diesem Buch Teil 2 Kap. 5 Rdn. 9.

97 Vgl. zum Komplex Arbeitsrecht und Sanierung auch *Krause/von Saenger* in diesem Buch Teil 3 Kapitel 6.

Krisenstadium	Typische Maßnahmen
Produkt- und Absatzkrise	Bei vorübergehenden Auswirkungen z.B. Kurzarbeit, Leiharbeit Bei weitergehenden Auswirkungen Umsatzrelevante Maßnahmen (Marketing, Produktinnovationen); zudem strukturelle Kapazitätsmaßnahmen
Strategiekrise	Allianzen mit Wettbewerbern; Fusionen/Übernahmen; Produkt-Markt-Strategien; Ressourcenstrategien; Stärkung Kernkompetenzen; Genierung neuer Geschäftsfelder
Stakeholderkrise	Kommunikation; Neubesetzungen Unternehmensorgane[98],[99]

62 Ein besonderes Augenmerk verdient der Begriff der durchgreifenden Sanierung i.S. der BGH-Rechtsprechung bzw. der Wettbewerbsfähigkeit i.S. des IDW S 6 am Ende der Planungsperiode[100]. Wie dargelegt, sind diese anhand des Einzelfalles zu konkretisieren und zu beurteilen.

63 Anhand folgenden Beispiels seien die Schwierigkeiten bei der Anwendung aufgezeigt: Eine städtische Krankenhausgesellschaft und eine kirchliche Krankenhausgesellschaft werden auf Betreiben der Stakeholder fusioniert. Beide betreiben jeweils zwei Krankenhäuser mit zumindest teilweiser räumlicher Überschneidung und Überschneidungen im Leistungsangebot. In der Struktur ist klar, dass perspektivisch im Rahmen des anzupassenden Medizin- und Standortkonzeptes mindestens ein Krankenhaus geschlossen werden muss. Aufgrund Managementfehlern kommt es vor Finalisierung des Medizin- und Standortkonzeptes zu massiven Umsatzrückgängen und einem Ergebniseinbruch. Die beteiligten Banken fordern die Geschäftsführung auf, ein IDW S 6 Gutachten zu beauftragen.

64 Das Gutachten steht hier vor der Herausforderung, dass die Sanierung grundsätzlich in zwei Schritten verlaufen muss: zum einen die Stabilisierung der aktuellen Situation und Wiedergewinnung der Rentabilität. Daneben besteht aber noch das strukturelle Problem, dass ein Krankenhaus geschlossen werden muss, und dass der Entscheidungsfindungsprozess hierüber über die Einbindung politischer und kirchlicher Gremien sowie ggf. zu erwartender Bürgerreaktionen Jahre in Anspruch nehmen mag. Eine Zeitdauer, die man im Rahmen des IDW S 6 nicht hat.

65 Die Lösung liegt in der dargelegten Konkretisierung des Maßstabes auf den Einzelfall. Hier ist z.B. denkbar, zunächst die Periode der Stabilisierung zu betrachten inklusive des Erreichens des Maßstabes am Ende dieses Zeitraums. Hierfür kann eine Betrachtungsperiode für 2 Jahre, die dann anschließend aufzeigt, dass die Gesellschaft auch danach für eine gewisse Periode den Maßstab erfüllt, hinreichend sein. Zusätzlich ist der Fahrplan zur Lösung des strukturellen Problems aufzuzeigen.

a) Ist die Umsetzung der Maßnahmen Teil des Sanierungskonzeptes?

66 Der Auftrag zur Erstellung eines Sanierungskonzeptes oder alternativ zur Beurteilung eines Sanierungskonzeptes im Rahmen des IDW S 6 endet mit der Abgabe des Urteils zur Sanierungsfähigkeit. Weder die Umsetzung der Sanierungsmaßnahmen noch eine nach Abgabe des Urteils ggfls. notwendige Analyse von Planabweichungen sowie die Planfortschreibung sind Bestandteil des ursprünglichen Auftrags.[101]

67 Wie oben dargestellt liegt in der Ausgestaltung dieser Trennung oftmals ein »Geburtsfehler« der Konstellation. In der Praxis sind mehrere typische Konstellationen anzufinden:
- neben der IDW S 6 Beauftragung gibt es keine weiteren Aufträge und das Unternehmen führt Umsetzung und Umsetzungscontrolling selbst durch, oder

98 Die Kompetenzbewertung der Unternehmensleitung betrachten insb. *Maatz/Neuhaus*, KSI 2017, 251 f.
99 S. zum Management auch nachfolgend Rdn. 70.
100 In ähnliche Richtung zielen die im StaRUG aufgeführten Begriffe Bestandsfähigkeit (§ 14 Abs. 1 StaRUG) und nachhaltige Beseitigung der drohenden Zahlungsfähigkeit (»29 Abs. 1 StaRUG«); s.a. oben Rdn. 29b.
101 IDW S 6 Rn. 85, F&A zu IDW S 6 zu 3.2.

- der IDW S 6 Beauftragte ist auch in Umsetzung der Maßnahmen und/oder Überwachung der Maßnahmen sowie ggfls. Planfortschreibung eingebunden, oder
- es werden weitere zusätzliche Aufträge mit zusätzlichen Beratern geschlossen, die die Umsetzung durchführen/unterstützen sowie ggf. weitere separate Aufträge für Berichterstattungen, Plan-Ist-Vergleiche etc.

Bzgl. der Konstellationen gibt es kein generelles Richtig oder Falsch, weder anhand rechtlicher Kriterien noch anhand zwingender betriebswirtschaftlicher Kriterien. Die Entscheidung, welche Konstellation vorzuziehen ist, ist eine Einzelfallfrage und muss sich daran orientieren, mit welcher Wahrscheinlichkeit das jeweilige Set Up unter Berücksichtigung der durch die Konstellation hervorgerufenen Kosten den Erfolg der Sanierung weiter fördert. Häufig treiben die divergierenden Gläubigerinteressen das Set Up der Konstellation, was dann nicht zwingend frei vom Unternehmen beauftragt werden kann. 68

Unabhängig von der beauftragten Konstellation verbleibt es jedoch bereits bei der Erstellung des Konzeptes als Aufgabe, die Durchführbarkeit der Sanierungsmaßnahmen und deren auch finanzielle Wirkung einzuschätzen[102]. 69

b) Beurteilung des Managements sowie deren Umsetzungskompetenz und -wille

Die F&A zu IDW S 6 sind in der Frage, inwieweit eine Einschätzung der Management-/Umsetzungsfähigkeit des derzeit existierenden Personals zwingend ist, eindeutig. Unter 4.1. ist ausgeführt: »Aufgrund der hohen Bedeutung des Managements für einen erfolgreichen Turnaround hat der Ersteller bzw. Gutachter eines Sanierungskonzeptes diese Fähigkeiten in seine Beurteilung mit einzubeziehen und entsprechend im Bericht darauf einzugehen.« 70

Zu Recht wird in den F&A anschließend darauf hingewiesen, dass damit eine Konfliktsituation eintreten kann[103]. Der Beauftragte beurteilt die Managementfähigkeiten seines Auftraggebers. Nun ist Sanierungssituationen das Konfliktpotenzial immanent, sei es bzgl. diesen Beurteilungspunktes, sei es bzgl. der Auseinandersetzung widerstreitender Gläubiger-/Eigentümerinteressen. Im Interesse des zu sanierenden Unternehmens ist die Konfliktsituation aufzulösen; im Zweifel kann eine Unterstützung durch einen Sanierungsberater oder sog. CRO (Chief Restructuring Officer) geboten sein[104]. Dieses ist entsprechend der zitierten Ausführungen vom IDW S 6 Beauftragten zu adressieren, sollte es als Notwendigkeit erkannt und damit erforderlich sein[105]. 71

Neben der Beurteilung des Managements sowie dessen Umsetzungskompetenz ist auch darzustellen, dass die gesetzlichen Vertreter beabsichtigen, die zur Sanierung erforderlichen und im Sanierungskonzept beschriebenen Maßnahmen umzusetzen[106]. 72

Fraglich kann hier sein, ob der Umsetzungswille des Managements allein ausreichend ist oder ob darüber hinaus auch der Umsetzungswille des Gesellschafters und/oder Aufsichtsorgans mit betrachtet werden muss. Dies insb. vor dem Hintergrund, dass die Abbestellung des Geschäftsführers in deren Aufgabenbereich liegt und damit im Extremfall die Erklärung der Geschäftsführung nur eine sehr kurze Reichweite hat. In der Regel wird hier entsprechend den Ausführungen im IDW S 6 der Umsetzungswille allein der Geschäftsführer ausreichend sein. Gleichwohl kann es im Einzelfall Situationen geben, in denen über die Gesamtschau der überwiegenden Wahrscheinlichkeit des Sanierungskonzeptes auch der Umsetzungswille des Gesellschafters in die 73

102 *Niering/Hillebrand*, Wege durch die Unternehmenskrise, S. 69 sprechen daher von der »Sicherstellung des Sanierungsmanagements«.
103 Ähnlich *Niering/Hillebrand*, Wege durch die Unternehmenskrise, 80.
104 F&A zu IDW S 6 4.1. am Ende.
105 S.a. Beck'sches Handbuch der Rechnungslegung – *Hermanns*: »*Aufgabe des Konzepterstellers ist, die Qualifikation des Managements für die Sanierung zu beurteilen und ggfl. dafür zu sorgen, dass ein sanierungserfahrener Manager (CRO) eingesetzt wird.*«.
106 IDW S 6 Rn. 23.

Gesamtbetrachtung einfließen kann. So z.B. in einer Situation, wenn ein Gesellschafterwechsel oder wesentliche Änderungen in der Zusammensetzung der Gesellschafter stattgefunden hat und der (Neu-) Gesellschafter ggfls. sogar öffentlich zugänglich dokumentiert, den Sanierungskurs des Managements nicht zu unterstützen. Hier wird die Dokumentation der überwiegenden Wahrscheinlichkeit des Gesamtkonzeptes schwerfallen, wenn der Gesellschafter über die ihm zustehenden Rechte (z.B. avisierte Abbestellung der Geschäftsführer) offensichtlich das Konzept nicht unterstützt. Die Lösung solcher Ausnahmefälle liegt im Einzelfall und muss insgesamt in der Gesamtschau berücksichtigt werden.

6. Die integrierte Sanierungsplanung

74 Die Sanierungsplanung bildet quantitativ die Zukunftserwartung ab. In ihr vereinen sich die gewöhnlichen Planungserwartungen mit den Auswirkungen der Sanierungsmaßnahmen, sodass sie die Grundlage bildet zu beurteilen, ob die später darzulegenden quantitativen Kriterien der Sanierungsfähigkeit während des Planungszeitraums (Durchfinanzierung) und am Ende des Sanierungszeitraum (Rendite und Eigenkapital) erreicht werden.

75 Aus ihr ist damit auch ablesbar, welche Maßnahmen Dritter (z.B. Bereitstellung zusätzlicher Liquidität) wann notwendig sind.

76 Die Sanierungsplanung besteht aus einer Ergebnis-, Finanz-, und Vermögensplanung; diese sind möglichst für das laufende und nächste Planjahr monatlich und für die Folgejahre viertel-, halb- oder ganzjährig zu erstellen[107]. Der Zeitraum umfasst den unten näher dargelegten Sanierungszeitraum (regelmäßig drei bis fünf Jahre; s. Rdn. 107).

77 Die Unternehmensplanung besteht im Idealfall aus einem integrierten Modell, in dem GuV, Bilanz und Liquiditätsrechnungen so miteinander verwoben sind, dass eine Änderung in der einen Welt (z.B. die Erhöhung des Materialaufwandes und damit die Reduzierung des Ergebnisses in der GuV) zu automatisierten richtigen Änderungen in den weiteren Welten führt (in der Bilanz reduzieren sich Eigenkapital sowie regelmäßig der Bestand an liquiden Mitteln; die Finanzplanung zeigt diesen Cash-Abfluss entsprechend)[108].

78 In dem Modell werden Teilpläne (z.B. zu einzelnen Teildivisionen, aber auch typischerweise aus separat geplanten Maßnahmeeffekten) in einem einheitlichen Plan verwoben.

79 Ergänzt wird die integrierte Sanierungsplanung durch eine geeignete Darstellung der wesentlichen Planannahmen, die dem Leser den Nachvollzug der Planung ermöglichen soll.

80 In der Praxis wird häufig mit separaten Anlagenbänden für die Darstellung der Planung gearbeitet, da die Planung unter Berücksichtigung der beschriebenen Anforderungen z.B. bei Konzernen mit Einzelbetrachtungen von Gesellschaften und/oder Divisionen umfassend sein kann. Über geeignete Kennzahlendarstellungen ist zu gewährleisten, dass der Nachvollzug sich auf relevante Diskussionspunkte konzentrieren kann und die wesentlichen Treiber der Planung, wie auch die materiellen Auswirkungen der Maßnahmen, aus dem Zahlenwerk identifizierbar sind.

81 Die Planung erfüllt zudem regelmäßig die Funktion, dass sich Covenants-Festsetzungen (z.B. gängige Covenants zum EBITDA-Headroom) an der Planung orientieren und auf die Planung in den Kreditverträgen Bezug genommen wird. Hier macht es regelmäßig Sinn, mit Sensitivitätsanalysen

---

107 IDW S 6 Rn. 80 für das Modell sowie Rn. 76 für die Maßnahmen.

108 In Ausnahmefällen kann eine einfachere Berechnung möglich sein, insbesondere wenn die Bilanzzusammenhänge statisch sind (und daher z.B. kein wesentlichen Working Capital Effekte berücksichtigt werden müssen), die sich auf die Liquiditätsauswirkung konzentriert; s.a. F&A zu IDW S 6 unter 7.2.

die Auswirkungen von Planverfehlungen auf die Sanierungsplanung zu simulieren, um die Analysen bei der Covenantsdiskussion nutzen zu können[109].

Bei der Beurteilung der Sanierungsplanung durch Dritte ist hervorzuheben, dass Planung definitionsgemäß Unsicherheit beinhaltet. Sowohl die eingearbeiteten makro-ökonomischen Annahmen (z.B. Währungskurse, Wachstumsraten Bruttosozialproduktentwicklungen regional und weltweit) als auch die Wirkungsweisen der definierten Maßnahmen sind mit Unsicherheiten verbunden, die einer Planung inhärent sind. Der Einfluss solcher prognostischer Annahmen sagt daher für sich genommen nichts zur Eignung der Planung aus; vielmehr ist der Maßstab die Nachvollziehbarkeit der genutzten Annahmen[110]. 82

a) Ist eine Vergleichsrechnung notwendiger Bestandteil eines Sanierungskonzeptes?

Auch vor dem Hintergrund des StaRUG bedarf es einer genaueren Betrachtung, ob eine Vergleichsrechnung, die ein Pflichtbestandteil des Restrukturierungsplans im Darstellenden Teil nach § 6 Abs. 2 StaRUG ist[111], ebenfalls ein Pflichtteil eines IDW S 6 Konzeptes ist. 83

Im IDW S 6 Konzept wird zunächst nur der Sanierungspfad aufgezeigt, der mit überwiegender Wahrscheinlichkeit zum gewünschten Sanierungserfolg führt; diese »eine« Planung ist die Grundlage der Beurteilung der Sanierungsfähigkeit[112]. 84

Der IDW S 6 beschäftigt sich in Rn. 82 mit Sensitivitäts- oder Alternativrechnungen. Dort ist aufgeführt, dass es zur Berücksichtigung von Planungsunsicherheiten sachgerecht sein kann, Sensitivitäts- oder Alternativrechnungen durchzuführen oder mit einer quantitativen Risikoeinschätzung die Einhaltung von Liquidität, die Aufrechterhaltung einer vorgegebenen Eigenmittelquote oder weiterer sog. Covenants abzuschätzen. Sollten solche Sensitivitäts- oder Alternativrechnungen aufgezeigt werden, so ist darzulegen, welche dieser Rechnungen überwiegend wahrscheinlich und damit Grundlage der Beurteilung der Sanierungsfähigkeit ist. 85

Zudem führt der IDW S 6 in Rn. 72 aus, dass es umso wichtiger ist, auch StaRUG oder Insolvenzalternativen zu beurteilen und mit einer außergerichtlichen Sanierung zu vergleichen, je weiter die festgestellte Unternehmenskrise ist.

In den F&A zu IDW S 6 ist unter 2.11. weiter konkretisiert, ob eine Verteilungsrechnung (»Waterfall«) zwingend in ein Sanierungskonzept aufzunehmen ist; mithin, ob ein Insolvenzszenario eine »Pflicht-Alternativrechnung« ist. Die Frage wird verneint mit Hinweis darauf, dass genau die Insolvenz vermieden werden soll. Es wird jedoch aufgezeigt, dass es sinnvoll sein kann, den Auftrag um die Betrachtung von Sanierungsmöglichkeiten im Insolvenzverfahren zu erweitern. 86

Wägt man diese Ausführungen gegeneinander ab, so ist festzustellen, dass der IDW S 6 in den Rn. 72 und 82 jedenfalls die Fertigung einer Analyse zur Insolvenzalternative nicht versperrt. Unschwer lässt sich ein Insolvenzszenario unter den Begriff der Alternativrechnung subsumieren; zudem wird auch das Merkmal »zur Berücksichtigung von Planungsunsicherheiten« erfüllt sein, da eine solche Analyse gerade zu einem Zeitpunkt gefertigt wird, zu dem Unsicherheiten bzgl. des Handelns einzelner Stakeholder besteht. 87

In Rn 72 ist die Gegenüberstellung der Alternativen sogar explizit in Abhängigkeit von dem Fortschritt der Unternehmenskrise angeführt.

109 Solche Sensitivitätsanalysen sind nicht zwingend erforderlich, können jedoch zweckdienlich sein, so auch die überarbeiteten F&A unter 7.1.

110 So auch Langenbucher/Bliesener/Spindler-*Richter*, 31. Kapitel, Rn. 51.

111 Die Vergleichsrechnung im StaRUG wird durch eine Schlüssigkeitsprüfung vom zuständigen Richter im Rahmen der gerichtlichen Prüfung der wirtschaftlichen Annahmen überprüft, so AG Köln Beschluss vom 03.03.2021, 83 RES 1/21, NZI 2021, 433.

112 So auch die F&A in der überarbeiteten Fassung unter 7.1.

88 Eine generelle Pflicht der Notwendigkeit für eine Alternativ-(Insolvenz)-rechnung ist zusammenfassend gleichwohl abzulehnen. Es unterstützt eine Sanierung nicht, wenn ansatz- und grundlos eine Insolvenzalternative durchgerechnet wird. Gerade in komplexen Banksituationen, in denen möglicherweise die verschiedenen Finanzgläubiger unterschiedlich auf das Engagement schauen und der Kunde für Teile vielleicht noch gar kein Sanierungsfall ist, kann mit einer Insolvenzbetrachtung die Verhandlung unnötig belastet werden.

89 Liegt der Fall jedoch so, dass eine Insolvenzbetrachtung Blockaden auflösen kann, so steht der IDW S 6 dem nicht entgegen. Die Sinnhaftigkeit und Notwendigkeit ist, erst recht aufgrund der gesetzgeberischen Intention im StaRUG, im Einzelfall einzuwerten[113].

b) Die Behandlung außergewöhnlicher exogener Situationen (z.B. Pandemien)

90 Aufgrund der weltweit sichtbaren Covid-19 Pandemie lohnt es, sich strukturell mit dem Vorgehen in und für solche Situationen zu befassen.

91 Außerordentliche exogene Situationen sind keine Neuheit, es sei an die Finanzmarktkrise 2007 erinnert. Die damaligen Sanierungskonzepte hatten relativ unisono eine simple Stoßrichtung: Einstellung der (Produktions-) Kostenstrukturen auf ein Niveau von 80 % des Vorkrisenniveaus. Anschließend sollte im Zeitablauf der Planung über die Planprämissen, die die Erwartung an die Genesung der Weltwirtschaft reflektierten, der Markt (= der sich erholende Umsatz) die Profitabilität wieder herstellen, da die Kosten auf das neue tiefere Niveau gesenkt wurden und aus der Umsatzerholung Skaleneffekte etc. die Profitabilität heben würden.

92 Während in der Finanzmarktkrise diese Struktur der Sanierung erfolgreich viele Unternehmen durch die Bankverhandlungen trug, zeigt die Erfahrung mit der Covid-19 Pandemie, dass deutlich aktiver mit den Instrumentarien des IDW S 6 für solche Situationen, nämlich mit der intensiveren Berücksichtigung von Sensitivitätsberechnungen nach IDW S 6 Rn. 82, umgegangen werden muss.

93 Die Schwierigkeiten liegen heute darin, dass
- die Vorhersehbarkeit der Marktveränderungen (Erholung wann? Mit einer V-, U-, Zickzackkurvenbewegung?) abgenommen hat[114] bei
- gleichzeitig schnelllebigeren Geschäftsmodellen, bei denen auch ohne außerordentliche exogene Verhältnisse die Genauigkeit der Planungstreue mit einer Reichweite > 2 Jahren kaum noch gegeben ist.

94 In diesem Umfeld sind die Sensitivitäten entsprechend geeignet auszuarbeiten. Hier gilt umso mehr der Grundsatz, dass Planung Unsicherheit bedeutet. Diese Unsicherheiten sind aufzuzeigen, ihnen ist mit geeigneten Vereinbarungen (höhere Covenants-Headrooms etc.) zu begegnen.

95 Die Maßnahmen selbst gliedern sich in solchen Zeiten stärker noch als sonst in kurzfristig wirkende Ad-hoc-Maßnahmen[115] (z.B. Kurzarbeitergeld, staatliche Liquiditätsprogramme etc.) und die nachhaltig wirkenden Sanierungsmaßnahmen[116].

---

113 Ähnlich vor dem StaRUG *Crone/Werner*, Modernes Sanierungsmanagement, S. 98.

114 Ähnlich *Hoffmann*, WM 2021, 429.

115 Der BGH führt exemplarisch aus, dass eine Krise auch von außen kommen und in einer vorübergehenden (etwa pandemiebedingten) Schließung des Geschäftsbetriebs durch die zuständige Behörde bestehen kann. In derartigen Fällen bedarf es nach der Sicht des BGH eines Konzeptes, welches das wirtschaftliche Überleben für die Dauer der Krise sichert und etwa in einer Stillhaltevereinbarung mit Gläubigern des Schuldners liegen kann, BGH, Urt. v. 26.10.2023 – IX ZR 112/22, Rn. 18.

116 S. *Hoffmann*, WM 2021, 431 zu den initialen Stabilisierungsmaßnahmen, die bereits vor ausgearbeitetem Konzept ergriffen werden können sowie auf S. 435 zur grundsätzlichen Anwendbarkeit des IDW S 6 in der Corona-Situation.

Ein besonderes Augenmerk verdient in der Situation die Frage, wie die Branchenrendite ermittelt wird. Die einschlägig hierfür genutzten Quellen (Datenbank-Research, eigene Branchenerfahrungen etc.) bilden die Vergleichszahlen der Vor-Pandemie-Situation ab. Entsprechend bedarf es einer Analyse, ob diese sich in der Post-Pandemie-Situation ändert, insb. dann, wenn alle Branchenteilnehmer dieselben, Pandemie-indizierten Problemsituationen erleiden. **96**

7. Einschätzung der Sanierungsfähigkeit

Aufgrund der Bedeutung des Gesamturteils ist dieser Kernbestandteil separat behandelt (s.u. Rdn. 102 ff.). **97**

8. Sanierungskonzept und Nachhaltigkeit

Die Nachhaltigkeit im Sinne der ESG-Kriterien (Environmental, Social und Governance) wird bei zukünftigen Sanierungskonzepten eine immer tragendere Rolle spielen. Bereits jetzt sind Auswirkungen auf der Finanzierungsseite sichtbar, indem Banken und Warenkreditversicherer ESG-Kriterien und/oder -Ratings bei Finanzierungsentscheidungen einfließen lassen. So gibt das Deutsche Aktieninstitut zusammen mit der Börse Stuttgart an, dass 95 % der Teilnehmer einer Studie bei der Unternehmensfinanzierung mit Nachhaltigkeitsaspekten in Berührung gekommen sind[117]. Die Banken, Ratingagenturen und Warenversicherer orientieren sich dabei an der EU Taxonomy[118] bei der Definition der Kriterien. **97a**

Über die Frage der reinen Auswirkung auf der Finanzierungsseite hinaus werden die Nachhaltigkeitskriterien bei allen Aspekten eines Sanierungskonzeptes Berücksichtigung finden müssen, da die Nachhaltigkeit bereits das Leitbild, und daraus abgeleitet dann die Sanierungsmaßnahmen, für den Betrieb des Unternehmens und deren zukünftige Ausrichtung berührt. So wie die Digitalisierung ein eigenes Kapitel darstellen sollte, ist anzuraten, dass auch die Nachhaltigkeit entsprechend prominentes Augenmerk im Sanierungskonzept erfährt. **97b**

Mit der aktuellen Fassung des IDW S 6 sind die ESG-Anforderungen in den IDW S 6 eingewoben (Rn. 20, 25, 60 und schwerpunktmäßig 67). Da der Schwerpunkt der Ausführungen im IDW S 6 zum ESG im Kapitel »Leitbild des sanierten Unternehmens« erfolgt, sind die Auswirkungen der ESG-Anforderungen auch hier bei den Leitbild-Ausführungen erörtert (Rdn. 56a f.). **97c**

III. Der Umfang von Sanierungskonzepten

Bezüglich des Umfangs der Sanierungskonzepte ist in der Praxis häufig Kritik bzgl. einer ausufernden Konzeptlänge geäußert worden[119]. Letztlich muss der Konzeptersteller hier folgende Kernregeln beherzigen: **98**
- Der Schwerpunkt des Konzeptes liegt auf der Zukunft, nicht auf der Vergangenheit[120],
- die o.g. Kernbestandteile müssen für einen unbeteiligten Dritten nachvollziehbar qualitativ bearbeitet sein[121], und
- die Berichterstattung hat sich am Grundsatz der Wesentlichkeit zu orientieren[122].

---

117 Deutsches Aktieninstitut e.V. in Kooperation mit Börse Stuttgart, Unternehmensfinanzierung im Zeichen der Nachhaltigkeit, Studie, April 2021.

118 Sustainable finance taxonomy – Regulation (EU) 2020/852 | EU-Kommission (europa.eu), Abfrage 16.10.2021.

119 S.a. *Jung/Ringelspacher/Meißner*, KSI 2018, 101, 102.

120 F&A zu IDW S 6 unter 2.5 a.E.

121 IDW S 6 Rn. 12.

122 IDW S 6 Rn. 12; dies betonen auch *Steffan/Solmecke*, KSI 2018, 5 und *Zwirner/Vodermeier*, DB 2017, 2564 (jeweils zur Entwurfsfassung des IDW ES 6 n.F.) sowie *Niering/Hillebrand*, Wege durch die Unternehmenskrise, S. 74, Beck'sches Handbuch der Rechnungslegung – *Hermanns*, Rn. 8.

– Dabei bedarf jeder Fall einer individuellen Lösung; der IDW S 6 bildet nur den Rahmen, innerhalb dessen eigenverantwortlich, und dies gilt qualitativ wie auch quantitativ bzgl. des Umfanges, die Lösung des Einzelfalls gefunden und auch dargestellt werden muss[123].

99 Der Ersteller hat daher einen Spielraum, den er fallorientiert ausüben muss. Dementsprechend kann es auch für das angeführte Merkmal der Wesentlichkeit bei der Berichterstattung keine einheitliche Grenze geben; diese muss individuell anhand von Fallgröße, Bedeutung des jeweiligen Sachverhaltes für den Gesamtfall und unter Spiegelung des Empfängerhorizontes ausgeübt werden.

100 Häufig anzutreffen und auch zu favorisieren ist die Lösung, dass die Zusammenfassung des Sanierungskonzeptes (Kapitel II. der Mustergliederung im IDW S 6 lautet: Zusammenfassung wesentlicher Ergebnisse) in sich bereits so geschlossen und aussagekräftig ausgestaltet ist, dass die relevanten Diskussionen mit den Stakeholdern anhand dieser geführt werden können. Gleichwohl muss auch bei einem solchen Vorgehen für alle Beteiligten klar kommuniziert sein, dass nur der Gesamtbericht die verlässliche Entscheidungsgrundlage darstellt.

1. Der Umfang von Sanierungskonzepten bei kleineren Unternehmen

101 Aus dieser Zusammenschau beantwortet sich auch die Frage, ob Sanierungskonzepte für kleinere Unternehmen grundsätzlich einen geringeren Umfang haben können. Der Maßstab, den das Sanierungskonzept im Sinne der o.g. Kernbestandteile erfüllen muss, ist zunächst nicht größenabhängig. Vielmehr sind individuell bei Berichterstellung dieselben angeführten Kernregeln bei großen und bei kleinen Unternehmen anzuwenden, da sich der Umfang nicht an der Größe des Unternehmens bemisst, sondern daran, dass im Konzept fallspezifisch das Problem gelöst und die Lösung unter Berücksichtigung der qualitativen Bearbeitung der Kernbestandteile dargestellt wird. Da aber die Problemlage und auch die Lösung regelmäßig bei kleineren Unternehmen[124] weniger komplex sind, weist der IDW S 6 zu Recht explizit mit separatem Unterkapital (2.5.) darauf hin, dass das Ausmaß der Tätigkeit und der Berichterstattung an diese geringere Komplexität anzupassen ist[125].

2. Sanierungskonzepte für Start Up Unternehmen

101a In jüngerer Vergangenheit ist verstärkt festzustellen, dass auch Sanierungskonzepte für Start Up Unternehmen benötigt werden. Der wirtschaftliche Hintergrund liegt u.a. in dem erschwerten Zugang zu (Anschluss)-Finanzierungsrunden, die durch das gestiegene Zinsniveau belastet sind.

Es gilt generell das oben Gesagte, in der Regel gelten bei Start Ups auch die Ausführungen zu den kleineren Unternehmen (Rdn. 101).

Bei Start Ups ist dazu der Ausgangssituation Rechnung zu tragen, dass Start Up Unternehmen typischerweise in einer Anfangsphase Cash- und Ergebnisnegativ sind und diese Anfangsphase Extern finanziert werden muss. Die Finanzierungsspielarten sind da vielfältig und reichen von klassischen Eigenkapital- und Fremdkapitalinstrumenten bis zu Crowd Funding, Venture Capital, Förderprogrammen usw.

---

123 So auch *Hillebrandt*, ZInsO 2018, 2397, 2400: »Unter Berücksichtigung des Wesentlichkeitsgrundsatzes hat der Ersteller selbst zu bestimmen und zu verantworten, welche Inhalte für die Beurteilung der Sanierungsfähigkeit relevant sind.« Hillebrandt erwartet daher, dass sich der Umfang von Sanierungskonzepten für KMU wie auch die Kosten für die Erstellung deutlich reduzieren.

124 Das OLG Hamburg wendet die Rechtsprechung zu Sanierungskonzepten mit leichten Modifikationen auch auf Konzepte bei Einzelpersonen an, OLG Hamburg, Urt. v. 15.06.2020 – 2 U 28/19, Rn. 34.

125 So kann es dort z.B. Sinn machen, die Mustergliederung in den vergangenheitsbezogenen Punkten III. bis V. zusammenzufassen, um den Fokus auf die (Zukunfts-) Maßnahmen zu unterstreichen.

Zu beleuchten ist die Frage, ob für Start Up Unternehmen Besonderheiten im Rahmen der Analyse, ob eine Insolvenzgefährdung vorliegt (Pflichtbestandteil innerhalb der »Kernanforderungen an Sanierungskonzepte«, s. dritter Bulletpunkt bei Rn. 11 im IDW S 6), gelten. 101b

Hiervon geht das OLG Düsseldorf aus, indem es darauf hinweist, dass die Grundsätze, die der BGH für eine positive Fortbestehensprognose i.S.d. § 19 Abs 2 Satz 1 InsO aufgestellt hat, nicht uneingeschränkt gelten[126].

Der entsprechende Leitsatz ist insofern missverständlich, als dass ein Widerspruch zu den BGH-Anforderungen in Wahrheit nicht besteht. In der Entscheidung des OLG Düsseldorf kreist sich die Diskussion um die Frage, ob eine Ertragskraft mit der Folge der Selbstfinanzierungskraft Einfluss auf die Fortbestehensprognose nimmt. Das OLG Düsseldorf interpretiert dann die BGH-Rechtsprechung so, dass »zumindest in Fällen von Start Ups« der BGH die Ertragsfähigkeit (Selbstfinanzierungskraft) nicht als Voraussetzung einer positiven Fortführungsprognose ansieht[127]. Diese so in den Raum gestellte Sonderbehandlungsnotwendigkeit von Start Up Unternehmen besteht in Wahrheit nicht. Bei richtigem Verständnis ist die Fortbestehensprognose generell eine reine Zahlungsfähigkeitsprognose[128].

Richtigerweise führt das OLG Düsseldorf dann aus, das Grundlage der Beurteilung eine nachvollziehbare, realistische (Finanz-)Planung mit einem operativen Konzept zu sein hat, das die geplante Etablierung der Geschäftsidee eines Start-Up-Unternehmens erfolgsversprechend erscheinen lässt. Im Rahmen dieser Planung spielen dann externe Mittel in der Phase, in der das Geschäftsmodell noch negative Cash-Ströme generiert, eine besondere Rolle und damit auch die Frage der Dokumentation, dass zukünftig externe Mittel, die im Rahmen einer Finanzplanung vorgesehen sind, auch tatsächlich gewährt werden.

Auch im Rahmen eines Sanierungskonzeptes nach IDW S 6 für Start Ups liegt damit ein Schwerpunkt in der Dokumentation der überwiegenden Wahrscheinlichkeit, dass einplante und notwendige externe Mittel gewährt werden. 101c

Besonders deutlich wird der hohe Maßstab, den man hier an die Dokumentation legen muss, in dem Fall des OLG Düsseldorf. Dort hat der externe Finanzierer, der in der Vergangenheit Mittel gewährt hatte, ausgesagt, er habe den jeweiligen Geschäftsführern immer gesagt, dass er das Unternehmen finanzieren werde, solange er Vertrauen habe in das Geschäftsmodell und solange die Verluste nicht so hoch würden, dass er sie nicht mehr finanzieren könnte[129]. Der Dritte stützte dabei jedoch seine eigene Finanzierungsentscheidung nicht unmittelbar auf die Planung des Unternehmens und die Ausführungen des Geschäftsführers, sondern auf die Aussage eines Dritten, der die Planung analysierte. Aus diesem Grunde erkannte das OLG Düsseldorf in den »Zusagen« gegenüber der Geschäftsführung keine berücksichtigungsfähigen Zusagen. Der Maßstab, wie »zweifelsfrei« die überwiegende Wahrscheinlichkeit der Gewährung der eingeplanten Mittel sein muss, ist hier deutlich erkennbar und im Rahmen eines Sanierungskonzeptes nach IDW S 6 zu berücksichtigen.

G. Wann ist ein Unternehmen sanierungsfähig?

I. Grundsätzliche Voraussetzungen

Das nachfolgende Schaubild stellt die einzelnen Merkmale der Sanierungsfähigkeit grafisch dar. 102

126 OLG Düsseldorf, Urt. v. 16.08.2023 – 12 U 59/22 mit Anmerkung *Baumert*, NZI 2024, 76, 83.
127 OLG Düsseldorf, Urt. v. 16.08.2023 – 12 U 59/22, Rn. 28.
128 IDW S 11, Rn. 60 und die Urteilsanmerkung *Baumert*, NZI 2024, 76, 83.
129 OLG Düsseldorf, Urt. v. 16.08.2023 – 12 U 59/22, Rn. 30.

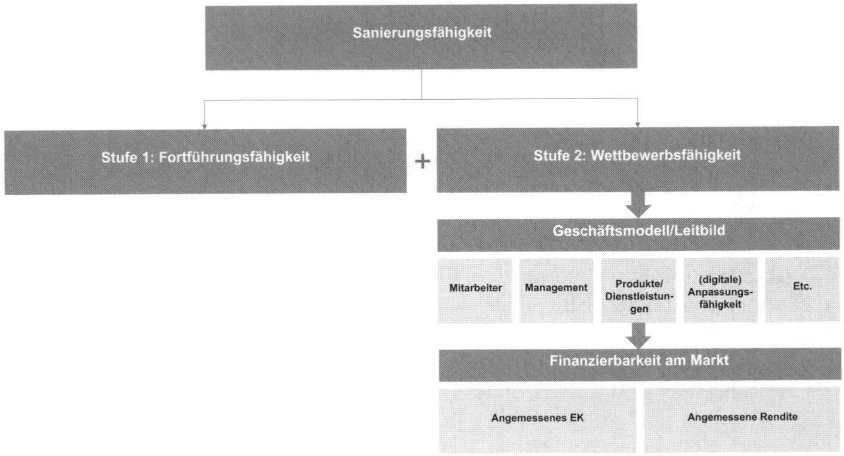

Abb. 3: Begriff der Sanierungsfähigkeit lt. IDW S 6

103 Wie aus der dem IDW S 6 Rn. 24 entnommenen Grafik ersichtlich, fließen in die Gesamtaussage zur Sanierungsfähigkeit einerseits qualitative Merkmale ein, die bereits oben im Rahmen der Diskussion des Zielbildes und der Maßnahmen erörtert wurden.

104 Andererseits erfolgt die Gesamtaussage anhand von quantitativ messbaren Kriterien. Danach muss das betroffene Unternehmen zusammengefasst
- durchfinanziert sein (Liquiditätsaspekt),
- eine angemessene positive Rendite ausweisen (GuV-Aspekt) und
- ein angemessenes positives Eigenkapital ausweisen (regelmäßig Bilanzaspekt).

105 Übergreifend sind die Fragen zu beantworten, für bzw. in welchem Zeitraum diese Merkmale gelten müssen, und welcher Maßstab an die Belastbarkeit der Planannahmen, auf denen die Kriterien fußen, zu legen ist.

1. Der relevante Zeitraum bzw. Zeitpunkt

106 Erster Anhaltspunkt für den relevanten Zeitraum ist die Nutzung der Terminologie der Fortführungsfähigkeit als positive insolvenzrechtliche Fortbestehensprognose[130]. Der unmittelbare Bezug hierauf führt jedoch regelmäßig zu einem zu kurzen Zeitraum von mindestens einem Jahr bis maximal zwei Jahren.

107 Der BGH nutzt den Begriff des überschaubaren Zeitraums, mithin ein (weiterer) unbestimmter Rechtsbegriff[131]. Die F&A zum IDW S 6 nennen selbst drei bis fünf Jahre in Abhängigkeit u.a. von der Branche, Geschäftsmodell oder vom Krisenstadium[132].

108 Indem die F&A Kennzeichen anführen, die anhand des Einzelfalles zu konkretisieren sind, geben sie den richtigen Weg vor. Als Orientierung sind die drei bis fünf Jahre gut geeignet. Es ist nur in speziellen Situationen vorstellbar, dass die Aussage, ein Unternehmen sei sanierungsfähig, getroffen werden kann, wenn weniger als drei Jahre aufgezeigt werden. Vorstellbar wäre dies z.B. bei rein finanzwirtschaftlichen Sanierungen, bei denen eine singuläre Ursache ein schiefes Bilanzbild hinterlässt (etwa ein [einmaliger] Schadensfall; eine betrügerisch herbeigeführte Geldüberweisung o.Ä.),

130 S. Grafik IDW S 6 Abb. 1.
131 BGH v. 21.11.2005 – II ZR 277/03, Rn. 14 m.w.N.
132 F&A zu IDW S 6 unter 4.2.

während alle weiteren Parameter (Ertragsstärke u.a.) positiv geblieben sind[133]. Genauso werden Planungsräume, die mehr als fünf Planjahre umfassen, die Ausnahme bleiben müssen, da mit zunehmendem Zeitraum die Planungsunsicherheit überproportional steigt und bei mehr als fünf Jahren die Überschaubarkeit des Zeitraums i.S.d. BGH-Rechtsprechung strapaziert wird.

Das Herzstück des Sanierungskonzeptes sind die Sanierungsmaßnahmen. An deren Wirkungsent- 109 faltung hat sich der relevante Zeitraum zu orientieren. Dabei sind Erfahrungswerte einzubeziehen, dass insb. schwierige operative Sanierungen Zeit benötigen, innerhalb derer die entsprechenden Maßnahmen greifen. Dem steht der Vertrauensaspekt gegenüber, dass die Belastbarkeit des Sanierungskonzepts aus Sicht eines Dritten leidet, wenn die Sanierungserfolge erst zu weit in der Zukunft die relevante Wirkung entfalten.

Von der Frage, welcher Zeitraum insb. für die Durchfinanzierung und daher für die Gesamtplanung 110 abzubilden ist, zu unterscheiden ist die Frage danach, zu welchem Zeitpunkt die weiteren Merkmale (angemessene Rendite sowie angemessenes Eigenkapital) vorliegen müssen.

Der IDW S 6 führt hierzu aus, dass die Merkmale im letzten Planjahr vorliegen müssen[134]. Dies 111 ist konsequent, entfalten doch die meisten operativen Maßnahmen erst im Zeitablauf ihre Wirkung. Gilt die Regel des letzten Planjahres dann allerdings auch für finanzwirtschaftliche Maßnahmen, die auf eine Bilanzsanierung abzielen? Reicht dort mithin eine Absichtserklärung o.Ä., die Finanzmaßnahme im letzten Planjahr vornehmen zu wollen, es aber jetzt noch nicht zu tun? Der Wortlaut des IDW S 6 legt diese Möglichkeit nahe, stellt er doch auf die Verhältnisse am Ende des Planungszeitraums ab[135]. Diese Frage wird man in den Kontext der überwiegenden Wahrscheinlichkeit der Planung und der Gesamtsanierung setzen müssen. Wenn eine finanzwirtschaftliche Sanierung notwendig ist, ist es regelmäßig erforderlich, dass deren Durchführung die Sanierung im Planzeitraum unterstützt. Erst hierdurch kann sich das Unternehmen wieder in marktkonformen Rahmenbedingungen bewegen. Dementsprechend kann es nur in Ausnahmesituationen möglich sein, eine erforderliche Handlung nur anzukündigen (z.B. weil die steuerlichen Folgen erst noch final geklärt werden müssen). Im Einzelfall kann es sich anbieten, bereits jetzt eine vertragliche Vereinbarung zu schließen, die aber konditional von einzelnen Bedingungen abhängt.

2. Dauerhaftigkeit der Sanierung

Der BGH verlangt für die positive Sanierungsaussage, dass das Unternehmen in überschaubarer 112 Zeit durchgreifend saniert werden muss[136]. Die F&A zum IDW S 6 konkretisieren dies in 4.2. dahin gehend, dass der Zeitraum in Abhängigkeit u.a. von der Branche, vom Geschäftsmodell oder vom Krisenstadium i.d.R. drei bis fünf Jahre beträgt. Beantwortet ist damit nur die Frage, wie lange der Zeitraum sein darf, bis zu dem das Ziel, die Erreichung des sanierten Zustandes, erreicht ist.

Diese Frage ist abzugrenzen von der Frage, ob es anschließend einer Periode bedarf, in der das Unter- 113 nehmen weiterhin die Sanierungskriterien erfüllen muss. In der Praxis enden die Planungszeiträume regelmäßig mit dem Jahr, in dem die Definition der Sanierungsfähigkeit, insbesondere die Erreichung der angemessenen Rendite, erfüllt und dargelegt ist. Diese Praxis fußt auf den Ausführungen in den F&A zu IDW S 6, indem dort ausgeführt ist, dass die Sanierungsfähigkeit aus der integrierten Unternehmensplanung des letzten Planjahres und den daraus ableitbaren Kennzahlen zur Wettbewerbsfähigkeit deutlich wird. Damit wird unterstellt, dass in dem dann folgenden Zeitraum die Kriterien mindestens wieder erfüllt, wenn nicht übererfüllt werden.

---

133 Der BGH, Urt. v. 12.05.2016 – IX ZR 65/14, Rn. 31–33 weist auf die Möglichkeit einer solchen Konstellation hin, bezeichnet diese aber als ungewöhnlich.
134 IDW S 6 Rn. 27 sowie F&A zu IDW S 6 unter 4.2.
135 So auch explizit für die angemessene Eigenkapitalausstattung F&A zu IDW S 6 unter 5.5.
136 BGH, Urt. v. 21.11.2005 – II ZR 277/03, Tz. 14 m.w.N.

114 Der BGH weist in dieselbe Richtung, in dem das Wort durchgreifend genutzt wird, was darauf hindeutet, dass es sich nicht nur um eine Stichtagsaufnahme handeln darf, an der die Kriterien erfüllt sind.

115 Die Frage erhält zusätzlich Nahrung durch das StaRUG. In § 33 Abs. 2 Satz 3 StaRUG ist aufgeführt, dass eine Sanierung im Zweifel nicht nachhaltig erfolgt ist, wenn zwischen dem Ende des Anordnungszeitraums oder der Entscheidung über den Antrag auf Planbestätigung einer früheren Restrukturierungssache und einer neuen Restrukturierungssache weniger als drei Jahre vergangen sind. Auffällig ist hieran zunächst, dass es eine Regelvermutung ist, die durch die Formulierung »im Zweifel« erkennen lässt, dass die Möglichkeit der Widerlegung der Regelvermutung besteht. Gleichwohl ist die Ausführung, wonach der Gesetzgeber jedenfalls für die Vermeidung von »Ketten-StaRUG-Fällen« die drei Jahre für den Zeitraum der Nachhaltigkeit der Sanierung nennt, eine relevante Orientierungsgröße.

116 Der Frage kommt erhebliche Bedeutung zu. Nicht selten misslingen Sanierungen bzw. erweisen sich nicht als nachhaltig, weil die wirklichen Krisenursachen nicht beseitigt worden sind. So ist besonders gefährlich die Situation, in der frisches Geld für einen endlichen Zeitraum die Liquiditätslage auskömmlich erscheinen lässt, während alle anderen Krisenstadien noch nicht beseitigt sind. In diesen Fällen kommt es immer wieder vor, dass bei einer späteren Insolvenz der Insolvenzverwalter gutachterlich feststellen lässt, dass die Insolvenzreife weit früher eingetreten ist und eine etwaige zwischenzeitliche Liquiditätsunterstützung keine nachhaltige Sanierung bewirkt hat. Selbst wenn dann alle weiteren Sanierungsfähigkeitskriterien ebenfalls erfüllt sind (z.B. die branchenübliche Rendite kreativ über Bewertungsannahmen oder Auflösung von Rückstellungen herbeigeführt wurde) liegt die Schwierigkeit in der Dokumentation der Nachhaltigkeit. Dies insbesondere, da sich der Realverlauf ex post betrachtet meist anders darstellt als ex ante angenommen und der Insolvenzverwalter/Gutachter den weiteren Verlauf kennt[137].

117 Der im StaRUG angeführte Drei-Jahres-Zeitraum erscheint für Fälle außerhalb des konkreten Anwendungsrahmens von § 33 Abs. 2 Satz 3 StaRUG zu lang. Im Hinblick auf die Schnelllebigkeit von Geschäftsmodellen ist es überzogen, zu argumentieren, dass sich ein Unternehmen, das fast drei Jahre lang die Sanierungsfähigkeitskriterien erfüllt hat, bei einer dann folgenden Insolvenz immer noch in der ursprünglichen Krisensituation befindet.

118 Die Entscheidung, wie lange ein Unternehmen positiv die Kriterien erfüllt haben muss, um alle Anschlusswirkungen der ursprünglichen Krisensituation abzuschütteln, kann nur für den Einzelfall beantwortet werden. Generell kann sich eine Regel etablieren, dass die Länge abhängig ist von den Strukturen der Sanierungsmaßnahmen. Sanierungen, die stark durch erhebliche Eingriffe in operative Prozesse und Positionen geprägt sind, durchlaufen bereits zur Erreichung der Kriterien einen längeren Zeitraum. Bei diesen Sanierungen ist es mithin richtig, einen kurzen Zeitraum genügen zu lassen, innerhalb dessen alle Kriterien erfüllt sind (also die [einmalige] Erfüllung der Messgrößen des letzten Planjahres, das zur Sanierungsfähigkeitsaussage geführt hat, damit ausreicht).

119 Handelt es sich hingegen um stark oder ausschließlich durch finanzielle Sanierungsmaßnahmen geprägte Sanierungen, wird man einen längeren Zeitraum die Kriterien erfüllt haben müssen. Diese Sanierungen ähneln den StaRUG Sanierungen durch die Konzentration auf »rein« finanzwirtschaftlich geprägte Maßnahmen, und diese Sanierung kann mithin durch einzelne Rechtsakte ohne weiteren Vorlauf oder sonstige Verbesserung von Kenngrößen herbeigeführt werden. Wenn in einer solchen Situation nach einem Zeitraum von z.B. 1 Jahr wiederum die operative Ertragskraft nicht

137 Das LG Frankfurt am Main weist allerdings zu Recht darauf hin, dass es in diesen Konstellationen bei späteren Klagen des Insolvenzverwalters nicht auf die ex-post-Betrachtung, sondern auf die gebotene ex-ante-Betrachtung zum damaligen Zeitpunkt ankommt, LG Frankfurt am Main, Urt. v. 29.04.2021 – 2-21 xO 182/17, BeckRS 2021, 9099, Rn. 175 sowie BGH, Urt. v. 13.07.2021 – II ZR 84/20, Rn. 69, NZG 2021, 1175, 1182 zur Notwendigkeit der ex-ante-Betrachtung bei der Fortführungsprognose.

ausreichend Cash generiert, um den durch die finanzwirtschaftliche Maßnahme bereits angepassten Schuldendienst zu bedienen, liegt die Vermutung nahe, dass keine nachhaltige Sanierung erfolgt ist.

3. Der Maßstab der überwiegenden Wahrscheinlichkeit

Der Maßstab der überwiegenden Wahrscheinlichkeit ist sowohl für die Beurteilung der insolvenzrechtlichen Fortbestehensprognose i.S.d. § 19 Abs. 2 InsO als auch für die Beurteilung der Sanierungsfähigkeit von grundlegender Bedeutung[138]. 120

Dies gilt sowohl für Einzelaspekte und -annahme (d.h. die Durchfinanzierung über den relevanten Planungszeitraum muss überwiegend wahrscheinlich sein; Entsprechend muss aber auch z.B. die Umsatzplanung überwiegend wahrscheinlich sein. In einem vom BGH zu einer Anfechtung entschiedenen Sachverhalt ist z.B. gutachterlich beurteilt worden, ob die dortige Umsatzplanung unter Berücksichtigung bekannter Branchentrends plausible sei[139]) wie auch für das Gesamturteil zur Sanierungsfähigkeit. Gerade die Gesamtschau ermöglicht dabei erst, die Querbezüge der verschiedenen Einzelkomponente hinreichend zu würdigen[140]. 121

Eine überwiegende Wahrscheinlichkeit liegt vor, wenn gewichtigere Gründe für eine positive insolvenzrechtliche Fortbestehensprognose bzw. Sanierung sprechen als dagegen[141]; der Eintritt des Erfolgs muss also wahrscheinlicher sein als das Scheitern[142]. Die positive Prognose muss nachvollziehbar und vertretbar sein[143]. Nicht ausreichend ist demgegenüber die reine Hoffnung des Schuldners bzw. Konzepterstellers, die Krise überwinden zu können[144]. 122

Der Maßstab der überwiegenden Wahrscheinlichkeit gilt insb. auch für Maßnahmen, die der Mitwirkung Dritter bedürfen, z.B. Gesellschafter- oder Bankenbeiträge[145]. Hierbei ist eine genaue prozentuale Erfassung der Eintrittswahrscheinlichkeiten von geplanten Maßnahmen nicht zweckmäßig und würde zu einer missverständlichen Scheingenauigkeit führen[146]. 123

In der praktischen Erstellungshandhabung tauchen regelmäßig die Problemkreise »Fehlende Beurteilbarkeit von Annahmen« und »Überwiegende Wahrscheinlichkeit jeder einzelnen Annahme bzw. insb. Maßnahme« auf. 124

Die »Fehlende Beurteilbarkeit« kommt häufig im Zusammenhang mit Maßnahmen Dritter vor und kann dort insb. dann vorliegen, wenn das Sanierungskonzept initial zur Verhandlung mit Stakeholdern genutzt werden soll. Hier hat die aktuelle Fassung des IDW S 6 klargestellt, dass ohne positive Beurteilung der überwiegenden Wahrscheinlichkeit nur die Herausgabe eines Entwurfs des Kon- 125

---

138 Die überwiegende Wahrscheinlichkeit wird. bzgl. einer Anfechtungsfrage im Kontext eines Sanierungskonzeptes auch von OLG Frankfurt am Main betrachtet (Urt. v. 17.01.2018 – 4 U 4/17, ZIP 2018, 488, 497).

139 BGH, Urt. v. 18.01.2024 – IV ZR 6/22, Rn. 26 f.

140 Ähnlich Beck'sches Handbuch der Rechnungslegung – *Hermanns*, Rn. 94.

141 IDW S 6 Rn. 21.

142 F&A zu IDW S 6 unter 3.1.

143 BGH, Urt. v. 12.05.2016 – IX ZR 65/14, ZIP 2016, Rn. 30.

144 S. OLG Frankfurt am Main, ZIP 2018, 488, 496 im Kontext des Gläubigerbenachteiligungsvorsatzes bei der Anfechtung der Zahlung des Beraterhonorars sowie BGH, Urt. v. 14.06.2018 – IX ZR 22/15, Rn. 10 m.w.N.

145 IDW S 6 Rn. 21. So ist im Fall des LG Frankfurt am Main der Beitrag des Gesellschafters sogar nur unter Bedingungen zugesagt gewesen, eine davon der Abbau von 1.380 Vollzeitarbeitsplätzen ohne Abfindung. Trotz Erklärens des Scheiterns der Verhandlungen hierüber hat das LG die Zahlung des Gesellschafterbeitrags sowie den Sanierungserfolg aufgrund weiterlaufender Verhandlungen für weiterhin überwiegend wahrscheinlich beurteilt und sich intensiv mit sämtlichen Bedingungen, unter denen die Zusage des Gesellschafterbeitrags stand, befasst (LG Frankfurt am Main, Urt. v. 29.04.2021 – 2-21 O 182/17, BeckRS 2021, 9099, Rn. 166 und Rn. 175). Zudem aktuell BGH, Urt. v. 13.07.2021 – II ZR 84/20, Rn. 79, NZG 2021, 1175, 1183 mit ausführlicher Darlegung des Meinungsstandes.

146 F&A zu IDW S 6 unter 3.1.

zeptes an die Adressaten erfolgen kann (s. IDW S 6 Rn. 96). Ergänzt werden kann der Entwurf mit der Ankündigung, die positive Aussage zur Sanierungsfähigkeit zu finalisieren, sobald die überwiegende Wahrscheinlichkeit dokumentiert ist[147].

126 In der Praxis wird zudem in dieser Konstellation häufig damit gearbeitet, einen Entwurf explizit vor finanzwirtschaftlichen Maßnahmen zu erarbeiten, der dann als Grundlage für die Verhandlungen und dann anschließender Einigung dient. Der finale Bericht muss anschließend um die Auswirkungen der Einigung ergänzt werden (da diese regelmäßig auf alle drei Ebenen GuV-, Bilanz- und Finanz-Planung Einfluss nehmen), bevor er finalisiert werden kann.

127 Die Bedeutung der Einschätzung der überwiegenden Wahrscheinlichkeit wird deutlich in den Ausführungen des AG Köln im StaRUG Beschluss vom 03.03.2021[148]. Das AG Köln setzt sich dabei mit den Anforderungen des Begriffs »voraussichtlich« nach § 18 Abs. 2 InsO auseinander und weist darauf hin, dass dieser mit einer Wahrscheinlichkeit > 50 % gleichzusetzen ist. Sodann führt es zu den Einlassungen im Antrag aus, der darauf abstellt, ob eine Verlängerung eines Konsortialkredites in der Zukunft überwiegend wahrscheinlich ist oder nicht. Im Ergebnis wertet das AG Köln auf Basis von Bekundungen von beteiligten Kreditgebern die Wahrscheinlichkeit der Verlängerung des Konsortialkredites entgegen dem Sachvortrag des Antrags als > 50 %. Die Ausführungen dokumentieren die Schwierigkeiten, die mit der Einschätzung in komplexen Verhandlungssituationen mit der Beteiligung verschiedener Dritter mit jeweils individuellen Partikularinteressen bestehen[149].

128 Der Ersteller eines Sanierungskonzeptes sollte in den beschriebenen Situationen des Beginns der Verhandlungen über notwendige Beiträge Dritter nicht der Versuchung erliegen, und seine Sicht als die richtergleiche objektive Sicht konstituieren und damit das Sanierungsgutachten bereits finalisieren. Richtigerweise ist die aufgezeigte Schrittfolge, das Sanierungsgutachten im Entwurf als Basis der Verhandlungen zu nehmen, und dann später mit Erreichung der Einigungen die Finalisierung durchzuführen. Dabei wird man sich bei der Finalisierung auch mit der Notwendigkeit der Aktualisierung auseinandersetzen müssen[150].

129 Zur Veranschaulichung des Komplexes »Notwendigkeit der überwiegenden Wahrscheinlichkeit jeder Annahme/Maßnahme« sei folgendes Beispiel angeführt:

130

Maßnahme	Maximaler Effekt	Entrittswahrscheinlichkeit	In Planung berücksichtigt
Preiserhöhungen	1.000.000,00 €	75 %	750.000,00 €
Sanierungstarifvertrag	1.000.000.00 €	30 %	300.000,00 €
Summe/Durchschnitt	2.000.000,00 €	52,5 %	1.050.000,00 €

131 Die Anwendung des Maßstabes der überwiegenden Wahrscheinlichkeit setzt daran an, dass die Maßnahmen bzgl. ihrer Erfolgsaussichten zu bewerten sind[151] und nur solche Maßnahmen für die positive Sanierungsaussage berücksichtigt werden können, die mit überwiegender Wahrscheinlichkeit realisiert werden. Im o.g. Beispiel darf die Maßnahme Sanierungstarifvertrag, da sie nicht überwiegend wahrscheinlich ist, nicht in das Gesamturteil Sanierungsfähigkeit einfließen. Zu empfehlen ist, hier mit Sensitivitäten zu arbeiten, um den bestehenden Unsicherheiten bei der Einschätzung der Wirkung der Maßnahmen zu begegnen.

147 S. entsprechend F&A zu IDW S 6 unter 6.2.

148 AG Köln, 83 RES 1/21 vom 03.03.2021; abrufbar unter https://rewis.io/urteile/urteil/via-03-03-2021–83-res-121/.

149 S. zudem die Ausführungen zu Rdn. 154.

150 S. hierzu Rdn. 167 ff.

151 Vgl. BGH, Urt. v. 12.05.2016 – IX ZR 65/14, Rn. 15 und 38.

4. Durchfinanzierung i.S. der Fortführungsfähigkeit

Das erste Merkmal, dass quantitativ in der Planung abgebildet und erfüllt sein muss, ist die Durchfinanzierung im Prognosezeitraum[152],[153]. 132

Das Unternehmen muss im gesamten Zeitraum in der Lage sein, seine jeweils fälligen Verbindlichkeiten bedienen zu können. Hierzu ist die o.g. Sanierungsplanung so aufzubauen, dass die einzelnen Bereiche (operative Geschäftstätigkeit, Investitionen, Finanzierung, außerordentliche Bereiche, Steuern), die zur Mittelherkunft und -verwendung beitragen, nachvollziehbar sind. Daraus lässt sich ableiten, wie die Durchfinanzierung erreicht wird (z.B. durch Maßnahmen im Working Capital oder durch Fremdfinanzierungsmaßnahmen) und wer dazu beitragen muss. Auch empfiehlt es sich, darzulegen, welcher »Headroom«, d.h. welcher weitere Spielraum an Liquidität, der zum jeweiligen Zeitraum nicht ausgenutzt wird, vorhanden ist. Bei der Ermittlung der freien Liquidität ist gebundene Liquidität, d.h. Liquidität, die z.B. als Sicherheit oder zwingend zur Aufrechterhaltung des Betriebes dient, separat auszuweisen. 133

Bei befristeten Verbindlichkeiten, deren Befristung im Sanierungszeitraum ausläuft, bedarf es einer Einschätzung der Wahrscheinlichkeit der Prolongation bzw. der Refinanzierbarkeit (Letztere insb. auch bei Anleihen mit Fälligkeit im Sanierungszeitraum). 134

▶ **Praxistipp:**

Regelmäßig macht es Sinn, mit Sensitivitäten insb. die Liquiditätsauswirkungen von Schwankungen wesentlicher Planungsprämissen zu modellieren und hierdurch aufzuzeigen, ob die Liquidität auch bei nicht plangemäßem Verlauf ausreicht. Es ist jedoch klar herauszustellen, auf welche Planung sich die Bestätigung der Sanierungsfähigkeit bezieht. 135

5. Die angemessene Rendite

Das zweite quantitative Merkmal stellt die angemessene Rendite dar. Der IDW S 6 gibt sowohl Erklärungshilfen für den Begriff der »Angemessenheit« wie auch der »Rendite«. Bzgl. der Angemessenheit kann es danach anhand der Branchenkennziffern ausreichend sein, dass sich die Rendite am unteren Ende der branchenüblichen Bandbreite orientiert[154]. Für die Rendite können ratingorientierte Verfahren (»Investment Grade«) oder alternative Kennzahlen (z.B. Nettoverschuldung geteilt durch Plan-EBITDA) genutzt werden, wobei sich auch diese am unteren Ende im letzten Planjahr bewegen dürfen[155]. 136

Der IDW S 6 begreift in seinen Ausführungen unter Rn. 28 den Begriff der angemessenen Rendite nicht ausschließlich unter dem Gesichtspunkt der GuV-Betrachtung. Dort wird auf ratingorientierte 136a

---

152 Der IDW S 6 bezeichnet dies als Stufe 1, wobei eine Differenzierung in zwei Stufen keinen generellen Mehrwert bringt, da Stufe 1 und Stufe 2 Interdependenzen aufweisen und z.B. die Maßnahmen, die die notwendige Wettbewerbsfähigkeit herstellen sollen, auch finanziert werden müssen. Der IDW S 6 weist selbst auf die Möglichkeit hin, lediglich ein Fortführungskonzept in Auftrag zu geben, insb. wenn die Renditefähigkeit nicht für erforderlich gehalten wird (Rn. 92). Dann allerdings ist es ein Fortführungskonzept und kenntlich zu machen, dass es kein umfassendes Sanierungskonzept ist.

153 *Crone/Werner*, Modernes Sanierungsmanagement, S. 73 sehen den Prognosezeitraum der Stufe 1 nur für das laufende und folgende Geschäftsjahr. In der aktuellen Fassung des IDW S 6 umfasst die Durchfinanzierung den gesamten Prognosezeitraum, ist damit zeitlich regelmäßig deutlich weiter gefasst (3–5 Jahre) und offenbart, dass die Differenzierung in die Stufen nur vordergründig sinnvoll ist.

154 IDW S 6 Rn. 27; gegen die Abhängigkeit der Rendite von der Branche argumentieren *Becker/Bieckmann/Wechsung/Müller*, DStR 2017, 2506. Der IDW S6 weist in Rn. 27 explizit darauf hin, dass die Branchenüblichkeit ein starkes, aber nicht das einzige Indiz für die Angemessenheit ist.

155 Die Anforderung »Schwarze Null« vs. Attraktivität für Eigenkapitalgeber ist umstritten; vgl. die Ausführungen bei *Steffan/Solmecke*, KSI 2018, 7 und 8. Die aktuelle Rechtsprechung BGH, Urt. v. 14.06.2018 – IX ZR 22/15, Rn. 10, gibt Anlass davon auszugehen, dass der Rechtsprechung die schwarze Null nicht reicht, s. Fn. 131.

Verfahren (der IDW S 6 nennt dort insb. »Investment Grade« als Beispiel) oder alternative Kennzahlen (Nettoverschuldung zum überwiegend wahrscheinlichen Plan-EBITDA) verwiesen, in deren Berechnung und Analyse damit weitere Bezugsgrößen einfließen.

Dieses ist nicht unkritisch, da der IDW S 6 richtigerweise in der Ausgangsstruktur drei Merkmale enthält: angemessenes EK und angemessene Rendite, die beide Teil der Finanzierbarkeit am Markt sind. Hier fehlt bei den Ausführungen der Rn. 28 die saubere Trennung und Herausarbeitung der Einzelmerkmale, da dort bei der angemessenen Rendite GuV- und Bilanzeffekte vermengt werden.

Natürlich erfüllt ein Unternehmen, das in seiner Peer-Group am profitabelsten in der GuV ist, das Merkmal der angemessenen Rendite, auch wenn z.B. aufgrund Finanzierungsstrukturen der Leverage (Nettofinanzverbindlichkeiten zu Plan-EBITDA) zu hoch ist und dies bei der Finanzbarkeit am Markt zu problematisieren ist.

137 Jedenfalls stellen die Ausführungen nur die Leitplanken dar, innerhalb dessen der Ersteller im Einzelfall den Maßstab definieren muss. So wird beispielsweise der Maßstab bei einem gemeinnützigen Unternehmen, das ohne Gewinnerzielungsabsicht arbeitet, nicht identisch sein können mit anderen Unternehmen derselben Branche, die nicht gemeinnützig sind[156].

138 Die Nutzung von Branchenkennzahlen objektiviert das subjektive Empfinden des Rentabilitätsmaßstabes. In der Praxis liegt die Schwierigkeit darin, geeignete Kennzahlen der Branche darzulegen, die hinreichend vergleichbar sind. So nimmt z.B. die Rechnungslegung (IFRS vs. HGB) auf Kennzahlen Einfluss, auch können Strukturunterschiede innerhalb einer Branche Kennzahlen verzerren (z.B. sofern Teile der Branche wesentliche Güter nicht erwerben, sondern leasen)[157].

139 Die Schwierigkeiten in der Praxis sind mannigfaltig. Sie beginnen einerseits im Zugang zu geeigneten Branchenkennzahlen. Bereits bei der Auswahl des Konzepterstellers sollte darauf Wert gelegt werden, dass die vom BGH geforderte Komponente der Branchenkundigkeit[158] auch den Zugang zu geeigneten Kennzahlen umfasst.

140 Oftmals bereitet aber auch die Zuordnung des Unternehmens zu einzelnen Branchen Probleme. Diese rühren beispielsweise aus der fehlenden Eindeutigkeit in einem diversifizierten Konzern bzw. bei unterschiedlichen Divisionen in einer rechtlichen Einheit. Zudem können die Wertschöpfungstiefe und damit regelmäßig auch die Rentabilität innerhalb einer Branche massiv voneinander abweichen.

141 Der BGH nutzt die Begriffe »dauerhafte Beseitigung der Krisenursachen« und »Rentabilität der unternehmerischen Tätigkeit wiederhergestellt[159]« sowie »durchgreifend saniert«[160], die sowohl bzgl. der GuV-Komponente, als auch bzgl. der-Eigenkapital-Komponente vom IDW S 6 betriebswirtschaftlich umgesetzt werden. In einer jüngeren BGH-Entscheidung konkretisiert der BGH das Kriterium der Rendite nochmals und bildet die Begriffspaare »Analyse der Verluste und der Möglichkeit deren künftiger Vermeidung« sowie »eine Beurteilung der Erfolgsaussichten und der Rentabilität des Unternehmens in der Zukunft«.[161] Mit den angeführten Auslegungshilfen zu den Begriffen Rendite und Angemessenheit stellt der IDW S 6 daher den Rahmen dar, der zwangsläufig individuell gefüllt

156 F&A zu IDW S 6 nennt unter 5.2 familiäre und soziale Gründe als mögliche Ausnahme.

157 Vgl. *Gerig/Meller/Nientkewitz*, ZIP 2017, S. 2029 ff.

158 S. oben Fn. 14.

159 Beides in BGH, Urt. v. 12.05.2016 – IX ZR 65/14, Rn. 36 und 43.

160 BGH, Urt. v. 21.11.2005. II ZR 277/03, ZIP 2005, S. 281 m.w.N.

161 BGH, Urt. v. 14.06.2018 – IX ZR 22/15, Rn. 10; diese Formulierung deutet darauf hin, dass es i.S.d. Rechtsprechung mehr als eine »Schwarze Null« sein muss, da sonst die erste Formulierung »Verlustvermeidung« ausreichend gewesen wäre.

werden muss.[162] Dementsprechend verbleibt hier auch bei der Bewertung, welche Kennzahlen konkret den Maßstab füllen sollen (z.B. Umsatzrendite = Jahresüberschuss/Umsatz oder EBITDA-Marge; ROCE-Marge), ein Spielraum, den der Ersteller begründet und auf den Einzelfall angepasst nutzen soll.

6. Wirtschaftliches vs. bilanzielles Eigenkapital

Einer der zentralen Punkte, der im Rahmen der Neufassung des IDW S 6 in 2018 am intensivsten diskutiert wurde, ist das Erfordernis des Eigenkapitals als Voraussetzung für die Sanierungsfähigkeit. 142

Die Rechtsprechung nutzt in dem Zusammenhang ihrerseits unbestimmte Rechtsbegriffe, die der Auslegung bedürfen und spricht von »dauerhafter Beseitigung der Krisenursachen«, »Rentabilität der unternehmerischen Tätigkeit wiederhergestellt[163]« und »durchgreifend saniert«[164]. 143

Der IDW S 6 fordert im Ausgangspunkt ein angemessenes positives Eigenkapital[165]. 144

Nach der Veröffentlichung des Entwurfs zum IDW S 6 in 2018 wurde Kritik an der dort gewählten Formulierung, wonach am Ende des Sanierungszeitraums für die Sanierungsfähigkeit ein angemessenes, d.h. branchenübliches **bilanzielles** Eigenkapital hergestellt sein muss, laut[166]. Angeführt wurde insbesondere, dass rechtlich der Maßstab des bilanziellen Eigenkapitals nicht zwingend sei, sondern vielmehr dem eigentlich relevanten Gläubigerschutzgedanken durch die nachhaltige Zahlungsfähigkeit bereits Genüge getan sei[167]. Argumentiert wurde auch mit Hinweis auf die ungeklärte Steuersituation, dass ein entsprechend ausgestalteter Rangrücktritt ausreichend sein müsse. Im Kern geht die Kritik daher dahin, dass der IDW S 6 den Maßstab »überzieht« und die Gefahr gesehen wird, dass die Rechtsprechung sich diesen zu hohen Maßstab aneignet. 145

Der IDW hat auf diese Kritik reagiert. Bereits in der 2018er Fassung wies der IDW S 6 darauf hin, dass neben dem bilanziellen Eigenkapital[168] in Ausnahmefällen auch wirtschaftliche Eigenkapitalbestandteile berücksichtigt werden können[169]. 146

Klar ist damit, dass das Bilanzielle EK die Regel ist, während die Berücksichtigung von wirtschaftlichen Bestandteilen die Ausnahme bleiben soll. 146a

Die F&A führen bei der Diskussion dieses Regel-Ausnahmeprinzips »Bilanzielles EK vs. Wirtschaftliches EK« Argumentationen der fehlenden Ermittelbarkeit von stillen Reserven bzw. von Geschäfts- oder Firmenwerten ins Felde sowie den Hinweis, dass diese für die Gläubiger nicht verwertbar sind.

---

162 Vergleichbar *Beck/Stannek* in Thierhoff, Unternehmenssanierung, 2. Aufl. 2016, Rn. 97 mit Hinweis, dass bzgl. der Rendite über die Vorgehensweise z.B. bei einer negativen Branchenrendite im Einzelfall entschieden werden muss.

163 Beides in BGH, Urt. v. 12.05.2016 – IX ZR 65/14, Rn. 36 und 43.

164 BGH, Urt. v. 21.11.2005. II ZR 277/03, ZIP 2005, S. 281 m.w.N. Die Ausgangsfälle des BGH gaben bisher keinen Anlass, die Frage des Eigenkapitals weiter zu konkretisieren, da sie auch ohne diese Konkretisierung eindeutige Entscheidungen zuließen; so exemplarisch BGH, Urt. v. 14.06.2018 – IX ZR 22/15, Rn. 10 bis 12. Dort war schon nicht ersichtlich, auf welchen tatsächlichen Grundlagen das Sanierungskonzept beruhte.

165 *Gerig/Meller/Nientkewitz*, ZIP 2017, 2035 f., beleuchten die empirischen Indikationen der üblichen bzw. angemessenen Eigenkapitalausstattung.

166 Ausschließlich auf das wirtschaftliche Eigenkapital abstellend z.B. *Sax/Andersch/Philipp*, ZIP 2017, 710 f. Zum Meinungsstand vgl. *Steffan/Solmecke*, Neufassung des IDW S 6, KSI 2018 S. 8.

167 So die DZ-Bank in ihrer Stellungnahme zum Entwurf; https://www.idw.de/blob/106632/cf6293d18ff7d68ad88c1e3b5305af42/down-idwes6nf-dz-bank-data.pdf (Abruf 21.08.2018).

168 Die F&A zu IDW S 6 stellen unter 5.5 klar, dass beim bilanziellen Eigenkapital auf die vom betroffenen Unternehmen angewandten Rechnungslegungsvorschriften abzustellen ist; d.h. bei einem Unternehmen, das nach HGB bilanziert, daher auf das HGB-Eigenkapital (§§ 247, 266 HGB).

169 IDW S 6 Rn. 29.

Diese Argumentation veranschaulicht das Problem, dass sich ergibt, da das Kriterium »angemessenes EK« auf statische, arithmetisch aus der Bilanz herleitbare Kennzahlen abstellt. Warum ist ein Firmenwert, der in Private-Equity Strukturen aufgrund der bewussten Strukturierung regelmäßig in den Bilanzen aktiviert ist, einmal berücksichtigungsfähig und einmal nicht?

Jedenfalls für den Bereich der Stillen Reserven findet sich in den F&A unter 5.5. der Hinweis, dass die Berücksichtigung Stiller Reserven erfahrungsgemäß nur in seltenen und gut begründeten Ausnahmefällen möglich sein wird.

Die Beispiele solcher schwierigen Konstellationen ist lang (auch die unterschiedliche Behandlung IFRS vs. HGB ist hier ein Bereich, der zur Ungleichbehandlung von Fällen führen kann, die im Sachverhalt komplett identisch sind, z.B. aufgrund Stiller Reserven bei Wertpapieren oder Stiller Lasten bei Pensionen). Letztlich hilft der Hinweis im IDW S 6 unter Rn. 30 auf die notwendige Gesamtbetrachtung[170].

146b Im Zentrum der Praxis steht beim wirtschaftlichen Eigenkapital die Behandlung von eigenkapitalähnlichen Finanzierungsbestandteilen.

Die 2018er Fassung hat als Ergebnis der o.g. Diskussion zum Komplex »Bilanzielles EK vs. Wirtschaftliches EK« klargestellt, dass Finanzierungsbestandteile, die entsprechend den Anforderungen des BGH nachrangig gegenüber anderen Gläubigern sind und dem Unternehmen einschließlich etwaiger Vergütungsansprüche für deren Überlassung ungeschmälert so lange zur Verfügung gestellt werden, wie sie zur Herstellung eines angemessenen Eigenkapitals benötigt werden, berücksichtigt werden können. Diese Ausführungen sind in der aktuellen Fassung 2023 in Rn. 29 unverändert geblieben.

147 Die Diskussion zum Merkmal Eigenkapital hat sich sukzessive verrechtlicht[171][172] und vom Maßstab der betriebswirtschaftlichen Umsetzung der BGH-Rechtsprechung und des Qualitätssiegels Sanierungsfähigkeit, der ein höherer ist als die erste Stufe der Fortführungsfähigkeit, entfernt.

148 In der Praxis wird sich zeigen, ob mit der jetzigen Neufassung der Ausnahmefall zur Regel wird. Die Gläubiger, von denen die entsprechenden Erklärungen erwartet werden, sind in der Regel institutionelle Gläubiger, die mit Einzelheiten des IDW S 6 hinreichend vertraut sind und die ihrerseits in den Stellungnahmen zum bilanzorientierten Postulat des Entwurfs zum neuen IDW S 6 ausdrücklich auf das Ausreichen der Betrachtung des wirtschaftlichen Eigenkapitals gedrungen haben. Bei der Diskussion werden sie auf die als Ausnahmefall deklarierte Möglichkeit verweisen, und statt z.B. eines bilanzwirksamen Verzichts (ggfls. mit Besserungsschein) einen BGH-konformen Rangrücktritt mit Belassungserklärung[173] anbieten.

149 Richtigerweise ist auf die Gesamtbetrachtung des Unternehmens abzustellen, und darauf, dass es sich um eine nachhaltige Sanierung handeln muss, die am Ende aufgezeigt wird. Der Ersteller des Konzeptes wird dann unter dem Gesichtspunkt der Nachhaltigkeit der Sanierung darlegen müssen, ob die Gesamtschau ergibt, dass z.B. bei auslaufenden Finanzierungen am Ende des Sanierungszeitraums die Refinanzierbarkeit gegeben ist, wobei das Bilanzbild (nur) eines von vielen Parametern im Rahmen dieser Gesamtbetrachtung ist. Bei dieser Gesamtschau ist das Regel-Ausnahmeprinzip zu beachten, wonach ein positives bilanzielles Eigenkapital am Ende des Zeitraums die Regel und

---

170 Siehe unten Rdn. 149 und 150.

171 Besonders deutlich *Sax/Andersch/Philipp*, ZIP 2017, 710 f., die ausschließlich auf die rechtliche, und nicht auf die betriebswirtschaftliche Notwendigkeit abstellen.

172 In der Rechtsprechung ist anerkannt, dass das Vorliegen eines tauglichen Sanierungskonzeptes keine Rechts-, sondern eine Tatsachenfrage ist, s. z.B. OLG Köln, Urt. v. 24.09.2009 – 18 U 134/05 Rn. 55.

173 F&A zu IDW S6 unter 5.5. a.E. Tatsächlich dominierten in jüngerer Zeit steuerrechtliche Folgewirkungen diese Diskussion im Rahmen von Verhandlungen; dadurch, dass der Gesetzgeber in mehreren Schritten zugunsten der Steuerbefreiung des Sanierungserlasses tätig geworden ist, verliert das steuerliche Argument an Bedeutung. S. hierzu *Ziegenhagen* Teil 2 Kap. 7 Rdn. 21 ff.

die Berücksichtigung »nur« wirtschaftlicher Eigenkapitalbestandteile die (zu begründende) Ausnahme sein sollte[174].

Die Merkmale »Angemessenes EK« und »Angemessene Rendite« sind ausweislich des Schaubildes Abb. 3 bei dem Punkt **Finanzierbarkeit am Markt** zu berücksichtigen. Entscheidend ist damit die Gesamtbetrachtung und nicht das Abstellen auf einzelne, willkürlich anmutende Kennzahlen. Damit ist der Raum für einen maß- und verantwortungsvollen Umgang mit den Kriterien eröffnet, der dann auch die Kritik, die sich insb. an einzelnen Kennziffern des Kriterium Eigenkapital entspannt, reflektieren kann[175]. 150

II. Bedingungen und Sanierungsfähigkeit

Regelmäßig ist der Sanierungserfolg von Maßnahmen abhängig, die der Mitwirkung Dritter bedürfen[176]. Liegt zum Zeitpunkt der Erstellung des Sanierungskonzeptes die dazugehörige Handlung noch nicht final vor (sind z.B. bei einer notwendigen Änderung der Tilgungshöhe die Kreditverträge noch nicht unterzeichnet), so ist bei Fertigung des Sanierungskonzeptes die Eintrittswahrscheinlichkeit zu beurteilen. Eine finale Ausfertigung des Sanierungskonzeptes kommt nur dann in Betracht, wenn auch hier der Eintritt der Bedingung überwiegend wahrscheinlich ist[177]. 151

Strukturell besteht insoweit kein Unterschied zwischen der Beurteilung der weiteren Planannahmen z.B. den Umsatz betreffend und der Beurteilung der Finanzvereinbarungen. So nunmehr auch BGH, Urt. v. 13.07.2021 – II ZR 84/20, Rn. 79, NZG 2021, 1175, 1183: *»Allein maßgeblich ist dieser Gesichtspunkt jedoch nicht, wie sich nicht zuletzt darin zeigt, dass etwaige Erträge aus der Geschäftstätigkeit der Gesellschaft ebenso in der Finanzplanung angesetzt werden können, obgleich auf diese ebenfalls kein Rechtsanspruch besteht.«* Auch der Umsatz hängt von rechtlichen Maßnahmen Dritter, nämlich dem zukünftigen Abschluss von Kauf- und sonstigen Verträge ab, sodass die Ausgangssituationen (keine rechtliche bindende Erklärung, damit Notwendigkeit der Einschätzung der überwiegenden Wahrscheinlichkeit) vergleichbar ist. Während jedoch die einzelnen Verträge auf der Umsatz- und Kostenseite in der Gesamtmenge untergehen, werden die Finanzierungsvereinbarungen aufgrund ihrer Einzelbedeutung und damit hohen Visibilität in den Fokus gerückt und müssen dementsprechend intensiv in der Darstellung behandelt werden[178]. 152

---

174 Dies auch vor dem Hintergrund, dass es üblicherweise in diesen Konstellationen nur eine Frage des Zeitraums sein sollte, wann auch das bilanzielle Eigenkapital hinreichend ist, da ja die positive Rendite in der GuV als weiteres Merkmal aufzuzeigen ist und hierüber das Eigenkapital zwangsläufig erhöht wird; *Steffan/Solmecke*, WPg 2017, 1416 empfehlen daher in diesen Konstellationen eine Verlängerung des Sanierungszeitraums.

175 Dementsprechend ist in den kritischen Fällen eine umfangreichere Dokumentation erforderlich, die das Gesamturteil stützt. Dies insbesondere vor dem Hintergrund, dass ein negatives Eigenkapital grundsätzlich nicht geeignet ist, die Finanzierbarkeit am Markt zu stützen und man in diesen Situationen Gefahr läuft, das subjektive Empfinden der Finanzierbarkeit in der Zukunft ohne weitere Dokumentationen zu objektivieren. Mittels alternativer Kennzahlenbetrachtungen (insb. Nettoverschuldung/EBITDA) und weiterer Betrachtungen (Einschätzung Rating zum Refinanzierungszeitpunkt) kann hier dem negativen Anzeichen aus dem negativem Eigenkapital entgegengewirkt werden.

176 S. IDW S 6 Rn. 78.

177 So auch *Niering/Hillebrand*, Wege durch die Unternehmenskrise, S. 90: *»Ist für die Umsetzung der Sanierungsmaßnahmen die Mitwirkung Dritter erforderlich, zB Kreditinstitute oder Gesellschafter, so können die Maßnahmeneffekte auch ohne vorliegende rechtliche Bindung in die Planung einbezogen werden. Die Umsetzung der Maßnahmen muss jedoch überwiegend wahrscheinlich sein.«* Auch das LG Frankfurt am Main weist auf den Maßstab der überwiegenden Wahrscheinlichkeit sowohl bei Gläubiger- als auch bei Gesellschafterbeiträgen hin, LG Frankfurt am Main, Urt. v. 29.04.2021 – 2-21 O 182/17, BeckRS 2021, 9099, Rn. 165 und 166. S.a. oben Rdn. 126.

178 Besonders auffällig ist die Identität der Struktur, sofern das Unternehmen ein Klumpenrisiko z.B. durch Projektgeschäft oder durch Abhängigkeit von einem Kunden hat. Ähnlich den Finanzvereinbarungen ist unter Berücksichtigung notwendiger Vertraulichkeitseinschränkungen intensiv darzulegen, wie hiermit umgegangen wurde und woraus sich die überwiegende Wahrscheinlichkeit ableitet.

153 In der Praxis besteht das Problem, dass regelmäßig mehrere Maßnahmen Dritter parallel verhandelt werden müssen, die sich gegenseitig teilweise bedingen[179]. So macht z.B. der Gesellschafter eine Kapitalerhöhung davon abhängig, dass die Kreditverträge geändert werden und/oder die Finanzierer machen ihre Fortführungs- und Mitwirkungsbereitschaft von Handlungen des Gesellschafters abhängig. Die Verhandlungen erfolgen typischerweise auf Basis eines Entwurfes des Gutachtens, um Änderungen, die sich aus den Verhandlungen ergeben (z.B. die Banken fordern einen höheren Gesellschafterbeitrag als den, der im Entwurf vorgesehen ist; es wird zwar die Tilgung reduziert, aber zugleich der Zinssatz erhöht), berücksichtigen zu können. Damit taucht das Problem auf, dass zwischen Fertigung des Entwurfes, auf dessen Basis verhandelt wird, und Finalisierung der Verhandlung Zeit vergeht mit der Folge, dass zu hinterfragen ist, wie aktuell die weiteren Ausführungen des Konzeptes bei Finalisierung sein müssen. Hier muss zunächst die Regel gelten, dass materielle neue Kenntnisse, die auf das Gesamturteil zur Sanierungsfähigkeit Einfluss nehmen, zwingend einzuarbeiten sind. Liegen keine materiellen neuen Kenntnisse vor, so ist es ausreichend, dass Gutachten bei Finalisierung in den Teilaspekten anzupassen, die von den Verhandlungen betroffen waren, sofern nur wenige Wochen zwischen Entwurf und Verhandlungsende liegen. Liegt ein größerer Zeitraum dazwischen, ist das Konzept grundsätzlich anzupassen (insb. auch die Aktualisierung des Current Trading, d.h. der laufenden Geschäftsentwicklung). So werden beispielsweise, wenn die Verhandlungen auf Basis eines Entwurfs mehr als drei Monate andauern, in der Zwischenzeit neue Kenntnisse, Marktstudien etc. zur Einschätzung von makroökonomischen Planannahmen (Dollar-Kurs; BIP-Wachstum) vorliegen, bei denen analysiert werden muss, ob und wie diese die Planung beeinflussen[180].

154 Die Gefahren, die aus der Berücksichtigung der Beiträge Dritter im Sanierungskonzept resultieren, sind offensichtlich, sofern zum Zeitpunkt der Beurteilung der Sanierungsfähigkeit die Beiträge Dritter noch ausstehen. Exemplarisch das OLG Düsseldorf: *»Auch die angefochtenen Zahlungen vom (...) fallen nicht unter das Sanierungsprivileg. Denn das Sanierungskonzept von (...) war aufgrund der ablehnenden Haltung der Finanzierer von vornherein nicht erfolgsversprechend, (...). Danach konnte nur eine kumulative Umsetzung der Maßnahmen unter Berücksichtigung der Sanierungsannahmen und -voraussetzungen die Fortführungsfähigkeit der Gesellschaften gewährleisten, wobei grundlegende Voraussetzung der Sanierung war, dass eine Fälligstellung von Ansprüchen aus den Mithaftungsverpflichtungen (...) nicht erfolgt.*[181]«

155 Die notwendige Sicherheit, den anfangs angesprochenen »Qualitätssiegel«, gewährt ein IDW S 6 Konzept bei Berücksichtigung von Maßnahmen Dritter in den Fällen, in denen die rechtlich verbindliche Erklärung noch aussteht, nur dann, wenn zweifelsfrei nachvollzogen werden kann, warum zum Zeitpunkt der Beurteilung der Sanierungsfähigkeit die Wahrscheinlichkeit, dass der Beitrag des Dritten auch tatsächlich erfolgt, überwogen hat.

In der jüngsten BGH-Rechtsprechung ist dies wie folgt beschrieben worden:

»Erfordert das Sanierungskonzept in rechtlicher Hinsicht die Zustimmung oder Mitwirkung Dritter, muss es eine taugliche Prognose darüber enthalten, ob sich dies im erforderlichen Maß erreichen lässt. Das Sanierungskonzept bietet keine ausreichende Erfolgsaussicht, wenn die erforderliche Mitwirkung von vornherein sehr fraglich ist oder gar nicht erreicht werden kann. Kann der Schuldner ernsthaft und auf nachvollziehbarer Grundlage davon ausgehen, dass sich die erforderliche Mitwirkung erreichen lässt, genügt dies den Anforderungen an einen erfolgversprechenden Sanierungsversuch; es bedarf keiner im Voraus abgegebenen rechtlich verbindlichen Zusagen, um einen Benachteiligungsvorsatz auszuschließen«[182]

179 Die wesentlichen Querbeziehungen der Maßnahmenbündel sind zu beachten, IDW S 6 Rn. 79.
180 Siehe näher unten unter Rdn. 165 ff.
181 OLG Düsseldorf, Urt. v. 16.05.2019 – 12 U 47/18, BeckRS 2019, 27861.
182 BGH, Urt. v. 18.01.2024 – IV ZR 6/22, Rn. 31.

Inhaltlich sind vier Fragenkomplexe zu örtern: 156
- Macht es einen Unterschied, ob es sich um einen Fremdfinanzierungsbeitrag[183] oder einen Eigenkapitalbeitrag handelt, der in der Finanzplanung sichtbar notwendig ist?
- Macht es einen Unterschied, ob der Beitrag eines Dritten im Finanzstatus berücksichtigt ist, in den 3 Wochen oder in einer mittelfristigen S6 Planung?
- Macht es einen Unterschied, ob es sich um zusätzliche Mittel handelt oder um Prolongationen?
- Welche Anforderung ist an die Dokumentation bzw. an die Rechtsverbindlichkeit zu stellen, ob der Beitrag berücksichtigt werden darf.

In der Rechtsprechung ist ersichtlich, dass die Ausführungen jeweils stark auf den Einzelfall abstellen und entsprechend auch die Antwort auf die aufgeworfenen Fragen stets den Einzelfall zu reflektieren hat. Allerdings lassen sich in der Zusammenschau folgende Grundregeln ableiten: 156a
- Je kurzfristiger die Maßnahme erforderlich ist, umso höher sind die Anforderungen an die Umsetzung[184].
- An Gesellschafterzusagen sind die Anforderungen generell höher als an Drittzusagen[185].
- Die Anforderungen bei zusätzlich benötigten Mitteln sind höher als bei Prolongationen[186].

Exemplarisch führt das OLG Stuttgart aus, dass eine zusätzliche Eigenkapitalfinanzierung nur berücksichtigt werden könne, wenn sie bereits rechtsverbindlich zugesagt wurde[187]. In dieselbe Richtung formuliert der BGH, indem er im Leitsatz darlegt, eine weiche Patronatserklärung komme als Mittel zur Vermeidung der rechnerischen Überschuldung nicht in Betracht[188].

Beide Urteile lassen jedoch »Gegenausnahmen« zu, woraus man die hohe Relevanz des jeweiligen konkreten Sachverhaltes sieht[189].

Erkennbar ist, dass in der Rechtsprechung der Maßstab bei Finanzierungsbeiträgen ein anderer ist als der normale Maßstab der überwiegenden Wahrscheinlichkeit bei sonstigen Planungspositionen. Zwar ist die Einschätzung der Gewährung von Drittmitteln im Sinne der BGH-Rechtsprechung auch nur ein Rechtsgeschäft, wie es der unterstellte zukünftig cash-wirksame Umsatz auch ist. Demgegenüber legt jedoch der Unterschied zwischen den gewöhnlichen Geschäftsannahmen und den Finanzierungsannahmen einen höheren Maßstab bei der Dokumentation der Wahrscheinlichkeit der Finanzierungsannahmen nahe. Dies vor dem Hintergrund, dass bei den eine Rolle spielenden Akteuren, die einen Finanzierungsbeitrag leisten sollen, eine andere Informationslage vorliegt als 156b

183 Zur Sicht auf die überwiegende Wahrscheinlichkeit aus der Finanziererperspektive vgl. *Sax/Amer* Teil 2 Kap. 4 Rdn. 523 bis 528.

184 Auch die Neufassung der F&A zu IDW S 6 differenziert unter 6.2 nach dem zeitlichen Horizont.

185 OLG Stuttgart, Endurteil v. 27.10.2020 – 12 U 82/20, BeckRS 2020, 37344, Rn. 48; BGH, Urt. v. 13.07.2021 – II ZR 84/20, Rn. 82.

186 So die Neufassung F&A zu IDW S 6 unter 6.2.: Bei Refinanzierungen am Ende des Beurteilungszeitraums kann die Vorteilhaftigkeit der Maßnahme für eine wirtschaftlich handelnde Partei im Geschäftsleben zum Nachweis der überwiegenden Wahrscheinlichkeit ausreichen.

187 OLG Stuttgart, Endurteil v. 27.10.2020 – 12 U 82/20, BeckRS 2020, 37344, Rn. 48.

188 BGH, Urt. v. 13.07.2021 – II ZR 84/20, Rn. 82. Bemerkenswert an dieser sog. »Air Berlin«-Entscheidung ist insbesondere, dass diese nicht im Kontext mit einem Sanierungskonzept oder -gutachten ergangen ist. Vielmehr verweist der BGH in der Begründung Rn. 84 darauf, dass dem Berufungsurteil nicht zu entnehmen sei, wie hoch der nicht gedeckte Liquiditätsbedarf für den Prognosezeitraum zum Zeitpunkt der mit dem Patron vereinbarten Maßnahme war und in welchem Umfang er sich weiter erhöht hat.

189 Das OLG Stuttgart, Endurteil v. 27.10.2020 – 12 U 82/20, BeckRS 2020, 37344, Rn. 48 lässt eine Ausnahme zu, wenn aus dem bisherigen Gesellschafterverhalten mit hoher Wahrscheinlichkeit auf die Erbringung weiterer Leistungen geschlossen werden könne, wofür allerdings eine sehr hohe Wahrscheinlichkeit der Beitragserbringung verlangt werde. Der BGH (BGH, Urt. v. 13.07.2021 – II ZR 84/20, 2. Leitsatz, 2. Satz) schränkt seinen Leitsatz zur weichen Patronatserklärung dahingehend ein, dass sich mit der weichen Patronatserklärung eine positive Fortführungsprognose bei einer bereits in der Krise befindlichen Gesellschaft in Ausnahmefällen doch begründen lässt.

bei normalen Umsatz-Geschäftspartnern, so dass aus der höheren Nähe zur Informationslage für den Geschäftsführer auch der höhere Maßstab an die Dokumentation der überwiegenden Wahrscheinlichkeit deren Finanzierungsbeiträge resultiert.

Entsprechend intensiv muss sich der Ersteller des Sanierungskonzeptes mit der Frage auseinandersetzen, wie verbindlich oder unverbindlich Beiträge zugesichert sein müssen. Die Dokumentation alleine aus vergangenen Verhaltenen, also bereits erfolgten Unterstützungszahlungen heraus, birgt jedenfalls Risiken.

157 Oftmals finden sich in der Diskussion mit der Geschäftsführung oder anderen Stakeholder Anmerkungen dazu, dass alternativ zu einem in der Planung berücksichtigten Beitrag auch eine andere Option zur Verfügung stünde. Beispielsweise, sofern bei der Notwendigkeit der finanziellen Restrukturierung ein 100 %-Zustimmung Erfordernis nicht erreicht werden würde, man den Alternativweg über ein StaRUG Verfahren (oder ggfls. ein Scheme of Arrangement Verfahren im internationalen Kontext) gehen könne.

158 Hier ist die Schrittfolge für die richtige Dokumentation zu beachten: Zu dokumentieren ist zunächst die überwiegende Wahrscheinlichkeit für den in der Planung abgebildeten Fall. In dem Beispiel also, warum zum Zeitpunkt der Beurteilung mit überwiegender Wahrscheinlichkeit davon ausgegangen werden durfte, dass die 100 %ige Zustimmung erreicht wird.

159 Es macht Sinn, auch einen alternativen Weg zu dokumentieren, der ebenfalls das Gesamturteil trägt. Dieser muss dann jedoch auch konsequent in seinen Auswirkungen durchdacht (und abgebildet) sein. So werden sich im Fall eines StaRUG Verfahrens möglicherweise Positionen ändern (z.B. Kosten des Verfahren, der Beratung etc.), sodass zumindest im Rahmen einer Überleitungsrechnung dargelegt wird, dass auch in einer solchen Alternativbetrachtung alle Konsequenzen das finale Urteil (überwiegende Wahrscheinlichkeit der Sanierungsfähigkeit) stützen.

▶ **Praxistipp:**

160 Bei der Dokumentation der überwiegenden Wahrscheinlichkeit in Bezug auf Maßnahmen Dritter ist hohe Sorgfalt anzulegen. In einem späteren Prozess muss ggfls. gegen den Verlauf des tatsächlichen Geschehens, sofern der Beitrag später nicht erbracht wurde (z.B. die Einzahlung des Gesellschafters, aber genauso auch Beiträge der Finanzierer z.B. Stundung, Verzicht, Zinsreduktion), argumentiert werden, warum zum Zeitpunkt der Beurteilung gleichwohl eine überwiegende Wahrscheinlichkeit vorlag. Misslingt dies, lag nie ein wirksames Sanierungskonzept vor, das damit auch nicht privilegieren oder exkulpieren konnte.

III. Die Schlussbemerkung zur Sanierungsfähigkeit

161 Das Sanierungskonzept enthält als Schlussbemerkung eine Einschätzung, ob das Unternehmen sanierungsfähig ist. Der IDW S 6 hält hierzu im Kapitel 8. Berichterstattung ein Muster bereit, dass den Fall abstrahiert und als (ggf. anzupassendes) Muster für eine generelle positive Sanierungsfähigkeitsaussage dient.

162 Der Kernsatz daraus lautet: *»Im Rahmen meiner/unserer Tätigkeit bin ich/sind wir zu der abschließenden Einschätzung gelangt, dass aufgrund der im vorliegenden Sanierungskonzept beschriebenen Sachverhalte, Erkenntnisse, Maßnahmen und plausiblen Annahmen das Unternehmen bei objektiver Betrachtung mit überwiegender Wahrscheinlichkeit saniert werden kann.«*[190]

163 Auffällig ist, dass das Muster zur Sanierungsfähigkeitsaussage generell keine Einschübe vorsieht, an denen zwangsläufig eine Individualisierung der Schlussbemerkung (abgesehen von der Eintragung des Namens) notwendig ist. In der Praxis findet man dort bisher Ausführungen, wonach insbesondere wesentliche Plannannahmen und Bedingungen Dritter aufgeführt sind, um die Bedeutung für die

190 IDW S 6 Rn. 97.

Gesamtaussage Sanierungsfähigkeit zu betonen. Solche Individualisierungen scheinen auch nach dem neuen S 6 sinnvoll. Zudem ist eine Zusammenfassung der Schlussbemerkung zur Sanierungsfähigkeit, die ihrerseits in Rn. 97 lang geraten ist, im Rahmen einer Zusammenfassung des gesamten IDW S 6 anzuraten (s.o. Rdn. 100).

IV. Updates des Sanierungskonzeptes

Regelmäßig ist ein längerer Zeitraum zur vollständigen Sanierung eines Krisenunternehmens erforderlich. In diesen Situationen erfolgt üblicherweise die Messung des Sanierungserfolges durch ein Maßnahmencontrolling, welches in der Idealwelt Querbezüge zum Finanzcontrolling bzw. Rechnungswesen aufweist. Häufig ist die auch formalisierte Begleitung in den Kreditverträgen vereinbart mit einer Ausgestaltung der Berichtspflichten an die Finanzgläubiger. 164

In diesem Zuge taucht regelmäßig die Forderung durch die Finanzierungsgläubiger auf, das Sanierungskonzept oder alternativ jedenfalls die Sanierungsfähigkeitsaussage zu aktualisieren. 165

Anhaltspunkte, wie dies inhaltlich zu erfolgen hat, liefern die Ausführungen unter 3.2. der F&A. Dieser regelt den Umgang mit Ereignissen, die nach der Erstellung des Sanierungskonzeptes eintreten. 166

Der Auftrag selbst, die Erstellung oder Beurteilung des Sanierungskonzeptes, endet grds. – sofern nicht anders vereinbart, mit der Abgabe des Berichtes und des Urteils zur Sanierungsfähigkeit. Eine Verpflichtung, spätere Ereignisse auf ihre Wirkung auf das bereits abgegebene Urteil zu untersuchen, besteht nach Abgabe nicht. 167

Wird daher ein Update des Konzeptes oder der Sanierungsfähigkeitsaussage gefordert, so ist dies separat vertraglich zu regeln[191]. Ebenso, wie z.B. eine Umsetzungsbegleitung oder ein Sanierungscontrolling separat zu beauftragen sind. Wird eine solche Erweiterung vereinbart, so hat der Konzeptersteller zu analysieren, welche Teile neu ausgearbeitet werden müssen. Dieses ist anhand des Einzelfalles und anhand der Ereignisse, die nach Berichtsabgabe eingetreten sind, vorzunehmen. 168

Grundsätzlich gilt hierbei der Maßstab der Wesentlichkeit[192]. 169

Regelmäßig werden jedenfalls die Kapitelteile Planung und Maßnahmen überarbeitet werden müssen, da hier die zeitliche Fortentwicklung und die zwangsweise Abweichung in den Zahlen (positiv oder negativ) dargestellt und sodann die Wirkung des Ist auf die urspr. prognostizierte Maßnahmewirkung analysiert werden müssen. Zumeist wird dann eine Erweiterung der Maßnahmen bzw. eine Kompensation von eingetretener oder erwarteter geringerer Wirkung der bisherigen Maßnahmen durch Neumaßnahmen erforderlich sein[193]. 170

Bei den weiteren Teilen ist ebenfalls anhand des Maßstabes der Wesentlichkeit zu entscheiden, was neu aufzubereiten ist. In Abhängigkeit von der Tiefe der Entwicklung kann es ausreichend sein, eine komprimierte Kurzdarlegung mit der Aktualisierung zu fertigen (exemplarisch sei das Kapitel Markt und Wettbewerb angeführt, bei dem es ausreichend sein kann, komprimiert z.B. neue Studienerkenntnisse, erneuerte Kennzahlen von Wettbewerbern etc. anzuführen, während es selten notwendig sein wird, das gesamte Kapitel neu darzulegen). Allerdings steigt mit zunehmender zeitlicher 171

191 Für die Konsequenzen zur Haftung vgl. Rdn. 178.

192 So auch F&A zu IDW S 6, 3.2.: »…, *wenn wesentliche negative Abweichungen zu den im Sanierungskonzept prognostizierten Entwicklungen erkennbar sind …«.*

193 Diese Frage kann auch zwischen der Übersendung eines Entwurfs des Konzeptes und der finalen Fassung auftreten. Gerade dann, wenn dazwischen neuere Erkenntnis zum aktuellen wirtschaftlichen Verlauf und/oder der Wirksamkeit von Maßnahmen vorliegen, wird darüber anhand des Einzelfalles zu entscheiden sein, ob z.B. ein Update der gesamten Planung notwendig ist, die Einfügung lediglich eines Kapitels Current Trading ausreichend ist und ob bzw. wie ggf. Ist-Abweichungen gegen bereits im Entwurf dargelegte Sensitivitäten wirken.

Entfernung zum Ursprungskonzept die Notwendigkeit, grundlegend die jeweiligen Kapitel zu erneuern.

V. Haftung

172 Im Rahmen des Auftrags für die Erstellung des Sanierungskonzeptes wird auch die Haftung vertraglich geregelt[194].

173 Da das Sanierungskonzept zumeist vor dem Hintergrund von Gläubigerinteressen und -handlungen in Auftrag gegeben wird, ist diese Dreieckskonstellation auch vertraglich mit zu berücksichtigen.

174 In der Praxis ist unter Einbezug von Diskussionen mit diversen Bankenvertretern hierzu ein Modell entwickelt worden, dass die vereinbarte Haftungssumme in zwei Haftungstöpfe teilt[195]. Während der eine Topf der vereinbarten Haftungssumme dem Unternehmen im Haftungsfall dient, wird der zweite Topf den explizit aufgeführten Gläubigern, die in den Schutzbereich der Mandatsvereinbarung einbezogen werden, zur Verfügung gestellt. Unter anderem hierdurch wird sichergestellt, dass die Ausgangskonstellation, dass wirtschaftlich der Sanierungskonzeptersteller nicht nur die Interessen des Unternehmens, sondern mindestens auch der beteiligten Gläubiger zu berücksichtigen hat, auch rechtlich abgebildet ist.

174a In jüngerer Zeit ist zudem die Frage in der Rechtsprechung erörtert worden, ob nur die auftraggebende Gesellschaft aus dem Auftragsverhältnis heraus Haftungsansprüche haben kann, oder ob sich die Haftung des Gutachters auch auf Organe der Auftraggeberin und sogar auf den faktischen Geschäftsführer ausdehnt. Diese Frage ist sowohl zugunsten des Geschäftsführers wie auch des faktischen Geschäftsführers zu bejahen[196].

175 Der Konzeptersteller schuldet bei einem Auftrag zur Erstellung (oder Beurteilung) eines Sanierungskonzeptes nicht den Sanierungserfolg als solchen. Der zugrunde liegende Vertrag ist daher als Geschäftsbesorgungsvertrag mit dienstvertraglichem Inhalt einzuordnen[197]. Für schuldhafte Beratungsfehler kommt daher ein Schadensersatzanspruch aus § 280 Abs. 1 BGB in Betracht[198].

176 In den Fokus rückt dabei der Aspekt des unterlassenen Hinweises auf eine bestehende Insolvenzreife. Hier ist zunächst herauszuarbeiten, ob und wie die Prüfung der Insolvenzreife Auftragsgegenstand geworden ist, weswegen ein ausdrücklicher Bezug auf die Kernbestandteile des IDW S 6 anzuraten ist[199]. Die Prüfung der Insolvenzreife im Kontext eines IDW S 6 Konzeptes ist deshalb von besonderer Relevanz, da die Sanierungsplanung Aufschluss gibt, ob in Zukunft Zahlungsunfähigkeit eintritt. Gerade die Ableitung der Zukunft dominiert das IDW S 6-Konzept. Es kommen daher generell im Kontext des IDW S 6 alle drei Zeitpunkte/-räume in Betracht, die für die

194 S. insbesondere zum Teilaspekt von Schadensersatzansprüchen wegen fehlender Prüfung von Insolvenzgründen OLG Frankfurt am Main, ZIP 2018, 493; hierzu Stöber, DB 2018, 1450 f sowie OLG Bamberg, Urt. v. 31.07.2023 – 2 U 38/22, NZI 2023, 785.

195 Hintergrund ist, dass die Kreditinstitute regelmäßig separate Haftungsfreistellungsvereinbarungen mit Hinweis darauf, dass solche Zweifel an der gebotenen Sorgfalt des Gutachters mehren können, nicht abschließen werden; s. Langenbucher/Bliesener/Spindler-*Richter*, 31. Kapitel, Rn. 62.

196 *Harder*, NZI 2023, 785, 791 m.w.N. *Harder* weist darauf hin, dass die Einbeziehung auch für Gesellschafter gelten kann.

197 *Stöber*, DB 2018, 1450. Das LG Aachen weist demgegenüber darauf hin, dass eine Beauftragung nur eines Sanierungskonzeptes werkvertraglichen Charakter haben kann; aufgrund weiterer Aufträge ist der Sanierungsberatervertrag im konkreten Fall jedoch als Geschäftsbesorgungsvertrag mit dienstvertraglichem Charakter behandelt werden, LG Aachen, Urt. v. 14.04.2021 – 11 O 241/17, BeckRS 2021, 10869, Rn. 52.

198 So z.B. im Fall OLG Bamberg, Urt. v. 31.07.2023 – 2 U 38/22, NZI 2023, 785, Rn. 30.

199 S.o. insb. unter Rdn. 13, dort auch zum aktuellen Urteil LG Aachen v. 14.04.2021 – 11 O 241/17, BeckRS 2021, 10869 sowie OLG Bamberg, Urt. v. 31.07.2023 – 2 U 38/22, NZI 2023, 785.

Beurteilung einer Insolvenzreife zu beachten sind. Sowohl Finanzstatus und -plan[200], aber auch und gerade der Zeitraum der Fortbestehensprognose für die zukünftige Zahlungsfähigkeit als Bestandteil der Überschuldungsprüfung sind aus dem IDW S 6-Konzept ableitbar.

Hier kann sich dann bei einer späteren Insolvenz die Frage anschließen, ob es eine Pflichtverletzung bei der Erfüllung des IDW S 6-Auftrags gegeben hat[201]. Beweislastpflichtig hierzu ist der Anspruchsteller. Während bei der Finanzstatus-Erstellung die Sachlage in der Regel einfach dokumentier- und nachweisbar ist, ist bei allen zukunftsbezogenen Aspekten immer die ex ante-Sicht mit zu berücksichtigen. Planung beinhaltet auch die Möglichkeit zu scheitern[202]. Und eine mathematische überwiegende Wahrscheinlichkeit von 51 % heißt im Umkehrschluss auch, dass es zu 49 % unwahrscheinlich ist. Gerade im Bereich der Planung, der Einschätzung von Maßnahmewirkungen etc. ist dieser Maßstab zu berücksichtigen, und Ausgangspunkt von Überlegungen sollte damit insbesondere die Frage der Aufarbeitung von handwerklichen Fehlern sein[203]. Umgekehrt ist es eine Kardinalspflicht für den Konzeptersteller selbst, eine belastbare Dokumentation der einzelnen Annahmen etc., die in das Sanierungskonzept eingeflossen sind, zu fertigen, da nur diese in den Fällen, in den sich die Sanierung nicht plangemäß entwickelt hat, den Ersteller in die Lage versetzt, inhaltlich zu erwidern[204]. 177

Ein besonderes Augenmerk verdient die Frage, ob bei einem Update des Konzeptes oder der Aussage zur Sanierungsfähigkeit mehrere separate Haftungsmomente ausgelöst sein können. Dieses wird grundsätzlich zu bejahen sein, sofern es sich um separate Beauftragungen handelt. Zwar handelt es sich vordergründig um ein identisches Urteil, das die Sanierungsfähigkeit durchgängig bestätigt. Dem steht allerdings entgegen, dass es sich um separate vertragliche Vereinbarungen handelt, die zu jeweils eigenen Entscheidungen Dritter führen. 178

H. Checkliste Sanierungskonzept

Die Kernbestandteile sind vollständig abzuarbeiten. Bei der Berichterstattung sind der Grundsatz der Wesentlichkeit und der Praxiswunsch nach kürzeren Sanierungskonzepten zu beachten. 179

180

Sanierungskonzept nach IDW S 6	Im Konzept behandelt?	Nachvollziehbar?
Kernbestandteile		
Basisinformationen Ausgangslage inkl. VFE-Lage (Vermögens-, Finanz und Ertragslage)		
Analyse Krisenstadium und -ursache		

200 Die bei entsprechender Insolvenznähe als Vorstufe unverzüglich zu beurteilen sind, s. IDW S 6 Rn. 13 mit Verweis auf IDW S 11 »Beurteilung des Vorliegens von Insolvenzeröffnungsgründen«.

201 S o. Rdn. 12 zu den Hinweispflichten bei vorliegenden Insolvenzeröffnungsgründen.

202 F&A zu IDW S 6 unter 3.2: »Dass planerische Elemente eines Sanierungskonzepts ganz oder teilweise nicht wie prognostiziert eintreten, ist einer Planung immanent.«

203 S a. *Fischer*, DB 2015, 1643 f., zu ähnlichen Fragestellungen in Bezug auf die Haftung von Steuerberatern in Insolvenzverschleppungsfällen. *Goette* weist bei der Fortführungsprognose darauf hin, dass der ex Post über die Tragfähigkeit der Fortbestehensprognose entscheidende Richter einen gewissen Freiraum respektieren muss, DStR 2016, 1752, 1766. Er führt insb. aus: »Ohne das Eingehen von Risiken und die Inkaufnahme von Fehleinschätzungen kann niemand planen«.

204 Die Dokumentation ist auch vor dem Hintergrund der zeitlichen Distanz einer etwaigen Gerichtsverhandlung zum Sanierungskonzept notwendig. So stammt das Sanierungskonzept, über das das LG Aachen, Urt. v. 14.04.2021 – 11 O 241/17, BeckRS 2021, 10869, entschieden hat, aus 2013, mithin liegen 8 Jahre zwischen Erstellung des Konzeptes und Urteil und immerhin noch 6 Jahre zwischen Konzept und Sachverständigengutachten, das das Gericht laut Tatbestand hierzu in Auftrag gegeben hatte. Im Sachverhalt OLG Bamberg liegen zwischen OLG-Urteil und dem zugrundeliegenden IDW S 6-Bericht sogar 10 Jahre (OLG Bamberg, Urt. v. 31.07.2023 – 2 U 38/22, NZI 2023, 785).

Analyse Insolvenzgefährdung		
Darstellung des Leitbilds des sanierten Unternehmens		
Darstellung der Sanierungsmaßnahmen (in der Regel der Schwerpunkt des Konzeptes)		
Integrierter Unternehmensplan, dabei		
Planungszeitraum regelmäßig 3–5 Jahre		
Ganzheitliches Zusammenwirken der Bestandteile		
Einschätzung der Sanierungsfähigkeit		
Detaillierung Gesamturteil zur Sanierungsfähigkeit		
Durchfinanzierung im Planungszeitraum (Liquiditätsaspekt)		
Angemessene Rendite am Ende des Zeitraums (GuV-Aspekt)[205]		
Angemessenes Eigenkapital am Ende des Zeitraums (Bilanz) (ggf. Ausnahme = Berücksichtigung wirtschaftlicher Bestandteile)[206]		

▶ **Hinweis:**

181 Bei kleineren Unternehmen ist das Ausmaß der Berichterstattung an die geringere Komplexität anzupassen.

I. Detaillierte Gegenüberstellung der Änderungen der Fassung IDW S 6 vom 22.06.2023

182

Thema	Beschreibung	IDW S 6 alt (16.05.2018) Rn.	IDW S6 neu (22.06.2023) Rn.
Rechtsprechung aktualisiert	Es wurden die Verweise herausgenommen, wonach das Konzept jedenfalls in den Anfängen schon in die Tat umgesetzt sein muss (s. BGH, Urt. v. 12.11.1992 – IX ZR 236/91; vormals in FN 23, 42, 52 des IDW S6 in der Fassung vom 16.05.2018 aufgeführt). S. hierzu BGH, Urt. v. 03.03.2022 – IX ZR 78/20 sowie die Kommentierung hier bei Rdn. 38a.	23, 75, Anlage 1	n/a
Verweise auf das StaRUG	Die neue Fassung des S6 verweist an mehreren Stellen auf Reglungen des StaRUG. Dies betrifft z.B. sowohl die Erwähnung von Haftungsaspekten (s Rn. 2) als auch den Verweis, dass das StaRUG ein Lösungsweg zur Beseitigung der Krise sein kann (s. z.B. Rn. 15).	n/a	2, 15, 72

205 Bei nicht eindeutigem Ergebnis ist bzgl. »Angemessene Rendite« und »Angemessenes EK« auf eine Gesamtbetrachtung abzustellen, s.o. Rdn. 149.

206 Bei nicht eindeutigem Ergebnis ist bzgl. »Angemessene Rendite« und »Angemessenes EK« auf eine Gesamtbetrachtung abzustellen, s.o. Rdn. 149.

Thema	**Beschreibung**	**IDW S 6 alt (16.05.2018) Rn.**	**IDW S6 neu (22.06.2023) Rn.**
Einfügung Verweise ESG-Anforderungen	Die Einhaltung der ESG-Anforderungen ist in die S6 Ausführungen aufgenommen. Die Wichtigkeit wird u.a. durch die frühzeitige Aufnahme bereits bei der nachhaltigen Fortführungsfähigkeit im Sinne der Sanierungsfähigkeit verdeutlicht. Mit Rn. 67 erhalten die ESG-Anforderungen separate Ausführungen mit eigener Randnummer.	n/a	20, 25, 60, 67
Streichung	Gestrichen wurde der Satz »Bei einer sehr weit fortgeschrittenen Unternehmenskrise kann es sinnvoll sein, dass der Auftrag um eine Betrachtung von Sanierungsmöglichkeiten im Insolvenzverfahren erweitert wird.« Der Satz hatte nur eine klarstellende Funktion, da die Rn. 3 ohnehin davon handelt, dass der S6 auch in Insolvenzverfahren Anwendung finden kann und damit die Betrachtung, ob die Option einer Sanierung mittels Insolvenzverfahren sinnvoll/möglich ist, situativ in Abhängigkeit von der vorliegenden Fallkonstellation zu erfolgen hat.	3	3
Streichung	Gestrichen wurde der Satz »Es handelt sich dabei um ein Gutachten und nicht um eine betriebswirtschaftliche Prüfung i.S.d. § 2 Abs 1 WPO, für die die IDW Prüfungsstandards und die dort beschreibenen Prüfungshandlungen sowie Definitionen maßgeblich sind.« Der Satz hatte nur eine klarstellende Funktion. Inhaltlich folgt hieraus keine Änderung, wie der Verbleib des Hinweises darauf, dass eine betriebswirtschaftliche Prüfung i.S.d. § 2 Abs. 1 WPO (z.B. einer Jahresabschlussprüfung) nicht Gegenstand des Auftrags ist, bei der Berichterstattung Rn. 91 sowie im Muster für die Schlussbemerkung Rn. 97 ergibt.	6	6
Neufassung	Die Rn. 14. die auf die Situation eingeht, wenn bereits ein Insolvenzeröffnungsgrund vorliegt, wurde sprachlich neu gefasst. Hervorzuheben ist der deutliche Hinweis, dass es sinnvoll sein kann, der Geschäftsleitung die Einholung rechtlichen Rats zu empfehlen.	14	14
Streichung und Ergänzung	Der Satz »Für das Sanierungskonzept maßgeblich ist daher der Begriff der Sanierungsfähigkeit« wurde gestrichen. Der Satz hatte nur klarstellende Funktion. Ergänzt wurde der Satz »Die Entscheidungen der Stakeholder bilden jedoch den objektiven Rahmen für die möglichen Sanierungsmaßnahmen.« Der Satz referenziert auf das BGH Urteil aus 2005 und verdeutlicht den objektiven, nicht subjektiven Charakter bei der Sanierungsfähigkeit.	22	22

Thema	Beschreibung	IDW S 6 alt (16.05.2018) Rn.	IDW S6 neu (22.06.2023) Rn.
Ergänzung	Der Satz »*Bei allen Aufgabenstellungen ist in dem Sanierungskonzept der Umfang des Auftrags kurz zu beschreiben.*« wurde ergänzt. Der Satz verdeutlicht nochmal, dass dem Punkt, den als »sperrig« empfundenen S6 auch auf kleine Unternehmen anzuwenden, hinreichend Rechnung zu tragen und auszuführen ist, wie konkret der Auftrag vereinbart wurde.	39	39
Ergänzung	Einfügung »*... u.a. auf Basis einer Risiko- und Chancenanalyse (z.B. SWOT) ...*«. Die SWOT Analyse (Strenghts, Weaknesses, Opportunities, Threats = Stärken, Schwächen, Chancen, Risiken) ist ein bekanntes Instrument zur strukturierten Analyse der Situation und hilft, strategische Ziele zu entwickeln und Maßnahmen zu definieren. Die Punkte Stärken, Schwächen, Chancen, Risiken, sind ohnehin bereits in Rn. 56 aufgeführt, auch war die SWOT-Analyse schon bisher explizit als ein separater Punkt der Beispielsgliederung aufgeführt.	56	56
Ergänzung	Neuaufnahme einer separaten Randnummer zur digitalen Strategie.	n/a	66
Ergänzung	Der Satz »Bei der zahlenmäßigen Darstellung des geplanten Sanierungsablaufs sind auch bedeutsame steuerrechtliche Aus- und Folgewirkungen zu berücksichtigen, die im Zusammenhang mit Sanierungsmaßnahmen stehen« wurde ergänzt. Der Satz ist lediglich eine Klarstellung, da in der integrierten Sanierungsplanung die steuerlichen Effekte auf allen drei Ebenen (GuV-, Bilanz- und Finanzplan) mit zu planen sind. Gleichwohl ist die Klarstellung sinnvoll, da typische Finanzrestrukturierungs maßnahmen (z.B. Gesellschafterwechsel, Gläubigerverzichte) typischerweise steuerliche Konsequenzen nach sich ziehen und die Klarstellung Anlass gibt, die Steuerplanung, deren Ausgangspunkt zeitlich häufig vor den weiteren Maßnahmen geplant wurde, anzupassen.	n/a	83
Ergänzung	Die Sätze »In allen Fällen muss der Eintritt der für die Sanierung wesentlichen Annahmen und die Umsetzung der Maßnahmen überwiegend wahrscheinlich sein. Anderenfalls kann bis zur hinreichenden Konkretisierung der offenen Sachverhalte nur ein Entwurf des Sanierungskonzepts an die Adressaten herausgegeben werden.« wurden ergänzt. Generell handelt es sich bei den Sätzen nur um eine Klarstellung, da das Maß der überwiegenden	n/a	96

Thema	Beschreibung	IDW S 6 alt (16.05.2018) Rn.	IDW S6 neu (22.06.2023) Rn.
	Wahrscheinlichkeit für die gesamte Planung und damit auch für die Annahmen und Beiträge Dritter gilt. Gleichwohl ist das explizite Aufnehmen dieser Klarstellung zu begrüßen, da gerade die Maßnahmen Dritter eine regelmäßig für die Sanierung erfolgskritische Voraussetzung sind und deren Beurteilung schon aufgrund dessen, dass zu den Dritten kein Auftragsverhältnis des Erstellers des Sanierungskonzeptes besteht, regelmäßig zu geänderten Dokumentationsanforderungen in der Praxis führt.		
Anmerkung: Aufgeführt sind nur größere Änderungen; neben den hier aufgeführten Änderungen gibt es zudem noch zahlreiche rein sprachliche Änderungen.			

J. Beispielsliste ESG Review

183

Dimension	Themen (Geschäftsmodell-spezifisch anzupassen)	Einzelne Messgröße (KPI)	Reifegrad	Einschätzung zu Peer-Group
Enviromental	Allgemeine Umweltfragen	Definition der Unternehmensbezogenen Messgrößen, anhand denen (auch) quantitativ die Einschätzung und die Nachverfolgung nachvollzogen werden kann		
	Energiemanagement			
	Produktdesign und Lebenszyklus-Management			
	Widerstandsfähigkeit des Geschäftsmodells			
	Materialbeschaffung & Effizienz			
E	Management-Attention			
	tbd			
Social	Allgemeine Soziale Fragen	Definition der Unternehmensbezogenen Messgrößen, anhand denen (auch) quantitativ die Einschätzung und die Nachverfolgung nachvollzogen werden kann		
	Arbeitsbedingungen, faire Vergütung			
	Datensicherheit			
	Produktqualität und -sicherheit			
	Management der Lieferkette			
S	Management-Attention			
	tbd			
Governance	Allgemeine Fragen zur Governance	Definition der Unternehmensbezogenen Messgrößen, anhand denen (auch) quantitativ die Einschätzung und die Nachverfolgung nachvollzogen werden kann		
	ESG Strategie			
	Geschäftsethik			
	Korruption/Menschrechtsverstöße/			
	Schwarzarbeit/illegale Beschäftigung			
	Transparente, Wertorientierte Leilinien			
G	tdb			
Reifegrad: 1 = Anfangsphase 2 = Mittel 3 = Fortgeschritten				
Einschätzung zu Peer-Group: 1 = unter Industrie-Standard 2= auf Industrie-Standard 3= über Industrie-Standard				

Kapitel 4 Maßnahmen zur Bewältigung der Unternehmenskrise und/oder der Insolvenzreife

Übersicht Rdn.

A. Kurzfristige Maßnahmen der Geschäftsführung zur Sicherung der Zahlungsfähigkeit

I. Einführung

1 Das zentrale Ziel der außergerichtlichen Sanierung eines krisenbehafteten Unternehmens ist die Vermeidung eines Insolvenzverfahrens. Der Kontrollverlust, verbunden mit dem Risiko des Verlusts des Unternehmens hält Unternehmer oftmals davon ab, einen Insolvenzantrag zu stellen. Wird deshalb der Weg der außergerichtlichen Sanierung beschritten, muss verhindert werden, dass alle finanziellen Reserven verbraucht werden und nur noch die Liquidation des Unternehmens möglich ist.

2 Eine außergerichtliche Sanierung kann deshalb nur erfolgreich sein, wenn dem betroffenen Unternehmen während der Verhandlungen des Sanierungsplans mit den Finanzierungsgebern ausreichend liquide Mittel zur Verfügung stehen. Nur so kann das Auftreten von Insolvenzgründen verhindert und der operative Betrieb aufrechterhalten werden. Da es in der Krise meist schwierig ist, zusätzliche Liquidität von externen Finanzierern kurzfristig zu erhalten, spielt die Innenfinanzierung eine zentrale Rolle.

3 Dieser Beitrag beschäftigt sich mit der Frage, welche Ansatzpunkte sich einem Unternehmen in der Krise typischerweise zur internen Liquiditätsverbesserung bzw. zur Liquiditätsgewinnung über ausgesuchte externe Sonderfinanzierungsformen bieten und welche Voraussetzungen hierfür zu schaffen sind. Die nachfolgenden Ausführungen beschränken sich auf die betriebswirtschaftliche Dimension; es werden praktische Methoden, Wege und Möglichkeiten aus Sicht eines Restrukturierungsberaters aufgezeigt. Die beschriebenen Instrumente und Maßnahmen setzen wir seit vielen Jahren in unserer täglichen Praxis ein. Sie haben sich sowohl hinsichtlich der Umsetzbarkeit als auch im Hinblick auf die Erzielung der notwendigen Liquiditätsfreisetzung vielfach bewährt. Die Instrumente und Maßnahmen verstehen sich als Checkliste, deren Umsetzbarkeit und Vorteilhaftigkeit für das jeweilige Unternehmen in der Krise individuell bewertet werden muss.

4 In der Praxis ist es oft so, dass krisenbehaftete Unternehmen ihre vertraglichen Zahlungsverpflichtungen teilweise schon nicht mehr vollumfänglich erfüllen. Dadurch hat die Vertrauensbasis z.B. zu Kunden, Lieferanten und Kreditgebern bereits Schaden genommen. Dies verstärkt in der Regel die operativen Probleme des Unternehmens, sei es auf der Umsatzseite (z.B. Nachfrageausfall, Preisreduktionen) oder der Lieferantenseite (z.B. stockende Lieferungen). Wenn nicht rechtzeitig gegengesteuert wird, ist dies der Beginn einer Abwärtsspirale, die z.B. durch Wegfall von Kreditversicherungslinien und damit verkürzten Zahlungszielen eine dramatische Verschärfung erfahren kann.

5 Oft ist die tatsächliche Dramatik der Liquiditätssituation durch geschobene Zahlungen verwässert und eine Zahlungsunfähigkeit (§ 17 InsO) möglicherweise bereits eingetreten. Eine Zahlungsunfähigkeit liegt regelmäßig dann vor, wenn ein Unternehmen (»der Schuldner«) bei stichtagsbezogener Betrachtung innerhalb eines Zeitraums von drei Wochen zehn Prozent oder mehr seiner fälligen Gesamtverbindlichkeiten nicht erfüllen kann. Dies ist insbesondere dann der Fall, wenn der Schuldner seine Zahlungen eingestellt hat. In solchen Fällen besteht für die Geschäftsführung eine Pflicht zur Insolvenzantragstellung (»ohne schuldhaftes Zögern, spätestens nach drei Wochen«). In Abgrenzung zur Zahlungsunfähigkeit liegt »nur« eine drohende Zahlungsunfähigkeit nach § 18 InsO vor, wenn ein Unternehmen voraussichtlich nicht in der Lage sein wird, seine bestehenden Zahlungsverpflichtungen im Zeitpunkt der Fälligkeit zu erfüllen. Die Insolvenzordnung legt fest, dass für die drohende Zahlungsunfähigkeit in der Regel ein Prognosezeitraum von 24 Monaten zugrunde zu legen ist (§ 18 Abs. 2 Satz 2 InsO). Eine Pflicht zur Antragstellung wird jedoch bei Vorliegen dieser sich erst zukünftig abzeichnenden Liquiditätslücke (noch) nicht begründet, sondern nur ein Antragsrecht. Damit ist bei einer drohenden Zahlungsunfähigkeit sowohl die Einleitung eines Insolvenzverfahrens in Eigenverwaltung als auch die Einleitung des StaRUG-Verfahrens möglich. Der Insolvenzgrund der Überschuldung nach § 19 Abs. 2 InsO liegt vor, wenn das Vermögen des Schuldners die bestehenden Verbindlichkeiten nicht mehr deckt, es sei denn die Fortführung des Unternehmens ist überwiegend wahrscheinlich. In diesem Fall

wird auf einen Prognosezeitraum von 12 Monaten abgestellt (§ 19 Abs. 2 Satz 1 InsO), um sicherzustellen, dass die Finanzkraft des Unternehmens überwiegend wahrscheinlich zur Fortführung des Unternehmens ausreicht. Ist das Unternehmen aktuell überschuldet und weist es für die nächsten 12 Monate keine positive Fortführungsprognose auf, ist es antragspflichtig, wobei der Insolvenzantrag in diesem Fall wiederum unverzüglich, spätestens aber nach sechs Wochen zu stellen ist.

Eine frühzeitige Einschaltung eines restrukturierungserfahrenen juristischen Beraters zur Feststellung des Insolvenzstatus dient der Absicherung des Managements, beschleunigt Entscheidungen und fördert damit auch die Effektivität der Umsetzung. Es geht dabei vor allem darum, einen verfrühten oder nicht erforderlichen Insolvenzantrag zu vermeiden, sich andererseits aber nicht dem Vorwurf der Insolvenzverschleppung auszusetzen. 6

In solchen Situationen muss das Thema Liquidität in den Vordergrund des Unternehmens gestellt werden. Zur bestmöglichen und erfolgreichen Umsetzung von liquiditätssteigernden Maßnahmen sind organisatorische und prozessuale Voraussetzungen zu schaffen. Die folgenden Erörterungen orientieren sich an drei Schwerpunkten: 7

1. Das Cash Management Office, das die Führung sämtlicher Aktivitäten im Bereich Liquidität übernimmt, deren Umsetzung antreibt und sicherstellt. 8
2. Die Cash Management Instrumente, also die Infrastruktur und Werkzeuge, die zur Messung der Liquidität und für die Vorausschau der Liquiditätsentwicklung notwendig sind. Diese sind zugleich zentrale Bausteine für die externe Kommunikation zu Eigen- und Fremdkapitalgebern, Kreditversicherern, oft auch Kunden und Lieferanten. 9
3. Die im Wesentlichen internen Liquiditätsmaßnahmen, deren Umsetzung durch das Cash Management Office sichergestellt werden soll, sowie ausgesuchte externe Finanzierungsmöglichkeiten. 10

II. Cash Management Office

Unternehmen, die vorwiegend über Umsatz und Ergebnis gesteuert werden, müssen sich im Falle einer (drohenden) Liquiditätskrise neu ausrichten. Im Mittelpunkt der Steuerung der betrieblichen Aktivitäten steht dann die Liquidität. Alle Aktivitäten müssen jetzt auf ihre Liquiditätswirkung (und nicht etwa nur auf Profitabilität oder strategischen Nutzen) hinterfragt und entsprechend gesteuert werden. Hierzu ist die Etablierung einer entsprechenden »Cash Kultur« und deren fundamentale Einbettung in die Prozesse und in die Organisation erforderlich. Das Cash Management Office bildet die Schaltzentrale für das Thema Liquidität und damit für wesentliche unternehmerische Entscheidungen. Es muss die volle Unterstützung durch den CEO und CFO genießen und als zentraler Teil der Unternehmenssteuerung verstanden werden. 11

Ziel eines Cash Management Office ist es, die Transparenz über die Liquiditätsausstattung zu erhöhen, liquiditätswirksame Entscheidungen zu zentralisieren und die konsequente Umsetzung von Maßnahmen im Unternehmen sicherzustellen. Zudem wird durch die organisatorische Stärkung des Cash Managements ein klares Signal an Führungskräfte und Mitarbeiter gesendet, dass Liquidität in der aktuellen Unternehmenssituation von höchster Bedeutung ist. 12

Die organisatorische und personelle Einbettung in die bestehende Organisation und das Management ist entscheidend für die Akzeptanz und Durchschlagskraft des Cash Management Office im Unternehmen. Typischerweise wird das Cash Management in der Treasury-Abteilung aufgesetzt oder ihr zumindest angegliedert. Die Treasury-Abteilung verwaltet die Liquidität des Unternehmens und ist je nach Ausprägung für die Sicherstellung der Transparenz der Liquiditätssituation und die Steuerung der Zahlungsströme verantwortlich. 13

Während traditionell die operativen Unternehmensbereiche, wie Entwicklung, Einkauf, Produktion, Marketing und Vertrieb, operativ eng zusammenarbeiten, kommt der Treasury-Abteilung häufig eine reine Support-Funktion ohne Entscheidungsvollmacht zu. Sie sorgt im Wesentlichen für die Bereitstellung liquider Mittel und eine reibungslose Zahlungsabwicklung (s. hierzu Abbildung 1). 14

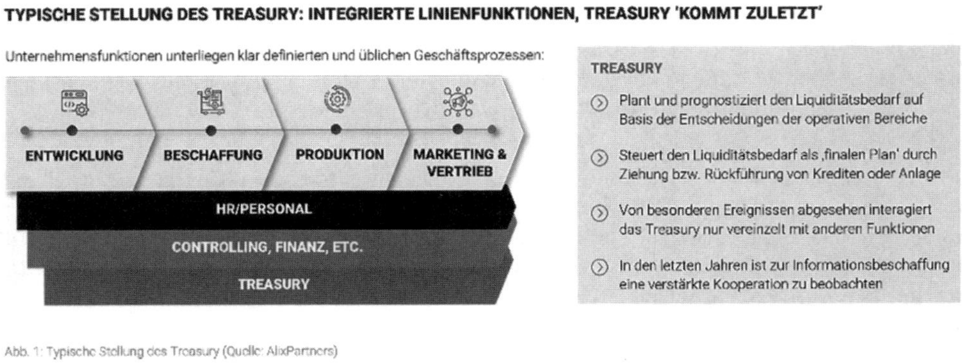

Abb. 1: Typische Stellung des Treasury (Quelle: AlixPartners)

15 Mit dem Aufsetzen eines Cash Management Office im Treasury rückt diese Abteilung stärker in den Mittelpunkt des Unternehmens. Alle Bereiche des Unternehmens stimmen sich nun mit der Treasury-Abteilung ab. Die Zusammenarbeit zwischen den Bereichen bleibt unverändert, wenngleich liquiditätswirksame Entscheidungen nun ausnahmslos unter Einbindung des Cash Management Office getroffen werden (s. hierzu Abbildung 2).

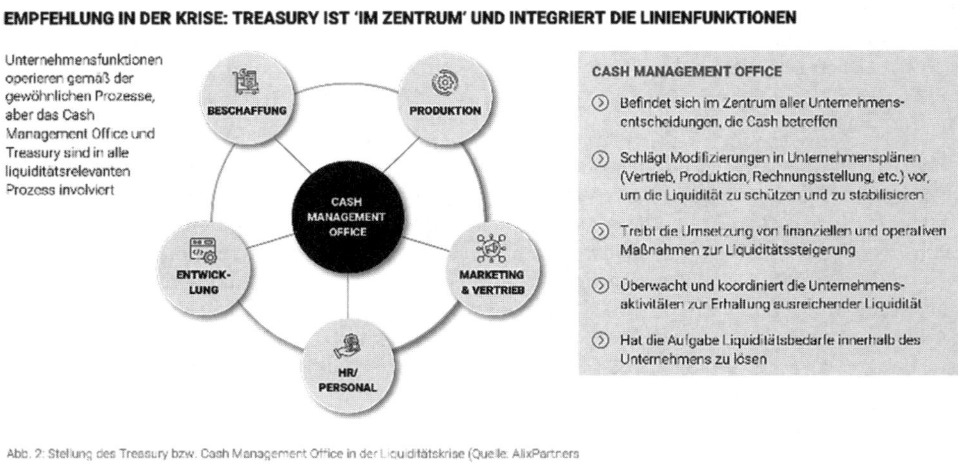

Abb. 2: Stellung des Treasury bzw. Cash Management Office in der Liquiditätskrise (Quelle: AlixPartners)

16 In den meisten Fällen entscheidet der CFO final über die Mittelverwendung. Bei größeren Unternehmen empfiehlt es sich, aufgrund der Komplexität und Vielzahl von Entscheidungen einen Cash-Verantwortlichen zu bestimmen, der sich ausschließlich diesen Themen widmet. Mit der Ernennung eines Cash-Verantwortlichen wird das Cash Management Office in seiner Funktion und Relevanz für alle sichtbar. Die Implementierung eines Cash-Verantwortlichen ermöglicht flexible und schnelle Entscheidungen über sämtliche Aktivitäten im Unternehmen, die die Liquidität beeinflussen. Er ist in alle liquiditätsrelevanten Entscheidungsprozesse des Unternehmens eingebunden und verfügt über eine eigene Entscheidungsbefugnis. Er hat die Aufgabe, weiterhin alle relevanten Stakeholder regelmäßig zur Liquiditätssituation und zum Stand der Umsetzung liquiditätsgenerierender Maßnahmen zu informieren und bei Bedarf Zusatzmaßnahmen zu definieren.

III. Instrumente des Cash Managements

1. 13-Wochen Cash-Flow Forecast

17 Gesunde Unternehmen mit ausreichender Finanzierung planen und prognostizieren die Entwicklung der Liquidität in der Regel mit einer zeitlich mittel- bis langfristigen Perspektive. Diese beschränkt sich meist auf die indirekte Ableitung des monatlichen Liquiditätsbedarfs aus einer integrierten GuV-, Bilanz- und Cash-Flow-Planung.

18 In der Krise rückt der kurzfristige Liquiditätsbedarf in den Vordergrund. In der Praxis üblich ist dabei eine Prognose über einen Zeitraum von drei Monaten zur Abdeckung eines vollständigen Quartals und Vorausschau auf die Quartalsberichterstattung. Zudem gewährt der Planungshorizont von 13 Wochen in den meisten Fällen ausreichend Zeit zum Gegensteuern sowie der Erarbeitung von Maßnahmen. Dieser Prognosezeitraum muss auf bis zu 24 Monate ausgeweitet werden, wenn Anzeichen bestehen, dass das Unternehmen voraussichtlich nicht in der Lage sein wird, seine bestehenden Zahlungsverpflichtungen zum Zeitpunkt der Fälligkeit zu erfüllen (§ 18 Abs. 2 Satz 2 InsO). Diese Transparenz ist erforderlich, um den Liquiditätsbedarf kurzfristig steuern zu können und eine bestehende oder drohende Zahlungsunfähigkeit rechtzeitig zu erkennen. Zudem ist die Höhe des kurzfristigen Liquiditätsbedarfs im Rahmen einer außergerichtlichen Sanierung bis Abschluss der Verhandlungen ein zentrales Kriterium für die Bereitschaft der Finanzierungsgeber, dem Unternehmen die benötigte Zeit zur Fertigstellung eines Sanierungsplanes zu gewähren. Bestenfalls sollte das Unternehmen belegen können, dass es diese Phase ohne Erhöhung des Risikos für die Finanzierungsgeber aus eigenen Mitteln bewerkstelligen kann, sodass beispielsweise ein Stillhalten der Banken ausreichend wäre. Sollte die kurzfristige Prognose jedoch einen zusätzlichen Finanzierungsbedarf für diese Phase bis zum Abschluss des Sanierungsplans ausweisen, müssen kurzfristig Lösungen für die Überbrückung gefunden werden, zum Beispiel in Form einer besicherten Brückenfinanzierung. Überraschungen in diesem Prozess sind zu vermeiden, da sie implizieren würden, dass das Unternehmen in der Krise keine ausreichende Transparenz geschaffen hat.

19 Der Cash-Flow Forecast sollte sich über einen Zeitraum von mindestens 13 Wochen erstrecken und im wöchentlichen Turnus rollierend aktualisiert werden. Dadurch wird sichergestellt, dass stets eine Vorausschau über ein Quartal gegeben ist. Üblicherweise wird wochenweise geplant; ist die Liquiditätslage allerdings angespannt, empfiehlt es sich, die ersten zwei bis vier Wochen auf Tagesbasis zu planen. Auf diese Weise werden auch Liquiditätsschwankungen innerhalb einer Woche transparent, z.B. für den Fall, dass Gehaltszahlungen am Anfang einer Woche erfolgen, während Zahlungseingänge erst gegen Ende dieser Woche erwartet werden.

20 Dieser erforderliche Genauigkeitsgrad kann mit einer indirekten Methode, also der Ableitung der Liquiditätsentwicklung aus prognostizierten Gewinn- und Verlustrechnungen und Bilanzen nicht erreicht werden. Daher erfolgt der 13-Wochen-Forecast nach der direkten Methode, d.h. Einzahlungen und Auszahlungen werden einzeln und sachverhaltsbezogen prognostiziert.

▶ **Hinweis:**

21 Abbildung 3 verdeutlicht die unterschiedlichen Herangehensweisen und Intensitätsgrade der Liquiditätsplanung. Bei den meisten Unternehmen findet man eine »passive« oder »typische« Methodik, während in der Krise ein »aktives« Liquiditätsmanagement dringend erforderlich ist.

EBENEN IM LIQUIDITÄTSMANAGEMENT

		PASSIV	TYPISCH	AKTIV
VISIBILITÄT	• Häufigkeit des Cash Flow Forecasts (CFFC)	Vierteljährlich	Monatlich	Wöchentlich
	• Häufigkeit der Planung der Cash-Maßnahmen	Monatlich	Wöchentlich	Täglich
	• Vorgehen bei der Planung	Gewinn Forecast plus Cash-Anpassungen	Bilanz Forecast und indirekter Cash Flow	Ein- und Auszahlungen in bestimmten Kategorien
PROGNOSTI-ZIERUNG	• Operative Planungsebene des Cash Flow	Konsolidierte Konzernebene	Divisionen oder Geschäftsbereiche	Einzelgesellschaften nach Währungen
	• Sensitivitätsanalysen	High-level Abschätzungen	Umsatzsensitivitäten	Risikobewertung großer Ein- und Auszahlungen
	• Planung von Maßnahmen	Ggf. high-level Abschätzungen	Working Capital Maßnahmen	Bewertung aller Liquiditätsmaßnahmen
VERANTWORT-LICHKEIT	• Verantwortlich für An-nahmen / Abweichungen	‚Niemand oder alle'	CFO oder Group Finance	Operatives Management
	• Monitoring der Genauigkeit des CFFCs	Kein Monitoring	Abweichungen erfasst aber nicht analysiert	Abweichungen analysiert und kommuniziert
	• Optimierung der Kapitalverwendung	Dead / Trapped Cash kaum im Blick	Dead / Trapped Cash erkannt und teilweise angegangen	Dead / Trapped Cash: Aktive Vermeidung und Freisetzung

Abb. 3: Herangehensweisen und Intensitätsgrade der Liquiditätsplanung in der Praxis (Quelle: AlixPartners)

Abb. 3: Herangehensweisen und Intensitätsgrade der Liquiditätsplanung in der Praxis (Quelle: AlixPartners)

22 Die Erstellung des direkten Forecasts erfolgt unter der Federführung des Cash Management Office in enger Zusammenarbeit mit den Fachbereichen und den einzelnen Konzerngesellschaften. Im ersten Schritt werden vertraglich vereinbarte Ein- und Auszahlungen mit bekannten Zahlungszielen aus dem Kreditoren- und Debitorenwesen (sog. »Offene-Posten-Listen« bzw. »OP-Listen«) abgeleitet. Diese sind mit den zuständigen Fachabteilungen zu bewerten, z.B. hinsichtlich möglicher Zahlungsverzögerungen aufgrund von Kundenreklamationen. Hieraus können absehbare Zahlungen aus bereits erfolgten Geschäftsvorgängen abgeleitet werden.

23 Für zukünftige Geschäftsvorgänge müssen die erwarteten Zahlungen aus den prognostizierten Geschäftsvorfällen abgeleitet werden. Dies sind auf der Einzahlungsseite z.B. die erwarteten Auslieferungen bzw. Verkaufsmengen. Auf der Auszahlungsseite können dies die erwarteten Materialanlieferungen aus bereits erfolgten und bekannten Bestellungen bzw. prognostizierten und zu den Umsätzen kongruenten, zukünftigen Bestellungen sein. Dies erfordert die enge Einbindung der Fachbereiche, wie beispielsweise dem Einkaufsbereich bzgl. Auszahlungen für Material, dem Vertrieb für erwartete Auslieferungen bzw. Umsätze oder der Personalbuchhaltung für Lohn-, Gehalts- und Abfindungszahlungen. Ein oft unterschätztes Thema ist die akkurate Planung von Umsatzsteuerzahlungen sowie nachgelagerter Nachzahlungen und Erstattungen, da der zeitliche Versatz der resultierenden Aus- und Einzahlungen wesentliche Liquiditätsschwankungen bedingen kann. Ein besonderes Augenmerk ist auf Zahlungen zu legen, die nicht regelmäßig erfolgen, aber beträchtliche Auswirkungen haben können, wie z.B. Sonderzahlungen (Abfindungen, Steuern, etc.), Auszahlungen für Investitionen oder die Zahlung von Weihnachtsgeld. Insbesondere ertragssteuerliche Sonderzahlungen in Folge von Steuerbescheiden oder -prüfungen stellen das Cash Management Office regelmäßig vor Herausforderungen, da der Zeitpunkt der Auszahlungen in der Praxis oftmals schwer planbar ist. In der Regel werden Zahlungen der wichtigsten Kunden und Zahlungen an die wichtigsten Lieferanten einzeln geplant, um die Qualität der Prognosen zu verbessern und Abweichungen ggf. schnell lokalisieren zu können.

Die Einführung eines 13-Wochen-Forecasts stellt eine hohe Herausforderung an das Unternehmen dar. Gerade in der Krise sind die betroffenen Unternehmensbereiche, insbesondere der Finanzbereich, bereits stark beansprucht. Weiterhin müssen Fachabteilungen einbezogen werden, die sich in der Vergangenheit häufig wenig mit dem Thema Liquidität beschäftigt haben und oft nur eingeschränkt über finanzwirtschaftliche Fachkenntnis verfügen. Des Weiteren beansprucht die Abstimmung über Zahlungsflüsse zwischen den einzelnen Konzerngesellschaften (»Intercompany«) zusätzliche Ressourcen, da die jeweilige geplante Auszahlung einer Gesellschaft bei der empfangenden Gesellschaft in gleicher Höhe als Einzahlung zu planen ist. Gleichzeitig erfolgt die Einführung des Forecasts in kurzer Zeit und unter hohem Zeitdruck. Es sind daher zwangsläufig mehrere Iterationen erforderlich bis eine zufriedenstellende Prognosegenauigkeit erreicht wird. Entscheidend für die Stabilisierung und stetige Verbesserung der Qualität des Forecasts ist ein konsequenter Plan-Ist- (Vergleich zwischen geplanten zu letztlich eingetretenen Cash-Flows) und Plan-Plan-Vergleich (Vergleich der wöchentlichen Cash-Flow Forecasts zwischen verschiedenen Planversionen) mit einer Analyse der Abweichungen. Aus diesen Abweichungen erfolgt sodann die Ableitung von Adjustierungsbedarf für die folgenden Planungsläufe, sowohl inhaltlich hinsichtlich der Annahmen als auch technisch hinsichtlich der korrekten Verwendung des Forecast-Modells. 24

Die Struktur des Cash-Flow Forecasts folgt in der Regel der Struktur der Gewinn- und Verlustrechnung. Dies bietet einen hohen Wiederkennungswert für die betroffenen Mitarbeiter und das Management und bietet eine gute Orientierung anhand der im Unternehmen etablierten Definitionen. Zusätzlich beinhaltet der Cash-Flow Forecast auch Auszahlungen für Investitionen sowie Zins- und Tilgungszahlungen. Die erwarteten Ein- und Auszahlungen werden den vorhandenen Finanzierungsspielräumen (Kredite, Linien und Inanspruchnahme) gegenübergestellt und somit die verfügbare Liquidität – ggf. eine Finanzierungslücke – zu den jeweiligen Zeitpunkten im Forecast ermittelt. 25

Der Forecast erfolgt auf Ebene der einzelnen Konzerngesellschaften, da jede einzelne Gesellschaft durchfinanziert sein muss und das jeweilige Management entsprechende Haftungsrisiken trägt. Auslandsgesellschaften sind bevorzugt, insbesondere bei Cash-Flows in lokaler Währung oder bei bestehenden Wechselkursrisiken gegenüber der Gruppenwährung, in lokaler Währung zu planen. Zahlungsströme zwischen den Gesellschaften müssen gesondert prognostiziert werden, wobei insbesondere zu hinterfragen ist, welche Zahlungen zwischen den Gesellschaften gegebenenfalls aufgrund der Krisensituation tatsächlich noch realistisch zu erwarten sind. Dies gilt insbesondere für unterstellte bzw. angestrebte »Upstream«-Zahlungen von liquiditätspositiven Tochtergesellschaften an übergeordnete Konzerngesellschaften (Prüfung der rechtlichen Risiken notwendig, vgl. Rdn. 33). 26

Der Aufbau des Cash-Flow Forecasts ist für alle Gesellschaften einheitlich, dadurch ist eine Addition der Cash-Flows einfach möglich. Die Forecasts der Konzerngesellschaften werden mit dem Cash Management Office im Detail abgestimmt, ggfs. angepasst und auf Gruppenebene konsolidiert. Sinnvoll sind wöchentliche »Cash-Calls« zwischen dem zentralen Cash Management Office und den Planungsverantwortlichen in den Konzerngesellschaften zur Diskussion und Analyse der Prognosen. Der Schwerpunkt liegt hier auf auffälligen Plan-Ist und Plan-Plan Abweichungen, um diese frühzeitig zu erkennen und, soweit erforderlich, kurzfristig Gegenmaßnahmen initiieren zu können. 27

Praxistipp:

Für ein verlässliches Ergebnis des Cash-Flow Forecasts ist darauf zu achten, dass folgende typische Fehler vermieden werden: 28
- unzureichende Abstimmung des Forecast-Verantwortlichen in den Gesellschaften mit den Fachbereichen,
- fehlende Identifikation des Managements in den Konzerngesellschaften (Cash Forecast als »Delegation einer unliebsamen Aufgabe«),
- zu optimistische Planung der Einzahlungen sowohl hinsichtlich Höhe und Zeitpunkt,
- unvollständige Erfassung von Auszahlungen (z.B. Umsatzsteuerzahlungen, Investitionsauszahlungen oder Sonderzahlungen),

- fehlendes Rechnungseingangsbuch zur systematischen Erfassung von Rechnungen, insbesondere ungeprüfte und strittige Rechnungen
- fehlerhafte Planung von Investitionszahlungen aufgrund dezentraler Entscheidungen und mangelnder Erfahrung bei der Planung von Zahlungsströmen,
- mangelhafte Abstimmung von Zahlungen zwischen Konzerngesellschaften, wodurch Inkonsistenzen zwischen den Gesellschaften entstehen und planerisch auf Gruppenebene entweder zu viel oder zu wenig Liquidität ausgewiesen wird,
- unvollständige oder fehlerhafte Erfassung von Ist-Daten, wodurch eine aussagekräftige Abweichungsanalyse erschwert oder unmöglich gemacht wird,
- keine konsequente Plan-Ist-Abweichungsanalyse – als Konsequenz unterbleiben notwendige Gegenmaßnahmen mit dem Risiko Planungsfehler vorzutragen,
- keine Planung auf Einzelgesellschaftsebene, wodurch ggf. freie Liquidität gezeigt wird, die nicht nutzbar ist,
- fehlende Separierung formal vorhandener, aber nicht verfügbarer Liquidität (»Dead Cash«, »Trapped Cash«, »Blocked Cash«),
- Unterstellung, dass die Liquidität innerhalb des Konzerns uneingeschränkt transferiert werden kann, um den Liquiditätsbedarf in den verschiedenen Währungen einzelner Gesellschaften zu decken.

2. Operatives Liquiditätsmanagement

29 Folgende Instrumente und Maßnahmen stehen für ein optimiertes Liquiditätsmanagement zur Verfügung:
- tägliche Erhebung des Finanzstatus,
- nach Möglichkeit Nutzung eines Cash Pools sowie Reduzierung der Anzahl der Bankkonten und Bankverbindungen,
- Reduzierung der Zahlläufe und Genehmigung der Zahlungen,
- Management von Zins- und Währungsrisiken.

30 Es ist hierbei allerdings zu beachten, dass sich die Implementierung oder auch Aufrechterhaltung eines Cash Pools und eine Reduzierung der Zahlläufe in Krisenzeiten schwierig gestalten können und eine rechtliche Prüfung erfordern.

a) Erhebung des Finanzstatus

31 Der Finanzstatus besteht aus den kumulierten Salden der Bankkonten sowie den verfügbaren Kreditlinien. Zur Erhebung der Banksalden ist es empfehlenswert, diese täglich nach Währungen getrennt abzurufen und mit dem Cash-Flow Forecast abzustimmen. Idealerweise sollten die Kontosalden bei den Banken durch das Treasury zentral elektronisch abgerufen werden, um einerseits Fehler bei der Erfassung zu vermeiden und anderseits die Vortagessalden frühestmöglich zur Verfügung zu haben. Parallel zum Prozess der elektronischen Anbindung sollte geprüft werden, welche Bankkonten tatsächlich benötigt werden. Die Anzahl der Konten sollte auf ein Minimum reduziert werden. Dies verringert die Kosten, den administrativen Aufwand und die jeweils dezentral gebundene Liquidität. Bankkonten sollten ausschließlich mit Zustimmung der Treasury Abteilung eröffnet und geschlossen werden können. Zur abschließenden Erhebung des Finanzstatus wird eine Analyse der bestehenden Kreditlinien durchgeführt. Durch Abzug der in Anspruch genommenen Kreditlinien werden freie Linien isoliert. Die Summe aus Banksalden und freien Kreditlinien bildet die verfügbare Liquidität.

b) Cash Pool

32 Eine weitere Möglichkeit, den Liquiditätsbedarf zu steuern, ist die Einführung eines Cash Pools. Im klassischen Cash Pool werden über Nacht alle Banksalden auf ein sogenanntes Zielkonto übertragen, auf dem sämtliche Liquidität der in den Cash Pool integrierten Konzerngesellschaften bzw. Konten gesammelt wird. Durch die Zentralisierung der Liquidität kann diese anderen Gesellschaften

zur Verfügung gestellt werden, die sie benötigen. Teilweise bestehen in Unternehmen historisch gewachsen mehrere Cash Pools nebeneinander. Hier ist zu prüfen, inwieweit die Anzahl der Konten und Cash Pools reduziert werden kann. Eine schnelle Verbesserung der Cash Pool Situation, z.B. die Erfassung und Reduzierung von Bankkonten in der Krise ist eine ausgesprochen zeitaufwändige Aufgabe, für die in der Regel kaum Zeit bleibt. Derartige »Hygienemaßnahmen« sollten bereits vor der Krise implementiert sein.

Ob und inwieweit ein Cash Pool aufrechterhalten oder überhaupt eingeführt werden kann, ist recht- 33
lich zu prüfen. Spätestens sobald sich das Unternehmen bzw. der Konzern in der Krise befindet, ist die Einführung eines Cash Pools meist erschwert, da die Geschäftsführer von Tochtergesellschaften es aus Haftungsgründen häufig ablehnen, einem Cash Pool mit der krisenbehafteten Konzernmutter beizutreten. Die Praxis zeigt insbesondere in deutschsprachigen Ländern auch erhebliche Vorbehalte der Geschäftsführer von Tochtergesellschaften, in Krisensituationen einen Cash Pool aufrecht zu erhalten.

c) Zahlläufe und Genehmigungspflichten

Zum Zeitpunkt eines Zahllaufs sollten alle bis zu diesem Zeitpunkt fälligen Rechnungen beglichen 34
werden. Die Anzahl der Zahlläufe ist in den Unternehmen oftmals sehr unterschiedlich und weniger von der Unternehmensgröße und Branche als vielmehr von den etablierten Unternehmensprozessen geprägt. Ein typischer Mittelwert ist der wöchentliche Zahllauf.

Ein Zahllauf am Ende der Woche reduziert z.B. den Finanzierungsbedarf, da für den Zahllauf die 35
Geldeingänge der laufenden Woche mit zur Verfügung stehen. Besonders kritische Lieferanten sollten über solche organisatorische »Vereinfachungen« informiert werden, damit eine kooperative Zusammenarbeit gewährleistet bleibt. Bei der Gestaltung des Zahllaufs muss definiert werden, welche Rechnungen in dem wöchentlichen Lauf inkludiert werden:
- Option 1: Rechnungen mit Fälligkeit bis zum nächsten Zahllauf, in Folge teilweise vorfällige Zahlung von Rechnungen
- Option 2: Rechnungen mit Fälligkeit bis zu einem Datum in der Mitte zwischen zweier Zahlläufe, somit im Mittel fristgerechte Begleichung der Forderungen
- Option 3: Rechnungen mit Fälligkeit bis zum aktuellen Zahllauf, in Folge teilweise Zahlung von Rechnungen nach Zahlungsfrist

In der Praxis wird von Lieferanten keine vorfällige Bezahlung gem. Option 1 erwartet, jedoch im Mittel eine fristgerechte Bedienung der Rechnungen entsprechend Option 2 gefordert. Für die Ausgestaltung des Zahllaufs gem. Option 3 ist eine vorgelagerte Kommunikation mit kritischen Lieferanten sicherzustellen

Für die Kontrolle der Zahlungsströme stehen verschiedene Instrumente zur Verfügung. Ein wesent- 36
liches Element der Liquiditätssteuerung ist die zentrale Freigabe für alle wesentlichen Zahlungen.

▶ **Hinweis:**

Abbildung 4 zeigt beispielhaft einen wöchentlichen Ablauf mit Datenerfassung, Genehmigung 37
und Ausführung von Zahlungen. Durch diesen standardisierten Prozess wird sichergestellt, dass alle notwendigen Zahlungen geleistet werden und das Cash Management Office umfassend informiert ist.

Abb. 4: Beispiel für standardisierten Ablauf bei wöchentlichem Zahlungslauf (Quelle: AlixPartners)

Abb. 4: Beispiel für standardisierten Ablauf bei wöchentlichem Zahlungslauf (Quelle: AlixPartners)

38 Die Genehmigungspflicht durch das Cash Management Office kann bei Bedarf noch weiter ausgebaut werden. Über die Freigabe der Zahlungen hinaus kann auch zusätzlich für bestimmte Arten von Bestellungen eine Genehmigungspflicht eingeführt werden (z.B. für sonstigen betrieblichen Aufwand, Investitionen oder Bestellungen ab einem gewissen Volumen).

38a Abschließend ist auf die Besonderheiten von Scheck- und Lastschriftzahlungen einzugehen. Bei Zahlungen per Scheck ist der Zeitversatz zwischen Einreichung und Wertstellung zu beachten. Bei der SEPA-Lastschriftzahlung ist das sechswöchige Widerrufsrecht von Zahlungen als zusätzliche Steuerungsmöglichkeit zu berücksichtigen.

d) Management von Währungs- und Zinsrisiken

39 Ein wichtiger Baustein des operativen Liquiditätsmanagements ist das Management von Währungs- und Zinsrisiken, um plötzliche Liquiditätsabflüsse aus Währungs- und Zinsverlusten zu vermeiden.

40 Währungsrisiken entstehen bei allen Verträgen und Geschäftsbeziehungen, bei denen Fremdwährungen Vertragsbestandteil sind. Der effizienteste Weg, Währungsverluste zu begrenzen, ist der sogenannte »Natural Hedge«. Ziel dabei ist es, die Ein- und Auszahlungen in der jeweiligen Währung bzgl. Höhe und zeitlichem Anfall zu synchronisieren, sodass den Auszahlungen Einzahlungen in möglichst gleicher Höhe gegenüberstehen. Für die Absicherung von Währungskursen ist die Verfügbarkeit aller Informationen über Zahlungsströme in Fremdwährungen im Treasury entscheidend.

41 Neben den Währungsrisiken bestehen in vielen Unternehmen Zinsrisiken, da Kredite zum Teil langjährig zugesagt sind, die Zinsen aber kurzfristig vereinbart sind (z.B. 3 Monats-EURIBOR zzgl. Marge). Auch hier ist zu prüfen, inwieweit eine Zinsabsicherung, unter Berücksichtigung entstehender Kosten und gegebenenfalls vorgelagerter Liquiditätsbelastung, für einen bestimmten Zeitraum sinnvoll ist und damit die Zinsbelastung planbar gemacht werden kann.

IV. Liquiditätsmaßnahmen

42 Für das Management des Krisenunternehmens ist es von essentieller Bedeutung den Liquiditätsbedarf insbesondere während der Verhandlungen mit den Finanzierungsgebern zu minimieren. Gleichzeitig müssen auch zur Sicherstellung einer erfolgreichen Restrukturierung liquiditätsgenerierende Maßnahmen frühestmöglich initiiert werden. Typische Ansatzpunkte sind dabei:

1. Working Capital: Forderungen aus Lieferungen und Leistungen 43
2. Working Capital: Verbindlichkeiten aus Lieferungen und Leistungen 44
3. Working Capital: Bestände 45
4. Investitionen (Verschiebung, Streichung, Umstellung auf Leasing oder Miete) 46
5. Veräußerung von Vermögensgegenständen 47
6. Bestellstopp 48
7. Factoring 49
8. Forfaitierung 50
9. Freisetzung von »Dead Cash«, »Trapped Cash« und »Blocked Cash« 51
10. Umwidmung von Finanzierungslinien 52
11. Kurzfristige Finanzierung auf Basis freier Sicherheiten (soweit vorhanden) 53

Auf diese Ansatzpunkte zur Liquiditätsverbesserung wird im Folgenden eingegangen. 54

1. Working Capital: Forderungen aus Lieferungen und Leistungen

a) Eintreiben bestehender Forderungen

Eine hohe Priorität liegt auf dem Eintreiben ausstehender Forderungen. Hierzu sind im ersten Schritt die bestehenden Forderungen nach Fälligkeiten zu analysieren und insbesondere die überfälligen Forderungen mit den Fachbereichen zu diskutieren. Für überfällige Forderungen zeigen sich in der Praxis verschiedene Ursachen, die jeweils spezifische Maßnahmen erfordern. Stehen Zahlungen ohne erkennbare Begründung aus, müssen diese umgehend angemahnt werden. Ein persönlicher Anruf ist hier in der Praxis effektiver als ein Standardbrief. 55

Häufig stehen aber auch »strittige« Forderungen in den Büchern, bei denen Kunden die Zahlung begründet zurückhalten. Diese Begründungen sind häufig operativer Natur, beispielsweise aufgrund von Reklamationen des Kunden über Preisdifferenzen und Qualitätsmängel der gelieferten Güter oder Einbehalte des Kunden aufgrund geltend gemachter Gewährleistungsansprüche. In der Praxis zeigt sich häufig, dass die operativen Fachbereiche die Klärung dieser Themen nicht mit der erforderlichen Priorität und Konsequenz angehen. In diesem Fall muss das Cash Management Office sicherstellen, dass diese Forderungen verfolgt und ggf. mit Abschlägen eingetrieben werden. 56

b) Mahnwesen

Je höher der Anteil unbegründet überfälliger Forderungen ist, desto wichtiger ist die Professionalisierung des Mahnwesens. In der Praxis ist ein Anteil überfälliger Rechnungen von mehr als 30 % am gesamten Forderungsbestand keine Ausnahme. Durch konsequentes Handeln lassen sich diese Quoten zumeist halbieren. 57

Ein erfolgreiches Mahnwesen erfordert einen strikten Mahnprozess mit klarer zeitlicher Abfolge und definierten Verantwortlichkeiten (inkl. Einbindung des Vertriebs). Eindeutig definierte Eskalationsprozesse müssen regeln, zu welchen Zeitpunkten und zu welchen Themen höhere Hierarchiestufen unternehmensintern und kundenseitig einzubeziehen sind, falls es zu Divergenzen mit Kunden kommt. Weiterhin ist eine enge Zusammenarbeit aller Unternehmensbereiche erforderlich, um Nichtzahlungsgründe wie Mängel (Qualität, Menge, Lieferzeit) oder vertragliche Differenzen (z.B. Preiskonditionen) zu beheben und zukünftig zu vermeiden. 58

Um eine Disziplinierung auch bei den Konzerngesellschaften zu gewährleisten, empfiehlt sich eine regelmäßige Analyse der »Offene-Posten-Listen« (überfällige Forderungen mit Altersstruktur) der einzelnen Gesellschaften durch das Cash Management Office. Die Fachbereiche bzw. Gesellschaften werden verpflichtet, sämtliche überfälligen Forderungen zu begründen und mit Maßnahmenplänen zu hinterlegen. Für Kunden, die grundsätzlich verzögert zahlen, sollten spezifische Maßnahmen definiert werden, die auch schon vor Fälligkeit einzelner Rechnungen ansetzen, z.B. durch eine generelle Kommunikation auf Geschäftsführungsebene. 59

c) Schnellstmögliche Rechnungstellung

60 In vielen Branchen liegt ein beträchtliches Potenzial in Vorgängen, die noch nicht zur Rechnungstellung geführt haben (und somit nicht in den Debitorenlisten erscheinen), für die aber kurz- bis mittelfristig die Rechnungstellung beschleunigt werden kann. Dies ist beispielsweise im Projektgeschäft der Fall, wenn Teilzahlungen an das Erreichen bestimmter Meilensteine oder an erfolgte Abnahmen gebunden sind. In der Praxis zeigt sich beispielsweise häufig, dass Meilensteine lediglich deshalb noch nicht erreicht sind, weil seit geraumer Zeit eine letzte technische Zeichnung oder Dokumentation aussteht oder ein Abnahmetermin aufgrund anderer – vermeintlich wichtigerer – Prioritäten immer wieder verschoben wurde. In diesen Fällen müssen durch die betroffenen Fachbereiche Maßnahmen erarbeitet werden, um eine schnellstmögliche Rechnungstellung zu gewährleisten und weitere Verzögerungen zu vermeiden. Das Cash Management Office muss die Umsetzung der Maßnahmen nachhalten und insbesondere sicherstellen, dass auch in den operativen Bereichen das Thema Liquidität höchste Aufmerksamkeit erhält.

d) Zahlungskonditionen

61 Eine weitere Möglichkeit zur Beschleunigung von Kundenzahlungen besteht im Einräumen von Skonti bei kurzfristiger Zahlung. Insbesondere in Fällen, in denen die Kunden von der Lieferfähigkeit des Krisenunternehmens abhängig sind, z.B. häufig in der Automobilindustrie, können mit Kunden kürzere Zahlungsziele, ggf. sogar Zahlung per Vorauskasse, verhandelt werden Diese Maßnahme ist im Einzelfall zu prüfen, z.B. hinsichtlich einer möglichen negativen »Signalwirkung« auf den Kunden, die sich im schlechten Fall negativ auf zukünftige Auftragsvergaben auswirken kann.

2. Working Capital: Verbindlichkeiten aus Lieferungen und Leistungen

62 Bei den kurzfristigen Maßnahmen auf Seiten der Verbindlichkeiten ist zu berücksichtigen, dass durch diese eine Schädigung des Vertrauensverhältnisses zu den Lieferanten soweit möglich vermieden werden sollte. Weiterhin sind insolvenzrechtliche Aspekte zu beachten; so ist immer wieder zu beobachten, dass Unternehmen die Zahlung fälliger Verbindlichkeiten aufgrund von Liquiditätsengpässen hinauszögern ohne die Hinterlegung von belastbaren Zahlungsplänen (»strecken«), während das Unternehmen ggf. mit den zu Verfügung stehenden Liquiditätsmitteln nicht in der Lage wäre, alle fälligen Verbindlichkeiten zu begleichen. Wie bereits eingangs erwähnt, sollte in solchen Situationen ein restrukturierungserfahrener Anwalt bereits eng involviert sein.

a) Nutzung bestehender Zahlungsziele

63 Sollte das Unternehmen Verbindlichkeiten noch unter Nutzung von Skontofristen begleichen, bietet sich eine kurzfristige Umstellung dieser Praxis an. In vielen Unternehmen ist die Nutzung von Skonto in den Systemen hinterlegt, sodass ohne eine Umstellung in den Systemen Skontofristen mehr oder weniger automatisch genutzt werden. Häufig zeigt sich auch, dass Tochtergesellschaften mit ausreichender Liquidität nach wie vor »Skonto ziehen«, während bei anderen Konzerngesellschaften Liquiditätsengpässe bestehen (inwiefern die Nutzung der Liquidität dieser Gesellschaften zur Deckung des Bedarfes anderer Gesellschaften rechtlich möglich ist, ist dabei jedoch zu prüfen).

64 Zumindest ist zu prüfen, ob die in den Systemen hinterlegten Zahlungskonditionen den tatsächlich vereinbarten Konditionen entsprechen, um zu verhindern, dass Lieferantenrechnungen früher als erforderlich beglichen werden.

b) Neuverhandlung von Zahlungszielen

65 Insbesondere bei akuten Liquiditätsengpässen kann geprüft werden, ob einzelne Lieferanten einer Verlängerung von Zahlungszielen auf bestehende oder zukünftige Forderungen zustimmen. Gerade in der Krise ist diese Maßnahme schwierig umzusetzen und daher eher im Einzelfall und in Abhängig-

keit von der Stellung und der Beziehung zum Lieferanten zu betrachten. Meist ist die Zahlungszielverlängerung nur bei Lieferanten möglich, die stark vom Krisenunternehmen abhängig sind. Dabei sind auch bestehende Kreditversicherungslinien sowie mögliche Reaktionen von Kreditversicherern zu beachten, da sich deren Risiko bei versicherten Forderungen durch Verlängerung der Zahlungsziele erhöht.

c) Rechnungskontrollen und (berechtigte) Rückhaltung von Zahlungen

Ein weiterer Ansatzpunkt kann sich aus der kritischen Prüfung von Lieferantenforderungen ergeben. 66
So passiert es nicht selten, dass Kunden des Unternehmens Zahlungen bei Streitigkeiten konsequent einbehalten (wie weiter oben erörtert), während das Unternehmen selbst weniger kritisch bei der Prüfung von Lieferantenrechnungen vorgeht. So werden beispielsweise Qualitätsprobleme nicht konsequent reklamiert oder trotz offener Reklamation die Zahlung der betreffenden Rechnungen nicht mit Zahlsperren versehen. Soweit noch nicht ausreichend vorhanden, müssen die organisatorischen und prozessualen Voraussetzungen geschaffen werden, dass eingehende Rechnungen zeitnah auf sachliche und rechnerische Richtigkeit geprüft werden.

3. Working Capital: Bestände

a) Veräußerung von Beständen

Auf der Absatzseite ist das kurzfristige Potenzial zur Liquiditätsgenerierung aus Beständen von der 67
Branche des Unternehmens abhängig. Verfügt das Unternehmen über einen hohen Bestand an Fertigerzeugnissen, beispielsweise im Konsumgüterbereich, so kann durch Sonderrabatte oder gezielte Abverkäufe an normalerweise nicht bediente Absatzkanäle, kurzfristig Liquidität generiert werden. Hierfür bieten sich insbesondere Produkte mit Überbeständen, also langen Lagerreichweiten, sowie die sogenannten Altbestände und »Langsamdreher« an. Weitere kurzfristige Potenziale finden sich gegebenenfalls auch bei den Roh-, Hilfs- und Betriebsstoffen sowie bei zugekauften Vorprodukten, soweit diese nicht spezifisch für das Unternehmen produziert sind.

Bei der Veräußerung von Beständen müssen ggf. negative Ergebniseffekte berücksichtigt werden, je 68
nachdem ob (und ich welcher Höhe) die entsprechenden Lagerbestände bereits in den Büchern wertberichtigt wurden und wie hoch die eingeräumten Rabatte sind. Die Veräußerung vollständig wertberichtigter Altbestände kann dagegen auch zu positiven Ergebnisbeiträgen führen. Die Erfahrung aus der Praxis zeigt, dass ein Abwarten meistens keinen besseren Preis bringt, der Verlust wird lediglich später realisiert, die Liquidität allerdings auch. Soweit nicht vorhanden, sind Kennzahlen und Steuerungssysteme zu etablieren, um zukünftig ein Anwachsen des Bestandes an Fertigerzeugnissen zu verhindern.

Insgesamt sollte der Effekt beim Verkauf der Bestände gerade bei wenig marktgängigen Gütern nicht 69
überschätzt und die Herausforderungen in der Umsetzung nicht unterschätzt werden.

b) Nutzung vorhandener Bestände in der Produktion

Bisweilen finden sich auch Vorprodukte auf Lager, die – z.B. aufgrund einer Produktmodifikation – 70
nicht verwendet werden, welche aber durch manuelle Bearbeitung doch noch in der Produktion eingesetzt werden könnten. Während diese Mehrarbeit in guten Zeiten von den produktiven Bereichen als ineffizient bewertet wird, kann diese in der Krise sinnvoll sein.

c) Optimierung von Sicherheitsbeständen

Auf der Beschaffungsseite gilt es, den Zugang an neuen Beständen zu optimieren. Oft findet sich 71
ein beträchtliches Potenzial in den Sicherheitsbeständen. Diese werden sowohl für Rohmaterialen wie auch für Fertigwaren in guten Zeiten relativ großzügig bemessen, um jederzeitige Produktions- und Lieferfähigkeit sicherzustellen. In Zeiten von Liquiditätsknappheit sind diese Größen kritisch zu hinterfragen und nach Möglichkeit zu reduzieren. Hohe Sicherheitsbestände sind häufig auch

ein Zeichen für eine verbesserungsfähige Mengen- und Bedarfsplanung, da Risiken aus Ungenauigkeiten und Varianzen in den Prognosen durch »Bestandspuffer« ausgeglichen werden. Die Optimierung dieser Prozesse betrifft den Kern der Supply Chain und der Produktionsprozesse und gestaltet sich meist aufwändig und zeitintensiv.

d) Reduzierung von Bestellmengen (Losgrößen)

72 Ein weiterer Ansatzpunkt kann in der Reduzierung der Losgrößen von Bestellungen liegen. Diese führt allerdings zu einer Erhöhung der Anlieferungsfrequenz und kann daher Ineffizienzen in der Supply Chain zur Folge haben. Vor- und Nachteile sind also unter Berücksichtigung der betrieblichen Abläufe abzuwägen. Darüber hinaus kann eine Verringerung der Losgrößen Forderungen nach Preiserhöhungen auf Lieferantenseite verursachen, die abgewehrt werden müssen.

e) Konsignationslager

73 Die Einrichtung von Konsignationslagern entlastet kurzfristig die Liquidität, da nur verbrauchte Waren an den Lieferanten zu bezahlen sind, während das Warenlager im Eigentum des Lieferanten verbleibt. Dieses Verfahren bietet sich primär für hochpreisige Waren an, da der administrative Aufwand hoch ist. Allerdings ist zu erwarten, dass der Lieferant seinerseits versucht, Konsignationslager aus den gleichen Gründen zu vermeiden, bzw. eine Kompensation in Form einer Preiserhöhung erwartet. Entscheidend für die Durchsetzung ist die Marktmacht des Unternehmens.

f) Produktionsstopp

74 Einen der härtesten Einschnitte stellt die zumindest teil- und zeitweise Einstellung der Produktion dar. Gerade Produkte mit schlechten Margen, einer langen Verweildauer bis zum Eingang von Liquidität und einer hohen Variabilität der Kosten empfehlen sich für eine derartige Maßnahme. Das anteilige Working Capital kann eingespart werden und Limits mit Kreditversicherern werden gegebenenfalls frei. Dieser Schritt erfordert eine stabile Kostenrechnung zur Berechnung der finanziellen Auswirkungen.

4. Investitionen

a) Verschiebung und Streichung von Investitionen

75 Je nach Ausmaß der Krise sind Investitionen zumindest vorübergehend auf das Minimum zu beschränken, das für das Überleben des Unternehmens bis zur Sicherstellung einer ausreichenden Finanzierung erforderlich ist. Das reine Verschieben reduziert den Liquiditätsbedarf aber nicht, sondern verlagert diesen lediglich in die Zukunft. Ein solcher Investitionsstau wird zu erhöhtem Liquiditätsbedarf in den folgenden Perioden führen, was bei der Finanzplanung und Berechnung des erforderlichen Finanzierungsrahmens zu berücksichtigen ist. Dies gilt beispielsweise bei nicht vermeidbaren Investitionen, die im Zusammenhang mit Kundenaufträgen erforderlich sind.

76 Operativ und wirtschaftlich nicht zwingend erforderliche Investitionen, wie beispielsweise die Sanierung eines Verwaltungsgebäudes, sind besonders kritisch zu hinterfragen und möglichst komplett zu streichen.

b) Umstellung auf Leasing und Mieten

77 In Zeiten enger Liquidität können sich auch Leasing- oder Mietoptionen anbieten, z.B. indem ein neues Produktionsgebäude nicht gekauft, sondern gemietet wird oder neue Maschinen geleast werden. Selbstverständlich sind auch hier die Auswirkungen auf die Profitabilität abzuwägen, aber zumindest lässt sich der Liquiditätsbedarf mit diesen Maßnahmen besser verteilen.

5. Veräußerung von Vermögensgegenständen

a) Veräußerung nicht betriebsnotwendiger Vermögensgegenstände

Die Veräußerung von Vermögensgegenständen, die nicht für die Aufrechterhaltung des operativen 78 Betriebs bzw. für das Kerngeschäft des Unternehmens erforderlich sind, ist ein klassischer Hebel zur Generierung von Liquidität. Hierbei handelt es sich beispielsweise um nicht genutzte Grundstücke, fremdgenutzte Immobilien oder die firmeneigene Kunstsammlung in den Fluren des Verwaltungsgebäudes. Den immer wieder als Beispiel bemühten Firmenjet findet man in der Praxis eher selten, dieser würde aber ebenso in diese Kategorie fallen.

Eine Veräußerung dieser Gegenstände erfordert, dass es für diese eine Nachfrage gibt, sie innerhalb 79 relativ kurzer Zeit veräußerbar sind und dass sie frei von Rechten Dritter sind, also insbesondere nicht der Besicherung von Darlehen dienen. Erfolgen derartige Veräußerungen als »Notverkäufe« unter hohem Zeitdruck, müssen meist Abschläge auf den Verkehrswert akzeptiert werden. Sofern die Veräußerungserlöse aufgrund von Vereinbarungen in den Kreditverträge nicht im Unternehmen verbleiben dürfen, sondern zur Rückführung von Krediten genutzt werden müssen, senken diese zwar die Verschuldung, tragen aber nicht zu einer Verbesserung der Liquiditätssituation bei. Daher sollten derartige Transaktionen vorab mit den Kreditgebern abgestimmt werden, mit dem Ziel einer Vereinbarung, dass ein Anteil der Erlöse im Unternehmen verbleiben kann. Des Weiteren sind die Ergebniseffekte der Verkäufe zu berücksichtigen. Werden mit der Veräußerung stille Reserven aufgedeckt, kann dies Ergebnissteigerungen und letztlich Ertragsteuern zur Folge haben. Werden Gegenstände dagegen unter Buchwert veräußert, führt dies zu Buchverlusten und belastet das (außerordentliche) Ergebnis und Eigenkapital des Unternehmens

b) Veräußerung von Tochtergesellschaften und Beteiligungen

Zur Veräußerung kommen grundsätzlich auch operative Einheiten in Frage, z.B. selbständige Tochter- 80 unternehmen oder Unternehmensbeteiligungen. Allerdings ist ein kurzfristiger Verkauf meist kaum oder nur mit hohen Abschlägen möglich, z.B. an einen strategischen Investor, der aufgrund der Kenntnisse der Branche und des Unternehmens keine ausführliche Due Diligence benötigt oder einen Finanzinvestor, der mit entsprechenden Risikoabschlägen agiert. In aller Regel erfordert eine solche Maßnahme die Zustimmung der Kreditgeber und eine Einigung über die Verteilung der Erlöse zwischen (vorzeitiger) Kreditrückführung und Verbleib im Unternehmen.

c) Sale & Lease Back

Sale & Lease Back Transaktionen kommen in der Regel für betriebsnotwendige Vermögensgegen- 81 stände in Betracht, z.B. für Maschinen oder Immobilien. Das Unternehmen verkauft dabei den Gegenstand an ein Leasingunternehmen und mietet diesen zurück. Dem Vorteil eines einmaligen Liquiditätszuflusses steht der Nachteil langfristiger regelmäßiger Auszahlungen entgegen. Da der Wert der transferierten Vermögensgegenstände für den Leasinggeber von den erwarteten Leasingzahlungen des Unternehmens abhängt, spielt dessen finanzielle Situation auch hier eine entscheidende Rolle. Daher kommt es in der Krise zu entsprechenden Bewertungsabschlägen zum Nachteil des Unternehmens. Analog zum Verkauf nicht betriebsnotwendiger Vermögensgegenstände sind auch hier die Auswirkungen auf die Ertragssituation und mögliche steuerliche Konsequenzen zu beachten. Mögliche Besicherungen durch Kreditgeber, oder im Kreditvertrag formulierte Vereinbarungen über vorzeitige Rückzahlungen von Darlehen bzw. Limitationen von Leasingverbindlichkeiten sind ebenfalls in Betracht zu ziehen.

6. Bestellstopp

Eine weitere Maßnahme ist ein genereller Ausgabestopp für Sachverhalte, die nicht direkt der ope- 82 rativen Leistungserstellung dienen. Hier kann es sich z.B. um Kosten für Reisen, Büromaterial, Reinigung, Marketing, Training, etc., handeln. Bei dieser Maßnahme werden rigide Bestellstopps mit klar geregelten Genehmigungspflichten für Ausnahmen eingeführt. Dieses Vorgehen steigert zudem auch die Sensibilisierung der Belegschaft für die Ernsthaftigkeit der wirtschaftlichen Situation.

7. Factoring

83 Der Verkauf von Kundenforderungen in der Krise ist dann eine Option, wenn für die Factoringgesellschaft sichergestellt ist, dass trotz der aktuellen Situation die Leistung vollständig erbracht wird und die gekauften Kundenforderungen einredefrei sind, d.h. die Zahlungen nicht durch die Krise des Unternehmens gefährdet sind, sondern lediglich von der Bonität des Kunden abhängen. In diesem Zusammenhang ist zu prüfen, ob nach den Kunden- und Kreditverträgen ein Factoring grundsätzlich möglich ist und wem die Erlöse aus dem Verkauf der Forderungen in welcher Höhe zustehen.

a) Echtes und unechtes Factoring

84 Beim Factoring wird zwischen echtem (non-recourse) und unechtem (recourse) Factoring unterschieden. Beim echten Factoring werden die Forderungen mit dem Risiko des Forderungsausfalls an die Factoringgesellschaft übertragen, beim unechten Factoring verbleibt das Risiko beim Verkäufer der Forderung. In jedem Fall haftet der Forderungsverkäufer für den Rechtsbestand der Forderungen. Für das verkaufende Unternehmen ist bei einem echten Factoring sicherzustellen, dass die Kundenbeziehung geschützt wird und der Mahnprozess bis auf weiteres in der Hoheit des Unternehmens bleibt.

b) Offenes und stilles Factoring

85 Darüber hinaus ist zwischen offenem und stillem Factoring zu unterscheiden. Während beim offenen Factoring der Debitor über die Abtretung der Forderung informiert wird und zum Teil aufgrund seiner AGB seine Zustimmung zum Verkauf voraussetzt, wird der Debitor beim stillen Factoring nicht über den Verkauf und die Abtretung der Forderung informiert. Die Factoringgesellschaft trägt beim stillen Factoring ein erhöhtes Risiko, da sie die Richtigkeit der Rechnung gegenüber dem Debitor nicht prüfen kann und der Debitor Zahlungen auf die Forderung mit schuldbefreiender Wirkung an jedes Konto des Forderungsverkäufers leisten kann. Aufgrund des hohen Wettbewerbs ist zwischenzeitlich häufig ein echtes und stilles Factoring anzutreffen, da dies für das Unternehmen am einfachsten umsetzbar ist und die Kundenbeziehung nicht beschädigt. Jedoch hängt die Umsetzbarkeit eines stillen Factoring von der Komplexität der Geschäftsbeziehungen und den geltenden Kundenverträgen ab. Dabei sind die anwendbaren Rechtsrahmen der Jurisdiktionen des Sitzes des Unternehmens und Kunden, sowie ggf. ein abweichendes anzuwendendes Vertragsrecht ausschlaggebend. Eine detaillierte Prüfung durch einen Rechtsbeistand ist in jedem Fall dringend zu empfehlen.

▶ **Praxistipp:**

85a Ein in Deutschland ansässiges Unternehmen beliefert die britische Gesellschaft unter schweizer Recht (aufgrund seines global agierenden Kunden mit Sitz in der Schweiz). In dem Fall ist der anzuwendenden Rechtsrahmen (Deutschland, Großbritannien oder Schweiz) zu klären und durch einen Rechtsbeistand zu prüfen. Die Rechtslage zum stillen Factoring variiert dabei zwischen den Jurisdiktionen.

Während in Deutschland ein stilles Factoring selbst bei vertraglich abweichender Formulierung legal ist, wird in Großbritannien grundsätzlich eine Information des Kunden über das geplante Factoring vorausgesetzt. Zudem wird bei einem vertraglich definierten Abtretungsverbot eine schriftliche Einwilligung des Kunden zum Factoring vorausgesetzt. In der Schweiz wird wiederum lediglich bei vertraglicher Abmachung eines Abtretungsverbots der Forderungen eine schriftliche Zustimmung des Kundens zum Factoring benötigt.

c) Reverse- und Lieferanten Factoring

Eine weitere Form der Working Capital Finanzierung bietet das »Reverse-Factoring«, welches durch Kooperation mit einem Finanzierungspartners die Zahlungsziele mit Lieferanten verlängert. Dabei bedient bspw. eine Bank die ausstehenden Lieferantenrechnungen zur bestehenden Fälligkeit, während das Unternehmen zu einem definierten Zeitpunkt die Verbindlichkeit bei der Bank bedient. Ein solches Programm und die einhergehende Verlängerung der Zahlungsziele ist im Krisenumfeld aufgrund des ungenügenden Risikoprofils oftmals schwierig umzusetzen. Dennoch bleibt in Abwesenheit eines eigenen Programms die Möglichkeit als Lieferant an den Reverse-Factoring Programmen größerer Kunden zu partizipieren. In Absprache mit dem Kunden kann der Zeitraum bis zum Erhalt des Rechnungsbetrags durch Teilnahme an den Programmen reduziert werden. Dabei ist der Liquiditätsbeitrag unter Berücksichtigung von entstehenden Finanzierungskosten und möglicherweise verschlechterten Vertragsbedingungen mit dem Kunden zu evaluieren. 85b

8. Forfaitierung

Unter Forfaitierung versteht man den Verkauf langfristiger Forderungen aus einem Exportgeschäft an ein Kreditinstitut. Es handelt sich um eine Art der Exportfinanzierung mit der Besonderheit, dass der Verkäufer (Forfaitist) kein Rückgriffsrecht hat, falls der Kunde nicht bezahlt, allerdings haftet der Verkäufer auch für den rechtlichen Bestand der Forderung. Analog zum Factoring gibt es echte und unechte Forfaitierung. Im Unterscheid zum Factoring sind die Forderungen in der Regel langfristiger Natur und werden einzeln angekauft. 86

9. Freisetzung von »Dead Cash«, »Trapped Cash« und »Blocked Cash«

a) Dead Cash

Unter »Dead Cash« wird die Minimum-Liquidität verstanden, die auf einem Bankkonto liegen sollte, um einen reibungslosen Zahlungsverkehr sicherzustellen (z.B. Überbrückungen des zeitlichen Versatzes zwischen Ein- und Auszahlungen von Freitag auf Montag oder am Monatsende). Durch Schließung von Bankkonten und Zentralisierung des Zahlungsverkehrs auf eine geringere Anzahl von Bankkonten lässt sich die Summe des »Dead Cash« deutlich reduzieren. 87

b) Trapped und Blocked Cash

Unter »Trapped Cash« wird Liquidität verstanden, deren Transfer in ein anderes Land bestimmten Restriktionen unterliegt (z.B. von China nach Europa). Da sich die Rahmenbedingungen für einen Transfer immer wieder ändern, lohnt es sich, kontinuierlich die jeweiligen Regelungen zu prüfen bzw. alternative Mechanismen zu installieren, über die Liquidität transferiert werden kann (z.B. an die Muttergesellschaft zu zahlende Management Fees). Weiterhin zu analysieren ist das »Blocked Cash«. Hiermit wird Liquidität bezeichnet, die als Barsicherheit beispielsweise für Mieten, Garantien oder Derivate hinterlegt wurde und ggf. durch andere Sicherheiten ersetzt werden kann. 88

10. Umwidmung von Finanzierungslinien

Verfügt das Unternehmen über sogenannte Mischlinien der Kreditgeber, bei denen das Unternehmen den Kreditrahmen wahlweise für verschiedene Finanzierungen nutzen kann, z.B. für Bürgschaften, Garantien oder Devisenobligos, sollten die aktuellen Inanspruchnahmen auf deren Notwendigkeit und eine mögliche Streichung zugunsten der Barlinien geprüft werden. Häufig werden Linien von abgelaufenen Bürgschaften blockiert, die vom Begünstigten noch nicht zurückgegeben wurden bzw. zurückgefordert wurden. 89

11. Kurzfristige Finanzierung auf Basis freier Sicherheiten

Sollte das Unternehmen über nicht besicherte Vermögensgegenstände verfügen, kann sich ggf. eine zusätzliche Fremdfinanzierung auf Basis dieser freien Sicherheiten anbieten. Je fungibler Vermögens- 90 gegenstände sind (z.B. Ware im Einzelhandel, Immobilien in guten Lagen, Aktienbeteiligungen etc.), desto eher ist ein Finanzierungsgeber bereit, zumindest in Höhe des Liquidationswerts, finanzielle Mittel zur Verfügung zu stellen.

V. Fazit

91 Die Praxis zeigt, dass eine erfolgreiche Umsetzung von Maßnahmen zur Innenfinanzierung auf drei zentralen Standbeinen beruht:

92 1. die organisatorische Verankerung durch ein Cash Management Office,

93 2. die Schaffung von Transparenz in Kombination mit der Einführung und Stärkung von Cash Management Instrumenten zur Steuerung der Liquidität, sowie

94 3. die konsequente Prüfung aller möglichen Hebel für Liquiditätsmaßnahmen und die rigorose Umsetzung der definierten Maßnahmen unter der Kontrolle des Cash Management Office.

95 Grundsätzlich ist die Umsetzung der beschriebenen Hebel zeitintensiv, aufwändig und trifft das Unternehmen in der Krise gerade zu einem Zeitpunkt, in dem der Finanzbereich, das Management und die operativen Bereiche bereits stark eingespannt sind. Neben den erforderlichen Ressourcen fehlt im Unternehmen häufig auch die erforderliche Erfahrung und Konsequenz, gegen interne Widerstände, die notwendigen Veränderungen und Maßnahmen umzusetzen. In diesen Fällen sollten temporär externe Experten hinzugezogen werden.

96 Eine zentrale Rolle kommt dem Management des Unternehmens zu. Die Liquiditätssituation und der Status der Liquiditätsmaßnahmen müssen in der Krise zentraler Bestandteil von Management Reviews sein. Die Umsetzung der Maßnahmen muss durch das Management konsequent nachgehalten werden. Die Bedeutung der Liquidität wird »von oben« demonstriert und vorgelebt.

97 Je früher die erforderlichen Veränderungen eingeleitet werden, desto höher sind die Chancen auf eine erfolgreiche außergerichtliche Restrukturierung und desto besser ist die Verhandlungsposition mit den Kreditgebern des Unternehmens. Zudem kann es demonstrieren, dass es frühzeitig agiert hat und durch konsequente Maßnahmen dazu beiträgt, den externen Finanzierungsbedarf so gering wie möglich zu halten.

B. Gesellschafterleistungen und Maßnahmen zur Eigenkapitalstärkung

I. Einführung

98 Der Erfolg einer außergerichtlichen Sanierung hängt insb. bei Kapitalgesellschaften entscheidend davon ab, dass zeitnah wirksame Maßnahmen getroffen werden, die die Zahlungsunfähigkeit und/oder die Überschuldung einer Gesellschaft im Hinblick auf die gesetzlich normierte Frist von längstens drei bzw. sechs Wochen für die pflichtgemäße Stellung des Insolvenzantrags vermeiden oder beseitigen. Dabei zeigt die Praxis, dass eine Sanierung ohne Unterstützung durch die wesentlichen Finanzgläubiger häufig nicht gelingen kann. Zwar ist es mit der Einführung des StaRUG nun möglich, einzelne opponierende Gläubiger zur Mitwirkung zu bewegen oder diese zu überstimmen. Die für eine solche Restrukturierung erforderliche Mehrheit der Finanzgläubiger fordert allerdings auch weiterhin als Bedingung für ihre Unterstützung regelmäßig Beiträge der Gesellschafter, um diese durch den zu leistenden Beitrag »an Bord zu holen« und zu erreichen, dass der durch eine erfolgreiche Sanierung zugunsten der Gesellschafter als Inhaber des Unternehmens geschaffene Mehrwert wenigstens einigermaßen im Verhältnis zu den von den Finanzgläubigern bei der Sanierung übernommenen Risiken steht. Im Folgenden werden unter **II.** die typischen Unterstützungsmaßnahmen eines Gesellschafters für ein in die Krise geratenes Unternehmen dargestellt, die ohne Einfluss auf das Eigenkapital sind. Im Anschluss werden unter **III.** die Maßnahmen vorgestellt, die die Gesellschafter und/oder Dritte zur Stärkung des Eigenkapitals ergreifen können. Schließlich geht es unter **IV.** um die Möglichkeiten, der Gesellschaft über mezzanine Finanzierungsinstrumente frisches nachrangiges Kapital zur Verfügung zu stellen, das weder Eigenkapital noch klassisches Fremdkapital ist.

II. Allgemeine Gesellschafterleistungen ohne direkten Einfluss auf das Eigenkapital

1. Gewährung von Gesellschafterdarlehen

Die Finanzierung einer in die Krise geratenen Gesellschaft durch die Gewährung von Gesellschafterdarlehen bietet in der Praxis viele Vorteile. Ein Darlehen kann schnell und flexibel gewährt werden, führt zu deutlich geringerem Aufwand und Kosten als eine Kapitalerhöhung und unterliegt nicht dem Risiko einer verdeckten Sacheinlage oder unwirksamer Einzahlungen.[1] Forderungen auf Rückgewähr eines Gesellschafterdarlehens oder Forderungen aus Rechtshandlungen, die einem solchen Darlehen wirtschaftlich entsprechen, unterliegen jedoch in der Insolvenz der darlehensnehmenden Gesellschaft dem Nachrang des § 39 Abs. 1 Nr. 5 InsO. Sie werden damit in der Insolvenz der Gesellschaft wirtschaftlich wie Eigenkapital behandelt. **99**

Die Historie der gesetzlichen Regelungen vor Einführung des MoMiG[2] am 01.11.2008 soll hier nicht vertieft werden.[3] Vielmehr sollen das geltende Recht in Kürze zusammengefasst und erläutert und dem Leser im Kontext von Sanierungen praktische Hinweise zum Umgang mit den typischen Fallkonstellationen gegeben werden. **100**

a) Behandlung von Gesellschafterdarlehen

Gesellschafterdarlehen werden anders als vor dem MoMiG gesellschaftsrechtlich als Fremdkapital und nicht als Stammkapital behandelt. **101**

Gem. § 39 Abs. 1 Nr. 5 InsO sind alle Gesellschafterdarlehen und Forderungen aus Rechtshandlungen, die einem Darlehen wirtschaftlich entsprechen, in der Insolvenz der Gesellschaft allerdings gegenüber den Forderungen der sonstigen Insolvenzgläubiger (§ 38 InsO) und den in § 39 Abs. 1 Nr. 1 – 4 InsO genannten Forderungen nachrangig zu befriedigen. Das bedeutet in der Praxis, dass Forderungen aus Gesellschafterdarlehen in der Insolvenz des Darlehensnehmers regelmäßig vollständig ausfallen. Dieser Nachrang gilt ausnahmsweise nicht für Gesellschafterdarlehen, die in dem durch § 2 Abs. 1 Nr. 2 und Abs. 2 des COVInsAG eingeführten Zeitraum als Neukredit gewährt wurden.[4] **102**

Nach den Anpassungen durch das MoMiG kann der Gesellschafter – wenn er dazu nach den dem Gesellschafterdarlehen zugrunde liegenden vertraglichen Vereinbarungen berechtigt ist – vor Eintritt der Insolvenz jederzeit die Darlehensrückzahlung von der Gesellschaft verlangen, die diese (im Hinblick auf die Tatsache, dass es sich um ein Gesellschafterdarlehen handelt) nicht verweigern kann. Einwendungen, die einer Rückzahlung entgegenstehen (z.B. aus § 15b InsO), bleiben davon unberührt. Die Tilgung eines Gesellschafterdarlehens durch eine Gesellschaft, die binnen eines Jahres vor Insolvenzantragstellung erfolgte, ist aber nach § 135 Abs. 1 Nr. 2 InsO anfechtbar, es sei denn, dass ein Fall des § 39 Abs. 4 oder Abs. 5 (§ 135 Abs. 4 InsO) vorliegt bzw. für bis zum 30.09.2023 beantragte Insolvenzverfahren § 2 Abs. 1 Nr. 2 des COVInsAG eingreift. **103**

Eine Besicherung eines Gesellschafterdarlehens bleibt nach Insolvenzeintritt grds. erhalten, wenn es sich um eine Drittsicherheit handelt. Eine Besicherung durch die Insolvenzschuldnerin selbst kann **104**

---

1 Gottwald-*Drukarcyk/Schöntag*, Insolvenzrechts-Handbuch, § 3 Rn. 131; vgl. zu den Risiken bei der Vergabe eines Darlehens an eine Kommanditgesellschaft BGH, Urt. v. 28.11.1977, II ZR 235/75, BGHZ 70, 51 (63); BGH, Urt. v. 10.12.1984, II ZR 28/84, BGHZ 93, 159 (161); BGH, Urt. v. 09.02.1981, II ZR 38/80, NJW 1981, 2251 (2252).

2 BGBl. I 2008, S. 2026 ff.

3 Zur Rechtslage vor der Einführung des MoMiG vgl. z.B. *Altmeppen*, NJW 2008, 3601 ff. sowie den kurzen Überblick von *Paulus/Vorwerk*, WM 2023, 1735, 1736 f.; generell zur alten Rechtslage vgl. BGH, Urt. v. 24.03.1980, II ZR 213/77, BGHZ 76, 326; BGH, Urt. v. 13.07.1981, II ZR 256/79, BGHZ 81, 252; BGH, Urt. v. 28.11.1994, II ZR 77/93, NJW 1995, 457; BGH, Urt. v. 12.07.1999, II ZR 87/98, NJW 1999, 3120.

4 BeckOK-InsO/*Prosteder/Dachner*, § 39 Rn. 106a ff.

hingegen nach § 135 Abs. 1 Nr. 1 InsO ohne Weiteres angefochten werden.[5] Das Bargeschäftsprivileg des § 142 InsO ist nicht auf eine Besicherung des darlehensgewährenden Gesellschafters im Rahmen von § 135 Abs. 1 Nr. 1 InsO anwendbar.[6] Ist die Sicherung nicht anfechtbar, kann sich der Gesellschafter daraus abgesondert befriedigen.[7]

b) Sachlicher Anwendungsbereich

aa) Begriff des Darlehens

105 Anknüpfungspunkt für § 39 Abs. 1 Nr. 5 InsO ist jedes Darlehen unabhängig davon, ob es sich um ein Geld- oder Sachdarlehen handelt,[8] das Darlehen einen Zins trägt oder zinslos gewährt wurde, es sich um ein partiarisches Darlehen handelt oder welcher Rechtsgrund bzw. Zweck für das Darlehen vereinbart wurde.[9] Anders als früher ist auch nicht maßgeblich, ob das Gesellschafterdarlehen nach Maßgabe der Rechtslage vor dem MoMiG eigenkapitalersetzend war, die darlehensnehmende Gesellschaft sich also bei Ausreichung des Darlehens in der Krise befand.

106 Nicht erfasst sind dagegen Forderungen eines Gesellschafters aus anderem Rechtsgrund, soweit diese nicht als »wirtschaftlich entsprechende Rechtshandlungen« qualifiziert werden können.[10]

bb) Anwendung auf Forderungen aus Rechtshandlungen, die Gesellschafterdarlehen wirtschaftlich entsprechen

107 Über das Tatbestandsmerkmal »Forderungen aus Rechtshandlungen, die einem solchen Darlehen wirtschaftlich entsprechen« sollen im Interesse des Gläubigerschutzes solche Sachverhalte erfasst und dem Nachrang des § 39 Abs. 1 Nr. 5 InsO unterworfen werden, die der Darlehensgewährung durch einen Gesellschafter wirtschaftlich entsprechen und dazu führen, dass der Gesellschafter das mit einer Darlehensgewährung durch ihn verbundene erhöhte Risiko auf die Gemeinschaft der Gesellschaftsgläubiger abwälzt.[11] Hintergrund ist, dass Rechtsprechung und Rechtswissenschaft Darlehen eines Gesellschafters an die eigene, mit Haftungsbeschränkung ausgestattete Gesellschaft misstrauisch gegenüber stehen, weil vermutet wird, dass aus der Kombination von Eigen- und Fremdkapital in einer Hand, dem Informationsvorsprung des Gesellschafters vor den sonstigen Gläubigern und den in der Hand des Gesellschafters konzentrierten Entscheidungsrechten für sonstige Gläubiger erhebliche Nachteile resultieren können.[12] Von dem Tatbestandsmerkmal erfasst sind insb. Forderungen des Gesellschafters auf Regress für den Zugriff auf von ihm zugunsten der Gesellschaft gestellte Realsicherheiten oder Personalsicherheiten wie z.B. einer Garantie/Bürgschaft oder z.B. einer Patronatserklärung.

---

5 Besicherungen von Gesellschafterdarlehen durch die darlehensnehmende Gesellschaft selbst sind von § 2 Abs. 1 Nr. 2 COVInsAG ausdrücklich von der Privilegierung ausgenommen.

6 Ellenberger/Bunte-*Gehrlein*, Bankrechts-Handbuch, § 64 Rn. 95.

7 BGH, Urt. v. 14.02.2019 – IX ZR 149/16, Rn. 40 ff.

8 Vom Sachdarlehen ist die Nutzungsüberlassung zu unterscheiden, für die § 135 Abs. 3 InsO eine abschließende Sonderregelung vorsieht.

9 BeckOK-InsO/*Prosteder/Dachner*, § 39 Rn. 82; K. Schmidt-*K. Schmidt/Herchen*, § 39 Rn. 52; Cranshaw/Paulus/Michel-*Zenker*, Bankenkommentar zum Insolvenzrecht, § 39 Rn. 46; Noach/Servatius/Haas-*Fastrich*, GmbHG, Anh. nach § 30 Rn. 33 f.

10 Uhlenbruck/*Hirte* § 39 Rn. 37; *Dahl/Schmitz*, NZG 2009, 325 (328); *Bork*, ZGR 2007, 250 (256); MK-InsO/*Behme* § 39 Rn. 50.

11 Auch insoweit sieht § 2 Abs. 1 Nr. 2 des COVInsAG eine zeitlich begrenzte Ausnahme vor.

12 Vgl. Gottwald-*Drukarcyk/Schöntag*, Insolvenzrechts-Handbuch, § 3 Rn. 118; rechtswissenschaftlich ist der Normzweck des § 39 Abs. 1 Nr. 5 InsO umstritten, vgl. dazu K. Schmidt-*K. Schmidt/Herchen*, § 39 Rn. 32.

Erfasst von dem Nachrang in der Insolvenz sind aber z.B. auch alle aus Austauschgeschäften (Kauf, Miete, Pacht) resultierenden Forderungen des Gesellschafters gegen die Gesellschaft, die kraft rechtlicher Abrede oder rein tatsächlich gestundet wurden.[13] 108

c) Persönlicher Anwendungsbereich

aa) Darlehensgeber

Darlehensgeber eines Gesellschafterdarlehens i.S.d. § 39 Abs. 1 Nr. 5 InsO muss ein Gesellschafter sein, also eine nach Maßgabe des Gesellschaftsrechts an der Gesellschaft unmittelbar beteiligte Person. Gesellschafter im Sinne des § 39 Abs. 1 Nr. 5 InsO sind darüber hinaus aber auch mittelbar beteiligte Gesellschafter, sofern – über die die vertikale oder horizontale Beteiligung vermittelnden Zwischengesellschaften durchgerechnet – die Kleinbeteiligtenschwelle (§ 39 Abs. 5 InsO) überschritten ist und eine entsprechende Einflussnahmemöglichkeit besteht.[14] 109

In zeitlicher Hinsicht erfasst sind Forderungen eines Gläubigers, wenn dieser bei Eröffnung des Insolvenzverfahrens Gesellschafter ist oder innerhalb der Anfechtungsfrist des § 135 Abs. 1 Nr. 2 InsO Gesellschafter war.[15] Unerheblich ist dabei, ob der Gesellschafter seine Beteiligung erst nach Gewährung des Darlehens erworben hat, solange Gesellschafterstellung und Darlehensgeberstellung zu irgendeinem Zeitpunkt innerhalb der Jahresfrist vor Insolvenzantragstellung (§ 135 Abs. 1 Nr. 2 InsO) bzw. bis zum Zeitpunkt der Eröffnung des Insolvenzverfahrens zusammenfallen.[16] Ein valutiertes Darlehen eines Nicht-Gesellschafters wird vom Nachrang erfasst, wenn der Darlehensgeber innerhalb der Jahresfrist des § 135 Abs. 1 Nr. 2 InsO oder danach zum Gesellschafter wird.[17] Der Nachrang bleibt nach § 404 BGB erhalten, wenn der Gesellschafter innerhalb der Anfechtungsfrist des § 135 Abs. 1 Nr. 2 InsO seine (bereits entstandene oder künftige) Forderung auf Rückzahlung des Darlehens an einen Dritten abtritt. 110

Über das Tatbestandsmerkmal »Forderungen aus Rechtshandlungen, die einem solchen Darlehen wirtschaftlich entsprechen« erweitert § 39 Abs. 1 Nr. 5 InsO den Anwendungsbereich über Gesellschafter hinaus auch auf Dritte, die keine formale Stellung als Gesellschafter innehaben. Das betrifft Konstellationen in denen entweder einem Darlehensgeber eine gesellschafterähnliche Stellung zuzurechnen ist oder die Darlehensgewährung dem Gesellschafter zuzurechnen ist. Einzubeziehen sind insb. Umgehungsfälle, bei denen förmliche Gesellschafterstellung und Darlehensgeberstellung getrennt werden, um eine etwaige Subordination und/oder Anfechtbarkeit gem. § 135 Abs. Nr. 2 InsO zu vermeiden.[18] Zu den vielgestaltigen Fallgruppen sei hier auf die einschlägigen Kommentierungen verwiesen.[19] 111

bb) Darlehensnehmer

Gem. § 39 Abs. 4 InsO werden Gesellschafterdarlehen unabhängig von der Rechtsform der darlehensnehmenden Gesellschaft gleich behandelt, vorausgesetzt, dass es sich um Gesellschaften handelt, die entweder keinen persönlich haftenden Gesellschafter haben oder bei Existenz eines persön- 112

13 BGH, Urt. v. 10.07.2014, IX ZR 192/13, BGHZ 202, 59 (76); *Gehrlein*, BB 2008, 846 (852).

14 Bei verbundenen Unternehmen vgl. etwa BGH, Urt. v. 15.11.2018 – IX ZR 39/18; ausgenommen sind unter den Voraussetzungen des § 24 UBGG Personen, die Mitglied einer Unternehmensbeteiligungsgesellschaft sind und Darlehen an eine Gesellschaft gewähren, die Tochtergesellschaft der Unternehmensbeteiligungsgesellschaft ist.

15 BGH, Beschl. v. 15.11.2011, II ZR 6/11, NJW 2012, 682 (683).

16 S. dazu *Haas*, ZIP 2017, 545 (547).

17 BGH, Beschl. v. 15.11.2011, II ZR 6/11, NJW 2012, 682 (683).

18 Vgl. Noach/Servatius/Haas-*Fastrich*, GmbHG Anh. § 30 Rn. 35 f.

19 S. etwa Scholz-*Bitter*, GmbHG Anh. § 64 Rn. 180 ff.; Uhlenbruck/*Hirte* § 39 Rn. 40 ff.; K. Schmidt-*K. Schmidt/Herchen*, § 39 Rn. 38 ff. Siehe zuletzt etwa OLG Düsseldorf ZRI 2023, 83 (84).

lich haftenden Gesellschafters, dieser wiederum keine natürliche Person als persönlich haftenden Gesellschafter aufweist.

113 § 39 Abs. 4 Satz 1 InsO erfasst somit Kapitalgesellschaften nach deutschem Recht sowie ausländische Kapitalgesellschaften, auf die gem. Art. 3 Abs. 1 EuInsVO das deutsche Insolvenzstatut anwendbar ist, die Genossenschaft nach deutschem und europäischem Recht (SCE), die GmbH & Co. KG (vorausgesetzt, die Haftung des Komplementärs trifft weder direkt noch indirekt eine natürliche Person) und die OHG und GbR, soweit deren jeweilige Gesellschafter keine natürlichen Personen sind.[20]

d) Ausnahmen vom gesetzlichen Nachrang

aa) Sanierungsprivileg

114 Die Ausnahme des § 39 Abs. 4 Satz 1 InsO ermöglicht den Erwerb von Geschäftsanteilen zur Sanierung eines Unternehmens, ohne dass dadurch bereits gewährte Darlehen dem gesetzlichen Nachrang des § 39 Abs. 1 Nr. 5 InsO unterworfen werden (sogenanntes Sanierungsprivileg). Die Vorschrift ist nur anwendbar, wenn der neu dazukommende Gesellschafter bislang Gläubiger war und der Anteilserwerb nach dem Zeitpunkt drohender bzw. eingetretener Zahlungsunfähigkeit oder Überschuldung stattfindet. Ob der Anteilserwerb sich auf die Übernahme neuer Geschäftsanteile oder den Erwerb bestehender Geschäftsanteile bezieht, ist gleichgültig.[21]

115 Der Darlehensgeber darf also nicht schon an der Gesellschaft beteiligt oder eine einem Gesellschafter i.S.d. § 39 Abs. 1 Nr. 5 InsO gleichgestellte Person sein, es sei denn, dass er unter die Ausnahme des § 39 Abs. 5 InsO (Kleinbeteiligungsprivileg) fällt.

116 Weitere Voraussetzung des Sanierungsprivilegs ist, dass die Anteile an der Gesellschaft zum Zwecke ihrer Sanierung übernommen werden. Das ist der Fall, wenn die Anteile mit Sanierungswillen auf der Grundlage eines tauglichen Sanierungskonzepts übernommen werden.[22] Der Bundesgerichtshof verlangt hierfür, dass die zu sanierende Gesellschaft nach der pflichtgemäßen Einschätzung eines objektiven Dritten im Augenblick des Anteilserwerbs objektiv sanierungsfähig ist und die für ihre Sanierung konkret in Angriff genommenen Maßnahmen zusammen objektiv geeignet sind, die Gesellschaft in überschaubarer Zeit durchgreifend zu sanieren.[23] Die Beurteilung erfolgt ex-ante, wobei das Eingreifen des Sanierungsprivilegs nicht davon abhängt, dass der Erfolg der Sanierung letztlich tatsächlich eintritt.[24] In der Praxis sichert sich der Darlehensgeber ab, indem er die Erstellung eines Sanierungsgutachtens zur Voraussetzung für den Erwerb der Anteile macht.

117 Das Sanierungsprivileg gilt für den neuen Gesellschafter nur »bis zu einer nachhaltigen Sanierung«. Sobald die Gesellschaft »nachhaltig saniert« ist, wird der Gesellschafter in einer späteren Insolvenz wie jeder andere Gesellschafter behandelt und seine Forderung unterfällt dem Nachrang des § 39 Abs. 1 Nr. 5 InsO.

118 Umstritten ist, wann eine »nachhaltige Sanierung« anzunehmen ist. Höchstrichterliche Rechtsprechung zu diesem Tatbestandsmerkmal gibt es soweit ersichtlich nicht. In der rechtswissenschaftlichen Literatur werden unterschiedliche Kriterien vorgeschlagen. Nach einer Ansicht liegt eine nachhaltige Sanierung vor, wenn die Gesellschaft nachhaltig kreditwürdig ist, also sämtliche Kredite ablösen kann, ohne insolvent zu werden.[25] Eine andere Ansicht stellt darauf ab, ob für einen Zeit-

20 Vgl. Ellenberger/Bunte-*Gehrlein*, Bankrechts-Handbuch, § 64 Rn. 74.
21 K. Schmidt-*K. Schmidt-Herchen*, § 39 Rn. 45.
22 BGH, Urt. v. 21.11.2005, II ZR 277/03, BGHZ 165, 106 (112).
23 BGH, Urt. v. 21.11.2005, II ZR 277/03, BGHZ 165, 106 (112 f.).
24 BGH, Urt. v. 21.11.2005, II ZR 277/03, BGHZ 165, 106 (113).
25 Scholz-*Bitter*, GmbHG, Anh. § 64 Rn. 128; *Hirte/Knof*, WM 2009, 1961 (1969); MK-InsO/*Behme* § 39 Rn. 91.

raum von zwölf Monaten die Insolvenzantragsgründe entfallen.[26] Eine dritte Ansicht verlangt, dass die ergriffenen Maßnahmen zur Sicherung der Fortführungsfähigkeit dazu geführt haben, dass im Sinne einer positiven Fortführungsprognose die Bestandsgefährdung der Gesellschaft (Eintritt von Zahlungsunfähigkeit oder Überschuldung) mindestens für das laufende und das folgende Geschäftsjahr abgewendet worden ist.[27] Der Bundesgerichtshof spricht in seiner ständigen Rechtsprechung zu Sanierungsgutachten in diesem Zusammenhang von einer »dauerhaften Stabilisierung der wirtschaftlichen Lage«[28] oder einer »Wiederherstellung der Rentabilität des Unternehmens«[29]. Der Bundesfinanzhof spricht von »Herstellung der Ertragsfähigkeit«.[30]

Ein Anhaltspunkt kann der im Sanierungsplan »geplante« Zeitrahmen sein, wobei sich diese Zeitpläne in der Praxis nicht selten nicht halten lassen. Damit trägt der Darlehensgeber das Risiko, dass er in der Folgeinsolvenz der Gesellschaft nachweisen kann, dass die Sanierung der Gesellschaft noch nicht abgeschlossen war. **119**

bb) Kleinbeteiligungsprivileg

§ 39 Abs. 5 InsO nimmt Personen, die mit 10 %[31] oder weniger am Haftkapital einer Gesellschaft beteiligt sind und nicht geschäftsführende Gesellschafter sind, von § 39 Abs. 1 Nr. 5 InsO aus (sogenanntes Kleinbeteiligungsprivileg). Der Begriff »Haftkapital« ist rechtsformneutral und bezieht sich auf das gezeichnete Kapital i.S.d. § 272 HGB während die Anzahl der Stimmrechte oder die Gewinnbeteiligung außer Betracht bleiben.[32] In zeitlicher Hinsicht kommt es (entsprechend § 135 Abs. 1 Nr. 2 InsO) grundsätzlich auf die Verhältnisse während des letzten Jahres vor der Insolvenzantragstellung an. Der BGH hat entschieden, dass sich derjenige auf das Kleinbeteiligungsprivileg berufen kann, der vor diesem Zeitraum aus der Geschäftsführung des späteren Insolvenzschuldners ausgeschieden ist.[33] Das gilt entsprechend für den Gesellschafter, der seine Beteiligung an dem Insolvenzschuldner vor Beginn des letzten Jahres vor der Insolvenzantragstellung (§ 135 Abs. 1 Nr. 2 InsO) auf 10 % oder weniger am Haftkapital reduziert hat.[34] **120**

e) Hinweise für die Praxis

Probleme mit dem Kleinbeteiligungsprivileg stellen sich in der Praxis u.a. dann, wenn die betreffenden Gesellschafter sich in der Krise der Gesellschaft darauf verständigen, der Gesellschaft gemeinsam ein Darlehen zu gewähren oder ein gewährtes Darlehen zu verlängern. Das kann dazu führen, dass das Kleinbeteiligungsprivileg wegen der gegenseitigen Zurechnung der gehaltenen Geschäftsanteile entfällt.[35] Offen ist dabei z.B. die Frage, ob und unter welchen Voraussetzungen eine Zusammenrechnung (aufgrund einer zwischen mehreren Gesellschaftern koordinierten Finanzierung außerhalb des Anfechtungszeitraums des § 135 Abs. 1 Nr. 2 InsO) vermieden werden kann, so dass sich ein **121**

26 HK-*Lüdtke*, § 39 Rn. 53.
27 Uhlenbruck/*Hirte* § 39 Rn. 67; *Hirte/Knof*, WM 2009, 1961 (1969), zur Erstellung einer Fortführungsprognose s. *Knof*, DStR 2007, 1536 (Teil 1) und 1580 (Teil 2).
28 BGH, Urt. v. 21.02.2013, IX ZR 52/10, NZI 2013, 500 (501).
29 BGH, Urt. v. 12.05.2016, IX ZR 65/14, BGHZ 210, 249 (255).
30 BFH, Urt. v. 12.12.2013, X R 39/10, BStBl. 2014, Teil II, S. 572 (575).
31 Eine einschränkende Auslegung von § 39 Abs. 5 InsO, wonach nur Beteiligungen von weniger als 10 % am Haftkapital von dem Privileg erfasst sein sollen, lehnt der BGH ab: vgl. BGH, Urt. v. 26.01.2023, IX ZR 85/21 = DB 2023, 821 = ZIP 2023, 705 = NZG 2023, 1424.
32 BeckOK-InsO/*Prosteder/Dachner* § 39 Rn. 77 m.w.N.
33 BGH Urt. v. 20.04.2023, IX ZR 44/22 = DB 2023, 1466 = ZIP 2023, 1378 = NZI 2023, 663.
34 BGH Urt. v. 20.04.2023, IX ZR 44/22, Rn. 15/17 = DB 2023, 1466 = ZIP 2023, 1378 = NZI 2023, 663.
35 Vgl. BGH, Urt. v. 26.01.2023, IX ZR 85/21 = DB 2023, 821 = ZIP 2023, 705 = NZG 2023, 1424; dazu kritisch *Weber*, ZIP 2023, 2129; *Wazlawik*, NZI 2023, 665.

an der Koordination beteiligter Gesellschafter bei einer Rückzahlung des von ihm gewährten Darlehens innerhalb der des Anfechtungszeitraums auf das Kleinbeteiligtenprivileg berufen kann.[36]

122 Ein häufiges zeitliches Problem in der Praxis stellt sich bei der Umwandlung notleidender Forderungen in Anteile an der schuldnerischen Gesellschaft (Debt Equity Swap, s. dazu im Detail unter Rdn. 224 ff.). Die Verhandlungen über einen Debt Equity Swap werden häufig erst nach Vorlage eines Sanierungsgutachtens aufgenommen und ziehen sich häufig über einige Wochen hin. Es stellt sich dann die Frage, ob zum Zeitpunkt des Debt Equity Swap der zum Erwerb der Anteile an der Gesellschaft führt, die Anteile auf der Grundlage eines noch aktuellen Sanierungskonzepts übernommen werden. Idealerweise wird das Sanierungskonzept in diesen Fällen durch einen Nachtrag aktualisiert.

123 Probleme mit Gesellschafterdarlehen stellen sich in der Praxis häufig im Zusammenhang mit der Veräußerung eines Geschäftsanteils. Veräußert ein Gesellschafter seine Geschäftsanteile und die von ihm gewährten Gesellschafterdarlehen, kann er (zusammen mit dem Erwerber, mit dem er als Gesamtschuldner haftet) auf »Rückzahlung« des Darlehens in Anspruch genommen werden, wenn Tilgungen auf das Darlehen an den Erwerber geflossen sind und die Gesellschaft innerhalb der Jahresfrist des § 135 Abs. 1 Nr. 2 InsO Antrag auf Eröffnung des Insolvenzverfahrens stellt.[37]

124 Da eine Rückzahlung der Gesellschafterdarlehen und das Verstreichenlassen der Jahresfrist des § 135 Abs. 1 Nr. 2 InsO vor Veräußerung einer Gesellschaft in der Praxis aus verschiedenen Gründen keine Option sind, müssen andere Wege gefunden werden, um die Risiken im Umgang mit Gesellschafterdarlehen bei der Veräußerung von Gesellschaftsanteilen zu begrenzen.[38] Üblich ist eine schuldrechtliche Lösung, wonach sich der Erwerber eines Geschäftsanteils gegenüber dem Veräußerer dazu verpflichtet, keine Tilgungen auf das erworbene Gesellschafterdarlehen zu verlangen. Diese Vorgehensweise wird der Veräußerer aber nur zu akzeptieren bereit sein, wenn der Erwerber über ausreichende Bonität verfügt oder für eine Verletzung dieser Verpflichtung Sicherheit leistet.

125 Zu beachten ist auch, dass die Darlehensvergabe durch Gesellschafter sowie die Entgegennahme der Darlehensvaluta durch die Gesellschaft ein erlaubnispflichtiges Bankgeschäft nach dem KWG darstellen kann, soweit nicht das sog. Konzernprivileg gem. § 2 Abs. 1 Nr. 7 KWG eingreift.[39] Kritisch ist das insb. im Hinblick auf Gemeinschaftsunternehmen, bei denen unklar und im Einzelfall zu prüfen ist, ob diese unter das Konzernprivileg fallen.

126 Die Gewährung eines Darlehens an eine Gesellschaft und der damit im Zusammenhang stehende Erwerb von Geschäftsanteilen an dieser Gesellschaft (z.B. im Rahmen des Kleinbeteiligungsprivilegs) kann als Folge von § 15 Abs. 3 GmbHG auch die notarielle Beurkundung des Darlehensvertrages (sowie der damit im Zusammenhang stehenden Verträge, wie z.B. der Sicherheitenverträge) erforderlich machen, wenn die einzelnen Verträge nach dem Willen der beteiligten Parteien Bestandteile eines einheitlichen Gesamtvertrages bilden und »miteinander stehen und fallen sollen«.

2. Patronatserklärungen

127 Der Sammelbegriff »Patronatserklärung« umfasst eine Vielzahl möglicher Instrumente unterschiedlichen rechtlichen Inhalts (z.B. Wissens-, Auskunfts-, Absichts- oder Verpflichtungserklärungen), die typischerweise ein Allein- oder Mehrheitsgesellschafter mit dem Ziel abgibt, die Kreditwürdigkeit einer Tochtergesellschaft zu stärken. Darüber hinaus ist die Patronatserklärung ein vielfältiges Instrument nicht nur zur Verbesserung der Kreditwürdigkeit von Tochtergesellschaften, sondern

36 BGH Urt. v. 20.04.2023, IX ZR 44/22, Rn. 21 = DB 2023, 1466 = ZIP 2023, 1378 = NZI 2023, 663.
37 Vgl. BGH, Urt. v. 21.02.2013, IX ZR 32/12, BGHZ 196, 220 (228).
38 Vgl. zu vielfältigen Gestaltungsmöglichkeiten *Heckschen/Kreusslein*, RNotZ 2016, 351 f.
39 Vgl. Boos/Fischer/Schulte-Mattler/*Schäfer*, KWG, CRR-VO, 5. Aufl. 2016, § 2 Rn. 29 ff.; s.a. *Wenzel*, NZG 2013, 161 ff.

(jedenfalls im Fall einer gegenüber der Tochtergesellschaft abgegebenen »internen« Patronatserklärung) auch zur Vermeidung ihrer Insolvenz.[40]

a) Hintergrund

Patronatserklärungen werden in der Praxis häufig von Muttergesellschaften im Zusammenhang mit dem Abschluss von großvolumigen Miet- oder Lieferverträgen durch eine (ausländische) Tochtergesellschaft abgegeben. Ein im Kontext von Sanierungen typischer Fall ist die Abgabe einer Patronatserklärung, um die eingetretene Überschuldung einer Tochtergesellschaft zu beseitigen. Je nach Empfänger der Patronatserklärung wird zwischen »internen« (gegenüber einer Tochtergesellschaft) und »externen« (gegenüber Dritten) Patronatserklärungen unterschieden (s. hierzu Rdn. 137 ff.). 128

Dahinter steht, dass die Tochtergesellschaft einen Anspruch aus der Patronatserklärung in einer Überschuldungsbilanz aktivieren kann, wenn ihr in der Patronatserklärung ein eigener, durchsetzbarer und werthaltiger Anspruch eingeräumt wird.[41] Ob das der Fall ist, muss durch Auslegung der Patronatserklärung ermittelt werden. 129

b) Arten der Patronatserklärung

Im Hinblick auf den rechtlichen Gehalt einer Patronatserklärung ist zwischen weichen und harten Patronatserklärungen zu differenzieren.[42] Welche Art der Patronatserklärung vorliegt, ist nach allgemeinen Auslegungsgrundsätzen sowie dem Vorliegen eines Rechtsbindungswillens zu bestimmen. Maßgeblich ist, wie der Erklärungsempfänger, das heißt die Tochtergesellschaft oder deren Gläubiger die Erklärung nach §§ 133, 157 BGB unter Berücksichtigung von Treu und Glauben verstehen durften.[43] 130

aa) Weiche Patronatserklärung

Weiche Patronatserklärungen weisen im Gegensatz zu harten Patronatserklärungen keinen Rechtsbindungswillen auf und stellen bloße unverbindliche Absichtserklärungen dar oder beinhalten nur Informationen über die finanzielle Situation der Tochtergesellschaft.[44] 131

Typische Formulierungsbeispiele für weiche Patronatserklärungen sind: »Es entspricht unserer derzeitigen Absicht, unsere Tochtergesellschaft finanziell zu unterstützen.«, »Wir stehen jederzeit hinter unserer Tochtergesellschaft«[45], »Es entspricht unserer Geschäftspolitik, die Bonität unserer Tochtergesellschaft aufrecht zu erhalten«[46] oder »Wir werden unseren Einfluss geltend machen, damit unsere Tochtergesellschaft ihren Verbindlichkeiten nachkommt.[47]« 132

Aus einer weichen Patronatserklärung lassen sich weder zugunsten der Tochtergesellschaft noch für deren Gläubiger vertragliche Rechte herleiten.[48] Sie können deshalb in der Überschuldungsbilanz der Tochtergesellschaft nicht aktiviert werden und kommen deshalb grundsätzlich nicht als Mittel 133

---

40 Ebenroth/Boujong/Joost/Strohn-*Wagner*, Rn. IV 624; kritisch dazu Ellenberger/Bunte-*Merkel/Richrath*, Bankrechts-Handbuch, § 77 Rn. 15 ff.

41 BGH, Urt. v. 20.09.2010, II ZR 296/08, BGHZ 187, 69 (78); *Merz/Hübner*, DStR 2005, 802 (803 f.).

42 MK-BGB/*Habersack*, vor § 765 BGB Rn. 51 ff.

43 *Hofmann*, in: MAH Bank- und Kapitalmarktrecht, § 7 Rn. 512; Langenbucher/Bliesener/Spindler-*Hoffmann*, 29. Kap. Rn. 3.

44 MK-BGB/*Habersack*, vor § 765 BGB Rn. 57.

45 Theiselmann-*Arnold/Spahlinger/Maske-Reiche*, Praxishandbuch Restrukturierungsrecht, Kap. 1 Rn. 92.

46 OLG Frankfurt am Main, Urt. v. 19.09.2007, 4U 22/07, ZIP 2007, 2316 (2317); *Saenger/Merkelbach*, WM 2007, 2309 (2310).

47 OLG Karlsruhe, Urt. v. 07.08.1992, 15U 123/91, ZIP 1992, 1394 (1396 f.).

48 Zu etwaigen Ansprüchen wegen Verletzung einer Vertrauenshaftung und aus § 826 BGB vgl. Langenbucher/Bliesener/Spindler-*Hoffmann*, 29. Kap. Rn. E.7 und MK-BGB/*Habersack*, vor § 765 BGB Rn. 57.

zur Vermeidung der rechnerischen Überschuldung in Betrag.[49] Weiche Patronatserklärungen fallen auch nicht unter §§ 251, 268 Abs. 7 HGB und sind damit weder in der Bilanz der Muttergesellschaft noch in deren Anhang auszuweisen.[50]

bb) Harte Patronatserklärung

134 Eine harte Patronatserklärung ist dadurch gekennzeichnet, dass eine rechtsgeschäftliche Einstandspflicht statuiert wird. Die Patronin übernimmt gegenüber der Tochtergesellschaft oder gegenüber einem bzw. mehreren Gläubigern der Tochtergesellschaft die rechtliche Verpflichtung, bestimmte Maßnahmen zur Sicherstellung der Liquidität bzw. Kreditwürdigkeit der Tochtergesellschaft zu ergreifen.[51]

135 Eine harte Patronatserklärung kann wie folgt lauten: »Wir übernehmen die uneingeschränkte Verpflichtung sicherzustellen, dass unsere Tochtergesellschaft in der Weise geleitet und finanziell ausgestattet wird, dass sie stets in der Lage ist, ihre Verpflichtung gegenüber ihren Gläubigern nachzukommen.«[52]

136 Eine solche Erklärung begründet eine Ausstattungsgarantie, die sich ohne Weiteres auch auf künftige Verbindlichkeiten der Tochtergesellschaft erstreckt und eine Pflicht zur Leistung an die Tochtergesellschaft nach sich zieht. Den Anspruch der Tochtergesellschaft aus der Patronatserklärung kann von dieser in einer Überschuldungsbilanz aktiviert werden, wenn dieser durchsetzbar und werthaltig ist.[53] Dabei hat die Patronin die Wahlfreiheit, auf welche Weise sie ihrer Ausstattungsverpflichtung nachkommen möchte.[54] Das kann etwa durch Überlassen von liquiden Mitteln, den Erlass eigener Forderungen, die Stellung von Kreditsicherheiten oder durch Belieferung mit Waren geschehen.[55]

137 Patronatserklärungen lassen sich nach der Person des Erklärungsempfängers in externe und interne Patronatserklärungen differenzieren.[56]

138 Bei einer internen Patronatserklärung ist die Tochtergesellschaft die Erklärungsempfängerin und nur ihr gegenüber werden Erfüllungsansprüche begründet, die in der Insolvenz der Tochtergesellschaft in einen Schadensersatzanspruch wegen Nichterfüllung gem. § 280 Abs. 1 BGB münden.[57] Ein echter Vertrag zugunsten Dritter im Sinne des § 328 BGB, d.h. zugunsten der Gläubiger der begünstigten Gesellschaft, liegt bei einer internen Patronatserklärung nicht vor.[58] Eine vertragliche Haftung der Muttergesellschaft gegenüber Gläubigern kommt deshalb grundsätzlich nicht in Betracht.[59]

139 Ausnahmsweise kann eine Haftung gegenüber Gläubigern der Tochtergesellschaft in Betracht kommen, wenn die Patronin oder die Tochtergesellschaft ausdrücklich auf die vorliegende interne

49 BGH DB 2021, 1864 = WM 2021, 1545 = BGH NJW 2021, 3046 = GmbHR 2022, 143 = BGHZ 230, 255–288.

50 MK-BGB/*Habersack*, vor § 765 BGB Rn. 57.

51 Dazu BGH, Urt. v. 30.01.1992, IX ZR 112/91, BGHZ 117, 127 (133 f.); OLG Düsseldorf, Urt. 26.01.1989, 6 U 23/88, NJW-RR 1989, 1116 (1117); *Heinze/Küpper*, ZInsO 2006, 913 ff.

52 *Tetzlaff*, ZInsO 2008, 337 (338); *Heinze/Küpper*, ZInsO 2006, 913 (916); vgl. auch die Formulierungsbeispiele bei *Wittig*, WM 2003, 1981, (1987 f.) und Hoffmann-Becking/Gebele-Haag Beck'sches Formularbuch Bürgerliches, Handels- und Wirtschaftsrecht, III.H.10.

53 BGH, Urt. v. 20.09.2010, II ZR 296/08, BGHZ 187, 69 (78); *Merz/Hübner*, DStR 2005, 802 (803 f.).

54 BeckOK-BGB-*Rohe*, § 414 Rn. 58; MK-BGB/*Habersack*, vor § 765 BGB Rn. 50.

55 Ebenroth/Boujong/Joost/Strohn-*Wagner*, Rn. IV 635; MK-BGB/*Habersack*, vor § 765 BGB Rn. 51.

56 Eilers/Rödding/Schmalenbach-*Aleth/Wilkens*, Kap. H Rn. 42; MK-BGB/*Habersack*, vor § 765 BGB Rn. 51.

57 Vgl. BGH v. 30.01.1992, IX ZR 112/91, BGHZ 117, 127 (133).

58 Vgl. *Tetzlaff*, ZInsO 2008, 337 (338); *Rosenberg/Kruse*, BB 2003, 641 (642); *Ziemons*, GWR 2009, 411.

59 Theiselmann-*Arnold/Spahlinger/Maske-Reiche*, Praxishandbuch Restrukturierungsrecht, Kap. 1 Rn. 88; *Ziemons*, GWR 2009, 411 (413).

Patronatserklärung hinweisen und diese dadurch nach außen getragen wird.[60] Insofern ist bei entsprechenden Hinweisen in den Jahresabschlüssen einer Tochtergesellschaft Vorsicht geboten. Ansprüche der Gläubiger gegen die Patronin können aber auch dann bestehen, wenn die begünstigte Tochtergesellschaft ihre eigenen Ansprüche aus der Patronatserklärung an ihre Gläubiger abtritt[61] oder die Gläubiger die Ansprüche der Tochtergesellschaft gegen die Patronin pfänden.[62]

Eine externe Patronatserklärung kommt hingegen zwischen der Patronin und den jeweiligen Gläubigern zustande. Sie begründet zwischen Patronin und dem jeweiligen Gläubiger einen einseitig verpflichtenden Vertrag sui generis, aus dem die Patronin verpflichtet ist, die Zahlungsfähigkeit der Tochtergesellschaft als Schuldnerin des durch die Patronatserklärung gesicherten Anspruchs des Gläubigers jederzeit sicherzustellen (sofern eine Ausstattungsverpflichtung übernommen wurde). Dabei ist die Ausstattungsverpflichtung der Patronin als unechter Vertrag zugunsten Dritter ausgestaltet,[63] da die Gläubiger nur die Ausstattung der Tochtergesellschaft verlangen können und grundsätzlich keinen direkten Zahlungsanspruch gegenüber der Patronin haben.[64] Kommt es zu einer Insolvenz der Tochter, für die die Erklärung abgegeben wurde, liegt eine Verletzung der Ausstattungsverpflichtung vor und die Muttergesellschaft haftet aufgrund dessen den Gläubigern neben dieser.[65] Umgekehrt ist es eine Frage der Auslegung, ob die Tochtergesellschaft nur reflexartig begünstigt wird oder eigene Ansprüche gegen die Patronin erwirbt.[66] 140

Patronatserklärungen dieses Inhalts müssen gem. §§ 251 S. 1, 340a Abs. 2 S. 2 HGB in der Bilanz oder nach § 268 Abs. 7 HGB im Anhang der Bilanz der Muttergesellschaft ausgewiesen werden.[67] 141

c) Anforderungen an eine Patronatserklärung zu Sanierungszwecken und Rechtsfolgen

Die Patronatserklärung muss wirksam vereinbart worden sein. Denn anders als der Begriff Patronatserklärung vermuten lässt, sind Patronatserklärungen keine einseitigen Willenserklärungen, sondern kommen durch (einseitig verpflichtenden) Vertrag zustande und bedürfen der Annahme.[68] Auf den Zugang der Annahme wird in der Praxis gem. § 151 BGB allerdings regelmäßig stillschweigend verzichtet. 142

Eine wirksam geschlossene (interne) Patronatserklärung kann in einer Überschuldungsbilanz aktiviert werden, wenn der Gesellschaft ein eigener, durchsetzbarer Anspruch aus der Patronatserklärung zusteht und dieser werthaltig ist. Das setzt voraus, dass zugunsten der Patronin keine Lösungsrechte bestehen, die Patronatserklärung nicht befristet ist und für einen längerfristigen Zeitraum gilt.[69] Ist Ihre Laufzeit zu kurz bemessen, kann dies dazu führen, dass eine Überschuldung nicht beseitigt wird[70] Zu empfehlen ist es deshalb, eine Laufzeit zu vereinbaren, die mindestens den Prognosezeitraum abdeckt, der der Überschuldungsbilanz zugrunde liegt.[71] 143

---

60 *Tetzlaff*, ZInsO 2008, 337 (338 f.).
61 Theiselmann-*Arnold/Spahlinger/Maske-Reiche*, Praxishandbuch Restrukturierungsrecht, Kap. 1 Rn. 88; Ellenberger/Bunte-*Merkel/Richrath*, Bankrechts-Handbuch, § 77 Rn. 30; *Ziemons*, GWR 2009, 411.
62 Theiselmann-*Arnold/Spahlinger/Maske-Reiche*, Praxishandbuch Restrukturierungsrecht, Kap. 1 Rn. 88.
63 *Rosenberg/Kruse*, BB 2003, 641(642); a.A. *Bordt*, WPg 1975, 285 (289); *Rümker*, WM 1974, 990 (991).
64 MK-BGB/*Habersack*, vor § 765 Rn. 52; *Limmer*, DStR 1993, 1750; *Maier-Reimer/Etzbach*, NJW 2011, 1110 (1112 f.); *Ziemons*, GWR 2009, 411 (413).
65 BGH, Urt. v. 30.00.1992 – IX ZR 112/91; BGHZ 117, 127 (133).
66 MK-BGB/*Habersack*, vor § 765 Rn. 53 m.w.N.
67 Eilers/Rödding/Schmalenbach/Aleth/Wilkens, Kap. H Rn. 42; *Maier-Reimer/Etzbach*, NJW 2011, 1110 (1116).
68 Vgl. *Wittig*, WM 2003, 1981 (1987).
69 Vgl. Ellenberger/Bunte-*Merkel/Richrath*, Bankrechts-Handbuch, § 77 Rn. 18.
70 *Ziemons*, GWR 2009, 411 (413); Ellenberger/Bunte-*Merkel/Richrath*, Bankrechts-Handbuch, § 77 Rn. 18.
71 Vgl. Ellenberger/Bunte-*Merkel/Richrath*, Bankrechts-Handbuch, § 77 Rn. 18; Theiselmann-*Arnold/Spahlinger/Maske-Reiche*, Praxishandbuch Restrukturierungsrecht, Kap. 1 Rn. 95.

144 Merkel/Richrath[72] weisen darauf hin, dass in diesem Zusammenhang die Entscheidung des II. Zivilsenats des BGH vom 20.09.2010 problematisch sein kann. Der BGH geht in der Entscheidung davon aus, dass bei einer durch die Patronin zum Zwecke der Beseitigung einer Überschuldung der Tochtergesellschaft übernommenen internen Patronatserklärung konkludent ein kurzfristiges Kündigungsrecht der Patronin vereinbart sei. Der Senat erreicht dieses Ergebnis im Wege der Auslegung der konkreten Erklärung. Würde man zugunsten der Patronin die Möglichkeit zur Kündigung zu weit ausdehnen, so wäre die Patronatserklärung als Sanierungsinstrument nicht mehr geeignet, weil der Geschäftsführer der Tochtergesellschaft die Patronatserklärung nicht mehr im Überschuldungsstatus aktivieren könnte, da er jederzeit mit einer Beendigung des Engagements der Muttergesellschaft rechnen müsste.

▶ **Praxishinweis:**

145 Es empfiehlt sich daher bei Patronatserklärungen zum Zwecke der Sanierung, diese mit einer Mindestlaufzeit auszustatten und ergänzend eine Ausgleichsverpflichtung für sämtliche bis zur Beendigung entstandenen Vermögensdefizite der Tochtergesellschaft vorzusehen. Der hierdurch begründete, weitgehende Haftungsumfang kann durch einen Höchstbetrag begrenzt werden.

146 Zudem wird empfohlen, dass die Patronin, wenn sie mit der Patronatserklärung die Vermeidung einer Überschuldung bezweckt, auf die Rückführung der der Gesellschaft zugeführten Mittel verzichtet.[73] Der Verzicht kann jedoch bei der durch den Verzicht begünstigten Gesellschaft zu Ertragsteuern führen, sodass ein Rangrücktritt vorzugswürdig erscheint. Schließlich muss der Anspruch werthaltig sein, die Patronin also die erforderliche Bonität aufweisen.

147 Die Aktivierung harter konzernexterner Patronatserklärungen im Überschuldungsstatus ist ausgeschlossen, da die Tochtergesellschaft aus diesen grundsätzlich keinen eigenen Anspruch hat.[74]

148 Der aus der Patronatserklärung resultierende Freistellungsanspruch der Tochtergesellschaft gegen die Patronin kann jedoch aktiviert werden, wenn die Patronin (zumindest für den Prognosezeitraum) einen Rangrücktritt nach § 39 Abs. 2 InsO bezüglich ihrer Forderung auf Regress wegen Befriedigung des Gläubigers der Tochtergesellschaft erklärt.[75] Außerdem muss die Mutter sich verpflichten, nicht in Bezug auf das Vermögen der Tochter Regress zu nehmen, das zu Erhaltung des Grund- bzw. Stammkapitals nötig ist.[76]

149 Aus Sicht der Muttergesellschaft kann die aus einer harten Patronatserklärung resultierende Einstandspflicht für die Verbindlichkeiten der Tochtergesellschaft verheerende Folgen haben. Denn im Gegensatz zu einer Garantie oder Bürgschaft bezieht sich die Patronatserklärung bei Übernahme einer Ausstattungsverpflichtung nicht nur auf eine bestimmte Schuld, sondern die aus der harten Patronatserklärung folgende Verpflichtung erstreckt sich – soweit nichts anderes vereinbart ist – ohne Weiteres auf alle bestehenden und künftigen Verbindlichkeiten der Tochtergesellschaft und begründet damit eine weitreichende Haftung der Muttergesellschaft. Und in der Insolvenz der Tochtergesellschaft hat die Patronin der Masse diejenigen finanziellen Mittel zur Verfügung zu stellen, um an die

72 Ellenberger/Bunte-*Merkel/Richrath*, Bankrechts-Handbuch, § 77 Rn. 18.

73 Ellenberger/Bunte-*Merkel/Richrath*, Bankrechts-Handbuch, § 77 Rn. 18; *Ziemons*, GWR 2009, 411 (413).

74 Vgl. *Ziemons*, GWR 2009, 411 (413); Ellenberger/Bunte-*Merkel/Richrath*, Bankrechts-Handbuch, § 77 Rn. 18; MK-HGB/*Maultzsch*, § 349 Rn. 11.

75 Ellenberger/Bunte-*Merkel/Richrath*, Bankrechts-Handbuch, § 77 Rn. 18.

76 *Rosenberg/Kruse*, BB 2003, 641 (647); Ellenberger/Bunte-*Merkel/Richrath*, Bankrechts-Handbuch, § 77 Rn. 18.

Insolvenzgläubiger eine hundertprozentige Quote auszuschütten[77] und zusätzlich die Massekosten und Masseverbindlichkeiten zu befriedigen.[78]

Dieser Haftung kann die Muttergesellschaft nur entgehen, wenn die Patronatserklärung unwirksam ist,[79] zu ihren Gunsten Einschränkungen vorsieht (Fristen, Höchstbeträge, beschränkter Sicherungszweck, etc.) oder die Patronatserklärung rechtzeitig beendet werden kann. Hierzu sollte die Patronatserklärung auf die Stellung eines Insolvenzantrages auflösend bedingt werden. 150

d) Beendigung einer Patronatserklärung

aa) Aufhebung

Eine interne Patronatserklärung kann durch Parteivereinbarung zwischen der Patronin und der Tochtergesellschaft grundsätzlich aufgehoben werden.[80] Erfolgt die Aufhebung aber bei sich abzeichnenden wirtschaftlichen Schwierigkeiten der Tochtergesellschaft und muss die Tochtergesellschaft nachfolgend auch die Eröffnung eines Insolvenzverfahrens beantragen, kann die Aufhebung gem. § 135 InsO[81], nach § 133 InsO bei Vorliegen einer vorsätzlichen Gläubigerbenachteiligung oder nach § 134 InsO wegen unentgeltlicher Leistung anfechtbar sein.[82] 151

bb) Vertragliche Lösungsrechte

In der Patronatserklärung können ausdrückliche Regelungen zur Beendigung der Patronatserklärung durch die Patronin vertraglich vereinbart werden. Das empfiehlt sich zumindest für den Fall, dass die Patronin ihren beherrschenden Einfluss auf die Tochtergesellschaft verliert. Im Sanierungsfall sollten außerdem die in Rdn. 143 ff. dargestellten Erfordernisse beachtet werden. Bei Vorliegen eines vertraglich vereinbarten Kündigungsgrundes kann die Patronin den Vertrag mit Wirkung für die Zukunft kündigen. Im Hinblick auf Verbindlichkeiten der patronierten Gesellschaft, die zum Zeitpunkt des Wirksamwerdens der Kündigung entstanden sind, bleibt die Kündigung wirkungslos.[83] 152

cc) Gesetzliche Lösungsrechte

Ob neben vertraglichen Kündigungsgründen auch gesetzliche Kündigungsrechte bestehen, ist umstritten.[84] 153

Der II. Zivilsenat des BGH kam in der unter Rdn. 129 bereits erwähnten Entscheidung vom 20.09.2010 zu dem Ergebnis, dass eine Kündigungsmöglichkeit bei einer harten internen Patronatserklärung auch dann gegeben sei, wenn die Überprüfung der Sanierungsmöglichkeit der Gesellschaft zu einem negativen Ergebnis führt.[85] Gleichwohl sei nicht auszuschließen, dass eine harte interne Patronatserklärung im Einzelfall als ein in der Krise unkündbarer Finanzplankredit anzusehen sei.[86] 154

---

77 Ellenberger/Bunte-*Merkel/Richrath*, Bankrechts-Handbuch, § 77 Rn. 32; *Tetzlaff*, ZInsO 2008, 337 (340).

78 Ellenberger/Bunte-*Merkel/Richrath*, Bankrechts-Handbuch, § 77 Rn. 32; *Tetzlaff*, ZInsO 2011, 226 (228).

79 Vgl. zu einer möglichen Unwirksamkeit formularmäßig abgeschlossener Patronatserklärungen die Stellungnahmen von *Wittig*, WM 2003, 1981 (1983 f.), sowie Ellenberger/Bunte-*Merkel/Richrath*, Bankrechts-Handbuch, § 77 Rn. 29.

80 *Tetzlaff*, ZInsO 2008, 337 (340).

81 OLG München, Urt. v. 22.07.2004, 19 U 1867/04, ZIP 2004, 2102 (2105 f.); OLG Frankfurt, Urt. v. 17.06.2008, 5 U 138/06, BeckRS 2009, 26430 Rn. 11.

82 *Tetzlaff*, ZInsO 2008, 337 (343); *Paul*, ZInsO 2004, 1327 (1330).

83 *Ziemons*, GWR 2009, 411 (412); nach OLG München, Urt. v. 22.07.2004, 19 U 1867/04, ZIP 2004, 2102 (2104 f.) wohl nur fällige Verbindlichkeiten.

84 Theiselmann-*Arnold/Spahlinger/Maske-Reiche*, Praxishandbuch Restrukturierungsrecht, Kap. 1 Rn. 102.

85 BGH, Urt. v. 20.09.2010, II ZR 296/08, BGHZ 187, 69 (75).

86 BGH, Urt. v. 20.09.2010, II ZR 296/08, BGHZ 187, 69 (79).

155 Hierunter versteht der BGH die Verpflichtung eines Gesellschafters, neben seiner Einlage ein Darlehen zu gewähren, das einlageähnlichen Charakter hat und die Pflicht begründen kann, auch bei einer Verschlechterung der Vermögenslage das Darlehensversprechen zu erfüllen.[87] Besteht jedoch Einvernehmen zwischen den Parteien, dass mit der Patronatserklärung eine Insolvenz der Schuldnerin nicht dauerhaft vermieden werden soll, sondern nur für den Zeitraum, welcher für die Prüfung der Sanierungsmöglichkeit relevant ist, könne ein konkludent vereinbartes Kündigungsrecht seitens der Patronin ausgeübt werden.[88] Ob diese Grundsätze auch auf harte externe Patronatserklärungen übertragbar sind, lässt der BGH allerdings offen.[89]

156 Teilweise wird die Auffassung vertreten, dass die Rechtsprechungsgrundsätze zur Kündbarkeit unbefristeter Bürgschaften auf Patronatserklärungen zu übertragen seien.[90] Eine Kündigung sei deshalb nach Ablauf eines gewissen Zeitraums, der grundsätzlich zwischen drei bis fünf Jahren liege, und unter Einhaltung einer angemessenen Kündigungsfrist möglich.[91] Die Frage, inwieweit die Grundsätze zur Bürgschaftskündigung auch für die Patronatserklärung herangezogen werden können, wurde bisher soweit ersichtlich durch keine oberinstanzliche Rechtsprechung geklärt.[92] Aufgrund der hier herrschenden Ungewissheit empfiehlt es sich aus Sicht der Patronin, in der Praxis, die Patronatserklärung entweder zeitlich zu befristen oder aber ausdrücklich ein vertragliches Kündigungsrecht nach Ablauf eines gewissen Zeitraums zu vereinbaren.[93]

157 Durch Veräußerung seiner Beteiligung kann sich der Patron der Haftung aus der Patronatserklärung nicht entziehen, weil der Patron in diesem Fall sein Unvermögen zur Erfüllung der Ausstattungsverpflichtung nach § 276 Abs. 1 BGB zu vertreten hätte, sodass er nach §§ 280 Abs. 1, 3, 281 Abs. 1, 2 BGB Schadensersatz wegen Nichterfüllung schulden würde.[94] Es empfiehlt sich deshalb, den Verlust des beherrschenden Einflusses auf die Tochtergesellschaft als Kündigungsmöglichkeit vorzusehen.

▶ **Praxishinweis:**

158 Kommt eine Beendigung der Patronatserklärung nicht in Betracht, sollte der Veräußerer mit dem Erwerber vereinbaren, dass dieser die Patronatsverpflichtung übernimmt.

159 Denn ob die Veräußerung der Beteiligung einen außerordentlichen Kündigungsgrund darstellt, ist umstritten.[95] Hierfür sprechen die Erwägungen des Bürgschaftsrechts, wo anerkannt ist, dass der Bürge berechtigt ist, aufgrund seines Ausscheidens aus einer Gesellschaft eine Kündigung seiner Bürgschaft für Verbindlichkeiten der Gesellschaft mit Wirkung für die Zukunft auszusprechen, wenn der Bürge aufgrund seiner Gesellschafterstellung sich dazu bereit erklärt hatte, die Bürgschaft zu übernehmen.[96] Ebenso wie der Bürge könne der Patron sich in so einem Fall durch Kündigung aus wichtigem Grund lösen, wenn er dem Gläubiger eine angemessene Frist einräumt, sich auf die Änderung der Sicherheitenlage einzustellen.[97]

87 BGH, Urt. v. 20.09.2010, II ZR 296/08, BGHZ 187, 69 (77).
88 Ellenberger/Bunte-*Merkel/Richrath*, Bankrechts-Handbuch, § 77 Rn. 23.
89 BGH, Urt. v. 20.09.2010, II ZR 296/08, BGHZ 187, 69 (73 f.).
90 KG Berlin, Urt. v. 20.02.2012 – 8 U 20/11, ZMR 2012, 618 f.; Ellenberger/Bunte-*Merkel/Richrath*, Bankrechts-Handbuch, § 77 Rn. 23; *Maier-Reimer/Etzbach*, NJW 2011, 1110 (1115 f.).
91 Ellenberger/Bunte-*Merkel/Richrath*, Bankrechts-Handbuch, § 77 Rn. 23; *Tetzlaff*, WM 2011, 1016 (1022).
92 Zuletzt offengelassen von OLG Frankfurt am Main, Urt. v. 17.06.2008, 5 U 138/06.
93 Theiselmann-*Arnold/Spahlinger/Maske-Reiche*, Praxishandbuch Restrukturierungsrecht, Kap. 1 Rn. 143.
94 So auch *Wittig*, WM 2003, 1981 (1983) m.w.N.
95 Dafür *Ziemons*, GWR 2009, 411 (412); *Rosenberg/Kruse*, BB 2003, 641 (645).
96 Vgl. dazu BGH, Urt. v. 10.06.1985, III ZR 63/84, NJW 1986, 252 (253); Theiselmann-*Arnold/Spahlinger/Maske-Reiche*, Praxishandbuch Restrukturierungsrecht, Kap. 1 Rn. 109.
97 BGH, Urt. v. 10.06.1985, III ZR 63/84, NJW 1986, 252 (253); Ebenroth/Boujong/Joost/Strohn-*Wagner*, Rn. IV 715.

Zu beachten ist, dass die Kündigung die Haftung der Patronatsgeberin lediglich für die Neuverbindlichkeiten ausschließt, die Haftung für bereits bestehende Verbindlichkeiten bleibt hiervon unberührt.[98] 160

Umstritten ist auch, ob die Patronatsgeberin bei einer Verschlechterung der Vermögenslage der begünstigten Gesellschaft berechtigt ist, eine außerordentliche Kündigung analog § 488 BGB auszusprechen.[99] Dagegen spricht, dass eine derartige Vermögensverschiebung der Gesellschaft in das vertraglich übernommene Risiko des Patrons fällt und er sich dieser Verantwortung nicht entziehen kann, sobald es der Gesellschaft wirtschaftlich schlechter geht.[100] 161

Nach Inkrafttreten des MoMiG wird eine Kündigung der Patronatserklärung nach § 488 BGB nunmehr aber grundsätzlich für möglich gehalten.[101] Nach Abschaffung des Eigenkapitalersatzrechts könne sich der Gesellschafter schließlich frei entscheiden, ob er das der Gesellschaft gewährte Darlehen in der Krise zurückfordere. Nichts anderes könne daher bei einer Patronatserklärung gelten.[102] Zu berücksichtigen ist jedoch, dass die Kündigung der Patronatserklärung in der Insolvenz aber nach § 135 InsO anfechtbar sein kann.[103] 162

3. Vereinbarung eines qualifizierten Rangrücktritts

Der Rangrücktritt ist ein in der Praxis häufig verwendetes Sanierungsinstrument, das eingesetzt wird, um die bilanzielle Überschuldung einer schuldnerischen Gesellschaft im Vorfeld einer Insolvenz zu verhindern oder nachträglich zu beseitigen. Dem steht der missverständliche Wortlaut des § 39 Abs. 2 InsO nicht entgegen[104]. Vielmehr liegt in der Vereinbarung eines Rangrücktritts vor Entstehen einer Insolvenzantragspflicht bzw. zu deren nachträglicher Beseitigung auch die praktische Bedeutung, wobei ein Rangrücktritt in der Praxis durchaus auch im Insolvenzplanverfahren Anwendung findet, z.B. wenn von dem Rangrücktritt das Gewähren einer Finanzierung abhängig gemacht wird oder durch den Rangrücktritt eine erneute Überschuldung nach Aufhebung des Insolvenzplanverfahrens vermieden werden soll. 163

a) Hintergrund und Zweck

Verbindlichkeiten müssen grundsätzlich passiviert werden und können zur Überschuldung der Gesellschaft (§ 19 InsO) beitragen.[105] Die Vereinbarung eines qualifizierten Rangrücktritts zwischen Schuldner und Gläubiger[106] in Bezug auf eine bestimmte Verbindlichkeit zielt darauf, die Pflicht zur Passivierung dieser Verbindlichkeit zu beseitigen, sodass diese in einer Überschuldungsbilanz einer Gesellschaft gem. § 19 Abs. 2 Satz 1 InsO nicht zu berücksichtigen ist. Dadurch kann eine rechnerische Überschuldung und (drohende) Zahlungsunfähigkeit des Schuldners und die daraus resultierende Pflicht einer juristischen Person zum Insolvenzantrag verhindert oder beseitigt werden. Ein wirksamer Rangrücktritt in Bezug auf eine Forderung bewirkt in der Krise, also bei nicht in ausreichendem Maße vorhandenem freien Vermögen des Schuldners, auch eine Durchsetzungssperre. Deshalb wird die Forderung kraft des Rangrücktritts auch gestundet und 164

98 Theiselmann-*Arnold/Spahlinger/Maske-Reiche*, Praxishandbuch Restrukturierungsrecht, Kap. 1 Rn. 109.
99 Dagegen OLG Celle, Urt. 18.06.2008, 9 U 14/08, NZG 2009, 308; Ebenroth/Boujong/Joost/Strohn-*Wagner*, Rn. IV 715.
100 Ebenroth/Boujong/Joost/Strohn-*Allstadt-Schmitz*, IV 761.
101 Theiselmann-*Arnold/Spahlinger/Maske-Reiche*, Praxishandbuch Restrukturierungsrecht, Kap. 1 Rn. 111.
102 Theiselmann-*Arnold/Spahlinger/Maske-Reiche*, Praxishandbuch Restrukturierungsrecht, Kap. 1 Rn. 111.
103 Theiselmann-*Arnold/Spahlinger/Maske-Reiche*, Praxishandbuch Restrukturierungsrecht, Kap. 1 Rn. 111.
104 BeckOK-InsO/*Prosteder/Dachner*, § 39 Rn. 110–112; MK-InsO/*Ehricke/Behme*, § 39 Rn. 94; Uhlenbruck/*Hirte* § 39 Rn. 52.
105 Vgl. BGH, Urt. v. 05.03.2015, IX ZR 133/14, BGHZ 204, 231 (235).
106 Über den Wortlaut des § 19 Abs. 2 Satz 2 InsO kann ein Rangrücktritt nicht nur von einem Gesellschafter, sondern von jedem Gläubiger erklärt werden (vgl. BGH, Urt. v. 05.03.2015, IX ZR 133/14, BGHZ 204, 231(235)).

muss in einem Liquiditätsstatus der betroffenen Gesellschaft ebenfalls nicht berücksichtigt werden.[107]

▶ **Praxishinweis:**

165 Es empfiehlt sich ungeachtet dessen, die Vermeidung einer (drohenden) Zahlungsunfähigkeit in der Vereinbarung über den Rangrücktritt ausdrücklich als Zweck zu vereinbaren.

b) Rechtsnatur und Abgrenzung

166 Nach der Rechtsprechung des Bundesgerichtshofes ist eine Rangrücktrittsvereinbarung weder ein (bedingter) Forderungserlass noch eine Stundungsabrede.[108] Vielmehr handelt es sich um einen verfügenden Schuldänderungsvertrag (§ 311 Abs. 1 BGB) aufgrund dessen die betroffene Forderung mit dinglicher Wirkung inhaltlich umgewandelt wird.

167 Anders als bei einem Forderungsverzicht erlischt eine Forderung bei Vereinbarung eines Rangrücktrittes nicht. Das hat für den Gläubiger den Vorteil, dass für die Forderung bestellte akzessorische Sicherheiten fortbestehen und er – soweit das gesetzlich angeordnet oder vereinbart ist – Zinsansprüche erwirbt. Aus Sicht der schuldnerischen Gesellschaft bietet der Rangrücktritt gegenüber dem Forderungsverzicht den Vorteil, dass es mangels Wegfall der Verbindlichkeit zu keinem steuerlichen Ertrag kommt und die Zahlungsverpflichtung als fortbestehende Verbindlichkeit in der Handels- und Steuerbilanz weiterhin zu passivieren ist und damit steuerlich zum Vorteil des Schuldners berücksichtigt werden kann. Das setzt allerdings voraus, dass die Verbindlichkeit die Gesellschafter weiterhin wirtschaftlich belastet, also insb. aus ihrem Vermögen zu erfüllen ist (dazu unter Rdn. 176).

168 Der qualifizierte Rangrücktritt ist von einem sogenannten relativen Rangrücktritt, einer atypischen Sicherheit aus dem Kreditsicherungsrecht zu unterscheiden. Der relative Rangrücktritt bezweckt, dass der im Rang zurückgetretene Gläubiger seine Forderung gegen den Schuldner erst geltend machen darf, wenn der aus dem relativen Rangrücktritt begünstigte Gläubiger im Hinblick auf seine aus dem Rangrücktritt begünstigten Forderungen vollständig befriedigt ist.[109] Der relative Rangrücktritt wirkt wie eine Stundung. Ein relativer Rangrücktritt ändert jedoch nichts am insolvenzrechtlichen Rang der Forderung, sodass diese weiterhin als Fremdkapital zu behandeln und damit zu passivieren ist.

c) Anforderungen an einen qualifizierten Rangrücktritt

169 Die rechtlichen Anforderungen an einen Rangrücktritt wurden durch das Gesetz zur Modernisierung des GmbH-Rechts und zur Bekämpfung von Missbräuchen (MoMiG) modifiziert. Der IX. Zivilsenat des BGH hat mit Urteil vom 05.03.2015[110] eine Reihe von grundlegenden Streitfragen um die gesetzliche Neuregelung entschieden. Die Rangrücktrittserklärung muss (jedenfalls im Wege der Auslegung) ergeben, dass

- für den Zeitraum vor der Eröffnung des Insolvenzverfahrens über das Vermögen der Gesellschaft diese eine Zahlung auf die betroffene Forderung nicht leisten muss und darf, wenn die Gesellschaft zahlungsunfähig ist oder überschuldet ist oder wenn durch die Zahlung die Zahlungsunfähigkeit oder Überschuldung der Gesellschaft droht[111];
- nach Eröffnung des Insolvenzverfahrens über das Vermögen der Gesellschaft eine Zahlung auf die besagte Forderung erst nach Befriedigung der Forderungen gem. § 39 Abs. 1 Nr. 1 bis Nr. 5 InsO erfolgt; und

---

107 Vgl. BeckOK-InsO/*Prosteder/Dachner*, § 39 Rn. 119.
108 BGH, Urt. v. 05.03.2015, IX ZR 133/14, BGHZ 204, 231 (243).
109 Ellenberger/Bunte-*Merkel/Richrath*, BankR-HdB, § 77 Rn. 128–131.
110 BGH, Urt. v. 05.03.2015, IX ZR 133/14, BGHZ 204, 231 (243).
111 BGH, Urt. v. 05.03.2015, IX ZR 133/14, BGHZ 204, 231 (240).

– der Rangrücktritt auf unbestimmte Zeit vereinbart wird, weil ein befristeter Rangrücktritt nicht für § 19 Abs. 1 InsO genügt.

▶ **Praxistipp:**

Rangrücktritte nicht in befristete Verträge aufnehmen bzw. klarstellen, dass sie von der Vertragslaufzeit unabhängig sind. Bei Darlehen sollte insb. auch festgelegt werden, ob die Zinsforderungen vom Rangrücktritt erfasst sein sollen. 170

Das bedeutet im Einzelnen: 171

Die Parteien einer Rangrücktrittsvereinbarung sind frei darin festzulegen, in welchem Umfang eine Verbindlichkeit einem Rangrücktritt unterworfen wird[112] und welche Rangtiefe vereinbart wird.[113] Da der Rangrücktritt eine Verfügung darstellt, muss aus Gründen der sachenrechtlichen Bestimmtheit jedoch eindeutig festgelegt werden, welche Forderungen bzw. welcher Teilbetrag einer Forderung von dem Rangrücktritt erfasst werden soll. 172

Entscheidend für die Vermeidung der Passivierungspflicht ist, dass die Vereinbarung nicht nur Rangwirkung im eröffneten Insolvenzverfahren hat, sondern auch eine vorinsolvenzliche Durchsetzungssperre bewirkt,[114] also für die schuldnerische Gesellschaft nicht nur ein Leistungsverweigerungsrecht, sondern ein Zahlungsverbot begründet.[115] 173

Der Rangrücktritt kann allerdings insoweit eingeschränkt werden, dass eine Zahlung der besagten Forderung zulässig ist, wenn als Folge der Zahlung weder Zahlungsunfähigkeit noch Überschuldung drohen.[116] 174

In Bezug auf den Rang in den zurückgetreten wird, lässt § 19 Abs. 2 Satz 2 InsO für den qualifizierten Rangrücktritt den gemäß der Auslegungsregel des § 39 Abs. 2 InsO vermuteten Rang, also den Rang hinter den Forderungen gem. § 39 Abs. 1 InsO genügen. 175

Ein tiefergehender Rangrücktritt ist zulässig, kann allerdings steuerlich problematisch sein, weil die betroffene Forderung dann mangels gegenwärtiger wirtschaftlicher Belastung in der Steuerbilanz nicht ausgewiesen werden kann.[117] Denn nach Auffassung des BFH unterliegt eine Verbindlichkeit, die nach einer im Zeitpunkt der Überschuldung getroffenen Rangrücktrittsvereinbarung nur aus einem zukünftigen Bilanzgewinn und aus einem etwaigen Liquidationsüberschuss zu tilgen ist, dem Passivierungsverbot des § 5 Abs. 2a EStG.[118] 176

Ziel der Praxis muss es sein, einem zur Insolvenzvermeidung vereinbarten Rangrücktritt eine vorinsolvenzrechtliche Wirkung ohne steuerschädlichen Passivierungsaufschub zuzuerkennen.[119] Das kann dadurch erreicht werden, dass die Vorgaben des Schreibens des Bundesfinanzministeriums zur 177

---

112 BGH, Urt. v. 05.03.2015, IX ZR 133/14, BGHZ 204, 231 (236 f.).

113 K. Schmidt-*K. Schmidt/Herchen*, § 39 Rn. 23.

114 K. Schmidt-*K. Schmidt/Herchen*, § 39 Rn. 22; BGH, Urt. v. 05.03.2015, IX ZR 133/14, BGHZ 204, 231(245); BGH, Beschl. v. 01.03.2010, II ZR 13/09, NZI 2010, 867 (868); *Bitter*, ZHR 181 (2017), 428 (463); *Gehrlein*, WM 2016, 57 (58); BeckOK-InsO/*Prosteder/Dachner*, § 39 Rn. 115.

115 K. Schmidt-*K. Schmidt/Herchen* § 39 Rn. 22.

116 BeckOK-InsO/*Prosteder/Dachner*, § 39 Rn. 115.

117 K. Schmidt-*K. Schmidt/Herchen*, § 39 Rn. 23.

118 K. Schmidt-*Schmittmann*, Anh. Steuerrecht Rn. 150–155; die Praxis der Finanzverwaltung ist in Bezug auf § 5 Abs. 2a EStG weniger streng und sieht bei einem qualifizierter Rangrücktritt die Voraussetzungen des § 5 Abs. 2a EStG nicht als gegeben an, weil eine Abhängigkeit zwischen Verbindlichkeit und Einnahmen oder Gewinnen nicht bestehe, sondern die Begleichung der Verbindlichkeit zeitlich aufschiebend bedingt – bis zur Abwendung der Krise – verweigert werden könne, vgl. das Schreiben betr. Passivierung von Verbindlichkeiten bei Vereinbarung eines einfachen oder qualifizierten Rangrücktritts und den Auswirkungen des § 5 Abs. 2a EStG vom 08.09.2006, BStBl. I S. 497 (BMF IV B2 – S 2122 – 10/06).

119 K. Schmidt-*K. Schmidt/Herchen*, § 39 Rn. 23.

Passivierung von Verbindlichkeiten bei Vereinbarung eines qualifizierten Rangrücktritts beachtet werden[120], insb. wenn vorgesehen ist, dass der Gläubiger Befriedigung nicht nur aus zukünftigen Jahresüberschüssen, Bilanzgewinnen und Liquidationsüberschüssen verlangen kann, sondern auch aus sonstigem freien Vermögen des Schuldners.[121]

178 Nach Ansicht des BGH kann ein qualifizierter Rangrücktritt als Verfügung nicht mit Wirkung für die Vergangenheit erklärt werden.[122] Es genügt auch nicht, dass sich die Parteien gegenseitig bestätigen, dass sie sich bereits in der Vergangenheit über einen qualifizierten Rangrücktritt konkludent einig waren und diesen nun lediglich schriftlich dokumentieren. Vielmehr ist nach dem BGH eine ausdrückliche Rangrücktrittserklärung erforderlich.[123]

d) Rechtsfolgen

179 Genügt der qualifizierte Rangrücktritt den Vorgaben, wird der Inhalt der Forderung gegenüber der aus der Forderung verpflichteten Gesellschaft durch den Rangrücktritt insoweit ersetzt, als dass eine Befriedigung nur aus freiem, nicht zur Schuldendeckung benötigten Vermögen der Gesellschaft gestattet ist.[124] Das bedeutet, dass der Gläubiger mit seiner Forderung hinter die Ansprüche aller bestehenden und künftigen Gläubiger der Schuldnerin zurücktritt, sodass er für die Forderung erst nach Befriedigung sämtlicher Gläubiger der Gesellschaft und, soweit ein Liquidationsüberschuss oder ein die sonstigen Verbindlichkeiten übersteigendes Vermögen der Gesellschaft hierfür zur Verfügung steht, nur zugleich mit, im Rang jedoch vor den Einlagerückgewähransprüchen der Gesellschafter der Schuldnerin, Befriedigung verlangen kann.[125] Anders ausgedrückt: Es genügt nicht der Rücktritt in den Rang des § 39 Abs. 1 Nr. 5 InsO, sondern der Rücktritt muss in den Rang nach den in § 39 Abs. 1 bezeichneten Forderungen erfolgen.

180 Durch diese Schuldänderung stellt die Forderung im Verhältnis zu den übrigen Gläubigern haftendes Kapital dar, das nicht an den Gläubiger der im Rang zurückgetretenen Forderung ausbezahlt werden darf.[126] Als Konsequenz ist die Forderung in einer Überschuldungsbilanz nicht mehr zu passivieren, da sie ihren Charakter als »Fremdkapital« verloren hat.

181 Für die Vereinbarung über einen Rang einer Forderung enthält § 39 Abs. 2 InsO eine gesetzliche Auslegungsregel, wonach bei einem zwischen Schuldner und Gläubiger vereinbarten Nachrang im Zweifel eine Berichtigung der Forderung nach der Gruppe der Forderungen des § 39 Abs. 1 Nr. 5 InsO erfolgt.[127] Zu beachten ist allerdings, dass sich die Auslegungsregel des § 39 Abs. 2 InsO nur auf die Rangwirkung für den Fall der Verfahrenseröffnung bezieht und nichts darüber besagt, ob die Vereinbarung ausreichend ist, um eine Passivierung der Verbindlichkeit im Überschuldungsstatus zu vermeiden.

182 Für die Nicht-Passivierung im Überschuldungsstatus verlangt der Bundesgerichtshof, dass der Rangrücktritt als vertragliches Zahlungsverbot wirken muss und für die Dauer der Krise weder kündbar

120 Schreiben betr. Passivierung von Verbindlichkeiten bei Vereinbarung eines einfachen oder qualifizierten Rangrücktritts und den Auswirkungen des § 5 Abs. 2a EStG vom 08.09.2006, BStBl. I S. 497 (BMF IV B2 – S 2122 – 10/06).

121 BeckOK-InsO/*Prosteder/Dachner*, § 39 Rn. 125.

122 Vgl. BGH, Urt. v. 19.01.1987, II ZR 81/86, NJW-RR 1987, 807 (808).

123 Vgl. BGH, Beschl v. 01.03.2010, II ZR 13/09, NZI 2010, 867 (868); OLG Karlsruhe, Urt. v. 12.09.2017, 8 U 97/16, BeckRS 2017, 150726, Rn. 9.

124 BGH, Urt. v. 05.03.2015, IX ZR 133/14, BGHZ 204, 231 (244).

125 BGH, Urt. v. 05.03.2015, IX ZR 133/14, BGHZ 204, 231 (237).

126 BGH, Urt. v. 05.03.2015, IX ZR 133/14, BGHZ 204, 231 (237 ff.).

127 Vgl. MK-InsO/*Behme*, § 39 Rn. 92–93.

ist noch durch Befristung entfällt.[128] Der Rangrücktritt muss also auf unbestimmte Zeit erklärt werden.

e) Beendigung

Wie dargestellt ist eine Rangrücktrittsvereinbarung nach der Rechtsprechung des Bundesgerichtshofes ein verfügender Schuldänderungsvertrag (§ 311 Abs. 1 BGB) aufgrund dessen die betroffene Forderung mit dinglicher Wirkung inhaltlich umgewandelt wird.[129] Dieser Vertrag entfaltet Schutzwirkung zugunsten Dritter, nämlich zugunsten der Gläubiger der schuldnerischen Gesellschaft. Eine Beendigung der Rangrücktrittsvereinbarung bedarf deshalb der Zustimmung aller Gläubiger der schuldnerischen Gesellschaft, wenn und solange die Beendigung bei der schuldnerischen Gesellschaft zu einem Insolvenzantragsgrund führen oder einen solchen vertiefen würde.[130] **183**

Eine Aufhebung kann aber dann vorgesehen werden, wenn nach dem Inhalt der Rangrücktrittsvereinbarung eine Befriedigung aus freiem Vermögen der schuldnerischen Gesellschaft vorgesehen ist und eine zur Deckung sämtlicher Forderungen ausreichende Vermögensmasse bei dieser vorhanden ist. Es empfiehlt sich in der Praxis, dieses Verständnis durch eine entsprechende Kündigungs- bzw. Aufhebungsregelung abzusichern.[131] **184**

▶ **Praxistipp:**

> Sollte ausreichend freies Vermögen für Zahlungen auf die mit einem Rangrücktritt belegte Verbindlichkeit vorhanden sein, sollte dies im Zusammenhang mit der Zahlung der Verbindlichkeit dokumentiert werden, um diesen Umstand erforderlichenfalls nachweisen zu können. **185**

Zu beachten ist auch, dass eine zeitlich befristete Rangrücktrittsvereinbarung nicht genügt, um die Pflicht zur Passivierung von Verbindlichkeiten gem. § 19 Abs. 2 Satz 2 InsO zu beseitigen. Da die öffentlich-rechtliche Insolvenzantragspflicht dem Schutz der Gläubiger einer Gesellschaft dient, erfordere eine auf deren Suspendierung gerichtete Vereinbarung laut dem Bundesgerichtshof eine gesicherte Rechtsposition der übrigen Gläubiger der schuldnerischen Gesellschaft. Diese liege nur bei einer unbefristet geschlossenen Rangrücktrittsvereinbarung vor.[132] **186**

4. Liquiditätswirksame Maßnahmen

Eine Möglichkeit, einer Gesellschaft schnell Liquidität zu verschaffen, ist die Zahlung in die Kapitalrücklage der Gesellschaft gem. § 272 Abs. 2 Nr. 4 HGB. Hierunter sind freiwillige Leistungen zu verstehen, die Gesellschafter ohne Gewährung von Vorzügen seitens der Kapitalgesellschaft erbringen, wie z.B. Zuschüsse in Form von Bar- oder Sachleistungen und auch der Erlass von Forderungen sowie die Übernahme/Befreiung der Gesellschaft von Verbindlichkeiten.[133] Die Zuzahlung muss das Gesellschaftsvermögen vermehren, das heißt, Geldleistungen müssen erbracht und Sachleistungen rechtlich und wirtschaftlich auf die Gesellschaft übertragen worden sein. Gegenständlich kann die Zuzahlung über den Gesetzeswortlaut hinausgehend nicht nur in Geldleistungen erfolgen, sondern in jeder Art von Vermögensgegenständen, die einlagefähig und damit aktivierbar sind.[134] Im Unterschied zu den Kapitalaufbringungsvorschriften unterliegt die Kapitalrücklage nicht dem Grundsatz der realen Kapitalaufbringung[135] und kann somit z.B. auch im Wege der Aufrechnung erfolgen. **187**

---

128 K. Schmidt-*K. Schmidt/Herchen*, § 19 Rn. 35; BGH, Urt. v. 05.03.2015, IX ZR 133/14, BGHZ 204, 231 (236 f.).
129 BGH, Urt. v. 05.03.2015, IX ZR 133/14, BGHZ 204, 231 (244).
130 Vgl. BGH, Urt. v. 05.03.2015, IX ZR 133/14, BGHZ 204, 231 (247).
131 BeckOK-InsO/*Prosteder/Dachner*, § 39 Rn. 121.
132 BGH, Urt. v. 05.03.2015, IX ZR 133/14, BGHZ 204, 231 (245 f.).
133 Vgl. zum Vorstehenden: Beck'scher Bilanz-Kommentar/*Winkeljohann/K. Hoffmann* § 272 HGB Rn. 195.
134 MK-HGB/*Reiner* § 272 Rn. 101.
135 MK-HGB/*Reiner* § 272 Rn. 101.

188 Wenn der Gesellschafter die Einstellung seiner freiwilligen sonstigen Leistung in das Eigenkapital gewollt hat, ist sie in der Kapitalrücklage der Gesellschaft zu erfassen. Beabsichtigt der Gesellschafter mit der Leistung an die Gesellschaft den Ausgleich von Verlusten oder einen Ertragszuschuss, darf diese Leistung direkt in der Gewinn- und Verlustrechnung als Ertrag erfasst werden. Im Anhang ist dieser Ertrag zu erläutern. Bleibt die Zwecksetzung des Gesellschafters offen, ist die Zuzahlung im Zweifel als Kapitalrücklage zu erfassen.[136]

189 Auch wenn sich ein Gesellschafter vertraglich verpflichtet, z.B. einen Geldbetrag zu einem bestimmten zukünftigen Zeitpunkt als Zuzahlung in das Eigenkapital der Gesellschaft zu zahlen, ist die Kapitalrücklage in Höhe des Werts dieser Forderung erhöht.[137]

190 Eine weitere Möglichkeit einer Gesellschaft rasch Liquidität zur Verfügung zu stellen liegt im Kauf von Vermögenswerten. Für nicht betriebsnotwendige Vermögenswerte kommt ein gewöhnlicher Kaufvertrag in Betracht. Zu beachten ist allerdings, dass die Veräußerung von Anlagevermögen zur gewinnwirksamen Realisierung stiller Reserven führen kann und die Veräußerung von Grundbesitz Grundsteuer auslösen kann.

191 Für Vermögenswerte wie Maschinen oder IP-Rechte, die für den Betrieb notwendig sind, bietet sich ein sale-and-lease back an. Beim sale-and-lease-back veräußert die Gesellschaft Vermögenswerte an ihren Gesellschafter oder einen Dritten, der diese der Gesellschaft im Wege eines Leasingvertrages überlässt. Kurzfristig schöpft die veräußernde Gesellschaft damit Liquidität, muss allerdings zukünftig die Leasingraten aufbringen. Zu beachten ist, dass ein sale-and-lease-back wirtschaftlich als eine Kreditgewährung mit Sicherungsübereignung des geleasten Gegenstandes gesehen werden kann mit der Folge, dass die Ansprüche des Gesellschafters auf Zahlung der Leasingraten gem. § 39 Abs. 1 Nr. 5 InsO dem Nachrang unterliegen können.[138] Schließlich muss auch der Kaufpreis dem Drittvergleich standhalten, weil sonst das Risiko besteht, dass die Leistung als verdeckte Einlagenrückgewähr oder unzulässige Gewinnausschüttung angesehen werden kann.

192 Außerdem kann die Gesellschaft einzelne oder bestimmte Arten von Forderungen veräußern (Factoring), um sich zusätzliche Liquidität zu verschaffen. Die Praxis spricht von einem echten Factoring, wenn der Verkäufer (auch Zedent bzw. Anschlusskunde) nur für den rechtlichen Bestand der Forderung (sog. Veritätshaftung), nicht jedoch für die Bonität des Forderungsschuldners haftet. In diesem Fall trägt das Delkredere- oder Forderungsausfallrisiko der Gesellschafter als Käufer der Forderung. Zivilrechtlich handelt es sich um einen Kaufvertrag im Sinne der §§ 433 ff. BGB. Neben dieser für die Sanierungspraxis relevanten Variante des Factorings steht das sogenannte unechte Factoring, bei dem sich der Käufer den Rückgriff gegen den Veräußerer auch bei mangelhafter Bonität des Forderungsschuldners vorbehält. Diesem liegt zivilrechtlich ein Darlehensvertrag zugrunde. Nach dem KWG ist der laufende Ankauf von Forderungen nach Maßgabe eines Rahmenvertrags eine erlaubnispflichtige Finanzdienstleistung, wenn – wie beim unechten Factoring – damit eine Finanzierungsfunktion einhergeht. Deshalb muss zur Vermeidung aufsichtsrechtlicher Konsequenzen in der Praxis sichergestellt werden, dass der Ankauf von Forderungen zur Schaffung von Liquidität im Wege des regresslosen (echten) Factorings erfolgt oder dem Ankauf jedenfalls kein Rahmenvertrag bzw. eine Wiederholungsabsicht zugrunde liegt.

193 Auch in diesem Zusammenhang ist zu beachten, dass es sich beim unechten Factoring (bei dem der Veräußerer und nicht der Factor das Delkredererisiko trägt) um eine einem Gesellschafterdarlehen wirtschaftlich entsprechende Rechtshandlung handeln kann, die im Delkrederefall dazu führen kann, dass der Anspruch des Gesellschafters auf Erstattung des gezahlten Kaufpreises gem. § 39 Abs. 1

136 Beck'scher Bilanz-Kommentar/*Winkeljohann*/*K. Hoffmann* § 272 HGB Rn. 195.
137 Beck'scher Bilanz-Kommentar/*Winkeljohann*/*K. Hoffmann* § 272 HGB Rn. 198.
138 Uhlenbruck/*Hirte*, § 39 Rn. 38.

Nr. 5 InsO nachrangig ist.[139] Beim echten Factoring besteht diese Gefahr nicht,[140] da die Gesellschaft als Veräußerin das Delkredererisiko nicht übernimmt und damit bei Realisierung des Delkredererisikos der Kaufpreis für die abgetretene Forderung endgültig bei der Gesellschaft verbleibt.

5. Stillhalten, Stunden oder Suspendieren

Um auftretende Liquiditätslücken zu schließen, kann der Gesellschafter in Bezug auf fällige oder demnächst fällig werdende Forderungen des Gesellschafters gegenüber der Gesellschaft stillhalten oder deren Stundung vereinbaren. Um das Entstehen weiterer fälliger Forderungen zu vermeiden, kann der Gesellschafter zusätzlich auch ihm zustehende oder neu entstehende Kündigungsrechte suspendieren. 194

Stillhalten in diesem Zusammenhang bedeutet, dass der Gesellschafter sich abwartend verhält, also z.B. ggfs. bestehende Kündigungsgründe nicht ausübt oder eine fällige Forderung nicht ernsthaft einfordert. Das Nichtausüben von Kündigungsgründen ist rechtlich zulässig, weil das Recht von einem Kreditgeber nicht verlangt, dass er einen Kredit in der Krise des Kreditnehmers kündigt, solange nicht besondere Umstände vorliegen.[141] Im Hinblick auf Fremdkreditgeber wurde entschieden, dass besondere Umstände darin liegen, wenn dieser zum eigenen Nutzen Einfluss auf die Geschäftsführung des Kreditgebers ausübt oder sich aktiv darum bemüht, Vertragspartner für neue Finanzierungsverträge zu gewinnen.[142] Ob diese Kategorien, die von der Rechtsprechung für außenstehende Kreditgeber entwickelt wurden, so auch für den Gesellschafter gelten, ist, soweit ersichtlich, nicht höchstrichterlich entschieden. 195

Fordert der Gesellschafter die Forderung nicht ernsthaft ein, lässt also erkennen, dass er ungeachtet ihrer Fälligkeit nicht auf der Zahlung besteht, darf diese Forderung bei der Prüfung der Zahlungsunfähigkeit des schuldnerischen Unternehmens außer Acht gelassen werden.[143] Eine zweiseitige Stillhaltevereinbarung ist dafür nicht erforderlich. Vielmehr genügt es, wenn der Gläubiger ausdrücklich oder konkludent zu erkennen gibt, dass er die fällige Forderung zeitweise nicht einfordert.[144] Für die Praxis empfiehlt es sich gleichwohl, das Nicht-Ernsthafte-Einfordern schriftlich zu dokumentieren. 196

Eine weitere Möglichkeit ist, eine fällige Forderung durch gegenseitige Vereinbarung nachträglich zu stunden.[145] Wurden für die Forderungen Sicherheiten von Drittsicherungsgebern gestellt, muss erforderlichenfalls durch Zustimmung des Sicherungsgebers zur Prolongation sichergestellt werden, dass die Sicherheiten auch im Hinblick auf die gestundete Forderung haften. 197

Schließlich kann das Entstehen fälliger Forderungen durch die vertragliche Vereinbarung über die (regelmäßig) befristete Nichtausübung (Suspendierung) gesetzlicher bzw. vertraglicher Kündigungsrechte verhindert werden (sog. Stillhaltevereinbarung bzw. Standstill Agreement). Sie führt dazu, dass für die Dauer der Stillhalteperiode die suspendierten Kündigungsrechte nicht ausgeübt werden 198

139 Vgl. OLG Köln, Entsch. v. 25.07.1986, 22 U 311/85, ZIP 1986, 1585 (1587 f.); Scholz-*Bitter*, GmbHG Anh. § 64 Rn. 172 f.; a.A. Uhlenbruck/*Hirte* § 39 Rn. 39, solange der Delkrederefall noch nicht eingetreten ist.

140 K. Schmidt-*K. Schmidt/Herchen*, § 39 Rn. 53.

141 BGH, Urt. v. 29.05.2001, VI ZR 114/00, WM 2001, 1458 (1459); Theiselmann-*Diem/Grell/Schormair*, Praxishandbuch Restrukturierungsrecht, Kap. 11 Rn. 8; *Schäffler*, BB 2006, 56 (58); BGH, Urt. v. 09.12.1969, VI ZR 50/68, NJW 1970, 657 (658); *Neuhof*, NJW 1998, 3225 (3226).

142 BGH, Urt. v. 29.05.2001, VI ZR 114/00, WM 2001, 1458 (1459).

143 BGH, Urt. v. 22.05.2014, IX ZR 95/13, WM 2014, 1296 f.; NZI 2007, 579 (580 f.).

144 Vgl. BGH, Urt. v. 22.05.2014, IX ZR 95/13, WM 2014, 1296 f.; NZI 2007, 579 (580 f.).

145 Das Erfordernis einer gegenseitigen Vereinbarung folgt aus dem Charakter der Vertragsänderung, vgl. Jauernig-*Stadler*, BGB, § 271 Rn. 10; § 311 Rn. 18.

können. Im Gegensatz zu einem dauerhaften Verzicht auf bestimmte Kündigungsgründe (sog. waiver) leben diese nach Ablauf der Stillhalteperiode erneut auf.

199 Eine wiederholte Verlängerung der Stillhaltevereinbarung kann zu einer Verwirkung des Kündigungsrechts führen,[146] wenn der Berechtigte das Recht längere Zeit nicht geltend macht und der Verpflichtete davon ausgehen durfte, dass das Recht auch in Zukunft nicht mehr geltend gemacht wird.[147] Daher empfiehlt es sich in der Praxis die Schaffung von Vertrauen auf die wiederholte Verlängerung einer Stillhaltevereinbarung durch entsprechende Regelungen oder die Gestaltung des Prozesses zu vermeiden.

III. Kapitalmaßnahmen

1. Kapitalerhöhung

200 Die Stärkung der Eigenkapitalbasis des krisenbefangenen Unternehmens kann im Wege einer Kapitalerhöhung erfolgen. Dabei werden dem Unternehmen entweder frische Geldmittel (Barkapitalerhöhung) oder sonstige einlagefähige Vermögensgegenstände (Sachkapitalerhöhung) zugeführt. Damit kann – oftmals in Kombination mit einer vorherigen Kapitalherabsetzung (sog. Kapitalschnitt) – eine bereits eingetretene Überschuldung beseitigt werden. Im Fall einer Barkapitalerhöhung wird zudem die Liquidität des Unternehmens gestärkt, was zur Beseitigung oder Vermeidung einer (drohenden) Zahlungsunfähigkeit beitragen kann. Durch Verbesserung der Eigenkapitalquote kann die Bonität des Unternehmens im Idealfall sogar so weit gesteigert werden, dass insb. Banken oder andere Dritte wieder bzw. weiterhin bereit sind, dem Unternehmen Kredit zu gewähren.

a) Kapitalerhöhung durch Bareinlage

aa) GmbH

201 In Betracht kommt in der Regel allein eine ordentliche Kapitalerhöhung. Soweit genehmigtes Kapital besteht, ist auch eine Kapitalerhöhung durch Ausnutzung der den Geschäftsführern hierzu erteilten Ermächtigung denkbar, § 55a GmbHG.

aaa) Durchführung

202 Bei der GmbH richtet sich die ordentliche Kapitalerhöhung nach den §§ 55 ff. GmbHG. Erforderlich ist zunächst die Fassung eines Kapitalerhöhungsbeschlusses durch die Gesellschafterversammlung. Hierbei handelt es sich um eine Satzungsänderung, sodass die Erfordernisse des § 53 GmbHG zu beachten sind. Der Kapitalerhöhungsbeschluss bedarf gem. § 53 Abs. 2 Satz 1 GmbHG einer Mehrheit von drei Vierteln der abgegebenen Stimmen, sofern die Satzung kein höheres Mehrheitserfordernis aufstellt, und ist notariell zu beurkunden. Darüber hinaus bedarf es einer notariell aufgenommenen oder beglaubigten Übernahmeerklärung des Übernehmers der neuen Geschäftsanteile, § 55 Abs. 1 GmbHG.

203 Obwohl das GmbHG (anders als das AktG) dies nicht ausdrücklich regelt, ist allgemein anerkannt, dass in analoger Anwendung des § 186 AktG auch den Gesellschaftern einer GmbH grundsätzlich ein Bezugsrecht zusteht[148]. Je nach Konstellation bedarf es daher des Ausschlusses dieses Bezugsrechtes. Dieser Beschluss wird in der Regel im Rahmen des Kapitalerhöhungsbeschlusses gefasst. Der Ausschluss des Bezugsrechtes setzt voraus, dass hierfür ein im Gesellschaftsinteresse liegender Sachgrund besteht und der Ausschluss erforderlich sowie verhältnismäßig ist[149].

146 Theiselmann-*Diem/Grell/Schormair*, Praxishandbuch Restrukturierungsrecht, Kap. 11, Rn. 15.
147 Generell zur Verwirkung BGH, Urt. v. 12.03.2008, XII ZR 147/05, NJW 2008, 2254 (2255 f.).
148 Vgl. Noack/Servatius/Haas, GmbHG, § 55 Rn. 20.
149 Vgl. Noack/Servatius/Haas, GmbHG, § 55 Rn. 26.

Die Kapitalerhöhung ist letztlich zum Handelsregister anzumelden. Die Anmeldung ist von sämtlichen Geschäftsführern vorzunehmen, § 78 GmbHG. Der Handelsregisteranmeldung sind die notariell aufgenommenen oder beglaubigten Übernahmeerklärungen sowie eine von den Geschäftsführern unterzeichnete Liste der Übernehmer der neuen Geschäftsanteile beizufügen, § 57 Abs. 3 Nr. 1 und 2 GmbHG. Daneben sind der Kapitalerhöhungsbeschluss[150] sowie der angepasste Satzungswortlaut (§ 54 Abs. 1 Satz 2 GmbHG) vorzulegen. Die mit der Kapitalerhöhung verbundene Satzungsänderung und damit die Kapitalerhöhung selbst wird erst mit Eintragung im Handelsregister wirksam, § 54 Abs. 3 GmbHG. In der Handelsregisteranmeldung ist von den Geschäftsführern zu versichern, dass die auf den Erhöhungsbetrag zu leistenden Mindesteinlagen erbracht sind und zur freien Verfügung der Geschäftsführer stehen, § 57 Abs. 2 GmbHG. Letzteres ist bei einer Einzahlung des Einlagebetrages auf ein debitorisches Bankkonto der Gesellschaft nur dann der Fall, wenn die Bank nach Verrechnung der Gutschrift eine Verfügung über den Einlagebetrag zulässt – sei es im Rahmen eines förmlich eingeräumten Kreditrahmens oder nur aufgrund stillschweigender Gestattung der Bank[151]. 204

bbb) Voreinzahlung

Die Einzahlung des Einlagebetrages – zumindest in Höhe eines Viertels des Nennbetrages für jeden neuen Geschäftsanteil – ist vor Anmeldung der Kapitalerhöhung zum Handelsregister zu erbringen, §§ 56a i.V.m. 7 Abs. 2 Satz 1 GmbHG. In Krisensituationen besteht jedoch häufig hoher Zeitdruck und damit ein praktisches Bedürfnis, Zahlungen auf künftige, noch nicht beschlossene Kapitalerhöhungen unter Umständen bereits vor Fassung des Kapitalerhöhungsbeschlusses und Abschluss der Übernahmevereinbarung zu erbringen. Da die Einlageschuld jedoch erst mit Fassung des Kapitalerhöhungsbeschlusses sowie Abschluss der Übernahmevereinbarung entsteht[152], stellt sich die Frage inwieweit solche Voreinzahlungen Erfüllungswirkung haben können. Nach der Rechtsprechung ist das ausnahmsweise dann der Fall, wenn sich die geleistete Zahlung im Zeitpunkt der Fassung des Kapitalerhöhungsbeschlusses noch im Vermögen der Gesellschaft befindet[153]. Das ist in Krisensituationen jedoch häufig nicht der Fall und ist insb. auch dann nicht anzunehmen, wenn die Voreinzahlung auf ein debitorisches Konto der Gesellschaft geleistet wurde. Dies soll nach der Rechtsprechung – anders als im Regelfall[154] – selbst dann gelten, wenn die Bank nach Verrechnung der Gutschrift eine Verfügung über den Einlagebetrag zulässt[155]. 205

Mangels Bestehen einer Schuld im Leistungszeitpunkt leistet der Einleger ohne Rechtsgrund. Ihm steht daher eine Bereicherungsforderung in entsprechender Höhe zu. Einlagegegenstand ist im Fall einer Voreinzahlung folglich diese Bereicherungsforderung, sodass keine Bar- sondern eine Sacheinlage geleistet wird[156]. Entscheidend für die schuldtilgende Erfüllung der Einlageverpflichtung ist damit der Wert der Sacheinlage, mithin der Wert der Bereicherungsforderung. Dieser Wert ist – sofern keine Offenlegung im Kapitalerhöhungsbeschluss sowie in der Handelsregisteranmeldung erfolgt ist, und es sich daher um eine verdeckte Sacheinlage handelt – im Rahmen der Anrechnungslösung (§ 19 Abs. 4 GmbHG) auf die Einlageverpflichtung anzurechnen. Allerdings wird in Krisen- 206

150 Vgl. Noack/Servatius/Haas, GmbHG, § 57 Rn. 17.

151 BGH, Urt. v. 08.11.2004, II ZR 362/02, ZIP 2005, 121.

152 U.a. BGH, Urt. v. 15.03.2004, II ZR 210/01, BGHZ 158, 283 (285); BGH, Urt. v. 26.06.2006, II ZR 43/05, BGHZ 168, 201 ff.; *Priester/Tebben* in: Scholz, GmbHG, § 56a Rn. 16.

153 BGH, Urt. v. 18.09.2000, II ZR 365/98, BGHZ 145, 150 (154 f.); BGH, Urt. v. 15.03.2004, II ZR 210/01, BGHZ 158, 283 (284 f.); BGH, Urt. v. 26.06.2006, II ZR 43/05, BGHZ 168, 201 (203); OLG Köln, Urt. v. 17.05.2001, 18 U 17/01, ZIP 2001, 1243; OLG Celle, Urt. v. 16.11.2005, 9 U 69/05, GmbHR 2006, 433; OLG Celle, Urt. v. 31.08.2010, 9 U 25/10, ZIP 2010, 2298.

154 BGH, Urt. v. 08.11.2004, II ZR 362/02, ZIP 2005, 121.

155 BGH, Urt. v. 15.03.2004, II ZR 210/01, BGHZ 158, 283 ff.; vgl. u.a. Reul/Heckschen/Wienberg, Insolvenzrecht in der Gestaltungspraxis, § 4 Rn. 382 ff.; a.A. MK-GmbHG/*Lieder*, § 56a Rn. 36.

156 BGH, Beschl. v. 10.07.2012, II ZR 212/10, GmbHR 2012, 1066.

situationen regelmäßig keine volle Werthaltigkeit der Bereicherungsforderung vorliegen[157]. Damit besteht das Risiko einer weiteren Haftung für die Einlage seitens des Einlegers in Höhe der Differenz.

207 Unter bestimmten engen Voraussetzungen erkennt die Rechtsprechung die Wirksamkeit von Voreinzahlungen ausnahmsweise auch dann an, wenn sich die geleistete Einlage im Zeitpunkt der Fassung des Kapitalerhöhungsbeschlusses nicht mehr im Gesellschaftsvermögen befindet. Voraussetzungen hierfür sind, dass (a) ein akuter Sanierungsfall vorliegt, (b) der Kapitalerhöhungsbeschluss im Anschluss an die Voreinzahlung mit aller gebotenen Beschleunigung nachgeholt wird, (c) andere Maßnahmen nicht in Betracht kommen, (d) der Einleger mit Sanierungswillen handelt und (e) die Rettung der sanierungsfähigen Gesellschaft bei Einhaltung der üblichen Reihenfolge bei der Durchführung der Kapitalerhöhung scheitern würde[158]. Die Fassung des Kapitalerhöhungsbeschlusses mehr als drei Monate nach erfolgter Voreinzahlung erachtet der BGH als zu spät[159]. Die Voreinzahlung muss eine entsprechende Tilgungszweckbestimmung enthalten[160] und ist sowohl im Kapitalerhöhungsbeschluss als auch in der Anmeldung der Kapitalerhöhung zum Registergericht offenzulegen[161]. Die Rechtsprechung erkennt damit das praktische Bedürfnis an der Zulassung entsprechender Voreinzahlungen an, stellt allerdings an die Annahme einer Erfüllungswirkung Anforderungen, die nur schwer zu erfüllen sind[162] und in den bisher entschiedenen Fällen auch nicht als erfüllt angesehen wurden. Insofern ist von einer solchen Voreinzahlung dringend abzuraten.

bb) AG

aaa) Durchführung

208 Die Zuführung neuer Finanzmittel kann auch bei einer AG im Wege einer ordentlichen Kapitalerhöhung (§§ 182 ff. AktG) erfolgen. Soweit vorhanden bietet sich zudem die Ausnutzung bereits bestehenden genehmigten Kapitals (§§ 202 ff. AktG) sowie die Ausnutzung bedingten Kapitals (§ 192 ff. AktG) an. Dem bedingten Kapital liegen jedoch in der Regel Umtausch- bzw. Bezugsrechte (insb. aus Wandelschuldverschreibungen) zugrunde. Dies bedeutet, dass entsprechende Zahlungen bereits an die Gesellschaft erbracht sind und die hieraus folgenden Rückzahlungsforderungen nunmehr im Rahmen der Kapitalerhöhung in Aktien und damit Eigenkapital umgewandelt werden sollen. Frische Liquidität fließt der Gesellschaft hierbei – anders als bei einer ordentlichen Kapitalerhöhung sowie bei Ausnutzung genehmigten Kapitals – allerdings nicht mehr zu.

---

157 Sofern nicht eine grundsätzliche Zulässigkeit der Einlage von gegen die Gesellschaft gerichteten Forderungen zum Nennbetrag angenommen wird; vgl. hierzu die Diskussionen zum Debt Equity Swap unten unter Rdn. 228 ff.

158 BGH, Urt. v. 26.06.2006, II ZR 43/05, BGHZ 168, (204 ff.); OLG München, Urt. v. 10.08.1998, 17 U 6479/97, NZG 1999, 84; OLG Köln, Urt. v. 02.12.1998, 27 U 18/98, GmbHR 1999, 288 (291); OLG Karlsruhe, Urt. v. 20.08.1999, 10 U 89/99, GmbHR 1999, 1298; OLG Düsseldorf, Urt. v. 25.11.1999, 6 U 166/98, DB 2000, 612; OLG Schleswig, Urt. v. 07.09.2000, 5 U 71/99, NZG 2001, 137; OLG Schleswig, Urt. v. 24.06.1999, 5 U 209/97, NZG 2000, 318; OLG Celle, Urt. v. 16.11.2005, 9 U 69/05, GmbHR 2006, 433; OLG Celle, Urt. v. 31.08.2010, 9 U 25/10, ZIP 2010, 2298; vgl. auch Noack/Servatius/Haas, GmbHG, § 56a Rn. 9 ff.; ebenso *Priester/Tebben* in: Scholz, GmbHG, § 56a Rn. 20 f. – allerdings mit Kritik am Erfordernis einer Sanierungssituation; Lutter/Hommelhoff-*Lutter/Bayer*, GmbHG, § 56 Rn. 19 ff.; MK-GmbHG/*Lieder*, § 56a Rn. 21 ff.; Reul/Heckschen/Wienberg, Insolvenzrecht in der Gestaltungspraxis, § 4 Rn. 385 ff.

159 BGH, Urt. v. 07.11.1994, II ZR 248/93, NJW 1995, 460 (461).

160 U.a. BGH, Urt. v. 26.06.2006, II ZR 43/05, BGHZ 168, 204 (205).

161 BGH, Urt. v. 26.06.2006, II ZR 43/05, BGHZ 168, (207 f.); OLG München, Urt. v. 10.08.1998, 17 U 6479/97, NZG 1999, 84; OLG Karlsruhe, Urt. v. 20.08.1999, 10 U 89/99, GmbHR 1999, 1298; OLG Celle, Urt. v. 16.11.2005, 9 U 69/05, GmbHR 2006, 433; OLG Celle, Urt. v. 31.08.2010, 9 U 25/10, ZIP 2010, 2298.

162 Reul/Heckschen/Wienberg, Insolvenzrecht in der Gestaltungspraxis, § 4 Rn. 387 f.

Zur Durchführung der ordentlichen Kapitalerhöhung bedarf es zunächst eines Kapitalerhöhungsbeschlusses durch die Hauptversammlung, welcher mit einer Mehrheit von mindestens drei Vierteln des bei der Beschlussfassung vertretenen Grundkapitals zu fassen ist, soweit in der Satzung kein geringeres Mehrheitserfordernis festgelegt ist, §§ 179 Abs. 1 Satz 1, 182 Abs. 1 Satz 1 und 2 AktG. Zusätzlich ist das Vorliegen einfacher Stimmenmehrheit erforderlich, § 133 Abs. 1 AktG[163]. Der Kapitalerhöhungsbeschluss ist durch den Vorstand und den Vorsitzenden des Aufsichtsrates zur Eintragung in das Handelsregister anzumelden, § 184 Abs. 1 Satz 1 AktG. Den bisherigen Aktionären steht gem. § 186 Abs. 1 AktG ein Bezugsrecht zu. Bei Kapitalerhöhungen im Rahmen von Sanierungssituationen ist jedoch häufig der Ausschluss dieses Bezugsrechtes erforderlich. Ein solcher Bezugsrechtsausschluss muss bereits im Rahmen des Kapitalerhöhungsbeschlusses erfolgen und bedarf einer Mehrheit von mindestens drei Vierteln des bei der Beschlussfassung vertretenen Grundkapitals, soweit die Satzung kein höheres Mehrheitserfordernis statuiert, § 186 Abs. 3 AktG. Er ist nur bei Vorliegen einer sachlichen Rechtfertigung zulässig. Hierzu muss der Zweck des Bezugsrechtsausschlusses im Interesse der Gesellschaft liegen sowie der Bezugsrechtsausschluss zur Erreichung dieses Zweckes geeignet und erforderlich sowie verhältnismäßig sein[164]. Ein zulässiger Bezugsrechtsausschluss ist insb. auch zum Zwecke der Sanierung der Gesellschaft denkbar, so z.B. wenn ein Investor sein Engagement vom Erwerb einer qualifizierten Beteiligung abhängig macht[165]. 209

Die Zeichnung der Aktien erfolgt durch schriftliche Erklärung (Zeichnungsschein), aus welcher sich insb. die Anzahl der gezeichneten Aktien bzw. im Fall von Nennbetragsaktien der entsprechende Nennbetrag ergeben muss, § 185 Abs. 1 AktG. Der Einlagebetrag – zumindest in Höhe eines Viertels des geringsten Ausgabebetrages sowie im Fall eines korporativen Agios zuzüglich dieses Betrages in voller Höhe – ist vor Anmeldung der Kapitalerhöhung zum Handelsregister zu erbringen, §§ 188 Abs. 2, 36a Abs. 1 AktG. Voraussetzung für eine wirksame Erfüllung der Einlageverpflichtung ist, dass der geleistete Betrag endgültig zur freien Verfügung des Vorstandes steht; §§ 188 Abs. 2, 36 Abs. 2 AktG. Das ist bei einer Leistung der Einlage auf ein debitorisches Bankkonto der Gesellschaft nur dann der Fall, wenn die Bank nach Verrechnung der Gutschrift eine Verfügung über den Einlagebetrag zulässt – sei es im Rahmen eines förmlich eingeräumten Kreditrahmens oder nur aufgrund stillschweigender Gestattung der Bank[166]. 210

Nach Zeichnung der neuen Aktien und Erbringung der Mindesteinlage ist die Durchführung der Kapitalerhöhung vom Vorstand und dem Vorsitzenden des Aufsichtsrates zum Handelsregister anzumelden. Das Gesetz sieht hier ein zweistufiges Verfahren vor, indem es grundsätzlich zunächst die Anmeldung des Kapitalerhöhungsbeschlusses und nach Zeichnung und Erbringung der Mindesteinlage die Anmeldung der Durchführung der Kapitalerhöhung vorsieht. Praktisch werden beide Anmeldungen jedoch meist miteinander verbunden, was § 188 Abs. 4 AktG explizit zulässt. 211

Bei börsennotierten Aktiengesellschaften ist zudem zu beachten, dass im Fall des Erwerbs einer Beteiligung von mehr als 30 % der Aktien grundsätzlich die Abgabe eines Pflichtangebotes erforderlich ist, §§ 35 Abs. 2, 29 Abs. 2 WpÜG. Eine Befreiung vom Pflichtangebot ist jedoch denkbar, wenn der Kontrollerwerb im Zusammenhang mit der Sanierung der Gesellschaft erfolgt[167]. 212

---

163 Zu einem Auseinanderfallen von Stimmen- und Kapitalmehrheit kann es aufgrund von Mehr- oder Höchststimmrechten kommen, vgl. *Koch*, AktG, § 133 Rn. 13.

164 *Koch*, AktG, § 186 Rn. 25 ff.

165 BGH, Urt. v. 19.04.1982, II ZR 55/81, NJW 1982, 2444 (2446); *Koch*, AktG, § 186 Rn. 31; MK-AktG/*Schürnbrand/Verse*, § 186 Rn. 125.

166 BGH, Urt. v. 08.11.2004, II ZR 362/02, ZIP 2005, 121.

167 Zur Befreiungsmöglichkeit vgl. u.a. *Klepsch/Kiesewetter*, BB 2007, 1403 ff.

bbb) Voreinzahlung

213 Auch im Fall der AG, bei welcher die Durchführung der für eine Kapitalerhöhung notwendigen Schritte in der Regel noch zeitaufwendiger ist, als bei der GmbH, besteht oftmals das Bedürfnis die im Rahmen der Kapitalerhöhung noch zu vereinbarende Einlage vorzeitig zu erbringen, um eine Zahlungsunfähigkeit der Gesellschaft abzuwenden oder zu beseitigen. Auch bei der AG wirkt eine Voreinzahlung grundsätzlich nicht schuldbefreiend, es sei denn diese befindet sich im Zeitpunkt der Fassung des Kapitalerhöhungsbeschlusses noch ungeschmälert im Vermögen der Gesellschaft[168]. Eine Ausnahme hiervon wird jedoch von der Rechtsprechung im Fall einer Voreinzahlung zu Sanierungszwecken angenommen[169] – vgl. hierzu die übertragbaren Ausführungen zur GmbH unter Rdn. 207.

b) Kapitalerhöhung durch Sacheinlage

214 Sowohl in der GmbH als auch in der AG kommt anstelle einer Barkapitalerhöhung auch eine Kapitalerhöhung durch Sacheinlagen in Betracht § 56 GmbHG, § 183 AktG. Als Sacheinlagegegenstand kommen dabei grundsätzlich alle vermögenswerten Gegenstände – also Sachen, Rechte und sonstige vermögenswerte Positionen – infrage. In Krisensituation spielt die Einlage von gegen die Gesellschaft bestehenden Forderungen (sog. Debt Equity Swap – vgl. dazu unten Rdn. 224 ff.) eine besondere Rolle. Bilanzfähigkeit ist im Gegensatz zur früheren Auffassung in Rechtsprechung und Literatur nicht Voraussetzung einer Sacheinlagefähigkeit[170]. Ausgeschlossen ist hingegen die Einlage von Verpflichtungen zu Dienstleistungen[171].

215 Der Gegenstand der Sacheinlage sowie der Nennbetrag des Geschäftsanteiles, auf den sich die Sacheinlage bezieht bzw. bei Stückaktien die Zahl der gegen die Sacheinlage zu gewährenden Aktien, müssen im Kapitalerhöhungsbeschluss festgesetzt werden, § 56 Abs. 1 GmbHG, § 183 Abs. 1 Satz 1 AktG.

216 Im Fall einer AG ist der Wert der Sacheinlage durch das Gutachten eines gerichtlich bestellten Prüfers oder eines unabhängigen Sachverständigen nachzuweisen, § 183 Abs. 3 i.V.m. § 33 Abs. 3 AktG, § 183a Abs. 1 Satz 1 i.V.m. § 33a AktG. Das GmbHG sieht eine solche Prüfung im Fall der Sachkapitalerhöhung nicht vor. Aber auch hier ist das Registergericht verpflichtet zu prüfen, ob Sacheinlagen nicht unwesentlich überbewertet wurden (§§ 57a, 9c Abs. 1 Satz 2 GmbHG) und kann hierzu die Vorlage geeigneter Unterlagen verlangen[172]. Auch im Fall einer GmbH ist daher letztlich die Vorlage eines Werthaltigkeitsgutachtens erforderlich.[173]

217 Unterschreitet der Wert der Sacheinlage den Nennbetrag der übernommenen Geschäftsanteile bzw. den geringsten Ausgabebetrag, wird die Sachkapitalerhöhung aber dennoch durch das Registergericht in das Handelsregister eingetragen und daher wirksam, unterliegt der Einleger hinsichtlich des Differenzbetrages einer verschuldensunabhängigen Haftung (vgl. hierzu auch unten Rdn. 233). In Bezug auf Aktiengesellschaften erfasst diese Haftung neben der Differenz zwischen geringstem Ausgabebetrag (§ 9 Abs. 1 AktG) und Wert der Sacheinlage auch die sich aus einem korporativen Agio ergebende zusätzliche Differenz[174].

218 Zum Schutz vor Umgehung der Sacheinlagevorschriften gelten die Vorschriften zur verdeckten Sacheinlage nicht nur bei Gründung der Gesellschaft, sondern auch im Rahmen der Kapitalerhöhung

---

168 Vgl. *Koch*, AktG, § 188 Rn. 7 f.; KölnKomm-AktG/*Ekkenga*, § 188 Rn. 26; jeweils zur GmbH: BGH, Urt. v. 15.03.2004, II ZR 210/01, BGHZ 158, 283 ff.; BGH, Urt. v. 26.06.2006, II ZR 43/05, BGHZ 168, 201 ff.; BGH, Urt. v. 24.04.2008, III ZR 223/06, NZG 2008, 512 Rn. 14.

169 *Koch*, AktG, § 188 Rn. 8; KölnKomm-AktG/*Ekkenga*, § 188 Rn. 25 ff.

170 Vgl. Noack/Servatius/Haas, GmbHG, § 5 Rn. 23; Hüffer/Koch, AktG, § 27 Rn. 14.

171 § 27 Abs. 2 Halbs. 2 AktG; Noack/Servatius/Haas, GmbHG, § 5 Rn. 24.

172 Noack/Servatius/Haas, § 57a Rn. 10.

173 *Priester/Tebben* in: Scholz, GmbHG, § 57 Rn. 22.

174 Vgl. *Koch*, AktG, § 183 Rn. 21, § 27 Rn. 21.

(§§ 56 Abs. 2 i.V.m. 19 Abs. 2 Satz 2 und Abs. 4 GmbHG; §§ 183 Abs. 2, 27 Abs. 3 AktG). Liegt eine solche verdeckte Sacheinlage vor, haftet der Einleger im Rahmen der Anrechnungslösung für die zwischen Wert der Sacheinlage und Einlagepflicht bestehende Differenz.

2. Kapitalherabsetzung

Die Kapitalerhöhung wird im Sanierungsfall häufig mit einer vorherigen vereinfachten Kapitalherabsetzung verbunden, sog. Kapitalschnitt. Ziel eines solchen Kapitalschnittes ist es, bereits realisierte bilanzielle Verluste den Alteigentümern zuzurechnen[175]. Zudem wird mit Blick auf § 30 GmbHG die Aussicht auf künftige Ausschüttungen verbessert[176]. Die alleinige Kapitalherabsetzung (ohne zugleich erfolgende Kapitalerhöhung) kann allenfalls der Beseitigung einer bestehenden Unterbilanz dienen[177]. Die Beseitigung einer bestehenden Überschuldung ist damit hingegen nicht vollständig möglich. 219

Die im GmbHG und im AktG jeweils vorgesehene ordentliche Kapitalherabsetzung ist in Sanierungsfällen ungeeignet. Dies zum einen, weil Gläubiger der Gesellschaft infolge der Kapitalherabsetzung Befriedigung oder Sicherheiten für ihre Forderungen verlangen können, § 58a Abs. 1 Nr. 2 GmbHG, § 225 Abs. 1 AktG. Dies ist in einer Krisensituation naturgemäß nicht darstellbar. Im Fall einer GmbH darüber hinaus aber auch, weil eine Eintragung der Kapitalherabsetzung im Handelsregister und damit ihre Wirksamkeit erst nach Ablauf eines Sperrjahres nach Bekanntmachung der Kapitalherabsetzung erfolgen kann, § 58a Abs. 1 Nr. 1 und 3 GmbHG. Ein entsprechender zeitlicher Spielraum fehlt Krisenunternehmen jedoch. 220

Sowohl das GmbHG als auch das AktG sehen jedoch die Möglichkeit einer vereinfachten Kapitalherabsetzung vor (§ 58a GmbHG, §§ 229 ff. AktG). Eine Vereinfachung ergibt sich dabei insb. daraus, dass die Gläubigerschutzvorschriften der ordentlichen Kapitalherabsetzung keine Anwendung finden. Um den Schutz der Gläubiger dennoch zu gewährleisten, ist eine vereinfachte Kapitalherabsetzung nur im Sanierungsfall unter den konkret im Gesetz vorgegebenen Voraussetzungen zulässig. Danach darf eine vereinfachte Kapitalherabsetzung nur zum Ausgleich von Wertminderungen, zur Deckung sonstiger Verluste oder – im Fall der AG – zur Einstellung von Beträgen in die Kapitalrücklage vorgenommen werden, § 58a Abs. 1 GmbHG, § 229 Abs. 1 AktG. Voraussetzung ist zudem, dass bestehende Rücklagen im Wesentlichen aufgelöst und ein eventueller Gewinnvortrag zuvor verwendet wurde, § 58a Abs. 2 GmbHG, § 229 Abs. 2 AktG. Beträge, die aus der Herabsetzung von Kapital- oder Gewinnrücklagen und aus der Kapitalherabsetzung gewonnen werden, dürfen nicht an die Anteilseigner ausgezahlt werden, § 58b GmbHG, § 230 Abs. 1 AktG. Zudem bestehen Beschränkungen hinsichtlich künftiger Gewinnausschüttungen an die Anteilseigner, § 58d GmbHG, § 233 AktG. 221

Der Kapitalherabsetzungsbeschluss bedarf bei einer AG einer Mehrheit von drei Vierteln des bei der Beschlussfassung vertretenen Grundkapitals, soweit die Satzung keine größere Mehrheit festsetzt, § 222 Abs. 1 AktG, sowie der einfachen Stimmenmehrheit nach § 133 Abs. 1 AktG[178]. Bei der GmbH ist eine Mehrheit von drei Vierteln der abgegebenen Stimmen erforderlich, § 53 Abs. 2 GmbHG, sofern die Satzung keine höhere Stimmenmehrheit verlangt. Wirksam wird die Kapitalherabsetzung hingegen erst mit ihrer Eintragung bzw. mit Eintragung des Herabsetzungsbeschlusses im Handelsregister, § 54 Abs. 3 GmbHG, § 224 AktG. Die bei der AG zudem erforderliche Eintragung der Durchführung der Kapitalherabsetzung (§ 227 AktG) hat hingegen lediglich deklaratorische Wirkung. 222

Der Kapitalherabsetzungsbeschluss kann auch eine Herabsetzung des Grund- bzw. Stammkapitals unter den jeweiligen Mindestbetrag vorsehen, wenn mit der Kapitalherabsetzung gleichzeitig eine 223

175 Gottwald/Haas, Insolvenzrechts-Handbuch, § 3 Rn. 62 f.

176 *K. Schmidt/Uhlenbruck*, Die GmbH in Krise, Sanierung und Insolvenz, Rn. 6.3.

177 *Koch*, AktG, § 229 Rn. 2.

178 *Koch*, AktG, § 222 Rn. 9; zu einem Auseinanderfallen von Stimmen- und Kapitalmehrheit kann es aufgrund von Mehr- oder Höchststimmrechten kommen, vgl. *Koch*, AktG, § 133 Rn. 13.

Barkapitalerhöhung beschlossen wird, mit welcher der Mindestbetrag des Grund- bzw. Stammkapitals sodann wieder erreicht wird, § 58 Abs. 4 Satz 1 GmbHG, §§ 229 Abs. 3, 228 Abs. 1 AktG. Im Fall eines solchen Kapitalschnitts ist daher auch eine Kapitalherabsetzung auf Null möglich[179]. Gem. § 58f GmbHG sowie § 235 AktG besteht zudem die Möglichkeit, dem Kapitalschnitt bilanzielle Rückwirkung zu verleihen. Die durchgeführte Kapitalherabsetzung und die anschließende Kapitalerhöhung können danach im letzten Jahresabschluss so berücksichtigt werden, als seien sie am Abschlussstichtag bereits durchgeführt worden.

3. Debt Equity Swap

a) Gestaltungsmöglichkeiten und Zielsetzung

224 Zu einem auch in Deutschland zwischenzeitlich etablierten Sanierungsinstrument gehört der Debt Equity Swap. Bei diesem werden gegen die Gesellschaft bestehende Forderungen in die Gesellschaft eingebracht. Infolgedessen wird die Gesellschaft von der Verpflichtung zur Leistung der eingebrachten Verbindlichkeiten frei. Bestehendes Fremdkapital wird damit gegen Ausgabe neuer Anteile in Eigenkapital umgewandelt. Häufig wird dies mit einer vorherigen Kapitalherabsetzung verbunden (sog. Kapitalschnitt)[180]. Diese Einbringung von Forderungen gegen Ausgabe neuer Anteile wird allgemein als Debt Equity Swap bezeichnet (dazu nachfolgend unter Rdn. 227 ff.).

225 Alternativ ist jedoch auch die Einlage von Forderungen eines Gesellschafters in die Kapitalrücklage der Gesellschaft, also ohne Ausgabe neuer Anteile hierfür denkbar (dazu nachfolgend unter Rdn. 236). Eine solche Einlage ist im Vergleich zum Debt Equity Swap mit deutlich geringeren Durchführungsproblemen und Haftungsrisiken verbunden und wird in geeigneten Konstellationen einem Debt Equity Swap daher vorgezogen. Voraussetzung hierfür ist grundsätzlich jedoch die gleichmäßige Erbringung entsprechender Einlagen durch alle Gesellschafter, da die Beteiligungsverhältnisse in der Gesellschaft in diesen Fällen unverändert bleiben. Aber auch dann, wenn diese Voraussetzungen nicht vorliegen, versucht die Praxis im Fall von GmbHs die Durchführung eines Debt Equity Swaps häufig zu vermeiden, indem anstelle einer Sachkapitalerhöhung eine (geringe) Barkapitalerhöhung durchgeführt wird und die bestehenden Forderungen sodann als Agio oder als sonstige Zuzahlung in die Kapitalrücklage eingebracht werden.

226 Durch die Umwandlung von Fremd- in Eigenkapital im Rahmen eines Debt Equity Swaps – sei es mit oder ohne Ausgabe neuer Anteile – kann eine eventuelle Überschuldung der Gesellschaft beseitigt oder zumindest gemindert werden. Eine unmittelbare Verbesserung der Liquiditätslage der Gesellschaft ist damit hingegen in der Regel nicht verbunden, denn »frisches Geld« wird der Gesellschaft nicht zugeführt. Allerdings wird das Unternehmen von künftigen, gegebenenfalls auch von bereits gegenwärtigen Zins- und Tilgungsverbindlichkeiten entlastet und so dessen (künftige) Ertragskraft gestärkt.

b) Einbringung gegen Ausgabe neuer Anteile

aa) Interessenlage

227 Die Attraktivität eines Debt Equity Swaps für den einzelnen Gläubiger in einer Krisensituation der Gesellschaft hängt ganz wesentlich von der Werthaltigkeit seiner Forderungen ab. Für gesicherte Gläubiger besteht in der Regel kaum Anreiz, die gesicherte Rückzahlung unter Verlust bestehender Sicherheiten gegen eine unsichere Eigenkapitalposition zu tauschen.[181] Für ungesicherte Gläubiger ist ein Debt Equity Swap hingegen dann sinnvoll, wenn der Fortführungswert der Gesellschaft deren

---

179 *K. Schmidt/Uhlenbruck*, Die GmbH in Krise, Sanierung und Insolvenz, Rn. 6.5.

180 Vgl. hierzu oben Rdn. 219 ff.

181 *K. Schmidt/Uhlenbruck*, Die GmbH in Krise, Sanierung und Insolvenz, Rn. 6.31.

Liquidationswert übersteigt.[182] Ihre Forderungen in Eigenkapital umwandelnde Gläubiger partizipieren im Fall einer erfolgreichen Sanierung an den zukünftigen Gewinnen des Unternehmens, und zwar ohne Begrenzung auf die Höhe der von ihnen eingebrachten Forderung. Infolge der Umwandlung erhalten die Gläubiger zudem Stimmrechte, die ihnen entsprechenden Einfluss auf die Gesellschaft vermitteln. Dabei sind es nicht immer die originären Gläubiger, die einen Debt Equity Swap durchführen. Zum Teil werden bereits notleidende Kredite (Non-Performing-Loans) durch Investoren erworben, die über eine Umwandlung in Eigenkapital den Erwerb einer Gesellschafterstellung anstreben (sog. Loan-to-Own-Strategie).[183]

bb) Bewertung

Ein Quell fortwährender Diskussion ist – trotz einer Entscheidung des BGH aus dem Jahr 1990 hierzu[184] – die Frage, zu welchem Wert eine gegen die Gesellschaft bestehende Forderung eingebracht werden kann. Der Wert der einzulegenden Forderung ist Grundlage der Bemessung der im Gegenzug zu gewährenden Anteile, mithin des Umtauschverhältnisses. Diskutiert wird hierzu, ob die gegen die Gesellschaft bestehende Forderung in jedem Fall zum Nennwert oder aber lediglich zum »wirklichen« Wert eingebracht werden kann. Während der BGH und die h.M. in der Literatur[185] davon ausgehen, dass eine Einlage wegen des erforderlichen Schutzes der Gläubiger sowie der Anteilseigner der Gesellschaft nur zum »wirklichen« Wert der Forderung erfolgen kann, halten andere eine Einbringung zum Nennwert auch bei verminderter Werthaltigkeit der Forderung für gerechtfertigt.[186] Und dies mit gut begründeten Argumenten. So haben zuletzt insb. *Cahn, Simon* und *Theiselmann*[187] überzeugend dargelegt, warum weder der Schutz gegenwärtiger oder künftiger Gläubiger noch der Schutz der Anteilseigner der Gesellschaft eine Einlage nur in Höhe des »wirklichen« Wertes gebieten. Angesichts der bestehenden höchstrichterlichen Rechtsprechung zu dieser Frage und den im Fall einer abweichenden Behandlung bestehenden Umsetzungsschwierigkeiten und -risiken wird in der Praxis jedoch der »wirkliche« Forderungswert für die Einlage zugrunde gelegt. 228

Die Feststellung des wirklichen Wertes der einzulegenden Forderung bereitet jedoch einige Schwierigkeiten. Dieser wirkliche Wert ist in Abhängigkeit von der Leistungsfähigkeit der Gesellschaft zu bestimmen und ist in Krisensituationen – zumindest bei nicht voll besicherten Forderungen – in der Regel geringer als der Nennwert. Nur dann, wenn die Gesellschaft in der Lage ist, sämtliche ihrer (nicht nachrangigen) Verbindlichkeiten in voller Höhe zu begleichen[188] bzw. die einzubringende Forderung voll besichert ist, ist diese vollwertig und kann zum Nennwert eingebracht werden. Sofern die Gesellschaft nicht in der Lage ist, sämtliche ihrer Verbindlichkeiten zu begleichen, kommt es – soweit eine generelle Einlagefähigkeit zum Nennwert abgelehnt wird – grundsätzlich auf die Deckungsquote an, die auf die einzulegende Forderung entfallen würde.[189] Auf den Verkehrs- oder Marktwert der Forderung, der gegebenenfalls bereits bei Zweifeln an der Leistungsfähigkeit der Gesellschaft unter Nennwert sinkt, kommt es hingegen nicht an.[190] Die Deckungsquote ergibt sich grundsätzlich aus dem Aktivvermögen abzüglich bestehender Verbindlichkeiten der Gesellschaft. 229

---

182 *K. Schmidt/Uhlenbruck*, Die GmbH in Krise, Sanierung und Insolvenz, Rn. 6.31; *Priester*, DB 2010, 1445 (1445).

183 Eilers/Mackensen/Koffka/Paul-*Westphal/Wilde*, Private Equity, Abschnitt III. Rn. 1; *K. Schmidt/Uhlenbruck*, Die GmbH in Krise, Sanierung und Insolvenz, Rn. 7.43.

184 BGH, Urt. v. 15.01.1990, II ZR 164/88, BGHZ 110, 47 ff.

185 *Priester*, DB 2010, 1445 ff.; KK-AktG/*Ekkenga*, § 183 Rn. 245; *K. Schmidt/Uhlenbruck*, Die GmbH in Krise, Sanierung und Insolvenz, Rn. 7.51.

186 MK-GmbHG/*Schwandtner*, § 5 Rn. 143 ff.; *Wansleben*, WM 2012, 2083 ff.; *Spliedt*, GmbHR 2012, 462 ff.

187 *Cahn/Simon/Theiselmann*, Debt Equity Swap zum Nennwert!, DB 2010, 1629 ff.

188 GK-AktG/*Wiedemann*, § 183 Rn. 40.

189 BGH, Urt. v. 15.01.1990, II ZR 164/88, BGHZ 110, 47 (60 f.); *Ekkenga*, ZGR 2009, 581 (599); *Wansleben*, WM 2012, 2083 (2084).

190 KK-AktG/*Ekkenga*, § 183 Rn. 247; Priester, DB 2010, 1445 (1447 f.).

Bei der Ermittlung der Deckungsquote sind stille Reserven der Gesellschaft mit zu berücksichtigen.[191] Eine Bewertung in Höhe der Deckungsquote kommt hingegen für nachrangige Gesellschafterforderungen sowie für sonstige Forderungen mit Nachrang (insb. aufgrund eines vereinbarten Rangrücktritts) nicht in Betracht. Solchen Forderungen kommt ein entsprechender Wert nur zu, soweit das Aktivvermögen der Gesellschaft die vorrangigen Verbindlichkeiten der Gesellschaft übersteigt.

230 Die Bewertung der einzubringenden Forderungen wirkt sich nicht lediglich auf das festzulegende Umtauschverhältnis und im Rahmen einer potenziellen Differenzhaftung aus. Von entscheidender Bedeutung sind auch die sich aus der Bewertung ergebenden ertragssteuerlichen Folgen für die Gesellschaft, die im Fall eines Debt Equity Swaps berücksichtigt werden müssen. Insoweit verweisen wir auf die Ausführungen im Kap. 7 Rdn. 67 ff.

cc) Durchführung

231 Bei einem Debt Equity Swap handelt es sich aus rechtlicher Sicht um eine Sachkapitalerhöhung gem. § 56 GmbHG bzw. § 183 AktG. Diese wird in der Regel als ordentliche Kapitalerhöhung (§ 55 ff. GmbHG bzw. §§ 182 ff. AktG) durchgeführt. In Ausnahmefällen kann eine entsprechende Kapitalerhöhung auch unter Ausnutzung genehmigten Kapitals (§§ 55a GmbHG bzw. §§ 202 ff. AktG) erfolgen. Das setzt jedoch zum einen voraus, dass genehmigtes Kapital in erforderlichem Umfang vorhanden ist und zum anderen, dass dessen Ausnutzung auch gegen Sacheinlagen gestattet wurde. Diese Voraussetzungen liegen nur in seltenen Fällen vor. Zur Durchführung einer ordentlichen Kapitalerhöhung vergleiche oben Rdn. 202 ff. sowie Rdn. 208 ff. Auch im Fall eines Debt Equity Swaps kann bei börsennotierten Aktiengesellschaften die Abgabe eines Pflichtangebotes erforderlich werden, wenn mindestens 30 % der Stimmrechte erworben werden (§§ 35 Abs. 2, 29 Abs. 2 WpÜG). In Sanierungsfällen besteht jedoch gegebenenfalls die Möglichkeit einer Befreiung vom Pflichtangebot[192].

232 Die Einlage der Forderung erfolgt technisch entweder durch Abtretung der Forderung an die Gesellschaft, wodurch die Forderung durch Konfusion erlischt. Alternativ kann auch ein Verzicht auf die Forderung vereinbart werden (Erlassvertrag, § 397 Abs. 1 BGB).[193] Soweit eine Verrechnung der Forderung gegen die auf Basis einer Barkapitalerhöhung zu erbringenden Einlage erfolgt, handelt es sich um eine verdeckte Sacheinlage. Die Geldzahlungspflicht des Einlegers besteht grundsätzlich fort, jedoch wird der tatsächliche Wert der verrechneten Forderung angerechnet, § 19 Abs. 4 GmbHG, § 27 Abs. 3 AktG.

dd) Risiken

aaa) Differenzhaftung

233 Bei Durchführung einer Sachkapitalerhöhung besteht für den Einleger das Risiko der sog. Differenzhaftung. Ziel dieser Haftung ist es, sicherzustellen, dass der Gesellschaft auch tatsächlich ein Wert in Höhe des zusätzlich geschaffenen Stamm- bzw. Grundkapitals zufließt. Für die GmbH ist die Differenzhaftung in § 9 GmbHG normiert. Das AktG sieht eine solche Haftung nicht explizit vor. Eine solche ist aber auch hier allgemein anerkannt.[194] Erreicht der tatsächliche Wert der Sacheinlage den Nennbetrag der dafür übernommenen Anteile bzw. im Fall einer AG den geringsten Ausgabebetrag zuzüglich eines eventuellen korporativen Agios nicht, haftet der Einleger für die zum tatsächlichen Wert der Sacheinlage bestehende Differenz (§§ 56 Abs. 2, 9 GmbHG). Maßgebender Zeit-

---

191 BGH, Urt. v. 21.02.1994, II ZR 60/93, BGHZ 125, 141 (145 f.); *Priester/Tebben* in: Scholz, GmbHG, § 56 Rn. 13a; MK-GmbHG/*Lieder*, § 56 Rn. 21, *Kanzler/Mader*, GmbHR 2012, 992 (993); a.A.: *Ekkenga*, DB 2012, 331 (336); KK-AktG/*Ekkenga*, § 183 Rn. 247.

192 Eilers/Mackensen/Koffka/Paul-*Westphal/Wilde*, Private Equity, Abschnitt III. Rn. 17 ff.; zur Befreiungsmöglichkeit vgl. u.a. *Klepsch/Kiesewetter*, BB 2007, 1403 ff.

193 BGH, Urt. v. 15.01.1990, II ZR 164/88, BGHZ 110, 47 (60); vgl. u.a. *Koch*, AktG, § 27 Rn. 17.

194 Vgl. z.B. *Koch*, AktG, § 27 Rn. 21.

punkt der Ermittlung des Wertes der Sacheinlage ist dabei der Zeitpunkt der Anmeldung der Kapitalerhöhung zum Handelsregister (§§ 56 Abs. 2, 9 Abs. 1 Satz 1 GmbHG).[195] Unterschreitet der Wert der einzubringenden Forderung zu diesem Zeitpunkt den Nennbetrag der übernommenen Anteile bzw. im Fall einer AG den geringsten Ausgabebetrag zuzüglich eines eventuellen korporativen Agios, ist der Einleger zur Zahlung des Differenzbetrages verpflichtet. Diese Haftung des Einlegers ist verschuldensunabhängig ausgestaltet. Der Anspruch der Gesellschaft gegen den Einleger auf Zahlung des Differenzbetrages verjährt erst mit dem Ablauf von zehn Jahren nach Eintragung der Kapitalerhöhung in das Handelsregister (§§ 56 Abs. 2, 9 Abs. 2 GmbHG). Eine Differenzhaftung ist allerdings ausgeschlossen, wenn der Debt Equity Swap im Rahmen eines StaRUG-Verfahrens über einen Restrukturierungsplan (§ 67 Abs. 5 StaRUG) oder im Rahmen eines Insolvenzverfahrens über einen Insolvenzplan (§ 254 Abs. 4 InsO) erfolgt.

bbb) Insolvenzanfechtung

Sofern die Einlage von Forderungen durch bereits bestehende Gesellschafter der Gesellschaft erfolgt, besteht zudem das Risiko der Insolvenzanfechtung[196]. Dies betrifft die Einlage von Darlehensforderungen des Gesellschafters oder von Forderungen, die einem solchen Darlehen wirtschaftlich entsprechen. Diese sind gem. § 39 Abs. 1 Nr. 5 InsO in der Insolvenz der Gesellschaft nachrangig. Forderungen entsprechen in der Regel dann wirtschaftlich einem Darlehen, wenn der Gesellschafter von seinem Recht, die Forderung einzuziehen, keinen Gebrauch macht[197]. Die Rückzahlung, mithin die Befriedigung solcher Forderungen innerhalb des letzten Jahres vor Insolvenzantrag der Gesellschaft führt zu deren Anfechtbarkeit nach § 135 Abs. 1 Nr. 2 InsO. Die Einbringung einer solchen Forderung im Rahmen der Kapitalerhöhung könnte als deren Befriedigung zu qualifizieren sein[198]. Muss dann doch innerhalb eines Jahres nach Einbringung der Forderung Insolvenzantrag gestellt werden, kann der Insolvenzverwalter anfechten und der Einleger ist zur Rückzahlung der erlangten Befriedigung, also zur Zahlung in Höhe der eingebrachten Forderung verpflichtet. Von einigen Stimmen in der Literatur wird eine solche Anfechtbarkeit hingegen abgelehnt, da es bereits an einer Gläubigerbenachteiligung fehle[199]. 234

ee) Reverse Debt Equity Swap

Eine im Vergleich zum Debt Equity Swap zwar nicht weniger zeitaufwendige, allerdings im Hinblick auf verschiedene Probleme beim Debt Equity Swap vorteilhaftere Alternative bietet der sog. Reverse Debt Equity Swap[200]. Im Gegensatz zum Debt Equity Swap werden hier nicht die bestehenden Forderungen in die zu sanierende Gesellschaft eingebracht. Stattdessen wird zumindest ein Teil des zu sanierenden Unternehmens zu den bestehenden Forderungen gebracht. Hierzu werden zunächst die Forderungen der Gläubiger in eine hierfür gegründete Zweckgesellschaft gegen Ausgabe von Anteilen eingebracht, sodass im Anschluss die Zweckgesellschaft Gläubigerin der gegen das zu sanierende Unternehmen bestehenden Forderungen ist. Das zu sanierende Unternehmen bringt sodann entweder durch Ausgliederung (§ 123 Abs. 3 Nr. 1 UmwG) oder im Wege eines Asset Deals zumindest einen Betriebsteil, welcher auch die gegenüber der Zweckgesellschaft bestehenden Verbindlichkeiten umfasst, in diese gegen Ausgabe von Anteilen ein. Damit sind sowohl das zu sanierende Unternehmen als auch die Gläubiger Anteilseigner der Zweckgesellschaft. Die von den Gläubigern eingebrachten Forderungen erlöschen mit Übertragung der korrespondierenden Verbindlichkeiten durch das zu sanierende Unternehmen auf die Zweckgesellschaft durch Konfusion. Durch ein solches 235

195 Noack/Servatius/Haas, GmbHG, § 56 Rn. 18.
196 Sofern nicht das Sanierungsprivileg (§ 39 Abs. 4 Satz 2 InsO) oder das Kleinstbeteiligungsprivileg (§ 30 Abs. 5 InsO) greifen.
197 BGH, Urt. v. 28.11.1994, II ZR 77/93, NJW 1995, 457 f.; MK-InsO/*Ehricke/Behme*, § 39 Rn. 73.
198 Reul/Heckschen/Wienberg, Insolvenzrecht in der Gestaltungspraxis, § 4 Rn. 428.
199 *Wirsch*, NZG 2010, 1131 (1132 f.); BeckOGK-AktG/*Servatius*, § 185 Rn. 52.
200 Vgl. zum Ganzen Reul/Heckschen/Wienberg, Insolvenzrecht in der Gestaltungspraxis, § 4 Rn. 432.

Vorgehen entfällt das Risiko einer Differenzhaftung. Dies gilt jedenfalls dann, wenn die Forderungen durch die Gläubiger nicht im Wege eine Sachkapitalerhöhung, sondern als sonstige Zuzahlung in die Kapitalrücklage (im Fall einer GmbH auch als Agio) eingebracht werden. Darüber hinaus entfällt eine bei börsennotierten Aktiengesellschaften eventuell bestehende Verpflichtung zur Abgabe eines Pflichtangebotes.

c) Einlage in die Kapitalrücklage

236 Alternativ zum Debt Equity Swap ist in geeigneten Konstellationen die Einlage von Forderungen eines Gesellschafters in die Kapitalrücklage der Gesellschaft denkbar. Um gegebenenfalls erforderliche Veränderungen in den Beteiligungsverhältnissen abzubilden, kommt zudem eine Kombination mit einer Barkapitalerhöhung in Betracht. Im Gegensatz zu der mit einem Debt Equity Swap verbundenen Sachkapitalerhöhung bestehen die sich insb. aus der Bewertung der Forderung ergebenden Durchführungsrisiken sowie das Risiko einer Differenzhaftung in den vorgenannten Fällen nicht. Die ertragssteuerliche Problematik, die aus der in der Regel fehlenden Vollwertigkeit der Forderung resultiert, stellt sich aber auch hier. Insoweit verweisen wir auf die Ausführungen im Kap. 7 Rdn. 67 ff.

237 Technisch erfolgt die Einbringung auch hier entweder durch Abtretung der Forderung an die Gesellschaft, wodurch die Forderung durch Konfusion erlischt, oder durch einen Verzicht auf die Forderung (Erlassvertrag, § 397 Abs. 1 BGB). Der Abschluss des Abtretungs- bzw. Erlassvertrages ist formlos möglich, dennoch empfiehlt es sich zur besseren Beweisbarkeit eine schriftliche Fixierung der Forderungsabtretung bzw. des Forderungsverzichts vorzunehmen. Mit Erlöschen der Forderung durch Verzicht oder Konfusion verliert der Gläubiger neben der Forderung die dafür gestellten akzessorischen Sicherheiten.

238 Oftmals wird der einzelne Gesellschafter seine Zustimmung zu einem möglichen Forderungsverzicht von der Bereitschaft weiterer Gläubiger zu Sanierungsbeiträgen abhängig machen, um der Gefahr entgegenzuwirken, dass die weiteren Gläubiger, die unverändert an ihren Forderungen gegen die Gesellschaft festhalten, von dem Forderungsverzicht des Gesellschaftergläubigers profitieren, ohne selbst einen Beitrag geleistet zu haben. In der Praxis wird zur Vermeidung einer Vorleistung die Wirksamkeit des dem Forderungsverzicht zugrunde liegende Abtretungs- oder Erlassvertrages auf die Abgabe der Verzichtserklärungen der maßgeblichen weiteren Gläubiger bedingt.

4. Debt Mezzanine Swap

239 Als Alternative zum Debt Equity Swap rückt zunehmend auch der Debt Mezzanine Swap in den Fokus[201]. Bei diesem werden bestehende Forderungen in Mezzanine-Kapital, wie z.B. Genussrechte, stille Beteiligungen oder Wandel- und Optionsanleihen umgewandelt. Eine formale Gesellschafterstellung erwirbt der Gläubiger hierdurch nicht, ist aber wirtschaftlich – je nach konkreter Ausgestaltung – am Erfolg der Gesellschaft beteiligt. Ein förmliches Kapitalerhöhungsverfahren ist nicht durchzuführen. Die Umwandlung der Forderung in Mezzanine-Kapital erfolgt durch Novation[202]. Ziel ist es, die neuen Forderungen handelsbilanziell als Eigenkapital zu qualifizieren, während aus steuerlicher Sicht die Qualifikation als Fremdkapital angestrebt wird[203], um die steuerliche Abzugsfähigkeit des Zinsaufwandes zu gewährleisten[204]. Bei einem solchen Debt Mezzanine Swap besteht – anders als beim Debt Equity Swap – auch das Risiko einer Differenzhaftung nicht[205].

201 Theiselmann-*Schlitt/Ries*, Praxishandbuch Restrukturierungsrecht, Kap. 9 Rn. 17.

202 *Kroener/Momen*, DB 2012, 829; *Rusch/Brocker*, ZIP 2012, 2193 (2198). Theiselmann-*Schlitt/Ries*, Praxishandbuch Restrukturierungsrecht, Kap. 9 Rn. 66.

203 *Rusch/Brocker*, ZIP 2012, 2193 (2194).

204 *Oelke/Wöhlert/Degen*, BB 2010, 299 (300).

205 *Carli/Rieder/Mückl*, ZIP 2010, 1737 (1742 f.); Theiselmann-*Schlitt/Ries*, Praxishandbuch Restrukturierungsrecht, Kap. 9 Rn. 18.

Auch bei einem Debt Mezzanine Swap wird der Gesellschaft keine frische Liquidität zugeführt. Im Gegensatz zum Debt Equity Swap wird auch die Zinslast der Gesellschaft nicht gesenkt. Auch die Rückzahlungsverpflichtung besteht fort. Regelmäßig werden solche Instrumente jedoch als endfällige Darlehen ausgestaltet, sodass Zins- und Tilgungsleistungen erst zum Vertragsende zu erbringen sind[206]. Darüber hinaus werden Vollstreckungsmöglichkeiten als nachrangig zu den übrigen Gläubigern ausgestaltet[207]. Um eine bestehende insolvenzrechtliche Überschuldung zu vermeiden oder zu beseitigen, wird zudem regelmäßig die Vereinbarung eines qualifizierten Rangrücktrittes gem. § 39 Abs. 2 InsO erforderlich sein[208]. Auch ein Debt Mezzanine Swap wird allein für eine Sanierung ganz regelmäßig nicht ausreichend sein und ist daher durch weitere Sanierungsmaßnahmen zu flankieren. 240

5. Debt Asset Swap

Eine weitere Alternative zum Debt Equity Swap bietet der Debt Asset Swap. Bei einem Debt Asset Swap erwirbt der Gläubiger einzelne oder mehrere Assets der Gesellschaft. Hierbei kann es sich um Anteile an Kapital- oder Personengesellschaften, um Betriebe, Teilbetriebe oder Einzelwirtschaftsgüter handeln[209]. Als Gegenleistung verzichtet der Gläubiger gegenüber der Gesellschaft auf seine bestehende Forderung. Folge dieses Tausches ist eine Bilanzverkürzung und damit eine Stärkung der Eigenkapitalquote der Gesellschaft. Ein Debt Asset Swap bedarf keiner Eintragung im Handelsregister und ist daher vergleichsweise schnell umsetzbar[210]. Auch hier besteht für den Gläubiger das Risiko einer Differenzhaftung nicht[211]. Allerdings wird die Übertragung entsprechender Vermögensgegenstände an den Gläubiger regelmäßig Anfechtungsrisiken gem. §§ 129 ff. InsO ausgesetzt sein[212]. 241

6. Debt Push Up

Eine weitere Variante der Entschuldung der zu sanierenden Gesellschaft ist der sog. Debt Push Up. Hierbei wird eine gegen die Gesellschaft bestehende Forderung im Wege einer befreienden Schuldübernahme auf einen Gesellschafter transferiert. Rückgriffsansprüche des Gesellschafters gegen die zu sanierende Gesellschaft werden hierbei ausgeschlossen. In der Folge kann der Gläubiger Zahlung dann ausschließlich noch von dem übernehmenden Gesellschafter verlangen. Eine solche befreiende Schuldübernahme bedarf gem. §§ 414, 415 BGB der Zustimmung des Gläubigers der Forderung. Strukturell empfiehlt sich zumindest aus steuerlichen Gründen zunächst der Abschluss des Übernahmevertrages (einschließlich des Ausschlusses von Rückgriffsansprüchen) zwischen zu sanierender Gesellschaft und Gesellschafter. Die Genehmigung der Schuldübernahme durch den Gläubiger erfolgt dann in einem zweiten Schritt.[213] 242

IV. Mezzanine Finanzierung

Mezzanine Finanzierung bezeichnet als Sammelbegriff Finanzierungsinstrumente, die aufgrund ihrer wirtschaftlichen und rechtlichen Ausgestaltung sowohl Eigenschaften von Fremdkapital als auch Eigenkapital aufweisen und in sich vereinen. Dazu zählen unter anderem entsprechend ausgestaltete Darlehen, Genussrechte, atypische stille Beteiligungen sowie Wandel- und Optionsanleihen. 243

---

206 Reul/Heckschen/Wienberg, Insolvenzrecht in der Gestaltungspraxis, § 4 Rn. 437.

207 Reul/Heckschen/Wienberg, Insolvenzrecht in der Gestaltungspraxis, § 4 Rn. 437; *Oelke/Wöhlert/Degen*, BB 2010, 299 (301).

208 *Rusch/Brocker*, ZIP 2012, 2193 (2196).

209 Theiselmann-*Schlitt/Ries*, Praxishandbuch Restrukturierungsrecht, Kap. 9 Rn. 114.

210 Theiselmann-*Schlitt/Ries*, Praxishandbuch Restrukturierungsrecht, Kap. 9 Rn. 13.

211 Theiselmann-*Schlitt/Ries*, Praxishandbuch Restrukturierungsrecht, Kap. 9 Rn. 14.

212 *K. Schmidt/Uhlenbruck*, Die GmbH in Krise, Sanierung und Insolvenz, Rn. 7.45.

213 Vgl. dazu Kap. 7 Rdn. 88 ff. sowie 90 ff.; *Blaas/Schwahn*, DB 2013, 2412 (2415 f.).

1. Motivation und Ausgangslage

244 Ziel eines mezzaninen Finanzierungsinstruments ist es, die darunter aufgenommenen Geldmittel bilanziell als Eigenkapital ausweisen zu können und zugleich die steuerliche Abzugsfähigkeit des Zinsaufwandes für die Kapitalaufnahme sicherzustellen. Dadurch wird erreicht, dass sich durch das zufließende Eigenkapital das Verhältnis zwischen Eigen- zu Fremdkapital zugunsten des Eigenkapitals verbessert und zugleich die Kosten gegenüber der Aufnahme echten Eigenkapitals reduziert werden.

2. Typische Merkmale von Mezzanine-Darlehen

245 Ihrem Ziel entsprechend, nämlich dem Unternehmen als wirtschaftliches »Eigenkapital« zur Verfügung zu stehen, haben mezzanine Finanzierungsinstrumente typischerweise lange Laufzeiten. Diese sind jedenfalls länger als die dem Unternehmen ausgereichten nicht nachrangigen Darlehen, was zur Folge hat, dass die Kreditgeber der Mezzanine-Darlehen das Refinanzierungsrisiko der vorrangigen Darlehen tragen. Dieses höhere Risiko wird über den für Mezzanine-Darlehen zu zahlenden höheren Zins vergütet, der nach Länge des Zeitraums für die Überlassung des Kapitals höher ausfällt.

246 Um das Ertrags- und Risikoverhältnis gegenüber vorrangigen Finanzierungsinstrumenten über das unterschiedliche Fälligkeitsprofil hinaus rechtlich verbindlich abzubilden, werden mezzanine Finanzierungsinstrumente gegenüber den Forderungen nicht-nachrangiger Gläubiger subordiniert. Ein solcher Nachrang kann durch einen sog. strukturellen Nachrang oder einen vertragliche Nachrangabrede (oder deren Kombination) begründet werden.

247 Als strukturell nachrangig werden in Unternehmensfinanzierungen und Finanzierungen zur Übernahme einer Zielgesellschaft (Akquisitionsfinanzierungen) Forderungen bezeichnet, die sich gegen Holdinggesellschaften in der Konzernstruktur der Darlehensnehmergruppe richten. Diesen Holdinggesellschaften, die ihrem Wesen gemäß über keinen operativen Geschäftsbetrieb verfügen, stehen zur Rückzahlung der von Ihnen aufgenommenen Finanzinstrumente nur Erträge aus den von ihnen gehaltenen Beteiligungen zur Verfügung. Da diese Erträge sich aus Dividenden bzw. aus Zahlungen unter Gesellschafterdarlehen speisen, stehen diese der Holdinggesellschaft in der Krise der Tochtergesellschaft nur nachrangig zu. Als Folge sind die Finanzgläubiger der Holdinggesellschaft mit ihren Forderungen gegenüber den Gläubigern der von der Holdinggesellschaft gehaltenen operativ tätigen Tochtergesellschaft strukturell nachrangig.

248 Der Nachrang der Gläubiger der mezzaninen Finanzierungsinstrumente kann auch durch eine vertragliche Abrede mit den vorrangigen Gläubigern hergestellt werden. Eine sogenannte relative Nachrangabrede verpflichtet den nachrangigen Gläubiger, Gelder des Schuldners zur Befriedigung seiner Forderungen erst dann anzunehmen, wenn die Forderungen der aus der Nachrangabrede begünstigten vorrangigen Gläubiger vollständig getilgt wurden. Bis zu diesem Zeitpunkt ist der nachrangige Gläubiger verpflichtet, Gelder die (z.B. in der Insolvenz des Schuldners) an ihn ausgekehrt werden, an die vorrangigen Gläubiger abzuführen (sog. turn over). Eine Variante einer Nachrangvereinbarung ist der absolute Nachrang, bei der der nachrangige Gläubiger mit dem Schuldner vereinbart, mit seinen Forderungen hinter die Forderungen aller Gläubiger des Schuldners zurückzutreten. Je nach Ausgestaltung einer solchen Vereinbarung gilt für diese »im Zweifel« § 39 Abs. 2 InsO, also der Rücktritt hinter den Rang der in § 39 Abs. 1 Nr. 1 bis 5 InsO genannten Forderungen.

249 Mezzanine Finanzierungsinstrument sehen häufig eine erfolgsabhängige Vergütung vor, wonach Zinsen für das überlassene Kapital nur zu zahlen sind, wenn der dafür erforderliche Überschuss bzw. Gewinn erwirtschaftet wurde oder vorher definierte Cash-Flow Schwellenwerte erreicht wurden. Außerdem kann vorgesehen werden, dass Mezzanine-Kapital an laufenden Verlusten teilnimmt, indem der Anspruch des Kapitalgebers auf Rückzahlung der Valuta sich in einem bestimmten Verhältnis zum erwirtschafteten Verlust reduziert.

3. Hinweise an den Praktiker

In der Praxis wird das Verhältnis der verschiedenen Gläubiger, also der typischerweise erstrangigen Finanzgläubiger (Senior Kreditgeber) sowie nachrangiger Gläubiger wie Gläubiger von Mezzanine-Darlehen oder Gesellschafterdarlehen vor allem in komplexeren Strukturen häufig durch eine Gläubigervereinbarung geregelt (sog. Intercreditor Agreement). Neben den Regelungen, mit denen in Bezug auf die Forderungen der Gläubiger ein Rangverhältnis und damit eine Risikoverteilung in Bezug auf die Ausfallwahrscheinlichkeit gebildet wird, enthält eine solche Gläubigervereinbarung Abreden über die Ausübung von Kündigungsrechten und der Verwertung von Sicherheiten. Der Aufwand für die Verhandlung einer solchen Gläubigervereinbarung sollte nicht unterschätzt werden. 250

C. Maßnahmen der Kreditgeber

In der Krise stellen sich für alle Beteiligten vielfältige Herausforderungen.[214] Gerade aus der Sicht der kreditgebenden Banken[215] ist nahezu jedes Tun oder Unterlassen mit potenziellen Haftungsgefahren verbunden. Dies zieht notwendigerweise einen umfassenden rechtlichen Beratungsbedarf nach sich. Nachstehend werden die den Kreditgebern in der Krise ihres Kreditnehmers regelmäßig zur Verfügung stehenden Handlungsmöglichkeiten erläutert und kommentiert. Zum besseren Verständnis werden zuerst allgemein die juristischen Themen dargestellt, die für einen Großteil des rechtlichen Beratungsbedarfes von Kreditgebern in der Krise verantwortlich sind, nämlich die Haftung wegen Insolvenzverschleppung, eine mögliche Nachrangigkeit der Kredite sowie eine mögliche faktische Geschäftsführung. 251

I. Allgemeine juristische Problembereiche in der Krise aus Finanzierersicht

1. Haftung wegen Insolvenzverschleppung

a) Einleitung

Befindet sich der Kreditnehmer in finanziellen Schwierigkeiten, so bestehen für die Bank verschiedene Handlungsmöglichkeiten. Dies beginnt mit dem bloßen Nichtstun, geht über das Stillhalten, der Kündigung der Kredite bis hin zur Verfügungstellung neuer Kredite. 252

Insbesondere vor dem Hintergrund, dass sich die Bank bei auf die Beendigung bzw. Begrenzung des bestehenden Kreditengagements abzielenden Maßnahmen wie der Kündigung des Darlehensvertrages oder der Verweigerung der Auszahlung nicht ausgeschöpfter Kredite dem Vorwurf der Verletzung von Vertrags- und/oder Treuepflichten gegenüber dem Kreditnehmer ausgesetzt sehen kann, stellt sich die Frage des Risikos bei den anderen Maßnahmen, insbesondere im Hinblick auf eine mögliche Insolvenzverschleppungshaftung nach § 826 BGB. 253

Denn bewirkt die Bank mit ihrem Verhalten eine Verzögerung der Stellung des Insolvenzantrages durch den Kreditnehmer, besteht die Gefahr, dass – falls der Kreditnehmer später dennoch in die Insolvenz fällt – andere Gläubiger Ansprüche auf Ersatz desjenigen Schadens gegen die Bank geltend machen, der ihnen aufgrund der verzögerten Insolvenzantragstellung entstanden ist. 254

▶ **Hinweis:**

Häufig fehlt Kreditgebern der Wille, frühzeitig anwaltlichen Rat einzuholen. Dies ist unterschiedlichen Gründen geschuldet, angefangen von dem fehlenden Willen, die eigenen Kollegen aus dem Problemkreditbereich bzw. Workout einzuschalten, den damit verbundenen Kosten für externe Anwälte bis hin zur schlichten Verkennung der Haftungsrisiken als Kreditgeber gerade in Krisensituationen. Eine fundierte anwaltliche Beratung von Anfang an ist in 255

214 *Beles*, ZInsO 2023, 3.

215 Die Begriffe »Kreditgeber«, »Finanzierer«, »Bank« etc. werden nachfolgend austauschbar verwendet. Es sind davon sowohl klassische Banken, Fonds aber auch sonstige Geber von Fremdkapital umfasst.

diesen Situationen aber essenziell. Ist nämlich eine Haftung wegen Insolvenzverschleppung bereits verwirklicht, besteht im Nachgang häufig nur die Wahl zwischen schlechten Handlungsalternativen.

256 Während die Rechtsprechung sowohl hinsichtlich der Gewährung neuer Kredite (Haftung wegen Insolvenzverschleppung möglich) als auch hinsichtlich der bloßen Untätigkeit (grundsätzlich keine Haftung wegen Insolvenzverschleppung) Position bezogen hat, sind Entscheidungen zu den dazwischenliegenden Handlungsmöglichkeiten einer Bank bislang nicht ergangen.[216]

257 Ausgehend von der bestehenden Rechtsprechung und dem Tatbestand des § 826 BGB stehen sowohl
- der Abschluss einer Stillhaltevereinbarung,
- die Vereinbarung einer Stundung oder eines Verzichts auf die Geltendmachung von Rechten (*Waiver*),
- die Vereinbarung einer Prolongation ausgelaufener Kredite,
- als auch das Ermöglichen einer erneuten Inanspruchnahme von Kreditlinien durch Wiederfreigabe oder *Roll-Over*

auf den ersten Blick näher an der Kreditgewährung als an der bloßen Untätigkeit.

258 Jede der vorgenannten Verhaltensweisen der Bank hat zunächst zur Folge, dass eine (bereits bestehende oder sich konkret abzeichnende) Pflicht des Kreditnehmers zur Stellung des Insolvenzantrages entfallen kann. Dabei kann es nicht entscheidend sein, ob die Pflicht zur Stellung des Insolvenzantrages für den Kreditnehmer entfällt, weil die Bank diesem (aktiv) neue Kredite zur Verfügung stellt oder lediglich (aktiv) die erneute Verfügung über bereits zugesagte Kredite ermöglicht. Obwohl die Bank dem Kreditnehmer in letzterem Fall keine zusätzlichen Mittel zur Verfügung stellt, ermöglicht sie diesem die Fortsetzung seiner Tätigkeit, sodass unter dem Gesichtspunkt der Verzögerung der durch die Verhältnisse gebotenen alsbaldigen Antragstellung von einer dem bloßen Nichtstun vergleichbaren Handlung nicht ausgegangen werden kann. Wirtschaftlich sind diese Vorgänge identisch.

259 Gleichwohl erfüllen weder der Abschluss einer Stillhaltevereinbarung, die Vereinbarung einer Stundung oder eines Verzichts noch das Ermöglichen einer erneuten Inanspruchnahme von Kreditlinien durch Wiederfreigabe oder aktives Ermöglichen eines *Roll-Overs* per se den Tatbestand einer Insolvenzverschleppung durch die Bank. Hinzutreten müssen stets besondere Umstände, die dem Handeln der Bank erst die Prägung der Sittenwidrigkeit verleihen. Dies ist etwa dann der Fall, wenn die Bank nur deshalb stillhält, weil sie in rücksichtsloser und eigensüchtiger Weise ihre Stellung bei dem in Kürze erwarteten Zusammenbruch auf Kosten der anderen Gläubiger zu verbessern hofft, beispielsweise da sie in Kürze den Ablauf insolvenzrechtlicher Anfechtungsfristen für empfangene Leistungen oder für ihr bestellte Sicherheiten erwartet.

260 Die Annahme, dass das Handeln der Bank durch sittenwidrige Motive gesteuert ist, kann insbesondere durch die Beachtung der Grundsätze über die Vergabe von Sanierungskrediten (Vorlage eines fachgerechten Sanierungsgutachtens – s.u. Rdn. 472 ff.) oder, im Vorfeld der Sanierungsbemühungen, durch Einhaltung der Grundsätze über die Vergabe von Überbrückungskrediten (s.u. Rdn. 447 ff.) ausgeräumt werden.

216 Das OLG Köln, BeckRS 2010, 3013 und die Vorinstanz, LG Köln, 27.02.2008 – 4 O 272/07, BeckRS 2010, 3014 beschäftigen sich zwar mit einer Prolongation eines bestehenden Kredits, lehnen eine Haftung der Bank nach § 826 BGB allerdings mangels Insolvenzreife ab. Auch in Bezug auf die Ausweitung bereits bestehender Kreditlinien, jedenfalls sofern nicht zugleich zusätzliche Sicherheiten seitens des Unternehmens in der Krise gewährt werden, existieren obergerichtliche Entscheidungen, die ein haftungstaugliches Verhalten ablehnen, vgl. *Weiß/Reps*, ZIP 2020, 2443 mit Verweis auf OLG Stuttgart BB 2012, 3161.

b) Tatbestände der Insolvenzverschleppungshaftung

aa) Vorsätzliche sittenwidrige Schädigung, § 826 BGB

Die Insolvenzverschleppung stellt nach allgemeiner Auffassung eine Fallgruppe sittenwidrigen Handelns i.S.v. § 826 BGB dar. 261

bb) § 823 Abs. 2 BGB i.V.m. § 15a InsO

Darüber hinaus können sich Schadensersatzansprüche von Drittgläubigern aus § 823 Abs. 2 BGB im Zusammenhang mit der gesetzlichen Insolvenzantragspflicht ergeben. Die mit dem MoMiG[217] eingeführte rechtsformneutrale Vorschrift des § 15a InsO, die an die Stelle der §§ 64 Abs. 1 GmbHG, 92 Abs. 2 AktG und 130a Abs. 1 HGB getreten ist, ist mittlerweile als Schutzgesetz im Sinne des § 823 Abs. 2 BGB zugunsten der Gläubiger der Gesellschaft anerkannt.[218] 262

Da § 15a InsO, der die Antragsverpflichteten abschließend bestimmt, ein Sonderdelikt darstellt, kann eine außenstehende Bank den Drittgläubigern in der Regel nur über §§ 823 Abs. 2, 830 BGB wegen Anstiftung oder Beihilfe zu einer von einem Antragspflichtigen begangenen vorsätzlichen Verletzung des § 15a InsO haften.[219] Eine solche Haftung setzt die vorsätzliche Unterstützung des zum Handeln Verpflichteten und damit zumindest die Erkenntnis voraus, dass dieser den Insolvenzantrag pflichtwidrig unterlässt. Bedingter Vorsatz ist ausreichend, wovon schon dann ausgegangen werden kann, wenn starke Verdachtsmomente für das kriminelle Handeln eines anderen sprechen und insoweit Aufklärung verlangt wird und der Beteiligte eine ihm sich bietende Möglichkeit zur Klärung bewusst nicht wahrnimmt, weil er gerade vermeiden will, dass aus einem begründeten Verdacht Gewissheit wird. Das Gleiche gilt, wenn er an dem Verhalten des Anderen weiter mitwirkt und nicht zumindest den Versuch unternimmt, diesem entgegenzutreten, obwohl ihm dies nach den Umständen ohne Weiteres möglich und zumutbar wäre.[220] 263

Bei Anstiftung oder Beihilfe zur Insolvenzverschleppung eines Antragspflichtigen kommt darüber hinaus auch eine Strafbarkeit der für die Bank handelnden Personen nach § 15a Abs. 4 InsO i.V.m. §§ 26, 27 StGB in Betracht. 264

Ob ein nicht antragsverpflichteter Dritter auch unmittelbar aus einer Verletzung der Insolvenzantragspflicht haften kann, wenn er sich aufgrund seiner maßgeblichen Stellung im Unternehmen selbst in den Gang der Ereignisse einschaltet, hat der BGH bisher offengelassen.[221] 265

c) Voraussetzungen der Insolvenzverschleppungshaftung nach § 826 BGB

Der Tatbestand des § 826 BGB ist aus drei Elementen zusammengesetzt, nämlich (1) Verursachung eines Schadens durch ein Verhalten des Schädigers, (2) Sittenwidrigkeit des ursächlichen Verhaltens und (3) Vorsatz des Schädigers.[222] 266

217 Gesetz zur Modernisierung des GmbH-Rechts und zur Bekämpfung von Missbräuchen, G. v. 23.10.2008 BGBl. I S. 2026 (Nr. 48).

218 Vgl. allein MK-InsO/*Klöhn*, § 15a Rn. 140; Uhlenbruck-*Hirte*, InsO, § 15a Rn. 39 unter Verweis auf BGHZ 29, 100 = NJW 1959, 623; BGHZ 75, 96 = NJW 1979, 1823 und mit zahlreichen weiteren Nachweisen; daneben Freitag, NZG 2014, 447; *Haas/Kolmann/Kurz*, in: Gottwald/Haas, Insolvenzrechts-Handbuch, § 90 Rn. 100; LAG Nürnberg, BeckRS 2012, 72671; OLG Hamm, ZInsO 2010, 527.

219 MK-InsO/*Klöhn* § 15a Rn. 142; MK-BGB/*Wagner* § 830 Rn. 7.

220 OLG Düsseldorf, BeckRS 2009, 6379.

221 BGH, NJW 1979, 1823, 1826 zur Frage einer Haftung von Aufsichtsratsmitgliedern gegenüber Gläubigern der *Herstatt-Bank* wegen Insolvenzverschleppung aus § 823 Abs. 2 BGB i.V.m. § 92 Abs. 2 AktG a.F.

222 MK-BGB/*Wagner*, § 826 Rn. 8, der den Eintritt eines Schadens und die Verursachung dieses Schadens durch ein Verhalten des Täters jedoch als gesonderte Elemente des Tatbestands sieht.

aa) Sittenwidrigkeit des ursächlichen Verhaltens

267 Zentrale Haftungsvoraussetzung in objektiver Hinsicht ist das Erfordernis der Sittenwidrigkeit des Verhaltens. Sittenwidrig ist nach der in der Rechtsprechung verwendeten Formel eine Handlung, die entweder nach ihrem Inhalt oder nach ihrem Gesamtcharakter, der durch zusammenfassende Würdigung von Inhalt, Beweggrund und Zweck zu ermitteln ist, gegen das Anstandsgefühl aller billig und gerecht Denkenden verstößt, das heißt mit den grundlegenden Wertungen der Rechts- und Sittenordnung nicht vereinbar ist. Ein Unterlassen verletzt die guten Sitten nur, wenn das geforderte Tun einem sittlichen Gebot entspricht; allein die Nichterfüllung einer allgemeinen Rechtspflicht oder einer vertraglichen Pflicht reicht nicht aus.[223]

268 In Abgrenzung zur oben angesprochenen (Teilnehmer-) Haftung aus § 823 Abs. 2 BGB i.V.m. § 15a InsO ist festzuhalten, dass der Anspruch nach § 826 BGB nicht den sich aus der Antragspflicht ergebenden schutzzweckspezifischen Schranken des § 15a InsO unterliegt. Zugleich entfaltet § 15a InsO insoweit eine Sperrwirkung auch im Anwendungsbereich des § 826 BGB, als ein mit § 15a InsO konformes Verhalten nicht gleichzeitig gegen die guten Sitten verstoßen kann.

269 Im Folgenden ist zu berücksichtigen, dass die dargestellten Kriterien aus Einzelfallentscheidungen abgeleitet sind und es »allgemeine Tatbestände« sittenwidrigen Verhaltens nicht gibt.[224] Erst eine Würdigung der besonderen Umstände des einzelnen Falles erlaubt die Beantwortung der Frage, ob eine Bank im Rechtssinne sittenwidrig gehandelt hat. Der BGH hat es so formuliert:

270 *»Die Grenze zwischen dem, was einer Bank bei Gewährung und Sicherung ihrer Kredite noch erlaubt ist, und dem, was für den redlichen Verkehr unerträglich ist und deshalb sittlich unstatthaft ist, kann nicht fest gezogen werden; die Grenze fließt.«*[225]

271 Die Schwelle zur Sittenwidrigkeit soll jedoch überschritten sein,

272 *»wenn der Kreditgeber Maßnahmen ergreift, die nicht bei der Überwindung der Krise helfen, sondern den als unabwendbar erkannten »Todeskampf« der Gesellschaft auf Kosten anderer Gläubiger verlängern und dabei eine Schädigung der anderen Gläubiger billigend in Kauf nimmt.«*[226]

273 Einer Bank kann nicht per se sittenwidriges Verhalten vorgeworfen werden, weil sie ein in Zahlungsschwierigkeiten steckendes Unternehmen nicht sofort fallen lässt, sondern mithilfe weiterer Kredite am Leben erhält und dabei auch um die Zurückführung oder Besicherung ihrer bestehenden Forderungen besorgt ist.[227] Ein solches Verhalten ist wirtschaftlich, nicht sittenwidrig. Die Sittenwidrigkeit eines solchen Handelns kann sich erst aus der Verwerflichkeit weiterer Umstände ergeben, etwa weil die Bank beabsichtigt, sich in der so gewonnenen Zeit aus ihren Sicherheiten zum Nachteil der anderen Gläubiger ungehindert und besser zu befriedigen.

aaa) Erfordernis der Insolvenzreife/Sanierungsbedürftigkeit

(1) Objektive Seite

274 Der Vorwurf der Insolvenzverschleppung setzt voraus, dass der Kreditnehmer zum Zeitpunkt der betreffenden Handlung insolvenzreif ist. Es ist jedoch schwierig, die Voraussetzungen der Insolvenzreife (in Literatur und Praxis auch »Krise« genannt) – und damit den Beginn des haftungsrelevanten Zeitraums – konkret zu bestimmen, da weder die Rechtsprechung noch die Literatur hierfür klare

223 BGH, NJW 2017, 2613, 2613 f.; BeckOK-BGB/*Förster*, 68. Ed. 01.11.2023, § 826 Rn. 19, 22.
224 Kritisch: MK-BGB/*Wagner*, § 826 Rn. 10, 172.
225 BGH, NJW 1970, 657, 658.
226 BGH, NJW 1970, 657, 658; vgl. BGH, WM 2008, 456, 457; vgl. BGH, NJW 1989, 3277, 3278 f.; vgl. BGH, NJW 1970, 657, 658; MK-BGB/*Wagner*, § 826 Rn. 173.
227 MK-BGB/*Wagner*, § 826 Rn. 174; *Urlaub/Kamp*, ZIP 2014, 1465 (1471).

Kriterien aufstellen.[228] Der Bundesgerichtshof ließ die Frage, ab welchem Zeitpunkt eine Haftung frühestens in Betracht kommt, in einem Urteil aus dem Jahr 2016 sogar explizit offen.[229]

Für den Begriff der Krise gibt es keine feststehende, gesetzliche oder von der Rechtsprechung konturierte Definition, sodass der unbestimmte Rechtsbegriff in den verschiedenen Rechtsgebieten unterschiedlich verwendet wird.[230] Geht man vom engen strafrechtlichen Krisenbegriff der §§ 283 ff. StGB in Anlehnung an §§ 17 ff. InsO aus, liegt eine Krise erst bei Überschuldung oder drohender bzw. eingetretener Zahlungsunfähigkeit vor. Im Recht der Insolvenzanfechtung wird die Krise etwa als Zeitraum bezeichnet, in dem bereits die Zahlungsunfähigkeit eingetreten ist.[231] Dies würde jedoch schon zur Pflicht nach § 15a InsO führen, innerhalb von drei Wochen den Insolvenzantrag zu stellen, was eine Sanierung des Unternehmens nur noch unter erschwerten Bedingungen möglich machen würde. Der Eintritt der Krise muss folglich zeitlich vor dem Zustand liegen, der mit der Zahlungsunfähigkeit und Überschuldung beschrieben wird.[232] Der Krisenbegriff muss also weiter ausgelegt werden.[233] Im sanierungsrechtlichen Sinn ist die Krise ein Zeitraum, in welchem eine Insolvenz durch geeignete Sanierungsmaßnahmen noch abgewendet werden kann, wobei aber ohne eine solche Umsetzung von Sanierungsmaßnahmen mit an Sicherheit grenzender Wahrscheinlichkeit mit einer künftigen Insolvenz zu rechnen ist.[234] Auch wird teilweise – aus gesellschaftsrechtlicher Perspektive – der Eintritt der Unterkapitalisierung oder der Verlust der Hälfte des Eigenkapitals nach § 49 Abs. 3 GmbHG, also das Einsetzen des gesellschaftsrechtlichen »Frühwarnsystems«, als Krisenbeginn vorgeschlagen.[235] 275

Insolvenzreife liegt spätestens mit Eintritt der Zahlungsunfähigkeit im Sinne des § 17 InsO oder einer Überschuldung im Sinne des § 19 InsO vor.[236] Gleichwohl wird der Begriff bewusst von der Rechtsprechung offengelassen und es soll dahingestellt bleiben, ob Insolvenzreife nur dann gegeben ist, wenn nach §§ 17, 19 InsO ein Eröffnungsgrund für ein Insolvenzverfahren über das Vermögen des Darlehensnehmers und Sicherungsgebers vorliegt, oder ob dessen drohende Zahlungsunfähigkeit oder auch schon eine noch früher einsetzende »Sanierungsbedürftigkeit« genügt. Trotz dieses Fehlens einer einheitlichen Definition in der Judikatur besteht indes seit jeher die Tendenz, auch das nahe Vorfeld eines zwingenden Eröffnungsgrundes als haftungsrelevante Zeit anzusehen, wobei die Anknüpfungspunkte uneinheitlich sind (z.B. dass »die Gefahr des baldigen Zusammenbruchs« bestand,[237] »ein Konkurs unabwendbar drohte«,[238] das Unternehmen »vor dem Zusammenbruch stand«[239] oder »objektiv unmittelbar vor der Zahlungsunfähigkeit stand«[240], der »wirtschaftliche Zusammenbruch drohte«[241] oder »absehbar war«[242] oder »eine Zahlungsunfähigkeit oder unmittelbar drohende Zahlungsunfähigkeit« vorlag[243]). Eine potenzielle Haftungsgefahr besteht demnach auch schon im Bereich der drohenden Zahlungsunfähigkeit i.S.v. § 18 InsO sowie bei bevorstehender 276

228 *Bales*, ZInsO 2023, 3, 8.
229 BGH, NJW 2016, 2662, vgl. auch *Weiß/Reps*, ZIP 2020, 2443 m.w.N.
230 Vgl. *Huber*, NZI 2015, 447, 447 f.; *Obermüller*, Insolvenzrecht in der Bankpraxis, Rn. 5.13, bezeichnet die Krise als »schillernden« Begriff.
231 BGH, NJW 2006, 2701, 2703.
232 Vgl. *Obermüller*, Insolvenzrecht in der Bankpraxis, Rn. 5.9 f.
233 *Wellensiek/Schluck-Amend*, in: MAH GmbH-Recht, § 23 Rn. 2.
234 Hess-*Hess/Groß*, Sanierungshandbuch Rn. 25 ff.
235 *Wellensiek/Schluck-Amend*, in: MAH GmbH-Recht, § 23 Rn. 5 f.
236 BGH, NJW 1984, 1893, 1900. Nach *Schäffler*, BB 2006, 56, 58, MK-BGB/*Wagner* § 826 Rn. 175 und *Wallner/Neuenhahn*, NZI 2006, 553, 555 kommt eine Haftung ausschließlich bei Vorliegen eines solchen Eröffnungsgrundes in Betracht.
237 BGH, NJW 1984, 728, 729.
238 BGH, WM 1985, 1136, Rn. 13 = BGH, BeckRS 1985, 31070198.
239 BGH, NJW 1986, 837, 841.
240 BGH, NJW 1995, 1668, 1668.
241 BGH, NJW 1998, 2592, 2595.
242 OLG Köln, NJOZ 2002, 2213, 2215.
243 OLG Köln, BeckRS, 2007, 3070.

Überschuldung. Nach Ansicht des OLG Frankfurt am Main soll dem Grunde nach nicht einmal erforderlich sein, dass der Kreditnehmer zum Zeitpunkt der schädigenden Handlungen bereits insolvenzreif war.[244]

277 In der Literatur wird teilweise versucht, die uneinheitlichen Vorgaben der Rechtsprechung unter den Begriff der »Sanierungsbedürftigkeit« zu fassen. Eine Haftung kommt danach in Betracht, wenn das Unternehmen zum relevanten Zeitpunkt »sanierungsbedürftig« ist, was der Fall sein soll, wenn durch Stützungsmaßnahmen die für eine erfolgreiche Weiterführung des Betriebs und die Abdeckung der bestehenden Verpflichtungen erforderliche Betriebssubstanz nicht erhalten werden kann.[245] Hiervon sei auszugehen, wenn absehbar ist, dass bei unverändertem Fortgang der derzeitigen Entwicklung das Unternehmen in gewisser Zeit zahlungsunfähig oder überschuldet sein wird und wenn eine rechtzeitige Änderung dieser Entwicklung nicht mit hinreichender Sicherheit zu erwarten ist.[246] Eine klare Abgrenzung des haftungsrelevanten Zeitraums ist allerdings auch mit diesem Konzept nicht möglich.[247]

278 Angesichts der Vielzahl der oben genannten Urteile, in denen die Rechtsprechung den für eine Insolvenzverschleppung relevanten Zeitraum bereits im Vorfeld eines zwingenden Eröffnungsgrundes gesehen hat, kann daher nicht angenommen werden, dass eine Haftung der Bank erst mit Vorliegen von Insolvenzantragspflichten eintreten kann, sondern bereits dann, wenn ohne gegensteuernde Maßnahmen das Unternehmen in der Insolvenz enden würde.

▶ **Hinweis:**

279 Sind die beteiligten Banken mit ihren Sanierungs- und Intensive Care Bereichen bereits mit dem Engagement befasst, spricht viel für das Vorliegen einer Krise. Zumindest bedarf es dann besonders guter Argumente dafür, warum dies trotzdem nicht der Fall sein soll.

(2) Subjektive Seite

280 Im Rahmen des subjektiven Tatbestands des § 826 BGB wird grundsätzlich gefordert, dass der Täter die tatsächlichen, das Sittenwidrigkeitsurteil prägenden Umstände kennt, obgleich er sich der Sittenwidrigkeit seines Handelns als solcher nicht bewusst sein muss.[248] Zu diesen Umständen gehört bei der Insolvenzverschleppungshaftung die Insolvenzreife bzw. Sanierungsbedürftigkeit des Kreditnehmers.

281 Es ist jedoch anerkannt, wenngleich in Einzelheiten umstritten, dass es ausreichen kann, wenn sich der Täter der Kenntnis relevanter Umstände bewusst verschließt. Hierfür genügt, dass starke Verdachtsmomente für die Umstände bestehen, der Handelnde aber eine sich bietende Möglichkeit der Aufklärung bewusst nicht wahrnimmt.[249] Das ist der Fall, wenn der Gläubiger vor einer erkennbar hoffnungslosen Lage geradezu die Augen verschließt[250] bzw. sich über die Umstände, die den Schluss

---

244 OLG Frankfurt am Main, BeckRS 2011, 20858. Weitere Ausführungen zum Verständnis des Begriffes »insolvenzreif« enthält das Urteil jedoch nicht, sodass möglicherweise nur gemeint ist, dass Insolvenzeröffnungsgründe noch nicht vorliegen müssen.

245 *Batereau*, WM 1992, 1517, 1518; *Neuhof*, NJW 1998, 3225, 3229; *Kiehte*, KTS 2005, 179, 184; *Obermüller*, Insolvenzrecht in der Bankpraxis, Rn. 5.14.

246 *Kiehte*, KTS 2005, 179, 184; *Obermüller*, Insolvenzrecht in der Bankpraxis, n. 5.14.

247 *Wallner/Neuenhahn* NZI 2006, 553, 554; daher auch die Kritik von *Weiß/Reps*, ZIP 2020, 2443, 2445 auf »*den unkonturierten Begriff der »Sanierungsbedürftigkeit« abzustellen.*«.

248 Staudinger-*Oechsler*, BGB, Neubearbeitung 2021, § 826 Rn. 63 m.w.N.

249 MK-BGB/*Wagner*, § 826 Rn. 34 f.

250 BGH, BeckRS 1985, 31070198.

auf einen bevorstehenden Zusammenbruch des Schuldners aufdrängen, grob fahrlässig hinweggesetzt.[251]

Als Anhaltspunkte für eine drohende Insolvenz hat der BGH in einem Fall, in dem sich die Bank das letzte pfändbare Vermögen des Schuldners als Sicherheit übertragen ließ, die Nichteinlösung eines zur Zahlung hingegebenen Schecks, einen rapiden Anstieg des Schuldsaldos, die Nichtleistung fälliger Zahlungen sowie erfolglos bleibende Vollstreckungsmaßnahmen angesehen und aufgrund dieser Indizien eine Pflicht der Bank zur umfassenden Prüfung angenommen, durch deren Unterlassen sie sittenwidrig gehandelt habe. Von den »unsubstantiierten und nicht belegten Vertröstungen« des Schuldners habe sie sich von der Prüfung nicht abbringen lassen dürfen.[252] 282

Als Umstände, die eine Bank zur Prüfung der Finanzlage des Kreditnehmers verpflichten können, kommen in der Praxis vor allem folgende Situationen (die gleichzeitig in aller Regel anzeigepflichtige Kündigungsgründe sind) in Betracht: 283
- Zahlungsverzug/Nichtzahlung fälligen Zinses/Tilgung,
- *Cross-Default* wegen Zahlungsverzuges/Nichtzahlung,
- Vollstreckungsmaßnahmen anderer Gläubiger,
- Testatseinschränkung durch Wirtschaftsprüfer,
- Nichteinhaltung einer *Clean Down* Periode[253],
- Nichteinhaltung der Finanzkennzahlen, vor allem des die Fähigkeit zum Schuldendienst messenden Kapitaldienstdeckungsgrades (*Fixed Charge Cover Ratio*), wobei ein Verstoß gegen Finanzkennzahlen nicht automatisch bedeutet, dass bei dem betroffenen Unternehmen eine Überschuldung oder ein Liquiditätsengpass eingetreten ist.

(3) Maßnahmen zur Feststellung der Insolvenzreife

Liegt ein solches Indiz oder liegen mehrere solcher Indizien vor und stellt es oder stellen sie sich im Kontext der Gesamtumstände als erheblich dar, sollte die Bank eine Prüfung der Finanzlage des Kreditnehmers veranlassen, um den Vorwurf zu vermeiden, sie habe sich über die Insolvenzreife indizierende Umstände grob fahrlässig hinweggesetzt, jedenfalls wenn sie aktive Schritte zur Abwendung einer (bereits bestehenden oder absehbaren) Pflicht des Kreditnehmers zur Stellung des Eröffnungsantrages ergreifen möchte. 284

bbb) Die bloße Untätigkeit

(1) Berechtigung der Bank zur Untätigkeit

Der BGH hat in einem Grundsatzurteil vom 09.12.1969[254] entschieden, dass ein Kreditinstitut, dem im Laufe der Geschäftsbeziehung bekannt wird, dass sich sein Kreditnehmer in der Krise befindet, in aller Regel nicht sittenwidrig handelt, wenn es davon absieht einen ausgereichten Kredit zu kündigen: 285

> »(a) Einerseits ist anerkannt, dass auch die gute Sitte einer Bank nicht ansinnt, die Wahrnehmung ihres eigenen Interesses hinter den Belangen anderer Gläubiger zurücktreten zu lassen. Grundsätzlich kann sie davon ausgehen, dass die Gläubiger, so auch die Lieferanten eines Unternehmens, sich selbst darüber vergewissern, ob sie ihm auf Kredit liefern wollen, ohne dabei auf Sicherungen zu bestehen. ***Einer Bank kann es auch in aller Regel nicht als Verstoß gegen die guten Sitten ange-*** 286

251 Dazu auch BGH, NJW 2014, 1098, 1100: »*(...); von vorsätzlichem Handeln ist auszugehen, wenn der Schädiger so leichtfertig gehandelt hat, dass er eine Schädigung des anderen Teils in Kauf genommen haben muss*«.

252 BGH, NJW 1995, 1668, 1670.

253 Vollständige Rückführung der revolvierenden Kreditlinie über einen im Kreditvertrag bestimmten Zeitraum um sicherzustellen, dass Betriebsmittelkredit nur zur Deckung vorübergehenden Finanzbedarfs genutzt wird.

254 BGH, NJW 1970, 657.

rechnet werden, wenn sie davon absieht, den vom Unternehmer überzogenen Kredit fällig zu stellen und ihn dadurch zu zwingen, das Vergleichs- oder Konkursverfahren zu beantragen. *Ob sie so vorgeht oder zunächst abwartend still hält, muss grundsätzlich ihr überlassen bleiben. Das gilt regelmäßig auch dann, wenn sie erkennt, dass das Unternehmen vor dem Zusammenbruch steht und an sich konkursreif ist. Ob sie es fallen lässt, ist ihre Sache. Auch wenn sie dabei voraussieht, dass andere Gläubiger, weil sie ihre Forderungen nicht rechtzeitig beitreiben oder sichern oder neue Geschäfte eingehen, zu Schaden kommen können, wenn die Kreditunwürdigkeit des Unternehmens nicht sogleich von ihr aufgedeckt wird, so reicht das im allgemeinen nicht, sie aus § 826 BGB haftbar zu machen. Ihr bleibt es überlassen, ob sie den Anstoß zum Zusammenbruch des Unternehmens geben will.*

(b) Allerdings kann sie bei solcher Lage mit den Interessen der anderen Gläubiger in bedenkliche Konflikte geraten, vor allem mit den Neugläubigern, die das Unternehmen im Vertrauen auf die scheinbar von der Bank bejahte Kreditwürdigkeit weiter beliefern. Das kommt vor allem dann in Betracht, wenn sie das Unternehmen durch neue Kredite zu sanieren versucht. Dann kann die Frage auftauchen, ob die Bank nicht dahin wirken muss, dass die Gläubiger darüber unterrichtet werden, in welchem Umfang der Schuldner sein Vermögen bereits der Bank zur Sicherheit übertragen hat. Vor allem handelt eine Bank, die das Hinausschieben des nach den Verhältnissen (die sie meist am besten durchschaut) gebotenen Vergleichs- oder Konkursantrages durch ihr Stillhalten und Weitergewähren des Kredits bewirkt oder duldet, dann sittenwidrig, wenn sie das nicht mehr in der Annahme tut, dass es sich nur um eine überwindbare und vorübergehende Krise gehandelt habe, sondern deshalb, um in rücksichtsloser und eigensüchtiger Weise ihre Stellung bei dem in Kürze erwarteten Zusammenbruch auf Kosten der anderen Gläubiger zu verbessern. Das gilt vor allem dann, wenn sie dem konkursreifen Unternehmen nicht (mehr) Kredit in der Höhe geben oder belassen will, den es zur Sanierung braucht, sondern nur einen solchen, der den wirtschaftlichen Todeskampf des Unternehmens lediglich verlängert, damit sie sich in der so gewonnenen Zeit aus ihren Sicherheiten zum Nachteil der anderen Gläubiger ungehindert und besser befriedigen kann.«

287 Dieser Grundsatz wurde vom BGH sowie von unterinstanzlichen Gerichten bestätigt.[255] Festzuhalten ist damit, dass ein Kreditgeber, der sich im Hinblick auf sein Kreditengagement ausschließlich passiv verhält, den Tatbestand des § 826 BGB nicht ohne Hinzutreten weiterer Umstände erfüllt.[256]

(2) Verwirklichung anderer Fallgruppen

288 Die reine Untätigkeit der Bank im Hinblick auf ihren Kredit schließt gleichwohl nicht aus, dass sie im Rahmen einer aktiven Beteiligung am Sanierungsversuch des Kreditnehmers (ohne eigene Kreditmaßnahme) andere Tatbestände der vorsätzlichen sittenwidrigen Schädigung erfüllt.

289 Dies kann etwa der Fall sein, wenn sie sich aus eigenem wirtschaftlichen Interesse aktiv in die Bemühungen um die Gewinnung eines Dritten als Sicherungsgeber oder Investor einschaltet, diesen jedoch nicht über die wirtschaftlichen Verhältnisse des Schuldners aufklärt, obwohl sie selbst darüber genau unterrichtet ist. In einem solchen Fall trifft die Bank nämlich eine sittliche Pflicht zur Aufklärung des Dritten.[257]

---

255 Vgl. nur: BGH, NJW 2001, 2632; OLG Frankfurt am Main, BeckRS 2011, 20858 und zuvor LG Hanau, BeckRS 2011, 20859. Aus der Literatur jüngst *Bales*, ZInsO 2023, 3, 31; *Rossbach*, BB 2017, 1411; *Weiß/Reps*, ZIP 2020, 2443.

256 Ein solcher Umstand kann etwa sein, dass die Bank bewusst veranlasst, dass ein Lieferant des Kreditnehmers kurz vor der Insolvenz noch eine Lieferung ausführt, die dann aufgrund von Sicherungsverträgen der Bank zugutekommt (BGH, WM 1964, 671) oder einen Dritten über die Lage des Kreditnehmers täuscht und zur Vergabe eines Kredites veranlasst.

257 Der Konflikt zwischen der Pflicht zur Aufklärung und dem Bankgeheimnis ist im Einzelfall durch Güterabwägung zu lösen (BGH, NJW 1991, 693, 694). Eine Vertiefung der Problematik soll an dieser Stelle nicht erfolgen.

Gegenüber einem Kunden, der mit einem anderen Bankkunden in Geschäftsbeziehungen treten oder sich an diesem beteiligen will, besteht darüber hinaus eine aus dem Vertragsverhältnis resultierende Aufklärungs- und Warnpflicht, wenn die Bank 290
- sich als Hauptkreditgeberin intensiv um die Sanierung eines Kunden bemüht und in diesem Zusammenhang potenzielle Geldgeber auffordert bzw. ihnen empfiehlt, diesen Kunden zu unterstützen;[258]
- einen konkreten Wissensvorsprung bezüglich der speziellen Risiken des zu finanzierenden Geschäftes hat, z.B. wenn ihr die (drohende) Zahlungsunfähigkeit des Geschäftspartners bekannt ist;[259]
- sich im Zusammenhang mit Kreditgewährungen an miteinander in Geschäftsbeziehungen stehende Kunden in schwerwiegende Interessenkonflikte zulasten eines der Kunden verwickelt hat.[260]

In Betracht kommt weiter die Einflussnahme auf das Krisenunternehmen zulasten anderer Gläubiger. Schon das Reichsgericht hat entschieden, dass sich ein Gläubiger nach § 826 BGB schadensersatzpflichtig machen kann, wenn er 291

> *»den Schuldner zu seinem bloßen Strohmann [erniedrigt], der nur noch nach außen hin als Inhaber des Geschäfts erscheint, ihm gegenüber aber in Wirklichkeit nur noch die Stellung eines abhängigen Verwalters hat, und zwar so, dass der ganze Gewinn des Geschäfts dem Sicherungsnehmer zufließt, ein etwaiger Verlust aber von ihm nicht getragen und jede Haftung für die Geschäftsschulden auch bei fehlender sonstiger Deckung von ihm abgelehnt wird (stille Geschäftsinhaberschaft)«.*[261] 292

In einem Urteil aus dem Jahr 1985 hat der BGH[262] festgestellt, ein Anspruch aus § 826 BGB könne vorliegen, wenn 293

> *»sich ein Gläubiger zur Befriedigung seiner eigenen Forderungen unlauterer Mittel [bedient], durch die Ansprüche anderer Gläubiger vereitelt werden […]. Die Unlauterkeit der Mittel kann sich aus dem Maß der eigennützigen Missachtung fremder Interessen, welches der Gläubiger an den Tag legt, aber auch aus dem Grad der Abhängigkeit des Schuldners von dem Gläubiger, der sich etwa im Ausspielen einer rechtlichen oder tatsächlichen Machtstellung oder im Ausüben von Druck zeigen kann, ergeben«.* 294

Dies sei der Fall, wenn eine Bank wirtschaftlichen Druck auf einen von ihr gänzlich abhängigen, insolvenzreifen Sicherungsgeber dahin ausübt, sein restliches Vermögen übereilt und weit unter Wert zu verschleudern, um seine Verbindlichkeiten ihr gegenüber zu verringern, obwohl dadurch die Sicherung anderer Gläubiger ernsthaft gefährdet wird. 295

Insbesondere die Bestellung weiterer Sicherheiten für einen nicht oder nicht ausreichend gesicherten Kredit kann eine sittenwidrige Handlung darstellen. Dies gilt jedenfalls dann, wenn es sich bei den Sicherheiten um das letzte freie Vermögen des Schuldners handelt. 296

Nach der Rechtsprechung handelt ein Gläubiger sittenwidrig, wenn er sich in Kenntnis (oder grob fahrlässiger Unkenntnis) der Insolvenzreife des Schuldners von diesem sein gesamtes (oder sein letztes freies) Vermögen übertragen lässt, da er in diesem Fall damit rechnen muss, dass andere Gläubiger leer ausgehen und somit geschädigt werden.[263] Erst recht sittenwidrig ist es, wenn das Sicherungsgeschäft mit Täuschungsabsicht vorgenommen wird, also unter Umständen, die dazu geeignet und bestimmt sind, Dritte darüber zu täuschen, dass der Schuldner kein freies Vermögen mehr hat, und 297

258 BGH, NJW 1978, 2547, 2547.
259 BGH, NJW 1988, 1583, 1584; BGH, NJW 1991, 693.
260 BGH, NJW 1991, 693, 693.
261 RG, RGZ 136, 247, 253 f.
262 BGH, BeckRS 1985, 5596.
263 BGH, NJW 1995, 1668, 1668; OLG Köln, ZIP 2002, 521, 522; BGH, NJW 1984, 728, 728 f. Bei einer Nachbesicherung ohne zugrunde liegenden vertraglichen Anspruch besteht darüber hinaus die Möglichkeit der Schenkungsanfechtung gem. § 134 InsO (BGH, NJW 2009, 2065).

dadurch zur Einräumung von Krediten oder Zahlungsfristen zu verleiten.[264] Die Bestellung von zusätzlichen Sicherheiten im Rahmen einer vertraglichen Nachbesicherungspflicht ist möglicherweise anders zu beurteilen (in dem vom BGH für sittenwidrig befundenen Fall[265] bestand kein Anspruch auf die Nachbesicherung).

ccc) Gewährung weiterer Kredite

298 Die Bank kann dem Kreditnehmer zu jeder Zeit einen neuen Kredit gewähren. Nach Eintritt der Insolvenzreife ergeben sich aus der einschlägigen Rechtsprechung jedoch besondere Anforderungen an die Kreditvergabe, um eine mögliche Haftung wegen Insolvenzverschleppung auszuschließen.

299 Die Anforderungen an die Kreditvergabe variieren je nach Zweck des Kredites: Als »Sanierungskredit« wird ein Kredit bezeichnet, der einem insolvenzreifen Unternehmen zum Zwecke der Sanierung eingeräumt wird. Sanierungskredite stellen nur dann keine sittenwidrige Insolvenzverschleppung dar, wenn die unten unter Rdn. 472 ff. dargestellten Anforderungen beachtet werden.

300 Dem gegenüber bezeichnet der Begriff »Überbrückungskredit« einen Kredit, der zur Beseitigung eines Liquiditätsengpasses gewährt wird, ohne dass feststeht, ob das Unternehmen überhaupt sanierungsfähig ist. Zu den Anforderungen und Voraussetzungen s.u. Rdn. 447 ff.

ddd) Einordnung weiterer Handlungsmöglichkeiten des Kreditgebers

301 Während sich aus den bislang ergangenen einschlägigen Urteilen sowohl hinsichtlich einer bloßen Untätigkeit der Bank als auch hinsichtlich der Gewährung neuer Kredite durch die Bank klare Richtlinien ableiten lassen, hat sich die Rechtsprechung mit den zwischen Untätigkeit und Kreditgewährung liegenden Handlungsmöglichkeiten einer Bank bislang nicht ausdrücklich beschäftigt.

302 Wenngleich dem Kreditnehmer in den bekannten Fällen stets ein (weiterer) Kredit gewährt wurde, ist festzustellen, dass die Rechtsprechung ein tatbestandliches Handeln im Sinne des § 826 BGB nicht auf die (erneute) Kreditgewährung beschränkt hat. Bereits in der ersten Entscheidung des Reichsgerichts aus dem Jahr 1932 ist die Kreditgewährung nur beispielhaft als eine Form der Verursachung der Insolvenzverschleppung genannt. Das Reichsgericht, das Fallgruppen sittenwidrigen Handelns des Sicherungsnehmers gebildet hatte, beschrieb dabei folgenden Tatbestand:

303 *»Um sich selber aus den erlangten Sicherheiten oder dem sonstigen Vermögen des Schuldners ungehindert befriedigen zu können, hält der Sicherungsnehmer den Schuldner zum Nachteil anderer Gläubiger von dem durch die Verhältnisse gebotenen alsbaldigen Antrag auf Konkurseröffnung ab, z.B. durch gleichzeitige Gewährung eines für die Gesundung des Schuldners offenbar unzulänglichen und nur zur Verlängerung seines wirtschaftlichen Todeskampfes geeigneten neuen Kredites.«*[266]

304 Auch der BGH hat die Vergabe eines neuen Kredites nicht als allein tatbestandliches Handeln verstanden:

305 *»Das gilt vor allem dann, wenn sie dem konkursreifen Unternehmen nicht (mehr) Kredit in der Höhe geben oder belassen will, den es zur Sanierung braucht«.*[267]

264 BGH, NJW 1998, 2592, 2594.
265 BGH, NJW 1995, 1668.
266 RG, RGZ 136, 247, 253.
267 BGH, NJW 1970, 657, 658.

In der Literatur wird die Frage, ob der bloßen Untätigkeit des Kreditgebers auch weitere Handlungsmöglichkeiten gleichzustellen sind, uneinheitlich beantwortet. Diskutiert werden insbesondere folgende Fälle: 306

- Nichtausübung eines gesetzlichen oder vertraglichen Kündigungsrechts aufgrund ausdrücklicher Zusage in Form von Stundungsabrede, Moratorium, Stillhalteabkommen (*pactum de non petendo*) oder Verzichtserklärung (*Waiver*) (Einordnung streitig),[268]
- ausdrückliche Stundung oder Unterlassen der Beitreibung von Forderungen, die ohne Kündigung fällig geworden sind (Einordnung streitig),[269]
- noch unter dem alten Überschuldungsbegriff: Rangrücktritt (wird als Stillhalten angesehen).[270]

Im Spannungsverhältnis zwischen untätig bleiben und neuer Kreditgewährung steht auch die Zulassung weiterer Ziehungen unter einer noch nicht ausgeschöpften Kreditlinie einschließlich des sog. *Roll-Over* eines revolvierenden Darlehens, die unten unter Rdn. 427 ff. näher erörtert wird. 307

(1) Stellungnahme

Die eher philosophische Frage, ob eine Bank überhaupt »aktiv stillhalten«, das heißt ein »aktives Nichtstun« an den Tag legen kann, soll nicht weiter verfolgt werden. Eine Annäherung an die Einordnung der zwischen Nichtstun und Kreditgewährung liegenden Verhaltensweisen der Bank erscheint eher aus dem durch die Rechtsprechung gebildeten Insolvenzverschleppungstatbestand heraus erfolgversprechend: Der Gläubiger handelt sittenwidrig, weil er in verwerflicher Weise (nämlich sittenwidrig) die Verschleppung der Antragstellung durch den Kreditnehmer ermöglicht. 308

Allen vorbeschriebenen Handlungsmöglichkeiten ist gemein, dass mit dem Tätigwerden des Kreditgebers die (je nach Definition der Insolvenzreife) bereits bestehende oder sich konkret abzeichnende Pflicht zur Stellung eines Insolvenzantrages entfällt, ohne dass ein (weiteres) Darlehen gewährt wurde: Die Vereinbarung einer Stundung der Forderung des Kreditgebers mit dem Kreditnehmer bewirkt eine Fälligkeitsverschiebung gem. § 271 Abs. 2 BGB, die eine Zahlungsunfähigkeit – jedenfalls vorübergehend – entfallen lässt. In einem Stillhalteabkommen (*pactum de non petendo*) vereinbaren Kreditgeber und Kreditnehmer, dass die Forderung zeitlich nicht geltend gemacht werden soll, ohne dass dabei die Fälligkeit der Forderung entfällt.[271] Der Anspruch des Kreditgebers wird damit regelmäßig als nicht ernsthaft eingefordert anzusehen sein, sodass eine Zahlungsunfähigkeit des Kreditnehmers ebenfalls entfällt.[272] Das aktive Tun des Kreditgebers hat damit zur Folge, dass die Pflicht des Kreditnehmers zur Stellung des Eröffnungsantrages entfällt. 309

Obwohl der Kreditgeber dem Kreditnehmer keine weiteren Mittel zur Verfügung stellt (sondern nur bereits gegebene Kreditmittel zur weiteren Verfügung belässt), ermöglicht er dem Kreditnehmer die Fortsetzung seiner Tätigkeit. Unter dem Gesichtspunkt des Abhaltens von der Stellung des durch die Verhältnisse gebotenen alsbaldigen Eröffnungsantrages müssen die vorgenannten Verhaltensweisen daher als näher an der Ausreichung eines neuen (der Höhe nach für eine Sanierung unzureichenden) Kredites gesehen werden, als am bloßen Nichtstun. 310

---

268 Für Einordnung als Stillhalten *Schäffler*, BB 2006, 56, 58; *Kiethe*, KTS 2005, 179, 207; »aktives Stillhalten« nach Buth/Hermanns-*Kemper*, Restrukturierung, Sanierung, Insolvenz, § 3 Rn. 22; *Theewen*, BKR 2003, 141, 142, 147 will hingegen die Kriterien für einen Überbrückungs- bzw. Sanierungskredit anwenden.

269 *Bornheimer/Westkamp*, in: MAH InsO, § 7 Rn. 41 und *Weiß/Reps*, ZIP 2020, 2243, 2245 für »passives« Stillhalten bei Nichtbetreibung endfällig gewordener Kredite; a.A. *Theewen*, BKR 2003, 141, 142, 147, der nach Fälligkeit des Kredites durch Ablauf der Laufzeit im Stillhalten eine Stundung sieht, die nach den Kriterien für Überbrückungs- bzw. Sanierungskredite beurteilt werden muss.

270 *Schäffler*, BB 2006, 56, 58.

271 BGH, BeckRS 2009, 22099.

272 BGH, NJW-RR 2013, 558, 559.

(2) **Hinzutreten weiterer Umstände**

311 Wenngleich weder der Abschluss einer Stillhaltevereinbarung, noch die Vereinbarung einer Stundung oder eines Verzichts per se den Tatbestand einer vorsätzlichen sittenwidrigen Schädigung erfüllen, stellt sich stets die Frage, aus welcher Erwägung heraus die Bank in diesen Fällen überhaupt tätig wird. Regelmäßig wird sich das Sittenwidrigkeitsurteil daraus ergeben, dass die Bank eigennützig tätig wird. Dies ist nach der Rechtsprechung insbesondere dann der Fall, wenn sie in rücksichtsloser und eigensüchtiger Weise ihre Stellung bei dem in Kürze erwarteten Zusammenbruch auf Kosten der anderen Gläubiger zu verbessern hofft. Dies kann gegeben sein, wenn sich die Bank zusätzliche Leistungen des Kreditnehmers versprechen lässt (etwa eine *Waiver Fee*, eine Margenerhöhung oder die Bestellung von weiteren Sicherheiten) oder weil sie die Insolvenzantragspflicht nur deshalb abwendet, weil sie den Ablauf insolvenzrechtlicher Anfechtungsfristen für empfangene Leistungen oder ihr bestellte Sicherheiten abwarten will. In diesem Sinne hat der BGH entschieden, dass es sittenwidrig ist, wenn der Schuldner in bewusstem Zusammenwirken mit dem Gläubiger den Eröffnungsantrag hinausschiebt, um eine Anfechtung des im Wege der Zwangsvollstreckung erlangten Erwerbs nach § 131 InsO auszuschließen.[273]

(3) **Ergebnis**

312 Beabsichtigt die Bank durch aktives Tun die bereits bestehende oder in absehbarer Zeit eintretende Pflicht des Kreditnehmers zur Stellung eines Insolvenzantrages zu beseitigen, kann der Vorwurf einer Insolvenzverschleppung nur dadurch sicher vermieden werden, dass die unten genannten Grundsätze für die Gewährung eines Überbrückungs- oder Sanierungskredites angewandt werden. Insoweit ist zu berücksichtigen, dass im Einzelfall schon ein eigennütziges Verhalten ausreichend sein kann, also etwa der Fall, dass sich die Bank eine Rettung der von ihr bereits ausgereichten Kredite erhofft.

313 Umso mehr gilt dies, wenn sich die Bank zusätzliche Leistungen vom Kreditnehmer versprechen lässt. Die Grundsätze der Gewährung eines Überbrückungs- oder Sanierungskredites sollten in diesem Fall dann zwingend beachtet werden, wenn der Kreditgeber ein eigenes Haftungsrisiko ausschließen will. Denn auch der Abschluss einer Stillhaltevereinbarung, einer Stundung, eines Verzichts/*Waivers* oder eines Rangrücktrittes kann dann nicht sittenwidrig sein, wenn dies der Prüfung der Sanierungsaussichten, der Vorbereitung einer Sanierung oder der Durchführung einer solchen dient.

(4) **Vornahme von Auszahlungen bei nicht ausgeschöpftem Kreditrahmen**

314 Die Frage, ob die Vornahme weiterer Auszahlungen unter einer noch nicht ausgeschöpften Kreditlinie als Stillhalten oder als Gewährung eines – den Anforderungen an Sanierungskredite unterliegenden – Neukredits zu bewerten ist, hat die Rechtsprechung soweit ersichtlich noch nicht ausdrücklich erörtert. Insbesondere trifft das Grundsatzurteil des BGH aus dem Jahr 1969[274] dazu keine Aussage, sondern stellt lediglich fest, dass eine Bank in der Regel nicht sittenwidrig handelt, wenn sie es unterlässt, einen bereits ausgereichten Kredit fällig zu stellen.

315 Es besteht daher grundsätzlich ein Haftungsrisiko, wenn eine Bank bei Insolvenzreife des Kreditnehmers durch aktives Tun weitere Auszahlungen (*fresh money*) unter einer bereits eingeräumten Kreditlinie vornimmt. Das Haftungsrisiko kann nur dadurch ausgeschlossen werden, dass die Kreditmittel unter Einhaltung der unten dargestellten Voraussetzungen als Sanierungs- oder Überbrückungskredit gewährt werden.

316 Wenn die Einholung eines Sanierungsgutachtens vor der Auszahlung zeitlich nicht möglich ist, müsste die Tranche als Überbrückungskredit gewährt werden, was bedeutet, dass das Sanierungsgutachten vor Auszahlung jedenfalls in Auftrag gegeben und der Bank für den Fall, dass es zum

273 BGH, NJW 2005, 1121, 1124.
274 BGH, NJW 1970, 657, 658.

Ergebnis mangelnder Sanierungsfähigkeit kommt, ein Recht zur sofortigen Kündigung eingeräumt werden muss.

In der Literatur werden die Aufrechterhaltung einer Kreditlinie bzw. die Duldung der Inanspruchnahme eines noch nicht ausgeschöpften Kreditrahmens einhellig als Stillhalten, das heißt als »aktives Nichtstun« gewertet.[275] Die Autoren begründen diese Auffassung damit, dass die Bank aufgrund ihrer Rahmenzusage vertraglich verpflichtet sei, den Kredit auszuzahlen und sich von dieser Verpflichtung nur durch Kündigung lösen könne, zu der sie nach dem genannten Grundsatzurteil des BGH nicht verpflichtet sei.[276] 317

Diese Argumentation passt jedoch nicht für die in der Praxis verwendeten LMA-Kreditverträge, da diese die Banken (mit Ausnahme des *Roll-Overs* revolvierender Darlehen) nur dann zur Auszahlung verpflichten, wenn kein potenzieller Kündigungsgrund vorliegt. Liegt ein potenzieller Kündigungsgrund vor, können die Banken die Auszahlung verweigern, ohne bereits ausgereichte Kredite zu kündigen. 318

Als Fazit ist daher festzuhalten, dass wegen des Fehlens einschlägiger Rechtsprechung ein Haftungsrisiko besteht, wenn eine Bank nach Eintritt der Insolvenzreife weitere Auszahlungen vornimmt, ohne dass die Voraussetzungen eines Überbrückungs- bzw. Sanierungskredites vorliegen. 319

bb) Vorsatz

Für eine Haftung aus § 826 BGB genügt der bedingte Vorsatz, also dass der Schädiger spätestens im Zeitpunkt des Schadenseintritts Art und Richtung des Schadens sowie die Schadensfolgen vorausgesehen und gewollt oder jedenfalls, mag er ihn auch nicht wünschen, billigend in Kauf genommen hat. Eine Schädigungsabsicht ist nicht erforderlich. Fahrlässigkeit, auch grobe, genügt nicht, jedoch kann aus besonders leichtfertigen Verhaltensweisen darauf geschlossen werden, dass der Schädiger die Schädigung des anderen Teils in Kauf genommen hat.[277] 320

Der Täter muss sich der Sittenwidrigkeit seines Handelns nicht bewusst sein, doch muss er die tatsächlichen, das Sittenwidrigkeitsurteil prägenden Umstände kennen.[278] Allerdings ist der subjektive Tatbestand auch erfüllt, wenn der Täter zumindest mit bedingtem Vorsatz vor der ihm nicht genügend bekannten Sachlage die Augen verschließt, etwa gerade um der ihm aus § 826 BGB drohenden Schadensersatzpflicht zu entgehen.[279] 321

Der Vorsatz der Bank muss demnach sowohl die Sanierungsbedürftigkeit des Kreditnehmers[280] als auch die Unzulänglichkeit der Sanierungsbemühungen sowie die daraus folgende Schädigung der anderen Gläubiger umfassen.[281] 322

Der Vorsatz ist ebenso wie die übrigen anspruchsbegründenden Voraussetzungen vom Geschädigten nachzuweisen. Gelingt dem Geschädigten jedoch der Nachweis von Umständen, bei deren Vorliegen die Lebenserfahrung dafür spricht, dass der Antragsgegner das für den Vorsatz erforderliche Bewusstsein hatte, muss Letzterer diesen Nachweis durch eigene Beweisführung erschüttern.[282] 323

275 *Ahnert*, BKR 2002, 254, 255; *Schäffler*, BB 2006, 56, 58; *Obermüller*, Insolvenzrecht in der Bankpraxis, Rn. 5.103; *Theewen*, BKR 2003, 141 f.; *Richter*, in: Langenbucher/Bliesener/Spindler, Bankrechts-Kommentar, 3. Aufl. 2020, 31. Kap. Rn. 72. Sogar die Wiedereröffnung einer gesperrten oder gekündigten Kreditlinie wird teilweise für unbedenklich gehalten, vgl. *Schäffler*, BB 2006, 56, 58.

276 *Obermüller*, Insolvenzrecht in der Bankpraxis, Rn. 5.67 und 5.90; *Theewen*, BKR 2003, 141.

277 Grüneberg-*Sprau*, BGB, § 826 Rn. 9 f.

278 Staudinger-*Oechsler*, BGB, Neubearbeitung 2021, § 826 Rn. 61.

279 RG, RGZ 143, 48, 52.

280 *Wallner/Neuenhahn*, NZI 2006, 553, 555.

281 *Neuhof*, NJW 1998, 3225, 3231.

282 Staudinger-*Oechsler*, BGB, Neubearbeitung 2021, § 826 Rn. 89 ff.; will die Beweislast per se dem Geschädigten auferlegen MK-BGB/*Wagner*, § 826 Rn. 28.

324 Da laut BGH »*Beteiligte, die ernsthaft und mit aus ihrer Sicht tauglichen Mitteln die Sanierung anstreben*«, eine Gläubigerbenachteiligung durchweg nicht in Kauf nehmen,[283] wird ein Kläger einer Bank in der Regel keinen Schädigungsvorsatz nachweisen können, wenn sie dokumentieren kann, dass sie basierend auf und im Einklang mit einem von einem unabhängigen Dritten geprüften Sanierungskonzept gehandelt hat. Das Gleiche gilt im Fall eines Überbrückungskredits, wenn eine Sanierung zur Zeit der Kreditvergabe nicht offenkundig aussichtslos war und eine Sanierungsprüfung bereits in Auftrag gegeben wurde bzw. der Kredit nur gewährt wurde, um deren Fertigstellung zu ermöglichen.

cc) Eintritt eines Schadens/Umfang des Schadensersatzes

325 Hinsichtlich des erlittenen Schadens und des Umfangs der Schadensersatzpflicht ist zwischen den sogenannten »Altgläubigern« und den »Neugläubigern« zu unterscheiden.

326 Altgläubiger sind solche, deren Forderung bereits vor dem Zeitpunkt begründet wurde, zu dem (ohne die insolvenzverschleppende Handlung) der Insolvenzantrag hätte gestellt werden müssen. Der Schaden dieser Gläubiger besteht in dem Unterschiedsbetrag zwischen der Insolvenzquote, die im Fall einer rechtzeitigen Insolvenzeröffnung erzielt worden wäre, und der (niedrigeren) Insolvenzquote, die tatsächlich gezahlt wurde.[284] Nach Auffassung des LAG Hamm[285] sei bei einem Verstoß gegen die Insolvenzantragspflicht nicht ausgeschlossen, dass auch Altgläubigern der gesamte dadurch entstandene Schaden ersetzt werden müsse, wenn nach allgemeinen Schadensersatzregeln eine rechtswidrige und schuldhafte Verletzung der Antragspflicht zur Folge habe, dass der zugefügte Schaden über den Quotenschaden hinausgehe. Im Rahmen seiner Ausführungen verweist das LAG Hamm auf eine Entscheidung des BGH[286] aus dem Jahre 1994, in welcher dieser einen über den Quotenschaden hinausgehenden Schaden indessen lediglich bei sog. Neugläubigern (s. Rdn. 327) – und damit gerade nicht bei Altgläubigern – als ersatzfähig anerkannte. Mithin kann vor dem Hintergrund der gefestigten BGH-Rechtsprechung[287] sowie den – soweit ersichtlich – einhelligen Literaturstimmen[288] der Auffassung des LAG Hamm nicht gefolgt werden.

Der einheitliche Quotenverringerungsschaden der Altgläubiger ist ein Gesamtschaden i.S.v. § 92 InsO und kann daher nur vom Insolvenzverwalter geltend gemacht werden.[289] Allerdings fallen die Ersatzansprüche der Altgläubiger nicht in die Masse, sondern die Gläubiger verlieren lediglich für die Dauer des Insolvenzverfahrens die Einziehungs- und Prozessführungsbefugnis (sog. Sperrwirkung). Während der Dauer des Insolvenzverfahrens ist der Insolvenzverwalter ermächtigt, diese Ansprüche für die am Insolvenzverfahren teilnehmenden Gläubiger geltend zu machen (sog. Ermächtigungswirkung).[290]

327 Neugläubiger hingegen sind solche, deren Forderung erst nach dem Zeitpunkt entstanden ist, zu dem der Insolvenzantrag (ohne die insolvenzverschleppende Handlung) hätte gestellt werden müssen und die während des durch die Insolvenzverschleppung gewonnenen Zeitraums dem Kredit-

283 BGH, NJW 1998, 1561, 1564.

284 BGH, NJW 1994, 2220, 2222; *Schäffler*, BB 2006, 56, 60; *Obermüller*, Insolvenzrecht in der Bankpraxis, Rn. 5.287; Staudinger-*Oechsler*, BGB, Neubearbeitung 2021, § 826 Rn. 489; *Haas/Kolmann/Kurz*, in: Gottwald/Haas, Insolvenzrechts-Handbuch, § 90 Rn. 112 f.

285 LAG Hamm, BeckRS 1998, 40339, Rn. 28.

286 BGH, NJW 1994, 2220.

287 Grundlegend BGH, NJW 1959, 623; BGH NJW 1993, 2931, 2931; BGH NJW 1994, 2220, 2222; BGH, BKR 2007, 285, 287.

288 *Haas/Kohlmann/Kurz* in Gottwald/Haas, Insolvenzrechts-Handbuch, § 90 Rn. 114 nach Auseinandersetzung mit der Entscheidung des LAG Hamm; MK-BGB/*Wagner*, § 823 Rn. 192, 181 ff.; Buth/Hermanns-*d'Avoine*, Restrukturierung, Sanierung, Insolvenz, § 33 Rn. 36; *Schäffler*, BB 2006, 56, 57.

289 BGH, NJW-RR 2004, 1425, 1426; *Haas/Kolmann/Kurz*, in: Gottwald/Haas, Insolvenzrechts-Handbuch, § 90 Rn. 136.

290 MK-InsO/*Gehrlein*, § 92 Rn. 15 f.

nehmer im Vertrauen auf dessen Kreditwürdigkeit Leistungen auf Kredit erbracht haben. Ihr Schaden besteht in dem gesamten Ausfall, den sie mit ihren Forderungen in der Insolvenz des Kreditnehmers erleiden.[291] Der Schadensersatzanspruch ist nicht um die auf den jeweiligen Neugläubiger entfallende Insolvenzquote zu kürzen, jedoch ist dem Schädiger entsprechend § 255 BGB Zug um Zug gegen Zahlung seiner Ersatzleistung die Insolvenzforderung abzutreten.[292] Da der Schaden der Neugläubiger kein einheitlicher Quotenschaden ist, kann er – auch während des Insolvenzverfahrens – in vollem Umfang von den einzelnen Neugläubigern selbst geltend gemacht werden.[293]

▶ **Praxistipp:**

Das subjektive Element ist im Rahmen der Prüfung von § 826 BGB – ebenso wie bei § 133 InsO – entscheidend. Ist das Wissen um die wirtschaftliche Lage gegeben und kommt die Absicht hinzu, sich einen Vorteil zu verschaffen, befindet man sich im Anwendungsbereich dieser Vorschriften. Anstatt in Fallgruppen zu argumentieren, sollte unbedingt dokumentiert werden, warum trotz des Wissens um die Krise keine Absicht vorlag, sich einen Vorteil zu verschaffen, z.B. in dem man nachweist, dass ein ernsthafter Sanierungsversuch durch Einholung eines Sanierungsgutachtens unternommen wurde. 328

2. Vermeidung einer Nachrangigkeit der Kredite

a) Nachrangigkeit von Gesellschafterdarlehen

Nach § 39 InsO sind bestimmte Forderungen im Insolvenzverfahren nachrangig. Solche Forderungen werden nur bedient, wenn alle anderen, nicht-nachrangigen Forderungen der Insolvenzgläubiger sowie die ggf. nach § 39 Abs. 1 Nr. 1 bis 5 InsO »vorrangigen« nachrangigen Forderungen befriedigt worden sind und trotzdem noch verteilbares Vermögen zur Verfügung steht. Gem. § 39 Abs. 1 Nr. 5 InsO umfassen solche nachrangigen Forderungen 329

- Rückzahlungsansprüche unter Gesellschafterdarlehen und
- Rechtshandlungen, welche einem solchen Darlehen wirtschaftlich entsprechen.

Daraus folgt zunächst, dass jeder Finanzierer, der an seinem Kreditnehmer beteiligt ist und weder das Kleinbeteiligtenprivileg in Anspruch nehmen kann, also 10 % oder weniger der Geschäftsanteile hält (§ 39 Abs. 5 InsO), noch sich auf das Sanierungsprivileg (§ 39 Abs. 4 Satz 2 InsO) berufen kann, mithin die Anteile nicht zum Zwecke der Sanierung erworben hat, von dieser Nachrangigkeit betroffen ist. Für vermeintlich »normale« Kreditgeber zu beachten ist aber insbesondere die zweite Alternative, also Rechtshandlungen, welche einem solchen Darlehen wirtschaftlich entsprechen. Sobald nämlich ein Darlehen diese Einordnung erfährt, führt dies in aller Regel zum Totalausfall in einer Insolvenz des Kreditgebers, da nur in den seltensten Fällen die Masse so groß ist, dass auch noch auf nachrangige Forderungen eine Zahlung erfolgen kann. 330

Eine Rechtshandlung kann einem Gesellschafterdarlehen dabei in zweierlei Hinsicht entsprechen: In persönlicher Hinsicht, wenn das Darlehen nicht von einem (unmittelbaren) Gesellschafter gewährt wird. In sachlicher Hinsicht, wenn es sich nicht um ein Darlehen, aber um ein mit einem Darlehen vergleichbares Finanzierungsinstrument handelt. Auch eine Kombination beider Aspekte ist möglich. 331

---

291 BGH, NJW 1994, 2220, 2222 f.; *Schäffler*, BB 2006, 56, 60; Staudinger-*Oechsler*, BGB, Neubearbeitung 2021, § 826 Rn. 357; *Haas/Kolmann/Kurz*, in: Gottwald/Haas, Insolvenzrechts-Handbuch, § 90 Rn. 118.

292 BGH, NJW-RR 2007, 759, 761.

293 BGH, NJW 1998, 2667; *Haas/Kolmann/Kurz*, in: Gottwald/Haas, Insolvenzrechts-Handbuch, § 90 Rn. 135, 139.

b) Das Konzept des Quasi-Gesellschafters

332 Das Konzept des Quasi-Gesellschafters wurde von der Rechtsprechung noch unter dem alten Recht zu den eigenkapitalersetzenden Darlehen entwickelt. Danach konnte eine Person, die kein Gesellschafter war, in Bezug auf den Eigenkapitalersatz wie ein Gesellschafter behandelt werden. Voraussetzung dafür war, dass der Dritte entweder

- für Rechnung eines unmittelbaren Gesellschafters gehandelt hat,
- ein mit einem unmittelbaren Gesellschafter verbundenes Unternehmen war, oder aber
- ein Quasi-Gesellschafter, also ein gesellschaftergleicher Dritter.

333 Für Nichtgesellschafter als Kreditgeber gilt es genau darauf zu achten, nicht als ein solcher Quasi-Gesellschafter eingestuft zu werden.

334 Es ist davon auszugehen, dass die Gerichte auch nach der Einführung des MoMiG die gleichen Kriterien anwenden werden, wenn es darum geht, welche Darlehen einem Gesellschafterdarlehen entsprechen.[294] Der Bundesgerichtshof vertritt in ständiger Rechtsprechung die Ansicht, dass sich im Hinblick auf den personalen Anwendungsbereich im Vergleich zu dem alten Eigenkapitalersatzrecht nichts geändert hat.[295] Dem ist in Anbetracht der eindeutigen Gesetzesbegründung zum MoMiG zuzustimmen.

c) Die Pfandgläubigerentscheidung

335 Das Konzept des Quasi-Gesellschafters resultiert im Wesentlichen aus der sogenannten Pfandgläubigerentscheidung des Bundesgerichtshofes aus dem Jahr 1992.[296] In dieser hat der Bundesgerichtshof entschieden, dass eine Bank als Pfandgläubiger im Sinne des Eigenkapitalersatzrechtes wie ein Gesellschafter anzusehen ist, wenn der Bank Rechte gewährt werden, die über den üblichen Umfang der im Rahmen einer Verpfändung einhergehenden Rechte hinaus gehen und welche in wirtschaftlicher Hinsicht und insbesondere in dem möglichen Einfluss auf das Geschäft und der Struktur der Gesellschaft dem Einfluss eines Gesellschafters nahe kommen. Diese Grundsätze wurden im weiteren Verlauf dann von anderen Gerichten bestätigt.[297]

336 In der Pfandgläubigerentscheidung hat der BGH die Bank aus den folgenden Gründen als Quasi-Gesellschafter angesehen: (I) Sicherungsabtretung von allen Dividendenansprüchen und sonstigen geldwerten Ansprüchen der Gesellschafter im Fall des Ausscheidens oder der Liquidation der verpfändeten Gesellschaft, genauso wie alle Kaufpreisansprüche für die verpfändeten Anteile; (II) Zustimmungsvorbehalte zugunsten der Bank für alle wesentlichen Entscheidungen der Gesellschafter (z.B. hinsichtlich der Ausschüttung von Dividenden, Strukturmaßnahmen, Änderungen des Gesellschaftsvertrages); und (III) auf Druck der Bank hatte der Kreditnehmer eine von der Bank ausgewählte Management-Beratungsgesellschaft mandatiert, welche weitreichende Kontrolle über das Geschäft des Kreditnehmers übernahm und das existierende Management faktisch ersetzte. Darüber hinaus verpflichtete sich (IV) der Gesellschafter gegenüber der Bank, einen von der Management-Beratungsgesellschaft bestimmten Geschäftsführer zu ernennen und einen Beirat einzurichten, von dessen drei Mitgliedern zwei direkt oder indirekt von der Bank ernannt wurden.

---

294 Habersack/Casper/Löbbe-*Habersack*, GmbHG Anh. § 30 Rn. 91; K. Schmidt/*Herchen*, InsO § 39 Rn. 47; MK-InsO/*Behme*, § 39 Rn. 42, unter Bezugnahme auf die Regierungsbegründung zum Gesetz zur Modernisierung des GmbH-Rechts und zur Bekämpfung von Missbräuchen vom 23.05.2007, S. 130, gemäß derer die Formulierung »Rechtshandlungen, die einem solchen Darlehen wirtschaftlich entsprechen« den Inhalt des aufgehobenen § 32a Abs. 3 GmbHG mit umfasst. Nach *Habersack*, ZIP 2007, 2145, 2149; ZIP 2008, 2385, 2387 ff., sollen die neuen Vorschriften weniger weit auf Dritte anwendbar sein als die Vorgänger-Vorschriften.

295 BGHZ 188, 363, Rn. 10; BGHZ 193, 378, Rn. 11; BGHZ 198, 64, Rn. 23.

296 BGH, NJW 1992, 3035.

297 OLG Hamm, BeckRS 2008, 12365; OLG Frankfurt am Main, NZI 2008, 887, 889; OLG Hamburg, BeckRS 2012, 20306.

Da die häufig in Kreditverträgen enthaltenen Verpflichtungen (*Undertakings*) es regelmäßig der Bank ermöglichen, einen gewissen Einfluss auf den Kreditnehmer auszuüben, führte die Pfandgläubigerentscheidung zu einer Diskussion in der Literatur, ob Banken aufgrund dieser Entscheidung als Quasi-Gesellschafter angesehen werden können, wenn der Kreditvertrag solche Verpflichtungen enthält. Eine Minderheit in der Literatur ist zu dem Ergebnis gelangt, dass eine Bank (selbst ohne Verpfändung der Gesellschaftsanteile) als Quasi-Gesellschafter angesehen werden würde, wenn sie durch solche Verpflichtungen weitreichende Einflussrechte auf wesentliche Managemententscheidungen oder auf die Struktur der Gesellschaft bekommt.[298] Ohne eine Verpfändung der Geschäftsanteile und ohne Zugriff auf vermögenswerte Rechte, insbesondere auf den Gewinn, sei es durch eine Sicherungsabtretung der Gewinnansprüche, sei es durch eine gewinnabhängige Verzinsung, ist allein aufgrund solcher weitreichender Verpflichtungen die Gefahr einer Quasi-Gesellschafterstellung aber als gering anzusehen. 337

[unbesetzt] 338

Die Pfandgläubigerentscheidung beruhte nämlich auf zwei Argumenten: Einerseits auf dem Einfluss der Bank, anderseits aber auch auf der gesellschaftergleichen Beteiligung am Kreditnehmer, insbesondere der Beteiligung der Bank an den Vermögensrechten. So waren in dem der Pfandgläubigerentscheidung zugrunde liegenden Fall die Gewinnbezugsrechte mitverpfändet worden, zukünftige Ansprüche auf Auszahlung und Entnahme eines Gewinns waren sicherungshalber an die Bank abgetreten worden. Gleiches galt für einen etwaigen Liquidationserlös oder im Fall einer Veräußerung für den Kaufpreis. Der Bank standen also im Ergebnis alle wesentlichen Vermögensrechte eines Gesellschafters zu. 339

Diese Dualität der Begründung wird in der Literatur häufig übersehen.[299] Es bedarf also zumindest im Regelfall zweierlei: Eine Beteiligung – wenn auch nicht notwendig eine gesellschaftsrechtliche – wie ein Gesellschafter, insbesondere an Gewinn und Verlust, sowie Einfluss wie ein Gesellschafter. Fehlt es an einem von beiden, so ist nicht von einer Quasi-Gesellschafterstellung auszugehen. Auch wenn danach beides erforderlich ist, spricht vor dem Hintergrund der vom Bundesgerichtshof verlangten Gesamtschau aber viel dafür, dass ein Mehr des einen ein Weniger des anderen kompensieren kann. Dies bedeutet: Steht der Bank der gesamte Gewinn zu bzw. ist ihre Kompensation vollkommen gewinnabhängig, bedarf es nur eines geringen Einflusses wie ein Gesellschafter. Hat die Bank hingegen eine umfassende Einflussmöglichkeit wie ein Gesellschafter oder wird der Gesellschafter gar verdrängt, reicht bereits eine leicht gewinnabhängige Komponente für eine Quasi-Gesellschafterstellung. Nur mit diesem zweigliedrigen Ansatz wird man der Pfandgläubigerentscheidung des Bundesgerichtshofs gerecht. 340

Ob der Einfluss aber zwingend vertraglich eingeräumt sein muss[300], erscheint fraglich. Ob eine Bank nämlich ihren Einfluss aufgrund von Vertragsklauseln geltend macht, oder aber indem sie mit der Ausübung eines Kündigungsrecht droht, ist für das Ergebnis irrelevant. Es wäre überraschend, wenn der BGH in so einer Situation einen rein faktischen Einfluss – eine wirtschaftliche Beteiligung wie ein Gesellschafter unterstellt – ignorieren würde. Einer Umgehung wäre damit Tür und Tor geöffnet. Gleichzeitig darf jedoch nicht verkannt werden, dass selbstverständlich jede Bank unter dem bestehenden Kreditvertrag und gerade in Zeiten der finanziellen Krise immer einen gewissen Einfluss auf den Kreditnehmer ausüben kann. Mithin muss im jeweiligen Einzelfall entschieden werden, ob der ausgeübte Einfluss noch dem entspricht, was die Bank in ihrer Eigenschaft als »normaler« 341

---

298 MK-GmbHG/*Fleischer*, ZIP 1998, 313, 315 ff.; nur im Fall einer gewinnabhängigen Vergütung: NR-*Nerlich*, Stand: März 2023, § 135 Rn. 29.

299 Vgl. z.B. HRI-*Undritz/Knof*, 2. Aufl. 2015, § 3 Rn. 144, wenn scheinbar unter Berufung auf die Pfandgläubigerentscheidung umfassende Informationsrechte, die einen faktischen Zwang zur Befolgung des Kreditgeberwillens auslösen können, bereits als ausreichend für eine Umqualifizierung angesehen werden.

300 So OLG Frankfurt am Main, NZI 2018, 887, 890.

Kreditgeber ausübt, oder ob sie in dem Einzelfall diese Sphäre verlässt und damit eher agiert wie ein Quasi-Gesellschafter. Der BGH hat in seinem – nicht unumstrittenen[301] – Urteil vom 25.06.2020 auf eine Gesamtbetrachtung des Einzelfalles abgestellt, wonach diese ergeben muss, dass die Tätigkeit der Schuldnergesellschaft für den Kreditgeber eine unternehmerische Beteiligung darstellt.[302] Im Rahmen dieser Gesamtbetrachtung ist der Kreditgeber mit einem Gesellschafter anhand folgender drei Merkmale zu vergleichen: (I) die Gewinnbeteiligung, (II) gesellschaftergleiche Rechte und (III) die Teilhabe an der Geschäftsführung.[303] Im Ergebnis kommt es für den BGH auf den Einzelfall an, ob anhand der Rechtstellung der Darlehensgeber eine Vergleichbarkeit mit einem Gesellschafter anzunehmen ist.[304] Anders wie oben dargestellt, bezieht sich der BGH nicht auf die dualistische Betrachtung, sondern prüft den oben dargestellten Dreifachtatbestand.[305] Die Literatur sieht in dem Prüfungspunkt »gesellschaftergleiche Rechte« nur einen Oberbegriff und keinen eigenständigen Prüfungspunkt, kommt jedoch zum gleichen Ergebnis.[306]

341a In der Praxis wird – um die Rechtsfolge der Pfandgläubigerentscheidung zu vermeiden – die Konstruktion einer doppelnützigen Treuhand gewählt.[307] Dabei werden nicht dem Kreditgeber direkt, sondern einem Treuhänder die Gesellschaftsanteile übertragen, die dieser dann im Interesse der Gesellschafter und der Kreditgeber hält.[308] Der BGH[309] und auch die herrschende Meinung in der Literatur[310] lehnen eine Quasi-Gesellschafterstellung grundsätzlich ab, wenn die Übertragung der Anteile auf den doppelnützigen Treuhänder in Bezug auf den Kreditgeber nur auf eine Sicherungsfunktion beschränkt ist.[311]

d) Das Problem zu hoher Gebühren

342 Auch aufgrund zu hoher Gebühren, ggf. im Rahmen einer Gesamtschau mit den Zinsen droht unter Umständen eine Nachrangigkeit der Kredite als ein einem Gesellschafter gleichstehender Dritter unter den §§ 39 Abs. 1 Nr. 5, 135 InsO. Die Gefahr ist insbesondere dann groß, wenn als Sanierungsgebühr Erfolgskomponenten vereinbart werden. Es kommt bei der Einbeziehung Dritter auf eine Gesamtschau der jeweiligen Situation an. Auch wenn einzelne Umstände an sich unbedenklich wären, kann eine Kombination solcher Umstände zu einer Situation führen, in welcher ein Gericht den Dritten als gesellschafterähnlich einstufen und daher die von ihm gewährten Darlehen den §§ 39 Abs. 1 Nr. 5, 135 InsO unterwerfen würde.

343 Hieraus folgt, dass durch *Covenants*[312], Anteilsverpfändungen und zusätzlichen Maßnahmen, bspw. eine Treuhand, das Risiko einer Nachrangigkeit/Anfechtbarkeit nach den §§ 39 Abs. 1 Nr. 5, 135 InsO – abhängig von deren jeweiligen Ausgestaltung – erhöht wird. Profitiert ein Gläubiger dann auch noch gesellschafterähnlich von dem Verkauf einer Unternehmung, wird dieses Risiko weiter erhöht. Wann die Schwelle zu einer Nachrangigkeit letztendlich überschritten wird, ist im Vorhinein mit Ausnahme von ganz außergewöhnlichen Fällen[313], nur sehr schwer zu sagen.

---

301 *Bitter*, WM 2020, 1764, 1775.
302 BGH, NZI 2020, 790.
303 NZI 2020, 790, 796 Anm. *Huber/Baier*.
304 BGH, NZI 2020, 790; K. Schmidt/*Herchen*, InsO § 39 Rn. 48.
305 NZI 2020, 790, 796 Anm. *Huber/Baier*.
306 Insb. *Bitter*, WM 2020, 1764 (1771).
307 *Bitter*, WM 2020, 1764, 1768.
308 *Weitbrecht*, NZI 2017, 553.
309 BGH, NZI 2020, 790.
310 *Bitter*, WM 2020, 1764, 1769; Braun-*Bräuerle*, InsO, § 51 Rdn. 49; *Braun/Riggert*, in: FS Görg, 2010, S. 95.
311 BGH, NZI 2020, 790 Rn. 37; Rowedder/Pentz-*Görner*, GmbHG Anh. § 30 Rn. 70.
312 *Bales*, ZInsO 2023, 3, 30.
313 Vgl. z.B. den eklatanten Fall in BGHZ 119, 191, wo die Bank sich wie ein Mehrheitsgesellschafter geriert hat.

Eine Verzinsung von 20 % bis 30 % p.a. wird in aller Regel aber allenfalls von Gesellschaftern erwirtschaftet. Ein Private Equity Investor würde zumindest keine wesentlich höhere jährliche Eigenkapitalrendite erwarten. Trifft dies mit anderen Umständen zusammen, die dem Kreditgeber ein Mehr an Rechten gewähren (Pfandrechte, *Covenants*, Treuhand, ggf. Mitverkaufsverpflichtung), so führt dies zu einer Situation, wo es nicht fernliegend ist, zu argumentieren, dass die Finanzierer eine gesellschafterähnliche Stellung einnehmen und maßgeblich an den Chancen und Risiken der Unternehmung partizipieren. Folge hiervon wäre dann die Nachrangigkeit/Anfechtbarkeit des Kredits. Will man daher das Risiko einer Anfechtbarkeit/Nachrangigkeit entsprechend vermindern, sollte keinesfalls eine Verzinsung von mehr als 20 % p.a. vorgesehen werden, da dies das obere Ende der typischen Renditeerwartung eines Mezzanine-Investors wäre. 344

Der Vollständigkeit halber sei erwähnt, dass jegliche Zahlungen des Schuldners an seinen Gesellschafter auf ein Gesellschafterdarlehen oder einem diesen vergleichbaren Anspruch, die innerhalb eines Jahres vor dem Zeitpunkt der Stellung des Insolvenzantrages oder danach gemacht wurden, nach § 135 Abs. 1 Nr. 2 InsO anfechtbar sind. Gleiches gilt natürlich ebenso für Zahlungen an einen Quasi-Gesellschafter. 345

3. Vermeidung einer faktischen Geschäftsführung

a) Einleitung

Fragt man Banken, was sie bei dem Umgang mit ihren Kreditnehmern in der Krise am meisten fürchten, dann folgt als Antwort häufig »als faktischer Geschäftsführer des Kreditnehmers« angesehen zu werden.[314] Vor diesem Hintergrund ist die Gefahr einer faktischen Geschäftsführung auch häufig das »Totschlagargument«, sei es von Kreditnehmerseite, sei es von anderen Kreditgebern, wenn bestimmte Maßnahmen in der Sanierung partout nicht weiter verfolgt werden sollen. 346

Aus rein juristischer Sicht überrascht dieser Befund zunächst. Weder handelt es sich bei der faktischen Geschäftsführung um ein gesetzlich kodifiziertes Rechtsinstitut[315], noch sind die Voraussetzungen und Rechtsfolgen klar definiert. Aus dieser Unschärfe bzw. Ungewissheit[316] speist sich aber wohl auch gerade die eingangs beschriebene Furcht. 347

Rechtsfolge einer faktischen Geschäftsführung ist eine Haftung wie ein richtiger Geschäftsführer. Daraus folgt zunächst schon zweierlei: Haften kann nur eine natürliche Person, da auch nur eine natürliche Person zum Geschäftsführer bestellt werden kann.[317] Eine Bank haftet also erst einmal nicht, sondern allenfalls der Bankmitarbeiter (auch wenn dieser ggf. im Innenverhältnis gegen die Bank als Arbeitgeber wieder einen Freistellungsanspruch hat). Weiterhin folgt daraus, dass wegen faktischer Geschäftsführung auch nur insoweit gehaftet werden kann, als auch ein Geschäftsführer haften würde. An sich eine Selbstverständlichkeit, aber trotzdem ein Punkt, der es wert ist, in Erinnerung gerufen zu werden, da häufig nur mit Schlagworten argumentiert wird. 348

b) Fallgruppen

Als Fallgruppen für eine faktische Geschäftsführung lassen sich insbesondere die Folgenden unterscheiden: 349

- Aus Sicht der Finanzierer unproblematisch ist zunächst der einfachste Fall einer faktischen Geschäftsführung, nämlich wenn die Bestellung einer Person zum Geschäftsführer zwar erfolgen

314 Hier scheint sich in den letzten 20 Jahren nichts geändert zu haben, vgl. *Himmelsbach/Achsnick*, NZI 2003, 355.

315 Für eine Kodifizierung de lege ferenda: *Peetz*, GmbHR 2017, 57.

316 *Peetz*, GmbHR 2017, 57 ff., spricht von einem »dunklen Raum«; BeckOK-GmbHG/*Pöschke*, § 43 Rn. 20.

317 *Bales*, ZInsO 2023, 3, 32; Dannecker/Knierim/Hagemeier/Smok-*Smok*, Insolvenzstrafrecht, 3. Aufl. 2018, Teil 2, A. VII. 4 b) Faktischer Geschäftsführer, Strohmann, Rn. 568.

sollte, aus welchen Gründen aber auch immer nicht wirksam erfolgt ist und diese Person die Aufgaben des Geschäftsführers übernommen/erledigt hat.

- Ebenso unproblematisch aus Sicht der Finanzierer ist der Fall, dass jemand, der nicht zum Geschäftsführer bestellt ist, intern und extern unter der Bezeichnung »Geschäftsführer« auftritt. Auch diese Person wird sich an dem durch sie gesetzten Schein festhalten lassen müssen und demgemäß wie ein Geschäftsführer haften.
- Bei allen darüber hinausgehenden Konstellationen wird es weniger greifbar. Soweit sich die Strafsenate des BGH an einer Definition versucht haben, zeigen sich noch halbwegs abgrenzbare Kriterien. Die Strafsenate stellen auf die Übernahme der Geschäftsführung mit Zustimmung der Gesellschafter ab, teilweise auch auf ein Auftreten im Außenverhältnis.[318]

c) Rechtsprechung des BGH in Zivilsachen

350 Schwieriger wird es bei den Zivilsenaten des BGH, die letztlich auf eine Gesamtbetrachtung abstellen.[319] Aus dieser Gesamtbetrachtung resultiert dann wohl auch die Unsicherheit, ja Furcht der Banken vor einer möglichen Haftung als faktischer Geschäftsführer. Allerdings lässt sich allen Entscheidungen des zweiten Zivilsenats des BGH ein Ausschlusskriterium für eine Haftung als faktischer Geschäftsführer entnehmen: Liegt kein Auftreten im Außenverhältnis für die Gesellschaft vor, kommt eine Haftung als faktischer Geschäftsführer nicht in Betracht.[320] Der Auftritt im Außenverhältnis ist daher ein notwendiges, wenn auch kein hinreichendes Kriterium für eine faktische Geschäftsführung.

351 Selbst wenn also die finanzierenden Banken durch *Covenants* oder anderweitige vertragliche Verpflichtungen den Kreditnehmer in seiner Handlungsmöglichkeit substanziell einschränken, wenn sie dem Unternehmen Personalvorschläge machen und diese auch durchsetzen, selbst wenn sie auf das Tagesgeschäft oder auf strategische Entscheidungen Einfluss nehmen, ohne ein Auftreten im Außenverhältnis, macht dies die finanzierenden Banken noch nicht zum faktischen Geschäftsführer.[321] Die Rechtsprechung des BGH ist konsequent und es besteht kein Anlass, ihr nicht zu folgen.

352 Auch wenn die höchstrichterliche Rechtsprechung in dieser Hinsicht an sich eindeutig ist, sieht ein Teil der Literatur dies anders.[322] Dieser meint auch ohne das Kriterium des Auftritts im Außenverhältnis auskommen zu können. Diese Ansicht will es bei dem Einfluss auf die Geschäftsführung belassen. Überzeugen kann dies aber nicht. Schon jeder aktive Gesellschafter einer GmbH, der im Zweifel durch sein Weisungsrecht der Geschäftsführung bis ins Detail Vorgaben machen kann, wäre faktischer Geschäftsführer, obwohl er nur das macht, was das Gesetz ihm erlaubt.

d) Fazit

353 Ist das Auftreten im Außenverhältnis für die Gesellschaft aber ein unverzichtbares Tatbestandselement für eine faktische Geschäftsführung, ist das Haftungsrisiko für die finanzierenden Banken minimal. Nur in den seltensten Ausnahmefällen dürfte sich ein Bankmitarbeiter dazu hinreißen lassen, wie ein Geschäftsführer des Kreditnehmers Dritten gegenüber aufzutreten.

II. Kurzfristige Maßnahmen

354 Die im Folgenden dargestellten Maßnahmen stehen den Finanzierern als kurzfristige Reaktion auf eine Krise ihres Kreditnehmers zur Verfügung.

---

318 Vgl. BGH, GmbHR 2000, 878, 879; BGH, GmbHR 2013, 257, 258.

319 Vgl. BGH, NJW 1988, 1789, 1790; BGH, GmbHR 2002, 549, 552 m. Anm. *Bender*; BGH, GmbHR 2005, 1126, 1127; BGH, GmbHR 2005, 1187, 1188 f.; BGH, GmbHR 2008, 702, 702.

320 Scholz-*Uwe H. Schneider/Sven H. Schneider*, GmbHG, Bd. 1, § 6 Rn. 114.

321 Zu prüfen wäre dann noch die Gefahr, als Quasi-Gesellschafter angesehen zu werden (s. hierzu oben Rdn. 332 ff.).

322 Vgl. die Übersicht bei: Scholz-*Uwe H. Schneider/Sven H. Schneider-Verse*, GmbHG, Bd. II, § 43 Rn. 30 ff.

1. Abwarten (Wait and See)

Abwarten (und gar nichts zu tun) scheint auf den ersten Blick die einfachste und unproblematischste Reaktion eines Kreditgebers auf die Krise seines Kreditnehmers zu sein. 355

Richtig ist, dass ohne eine gesonderte vertragliche Abrede kein Kreditgeber verpflichtet ist, sich an einer Sanierung seines Kreditnehmers zu beteiligen.[323] Genauso wenig ist grundsätzlich ein Kreditgeber verpflichtet, in der Krise das Kreditengagement zu beenden.[324] Der Umstand, dass fallweise das eine oder das andere ggf. unter kaufmännischen/betriebswirtschaftlichen Gesichtspunkten sinnvoll sein kann, versteht sich dabei von selbst. 356

Ohne das Hinzutreten von Besonderheiten ergibt sich rechtlich auch nichts Gegenteiliges aufgrund des Grundsatzes von Treu und Glauben (§ 242 BGB) in einem Kreditgeber-Konsortium. Kein Kreditgeber kann ohne das Hinzutreten weiterer Umstände unter Hinweis auf Treu und Glauben zur Mitwirkung an einer Sanierung von den anderen Konsorten gezwungen werden.[325] Kein Kreditgeber – weder im Konsortium und erst recht nicht außerhalb eines Konsortiums – ist rechtlich verpflichtet, an einer außergerichtlichen Sanierung mitzuwirken.[326] Es gibt kein Obstruktionsverbot bei einer Sanierung.[327] Der Kreditgeber ist (zumindest im Außenverhältnis[328]) in seiner Entscheidung frei. Dies gilt selbst dann, wenn der opponierende Kreditgeber nur einer unter einer Vielzahl von kooperationswilligen Kreditgebern ist. 357

[unbesetzt] 358-359

Insbesondere kann eine Mitwirkung des opponierenden Gläubigers auch nicht mit dem Argument erzwungen werden, dass eine fehlende Mitwirkung rechtsmissbräuchlich wäre. Daran hat sich bis heute nichts Wesentliches geändert. Zwar wird in der Literatur vor dem Hintergrund eines gemeinsamen Interesses der Gläubiger und von Treu und Glauben dagegen argumentiert.[329] Die Rechtsprechung ist dem aber bisher nicht gefolgt. Genau bei diesem Dilemma setzen nun die Regelungen des StaRUG an, indem sie im Rahmen ihres Anwendungsbereiches eine finanzielle Restrukturierung auch mittels Mehrheitsentscheidung (75 % in der jeweiligen Gruppe) ermöglichen. 360

Grenzen setzen dem Nichtstun aber sowohl aufsichtsrechtliche (vgl. MaRisk – BTO 1.2.3 f., wobei diese das Außenverhältnis allenfalls mittelbar betreffen), als auch strafrechtliche Vorschriften (z.B. § 266 StGB – Untreue). Letzteres wird vor allem dann relevant, wenn kaufmännische/betriebswirtschaftliche Erwägungen für ein Tätigwerden in die eine oder in die andere Richtung gesprochen hätten, dies aber schuldhaft und zum Schaden der Bank nicht geschehen ist. Wohlgemerkt, hier geht es um eine Untreue der Mitarbeiter der Bank gegenüber der Bank, nicht gegenüber dem Kreditnehmer. Die Mitarbeiter der Bank haben im reinen Kreditverhältnis[330] in der Regel keine Vermögensbetreuungspflicht aus dem Kreditverhältnis gegenüber dem Kreditnehmer, sodass in diesem Verhältnis eine Untreue-Strafbarkeit regelmäßig ausscheidet. 361

Letztlich wird der Kreditgeber die Entscheidung, ob er in einer Krise des Kreditnehmers tätig wird, von wirtschaftlichen Erwägungen abhängig machen, d.h. insbesondere von der Höhe seines Engagements, der Ausfallwahrscheinlichkeit, von seiner Sicherheitenposition und von den Erfolgsaussichten einer Sanierung. 362

323 Vgl. *Rossbach*, BB 2017, 1411, 1411 m.w.N.
324 Vgl. BGH, NJW 2001, 2632, 2633; BGH, NJW 1970, 657, 658.
325 Vgl. *Rossbach*, BB 2017, 1411, 1411.
326 Ellenberger/Bunte-*Häuser*, Bankrechts-Handbuch, § 65 Rn. 31–33, m.w.N.
327 *Schmidt K./Uhlenbruck*, Die GmbH in Krise, Restrukturierung und Insolvenz, 2. Teil, § 7 Rn. 7.3.
328 Sollte dem Kreditgeber durch die Nichtmitwirkung aber offenkundig ein Schaden entstehen, wäre eine eventuelle Strafbarkeit der Mitarbeiter wegen Untreue zu prüfen.
329 *Eidenmüller*, ZIP 2010, 649, 659; vgl. auch *Bitter*, ZGR 2010, 147.
330 Anders sieht dies bspw. aus, wenn die Bank als Vermögensverwalter tätig wird.

2. Vorbehalt von Rechten (Reservation of Rights Letter)

363 Im Rahmen eines *Reservation of Rights Letter* teilt der Kreditgeber dem Kreditnehmer mit, dass er sich vor dem Hintergrund der wirtschaftlichen Entwicklung des Kreditnehmers und/oder aufgrund von Verstößen gegen Regelungen des Kreditvertrages die Geltendmachung seiner (sämtlichen) Rechte vorbehält. In aller Regel liegt zu diesem Zeitpunkt bereits ein Verstoß gegen vertragliche Verpflichtungen unter dem Kreditvertrag (insb. Verpflichtung zur Einhaltung von *Financial Covenants*) vor oder ein solcher Verstoß droht unmittelbar.

364 Das Vorbehalten der Rechte/der *Reservation of Rights Letter* hat im Wesentlichen zwei Ziele: Rechtlich soll er dem Einwand der Verwirkung bzw. der unzulässigen Rechtsausübung (vgl. § 242 BGB) entgegenwirken. Rein tatsächlich ist er ein Warnsignal, der »Schuss vor den Bug« für den Kreditnehmer, um zu zeigen, dass sich der Kreditgeber mit der Sache befasst, ohne bereits zu einer abschließenden Würdigung zum weiteren Vorgehen gelangt zu sein. Neben der Auflistung der Regelungen unter dem Kreditvertrag gegen die verstoßen wurde oder gegen die ein Verstoß unmittelbar droht, enthält das Schreiben als Kern die Aussage, dass sich die Kreditgeber vollumfänglich die Geltendmachung ihrer Rechte unter dem Kreditvertrag vorbehalten. Es können ferner vom Kreditnehmer weitere Informationen angefordert werden, die für eine abschließende Entscheidung notwendig sind. Auch kann der Kreditnehmer – soweit rein tatsächlich möglich und im Kreditvertrag vorgesehen – zu einer Heilung der Verstöße aufgefordert werden.

365 Zu beachten ist, dass ein solches Schreiben zwar der Verwirkung entgegen wirkt, allerdings als einseitige Erklärung nichts daran ändert, dass vertraglich vereinbarte Fristen für die Geltendmachung der jeweiligen Rechte einzuhalten sind. Seinem Sinn und Zweck nach verlangt das Vorbehalten der Rechte im Nachgang entweder nach weiteren Maßnahmen oder aber einem Schreiben, dass sich nach eingehender Prüfung die Bedenken als unbegründet herausgestellt haben. Ein *Reservation of Rights Letter* sollte daher keinesfalls allein im Raum stehen bleiben.

3. Verkauf der Kreditforderungen/Einräumung einer Unterbeteiligung

a) Verkauf

366 Eine Sanierungsmaßnahme im engeren Sinn ist ein Verkauf der Kreditforderungen sicher nicht. Die Situation des Kreditnehmers bleibt von einem Verkauf unberührt. Es findet allein ein Gläubigerwechsel statt, ohne dass sich an der wirtschaftlichen Situation des Kreditnehmers etwas ändert. Dennoch ist das, was vor 20 Jahren noch eher die Ausnahme war[331], heute zwar nicht die Regel, aber doch häufig in Krisensituationen zu sehen und es hat unmittelbaren Einfluss auf die Sanierung: Einer, mehrere oder alle Kreditgeber verkaufen ihre Kreditforderungen an interessierte Investoren. Käufer können Banken oder aber auch auf Krisensituationen spezialisierte Investoren, sogenannte *distressed debt*-Funds, sein. Die Beweggründe für einen Verkauf sind dabei vielgestaltig.[332] Diese reichen von mangelnden Restrukturierungskapazitäten bei der ursprünglich finanzierenden Bank über den Verlust des Vertrauens in den Kreditnehmer und/oder in sein Management, einer anderweitigen strategischen Ausrichtung des Kreditportfolios bis hin zu regulatorischen Erwägungen. Auch kommt es vor, dass bei einem verstärken Einstieg von *distressed debt*-Funds die Verkaufsentscheidung letztlich vor der Überlegung getroffen wird, dass sich im Rahmen des Finanzierungskonsortiums die Mehrheitsverhältnisse stark verschoben haben. Es kann aber auch schlicht das Kalkül eines guten Geschäfts sein, welches zum Verkauf motiviert, bspw. wenn nach der Einschätzung des Verkäufers in der Sanierung ein großer Forderungsverzicht droht, der Markt diese Einschätzung jedoch nicht teilt.

331 Vgl. Buth/Hermanns-*Knecht*, Restrukturierung, Sanierung, Insolvenz, § 37 Rn. 108.

332 Vgl. Buth/Hermanns-*Knecht*, Restrukturierung, Sanierung, Insolvenz, § 37, Rn. 107 ff. zu den Beweggründen für Banken, distressed debt zu veräußern.

Rechtstechnisch ist danach zu differenzieren, ob tatsächlich nur die Kreditforderung verkauft oder ein Parteiwechsel unter dem Kreditvertrag stattfinden soll. Die rechtlichen Unterschiede sind substanziell. Da bei einem Parteiwechsel die Mitwirkung bzw. Zustimmung aller Parteien vorliegen muss, mag er zwar in tatsächlicher Hinsicht die schwierigere Alternative sein, wenn er nicht bereits in der ursprünglichen Kreditdokumentation angelegt ist. Rechtlich wirft der schlichte Verkauf der Kreditforderung aber die größeren Probleme auf, weshalb nachfolgend diese aufgezeigt werden. 367

b) Zulässigkeit des Verkaufs

Gesetzliche Vorschriften, die einen Verkauf und eine Abtretung einer Kreditforderung an einen Dritten per se verbieten, bestehen im deutschen Recht nicht. Ein Kreditgeber ist grundsätzlich nicht gehindert, im Rahmen eines Rechts(ver)kaufs nach § 453 BGB i.V.m. §§ 433 ff. BGB und einer Abtretung nach den §§ 398 ff. BGB eine Kreditforderung zu verkaufen und zu übertragen. Eine Abtretung kann vertraglich zwischen Kreditnehmer und Kreditgeber nach § 399 BGB wirksam ausgeschlossen werden. § 354a Abs. 1 HGB, der bei Handelsgeschäften den Nichtausschluss der Abtretbarkeit statuiert, findet gemäß dessen Absatz 2 bei Forderungen aus einem Darlehensvertrag, deren Gläubiger ein Kreditinstitut i.S.d. KWG ist, keine Anwendung. In der Praxis lassen sich die Banken häufig auf einen solchen Ausschluss der Abtretbarkeit nicht ein, um sich die Flexibilität für ihr Kreditengagement zu erhalten. Auch der im Rahmen eines Restrukturierungsprozesses überlegenswerte Abschluss einer Vereinbarung zwischen den Kreditgebern, für eine gewisse Zeit ihre Engagements nicht zu verkaufen (sog. *Lock-Up Agreements* – s.u. Rdn. 419 ff.) stehen viele Kreditgeber äußerst kritisch gegenüber. Dies kann sich dann in der Sanierung für die sanierungswilligen Kreditgeber rächen, wenn sie sich plötzlich *distressed debt*-Funds als weitere Kreditgläubiger gegenübersehen, die möglicherweise den bereits erreichten Verhandlungsstand nicht unterstützen oder diesen für unzureichend halten. 368

▶ **Hinweis:**

Ein vertragliches Verbot eines Verkaufes von Kreditforderungen ist wirksam! Dennoch ist eine solche Regelung bei Kreditgebern äußerst unbeliebt, da zunächst einmal das Bestreben überwiegt, sich alle Alternativen, also auch einen Verkauf, offen zu halten. Gehört der Verkauf jedoch nicht zum Geschäftsmodell eines Finanzierers, überwiegen häufig die Vorteile eines Veräußerungsverbotes die Nachteile. 369

Steuerlich ist zu bemerken, dass in dem Verkauf zahlungsgestörter Forderungen grundsätzlich keine umsatzsteuerbare Leistung liegt.[333] 370

c) Anforderungen an den Erwerber

Gem. § 32 Abs. 1 Satz 1 KWG benötigt jeder, der in Deutschland gewerbsmäßig oder in einem Umfang, der einen kaufmännischen Geschäftsbetrieb erfordert, Bankgeschäfte betreiben oder Finanzdienstleistungen erbringen möchte, eine schriftliche Erlaubnis der BaFin. Dies betrifft insbesondere das Kreditgeschäft nach § 1 Abs. 1 Satz 2 Nr. 2 KWG, welches dort als die Gewährung von Gelddarlehen und Akzeptkrediten definiert ist. Der Begriff Gelddarlehen wird dabei in Anlehnung an die gesetzliche Definition des Darlehens in § 488 BGB ausgelegt. 371

Allerdings ist zu berücksichtigen, dass nur die ursprüngliche Ausreichung von Darlehen (die »Gewährung«!) erlaubnispflichtig ist. Dementsprechend erläutert die BaFin in ihrem Merkblatt zum Kreditgeschäft, dass der Erwerb eines bereits bestehenden Darlehens, sei es im Wege der Abtretung, sei es durch eine Vertragsübernahme oder eine Unterbeteiligung, kein erlaubnispflichtiges Bankgeschäft darstellt. Allerdings geht die BaFin von einem erlaubnispflichtigen Kreditgeschäft aus, wenn 372

333 BMF-Schreiben v. 02.12.2015, III C 2 – S 7100/08/10010, BStBl. 2015 I, S. 1012; vgl. hierzu auch *Rödding*, DStR 2016, 97.

der Erwerber die Verpflichtung übernimmt, weitere Gelder auszureichen und damit in die Rolle eines ursprünglichen Kreditgebers einrückt. Da dies bei der reinen Abtretung einer Kreditforderung oder bei einer Unterbeteiligung nicht der Fall sein kann, weil der Erwerber keine diesbezügliche Verpflichtung gegenüber dem Kreditnehmer übernimmt, stellt beides grundsätzlich kein erlaubnispflichtiges Bankgeschäft dar. Im Gegensatz dazu kann bei einer Vertragsübernahme ein erlaubnispflichtiges Bankgeschäft vorliegen, wenn es sich entweder um ein revolvierendes Darlehen handelt oder das Darlehen nicht vollständig ausgereicht ist und der Erwerber damit die Verpflichtung übernimmt, weitere Darlehen an den Kreditnehmer auszureichen. Gleiches gilt, wenn der Erwerber mit dem Kreditnehmer eine Prolongation vereinbart oder einen neuen Darlehensvertrag abschließt. In diesen Fällen ist Vorsicht geboten. Rechtsfolge ist nach richtiger und herrschender Meinung zwar nicht die zivilrechtliche Unwirksamkeit des Erwerbs nach § 134 BGB, sondern die BaFin kann gegen die Geschäfte einschreiten und derjenige, der ohne Erlaubnis Bankgeschäfte betreibt, macht sich strafbar.[334] Auch dieser Umstand kann sich im Rahmen einer Sanierung als Problem erweisen, da möglicherweise nicht alle Mitglieder der Kreditgebergruppe die für die Restrukturierung erforderlichen Beiträge leisten können.

373 Steht ein erlaubnispflichtiges Bankgeschäft in Rede, ist dem veräußernden Kreditgeber dennoch zu raten, das Thema Banklizenz bereits im Vorfeld mit potenziellen Erwerbern abzuklären, da dies im einfachsten Fall nur zu Verzögerungen führt, bis ein Erwerber mit Banklizenz gefunden ist, im schlimmsten Fall kann dies einen wirtschaftlich interessanten Verkauf vereiteln, sodass bis dahin schlicht Zeit und Ressourcen verschenkt werden.

d) Vertragliche oder gesetzliche Erschwernisse

aa) Bankgeheimnis

374 Ein allgemeines gesetzliches Bankgeheimnis gibt es in Deutschland nicht, allerdings gibt es einige spezielle Strafbestimmungen.[335] Eine Verpflichtung der Bank, das Engagement und seine Details geheim zu halten folgt entweder aus einzelvertraglichen Geheimhaltungsklauseln in Finanzierungsdokumenten oder aber aus den AGB-Banken (dort Ziffer 2), die regelmäßig Bestandteil der Kreditbeziehung werden. Sollte Letzteres ausnahmsweise einmal nicht der Fall sein, geht der BGH davon aus, dass sich die Verpflichtung zur Geheimhaltung als ungeschriebene vertragliche Nebenverpflichtung ergibt.[336]

375 Probleme bereiten bei einem Verkauf der Kreditforderungen in der Regel die AGB-Banken. Ausnahmen vom Bankgeheimnis sieht deren Nr. 2 Abs. 1 Satz 2 nur vor, wenn a) gesetzliche Bestimmungen dies gebieten, b) die Bank zur Erteilung einer Bankauskunft befugt ist oder c) der Kunde einwilligt. Da die Bank die AGB stellt, muss man zulasten der Bank davon ausgehen, dass das Bankgeheimnis ansonsten uneingeschränkt gilt.

376 Nun ist gerade in einer Sanierungssituation der Kunde oft nicht sonderlich kooperativ. Häufig hat dieser auch kein Interesse, den Verkauf seiner Kreditforderung an Dritte zu ermöglichen, zumal es insbesondere Vorbehalte gegen die vermeintlich »aggressiven« Fonds gibt. Nimmt man die AGB-Banken beim Wort, wäre die Bank gehindert, selbst das Bestehen des Kreditverhältnisses offenzulegen, ganz zu schweigen von weiteren Informationen zu dem Inhalt des Kreditvertrages. Es versteht sich von selbst, dass damit ein Verkauf der Kreditforderungen praktisch unmöglich würde. Zwar wäre bei einem Verstoß gegen das Bankgeheimnis nicht die zivilrechtliche Unwirksamkeit des Verkaufs und der Abtretung die Folge. Denn bereits im Jahr 2007 hat der BGH anerkannt, dass weder ein Verstoß gegen das Bankgeheimnis noch gegen das Bundesdatenschutzgesetz zu einer Unwirksamkeit der Abtretung von Kreditforderungen führen.[337] Diese Entscheidung

334 Fischer/Schulte-Mattler-*Fischer/Krolop*, KWG, § 32 Rn. 29 f.
335 Z.B. in § 55a, 55b KWG, in § 203 Abs. 2 StGB und in § 42 BDSG.
336 BGH, NJW 2006, 830, 833 (Kirch/Deutsche Bank AG und Breuer).
337 BGH, BKR 2007, 194, 195 ff.

wurde durch das Bundesverfassungsgericht im Juli 2007 bestätigt. Das Bundesverfassungsgericht stellte fest, dass die Abtretung der Darlehensforderung (und die damit verbundene Weitergabe von Informationen) keine verfassungsmäßigen Rechte des Kreditnehmers verletzt, da der wirtschaftliche Aspekt regelmäßig die individuellen Interessen überwiegt.[338] Es läuft also letztlich auf eine Interessenabwägung hinaus.

Die Literatur will Ausnahmen vom Bankgeheimnis anerkennen, wenn die Forderung zahlungsgestört ist, also der Kunde selbst seinen vertraglichen Verpflichtungen nicht mehr (voll)umfänglich nachkommt. In diesem Fall soll dann zur Ermöglichung eines Verkaufes das Bankgeheimnis nur eingeschränkt gelten. Ebenso, wenn ein anderes berechtigtes Interesse der Bank besteht und der Vertragspartei entweder eine gesetzliche oder eine vertragliche Geheimhaltungsverpflichtung auferlegt wird.[339] Wirklich überzeugen kann diese Ansicht aber nicht. Anstatt am Kern des Problems anzusetzen, nämlich der viel zu weiten Regelung in den AGB-Banken (und häufig auch in individuellen Vertraulichkeitsabreden) und dort die Informationsweitergabe (natürlich nur unter Bindung eines [potenziellen] Erwerbers an die Verpflichtung zur Vertraulichkeit) im Verkaufsfalle einfach auszunehmen, versucht man, die bewusst in Kauf genommene, viel zu weite Verpflichtung zur Vertraulichkeit hinterher wieder durch eine im Wortlaut der fraglichen Klauseln nicht einmal angedeutete Interessenabwägung einzuschränken. Somit kann nur geraten werden, im Kreditvertrag ausdrücklich die Möglichkeit zum Weiterverkauf vorzusehen und entsprechend auch die Regelungen zur Geheimhaltung einzuschränken, um potenziellen Erwerbern die hierzu notwendigen Informationen zukommen zu lassen. Allein der Abschluss einer Vertraulichkeitsvereinbarung mit einem potenziellen Erwerber entbindet hingegen die Bank nicht von der Verpflichtung zur Vertraulichkeit ihrem Kreditnehmer gegenüber. 377

bb) Datenschutz

Das Bundesdatenschutzgesetz enthält gesetzliche Einschränkungen hinsichtlich des Erhebens, des Speicherns, der Bearbeitung und der Übermittlung von Daten. Dort ist allerdings die oben zum Bankgeheimnis bereits erwähnte Interessenabwägung gesetzlich normiert.[340] Eine Offenlegung ist danach zulässig, wenn sie zur Wahrung der berechtigten Interessen der zur Vertraulichkeit verpflichteten Stelle zulässig ist.[341] Unter einem berechtigten Interesse versteht man insbesondere auch die Durchsetzung des Rechtsanspruchs.[342] Ein Überwiegen der Interessen des Kreditgebers ist bei zahlungsgestörten Darlehensforderungen dann regelmäßig aufgrund des wirtschaftlichen Risikos des Kreditinstituts gegeben.[343] 378

e) Unterbeteiligung

Bei der Unterbeteiligung bleibt die Kreditbeziehung des Kreditgebers im Außenverhältnis zum Kreditnehmer formal unberührt. Im Innenverhältnis zum Unterbeteiligten findet eine Verlagerung des Kreditrisikos auf diesen statt. Nach der einen Ansicht stellt dabei die Unterbeteiligung eine BGB-Innengesellschaft nach den §§ 705 ff. BGB dar.[344] Eine andere Ansicht geht aber zumindest bei dem auf den Standard LMA[345]-Muster einer Unterbeteiligung beruhenden Vertrag davon aus, 379

338 BVerfG, BKR 2007, 503.
339 Vgl. hierzu *Cahn*, WM 2004, 2041, 2047 f. und *Klüwer/Meister*, WM 2004, 1157, 1159.
340 Daran hat sich auch unter Geltung der Datenschutzgrundverordnung (Verordnung [EU] 2016/679 des europäischen Parlaments und des Rates vom 27.04.2016) nichts geändert.
341 Vgl. hierzu Specht/Mantz-*Heinson*, Handbuch Europäisches und deutsches Datenschutzrecht, § 14 Rn. 15.
342 Ehmann/Selmayr-*Heberlein*, DS-GVO Art. 6 Rn. 26.
343 Vgl. Ebenroth/Boujong/Joost/Strohn-*v. Spannenberg*, Handelsgesetzbuch, Bd. 2, A. Bank- und Börsenrecht I, Rn. 155.
344 Diem/Jahn-*Diem/Jahn*, Akquisitionsfinanzierungen, § 33 Rn. 34.
345 Loan Market Association.

dass es sich um einen Vertrag sui-generis handelt, da es an einem gemeinsamen Zweck fehlt.[346] Letzteres überzeugt, auch wenn die Auswirkungen in der Praxis gering sein dürften. Wegen der umfangreichen Regelungen im LMA-Muster dürfte ein Rückgriff auf das Gesetz sowieso kaum nötig sein.

380 Die Unterbeteiligung kann einerseits die Vorstufe zu einer vollständigen Übertragung der Kreditforderungen (s. hierzu oben Rdn. 366 ff.), anderseits aber auch die Auffanglösung für eine gescheiterte Übertragung der Kreditforderungen darstellen.

381 Der bisherige (zukünftig nur noch formale) Kreditgeber führt den Kredit dann auf Rechnung und Weisung des Unterbeteiligten. Unterscheiden kann man die Unterbeteiligungen noch danach, ob der Unterbeteiligte das wirtschaftliche Risiko dem bisherigen Kreditgeber sofort abnimmt (sog. *funded subparticipation*)[347] oder Zahlungen im laufenden Kreditverhältnis erst bei einem Ausfall der Hauptforderung geleistet werden (sog. *risk participation*). Im letzteren Fall wirkt die Unterbeteiligung eher wie eine Garantie. Fällt der Kreditgeber aus, hat der Unterbeteiligte gemäß seiner Beteiligung dem formalen Kreditgeber den Ausfall zu erstatten.

382 Rechtlich wirft die Unterbeteiligung wenige Probleme auf. Hier herrscht Vertragsfreiheit und subsidiär hilft – je nach Einordnung (s.o. Rdn. 367) – das Gesetz. Als eines der wenigen Probleme sei hier wiederum das Bankgeheimnis genannt (s.o. Rdn. 374 ff.). Eine vertragliche Beziehung des Unterbeteiligten zu dem Kreditnehmer besteht nicht, sondern nur eine schuldrechtliche Abrede mit dem Kreditgeber. Bei der *funded subparticipation* bedeutet eine Unterbeteiligung wirtschaftlich, dass der Unterbeteiligte letztlich ein doppeltes Ausfallrisiko trägt. Das Ausfallrisiko des Kreditnehmers als auch das Ausfallrisiko des eigentlichen Kreditgebers.

383 Tatsächlich kann die Unterbeteiligung in Restrukturierungssituationen ganz erhebliche Probleme bereiten, wenn nämlich die nach außen weiterhin als Kreditgeber auftretende Bank die Unterbeteiligung nicht aufdeckt. Letztlich sitzt damit ein von dem Unterbeteiligten »ferngesteuerter«, wirtschaftlich häufig gar nicht mehr beteiligter Finanzierer mit am Verhandlungstisch über die Sanierung, dessen Verhalten sich die anderen Kreditgeber womöglich nicht erklären können. Schutz dagegen kann eine vertragliche Verpflichtung bieten, den Eingang von Unterbeteiligungen dem Kreditnehmer und/oder den Konsorten anzuzeigen bzw. auf deren Einräumung zu verzichten. Andernfalls ist insbesondere in Sanierungssituationen zu erwägen, den Unterbeteiligten direkt in die Verhandlungen einzubinden, um unnötige Verzögerungen im Rahmen der Abstimmung zu vermeiden.

4. Verzicht auf Einhaltung der Covenants (Waiver)

384 Unter *Covenants* sind Zusatzvereinbarungen zwischen den Kreditgebern und dem Unternehmen bei der Kreditvergabe zu verstehen, die den Zweck erfüllen sollen, die Kreditwürdigkeit des Unternehmens zu unterstützen.[348] Ein Verstoß gegen solche *Covenants* stellt regelmäßig einen Kündigungsgrund unter dem Kreditvertrag dar.

385 *Covenants* können einerseits den Kreditnehmer zu einem positiven Tun, anderseits zu einem Unterlassen verpflichten. Dies kann Fragen zu der Einflussnahme der Kreditgeber auf den Kreditnehmer aufwerfen, auf die an dieser Stelle nicht näher eingegangen werden soll (s. dazu aber oben Rdn. 291 ff. sowie Rdn. 337 ff.). Hier interessiert vielmehr eine Situation, in der eine Verletzung von (finanziellen) *Covenants* eingetreten ist bzw. droht.

346 Langenbucher/Bliesener/Spindler-*Walgenbach*, Bankrechts-Kommentar, 3. Aufl. 2020, 2. Teil, 16. Kap. Rn. 204.

347 In der Regel durch einen an den formalen Kreditgeber gewährten Kredit; s. Diem/Jahn-*Diem/Jahn*, Akquisitionsfinanzierungen, § 33 Rn. 31–44.

348 Buth/Hermanns-*Haghani/Holzamer*, Restrukturierung, Sanierung, Insolvenz, § 24 Rn. 86–96.

Financial Covenants stellen Mindestanforderungen an die Vermögens-, Finanz- und Ertragslage dar[349] und sind daher gerade in der Krise des Unternehmens von besonderer Bedeutung.[350] Droht eine Verletzung von *Covenants* oder ist diese schon eingetreten, stellt regelmäßig der Kreditnehmer bei dem Kreditgeber eine Verzichtsanfrage (*Waiver*). Mit diesem soll entweder die Prüfung von *Covenants* zu einem bestimmten Zeitpunkt ausgesetzt, die *Covenants* angepasst oder ein bereits vorliegender Verstoß gegen *Covenants* geheilt werden. **386**

Dem Grunde nach ist der Kreditgeber rechtlich in seiner Reaktion auf eine solche Verzichtsanfrage frei. Er kann nichts tun, er kann dem gewünschten Antrag entsprechen oder er könnte nach erfolgtem *Covenantverstoß* dies als Grund für eine Kündigung der Kredite nehmen (zu einer Kündigung wegen eines Verstoßes gegen *Covenants* s. Rdn. 503). Er kann aber auch den Verzicht auf die Einhaltung von *Covenants* von der Anpassung der Kreditkonditionen (z.B. Margenerhöhung, weitere Sicherheiten, etc.) oder der Erfüllung bestimmter Auflagen, bspw. der Implementierung von entgegenwirkenden Maßnahmen, abhängig machen. **387**

Das Nichtstun wird häufig dazu führen, dass sich der Verstoß gegen *Covenants* materialisiert, also ein Kündigungsrecht (*Event of Default)* unter dem Kreditvertrag eintritt. Einerseits liegt dann regelmäßig ein Kündigungsgrund vor, der negative Auswirkungen auf die positive Fortführungsprognose des Kreditnehmers, zumindest aber eine weitere Unsicherheit für die Geschäftsführung des Schuldners zur Folge haben kann. Andererseits ist je nach vertraglicher Ausgestaltung im Fall eines Verstoßes gegen *Covenants* die Inanspruchnahme des Kredites durch weitere Ziehungen, ggf. auch ein *Roll-Over* zum Ablauf der nächsten Zinsperiode, gesperrt. Aus dem die Krise zunächst nur indizierenden Verstoß gegen *Covenants* kann sich somit schnell eine Illiquidität, also ein höchst akutes Krisenstadium entwickeln. **388**

Dieses Szenario verdeutlicht, weshalb hier ein Tätigwerden in der Krise des Kreditnehmers, d.h. eine Zustimmung zu dem *Waiver,* aus rechtlicher Sicht wiederum problematisch sein kann: Es werden durch aktives Tun des Kreditgebers dem Kreditnehmer liquide Mittel in der Krise zur Verfügung gestellt, die der Kreditnehmer ohne dieses Tätigwerden nicht (mehr) gehabt hätte. Wirtschaftlich ist dies das Gleiche, als würden dem Kreditnehmer frische liquide Mittel zugeführt, um damit die fällig gewordenen bzw. nicht mehr zur Verfügung stehenden Kredite zurückzuführen oder zu ersetzen. Dies ist aber das typische Insolvenzverschleppungsszenario für den Kreditgeber unter § 826 BGB. Vor diesem Hintergrund sollte ein solcher *Waiver* durch die Kreditgeber nur dann erteilt werden, wenn entweder die Voraussetzungen für einen Überbrückungskredit (s. hierzu unten Rdn. 447 ff.) oder bereits die Voraussetzungen für einen Sanierungskredit (s. hierzu unten Rdn. 518 ff.) vorliegen, also insbesondere die Erstellung eines Sanierungsgutachtens beauftragt wird bzw. ein positives Sanierungsgutachten schon vorliegt. **389**

Nur der Vollständigkeit halber sei erwähnt, dass ein solcher *Waiver* regelmäßig von den Kreditgebern von der Bezahlung einer *Waiver-Fee* abhängig gemacht wird. Dies kann in der Krise eine bereits angespannte Liquiditätssituation des Kreditnehmers noch weiter verschärfen. **390**

5. Stillhaltevereinbarung

Der Begriff des Stillhaltens ist schillernd.[351] Das Stillhalten ist zunächst vom reinen Nichtstun (s.o. Rdn. 285 ff.) abzugrenzen. Stillhalten in diesem Sinne bedeutet, dass der Darlehensgeber dem Dar- **391**

---

349 Buth/Hermanns-*Haghani/Holzamer*, Restrukturierung, Sanierung, Insolvenz, § 24 Rn. 89; vgl. zur Definition der einzelnen Financial Covenants auch: Diem/Jahn-*Diem/Jahn*, Akquisitionsfinanzierungen, § 22 Rn. 12–30.

350 Vgl. die Übersicht über die häufig verwendeten Kennzahlen von Financial Covenants in der Unternehmenskrise vor dem Hintergrund einer Studie von Roland Berger bei Buth/Hermanns-*Haghani/Holzamer*, Restrukturierung, Sanierung, Insolvenz, § 24 Rn. 90; vgl. auch *Bales*, ZInsO 2023, 3, 29 f.

351 Vgl. Schmidt K./Uhlenbruck-*Kuder/Unverdorben*, Die GmbH in Krise, Sanierung und Insolvenz, Rn. 7.72.

lehensgeber trotz dessen Krise die gewährten Kredite belässt, lediglich vorläufig auf das Kündigungsrecht verzichtet und auch ggf. eine weitere Inanspruchnahme zulässt.[352] Dies wird dem Kreditnehmer im Rahmen einer Stillhaltevereinbarung zugesagt. Ein mündlicher oder konkludenter Abschluss ist möglich, aus Sicht des Managements des Schuldners ist zu Dokumentationszwecken vor dem Hintergrund ihrer potenziellen Insolvenzantragspflichten jedoch eine schriftliche Vereinbarung zu empfehlen. Auch wenn dies von vielen Autoren anders gesehen wird, sollte das Stillhalten der Klarheit wegen von einer Stundung unterschieden werden, da beides unterschiedlichen Regeln folgt. Zumindest sollte bei Verwendung des Begriffs klargestellt werden, ob mit Stillhalten auch eine Stundung gemeint ist.

392 Richtigerweise wird man eine Stillhaltevereinbarung als *pactum de non petendo* ansehen müssen. Eine Stillhaltevereinbarung berührt – ohne das Hinzutreten weiterer Abreden – nicht die etwaig eintretende Fälligkeit einer Forderung.[353] Sie ändert in aller Regel auch nicht die Verträge ab, auf die sie sich bezieht. Allerdings verpflichtet sich der Gläubiger bestimmte Rechte (noch) nicht auszuüben. Geht es um die Berücksichtigung im Rahmen einer Liquiditätsbilanz[354] zur Ermittlung der Zahlungsunfähigkeit, wäre aber ein nicht ernstliches Einfordern zu prüfen (s.u. Rdn. 395 ff.).

393 Grundsätzlich ist der Darlehensgeber auch dann nicht zur Kündigung verpflichtet, wenn er erkennt, dass Dritte zu Schaden kommen, weil die Kreditunwürdigkeit des Schuldners von ihm nicht offengelegt wird. Ein solches Verhalten ist dem Grunde nach nicht sittenwidrig. Der BGH hat von dem Grundsatz drei Ausnahmen gemacht und die Sittenwidrigkeit und die daraus folgende Haftung gem. § 826 BGB angenommen, wenn die Bank (I) sich eine Vorzugstellung gegenüber anderen Gläubigern schaffen will,[355] z.B. durch gleichzeitige Nachbesicherung,[356] (II) die Geschäftsführung des Schuldners erheblich beeinflusst[357] oder (III) andere potenzielle Kreditgeber zu einem Sanierungsbeitrag auffordert, ohne auf die Risiken hinzuweisen.[358] Allen drei Fällen gemeinsam ist jedoch, dass die Bank gerade nicht nur stillhält, sondern auch aktiv tätig wird. Zusätzlich ist für eine Haftung aus § 826 BGB erforderlich, dass der Darlehensgeber wusste, dass sein Verhalten zur Schädigung anderer Gläubiger führen wird.

394 An den genannten Beispielen wird deutlich, dass die Übergänge zwischen Stillhalten und aktiven Tun häufig fließend sind. Zu berücksichtigen ist aber, dass es sich bei § 826 BGB um eine Vorschrift des Deliktsrechts handelt. Dort, wo es schon an jeder Handlung fehlt (es also um ein echtes Stillhalten geht), kann keine Haftung aus § 826 BGB folgen, es sei denn es liegt einer der anerkannten Fälle einer Rechtspflicht zum Tätigwerden vor. Liegt hingegen ein Tätigwerden, d.h. eine echte Handlung vor, empfiehlt es sich die herausgearbeiteten Grundsätze zur Insolvenzverschleppungshaftung (vgl. oben unter Rdn. 252 ff.) zu beachten.[359]

6. Nicht ernstliches Einfordern

395 Nicht ernstlich Einfordern steht an der Schnittstelle zwischen Nichtstun und einer expliziten Stundung. Anwendungsbereich für das nicht ernstliche Einfordern ist in aller Regel, dass eine an sich fällige Forderung vorliegt. Folge der Fälligkeit einer Forderung ist, dass diese in einer Liquiditäts-

---

352 Langenbucher/Bliesener/Spindler-*Richter*, Bankrechts-Kommentar, 31. Kap. Rn. 32; Gottwald/Haas-*Obermüller,* Insolvenzrechts-Handbuch, § 97 Rn. 27.

353 Grüneberg-*Grüneberg*, BGB, § 271 Rn. 13.

354 Die Liquiditätsbilanz ist dabei eine Gegenüberstellung der liquiden Mittel und fälligen Verbindlichkeiten zu einem bestimmten Stichtag unter Berücksichtigung der in den darauffolgenden drei Wochen erwarteten Eingängen an liquiden Mitteln sowie der in diesem Zeitraum fällig werdenden Verbindlichkeiten.

355 BGH, NJW 1970, 657, 658.

356 BGH, NJW 1995, 1668, 1668 f.

357 BGH, WM 1965, 475, 476; BGH, NJW 2001, 2632, 2633.

358 BGH, WM 1978, 897.

359 Vgl. auch den vorsichtigen Ansatz bei HRI-Undritz/*Knof*, § 3 Rn. 75 f.

bilanz des Schuldners zur Ermittlung der Zahlungsunfähigkeit zu berücksichtigen ist. Hier setzt nun der BGH an, indem er statuiert, dass ein nicht ernstliches Einfordern dazu führt, dass die Forderung bei der Ermittlung der Zahlungsunfähigkeit nicht als fällig zu berücksichtigen ist.[360]

In aller Regel bleibt es zwar bei der Fälligkeit. Nur, wenn sich aus den Umständen oder aus einer expliziten Erklärung ergibt, dass eine Forderung nicht ernstlich eingefordert ist, kann sie in der Liquiditätsbilanz außer Ansatz bleiben. Dies war in der Literatur zwar nicht unumstritten, der BGH hält an diesem Kriterium jedoch in ständiger Rechtsprechung fest. Der BGH begründet dieses Erfordernis damit, solche Forderungen von der Fälligkeit auszunehmen, die rein tatsächlich, also auch ohne rechtlichen Bindungswillen oder erkennbare Erklärung gestundet worden waren.[361] Wirklich erhellend ist diese Begründung nicht. Ist es eine Stundung, ist diese ohne Rechtsbindungswillen nicht denkbar. Ohne Erklärung allerdings schon, es handelt sich dann eben um eine konkludente Stundung. 396

Welche Anforderungen an ein nicht ernstliches Einfordern zu stellen sind, ist abschließend schwer zu beurteilen. Ein reines Nichtstun oder Schweigen trotz an sich gegebener Fälligkeit der Forderung reicht sicher nicht aus. Aus Sicht der Geschäftsführung ist zur Sicherheit zu empfehlen, dass vom Gläubiger eine ausdrückliche Erklärung gefordert wird, die Forderung sei nicht ernstlich eingefordert. Dies bedeutet nicht, dass andere Umstände oder Erklärungen nicht auch ausreichen können. Eine Fehleinschätzung geht allerdings aufgrund der dann womöglich gegebenen Insolvenzantragspflicht zulasten der Geschäftsführer. 397

Rechtlich wird man nach dem vorstehend Gesagten das nicht ernstliche Einfordern als konkludente Stundung – sei es aufgrund der Umstände, sei es aufgrund expliziter Erklärung, die Forderung nicht ernstlich einzufordern – ansehen müssen. Die Forderung ist dann zumindest bis auf Weiteres nicht fällig.[362] Eine rechtliche Einordnung als *pactum de non petendo* vermag dogmatisch hingegen nicht zu überzeugen. Eine solche Einordnung würde nichts an der Fälligkeit der Forderung ändern[363] und somit wäre die Forderung als fällig in eine Liquiditätsbilanz einzustellen. 398

Relevant wird diese Frage, wenn es darum geht, ob das nicht ernstliche Einfordern auch zu einer Insolvenzverschleppungshaftung nach § 826 BGB führen kann. Wie oben ausgeführt, kann dies auch bei einer Stundungsvereinbarung zutreffen, da es wirtschaftlich keinen Unterschied macht, ob frisches Geld zugeführt wird, um damit eine fällige Forderung zu begleichen (eine Variante, bei der wohl unstreitig dem Grunde nach der Anwendungsbereich der Insolvenzverschleppungshaftung eröffnet ist), oder die fällige Forderung schlicht gestundet wird. Fällt aber unter gewissen Umständen eine ausdrückliche Stundung in den Anwendungsbereich der Insolvenzverschleppungshaftung (s.o. Rdn. 262 ff.), erscheint es schwer zu argumentieren, dass dies bei einer konkludenten Stundung anders sein soll. 399

▶ **Praxistipp:**

Die Folgen einer Haftung wegen Insolvenzverschleppung können gravierend sein. Die Beachtung der Grundsätze für einen Überbrückungskredit helfen, diese Folgen zu vermeiden. Um auf der sicheren Seite zu sein, sollte daher auch ein Nichternstliches-Einfordern nur erklärt werden, wenn parallel eine Überprüfung der Sanierungsaussichten – z.B. durch die Beauftragung eines Sanierungsgutachters – erfolgt. 400

360 BGH, NZI 2007, 579, 580 (zur InsO); vgl. BGH, BB 1992, 1163, 1164 zur KO.

361 BGH, a.a.O.

362 A.A. ohne Begründung: *Lichtenthähler*, in: Knecht/Hommel/Wohlenberg Handbuch Unternehmensrestrukturierung, S. 1440.

363 MK-BGB/*Krüger*, § 271 Rn. 18.

7. Stundungsvereinbarung/Moratorium

401 Ein klassisches Sanierungsmittel zur Vermeidung einer Zahlungsunfähigkeit oder aber auch nur, um dem Kreditnehmer liquide Mittel zu belassen, ist die Stundungsvereinbarung. Sie wird häufig auch als Moratorium bezeichnet.[364]

402 Stundung bedeutet das Hinausschieben der Fälligkeit einer Forderung bei fortbestehender Erfüllbarkeit.[365] In ihrer einfachsten Form ist die Stundungsvereinbarung ein Schuldänderungsvertrag, allein bezogen auf die Fälligkeit.

403 Eine gestundete Forderung ist bei der Ermittlung der Zahlungsunfähigkeit nach § 17 InsO in der aufzustellenden Liquiditätsbilanz nicht zu berücksichtigen. Entweder erfolgt die Stundung bis auf Weiteres mit der Folge einer höheren Unsicherheit für die Geschäftsführung oder sie erfolgt bspw. bis zur Vorlage des Sanierungsgutachtens. In dieser Situation ist dem Gläubiger die Vereinbarung eines Kündigungsgrundes in Bezug auf die Stundungsvereinbarung zumindest für den Fall anzuraten, dass das Sanierungsgutachten negativ ausfällt oder die Sanierung aus sonstigen Gründen scheitert.

404 In ihrer einfachsten Form wird mit einer Stundung schlicht die Fälligkeit einer Forderung hinausgeschoben. Dies kann sowohl Zinsen als auch die zugrunde liegende Hauptforderung aus einem Kreditvertrag betreffen. Als Schuldänderung bedarf dies eines Vertrages zwischen den Vertragsparteien, der auch konkludent geschlossen werden kann. Eine Stundung kann sich auch aus einer ergänzenden Vertragsauslegung ergeben.[366] Ggf. kommt eine Stundungsvereinbarung auch über § 151 BGB zu Stande, wenn auf den Zugang der Annahmeerklärung verzichtet wurde. Vorsicht ist dabei aber bei Schriftformabreden geboten. Eine einseitige Stundungserklärung erfüllt zwar sicher die Voraussetzungen für ein nicht ernstliches Einfordern (s.o. Rdn. 395 ff.). Sie vermag in diesem Fall aber nicht den vertraglich vereinbarten Termin, bei dem eine (Geld-) Leistung fällig wird, zu verschieben. Eine Stundung ist im Prozess eine Einrede.

405 Aus Dokumentationsgründen ist aus Sicht der Geschäftsführung des betroffenen Unternehmens zwingend auf eine schriftliche Stundungsvereinbarung hinzuwirken. Für einen Erwerber von Kreditforderungen ohne Banklizenz ist im Übrigen die Stundung häufig eine der wenigen liquiditätswirksamen Alternativen, die in der Sanierung ergriffen werden kann, ohne in die Gefahr zu geraten, ein erlaubnispflichtiges Bankgeschäft zu betreiben.[367]

406 Zu beachten ist, dass mit einer Stundung gerade eine Situation geschaffen wird, vor deren wirtschaftlichen Hintergrund die Diskussion über eine Insolvenzverschleppungshaftung nach § 826 BGB geführt wird. Zwar wird offensichtlich bei der Stundung einer (Darlehens-) Forderung der kriselnden Gesellschaft kein frisches Geld zugeführt. Wirtschaftlich ist es aber das Gleiche, ob ein fälliger Betrag gestundet wird oder ob ein Kreditgeber frisches Geld gewährt, damit ein fälliger Betrag zurückgeführt werden kann. Eine unterschiedliche rechtliche Behandlung dieser wirtschaftlich praktisch identischen Vorgänge verbietet sich. Die Argumentation eines Großteils der Literatur allein in Fallgruppen (frisches Geld ist problematisch, Stundung ist unproblematisch etc.) wird der zugrunde liegenden Norm des § 826 BGB nicht gerecht.[368] § 826 BGB verlangt eine Handlung, Sittenwidrigkeit und Vorsatz. Hingegen verlangt die Vorschrift kein frisches Geld und es lassen sich problemlos Fälle bilden, bei denen keinerlei frische Mittel gewährt werden, eine Schadensersatzpflicht nach § 826 BGB aber durchaus aufgrund des Hinzutretens weiterer Umstände möglich ist: Wenn z.B. ein Gläubiger im sicheren Wissen um die unabwendbare Insolvenz eine Forderung nur stundet, um

364 *Bales*, ZInsO 2023, 3, 33.

365 BGH, NJW 1998, 2060, 2061; *Bales*, ZInsO 2023, 3 (33).

366 BGH, NJW 1983, 1047, 1048.

367 S. BaFin Merkblatt zum Kreditgeschäft, Stand April 2023, b), Einige Einzelfragen, dd) Verkauf von Krediten, Stundung.

368 S.a. HRI-*Undritz/Knof*, § 3 Rn. 75.

einen Dritten zu einer Kreditgewährung an die Gesellschaft zu bewegen, sodass dadurch die Masse erhöht wird, sollte die Anwendbarkeit des § 826 BGB unstreitig sein. Somit können auch auf eine Stundung die Grundsätze zur Insolvenzverschleppungshaftung (vgl. oben Rdn. 252 ff.) Anwendung finden.

8. Rangrücktritt

Ein klassisches Sanierungsmittel zur Beseitigung oder Vermeidung einer Überschuldung – mittelbar aber auch zur Vermeidung einer Zahlungsunfähigkeit – ist der »qualifizierte« Rangrücktritt.[369] Er ist ferner eine Möglichkeit, wirtschaftliches Eigenkapital zu schaffen. Das ist insbesondere deshalb interessant, weil in Sanierungssituationen häufig nur wirtschaftliches Eigenkapital geschaffen werden kann, dies aber nach richtiger Ansicht zur Bestätigung der Sanierungsfähigkeit ausreicht.[370] Dabei kann der Rangrücktritt sowohl durch einen Gesellschafter (bspw. betreffend eines Gesellschafterdarlehen) als auch durch einen sonstigen Kreditgeber/Gläubiger bzgl. seiner Forderung erklärt werden. **407**

a) Zivilrechtliche Erwägungen

Ein Rangrücktritt kann in unterschiedlicher Gestalt auftreten. Die Ausgestaltungsmöglichkeiten reichen vom einfachen, rein relativen Rangrücktritt, bei dem eine Partei mit ihrer Forderung hinter die Forderung einer anderen Partei zurücktritt, bis zu einem Rangrücktritt, bei dem sich der Zurücktretende auf die Stufe des Eigenkapitals (vgl. § 199 InsO) stellt. Eine einheitliche Terminologie hat sich dabei bisher nicht überall durchgesetzt. Insofern ist Vorsicht geboten und im Zweifel sollten die Details nachgefragt werden, um Missverständnisse zu vermeiden. In Sanierungssituationen relevant ist in aller Regel der sog. »qualifizierte« Rangrücktritt. **408**

Formal ist zu beachten, dass ein Rangrücktritt zwingend eines Vertrages zwischen Gesellschaft und Gläubiger bedarf.[371] Die häufige Bezeichnung als Rangrücktrittserklärung ist irreführend.[372] Selbstverständlich könnte ein solcher Vertrag auch konkludent und unter den Erleichterungen des § 151 BGB, also unter Verzicht auf den Zugang der Annahmeerklärung, abgeschlossen werden. Zu Dokumentationszwecken und zum Schutz der Geschäftsführung vor dem Hintergrund der Insolvenzantragspflichten ist eine schriftliche Abfassung aber zwingend. **409**

Das Ziel eines qualifizierten Rangrücktritts kann zweierlei sein: Die Schaffung wirtschaftlichen Eigenkapitals und/oder die Vermeidung einer Überschuldung im Sinne des § 19 InsO. Klassischer Anwendungsbereich ist die Erklärung eines Rangrücktritts in Bezug auf ein Gesellschafterdarlehen. Auch wenn dies in der juristischen Diskussion häufig der zugrunde liegende Fall ist, darf nicht übersehen werden, dass auf jede (Geld-) Forderung eines jeden Dritten ein solcher Rangrücktritt erklärt werden kann. Dies umfasst selbstverständlich auch die finanzierenden Banken. In den Diskussionen in der Literatur kommt dieser Gesichtspunkt häufig zu kurz. **410**

Seit Inkrafttreten des MoMiG am 01.11.2008 ist gem. § 19 Abs. 2 InsO zur Abwendung der Überschuldung der Rangrücktritt hinter die Forderungen aus § 39 Abs. 1 Nr. 1 bis 5 InsO erforderlich. Ausreichend ist ein Rangrücktritt auf die Stufe des § 39 Abs. 2 InsO. Es bedarf keiner Gleichstellung mit dem Eigenkapital nach § 199 InsO. Dies gilt selbst für den Fall, dass wirtschaftliches Eigenkapital geschaffen werden soll, da auch die Regelung einer Rangfolge auf Ebene des Eigenkapitals unschädlich ist. **411**

---

369 Die Terminologie wird uneinheitlich verwendet. Ursprünglich war der qualifizierte Rangrücktritt durch die Rechtsprechung des BGH so zu verstehen, dass der im Rang zurücktretende Gläubiger auf die Ebene des Gesellschafters (§ 199 Satz 2 InsO) zurücktreten musste.

370 IDW Life 2018, IDW Standard: Anforderung an die Erstellung von Sanierungskonzepten (IDW S 6), Tz. 29; *Sax/Andersch/Philipp*, ZIP 2017, 710.

371 BGHZ 204, 231: Der BGH spricht von einer zweiseitigen Vereinbarung.

372 *Hoos/Köhler*, GmbHR 2015, 729, 730.

412 Die notwendigen Anforderungen an einen solchen Rangrücktritt hat der BGH mit einer Entscheidung im Jahr 2015[373] nahezu vollständig geklärt:

- Die aus den Darlehen folgenden Rückzahlungs- und Zinsansprüche sowie alle weiteren künftigen Ansprüche im Zusammenhang mit den Darlehen treten gem. § 39 Abs. 2 InsO hinter die nach §§ 38 und 39 Abs. 1 Nr. 1 bis 5 InsO gegenwärtig bestehenden und künftigen Forderungen der übrigen Gläubiger des Darlehensnehmers zurück.
- Der Darlehensgeber kann die Befriedigung dieser Ansprüche auch außerhalb eines Insolvenzverfahrens nur insoweit verlangen, als die Gesellschaft dazu aus künftigen Gewinnen, einem Liquidationsüberschuss oder aus anderem freien Vermögen in der Lage ist.

413 Die Begrenzung des Rangrücktritts nur auf die Tilgung ist zulässig.[374] Es ist daher zwischen Darlehensgeber und Darlehensnehmer zu klären, ob der Rangrücktritt neben der Tilgung auch Zins- und ggf. weitere Nebenforderungen umfassen soll. Dabei ist darauf zu achten, dass durch Zinsen und Nebenforderungen keine Überschuldung hervorgerufen wird.

414 Der Rangrücktritt kann statisch oder dynamisch ausgestaltet werden. Für den letzteren Fall bietet sich ein sog. atmender Rangrücktritt an, der ohne Vertragsänderung den Rangrücktritt an die tatsächlichen Erfordernisse anpasst, indem formuliert wird »solange und soweit dies zur Abwendung einer Überschuldung oder Zahlungsunfähigkeit des Darlehensnehmers erforderlich ist«.

415 Die dogmatische Einordnung eines Rangrücktritts ist umstritten; der BGH geht von einem verfügenden Schuldänderungsvertrag (§ 311 Abs. 1 BGB) aus und lehnt sowohl einen bedingten Forderungserlass als auch ein *pactum de non petendo* ab.[375]

416 Weiter hat der BGH entschieden, dass eine Rangrücktrittsvereinbarung als Vertrag zugunsten Dritter (nämlich der Gläubiger des Schuldners) grundsätzlich nicht ohne Mitwirkung dieser Gläubiger aufgehoben werden kann.[376] Dies gilt zumindest so lange, wie die Gesellschaft insolvenzreif ist.[377] Allerdings kann das Recht des Dritten gem. § 328 Abs. 2 BGB an gewisse Voraussetzungen geknüpft werden, z.B. im Fall eines von Anfang an »atmend« ausgestalten Rangrücktritts. Für die Geschäftsführung geht der BGH von einem Zahlungsverbot bzgl. der im Rang zurück getretenen Forderung aus.

b) Steuerliche Erwägungen

417 Das BMF-Schreiben vom 08.09.2006 unterscheidet zwischen einfachem und qualifiziertem Rangrücktritt. Bei einem qualifizierten Rangrücktritt, wie er oben dargestellt ist, war umstritten, ob dadurch ein steuerliches Passivierungsverbot gem. § 5 Abs. 2a EStG ausgelöst wird. Im BMF-Schreiben vom 08.09.2006 wird klargestellt, dass der qualifizierte Rangrücktritt die Voraussetzungen des § 5 Abs. 2a EStG nicht erfüllt und daher kein steuerliches Passivierungsverbot eintritt. Unschädlich sollte sein, wenn der Rangrücktritt in der durch das MoMiG vorgesehenen Vereinfachung im Hinblick auf die Abwendung der Überschuldung lediglich einen Rangrücktritt auf die Stufe des § 39 Abs. 2 InsO vorsieht und nicht die Behandlung der Ansprüche des Gesellschafters wie statutarisches Kapital erfordert. Denn Ziel dieses früheren Erfordernisses war es, die Verbindlichkeit in der insolvenzrechtlichen Überschuldungsbilanz der Gesellschaft nicht auszuweisen. Dieses Ziel ist mit dem MoMiG aber bereits durch den Rangrücktritt auf die Stufe des § 39 Abs. 2 InsO erreicht, sodass die im BMF-Schreiben beschriebene Anforderung an die Tiefe des Rangrücktritts unter Hinweis auf BGHZ 146, 246 obsolet sein sollte. Ungeachtet dessen sollten jedoch aufgrund des – insoweit noch nicht MoMiG-konformen – BMF-Schreibens nach wie vor zusätzlich die dort vorgesehenen Formulierungen zum einfachen Rangrücktritt verwendet werden, um sicherzustellen, dass die Voraussetzungen

---

373 BGHZ 204, 231.

374 Vgl. Anm. *Bitter/Heim* zu BGH, Urt. v. 05.03.2015 – IX ZR 133/14, ZIP 2015, 644, 647.

375 BGHZ 204, 231, Rn. 30 ff.

376 BGH, BKR 2015, 510, 515.

377 BGH, a.a.O.

des § 5 Abs. 2a EStG nicht erfüllt sind und damit kein steuerliches Passivierungsverbot eintritt. Denn aufgrund der Bezugnahme auf die Möglichkeit der Tilgung aus freiem Vermögen besteht die in § 5 Abs. 2a EStG geforderte Abhängigkeit zwischen Verbindlichkeit und Einnahmen/Gewinnen nicht.[378] Sollte ausnahmsweise doch beabsichtigt sein, einen steuerlichen Gewinn zu generieren (etwa zur Verrechnung mit bestehenden Verlustvorträgen), kann die von § 5 Abs. 2a EStG geforderte Abhängigkeit zwischen Verbindlichkeit und Einnahmen oder Gewinnen dadurch erzielt werden, dass keine Möglichkeit der Tilgung aus freiem Vermögen im Rangrücktritt vorgesehen bzw. Letzteres ausdrücklich ausgeschlossen wird.

c) Fazit

Alles in allem ist damit der qualifizierte Rangrücktritt ein einfaches, aber wirkungsvolles Mittel, um eine Überschuldung zu vermeiden oder zu beseitigen und um wirtschaftliches Eigenkapital zu schaffen. Aufgrund der nunmehr vom Bundesgerichtshof statuierten begrenzten Aufhebbarkeit bei Insolvenzreife sollte die Vereinbarung aber wohlüberlegt sein, da ansonsten eine wirksame Aufhebung der Mitwirkung aller Gläubiger der Gesellschaft bedarf und damit in der Praxis regelmäßig scheitern dürfte. 418

9. Lock-Up Vereinbarung

In der sogenannten *Lock-Up* Vereinbarung verpflichten sich die unterzeichnenden *Stakeholder* (Kreditgeber, Unternehmen und ggf. Gesellschafter) bis zu einem bestimmten Zeitpunkt, zu dem die Sanierung umgesetzt sein soll, 419

- alle vorgeschlagenen Maßnahmen zur Umsetzung der Sanierung zu ergreifen, solange sie von den vorbesprochenen und ggf. in einem Term Sheet niedergelegten Punkten nicht abweichen,
- an Versammlungen und Abstimmungen teilzunehmen und für die vorgeschlagenen Sanierungsmaßnahmen zu stimmen,
- alles zu unterlassen, insbesondere nicht Maßnahmen zuzustimmen, welche die Sanierung gefährden würden,
- stillzuhalten und insbesondere keine Vollstreckungsversuche zu unternehmen, sowie
- auf das Ausüben von vorliegenden Kündigungsgründen zu verzichten.

Von ihrem Inhalt her geht eine *Lock-Up* Vereinbarung daher über ein Stillhalten hinaus. 420

Das Unternehmen verpflichtet sich regelmäßig darüber hinaus dazu, die anderen Parteien über alle für die Sanierung wesentlichen Ereignisse und Umstände zu informieren, sowie ggf. keine von der vorgeschlagenen Restrukturierung abweichenden Maßnahmen vorzunehmen. 421

Ganz besondere Bedeutung kommt der *Lock-Up* Vereinbarung im Hinblick auf den Verkauf der Kreditforderungen oder der Einräumung einer Unterbeteiligung zu. 422

Die Kreditgeber verpflichten sich im Fall eines Verkaufes der Kreditforderungen oder der Einräumung einer Unterbeteiligung dies nur unter der Bedingung zu tun, dass der Erwerber die eingegangenen Verpflichtungen ebenfalls übernimmt. Alternativ kann der Verkauf der Kreditforderungen und die Einräumung einer Unterbeteiligung auch komplett untersagt werden. Letzteres führt zur Unwirksamkeit der Abtretung (s. § 399 BGB, aber auch § 354a HGB und hier insbesondere Absatz 2, der eine Sonderregel für Kreditinstitute im Sinne des Kreditwesengesetzes enthält), wenn Gläubiger und Schuldner den Ausschluss der Abtretung vereinbart haben. Ggf. ist die Untersagung eines Verkaufes und der Einräumung einer Unterbeteiligung auch der einzige Regelungsgegenstand einer *Lock-Up* Vereinbarung. 423

Mit der Verpflichtung, die Verpflichtungen unter der *Lock-Up* Vereinbarung auf einen etwaigen Erwerber/Unterbeteiligten zu übertragen, wird vermieden, dass sich die Aussichten auf eine erfolg- 424

378 S. BMF-Schreiben v. 08.09.2006 – IV B 2 – S 2133 – 10/06, BStBl. 2006 I, S. 497, Tz. 6.

reiche Sanierung dadurch verschlechtern, dass einzelne Kreditgeber ihr Kreditengagement verkaufen und sich der Käufer womöglich als Akkord-Störer oder zumindest als wesentlich schwierigerer Verhandlungspartner als der bisherige Kreditgeber in dem Sanierungsprozess herausstellt.

425 Die *Lock-Up* Vereinbarung ist regelmäßig kündbar, wenn die Sanierung scheitert oder das Unternehmen gegen beauflagte Verpflichtungen verstößt. Ein Verstoß einer anderen Partei führt regelmäßig zu deren Schadensersatzverpflichtung. Auch wäre noch an einstweiligen Rechtsschutz zu denken, wenn eine Partei versucht, in Widerspruch zu ihrer vertraglichen Verpflichtung, die Kreditforderungen ohne die vereinbarten Auflagen oder unter Verstoß gegen ein vereinbartes Verbot zu verkaufen.

426 Da von den *Stakeholdern* eingegangene Verpflichtungen in aller Regel Maßnahmen ausnehmen, die einen Gesetzes- oder Sittenverstoß darstellen könnten, wirft die Vereinbarung als eine Vereinbarung *sui generis* (vgl. § 311 BGB) rechtlich keine besonderen Probleme auf. Gerade in großen Kreditgeberkreisen ist ihre Wirkung nicht zu unterschätzen, da sie Sicherheit und Stabilität in einen ansonsten doch sehr fragilen Sanierungsprozess bringen kann, insbesondere bis zur Fertigstellung des Sanierungsgutachtens.

10. Freischalten gesperrter Linien/Roll Over

a) Der Roll-Over

427 Bei einem revolvierenden Darlehen wird dem Kreditnehmer eine Kreditlinie zur Verfügung gestellt, unter der er Einzelkredite bis zur Höhe des Kreditlimits je nach Bedarf abrufen kann. Jeder Einzelkredit wird für einen vom Kreditnehmer zu wählenden Zeitraum (die sogenannte Zinsperiode, i.d.R. 3 oder 6 Monate) zur Verfügung gestellt.[379] Der Einzelkredit ist am Ende der Zinsperiode mit Zinsen zurückzuzahlen, die zurückgezahlte Summe kann aber sofort wieder als neuer Einzelkredit für eine weitere Zinsperiode in Anspruch genommen werden. In der Praxis hat der Kreditnehmer oft nicht genügend Liquidität, um den Altkredit (vollständig) zurückzuzahlen und er refinanziert die Rückzahlung daher (teilweise) durch Ziehung eines Neukredits. Dieser Vorgang wird als *Roll-Over* bezeichnet.

428 Beim *Roll-Over* erfolgen faktisch keine Zahlungen, da die Auszahlung des Neukredites mit der Rückzahlung des Altkredites verrechnet wird. Im Ergebnis behält der Kreditnehmer also schlicht die bereits ausgereichte Kreditsumme für eine weitere Zinsperiode; nur der Zinssatz ändert sich gegebenenfalls. Während der Laufzeit eines revolvierenden Darlehens können die jeweils ausstehenden Einzelkredite immer wieder auf diese Weise in die nächste Zinsperiode »gerollt« werden, ohne dass tatsächlich eine Rückzahlung stattfindet. Endgültig zurückgezahlt werden müssen die Einzelkredite erst am Ende der Gesamtlaufzeit des revolvierenden Darlehens.

429 Hier stellt sich nun die Frage, ob die Vornahme weiterer (technischer) Auszahlungen unter einer bereits eingeräumten Kreditlinie als Neukredit bzw. als Kreditmaßnahme der Bank zu bewerten ist, die eine Haftung wegen Insolvenzverschleppung nach § 826 BGB (s.o. Rdn. 252 ff.) auslösen kann. Bei Beantwortung dieser Frage gilt es indessen den besonderen Hintergrund, dass der Kreditnehmer bei diesem *Roll-Over* – obwohl rechtlich gesehen ein Einzelkredit zurückgezahlt und ein neuer Einzelkredit ausgereicht wird – kein frisches Geld erhält, sondern ihm die bereits ausgereichten Kreditmittel lediglich länger (nämlich für eine weitere Zinsperiode) vergleichbar wie beim Stillhalten belassen werden, zu beachten.

430 Zur haftungsrechtlichen Beurteilung des *Roll-Over* beim revolvierenden Darlehen liegt, soweit ersichtlich, keine Rechtsprechung vor. Das OVG Rheinland-Pfalz hat jedoch 1972 in einem Beschluss zur

379 Der Einzelkredit ist während dieser Zeit mit einem festen Zinssatz zu verzinsen, der sich zusammensetzt aus dem am Anfang der Zinsperiode festgestellten Basiszinssatz (z.B. EURIBOR) für den betreffenden Zeitraum sowie der Marge.

Bardepotpflicht die Auffassung vertreten, der *Roll-Over* stelle – rechtlich wie auch wirtschaftlich betrachtet – eine neue Kreditaufnahme dar[380].

Vor diesem Hintergrund könnte ein Haftungsrisiko der Bank grundsätzlich nur dadurch vollständig ausgeschlossen werden, dass der im Zuge des *Roll-Over* ausgereichte neue Kredit als Sanierungs- oder Überbrückungskredit unter Beachtung der dafür geltenden Anforderungen gewährt wird (s. hierzu die Ausführungen unten unter Rdn. 447 ff. sowie unter Rdn. 518 ff.). 431

Richtigerweise sind aber – je nach Ausgestaltung des betreffenden Kreditvertrags – drei Situationen zu unterscheiden: 432

b) Bestehen eines Auszahlungsverweigerungsrechts

Darf die Bank nach den kreditvertraglichen Bestimmungen die Auszahlung eines *Roll-Over* Darlehens bei Vorliegen eines Kündigungsgrundes verweigern, so ist sie nicht verpflichtet, von diesem Recht Gebrauch zu machen, da dies die gleiche Wirkung hätte wie die Kündigung eines ausgereichten Darlehens. Schließlich bleibt bei der Prolongation eines *Roll-Over*-Kredits der Kreditvertrag mit der von vornherein vereinbarten Laufzeit und mit dem anfänglich festgelegten Rückzahlungszeitraum für das Darlehen unverändert, während für den jeweiligen *Roll-Over*-Zeitraum ein neuer – marktaktueller – Zinssatz vereinbart wird, sodass es in den meisten Fällen nur zum Zinsausgleich kommt.[381] Die Verweigerung des *Roll-Over* hätte mithin zur Folge, dass der Kredit vorzeitig (also zum Ende der laufenden Zinsperiode) zurückgezahlt werden muss. Es spricht eine wirtschaftliche Betrachtungsweise dafür, den automatischen *Roll-Over* mit der einhelligen Auffassung in der Literatur[382] daher nicht als Neukredit, sondern als Stillhalten anzusehen. 433

[unbesetzt] 434

Man kann daher gut argumentieren, dass eine Bank in Fällen, in denen sie nach der BGH-Rechtsprechung nicht zur Kündigung bereits ausgereichter Kredite verpflichtet wäre, auch nicht verpflichtet sein kann, den *Roll-Over* zu verweigern, weil dies wirtschaftlich die gleiche Wirkung hätte. 435

c) Vertragliche Verpflichtung zur Auszahlung

Darlehensnehmerfreundlich verhandelte Darlehensverträge erlauben der Bank die Verweigerung des *Roll-Over* eines revolvierenden Darlehens hingegen nur, wenn der Kreditrahmen vollständig gekündigt oder die ausstehenden Darlehen (einschließlich der Kredite mit fester Laufzeit (*Term Loans*)) insgesamt oder teilweise fällig gestellt wurden. Fordert der Kreditnehmer in einem solchen Fall per Ziehungsnotiz die Auszahlung eines *Roll-Over* Darlehens an, ist die Bank vertraglich verpflichtet, diesem Auszahlungsverlangen zu entsprechen, es sei denn, sie kündigt auch – ganz oder teilweise – die anderen Darlehen, die in der Regel in voller Höhe in Anspruch genommen wurden. 436

Hier kann man zusätzlich zu dem oben dargestellten Argument anführen, dass sich Wertungswidersprüche mit der Rechtsprechung des Bundesgerichtshofes ergeben würden, wenn man eine Bank in dieser Situation für verpflichtet hielte, die ausgereichten Laufzeitkredite (*Term Loans*) zu kündigen, nur um den *Roll-Over* des revolvierenden Teils des Gesamtdarlehensverhältnisses verweigern zu dür- 437

380 OVG Rheinland-Pfalz, BB 1972, 1293, 1294.

381 *Obermüller*, Insolvenzrecht in der Bankpraxis, Rn. 5.107.

382 *Bales*, ZInsO 2023, 3, 31; *Kiethe*, KTS 2005, 179, 206; *Batereau*, WM 1992, 1517, 1518; *Ahnert*, BKR 2002, 254, 255; *Obermüller*, Insolvenzrecht in der Bankpraxis, Rn. 5.107; *Schäffler*, BB 2006, 56, 58, der allgemein in der »Prolongation von Krediten« ein Stillhalten sieht. Die in diesem Zusammenhang oft zitierte Entscheidung des BGH ist indes nicht geeignet, die Ansicht der Literatur zu unterstreichen. Weil der Kreditnehmer die Kreditlinie in dem zugrunde liegenden Fall gerade nicht mehrfach in Anspruch genommen hatte, trifft der BGH hierzu gar keine Aussage, vgl. BGH, NJW 1979, 2097.

fen. Denn in seiner Grundsatzentscheidung von 1969[383] hat der BGH ausdrücklich festgestellt, dass eine Bank grundsätzlich zur Kündigung bereits ausgereichter Darlehen nicht verpflichtet ist.

d) Sperrung des Roll-Overs durch Event of Default etc.

438 Abweichend von den unter Rdn. 433 bis Rdn. 436 geschilderten Konstellationen muss die Freischaltung eines *Roll-Overs* durch die Gewährung eines (nach den Bestimmungen des Kreditvertrages) erforderlichen Verzichts auf bestehende Kündigungsgründe gesehen werden. Dies ist immer dann der Fall, wenn im Fall eines *Event of Defaults* oder aber auch, weil nach dem Kreditvertrag abzugebende Versicherungen bei einem *Roll-Over* nicht abgegeben werden können, ein *Roll-Over* gesperrt ist, sodass der fragliche Betrag zur Rückzahlung fällig wird.

439 In einem Verzicht (*Waiver*) auf die Kündigungsgründe bzw. auf die Abgabe der fraglichen Versicherungen liegt sowohl eine Kreditentscheidung als auch ein aktives Tätigwerden i.S.d. § 826 BGB vor. Diese Situation ist problemlos mit dem Fall einer (aktiven) Entscheidung über die Gewährung eines Kredites vergleichbar. Es kann daher keinen Unterscheid machen, ob die Bank dem Kreditnehmer frische Mittel zur Verfügung stellt oder (aktiv) die erneute Verfügung über bereits zwar zugesagte, aber gesperrte Kredite ermöglicht. Hier unterscheidet sich die Situation grundlegend von der unter Rdn. 433 ff. und Rdn. 436 f. geschilderten, als hier die Bank aktiv Tätigwerden muss.

440 Daher ist hier, um ein Haftungsrisiko der Bank nach § 826 BGB auszuschließen, die Gewährung des *Roll-Over* Darlehens allein als Überbrückungs- oder Sanierungskredit der einzig sichere Weg. In den anderen Fallgestaltungen hingegen, in denen die Bank nicht (!) aktiv einen *Roll-Over* ermöglichen muss (z.B. indem sie einen *Waiver* wegen vorliegender Verstöße gegen den Kreditvertrag erteilt), spricht viel dafür, einen revolvierenden Betriebsmittelkredit wirtschaftlich nicht als Aneinanderreihung kurzfristiger Einzelkredite anzusehen, sondern als fortlaufenden Kredit, der erst am Ende der Gesamtlaufzeit endgültig zurückgezahlt werden muss. In diesen Fällen müssen daher zur Vermeidung eines Haftungsrisikos die Voraussetzungen für einen Überbrückungs- oder Sanierungskredit nicht gegeben sein.

11. Ermöglichung weiterer Kreditaufnahme bei dritten Finanzierern/Freigabe von Sicherheiten (Forfaitierung, Factoring, Asset Based Lending, Sale & Lease Back)

441 So unterschiedlich diese einzelnen (zusätzlichen) Finanzierungsformen auch sein mögen, eines haben sie in aller Regel gemeinsam: Die bisher finanzierenden Banken müssen Sicherheiten freigeben, um die zusätzliche Finanzierung überhaupt zu ermöglichen, da nur in den seltensten Fällen in der Krise die zugrunde liegenden Vermögensgegenstände (Forderungen, Umlaufvermögen, Anlagevermögen) als freies Vermögen zur Verfügung stehen werden.[384]

442 Abhängig von der zugrunde liegenden Dokumentation erfolgt die Sicherheitenfreigabe durch vertragliche Erklärung oder die (Rück-) Abtretung oder (Rück-) Übereignung der fraglichen Vermögensgegenstände an das Unternehmen, welches sie dann für die neue Finanzierung verwenden kann.

443 Aus Sicht der bisherigen Finanzierer stellt sich daher zunächst wirtschaftlich die Frage, weshalb sie einige ihrer besten Sicherheiten aufgeben sollten, damit ein dritter Finanzierer neue Kredite zur Verfügung stellt. Wirklich Sinn macht dies nur dort, wo die bisher finanzierenden Banken zwar an das Unternehmen glauben, aus verschiedenen – insbesondere internen – Gründen aber gehindert sind, selbst frisches Geld zur Verfügung zu stellen. Hält der bisherige Finanzierer hingegen die Kreditvergabe für zu riskant bzw. glaubt er nicht (mehr) an das Unternehmen, dann verbietet es sich schon aus wirtschaftlichen Gründen, eigene Sicherheiten in der Krise aufzugeben, insbesondere da diese Sicherheiten regelmäßig zu den besseren Sicherheiten in einer Insolvenz des Kreditnehmers zählen und Insolvenzanfechtungsfristen schon abgelaufen sein dürften.

---

383 BGH, NJW 1970, 657, 658.

384 *Bales,* ZInsO 2023, 3, 24.

a) Forfaitierung, Factoring

Bei *Forfaitierung* und *Factoring* handelt es sich jeweils um einen Forderungsverkauf (§§ 433 ff., 453 BGB), der aus Sicht des verkaufenden Unternehmens zur Liquiditätsgenerierung genutzt werden kann. Die jeweilige Forderung wird dabei mit einem Abschlag zum Nennwert (Diskontierung) verkauft. Dafür erhält das verkaufende Unternehmen die Liquidität sofort und nicht erst bei Fälligkeit in ein paar Monaten/Jahren. Die Maßnahmen dienen der Liquiditätsgenerierung und bringen als Nebenfolge beim *True Sale* regelmäßig eine Bilanzverkürzung mit sich. Der Unterschied zwischen *Forfaitierung* und *Factoring* liegt dabei im Wesentlichen darin, dass eine *Forfaitierung* eine konkret bestimmte Forderung (häufig aus Exportgeschäften) betrifft, das *Factoring* hingegen abstrakt umschriebene Forderungen umfasst, die auch erst später entstehen können. 444

b) Asset Based Lending

Auch wenn das *Asset Based Lending* von den Wirkungen vergleichbar ist, unterscheidet es sich von der rechtlichen Ausgestaltung substanziell vom *Factoring*. Während beim *Factoring* die Forderung angekauft wird und durch den Verkauf eine Bilanzverkürzung erfolgt, wird beim *Asset Based Lending* von dem Finanzierer ein Darlehen gewährt, welches durch bestimmte Bilanzwerte (die sog. *Borrowing Base*) abgesichert wird. Grundlage für die Darlehensgewährung ist damit nicht die finanzielle Situation des Kreditnehmers als solche, sondern die davon betroffenen Vermögensgegenstände. Das können Forderungen aber auch sonstige Wirtschaftsgüter des Umlaufvermögens sein. 445

c) Sale & Lease Back

Bei einem *Sale & Lease Back* werden Vermögensgegenstände, deren Eigentümer der Kreditnehmer ist und die von ihm bereits genutzt werden, an einen Dritten verkauft und unmittelbar zurück gemietet. Kurzfristig generiert dies Liquidität aus dem Verkauf, während langfristig Liquidität als Mietzahlung wieder abfließt. Besondere Vorsicht ist in den Situationen geboten, in denen sich das verkaufende Unternehmen über einen vermeintlich hohen (über dem Marktpreis) liegenden Verkaufspreis freut, da ein hoher Verkaufspreis auch regelmäßig hohe Mietzinsraten mit sich bringt. Diese belasten zukünftig die Liquidität. Insbesondere, wenn die durch den Verkauf erzielte Liquidität zur Deckung operativer Verluste verwendet wird, fehlt dann häufig zukünftig die Liquidität zur Deckung des Mietzinses. Im schlimmsten Fall wird dadurch die Saat für eine nachfolgende Insolvenz gelegt.[385] 446

12. Überbrückungskredit

»Überbrückungskredit« bezeichnet einen Kredit, der zur Beseitigung eines Liquiditätsengpasses gewährt wird, ohne dass zu diesem Zeitpunkt feststeht, ob das betroffene Unternehmen überhaupt sanierungsfähig ist.[386] 447

Der Überbrückungskredit soll verhindern, dass das Schuldnerunternehmen wegen Liquiditätsmangel Insolvenzantrag stellen muss, bevor die Sanierungsfähigkeit des Unternehmens abschließend geprüft werden konnte. Oft wird in solchen Situationen in einem ersten Schritt versucht, die Gewährung neuer Kredite dadurch zu vermeiden, dass für den fraglichen Zeitraum vergleichbar liquiditätsschöpfende Maßnahmen wie Zins- und Tilgungsstundungen vereinbart werden. Für diese Maßnahmen gelten die nachfolgenden Ausführungen zu den rechtlichen Anforderungen an einen Überbrückungskredit dann entsprechend. 448

385 Vgl. den Sachverhalt bei LG Essen, NZG 2012, 1307 (Arcandor).

386 Vgl. Buth/Hermanns-*Kemper*, Restrukturierung, Sanierung, Insolvenz, § 3 Rn. 24 ff.; *Richter*, in: Langenbucher/Bliesener/Spindler-*Richter*, Bankrechts-Kommentar, 31. Kap. Rn. 82 und jüngst der BGH zur Subsumtion der (kurzfristigen) Überbrückungskredite unter § 39 Abs. 1 Nr. 5 InsO, BGH, NZI, 2021, 90 ff. und die Anm. von *Gehrlein*, NZI 2021, 114 ff.; *Bales*, ZInsO 2023, 3, 18.

449 Der Überbrückungskredit oder die vergleichbaren Maßnahmen dienen nicht der Sanierung des in die Krise geratenen Kreditnehmers, sondern lediglich dazu, den Beteiligten Gewissheit darüber zu verschaffen, ob eine Sanierung objektiv sinnvoll und durchführbar ist.[387] Gerade vor diesem Hintergrund bedarf die Frage, ob überhaupt und unter welchen Bedingungen ein Überbrückungskredit gewährt werden soll, einer eingehenden Prüfung.[388] Aus der Bankenperspektive besteht das Risiko einer Insolvenzverschleppungshaftung (§ 826 BGB), einer Sittenwidrigkeit des Kreditvertrags und etwaiger Sicherheiten (§ 138 BGB) sowie einer möglichen Insolvenzanfechtung (§§ 129 ff. InsO).

450 Regelmäßig wird ein Überbrückungskredit von bereits beteiligten Finanzierern gewährt, da aufgrund der bestehenden Unsicherheiten über die wirtschaftliche Situation des Kreditnehmers Dritte nur selten zu einer Kreditvergabe bereit sind. Häufig muss ein Überbrückungskredit sehr schnell gewährt werden, was eine langwierige Kreditprüfung durch bisher nicht involvierte Finanzierer ausschließt. Allerdings sind auf solche Situationen wiederum insbesondere *distressed-debt Funds* spezialisiert, was sich als hilfreich erweisen kann.

a) Anforderungen an die Gewährung eines Überbrückungskredits

451 Die wichtigste Voraussetzung für einen zulässigen Überbrückungskredit und zur Vermeidung einer Insolvenzverschleppungshaftung nach § 826 BGB ist, dass ein Sanierungserfolg aus der Perspektive *ex ante* nicht unwahrscheinlich sein darf.[389] Ein Überbrückungskredit darf nicht gewährt werden, wenn von vornherein sicher oder sehr wahrscheinlich ist, dass die Sanierung scheitert. Dies kann z.B. der Fall sein, wenn wichtige *Stakeholder* ihre notwendige Mitwirkung von vornherein ausgeschlossen haben, wenn die Gesellschaft erkennbar kein tragfähiges Businesskonzept hat oder wenn als Überbrückungskredit erkennbar nicht ausreichende Kreditmittel gewährt werden sollen.

452 Nach allgemeiner Auffassung ist ein Überbrückungskredit regelmäßig nicht sittenwidrig, wenn er gewährt wurde, um eine bereits eingeleitete Sanierungsprüfung durch einen unabhängigen Dritten zu ermöglichen bzw. zu vermeiden, dass das Unternehmen noch vor Abschluss dieser Prüfung zahlungsunfähig wird.[390] Diese Bewertung stützt sich auf eine Reihe von Einzelfallentscheidungen verschiedener Gerichte, die freilich nicht in allen Fällen Ansprüche aus § 826 BGB zum Gegenstand hatten. Diese Privilegierung gilt auch dann, wenn das Sanierungsgutachten zu einer negativen Prognose kommt, da es stets auf die *ex ante*-Betrachtung ankommt.[391] Es setzt aber natürlich voraus, dass ein Sanierungserfolg nicht von Anfang an unwahrscheinlich ist, wobei man sinnvollerweise eine überwiegende Wahrscheinlichkeit bei der Prognose verlangen sollte, ob die Sanierung Erfolg hat.

453 In zwei Urteilen[392], bei denen es jeweils um den Zusammenbruch der *Herstatt-Bank* ging, hat der BGH eine Haftung von deren Aufsichtsratsmitgliedern aus aktienrechtlichen Ansprüchen und aus Delikt (§ 823 Abs. 2 BGB i.V.m. § 92 Abs. 2 AktG a.F., § 826 BGB) verneint, da sich die Aufsichtsratsmitglieder während der Insolvenzantragsfrist um die Rettung der Bank bemühten und die damit verbundene Gefahr einer Schädigung der Gläubiger hätten hinnehmen dürfen. Der BGH führte dazu aus:

387 *Neuhof*, NJW 1998, 3225, 3229; *Theewen*, BKR 2003, 141, 147; Langenbucher/Bliesener/Spindler-*Richter*, Bankrechts-Kommentar, 31. Kap. Rn. 82; *Bales*, ZInsO 2023, 3, 18; *Waldburg*, ZInsO 2014, 1405; vgl. auch vor dem Hintergrund der Covid-19-Pandemie und dem COVInsAG: *Morgen/Schinkel*, ZIP 2020, 660.

388 Vgl. *Lichtenthäler*, in: Knecht/Hommel/Wohlenberg, Handbuch Unternehmensrestrukturierung, S. 1444.

389 Vgl. BGH, NJW 1979, 1823, 1828; BGH, NJW 1979, 1829, 1831.

390 *Wittig*, NZI 1998, 49, 52; *Theewen*, BKR 2003, 141, 147; *Obermüller*, Insolvenzrecht in der Bankpraxis, Rn. 5.202; Buth/Hermanns-*Kemper*, Restrukturierung, Sanierung, Insolvenz, § 3 Rn. 25.

391 OLG Schleswig, WM 1982, 25, 27 f.; *Neuhof*, NJW 1998, 3225, 3229; *Theewen*, BKR 2003, 141, 147.

392 BGH, NJW 1979, 1823, 1826 f.; BGH NJW 1979, 1829, 1829 f.

»Wer ein notleidendes Unternehmen zu retten versucht, verstößt, sofern er die Krise den Umständen nach als überwindbar und darum Bemühungen um ihre Behebung als lohnend ansehen darf, nicht schon deshalb gegen die guten Sitten, weil ein solcher Versuch die Möglichkeit des Misslingens und damit einer Schädigung nicht informierter Geschäftspartner einschließt. Erst wenn ernste Zweifel an dem Gelingen eines Sanierungsversuchs bestehen und deshalb damit zu rechnen ist, dass er den Zusammenbruch des Unternehmens allenfalls verzögern, aber nicht auf die Dauer verhindern wird, kann der Vorwurf sittenwidrigen Handels zum Schaden der Gläubiger vor allem dann berechtigt sein, wenn dieses Handeln auf eigensüchtigen Beweggründen beruht.«[393] 454

In einem weiteren Fall verneinte das OLG Schleswig[394] die Sittenwidrigkeit (§ 138 BGB) einer Globalzession, welche die wenig später insolvent gewordene Schuldnerin der klagenden Bank als Gegenleistung für die Prolongation diverser bislang unbesicherter Darlehensverbindlichkeiten einer Drittgesellschaft bestellt hatte, da es aus Sicht der Bank zum Zeitpunkt des Vertragsschlusses nur darum gegangen sei, mit der Prolongation der Darlehen gegen Besicherung einen Liquiditätsengpass zu beheben und ein langfristiges Konsolidierungskonzept vorzubereiten, von dessen Erfolg die Bank zu diesem Zeitpunkt ausgehen konnte.[395] 455

Schließlich führte der BGH[396] in einer weiteren Entscheidung zur Absichtsanfechtung (§ 31 KO – nun § 133 InsO) einer Sicherungsübereignung, welche die Schuldnerin der klagenden Bank in einer angespannten Situation zur Besicherung eines Altkredites einschließlich Erhöhungsbetrag gewährt hatte, aus, dass eine 456

»Gläubigerbenachteiligungsabsicht des Schuldners und eine entsprechende Kenntnis des Anfechtungsgegners… auch dann ausgeschlossen sein [können], wenn lediglich ein Überbrückungskredit gewährt wurde, der nicht die Qualität eines Sanierungsversuchs erreicht. Jene subjektiven Anfechtungsvoraussetzungen dürfen nicht allein schon deswegen bejaht werden, weil ein Sanierungsversuch objektiv nicht hinreichend fachgerecht vorbereitet wurde: […] Beteiligte, die ernsthaft und mit aus ihrer Sicht tauglichen Mitteln die Sanierung anstreben, handeln subjektiv redlich: Sie wollen typischerweise den Eintritt der Gläubigerbenachteiligung gerade vermeiden, nehmen sie also durchweg nicht in Kauf. Dabei kann die fachgerechte Einleitung des Versuchs allerdings Rückschlüsse auf dessen Ernsthaftigkeit zulassen.«[397] 457

Checkliste:

Aus diesen Entscheidungen lässt sich zusammenfassend schließen, dass eine Bank bei der Gewährung eines Überbrückungskredits nicht sittenwidrig handelt, wenn und solange 458
– ein unabhängiger Experte mit der Erstellung/Überprüfung eines Sanierungskonzeptes vor Gewährung des Überbrückungskredits beauftragt wird,
– sie mit (aus ihrer Sicht) tauglichen Mitteln die Sanierung anstrebt,
– keine ernsten Zweifel an der Sanierungsfähigkeit bestehen, d.h. diese zumindest überwiegende Aussichten auf Erfolg hat,
– der Kredit nur zur Überbrückung eines Liquiditätsengpasses bis zum Vorliegen des Ergebnisses der Sanierungsprüfung bzw. des Sanierungskonzepts dient, und
– die Bank den durch den Überbrückungskredit gewonnenen Aufschub nicht zu eigensüchtigen Handlungen ausnutzt.

Dies dürfte allgemeine Meinung sein. Darüber hinaus sollte ein Überbrückungskredit auch als ein solcher bezeichnet werden.[398] Andernfalls, insbesondere wenn auch sonst keine weiteren Indi- 459

---

393 BGH, NJW 1979, 1823, 1828.
394 OLG Schleswig, WM 1982, 25.
395 OLG Schleswig, WM 1982, 25, 27 f.
396 BGH, NJW 1998, 1561.
397 BGH, NJW 1998, 1561, 1564.
398 *Fandrich/Karper*, in: MAH Bank- und Kapitalmarktrecht, § 6 Rn. 45, *Bales*, ZInsO 2023, 3, 19.

zien vorliegen, dass ein bestimmter Kredit ein Überbrückungskredit sein sollte, drohen später unnötige Diskussionen und im schlimmsten Fall ein Haftungsrisiko, wenn Zweifel verbleiben, ob die Privilegierung als Überbrückungskredit in Anspruch genommen werden kann oder nicht.

460 Aus dem Erfordernis, dass die Sanierung überwiegende Aussichten auf Erfolg haben muss, folgt zwingend, dass das Unternehmen aus der Sicht *ex ante* während des Überbrückungszeitraumes durchfinanziert sein muss.[399] Andernfalls würde der Kreditgeber an einem erkennbar untauglichen Sanierungsversuch mitwirken. Dies kann durch die Einholung einer Durchfinanzierungsbestätigung unterlegt werden.[400] Es ist aber Vorsicht dabei geboten, dies als zwingendes Erfordernis zu postulieren, da rein faktisch hierfür häufig die Zeit fehlen dürfte. Ist die Zeit und sind die erforderlichen Informationen aber alle vorhanden, ist die Einholung einer Durchfinanzierungsbestätigung aber natürlich der sicherere Weg, um auch diesbezüglich ein Haftungsrisiko auszuschließen.

461 Verlangt man zwingend eigensüchtige Handlungen für eine Haftung, lässt sich folgern, dass ein bisher nicht in die Finanzierung involvierter Kreditgeber, der somit niemals eigensüchtig im Sinne dieser Rechtsprechung handeln kann, per se aus diesem Grund von eventuellen Haftungsrisiken ausgenommen wäre. Rechtsprechung findet sich dazu allerdings nicht.

b) Übertragung des gefundenen Ergebnisses auf andere Konstellationen

462 Es stellt sich nach dem vorstehend Gesagten die Frage, ob das gefundene Ergebnis auch für andere Konstellationen gilt, bspw. wenn ein Sanierungsgutachten zwar vorliegt, aber noch ein Desinvestment getätigt, ein Investor aufgenommen oder eine weitere Finanzierungsmaßnahme getätigt werden soll.

463 Soweit ersichtlich wird diese Frage bisher weder in der Rechtsprechung noch in der Literatur diskutiert. Man ist daher gezwungen, die Lösung aus den oben hergeleiteten allgemeinen Erwägungen für eine Haftung nach § 826 BGB und aus der dazu ergangenen Rechtsprechung zu entwickeln.

464 Der Vorwurf der Insolvenzverschleppung und damit der Vorwurf eines sittenwidrigen Verhaltens sind danach gerechtfertigt, wenn die kreditgebenden Banken in rücksichtsloser und eigensüchtiger Weise ihre Stellung bei dem zu erwartenden Zusammenbruch auf Kosten anderer Gläubiger verbessern. Die Schwelle zur Sittenwidrigkeit ist überschritten, wenn der Kreditgeber Maßnahmen ergreift, die nicht der Überwindung der Krise helfen, sondern den als unabwendbar erkannten Todeskampf nur verlängern und dabei eine Schädigung anderer Gläubiger billigend in Kauf genommen wird. Ein Verstoß liegt aber nicht vor, sofern die Krise den Umständen nach als überwindbar angesehen wird, auch wenn die Möglichkeit des Misslingens nicht gänzlich ausgeschlossen ist.

465 Ist das ausstehende Ereignis anstelle der Erstellung eines Sanierungsgutachtens zur Feststellung der Sanierungsfähigkeit die Suche nach einem Investor, ein Desinvestment, die Beschaffung einer weiteren Finanzierung etc. kann daher nichts anderes gelten. Ausgangspunkt ist und bleibt § 826 BGB und die Frage kann nur sein, ob man von einer überwiegenden Erfolgswahrscheinlichkeit der Investorensuche, des Desinvestments etc. ausgehen kann oder nicht. Wenn ja, muss auch der Vorwurf einer vorsätzlich sittenwidrigen Handlung entfallen. Es fehlt dann an einem zu erwartenden Zusammenbruch des Unternehmens, wenn ein Erfolg der Investorensuche bzw. des Desinvestments noch überwiegend wahrscheinlich ist. Ebenso wenig kann zu diesem Zeitpunkt von einer schlichten Verlängerung des Todeskampfes des Unternehmens gesprochen werden, um sich auf Kosten der anderen Gläubiger besser befriedigen zu können. Ob es überhaupt zu einem solchen Todeskampf kommt, hängt vielmehr maßgeblich von dem Erfolg der Investorenverhandlungen bzw. des strukturierten Verkaufsprozesses ab. Von einem Vorsatz, die Gläubiger zu schädigen, d.h. das Wissen bzw.

---

399 *Morgen/Schinkel*, ZIP 2020, 660, 661.

400 *Huber*, NZI 2016, 521.

zumindest das billigende Inkaufnehmen einer Gläubigerschädigung, kann bei dieser Ausgangslage nicht gesprochen werden. Man kann der Vorschrift des § 826 BGB kaum entnehmen, dass bei Einhaltung der gleichen Kriterien, insbesondere was die subjektiven Beweggründe anbelangt, zwar auf der einen Seite der gleiche Zeitraum zur Erstellung eines Sanierungsgutachtens überbrückt werden könnte, nicht jedoch der Zeitraum für die Suche und den Einstieg eines Eigenkapitalinvestors oder zum Abschluss eines Verkaufsprozesses. Löst man sich von den üblichen Argumentationsmustern und blickt allein auf die rechtlichen Grundlagen, dann kann dieses Ergebnis nicht zweifelhaft sein. Allerdings gilt auch hier: Gerade weil die Situation von dem üblichen Szenario abweicht, sind an die Begründung und die Dokumentation der überwiegenden Wahrscheinlichkeit hohe Anforderungen zu stellen.

c) Der Überbrückungszeitraum

Hinsichtlich der rechtlich zulässigen Dauer für den Überbrückungszeitraum herrschte lange Zeit eine große Unsicherheit. In der Literatur nannten nur wenige Autoren konkrete zeitliche Vorgaben für die Laufzeit eines Überbrückungskredits. Diese reichten von drei über sechs bis zwölf Wochen bzw. ein bis drei Monate bis hin zu mehreren Monaten. Rechtsprechung gab es zunächst praktisch nicht. Die Unsicherheit kulminierte im Jahr 2016 in zwei extrem gegensätzlichen Entscheidungen des Kammergerichts Berlin. Nach dem Urteil des 24. Zivilsenats[401] sollte die Dauer des Überbrückungszeitraumes maximal drei Wochen (*sic*!) betragen. Nach einem Urteil des 14. Zivilsenats[402] ist hingegen auch eine Dauer von drei Monaten plus eine fünfmonatige Verlängerung möglich. Die Ansicht des 24. Zivilsenats, ein Überbrückungskredit könne nur für max. drei Wochen gewährt werden, muss man als klassisches Fehlurteil bezeichnen, da weder die rechtliche Herleitung einer näheren Betrachtung standhält noch das Urteil in der Praxis umsetzbar wäre. Einen Überbrückungskredit für den Zeitraum der Erstellung des Sanierungsgutachtens hätte es damit nicht mehr gegeben, da – abgesehen von ganz einfachen Fällen – sich kein Sanierungsgutachten (inkl. Sanierungskonzept!) in drei Wochen erstellen lässt. Der BGH hat die Revision nicht angenommen; allerdings – ohne, dass es aus seiner Sicht nötig gewesen wäre – hat er in dem Nichtzulassungsbeschluss dennoch einen Rahmen formuliert, innerhalb dessen nun halbwegs Rechtssicherheit herrscht. Der BGH stellt nämlich fest, dass zunächst einmal keine pauschale Zeitangabe möglich ist. Weder § 15a InsO (aus dem der 24. Zivilsenat des Kammergerichts Berlin die drei Wochen entnommen hatte), noch § 270b Abs. 1 Satz 1 und 2 InsO könnten normative Vorgaben für die zulässige Dauer eines Überbrückungskredits entnommen werden. Eine feste Ober- oder Untergrenze nennt der BGH nicht.[403] Aus den Verweisen auf die Literatur kann jedoch mittelbar entnommen werden, dass wohl auch der BGH grundsätzlich von einem Zeitraum von ein bis drei Monaten ausgeht. Der im Einzelfall zulässige Zeitraum hängt dann allerdings von den jeweiligen Umständen des Einzelfalls ab. Bei umfangreichen Restrukturierungen, insbesondere auch mit Auslandsbezug, sollte danach auch eine längere Frist zulässig sein.[404] 466

d) Verlängerung des Überbrückungszeitraumes zwecks Ausarbeitung und Verhandlung der Dokumentation

Bei diesem Thema geht es in erster Linie darum, dass nach Vorlage des Sanierungsgutachtens der für eine Verhandlung und Dokumentation des weiteren Vorgehens zwischen den verschiedenen 467

401 KG Berlin, NZI 2016, 546.
402 KG Berlin, ZInsO 2016, 1437.
403 BGH, NZI 2017, 507.
404 Auch soll bei großen Konzerngruppen oder strukturierten Buy-Out-Finanzierungen die Prüfungsphase sowie die Phase, in der die verschiedenen Sanierungsbeiträge der Gläubiger ausgehandelt werden und die Sanierungsfinanzierung implementiert wird, einen deutlich längeren Zeitraum in Anspruch nehmen dürfen, *Bales*, ZInsO 2023, 3, 19; *Waldburg*, ZInsO 2014, 1405 m.w.N.

Stakeholdern verbleibende Zeitraum sich als zu kurz herausstellt und daher die bestehende Überbrückungsmaßnahme verlängert werden soll.

468 Es kann als gesicherte Erkenntnis gelten, dass der für eine Überbrückungsmaßnahme zugrunde liegende Zeitraum nicht nur die Zeit bis zur Erstellung des Sanierungsgutachtens, sondern auch einen angemessenen Zeitraum zur Verhandlung und Dokumentation der Sanierungsbeiträge der verschiedenen *Stakeholder* vorsehen muss. Die Überbrückungsmaßnahme hätte also von Anfang an einen längeren Zeitraum beinhalten dürfen, solange keine Anhaltspunkte dafür vorliegen, dass der Zeitraum willkürlich oder gar mit verwerflicher Absicht festgelegt wird. Eine Verlängerung ist daher auch grundsätzlich möglich.[405] In der Praxis wird vor diesem Hintergrund häufig auch eine Zweiteilung des Überbrückungszeitraumes vorgenommen. Da regelmäßig bekannt ist, wann der Sanierungsgutachter sein Gutachten vorlegen muss, umfasst danach der erste Teil des Überbrückungszeitraumes nur diese Zeitperiode. Ist das Gutachten dann, wie regelmäßig in der Praxis (unter bestimmten Voraussetzungen) positiv, verlängert sich der Zeitraum automatisch um eine bestimmte Zeit, die realistischerweise für die Verhandlung und Dokumentation der Sanierungsbeiträge der unterschiedlichen Beteiligten notwendig ist.

e) Verlängerung des Überbrückungszeitraumes um den Ausgang eines Investoreneinstiges/den Abschluss von Verkaufsverhandlungen abzuwarten

469 Auch wenn sich diese Alternative zunächst grundlegend von der vorstehend diskutierten Verlängerung zur Ausarbeitung und Verhandlung der Dokumentation zu unterscheiden scheint, sind die Unterschiede im Ergebnis nicht sonderlich groß. Im Ergebnis geht es hierbei auch nur darum, die Gespräche mit allen *Stakeholdern* zu finalisieren und zu dokumentieren. Allein der dafür notwendige Zeitraum kann möglicherweise von dem üblicherweise zu erwartenden Zeitraum abweichen. Sofern der Zeitraum nicht auf sachfremden Erwägungen basiert, bewegt man sich aber hier noch in dem vom BGH aufgezeigten Rahmen, nämlich, dass es einen fixen Zeitraum gerade nicht gibt, regelmäßig aber von einem Zeitraum von etwa drei Monaten ausgegangen werden kann.

470 Sobald man sich außerhalb des üblichen Rahmens bewegt, ist zu empfehlen, dass sich die Banken z.B. für den Fall eines Scheiterns der Investorenverhandlungen explizit ein Kündigungsrecht einräumen lassen und dies im Fall eines Scheiterns auch tatsächlich ausüben, um den Schaden anderer Gläubiger so gering wie möglich zu halten. Außerdem sollte der allgemeine Status und auch die Einschätzung der Erfolgsaussichten regelmäßig geprüft und dokumentiert werden. Dies verringert ein etwaig verbleibendes Haftungsrisiko weiter.

f) Fazit

471 Grundsätzlich lässt sich damit festhalten, dass ein Überbrückungskredit für eine angemessene Dauer zur Erstellung und Plausibilisierung des Sanierungsgutachtens sowie der Implementierung einer etwaigen Sanierungsfinanzierung unter konkreter Berücksichtigung des Einzelfalls (relevante Faktoren sind z.B. Größe des Unternehmens, Finanzierungsstruktur, Anzahl der Gläubiger) gewährt werden kann. Abweichungen von diesem Regelfall sind möglich, aber zu begründen. Voraussetzung ist aber immer, dass eine überwiegende Wahrscheinlichkeit besteht, dass die Sanierung Erfolg hat. Je mehr von dem Standardfall eines Überbrückungskredits abgewichen wird, desto höhere Anforderungen sind an die Dokumentation der weiterhin gegebenen überwiegenden Wahrscheinlichkeit zu stellen. Als frisches Geld, noch dazu in der Krise, sollte ein Überbrückungskredit wirtschaftlich an sich nur gegen Sicherheiten gewährt werden. Dies scheitert häufig in der Praxis am Fehlen von werthaltigen Sicherheiten. Durch vertragliche Abreden zumindest mit den anderen Kreditgebern ist sicherzustellen, dass der Überbrückungskredit im Insolvenzfall vorrangig vor den Altkrediten zurückzuführen ist (sog. *Turn-Over-Agreement*).

---

405 Buth/Hermanns-*Kemper*, Restrukturierung, Sanierung, Insolvenz, § 3 Rn. 74; vgl. auch *Bales*, ZInsO 2023, 3, 20; *Dahl*, NJW-Spezial 2017, 21.

13. Einholung eines Sanierungsgutachtens

a) Anlass

Gründe für die Einholung eines Sanierungsgutachtens gibt es aus Sicht der finanzierenden Banken zur Genüge: (I) Vermeidung einer Anfechtbarkeit, insbesondere wegen vorsätzlicher Gläubigerbenachteiligung nach § 133 InsO, (II) Vermeidung der Nichtigkeit der Bestellung von Sicherheiten nach § 138 BGB, (III) Vermeidung einer Insolvenzverschleppungshaftung nach § 826 BGB, (IV) die Nutzung des Sanierungsprivilegs nach § 39 Abs. 4 Satz 2 InsO, (V) die Vermeidung des Vorwurfes der Beihilfe zur Insolvenzverschleppung, (VI) die Vorbereitung eines Insolvenzplanes, (VII) (früher) zum Erlass von Steuern aufgrund des Sanierungserlasses, (VIII) als Voraussetzung für die Gewährung staatlicher Beihilfen sowie, (IX) weil es aufsichtsrechtlich gefordert ist (MaRisk BTO 1.2.5).[406] 472

MaRisk BTO 1.2.5 Ziffer 4 lautet: 473

> *»Zieht ein Institut die Begleitung einer Sanierung in Betracht, hat es sich ein Sanierungskonzept zur Beurteilung der Sanierungsfähigkeit des Kreditnehmers vorlegen zu lassen und auf dieser Grundlage ein eigenständiges Urteil darüber zu treffen, ob eine Sanierung erreicht werden kann.«* 474

Daraus folgt, dass bei der beabsichtigten Begleitung eines Unternehmens in der Krise bei seiner Sanierung durch die Bank ein Sanierungsgutachten einzuholen ist. Dies aus gutem Grund: Gerade in einer Krise des Kreditnehmers sollen die Entscheidungen auf informierter Basis getroffen werden. Das kann aber nur geschehen, wenn sich ein Kenner der Materie einen Überblick über die Krisenursachen verschafft und sich Gedanken über Maßnahmen zu deren Beseitigung und über deren Erfolgsaussichten gemacht hat. 475

Selbst wenn man die aufsichtsrechtlichen Anforderungen außer Betracht lässt, kommt die Bank spätestens dann, wenn Kreditmaßnahmen in der Krise anstehen, nicht darum herum, auf die Vorlage eines Sanierungsgutachtens zu bestehen, wenn sie eine Verwirklichung der oben (s. Rdn. 252 ff.) angesprochenen zivilrechtlichen Haftungsgrundlagen vermeiden möchte. 476

b) Ersteller

Steht fest, dass ein Sanierungsgutachten notwendig ist, stellt sich die Frage, wer es erstellen soll. Die Rechtsprechung sagt diesbezüglich nur, dass es sich um einen branchenkundigen Wirtschaftsfachmann handeln muss.[407] Des Weiteren muss dieser unvoreingenommen sein[408] – dies bedeutet insbesondere unabhängig vom Kreditnehmer, nicht notwendigerweise von der finanzierenden Bank. Daraus folgt zweierlei: Hat die Bank die notwendige Expertise kann sie insbesondere in einfach gelagerten Fällen das Sanierungsgutachten selbst erstellen. Allerdings ist ein von einem sowohl von dem Kreditnehmer als auch von der Bank unabhängigen Dritten erstelltes Sanierungsgutachten überzeugender, wenn es um die Abwehr von Ansprüchen gegen die Bank geht. Bei einem im eigenen Haus erstellten Gutachten ist der Vorwurf der Voreingenommenheit leichter bei der Hand als bei einem externen Dritten. Daraus folgt aber zumindest, dass die Bank nicht gehindert ist, den unvoreingenommenen Dritten zu bestimmen, der das Sanierungsgutachten erstellt. Daran ändert sich auch nichts dadurch, dass der Kreditnehmer regelmäßig den Sanierungsgutachter beauftragt und die Kosten für die Erstellung eines Sanierungsgutachtens tragen muss. Auch wenn das Management des Kreditnehmers ein Interesse an dem Sanierungsgutachten haben mag, sei es zur Vermeidung eines eigenen Haftungsrisikos, sei es um erfolgsversprechende Sanierungsschritte aufgezeigt zu bekommen, so ist der Sanierungsgutachter primär im Interesse der Banken tätig. Dieser könnte ohne Weiteres durch die Banken beauftragt und bezahlt werden. Nur vor dem Hintergrund, dass insbesondere Letzteres von den Banken nicht gewünscht ist, kommt es in der Praxis zu den Dis- 477

406 Vgl. die instruktive Übersicht bei *Andersch*, Sanierungskonzepte und Sanierungsgutachten, S. 14 f.
407 BGH, NJW 1998, 1561, 1564; *Bales*, ZInsO 2023, 3, 10.
408 BGH, NJW 1998, 1561, 1564.

kussionen über die Person des Sanierungsgutachters, weil das Management versucht, einen ihm genehmen (und gefügigen) Sanierungsgutachter einzusetzen. Aus rechtlichen Gründen ist dies nicht gefordert. Die Bank kann vielmehr auf dem von ihr präferierten Sanierungsgutachter bestehen. Am Ende ist es ihr Gutachter zur Vermeidung ihres Haftungsrisikos. Darin liegt auch keine wie auch immer geartete faktische Geschäftsführung. Niemand käme auf den Gedanken, von faktischer Geschäftsführung zu sprechen, wenn die Bank den Sanierungsgutachter selbst beauftragen würde. Die Voraussetzungen für eine faktische Geschäftsführung (s.o. Rdn. 346 ff.) liegen schlicht nicht vor, insbesondere fehlt es an einem Auftreten der Bank für das Unternehmen im Außenverhältnis.

478 Allerdings sollte – auch wenn keine rechtlichen Gründe hier dagegen sprechen – nicht der offene Konflikt mit dem Kreditnehmer gesucht werden. Der Sanierungsgutachter benötigt Zugang zu dem Unternehmen, Zugang zu den Managern und nur das Unternehmen kann ihn mit allen notwendigen Informationen versorgen. Zumindest dieser Umstand rechtfertigt es, dass der Gutachter tatsächlich von dem Unternehmen und nicht von den Banken beauftragt wird, da der Gutachter dann bereits in seinem Auftragsschreiben die entsprechenden Punkte klären, auf die Mitwirkung des Unternehmens drängen und das Unternehmen dazu auch verpflichten kann und am Ende vom Management des Unternehmens auch eine Vollständigkeitserklärung unterzeichnet bekommt. Ein nur von der Bank beauftragter Sanierungsgutachter könnte dies nicht.

479 Dringend davon abzuraten ist, den Abschlussprüfer der Gesellschaft mit einem Sanierungsgutachten zu beauftragen[409], da dieser letztlich bzgl. der Zahlen aus der Vergangenheit sich selbst prüfen müsste. Dies gilt selbst dann, wenn er das Sanierungskonzept und die Sanierungsplanung nicht selbst erstellt hat. Hier liegt am Ende der Vorwurf fehlender Unvoreingenommenheit auf der Hand.

c) Inhalt

480 Steht die Person des Gutachters fest, stellt sich die Frage nach dem Inhalt des Sanierungsgutachtens.

481 In der Praxis durchgesetzt hat sich hierbei ein gemäß dem Standard IDW S 6[410] erstelltes Sanierungsgutachten.[411] Wegen der Bindung der Wirtschaftsprüfer an die Standards des IDW steht dies bei der Erstellung durch Wirtschaftsprüfer regelmäßig außer Diskussion.[412] Andere Ersteller akzeptieren häufig eine Erstellung »*in Anlehnung*« an den Standard IDW S 6. Der Standard IDW S 6 ist nicht unumstritten. Es findet mittlerweile eine regelmäßige Anpassung bzw. Konkretisierung statt, wobei festzustellen ist, dass einige Kritikpunkte in der Tat behoben, dafür gelegentlich auch neue Kritikpunkte geschaffen werden.

Es würde an dieser Stelle zu weit führen, die Diskussion um den IDW S 6 Standard nachzeichnen zu wollen. Dies ist aus juristischer Sicht allerdings auch nicht notwendig. Zwar ist anerkannt, dass ein gemäß dem IDW Standard S6 erstelltes Sanierungsgutachten auch den von der Rechtsprechung aufgestellten Erfordernissen entspricht.[413] Keinesfalls verlangt aber die Rechtsprechung die Beachtung des IDW S 6 Standards. Ein Großteil der Diskussion dürfte auch weniger den abstrakten inhaltlichen Anforderungen des S 6 Standards geschuldet sein, als dass der Umfang der Sanierungsgutachten (und damit auch die Kosten) in der Praxis immer mehr zugenommen haben. Sanierungsgutachten für mittelständische Unternehmen, die inklusive Anlagenbände mehrere hundert Seiten erreichen, sind weder von dem Standard gefordert noch hilfreich. Auch ein Richter wird diese hunderte von Seiten wahrscheinlich nur mit eingeschränkter Begeisterung durcharbeiten, wenn ihm ein solches Sanierungsgutachten zum Beweis vorgelegt wird. Ebenso wenig gefordert und hilfreich ist es, wenn sich die ersten 80 Seiten eines Sanierungsgutachtens eher wie ein Emissionsprospekt für einen Börsengang lesen, weil dem Management mit Weltmarkführerschaft, Hidden Champion,

---

409 Auch wenn der IDW S 6 Standard in dieser Hinsicht flexibler ist, vgl. dort IDW Life 2018, 813, Tz. 38.

410 IDW Standard: Anforderung an die Erstellung von Sanierungskonzepten (IDW S 6).

411 *Becker/Martin/Müller/Wobbe*, DStR 2012, 981.

412 Vgl. *Andersch*, Sanierungskonzepte und Sanierungsgutachten, S. 45.

413 *Hermanns/Krummen*, ZInsO 2017, 461, 463.

guter Corporate Governance etc. geschmeichelt wird und man erst dann zu der Krise und den Krisenursachen kommt. Es werden auch keine seitenlangen Zahlenfriedhöfe bis in die letzte Beteiligungsgesellschaft benötigt, die für eine Sanierung vollkommen irrelevant sind. Hier kann nur allen Beteiligten angeraten werden, sich auf das Wesentliche eines Sanierungsgutachtens zu konzentrieren und sich selbst zu beschränken. Dann taugt der Standard des IDW S 6 und dann ebbt auch die Kritik an diesem ab. Wird er nämlich sinnvoll angewandt, bietet gerade die Standardisierung Effizienzvorteile, weil dann von vornherein feststeht, was zu erwarten ist und was wo im Sanierungsgutachten stehen sollte.

Die Anforderungen der (höchstrichterlichen) Rechtsprechung an ein Sanierungskonzept und an ein Sanierungsgutachten sind schnell aufgezählt. Die Rechtsprechung erfordert in ständiger Rechtsprechung Folgendes: **482**

Dem Sanierungsgutachter lagen die vorgeschriebenen oder üblichen Buchhaltungsunterlagen zeitnah vor.[414] **483**

Das Sanierungsgutachten **484**
- geht von den erkannten und erkennbaren tatsächlichen Gegebenheiten aus und ist nicht offensichtlich undurchführbar;[415]
- enthält eine Analyse der wirtschaftlichen Lage des Unternehmens im Rahmen seiner Wirtschaftsbranche und erfasst die Krisenursachen;[416]
- beurteilt die Vermögens-, Ertrags- und Finanzlage des Unternehmens;[417]
- nimmt dazu Stellung, ob das Unternehmen objektiv sanierungsfähig ist und die für die Sanierung konkret in Angriff genommenen Maßnahmen insgesamt objektiv geeignet sind, das Unternehmen in überschaubarer Zeit zu sanieren; und[418]
- nimmt dazu Stellung, inwieweit die geplanten Sanierungsmaßnahmen jedenfalls in den Anfängen schon in die Tat umgesetzt, d.h. die Sanierungsaktivitäten schon objektiv sachgerecht eingeleitet worden sind.[419]

Abgeschlossen werden sollte dies mit einer zusammenfassenden Gesamtaussage zur objektiven Sanierungsfähigkeit des Unternehmens, um etwaige Unklarheiten zu vermeiden. Bedingungen sollten in dieser Gesamtaussage so weit wie möglich vermieden werden.[420] **485**

Das vom Sanierungsgutachter vorgelegte Sanierungsgutachten darf nicht nur einfach zu den Akten der Bank genommen werden. Es ist vielmehr auf Plausibilität zu prüfen.[421] Eine fachmännische Überprüfung, womöglich sogar durch Dritte, hat jedoch nicht zu erfolgen.[422] Liegt die Erstellung schon einige Zeit zurück, bevor die angedachten Maßnahmen umgesetzt werden, ist bei Zweifeln daran, ob die zugrunde gelegten wirtschaftlichen Parameter noch stimmen, ein Nachtrag zu dem ursprünglichen Gutachten einzuholen. Bei gravierenden Abweichungen ist ein komplettes Update des ursprünglichen Sanierungsgutachtens vorzunehmen. **486**

Mehr ist, zumindest von der Rechtsprechung, nicht gefordert. **487**

---

414 BGH, NJW 1998, 1561, 1564; BGH, NZI 2016, 636, 637.
415 BGH, NJW 1998, 1561, 1563.
416 BGH, NJW 1998, 1561, 1564; BGH, NZI 2016, 636, 638.
417 BGH, NZI 2016, 636, 638.
418 BGH, BKR 2006, 452, 455.
419 BGH, ZIP 1993, 276, 279; BGH, NZI 2016, 636, 637.
420 *Andersch*, Sanierungskonzepte und Sanierungsgutachten, S. 148 ff.
421 *Urlaub/Kamp*, ZIP 2014, 1465, 1469 m.w.N.; *Bales*, ZInsO 2023, 3, 10.
422 BGH, NZI 2016, 636.

14. Kündigung

a) Kreditkündigung

488 In der Praxis ist eine Kündigung eines Kredits durch den Kreditgeber immer *ultima ratio*. Dafür sprechen allein schon wirtschaftliche Gründe, da gerade in der Krise die Kündigung regelmäßig zur Zahlungsunfähigkeit und damit zur Insolvenz des Kreditnehmers führen dürfte. Abgesehen von vollständig abgesicherten Kreditgebern, ist eine Kündigung mit anschließender Insolvenz wirtschaftlich regelmäßig wertvernichtend. Etwas anderes gilt nur in dem Fall, dass die Kreditgeber den Weg der Kündigung (und damit der Insolvenz) deshalb wählen, weil sie befürchten, dass bei weiterem Zeitverlust sich der Wert ihrer Sicherheiten verschlechtert. Festzuhalten ist aber als Ausgangspunkt, dass das Kündigungsrecht in der Krise regelmäßig besteht. Es kann jedoch – wie sonst auch – unter bestimmten Umständen eingeschränkt sein, sodass auch in dieser Hinsicht die jeweiligen Umstände des Einzelfalls entscheidend für die Beantwortung der Frage sind, ob eine Kündigung rechtlich unproblematisch oder mit möglichen Haftungsrisiken verbunden ist.

aa) Haftung gegenüber dem Schuldner

489 Der Schuldner kann einen Schadensersatzanspruch gegen den Darlehensgeber wegen Vertragsverletzung gem. § 280 Abs. 1 BGB oder wegen vorsätzlicher sittenwidriger Schädigung gem. § 826 BGB haben. Dieser setzt die Rechtswidrigkeit der Kündigung voraus. In der Rechtsprechung haben sich dazu verschiedene Fallgruppen herausgebildet:

aaa) Ernstlicher Anlass

490 Der BGH hat gelegentlich verlangt, dass für eine ordentliche Kündigung ein ernstlicher Anlass vorliegen muss.[423] Auch wenn dieses Konzept nicht einheitlich von den Gerichten angewandt wird und wiederholt als unangemessen kritisiert wurde,[424] kann es durchaus geeignet sein, den Minimumstandard für eine Kündigung – sei es eine ordentliche, sei es eine außerordentliche – zu definieren. Die Schwelle für einen ernstlichen Anlass ist dabei wesentlich niedriger anzusetzen als die für einen wichtigen Grund.[425] Vor dem Hintergrund des uneinheitlichen Anwendungsbereichs ist es aber schwierig, dieses Thema von dem Konzept der rechtsmissbräuchlichen Kündigung (s.u. Rdn. 494 ff.) zu unterscheiden.

bbb) Kündigung zur Unzeit

491 Es ist allgemeine Auffassung, dass das Recht eines Kreditgebers zur (gesetzlichen) ordentlichen Kündigung eingeschränkt wird durch das Verbot der Kündigung zur Unzeit. Der Kreditgeber ist danach verpflichtet, den Kreditnehmer vor einer ordentlichen Kündigung zu benachrichtigen, um dem Kreditnehmer zu ermöglichen, sich liquide Mittel aus anderen Quellen zu beschaffen. Eine Kündigung zur Unzeit ist zwar rechtswidrig und verpflichtet den Kündigenden zum Schadensersatz analog §§ 627 Abs. 2, 671 Abs. 2, 675, 723 Abs. 2 BGB. Sie macht die Kündigung aber nicht unwirksam.

492 Es ist nicht gänzlich klar, ob das Konzept der Kündigung zur Unzeit auch für vertraglich vereinbarte (außerordentliche) Kündigungsrechte gilt.

493 Die herrschende – und richtige – Ansicht meint, dass dieses Konzept das Recht des Kreditgebers zur außerordentlichen Kündigung aus wichtigem Grund nicht einschränkt, egal, ob auf gesetzlicher oder vertraglicher Grundlage. Begründet wird dies damit, dass die Interessen des Kreditnehmers bereits bei der Vereinbarung des wichtigen Grundes berücksichtigt wurden, sodass dieses Prinzip nicht mehr zur Anwendung kommen kann, wenn ein wichtiger Grund vorliegt. Allerdings ist zu

---

423 BGH, WM 1977, 834, 835; BGH, WM 1983, 1038; BGH, WM 1986, 605, 606; BGH, WM 1987, 921, 922.

424 MK-BGB/*Berger*, § 488 Rn. 239; Soergel-*Seifert*, BGB, § 488 Rn. 193 f.

425 BGH, WM 1977, 834, 835.

berücksichtigen, dass bei einer extensiven vertraglichen Festlegung von Kündigungsgründen, die dem Kreditgeber ein Kündigungsrecht auch weit unterhalb der Schwelle gewähren, bei der eine (gesetzliche) Kündigung aus wichtigem Grund möglich wäre, nicht so leicht von der Hand zu weisen ist, dass dann doch das Verbot der Kündigung zur Unzeit greift, insbesondere wenn keine Heilungsfrist für die Kündigungsgründe vorgesehen ist. Ausreichende Heilungs- oder Ankündigungsfristen in den kreditvertraglichen Regelungen verringern daher diese Gefahr.

ccc) Einwand des Rechtsmissbrauchs

Die Ausübung eines Kündigungsrechts unterliegt dem Grundsatz von Treu und Glauben gem. § 242 BGB.[426] Gemäß diesem Grundsatz müssen die berechtigten/schutzwürdigen Belange des Schuldners bei der Frage berücksichtigt werden, ob ein Kündigungsrecht ausgeübt werden kann oder nicht.[427] Die Kündigung des Darlehensgebers stellt rechtsmissbräuchliches Verhalten dar, wenn auf die Belange des Schuldners nicht ausreichend Rücksicht genommen wird. Ein Verstoß gegen das Gebot der Rücksichtnahme liegt vor, wenn dem Darlehensgeber unter Berücksichtigung aller Umstände und unter Abwägung der Interessen beider Vertragspartner die Fortsetzung des Darlehensvertrages zuzumuten ist. Der Bundesgerichtshof verlangt regelmäßig eine Würdigung der Umstände des Einzelfalles und eine Interessenabwägung zwischen Kreditgeber und Kreditnehmer, wie sie sich ausdrücklich auch aus § 314 Abs. 1 BGB ergibt. Es muss für die kündigende Partei unzumutbar sein, den Vertrag fortzusetzen. 494

Insbesondere kann der Grundsatz von Treu und Glauben verlangen, dass der Darlehensgeber dem Darlehensnehmer einen Warnhinweis gibt und um Abhilfe bittet, oder darum, zukünftige Verstöße zu unterlassen.[428] Dies hat seine gesetzliche Ausprägung in § 314 BGB hinsichtlich der Kündigung aus wichtigen Grund gefunden, gilt jedoch für sämtliche Kündigungsrechte. In diesen Fällen wäre die Ausübung eines Kündigungsrechtes unter Berufung auf einen solchen Verstoß unwirksam.[429] Auf der anderen Seite ist der Darlehensgeber grundsätzlich nicht verpflichtet, eine Warnung auszusprechen, bevor er aus wichtigen Grund kündigt[430] und es wäre inkonsequent, ein vertragliches Kündigungsrecht in dieser Hinsicht anders zu behandeln. 495

Das Prinzip von Treu und Glauben kann auch Schranken setzen bei kleineren Vertragsverstößen durch den Kreditnehmer, welche die Position des Kreditgebers nicht negativ beeinflussen. Allerdings gibt es keine Regel des deutschen Rechts, dass geringfügige Verstöße folgenlos bleiben oder dass die Folgen einer Kündigung verhältnismäßig zum Verstoß sein müssen.[431] Es gibt kaum veröffentlichte Entscheidungen unterhalb der Schwelle des wichtigen Grundes. Des Weiteren wird regelmäßig betont, dass der Vorwurf des Rechtsmissbrauches eine seltene Ausnahme sein und nicht verfrüht 496

426 *Canaris*, ZHR 143 (1979) 113, 130; *Hopt*, ZHR 143 (1979), 139, 163 (für vertragliche Kündigungsrechte); BGH, WM 1977, 834, 835; BGH, WM 1985, 1128, 1136; 1985, 1437; OLG Hamm WM 1985, 1411, 1413; MK-BGB/*Berger*, § 488 Rn. 236, § 490 Rn. 55; Schwintowski-*Korff*, Bankrecht, Kap. 16 Rn. 334; Soergel-*Seifert*, BGB, § 488 Rn. 193, 195 (für ordentliches Kündigungsrecht); BGH, WM 1979, 1176, 1179; Schönfelder/Früh/Müller-*Arends* in: Bankrecht und Bankpraxis, Stand 06.19, Rn. 3/159; Schwintowski-*Korff*, Bankrecht, Kap. 16 Rn. 395 (für Kündigung aus wichtigen Grund).

427 BGH, WM 1984, 586 (für ordentliche und außerordentliche Kündigung); OLG Zweibrücken, WM 1984, 1635, 1638 (für außerordentliche Kündigung); Schönfelder/Früh/Müller-*Arends*, in: Bankrecht und Bankpraxis, Stand 06.19, Rn. 3/159; Ellenberger/Bunte/*Samhat*, Bankrechts-Handbuch, § 54 Rn. 54 (für ordentliche und außerordentliche Kündigung); MK-BGB/*Berger*, § 488 Rn. 236; Schwintowski-*Korff*, Bankrecht, Kap. 16 Rn. 395.

428 BGH, WM 1978, 234, 236; BGH, WM 1979, 1176, 1179.

429 BGH, WM 1978, 234, 236; BGH, WM 1979, 1176, 1179; *Hopt*, ZHR 143 (1979), 139, 161 f.; Schwintowski-*Korff*, Bankrecht, Kap. 16 Rn. 395 (für Kündigung aus wichtigen Grund).

430 BGH, WM 1978, 234, 235 f.; BGH, 1986, 605, 606; *Hopt*, ZHR 143 (1979), 139, 161.

431 Grüneberg-*Grüneberg*, BGB, § 242 Rn. 53 f.

angenommen werden sollte.[432] Allerdings wird die besondere Natur eines langdauernden Schuldverhältnisses unter einem Kreditvertrag von den Gerichten bei geringfügigen Verstößen mit in Betracht gezogen werden.[433] Auch wenn dies vorwiegend im Zusammenhang mit ordentlichen Kündigungen diskutiert wird, spricht einiges dafür, dass die Gerichte dies auch bei (außerordentlichen) vertraglichen Kündigungsrechten in Betracht ziehen, da § 490 Abs. 1 BGB sowohl eine wesentliche Verschlechterung der wirtschaftlichen Situation des Schuldners, als auch eine Gefährdung der Rückzahlung des Kredits fordert. Vor diesem Hintergrund besteht ein Risiko, dass geringfügige Verstöße, die den Schuldner oder seine wirtschaftliche Situation nicht wirklich berühren, wahrscheinlich als Rechtfertigung für eine außerordentliche Kündigung nicht ausreichen, da regelmäßig die Folgen für den Schuldner schwerwiegend sein werden.[434] Auf der anderen Seite muss eine nachteilige Wirkung für die Gläubiger nicht notwendigerweise die Möglichkeit des Schuldners zur Zurückzahlung des Darlehens beeinflussen. Ein Beispiel wäre die beharrliche Verletzung von Informations- und Berichtspflichten. § 314 BGB wiederum berechtigt den Gläubiger zur Kündigung auch aus Gründen, die mit der finanziellen Leistungsfähigkeit des Schuldners nichts zu tun haben. Von daher kann vertraglichen Kündigungsrechten mit der gleichen Wirkung nicht die Wirksamkeit abgesprochen werden.

497 In den Fällen, in denen sich der Kreditgeber auf ein vertragliches Kündigungsrecht verlassen kann, welches nicht schlicht auf einen »wichtigen Grund« verweist, wendet der Bundesgerichtshof obenstehenden Test nicht an, um herauszufinden, ob die vertraglichen Kündigungsvoraussetzungen vorliegen. Dies stimmt mit der Grundregel überein, dass die Parteien grundsätzlich frei darin sind, zusätzliche Kündigungsgründe festzulegen. Wenn sich die Parteien auf bestimmte Kündigungsgründe geeinigt haben, dann haben sie im Voraus schon festgelegt, unter welchen Umständen der Kreditgeber das ausgereichte Darlehen zurückfordern kann. Nach richtiger Ansicht – wenn auch nicht durch Gerichtsentscheidungen bestätigt – ist für die Beurteilung des Vorliegens eines Kündigungsrechts daher primär auf die vertraglichen Regelungen abzustellen.

498 Bei der Auslegung der entsprechenden Kündigungsklauseln mit den darin enthaltenen vertraglichen oder gesetzlichen Verweisungen müssen allerdings die Umstände des jeweiligen Einzelfalles berücksichtigt und eine Interessenabwägung vorgenommen werden. Dies gilt insbesondere für generische Klauseln mit Auslegungsspielraum, wie *Material Adverse Change* Klauseln oder Klauseln, die an einen *Material Adverse Effect* anknüpfen. Solche Klauseln sind notwendigerweise interpretationsbedürftig und interpretationsfähig im Hinblick auf den Einzelfall und bedürfen der Interessenabwägung. Dies unterscheidet diese Frage zunächst von der Frage, ob überhaupt ein wichtiger Grund vorliegt, da die zugrunde liegenden Klauseln hier häufig den Rahmen schon vorgeben. Das Ergebnis mag aber ähnlich sein, je nachdem wie viel Interpretationsraum die betreffenden Klauseln lassen. Man denke nur an den Fall, wenn vertraglich schlicht eine Kündigung »aus wichtigem Grund« zugelassen wird.

499 Dort, wo kein Auslegungsspielraum besteht und daher eine Interessenabwägung offenkundig nicht vorgenommen werden kann, werden die Gerichte wahrscheinlich dennoch die dargestellten Grundsätze anwenden, um die Interessen des Kreditnehmers zu berücksichtigen und um ungerechte Ergebnisse zu vermeiden.

---

432 Schönfelder/Früh/Müller-*Arends*, in: Bankrecht und Bankpraxis, Stand 06.19, Rn. 3/150, 3/162; MK-BGB/*Berger*, § 488 Rn. 237.

433 Ellenberger/Bunte, Bankrechts-Handbuch, § 54 Rn. 57.

434 MK-BGB/*Berger*, § 488 Rn. 239; Schwintowski-*Korff*, Bankrecht, Kap. 16 Rn. 334.

ddd) Kündigung eines Sanierungskredits

Die ordentliche Kündigung von Sanierungskrediten ist nach Rechtsprechung des BGH[435] und der Literatur aufgrund des vereinbarten Sanierungszwecks konkludent ausgeschlossen[436], sodass jede ordentliche Kündigung rechtswidrig ist. Allenfalls die außerordentliche Kündigung kann bei Vorliegen eines wichtigen Grundes unter engen Voraussetzungen gerechtfertigt sein,[437] z.B. wenn aufgrund einer abweichenden Entwicklung keine hinreichenden Sanierungsaussichten bestehen oder der Schuldner gegen wesentliche Pflichten unter dem Kreditvertrag verstößt.[438] **500**

bb) Haftung gegenüber anderen Gläubigern oder sonstigen Dritten

Schadensersatzansprüche Dritter sind grundsätzlich ausgeschlossen. Allerdings besteht im Sonderfall von Sanierungskrediten die Pflicht des Darlehensgebers zur Interessenabwägung und eine besondere Berücksichtigung anderer Gläubiger, die auf die Mitwirkung des kreditgewährenden Darlehensgebers vertrauten und aus dem Grund eigene finanzielle Risiken eingegangen sind. Deshalb können andere Gläubiger bei fehlender Interessenberücksichtigung ggf. Schadensersatzansprüche gem. § 826 BGB geltend machen. **501**

b) Einzelne Beispiele für Kündigungsgründe

aa) Zahlungsverzug

Ein Zahlungsverzug von mehr als 25 % der jährlich ausstehenden Tilgung wurde als wichtiger Grund für eine Kündigung angesehen.[439] **502**

bb) Financial Covenants

Regelmäßig werden *Financial Covenants* mit einem gewissen Spielraum vereinbart, sodass nicht bereits jede unwesentliche negative Abweichung zu einem Kündigungsgrund führt. Soweit ersichtlich war eine Kündigung aufgrund eines Verstoßes gegen *Financial Covenants* bisher noch nicht Gegenstand einer Gerichtsentscheidung. Die Mehrheit der Kommentatoren vertritt den Standpunkt, dass ein Bruch von *Financial Covenants* grundsätzlich zu einer Kündigung berechtigt (auch wenn mögliche Einschränkungen des vertraglichen Kündigungsrechts nur selten diskutiert werden).[440] Dies ist sicher die richtige Ansicht, wenn die *Financial Covenants* richtig gesetzt sind, also insbesondere mit dem notwendigen Spielraum um übliche Schwankungen im Geschäft des Kreditnehmers zu berücksichtigen.[441] Ohne eine gerichtliche Klärung ist es jedoch unsicher, ob auch eine Kündigung in den Fällen hält, in denen der Bruch des *Financial Covenants* nicht dazu führt, dass der Kreditnehmer seinen Schuldendienst womöglich nicht leisten kann, insbesondere noch über genügend Liquidität verfügt. Wenn aber der Bruch der *Covenants* auf einer dauernden Underperformance des Geschäfts beruht, wird häufig auch eine wesentliche Verschlechterung der Vermögensverhältnisse i.S.d. § 490 BGB vorliegen.[442] Dementsprechend dürften Gerichte einem solchen Bruch eines *Covenants* auch nicht die Wesentlichkeit absprechen. In den Fällen aber, in denen der Kreditnehmer noch über die für den Schuldendienst **503**

---

435 BGH, NJW 2004, 3779.

436 Langenbucher/Bliesener/Spindler, Bankrechts-Kommentar, 31. Kap. Rn. 90–92; *Bales*, ZInsO 2023, 3, 16.

437 BGH, NJW 2004, 3782; *Waldburg*, ZInsO 2014, 1405, 1413.

438 Bales, ZInsO 2023, 3, 16.

439 BGH, WM 1999, 840, 841. S.a. MK-BGB/*Berger*, § 490 Rn. 49.

440 Ellenberger/Bunte-*Merkel/Richrath*, Bankrechts-Handbuch, § 77 Rn. 175; *Köndgen* in Prütting, Insolvenzrecht 1996, Financial Covenants, S. 127, 142, 149 f.; Ellenberger/Bunte-*Samhat*, Bankrechts-Handbuch, § 54 Rn. 268; MK-BGB/Berger, § 490 Rn. 57; Wittig, WM 1996, 1381, 1387.

441 *Wittig*, WM 1996, 1381, 1387.

442 Ellenberger/Bunte-*Samhat*, Bankrechts-Handbuch, § 54 Rn. 268; MK-BGB/*Berger*, § 490 Rn. 5. S.a. OLG Düsseldorf, WM 1978, 1300, 1303.

notwendige Liquidität verfügt und auch künftig von einem Schuldendienst ausgegangen werden kann, besteht das Risiko, dass die Gerichte eine Rechtswidrigkeit der Kündigung mangels eines Nachteils der berechtigten Interessen des Kreditgebers annehmen, zumindest dann, wenn der Bruch nicht auf vorsätzlichen Handlungen des Kreditnehmers beruht.

cc) Falsche Angaben

504 Falsche Angaben zu für die Kreditentscheidung erheblichen Umständen sind wiederholt als wichtige Gründe für eine Kündigung durch deutsche Gerichte angesehen worden.[443] Der Kreditnehmer ist verpflichtet, den Kreditgeber über alle für den Abschluss des Kredits relevanten Umstände zu informieren und eine Nichtbeachtung berechtigt den Kreditgeber im Allgemeinen zur Kündigung des Kredits.[444] Auch wenn sich eine Kausalität zwischen den fehlenden Angaben und der Kreditentscheidung nicht nachweisen lässt, mag die Kündigung aufgrund einer Störung des Vertrauensverhältnisses zulässig sein.

c) Allgemeine Geschäftsbedingungen

505 Für allgemeine Geschäftsbedingungen gem. §§ 305 ff. BGB gelten Sonderregeln. Diese unterliegen einer Inhaltskontrolle nach § 307 BGB. Eine Kündigungsklausel, die dem Maßstab des § 490 BGB oder des § 314 BGB nicht standhält, ist unwirksam, wenn sie den Kreditnehmer entgegen dem Gebot von Treu und Glauben unangemessen benachteiligt. Eine solche unangemessene Benachteiligung wird regelmäßig angenommen, wenn sie dem wesentlichen Grundgedanken der vorstehend genannten Kündigungsrechte widerspricht.

506 Daher ist es entscheidend, ob das Erfordernis eines wichtigen Grundes ein fundamentaler Grundsatz des Rechts in Bezug auf die Kündigung von Kreditverträgen ist oder nicht und somit die Freiheit der Kreditgeber, weitergehende Kündigungsrechte vorzusehen, einschränkt.

507 Leider haben die Gerichte bisher keine einheitliche Linie gefunden. Die meisten Entscheidungen haben sich mit Nr. 19 Abs. 3 (oder mit seinem Vorgänger, nämlich Nr. 17 Satz 2) der AGB-Banken, befasst, welche schon nach ihrem Wortlaut einen wichtigen Grund verlangen und welche seit Langem durch die Gerichte anerkannt sind. In den Fällen, in denen die AGB nicht ausdrücklich einen wichtigen Grund für eine Kündigung vorausgesetzt haben, haben einige Gerichte die entsprechende Klausel nicht auf das Erfordernis eines wichtigen Grundes geprüft.[445] Dies könnte als Erlaubnis für die Kreditgeber interpretiert werden, auch zusätzliche Kündigungsgründe zu vereinbaren.[446] Allerdings hat die Mehrzahl der Entscheidungen gefordert, dass die geforderten Kündigungstatbestände auch einen wichtigen Grund darstellen[447] und vor diesem Hintergrund vertreten einige Kommentatoren die Auffassung, dass für AGB das Vorliegen eines wichtigen Grundes unerlässlich ist.[448] Des Weiteren wird häufig betont, dass § 490 Abs. 1 BGB eine Leitbildfunktion zukommt, also einen wesentlichen Grundgedanken für Darlehensverträge darstellt.[449] Trifft dies zu, könnte eine Aus-

443 BGH, WM 1985, 1437; OLG Karlsruhe, BB 1972, 287, 287 f.

444 BGH, WM 1985, 1437; *Bales*, ZInsO 2023, 3, 39; *Wulfers*, in: Bankrecht und Bankpraxis, Stand 12.23, Rn. 1/584; Ellenberger/Bunte-*Bunte/Atze*, Bankrechts-Handbuch, § 3 Rn. 42.; Ellenberger/Bunte-*Samhat*, Bankrechts-Handbuch, § 54 Rn. 264; *Canaris*, ZHR 143 (1979) 113, 120; MK-BGB/*Berger*, § 490 Rn. 49; Schwintowski-*Samhat*, Bankrecht, Kap. 16 Rn. 380.

445 BGH, NJW 1980, 1625, 1626; OLG Frankfurt, WM 1977, 1291, 1293.

446 Vgl. *Obermüller*, Insolvenzrecht in der Bankpraxis, Rn. 5.341.

447 BGH, NJW 1986, 46, 48; BGH, NJW 1991, 2559, 2562; BGH, WM 1986, 605, 606.

448 *von Westphalen*, Vertragsrecht und AGB-Klauselwerke, Darlehensvertrag, Stand März 2023, Rn. 126; Wolf/Lindacher/Pfeiffer-*Schmidt*, AGB-Recht, S. 1436 f.

449 Ellenberger/Bunte-*Samhat*, Bankrechts-Handbuch, § 54 Rn. 211; *Freitag*, WM 2001, 2370, 2374; *Köndgen*, WM 2001, 1637, 1643; MK-BGB/*Berger*, § 490 Rn. 61; *Sonnenhol*, WM 2002, 1259, 1265. Aber s. Baumbach/Hopt, HGB, Nr. 19 AGB-Banken Rn. 5b; Schönfelder/Früh/Müller-*Arends* in: Bankrecht und Bankpraxis, Stand 06.19, Rn. 3/155 f.

weitung der Kündigungsgründe über einen wichtigen Grund hinaus nur mit großer Vorsicht vorgenommen werden. Vertragliche Kündigungsrechte in AGB müssten dann einen wichtigen Grund im Sinne dieser Vorschriften darstellen oder zumindest die Schwelle für eine Kündigung nicht wesentlich unterschreiten. Auf jeden Fall müssen die jeweiligen Klauseln die berechtigten/schutzwürdigen Belange des Kreditnehmers berücksichtigen.[450]

III. Mittelfristige Maßnahmen

1. Verstärktes Monitoring

Schon außerhalb der Krise ist ein Kreditinstitut verpflichtet, sich regelmäßig über die wirtschaftliche Situation seines Kreditnehmers zu unterrichten und entsprechende finanzielle Unterlagen (Jahresabschluss, sonstige Vermögensübersicht etc.) vorlegen zu lassen (vgl. § 18 KWG). Ein Verstoß dagegen ist bußgeldbewehrt (§ 56 Abs. 2 Nr. 5 KWG) und kann bankaufsichtsrechtliche Maßnahmen nach sich ziehen. 508

Zeigen sich Anzeichen einer Krise, ist es aus Sicht der finanzierenden Banken unerlässlich, die Überwachung des Kreditnehmers wesentlich engmaschiger zu fassen. Ein Quartalsreporting oder gar nur ein jährliches Reporting ist dann bei Weitem nicht ausreichend, da gegensteuernde Maßnahmen des Kreditgebers regelmäßig zu spät kämen. Bewährt hat sich dabei eine Umstellung auf ein monatliches Reporting, wobei bei Anzeichen für eine Liquiditätskrise auch ein wöchentlicher, rollierender, 13-Wochen-Liquiditätsplan angezeigt ist, um nicht von Liquiditätslücken überrascht zu werden. Darüber hinaus kommt das Verlangen nach Informationen bzgl. der Unternehmensbereiche in Betracht, die verantwortlich für die Krise sind. Dies können einzelne Projekte, bestimmte Geschäftsbereiche, Gesellschafterauseinandersetzungen oder Ähnliches sein. 509

Der Detailgrad der erforderlichen Informationen ist dabei im Einzelfall sowohl an den Erfordernissen des Kreditgebers, als auch an dem vom Unternehmen Machbaren auszurichten. Information ist wichtig und für den Finanzierer unerlässlich, bekämpft und beseitigt aber keine Krise. Ein Management, das nur noch damit beschäftigt ist, den Reporting-Verpflichtungen nachzukommen, hat weniger Zeit, sich um das normale Geschäft und um die Beseitigung der Krisenursachen zu kümmern. Das Problem wird verstärkt, wenn parallel auch noch ein Sanierungsgutachten erstellt werden muss, da dann im Unternehmen schnell der Eindruck entsteht, man sei nur noch mit der Aufbereitung und Zurverfügungstellung von Informationen befasst. 510

Da der Kreditvertrag regelmäßig solche detaillierten Informationsmöglichkeiten nicht vorsieht, werden entsprechende Erfordernisse regelmäßig bereits dann beauflagt, wenn ein Unternehmen wegen eines (drohenden) Bruchs von *Covenants* eine Verzichtsanfrage (*Waiver*) stellt. Das Erfordernis für ein engmaschiges Reporting entfällt später aber nicht bereits durch Abschluss einer Restrukturierungsvereinbarung (s.u. Rdn. 513 ff.). Vielmehr ist auch dann zumindest durch die Vorlage geeigneter Unterlagen, aber auch durch weitergehende Maßnahmen zu überwachen, dass das Unternehmen seinen Verpflichtungen unter der Restrukturierungsvereinbarung nachkommt und insbesondere auch etwaige in einem Sanierungsgutachten vorgesehen Sanierungsmaßnahmen umsetzt.[451] Weitergehende Maßnahmen können die explizite Einsetzung eines Überwachungsgremiums außerhalb der regulären *Corporate Governance* Struktur des Unternehmens sein, aber auch die Beauftragung eines externen Experten (z.B. des vormaligen Sanierungsgutachters), der dann über den Stand der Umsetzung sowohl an Banken als auch die anderen *Stakeholder* berichtet. Überflüssig wird ein entsprechendes Monitoringerfordernis an sich erst mit vollständiger Beseitigung der Krise. 511

450 BGH, WM 1981, 150, 151; BGH, NJW 1991, 2559, 2562; OLG Hamm, WM 1985, 1411, 1413. Dieses Erfordernis ist nun enthalten in Nr. 19 Abs. 3 der AGB-Banken.

451 Vgl. Langenbucher/Bliesener/Spindler-*Richter*, Bankrechts-Kommentar, 31. Kap. Rn. 66.

512 Ob ein Kreditinstitut aber auch im Interesse dritter Gläubiger zu einer laufenden Überwachung verpflichtet ist,[452] erscheint zweifelhaft. Im Eigeninteresse der Bank ist eine laufende Überwachung sicher zu fordern. Hinsichtlich des Fremdinteresses Dritter ist dies aber abzulehnen. Nimmt man nämlich diesen Gedanken ernst, dann müsste man als Rechtsfolge wiederum für den Fall des offenkundigen Scheiterns der Sanierung zu einer Pflicht zur Kündigung des Sanierungskredits kommen. Dies widerspricht aber dem Grundsatz, dass eine Bank die Interessen Dritter zunächst einmal nicht ihren eigenen Interessen voranstellen muss (das ursprüngliche Vorliegen eines ordnungsgemäßen Sanierungsgutachtens unterstellt) und deshalb grundsätzlich auch nicht verpflichtet ist, einen ausgereichten Kredit bei einem Scheitern der Sanierung zu kündigen. Sie kann, aber muss dies nicht tun.

2. Restrukturierungsvereinbarung/Sanierungsvereinbarung

513 Die Restrukturierungsvereinbarung (oder Sanierungsvereinbarung) ist in aller Regel die rechtliche Klammer, mit der die Sanierungsbeiträge der wesentlichen *Stakeholder* (in aller Regel zumindest: Gesellschaft, Gesellschafter, Banken) zusammengehalten werden. Einen zwingenden rechtlichen Grund für den Abschluss einer Restrukturierungsvereinbarung gibt es an sich nicht. Sie ist allerdings der einfachste Nachweis dafür, dass die wesentlichen *Stakeholder* sich verpflichtet haben, ihre im Sanierungsgutachten vorgesehenen Beiträge zu erbringen. In der Praxis hat sich daher der Abschluss einer Restrukturierungsvereinbarung eingebürgert, auch wenn der gleiche Effekt durch bilaterale Vereinbarungen ebenso erreicht werden könnte, die mittels aufschiebenden/auflösenden Bedingungen und mit Kündigungsmöglichkeiten miteinander verbunden sind. Dies wäre rechtstechnisch aber der deutlich kompliziertere Weg.

514 Abgesehen von der Verpflichtung der Gesellschaft zur Umsetzung des Sanierungskonzeptes, eventueller Sanierungsbeiträge der Gesellschafter (z.B. Zurverfügungstellung frischer Liquidität, Aufnahme eines Investors, Übertragung der Gesellschaftsanteile der Gesellschafter in eine doppelnützige Treuhand oder die Verpflichtung, die Anteile zu verkaufen) und der Sanierungsbeiträge der Banken, ist kaum eine allgemeingültige Beschreibung des Inhalts einer Restrukturierungsvereinbarung möglich. So können weitere *Stakeholder* (Kunden, Lieferanten oder das Management persönlich) eingebunden werden. In bestimmten Konstellationen bietet es sich an, zusätzliche Reporting-Pflichten für das Unternehmen während der Sanierung vorzusehen und ein spezielles Überwachungsgremium für die Sanierung einzurichten. Auch kann die Bestellung eines CRO[453] und/oder die weitere Begleitung durch einen Sanierungsberater vorgesehen werden. Die Restrukturierungsvereinbarung sollte eine Kündigungsmöglichkeit für die finanzierenden Banken enthalten, falls die Gesellschaft und/oder die Gesellschafter ihre vertraglichen Verpflichtungen nicht erfüllen.

515 Die Restrukturierungsvereinbarung ist ein Vertrag sui generis gem. § 311 BGB und grundsätzlich nicht beurkundungsbedürftig. Ist allerdings insbesondere die (Verpflichtung zur) Übertragung von GmbH-Geschäftsanteilen als Regelungsgegenstand vorgesehen, bedarf sie nach § 15 Abs. 3 bzw. Abs. 4 GmbHG der notariellen Beurkundung.

3. Sanierungskredit/Fresh Money

516 Grundsätzlich gilt als Sanierungskredit ein Neukredit, wobei als solcher neben der Ausreichung neuer Kreditmittel auch die Verlängerung der Laufzeit ausgelaufener Kreditlinien[454] sowie die Aufstockung bestehender Kreditlinien angesehen werden. Möglich ist selbstverständlich auch eine Kombination dieser Elemente.

---

452 So Langenbucher/Bliesener/Spindler-*Richter*, Bankrechts-Kommentar, 31. Kap. Rn. 66.

453 Chief Restructuring Officer.

454 *Theewen*, BKR 2003, 141, 143; *Schäffler*, BB 2006, 56, 58 will die Aufstockung nur bei Überschreiten eines bestimmten Größenkriteriums als Sanierungskredit behandeln und beruft sich dafür – wenig überzeugend – auf OLG Köln, ZIP 2002, 521.

Die Ausreichung eines Sanierungskredits kann regelmäßig nur auf Basis eines positiven Sanierungsgutachtens erfolgen, wenn der Kreditgeber etwaige Haftungsrisiken aus § 826 BGB wegen vorsätzlich sittenwidriger Schädigung, eine Unwirksamkeit nach § 138 BGB wegen Sittenwidrigkeit und eine etwaige Anfechtbarkeit von Sicherheiten vermeiden möchte (s. zu diesen Risiken oben unter Rdn. 449 ff.). **517**

a) Prüfung der Sanierungsfähigkeit

Nach einem Grundsatzurteil des BGH aus dem Jahr 1953[455] ist eine Bank, die einem insolvenzreifen Unternehmen zum Zwecke der Sanierung einen Kredit gegen Sicherheitsleistungen gewährt und dadurch bewirkt, dass möglicherweise Dritte zu ihrem Schaden über die Kreditwürdigkeit des Unternehmens getäuscht werden, in der Regel verpflichtet, vor der Krediteinräumung durch einen branchenkundigen Wirtschaftsfachmann eingehend und objektiv prüfen zu lassen, ob das Sanierungsvorhaben Erfolg verspricht.[456] Unterlässt sie diese Prüfung ohne stichhaltige Gründe oder konnte sie aufgrund der Prüfung nicht von den Erfolgsaussichten des Vorhabens überzeugt sein, dann handelt sie sittenwidrig. **518**

Dabei sind an die Pflicht zur Prüfung der Lage des Schuldners und der Entwicklungsmöglichkeit seines Geschäfts strengere Anforderungen zu stellen, wenn der Beweggrund für die Bewilligung des Sanierungskredites eigennützig war, was insbesondere dann der Fall ist, wenn die Bank befürchtet, der Kreditnehmer werde, falls eine Sanierung nicht versucht wird, auch die ihm von dem Gläubiger früher eingeräumten Kredite nicht zurückzahlen können.[457] **519**

In späteren Urteilen hat der BGH bekräftigt, dass die Stützung eines vor dem Zusammenbruch stehenden Unternehmens durch eine Bank wegen der Gefahren, die mit der Verzögerung des Konkurses für die Geschäftspartner des Unternehmens verbunden sind, eine sorgfältige Prüfung der Erfolgsaussichten der beabsichtigten Maßnahmen erfordere.[458] Dabei sei insbesondere den Ursachen der Krisenlage nachzugehen und zu überlegen, mit welchen Mitteln eine Gesundung erreicht werden kann.[459] Ein ernsthafter Sanierungsversuch setze mindestens ein in sich schlüssiges Konzept voraus, das von den erkannten und erkennbaren tatsächlichen Gegebenheiten ausgeht und nicht offensichtlich undurchführbar ist.[460] Sowohl für die Frage der Erkennbarkeit der Ausgangslage als auch für die Prognose der Durchführbarkeit sei auf die Beurteilung eines unvoreingenommenen – nicht notwendigerweise unbeteiligten –, branchenkundigen Fachmanns abzustellen, dem die vorgeschriebenen oder üblichen Buchhaltungsunterlagen zeitnah vorliegen. Eine solche Prüfung müsse die wirtschaftliche Lage des Schuldners im Rahmen seiner Wirtschaftsbranche analysieren und die Krisenursachen sowie die Vermögens-, Ertrags- und Finanzlage erfassen. Das gelte grundsätzlich auch für den Versuch der Sanierung eines kleineren Unternehmens, weil dabei ebenfalls Gläubiger in für sie beträchtlichem Umfang geschädigt werden können; lediglich das Ausmaß der Prüfung könne dem Umfang des Unternehmens und der verfügbaren Zeit angepasst werden.[461] **520**

Die Sanierungsprüfung muss allerdings nicht zu dem Ergebnis gelangen, dass jeder Zweifel an dem Gelingen der Sanierung ausgeschlossen ist, denn jedes Sanierungsvorhaben bringt zwangsläufig das Risiko eines Fehlschlags mit sich.[462] Erst wenn ernste Zweifel an dem Gelingen eines Sanierungsversuchs bestehen und deshalb damit zu rechnen ist, dass er den Zusammenbruch des Unternehmens allenfalls verzögern, aber nicht auf die Dauer verhindern wird, kann der Vorwurf sittenwidrigen **521**

---

455 BGH, NJW 1953, 1665.
456 *Bales*, ZInsO 2023, 3, 15.
457 BGH, NJW 1953, 1665, 1666; *Bales*, ZInsO 2023, 3, 14.
458 *Bales*, ZInsO 2023, 3, 13 f.
459 BGH, NJW 1986, 837, 841; *Bales*, ZInsO 2023, 3, 9 f. mit Mindestanforderungen an das Sanierungskonzept.
460 Vgl. BGH, DB 2018, 2175 f., *Bales*, ZInsO 2023, 3, 9 f.
461 BGH, NJW 1998, 1561, 1564.
462 *Ahnert*, BKR 2002, 254, 258.

Handelns zum Schaden der Gläubiger berechtigt sein.[463] Die Bank handelt daher sittenwidrig, wenn sie um eigener Vorteile willen die letztlich unvermeidliche Insolvenz eines Unternehmens nur hinausschiebt, um sich in Kenntnis der Zahlungsunfähigkeit des Kreditnehmers beschleunigt vor anderen Gläubigern zu befriedigen.[464]

522 Aus diesen Gerichtsentscheidungen wird geschlossen, dass eine Bank nicht sittenwidrig handelt, wenn vor der Kreditgewährung eine ordnungsgemäße Sanierungsprüfung vorgenommen wurde, die belegt, dass die geplante Sanierung Aussicht auf Erfolg hat.[465] Stützt sie sich dabei auf ein durch einen externen Sanierungsgutachter erstelltes Sanierungsgutachten, ist dieses durch das Kreditinstitut auf offensichtliche Lücken und Unrichtigkeiten zu überprüfen (Plausibilitätskontrolle), um – falls das Gutachten solche enthält – nicht dem Vorwurf ausgesetzt zu sein, es hätte sich der Tatsache der fehlenden Sanierungsfähigkeit leichtfertig verschlossen.[466] Eine Garantie für den (wirtschaftlichen) Erfolg des Sanierungskonzepts muss nicht gegeben sein. Ein Erfolg des Sanierungskonzepts setzt aber zumindest eine Durchfinanzierung der Gesellschaft voraus. Wenn nämlich ein ernsthafter Sanierungsversuch mindestens ein Sanierungskonzept voraussetzt, »das von den erkannten und erkennbaren Gegebenheiten ausgeht und nicht offensichtlich undurchführbar ist«[467], muss Bestandteil des Sanierungskonzepts auch die Durchfinanzierung der Gesellschaft sein. Ansonsten wäre das Sanierungskonzept offensichtlich undurchführbar.

b) Durchfinanzierung

523 Fraglich ist, mit welchem Grad an Gewissheit die einzelnen Finanzierungsbausteine gegeben sein müssen, um von einer Durchfinanzierung ausgehen zu können. Reicht es für die Durchfinanzierung also aus, dass zwar belegbar – bspw. durch eine objektive Einschätzung eines Sanierungsgutachters oder eines M&A Beraters – ein (entscheidender) Finanzierungsbaustein zumindest mit einer überwiegenden Wahrscheinlichkeit zu erwarten, dieser aber vertraglich noch nicht gesichert ist? Oder ist zumindest für die wesentlichen Finanzierungsbausteine für eine Durchfinanzierung notwendig, dass eine vertragliche Verpflichtung dieses Finanzierungspartners bereits bei dem Einstieg in die Sanierungsfinanzierung besteht?

524 Eine Recherche in Rechtsprechung und Literatur hierzu ist unergiebig. Das Thema wird praktisch nicht thematisiert. Auch dies ist aber bereits eine Aussage. Auf der anderen Seite ist es sicher auch unbestreitbar, dass die Bank aus eigenem Interesse einen großen Wert auf eine vertragliche Fixierung legen sollte, um nicht während der Laufzeit des Sanierungskredits dadurch überrascht zu werden, dass sich plötzlich Finanzierungslücken auftun, weil Finanzierungspartner überraschend nicht zur Verfügung stehen. Dies bedeutet aber nicht, dass sich ohne eine solche vertragliche Fixierung eine Bank haftbar machen würde. Auch hier muss es unter § 826 BGB nach dem oben Ausgeführten ausreichen, dass sie mit guten Gründen auf das Gelingen der Sanierung vertrauen konnte. Niemand würde verlangen, für den Sanierungszeitraum sämtliche Beziehungen mit Lieferanten oder mit Kunden auf eine feste vertragliche Grundlage zu stellen, um einen Sanierungskredit gewähren zu dürfen. Diese Beziehungen sind in aller Regel aber für das Gelingen der Sanierung genauso bedeutend wie die Beziehungen zu den Finanzierern der Gesellschaft. Es ist daher nicht ersichtlich, weshalb für Finanzierungsbeiträge strengere Anforderungen gelten sollen.

525 Auch der IDW Standard S 6 lässt sich in diese Richtung interpretieren. So heißt es in Tz. 21:

526 *»Ausgehend von plausiblen Annahmen, die für die Sanierung wesentlich sind, muss das Unternehmen aus Sicht des Erstellers zum Abschluss der Erstellung des Sanierungskonzepts eine positive Prognose vorliegen, d.h. es muss mit überwiegender Wahrscheinlichkeit saniert werden können. Bei*

463 BGH, NJW 1979, 1823, 1828.
464 BGH, NJW 1953, 1665, 1666; BGH, NJW 1970, 657, 658.
465 *Neuhof*, NJW 1998, 3225, 3230; *Ahnert*, BKR 2002, 254, 257 f.
466 *Bales*, ZInsO 2023, 3, 15; *Ahnert*, BKR 2002, 254, 258.
467 OLG Koblenz, BeckRS 2012, 20434.

objektiver Betrachtung muss somit mehr für als gegen die erfolgreiche Sanierung sprechen. Dies gilt auch für Maßnahmen, die der Mitwirkung Dritter bedürfen. […]«

Danach ist es nicht erforderlich, dass sämtliche Finanzierungsbausteine während des Sanierungszeitraumes bereits vertraglich zugesagt sind. Selbstverständlich dürfen unter dem Sanierungskonzept keine Finanzierungslücken aus der Sicht *ex ante* verbleiben. Zwingend vertraglich fixiert müssen die Finanzierungsbausteine aber nicht sein, um eine Haftung nach § 826 BGB zu vermeiden. Es reicht aus, dass das Unternehmen mit überwiegender Wahrscheinlichkeit saniert werden kann und die dazu notwendigen Beiträge auch erbracht werden. 527

▶ **Praxistipp:**

Besteht die Möglichkeit einer vertraglichen Fixierung der verschiedenen Beiträge, so sollte diese von den finanzierenden Banken genutzt werden. Demjenigen, der in solch einer Situation mit neuen Krediten in Vorleistung gegangen ist, ist nur bedingt mit der Vermeidung eines Schadensersatzrisikos gedient, wenn trotzdem sein im Rahmen der Sanierung zur Verfügung gestelltes Geld verloren ist, weil ein weiterer Sanierungsbeitrag dann doch nicht erbracht wird. Vor diesem Hintergrund ist andernfalls besonderer Wert auf eine fundierte Aussage des Sanierungsgutachters zur Eintrittswahrscheinlichkeit der vertraglich noch nicht zugesagten Finanzierungsbausteine zu legen[468], auch wenn nicht mehr als eine überwiegende Wahrscheinlichkeit verlangt werden kann, um ernstliche Zweifel auszuschließen und um somit eine Haftung der Banken nach § 826 BGB zu vermeiden. 528

c) Anpassung (Financial) Covenants

Von der Vielzahl möglicher (*Financial*) *Covenants*[469] macht in der Krise nur die Vereinbarung von wenigen Sinn. Darunter fallen definitiv ein Liquiditäts-*Covenant* ggf. aber auch ein EBITDA-*Covenant*. Alle anderen Kennzahlen sind in der Krise entweder wenig aussagekräftig, oder ein Verstoß könnte sowieso nicht sanktioniert werden. Wie oben bereits festgestellt[470], darf ein Sanierungskredit nur bei einer wesentlich negativen Abweichung vom Sanierungsgutachten gekündigt werden. Anhand von Liquiditäts- und EBITDA-*Covenant* kann hingegen hinreichend genau und anhand der wesentlichen Parameter überprüft werden, ob sich die wirtschaftliche Entwicklung im Rahmen des im Sanierungsgutachten Projizierten bewegt. Um dieser Funktion gerecht zu werden, ist bei der Festlegung der *Financial Covenants* genauestens darauf zu achten, dass sie mit dem Sanierungsgutachten übereinstimmen. Einerseits dürfen sie keine höheren Anforderungen stellen als das Sanierungsgutachten. Andererseits sollen sie aber zuverlässig eine negative Abweichung feststellen. Vor diesem Hintergrund empfiehlt es sich, bei der Festsetzung der *Financial Covenants* den Sanierungsgutachter mit einzubinden. 529

d) Verpflichtungen des Kreditnehmers (Undertakings)

Die wichtigste aufzunehmende Verpflichtung in einem Sanierungskreditvertrag ist die Verpflichtung, die im Sanierungsgutachten vorgesehenen Maßnahmen auch tatsächlich umzusetzen. Darüber hinaus ist zu empfehlen, eine Verpflichtung aufzunehmen, dass der Kreditnehmer bei negativen Abweichungen vom Sanierungsgutachten versucht, kompensierende Maßnahmen zu ergreifen. Es steht außer Frage, dass dabei nicht der Erfolg, sondern nur die Durchführung der entsprechenden Maßnahme geschuldet sein kann. Ob weitere, spezifisch auf die Krisensituation abstellende Verpflichtungen aufgenommen werden, ist eine Frage des Einzelfalls. Selbstverständlich können auch alle die Verpflichtungen aufgenommen werden, die in einem normalen Kreditvertrag außerhalb einer Krise aufgenommen worden wären. 530

468 Vgl. hierzu auch IDW Life 2018, 813, IDW S 6, Tz. 91 und Tz. 94.

469 S. hierzu eine Übersicht bei: Buth/Hermanns-*Haghani/Holzamer*, Restrukturierung, Sanierung, Insolvenz, § 24 Rn. 89, 90.

470 S. Rdn. 503.

e) Anpassung der Laufzeit

531 Die Laufzeit des Sanierungskredits muss zumindest den Sanierungszeitraum umfassen, d.h. den Zeitraum, der in dem den Sanierungsgutachten zugrunde gelegten Business Case für eine erfolgreiche Sanierung als notwendig angesehen wird. Am Ende dieses Zeitraumes muss das Unternehmen saniert sein. Ein positives bilanzielles Eigenkapital ist hierfür nicht zwingend erforderlich,[471] vielmehr reicht ein positives wirtschaftliches Eigenkapital aus. Genauso wenig ist aus rechtlichen Gründen eine branchenübliche Rendite zu verlangen.[472] Soweit laut IDW S 6 beides gefordert wird, findet dies zumindest in der Rechtsprechung keine Grundlage. Verluste dürfen aber auch nicht mehr erwirtschaftet werden und zwar keine Bilanzverluste, da diese ansonsten weiterhin das Eigenkapital aufzehren.

532 Bei einer Laufzeit des Sanierungskredits, die kürzer ist als der Sanierungszeitraum, würde es an der Durchfinanzierung fehlen. Dies würde nahezu zwangsläufig eine Haftung der Banken nach § 826 BGB nach sich ziehen und wäre als grober Kunstfehler anzusehen. Keinen Bedenken begegnet es, wenn dem Kreditnehmer ein vorzeitiges Beendigungsrecht eingeräumt wird. Dies ermöglicht ihm ggf. ohne Zahlung einer Vorfälligkeitsentschädigung eine billigere Finanzierung zu finden. Wichtig ist nur, dass der Kreditgeber gebunden bleibt. Eine längere Laufzeit als der Sanierungszeitraum begegnet hingegen keinen rechtlichen Bedenken und kann Sinn machen, wenn es bspw. am Ende des Sanierungszeitraumes noch einen M&A Prozess geben soll. Am Ende ist dies dann eine kommerzielle Entscheidung der Finanzierer.

f) Zinsanpassung

533 Das Thema Zinsen in der Sanierung ist komplex. Einerseits ist das Risiko für den Kreditgeber substanziell erhöht, manchmal sogar extrem hoch. Dies würde eigentlich eine entsprechende Risikoprämie für den Kreditgeber erfordern. Anderseits wird die Möglichkeit zur Zinszahlung regelmäßig durch die vorhandene Liquidität bei dem Kreditnehmer begrenzt. Es macht auch keinen Sinn zur Sicherung einer risikoadäquaten Verzinsung ggf. dem Unternehmen frisches Geld zukommen zu lassen, um sich daraus dann wieder Zinsen zahlen zu lassen. Sehr häufig findet daher eine Anpassung der Zinsen auf ein Niveau statt, dass sich aus den vorhanden Mitteln gemäß dem in dem Sanierungsgutachten zugrunde gelegten Liquiditätsplan ergibt. Das Risiko kann dann z.B. durch eine erfolgsabhängige Sanierungsprämie eingepreist werden, die dann tatsächlich auch nur im Fall einer durchgreifenden Sanierung, also im Erfolgsfall, zu zahlen ist.

534 Eine Reduzierung des Zinses auf Null ist häufig nicht vermittelbar, da dies regelmäßig zu einem (zusätzlichen) Wertberichtigungsbedarf hinsichtlich des Kredits aufseiten der Banken führt. Dies ist insbesondere dann nicht akzeptabel, wenn in der Krise frisches Geld bereitgestellt wird und ein solcher Kredit davon betroffen wäre, da dieser von der Bank dann sofort wertberichtigt werden müsste.

g) Kapitalisierung von Zinsen

535 Einen Mittelweg, um einerseits auf die Liquiditätsbedürfnisse des Unternehmens Rücksicht zu nehmen und um andererseits doch einen halbwegs risikoadäquaten Zins zu erhalten, findet sich in der Kapitalisierung der Zinsen. Um eine (zusätzliche) Abschreibung des Kredits mangels Zinszahlung zu vermeiden, wird dabei häufig für die gleiche Tranche sowohl eine Cash-Komponente als auch eine PIK-Komponente[473] vereinbart. Größter Nachteil dieser Konstruktion ist, abgesehen von der zeitlich späteren Zinszahlung, dass sich durch diese Kapitalisierung der Zinsen das Bilanzbild des Kreditnehmers weiterhin verschlechtert. Auch wenn dies – solange eine positive Fortführungs-

---

471 *Sax/Andersch/Philipp*, ZIP 2017, 710, 713.

472 *Schönfelder*, WM 2018, 1630, 1639.

473 PIK = Payment-in-kind: »Zinskomponente, die nicht unmittelbar zahlbar sind, sondern bilanziell kapitalisiert werden und erst bei Fälligkeit des Nominalbetrags gezahlt werden müssen«, vgl. Diem/Jahn-*Diem/Jahn*, Akquisitionsfinanzierung, § 39 Rn. 1 ff.

prognose besteht – insolvenzrechtlich zunächst keine weiteren Probleme bereitet, mag dies operativ bei Unternehmen, deren Bilanz für Geschäftspartner relevant ist, durchaus spürbare negative Konsequenzen haben, die der angestrebten Sanierung entgegenlaufen. Dieser Effekt sollte vorab genau bedacht werden. Technisch ist bei der Umsetzung darauf zu achten, dass nicht gegen das Zinseszinsverbot (vgl. § 289 BGB) verstoßen wird.

h) Anpassung der Tilgungen

536 Hinsichtlich der Tilgungen gilt das zu den Zinsen Gesagte im Ergebnis entsprechend. Die Tilgungen sind am liquiditätsmäßig Machbaren auszurichten. Die Tilgungen sollten schon im Eigeninteresse der beteiligten Kreditinstitute nicht »auf Kante« genäht sein, da im Fall einer Liquiditätsunterdeckung die Zurverfügungstellung frischer Mittel regelmäßig um ein Vielfaches schwieriger ist, als etwas Zurückhaltung bei den Tilgungen. Dies fängt mit dem Erfordernis eines Nachtrags zum Sanierungsgutachten an und geht mit einer grundsätzlichen Zurückhaltung hinsichtlich der Beibringung frischer Mittel in der Krise zumindest bei manchen Banken weiter.

i) Neustrukturierung der Kredittranchen

537 Häufig passt in der Sanierung die Aufsplittung in Kontokorrent- und Aval-Linien sowie in Laufzeitkredite, wie sie bis zur Krise bestanden, nicht mehr. Auch hier bietet es sich an, den im Sanierungsgutachten ermittelten Bedarf entsprechend darzustellen. Soweit es in allen Tranchen personenidentische Gläubiger sind, sollte dies noch am wenigsten Probleme verursachen. Problematisch wird es, wenn dies nicht der Fall ist und insbesondere auch Gläubiger dabei sind, die das normale Kreditgeschäft nicht betreiben (dürfen).

4. Forderungsverzichte (Haircut) (ggf. gegen Besserungsabrede)

538 Als klassisches Sanierungsmittel bei der finanziellen Restrukturierung ist der Forderungsverzicht aufseiten der Kreditgeber alles andere als populär. Wenn die vorhandenen Verbindlichkeiten allerdings die Schuldentragfähigkeit des Unternehmens überschreiten, ist er jedoch häufig alternativlos. Neben der liquiditätsmäßigen Entlastung vor dem Hintergrund, dass sowohl die Tilgung als auch die Zinszahlung zukünftig entfällt, verbessert sich durch einen Verzicht auch die Passivseite der Bilanz. Letzteres ist insbesondere dann relevant, wenn eine insolvenzrechtliche Überschuldung nicht durch eine positive Fortführungsprognose vermieden werden kann, sondern eine rechnerische Überschuldung vermieden/beseitigt werden muss.[474]

539 Der Forderungsverzicht stellt einen Erlassvertrag nach § 397 BGB dar, der formfrei möglich ist. Zu Dokumentationszwecken ist eine schriftliche Abfassung allerdings mehr als nur ratsam. Ein einseitiger Forderungsverzicht ist nicht wirksam.

540 Um den in Höhe des Verzichts für die Bank unvermeidlichen Verlust zu vermeiden, wird häufig der Verzicht auf die Kreditforderung mit einer Besserungsabrede verknüpft.[475] Bessert sich die Situation des Kreditnehmers, insbesondere über die im Sanierungsgutachten prognostizierte Entwicklung hinaus, soll die Besserungsabrede eingreifen. Die Besserungsabrede bedarf einer genauen vertraglichen Regelung, um etwaige Umgehungen und zukünftige Auseinandersetzungen zu vermeiden. Allerdings lehrt die Praxis, dass kaum etwas so streitanfällig ist wie eine Besserungsabrede, wenn einmal der Besserungsfall eintritt. Das noch am wenigsten zu manipulierende Kriterium ist eine Anknüpfung am Umsatz. Alles andere eröffnet schon erhebliche Gestaltungsspielräume. Ob die Besserungsabrede rechtstechnisch als aufschiebend bedingte Begründung einer Forderung oder als

---

474 Vgl. umfassend zum Thema Forderungsverzicht: *Becker/Pape/Wobbe*, DStR 2010, 506, vgl. auch *Bales*, ZInsO 2023, 3, 36.

475 *Hüttinger*, Instrumente zur vorinsolvenzlichen Sanierung des Unternehmensträgers, Bd. 2, S. 169.

auflösend bedingter Verzicht ausgestaltet wird, macht an sich keinen Unterschied, auch wenn die auflösende Bedingung wohl in der Praxis häufiger vorkommt.[476]

541 Da allerdings der Verzicht in gleicher Höhe zu einem außerordentlichen Ertrag aufseiten des Kreditnehmers führt, ist häufig ein an sich steuerpflichtiger Gewinn aufseiten des Kreditnehmers die Folge. Jahrelang war dies in der Praxis kein wirkliches Problem, insbesondere wenn ein Sanierungsgutachten vorlag, welches die Notwendigkeit eines Forderungsverzichts bestätigte. Denn auf der Grundlage des Sanierungserlasses[477] ließ die Finanzverwaltung trotz der Mindestbesteuerung zunächst die Verrechnung mit vorhandenen Verlustvorträgen zu, um sodann für den verbleibenden Teil des (Buch-) Gewinns einen Erlass der Steuer zu gewähren. Regelmäßig wurde dies durch eine verbindliche Auskunft abgesichert. Dies änderte sich mit der Entscheidung des Bundesfinanzhofes vom 28.11.2016, mit der dieser den Sanierungserlass wegen Verstoßes gegen den Grundsatz der Gesetzmäßigkeit der Verwaltung für unwirksam erklärte.[478] Zwar reagierte hierauf der Gesetzgeber mit einer gesetzlichen Neuregelung gemäß derer Sanierungserträge unter bestimmten Bedingungen für steuerfrei erklärt wurden.[479] Deren Inkrafttreten stellte er allerdings unter dem Vorbehalt der beihilferechtlichen Zulässigkeit, nachzuweisen durch einen Beschluss der Europäischen Kommission. Die Europäische Kommission teilte nach mehr als einem Jahr Prüfung mit, es handele sich um eine Beihilfe, allerdings sei von einer zulässigen Altbeihilfe auszugehen. Da die Verlautbarung im Wege eines *Comfort-Letters* aber nicht die Form eines Beschlusses aufweist, wie zum Inkrafttreten der entsprechenden gesetzlichen Regelung gefordert, musste das Gesetz geändert werden.

542 Im Rahmen des Jahressteuergesetztes 2018 wurde der Vorbehalt der Notifizierung daher ersatzlos gestrichen.[480] Nach § 3a Abs. 1 Satz 1 EstG sind nunmehr Betriebsvermögensmehrungen oder Betriebseinnahmen aus einem Schuldenerlass zum Zwecke einer unternehmensbezogenen Sanierung steuerfrei. Nach § 52 Abs. 4a EstG finden die Vorschriften über die Steuerbefreiung von Sanierungserträgen nun rückwirkend auf alle Fälle Anwendung, in denen die Schulden ganz oder teilweise nach dem 08.02.2017 erlassen wurden. Für solche Altfälle, in denen Schulden insgesamt vor dem 09.02.2017 erlassen worden sind, finden auf Antrag des Steuerpflichtigen die Regelungen des § 3a EStG gem. § 52 Abs. 4a Satz 3 EStG ebenfalls Anwendung.[481] Für die Gewerbesteuer knüpft § 7b Abs. 1 GewStG unmittelbar an die Regelungen der §§ 3a, 3c Abs. 4 EStG an.

543 Auch nach Wegfall des Sanierungserlasses, wonach der Behörde ein erhebliches Maß an Ermessen eingeräumt war, ob sie diesen erteilt oder nicht, ist die Einholung einer verbindlichen Auskunft nach § 89 Abs. 2 AO möglich und praktikabel. Im Rahmen von außergerichtlichen Restrukturierungsbemühungen hat der Schuldner ein erhebliches Interesse daran, vor Wirksamwerden des Restrukturierungsvorhabens verbindlich klären zu lassen, dass die geplanten Verzichte dem Anwendungsbereich des § 3a Abs. 1 EstG unterfallen. Dies folgt bei Restrukturierungsvorhaben aus der Überlegung, dass die Steuerlast das Vorhaben erheblich konterkarieren kann.

5. Einsetzung eines CRO

544 Kredit bedeutet Vertrauen.[482] Insbesondere Vertrauen in die handelnden Personen. Dies gilt umso mehr in der schwierigen Situation einer Sanierung. Es ist höchstrichterlich anerkannt, dass das Ver-

476 Vgl. *Hüttinger*, a.a.O.

477 BMF-Schreiben vom 27.03.2003 – IV A 6 – S 2140 – 8/03, BStBl. I 2003, 240.

478 BFH, DStR 2017, 305.

479 Gesetz gegen schädliche Steuerpraktiken im Zusammenhang mit Rechteüberlassungen v. 27.06.2017, BGBl. I 2017, 2074.

480 Vgl. Gesetz zur Vermeidung von Umsatzsteuerausfällen beim Handel mit Waren im Internet und zur Änderung weiterer steuerlicher Vorschriften v. 11.12.2018, BGBl. I 2018, 2338; dazu *Hölzle*, ZIP 2020, 301, 303 f.

481 *Hölzle*, ZIP 2020, 301, 303 f.

482 Lat. credere: glauben, vertrauen.

langen einer Bank auf Abberufung eines Vorstandsmitgliedes (hier: eines CRO[483]) einen wichtigen Grund für dessen Abberufung darstellt.[484] Wenn schon die Forderung einer Bank auf Abberufung eines CRO zulässig ist, muss dies auch die Forderung auf Einsetzung eines CRO sein. Es kann niemand eine Bank zwingen, einen Kredit aufrechtzuerhalten oder sogar einen (zusätzlichen) Neukredit zu gewähren, wenn das Vertrauen der Bank in die handelnden Personen und deren Fähigkeiten zur erfolgreichen Umsetzung der Sanierung fehlt. Insbesondere, wenn das Eigenkapital schon verloren ist, arbeitet das Management wirtschaftlich betrachtet sowieso für den Kreditgeber.

Fraglich ist allerdings auch hier, wo für die Bank die Grenzen verlaufen: Die Implementierung eines eigenen Mitarbeiters bzw. eines »befreundeten« Beraters als Vorstand/Geschäftsführer ist unter dem Gesichtspunkt der faktischen Geschäftsführung und der Quasi-Gesellschaftereigenschaft sicher problematisch. Das Bestehen auf die Einstellung eines fachkundigen CROs ist dies sicher nicht. In der Praxis bietet es sich an, dass – ggf. nachdem fachliche Anforderungen gemeinsam zwischen dem Kreditnehmer und der Bank definiert wurden – der Kreditnehmer geeignete Personen vorschlägt und dann die Bank mitteilt, ob sie gegen diese Personen Einwände hat. Dies ist die sichere Methode. Geht die Bank eher robust an das Thema heran, dann kann sie dem Kreditnehmer auch eine Liste mit geeigneten Kandidaten vorschlagen, aus die dieser dann auswählen kann. Sichergestellt muss nur sein, dass die Kandidaten die notwendige Unabhängigkeit von der Bank haben. Dann sollte auch dieses Vorgehen noch nicht zu einer faktischen Geschäftsführung oder zu einer Quasi-Gesellschafterstellung der Bank und einer etwaigen Nachrangigkeit ihrer Kredite (s. Rdn. 332 ff.) führen. 545

Besonderes Augenmerk ist auf die Auswahl einer geeigneten Person zu legen, die entsprechend fachlich qualifiziert sein muss. Ein Fehlgriff auf dieser Position vermag die gesamte Restrukturierung zu gefährden. Die infrage kommenden Personen kommen oft aus dem Umfeld von auf Restrukturierungen spezialisierte Beratungsunternehmen und bringen unterschiedliche Kompetenzen und Erfahrungen mit, da es »den« CRO für jede Situation nicht gibt. Dies fängt häufig mit der Klärung der Frage an, ob eher eine finanzwirtschaftliche, eine operative Sanierung oder beides erforderlich ist. Nicht zu unterschätzen ist dabei auch die menschliche Komponente, da der CRO mit dem vorhandenen Management sowie den Mitarbeitern des krisengeschüttelten Unternehmens zusammenarbeiten muss und im Idealfall in Restrukturierungsfragen allein schon aufgrund seiner Kompetenz das Sagen haben sollte. 546

6. Doppelnützige Treuhand

Kredit bedeutet – wie ausgeführt – Vertrauen. Dieses Vertrauen der Kreditgeber ist auch in die Person des/der Gesellschafter notwendig. Normalerweise sind die wirtschaftlichen Interessen der Bank und des Gesellschafters gleichgerichtet. Der Gesellschafter hat ein Interesse daran, auch die Interessen der Bank zu wahren, da er mit seinem Eigenkapital für die Rückzahlung des Kredites haftet. Dieser Interessengleichklang endet schlagartig in der Krise, sobald das Eigenkapital »aus dem Geld« ist. Sofern der Gesellschafter nicht persönlich mit seinem Vermögen für den Kredit haftet, besteht nun keinerlei Anlass mehr, die Interessen der finanzierenden Bank zu wahren. Dies gilt umso mehr, wenn der Gesellschafter keinerlei realistische Aussicht hat, den Verlust des Eigenkapitals auch nach Umsetzung der Sanierungsmaßnahmen aufzuholen. Dies kann im schlimmsten Fall entweder zu äußerst riskanten unternehmerischen Entscheidungen führen, in der Hoffnung dadurch das Eigenkapital wieder »ins Geld« zu bringen, oder aber zu Passivität und Nichthandeln, weil sowieso schon »alles verloren« ist. 547

Auch die Geschäftsführung ist in dieser Situation von sich aus nicht notwendigerweise eine Hilfe für die Bank, da sie auch in der Krise und während der Insolvenzreife weiterhin dem Gesellschaftsinteresse verpflichtet ist und damit zumindest mittelbar an das Interesse des Gesellschafters und – 548

483 Chief Restructuring Officer.
484 BGH, DStR 2007, 262.

solange diese nicht rechtswidrig sind – in der GmbH an seine Weisungen gebunden bleibt. Den Wechsel der Treuepflichten vom Gesellschaftsinteresse zum Gläubigerinteresse in der Krise vollzieht das deutsche Recht nicht.[485] Daran hat sich auch nichts dadurch geändert, dass der Regierungsentwurf zum StaRUG in seinen §§ 2 und 3 einen solchen »*shift of fiduciary duties*« zunächst vorgesehen hatte, was aber im späteren Gesetz nicht übernommen wurde.[486] Auch wenn dies aus Gläubigersicht wünschenswert gewesen wäre, vermögen die Stimmen nicht zu überzeugen, nach denen die Streichung inhaltlich nichts ändern würde, weil das sowieso schon geltendes Recht wäre. Zwar ist richtig, dass durch bestimmte Spezialvorschriften bereits jetzt Gläubigerinteressen mitabgedeckt sind,[487] auch mag sich durch die Notwendigkeit richtlinienkonformer Auslegung im Hinblick auf die eine oder andere allgemeine Haftungsnorm dies vertreten lassen,[488] von einer generellen Verpflichtung des Managements in der Krise oder auch nur im Fall einer drohenden Zahlungsunfähigkeit für den zugrunde liegenden max. 24-Monatszeitraum die Interessen der Gesellschafter hintenan zu stellen, kann nicht die Rede sein. Anders sieht es erst ab dem Zeitpunkt der Anhängigkeit einer Restrukturierungssache unter dem StaRUG aus (vgl. § 43 Abs. 1 Satz 1 StaRUG).[489]

549 Sind Sanierungsbeiträge erforderlich und kann oder will der Gesellschafter in dieser Situation keinen Sanierungsbeitrag leisten, insbesondere sich nicht an einem Kapitalbedarf in der Krisensituation beteiligen, ist aus Sicht der Finanzierer zu fragen, ob der Gesellschafter noch in seiner Gesellschafterstellung verbleiben soll.

550 Steht zu befürchten, dass der Gesellschafter entweder durch Aggressivität oder Passivität in der Krise glänzt und keinen wesentlichen Sanierungsbeitrag leistet, ist die doppelnützige Treuhand ein in Betracht kommendes Mittel, um das Unternehmen unter einem Treuhänder als Gesellschafter zu sanieren und es im Anschluss entweder zu verkaufen oder an den bisherigen Gesellschafter zurückzuübertragen. Dies gilt insbesondere dann, wenn eine sofortige Veräußerung des Unternehmens aufgrund der Krise zu keinem angemessenen Veräußerungserlös führen würde. Wegen der weiteren Einzelheiten wird auf Rdn. 568 f. in diesem Kommentar verwiesen.

7. Asset Verkauf/Aufnahme Investor

551 Beide Maßnahmen, sowohl der *Asset* Verkauf als auch die Aufnahme eines Investors können eine auftretende Liquiditätslücke schließen und berühren die Interessen der Kreditgeber nur mittelbar. Für den *Asset* Verkauf muss häufig eine Sicherheit freigegeben und ggf. auf eine unter dem Kreditvertrag ansonsten geschuldete Pflichtsondertilgung verzichtet werden. Die Aufnahme eines Investors kann über *change of control* Klauseln im Kreditvertrag wiederum den Banken ein Kündigungsrecht geben. Beide Wege sind als wenig einschneidende Maßnahme für die Finanzierer oft die an sich präferierte Maßnahme. Allerdings muss auch erwähnt werden, dass in der Praxis die erfolgreiche Umsetzung allzu häufig an den tatsächlichen Umständen scheitert, sei es, dass sich kein ausreichend werthaltiges, aber verzichtbares *Asset* findet oder aber kein Investor zu angemessenen Konditionen bereit ist, sich in der Krise kurzfristig zu engagieren.

8. Debt-to-Equity-Swap

552 Ein häufig genanntes Restrukturierungsmittel ist der *Debt-to-Equity Swap.* Dennoch spielt er in der (Bank-) Praxis praktisch keine Rolle[490], auch wenn häufig etwas anderes behauptet wird.[491] Daran

485 Vgl. hierzu *Eidenmüller*, ZIP 2010, 649, 652 f.

486 Ausführlich dazu: *Scholz*, ZIP 2021, 219.

487 Man denke nur an die Kapitalerhaltungsvorschriften.

488 *Pospiech/Noack*, NJW-Spezial 2021, 207.

489 Vgl. *Schulz/Rüsing*, NZI 2021, 76.

490 Zutreffend z.B. schon *Braun/Riggert*, in: FS Görg, Sanierung und Insolvenz, die doppelseitige Treuhand als Sanierungsinstrument 2010, S. 101.

491 Vgl. beispielhaft *Eidenmüller/Engert*, ZIP 2009, 541 (»ein wesentliches Element der finanziellen Sanierungspraxis«).

haben auch Versuche des Gesetzgebers das Institut, zum Beispiel im Rahmen des Insolvenzplanverfahrens zu stärken (s. die Einfügung des § 225a Abs. 2 Satz 1 InsO), nicht viel geändert. Allein bei der Beteiligung von spezialisierten Finanzinvestoren in Sanierungssituationen, die regelmäßig eine *loan-to-own* Strategie verfolgen[492], sieht dies anders aus. Allerdings handelt es sich dann in aller Regel nicht um die ursprünglichen Kreditgeber, sondern um Fonds, die in der Krise die Kreditforderungen auf dem Sekundärmarkt von den bisherigen Kreditgebern aufkaufen (zum Verkauf der Kreditforderungen s. Rdn. 366 ff.), mit dem Ziel, im Anschluss auch die Gesellschaftsanteile des Kreditnehmers zu übernehmen. Vor dem Hintergrund des dadurch doch eingeschränkten Anwendungsbereiches soll nachfolgend nur in der notwendigen Kürze auf den *Debt-to-Equity Swap* eingegangen werden.[493]

Zu unterscheiden ist dabei eine untechnische/unechte Variante des *Debt-to-Equity Swaps* und der technische/echte *Debt-to-Equity-Swap* selbst. In der untechnischen Variante erhält der bisherige Kreditgeber als Gegenleistung für einen (Teil-) Verzicht auf seine Kreditforderungen vom Gesellschafter (einen Teil der) Gesellschaftsanteile übertragen, wobei regelmäßig der Gesellschafter darauf drängt, aus sämtlichen Verpflichtungen entlassen zu werden bzw. dass diese vom neuen Gesellschafter übernommen werden. Vereinfacht ausgedrückt handelt es sich um eine Kombination von Anteilskaufvertrag mit einem Erlassvertrag. 553

Bei einem technischen *Debt-To-Equity Swap* erfolgt hingegen zunächst eine Kapitalherabsetzung regelmäßig auf Null. Damit tragen die bisherigen Gesellschafter die Verluste der Vergangenheit. In einem zweiten Schritt beschließen dann die Gesellschafter eine (Sach-) Kapitalerhöhung unter Bezugsrechtsausschluss für die bisherigen Gesellschafter. Beide Beschlüsse bedürfen regelmäßig einer Mehrheit von 75 % des vertretenen Kapitals der Gesellschaft. Die Sacheinlage erfolgt dann dergestalt, dass die Gläubiger ihre Forderungen an die Gesellschaft abtreten (mit der Folge von Konfusion) oder einen Erlassvertrag i.S.d. § 397 BGB mit der Gesellschaft schließen. Gemeinsam ist beiden Varianten, dass außerhalb einer Insolvenz ein *Debt-to-Equity Swap* ohne Mitwirkung der bisherigen Gesellschafter nicht möglich ist. 554

Gründe für die geringe Verbreitung des *Debt-to-Equity Swaps* in der Praxis sind dabei die Folgenden: 555

- Praktisch keine deutsche Geschäftsbank übernimmt freiwillig Anteile ihres Kreditnehmers in die eigenen Bücher. Weder ist dies geschäftspolitisch gewünscht, noch ist dies in aller Regel mit den vorhandenen Ressourcen machbar[494]; darüber hinaus ist es wegen der erforderlichen Eigenkapitalunterlegung für die Bank schlicht teuer.
- Es besteht immer eine latente Gefahr der Nachrangigkeit der verbleibenden Kredite des (zukünftigen) Gesellschafters, selbst wenn die Beteiligung in der Krise erworben wurde. Einerseits lässt sich im Nachhinein darüber streiten, ob die Voraussetzungen des Sanierungsprivilegs überhaupt gegeben waren. Andererseits sind Darlehen eines Gesellschafters, der seine Anteile zum Zwecke der Sanierung erworben hat, nur solange nicht nachrangig gem. § 39 Abs. 4 Satz 2 InsO, als die Sanierung noch nicht abgeschlossen ist. Im Gegenschluss bedeutet dies, dass das Sanierungsprivileg nach erfolgtem Abschluss der Sanierung wegfällt. Besonders den Kreditgebern, deren »normales« Geschäft die Vergabe von Darlehen ist, wird durch diese Regelung der *Debt-to-Equity Swap* verleidet.
- Bei einem echten *Debt-to-Equity Swap* kann nur der werthaltige Teil der Forderung für eine Sachkapitalerhöhung verwendet werden. Dies erfordert zunächst eine aufwendige Bewertung der einzubringenden Forderungen und führt dann dazu, dass wirtschaftlich gerade der tragbare (und in aller Regel besicherte) Teil der Kreditforderungen in das ungesicherte und in der Insolvenz letztrangige Eigenkapital gewandelt wird. Für all die Kreditgeber, die regelmäßig ihre Einkünfte nicht aus Eigenkapitalinvestments sondern aus Zinsen und Provisionen beziehen, ist dies kein erstrebenswertes Ziel.

492 Hierzu *Brinkmann*, WM 2017, 1033 f.

493 Instruktiv zu den technischen Details, wenn auch zu zuversichtlich hinsichtlich des Anwendungsbereichs: *Jenal*, KSI 2014, 112 ff.

494 Vgl. auch *Undritz*, ZIP 2012, 1153, 1155.

- Gesetzlich geregelt ist der *Debt-to-Equity Swap* für das Insolvenzplanverfahren in § 225a InsO und in § 7 Abs. 4 S. 1 StaRUG. Nur in diesem Rahmen ist er gegen den Willen der bisherigen Gesellschafter umsetzbar. Solange also im Rahmen der außergerichtlichen Sanierung die Gesellschafter nicht bereit sind, an einen *Debt-to-Equity Swap* mitzuwirken, bleibt allein die Möglichkeit der Durchsetzung auch gegen die Gesellschafter über ein StaRUG- oder ein Insolvenzplanverfahren. Allerdings ist nicht zu unterschätzen, dass gerade durch diese Möglichkeit den Kreditgebern in der außergerichtlichen Sanierung ein Druckmittel gegenüber den Gesellschaftern an die Hand gegeben wurde, um die Gesellschafter auch außerhalb eines solchen Verfahrens zur Übertragung ihrer Anteile zu motivieren.
- Bereits im Jahr 2011 hat die europäische Kommission das in § 8c Abs. 1a KStG geregelte Sanierungsprivileg für europarechtswidrig erklärt, welches den Erhalt von vorhandenen steuerlichen Verlustvorträgen bei einem Gesellschafterwechsel zum Zwecke der Sanierung sicherstellen wollte.[495] Dem ist der EuG gefolgt.[496] Waren also die entsprechenden Schwellenwerte überschritten, sind die steuerlichen Verlustvorträge der betroffenen Gesellschaft aufgrund des Gesellschafterwechsels ganz bzw. teilweise untergegangen. Mit Urteil vom 28.06.2018 hat der EuGH allerdings das Vorliegen einer Beihilfe verneint.[497] Die Sanierungsklausel in § 8c Abs. 1a KStG wurde rückwirkend ab dem 01.01.2008 wieder eingeführt.[498]

▶ **Praxistipp:**

556 Ein *Debt-to-Equity Swap* kommt nur für bestimmte Kreditgeber in Betracht und insbesondere Geschäftsbanken sehen sich nicht als bessere Gesellschafter bzw. Unternehmer. Bevor daher diesbezüglich Aufwand betrieben wird, sollte geklärt werden, wer – und unter welchen Bedingungen – bereit ist, tatsächlich Geschäftsanteile zu übernehmen. Häufig stellt sich nämlich heraus, dass nur wenige Kreditgeber bereit sind, die damit einhergehenden Konsequenzen zu tragen. Gleichzeitig ist es möglich, durch andere Konstruktionen, sei es durch eine doppelnützige Treuhand, sei es durch schuldrechtliche Besserungsabreden einen vergleichbareren Effekt zu erzielen.

9. Kosten und Gebühren

a) Wirtschaftliche Überlegungen

557 Kosten und Gebühren sind für alle Beteiligten in der Sanierung ein heikles Thema. Für das Unternehmen, weil es in einer Situation, in der in aller Regel sowieso die Liquiditätslage angespannt ist, mit weiteren liquiditätswirksamen Ausgaben belastet wird. Für Gesellschafter und Geschäftsführer, weil es schwer nachvollziehbar ist, dass nun auch Kosten und Gebühren der Banken vom Unternehmen gezahlt werden sollen (in der Regel inkl. der Kosten für die finanzielle und rechtliche Beratung der Banken).

558 Aus Sicht der Banken stellt sich die Lage hingegen so dar, dass man – wenn man schon Sanierungsbeiträge erbringt und mit nicht unerheblichen Personalaufwand die Sanierung begleitet – nun nicht auch noch auf den Kosten sitzen bleiben möchte und man den erhöhten Aufwand und das gestiegene Risiko zumindest teilweise durch entsprechende Gebühren (*Waiver*-Gebühr, Sanierungsgebühr etc.) kompensiert haben möchte.

559 Wenn man sich aber vor Augen führt, dass häufig in diesen Situationen das Eigenkapital schon verloren/aus dem Geld ist, dann lässt sich zunächst festhalten, dass die Banken sich am Ende wirtschaft-

495 Beschluss der Kommission v. 26.01.2011, Az. 2011527 2011/527/EU, ABl. 2011 L 235/ABLEU Jahr 2011 L S. 26.

496 Vgl. EuG, IStR 2016, 249.

497 Vgl. DStR 2018, 1434.

498 Vgl. »Gesetz zur Vermeidung von Umsatzsteuerausfällen beim Handel mit Waren im Internet und zur Änderung weiterer steuerlicher Vorschriften«.

lich allenfalls selbst in die Tasche greifen. Das, was aufgrund von Kosten und Gebühren an Liquidität dem Unternehmen entzogen wird, muss regelmäßig durch Sanierungsbeiträge gerade der Banken wieder beigebracht werden. Grenzwertig wird dies nur, wenn am Ende die positiven finanziellen Effekte aus den Sanierungsmaßnahmen kaum die Kosten der Sanierung übersteigen.

b) Rechtliche Problembereiche

Neben der wirtschaftlichen Komponente ist dieses Thema für die Banken auch rechtlich schwierig. 560 Nicht nur, dass die Rechtsprechung laufend die Möglichkeit für die Vereinbarung von Gebühren insbesondere im Rahmen von Allgemeinen Geschäftsbedingungen erheblich einschränkt,[499] wobei dies regelmäßig nicht bei einer *Waiver* oder Restrukturierungsfee gilt, weil das Unternehmen die Banken um eine bisher nicht geschuldete Leistung bittet. Es werden auch erhöhte Anforderungen an die Weiterbelastung von Kosten aufgestellt.[500]

Neben dem Problem der Nachrangigkeit (s.o. Rdn. 329 ff.), droht in krassen Fällen darüber hinaus 561 eine Sittenwidrigkeit der Zinsabreden. Die Sittenwidrigkeit von Darlehensverträgen bestimmt sich nach der allgemeinen Vorschrift des § 138 BGB. Hiernach ist ein Darlehensvertrag insbesondere dann nichtig, wenn sich der Darlehensgeber unter Ausbeutung der Zwangslage, der Unerfahrenheit, des Mangels an Urteilsvermögen oder der erheblichen Willensschwäche des Darlehensnehmers für die Gewährung des Darlehens Vermögensvorteile versprechen oder gewähren lässt, die in einem auffälligen Missverhältnis zur Darlehensgewährung stehen. Die Sittenwidrigkeit eines Darlehensvertrages setzt damit in objektiver Hinsicht ein auffälliges Missverhältnis zwischen Leistung und Gegenleistung sowie in subjektiver Hinsicht die vorsätzliche oder grob fahrlässige Ausnutzung der Schwäche des Darlehensnehmers voraus. Eine Schädigungsabsicht ist ebenso wenig erforderlich wie das Bewusstsein um die Sittenwidrigkeit des Rechtsgeschäftes.

Wesentliches Kriterium für die Sittenwidrigkeit eines Darlehensvertrages ist die Höhe des Zinssatzes. 562 Um dem Umstand Rechnung zu tragen, dass Zinssätze Marktänderungen unterliegen, ist die Rechtsprechung dazu übergegangen, die Sittenwidrigkeit eines Zinssatzes nicht an einem absoluten Prozentsatz festzumachen, sondern im Vergleich zum marktüblichen Zins zu bestimmen. Der Vergleich des effektiven Vertragszinses mit dem marktüblichen Effektivzins stellt insoweit die wichtigste Bewertungsgrundlage dar.[501]

Der effektive Vertragszins bezeichnet dabei das auf ein Jahr bezogene Verhältnis zwischen der Leis- 563 tung des Darlehensgebers, nämlich die Überlassung des Nettodarlehens, und der sich aus der vereinbarten Kostenbelastung ergebenden Gegenleistung des Darlehensnehmers. In die Ermittlung des effektiven Vertragszinses sind daher grundsätzlich die gesamten Kosten der Darlehensbeschaffung einzubeziehen, sodass es unerheblich ist, ob es sich bei den einzelnen Darlehenskosten um Zinsen im Rechtssinne oder Gebühren handelt. In den Vertragszins einzurechnen sind daher auch sämtliche Antrags- und Bearbeitungsgebühren sowie andere laufzeitunabhängige Kosten, die die Bank in Rechnung stellt.[502] Bei der Berechnung der Zinsbelastung sind auch zusätzliche Belastungen aus Umschuldung und Darlehensaufstockung einzubeziehen. Im Grundsatz ist damit stets von der mit dem Darlehensverhältnis zusammenhängenden Gesamtbelastung auszugehen, ohne dass es auf die Zuordnung zu Einzelpositionen ankommt.

Ist die sich aus den Gesamtkosten ergebende Belastung des Darlehensnehmers etwa doppelt so hoch 564 wie der marktübliche Zins, übersteigt also die Zinsbelastung den marktüblichen Zins um 100 %, sieht die Rechtsprechung das Merkmal des auffälligen Missverhältnisses regelmäßig als erfüllt an. Dasselbe gilt bei einem absoluten Zinsunterschied zwischen marktüblichem Zins und der im Einzel-

---

499 Vgl. zuletzt BGH, NJW-RR 2018, 814.
500 Vgl. OLG München, NJW-RR 2013, 284.
501 Ellenberger/Bunte-*Pamp*, Bankrechts-Handbuch, § 62 Rn. 13.
502 MK-BGB/*Armbrüster*, § 138 Rn. 224 Ellenberger/Bunte-*Pamp*, Bankrechts-Handbuch, § 62 Rn. 16.

fall bestehenden Zinsbelastung von 12 Prozentpunkten.[503] Diese Werte stellen jedoch keine starre Grenze dar, sondern lediglich einen Richtwert, sodass auch eine relative Zinsüberschreitung von nur 90 % im Einzelfall die Anwendung des § 138 BGB rechtfertigen kann (insbesondere, wenn die übrigen Bedingungen den Darlehensnehmer weiter belasten). Umgekehrt kann im Einzelfall auch eine relative Zinsdifferenz von 110 % zulässig sein.

565 Der als Referenzzinssatz heranzuziehende marktübliche Zinssatz ist im Wege einer Gesamtwürdigung zu bestimmen. Abzustellen ist damit insbesondere auf die wirtschaftliche Lage des Schuldners, den Rang der Darlehensforderung und die derzeitige Zinssituation.

IV. Langfristige Maßnahmen/Abschluss der Sanierung

1. Refinanzierung

566 Eine Refinanzierung ist natürlich auch in der Krise eine von den Kreditgebern zu prüfende Möglichkeit. Kurzfristig stellt diese jedoch praktisch nur selten einen gangbaren Weg dar, da selbstverständlich jeder Refinanzierungspartner sich die aktuelle finanzielle Situation des krisengeschüttelten Unternehmens genau ansehen wird. Zeitnah kann eine Refinanzierung daher regelmäßig nicht umgesetzt werden und gerade in Krisensituationen wird eine refinanzierungswillige Partei ihre Entscheidung zur Ablösung der bestehenden Kreditengagements von der Vorlage eines Sanierungsgutachtens abhängig machen, um nicht selbst den in diesem Kapital aufgezeigten Haftungsrisiken ausgesetzt zu sein. Langfristig ist die Refinanzierung ggf. aber das angestrebte Ziel nach Abschluss der Sanierung. Sind die Kreditforderungen refinanzierbar, ist dies außerdem ein Zeichen, dass die Sanierung abgeschlossen ist. So ist eine Refinanzierbarkeit der Kreditforderungen am Ende des Sanierungszeitraumes ausreichend, um zu einer positiven Aussage zur Sanierungsfähigkeit in einem Sanierungsgutachten zu kommen. Keinesfalls erforderlich ist, dass diese auch tatsächlich getilgt werden (können).

2. Ablösung durch Kapitalmarktinstrumente

567 Aus Sicht der bisher involvierten Banken unterscheidet sich die Ablösung durch Kapitalmarktinstrumente im wirtschaftlichen Ergebnis nicht von einer Refinanzierung. Sie bietet aber für die Banken eine weitere Möglichkeit, ihr Engagement zu beenden. Wegen der Abhängigkeit von den Kapitalmärkten ist es aber ratsam, den *Exit* der bisherigen Finanzierer nicht allein auf diese Alternative zu stützen. Gleichzeitig ist hier selbstverständlich in Abhängigkeit von dem verwendeten Kapitalmarktinstrument Vorsicht hinsichtlich der richtigen und vollständigen Aufklärung über die aktuelle finanzielle Situation der Gesellschaft geboten, um nicht Haftungsansprüchen (z.B. Prospekthaftung) der Anleger ausgesetzt zu sein. Auch ist die Emission von Kapitalmarktprodukten zeitaufwendig und stellt daher aus Sicht der Praxis eigentlich keine relevante Möglichkeit der Beseitigung einer akuten finanziellen Krise des Unternehmens dar.

3. Unternehmensverkauf/Exit

568 Der Ruf nach der Durchführung eines Verkaufsprozesses, basierend auf dem Wunsch der Kreditgeber, sich aus ihren Engagements durch Schadloshaltung aus den Veräußerungserlösen zu befreien, taucht in Restrukturierungssituationen regelmäßig auf. Kurzfristig ist der Unternehmensverkauf nur selten zielführend, da auch in dieser Situation jeder Kaufinteressent sich natürlich die finanzielle Situation des krisengeschüttelten Unternehmens im Rahmen eines *Due Diligence*-Prozesses genau ansehen und diese Umstände preismindernd werten wird. Daher verlaufen viele Verkaufsprozesse in dieser Situation ergebnislos, da schon im Rahmen der Auswertung der ersten, indikativen Preisangebote bei allen Beteiligten Ernüchterung eintritt. Denn die gebotenen Kaufpreise decken oft nicht einmal die ausstehenden Darlehensansprüche der Kreditgeber ab, sodass ohne Zugeständnisse dieser (z.B. teilweiser Forderungsverzicht oder Übertragung der nicht durch den Kaufpreis abgedeckten Darlehensforderungen

503 MK-BGB/*Armbrüster*, § 138 Rn. 226; Ellenberger/Bunte-*Pamp*, Bankrechts-Handbuch, § 62 Rn. 29.

auf den Erwerber, um Steuerthemen zu vermeiden) ein Verkauf nicht durchführbar ist. Auch ist in diesen Situationen die Sicht des Gesellschafters nicht zu vernachlässigen, da für ihn sodann keinerlei Zahlung auf das Eigenkapital erfolgt, was natürlich die Bereitschaft zur Ermöglichung eines Verkaufsprozesses sowie der Zustimmung zur Anteilsübertragung entsprechend mindert.

Anders mag dies wiederum nach dem Abschluss der Sanierung aussehen. Insbesondere wenn anderweitig keine vollständige Rückführung der Darlehen möglich wäre, bietet sich der Unternehmens- **569** verkauf als eine Möglichkeit eines *Exits* für die bisherigen Finanzierer an.

Kapitel 5 Investorenlösungen und Exit-Strategien

Übersicht

A. Distressed M&A-Transaktionen in der Krise

I. Einleitung

1 In der vorinsolvenzlichen Krise eines Unternehmens wird dessen Sanierung häufig mit einer M&A-Transaktion verbunden.[1] Die Verfehlung betriebswirtschaftlicher Kennzahlen im Rahmen der Unternehmensplanung soll hierbei mit dem Einstieg von Investoren beseitigt werden. Gelingt dies vor der Eröffnung des Insolvenzverfahrens nicht, kommt noch immer ein Unternehmensverkauf aus der Insolvenz in Betracht.

2 Im Hinblick auf spezialisierte Investoren und Berater sowie die durch die Krise erforderlichen Spezialkenntnisse aller Transaktionsbeteiligten hat sich Distressed M&A als ein eigenständiges Marktsegment herausgebildet. Typische Interessenten sind neben strategischen Investoren auch »Distressed« bzw. »Opportunity Fonds«, wobei Letztere sowohl Eigen- als auch Fremdkapital in Krisensituationen erwerben und hierdurch erweiterte Optionen für die Beteiligten schaffen. Verschiedene Unter-

1 Gegenstand dieses Abschnittes sind Unternehmenstransaktionen bei drohender Insolvenz vor Stellung eines Antrages auf Eröffnung des Insolvenzverfahrens; vgl. zum nicht einheitlichen und teilweise auch den Kauf in der Insolvenz umfassenden Begriffsverständnis von Distressed Merger & Acquisitions etwa *Bieg*, in: Bork/Hölzle, Handbuch Insolvenzrecht, Kap. 14 Rn. 46; *Exler/Levermann*, KSI 2016, 14; *Fröhlich*, in Buth/Hermanns, Restrukturierung, § 40 Rn. 3 ff.; *Hoegen/Prüfer*, in: Knecht/Hommel/Wohlenberg, Handbuch Unternehmensrestrukturierung, S. 536.

nehmensbeteiligungsgesellschaften haben sich sogar ausschließlich auf den Erwerb von Unternehmen in der Krise oder aus der Insolvenz spezialisiert, um nach einem günstigen Erwerb durch eine erfolgreiche Sanierung einen Veräußerungsgewinn zu realisieren.

Vor der Stellung eines Insolvenzantrags stehen den Beteiligten eines Unternehmenskaufs grundsätzlich dieselben Transaktionsarten und -verfahren wie beim Erwerb gesunder Unternehmen zur Verfügung. Ebenso kann grundsätzlich auf die marktüblichen Verfahrensusancen bei der Investorensuche und den Verhandlungen der Transaktionsdokumentation zurückgegriffen werden. Besonderheiten ergeben sich typischerweise durch den Zeitdruck, dem sich die Parteien hinsichtlich des Abschlusses und des Vollzugs des Kaufvertrages ausgesetzt sehen. Durch die Gefahr einer Vertiefung der Krise bis hin zu einer Insolvenzantragspflicht sind zügige Verhandlungen und schnelle rechtliche Umsetzungen der Verhandlungsergebnisse ein wesentlicher Erfolgsfaktor für die Sanierung durch eine Unternehmenstransaktion in der Krise. 3

Besondere wirtschaftliche und rechtliche Risiken und entsprechend intensiver Beratungsbedarf ergeben sich aus der Ungewissheit des Erfolges der mit der Transaktion verbundenen bzw. sich an diese anschließenden Sanierungsbemühungen. Aus der Sicht des Erwerbers betrifft dies zunächst die Sanierungsfähigkeit des erworbenen Unternehmens und damit den Erfolg seiner Investition. Sofern mit der durch die Transaktion generierten Liquidität der Veräußerer saniert werden soll, besteht außerdem das Risiko, dass Ansprüche aus dem Kaufvertrag, wie insb. Garantieansprüche, für den Erwerber bei Scheitern der Sanierung wirtschaftlich wertlos werden. Neben diesen allgemeinen Ausfallrisiken wird der Erwerber im Hinblick auf die Gefahr einer Anschlussinsolvenz des Veräußerers insb. auch insolvenzrechtliche Risiken in den Blick nehmen. Bei einem Asset Deal ist eine solche Insolvenz des Veräußerers ein typisches Risiko, da der Erwerber das Unternehmen von einem krisenbehafteten Unternehmensträger erwirbt. Vor allem bei Share Deals gibt es differenziertere Risikoszenarien. So kann sich der Veräußerer in der Krise befinden, aber das Zielunternehmen wirtschaftlich gesund sein. Umgekehrt kann ein wirtschaftlich gesunder Verkäufer ein krisenbehaftetes Zielunternehmen veräußern. Schließlich können beide Konstellationen gleichzeitig vorliegen. Aus der Sicht des Verkäufers bestehen wiederum spezifische Risiken in Bezug auf eine drohende insolvenzrechtliche Anfechtung der Rückzahlung von Gesellschafterdarlehen, wenn die Sanierung des veräußerten Unternehmens später scheitert. 4

II. Transaktionsabläufe

Die Abläufe von M&A-Transaktionen sind regelmäßig durch typische Phasen und vorbereitende Dokumente gekennzeichnet.[2] Für Distressed M&A-Transaktionen gilt insoweit im Grundsatz nichts anderes, als für Unternehmenstransaktionen außerhalb einer Krise. Dabei ist allerdings das konkrete Verfahren vor dem Hintergrund der Krise des Zielunternehmens und/oder des Verkäufers im Hinblick auf den meist knappen Zeitrahmen und die begrenzten Ressourcen für die Vorbereitung der Transaktion anzupassen und flexibel zu handhaben. Es kann, wie auch sonst, einerseits zwischen einer strukturierten Investorensuche (Bieterverfahren), und andererseits einer Veräußerung unter Nutzung bestehender Kontakte und/oder durch Ansprache eines bestimmten oder weniger ausgewählter Erwerbsinteressenten außerhalb eines förmlichen Verfahrens unterschieden werden. 5

Im Rahmen eines Bieterverfahrens wird in der Regel in der Vorbereitungsphase neben rechtlichen und steuerlichen Beratern eine Investmentbank oder ein M&A-Berater mit der Begleitung der Transaktion beauftragt. Diese Berater sind bei der Vorbereitung der Transaktion auf eine enge Zusammenarbeit mit den häufig vom Zielunternehmen bereits zuvor beauftragten Sanierungsberatern und Chief Restructuring Officers (CROs)[3] angewiesen. In der Vorbereitungsphase macht sich der M&A-Berater mit den wirtschaftlichen Verhältnissen des Zielunternehmens vertraut. Die hierbei erhobenen 6

2 *Gren*, NJW 2008, 1409; BeckHdB M&A-*Rosengarten*, § 4 Rn. 6 ff.

3 Zur Rolle des CRO insb. auch in M&A-Prozessen vgl. *Eschmann*, in: Bauer/Düsterlho, Distressed Mergers & Acquisitions, S. 37 ff.

Informationen werden in der Regel in einer Kurzdarstellung (Teaser) und in einem umfassenderen Exposee (Information Memorandum), das meist vertrauliche Unternehmensinformationen enthält, aufbereitet. Parallel hierzu werden regelmäßig die Dokumente und Informationen für die geplante Due Diligence der Erwerbsinteressenten gesammelt und in aller Regel in einem elektronischen Datenraum zusammengestellt. Schließlich werden auf Vorschlag des M&A-Beraters potenzielle Investoren ausgewählt (Shortlist), die im Hinblick auf ein mögliches Erwerbsinteresse kontaktiert werden sollen.

7 Außerhalb eines Bieterverfahrens wird zu potenziellen Investoren häufig informell Kontakt aufgenommen, während die Kontaktaufnahme im Rahmen des Bieterverfahrens in der Regel über den M&A-Berater unter Versendung des vorbereiteten Teasers erfolgt. Angesprochenen Investoren, die nach Kenntnis des Teasers und etwaiger erster Vorgespräche ein grundsätzliches Erwerbsinteresse signalisiert haben, wird – in aller Regel auf Basis einer Vertraulichkeitsvereinbarung – sodann das vorbereitete Information Memorandum zur Verfügung gestellt. Die Vertraulichkeitsvereinbarung wird bereits die vertrauliche Behandlung sämtlicher weiterer Informationen abdecken, die dem Interessenten später während einer etwaigen weiteren Beteiligung am Verkaufsprozess zur Verfügung gestellt werden. Sofern Wettbewerber des zu veräußernden Unternehmens oder des Verkäufers angesprochen werden, ist die Vereinbarung von Abwerbeverboten zu erwägen. Den Interessenten wird nach Versendung des Information Memorandum sodann die Gelegenheit gegeben, innerhalb einer bestimmten Frist ein vorläufiges bzw. sogenanntes unverbindliches Angebot (Indicative/Non-Binding Offer) für den Erwerb des Unternehmens abzugeben. Mit diesem Angebot werden üblicherweise von jedem Interessenten neben dem vorläufig gebotenen Kaufpreis bzw. dem Anteilswert weitere Angaben zu dem zugrunde gelegten Unternehmenswert, zur Finanzierung des Kaufpreises, zu den in Aussicht genommenen Sanierungsbemühungen sowie den Schwerpunkten der ggf. anstehenden Due Diligence abgefragt.

8 Nach Auswertung der Indicative Offers werden regelmäßig bestimmte Interessenten ausgewählt, mit denen das Verfahren weiter betrieben werden und denen insb. die Möglichkeit zu einer Due Diligence gegeben werden soll. Im Rahmen der Due Diligence wird den betreffenden Interessenten üblicherweise Zugang zu dem Datenraum gewährt sowie die Möglichkeit eröffnet, Fragen zum Unternehmen zu stellen und persönliche Treffen mit der Leitungsebene und/oder ausgewählten Mitarbeitern des Zielunternehmens wahrzunehmen. Welchen Bietern zu welchen Zeitpunkten ggf. besonders vertrauliche Informationen zur Verfügung gestellt werden bzw. in welche förmlichen Phasen die Due Diligence unterteilt wird, hängt von vielen Faktoren ab – etwa der Komplexität der Transaktion, der Transaktionserfahrung oder dem strategischen Interesse der beteiligten Bieter und nicht zuletzt dem durch die Krise gesteckten Zeitrahmen. Gerade bei Unternehmenstransaktionen in der Krise kommt der Due Diligence aus Käufersicht besondere Bedeutung zu, da der Veräußerer bei der Abgabe üblicher Gewährleistungen und der Vereinbarung üblicher Freistellungen eher zurückhaltend sein wird und/oder diese, sofern die mit der Transaktion bezweckte Sanierung scheitert, für den Erwerber wirtschaftlich wertlos sein können.

▶ **Hinweis:**

9 Im Zusammenhang mit Unternehmensverkäufen in der Krise liegt häufig ein Sanierungsgutachten vor. Dies kann für potenzielle Erwerber regelmäßig erhebliche Erkenntnisse zur Krisensituation und zu den Voraussetzungen für die Wiedererlangung der Wettbewerbsfähigkeit im Rahmen der Umsetzung der Sanierungsmaßnahmen bringen. Auch ältere Sanierungsgutachten sind relevant, weil hierdurch Sanierungserfolge oder fehlgeschlagene Sanierungsmaßnahmen offengelegt werden. Der Verkäufer sollte daher Sanierungsgutachten zu gegebener Zeit offenlegen.

10 Auf Basis der gewonnenen Informationen werden die Interessenten gebeten, ihr Non-Binding Offer zu bestätigen bzw. zu ändern und als sogenanntes bindendes Angebot (Binding/Final Offer) schriftlich zu übermitteln. Häufig werden die Interessenten auch aufgefordert, zusammen mit dem Angebot

Anmerkungen zu einem von der Verkäuferseite zur Verfügung gestellten Kaufvertragsentwurf zu übermitteln (Mark-Up). In der Praxis handelt es sich bei dem Binding Offer allerdings so gut wie nie um einen bindenden Antrag im Sinne von § 145 BGB. Vielmehr dienen die Binding Offers zur verkäuferseitigen Auswahl eines, ggf. auch mehrerer Investoren, mit denen in intensive Verhandlungen über den Abschluss eines Kaufvertrages eingetreten werden soll. Im Hinblick auf die hiermit verbundenen Kosten werden die angesprochenen Interessenten die Aufnahme von Vertragsverhandlungen häufig von dem Abschluss einer Exklusivitätsvereinbarung abhängig machen wollen, in der sich der Verkäufer verpflichtet, innerhalb einer bestimmten Frist mit Dritten keine Verhandlungen zu führen (Verhandlungsexklusivität) oder jedenfalls keinen bindenden Kaufvertrag zu schließen (Abschlussexklusivität).

Der – ggf. notarielle – Abschluss des Kaufvertrages (Signing) fällt in aller Regel noch nicht mit dessen dinglichem Vollzug, also der Zahlung des Kaufpreises, der Übertragung des Kaufgegenstandes und ggf. flankierenden Maßnahmen (Closing), zusammen. Das zeitliche Auseinanderfallen von Signing und Closing ist häufig darauf zurückzuführen, dass eine fusionskontrollrechtliche Freigabe und/oder eine außenwirtschaftsrechtliche Genehmigung (oder entsprechende Unbedenklichkeitsbescheinigungen) abgewartet werden sollen. Ferner machen die Parteien, insb. der Käufer, oft den Vollzug von dem Eintritt weiterer Voraussetzungen (Closing Conditions) abhängig. Bei Unternehmenstransaktionen in der Krise dienen Closing Conditions nicht selten der Absicherung von Sanierungsbeiträgen der Gläubiger des krisenbehafteten Zielunternehmens oder der Freigabe von Sicherheiten, die das Zielunternehmen Dritten gewährt hat. 11

▶ **Hinweis:**

Die dargestellten Phasen und Verfahrensweisen dürfen nicht als starrer Ablauf missverstanden werden. Ohnehin unterliegen sie (in den Grenzen von Treu und Glauben[4]) der Gestaltung und dem Ermessen der Parteien. Aber auch soweit vorstehend Usancen beschrieben wurden, unterliegen diese häufig der spezifischen Transaktionsdynamik. Dies gilt im Hinblick auf den Zeitdruck und die relativ starke Stellung des »rettenden« Investors insb. auch für Unternehmenstransaktionen in der Krise. 12

III. Transaktionsformen

1. Share Deal

Beim Anteilskauf (Share Deal) sind Kaufgegenstand die Gesellschaftsanteile des Unternehmensträgers. Es findet also eine Änderung auf Ebene der Gesellschafter statt. Die Zuordnung der Vermögensgegenstände des Unternehmens (Aktiva und Passiva) bleibt unverändert. Eine Einzelübertragung von Vermögensgegenständen ist daher nicht erforderlich. 13

Mittelbare Auswirkungen auf einzelne Rechtsverhältnisse des Zielunternehmens sind möglich und regelmäßig Gegenstand der Due Diligence des Käufers. Typische Beispiele sind »Change-of-Control«-Klauseln in Verträgen, die das Zielunternehmen mit Dritten geschlossen hat, und die an den Wechsel der Gesellschafter bestimmte Rechtsfolgen, insb. außerordentliche Kündigungsrechte, knüpfen. Auch ohne solche Klauseln kann bei Lieferbeziehungen, denen keine langfristigen Verträge zugrunde liegen, ein Gesellschafterwechsel faktische Auswirkungen auf die Kundenbeziehungen haben, die vom Erwerber ggf. zu eruieren sind. 14

Die Rechtsform des Unternehmensträgers ist bei der Gestaltung und beim Abschluss des Unternehmenskaufvertrages zu beachten. So ist etwa beim Verkauf und der Übertragung von GmbH-Geschäftsanteilen die notarielle Form nach § 15 Abs. 3 und 4 GmbHG zu wahren. Bei Übertragung von Kommanditanteilen sollten Haftungsrisiken durch eine auf die Eintragung des handelsregister- 15

4 Zu Haftungsrisiken beim Abbruch von Vertragsverhandlungen vgl. *Wertenbruch*, ZIP 2004, 1525.

lichen Sonderrechtsnachfolgevermerks aufschiebend bedingte Anteilsabtretung vermieden werden.[5] Soll eine Kontrollbeteiligung von mindestens 30 % an einer börsennotierten Gesellschaft erworben werden, ist ein Antrag gem. § 37 Abs. 1 WpÜG i.V.m. § 9 Satz 1 Nr. 3 WpÜGAngVO auf Befreiung von der Angebotspflicht nach § 35 WpÜG im Zusammenhang mit der Sanierung der Gesellschaft[6] durch die BaFin in Betracht zu ziehen. Allgemein ist auf die Einholung der meistens erforderlichen Zustimmungen auf Gesellschafterebene zu achten.

16 Ein Share Deal ist insb. immer dann vorteilhaft, wenn der Unternehmensträger Inhaber zivilrechtlicher oder öffentlich-rechtlicher Rechtspositionen ist, die für den Betrieb des Unternehmens unentbehrlich sind und die, sei es aufgrund unüberwindbarer rechtlicher Hindernisse oder aus Kostengründen, nicht auf einen neuen Unternehmensträger übertragen werden können. So sind beispielsweise öffentlich-rechtliche Genehmigungen zum Betrieb bestimmter Anlagen, aber auch Konzessionen, Lizenzen oder besondere Gewerbegenehmigungen grundsätzlich auf den das Unternehmen betreibenden Rechtsträger bezogen. Häufig sollen dem Unternehmen aber auch Verträge erhalten bleiben, die zu wirtschaftlich vorteilhaften Konditionen abgeschlossen worden sind (etwa Mietverträge), und deren Übertragung auf einen neuen Unternehmensträger der Vertragspartner nicht ohne Weiteres zustimmen würde.[7]

17 Der Erwerber übernimmt beim Share Deal wirtschaftlich nicht nur die Aktiva der Bilanz des Unternehmens, sondern auch alle Passiva. Bei einem Share Deal in der Krise beträgt der Kaufpreis daher nicht selten nur 1 €. Der Kaufpreis kann sogar negativ sein, d.h. der Verkäufer verpflichtet sich zu einer zusätzlichen Zahlung an den Käufer (»Mitgift«) oder stattet das Unternehmen vorab mit zusätzlichem Eigenkapital aus.[8]

18 Sofern nicht mit den Anteilen das gesamte Vermögen des Zielunternehmens übernommen werden soll, müssten die entsprechenden Vermögensgegenstände vom Zielunternehmen auf Dritte, beispielsweise andere Konzernunternehmen, übertragen werden. In Betracht kommen etwa Ausgliederungen von Unternehmensteilen oder Restrukturierungen von Darlehensengagements. Der Transaktionen in der Krise häufig immanente Zeitdruck kann hier allerdings faktische Grenzen setzen.

19 Spätestens mit Vollzug des Anteilskaufs (Closing) müssen etwaige Insolvenzgründe bezüglich des Zielunternehmens beseitigt sein, weil anderenfalls für die geschäftsführenden Organe eine etwaige Insolvenzantragspflicht aus § 15a Abs. 1 und Abs. 2 InsO bestehen bliebe. Der Erwerber wird daher beim Share Deal in der Krise regelmäßig vor dem verbindlichen Vertragsschluss von den Gläubigern des Unternehmens Sanierungsbeiträge wie Verzichte oder Stundungen als Voraussetzung für die Übernahme der Anteile sowie die Investition von zusätzlichem Eigenkapital verlangen, um die wirtschaftlichen Voraussetzungen für die erfolgreiche Sanierung nach dem Kauf sicherzustellen. Hierzu können auch Arbeitnehmerbeiträge, zum Beispiel im Rahmen eines Sanierungstarifvertrages, zählen. Sofern der Erwerber vor dem Abschluss des Kaufvertrages keine für ihn hinreichend sichere Einschätzung über die Erbringung solcher Sanierungsbeiträge erlangt, ist es möglich, das Closing an entsprechende Vollzugsbedingungen (Closing Conditions) zu knüpfen.

2. Asset Deal

20 Beim Unternehmenskauf in Form des Asset Deals erwirbt der Käufer vom Rechtsträger des Unternehmens im Wege der Einzelnachrechtsfolge die zum Unternehmen gehörenden betriebsnotwendigen Vermögensgegenstände als Inbegriff von Sachen, Rechten und sonstigen Vermögenswerten. Der Käufer ist außerdem auch am Erwerb der tatsächlichen wertbeeinflussenden Faktoren des Geschäfts-

5 *K. Schmidt*, NJW 1983, 2258, 2260.
6 Zum Antragsverfahren in Sanierungsfällen vgl. *Wiesbrock*, NZG 2005, 294.
7 Zu empirisch erhobenen Entscheidungskriterien für die Strukturierung von Distressed M&A-Transaktionen vgl. *Exler/Levermann*, KSI 2016, 14, 17.
8 Dazu etwa *Hofer*, BB 2013, 972; *Scheunemann/von Mandelsloh/Preuß*, DB 2011, 201.

betriebs des Unternehmens wie deren Wettbewerbsstellung, Know-how und Qualität des Personals interessiert.

Die veräußerten Vermögensgegenstände sind unter Wahrung des sachenrechtlichen Bestimmtheitsgrundsatzes einzeln zu bezeichnen oder hinreichend bestimmbar zu beschreiben.[9] Der Aufwand für die Erstellung der Vertragsdokumentation ist in der Regel höher als beim Share Deal. 21

Anders als beim Share Deal gehen beim Asset Deal Verträge und sonstige Rechtsverhältnisse des veräußerten Unternehmens nicht ohne Weiteres auf dessen Erwerber über. Die Übernahme von Vertragsverhältnissen durch den Erwerber bedarf vielmehr wie bei jeder Vertragsübernahme grundsätzlich der Zustimmung der jeweiligen Vertragspartner der Zielgesellschaft. Die Einholung der erforderlichen Zustimmungen der Vertragspartner des veräußerten Unternehmens kann vor oder nach dem Abschluss oder Vollzug des Unternehmenskaufvertrages erfolgen. Bereits zuvor zwischen dem Unternehmen und seinen Vertragspartnern vereinbarte Überleitungsklauseln sind rechtlich möglich, aber meistens werden derartige Klauseln nicht vereinbart worden sein. 22

Für den Übergang der Arbeitsverhältnisse gilt § 613a BGB. Nach § 613a BGB tritt der Erwerber des Betriebs oder Betriebsteils als neuer Inhaber in die Rechte und Pflichten aus den im Zeitpunkt des Übergangs bestehenden Arbeitsverhältnissen ein. Dies gilt auch für Ansprüche, die vor dem Übergang entstanden sind.[10] Der Erwerber hat beim Erwerb eines Unternehmens in der Krise bzw. von dem in der Krise befindlichen Unternehmensträger zu beachten, dass die Vereinbarung einer zeitlichen Abgrenzung der Verpflichtungen gegenüber den Arbeitnehmern mit entsprechenden Freistellungsansprüchen des Erwerbers gegen den Verkäufer wirtschaftlich wertlos werden kann, wenn der Veräußerer später insolvent wird. 23

Mit dem Asset Deal ist im Übrigen kein automatischer Übergang der Verbindlichkeiten des Unternehmens verbunden. Insofern bietet diese Transaktionsform allgemein die Möglichkeit der Differenzierung und Selektion der Verbindlichkeiten, deren Erfüllung der Erwerber übernimmt (vgl. § 329 BGB) bzw. hinsichtlich derer er sich zur Freistellung des Verkäufers verpflichtet. Zur Verringerung der Risiken einer späteren Insolvenz des Verkäufers ist darauf zu achten, dass die bei ihm verbleibenden Verbindlichkeiten wirtschaftlich tragbar sind. 24

Auch ohne eine Vereinbarung zwischen den Parteien des Unternehmenskaufvertrages kommt allerdings eine Haftung des Erwerbers für Verbindlichkeiten des veräußernden Unternehmensträgers nach § 25 HGB oder § 75 AO in Betracht. Es handelt sich um allgemeine Haftungstatbestände, die aber im Hinblick auf das erhöhte Ausfallrisiko des Verkäufers beim Asset Deal in der Krise von besonderer wirtschaftlicher Relevanz sein können. 25

Der Erwerber eines Unternehmens haftet nach § 75 Abs. 1 AO vertraglich unabdingbar für Steuern, bei denen sich die Steuerpflicht auf den Betrieb des Unternehmens gründet und die im letzten, vor der Übereignung liegenden Kalenderjahr entstanden sind. Immerhin beschränkt sich die Haftung nach Satz 2 der Vorschrift auf das übernommene Vermögen. Die Haftung greift auch ein, wenn ein in der Gliederung des veräußernden Unternehmensträgers gesondert geführter Teilbetrieb i.S.v. § 16 EStG erworben wird.[11] Da die Haftung von der Kenntnis des Erwerbers unabhängig ist, sollte der Erwerber vor Abschluss eines Unternehmenskaufs mit Zustimmung des Verkäufers (vgl. § 30 AO) beim zuständigen Finanzamt eine Auskunft über etwaige Steuerschulden einholen. Sind erhebliche Steuerschulden zu befürchten, so sollte aufgrund des beträchtlichen Haftungsrisikos für den Erwerber der Unternehmenskauf erst nach Eröffnung des Insolvenzverfahrens realisiert werden, da nach § 75 Abs. 2 AO die steuerliche Haftung des Unternehmenserwerbers beim Kauf aus dem Insolvenzverfahren vermieden wird. 26

---

9 Zu den Anforderungen an die Bestimmtheit bei Sachgesamtheiten jüngst BGH, Urt. v. 16.12.2022 – V ZR 174/21, NZG 2023, 374.

10 ErfK-*Preis*, BGB § 613a Rn. 73 ff. m.w.N.

11 Klein-*Rüsken*, AO § 75 Rn. 11 f. m.w.N.

27 Vom Umfang her weiter, aber den Voraussetzungen nach wesentlich enger, ist die Haftung des Erwerbers nach § 25 Abs. 1 Satz 1 HGB. Danach haftet der Erwerber eines Handelsgeschäfts für alle in dem Handelsgeschäft begründeten Verbindlichkeiten des früheren Inhabers, wenn die Firma fortgeführt wird. Übernimmt der Erwerber die Firma des Verkäufers, so kann diesem Haftungsrisiko allerdings durch eine abweichende Vereinbarung begegnet werden, die nach § 25 Abs. 2 HGB in das Handelsregister einzutragen und bekanntzumachen ist. Das Registergericht hat die Eintragung des Haftungsausschlusses bereits dann vorzunehmen, wenn die Möglichkeit der Haftungsvoraussetzungen nach § 25 Abs. 1 Satz 1 HGB zumindest ernsthaft in Betracht kommt.[12] Ein späterer Insolvenzverwalter des Verkäufers kann nach h.M. den Haftungsausschluss nicht nach §§ 129 ff. InsO anfechten.[13]

28 Ferner ist nach der Rechtsprechung des EuGH bei einem Asset Deal die Haftung des Erwerbers eines Unternehmens für die Rückzahlung rechtswidrig gewährter Beihilfen, die dem Unternehmen vor der Transaktion gewährt wurden, nicht auszuschließen. Die primärrechtlichen Vorschriften des EU-Beihilferechts befinden sich in Art. 107–109 AUEV, die Verfahrensregeln in Art. 108 AUEV werden vornehmlich durch die Verordnung (EU) Nr. 2015/1589 (Verfahrensordnung/VVO) ergänzt.[14] Nach Art. 16 VVO hat die Kommission anzuordnen, dass der betreffende Mitgliedstaat rechtswidrige Beihilfen zurückzufordern hat,[15] wobei gem. Art. 16 Abs. 3 VVO die Rückforderung nach den Verfahren des betreffenden Mitgliedstaates erfolgt.[16] Nach Auffassung des EuGH kann auch der Erwerber eines (im Asset Deal) erworbenen Unternehmens für die Rückgewähr rechtswidriger Beihilfen haften; entgegen weitergehender vorheriger Auffassung der Kommission[17] allerdings nur, wenn die Kommission beweisen kann, dass das Unternehmen bzw. die fraglichen Vermögenswerte zu nicht marktgerechten Preisen veräußert wurden oder veräußert wurden, um den Rückforderungsbeschluss der Kommission zu umgehen.[18]

3. Weitere Transaktions- und Restrukturierungsformen

a) Kombinationen von Asset Deal, Share Deal und Debt Deal

29 Share Deals und Asset Deals können miteinander kombiniert oder abgewandelt werden. Ein Beispiel ist der Carve Out, also die Übertragung eines Unternehmens oder Unternehmensteils auf einen zunächst vom Verkäufer gehaltenen Rechtsträger, dessen Anteile dann im Wege des Share Deals veräußert werden. Weitere Beispiele sind die Übertragung von Vermögensgegenständen wie Teilbetrieben, betriebsnotwendigen Grundstücken oder Lizenzen auf das im Wege des Share Deals zu veräußernde Unternehmen.

30 Share Deals können auch mit dem Erwerb der Bankdarlehen (Debt Deal) des krisenbehafteten Zielunternehmens durch den Käufer oder ein mit dem Käufer verbundenes Unternehmen kombiniert werden. Hierbei verhandeln der Käufer und die betroffenen Kreditinstitute unter Einbeziehung des Zielunternehmens direkt über den Erwerb der Darlehen. Die Übernahme der Darlehen tritt dann

---

12 Vgl. BGH, Urt. v. 05.07.2012 – III ZR 116/11, NZG 2012, 916, 917.

13 Hopt-*Merkt*, HGB, § 25 Rn. 16; *Weimar*, MDR 1964, 566, 567.

14 Näher *Bartosch*, EU-Beihilfenrecht, Einl. Rn. 28.

15 Näher *Bartosch*, EU-Beihilfenrecht, Beihilfenverfahrens-VO Art. 16 Rn. 1 ff.; MK-WettbR/*Köster*, Beihilfenverfahrens-VO Art. 16 Rn. 3 ff.; Grabitz/Hilf/Nettesheim/*von Wallenberg/Schütte*, AUEV Art. 108 Rn. 108 ff.

16 Dazu *Bartosch*, EU-Beihilfenrecht, Beihilfenverfahrens-VO, Art. 16 Rn. 15 ff.; MK-WettbR/*Köster*, Beihilfenverfahrens-VO, Art. 16 Rn. 35 ff.; Grabitz/Hilf/Nettesheim/*von Wallenberg/Schütte*, AUEV Art. 108 Rn. 109.

17 Die Kommission war daraufhin u.a. kritisiert worden, weil sie die übertragene Sanierung praktisch unmöglich mache; vgl. *Grave*, EuZW 2004, 374 m.w.N.

18 EuGH, Urt. v. 29.04.2004 – Rs C-277/00 (SMI), ZIP 2004, 1013; eingehend zur Konstellation des Unternehmensverkaufs MK-WettbR/*Köster*, Beihilfenverfahrens-VO Art. 16 Rn. 14 ff. m.w.N.

an die Stelle einer ebenfalls denkbaren Rückführung der Darlehen beim Closing oder deren Fortführung durch das Zielunternehmen.

b) Umwandlungsmaßnahmen

Zur Vorbereitung oder ggf. auch Umsetzung von Transaktionen können auch die Verschmelzung (§§ 2 ff. UmwG) und die Aufspaltung, Abspaltung oder Ausgliederung (§§ 123 ff. UmwG) eingesetzt werden.[19] Im Rahmen einer Verschmelzung können Gläubiger allerdings ggf. nach § 22 Abs. 1 Satz 2 UmwG Sicherheitsleistungen verlangen und haben im Einzelfall Schadensersatzansprüche gegen die Organe und den Verschmelzungsprüfer, §§ 11, 25 ff. UmwG. Bei der Ausgliederung kann wiederum der Gläubigerschutz gem. § 133 UmwG ein Hindernis sein, da die an der Spaltung beteiligten Rechtsträger für die vor der Spaltung begründeten Verbindlichkeiten des übertragenden Rechtsträgers gesamtschuldnerisch haften. 31

c) Kapitalmaßnahmen

Als Alternative oder flankierend zu einem Teilerwerb eines Unternehmens im Wege eines Share Deals kommt als Sanierungsmaßnahme auch die Aufnahme neuer Gesellschafter durch Kapitalmaßnahmen in Betracht.[20] Insbesondere in der wirtschaftlichen Krise eines Unternehmens können durch den Erwerb einer Teilbeteiligung wesentliche Ziele des Erwerbers – nämlich die Geschicke des Zielunternehmens maßgeblich mitzubestimmen, vom künftigen Erfolg der Sanierung des Unternehmens zu profitieren und das Know-how der bisherigen Anteilsinhaber an das Unternehmen zu binden – mit dem Interesse der bisherigen Anteilsinhaber an der Zuführung zusätzlicher finanziellen Mittel zusammengeführt werden. 32

▶ **Hinweis:**

Im Hinblick auf etwaige Bezugsrechte bzw. sonstige Zustimmungserfordernisse fordert eine solche Verwässerung aber in aller Regel Einigkeit unter den bisherigen Gesellschaftern. Bei der Transaktionsvorbereitung sollte deshalb auf ein mögliches Blockadepotenzial und eine rechtzeitige Einbeziehung aller relevanten Gesellschafter geachtet werden. 33

Eine besondere Form der Aufnahme neuer Gesellschafter im Wege der Kapitalerhöhung ist der Debt Equity Swap, bei dem Gesellschaftsgläubiger Forderungen gegen die Gesellschaft als Sacheinlagen im Wege der Kapitalerhöhung einbringen. Die Einbringung der Forderungen erfolgt hierbei nicht zum Nennwert, sondern zum tatsächlichen Wert zum Zeitpunkt der Einbringung.[21] Bei einem in der Krise befindlichen Unternehmen wird vor der Sachkapitalerhöhung in der Regel ein Kapitalschnitt notwendig sein, um das Kapital der Gesellschaft an die erlittenen Verluste anzugleichen oder sogar, um eine rechnerische Überschuldung zu beseitigen (vgl. §§ 229 ff. AktG; §§ 58a ff. GmbHG). 34

Wird nach einem Debt Equity Swap später dennoch ein Insolvenzverfahren über das Vermögen der Gesellschaft eröffnet, so besteht für den Inferenten das Risiko, dass der Insolvenzverwalter innerhalb der zehnjährigen Verjährungsfrist aufgrund der verschuldensunabhängigen Differenzhaftung gem. §§ 9, 56 GmbHG eine Nachzahlung in bar in Höhe der Differenz zwischen dem Betrag der übernommenen Einlage und dem Wert der eingebrachten Forderung verlangt, sofern die Wertberichtigungen der eingebrachten Forderungen nicht hinreichend konservativ waren. Bei der Aktiengesellschaft umfasst die Differenzhaftung gem. § 9 Abs. 1 AktG auch das Agio.[22] 35

---

19 Überblick bei *K. Schmidt*, in: K. Schmidt/Uhlenbruck, Die GmbH in Krise, Sanierung und Insolvenz, Rn. 6.246.

20 *K. Schmidt*, in K. Schmidt/Uhlenbruck, Die GmbH in Krise, Sanierung und Insolvenz, Rn. 6.241.

21 *Schulze-Osterloh*, NZG 2017, 641, 642 ff.

22 *Koch*, AktG, § 9 Rn. 9.

▶ **Hinweis:**

36 Eine Möglichkeit, die Differenzhaftung im Vorhinein zu vermeiden, ist der Erwerb bereits bestehender Gesellschaftsanteile gegen (teilweisen) Forderungsverzicht im Wege des Erlassvertrages i.S.v. § 397 BGB.[23] Neben der Vermeidung des Differenzhaftungsrisikos besteht ein weiterer Vorteil in der schnellen einfachen Abwicklung gegenüber der Sachkapitalerhöhungsmaßnahme. Letztlich ist aber auch hier mindestens die Mitwirkung des abtretenden Altgesellschafters erforderlich.

4. Transaktionen auf Grundlage des StaRUG

37 Vorgenannte Transaktionsformen eines Asset oder Share Deals sowie Umwandlungs- oder Kapitalmaßnahmen können seit dem 01.01.2021 auch im Rahmen eines Restrukturierungsplans nach §§ 3 ff. StaRUG umgesetzt werden. Die gestaltbaren Rechtsverhältnisse betreffen nach §§ 2 Abs. 3, 7 Abs. 4 StaRUG auch die Anteilsrechte sowie sonstige gesellschaftsrechtlich zulässige Regelungen. So können beispielsweise sogar im Wege einer gruppenübergreifenden Mehrheitsentscheidung nach § 26 Abs. 1 StaRUG die Anteile im Wege des Share Deals veräußert werden, wenn die Drei-Viertel-Mehrheit der abstimmenden Gruppen dem Restrukturierungsplan zugestimmt hat und die übrigen Voraussetzungen des § 26 Abs. 1 StaRUG vorliegen, sodass das Restrukturierungsgericht den Plan gerichtlich bestätigt und damit die Zustimmung der ablehnenden Gruppe als erteilt gilt.[24] Der Restrukturierungsplan kann insoweit auch sämtliche übrigen gesellschaftsrechtlich zulässigen Transaktionsformen im gestaltenden Teil realisieren, auch der Debt-Equity-Swap ist ausdrücklich in § 7 Abs. 4 StaRUG normiert. Es gelten im Übrigen dieselben Rahmenbedingungen wie im Insolvenzplanverfahren nach § 225a Abs. 4 und 5 InsO, insbesondere betreffend den Ausschluss etwaiger »Change of Control« Klauseln. Jede potenzielle Transaktionsform kann mithin dem Grunde nach im Rahmen eines vom schuldnerischen Unternehmen initiierten Restrukturierungsplans mit qualifizierter Drei-Viertel-Mehrheit der planbetroffenen Gruppen sowie gegen einzelne ablehnende Gruppen im Rahmen einer gruppenübergreifenden Mehrheitsentscheidung realisiert werden. Zusätzlich kann auch ein Dual Track M&A Verfahren[25] in Betracht kommen, um im Fall eines Minderheitenschutzantrages oder einer gruppenübergreifenden Mehrheitsentscheidung darzulegen dass der vorgelegte Restrukturierungsplan etwaige opponierende Gläubiger nicht schlechterstellt und damit nicht gegen das Schlechterstellungsverbot[26] im Sinne des § 64 StaRUG bzw. des § 26 Abs. 1 Nr. 1 StaRUG verstößt.

38 Ein wesentlicher weiterer Vorteil der Transaktion auf Basis eines Restrukturierungsplanes ist die insolvenzanfechtungsrechtliche Privilegierung eines rechtskräftig bestätigten Plans nach § 90 Abs. 1 StaRUG, wonach Rechtshandlungen zwecks Vollzug des Plans grundsätzlich in einer späteren Folgeinsolvenz nicht anfechtbar sind.[27] Dieses Anfechtungsprivileg gilt allerdings nur bis zur nachhaltigen Restrukturierung. Werden das gesamte Vermögen oder wesentliche Teile davon im Rahmen eines Asset Deals aufgrund eines Restrukturierungsplans übertragen, so muss für die Anfechtungsprivilegierung des Asset Deals zusätzlich nach § 90 Abs. 2 StaRUG sichergestellt sein, dass die nicht planbetroffenen Gläubiger vorrangig aus dem Wert der angemessenen Gegenleistung befriedigt werden können. Daher sollte der Restrukturierungsplan einerseits die Angemessenheit der Gegenleistung im Rahmen des Asset Deals darlegen und andererseits zugleich regeln, wie die vorrangige

23 *Eilers*, GWR 2009, 3.

24 *Distler*, ZIP 2021, 1033, 1034 f.

25 Vgl. zum Dual Track M&A Verfahren im Rahmen der (vorläufigen) Eigenverwaltung *Kübler/Rendels*, ZIP 2018, 1369; im Rahmen des StaRUG ist ein durchgeführtes Dual Track M&A Verfahren nach überwiegender Ansicht aber nicht in jedem Fall erforderlich, um den Nachweis fehlender Schlechterstellung zu erbringen, vgl. Jacoby/Thole-*Jacoby*, StaRUG, § 26 Rn. 19; Flöther-*Knapp*, StaRUG, § 26 Rn. 19; Seibt/Westpfahl-*Westpfahl*, StaRUG, § 26 Rn. 37 ff.

26 Vgl. *Distler*, ZIP 2021, 1033.

27 Vgl. *Schoppmeyer*, ZIP 2021, 869, 877 ff.; *Hölzle/Curtze*, ZIP 2021, 1293, 1303 f.

Befriedigung der nicht planbetroffenen Gläubiger – beispielsweise Lieferanten, Vermieter oder Arbeitnehmer – sichergestellt wird.

Im Ergebnis bietet das StaRUG nunmehr mittels Restrukturierungsplan zusätzliche Optionen der Transaktionsumsetzung, um Investoren in der Krise den Unternehmenserwerb trotz Widerstand von Akkordstörern zu ermöglichen. Für die gerichtliche Bestätigung des Restrukturierungsplans müssen insbesondere die maßgeblichen gesetzlichen Voraussetzungen gem. § 63 StaRUG vorliegen, insbesondere eine (lediglich) drohenden Zahlungsunfähigkeit des betreffenden Unternehmens im Sinne des § 18 Abs. 2 InsO. 39

Sämtliche vorgenannten Transaktionsformen, d.h. Share Deals, Asset Deals oder Umwandlungs- oder Kapitalmaßnahmen, können außerdem auch im Rahmen einer – konzeptionell dem Restrukturierungsrahmen vorgelagerten – Sanierungsmoderation nach §§ 94 ff. StaRUG umgesetzt werden. Ein entsprechender Sanierungsvergleich bedarf der Zustimmung sämtlicher Betroffener. Ein wesentlicher Vorteil ist auch insoweit die Anfechtungsprivilegierung eines gerichtlich bestätigten Sanierungsvergleichs nach § 97 Abs. 3 StaRUG. Ein nach § 97 StaRUG gerichtlich bestätigter Sanierungsvergleich kann damit zur rechtlichen Absicherung einer konsensualen Transaktion vor etwaigen Insolvenzanfechtungsrisiken bei einer Folgeinsolvenz genutzt werden. 40

IV. Insolvenzrechtliche Risiken des Käufers

Bei Unternehmenstransaktionen in der Krise stellt sich naturgemäß besonders die Frage, welchen Risiken die Durchsetzbarkeit der Ansprüche des Käufers gegen den Verkäufer aus dem Kaufvertrag nach den Regelungen der Insolvenzordnung unterliegt. Diese Frage stellt sich typischerweise anlässlich eines Asset Deals, wenn sich der veräußernde Unternehmensträger in der Krise befindet und daher eine vergleichsweise höhere Wahrscheinlichkeit besteht, dass nach dem Abschluss des Kaufvertrages über sein Vermögen das Insolvenzverfahren eröffnet werden könnte. 41

Aber auch bei einem Share Deal kann eine erhöhte Gefahr einer Anschlussinsolvenz des Verkäufers bestehen. Beispielsweise kann eine Sanierung des Unternehmens oder der Unternehmensgruppe des Verkäufers, die unter Einbeziehung des Zuflusses des Kaufpreises für eine veräußerte Tochtergesellschaft geplant war, scheitern. Außerdem kann auch eine solvente Liquidation einer veräußernden Holdinggesellschaft misslingen. 42

Die entsprechenden Risiken können bei der Gestaltung des Kaufvertrages teilweise berücksichtigt werden. Inwieweit dies erfolgt, hängt letztlich, wie immer, von der Einschätzung des Risikos durch den Käufer und die Abwägung mit dem dadurch bedingten Verzicht auf Gestaltungsmöglichkeiten im Kaufvertrag ab. 43

1. Erfüllungswahlrecht des Insolvenzverwalters

a) Ausgangspunkt

§ 103 InsO findet auch auf Unternehmenskaufverträge Anwendung.[28] Nach § 103 InsO steht dem Insolvenzverwalter also das Wahlrecht zu, ob er einen Unternehmenskaufvertrag, der zur Zeit der Eröffnung des Insolvenzverfahrens von dem (veräußernden) Insolvenzschuldner und dem Käufer nicht vollständig erfüllt ist, erfüllt und Erfüllung vom anderen Teil verlangt, oder ob er die Erfüllung ablehnt. Der Insolvenzverwalter trifft seine Entscheidung alleine danach, welche Variante für die Masse günstiger ist.[29] 44

Nach Wortlaut und Normzweck erfasst § 103 InsO nur den Fall, dass der Vertrag vor Insolvenzeröffnung noch von keiner Seite vollständig erfüllt ist; die vollständige Vertragserfüllung vonseiten 45

28 Das ist unstreitig; ausdrücklich etwa K/P/B-*Tintelnot*, § 103 Rn. 48.
29 MK-InsO/*Huber*, § 103 Rn. 196; Uhlenbruck-*Wegener*, § 103 Rn. 97.

auch nur einer Vertragspartei schließt die Anwendung des § 103 InsO aus.[30] Durch die Erfüllungswahl wird den ohne eine solche Wahl im Insolvenzverfahren nicht mehr durchsetzbaren Erfüllungsansprüchen die Rechtsqualität von originären Masseverbindlichkeiten und -forderungen beigelegt.[31] Der Vertragspartner kann im Fall der Erfüllungsablehnung dann grundsätzlich nur noch gem. § 103 Abs. 2 Satz 1 InsO einen Schadensersatzanspruch wegen Nichterfüllung als Insolvenzforderung geltend machen.

b) Verkäuferinsolvenz vor Closing

46 Wird vor dem Closing eines Unternehmenskaufvertrages ein Insolvenzverfahren über das Vermögen des Verkäufers eröffnet, liegen die Voraussetzungen des § 103 Abs. 1 Satz 1 InsO jedenfalls dann unproblematisch vor, wenn die Parteien vereinbart haben, die Anteile (Share Deal) oder Vermögensgegenstände (Asset Deal) erst am Vollzugstag mit dinglicher Wirkung Zug-um-Zug gegen Zahlung des Kaufpreises zu übertragen. In diesem Fall hat zum Zeitpunkt der Verfahrenseröffnung weder der Verkäufer noch der Käufer den Unternehmenskaufvertrag erfüllt. Der Käufer ist demnach darauf beschränkt, seinen Nichterfüllungsschaden zur Tabelle anzumelden, wenn der Insolvenzverwalter die Erfüllung ablehnt. Ob in diesem Fall auch Ersatz eines entgangenen Gewinns beansprucht werden kann, ist umstritten.[32] Entsprechendes würde gelten, wenn der Käufer beispielsweise eine Anzahlung auf den Kaufpreis geleistet, dementsprechend also einen Nachteil durch die Erfüllungsablehnung erlitten hat.[33] Insgesamt erhöht sich das Risiko des Käufers, die Transaktion wegen § 103 InsO nicht vollziehen zu können, wenn durch die Vereinbarung bzw. das Abwarten auf die Erfüllung von Closing Conditions, die Erfüllung des Kaufvertrages zeitlich hinausgeschoben wird.

47 Fraglich ist, inwieweit dem Insolvenzverwalter das Wahlrecht nach § 103 InsO auch dann eröffnet ist, wenn der Erwerber bereits ein Anwartschaftsrecht an dem Kaufgegenstand erhalten hat, wie es § 107 Abs. 1 InsO ausdrücklich für den Vorbehaltskauf beweglicher Sachen regelt. Im Schrifttum wird vertreten, § 107 Abs. 1 InsO auf einen Share Deal – also einen Rechtskauf – zum Schutz entsprechender Anwartschaftsrechte analog anzuwenden.[34] Die Gegenauffassung hält die Vorschrift insoweit für nicht analogiefähig.[35] Die zuerst genannte Ansicht ist insb. im Hinblick auf die in § 453 Abs. 1 BGB und § 161 Abs. 1 BGB zum Ausdruck gekommenen Wertungen überzeugend.[36] Im Hinblick auf den Asset Deal überwiegen skeptische Einschätzungen eher rechtstechnischer Natur. So wird angeführt, eine Anwendung des § 107 InsO scheide auf den Kauf von »Sach- und Rechtsgesamtheiten« generell aus,[37] der Erwerber könne keine Anwartschaft an dem Kaufgegenstand »Unternehmen« begründen.[38] Unter den genannten Gesichtspunkten empfiehlt sich aus Sicht des Erwerbers die Begründung eines Anwartschaftsrechts vor Closing. Dies gestaltet sich allerdings bei komplexeren Share Deals mitunter schwierig und ist bei Asset Deals praktisch meist ausgeschlossen.[39]

---

30 MK-InsO/*Huber*, § 103 Rn. 61; Uhlenbruck-*Wegener*, § 103 Rn. 57.

31 BGH, Urt. v. 25.04.2002 – IX ZR 313/99, BGHZ 150, 353, 359; MK-InsO/*Huber*, § 103 Rn. 13; Uhlenbruck-*Wegener*, § 103 Rn. 8.

32 Vgl. MK-InsO/*Huber*, § 103 Rn. 190; K/P/B-*Tintelnot*, § 103 Rn. 318; Uhlenbruck-*Wegener*, § 103 Rn. 167 jew. m.w.N.

33 Jedenfalls, sofern die Zahlung nicht auf eine beiderseits teilbare Leistung im Sinne von § 105 InsO geleistet wurde; allgemein, ebenfalls zu den Saldierungen wechselseitiger Forderungen Uhlenbruck-*Wegener*, § 103 Rn. 172 f. m.w.N.

34 Graf-Schlicker-*Breitenbücher*, § 107 Rn. 3; *Grotheer*, RNotZ 2012, 355, 368; Jaeger-*Jacoby*, § 107 Rn. 15 f.; HK/*Marotzke*, § 107 Rn. 7; K. Schmidt-*Ringstmeier*, § 107 Rn. 18; *Strotmann*, ZInsO 2010, 1314, 1317; *Wessels*, ZIP 2004, 1237, 1244.

35 Andres/Leithaus-*Andres*, § 107 Rn. 6; BeckOK-InsO/*Berberich*, 33. Ed. 15.10.2023, § 107 Rn. 14; *K. Rotthege*, in: Rotthege/Wassermann, Unternehmenskauf, Kap. 12 Rn. 119; MK-InsO/*Vuia*, § 107 Rn. 7; i.E. für bedingte Anteilsveräußerungen auch K/P/B-*Tintelnot*, § 107 Rn. 19.

36 Vgl. Jaeger-*Jacoby*, § 107 Rn. 15 f.

37 BeckOK-InsO/*Berberich*, 33. Ed. 15.10.2023, § 107 Rn. 14.

38 Graf-Schlicker-*Breitenbücher*, § 107 Rn. 3.

39 Hierzu kann auf die nachstehenden Ausführungen zur Vorverlagerung des Vornahmezeitpunkts im Hinblick auf die Fristen für die insolvenzrechtlichen Anfechtungstatbestände verwiesen werden.

> **Hinweis:**
>
> Umgekehrt kann sich für den Erwerber auch die Frage stellen, ob er den Kaufvertrag angesichts der Stellung eines Antrages auf Insolvenzeröffnung überhaupt noch vollziehen will. Vor diesem Hintergrund wird die Zulässigkeit insolvenzbedingter Lösungsklauseln in Unternehmenskaufverträgen, die dem Käufer ein Rücktrittrecht im Fall eines Eröffnungsantrages einräumen, befürwortet.[40] **48**

Eine solche Lösungsklausel kann sich auch indirekt aus einer Vereinbarung ergeben, die den Käufer zum Rücktritt berechtigt, wenn eine auf die Solvenz der Verkäuferin bezogene Garantie nach dem Signing unrichtig wird. Es besteht allerdings im Hinblick auf die Möglichkeit einer Vorwirkung des § 119 InsO[41] das Risiko, dass solche Klauseln in Unternehmenskaufverträgen einer richterlichen Überprüfung gem. § 119 InsO nicht standhalten[42] und anfechtungsfest sind[43]. Die Wirksamkeit von insolvenzabhängigen Lösungsklauseln hängt davon ab, ob mit Blick auf das konkrete Vertragsverhältnis ex ante ein berechtigtes Interesse bzw. ein sachlicher Grund an einem insolvenzbedingten Lösungsrecht des Vertragspartners besteht. Das ist bei einem Sachleitungsgläubiger tendenziell eher der Fall als bei einem Geldleistungsgläubiger. Grundsätzlich schutzwürdig ist der Vertragspartner etwa, wenn der Vertrag als Teil einer Sanierung des Schuldners zustande kommt und die Klausel dazu dient, die Risiken eines Scheiterns der Sanierung abzumildern.[44] Höchstrichterliche Rechtsprechung zu Lösungsklauseln in Unternehmenskaufverträgen liegt nicht vor. **49**

c) Verkäuferinsolvenz nach Closing

Wird nach dem Closing ein Insolvenzverfahren über das Vermögen des Verkäufers eröffnet, stellt sich im Hinblick auf § 103 InsO hingegen die Frage, ob jedenfalls eine Partei im Rahmen der vorgenommenen Vollzugshandlungen den Kaufvertrag vollständig erfüllt hat. Selbst wenn der Verkäufer am Vollzugstag sämtliche Anteile oder Vermögensgegenstände übertragen und der Käufer den vollständigen Kaufpreis gezahlt hat (bspw. im Rahmen einer »locked box«), bestehen in aller Regel weiterhin vertragliche Ansprüche der Kaufvertragsparteien, etwa (potenzielle) Ansprüche aus selbstständigen Garantieversprechen, steuerlichen und/oder umweltrechtlichen Freistellungsverpflichtungen, Aufbewahrungs- und Informationspflichten oder sonstige Abwicklungspflichten. Nach früher vorherrschender wenn auch bestrittener Auffassung sollte es für die vollständige Erfüllung im Sinne des § 103 InsO auf die Erfüllung sämtlicher ergänzender, selbstständiger Nebenpflichten ankommen.[45] Demgegenüber hat sich der BGH in jüngerer Zeit der Auffassung angeschlossen, nach der das Wahlrecht des Insolvenzverwalters nur dann besteht, wenn im Zeitpunkt der Eröffnung im **50**

---

40 BeckHdB M&A-*Blech/Tasma*, § 71 Rn. 75; *Laufersweiler/Taupitz*, in: Theiselmann, Praxishandbuch Restrukturierungsrecht, Kap. 7 Rn. 194; enger (nur insolvenzunabhängige Lösungsklauseln) etwa *K. Rotthege*, in: Rotthege/Wassermann, Unternehmenskauf, Kap. 12 Rn. 115.

41 BGH, Urt. v. 15.11.2012 – IX ZR 169/11, BGHZ 195, 348 zu Lösungsklauseln in Verträgen über die fortlaufende Lieferung von Waren oder Energie; im Grundsatz ebenso BGH, Urt. v. 07.04.2016 – VII ZR 56/15, ZInsO 2016, 1062 mit Ausnahme für Lösungsmöglichkeiten nach VOB im Hinblick auf Nähe zu gesetzlichen Lösungsrechten.

42 Vgl. allgemein zum Streitstand hinsichtlich der Zulässigkeit insolvenzabhängiger Lösungsklauseln BeckOK InsR/*Berberich*, 33. Ed. 15.10.2023, InsO, § 119 Rn. 18 ff.; MK-InsO/*Huber*, § 119 Rn. 39 ff.; K. Schmidt-*Pingstmeier* § 119 Rn. 11 ff.; Uhlenbruck-*Sinz* § 119 Rn. 13 f.; K/P/B-*Tintelnot*, § 119 Rn. 15 ff. jew. m.w.N.

43 Für eine Lösung über die Regeln der insolvenzrechtlichen Anfechtung *Jacoby*, ZIP 2014, 649, 653 ff.; *Thole*, ZHR 2017, 548, 563.

44 Vgl. BGH, Urt. v. 27.10.2022 – IX ZR 213/21, ZInsO 2023, 86, Rn. 53.

45 MK-InsO/*Huber*, § 103 Rn. 123; Uhlenbruck-*Wegener*, § 103 Rn. 58 f. jew. m.w.N.; nach anderer Auffassung kommt es auf die Erfüllung der im Synallagma stehende Pflichten an; so etwa Graf-Schlicker-*Breitenbücher*, § 103 Rn. 19, 21; K/P/B-*Tintelnot*, § 103 Rn. 171 ff. jew. m.w.N.; für Unternehmenskaufverträge auch *Freitag/Kiesewetter/Narr*, BB 2015, 1484, 1488; *Thole*, NZG 2023, 1391, 1392 f.

Synallagma stehende Hauptleistungspflichten ganz oder teilweise ausstanden.[46] Damit erscheint fraglich, ob bspw. unerfüllte Gewährleistungsansprüche des Käufers die vollständige Erfüllung im Sinne des § 103 InsO verhindern können.[47] Eine Erfüllungsablehnung des Insolvenzverwalters führte aber in einem solchen Fall nach heute ganz h.M. nicht zur einer Rückabwicklung des Kaufvertrages. Nach der vom BGH entwickelten Lehre der Vertragsspaltung beschränkt sich die Wahlrechtsausübung vielmehr auf den noch nicht erfüllten Vertragsteil, während der bereits erfüllte Vertragsteil nicht rückabgewickelt wird.[48] Die Erfüllungsablehnung führte also dazu, dass der Käufer (nur) hinsichtlich der noch nicht erfüllten Ansprüche aus dem Unternehmenskaufvertrag – also insb. hinsichtlich etwaiger Ansprüche aus Garantieverletzungen oder Freistellungen – auf Schadensersatzansprüche als Insolvenzgläubiger verwiesen wird.

51 Dasselbe dürfte grundsätzlich gelten, sofern der Käufer den Kaufpreis entsprechend den vertraglichen Vereinbarungen am Vollzugstag noch nicht vollständig bezahlt hat. Typische Konstellationen sind die Einbehaltung eines Teils des Kaufpreises durch den Verkäufer oder die Einzahlung eines solchen Teils auf ein Treuhandkonto zur Absicherung von Garantieansprüchen des Käufers oder zur Rückführung von Verbindlichkeiten von Gläubigern des Verkäufers. Des Weiteren kommen in Betracht Anpassungen des Kaufpreises auf Basis einer nachträglich auf den Vollzugstag oder einen anderen Stichtag zu erstellenden Bilanz des Zielunternehmens oder die spätere Zahlung variabler Kaufpreisbestandteile (Earn Outs). Hier ist zwar (einseitig) zum Zeitpunkt der Eröffnung des Insolvenzverfahrens eine Hauptleistungspflicht nicht vollständig erfüllt, es ist aber nicht ersichtlich, weshalb auch insoweit das Rückabwicklungsverbot für Unternehmenskaufverträge nicht ebenfalls gelten sollte.[49] Auch hier kann sich der Insolvenzverwalter durch die Erfüllungsablehnung vor Garantieansprüchen und sonstigen Ansprüchen aus dem Kaufvertrag schützen, könnte aber dann infolge seiner Wahl seinerseits auch nicht mehr die Ansprüche auf die Zahlung der restlichen Kaufpreisbestandteile gegen den Verkäufer durchsetzen.

▶ **Hinweis:**

52 Eine vollständige Kaufpreiszahlung beim Closing dürfte hingegen im Anwendungsbereich des § 103 InsO – anders als im Rahmen des Bargeschäftprivilegs nach § 142 InsO –[50] zur Abwendung der mit § 103 InsO verbundenen Risiken nicht zwingend geboten sein.[51] Allerdings sind die vorstehenden Grundzüge nicht umfassend und insb. für Unternehmenskaufverträge noch gar nicht höchstrichterlich geklärt, sodass aus Sicht des Erwerbers, (auch) zur Vermeidung von

46 BGH, Urt. v. 16.05.2019 – IX ZR 44/18, BGHZ 222, 114 = ZInsO 2019, 1364.

47 So weiterhin etwa *Demisch*, in: Ettinger/Jaques, BeckHdB Unternehmenskauf im Mittelstand, Kapitel F. II. Rn. 32; wie hier *Thole*, NZG 2023, 1391, 1392 f.

48 BGH, Urt. v. 04.05.1995 – IX ZR 256/93, BGHZ 129, 336, 340; Urt. v. 27.02.1997 – IX ZR 5/96, BGHZ 135, 25, 26 f.; Urt. v. 22.02.2001 – IX ZR 191/98, BGHZ 147, 28, 31 f.; Urt. v. 25.04.2002 – IX ZR 313/99, BGHZ 150, 353, 359; BGH, Urt. v. 18.10.2001 – IX ZR 493/00; ZIP 2001, 2142, 2143 f.; hierzu Gottwald/Haas-*Huber*, Insolvenzrechts-Handbuch, § 35 Rn. 24 f., 38 ff.; Jaeger-*Jacoby*, § 103 Rn. 41 ff.; MK-InsO/*Huber*, § 103 Rn. 11 ff., 37; *Laufersweiler/Taupitz*, in: Theiselmann, Praxishandbuch Restrukturierungsrecht, Kap. 7 Rn. 165; Uhlenbruck-*Wegener*, § 103 Rn. 15 ff., 186 ff.; BeckHdB M&A-Blech/*Tasma*, § 71 Rn. 40; *Meyding/Grau*, NZG 2011, 41, 46.

49 Vgl. BeckHdB M&A-Blech/*Tasma*, § 71 Rn. 44 ff.; *Freitag/Kiesewetter/Narr*, BB 2015, 1484, 1487 f.; Meyding/Grau, NZG 2011, 41, 45 f.; anders wohl *K. Rotthege* in: Rotthege/Wassermann, Unternehmenskauf, Kap. 12 Rn. 129.

50 Dazu unten Rdn. 69 ff.

51 Ähnlich *Funk* in: Schluck-Amend/Meyding, Unternehmenskauf in Krise und Insolvenz, VII Rn. 28, der dies zu Recht als »fraglich« bezeichnet; anders *Wessels*, ZIP 2004, 1237, 1241 ff.; *Ulrich*, GmbHR 2011; 69, 70; die u.a. von Wessels angeführten Risiken fehlgeschlagener Übertragungen von Anteilen oder Vermögensgegenständen dürften den Verkäufer letztlich ohnehin treffen.

den mit der Erfüllungsablehnung verbundenen Risiken, ein möglichst schneller und umfassender Vollzug von Unternehmenskaufverträgen vorzugswürdig erscheint.[52]

Werden im Rahmen des Unternehmenskaufs auch Grundstücke übertragen, so sollte neben der Auflassung auch der Eintragungsantrag von beiden Parteien gestellt werden, da aufgrund des hierdurch entstehenden unentziehbaren Anwartschaftsrechts des Käufers § 103 InsO nicht mehr anwendbar ist.[53] Des Weiteren ist § 106 InsO zu berücksichtigen, wonach der Vormerkungsberechtigte vom Insolvenzverwalter trotz späterer Insolvenz die Erfüllung des Grundstücksübertragungsanspruchs verlangen kann. 53

2. Insolvenzanfechtungsrisiken

a) Ausgangspunkt

Wenn über das Vermögen des Verkäufers eines Unternehmens nach dem Abschluss oder dem Vollzug eines Unternehmenskaufvertrages das Insolvenzverfahren eröffnet wird, können mit der Transaktion zusammenhängende Rechtshandlungen bei Vorliegen der entsprechenden Voraussetzungen nach §§ 129 ff. InsO vom Insolvenzverwalter (oder im Fall der Eigenverwaltung vom Sachwalter, § 280 InsO) angefochten werden. Der Anfechtung unterliegen insb. sowohl Grund- als auch Erfüllungsgeschäfte, beim Unternehmenskauf also der Kaufvertrag und dessen Vollzug.[54] Beim Share Deal kann die Anfechtung die Übertragung der Gesellschaftsanteile oder deren Genehmigung betreffen.[55] Beim Asset Deal können nach heute herrschender Auffassung nicht nur die übertragenen pfändbaren Einzelwerte, sondern die Veräußerung des Unternehmens in seiner Gesamtheit der Anfechtung unterliegen.[56] Die Rechtsfolgen einer erfolgreichen Anfechtung können für den Erwerber also wirtschaftlich sehr erheblich sein, da die hierfür maßgeblichen Bestimmungen in § 143 InsO jedenfalls in ihrer praktischen Auswirkung dem Erwerber hinsichtlich seiner Nachteile zumeist Masseforderungen verwehren werden. 54

Voraussetzung jeder Insolvenzanfechtung ist eine objektive Gläubigerbenachteiligung durch die angefochtene Rechtshandlung. Die Insolvenzordnung unterscheidet zwischen unmittelbarer und mittelbarer Gläubigerbenachteiligung. Lediglich § 132 Abs. 1 InsO und § 133 Abs. 4 InsO erfordern zwingend eine unmittelbare Gläubigerbenachteiligung, während insb. für Deckungsanfechtung (§§ 130, 131 InsO) eine mittelbare Benachteiligung bereits hinreichend ist, sofern nicht die Voraussetzungen des Bargeschäfts (§ 142 InsO) vorliegen. 55

Eine unmittelbare Gläubigerbenachteiligung liegt vor, wenn die Befriedigungsmöglichkeiten der Insolvenzgläubiger bereits durch die angefochtene Rechtshandlung beeinträchtigt wurden; bei der Beurteilung sind nur solche Folgen zu berücksichtigen, die unmittelbar sind, d.h. die an die anzufechtende Rechtshandlung selbst anknüpfen, ohne dass es auf das Hinzutreten weiterer Umstände ankommt.[57] Bei Unternehmensverkäufen kommt es damit bei einer Verkäuferinsolvenz darauf an, ob die Gegenleistung, also der Kaufpreis, angemessen war.[58] Beim Asset Deal reicht insoweit eine bloße Schuldmitübernahme als Kompensation für den Entzug der Haftungsmasse nicht aus.[59] Aus Käufersicht bietet es sich generell an, die Erwägungen, die zur Bewertung des Unternehmens und 56

---

52 Vgl. *K. Rotthege*, in: Rotthege/Wassermann, Unternehmenskauf, Kap. 12 Rn. 126; *Freitag/Kiesewetter/Narr*, BB 2015, 1484, 1488; *Laufersweiler/Taupitz*, in: Theiselmann, Praxishandbuch Restrukturierungsrecht, Kap. 7 Rn. 167; *Nagel/Knorr*, AG 2010, R 396; *Wessels*, ZIP 2004, 1237, 1241 f.

53 MK-InsO/*Huber*, § 103 Rn. 132; Uhlenbruck-*Wegener*, § 106 Rn. 33.

54 Allgemein dazu Uhlenbruck-*Borries/Hirte*, § 129 Rn. 103 f.; MK-InsO/*Kayser/Freudenberg*, § 129 Rn. 55 ff.

55 Uhlenbruck-*Borries/Hirte*, § 129 Rn. 393.

56 Dazu näher Uhlenbruck-*Borries/Hirte*, § 129 Rn. 391; Jaeger-*Henckel*, § 129 Rn. 71 ff.; MK-InsO/*Kayser/Freudenberg*, § 129 Rn. 94; MK-InsO/*Kirchhof/Piekenbrock*, § 143 Rn. 62; *K. Schmidt*, BB 1988, 5 ff.

57 Uhlenbruck-*Borries/Hirte*, § 129 Rn. 235; MK-InsO/*Kayser/Freudenberg*, § 129 Rn. 113.

58 Uhlenbruck-*Borries/Hirte*, § 129 Rn. 392; MK-InsO/*Kayser/Freudenberg*, § 129 Rn. 166.

59 MK-InsO/*Kayser/Freudenberg*, § 129 Rn. 166.

zur Bildung des Kaufpreises geführt haben, zu dokumentieren und gutachterlich abzusichern. Auch der Umstand, dass das Unternehmen im Rahmen eines Bieterverfahrens veräußert wurde, dürfte je nach Lage des Einzelfalls Argumentationsspielräume dafür bieten, dass ein marktgerechter Preis gebildet wurde. Allerdings werden dem Käufer in aller Regel eingehendere Informationen zu den Geboten der Wettbewerber nicht zur Verfügung stehen.

57 Eine mittelbare Gläubigerbenachteiligung liegt vor, wenn die Benachteiligung nicht schon durch die Rechtshandlung selbst eingetreten ist, sondern die Befriedigungsaussichten der Gläubiger erst durch das Hinzutreten weiterer Umstände beeinträchtigt worden sind.[60] Damit können trotz Vereinbarung und Zahlung eines angemessenen Kaufpreises allein durch dessen weitere Verwendung durch den Verkäufer die Voraussetzungen für eine mittelbare Gläubigerbenachteiligung erfüllt werden, etwa wenn der Veräußerer die Mittel dem Zugriff der Gläubiger entzieht oder zur Befriedigung anderer Gläubiger, die sonst Insolvenzgläubiger geworden wären, verwendet.[61]

b) Anfechtung nach §§ 130–132 InsO (Dreimonatszeitraum)

58 §§ 130–132 InsO eröffnen dem Insolvenzverwalter bei Vorliegen unterschiedlicher Voraussetzungen u.a. die Möglichkeit, Rechtshandlungen anzufechten, die maximal innerhalb von drei Monaten vorgenommen wurden, bevor der Antrag auf Eröffnung des Insolvenzverfahrens über das Vermögen des Verkäufers gestellt wurde. Eine Anfechtung des Kaufvertrages, also des schuldrechtlichen Verpflichtungsgeschäfts, ist nur nach § 132 InsO möglich. Eine Anfechtung der regelmäßig erst beim Closing vorgenommenen Vollzugshandlungen richtet sich nach §§ 130, 131 InsO. Dieser Umstand ist zunächst für den Beginn der tatbestandlichen Fristen von Bedeutung: Für die etwaige Anfechtung des Unternehmenskaufvertrages gem. § 132 InsO ist dessen Abschluss (Signing) maßgeblich. Für die Anfechtung der Vollzugshandlungen ist regelmäßig das Closing maßgeblich, sofern nicht schon vorher Anwartschaftsrechte nach § 140 InsO begründet wurden. Die Anfechtungen nach § 132 InsO und nach §§ 130, 131 InsO führen für den Erwerber nach herrschendem Verständnis des § 144 InsO auch zu unterschiedlichen Rechtsfolgen, wobei diese Unterschiede in der Praxis selten relevant werden dürften. Dies wird im Folgenden näher erläutert.

aa) Anfechtung des Unternehmenskaufvertrages nach § 132 InsO

59 Nach § 132 Abs. 1 Nr. 1 InsO ist ein Rechtsgeschäft, dass einen Schuldner unmittelbar benachteiligt, anfechtbar, wenn es in den letzten drei Monaten vor dem Antrag auf Eröffnung des Insolvenzverfahrens vorgenommen worden ist, und wenn der Schuldner zur Zeit des Rechtsgeschäfts zahlungsunfähig war und der Anfechtungsgegner zu dieser Zeit die Zahlungsunfähigkeit kannte. Von Relevanz sind hier also insb. eine etwaige Unangemessenheit des Kaufpreises und die Kenntnis der Zahlungsfähigkeit.

60 Allerdings genügt insoweit gem. § 132 Abs. 3 i.V.m. § 130 Abs. 2 InsO, dass der Anfechtungsgegner die tatsächlichen Umstände kannte, aus denen bei zutreffender rechtlicher Bewertung die Zahlungsunfähigkeit zweifelsfrei folgt.[62] Es sollte deshalb dokumentiert werden, dass der Verkäufer zum Zeitpunkt des Signings unter Berücksichtigung der Rechtsprechung des BGH[63] nicht zahlungsunfähig war.

---

60 Uhlenbruck-*Borries/Hirte*, § 129 Rn. 236; MK-InsO/*Kayser/Freudenberg*, § 129 Rn. 122.

61 Näher Uhlenbruck-*Borries/Hirte*, § 129 Rn. 245; Jaeger-*Henckel*, § 129 Rn. 118; MK-InsO/*Kayser/Freudenberg*, § 129 Rn. 122 jew. m.w.N.

62 Uhlenbruck-*Borries/Hirte*, § 130 Rn. 65; MK-InsO/*Kayser/Freudenberg*, § 130 Rn. 34.

63 Vgl. BGH, Urt. v. 19.12.2017 – II ZR 88/16, NZI 2018, 204, insb. zur Einbeziehung der sogen. Passiva II; vgl. weiterführend *Ampferl/Kilper*, NZI 2018, 191.

▶ **Hinweis:**

Eine Stellungnahme entsprechend dem IDW S11-Standard der Wirtschaftsprüfer[64] zwecks Dokumentation des Nichtvorliegens der Insolvenzeröffnungsgründe verringert insoweit generell die Insolvenzanfechtungsrisiken. Zugleich sollte die Angemessenheit des Kaufpreises durch eine entsprechende Bewertung oder Fairness Opinion dokumentiert werden.[65] 61

Im Fall einer erfolgreichen Anfechtung des Unternehmenskaufvertrages hat der Erwerber die Gesellschaftsanteile (beim Share Deal) oder das Unternehmen (beim Asset Deal) nach §§ 812 ff. BGB zurück zu gewähren.[66] Die Rechte des Erwerbers unterfallen in diesem Fall den Bestimmungen in § 144 Abs. 2 InsO.[67] Danach wäre dem Erwerber seine Gegenleistung, also der Kaufpreis, aus der Insolvenzmasse zu erstatten, soweit dieser noch unterscheidbar vorhanden ist oder soweit die Masse um seinen Wert bereichert ist. Bei der Rückabwicklung von Unternehmenstransaktionen dürften diese Voraussetzungen in den allermeisten Fällen nicht vorliegen,[68] sodass der Erwerber die Rückgewähr gem. § 142 Abs. 2 Satz 1 InsO lediglich als Insolvenzgläubiger geltend machen kann. 62

bb) Anfechtung von Vollzugshandlungen nach §§ 130, 131 InsO

Beim Unternehmenskauf – Asset wie Share Deal – betrifft die Anfechtung nach §§ 130, 131 InsO im hier erörterten Kontext in aller Regel die beim Closing vorgenommenen Übertragungen der Gesellschaftsanteile bzw. der zum Unternehmen gehörenden Vermögensgegenstände. 63

▶ **Hinweis:**

Um einen möglichst zeitigen Ablauf der Dreimonatsfrist nach §§ 130, 131 InsO zu erreichen, wird der Käufer daran interessiert sein, die Zeit zwischen Signing und Closing möglichst kurz zu halten, also Vollzugsbedingungen zweckmäßig und im Übrigen einseitig verzichtbar auszugestalten und deren Erfüllung gemeinsam mit dem Verkäufer während der Vertragsverhandlungen zu planen und vorzubereiten. 64

Nach § 131 InsO (inkongruente Deckung) ist eine Rechtshandlung anfechtbar, die einem Insolvenzgläubiger Sicherung oder Befriedigung gewährt oder ermöglicht hat, die er nicht oder nicht in der Art, oder nicht zu der Zeit zu beanspruchen hatte, wenn die Handlung im letzten Monat vor dem Eröffnungsantrag vorgenommen worden ist, oder wenn sie innerhalb des zweiten oder dritten Monats vor den Eröffnungsantrag vorgenommen worden ist, und der Schuldner zu diesem Zeitpunkt zahlungsunfähig war. Da der Unternehmenskaufvertrag Rechtsgrund für die Zahlung des Kaufpreises ist, dürfte eine praktische Bedeutung von § 130 InsO vor allem dann gegeben sein, wenn der Insolvenzverwalter den Kaufvertrag gem. § 132 InsO anfechten kann, da dies dazu führt, dass eine zuvor aufgrund des Erfüllungsgeschäfts erlangte (kongruente) Leistung inkongruent wird.[69] Nach § 130 InsO (kongruente Deckung) ist schließlich eine Rechtshandlung, die einem Insolvenzgläubiger Sicherung oder Befriedigung gewährt oder ermöglicht hat, anfechtbar, wenn sie in den letzten drei Monaten vor dem Antrag auf Eröffnung des Insolvenzverfahrens vorgenommen worden ist, der Schuldner bei deren Vornahme zahlungsunfähig war und der Gläubiger die Zahlungsunfähigkeit kannte. Im Vergleich zur Anfechtung nach § 131 InsO stellt die gem. § 130 InsO erforderliche 65

64 IDW-Fachnachrichten 2015, 202 ff.; vgl. hierzu *Zabel/Pütz*, ZIP 2015, 912.

65 Zur Angemessenheit des Kaufpreises vgl. noch die nachfolgenden Ausführungen zur gleichwertigen Gegenleistung im Rahmen des Bargeschäfts nach § 142 InsO; zum Verhältnis der unmittelbaren Gläubigerbenachteiligung zum Bargeschäft vgl. *Gehrlein*, ZInsO 2017, 128, 130 ff.

66 Allgemein Uhlenbruck-*Borries/Hirte*, § 129 Rn. 103, § 143 Rn. 186a.

67 Allgemein Uhlenbruck-*Borries/Hirte*, § 144 Rn. 9; Jaeger-*Henckel* § 144 Rn. 4, 2.

68 Näher *Wessels*, ZIP 2004, 1237, 1238.

69 Allgemein Uhlenbruck-*Borries/Hirte*, § 131 Rn. 5; MK-InsO/*Kayser/Freudenberg*, § 131 Rn. 14a.

Kenntnis des Erwerbers der Zahlungsunfähigkeit des Verkäufers eine höhere Hürde da. Allerdings gilt insoweit das oben zur Kenntnis bei § 132 InsO Ausgeführte.

66 Im Fall der Anfechtung der Erfüllungshandlung gem. §§ 130, 131 InsO hat der Verkäufer nach § 143 InsO dasjenige, was durch die anfechtbare Handlung aus dem Vermögen des Insolvenzschuldners veräußert, weggegeben oder aufgegeben wurde, zur Insolvenzmasse zurück zu gewähren. Beim Share Deal sind damit die von dem insolventen Verkäufer übertragenen Gesellschaftsanteile (inklusive ggf. zwischenzeitlich erworbener neuer Anteile) vom Erwerber in die Masse zurück zu übertragen.[70] Hat der Anfechtungsgegner die Anteile weiter übertragen, und ist er nicht in der Lage, sie zurück zu erhalten, oder liegt aus sonstigen Gründen Unmöglichkeit vor, ist nach allgemeinen Grundsätzen Wertersatz zu leisten.[71] Beim Asset Deal richtet sich der Rückgewähranspruch nach h.M. auf das gesamte Unternehmen, auch wenn dieser technisch durch einzelne Übertragungen abzuwickeln ist.[72] Sofern gleichzeitig mit dem Vollzug auch das Erfüllungsgeschäft gem. § 132 InsO angefochten wird, bleibt es für den Erwerber bei der in § 144 Abs. 2 InsO bereits oben dargestellten Rechtsfolge. Sind die Erfüllungshandlungen nur isoliert nach §§ 130, 131 InsO angefochten, richten sich die Rechte des Erwerbers hingegen ausschließlich nach § 144 Abs. 1 InsO.[73] Nach dieser Bestimmung lebt die Forderung des Erwerbers wieder auf, sobald er das anfechtbar Erlangte, also die Anteile bzw. das Unternehmen, zurückgewährt. Dieser Anspruch des Erwerbers auf die (erneute) Übertragung des Vermögensgegenstands ist dann nur Insolvenzforderung i.S.v. § 38 InsO, wird nach § 45 Satz 1 InsO in Geld umgerechnet und bei der Verteilung lediglich mit der Quote bedient.

67 Das Anfechtungsrisiko der Verfügungsgeschäfte gem. §§ 130, 131 InsO kann durch eine Vorverlagerung des Vornahmezeitpunkts im Rahmen der Gestaltung des Unternehmenskaufvertrages gemindert werden. Zu berücksichtigen ist insoweit, dass bei bedingten oder befristeten Rechtshandlungen gem. § 140 Abs. 3 InsO der anfechtungsrechtlich maßgebliche Zeitpunkt auf den Abschluss der rechtsbegründenden Tatumstände ohne den Eintritt der Bedingung oder des Termins vorverlegt wird. Mithin kann durch aufschiebend auf die Zahlung des Kaufpreises bedingte Übertragung des Kaufgegenstandes oder andere Gestaltungen möglichst schon beim Signing durch Begründung eines Anwartschaftsrechts der Beginn der anfechtungsrechtlichen Dreimonatsfrist ausgelöst werden.[74] Wann und wie der Erwerber das Anwartschaftsrecht erwirbt, hängt jeweils von den zu übertragenen Vermögensgegenständen ab und kommt praktisch im Wesentlichen bei Share Deals in Betracht.[75]

▶ **Hinweis:**

68 Aus Sicht des Erwerbers sollte möglichst bereits mit Unterzeichnung des Unternehmenskaufvertrages das jeweilige Anwartschaftsrecht an den Kaufgegenständen entstehen. Zugleich könnte vereinbart werden, dass der Zufluss des Kaufpreises insoweit erst nach Ablauf der anfechtungsrechtlichen Dreimonatsfrist, nach Entstehen des Anwartschaftsrechts, erfolgt.[76] Letzteres wird jedoch häufig beim Verkäufer nicht durchsetzbar sein.

70 Uhlenbruck-*Borries/Hirte*, § 143 Rn. 224; MK-InsO/*Kirchhof/Piekenbrock*, § 143 Rn. 61.

71 Uhlenbruck-*Borries/Hirte*, § 143 Rn. 224.

72 Jaeger-*Henckel*, § 129 Rn. 71; MK-InsO/*Kirchhof/Piekenbrock*, § 143 Rn. 62; *K. Schmidt*, BB 1988, 5, 6.

73 Allgemein Uhlenbruck-*Borries/Hirte*, § 144 Rn. 9; Jaeger-*Henckel*, § 144 Rn. 4, 2 jew. m.w.N.

74 Näher insb. zu typischen Bedingungen beim Unternehmenskauf *Laufersweiler/Taupitz*, in: Praxishandbuch Restrukturierungsrecht, Kap. 7 Rn. 192 ff.; *Freitag/Kiesewetter/Narr*, BB 2015, 1484, 1485 ff.; *Wessels*, ZIP 2004, 1237, 1239, im Zusammenhang mit § 103 InsO *Strotmann*, ZInsO 2010, 1314, 1320 ff.; allgemein *Christiansen*, KTS 2003, 353.

75 Vgl. *Freitag/Kiesewetter/Narr*, BB 2015, 1484, 1486; *Strotmann*, ZInsO 2010, 1314, 1315; *Wessels*, ZIP 2004, 1237, 1238.

76 *Laufersweiler/Taupitz*, in: Theiselmann, Praxishandbuch Restrukturierungsrecht, Kap. 7 Rn. 192.

cc) Bargeschäftsprivileg nach § 142 InsO

69 Weitergehenden Schutz gegen die Risiken einer Anfechtung des Verfügungsgeschäfts nach § 130 InsO bietet die Regelung des Bargeschäfts in § 142 InsO.[77] Danach ist eine Leistung des Schuldners, für die unmittelbar eine gleichwertige Gegenleistung in sein Vermögen gelangt, nicht anfechtbar, sofern nicht die Voraussetzungen für eine Anfechtung wegen vorsätzlicher Benachteiligung nach § 133 Abs. 1 bis 3 InsO gegeben sind und der andere Teil erkannt hat, dass der Schuldner unlauter handelte. Die Regelung ist vom Gesetzgeber mit Wirkung zum 05.04.2017 mit dem Ziel neugefasst worden, die bei der Reichweite und Auslegung des Bargeschäftsprivilegs bestehenden Rechtsunsicherheiten zu beseitigen und die Vorsatzanfechtung von Bargeschäften zu erschweren.[78]

70 Für die Gestaltung des Unternehmenskaufvertrages ist insb. die Unmittelbarkeit der Gegenleistung von Bedeutung. Relevant ist hierfür nicht der Zeitraum zwischen Signing und Closing, vielmehr kommt es auf die Unmittelbarkeit der Erfüllungshandlungen beim Closing an. § 142 Abs. 2 InsO regelt nunmehr konkretisierend, dass der Austausch von Leistung und Gegenleistung unmittelbar ist, wenn er nach der Art der ausgetauschten Leistungen unter Berücksichtigung der Gepflogenheiten des Geschäftsverkehrs in einem engen zeitlichen Zusammenhang steht.[79] In Ermangelung anderer Anhaltspunkte orientiert sich der BGH an der Verzugsfrist von 30 Tagen nach § 286 BGB.[80] Dieser Gesichtspunkt dürfte aber nicht ohne Weiteres auf Unternehmenskaufverträge mit ausdifferenzierten Kaufpreisanpassungsmechanismen und hierauf bezogenen Fälligkeits- und Streitschlichtungsregelungen anwendbar sein. Ob nachträgliche Kaufpreisanpassungen, insb. Earn Outs sowie längere Kaufpreiseinbehalte unter Ausnutzung üblicher Gewährleistungsfristen schädlich für den Tatbestand der Unmittelbarkeit des Leistungsaustauschs im Sinne des Bargeschäfts sind, ist höchstrichterlich nicht geklärt. In Lichte der bisherigen Rechtsprechung ist wahrscheinlich, dass derartige Gestaltungen im Einzelfall der Annahme eines anfechtungsfesten Bargeschäftes entgegenstehen können.[81] Mithin ist der sicherste Weg die vollständige Zahlung des Kaufpreises beim Closing, also Zug-um-Zug gegen die Gewährung der Anteile. Aus Erwerbersicht sollten daher derzeit andere Gestaltungen zwecks Erfüllung der Privilegierungsvoraussetzungen im Rahmen des § 142 InsO vermieden werden.[82]

▶ **Hinweis:**

71 Kaufpreiseinbehalte können auch durch eine W&I-Versicherung vermieden werden, durch die zum Schutz des Käufers Risiken im Zusammenhang mit vertraglichen Garantie- oder Freistellungserklärungen von den Parteien auf den Versicherer verlagert werden. Allerdings bedarf dies einer rechtzeitigen Berücksichtigung während der Vorbereitungsphase, sodass ausreichende Zeit für die Risikoprüfung des Versicherers bleibt.[83]

---

77 Liegt ein Bargeschäft vor, scheidet tatbestandlich auch eine Anfechtung wegen unmittelbarer Benachteiligung (§ 132 InsO) aus, da es bei einem Bargeschäft stets an einer unmittelbaren Benachteiligung fehlt; Uhlenbruck-*Borries/Hirte*, § 129 Rn. 242a, § 142 Rn. 5.

78 Uhlenbruck-*Borries/Hirte*, § 142 Rn. 1; HK-*Thole*, § 142 Rn. 1.

79 Allgemein BGH, Urt. v. 10.07.2014 – IX ZR 192/13, ZInsO 2014, 1602; Uhlenbruck-*Borries/Hirte*, § 142 Rn. 27 ff.; HK-Thole, § 142 Rn. 7 ff.

80 BGH, Urt. v. 13.04.2006 – IX ZR 158/05, ZInsO 2006, 712 Tz. 35.

81 Enger *Bressler*, NZG 2018, 321, 326, nach dessen Auffassung es weitgehend an einer festen Gepflogenheit für ein Auseinanderfallen von Kaufpreiszahlung und Übertragungshandlungen fehlen soll.

82 *Bressler*, NZG 2018, 321, 326; *K. Rotthege*, in: Rotthege/Wassermann, Unternehmenskauf, Kap. 12 Rn. 166; *Schluck-Amend/Krispenz*, in: Schluck-Amend/Meyding, Unternehmenskauf in Krise und Insolvenz, VIII Rn. 18.

83 Näher zu W&I-Versicherungen zuletzt *Giesen/Luettges*, BB 2018, 647; *Hensel/Namislo*, BB 2018, 1475; *Kaufhold*, BB 2016, 394; *Kiesewetter/Hoffmann*, BB 2016, 1798; BeckHdB M&A-*Wiegand*, § 94 jew. m.w.N.

72 § 142 Abs. 1 InsO erfordert eine objektive Gleichwertigkeit zwischen der Leistung des Schuldners und der Gegenleistung des Anfechtungsgegners; dementsprechend kommt es auf die subjektiven Wertvorstellungen der Beteiligten nicht an.[84] In der Praxis besteht regelmäßig das Risiko, dass im Rahmen einer kurzfristigen Anschlussinsolvenz des Verkäufers, dessen Insolvenzverwalter nachträglich Argumente für erhebliche Wertabschläge durch den Käufer im Rahmen einer durch eine Unternehmenskrise gekennzeichneten Transaktion geltend macht, etwa wegen unvollständiger Due Diligence des Käufers, des Fehlens marktüblicher oder werthaltiger Garantien oder der allgemeinen Rahmenbedingungen der Transaktion (»Fire-Sale-Szenario«). Nach verbreiteter Auffassung können bei der Beurteilung der objektiven Gleichwertigkeit der Leistungen die konkreten Umstände des Einzelfalls durchaus berücksichtigt werden, wobei jedoch häufig betont wird, das Preisabweichungen aufgrund krisenbedürftiger Eilbedürftigkeit einem vollwertigen Leistungsaustausch entgegen stünden.[85] Andere Stimmen in der Literatur heben ohne solche Einschränkungen hervor, dass das »Drücken« des Kaufpreises »aufgrund der konkreten Marktsituation« im Rahmen des Üblichen unschädlich sei.[86] Aufgabe eines Sachverständigen kann es jedenfalls nur sein, die Marktüblichkeit eines vereinbarten Preises festzustellen, nicht aber, ob der Schuldner tatsächlich den bestmöglichen Preis erzielt hat.[87]

▶ **Hinweis:**

73 Wegen der verbleibenden Unsicherheiten hinsichtlich einer Fairness Opinion zur Angemessenheit des Kaufpreises[88] ist es umso wichtiger, mit einem IDW S11-Gutachten das Risiko einer kurzfristigen Anschlussinsolvenz des Verkäufers nach dem Signing bereits dem Grunde nach möglichst weitgehend auszuschließen.

74 § 142 InsO eröffnet über den Verweis auf § 133 InsO die Vorsatzanfechtung des Bargeschäfts. Nach der seit dem 05.04.2017 geltenden Rechtslage setzt diese gem. § 142 Abs. 1 InsO neben den Voraussetzungen des § 133 Abs. 1 bis 3 InsO insb. auch voraus, dass der Schuldner unlauter handelte und der Anfechtungsgegner dies erkannt hat. Hierzu sogleich näher im Rahmen der Vorsatzanfechtung.

c) Vorsatzanfechtung nach § 133 InsO

75 Die Frage nach einer möglichen Vorsatzanfechtung nach § 133 InsO stellt sich in praktischer Hinsicht, abgesehen von der Anfechtung von Bargeschäften, sofern ein Insolvenzantrag später als drei Monate nach dem Closing gestellt wird. Nach § 133 InsO können sowohl der Unternehmenskaufvertrag als auch dessen dinglicher Vollzug angefochten werden, wobei die volle Ausschöpfung der 10-Jahres-Frist nach § 133 Abs. 1 InsO praktisch kaum relevant werden wird und weiter zu beachten ist, dass der Insolvenzanfechtungszeitraum für Deckungshandlungen gem. § 133 Abs. 2 InsO nunmehr auf vier Jahre verkürzt worden ist.

76 Eine Anfechtung nach § 133 InsO bedarf eines Gläubigerbenachteiligungsvorsatzes des Schuldners, also des Verkäufers, und die Kenntnis dieses Gläubigerbenachteiligungsvorsatzes seitens des Anfechtungsgegners, also des Käufers. Nach ständiger Rechtsprechung handelt der Schuldner mit dem Vorsatz, seine Gläubiger zu benachteiligen, wenn er bei Vornahme der Rechtshandlung die

84 BGH, Urt. v. 07.03.2002 – IX ZR 223/01, BGHZ 150, 122; Uhlenbruck-*Borries/Hirte*, § 142 Rn. 24; MK-InsO/*Kirchhof/Piekenbrock*, § 142 Rn. 13.

85 Jaeger-*Henckel*, § 132 Rn. 13 (»keine Sonderpreise wegen Geschäftsaufgabe«); Uhlenbruck-*Borries/Hirte*, § 132 Rn. 9 unter Verweis auf BGH, Urt. v. 13.03.2003 – IX ZR 64/02, BGHZ154, 190 sowie § 129 Rn. 392 mit Hinweis auf das besondere Schutzbedürfnis der Gläubiger im Hinblick auf die Preisfindung bei der übertragenden Sanierung; MK-InsO/*Kayser/Freudenberg*, § 132 Rn. 12; BeckOK-InsO/*Raupach*, 33. Ed. 15.10.2023, § 132 Rn. 11, 11.6; K/P/B-*Schoppmeyer*, § 132 Rn. 29.

86 Braun-*Riggert*, InsO, § 142 Rn. 3–13; BeckOK-InsO/*Schoon*, 33. Ed. 15.10.2023, § 142 Rn. 14; Rattunde/Smid/Zeuner-*Zeuner*, § 142 Rn. 6; für Unternehmenskäufe in der Krise *K. Rotthege*, in Rotthege/Wassermann, Unternehmenskauf, Kap. 12 Rn. 160.

87 K/P/B-*Schoppmeyer*, § 132 Rn. 29.

88 Vgl. auch *Bressler*, NZG 2018, 321, 322.

Benachteiligung gewollt oder sie jedenfalls als mutmaßliche Folge seines Handelns erkannt und gebilligt hat, sei es auch als sogar unerwünschte Nebenfolge eines anderen erstrebten Vorteils; Motiv oder Anlass der Rechtshandlung können ein völlig anderer gewesen sein (sog. *dolus eventualis*).[89] Die Kenntnis des Käufers wird gem. § 133 Abs. 1 Satz 2 InsO vermutet, wenn er die drohende Zahlungsunfähigkeit (vgl. § 18 Abs. 2 InsO) und die Gläubigerbenachteiligung kannte, sodass der Anfechtungsgegner diese Umstände durch Darlegung konkreter Umstände zu widerlegen hat.[90] Für die Frage, ob die von der Vermutungsregel des § 133 Abs. 1 Satz 2 InsO geforderten Kenntnisse beim Käufer vorlagen, können insb. auch die vom Käufer im Rahmen der Financial Due Diligence oder sonst im Rahmen der Transaktion erlangten Kenntnisse von der Liquiditätssituation des Zielunternehmens relevant sein.[91] Nach der neueren Rechtsprechung des BGH ist nach der gesetzlichen Vermutungsregelung des § 133 Abs. 1 Satz 2 InsO nicht allein aus der erkannten (drohenden) Zahlungsunfähigkeit auf den Gläubigerbenachteiligungsvorsatz des Schuldners und dessen Kenntnis vom Anfechtungsgegner zu schließen.[92] Nach Auffassung des BGH ist nunmehr für den Gläubigerbenachteiligungsvorsatz des Schuldners nicht allein die etwaige Zahlungsunfähigkeit zum Zeitpunkt der Rechtshandlung maßgeblich, sondern setzt dieser im Fall der erkannten Zahlungsunfähigkeit zusätzlich voraus, dass der Schuldner weiß oder jedenfalls billigend in Kauf nimmt, seine übrigen Gläubiger auch zu einem späteren Zeitpunkt nicht vollständig befriedigen zu können.[93] Diese Voraussetzung muss der Tatrichter gem. § 286 ZPO unter Würdigung aller maßgeblichen Umstände des Einzelfalls prüfen. Im Ergebnis müssen zusätzliche Umstände zur (drohenden) Zahlungsunfähigkeit des Schuldners hinzutreten, wie beispielsweise die Offenlegung der sicheren Erwartung des endgültigen Eintritts der Zahlungsunfähigkeit nach der Transaktion, weil mit den vorhandenen Mitteln die verbleibenden Gläubiger nicht befriedigt werden können.

Sofern die Transaktion in der Krise im Zusammenhang mit einem ernsthaften Sanierungsversuch 77
steht – was in aller Regel der Fall ist –, kann dieser Umstand zur Widerlegung der Vermutung des § 133 Abs. 1 Satz 2 InsO herangezogen werden. Voraussetzung hierfür ist, dass zum Zeitpunkt der angefochtenen Rechtshandlung ein schlüssiges, von den tatsächlichen Gegebenheiten ausgehendes Sanierungskonzept vorliegt, das zumindest in den Anfängen bereits tatsächlich umgesetzt und zugleich die ernsthafte und begründete Aussicht auf Erfolg haben muss.[94]

▶ **Hinweis:**

Der ernsthafte Sanierungsversuch im Zusammenhang mit der Transaktion sollte daher best- 78
möglich durch ein Sanierungsgutachten entsprechend den BGH-Grundsätzen[95] oder dem IDW S6-Standard der Wirtschaftsprüfer[96] dokumentiert werden.

Sofern die Vollzugshandlung angefochten werden soll, wird § 133 Abs. 3 Satz 1 InsO relevant, der 79
neuerdings die Vermutungsregel der Gläubigerbenachteiligung bei einer kongruenten Vollzugshandlung abschwächt, sodass diese nur noch bei Kenntnis einer bereits eingetretenen Zahlungsunfähigkeit des Schuldners einschlägig ist.[97] Damit trägt der Insolvenzverwalter die Beweislast dafür, dass der Käufer zum Zeitpunkt der Vollzugshandlung (also regelmäßig zum Closing) eine bereits ein-

89 Uhlenbruck-*Borries/Hirte*, § 133 Rn. 35; MK-InsO/*Kayser/Freudenberg*, § 133 Rn. 13.
90 Uhlenbruck-*Borries/Hirte*, § 133 Rn. 66 m.w.N.; MK-InsO/*Kayser/Freudenberg*, § 133 Rn. 25.
91 Vgl. *Freitag/Kiesewetter/Narr*, BB 2015, 1484, 1485; *Wessels*, ZIP 2004, 1237, 1238.
92 BGH, Urt. v. 06.05.2021 – IX ZR 72/20, ZIP 2021, 1447.
93 BGH, Urt. v. 06.05.2021 – IX ZR 72/20, ZIP 2021, 1447, Rn. 35 ff.
94 BGH, Urt. v. 14.06.2018 – IX ZR 22/15, NZI 2018, 840; BGH, Urt. v. 03.03.2022 – IX ZR 78/20, NZI 2022, 385.
95 Vgl. BGH, Urt. v. 03.03.2022 – IX ZR 78/20, NZI 2022, 385; BGH, Urt. v. 14.06.2018 – IX ZR 22/15, ZIP 2018, 1794; Urt. v. 12.05.2016 – IX ZR 65/14, NZI 2016, 636; vgl. hierzu *Kayser*, ZIP 2018, 2189, 2192.
96 IDW-Fachnachrichten, IDWLIFE 2018, 813 ff.; vgl. hierzu *Steffan*, ZIP 2018, 1767.
97 Vgl. dazu Uhlenbruck-*Borries/Hirte*, § 133 Rn. 42a.

getretene Zahlungsunfähigkeit kannte. Auf eine etwaige drohende Zahlungsunfähigkeit des Verkäufers und die Kenntnis des Käufers hiervon kommt es damit nicht an, sodass es mangels Beweispflicht des Käufers keiner auf den Zeitpunkt der Erfüllungshandlung aktualisierten Stellungnahmen zum Nichtvorliegen der Zahlungsunfähigkeit des Verkäufers bedarf.

80 Außerdem kann nach § 142 Abs. 1 InsO in seiner neuen Fassung ein Bargeschäft[98] auch im Rahmen der Vorsatzanfechtung nur noch dann angefochten werden, wenn der Schuldner zusätzlich unlauter gehandelt und der andere Teil dies erkannt hat.[99] Mit Einführung des Tatbestandsmerkmals der Unlauterkeit wollte der Gesetzgeber der Rechtsprechung des BGH entgegentreten, wonach ein bargeschäftlicher Austausch kein Beweisanzeichen gegen das Vorliegen eines Gläubigerbenachteiligungsvorsatzes sein soll, wenn der Schuldner erkennt, dass die Fortführung des Unternehmens unrentabel ist.[100] Bei Vorliegen der Voraussetzungen des § 142 InsO ist damit die Vorsatzanfechtung – auch bei Distressed M&A – erheblich eingeschränkt, auch wenn der Begriff unlauteren Handelns noch im Einzelnen klärungsbedürftig ist.[101]

V. Insolvenzrechtliche Risiken des Verkäufers

81 Scheitert die vom Käufer beabsichtigte Sanierung des erworbenen Unternehmens, kann dies auch für den Verkäufer nachteilig sein. Insbesondere gilt dies beim Share Deal für Anfechtungsrisiken des Verkäufers im Zusammenhang mit Gesellschafterdarlehen, die der Verkäufer dem Unternehmen vor der Veräußerung gewährt hat und die regelmäßig im Rahmen der Transaktion abgelöst bzw. auf den Käufer übergeleitet werden sollen. Problematisch ist auch die Konstellation, wenn der Gesellschafter eine Sicherheit für den Kredit eines Dritten gestellt hat. Soll der Kredit im Rahmen der Transaktion durch einen neuen Kreditgeber etwa dadurch abgelöst werden, dass der alte Kredit mit der Valuta des neuen Kredits zurückgezahlt wird, wäre die Rückzahlung dem Gesellschafter gegenüber grundsätzlich nach § 135 Abs. 2 InsO anfechtbar. Das ließe sich ebenfalls nur dadurch umgehen, dass der alte Kreditgeber seinen Anspruch unmittelbar an den neuen abtritt.[102]

82 Gesellschafterdarlehen sind eine typische und weit verbreitete Form der Unternehmensfinanzierung. In der Insolvenz des finanzierten Unternehmens sind die Darlehensrückzahlungsansprüche nach § 39 Abs. 1 Nr. 5 InsO nachrangig und gem. § 135 Abs. 1 Nr. 2 InsO ist eine Rechtshandlung, die für die Forderung eines Gesellschafters auf Rückgewähr eines Darlehens im Sinne des § 39 Abs. 1 Nr. 5 InsO Befriedigung gewährt hat, anfechtbar, wenn diese im letzten Jahr vor dem Eröffnungsantrag oder nach diesem vorgenommen worden ist. Bei der Veräußerung von Unternehmen im Wege des Share Deals, und zwar unabhängig von Krisensituationen, ist es ein legitimes Bedürfnis der Kaufvertragsparteien, die Finanzierung durch den Verkäufer zu beenden. Dieser hat regelmäßig kein Interesse, das von ihm nicht länger kontrollierte Unternehmen zu finanzieren, der Erwerber hat regelmäßig kein Interesse, das Zielunternehmen weiter dem Verkäufer gegenüber als Darlehensnehmer verpflichtet zu sehen.[103]

83 Eine Rückzahlung von Gesellschafterdarlehen vor dem Vollzug der Transaktion (oder gar vor dem Signing) ist meist schon wirtschaftlich nicht praktikabel, da eine solche mit einem ungewollten und meist auch nicht aus Eigenmitteln zu finanzierendem Mittelabfluss aus der Zielgesellschaft verbunden wäre. Bei Unternehmenstransaktionen in der Krise wäre ein solcher Mittelabfluss innerhalb der

98 Dazu schon oben Rdn. 69 ff.

99 Uhlenbruck-*Borries/Hirte*, § 133 Rn. 146a; *Kindler/Bitzer*, NZI 2017, 369, 375; HK-*Thole*, § 133 Rn. 31; *Thole*, ZIP 2017, 401, 407.

100 Näher Uhlenbruck-*Borries/Hirte*, § 133 Rn. 146a m.w.N.

101 Vgl. Uhlenbruck-*Borries/Hirte*, § 133 Rn. 146b; *Hacker*, NZI 2017, 148, 150; *Kindler/Bitzer*, NZI 2017, 369, 375; *Thole*, ZIP 2017, 401, 407; *Tolani*, ZIP 2018, 1997, 2001.

102 Vgl. zu dieser Problematik *Weber*, BB 2022, 137, 142.

103 *Greven*, BB 2014, 2309; *Lauster*, WM 2013, 2155; *Reinhard/Schützler*, ZIP 2013, 1898.

Jahresfrist des § 135 Abs. 1 Nr. 2 InsO außerdem besonders risikobehaftet und scheidet damit praktisch meistens aus.[104]

Naheliegend ist vielmehr die kaufweise Abtretung der Darlehensrückzahlungsansprüche bzw. die Übertragung der Darlehen vom Verkäufer an den Erwerber. Diese kann rechtstechnisch unkompliziert und parallel mit der Übertragung der Anteile beim Closing umgesetzt werden. Der Erwerber übernimmt damit die bestehende Gesellschafterfinanzierung zusammen mit den Anteilen einschließlich der damit verbundenen Restrukturierungsmöglichkeiten und der Subordination gem. § 39 Abs. 1 Nr. 5 InsO. Die Vergütung wird aus dem Vermögen des Käufers gezahlt, und die Liquidität des Zielunternehmens bleibt unangetastet. Steuerlich können ggf. die fortlaufenden Finanzierungskosten mit Erträgen der Zielgesellschaft verrechnet werden.[105] Zahlt das Unternehmen das Darlehen später an den Käufer zurück, unterläge eine solche Rückzahlung nach Maßgabe des § 135 Abs. 1 Nr. 2 InsO Anfechtung, wenn – die weiter fortbestehende Gesellschafterstellung des Käufers zunächst einmal unterstellt – binnen eines Jahres nach einer solchen Zahlung der Antrag auf Eröffnung des Insolvenzverfahren über das Vermögen der Zielgesellschaft gestellt worden ist. 84

Vor dem Hintergrund eines viel diskutierten Urteils des BGH vom 21.02.2013[106] stellt sich allerdings die Frage, ob die spätere Rückzahlung eines vom Verkäufer an den Käufer abgetretenen Gesellschafterdarlehens nicht nur gegenüber dem Käufer, sondern auch gegenüber dem Verkäufer gem. § 135 InsO mit der Folge angefochten werden kann, dass den Verkäufer die anfechtungsrechtliche Erstattungspflicht gesamtschuldnerisch neben dem Käufer trifft. Der BGH hat dies in dem vorstehend zitierten Urteil für einen Fall bejaht, in dem der Gesellschafter das Darlehen isoliert an einen Dritten abgetreten hatte, also selbst weiterhin Gesellschafter geblieben war. Die Rechtsfolgen des § 135 Abs. 1 Nr. 2 InsO dürften infolge der den Gesellschafter treffenden Finanzierungsverantwortung nicht durch die Wahl einer bestimmten rechtlichen Konstruktion aufgeweicht oder unterlaufen werden.[107] § 135 Abs. 1 Nr. 2 InsO solle Gestaltungen entgegenwirken, mit denen ein Gesellschafter, der seiner GmbH Darlehensmittel zugewendet habe, die mit ihrer Rückgewähr verbundenen rechtlichen Folgen einer Anfechtung durch eine Forderungsabtretung vermeide.[108] Die Einordnung der Entscheidung ist streitig. Nach einer im Schrifttum vertretenen Auffassung ist diese Entscheidung oder jedenfalls deren Übertragung auf die gleichzeitige Abtretung von Gesellschaftsanteilen und Darlehensrückgewähransprüchen bei M&A-Transaktionen abzulehnen,[109] während andere einer solchen Übertragbarkeit aufgeschlossen gegenüberstehen[110]. 85

Gegen eine Haftung des ehemaligen Gesellschafters, der die Ansprüche aus seinen Gesellschafterdarlehen im Rahmen einer Unternehmenstransaktion zusammen mit den Gesellschaftsanteilen an einen Dritten verkauft und übertragen hat, spricht insb., dass der neue Gesellschafter in eine mit dem bisherigen Gesellschafter vergleichbare Finanzierungsverantwortung für das Zielunternehmen eintritt und es zu keinem Mittelabfluss aus der Zielgesellschaft kommt.[111] Von einer Missbrauchsgefahr kann grundsätzlich keine Rede sein. 86

---

104 *Greven*, BB 2014, 2309; *Reinhard/Schützler*, ZIP 2013, 1898; *von Woedtke*, GmbHR 2014, 1018, 1020 f.

105 *Greven*, BB 2014, 2309, 2310.

106 BGH, Urt. v. 21.02.2013 – IX ZR 21/12, BGHZ 196, 220.

107 BGH, Urt. v. 21.02.2013 – IX ZR 21/12, BGHZ 196, 220 Rn. 28 ff.

108 BGH, Urt. v. 21.02.2013 – IX ZR 21/12, BGHZ 196, 220 Rn. 31.

109 *Bauer/Farian*, GmbHR 2015, 230, 231 ff.; *Greven*, BB 2014, 2309, 2310, 2311 f.; *Lauster*, WM 2013, 2155, 2156 ff.; *Primozic*, NJW 2016, 679, 680 f.; *Reinhard/Schützler*, ZIP 2013, 1898, 1899 f.; *von Woedtke*, GmbHR 2014, 1018, 1020 f.; in diesem Sinne wohl auch Uhlenbruck-*Hirte*, § 39 Rn. 40–47, der nach wie vor darauf verweist, dass die gleichzeitige Übertragung von Darlehen und Gesellschafterstellung sinnvoll sei.

110 *Kleindiek*, ZGR 2017, 731, 749 f.; *Thiessen*, ZGR 2015, 396, 428 ff.

111 Vgl. auch *Greven*, BB 2014, 2309, 2311 f.; *Reinhard/Schützler*, ZIP 2013, 1898, 1899 ff.; *von Woedtke*, GmbHR 2014, 1018, 1020 f.

▶ **Hinweis:**

87 Solange diese Frage keiner höchstrichterlichen Klärung zugeführt ist, hat der Verkäufer ein Interesse, mit dem Käufer zu vereinbaren, dass dieser binnen eines Jahres nach dem Wirksamwerden der Abtretung des Darlehens dieses bei der Gesellschaft belässt oder den Verkäufer jedenfalls vorsorglich von einer Haftung aus § 135 Abs. 1 Nr. 2 InsO freistellt und ggf. außerdem besichert wird.[112]

88 Im Schrifttum wird vorgeschlagen, die Unwägbarkeiten der Rechtsprechung des BGH zur anfechtungsrechtlichen »Nachhaftung« des Zedenten durch Gestaltungen zu vermeiden, nach denen der Verkäufer seine Ansprüche aus den Gesellschafterdarlehen in die Kapitalrücklage der Zielgesellschaft als sonstige Zuzahlung in das Eigenkapital (§ 272 Abs. 2 Nr. 4 HGB) einbringt, sodass der Anspruch und damit der Gegenstand der insolvenzrechtlichen Anfechtung durch Konfusion erlischt; die Einbringung kann dann ggf. durch einen höheren Kaufpreis kompensiert werden.[113] In der Krise der Zielgesellschaft wird der eingebrachte Anspruch allerdings häufig wertgemindert sein, sodass grundsätzlich ein steuerpflichtiger Gewinn entsteht und eingehende steuerliche Überlegungen anzustellen sein werden.[114] Außerdem verliert der Käufer die mit der Fortführung des Darlehens verbundenen Flexibilität, wie beispielsweise die Rückführung der Darlehen im Zusammenhang mit einem Debt Push Down der Akquisitionsfinanzierung.[115] Schließlich kann nicht vollständig ausgeschlossen werden, dass auch eine solche Gestaltung vom BGH als (weiterer) Umgehungstatbestand eingeordnet werden würde, falls der BGH tatsächlich eine anfechtungsrechtliche Haftung des Altgesellschafters im Fall der gemeinsamen Abtretung von Anteilen und Darlehen grundsätzlich für begründet halten sollte.[116]

B. Doppelnützige Treuhand

I. Einleitung

89 Im Rahmen einer Sanierung eines Unternehmens erwägen die finanzierenden Kreditgeber im Einzelfall eine Restrukturierung unter Einbeziehung eines Treuhänders, wenn die Liquiditätskrise durch Sanierungsfinanzierungen überwunden werden muss, weil die Gesellschafter des Unternehmens selbst keine Mittel bereitstellen. Aufgabe des Treuhänders ist insb., die Umsetzung der erforderlichen

---

112 Vgl. auch *Bauer/Farian*, GmbHR 2015, 230, 233; *Greven*, BB 2014, 2309, 2313 f.; *Lauster*, WM 2013, 2155, 2159; BeckHdB M&A-*Meyer-Sparenberg*, § 49 Rn. 21 f.; *Reinhard/Schützler*, ZIP 2013, 1898, 1901 f.; *Thiessen*, ZGR 2015, 396, 432 f.; *von Woedtke*, GmbHR 2014, 1018, 1022 f.

113 *Greven*, BB 2014, 2309, 2315 f.; *Kreußlein*, NotBZ 2020, 405, 408 ff.; *Lauster*, WM 2013, 2155, 2160; *Reinhard/Schützler*, ZIP 2013, 1898, 1902 ff.; *Thiessen*, ZGR 2015, 396, 433; *von Woedtke*, GmbHR 2014, 1018, 1023.

114 Vgl. auch *Bauer/Farian*, GmbHR 2015, 230, 231 ff.; *Greven*, BB 2014, 2309, 2315; *Reinhard/Schützler*, ZIP 2013, 1898, 1904; *von Woedtke*, GmbHR 2014, 1018, 1020 f.

115 *Lauster*, WM 2013, 2155, 2160; BeckHdB M&A-*Meyer-Sparenberg*, § 49 Rn. 23 f.; *von Woedtke*, GmbHR 2014, 1018, 1022 f.

116 Nach BGH, Urt. v. 22.07.2021 – IX ZR 195/20, ZIP 2021, 1822 können grundsätzlich auch Eigenkapitalausschüttungen der Insolvenzanfechtung nach § 135 Abs. 1 Nr. 2 InsO unterliegen (im konkreten Fall bejaht für den zunächst thesaurierten Gewinn des Alleingesellschafters); ablehnend noch OLG Schleswig-Holstein, Urt. v. 08.02.2017 – 9 U 84/16, NZI, 2017, 452 (m.Anm. *Primozic*), befürwortend für stehen gelassene Gewinne eines Alleingesellschafters OLG Koblenz, Urt. v. 15.10.2013 – 3 U 635/13, NZI 2014, 27; zum Meinungsstand HK-Kleindiek § 135 Rn. 29 jew. m.w.N.; Letzterer die Einschlägigkeit von § 135 Abs. 1 Nr. 2 InsO ausdrücklich auch für die Umwandlung von Gesellschafterdarlehen in Eigenkapital befürwortend; da eine Ausschüttung aus der Kapitalrücklage nach dem BGH anfechtbar sein kann, wäre dann nicht sicher auszuschließen, dass der BGH in einem nächsten Schritt auch die (Nach-) Haftung des Zedenten der Gesellschaftsanteile bejaht; vgl. auch *Kreußlein*, NotBZ 2020, 405, 409 f.; *Kruth*, in: Mehrbrey, Handbuch Streitigkeiten beim Unternehmenskauf – M&A Litigation, § 27 Rn. 47.

Sanierungsmaßnahmen zu überwachen sowie unter bestimmten Voraussetzungen auch einen bestmöglichen Verkauf der Gesellschaftsanteile am Unternehmen zu realisieren. Alternativ kommt auch eine aufschiebend bedingte doppelnützige Treuhand in Betracht, wenn beispielsweise die Verkaufsmöglichkeit aus der Treuhand nur bei Eintritt eines negativen Ereignisses – Nichteinhaltung von Finanzkennzahlen oder Verfehlung der beabsichtigten Refinanzierung bis zu einem vereinbarten Zeitpunkt – abgesichert werden soll. In diesem Fall sichert die formwirksame aufschiebend bedingte Abtretung der Geschäftsanteile an den Treuhänder gem. § 161 Abs. 1 BGB zugleich vor etwaigen Zwischenverfügungen der Anteilsinhaber. Die Gesellschafterliste mit dem Treuhänder darf aber erst mit Eintritt des Bedingungseintritts der treuhänderischen Übertragung beim Handelsregister eingereicht werden, wobei ein zwischenzeitlicher gutgläubiger Erwerb gem. § 161 Abs. 3 BGB i.V.m. § 16 Abs. 3 GmbHG nicht in Betracht kommt.[117]

Die doppelnützige Treuhand ist grundsätzlich nur als konsensuale Sanierung mit Einverständnis der wesentlichen Beteiligten – Gesellschafter, schuldnerisches Unternehmen und Kreditgeber – umsetzbar. Neben der Sanierung des Unternehmens als Treugutgesellschaft kann auch bereits von Anfang an der strukturierte Verkauf des Unternehmens unter bestimmten Rahmenbedingungen vereinbart werden (»Verkaufstreuhand«). 90

Verweigern sich die Gesellschafter einer konsensualen Sanierungslösung, so kommt seit 01.01.2021 die Umsetzung mittels Restrukturierungsplan im Rahmen des StaRUG in Betracht.[118] Bereits zuvor kam als Ausweichgestaltung ein Erwerb durch einen »Sanierungsgesellschafter« im Rahmen der Anteilsversteigerung oder ein Erwerb von einem Insolvenzverwalter im Rahmen einer isolierten Holdinginsolvenz bei entsprechenden Rahmenbedingungen zur Vermeidung der Insolvenz der operativen Tochtergesellschaften in Betracht. Vorgenannte Gestaltungen dienen ebenfalls der Vermeidung einer Insolvenz der gesamten operativen Unternehmensgruppe, sind jedoch noch komplexer und nicht mit derselben Rechtssicherheit planbar umzusetzen wie die doppelnützige Sanierungstreuhand. Teilweise wird im Rahmen des nicht-konsensualen Szenarios auch die Errichtung einer Treuhandgesellschaft mit Einbringung der Kreditforderungen zwecks Erwerb der Gesellschaftsanteile im Rahmen der öffentlichen Versteigerung als Pfandeigentümerin in Betracht gezogen,[119] da diese Treuhand aber nicht mehr doppelnützig wäre, besteht in dieser Variante ein erhebliches Risiko einer gesellschaftergleichen Stellung der Kreditgeber gegenüber der Treuhandgesellschaft. 91

Neben den Gesellschaftsanteilen werden regelmäßig zusätzlich etwaige Gesellschafterdarlehen und vergleichbare Finanzierungen der Anteilsinhaber als Treugut an den Treuhänder übertragen. Wirtschaftlich maßgeblich ist insoweit der gesetzliche Nachrang im Insolvenzverfahren gem. § 39 Abs. 1 Nr. 5 InsO und die Option, die nachrangigen Gesellschafterdarlehen im Rahmen eines etwaigen Investorenprozesses aus der Treuhand zum tatsächlichen Wert verkaufen zu können. 92

II. Ziele und wirtschaftliche Interessen der Beteiligten

Primäres Ziel der doppelnützigen Treuhand ist für alle Beteiligten, die Rahmenbedingungen für die Vermeidung einer drohenden Insolvenz und mithin die Sanierung des Unternehmens zu realisieren. Die Geschäftsführung des Unternehmens ist aufgrund der eigenen Haftungsrisiken an der Sicherstellung des Going-Concerns durch ausreichende Finanzierung des Sanierungszeitraums interessiert. Die Vermeidung einer drohenden Insolvenz wegen Zahlungsunfähigkeit oder Überschuldung des Unternehmens steht insoweit im Vordergrund, da alle Beteiligten im Rahmen eines gerichtlichen Insolvenzverfahrens regelmäßig wirtschaftlich schlechter gestellt werden. 93

Darüber hinaus sind die jeweiligen wirtschaftlichen Interessen im Rahmen der doppelnützigen Treuhand in Sanierungssituationen aus Sicht der Beteiligten differenziert zu betrachten. 94

---

117 Vgl. BGH, Beschl. v. 20.09.2011 – II ZB 17/10, DNotZ 2011, 943, m.Anm. *Jeep*.
118 Vgl. Rdn. 153 ff.
119 Vgl. Budde, ZInsO 2011, 1369, 1371.

95 Für die finanzierenden Kreditgeber kommt das doppelnützige Treuhandmodell im Rahmen von Restrukturierungen grundsätzlich nur dann in Betracht, wenn ein überzeugendes Sanierungskonzept für das operative Geschäft des Unternehmens als Sanierungsgutachten entsprechend den BGH-Grundsätzen[120] oder dem IDW S6-Standard der Wirtschaftsprüfer[121] vorliegt, wonach die Wiedererlangung der Wettbewerbsfähigkeit mit überwiegender Wahrscheinlichkeit im Rahmen der Umsetzung der Sanierungsmaßnahmen erreicht werden kann. Die Mindestanforderungen des BGH an ein schlüssiges Sanierungskonzept sind insoweit auch im Rahmen der Sanierungsfinanzierung im Zusammenhang mit einer doppelnützigen Treuhand zu beachten.[122] Auch die Option eines erfolgreichen Investorenprozesses sollte überwiegend aussichtsreich sein, um die bestmögliche Rückführung der Kreditverbindlichkeiten ggf. auch hierdurch sicherzustellen. Die Kreditgeber stellen auf dieser Basis die erforderliche Liquidität für die Sanierung zur Verfügung und werden durch die Treuhand an den Anteilen als Kreditsicherheit der Gesellschafter abgesichert. Der sanierungserfahrene unabhängige Treuhänder verpflichtet sich, als Gesellschafter im Sinne des Sanierungskonzepts zu agieren und eine Corporate Governance im Unternehmen umzusetzen, die die Sanierung unterstützt. In diesem Zusammenhang hat der Treuhänder auch die geeignete Besetzung der Geschäftsführung zwecks operativer Umsetzung der Sanierungsmaßnahmen sicherzustellen. Die Kreditgeber bleiben weiterhin Gläubiger des Unternehmens; sie vermeiden, im Rahmen der typischen doppelnützigen Treuhand eine gesellschaftergleiche Stellung einzunehmen und damit zugleich auch eine Konsolidierung des schuldnerischen Unternehmens in ihrer Konzernbilanz.[123] Im Unterschied zum Debt-to-Equity-Swap führt die doppelnützige Treuhand beim Kreditgeber daher auch nicht zu einer Bewertung ihrer Darlehen als Eigenkapital, sondern es bleibt wie beim Pfandrecht an Geschäftsanteilen bei einer im Wege der doppelnützigen Treuhand drittbesicherten Forderung.

96 Die Kreditgeber sind insoweit durch den Treuhandvertrag zugleich dahin gehend abgesichert, dass der Treuhänder rechtzeitig einen strukturierten Investorenprozess umsetzt, sobald die Realisierung der operativen Sanierung wegen Nichterreichens der finanziellen Ziele nicht mehr überwiegend wahrscheinlich ist. Für die Kreditgeber wird hierdurch zugleich sichergestellt, dass deren Kreditausfallrisiko sinkt. Maßgeblich ist insoweit, dass sich die Wahrscheinlichkeit der vereinbarten Rückzahlung der Kreditansprüche aufgrund der Sicherstellung des »*Going Concern*« beim Unternehmen als Kreditnehmer erhöht. Da die positive Fortführungsprognose auch im Rahmen der strukturierten Verwertung der Anteile aus der Treuhand gesichert bleibt, wird eine Einzelverwertung der Vermögensgegenstände vermieden und das Unternehmen selbst kann als Einheit im Rahmen eines strukturierten Prozesses bestmöglich zu Fortführungswerten veräußert werden.

97 Für die Anteilsinhaber kommt das doppelnützige Treuhandmodell regelmäßig dann in Betracht, wenn zur Vermeidung einer drohenden Insolvenz des Unternehmens wegen Zahlungsunfähigkeit die erforderlichen liquiden Mittel zur Überwindung der Liquiditätskrise und zur Umsetzung des Sanierungskonzepts durch Kreditfinanzierungen bereitgestellt werden müssen, weil sie selbst hierzu nicht bereit oder finanziell nicht in der Lage sind. Im Rahmen eines gerichtlichen Insolvenzverfahrens verlieren die Anteilsinhaber regelmäßig vollständig ihre wirtschaftliche Stellung. Zusätzlich droht häufig eine Haftung aus etwaigen Bürgschafts- oder Garantieverpflichtungen, Wegfall etwaiger Mietzahlungen sowie der wirtschaftliche Verlust nachrangiger Gesellschafterdarlehen, die im Insolvenzverfahren regelmäßig vollständig ausfallen oder deren Rückzahlungen gem. § 135 Abs. 1 Nr. 2 InsO anfechtbar wären. Schließlich vermeiden die Anteilsinhaber einen potenziellen Reputationsschaden im Zusammenhang mit einem Insolvenzverfahren. Da die Anteilsinhaber zudem wirtschaftliche Eigentümer der Anteile bleiben, erhalten sie sich die Chance, durch eine erfolgreiche

120 Vgl. BGH, Urt. v. 03.03.2022 – IX ZR 78/20, ZIP 2022, 589; BGH, Urt. v. 14.06.2018 – IX ZR 22/15, ZIP 2018, 1794 und Urt. v. 12.05.2016 – IX ZR 65/14, NZI 2016, 636.

121 IDW-Fachnachrichten, IDW Life 2018, 813 ff.; vgl. hierzu *Steffan*, ZIP 2018, 1767.

122 Vgl. BGH, Urt. v. 03.03.2022 – IX ZR 78/20, ZIP 2022, 589; BGH, Urt. v. 14.06.2018 – IX ZR 22/15, ZIP 2018, 1794 und Urt. v. 12.05.2016 – IX ZR 65/14, NZI 2016, 636.

123 *Hacker*, KoR 2016, 275, 279.

Sanierung oder anderweitige Refinanzierung ihre Anteile zurückzuerhalten. Allein die Bereitstellung der erforderlichen liquiden Mittel für die Sicherstellung der positiven Fortführungsprognose und die Umsetzung des Sanierungskonzepts führt zu einem potenziellen Werterhalt der wirtschaftlichen Beteiligung der Anteilsinhaber und ermöglicht ihnen zugleich, durch den Zeitgewinn etwaige andere Refinanzierungsmöglichkeiten zwecks »Befreiung« aus der doppelnützigen Treuhand zu realisieren. Werden die Finanzkennzahlen eingehalten und gelingt die operative Sanierung des Unternehmens mit einer nachhaltigen Kapitaldienstfähigkeit, so werden die treuhänderisch gehaltenen Anteile wieder an die Anteilsinhaber als Treugeber zurückübertragen.

Bei Eintritt des vereinbarten Sicherungsfalls bzw. bei einem konkreten Auftrag im Treuhandvertrag 98 hat der Treuhänder einen strukturierten Investorenprozess zu organisieren, der entweder die Verstärkung des Eigenkapitals durch neue Investoren oder den gesamten Verkauf der Geschäftsanteile an dem Unternehmen zwecks Sicherstellung einer positiven Fortführungsprognose und bestmöglicher Rückführung der Kreditverbindlichkeiten zum Ziel hat. Es liegt insoweit im vorrangigen Interesse der Anteilsinhaber, statt einer Veräußerung der Anteile zusätzliches Eigenkapital bei Investoren im Rahmen einer Kapitalmaßnahme einzuwerben. Die bisherigen Anteilsinhaber können dann weiterhin eine Beteiligung am solventen Unternehmen erhalten, auch wenn sich ihre Beteiligungsquote im Rahmen einer Verwässerung durch Beteiligung neuer Investoren vermindert. In jedem Fall stellen sich die Anteilsinhaber besser als in einem Insolvenzverfahren über das Vermögen ihres Unternehmens. Der Treuhänder ist zudem aus dem Treuhandvertrag gegenüber den Anteilsinhabern als Treugeber verpflichtet, die bestmögliche Option für diese zu realisieren, sofern die Sanierung des Unternehmens sowie die Rechte sowie die wirtschaftliche Stellung der Kreditgeber hierdurch nicht beeinträchtigt werden.

III. Rechtliche Gestaltung der doppelnützigen Treuhand

Im Rahmen der doppelnützigen Treuhand übertragen die Anteilsinhaber auf Grundlage einer Treu- 99 handabrede als Treugeber ihre Gesellschaftsanteile auf eine Treuhandgesellschaft (»Treuhänder«) zum Zwecke der Sanierung bzw. Restrukturierung der betreffenden Gesellschaft. Es handelt sich insoweit im Hinblick auf die dingliche Zuordnung der Anteile also um eine Übertragungs- oder echte Treuhand. Bei der Übertragung von Geschäftsanteilen an einer GmbH ist insoweit die Beurkundungspflicht gem. § 15 Abs. 3 GmbHG zwecks Formwirksamkeit zu beachten. Im Rahmen der Übertragung sind zudem etwaige satzungsgemäße Zustimmungserfordernisse (vgl. § 15 Abs. 5 GmbHG) zu berücksichtigen.

▶ **Hinweis:**

Sollen Anteile an einer börsennotierten Gesellschaft als Treugut übernommen werden, so muss 100 bei einem Erwerb von mindestens 30 % gem. § 29 Abs. 2 WpÜG ggf. eine Befreiung des Treuhänders gem. § 37 Abs. 1 WpÜG von der Abgabe eines Pflichtangebots gem. § 35 Abs. 1 WpÜG beantragt werden. Danach kann die BaFin den Erwerber von der Pflicht eines Angebots gem. § 37 Abs. 1 WpÜG befreien, wenn die Interessen des Kontrollerwerbs an der Erlangung der Befreiung die Interessen der außenstehenden Aktionäre an dem Pflichtangebot überwiegen. Im Rahmen der doppelnützigen Treuhand kommen insbesondere die Befreiungstatbestände gem. § 9 Abs. 1 Nr. 3 und Nr. 4 WpÜGAngVO aufgrund des Treuhanderwerbs zum Zwecke der Sanierung der Gesellschaft sowie zum Zwecke der Forderungssicherung der Kreditgeber in Betracht.[124]

Das Treuhandverhältnis mit den Anteilsinhabern ist als fremdnützige Verwaltungstreuhand ausge- 101 staltet, da der Treuhänder das Treugut weiterhin wirtschaftlich für die Anteilsinhaber als Treugeber hält und nach Maßgabe der Treuhandabrede die Vermögens- und Mitgliedschaftsrechte als Vollrechtsinhaber ausübt. Das Treugut wird insoweit dinglich vom Treugeber separiert, wobei sich im

---

124 Vgl. *Seibt* in: Beck'sches Formularbuch Mergers & Acquisitions, E.V.3. Checkliste zum Antrag auf Sanierungsbefreiung.

Innenverhältnis die Rechtsmacht des Treuhänders nach der konkreten Treuhandabrede bestimmt. Der entgeltliche Treuhandvertrag stellt eine Geschäftsbesorgung im Sinne des § 675 BGB dar.

102 Neben dem Treuhandverhältnis zwischen dem Treuhänder und dem Anteilsinhaber als Treugeber wird im Rahmen der typischen doppelnützigen Treuhand zusätzlich zur Absicherung der finanzierenden Kreditgeber ein fremdnütziges Sicherungstreuhandverhältnis begründet, wonach der Treuhänder bei Eintritt des im Treuhandvertrag geregelten Sicherungsfalls berechtigt und verpflichtet ist, die ihm treuhänderisch übertragenen Gesellschaftsanteile zugunsten der begünstigten Kreditgeber zu verwerten.[125] Danach entsteht im Rahmen der doppelnützigen Treuhand ein Dreipersonenverhältnis, wonach dem Treuhänder von den Anteilsinhabern die Gesellschaftsanteile als Treugut im Rahmen einer Verwaltungstreuhand übertragen werden und zugleich die Forderungen der finanzierenden Kreditgeber im Rahmen einer Sicherungstreuhand besichert werden. Die Begründung des Sicherungstreuhandverhältnisses mit den Kreditgebern kann durch direkte mehrseitige Vereinbarung oder durch einen echten Vertrag zugunsten Dritter gem. § 328 BGB begründet werden.[126] In der Praxis wird die doppelnützige Treuhand mit den finanzierenden Kreditgebern regelmäßig durch einen Vertrag zugunsten Dritter begründet, sodass diese nicht unmittelbar Partei des Treuhandvertrages werden. Die dogmatische Einordnung und die Begrifflichkeiten im Rahmen der doppelnützigen Treuhand, die durch den echten Vertrag zugunsten Dritter begründet wird, ist umstritten, aber im Ergebnis ist nach allen Auffassungen die Grundstruktur des Dreipersonenverhältnisses mit der gesicherten Rechtsposition der finanzierenden Kreditgeber als Drittbegünstigte maßgeblich.[127]

103 Die Sicherungstreuhand ist mit der Sicherungsabrede im Rahmen der Sicherungsübereignung vergleichbar und soll insoweit im Sicherungsfall die freihändige Verwertung der Gesellschaftsanteile im Rahmen eines strukturierten Verkaufsprozesses ermöglichen. Der doppelnützige Treuhänder ist mithin als materieller Inhaber des Treuguts zugleich Sicherungsmittler zugunsten der drittbegünstigten Kreditgeber. Es handelt sich insoweit um eine atypische Kreditsicherheit, da die Sicherung durch ein Pfandrecht an den Gesellschaftsanteilen als typische Kreditsicherheit keine praxisgerechte Verwertung im Rahmen einer Anteilsvollstreckung bietet. In diesem Zusammenhang ist zu berücksichtigen, dass die Verwertung der verpfändeten Anteile gem. §§ 1235 ff. BGB hinsichtlich der Umsetzung komplex ist, keine Transaktionssicherheit für einen neuen Investor als Bieter gewährleistet und zudem das Risiko einer Insolvenz des Unternehmens selbst erhöht.[128] Werden die formellen Verwertungsvorschriften im Rahmen der Anteilsversteigerung gem. §§ 1235 ff. BGB nicht genau eingehalten, so drohen Klagen seitens der Anteilsinhaber oder sonstiger Gläubiger, die zu einer erheblichen Zeitverzögerung und Wertverlusten im Rahmen der Verwertung der Gesellschaftsanteile führen können.[129] Diese erhebliche Rechtsunsicherheit im Rahmen der Anteilsvollstreckung des Pfandgläubigers führt dazu, dass die doppelnützige Treuhand als praxisgerechte Sicherheit aufgrund der Vereinbarung eines strukturierten Verkaufsprozesses durch den Treuhänder gegenüber dem reinen Pfandrecht an den Anteilen vorzugswürdig ist.[130] Durch die Übertragung auf einen von Kreditinstituten nicht weisungsabhängigen Treuhänder im Zusammenhang mit der Begründung der Sicherungstreuhand wird zugleich sichergestellt, dass die Geschäftsanteile den finanzierenden Kreditinstituten nicht zugerechnet werden. Die doppelnützige Treuhand als Sicherungstreuhand zugunsten der Kreditgeber wird insoweit wie eine typische Besicherung als Pfandrechtsgläubiger behandelt, da sie gerade keine Einwirkungsmöglichkeiten auf die Geschäftsleitung wie im Rahmen einer unternehmerischen Beteiligung beinhaltet.[131]

125 Vgl. BGH, Urt. v. 24.09.2015 – IX ZR 272/13, NZI 2016, 21, 25.

126 Vgl. BGH, Urt. v. 24.09.2015 – IX ZR 272/13, NZI 2016, 21, 25; BAG, Urt. v. 18.07.2013 – 6 AZR 47/12, ZIP 2013, 2025, 2027.

127 Vgl. *Weitbrecht*, NZI 2017, 553, 554; *Bitter*, ZIP 2015, 2249, 2253; *Thole*, KTS 2014, 45, 46 f.

128 Vgl. *Budde*, ZInsO 2011, 1369, 1371 f.

129 Vgl. *Meyer-Löwy/Pickerill*, GmbHR 2016, 953, 960.

130 Vgl. *Undritz*, ZIP 2012, 1153, 1155; *Budde*, ZInsO 2011, 1369, 1371 f.

131 Vgl. BGH, Urt. v. 25.06.2020 – IX ZR 243/18, ZInsO 2020, 1641 ff. Rn. 38; hierzu: *Undritz*, EWiR 2020, 563; *Knof*, SanB 2020, 131; *Prosteder/Grotebrune*, DB 2020, 2562.

Im Rahmen der doppelnützigen Treuhand ist daher zu berücksichtigen, dass der Treuhänder einerseits das Treugut im Rahmen der Verwaltungstreuhand für den wirtschaftlich berechtigten Anteilseigner als Treugeber hält und zugleich ein Sicherungstreuhandverhältnis zugunsten des Drittbegünstigten im Auftrag des Sicherungsgebers begründet wird. Das Sicherungstreuhandverhältnis zugunsten der finanzierenden Kreditgeber entfällt insoweit automatisch, sobald die besicherten Forderungen der finanzierenden Kreditgeber befriedigt werden. Die Anteilsinhaber können dann ihren Herausgabeanspruch als Treugeber gem. § 667 BGB ohne jegliche Einschränkung gegenüber dem Treuhänder geltend machen. Umgekehrt muss der Treuhänder im Sicherungsfall im Interesse der Drittbegünstigten die bestmögliche Verwertung gemäß den Vereinbarungen im Treuhandvertrag realisieren. **104**

▶ **Hinweis:**

Die rechtliche Gestaltung des doppelnützigen Treuhandmodells wird in der Praxis auch in anderem Zusammenhang als Sicherungsmodell genutzt.[132] Beispielsweise werden doppelnützige Treuhandschaften im Rahmen der Absicherung von Altersteilzeitguthaben und sogenannten »Contractual Trust Arrangements« (»CTA«) zwecks Besicherung von Pensionsverpflichtungen,[133] zur Absicherung der Lizenznehmer bei Insolvenz des Lizenzgebers[134] oder im Rahmen des vorläufigen Insolvenzverfahrens zwecks Besicherung der Lieferanten und Dienstleister während der Betriebsfortführung[135] verwendet. **105**

IV. Wesentliche Regelungen des Treuhandvertrages

Der Treuhandvertrag wird zwischen dem Treuhänder, den Anteilsinhabern als Treugeber sowie der Treugutgesellschaft in Abstimmung mit den Kreditgebern geschlossen. Der Abschluss des Treuhandvertrages mit der Drittbegünstigung der Kreditgeber ist regelmäßig Auszahlungsvoraussetzung für das Sanierungsdarlehen bzw. für die Wirksamkeit der insgesamt neu strukturierten prolongierten Sanierungsfinanzierung. **106**

Als Treuhänder wird regelmäßig eine gewerbliche Treuhandgesellschaft eingesetzt, die von einem sanierungserfahrenen Gesellschafter-Geschäftsführer geführt wird und künftig wie eine Holdinggesellschaft agiert. Eine natürliche Person wird bereits aus Haftungsgründen nicht die Stellung als Treuhänder übernehmen, da der Treuhänder regelmäßig keine Due Diligence vor Übertragung der Anteile durchführen kann und zudem die Anteilsinhaber regelmäßig keine wesentlichen Garantien abgeben. **107**

▶ **Hinweis:**

Die Firmierung der Treuhandgesellschaft ist mit den Beteiligten abzustimmen und wird in der Praxis vom Firmenkern der Unternehmensgruppe abgeleitet. Es besteht insoweit kein Interesse an der Publizität der doppelnützigen Treuhand im Außenverhältnis und kann ggf. auch proaktiv als Bündelung der Anteile der Gesellschafter in einer einheitlichen Holdingstruktur zwecks Sicherstellung einer besseren Corporate Governance durch einen erfahrenen Treuhänder kommuniziert werden. Allerdings sind etwaige Angabepflichten im Transparenzregister gem. §§ 19 ff. GWG zu berücksichtigen.[136] **108**

---

132 Vgl. MK-InsO/*Ganter*, § 47 Rn. 386 ff.

133 Vgl. BAG, Urt. v. 18.07.2013 – 6 AZR 47/12, ZIP 2013, 2025; *Diller/Tresselt*, ZIP 2017, 2084.

134 Vgl. *Wimmer*, ZIP 2012, 545, 549.

135 Vgl. HambKomm-InsR/*Scholz*, § 47 Rn. 43.

136 Vgl. *Tebben*, ZGR 2020, 430 ff.; zur jüngsten Reform des Transparenzregisters: *Reuter*, BB 2021, 707; zu den Verschärfungen der Mitteilungspflichten an das Transparenzregister hinsichtlich der Treuhand seit 01.08.2021 vgl: https://www.bva.bund.de/SharedDocs/Downloads/DE/Aufgaben/ZMV/Transparenzregister/Transparenzregister_FAQ.pdf?__blob=publicationFile&v=28 (Stand 05.05.2023); *John*, NZG 2021, 323, 325.

109 Da der Treuhänder als Vollrechtsinhaber im Außenverhältnis die Gesellschaftsanteile verwaltet und über diese verfügen kann, werden die Rechte und Pflichten des Treuhänders im Innenverhältnis durch den Treuhandvertrag geregelt. Der Treuhänder verpflichtet sich im Rahmen der typischen doppelnützigen Treuhand, den Sanierungsprozess und einen etwaigen künftigen M&A-Prozess zu begleiten und insoweit alle Maßnahmen in seiner Eigenschaft als Gesellschafter für einen erfolgreichen Abschluss zu ergreifen. Im Treuhandvertrag wird üblicherweise insoweit auf das aktuell vorliegende Sanierungsgutachten für das Unternehmen Bezug genommen. Der Treuhänder ist regelmäßig verpflichtet, seine ihm nach der Treuhandvereinbarung zugewiesenen Rechte und Pflichten mit der Sorgfalt eines ordentlichen Kaufmanns auszuüben.

110 Soweit im Treuhandvertrag nichts Abweichendes vereinbart wird, gelten die gesetzlichen Regelungen im Rahmen der entgeltlichen Geschäftsbesorgung bzw. des Auftragsrechts gem. § 675 BGB, wie die Weisungsbefugnis des Treugebers gem. § 665 BGB, die Auskunfts- und Rechenschaftspflichten gem. § 666 BGB, der Anspruch der Treugeber auf Herausgabe des Gewinns und sonstige Vorteile aus dem Treugut gem. § 667 BGB.

▶ **Hinweis:**

111 Hinsichtlich des Weisungsrechts der Anteilsinhaber als Treugeber sind unterschiedliche Gestaltungen im Einzelfall üblich. In der Regel wird das Weisungsrecht der Anteilsinhaber als Treugeber mindestens insoweit eingeschränkt, als der Treuhänder keine Weisungen zu befolgen hat, die den spezifischen Vorgaben der Treuhandvereinbarung und allgemein dem Sinn und Zweck oder den Sicherungsinteressen der drittbegünstigten Kreditgeber widersprechen.

112 Gegenüber den drittbegünstigten Kreditgebern handelt der Treuhänder stets weisungsfrei und unabhängig, wobei er die Interessen der Anteilsinhaber als Treugeber sowie das Sicherungsinteresse der drittbegünstigten Kreditgeber jeweils bestmöglich zu beachten hat und zudem vor Umsetzung wesentlicher Maßnahmen regelmäßig umfassende Informations- und Konsultationspflichten des Treuhänders vereinbart werden.

113 Die Treuhandgesellschaft erbringt keine Rechtsberatungsleistung und wird insoweit ermächtigt, erforderliche Beratungsleistungen für die ordnungsgemäße Erfüllung der Verpflichtungen im Zusammenhang mit dem Treuhandvertrag zu marktüblichen Bestimmungen, insb. zur Vergütung und zur Beraterhaftung, zu beauftragen. Neben der etwaigen Rechts- oder Steuerberatung umfasst dies insb. auch die Beratung im Zusammenhang mit einem etwaigen Investorenprozess.

114 Im Rahmen der Sanierungstreuhand ist der Treuhänder nur unter bestimmten Voraussetzungen verpflichtet, einen strukturierten Investoren- bzw. M&A-Prozess zu starten. Dies wird insb. bei Unterschreitung definierter Finanzkennzahlen (Financial Covenants) oder sonstigen Kündigungsrechten gemäß der Kreditdokumentation vereinbart. Der rechtzeitig eingeleitete Investorenprozess soll dann zu einer bestmöglichen Befriedigung der drittbegünstigten Kreditgeber führen, auch wenn die Sanierung in diesem Fall nicht wie geplant realisiert werden konnte. Im Rahmen der Verkaufstreuhand soll das Unternehmen ggf. vor dem Start des Investorenprozesses bestimmte Sanierungsmaßnahmen umsetzen, um danach einen erfolgreicheren Verkaufsprozess zu realisieren. In diesen Fällen wird der Treuhänder beauftragt, erst bei Überschreitung definierter Finanzkennzahlen den Investorenprozess anzustoßen, um eine bessere Befriedigung der Kreditforderungen zu erreichen. Schließlich werden im Treuhandvertrag regelmäßig bereits Regelungen zur Verteilung des Verkaufserlöses getroffen. Dies ist insb. dann wichtig, wenn nicht von einer vollständigen Befriedigung der drittbegünstigten Kreditforderungen ausgegangen werden kann, da dann die Rangfolge sowie die quotale Befriedigung im letzten Rang im Rahmen eines sogenannten Wasserfalls zu vereinbaren ist. Der Wasserfall kann auch alternativ unmittelbar im Rahmen einer Vereinbarung zwischen den Kreditgebern – im Rahmen einer Sanierungsvereinbarung oder eines Poolvertrages – vereinbart werden. Im Treuhandvertrag ist dann insoweit unter Bezugnahme auf die entsprechende Vereinbarung die Auskehr der Erlöse an den Konsortialführer bzw. Agenten zu regeln. Der Wasserfall normiert regelmäßig vorrangig die Zahlung sämtlicher Kosten und Steuern, insbesondere im

Zusammenhang mit dem M&A Prozess. Danach kommen die Kreditgeber – ggf. in differenzierter Rangfolge – und danach kommen die Gesellschafterdarlehen und zum Schluss die Anteilsinhaber quotal. Ohne entsprechende Einigung über den Wasserfall und entsprechenden Anspruch auf Freigabe der Sicherheiten muss der Treuhänder im Rahmen des Verkaufsprozesses parallel mit den drittbegünstigten Kreditgebern die angemessene Verteilung des Verkaufserlöses verhandeln.

▶ **Hinweis:**

Sofern nicht die Treugutgesellschaft selbst, sondern Tochtergesellschaften veräußert werden, wird der Treuhandvertrag vorsehen, dass der Treuhänder die Treugutgesellschaft oder sonstige Zwischenholdings im Rahmen einer ordentlichen Liquidation abzuwickeln hat. In diesem Fall sollte der Treuhandvertrag regeln, dass der Treuhänder zusätzlich die Liquidationskosten aus dem Kaufpreis einbehalten kann, um eine solvente ordnungsgemäße Liquidation sicherzustellen. In diesem Zusammenhang sind insb. auch etwaige steuerliche Implikationen zu berücksichtigen.[137] 115

Die Kosten der Treuhand werden in der Regel von der Treugutgesellschaft getragen, da die Erfüllung des Treuhandauftrages für die weitere Finanzierung des Unternehmens von essenzieller Bedeutung ist. Maßgeblich ist insoweit, dass die doppelnützige Treuhand wie ein Pfandrecht an den Gesellschaftsanteilen als Drittsicherheit der Darlehen seitens der drittbegünstigten Kreditgeber gegenüber der Treugutgesellschaft dient. Die Kosten der Treuhand sind insoweit auf der Ebene der Treugutgesellschaft Sanierungskosten im Zusammenhang mit der Sanierungsfinanzierung. Die Vergütung des Treuhänders hält grundsätzlich auch einem Drittvergleich hinsichtlich der Angemessenheit seiner Leistung stand, da er sich in der Regel in einem Auswahlprozess verschiedener Bewerber durchsetzen muss. 116

Die üblichen Vergütungskomponenten der Treuhandgesellschaft umfassen eine zeitorientierte Abrechnung nach tatsächlichem Aufwand, eine Monatspauschale sowie eine erfolgsabhängige Vergütung bei Rückübertragung der Gesellschaftsanteile auf die Treugeber oder nach Realisierung einer Investorenlösung. Neben der Vergütung des Treuhänders entstehen zusätzliche Kosten für eine angemessene Projekthaftpflichtversicherung, deren Höhe im Treuhandvertrag festgesetzt wird und die zugleich die Haftungsbeschränkung des Treuhänders für Fahrlässigkeit auf diese Summe begrenzt. Da die Kosten der Treuhand im Rahmen der Kreditsicherung zugunsten der Treugutgesellschaft entstehen, beruhen sie auf betrieblichen Gründen und sind aufgrund des Drittvergleichs auch nicht als verbotene Auszahlungen im Sinne von § 30 GmbHG bzw. § 57 AktG[138] zu werten. 117

Die Laufzeit des Treuhandvertrages richtet sich nach dem Zweck der Treuhand, der die Sanierung des Unternehmens und die Rückzahlung der drittbegünstigten Kreditforderungen oder den bestmöglichen Verkauf des Unternehmens umfasst. Eine ordentliche Kündigung ist grundsätzlich nur mit Zustimmung der drittbegünstigen Kreditgeber möglich. 118

▶ **Hinweis:**

Eine außerordentliche Kündigung bleibt grundsätzlich möglich, jedoch wird regelmäßig vereinbart, dass die drittbegünstigten Kreditgeber die Übertragung auf einen Ersatztreuhänder verlangen können.[139] 119

V. Corporate Governance im Rahmen der Treuhand

Die Corporate Governance im Rahmen der Treuhand orientiert sich an dem Ziel der Treuhand, die Umsetzung des Sanierungskonzepts zu unterstützen und zu überwachen sowie ggf. eine strukturierte 120

137 Vgl. Teil 3 Kap. 7 Rdn. 216 ff.

138 Vgl. Noack/Servatius/Haas-*Servatius* § 30 GmbHG Rn. 29; für § 57 AktG siehe *Paefgen*, in: Henssler/Strohn GesR, § 57 AktG Rn. 3.

139 Vgl. *Budde*, ZInsO 2011, 1369, 1374.

Investorenlösung für das Unternehmen zu realisieren. Da der Treuhänder im Rahmen des Treuhandvertrages zur bestmöglichen Unterstützung der Sanierung verpflichtet wird und im Übrigen weisungsunabhängig ist, muss er seine Handlungsverantwortung als Gesellschafter entsprechend nutzen.

121 Die Treuhandgesellschaft kann als neuer Gesellschafter grundsätzlich die Corporate Governance der Unternehmensgruppe wie eine normale Holdinggesellschaft bestimmen und insoweit durch Satzungsänderungen, Neufassung der Geschäftsordnungen sowie Neubesetzung oder Ergänzung von Geschäftsführung, Aufsichtsrat oder Beirat die Organisation im Interesse einer bestmöglichen Organisation zwecks Umsetzung der Sanierung bestimmen. Da die Sanierung des Unternehmens der Treugutgesellschaft durch die Geschäftsführung umgesetzt werden muss, hat der Treuhänder insb. auf die Geeignetheit der Geschäftsführungszusammensetzung zu achten und wird diese ggf. durch entsprechende Restrukturierungsexperten wie einen Chief Restructuring Officer (CRO) ergänzen. Anhaltspunkte ergeben sich bereits regelmäßig aus dem Sanierungsgutachten, da dort auch über die Geeignetheit der Geschäftsführung für die Umsetzung der Sanierungsmaßnahmen berichtet werden muss. Der Treuhänder wird – entsprechend den im Treuhandvertrag im konkreten Einzelfall getroffenen Bestimmungen – vor Umsetzung weitreichender Personalmaßnahmen die Treugeber sowie die drittbegünstigten Kreditgeber konsultieren, um deren Erfahrung und Einschätzung hierzu zu berücksichtigen, bevor er seine unabhängige und regelmäßig weisungsfreie Entscheidung trifft.

122 Des Weiteren muss der Treuhänder in seiner Eigenschaft als Gesellschafter den laufenden Sanierungsprozess im Rahmen eines engen Monitorings überwachen. Besteht bereits ein Aufsichtsrat oder Beirat, dann wird er dieses Gremium hierfür nutzen und selbst die Führung übernehmen und den Tagungsturnus angemessen anpassen. Regelmäßig wird für die Überwachung des Sanierungsprozesses auch ein eigener Lenkungsausschuss oder ein Steering Committee als zusätzliches Beratungsgremium gebildet. Diesem Gremium werden keine originären Entscheidungsbefugnisse gewährt, sondern es soll das Monitoring des Sanierungsprozesses unterstützen. Die Geschäftsführung präsentiert diesem Gremium üblicherweise monatlich oder quartalsweise die laufende Geschäftsentwicklung sowie den Sanierungsfortschritt hinsichtlich der einzelnen Sanierungsmaßnahmen. Dieser Prozess wird teilweise noch zusätzlich durch einen externen Sanierungsberater unterstützt. Mitglieder dieses Beratungsgremiums werden neben dem Management, dem Sanierungsberater und dem Treuhänder regelmäßig Vertreter der Anteilsinhaber, Vertreter der Kreditgeber sowie der Warenkreditversicherer und Beiratsmitglieder. In den Fällen, in denen zudem die Arbeitnehmer wesentliche Sanierungsbeiträge geleistet haben, werden auch Betriebsratsmitglieder oder/und die zuständigen Gewerkschaftsvertreter beteiligt. Der Treuhänder ist im Rahmen seiner unabhängigen Funktion auch in der Lage, als Mediator zwischen den verschiedenen Beteiligten zu wirken, um auf eine positive zukunftsorientierte Begleitung der Sanierung hinzuwirken und vergangenheitsorientierte Streitigkeiten zu vermeiden.

▶ **Hinweis:**

123 Da der Treuhänder auf ein erfolgreiches Management angewiesen ist, wird er sich auch um eine angemessene erfolgsabhängige Vergütungskomponente zwecks bestmöglicher Motivation bemühen. Im Rahmen eines Investorenprozesses aus der doppelnützigen Treuhand ist dies umso wichtiger, da hierdurch eine Doppelbelastung des Managements aufgrund des Due Diligence-Prozesses sowie zusätzlicher Management Meetings entsteht und zugleich die Zukunft des Managements bei einem Verkauf an einen neuen Investor ungewiss ist. Der Treuhänder sollte das Management insoweit finanziell angemessen motivieren, aber zugleich auch den Investorenprozess selbst eng führen, damit der Prozess nicht durch etwaige Interessengegensätze des Managements beeinträchtigt wird.

VI. Insolvenzrechtliche Rahmenbedingungen der doppelnützigen Treuhand

124 Da die doppelnützige Treuhand als atypische Kreditsicherheit im Rahmen von Sanierungssituationen zur Anwendung kommt, sind insb. auch die insolvenzrechtlichen Rahmenbedingungen bei einer mög-

lichen Insolvenz der Treugeber, also der bisherigen Anteilsinhaber, und/oder der sanierungsbedürftigen Treugutgesellschaft aufgrund des Scheiterns der angestrebten Sanierung zu berücksichtigen.

▶ **Hinweis:**

Die Insolvenz des Treuhänders ist hingegen nicht relevant, da die Stellung des Treuhänders regelmäßig in der Praxis von Zweckgesellschaften übernommen wird. Diese Treuhandgesellschaften übernehmen ausschließlich die Gesellschaftsanteile und etwaige Gesellschafterdarlehen als Forderungen und sind daher selbst nicht insolvenzgefährdet. Im Übrigen hat der Treugeber bei Insolvenz des Treuhänders im Rahmen der Verwaltungstreuhand grundsätzlich ein Aussonderungsrecht gem. § 47 InsO.[140] **125**

1. Insolvenz des Treugebers

126 Mit Insolvenzeröffnung über das Vermögen des Anteilsinhabers bzw. Treugebers erlischt gem. §§ 115, 116 InsO das Verwaltungstreuhandverhältnis zugunsten des Treugebers bezüglich der zum Zwecke der Sanierung übertragenden Gesellschaftsanteile. Das drittschützende Sicherungstreuhandverhältnis zugunsten der finanzierenden Kreditgeber bleibt aber trotz der Insolvenz des Treugebers bestehen, da der Treuhänder das Treugut »doppelnützig« gerade auch als Sicherheit für die Drittbegünstigten hält.[141] Der Treuhänder hält daher die Gesellschaftsanteile nunmehr nur noch für die besicherten Kreditgeber; dieses Sicherungsverhältnis bleibt insolvenzfest gegenüber dem Insolvenzverwalter des Treugebers bestehen.[142]

127 Der Treuhänder ist als Vollrechtsinhaber im Rahmen der doppelnützigen Sicherungstreuhand zugleich Absonderungsberechtigter im Insolvenzverfahren des Treugebers gem. § 51 Nr. 1 InsO.[143] Dem Treuhänder steht auch das Verwertungsrecht an den von ihm als Vollrechtsinhaber gehaltenen Gesellschaftsanteilen zu, da dem Insolvenzverwalter mangels (mittelbaren) Besitzes kein entgegenstehendes Verwertungsrecht gem. § 166 Abs. 1 InsO zusteht.[144] Der BGH stellt insoweit zusätzlich darauf ab, dass die vom Treuhänder gehaltenen Gesellschaftsanteile zum Zeitpunkt der Insolvenzeröffnung über das Vermögen des Treugebers nicht mehr dessen wirtschaftlichen Einheit als Schuldnervermögen zuzurechnen sind.[145] Daher soll die vertraglich vereinbarte Verwertung der Gesellschaftsanteile durch den Treuhänder als Vollrechtsinhaber realisiert werden.[146] Danach besteht nach zutreffender Ansicht auch bei sonstigen besitzlosen Rechten im Rahmen der doppelnützigen Treuhand das Verwertungsrecht beim Treuhänder als Vollrechtsinhaber und auf eine etwaige analoge Anwendung von § 166 Abs. 1 InsO kommt es dem Grunde nach nicht an. Den drittbegünstigten finanzierenden Kreditgebern steht insoweit selbst kein Absonderungsrecht zu; sie haben aber gegenüber dem Treuhänder einen Anspruch auf Auskehr des Verwertungserlöses auf Basis des Treuhandvertrages.[147]

---

140 Vgl. BGH, Urt. v. 19.11.1992 – IX ZR 45/92, NJW-RR 1993, 301 zu § 43 KO; HambKomm-InsR/*Scholz*, § 47 Rn. 41.

141 Vgl. BGH, Urt. v. 24.09.2015 – IX ZR 272/13, NZI 2016, 21, 25; BAG, Urt. v. 18.07.2013 – 6 AZR 47/12, ZIP 2013, 2025, 2027; BGH, Urt. v. 12.10.1989 – IX ZR 184/88, BGHZ 109, 47.

142 Vgl. *Bitter*, ZIP 2015, 2249, 2252.

143 Vgl. BGH, Urt. v. 24.09.2015 – IX ZR 272/13, NZI 2016, 21, 25; BAG, Urt. v. 18.07.2013 – 6 AZR 47/12, ZIP 2013, 2025, 2027; BGH, Urt. v. 12.10.1989 – IX ZR 184/88, BGHZ 109, 47; *Weitbrecht*, NZI 2017, 553, 557; *Bitter*, ZIP 2015, 2249, 2257; *Thole*, KTS 2014, 45, 46 f.

144 Vgl. BGH, Urt. v. 24.09.2015 – IX ZR 272/13, NZI 2016, 21, 25; BAG, Urt. v. 18.07.2013 – 6 AZR 47/12, ZIP 2013, 2025, 2026, 2031; BGH, Urt. v. 12.10.1989 – IX ZR 184/88, BGHZ 109, 47; *Weitbrecht*, NZI 2017, 553, 554; *Bitter*, ZIP 2015, 2249, 2257; so auch im Ergebnis *Thole*, KTS 2014, 45, 59 f.; vgl. zum fehlenden Verwertungsrecht des Insolvenzverwalters bei sonstigen besitzlosen Rechten nunmehr ausdrücklich BGH, Urt. v. 27.10.2022 – IX ZR 145/21, ZIP 2022, 2553.

145 Vgl. BGH, Urt. v. 24.09.2015 – IX ZR 272/13, NZI 2016, 21, 24; vgl. zum Problem der einheitlichen rechtsformneutralen Anwendung der Verwertungsbefugnis: *Tresselt*, DB 2016, 514, 517 f.

146 Vgl. BGH, Urt. v. 24.09.2015 – IX ZR 272/13, NZI 2016, 21, 25.

147 Vgl. BGH, Urt. v. 24.09.2015 – IX ZR 272/13, NZI 2016, 21, 24.

128 Im Rahmen der Insolvenz des Treugebers ist eine etwaige Insolvenzanfechtung der fiduziarischen Anteilsübertragung gem. §§ 129 ff. InsO zu prüfen. Bei einer erfolgreichen Insolvenzanfechtung könnte der Insolvenzverwalter über das Vermögen des Treugebers die Rückübertragung der Gesellschaftsanteile als Treugut gem. § 143 Abs. 1 Satz 1 InsO verlangen.

129 Allgemeine Voraussetzung einer Insolvenzanfechtung ist eine objektive Gläubigerbenachteiligung im Sinne von § 129 Abs. 1 InsO. Diese kommt bei Übertragung wertloser oder wertausschöpfend belasteter Vermögensgegenstände bereits dem Grunde nach nicht in Betracht.[148] Da die doppelnützige Sanierungstreuhand regelmäßig als konsensuale Sanierungsoption erst bei drohender Insolvenzgefahr umgesetzt wird, wenn die Anteile der Anteilsinhaber bereits nicht mehr werthaltig sind und ggf. zusätzlich mit einem Pfandrecht zugunsten der Kreditgeber belastet sind, wird in vielen Fällen bereits objektiv keine Gläubigerbenachteiligung im Sinne des § 129 InsO vorliegen.

130 Sollten die Gesellschaftsanteile trotz der wirtschaftlichen Krise des Unternehmens noch werthaltig und unbelastet sein, so kommen dem Grunde nach die Insolvenzanfechtungstatbestände §§ 130 bis 134 InsO in Betracht. Wegen des kurzen Dreimonatszeitraums der §§ 130, 131 InsO sind diese Insolvenzanfechtungstatbestände regelmäßig nicht relevant. Die Insolvenzanfechtung wegen Unentgeltlichkeit gem. § 134 InsO kommt nicht in Betracht, wenn die Treuhandübertragung im Rahmen der doppelnützigen Treuhand als vereinbarte Besicherung des Sanierungsdarlehens der drittbegünstigten Kreditgeber erfolgte. Für den Ausschluss der Unentgeltlichkeit im Sinne des § 134 InsO genügt es, wenn die Kreditgeber als Sicherungsnehmer den Sanierungskredit als Gegenleistung für die Treuhandübertragung gewähren.[149] Schließlich wird eine Insolvenzanfechtung wegen vorsätzlicher Gläubigerbenachteiligung gem. § 133 InsO regelmäßig daran scheitern, dass die doppelnützige Treuhand im Zusammenhang mit der Umsetzung eines ernsthaften Sanierungskonzepts des Unternehmens errichtet wird und zugleich auch die Treugeber aufgrund der Vermeidung der drohenden Insolvenz des Unternehmens und dem wirtschaftlichen Verlust ihrer Beteiligung sowie etwaiger Haftungsrisiken persönlich bessergestellt werden. Die Beweislast für eine behauptete gläubigerbenachteiligende Rechtshandlung, den Benachteiligungsvorsatz des Schuldners, die Kenntnis des anderen Teils im Zeitpunkt der Vollendung der Rechtshandlung sowie die Kausalität zwischen Rechtshandlung und Gläubigerbenachteiligung trägt der Insolvenzverwalter.[150] Im Ergebnis besteht daher im Zusammenhang mit der doppelnützigen Treuhand regelmäßig kein relevantes Insolvenzanfechtungsrisiko bei Insolvenz des Treugebers.

2. Insolvenz der Treugutgesellschaft

131 Durch Insolvenz der Treugutgesellschaft nach Errichtung der doppelnützigen Treuhand verlieren die Gesellschaftsanteile regelmäßig endgültig ihren wirtschaftlichen Wert, da das schuldnerische Unternehmen bestmöglich zugunsten der Insolvenzgläubiger im Sinne von § 38 InsO verwertet wird und diese vorrangig vor den Gesellschaftern im Rang des § 199 Satz 2 InsO zu befriedigen sind. Da der Treuhänder laufend die Sanierung überwacht, kommt im Fall einer erheblichen Negativabweichung vom Sanierungskonzept die frühzeitige Einleitung einer gerichtlichen Sanierung im Wege der Eigenverwaltung gem. §§ 270 ff. InsO in Betracht, um die insolvenzrechtlichen Restrukturierungsmöglichkeiten gem. §§ 103 ff. InsO zu nutzen.

▶ **Hinweis:**

132 Der Treuhänder kann insoweit im Interesse der Gläubigergesamtheit auch eine Insolvenzplansanierung unterstützen. In diesem Zusammenhang werden dann regelmäßig die bisherigen Gesellschaftsanteile im Rahmen einer Kapitalherabsetzung »vernichtet« und etwaige nachran-

148 Vgl. Uhlenbruck-*Borries/Hirte* § 129 Rn. 198–200.

149 Vgl. BGH, Urt. v. 06.12.2012 – IX ZR 105/12, NZI 2013, 81; Uhlenbruck-*Borries/Hirte* § 134 Rn. 104.

150 Vgl. HambKomm-InsR/*Rogge/Leptien* § 133 Rn. 37; Uhlenbruck-*Borries/Hirte* § 133 Rn. 59.

gige Gesellschafterforderungen im Sinne des § 39 Abs. 1 Nr. 5 InsO gelten gem. § 225 Abs. 1 InsO als erlassen, sofern keine abweichende Regelung getroffen wird.

Die im Rahmen der doppelnützigen Treuhand begünstigten finanzierenden Kreditgeber behalten hierbei im Rahmen des Insolvenzverfahrens der Treugutgesellschaft grundsätzlich die Stellung als Gläubiger im Sinne des § 38 InsO und müssen sich insoweit um die Verwertung der sonstigen werthaltigen Sicherheiten im Insolvenzverfahren kümmern. Die typische Gestaltung der doppelnützigen Treuhand begründet insb. keine gesellschaftergleiche Stellung der drittbegünstigten Kreditgeber, da diesen keinerlei Weisungsbefugnisse gegenüber dem Treuhänder oder sonstige weitergehende Befugnisse gegenüber dem Treuhänder gewährt werden. Die Begünstigung der Kreditgeber besteht in dem Sicherungstreuhandverhältnis, welches im Sicherungsfall den Anspruch der Kreditgeber auf Auskehr des Verwertungserlöses für die Gesellschaftsanteile begründet. Diese Besicherung im Rahmen der doppelnützigen Treuhand entspricht in der typischen Ausgestaltung daher einem Pfandrecht an den Anteilen und gewährt keine weitergehenden Weisungsrechte. Aus vorgenannten Gründen kommt auch insolvenzrechtlich kein Nachrang der Forderungen der drittbegünstigten Kreditgeber wegen einer gesellschaftergleichen Stellung gem. § 39 Abs. 1 Nr. 5 InsO in Betracht.[151] Auch etwaige Insolvenzanfechtungsansprüche betreffend Zahlungen der Treugutgesellschaft an die drittbegünstigten Kreditgeber kommen nur nach den allgemeinen Anfechtungstatbeständen gem. §§ 130 ff. InsO, jedoch nicht gem. § 135 Abs. 1 InsO wie bei einem Gesellschafter in Betracht. Maßgeblich ist insoweit wie beim Pfandrechtsgläubiger der Gesellschaftsanteile, ob sich die Kreditgeber im Zusammenhang mit der Begründung des Sicherungsverhältnisses weitergehende Befugnisse einräumen lassen, die einen bestimmenden Einfluss ähnlich einem Gesellschafter gewähren.[152] Die Besicherung der Kreditgeber durch die doppelnützige Treuhand oder das Pfandrecht begründen hingegen keine gesellschaftergleiche Stellung, sofern nicht zusätzlich weitergehende gesellschaftergleiche Befugnisse als Einwirkungsmöglichkeiten auf die Geschäftsleitung wie im Rahmen einer unternehmerischen Beteiligung eingeräumt werden.[153] In diesem Zusammenhang ist zugleich zu berücksichtigen, dass auch die kreditvertraglich vereinbarten üblichen Covenants als schuldrechtliche Vereinbarungen unschädlich sind, da sie keine gesellschaftergleichen Befugnisse gewähren.[154] Bei einem Verstoß gegen kreditvertragliche Covenants kann der Kreditgeber nur schuldrechtliche Sanktionen aus dem Kreditverhältnis wie Nachbesicherung oder Kreditkündigung geltend machen und hat gerade keine gesellschaftsrechtliche bzw. gesellschaftergleiche Befugnisse zur Durchsetzung der Covenants. 133

VII. Berufsrechtliche Zulässigkeit

Die berufsrechtlichen Rahmenbedingungen sind im Rahmen des doppelnützigen Treuhandmodells als Sanierungstreuhand zu berücksichtigen, um eine etwaige Nichtigkeit wegen Verstoß gegen ein gesetzliches Verbot gem. § 134 BGB auszuschließen. 134

Es wird insoweit die Auffassung vertreten, dass die Treuhandgesellschaft im Rahmen der Sanierungstreuhand immer Rechtsdienstleistungen im Sinne von § 2 Abs. 1 RDG erbringe und daher gegen § 3 RDG verstoße.[155] Demnach müsse die Treuhandgesellschaft als Rechtsanwaltsgesellschaft zuge- 135

151 Vgl. BGH, Urt. v. 25.06.2020 – IX ZR 243/18, ZInsO 2020, 1641 ff.; OLG Frankfurt, Urt. v. 08.08.2018 – 4 U 49/17, ZInsO 2018, 2191; OLG Hamburg, Urt. v. 27.06.1997 – 11 U 233/96, WM 1997, 1846.

152 Vgl. zum atypischen Pfandrechtsgläubiger unter dem alten Eigenkapitalersatzrecht BGH, Urt. v. 13.07.1992 – II ZR 251/91, BGHZ 119, 191; OLG Hamm, Urt. v. 16.01.2008 – 8 U 138/06, BeckRS 2008, 12365.

153 Vgl. BGH, Urt. v. 25.06.2020 – IX ZR 243/18, ZInsO 2020, 1641 ff. Rn. 38; hierzu: *Undritz*, EWiR 2020, 563; *Knof*, SanB 2020, 131; *Prosteder/Grotebune*, DB 2020, 2562.

154 Vgl. HambKomm-InsR/*Lüdtke* § 39 Rn. 42; Uhlenbruck-*Hirte* § 39 Rn. 41; a.A. K. Schmidt/*Herchen* § 39 Rn. 49.

155 Vgl. *Römermann/Funke Gavilá*, NZI 2012, 481, 483 f.

lassen sein, wobei dann das berufsrechtliche Verbot der Vertretung widerstreitender Interessen gem. § 43a Abs. 4 BRAO, § 3 Abs. 1 BORA sowie der Parteiverrat gem. § 356 StGB zu berücksichtigen wären.[156] Nach richtiger Auffassung ist allerdings im Rahmen der doppelnützigen Treuhand bereits der Tatbestand des § 3 Abs. 1 BORA aufgrund des Treuhandauftrags mit dem rechtstechnisch verbundenen fremdnützigen Treuhandvertrages zu Gunsten Dritter nicht erfüllt, so dass auch die Übernahme der Funktion des doppelnützigen als Rechtsanwalt grundsätzlich möglich wäre.[157]

136 In der Praxis liegt bei Ausgestaltung des Treuhandverhältnisses durch eine gewerbliche Treuhandgesellschaft, die sich selbst erforderlichenfalls anwaltlich beraten lässt, mangels Rechtsdienstleistung der Treuhandgesellschaft bereits dem Grunde nach weder ein Verstoß gegen das Rechtsdienstleistungsgesetz gem. §§ 2, 5 RDG noch gegen das Verbot der Vertretung widerstreitender Interessen gem. § 43a Abs. 4 BRAO, § 3 Abs. 1 BORA vor.[158]

▶ **Hinweis:**

137 Der Treuhandvertrag wird dementsprechend klarstellen, dass die Treuhandgesellschaft nicht rechtsberatend tätig wird. Ferner wird üblicherweise eine Rechtsanwaltskanzlei benannt, die die Treuhandgesellschaft im Hinblick auf die Erfüllung der vertraglich übernommenen Verpflichtungen berät.

138 Nach zutreffender Ansicht betätigt sich die Treuhandgesellschaft wirtschaftlich und erbringt keine Rechtsdienstleistungen im Sinne von § 2 Abs. 1 RDG.[159] Die Treuhandgesellschaft wird im Treuhandvertrag als entgeltliche Geschäftsbesorgerin mit der Ausübung der Mitgliedschaftsrechte beauftragt und hat in diesem Zusammenhang die wirtschaftlichen Belange im Zusammenhang mit der Sanierung und/oder dem bestmöglichen Verkauf zu berücksichtigen. Auch der BGH hat in Zusammenhang mit der Beteiligung an einem Immobilienfonds entschieden, dass der abgeschlossene Treuhandvertrag u.a. zwecks treuhänderischem Erwerb eines Fondsanteils eine erlaubnisfreie Geschäftsbesorgung darstellt, weil die Tätigkeit des Treuhänders überwiegend auf wirtschaftlichem Gebiet lag.[160]

139 Sofern bei der vertragsgemäßen Betätigung der Treuhandgesellschaft rechtliche Fragen zu berücksichtigen sind, wird die Treuhandgesellschaft außerdem im eigenen Interesse in ihrer Eigenschaft als treuhänderisch gebundener Anteilsinhaber tätig und beauftragt daher regelmäßig selbst eigene rechtliche oder steuerliche Berater. Die Treuhandgesellschaft agiert insoweit wie jeder wirtschaftlich handelnde Anteilsinhaber, der ggf. in eigener Sache Rechtsrat benötigt.[161] Da etwaige rechtliche Berater der Treuhandgesellschaft ausschließlich deren Interessen zu wahren haben, kommt auch insoweit kein Verstoß gegen das Verbot der Vertretung widerstreitender Interessen gem. § 43a Abs. 4 BRAO, § 3 Abs. 1 BORA in Betracht.

140 Selbst wenn einzelne Betätigungen der Treuhandgesellschaft als Rechtsdienstleistungen zu qualifizieren wären, könnten diese als Nebenleistung gem. § 5 Abs. 1 RDG erlaubt sein.[162] Eine erlaubte Nebenleistung liegt vor, wenn sie im sachlichen Zusammenhang mit der Haupttätigkeit steht und zum Berufs- und Tätigkeitsbild dazugehört.[163] Fraglich ist insoweit, ob sich bereits ein Berufsbild des »Sanierungstreuhänders« im Zusammenhang mit der doppelnützigen Treuhand gebildet hat und dann insoweit eine etwaige rechtsbesorgende Tätigkeit als Nebenleistung nicht die Haupttätigkeit des Sanierungstreuhänders prägt. Danach könnte eine etwaige Rechtsdienstleistung des Sanierungstreuhänders als privilegierte Nebenleistung gem. § 5 Abs. 1 RDG beurteilt werden.

156 Vgl. *Römermann/Funke Gavilá*, NZI 2012, 481; *Römermann*, AnwBl. 2015, 34.
157 Vgl. Henssler/Prütting-*Henssler* BRAO, § 3 BORA Rn. 7f.
158 Ebenso *Undritz*, BB 2016, 74, 76 f.; *Tresselt*, DB 2016, 514, 519; *Riggert/Baumert*, NZI 2012, 785.
159 Vgl. *Riggert/Baumert*, NZI 2012, 785, 787 f.
160 BGH, Urt. v. 11.10.2011 – XI ZR 415/10, NJW-RR 2012, 35, 36.
161 Vgl. *Riggert/Baumert*, NZI 2012, 785, 788, 790.
162 Vgl. hierzu und zum Folgenden *Riggert/Baumert*, NZI 2012, 785, 789 f.
163 BGH, Urt. v. 31.03.2016 – I ZR 88/15, NJW 2016, 3441, 3443.

Ein Parteiverrat gem. § 356 StGB als Berufsvergehen eines Rechtsanwalts scheidet für die Treuhandgesellschaft bereits dem Grunde nach aus, da diese selbst nicht als Rechtsanwaltsgesellschaft tätig wird und kein Mandatsverhältnis begründet hat. Dies gilt auch unabhängig davon, ob die Geschäftsführung der Treuhandgesellschaft mit einem sanierungserfahrenen Rechtsanwalt besetzt wird, da dieser dann nicht in seiner Funktion als Rechtsanwalt agiert. Weder die Treuhandgesellschaft noch deren Geschäftsführer werden als Treuhänder anwaltlich tätig und können insoweit nicht den Tatbestand des Parteiverrats gem. § 356 StGB verwirklichen.[164] 141

Ein Verstoß gegen das Verbot der Vertretung widerstreitender Interessen gem. § 43a Abs. 4 BRAO, § 3 Abs. 1 BORA scheidet aus denselben Gründen schon im Ansatz aus. Im Übrigen verbietet auch der neue § 3 Abs. 1 Satz 2 BORA ausdrücklich nur die doppelseitige Anwaltstreuhand in einem laufenden Mandat und gerade nicht den doppelnützigen Anwaltstreuhänder mit der Drittbegünstigung zu Gunsten der Kreditgeber.[165] Dementsprechend kann nach zutreffender Auffassung selbst eine doppelnützige Anwaltstreuhand als Vertrag zugunsten Dritter ausgestaltet werden.[166] 142

Schließlich liegen im Rahmen der doppelnützigen Treuhand regelmäßig auch keine widerstreitenden Interessen vor, da die bestmögliche Sanierung sowohl im Interesse der Anteilsinhaber als auch der drittbegünstigten Kreditgeber ist. Auch im Fall der Verwertung der Anteile im Rahmen des strukturierten Verkaufsprozesses liegt die Erzielung eines bestmöglichen Verkaufserlöses im Interesse der Anteilsinhaber.[167] 143

VIII. Investorenprozess im Rahmen der doppelnützigen Treuhand

Der Treuhänder ist im Rahmen der Sanierungstreuhand bei Nichterreichen der wirtschaftlichen Sanierungsziele und bei der Verkaufstreuhand von Anfang an mit der Strukturierung eines Investorenprozesses zwecks bestmöglicher Befriedigung der Beteiligten beauftragt. 144

▶ Hinweis:

Der Treuhandvertrag sollte insoweit möglichst klare Vorgaben für die Strukturierung des Investorenprozesses, insb. hinsichtlich des zeitlichen Beginns, der laufenden Informations- und Konsultationspflichten des Treuhänders, der Verteilung des Verkaufserlöses (»Wasserfall«), des Freigabeprozesses betreffend die Kreditsicherheiten sowie der Optionen der Transaktionsstruktur enthalten. 145

Die interne Vorbereitung des Investorenprozesses muss vom Treuhänder rechtzeitig mit der Auswahl eines geeigneten M&A-Beraters sowie Vorbereitung der Due Diligence gestartet werden. Der Beauftragung des M&A-Beraters sollte möglichst eine Konsultation der Treugeber sowie der drittbegünstigten Kreditgeber vorangehen, um deren Erfahrung und Einschätzung möglichst zu berücksichtigen. 146

Hinsichtlich der Due Diligence empfiehlt sich eine sorgfältige Vorbereitung durch die Einrichtung eines elektronischen Datenraums mit dazugehörigen Factbooks oder ggf. auch Vendor Due Diligence-Berichten zu den wesentlichen Themen Markt/Finanzen, Recht und Steuern. Dies erleichtert den Investoren deren Due Diligence und beschleunigt zugleich den Prozess. Der Treuhänder stimmt parallel mit dem M&A-Berater das Informationsmemorandum und den Prozessbrief sowie die Vertraulichkeitsvereinbarung mit den Investoren ab. 147

Regelmäßig werden auf Basis des Informationsmemorandums erste indikative Angebote der Investoren eingefordert, um dann die besten Bieter zur Due Diligence und Management Meetings einzuladen. 148

164 Riggert/*Baumert*, NZI 2012, 785, 790; a.A. *Römermann/Funke Gavilá*, NZI 2012, 481; *Römermann*, AnwBl. 2015, 34.

165 Vgl. *Kähler/Neumann*, NJW 2016, 1121, 1122; insgesamt kritisch zur Neuregelung von § 3 Abs. 1 Satz 2 BORA: *Szalai/Tietze*, AnwBl. 2015, 37; *Baumert*, NJ 2014, 320.

166 Vgl. *Kähler/Neumann*, NJW 2016, 1121, 1123 f., Henssler/Prütting-*Henssler* BRAO, § 3 BORA Rn. 7f.

167 Vgl. *Thole*, NZI 2017, 737, 738.

Der Treuhänder sollte diesen Prozess eng begleiten und insb. auch die Struktur der doppelnützigen Treuhand erläutern. Etwaige sensible Geschäftsdaten des Unternehmens sollten insb. gegenüber strategischen Investoren, die zugleich Wettbewerber sind, erst in der finalen Due Diligence-Phase nach Abgabe eines bestätigenden Angebots offengelegt werden.

▶ **Hinweis:**

149 Sollte nicht bereits eine klare Regelung zur Verteilung des Verkaufserlöses vereinbart worden sein, so muss der Treuhänder parallel die Verteilung mit den drittbegünstigten Kreditgebern verhandeln und zugleich die Sicherheitenfreigabedokumentation abstimmen. Der Treuhänder wird insoweit jederzeit seine eigene Lieferfähigkeit hinsichtlich des Anteilsverkaufs gegenüber den potenziellen Investoren prüfen und die Kommunikation im Rahmen des Investorenprozesses hierauf abstimmen.

150 Neben der Erzielung des bestmöglichen Verkaufspreises ist zugleich die Transaktionssicherheit ein wesentliches Kriterium für den Treuhänder. Dies betrifft einerseits die Sicherheit der Finanzierung des Kaufpreises und andererseits die Erfüllung sämtlicher Bedingungen für die Durchführung des Closings. Dies kann die Kartellfreigabe der Transaktion, aber auch sonstige Zustimmungserfordernisse betreffen. Der Treuhänder wird außerdem regelmäßig an einem hohen fixen Kaufpreis interessiert und insoweit gegenüber unsicheren variablen Kaufpreisanteilen oder nachträglich aufzustellenden Closing-Bilanzen zurückhaltend sein.

151 Eher zurückhaltend wird der Treuhänder auch bei der Vereinbarung von unternehmensbezogenen Garantien und deren Laufzeit sein. Denn auf entsprechende Anliegen von Erwerbsinteressenten kann aufgrund der Vermögensverhältnisse der Treuhandgesellschaft in der Regel nur mit gleichzeitigen Kaufpreiseinbehalten eingegangen werden, die wiederum mit der durch die Veräußerung bezweckten Rückführung der durch die Treuhandschaft besicherten Verbindlichkeiten in Konflikt geraten können.

▶ **Hinweis:**

152 In der Praxis wird neben dem Anteilsverkauf als Share Deal ein Verkauf der Gesellschafterforderungen und ggf. sogar zusätzlich ein Verkauf der kreditbegünstigten Kreditforderungen realisiert. Der sogenannte »Debt-Deal« betreffend den Forderungsverkauf der Kreditgeber erfolgt an sich ohne Beteiligung des Treuhänders, da es sich insoweit nicht um sein Treugut handelt. Die Umsetzung des Verwertungsauftrages kann jedoch berührt sein, wenn »Debt Deal« und »Share Deal« rechtlich miteinander verknüpft werden.

IX. Doppelnützige Treuhand auf der Grundlage des StaRUG

153 Die doppelnützige Treuhand kann seit 01.01.2021 auch mittels eines gerichtlich bestätigten Restrukturierungsplans gem. §§ 60 ff. StaRUG mit einer qualifizierten Gläubigermehrheit gegen den Willen von dissentierenden Minderheitsgesellschaftern umgesetzt werden. Mithin besteht neben der konsensualen Mitwirkung aller maßgeblichen Parteien nunmehr zusätzlich dem Grunde nach die Möglichkeit, gegenüber etwaigen dissentierenden Minderheitsgesellschaftern oder auch gegenüber einer Gläubigerminderheit gegen deren Willen und ohne finanzielle Zugeständnisse zwecks »Erkaufens« der Zustimmung eine mit qualifizierter 75 %-Mehrheit in den jeweiligen Gruppen unterstütze Sanierungsoption durchzusetzen. Dies kann auch zusätzlich die Einbeziehung der Gesellschafterdarlehen umfassen.[168]

168 Vgl. AG Hamburg Beschl. v. 12.04.2021 – 61a RES 1/21, ZIP 2021, 1354 und Anm. *Stahlschmidt*, EWiR 2021, 440 zur Bestätigung eines Restrukturierungsplans gegen den Minderheitsgesellschafter als gruppenübergreifende Mehrheitsentscheidung betreffend die Gruppe der Gesellschafterdarlehen.

Die Voraussetzungen für den Zugang zum Stabilisierungs- und Restrukturierungsrahmen sind im Rahmen der typischen Restrukturierungssituation einer doppelnützigen Treuhand regelmäßig gegeben, da diese in der Praxis zwecks Vermeidung einer drohenden Zahlungsunfähigkeit im Sinne des § 18 InsO auf Basis eines Sanierungsgutachtens umgesetzt werden soll. Voraussetzung der Nutzung der Instrumente im Sinne des § 29 StaRUG ist die Anzeige des Restrukturierungsvorhabens gem. § 31 StaRUG durch den Schuldner. Scheitert die konsensuale Vereinbarung der doppelnützigen Treuhand inklusive Sanierungsvereinbarung mit den betreffenden Finanzgläubigern an dissentierenden Minderheitsgesellschaftern oder Minderheitsgläubigern, so kann mittels Zustimmung der qualifizierten Drei-Viertel-Mehrheit je Planbetroffenengruppe die gerichtliche Bestätigung des vorgelegten Restrukturierungsplans erwirkt werden. Dieser gerichtlich bestätigte Restrukturierungsplan wirkt hinsichtlich des gestaltenden Teils gem. § 67 StaRUG wie ein Insolvenzplan auch gegenüber den dissentierenden Planbetroffenen rechtlich verbindlich. 154

Es ist allerdings fraglich, unter welchen Rahmenbedingungen die Geschäftsführungsorgane des schuldnerischen Unternehmens das Restrukturierungsvorhaben mit der erforderlichen Restrukturierungsanzeige gem. § 31 StaRUG mangels Antragspflicht einleiten dürfen. Es ist insoweit allgemein anerkannt, dass die Geschäftsführungsorgane im Fall einer wirtschaftlichen Krise der Gesellschaft geeignete Sanierungsmaßnahmen zur Überwindung dieser Krise im Sinne einer Sanierungspflicht zu ergreifen haben.[169] Die Geschäftsführungsorgane haben allerdings grundsätzlich weiterhin das gesellschaftsrechtliche Kompetenzgefüge der schuldnerischen Gesellschaft zu beachten und es besteht insoweit kein freies Ermessen. Vor diesem Hintergrund ist in Literatur und instanzgerichtlicher Rechtsprechung ein Streit darüber entstanden, ob die Geschäftsleitung vor der Restrukturierungsanzeige zur Einholung eines legitimierenden Beschlusses der Gesellschafterversammlung bzw. der Hauptversammlung oder jedenfalls der Zustimmung des Aufsichtsrates bei der AG verpflichtet ist. Dabei haben zunächst das AG Hamburg[170] und das LG Berlin[171] betreffend die Restrukturierung einer GmbH die Meinung vertreten, die Gesellschafterversammlung müsse zumindest dann mit qualifizierter Mehrheit zustimmen, wenn der (beabsichtigte) Plan Eingriffe in Gesellschafterpositionen vorsehe; ein fehlender Beschluss schlage nach den Grundsätzen über den Missbrauch der Vertretungsmacht auch auf die Wirksamkeit der Anzeige im Außenverhältnis durch, wenn dem Restrukturierungsgericht das Fehlen des Beschlusses bekannt sei.[172] Für die AG haben mehrere Restrukturierungsgerichte hingegen den gegenteiligen Standpunkt eingenommen und eine Zustimmung der Hauptversammlung jedenfalls dann für entbehrlich gehalten, wenn die Restrukturierungssache im Hinblick auf eine drohende Insolvenz alternativlos sei.[173] Im Schrifttum ist das Meinungsbild ebenfalls gespalten.[174] Im Ergebnis dürfte von folgender, abgestufter Lösung auszugehen sein: Eine entsprechende Beschlussfassung der Gesellschafterversammlung oder eine Zustimmung des Aufsichtsrats bei der AG[175] (nicht aber der Hauptversammlung[176]) ist daher grund- 155

169 Vgl. *Bork*, ZIP 2011, 101, 107 f.; OLG München, Urt. v. 21.03.2013 – 23 U 3344/12, ZIP 2013, 1121, 1124, dazu EWiR 2013, 483 (Jakobs/Hoffmann).

170 AG Hamburg Beschl. v. 17.03.2023 – 61c RES 1/23, NZI 2023, 584 bestätigt von LG Hamburg Beschl. v. 10.04.2023 – 304 T 15/23, NZG 2023, 1133.

171 LG Berlin Beschl. v. 31.05.2023 – 100 O 18/23, ZInsO 2023, 2117.

172 So das AG Hamburg Beschl. v. 17.03.2023 – 61c RES 1/23, NZI 2023, 584.

173 AG Nürnberg Beschl. v. 21.06.2023 – RES 397/23, ZInsO 2023, 1907; AG Dresden Beschl. v. 09.08.2023 – 572 RES 1/23, NZI 2023, 968; AG Berlin-Charlottenburg Beschl. v. 04.01.2024 – 36s RES 6525/23, BeckRS 2024, 139.

174 Vgl. zum Streitstand ausführlich BeckOK-StaRUG/*Spahlinger*, 11. Ed. 01.01.2024, § 17 Rn. 30 ff.

175 Nach § 90 Abs. 1 S. 3 AktG ist dem Vorsitzende des Aufsichtsrats aus wichtigen Anlässen zu berichten. Der Aufsichtsrat kann ggf. – auch ad hoc – eine Zustimmungspflicht anordnen, § 111 Abs. 4 S. 2 AktG, näher *Scholz*, ZIP 2021, 219, 226; *Brinkmann*, KTS 2021, 303; *Koch*, AktG § 92 Rn. 28. Der Aufsichtsrat muss dabei aber ebenfalls die Gläubigerinteressen (mit)berücksichtigen, vgl. *Koch*, AktG § 92 Rn. 28.

176 AG Nürnberg Beschl. v. 21.06.2023 – RES 397/23, ZInsO 2023, 1907; AG Dresden Beschl. v. 09.08.2023 – 572 RES 1/23, NZI 2023, 968; AG Berlin-Charlottenburg Beschl. v. 04.01.2024 – 36s RES 6525/23,

sätzlich wie bei einer lediglich freiwilligen Insolvenzantragstellung wegen drohender Zahlungsunfähigkeit gem. § 18 InsO (im Innenverhältnis) herbeizuführen.[177] Maßgeblich ist insoweit, dass die freiwillige Insolvenzantragstellung wegen drohender Zahlungsunfähigkeit mangels Erfüllung einer dem Geschäftsführungsorgan obliegenden Handlungspflicht gem. § 15a Abs. 1 InsO gesellschaftsrechtlich aufgrund der erheblichen Auswirkungen des Insolvenz(antrags)verfahrens eine Grundlagenentscheidung der Gesellschafter ist und mithin der Gesellschafterversammlung als maßgebliches Entscheidungsorgan vorbehalten bleibt.[178] Den Gesellschaftern muss insoweit bei isolierter drohender Zahlungsunfähigkeit – ohne rechtliche Überschuldung – aufgrund der wesentlichen Folgen des Insolvenzantrags mit Sicherungsmaßnahmen gem. § 21 InsO, Wegfall des Going Concern, Kreditkündigungsrechten etc. die Möglichkeit gegeben werden, die drohende Zahlungsunfähigkeit durch geeignete Gesellschaftermaßnahmen zu beseitigen. Obwohl weder die Anzeige des Restrukturierungsvorhabens noch die gerichtliche Bestätigung eines Restrukturierungsplans zur gesetzlichen Auflösung der Gesellschaft oder zur Einschränkung der Verfügungsbefugnis des schuldnerischen Unternehmens führen, könnte nach den gesellschaftsrechtlichen Grundsätzen hierin ein außergewöhnliches Geschäft mit nachhaltigem Einfluss auf das Unternehmensinteresse gem. § 49 Abs. 2 GmbHG vorliegen, welches zudem aufgrund des beabsichtigten Eingriffs in die Rechtsstellung der Gesellschafter durch die treuhänderische Übertragung der Anteile der Entscheidungskompetenz der Gesellschafterversammlung zugewiesen ist.[179] Die Geschäftsleitung sollte daher grundsätzlich vorsorglich einen entsprechenden Gesellschafterbeschluss mit der qualifizierten Drei-Viertel-Mehrheit für das Restrukturierungsvorhaben herbeiführen.[180] Bei zu erwartender Zustimmung der Gesellschafter kommt zudem das schnellere Procedere im schriftlichen Umlaufverfahren gem. § 48 Abs. 2 GmbHG in Betracht.

156 Lehnen die Gesellschafter die Realisierung von geeigneten Sanierungsmaßnahmen im Rahmen des Restrukturierungsvorhabens zur Beseitigung der drohenden Zahlungsunfähigkeit ab, so kann dies zu einer negativen Fortführungsprognose und zu einer rechtlichen Überschuldung gem. § 19 InsO führen. Mithin sollte in dieser Konstellation der Gesellschafterbeschluss entbehrlich sein, wenn das Restrukturierungsvorhaben zwecks Vermeidung einer drohenden Überschuldung umgesetzt werden muss und keine Alternativlösung seitens der Gesellschafter aufgrund deren Finanzierungsverantwortung angeboten wird. Gesellschaftsrechtlich ist insoweit zusätzlich die Treuepflicht untereinander i.R. der Abstimmung der Gesellschafter in der Sanierungssituation zu berücksichtigen, die dazu führen kann, dass es einem Gesellschafter nicht erlaubt ist, eine sinnvolle angestrebte Sanierung aus eigennützigen Gründen zu verhindern.[181] Gerade im Rahmen einer Sanierung mittels einer doppelnützigen Treuhand wird sich eine gesellschaftsrechtliche Zustimmungspflicht aus der Treuepflicht begründen lassen, wenn das betroffene Unternehmen auf Basis des Sanierungsgutachtens

---

BeckRS 2024, 139; *Koch*, AktG, § 119 Rn. 24a; *Brinkmann*, KTS 2021, 303, 317 ff.; *Brünkmans*, ZInsO 2021, 125, 127; *Mulert/Steiner*, NZG 2021, 673, 677; a.A. etwa *Fuhrmann/Heinen/Schilz*, NZG 2021, 684, 686 ff.; *Schäfer*, ZIP 2020, 2164, 2168; *Seibt/Bulgrin*, DB 2020, 2226, 2236.

177 Vgl. OLG München, ZIP 2013, 1121, 1124; LG Frankfurt am Main, NZI 2013, 986, 987; HambKomm-InsR/*Schröder*, § 18 Rn. 23.

178 Vgl. HambKomm-InsR/*Schröder*, § 18 Rn. 23; MK-GmbHG/*Liebscher*, § 49 Rn. 54–56; *Seibt/v. Treuenfeld*, DB 2019, 1190, 1194; Noack/Servatius/Haas-*Haas*, GmbHG, § 60 Rn. 29; a.A.: *Gessner*, NZI 2018, 185, 188; *Eidenmüller*, ZIP 2014, 1197, 1203; *Hölzle*, ZIP 2013, 1846, 1851; *Meyer-Löwy/Pickerill*, GmbHR 2013, 1065, 1073 f.

179 Ebenso *Seibt/v. Treuenfeld*, DB 2019, 1190, 1194; allgemein zur Erforderlichkeit des Gesellschafterbeschlusses im Gesellschaftsinteresse vgl. BeckOK-GmbHG/*Schindler*, § 49 Rn. 39 f.; MK-GmbHG/*Liebscher*, § 49 Rn. 54–56.

180 Vgl. ebenso *Fuhrmann/Heinrich/Schilz*, NZG 2021, 684, 688; *Rauhut*, NZI-Beilage 2021, 52, 54 f.; *Balthasar*, NZI-Beilage 2021, 18, 20 f.; nach a.A. ist dagegen kein Gesellschafterbeschluss erforderlich, vgl. *Skauradszun*, KTS 2021, 1, 49 ff.; *Scholz*, ZIP 2021, 219, 226 ff.

181 Vgl. grundlegend die »Girmes-Entscheidung« BGH, Urt. v. 20.03.1995 – II ZR 205/94, ZIP 1995, 1415; »Sanieren oder Ausscheiden« BGH, Urt. v. 19.10.2009 – II ZR 240/08, ZIP 2009, 2289; *Döge*, ZIP 2018, 1220 ff.; *Reichert*, NZG 2018, 134 ff.

sanierungsbedürftig und sanierungsfähig ist und die treuhänderische Übertragung der Anteile zwecks Sicherung der Sanierungsfinanzierung und Vermeidung einer drohenden Zahlungsunfähigkeit bzw. Überschuldung als bestmögliche Sanierungsoption dringend geboten und zumutbar erscheint. Maßgeblich ist insoweit zugleich, dass zu dem Zeitpunkt eine Insolvenz droht und die betroffenen Gesellschafter wirtschaftlich keine werthaltigen Anteile mehr halten. Die finanzierenden Gläubiger ermöglichen die positive Fortführungsprognose und die betroffenen Gesellschafter können mittelfristig eine anderweitige Refinanzierung zwecks Ablösung der gesicherten Gläubiger und »Befreiung« aus der Treuhand bewirken. Die Gesellschafter bleiben als Treugeber zunächst wirtschaftliche Eigentümer und erhalten sich insoweit die Option, wieder einen werthaltigen Anteil zu erlangen. Trotzdem wird in der Praxis die Geschäftsleitung regelmäßig nur mit zumindest mehrheitlicher Unterstützung der Gesellschafter bzw. des Aufsichtsrats die Einleitung eines Stabilisierungs- und Restrukturierungsrahmens betreiben, da sonst eine sofortige Abberufung durch Gesellschafter bzw. Überwachungsorgane droht und insoweit keine Beschränkungen wie im Rahmen der (vorläufigen) Eigenverwaltung gem. § 276a InsO gelten.

Im Ergebnis kommt die Umsetzung einer doppelnützigen Treuhand auch im Rahmen des Stabilisierungs- und Restrukturierungsverfahrens durch einen gerichtlich bestätigten Restrukturierungsplan in Betracht. Im Restrukturierungsplan kann insoweit im gestaltenden Teil die Übertragung der Gesellschaftsanteile an einen Treuhänder inkl. Drittsicherheitsvereinbarung zugunsten der betroffenen Kreditgeber inkl. der maßgeblichen Rechte und Pflichten des Treuhänders geregelt werden. Der Treuhänder selbst muss als Dritter die entsprechende Übernahme der Treuhandschaft für den Fall der gerichtlichen Planbestätigung übernehmen und daher muss seine entsprechende Erklärung gem. § 15 Abs. 3 StaRUG zum Plan beigefügt werden. Zugleich können im gestaltenden Teil des Restrukturierungsplans die typischen Regelungen zur Sanierungsfinanzierung normiert werden; so können beispielsweise auch die künftige Besicherung der Kreditforderungen sowie deren Rangfolge im Rahmen der Sicherheitenverwertung und die künftigen Zins- und Tilgungsleistungen gestaltet werden. Letztlich können sowohl der Konsortialkreditvertrag als auch die Sanierungsvereinbarung durch einen Restrukturierungsplan umfassend zwecks Erreichung der Bestands- und Sanierungsfähigkeit des schuldnerischen Unternehmens rechtswirksam geändert werden.[182] Maßgeblich ist insoweit, dass gem. § 2 Abs. 2 S. 3 StaRUG auch die Rechtsverhältnisse der betroffenen Kreditgeber untereinander im Restrukturierungsplan umgestaltet werden können. Dies betrifft auch Mehrheitsverhältnisse der Kreditgeber im Rahmen einer Sanierungsvereinbarung untereinander. 157

Im Rahmen der Umsetzung der doppelnützigen Treuhand ist zusätzlich bei einer erforderlichen gruppenübergreifenden Mehrheitsentscheidung im Wege des Cross-Class Cram-Down das Prinzip der absoluten Priorität gem. § 27 StaRUG zu berücksichtigen. Im Rahmen etwaiger Wasserfallregelungen im Treuhandvertrag muss insoweit die Besserstellung der vorrangigen Gläubiger im Sinne der absoluten Priorität sichergestellt werden. Den Anteilsinhabern kann danach als wirtschaftlich letztrangige Gruppe entsprechend dem gesetzlichen »Wasserfall« in der Insolvenz gem. § 199 Satz 2 InsO keine relative Besserstellung als ausverhandelter Kompromiss angeboten werden, wenn nicht von einer qualifizierten 75 %-Zustimmung sämtlicher Gruppen des Restrukturierungsplans ausgegangen werden kann. Umgekehrt kann der dissentierende Anteilsinhaber keine wirtschaftliche Schlechterstellung durch das Treuhandverhältnis geltend machen, wenn die vom Restrukturierungsplan betroffenen vorrangigen Gläubiger auf die vollständige Durchsetzung ihrer Gläubigerposition verzichten müssen, um die Bestandsfähigkeit des schuldnerischen Unternehmens sicherzustellen. Die doppelnützige Treuhand sichert die wirtschaftliche Stellung der Anteilsinhaber bei künftigen Wertsteigerungen oder einer erfolgreichen Refinanzierung und Ablösung der besicherten Kreditgeber. Aus vorgenannten Gründen verstößt eine über den Restrukturierungsplan gegenüber einzelnen Anteilsinhabern erzwungene doppelnützige Treuhand auch nicht gegen Art. 14 GG.[183] Dies 158

182 Vgl. AG Köln, Beschl. v. 03.03.2021 – 83 RES 1/21, ZInsO 2021, 868.

183 Vgl. zum Insolvenzplan *Seibt/v. Treuenfeld*, DB 2019, 1190, 1197; MK-InsO/*Eidenmüller*, § 225a Rn. 44 f.

folgt zudem bereits aus der Zustimmungspflicht des querulatorischen Minderheitsgesellschafters aufgrund seiner gesellschaftsrechtlichen Treuepflicht zur Umsetzung der Sanierung im Wege der doppelnützigen Treuhand.

159 Hinsichtlich der gesellschaftsrechtlich erforderlichen Form- und Beschlusserfordernisse gelten gem. § 68 StaRUG diese Willenserklärungen wie im Insolvenzplanverfahren mit der gerichtlichen Planbestätigung als in der vorgeschriebenen Form abgegeben. Eine zusätzliche Beurkundung der Anteilsübertragung bei Geschäftsanteilen einer schuldnerischen GmbH ist insoweit nicht erforderlich.

160 Im Ergebnis besteht nunmehr seit 01.01.2021 eine zusätzliche gesetzliche Möglichkeit, die doppelnützige Treuhand im Rahmen des Stabilisierungs- und Restrukturierungsrahmens gegenüber dissentierenden Minderheitsgläubigern oder Minderheitsgesellschaftern durchzusetzen.[184] In der Praxis muss dann die bisher ausschließlich konsensual vereinbarte Treuhand- und Sanierungsvereinbarung im gestaltenden Teil des Restrukturierungsplans gegenüber den dissentierenden Planbetroffenen durch gerichtliche Bestätigung mit Wirkung für alle Planbetroffenen und dem Treuhänder als zustimmenden Dritten gestaltet werden. Im Übrigen kann das neue StaRUG-Verfahren auch bereits im Rahmen der konsensualen Verhandlung der doppelnützigen Treuhand als potenzielle Durchsetzungsoption genutzt werden.

X. Steuerliche Rahmenbedingungen für die doppelnützige Treuhand

161 Steuerlich sind im Rahmen der treuhänderischen Übertragung die Grundsätze der steuerrechtlichen Einkünftezurechnung gem. § 39 Abs. 2 Nr. 1 Satz 2 AO[185] sowie die Rahmenbedingungen für einen etwaigen Wegfall der Verlustvorträge gem. § 8c Abs. 1 KStG bzw. der Antrag auf Nutzung der Verlustvorträge als fortführungsgebundener Verlustvortrag gem. § 8d KStG zu prüfen.[186]

162 Des Weiteren ist bei grundbesitzhaltenden Gesellschaften die Vermeidung einer Grunderwerbsteuerbelastung wegen der Grunderwerbsteuertatbestände gem. § 1 Abs. 2a und 2b, Abs. 3 und Abs. 3a GrEStG zu gestalten.[187]

163 Schließlich ist bei einer erbschaftsteuerlich begünstigten Übertragung der bisherigen Anteilseigner die fünfjährige Behaltensfrist des § 13a Abs. 6 ErbStG zu beachten.[188]

184 Vgl. Seibt/Westpfahl-*Herding/Krafczyk*, StaRUG, § 2 Rn. 230.
185 Vgl. BFH v. 04.05.2022 – I R 19/18, DStRE 2022, 1312 zur Einkünftezurechnung im Rahmen der doppelnützigen Treuhand nach Eintritt des Sicherungsfall.
186 Vgl. Teil 3 Kap. 7 Rdn. 203 ff.
187 Vgl. Teil 3 Kap. 7 Rdn. 211 ff.
188 Vgl. Teil 3 Kap. 7 Rdn. 214.

Teil 3: Besondere Aspekte für den Weg zur Sanierung

Kapitel 6 Arbeitsrecht in der Sanierung

Übersicht Rdn.

A. Einführung

1 Vor allem in personalintensiven Unternehmen stellen die Personalkosten einen maßgeblichen Faktor des Betriebsergebnisses dar. Aus diesem Grunde ist nachvollziehbar, dass Sanierungsmaßnahmen regelmäßig auch personalwirtschaftliche Ansätze zum Gegenstand haben. Arbeitsrechtliche Fragen bestimmen damit maßgeblich die erforderlichen Sanierungsmaßnahmen und in der Folge den zu erzielenden Sanierungserfolg. Klassische arbeitsrechtliche Sanierungsmaßnahmen haben den Eingriff in Arbeitsbedingungen (Flexibilisierung/Vergütungsreduzierung), den Eingriff in den Status des Arbeitsverhältnisses (Arbeitnehmerüberlassung/Werkvertragskonstellationen) oder den Eingriff

in den Bestand der Arbeitsverhältnisse (Personalabbau) zum Gegenstand. Daneben sind noch ausdrücklich für nur vorübergehende Zeiträume gedachte Instrumentarien wie bspw. der Bezug von konjunkturellem Kurzarbeitergeld ein möglicher Sanierungsansatz. Alle diese Mittel stehen grundsätzlich sowohl außerhalb als auch innerhalb eines Insolvenzverfahrens zu Verfügung. Auch sind alle vorgenannten Ansätze sowohl im Regelinsolvenzverfahren als auch in der Eigenverwaltung nach § 270a, ggf. in der Kombination mit dem Schutzschirmverfahren gem. § 270b, denkbar. Selbstverständlich können arbeitsrechtliche Maßnahmen auch innerhalb des vorinsolvenzlichen Sanierungsrahmens ergriffen werden, wobei hier die noch darzustellenden insolvenzrechtlichen Privilegien nicht flankierend genutzt werden können. Vielmehr bewegt man sich hier innerhalb des »regulären« Arbeitsrechts.

Dreh- und Angelpunkt jeder Übertragungsszenarien ist dabei die Betriebsübergangsregelung des § 613a BGB, die verbreitet als sanierungsfeindlich empfunden wird. Sanierungsbemühungen gehen deshalb dahin, die Wirkungen des § 613a BGB bestmöglichst zu vermeiden bzw. zu umgehen. Die Grenzen für derartige Gestaltungen sind jedoch eng gesetzt. In jedem Fall ist vor einer »absteifenden« Sanierungsmaßnahme eine Kosten-/Nutzenbetrachtung einschließlich einer Risikoanalyse erforderlich, denn nicht jede tatsächlich praktizierte Lösung führt auch tatsächlich zu einer rechtssicheren Lösung. Sanierungsansätze sind zudem auch im Rahmen des Regelungsregimes des § 613a BGB möglich und auch von der Rechtsprechung anerkannt.[1] 2

Von besonderer Bedeutung sind Ansprüche der Arbeitnehmer aus Betrieblichen Altersversorgung.[2] Insbesondere bei übertragenden Sanierungen, d.h. beim Vorliegen eines Betriebsüberganges nach § 613a BGB[3], haben die hier bestehenden Anwartschaften und Leistungsansprüche aus den übergehenden Arbeitsverhältnissen erhebliches Gewicht. Nichts selten kann ein Ungleichgewicht zwischen Versorgungsempfängern und »Beitragszahlern« auf Arbeitnehmerseite festgestellt werden. Niedrigzinsphasen verschärften diese Problematik zusätzlich. Die Ausfinanzierung der Versorgungszusagen bzw. der Versorgungseinrichtungen wird damit zunehmend schwieriger. Hier können Sanierungsansätze eine Beendigung der Altersversorgungssysteme zum Gegenstand haben. Dazu müssen die meist kollektivrechtlich ausgestalteten Systeme abgelöst werden. 3

Die Insolvenzsituation bringt elementare Veränderungen in der Art und Weise der Umsetzung der Sanierungsansätze und der zu berücksichtigenden Restrukturierungskosten mit sich. Die im Rahmen der arbeitsrechtlichen Sanierung anzusetzenden Kostenblöcke sind zunächst grundsätzlich innerhalb und außerhalb des Insolvenzszenarios identisch. Neben den Restrukturierungskosten im engeren Sinne, hierunter sind bspw. Kündigungsfristlöhne, Kosten einer Transfergesellschaftsmaßnahme gem. §§ 110, 111 SGB III, Sozialplankosten sowie Kosten der Rechtsverfolgung und Beraterkosten zu zählen, können auch Restrukturierungskosten im weiteren Sinne, so bspw. Aufwendungen für Urlaubsabgeltungsansprüche ausscheidender Arbeitnehmer oder (ggf. auch nur anteilige) Sonderzahlungen, Tantiemen und Provisionen zu berücksichtigen sein. Auch wenn es sich bei Letzteren dem Grunde nach um *»Sowieso-Kosten«* handelt, ist jedoch aufgrund der Restrukturierung ein maßgeblicher Liquiditätsabfluss gegeben, der in die Planung der Restrukturierung des Insolvenzverwalters oder der Eigenverwaltung einbezogen werden muss. 4

I. Kostenblöcke

Soll die Sanierung über einen Personalabbau erfolgen, sind die wesentlichen Kostenarten zu kalkulieren und in das Restrukturierungsbudget einzustellen. Als Grundlage dafür ist eine exakte Ist-Aufnahme des zu sanierenden Betriebes, ähnlich einer Due Diligence, erforderlich. Aus der Ist-Analyse werden die Informationen gewonnen, die dann die Kalkulationsgrundlagen bilden. Grundsätzlich 5

1 Vgl. hierzu im Einzelnen Rdn. 289 ff.
2 Vgl. hierzu im Einzelnen Rdn. 410 ff.
3 Vgl. hierzu im Einzelnen Rdn. 295 ff.

sind bei arbeitsrechtlichen Restrukturierungsprozessen die nachfolgenden wesentlichen Kostenpositionen zu berücksichtigen:

1. Kündigungsfristlöhne

6 Wesentlicher Kostenpunkt sind zunächst die Kündigungsfrist- oder Auslauflöhne bzw. Gehälter. Berechnungsgrundlage sind die regelmäßigen Entgelte. Die Kündigungsfristen bestimmen sich vor der Eröffnung des Insolvenzverfahrens nach vertraglichen, tarifvertraglichen oder gesetzlichen Bestimmungen. Bevor also die grundlegende Regelung des § 622 BGB bei der Kalkulation unterstellt wird, ist zunächst die Prüfung und Erfassung abweichender individualrechtlicher oder kollektivrechtlicher Kündigungsfristen zwingend erforderlich. Mit der Eröffnung des Insolvenzverfahrens findet die Regelung des § 113 S. 2 InsO Anwendung. Danach ist die maximale Kündigungsfrist auf 3 Monate zum Monatsende begrenzt, wenn nicht eine kürzere Frist gilt. Außerhalb der Insolvenz geltende Kündigungsausschlüsse, bspw. aufgrund einzelvertraglicher oder tarifvertraglicher Regelungen, werden durch § 113 InsO durchbrochen. Auch diese Arbeitsverhältnisse sind damit grundsätzlich kündbar.[4] In der Kalkulation unterstellt werden die für den Lauf der Kündigungsfrist geschuldeten Entgelte einschließlich der Arbeitgeberbeträge zur Sozialversicherung. Die wesentlichen Beiträge (Krankenversicherung, Rentenversicherung, Arbeitslosenversicherung, Pflegeversicherung und Insolvenzgeldumlage) unterstellt, kann ein Betrag in Höhe von 19,5 %[5] angenommen werden, sodass auf das Bruttoentgelt rd. 20 % aufgeschlagen werden können.

2. Ansprüche aus einem Sozialplan

7 Ist in dem Betrieb ein Betriebsrat gebildet, ist beim Vorliegen der weiteren Voraussetzungen ein Sozialplan mit dem Betriebsrat zu vereinbaren. Ob ein Sozialplan im Fall eines Personalabbaus u.U. sogar durch den Betriebsrat erzwingbar ist, hängt von der Mitarbeiterzahl ab.[6] Bei neu gegründeten Unternehmen kann ein Sozialplan innerhalb der ersten 4 Jahre seit der Unternehmensneugründung nicht von dem Betriebsrat durchgesetzt werden. Können sich die Betriebsparteien auf einen Sozialplan oder dessen Dotierung nicht einigen, kommt ggf. die Anrufung einer Einigungsstelle in Betracht. Die Einigungsstelle hat nach § 112 Abs. 5 S. 1 BetrVG bei ihrer Entscheidung über einen Sozialplan sowohl die sozialen Belange der betroffenen Arbeitnehmer zu berücksichtigen als auch auf die wirtschaftliche Vertretbarkeit ihrer Entscheidung für das Unternehmen zu achten.[7] Der Dotierungsrahmen des Sozialplanes ist je nach Einzelfall und betroffenen Sparte sowie der Größe des Betriebes stark unterschiedlich. Alleine im Fall des Abschlusses eines Sozialplans im Insolvenzverfahren gilt eine besondere Regelung. Ein Insolvenzsozialplan unterliegt der absoluten und relativen Grenzen des § 123 InsO. Danach ist das Sozialplanvolumen maximal auf die 2,5fache Bruttolohnsumme der sozialplanberechtigten Arbeitnehmer beschränkt (absolute Grenze, § 123 Abs. 1 InsO). Zudem darf der Sozialplan nicht mehr als max. 1/3 der Teilungsmasse betragen. D.h., dass für den Insolvenzsozialplan nicht mehr als ein Drittel der Masse verwendet werden darf, die ohne einen Sozialplan für die Verteilung an die Insolvenzgläubiger zur Verfügung stünde.

8 Aus diesen Prämissen ergeben sich außerhalb und innerhalb des Insolvenzverfahrens unterschiedliche potenzielle Sozialplanvolumina, die die Restrukturierungskosten maßgeblich beeinflussen.[8]

---

4 Vgl. hierzu im Einzelnen Rdn. 40.
5 Basis: Jahr 2015.
6 Vgl. Rdn. 204 ff.
7 BAG 22.01.2013 – 1 ABR 85/11, DB 2013, 1182.
8 Kalkulationsprämissen: Bruttoentgelt i.H.v. 2.500 €; 50 Arbeitnehmer von Kündigung betroffen; durchschnittl. Betriebszugehörigkeit von 13 Jahren.

Sozialplan/Faktor	Anspruch je Arbeitnehmer	Anspruch Gesamt
0,5	16.250,00 €	812.500,00 €
0,37	12.025,00 €	601.250,00 €
1,1	35.750,00 €	1.787.500,00 €
1,3	42.250,00 €	2.112.500,00 €
Insolvenz		**312.500,00 €**

9

Als Sozialplanfaktor wurden die gerichtsübliche Formel (1/2 Bruttomonatsgehalt pro Jahr der Beschäftigung) und weitere potenzielle Sozialplanfaktoren in Höhe von 0,37 (verbreitet in Restrukturierungstarifverträgen zu finden) bis zu 1,3 Gehältern pro Jahr der Beschäftigung unterstellt. Häufig werden auch Sozialplanfaktoren anhand des Lebensalters der betroffenen Arbeitnehmer festgelegt. 10

Aus dieser Darstellung wird die zentrale Bedeutung der arbeitsrechtlichen Sanierung im Rahmen eines Insolvenzverfahrens deutlich. Die Bestimmung des § 123 InsO führt zu einem beschränkten Sozialplanvolumen, das noch unter der relativen Grenze steht. D.h., dass im Zeitpunkt des Abschlusses eines Insolvenzsozialplanes regelmäßig nicht feststeht, ob und in welcher Höhe tatsächlich Zahlungen auf den Insolvenzsozialplan geleistete werden können. Eine wichtige Ausnahme hiervon besteht dann, wenn das Unternehmen über einen **Insolvenzplan** saniert werden soll. Nach einem Umkehrschluss aus § 123 Abs. 2 S. 2 InsO gilt die relative Grenze des § 123 Abs. 2 S. 2 dann nicht, wenn ein Insolvenzplan zustande kommt. Hier muss damit im Ergebnis der Sozialplan werthaltig sein, was wiederum für das Restrukturierungsbudget von großer Bedeutung ist. Ob ungeachtet dessen auch im Rahmen des Insolvenzplanverfahrens auf die relative Grenze zurückgegriffen werden kann um das Abfindungsvolumen zu reduzieren, ist umstritten, dürfte aber im Ergebnis möglich sein, jedenfalls kann Gegenteiliges nicht dem Gesetz entnommen werden. Unabhängig davon kann auch die absolute Grenze des zweieinhalbfachen Bruttoentgeltes als Ergebnis der Verhandlungen mit dem Betriebsrat unterschritten werden, um das Sozialplanvolumen zu reduzieren. 11

Für den präventiven Restrukturierungsrahmen gilt, dass ein Sozialplan nicht die absolute und relative Grenze wahren muss, denn diese Vorgaben gelten nur für Sozialpläne, die im eröffneten Verfahren abgeschlossen werden. Dies bedeutet aber auch, dass regelmäßig höhere Abfindungsfaktoren jedenfalls Gegenstand der Verhandlungen sein werden. Die arbeitsrechtliche Sanierung im präventiven Restrukturierungsrahmen hat sich demnach auch in Bezug auf das anzunehmende Restrukturierungsbudget nach den Gepflogenheiten außerhalb der Insolvenz zu richten. Dies frühzeitig zu berücksichtigen ist wichtig, wenn insbesondere im Rahmen des gestaltenden Teils gem. § 67 StaRUG des bindenden Restrukturierungsplans arbeitsrechtliche Maßnahmen beschrieben werden. 12

3. Transfergesellschaft

Als Instrumentarium der Durchführung eines Personalabbaus kommt auch die Einrichtung einer Beschäftigungs- und Qualifizierungsgesellschaft (BQG) oder Transfergesellschaft in Betracht. Diese nimmt die zur Kündigung vorgesehenen Arbeitnehmer für einen vorher definierten Zeitraum auf. Die Arbeitnehmer scheiden mittels eines sog. Dreiseitigen Vertrages aus dem zu sanierenden Unternehmen aus und treten für einen befristeten Zeitraum bei der Transfergesellschaft in eine sog. betriebsorganisatorisch eigenständige Einheit (beE) ein. Dort werden die Arbeitnehmer betreut und ggf. qualifiziert mit dem Ziel, diese in den ersten Arbeitsmarkt zu vermitteln. Die Vorteile der Transfergesellschaft liegen damit auf der Hand: Die Arbeitnehmer scheiden mittels Aufhebungsvereinbarung i.d.R. rechtssicher[9] aus dem Arbeitsverhältnis aus. Eine Kündigung wird nicht ausgesprochen, deshalb ist auch das Risiko von Kündigungsschutzverfahren nicht gegeben. Aufgrund des Aus- 13

9 Zu den unterschiedlichen Gestaltungsmöglichkeiten vgl. Rdn. 344 ff.

scheidens fallen auch für ab dem Zeitpunkt des Austrittes des Arbeitnehmers die Lohn-/Gehaltskosten unmittelbar weg. Nicht zu unterschätzen ist auch der Effekt der positiven Kommunikation für das Unternehmen. Zwar muss u.U. ein einschneidender Personalabbau vorgenommen werden, dies ist jedoch ohne den Ausspruch betriebsbedingter Kündigungen möglich. Zudem werden die von der Kündigung bedrohten Arbeitnehmer betreut und qualifiziert. Hieraus ergeben sich auch die Vorteile für die Arbeitnehmer: Mit der Überleitung des Arbeitsverhältnisses in die Transfergesellschaft wird eine sozialversicherungspflichtige Beschäftigung zunächst, wenn auch für einen begrenzten Zeitraum, fortgesetzt. Für den Zeitraum der Laufzeit der Transfergesellschaftsmaßnahme bezieht der Arbeitnehmer Transferkurzarbeitergeld (ggf. zuzüglich eines Aufstockungsbetrages), er nimmt jedoch seinen Arbeitslosengeldanspruch nicht in Anspruch und »verbraucht« diesen damit auch nicht. Sollte der Arbeitnehmer nach dem Auslaufen der Transfergesellschaftsmaßnahme noch nicht in ein Arbeitsverhältnis vermittelt worden sein und er aus diesem Grunde Arbeitslosengeld beziehen müssen, beginnt erst jetzt der individuelle Bezugszeitraum[10] zu laufen. Die erstmalige Inanspruchnahme von Arbeitslosengeld kann demnach mit dem Modell der Transfergesellschaft zeitlich spürbar nach hinten geschoben werden, zumal die Laufzeit der Transfergesellschaft i.d.R. mind. den Zeitraum der doppelten Kündigungsfrist beträgt. Allerdings setzt das Transfergesellschaftsmodell den einvernehmlichen Abschluss des Dreiseitigen Vertrages voraus. Nachdem das Modell der Transfergesellschaft wie dargestellt auch für den Arbeitnehmer Vorteile bietet, werden jedoch regelmäßig hohe Zustimmungsquoten erreicht.

14 Bei der Umsetzung eines Transfergesellschaftsmodells entfällt damit die Ausfinanzierung der Kündigungsfristlöhne. Dafür sind jedoch die Kosten der Transfergesellschaftsmaßnahme durch den Arbeitgeber zu tragen, soweit die Co-Finanzierung durch die Agentur für Arbeit bestimmte Kostenarten nicht vollständig abdeckt. Darunter fallen insb. die sog. Remanenzkosten, also Kosten für Zeiten, in denen das Transferkurzarbeitergeld nicht gewährt wird, sowie Qualifizierungs- und Verwaltungskosten. Im Grundsatz kann überschlägig kalkuliert werden, dass mit einem Monat Kündigungsfristlohn zwei Monate der Laufzeit einer Transfergesellschaft finanziert werden können. Insoweit können in der Darstellung des Restrukturierungsbudgets die fiktiven Kündigungsfristlöhne zur Finanzierung der Transfergesellschaftsmaßnahme eingestellt werden. Zudem können potenzielle Sozialplanansprüche der Arbeitnehmer zur Finanzierung der Transfergesellschaft verwendet werden, wenn ein sog. **beschäftigungswirksamer Sozialplan** abgeschlossen wird.

15 Nach der allgemeinen Wahrnehmung in der Wertigkeit unterhalb der Transfergesellschaftsmaßnahmen stehen sonstige beschäftigungsfördernde Maßnahmen, die teilweise auch von der Agentur für Arbeit gefördert werden. Dies ist bspw. in der Form einer sog. Transferagentur der Fall. Hier geht es nicht in erster Linie um die rechtssichere Beendigung der Arbeitsverhältnisses der zur Kündigung vorgesehenen Arbeitnehmer und deren Übertritt in eine Transfergesellschaft, sondern um die Steigerung der Vermittlungschancen auf dem Arbeitsmarkt und damit die Förderung der Wechselbereitschaft der Arbeitnehmer. Zu denken sind hier an Bewerbungstrainings oder auch an eine klassische Outplacement-Maßnahme, entweder als Gruppen-Outplacement oder als Einzel-Maßnahme. Letzteres kommt insbesondere bei Führungskräften in Betracht. Obschon hier keine sofortige Entlastung des zu sanierenden Unternehmens von den anfallenden Personalkosten eintreten kann, stellen die Transferagentur und Outplacement-Maßnahmen jedoch ein gutes Mittel dar, um einen Personalabbau mittelfristig umzusetzen oder Kündigungsmaßnahmen zu begleiten. Sollten Kündigungen ausgesprochen werden, so ist auch regelmäßig festzustellen, dass die die Klagebereitschaft der Arbeitnehmer sinkt, wenn entsprechende Unterstützungen angeboten werden können.

4. Urlaubsabgeltungsansprüche/Abgeltung von Überstunden/Mehrarbeit

16 Als weiterer Kostenansatz sind bestehende Urlaubsabgeltungsansprüche sowie bestehenden Arbeitszeitguthaben zu berücksichtigen. Wird ein Arbeitsverhältnis beendet, ist ein bestehender Resturlaubs-

10 Vgl. Rdn. 266.

anspruch regelmäßig gem. § 7 Abs. 4 BUrlG abzugelten. Sowohl bei der Beendigung der Arbeitsverhältnisse durch Kündigung als auch im Fall der Transfergesellschaftslösung bestehen damit i.d.R. Urlaubsabgeltungsansprüche, die je nach den vorhandenen Urlaubsguthaben der von der Beendigung des Arbeitsverhältnisses betroffenen Arbeitnehmer veritable Größen haben können. Vor der Umsetzung der Maßnahme hat deshalb zwingend bei der Aufstellung des Restrukturierungsbudgets eine Ermittlung der offenen und abzugeltenden Urlaubsabgeltungsansprüche zu erfolgen.

17 Auch Arbeitszeitguthaben können, insb. wenn ein Arbeitszeitkonto geführt wird, zu einer finanziellen Abgeltung der Ansprüche führen. Auch hier können hohe Beträge anfallen, die bei den Beendigungskosten zwingend zu berücksichtigen sind.

18 Ggf. sollte im Rahmen der Planung der Personalmaßnahme erwogen werden, Urlaubsansprüche und Arbeitszeitguthaben weitestgehend abzubauen, um hohe Liquiditätsabflüsse für den Ausgleich der Ansprüche der Arbeitnehmer zu vermeiden. Im Rahmen einer übertragenden Sanierung stellt sich zudem die Frage, ob die Ansprüche von dem Erwerber übernommen werden oder ob ein interner Ausgleich der Ansprüche zwischen dem abgebenden Unternehmen und dem Unternehmenskäufer erfolgen soll.

▶ **Praxishinweis:**

19 Die Budgetierung der zu erwartenden Kosten einer arbeitsrechtlichen Restrukturierungsmaßnahme ist von entscheidender Bedeutung. Zum einen werden häufig schon hier die Weichen für die unterschiedlichen Sanierungsansätze gestellt. Welche Maßnahmen sinnvoll und erforderlich sind und ob die eine leistungswirtschaftliche Sanierung mit arbeitsrechtlichen Maßnahmen flankiert werden kann, lässt sich aber erst dann beurteilen, wenn die arbeitsrechtlichen Gegebenheiten erfasst und ausgewertet und die denkbaren Kosten einer Restrukturierungsmaßnahme ermittelt wurden. Die Rechtslage hat hier unmittelbare Auswirkungen auf die Budgetierung der Maßnahmen. Die Kenntnis von arbeitsrechtlichen Risikopotenzialen ist dabei entscheidend. Durch sie lassen sich Risikoauf- oder -abschläge ermitteln. Zu Beginn einer Restrukturierungsmaßnahme sollte deshalb zwingend eine umfassende arbeitsrechtliche Bestandsaufnahme, vergleichbar einer arbeitsrechtlichen Due Diligence in Zusammenhang mit Transaktionen, erfolgen. Erst nach Abschluss und Auswertung der hier gewonnen Erkenntnisse lässt sich eine Budgetierung seriös vornehmen.

II. Liquiditätsbetrachtung

20 Neben dem Wissen um die grundsätzlich im Rahmen einer arbeitsrechtlichen Sanierung anfallenden Kostenblöcke, die das arbeitsrechtliche Restrukturierungsbudget prägen, ist auch die Kenntnis von den Zeitpunkten wichtig, zu denen die erforderlichen Mittel aufgebracht werden müssen. Sowohl bei der Sanierung innerhalb einer Regelinsolvenz oder im Rahmen eines Eigenverwaltungsverfahrens als auch außerhalb des Insolvenzverfahrens, ist die Liquiditätssituation häufig entscheidend. Eine exakte und belastbare Planung der Liquidität ist erforderlich, um das Scheitern der Sanierung zu vermeiden. Zudem kann bei Fehlplanungen Haftung drohen. Diese kann den Insolvenzverwalter gem. §§ 60, 61 treffen, aber nach neuester Rechtsprechung des BGH auch den Sanierungsgeschäftsführer/CRO einer GmbH im Eigenverwaltungsverfahren.[11] Erforderlich ist deshalb, die Liquiditätsabflüsse aus der Umsetzung der geplanten arbeitsrechtlichen Maßnahme genau zu ermitteln und in die Planung einzubeziehen. Dabei hängt die Liquiditätsplanung wesentlich von dem gewählten Modell bzw. den gewählten arbeitsrechtlichen Sanierungsmaßnahmen ab.

21 Soll ein klassischer Personalabbau ohne eine Transfergesellschaftsmaßnahme durchgeführt werden, sind im Wesentlichen die Kostenblöcke Kündigungsfristlöhne, Abfindungen (soweit diese, besten-

11 BGH 26.04.2018 – IX ZR 238/17.

falls im Rahmen eines Modells der doppelten Freiwilligkeit[12], angeboten werden sollen), Urlaubsabgeltungsansprüche und Ansprüche auf die Abgeltung von Überstunden sowie eventuelle Rechtsverfolgungskosten anzusetzen. Die Zeitpunkte der Zahlungsabflüsse richten sich nach den getroffenen Vereinbarungen bzgl. den bestehenden Fälligkeiten und sind maßgeblich abhängig von der Laufzeit der Arbeitsverhältnisse, mit anderen Worten also den Kündigungsfristen. Beispielshaft könnte eine Kalkulation einer Maßnahme wie folgt vorgenommen werden:

22 Die nachstehende Berechnung geht dabei von einer maximalen Kündigungsfrist von 3 Monaten zum Monatsende aus. Die Abfindungen werden – wie üblicherweise vereinbart – zum Ende des Arbeitsverhältnisses zur Auszahlung fällig. Ausscheiden werden 30 der 100 Arbeitnehmer. Jeden Monat erfolgen 10 Austritte. Die Abfindungen entsprechen der sog. »gerichtsüblichen Formel« von einem halben Bruttomonatsgelt pro Beschäftigungsjahr. Die Urlaubsabgeltung unterstellt einen Resturlaubsanspruch am Ende des Arbeitsverhältnisses von 10 Tagen. Dabei wurde außer Acht gelassen, dass im Fall einer unwiderruflichen Freistellung der Arbeitnehmer unter Anrechnung von Urlaubsansprüchen keine Abgeltungsansprüche mehr anfallen könnten. Im Monat vier ist der Personalabbau nach diesem Modell abgeschlossen und die Restrukturierung umgesetzt.

23

Personalabbau ohne Transfergesellschaft:					
	Monat 0 – Ausgangwerte	**Monat 1**	**Monat 2**	**Monat 3**	**Monat 4**
Personalkosten laufend – Gruppe Bestand	250.000,00 €	175.000,00 €	175.000,00 €	175.000,00 €	175.000,00 €
Personalkosten laufend – Gruppe Austritt	– €	75.000,00 €	50.000,00 €	25.000,00 €	– €
Abfindungen (10.000 je Arbeitnehmer)	– €	100.000,00 €	100.000,00 €	100.000,00 €	– €
Urlaubsabgeltung (bei 10 Urlaubstagen je Arbeitnehmer)	– €	11.538,46 €	11.538,46 €	11.538,46 €	– €
Summe	250.000,00 €	361.538,46 €	336.538,46 €	311.538,46 €	175.000,00 €

24 Im Vergleich dazu zeigt sich bei dem Personalabbau über eine Transfergesellschaft deutlich der Unterschied in der Liquiditätsbelastung des Unternehmens. Zur Absicherung der Maßnahme ist es in der Regel erforderlich, die Kosten der Implementierung und Umsetzung des Transfergesellschaftsmodells vor Beginn der Maßnahme in voller Höhe bereitzustellen. Die erfolgt häufig über ein Treuhandmodell. Die volle Ausfinanzierung der Maßnahme entspricht den Vorgaben der Agenturen für Arbeit, die über das Transferkurzarbeitergeld die Finanzierung der Transfergesellschaftsmaßnahme unterstützen. Aber auch der Maßnahmeträger selbst hat ein Interesse daran, nur eine ausfinanzierte Maßnahme durchzuführen. In der Folge sind bei dem Transfergesellschaftsmodell erhebliche Liquiditätsabflüsse bereits vor dem Start der Maßnahme einzuplanen. Einzustellen sind dabei nicht nur die Maßnahmekosten selbst sowie die Kosten für das erforderliche Profiling, sondern auch solche Kosten, die aufgrund der Beendigung der Arbeitsverhältnisse mit dem Übertritt in die Transfergesellschaft entstehen, also bspw. die dann ggf. fälligen Abfindungszahlungen sowie etwaige Urlaubsabgeltungsansprüche oder Ansprüche auf Abgeltung von Arbeitszeitguthaben.

12 S. hierzu Rdn. 261 ff.

Im Rahmen einer Transfergesellschaftsmaßnahme ergibt sich demnach folgendes Bild: 25

26

Personalabbau mit Transfergesellschaft:					
	Monat 0 – Ausgangwerte	**Monat 1**	**Monat 2**	**Monat 3**	**Monat 4**
Personalkosten laufend – Gruppe Bestand	250.000,00 €	175.000,00 €	175.000,00 €	175.000,00 €	175.000,00 €
Personalkosten laufend – Gruppe Austritt	– €	– €	– €	– €	– €
Kosten der Transfergesellschaft	– €	225.000,00 €	– €	– €	– €
Abfindungen (10.000 je Arbeitnehmer)		300.000,00 €	– €	– €	– €
Urlaubsabgeltung (bei 10 Urlaubstagen je Arbeitnehmer)	– €	34.615,38 €	– €	– €	– €
Summe	250.000,00 €	734.615,38 €	175.000,00 €	175.000,00 €	175.000,00 €

III. Sanierung im Insolvenzverfahren oder außerhalb der Insolvenz

Steht fest, dass arbeitsrechtliche Sanierungsmaßnahmen ergriffen werden müssen und können Aussagen darüber getroffen werden, welche arbeitsrechtlichen Besonderheiten zu berücksichtigen sind, stellt sich die Frage, wie sich die Szenarien der arbeitsrechtlichen Sanierung innerhalb oder außerhalb eines Insolvenzverfahrens unterscheiden. Tatsächlich sind die Unterschiede elementar: Zum einen gelten im Rahmen des Insolvenzverfahrens besondere Bestimmungen, die eine arbeitsrechtliche Restrukturierung erleichtern. So ist es bspw. möglich, kollektivrechtliche Kündigungsbeschränkungen in Form von Beschäftigungssicherungs- oder Standortsicherungsvereinbarungen zu durchbrechen und die erforderliche betriebsbedingte Kündigung von Arbeitsverhältnissen trotz des Bestehens derartiger Vereinbarungen überhaupt zu ermöglichen.[13] Der im Fall einer Betriebsänderung[14] mit dem Betriebsrat zu vereinbarende Interessenausgleich mit Namensliste gem. § 125 ermöglicht es zudem, im Rahmen als Ergebnis der Durchführung einer Soziauswahl nicht nur eine ausgewogene Personalstruktur zu erhalten, was auch im Rahmen des Interessenausgleiches außerhalb der Insolvenz nach § 1 Abs. 5 KSchG ermöglicht wird, sondern eine Altersstruktur zu schaffen. Dies ermöglicht insbesondere bei der Durchführung einer Sozialauswahl über einer Altersgruppenbildung flexiblere Ansätze. Für den Abschluss eines Sozialplanes ist die absolute und relative Grenze des § 123 Abs. 1, § 123 Abs. 2 S. 2 maßgeblich. In der Insolvenz gelten zudem auch individualrechtliche Besonderheiten mit Relevanz für eine Sanierungskonzeption. So ist die Kündigungsfrist gem. § 113 S. 2 auf maximal drei Monate zum Monatsende begrenzt.[15] Auch können zeitbefristete Arbeitsverhältnisse, bei denen eine Kündigungsmöglichkeit vor Ablauf des Befristungszeitraumes aufgrund einer fehlenden vertraglichen Regelung nicht besteht, gekündigt werden. Auch hier durchbricht § 113 S. 1 den außerhalb der Insolvenz bestehenden Kündigungsausschluss. Vorgenannte Privilegierungen gelten dabei sowohl im Regelinsolvenzverfahren, als auch in der Eigenverwaltung uneingeschränkt, sodass in beiden Szenarien arbeitsrechtliche Sanierungsmaßnahmen erleichtert werden. 27

Der arbeitsrechtliche Handlungsspielraum ist aufgrund dieser Sonderregelungen im eröffneten Insolvenzverfahren deutlich weiter, als dies im Rahmen einer personalwirtschaftlichen Sanierung außerhalb des Regelungsregimes eines Insolvenzverfahrens der Fall ist. Dies hat auch unmittelbaren 28

13 S. hierzu Rdn. 66.
14 S. hierzu Rdn. 204.
15 S. hierzu Rdn. 58.

Auswirkungen für die Budgetierung einer Personalmaßnahme.[16] Es bietet sich demnach regelmäßig folgendes Bild:

29

Kostenart	Szenario Insolvenz	Szenario ohne Insolvenz
Kündigungsfristlöhne/-gehälter	225.000,00 €	375.000,00 €
Abfindungen nach Sozialplan	187.500,00 €	375.000,00 €
Urlaubsabgeltungsansprüche	34.615,38 €	34.615,38 €
Summe:	447.115,38 €	784.615,38 €

30 Neben den genannten Kostenarten sind noch weitere, gewissermaßen »weiche« Faktoren relevant. So wird bezüglich der Laufzeit einer Transfergesellschaftsmaßnahme regelmäßig mindestens eine Verdoppelung der Kündigungsfristen gefordert. Im Insolvenzfall führt dies zu einer Maßnahme mit einer Dauer von 6 Monaten; außerhalb der Insolvenz wird dagegen verbreitet eine Laufzeit von 9 bzw. 12 Monaten durch die Arbeitnehmervertretungen gefordert. Während in dem Insolvenzszenario damit aufgrund der gebotenen Verdoppelung der Kündigungsfristen der betroffenen Arbeitnehmer von einer Laufzeit der Maßnahme von 6 Monaten auszugehen ist, besteht diese Grenze außerhalb der Insolvenz nicht, sodass die Laufzeiten der Transfergesellschaftsmaßnahme in der Regel deutlich länger sind, nämlich bis zu den maximal zulässigen 12 Monaten reichen, die sich aus der Begrenzung des Transferkurzarbeitergeldes erheben. Zudem ist festzustellen, dass die Klagebereitschaft gekündigter Arbeitnehmer innerhalb eines Insolvenzverfahrens weniger stark ausgeprägt ist, sodass hier weniger Kosten für die Abwehr von Kündigungsschutzklagen aufzubringen sind. Auch dies entlastet das Restrukturierungsbudget.

31 Der Kostenansatz eines Personalabbaus in der Insolvenz wird demnach geprägt durch die Abkürzung der Kündigungsfristen und die zwingenden Vorgaben in Bezug auf die finanzielle Ausstattung des Insolvenzsozialplanes nach der InsO sowie weiteren »weichen« Faktoren. Die insolvenzarbeitsrechtlichen Privilegierungen führen zu einer erheblichen Verringerung des anzusetzenden Restrukturierungsbudgets, was dem gesetzgeberischen Ziel folgt, Sanierungen um Rahmen eines Insolvenzverfahrens zu erleichtern und ein sanierungsfreundliches Insolvenzrecht zu statuieren. Befindet sich das Unternehmen bereits in einem vorläufigen oder eröffneten Insolvenzverfahren, gleich ob Regelinsolvenz oder Eigenverwaltung, sollten deshalb arbeitsrechtliche Sanierungsschritte aktiv erwogen und geprüft werden. Personelle Einschritte lassen sich innerhalb des Insolvenzverfahrens aus den dargestellten Gründen schneller und effektiver umsetzen.

32 Doch auch außerhalb des Insolvenzverfahrens stehen ausreichende Instrumentarien zur Verfügung, eine Personalanpassung vorzunehmen. Auch hier besteht die Möglichkeit des Abschlusses eines Interessenausgleiches mit Namensliste gem. § 1 Abs. 5 KSchG, der aufgrund der sich ergebenden Folgen für die Darlegungs- und Beweisbelastung im arbeitsgerichtlichen Rechtsstreit zu einer deutlichen Risikominimierung für den Arbeitgeber führt. Ungeachtet dessen, bietet sich auch außerhalb eines Insolvenzverfahrens das Mittel der Transfergesellschaft an, die hier jedoch regelmäßig aufgrund der differenzierenden Gesetzmäßigkeiten im Vergleich zu dem Insolvenzszenario regelmäßig über eine andere Ausstattung verfügen dürfte.

33 Auf Basis der vorstehend genannten Faktoren ist es möglich, einen Musterablauf einer arbeitsrechtlichen Sanierungsmaßnahme (im Beispiel: Personalabbau) darzustellen. Dabei soll hier das Insolvenzszenario unterstellt werden. Ein Personalabbau außerhalb des Insolvenzverfahrens kann jedoch im Wesentlichen gleich strukturiert werden, verlangt aber die dargestellt in der Kalkulation und in gewissen Eskalationsszenarien eine andere Planung und andere Handlungsstränge.

34 In den konkreten Abläufen muss zwischen einem Personalabbau mittels einer Transfergesellschaftsmaßnahme oder mittels klassischer Abfindungslösungen unterschieden werden. Die Abläufe ähneln

16 S. hierzu Rdn. 5 ff.

sich zwar grundlegend, jedoch sind die zwingend einzuhaltenden organisatorischen Maßnahmen im Zusammenhang mit der Umsetzung der Transfergesellschaftsmaßnahme vielfältiger. Erforderlich ist im Fall des Transfergesellschaftsmodells demnach nicht nur eine andere Liquiditätsplanung[17], sondern auch die Einbeziehung anderer Beteiligter, so bspw. die Agentur für Arbeit, die frühzeitig im Rahmen eines ersten Beratungsgespräches unter Beteiligung der Betriebsparteien und des potenziellen Maßnahmeträgers eingebunden werden muss. Die frühzeitige Ansprache der Beteiligten ist damit zwingend erforderlich, um entsprechende Zeitkontingente zu sichern. So sollte, sofern auch nur eine geringer, aber doch begründeter Anlass zur Annahme besteht, dass die Implementierung einer Transfergesellschaft infrage kommt, frühzeitig die Agentur für Arbeit kontaktiert werden und auch die Bereitstellung der erforderlichen finanziellen Mittel eingeplant werden.

35

Projektplan Personalanpassung – Szenario Insolvenz				
Monat Kalenderwoche	**Monat 1**			
	KW 1	KW 2	KW 3	KW 4
Modell 1: Transfergesellschaft	Erfassung der erforderlichen Arbeitnehmerdaten (Erstellung Master-Personaldatei) als Grundlage der weiteren Festlegungen und Kalkulationen. Fortlaufend: Pflege der Personaldatei. Eventuell: Abfrage der Sozialdaten durch die Personalabteilung. Eventuell: Prüfung von Kündigungseinschränkungen; Erfassung von Sonderkündigungsschutztatbeständen und besonderen vertraglichen Vereinbarungen (Vertragsscreening).	Finalisierung Umfang Personalanpassung/ Zielgröße des Betriebes. Festlegung der Soll-Strukturen: Wie soll der Betrieb nach der Restrukturierung aussehen? Kalkulation des arbeitsrechtlichen Restrukturierungsbudgets und voraussichtliche Liquiditätsplanung zur Umsetzung der Maßnahme. Eventuell: Frühzeitige Information des Wirtschaftsausschusses nach § 106 BetrVG, soweit vorhanden.	Definition der unternehmerischen Entscheidungen und Darstellung unterschiedlicher Sozialauswahlmodelle. Vorbereitung der Vereinbarungen für die Aufnahme der Verhandlungen mit dem Betriebsrat: Interessenausgleich, Insolvenzsozialplan, Auswahlrichtline nach § 94 BetrVG, Übertrittsbetriebsvereinbarung, Treuhandvertrag, Dienstleistungsvertrag mit der Transfergesellschaft usw. Erstes informelles Gespräch mit dem Betriebsrat. Erste Vorgespräche mit potenziellen Maßnahmeträgern f.d. Transfergesellschaft. Beginn des Auswahlprozesses, Abfrage von Modellrechnungen/Kalkulationen.	Förmliche Einladung des zuständigen Betriebsrates zur Aufnahme von Verhandlungen zum Abschluss eines Interessenausgleiches und ggfs. Sozialplanes sowie der Durchführung des Konsultationsverfahrens gem. § 17 Abs. 2 KSchG mit der Übersendung der maßgeblichen Unterlagen im Entwurf. Ggfs. Einbindung der Schwerbehindertenvertretung, Jugend-, Auszubildendenvertretung etc. Festlegung Terminserie für die Verhandlungen mit dem Betriebsrat.

17 S. hierzu Rdn. 20.

			Eventuell: Ansprache potenzieller Investoren bzgl. Finanzierung Transfergellschaft/des Personalabbaus.	

36

Monat 2			
KW 5 **Insolvenzeröffnung**	KW 6	KW 7	KW 8
Verhandlungswoche 1: Start Verhandlungen über die Betriebsänderung mit dem Betriebsrat über den	Verhandlungswoche 2: Finalisierung der Vereinbarungen: Interessenausgleich,	Unterschriftstermin: Unterschrift unter die kollektivrechtlichen Vereinbarungen.	Start Transfergesellschaftsmaßnahme für alle übergetretenen Arbeitnehmer.
Abschluss eines Interessenausgleichs, Sozialplans sowie eventuell weiterer Vereinbarungen (bspw. Auswahlrichtlinie i.S.v. § 95 BetrVG) und der Vereinbarungen zur Umsetzung des Transfergesellschaftsmodells. Damit verbunden: Durchführung des Konsultationsverfahrens zur Massenentlassung unter Übergabe aller erforderlicher Informationen und Anhörung des Betriebsrates nach § 102 BetrVG. Finalisieren der erforderlichen Vereinbarungen und Unterlagen zur Umsetzung der Transfergesellschaftsmaßnahme und Transferagentur, d.h. insb. des Kooperations-/Dienstleistungsvertrages mit dem Maßnahmeträger und Treuhandvertrag mit Treuhänder. Abklärung der Finanzierbarkeit der Maßnahme. Beratungsgespräch: obligatorisches Beratungsgespräch mit der Agentur für Arbeit i.S. Transfergesellschaft/Übermittlung aller kollektivrechtlicher Vereinbarungen im Entwurf an Agentur für Arbeit.	Auswahlrichtlinie, Sozialplan und Vereinbarung für die Umsetzung des Transfergesellschaftsmodells.	Abgabe der abschließenden Stellungnahmen des Betriebsrates zum Konsultationsverfahren und zur Anhörung gem. § 102 BetrVG. im Anschluss: Betriebsversammlung/Informationsveranstaltung mit Vorstellung der Transfergesellschaft ggfs. unter Teilnahme der Agentur für Arbeit. Bekanntgabe der Einladungen zu den Profilinggesprächen, Ausgabe der sog. Dreiseitigen Verträge (ggfs. erst als Muster). Spätester Zeitpunkt für die Bereitstellung der finanziellen Mittel für die Transfergesellschaftsmaßnahme auf einem Treuhandkonto (Liquiditätsabfluss!). Förderantrag nach § 110 SGB III an die Agentur für Arbeit vorbereiten.	Gleichzeitig: Start des Unternehmens in neuer Struktur; Entlastung der Payroll. Nicht in Transferge sellschaft übergetretene Arbeitnehmer: Ggfs.: Anhörung des Betriebsrates gem. § 102 BetrVG bzgl. der Fälle, in denen Arbeitnehmer den Dreiseitigen Vertrag nicht unterschrieben haben (Kündigungsvorbereitung). Beachtung Wochenfrist des § 102 Abs. 2 BetrVG oder abschließende Stellungnahme des Betriebsrates. Ausspruch und Zugang der Kündigungen bis zum Monatsende. Beginn Klagefrist nach KSchG von 3 Wochen.

		Beginn Profiling für die nach dem Interessenausgleich von der Kündigung bedrohten Arbeitnehmer. bis Ende der Woche, 12:00 Uhr: Rücklauf der Dreiseitigen Verträge in der Personalabteilung/Feststellung der Arbeitnehmer, die den Dreiseitigen Vertrag nicht unterschrieben haben (Quorum?). Erstattung Massenentlassungsanzeige zur Umsetzung der Transfergesellschaft.	

37

Projektplan Personalanpassung – Szenario Insolvenz				
Monat Kalenderwoche	**Monat 1**			
	KW 1	KW 2	KW 3	KW 4
Modell 2: Konservativer Personalabbau mittels Kündigungen	Erfassung der erforderlichen Arbeitnehmerdaten (Erstellung Master-Personaldatei) als Grundlage der weiteren Festlegungen und Kalkulationen. Fortlaufend: Pflege der Masterdatei. Ggfs. Abfrage der Sozialdaten durch die Personalabteilung. Ggfs. Prüfung von Kündigungseinschränkungen; Erfassung von Sonderkündigungsschutztatbeständen und besonderen vertraglichen Vereinbarungen (Vertragsscreening).	Finalisierung Umfang Personalanpassung/ Zielgröße des Betriebes. Festlegung der Soll-Strukturen: Wie soll der Betrieb nach der Restrukturierung aussehen? Kalkulation des arbeitsrechtlichen Restrukturierungsbudgets und voraussichtliche Liquiditätsplanung zur Umsetzung der Maßnahme.	Definition der unternehmerischen Entscheidungen und Darstellung unterschiedlicher Sozialauswahlmodelle. Vorbereitung der Vereinbarungen für die Aufnahme der Verhandlungen mit dem Betriebsrat: Interessenausgleich, Insolvenzsozialplan, Auswahlrichtlinie nach § 95 BetrVG.	Förmliche Einladung des zuständigen Betriebsrates zur Aufnahme von Verhandlungen zum Abschluss eines Interessenausgleiches und ggfs. Sozialplanes sowie der Durchführung des Konsultationsverfahrens gem. § 17 Abs. 2 KSchG mit Übersendung der maßgeblichen Unterlagen im Entwurf. Ggfs. Einbindung Schwerbehindertenvertretung, Jugend-, Auszubildendenvertretung etc. Festlegung Terminserie für die Verhandlungen mit dem Betriebsrat.

		Festlegung etwaiger Abfindungsangebote an die Arbeitnehmer: Modell der doppelten Freiwilligkeit/Abfindungsangebote. Ggfs.: Frühzeitige Information Wirtschaftsausschusses nach § 106 BetrVG, soweit vorhanden.		

38

Monat 2			
KW 5 **Insolvenzeröffnung**	KW 6	KW 7	KW 8
Verhandlungswoche 1: Start Verhandlungen über die Betriebsänderung mit dem Betriebsrat über den Abschluss eines Interessenausgleichs, Sozialplans sowie ggf. weiterer Vereinbarungen (bspw. Auswahlrichtlinie i.S.v. § 95 BetrVG) und der Vereinbarungen zur Umsetzung des Transfergesellschaftsmodells.	Verhandlungswoche 2: Finalisierung der Vereinbarungen: Interessenausgleich, Auswahlrichtlinie, Sozialplan.	Unterschriftstermin: Unterschrift unter die kollektivrechtlichen Vereinbarungen. Abgabe der abschließenden Stellungnahmen des Betriebsrates zum Konsultationsverfahren und zur Anhörung gem. § 102 BetrVG.	Ausspruch und Zugang der Kündigungen bzw. Freistellungen (Einwurf-Einschreiben). Postlauf geplant: 3 Tage. Beginn Klagefrist nach KSchG von 3 Wochen; Feststellung Klageeingänge nach Fristablauf.
Damit verbunden: Durchführung des Konsultationsverfahrens zur Massenentlassung unter Übergabe aller erforderlichen Informationen und Anhörung nach § 102 BetrVG. Abfindungslösungen? Modell der »doppelten Freiwilligkeit«.	Ggfs. Bekanntgabe der Abfindungsangebote; Führen erster Personalgespräche/Trennungsgespräche.	Abwarten der Wochenfrist des § 102 Abs. 2 BetrVG oder abschließende Stellungnahme des Betriebsrates. im Anschluss: Betriebsversammlung/Informationsveranstaltung, ggfs. mit Vorstellung des Abfindungsmodells. Betriebsversammlung zur Übergabe der Kündigungen/Freistellungen, ggf. Arbeitssuchendmeldung bei den Vertretern der Agentur für Arbeit vor Ort.	Gleichzeitig: Start des Unternehmens in neuer Struktur.

		Ggfs. Bekanntgabe der Abfindungsangebote; Fortsetzung bzw. Aufnahme der Personalgespräche/ Trennungsgespräche.	

▶ **Praxishinweis:**

Bereits in einem sehr frühen Stadium sollte anhand der sich stellenden arbeitsrechtlichen Problemlagen eruiert werden, welches Sanierungsszenario bestenfalls infrage kommt oder auch schlichtweg vorgegeben ist. Die arbeitsrechtliche Sanierung innerhalb eines Insolvenzverfahrens bietet dabei für das zu sanierende Unternahmen zahlreiche Vorteile, die sich aus insolvenzrechtlichen Privilegierungen ergeben. Die Strukturierung der arbeitsrechtlichen Sanierungsmaßnahmen sollte frühzeitig und detailliert erfolgen. Dabei verdient auch, insbesondere im Insolvenzverfahren, die Liquiditätsplanung besondere Beachtung. Ohne einen exakten Blick auf die arbeitsrechtlichen Besonderheiten, lässt sich jedoch eine belastbare Planung der Maßnahme, weder in finanzieller Hinsicht noch hinsichtlich der zeitlichen Abläufe, nicht vornehmen. Vor der Planung muss deshalb die genaue Ermittlung und Bewertung der arbeitsrechtlichen Gegebenheiten stehen. Sobald eine Planung erstellt ist, sollten die unternehmensinternen und externen Beteiligten, wie bspw. die Agenturen für Arbeit, soweit erforderlich frühzeitig einbezogen werden. 39

B. Das Arbeitsverhältnis im Regelinsolvenzverfahren und in der Eigenverwaltung

§ 113 Kündigung eines Dienstverhältnisses 40

Ein Dienstverhältnis, bei dem der Schuldner der Dienstberechtigte ist, kann vom Insolvenzverwalter und vom anderen Teil ohne Rücksicht auf eine vereinbarte Vertragsdauer oder einen vereinbarten Ausschluss des Rechts zur ordentlichen Kündigung gekündigt werden. Die Kündigungsfrist beträgt drei Monate zum Monatsende, wenn nicht eine kürzere Frist maßgeblich ist. Kündigt der Verwalter, so kann der andere Teil wegen der vorzeitigen Beendigung des Dienstverhältnisses als Insolvenzgläubiger Schadenersatz verlangen.

I. Die Arbeitgeberstellung im Regelinsolvenzverfahren und in der Eigenverwaltung

Aus Sicht des Insolvenzverwalters sind die Arbeitnehmer des schuldnerischen Betriebes sowohl eine wichtige Gläubigergruppe als auch wesentliche Akteure in einem Betriebsfortführungsszenario. 41

1. Status des Arbeitsverhältnisses im vorläufigen und eröffneten Insolvenzverfahren

Aus arbeitsrechtlicher Sicht sind die Auswirkungen des Insolvenzverfahrens auf den Status des Arbeitsverhältnisses gering. Als Dauerschuldverhältnis besteht das Arbeitsverhältnis gem. § 108 Abs. 1 sowohl bei der Anordnung der vorläufigen Insolvenzverwaltung als auch bei Eröffnung des Insolvenzverfahrens fort. Auch Arbeitsverhältnisse, bei denen die Hauptleistungspflichten suspendiert sind, bestehen fort. Dies gilt beispielsweise für Arbeitnehmer, die sich in Mutterschutz bzw. Elternzeit oder etwa in der Freistellungsphase des Alterszeitarbeitsverhältnisses im Blockmodell befinden. 42

Im **vorläufigen Insolvenzverfahren** steht die Arbeitgeberbefugnis grundsätzlich nach wie vor der Geschäftsleitung des schuldnerischen Betriebes zu. Dies gilt jedenfalls für den Regelfall der Bestellung eines vorläufigen »schwachen« Insolvenzverwalters gem. § 21 Abs. 2 Nr. 1, also eines solchen, dem in Bezug auf Vermögensverfügungen des Schuldners bzw. deren Geschäftsführung lediglich ein Zustimmungsvorbehalt zusteht, §§ 22 Abs. 2, 21 Abs. 2 Nr. 2, 2. Alt. Grundsätzlich verbleibt es also bei der Verwaltungs- und Verfügungsbefugnis des Schuldners bzw. der Geschäftsleitung. In der Folge verbleibt auch die Arbeitgeberstellung bei dem Schuldner bzw. deren Geschäftsleitung. Es ist jedoch möglich, dass das Insolvenzgericht dem vorläufigen schwachen Insolvenzverwalter über 43

Einzelermächtigungen Sonderbefugnisse einräumt. Hier kann dem vorläufigen schwachen Insolvenzverwalter auch die Arbeitgeberbefugnis übertragen werden. Er steht dann insoweit – je nach Fassung der gerichtlichen Einzelermächtigung – dem vorläufigen starken Insolvenzverwalter gleich. Dies hat Relevanz insb. für die Kündigungsbefugnis des vorläufigen Insolvenzverwalters.[18] Der Regelfall ist jedoch – v.a. aufgrund der haftungsrechtlichen Folgen – die Bestellung des vorläufigen schwachen Insolvenzverwalters, der über keinerlei Verwaltungs- und Verfügungsbefugnisse verfügt.

44 Mit der **Eröffnung des Insolvenzverfahrens** geht die Verwaltungs- und Verfügungsbefugnis auf den dann bestellten Insolvenzverwalter über, § 80. Damit stehen ihm die Arbeitgeberbefugnisse der gem. § 108 Abs. 1 S. 1 fortbestehenden Arbeitsverhältnisse zu. Der Insolvenzverwalter rückt mit der Eröffnung des Insolvenzverfahrens in die Arbeitgeberstellung ein.[19] Ihm obliegt damit das arbeitgeberseitige Direktionsrecht gem. § 106 GewO. Dem Insolvenzverwalter steht nicht die Erfüllungswahl gem. § 103 zu.

45 Mit der Eröffnung des Insolvenzverfahrens wird eine neue Betriebsnummer vergeben, weshalb es zur sozialversicherungsrechtlichen An- und Abmeldung *(Abmeldegrund »2«)* der Arbeitsverhältnisse kommt. Den Bestand des Arbeitsverhältnisses lässt dies aber unberührt.

2. Status in der Eigenverwaltung

46 In der Eigenverwaltung verbleibt die Verwaltungs- und Verfügungsbefugnis bei dem Schuldner bzw. der Geschäftsführung der Schuldnerin. Damit verbleibt auch die Arbeitgeberstellung bei diesen Personen bzw. den dazu bestimmten Organen. Den *»Eigenverwaltern«* wird ein Sachwalter zur Seite gestellt, unter dessen Aufsicht der Schuldner handlungsfähig bleibt. Nach § 270 Abs. 1 S. 2 gelten für das Insolvenzverfahren in Eigenverwaltung die allgemeinen insolvenzrechtlichen – und damit auch insolvenzarbeitsrechtlichen – Vorschriften. Bei der Eigenverwaltung bleibt die Arbeitgeberstellung damit bei dem Schuldner bzw. der Geschäftsführung der Schuldnerin. Dies folgt aus der Vorschrift des § 279 S. 1, die sich insoweit ausdrücklich auch auf die zentralen insolvenzarbeitsrechtlichen Normen § 113, §§ 120 bis 128 bezieht. Damit bleibt auch das Kündigungsrecht bei dem Schuldner.[20] Nach § 279 S. 2 *soll* der Schuldner seine Rechte aus diesen Vorschriften im Einvernehmen mit dem Sachwalter ausüben. Diese Soll-Bestimmung lässt den Schluss zu, dass insb. das Kündigungsrecht gem. § 113 lediglich dem **Abstimmungsvorbehalt** unterliegt. Eine echte Zustimmung soll demnach nicht erforderlich sein.[21] Anders ist dies im Fall der §§ 120, 122, 126. In diesen Vorschriften sind die Kündigung von Betriebsvereinbarungen (§ 120), das gerichtliche Zustimmungsverfahren zur Durchführung einer Betriebsänderung (§ 122) sowie das Beschlussverfahren zum Kündigungsschutz (§ 126) geregelt. Hier ist nach dem Wortlaut des § 270 von einem **echten Zustimmungsvorbehalt** des Sachwalters auszugehen. § 270 S. 3 bestimmt insoweit, dass eine Ausübung der Rechte der o.g. Vorschriften nur mit Zustimmung des Sachwalters wirksam ist. In diesem Fall ist deshalb eine ohne Zustimmung des Sachwalters vorgenommene Rechtshandlung im Außenverhältnis unwirksam. Im Fall des lediglich zwischen Sachwalter und Schuldner zu erzielenden Einvernehmens führt das fehlende Einvernehmen dagegen nicht zu einer Unwirksamkeit der Handlung des Schuldners im Außenverhältnis.[22]

3. Auswirklungen des Insolvenzverfahrens auf kollektivrechtliche Bestimmungen

47 Die Anordnung bzw. Eröffnung des Insolvenzverfahrens – gleich ob im Regelinsolvenzverfahren oder in der Eigenverwaltung – hat zunächst keine Auswirkungen auf die kollektivarbeitsrechtliche Situation. Geltende Tarifverträge bleiben auf die Arbeitsverhältnisse anwendbar. Allgemeinverbindlich-

18 Vgl. Rdn. 52.
19 BAG 23.06.2004 – 10 AZR 459/03, DB 2004, 2428; Braun-*Kroth*, InsO, § 80 Rn. 31.
20 BAG 23.02.2017 – 6 AZR 665/15.
21 Braun-*Riggert*, InsO, § 280 Rn. 2.
22 Braun-*Riggert*, InsO, § 280 Rn. 2.

keitserklärungen nach § 5 TVG enden durch die Insolvenzeröffnung nicht. Auch ändert sich durch die Insolvenzeröffnung nicht der Charakter des Betriebes bspw. als Unternehmen des Baugewerbes[23] oder als Tendenzbetrieb. Auf der Eigenart des Betriebes beruhende Tarifverträge – bspw. der Tarifvertrag über das Sozialkassenverfahren im Baugewerbe (VTV) oder kirchenarbeitsrechtliche Bestimmungen bleiben uneingeschränkt anwendbar, was ggf. entsprechende Beitragspflichten im Massezeitraum nach der Eröffnung des Insolvenzverfahrens zur Folge hat.[24]

Zu beachten sind jedoch auch tarifvertragliche, insolvenzbezogene Lösungsklauseln. Hier wurde inzwischen obergerichtlich festgestellt, dass solche Klauseln wirksam sind. Dies erfasst auch solche tarifvertraglichen Regelungen, nach denen im Fall der Insolvenzantragstellung automatisch, also ohne Kündigung, der Tarifvertrag außer Kraft treten soll.[25] 48

Die betriebsverfassungsrechtlichen Rechte- und Pflichten werden weder durch die Anordnung des Insolvenzverfahrens noch von der Eröffnung des Insolvenzverfahrens tangiert. Die betriebsverfassungsrechtlichen Gremien bleiben im Amt und können mit den gesamten betriebsverfassungsrechtlichen Instrumentarien ihre Rechte ausüben. Auch ein Wirtschaftsausschuss gem. § 106 BetrVG besteht – sofern die Voraussetzungen dafür gegeben sind – weiter fort. Die Informationsrechte dieses Gremiums sind demzufolge auch im Insolvenzverfahren zu beachten. 49

Im Fall des Bestehens eines **Konzernbetriebsrates** ist anzunehmen, dass durch die Anordnung der Insolvenzverfahren über mehrere Konzernunternehmen die Zuständigkeit des Konzernbetriebsrates entfällt und dieser somit bspw. bei betriebsübergreifenden Restrukturierungen nicht mehr Betriebspartei ist. 50

II. Der Bestand des Arbeitsverhältnisses im vorläufigen und im eröffneten Insolvenzverfahren

Die Eröffnung des Insolvenzverfahrens selbst stellt keinen Grund dar, der zur Kündigung eines Arbeitsverhältnisses berechtigt. Vielmehr muss – wie außerhalb des Insolvenzverfahrens – ein betriebsbedingter, personenbedingter oder verhaltensbedingter Kündigungsgrund gegeben sein. Auch das Kündigungsschutzgesetz findet im Insolvenzverfahren uneingeschränkt Anwendung. Auch bei einer Kündigung im Insolvenzverfahren muss demnach die soziale Rechtfertigung der Kündigung am Maßstab des KSchG geprüft werden. Auch und insbesondere die Sozialauswahl gem. § 1 Abs. 3 KSchG ist uneingeschränkt durchzuführen. 51

1. Die betriebsbedingte Kündigung des Arbeitsverhältnisses im Insolvenzverfahren

a) Kündigungsbefugnis

Die Kündigungsbefugnis beschreibt das Recht, die Kündigung des Arbeitsverhältnisses zu erklären. Die Frage der Kündigungsbefugnis spielt eine Rolle für die Wirksamkeit der ausgesprochenen Kündigungserklärung sowie prozessual für die Passivlegitimation des Kündigenden. 52

Die materielle Kündigungsbefugnis in der Insolvenz ist zunächst von der Stellung des Insolvenzverwalters abhängig. Der sog. schwache vorläufige Insolvenzverwalter ist nicht in der Lage, die allgemeine Verwaltungs- und Verfügungsbefugnis auszuüben. Diese verbleibt bei dem Schuldner. Für Verfügungen des Schuldners gilt damit lediglich ein Zustimmungsvorbehalt (§§ 22 Abs. 2, 21 Abs. 2 Nr. 2, 2. Alt.). D.h., Kündigungserklärungen des Schuldners sind auch im Außenverhältnis nur wirksam, wenn sie mit Zustimmung des vorläufigen Insolvenzverwalters erfolgt sind. Die Kündigungsbefugnis selbst verbleibt jedoch beim Schuldner.[26] Das Zustimmungserfordernis führt jedoch dazu, dass eine Kündigung rechtswirksam nur mit der Zustimmung des vorläufigen Insolvenzverwalters 53

23 BAG 28.01.1987 – 4 AZR 150/86, DB 1987, 1361.
24 BAG 05.02.2009 – 6 AZR 110/08, DB 2009, 1360.
25 LAG München 24.05.2019 – 3 Sa 808/18.
26 LAG Hamm 10.12.2003 – 2 Sa 1472/03.

ausgesprochen werden kann.[27] Der Kündigungsausspruch ist eine Verfügung in dem o.g. Sinne.[28] Kündigt der Arbeitgeber, liegt die Zustimmung des vorläufigen Insolvenzverwalters der Kündigung aber nicht bei oder ist das Kündigungsschreiben nicht mit einem Zustimmungsvermerk des vorläufigen Insolvenzverwalters versehen, ist die Kündigung unwirksam, wenn sie wegen fehlender Zustimmung nach §§ 182 Abs. 3, 111 S. 2 und 3 BGB unverzüglich zurückgewiesen wird.[29] Es ist deshalb unbedingt darauf zu achten, dass Kündigungen, die im Zeitraum des vorläufigen Insolvenzverfahrens ausgesprochen werden, einen dokumentierten Zustimmungsvermerk des vorläufigen (schwachen) Insolvenzverwalters tragen.

54 Einen Sonderfall bildet der vorläufige schwache Insolvenzverwalter, dem durch das Insolvenzgericht gem. § 22 Abs. 2 S. 2 Arbeitgeberbefugnisse eingeräumt wurden. Hier kann von einem *»halbstarken«* Insolvenzverwalter gesprochen werden.[30]

b) Prozessführungsbefugnis

55 In prozessualer Hinsicht ist zu berücksichtigen, dass dem vorläufigen schwachen Insolvenzverwalter aufgrund der fehlenden Arbeitgeberstellung die Passivlegitimation fehlt. D.h., dass Kündigungsschutzklagen, die die durch den Schuldner ausgesprochene Kündigung zum Streitgegenstand haben, gegen den Schuldner selbst zu richten sind und nicht etwa gegen den vorläufigen schwachen Insolvenzverwalter.

56 Umstritten ist die Frage, ob der vorläufige schwache Insolvenzverwalter, dem von dem Insolvenzgericht Arbeitgeberbefugnisse zugewiesen wurden, in einem Rechtsstreit passivlegitimiert ist. Insoweit kann von einem *»halbstarken«* Insolvenzverwalter gesprochen werden.[31] Für die Passivlegitimation entscheidend ist zunächst, welche Arbeitgeberbefugnisse dem vorläufigen Insolvenzverwalter konkret übertragen wurden. Grundsätzlich möglich ist nämlich auch, dass die Kündigungsbefugnis dem vorläufigen Insolvenzverwalter übertragen wird, die prozessuale Passivlegitimation jedoch bei dem Schuldner verbleibt.[32] In der Praxis kann es vorkommen, dass die Klägerseite insb. in Kündigungsrechtsstreiten nicht den richtigen Beklagten verklagt, d.h. die Passivlegitimation verkennt. Ist in einem solchen Fall jedoch Beschluss über die Anordnung der vorläufigen Insolvenzverwaltung einer Klage beigefügt, kann nach der Rechtsprechung des Bundesarbeitsgerichtes die Klage so ausgelegt werden, dass der richtige Beklagte bezeichnet wurde. Dann kann auch noch nach dem Ablauf des 3-Wochen-Zeitraumes gem. §§ 4, 7 KSchG eine Berichtigung des Passivrubrums erfolgen.[33]

57 Mit der Eröffnung des Insolvenzverfahrens geht die Verwaltungs- und Verfügungsbefugnis auf den bestellten Insolvenzverwalter über, sodass dieser aktiv- und passivlegitimiert ist.

c) Kündigungsbestimmung des § 113 InsO

58 Von zentraler Bedeutung ist die Bestimmung des § 113, die im eröffneten Insolvenzverfahren Anwendung findet. Diese Vorschrift bestimmt eine besondere Kündigungsfrist als Höchstfrist, die sowohl für den Insolvenzverwalter als auch für den Arbeitnehmer gilt.[34] Diese Frist des § 113 S. 2 geht dabei als spezialgesetzliche Regelung allen Bestimmungen bzw. Vereinbarungen über längere Kündigungsfristen vor und verdrängt damit vertragliche, tarifvertragliche oder gesetzliche Kündigungsfristen.[35] In § 113 S. 1 ist jedoch nicht etwa ein eigener Kündigungsgrund zu sehen. Das Insolvenz-

27 BAG 10.10.2002 – 2 AZR 532/01.
28 BAG 22.10.1998 – 8 AZR 618/97; BAG 10.10.2002 – 2 AZR 532/01.
29 So auch BAG 10.10.2002 – 2 AZR 532/01.
30 BAG 16.02.2012 – 6 AZR 553/10.
31 BAG 16.02.2012 – 6 AZR 553/10.
32 Vgl. *Meyer*, NZA 2014, 643.
33 BAG 21.09.2006 – 2 AZR 573/05; BAG 18.10.2012 – 6 AZR 41/11, DB 2013, 586.
34 BAG 27.02.2014 – 6 AZR 301/12.
35 BAG 27.02.2014 – 6 AZR 301/12.

verfahren an sich stellt keinen Kündigungsgrund dar. Es ist damit nach wie vor das KSchG in allen seinen Ausprägungen und Vorgaben zu beachten.[36] Die Insolvenz ermöglicht insoweit keine erleichterten Kündigungen oder befreit von der Verpflichtung, eine unternehmerische Entscheidung zu treffen oder eine Sozialauswahl durchzuführen.

In der arbeitsrechtlichen Sanierung ist deshalb abzuwägen, ob es zur Umsetzung eines Personalabbaus erforderlich ist, die insolvenzrechtliche Privilegierung des § 113 in Anspruch zu nehmen. 59
Ist die Kündigung von Arbeitnehmer beabsichtigt, die Kündigungsfristen von mehr als 3 Monaten haben, kann durch die Begrenzung der Länge der Kündigungsfrist durch § 113 eine Beschränkung der aufzuwendenden Kündigungsfristlöhne und damit eine erhebliche Reduzierung der Restrukturierungskosten erfolgen. U.U. können diese Effekte von so großer Relevanz sein, dass ein Personalabbau bewusst im Rahmen eines Insolvenzverfahrens durchgeführt wird.[37]

Kommt es wegen § 113 Abs. 1 zu einer Abkürzung der Kündigungsfrist, steht den betroffenen Arbeitnehmer der sog. Verfrühungsschaden zu, der gem. § 113 S. 3 ausschließlich als Insolvenzforderung gem. § 38 in dem Insolvenzverfahren geltend gemacht werden kann. 60

d) Kündigungserschwernisse/Kündigungsausschluss

Neben der Abkürzung langer Kündigungsfristen ist die Durchbrechung von Kündigungsbeschränkungen eine wesentliche Wirkung des § 113. Häufig sind in Arbeitsverhältnissen solche Kündigungserschwernisse anzutreffen. Diese können sich aus arbeitsvertraglichen Kündigungsausschlüssen (Ausschluss der ordentlichen Kündbarkeit von Dienst- oder Arbeitsverhältnissen), Regelungen auf betriebsverfassungsrechtlicher Ebene (Betriebsvereinbarungen) oder aus tarifvertraglichen Bestimmungen ergeben. Viele Tarifverträge sehen Regelungen zur Beschäftigungssicherung vor. Auch (haus-)tarifvertragliche Regelungen enthalten häufig **Beschäftigungssicherungs- oder Standortsicherungsklauseln**. Auch diese Kündigungserschwernisse werden jedoch durch § 113 durchbrochen. Im eröffneten Insolvenzverfahren können auch derart abgesicherte Arbeitsverhältnisse gekündigt werden. Dies folgt aus § 113 S. 1 der bestimmt, dass ein Dienstverhältnis von dem Insolvenzverwalter ohne Rücksicht auf den vereinbarten Ausschluss des Rechts zur ordentlichen Kündigung gekündigt werden kann. Auch eine tarifvertragliche Unkündbarkeit gilt insoweit als *»vereinbart«* im Sinne dieser Norm. Auch hier durchbrechen die Regelungen der Insolvenzordnung damit die arbeitsrechtlichen Bestimmungen. § 113 soll im Interesse der Schonung der zu verteilenden Insolvenzmasse eine lange Bindung an nicht mehr sinnvolle Arbeitsverhältnisse verhindern. Dem widersprechen aber tarifvertragliche oder aufgrund einer Betriebsvereinbarung vereinbarter Unkündbarkeitsklauseln. Auch derartige Regelungen sind letztlich *»vereinbart«* i.S.d. § 113 S. 1 und stehen dem Zweck von § 113 entgegen.[38] Gleiches gilt auch für **Alterssicherungsklauseln**, die sich in vielen Tarifverträgen (bspw. Manteltarifverträge der Metall- und Elektroindustrie) befinden. 61

Für die gewerblichen Arbeitnehmer im **Baugewerbe** kann das Arbeitsverhältnis in der Schlechtwetterzeit vom 1. Dezember bis 31. März gem. § 11 Ziff. 2 BRTV-Baugewerbe nicht aus Witterungsgründen gekündigt werden. Auch hier wird jedoch anzunehmen sein, dass die Vorschrift des § 113 diesen saisonalen Kündigungsausschluss durchbricht. Auch diese Kündigungsbeschränkung dürfte im Hinblick auf § 113 bzw. § 119 unwirksam sein, weshalb dem Insolvenzverwalter nach der Eröffnung des Insolvenzverfahrens auch die Kündigung von Arbeitsverhältnissen im Schlechtwetterzeitraum möglich ist. 62

Auch der Schutz des Arbeitnehmers nach § 323 Abs. 1 UmwG, wonach sich im Fall einer **Unternehmungsspaltung** die kündigungsrechtliche Stellung der betroffenen Arbeitnehmer aufgrund der Spaltung für die Dauer von zwei Jahren ab dem Zeitpunkt ihres Wirksamwerdens nicht verschlechtern 63

---

36 BAG 23.02.2017 – 6 AZR 665/15.
37 S. hierzu Rdn. 27.
38 BAG 22.09.2005 – 6 AZR 526/04, DB 2006, 788.

darf, steht einer Kündigung durch den Insolvenzverwalter wegen Betriebsstilllegung in der Insolvenz eines abgespaltenen Unternehmens nicht entgegen.[39]

64 Bestehen also Kündigungsausschlüsse, kann die Inanspruchnahme des § 113 häufig die einzige Möglichkeit sein, einen Personalabbau durchzuführen. Dazu muss jedoch die Kündigung im eröffneten Insolvenzverfahren – gleich ob Regelinsolvenzverfahren oder Eigensanierung – ausgesprochen werden.

e) Sonderkündigungsschutz

65 Von den Kündigungsbeschränkungen zu unterscheiden sind **Sonderkündigungsschutztatbestände**, die in zahlreichen Gesetzen zu finden sind. Hier ergeben sich insolvenzbedingt keine Änderungen. Es gelten die allgemeinen Regeln. Von großer praktischer Bedeutung sind die Sonderkündigungsschutztatbestände für schwerbehinderte Menschen, Arbeitnehmer/innen in Elternzeit, Arbeitnehmerinnen in Mutterschutz sowie Berufsauszubildende.

66 Für Arbeitnehmer/innen in **Elternzeit** und **Mutterschutz** gilt, dass vor dem Kündigungsausspruch die Zustimmung der für Arbeitsschutz zuständigen obersten Landesbehörde (in der Regel des zuständigen Gewerbeaufsichtsamtes) vorliegen muss, § 18 Abs. 1 S. 2 BEEG bzw. § 9 Abs. 3 MuSchG. Liegt die Zustimmung vor, kann auch dieses Arbeitsverhältnis mit der max. Kündigungsfrist des § 113 von drei Monaten zum Monatsende (soziale Auslauffrist) beendet werden.[40] Kündigt der Insolvenzverwalter mit der Höchstfrist des § 113 S. 2, unterliegt die Wahl der Kündigungsfrist nicht der Billigkeitskontrolle des § 315 Abs. 3 BGB. Der Insolvenzverwalter ist nicht etwa gehalten, aufgrund Rücksichtnahmepflichten aus § 241 Abs. 2 BGB eine von § 113 S. 2 abweichende Kündigungsfrist einzuhalten.[41] Es besteht damit keine Verpflichtung, die Kündigungsfrist des § 113 S. 2 zu verlängern, weil in diesem Fall eine Arbeitnehmerin in Elternzeit für einen Teil der Kündigungsfrist die beitragsfreie Mitgliedschaft in der gesetzlichen Krankenversicherung verliert.[42] Der Arbeitnehmer kann in der Insolvenz seines Arbeitgebers deshalb nicht verlangen, dass der Insolvenzverwalter auf die Möglichkeit verzichtet, das Arbeitsverhältnis gem. § 113 S. 2 zu beenden. Das gilt auch dann, wenn dadurch keine Entgeltansprüche oder sonstigen Nachteile – und sei es nur durch die Verzögerung der Abwicklung – zulasten der Masse entstehen.[43] Dies kann jedenfalls so lange gelten, wie die maximale Frist von drei Monaten zum Monatesende eingehalten wird. Es ist damit dringend zu empfehlen, in derartigen Sachverhalten regelmäßig die Dreimonatsfrist des § 113 auszunutzen und nicht etwa nach Maßgabe der nach der Betriebszugehörigkeit bemessenen individuellen und damit u.U. kürzeren Kündigungsfrist zu kündigen.

67 Wird eine Arbeitnehmerin in Mutterschutz nach Zustimmung des Gewerbeaufsichtsamtes gekündigt, ist diese Kündigung gem. § 9 Abs. 3 S. 2 MuSchG **schriftlich zu begründen**. Dabei darf der Kündigungsgrund nicht formelhaft wiedergegeben werden. Es ist erforderlich, die Kündigungsgründe ausführlich darzustellen um einen formellen Mangel in dem Kündigungsschreiben, der zur Unwirksamkeit der Kündigung führt, zu vermeiden.

68 Sonderkündigungsschutz genießen auch Arbeitnehmer, die schwerbehindert sind (Grad der Behinderung von 50) oder einem schwerbehinderten Menschen gleichgestellt sind (Grad der Behinderung von 30 und Gleichstellungsbescheid) und soweit für diese eine Wartezeit von 6 Monaten abgelaufen ist. Besteht Sonderkündigungsschutz wegen der bestehenden Schwerbehinderung, muss gem. § 85 SGB IX vor dem Kündigungsausspruch die Zustimmung zur Kündigung des **Integrationsamtes** eingeholt werden. Probleme verursacht häufiger der Prüfungsmaßstab, den die Integrationsämter bei der Prüfung und Verbescheidung des Antrages anzuwenden haben. Vereinzelt

39 BAG 22.09.2005 – 6 AZR 526/04, DB 2006, 788.
40 HambKomm-InsR/*Ahrendt* § 113 Rn. 90.
41 BAG 27.02.2014 – 6 AZR 301/12.
42 BAG 27.02.2014 – 6 AZR 301/12.
43 BAG 27.02.2014 – 6 AZR 301/12.

werden durch die Integrationsämter umfassende Wirksamkeitsprüfungen in Bezug auf die beabsichtigte Kündigung vorgenommen. Dabei sollen nach der Auffassung der Integrationsämter auch Sozialauswahlgesichtspunkte oder ein (vermeintlicher) Betriebsübergang bei der Entscheidung über den Zustimmungsantrag berücksichtigt werden. Das Integrationsamt hat jedoch eine Interessenabwägung alleine aus schwerbehindertenrechtlicher Sicht durchzuführen. Es hat vor diesem Hintergrund alles zu ermitteln, um die gegensätzlichen Interessen des Arbeitgebers und des Arbeitnehmers abwägen zu können. Nicht zu prüfen ist, ob die beabsichtigte Kündigung des Arbeitsverhältnisses arbeitsrechtlich auch Bestand haben kann. Dies gilt sowohl für die Frage einer etwaigen Sozialauswahl, als auch für die Frage des Vorliegens eines Betriebsüberganges i.S.d. § 613a BGB.[44] Diese Frage zu klären, ist grundsätzlich den Arbeitsgerichten vorbehalten. Es ist nicht Sinn und Zweck des Sonderkündigungsschutzes, dem schwerbehinderten Menschen die Unannehmlichkeiten und Belastungen eines arbeitsgerichtlichen Kündigungsrechtsstreites abzunehmen. Der besondere Schutz des § 85 SGB IX steht dem schwerbehinderten Arbeitnehmer insoweit zusätzlich neben dem allgemeinen arbeitsrechtlichen Schutz zu. Bei der Entscheidung, ob die Zustimmung erteilt oder versagt wird, können also nur Erwägungen eine Rolle spielen, die sich speziell aus dem Grundgedanken des SGB IX herleiten. Rechtfertigen diese Erwägungen eine Versagung der Zustimmung nicht, so hat die behördliche Zustimmung dem Gekündigten diejenige Rechtsstellung zurückgeben die er hätte, wenn es keinen besonderen Kündigungsschutz für schwerbehinderte Menschen gäbe. Grundsätzlich kann demnach festgehalten werden: Wird die Kündigung auf behinderungsbedingte Gründe gestützt, ist der Schwerbehindertenschutz von äußerster Bedeutung; die Zustimmung wird zu versagen sein. Steht die Kündigung jedoch in keinem Zusammenhang mit der Behinderung, sind die Belange des Arbeitnehmers entsprechend geringer zu gewichten.[45]

Gem. § 88 Abs. 1 SGB IX *soll* das Integrationsamt die Entscheidung über den Antrag innerhalb 69 eines Monats treffen. Eine wichtige Ausnahme von dieser **Sollvorschrift** findet sich mit der Zustimmungsfiktion des § 88 Abs. 5 SGB IX i.V.m. § 89 Abs. 1 S. 1 und Abs. 3 SGB IX. Eine **Ermessenseinschränkung** des Integrationsamtes besteht demnach bei Betriebsstilllegungen und im Fall des Abschlusses eines Interessenausgleiches mit Namensliste gem. § 125, der die Kündigung des schwerbehinderten Arbeitnehmers vorsieht. Daneben müssen jedoch die weiteren Voraussetzungen des § 89 Abs. 3 Ziff. 2 bis 4 SGB IX gegeben sein. Wird unter diesen Voraussetzungen innerhalb der Monatsfrist eine Entscheidung nicht getroffen, gilt die Zustimmung des Integrationsamtes als erteilt. Von besonderer Bedeutung ist die Vorschrift des § 88 Abs. 3 SGB IX: Erteilt das Integrationsamt die Zustimmung zur Kündigung, kann der Arbeitgeber die Kündigung nur innerhalb eines Monats nach Zustellung erklären. Diese Frist ist unbedingt einzuhalten. Gelingt dies nicht, ist ein neues Zustimmungsverfahren durchzuführen.

Aufgrund des Erfordernisses, *vor* dem Kündigungsausspruch die Zulässigkeitserklärung als 70 Kündigungsvoraussetzung einzuholen, kann es im Rahmen von übertragenden Sanierungen zu Komplikationen kommen. Soll ein Betriebsübergang unmittelbar im Anschluss an die Umsetzung der Personalmaßnahme kommen – beispielsweise einem Personalabbau auf Basis eines Erwerberkonzeptes – so gehen die wirksam gekündigten Arbeitsverhältnisses für den Lauf der Kündigungsfrist auf den Erwerber über. Soll nun der Betriebsübergang so zeitnah erfolgen, dass die Durchführung und der Abschluss des Zustimmungsverfahrens in den Sonderkündigungsschutzfällen nicht abgewartet werden kann, gehen die Arbeitsverhältnisse der Arbeitnehmer mit Sonderkündigungsschutz ungekündigt auf einen Erwerber über. Eine Kündigung nach dem Betriebsübergang durch den Erwerber kann jedoch nicht mit den insolvenzrechtlichen Privilegien, insb. der Anwendung der Kündigungsregelung des § 113 S. 2, erfolgen. Der nicht insolvente Erwerber muss die arbeitsvertragliche, tarifvertragliche oder gesetzliche Kündigungsfrist einhalten. Auch gelten kündigungsrechtliche Beschränkungen, beispielsweise eine Standortsicherung auf Basis eines Haustarifvertrages, wieder. Wurde der Antrag auf Zulässigkeitserklärung der Kündigung noch durch den Insolvenzverwalter

44 OVG Münster 21.03.2000 – 22 A 5137/99.
45 VG Minden 27.05.2002 – 7 K 851/02.

oder den Schuldner im Eigenverwaltungsverfahren gestellt und hat die Behörde hierüber noch nicht entschieden, kommt es nun aber zu einem Betriebsübergang auf einen Erwerber, entfällt für den Insolvenzverwalter bzw. den abgebenden Betrieb die **Antragsbefugnis** bezüglich des Zustimmungsantrages. Nach § 87 Abs. 1 S. 1 SGB IX hat *»der Arbeitgeber«* die Zustimmung beim zuständigen Integrationsamt schriftlich zu beantragen. Kommt es zu einem Betriebsübergang, erhält der Arbeitnehmer mit Sonderkündigungsschutz auch einen neuen Arbeitgeber. Ein gegenüber dem abgebenden Arbeitgeber – also bspw. dem Insolvenzverwalter – erteilter Bescheid berechtigt damit nicht den Erwerber, die beabsichtigte Kündigung auszusprechen.[46] Eine dennoch durch den Erwerber auf Basis eines solchen Bescheides ausgesprochene Kündigung ist unwirksam, denn die zur Kündigung nach § 85 SGB IX erforderliche vorherige Zustimmung zur Kündigung ist nicht dem Erwerber erteilt worden. Die dem Insolvenzverwalter erteilte Zustimmung geht damit ins Leere.[47]

71 In derartigen Fallkonstellationen bleibt damit nach der Rechtsprechung dem Insolvenzverwalter nichts anderes übrig, als die Zustimmung des Integrationsamts zur Kündigung des Arbeitsverhältnisses mit dem Hinweis auf den beabsichtigten Betriebsübergang zu beantragen. Das Integrationsamt kann dann den Erwerber am Zustimmungsverfahren nach §§ 1, 12 Abs. 1 Nr. 2 SGB X beteiligen und nach erfolgtem Betriebsübergang den Erwerber als kündigungsberechtigten Arbeitgeber nach § 88 Abs. 2 S. 1 SGB IX den Zustimmungsbescheid zustellen.[48] Teilweise werden in der Praxis der Behörden die Rücknahme des Zustimmungsantrages und die Neubeantragung empfohlen. Dies führt jedoch zu einem weiteren Zeitverlust, weshalb dieses Vorgehen abzulehnen ist. Eine Antragsrücknahme und Neubeantragung wäre auch der Sachlage nicht angemessen, denn der Erwerber stützt sich bei seiner Kündigungsentscheidung regelmäßig auf das personelle Konzept des Insolvenzverwalters – oder im Fall eines Erwerberkonzeptes[49] – das Personalkonzept, das der Erwerber erarbeitet und sich der Insolvenzverwalter zu Eigen gemacht hat. Der Zustimmungsantrag umfasst damit in der Regel alle Umstände, die sowohl für den Insolvenzverwalter als auch für den Erwerber die Kündigungsentscheidung tragen. Damit steht auch der Sachverhalt für die entscheidende Behörde fest. Eine Neuermittlung des Sachverhaltes oder eine Neubewertung der im Rahmen des Zustimmungsverfahrens vorgetragenen Tatsachen ist damit regelmäßig nicht erforderlich. Für die Forderung eines formellen Neuantrages gibt es demnach keine Begründung.

72 Offengelassen hat das Bundesarbeitsgericht die Frage, ob sich der Erwerber auf eine Zustimmung berufen darf, die dem Insolvenzverwalter zum Zeitpunkt des Betriebsübergangs durch das Integrationsamt bereits erteilt worden war.[50]

73 Gem. § 22 Abs. 2 BBiG kann das Ausbildungsverhältnis eines **Berufsauszubildenden** nach dem Ablauf der Probezeit nur aus wichtigem Grund gekündigt werden. Ein solcher Grund kann beispielsweise bei einer (Teil-) Betriebsstilllegung gegeben sein, in dessen Folge die Fortsetzung der Ausbildung nicht mehr möglich ist, weil bspw. die Arbeitnehmer mit Ausbildereignung nicht mehr beschäftigt werden oder die räumlichen und betrieblichen Voraussetzungen für die Ausbildung nicht mehr gegeben sind. Die Kündigung des Berufsauszubildenden kann im Anwendungsbereich des § 113 mit einer sozialen Auslauffrist erfolgen. Die Einhaltung der Zwei-Wochen-Frist des § 22 Abs. 4 BBiG ist dann keine Wirksamkeitsvoraussetzung. Unbedingt zu beachten ist, dass die Kündigung eines Berufsauszubildenden gem. § 22 Abs. 3 BBiG **schriftlich zu begründen** ist. Diese Norm stellt damit eine wichtige Ausnahme des Grundsatzes dar, dass die Angabe von Kündigungsgründen kein Wirksamkeitserfordernis für die Kündigung ist, weshalb sich auch empfiehlt im Regelfall keine Kündigungsgründe in dem Kündigungsschreiben anzugeben. Im Fall des § 22 Abs. 3 BBiG reicht eine schlagwortartige oder formelhafte Umschreibung des Kündigungsgrundes nicht aus. Es empfiehlt sich umfassend darzustellen, warum das Ausbildungsverhältnis zu beenden ist und die

46 BAG 15.11.2012 – 8 AZR 827/11.
47 BAG 15.11.2012 – 8 AZR 827/11.
48 BAG 15.11.2012 – 8 AZR 827/11.
49 BAG 20.03.2003 – 8 AZR 97/02; BAG 20.09.2006 – 6 AZR 249/05.
50 So KR-*Pfeiffer*, § 613a BGB Rn. 101.

Ausbildung nicht fortgesetzt werden kann. Wurde die Kündigung des Berufsauszubildenden nicht, nicht schriftlich oder nur unzureichend begründet, ist die Kündigung unwirksam.

f) Beteiligung des Betriebsrates

Vor dem Ausspruch einer Kündigung ist im Anwendungsbereich des BetrVG ein gebildeter Betriebsrat zu beteiligen.[51] Im Anwendungsbereich des Personalvertretungsgesetzes (BPersVG oder Personalvertretungsrechte der Länder) bestehen ähnliche – zum Teil weitreichendere Mitbestimmungspflichten. In den Verfahren der **Eigenverwaltung** ist auch in Zusammenhang mit den betriebsverfassungsrechtlichen Beteiligungstatbeständen die Arbeitgeberbefugnis maßgeblich. Für die insolvenzarbeitsrechtlichen Bestimmungen der §§ 103 bis 128 ist deshalb im Fall der Eigenverwaltung der Schuldner weiterhin der Verhandlungs- und Vertragspartner des Betriebsrates. 74

Für das Betriebsverfassungsgesetz schreibt gem. § 102 BetrVG die Anhörung des Betriebsrates vor dem Ausspruch der Kündigung vor. Die Betriebsratsanhörung – die in der Regel aus Beweiszwecken schriftlich dokumentiert werden sollte – obliegt dem Arbeitgeber, der sich hierbei jedoch vertreten lassen kann. Bei der Durchführung einer Anhörung nach § 102 BetrVG im vorläufigen Insolvenzverfahren und der Bestellung eines vorläufigen schwachen Insolvenzverwalters ist der Schuldner damit weiter berechtigt und verpflichtet, den Betriebsrat anzuhören. Wird schriftlich angehört, ist es unschädlich, wenn das Anhörungsschreiben bzw. – Formular auch vom vorläufigen schwachen Insolvenzverwalter unterzeichnet wird.[52] An sich ist dies jedoch nicht erforderlich, denn die Anhörung des Betriebsrats nach § 102 BetrVG stellt – im Gegensatz zu einer Kündigung – keine Verfügung i.S.d. § 21 Abs. 2 Nr. 2 dar, denn hierdurch wird noch nicht unmittelbar auf das Arbeitsverhältnis eingewirkt, indem Forderungsrechte und Verbindlichkeiten aufgehoben werden.[53] Soll noch vor der Eröffnung des Insolvenzverfahrens der Betriebsrat angehört, die Kündigungen jedoch erst nach der Insolvenzeröffnung ausgesprochen werden, so ist auch dies zulässig. Hier müssen der Geschäftsführer des Schuldners und der vorläufige Insolvenzverwalter die Anhörung unterzeichnen. Dies gilt jedenfalls dann, wenn der vorläufige Insolvenzverwalter – wie regelmäßig – mit der Eröffnung des Insolvenzverfahrens auch zum Insolvenzverwalter bestellt wird, also eine Personenidentität gegeben ist.[54] 75

Der Insolvenzverwalter ist auch dann verpflichtet den Betriebsrat ordnungsgemäß nach § 102 BetrVG anzuhören, wenn die Betriebsparteien zuvor einen Interessenausgleich geschlossen haben. Die Betriebsratsanhörung unterliegt in diesem Fall keinen erleichterten Anforderungen. Der Insolvenzverwalter muss das aus seiner Sicht entfallene Beschäftigungsbedürfnis und die der Sozialauswahl zugrunde liegenden Tatsachen, die dem Betriebsrat bereits aus den Interessenausgleichsverhandlungen bekannt sind, im Anhörungsverfahren allerdings nicht erneut mitteilen. Der Insolvenzverwalter kann das Verfahren nach § 102 BetrVG mit den Verhandlungen über den Interessenausgleich verbinden. Diese Verbindung ist schon bei Einleitung des Beteiligungsverfahrens klarzustellen und ggf. im Wortlaut des Interessenausgleichs zum Ausdruck zu bringen.[55] Es bietet sich auch an, bereits in der (schriftlichen) Einladung des Betriebsrates zur Aufnahme von Interessenausgleichsverhandlungen auf die Verbindung der Interessenausgleichsverhandlungen mit der Betriebsratsanhörung gem. § 102 BetrVG hinzuweisen. 76

Spricht der Insolvenzverwalter eine **Nachkündigung** aus, muss der Betriebsrat zum Kündigungsausspruch erneut angehört werden, auch wenn der Sachverhalt – insb. der Kündigungsgrund und der Beendigungszeitpunkt des Arbeitsverhältnisses – unverändert bleiben. Es gilt insoweit der Grundsatz: Zu jeder Kündigung muss der Betriebsrat angehört werden. 77

51 S. zum Betriebsverfassungsrecht im Insolvenzverfahren auch Rdn. 169 ff.
52 BAG 22.09.2005 – 6 AZR 526/04.
53 BAG 22.09.2005 – 6 AZR 526/04.
54 BAG 22.09.2005 – 6 AZR 526/04.
55 BAG 20.06.2013 – 6 AZR 805/11; BAG 28.06.2012 – 6 AZR 682/10.

g) Kündigungsfristen

78 Die gem. § 113 Abs. 2 S. 1 auf maximal 3 Monate abgekürzte Kündigungsfrist gilt nicht für Kündigungen des vorläufigen Insolvenzverwalters ohne Verwaltungs- und Verfügungsbefugnis, also des »schwachen« Insolvenzverwalters.[56] Dies hat zur Folge, dass der dann nach der Insolvenzeröffnung bestellte Insolvenzverwalter regelmäßig prüfen muss, ob ggf. von dem Schuldner bereits gekündigte Arbeitsverhältnisse nochmals unter Anwendung der Frist des § 113 S. 2 nachgekündigt werden können. Eine solche **Nachkündigung** kann die gesetzlichen Kündigungsfristen »überholen«, was zu einer Verminderung der Masseverbindlichkeiten führt, die für Kündigungsfristlöhne oder unter dem Gesichtspunkt des Annahmeverzuges aufzubringen sind. Die Masse wird insoweit entlastet. Die Möglichkeit der Nachkündigung muss auch in der **Eigenverwaltung** bestehen, da insoweit die Interessenlage mit der im eröffneten Regelinsolvenzverfahren identisch ist. Damit kann auch die Geschäftsführung in der Eigenverwaltung Nachkündigungen aussprechen um die Frist des § 113 S. 1 und 2 in Anspruch zu nehmen.

79 Gem. § 622 Abs. 2 S. 2 BGB sollen bei der Berechnung der Betriebszugehörigkeit die Zeiten, die vor der Vollendung des 25. Lebensjahres des Arbeitnehmers liegen, nicht berücksichtigt werden. Nach einer Entscheidung des EuGH[57] hat das Bundesarbeitsgericht mit Urteil vom 09.09.2010 festgestellt, dass § 622 Abs. 2 S. 2 BGB mit Unionsrecht unvereinbar ist und für Kündigungen, die nach dem 02.12.2006 erklärt wurden, nicht mehr anzuwenden ist.[58] Auch Betriebszugehörigkeiten, in denen der Arbeitnehmer eine Berufsausbildung absolviert hat, sind damit bei der Dauer des Arbeitsverhältnisses zu berücksichtigen.[59] Bei der Berechnung der Kündigungsfristen für Arbeitsverhältnisse, auf die die Regelung des § 622 S. 2 BGB Anwendung findet, sind damit unbedingt auch Beschäftigungszeiten vor der Vollendung des 25. Lebensjahres zu berücksichtigen. Ungeachtet dessen ist dringend zu empfehlen, in der Kündigung nicht lediglich den Beendigungstermin – also den Zeitpunkt, zu dem die Kündigungsfrist endet – anzugeben, sondern die Kündigung *»hilfsweise zum nächst zulässigen Termin«* auszusprechen.

80 In formeller Hinsicht ist zu berücksichtigen, dass das Kündigungsschreiben den Empfänger einer ordentlichen Kündigung erkennen lassen können muss sowie den Zeitpunkt, wann das Arbeitsverhältnis enden soll. Dafür genügt bei einer ordentlichen Kündigung regelmäßig die Angabe des Kündigungstermins oder der Kündigungsfrist. Ein Hinweis auf die maßgebliche gesetzliche Regelung reicht aus, wenn der Erklärungsempfänger dadurch unschwer ermitteln kann, zu welchem Termin das Arbeitsverhältnis enden soll.[60] Bei der hier empfohlenen Angabe des Kündigungstermins und des Zusatzes *»hilfsweise zum nächst zulässigen Termin«* sollten unter Berücksichtigung der dargestellten Rechtsprechung des Bundesarbeitsgerichtes noch die maßgeblichen Regelungen zitiert werden, die der Berechnung der Kündigungsfrist zugrunde liegen. Dies beugt dem Fall vor, dass bei einem falsch berechneten Kündigungstermin und dem Eingreifen der Auffangformulierung *»hilfsweise zum nächst zulässigen Termin«* die Bestimmtheit der Kündigung gerügt wird.

81 Ob über die Bestimmung des § 113 S. 2 hinaus auch die Kündigungsfrist für ein Arbeitsverhältnis durch den Insolvenzverwalter **verlängert** werden kann, ist umstritten. Nach richtiger Auffassung muss dies dem Insolvenzverwalter grundsätzlich möglich sein, denn dem Insolvenzverwalter ist es nach § 113 S. 2 rechtlich nicht untersagt, mit einer längeren Frist als der danach vorgesehenen zu kündigen.[61] Gegen die Verlängerung der Kündigungsfrist können jedoch haftungsrechtliche Aspekte sprechen. So wird eine Verlängerung der Kündigungsfristen zulasten der Insolvenzmasse (also das Entstehen von zusätzlichen Masseverbindlichkeiten bzw. Neumasseverbindlichkeiten) regelmäßig

56 LAG Hamm 10.12.2003 – 2 Sa 1462/03.
57 EuGH 19.01.2010 – C-555/07 – [Kücükdeveci].
58 BAG 09.09.2010 – 2 AZR 714/08.
59 BAG 09.09.2010 – 2 AZR 714/08.
60 BAG 20.06.2013 – 6 AZR 805/11; LAG Mainz 31.03.2014 – 3 Sa 572/13.
61 BAG 27.02.2014 – 6 AZR 301/12 m.w.N.

ausscheiden, weil der Schadensersatzanspruch des § 113 S. 3 nach der gesetzlichen Bestimmung lediglich die Qualität von Insolvenzforderungen gem. § 38 hat und eine solche rangmäßige »Aufwertung« gegen das Gebot der Gläubigergleichbehandlung spricht. Gelingt es aber darzustellen, dass die Verlängerung der Kündigungsfristen im (wirtschaftlichen) Interesse der Masse liegt, bspw. weil im Rahmen einer Restabwicklung noch weiter Bedarf an der Arbeitskraft der gekündigten Arbeitnehmer besteht, kann eine Verlängerung der Kündigungsfristen gerechtfertigt sein.[62]

h) Massenentlassungsanzeige

Von besonderer Bedeutung bei der Umsetzung von Personalabbaumaßnahmen im Rahmen einer Betriebsänderung[63] ist das Erfordernis der Erstattung einer Massenentlassungsanzeige gem. § 17 Abs. 1 KSchG. Danach ist der Arbeitgeber verpflichtet, bei der Agentur für Arbeit die vorgesehene Entlassung von Arbeitnehmern anzuzeigen, wenn die **Schwellenwerte** des § 17 Abs. 1 S. 1 KSchG überschritten werden.[64] Der Begriff des **Betriebes** in § 17 KSchG ist nach den Air-Berlin-Entscheidungen des BAG unionrechtskonform auszulegen. Der Betriebsbegriff des Massenentlassungsrechts ist nach dem BAG ein unionsrechtlicher Begriff. Er ist in der Unionsrechtsordnung autonom, einheitlich und losgelöst vom nationalen Begriffsverständnis auszulegen. Die Betriebsbegriffe des KSchG oder des BetrVG sind in diesem Zusammenhang nicht maßgeblich.[65] 82

Liegt nach der Definition ein Betrieb vor, was im Einzelfall nicht einfach zu beurteilen ist, ist an dessen Betriebssitz die Massenentlassungsanzeige zu erstatten.[66] Dabei kommt es darauf an, dass in dem Betrieb die Schwellenwerte des § 17 KSchG überschritten werden. Wie der Schwellenwert bei einem Gemeinschaftsbetrieb zu berechnen ist, ist noch nicht von dem BAG entscheiden.[67] Bei Unsicherheiten, die insbesondere bei Filialbetrieben bestehen können, ist im Zweifel dazu zu raten, sowohl bei der örtlichen zuständigen Agentur für Arbeit des »Hauptbetriebes« als auch bei der zuständigen Agentur für Arbeit des (vermeintlichen) selbstständigen Betriebes die Anzeige zu erstatten. Die Erstattung der Massenentlassungsanzeige bei der unzuständigen Agentur für Arbeit führt zur Unwirksamkeit der Anzeige und damit im Ergebnis zur Unwirksamkeit der auf Basis der Anzeige ausgesprochenen Kündigungen.[68] Die Verkennung des Betriebsbegriffes, der nach der klarstellenden Rechtsprechung des BAG in den »Air-Berlin«-Fällen nun ausschließlich unionskonform auszulegen ist, führt damit zur Unwirksamkeit der Massenentlassungsanzeige. Dies gilt auch, wenn die Anzeige infolge der Verkennung des Betriebsbegriffs objektiv unrichtige »Muss-Angaben« enthält, weil sich der Erstatter der Anzeige bspw. auf den Gesamtbetrieb bezieht und nicht den einzelnen lokalen Betrieb oder Betriebe zu klein fasst, weil bspw. nur bestimmte Mitarbeitergruppen betrachtet werden.[69] 83

Wurde die Massenentlassungsanzeige nicht, nicht rechtzeitig oder nicht ordnungsgemäß erstattet, führt dies zur Unwirksamkeit der anzeigepflichtigen Kündigung.[70] Dies war jedenfalls die bisherige Rechtsprechung des BAG, das § 17 Abs. 1 KSchG als Verbotsgesetz verstanden hat, weshalb eine anzeigepflichtige Kündigung gem. § 134 BGB unwirksam sei, wenn die Massenentlassungsanzeige nicht oder nicht vollständig erstattet wurde. An dieser Rechtsprechung will der 6. Senat des BAG nun aber nicht mehr festhalten. Es hat deshalb bei dem 2. Senat des BAG angefragt, ob dieser beabsichtigt an seiner Rechtsauffassung festzuhalten.[71] Der 6. Senat begründet seinen Meinungs- 84

62 So auch BAG 27.02.2014 – 6 AZR 301/12.
63 Vgl. Rdn. 204 ff.
64 Vergleiche zu den Schwellenwerten Rdn. 212.
65 BAG 13.02.2020 – 6 AZR 146/19.
66 BAG 13.02.2020 – 6 AZR 146/19.
67 Der Rechtsstreit vor dem BAG (6 AZR 83/14) wurde verglichen.
68 BAG 13.02.2020 – 6 AZR 146/19.
69 BAG 13.02.2020 – 6 AZR 146/19.
70 BAG 21.03.2013 – 2 AZR 60/12, NZA 2013, 966.
71 BAG 14.12.2023 – 6 AZR 157/22.

wandel damit, dass § 17 KSchG dem Arbeitgeber administrativ-prozedurale Verpflichtungen auferlegen will, nicht jedoch in das Recht des Arbeitgebers zur Beendigung des Arbeitsverhältnisses eingreifen möchte. Die Anzeigepflicht verfolge lediglich einen arbeitsmarktpolitischen Zweck, nämlich die Arbeitsverwaltung auf eine Vielzahl von Kündigungen vorzubereiten, so dass diese entsprechende Vorkehrungen für die Vermittlung treffen kann. Die Anzeigepflicht solle folglich nicht den Ausspruch der Kündigungen selbst verhindern, sondern die sozio-ökonomischen Folgen von Massenkündigungen für die lokalen Arbeitsmärkte abmildern.[72] Dieser Vorstoß des 6. Senates ist ausdrücklich zu begrüßen und überzeugt in seiner Argumentation. Es ist davon auszugehen, dass der 6.Senat in seiner Auffassung auch die Entscheidung des EuGH bekräftigt wurde, der klargestellt hat, dass die Fehlende Übersendung des Konsultationsschreibens an die Agentur für Arbeit nicht zur Unwirksamkeit der Kündigung führt.[73]

Es ist zu konstatieren, dass die Anforderungen an die Massenentlassungsanzeige in der Folge des weitreichenden Urteiles des EuGH[74] immer weiter ausgedehnt wurden. Die Massenentlassungsanzeige hat sich damit gerade bei mäßiger Datenqualität aus den Betrieben zu einem Hochrisikounterfangen entwickelt, was dem Sinn und Zweck der Norm nicht zu entnehmen war. Es ist demnach zu wünschen, dass die Anfrage des 6. Senates zu einer Korrektur der bisherigen Rechtsprechung führt. Sollte der 2. Senat an seiner Rechtsprechung festhalten wollen, wird der Große Senat des BAG entscheiden müssen.

84a Vorstehendes gilt jedoch nicht für das gem. § 17 Abs. 2 KSchG durchzuführende Konsultationsverfahren mit dem Betriebsrat. Hier geht auch der 6. Senat weiter davon aus, dass es sich bei dieser Norm um ein Verbotsgesetz i.S.d. § 134 BGB handelt. Zur Begründung wird angeführt, dass das Konsultationsverfahren das Ziel dem Betriebsrat in die Lage zu versetzen, dem Arbeitgeber Vorschläge zu unterbreiten, die geplanten Massenentlassungen zu verhindern und so in die Willensbildung des Arbeitgebers einzugreifen.

85 Neben der Anzeige der vorgesehenen Entlassungen ist vor der Erstattung gem. § 17 Abs. 2 KSchG das sog. **Konsultationsverfahren** mit dem Betriebsrat durchzuführen. Im Rahmen des Konsultationsverfahrens muss der Arbeitgeber gem. § 17 Abs. 2 S. 1 Ziff. 1 bis 6 KSchG die Gründe für die geplanten Entlassungen, die Zahl und die Berufsgruppen der zu entlassenden Arbeitnehmer (**Berufsgruppenliste**), die Zahl und die Berufsgruppe der in der Regel beschäftigten Arbeitnehmer, den Zeitraum, in dem die Entlassungen vorgenommen werden sollen, die vorgesehenen Kriterien für die Auswahl der zu entlassenden Arbeitnehmer und die für die Berechnung etwaiger Abfindung vorgesehenen Kriterien mitteilen. Die Betriebsparteien haben dann gem. § 17 Abs. 2 S. 2 KSchG die Option, über die Möglichkeiten zu beraten Entlassungen zu vermeiden oder einzuschränken und ihre Folgen zu mildern. Häufig wird hier seitens des Betriebsrates als milderes Mittel das Instrumentarium der **Kurzarbeit** (konjunkturelle Kurzarbeit) angeführt. Die konjunkturelle Kurzarbeit ist jedoch dann das richtige Sanierungsinstrument, wenn nur ein vorübergehender Beschäftigungsentfall festzustellen ist. Soll ein Unternehmen im Rahmen einer übertragenden Sanierung restrukturiert werden, wird in der Regel aber ein dauernder Entfall des Beschäftigungsbedarfes festzustellen sein. Insoweit scheidet die Einführung von Kurzarbeit regelmäßig in derartigen Konstellationen aus.

86 Die im Rahmen des Konsultationsverfahrens mit dem Betriebsrat geführten Gespräche sollten auf jedenfalls dokumentiert, d.h. protokolliert werden, denn der Massenentlassungsanzeige ist eine Stellungnahme des Betriebsrates über die Durchführung des Konsultationsverfahrens beizufügen, § 17 Abs. 1 und Abs. 2 KSchG. Im Insolvenzverfahren ist hier die Vorschrift des § 125 Abs. 2 zu beachten. Danach ersetzt der Interessenausgleich mit Namensliste gem. § 125 Abs. 1 die Stellungnahme des Betriebsrates nach § 17 Abs. 3 S. 2 KSchG. Außerhalb des Insolvenzverfahrens bestimmt § 1 Abs. 5 S. 4 KSchG für den Interessenausgleich mit Namensliste gem. § 1 Abs. 5 KSchG das

72 BAG 14.12.2023 – 6 AZR 157/22.
73 EuGH 13.07.2023 – C-134/22.
74 EuGH NJW 2005, 1099.

Gleiche. In der Praxis ist zu empfehlen, der Anzeige der Entlassungen den mit dem Betriebsrat abgeschlossenen Interessenausgleich beizufügen. Dadurch wird dokumentiert, dass insbesondere die erforderlichen Informationen gem. § 2 Abs. 1 Ziff. 1 bis 6 KSchG dem Betriebsrat mitgeteilt wurden. Sollte es zum Zeitpunkt des Abschlusses der Massenentlassungsanzeige noch nicht gelungen sein, mit dem Betriebsrat ein Unterschriftstermin festzulegen und deshalb ein von den Betriebsparteien unterzeichneter Interessenausgleich noch nicht vorliegen, kann jedoch auch im Rahmen einer gesonderten Erklärung des Betriebsrates der Agentur für Arbeit mitgeteilt werden, dass das Konsultationsverfahren nach Auffassung beider Betriebsparteien abgeschlossen wurde und weiterer Beratungsbedarf nicht bestehe. Dieses Schreiben ist zwingend der Massenentlassungsanzeige beizufügen. Die Anforderungen an die Darstellung des Verhandlungsstandes sind dabei hoch.[75] In der Praxis hat sich weiter bewährt, dem Betriebsrat zur Durchführung des Konsultationsverfahrens einen vollständig ausgefertigten Entwurf der später zu erstattenden Massenentlassungsanzeige zu übergeben. Tatsächlich sind zwar die gem. § 17 Abs. 2 S. 1 Ziff. 1 bis 6 KSchG erforderlichen Informationen regelmäßig im Rahmen der Interessenausgleichsverhandlungen sowie der Betriebsratsanhörung gem. § 102 BetrVG mitgeteilt worden, jedoch muss dies nicht zwingend insbesondere für die gem. § 17 Abs. 2 S. 1 Ziff. 2 erforderliche **Berufsgruppenliste**[76] der Fall ein.

Ob das Konsultationsverfahren der **Schriftform** des § 126 BGB bedarf oder die Form des § 126b BGB ausreichend ist, hat das BAG noch offengelassen.[77] Jedenfalls sollte die Information des Betriebsrates schriftlich dokumentiert werden weshalb es sich anbietet, das seitens der Agentur für Arbeit für die Anzeige der Massenentlassung vorgesehene Formular dem Betriebsrat vorzulegen. Dazu ist selbstverständlich erforderlich, dass in diesem Zeitpunkt bereits Anzahl und Namen der zur Kündigung vorgesehenen Arbeitnehmer bekannt ist. Insoweit kann die Erstattung der Massenentlassungsanzeige regelmäßig erst dann erfolgen, wenn zwischen den Betriebsparteien eine Einigung über die Namensliste, d.h. die zur Kündigung vorgesehenen Personen, vorliegt. 87

Fraglich kann sein, welche Betriebsratsgremien konkret bei einer betriebsübergreifenden Betriebsänderung in dem Konsultationsverfahren zu beteiligen sind. Sind von der Betriebsänderung mehrere Betriebe betroffen, so wird hier der Gesamtbetriebsrat, mit dem auch der Interessenausgleich mit Namensliste abgeschlossen wurde, die Stellungnahme gem. § 17 Abs. 3 S. 2 KSchG abgeben können.[78] Ungeachtet dessen empfiehlt es sich, in derartigen Konstellationen entsprechende Zuständigkeitsdelegationen der örtlichen Betriebsräte auf den Gesamtbetriebsrat schriftlich einzuholen und diese ggf. der Stellungnahme des Gesamtbetriebsrates beizufügen. 88

Gem. § 17 Abs. 1 S. 2 KSchG sind unter Entlassungen nicht nur ausgesprochene Arbeitgeberkündigungen zu verstehen, sondern auch *»andere Beendigungen des Arbeitsverhältnisses«*, die arbeitgeberseitig veranlasst sind. Damit sind auch **Aufhebungsvereinbarungen** anzeigepflichtig, sofern die Schwellenwerte des § 17 KSchG überschritten werden. Bedeutung gewinnt dies insbesondere im Rahmen von **Transfergesellschaftsmaßnahmen**. Hier ist vor dem wirksamen Abschluss der Aufhebungsvereinbarungen, d.h. der sog. Dreiseitigen Verträge, eine Massenentlassungsanzeige zu erstatten. 89

Nach einer grundlegenden Entscheidung des EuGH ist unter Entlassung nicht der Zeitpunkt der Beendigung des Arbeitsverhältnisses zu verstehen, sondern der Zeitpunkt des Ausspruchs der Kündigung.[79] Damit muss – in Abkehr zu der früheren Handhabung – nun bereits vor dem vorgesehenen Ausspruch der Kündigungen sowohl das Konsultationsverfahren mit dem Betriebsrat als auch die Erstattung der Anzeige selbst erfolgen. Zudem ist in dem von der Bundesagentur für Arbeit zur 90

75 BAG 18.02.2021 – 6 AZR 25/20.
76 Anlage 2 zur Massenentlassungsanzeige, abzurufen unter www.arbeitsagentur.de.
77 BAG 20.09.2012 – 6 AZR 155/11, NZA 2013, 32.
78 BAG 07.07.2011 – 6 AZR 248/10, NJW 2011, 3180.
79 EuGH 27.01.2005 RS C 188/03, ZIP 2005, 230.

Verfügung gestellten Formular ebenfalls der Zeitpunkt des Ausspruches der beabsichtigten Kündigungen anzugeben.

91 Die Beachtung dieses Zeitablaufs ist bei der Planung von Personalabbaumaßnahmen zwingend. Auch das BAG geht inzwischen davon aus, dass als Entlassung im Sinne von § 17 Abs. 1 S. 1 KSchG der Zeitpunkt des Ausspruchs der Kündigung zu verstehen ist.[80] Liegt ein Verstoß gegen die Anzeigepflicht gem. § 17 KSchG vor – und ein solcher wäre die Erstattung der Massenentlassungsanzeige erst nach dem Ausspruch der anzeigepflichtigen Kündigungen – führt dies zur Unwirksamkeit der ausgesprochenen Kündigung[81], wobei nach der Ankündigung der Rechtsprechungsänderung des 6. Senates des BAG und in der Folge der Entscheidung des EuGH zur Übersendung der Anzeige an den Betriebsrat[82] Bewegung in die Rechtsprechung zu kommen scheint.[83] Aus diesem Grunde und wegen der strengen formellen Anforderungen an die Wirksamkeit einer Massenentlassungsanzeige, geht von der Vorschrift des § 17 KSchG für die rechtssichere Umsetzung einer Personalabbaumaßnahme inzwischen eine überragende Bedeutung aus. Deshalb kann davon gesprochen werden, dass die Massenentlassungsanzeige inzwischen in der Wertigkeit der problembehafteten Punkte einer Personalabbaumaßnahme die Betriebsratsanhörung gem. § 102 BetrVG abgelöst hat. Zukünftig wird bei Personalabbaumaßnahmen besonderes Augenmerk darauf zu richten sein, die Massenentlassungsanzeige rechtzeitig und inhaltlich korrekt zu erstatten, Fehler im Rahmen der zwingenden Angaben der Massenentlassungsanzeige zu vermeiden und das Konsultationsverfahren dokumentiert und nachweisbar durchzuführen.

92 Der Nachweis der Dokumentation der Konsultation mit dem Betriebsrat ist von entscheidender Bedeutung, wenn eine Stellungnahme des Betriebsrates zu den Entlassungen fehlt. Ist dies der Fall, kann der Arbeitgeber nämlich gem. § 17 Abs. 3 S. 3 KSchG glaubhaft machen, dass der Betriebsrat mindestens 2 Wochen vor der Erstattung der Anzeige nach § 17 Abs. 3 S. 1 KSchG unterrichtet wurde. Weiter muss der Arbeitgeber den Stand der Beratungen darlegen. Ist Letzteres jedoch unterblieben, führt dies nicht ohne Weiteres zur Unwirksamkeit der angezeigten Kündigung(en). Nach der Rechtsprechung des BAG dienen die Vorschriften des § 17 ff. KSchG ausschließlich einem **arbeitsmarktpolitischen Zweck** und nicht dem Individualschutz. Die Agentur für Arbeit soll durch die Anzeige in die Lage versetzt werden, vorausschauend Arbeitsvermittlungs- und andere Maßnahmen einzuleiten, um Massenentlassungen von den betroffenen Arbeitnehmern abzuwenden bzw. frühzeitig Vermittlungsmöglichkeiten aufzuzeigen.[84] Nach diesem Zweck ist die Darlegung des Standes der Beratung zwischen den Betriebsparteien kein Fakt, der Einfluss auf die Wirksamkeit der Anzeige gem. § 17 KSchG nehmen kann. Dies gilt jedenfalls dann, wenn die Agentur für Arbeit sich nach eigener Auffassung nach den, im Rahmen der Anzeige mitgeteilten Angaben und der ihr mitgeteilten Unterrichtung des Betriebsrats in der Lage war, sich ein ausreichendes Bild von den geplanten Massenentlassungen zu machen und erforderliche arbeitsmarktpolitische Entscheidungen zu ergreifen. Auch aus diesem Grunde ist zu empfehlen, der Massenentlassungsanzeige eine Darstellung der tatsächlichen Ausgangssituation und der unternehmerischen Entscheidungen, die letztendlich zum Ausspruch der avisierten Kündigungen führen sollen, mitzuteilen.

93 Gem. § 17 Abs. 2 S. 1 KSchG hat die Unterrichtung des Betriebsrates schriftlich zu erfolgen. Eine lediglich mündliche, jedoch mit den Pflichtangaben des § 17 Abs. 2 S. 1 Nr. 1 bis 6 KSchG erfolgte Unterrichtung, soll jedoch nicht zur Unwirksamkeit der erstatteten Massenentlassungsanzeige führen.[85]

80 BAG 23.03.2006 – 2 AZR 343/05.
81 BAG 20.09.2006 – 6 AZR 219/06.
82 EuGH 13.07.2023 – C-134/22.
83 BAG 14.12.2023 – 6 AZR 157/22.
84 BAG 24.10.1996 – 2 AZR 895/95.
85 LAG Hamm 15.12.2010 – 6 Sa 1344/10, ZInsO 2011, 876.

Bei der Erstattung der Massenentlassungsanzeige kann zwischen Muss- bzw. Pflichtangaben und Soll-Angaben unterschieden werden. Wurden die Pflichtangaben in der Anzeige nicht oder nicht korrekt mitgeteilt, führt dies zur Unwirksamkeit der Anzeige. Zu den Pflichtangaben[86] zählen: **94**
- die Angabe des Namens des Arbeitgebers,
- der Sitz und die Art des Betriebes,
- die Zahl und Berufsgruppen der zu entlassenden Arbeitnehmer,
- die Zahl und Berufsgruppen der in der Regel beschäftigten Arbeitnehmer,
- die Gründe für die geplanten Entlassungen,
- der Zeitraum, in dem die Entlassungen vorgenommen werden sollen (Tag[e] des Kündigungsausspruches) und
- die vorgesehenen Kriterien für die Auswahl der zu entlassenden Arbeitnehmer.

Darüber hinaus **sollen** in der Anzeige im Einvernehmen mit dem Betriebsrat Angaben über Geschlecht, Alter, Beruf und Staatsangehörigkeit der zu entlassenden Arbeitnehmer gemacht werden. Diese Angaben sollen es der Agentur für Arbeit ermöglichen, individuelle arbeitsmarktpolitische Maßnahmen nach dem SGB III einzuleiten. **95**

Der Arbeitgeber hat demnach gem. § 17 Abs. 3 S. 2 Halbs. 2 KSchG i.V.m. § 17 Abs. 2 S. 1 Nr. 3 KSchG die Anzahl der zu entlassenden Arbeitnehmer mitzuteilen. Hierbei handelt es sich um eine zwingende Angabe oder **Pflichtangabe**, deren Fehlen oder Unrichtigkeit die Unwirksamkeit der Massenentlassungsanzeige nach sich zieht. Anzuzeigen sind auch auf Veranlassung des Arbeitgebers im Wege der Eigenkündigung ausgeschiedene Arbeitnehmer. Dies gilt jedenfalls dann, wenn die Arbeitnehmer mit dem Ausspruch der Eigenkündigung einer sonst erforderlichen betriebsbedingten Arbeitgeberkündigung zuvor gekommen sind und der Arbeitgeber keine Kenntnis davon hat, dass der Arbeitnehmer ein Folgearbeitsverhältnis bei einem dritten Arbeitgeber begründet hat. Es empfiehlt sich deshalb die anderweitige Beschäftigung zu dokumentieren, wenn in der Personalabteilung den Wunsch zur einvernehmlichen Beendigung des Arbeitsverhältnisses eingeht oder der Ausspruch einer Eigenkündigung erfolgt. Sofern dies der Fall ist, kann eine Anzeigepflicht für diese Fälle ausgeschlossen werden. **96**

Wird jedoch in der Massenentlassungsanzeige die Anzahl der zu entlassenden Arbeitnehmer zu niedrig angegeben, können sich auf diesen Fehler nur die Arbeitnehmer berufen, die von der Massenentlassungsanzeige tatsächlich nicht erfasst sind.[87] **97**

Zwingend mitzuteilen sind auch die Kriterien für die Entlassung der Arbeitnehmer. Hier genügen formelhafte Hinweise auf die Sozialauswahlkriterien des § 1 KSchG nicht. Wurde beispielsweise die Sozialauswahl anhand von gebildeten Altersgruppen durchgeführt, muss dies der Agentur für Arbeit mitgeteilt werden.[88] **98**

Die Massenentlassungsanzeige ist der Agentur für Arbeit nachweisbar zu übermitteln. Von der Übermittlung per E-Mail ist dabei Abstand zu nehmen, da dies von vielen Agenturen für Arbeit nicht als zulässig akzeptiert wird. Deshalb ist der Übermittlung per Fax der Vorzug zu geben. **98a**

Der Bundesagentur für Arbeit muss auch eine Abschrift des Konsultationsschreibens an den Betriebsrat übermittelt werden, § 17 Abs. 3 S. 1 KSchG. Hier hat der EuGH jedoch inzwischen klargestellt, dass ein Unterlassen nicht zur Unwirksamkeit der angezeigten Kündigungen führt. Die Pflicht, die Konsultationsunterlagen der Agentur für Arbeit zuzuleiten dient danach nicht dem Individualschutz der Arbeitnehmer und kann folglich auch nicht bei einem Verstoß die Wirksamkeit der Kündigungen tangieren.[89]

---

86 Vgl. § 17 Abs. 4 KSchG.
87 BAG 28.06.2012 – 6 AZR 780/10, ZIP 2012, 1822.
88 LAG Düsseldorf 26.09.2013 – 5 Sa 530/13, n. rk.
89 EuGH 13.07.2023 – C-134/22.

99 Von Bedeutung ist die Frage, ob ein Bescheid der Agentur für Arbeit ggf. im Rahmen des Massenentlassungsverfahrens eingetretene Fehler durch einen entsprechenden positiven bestandskräftigen Bescheid heilen kann. Dieser Möglichkeit hat das BAG inzwischen eine Absage erteilt. Durch den Bescheid der Agentur für Arbeit nach §§ 18, 20 KSchG werden Fehler im Massenentlassungsanzeigeverfahren nicht geheilt. Insoweit besteht mit der Erteilung des Bescheides und dessen Unanfechtbarkeit keine Rechtssicherheit in Bezug auf die Wirksamkeit der Massenentlassungsanzeige und damit im Ergebnis auch der Wirksamkeit der auf der Grundlage der Anzeige ausgesprochenen Kündigungen.[90]

100 Wurden noch von dem Schuldner vor der Eröffnung des Insolvenzverfahrens anzeigepflichtige Kündigungen ausgesprochen und will der Insolvenzverwalter nach der Eröffnung des Insolvenzverfahrens Nachkündigungen aussprechen, um die Abkürzung der Kündigungsfristen aufgrund § 113 S. 1 und 2 zu nutzen, muss unbedingt eine neue Massenentlassungsanzeige erstattet werden. Die durch eine ordnungsgemäße Massenentlassungsanzeige gem. § 17 KSchG eröffnete Kündigungsmöglichkeit wird mit der Erklärung dieser Kündigung verbraucht.[91]

▶ **Praxishinweis:**

101 Der ordnungsgemäßen Erstattung der Massenentlassungsanzeige kommt inzwischen erhebliches Gewicht zu. Während zuvor die Betriebsratsanhörung gem. § 102 BetrVG sich häufig als Einfallstor für die Geltendmachung von Unwirksamkeitsgründen hinsichtlich ausgesprochener Kündigungen erwiesen hat, erfüllt diese Rolle inzwischen die Massenentlassungsanzeige. Dieses sehr schematische und leicht nachzuvollziehende Verfahren bietet sich geradezu an, auf Fehlerquellen hin untersucht zu werden. Nachdem Fehler in dem Anzeigeverfahren zur Unwirksamkeit der ausgesprochenen Kündigung(en) führen, handelt es sich insoweit auch um ein scharfes Schwert. Die Abläufe sind demnach exakt einzuhalten. Eine exakte Prüfung des Betriebsbegriffes, insb. bei Filialstrukturen, ist erforderlich. Im Zweifel ist dazu zu raten, bei allen potenziell infrage kommenden Agenturen für Arbeit eine Anzeige gem. § 17 KSchG zu erstatten und hier auch unterschiedliche Mitarbeiterzahlen in den Pflichtangaben zu berücksichtigen. Dies gilt umso mehr, als dass nach der klaren Rechtsprechung des BAG selbst eine Bestätigung der Anzeige durch die Agentur für Arbeit nicht gewährt dafür bietet, dass die Anzeige auch korrekt erstattet wurde. Letztlich liegt die Prüfungskompetenz alleine bei den Arbeitsgerichten. Eine frühzeitige Einbindung des Betriebsrates im Rahmen des Konsultationsverfahrens ist geboten. Dabei sollte genau dokumentiert werden, welche Informationen dem Betriebsrat zu welchem Zeitpunkt zugänglich gemacht worden. Die nach dem KSchG erforderlichen Angaben sind dabei nicht zwingend deckungsgleich mit den Daten, die dem Betriebsrat regelmäßig im Rahmen von Interessenausgleichsverhandlungen oder der Betriebsratsanhörung mitgeteilt werden. Dies betrifft bspw. die Berufsgruppenliste nach § 17 Abs. 2 Ziff. 2 KSchG. Es bietet sich deshalb an, dem Betriebsrat frühestmöglich eine komplett ausgefertigte Massenentlassungsanzeige im Original zu übergeben, um hier keine Informationsdefizite zu schaffen. Daneben ist auch zwingend darauf zu achten, die jeweils aktuelle Version des Anzeigeformulars von der Agentur für Arbeit zu beziehen.[92] In den letzten Jahren wurden die Muster häufiger angepasst. Eine Abfrage der Muster vor jeder Maßnahme ist deshalb zwingend.

Hoffnung gibt, dass die Rechtsprechung sich in eine Richtung zu entwickeln scheint, dass nicht mehr jeder formelle Mangel bei der Anzeige zur Nichtigkeit der Kündigung führt. Dies gilt jedenfalls für solche Mängel, die nicht die Durchführung des Konsultationsverfahrens mit dem Betriebsrat betreffen. Hier wird weiterhin streng auch die Einhaltung der Vorgaben zu achten sein.

90 BAG 28.06.2012 – 6 AZR 780/10, ZIP 2012, 1822.
91 BAG 22.04.2010 – 6 AZR 948/08.
92 Abzurufen unter www.arbeitsagentur.de.

2. Die insolvenzspezifische Freistellung

Besondere Probleme ergeben sich in der Insolvenz häufig dann, wenn die vorhandene Masse nicht ausreicht, die bestehenden Vergütungsansprüche der Arbeitnehmer zu bedienen. In diesem Fall ist der Insolvenzverwalter gehalten, die **Masseunzulänglichkeit** gem. § 208 anzuzeigen, will er eine persönliche Haftung vermeiden. Auch im Fall der Eigenverwaltung kommt die Anzeige der Masseunzulänglichkeit in Betracht, wobei in der Praxis häufig in diesen Konstellationen die Eigenverwaltung aufgehoben wird und zum Regelinsolvenzverfahren gewechselt wird. Des Weiteren ist inzwischen in § 210a geregelt, dass auch ein Insolvenzplan bei Masseunzulänglichkeit möglich ist. 102

Die Anzeige der Masseunzulänglichkeit regelt die Rangfolge der Ansprüche in dem Insolvenzverfahren grundlegend neu. Die Masseunzulänglichkeit ist anzuzeigen, wenn die Insolvenzmasse nicht ausreicht, um die fälligen sonstigen Masseverbindlichkeiten zu erfüllen. Gleiches gilt, wenn die Masse voraussichtlich nicht ausreichen wird, die bestehenden sonstigen Masseverbindlichkeiten im Zeitpunkt der Fälligkeit zu erfüllen, § 208 Abs. 1. Gem. § 208 Abs. 3 besteht die Pflicht des Verwalters zur Verwaltung und zur Verwertung der Masse jedoch auch nach der Anzeige der Masseunzulänglichkeit fort. Diese Verpflichtung, und die Verfolgung einer auch bei angezeigter Masseunzulänglichkeit durchaus noch denkbaren Sanierung des schuldnerischen Betriebes, kann zur Folge haben, dass zwar nicht genug liquide Mittel vorhanden sind sämtliche Vergütungsansprüche der Arbeitnehmer zu bedienen, jedoch noch für die einstweilige Aufrechterhaltung des Geschäftsbetriebes Personal benötigt wird. 103

Um den Insolvenzverwalter vor diesem Dilemma zu schützen, wird ihm ein Freistellungsrecht zugestanden, dass nach Anzeige der Masseunzulänglichkeit ausgeübt werden kann. Der Insolvenzverwalter kann einzelne oder alle Arbeitnehmer von der Erbringung der Arbeitsleistung freistellen und diese auf die sog. Gleichwohlgewährung von Arbeitslosengeld gem. § 157 Abs. 3 S. 1 SGB III verweisen. Die Freistellung unter Verweis auf die Gleichwohlgewährung bei angezeigter Masseunzulänglichkeit führt dazu, dass die weiter dem Grunde nach bestehenden Vergütungsansprüche der freigestellten Arbeitnehmer einen anderen insolvenzrechtlichen Rang bekommen, nämlich den des § 209 Abs. 1 Ziff. 3. D.h., die im Zeitraum der Freistellung entstehenden Vergütungsansprüche stellen **Altmasseverbindlichkeiten** dar, die zunächst nicht aus der Masse zu bedienen sind. An sich zwingende Liquiditätsabflüsse aus der Masse für die Vergütungszahlung werden somit verhindert. 104

Für den Bezug von Arbeitslosengeld nach den Grundsätzen der Gleichwohlgewährung ist die unwiderrufliche Freistellung zwingend. Durch die lediglich widerrufliche Freistellung werden zwar die Rechtsfolgen in Bezug auf die Vergütungsansprüche bei angezeigter Masseunzulänglichkeit ebenfalls herbeigeführt, allerdings steht der Arbeitnehmer dem Arbeitsmarkt zur Vermittlung nur dann zur Verfügung, wenn der Arbeitgeber sein Direktionsrecht aufgegeben hat. Dies ist alleine bei der unwiderruflichen Freistellung der Fall. Nur dadurch können also die Grundvoraussetzungen zum Bezug von Arbeitslosengeld I herbeigeführt werden. Die Agentur für Arbeit wird die im Wege des Anspruchsüberganges gem. § 115 SGB X übergegangenen Vergütungsansprüche im Rahmen des Insolvenzverfahrens als Altmasseverbindlichkeiten gelten machen. Kommt es im Rahmen des masseunzulänglichen Insolvenzverfahrens zu einen Betriebsübergang ist davon auszugehen, dass die Agentur für Arbeit Ansprüche der freigestellten Arbeitnehmer ab dem Zeitpunkt des Betriebsüberganges gegen den Erwerber geltend machen wird. 105

Die Möglichkeit der Freistellung unter Gleichwohlgewährung, die teilweise auch als **insolvenzspezifisches Freistellungsrecht** bezeichnet wird, steht in der vergleichbaren Situation auch der Geschäftsführung im Fall der **Eigenverwaltung** zur Verfügung, sodass die im Folgenden dargestellten Grundsätze auch für den Fall der Eigenverwaltung gelten. 106

Ob es das *»insolvenzspezifische Freistellungsrecht«* tatsächlich gibt und welche Ausprägungen es hat, ist umstritten. Landesarbeitsgerichte beurteilen die Situation derzeit uneinheitlich.[93] Bisher hat sich 107

93 Dafür: LAG Hamm 06.09.2011 – 4 Sa 1276/01; dagegen: LAG Hessen 10.04.2017 – 7 Sa 650/16.

das BAG nicht zu dem Bestehen eines solchen besonderen Freistellungsrechts geäußert. Dies steht jedoch zu erwarten, denn aufgrund der Revision gegen eine Entscheidung des LAG Hessen wird sich das BAG mit der Frage des Freistellungsrechts befassen müssen. Das Verfahren ist jedoch noch nicht terminiert.[94] Von Relevanz für die Frage des insolvenzspezifischen Freistellungsrechts und dessen Ausprägung könnte auch ein Vorlageverfahren des BAG an den EuGH sein. Inhaltlich geht es dabei um die Frage, ob der Arbeitnehmer im laufenden Urlaubsjahr den Urlaub beantragen muss, damit dieser bei der Nichterfüllung des Urlaubswunsches durch den Arbeitgeber in das Folgejahr übertragen wird und nicht untergeht, oder ob es Aufgabe des Arbeitgebers ist, von sich aus Urlaub zu gewähren, der Arbeitgeber also gewissermaßen dem Arbeitnehmer Urlaub aufzuzwingen muss.[95] Ein solches Aufzwingen wird durch die unwiderrufliche Freistellung des Arbeitnehmers unter Urlaubsanrechnung zu sehen sein, die regelmäßig während der insolvenzspezifischen Freistellung erfolgt.

108 Die insolvenzspezifische Freistellung folgt dem Gedanken, dass im Grundsatz der Insolvenzverwalter gehalten wäre die Vergütungsansprüche aller Arbeitnehmer zu erfüllen obschon absehbar ist, dass die Masse nicht ausreichend ist, alle Ansprüche zu bedienen. Damit wäre dem Insolvenzverwalter die geregelte Abwicklung des Insolvenzverfahrens schlicht unmöglich. Vertragspartner, die zur Abwicklung des Verfahrens notwendige Leistungen erbringen und deren Leistungen der Insolvenzverwalter in Anspruch nehmen will – und dies im Sinne der geregelten Abwicklung auch muss – müssten um den Ausgleich ihrer Masseforderungen fürchten.[96] Arbeitnehmer, die tatsächlich aus betriebsbedingten Gründen nicht mehr eingesetzt werden können, deren Beschäftigungsbedürfnis also entfallen ist, würden die Masse nach wie vor – trotz Nichtleistung – mit Vergütungsansprüchen belasten. Tatsächlich würde in dieser Situation eine Fortführung des Betriebes bei Masseunzulänglichkeit nicht mehr möglich sein. Der Betrieb müsste – trotz an sich gegebener positiver Fortführungsprognose bzw. Sanierungsperspektive – sofort eingestellt werden und allen Arbeitnehmern müsste aufgrund der erforderlichen Betriebsstilllegung gekündigt werden. Dies widerspricht elementar der sanierungsfreundlichen Gestaltung der Insolvenzordnung durch den Gesetzgeber, jüngst nochmals dokumentiert durch das Inkrafttreten des Gesetzes zur Erleichterung von Unternehmenssanierungen (ESUG). Um dies zu verhindern, sieht die Insolvenzordnung inzidenter in den §§ 208, 209 ein Freistellungsrecht – oder richtiger: die Nichterfüllungswahl – in Bezug auf bestehende Arbeitsverhältnisse vor. Dem Insolvenzverwalter ist es so bei angezeigter Masseunzulänglichkeit möglich, sich vor sog. oktroyierten Neumasseverbindlichkeiten zu schützen. Insoweit ist es anerkannt, dass ein Insolvenzverwalter bei angezeigter Masseunzulänglichkeit und fehlender Inanspruchnahme der Gegenleistung die Rangfolge des § 209 auslösen kann. Der Insolvenzverwalter kann also zur Vermeidung der Auszehrung der Insolvenzmasse die Annahme der Gegenleistung ablehnen. § 209 soll die Auszehrung der Insolvenzmasse durch **oktroyierte Ansprüche** verhindern. Dies sind Ansprüche, die die Insolvenzmasse schmälern, obwohl ein (Leistungs-) Zufluss zur Insolvenzmasse nicht erfolgt.

109 Die Möglichkeit der unwiderruflichen Freistellung unter Verweis auf die Gleichwohlgewährung von Arbeitslosengeld ist auch in der arbeitsgerichtlichen Rechtsprechung anerkannt. Zwar liegen den arbeitsgerichtlichen Entscheidungen mehrheitlich vergütungsrechtliche Fragen zu Grunde, inzidenter spielt hier jedoch immer die Frage des Bestehens des insolvenzspezifischen Freistellungsrechts eine Rolle, denn die Verpflichtung zur Beschäftigung des Arbeitnehmers würde zwingend auch seine Vergütung als Neumassegläubiger nach sich ziehen. Selbst wenn das Vorliegen eines insolvenzspezifischen Freistellungsrechts nicht anerkannt wird, so kann sich das Verhalten des Insolvenzverwalters, Arbeitnehmer zur Arbeitsleistung nicht heranzuziehen (die aufgrund der angezeigten Massenunzulänglichkeit auch nicht vergütet werden könnten), nicht als pflichtwidrig darstellen und Ansprüche nach § 61 auslösen.[97]

94 Revision ist anhängig unter BAG Az.: 9 AZR 367/17.
95 BAG 13.12.2016 – 9 AZR 541/15; EuGH C-684/16.
96 BAG 08.12.1998 – 9 AZR 622/97.
97 LAG Hessen 10.04.2017 – 7 Sa 650/16.

Wichtig ist folglich die Differenzierung zwischen Altmasse- und Neumassegläubigern. Neumassegläubiger sind die Gläubiger, die bei Masseunzulänglichkeit Sach- oder Dienstleistungen zugunsten der Insolvenzmasse erbringen. Ihnen soll für diese Leistung der Anspruch auf ihre Gegenleistung ungekürzt aus der Insolvenzmasse zustehen, weil anderenfalls die Insolvenz nicht ordnungsgemäß abgewickelt werden kann.[98] Hat ein Arbeitnehmer keine tatsächliche Leistung für die Insolvenzmasse erbracht (weil er bspw. durch den Insolvenzverwalter oder bereits durch den Schuldner freigestellt wurde), erwirbt er allenfalls Ansprüche auf Altmasseverbindlichkeiten. Auf die Ursache seiner Nichtbeschäftigung kommt es dabei nicht an.[99] Keine Relevanz hat insoweit auch die Frage, ob die erklärte Freistellung rechtmäßig erfolgte.[100] Im Grundsatz ist deshalb zwischen der insolvenzrechtlichen Freistellung und einer arbeitsrechtlichen Freistellung zu unterscheiden. Während bei letzteren Wirksamkeitserwägungen eine Rolle spielen, ist dies bei der insolvenzrechtlichen Freistellung nicht der Fall, weshalb auch von dem **»originären Freistellungsrecht«** des Insolvenzverwalters die Rede ist. In der Begründung zu § 321 Regierungsentwurf – jetzt § 209 – wird ausgeführt, dass ein Arbeitnehmer dann Anspruch auf volle Vergütung für die Arbeitsleistung haben müsse, wenn er seine Leistung voll zu erbringen habe, also nicht vom Insolvenzverwalter *»freigestellt«* wurde. Das Wort *»freigestellt«* ist in dieser Regierungsbegründung in Anführungszeichen gesetzt. Dem Gesetzgeber war offensichtlich bewusst, dass die Nichtannahme der Arbeitsleistung mit dem Begriff der Freistellung, wie er sonst im Arbeitsrecht verwendet wird, nicht gleichzusetzen ist.[101] 110

Folglich ist in der insolvenzrechtlichen Freistellung des Arbeitnehmers lediglich die Mitteilung der Schuldnerin oder des Insolvenzverwalters zu sehen, dass von dem Wahlrecht der Erfüllung bzw. der Inanspruchnahme der Arbeitsleistung nicht Gebrauch gemacht wird. Die an sich gegebene Beschäftigungspflicht des Arbeitnehmers muss hier zurückstehen. Es kommt dabei nicht darauf an, aufgrund welcher Erklärungen oder welcher Motive die Gegenleistung (hier also die Arbeitsleistung des Arbeitnehmers) nicht in Anspruch genommen wurde. Entscheidend ist einzig und alleine, dass die Gegenleistung von dem Insolvenzverwalter nicht angenommen wurde. 111

Die insolvenzbedingte Freistellung kann auch nur für Teile der Belegschaft erfolgen. So kann mit einer Freistellung unter Gleichwohlgewährung bspw. ein Abwicklungsteam definiert werden und so (neu-)masseschonend eine Abwicklung des Betriebes oder Betriebsfortführung erfolgen. Bei der Auswahl der freizustellenden Arbeitnehmer muss der Arbeitgeber bzw. Insolvenzverwalter keine Sozialauswahl gem. § 1 KSchG durchführen. Verbreitet wird jedoch angenommen, dass der Insolvenzverwalter verpflichtet sei, die Auswahl der freizustellenden Arbeitnehmer nach billigem Ermessen gem. § 315 Abs. 1 BGB vorzunehmen.[102] Insoweit können also auch soziale Kriterien eine Rolle spielen. Sollte sich jedoch die Freistellungsentscheidung am Maßstab des billigen Ermessens gem. § 315 BGB orientieren, müssen bei der Freistellungsentscheidung die wesentlichen Umstände des Falls abgewogen und die beiderseitigen Interessen angemessen berücksichtigt werden.[103] Maßgeblich für die Beurteilung ist der Zeitpunkt, in dem der Arbeitgeber die Ermessensentscheidung zu treffen hat. Dem Inhaber des Bestimmungsrechts nach § 315 Abs. 1 BGB verbleibt für die rechtsgestaltende Leistungsbestimmung ein nach billigem Ermessen auszufüllender Spielraum. Innerhalb des Spielraums können dem Bestimmungsberechtigten mehrere Entscheidungsmöglichkeiten zur Verfügung stehen.[104] Von billigem Ermessen ist auszugehen, wenn der Insolvenzverwalter bzw. der Schuldner eine unternehmerische Konzeption der insolvenzbedingten Abarbeitung der vorhandenen Aufträge erstellt hat und geprüft hat, mit welchem Personal diese Arbeiten verrichtet werden könnten. Der 112

98 BAG 08.12.1998 – 9 AZR 622/97.
99 BAG 08.12.1998 – 9 AZR 622/97.
100 LAG Nürnberg 06.09.2011 – 6 Sa 807/10.
101 LAG Nürnberg 06.09.2011 – 6 Sa 807/10.
102 LAG Nürnberg 30.08.2005 – 6 Sa 273/05, ZIP 2006, 256.
103 BAG 14.11.2012 – 10 AZR 783/11; BAG 12.10.2011 – 10 AZR 746/10; BAG 25.08.2010 – 10 AZR 275/09.
104 BAG 14.11.2012 – 10 AZR 783/11; BAG 12.10.2011 – 10 AZR 746/10; BAG 25.08.2010 – 10 AZR 275/09.

Insolvenzverwalter kann bspw. eine Zweiteilung der Belegschaft in mehrfachqualifizierte und flexibel einsetzbare Arbeitnehmer/innen und in einfachqualifizierte Arbeitnehmer vornehmen. Die erste Gruppe kann dann aus zwingenden betrieblichen Gründen nicht freigestellt werden. Auch denkbar ist, dass nicht freigestellte Arbeitnehmer zur Aufrechterhaltung eines Teilbetriebes erforderlich sind. War die Auswahlentscheidung dagegen willkürlich, könnte der Arbeitnehmer die Freistellung wirksam angreifen.[105]

113 Kann die Freistellungsentscheidung also mit einem nachvollziehbaren und dokumentierten unternehmerischen Konzept begründet werden, dürfte sich die Freistellung in den Grenzen des billigen Ermessens bewegen. Sachfremde Erwägungen sind aber zu vermeiden und gefährden die Freistellungsentscheidung. U.U. kann sich in der Konsequenz ein Beschäftigungsanspruch des Arbeitnehmers ergeben.

114 Im Grundsatz muss sich jedoch in konsequenter Anwendung des oben beschriebenen Grundsatzes der Freistellung als Nichterfüllungswahl die Freistellungsentscheidung des Insolvenzverwalters nicht uneingeschränkt am Maßstab des § 315 Abs. 1 BGB messen lassen. Der Insolvenzverwalter und die Eigenverwaltung müssen ihre Entscheidungen in dem Insolvenzverfahren an den Vorgaben und gesetzlichen Bestimmungen der Insolvenzordnung ausrichten. Bei dem Insolvenzverfahren handelt es sich um ein Zwangsvollstreckungsverfahren, das spezifischen, in der Insolvenzordnung niedergelegten Grundsätzen folgt. Einer dieser Grundsätze ist in § 1 InsO festgehalten. Demnach dient das Insolvenzverfahren dazu, *»die Gläubiger eines Schuldners gemeinschaftlich zu befriedigen, indem das Vermögen des Schuldners verwertet und der Erlös verteilt oder in einem Insolvenzplan eine abweichende Regelung, insbesondere zum Erhalt des Unternehmens, getroffen wird«*. Die Berücksichtigung von sozialen Belangen ist dem Insolvenzverwalter vor diesem Hintergrund nur möglich, wenn diese im Einklang mit der Zielrichtung des Insolvenzverfahrens stehen. Ist dies nicht der Fall, können derartige Belange nicht berücksichtigt werden, was dazu führt, dass das Beschäftigungsinteresse des Arbeitnehmers hinter der ordnungsgemäßen Verfahrensabwicklung zurückstehen muss.

115 Macht der bei nach Anzeige der Masseunzulänglichkeit freigestellte Arbeitnehmer Vergütungsforderungen aus dem Zeitraum der Freistellung geltend, handelt es sich hierbei aufgrund der angezeigten Masseunzulänglichkeit und der fehlenden Inanspruchnahme der Arbeitsleistung des Arbeitnehmers nicht um Masseverbindlichkeiten gem. § 55, sondern um Altmasseverbindlichkeiten gem. § 209 Abs. 1 Ziff. 3. Diese sind nachrangig gegenüber den übrigen Masseverbindlichkeiten. Zudem gilt für diese Verbindlichkeiten ein Vollstreckungsverbot gem. § 210. Leistungsklagen von Altmassegläubigern sind nach gefestigter Rechtsprechung wegen der nicht mehr vorhandenen Vollstreckungsmöglichkeit mangels Rechtsschutzinteresses unzulässig.[106]

116 Das insolvenzspezifische Freistellungsrecht gibt damit die Möglichkeit, trotz angezeigter Masseunzulänglichkeit eine Sanierungsoption weiter zu verfolgen, in dem ein Restbetrieb aufrechterhalten kann. Bei der insolvenzspezifischen Freistellung bei angezeigter Masseunzulänglichkeit muss aber nach dem Ausspruch der unwiderruflichen Freistellung unter Gleichwohlgewährung schnellst möglichst die Kündigung des Arbeitsverhältnisses des freigestellten Arbeitnehmers erfolgen.[107] Kündigt der Insolvenzverwalter die Arbeitsverhältnisse der freigestellten Arbeitnehmer nicht zu dem frühestmöglichen Zeitpunkt nach der Anzeige der Masseunzulänglichkeit, begründet der Insolvenzverwalter Neumasseverbindlichkeiten gem. § 209 Abs. 2 Ziff. 2.[108] Neumasseverbindlichkeit ist dabei die Vergütung nach dem Zeitpunkt der frühestmöglichen Kündigungsmöglichkeit nach der Anzeige der Masseunzulänglichkeit. Der frühestmögliche Termin versteht

105 LAG Hamm 27.09.2000 – 2 Sa 1178/00, NZI 2000, 2189; LAG Hamm 06.09.2001 – 4 Sa 1276/01, ZInsO 2002, 45.

106 BGH 09.02.2012 – IX ZR 75/11, DB 2012, 628.

107 LAG Nürnberg 30.08.2005 – 6 Sa 273/05, ZIP 2006, 256.

108 BAG 31.03.2004 – 10 AZR 253/03, ZIP 2004, 1323.

sich dabei unter Einhaltung der individualrechtlichen oder kollektivrechtlichen Vorgaben, die für eine wirksame Kündigung erforderlich sind. Es muss demnach keine offensichtlich unwirksame Kündigung ausgesprochen werden, nur um den frühestmöglichen Termin zu halten. Sowohl Zustimmungserfordernisse bei schwerbehinderten Arbeitnehmern oder bei Arbeitnehmern in Mutterschutz bzw. Elternzeit als auch die betriebsverfassungsrechtlichen Verfahren wie die Anhörungsfrist des § 102 BetrVG oder der Abschluss eines Interessenausgleiches können durchgeführt bzw. abgewartet werden.[109]

Mit der Freistellungsentscheidung wird damit regelmäßig eine Kündigungsentscheidung vorweg- 117 genommen. Besteht in dem Unternehmen ein Betriebsrat, ist mit diesem beim Überschreiten der maßgeblichen Schwellenwerte ein Interessenausgleich zu verhandeln, denn nach der Rechtsprechung wird durch die unwiderrufliche Freistellung mit einer Betriebsänderung begonnen.[110] So wird in der Praxis in derartigen Konstellationen faktisch die Diskussion mit dem Betriebsrat über eine Namensliste der zu kündigen Arbeitnehmer vorweggenommen. Problematisch ist dies insb. dann, wenn bestimmte Arbeitnehmergruppen freigestellt werden sollen, bei denen die spätere Zustimmung des Betriebsrates zum Ausspruch der Kündigung erforderlich ist. Die betrifft bspw. die Kündigung von Mitgliedern des Betriebsrates. Nach § 15 Abs. 1 KSchG i.V.m. § 103 BetrVG bedarf die Kündigung eines Mitgliedes des Betriebsrates der vorherigen Zustimmung bzw. der Zustimmungsersetzung. Werden nun Mitglieder des Betriebsrates unwiderruflich freigestellt und kann später die Zustimmung zur Kündigung oder gar Zustimmungsersetzung nicht erlangt werden, bestehen das Arbeitsverhältnis ungekündigt weiter, der Arbeitnehmer ist jedoch aufgrund der unwiderruflichen Freistellung nicht zur Arbeitsleistung verpflichtet. In diesem Status kann das Arbeitsverhältnis auch auf den Erwerber übergehen. Wurde ein Mitglied des Betriebsrates insolvenzbedingt unwiderruflich freigestellt, wird diesem jedoch weiter die Möglichkeit gegeben werden müssen, Betriebsratsarbeit zu leisten.

Dem Arbeitnehmer steht als Rechtsschutzmöglichkeit der Angriff der Freistellung mittels **einst-** 118 **weiliger Verfügung** zu. Die Durchsetzung eines solchen Beschäftigungsanspruches wird jedoch regelmäßig ausscheiden. Im Rahmen des Verfügungsanspruches muss die ordnungsgemäße Ausübung des billigen Ermessens angegriffen werden, was beim Vorliegen einer Personalkonzeption zur Freistellungskonzeption schwer gelingen wird. Auf einen Verfügungsgrund kann sich der Arbeitnehmer ebenfalls nicht berufen. Aufgrund der Gewährung von Arbeitslosengeld I auf Basis der Gleichwohlgewährung ist der Arbeitnehmer in seiner Existenz abgesichert. Nur wenn dies nicht der Fall wäre, stünde dem Arbeitnehmer auch ein Verfügungsrund zur Seite.[111] Gelänge dem Arbeitnehmer die Durchsetzung seines Beschäftigungsanspruches, so hätten die Vergütungsansprüche wieder den Rang von Neumasseverbindlichkeiten gem. § 55, § 209 Abs. 1 Ziff. 2 i.V.m. § 209 Abs. 2 Ziff. 1 bis 3.

▶ **Praxishinweis:**

Ob es das »insolvenzspezifische Freistellungsrecht« als solches gibt, ist umstritten. Hier steht 119 jedoch eine Klärung durch das Bundesarbeitsgericht an. Für die Freistellung bei angezeigter Masseunzulänglichkeit hat dies zunächst keine weiteren Auswirkungen. Bei der nur teil- oder gruppenweisen Freistellung von Arbeitnehmern ist jedoch auf eine nachvollziehbare und sachlich begründete Freistellungsentscheidung zu achten. Die Freistellung bestimmter Arbeitnehmer darf nicht willkürlich erfolgen. Dabei hat der Insolvenzverwalter – oder auch die Sanierungsgeschäftsführung im Rahmen einer Eigenverwaltung, die auch im masseunzulänglichen Verfahren fortgesetzt werden kann – einen Ermessensspielraum.

109 So auch LAG Hamm 13.10.2005 – 4 Sa 2340/04, ZInsO 2007, 51.

110 Vgl. hierzu Rdn. 204 ff.

111 So auch LAG Nürnberg 30.08.2005 – 6 Sa 273/05, ZIP 2006, 256.

III. Der insolvenzrechtliche Rang der Vergütungsansprüche der Arbeitnehmer

1. Vergütungsansprüche

120 In Bezug auf die Vergütungsansprüche der Arbeitnehmer ist die Zweiteilung des Insolvenzverfahrens in das vorläufige Insolvenzverfahren und das eröffnete Insolvenzverfahren von entscheidender Bedeutung. Für die Qualifizierung der Ansprüche ist das jeweilige Verfahrensstadium maßgeblich.

121 Zur Beurteilung des insolvenzrechtlichen Charakters der Ansprüche kommt es entscheidend darauf an, wann die Ansprüche der Arbeitnehmer entstanden sind (insolvenzrechtlicher Entstehungsbegriff oder Erarbeitungsprinzip[112]). Nicht entscheidend ist dagegen, wann die Ansprüche fällig werden.[113]

122 Nach den §§ 38, 108 Abs. 3 sind Ansprüche aus dem Arbeitsverhältnis dann **Insolvenzforderungen**, wenn es sich um solche »für« die Zeit vor Eröffnung des Insolvenzverfahrens handelt. Der Arbeitnehmer kann diese Ansprüche nur als Insolvenzgläubiger durch Anmeldung zur Insolvenztabelle geltend machen. Es gelten hierfür die § 108 Abs. 3 i.V.m. §§ 174. Eine klageweise Durchsetzung dieser Ansprüche im Wege der Leistungsklage ist nicht möglich. Eine solche Klage wäre unzulässig. Der Arbeitnehmer ist vielmehr gehalten, seine Forderungen zunächst zur Insolvenztabelle anzumelden und ggf. – falls die angemeldeten Forderungen durch den Insolvenzverwalter bestritten werden – die Feststellungsklage gem. § 179 zu erheben.

123 Nach § 55 Abs. 1 Nr. 1 sind Masseverbindlichkeiten solche Verbindlichkeiten, die durch Handlungen des Insolvenzverwalters oder in anderer Weise durch die Verwaltung, Verwertung und Verteilung der Insolvenzmasse begründet werden, ohne zu den Kosten des Verfahrens zu gehören. Bestehen Arbeitsverhältnisse nach der Eröffnung des Insolvenzverfahrens fort – was ohne den Fall vorheriger Beendigung durch Kündigung oder Aufhebungsvertrag grundsätzlich der Fall ist – haben die Vergütungsansprüche der Arbeitnehmer den Rang von Masseverbindlichkeiten und sind demnach von dem Insolvenzverwalter zu bedienen. Diese gilt auch für solche Arbeitsverhältnisse, die von dem Insolvenzverwalter selbst in seiner Funktion als Partei kraft Amtes selbst begründet wurden. Vergütungsansprüche der Arbeitnehmer aus dem Zeitraum nach der Eröffnung des Insolvenzverfahrens sind damit **Masseverbindlichkeiten** gem. § 55 Abs. 1 Nr. 2, 2. Alt und entsprechend aus der Masse zu bedienen. Dem Arbeitnehmer, der nach der Eröffnung des Insolvenzverfahrens seine Arbeitsleistung erbringt (oder einen Vergütungsanspruch auf besonderer Basis hat, bspw. nach § 3 Abs. 1 S. 1 Entgeltfortzahlungsgesetz), steht ein Vergütungsanspruch gegen die Masse zu. Werden Ansprüche durch Vereinbarungen des Schuldners zwar vor Insolvenzeröffnung begründet, jedoch nach der Insolvenzeröffnung fällig, so handelt es sich auch für den Zeitraum nach Insolvenzeröffnung nicht um Masseverbindlichkeiten i.S.v. § 55 Abs. 1 Nr. 1.[114]

124 Im Fall des in der Eigenverwaltung möglichen **Schutzschirmverfahrens** nach § 270b kann sich der Schuldner gem. § 270b Abs. 3 S. 2 dazu ermächtigen lassen, Masseverbindlichkeiten i.S.d. § 55 zu begründen. Es gilt insoweit § 55 Abs. 2. Dies stellt eine Abkehr von der üblichen Handhabung dar, denn im Grunde ist das Schutzschirmverfahren eine besondere Art des vorläufigen Insolvenzverfahrens, weshalb an sich die hier entstehenden Ansprüche nach der Eröffnung des Insolvenzverfahrens Insolvenzforderungen gem. § 38 darstellen. Die Ermächtigung setzt einen entsprechenden Antrag des Schuldners voraus. Durch die Ermächtigung soll der quasi in die Rechtsstellung eines vorläufigen starken Insolvenzverwalters einrücken, um den Vertragspartnern des Schuldners in der kritischen Sanierungsphase Sicherheit vermittelt zu können.[115] Außerhalb des Schutzschirmverfahrens, d.h. in der »regulären« Eigenverwaltung, ist eine solche Ermächtigung nicht möglich.[116]

---

112 *Lakies*, DB 2014, 1139.

113 St.Rspr., vgl. nur BAG 14.11.2012 – 10 AZR 793/11, DB 2013, 702.

114 BAG 27.09.2007 – 6 AZR 975/06, DB 2008, 764; BAG 27.04.2006 – 6 AZR 364/05, DB 2006, 2296; BAG 19.01.2006 – 6 AZR 529/04, DB 2006, 2295.

115 *Geißler*, ZInsO 2013, 535.

116 BGH 07.02.2013 – IX ZB 43/12, ZInsO 2013, 460.

Im Rahmen der Ansprüche der Arbeitnehmer auf Entgeltzahlungen stellt sich auch die Frage der Verpflichtung zur **Abführung von Sozialversicherungsabgaben** im **Eröffnungsverfahren** der **Eigenverwaltung** gem. § 270a oder des **Schutzschirmverfahrens** nach § 270b. In der vorläufigen Eigenverwaltung verbleibt die Arbeitgeberstellung bei dem Schuldner bzw. der Geschäftsführung des Schuldners. Hieraus ergibt sich auch die Pflichtenstellung des Arbeitgebers nämlich insb. die strafbewehrte Verpflichtung zur Abführung der Arbeitnehmer-Sozialversicherungsbeiträge. Gleichzeitig obliegt dem Schuldner jedoch im Eröffnungsverfahren die Vermögenssicherungspflicht. Verletzt er diese, kann er nach § 64 S. 1 GmbHG haftbar sein. Für den Schuldner besteht damit das Dilemma, dass er sich auf der einen Seite strafrechtlich und zivilrechtlich haftbar machen kann wenn er Arbeitnehmer-Sozialversicherungsbeiträge nicht abführt und andererseits den Verfahrenszweck zu beachten hat und Gläubigerinteressen durch die Massesicherung wahren muss. Den Grundsatz der Massesicherung könnte der Geschäftsführer mit der Zahlung verletzen. Nach einem Beschluss des AG Hamburg soll es sich bei der Abführung der Sozialversicherungsbeiträge um *»insolvenzzweckwidrige Zahlungen«* handeln, denn der Geschäftsführer habe mit der Antragsstellung ein *»verändertes Pflichtenprogramm«*, weshalb grundsätzlich die Kassenführung auf den vorläufigen Sachwalter übertragen werden soll.[117] Die Problematik tritt auch im **Schutzschirmverfahren** auf, das gewissermaßen ein *»Sonderfall«* des vorläufigen Insolvenzverfahrens darstellt. 125

Die Nichtabführung der Sozialversicherungsabgaben könnte damit zu einer strafrechtlichen bzw. zivilrechtlichen Haftung des eigenverwaltenden Geschäftsführers bzw. des vertretungsberechtigten Organs des Schuldners führen. Die **strafrechtliche Seite** wird durch § 266a Abs. 1 StGB i.V.m. § 14 StGB bestimmt. Das Unterlassen der Abführung der **Arbeitnehmeranteile** zur Sozialversicherung ist unter Strafe gestellt. Voraussetzung ist jedoch, dass die tatsächliche oder rechtliche Möglichkeit der Abführung der Arbeitnehmer-Sozialversicherungsabgaben gegeben war.[118] Tatsächlich ist die Abführung der Sozialversicherungsbeiträge dann aber **unmöglich**, wenn der Schuldner **zahlungsunfähig** war.[119] Entscheidend bei der Feststellung der Zahlungsunfähigkeit sind jedoch nicht die Grundsätze des § 17 Abs. 2 InsO, sondern erforderlich ist vielmehr, dass der Schuldner über keine hinreichenden **liquiden Mittel** verfügt, die fälligen Sozialversicherungsbeiträge abzuführen.[120] Dies dürfte im Rahmen des Schutzschirmverfahrens ausgeschlossen sein, denn Voraussetzung des Verfahrens ist gerade, dass der Schuldner i.S.v. § 18 Abs. 2 lediglich drohend zahlungsfähig und nicht zahlungsunfähig i.S.d. § 17 Abs. 2 ist.[121] Sicherlich ist jedoch im Grundsatz denkbar, dass sich im Verlauf des vorläufigen Verfahrens die wirtschaftliche Situation derart verschlechtert, dass die Liquidität nicht ausreicht, um die fälligen Sozialversicherungsabgaben zu bedienen. Dann würde jedoch u.U. das Insolvenzgericht das Schutzschirmverfahren aufheben. Auch in der vorläufigen Eigenverwaltung nach § 270a sind derartige Liquiditätsengpässe ebenfalls grundsätzlich denkbar, aber nicht zwingend. Der Fall der tatsächlichen Zahlungsunfähigkeit ist damit ein denkbares Szenario, jedoch in der Praxis eher unwahrscheinlich. Auch die **rechtliche Unmöglichkeit** der Abführung der Sozialversicherungsbeiträge wird nicht anzunehmen sein, denn in der vorläufigen Eigenverwaltung gem. § 270a und in dem Schutzschriftverfahren gem. § 270b bleibt die Verfügungsbefugnis gerade bei dem Schuldner, der das schuldnerische Unternehmen in der Eigenverwaltung führt. Es bestehen eben gerade nicht Zustimmungsvorbehalte oder Verfügungsverbote, wie dies in der vorläufigen Insolvenzverwaltung im Regelinsolvenzverfahren der Fall ist. Der Schuldner wird sich auch nicht auf § 275 Abs. 1 S. 1 i.V.m. § 270a Abs. 1 S. 2 zurückziehen können. Danach besteht ein Zustimmungsvorbehalt für Rechtsgeschäfte, die nicht dem gewöhnlichen Geschäftsbetrieb entsprechen. Die Abführung von Sozialversicherungsabgaben stellt aber gerade ein solches, regelmäßiges Geschäftsereignis dar.[122] 126

117 AG Hamburg 14.07.2014 – 67b IN 196/14, ZInsO 2014, 2102.
118 BGH 28.05.2002 – 5 StR 16/02, ZIP 2002, 2143.
119 BGH 15.10.1996 – VI ZR 319/95, ZIP 1996, 2017.
120 BGH 09.08.2005 – 5 StR 67/05, ZInsO 2005, 986.
121 *Hunsalzer*, ZInsO 2014, 1749.
122 *Hunsalzer*, ZInsO 2014, 1749.

127 Denkbar ist, dass dem Schuldner die Abführung der Sozialversicherungsabgaben **faktisch unmöglich** ist. Dies kann dann der Fall sein, wenn der Sachwalter den Zahlungsverkehr wie üblich über ein eigenes Treuhandkonto abwickelt aber nicht von dem Kassenführungsrecht Gebrauch macht. In diesem Fall hat der Schuldner faktisch keinen Zugriff mehr das Betriebskonto und kann keine Zahlungsanweisungen tätigen. Dem Schuldner bleibt nur möglich, den Sachwalter zur Auszahlung der Sozialversicherungsabgaben anzuweisen. Aufgrund des Fehlens des formellen Zustimmungsbedürfnisses – die Verwaltungs- und Verfügungsbefugnis bleibt ja gerade bei dem eigenverwaltenden Schuldner – hat der Sachwalter dem auch nachzukommen. Allerdings wird der Sachwalter dann gehalten sein, das Insolvenzgericht und den vorläufigen Gläubigerausschuss über die Zahlung zu informieren. Das Gericht hätte dann die Möglichkeit, die Eigenverwaltung aufzuheben und ein vorläufiges Regelinsolvenzverfahren anzuordnen.[123] Dann wäre der Fall der faktischen (und wohl auch rechtlichen) Unmöglichkeit gegeben. Damit würde der Schuldner jedoch gerade die beabsichtigte Sanierung über die Eigenverwaltung bzw. das Schutzschirmverfahren gefährden, was nicht im Sinne der gesetzgeberischen Konzeption sein kann. Aus diesem Grunde könnte im Ergebnis in dieser Konstellation von einer faktischen Unmöglichkeit und Unzumutbarkeit der Abführung der Sozialversicherungsabgaben ausgegangen werden. Damit wäre auch die Möglichkeit eröffnet, eine Strafbarkeit des Schuldners auszuschließen.[124] Entsprechendes müsste dann konsequenterweise auch für eine **zivilrechtliche Haftung** des Schuldners gem. § 823 Abs. 2 BGB i.V.m. § 266a StGB gelten.[125]

128 Die bisher beschriebenen Lösungsansätze können eher als *»reaktiv«* bezeichnet werden. Der Geschäftsführer ist hier zunächst immer der strafrechtlichen und zivilrechtlichen Haftung ausgesetzt oder seine Kompetenzen werden über das gerechtfertigte Maß eingeschränkt.[126] In der Beratungspraxis wird einer proaktiven Lösung der Vorzug zu geben sein. Ein Modell hierzu hat das **AG Düsseldorf** aufgezeigt.[127] In einem Beschluss des Insolvenzgerichts wurde festgehalten, dass Zahlungen auf Forderungen aus dem Steuerverhältnis im Sinne von § 37 AO sowie Zahlungen auf Beiträge der Arbeitnehmer zur Sozialversicherung im Sinne von § 266a StGB nur mit **Zustimmung** des vorläufigen Sachwalters geleistet werden dürfen. Auch andere Insolvenzgerichte haben inzwischen vergleichbare Beschlüsse gefasst. Über den Umweg dieses ergänzenden Beschlusses wird damit ein Zustimmungsvorbehalt des Sachwalters eingeführt. Der Beschluss bewegt sich dabei im Rahmen des § 21 Abs. 1 S. 1 und der insolvenzrechtlichen Rechtsprechung. Aufgrund dieses Zustimmungsvorbehaltes ist der Schuldner nun abgesichert. Verweigert der Sachwalter die Zustimmung zur Zahlung der Arbeitnehmerbeiträge zur Sozialversicherung, wird strafrechtlich der Fall der rechtlichen Unmöglichkeit gegeben sein. Auch für eine zivilrechtliche Haftung wird kein Raum sein. Dies hat in der Regel vor allem eine liquiditätsschonende Wirkung. Dem Schuldner wird damit zu raten sein, bereits im Vorfeld eine Beschlussfassung über den Zustimmungsvorbehalt des Sachwalters zur Abführung von Sozialversicherungsbeiträgen anzuregen.[128] Dies sichert die Rechtsposition des Geschäftsführers aktuell bestmöglich ab.

129 Im Zweifel wird dem Geschäftsführer zu raten sein, zur Vermeidung einer Haftung die Arbeitnehmer-Sozialversicherungsbeiträge abzuführen, was jedoch vorher den Verfahrensbeteiligten kommuniziert werden sollte. Die Zahlung sollte dabei eine spätere **Anfechtung** nach § 130 Abs. 1 ermöglichen. Werden Sozialversicherungsbeiträge durch den Geschäftsführer des schuldnerischen Unternehmens abgeführt, sind diese regelmäßig **anfechtbar**. Für die Anfechtung ist jedoch darauf zu achten, die jeweiligen Anfechtungsgegner *»bösgläubig«* zu machen und die Zahlung nur unter dem Vorbehalt der Anfechtung zu leisten, um den Vertrauenseinwand auszuschließen.[129] D.h., der

---

123 *Hunsalzer*, ZInsO 2014, 1749, *Buchalik/Kraus*, ZInsO 2014, 2355.
124 *Hunsalzer*, ZInsO 2014, 1749.
125 *Hunsalzer*, ZInsO 2014, 1749.
126 So auch *Buchalik/Kraus*, ZInsO 2014, 2356.
127 AG Düsseldorf 10.07.2014 – 504 IN 124/14, ZInsO 2014, 2389.
128 *Buchalik/Kraus*, ZInsO 2014, 2357.
129 *Hunsalzer*, ZInsO 2014, 1753; *Buchalik/Kraus*, ZInsO 2014, 2355.

Geschäftsführer muss die Krankenkassen als Einzugsstellen der Sozialversicherungsbeiträge über die Insolvenzantragsstellung und die Zahlungsunfähigkeit informieren und auf die mögliche Anfechtung durch den Sachwalter hinweisen. Die bestehende Anfechtungsmöglichkeit stützt auch die oben beschriebene Lösung des AG Düsseldorf: Nachdem die Sozialversicherungsbeiträge der Anfechtung unterliegen, kann die Nichtabführung der Beiträge auch keinen Schaden darstellen. Wirtschaftlich bleibt das Ergebnis für die Einzugsstellen gleich. Eine Anfechtung kommt jedoch nicht in Betracht, wenn der Schuldner sich im Rahmen des Schutzschirmverfahrens gem. § 270b Abs. 3 auf eigenen Antrag hin ermächtigt wurde, im vorläufigen Verfahren **Masseverbindlichkeiten** zu begründen. Vor dem Hintergrund der dargestellten Problematik für den Schuldner ist damit genau abzuwägen, ob hier der Antrag nach § 270b Abs. 3 tatsächlich gestellt werden soll.

Eine besondere Situation im eröffneten Insolvenzverfahren tritt ein, wenn die **Masseunzulänglichkeit** gem. § 208 angezeigt wird. Die Anzeige der Masseunzulänglichkeit führt zu einer Neuordnung des Ranges der Vergütungsansprüche.[130] Nimmt der Insolvenzverwalter nach der Anzeige der Masseunzulänglichkeit die Arbeitsleistung des Arbeitnehmers nicht mehr in Anspruch – beispielsweise weil Arbeitnehmer unter der sog. Gleichwohlgewährung von Arbeitslosengeld freigestellt werden – haben entstehende Vergütungsansprüche den Rang von Altmasseverbindlichkeiten gem. § 209 Abs. 1 Nr. 3. 130

Nicht gänzlich ausgeschlossen ist, dass in einem Insolvenzverfahren die Notwendigkeit besteht, eine erneute Anzeige der Masseunzulänglichkeit zu erstatten. Das BAG hat für diesen Fall entschieden, dass die Rangfolge der Ansprüche seit der ersten Anzeige der Masseunzulänglichkeit nach § 208 Abs. 1 InsO bestehenden Neumassegläubiger unverändert bleibt, auch wenn der Insolvenzverwalter die erneute Masseunzulänglichkeit anzeigt.[131] Es kommt also nicht zu einer Besserstellung der »Neu-Neumassegläubiger«. Es kommt damit trotz weiterer Anzeigen der Masseunzulänglichkeit nur zu einer einmaligen Änderung der Rangfolgenordnung. 130a

Allerdings gilt das nicht uneingeschränkt. Gem. § 209 Abs. 2 Nr. 1 Abs. 1 Nr. 2 werden Neumasseverbindlichkeiten begründet, wenn der Insolvenzverwalter ein Arbeitsverhältnis nicht spätestens zum ersten Termin nach der Anzeige der Massenunzulänglichkeit gekündigt hat oder wenn sich die ausgesprochene Kündigung als unwirksam herausstellen sollte. Spricht der Insolvenzverwalter demnach eine Kündigung vor der Anzeige der Masseunzulänglichkeit aus und stellen die Arbeitsgerichte später fest, dass diese Kündigung unwirksam war, so haben die in der Vergangenheit aufgelaufenen Annahmeverzugsansprüche die Qualität von Neumasseverbindlichkeiten. Der Verwalter trägt insoweit das Risiko der Unwirksamkeit der ausgesprochenen Kündigung.[132] Nur wenn der Insolvenzverwalter nach Anzeige der Masseunzulänglichkeit rechtzeitig zum erstmöglichen Termin wirksam kündigt, handelt es sich bei den Vergütungsansprüchen der Arbeitnehmer um Altmasseverbindlichkeiten. Für die Festlegung des Zeitpunktes der frühesten Kündigungsmöglichkeit kommt es auf das *»rechtliche Können«* des Insolvenzverwalters an. Entscheidend ist damit die objektive Lage. Kollektivrechtliche oder individualrechtliche Kündigungshindernisse dürfen demnach nicht mehr bestehen bzw. können zunächst beseitigt werden, bevor die Kündigung ausgesprochen werden kann. Der Insolvenzverwalter ist nicht gehalten, eine insoweit offensichtlich unwirksame Kündigung auszusprechen, die im Übrigen auch nicht dazu führen würde, dass die Vergütungsansprüche des Arbeitnehmers zu Altmasseverbindlichkeiten werden. 131

Mit der Anzeige der Masseunzulänglichkeit werden **Leistungsklagen** auf Vergütungszahlung unzulässig. Nach § 210 ist die Vollstreckung wegen einer Masseverbindlichkeit nach § 55 Abs. 1 Nr. 2, § 209 Abs. 1 Nr. 3 unzulässig, sobald die Masseunzulänglichkeit angezeigt wurde. Altmasseverbindlichkeiten können dann nicht mehr im Wege einer Leistungsklage geltend gemacht werden. Dem Arbeitnehmer bleibt in einem bereits rechtshängigen Rechtsstreit alleine die Umstellung des 132

130 S. hierzu auch Rdn. 120 ff.
131 BAG 25.08.2022 – 6 AZR 441/21.
132 BAG 22.02.2018 – 6 AZR 868/16.

Klageantrages in eine Feststellungsklage, will er keine Klageabweisung riskieren.[133] Für Leistungsklagen entfällt ab der Anzeige der Masseunzulänglichkeit das Rechtsschutzbedürfnis.[134]

2. Beiträge der Arbeitnehmer/Sanierungsregelungen

133 Vermehrt sind haustarifvertragliche Regelungen anzutreffen, in denen Arbeitnehmer Entgeltverzichte zugunsten einer Sanierungschance des krisenbefangenen Unternehmens erklären. In Haustarifverträgen finden sich häufiger Regelungen, die unter bestimmten Voraussetzungen einen Rückfluss von Sanierungsbeiträgen der Arbeitnehmer oder die Aufhebung und Rückzahlung von Vergütungsansprüchen, auf die die Arbeitnehmer verzichtet haben, bestimmen. Mit diesen Regelungen soll der Versuch unternommen werden, die Arbeitnehmer für den Fall des Scheiterns der Sanierungsbemühungen so zu stellen, als sei der Sanierungs- oder Verzichtsbeitrag tatsächlich nicht erfolgt. Ziel ist hier nicht alleine der Ausgleich von finanziellen Ansprüchen, d.h. die Rückzahlung von Entgelt, sondern v.a. die mittelbare Besserstellung der Arbeitnehmer. Werden Kündigung ausgesprochen und sind die Arbeitnehmer gehalten, nach Ablauf der Kündigungsfrist Arbeitslosengeld zu beziehen, bemisst sich dies anhand der zuvor erzielten Vergütung. Die Verzichtsbeiträge der Arbeitnehmer reduzieren damit nicht nur den Vergütungsanspruch, sondern auch die Höhe des Arbeitslosengeldes. Häufig setzen Sanierungsregelungen entsprechende **Tariföffnungsklauseln** voraus. Dies ist beispielsweise im Anwendungsbereich des Bundesrahmentarifvertrags Bau (BRTV) der Fall. Durch die Öffnungsklausel sollen **betriebliche Bündnisse für Arbeit** ermöglicht werden, die beispielsweise den Entfall oder die Absenkung von 13. Monatsgehältern oder sonstigen Sonderzahlungen zum Gegenstand haben.

134 Wird nun eine Sanierungsvereinbarung im Fall der Eröffnung des Insolvenzverfahrens gekündigt oder entfällt deren Geschäftsgrundlage, so stellt sich die Frage, welchen insolvenzrechtlichen Rang die aufgrund der Rückfallklausel entstehenden Vergütungsansprüche der Arbeitnehmer haben. Richtigerweise muss es sich hierbei um Insolvenzforderungen handeln. Dies folgt aus § 55 Abs. 1 Nr. 2, 2. Alt. und § 108 Abs. 3. Danach sind nur solche Leistungsansprüche mit Entgeltcharakter als Masseforderungen anzuerkennen, die in einem zumindest partiellen Gegenseitigkeitsverhältnis zu der erbrachten Arbeitsleistung stehen.[135] Soll es sich um Masseverbindlichkeiten handeln, muss also eine *synallagmatische Verknüpfung* von Arbeit und Entgelt bestehen, die Zeiträumen nach der Eröffnung des Insolvenzverfahrens zuzuordnen ist. Dies ist bei der Rückfallforderung eines Arbeitnehmers bei Beendigung einer Sanierungsvereinbarung gerade nicht der Fall, wenn die Vergütungsansprüche, auf die der Arbeitnehmer zunächst verzichtet hatte, sind regelmäßig Zeiträumen vor der Eröffnung des Insolvenzverfahrens zuzuordnen.[136] Das BAG zieht hier eine Parallele zu der Rechtsprechung in den Fällen des Altersteilzeitarbeitsverhältnisses im Blockmodell.[137]

135 Selbstverständlich sind jedoch bei einem Wegfall der Sanierungsvereinbarung Vergütungsansprüche, soweit sie nach dem Zeitpunkt der Insolvenzeröffnung entstanden sind, auf Basis der erhöhten Vergütung (d.h. der Vergütung ohne Berücksichtigung des Verzichts) zu bemessen.[138] D.h., dass der Insolvenzverwalter bzw. Schuldner nach der Insolvenzeröffnung u.U. eine erhöhte Vergütung schulden kann. Nachdem der Betrieb nach der Eröffnung des Insolvenzverfahrens aber unter Vollkosten operiert, kann sich die Vergütungserhöhung negativ auf die Sanierungsoption des Betriebs auswirken. Es ist deshalb ratsam, bereits im Zeitraum der vorläufigen Insolvenzverwaltung eine ggf. befristete Fortgeltung der Sanierungs- oder Verzichtsregelung zu vereinbaren.

---

133 BGH 03.04.2003 – IX ZR 101/02; BAG 05.02.2009 – 6 AZR 110/08.
134 BAG 11.12.2001 – 9 ARZ 459/00; BAG 04.06.2003 – 10 AZR 586/02.
135 BAG 21.02.2013 – 6 AZR 406/11; BAG 27.09.2007 – 6 AZR 975/06.
136 BAG 21.02.2013 – 6 AZR 406/11.
137 S. hierzu Rdn. 363 ff.
138 BAG 21.02.2013 – 6 AZR 406/11; BAG 19.01.2006 – 6 AZR 529/04.

3. Abfindungszusagen vor der Eröffnung des Insolvenzverfahrens

Häufiger treten im Rahmen der Anordnung des vorläufigen Insolvenzverfahrens Problemlagen bei bereits vereinbarten Abfindungsvergleichen zutage. In diesen Fällen wurden Arbeitnehmern noch vor der Anordnung des vorläufigen Insolvenzverfahrens Abfindungen für die Beendigung des Arbeitsverhältnisses zugesagt. Dies kann z.B. im Rahmen der vergleichsweisen Beendigung von Rechtsstreiten der Fall sein oder aber auch durch außergerichtliche Aufhebungs- oder Abwicklungsvereinbarungen erfolgen. Der Arbeitnehmer hat nun regelmäßig ein großes Interesse daran, tatsächlich auch die Abfindungszahlung zu erhalten, denn er hat sich für die Aussicht der Zahlung seines Arbeitsverhältnisses begeben. 136

Eine Auszahlung der Abfindung ist im Stadium des vorläufigen Insolvenzverfahrens jedoch nur mit Zustimmung des vorläufigen Insolvenzverfahrens möglich. Hier gelten §§ 22 Abs. 2, 21 Abs. 2 Nr. 2, 2. Alt. Der Insolvenzverwalter kann – bzw. muss – seine Zustimmung zu einer Auszahlung einer Abfindung aus einem solchen Abfindungsvergleich jedoch in der Regel verweigern, denn hierdurch würden zukünftige Insolvenzforderungen gem. §§ 38, 108 Abs. 3 quasi zu Masseverbindlichkeiten gemacht, was im Ergebnis zu einer Schlechterstellung anderer Insolvenzgläubiger führen würde. Eine vor dem Zeitpunkt der Insolvenzeröffnung zugesagte bzw. entstandene Abfindungszahlung hat den Rang einer Insolvenzforderung, auch wenn die Abfindungszahlung erst nach der Eröffnung des Insolvenzverfahrens fällig wird.[139] Vergleichbares gilt im Rahmen der Eigenverwaltung bzw. des Schutzschirmverfahrens. 137

Bleibt der Schuldner die Auszahlung aus dem Abfindungsvergleich schuldig, stellt sich die Frage nach den Reaktionsmöglichkeiten des Arbeitnehmers. Da es sich bei der Aufhebungs- oder Abwicklungsvereinbarung um einen gegenseitigen Vertrag handelt, könnte dem Arbeitnehmer ein Rücktrittsrecht gem. § 323 Abs. 1, 1. Alt. BGB zustehen. Allerdings setzt die wirksame Ausübung des Rücktrittsrechtes voraus, dass die Forderung des Arbeitnehmers durchsetzbar ist. Daran fehlt es aufgrund der Anordnung des Insolvenzgerichtes im vorläufigen Insolvenzverfahren bzw. des Umstandes, dass die zugesagte Abfindungszahlung faktisch die Qualität einer Insolvenzforderung gem. §§ 38, 108 Abs. 3 hat, die der Arbeitnehmer nach der Eröffnung des Insolvenzverfahrens ausschließlich als Insolvenzgläubiger gem. § 108 Abs. 3 i.V.m. §§ 174 ff. geltend machen kann.[140] Gleiches gilt dann, wenn ein Abfindungsvergleich im Rahmen eines arbeitsgerichtlichen Verfahrens als Prozessvergleich mit einer materiell-rechtlichen Folge i.S.v. § 779 BGB und der damit verbundenen unmittelbar prozessbeendenden Wirkung geschlossen wird. Auch hier ist ein Rücktritt ausgeschlossen.[141] Zwar käme grundsätzlich eine Anfechtung des Vergleiches wegen arglistiger Täuschung gem. § 123 Abs. 1 BGB in Betracht, allerdings setzt dies voraus, dass der Arbeitnehmer von der finanziell bedrängten Lage des Arbeitgebers bei Abschluss des Vergleichs keine Kenntnis hatte. Insb. eine entsprechende öffentliche Berichterstattung oder bereits angekündigte oder umgesetzte Sanierungsschritte können aber zu einer solchen Kenntnis führen. Dann ist für eine Anfechtung kein Raum.[142] 138

Insolvenzrechtlich vergleichbar sind auch Abfindungszahlungen, die aufgrund von Sozialplänen oder sonstigen kollektivrechtlichen Vereinbarungen (bspw. **Rationalisierungsschutzabkommen** in Tarifverträgen) zugesagt wurden. Auch solche Abfindungszahlungen haben die Qualität von Insolvenzforderungen gem. §§ 38, 108 Abs. 3, wenn die anspruchsbegründende Vereinbarung vor der Insolvenzeröffnung abgeschlossen wurde. Demnach können auch viele Sanierungstarifverträge bzw. Rationalisierungsschutzabkommen den Arbeitnehmern, die von einer Kündigung betroffen sind, keine werthaltige Abfindung vermitteln. Der insolvenzrechtliche Entstehungsbegriff führt dazu, dass auch solche Abfindungsansprüche als Insolvenzforderungen zu behandeln sind. Voraussetzung ist 139

139 BAG 27.09.2007 – 6 AZR 975/06.
140 BAG 10.11.2011 – 6 AZR 342/10.
141 BAG 11.07.2012 – 2 AZR 42/11.
142 So auch bei BAG 11.07.2012 – 2 AZR 42/11.

lediglich, dass die maßgebliche Vereinbarung vor der Eröffnung des Insolvenzverfahrens abgeschlossen wurde. Die Fälligkeit der Abfindungsansprüche ist auch hier irrelevant.[143]

140 In die gleiche Richtung geht auch die Entscheidung des BAG zur Auszahlungen an die Arbeitnehmer aus einem sog. ERA-Anpassungsfonds. In diesen Fonds wurden Gelder verwaltet, die im Zuge der Einführung der ERA-Tarifverträge zunächst nicht zur Auszahlung gebracht, sondern in den ERA-Anpassungsfonds eingestellt wurden. Auch hier hat das BAG festgestellt, dass Auszahlungen aus dem Fonds – geregelt auf Basis einer Betriebsvereinbarung – Insolvenzforderungen sind, wenn der anspruchsbegründende Tatbestand für die Zahlung schon vor der Insolvenzeröffnung bestanden hat. Die nach der Insolvenzeröffnung durch den Insolvenzverwalter abgeschlossene Betriebsvereinbarung habe insoweit nur die Auszahlungsmodalitäten geregelt. Der Abschluss der Betriebsvereinbarung durch den Insolvenzverwalter begründete in diesem Fall damit keine Masseverbindlichkeit gem. § 55 Abs. 1 Nr. 1, denn dies können nur solche Verbindlichkeiten sein, die das Äquivalent für eine der Masse zufließende Gegenleistung darstellen.[144]

141 Entsprechendes gilt auch bei einer Abfindungszahlung nach einem Auflösungsantrag gem. § 9 KSchG. Auch hier kommt es konsequenterweise auf den Zeitpunkt an, an dem der Rechtsgrund des Anspruches entstanden ist. Beruht das Auflösungsurteil auf einer unwirksamen Kündigung der Insolvenzschuldnerin, stellt der Abfindungsanspruch des Arbeitnehmers eine Insolvenzforderung gem. § 38 InsO dar. Beruht das Auflösungsurteil und die hier zugesprochene Abfindung jedoch auf einer unwirksamen Kündigung des Insolvenzverwalters, handelt es sich bei dem Abfindungsanspruch um eine Masseverbindlichkeit gem. § 55 Abs. 1 Nr. 1 InsO.[145]

▶ **Praxishinweis:**

142 Konstellationen, in denen vor der Insolvenzantragsstellung bereits Abfindungszahlungen auf Basis eines Sozialplanes oder eines individuellen bzw. gerichtlichen Vergleiches geschlossen wurden, sind nicht selten anzutreffen. In aller Regel wird es sich bei den Ansprüchen um Insolvenzforderungen handeln, die nicht bedient werden dürfen. Hier ist eine klare Kommunikation erforderlich. In diesen Zusammenhang ist auch zu beachten, dass arbeitsgerichtliche Abfindungsvergleiche in dem Zeitraum des vorläufigen Verfahrens regelmäßig ausscheiden. Hier ist eine schnelle Aufnahme der Situation und Information der Beteiligten erforderlich.

4. Der Urlaubsanspruch im Insolvenzverfahren

143 Grundsätzlich wird der Urlaubsanspruch des Arbeitnehmers/der Arbeitnehmerin vom Insolvenzverfahren nicht tangiert. Der Urlaubsanspruch ist grundsätzlich auf die **Freizeitgewährung auf Zeit** gerichtet und entzieht sich damit der systematischen Einteilung der Ansprüche der Arbeitnehmer als Insolvenzforderungen oder Masseverbindlichkeiten. Der Anspruch des Arbeitnehmers auf Freistellung nach dem BUrlG bleibt von der Eröffnung des Insolvenzverfahrens unberührt.[146] Urlaubsansprüche sind damit weder Insolvenzforderungen noch Masseverbindlichkeiten. Sie können auch nicht auf die einzelnen Zeiträume abgegrenzt bzw. aufgeteilt werden.[147] § 105 ist nicht anwendbar.[148] Urlaubsentgelt und die daraus resultierenden Urlaubsabgeltungsansprüche sind dagegen nach der Rechtsprechung des BAG Masseverbindlichkeiten;[149] dies unabhängig davon, welchen Zeiträumen (vor oder nach der Insolvenzeröffnung) sie zuzuordnen sind.[150] Sobald das Arbeitsverhältnis also

143 BAG 27.09.2007 – 6 AZR 975/06.
144 BAG 25.01.2018 – 6 AZR 8/17.
145 LAG Rheinland Pfalz 19.04.2017 – 4 Sa 329/16.
146 BAG 18.12.1986 – 8 AZR 481/84.
147 BAG 25.03.2003 – 9 AZR 174/02.
148 BAG 21.11.2006 – 9 AZR 97/06.
149 BAG 15.02.2005 – 9 AZR 78/04.
150 BAG 25.03.2003 – 9 AZR 174/02.

nach der Eröffnung des Insolvenzverfahrens beendet wird, sind damit aufgrund der Beendigung des Arbeitsverhältnisses gem. § 7 Abs. 4 BUrlG entstehende Abgeltungsansprüche Masseverbindlichkeiten i.S.d. § 55 Abs. 1 Nr. 2, 2. Alt.[151] Der Urlaubsabgeltungsanspruch entsteht nämlich immer erst mit der Beendigung des Arbeitsverhältnisses. Dieser Zeitpunkt ist maßgeblich für den insolvenzrechtlichen Entstehungsbegriff und damit die Einordnung als Masseverbindlichkeiten oder Insolvenzforderungen. Der Abgeltungsanspruch kann nicht – auch nicht anteilig – bestimmten Zeiträumen zugeordnet werden.[152] Dieses Ergebnis gilt im Übrigen auch für den **Urlaubsersatzanspruch** des Arbeitnehmers. Dieser entsteht dann, wenn der Arbeitgeber/Insolvenzverwalter einen Urlaubsantrag des Arbeitnehmers unberechtigt ablehnt und der Urlaubsanspruch des Arbeitnehmers wegen des Zeitablaufs am Ende des Urlaubsjahres untergeht. Dieser Ersatzanspruch wird nicht anders behandelt, als der eigentliche Urlaubsanspruch.[153] Nur dann, wenn das Arbeitsverhältnis vor der Insolvenzeröffnung beendet wird – und der Urlaubsabgeltungsanspruch damit vor der Insolvenzeröffnung entsteht – handelt es sich um eine Insolvenzforderung i.S.v. §§ 38, 108 Abs. 3.

Bezüglich der Behandlung von Urlaubsabgeltungsansprüchen in der Insolvenz hat sich eine Rechtsprechungsänderung angekündigt, die inzwischen vollzogen wurde. In Zusammenhang mit der Einordnung der Ansprüche als Alt- bzw. Neumasseverbindlichkeiten hatte der 9. Senat des BAG bisher die Auffassung vertreten, dass Ansprüche auf Urlaubsentgelt nach § 11 BUrlG und Ansprüche auf eine Urlaubsabgeltung gem. § 7 Abs. 4 BUrlG lediglich anteilig als Neumasseverbindlichkeit zu berichtigen sind. Dies bedeutete im Ergebnis eine erhebliche Masseschonung. Diese Ansprüche sollten dem Senat zufolge damit nur in Höhe des Teilbetrags Neumasseverbindlichkeiten sein, der sich ergibt, wenn man die nach der Anzeige der Masseunzulänglichkeit angefallenen entgeltpflichtigen Arbeitstage zu der Gesamtzahl aller Arbeitstage eines Jahres ins Verhältnis setzt.[154] Der 6. Senat des BAG hatte jedoch Zweifel an dieser Handhabung angemeldet. Er ist der Auffassung, dass von dem 9. Senat vorgenommene Aufteilung mit der Systematik der InsO nicht vereinbar sei, da diese eine derartige Betrachtung nicht kenne. Zudem entspräche die zeitanteilige Aufteilung nicht den Grundsätzen des allgemeinen Urlaubsrechts. Der Urlaubsabgeltungsanspruch würde nicht ratierlich verdient, sondern entstehe in voller Höhe erst mit Beendigung des Arbeitsverhältnisses. In der Konsequenz wäre der Urlaubsabgeltungsanspruch vollständig als Masseverbindlichkeit zu berichtigen, falls – so der Fall des 6. Senates, der jedoch auch auf die Konstellation des § 209 InsO übertragbar ist – der starke vorläufige Insolvenzverwalter die Arbeitsleistung zum Zeitpunkt der Beendigung des Arbeitsverhältnisses § 55 Abs. 2 S. 2 InsO in Anspruch genommen hat.[155] 144

Inzwischen hat auch der 9. Senat in diesem Sinne entschieden, und damit bekundet, dass er an der im Urteil vom 21.11.2006 vertretenen, entgegenstehenden Auffassung nicht mehr festhält. Die ansonsten gebotene Befassung des Großen Senates des BAG ist damit nicht mehr nötig. Der 9. Senat hat klargestellt, dass, wenn der starke vorläufige Insolvenzverwalter oder der Insolvenzverwalter nach Anzeige der Masseunzulänglichkeit die Arbeitsleistung in Anspruch nimmt, die Ansprüche des Arbeitnehmers auf Urlaubsvergütung und auf Abgeltung des Urlaubs uneingeschränkt als Masseverbindlichkeiten i.S.d. § 55 Abs. 2 S. 2 InsO bzw. als Neumasseverbindlichkeiten i.S.d. § 209 Abs. 2 Nr. 3 InsO zu berichtigen sind, wenn der Urlaub innerhalb dieses Zeitraums gewährt wird bzw. das Arbeitsverhältnis endet.[156] 145

In der **Bauinsolvenz** besteht die Besonderheit des Urlaubskassenverfahrens. Findet auf das Arbeitsverhältnis der BRTV Anwendung, übernimmt die **Urlaubs- und Lohnausgleichskasse** (Sozialkasse) Urlaubsansprüche der Arbeitnehmer. Insoweit kann hier der Fall gegeben sein, dass Urlaubs- 146

151 BAG 25.03.2003 – 9 AZR 174/02.
152 BAG 25.03.2003 – 9 AZR 174/02.
153 BAG 21.11.2006 – 9 AZR 97/06.
154 BAG 21.11.2006 – 9 AZR 97/06.
155 BAG 10.09.2020 – 6 AZR 94/19.
156 BAG 16.02.2021 – 9 AS 1/21.

abgeltungsansprüche gem. § 7 Abs. 4 BetrVG der Arbeitnehmer nicht entstehen. Ausnahmen gibt es jedoch bei langzeitkranken Arbeitnehmern.

147 Wird der Arbeitnehmer bei angezeigter Masseunzulänglichkeit unter der **Gleichwohlgewährung von Arbeitslosengeld** unter Anrechnung auf Urlaubsansprüche freigestellt, ist das Urlaubsentgelt, Urlaubsgeld ggf. der entstehende Urlaubsabgeltungsanspruch keine Neumasseverbindlichkeit gem. § 209 Abs. 2.[157] Wird der Arbeitnehmer jedoch nach der Anzeige der Masseunzulänglichkeit zur Arbeit herangezogen, haben auch Urlaubsentgeltansprüche die Qualität von Neumasseverbindlichkeiten. Auch ist der Urlaubsanspruch des Arbeitnehmers durch Freistellung ohne Einschränkung zu erfüllen. Hier hat es eine Rechtsprechungsänderung gegeben: Wird die Arbeitsleistung vom starken vorläufigen Insolvenzverwalter oder vom Insolvenzverwalter nach Anzeige der Masseunzulänglichkeit in Anspruch genommen und Urlaub während dieses Zeitraums gewährt bzw. das Arbeitsverhältnis unmittelbar im Anschluss an diesen Zeitraum beendet, sind die Ansprüche des Arbeitnehmers auf Urlaubsvergütung und auf Abgeltung des Urlaubs uneingeschränkt als Masseverbindlichkeiten (§ 55 Abs. 2 Satz 2 InsO) bzw. als Neumasseverbindlichkeiten (§ 209 Abs. 2 Nr. 3 InsO) zu berichtigen.[158]

IV. Insolvenzgeld

1. Einführung

148 Von wesentlicher Bedeutung im vorläufigen Insolvenzverfahren sind die Regelungen zum Insolvenzgeld. Gem. §§ 165 ff. SGB III gewährt die Agentur für Arbeit für einen maximal auf 3 Monate begrenzten Zeitraum Insolvenzgeld und sichert somit die Netto-Vergütungsansprüche der Arbeitnehmer des schuldnerischen Betriebes ab. Das Insolvenzgeld gibt dem Betrieb in der wichtigen Zeit des vorläufigen Insolvenzverfahrens die Möglichkeit, einstweilen die Geschäftstätigkeit aufrechtzuerhalten und ggf. Sanierungsschritte (bspw. eine übertragende Sanierung) vorzubereiten. Durch die Gewährung des Insolvenzgeldes wird der Betrieb für den Insolvenzgeldzeitraum um die Personalkosten entlastet. Damit ist die Insolvenzgeldreglung von zentraler Bedeutung für die Ermöglichung eines Sanierungserfolges.

2. Insolvenzgeldvorfinanzierung

149 Die Bestimmungen des Insolvenzgeldes sehen vor, dass das Insolvenzgeld im Zeitpunkt des Insolvenzereignisses, also dem Zeitpunkt der Eröffnung des Insolvenzverfahrens über das Vermögen des Arbeitgebers oder die Abweisung des Insolvenzantrages mangels Masse, für die max. drei zurückliegenden Monate gezahlt wird.

150 In einer Betriebsfortführung im Insolvenzgeldzeitraum ist diese Regelung nicht praktikabel, denn die Arbeitnehmer müssten für maximal drei Monate auf jede Vergütungszahlung verzichten. Das Insolvenzgeld für den Insolvenzgeldzeitraum würde erst nach Ablauf dieses Zeitraumes an die Arbeitnehmer fließen. Der schuldnerische Betrieb ist regelmäßig nicht im Stande, die ausstehenden Vergütungszahlungen zu erbringen. Dies würde unweigerlich zur Geltendmachung eines Zurückbehaltungsrechtes an der Arbeitsleistung oder zum Ausspruch von Eigenkündigungen führen. Jede Sanierungsoption wäre im Keim erstickt. Um diesem Problem zu begegnen, kann das Insolvenzgeld kollektiv vorfinanziert werden. Die Vorfinanzierung des Insolvenzgeldes kann zum einen dadurch erfolgen, dass eine Bank dem vorläufigen Insolvenzverwalter ein Massedarlehen zum Ausgleich der Nettovergütungen der Arbeitnehmer gewährt und die Arbeitnehmer im Gegenzug ihre Insolvenzgeldansprüche gegen die Agentur für Arbeit an die Bank zur Rückführung des Darlehens abtreten. Ein anderer Weg ist der Forderungsverkauf: Die Bank kauft den Anspruch des Arbeitnehmers auf Insolvenzgeld an. Kaufpreis ist dann der jeweilige Nettolohn des Arbeitnehmers. Gem. § 170 SGB III

157 BAG 15.06.2004 – 9 AZR 431/03, DB 2004, 2053.
158 BAG 16.02.2021 – 9 AS 1/21.

ist deshalb eine **Vorfinanzierung** des Insolvenzgeldes möglich. Die Vorfinanzierung steht jedoch unter dem Vorbehalt der Zustimmung der Agentur für Arbeit. Die Zustimmung ist an eine positive Prognoseentscheidung über den Erhalt von Arbeitsplätzen im Rahmen eines Sanierungsversuchs geknüpft (§ 170 Abs. 4 SGB III).

Der § 170 SGB III erfasst dabei nur die kollektive Vorfinanzierung des Insolvenzgeldes. Die individuelle Vorfinanzierung durch den einzelnen Arbeitnehmer ist von der Bestimmung und den Vorgaben des § 170 SGB III unberührt. Von zentraler Bedeutung ist die Bestimmung des § 170 Abs. 4 SGB III. Danach ist ein Anspruch auf Insolvenzgeld ausgeschlossen, wenn Arbeitgeber und Arbeitnehmer die Insolvenzgeldvorfinanzierung ohne die Zustimmung der Agentur für Arbeit vornehmen. Aus diesem Grunde ist das Verfahren zur Sicherstellung einer positiv zu bescheidenen Insolvenzgeldvorfinanzierung zwingend einzuhalten. 151

Die Vorfinanzierung von Arbeitsentgeltansprüchen nach § 170 Abs. 4 SGB III ist grundsätzlich auch während einer **Eigenverwaltung** im Eröffnungsverfahren (§ 270a) – ggf. auch unter einem **Schutzschirm** nach § 270b – möglich.[159] 152

Im Rahmen des **Schutzschirmverfahrens** nach § 270b ist des dem Schuldner möglich, sich zur Begründung von Masseverbindlichkeiten ermächtigen zu lassen, § 270b Abs. 3 S. 2. Nachdem § 270b Abs. 3 S. 2 ausschließlich auf § 55 Abs. 2 verweist, stellt sich die Frage, ob die Bestimmung des § 55 Abs. 3 bei einer erfolgten Ermächtigung des Schuldners ebenfalls Anwendung finden soll. Nach dieser Bestimmung kann die Agentur für Arbeit die im Rahmen der Insolvenzgeldgewährung übergegangenen Ansprüche ausschließlich als Insolvenzforderungen geltend machen. Im Schutzschirmverfahren könnte ein solches Verständnis dazu führen, dass die Agentur für Arbeit in Abkehr von § 55 Abs. 3 die übergangenen Ansprüche als Masseverbindlichkeiten geltend machen könnte, was wegen er damit verbundenen finanziellen Belastung des Schuldners einen Sanierungserfolg gefährden kann.[160] Dies würde jedoch weder dem Sinn noch dem Zweck der Ermächtigung des Schuldners zur Begründung von Masseverbindlichkeiten gerecht werden. Denn die Regelung sollte dem Schuldner eine Vertrauensstellung im Rechtsverkehr verschaffen, die der eines vorläufig starken Insolvenzverwalters entspricht. Dies sollte die Sanierung des Schuldners gerade stärken.[161] Im Ergebnis ist damit zu unterstellen, dass im Rahmen des § 270b Abs. 3 S. 2 auch § 55 Abs. 3 Anwendung findet.[162] 153

3. Voraussetzungen der Gewährung von Insolvenzgeld

a) Grundsätze

Ein Anspruch auf Insolvenzgeld besteht dann, wenn im Zeitpunkt der Antragstellung bzw. – soweit die Antragstellung vor dem Insolvenzereignis erfolgt ist – im Zeitpunkt des Insolvenzereignisses für den Insolvenzgeldzeitraum noch Ansprüche auf Arbeitsentgelt bestehen. Zusätzlich muss ein inländisches Beschäftigungsverhältnis gegeben sein. 154

Der **Insolvenzgeldzeitraum** umfasst grundsätzlich die letzten dem Insolvenzereignis vorausgehenden drei Monate des Arbeitsverhältnisses.[163] Gem. § 165 Abs. 1 SGB III haben Arbeitnehmer Anspruch auf Insolvenzgeld. Die Beurteilung, wer Arbeitnehmer i.S. dieser Norm ist, richtet sich nach den allgemeinen Regelungen.[164] Arbeitnehmer, die für inländische Arbeitgeberinnen und Arbeitgeber im Ausland tätig sind, ohne dass der Schwerpunkt des Arbeitsverhältnisses im Inland liegt und die daher auch nicht dem deutschen Sozialversicherungsrecht unterliegen, haben keinen Anspruch auf 155

159 Insolvenzgeld-DA zu § 170 SGB III, Ziff. 3.2 (S. 8).
160 *Geißler*, ZInsO 2013, 536.
161 *Geißler*, ZInsO 2013, 537 mit Verweis auf BT-Drucks. 17/7511, S. 37.
162 *Geißler*, ZInsO 2013, 537.
163 Insolvenzgeld-DA zu § 165 SGB III, Ziff. 4.1 (S. 25).
164 Vgl. hierzu Insolvenzgeld-DA zu § 165 SGB III, Ziff. 2.2 (S. 7).

Insg.[165] Besondere Herausforderungen stellen sog. **Grenzgängersachverhalte** dar. Ein in Deutschland wohnhafter Grenzgänger, dessen Arbeitsvertrag nach ausländischem Recht ausgestaltet ist gilt nicht i.S.d. § 165 Abs. 1 S. 3 SGB III als im Inland beschäftigt, selbst wenn er seine Tätigkeit überwiegend im Homeoffice in Deutschland erbringt und Sozialversicherungsbeiträge im Inland abgeführt werden.[166]

156 **Insolvenzereignis** ist gem. § 165 Abs. 1 S. 2 Nr. 1 SGB III der Tag, an dem ein Insolvenzverfahren über das Vermögen das Arbeitgebers eröffnet wird oder nach § 165 Abs. 1 S. 2 Nr. 2 SGB III mangels Masse abgewiesen wird (§ 26). Zudem kann Insolvenzereignis gem. § 165 Abs. 1 S. 2 Nr. 3 SGB III auch die vollständige Einstellung der Betriebstätigkeit im Inland sein und bis zu diesem Zeitpunkt ein Antrag auf Eröffnung des Insolvenzverfahren nicht gestellt war oder mangels Masse nicht infrage kam. Auch ausländische Insolvenzereignisse können den Insolvenzgeldanspruch auslösen. Ein im Inland beschäftigter Arbeitnehmer kann damit auch bei einem ausländischen Insolvenzereignis einen Anspruch auf Insolvenzgeld haben, § 165 Abs. 1 S. 3 SGB III. Für ausländische Arbeitnehmer, die im Ausland beschäftigt werden, sind die jeweils nationalen Insolvenzgeld- bzw. Insolvenzentschädigungsbestimmungen maßgeblich. Hier gibt es trotz des europarechtlichen Regelungsrahmens starke Unterschiede in der Ausgestaltung und den Tatbestandsvoraussetzungen für die Gewährung des Insolvenzgeldes

157 Für die Gewährung des Insolvenzgeldes ist gem. § 327 Abs. 3 SGB III die Agentur für Arbeit zuständig, in deren Bezirk die für den Arbeitgeber zuständige Lohnabrechnungsstelle liegt. Das kann bei dezentralen Personalverwaltungen in Filialbetrieben dazu führen, dass eine Mehrzahl von lokalen Agenturen für Arbeit zuständig sind. Teilweise kann hier in Absprache mit den Arbeitsagenturen eine zentrale Koordination erreicht werden. Im Zweifel wird man aber davon auszugehen haben, dass es bei den unterschiedlichen Zuständigkeiten verbleibt, was zu einem entsprechend hohen Aufwand bspw. Bei der Antragsstellung nach § 170 SGB III mit sich bringt.

158 Im **Baugewerbe** stellt sich insbesondere die Problematik der Vereinbarkeit zwischen dem Bezug von Saison-Kurzarbeitergeld (Saison-KUG) und dem Insolvenzgeld dar. Im Zeitraum vom 01. Dezember bis zum 31. März ist es möglich, das Saison-KUG zu beziehen, das inzwischen ab dem 01.12.2006 das Winterausfallgeld ersetzt hat. Fällt nun der Insolvenzgeldzeitraum in den Winterzeitraum – was wegen der wirtschaftlichen Belastung des Bauunternehmens in dem Zeitraum niedrigen Auftragseinganges und der Fertigstellungsrate ein durchaus häufig anzutreffendes Szenario ist – ist fraglich, ob das saisonale KUG neben dem Insolvenzgeld stehen kann. Grundsätzlich ist die Gewährung von Insolvenzgeld auch im Zeitraum der Inanspruchnahme des **Saison-KUG** nicht ausgeschlossen. Das gewährte Insolvenzgeld orientiert sich dabei als Nettoentgeltersatzanspruch an der über das Saison-KUG geleisteten Nettoentgeltdifferenz. Bei der – wie im Gesetz vorgesehenen – Gewährung des Insolvenzgeldes erst nach dem Insolvenzereignis, wird dann entsprechend des festgestellten Arbeitsausfalls Insolvenzgeld gewährt. Vergleichbar ist die Problemstellung bei dem Bezug von konjunkturellem Transferkurzarbeitergeld im Insolvenzgeldzeitraum. Tatsächlich wird in der Regel im Insolvenzgeldzeitraum die Inanspruchnahme des Saison-KUG oder auch des konjunkturellen Kurzarbeitergeldes eingestellt, um die positiven Effekte einer Insolvenzgeldvorfinanzierung zu nutzen.

159 [unbesetzt]

160 Im Fall eines Betriebsübergangs vor dem Insolvenzereignis endet der Insolvenzgeldzeitraum trotz fortbestehenden Arbeitsverhältnisses des Arbeitnehmers mit der Betriebsübernahme durch den neuen Erwerber. Wegen eines Insolvenzereignisses bei dem (bisherigen) Arbeitgeber steht dem Arbeitnehmer Insolvenzgeld dann nur bis zum Zeitpunkt des Betriebsübergangs zu.[167] Kommt es also noch im

165 Insolvenzgeld-DA zu § 165 SGB III, Ziff. 6.2 (S. 49).
166 LSG Nordrhein-Westfalen 30.03.2023 – L 9 AL 136/22.
167 BSG 26.02.2019 – B11 AL 3/18 R.

Insolvenzeröffnungsverfahren zu einem Betriebsübergang, haben die Arbeitnehmer nur bis zu diesem Zeitpunkt Anspruch auf Insolvenzgeld.[168]

Der Agentur für Arbeit steht auch kein Schadensersatzanspruch in Höhe des gezahlten Insolvenzgeldes aufgrund sittenwidriger Schädigung wegen der verspäteten Insolvenzantragsstellung gegen den Geschäftsführer zu, wenn das Insolvenzgeld in gleicher Höhe auch bei rechtzeitiger Antragsstellung hätte gezahlt werden müssen. Will die Agentur für Arbeit einen solchen Schadensersatzanspruch demnach erfolgreich geltend machen, muss sie darlegen und beweisen, dass eine rechtzeitige Insolvenzantragsstellung dazu geführt hätte, dass überhaupt kein oder nur ein geringeres Insolvenzgeld hätte gezahlt werden müssen.[169] **161**

b) Insolvenzgeldfähigkeit einzelner Lohnarten

Zu den Ansprüchen auf Arbeitsentgelt im Sinne des § 165 Abs. 1 S. 1 SGB III gehören alle Ansprüche auf Bezüge aus einem Arbeitsverhältnis (§ 165 Abs. 2 S. 1 SGB III) einschließlich des Gesamtsozialversicherungsbeitrages (§ 175 Abs. 1 SGB III)[170]. Zum Arbeitsentgelt zählen alle Geld – und Naturalleistungen, die der Arbeitnehmer aus dem Arbeitsverhältnis als Gegenwert für die von ihr oder von ihm geleistete Arbeit oder als Ersatz der ihr/ihm bei Erbringung der Arbeitsleistung entstandenen (ggf. pauschal vergüteten) Auslagen zu beanspruchen hat. Darunter fällt auch die Vergütung von geringfügig beschäftigten Arbeitnehmern (§ 8 SGB IV) oder versicherungsfreier Ferienarbeit.[171] Auch Leistungen, auf die der Arbeitnehmer in Fällen nicht geleisteter Arbeit (z.B. bei Urlaub, Krankheit, Freistellung) Anspruch hat, können Arbeitsentgelt in diesem Sinne sein. Der Anspruch auf Insolvenzgeld besteht auch in Höhe einer (zwingenden) tariflichen Vergütung, auch wenn der Tarifvertrag in der bisherigen Abrechnungspraxis des Betriebes keine Berücksichtigung gefunden hat. Wurde demnach im Betrieb der für allgemeinverbindlich erklärte TV Mindestlohn nicht berücksichtigt oder wurde das am 01.01.2015 in Kraft getretene **Mindestlohngesetz** nicht berücksichtigt, stehen den Arbeitnehmern trotzdem die Insolvenzgeldansprüche in Höhe der tarifvertraglich bzw. gesetzlich geschuldeten Vergütung zu.[172] Das Insolvenzgeld ist der Höhe nach auf die **Beitragsbemessungsgrenze** (§ 160 SGB VI) begrenzt, § 167 Abs. 1, 341 Abs. 4 SGB III. **162**

Einzelvertragliche (Lohn-) Verzichtsvereinbarungen mit dem Ziel der Ermöglichung der Sanierung des Unternehmens, die im Fall der Insolvenz die Rückkehr zu der vor dem Verzicht geschuldeten Vergütung vorsehen, sind zu berücksichtigen. Hier ist über das Insolvenzgeld die vor dem Verzicht vereinbarte Vergütung zu zahlen. Dies ist jedenfalls dann der Fall, wenn für den Zeitraum der Vergütungserhöhung arbeitgeberseitig die volle Arbeitsleistung verlangt werden kann und der Sanierungsbedarf bis zum Eintritt der Insolvenz angedauert hat.[173] Vergleichbar ist die Lage bei tarifvertraglich vereinbarten Sanierungsbeiträgen der Arbeitnehmer bspw. in Restrukturierungstarifverträgen. Werden diese angesichts der Insolvenzantragsstellung gekündigt, sind die erhöhten Entgelte insolvenzgeldfähig. Die Gewährung von Insolvenzgeld hängt allerdings davon ab, ob diese Lohnbestandteile im Insolvenzgeldzeitraum erarbeitet wurden und deshalb Arbeitsentgelt »für« die dem Insolvenzereignis vorausgehenden drei Monate des Arbeitsverhältnisses darstellen.[174] **163**

Von besonderer Bedeutung sind flexible Arbeitszeitregelung, wie sich bspw. im Bauhauptgewerbe finden Insolvenzgeld wird hier ohne Rücksicht auf die Zahl der im jeweiligen Monat geleisteten Arbeitsstunden gewährt. Es ist alleine maßgeblich, ob der Arbeitnehmer den ihm zustehenden Monatslohn erhalten hat oder nicht. Arbeitnehmer, die mit ihrem Anspruch auf den Monatslohn **164**

168 LSG Berlin-Brandenburg 06.08.2020 – L 18 AL 148/19.
169 BGH 20.06.2017 – VI ZR 629/16; OLG Frankfurt am Main 26.10.2017 – 1 U 20/16.
170 S. hier auch die Aufstellung in Insolvenzgeld-DA zu § 165 SGB III, Ziff. 5.2 (S. 37).
171 Insolvenzgeld-DA zu § 165 SGB III, Ziff. 5.1 (S. 35).
172 Insolvenzgeld-DA zu § 165 SGB III, Ziff. 5.1 (S. 33).
173 BAG 19.01.2006 – 6 AZR 529/04; Insolvenzgeld-DA zu § 165 SGB III, Ziff. 5.1 (S. 34).
174 BSG 04.03.2009 – B 11 AL 8/08 R; Insolvenzgeld-DA zu § 165 SGB III, Ziff. 5.1 (S. 34).

ausgefallen sind, erhalten daher Insolvenzgeld in Höhe des verstetigten Monatslohns auch dann, wenn sie weniger (oder mehr) als die arbeitsrechtlich vorgeschriebene Zahl von Sollarbeitsstunden in dem jeweiligen Monat gearbeitet haben. Die tariflichen Vorschriften über die Minderung des Monatslohnes (z.B. bei Ausfallzeiten wegen unentschuldigten Fernbleibens von der Arbeit oder wegen Kurzarbeit) sind zu beachten. Nach der DA-InsG besteht jedoch auch keine rechtliche Möglichkeit, über den Monatslohn hinaus Insolvenzgeld für eine Forderung bezogen auf ein bereits angespartes Arbeitszeitguthaben zu erhalten (vgl. hierzu z.B. § 3 Nr. 1.42 und 1.43 BRTV-Bau).[175]

165 Grundsätzlich insolvenzgeldfähig ist auch ein 13. Gehalt (Weihnachtsgeld), wenn dieses dem Insolvenzgeldzeitraum zugeordnet werden kann. Es kommt demnach darauf an, dass der Anspruch auf das 13. Gehalt im Insolvenzgeldzeitraum entstanden ist und aufgrund einer arbeitsvertraglichen Vereinbarung bei unterjährigem Ausscheiden des Arbeitnehmers ein zeitanteiliger Anspruch auf die Sonderzahlung besteht.[176] Steht dem Arbeitnehmer der Anspruch auf das 13. Monatsgehalt zeitanteilig (1/12 je zurückgelegten Monat) zu, wird der Arbeitnehmer auch 3/12 des Gesamtanspruches über das Insolvenzgeld erhalten, wenn die weiteren gesetzlichen und persönlichen Voraussetzungen hierzu erfüllt sind.[177] Nicht insolvenzgeldfähig ist die Energiepreispauschale oder ähnliche Leistungen, die der Arbeitgeber zwar als reine »Zahlstelle« auszahlt, die jedoch eine staatliche Leistung darstellen. Es handelt sich hierbei nach Auffassung der Bundesagentur für Arbeit nicht um Ansprüche aus dem Arbeitsverhältnis.[178] Anders ist der Fall bei der noch bis 31.12.2024 auszahlbaren steuerfreien Inflationsausgleichsprämie in Höhe von max. 3.000 €, die als Arbeitseinkommen gilt.

166 Besonderheiten ergeben sich in Zusammenhang mit der **Generalunternehmerhaftung** nach § 14 AEntG. Die Haftung des Generalunternehmers geht bei der Zahlung von Insolvenzgeld weder nach § 187 S. 1 SGB III noch gem. §§ 412 i.V.m. § 401 Abs. 1 BGB auf die Bundesagentur für Arbeit über.[179] Die Haftung nach § 14 AEntG begründet keinen Anspruch auf Insolvenzgeld und ist keine i.S.d. § 401 Abs. 1 BGB bestellte Bürgschaft, sondern eine gesetzlich angeordnete Bürgenhaftung. Insoweit ist auch eine Abtretung der Ansprüche durch den Arbeitnehmer an die Agentur für Arbeit ausgeschlossen, weil die Haftung des Nachunternehmers mit der Zahlung des Insolvenzgeldes und damit dem Eintreten des Sicherungszwecks (in Höhe des gezahlten Insolvenzgeldes) erlischt. Zwar gehen nach der Rechtsprechung des BAG nach §§ 412, 401 Abs. 1 BGB alle unselbstständigen Sicherungs- und Hilfsrechte, die zur Durchsetzung der Forderung erforderlich seien, auf den neuen Gläubiger über. Dies umfasst aber nicht die Mithaftung des Hauptunternehmers nach § 14 AEntG, denn diese sei kein Nebenrecht zur Durchsetzung des Mindestlohnanspruchs, sondern verschaffe dem Arbeitnehmer einen weiteren Schuldner.[180]

167 Anders ist der Fall zu beurteilen, wenn eine Mithaftung eines vor Insolvenzeröffnung abgespaltenen Unternehmens nach § 133 Abs. 1 S. 1, Abs. 3 UmwG besteht. Hier hat das BAG dem PSVaG Recht gegeben und eine Haftung analog der §§ 412, 401 Abs. 1 BGB angenommen.[181] Nach dem BAG haftet das abgespaltene Unternehmen und der übertragene Rechtsträger dem PSVaG damit als Gesamtschuldner, was bei entsprechenden Restrukturierungskonstellationen unbedingt zu beachten ist.

▶ **Praxishinweis:**

168 Die Insolvenzgeldvorfinanzierung ist ein wesentlicher Hebel im Insolvenzverfahren – gleich ob in Eigenverwaltung oder im Regelverfahren – zur Ermöglichung des Sanierungserfolges. Die Arbeitnehmer sind in der sensiblen Phase des vorläufigen Insolvenzverfahrens abgesichert

175 Insolvenzgeld-DA zu § 165 SGB III, Ziff. 6.4 (S. 49).
176 Insolvenzgeld-DA zu § 165 SGB III, Ziff. 2.1 (S. 6).
177 Insolvenzgeld-DA zu § 165 SGB III, Ziff. 6.3 (S. 51).
178 S. dazu auch FG Hamburg 18.10.2023 – 1 K 163/23.
179 BAG 08.12.2010 – 5 AZR 95/10.
180 BAG 08.12.2010 – 5 AZR 95/10.
181 BAG 22.09.2020 – 3 AZR 304/18.

und können durch eine fristgemäße und regelmäßige Vergütungszahlung Vertrauen in die Sanierung des Unternehmens fassen. Gleichzeitig kann der Betrieb für einen auf maximal drei Monate begrenzten Zeitraum entlastet von den Personalkosten wirtschaften. Das ausgezahlte Insolvenzgeld wird jedoch in dem Insolvenzverfahren von der Agentur für Arbeit als Insolvenzforderungen geltend gemacht, weshalb die Agentur für Arbeit regelmäßig ein entscheidender Beteiligter des Verfahrens ist.

Von der schnellen Umsetzung der Insolvenzgeldvorfinanzierung hängt demzufolge sehr viel ab. Hierzu sind eine genaue Kenntnis der Lohnarten und eine gute Kommunikation mit der Agentur für Arbeit und dem vorfinanzierenden Bankinstitut zwingend erforderlich. Die Vorschritte zur Sicherstellung, insb. die Einrichtung eines entsprechenden Vorfinanzierungskontos oder die Untersuchung bestimmter abrechnungstechnischer Besonderheiten oder rechtlicher Problemfälle, sind möglichst frühzeitig vorzunehmen.

V. Betriebsverfassungsrecht im Insolvenzverfahren

§ 120 InsO Kündigung von Betriebsvereinbarungen

(1) Sind in Betriebsvereinbarungen Leistungen vorgesehen, welche die Insolvenzmasse belasten, so sollen Insolvenzverwalter und Betriebsrat über eine einvernehmliche Herabsetzung der Leistungen beraten. Diese Betriebsvereinbarungen können auch dann mit einer Frist von drei Monaten gekündigt werden, wenn eine längere Frist vereinbart ist.

(2) Unberührt bleibt das Recht, eine Betriebsvereinbarung aus wichtigem Grund ohne Einhaltung einer Kündigungsfrist zu kündigen.

§ 121 InsO Betriebsänderungen und Vermittlungsverfahren

Im Insolvenzverfahren über das Vermögen des Unternehmers gilt § 112 Abs. 2 Satz 1 des Betriebsverfassungsgesetzes mit der Maßgabe, daß dem Verfahren vor der Einigungsstelle nur dann ein Vermittlungsversuch vorangeht, wenn der Insolvenzverwalter und der Betriebsrat gemeinsam um eine solche Vermittlung ersuchen.

§ 122 InsO Gerichtliche Zustimmung zur Durchführung einer Betriebsänderung

(1) Ist eine Betriebsänderung geplant und kommt zwischen Insolvenzverwalter und Betriebsrat der Interessenausgleich nach § 112 des Betriebsverfassungsgesetzes nicht innerhalb von drei Wochen nach Verhandlungsbeginn oder schriftlicher Aufforderung zur Aufnahme von Verhandlungen zustande, obwohl der Verwalter den Betriebsrat rechtzeitig und umfassend unterrichtet hat, so kann der Verwalter die Zustimmung des Arbeitsgerichts dazu beantragen, dass die Betriebsänderung durchgeführt wird, ohne dass das Verfahren nach § 112 Abs. 2 des Betriebsverfassungsgesetzes vorangegangen ist. § 113 Abs. 3 des Betriebsverfassungsgesetzes ist insoweit nicht anzuwenden. Unberührt bleibt das Recht des Verwalters, einen Interessenausgleich nach § 125 zustande zu bringen oder einen Feststellungsantrag nach § 126 zu stellen.

(2) Das Gericht erteilt die Zustimmung, wenn die wirtschaftliche Lage des Unternehmens auch unter Berücksichtigung der sozialen Belange der Arbeitnehmer erfordert, dass die Betriebsänderung ohne vorheriges Verfahren nach § 112 Abs. 2 des Betriebsverfassungsgesetzes durchgeführt wird. Die Vorschriften des Arbeitsgerichtsgesetzes über das Beschlussverfahren gelten entsprechend; Beteiligte sind der Insolvenzverwalter und der Betriebsrat. Der Antrag ist nach Maßgabe des § 61a Abs. 3 bis 6 des Arbeitsgerichtsgesetzes vorrangig zu erledigen.

(3) Gegen den Beschluss des Gerichts findet die Beschwerde an das Landesarbeitsgericht nicht statt. Die Rechtsbeschwerde an das Bundesarbeitsgericht findet statt, wenn sie in dem Beschluss des Arbeitsgerichts zugelassen wird; § 72 Abs. 2 und 3 des Arbeitsgerichtsgesetzes gilt entsprechend. Die Rechtsbeschwerde ist

innerhalb eines Monats nach Zustellung der in vollständiger Form abgefassten Entscheidung des Arbeitsgerichts beim Bundesarbeitsgericht einzulegen und zu begründen.

§ 123 InsO Umfang des Sozialplans

(1) In einem Sozialplan, der nach der Eröffnung des Insolvenzverfahrens aufgestellt wird, kann für den Ausgleich oder die Milderung der wirtschaftlichen Nachteile, die den Arbeitnehmern infolge der geplanten Betriebsänderung entstehen, ein Gesamtbetrag von bis zu zweieinhalb Monatsverdiensten (§ 10 Abs. 3 des Kündigungsschutzgesetzes) der von einer Entlassung betroffenen Arbeitnehmer vorgesehen werden.

(2) Die Verbindlichkeiten aus einem solchen Sozialplan sind Masseverbindlichkeiten. Jedoch darf, wenn nicht ein Insolvenzplan zustande kommt, für die Berichtigung von Sozialplanforderungen nicht mehr als ein Drittel der Masse verwendet werden, die ohne einen Sozialplan für die Verteilung an die Insolvenzgläubiger zur Verfügung stünde. Übersteigt der Gesamtbetrag aller Sozialplanforderungen diese Grenze, so sind die einzelnen Forderungen anteilig zu kürzen.

(3) Sooft hinreichende Barmittel in der Masse vorhanden sind, soll der Insolvenzverwalter mit Zustimmung des Insolvenzgerichts Abschlagszahlungen auf die Sozialplanforderungen leisten. Eine Zwangsvollstreckung in die Masse wegen einer Sozialplanforderung ist unzulässig.

§ 124 InsO Sozialplan vor Verfahrenseröffnung

(1) Ein Sozialplan, der vor der Eröffnung des Insolvenzverfahrens, jedoch nicht früher als drei Monate vor dem Eröffnungsantrag aufgestellt worden ist, kann sowohl vom Insolvenzverwalter als auch vom Betriebsrat widerrufen werden.

(2) Wird der Sozialplan widerrufen, so können die Arbeitnehmer, denen Forderungen aus dem Sozialplan zustanden, bei der Aufstellung eines Sozialplans im Insolvenzverfahren berücksichtigt werden.

(3) Leistungen, die ein Arbeitnehmer vor der Eröffnung des Verfahrens auf seine Forderung aus dem widerrufenen Sozialplan erhalten hat, können nicht wegen des Widerrufs zurückgefordert werden. Bei der Aufstellung eines neuen Sozialplans sind derartige Leistungen an einen von einer Entlassung betroffenen Arbeitnehmer bei der Berechnung des Gesamtbetrags der Sozialplanforderungen nach § 123 Abs. 1 bis zur Höhe von zweieinhalb Monatsverdiensten abzusetzen.

§ 125 InsO Interessenausgleich und Kündigungsschutz

(1) Ist eine Betriebsänderung (§ 111 des Betriebsverfassungsgesetzes) geplant und kommt zwischen Insolvenzverwalter und Betriebsrat ein Interessenausgleich zustande, in dem die Arbeitnehmer, denen gekündigt werden soll, namentlich bezeichnet sind, so ist § 1 des Kündigungsschutzgesetzes mit folgenden Maßgaben anzuwenden:

1. *es wird vermutet, dass die Kündigung der Arbeitsverhältnisse der bezeichneten Arbeitnehmer durch dringende betriebliche Erfordernisse, die einer Weiterbeschäftigung in diesem Betrieb oder einer Weiterbeschäftigung zu unveränderten Arbeitsbedingungen entgegenstehen, bedingt ist;*
2. *die soziale Auswahl der Arbeitnehmer kann nur im Hinblick auf die Dauer der Betriebszugehörigkeit, das Lebensalter und die Unterhaltspflichten und auch insoweit nur auf grobe Fehlerhaftigkeit nachgeprüft werden; sie ist nicht als grob fehlerhaft anzusehen, wenn eine ausgewogene Personalstruktur erhalten oder geschaffen wird.*

Satz 1 gilt nicht, soweit sich die Sachlage nach Zustandekommen des Interessenausgleichs wesentlich geändert hat.

(2) Der Interessenausgleich nach Absatz 1 ersetzt die Stellungnahme des Betriebsrats nach § 17 Abs. 3 Satz 2 des Kündigungsschutzgesetzes.

§ 126 InsO Beschlussverfahren zum Kündigungsschutz

(1) Hat der Betrieb keinen Betriebsrat oder kommt aus anderen Gründen innerhalb von drei Wochen nach Verhandlungsbeginn oder schriftlicher Aufforderung zur Aufnahme von Verhandlungen ein Interessenausgleich nach § 125 Abs. 1 nicht zustande, obwohl der Verwalter den Betriebsrat rechtzeitig und umfassend unterrichtet hat, so kann der Insolvenzverwalter beim Arbeitsgericht beantragen festzustellen, dass die Kündigung der Arbeitsverhältnisse bestimmter, im Antrag bezeichneter Arbeitnehmer durch dringende betriebliche Erfordernisse bedingt und sozial gerechtfertigt ist. Die soziale Auswahl der Arbeitnehmer kann nur im Hinblick auf die Dauer der Betriebszugehörigkeit, das Lebensalter und die Unterhaltspflichten nachgeprüft werden.

(2) Die Vorschriften des Arbeitsgerichtsgesetzes über das Beschlussverfahren gelten entsprechend; Beteiligte sind der Insolvenzverwalter, der Betriebsrat und die bezeichneten Arbeitnehmer, soweit sie nicht mit der Beendigung der Arbeitsverhältnisse oder mit den geänderten Arbeitsbedingungen einverstanden sind. § 122 Abs. 2 Satz 3, Abs. 3 gilt entsprechend.

(3) Für die Kosten, die den Beteiligten im Verfahren des ersten Rechtszugs entstehen, gilt § 12a Abs. 1 Satz 1 und 2 des Arbeitsgerichtsgesetzes entsprechend. Im Verfahren vor dem Bundesarbeitsgericht gelten die Vorschriften der Zivilprozessordnung über die Erstattung der Kosten des Rechtsstreits entsprechend.

§ 127 InsO Klage des Arbeitnehmers

(1) Kündigt der Insolvenzverwalter einem Arbeitnehmer, der in dem Antrag nach § 126 Abs. 1 bezeichnet ist, und erhebt der Arbeitnehmer Klage auf Feststellung, dass das Arbeitsverhältnis durch die Kündigung nicht aufgelöst oder die Änderung der Arbeitsbedingungen sozial ungerechtfertigt ist, so ist die rechtskräftige Entscheidung im Verfahren nach § 126 für die Parteien bindend. Dies gilt nicht, soweit sich die Sachlage nach dem Schluss der letzten mündlichen Verhandlung wesentlich geändert hat.

(2) Hat der Arbeitnehmer schon vor der Rechtskraft der Entscheidung im Verfahren nach § 126 Klage erhoben, so ist die Verhandlung über die Klage auf Antrag des Verwalters bis zu diesem Zeitpunkt auszusetzen.

Im Grundsatz bleibt es auch bei der Anordnung eines vorläufigen Insolvenzverfahrens bzw. der Eröffnung des Insolvenzverfahrens bei den Beteiligungsrechten der Betriebsverfassungsorgane, d.h. des Betriebsrates bzw. – sofern dieser gebildet ist – des Sprecherausschusses. Auch in den Sonderformen des Insolvenzverfahrens der **Eigenverwaltung** und des **Schutzschirmverfahrens** bleiben die kollektivrechtlichen Bestimmungen in Kraft. Die insolvenzrechtliche Grundsituation ist hier jedoch insoweit abgeändert, als das nach der Eröffnung des Insolvenzverfahrens in Eigenverwaltung die Arbeitgeberbefugnis hier nicht bei dem Insolvenzverwalter liegt – wie dies im Regelinsolvenzverfahren der Fall ist – sondern bei der bestehenden Geschäftsführung der Schuldnerin verbleibt.[182] Insoweit ist diese Verhandlungspartnerin für den Betriebsrat bspw. bei der Umsetzung von Betriebsänderungen. Dem Insolvenzverwalter kommt in dieser Konstellation keine eigene Arbeitgeberbefugnis zu. **169**

Bei dem Abschluss von kollektivrechtlichen Vereinbarungen ist deshalb die jeweils gegebene Grundform des Insolvenzverfahrens besonders zu berücksichtigen. Kollektivrechtliche Vereinbarungen, die von den falschen Verhandlungspartnern abgeschlossen werden, sind unwirksam. Besteht also Unsicherheit über den richtigen Verhandlungspartner entweder auf Arbeitgeberseite oder aufseiten des Betriebsrates – dies kann insbesondere bei unklaren Betriebsbegriffen oder vorangegangenen Wahlanfechtungen der Fall sein – ist vor dem Abschluss von kollektivrechtlichen Vereinbarungen zwingend die rechtliche Frage über die Zuständigkeit des jeweiligen Verhandlungspartners zu klären. Im Fall eines Interessenausgleiches gem. § 125[183] führt der Umstand, dass nicht der richtige Verhandlungspartner den Interessenausgleich abgeschlossen hat dazu, dass die betriebsverfassungsrecht- **170**

182 Vgl. Rdn. 41.
183 Näheres dazu unter Rdn. 224.

lichen Beteiligungsrechte der §§ 111 ff. BetrVG nicht eingehalten wurden. Insoweit besteht das Risiko des Entstehens von Nachteilsausgleichsansprüchen gem. § 113 BetrVG[184] sowie die Rechtsfolge, dass der Arbeitgeber/Insolvenzverwalter sich in einem Kündigungsschutzprozess nicht auf die Vermutungswirkung gem. § 125 stützen kann, was die Prozessaussichten im Rahmen eines Kündigungsschutzverfahrens erheblich verschlechtern kann.[185]

171 Neben den Beteiligungsrechten eines Betriebsrates im Fall von Betriebsänderungen gem. §§ 111 ff. BetrVG ist die Betriebsratsanhörung gem. § 102 BetrVG von zentraler Bedeutung. Auch in der Insolvenz bleibt die Anhörungspflicht des Betriebsrates gem. § 102 BetrVG vollumfänglich aufrechterhalten.[186]

1. Der Betriebsbegriff

172 Nicht nur für die kollektivrechtliche Situation, sondern auch für etwaige Sanierungsschritte ist die Kenntnis und Bewertung der betrieblichen Struktur des zu sanierenden Unternehmens entscheidend. Kündigungsrechtlich ist der Betriebsbegriff relevant, um die Anwendbarkeit des KSchG oder die Reichweite einer durchzuführenden Sozialauswahl feststellen zu können. Betriebsverfassungsrechtlich ist der Betriebsbegriff u.a. für die Feststellung des zuständigen Betriebsrates entscheidend. Die betriebsverfassungsrechtliche Struktur kann auch Ausgangs- und Ansatzpunkt für eine Sanierung des Unternehmens sein.

a) Grundsätze des Betriebsbegriffes

173 Sowohl für die kündigungsrechtliche als auch für die betriebsverfassungsrechtliche Definition des Begriffes *»Betrieb«* ist der allgemeine arbeitsrechtliche Betriebsbegriff maßgeblich. Danach ist unter einem Betrieb die organisatorische Einheit zu verstehen, innerhalb derer der Arbeitgeber allein oder in Gemeinschaft mit seinen Mitarbeitern mithilfe von sächlichen und immateriellen Mitteln bestimmte arbeitstechnische Zwecke fortgesetzt verfolgt. Ein Betrieb in diesem Sinne setzt einen einheitlichen organisatorischen Einsatz der Sachmittel und Personalressourcen voraus. Die einen Betrieb konstituierende Leitungsmacht wird dadurch bestimmt, dass der Kern der Arbeitgeberfunktionen in personellen und sozialen Angelegenheiten von derselben institutionalisierten Leitung im Wesentlichen selbstständig ausgeübt wird. Entscheidend ist insoweit, wo schwerpunktmäßig über Arbeitsbedingungen und Organisationsfragen entschieden wird und in welcher Weise Einstellungen, Entlassungen und Versetzungen vorgenommen werden.[187]

174 Vom Betrieb als Ganzen zu unterscheiden sind Betriebsteile, die gegenüber dem Hauptbetrieb organisatorisch selbstständig sind und eine Teilfunktion von dessen arbeitstechnischem Zweck wahrnehmen.[188] Ein **Betriebsteil** ist auf den Zweck des Hauptbetriebs ausgerichtet und in dessen Organisation eingegliedert. Er ist aber gegenüber dem Hauptbetrieb organisatorisch abgrenzbar und relativ verselbstständigt. Für die Abgrenzung von Betrieb und Betriebsteil ist der Grad der Verselbstständigung entscheidend, der im Umfang der Leitungsmacht zum Ausdruck kommt. Erstreckt sich die in der organisatorischen Einheit ausgeübte Leitungsmacht auf alle wesentlichen Funktionen des Arbeitgebers in personellen und sozialen Angelegenheiten, handelt es sich um einen eigenständigen Betrieb im Sinne von § 1 Abs. 1 BetrVG. Für das Vorliegen eines Betriebsteils genügt ein Mindestmaß an organisatorischer Selbstständigkeit gegenüber dem Hauptbetrieb. Dazu reicht es aus, dass in der organisatorischen Einheit überhaupt eine den Einsatz der Arbeitnehmer bestimmende Leitung institutionalisiert ist, die Weisungsrechte des Arbeitgebers ausübt.[189]

184 Vgl. Rdn. 252.
185 Vgl. Rdn. 229.
186 Vgl. Rdn. 75.
187 BAG 30.06.2004 – 2 AZR 386/03; BAG 28.10.2010 – 2 AZR 392/08.
188 BAG 15.03.2001 – 2 AZR 151/00; BAG 28.10.2010 – 2 AZR 392/08.
189 BAG 17.01.2007 – 7 ABR 63/05; BAG 09.12.2009 – 7 ABR 38/08.

Auch ein **Hauptbetrieb** und eine räumlich weit entfernte **Betriebsstätte** i.S.v. § 4 Abs. 1 S. 1 Nr. 1 BetrVG können einen Betrieb i.S.d. § 23 KSchG bilden. Hier besteht ein Unterscheid zwischen dem kündigungsrechtlichen und den hier maßgeblichen betriebsverfassungsrechtlichen Betriebsbegriff, denn § 23 KSchG differenziert nicht zwischen Betrieben und räumlich entfernten Betriebsteilen, die als selbstständige Betriebe im Sinne des Betriebsverfassungsgesetzes gelten.[190] Die Vorschrift des § 4 Abs. 1 S. 1 Nr. 2 BetrVG bestimmt im Wege einer gesetzlichen Fiktion, dass ein Betriebsteil als selbstständiger Betrieb gilt, wenn er durch Aufgabenbereich und Organisation eigenständig ist. Für ihn ist grundsätzlich ein eigener Betriebsrat zu wählen, es sei denn, die Arbeitnehmer haben nach § 4 Abs. 1 S. 2 BetrVG beschlossen, an der Wahl des Betriebsrats im Hauptbetrieb teilzunehmen. Die für einen selbstständigen Betriebsteil nach § 4 Abs. 1 S. 1 Nr. 2 BetrVG erforderliche relative Eigenständigkeit setzt keinen umfassenden eigenen Leitungsapparat voraus. Erforderlich ist aber, dass es in dem Betriebsteil eine eigenständige Leitung gibt, die in der Lage ist, die Arbeitgeberfunktionen in den wesentlichen Bereichen der betrieblichen Mitbestimmung wahrzunehmen.[191] 175

Die Abgrenzung zwischen einem Betriebsteil in einem eigenständigem Betrieb i.S.v. § 1 Abs. 1 S. 1 BetrVG erfolgt aufgrund der Feststellung, ob sich die in der organisatorischen Einheit des (Haupt-) Betriebes ausgeübte Leitungsmacht auf alle wesentlichen Funktionen des Arbeitgebers in personellen und sozialen Angelegenheiten erstreckt.[192] 176

b) Restrukturierung und Änderung der Betriebsstruktur

Teilweise sind in Betrieben rechtlich nicht abgesicherte betriebsverfassungsrechtliche Strukturen vorzufinden. So werden beispielsweise Niederlassungen, die an sich rechtlich verselbstständigte Betriebe sind, durch den Betriebsrat der Zentrale vertreten oder es werden umgekehrt unselbstständige Betriebe durch einen eigenen Betriebsrat vertreten. Solche Handhabungen, die im *»normalen«* Betriebsalltag häufig jahrzehntelang funktionieren und pragmatischen Erwägungen geschuldet sind, können in Restrukturierungssituation zu erheblichen rechtlichen Risiken führen und zudem auch Ansatzpunkt für eine sanierende Neugestaltung der Betriebsstruktur sein. 177

Die Aufklärung und rechtlich belastbare Festlegung der Betriebsstruktur ist notwendig, um die Sanierungskonzeption unter Beteiligung eines Betriebsrates umzusetzen oder die betriebliche Struktur neu zu ordnen. Grundsätzlich ist immer zu raten, eine problematische Betriebsstruktur durch eine entsprechende Anerkennungsvereinbarungen zu bestätigen und Unsicherheiten zu beseitigen. Nach Abschluss der Ist-Aufnahme der Betriebsstruktur kann sich das Erfordernis ergeben, die Betriebsrätestruktur zu optimieren. Ziel kann beispielsweise die Auflösung der Eigenständigkeit der Betriebe in einer Filialstruktur sein oder umgekehrt, die einzelne Filiale eines Unternehmens als den eigenständigen Betrieb zu definieren, also betriebsverfassungsrechtlich zu dezentralisieren. Dafür sind jedoch häufig rechtliche und faktische Änderungen erforderlich. 178

Soll eine vereinheitliche Betriebsratsstruktur geschaffen werden, kann dies durch einen Tarifvertrag nach § 3 Abs. 1 Nr. 1b BetrVG oder durch eine Betriebsvereinbarung nach § 3 Abs. 2 i.V.m. Abs. 1 Nr. 1b BetrVG erfolgen. Eine faktisch geschaffene oder noch zu schaffende Betriebsrätestruktur kann also durch kollektivrechtliche Vereinbarungen manifestiert werden. Nach § 3 Abs. 1 Ziff. 1 Buchst b) BetrVG können durch Tarifverträge für Unternehmen mit mehreren Betrieben diese Betriebe zusammengefasst werden, wenn die Bildung von Betriebsräten erleichtert wird oder die Zusammenfassung der Wahrnehmung der Interessen der Arbeitnehmer dient. Sofern in dem Unternehmen keine tarifvertragliche Regelung besteht und kein Tarifvertrag gilt, kann die Regelung auch durch Betriebsvereinbarung erfolgen, § 3 Abs. 2 BetrVG. Die Alternative der Regelung über eine Betriebsvereinbarung ist den Betriebsparteien damit nur dann eröffnet, wenn kein Tarifvertrag im 179

190 BAG 28.10.2010 – 2 AZR 392/08.
191 BAG 21.07.2004 – 7 ABR 57/03; BAG 09.12.2009 – 7 ABR 38/08.
192 BAG 17.01.2007 – 7 ABR 63/05; BAG 09.12.2009 – 7 ABR 38/08.

Betrieb gilt. Bei tarifgebunden Arbeitgebern sind deshalb die Möglichkeiten, über eine Betriebsvereinbarung die Betriebsstruktur festzulegen, nahezu ausgeschlossen.[193]

180 Folge einer Vereinbarung in dem o.g. Sinne ist, dass die aufgrund eines Tarifvertrages oder einer Betriebsvereinbarung gebildeten betriebsverfassungsrechtlichen Organisationseinheiten als Betriebe im Sinne des BetrVG gelten, § 3 Abs. 5 S. 1 BetrVG. Bei der Frage, ob die Betriebsdefinition durch die Regelung der Erleichterung der Bildung von Betriebsräten oder die sachgerechte Wahrnehmung der Arbeitnehmerinteressen dient, steht den Betriebs- bzw. Tarifvertragsparteien ein Ermessensspielraum zu, der jedoch arbeitsgerichtlicher Überprüfung unterliegt. Anerkannt ist die Errichtung eines Filialbetriebsrates, wenn in einem Unternehmen mit bundesweitem Filialnetz kein unternehmensweiter Betriebsrat, sondern Regionalbetriebsräte errichtet werden sollen.[194] Primär zuständig für eine Vereinbarung nach § 3 BetrVG sind die Tarifvertragsparteien nach § 2 Abs. 1 TVG. Eine Regelung kann deshalb auch im Rahmen eines Haus-Tarifvertrages erfolgen. Die Tarifvertragsparteien können die Regelungsbefugnis für eine Vereinbarung auch nach § 3 Abs. 1 Nr. 1 BetrVG an die Betriebsparteien delegieren. Sie müssen dabei jedoch die Wirksamkeit der Betriebsvereinbarung von ihrer Zustimmung abhängig machen.[195]

c) Prüfung/Durchsetzung der Betriebsstruktur

181 Soll vor der konkreten Anwendung des Betriebsbegriffes im Rahmen von betriebsverfassungsrechtlichen Vorgängen, beispielsweise Betriebsratswahlen, der Betriebsbegriff zur Überprüfung gestellt werden, so ist es dem Arbeitgeber möglich, nach § 18 Abs. 2 BetrVG bei Zweifeln darüber, ob eine betriebsratsfähige Organisationseinheit vorliegt, eine Entscheidung des Arbeitsgerichts zu beantragen. Mit diesem **Beschlussverfahren** eröffnet das Gesetz die Möglichkeit, die Betriebsratsfähigkeit einer Organisationseinheit unabhängig von einer konkreten Betriebsratswahl mit gerichtlicher Bindungswirkung klären zu lassen. Ein solches arbeitsgerichtliches Beschlussverfahren bietet sich an, wenn nicht zunächst die Betriebsratswahl und ggf. das Wahlanfechtungsverfahren abgewartet werden soll. So kann bereits vor der Wahl die Sicherheit geschaffen werden, dass der Wahl die korrekte betriebsverfassungsrechtliche Struktur zu Grunde gelegt wird. Dies vermeidet auch eine kosten- und zeitintensive Wiederholung der Betriebsratswahl, falls die Arbeitsgerichte im Wahlanfechtungsverfahren deren Unwirksamkeit feststellen oder im Rahmen eines Vergleiches in diesem Beschlussverfahren die Betriebsparteien sich auf die Wiederholung der Wahl einigen.

182 Maßnahmen mit *reaktivem Charakter* können dann sinnvoll sein, wenn aus taktischen Gründen ein aktueller Status quo nicht abgeändert werden soll. Dies kann insbesondere vor dem Abschluss kollektivrechtlicher oder betriebsverfassungsrechtlicher Vereinbarungen der Fall sein, wenn die Gefahr bestünde, dass die Wirksamkeit dieser Vereinbarungen aufgrund der Diskussion des Betriebsbegriffes infrage gestellt werden könnte und ggf. sichere Rechtspositionen des Arbeitgebers zur Disposition stehen könnten. Nach § 19 BetrVG kann eine Betriebsratswahl vom Arbeitgeber innerhalb von zwei Wochen nach Bekanntgabe des Wahlergebnisses beim Arbeitsgericht angefochten werden, wenn gegen wesentliche Vorschriften über das Wahlrecht, die Wählbarkeit oder das Wahlverfahren verstoßen worden ist und eine Berichtigung nicht erfolgt ist, es sei denn, dass durch den Verstoß das Wahlergebnis nicht geändert oder beeinflusst werden konnte.

183 Die Verkennung des Betriebsbegriffs – und dies wäre in der vorliegenden Konstellation der Ansatzpunkt für eine Unwirksamkeit der Betriebsratswahl – hat in der Regel nicht die Nichtigkeit, sondern nur die Anfechtbarkeit einer darauf beruhenden Betriebsratswahl zur Folge.[196]

184 Neben der Anfechtung der Betriebsratswahl ist als Vorschritt auch die Einleitung eines einstweiligen Verfügungsverfahrens zur Aussetzung einer Betriebsratswahl denkbar. Dieser Weg des einstweiligen

193 *Fitting*, BetrVG, § 3 Rn. 68.
194 *Fitting*, BetrVG, § 3 Rn. 34.
195 *Fitting*, BetrVG, § 3 Rn. 21.
196 BAG 13.03.2013 – 7 ABR 70/11.

Rechtsschutzes über ein Eilverfahren sichert jedoch nur den aktuellen Status quo auf Betriebsratsseite. In diesem Verfahren besteht die Möglichkeit, die als fehlerhaft erkannte Wahl zu verhindern und ggf. auch neue Wahlgrundsätze zum Ansatz zu bringen. Auch über diesen Weg könnte eine Wiederholung der Wahl mit den erheblichen Kostenfolgen und den negativen Auswirkungen auf die Produktivität im Unternehmen verhindert werden.

2. Zuständigkeit des Betriebsrates

a) Grundfall und Rechtsfolgen

Welches kollektivrechtliche Gremium für den Abschluss eines Interessenausgleiches und eines Sozialplans zuständig ist, richtet sich nach der betriebsverfassungsrechtlichen Situation. 185

b) Gesamtbetriebsrat (GBR)

Von besonderer Bedeutung ist die Zuständigkeitsfrage, wenn ein Gesamtbetriebsrat oder ein Konzernbetriebsrat existiert. 186

Ist in dem Betrieb ein Gesamtbetriebsrat gebildet, ist im Einzelfall zu untersuchen, ob dieser auch sowohl für den Abschluss des Interessenausgleiches als auch für den Abschluss eines Insolvenzsozialplanes zuständig ist. Nach § 50 Abs. 1 BetrVG ist der Gesamtbetriebsrat zuständig für die Behandlung von Angelegenheiten, die das Gesamtunternehmen oder mehrere Betriebe betreffen und nicht durch die einzelnen Betriebsräte innerhalb ihrer Betriebe geregelt werden können. Seine Zuständigkeit erstreckt sich dabei insoweit auch auf Betriebe ohne einen bestehenden Betriebsrat. 187

Nach § 50 Abs. 1 i.V.m. § 111 S. 1 BetrVG ist eine mitbestimmungspflichtige Betriebsänderung mit dem Gesamtbetriebsrat zu vereinbaren, wenn sich die geplante Maßnahme auf alle oder doch mehrere Betriebe auswirkt und einer einheitlichen Regelung bedarf.[197] Eine betriebsübergreifende Regelung muss demnach zwingend erforderlich sein. Die bloße Zweckmäßigkeit aus Sicht des Arbeitgebers oder Betriebsrates kann in den Angelegenheiten der zwingenden Mitbestimmung die Zuständigkeit des Gesamtbetriebsrats nicht begründen.[198] Alleine der Wunsch des Arbeitgebers nach einer unternehmenseinheitlichen oder betriebsübergreifenden Regelung, sein Kosten- und Koordinierungsinteresse oder auch reine Zweckmäßigkeitsgesichtspunkte genügen also nicht, um in Angelegenheiten der zwingenden Mitbestimmung die Zuständigkeit des Gesamtbetriebsrats zu begründen. Maßgeblich sind stets die konkreten Umstände des Unternehmens und der einzelnen Betriebe. Anders als im Bereich der freiwilligen Mitbestimmung kann der Arbeitgeber also in Angelegenheiten der erzwingbaren Mitbestimmung die Zuständigkeit des Gesamt- oder Konzernbetriebsrats nicht dadurch begründen, dass er eine betriebsübergreifende Regelung verlangt. Ebenso wenig können Arbeitgeber und Konzern- oder Gesamtbetriebsrat die Zuständigkeit der einzelnen Betriebsräte abbedingen. Die gesetzliche Zuständigkeitsverteilung ist in Angelegenheiten, die in vollem Umfang der Mitbestimmung unterliegen, zwingend.[199] 188

Im Bereich der zwingenden Mitbestimmung gilt für das Verhältnis der betriebsverfassungsrechtlichen Organe der Grundsatz der Zuständigkeitstrennung. Hier sind ausschließlich entweder die einzelnen Betriebsräte oder der Gesamtbetriebsrat oder der Konzernbetriebsrat zuständig. Die gesetzliche Zuständigkeitsverteilung ist zwingend und unabdingbar.[200] 189

Zwar bestimmt § 50 Abs. 1 S. 1 Halbs. 2 BetrVG, dass der GBR auch für solche Betriebe zuständig ist, in denen kein Betriebsrat gebildet ist. Dies gilt nicht für Kleinstbetriebe (weniger als 5 Arbeitnehmer/innen), denn diese werden durch den Betriebsrat des Hauptbetriebes vertreten. Die Vertretungsregelung nach dem BetrVG gilt nur für die Vertretung im Rahmen der originären Zuständig- 190

197 BAG 11.12.2001 – 1 AZR 193/01; BAG 19.07.2012 – 2 AZR 403/11.
198 BAG 11.12.2001 – 1 AZR 193/01; BAG 19.07.2012 – 2 AZR 403/11.
199 BAG 14.11.2006 – 1 ABR 4/06; BAG 23.03.2010 – 1 ABR 82/08.
200 BAG 14.11.2006 – 1 ABR 4/06.

keit des GBR, die sich auf überbetriebliche Angelegenheiten beschränkt. Alleine in der dieser Zuständigkeit kann der GBR handeln und bspw. auch bindende Gesamtbetriebsvereinbarungen schließen.[201]

191 Wird also ein geplanter Personalabbau auf der Grundlage eines **unternehmenseinheitlichen Konzepts** durchgeführt und sind mehrere Betriebe betroffen, sodass **betriebsübergreifend** die Arbeit neu verteilt werden muss, ist gem. § 50 Abs. 1 BetrVG der Gesamtbetriebsrat für den Abschluss des Interessenausgleichs zuständig.[202]

192 Von entscheidender Bedeutung ist damit, ob es sich bei der geplanten Personalmaßnahme um eine unternehmensübergreifende Entscheidung handelt, die in mehreren Betrieben Auswirkungen zeigt. Ein betriebsübergreifendes Regelungsbedürfnis besteht nach der arbeitsgerichtlichen Rechtsprechung, wenn dem erforderlichen Interessenausgleich nach §§ 111, 112 BetrVG ein einheitliches, alle Betriebe »in den Blick nehmendes«[203] Umstrukturierungskonzept zugrunde liegt, das einer Regelung durch die einzelnen Betriebsräte nicht zugänglich war. Sind also beispielsweise neben einer Zentralverwaltung weitere Filialbetriebe von der Betriebsänderung betroffen, führt dies zur Zuständigkeit des GBR für den Abschluss des Interessenausgleiches nach §§ 111, 112 BetrVG und auch für den Abschluss eines Interessenausgleiches mit Namensliste nach § 1 Abs. 5 KSchG bzw. – nach der Eröffnung des Insolvenzverfahrens – nach § 125. Ist der Gesamtbetriebsrat für den Abschluss des Interessenausgleichs zuständig, folgt hieraus seine Zuständigkeit ausdrücklich auch für die Vereinbarung der Namensliste. Dies hat das Bundesarbeitsgericht inzwischen klargestellt. Die Namensliste ist Teil des Interessenausgleichs. Ihre Vereinbarung fällt in den Zuständigkeitsbereich des Gremiums, das auch für den Abschluss des Interessenausgleichs zuständig ist. Die nach § 50 Abs. 1 BetrVG begründete originäre Zuständigkeit des GBR erstreckt sich damit auf die gesamte »Angelegenheit« im Sinne dieser Bestimmung, nicht nur auf bestimmte Teile oder einen allgemeinen »Rahmen«.[204] Eine einheitliche mitbestimmungspflichtige Angelegenheit kann nicht aufgespaltet werden in Regelungsbereiche, die in die Zuständigkeit des Gesamtbetriebsrats fallen und solche, für die die örtlichen Betriebsräte zuständig sind. Dies wäre mit den Geboten der Rechtssicherheit und der Rechtsklarheit nicht zu vereinbaren.[205] Das gilt auch mit Blick auf eine Namensliste in einem Interessenausgleich nach § 1 Abs. 5 KSchG.[206]

193 Ist grundsätzlich die Zuständigkeit eines Einzel-Betriebsrates (bspw. in einem Filialbetrieb) begründet, kann sich trotzdem aus § 50 Abs. 1 S. 1 Halbs. 1 BetrVG die Zuständigkeit des Gesamtbetriebsrates für eine betriebsratslose Filiale ergeben. Gleiches kann sich aus § 58 Abs. 1 letzter Halbs. BetrVG für einen Konzernbetriebsrat ergeben.

194 Sollen im Rahmen einer Sanierungskonzeption Änderungen der Vergütungsstruktur erfolgen, stellt sich auch hier die Frage der Zuständigkeit des GBR für die Einführung neuer Regelungen. Bei der Regelung der Vergütungsgrundsätze besteht ein Mitbestimmungsrecht nach § 87 Abs. 1 Nr. 10 BetrVG. Nach § 87 Abs. 1 Nr. 10 BetrVG hat die zuständige Arbeitnehmervertretung in Fragen der betrieblichen Lohngestaltung, insbesondere bei der Aufstellung und Änderung von Entlohnungsgrundsätzen und der Einführung und Anwendung von neuen Entlohnungsmethoden sowie deren Änderung, mitzubestimmen.[207] Der Mitbestimmung unterliegt daher die Entscheidung darüber, nach welchen Kriterien sich die Berechnung der einzelnen Leistungen und deren Höhe im Verhältnis zueinander bestimmen sollen.[208] Nach § 50 Abs. 1 S. 1 BetrVG ist der Gesamtbetriebsrat für

201 BAG 14.11.2006 – 1 ABR 4/06.
202 BAG 07.07.2011 – 6 AZR 248/10.
203 So BAG 19.07.2012 – 2 AZR 403/11.
204 BAG 19.07.2012 – 2 AZR 403/11.
205 BAG 14.11.2006 – 1 ABR 4/06; BAG 19.07.2012 – 2 AZR 403/11.
206 BAG 07.07.2011 – 6 AZR 248/10; BAG 19.07.2012 – 2 AZR 403/11.
207 Vgl. nur BAG 23.03.2010 – 1 ABR 82/08.
208 BAG 10.10.2006 – 1 ABR 68/05; BAG 23.03.2010 – 1 ABR 82/08.

eine Angelegenheit, die das Gesamtunternehmen oder mehrere Betriebe betrifft, originär zuständig, wenn ein zwingendes Erfordernis für eine betriebsübergreifende Regelung besteht. Dieses Erfordernis kann sich aus technischen oder rechtlichen Gründen ergeben. Davon ist etwa auszugehen, wenn der Arbeitgeber im Bereich der freiwilligen Mitbestimmung zu einer Maßnahme, Regelung oder Leistung nur betriebsübergreifend bereit ist. Wenn der Arbeitgeber mitbestimmungsfrei darüber entscheiden kann, ob er eine Leistung überhaupt erbringt, kann er sie von einer überbetrieblichen Regelung abhängig machen und so die Zuständigkeit des Gesamtbetriebsrats für den Abschluss einer entsprechenden Betriebsvereinbarung herbeiführen.[209]

Die bloße Zweckmäßigkeit oder der Wunsch nach einer unternehmenseinheitlichen Regelung ist **195** dagegen nicht geeignet, in Angelegenheiten der zwingenden Mitbestimmung die Zuständigkeit des Gesamtbetriebsrats zu begründen.[210]

Eine Zuständigkeit des GBR kann auch nicht aus dem arbeitsrechtlichen Gleichbehandlungsgrund- **196** satz hergeleitet werden, obschon dieser jedenfalls dann unternehmensweit Anwendung findet, wenn die verteilende Entscheidung des Arbeitgebers nicht auf einzelne Betriebe beschränkt ist, sondern sich auf alle oder mehrere Betriebe des Unternehmens bezieht. Der betriebsverfassungsrechtliche Gleichbehandlungsgrundsatz des § 75 Abs. 1 BetrVG wirkt für GBR und Arbeitgeber überbetrieblich und weder der arbeitsrechtliche noch der betriebsverfassungsrechtliche Gleichbehandlungsgrundsatz des § 75 Abs. 1 BetrVG wirken für den GBR zuständigkeitsbegründend.[211] Im Bereich der erzwingbaren Mitbestimmung kann der Arbeitgeber die Zuständigkeit des GBR auch nicht dadurch begründen, dass er eine betriebsübergreifende Regelung verlangt. Die Entscheidungsbefugnis des Arbeitgebers ist durch das Beteiligungsrecht des Betriebsrats aus § 87 Abs. 1 Nr. 10 BetrVG begrenzt.[212]

Handelt es sich bei dem Regelungsgegenstand um einen solchen der freiwilligen Mitbestimmung **197** nach dem Betriebsverfassungsrecht, ist dem Arbeitgeber die Möglichkeit eröffnet, die Zuständigkeit des GBR herbeizuführen.

c) **Besonderheiten beim Konzernbetriebsrat (KBR)**

In wirtschaftlichen Angelegenheiten sind regelmäßig die Betriebsräte oder Gesamtbetriebsräte **198** zuständig. Eine originäre Zuständigkeit des KBR kommt nur in Betracht, wenn eine geplante Betriebsänderung Betriebe verschiedener Konzernunternehmen betrifft, wie z.B. die unternehmensüberschreitende Zusammenlegung von Betrieben oder ein konzernweiter Personalabbau, der mit der unternehmensübergreifenden Übernahme von Arbeitnehmern/Arbeitnehmerinnen verbunden ist. Entscheidend ist, ob den geplanten Maßnahmen ein unternehmensübergreifendes Konzept zugrunde liegt oder nicht.

Die Zuständigkeit des KBR für Unternehmen ohne GBR oder für Betriebe ohne Betriebsrat besteht **199** nur im Rahmen der dem KBR nach § 58 Abs. 1 S. 1 BetrVG zustehenden originären Zuständigkeit. Der KBR kann daher keine Angelegenheiten regeln, die in die gesetzliche Zuständigkeit – ggf. pflichtwidrig – nicht errichteter Gesamtbetriebsräte oder Betriebsratsloser Betriebe fallen. Gem. § 58 Abs. 1 S. 1 BetrVG besteht für den Konzernbetriebsrat eine originäre Zuständigkeit für die Behandlung von Angelegenheiten, die den Konzern oder mehrere Konzernunternehmen betreffen und nicht durch die einzelnen Gesamtbetriebsräte innerhalb ihrer Unternehmen geregelt werden können; seine Zuständigkeit erstreckt sich insoweit auf Unternehmen, die einen Gesamtbetriebsrat nicht gebildet haben sowie auf Betriebe der Konzernunternehmen ohne Betriebsrat.

209 BAG 10.10.2006 – 1 ABR 59/05; BAG 23.03.2010 – 1 ABR 82/08.
210 BAG 23.03.2010 – 1 ABR 82/08.
211 BAG 23.03.2010 – 1 ABR 82/08.
212 BAG 23.03.2010 – 1 ABR 82/08.

200 Nachdem ein geregeltes **Konzerninsolvenzrecht** gerade nicht existiert, sind auch die Folgen der Eröffnung des Insolvenzverfahrens für betriebsverfassungsrechtliche Vertretungen nicht gesetzlich bestimmt.

201 Das Amt des Konzernbetriebsrats endet, wenn die Voraussetzungen für seine Errichtung dauerhaft entfallen. Voraussetzung für die Errichtung eines Konzernbetriebsrats ist nach § 54 BetrVG das Bestehen eines Unterordnungskonzerns i.S.v. § 18 Abs. 1 S. 1 AktG. Besteht der Unterordnungskonzern nicht mehr, entfallen auch die Voraussetzungen für die Errichtung eines Konzernbetriebsrats für diesen Konzern. Für den Fall der Insolvenzeröffnung wird bejaht, dass bei Eröffnung eines Insolvenzverfahrens über ein abhängiges Unternehmen die Ausübung jedweder Konzernleitungsmacht aufgrund der insolvenzrechtlich zwingenden Unabhängigkeit des Insolvenzverwalters von den gesellschaftsrechtlichen Organisationsstrukturen und Weisungsverhältnisses gesperrt ist. Die Eröffnung des Insolvenzverfahrens beendet also die Konzernierung des abhängigen Unternehmens.

202 Damit ergibt sich jedoch zwingend, dass auch das Mandat des Konzernbetriebsrates endet, denn es gibt mit der Eröffnung der Insolvenzverfahren der Konzernunternehmen keine abhängigen Unternehmen mehr. Es fehlt an einen Konzern im Sinne von § 54 BetrVG. Wird ein Konzernbetriebsrat aber zu Unrecht und unter Verkennung der Voraussetzungen des § 54 BetrVG errichtet, stehen diesem Gremium von Anfang an keine betriebsverfassungsrechtlichen Befugnisse zu. Hierauf kann sich grundsätzlich jederzeit jedermann berufen, der hieran ein rechtliches Interesse hat. Unabhängig vom Fehlen eines für das Vorliegen eines Konzerns i.S.v. § 54 Abs. 1 BetrVG erforderlichen Abhängigkeitsverhältnisses ist die Errichtung des Konzernbetriebsrats auch dann unwirksam, wenn er für eine nicht konzernbetriebsratsfähige Einheit gebildet wurde.

203 Dieses Ergebnis birgt bei Konzerninsolvenzen erhebliche rechtliche Unsicherheiten in sich. Zwar wird in der Regel von der Zuständigkeit des GBR bzw. Betriebsrates auszugehen sein. In betriebsratslosen Betrieben kann jedoch die Zuständigkeit des KBR für personelle Maßnahmen infrage stehen. Im Zweifel wird davon auszugehen sein, dass der KBR keine Zuständigkeit hat. Da zwischen den Betriebsparteien geschlossene Vereinbarungen ebenfalls unwirksam sind, soweit sie die betriebsverfassungsrechtlich gebotene Situation verändern, ist von solchen Vereinbarungen abzuraten.

3. Die Betriebsänderung

a) Die Restrukturierungsmaßnahme als Betriebsänderung

204 Der Begriff der Betriebsänderung ist in § 111 BetrVG definiert. Neben den organisatorischen Änderungen des Betriebsablaufes ist insbesondere die Betriebseinschränkung, d.h. der **Personalabbau** in Sanierungsfällen von wesentlicher Bedeutung. Wann ein reiner Personalabbau zu einer Betriebsänderung führt, bestimmt sich nach § 112a BetrVG nach der Überschreitung der entsprechenden Schwellenwerte.[213] Maßgeblich ist die Zahl der in der Regel beschäftigten Arbeitnehmer. Bei der Ermittlung der Schwellenwerte sind Leiharbeitnehmer, die länger als 3 Monate im Unternehmen eingesetzt sind, ebenfalls zu berücksichtigen.[214]

205 Als Betriebsänderungen sind demzufolge folgende unternehmerische Maßnahmen gem. §§ 111, 112a BetrVG definiert:
- Einschränkung und Stilllegung des ganzen Betriebes oder von wesentlichen Betriebsteilen,
- Verlegung des ganzen Betriebes oder von wesentlichen Betriebsteilen,
- Zusammenschluss mit anderen Betrieben oder die Spaltung von Betrieben,
- grundlegende Änderung der Betriebsorganisation, des Betriebszwecks oder der Betriebsanlagen,
- Einführung grundlegend neuer Arbeitsmethoden und Fertigungsverfahren,
- personelle Einschränkungen/Personalabbau in den Schwellenwerten des § 17 Abs. 1 KSchG.

213 BAG 10.12.1996 – 1 ABR 43/96, BB 1997, 1206.
214 BAG 18.10.2011 – 1 AZR 335/10, ZIP 212, 540.

Problematisch kann im Einzelfall sein, eine konkrete unternehmerische Maßnahme unter den Begriff einer Betriebsänderung im Sinne von § 111 BetrVG zu subsumieren. Dies ist bspw. bei lediglich **teilweisen Betriebsstilllegungen** der Fall. Eine solche muss nicht zwingend zu einer Betriebsänderung führen. Ist der stillgelegte Betriebsteil nicht wesentlich im Sinne von § 111 S. 3 Nr. 1 BetrVG und erfüllt der mit der teilweisen Betriebsstilllegung verbundene Personalabbau nicht die Schwellenwerte des § 111a BetrVG, so ist eine Betriebsänderung auch nicht gegeben. Die Maßnahme ist deshalb weder interessenausgleichs- noch sozialplanpflichtig.[215] Eine Spaltung des Betriebes im Sinne von § 111 S. 3 Nr. 1 BetrVG kann jedoch gegeben sein, wenn – wie bspw. bei Teilbetriebsübergängen möglich – aus dem insolventen Unternehmen mehrere neue Einheiten entstehen. Die Spaltung setzt dabei nicht voraus, dass durch die unternehmerische Maßnahme wesentliche Betriebsteile betroffen sind. Insofern ist bei mehrfachen Teilbetriebsübergängen – bspw. im Fall der Zerschlagung eines insolventen Unternehmens in mehrere Einzelunternehmen, die wiederrum auf Erwerber übertragen werden – regelmäßig an § 111 S. 3 Nr. 1 BetrVG zu denken. Derartige Maßnahmen können interessenausgleichs- und ggf. sozialplanpflichtig sein. 206

Neben der Restrukturierung durch Personalabbau oder einem Umbau des Betriebes, können auch weitere klassische Sanierungsmaßnahmen auf betrieblicher Ebene eine Betriebsänderung darstellen. Dies gilt beispielsweise für Eingriffe in die Arbeitszeit bzw. der Einführung neuer Schichtmodelle. Nach § 87 Abs. 1 Nr. 2 BetrVG hat der (lokale) Betriebsrat, soweit eine gesetzliche oder tarifliche Regelung nicht besteht, mitzubestimmen über Beginn und Ende der täglichen Arbeitszeit einschließlich der Pausen sowie über die Verteilung der Arbeitszeit auf die einzelnen Wochentage. Das Beteiligungsrecht erfasst nicht nur die Frage, ob im Betrieb in mehreren Schichten gearbeitet werden soll, sondern auch die Festlegung der zeitlichen Lage der einzelnen Schichten und die Abgrenzung des Personenkreises, der Schichtarbeit zu leisten hat. Mitbestimmungspflichtig ist auch der Schichtplan und dessen nähere Ausgestaltung bis hin zur Zuordnung der Arbeitnehmer zu den einzelnen Schichten.[216] 207

Die Feststellung einer Betriebsänderung an sich führt jedoch nicht zwingend zu kollektivrechtlichen Maßnahmen. Nur wenn in der Regel mehr als 20 Arbeitnehmer/innen in dem zu restrukturierenden Betrieb beschäftigt werden, besteht gem. § 111 S. 1 BetrVG das Beteiligungsrecht des Betriebsrats. Die Zahl der in der Regel beschäftigten Arbeitnehmer ist dabei im Rahmen einer Vor- und Nachbetrachtung der aktuellen Beschäftigungssituation zu ermitteln. Entscheidend ist nicht, wie viele Arbeitnehmer/innen in dem Unternehmen zum Zeitpunkt des Stilllegungsentschlusses oder bspw. zum Zeitpunkt des Kündigungsausspruches beschäftigt werden, sondern welche Beschäftigtenzahl zu diesem Zeitpunkt für das Unternehmen kennzeichnend ist.[217] Das Kriterium der in der Regel mehr als 20 beschäftigten Arbeitnehmer kann nach der Rechtsprechung des BAG auch dann erfüllt sein, wenn die Betriebsänderung mehrere betriebsverfassungsrechtliche Kleinbetriebe eines größeren Unternehmens erfasst.[218] Dies kann insbesondere bei Filialbetrieben der Fall sein. 208

b) Personalabbau als Betriebsänderung, § 111 S. 3 Ziff. 1 BetrVG

Bezugsgröße für die Frage, ob eine Betriebsänderung durch einen reinen Personalabbau i.S.v. § 111 S. 3 Nr. 1 BetrVG, § 17 Abs. 1 KSchG vorliegt, ist die Anzahl der im einzelnen Betrieb beschäftigten Arbeitnehmer. 209

Nach § 111 S. 1 BetrVG kommt es für die Feststellung, ob der Betriebsrat überhaupt ein Beteiligungsrecht in wirtschaftlichen Angelegenheiten hat, auf die Anzahl der Arbeitnehmer in dem Unternehmen an. Die Unternehmensgröße von mehr als 20 wahlberechtigten Arbeitnehmern ist aber nur Voraussetzung für das Entstehen von Beteiligungsrechten, hier also die Information und Beteiligung des 210

215 BAG 18.03.2008 – 1 ABR 77/06, NZA 2008, 957.
216 BAG 28.05.2002 – 1 ABR 40/01; BAG 19.06.2012 – 1 ABR 19/11.
217 BAG 16.11.2004 – 1 AZR 642/03, ZIP 2005, 500.
218 BAG 08.06.1999 – 1 AZR 831/98, ZIP 1999, 1898.

Betriebsrats im Form des Interessenausgleichsverfahrens. Für das Vorliegen einer Betriebsänderung bei einem Personalabbau ist hingegen erforderlich, dass die Schwellenwerte des § 17 Abs. 1 KSchG im jeweiligen Betrieb erreicht werden. Dies gilt auch dann, wenn für den Abschluss des Interessenausgleichs gem. § 50 Abs. 1 BetrVG der Gesamtbetriebsrat zuständig ist.[219]

211 Maßgebend sind demnach die Zahlen des § 17 Abs. 1 KSchG. In größeren Betrieben müssen allerdings mindestens 5 % der Belegschaft betroffen sein.[220] Die Schwellenwerte des § 17 KSchG können der folgenden Abbildung entnommen werden:

212

Betriebe mit in der Regel.... Arbeitnehmern (Voll- und Teilzeitbeschäftigte)	Betriebsänderung i.S.v. § 111 S. 3 Ziff. 1 BetrVG bei Kündigung von
21 bis 59	mindestens 6 Arbeitnehmern
60 bis 499	mindestens 10 % der im Betrieb regelmäßig beschäftigten Arbeitnehmer oder mindestens 26 Arbeitnehmern
500 und mehr	mindestens 30 Arbeitnehmern

213 Unter Umständen können auch mehrere, an sich nicht interessenausgleichspflichtige Personalmaßnahmen durch eine Zusammenrechnung der betroffenen Anzahl der Arbeitnehmer/innen zu einer Überschreitung der Schwellenwerte führen. Es könnte sich dann um eine Gesamtmaßnahme handeln, die insgesamt interessenausgleichspflichtig würde. Dabei kann eine einheitliche Planungsentscheidung grundsätzlich auch eine stufenweise Durchführung einer Personalmaßnahme vorsehen. Ein enger zeitlicher Zusammenhang zwischen mehreren Entlassungswellen stellt jedoch ein wesentliches Indiz für eine von Anfang an einheitliche Planung dar. Eine spätere Entlassungswelle kann aber auch das Ergebnis einer neu aufgesetzten Planung sein. Dies ist dann nachweisbar, wenn nach der ersten Entlassungswelle neue, vom Arbeitgeber ursprünglich nicht vorgesehene und eingeplante Umstände eintreten.[221]

214 Plant der Arbeitgeber zunächst nur Entlassungen, die nach ihrer Zahl noch keine Betriebseinschränkung i.S.v. § 111 S. 3 Nr. 1 BetrVG darstellen, entstehen zunächst keine Beteiligungsrechte des Betriebsrats nach §§ 111 ff. BetrVG. Dies gilt jedoch nicht, wenn der Arbeitgeber vor Durchführung der Maßnahme seine Planung ändert und weitere Entlassungen beabsichtigt, die unter Zusammenrechnung mit den bereits geplanten, aber noch nicht durchgeführten Entlassungen die Grenzwerte des § 17 Abs. 1 KSchG überschreiten. Es handelt sich dann um einen einheitlichen Vorgang, der zum Zeitpunkt der Planungsänderung die Mitbestimmungsrechte des Betriebsrats nach §§ 111 ff. BetrVG auslöst. Führt dagegen der Arbeitgeber zunächst die beabsichtigten Entlassungen durch, die alleine für sich betrachtet noch keine Betriebsänderung darstellen, und fasst er erst danach aufgrund neuer Umstände den Entschluss zu weiteren Entlassungen, sind die Entlassungswellen mitbestimmungsrechtlich nicht zusammenzurechnen.[222] Es besteht dann keine Interessenausgleichspflicht.

215 Maßgeblich für das Entstehen der Mitbestimmungsrechte nach §§ 111 ff. BetrVG und für den Zeitpunkt zur Feststellung der Interessenausgleichspflicht ist damit die unternehmerische Konzeption selbst. Im Zeitpunkt des Abschlusses des Interessenausgleiches muss sich die Betriebsänderung noch in der Planungsphase befinden, damit dem Betriebsrat entsprechend dem Zweck des § 111 BetrVG eine Einflussnahme auf die unternehmerische Entscheidung möglich ist.[223] Die bei einer neuen Planung bereits durchgeführten Maßnahmen sind für die Mitbestimmungsrechte nach

219 BAG 12.05.2010 – 2 AZR 551/08; BAG 19.07.2012 – 2 AZR 403/11.
220 BAG 28.03.2006 – 1 ABR 5/05.
221 BAG 28.03.2006 – 1 ABR 5/05, DB 2006, 1792.
222 BAG 28.03.2006 – 1 ABR 5/05, DB 2006, 1792.
223 BAG 17.08.2023 – 6 AZR 56/23.

§§ 111 ff. BetrVG grundsätzlich ohne Belang.[224] Gleiches gilt für den Fall, in dem sich ein Betriebsrat erst nach der Umsetzung der Betriebsänderung konstituiert.

Es kann jedoch zu einer **Zusammenrechnung** der durchgeführten und in Aussicht genommenen personellen Maßnahmen kommen, wenn diese auf einer einheitlichen Konzeption bzw. unternehmerischen Entscheidung beruhen. Dies ist auch möglich, wenn zwischen den einzelnen Entlassungswellen längere Zeiträume liegen. Umgekehrt kann, wenn unterschiedliche unternehmerische Entscheidungen aufgrund unterschiedlicher Konzepte zu unterschiedlichen Personalmaßnahmen führen, eine Zusammenrechnung der betroffenen Arbeitnehmerzahlen ausscheiden. Bei einer solchen Planung ist also ein gestuftes Vorgehen mit der Unterschreitung der Schwellenwerte des § 17 KSchG möglich. Mehrere Kündigungswellen können dann mitbestimmungsrechtlich nicht zusammengerechnet werden. Zur Vermeidung der Zusammenrechnung von Kündigungswellen ist es demnach erforderlich, dass jede Maßnahme auf einer eigenen unternehmerischen Entscheidung und nicht auf einer Gesamtplanung beruht. 216

Nach § 112a Abs. 1 S. 1 Nr. 2 BetrVG findet § 112 Abs. 4 und 5 BetrVG in Fällen, in denen eine geplante Betriebsänderung i.S.d. § 111 S. 3 Nr. 1 BetrVG alleine in der Entlassung von Arbeitnehmer/innen besteht nur Anwendung, wenn in Betrieben mit in der Regel mindestens 500 Arbeitnehmern 15 % der regelmäßig beschäftigten Arbeitnehmer oder mindestens 60 Arbeitnehmer aus betriebsbedingten Gründen entlassen werden sollen. Damit wird die Sozialplanpflichtigkeit eingeschränkt. Dies ist immer dann der Fall, wenn eine Betriebsänderung nicht vorliegt, weil die Schwellenwerte nicht überschritten werden und damit eine Betriebsänderung i.S.v. § 111 S. 3 Nr. 1 BetrVG nicht gegeben ist. Die Norm kommt also dann zur Anwendung, wenn ein Personalabbau keine Betriebsänderung darstellt, weil die Schwellenwerte nicht überschritten werden. 217

c) Weitere Betriebsänderungen

Neben dem Personalabbau kann eine Betriebsänderung auch dann vorliegen, wenn eine grundlegende Änderung der Betriebsorganisation, des Betriebszwecks oder der Betriebsanlagen geplant ist. Zudem ist eine Betriebsänderung gegeben, wenn grundlegend neue Arbeitsmethoden eingeführt werden. 218

Eine Änderung der Betriebsorganisation liegt vor, wenn der Betriebsaufbau, insbesondere hinsichtlich Zuständigkeiten und Verantwortung, umgewandelt wird. Grundlegend ist die Änderung, wenn sie sich auf den Betriebsablauf in erheblicher Weise auswirkt. Maßgeblich dafür ist der Grad der Veränderung. Es kommt entscheidend darauf an, ob die Änderung einschneidende Auswirkungen auf den Betriebsablauf, die Arbeitsweise oder die Arbeitsbedingungen der Arbeitnehmer hat. Die Änderung muss in ihrer Gesamtschau von erheblicher Bedeutung für den gesamten Betriebsablauf sein.[225] Eine Änderung ist grundlegend und in der Folge eine beteiligungspflichtige Betriebsänderung, wenn sie wesentliche Nachteile für die Belegschaft oder erhebliche Teile der Belegschaft zur Folge haben kann. 219

Unter Arbeitsmethode versteht man die Gestaltung der menschlichen Arbeit und damit die Art und Weise, wie die menschliche Arbeit zur Erfüllung des Betriebszwecks arbeitstechnisch eingesetzt wird.[226] Ob bspw. die Einführung eines neuen Arbeitszeitmodells alleine als grundlegende Änderung der Betriebsorganisation zu bewerten ist oder etwa die Einführung einer neuen Arbeitsmethode darstellt, ist im Einzelfall schwierig zu beurteilen. Letztlich dürfte der konkrete Eingriff entscheidend sein. Ist dieser qualitativ und quantitativ so grundlegend, dass man von einer neuen Arbeitsorganisation sprechen kann, wird eine Betriebsänderung anzunehmen sein. Alleine die Flexibilisierung der Arbeitszeit, bspw. die (geringfügige) Korrektur von Filialöffnungszeiten und die Änderung von Pausenzeiten stellt zwar eine Änderung der Betriebsabläufe dar, lässt jedoch die Funktion und 220

224 BAG 28.03.2006 – 1 ABR 5/05, DB 2006, 1792.
225 BAG 18.03.2008 – 1 ABR 77/06.
226 *Richardi*, BetrVG, § 111 Rn. 20.

Tätigkeit der Arbeitnehmer/innen unverändert. Auch von neuen Arbeitsinhalten kann insoweit nicht gesprochen werden.

221 Anders könnte es jedoch sein, wenn mit einem neuen Arbeitszeitmodell eine Leistungsverdichtung verbunden ist oder wenn Gruppenarbeit eingeführt würde.

222 Sollte die an sich nicht als Betriebsänderung zu bewertende Änderung der Arbeitsorganisation nur notwendiger und unmittelbarer Vorschritt zur Umsetzung eines als Betriebsänderung zu qualifizierenden Personalabbaus sein, liegt die Bewertung nahe, dass die Änderung der Arbeitsorganisation als Betriebsänderung zu qualifizieren ist.

d) Umsetzung der Maßnahme als Betriebsänderung: Interessenausgleich und Sozialplan

223 Aufgrund der Fortgeltung des §§ 111 ff. BetrVG im Insolvenzverfahren ist der Insolvenzverwalter bzw. im Rahmen der Eigenverwaltung die bestehende Geschäftsführung verpflichtet, vor der Umsetzung von geplanten Betriebsänderungen den Betriebsrat zu unterrichten und den Versuch zu unternehmen, einen Interessenausgleich nach § 112 Abs. 2 BetrVG zu vereinbaren. Der Interessenausgleich beschreibt im Textteil die unternehmerische Entscheidung und das Ob und Wann und in welchem Umfang sowie in welcher Form die Betriebsänderung durchgeführt wird. Nach dem Willen des Gesetzgebers sollen zum einen die Interessen des Unternehmens an der Durchführung der Betriebsänderung und zum anderen die Interessen der Belegschaft, vertreten durch den Betriebsrat, an der Vermeidung von wesentlichen Nachteilen ausreichend Berücksichtigung finden und im Rahmen des Interessenausgleiches verbindlich geregelt werden. Als weitere kollektivrechtliche Vereinbarung kann neben dem Interessenausgleich auch ein Sozialplan gem. § 112 BetrVG erforderlich sein. Dieser regelt die sozialen Auswirkungen der Betriebsänderung und bezweckt den Ausgleich bzw. die Milderung der wirtschaftlichen sozialen Nachteile, die den Arbeitnehmern aus der Umsetzung der Betriebsänderung entstehen. Was ein solcher Nachteil darstellen kann, kann im Einzelfall schwierig zu beurteilen sein. Insbesondere bei Abspaltungen kann sich insofern die Frage stellen, ob bei einer Spaltung des Betriebes durch mehrere Teilbetriebsübergänge beim fehlenden Eingriff in den Bestand von Arbeitsverhältnissen und dem Besitzstand der Arbeitnehmer gegeben ist. Die bloße Verringerung der Haftungsmasse im Rahmen einer Abspaltung oder einer Ausgliederung eines Betriebes oder eines Betriebsteils auf ein anderes Unternehmen stellt jedoch nach der Rechtsprechung keinen ausgleichspflichtigen Nachteil dar und begründet insoweit nicht das Erfordernis, einen Sozialplan abzuschließen.[227] Der Abschluss eines Sozialplanes ist nach dem BetrVG im Gegensatz zu dem Abschluss eines Interessenausgleichs durch den Betriebsrat erzwingbar. Der Betriebsrat kann den Abschluss eines Sozialplans ggf. auch über eine Einigungsstelle gem. § 112 Abs. 4 BetrVG durchsetzen. Die Einigungsstelle ist demnach auch im Insolvenzverfahren nicht grundsätzlich ausgeschlossen. Es gilt das übliche Verfahren. Dabei ist der Honoraranspruch eines Einigungsstellenvorsitzenden dann Masseverbindlichkeit, wenn das Verfahren über einen Interessenausgleich und einen Sozialplan erst nach der Eröffnung des Insolvenzverfahrens abgeschlossen wird.[228]

aa) Interessenausgleich mit Namensliste nach § 125 InsO

224 Vor bzw. Außerhalb der Eröffnung des Insolvenzverfahrens eröffnet das Kündigungsschutzgesetz in § 1 Abs. 5 KSchG die Möglichkeit des Abschlusses eines Interessenausgleichs mit Namensliste. § 1 Abs. 5 S. 1 KSchG bestimmt, dass in dem Fall, in dem Arbeitnehmer/innen aufgrund einer **Betriebsänderung** nach § 111 BetrVG gekündigt werden sollen und diese Arbeitnehmer in einem Interessenausgleich zwischen Arbeitgeber und Betriebsrat namentlich bezeichnet sind (sog. **Namensliste**), vermutet wird, dass die Kündigung durch dringende betriebliche Erfordernisse im Sinne von § 1

227 BAG 10.12.1996 – 1 ABR 32/96, ZIP 1997, 1388.

228 LAG Rheinland-Pfalz 19.06.2017 – 3 TaBV 3/17, auch zur Angemessenheit der Honorarforderung des Vorsitzenden der Einigungsstelle.

Abs. 2 KSchG bedingt ist.[229] Gem. § 1 Abs. 5 S. 2 KSchG ist die soziale Auswahl dieser Arbeitnehmer/innen nur auf grobe Fahrlässigkeit hin zu überprüfen. Damit führt die Regelung des § 1 Abs. 5 KSchG zu einer erheblichen Beweiserleichterung in einem Kündigungsschutzverfahren. Gelingt es also der Arbeitgeberseite, sich mit dem Betriebsrat auf eine Namensliste zu einigen, trägt dies unmittelbar zur Rechtssicherheit der umzusetzenden Sanierungsmaßnahme bei.

Für das **Restrukturierungsbudget** hat der Abschluss eines Interessenausgleiches mit Namensliste erhebliche Wirkungen: Die Prozessrisiken können aufgrund der Vermutungswirkung des Interessenausgleiches mit Namensliste erheblich reduziert werden. Bereits die Klagequote dürfte bei Abschluss eines Interessenausgleiches mit Namensliste erheblich niedriger liegen, als dies bei Maßnahmen ohne Namensliste der Fall ist. Zudem sind auch wegen der schlechten Prozessaussichten etwaige Abfindungszahlungen niedriger anzusetzen, als dass dies ohne die Sicherheitslinie des Interessenausgleichs mit Namensliste der Fall ist. Aus diesem Grunde ist aus Sicht eines Betriebserwerbers zu empfehlen, bei geplanten Personalmaßnahmen – beispielsweise auf Basis eines **Erwerberkonzeptes** – zur Absicherung den Abschluss eines Interessenausgleiches mit Namensliste zu fordern und dies ggf. zur Bedingung für die Übertragung zu machen. Die größtmögliche arbeitsrechtliche Sicherheit kann durch die Kombination aus einem Interessenausgleich mit Namensliste, einem Erwerberkonzept und einer Transfergesellschaftsmaßnahme für die nach dem Erwerberkonzept zur Kündigung vorgesehenen Arbeitnehmer/innen erzielt werden. 225

Der Interessenausgleich setzt jedoch eine Betriebsänderung i.S.d. § 111 ff. BetrVG voraus. Mit dieser Voraussetzung ist auch verbunden, dass der Interessenausgleich seine Wirkungen nur im Geltungsbereich des BetrVG entfalten kann. Damit ist § 125 – Gleiches dürfte auch für § 1 Abs. 5 KSchG gelten – in Einrichtungen der **Religionsgemeinschaften**, die gem. § 118 Abs. 2 BetrVG dem BetrVG nicht unterliegen, unanwendbar. Schließt der Insolvenzverwalter mit der gebildeten Mitarbeitervertretung einer solchen Einrichtung einen Interessenausgleich mit Namensliste gilt die Vermutungswirkung des § 125 InsO bzw. § 1 Abs. 5 KSchG nicht.[230] 226

Mit Eröffnung des Insolvenzverfahrens ist für die Anwendung des § 1 Abs. 5 KSchG kein Raum mehr. Ab diesem Zeitraum gilt die spezialgesetzliche Vorschrift des § 125, die ebenfalls die Möglichkeit des Abschlusses eines Interessenausgleiches mit Namensliste eröffnet. Auch im Fall des § 125 gilt die Vermutung, dass die Kündigung der Arbeitsverhältnisse durch dringende betriebliche Erfordernisse, die einer Weiterbeschäftigung in diesem Betrieb oder einer Weiterbeschäftigung zu unveränderten Arbeitsbedingungen entgegenstehen, bedingt ist. Dies dann, wenn zwischen dem Insolvenzverwalter und dem Betriebsrat ein Interessenausgleich mit Namensliste vereinbart wurde der die Arbeitnehmer/innen namentlich bezeichnet, die aufgrund der Betriebsänderung zu entlassen sind. 227

Zudem kann auch im Rahmen des Interessenausgleiches gem. § 125 gem. § 125 Abs. 1 S. 1 Ziffer 2 die Sozialauswahl nur im Hinblick auf die Dauer der Betriebszugehörigkeit, das Lebensalter und die Unterhaltspflichten und hier nur auf grobe Fehlerhaftigkeit hin nachgeprüft werden. Eine wichtige Ergänzung enthält § 125 Abs. 1 S. 1 Ziffer 2 insoweit, als dass eine grobe Fehlerhaftigkeit nicht gegeben ist, wenn eine **ausgewogene Personalstruktur** erhalten oder geschaffen wird. Faktisch führt dies dazu, dass im Fall eines Abschlusses eines Interessenausgleiches nach § 125 die Chancen der gekündigten Arbeitnehmer in einem Kündigungsschutzverfahren massiv beschränkt sind. Die Vorschrift des § 125 trägt demnach den sanierungsfreundlichen Grundgedanken der Insolvenzordnung Rechnung. Neben den oben genannten Punkten soll die Vermutung der Richtigkeit auch für die Bildung einer Vergleichsgruppe im Rahmen der Sozialauswahl sowie für die ordnungsgemäß durchgeführte Sozialauswahl gelten.[231] 228

229 BAG 17.08.2023 – 6 AZR 56/23.

230 LAG Niedersachsen 09.12.2009 – 17 Sa 850/09, NZI 2010, 334.

231 LAG Köln 25.02.2005 – 11 Sa 767/04, ZIP 2005, 1153; LAG Hamm 19.01.2005 – 2 Sa 1156/04, ZInsO 2006, 390.

229 Durch die Bestimmung des § 125 wird damit faktisch eine **Beweislastumkehr** erreicht. Nach der Bestimmung des Kündigungsschutzgesetzes ist gem. § 1 Abs. 2 S. 4 KSchG grundsätzlich der Arbeitgeber beweispflichtig für alle Tatsachen, die die Kündigung bedingen. Durch die gesetzliche Vermutungswirkung des § 125 wird diese Beweisbelastung umgekehrt. Tatsächlich muss in einem Kündigungsschutzprozess, in dem ein Interessenausgleich gem. § 125 abgeschlossen wurde, von dem der gekündigte Arbeitnehmer erfasst wird, dieser vortragen und unter Beweis stellen, dass beispielsweise die Kündigung nicht aufgrund dringender betrieblicher Erfordernisse erfolgt sei.[232] Gleiches gilt für das Bestehen einer Weiterbeschäftigungsmöglichkeit und für die grobe Fehlerhaftigkeit der vorgenommenen Sozialauswahl und der Vergleichsgruppenbildung.

230 Nachdem die Vorschrift des § 125 von der Person des »Insolvenzverwalters« spricht, folgt daraus zwingend, dass dieser spezielle Interessenausgleich mit Namensliste nur nach der Eröffnung des Insolvenzverfahrens wirksam abgeschlossen werden kann. Ein vor der Eröffnung des Insolvenzverfahrens zwischen der Schuldnerin und dem Betriebsrat – u.U. auch mit Zustimmung des vorläufigen (schwachen) Insolvenzverwalters – abgeschlossener Interessenausgleich mit Namensliste ist keiner gem. § 125.[233] Es kann sich hier allenfalls um einen Interessenausgleich gem. § 1 Abs. 5 KSchG handeln, der jedoch hinter den Wirkungen des § 125 zurückbleibt.

231 Voraussetzung der Wirkung des § 125 ist ein wirksam abgeschlossener Interessenausgleich und die Einhaltung von Formvorschriften in Bezug auf die Vereinbarung der Namensliste. Die Namensliste ist als wesentlicher Bestandteil des Interessenausgleichs zwingend so zu gestalten, dass sie als Bestandteil des Interessenausgleichs, d.h. des Textteils des Interessenausgleichs, zu erkennen ist. Die bloße Verweisung auf eine in der Anlage zum Interessenausgleich beigefügte Namensliste reicht nicht. Nach der arbeitsgerichtlichen Rechtsprechung ist vielmehr eine **vor** der Unterzeichnung der Namensliste mit dem Textteil hergestellte feste Verbindung zwischen der Namensliste und dem Interessenausgleich erforderlich.[234] Diese Verbindung kann beispielsweise mittels Heftmaschine hergestellt werden. Grundsätzlich zulässig ist es jedoch, dass die Namensliste dem Interessenausgleich als Anlage beigefügt ist. Die namentliche Bezeichnung der zur Kündigung vorgesehenen Arbeitnehmer muss deshalb nicht im Textteil des Interessenausgleichs erfolgen.[235] Erforderlich ist jedoch, dass Interessenausgleich und Namensliste eine **einheitliche Urkunde** bilden. Aus praktischen Gründen bietet es sich auch an, die Namensliste als Anlage dem Interessenausgleich beizufügen. Der Erfahrung nach treten insbesondere in intensiven Interessenausgleichsverhandlungen immer wieder Änderungen der Namensliste auf. Um Unstimmigkeiten und Fehler zu vermeiden bietet es sich deshalb an, in dem Textteil so wenig Variablen wie möglich aufzunehmen und diese in die Anlagen zu verlegen. Unstimmigkeiten und Fehler insbesondere im Abgleich zwischen dem Textteil des Interessenausgleiches und der vereinbarten Namensliste können die Vermutungswertung des § 125 beeinträchtigen oder gar zerstören, weil der Interessenausgleich mit Namensliste nicht als solcher gewertet wird. In diesem Fall fehlt es dann an der Vermutungswirkung und ein Kündigungsrechtsstreit ist nach den üblichen Regelungen des Kündigungsschutzgesetzes zu führen, d.h. die Darlegung zur Beweisbelastung liegt zunächst beim Arbeitgeber, § 1 Abs. 2 S. 4 KSchG. Zur Risikovermeidung von Sanierungsmaßnahmen ist deshalb unbedingt auf den formwirksamen Abschluss eines Interessenausgleiches zu achten.

232 Grundsätzlich zulässig ist es, die Namensliste getrennt von dem Textteil des Interessenausgleiches zu erstellen. In diesem Fall muss die Namensliste jedoch von den Betriebsparteien unterzeichnet sein und in der Namensliste oder in dem Interessenausgleich muss jeweils auf das andere Dokument Bezug genommen werden.[236] In diesem Fall ist jedoch zu empfehlen, dass der Interessenausgleich

232 BAG 17.08.2023 – 6 AZR 56/23.

233 BAG 28.06.2012 – 6 AZR 780/10, ZIP 2012, 1822.

234 LAG Hamm 10.03.2000 – 10 Sa 1843/99, ZInsO 2000, 467; BAG 07.05.1998 – 2 AZR 55/98.

235 BAG 06.07.2006 – 2 AZR 520/05, ZIP 2006, 2329; BAG 22.01.2004 – 2 AZR 111/02; KR-*Etzel*, § 1 KSchG Rn. 703a.

236 BAG 06.07.2006 – 2 AZR 520/05, ZIP 2006, 2329; BAG 22.01.2004 – 2 AZR 111/02.

und die Namensliste nicht lediglich paraphrasiert werden, sondern die vollständige Unterschrift tragen.

233 Ist die Namensliste selbst nicht unterschrieben, bedarf es wiederum der festen Verbindung mit der unterschriebenen Haupturkunde, d.h. dem Interessenausgleich. Voraussetzung ist dann jedoch, dass auf die nicht unterschriebene Anlage ausdrücklich Bezug genommen ist und die Haupturkunde mit der Anlage mittels Heftmaschine fest körperlich zu einer einheitlichen Urkunde verbunden wurde, sodass eine Lösung nur durch Gewaltanwendung (Heftklammer) möglich gewesen wäre.[237] Hintergrund hierfür ist, dass das Erfordernis der Einheitlichkeit der Urkunde als Voraussetzung der Schriftform gem. § 126 Abs. 2 BGB dann nicht erfüllt ist, wenn lediglich eine gedankliche Verbindung zur Haupturkunde besteht. Dies wäre der Fall, wenn nur mit wechselseitigen Bezugnahmen in den Dokumenten gearbeitet werden würde. Die Verbindung der Dokumente muss äußerlich durch tatsächliche Beifügung der in Bezug genommenen Urkunde zur Haupturkunde greifbar sein.[238] Aus diesem Grund müssen im Augenblick der Unterzeichnung die Schriftstücke als einheitliche Urkunde äußerlich erkennbar sein.[239] Wird demnach der Interessenausgleich mit der Namensliste erst nach der Unterzeichnung durch den Arbeitgeber oder dem Betriebsrat zusammengeführt, ist das Formerfordernis nicht erfüllt.[240]

234 Es ist deshalb zu empfehlen, zum einen die feste körperliche Verbindung zwischen Namensliste und Interessenausgleich vor dem Zeitpunkt der Unterschrift herzustellen und sodann die Unterschriften zu leisten. In der Praxis hat sich als vorteilhaft erwiesen, wenn neben dem Interessenausgleich auch die Namensliste ungeachtet der oben genannten Rechtsprechung eine vollständige Unterschrift trägt. In diesem Fall bedarf es vom Grundsatz her der festen körperlichen Verbindung nicht mehr. Jedoch sind wegen der Formstrenge des Abschlusses des Interessenausgleiches mit Namensliste und der damit verbundenen erheblichen risikomindernden Wirkung Zweifel an dem formwirksamen Abschluss des Interessenausgleiches von Anfang an zu vermeiden.

235 Neben der empfohlenen Kombination zwischen fester körperlicher Verbindung und Unterzeichnung des Interessenausgleiches und der Namensliste ist deshalb eine nachvollziehbare, bestenfalls schriftliche Dokumentation des Vorganges des Abschlusses des Interessenausgleiches mit Namensliste zu empfehlen. Ein genau geführtes Protokoll, welches im Sinne der o.g. Grundsätze der Rechtsprechung die tatsächlichen Abläufe u.U. minutiös wiedergibt, bietet die größtmögliche Gewähr, dass es auch vor dem Arbeitsgericht gelingen kann, das formwirksame Zustandekommen des Interessenausgleiches darzulegen und zu beweisen. Zudem ist es zu empfehlen, neben dem wie vorstehend beschrieben verbundenen Interessenausgleich ein zusätzliches Kopierexemplar anzufertigen. Wird die feste körperliche Verbindung zwischen Interessenausgleich und Namensliste nämlich zur Erleichterung der Kopierbarkeit und Verteilung an die Beteiligten aufgetrennt, ist die einheitliche Urkunde zerstört.

236 Ist der Interessenausgleich mit Namensliste nicht formgültig zu Stande gekommen, so greift weder die Vermutungswirkung noch die Einschränkung der Überprüfung der Sozialauswahl auf grobe Fehlerhaftigkeit gem. § 125 Abs. 1.[241] Es verbleibt dabei bei der regulären abgestuften Darlegungs- und Beweislast im Kündigungsschutzprozess.[242] Aufgrund der Vermutungswirkung des Interessenausgleichs kann im Ergebnis die soziale Rechtfertigung der Kündigung nur noch in wenigen Ausnahmefällen infrage gestellt werden. Die Darlegungs- und Beweisbelastung im Kündigungsschutzprozess dreht sich praktisch um: Im Grundsatz ist der Arbeitgeber für das Vor-

237 BAG 07.05.1998 – 2 AZR 555/98, BB 1998, 111; BAG 06.12.2001 – 2 AZR 422/00.
238 BAG 06.07.2006 – 2 AZR 520/05, ZIP 2006, 2329; BGH 13.11.1963 – V ZR 8/62.
239 BAG 06.07.2006 – 2 AZR 520/05, ZIP 2006, 2329; BAG 07.05.1998 – 2 AZR 55/98.
240 BAG 06.07.2006 – 2 AZR 520/05, ZIP 2006, 2329.
241 BAG 07.05.1998 – 2 AZR 536/97.
242 BAG 20.05.1999 – 2 AZR 278/98, ZInsO 2000, 351.

liegen der dringenden betrieblichen Erfordernisse darlegungs- und beweisbelastet.[243] In dem Kündigungsschutzprozess sind nun aber die Arbeitnehmer dafür darlegungs- und beweispflichtig, dass die Kündigung nicht aus dringenden betrieblichen Erfordernissen erfolgt ist und die Vergleichsgruppenbildung oder die Sozialauswahl selbst grob fehlerhaft ist.[244] Die Vermutung, dass die Kündigung betriebsbedingt ist, kann der Arbeitnehmer nur dadurch widerlegen, dass er substanziiert darlegt und im Bestreitensfall beweist, dass der nach dem Interessenausgleich in Betracht kommende betriebliche Grund in Wirklichkeit nicht besteht.[245]

237 Auf den Interessenausgleich kann sich der Arbeitgeber/Insolvenzverwalter dann nicht mehr berufen, wenn sich die Sachlage nach Zustandekommen des Interessenausgleichs wesentlich geändert hat, § 125 Abs. 1 S. 2. Eine wesentliche Änderung der Sachlage ist dann gegeben, wenn im Kündigungszeitpunkt davon auszugehen ist, dass die Geschäftsgrundlage für den Interessenausgleich entfallen ist. Dies ist der Fall wenn nicht ernsthaft bezweifelt werden kann, dass beide Betriebsparteien oder eine von ihnen den Interessenausgleich in Kenntnis der späteren Änderung nicht oder mit anderem Inhalt geschlossen hätten.[246]

238 Die Sozialauswahl soll dann **grob fehlerhaft** sein, wenn die Vergleichsgruppenbildung willkürlich vorgenommen wurde oder der auswahlrelevante Personenkreis nach unsachlichen Gesichtspunkten bestimmt wurde, eine unsystematische Altersgruppenbildung vorgenommen wurde,[247] eine der in § 125 Abs. 1 S. 1 Ziff. 2 Halbs. 1 genannten drei sozialen Grundkriterien überhaupt nicht berücksichtigt oder zusätzlichen Auswahlkriterien eine überhöhte Bewertung beigemessen wurde oder die Sozialauswahl nach sozialen Gesichtspunkten entgegenstehenden Gründen nicht nach sachlichen Gesichtspunkten konkretisiert wurde.[248] Tatsächlich grob fehlerhaft ist eine Sozialauswahl dabei nur, wenn ein **evidenter, ins Auge springender schwerer Fehler** vorliegt und der Interessenausgleich jede Ausgewogenheit vermissen lässt.[249] Die Sozialauswahl ist hinsichtlich der vorgenommenen **Vergleichsgruppenbildung** nur dann grob fehlerhaft, wenn die Austauschbarkeit der Arbeitnehmer offensichtlich verkannt worden ist. Auch hier muss ein evidenter, ins Auge springender schwerer Fehler vorliegen, damit die grobe Fehlerhaftigkeit der Sozialauswahl festgestellt werden kann.[250] Solange gut nachvollziehbare und ersichtlich nicht auf Missbrauch zielende Überlegungen für die etwa sogar u.U. auch fehlerhaft getroffene Sozialauswahl bzw. der Eingrenzung des auswahlrelevanten Personenkreises vorliegen, ist die Grenze der groben Fehlerhaftigkeit nicht überschritten.[251] Erforderlich ist jedoch, dass sich die getroffene Auswahl gerade mit Blick auf den klagenden Arbeitnehmer im Ergebnis als grob Fehlerhaft erweist. Nicht entscheidend ist, dass das gewählte Auswahlverfahren als solches Anlass zur Beanstandung gibt.[252]

239 Nach der Rechtsprechung nicht fehlerhaft ist es, wenn in die Sozialauswahl Arbeitnehmer mit besonderem **Kündigungsschutz** nicht einbezogen werden. Gesetzliche Kündigungsverbote gehen dem allgemeinen Kündigungsschutz als spezialgesetzliche Regelungen vor. Auch in der Insolvenz besteht deshalb der besondere Kündigungsschutz für Betriebsratsmitglieder gem. § 15 KSchG. Die ordentliche Kündigung gegenüber von Betriebsratsmitgliedern ist deshalb nur gem. § 15 Abs. 4 u.

243 LAG Hamm 06.07.2000 – 799/00, ZInsO 2000, 569; BAG 26.04.2007 – 8 AZR 695/05, NZI 2007, 389.
244 LAG Köln 03.08.2009 – 5 Sa 43/09, ZInsO 2010, 545; LAG Köln 25.02.2005 – 11 Sa 764/04, ZIP 2005, 1153.
245 BAG 24.10.2013 – 6 AZR 854/11.
246 BAG 18.10.2012 – 6 AZR 289/11; BAG 24.10.2013 – 6 AZR 854/11.
247 Vgl. Rdn. 244 ff.
248 LAG Hamm 05.06.2003 – 4/16 Sa 1976/02, ZInsO 2003, 1060.
249 BAG 28.08.2003 – 2 AZR 368/02; BAG 17.11.2005 – 6 AZR 107/05; BAG 24.10.2013 – AZR 654/11; BAG 19.12.2013 – 6 AZR 790/12.
250 BAG 21.09.2006 – 2 AZR 284/06; LAG Köln 01.07.2005 – 11 Sa 1508/04.
251 LAG Düsseldorf 06.07.2011 – 7 Sa 1859/10.
252 BAG 19.07.2012 – 2 AZR 352/11.

5 KSchG möglich. In der Konsequenz sind Betriebsratsmitglieder nicht in die Sozialauswahl mit einzubeziehen.[253]

Im Fall einer **Teilbetriebsstilllegung** ist die Erstreckung der Sozialauswahl auf dem stillzulegenden Betriebsteil zu beachten. Bei einer betriebsbedingten Kündigung eines Arbeitnehmers, dessen Arbeitsverhältnis dem stillzulegenden Betriebsteil zugeordnet werden kann, ist bei der Sozialauswahl auch ein vergleichbarer Arbeitnehmer zu berücksichtigen, der zur Zeit der avisierten Kündigung einem später im Wege des Teilbetriebsübergangs zu übertragenden Betriebsteil angehört. Maßgeblich ist demnach auch in der Insolvenz der Grundsatz der **betriebsbezogenen Sozialauswahl**. Für die Strukturierung von Teilbetriebsstilllegung und Teilbetriebsübergängen bedeutet dies, dass in der Regel zu empfehlen sein wird, zunächst einen Teilbetrieb zu übertragen und sodann die Stilllegung des verbleibenden Restbetriebes durchzuführen. Bei zeitlicher Umkehrung würde dies nach der Rechtsprechung des BAG bedeuten, dass eine Sozialauswahl zwischen den Arbeitnehmern in dem stillzulegenden Betriebsteil und den Arbeitnehmern in dem für den Betriebsübergang vorgesehenen Betriebsteil vorgenommen werden müsste.[254] 240

Nach § 125 Abs. 1 Nr. 2 kann die Sozialauswahl nur im Hinblick auf die Dauer der Betriebszugehörigkeit, das Lebensalter und die Unterhaltspflichten gerügt werden, wobei als Unterhaltspflichten sowohl Kinder als auch der Ehegattenunterhalt zu berücksichtigen ist. Erforderlich ist zudem, dass die Auswahlentscheidung grob fehlerhaft war. Der Prüfungsmaßstab der groben Fehlerhaftigkeit bezieht sich dabei nicht nur auf die Sozialauswahlkriterien, sondern auf die gesamte Sozialauswahl, damit also auch auf die Bildung der auswahlrelevanten Gruppen. Die Vermutungswirkung des § 125 beschränkt sich dabei nicht nur auf den Ausspruch von Beendigungskündigungen, sondern auch auf den Ausspruch von Änderungskündigungen. Voraussetzung ist, dass diese in dem Interessenausgleich mit Namensliste ebenfalls als solche kenntlich gemacht wurden. 241

Zu beachten ist, dass bei der Sozialauswahl zusätzliche Faktoren über die in § 1 Abs. 3 S. 1 KSchG genannten Gesichtspunkte hinaus nicht berücksichtigt werden dürfen.[255] Wird gegen diesen Grundsatz verstoßen, wird die vorgenommene Sozialauswahl nicht nur am Maßstab der groben Fehlerhaftigkeit geprüft, sondern unterliegt der vollen Nachprüfung.[256] Werden neben den von § 125 Abs. 1 S. 1 Nr. 2 genannten sozialen Gesichtspunkten der Dauer der Betriebszugehörigkeit, des Lebensalters und der Unterhaltspflichten auch die nach § 1 Abs. 3 S. 1 KSchG zu beachtende Schwerbehinderung und die Gleichstellung von Arbeitnehmern mit schwerbehinderten Menschen berücksichtigt, ist die Vermutungswirkung des § 125 eingeschränkt. Möglich ist jedoch die Ergänzung in der Gewichtung der Grunddaten aus § 1 Abs. 3 S. 1 KSchG, wenn sich die ergänzenden Faktoren unmittelbar auf die Grunddaten beziehen.[257] 242

bb) Sanierungsansatz: Erhaltung und Schaffung einer ausgewogenen Personalstruktur

Trotz der sich in vielen Punkten identischen Gestaltung der Ausnahmebestimmungen des § 1 Abs. 5 KSchG und § 125 gibt es wenige, jedoch entscheidende Ausnahmen. Eine dieser Ausnahme stellt die Erweiterung der Möglichkeiten der Neustrukturierung des Unternehmens unter Altersgruppengesichtspunkten nach § 125 dar. 243

Die Vorschrift des § 1 Abs. 3 S. 2 KSchG bestimmt, dass Arbeitnehmer/innen aus der Sozialauswahl herausgenommen werden dürfen, soweit dies zur Sicherung einer ausgewogenen Personalstruktur des Betriebes im betrieblichen Interesse ist. Die Vorschrift des § 125 geht hier weiter: Nach § 125 Abs. 1 S. 1 Ziff. 2 Halbs. 2 ist die Sozialauswahl dann nicht grob fehlerhaft, wenn mit der Kündigungs- 244

253 BAG 17.11.2005 – 6 AZR 118/05; ZIP 2006, 918; BAG 07.10.2004 – 2 AZR 81/04; ErfK-*Ascheid*, § 125 InsO Rn. 1.
254 BAG 28.10.2004 – 8 AZR 391/03, ZIP 2005, 412.
255 BAG 24.10.2013 – 6 AZR 854/11; BAG 12.08.2010 – 2 AZR 945/08.
256 BAG 24.10.2013 – 6 AZR 854/11; BAG 18.10.2006 – 2 AZR 473/05.
257 BAG 24.10.2013 – 6 AZR 854/11; BAG 12.08.2010 – 2 AZR 945/08.

entscheidung eine ausgewogene Personalstruktur erhalten oder geschaffen wird. Nach dieser Bestimmung ist es demnach zulässig (aber auch erforderlich), die Sozialauswahl innerhalb bestimmter **Altersgruppen** zu beschränken.[258] Die Vorschrift bezweckt also nicht, bestimmte Arbeitnehmer aus der Sozialauswahl herauszunehmen, sondern die soziale Auswahl wird auf die einzelne Altersgruppe begrenzt. Im Unterschied zu § 1 Abs. 3 S. 2 KSchG kann damit nach § 125 auch eine ausgewogene Personalstruktur geschaffen werden. Die Vorschrift erweitert damit den Kreis der berechtigten betrieblichen Belange nach § 1 Abs. 3 KSchG.[259]

245 In praktischer Hinsicht stellt sich die Frage, wie die Altersgruppen zu bilden sind, innerhalb derer dann die Sozialauswahl vorgenommen werden kann. Die Rechtsprechung hat hier Grundsätze aufgestellt, die bei der Altersgruppenbildung berücksichtigt werden sollten, wenn man nicht die Unwirksamkeit der Gruppenbildung und in der Folge auch der Sozialauswahl riskieren möchte. Bei der Sozialauswahl mit Altersgruppenbildung ist zunächst der auswahlrelevante Personenkreis zu definieren. D.h., es sind die **Vergleichsgruppen** festzulegen. Für die jeweilige Auswahlgruppe sind sodann Altersgruppen zu bilden, wobei auch innerhalb der Vergleichsgruppen unterschiedliche Altersgruppen gebildet werden können.[260] Grob Fehlerhaft soll eine Gruppenbildung dann sein, wenn unsystematisch Altersgruppen mit wechselnden Zeitsprüngen (bspw. 12, 8 und 10 Jahresabständen) gebildet wurden.[261] Inzwischen ist die Altersgruppenbildung auch am Maßstab des § 10 AGG zu prüfen.[262]

246 Von entscheidender Bedeutung für die Sozialauswahl ist damit auch im Insolvenzverfahren und auch bei der Schaffung einer ausgewogenen Personalstruktur die **Vergleichsgruppenbildung**. Dies ist – neben den Altersgruppen selbst – der Hauptansatzpunkt für eine intelligente Steuerung der Sozialauswahl. Zur Tauglichkeit der Gruppenbildung gibt es in der Rechtsprechung eine umfassende Kasuistik. Im Grundsatz ist im Insolvenzverfahren zu berücksichtigen, dass eine Gruppenbildung nach den Merkmalen der praktischen Erfahrung und des geringen Schulungsbedarfs nicht grob fehlerhaft ist.[263] Grob fehlerhaft ist eine Sozialauswahl demnach dann nicht, wenn bei der Gruppenbildung berücksichtigt wird, dass eine Arbeitnehmergruppe ohne Umsetzung, Neuschulung oder Neueinarbeitung eine bestimmte Aufgabe erledigen kann, bspw. an einer bestimmten Maschine eingesetzt werden kann. In der Folge können zwei Vergleichsgruppen gebildet werden: Zum einen die Arbeitnehmer, die bereits an der Maschine gearbeitet haben und zum anderen die Arbeitnehmer/innen, die bisher nicht an der Maschine tätig waren.[264] Grobe Fehlerhaftigkeit bei der Vergleichsgruppenbildung ist jedoch dann gegeben, wenn der auswahlrelevante Personenkreis der austauschbaren und damit vergleichbaren Arbeitnehmer/innen willkürlich bestimmt oder nach unsachlichen Gesichtspunkten eingegrenzt wurde.[265]

247 Ist die Vergleichsgruppenbildung erfolgt, muss die Abwägung der sozialen Schutzwürdigkeit erfolgen.

248 Umstritten ist die Frage, inwieweit das Lebensalter als Anknüpfungspunkt für die Sozialauswahl ausschlaggebend sein kann. Dies ist in zwei Richtungen denkbar: Im Grundsatz verfolgt die Berücksichtigung des Lebensalters bei der Sozialauswahl nach § 1 Abs. 3 S. 1 KSchG das Ziel, **ältere Arbeitnehmer**, die typischerweise schlechte Chancen auf dem Arbeitsmarkt haben, besser zu schützen. Damit ist jedoch naturgemäß eine Ungleichbehandlung jüngerer Arbeitnehmer gem. § 3 Abs. 1 S. 1 AGG verbunden. Die Regelung ist jedoch unionsrechtskonform und insoweit nicht zu beanstanden.[266] Die Berücksichtigung des Lebensalters ist jedoch auch in eine andere Stoßrichtung

258 LAG Hamm 05.06.2003 – 4/16 Sa 1976/02, ZInsO 2003, 1060.
259 Vgl. nur LAG Hamm 28.05.1998 – 8 Sa 76/98, ZInsO 1998, 236.
260 LAG Hamm 05.06.2003 – 4/16 Sa 1976/02, ZInsO 2003, 1060.
261 LAG Hamm 05.06.2003 – 4/16 Sa 1976/02, ZInsO 2003, 1060.
262 BAG 19.12.2013 – 6 AZR 790/12, DB 2014, 781.
263 LAG Köln 02.05.2005 – 2 Sa 1511/04.
264 LAG Köln 02.05.2005 – 2 Sa 1511/04.
265 LAG Hamm 05.06.2003 – 4/16 Sa 1976/02, ZInsO 2003, 1060.
266 BAG 24.10.2013 – 6 AZR 854/11; BAG 27.09.2012 – 2 AZR 520/11.

denkbar: Je näher ältere Arbeitnehmer an das Renteneintrittsalter kommen, desto größer ist auch ihre (potenzielle) soziale Absicherung. Insoweit erscheint es interessengerecht, Arbeitnehmer **rentennaher Jahrgänge** als sozial weniger schutzwürdig einzustufen als solche Arbeitnehmer, die sich noch nicht auf die bevorstehende Absicherung durch den Rentenbezug zurückziehen können. Neue Impulse können hier das Gesetz über die Leistungsverbesserungen in der gesetzlichen Rentenversicherung entstehen, dass es ab dem 01.07.2014 ermöglicht, dass Arbeitnehmer mit dem vollendeten 63. Lebensjahr und einer erfüllten Wartezeit von 45 Jahren abschlagsfrei Rente beanspruchen können.[267] Ob eine solche Bewertung der Rentennähe im Rahmen der Sozialauswahl zulässig ist, ist umstritten. Die obergerichtliche Rechtsprechung ist hier uneinheitlich. Teilweise wird angenommen, dass die Rentennähe tatsächlich ein taugliches Kriterium sein kann und auch zulasten der rentennahen Arbeitnehmer gewichtet werden kann.[268] Dies soll jedenfalls dann gelten, wenn der ältere Arbeitnehmer durch die Möglichkeit der Inanspruchnahme der Altersrente bzw. den Bezug von Arbeitslosengeld nahtlos versorgt ist.[269] Im Grundsatz folgt diese Bewertung dem Argument, dass in den Fällen sozialer Absicherung eines Arbeitnehmers die soziale Schützenswürdigkeit herabgesetzt wird.[270] Nach anderer Auffassung kann eine Berücksichtigung der Rentennähe zulasten der Arbeitnehmer nicht erfolgen.[271] Tatsächlich spricht vieles dafür, dass rentennahe Jahrgänge wegen ihrer tatsächlich gegebenen Möglichkeit der Absicherung sozial weniger schützenswürdig sind.

Neben dem Interessenausgleich mit Namensliste wird gem. § 1 Abs. 4 KSchG auch einer **Auswahlrichtlinie** nach § 95 BetrVG die Vermutungswirkung zugemessen. Auch im Anwendungsbereich des § 1 Abs. 4 KSchG kann die Sozialauswahl, d.h. die Bewertung der einzelnen sozialen Kriterien des § 1 Abs. 3 S. 1 KSchG zueinander, nur auf grobe Fehlerhaftigkeit überprüft werden. In der Praxis bietet es sich deshalb an, neben dem Interessenausgleich mit Namensliste als weitere zusätzliche Sicherheitslinie eine Auswahlrichtlinie über die Sozialauswahl mit dem Betriebsrat zu vereinbaren. Der Interessenausgleich kann zulässigerweise mit einer Auswahlrichtlinie i.S.d. § 95 Abs. 1 S 1 BetrVG verknüpft werden. Dem steht nicht entgegen, dass die Auswahlrichtlinie gem. § 1 Abs. 4 Var. 2 KSchG i.V.m. § 95 Abs. 1 S. 1 BetrVG sich auf eine konkrete **Massenkündigung** bezieht. Ein Punkteschema für die soziale Auswahl ist auch dann eine nach § 95 Abs. 1 S. 1 BetrVG mitbestimmungspflichtige Auswahlrichtlinie, wenn der Arbeitgeber es nicht generell auf alle künftigen betriebsbedingten Kündigungen, sondern nur auf konkret bevorstehende Kündigungen anwenden will.[272] 249

e) Unterlassungs- und Nachteilsausgleichsansprüche

Stellt nun eine geplante Restrukturierungsmaßnahme eine Betriebsänderung dar, beteiligt der Arbeitgeber/Insolvenzverwalter jedoch den Betriebsrat nicht gem. den §§ 111 ff. BetrVG stellt sich die Frage, welche Konsequenzen ein solches Verhalten hat. 250

aa) Betriebsverfassungsrechtlicher Unterlassungsanspruch

Rechtlich umstritten ist, ob dem Betriebsrat ein betriebsverfassungsrechtlicher Unterlassungsanspruch zusteht, sodass dieser – regelmäßig im Wege einer einstweiligen Verfügung – die Umsetzung der Betriebsänderung verhindern kann. Nach richtiger Auffassung besteht ein Anspruch des Betriebsrates auf Unterlassung der Betriebsänderung (d.h. im Ergebnis des Ausspruches von Kündigungen) zur Sicherung des Verhandlungs- und Beratungsanspruches nicht. Argumentativ lässt sich dies damit 251

267 S. zur sog. 63er-Regelung auch Rdn. 269 ff.

268 BAG 24.10.2013 – 6 AZR 854/11; BAG 09.11.2006 – 2 AZR 509/05.

269 Vgl. zum Meinungsstand Uhlenbruck-*Berscheid/Ries/Zobel*, InsO, § 125 Rn. 65; so auch LAG Köln 17.08.2005 – 7 Sa 520/05; LAG Berlin-Brandenburg 26.07.2007 – 14 Sa 508/07.

270 BAG 06.11.2008 – 2 AZR 523/07; LAG Köln 17.08.2005 – 7 Sa 520/05M; ArbG Wetzlar 27.01.1987 – 1 Ca 402/86.

271 *Giesen*, ZfA 1997, 151; *Kopke*, NJW 2006, 1040.

272 BAG 24.10.2013 – 6 AZR 854/11; BAG 09.11.2006 – 2 AZR 509/05.

begründen, dass es Sache des Gesetzgebers ist, einen derart weitrechend in die unternehmerische Freiheit eingreifenden Anspruch des Betriebsrates einzuführen. Auch Art. 8 der Richtlinie 2002/14/EG sieht einen Unterlassungsanspruch des Betriebsrates nicht vor.[273] Diese Auffassung wird jedoch von der obergerichtlichen Rechtsprechung nicht einheitlich beurteilt. Nach der überwiegenden Auffassung der Landesarbeitsgerichte besteht ein Verfügungsanspruch des Betriebsrates auf Unterlassung einer u.U. als Betriebsänderung anzusehenden Maßnahme vor Aufnahme von Verhandlungen über einen Interessenausgleich oder auf Einhaltung eines Interessenausgleiches bei einer Betriebsänderung nicht. Auch ein Verfügungsanspruch – die weitere wesentliche Grundlage zur Bejahung eines Anspruches auf einstweilige Verfügung auf Unterlassung der Umsetzung einer Betriebsänderung – ist demnach nicht gegeben.[274] Teilweise wird dies jedoch von Landesarbeitsgerichten anders beurteilt.[275]

bb) Nachteilsausgleichsansprüche

252 Wird eine Betriebsänderung ohne die Berücksichtigung der kollektivrechtlichen Beteiligungsrechte des Betriebsrates umgesetzt, steht den von der Betriebsänderung betroffenen Arbeitnehmern ein Nachteilsausgleichsanspruch gem. § 113 Abs. 3 BetrVG zur Seite. Der Nachteilsausgleichsanspruch entsteht, wenn der Arbeitgeber bzw. der Insolvenzverwalter bei der Umsetzung der Betriebsänderung nicht alle vorgesehenen Verfahrensschritte vorgenommen hat. Erst wenn dies der Fall ist – und dies auch ggf. im Sinne des Arbeitgebers/Insolvenzverwalters ohne Erfolg geblieben ist – kann die Betriebsänderung ggf. sanktionslos durchgeführt werden, ohne dass Nachteilsausgleichsansprüche entstehen. Darauf hinzuweisen ist, dass einvernehmliche, mit dem Betriebsrat vereinbarte Verzichte von zwingenden kollektivrechtlichen Beteiligungsrechten nicht möglich sind. Haben sich die Betriebsparteien demnach darauf geeinigt, dass durch Maßnahmen bestimmte kollektivrechtliche Folgen nicht entstehen, heißt dies nicht, dass diese Vereinbarung auch gegenüber den betroffenen Arbeitnehmern Geltung hat. Im Zweifel ist deshalb von solchen Vereinbarungen strikt abzuraten.[276] Verhandelt demnach der Arbeitgeber/Insolvenzverwalter mit dem Betriebsrat einen Interessenausgleich nicht oder weicht er von einem geschlossenen Interessenausgleich ab, stehen den Arbeitnehmern Ansprüche auf Nachteilsausgleich gem. § 113 Abs. 3 BetrVG zu.[277] Bei der Berechnung bspw. eines Nachteilsausgleichsanspruches festzusetzenden Abfindung ist gem. § 113 Abs. 1 BetrVG die Vorschrift des § 10 KSchG einschlägig und zu beachten. Dabei ist für den Anspruch auf Nachteilsausgleich gem. § 113 Abs. 3 BetrVG der objektive Verstoß des Arbeitgebers gegen seine Pflichten aus § 111 BetrVG ausreichend. Auf Verschulden kommt es ausdrücklich nicht an. Der Nachteilsausgleichsanspruch entsteht, sobald der Unternehmer mit der geplanten Betriebsänderung beginnt, ohne dass er bis dahin einen Interessenausgleich mit dem Betriebsrat versucht hat.[278] Insolvenzrechtlich hat dies zur Folge, dass dann, wenn ein Nachteilsausgleichsanspruch vor der Eröffnung des Insolvenzverfahrens entstanden ist, dieser ebenfalls den Rang von Insolvenzforderungen gem. § 38 InsO hat. Nur wenn die unternehmerische Maßnahme (d.h. die Betriebsänderung) nach der Eröffnung des Insolvenzverfahrens durch den Insolvenzverwalter umgesetzt wird, stellen Nachteilsausgleichsansprüche auch nach der insolvenzrechtlichen Qualifizierung Masseverbindlichkeiten gem. § 55 dar.

253 Für die Verletzung der kollektiven Beteiligungsrechte kommt es dabei darauf an, dass das zuständige Betriebsverfassungsorgan nicht beteiligt wurde. Dies kann in machen Konstellationen nicht einfach festzustellen sein. Im Flugbetrieb existieren bspw. für die einzelnen Belegschaftsgruppen (Flugbe-

273 LAG Köln 27.05.2009 – 2 TaBVGa 7/09, ZInsO 2010, 591; LAG Nürnberg 09.03.2009 – 6 TaBVGa 2/09; LAG Rheinland-Pfalz 30.03.2006 11 TaBV 53/05; LAG Köln 30.03.2006 – 2 Ta 145/06; LAG Köln 01.09.1995 – 13 Ta 221/95.

274 LAG Köln 30.04.2004 – 5 Ta 166/04, ZIP 2004, 2155.

275 LAG München 22.12.2008 – 6 TaBVGa 6/08; LAG Hamm 21.08.2008 – 13 TaBVGa 16/08; LAG Hamm 30.07.2007 – 10 TaBVGa 17/07; LAG Hessen 27.06.2007 – 4 TaBVGa 137/07; LAG Niedersachsen 04.05.2007 – 17 TaBVGa 57/07.

276 BAG 26.10.2004 – 1 AZR 493/03, BB 2005, 559.

277 BAG 19.01.1999 – 1 AZR 342/98, BB 2000, 47.

278 BAG 23.09.2003 – 1 AZR 576/02, NZA 2004, 440.

gleiter, Cockpitpersonal und Bodenpersonal) verbreitet unterschiedliche Mitbestimmungsgremien (Personalvertretung und Betriebsrat). Nur wenn die in die Zuständigkeit des jeweiligen Gremiums fallende Mitbestimmung verletzt wurde, weil die in ihren Aufgabenbereich fallenden Mitarbeitergruppe betroffen ist (bspw. Stilllegung des Flugbetriebes mit Entlassungen der Flugbegleiter) und sich für diese Belegschaftsgruppe Nachteile ergeben, kann sich für die Flugbegleiter auch ein Nachteilsausgleichsanspruch ergeben. In dem maßgeblichen Fall (Air Berlin) war deshalb über die Gesamtstilllegung des Flugbetriebes insgesamt (der auch die Piloten betrifft), mit der Personalvertretung des Kabinenpersonals kein Interessenausgleich zu versuchen.[279]

Besteht für die Arbeitnehmer ein Nachteilsausgleichsanspruch, wird jedoch zu einem späteren Zeitpunkt ein Sozialplan gem. §§ 112, 112a BetrVG abgeschlossen, so sind die Nachteilsausgleichsansprüche nach § 113 Abs. 3 BetrVG mit einem späteren Sozialplanabfindungsanspruch zu verrechnen. Dies gilt jedenfalls dann, wenn das Unternehmen vor Beginn der Betriebsänderung den Konsultationspflichten der EG-Massenentlassungsrichtlinie genügt hat.[280] Der Arbeitnehmer selbst kann auf einen bereits bestehenden Nachteilsausgleichsanspruch auch ohne Zustimmung des Betriebsrates wirksam verzichten. Der Nachteilsausgleichsanspruch stellt auch einen Anspruch aus der Beendigung des Arbeitsverhältnisses dar und wird insoweit von einer Ausgleichsklausel in dem Aufhebungsvertrag erfasst. Anders als dies bspw. im § 112 Abs. 1 S. 3 BetrVG i.V. mit § 77 Abs. 4 S. 2 BetrVG bei Sozialplanabfindungsansprüchen der Fall ist, enthält § 113 BetrVG keine ausdrückliche Anordnung der Unverzichtbarkeit von Nachteilsausgleichsansprüchen. Die Regelung der Unverzichtbarkeit ist auch nicht analog auf den Anspruch gem. § 113 Abs. 3 BetrVG anwendbar.[281] Unabhängig von der insolvenzrechtlichen Rangordnung ist der Insolvenzverwalter damit nicht davon befreit, den Abschluss eines Interessenausgleiches zu versuchen. Aus der Wertung des § 122 Abs. 1 ergibt sich, dass der Insolvenzverwalter nur mit arbeitsgerichtlicher Zustimmung von der Verpflichtung befreit werden kann, einem Interessenausgleich nach § 112 Abs. 2 BetrVG zu versuchen. Ohne die Durchführung des Verfahrens nach § 122 Abs. 1 muss damit auch der Insolvenzverwalter grundsätzlich damit rechnen, von den Arbeitnehmern auf Nachteilsausgleich in Anspruch genommen zu werden. Dabei ist freilich die insolvenzrechtliche Qualifizierung der Ansprüche wie oben dargestellt zu berücksichtigen. Wurde in den Insolvenzverfahren Masseunzulänglichkeit angezeigt, werden die Nachteilsausgleichsansprüche derjenigen Arbeitnehmer, deren Arbeitsleistung nicht in Anspruch genommen wurde, den Rang von Altmasseverbindlichkeiten haben. Bestehen jedoch bei in Anspruch genommenen Arbeitnehmern/innen Nachteilsausgleichsansprüche, so sind diese auch Neumasseverbindlichkeiten. 254

Wie hoch ein Nachteilsausgleichsanspruch im Fall einer Abfindungsregelung ist, steht in dem pflichtgemäßen Ermessen des urteilenden Gerichtes. Dies folgt aus § 10 Abs. 2 KSchG i.V. mit § 113 Abs. 1 BetrVG. Dabei hat das Gericht die Dauer der Betriebszugehörigkeit und das Lebensalter des betroffenen Arbeitnehmers entsprechend zu gewichten und zu würdigen. Zwar ist auch die wirtschaftliche Lage des Arbeitgeberunternehmens angemessen zu berücksichtigen, das Gericht ist jedoch nicht an die weitergehenden Vorgaben des § 112 Abs. 5 BetrVG gebunden. Auch ein direkter Verweis auf die Regelung des § 123 besteht nicht. Dabei wird jedoch praktisch anzunehmen sein, dass die insolvenzrechtlichen Bestimmungen – hier § 123 – den arbeitsrechtlichen Bestimmungen vorgehen. Ansonsten bestehen Zweifel daran, dass ein Arbeitsgericht, das die Regelung des § 123 bewusst unangewendet lässt, eine pflichtgemäße Ermessensentscheidung trifft. Zu berücksichtigen ist insoweit, dass der Insolvenzverwalter – im Fall einer Verurteilung – Abfindungsansprüche ohne Berücksichtigung des § 123 nicht erfüllen kann, ohne hier eine Gläubigerbenachteiligung zu begehen. Die relative und absolute Grenze des § 123 Abs. 2 u. 3 sind für den Insolvenzverwalter verpflichtend.[282] 255

279 BAG 21.01.2020 – 1 AZR 149/19.
280 BAG 16.05.2007 – 8 AZR 693/06, NZA 2007, 1296.
281 BAG 23.09.2003 – 1 AZR 576/02, NZA 2004, 440.
282 LAG Niedersachsen 12.08.2002 – 5 Sa 534/02, ZInsO 2004, 572.

Nach der Entscheidung des LAG Hamm ist jedoch die relative und absolute Grenze des § 123 auf Nachteilsausgleichsansprüche nicht anzuwenden.[283]

256 Damit gilt für Nachteilsausgleichsansprüche auch in der Insolvenz § 113 Abs. 3 S. 1 i.V. mit Abs. 1 Halbs. 2 BetrVG und § 10 Abs. 1 u. 2 KSchG. Für den Nachteilsausgleichsanspruch sind damit bis zu 12 bzw. 15 bzw. 18 Monatsverdienste anzusetzen und bestehende Sozialplanansprüche anzurechnen. Dabei sind nach richtiger Auffassung die Beschränkung auf die relative Grenze (1/3 der Teilungsmasse) und die absolute Grenze (2,5fache der Bruttolohnsumme) zu berücksichtigen.

257 Muss in den Verfahren Masseunzulänglichkeit angezeigt werden, stellen Nachteilsausgleichsansprüche Altmasseverbindlichkeiten im Sinne von § 209 Abs. 1 Nr. 3 dar, soweit der Insolvenzverwalter die interessenausgleichspflichtigen Kündigungen bereits vor der Anzeige der Masseunzulänglichkeit ausgesprochen hat. Sind die Kündigungen nach der Anzeige der Masseunzulänglichkeit ausgesprochen worden, entstehen Neumasseverbindlichkeiten im Sinne von § 209 Abs. 1 Nr. 2.[284] Zu berücksichtigen ist dabei, dass nach der Rechtsprechung des BAG ein Insolvenzverwalter allein mit der widerruflichen Freistellung von Arbeitnehmern noch nicht mit der beabsichtigten Durchführung einer Betriebsstilllegung beginnt.[285]

258 Diese Entscheidung ist von besonderer Bedeutung, da insbesondere im Rahmen der Anzeige von Masseunzulänglichkeit der Insolvenzverwalter zur sogenannten Freistellung der Arbeitnehmer unter Gleichwohlgewährung von Arbeitslosengeld I greifen kann. Die Freistellung von Arbeitnehmern kann so für den Betrieb u.U. eine Fortführungsmöglichkeit sichern oder die ordnungsgemäße Abwicklung des Insolvenzverfahrens befördern. Allerdings wird in derartigen Konstellationen der Insolvenzverwalter in der Regel die Arbeitnehmer **unwiderruflich** freistellen müssen, um bestehende Urlaubsansprüche und Arbeitszeitguthaben im Rahmen der Freistellung gewähren zu können. Die Freistellung kann dann unter Anrechnung auf derartige Ansprüche erfolgen, was im Freistellungsschreiben mit einer entsprechenden Formulierung zum Ausdruck kommen muss. Eine solche Anrechnung ist jedoch nach der Rechtsprechung des BAG nur dann wirksam möglich, wenn der Arbeitnehmer tatsächlich unwiderruflich freigestellt wird. Soll der Arbeitnehmer nur widerruflich freigestellt werden, weil bspw. sein Einsatz noch notwendig werden kann, muss die Gewährung des Urlaubs so erfolgen, dass der Urlaubszeitraum genau, d.h. tageweise, definiert uns mitgeteilt wird.

259 Mit dem Ausspruch der im Rahmen von masseunzulänglichen Insolvenzverfahren häufig anzutreffenden unwiderruflichen Freistellung von Arbeitnehmern, beginnt der Insolvenzverwalter jedoch nach der oben genannten Rechtsprechung bereits mit der Betriebsänderung i.S.d. §§ 111 ff. BetrVG und löst die Beteiligungsrechte des Betriebsrates aus. Der Insolvenzverwalter muss deshalb in diesen Fällen zwingend versuchen, den Betriebsrat vor dem Ausspruch der unwiderruflichen Freistellungen zu beteiligen und bestenfalls einen Interessenausgleich herbeizuführen. U.U. kann auch ein zusätzlicher Interessenausgleich erforderlich werden, der alleine die unwiderruflichen Freistellungen zum Gegenstand hat. Unterlässt er dies, so entstehen mit dem Ausspruch der unwiderruflichen Freistellungen Nachteilsausgleichsansprüche. Erfolgt die unwiderrufliche Freistellung dabei nach der Anzeige der Masseunzulänglichkeit, wird es sich bei den Nachteilsausgleichsansprüchen gem. § 113 Abs. 3 BetrVG nach der Rechtsprechung des BAG um Neumasseverbindlichkeiten im Sinne von § 209 Abs. 1 Nr. 2 handeln.[286]

260 In derartigen Fallkonstellationen ist deshalb unbedingt die kollektivarbeitsrechtliche Seite von Anfang an in die Planung der Sanierung einzubeziehen. Große Gefahr besteht, dass nach angezeigter Masseunzulänglichkeit die betriebsverfassungsrechtliche Situation aus dem Blick gerät und in der Folge teils erhebliche Nachteilsausgleichsansprüche entstehen können. Neben der Berücksichtigung der Beteiligungsrechte des Betriebsrates an sich, ist auch der Zeitbedarf für den Abschluss bspw. eines

283 LAG Hamm 26.08.2004 – 4 Sa 1853/03.
284 LAG Hamm 26.08.2004 – 4 Sa 1853/03.
285 BAG 30.05.2006 – 1 AZR 25/05, DB 2006, 1745.
286 BAG 30.05.2006 – 1 AZR 25/05, BB 2006, 1745.

Interessenausgleiches zur Umsetzung unwiderruflicher Freistellungen einzuplanen. Hier können durchaus mehrere Wochen einzuplanen sein, zumal durch die unwiderrufliche Freistellung in der Regel bereits die Kündigungsentscheidung im konkreten Fall vorweggenommen wird, denn i.d.R. werden die freigestellten Arbeitnehmer/innen auch später zur Kündigung vorgesehen sein. Dies birgt in den Verhandlungen mit dem Betriebsrat nicht unerheblichen Sprengstoff.

C. Arbeitsrechtliche Sanierungsansätze

I. Freiwilligenprogramme/Abbau rentennaher Jahrgänge

Soll eine Konzeption für eine Restrukturierung erarbeitet werden bietet es sich an, zunächst die Möglichkeit des freiwilligen Ausscheidens von Arbeitnehmern zu eruieren. Durch derartige »**Freiwilligenprogramme**« kann Rechtssicherheit im Personalabbau erreicht werden und es werden Rechtsstreite vermieden. Zu empfehlen ist dabei eine doppelte Freiwilligkeit, d.h. die Einschränkung dahin gehend, dass der Abschluss einer Vereinbarung zum Ausscheiden des Arbeitnehmers im jeden Einzelfall der Annahme durch den Arbeitgeber bedarf. Ansonsten besteht die Gefahr, dass Arbeitnehmer von dem, für den Arbeitgeber verpflichtendem Freiwilligenprogramm Gebrauch machen, die nach der (Personal-) Konzeption des Arbeitgebers an sich nicht zum Abbau vorgesehen waren. Auch wenn für derartige Programme ein häufig nicht unerhebliches Budget zur Verfügung gestellt werden muss, können die aufzuwendenden Kosten jedoch in der Gesamtbetrachtung geringer ausfallen, als das bei klassischen Personalabbaumaßnahmen über Kündigungen, die in der Folge zu Rechtsstreiten vor den Arbeitsgerichten führen können, der Fall ist. Zudem können mit Freiwilligenprogrammen u.U. die betriebsverfassungsrechtlichen Vorgaben (Abschluss eines Interessenausgleiches/Abschluss eines Sozialplanes) unterlaufen werden, was ggf. zu einer Beschleunigung des Personalabbaus führt, jedoch auch Konfliktpotenzial birgt und im schlechtesten Fall zu Nachteilsausgleichsansprüchen gem. § 113 BetrVG führen kann. 261

Arbeitnehmer, die sich mit einer einvernehmlichen Beendigung des Arbeitsverhältnisses grundsätzlich einverstanden erklären, kann über sog. **Outplacement-Maßnahmen** die Vermittlung einer Folgebeschäftigung erleichtert werden. Hierzu können die Arbeitnehmer bspw. für den Lauf ihrer Kündigungsfrist entsprechend freigestellt werden. Denkbar sind Gruppen-Outplacements oder Einzelmaßnahmen. Ein Outplacement-Programm hat neben der beschleunigten Vermittlung den Vorteil, dass sich die Arbeitnehmer intensiv mit der Gestaltung ihrer beruflichen Zukunft beschäftigen und insoweit aktiv eingebunden sind. Dies vermeidet Konflikte auf betrieblicher Ebene und kann insoweit auch zu einer spürbaren Absenkung einer Klagequote beitragen. 262

Entscheidend ist bei allen Überlegungen, dass die betroffenen Arbeitsverhältnisse tatsächlich von Kündigungen bedroht sind und die Alternative zu einer einvernehmlichen Beendigung des Arbeitsverhältnisses der Ausspruch einer betriebsbedingten Beendigungskündigung ist. Nur in diesem Fall kann eine einvernehmliche, auf das Ausscheiden des Arbeitnehmers gerichtete Vereinbarung nicht zu sozialversicherungsrechtlichen Problemen – insb. des Entstehens eines Sperrzeittatbestandes – führen. 263

Derartigen Freiwilligenprogrammen liegt häufig die Überlegung zu Grunde, dass bestimmte Arbeitnehmergruppen eine besondere Motivation für eine einvernehmliche Beendigung des Arbeitsverhältnisses haben können. Es bietet sich an, diese Gruppen gezielt zu ermitteln und anzusprechen. Hier sind insb. Arbeitnehmer rentennaher Jahrgänge im Fokus, da hier in zeitlich überschaubaren Rahmen eine Absicherung der Arbeitnehmer besteht, die eine Trennung von dem Arbeitsverhältnis einfach macht. Nachteilig ist dabei jedoch der eintretende Know-how-Verlust beim dem Ausscheiden dieser Jahrgänge, der jedoch je nach Branche unterschiedlich stark ins Gewicht fallen kann. 264

Die rechtlichen Rahmenbedingungen für eine Ausscheidensregelung der rentennahen Jahrgänge sind durch die Möglichkeit der Inanspruchnahme der Altersrente sowie den Bezug von Arbeitslosengeld gekennzeichnet. Mögliche und in der Praxis gelebte Modelle, können das einvernehmliche Ausscheiden unter Inanspruchnahme von Arbeitslosengeld und nahtlosen Renteneintritt beinhalten. 265

Ggf. wird hier eine Transfergesellschaftsmaßnahme zwischengeschaltet, um die Zeiträume weiter zu strecken.

1. Inanspruchnahme von Arbeitslosengeld I

266 Für Arbeitnehmer kann nach der Vollendung des 58. Lebensjahres maximal für die Dauer von 24 Monaten Arbeitslosengeld I bezogen werden. Grundsätzlich ist die Anspruchsdauer gestaffelt nach Lebensalter und der Länge des zuvor bestehenden Versicherungsverhältnisses. Die Anspruchsdauer kann wie folgt dargestellt werden:

267

Nach Versicherungspflichtverhältnissen mit einer Dauer von insgesamt mindestens		**und nach Vollendung des**	**Anspruchsdauer in**	
Monaten*	Kalendertagen*	Lebensjahres	Monaten	Kalendertagen
12	360		6	180
16	480		8	240
20	600		10	300
24	720		12	360
30	900	50.	15	450
36	1080	55.	18	540
48	1440	58.	24	720
* innerhalb der letzten fünf Jahre. Es wird aber nicht weiter zurückgerechnet als bis zur Entstehung eines früheren Arbeitslosengeldanspruches.				

2. Frühestmöglicher Rentenbezug

268 Als zweites Element des dargestellten Modells ist der frühestmögliche Zeitpunkt des Renteneintritts maßgeblich. Hier kann eine individuelle Rentenauskunft – die in der Regel der Arbeitnehmer selbst bei seinem Rentenversicherungsträger (bspw. Deutschen Rentenversicherung Bund) einholen muss – belastbare Informationen geben.

269 Mit dem am 01.07.2014 in Kraft getreten Gesetz über die Leistungsverbesserung in der gesetzlichen Rentenversicherung[287] besteht für Versicherte in der gesetzlichen Rentenversicherung die Option, mit dem vollendeten 63. Lebensjahr und bei erfüllter Wartezeit von 45 Jahren eine Altersrente ohne Abschläge in Anspruch zu nehmen; dies bestimmt § 236b SGB IV. Damit können Geburtsjahrgänge von 1953 seit dem 01.07.2014 bei vollenden des 63. Lebensjahres abschlagsfrei Rente beanspruchen. Das Renteneintrittsalter ist unter diesen Voraussetzungen damit nicht mehr das 65. Lebensjahr. Diese **63er-Regelung** verlockt dazu, im Rahmen von Personalabbaumaßnahmen den abschlagfreien Rentenbezug als Instrumentarium zu nutzen. So ist denkbar, dass im Rahmen des Freiwilligenprogrammes gezielt die Inanspruchnahme der Rente mit Vollendung des 63. Lebensjahres anvisiert wird.

270 Um »Mitnahmeeffekte« zu begrenzen, hat der Gesetzgeber in § 51 Abs. 3a Nr. 3 SGB IV geregelt, dass die letzten zwei Jahre vor Rentenbeginn Zeiten des Bezuges von Leistungen der Arbeitsförderung nur dann auf die Wartezeit angerechnet werden, wenn diese auf eine **Insolvenz oder vollständige Geschäftsaufgabe** des Arbeitgebers zurückzuführen sind. Dieser Zeitraum ist demnach bei einer Regelung über das Ausscheiden mit Inanspruchnahme der 63er-Regelung zwingend zu berücksichtigen. Die früher geltende Erstattungsregelung des § 147a SGB III a.F. wurde im Zuge der Einführung der 63er-Regelung nicht wieder eingeführt.

287 BGBl. I Nr. 27 [2014] S. 787.

Vor der Vereinbarung eines Modells des Ausgleitens in die Rente sind demnach zwei Parameter unbedingt zu prüfen: Zunächst muss die konkrete Bezugsdauer des Arbeitslosengeldanspruches ermittelt werden. Hierzu sind – wie in der obigen Tabelle dargestellt – Versicherungszeiten und Lebensalter zu berücksichtigen. 271

Umgekehrt kann auch die Einstellung älterer Arbeitnehmer, die sich zuvor im Arbeitslosengeldbezug befunden haben, sinnvoll sein. Der Gesetzgeber hat Möglichkeiten geschaffen, die sich positiv auf die Vermittlung älterer erwerbsloser Arbeitnehmer auswirken. So kann der einstellende Arbeitgeber Eingliederungszuschüsse in Anspruch nehmen. Ist der Erwerbslose über 50 Jahre alt, so kann ein Zuschuss für die Dauer von 36 Monaten in Höhe von bis zu 50 % des Bruttoarbeitsentgeltes durch die Agentur für Arbeit gewährt werden. Der Arbeitgeber muss dafür vor dem Abschluss des Arbeitsvertrages mit dem Erwerbslosen den **Eingliederungszuschuss** beantragen. Zudem besteht bei dem Vorliegen weiterer Voraussetzungen die Möglichkeit, für die Dauer von 2 Jahren die sog. **Entgeltsicherung** (Lohnaufstockung) in Anspruch zu nehmen. 272

II. Natürliche Fluktuation

Ein »weicher« Personalabbau ist über die natürliche Fluktuation möglich. Darunter ist zu verstehen, dass Arbeitnehmer nicht aufgrund des Ausspruches von Kündigungen ausscheiden, sondern bestehende Beendigungstatbestände konsequent genutzt werden. In diesem Zusammenhang ist es sinnvoll, bei der Planung der Sanierungskonzeption das Auslaufen **befristeter Arbeitsverträge** im Blick zu haben. Das Auslaufen der bestehenden Befristungen und die fehlende Wiederbesetzung des Arbeitsplatzes, kann für einen rechtssicheren Personalabbau genutzt werden. Sollen befristete Arbeitsplätze im Rahmen einer Sanierungskonzeption nicht mehr besetzt werden ist daran zu denken, dass auch die fehlende Wiederbesetzung des Arbeitsplatzes eine unternehmerische Entscheidung darstellt, die in das Gesamtkonzept einbezogen werden muss. 273

Neben der Berücksichtigung bestehender Befristungen können auch **Vorruhestandsregelungen** oder **Altersteilzeitmodelle** alternative Gestaltungsmöglichkeiten eines Personalabbaus sein. Seit dem Auslaufen der geförderten Altersteilzeit sind die mit einem solchen Modell verbunden Kosten jedoch sehr hoch. Altersteilzeit wird deshalb nur in Ausnahmefällen als Mittel des Personalabbaus genutzt werden können. Ähnlich verhält es sich mit Vorruhestandsregelungen, die teileweise in Tarifverträgen vorgehsehen sind. 274

III. Personalabbau über ein Erwerberkonzept

Ist ein klassischer Personalabbau in Zusammenhang mit einer übertragenden Sanierung unausweichlich, bietet es sich an, denn Abbau über ein Erwerberkonzept durchzuführen. Dem Abbau über ein Erwerberkonzept liegt der Gedanke zugrunde, dass ein Erwerber eines Betriebes nicht gehalten sein muss, einen Personalabbau nach seinen Vorstellungen erst nach einem Betriebsübergang vorzunehmen. Es soll deshalb möglich sein, dass bereits der Insolvenzverwalter vor dem Betriebsübergang auf Basis des von dem Erwerber erarbeiteten Personalkonzeptes einen Personalabbau umsetzt, indem er sich das Erwerberkonzept zu Eigen macht. Diese Möglichkeit hat das BAG mit einem Urteil aus dem Jahr 2003 eröffnet.[288] 275

Der Vorteil besteht darin, dass nicht zunächst der Betriebsübergang abgewartet werden muss, bevor der Erwerber die zu übernehmende Belegschaft entsprechend seiner unternehmerischen Konzeption anpassen kann. Dadurch besteht auch die Möglichkeit, die insolvenzarbeitsrechtlichen Privilegien, beispielsweise die Abkürzung der Kündigungsfrist gem. § 113 S. 1 und 2, zu nutzen. 276

Grundlage des Erwerberkonzeptes ist ein verbindlichen Konzept oder ein Sanierungsplan des Erwerbers, dessen Durchführung im Zeitpunkt des Zugangs der Kündigungserklärung bereits greifbare Formen angenommen hat. Die Kündigungsmöglichkeit des Veräußerers besteht dabei – 277

288 BAG 20.03.2003 – 8 AZR 97/02, DB 2003, 1906.

jedenfalls in der Insolvenz – sogar unabhängig davon, ob der Veräußerer selbst das Erwerberkonzept bei Fortführung des Betriebes hätte durchführen können.[289] Das Konzept muss dabei verbindlich vereinbart worden sein. Es muss nach neuerer Rechtsprechung mindestens in Form eines rechtverbindlichen Vorvertrages vorliegen, der den Erwerber entsprechend bindet. Nicht ausreichend ist damit ein bloßes Konzeptpapier des Erwerbers, selbst wenn dieses als »Verbindliches Erwerberkonzept« überschrieben ist und danach noch vor dem Betriebsübergang Kündigungen ausgesprochen werden sollen.[290] Voraussetzung für ein wirksames Erwerberkonzept ist damit immer die rechtsverbindliche Vereinbarung der Betriebsübernahme. Liegt eine solche nicht vor, können die aufgrund des (derart unverbindlich vereinbarten) Erwerberkonzeptes ausgesprochene Kündigungen gegen § 613a Abs. 4 S. 1 BGB verstoßen. Deshalb ist dazu zu raten, das Erwerberkonzept zur Anlage des Unternehmenskaufvertrages zu machen und damit die geforderte Rechtsverbindlichkeit herzustellen. Die Umsetzung des Konzeptes durch Kündigungsausspruch wird in diesem Fall aber erst nach dem Signing des Kaufvertrags erfolgen können, was in der Regel zu entsprechenden Vollzugsbedingungen führt. Welche inhaltliche Tiefe das Erwerberkonzept haben muss, ist dabei nicht pauschal zu beantworten. Zu empfehlen ist, dass dem Erwerberkonzept der Entfall des einzelnen Arbeitsplatzes entnommen werden kann. Ein Businessplan alleine wird deshalb nicht ausreichend sein. Zu empfehlen ist, das Erwerberkonzept inhaltlich so bestimmt zu fassen, dass es Grundlage einer Betriebsratsanhörung gem. § 102 BetrVG sein kann und im Umfang und Inhalt daran gemessen werden kann.

278 Nach der grundlegenden Entscheidung des BAG verstößt eine auf Basis des Erwerberkonzeptes ausgesprochene Kündigung nicht gegen § 613a Abs. 4 BGB. Die Kündigung auf Basis eines solchen Sanierungskonzepts kann damit auch und gerade im zeitlichen Zusammenhang mit einem Betriebsübergang ausgesprochen werden.[291] Tatsache ist jedoch, dass eine Kündigung auf Basis des Erwerberkonzeptes im Übrigen wie jede betriebsbedingte Kündigung arbeitsgerichtlich voll überprüfbar ist. Zur Bestimmung des nach dem Erwerberkonzept zu kündigenden Personenkreises ist demzufolge auch eine Sozialauswahl nach den gesetzlichen Bestimmungen durchzuführen. Insoweit bestehen hier für den Arbeitgeber keine Erleichterungen. Zur Begrenzung der arbeitsrechtlichen Risiken aus der Umsetzung des Erwerberkonzeptes bietet es sich deshalb an, den Personalabbau über einen **Interessenausgleich mit Namensliste** zu gestalten, wenn die Maßnahme eine Betriebsänderung i.S.d. § 111 BetrVG darstellt. Besondere Sicherheit kann zusätzlich dadurch erreicht werden, dass für die nach dem Erwerberkonzept zu kündigenden Arbeitnehmer eine **Transfergesellschaftsmaßnahme** angeboten wird. Durch die Kombination dieser beiden Instrumentarien kann letztlich größtmögliche Rechtssicherheit hergestellt werden.

IV. Flucht in den Werkvertrag und Arbeitnehmerüberlassung

279 Eine unternehmerische Entscheidung kann auch sein, zulasten bestehender Arbeitsverhältnisse vermehrt Fremdkräfte in dem Unternehmen einzusetzen. Hierdurch kann neben der ggf. gegeben Reduzierung der Personalkosten auch eine Flexibilisierung der Einsatzmöglichkeiten erreicht werden. Dies kann insb. bei stark schwankenden Auftragseingängen sinnvoll sein. Jedoch ist darauf hinzuweisen, dass der Fremdpersonaleinsatz nicht nur Vorteile mit sich bringt. Zunächst erfordert die Kostenseite genaue Beachtung. Zu vermeiden ist, dass durch das Umstellen auf den Fremdpersonaleinsatz lediglich Personalkosten gegen Sachkosten »getauscht« werden. Ist dies der Fall, muss das Flexibilisierungsargument stark überwiegen, denn andernfalls sind die positiven Effekte aus der Umsetzung einer solchen Sanierungsmaßnahme denkbar gering.

---

289 BAG 20.03.2003 – 8 AZR 97/02, DB 2003, 1906.
290 ArbG Koblenz 27.09.2023 – 4 Ca 982/23; BeckRS 2023, 34327.
291 BAG 20.03.2003 – 8 AZR 97/02, DB 2003, 1906.

Aus arbeitsrechtlicher Sicht kann es sich bei einer auf den Fremdpersonaleinsatz gestützten Kündigungsentscheidung um den typischen Fall des **Outsourcings** von Leistungen handeln.[292] Dies stellt grundsätzlich eine zulässige unternehmerische Entscheidung dar. Fraglich ist, wie der Fremdpersonaleinsatz in der Folge gestaltet werden kann. Denkbar ist der klassische Einsatz von Fremddienstleistern. Der Einsatz von Fremdpersonal kann aber auch über Arbeitnehmerüberlassung oder Werkverträge erfolgen. Diese beiden Instrumente sind jedoch immer stärkeren Restriktionen ausgesetzt. **280**

1. Arbeitnehmerüberlassung

Die Arbeitnehmerüberlassung wird durch die Regelungen des Arbeitnehmerüberlassungsgesetzes (AÜG) geprägt. In der Vergangenheit wurde die Stammbelegschaft durch Leiharbeitnehmer ergänzt und in nicht wenigen Fällen auch partiell ersetzt. Dies führte zu der erhofften Flexibilisierung und v.a. der Abwälzung der kündigungsrechtlichen Risiken auf das Verleihunternehmen. Die Rechtslage in der Arbeitnehmerüberlassung hat sich seit dem Jahre 2011 jedoch erheblich verändert: Nach einer Gesetzesänderung ist eine Arbeitnehmerüberlassung inzwischen gem. § 1 Abs. 1 S. 2 AÜG nur noch dann zulässig, wenn sie *»vorübergehend«* ist. Die nicht nur vorübergehende Arbeitnehmerüberlassung ist damit untersagt. Infolgedessen, wird die Arbeitnehmerüberlassung wieder zu dem zurückgeführt, was ursprünglich mal die Intention des Gesetzgebers war, nämlich der zeitlich beschränkte und flexible Personaleinsatz. Die Substitution der Stammbelegschaft durch Leiharbeitnehmer dürfte damit ein Auslaufmodell sein. Allerdings fehlt bisher eine Definition des Begriffes **»vorübergehend«**. Hier steht jedoch zu erwarten, dass der Gesetzgeber eine Legaldefinition dieses Rechtsbegriffes in das Gesetz aufnimmt. In dem zwischen der CDU, CSU und der SPD unterzeichneten Koalitionsvertrag ist bereits ein Zeitraum von **18 Monaten** genannt. Zu den Rechtsfolgen nicht nur vorübergehender Arbeitnehmerüberlassung hat das BAG Ende des Jahres 2013 eine grundlegende Entscheidung getroffen. Besitzt danach ein Arbeitgeber die erforderliche Erlaubnis zur Arbeitnehmerüberlassung, kommt zwischen Leiharbeitnehmer und Entleiher kein Arbeitsverhältnis zustande, auch wenn der Einsatz des Leiharbeitnehmers entgegen der Regelung in § 1 Abs. 1 S. 2 AÜG nicht nur vorübergehend erfolgt.[293] **281**

Im Ergebnis ist nach dieser Entwicklung aber davon auszugehen, dass die Arbeitnehmerüberlassung als strukturelles Sanierungsinstrument in der Zukunft ausscheidet. Im Rahmen der gesetzlichen Grenzen weiter zulässig ist der vorübergehende flexible Einsatz von Arbeitnehmern zur Abfederung von Arbeitsspitzen. **282**

Zu beachten ist, dass im Bereich des **Baugewerbes** Sonderregeln gelten. Gem. § 1b S. 1 AÜG ist die Arbeitnehmerüberlassung in Betriebe des Baugewerbes für Arbeiten, die üblicherweise von Arbeitern verrichtet werden, unzulässig ist. Gem. § 1 Abs. 1 S. 3 AÜG könnten Arbeitnehmer jedoch unter den in der Bestimmung genannten Voraussetzungen an Arbeitsgemeinschaften abgeordnet werden. In diesem Fall liegt keine Arbeitnehmerüberlassung vor. Wann eine Arbeitnehmerüberlassung vorliegt, richtet sich nach den allgemeinen Regelungen. Jedoch gelten auch hier baurechtliche Besonderheiten. Eine Arbeitnehmerüberlassung liegt nicht vor, wenn Baumaschinen mit Bedienungspersonal vermietet werden (§ 1 Abs. 2 Nr. 38 BB-VO). Auch ist gem. § 9 BRTV keine Arbeitnehmerüberlassung gegeben, wenn Arbeitnehmer zur Arbeitsleistung in einer Bau-ARGE, an der der überlassende Arbeitgeber beteiligt ist, freigestellt werden. Gleiches gilt für die Abordnung von Arbeitern einer zur Herstellung eines Werkes gebildeten ARGE unter den Voraussetzungen des § 1 Abs. 1 S. 3 AÜG. **283**

---

292 BAG 22.11.2012 – 2 AZR 673/11, DB 2013, 1301; BAG 20.06.2013 – 2 AZR 379/12, DB 2014, 63.

293 BAG 10.12.2013 – 9 AZR 51/13, DB 2014, 548.

2. Werkverträge

284 Nicht zuletzt aufgrund der Einschränkungen der Arbeitnehmerüberlassung hat der Einsatz von Werkunternehmern Verbreitung gefunden. Der Einsatz von Personal im Rahmen von Werkverträgen stellt keine Arbeitnehmerüberlassung dar. Nicht von der Hand zu weisen ist, dass teilweise über den Einsatz von Werkunternehmern der Versuch unternommen werden soll, die Einschränkungen und Rechtsfolgen des AÜG zu umgehen und gleichzeitig größtmögliche Flexibilität zu erhalten. Insoweit kann auch von der *»Flucht in den Werkvertrag«* gesprochen werden.

285 Äußert problematisch und risikobehaftet ist die Grenzziehung zwischen Arbeitnehmerüberlassung, den Status eines Arbeitnehmers und dem eines Werkunternehmers. Ist festzustellen, dass anstatt des bezweckten Status eines Werkunternehmers tatsächlich eine illegale Arbeitnehmerüberlassung vorliegt und verfügt der eingesetzte Werkunternehmer nicht über eine Arbeitnehmerüberlassungserlaubnis als Auffangnetz, wird gem. § 10 Abs. 1 AÜG das Bestehen eines Arbeitsverhältnisses mit dem Auftragnehmer bzw. Einsatzbetrieb unterstellt. Zusammen mit dem dann gegeben Arbeitsverhältnisses droht auch eine darüber hinausgehende Haftung beispielsweise für nicht abgeführte Sozialversicherungsbeiträge oder die Subsidiärhaftung nach § 28e SGB IV.

286 Der Drittpersonaleinsatz über Werkverträge ist im Einzelfall schwierig zu einer Arbeitnehmerüberlassung abzugrenzen, weshalb eine sorgfältige Einzelfallbetrachtung erforderlich ist, um Risiken, die sich aus einer illegalen Arbeitnehmerüberlassung ergeben können, zu vermeiden. Entscheidend sind immer die tatsächlichen Verhältnisse, d.h. die tatschliche Durchführung des Vertrages.[294] Maßgebliche Kriterien für Feststellung des Status ist die **Eingliederung** in die Arbeitsabläufe und die Ausübung des **Direktions- bzw. Weisungsrechtes**. Der Werkvertragsunternehmer darf nicht wie ein Arbeitnehmer oder ein Leiharbeitnehmer in den Betrieb des Auftraggebers eingegliedert sein. Das Weisungs- oder Direktionsrecht muss bei dem Werkunternehmer verbleiben. Dienen Weisungen der Steuerung des geschuldeten Werkerfolges, ist dies unkritisch. Werden jedoch Weisungen in Zusammenhang mit der Konkretisierung der Arbeitspflicht (Ort, Zeit und Umfang der Arbeit) erteilt, handelt es sich um die Ausübung des arbeitgeberseitigen Weisungsrechtes. Das spricht für das Vorliegen der Arbeitnehmerüberlassung und gegen den Status als Werkvertragsunternehmer.

287 Aufgrund der geschilderten Risikolage haben in der Vergangenheit Werkunternehmer versucht, durch Beantragung einer **Arbeitnehmerüberlassungserlaubnis** ein Sicherheitsnetz einzuziehen. Sollte festgestellt werden, dass tatsächlich keine Werkvertragskonstellation, sondern eine Arbeitnehmerüberlassung vorliegt, sollte die Arbeitnehmerüberlassungserlaubnis greifen und damit die Folgen der illegalen Arbeitnehmerüberlassung vermeiden werden. Doch auch diese Auffanglösung ist zwischenzeitlich versperrt. Wird der Versuch unternommen, die tatschliche Arbeitnehmerüberlassung zu verschleiern, kann trotz des Vorliegens einer Arbeitnehmerüberlassungserlaubnis die Rechtsfolge des § 10 Abs. 1 AÜG gegeben sein. Nach einem Urteil des LAG Baden-Württemberg soll dies der Fall sein, wenn sowohl dem Verleiher als auch dem Entleiher positiv bekannt ist, dass der Arbeitnehmer in den Betrieb des Entleihers eingegliedert werden soll und der Arbeitnehmer dem Weisungsrecht des Entleihers unterliegen soll. Dies gilt jedenfalls dann, wenn zugleich der Charakter der Arbeitnehmerüberlassung gegenüber dem Arbeitnehmer verschleiert wird.[295]

288 Damit ist die Flucht in den Werkvertrag ein stark risikobehaftetes Instrument. Die tatsächliche Handhabung ist darauf auszurichten, dass die Eingliederung in den Betrieb des Kunden vermieden wird und das Weisungsrecht allenfalls werkerfolgsbezogen ausgeübt wird. Entsprechende vertragliche Vereinbarungen sind nicht maßgeblich. Es ist zudem damit zu rechnen, dass die rechtlichen Freiräume für den Einsatz von Werkvertragsunternehmern in naher Zukunft deutlich verengt werden, denn der Gesetzgeber hat hier Handlungsbedarf erkannt.

294 LAG Baden-Württemberg 01.08.2013 – 2 Sa 6/13, NZA 2013, 1017.
295 LAG Baden-Württemberg 03.12.2014 – 4 Sa 41/14.

D. Der Betriebsübergang im Insolvenzverfahren

§ 128 InsO Betriebsveräußerung

(1) Die Anwendung der §§ 125 bis 127 wird nicht dadurch ausgeschlossen, dass die Betriebsänderung, die dem Interessenausgleich oder dem Feststellungsantrag zugrundeliegt, erst nach einer Betriebsveräußerung durchgeführt werden soll. An dem Verfahren nach § 126 ist der Erwerber des Betriebs beteiligt.

(2) Im Falle eines Betriebsübergangs erstreckt sich die Vermutung nach § 125 Abs. 1 S. 1 Nr. 1 oder die gerichtliche Feststellung nach § 126 Abs. 1 S. 1 auch darauf, dass die Kündigung der Arbeitsverhältnisse nicht wegen des Betriebsübergangs erfolgt.

I. Anwendung des § 613a BGB im Insolvenzverfahren

Regelmäßig wird im Zusammenhang mit sanierungsrechtlichen Fragestellungen das Vorhandensein eines Betriebsüberganges gem. § 613a BGB eine entscheidende Rolle spielen. Sowohl im Rahmen eines Insolvenzverfahrens als auch außerhalb der Insolvenz spielt der Betriebsübergang gem. § 613a BGB und die sich daraus für den abgebenden Betrieb und den übernehmenden Betrieb ergebenden Folgen eine zentrale Rolle. 289

Grundsätzlich gilt auch im Insolvenzverfahren die Vorschrift des § 613a Abs. 1 BGB uneingeschränkt. Dies entspricht der ganz herrschenden Meinung und der ständigen Rechtsprechung des Bundesarbeitsgerichts. Auch die Regelung des § 128[296] geht von der grundsätzlichen Anwendbarkeit des § 613a BGB im Rahmen eines Insolvenzverfahrens aus. Insoweit ist auch der Gesetzgeber von einer Geltung des Betriebsüberganges im Rahmen des Insolvenzverfahrens ausgegangen. 290

Zweifel an der umfassenden Geltung des § 613a BGB wurden in der Vergangenheit vereinzelt erhoben. Nach einer Entscheidung des LAG Hamm aus dem Jahr 2000 soll ein Betriebsübergang im Insolvenzverfahren in Anwendung der Art. 4a RL 98/50/EG ausgeschlossen sein, weil die Art. 3 und Art. 4 der RL 77/187/EWG nicht für Übergänge von Unternehmen, Betrieben oder Unternehmens- und Betriebsteilen gelten, bei denen der Veräußerer unter Aufsicht einer zuständigen öffentlichen Stelle fällt. Als eine solche *»Aufsichtsstelle«* soll auch der Insolvenzverwalter zu verstehen sein.[297] Das LAG Hamm verband mit dieser Rechtsauffassung die Frage, ob die Vorschrift des § 613a Abs. 4 BGB bei einer übertragenden Sanierung in der Insolvenz weiterhin Geltung hat oder nicht.[298] Mit dem Hinweis auf die Regelung des § 128 ist diese Rechtsauffassung jedoch abzulehnen. Aus dem Wortlaut des § 128 folgt, dass die Betriebsübergangsnorm auch bei Betriebsübergängen im Insolvenzverfahren gilt. Die Vorschrift des § 613a BGB findet demnach grundsätzlich auch im Insolvenzverfahren Anwendung. 291

Zweifel an der uneingeschränkten Anwendung der Betriebsübergangsvorschriften sind jedoch angesichts eines Urteils des EuGH angebracht. Nach der Entscheidung des EuGH vom 18.07.2013[299] kann eine dynamische Verweisung auf Tarifvertragswerke jedenfalls dann nicht dauerhaft für bzw. gegen einen Betriebserwerber gelten, wenn dieser nicht die Möglichkeit hat, auf den Inhalt der dynamisch in Bezug genommenen Tarifverträge Einfluss zu nehmen, sich also bspw. bei Tarifvertragsverhandlungen zu beteiligen. Dies ist ausgeschlossen, wenn der Arbeitgeber nicht tariffähig i.S.d. § 2 Tarifvertragsgesetz (TVG) ist, also keine Tarifvertragspartei ist. Der EuGH argumentiert mit einer erheblichen Einschränkung der Vertragsfreiheit des Erwerbers. Nach der Entscheidung des EuGH dient die RL 78/187 nicht nur dem Schutz der Arbeitnehmerinteressen beim Unternehmensübergang, sondern sie soll auch einen gerechten Ausgleich zwischen den Interessen der Arbeitnehmer/innen einerseits und denen des Erwerbers andererseits gewährleisten. Der Erwerber muss damit in der Lage sein können, 292

296 Vgl. zum Interessenausgleich mit Namensliste Rdn. 224 ff.
297 LAG Hamm 04.04.2000 – 4 Sa 1220/99, ZInsO 2000, 292.
298 LAG Hamm 04.04.2000 – 4 Sa 1220/99, ZInsO 2000, 292.
299 EuGH 18.07.2013 – C-42/11 [Alemo/Herron].

die für die Fortsetzung seiner Tätigkeit erforderlichen Anpassungen vorzunehmen.[300] Dies soll jedenfalls dann gelten, wenn eine Person – d.h. ein Unternehmen – des öffentlichen Rechtes auf eine juristische Person des Privatrechts übertragen worden ist. Denn dann sei nach dem EuGH davon auszugehen, dass die Fortsetzung der Tätigkeit des Erwerbers in Anbetracht der unvermeidlichen Unterschiede, die zwischen diesen beiden Sektoren (dem öffentlichen und dem privatrechtlichen Sektor) bei den Arbeitsbedingungen bestehen, beträchtliche Anpassungen erfordert. Voraussetzung für die eingeschränkte Anwendung des § 613a BGB auf dynamische Bezugnahmeklauseln soll weiter sein, dass es dem Erwerber verwehrt ist, in den Tarifvertragsverhandlungen, die letztendlich in der Konsequenz durch die dynamische Bezugnahmeklauseln reflexartig auf das Arbeitsverhältnis bei dem Erwerber Auswirkungen haben, teilzunehmen bzw. diese zu beeinflussen. Dies ist in der von dem EuGH entschiedenen Konstellation der Fall gewesen, denn hier wurde ein Unternehmen des öffentlichen Sektors auf ein privatrechtliches Unternehmen übertragen.

293 Bezweifelt werden kann, ob die Rechtsprechung des EuGH auch auf solche Fälle anzuwenden sein kann, in denen ein privatrechtliches Unternehmen im Rahmen eines Insolvenzverfahrens auf ein anderes privatrechtliches Unternehmen übertragen wird. Nach einer Entscheidung des LAG Köln ist die Rechtsprechung des EuGH dann nicht anzuwenden, wenn bereits der ursprüngliche Arbeitgeber nicht an Tarifverträge des öffentlichen Dienstes gebunden war, sondern diese frei vereinbart hat.[301] Im Ergebnis wird in den praxisrelevanten Sanierungskonstellationen des Vorliegens eines Betriebsübergangs zwischen zwei privatrechtlichen Unternehmen, von denen sich eines im Insolvenzverfahren befindet, davon auszugehen sein, dass § 613a BGB ungeachtet der Rechtsprechung des EuGH uneingeschränkt anwendbar ist. Auch die im abgebenden Betrieb vereinbarte dynamische Inbezugnahme auf Tarifverträge wird über den § 613a Abs. 1 S. 1 BGB in das Arbeitsverhältnis zwischen dem Erwerberbetrieb und dem Arbeitnehmer transformiert. Ungeachtet dessen kann die Entscheidung des EuGH den Blick dafür öffnen, dass § 613a BGB nicht uneingeschränkt gilt und in jedem Fall zu einer Verbesserung der Rechtsposition der von einem Betriebsübergang im Insolvenzverfahren betroffenen Arbeitnehmer/innen führt. Auch nach der Rechtsprechung des BAG soll der § 613a BGB nicht zu einer Ausweitung der Rechte der Arbeitnehmer führen. Zudem könnte die Rechtsprechung des EuGH für solche Fälle Geltung haben, in denen ein öffentliches Unternehmen zunächst privatisiert wurde, sich dann im Insolvenzverfahren befindet und sodann auf ein Unternehmen des privaten Sektors übertragen werden soll. In dieser Konstellation hat das insolvente Unternehmen die Geltung der Tarifverträge in einer Art und Weise übernommen, die der von dem EuGH entschiedenen Konstellation nahe kommt.

294 Trotz einer an sich deshalb erforderlichen sanierungsfreundlichen Anwendung der Betriebsübergangsregelungen ist im Zweifel davon auszugehen, dass die Bestimmungen des § 613a BGB vollumfänglich auch im Insolvenzverfahren Geltung entfalten. Lediglich hinsichtlich der Frage der Haftung eines Betriebserwerbers bei der Veräußerung eines Betriebes aus dem Insolvenzverfahren ist nach der Rechtsprechung des Bundesarbeitsgerichtes die teleologische Reduktion des § 613a Abs. 2 BGB zu berücksichtigen.[302] Für den Sanierungsberater ist es deshalb von entscheidender Bedeutung, das Vorliegen eines Betriebsüberganges i.S.d. § 613a BGB und die sich daraus ergebenden Folgen zu kennen und zu bewerten.

II. Feststellung eines Betriebsübergangs/Voraussetzungen

1. Indizien für den Betriebsübergang

295 Ein Betriebsübergang bzw. ein Betriebsteilübergang im Sinne des § 613a Abs. 1 BGB und im Sinne der Betriebsübergangsrichtlinie 2001/23/EG liegt vor, wenn ein neuer Rechtsträger eine bestehende

300 EuGH 18.07.2013 – C-42/11 [Alemo/Herron].
301 LAG Köln 22.09.2013 – 2 Sa 242/13.
302 Rdn. 360.

wirtschaftliche Einheit unter Wahrung ihrer Identität fortführt.[303] Dabei muss es um eine auf Dauer angelegte Einheit gehen, deren Tätigkeit nicht auf die Ausführung eines bestimmten Vorhabens beschränkt ist. Um eine solche Einheit handelt es sich bei jeder hinreichend strukturierten und selbstständigen Gesamtheit von Personen und Sachen zur Ausübung einer wirtschaftlichen Tätigkeit mit eigenem Zweck.[304]

Den für das Vorliegen eines Betriebsübergangs maßgeblichen Kriterien kommt je nach ausgeübter 296
Tätigkeit und je nach den Produktions- oder Betriebsmethoden unterschiedliches Gewicht zu.

In der Rechtsprechung des EuGH und des BAG haben sich für die Prüfung des Vorliegens der Frage, 297
ob ein im Wesentlichen unveränderter Fortbestand der organisierten Gesamtheit »Betrieb« bei einem neuen Inhaber anzunehmen ist, 7 **Teilaspekte** herausgebildet. Diese müssen vorliegen, wenn ein Betriebsübergang festgestellt werden soll. Darauf hinzuweisen ist jedoch, dass diese Umstände nur Teilaspekte einer vorzunehmenden Gesamtbewertung sind und deshalb nicht isoliert für sich betrachtet werden können.[305] Von der Rechtsprechung wurden folgende **Kriterien** herausgearbeitet[306]:

- Art des betreffenden Unternehmens oder des Betriebes (insb. Produktions- oder Betriebsmethoden),
- Übergang oder Nichtübergang von materiellen Vermögenswerten (Betriebs- und Geschäftsausstattung, Immobilien, bewegliche Güter),
- Wert der immateriellen Vermögenswerte zum Zeitpunkt des Übergangs,
- Übernahme oder Nichtübernahme der Hauptbelegschaft,
- Übergang oder Nichtübergang von Kundenbeziehungen[307],
- Grad der Ähnlichkeit zwischen der vor und nach dem Übergang verrichteten Tätigkeit,
- Dauer einer eventuellen Unterbrechung der Tätigkeit.

Die Identität der Einheit kann sich jedoch auch aus anderen Merkmalen ergeben, wie ihrem Perso- 298
nal, ihren Führungskräften, ihrer Arbeitsorganisation, ihren Betriebsmethoden und ggf. den ihr zur Verfügung stehenden Betriebsmitteln. Den für das Vorliegen eines Übergangs maßgeblichen Kriterien kommt je nach der ausgeübten Tätigkeit und je nach den Produktions- oder Betriebsmethoden unterschiedliches Gewicht zu.[308]

Maßgebliche Bedeutung bei der Feststellung der Wahrung der Identität der wirtschaftlichen Einheit 299
kommt der Frage zu, ob es sich bei dem Betrieb um einen **betriebsmittelarmen Betrieb** handelt oder nicht. Liegt ein betriebsmittelarmer Betrieb vor – kommt es also im Wesentlichen für die unternehmerische Tätigkeit auf die menschliche Arbeitskraft an – kann eine strukturierte Gesamtheit von Arbeitnehmern trotz des Fehlens nennenswerter materieller oder immaterieller Vermögenswerte eine wirtschaftliche Einheit darstellen. Wenn diese Einheit ohne nennenswerte Vermögenswerte funktioniert, kann die Wahrung ihrer Identität nach ihrer Übernahme nicht von der Übernahme von Vermögenswerten abhängen. Die Wahrung der Identität kann in diesem Fall schon anzunehmen sein, wenn der neue Betriebsinhaber nicht nur die betreffende Tätigkeit weiterführt, sondern einen nach Zahl- und Sachkunde wesentlichen Teil des wesentlichen Personals übernimmt.[309] Ist dies gegeben, ist ein Betriebsübergang festzustellen. Eine Übernahme einer großen Anzahl des bisher beschäftigten Personals kann damit bereits ein Kriterium des Betriebsüberganges gem. § 613a BGB

303 EuGH 06.03.2014 – C-458/12 [Amatori u.a.]; BAG 18.09.2014 – 8 AZR 733/13.

304 EuGH 06.03.2014 – C-458/12 [Amatori u.a.]; BAG 18.09.2014 – 8 AZR 733/13; BAG 21.08.2014 – 8 AZR 648/13.

305 EuGH 20.01.2011 – C-463/99 [Clece]; BAG 18.09.2014 – 8 AZR 733/13.

306 St.Rspr. des BAG, vgl. zuletzt BAG, 18.09.2014 – 8 AZR 733/13.

307 Für den Betriebsübergang sprechen: Kundenbeziehungen in Form einer exklusiven Vertriebsberechtigung für ein bestimmtes Gebiet, vgl. EuGH 07.03.1996 – C-171/94 [Merckx und Neuhuys].

308 BAG 25.06.2009 – 8 AZR 258/08; BAG 15.12.2011 – 8 AZR 197/11.

309 EuGH 06.09.2011 – C-108/10 [Scattolon]; BAG 22.08.2013 – 8 AZR 521/12; BAG 18.09.2014 – 8 AZR 733/13.

darstellen. Dies unabhängig davon, ob daneben noch immaterielle oder materielle Betriebsmittel übertragen werden. Nach der Rechtsprechung des BAG ist von einem Betriebsübergang auszugehen, wenn alle Reinigungskräfte bei dem Wechsel eines Reinigungsauftrags in einem Krankenhaus übernommen werden.[310] Von einer wesentlichen Anzahl der übergehenden Arbeitnehmer kann gesprochen werden, wenn 75 % der Gesamtbelegschaft von einem Erwerber übernommen werden. Aber selbst die Übernahme eines so hohen Anteils des Personals reicht indes für die Feststellung des Betriebsübergangs alleine nicht aus, wenn die frühere Arbeitsorganisation nicht aufrechterhalten wird und die Anforderungen an die Qualifikation des Personals nicht hoch sind.[311] Aufgrund des zusätzlichen Kriteriums der Sachkunde der betroffenen Arbeitnehmer/innen kann auch schon bei einer geringen Anzahl von übernommenen Arbeitnehmern von einer Erfüllung dieses Kriteriums für den Betriebsübergang ausgegangen werden. Entscheidend ist damit, ob **Schlüsselkräfte** von einem vermeintlichen Erwerber übernommen werden. Ist dies der Fall, kann auch bei nur wenigen übernommenen Arbeitnehmern bereits die Identität des Betriebes festgestellt werden. Für einen Sanitär- und Heizungshandwerksbetrieb ist entschieden worden, dass die Übernahme eines wesentlichen Teils der ausgebildeten Fachkräfte zu einem Betriebsübergang führen kann.[312] Für einen IT-Servicebetrieb hat das BAG entscheiden, dass die Übernahme von mehr als der Hälfte des hoch qualifizierten Personals ausreichend war.[313]

300 In Sanierungskonstellationen ist deshalb nicht nur die Frage maßgeblich, wie viele Arbeitnehmer letztlich vom Erwerber fortbeschäftigt werden sollen, sondern auch ob die geplante Weiterbeschäftigung (u.U. einiger weniger) Schlüsselkräfte beabsichtigt ist. Wenn Letzteres festgestellt werden kann, ist im Zweifel von dem Vorliegen einer Identität der Betriebe auszugehen und in der Folge ein Betriebsübergang gem. § 613a Abs. 1 BGB anzunehmen. Damit ist zusammenfassend festzuhalten: Je geringer der Qualifikationsgrad der Arbeitnehmer des fraglichen Betriebes ist, desto mehr Arbeitnehmer müssen in dem Nachfolgebetrieb beschäftigt werden, um einen Betriebsübergang feststellen zu können. Je höher die Qualifikation der Arbeitnehmer jedoch ist, umso mehr die Belegschaft durch Spezialwissen und Sonderqualifikationen geprägt ist, desto weniger Arbeitnehmer müssen für die Feststellung der Betriebsidentität bei einem Nachfolgeunternehmen beschäftigt werden.[314]

301 Von einem Betriebsübergang zu unterscheiden ist die reine **Funktionsnachfolge.** Diese stellt – wie auch die **Auftragsnachfolge** – keinen Betriebsübergang gem. § 613a BGB dar.[315] Nach der Rechtsprechung des EuGH führt der bloße Verlust eines Auftrages an einen Mitbewerber noch nicht zu einem Betriebsübergang im Sinne der Richtlinie und in der Folge auch keinen Betriebsübergang gem. § 613a BGB.[316] Auch in diesen Konstellationen ist stets auf die Identitätswahrung der wirtschaftlichen Einheit abzustellen. Ausschlaggebend ist also die Übertragung sachlicher oder immaterieller Betriebsmittel.[317] Wenn demnach nach dem EuGH die Übertragung einer wirtschaftlichen Einheit gefordert wird, so erfasst dies nicht die bloße Tätigkeit (die Funktion/den Auftrag) selbst.[318] Nach dem EuGH führt die Funktions- und Auftragsnachfolge zwar dazu, dass das beauftragte Dienstleistungsunternehmen einen Kunden verliert, das Unternehmen besteht jedoch im vollen Umfang weiter, ohne dass einer seiner Betriebe oder Betriebsabteilungen auf einen neuen Aufraggeber übertragen wurde. Danach ist die Fremdvergabe einer bisher im eigenen Unternehmen durchgeführten

310 BAG 21.05.2008 – 8 AZR 481/07, DB 2009, 291.
311 BAG 10.12.1998 – 8 AZR 676/97, ZIP 1999, 632.
312 LAG Niedersachsen 22.02.2005 – 13 Sa 1311/04, ZInsO 2006, 56.
313 BAG 24.01.2013 – 8 AZR 706/11.
314 So auch BAG 25.09.2008 – 8 AZR 607/07 und BAG 24.01.2013 – 8 AZR 706/11.
315 EuGH 20.01.2011 – C-463/09 [Clece]; BAG 23.09.2010 – 8 AZR 567/09; BAG 18.09.2014 – 8 AZR 733/13.
316 BAG 14.08.2007 – NZA 2007/1431; BAG 27.09.2007 – NZA 2008/1130; ErfK-*Preiß* § 613a Rn. 37.
317 ErfK-*Preiß* § 613a Rn. 37.
318 EuGH 20.01.2011 – C-463/09 [Clece].

Aufgabe (**Outsourcing**) jedenfalls dann kein Betriebsübergang im Sinne von § 613a BGB, wenn der neue Aufragnehmer weder Arbeitsmittel noch Personal übernimmt.[319]

Die Übertragung sächlicher Betriebsmittel ist im Rahmen einer Auftragsneuvergabe wesentlich, wenn bei wertender Betrachtungsweise ihr Einsatz den eigentlichen Kern des zur Wertschöpfung erforderlichen Funktionszusammenhangs ausmacht und sie somit unverzichtbar zur auftragsgemäßen Verrichtung der Tätigkeiten sind.[320] Den Kern des zur Wertschöpfung erforderlichen Funktionszusammenhangs bilden sächliche Betriebsmittel aber nicht schon dann, wenn sie zur Erbringung der Dienstleistung erforderlich sind.[321] Kriterien hierfür können sein, dass die Betriebsmittel unverzichtbar zur auftragsgemäßen Verrichtung der Tätigkeiten sind, auf dem freien Markt nicht erhältlich sind oder ihr Gebrauch vom Auftraggeber zwingend vorgeschrieben ist.[322] Werden bei einer Auftragsneuvergabe Betriebsmittel überlassen, ist deren Überlassung zur eigenwirtschaftlichen Nutzung allerdings keine notwendige Voraussetzung für die Feststellung eines Betriebsübergangs vom ursprünglichen Auftragnehmer auf den neuen Auftragnehmer. Der Umstand, dass die von dem neuen Unternehmer übernommenen Betriebsmittel nicht seinem Vorgänger gehörten, sondern vom Auftraggeber zur Verfügung gestellt wurden, schließt damit den Betriebsübergang nicht aus.[323] 302

In **betriebsmittelgeprägten Betrieben** kann dagegen ein Betriebsübergang auch ohne die Übernahme von Personal vorliegen.[324] Nach der Rechtsprechung des EuGH und des BAG ist es aber für die Feststellung eines Betriebsübergangs irrelevant, ob auch Eigentum an den eingesetzten Betriebsmitteln übertragen wurde oder nicht.[325] 303

Auch soweit § 613a BGB von einem *»Rechtsgeschäft«* spricht, ist dieser Begriff, wie auch der Terminus *»durch vertragliche Übertragung«* in Art. 1 Abs. 1a der RL 2001/23/EG,[326] weit auszulegen, um den Zweck der Richtlinie – dem Schutz der Arbeitnehmer bei einer Übertragung ihres Betriebes – gerecht zu werden. Es ist demnach nicht erforderlich, dass zwischen Veräußerer und Erwerber unmittelbar vertragliche Beziehungen bestehen. Die Übertragung kann auch unter Einschaltung eines Dritten wie bspw. des Eigentümers oder eines Verpächters erfolgen.[327] 304

2. Kollektivarbeitsrechtliche Folgen und Maßnahmen

Der Betriebsübergang an sich, also die Übertragung des Geschäftsbetriebes mit dem dort zugeordneten Personal, stellt an sich keine Betriebsänderung i.S.d. §§ 111 ff. BetrVG dar. Damit ist der Betriebsübergang des gesamten Betriebes nicht interessenausgleichspflichtig. Weder ein Interessenausgleich gem. § 1 Abs. 5 KSchG noch ein im Rahmen des Insolvenzverfahrens möglicher Interessenausgleich gem. § 125 ist erforderlich. Ein Teilbetriebsübergang kann jedoch eine Betriebsänderung gem. § 111 S. 2 Ziff. 2 bis 4 BetrVG darstellen, wenn es bspw. zu einer Abspaltung des Betriebes kommt. Dann kann ein Teilbetriebsübergang auch interessensausgleichspflichtig sein. Ob der Betriebsübergang sozialplanpflichtig ist, richtet sich den §§ 112 ff. BetrVG. 305

319 ErfK-*Preiß* 613a Rn. 37.
320 BAG 15.02.2007 – 8 AZR 431/06; BAG 15.12.2011 – 8 AZR 197/11.
321 BAG 25.09.2008 – 8 AZR 607/07; BAG 15.12.2011 – 8 AZR 197/11.
322 BAG 13.06.2006 – 8 AZR 271/05.
323 EuGH 15.12.2005 – C-232/04 und C-233/04 – [Güney-Görres]; BAG 06.04.2006 – 8 AZR 222/04.
324 EuGH 20.11.2003 – C-340/01 – [Carlito Abler]; BAG 18.09.2014 – 8 AZR 733/13.
325 EuGH 20.11.2003 – C-340/01 [Abler u.a.]; BAG 18.09.2014 – 8 AZR 733/13.
326 EuGH 07.03.1996 – C-171/94 – [Merckx und Neuhuys]; EuGH 06.09.2011 – C-108/10 – [Scattolon].
327 EuGH 20.11.2003 – C-340/01 [Abler u.a.]; EuGH 06.09.2011 – C-108/10 [Scattolon]; BAG 18 09.2014 – 8 AZR 733/13.

3. Vermeidungsstrategien

306 Aus der Bestimmung des § 613a BGB und den mit einem Betriebsübergang verbunden Rechtsfolgen ergeben sich weitreichende Konsequenzen für die Sanierungssituation und eine beabsichtigte übertragende Sanierung. Aufgrund des Übergangs der Arbeitsverhältnisse mit allen Rechten und Pflichten sieht der Übernehmer sich häufig mit der Übernahme von so empfundenen »Altlasten« konfrontiert. Nicht selten wird deshalb die Bestimmung des § 613a BGB als sanierungshemmend empfunden.

307 Es liegt deshalb nahe, die Folgen des Betriebsübergangs gem. § 613a BGB so weit wie möglich zu beschränken. Dies hat zu unterschiedlichen Vermeidungsstrategien geführt. Dabei ist jedoch immer zu berücksichtigen, dass alle geschriebenen oder ungeschriebenen Vereinbarungen, die den Regelungen des § 613a BGB zuwiderlaufen, nach § 613a BGB i.V.m. § 134 BGB unwirksam sind. Vereinbarungen mit Arbeitnehmern/innen oder kollektivarbeitsrechtlichen Gremien, die zulasten der Arbeitnehmer/innen von den Regelungen des § 613a BGB abweichen, sind damit in der Regel keine Option, jedenfalls wenn sie rechtlich belastbar sein sollen.

308 Ansatzpunkt für die Vermeidung der Rechtsfolgen eines Betriebsübergangs ist zunächst die Durchbrechung der Kontinuität der Arbeitsverhältnisse. Dies kann durch eine **Betriebsstilllegung**, eine sog. **abstreifende Transfergesellschaft** oder durch einen **Neuabschluss von Arbeitsverträgen** versucht werden.

309 Unter Betriebsstilllegung ist die Auflösung der zwischen Arbeitgeber und Arbeitnehmer bestehenden Betriebs- und Produktionsgemeinschaft zu verstehen, die ihre Veranlassung und ihren unmittelbaren Ausdruck darin findet, dass der Unternehmer die bisherige wirtschaftliche Betätigung in der ernstlichen Absicht einstellt, die Verfolgung des bisherigen Betriebszwecks dauernd oder für eine ihrer Dauer nach unbestimmte, wirtschaftlich nicht unerhebliche Zeitspanne nicht weiter zu verfolgen.[328] Die Stilllegung des gesamten Betriebs oder eines Betriebsteils durch den Arbeitgeber gehört zu den dringenden betrieblichen Erfordernissen i.S.v. § 1 Abs. 2 S. 1 KSchG, die einen Grund zur sozialen Rechtfertigung einer Kündigung darstellen können.[329] Wird der Betrieb stillgelegt, können demzufolge die Arbeitsverhältnisse aufgrund der unternehmerischen Entscheidung der Stilllegung beendet werden. Kommt es im Zuge der Stilllegung zu einem offenen oder verdeckten Betriebsübergang stellt sich die Frage, wie dies arbeitsrechtlich zu bewerten ist.

a) Voraussetzungen der Betriebsstilllegung

310 Will der Arbeitgeber aufgrund einer Betriebsstilllegung kündigen, ist er nicht gehalten, erst nach Durchführung der Stilllegung die avisierten Kündigungen auszusprechen. Nach der ständigen Rechtsprechung des BAG kommt neben der Kündigung wegen erfolgter Stilllegung auch eine Kündigung wegen der **beabsichtigten Stilllegung** in Betracht. Für Letztere muss jedoch im Zeitpunkt des Ausspruchs der Kündigung die auf Tatsachen gestützte, betriebswirtschaftliche Prognose gerechtfertigt sein, dass zum Kündigungstermin (Ende der Kündigungsfrist) mit einiger Sicherheit der Eintritt des die Entlassung erforderlich machenden betrieblichen Grundes vorliegen wird.[330] Der kündigende Arbeitgeber muss im Zeitpunkt des Zugangs der Kündigung den **ernsthaften und endgültigen Entschluss** gefasst haben, den Betrieb endgültig und nicht nur vorübergehend stillzulegen.[331] An einem endgültigen Entschluss zur Betriebsstilllegung fehlt es dann, wenn der Arbeitgeber im Zeitpunkt der Kündigung noch in ernsthaften Verhandlungen über eine Veräußerung des Betriebs steht oder sich noch um neue Aufträge bemüht[332].

328 BAG 16.02.2012 – 8 AZR 693/10; BAG 14.03.2013 – 8 AZR 153/12.
329 BAG 26.05.2011 – 8 AZR 37/10; BAG 14.03.2013 – 8 AZR 153/12.
330 BAG 14.03.2013 – 8 AZR 153/12.
331 BAG 16.02.2012 – 8 AZR 693/10; BAG 14.03.2013 – 8 AZR 153/12.
332 BAG 13.02.2008 – 2 AZR 543/06; BAG 14.03.2013 – 8 AZR 153/12.

Das BAG hat inzwischen präzisiert, wer die Stilllegungsentscheidung in Insolvenzsituationen zu treffen hat. Im Rahmen des vorläufigen Insolvenzverfahrens ist danach ausschließlich die Unternehmensführung dazu berufen, die Stilllegungsentscheidung zu treffen. Dies gilt auch für den »starken« vorläufigen Insolvenzverwalter gem. § 21 Abs. 2 S. 1 Nr. 1, Nr. 2 i.V.m. § 22 Abs. 1 S. 1 InsO. Dieser ist verpflichtet, das Unternehmen bis zur Insolvenzeröffnung fortzuführen (vgl. § 22 Abs. 1 S. 2 Nr. 2 Halbs. 1 InsO). Wenn der vorläufige Insolvenzverwalter feststellen sollte, dass bis zur Insolvenzeröffnung nur Verluste erwirtschaftet werden könnten, so muss er bei dem Insolvenzgericht die Zustimmung zu einer Unternehmensstilllegung beantragen (vgl. § 22 Abs. 1 S. 2 Nr. 2 Halbs. 2 InsO). Bei der Bestellung eines vorläufigen Sachwalters in Eigenverwaltungs- oder Schutzschirmverfahren liegt dagegen die Entscheidungkompetenz weiterhin ausschließlich bei der Geschäftsführung. Ist im eröffneten Verfahren eine Stilllegungsentscheidung zu treffen, so steht diese Entscheidung der Gläubigerversammlung gem. § 157 S. 1 InsO zu. Nur wenn – wie dies häufiger der Fall ist – bereits vor Insolvenzeröffnung der vorläufige Insolvenzverwalter mit Zustimmung des Insolvenzgerichts oder der Schuldner, ohne dass der Sachwalter auf Nachteile für die Gläubiger hingewiesen hätte, die Unternehmensstilllegung beschlossen und werde dieser Beschluss nach der Insolvenzeröffnung lediglich (weiter) umgesetzt (sei es von dem dann bestellten Insolvenzverwalter oder dem Schuldner in Eigenverwaltung), bedarf es keines neuen Beschlusses der Gläubigerversammlung, da in diesem Fall lediglich an der bereits vor Insolvenzeröffnung wirksam getroffenen Entscheidung festgehalten wird.[333] 311

Kündigt der Arbeitgeber aufgrund seiner Stilllegungsabsicht, so ist in einem Kündigungsschutzprozess darzulegen und zu beweisen, dass die Betriebsstilllegung *»greifbare Formen«* angenommen hat. Will sich der Arbeitgeber auf eine Betriebsstilllegung berufen, muss er darlegen und beweisen können, dass er beabsichtigt (hat), den Geschäftsbetrieb auf Dauer einzustellen. 312

Indizien dafür können bspw. die Kündigung aller Arbeitsverhältnisse oder die Erstattung der Massenentlassungsanzeige gem. § 17 KSchG für die zu kündigenden Arbeitnehmer/innen sein.[334] Für die Darlegung der Stilllegungsabsicht können weiter sprechen: Die Kündigung bestehender Mietverhältnisse über die Betriebsimmobilie, die Rückgabe von Leasingfahrzeugen an den Leasinggeber, die Kündigung eines Rahmenmietvertrages für Kfz[335], die Gewerbeabmeldung aber auch die Kündigung aller Arbeitsverhältnisse. 313

Im Rahmen der Rückgabe von Mietsachen, insb. bei der Vermietung oder Verpachtung von Betriebsmitteln, führt die Möglichkeit eines durch Kündigung des Miet- oder Pachtvertrages ausgelösten Rückfalls der Miet- oder Pachtsache regelmäßig nicht zur Annahme, deswegen müsse ein »Restbetrieb« beim Vermieter oder Verpächter bestehen bleiben.[336] 314

Kein Wirksamkeitserfordernis für die Betriebsstilllegung einer GmbH ist, dass ein wirksamer **Beschluss der Gesellschafter** vorliegt.[337] Allerdings ist aus den Gründen der Darlegungs- und Beweisbelastung im Rahmen eines Kündigungsschutzprozesses zu empfehlen, den Stilllegungsbeschluss der Geschäftsführung, d.h. die unternehmerische Entscheidung, schriftlich zu dokumentieren. 315

Das Vorhandensein von Restabwicklungsarbeiten und der Einsatz eines »Insolvenzabwicklungsteams« sprechen nicht zwingend gegen eine Betriebsstillegung. Nach der Rechtsprechung des BAG steht der Ernsthaftigkeit der Stilllegungsabsicht nicht entgegen, dass sich der Arbeitgeber entschlossen hat, die gekündigten Arbeitnehmer in der jeweiligen Kündigungsfrist noch für die Abarbeitung vorhandener Aufträge einzusetzen. Der Arbeitgeber erfüllt damit gegenüber den tatsächlich eingesetzten 316

333 BAG 14.05.2020 – 6 AZR 235/19.
334 BAG 16.02.2012 – 8 AZR 693/10.
335 BAG 14.03.2013 – 8 AZR 153/12.
336 BAG 14.03.2013 – 8 AZR 153/12.
337 BAG 05.04.2001 – 2 AZR 696/99; BAG 14.03.2013 – 8 AZR 153/12.

Arbeitnehmern lediglich seine auch im gekündigten Arbeitsverhältnis bestehende Beschäftigungspflicht.[338]

b) Betriebsstilllegung und Betriebsübergang

317 Das BAG hat in ständiger Rechtsprechung das Junktim aufgestellt, dass Betriebsschließung und Betriebsübergang sich kategorisch ausschließen.[339] Diese Feststellung ist von wesentlicher Bedeutung in Betriebsübergangssachverhalten und eine wichtige Weichenstellung in der Gestaltung von Sanierungsmaßnahmen.

318 Nach der Rechtsprechung des BAG ist eine mit Stilllegungsabsicht begründete Kündigung nur dann sozial gerechtfertigt, wenn die Personalmaßnahme, die der Kündigung zugrunde liegt, objektiv eine Betriebsstilllegung darstellt und nicht etwa Betriebsveräußerung, also beispielsweise eine übertragende Sanierung. Letzteres wäre dann der Fall, wenn die für die Fortführung des Betriebs wesentlichen Gegenstände einem Dritten überlassen werden sollten.[340] Maßgeblich für die rechtliche Beurteilung ist dabei nicht die (subjektive) Begründung des Arbeitgebers der Kündigung, sondern das objektive, d.h. tatsächliche Vorliegen des Kündigungsgrundes der Betriebsstilllegung.[341] Damit sind die tatsächlichen Gegebenheiten im Einzelfall entscheidend. Bei der Gestaltung einer Stilllegungsmaßnahme ist deshalb darauf zu achten, dass die wesentlichen Umstände der Betriebsstilllegung gerichtsfest dokumentiert und nachvollziehbar sind.[342]

c) Sanierungsansatz: Vorübergehende Betriebsstilllegung

319 Kann nun eine Betriebsstilllegung im Sinne der o.g. Voraussetzungen festgestellt werden, stellt sich die Frage, wann die Stilllegung eine Kontinuität der Arbeitsverhältnisse beseitigt, sodass nach erfolgter Stilllegung ein Betriebsnachfolger unbelastet vom arbeitsrechtlichen Bestandsschutz gewissermaßen *»auf der grünen Wiese«* die Betriebstätigkeit (wieder-)aufnehmen kann.

320 Grundsätzlich gilt, dass wenn der Geschäftsbetrieb nach erfolgter endgültiger Betriebsschließung wieder aufgenommen wird, dies nicht zwangsläufig zu einem Betriebsübergang führt.[343]

321 Wurde eine Kündigungsentscheidung getroffen und wurden Arbeitsverhältnisse aufgrund einer Betriebsstilllegung gekündigt, so bleibt die Kündigung unabhängig von den tatsächlichen Gegebenheiten wirksam, wenn im Zeitpunkt des Kündigungszuganges die Prognose gerechtfertigt war, das spätestens im Zeitpunkt des Auslaufens der Kündigungsfrist das Beschäftigungsbedürfnis für den Arbeitnehmer/die Arbeitnehmerin entfällt.[344] Ergeben sich also zwischen dem Zeitpunkt des Kündigungszuganges und dem Zeitpunkt des Wirksamwerdens der Kündigung (Ablauf der Kündigungsfrist) keine Änderungen, die die Kündigungsentscheidung tangieren, bleibt die ausgesprochene Stilllegungskündigung wirksam und kann vor dem Arbeitsgericht erfolgreich verteidigt werden.

322 Wird jedoch im Laufe der Kündigungsfrist ein unvorhergesehener Betriebsübergang realisiert – oder anders formuliert, kann der klagende Arbeitnehmer nachweisen, dass es im Laufe der Kündigungsfrist zu einem Betriebsübergang i.S.d. § 613a BGB gekommen ist, es also unvorhergesehen zu einer Änderung der der Kündigung zugrunde liegenden Tatsachenlage gekommen ist – steht dem Arbeitnehmer ein **Wiedereinstellungs- bzw. Vertragsfortsetzungsanspruch** gegen den Betriebserwerber zu.[345] Dies soll nach einer Entscheidung des LAG Düsseldorf auch dann der Fall sein, wenn der

338 BAG 08.11.2007 – 2 AZR 554/05; BAG 14.03.2013 – 8 AZR 153/12.
339 St.Rspr., vgl. BAG 16.02.2012 – 8 AZR 693/10.
340 BAG 28.05.2009 – 8 AZR 273/08.
341 BAG 14.03.2013 – 8 AZR 153/12.
342 Vgl. hierzu Rdn. 313 ff.
343 LAG Köln 02.05.2005 – 2(5) Sa 1607/04, ZIP 2005, 1433.
344 BAG 15.12.2011 – 2 AZR 42/10.
345 BAG 27.02.1997 – 2 AZR 160/96; BAG 15.12.2011 – 8 AZR 197/11.

Arbeitnehmer vor der Änderung der Sachlage einen **Aufhebungsvertrag** abschließt. In diesem Fall soll der Arbeitnehmer jedoch den Anspruch innerhalb eines Monats nach Kenntnis der tatsächlichen Umstände (also der Änderung der Sachlage) geltend machen müssen.[346]

Dieses Szenario setzt freilich voraus, dass ein objektiv feststellbarer Betriebsübergang gegeben ist. 323
Fehlt es an den Kriterien, die für die Feststellung eines Betriebsüberganges erforderlich sind,[347] wird auch ein Vertragsfortsetzungsanspruch nicht auf § 613a Abs. 1 S. 1 BGB gestützt werden können. Kann bspw. eine Identität der Betriebe nach den Grundsätzen des Betriebsübergangs nach § 613a BGB nicht festgestellt werden, besteht auch kein Risiko, dass Arbeitnehmer/innen sich gegenüber dem Betriebsnachfolger auf einen Betriebsübergang berufen und Vertragsfortsetzungs- bzw. Wiedereinstellungsansprüche erfolgreich geltend machen können. Die Beurteilung des Vorliegens eines Betriebsübergangs kann jedoch im Einzelfall schwierig sein und Probleme bereiten.[348]

Nicht eindeutig ist die Frage zu beantworten, ob der Arbeitnehmer bei der Geltendmachung des 324
Vertragsfortsetzungs- bzw. Wiedereinstellungsanspruches Fristen einhalten muss. Teilweise wird angenommen, Voraussetzung für die erfolgreiche Durchsetzung des Wiedereinstellungsanspruchs sei, dass der Arbeitnehmer **unverzüglich** nach Kenntnis der tatsächlichen Umstände, die seinen Anspruch rechtfertigen sollen, den Anspruch gegen den potenziellen Erwerber prozessual geltend macht. In Anlehnung an § 613a Abs. 6 BGB soll die Geltendmachung des Wiedereinstellungsanspruch regelmäßig innerhalb eines Monats nach Kenntnis verwirkt sein.[349] Nach anderer Ansicht ist die Frist des § 4 KSchG von drei Wochen entsprechend anzuwenden.[350] Für den Fall der Freistellung des Arbeitnehmers wurde entschieden, dass hier nicht innerhalb von drei Wochen nach der Kenntnis des Betriebsüberganges ein Fortsetzungsanspruch gegen den Betriebserwerber geltend gemacht werden muss.[351]

Unabhängig von der Frage der Befristung des Wiedereinstellungs- bzw. Fortsetzungsanspruches ist 325
die Anspruchsdurchsetzung für den Arbeitnehmer jedoch auch aus einem weiteren Grund begrenzt: Treten erst nach dem Ende der Kündigungsfrist des Arbeitnehmers Umstände ein, die der ursprünglichen Prognoseentscheidung des kündigenden Arbeitgebers entgegenstehen, steht dem Arbeitnehmer kein Vertragsfortsetzungs- oder Wiedereinstellungsanspruch zu. Entsteht also eine unvorhergesehene Weiterbeschäftigungsmöglichkeit erst nach Ablauf der Kündigungsfrist, besteht danach grundsätzlich kein Wiedereinstellungsanspruch.[352] Ein solcher Anspruch setzt nämlich das Bestehen des Schuldrechtsverhältnisses zwischen den Arbeitsvertragsparteien voraus, denn die Vertragsfortsetzung entsteht aus einer Nebenpflicht des Arbeitsverhältnisses.[353] Ist das schuldrechtliche Band zwischen den Parteien jedoch mit dem Ablauf der Kündigungsfrist durchtrennt, kann der Arbeitnehmer sich auch regelmäßig nicht mehr auf die Nebenpflicht Wiedereinstellung berufen.[354] Das soll jedenfalls dann gelten, wenn nicht ausnahmsweise besondere Anhaltspunkte vorliegen, die auch nach den Ablauf der Kündigungsfrist einen Wiedereinstellungsanspruch begründen könnten.[355] Dies kann nach der Rechtsprechung des BAG dann der Fall sein, wenn der Betrieb oder Betriebsteil, dem der Arbeitnehmer zugeordnet war, gem. § 613a BGB auf einen Betriebserwerber übergeht.[356]

Die Rechtsprechung des BAG zu der Frage des Wiedereinstellungsanspruches nach Ablauf der 326
Kündigungsfrist ist nicht einheitlich. Die unterschiedlichen Senate des BAG vertreten hier differen-

346 LAG Düsseldorf 26.09.2011 – 14 Sa 886/11.
347 Vgl. Rdn. 295 ff.
348 Vgl. hierzu oben Rdn. 295 ff.
349 LAG Düsseldorf 26.09.2011 – 14 Sa 886/11; *Küttner*, Personalbuch, Wiedereinstellungsanspruch Rn. 2.
350 APS/*Kiel* § 1 KSchG, S. 848.
351 LAG Hessen 19.02.2004 – 11 Sa 534/03 (n.v.).
352 BAG 06.08.1997 – 7 AZR 557/96; BAG 28.06.2000 – 7 AZR 904/98.
353 BAG 28.06.2000 – 7 AZR 904/98.
354 St.Rspr. BAG, vgl. nur BAG 28.06.2000 – 7 AZR 904/98.
355 BAG 28.06.2000 – 7 AZR 904/98.
356 BAG 15.12.2011 – 8 AZR 197/11.

zierte Rechtsauffassungen. Jedoch hat der 8. Senat des BAG, der grundsätzlich von einem Wiedereinstellungsanspruch auch nach Ablauf der Kündigungsfrist ausgeht, klargestellt, dass jedenfalls dann, wenn der Betriebsübergang nach Ablauf der Kündigungsfrist anlässlich einer insolvenzbedingten Kündigung stattfindet, ein Wiedereinstellungsanspruch nicht gegeben ist. Nach der Rechtsprechung des BAG besteht also im Insolvenzverfahren kein Anspruch auf Wiedereinstellung, wenn ein Betriebsübergang nach der rechtlichen Beendigung eines Arbeitsverhältnisses stattfindet.[357] Hier besteht also bei der Kündigung und Betriebsveräußerung im Insolvenzverfahren eine wichtige Einschränkung, die einem Betriebserwerber Rechtssicherheit gibt. Noch nicht entschieden hat das BAG den Fall, in dem es im Insolvenzverfahren innerhalb der Kündigungsfrist zu einem Betriebsübergang kommt. Jüngst hat jedoch das Arbeitsgericht Düsseldorf klargestellt, dass auch ein Betriebsübergang vor Ablauf der Kündigungsfrist dazu führt, dass dem Arbeitnehmer gegenüber dem Erwerber ein Wiedereinstellungsanspruch zusteht. Die durch den Insolvenzverwalter ausgesprochene Stilllegungskündigung sei insoweit nicht unwirksam. Der Widereinstellungsanspruch greift jedoch erst nach dem Auslaufen der Kündigungsfrist. Nach Auffassung des Arbeitsgerichts sei der Betriebserwerber ausreichend geschützt, denn der Anspruch könne nur dann bestehen, wenn es innerhalb der Kündigungsfrist zum Betriebsübergang komme und diese sei in der Insolvenz gem. § 113 Abs. 1 S. 2 InsO auf maximal 3 Monate verkürzt.[358]

327 Dem fristgerecht geltend gemachten Wiedereinstellungsanspruch können aber auch begründete Belange des Arbeitgebers entgegenstehen. Dann kann ein Wiedereinstellungsanspruch erfolgreich abgewehrt werden. Entgegenstehende Interessen können darin liegen, dass der Arbeitgeber (also bspw. der vermeintliche Betriebserwerber) bereits über den unvorhersehbar wieder verfügbaren Arbeitsplatz disponiert hat, der Arbeitsplatz beispielsweise durch eine Neueinstellung bereits von einem anderen Arbeitnehmer besetzt ist.[359] Hier ist der Arbeitgeber nicht verpflichtet, den Arbeitsplatz freizukündigen. Das gilt jedoch nicht, wenn der Arbeitgeber den erneuten Wegfall der ungeplant entstandenen Beschäftigungsmöglichkeit treuwidrig herbeigeführt hat.[360] Nach der Rechtsprechung ist dies der Fall, wenn der Arbeitgeber den Arbeitsplatz in Kenntnis des Wiedereinstellungsverlangens des Arbeitnehmers treuwidrig mit einem anderen Arbeitnehmer besetzt hat. Auch vor dieser Kenntnis kann sich der Wiedereinstellungsanspruch durchsetzen, wenn der Arbeitgeber den Arbeitnehmer nicht über die Weiterbeschäftigungsmöglichkeit informiert hat.[361]

328 Gibt es für einen frei gewordenen Arbeitsplatz mehrere Bewerber, so darf der Arbeitgeber nicht willkürlich den Kandidaten auswählen, sondern er hat den freien Arbeitsplatz nach Sozialauswahlkriterien analog § 1 Abs. 3 KSchG zu besetzen.[362]

329 Hat der Arbeitnehmer mit dem Arbeitgeber einen Abfindungsvergleich geschlossen, scheidet ein Wiedereinstellungsanspruch regelmäßig aus.[363] Infrage kommen kann allenfalls der Wegfall der Geschäftsgrundlage für den Abfindungsvergleich. Hieran sind jedoch hohe Anforderungen zu stellen.[364]

330 Für den **Sanierungsansatz** bedeutet das in der Praxis, dass Vertragsfortsetzungsansprüche abgewehrt werden können, wenn ein Betriebsübergang erst nach Ablauf der Kündigungsfrist der stilllegungsbedingt gekündigten Arbeitsverhältnisse erfolgt. Dies gilt nach der Rechtsprechung des BAG jedenfalls bei insolvenzbedingten Kündigungen und übertragenden Sanierungen aber auch nur dann, wenn eine übertragende Sanierung nicht von Anfang an im Anschluss an den Ablauf der Kündigungs-

357 BAG 13.05.2004 – 8 AZR 198/03.
358 Arbeitsgericht Düsseldorf 03.12.2020 – 10 Ca 3223/20; nicht rechtskräftig.
359 BAG 28.06.2000 – 7 AZR 904/98.
360 BAG 28.06.2000 – 7 AZR 904/98.
361 BAG 28.06.2000 – 7 AZR 904/98.
362 BAG 27.07.2017 – 2 AZR 476/16.
363 BAG 28.06.2000 – 7 AZR 904/98.
364 BAG 28.06.2000 – 7 AZR 904/98.

frist geplant war. Stellt sich die Situation so dar, dass es nach der insolvenzbedingten Kündigung nach dem Ablauf der Kündigungsfrist doch noch gelingt, den Geschäftsbetrieb zu veräußern und zu übertragen, besteht für den Betriebswerber nach der Rechtsprechung des BAG ein Risiko der erfolgreichen Geltendmachung von Wiedereinstellungsansprüchen der gekündigten Arbeitnehmer/innen.

Will der Betriebserwerber das Risiko der Geltendmachung von Fortsetzungsansprüchen minimieren, so muss zwischen der endgültigen Stilllegung des Geschäftsbetriebes und der Wiederaufnahme der Tätigkeit durch den Betriebserwerber ein ausreichend langer Zeitraum liegen. Eine alsbaldige Wiederaufnahme der Geschäftstätigkeit oder eine anschlusslose Fortführung trotz – angeblicher – Stilllegungsentscheidung spricht tatsächlich gegen eine Stilllegung. In diesen Fällen spricht eine tatsächliche Vermutung gegen die ernsthafte Absicht, den Betrieb stillzulegen. Ist ein solcher Fall gegeben, könnten deshalb die aufgrund der Stilllegung ausgesprochenen Kündigungen unwirksam sein. In diesem Fall hilft auch der Ablauf der Kündigungsfristen nicht weiter. Auf einen Wiedereinstellungs- oder Fortsetzungsanspruch kommt es dann nicht an, denn das Arbeitsverhältnis ist bei Unwirksamkeit der Kündigung nie beendet worden und geht in ungekündigtem Zustand auf einen (vermeintlichen) Betriebsübernehmer über. 331

Die Dauer der tatsächlichen Unterbrechung der betrieblichen Tätigkeit ist insoweit mitentscheidend für die Unterscheidung, ob eine endgültige Betriebsstilllegung oder ein Betriebsübergang vorliegt. Auf jeden Fall ist in Insolvenzszenarien das Auslaufen der Kündigungsfristen der aufgrund der Betriebsstilllegung gekündigten Arbeitnehmer/innen abzuwarten. Eine ausreichende Zäsur kann jedoch erst dann erreicht werden, wenn eine ausreichend lange zeitliche Unterbrechung der Geschäftstätigkeit erfolgt. Absolute Werte können hier nicht genannt werden; der Einzelfall ist maßgeblich. Als Orientierung kann jedoch auch hier dem Ablauf der Kündigungsfristen dienen. 332

Häufig kann eine tatsächliche Betriebsstilllegung jedoch praktisch nicht durchgeführt werden, weil das stillgelegte Unternehmen die Produktion einstellen muss und für einen längeren Zeitraum vom Markt verschwindet. Aus diesem Grunde ist der Sanierungsansatz Betriebsstilllegung in vielen Fällen praktisch ungeeignet. Eine Ausnahme können Betriebsarten sein, bei denen eine schnelle Kunden- und Lieferantenbindung wieder hergestellt werden kann. Dies ist bspw. bei Einzelhandelsbetrieben oder Apotheken der Fall, bei denen die Laufkundschaft – wenn der Betrieb auf diese Kundenklientel setzt – schon alleine aufgrund einer guten Lage des Ladenlokals schnell zu dem wieder aufgenommenen Betrieb zurückkehrt und es keine ausgeprägte Kundenbindung gibt. In Produktionsbetrieben wird der Sanierungsansatz vorübergehende Stilllegung jedoch wegen der mit der Stilllegung verbundenen Folgen selten eine Option sein. 333

Als Sanierungsmaßnahme ungeeignet sind Fallgestaltungen, in denen Arbeitnehmern bei tatsächlich nahtloser Fortführung des Geschäftsbetriebes (Unterbrechung von nur einigen wenigen Tagen) Aufhebungsvereinbarungen angeboten werden oder Kündigungen aufgrund einer (angeblichen) Betriebsstilllegung ausgesprochen wurden und dann der Betriebserwerber mit Arbeitnehmern des alten Betriebes neue Arbeitsverträge abschließt. Ziel soll dabei sein, mit dem Beendigungstatbestand und dem Neuabschluss des Arbeitsvertrages eine Zäsur in der Beschäftigung herbeizuführen und so den bisherigen sozialen Besitzstand der Arbeitnehmer – beispielsweise die Betriebszugehörigkeitszeiten – abzuschneiden. Rechtswirksam kann dies jedoch nicht geschehen. Nach der Rechtsprechung des BAG wird in solchen Fällen eine Unterbrechung der Kontinuität des Arbeitsverhältnisses nicht herbeigeführt, da ein enger sachlicher Zusammenhang zwischen den beiden Arbeitsverhältnissen besteht.[365] Damit kann im Ergebnis der Besitzstand des Arbeitnehmers mit derartigen Gestaltungen nicht abgeschnitten werden. Weder die wirksame Vereinbarung von Probezeiten noch der Versuch, die Anwendbarkeit des Kündigungsschutzgesetzes zu vermeiden, kann auf diesem Weg rechtswirksam gelingen. Die Rechtsfolgen des § 613a BGB können also nicht vermieden werden. Dies gilt 334

365 BAG 27.06.2002 – 2 AZR 270/01; für den Fall eines Dreiseitigen Vertrages: BAG 18.08.2011, 8 AZR 312/10.

selbst dann, wenn die zunächst ausgesprochene Stilllegungskündigung nicht angegriffen wurde und damit an sich die Fiktion des § 7 KSchG i.V.m. § 4 S. 1 KSchG nicht greift, denn die dieser Kündigung zugrunde liegenden betriebsbedingten Gründe haben sich nicht realisiert.[366] Die zwingende Regelung des § 613a BGB darf nicht durch eine Kündigung und eine nachfolgende Wiedereinstellung umgangen werden.[367]

d) Sanierungsansatz: Teilbetriebsstilllegung und Teilbetriebsgestaltung

335 Eine Betriebsstilllegung ist demnach nicht gegeben, wenn der gesamte Betrieb veräußert wird. Auch liegt dann keine Betriebsstilllegung vor, wenn ein organisatorisch abtrennbarer Teil des Betriebes i.S.d. § 613a BGB übertragen wird. Dann sind ein Teilbetriebsübergang und allenfalls eine Teilbetriebsstilllegung des Restbetriebes gegeben.[368]

336 Das Vorliegen eines Teilbetriebsübergangs richtet sich nach den gleichen Kriterien wie die Feststellung eines Betriebsübergangs.[369] Auch beim Erwerb eines Betriebsteils ist damit erforderlich, dass die wirtschaftliche Einheit ihre Identität wahrt. Daher muss eine Teileinheit des Betriebs bereits beim früheren Betriebsinhaber die Qualität eines Betriebsteils gehabt haben.[370] Auch für die Abgrenzung von Betrieb und Betriebsteil ist damit eine Gesamtbetrachtung maßgeblich, bei der die wirtschaftliche Einheit und ihre Identität im Mittelpunkt stehen.

337 Von entscheidender Bedeutung bei Teilbetriebsübergängen ist damit die Beantwortung der Frage, ob die übertragene Teileinheit des Betriebs bereits beim früheren Betriebsinhaber die Qualität eines Betriebsteils gehabt hatte und diese Teileinheit bei dem neuen Betriebsinhaber fortbesteht. Nach der Rechtsprechung des BAG muss schon beim bisherigen Betriebsinhaber in Anlehnung an § 4 Abs. 1 S. 1 Nr. 2 BetrVG eine selbstständig abtrennbare organisatorische Einheit gegeben sein, mit der innerhalb des betrieblichen Gesamtzwecks ein Teilzweck verfolgt wurde. Das Merkmal des Teilzwecks soll dabei zur Abgrenzung der organisatorischen Einheit dienen; im Teilbetrieb müssen aber nicht andersartige Zwecke als im übrigen Betrieb verfolgt werden. Die im Betriebsteil liegende Einheit ist nicht nur durch die dort verrichtete Tätigkeit definiert. Die Identität der Einheit ergibt sich vielmehr auch aus anderen Merkmalen wie ihrem Personal, ihren Führungskräften, ihrer Arbeitsorganisation, ihren Betriebsmethoden und gegebenenfalls den ihr zur Verfügung stehenden Betriebsmitteln. Ergibt die Gesamtbetrachtung also eine identifizierbare wirtschaftliche und organisatorische Teileinheit, so muss diese beim Erwerber im Wesentlichen unverändert fortbestehen.[371]

338 Wesentliche Änderungen in der Organisation, der Struktur und im Konzept können aber einer Identitätswahrung entgegenstehen. Dabei muss der übertragene Unternehmens- oder Betriebsteil seine organisatorische Selbstständigkeit beim Betriebserwerber nicht vollständig bewahren.[372] Es genügt, dass dieser die funktionelle Verknüpfung zwischen den übertragenen Produktionsfaktoren beibehält und es ihm so ermöglicht wird, diese Faktoren zu nutzen, um derselben oder einer gleichartigen wirtschaftlichen Tätigkeit nachzugehen.[373]

339 Kann nach diesen Vorgaben eine Teilbetriebsübertragung festgestellt werden, stellt sich die Frage, unter welchen Voraussetzungen sich Arbeitnehmer auf diesen Teilbetriebsübergang berufen können. Für die Wirksamkeit der aufgrund einer solchen Teilbetriebsstilllegung ausgesprochenen Kündigung kommt es nämlich darauf an, ob die zu kündigenden Arbeitnehmer dem auf den Erwerber übergehenden Betriebsteil i.S.d. § 613a Abs. 1 S. 1 BGB zuzuordnen sind oder nicht. Nur wenn die

366 BAG 27.06.2002 – 2 AZR 270/01.
367 So bereits BAG 20.07.1982 – 3 AZR 261/80.
368 BAG 30.10.2008 – 8 AZR 397/07; BAG 14.03.2013 – 8 AZR 153/12.
369 Vgl. hierzu oben Rdn. 295 ff.
370 BAG 13.10.2011 – 8 AZR 455/10; BAG 22.08.2013 – 8 AZR 521/12.
371 St.Rspr. BAG, vgl. nur BAG 07.04.2011 – 8 AZR 730/09.
372 EuGH 06.03.2014 – C-458/12 – [Amatori u.a.]; BAG 21.08.2014 – 8 AZR 648/13.
373 EuGH 12.02.2009 – C-466/07 – [Klarenberg]; BAG 07.04.2011 – 8 AZR 730/09.

Arbeitnehmer dem stillzulegenden Betriebsteil zuzuordnen sind, kann die Stilllegung des Restbetriebs einen betriebsbedingten Kündigungsgrund darstellen und die Kündigung kann gem. § 1 Abs. 2 S. 1 KSchG sozial gerechtfertigt sein.[374] Wenn also nicht der gesamte Betrieb, sondern nur ein Betriebsteil übernommen wird, muss der Arbeitnehmer dem übertragenen Betriebsteil angehören, damit sein Arbeitsverhältnis gem. § 613a BGB auf den Erwerber übergeht, d.h. von einem Betriebsübergang erfasst wird.[375] Der Arbeitsplatz des Arbeitnehmers muss diesem Betriebsteil zuzuordnen sein. Für die Beantwortung der Frage, welchem Betriebsteil das fragliche Arbeitsverhältnis zuzuordnen ist, ist auf den Schwerpunkt der Tätigkeit abzustellen.[376] Können Arbeitsplätze mehreren Betrieben oder Betriebsteilen zugeordnet werden, ist zunächst der Wille der Beteiligten, in der Regel also der der Arbeitsvertragsparteien, zu berücksichtigen. Der tatsächliche Einsatz des Arbeitnehmers in einem Betriebsteil lässt dabei auf eine **Zuordnungsentscheidung** der Parteien schließen. Wird der Arbeitnehmer in Abweichung zu der arbeitsvertraglichen Regelung dabei über längere Zeiträume in einem bestimmten Betriebsteil per **Direktionsrecht** eingesetzt und widerspricht der Arbeitnehmer diesem Einsatz nicht, dann hat sich der Arbeitsvertrag auf diesen neuen Vertragsinhalt – also den Einsatz in dem Betriebsteil – konkretisiert.[377]

Für Zeiträume der Tätigkeit, in denen eine ausdrückliche oder konkludente Zuordnungsentscheidung **340** nicht besteht, ist auf den **Schwerpunkt der Tätigkeit** abzustellen. Es kommt dabei auf den zeitlichen Aufwand, den Arbeitseinsatz und den überwiegenden Arbeitsort an. Entscheidend ist also, wo der Arbeitnehmer überwiegend eingesetzt war.[378] Wann ein Arbeitnehmer/eine Arbeitnehmerin einem Teilbetrieb zuzuordnen ist, richtet sich also nach seinem Tätigkeitsbild. Dabei genügt es aber nicht, dass der Arbeitnehmer, ohne dem übertragenen Betriebsteil anzugehören, als Beschäftigter einer nicht übertragenen Abteilung Tätigkeiten u.a. auch für den übertragenen Betriebsteil verrichtet.[379] Wenn der Arbeitnehmer lediglich 1/3 seiner Arbeitszeit in einem bestimmten Betriebsteil verbringt, reicht dies für eine Zuordnung zu diesem Betriebsteil nicht.[380]

Irrelevant ist für die Feststellung der Zuordnung des Arbeitnehmers, welches Schicksal das Arbeits- **341** verhältnis des Arbeitnehmers nimmt.[381] Auch wenn der Restbetrieb, dem der Arbeitnehmer nach den o.g. Grundsätzen zuzuordnen war, stillgelegt werden muss, beeinflusst dies die Feststellung der **Zuordnungsentscheidung** nicht.

Ist also eine Zuordnungsentscheidung zu bewerten, ist zunächst nach Tatsachen oder Indizien zu **342** suchen, die eine Zuordnungsentscheidung der Arbeitsvertragsparteien belegen können. Das kann der Arbeitsvertrag sein; infrage kommen aber auch kollektivrechtliche Vereinbarungen, die Zuordnungsentscheidungen jedenfalls mittelbar dokumentieren können. Sind Zuordnungsentscheidungen nicht dokumentiert, ist auf den Schwerpunkt der Tätigkeit – in der Regel also den konkreten Zeitaufwand für die Tätigkeit und die Eingliederung in den Betriebsteil – abzustellen. Für die Gestaltung von Sanierungsmaßnahmen ist ggf. eine Zuordnungsentscheidung im Vorfeld einer geplanten Maßnahme erforderlich. Durch eine proaktive Bildung von Betriebsteilen, kann eine Teilbetriebsübertragung gestaltet werden. Zunächst werden also die Teilbetriebe im Rahmen der Umsetzung des Sanierungskonzeptes gestaltet, dann wird ein Teilbetrieb übertragen. Die Zuordnung der Arbeitnehmer zu einem Teilbetrieb kann dabei einvernehmlich oder in Ausübung des arbeitgeberseitigen Direktionsrechts gem. § 106 GewO erfolgen.

374 BAG 30.10.2008 – 8 AZR 397/07; ErfK-Oetker 13. Aufl. § 1 KSchG Rn. 283.
375 BAG 07.04.2011 – 8 AZR 730/09; BAG 13.11.1997 – 8 AZR 375/96; BAG 25.09.2003 – 8 AZR 446/02.
376 BAG 24.01.2013, 8 AZR 706/11.
377 BAG 24.01.2013, 8 AZR 706/11.
378 BAG 24.01.2013 – 8 AZR 706/11; BAG 22.07.2004 – 8 AZR 350/03.
379 BAG 07.04.2011 – 8 AZR 730/09; BAG 13.11.1997 – 8 AZR 375/96.
380 BAG 17.10.2013 – 8 AZR 763/12.
381 BAG 17.10.2013 – 8 AZR 763/12.

343 Wohin die »Wanderungsbewegung« des Arbeitnehmers im aufnehmenden Unternehmen geht, kann dabei u.U. nicht einfach festzustellen sein. Sind an einem Betriebs(teil)übergang mehrere Erwerber beteiligt, so gehen nach dem EuGH die Rechte und Pflichten des Veräußerers aus einem Arbeitsvertrag auf jeden der Erwerber anteilig entsprechend der vom betreffenden Arbeitnehmer wahrgenommenen Aufgaben über, sofern die daraus folgende Aufspaltung des Arbeitsvertrags möglich sei und keine Verschlechterung der Arbeitsbedingungen nach sich ziehe. Zur Bestimmung der Anteile, zu denen die arbeitsvertraglichen Rechte und Pflichten auf die jeweiligen Erwerber übergehen, kann der wirtschaftliche Wert der erbrachten Tätigkeit oder die Arbeitszeit, die der Arbeitnehmer für den jeweiligen Arbeitgeber aufwendet, berücksichtigt werden.[382]

e) Sanierungsansatz: Abstreifende Transfergesellschaft

344 Zur Vermeidung der Folgen des § 613a BGB wird auch der Versuch unternommen, über das Modell der sog. *»abstreifenden Transfergesellschaft«* die Kontinuität der Arbeitsverhältnisse zu durchbrechen. Das Modell sieht vor, dass den Arbeitnehmern die Option angeboten wird, in eine Beschäftigungs- und Qualifizierungsgesellschaft oder Transfergesellschaft überzutreten. Dabei sollen alle Arbeitnehmer in die Transfergesellschaft eintreten. Formell wird die Stilllegung des Betriebes beschlossen und durch die entsprechenden kollektivrechtlichen Maßnahmen, insb. den Abschluss eines Interessenausgleiches mit Namensliste gem. § 1 Abs. 5 KSchG bzw. § 125 InsO manifestiert. Über einen Asset Deal übernimmt dann ein Investor den Betrieb ohne bestehende Arbeitsverhältnisse. Unmittelbar nach der Übernahme, die gerade kein Betriebsübergang darstellen soll, erhalten dann ausgewählte Arbeitnehmer von dem Betriebserwerber das Angebot zum Abschluss eines neuen Arbeitsvertrages, ggf. zu geänderten Arbeitsbedingungen. Der Betrieb wird sodann mit diesem ausgewählten Personal in restrukturierter Form fortgesetzt.

345 Über die abstreifende Transfergesellschaft soll zum einen eine Ziel-Personalkonzeption umgesetzt werden, ohne der Gefahr von Kündigungsschutzklagen ausgesetzt zu sein, wie dies beispielsweise bei einer Restrukturierung über das Erwerberkonzept der Fall ist. Dabei kann es auch dazu kommen, dass Grundsätze der Sozialauswahl umgangen werden. Zum anderen soll durch den Neuabschluss der Arbeitsverträge auch in die Arbeitsbedingungen eingegriffen werden. Dies betrifft individualrechtliche und kollektivrechtliche Ansprüche der Arbeitnehmer.

346 Nach der grundlegenden Rechtsprechung des BAG zum sog. *»Lemoger Modell«* ist der Abschluss eines Aufhebungsvertrages auch in Zusammenhang mit einem Betriebsübergang zulässig, wenn der von den Arbeitnehmern unterzeichnete Vertrag auf das **endgültige Ausscheiden** aus dem Unternehmen gerichtet ist.[383] Bei dem Abschluss des Aufhebungsvertrages muss es sich um ein **Risikogeschäft** des Arbeitnehmers handeln. Das Risikogeschäft setzt allerdings auch voraus, dass der Arbeitnehmer umfassende Kenntnis von der rechtlichen und tatsächlichen Ausgangssituation hat. Wird eine Betriebsstilllegung lediglich vorgespielt und der Arbeitnehmer insoweit getäuscht, ist der abgeschlossene Aufhebungsvertrag ebenfalls unwirksam. Dem Arbeitnehmer muss also die abstreifende Transfergesellschaft transparent und umfassend dargestellt werden. Das sollte auch in der Aufhebungsvereinbarung bzw. den Dreiseitigen Verträgen entsprechend dokumentiert werden.

347 Auch im Rahmen einer Transfergesellschaftslösung können also unter dieser Bedingung die Arbeitnehmer über Dreiseitiger Verträge aus dem Betrieb ausscheiden. Allerdings sind die geschlossenen Aufhebungsvereinbarungen dann unwirksam, wenn diese bei dem tatsächlichen Erhalt des Arbeitsplatzes die Durchbrechung der Kontinuität der Arbeitsverhältnisse herbeiführen und die Rechtsfolgen des § 613a BGB umgangen werden sollen. Dies ist der Fall, wenn den Arbeitnehmern der Abschluss neuer Arbeitsverträge **verbindlich in Aussicht** gestellt wurde.[384] Unwirksam ist der Auf-

382 EuGH 26.03.2020 – C-344/18.

383 BAG 10.12.1998 – 8 AZR 324/97; BAG 28.04.1987 – 3 AZR 75/86 (Lemgoer Modell); *Zobel*, ZInsO 2006, 576.

384 BAG 18.08.2011 – 8 AZR 312/10, DB 2011, 2850.

hebungsvertrag auch, wenn zeitnah (30 Minuten später) mit dem Abschluss des Dreiseitigen Vertrages verbindliche Vertragsangebote der Arbeitnehmer zum Abschluss eines (befristeten) Arbeitsvertrages abgegeben werden.[385] Auch hier ist faktisch ein Risikogeschäft des Arbeitnehmers nicht gegeben.

Wie konkret das Angebot zum Abschluss des neuen Arbeitsvertrages sein muss, um ein Risikogeschäft des Arbeitnehmers zu zerstören, kann nicht generell festgestellt werden. Es wird jedoch mit der immer restriktiveren Rechtsprechung des BAG davon auszugehen sein, das bloße Indizien wie bspw. eine Dienstplangestaltung im Vorgriff einer Fortsetzung des Betriebes oder eine allgemein bezifferte Einstellungs- oder Beschäftigungsgarantie bspw. im Rahmen eines Tarifvertrages schon ausreichend ist, als in Aussicht stellen eines Arbeitsplatzes gewertet zu werden. Nach der Rechtsprechung des BAG darf der Arbeitnehmer **keine sichere Aussicht** darauf haben, beim Erwerber eingestellt zu werden.[386] 348

Ebenfalls nicht pauschal zu beantworten ist die Frage, für welchen Zeitraum die Arbeitnehmer in der Transfergesellschaft verbeiben müssen, sodass nicht von einem Verstoß gegen § 613a BGB gesprochen werden kann. Hier soll ein Zeitraum von immerhin **einem Tag** nicht ausreichend sein, um einen wirksamen Aufhebungsvertrag zu begründen.[387] Zur Vermeidung von den sog. Remanenzkosten wird jedoch in der Regel der Versuch unternommen werden, den Verbleibenszeitraum so gering wie möglich zu halten. Zudem gebietet es häufig die unternehmerische Praxis, dass der *»neue Betrieb«* unmittelbar seine die Arbeit aufnimmt. Im Extremfall ist der Eintritt der Arbeitnehmer nur für eine juristische Sekunde möglich, bspw. im Fall eines Krankenhausbetriebes. 349

Nach einer Entscheidung des LAG Bremen soll auch ohne vorherige Einstellungszusage ein Aufhebungsvertrag unwirksam sein, wenn den Arbeitnehmern mit dem neuen Arbeitsvertrag schlechtere Arbeitsbedingungen angeboten werden und die Arbeitnehmer nahtlos weiterbeschäftigt wurden.[388] Das BAG hat diese Entscheidung insoweit relativiert, als dass zunächst an den bisher entwickelten Grundsätzen festgehalten wurde, jedoch auch eine Verschlechterung der Arbeitsbedingungen zulässig ist, wenn die Änderung der Arbeitsbedingungen sachlich gerechtfertigt ist. Ist dies der Fall – und ist der Dreiseitige Vertrag auf das endgültige Ausscheiden aus dem Betrieb gerichtet und wurde ein neues Arbeitsverhältnis nicht vereinbart oder verbindlich in Aussicht gestellt – kann auch eine »abstreifende Transfergesellschaft« zur wirksamen Beendigung der Arbeitsverhältnisse und zu dem wirksamen Abschluss neuer Arbeitsverhältnisse führen.[389] 350

Bei der Umsetzung einer Sanierungslösung über eine abstreifende Transfergesellschaft ist damit ein nahezu minutiöses Drehbuch einzuhalten, um die Vorgaben der Rechtsprechung des BAG zu erfüllen. Wesentlicher Dreh- und Angelpunkt ist dabei das Vorliegen des Risikogeschäftes für den Arbeitnehmer. Dies bedingt, dass der Arbeitnehmer vor dem Abschluss des Dreiseitigen Vertrages vollumfänglich über die aktuelle Sachlage aufgeklärt wurde. Ihm muss klar sein, dass er mit dem Abschluss des Aufhebungsvertrages sich seines Arbeitsverhältnisses begibt und keine irgendwie geartete Zusage für eine Neueinstellung hat. Hier treten in der Praxis die häufigsten Probleme auf, denn tatsächlich wird ein vermeintlicher Erwerber zum Zeitpunkt des Abschlusses des Aufhebungsvertrages bereits eine Konzeption haben, wie und mit welchen Arbeitnehmern er den Betrieb weiterführen soll. Dringen hier Informationen an die Belegschaft nach außen, kann das Modell der abstreifenden Transfergesellschaft scheitern. Insb. die vorzeitige Einbindung in Information von Führungs- und Schlüsselkräften kann hier zum wunden Punkt werden. Auch der Versuch, die Bestimmung des Personenkreises der fortzubeschäftigenden Arbeitnehmer mittels Losverfahren zu bestimmen, ist in 351

385 LAG Köln 25.02.2011 – 3 Sa 1470/09, EWIR 2011, 633.
386 BAG 23.11.2006 – 8 AZR 349/06, BB 2007, 1054.
387 BAG 18.08.2011 – 8 AZR 312/10, DB 2011, 2850.
388 LAG Bremen 26.08.2004 – 3 Sa 80/04 und 1 Sa 80/04, ZIP 2004, 2452.
389 BAG 18.08.2005 – 8 AZR 523/04, ZIP 2006, 148; BAG 23.11.2006 – 8 AZR 349/06, BB 2007, 1054.

der Rechtsprechung auf keine Akzeptanz gestoßen, was das LAG Niedersachsen und in der Folge das BAG ins dem sog. »*Lotterie-Urteil*« unmissverständlich zum Ausdruck gebracht haben.[390]

352 In der Praxis stößt das Modell der abstreifenden Transfergesellschaft jedoch inzwischen häufig aus ganz anderen Gründen an seine Grenzen: Die Arbeitnehmer erhalten in der Transfergesellschaft **Transferkurzarbeitergeld** (Transfer-KuG) gem. § 111 SGB III. Immer häufiger gehen die Agenturen für Arbeit dazu über, die Gewährung des Transfer-KUG in den Fällen der abstreifenden Transfergesellschaft bereits im Vorfeld zu versagen bzw. den Ausschluss der Gewährung anzukündigen. Tatsächlich bestehen auch gegen die Förderfähigkeit einer solchen Maßnahme Bedenken. Grundvoraussetzung für die Gewährung des Transfer-KuG ist, dass die Arbeitnehmer von der Kündigung bedroht sind. Dient eine Maßnahme jedoch tatsächlich dazu, die Arbeitnehmer nur vorübergehend in einer Transfergesellschaft zusammenzufassen, um anschließend mit ihnen einen anderen Arbeitsplatz in dem gleichen oder einem anderen Betrieb des Unternehmens bzw. Konzerns zu besetzen – hier liegt sicherlich ein Wertungsspielraum –, ist die Gewährung des Transfer-KuG ausgeschlossen. Die häufig entscheidende Co-Finanzierung der Maßnahme durch die Agentur für Arbeit ist damit ausgeschlossen. Dies gilt selbst dann, wenn der Großteil der Arbeitnehmer unverzüglich nach dem Übertritt in die Transfergesellschaft wieder aus dieser ausscheidet, sodass praktisch keine Inanspruchnahme von Transfer-KuG erforderlich wird und auch Remanenzkosten nicht anfallen. Hier ist die Förderung für den verbleibenden Teil der Arbeitnehmer in der Transfergesellschaft gefährdet. Soll eine abstreifende Transfergesellschaft demnach umgesetzt werden, muss zwingend die Förderfähigkeit zunächst mit der Agentur für Arbeit rechtssicher abgestimmt werden.

f) Sozialauswahl bei der Betriebsstilllegung

353 Wird der gesamte Betrieb stillgelegt, scheidet eine Sozialauswahl zwischen den zu kündigenden Arbeitnehmern aus, denn mit der sofortigen und gleichzeitigen Kündigung aller Arbeitsverhältnisse hat der Arbeitgeber gerade keine Differenzierung zwischen vergleichbaren Arbeitnehmern vorgenommen. Der unterschiedliche Lauf der individuellen Kündigungsfristen spielt dabei keine Rolle. Der Arbeitgeber kann unter der Berücksichtigung dieser individuellen Fristen kündigen. Er ist nicht verpflichtet, allen Arbeitnehmer zu einem einheitlichen Termin zu kündigen.[391]

354 Bei Teilbetriebsübergängen stellt sich die Situation jedoch differenziert dar:

355 Ausgangspunkt bei der Betrachtung einer Sozialauswahl in Stilllegungskonstellationen ist der Grundsatz, dass die Sozialauswahl betriebsbezogen durchzuführen ist, § 1 Abs. 3 KSchG. Regelmäßig sind deshalb alle vergleichbaren Arbeitnehmer in die Auswahlentscheidung einzubeziehen, die in demselben Betrieb wie der unmittelbar kündigungsbedrohte Arbeitnehmer beschäftigt sind. Dies gilt selbst dann, wenn sich der Arbeitgeber ein betriebsübergreifendes Versetzungsrecht vorbehalten hat.[392] Nach diesem Grundsatz kann die Sozialauswahl nicht auf Betriebsteile oder Betriebsabteilungen beschränkt werden, insbesondere steht der Notwendigkeit einer betriebsbezogenen Sozialauswahl nicht schon die räumliche Entfernung einzelner Filialen eines Bezirks entgegen.[393]

g) Kündigungsverbot nach § 613a Abs. 4 BGB

356 Im Zusammenhang mit dem Betriebsübergang ist das Kündigungsverbot des § 613a Abs. 4 BGB zu beachten. Eine Kündigung erfolgt *wegen* des Betriebsübergangs, wenn dieser der tragende Grund für die Kündigung und nicht bloß der äußere Anlass ist. Das Kündigungsverbot ist demnach dann nicht einschlägig, wenn es neben dem Betriebsübergang einen sachlichen Grund gibt, der aus sich

390 LAG Niedersachsen 18.02.2010 – 7 Sa 780/09 (Vorinstanz); BAG 18.08.2011 – 8 AZR 312/10, DB 2011, 2850.
391 BAG 18.01.2001 – 2 AZR 514/99.
392 BAG 31.05.2007 – 2 AZR 276/06.
393 BAG 14.03.2013 – 8 AZR 153/12.

heraus die Kündigung rechtfertigen kann.[394] Entscheidend ist deshalb die Begründung der Kündigung. Eine Kündigung wegen des Betriebsübergangs i.S.d. § 613a Abs. 4 BGB liegt bspw. dann vor, wenn sie damit begründet wird, der neue Betriebsinhaber habe die Übernahme eines bestimmten Arbeitnehmers deswegen abgelehnt, weil dieser *»ihm zu teuer sei«*. Auch die bloße Forderung des Erwerbers, die Belegschaft vor dem Betriebsübergang zu verkleinern, genügt nicht als sachlicher Grund, der aus sich heraus die Kündigung rechtfertigt.[395]

Nicht gegen das Kündigungsverbot des § 613a Abs. 4 BGB verstößt jedoch eine Kündigung auf Basis eines sog **Erwerberkonzeptes.**[396] Hier liegt gerade – wie von der Rechtsprechung gefordert – ein unternehmerisches Konzept vor, dass den geforderten sachlichen Grund manifestiert. Das BAG hat insoweit klargestellt, dass es nicht Sinn und Zweck der Regelung des § 613a Abs. 1 S. 1, Abs. 4 BGB ist, bei einer aufgrund betriebswirtschaftlicher Gesichtspunkte voraussehbar fehlenden Beschäftigungsmöglichkeit, das Arbeitsverhältnis mit einem Arbeitnehmer künstlich über den Zeitpunkt des Betriebsübergangs zu verlängern, bis der Erwerber selbst die Kündigung erklären kann.[397] 357

Haben die Betriebsparteien einen Interessenausgleich mit Namensliste gem. § 125 abgeschlossen, so wird gem. § 128 Abs. 2 vermutet, dass die auf Basis des Interessenausgleiches ausgesprochene Kündigung nicht *wegen* des Betriebsüberganges erfolgt ist. In diesem Fall kann sich der Arbeitnehmer in einem Kündigungsrechtsstreit nicht ohne Weiteres darauf berufen, dass die angegriffene Kündigung wegen § 613a Abs. 4 BGB unwirksam sei, denn bei § 128 Abs. 2 handelt es sich um eine gesetzliche Vermutung gem. § 292 ZPO. Erforderlich ist, dass der Arbeitnehmer den **vollen Gegenbeweis** (*Beweis des Gegenteils*) dafür erbringt, dass seine Behauptung den Tatsachen entspricht. 358

h) Haftung des Betriebserwerbers bei dem Erwerb aus der Insolvenz

Die Vorschrift des § 613a BGB bestimmt, dass die Arbeitsverhältnisse mit allen Rechten und Pflichten auf den Betriebserwerber übergehen. Der gesamte soziale Bestand des Arbeitsverhältnisses wird demzufolge aufrechterhalten. Der Übergang der Ansprüche aus dem Arbeitsverhältnis erfolgte damit gewissermaßen 1:1. 359

Ungeachtet dessen ist die gesetzlich geregelte Haftungsverteilung des § 613a BGB bei einem Erwerb aus dem Insolvenzverfahren einer Besonderheit unterworfen: Nach der Rechtsprechung des BAG ist zur Sicherung der sanierungsfreundlichen Ausgestaltung des Insolvenzrechts die Vorschrift des § 613a Abs. 1 S. 1 BGB bei Veräußerungen in der Insolvenz eingeschränkt auszulegen (teleologische Reduktion). Danach haftet der Erwerber nicht für solche Ansprüche der übergegangenen Arbeitnehmer, die vor der Eröffnung des Insolvenzverfahrens entstanden sind. Eine Haftung des Erwerbers für Ansprüche der Arbeitnehmer, die die insolvenzrechtliche Qualität von Insolvenzforderungen gem. § 38 haben, ist damit ausgeschlossen. Die Arbeitnehmer müssen ihre Ansprüche in dem Insolvenzverfahren als Insolvenzgläubiger geltend machen und zur Insolvenztabelle anmelden. Eine Inanspruchnahme des Erwerbers ist ausgeschlossen. Das BAG hat klargestellt, dass dieses Haftungsregime auch für Ansprüche aus einer betrieblichen Altersversorgung gilt. Auch hier erstreckt sich die Haftung des Erwerbers nur auf solche Ansprüche der übergegangenen Arbeitnehmer auf Leistungen aus einer betrieblichen Altersversorgung, die auf die Betriebszugehörigkeit nach der Eröffnung des Insolvenzverfahrens referenzieren, d.h. erdient wurden. Der Erwerber haftet dagegen nicht für solche Leistungen, die auf Zeiten bis zur Eröffnung des Insolvenzverfahrens beruhen. Betroffen sind damit die Rentenanwartschaften, die gem. § 108 Abs. 2 InsO für die Zeit vor der Insolvenzeröffnung erdient wurden. Dies gilt nach dem BAG selbst dann, wenn der Pensions-Sicherungs-Verein (PSV) für diesen Teil der Betriebsrente nicht vollständig eintritt.[398] In einem Vorabentscheidungsersuchen 360

394 BAG 20.03.2003 – 8 AZR 97/02.
395 BAG 20.03.2003 – 8 AZR 97/02.
396 BAG 20.03.2003 – 8 AZR 97/02.
397 BAG 20.03.2003 – 8 AZR 97/02.
398 BAG 26.01.2021 – 3 AZR 139/17 und BAG 26.01.2021 – 3 AZR 878/16.

des BAG an den EuGH hatte dieser bestätigt, dass diese Haftungsverteilung mit dem Unionsrecht vereinbar ist, sodass ungeachtet der nicht eindeutigen Positionierung des EuGH[399] insoweit Klarheit besteht.[400] Dies ist nach dem EuGH jedenfalls für den Fall anzunehmen, in dem der PSVaG für die Anwartschaften der Arbeitnehmer haftet.[401]

III. Sonderfall: Das Altersteilzeitarbeitsverhältnis

361 In vielen Unternehmen wurden Modelle zum sanften Ausgleiten älterer Arbeitnehmer geschaffen. Neben den klassischen Vorruhestandslösungen haben hier auch Altersteilzeitmodelle ein besonderes Gewicht. Auch wenn die vormalige Förderung dieser Modelle durch die Bundesagentur für Arbeit schon seit Jahren nicht mehr besteht, erfreuen sich diese Modelle doch besonderer Beliebtheit. Auch sehen viele Tarifverträge das Angebot (ggfs. quotiert) von Altersteilzeitmodellen an die Arbeitnehmer vor. In der Insolvenz des Arbeitgebers verdienen die nachfolgend dargestellten Ansprüche der Arbeitnehmer besondere Beachtung.

362 Bei den Altersteilzeit-Arbeitsverhältnissen im sog. **Teilzeitmodell** sind insolvenzrechtlich keine Besonderheiten zu berücksichtigen. Die Arbeitsverhältnisse bestehen mit Insolvenzeröffnung wie jedes Arbeitsverhältnis fort und unterliegen ebenso einer Beendigungsmöglichkeit bzw. sind von einem Betriebsübergang betroffen. Ggf. sind hier – je nach individual- oder tarifvertraglicher Situation – Abfindungsansprüche bei einer vorzeitigen Beendigung des Altersteilzeitarbeitsverhältnisses zu berücksichtigen. Diese Ansprüche dürften jedoch – nachdem sie bereits vor Insolvenzeröffnung vereinbart wurden und damit im insolvenzrechtlichen Sinne entstanden sind[402], nach Maßgabe der Rechtsprechung des BAG Insolvenzforderungen gem. § 38 darstellen.

363 Erhebliche Auswirkungen und Handlungsnotwendigkeiten ergeben sich jedoch bei den Altersteilzeitarbeitsverhältnissen im sog. **Blockmodell**. Grundsätzlich ist der in der aktiven Phase des Altersteilzeitarbeitsverhältnisses hälftig verdiente Anspruch des Entgeltes, der nicht als Altersteilzeitentgelt dem Arbeitnehmer auszuzahlen ist, in ein insolvenzsicheres **Wertguthaben** abzuführen. Dies gilt auch für etwaige Aufstockungsbeträge. Wurde dieses Wertguthaben, wie gesetzlich gem. § 8a Altersteilzeitgesetz (ATG) vorgesehen, wirksam insolvenzfest abgesichert, beispielsweise über seine sog. doppelseitige Treuhand, steht den Arbeitnehmern i.d.R. ein Absonderungsrecht an der für sie eingerichteten Sicherungstreuhand zu.[403] Das Wertguthaben kann nicht zur Masse gezogen werden.

364 Komplikationen verursacht die Eröffnung des Insolvenzverfahrens im Altersteilzeitarbeitsverhältnis im Blockmodell wegen der insolvenzrechtlichen Einordnung der Ansprüche der Arbeitnehmer und des Eintritts des sog. Störfalles.

1. Spiegelbildrechtsprechung des BAG

365 Nach dem Grundmodell der Altersteilzeit im Blockmodell wird in der Arbeitsphase die volle geschuldete Arbeitsleistung erbracht, hierfür jedoch lediglich das reduzierte (hälftige, um die Aufstockungsbeträge erhöhte) Altersteilzeitentgelt gezahlt. In der Freistellungsphase wird dagegen keine Arbeitsleistung mehr geschuldet und das in der Arbeitsphase verdiente bzw. angesparte Altersteilzeitentgelt von dem Arbeitgeber geleistet. Hierfür steht das in der Arbeitsphase aufgebaute Wertguthaben zur Verfügung. Demnach sind Ansprüche, die dem Arbeitnehmer in der Freistellungsphase zustehen, letztlich in der Arbeitsphase verdient und somit spiegelbildlich der Arbeitsphase zuzuordnen. Insoweit entspricht *»spiegelbildlich«* der Regelung des § 366 BGB. Das während der Freistellungsphase auszuzahlende Entgelt ist Gegenleistung für die bereits während der Arbeitsphase geleistete, über die verringerte Arbeitszeit hinausgehende Arbeitszeit. Der Anspruch darauf ist damit

399 Vgl. hierzu Rdn. 360 ff.
400 EuGH 09.09.2020 – C-674/18 und C-675/18.
401 EuGH 09.09.2020 – C-674/18 und C-675/18.
402 Vgl. hierzu auch Rdn. 136.
403 BAG 18.07.2013 – 6 AZR 47/12, NZA 2013, 1440.

im insolvenzrechtlichen Sinne »für« diese Zeit geschuldet.[404] Die während der Freistellungsphase zu erbringenden Leistungen stellen eine in der Fälligkeit hinausgeschobene Vergütung dar, die für die während der Arbeitsphase geleistete, über die hälftige Arbeitszeit hinausgehende Tätigkeit erbracht wird. Dies gilt sowohl für das hälftige Arbeitsentgelt als auch für den Aufstockungsbetrag. Die insolvenzrechtliche Abgrenzung der Forderungen erfolgt danach, wann die Arbeitsleistung, die den Ansprüchen zu Grunde liegt, erbracht wurde.[405]

Aufgrund der Spiegelbildrechtsprechung ist damit im konkreten Fall zwischen zwei Konstellationen 366
zu unterscheiden:

2. Eröffnung des Insolvenzverfahrens während der Passiv- oder Freistellungsphase

Befindet sich das Arbeitsverhältnis im Zeitpunkt der Eröffnung des Insolvenzverfahrens bereits in 367
der Freistellungsphase, besteht das Arbeitsverhältnis zunächst in diesem Stadium fort. Nach der Rechtsprechung des BAG kann ein solches Arbeitsverhältnis in der Altersteilzeit-Passivphase nicht mehr betriebsbedingt gekündigt werden. Eine Beendigung des Arbeitsverhältnisses kann damit allenfalls noch durch Aufhebungsvereinbarung erfolgen, da auch für andere Kündigungsgründe regelmäßig kein Anlass gegeben sein wird. Das Arbeitsverhältnis besteht damit – bis zur Störfallabrechnung und einvernehmlichen Beendigung – im ungekündigten Zustand fort. Aus diesem Grunde empfiehlt es sich auch wie oben dargestellt, mit den betroffenen Arbeitnehmern eine entsprechende Aufhebungsvereinbarung unter Berücksichtigung der Störfallabrechnung zu schließen.

In Altersteilzeit befindliche Arbeitnehmer sind Insolvenzgläubiger, soweit ihnen Vergütung für die 368
Zeit vor der Insolvenz zu leisten ist, und Massegläubiger, soweit ihnen Vergütung für die Zeit nach der Insolvenzeröffnung zu leisten ist. Masseverbindlichkeiten sind nur solche Ansprüche, die in der Freistellungsphase während des Zeitraums zu erfüllen sind, der *»spiegelbildlich«* dem Zeitraum der Arbeitsphase entspricht, der nach der Insolvenzeröffnung liegt.[406] Aufgrund der Spiegelbild-Rechtsprechung des BAG kann damit dem Arbeitnehmer in der vorliegenden Konstellation ab der Eröffnung des Insolvenzverfahrens die Altersteilzeit-Vergütung nicht mehr gezahlt werden, denn die auszuzahlenden Ansprüche wurden in der Arbeitsphase verdient und sind dort entstanden. Da die Arbeitsphase hier jedoch vor der Eröffnung des Insolvenzverfahrens lag, handelt es sich bei der Altersteilzeitvergütung um eine Insolvenzforderung gem. § 38, die von dem Insolvenzverwalter nach der Eröffnung des Insolvenzverfahrens nicht bedient werden darf. Der Arbeitnehmer ist demnach gehalten, ab dem Eintritt in die Passivphase **Arbeitslosengeld I** zu beanspruchen. Die Leistung des Arbeitslosengeldes erfolgt hier auf Basis der sog. **Gleichwohlgewährung**, denn das Arbeitsverhältnis des Arbeitnehmers besteht fort; aufgehoben ist nur wegen der vertraglichen Regelungen in dem Blockmodell das Beschäftigungsverhältnis.

Wurde für den Arbeitnehmer ein Wertguthaben in der Arbeitsphase aufgebaut, kann nun mit Ein- 369
tritt in die Passivphase die **Störfallabrechnung** herbeigeführt werden. Zu einer Störfallabrechnung kommt es aber nur dann, wenn das Wertguthaben durch die Abführung entsprechender Beträge aufgebaut und insolvenzgeschützt ist. Hier ist zu prüfen, ob eine entsprechende insolvenzgeschützte Konstruktion (beispielsweise über eine doppelseitige Treuhand oder wirksame Verpfändung des entsprechenden Wertguthabens an den Arbeitnehmer) vorliegt. Ist dies nicht der Fall, könnte ein bestehendes Wertguthaben nach den insolvenzrechtlichen Bestimmungen durch den Insolvenzverwalter zur Masse gezogen werden. Für diesen Fall ginge dem Arbeitnehmer sein kompletter Anspruch verlustig.

Liegt jedoch kein Wertguthaben vor, wurde also die Vorgabe des § 8a ATG nicht beachtet, besteht 370
ein Schadensersatzanspruch der Arbeitnehmer. Richtet sich dieser gegen die Schuldnerin, kann es sich hierbei ausschließlich um Insolvenzforderungen gem. § 38 handeln. Problematisch ist die Frage,

404 BAG 19.10.2004 – 9 AZR 647/03.
405 BAG 19.10.2004 – 9 AZR 647/03; BAG 23.02.2005 – 10 AZR 672/03.
406 BAG 19.10.2004 – 9 AZR 647/03; BAG 31.10.2008 – 8 AZR 54/07.

ob es auch einen direkten Schadensersatzanspruch gegen den Geschäftsführer bzw. das Vertretungsorgan des Schuldners gibt (Durchgriffshaftung). Nach der Rechtsprechung ist jedoch eine persönliche Haftung des Geschäftsführers für den Fall der Unterlassung der Insolvenzsicherung des Wertguthabens nicht gegeben. Normadressat ist insoweit alleine der Arbeitgeber, d.h. hier der schuldnerische Betrieb.

371 Kommt es zu einem **Betriebsübergang**, gehen nach der Rechtsprechung des BAG auch die Arbeitsverhältnisse in der Freistellungsphase gem. § 613a BGB auf einen Betriebserwerber über.[407] Auch im Fall eines Betriebsübergangs gilt jedoch, dass die schon vor der Insolvenzeröffnung erarbeiteten Vergütungsansprüche einfache Insolvenzforderungen darstellen, sodass eine Haftung des Betriebserwerbers hierfür nach der Rechtsprechung des BAG ausscheidet. Der Erwerber haftet alleine insoweit, als dass die Vergütung, die spiegelbildlich für die Vorleistung der 100 %-ige Arbeitsleistung geschuldet wird, nach der Insolvenzeröffnung erbracht wurde, also m.a.W. für die Zeiträume, in denen das Arbeitsverhältnis in der Arbeitsphase nach der Eröffnung des Insolvenzverfahrens fortgeführt wurde. Dies ist aber bei der hier dargestellten Konstellation gerade nicht der Fall.

3. Eröffnung des Insolvenzverfahrens während der Aktiv- oder Arbeitsphase

372 Hier gibt es zunächst keine Änderung im Vergleich zu der insolvenz- und arbeitsrechtlichen Ausgangssituation im Fall eines Arbeitsverhältnisses außerhalb der Altersteilzeit. Das Arbeitsverhältnis besteht im ungekündigten Zustand fort. Die Vergütungsansprüche des Arbeitnehmers (hälftiger Entgeltanspruch sowie etwaige Aufstockungsbeträge) und im Übrigen auch der Anspruch auf Ansparung des Wertguthabens stellen Masseverbindlichkeiten gem. § 55 dar, sofern die Arbeitsleistung des Arbeitnehmers in Anspruch genommen wird.

373 Ob auch nach der Eröffnung des Insolvenzverfahrens bei der Fortführung des schuldnerischen Unternehmens die Pflicht zur Insolvenzabsicherung des Wertguthabens gem. § 8a ATG besteht, war zunächst nicht klar. In Zweifel war bisher dazu zu raten, die Insolvenzsicherung entsprechend der gesetzlichen Vorschrift vorzunehmen. Dies hatte zur Folge, dass nach Insolvenzeröffnung ein Wertguthaben in den Fällen aufzubauen war, in denen der Arbeitnehmer sich noch in der Aktivphase befand und das Arbeitsverhältnis fortgesetzt wird. Die Beiträge in das Wertguthaben sind grundsätzlich in der Personalkosten- und v.a. Liquiditätsplanung entsprechend zu berücksichtigen. Nach einer neuen Entscheidung des BAG ist davon auszugehen, dass der Insolvenzverwalter nach der Eröffnung des Insolvenzverfahrens nicht gehalten ist, entsprechend § 8a ATG eine Insolvenzsicherung des Altersteilzeit-Wertguthabens vorzunehmen.

374 Problematisch wird die vorliegende Konstellation, wenn der betroffene Arbeitnehmer in die Passivphase des Altersteilzeitmodells eintritt. Nach der Rechtsprechung des BAG ist das in der Passivphase an den Arbeitnehmer aus dem Wertguthaben auszuzahlende Altersteilzeit-Entgelt dem jeweiligen Monat der Aktivphase zuzuordnen, d.h. dort entstanden. Insoweit gilt konsequent der insolvenzrechtliche Entstehungsbegriff.[408] Bei den von dem Arbeitnehmer vor der Insolvenzeröffnung in der Aktivphase erarbeiteten und in der Passivphase auszuzahlenden Vergütungsansprüchen handelt es sich damit um Insolvenzforderungen gem. § 38. Diese kann der Arbeitnehmer ausschließlich als Gläubiger in dem Insolvenzverfahren geltend machen, also zur Insolvenztabelle anmelden. Eine Auszahlung der Entgelte in der Passivphase ist dem Insolvenzverwalter damit nicht mehr möglich. Für den Arbeitnehmer hat dies zur Folge, dass dieser bei Eintritt in die Passivphase zunächst kein Entgelt mehr erhalten wird. Dieser Zustand hält so lange an, bis der erste Monat in der Passivphase erreicht ist, der spiegelbildlich dem ersten Monat der Aktivphase nach der Insolvenzeröffnung entspricht. Erst dann besteht wieder eine Masseforderung, die von dem Insolvenzverwalter an den Arbeitnehmer ausgezahlt werden darf. In der Zwischenzeit ist der Arbeitnehmer gehalten, aufgrund der sog. Gleichwohlgewährung Arbeitslosengeld I zu beziehen.

407 BAG 30.10.2008 – 8 AZR 54/07.

408 Vgl. hierzu Rdn. 121 ff.

Kommt es zu einer übertragenden Sanierung und zu einem **Betriebsübergang**, ändert dies an der dargestellten Lage nichts. Auch ein Betreiberwerber ist nicht gehalten, die in der Passivphase aus dem Wertguthaben zu leistende Vergütung an den Arbeitnehmer auszuzahlen. Dies ist auf die Rechtsprechung des BAG zur Haftung eines Betriebserwerbers bei Betriebsübergängen im Rahmen eines Insolvenzverfahrens zurückzuführen. Nach der ständigen Rechtsprechung des BAG ist insoweit § 613a BGB teleologisch zu reduzieren, als dass der Erwerber nicht für Forderungen der Arbeitnehmer haftet, die den Charakter von Insolvenzforderungen gem. § 38 haben. Dies wäre bei den anteiligen Altersteilzeitentgelten nach der Spiegelbild-Rechtsprechung des BAG aber gerade der Fall. Erst wenn das in der Passivphase auszuzahlende Entgelt dem Zeitpunkt zugeordnet werden kann, der nach der Eröffnung des Insolvenzverfahrens liegt, ist entweder der Insolvenzverwalter oder der Betriebsübernehmer – je nachdem, wann der Betriebsübergang stattgefunden hat – wieder in der Zahlungspflicht. 375

Für den Altersteilzeitarbeitnehmer bedeutet dies erhebliche Unsicherheiten. Deshalb kann der Versuch unternommen werden, durch einvernehmliche Regelung den von der Rechtsprechung vorgegebenen zu modifizieren. Ein Modell könnte vorsehen, dass die Spiegelbildrechtsprechung des BAG abgeändert angewendet wird. Dabei wird nicht der von der Rechtsprechung vorgegebene Weg beschritten, sondern es werden die Ansprüche der Aktiv- und der Passivphase nunmehr an der Spiegelachse, d.h. an dem Zeitpunkt des Übertritts von der Aktiv- in die Passivphase, gespiegelt. Praktisch bedeutet dies, dass der Arbeitnehmer ab dem Zeitpunkt der Insolvenzeröffnung zunächst weiterhin seine Altersteilzeitvergütung sowie das hälftiges Altersteilzeitentgelt einschließlich der Aufstockungsbeträge (Letzteres ist in das Wertguthaben abzuführen) erhält. Tritt der Arbeitnehmer dann nach dem Altersteilzeitarbeitsvertrag in die Passivphase ein, so wird zunächst – in Abkehr zu der Rechtsprechung des BAG – das Wertguthaben aus dem unmittelbar vor dem Eintritt in die Passivphase abgesicherten Monat bestritten. D.h., der erste Monat in der Passivphase wird aus der Vergütung gezahlt, die in dem letzten Monat der Aktivphase erarbeitet wurde. Dies gilt aber nur dann, wenn es sich bei diesem Monat um einen Monat nach der Insolvenzeröffnung handelt. Dem Arbeitnehmer müssen also Masseverbindlichkeiten zustehen. Der bisherige Zahlungsweg kann mit diesem Modell aufrechterhalten werden. Der Arbeitnehmer erhält damit in der Passivphase so lange die Altersteilzeitentgeltvergütung aus dem Wertguthaben, wie ggf. ein Betriebsnachfolger und der Insolvenzverwalter tatsächlich das Wertguthaben aufgebaut haben. Erst wenn diese Monate *»aufgebraucht«* sind, kann eine **Störfallabrechnung** erfolgen. Erforderlich ist, hier mit allen Beteiligten eine entsprechende **Abwicklungsvereinbarung** zu schließen, um die Abwicklungslösung rechtssicher festzuschreiben. Denkbar ist ein solcher Lösungsansatz insb. dann, wenn es nach der Eröffnung des Insolvenzverfahrens zu einer übertragenden Sanierung kommt und von einem Betriebsübergang auch die Altersteilzeitarbeitsverhältnisse erfasst werden. 376

Steht ein Wertguthaben zur Verfügung, wird in der Regel der Versuch unternommen werden, dieses Wertguthaben bei Eintritt in die Passivphase aufzulösen. Dies ist möglich, weil mit der Beendigung des Altersteilzeitarbeitsverhältnisses ein sog. Störfall eintritt, der die Abwicklung des Wertguthabens ermöglicht. Es kommt dann zu einer Störfallabrechnung und Auszahlung des aufgebauten Wertguthabens. Das bedeutet, dass das Wertguthaben aufzulösen ist und im Wege einer Abrechnung über das sog. **»Summenfelder-Modell«** dieses Wertguthaben als Einmalzahlung an den Arbeitnehmer auszuzahlen ist. Voraussetzung ist jedoch die Beendigung des Altersteilzeitarbeitsverhältnisses. 377

E. Sanierungsansätze bei Ansprüchen aus betrieblicher Altersversorgung

Gegenstand von Sanierungsmaßnahmen sind auch Ansprüche der Arbeitnehmer aus einer betrieblichen Altersversorgung. Die Ausfinanzierung derartiger Ansprüche – Rentenanwartschaften und Pensionszahlungen – stellt Unternehmen vor immer größere Herausforderungen. Zum einen ist häufig bei traditionsreichen Unternehmen festzustellen, dass die Schere zwischen Produktivkräften und Rentenbeziehern sich immer weiter öffnet, sodass die aufgrund entsprechender Direktzusagen aufzubringenden Rentenzahlungen nicht mehr ausfinanziert sind. Hier stellt die betriebliche Altersversorgung das Unternehmen vor konkrete Liquiditätsprobleme. Zum anderen erfordern angesparte 378

Anwartschaften der Arbeitnehmer erhebliche Rückstellungen, die die Bilanzen belasten. In vielen Fällen ist festzustellen, dass die auszufinanzierenden Pensionslasten der geburtenstarken Jahrgänge perspektivisch die Unternehmen in den nächsten 10 bis 20 Jahren erheblich belasten werden. Kommt zu den Aufwendungen für die betriebliche Altersversorgung noch eine Ertragskrise, kann dies zur ernsthaften Bedrohung für das Unternehmen werden. Auch das nachhaltig niedrige Zinsniveau führt dazu, dass die kapitalgedeckte Finanzierung der betrieblichen Altersversorgung zunehmend schwieriger wird. Die Erträge reichen nicht aus, die jährlich anwachsenden Anwartschaften zu erwirtschaften. Korrekturen sind notwendig, die jedoch in der Regel einen Eingriff in die zugesagten Pensionsansprüche erfordern.

379 Betroffen von derartigen Problemstellungen sind dabei nicht nur privatwirtschaftliche Unternehmen. Auch die ursprünglich umlagefinanzierten Altersversorgungssysteme der öffentlichen Hand und der Kirchen sehen sich derartigen Herausforderungen gegenüber.

380 Sanierungsmaßnahmen im Bereich der betrieblichen Altersversorgung können die Beendigung des weiteren Anwachsens der auszufinanzierenden Ansprüche oder die vollständige oder teilweise Ablösung der Altersversorgungsansprüche zum Gegenstand haben. Geht es nicht nur um das »Einfrieren« der bestehenden Versorgungsverpflichtungen, sondern über einen Entfall und damit die Entlastung des Unternehmens, ist bzgl. Der denkbaren Maßnahmen zwischen der Situation innerhalb und außerhalb des Insolvenzverfahrens zu unterscheiden.

I. Sanierungsmaßnahmen außerhalb der Insolvenz

381 Außerhalb eines Insolvenzverfahrens ist der Spielraum des Arbeitgebers für einschneidende Sanierungsmaßnahmen im Bereich der betrieblichen Altersversorgung denkbar gering. Soweit kollektive Versorgungsordnungen existieren, können diese »eingefroren« werden, d.h. das Versorgungssystem wird für neueintretende Arbeitnehmer geschlossen, die bestehenden Versorgungsverpflichtungen (Anwartschaften der aktiven Arbeitnehmer und laufende Pensionszahlungen) können jedoch nicht ohne Weiteres beseitigt werden.

1. Abfindung und Auslagerung

382 Die Alternative der Abfindung von Altersversorgungsansprüchen ist nur in den sehr engen Grenzen des BetrAVG möglich. Zudem entsteht hier ein Kapitalbedarf, der zunächst ausfinanziert werden muss. Vergleichbares gilt für die Auslagerung der Betrieblichen Altersversorgung. Denkbar wäre beispielsweise eine Auslagerung der unmittelbaren Pensionsverpflichtungen auf einen externen Träger über den Weg des Abschlusses von Liquidationsversicherungen. Gemeint ist hier ein Modell, bei welchem zur Sicherstellung der Fortführung der Zusagen aus einer betrieblichen Altersversorgung die laufenden Rentenleistungen sowie bestehende und künftige Anwartschaften auf einen Dritten – in der Regel ein Versicherungsunternehmen – übertragen werden. Zielsetzung ist es dabei, den zu liquidierenden Rechtsträger von den Verpflichtungen aus der betrieblichen Altersversorgung zu befreien, um die zeitnahe Abwicklung zu ermöglichen. Hintergrund des Modells der Liquidationsversicherung ist der Umstand, dass eine Abfindung von Ansprüchen der betrieblichen Altersversorgung arbeitsrechtlich an die Bedingungen des BetrAVG gebunden ist. Um dennoch eine Entlastung des zu liquidierenden Rechtsträgers zu ermöglichen, bietet sich u.a. der Abschluss von Liquidationsversicherungen an. Die betriebliche Altersversorgung wird insoweit ausgelagert. Versicherungsunternehmen bieten am Markt den Abschluss derartiger Versicherungen an. Dabei ist jedoch zu beachten, dass dieses Modell im Grundsatz für die geplante Liquidation des Unternehmens entwickelt wurde und nicht für Sanierung und Fortführung der betrieblichen Altersversorgung eines krisenbehafteten Unternehmens. Soll also der Geschäftsbetrieb in restrukturierter Form fortgesetzt werden, kommt eine unmittelbare Anwendung der Grundsätze, die im Rahmen der Liquidationsversicherung gelten, damit gerade nicht in Betracht. In jedem Fall ist für die Auslagerung der bestehenden Versorgungsleistungen und Anwartschaften im Rahmen von Liquidationsversicherungen ein sehr hoher Kapitalbedarf erforderlich. Schnell übersteigen die Kosten einen Betrag, der aus den Erträgen des Unternehmens bestritten werden könnte, ohne den Sanierungserfolg nachhaltig zu

gefährden. Häufig werden die vorhandenen und künftig zu erwirtschaftenden liquiden Mittel benötigt, um die bisherigen Sanierungsmaßnahmen auszufinanzieren und den Geschäftsbetrieb fortzusetzen. Die Auslagerung der betrieblichen Altersversorgung oder von Teilen davon auf eine Liquidationsversicherung ist damit häufig keine tragfähige Option für das krisenbefangene Unternehmen.

2. Der außergerichtliche Fortführungsvergleich mit dem PSVaG

383 Um eine vollständige oder teilweise Ablösung der Altersversorgung herbeizuführen, kann das Mittel des außergerichtlichen Fortführungsvergleiches mit dem PSVaG in Betracht gezogen werden. Ziel dieses Modells ist es, durch einen »Interessenausgleich« im Rahmen einer außergerichtlichen Sanierungsvereinbarung mit dem PSVaG und anderen Gläubigern die bestehenden Pensionslasten in einer Art und Weise anzupassen, die dem Unternehmen dauerhaft die Existenz ermöglicht ohne unter den Pensionslasten zusammenzubrechen. Damit kann ein ansonsten unumgängliches Insolvenzverfahren vermieden werden.[409] Um dies zu gewährleisten, soll eine wirtschaftliche Übernahme der bestehenden Anwartschaften und Rentenleistungen auf den PSVaG erfolgen. Der außergerichtliche Fortführungsvergleiches ist dabei in § 7 Abs. 1 S. 4 Ziff. 2 BetrAVG angelegt und gilt danach als Sicherungsfall i.S.d. § 7 Abs. 1 BertrAVG. In der Praxis ist das Instrument des außergerichtlichen Fortführungsvergleiches weitgehend ungenutzt und bisher auf besondere Anwendungsfälle beschränkt, was auch daran liegt, dass genaue Vorgaben und Richtlinien für das Verfahren und die Voraussetzungen für den Abschluss eines solchen Vergleiches, jedenfalls außerhalb des PSVaG, nicht existieren. Dabei stellt dieses Instrument im Grundsatz eine sinnvolle Alternative bspw. Zu einem Insolvenzplanverfahren dar. Der Fortführungsvergleich sollte dann in Erwägung gezogen werden, wenn eine Sanierung im Rahmen eines Insolvenzverfahrens nicht möglich oder nicht gewünscht ist.

a) Grundsätze

384 Die Übernahme der Pensionsverpflichtungen durch den PSVaG muss geeignet und erforderlich sein, die Fortführung des Unternehmens nachhaltig zu sichern. Voraussetzung ist demnach, dass ohne eine Übernahme der Pensionsleistungen mittelfristig eine Ausfinanzierung der bestehenden Pensionslasten nicht gewährleistet ist, sodass in der Konsequenz die Vertretungsorgane der Gesellschaft ihrer gesetzlichen Verpflichtung zur Insolvenzantragsstellung nachkommen müssten, wenn die Überschuldung bzw. Zahlungsunfähigkeit festgestellt würde. In diesem Fall entstünde dann die (reguläre) gesetzliche Eintrittspflicht des PSVaG aufgrund des gegebenen Sicherungsfalles des § 7 Abs. 1 BetrAVG.

385 Zu beachten ist, dass die Beteiligung des PSVaG an einem Fortführungsvergleich freiwillig ist. Auf die Zustimmung des PSVaG zu dem außergerichtlichen Vergleich besteht kein Rechtsanspruch.[410] Ein solcher Rechtsanspruch kann auch nicht der Versorgungsempfänger geltend machen, auch wenn dem PSVaG eine Schadensminderungspflicht obliegt und er gehalten wäre, zur Vermeidung größerer Schäden einem Vergleich analog § 82 Abs. 1, § 83 Abs. 1 VVG i.V.m. § 44 Abs. 1 VVG zuzustimmen.[411] Sollte die Versagung der Zustimmung zu einem außergerichtlichen Vergleich zu einem Schaden bei dem Versorgungsempfänger führen, könnte sich insoweit eine Schadensersatzpflicht des PSVaG analog § 83 Abs. 1 VVG ergeben.[412] Dies dürfte jedoch in der Regel ein rein theoretischer Fall sein, wenn man unterstellt, dass die Rentenempfänger auch im Fall der Insolvenz des Arbeitgebers wieder unter den Schutz des PSVaG fallen. Die Betrachtung des PSVaG wird demnach eher darauf gerichtet sein, in welchem Szenario ein Schaden für die Beitragszahler geringer gehalten werden kann. Dabei hat der PSVaG auch hypothetische Verläufe zu berücksichtigen, bspw. Die Insolvenz eines Arbeitgeberunternehmens nach dem Abschluss eines Fortführungsvergleiches und

409 *Höfer*, BetrAVG, Bd. 1, § 7 Rn. 59.
410 *Höfer*, BetrAVG, Bd. 1, § 7 Rn. 70.
411 Blohmeyer-*Rolfs*, BetrAVG, § 7 Rn. 105.
412 Blohmeyer-*Rolfs*, BetrAVG, § 7 Rn. 105.

der damit einhergehenden Verschlechterung der Position des PSVaG, wenn dieser bspw. Bis zur Insolvenzantragsstellung bereits Rentenzahlungen übernommen hat und die Sanierung sodann trotz des Fortführungsvergleiches scheitert und der reguläre Sicherungsfall für den PSVaG eintritt. In diesem Fall wäre die unmittelbare Insolvenz des Unternehmens vor Abschluss des Fortführungsvergleiches im Ergebnis die günstigere Variante gewesen. Die Voraussetzungen für den Abschluss einer außergerichtlichen Fortführungsvereinbarung mit dem PSVaG sind dabei hoch. Dem PSVaG obliegt als Verwalter fremder Vermögensmassen besondere Sorgfalt bei der Vereinbarung eines solchen Vergleiches. Dabei darf nicht außer Acht gelassen werden, dass sich der PSVaG in erster Linie mit insolvenzbedingten Sicherungsfällen zu befassen hat. Der außergerichtliche Fortführungsvergleich stellt insoweit ein Verfahren außerhalb des »üblichen Fahrwassers« des PSVaG dar, was aufseiten des PSVaG zu besonders hohen Begründungserfordernissen auch gegenüber der Versicherungsgemeinschaft führt. Dies schlägt sich unweigerlich in den Anforderungen des PSVaG an den Abschluss eines Fortführungsvergleiches nieder. Zu berücksichtigen ist auch, dass ab einem bestimmten finanziellen Volumen des avisierten Vergleiches spezifische Gremienvorbehalte des PSVaG bestehen. Einem entsprechend qualifizierten Antrag muss der Rechts- und Prüfungsausschuss des PSVaG zustimmen. All dies schlägt sich wiederum in der Laufzeit nieder, die bis zum Abschluss eines beabsichtigten Vergleiches vergehen kann. Ein Zeitraum von 6 Monaten bis zu einem dreiviertel Jahr sollte eingeplant werden. Soll also ein außergerichtlicher Fortführungsvergleich angestrebt werden, ist mindestens ein solcher Zeitlauf bei der Planung zu berücksichtigen und die Ausfinanzierung des Unternehmens im Allgemeinen und der Versorgungsaufwendungen im Besonderen bis dahin sicherzustellen.

b) Inhalt des Fortführungsvergleiches

386 Der Inhalt eines Fortführungsvergleiches ist gesetzlich nicht vorgegeben. Grundsätzlich infrage kommen die Aufteilung der Verpflichtungen zwischen dem Arbeitgeber und dem PSVaG sowie die (temporäre) vollständige Übernahme der Verpflichtungen durch den PSVaG. Eine Aufteilung kann aber auch in der Art erfolgen, dass eine quotale Teilung der Verpflichtungen vorgenommen wird, was durch einen prozentualen Schnitt über sämtliche Versorgungsansprüche und Anwartschaften, eine Aufteilung nach Personenkreisen (bspw. Rentner und Arbeitnehmer mit gesetzlich unverfallbaren Anwartschaften), eine Aufteilung nach Durchführungswegen, eine Aufteilung nach verschiedenen Rechtsgrundlagen oder die Aufteilung unter Berücksichtigung von Absicherungen der Versorgungsverpflichtungen erreicht werden kann. Sofern sich der mit der Ausfinanzierung der Anwartschaften und der laufenden Rentenzahlungen bestehende Kapitalbedarf als existenzgefährdend für die Gesellschaft darstellen sollte, wird aber nur eine vollständige Übernahme der Verpflichtungen durch den PSVaG sinnvoll sein. Maximalziel des krisenbefangenen Unternehmens könnte deshalb sein, dass der PSVaG sämtliche derzeit bestehenden und künftig noch entstehenden Pensionsverpflichtungen übernimmt und das Unternehmen nach Abschluss und Erfüllung der Vereinbarung vollständig von Pensionsverpflichtungen befreit ist. Insoweit könnte eine Schuldübernahme der gem. § 7 BetrAVG zu sichernden Versorgungsrechte analog § 415 BGB infrage kommen.[413] Die betroffenen Versorgungsempfänger oder Inhaber der Anwartschaften werden in dem Verfahren über den Abschluss des außergerichtlichen Fortführungsvergleiches nicht beteiligt. Sie müssen auch der eventuellen Übertragung der Versorgungsansprüche wegen § 7 Abs. 1 S. 4 Ziff. 2 BetrAVG nicht zustimmen, der insoweit § 415 BGB als Spezialvorschrift vorgeht und den Forderungsübergang gem. § 9 Abs. 2 S. 1 Halbs. 2 BetrAVG auslöst.[414] Dies ist auch nicht erforderlich, da in ihre Ansprüche nicht eingegriffen wird, sondern der Vergleich nur das Verhältnis zwischen dem Unternehmen in der Funktion des (ehemaligen) Arbeitgebers und den PSVaG betrifft.[415]

413 *Höfer*, BetrAVG, Bd. 1, § 7 Rn. 72.
414 *Höfer*, BetrAVG, Bd. 1, § 7 Rn. 72.
415 *Höfer*, BetrAVG, Bd. 1, § 7 Rn. 67.

387 Für den PSVaG sind dabei grundsätzlich nur die insolvenzgeschützten Versorgungsansprüche der Arbeitnehmer relevant, denn nur diese wären in dem Insolvenzfall von dem Insolvenzschutz des PSVaG erfasst. Hier ist die Situation jedoch von dem außergerichtlichen Liquidationsvergleich, der deutlich häufiger als der Fortführungsvergleich abgeschlossen wird, zu unterscheiden. In der Praxis wird der PSVaG, anders als bei einem Vergleich im Rahmen der Liquidation des Rechtsträgers, nur einer temporären Übernahme der Versorgungsverpflichtungen (der laufenden Rentenzahlungen) zustimmen. Eine vollständige und dauerhafte Übernahme der Pensionslasten und der noch aufzubauenden (unverfallbaren) Anwartschaften wird regelmäßig nicht infrage kommen. Im Fortführungsfall wird der Vergleich mit dem PSVaG demzufolge allenfalls die temporäre Übernahme der Verpflichtungen aus der betrieblichen Altersversorgung zum Gegenstand haben, um eine akute Krisensituation des Unternehmens, bspw. Eingetreten aufgrund eines unvorhersehbaren Ereignisses, zu überstehen. Eine dauerhafte Entlastung des Unternehmens aufgrund konjunktureller Problemlagen oder falscher strategischer unternehmerischer Entscheidungen wird demgegenüber kaum Gegenstand eines Fortführungsvergleiches mit dem PSVaG sein können.

388 Eine temporäre Lösung kann dabei insoweit ausgestaltet sein, als dass der PSVaG für eine bestimmte Laufzeit (bspw. 4 bis 5 Jahre), die laufenden Rentenzahlungen wirtschaftlich trägt. Dem Unternehmen würden nach diesem Modell die monatlichen Zahlungen für die vereinbarte Laufzeit zufließen. Diese würden entsprechend die Liquidität des Unternehmens entlasten und so die ggf. ohne die Maßnahme erforderliche Insolvenzantragsstellung, die einen Sicherungsfall gem. § 7 Abs. 1 BetrAVG ausläsen würde, vermeiden. Die Situation ist dann vergleichbar mit der sog. *Aufrechterhaltung des Zahlungsweges*, also gewissermaßen der Vorfinanzierung der laufenden Rentenzahlungen im klassischen Insolvenzfall durch den PSVaG.

389 Im Fall der temporären Lösung stellt sich die Frage der Abgabe eines Besserungsscheines, vergleichbar mit der Situation im Insolvenzplan.[416] Ein solcher wird jedoch in der Regel nicht zum Gegenstand eines außergerichtlichen Fortführungsvergleiches in dieser Konstellation gemacht werden. Damit verbleibt der finanzielle Beitrag bei dem antragsstellenden Unternehmen.

390 Grundlage der Bestimmung des Volumens eines außergerichtlichen Vergleiches ist dabei zunächst der Barwert der Pensionsverpflichtungen. Hierzu ist die Erstellung eines aktuellen versicherungsmathematischen Gutachtens erforderlich. Für den PSVaG ist dieser Wert jedoch nicht alleine maßgeblich. Der PSVaG wird hier eine Zinsbetrachtung vorzunehmen haben, sodass der abzulösende Betrag tatsächlich erheblich über den reinen bilanziellen Versorgungsverpflichtungen steht. Von diesem Wert ist dann die Einschaltung der entsprechenden Gremien des PSVaG abhängig.

c) Antrag an den PSVaG

391 Voraussetzung der Befassung des PSVaG mit dem avisierten außergerichtlichen Fortführungsvergleich ist ein schriftlicher Antrag. Spezifische formelle Vorgaben für einen solchen Antrag existieren es nicht. Der PSVaG hat die vorgegebenen Grundsätze jedoch in dem Merkblatt 110/M 1 kursorisch dargestellt und durch eine entsprechende hausinterne Prüfungs- und Genehmigungspraxis weiter konkretisiert.[417]

392 Der Antrag muss danach die tatsächliche Ausgangssituation und die in Aussicht genommenen Maßnahmen in Bezug auf die betriebliche Altersversorgung (Stundung, Kürzung, Einstellung) wiedergeben. Zudem muss die Beteiligung der weiteren Stakeholder dargelegt werden, es muss der Vergleich mit der Situation für den PSVaG im Insolvenzverfahren gezogen werden, eine

---

416 Vgl. hierzu Rdn. 470.

417 Merkblatt 110/M 1 »*Die wesentlichen Grundsätze für die Übernahme betrieblicher Versorgungsleistungen aufgrund eigener Zustimmung des PENSIONS-SICHERUNGS-VEREINS (PSVaG) im Rahmen eines außergerichtlichen Vergleichs*«, abzurufen unter https://www.psvag.de/veroeffentlichungen/merkblaetter.html; vgl. auch »*Allgemeine Versicherungsbedingungen für die Insolvenzsicherung der betrieblichen Altersversorgung*«.

Branchenbetrachtung ist erforderlich und es bedarf unbedingt einer qualifizierten Fortbestehensprognose. In der förmlichen Darstellung kann sich insoweit auch an einen Insolvenzplan (darstellender Teil) angelehnt werden, während die Ausführungen zu den geplanten Maßnahmen dem gestaltenden Teil des Planes entsprechen.[418]

▶ Praxishinweis:

393 Denkbar und zu empfehlen ist demnach folgender Aufbau des Antrages:

- Darstellung der wirtschaftlichen Ausgangssituation und der Entwicklung des Unternehmens,
- Darstellung des Systems der betrieblichen Altersversorgung einschließlich aller praktizierter Durchführungswege und Beifügen der aktuellen versicherungsmathematischen Gutachten,
- Ausführungen zu der Situation der Branche des Unternehmens und Vergleiche mit potenziellen und tatsächlichen Wettbewerbern (Branchenbetrachtung),
- Darstellung der bisher vorgenommenen Sanierungsschritte und weiterer geplanter Maßnahmen,
- Ausführungen zu der Geeignetheit und Erforderlichkeit der beabsichtigten Maßnahmen zur Sanierung des Unternehmens und Vorlage eines aktuellen und uneingeschränkten Gutachtens über die positive Fortbestehensprognose (i.d.R. IDW S 6),
- Ausführungen zu Umfang und Inhalt der Beteiligung weiterer Gläubiger bzw. Gläubigergruppen an dem Vergleich,
- Quotengutachten, d.h. vergleichende Darstellung der Folgen des PSVaG im Fall der insolvenzbedingten Eintrittspflicht im Vergleich zu den Folgen des außergerichtlichen (Quoten-) Vergleiches und Erörterung der zu erwartenden Folgen bei Abschluss des Vergleiches,
- konkrete Antragsformulierung (Entscheidungsvorlage).

d) Positive Fortbestehensprognose

394 Wesentlicher Bestandteil des Antrages ist das Vorhandensein einer positiven Fortbestehensprognose für das Unternehmen nach der Durchführung der Restrukturierung der betrieblichen Altersversorgung. Anders als bei einem reinen Liquidationsvergleich, also der einvernehmlichen Regelung mit dem PSVaG im Fall einer Liquidation des Unternehmens, muss der PSVaG bei dem Fortführungsvergleich die Überzeugung gewinnen, dass die in dem Antrag beschriebenen avisierten Maßnahmen bei deren Umsetzung zu einem nachhaltigen Sanierungserfolg des Unternehmens führen. Es muss demnach plausibel und belastbar dargestellt werden, dass für das Unternehmen eine positive Fortbestehensprognose gerechtfertigt ist. Der PSVaG wird keinen Fortführungsvergleich mittragen, bei dem er nicht die volle Überzeugung gewinnt, dass die im Vergleich dargestellten Maßnahmen unbedingt erforderlich und auch geeignet sind, das Sanierungsziel zu erreichen. Zur Darlegung und Glaubhaftmachung dieser Fortbestehensprognose wird dem PSVaG in der Regel ein aktuelles IDW S6-Gutachten vorgelegt werden müssen, das sich inhaltlich mit den beabsichtigen Maßnahmen und deren Konsequenzen auseinandersetzt. Der PSVaG geht dabei davon aus, dass das Gutachten uneingeschränkt und ohne jede haftungsfeinschränkenden Aussagen ausgestellt wird.

395 Dies Gutachten alleine ist jedoch nicht ausreichend. Von entscheidender Bedeutung ist, dass der PSVaG den Erfolg der Sanierungsmaßnahmen bestätigt sieht. Dazu zählen auch der Nachweis der Einhaltung von Planungsprämissen in der Vergangenheit und das Aufzeigen von bereits eingetretenen Sanierungserfolgen, ggf. unter Beteiligung der anderen Stakeholder.

418 *Höfer*, BetrAVG, Bd. 1, § 7 Rn. 74.

e) Branchenbetrachtung

Zudem muss der PSVaG auch von der Sanierungswürdigkeit des Unternehmens überzeugt werden. Dazu zählen auch die Darstellung des Unternehmens im Marktgefüge und die Betrachtung der Branche insgesamt. Für Unternehmen mit einem auswechselbaren Geschäftsmodell wird es deshalb schwieriger sein, den dauerhaften Sanierungserfolg darzulegen, da nicht ausgeschlossen werden kann, dass das Unternehmen nicht auch nach der Umsetzung eines Sanierungskonzeptes aus dem Markt verdrängt wird. Gleichzeitig fühlt sich der PSVaG auch verpflichtet, einseitige Branchenverwerfungen nicht zu befördern. Deshalb wird in dem Antrag auch insoweit Stellung zu nehmen sein, wie mit den umgesetzten Maßnahmen Wettbewerbsverzerrungen vermieden werden können. Es handelt sich hier jedoch nicht um einen Fall des versicherungsrechtlichen Gleichbehandlungsgrundsatzes nach § 21 VAG[419], sondern vielmehr um ein übergeordnetes, gewissermaßen makroökonomisches Interesse des PSVaG. Hier muss auf die Besonderheiten des Einzelfalles Bezug genommen werden. Der PSVaG wird regelmäßig die Auseinandersetzung mit vergleichbaren Wettbewerbern fordern. Hier muss dargestellt werden, warum die spezifischen Problemlagen bei dem antragsstellenden Unternehmen gewissermaßen einzigartig sind und nicht als allgemeines Branchenproblem begriffen werden können. Der PSVaG steht in der Verantwortung den Mitgliedsunternehmen zu vermitteln, warum er in einem Sonderfall einen außergerichtlichen Fortführungsvergleich schließen soll. Es muss insoweit ein Fall gegeben sein, der nicht zu der Annahme berechtigt, eine allgemein bestehende Branchenkrise sei Ausgangspunkt für den Eingriff in die betriebliche Altersversorgung. 396

f) Beteiligung Dritter

Von entscheidender Bedeutung für die Erfolgsaussichten des Antrages ist die Beteiligung der weiteren Stakeholder an dem Vergleich. Eine einseitige Belastung der Versorgungsempfänger, und in der Folge des PSVaG, ist zu vermeiden. Von Betriebsrentnern und dem PSVaG dürfen keine Sonderopfer verlangt werden.[420] Stehen zur Ausfinanzierung der Versorgungsansprüche Vermögenswerte Dritter zur Verfügung (bspw. Finanzmittel eines persönlich haftenden Gesellschafters) oder bestehen Verluste, die den Fortbestand des Unternehmens oder dessen Liquidation nicht gefährden, dann wird der PSVaG dem außergerichtlichen Vergleich nicht zustimmen.[421] Gleiches gilt für den Fall, dass eine Fremdfinanzierung möglich erscheint. Soweit hier bspw. Kreditengagements noch nicht aufgrund der Krisensituation bereits gekündigt wurden oder nicht weiter in Anspruch genommen werden können, wird der PSVaG ggf. zunächst auf diese Finanzierungsquellen verweisen. Hinsichtlich der Gesellschafter wird der PSVaG in der Regel eine Vermögensauskunft verlangen, um eine im Rahmen des Vergleiches zugesagte Beteiligung der Gesellschafter bewerten zu können. Dabei unterliegt nicht nur das ob der Beteiligung, sondern auch die konkrete Höhe der Beteiligung im Verhältnis zu der wirtschaftlichen Leistungsfähigkeit des Gesellschafters einer Bewertung durch den PSVaG. Kann ein solcher Beitrag aufgrund der wirtschaftlichen Situation durch den oder die Gesellschafter nicht geleistet werden, wird der PSVaG hierfür Nachweise verlangen. Werden Beiträge der Gesellschafter trotz deren wirtschaftlicher Leistungsfähigkeit nicht erbracht, droht der Fortführungsvergleich zu scheitern. 397

Auch bzgl. Der anderen Verfahrensbeteiligten wird der PSVaG Beiträge erfordern bzw. den Nachweis über die Erbringung derartiger Beiträge verlangen. Dies betrifft auch die Arbeitnehmer des Unternehmen, die bspw. Über Entgeltverzichte einen Sanierungsbeitrag zu leisten haben. Aber auch die Beteiligung der wesentlichen Lieferanten und Kunden ist im Blick des PSVaG. Hier wird es auf die Besonderheiten des Einzelfalls ankommen. In Branchen, in denen Kundenbetriebe die von dem Krisenunternehmen hergestellten Produkte oder Dienstleistungen schnell und einfach substituieren können, wird regelmäßig eine Beteiligung der Kunden nicht durchsetzbar sein. Anders sieht es aus, wenn das Unternehmen über eine gewisse Marktmacht gegenüber den Kunden verfügt oder weni- 398

419 Blohmeyer-*Rolfs*, BetrAVG, § 7 Rn. 105.
420 Blohmeyer-*Rolfs*, BetrAVG, § 7 Rn. 104.
421 Vgl. dazu Merkblatt 110/M1 des PSVaG, Ziff. 2.3, abzurufen unter www.psvag.de.

ger leicht substituierbar ist, weil bspw. Bestimmte Produktzyklen abgewartet werden müssen oder besondere Zertifizierungen erforderlich sind. Auch dies wird der PSVaG bewerten. Vergleichbar verhält es sich mit den Lieferanten, wobei bspw. Bestehende Sicherungsrechte der Lieferanten regelmäßig dazu führen werden, dass diese auch ein Insolvenzszenario aufgrund ihrer gegebenen Absicherung bspw. Über Aussonderungsrechte nicht fürchten müssen, sodass auch hier eine Beteiligung nicht durchsetzbar sein wird.

399 Im Blick zu halten sind auch fremde Vermögensmassen, auf die im Rahmen des Vergleiches zurückgegriffen werden kann. Der PSVaG wird hier bspw. Umwandlungsrechtliche Haftungstatbestände prüfen. Auch bei Konzernstrukturen wird die Haftung der Konzernunternehmen in Betracht gezogen werden müssen. Dies ist nach dem PSVaG insbesondere dann der Fall, wenn Gewinnabführungs- und Beherrschungsverträgen vorliegen oder eine (Mit-) Verursachung der Vergleichssituation durch andere Konzerngesellschaften festgestellt werden kann.[422]

g) Vergleichende Betrachtung mit dem Insolvenzszenario/Quotengutachten

400 Wie bereits dargestellt, handelt es sich bei dem außergerichtlichen Fortführungsvergleich um einen Sonderfall. Schwerpunktmäßig obliegt dem PSVaG nach dessen Bestimmung die Sicherung und Abwicklung der betrieblichen Altersversorgung in Insolvenzfällen, was den Eintritt des Sicherungsfalles gem. § 7 Abs. 1 BetrVG erforderlich macht. Soll ein Fortführungsvergleich zustande kommen, so muss dem PSVaG dargestellt werden, dass er sich bei Abschluss eines Vergleiches besser stellt, als wenn es zu einem Insolvenzverfahren über das Vermögen des Unternehmens kommt. Hierzu ist die Aufstellung eines Quotengutachtens erforderlich, dass die Situation außerhalb des Insolvenzverfahrens (bei Abschluss des Vergleichs) mit der Situation des PSVaG in einem Insolvenzverfahren vergleicht. Entscheidend wird also sein, dass der PSVaG sich im Rahmen des außergerichtlichen Vergleiches besserstellt, als im Rahmen des gerichtlichen Verfahrens.

401 Sollte aufgrund des Quotenprognosengutachtens festzustellen sein, dass der PSVaG sich ohne eine finanzielle Beteiligung weiterer Stakeholder schlechter stellt, so kann im Ergebnis dem Gutachten auch der insoweit erforderliche Beitrag der weiteren Beteiligten entnommen werden, den es zu leisten gilt, um eine Gleich- oder treffender – eine Besserstellung des PSVaG zu ermöglichen. Dieser zusätzliche Beitrag ist demnach durch das Unternehmen oder weitere Stakeholder (insb. Gesellschafter) aufzubringen.

h) Antragsziele

402 Der Antrag muss sich auch dazu verhalten, welche konkrete Maßnahmen Inhalt des außergerichtlichen Vergleiches sein sollen. Er muss möglichst präzise formulieren, welche Entscheidung von dem PSVaG erwartet wird. Im Fall des außergerichtlichen Fortführungsvergleiches steht dabei in erster Linie die temporäre Übernahme von Versorgungsverpflichtungen im Raum. So könnte bspw. Regelungsgegenstand des Vergleiches sein, dass der PSVaG für einen zeitlich eingegrenzten Zeitraum von bspw. 5 Jahren die laufenden Rentenzahlungen an die Rentenempfänger des Unternehmens übernimmt und das Unternehmen insoweit um diese Liquiditätsabflüsse entlastet wird. Die vollständige Ablösung der Pensionslasten (Rentenzahlungen und unverfallbare Anwartschaften) wird demgegenüber – wenn überhaupt – nur ausnahmsweise infrage kommen, wenn nicht regelmäßig ausgeschlossen sein.

▶ Praxishinweis:

403 Der außergerichtliche Fortführungsvergleich fristet ein Schattendasein, dies jedoch zu unrecht. Er stellt eine sinnvolle Ergänzung zu weiteren Sanierungsmaßnahmen dar, wenn die Verpflichtungen aus der betrieblichen Altersversorgung drohen, dass Unternehmen in seinem Bestand zu gefährden. Dabei wird der Fortführungsvergleich, anders als der Liquidationsvergleich bei

422 Vgl. Merkblatt PSVaG 100/M 1, Ziff. 5.

der Einstellung des Unternehmens, aufgrund der Genehmigungspraxis des PSVaG in der Regel eine zeitliche befristete Übernahme von Versorgungsverpflichtungen (Rentenzahlungen) durch den PSVaG zum Gegenstand haben. Eine vollständige Ablösung der Verpflichtungen (Rentenzahlungen und Anwartschaften) wird demnach im Wege des Fortführungsvergleiches regelmäßig nicht erreicht werden. Die Voraussetzungen zum Abschluss eines Fortführungsvergleiches sind hoch und das Verfahren benötigt Zeit. Für akute Liquiditätskrisen ist das Verfahren demnach ungeeignet. Der PSVaG muss aufgrund des begründeten Antrages die Überzeugung gewinnen, dass der nachhaltige Fortbestand des Unternehmens mittels verschiedenster Sanierungsmaßnahmen – zu denen auch der avisierte Vergleich gehört – sicher ist. Nur dann wird überhaupt die Chance gegeben sein, dass der PSVaG sich an der Sanierung mit einem Fortführungsvergleich beteiligt.

II. Sanierungsmaßnahmen im Rahmen des Insolvenzverfahrens

Die Ansprüche der Arbeitnehmer aus einer betrieblichen Altersversorgung sind im Insolvenzverfahren entweder durch den PSVaG gesichert oder es bedarf einer solchen Sicherung nicht, weil die verdienten Anwartschaften bereits von Gesetzes wegen gegen den Insolvenzausfall geschützt sind. Dies ist beispielsweise bei Versorgungsanwartschaften der Fall, die gesetzlich unverfallbar sind.[423] Erfolgt nun ein Betriebsübergang, bspw. Aus einer übertragenden Sanierung aus einem Insolvenzverfahren heraus, dann steht der PSVaG für alle insolvenzgeschützten Ansprüche der Arbeitnehmer (gesetzlich unverfallbare Versorgungsanwartschaften und Betriebsrenten) ein, die bis zum Zeitpunkt der Insolvenzeröffnung entstanden sind. Auch nach der übertragenden Sanierung haftet der PSVaG damit für die zum Zeitpunkt der Eröffnung des Insolvenzverfahrens bereits verdienten und insolvenzgeschützten Anwartschaften.[424] D.h., dass der PSVaG die rückständigen Betriebsrenten zahlt und die Versorgungsanwartschaften bei dem späteren Eintritt des Versicherungsfalls berücksichtigt, also die Rentenzahlung entsprechend erbringt. Die Ansprüche der Arbeitnehmer aus Zeiträumen nach der Eröffnung des Insolvenzverfahrens sind jedoch von dem Erwerber zu tragen. Dies bestimmt der Grundfall des § 613a Abs. 1 S. 1 BGB. Die nicht abdingbare Haftung erfasst dabei nur das Außenverhältnis zu dem Arbeitnehmer. Im Innenverhältnis zwischen Erwerber und Veräußerer sind andere Haftungsverteilungen denkbar und üblich. Für die betriebliche Altersversorgung bedeutet dies, dass der Betriebserwerber den Anteil der Versorgungsanwartschaften, der auf den Zeitraum nach dem Betriebsübergang entfällt, wieder zu erfüllen hat.[425] **404**

Der Insolvenzverwalter bzw. abgebende Betrieb haftet für im Zeitpunkt bis zum tatsächlichen, d.h. faktischen Betriebsübergang entstandene Ansprüche, die jedoch erst nach dem Betriebsübergang fällig werden, in einem Zeitraum bis zu einem Jahr nach dem Betriebsübergang im Wege der gesamtschuldnerischen Haftung gem. § 613a Abs. 2 S. 1 BGB. Wird der schuldnerische Betrieb nicht mit der Eröffnung des Insolvenzverfahrens übertragen, sondern zunächst bis zu dem tatsächlichen Betriebsübergang von dem Insolvenzverwalter oder in Eigenverwaltung fortgeführt, dann haftet der Insolvenzverwalter/das schuldnerische Unternehmen für die in diesem Zwischenzeitraum entstehenden Anwartschaften. Es besteht jedoch die Möglichkeit, die Arbeitnehmer für diese anteiligen Ansprüche gem. § 3 Abs. 4 BetrAVG abzufinden. Eine solche Abfindung bedarf nicht der Zustimmung der Arbeitnehmer.[426] Nach der Rechtsprechung des BAG ist diese Abfindungsmöglichkeit über den Wortlaut der Norm hinaus auf für die Fälle gegeben, in denen der Geschäftsbetrieb auf einen Erwerber übertragen wird.[427] **405**

423 Vgl. hierzu Rdn. 387 ff.
424 *Rieger*, NZI 2013, 672.
425 *Rieger*, NZI 2013, 672.
426 *Rieger*, NZI 2013, 672.
427 BAG 22.12.2009 – NZA 2010, 568.

406 Im Zusammenhang mit einem Betriebsübergang stellt sich häufig auch die Frage, wie Versorgungszusagen für die Zukunft aufgehoben werden können. Dabei sind zunächst die unterschiedlichen Rechtsquellen der Versorgungszusagen zu berücksichtigen. Regelmäßig werden Zusagen aufgrund von Betriebsvereinbarungen oder Gesamtzusagen erteilt.

407 Ist die betriebliche Altersversorgung über eine **Betriebsvereinbarung** zugesagt, kann durch die Kündigung dieser Betriebsvereinbarung das Versorgungswerk nicht nur für die Zukunft, d.h. für Neueintretende, geschlossen werden, sondern auch für Arbeitnehmer, die zum Zeitpunkt der Kündigung durch die Betriebsvereinbarung bereits begünstigt werden. Mit der Kündigung entfällt die unmittelbare und zwingende Wirkung der Betriebsvereinbarung und damit auch die Rechtsgrundlage für die Entstehung des Vollanspruchs bei allen betriebsangehörigen Arbeitnehmern, die diesen Vollanspruch noch nicht durch Erreichen des Versorgungsfalls (bspw. Das Erreichen des Renteneintrittsalters) verdient haben.[428] Die Kündigung der Betriebsvereinbarung führt allerdings nicht ohne Weiteres dazu, dass die Arbeitnehmer ihre bereits verdienten Versorgungsanwartschaften verlieren. Hier sind Vertrauensschutzgesichtspunkte und der Verhältnismäßigkeitsgrundsatz zu beachten. Es bedarf deshalb bestimmter weiterer Voraussetzungen, wobei die Einzel- bzw. Teilansprüche gesondert zu betrachten sind. Absolut geschützt ist der verdiente Teilbetrag nach § 2 BetrAVG und die verdiente Dynamik (zukünftige Rentensteigerung). Relativ geschützt sind nur die zukünftigen und damit noch nicht verdienten dienstzeitabhängigen Zuwächse.[429] Die Kündigung einer solchen Betriebsvereinbarung unterliegt auch nicht dem Mitbestimmungsrecht des Betriebsrates.[430]

408 Sind die vertraglich begründeten Ansprüche auf die betriebliche Altersversorgung in einer **Gesamtzusage** geregelt, so können diese Ansprüche durch eine nachfolgende Betriebsvereinbarung abgelöst werden, wenn der Arbeitgeber sich bei der Zusage eine Abänderung durch Betriebsvereinbarung vorbehalten hat. Dies kann auch konkludent erfolgen.[431] Zwar gilt für die verschlechternde Änderung der Ansprüche aus einer Gesamtzusage auch das Günstigkeitsprinzip, eine Verschlechterung der durch Gesamtzusage begründeten Rechte durch eine Betriebsvereinbarung ist jedoch dann möglich, wenn der Arbeitgeber sich den Widerruf der Gesamtzusage vorbehalten hat. In diesem Fall müssen die Arbeitnehmer stets mit einer Abänderung ihrer individualvertraglichen Positionen rechnen.[432]

409 Denkbar ist auch, dass neben der Zusage in Form einer kollektivrechtlichen Regelung auch ein davon unabhängiger zusätzlicher **individualvertraglicher Anspruch** auf Leistungen der betrieblichen Altersversorgung besteht. Dann muss zur Beseitigung dieses Anspruches eine Änderungskündigung des Arbeitsvertrages ausgesprochen werden oder einvernehmlich eine Aufhebung dieser Zusage erfolgen.

F. Die betriebliche Altersversorgung in der Insolvenz

410 Das Insolvenzverfahren hat erhebliche Auswirkungen auf die im schuldnerischen Unternehmen bestehende betriebliche Altersversorgung. Im Grundsatz ist zunächst die Frage relevant, ob die Altersversorgung insolvenzfest gestaltet ist und, sofern dies nicht der Fall ist, ob es einen Insolvenzschutz der erworbenen Anwartschaften der Arbeitnehmer gibt. Für Betriebsrentner bzw. Versorgungsempfänger, d.h. ehemalige Mitarbeiter, die bereits eine Rente beziehen, führt die Einstellung der Rentenzahlung bereits im vorläufigen Insolvenzverfahren zu erheblichen Einschnitten. Zwar ist hier in der Regel eine Absicherung der Rentenzahlungen über den Pensions-Sicherungs-Verein (PSVaG) gegeben, jedoch erbringt dieser Zahlungen an die Versorgungsempfänger zeitlich erst nachgelagert,

428 BAG 15.02.2011 – 3 AZR 964/08.
429 S. hierzu BAG 15.02.2011 – 3 AZR 964/08.
430 BAG 15.02.2011 – 3 AZR 964/08.
431 BAG 15.02.2011 – 3 AZR 964/08.
432 BAG 15.02.2011 – 3 AZR 964/08.

sodass Vorkehrungen zu treffen sind, die einstweilige Fortführung der Rentenzahlungen sicherzustellen.

Sind Anwartschaften von Arbeitnehmern nicht insolvenzfest, kann der Insolvenzverwalter das bspw. 411
In einer Rückdeckungsversicherung angesparte Vermögen zur Masse ziehen, weshalb die Insolvenzfestigkeit solcher Anwartschaften ein wichtiger Prüfungspunkt ist.

In einem Insolvenzplanverfahren gelten besondere Bestimmungen, was die Beteiligung des PSVaG 412
angeht. Hier ist durch den Planersteller insb. Die »Besserungsklausel« des BetrAVG zu berücksichtigen.

Mit der Eröffnung des Insolvenzverfahrens ist der Insolvenzverwalter verpflichtet, dem PSVaG die 413
Daten der bestehenden Versorgungssysteme und Anwartschaften bzw. Versorgungsempfänger zur Verfügung zu stellen, damit dieser seine Eintrittspflicht prüfen kann. Diese Zurverfügungstellung wird als **Meldedialog** bezeichnet und folgt im Umfang den jeweils bestehenden Durchführungswegen der Altersversorgung. Die Eröffnung des Insolvenzverfahrens, die Mitteilung der Namen und Anschriften der Versorgungsempfänger und die Höhe ihrer Versorgung nach § 7 BetrAVG sind dabei gem. § 11 Abs. 3 BetrAVG dem PSVaG **unverzüglich** mitzuteilen. Die Namen und Anschriften der Personen, die bei Eröffnung des Insolvenzverfahrens eine nach § 1 BetrAVG unverfallbare Versorgungsanwartschaft haben, sowie die Höhe ihrer Anwartschaft nach § 7 BetrAVG sind dem PSVaG ebenfalls mitzuteilen, § 11 Abs. 3 S. 2 BetrAVG.

In der Praxis ist deshalb zu empfehlen, frühzeitig die erforderlichen Angaben gem. § 11 BetrAVG 414
zu erheben und die Übermittlung des Meldedialoges ggf. bereits im Stadium der Vorbereitung eines Insolvenzverfahrens in Eigenverwaltung vorzubereiten. Dies ermöglicht dem PSVaG eine zeitnahe Prüfung der Eintrittspflicht.

I. Anwendung des BetrAVG

Ob ein Arbeitnehmer von der Insolvenzsicherung profitiert, hängt im Wesentlichen davon ab, er 415
unter die Regelung des Betriebsrentengesetzes (BetrAVG) fällt.[433] Voraussetzung ist, dass der Arbeitnehmer als **Versorgungsberechtigter** nach § 17 des BetrAVG gilt. Damit ist zu unterscheiden, ob der Versorgungsberechtigte Arbeitnehmer oder Unternehmer ist. Nur die Versorgungsansprüche von Arbeitnehmern werden in der Insolvenz nach den Bestimmungen des BetrAVG durch den Pensions-Sicherungs-Verein (Pensions-Sicherungs-Verein Versicherungsverein auf Gegenseitigkeit – PSVaG) geschützt.

Der Insolvenzschutz des PSVaG bezieht sich auf die Bestimmung des Betriebsrentengesetztes 416
(BetrVG). Dieses umfasst ausschließlich Leistungen der betrieblichen Altersversorgung im Sinne von § 1 Abs. 1 S. 1 BetrAVG. Unter betrieblicher Altersversorgung sind dabei Leistungen der Alters-, Invaliditäts- oder Hinterbliebenenversorgung zu fassen, die einem Arbeitnehmer aus Anlass seines Arbeitsverhältnisses von dem Arbeitgeber zugesagt werden. Der Arbeitgeber kann sich verpflichten, bestimmte Leistungen für das Alter und/oder andere biometrische Ereignisse wie Invalidität oder Tod entweder selbst oder über einen Versorgungsträger, d.h. über eine Leistungszusage zu erbringen. Nach § 1 Abs. 2 Ziff. 1–3 BetrAVG liegt eine betriebliche Altersversorgung auch dann vor, wenn der Arbeitgeber eine beitragsorientierte Leistungszusage oder eine Beitragszusage mit Minderleistung erteilt, oder wenn künftige Entgeltansprüche in eine wertgleiche Anwartschaft auf Versorgungsleistung umgewandelt werden.

Leistungen aus einer betrieblichen Altersversorgung sind in der Regel Geldleistungen in Form von 417
laufenden Renten und/oder einmaligen Kapitalzahlungen. Auch Nutzungsrechte oder Sachleistungen (Deputatleistungen) können betriebliche Altersversorgungen sein, wenn ansonsten die gesetzlich

433 Überblick in *Schipp*, ArbRB 2011, 245.

definierten Voraussetzungen des § 1 Abs. 1 S. 1 BetrAVG erfüllt sind.[434] Die Parteien eines Arbeitsverhältnisses können grundsätzlich die Bedingungen für den Eintritt des Versorgungsfalls nach ihrer eigenen Entscheidung festsetzen. Leistungen der gesetzlich definierten betrieblichen Altersversorgung knüpfen jedoch immer an den Eintritt eines bestimmten biologischen Ereignisses (Tod, Invalidität, Erreichen einer festen Altersgrenze – in der Regel Regelaltersgrenze in der gesetzlichen Rentenversicherung –) an. In einer Versorgungsregelung kann die feste Altersgrenze auch auf einen früheren Zeitpunkt als die Regelaltersrente gelegt werden. In diesem Fall ist eine Insolvenzsicherung nach § 7 BetrAVG jedoch nur dann gegeben, wenn dieser Zeitpunkt nicht vor der Vollendung des 60. Lebensjahres liegt. In Ausnahmefällen kann bei einer solchen Regelung auch eine insolvenzgeschützte laufende Leistung gegeben sein. In der Regel wird es sich hier jedoch um nicht insolvenzgeschützte laufende Leistungen, sog. Übergangsgelder handeln. Eine Leistung der betrieblichen Altersversorgung kann dabei auch ein Anspruch auf bestimmte Sondervergütungen zugunsten eines späteren Versorgungsbezuges umfassen, die gem. § 1 Abs. 2 Nr. 3 BetrAVG in eine wertgleiche Anwartschaft auf Versorgungsleistung umgewandelt werden können. Leistungen, die nicht durch den Eintritt eines biologischen Ereignisses im Sinne der betrieblichen Altersversorgung ausgelöst werden und die nicht der Altersversorgung des Begünstigten oder Versorgung seiner Hinterbliebenen dienen, sind in der Regel nicht insolvenzgesichert. Betroffen sind hier Übergangsgelder, Gnadenbezüge, Weihnachtsgelder – soweit diese nicht in der Versorgungsregelung der Höhe nach festgelegt sind –, Jubiläumsgaben, Tantiemenzahlungen und Zuschüsse zu Krankengeldern, Todesfällen etc.

418 **Kein Insolvenzschutz** besteht damit für Versorgungsansprüche,
- die die durch den PSVaG gesicherte monatliche Höchstgrenze gem. § 7 Abs. 3 BetrAVG i.V.m. § 18 SGB IV von derzeit (Jahr 2015) monatlich 8.505,00 € (alte Bundesländer) bzw. 7.245,00 € (neue Bundesländer) überschreiten,
- einer Person, die nicht unter den persönlichen Geltungsbereich des § 17 Abs. 1 BetrAVG fällt (Unternehmer),
- die keine betriebliche Altersversorgung im Sinne des § 1 BetrAVG darstellen, z.B. Übergangsgelder.

419 Diese Ansprüche sind nicht über den PSVaG insolvenzgesichert und müssen in dem Insolvenzverfahren nach den üblichen insolvenzrechtlichen Regelungen behandelt werden. Denkbar sind jedoch vertragliche Gestaltungen zur Herbeiführung eines Insolvenzschutzes, bspw. Verpfändungen von Rückdeckungsversicherungen.

420 Abgesichert sind dagegen – vereinfacht ausgedrückt – die laufenden Pensionsverpflichtungen sowie die unverfallbaren Anwartschaften der Arbeitnehmer.

1. Durchführungswege der betrieblichen Altersversorgung

421 Grundlegend für das Verständnis der Systematik der Insolvenzsicherung der betrieblichen Altersversorgung ist die Kenntnis der Durchführungswege der Altersversorgung. Grundsätzlich sind die in dem Betriebsrentengesetz beschriebenen Durchführungswege auch im Rahmen des gesetzlichen Insolvenzschutzes relevant. Gesichert sind die Ansprüche oder Anwartschaften von Versorgungsberechtigten auf Leistung der betrieblichen Altersversorgung auf Versorgungszusagen in den folgenden Durchführungswegen:
- der unmittelbaren Versorgungszusage des Arbeitgebers, § 1b Abs. 1 BetrAVG;
- der Direktversicherung (Lebensversicherung auf das Leben und zugunsten von Arbeitnehmern durch den Arbeitgeber), § 1b Abs. 2 BetrAVG;
- sofern Ausfälle entstehen, weil das Bezugsrecht widerrufen wird, oder weil die Ansprüche aus dem Versicherungsvertrag durch den Arbeitgeber abgetreten, beliehen oder an Dritte verpfändet sind (eingeschränktes Bezugsrecht);

434 BAG 16.03.2010 – 3 AZR 594/09.

- Pensionsfonds, die dem Arbeitnehmer oder seinen Hinterbliebenen auf Leistung einen Rechtsanspruch gewähren, § 1b Abs. 3 BetrAVG;
- Unterstützungskassen, die auf ihre Leistung keinen Rechtsanspruch gewähren, § 1b Abs. 4 BetrAVG.

422 Je nach Durchführungsweg ist u.U. ein unterschiedlicher **Zusagezeitpunkt** zu berücksichtigen. Bei der unmittelbaren Versorgungszusage (Direktzusage) ist der Zeitpunkt der Erteilung der Zusage maßgeblich, frühestens ist dies jedoch der Beginn der Betriebszugehörigkeit. Der Beginn der Betriebszugehörigkeit gilt als Zusagezeitpunkt, wenn eine allgemeine Versorgungsordnung besteht und darin rein zeitbezogene Versorgungsmerkmale festgelegt sind (z.B. Wartezeit, Vorschaltzeit, Wirksamkeitsvoraussetzung, Aufnahmevoraussetzung). Diese haben keinen Einfluss auf den Lauf der gesetzlichen Unverfallbarkeitsfrist.

423 Bei der Direktversicherung oder dem Pensionsfonds ist der Zusagezeitpunkt der Zeitpunkt des Versicherungsbeginns, frühestens jedoch der Beginn der Betriebszugehörigkeit. Bei der Unterstützungskasse ist der Zusagezeitpunkt der Zeitpunkt, von dem an der Arbeitnehmer zum Kreise der Begünstigten der Unterstützungskasse gehört, frühestens jedoch der Beginn der Betriebszugehörigkeit. Bei Altersversorgungen, die auf betrieblicher Übung oder dem Grundsatz der Gleichbehandlung beruhen, ist der Zusagezeitpunkt in der Regel der Eintritt des Arbeitnehmers in den Betrieb.

2. Arbeitnehmer/Unternehmer

a) Grundsätze

424 Gem § 17 Abs. 1 S 1 BetrAVG gelten die Regelungen des BetrAVG für Arbeitnehmer, d.h. Arbeiter, Angestellte und Berufsauszubildende, denn nach der gesetzgeberischen Konzeption, handelt es sich bei dem Betriebsrentengesetz um Arbeitnehmerschutzrecht.[435] Nach § 17 Abs. 1 S. 2 BetrAVG gelten die Bestimmungen des BetrAVG (§ 1 bis 16 BetrAVG) auch für Personen, die nicht Arbeitnehmer sind, wenn diesen eine Leistung der Alters-, Invaliditäts-, oder Hinterbliebenenversorgung aus Anlass ihrer Tätigkeit für ein Unternehmen zugesagt worden ist.

425 Unter den Anwendungsbereich des BetrAVG fallen damit auch GmbH-Geschäftsführer, die mit weniger als 50 % am Kapital der Gesellschaft beteiligt sind bzw. entsprechend geringe Stimmrechte haben. Wird eine Gesellschaft durch mehrere Geschäftsführer vertreten, kann es zu einer Zusammenrechnung der Stimmenanteile kommen. Besteht damit nach der Zusammenrechnung der Stimmenanteile der Geschäftsführer eine Beteiligung von weniger als 50 %, ist Insolvenzschutz über das BetrAVG gegeben. Bestehen Stimmrechte oder eine Kapitalbeteiligung der Geschäftsführer von mehr als 50 %, ist das BetrAVG nicht anwendbar. Stimmrechte, die ein Geschäftsführer dabei bspw. aufgrund Stimmbindungsvertrag für Dritte ausübt, werden den Stimmrechten des Geschäftsführers grundsätzlich zugerechnet. Sind Versorgungszusagen zwischen mehreren verbundenen Gesellschaften aufgeteilt, sind die Beteiligungsverhältnisse in den einzelnen Gesellschaften zu prüfen. Für die Prüfung des Unterfallens unter die Regelungen des BetrAVG von Ehegatten eines Gesellschafter-Geschäftsführers kommt es auf den Status der Gütergemeinschaft an.

426 Handelt es sich bei dem Versorgungsempfänger nicht um einen Arbeitnehmer, sondern um einen (Mit-) Unternehmer im Sinne des BetrAVG, d.h. einen beherrschenden Gesellschafter-Geschäftsführer oder Vorstand, kann ein Insolvenzschutz allenfalls vertraglich vereinbart worden sein. Regelmäßig werden Versorgungsansprüche bei diesem Personenkreis in Form von Direktzusagen mit einer Rückdeckungsversicherung erteilt, in der das Kapital für die betriebliche Altersversorgung angespart wird. Soll die Direktzusage insolvenzgeschützt sein, so muss das zur Finanzierung der Zusage angesparte Vermögen an den Gesellschafter-Geschäftsführer bzw. seine Hinterbliebenen für den Fall der Insolvenz wirksam verpfändet worden sein. Liegt eine wirksame Verpfändung vor, kann das Ver-

435 S. dazu auch Merkblatt 300/M1 des PSVaG, abzurufen unter www.psvag.de.

mögen nicht von dem Insolvenzverwalter zur Insolvenzmasse gezogen werden. Es steht damit weiter dem Geschäftsführer bzw. Vorstand zur Finanzierung seiner Altersversorgung zur Verfügung.

427 Ist dem Gesellschafter-Geschäftsführer eine Altersversorgung über den Durchführungsweg der Unterstützungskasse zugesagt worden, gelten die gleichen Grundsätze. Hier wird häufig von einer rückgedeckten Unterstützungskasse auszugehen sein. Zur Finanzierung der Altersversorgung wird dabei in der Unterstützungskasse eine Rückdeckungsversicherung eingerichtet. Auch diese Rückdeckungsversicherung muss, um Insolvenzschutz zugunsten des Gesellschafter-Geschäftsführers, Vorstandes oder seiner Hinterbliebenen vermitteln zu können, wirksam verpfändet worden sein.

428 Bei den Durchführungswegen der **Direktversicherung, Pensionskasse** oder des **Pensionsfonds** ist für die Eintrittspflicht des PSVaG entscheidend, ob dem Geschäftsführer bzw. Vorstand ein **unwiderrufliches Bezugsrecht** an den Versicherungsleistungen eingeräumt wurde. Dies lässt sich in der Regel der Versicherungsvereinbarung selbst entnehmen. In diesem Fall bedarf es auch keiner besonderen Sicherungsinstrumente für den Fall der Insolvenz der Anstellungsgesellschaft.

b) Keine Anwendung des BetrAVG

429 Bei Einzelunternehmern und Gesellschaftern von Personengesellschaften ist die Einrichtung einer betrieblichen Altersversorgung im Sinne des BetrAVG nicht möglich. Sind hier Beträge in eine Altersversorgung abgeführt worden, ist zu untersuchen, ob diese Beträge in einer Privatinsolvenz des Einzelunternehmers geschützt sind oder nicht. Einen Sonderfall stellen angestellte Komplementäre einer Kommanditgesellschaft dar. Diese können unter den Schutz des BetrAVG fallen, wenn sie tatsächlich wie Angestellte gegenüber den die Gesellschaft beherrschenden Kommanditisten gebunden sind.

430 Im Grundsatz sind die in eine Altersversorgung abgeführten Beträge nicht insolvenzfest. Dem Schuldner muss jedoch dasjenige belassen werden, was er zur Bestreitung seiner Existenz benötigt. Insoweit gelten die Regelungen für den Pfändungsschutz gem. §§ 850 ff. ZPO, insbesondere die Pfändungsfreigrenzen des § 850c ZPO. Rentenzahlungen aus der gesetzlichen Rente oder einer Betriebsrente sind damit im Rahmen der Pfändungsfreigrenzen pfändungsfrei. Die Pfändbarkeit einer Altersversorgung ist insoweit davon abhängig, ob bereits Leistungen bezogen werden oder Anwartschaften bestehen. Die Anwartschaften auf die gesetzliche Rente selbst sind nicht pfändbar und daher insolvenzgeschützt. Anwartschaften aus einer sogenannten *»Basis-Rente«* unterliegen dem Pfändungsschutz gem. § 851c ZPO. Teilweise wird auch vertreten, dass Anwartschaften aus einer solchen Basis-Rente vollständig unpfändbar sind.

431 **Private Lebens- und Rentenversicherungen** sind grundsätzlich pfändbar, denn der Versorgungsberechtigte kann jederzeit, bspw. durch Kündigung, über sie verfügen. Allerdings gelten hier gem. § 851c ZPO Freibeträge, die bis zu einer bestimmten Grenze pfändungssicher angesammelt werden können.

3. Versorgungsempfänger/Versorgungsanwärter

432 Handelt es sich bei den Versorgungsberechtigten um Arbeitnehmer im Sinne des BetrAVG, so ist zu unterscheiden zwischen Rentenbeziehern und Arbeitnehmern, die noch Versorgungsanwartschaften erwerben.

a) Versorgungsempfänger

433 Arbeitnehmer, die eine laufende Rente aus betrieblicher Altersversorgung beziehen, fallen unter den vollen Insolvenzschutz des PSVaG. Sofern die betriebliche Altersversorgung über den Durchführungsweg der **Pensionszusage** (Direktzusage), einer **Unterstützungskasse** oder eines **Pensionsfonds** erfolgt, kommt der PSVaG im Fall der Insolvenz des Arbeitgebers für die laufende Rente auf. D.h., der PSVaG übernimmt die Rentenzahlung des Versorgungsempfängers. Problematisch ist jedoch, dass die Fortzahlung der laufenden Versorgung erst nach Abschluss der Prüfung seiner Eintrittspflicht

durch den PSVaG erfolgen kann, was je nach den maßgeblichen Versorgungswerken und betroffenen Fällen längere Zeit in Anspruch nehmen kann. Die Einstellung der Zahlung der Versorgungsleistungen wird jedoch schon nach Anordnung des vorläufigen Insolvenzverfahrens erfolgen. Nachdem die Ansprüche der Versorgungsempfänger auch nicht insolvenzgeldfähig sind, drohen also für die Betriebsrentner lange Zeiträume des Zahlungsausfalls. Um die damit verbundenen Folgen für die Rentenbezieher zu vermeiden, kann mit dem PSVaG die »**Aufrechterhaltung des Zahlungsweges**« vereinbart werden. Dies ermöglicht, die Rentenzahlungen ohne längere Unterbrechung fortzusetzen, was insb. in der Kommunikation mit den Betriebsrentnern und der öffentlichen Darstellung von großer Wichtigkeit sein kann. Die Aufrechterhaltung des Zahlungsweges stellt also quasi eine Vorfinanzierung der Versorgungsansprüche der Rentenbezieher dar. Der PSVaG und der Insolvenzverwalter schließen dazu eine Vereinbarung über den vorläufigen Zahlungsweg. Nach dieser Vereinbarung stellt der PSVaG dem Insolvenzverwalter die finanziellen Mittel zur Auszahlung der fälligen Betriebsrenten zur Verfügung. Grundlage ist eine vorherige abgekürzte, d.h. summarische Prüfung der Eintrittspflicht des PSVaG.

Erhalten die Betriebsrentner Leistungen aus einer **Direktversicherung** oder einer **Pensionskasse**, so hat die Insolvenz des Arbeitgebers keinerlei Auswirkungen auf die Rentenzahlungen. 434

b) Versorgungsanwärter

Bei Arbeitnehmern, die keine laufenden Rentenzahlungen erhalten, sondern die gegenüber ihrem Arbeitgeber einen Anspruch auf den Aufbau von Rentenanwartschaft haben (**Versorgungsanwärter**), ist zu differenzieren: Erfolgt die betriebliche Altersversorgung über den Durchführungsweg einer **Direktversicherung mit Entgeltumwandlung**, so verfallen die Versorgungsanwartschaften dieser Arbeitnehmer nicht. Die Anwartschaften sind von Gesetzes wegen bereits unverfallbar.[436] 435

Bei der **arbeitgeberfinanzierten Versorgungsanwartschaft** ist erforderlich, dass zum Zeitpunkt der Insolvenz eine gesetzlich **unverfallbare** Anwartschaft besteht, vgl. § 7 Abs. 2 BetrAVG. Von einer Unverfallbarkeit ist gem. § 1b BetrAVG i.V.m. § 30f BetrAVG dann auszugehen, wenn ein Zeitraum von 5 Jahren nach Zusageerteilung abgelaufen ist und der Arbeitnehmer zu diesem Zeitpunkt das 30. Lebensjahr vollendet hat. Bei Zusagen, die ab 2009 erteilt wurden, ist die Vollendung des 25. Lebensjahres ausreichend. 436

Bei den Durchführungswegen der **Direktversicherung, Pensionskasse** und des **Pensionsfonds** kann sogar vor Eintritt der gesetzlichen Unverfallbarkeit schon Insolvenzschutz bestehen, wenn dem Arbeitnehmer ein sog. unwiderrufliches Bezugsrecht eingeräumt wurde. Gleiches gilt, wenn zugunsten des Arbeitnehmers ein eingeschränkt unwiderrufliches Bezugsrecht besteht und die Voraussetzungen für das Entstehen des unwiderruflichen Bezugsrechtes gegeben sind. 437

c) Gesicherte Versorgungsberechtigte/Unverfallbarkeit

Bei der Insolvenz des Arbeitgebers besteht ein Insolvenzschutz über den PSVaG – die weitere Voraussetzung der Eintrittspflicht des PSVaG unterstellt – für Versorgungsempfänger und für Versorgungsempfänger mit einer unverfallbaren Anwartschaft auf die betriebliche Altersversorgung. 438

Versorgungsempfänger sind **Betriebsrentner**, d.h. Arbeitnehmer, die bereits aus der betrieblichen Altersversorgung Ansprüche auf laufende oder einmalige Leistungen empfangen. Darunter zu fassen sind demnach auch Hinterbliebene und Versorgungsempfänger gem. § 12 VersAusglG. Für Versorgungsempfänger ist die Regelung des § 16 BetrAVG von besonderer Bedeutung. Diese Bestimmung regelt die Rentenanpassung, die bspw. durch steigende Lebenshaltungskosten oder Inflationseffekte getrieben sein kann. Der PSVaG ist jedoch nicht verpflichtet, die Rentenleistung gem. § 16 BetrAVG anzupassen. 439

436 S. hierzu auch Rdn. 387 ff.

440 Neben den Versorgungsempfängern umfasst der Schutz des PSVaG auch **Versorgungsanwärter mit unverfallbarer Anwartschaft**. Versorgungsanwärter sind Arbeitnehmer oder ehemalige Arbeitnehmer und Personen, die nicht Arbeitnehmer sind, wenn ihnen aus Anlass ihres Arbeitsverhältnisses bzw. ihrer Tätigkeit für das schuldnerische Unternehmen Leistungen der Alters-, Hinterbliebenen- oder Invaliditätsversorgung zugesagt worden sind. Auch hier sind diesen Versorgungsanwärtern solche Arbeitnehmer gleichgestellt, die gem. § 12 VersAusglG eine Versorgungsanwartschaft erworben haben.

441 Die Versorgungsanwartschaft ist gem. § 7 Abs. 2 BetrAVG insolvenzgeschützt, wenn sie bei Eintritt des Versicherungsfalls oder bei vorherigen Betriebsaustritt (Stichtag) nach § 1b Abs. 1 S. 1, § 30f Absätze 1 u. 2 BetrAVG **unverfallbar** ist. Liegt eine arbeitgeberfinanzierte betriebliche Altersversorgung vor und wurde die Versorgungszusage ab dem 01.01.2009 erteilt, ist die Anwartschaft eines Arbeitnehmers unverfallbar, wenn bei betrieblicher Altersversorgung, die der Arbeitgeber finanziert hat, am Stichtag mindestens das **25. Lebensjahr** (25. Geburtstag) vollendet hat und die Versorgungszusage mindestens **5 Jahre** bestanden hat, § 1b Abs. 1 S. 1 BetrAVG. Versorgungszusagen, die ab dem 01.01.2001 bis 31.12.2008 erteilt wurden, sind dann insolvenzsicher, wenn der Arbeitnehmer am Stichtag mindestens das 30. Lebensjahr vollendet hat und die Versorgungszusage mindestens 5 Jahre bestanden hat (§ 1b Abs. 1 S. 1, § 30f Abs. 2 BetrAVG). In diesem Fall ist die Anwartschaft des Arbeitnehmers unverfallbar. Sofern Anwartschaften aus dem vom 01.01.2001 bis 31.12.2008 erteilten arbeitgeberfinanzierten Zusagen nach den in diesem Zeitpunkt geltenden Unverfallbarkeitsregelung nicht bis zum 31.12.2013 unverfallbar waren, ist die Unverfallbarkeit gem. § 30f Abs. 2 BetrAVG bereits mit Ablauf des 31.12.2013 gegeben, sofern der Versorgungsberechtigte dann auch das 25. Lebensjahr vollendet hat. Andernfalls tritt die Unverfallbarkeit erst mit der nach dem 31.12.2013 liegenden Vollendung des 25. Lebensjahres ein.

442 Versorgungszusagen, die vor dem 01.01.2013 erteilt wurden, führen dann zu einer unverfallbaren Anwartschaft, wenn der Arbeitnehmer am Stichtag mindestens das **35. Lebensjahr** (35. Geburtstag) vollendet hat und entweder die Versorgungszusage mindestens **10 Jahre** bestanden hat (§ 30f Abs. 1 S. 1 Halbs. 1, 1. Alt. BetrAVG) oder mit Beginn der ununterbrochenen Betriebszugehörigkeit mindestens **12 Jahre** zurückliegt und die Versorgungszusage mindestens **3 Jahre** bestanden hat (§ 30f Abs. 1 S. 1 Halbs. 1, 2. Alt. BetrAVG). Sind diese Voraussetzungen bei fortbestehendem Arbeitsverhältnis nicht bis zum 31.12.2005 erfüllt, so ist die Anwartschaft des Arbeitnehmers ab diesem Zeitpunkt auch dann unverfallbar, wenn er das 30. Lebensjahr vollendet hat (§ 30f Abs. 1 S. 1 Halbs. 2 BetrAVG). Andernfalls erst ab dem späteren Zeitpunkt der Vollendung des 30. Lebensjahres.

443 Ist die Versorgungsanwartschaft unverfallbar im Sinne der oben genannten Bestimmung, werden nach der Insolvenz des Arbeitgebers die Versorgungsanwartschaften vom PSVaG aufrechterhalten. Eine Sonderbestimmung in Bezug auf die Unverfallbarkeit stellt die Regelung zur **Entgeltumwandlung** dar. Nach § 1b Abs. 5 BetrAVG ist die Anwartschaft für ab dem 01.01.2001 erteilte Entgeltumwandlungszusagen **sofort mit Erteilung unverfallbar**. Dies gilt unabhängig vom Alter des Versorgungsberechtigten. In praktischer Hinsicht ist deshalb in den allermeisten Fällen, in denen Anwartschaften für Versorgungszusagen ab dem 01.01.2001 erteilt wurden, eine Unverfallbarkeit von Gesetzes wegen gegeben.

444 Maßgeblich für die Beurteilung der Unverfallbarkeit nach dem BetrAVG sind alleine und ausschließlich die gesetzlichen Unverfallbarkeitsregelungen. Vertragliche Vereinbarungen über die Unverfallbarkeit von Versorgungsanwartschaften sind für die Frage der Insolvenzsicherung nach dem BetrAVG und der Eintrittspflicht des PSVaG irrelevant.[437] Dies gilt auch für entsprechende Regelungen in Betriebsvereinbarungen oder Tarifverträgen.[438]

437 BAG 15.07.2008 – 3 AZR 669/06; *Schipp*, ArbRB 2011, 245.
438 BAG 15.07.2008 – 3 AZR 669/06; BAG 21.01.2003 – 3 AZR 121/02.

Zur Berechnung der Höhe der abzusichernden Versorgungsanwartschaften wird gem. § 7 Abs. 2 BetrAVG i.V.m. § 2 Abs. 1, 2 S. 2 und Abs. 5 BetrAVG der mögliche Versorgungsanspruch ermittelt, den der Anwärter ohne sein vorheriges Ausscheiden hätte erreichen können. Maßgeblich sind bei der Berechnung die Bemessungsgrundlagen im Zeitpunkt des Ausscheidens. Spätere Änderungen nach dem Grundsatz des **Festschreibeeffekt** bzw. der Veränderungssperre bleiben unberücksichtigt. Der so ermittelte mögliche Versorgungsanspruch ist dann ratierlich zu kürzen, indem die Zeit der tatsächlichen Betriebszugehörigkeit ins Verhältnis zur möglichen Betriebszugehörigkeit bis zur Altersgrenze gesetzt wird. Ist der Arbeitnehmer bei Eintritt des Sicherungsfalles noch für das Unternehmen tätig, ist der Zeitpunkt des Sicherungsfalles anstatt des Zeitpunktes der Beendigung des Arbeitsverhältnisses maßgeblich.[439] 445

II. Grundlagen der Insolvenzsicherung über den PSVaG

Grundvoraussetzung für den Eintritt der Insolvenzsicherung durch den PSVaG ist der Sicherungsfall. Liegt ein solcher vor, bspw. im Fall der Eröffnung des Insolvenzverfahrens über das Vermögen des Arbeitgebers, ist die Insolvenzsicherung der Versorgungsanwartschaften sowie der zu leistenden Betriebsrenten über den PSVaG zu prüfen. **Sicherungsfälle** sind in diesem Zusammenhang 446
- die Eröffnung des Insolvenzverfahrens,
- die Abweisung des Antrages auf Eröffnung des Insolvenzverfahrens mangels Masse sowie
- die vollständige Beendigung der Betriebstätigkeit im Geltungsbereich des BetrAVG, sofern ein Antrag auf Eröffnung des Insolvenzverfahrens nicht gestellt wurde und ein Insolvenzverfahren offensichtlich mangels Masse nicht in Betracht kommt.

Der Anspruch gegen den PSVaG umfasst auch rückständige Versorgungsleistungen, soweit diese bis zu 12 Monate vor Entstehung der Leistungspflicht des PSVaG entstanden sind, § 7 Abs. 1a S. 3 BetrAVG. Im Übrigen entsteht der Anspruch gegen den PSVaG mit Beginn des Kalendermonats, der auf den Eintritt des Sicherungsfalles folgt, § 7 Abs. 1a S. 1 BetrAVG. 447

Die Eröffnung des Insolvenzverfahrens führt gem. § 9 Abs. 2 BetrAVG zu einem **Vermögensübergang** auf den PSVaG. Die Ansprüche und Anwartschaften der Versorgungsberechtigten gegen ihren Vertragsarbeitgeber auf Leistung aus der betrieblichen Altersversorgung gehen damit mit der Eröffnung des Insolvenzverfahrens auf den PSVaG über.[440] Die Versorgungsanwartschaften und die laufenden Versorgungsansprüche der Arbeitnehmer werden dementsprechend aus der Insolvenzsicherung des PSVaG getragen. Der PSVaG meldet entsprechend Forderungen in dem Insolvenzverfahren als **Insolvenzgläubiger** an. Dazu werden die übergangenen Forderungen der Versorgungsberechtigten kapitalisiert und in Höhe der versicherungsmathematisch ermittelten einzelnen Renten – und Anwartschaftsbarwerte – als **Insolvenzforderungen** in einer Summe in dem Insolvenzverfahren geltend gemacht. Insoweit gilt § 45 S. 1. 448

Wird in dem schuldnerischen Unternehmen die betriebliche Altersversorgung über den Durchführungsweg der **Unterstützungskasse** dargestellt, so geht das Vermögen der Unterstützungskasse mit der Eröffnung des Insolvenzverfahrens gem. § 9 Abs. 3 BetrAVG auf den PSVaG über. Die Verfügung über Vermögenswerte ist damit ab diesem Zeitpunkt nur mit Zustimmung des PSVaG zulässig. Auch die Versorgungsleistungen und Anwartschaften, die von der Unterstützungskasse an die Versorgungsempfänger zu erbringen sind, werden in Höhe der versicherungsmathematisch ermittelten Renten – und Anwartschaftsbarwerte – abzüglich des vorhandenen, nicht durch die Insolvenz berührten Vermögen der Unterstützungskasse – in dem Insolvenzverfahren als Insolvenzforderung angemeldet.[441] 449

---

439 *Schipp*, ArbRB 2011, 246.
440 *Berenz*, DB 2004, 1098.
441 BAG 28.04.1977, DB 1977, 1656.

450 Der Widerruf von Versorgungsleistungen und unverfallbaren Versorgungsanwartschaften – wie in der Vergangenheit mit Hinweis auf den Sicherungsfall der wirtschaftlichen Notlage – ist inzwischen nicht mehr möglich.[442]

451 Der Anspruch des Versorgungsempfängers gegen den PSVaG entsteht grundsätzlich mit dem Beginn des Kalendermonats, der auf den Eintritt des Sicherungsfalles folgt, § 7 Abs. 1a S. 1 BetrAVG.

452 Wurde die Versorgungszusage innerhalb der letzten zwei Jahre vor dem Sicherungsfall erteilt oder die Leistung verbessert, liegt gem. § 7 Abs. 5 S. 3 BetrAVG ein Fall des **Versicherungsmissbrauchs** vor, der die Insolvenzsicherung ausschließt. Das Vorliegen des Versicherungsmissbrauchs wird in diesem Fall unwiderlegbar vermutet.[443] Nach § 7 Abs. 5 S. 3 Ziff. 1 und 2 BetrAVG sind jedoch Ausnahmefälle denkbar, in denen kein Versicherungsmissbrauch angenommen wird.

453 Die insolvenzspezifischen Auswirkungen sind für die einzelnen **Durchführungswege** unterschiedlich, sodass jeder Versorgungsweg für sich zu betrachten ist.

1. Durchführungsweg Direktversicherung

454 In der Praxis am häufigsten anzutreffen ist der Versorgungsweg der Direktversicherung gem. § 1b Abs. 2 BetrAVG. Wurde in dem schuldnerischen Unternehmen eine betriebliche Altersversorgung über Direktversicherungen eingerichtet, so stehen die Versicherungswerte ausschließlich den begünstigten Arbeitnehmern zu, sofern diesen ein **unwiderrufliches Bezugsrecht** gem. § 159 Abs. 3 VVG eingeräumt wurde. Dies stellt den gesetzlichen Normalfall dar. Besteht lediglich ein widerrufliches Bezugsrecht des Versorgungsberechtigten nach § 159 Abs. 2 VVG, steht der Anspruch auf die Versicherungsleistung bei der Insolvenz des Arbeitgebers der Insolvenzmasse zu[444]. In diesem Fall geht das Widerrufrecht des Arbeitgebers als Versicherungsnehmer auf den Insolvenzverwalter über, der über die Versicherungswerte damit verfügen kann. Der Arbeitnehmer selbst ist zur **Aussonderung** dieser Vermögenswerte aus der Masse gem. § 47 nicht berechtigt.[445] Anders ist die Rechtslage, wenn dem Versorgungsberechtigten ein **unwiderrufliches Bezugsrecht** eingeräumt wurde. Dann stehen die Vermögenswerte hinter der Direktversicherung nicht der Insolvenzmasse zu. Der Insolvenzverwalter kann also die Vermögenswerte nicht zur Masse ziehen.[446] Der Versorgungsberechtigte kann in diesem Fall von dem Insolvenzverwalter nach § 47 die Herausgabe der Versicherungspolice verlangen, insoweit steht ihm ein Aussonderungsrecht zu. Einer Insolvenzsicherung über den PSVaG bedarf es damit nicht.[447] Dem Anspruch auf Freigabe der versicherungsvertraglichen Ansprüche kann der Insolvenzverwalter auch kein Zurückbehaltungsrecht entgegenhalten, wenn der dem Zurückbehaltungsrecht zugrundeliegende Anspruch nicht auf demselben Rechtsverhältnis beruht.[448]

455 Neben dem widerruflichen und dem unwiderruflichen Bezugsrecht ist das **eingeschränkt unwiderrufliche Bezugsrecht** verbreitet. In dieser Vertragskonstellation ist das Bezugsrecht durch Vorbehalte, wie z.B. einer Ermächtigung, den Versicherungsanspruch abzutreten oder zu beleihen, eingeschränkt. Sofern in dem konkreten Fall die Voraussetzungen des Vorbehaltes nicht erfüllt sind, kann der in der Direktversicherung stehende Versicherungswert bei der Insolvenz des Arbeitgebers nicht zur Masse gezogen werden. Das eingeschränkt unwiderrufliche Bezugsrecht wird wie ein unwiderrufliches Bezugsrecht behandelt.[449]

456 Zur Prüfung der Eintrittspflicht des PSVaG sind Meldungen an den PSVaG gem. § 11 BetrAVG vorzunehmen. Dem PSVaG ist hier der entsprechende Meldedialog zur Verfügung zu stellen.

---

442 BAG 10.12.1971 – 3 AZR 190/71; BAG 17.06.2003, DB 2004, 324.
443 *Schipp*, ArbRB 2011, 246.
444 BAG 18.09.2012 – 3 AZR 176/10, DB 2013, 407.
445 BAG 26.02.1991, DB 1991, 2242.
446 BAG 26.06.1990 – 3 AZR 2/89, DB 1991, 72.
447 Vgl. auch *Schipp*, ArbRB 2011, 245.
448 ArbG Düsseldorf 20.12.2021 – 6 Ca 8002/20.
449 BAG 26.06.1990 – 3 AZR 651/88, DB 1990, 2272.

2. Durchführungsweg Unterstützungskasse

Besonderheiten sind in dem Durchführungsweg der Unterstützungskasse (§ 1b Abs. 4 BetrAVG) zu beachten. Hier besteht grundsätzlich Insolvenzschutz der Anwartschaften und Versorgungsleistungen (Renten) durch den PSVaG gem. § 7 BetrAVG wenn bei dem Arbeitgeber, d.h. dem Trägerunternehmen der Unterstützungskasse, ein Sicherungsfall gem. § 7 Abs. 1 BetrAVG eintritt. Ist der Sicherungsfall eingetreten, geht gem. § 9 Abs. 3 BetrAVG das Vermögen der Unterstützungskasse auf den PSVaG über. Sofern eine Unterstützungskasse mit mehreren Trägerunternehmen besteht (sog. Gruppenunterstützungskasse) – dieser Fall ist in der Praxis häufig anzutreffen – hat der PSVaG einen Anspruch gegen die Unterstützungskasse auf den Betrag, der dem Teil des Vermögens der Kasse entspricht, der auf das (Träger-) Unternehmen entfällt, bei dem der Sicherungsfall eingetreten ist, § 9 Abs. 3 S. 3 BetrAVG. Verfügungen über die Vermögenswerte in der Unterstützungskasse dürfen ab dem Anspruchsübergang nur mit Zustimmung des PSVaG vorgenommen werden. 457

Der PSVaG übernimmt die Fortführung der Anwartschaften bzw. Leistungen aus der betrieblichen Altersversorgung. Die auf den PSVaG übergegangenen Forderungen wird der PSVaG in dem Insolvenzverfahren als Insolvenzgläubiger geltend machen. Soweit Forderungen der Unterstützungskasse gegen das insolvente Trägerunternehmen bestehen, bspw. aufgrund eines Darlehens, gehen diese ebenfalls gem. § 9 Abs. 3 BetrAVG auf den PSVaG über. Diese Forderungen werden von dem PSVaG als eigenständige Forderung behandelt, die neben den Ansprüchen aus betrieblicher Altersversorgung als Insolvenzgläubiger in dem Insolvenzverfahren geltend gemacht werden. Zu berücksichtigten ist, dass die vom PSV anzumeldenden Forderungen aus betrieblicher Altersversorgung sich um die Zuflüsse mindern, die der PSVaG aus der Verwertung des übergegangenen Vermögens der Unterstützungskasse erhält. Damit ist auch die Insolvenzquote, die auf die von dem PSV angemeldeten Forderungen entfällt, von den anzumeldenden Forderungen aus der Insolvenzsicherung der betrieblichen Altersversorgung gem. § 9 Abs. 2 BetrAVG abzusetzen.[450] Für die Ermittlung der Quotenzahlung gibt der PSVaG eine Formel heraus.[451] 458

Aufgrund der gesetzlichen Anordnung des § 9 Abs. 3 BetrAVG geht das Vermögen der Unterstützungskasse einschließlich der Verbindlichkeiten auf den PSVaG über. Die Haftung des PSVaG ist dabei beschränkt auf das übergegangene Vermögen bzw. – im Fall des Bestehens einer Gruppenunterstützungskasse – auf die Werthaltigkeit des Zahlungsanspruches. Mit dem Vermögensübergang sind kostenverursachende Maßnahmen mit dem PSVaG abzustimmen.[452] Geht das Vermögen einer (Einzel-) Unterstützungskasse auf den PSVaG über, tritt bei der Unterstützungskasse Vermögenslosigkeit ein, sodass diese aufzulösen ist. Die Auflösung der Unterstützungskasse obliegt dem Vorstand der Unterstützungskasse. Besteht eine Gruppenunterstützungskasse, wird diese erst dann aufgelöst, wenn das letzte Trägerunternehmen ausgeschieden oder insolvent ist. 459

Für die Unterstützungskasse selbst führt die Insolvenz des Trägerunternehmens nicht zu einer (Folge-) Insolvenz. Mit dem gesetzlichen Anspruchsübergang des Vermögens und der Verbindlichkeiten der Unterstützungskasse auf den PSVaG kann ein Insolvenzgrund nicht bestehen. Zwar bestehen regelmäßig auch gegen die Unterstützungskasse Verbindlichkeiten, diese sind jedoch in der Regel – bis auf wenige und in der Regel zu vernachlässigende Ausnahmen – Versorgungsverpflichtungen der Versorgungsberechtigten. Für diese hat aber gem. § 7 BetrAVG der PSVaG einzustehen. 460

Auch wenn die Unterstützungskasse noch keine laufenden Leistungen erbringt, sondern lediglich unverfallbare Anwartschaften bestehen, kommt es zum Vermögensübergang auf den PSVaG. Der Vermögensübergang erfolgt auch, wenn die Unterstützungskasse selbst über so viel Vermögen verfügt, dass sie die Versorgungsanwartschaften und Rentenzahlungen erbringen könnte. Eine *»Eigenabwicklung«* kommt deshalb nicht in Betracht. Sofern jedoch das Vermögen der Unterstützungskasse 461

450 BAG 06.10.1992 – 3 AZR 51/92, DB 1993, 368.
451 Vgl. Hinweis auf der Homepage des PSV, www.psvag.de.
452 *Berenz*, DB 2006, 1006.

abzüglich der Verbindlichkeiten den Barwert der insolvenzgeschützten Ansprüche und Anwartschaften der Versicherten übersteigt, hat der PSVaG das überschüssige Kassenvermögen gem. § 9 Abs. 3 S. 2 BetrAVG satzungsgemäß zu verwenden. Das Vermögen wird insoweit von dem PSVaG weiter verwaltet. Der Insolvenzverwalter hat keinen Zugriff auf das überschüssige Vermögen der Unterstützungskasse.[453]

462 Auch im Fall des Durchführungsweges über die Unterstützungskasse ist gem. § 11 BetrAVG dem PSVaG gegenüber Meldung zu machen. Alternativ ist auch die Unterstützungskasse verpflichtet, dem PSVaG entsprechende Auskünfte zu erteilen, § 11 Abs. 1 S. 2 und Abs. 4 BetrAVG.

463 Ein Sonderfall deckt die **rückgedeckte Gruppen-Unterstützungskasse** dar. Grundsätzlich werden auch bei der Gruppen-Unterstützungskasse gem. § 7 Abs. 2 S. 2 BetrAVG die Versorgungsanwartschaften gegen die Insolvenz des Trägerunternehmens gesichert. Die zu sichernde Leistung bestimmt sich dabei anhand der festgestellten Werte der Rückdeckungsversicherungen. Insolvenzgeschützt sind die sich hieraus ergebenden garantierten Leistungen (ohne weitere Beitragszahlungen) einschl. der Überschussbeteiligung. Die Insolvenzsicherung der Versorgungsanwartschaften durch den PSVaG erfolgt nach den üblichen Grundsätzen. Entweder wird die Anwartschaft bis zum Eintritt des Versorgungsfalls aufrechterhalten, weshalb der PSVaG die Verpflichtung zur Zahlung einer laufenden monatlichen Betriebsrente regelmäßig nach § 8 Abs. 1 BetrAVG auf ein **Konsortium von Lebensversicherungsunternehmen** überträgt, oder die die Versorgungsanwartschaften werden gem. § 8 Abs. 2 S. 1 BetrAVG abgefunden. Erfolgt keine Abfindung, hat der PSVaG beim Eintritt des Versorgungsfalls die Leistung zu erbringen. Die auf dem PSVaG gem. § 9 Abs. 2 bzw. Abs. 3 BetrAVG übergegangenen Ansprüche aus der Rückdeckungsversicherung werden dazu realisiert und die Leistung aus der Rückdeckungsversicherung vom PSVaG vereinnahmt. Optional kann die Versicherungsnehmereigenschaft von der Gruppen-Unterstützungskasse auf den Versorgungsanwärter übertragen werden oder die Rückdeckungsversicherung kann durch die Gruppen-Unterstützungskasse aufrechterhalten bleiben und damit die betriebliche Altersversorgung des Versorgungsanwärters bei einem Folgearbeitgeber des insolventen Trägerunternehmens darstellen.

464 Neben der Fortführung der Versicherungsleistungen kommt auch die Abfindung der Anwartschaften im Rahmen der gesetzlichen Höchstgrenzen von § 8 Abs. 2 S. 1 BetrAVG in Betracht. Können die Anwartschaften abgefunden werden, so wird der PSVaG regelmäßig von seinem Abfindungsrecht Gebrauch machen. Ggf. beauftragt der PSVaG die Gruppen-Unterstützungskasse, die Versorgungsanwartschaften in seinem Namen und für seine Rechnung abzufinden. Dazu wird die Rückdeckungsversicherung gekündigt, und die Versicherungsleistung an den Versorgungsanwärter ausgezahlt. Voraussetzung ist, dass der Auszahlungsbetrag den nach § 8 Abs. 2 BetrAVG zu ermittelnden Abfindungsbetrag nicht unterschreitet.

465 Die Rechte der Versorgungsberechtigten gegen ihren Arbeitgeber oder gegen Dritte (z.B. Verpfändung der Rückdeckungsversicherung) gehen gem. § 9 Abs. 2 S. 1 BetrAVG auf den PSVaG über. Der PSVaG hat gem. § 9 Abs. 3 S. 3 BetrAVG einen Anspruch gegen die Gruppen-Unterstützungskasse auf Auskehrung des anteiligen Kassenvermögens. Dieser Anspruch besteht regelmäßig aus den Versicherungsleistungen bei Kündigungen bzw. Ablauf der dem insolventen Arbeitgeber zuzuordnenden Rückdeckungsversicherungen. Die Rückdeckungsversicherungen müssen also zugunsten des PSVaG verwertet werden.

466 Sollte die Rückdeckungsversicherung zum Insolvenzstichtag keinen Wert haben, aus dem eine Anwartschaft ermittelt werden kann, besteht aufgrund der Gestaltung des Leistungsplans der Höhe nach keine durch den PSVaG insolvenzgesicherte Anwartschaft gem. § 7 Abs. 2 BetrAVG. Der Versorgungsanwärter erhält vom PSVaG dann eine Mitteilung gem. § 9 Abs. 1 BetrAVG. Soweit gem. § 9 Abs. 2 S. 1 BetrAVG Ansprüche infolge der Insolvenzeröffnung übergegangen sind (z.B. aufgrund eines Pfandrechtes an der Rückdeckungsversicherung) werden diese auf den Versorgungs-

453 Kemper/Kisters-Kölkes/Berenz/Bode/Pühler, BetrAVG, Rn. 22 ff.

anwärter zurückübertragen. Der PSVaG gibt diese Versicherung damit zugunsten der Versicherungsberechtigten frei.

467 **Versorgungsempfänger** werden im Fall der rückgedeckten Unterstützungskasse ihre Leistungen ebenfalls weiterhin erhalten. Es gelten insoweit die Grundsätze des § 7 Abs. 1 BetrAVG.

3. Durchführungsweg Direktzusage

468 Neben den oben genannten Durchführungswegen ist in der betrieblichen Praxis immer noch der Durchführungsweg der unmittelbaren Versorgungszusage weit verbreitet. Die Finanzierung der Direktzusage wird dadurch getragen, dass für die aus der Zusage erwachsenden Ansprüche bilanzielle Rückstellungen gebildet werden. Aus dieser Systematik folgt, dass regelmäßig im Insolvenzfall keine Ausfinanzierung der Ansprüche der Versorgungsempfänger oder Anwärter gegeben ist. Teilweise ist auch festzustellen, dass die tatsächliche Höhe der Verpflichtungen in der Steuerbilanz nur unzureichend abgebildet ist. Auch ist häufig ein grobes Ungleichgewicht zwischen Betriebsrentnern und aktiven Personal festzustellen. Dies betrifft insbesondere Unternehmen, die bereits durch Sanierungsprozesse gegangen sind, in dessen Folge die Anpassung der Belegschaftsstärke an den tatsächlichen Beschäftigungsbedarf bereits erfolgt ist, jedoch die Zahl der Betriebsrentner und die dahinter stehenden Liquiditätsabflüsse naturgemäß nicht eingeschränkt werden konnten.[454] Die aktuelle Zinsentwicklung wird das Problem aus Ausfinanzierung der Betriebsrenten noch verschärfen.

469 Diese Versorgungszusage kann in der betrieblichen Praxis als Einzelversorgungszusage oder in Form einer allgemeingültigen Versorgungsordnung vorkommen. Auch hier kann eine Eintrittspflicht des PSVaG und damit verbunden eine Insolvenzsicherung bestehen.

III. Die Insolvenzsicherung über den PSVaG im Insolvenzplanverfahren

1. Grundlagen

470 Aufgrund des in § 9 Abs. 2 BetrAVG festgelegten **gesetzlichen Forderungsüberganges**, ist der PSVaG bei Bestehen von Ansprüchen an Anwartschaften aus betrieblicher Altersversorgung regelmäßig Gläubiger in dem Insolvenzverfahren. Häufig dürfte der PSVaG sogar zu den größten Gläubigern zählen, da die Verpflichtungen aus der betrieblichen Altersversorgung in der Regel wegen der Vielzahl der betroffenen Fälle und der Höhe der Einzelansprüche zu entsprechend großen Forderungen führen. Der PSVaG nimmt damit eine sehr wichtige Stelle sowohl im Regelinsolvenzverfahren als auch im Fall eines Insolvenzplanverfahrens ein.

471 Ausgangspunkt jeder Regelung zur Rechtsstellung des PSVaG in einem Insolvenzplanverfahren ist zum einen die Zielrichtung des Plans und zum anderen die Analyse der bestehenden Versorgungszusagen und ihrer Konsequenzen für den Insolvenzschuldner. Ist der Plan auf die Liquidation des Unternehmens ausgelegt, so gelten in Bezug auf die Beteiligung des PSVaG keine Besonderheiten. Soll der Insolvenzplan jedoch wie regelmäßig die Sanierung und Fortführung des entschuldeten Rechtsträgers ermöglichen, so ist die besondere Rolle des PSVaG und die sich aus dem BetrAVG sowie der InsO ergebende Rechtsstellung des PSVaG zwingend zu berücksichtigen.

472 Geht es in dem Insolvenzplan also um die Fortführung des schuldnerischen Unternehmens, was für die weiteren Ausführungen unterstellt werden soll, ist die Kenntnis der bestehenden Versorgungszusagen von großer Bedeutung. Erst die Information hierüber ermöglicht dem Planersteller, die Stellung des PSVaG im Planverfahren angemessen zu berücksichtigen. Neben der **Ist-Aufnahme** und der rechtlichen Bewertung der Versorgungsansprüche empfiehlt es sich, ein versicherungsmathematisches Gutachten einzuholen. Für den Planersteller ist auch von Bedeutung, die Personen-

454 Vgl. dazu auch *Flitsch/Chardon*, DZWIR 2004, 485 mit dem Verweis auf den Fall »Grundig«.

gruppe der nicht über den PSVaG insolvenzgesicherten Gläubiger zu kennen.[455] Diese nimmt als *»reguläre«* Gläubigergruppe in dem Insolvenzplanverfahren teil.

473 Von besonderer Relevanz ist auch die betriebliche Altersversorgung über den Durchführungsweg der Unterstützungskasse bei der die Finanzierung der Versorgungsansprüche über **Entgeltumwandlung** ausschließlich durch die Arbeitnehmer erfolgt. Grundsätzlich müsste hier entsprechend der Regelung des § 9 Abs. 3 BetrVG das Kassenvermögen auf den PSVaG übergehen und die Unterstützungskasse insoweit aufgelöst werden. Hier kann jedoch erwogen werden, die Altersversorgung ohne den Einstand des PSVaG durch das sanierte Arbeitgeberunternehmen fortzuführen. Die Option hierzu eröffnet die Regelung des § 7 Abs. 4 S. 2 BetrAVG, nach der die Einstandspflicht des PSVaG modifiziert werden kann. Auch bei betrieblicher Altersversorgung, die über eine sog. **kongruent rückgedeckte Unterstützungskasse** durchgeführt wird, ist der PSVaG aufgrund von § 9 Abs. 2 BetrAVG Insolvenzgläubiger. Dies ungeachtet seines Anspruches auf eventuell vorhandene Deckungsmittel der Unterstützungskasse selbst, die dem PSVaG aufgrund des Vermögensüberganges zur Verfügung stehen. Eine Fortführung dieser Zusagen durch den Insolvenzschuldner bedarf deshalb ebenfalls einer ausdrücklichen Planregelung.

474 Da in der Regel bei der rein arbeitnehmerfinanzierten Altersversorgung im Wege der Entgeltumwandlung kein Aufwand für den Arbeitgeber entsteht und die Arbeitnehmer die Fortführung der Altersversorgung über die Entgeltumwandlung vorteilhaft ist, stellt die Fortführung der Altersversorgung eine sinnvolle Regelung dar. Von der Grundregel des § 9 Abs. 3 BetrAVG sollte insoweit in derartigen Sachverhalten abgewichen werden.[456]

2. Gruppenbildung

475 Im Insolvenzplan besteht die Möglichkeit, für den PSVaG eine **besondere Gruppe** zu bilden (§ 9 Abs. 4 S. 1 BetrAVG), von der in der Praxis auch regelmäßig gebraucht gemacht wird. Die Vorschriften zur allgemeinen Gruppenbildung gem. § 222 werden insoweit konkretisiert. Der PSVaG hat gegenüber anderen, nicht nachrangigen Insolvenzgläubigern, regelmäßig dann eine besondere wirtschaftliche Interessenlage gem. § 222 Abs. 2 S. 1, wenn sich die Änderung seiner Rechtsstellung bei der Fortführung des schuldnerischen Unternehmens von denen anderer, nicht nachrangiger Gläubiger unterscheidet.

476 Zwar handelt es sich bei § 9 Abs. 4 S. 1 BetrAVG um eine **Kannvorschrift**, ein Wahlrecht in Bezug auf Gruppenbildung besteht für den Planersteller jedoch tatsächlich nur eingeschränkt. Denn mit dieser Regelung wollte der Gesetzgeber die aus taktischen Gründen sich u.U. anbietende Möglichkeit ausschließen, dass der PSVaG der Gruppe der einfachen, ungesicherten Gläubiger zugeordnet wird und damit bei der Planannahme leicht überstimmt werden könnte.[457] Vertreten wird, dass aus § 226 Abs. 1 und den hier normierten Gleichbehandlungsgrundsatz entnommen werden kann, dass die Bildung einer besonderen Gruppe für den PSVaG dann zwingend ist, wenn die Regelung über die Änderung der Rechtsstellung des PSVaG eine Ungleichbehandlung gegenüber anderen, nicht nachrangigen Gläubigern darstellt. Abweichungen von dem Grundsatz des § 9 Abs. 4 S. 1 BetrAVG sind deshalb auch nur im Rahmen von § 226 Abs. 2 zulässig. Unabhängig davon ist dringend zu empfehlen, den PSVaG wegen seiner besonderen Stellung in dem Insolvenzplanverfahren im Vorfeld der Planerstellung zu kontaktieren und die Bildung der besonderen Gruppe zu thematisieren. Wurde mit dem PSVaG eine übereinstimmende Position gefunden, kann es u.U. sogar aus taktischen Überlegungen heraus sinnvoll sein, keine eigene Gruppe zu bilden um auf das Abstimmungsergebnis Einfluss zu nehmen.[458] Damit ist dringend dazu zu raten, mit dem PSVaG eine gemeinsame Position zu finden.

---

455 S. hierzu Zusammenfassung der Ausschlussfälle unter Rdn. 429 ff.
456 *Bremer*, DB 2011, 877.
457 *Flitsch/Chardon*, DZWIR 2004, 487.
458 *Flitsch/Chardon*, DZWIR 2004, 487.

Wird eine **Besserungsklausel** gem. § 7 Abs. 4 S. 5 BetrAVG[459] aufgenommen, so muss in der Folge wegen der damit verbundenen Sonderbehandlung des PSVaG in dem Insolvenzplan eine eigene Gruppe gebildet werden. Die Kannvorschrift des § 9 Abs. 4 S. 1 BetrAVG wird dann zu einer quasi zwingenden Bestimmung. Unterbleibt die Gruppenbildung, würden die anderen Beteiligten der Gläubigergruppe aufgrund der Besserstellung des PSVaG im Ergebnis unterschiedlich behandelt. Dies würde dem Gleichbehandlungsgrundsatz des § 226 Abs. 1 widersprechen und wäre damit nur unter den Voraussetzungen des § 226 Abs. 2 S. 1 zulässig.[460] 477

Wird für den PSVaG eine besondere Gruppe gebildet, müssen die Kriterien hierfür im **gestaltenden Teil** des Insolvenzplans angegeben werden, § 222 Abs. 2 S. 3. 478

3. Rückübertragung von Versorgungsverpflichtungen: Quoten- und Befristungslösung

§ 217 eröffnet die Möglichkeit, im Insolvenzplan eine besondere Regelung zur insolvenzrechtlichen Rechtsstellung des PSVaG aufzunehmen. Als Planregelung gem. § 224 kommt in Betracht, dass der Forderungsausgleich gegenüber dem PSVaG nicht durch eine Quotenzahlung, sondern ganz oder teilweise durch Rückübertragung von Versorgungsverpflichtungen auf den Insolvenzschuldner erfolgt. Denkbar sind demnach eine **quotale** (§ 7 Abs. 4 S. 2 BetrAVG) und eine zeitbezogene oder **horizontale Aufteilung** der Leistungen (§ 7 Abs. 4 S. 3 BetrAVG).[461] 479

Der Insolvenzplan kann gem. § 7 Abs. 4 BetrAVG vorsehen, dass der Arbeitgeber oder sonstige Träger der Versorgung einen Teil der Leistung jeweils selbst zu erbringen hat (**Quotenlösung**). Damit vermindert sich die Leistungspflicht des PSVaG entsprechend. Wie die Leistung dabei aufgeteilt wird (anteilig oder gegenüber einem abgegrenzten Personenkreis), obliegt der Festlegung zwischen dem PSVaG und dem Planersteller. Möglich ist zunächst die auf Dauer angelegte pauschale quotale Aufteilung aller Versorgungsansprüche, die Aufteilung nach **Personenkreisen** (aktive Arbeitnehmer: Arbeitgeber; ausgeschiedene Arbeitnehmer: PSVaG)[462] oder die Aufteilung nach den unterschiedlichen **Durchführungswegen**.[463] Eine Differenzierung könnte zudem auch mit der quotalen Aufteilung nach den jeweiligen **Rechtsgrundlagen** (bspw. unterschiedlicher Versorgungsordnungen) oder unter der Berücksichtigung von Absicherungen der Versorgungsansprüche durch bestimmte Rechte oder Vermögensmassen (Rückdeckungsversicherungen, Unterstützungskassenvermögen, Contractual Trust Agreements) erfolgen.[464] Welcher Weg konkret beschritten wird, hängt im Wesentlichen von der wirtschaftlichen Leistungsfähigkeit des über das Planverfahren zu sanierenden Unternehmens ab. Zudem ist in den einzelnen Lösungswegen der unterschiedliche Verwaltungsaufwand zur Umsetzung der quotalen Aufteilung zu berücksichtigen. So müsste bei der pauschalen quotalen Lösung die Ansprüche aus der Altersversorgung sowohl von dem PSVaG als auch von dem Arbeitgeber verwaltet werden, was einen entsprechend hohen Doppelaufwand bedeutet.[465] 480

Möglich ist auch eine Regelung im Insolvenzplan dahin gehend, dass der Arbeitgeber oder sonstiger Träger der Versorgung die Leistung ab einem bestimmten Zeitraum wieder selbst zu erbringen hat (**horizontale Aufteilung oder Befristungslösung**). In diesem Fall wird die Leistungspflicht des PSVaG entsprechend befristet, § 7 Abs. 4 S. 3 BetrAVG. In der Praxis übernimmt also zunächst der PSVaG die insolvenzgeschützten Ansprüche aus der betrieblichen Altersversorgung und entlastet insoweit das zu sanierende Unternehmen durch eine faktische Liquiditätshilfe.[466] Ab einen bestimmten Zeitpunkt, der sich beispielsweise nach der Höhe der dem PSVaG zugemessenen Quote bestimmt (maß- 481

---

459 S. hierzu Rdn. 486 ff.

460 MK-*Sinz* § 250 Rn. 10 (dort Fn. 22); *Rieger*, NZI 2013, 675.

461 *Bremer*, DB 2011, 876.

462 *Rieger*, NZI 2013, 675.

463 *Bremer*, DB 2011, 876; *Rieger*, NZI 2013, 675.

464 *Bremer*, DB 2011, 876.

465 *Bremer*, DB 2011, 876; *Rieger*, NZI 2013, 675.

466 *Flitsch/Chardon*, DZWIR 2004, 489; *Rieger*, NZI 2013, 675.

geblich können hier die vom PSVaG zu leistenden Barwerte sein),[467] werden die Versorgungsleistungen wieder von dem sanierten Arbeitgeberunternehmen erbracht. Natürlich ist auch die Festlegung eines bestimmten Datums denkbar.[468]

482 In der Praxis können Rückübertragungsklauseln wie folgt formuliert sein:

483 *»Die Schuldnerin führt die betriebliche Altersversorgung durch Entgeltumwandlung über eine Unterstützungskasse durch.*

Mit der Rechtskraft der Bestätigung des Insolvenzplanes übernimmt die Insolvenzschuldnerin mit Rückwirkung zum Stichtag der Insolvenzeröffnung die Fortführung der auf Entgeltumwandlung beruhenden betrieblichen Altersversorgung. Nach § 7 Abs. 4 S. 2 BetrAVG vermindert sich insoweit der Anspruch der Versorgungsberechtigten gegenüber dem PSVaG, der dann seinerseits insoweit keine Insolvenzforderung geltend macht.

Der PSVaG verzichtet auf die Geltendmachung seiner nach § 9 Abs. 2 BetrAVG auf ihn übergegangenen diesbezüglichen Forderungen.«

484 Denkbar und zulässig sind auch Kombinationen aus der Quotenlösung und der Befristungslösung.[469] Im Insolvenzplan kann aber auch vorgesehen werden, dass der PSVaG die betriebliche Altersversorgung im insolvenzgeschützten Umfang vollumfänglich sichert und hierfür ausschließlich eine Quotenzahlung erhält, welche die Besonderheiten der betrieblichen Altersversorgung angemessen berücksichtigt.

485 Die betriebliche Altersversorgung des Versorgungsempfängers bzw. des Anwärters, die im Rahmen eines Insolvenzplans von dem Arbeitgeber nach den oben dargestellten Regelungen übernommen wird, ist wiederum durch den PSVaG gegen die Insolvenz des Arbeitgebers gesichert. Zudem ist eine besondere zeitliche Komponente zu berücksichtigen: Regelmäßig wird die Quote aus dem Insolvenzplan bei der Quotenlösung dem PSVaG u.U. erst Jahre später zufließen, wenn nämlich der Arbeitgeber die letzte Versorgungsleistung erbracht hat. Wegen des damit verbundenen Risikos des Ausfalles bei der einer Folgeinsolvenz fordert der PSVaG mit dem Hinweis auf den Grundsatz der Gläubigergleichbehandlung, dass für die abzusichernden Verbindlichkeiten entweder werthaltige Sicherheiten gestellt werden oder dass der PSVaG eine Gegenleistung für die Inkaufnahme des Risikos erhält (**Risikoaufschlag**).[470] Mit einer solchen Regelung in dem Insolvenzplan soll in einer Folgeinsolvenz des über den Insolvenzplan sanierten Unternehmens die erneute Inanspruchnahme des PSVaG begegnet werden.

4. Besserungsregelung

486 Von besonderer Bedeutung für den Planersteller ist die sog. Besserungsklausel des § 7 Abs. 4 S. 5 BetrAVG. Nach der gesetzgeberischen Wertung, soll der PSVaG bei der Sanierung des schuldnerischen Unternehmens und der mit dem Insolvenzplanverfahren verbundenen Aufrechterhaltung des Rechtsträgers nicht uneingeschränkt für die Ansprüche der Versorgungsempfänger und Versorgungsanwärter einstehen müssen. Bei einer **nachhaltigen Besserung** der wirtschaftlichen Lage des sanierten Unternehmens sollen die insolvenzgeschützten Ansprüche ganz oder teilweise von dem sanierten Unternehmen getragen und der PSVaG insoweit entlastet werden. In dem Insolvenzplan soll deshalb nach § 7 Abs. 4 S. 5 BetrAVG vorgesehen werden, dass bei einer nachhaltigen Besserung der wirtschaftlichen Lage des Arbeitgebers die von dem PSVaG zu erbringenden Leistungen ganz oder zum Teil von dem Arbeitgeber oder sonstigen Träger der Versorgung (wieder) übernommen werden. Diese Besserungsregelung gilt unabhängig von der im gestaltenden Teil des Insolvenzplans vorgesehenen Regelung über die Systematik der Einordnung der Forderungen des PSVaG. Die

467 *Bremer*, DB 2011, 877; *Rieger*, NZI 2013, 675.
468 *Rieger*, NZI 2013, 675.
469 *Bremer*, DB 2011, 877 m.w.N.
470 *Bremer*, DB 2011, 877.

Besserungsregelung ergänzt also die besonderen Bestimmungen zur Rechtsstellung des PSVaG im Insolvenzplanverfahren.

Gegenstand der Besserungsklausel sind dabei nur die nach Bedingungseintritt (d.h. der nachhaltigen Besserung) noch zu erfüllenden Leistungen. Die bis zum Bedingungseintritt planmäßig vom PSVaG bereits erfüllten Rentenansprüche leben nicht wieder auf, ihre Sanierungswirkung ist damit endgültig. Der sanierte Arbeitgeber muss nach Bedingungseintritt die bestehende betriebliche Altersversorgung in vollem Umfang übernehmen bzw. fortführen.[471] Kann jedoch aufgrund der wirtschaftlichen Situation des sanierten Unternehmens eine vollständige Übernahme der Versorgungsverpflichtungen nicht erfolgen, kann auch eine nur teilweise Übernahme in Betracht kommen. Dies kann insb. dann der Fall sein, wenn der Betrieb im Insolvenzverfahren erheblich eingeschränkt wurde, sodass das vorhandene Produktivpersonal die laufenden Betriebsrenten nicht ausfinanzieren kann oder wenn ein in der Bilanzsumme erheblich reduziertes Unternehmen nicht mehr in der Lage sein wird, die Versorgungsverpflichtungen zu übernehmen.[472] Denkbar ist auch, dass ein Vergleich der Befriedigungsquoten der Gläubigergruppen dazu führt, dass eine vollständige Befriedigung des PSVaG nicht darstellbar ist.[473] 487

Bei der Besserungsregelung des § 7 Abs. 4 S. 5 BetrAVG handelt es sich dem Wortlaut nach um eine bloße **Sollvorschrift**. Ungeachtet dessen wird vertreten, dass dann, wenn der Insolvenzplan keine Besserungsregel für den PSVaG enthält, das Insolvenzgericht den Plan gem. § 231 Abs. 1 Nr. 1 von Amts wegen zurückweisen muss.[474] Nach einer einschränkenden Auffassung soll dies jedenfalls dann gelten, wenn eine Besserungsklausel nicht in den Plan aufgenommen wurde, ohne dass dies etwa durch besondere Umstände gerechtfertigt ist.[475] Diese Auffassung überzeugt, denn für den nicht zwingenden Charakter der Besserungsklausel als Inhalt des Insolvenzplanes spricht der eindeutige Wortlaut der Norm. Außerdem kann der Effekt der Besserungsklausel, nämlich die wirtschaftliche Entlastung des PSVaG und damit letztlich der Beitragszahler, auch über andere Planinstrumente (bspw. einer Planbedingung oder der Rückübertragung der Versorgungsleistungen auf den sanierten Rechtsträger) erreicht werden. Einen »Zwang« zur Vereinbarung einer Besserungsklausel bedarf es deshalb nicht. Mit der Besserungsklausel als Sollvorschrift wird aber ein Regel-/Ausnahmeprinzip anzunehmen sein. Deshalb wird in dem Insolvenzplan regelmäßig eine Besserungsregelung aufgenommen werden oder aber der Insolvenzplan muss eine für das Insolvenzgericht und den PSVaG nachvollziehbare Begründung für den Wegfall der Besserungsklausel oder einer Kompensation hierfür enthalten. 488

Entscheidendes Kriterium für die Beurteilung, ob und in welchem Umfange in einem Insolvenzplan eine Besserungsregel zugunsten des PSVaG aufgenommen werden muss, ist dabei die wirtschaftliche Leistungsfähigkeit des über das Planverfahren sanierten Arbeitgebers. Zur Bestimmung der Versorgungsverpflichtung, die vom sanierten Unternehmen wieder selbst erfüllt werden kann, ist die Einholung einer versicherungsmathematischen Prognose über die Entwicklung der Versorgungsanwartschaften und Rentenzahlungen zu empfehlen. 489

Anstatt oder neben der Besserungsklausel des § 7 Abs. 4 S. 5 BetrAVG kann in Abstimmung mit dem PSVaG auch erwogen werden, eine **Planbedingung** gem. § 249 oder eine **aufschiebende oder auflösende Planbedingung** aufzunehmen. Dies kann insb. dann in Betracht kommen, wenn die Besserungsklausel im Wesentlichen das Ziel verfolgt, eine Beteiligung der Gesellschafter an der Sanierung des schuldnerischen Unternehmens zu erreichen. Hierfür bedarf es nicht der Besserungs- 490

471 *Rieger*, NZI 2013, 673.
472 *Rieger*, NZI 2013, 673.
473 *Rieger*, NZI 2013, 673.
474 Blomeyer/Rolfs/Otto-*Rolfs*, BetrAVG, § 7 Rn. 278; ErfK-*Steinmeyer* § 7 BetrAVG Rn. 58; vgl. auch *Flitsch/Chardon*, DZWIR 2004, 487 mit der Darstellung des Meinungsstandes.
475 *Grub*, DZWIR 2000, 228; *Rieger*, NZI 2013, 674 sowie der PSVaG mit dem Hinweis auf BT-Drucks. 12/3803, S. 111 (Merkblatt 110/M 2, nachzulesen unter www.psvag.de).

klausel, zumal diese auch sanierungshemmend wirken kann, wenn dem sanierten Unternehmen neues Kapital zugeführt werden soll und die Zukunftsbelastung abschreckend wirkt.[476]

491 Die Technik der **Formulierung der Besserungsklausel** ist durch die Problematik bestimmt, die Bedingung, d.h. die nachhaltige Besserung der wirtschaftlichen Situation des über den Insolvenzplan sanierten Unternehmens zu beschreiben. Abzuraten ist hier von der einfachen Übernahme des Gesetzestextes des § 7 Abs. 4 S. 5 BetrAVG. Der Begriff der *»nachhaltigen Besserung der wirtschaftlichen Lage«* ist durch den Gesetzgeber nicht weiter definiert worden und taugt nicht als belastbare Größe zur Feststellung des Bedingungseintrittes i.S.d. § 7 Abs. 4 S. 5 BetrAVG.[477] Der unbestimmte Begriff sollte deshalb in dem Insolvenzplan so genau wie möglich unter Aufnahme bestimmter Kennzahlen ausdefiniert werden.[478] Denkbar ist bspw. die Festlegung des Erreichens einer bestimmten Eigenkapitalquote.[479] Zudem ist wird dem PSVaG die Möglichkeit zu eröffnen sein, diese Kennzahlen durch Einsichtnahme in die maßgeblichen Unterlagen (bspw. Jahresabschlüsse) nachzuprüfen.[480] Neben der klassischen Besserungsklausel, dessen Formulierung und Inhalt sich an den Gesetzestext anlehnt, sind Abgeltungsklauseln und klassische Besserungsscheine denkbar.[481] Dabei muss immer das Ziel der Besserungsklausel im Blick behalten werden, die Besserstellung des PSVaG dadurch zu erreichen, dass dieser an dem Sanierungserfolg partizipiert, indem er von Versorgungsverpflichtungen entlastet wird.

492 Als Planregelung ist auch die **Kombination** aus Besserungsklausel und einer Befristungsregelung des § 7 Abs. 4 S. 3 BetrAVG denkbar. Eine Klausel könnte dabei bestimmten, dass die Übernahme der Versorgungsleitungen durch das sanierte Unternehmen zu einem bestimmten Stichtag erfolgt (Befristungsregelung). Sollte zuvor eine nachhaltige wirtschaftliche Besserung festzustellen sein, greift entsprechend die Besserungsklausel des § 7 Abs. 4 S. 5 BetrAVG.[482]

5. Wiederauflebensregelung

493 Von der Besserungsregel zu unterscheiden ist die **Erstattungspflicht** bzw. **Wiederauflebensregelung** des § 9 Abs. 4 S. 2 BetrAVG. Die Wiederauflebensregelung ist Reflex aus der horizontalen Aufteilung bzw. Befristungsregelung des § 9 Abs. 4 S. 3 BetrAVG. Die Befristungsregelung besagt, dass der PSVaG zunächst für einen definierten Zeitraum die bestehenden Versorgungsverpflichtungen erfüllt und ab einem Stichtag der sanierte Rechtsträger wieder die Versorgungsleistung aus eigener Kraft erbringt. Häufig liegen zwischen diesen zwei Zeitpunkten lange Zeiträume, sodass der PSVaG das Insolvenzrisiko des zu sanierenden Unternehmens übernimmt. Kommt es zur Folgeinsolvenz, kann der PSVaG, sofern im Insolvenzplan nichts anderes vorgesehen ist, in dem (Folge-) Insolvenzverfahren als Insolvenzgläubiger die Erstattung der von ihm erbrachten Leistungen verlangen. Dies gilt, wenn innerhalb von drei Jahren nach der Aufhebung des Insolvenzverfahrens mittels des Insolvenzplans wieder ein Antrag auf Eröffnung eines Folgeinsolvenzverfahrens über das Vermögen des über den Insolvenzplan sanierten Arbeitgebers gestellt wird. Der § 9 Abs. 4 S. 2 BetrAVG stellt insoweit eine Spezialregelung zu § 255 dar und geht in seiner Wirkung über § 255 hinaus, weshalb auch von einer erweiterten Wiederauflebensklausel gesprochen werden kann.[483]

494 Die Regelung des § 9 Abs. 4 S. 2 BetrAVG aber auch des § 255 sind gem. § 9 Abs. 4 S. 2 Halbs. 1 BetrAVG bzw. § 255 Abs. 3 abdingbar.[484]

---

476 *Flitsch/Chardon*, DZWIR 2004, 488.
477 *Flitsch/Chardon*, DZWIR 2004, 488.
478 Blomeyer/Rolfs/Otto-*Rolfs*, BetrAVG, § 7 Rn. 278; *Rieger*, NZI 2013, 673.
479 *Rieger*, NZI 2013, 673.
480 *Flitsch/Chardon*, DZWIR 2004, 488.
481 *Rieger*, NZI 2013, 674.
482 *Flitsch/Chardon*, DZWIR 2004, 489.
483 *Flitsch/Chardon*, DZWIR 2004, 489.
484 *Flitsch/Chardon*, DZWIR 2004, 489.

6. Masseunzulänglicher Insolvenzplan, § 210a InsO

Eine besondere Problematik kann im Fall des masseunzulänglichen Insolvenzplanes entstehen. Der im Rahmen des Gesetzes zur weiteren Erleichterung der Sanierung von Unternehmen vom 07.12.2011 neu eingeführte § 210a regelt die Rangfolge der Gläubiger im Fall der Anzeige der Masseunzulänglichkeit im Planverfahren. Der früher bestehende Streit über die Möglichkeit masseloser oder masseunzulänglicher Insolvenzpläne ist damit durch den Gesetzgeber beendet worden. Eine Abwicklung des Insolvenzverfahrens über einen Insolvenzplan kann damit auch bei drohender bzw. temporärer Masseunzulänglichkeit erfolgen.[485] 495

Nachdem im Fall des masseunzulänglichen Insolvenzplans gerade keine liquiden Mittel zur Verfügung stehen, ist die Anwendung der spezifischen Regelungen des § 7 Abs. 4 BetrAVG (Befristung oder horizontale Aufteilung der Versorgungsansprüche) oder der Besserungsregel des § 7 Abs. 4 S. 5 BetrAVG problematisch. Zudem ist zu unterstellen, dass in einem masseunzulänglichen Verfahren alle Insolvenzgläubiger mit ihren Forderungen ausfallen.[486] Deshalb könnte vertreten werden, dass für die Anwendung der speziellen Regelungen im BetrAVG im Fall des masseunzulänglichen Insolvenzplans kein Raum ist. 496

Der Sanierungsgedanke, der letztendlich auch hinter den Bestimmungen des BetrAVG für das Insolvenzplanverfahren steht, kann jedoch auch im Fall des § 120a zum Tragen kommen. Auch ein über einen (wenn auch masseunzulänglichen) Insolvenzplan saniertes Unternehmen kann eine nachhaltige wirtschaftliche Besserung erfahren, was die Anwendung der Besserungsregelung nach § 7 Abs. 4 S. 5 BetrAVG eröffnet.[487] Auch die Verpflichtung zur Rückübertragung der Versorgungsleistungen nach § 7 Abs. 4 BetrAVG ist im Fall eines masseunzulänglichen Insolvenzplanes grundsätzlich denkbar. Hier werden nur die Zeiten der »Liquiditätshilfe« des PSVaG der Massesituation anzupassen sein, d.h. entsprechend lange Zeiträume umfassen. Ausgeschlossen ist dies nicht, wenn mit dem PSVaG eine entsprechende Einigung erzielt werden kann. In diesen Fällen ist damit kein Vergleich mit den durch den Insolvenzplan vermittelten Chancen für die sonstigen Gläubiger anzustellen, sondern denjenigen für den Unternehmensträger, seine langfristigen Vertragspartner sowie sonstige am Erhalt des Unternehmensträgeres interessierte Dritte.[488] Ein solches Interesse kann auch aufseiten des PSVaG bestehen, wenn es gelingt darzustellen, dass der vermutete Sanierungserfolg nicht aus der Luft gegriffen ist und damit im Ergebnis eine Chance zur Beschränkung der Haftung des PSVaG besteht. Zwar werden masseunzulängliche Insolvenzpläne regelmäßig festzuschreiben müssen, dass für das zu sanierende Unternehmen erhebliche insb. liquiditätssichernde Beiträge der Verfahrensbeteiligten erforderlich sind. Ist aber im masseunzulänglichen Insolvenzplan die Fortführung des Unternehmens vorgesehen, in dessen Verlauf die Masseunzulänglichkeit überwunden wird, ist auch für die Regelungen des BetrAVG und die darin festgeschriebene besondere Beteiligung des PSVaG Raum.[489] Jedenfalls ist nicht ersichtlich, dass die spezifischen Regelungen des BetrAVG den masseunzulänglichen Insolvenzplan ausschließen. Auch außerhalb des BetrAVG gilt, dass die angezeigte Masseunzulänglichkeit weder den Verfahrenszweck der bestmöglichen Gläubigerbefriedigung noch die Aufgabenstellung des Insolvenzverwalters oder etwa die Verfahrensposition der Insolvenzgläubiger ändert.[490] 497

485 HambKomm-InsR/*Weitzmann* § 210a Rn. 2.
486 *Rieger*, NZI 2013, 673.
487 Vgl. *Rieger*, NZI 2013, 673.
488 *Rieger*, NZI 2013, 673.
489 *Rieger*, NZI 2013, 673.
490 HambKomm-InsR/*Weitzmann* § 210a Rn. 3.

Kapitel 7 Steuerrecht in der Sanierung

Übersicht Rdn.

Rdn.

A. Einleitung

Ein erfolgreiches Sanierungskonzept setzt zwingend die Berücksichtigung der steuerlichen Folgen der Sanierungsmaßnahmen voraus. Im Mittelpunkt steht dabei in aller Regel, unliebsame Konsequenzen durch zusätzliche Steuerbelastungen für das zu sanierende Unternehmen zu vermeiden. Dies setzt eine sehr sorgfältige steuerliche Strukturierung voraus. 1

Die steuerlichen Rahmenbedingungen für Restrukturierungen haben sich zwar dem Grunde nach verbessert, sind aber nach wie vor nicht optimal für sämtliche Restrukturierungsgestaltungen. Steuerlich belastend wirken insbesondere die Begrenzung der Verlustnutzung gem. § 10d EStG, Wegfall von Verlustvorträgen gem. § 8c KStG bzw. § 12 Abs. 3 UmwStG, die Zinsschrankenregelung gem. § 4h EStG bzw. § 8a KStG oder die gewerbesteuerliche Hinzurechnung von Finanzierungsaufwendungen gem. § 8 Nr. 1 GewStG. Mit der gesetzlichen Regelung der steuerfreien Sanierungserträge durch § 3a EStG (sowie § 7b GewStG) sowie des für europarechtskonform erklärten Sanierungsprivilegs bei Erhalt des Verlustvortrags im Rahmen des Anteilskaufs gem. § 8c Abs. 1a KStG und der zusätzlichen Option des fortführungsgebundenen Verlustvortrags gem. § 8d KStG sind zumindest zwei wesentliche Sanierungsmaßnahmen steuerrechtlich normiert worden. Im Übrigen können aber die in einer Krisensituation relevanten Steuernormen nach wie vor eine unangemessen belastende Wirkung haben. So stellen etwa die Verlustnutzung durch die Mindestbesteuerung (§ 10d Abs. 2 EStG) oder die Zinsschranke weiterhin eine enorme Belastung gerade für Krisenunternehmen dar: Obwohl diese wegen drückender Schuldenlast handelsbilanziell Verluste erzielen, führt die Versagung des Zinsabzugs nicht selten dazu, dass diese Unternehmen nach wie vor steuerlich ein positives Ergebnis ausweisen und entsprechend versteuern müssen. Zudem können Gesellschafter, die ihr Unternehmen mit Fremdkapital versorgen, etwaige Wertverluste ihrer Darlehen steuerlich nicht geltend machen (§ 8b Abs. 3 Satz 4 ff. KStG). Ein funktionierendes Sanierungssteuerrecht erfordert zudem Rechtssicherheit im Rahmen der Anwendung, da gerade in der Unternehmenskrise bei knapper Liquidität Planungssicherheit hinsichtlich etwaiger steuerlicher Belastungen im Rahmen der Umsetzung eines Sanierungskonzepts notwendig ist. Aufgrund der wechselhaften Entscheidungspraxis der Finanzverwaltung und Finanzgerichtsrechtsprechung wird in der Praxis häufig bei wesentlichen steuerlichen Risiken vorab eine verbindliche Auskunft gem. § 89 Abs. 2 AO bei der zuständigen Finanzbehörde zwecks Absicherung der steuerlichen Beurteilung der jeweiligen Sanierungsmaßnahme beantragt. Diese steuerliche Absicherung führt dann als maßgebliche Bedingung zu einer zusätzlichen Verzögerung der Umsetzung des Sanierungskonzepts. 2

Steuerlich sind mit Einführung des Stabilisierungs- und Restrukturierungsrahmens (StaRUG) durch das SanInsFoG vom 22.12.2020[1] zusätzlich zu den konsensualen Sanierungen und den insolvenzrechtlichen Auswirkungen die neuen Möglichkeiten des teilkollektiven gerichtlichen Sanierungsverfahrens zu berücksichtigen.[2] Änderungen einzelner Rechtsnormen sind regelmäßig nicht mit dem Steuerrecht abgestimmt und können zu einer unbeabsichtigten steuerrechtlichen Folgeänderung führen. Auch steuerlich wurden zwecks Bewältigung der COVID-19-Pandemie sowohl durch Verwaltungsmaßnahmen[3] Erleichterungen wie Steuerstundung im vereinfachten Verfahren als auch gesetzliche Maßnahmen wie Corona-Steuerhilfegesetze[4] erlassen. Dies betrifft bspw. temporäre erweiterte Verlustverrechnungsmöglichkeiten in den Veranlagungszeiträumen 2020 bis 2023 gem. § 10d EStG. 3

1 BGBl. I 2020, 3256.

2 Vgl. zu ersten Praxiserfahrungen inklusive Steuerfreiheit des Schuldenerlasses im Rahmen des StaRUG: *Grau/Pohlmann/Radunz*, NZI 2021, 522, 525 f.

3 Vgl. BMF-Schreiben v. 18.03.2021, DStR 2021, 735, ersetzt durch BMF-Schreiben v. 07.12.2021, DStR 2021, 2916 und verlängert durch BMF-Schreiben v. 31.01.2022, BStBl. I 2022, 132.

4 Vgl. Erstes, Zweites und Drittes Corona-Steuerhilfegesetz, BGBl. I 2020, 1385 und 1512; BGBl. I 2021, 330.

4 Im Steuerrecht geht es regelmäßig nicht darum, die Restrukturierung steuerlich zu optimieren, sondern mit den negativen Folgen der einschlägigen Steuernormen besser umzugehen und »steuerliche GAUs« wie einen steuerpflichtigen Sanierungsgewinn in Millionenhöhe zu vermeiden, der das Unternehmen in den Ruin treiben und damit das Gegenteil der beabsichtigten Restrukturierung bewirken würde. Instrumente wie Rangrücktritt, Forderungsverzicht oder Debt-Equity- bzw. Debt-Mezzanine-Swaps stehen hierfür zur Verfügung und werden in diesem Abschnitt genauer untersucht. Dabei konzentriert sich die Darstellung auf die Kapitalgesellschaft bzw. den kapitalistischen Konzern.

B. Rangrücktritt

5 Im Rahmen von Sanierungen kommt neben oder statt eines Forderungsverzichts auch die Vereinbarung eines Rangrücktritts gem. § 39 Abs. 2 InsO als Schuldänderungsvertrag zwecks Vermeidung einer rechtlichen Überschuldung gem. § 19 Abs. 2 InsO in Betracht. Maßgeblich ist insoweit, dass der Rangrücktritt zur Folge hat, dass die Verbindlichkeit im Rahmen der rechtlichen Überschuldungsbilanz nicht mehr als Verbindlichkeit zu passivieren ist. Insolvenzrechtlich ist in diesem Zusammenhang zu berücksichtigen, dass seit der nunmehr unbefristeten Geltung des Überschuldungsbegriffes gem. § 19 Abs. 2 InsO i.d.F. des FMStG[5] bei einer positiven Fortführungsprognose trotz bilanzrechtlicher Unterdeckung keine rechtliche Überschuldung vorliegt und mithin nicht zwingend ein Rangrücktritt zur Vermeidung der insolvenzrechtlichen Überschuldung erforderlich ist. Der Rangrücktritt kommt sowohl für Anteilseigner als auch für jeden anderen Gläubiger in Betracht. Im Bereich von Mezzanine-Finanzierungen – insb. bei Genussrechten oder partiarischem Nachrangdarlehen – wird bereits regelmäßig von Anfang an ein Rangrücktritt vereinbart.

6 Der BGH verlangt für den Rangrücktritt zwecks Vermeidung einer Überschuldung, dass diese Vereinbarung bereits vor Insolvenzeröffnung eine Auszahlungssperre zugunsten der Gläubiger (§ 328 BGB) im Wege eines dinglichen Schuldänderungsvertrages gem. § 311 Abs. 1 BGB begründet, sofern hierdurch die Überschuldung oder Zahlungsunfähigkeit der schuldnerischen Gesellschaft droht.[6] Umstritten sind die bilanz- und steuerrechtlichen Folgen der vorgenannten BGH-Rechtsprechung hinsichtlich der Passivierung der Rangrücktrittsverbindlichkeit in der Handels- und Steuerbilanz, da nunmehr der Rangrücktritt nicht lediglich ein Leistungsverweigerungsrecht des schuldnerischen Unternehmens im Sinne eines pactum non petendo, sondern ein Zahlungsverbot mit einem Bereicherungsanspruch gem. § 812 Abs. 1 Satz 1 BGB bei verbotener Zahlung begründet.[7] Mithin ist aufgrund der neuen Dogmatik des Rangrücktritts, der zu einer Leistung auf eine Nichtschuld bis zur Überwindung der Krise und damit zu einer umfassenden Durchsetzungssperre führt, nunmehr umstritten, ob die Rangrücktrittsverbindlichkeit weiterhin im Rahmen der Handelsbilanz gem. §§ 246 Abs. 1, 247 Abs. 1 HGB und in der Steuerbilanz über den Maßgeblichkeitsgrundsatz gem. § 5 Abs. 1 EStG unter Berücksichtigung des Vollständigkeitsgrundsatzes als Schuld zu passivieren ist.[8]

7 Der bilanzrechtliche Schuldbegriff gem. §§ 246 Abs. 1, 247 Abs. 1 HGB ist gesetzlich nicht definiert. Maßgeblich ist nach herrschender Auffassung, dass zum Abschlussstichtag eine Außenverpflichtung mit wirtschaftlicher Belastung vorliegt und von einer Wahrscheinlichkeit der Inanspruchnahme auszugehen ist.[9] Gegen eine Passivierung der Rangrücktrittsverbindlichkeit auf Basis der neuen Dogmatik der vorgenannten BGH-Entscheidung wird geltend gemacht, die Nachrangforderung sei letztlich wie der Forderungsverzicht gegen Besserungsabrede aufschiebend bedingt

5 BFH, Urt. v. 05.02.1992 – I R 79/89, BFH/NV 1992, 629.

6 BGH, Urt. v. 05.03.2015 – IX ZR 133/14, ZIP 2015, 638; vgl. zur neuen Dogmatik *Berger*, ZIP 2016, 1 ff.; kritisch hierzu *K. Schmidt*, ZIP 2015, 901; *Ekkenga*, ZIP 2017, 1493 ff.

7 BGH, Urt. v. 05.03.2015 – IX ZR 133/14, ZIP 2015, 638, 641 f.

8 Vgl. zum Streitstand *Oser*, DStR 2017, 1889 ff.

9 Beck'scher Bilanzkommentar/*Schubert* § 247 HGB Rn. 201.

von künftigen Gewinnen abhängig und stelle daher keine gegenwärtige wirtschaftliche Belastung dar.[10] Nach dieser Auffassung wäre aufgrund des Maßgeblichkeitsgrundsatzes gem. § 5 Abs. 1 EStG auch steuerlich die Verbindlichkeit nicht zu passivieren. Die Ausbuchung soll beim Gesellschaftergläubiger handelsbilanziell erfolgsneutral als andere Zuzahlung in die Kapitalrücklage gem. § 272 Abs. 2 Nr. 4 HGB verbucht werden und bei Überwindung der Krise durch erfolgsneutrale Entnahme aus der Rücklage wieder eingebucht werden – beim Drittgläubiger soll eine entsprechende Rücklage als Unterposten im Sinne des § 265 Abs. 5 Satz 2 HGB gebildet werden.[11] Problematisch wäre bei dieser Auffassung die steuerliche Auswirkung, da die steuerliche Einlage beim Gesellschafter gem. § 6 Abs. 1 Nr. 5 EStG nur zum Teilwert der nachrangigen Forderung erfolgsneutral verbucht werden kann und mithin in Höhe des regelmäßig hohen, nicht werthaltigen Anteils ein steuerlicher Gewinn entstünde.[12] Beim Drittgläubiger entstünde insoweit in voller Höhe der Ausbuchung abweichend von der handelsbilanziellen Behandlung ein steuerlicher Gewinn. Nach der vorgenannten Auffassung würde der Rangrücktritt nunmehr auf Basis der vorgenannten BGH-Entscheidung im Ergebnis wie der Forderungsverzicht mit Besserungsabrede behandelt werden.

Nach zutreffender, nunmehr auch vom BFH bestätigter Auffassung, ist die Rangrücktrittsverbindlichkeit trotz der vorgenannten BGH-Dogmatik weiterhin gem. § 246 Abs. 1 HGB handelsbilanziell als Verbindlichkeit zu passivieren, sofern der Nachranggläubiger weiterhin einen gegenständlich nicht beschränkten Anspruch auf Befriedigung seiner Forderung aus dem gesamten auch sonstigen freien Vermögen hat und lediglich mit dem Nachrang das Konkurrenzverhältnis gegenüber den übrigen Gläubigern vereinbart wird.[13] Eine etwaige Vermögenslosigkeit des schuldnerischen Unternehmens wegen wirtschaftlicher Überschuldung ist kein maßgebliches Kriterium für eine Nichtpassivierung der nachrangigen Verbindlichkeit.[14] Maßgeblich ist insoweit, dass trotz des Rangrücktritts weiterhin der rechtliche Zugriff auf das sog. freie Vermögen des schuldnerischen Unternehmens besteht. Solange der Nachranggläubiger sich diese rechtliche Zugriffsmöglichkeit im Rahmen der Nachrangvereinbarung ausdrücklich vorbehält, ist diese Verbindlichkeit beim schuldnerischen Unternehmen unter Anwendung des Vollständigkeitsgrundsatzes gem. § 246 Abs. 1 HGB sowie der zutreffenden Darstellung der Vermögenslage gem. § 264 Abs. 2 Satz 1 HGB zu passivieren, da das gesamte Vermögen als Aktiva mit dieser nachrangigen Schuld belastet bleibt. Im Ergebnis ist der rechtliche Gehalt der Durchsetzungssperre der nachrangigen Forderung und nicht das wirtschaftliche Unvermögen des schuldnerischen Unternehmens für die bilanzielle Passivierungspflicht maßgeblich. Auch die Finanzverwaltung ging bereits vor der BFH-Entscheidung vom 19.08.2020 trotz der neuen Dogmatik des Rangrücktritts weiterhin von einer Passivierung des Rangrücktrittsdarlehens aus.[15] Und hat dies auch nochmal im Zusammenhang mit einem nachrangigen Genussrecht bestätigt.[16] 8

10 *Müller*, BB 2016, 491 ff. und DStR 2018, 486 ff.; *Hoffmann*, StuB 2016, 285; Oser, DStR 2017, 1889, 1892 und DStR 2017, 2835 ff.

11 *Müller*, BB 2016, 491, 493.

12 *Müller*, BB 2016, 491, 494.

13 BFH, Urt. v. 19.08.2020 – XI R 32/18, BStBl. II 2021, 279; zuvor bereits zutreffend *Schulze-Osterloh*, BB 2017, 427 ff.; *Kahlert*, WpG 2017, 602 ff.; *Müller*, BB 2016, 491 f.; *Briese*, DStR 2017, 799 ff. und DStR 2017, 2832 ff.; *Sonnleitner*, Insolvenzsteuerrecht, 2017, Kap. 9 Rn. 70; *Wacker*, DB 2017, 26 ff.

14 BFH, Urt. v. 19.08.2020 – XI R 32/18, DStR 2020, 2716 ff.; zuvor bereits BFH, Urt. v. 10.08.2016 – I R 25/15, DStR 2017, 925, 927; *Wacker*, DB 2017, 26 ff.; BeckOK-*Micker*, § 8 KStG, Rn. 1555.3; a.A. *Weber-Grellet*, FR 2021, 172 f. als ablehnende Anmerkung zu BFH, Urt. v. 19.08.2020 – XI R 32/18.

15 OFD Frankfurt v. 03.08.2018 – S 2743 A – 12 – St 525, DStR 2019, 560 mit der Bestätigung, dass dies auch im Rahmen der Liquidation gilt. Diese Auffassung wurde in der neuen Verfügung bestätigt. OFD Frankfurt v. 26.07.2021 – S 2743 A – 12 – St 523, DStR 2021, 2973.

16 BMF-Schreiben v. 11.04.2023, IV C 6-S 2133/19/10004:002, BStBl. I 2023, 623 Tz. 22.

9 Allerdings hat eine Ausbuchung der Nachrangforderung zu erfolgen, wenn die Nachrangforderung nur aus einem künftigen Jahresüberschuss oder Handelsbilanzgewinn oder aus künftigen Einnahmen zu tilgen ist, da in diesem Fall die gegenwärtige wirtschaftliche Belastung zum jeweiligen Bilanzstichtag nicht besteht.[17] Steuerlich ist zugleich das Passivierungsverbot nach der Sondervorschrift gem. § 5 Abs. 2a EStG zu berücksichtigen, wonach ausdrücklich keine Verbindlichkeiten oder Rückstellungen zu bilden sind, sofern diese nur aus künftigen Einnahmen oder Gewinnen erfüllt werden müssen. Beim Rangrücktritt führt insoweit auch eine Regelung, wonach die nachrangige Forderung nur aus einem künftigen handelsrechtlichen Bilanzgewinn oder einem etwaigen Liquidationsüberschuss zu begleichen ist, zum Ausbuchen der Forderung.[18] Lediglich wenn die Kapitalrücklage den laufenden Jahresfehlbetrag und die Verlustvorträge zum Bilanzstichtag übersteigt, kommt insoweit eine Passivierung wegen einer gegenwärtigen Belastung bei Auflösung der Rücklagen in Betracht. Hinsichtlich eines etwaigen künftigen Liquidationsüberschusses liegt erst bei Eintritt des Liquidationsfalls eine gegenwärtige Belastung des schuldnerischen Vermögens mit der Nachrangverbindlichkeit vor, die daher im Rahmen der Going Concern Bilanzierung gem. § 252 Abs. 1 Nr. 2 HGB nicht zu passivieren ist.[19]

▶ Hinweis:

10 Im Ergebnis muss folglich immer der Zusatz »oder aus sonstigem freien Vermögen« in der Rangrücktrittsvereinbarung vereinbart werden, um eine gewinnwirksame Ausbuchung wegen § 5 Abs. 2a EStG zu vermeiden.

11 Im Rahmen eines Insolvenzplanverfahrens ist zu berücksichtigen, dass nachrangige Forderungen gem. § 225 Abs. 1 InsO als erlassen gelten, sofern nichts Anderes im Insolvenzplan bestimmt ist. Der Insolvenzplan kann insoweit eine abweichende Regelung für die Nachranggläubiger bestimmen, die dann auch steuerlich maßgeblich ist.

▶ Hinweis:

12 Des Weiteren können sowohl der Insolvenzplan als auch der Restrukturierungsplan für nicht nachrangige Gläubiger einen Nachrang im gestaltenden Teil mit den vorgenannten steuerlichen Rahmenbedingungen bestimmen. Auch insoweit kann ein Sanierungsgewinn durch Ausbuchung der Nachrangforderung vermieden werden und ggf. mit einer Abtretung der nachrangigen Forderung auf den (neuen) Kapitalgeber verbunden werden.

C. Forderungsverzicht

13 Regelmäßig ist bei Unternehmenssanierungen der Forderungsverzicht eine maßgebliche Sanierungsmaßnahme, um durch eine angemessene Entschuldung das bilanzielle Eigenkapital zu erhöhen und zugleich künftige Liquiditätsbelastungen durch Auszahlungen auf diese Verbindlichkeiten zu vermeiden. Im Rahmen des Sanierungskonzepts sind daher die steuerlichen Auswirkungen des Forderungsverzichts zu berücksichtigen. Der Forderungsverzicht kann regelmäßig nur dann erfolgreich umgesetzt werden, wenn der hierdurch verursachte Sanierungsgewinn nicht unmittelbar zu einer Steuerbelastung des schuldnerischen Unternehmens führt. Es gilt insoweit, den Zielkonflikt hinsichtlich der Besteuerung des Sanierungsgewinns und der betriebswirtschaftlich erforderlichen Sanierung des Unternehmens ohne zusätzliche steuerliche Belastungen zu lösen. Die sog. »Seer-Kommission« hat in ihrem Abschlussbericht betreffend Fragen der Besteuerung von Sanierungsgewinnen

17 *Schulze-Osterloh*, BB 2017, 427 ff.; *Wacker*, DB 2017, 26 ff.

18 BFH, Urt. v. 19.08.2020 – XI R 32/18, BStBl. II 2021, 279; BFH, Urt. v. 15.04.2015 – I R 44/14, BStBl. II 2015, 769 ff.; bestätigend BFH, Urt. v. 10.08.2016 – I R 25/15, BStBl. II 2017, 670 ff.; hierzu auch *Wacker*, DB 2017, 26 ff.; vgl. Beispiel in BeckOK-*Micker*, § 8 KStG, Rn. 1555.5.

19 BFH, Urt. v. 15.04.2015 – I R 44/14, DStR 2015, 1551 m.Anm. *Hoffmann*; bestätigend BFH, Urt. v. 10.08.2016 – I R 25/15, DStR 2017, 925, 927; hierzu auch *Wacker*, DB 2017, 26 ff.

nochmals insoweit dargelegt, dass die Steuerfreistellung von Sanierungsgewinnen in Deutschland einer mehr als 80-jährigen Rechtstradition entspricht.[20] Der Sanierungsertrag durch einen Forderungsverzicht bzw. Schuldenerlass im steuerlichen Sinne[21] ist insoweit neben dem Rangrücktritt die wichtigste Sanierungsmaßnahme, deren steuerliche Rahmenbedingungen jeweils im konkreten Einzelfall zu berücksichtigen sind.

I. Besteuerung des Sanierungsgewinns bis 08.02.2017

14 Noch vor Inkrafttreten der Insolvenzordnung zum 01.01.1999 wurde die Steuerbefreiung von Sanierungsgewinnen gem. § 3 Nr. 66 EStG a.F. mit Wirkung zum 01.01.1998 ersatzlos gestrichen. Die Steuerbefreiung hatte bis dahin zur Folge, dass Verlustvorträge trotz Inanspruchnahme der Steuerfreiheit weiterhin genutzt werden konnten. Die Abschaffung des § 3 Nr. 66 EStG a.F. sollte die Doppelbegünstigung durch die Steuerbefreiung des Sanierungsgewinns sowie die zusätzliche Nutzung der steuerlichen Verlustvorträge gem. § 10d EStG beseitigen, führte aber zu einer erheblichen Unsicherheit für die Umsetzung von Sanierungen in der Praxis. Eine Besteuerung des Sanierungsgewinns konnte seit dem 01.01.1998 nur noch durch Erlass aus sachlichen Billigkeitsgründen unter bestimmten Voraussetzungen vermieden werden.[22] Diese unsicheren Rahmenbedingungen der steuerlichen Behandlung des Sanierungsgewinns führten schließlich zum Erlass eines BMF-Schreibens betreffend die ertragsteuerliche Behandlung von Sanierungsgewinnen, nämlich durch Steuerstundung und Steuererlass aus sachlichen Billigkeitsgründen gem. §§ 163, 222, 227 AO.[23]

15 Mit Ausnahme einer modifizierten Verrechnung vorhandener Verlustvorträge und negativer Einkünfte setzte der Sanierungserlass im Ergebnis die Rechtsfolge des früheren § 3 Nr. 66 EStG im Wege der Billigkeit wieder in Kraft. Die von der Rechtsprechung zum früheren § 3 Nr. 66 EStG gefundenen Rechtsgrundsätze wurden im Sanierungserlass in weitem Umfang inhaltlich übernommen. Erlass und Stundung sind Billigkeitsmaßnahmen, die als Ermessensentscheidung der Finanzverwaltung von den Finanzgerichten nur eingeschränkt überprüfbar sind. Die Ermessensausübung der Finanzverwaltung ist gem. § 102 FGO lediglich daraufhin überprüfbar, ob die gesetzlichen Grenzen des Ermessens überschritten sind oder von dem eingeräumten Ermessen in einer dem Zweck der Ermächtigung nicht entsprechenden Weise Gebrauch gemacht wurde. Das Ermessen der Finanzverwaltung konnte sich bei Vorliegen aller im Sanierungserlass geregelten Voraussetzungen für eine steuerliche Sonderbehandlung auf null reduzieren, sodass ein gerichtlich durchsetzbarer Anspruch auf Erlass der Steuer auf den Sanierungsgewinn bestehen konnte.[24]

16 Nachdem infolge des Sanierungserlasses regelmäßig von der faktischen Nichtbesteuerung von Sanierungsgewinnen nach Verrechnung von Verlustvorträgen ausgegangen werden konnte, hatte zunächst das FG München Kritik an dieser generellen Praxis geäußert.[25] Das Gericht vertrat die Auffassung, dass das BMF-Schreiben die frühere Rechtsfolge des § 3 Nr. 66 EStG a.F. über den Billigkeitsweg gewährt, eine derartige Verfahrensweise jedoch mit dem geltenden Recht nicht in Einklang zu bringen sei, da der Gesetzgeber durch die Streichung des § 3 Nr. 66 EStG a.F. ausdrücklich zum Ausdruck gebracht habe, dass eine generelle und abstrakte Steuerfreistellung von Sanierungsgewinnen gerade nicht gewollt sei. Allein das Vorliegen der im Billigkeitserlass geforderten

---

20 Abschlussbericht der Kommission zur Harmonisierung von Insolvenz- und Steuerrecht, ZIP 2014, Beilage zu Heft 42, S. 1 ff; vgl. auch zur historischen Entwicklung der Besteuerung des Sanierungsgewinns: *Stahlschmidt*, BB 2021, 1367.

21 Vgl. Brandis/Heuermann-*Krumm* EStG § 3a Rn. 20 zum steuerlichen Begriff des Schuldenerlasses.

22 Vgl. FG Münster, Urt. v. 27.05.2004 – 2 K 1307/02, EFG 2004, 1572 ff.

23 BMF v. 27.03.2003, BStBl. I 2003, 240; ergänzend BMF v. 22.12.2009, BStBl. I 2010, 18 zur Anwendbarkeit auf das Insolvenzplanverfahren sowie die Restschuldbefreiung.

24 BMF v. 27.03.2003, BStBl. I 2003, 240, Rn. 12; vgl. zuletzt BFH, Urt. v. 25.03.2015 – X R 23/13, DStR 2015, 1443 ff.

25 Vgl. FG München, Urt. v. 12.12.2007 – 1 K 4487/06, EFG 2008, 615 f.

Voraussetzungen reiche nicht aus, um in jedem Fall den Steuererlass aus sachlichen Billigkeitsgründen anzunehmen. Für Billigkeitsentscheidungen aus sachlichen Gründen sei in Fällen der Insolvenz nur in völlig außergewöhnlichen Sachverhaltskonstellationen Raum. Daneben könne der Steuererlass auch noch aufgrund persönlicher Billigkeitsgründe in Betracht kommen.[26] Dieser Auffassung hat sich auch das FG Sachsen angeschlossen.[27]

17 Der 10. Senat des BFH hat in einer Entscheidung aus dem Jahr 2010 nicht tragend die Rechtmäßigkeit des Sanierungserlasses bestätigt.[28] Im Rahmen einer summarischen Prüfung hielt jedoch der 8. Senat in einer Entscheidung aus dem Jahr 2012 Billigkeitsmaßnahmen auf der Grundlage des Sanierungserlasses für zweifelhaft, hat aber auch nicht die Gesetzwidrigkeit des Sanierungserlasses postuliert.[29] In einer Entscheidung aus dem Jahr 2014 hat der 9. Senat die Frage, ob der Sanierungserlass gesetzwidrig sei und deswegen keine Anwendung finde, ausdrücklich offengelassen.[30] Der 10. Senat des BFH hatte schließlich gemäß Beschluss vom 25.03.2015 die Rechtsfrage, ob der Sanierungserlass gegen den Grundsatz der Gesetzmäßigkeit der Verwaltung verstößt, dem Großen Senat des BFH als Vorlagefrage vorgelegt. In diesem Beschluss begründete der 10. Senat nochmals seine Auffassung, dass der Sanierungserlass mit dem im Rechtsstaatsprinzip verankerten Vorbehalt des Gesetzes vereinbar sei.[31]

18 Der Große Senat des BFH hat mit seinem Beschluss vom 28.11.2016[32] die im Sanierungserlass getroffene Billigkeitsregelung wegen des Verstoßes gegen den Grundsatz der Gesetzmäßigkeit der Verwaltung verworfen. Zentrale Begründung des Großen Senats des BFH war, dass der Gesetzgeber die ausdrückliche gesetzliche Regelung zur Steuerbefreiung gem. § 3 Nr. 66 EStG a.F. abgeschafft hatte, sodass es der Finanzverwaltung verwehrt bleiben muss, eine Steuerbefreiung zu gewähren.[33]

19 Die Finanzverwaltung wollte den Sanierungserlass aus Gründen des Vertrauensschutzes auf Altfälle bis zum Tag der Veröffentlichung des BFH-Beschlusses am 08.02.2017 anwenden.[34] Nach Auffassung des BFH ist jedoch auch das vorgenannte BMF-Schreiben zur Anwendung des Sanierungserlasses auf Altfälle rechtswidrig.[35] Daraufhin hat die Finanzverwaltung einen Nichtanwendungserlass zu den vorgenannten BFH-Entscheidungen erlassen, um den Sanierungserlass auf Altfälle vor dem 09.02.2017 weiterhin anzuwenden.[36] Der BFH hat auch diesen Nichtanwendungserlass des BMF erneut für nicht rechtens erklärt.[37] Die Finanzverwaltung beruft sich insoweit auch auf den Deutschen Bundestag, der sich dieser Vertrauensschutzregelung angeschlossen hatte.[38] Danach soll es bei der Anwendung des alten Sanierungserlasses durch die Finanzverwaltung bleiben, wenn der Forderungsverzicht bis zum 08.02.2017 vollzogen wurde.[39] Bereits vor diesem Stichtag erteilte verbindliche Auskünfte sollen nur dann zurückgenommen werden, wenn diese nicht schon im Wesentlichen vollzogen wurden oder keine anderen Gründe für einen Vertrauensschutz vorliegen.[40] Allerdings wird der Sanierungserlass im finanzgerichtlichen Verfahren für Alt-

---

26 FG München, Urt. v. 12.12.2007 – 1 K 4487/06, EFG 2008, 615 ff.
27 FG Sachsen, Urt. v. 24.04.2013 – 1 K 759/12, EFG 2013, 1898.
28 BFH, Urt. v. 14.07.2010 – X R 34/08, BFHE 229, 502.
29 BFH, Beschl. v. 28.02.2012 – VIII R 2/08, BFH/NV 2012, 1135.
30 BGH, Urt. v. 13.03.2014 – IX ZR 23/10, NZI 2014, 665.
31 BFH, Urt. v. 25.03.2015 – X R 23/13, DStR 2015, 1443 ff.
32 BFH, Beschl. v. 28.11.2016 – GrS 1/15, BStBl. II 2017, 393.
33 BFH, Beschl. v. 28.11.2016 – GrS 1/15, BStBl. II 2017, 393.
34 BMF v. 27.04.2017, BStBl. I 2017, 741; OFD Frankfurt am Main v. 06.04.2018 – S 2140 A – 004 – St 213, StEd 2018, 378.
35 BFH, Urt. v. 23.08.2017 – X R 38/15, BStBl. II 2018, 236 und I R 52/14, BStBl. II 2018, 232.
36 BMF v. 29.03.2018, BStBl. I 2018, 588; OFD Frankfurt am Main v. 06.04.2018 – S 2140 A – 004 – St 213, StEd 2018, 378.
37 BFH, Beschl. v. 16.04.2018 – X B 13/18, DStR 2018, 1283.
38 Vgl. BT-Drucks. 18/12128, 33; *Lenger*, NZI 2018, 347 ff.
39 Vgl. *Uhländer*, DB 2018, 854 ff.
40 BMF v. 27.04.2017, BStBl. I 2017, 741; vgl. dazu *Hiller/Baschnagel*, DStZ 2018, 537 ff.

fälle nicht angewendet.[41] Der Gesetzgeber hat im Rahmen des Jahressteuergesetzes 2018[42] aufgrund dieser unsicheren Rechtslage auch für Altfälle vor dem 09.02.2017 gem. § 52 Abs. 4a Satz 3 EStG bzw. § 36 Abs. 2c Satz 3 GewStG eine antragsgebundene Anwendung der Neuregelung gem. § 3a EStG, § 7b GewStG eingeführt, um eine lückenlose Steuerbegünstigung von Sanierungsgewinnen sicherzustellen. Dies ist allerding aus verfahrensrechtlichen Gründen für Altfälle nicht umfassend gelungen, da § 3a EStG als Steuerbefreiungsvorschrift im Veranlagungsverfahren anzuwenden ist, wohingegen der Sanierungserlass als Billigkeitsmaßnahme erst im Erhebungsverfahren anzuwenden war. Ist daher in den Altfällen der Steuerbescheid mit dem Sanierungsgewinn bestandskräftig und nur ein Rechtsbehelfsverfahren betreffend die Anwendung des alten Sanierungserlasses im Erhebungsverfahren anhängig, dann fehlt eine Änderungsvorschrift für den bestandskräftigen Bescheid und § 3a EStG ist nicht als Billigkeitsmaßnahme anwendbar.[43] Nach überwiegender Auffassung wird der Antrag gem. § 52 Abs. 4a S. 3 EStG auf Anwendung des § 3a EStG als rückwirkendes Ereignis im Sinne der Änderungsvorschrift des § 175 Abs. 1 Satz 1 Nr. 2 AO gewertet.[44] Maßgeblich ist insoweit, dass der Gesetzgeber mit dem Antrag gem. § 52 Abs. 4a S. 3 EStG auch in Altfällen Rechtssicherheit und die Eröffnung des Rechtswegs bei ablehnender Entscheidung schaffen wollte.[45] Dagegen soll nach abweichender Auffassung regelt die Übergangsvorschrift lediglich den zeitlichen Anwendungsbereich des § 3a EStG und der Antrag stelle insoweit kein rückwirkendes Ereignis dar.[46] Eine analoge Anwendung von § 3a EStG im Erhebungsverfahren wird dagegen mangels Regelungslücke abgelehnt.[47]

▶ **Hinweis:**

20 Auf Antrag des Steuerpflichtigen kann mithin auch für noch nicht bestandskräftige Altfälle die Anwendung der neuen Steuerbefreiungsvorschriften durchgesetzt werden. Hinsichtlich der Gewerbesteuer führt diese rückwirkende Regelung dazu, dass die Gemeinden bereits in diesen offenen Altfällen bei entsprechender Antragstellung keine Entscheidungsbefugnis mehr haben.[48] Das Wahlrecht für die Gewerbe- und Einkommen-/Körperschaftsteuer kann unabhängig voneinander ausgeübt werden.[49]

II. Besteuerung des Sanierungsgewinns nach dem 08.02.2017

21 Für Neufälle des Forderungsverzichts nach dem 08.02.2017 finden die neuen gesetzlichen Regelungen in §§ 3a, 3c Abs. 4 EStG, § 7b GewStG automatisch Anwendung. Nach dem ursprünglichen Gesetz war die rückwirkende Wirksamkeit der Neuregelung davon abhängig, dass die EU-Kommission durch Beschluss feststellt, dass keine verbotene europarechtliche Beihilfe vorliegt. Die EU-Kommission hat nach über einjähriger Prüfung jedoch nicht mit einer förmlichen Beschlussfassung reagiert, sondern stattdessen der Bundesregierung mittels Schreiben als sog. »comfort letter« mitgeteilt, dass für die beabsichtigte Neuregelung zur Steuerfreiheit von Sanierungsgewinnen keine

41 BFH, Beschl. v. 08.05.2018 – VIII B 124/17, BFH/NV 2018, 822.
42 BGBl. I 2018, 2338.
43 FG Rheinland-Pfalz, Urt. v. 30.03.2021 – 5 K 1689/20, ZInsO 2021, 1131; FG Münster, Urt. v. 15.05.2019 – 13 K 2520/16 AO, EFG 2019, 1401.
44 Vgl. *Kirchhof/Seer* § 3a EstG Rn. 6a; BeckOK/*Bleschick* § 3a EstG Rn. 39; Brandis/Heuermann-*Krumm* § 3a EStG Rn. 4; *Hasbach*, DB 2019, 871, 874 f.; *Eilers/Tiemann*, Ubg 2020, 190, 194 f.; so auch FG Münster 07.02.2022 – 9 V 2784/21 F, ZInsO 2022, 894, Tz. 37 f.; FG Saarland 07.06.2022 – 2 V 1379/21, EFG 2022, 1481; FG Münster 04.09.2023 – 9 K 3511/20 F, EFG 2024, 210 Tz. 30f.
45 Vgl. BT-Drucks. 19/559 auf Seite 74; ebenso FG Münster 04.09.2023 – 9 K 3511/20 F, EFG 2024, 210 Tz. 31.
46 *Förster/Hechtner*, DB 2019, 10, 12; ebenso FG Baden-Württemberg 16.11.2021 – 8 K 1367/20, ZInsO 2022, 1139, Tz. 35 ff., Rev. beim BFH anhängig unter Az. IV R 2/22.
47 Vgl. FG Münster 14.09.2022 – 13 K 1306/20, ZInsO 2023, 174.
48 *Förster/Hechtner*, DB 2019, 10 f.
49 Vgl. BayLfSt, Verfügung v. 11.02.2019 – G 1413.1.1-2/8 St32, DB 2019, 399.

Notifizierungspflicht bestehe, weil die grundsätzliche Steuerfreiheit von Sanierungsgewinnen in Deutschland bereits vor Inkrafttreten der AEUV bestand und es sich damit um eine Alt-Beihilfe handelt.[50] Dieser sog. »comfort letter« ist eine informelle Äußerung der EU-Kommission, die im Gegensatz zu förmlichen Beschlüssen keine Bestandskraft entfaltet und insb. keine unmittelbare Rechtssicherheit gegenüber formellen Beschwerden bei der Kommission oder Klagen gegen mitgliedschaftliche Maßnahmen bis hin zum EUGH gewährt.[51] Der »comfort letter« der EU-Kommission bietet jedoch insoweit Sicherheit, als die EU-Kommission von sich aus keine beihilferechtlichen Schritte einleiten wird und zudem könnte auch steuerlicher Vertrauensschutz gewährt werden.[52] Da die neuen gesetzlichen Regelungen in §§ 3a, 3c Abs. 4 EStG, § 7b GewStG mangels formellen Beschlusses der EU-Kommission betreffend den EU-Vorbehalt nicht automatisch in Kraft treten konnten, musste der Gesetzgeber den EU-Vorbehalt zwecks Inkrafttreten des Gesetzes im Rahmen des Jahressteuergesetzes 2018[53] ersatzlos aufheben.

22 Die Neuregelung der Steuerbefreiung gem. § 3a EStG führt rechtstechnisch rückwirkend ab dem 09.02.2017 wieder wie früher bei § 3 Nr. 66 EStG zu einer Steuerfreiheit des Sanierungsertrags, die aber weder von einem Antrag des Steuerpflichtigen noch von einer Ermessensausübung des Finanzamts abhängig ist. Zudem wird eine neue Rechensystematik im Rahmen des § 3a EStG eingeführt, wonach im ersten Schritt der steuerfreie Sanierungsertrag zunächst um die nach § 3c Abs. 4 EStG nicht abziehbaren Beträge gemindert wird und dann im zweiten Schritt um die Verlustminderungspotenziale verringert wird, um dann im dritten Schritt zusätzlich die Verlustminderungspotenziale einer nahestehenden Person abzuziehen sind, wenn diese die erlassenen Schulden innerhalb eines Zeitraums von fünf Jahren vor dem Schuldenerlass auf das zu sanierende Unternehmen übertragen hat und soweit das Verlustminderungspotenzial zum Ablauf des Wirtschaftsjahres der Übertragung bereits vorhanden war. Der nach dieser Verrechnung verbleibende Sanierungsertrag ist dann steuerfrei.

23 Diese gesetzliche Steuerbefreiung gilt nunmehr sowohl für die Körperschaftsteuer gem. § 8 Abs. 1 KStG als auch für die Gewerbesteuer gem. § 7b GewStG. Es bedarf damit keiner separaten Abstimmung mehr mit den Gemeinden, vielmehr ist eine vom zuständigen Betriebsstättenfinanzamt erteilte verbindliche Auskunft nunmehr auch für Gewerbesteuerzwecke bindend.

1. Anwendungsbereich auf unternehmensbezogene Sanierungen gem. § 3a Abs. 2 EStG

24 Die neue gesetzliche Regelung gem. § 3a EStG findet auf die Besteuerung von Sanierungserträgen aus einem Schulderlass zum Zwecke einer unternehmensbezogenen Sanierung nach dem 08.02.2017 Anwendung. Für Altfälle vor dem 09.02.2017 besteht zudem gem. § 52 Abs. 4a Satz 3 EStG eine antragsgebundene Anwendung der Neuregelung gem. § 3a EStG. Eine unternehmensbezogene Sanierung im Sinne des § 3a Abs. 2 EStG liegt vor, wenn das schuldnerische Unternehmen sanierungsbedürftig und sanierungsfähig ist und die Sanierungseignung des Schulderlasses sowie die Sanierungsabsicht der Gläubiger nachgewiesen werden. Die unternehmensbezogene Sanierung ist darauf gerichtet, ein Unternehmen oder einen Unternehmensträger vor dem finanziellen Zusammenbruch zu bewahren und wieder ertragsfähig zu machen, wobei dies sowohl im Rahmen einer außergerichtlichen Sanierung als auch im Rahmen von gerichtlichen Insolvenzverfahren realisiert werden kann. Auch die Möglichkeit der übertragenden Sanierung hatte der BFH bereits für § 3 Nr. 66 EStG a.F. anerkannt.[54]

50 *Hiller/Biebinger*, DStZ 2019, 65, 66.
51 Vgl. *Völkel*, DB 2018, 2080.
52 Vgl. *de Weerth*, ZInsO 2018, 1893.
53 BGBl. I 2018, 2338.
54 BFH, Urt. v. 24.04.1986 – IV R 282/84, BStBl. II 1986, 672.

Sanierungsgewinn ist die Erhöhung des Betriebsvermögens aufgrund eines Forderungsverzichts, der bei einer unternehmensbezogenen Sanierung im Sinne des § 3a Abs. 2 EstG steuerbefreit ist, wenn 25
- die **Sanierungsbedürftigkeit** des Unternehmens,
- die **Sanierungsfähigkeit** des Unternehmens,
- die **Sanierungseignung** des Forderungsverzichts und
- die **Sanierungsabsicht** der verzichtenden Gläubiger

nachgewiesen werden.

Die vorgenannten Voraussetzungen sind nicht eigenständig definiert, daher ist weiterhin auf die Rechtsprechung zu § 3 Nr. 66 EStG a.F. zurückzugreifen, deren Merkmale für den begünstigten Sanierungsgewinn auch im Sanierungserlass des BMF vom 27.03.2003 zugrunde gelegt wurden.[55] 26

▶ **Hinweis:**

In der Praxis sind die vorgenannten Voraussetzungen regelmäßig erfüllt, wenn sich die Gläubiger auf der Grundlage eines Sanierungskonzepts[56] mit dem Forderungsverzicht als einer maßgeblichen Sanierungsmaßnahme beteiligen.[57] Dies wird regelmäßig durch ein Sanierungsgutachten nach den Grundsätzen des BGH bzw. dem IDW S 6 Standard des Instituts der Wirtschaftsprüfer dokumentiert. 27

Obwohl die Rechtsfolgen der gesetzlichen Neuregelung gem. § 3a EStG bei Vorliegen der Tatbestandsvoraussetzungen automatisch kraft Gesetzes eintreten, führt die Nachweispflicht des Steuerpflichtigen zu einem faktischen Wahlrecht. Maßgeblich ist insoweit, dass ohne Nachweis und Mitwirkung des Steuerpflichtigen die Finanzverwaltung nicht im Wege der Amtsermittlung die Anwendung des § 3a EStG betreffend das Vorliegen einer unternehmerbezogenen Sanierung prüft.[58] 28

a) Sanierungsbedürftigkeit

Der BFH geht für den Fall der unternehmensbezogenen Sanierung von einer Sanierungsbedürftigkeit des Unternehmens aus, wenn einerseits eine Überschuldung vorlag und andererseits zukünftig aufgrund der wirtschaftlichen Lage nicht mit einer finanziellen Verbesserung gerechnet werden konnte. Sanierungsbedürftigkeit im Sinne des § 3a Abs. 2 EStG liegt demnach vor, wenn ein Unternehmen ohne den Schuldenerlass nicht in der Lage wäre, seinen aktuellen und zukünftigen Verpflichtungen nachzukommen und daher wirtschaftlich ohne die erforderlichen Sanierungsmaßnahmen nicht fortgeführt werden kann.[59] Die Beurteilung erfolgt auf der Grundlage der Ertrags- und Finanzlage, des Verhältnisses der liquiden Mittel zur Höhe der Schuldenlast sowie der Gesamtleistungsfähigkeit des Unternehmens.[60] Dies entspricht regelmäßig bereits der drohenden Zahlungsunfähigkeit im Sinne des § 18 InsO[61], die sowohl Insolvenzantragsgrund als auch Zugangsvoraussetzung für die Nutzung des Stabilisierungs- und Restrukturierungsrahmens und die gerichtliche Bestätigung eines Restrukturierungsplans gem. § 63 Abs. 1 Nr. 1 StaRUG ist. Die Sanierungsbedürftigkeit kann daher auch im Zusammenhang mit einem gerichtlich bestätigten Restrukturierungsplan regelmäßig als Vermutung angenommen werden.[62] 29

---

55 Vgl. BFH, Beschl. v. 27.11.2020 – X B 63/20, ZInsO 2021, 725; zuvor FG Hamburg, Urt. v. 12.06.2020 – 5 K 160/17, BeckRS 2020, 43624.

56 Vgl. zu den Anforderungen an ein Sanierungskonzept zuletzt BGH, Urt. v. 14.06.2018 – IX ZR 22/15, ZInsO 2018, 2017.

57 Vgl. BFH, Urt. v. 10.04.2003 – IV R 63/01, BStBl. II 2004, 9; BFH, Urt. v. 16.05.2002 – IV R 11/01, BStBl. II 2002, 854.

58 Vgl. *Desens*, FR 2017, 981, 984.

59 BFH, Urt. v. 12.10.2005 – X R 20/03 und X R 42/03, BFH/NV 2006, 713 und 715.

60 Vgl. FG Münster Beschl. v. 07.02.2022 – 9 V 2784/21 F, ZInsO 2022, 894 Tz. 42 ff.

61 Vgl. Brandis/Heuermann-*Krumm* EStG § 3a Rn. 24; ebenso FG Münster 04.09.2023 – 9 K 3511/20 F, EFG 2024, 210 Tz. 33.

62 Vgl. *Eisolt/Wolters*, ZInsO 2021, 1058, 1061; *Kahlert*, NWB 2022, 3394.

b) Sanierungsfähigkeit

30 Für die Sanierungsfähigkeit kommt es darauf an, ob das Unternehmen nach der Sanierung objektiv in der Lage sein wird, einen Überschuss der Einnahmen über die Ausgaben zu erzielen. Dies wird im Rahmen einer außergerichtlichen Sanierung regelmäßig mit einem Sanierungskonzept[63] oder im Rahmen eines Insolvenzplans mittels Unternehmensplanung als Anlage hierzu dokumentiert.[64] Im Rahmen eines Restrukturierungsplans muss der Schuldner selbst gem. § 14 StaRUG eine Erklärung zur Bestandsfähigkeit des Unternehmens und damit zur Sanierungseignung abgeben und mittels Finanzplanung darlegen. Danach muss die Sanierungsfähigkeit der unternehmensbezogenen Sanierung auf Basis betriebswirtschaftlicher Prognosen dokumentiert werden.

c) Sanierungseignung

31 Zur Beurteilung der Sanierungseignung kommt es auf den Zeitpunkt des betrieblich begründeten Forderungsverzichts an. Bezogen auf diesen Zeitpunkt muss das Unternehmen mit dem Forderungsverzicht inklusive etwaiger weiterer Sanierungsmaßnahmen betriebswirtschaftlich als lebensfähig angesehen werden. Mithin muss der Forderungsverzicht gemäß dem Sanierungskonzept wirtschaftlich erforderlich und zugleich ausreichend sein, um die Sanierungsfähigkeit unter Berücksichtigung aller Sanierungsmaßnahmen des konkreten Sanierungskonzepts insgesamt bestätigen zu können. Maßgeblich ist insoweit, dass der Forderungsverzicht ein erforderlicher Teilbetrag zur Verhinderung des Zusammenbruchs des Unternehmens und zur Wiederherstellung der dauerhaften Ertragsfähigkeit sein muss, wobei auch zusätzliche umzusetzende Sanierungsmaßnahmen bei der Beurteilung der Geeignetheit einzubeziehen sind.[65]

d) Sanierungsabsicht

32 Schließlich ist zusätzlich das Tatbestandsmerkmal Sanierungsabsicht zu beachten. Die Sanierung des Unternehmens muss aus Sicht des Gläubigers mindestens mitentscheidend sein, damit das Tatbestandsmerkmal der Sanierungsabsicht des Gläubigers erfüllt ist.[66] An das Vorliegen der Sanierungsabsicht sind keine strengen Anforderungen zu stellen. Die Sanierungsabsicht wird insoweit grundsätzlich vermutet, wenn das schuldnerische Unternehmen sanierungsbedürftig ist und der Forderungsverzicht als maßgebliche Sanierungsmaßnahme geeignet ist, die Sanierung herbeizuführen.[67] Beteiligen sich mehrere Gläubiger eines sanierungsbedürftigen Unternehmens an einem Forderungsverzicht, kann grundsätzlich die Sanierungsabsicht unterstellt werden.[68] Dagegen kann es an der erforderlichen Sanierungsabsicht des Gläubigers fehlen, wenn dieser als einzelner Gläubiger nur deshalb auf eine Teilforderung verzichtet, damit die verbliebene Restforderung schneller gezahlt wird.[69] Nach richtiger Auffassung sind aber neben der Sanierungsabsicht zugleich mitentscheidende eigennützige Motive des Gläubigers betreffend die Rettung eines Teils seiner Restforderung unschädlich.[70] Sowohl im Rahmen des Insolvenzplanverfahrens als auch bei Bestätigung des

63 Vgl. zu den Anforderungen an ein Sanierungskonzept zuletzt BGH, Urt. v. 14.06.2018 – IX ZR 22/15, ZIP 2018, 1794.

64 Brandis/Heuermann-*Krumm* EStG § 3a Rn. 25.

65 BFH, Urt. v. 17.11.2004 – I R 11/04, BFH/NV 2005, 1027.

66 Vgl. BFH, Beschl. v. 27.11.2020 – X B 63/20, ZInsO 2021, 725; zuvor FG Hamburg Urt. v. 12.06.2020 – 5 K 160/17, BeckRS 2020, 43624.

67 Vgl. Brandis/Heuermann-*Krumm* EStG § 3a Rn. 25; ebenso FG Münster 04.09.2023 – 9 K 3511/20 F, EFG 2024, 210 Tz. 41.

68 BFH, Urt. v. 24.04.1986 – IV R 282/84, BStBl. II 1986, 672; BFH, Urt. v. 16.05.2002 – IV R 11/01, BStBl. II 2002, 854; BFH, Urt. v. 17.11.2004 – I R 11/04, BFH/NV 2005, 1027.

69 FG Rheinland-Pfalz, Urt. v. 18.05.2009 – 5 K 1494/06, BeckRS 2009, 26030431; BFH, Beschl. v. 08.09.2010 – IV B 109/09, BFH/NV 2011, 30.

70 BFH, Urt. v. 10.04.2003 – IV R 63/01, BStBl. II 2004, 9, BFH, Beschl. v. 27.11.2020 – X B 63/20, BeckRS 2020, 43623; FG Münster, Beschl. v. 07.02.2022 – 9 V 2784/21 F, ZInsO 2022, 894 Tz. 51; FG Münster 04.09.2023 – 9 K 3511/20 F, EFG 2024, 210 Tz. 41.

Restrukturierungsplans sind jeweils etwaige ablehnende Gläubigerstimmen ebenfalls unschädlich, da es auf die rechtliche Zustimmungswirkung zum Forderungsverzicht der jeweiligen Gläubigergruppen ankommt. Maßgeblich ist insoweit die Sanierungsabsicht der erforderlichen Mehrheit der planbetroffenen Gläubiger und die (teil-) kollektive Rechtskraftwirkung des Insolvenz- bzw. Restrukturierungsplans zwecks Sanierung des schuldnerischen Unternehmens, unabhängig von einzelnen dissentierenden Gläubigern.[71] Daher ging auch die Finanzverwaltung im Rahmen des alten Sanierungserlasses zutreffend davon aus, dass die Voraussetzungen einer unternehmensbezogenen Sanierung regelmäßig erfüllt sind, wenn sie auf einem Insolvenzplan zwecks Sanierung des Unternehmens beruhen.[72]

▶ **Hinweis:**

33 Verzichtet ein Gesellschafter auf seine Forderung, so muss er nunmehr gem. § 3a Abs. 2 EStG die betriebliche gegenüber der gesellschaftsrechtlichen Veranlassung nachweisen. Dies wird ihm regelmäßig nur durch einen Drittvergleich gelingen, wenn neben Gesellschaftern auch Drittgläubiger auf Forderungen (anteilig) verzichten (sog. »Gläubigerakkord«).

34 In diesem Zusammenhang ist zu berücksichtigen, dass der Forderungsverzicht des Gesellschafters in Höhe des werthaltigen Anteils zu einer verdeckten Einlage führt, die insoweit den Gewinn aus der Ausbuchung der Forderung neutralisiert.[73] Bei einer gesellschaftsrechtlichen Veranlassung ist zudem die Rechtsfolge beim Gesellschafter zu berücksichtigen, da dieser seinen Verlust aus der Ausbuchung des nicht werthaltigen Anteils an der Darlehensforderung als natürliche Person gem. § 3c Abs. 2 Satz 2–5 EStG im Rahmen des Teileinkünfteverfahrens nur zu 60 % oder als Kapitalgesellschaft gem. § 8b Abs. 3 Satz 4–8 KStG gar nicht steuerlich geltend machen kann.[74]

2. Steuerbefreiung des Sanierungsertrags gem. § 3a EStG

35 Betriebsvermögensmehrungen und Betriebseinnahmen aus einem Schulderlass zum Zwecke der unternehmensbezogenen Sanierung sind als Sanierungsertrag gem. § 3a Abs. 1 Satz 1 EStG steuerfrei. Die Steuerbefreiung ist allerdings gem. § 3c Abs. 4 Satz 1 EStG mit einem Abzugsverbot für Betriebsausgaben verknüpft, die mit dem steuerfreien Ertrag in unmittelbarem wirtschaftlichen Zusammenhang stehen. Wirtschaftlich bleibt daher nur der Sanierungsgewinn steuerfrei.

36 Der Schulderlass kann durch Erlassvertrag gem. § 397 Abs. 1 BGB oder ein negatives Schuldanerkenntnis gem. § 397 Abs. 2 BGB realisiert werden. Auch auf die Wirkung der gerichtlichen Bestätigung des Restrukturierungsplans gem. §§ 67 ff. StaRUG oder der Rechtskraft eines Insolvenzplans sind die Grundsätze zur Steuerfreiheit des Schulderlasses als Sanierungsertrag gem. § 3a EStG anwendbar.[75] Nach richtiger Auffassung stellt auch der Konfusionsgewinn beim Erwerb einer Forderung vom Gläubiger unter dem Nennwert (sog. »Debt-Buy-Back«) einen Schulderlass im Sinne von § 3a Abs. 1 Satz 1 EStG dar, da die Entlastung der Passiva entscheidend sein muss und nicht die Rechtstechnik im Rahmen der Umsetzung.[76] Auch der sog. »Debt-Equity-Swap«, wonach Forderungen im Wege der Sachkapitalerhöhung in Anteilsrechte umgewandelt werden, ist in Höhe des

---

71 Vgl. *Kirchhof/Seer* § 3a EstG Rn. 27; *Kanzler*, NWB 2021, 1235, 1252; *Lenger-Bauchowitz*, NZI 2021, 591 f. als Anmerkung zu BFH, Beschl. v. 27.11.2020 – X B 63/20; *Kahlert,* NWB 2022, 3394, 3405.

72 BMF-Schreiben v. 27.03.2003, BStBl. I 2003, 240, Rn. 4; s. dazu auch BFH, Urt. v. 10.04.2003 – IV R 63/01, BStBl II 2004, 9; BFH, Urt. v. 16.05.2002 – IV R 11/01, BStBl. II 2002, S. 854.

73 BFH, Beschl. v. 09.06.1997 – GrS 1/94, BStBl. II 1998, 307.

74 Vgl. *Desens*, FR 2017, 981, 983; *Sistermann/Beutel*, DStR 2017, 1065, 1066; Brandis/Heuermann-*Krumm* EStG § 3a Rn. 27; a.A. zum alten § 3 Nr. 66 EStG BFH, Urt. v. 14.10.1987 – I R 381/83, BFH/NV 1989, 141.

75 Vgl. *Skauradzun/Kwauka*, DStR 2020, 953, 955 f.; *Uhländer*, DB 2021, 16, 19; *Kanzler*, NWB 2021, 1235, 1252.

76 Vgl. *Desens*, FR 2017, 981 f; *Eilers/Tiemann*, Ubg 2020, 190, 191; a.A. BFH, Urt. 14.10.1987 – I R 381/83, BFH/NV 1989, 141 zum alten § 3 Nr. 66 EStG, wonach es nicht auf das wirtschaftliche selbe

nicht werthaltigen Anteils an der Forderung als Sanierungsertrag im Sinne des § 3a Abs. 1 Satz 1 EStG steuerfrei.[77]

▶ Hinweis:

37 In der Praxis empfiehlt sich, im Restrukturierungsplan ebenso wie im Insolvenzplan die Voraussetzungen der Steuerfreiheit betreffend die Sanierungsbedürftigkeit, Sanierungsfähigkeit, Sanierungseignung sowie Sanierungsabsicht darzulegen. Regelmäßig wird bei erheblichen steuerlichen Auswirkungen des Schulderlasses vorab eine verbindliche Auskunft gem. § 89 Abs. 2 AO bei der zuständigen Finanzbehörde zwecks Absicherung der steuerlichen Beurteilung der jeweiligen Sanierungsmaßnahme beantragt. Dies kann auch unmittelbar eine Bedingung des Insolvenz- bzw. Restrukturierungsplans sein.

38 Auch ein Rangrücktritt, der so formuliert ist, dass die Verpflichtung nur aus künftigen Gewinnen zu bedienen ist, führt wegen Wegfall der zu passivierenden Verbindlichkeit gem. § 5 Abs. 2a EStG als »bilanzrechtlicher« Schulderlass zu einer Betriebsvermögensmehrung im Sinne des § 3a Abs. 1 Satz 1 EStG.[78]

39 Der Gewinn aufgrund eines Vergleichs mit dem Pensions-Sicherungs-Verein (»PSVaG«) gem. § 7 Abs. 1 Satz 4 Nr. 2 BetrAVG ist ebenfalls begünstigt im Sinne von § 3a Abs. 1 Satz 1 EStG. Der PSVaG übernimmt hierbei auf Dauer die Erfüllung der laufenden Versorgungsleistungen des schuldnerischen Unternehmens als Arbeitgeber gegenüber dessen Versorgungsempfängern und zugleich gehen gem. § 9 Abs. 2 Satz 1 BetrAVG die Rechte und Ansprüche der Versorgungsberechtigten auf den PSVaG über, wobei der PSVaG auf die übergegangenen Forderungen gegenüber dem schuldnerischen Arbeitgeber verzichtet. Dieser Verzicht ist ebenfalls ein begünstigter Erlassvertrag und es kommt nicht darauf an, dass die Versorgungsempfänger selbst in diesem Zusammenhang keinen Verzicht erbringen.[79]

40 Im Rahmen des Insolvenzplanverfahrens entsteht der Sanierungsertrag aufgrund des im gestaltenden Teil geregelten Schulderlasses mit Rechtskraft des Insolvenzplans gem. § 254 Abs. 1 InsO.[80] Auf die Aufhebung des Insolvenzverfahrens kommt es insoweit nicht an. In diesem Zusammenhang ist zu berücksichtigen, dass das mit Eröffnung des Insolvenzverfahrens gem. § 155 Abs. 2 InsO beginnende Rumpfwirtschaftsjahr mit dem Aufhebungsbeschluss des Insolvenzgerichts wieder automatisch endet.

▶ Hinweis:

41 In der Praxis sollte darauf hingewirkt werden, dass die Aufhebung zum Monatsende erfolgt und der Beschluss den Zeitpunkt der Aufhebung zwecks Klarstellung unmittelbar enthält,[81] damit die Schlussbilanz zweifelsfrei zum Monatsende aufzustellen ist. Diese Schlussbilanz berücksichtigt dann bereits die im gestaltenden Teil des Insolvenzplans geregelten Forderungsverzichte als Sanierungsertrag.

Ergebnis im Rahmen der Konfusion, sondern auf den Schulderlass im Rechtssinne ankommt; vgl. *Kanzler*, NWB 2021, 1235, 1248.

77 Vgl. *Kahlert/Schmidt*, DStR 2017, 1897, 1900; *Desens*, FR 2017, 981, 983 *Eilers/Tiemann*, Ubg 2020, 190, 191; Vgl. bereits zum Sanierungserlass OFD Frankfurt v. 24.01.2018, S 2140 A – 4 – St 213, Beckverw. 353177 unter »Gewinne aus Dept-to-Equity-Swap-Gestaltungen«.

78 Vgl. *Förster/Hechtner*, DB 2017, 1536, 1538; Brandis/Heuermann-*Krumm* EStG § 3a Rn. 20; *Eilers/Tiemann*, Ubg 2020, 190, 191.

79 Vgl. bereits zum Sanierungserlass OFD Frankfurt v. 24.01.2018, S 2140 A – 4 – St 213, Beckverw. 353177 unter »Übernahme von Versorgungsverpflichtungen durch einen Pensions-Sicherungs-Verein«.

80 Vgl. BFH, Beschl. v. 15.11.2018 – XI B 49/18, BeckRS 2018, 36646.

81 Vgl. BGH, Beschl. v. 15.07.2010 – IX ZB 229/07, NZI 2010, 741, wonach im Zweifel die Aufhebung mit Beschlussfassung des Insolvenzgerichts (zur Mittagsstunde) wirksam wird und es nicht auf die Bekanntmachung ankommt.

Im Rahmen des Stabilisierungs- und Restrukturierungsrahmens entsteht der Sanierungsertrag aufgrund des im gestaltenden Teil geregelten Schulderlasses mit Wirkung der gerichtlichen Bestätigung des Restrukturierungsplans gem. §§ 67 ff. StaRUG. Der Schulderlass ist insoweit im laufenden Geschäftsjahr zu verbuchen und steuerlich im Rahmen der Veranlagung zu berücksichtigen. Im Rahmen des Stabilisierungs- und Restrukturierungsrahmens entsteht insoweit kein Rumpfwirtschaftsjahr. 42

Keinen steuerfreien Sanierungsertrag i.S.d. § 3a EStG stellen Zuschüsse von Gläubigern und Dritten oder Preiserhöhungen von Kunden dar, da diese Sanierungsmaßnahmen im Rahmen eines Leistungsaustauschs erfolgen und nicht auf ein Erlöschen eines Schuldverhältnisses gerichtet sind.[82] Die Gestaltung des Schulderlasses bereits entstandener Verbindlichkeiten aus Leistungsbeziehungen ist dagegen als steuerfreier Sanierungsertrag i.S.d. § 3a EStG möglich.[83] 43

a) Abzugsverbot gem. § 3c Abs. 4 Satz 1 EStG

Das Abzugsverbot für Sanierungsaufwendungen gem. § 3c Abs. 4 EStG setzt einen unmittelbaren wirtschaftlichen Zusammenhang der Aufwendungen mit dem steuerfreien Sanierungsertrag voraus, unabhängig davon, wann diese anfallen und wann der steuerfreie Sanierungsertrag entsteht. Auch im Rahmen des Sanierungserlasses minderten die Sanierungskosten vorab den aus Billigkeitsgründen erlassenen Sanierungsgewinn. Das Abzugsverbot erfasst nach der Regierungsbegründung[84] alle Aufwendungen, die unmittelbar der Erlangung von Sanierungsbeiträgen der Gläubiger dienen, wie die Kosten für das Sanierungsgutachten, die Sanierungsberatung, Rechtsanwaltskosten, Gerichtskosten oder sonstige Gutachterkosten.[85] Entsteht der Sanierungsertrag im Zusammenhang mit dem Stabilisierungs- und Restrukturierungsrahmen, so betrifft das Abzugsverbot auch die Vergütung des Restrukturierungsbeauftragten gem. §§ 80 ff. StaRUG oder Sanierungsmoderators gem. § 98 StaRUG sowie die Kosten für die Erstellung des Restrukturierungsplans bzw. Sanierungsvergleichs und die gerichtlichen Verfahrenskosten.[86] 44

▶ **Hinweis:**

Eine Aufteilung dieser Aufwendungen kommt in Betracht, wenn diese zugleich mit steuerpflichtigen Sanierungsbeiträgen von Gläubigern in unmittelbarem wirtschaftlichen Zusammenhang stehen.[87] So kann das Sanierungskonzept beispielsweise neben den Schulderlassen auch die Reduzierung von Einkaufspreisen oder Mietaufwendungen und Einführung von Preiserhöhungen beinhalten, die zu höheren künftigen steuerpflichtigen Gewinnen führen. 45

Ausdrücklich werden gem. § 3c Abs. 4 Satz 3 EStG auch Aufwendungen im Zusammenhang mit einem Besserungsschein und vergleichbare Aufwendungen vom Abzugsverbot erfasst. Beim Forderungsverzicht gegen Besserungsschein lebt die erlassene Forderung unter konkret definierten auflösenden Bedingungen im Sinne des § 158 Abs. 2 BGB wieder auf. Regelmäßig werden konkrete wirtschaftliche Kennzahlen wie ein bestimmter Jahresüberschuss oder ein EBITDA in den Folgejahren mit angemessener Beteiligung des verzichtenden Gläubigers an der Besserung vereinbart. Tritt die definierte Bedingung als wirtschaftlicher Besserungsfall ein, so lebt die Forderung wieder auf und ist dem Grunde nach als steuerlicher Aufwand zu verbuchen. Bei vorheriger Steuerfreiheit 46

82 Vgl. BFH, Urt. v. 31.01.1985 – IV R 149/82, BStBl. 1985 II, 365 wonach eine Preiserhöhung unter alten § 3 Nr. 66 EStG kein steuerfreier Sanierungsgewinn war; ebenso zum verlorenen Zuschuss BFH, Urt. v. 24.02.1994 – IV R 71/92, BFH/NV 1995, 15.

83 Vgl. *Kanzler*, NWB 2021, 1235, 1249.

84 BT-Drucks. 18/12128, 33.

85 Vgl. *Kirchhof/Seer* § 3c EStG Rn. 46; BeckOK/*Paetsch* § 3c EStG Rn. 244.

86 Vgl. *Kanzler*, NWB 2021, 1311, 1316.

87 So *Förster/Hechtner*, DB 2017, 1536, 1543; Brandis/Heuermann-*Krumm* EStG § 3a Rn. 20; *Hölzle*, ZIP 2020, 301, 308; *Kanzler*, NWB 2021, 1311, 1316.

des Sanierungsverzichts ist dann jedoch insoweit das Abzugsverbot § 3c Abs. 4 Satz 3 EStG anzuwenden und der steuerliche Aufwand aufgrund des Besserungsfalls bis zur Höhe des zuvor steuerfreien Sanierungsertrags zu korrigieren. Da das Abzugsverbot einen steuerfreien Sanierungsertrag voraussetzt, bleiben vergebliche Sanierungsaufwendungen für eine Sanierung ohne realisierten Schulderlass gem. § 3a Abs. 1 Satz 1 EStG entgegen der Regierungsbegründung[88] nach zutreffender Auffassung abzugsfähig.[89] Dies gilt auch für Fälle, in denen die Steuerbefreiung mangels Nachweis einer unternehmensbezogenen Sanierung nicht gewährt wird.

47 Übersteigen die Sanierungsaufwendungen ausnahmsweise den Sanierungsertrag aus dem Schulderlass, so unterliegen diese übersteigenden Aufwendungen gem. § 3c Abs. 4 Satz 1 EStG nach dem Wortlaut dem Abzugsverbot, da dieses nicht wie bei § 3c Abs. 1 EStG der Höhe nach auf den Umfang des steuerfreien Sanierungsertrags begrenzt ist. Übersteigen danach die Sanierungsaufwendungen die Sanierungserträge, so würde dieser Sanierungsverlust dem Abzugsverbot des § 3c Abs. 4 Satz 1 EStG unterliegen.[90] Bei einem effektivem Sanierungsverlust droht aber gerade keine Doppelbegünstigung des steuerpflichtigen Unternehmens im Rahmen der Steuerbefreiung, sondern im Gegenteil der Nichtabzug stellt einen Verstoß gegen den Grundsatz der Besteuerung nach der Leistungsfähigkeit[91] (»objektives Nettoprinzip im Rahmen der Besteuerung«) dar. Daher ist bei einem effektiven Sanierungsverlust eine einschränkende Auslegung des Abzugsverbots gem. § 3c Abs. 4 Satz 1 EStG anzuwenden und der steuerliche Abzug des übersteigenden Sanierungsverlustes zuzulassen.[92] Der Gesetzgeber hat dies lediglich bei nachlaufenden Sanierungsaufwendungen, die erst nach dem Sanierungsjahr entstehen, entsprechend berücksichtigt, da das Abzugsverbot gem. § 3c Abs. 4 Satz 4 EStG sich ausdrücklich auf den verbleibenden steuerfreien Sanierungsertrag begrenzt. Danach sind Sanierungsverluste bei nachlaufenden Sanierungsaufwendungen abzugsfähig.

48 Des Weiteren ist das Abzugsverbot für Sanierungsaufwendungen gem. § 3c Abs. 4 Satz 2 EStG nicht anzuwenden, wenn die Sanierungsaufwendungen im vorangegangenen Gewinnermittlungszeitraum zur Erhöhung von Verlustvorträgen geführt haben, die nach der Verlustverrechnungsregelung gem. § 3a Abs. 3 Satz 2 EStG entfallen. Diese Regelung vermeidet eine doppelte Nichtberücksichtigung, da die Sanierungskosten im Vorjahr bereits in dem zu verrechnenden Verlustvortrag enthalten sind.

49 Verfahrensrechtlich ist zu berücksichtigen, dass Sanierungsaufwendungen, die bereits in einem dem steuerfreien Sanierungsertrag vorangegangenen Gewinnermittlungszeitraum entstanden sind, nachträglich im Rahmen der Steuerfestsetzung gem. § 3c Abs. 4 S. 5 EStG geändert werden können, wenn sie zuvor gewinnmindernd berücksichtigt wurden. Dies gilt gem. § 3c Abs. 4 S. 6 EStG auch, wenn der maßgebliche Steuerbescheid bereits bestandskräftig geworden ist, da seine Festsetzungsfrist nicht endet, bevor die Festsetzungsfrist für das Sanierungsjahr abgelaufen ist.

b) Zwang zur gewinnmindernden Ausübung steuerlicher Wahlrechte gem. § 3a Abs. 1 Satz 2 und 3 EStG

50 Die Steuerfreiheit des Sanierungsgewinns soll auf das erforderliche Mindestmaß begrenzt werden, indem § 3a Abs. 1 Satz 2 und 3 EStG einen Zwang zur gewinnmindernden Ausübung steuerlicher Wahlrechte im Sanierungsjahr sowie im Folgejahr vorschreibt. Mithin sind etwaige stille Lasten zu heben, damit möglichst alle Verlustpotenziale bei Anwendung der Steuerbefreiung ausgeschöpft werden. Dies betrifft neben der Teilwertabschreibung gem. § 6 Abs. 1 Nr. 1 Satz 2 und Nr. 2 Satz 2 EStG auch sonstige gesetzliche Bewertungswahlrechte im Rahmen der steuerlichen Abschreibung

88 BT-Drucks. 18/12128, 33.

89 So auch *Desens*, FR 2017, 981, 985; *Förster/Hechtner*, DB 2017, 1536, 1543; *Kanzler*, NWB 2021, 1311, 1316.

90 Vgl. *Desens*, FR 2017, 981, 985; *Förster/Hechtner*, DB 2017, 1536, 1543.

91 Vgl. zuletzt BVerfG, Beschl. v. 29.03.2017 – 2 BvL 6/11, DStR 2017, 1094, 1099 zu § 8c KStG.

92 Vgl. *Skauradzun/Kwauka*, DStR 2020, 953, 956; *Kanzler*, NWB 2021, 1311, 1316; zuvor bereits *Sistermann/Beutel*, DStR 2017, 1065, 1069 mit Hinweis auf die eingetretene Verwerfung ohne Positionierung hierzu.

(AfA-Methode nach § 7 EStG, Sofortabschreibung gem. § 6 Abs. 2 EStG oder Poolabschreibung gem. § 6 Abs. 2a EStG) oder LiFo-Bewertung des Vorratsvermögens gem. § 6 Abs. 1 Nr. 2a EStG. Es wird insoweit verhindert, dass durch Nichtausübung steuerlich gewinnmindernder Wahlrechte stille Lasten steuerlich über die Sanierungsphase hinweggerettet und dann später als steuerliche Verluste ungeschmälert geltend gemacht werden. Nach richtiger Auffassung ist die Bildung einer Rücklage gem. § 6b EStG nicht unter die verpflichtende Wahlrechtsausübung gem. § 3a Abs. 1 Satz 2 EStG zu subsumieren und auch Subventionsvorschriften wie Sonderabschreibungen gem. §§ 7g ff. EStG sollten vom Zwang zur gewinnmindernden Ausübung ausgenommen werden.[93] Der Höhe nach sollte der Zwang zur gewinnmindernden Ausübung nach dem Sinn und Zweck der Vorschrift – entgegen dem Wortlaut – auf den maßgeblichen Sanierungsgewinn begrenzt sein.[94] Rechtsfolge der tatsächlichen Nichtausübung von Wahlrechten ist nach richtiger Auffassung nicht der Wegfall der Steuerfreiheit des Sanierungsgewinns, sondern der steuerfreie Sanierungsgewinn ist im Wege einer abweichenden Steuerfestsetzung entsprechend zu reduzieren.[95] Nach anderer Auffassung ist zwingend eine Bilanzberichtigung hinsichtlich der zwingenden Wahlrechtsausübung vorzunehmen.[96]

c) Verbrauch von Verlustvorträgen und weiteren Steuerminderungspositionen gem. § 3a Abs. 3 EStG

Um eine Doppelbegünstigung des sanierungsbedürftigen Unternehmens zu vermeiden, wird die Steuerbefreiung durch Verbrauch der Verlustvorträge im Wege der vorrangigen Verrechnung gem. § 3a Abs. 3 Satz 2 EStG begrenzt. Danach wird der Sanierungsgewinn nacheinander durch die in den Nummern 1–13 bezeichneten Verlustverrechnungspotenziale gemindert, die damit zugleich gem. § 3a Abs. 3 S. 5 EStG untergehen. Soweit in den Nummern 1–13 auf das Sanierungsjahr Bezug genommen wird, handelt es sich um den jeweiligen Gewinnermittlungszeitraum, in dem der Sanierungsertrag realisiert wird. In einem ersten Schritt ist der Sanierungsertrag um die nicht abziehbaren Sanierungskosten gem. § 3c Abs. 4 EStG zu reduzieren und anschließend sind die nicht abziehbaren Sanierungspotenziale in der Reihenfolge der Nummern 1–13 des § 3a Abs. 3 Satz 2 EStG abzuziehen, wobei hierbei nur anteilig das jeweilige Steuerminderungspotenzial bis zum vollständigen Verbrauch des Sanierungsgewinns verbraucht wird. 51

Im Einzelnen sind folgende Verlustminderungspotenziale nacheinander vom Sanierungsertrag abzuziehen: 52
- Nr. 1: Verpflichtungsübernahmen nach § 4f EStG
- Nr. 2, 3: Verluste nach § 15a EStG aus dem zu sanierenden Unternehmen
- Nr. 4, 5: Verluste nach § 15b EStG aus derselben Einkunftsquelle wie der Sanierungsertrag
- Nr. 6, 7: Verluste nach § 15 Abs. 4 EStG des zu sanierenden Unternehmens
- Nr. 8: Laufender Verlust des zu sanierenden Unternehmens im Sanierungsjahr
- Nr. 9: Weitere ausgleichsfähige Verluste aus allen Einkunftsarten im Sanierungsjahr
- Nr. 10: Der gesondert festgestellte Verlustvortrag gem. § 10d Abs. 4 EStG zum Ende des Vorjahres
- Nr. 11: Verlustvorträge aus anderen besonderen Verrechnungskreisen
- Nr. 12: Verlustrücktrag = negative Einkünfte des Folgejahres und des zweiten Folgejahres ohne Höchstbetragsbegrenzung
- Nr. 13: Zins- und EBITDA-Vortrag.

93 Brandis/Heuermann-*Krumm* EStG § 3a Rn. 34; *Kahlert/Schmidt*, DStR 2017, 1897, 1902; *Förster/Hechtner*, DB 2017, 1536, 1542; *Sistermann/Beutel*, DStR 2017, 1065, 1068; a.A. BeckOK-EStG/*Bleschick* § 3a Rn. 255; *Desens*, FR 2017, 981, 989; *Kanzler*, NWB 2021, 1311, 1314.

94 Ebenso Brandis/Heuermann-*Krumm* EStG § 3a Rn. 34; *Förster/Hechtner*, DB 2017, 1536, 1542; a.A. *Kanzler*, NWB 2021, 1311, 1314; BeckOK-EStG/*Bleschick* § 3a Rn. 251; *Desens*, FR 2017, 981, 989.

95 *Kahlert/Schmidt*, DStR 2017, 1897, 1902.

96 *Kanzler*, NWB 2021, 1311, 1315.

53 Mithin sind wie bisher auch bei Anwendung des Sanierungserlasses vom Sanierungsgewinn vorrangig die ertragsteuerlichen Verlustverrechnungsmöglichkeiten ohne Anwendung der ansonsten bestehenden Ausgleichs- und Verrechnungsbeschränkungen vollständig auszuschöpfen; das heißt, die sog. Mindestbesteuerung begrenzt hierbei die Verlustverrechnung nicht. Im Ergebnis hat weiterhin wie nach dem früheren Sanierungserlass, im Gegensatz zur älteren Regelung der Steuerbefreiung des Sanierungsgewinns gem. § 3 Nr. 66 EStG a.F., eine »totale« Verlustverrechnung im Rahmen der Steuerbefreiung gem. § 3a Abs. 3 EStG zu erfolgen. Nach § 3a Abs. 3 Satz 2 Nr. 12 EStG werden insb. auch im Folgejahr und im zweiten Folgejahr entstehende Verluste im Wege des Verlustrücktrags bis zur Höhe des Sanierungsgewinns des Vorjahres abgezogen und können daher nicht mehr mit zukünftigen Gewinnen im Rahmen der Sanierung verrechnet werden.

54 Die Minderung der EBITDA-Vorträge gem. § 3a Abs. 3 Satz 2 Nr. 13 EStG erfolgt in ihrer zeitlichen Reihenfolge; mithin gehen die ältesten EBITDA-Vorträge vorrangig unter. Da die Nutzung eines Zins- oder EBITDA-Vortrags lediglich das Abzugsverbot der Zinsschranke neutralisiert und keine Begünstigung darstellt, wird die Verfassungsmäßigkeit dieses Tatbestands zutreffend bezweifelt.[97]

d) Erweiterung des Wegfalls von Verlustvorträgen bei nahestehenden Personen gem. § 3a Abs. 3 Satz 3 EStG

55 Nach § 3a Abs. 3 Satz 3 EStG gehen die vorgenannten Steuerminderungspotenziale auch ausnahmsweise bei einer dem steuerpflichtigen Unternehmen nahestehenden Person (anteilig) unter, wenn diese die erlassenen Schulden innerhalb eines Zeitraums von fünf Jahren vor dem Forderungsverzicht auf das zu sanierende Unternehmen übertragen hat und soweit die Verlustverrechnungspotenziale zum Ablauf des Wirtschaftsjahrs der Übertragung bereits entstanden waren. Hierdurch soll im Rahmen einer typisierten Missbrauchsabwehr vermieden werden, dass Steuerminderungspotenziale auf einen anderen Rechtsträger übertragen werden.[98] Dies könnte beispielsweise durch Übertragung des zu sanierenden Unternehmens einschließlich der später zu erlassenden Verbindlichkeiten durch Einbringungen unter Anwendung von §§ 20, 24 UmwStG oder § 6 Abs. 3 EStG realisiert werden, um sich verbleibende Steuerminderungspotenziale beim übertragenden Rechtsträger zu sichern. Auch Übertragungen im Wege der verdeckten Einlage oder im Rahmen eines sog. »Debt Push-Up« durch Schuldübernahme von der Tochtergesellschaft mit Regressverzicht durch deren Muttergesellschaft sind von dieser Regelung umfasst.[99] Allerdings findet ein Verlustverbrauch bei nahestehenden Personen nur nachrangig statt und ist der Höhe nach auf die identischen übernommenen Schulden sowie zugleich auf den Verlustvortrag zum Ablauf des Wirtschaftsjahres vor der Übertragung begrenzt.[100] Für die Auslegung des Begriffs nahestehender Person soll nach der Gesetzesbegründung[101] auf die Rechtsprechung des BFH[102] zur verdeckten Gewinnausschüttung zurückgegriffen werden, wonach familienrechtliche, gesellschaftsrechtliche, schuldrechtliche oder auch rein tatsächliche Beziehungen ein Nahestehen begründen können. Diese Auslegung ist weiter als der Begriff der nahestehenden Person im Sinne des § 1 Abs. 2 AStG oder des Angehörigen gem. § 15 AO.[103]

e) Verfahrensrechtliche Regelungen gem. § 3a Abs. 4 EStG

56 Verfahrensrechtlich enthält § 3a Abs. 4 EStG ergänzende Vorschriften zur gesonderten Feststellung im Fall der Sanierung einer Mitunternehmerschaft. Danach ist der Sanierungsertrag vom für die

97 Vgl. *Desens*, FR 2017, 981, 988; *Kanzler*, NWB 2021, 1311, 1320.
98 Vgl. Brandis/Heuermann-*Krumm* EStG § 3a Rn. 50; *Kanzler*, NWB 2021, 1311, 1320.
99 Vgl. *Kanzler*, NWB 2021, 1311, 1320; *Desens*, FR 2017, 981, 989; *Sistermann/Beutel*, DStR 2017, 1065, 1068.
100 Vgl. *Desens*, FR 2017, 981, 990; *Kanzler*, NWB 2021, 1311, 1321.
101 BT-Drucks. 18/12128, S. 32.
102 BFH, Urt. v. 18.12.1996 – I R 139/94, BStBl. II 1997, 301.
103 Vgl. *Kanzler*, NWB 2021, 1311, 1320; *Desens*, FR 2017, 981, 989; *Förster/Hechtner*, DB 2017, 1536 ff.

Mitunternehmerschaft zuständigen Finanzamt einheitlich und gesondert festzustellen. Dies gilt auch für die nach § 3a Abs. 3 Satz 2 Nr. 1 bis 6 und 13 EStG mindernden Beträge, die gem. § 3a Abs. 4 Satz 1 und 2 EStG auf der Ebene der Mitunternehmerschaft anfallen.

Des Weiteren enthält § 3a Abs. 4 Satz 3 und 4 EStG eigenständige Änderungsvorschriften für bereits bestandskräftig festgestellte verrechenbare Verluste/Verlustvorträge, wenn diese ohne Berücksichtigung des § 3a Abs. 3 Satz 2 EStG bereits festgestellt worden sind. 57

f) Körperschaftsteuerliche Besonderheiten

Im Rahmen der Körperschaftsteuer sind die Vorschriften §§ 3a, 3c Abs. 4 EStG über § 8 Abs. 1 Satz 1 KStG unmittelbar anwendbar. In § 8c Abs. 2 KStG wird klargesellt, dass vorrangig die Verlustverrechnungsmöglichkeiten des § 8c KStG zu nutzen sind und § 3a EStG nachrangig auf den verbliebenen Sanierungsertrag anzuwenden ist. Zudem ist zu berücksichtigen, dass der fortführungsgebundene Verlustvortrag gem. § 8d Abs. 1 S. 9 KStG im Rahmen des § 3a EStG vorrangig vor dem allgemeinen Verlustvortrag gem. § 10d Abs. 4 EStG abzuziehen ist. 58

Im Rahmen der körperschaftsteuerlichen Organschaft ist § 3a EStG jeweils eigenständig auf der Ebene des Organträgers sowie der Organgesellschaften zu ermitteln. Dort, wo der steuerfreie Sanierungsertrag anfällt, gehen die jeweiligen Steuerminderungspotenziale unter, wobei dies bei der Organgesellschaft gem. § 15 Satz 1 Nr. 1 Satz 2 KStG nur deren vororganschaftliche Verlustvorträge betrifft. Ist der Sanierungsertrag bei der sanierten Organgesellschaft höher als deren vororganschaftliche Verlustvorträge, so erfolgt gem. § 15 Satz 1 Nr. 1a KStG eine Verrechnung der Verlustpositionen beim Organträger mit dem verbleibenden Sanierungsertrag, sodass auch beim Organträger die Steuerminderungspotenziale untergehen. Dies gilt gem. § 15 Satz 1 Nr. 1a Satz 3 KStG auch noch nach Beendigung der Organschaft nachlaufend, wenn die Organschaft innerhalb der letzten fünf Jahre vor dem Sanierungsjahr bestand. Der Organträger hat in diesem Fall bei einem Sanierungsertrag einer ehemaligen Organgesellschaft innerhalb von fünf Jahren seit Beendigung der Organschaft seine Steuerminderungspotenziale auch nachträglich weiterhin zur Verfügung zu stellen. Diese nachlaufende Regelung soll sicherstellen, dass die Sanierungsverluste einer Organgesellschaft, die während der Organschaft dem Organträger zugerechnet wurden, weiterhin mit dem Sanierungsertrag verrechnet werden, auch wenn die Organschaft zum Zeitpunkt des Sanierungserlasses beendet wurde. Problematisch ist in diesem Zusammenhang, dass diese nachlaufende Regelung lediglich auf den nachlaufenden Fünfjahreszeitraum verweist und sich weder auf die Verlustzurechnungen während der Organschaft noch auf die Identität der Schulden bei der Organgesellschaft zum Zeitpunkt der Beendigung der Organschaft begrenzt. Mithin können Verluste und neue Schulden nach Beendigung der Organschaft innerhalb des Fünfjahreszeitraums bei der ehemaligen Organgesellschaft dazu führen, dass wegen eines späteren Sanierungsertrags das Verlustminderungspotenzial des ehemaligen Organträgers gemindert wird, ohne dass ihm vorher entsprechende Verluste zugewiesen wurden. Hierdurch werden neue Verluste beim Organträger nach Beendigung der Organschaft nachträglich »vernichtet«. Die nachlaufende Verlustminderung gem. § 15 Satz 1 Nr. 1a Satz 3 KStG kann daher im Einzelfall gegen das verfassungsrechtlich anerkannte objektive Nettoprinzip[104] verstoßen, wenn Verlustpositionen beim Organträger nachträglich gemindert werden, die erst nach Beendigung der Organschaft entstanden sind.[105] Schließlich können Verlustminderungspotenziale beim ehemaligen Organträger auch noch innerhalb des Fünfjahreszeitraums untergehen, obwohl die bis dahin profitable Organgesellschaft an einen fremden Dritten verkauft worden ist. Auch dies verdeutlicht die überschießende verfassungsrechtlich bedenkliche Wirkung dieser Regelung. Aufgrund dieser nachlaufenden Risiken ist empfehlenswert, im Rahmen des Verkaufs der Organgesellschaft für diesen Fall einen entsprechenden Anspruch gegen den Käufer zu vereinbaren, der zudem 59

104 Vgl. zuletzt BVerfG, Beschl. v. 29.03.2017 – 2 BvL 6/11, DStR 2017, 1094, 1099 zu § 8c KStG.

105 Ebenso Gosch-*Neumann* KStG § 15 Rn. 15b; *Desens*, FR 2017, 981, 991; *Sistermann/Beutel*, DStR 2017, 1065, 1068 f.; a.A. Brandis/Heuermann-*Rode* § 15 KStG Rn. 16 (verfassungsrechtlich sei die zeitliche Typisierung noch vertretbar).

zwecks Sicherstellung der Werthaltigkeit in einer etwaigen wirtschaftlichen Krise des Käufers mit einer entsprechenden Versicherung abgesichert werden sollte.

g) Gewerbesteuerliche Besonderheiten

60 Die Billigkeitsregelungen des Sanierungserlasses hinsichtlich der Steuerstundung und des Steuererlasses galten nicht unmittelbar für die Gewerbesteuer, da für derartige Zwecke die jeweils hebeberechtigte Gemeinde zuständig ist. Die Ermittlung des Gewerbesteuermessbetrags und eines gewerbesteuerlichen Verlustabzugs erfolgten eigenständig.[106] Das Finanzamt teilte der Gemeinde im Rahmen der Erteilung des Gewerbesteuermessbescheides im Verfahren nach § 184 Abs. 3 AO förmlich die Höhe des Sanierungsgewinns und die Höhe der noch verrechenbaren Verluste, die Grundlagen der abweichenden Festsetzung und die anteilige Verteilung in Zerlegungsfällen mit. Die vom Finanzamt getroffene Qualifizierung als Sanierungsgewinn hatte insoweit keine bindende Wirkung im Hinblick auf die Billigkeitsmaßnahme der Gemeinde.

61 Nunmehr ist gem. § 7b Abs. 1 GewStG im Rahmen der Ermittlung des Gewerbeertrags die Steuerbefreiung entsprechend den Voraussetzungen und Rechtsfolgen des §§ 3a, 3c Abs. 4 EStG auch für den gewerbesteuerlichen Messbescheid automatisch zu berücksichtigen.[107] Mithin gilt nunmehr die Steuerbefreiung des Sanierungsertrags auch unmittelbar für die Gewerbesteuer und führt zu einer erheblichen Planungssicherheit gegenüber dem alten Sanierungserlass aus Billigkeitsgründen, wo jede einzelne Betriebsstättengemeinde im Erhebungsverfahren von der entsprechenden Anwendung des Sanierungserlasses überzeugt werden musste. Für gewerbesteuerliche Zwecke ist zudem gem. § 7b Abs. 2 GewStG die Verlustuntergangsreihenfolge zu berücksichtigen.

h) Schenkungsteuerliche Besonderheiten

62 Auch schenkungsteuerlich sind etwaige Auswirkungen eines Forderungsverzichts im Rahmen von Sanierungen gem. § 7 Abs. 8 ErbStG zu prüfen. Nach dieser Vorschrift soll im Rahmen einer Fiktion die Werterhöhung von Anteilen an einer Kapitalgesellschaft durch eine Zuwendung besteuert werden. Diese Regelung soll insb. die reflexartige Bereicherung der Mitgesellschafter bei disquotalen Einlagen besteuern.[108] Nach dem Wortlaut ist der Tatbestand aber auch bei einem Forderungsverzicht zum Zwecke der Sanierung erfüllt.[109] Die Finanzverwaltung vertritt zum Forderungsverzicht mit Besserungsabrede die Auffassung, dass dieser eine Werterhöhung der Anteile der übrigen Gesellschafter bewirke, es jedoch an einem steuerbaren Vorgang fehle, weil der verzichtende Gläubiger nichts aus seinem Vermögen hergibt, sondern lediglich uneinbringbare Werte gegen Erwerbsaussichten umschichtet.[110] Im Ergebnis ist die vom Wortlaut überschießende Vorschrift nach herrschender Auffassung teleologisch einschränkend auszulegen und nicht auf unbedingte Forderungsverzichte im Rahmen von wirtschaftlich begründeten Sanierungen inklusive Insolvenzplänen anwendbar.[111] Maßgeblich ist insoweit, dass die Gläubiger grds. nur auf den nicht werthaltigen Anteil ihrer Forderung verzichten und sie zudem eigennützige Zwecke verfolgen, da die verbliebene Restforderung aufgrund der Sanierung werthaltig wird.

63 Im Rahmen des Restrukturierungsplans sowie dem Insolvenzplanverfahrens ist zudem zu berücksichtigen, dass deren materielle Wirkungen jeweils mit der Rechtskraft kraft Gesetzes eintreten und insoweit bereits keine Leistung im Sinne des § 7 Abs. 8 ErbStG vorliegt.[112]

---

106 BFH, Urt. v. 25.04.2012 – I R 24/11, DStR 2012, 1544; H 1.5 Abs. 1 Fn. 2 GewStR 2009; Verfügung des LfSt Bayern v. 08.08.2006, FR 2006, 900 f.; *Nolte*, NWB 2005, 3856, 3866 f.

107 Vgl. Verfügung des LfSt Bayern v. 11.02.2019, DStR 2019, 627.

108 Vgl. *Meincke/Hannes/Holtz* § 7 ErbStG Rn. 168.

109 Vgl. *Meincke/Hannes/Holtz* § 7 ErbStG Rn. 174; zuvor bereits *Viskorf*, ZEV 2012, 442; *Maile*, DB 2012, 1952; *Kahlert/Schmidt*, DStR 2012, 1208.

110 R E 7.5 Abs. 11 Satz 10 ff. ErbStR.

111 Vgl. *Kanzler*, NWB 2021, 1311, 1324; *Viskorf*, ZEV 2012, 442; *Kahlert/Schmidt*, DStR 2012, 1208.

112 Vgl. *Ebbinghaus/Neu/Hinz*, NZI 2014, 729, 733.

Hinweis:

Darüber hinaus ist in der Praxis zu berücksichtigen, dass der Insolvenzplan – und nunmehr auch im Rahmen des Restrukturierungsplans gestaltbar – regelmäßig eine Kapitalmaßnahme enthält, wonach die bisherigen Anteile im Rahmen einer vereinfachten Kapitalherabsetzung auf null »vernichtet« werden und zugleich eine Kapitalerhöhung umgesetzt wird. Danach kommt bereits dem Grunde nach keine reflexartige nachhaltige Werterhöhung der alten Anteile in Betracht und die neuen Anteile entstehen erst nach Rechtskraft des Insolvenzplans und mithin nach Wirksamwerden des Forderungsverzichts. 64

i) Umsatzsteuerliche Besonderheiten

Umsatzsteuerlich ist im Rahmen des Forderungsverzichts zu berücksichtigen, ob die Vorsteuer des schuldnerischen Unternehmens gem. § 17 UStG wegen Minderung der umsatzsteuerlichen Bemessungsgrundlage zu berichtigen ist. Dies betrifft mithin den Forderungsverzicht, dem ein umsatzsteuerlicher Leistungsaustausch zugrunde liegt. In diesen Fällen ist die Liquiditätsbelastung aufgrund der Zahlungsverpflichtung aus der Vorsteuerkorrektur zu berücksichtigen. Zwecks Vermeidung einer Berichtigung nach § 17 UStG kommt eine Novation der Forderung aus dem Leistungsaustausch in eine Darlehensforderung in Betracht, wodurch umsatzsteuerlich die Forderung aus dem Leistungsaustausch befriedigt wird und eine Vorsteuerberichtigung gem. § 17 UStG entfällt.[113] Danach kommt beim anschließenden Verzicht auf die Darlehensforderung eine Vorsteuerkorrektur nach § 17 UStG mangels umsatzsteuerpflichtigen Leistungsaustauschs nicht mehr in Betracht. Nach Auffassung des FG Köln stellt die Novation jedoch noch keine endgültige Vereinnahmung des umsatzsteuerlichen Entgelts gem. § 10 UStG dar, sodass bei Forderungsverzicht auf das Darlehen wegen Uneinbringlichkeit die Vorsteuerkorrektur nach § 17 UStG auslösen soll.[114] Maßgeblich sei die tatsächliche Belastung, die wegen des Forderungsverzichts beim Leistungsempfänger insoweit nicht eintritt. 65

Im Rahmen des Insolvenzplanverfahrens ist zu berücksichtigen, dass die Umsatzsteuer- und Vorsteuerberichtigungen im Sinne von § 17 UStG bereits spätestens mit Insolvenzeröffnung durchzuführen sind.[115] Mithin wurde die Vorsteuer bereits vollständig gem. § 17 UStG berichtigt und im Rahmen des Insolvenzplanverfahrens erfolgt dann wiederum eine Korrektur zugunsten des schuldnerischen Unternehmens, wenn eine Quotenzahlung erbracht wird. Die Berichtigung gem. § 17 UStG erfolgt insoweit erst bei Zahlung und nicht bereits bei Rechtskraft des Insolvenzplans.[116] 66

D. Debt-Equity-Swap/Debt-Mezzanine-Swap

Als Sanierungsmaßnahmen kommen auch die rechtliche Umgestaltung der Forderungen eines Gesellschafters oder Drittgläubigers im Rahmen eines sog. »Debt-Equity-Swaps« oder »Debt-Mezzanine-Swap« in Betracht, deren jeweilige steuerliche Auswirkungen zu berücksichtigen sind. Neben Gesellschaftern mit Forderungen und Drittgläubigern erwerben in der Praxis regelmäßig auch Investoren im Rahmen einer sog. »Loan to own«-Strategie die (häufig notleidenden) Darlehen des in der Krise befindlichen Unternehmens von den Banken oder anderen Großgläubigern.[117] 67

I. Debt-Equity-Swap

Im Rahmen des sog. Debt-Equity-Swaps wird das Fremdkapital in Eigenkapital umgewandelt, indem Gläubiger durch eine Sachkapitalerhöhung im Wege der Forderungseinbringung neue Anteile an 68

113 Vgl. *Ebbinghaus/Neu/Hinz*, NZI 2014, 729, 732; *Kanzler*, NWB 2021, 1311, 1324.
114 FG Köln, Urt. v. 14.11.2013 – 15 K 2659/10, EFG 2014, 601, Rn. 13 ff.
115 BFH, Urt. v. 22.10.2009 – V R 14/08, BStBl. II 2011, 988.
116 Vgl. *Ebbinghaus/Neu/Hinz*, NZI 2014, 729, 732.
117 Buth/Hermanns-*Buth/Herrmanns*, Restrukturierung, Sanierung, Insolvenz, § 16 Rn. 48.

der Gesellschaft erhalten, regelmäßig in Verbindung mit einer vereinfachten Kapitalherabsetzung. Wirtschaftlich tauscht der Forderungsinhaber insoweit seine Forderung in neue Anteile an dem Unternehmensträger ein und in der Bilanz des Unternehmens erhöht sich entsprechend das bilanzielle Eigenkapital. Gleichzeitig wird die künftige Ergebnis- und Liquiditätssituation wegen Wegfalls der Zinsbelastung verbessert. Der Gläubiger tritt entweder im Rahmen einer Sachkapitalerhöhung seine Forderung an die Gesellschaft ab, wodurch diese im Wege der Konfusion erlischt, oder er bringt die Forderung im Wege des Erlassvertrages i.S.d. § 397 BGB ein. Im Rahmen der Sanierung wird die einzubringende Forderung regelmäßig nur teilweise werthaltig sein, sodass im Rahmen der Sachkapitalerhöhung die Einlageverpflichtung aufgrund des Prinzips der effektiven Kapitalaufbringung nur in Höhe des tatsächlichen Werts der Forderung erfüllt wird.[118] Handelsbilanziell ist der nicht werthaltige Anteil der eingebrachten Forderung erfolgsneutral als andere Zuzahlung gem. § 272 Abs. 2 Nr. 4 HGB als Kapitalrücklage zu verbuchen.[119] Der Debt-Equity-Swap kann auch im Rahmen eines Insolvenzplans gem. §§ 217 ff. InsO bzw. eines Restrukturierungsplans gem. §§ 2 ff. StaRUG realisiert werden.

69 Steuerlich sind Einlagen gem. § 6 Abs. 1 Nr. 5 EStG mit dem jeweiligen Teilwert des Wirtschaftsguts zum Zeitpunkt der Zuführung anzusetzen. Der BFH wendet diese Grundsätze sowohl beim Erlass einer Forderung als auch bei deren Abtretung entsprechend an.[120] Nach anderer Auffassung ist die Einlage auch steuerlich mit ihrem Nennwert zu bewerten und wäre danach steuerneutral.[121] Der Teilwert einer Forderung ist im Wege der Bewertung aufgrund der zum maßgeblichen Stichtag gegebenen objektiven Verhältnisse zu ermitteln und wird insb. durch die Zahlungsfähigkeit des schuldnerischen Unternehmens und damit der Ausfallwahrscheinlichkeit der Forderung bestimmt.

▶ **Hinweis:**

70 Im Zusammenhang mit der Bewertung der Forderung sind auch stille Reserven und die Möglichkeit einer ratenweisen Rückzahlung im Rahmen einer positiven Fortführungsprognose zu berücksichtigen.[122] Diese steuerliche Einlage des (neuen) Gesellschafters in Höhe des werthaltigen Teils der Forderung stellt dann zugleich die steuerlichen Anschaffungskosten der Beteiligung dar, die gleichsam zu einer Erhöhung des Einlagekontos gem. § 27 KStG führt. Hinsichtlich des wertlosen Teils der eingebrachten Forderung entsteht auf der Ebene der Gesellschaft ein steuerlicher Gewinn. Auf diesen Sanierungsgewinn ist dann die Anwendung der Steuerbefreiung gem. § 3a EStG wie beim Forderungsverzicht zu prüfen, um eine Steuerbelastung zu vermeiden.[123]

71 Führt die Sachkapitalerhöhung im Rahmen des Debt-Equity-Swaps zu einer Übertragung von mehr als 50 % der Anteile an der Kapitalgesellschaft, so ist die Verlustabzugsbeschränkung des § 8c KStG zu berücksichtigen. Maßgeblich ist insoweit, dass mit dem Konfusionsgewinn aus der Umwandlung der Forderung in Eigenkapital zeitgleich mit der Eintragung der Sachkapitalerhöhung im Handelsregister eine schädliche Anteilsübertragung i.S.d. § 8c Abs. 1 KStG realisiert wird.

72 Der Debt-Equity-Swap kann auch im Rahmen eines Restrukturierungsplans gem. § 7 Abs. 4 StaRUG sowie des Insolvenzplanverfahrens nach § 225a InsO realisiert werden, wobei dies jeweils nur mit Zustimmung des jeweiligen Gläubigers möglich ist. Die Differenzhaftung bei einer etwaigen Überbewertung der Forderung als Sacheinlage ist jeweils nach der gerichtlichen Bestätigung des Restrukturierungs- bzw. Insolvenzplans aufgrund von § 254 Abs. 4 InsO ausgeschlossen. Steuerlich

118 MK-GmbHG-*Lieder* § 56 Rn. 19 m.w.N.
119 *Schulze-Osterloh*, NZG 2017, 641, 643 f.
120 BFH, Beschl. v. 09.06.1997 – GrS 1/94, BStBl. II 1998, 307, 310.
121 So *Schulze-Osterloh*, NZG 2017, 641, 644 f; ebenso *Pöschke*, NZG 2017, 1408, 1414.
122 So auch FG Bremen, Beschl. v. 28.03.2017 – 3 V 22/17 1, Rn. 92, BeckRS 2017, 135083.
123 Vgl. *Hölzle*, ZIP 2020, 301, 308.

gelten auch im Rahmen des Restrukturierungsplans bzw. dem Insolvenzplanverfahren die vorgenannten Grundsätze.

II. Debt-Mezzanine-Swap

Eine Alternative zum Debt-Equity-Swap stellt die Umwandlung von Forderungen in Mezzanine-Finanzierungen im Rahmen eines sog. Debt-Mezzanine-Swaps dar, die unter bestimmten Voraussetzungen handelsbilanziell unter dem Eigenkapital ausgewiesen werden. Dabei kann es sich insb. um die Umwandlung in Genussrechtsbeteiligungen oder stille Gesellschaften handeln. 73

Der Debt-Mezzanine-Swap kann auch im Rahmen eines Insolvenzplans durch Umwandlung von Verbindlichkeiten des schuldnerischen Unternehmens in nachrangige Genussrechte oder stille Beteiligungen realisiert werden. 74

Die Gestaltungsformen von Mezzanine-Finanzierungen als handelsbilanzielles Eigenkapital weisen im Wesentlichen folgende Kernelemente auf, die kumulativ vorliegen müssen[124]: 75
- Nachrangigkeit in Bezug auf die sonstigen Gläubiger (zugleich vorrangig gegenüber Eigenkapital),
- Erfolgsabhängigkeit (höhere Vergütung für die Kapitalbereitstellung im Vergleich zum klassischen Fremdkapital, das nicht aus dem Eigenkapital geleistet wird),
- Verlustteilnahme (vollständige Beteiligung am Verlust bis zum Rückzahlungstermin),
- Längerfristigkeit der Kapitalüberlassung (grds. fünf Jahre Mindestüberlassung, alternativ langfristige Mindestkündigungsfrist von zwei Jahren).

Unter vorgenannten Voraussetzungen können sowohl schuldrechtliche Genussrechtsvereinbarungen als auch stille Gesellschaften so ausgestaltet werden, dass sie wesentliche Merkmale von Eigenkapitalinstrumenten haben und daher in der Handelsbilanz als »Quasi-Eigenkapital« zwischen dem klassischen Eigenkapital und dem klassischen Fremdkapital als Genussrechtskapital oder stille Beteiligung unter einem eigenen Bilanzposten im Eigenkapital ausgewiesen werden.[125] 76

1. Genussrechtsbeteiligung

Genussrechte sind gesetzlich nicht definiert, so dass deren Ausgestaltung und Definition als hybrides Finanzinstrument im Rahmen von Genussrechtsvereinbarungen privatautonom vereinbart werden kann. Grundsätzlich vermitteln Genussrechte auf der Grundlage schuldrechtlicher Genussrechtsvereinbarungen eine Beteiligung am Gewinn bzw. Verlust des Unternehmens sowie den Rückzahlungsanspruch auf das überlassene Kapital unter den jeweils vereinbarten Rahmenbedingungen. Insbesondere in Krisensituationen können Genussrechte für jede konkrete Konstellation sehr flexibel genutzt werden. Erfüllen Genussrechtsvereinbarungen die Voraussetzungen für den handelsbilanziellen Ausweis unter dem Eigenkapital, so bleibt die Vergütung für Genussrechte handelsrechtlich trotzdem Aufwand in der Gewinn- und Verlustrechnung.[126] 77

Die Finanzverwaltung hat mittlerweile anerkannt, dass eine handelsbilanzielle Umqualifizierung in Eigenkapital nicht aufgrund des Maßgeblichkeitsgrundsatzes gem. § 5 Abs. 1 EStG zugleich eine steuerbilanzielle Umqualifizierung bewirkt.[127] Maßgeblich für die steuerliche Einordnung als Fremd- 78

---

124 IDW, Stellungnahme HFA 1/1994, WPG 1994, 419; Beck'scher Bilanzkommentar/*Schubert*, § 247 Rn. 195; *Kubik/Münch*, BB 2021, 1387, 1389 f.; BMF-Schreiben v. 11.04.2023, IV C 6-S 2133/19/10004:002, BStBl. I 2023, 623 Tz. 13; *Kahle*, FR 2024, 1, 10; *Marx*, DStZ 2023, 494, 497 ff.

125 IDW Stellungnahme HFA 1/1994, WPG 1994, 419; *Hennrichs/Schlotter*, DB 2016, 2072 ff.; MK-Bilanzrecht-*Kropff* § 272 HGB Rn. 268 ff. und 286 ff.

126 Brandis/Heuermann-*Rengers* KStG § 8 Rn. 194; *Kahle*, FR 2024, 1, 10.

127 BMF-Schreiben v. 11.04.2023, IV C 6-S 2133/19/10004:002, BStBl. I 2023, 623 Tz. 15; *Henkel*, FR 2023, 1140, 1142.

kapital bleibt insoweit die schuldrechtlich vereinbarte Rückzahlungsverpflichtung.[128] Lediglich ausnahmsweise kommt die Nichtpassivierung einer Rückzahlungsverpflichtung in Betracht, wenn diese zum Bilanzstichtag keine wirtschaftliche Belastung (mehr) darstellt. Hierbei ist zu berücksichtigen, dass weder eine mit Verlustteilnahme kombinierte Nachrangvereinbarung noch der Mangel an ausreichendem Vermögen zur Tilgung der Verbindlichkeit schließen die wirtschaftliche Belastung aus.[129] Daher ist auch bei einer Gewährung von Genussrechtskapital in der Krise des Unternehmens bei etwaiger Vermögenslosigkeit weiterhin von der Qualifizierung als Fremdkapital auszugehen, sofern eine Rückzahlungsverpflichtung vereinbart wird.[130] Auch die Einräumung von Wandlungs- oder Optionsrechten ändert nichts an der Qualifizierung als steuerliches Fremdkapital, bevor diese Wandlung bzw. Option ausgeübt wird.[131] Das Genussrecht ist mithin nur dann steuerlich als Eigenkapital zu qualifizieren, wenn das zugeführte Kapital nach den Genussrechtsbedingungen dauerhaft in das Vermögen des Unternehmens übergeht und keine Rückzahlungsverpflichtung besteht. In diesem Fall erhöht das Genussrechtskapital das steuerliche Einlagekonto im Sinne des § 27 Abs. 1 KStG.[132] Des Weiteren ist der steuerrechtliche Passivierungsvorbehalt gem. § 5 Abs. 2a EStG zu berücksichtigen, wenn die Genussrechtsverbindlichkeit nur aus künftigen Einnahmen oder Gewinnen erfüllt werden muss. Steuerlich kann diese gewinnabhängige Genussrechtsverpflichtung erst bei Entstehung des Gewinns passiviert werden.[133]

79 Zahlungen auf die steuerrechtlich als Fremdkapital zu bilanzierende Genussrechte sind nach § 8 Abs. 1 KStG i.V.m. § 4 Abs. 4 EStG Betriebsausgaben.[134] Steuerlich ist danach gem. § 8 Abs. 3 Satz 2, 2. Alt KStG zu prüfen, ob diese Zahlungen auf Genussrechte außerbilanziell hinzuzurechnen sind und damit das Einkommen nicht mindern, wenn das Genussrecht kumulativ am Gewinn und am Liquidationserlös beteiligt wird.[135] Das steuerlich gewinnmindernde Genussrecht kann danach durch Nichtbeteiligung am Liquidationserlös der Gesellschaft gestaltet werden. Danach darf das Genussrecht insbesondere nicht an den stillen Reserven der Gesellschaft beteiligt werden[136], um nicht die Voraussetzungen des § 8 Abs. 3 S. 2 KStG als beteiligungsähnliches Genussrecht zu erfüllen. Bei einer Verlustbeteiligung des Genussrechts, muss diese Verlustbeteiligung nach Auffassung der Finanzverwaltung auch den nominalen Rückzahlungsanspruch mindern, da dies andernfalls zu einer (teilweisen) Beteiligung an den stillen Reserven führe.[137] Mithin bleibt die Vergütung des Genussrechts aus Sicht der Gesellschaft bei entsprechender Gestaltung des Genussrechts steuerlicher Aufwand und mindert das körperschaftsteuerliche Einkommen sowie den Gewerbeertrag vorbehaltlich sonstiger Abzugsbeschränkungen wie die Zinsschranke.[138] Die steuerliche Sonderregelung gem. § 8 Abs. 3 Satz 2, 2. Alt KStG hat als Einkommensermittlungsvorschrift mithin keine Auswirkung auf die Bilanzierung der Genussrechte und der handelsbilanzielle Ausweis als »Quasi-Eigenkapital« mit einem eigenen Mezzanine-Sonderposten »sui generis« führt nicht zu einer Maßgeblichkeit für ein

---

128 BMF-Schreiben v. 11.04.2023, IV C 6-S 2133/19/10004:002, BStBl. I 2023, 623 Tz. 8; *Henkel*, FR 2023, 1140, 1142.
129 BMF-Schreiben v. 11.04.2023, IV C 6-S 2133/19/10004:002, BStBl. I 2023, 623 Tz. 22.
130 BMF-Schreiben v. 11.04.2023, IV C 6-S 2133/19/10004:002, BStBl. I 2023, 623 Tz. 16.
131 BMF-Schreiben v. 11.04.2023, IV C 6-S 2133/19/10004:002, BStBl. I 2023, 623 Tz. 18.
132 Vgl. *Kahle*, FR 2024, 1, 10.
133 BMF-Schreiben v. 11.04.2023, IV C 6-S 2133/19/10004:002, BStBl. I 2023, 623 Tz. 24 f.; *Marx*, DStZ 2023, 494, 504.
134 BMF-Schreiben v. 11.04.2023, IV C 6-S 2133/19/10004:002, BStBl. I 2023, 623 Tz. 29.
135 Vgl. BFH v. 14.08.2019 – I R 44/17, DStR 2020, 1307.
136 BMF-Schreiben v. 11.04.2023, IV C 6-S 2133/19/10004:002, BStBl. I 2023, 623 Tz. 32.
137 BMF-Schreiben v. 11.04.2023, IV C 6-S 2133/19/10004:002, BStBl. I 2023, 623 Tz. 33; a.A. *Gosch* § 8 KStG Rn. 151.
138 Vgl. *Karcher*, DStR 2020, 1945, 1949 zugleich als Anmerkung zum BFH-Urteil v. 14.08.2019 – I R 44/17, DStR 2020, 1307; kritisch hierzu *Schmid*, DStR 2020, 2633; zuvor BFH, Urt. v. 19.01.1994 – I R 67/92, BStBl. II 1996, 77.

steuerliches Eigenkapital.[139] Neben der steuerlichen Sonderregelung des § 8 Abs. 3 Satz 2, 2. Alt KStG sind lediglich die allgemeinen steuerlichen Passivierungsgrundsätze für das Genussrecht anzuwenden.[140] Im Rahmen des Debt-Mezzanine-Swap wird eine bestehende Darlehensforderung in Genussrechtskapital umgewandelt und es gelten insoweit die vorgenannten Grundsätze für die fortgeltende Qualifizierung als steuerliches Fremdkapital, wodurch im Ergebnis eine steuerrechtlich gewinnerhöhende Ausbuchung der betreffenden Verbindlichkeit aufgrund des erfolgsneutralen Passivtauschs von Darlehen in Genussrecht vermieden werden kann.[141]

Der entscheidende Vorteil der Gestaltung eines Debt-Mezzanine-Swaps liegt darin, dass insbesondere Genussrechte als hybrides Finanzinstrument im Sinne des Mezzanine-Kapital handelsbilanziell unter den maßgeblichen Voraussetzungen als Eigenkapital behandelt werden.[142] Steuerrechtlich hingegen kann das Genussrecht dann bei entsprechender Gestaltung Fremdkapital bleiben, sodass ein steuerlich erfolgsneutraler Passivtausch vorliegt und eine gewinnerhöhende Ausbuchung der Verbindlichkeit steuerrechtlich vermieden wird.[143] Im Ergebnis können danach Genussrechte unter den vorgenannten Voraussetzungen als »Genussrechtskapital« unter dem Eigenkapital in der Handelsbilanz und zugleich weiterhin steuerneutral als Verbindlichkeit in der Steuerbilanz ausgewiesen werden.[144] **80**

2. Stille Beteiligung

Im Rahmen eines Debt-Mezzanine-Swaps kommt auch die Umwandlung einer Forderung des Gläubigers in eine stille Gesellschaft i.S.d. § 230 HGB in Betracht. Im Unterschied zum Genussrecht erfordert die stille Gesellschaft als Gesellschaft i.S.d. § 705 BGB die Förderung eines gemeinsamen Zwecks mit dem Inhaber des Handelsgeschäfts.[145] Bei der AG stellt die stille Gesellschaft einen Teilgewinnabführungsvertrag im Sinne des § 292 Abs. 1 Nr. 2 AktG dar und wird deshalb grds. erst mit Genehmigung der Hauptversammlung und Eintragung im Handelsregister wirksam.[146] Für die Bilanzierung als Fremdkapital oder als »Quasi-Eigenkapital« gelten grds. dieselben Grundsätze wie beim Genussrecht.[147] **81**

Steuerlich ist der sog. typisch stille Gesellschafter mit den Rechten gem. §§ 230 ff. HGB kein Mitunternehmer, sondern erzielt vielmehr Einkünfte aus Kapitalvermögen gem. § 20 Abs. 1 Nr. 4 EStG. Die Gewinnbeteiligung des typisch stillen Gesellschafters ist bei dem Unternehmen als steuerliche Betriebsausgabe abzugsfähig; umgekehrt führt eine Verlustbeteiligung zu einer entsprechenden Betriebseinnahme beim schuldnerischen Unternehmen. **82**

Trägt der stille Gesellschafter aufgrund durch Gesellschaftsvertrag begründete Rechte und Pflichten – abweichend von den Regelungen der §§ 230 ff. HGB – Mitunternehmerrisiko und Mitunternehmerinitiative, so wird er steuerlich als atypisch stiller Gesellschafter behandelt. Die atypisch stille Gesellschaft ist selbst Subjekt im Rahmen der Gewinnerzielung, Gewinnermittlung und Einkünftequalifikation. Der atypisch stille Gesellschafter bezieht bei einer gewerblichen Tätigkeit des Unternehmens Einkünfte aus Gewerbebetrieb gem. § 15 Abs. 1 Nr. 2 EStG. Die Einkünfte der atypisch stillen Gesellschaft werden im Rahmen einer einheitlichen und gesonderten Gewinnfeststellung anteilig dem schuldnerischen Unternehmen und dem stillen Gesellschafter unmittelbar zugerechnet. **83**

---

139 BMF-Schreiben v. 11.04.2023, IV C 6-S 2133/19/10004:002, BStBl. I 2023, 623 Tz. 11; vgl. zuvor *Hennrichs/Schlotter*, DB 2016, 2072 ff.

140 Zutreffend Brandis/Heuermann-*Rengers* KStG § 8 Rn. 215.

141 BMF-Schreiben v. 11.04.2023, IV C 6-S 2133/19/10004:002, BStBl. I 2023, 623 Tz. 34 f.

142 IDW, Stellungnahme HFA 1/1994, WPG 1994, 419; Beck'scher Bilanzkommentar/*Schubert*, 13. Aufl. 2022, § 247 Rn. 195; *Kubik/Münch*, BB 2021, 1387, 1389 f.

143 BMF-Schreiben v. 11.04.2023, IV C 6-S 2133/19/10004:002, BStBl. I 2023, 623 Tz. 34 f.

144 Vgl. *Kubik/Münch*, BB 2021, 1387, 1390.

145 BMF-Schreiben v. 11.04.2023, IV C 6-S 2133/19/10004:002, BStBl. I 2023, 623 Tz. 4 f.

146 BGH, Urt. v. 21.07.2003 – II ZR 109/02, BGHZ 156, 38, 43.

147 Vgl. MK-HGB/*Ballwieser* § 246 Rn. 85.

Gewinn bzw. Verlust des schuldnerischen Unternehmens sind mithin von vornherein um den Anteil des stillen Gesellschafters gemindert bzw. erhöht. Dies gilt allerdings nicht bei der Gewerbesteuer, da insoweit das schuldnerische Unternehmen selbst und nicht die atypisch stille Gesellschaft die Gewerbesteuer gem. § 5 Abs. 1 Satz 2 GewStG schuldet. Dem atypisch stillen Gesellschafter zugewiesene Verluste, die die Einlage des atypisch stillen Gesellschafters übersteigen, sind gem. § 15a Abs. 5 i.V.m. § 15 Abs. 1 EStG nicht mit anderen Einkünften ausgleichbar, da insoweit ein negatives »Einlagekonto« des stillen Gesellschafters entsteht oder sich erhöht. Sie sind auch nicht nach § 10d EStG im Rahmen des allgemeinen Verlustabzugs vor- oder rücktragungsfähig. Diese Verluste sind nur mit zukünftigen Gewinnen aus der stillen Beteiligung verrechenbar. Sie werden deshalb gem. § 15a Abs. 4 Satz 1 EStG gesondert festgestellt. Dieser Vorgang ist beim stillen Gesellschafter steuerlich unbeachtlich und damit erfolgsneutral. Gleiches gilt dementsprechend für die spätere Auffüllung durch Gewinnanteile bis zur Höhe des gesondert festgestellten Verlusts, die ebenso erfolgsneutral erfolgt.

E. Debt-Push-up

84 Eine Alternative zum Forderungsverzicht ist der sog. Debt-Push-up. Diese Sanierungsmaßnahme zeichnet sich typischerweise dadurch aus, dass der Alleingesellschafter einer Kapitalgesellschaft (oder im Rahmen einer Kapitalerhöhung der Neugesellschafter) einen Teil der Schulden zur Entlastung der zu sanierenden Gesellschaft übernimmt. Ziel ist es, die Verbindlichkeiten des Schuldnerunternehmens im Wege einer steuerneutralen Einlage zu verringern, gleichzeitig den betroffenen Gläubigern (typischerweise Banken) aber als Ersatz eine Forderung gegen den Gesellschafter des Schuldnerunternehmens zu gewähren. Wie die Forderungen der Gläubiger gegenüber dem Gesellschafter dann ausgestaltet werden, kann durch die Parteien auf unterschiedliche Weise ausgehandelt werden. Denkbar sind insb. neben der Ausgestaltung als gewöhnliches Darlehen (*Senior Debt*) ein Rangrücktritt mit Besserungsabrede (*Subordinated Debt*) oder ein Mezzanine-ähnliches Darlehensverhältnis (z.B. *Pik Loan*, ggf. auch *Equity Kicker*).[148]

85 Typischerweise wird der Debt-Push-up vor seiner Umsetzung durch die Erteilung einer verbindlichen Auskunft abgesichert, da keine endgültige Rechtssicherheit bei der Anwendung der die Struktur tragenden Grundprinzipien besteht. In der Vergangenheit wurde der Debt-Push-up als Sanierungsmaßnahme in geeigneten Fällen gegenüber dem Forderungsverzicht präferiert: Zum einen war das Verfahren der Beantragung einer verbindlichen Auskunft für den Forderungsverzicht auf Grundlage des früher geltenden »Sanierungserlasses«[149] des BMF u.a. mit dem Restrisiko verbunden, dass die Steuerneutralität der Maßnahme im Nachhinein als europarechtswidrige Beihilfe eingeordnet werden würde. Zum anderen mussten bei diesem Prozess – anders als beim Debt-Push-up – für die gewerbesteuerliche Einschätzung die Gemeinden eingebunden werden. Beides hat sich mit der Einführung des § 3a EStG (sowie § 7b GewStG) erledigt.[150] Der Debt-Push-up bleibt aber z.B. eine geeignete Sanierungsmaßnahme, wenn die Voraussetzungen für die Befreiung des Sanierungsgewinns nicht erfüllt werden können.

---

148 Dabei ist allerdings im Fall von Mezzanine-Darlehen unter insolvenz- und bilanzrechtlichen Gesichtspunkten (hier insbesondere auch unter Berücksichtigung von IFRS 10) darauf zu achten, dass das wirtschaftliche Eigentum der Beteiligung des Gesellschafters am Schuldnerunternehmen nicht auf die Gläubiger übergeht.

149 BMF v. 27.03.2003, BStBl I 2003, S. 240, ergänzt durch das BMF-Schreiben v. 22.12.2009, BStBl I 2010, S. 18; der GrS des BFH, Beschl. v. 28.11.2016 – GrS 1/15 widersprach der Auffassung des BMF und sah darin einen Verstoß gegen den Grundsatz der Gesetzmäßigkeit der Verwaltung. Darauf reagierte die Finanzverwaltung wiederum mit Schreiben v. 27.04.2017, IV C 6, S 2140/13/10003, bevor dann der Gesetzgeber § 3a EStG schuf (Gesetz v. 27.06.2017, BGBl. I 2017, S. 2074).

150 S. zum Ganzen ausführlich Rdn. 21, 23, 61.

I. Struktureller Unterschied zum Forderungsverzicht

Der grundlegende strukturelle Unterschied zwischen einem Forderungsverzicht und einem Debt-Push-up liegt darin, dass bei einem Debt-Push-up die Forderungen der Gläubiger bestehen bleiben und lediglich strukturell nachrangig bedient werden. Die Gläubiger verzichten gerade nicht auf ihre Forderungen, und zwar weder rechtlich noch wirtschaftlich. Vielmehr wird der die Schulden übernehmende Gesellschafter verpflichtet, die Schuldenlast vollumfänglich zu tilgen (beim Rangrücktritt freilich »nur« aus freiem Vermögen). Strukturell liegt auch kein Debt-Equity-Swap vor, weil die Gläubiger durch den Vorgang ihre Forderungen behalten und nicht gegen eine Beteiligung am Unternehmen tauschen. 86

Der Debt-Push-up kommt nur unter bestimmten Umständen in Betracht. Da er zu einer (häufig signifikanten) Schuldenlast des die Verbindlichkeiten übernehmenden Gesellschafters führt, scheidet er regelmäßig aus, wenn das zu sanierende Schuldnerunternehmen von einem Gesellschafter gehalten wird, der seine Beteiligung vollumfänglich behalten möchte und bereit ist, die Gesellschaft nach wie vor finanziell zu unterstützen (z.B. durch eine Bareinlage). Der Debt-Push-up begünstigt typischerweise die Banken (weil sie auf ihre Forderungen nicht verzichten) und kommt somit nur in Frage, wenn der die Schulden übernehmende Gesellschafter gewillt ist, entsprechende Verbindlichkeiten gegenüber den Banken einzugehen. 87

II. Technische Umsetzung/BFH-Urteil aus 2001

Der Debt-Push-up basiert auf einer Entscheidung des BFH aus dem Jahr 2001[151] und beinhaltet folgende Mechanik: Der Gesellschafter verpflichtet sich in einem ersten Schritt durch Vereinbarung mit der Kapitalgesellschaft im Wege der Erfüllungsübernahme zur Übernahme der Verbindlichkeit (§§ 329 BGB, 415 Abs. 1 und 3 BGB), und zwar von vornherein unbedingt und unter Ausschluss jeglicher Regressforderungen. Als Folge hieraus hat die Gesellschaft gegen den Gesellschafter einen Freistellungsanspruch (Upstream-Forderung) in Höhe des Nennwerts der Schuld zu erfassen. Im nächsten Schritt erfüllt der Gesellschafter die Schuld gegenüber dem Gläubiger, sodass auf Ebene der Gesellschaft sowohl der Freistellungsanspruch als auch die Schuld (konsolidiert betrachtet) steuerneutral erlöschen. Alternativ wäre denkbar, dass der Gläubiger die Schuldübernahme genehmigt (vgl. § 415 Abs. 1 und 3 BGB) und dadurch die Gesellschaft auf die gleiche Art und Weise entlastet wird (durch Wegfall von Schuld und Freistellungsanspruch). 88

Der BFH entschied, dass der Freistellungsanspruch gegenüber dem Gesellschafter in vollem Umfang (das heißt in Höhe des Nennbetrags der Verbindlichkeit) als steuerneutrale Einlage auf Ebene der Kapitalgesellschaft zu werten ist und wegen der Regresslosigkeit der Schuldübernahme auch kein Verzicht auf eine (möglicherweise nicht werthaltige) Forderung im Raum steht. Die bestehende Bürgschaft des Gesellschafters gegenüber der Bank für die übernommenen Schulden der Gesellschaft hielt das Gericht für unschädlich – dies wäre nur dann anders zu beurteilen, wenn die Schuldübernahme in Erfüllung bzw. unter Ablösung der Bürgschaftsverpflichtung vollzogen würde.[152] 89

III. Zu beachtende Hürden

Trotz des BFH-Urteils aus 2001 kommt man in der Praxis regelmäßig nicht umhin, insb. in großvolumigen Transaktionen eine verbindliche Auskunft zur Absicherung der Struktur zu beantragen. Dies liegt darin begründet, dass die BFH-Rechtsprechung bei zentralen Rechtsfragen einen 90

151 Beschl. v. 20.12.2001 – I B 74/01, BFH/NV 2002, S. 678.

152 Vgl. BFH, Urt. v. 31.05.2005 – X R 36/02, BStBl II 2005, S. 707. Der Unterschied zur Entscheidung aus dem Jahr 2001 besteht darin, dass sich die Schuldnergesellschaft bereits in Abwicklung befand und die Inanspruchnahme aus der Bürgschaft unmittelbar drohte; der BFH wertete dies (wirtschaftlich) als Verzicht auf eine wertlose Regressforderung aus der Bürgschaft gegen die Gesellschaft.

Beurteilungsspielraum belässt, der zulasten der Steuerpflichtigen ausgehen kann.[153] Im Übrigen sind auch Aspekte anderer Rechtsgebiete wie dem Insolvenzrecht zu berücksichtigen, was Auswirkungen auf die gewählte Struktur haben kann.

1. Einaktige Schuldübernahme

91 Die wortgetreue (und steuerlich insoweit vorzugswürdige) Umsetzung der BFH-Entscheidung würde erfordern, die Schuldübernahme zweiaktig zu vollziehen, nämlich im ersten Schritt durch Erfüllungsübernahme (dadurch Einbuchung eines Freistellungsanspruchs als steuerneutrale Einlage bei der Gesellschaft) und im zweiten Schritt durch Genehmigung seitens der Gläubiger (bzw. durch sofortige Zahlung), wodurch die Schuld auf Ebene der Gesellschaft durch Verrechnung mit dem entfallenden Freistellungsanspruch steuerneutral erlischt. Hierbei ist aber zu beachten, dass die **Erfüllungsübernahme** im Vergleich zur direkten, dreiseitig vereinbarten Schuldübernahme (vgl. § 414 BGB) **ggf. insolvenzrechtliche Nachteile** aus Sicht des Schuldnerunternehmens bedeuten kann.[154]

92 Geht man deswegen den Weg des **dreiseitigen Schuldübernahmevertrags** (ohne Regress) zwischen Schuldner, Übernehmer der Schuld und Gläubiger, so wird der Begründungsaufwand formal gegenüber der Finanzverwaltung erhöht, weil man sich nicht unmittelbar auf die BFH-Entscheidung aus dem Jahr 2001 berufen kann. In der Sache kann es aber keinen Unterschied machen, ob die Schuldübernahme in zwei Teilschritten oder *uno actu* durch dreiseitige Vereinbarung erfolgt. Nach wirtschaftlicher Betrachtung verspricht auch hier der Gesellschafter der Gesellschaft, sie von den Schulden freizustellen und erfüllt dieses Versprechen gleichzeitig durch tatsächliche Übernahme der Schulden durch Eingehung des dreiseitigen Vertrags, ohne dass als rechtlicher Zwischenschritt der Freistellungsanspruch in Form der Upstream-Forderung zur Entstehung gelangt. In diesem Fall liegt damit *erst recht* eine Einlage vor.

93 Diese Einlage ist in Höhe des Nennwerts der entfallenden Verbindlichkeiten zu erfassen.[155] Sie liegt bei einer einaktigen Schuldübernahme in der sofortigen Übernahme der Verbindlichkeiten (und der damit verbundenen Entlastung der Kapitalgesellschaft von Schulden). Gegenstand einer verdeckten Einlage kann aus der Sicht der Kapitalgesellschaft jeder bilanzierbare Vermögensvorteil sein, der in der steuerlichen Gewinnermittlung entweder zu einem Ansatz bzw. zur Erhöhung eines Aktivpostens *oder zum Wegfall bzw. der Minderung eines Passivpostens* führt und dauerhaft in der Gesellschaft verbleibt. Für die offene Einlage gilt nichts anderes, denn sie erfasst ebenfalls jede Vermögenszuführung, die zur freien Verfügung der Kapitalgesellschaft überlassen wird, jedoch beschränkt darauf, dass diese zur Erfüllung von gesellschaftsrechtlichen (Einlage-)Verpflichtungen geleistet wird.[156]

153 Zudem verlangt auch die OFD Frankfurt a. M. v. 26.07.2021, S 2743 A-12-St 523, DStR 2021, 2973 Tz. 2 die Abstimmung aller entsprechenden Fälle.

154 Zu prüfen ist hier ein etwaiges Anfechtungsrisiko nach §§ 129 ff. InsO.

155 Eine verdeckte Einlage ist nach § 8 Abs. 1 S. 1 KStG i.V.m. § 6 Abs. 1 Nr. 5 EStG bei der Gesellschaft mit dem Teilwert zu bewerten. Eine Verbindlichkeit ist mindestens mit ihrem Nominalwert anzusetzen, denn gem. § 6 Abs. 1 Nr. 3 EStG gelten die Vorschriften des § 6 Abs. 1 Nr. 2 EStG für Verbindlichkeiten sinngemäß; der Ansatz eines niedrigeren Teilwerts ist ausgeschlossen (vgl. Schmidt-*Kulosa*, EStG, § 6 Rn. 451). Zum gleichen Ergebnis kommt man bei der offenen Einlage unter Anwendung der Tauschgrundsätze (vgl. *Ekkenga*, Ubg 2009, 761, 764; BFH, Urt. v. 24.04.2007 – I R 35/05, BStBl. 2008, 253; BFH, Urt. v. 04.03.2009 – I R 32/08, BStBl. II 2012, 341). Der Wert der Einlageforderung bemisst sich in diesem Fall nach dem tatsächlichen Wert des einzulegenden Vorteils, d.h. der Entlastung der Gesellschaft von Verbindlichkeiten, was wiederum dem Nominalwert der Verbindlichkeiten entspricht.

156 Vgl. BFH, Urt. v. 24.05.1984, I R 166/78, BStBl. II 1984, 747; H 8.9 »Einlagefähiger Vermögensvorteil« Körperschaftsteuer-Richtlinie 2022; Brandis/Heuermann-*Rengers*, KStG, § 8 Rn. 170 (März 2024).

Die einaktige Schuldübernahme ist damit ebenso ein gangbarer Weg zur steuerneutralen Entschuldung der Gesellschaft. In der Praxis werden hierfür zu Recht positive verbindliche Auskünfte erteilt. 94

2. Bonität des Gesellschafters

Die zweiseitige Schuldübernahme verlangt für die Steuerneutralität die volle Werthaltigkeit des eingelegten Freistellungsanspruchs. Den Freistellungsanspruch zum Nennwert einzubuchen wäre etwa nicht gerechtfertigt, wenn der Gesellschafter gar nicht in der Lage wäre, die Schulden zu übernehmen; teilweise wird daher eine mangelnde Finanzkraft des Gesellschafters als potenzielles Risiko für die Steuerneutralität der Schuldübernahme ins Felde geführt. Hierbei handelt es sich aber in den praktisch umgesetzten Fällen um ein Scheinproblem: Stimmen die Gläubiger der zweiseitigen Schuldübernahme zu (was zumeist innerhalb eines kurzen Zeitraums geschieht), ist hiermit die »Finanzkraft« des Gesellschafters erwiesen, da er tatsächlich und endgültig die Gesellschaft von den Schulden entlastet hat. Eine steuerpflichtige Gewinnrealisierung (mit dem Argument eines nicht voll werthaltigen Freistellungsanspruchs) scheidet in diesen Fällen damit denklogisch aus.[157] Dies gilt erst recht im Fall der einaktigen Schuldübernahme, da die Gesellschaft sofort und ohne Zwischenschritt voll entlastet wird. 95

3. § 8 Abs. 3 Satz 4 KStG – materielles Korrespondenzprinzip

Eine im Zusammenhang mit der Schuldübernahme zu beachtende Vorschrift ist schließlich § 8 Abs. 3 Satz 4 KStG, die praktisch relevant wird, wenn der Gesellschafter im Ausland ansässig ist und die Schuldübernahme im Wege der verdeckten Einlage vollzogen wird: Die Schuldübernahme kann in diesem Fall nur dann steuerneutral auf Ebene der Kapitalgesellschaft umgesetzt werden, wenn sie auf Ebene des Gesellschafters nach dem (insoweit maßgeblichen) ausländischen Steuerrecht nicht zu Aufwand führt (materielles Korrespondenzprinzip). Dies ist bei Schuldübernahmen abzuklären und im Verfahren zur Erlangung einer verbindlichen Auskunft ggf. der Finanzverwaltung nachzuweisen – z.B. durch eine durch den ausländischen Staat erteilte verbindliche Auskunft, dass die Schuldübernahme beim Gesellschafter steuerneutral ist. 96

Eine spätere, denkbare Abschreibung der Beteiligung des ausländischen Gesellschafters am Schuldnerunternehmen führt ebenfalls nicht zur Anwendung des § 8 Abs. 3 Satz 4 KStG. Denn eine solche Abschreibung wäre nicht einlagebedingt, sondern Folge einer späteren Bewertung der Beteiligung. Dies gilt auch dann, wenn diese Abschreibung zeitnah zur Schuldübernahme erfolgt und ggf. für Zwecke des ausländischen Steuerrechts steuerwirksam wäre. § 8 Abs. 3 Satz 4 KStG kann nämlich nur solche Fälle erfassen, bei denen die Einlage selbst unmittelbar zu einer Einkommensminderung beim Gesellschafter führt. Andernfalls müsste jede Einlage (und zwar auch dann, wenn diese durch einen in Deutschland ansässigen Gesellschafter erfolgt) bei der Gesellschaft steuerpflichtig behandelt werden: Denn diese erhöht die Anschaffungskosten des Gesellschafters auf die Beteiligung und verringert damit zwangsläufig einen späteren Veräußerungsgewinn bzw. erhöht einen späteren Veräußerungsverlust. Falls ein solcher Gewinn oder Verlust in der jeweiligen Rechtsordnung steuerlich berücksichtigt wird, wären immer die Voraussetzungen des § 8 Abs. 3 Satz 4 KStG erfüllt. Dies würde aber dem allgemeinen Grundsatz der Steuerneutralität verdeckter Einlagen nach § 8 Abs. 3 Satz 3 KStG zuwiderlaufen. § 8 Abs. 3 Satz 4 KStG begründet daher nur ein punktuelles materielles Korrespondenzprinzip, welches nur auf die Einlage selbst bezogen ist.[158] 97

IV. Fazit

Eine Schuldübernahme muss sehr sorgfältig strukturiert werden und ihre erfolgreiche Umsetzung hängt von der Kooperationsbereitschaft der Finanzbehörden ab. Diese sind regelmäßig bereit »mit- 98

157 Im Ergebnis ebenso *Bogenschütz*, Ubg 2010, 407, 410.
158 Dötsch/Pung/Möhlenbrock-*Lang*, KStG, § 8 Abs. 3 Teil B, Rn. 150 (Dezember 2022).

zumachen«; allerdings ist damit zu rechnen, dass sie die Struktur hinterfragen und den Beteiligten damit Flexibilität bei der Umsetzung abverlangen.

F. Distressed M&A

99 Im Rahmen von Distressed M&A-Transaktionen übernehmen regelmäßig neue Investoren die Anteile der bisherigen Anteilseigner der Kapitalgesellschaft im Rahmen eines Share Deals, um anschließend die Gesellschaft zwecks Sanierung neu zu kapitalisieren.

▶ **Hinweis:**

100 In diesem Zusammenhang stellen die während der Krise verursachten Verlustvorträge wirtschaftlich eine wesentliche Vermögensposition dar, sofern diese Verlustvorträge steuerlich weiterhin mit künftigen Gewinnen verrechnet werden können und die künftige Steuerlast erheblich reduzieren. Diese künftige Steuerersparnis aufgrund von steuerlichen Verlustvorträgen führt auch im Rahmen der Bilanzierung nach § 274 Abs. 1 Satz 4 HGB und gem. IAS 12 (IFRS Bilanz)[159] jeweils zur Aktivierung von aktiven latenten Steuern in Abhängigkeit von der voraussichtlichen Nutzung wegen künftiger steuerlicher Gewinne. Mithin ist eine etwaige Nutzung steuerlicher Verlustvorträge im Rahmen einer Distressed M&A-Transaktion von wesentlicher Bedeutung.

101 Die Nutzung steuerlicher Verlustvorträge einer Kapitalgesellschaft richtet sich nach § 8 Abs. 1 KStG i.V.m. § 10d EStG. Werden Anteile an einer Kapitalgesellschaft durch einen neuen Gesellschafter erworben, so war bis zum 01.01.2008 nach § 8 Abs. 4 KStG a.F. die Nutzung des steuerlichen Verlustvortrags eingeschränkt. Systematisch wurde bereits unter der vorgenannten Vorschrift das körperschaftsteuerliche Trennungsprinzip durchbrochen, wonach sich die Besteuerung und damit auch der Verlustabzug einer Körperschaft nach den eigenen Verhältnissen bestimmt und nicht durch einen Wechsel auf der Ebene der Anteilseigner. Nach dem Trennungsprinzip wäre insoweit ausschließlich die rechtliche Identität der Körperschaft maßgeblich. Bereits nach § 8 Abs. 4 KStG a.F. entfiel die Berechtigung zur Verlustnutzung, da ein Wegfall der wirtschaftlichen Identität der Körperschaft angenommen wurde, wenn ein Beteiligungserwerb von mehr als 50 % sowie zugleich eine Zuführung von überwiegend neuem Betriebsvermögen in zeitlichem Zusammenhang realisiert wurde. Für den Verlustabzug war insoweit eine wirtschaftliche Identität der Körperschaft erforderlich, die den Verlust in der Vergangenheit erlitten hat. Die Regelung des § 8 Abs. 4 KStG a.F. ist im Zuge der Unternehmenssteuerreform 2008 aus dem Körperschaftsteuergesetz gestrichen worden. Der Verlustabzug bei Körperschaften wird nunmehr in § 8c KStG neu geregelt.

I. Tatbestand des § 8c KStG im Allgemeinen

102 Der Gesetzgeber verfolgte mit der Neuregelung in § 8c KStG das Ziel, eine einfachere und zielgenauere Neuregelung der Verlustnutzung bei Körperschaften zu schaffen. Aus diesem Grund verzichtete er auf das schwer zu beurteilende Tatbestandsmerkmal einer Missbrauchsregelung. Die Vorschrift des § 8c KStG soll weiterhin einen missbräuchlichen Handel mit Verlusten und Verlustvorträgen dadurch unterbinden, dass die Verlustnutzung unmittelbar an die wirtschaftliche Verfügungsgewalt der Anteilseigner geknüpft wird. Maßgebliches Kriterium soll nunmehr allein der Beteiligungserwerb sein. Das körperschaftliche Trennungsprinzip wird insoweit gegenüber der vorherigen Regelung in § 8 Abs. 4 KStG a.F. noch stärker durchbrochen, da nunmehr ausschließlich auf den Beteiligungserwerb abgestellt wird und die Körperschaft selbst hierauf keinerlei Einfluss hat. Mithin liegt der Vorschrift der Gedanke zugrunde, dass sich die wirtschaftliche Identität einer Kapitalgesellschaft allein durch das wirtschaftliche Engagement eines anderen Anteilseigners oder Anteilseignerkreises ändert. Die Vorschrift unterbindet deshalb die Nutzung aufgelaufener Verluste in dem Umfang, in dem ein Erwerber, eine Gruppe von Erwerbern mit gleichgerichteten Interessen

159 Vgl. *Acker/Meyer*, IRZ 2018, 161 ff. zu IFRS Bilanzierung und BT-Drucks. 16/4841, 75.

oder ihnen nahestehende Personen eine Beteiligung von mehr als 25 % an der steuerpflichtigen Körperschaft übernehmen. Bei einer Beteiligung von mehr als 50 % können die Verluste überhaupt nicht mehr abgezogen werden.

Das Bundesverfassungsgericht[160] hat allerdings in seiner Entscheidung vom 29.03.2017 auf Vorlage des FG Hamburg[161] festgestellt, dass die Regelung des § 8c KStG insoweit mit Art. 3 Abs. 1 GG unvereinbar ist, als bei der unmittelbaren Übertragung von mehr als 25 % und bis zu 50 % des gezeichneten Kapitals innerhalb von fünf Jahren wegen eines schädlichen Beteiligungserwerbs Verlustvorträge nicht mehr abziehbar sind. Maßgeblich ist insoweit, dass die erhebliche Einschränkung der Nutzung von Verlustvorträgen gegen den Grundsatz der Besteuerung nach der wirtschaftlichen Leistungsfähigkeit verstößt. In der zugrunde gelegten Konstellation führte der anteilige Untergang von Verlustvorträgen wegen eines Beteiligungserwerbs in Höhe von 48 % in Kombination mit einer anschließenden Liquidation der betreffenden Gesellschaft zu einer Steuerlast, obwohl die betreffende Gesellschaft insgesamt keinen »Totalgewinn« erzielte. Mithin führte der Wegfall der Verlustvorträge zu Definitiveffekten und zu einem Verstoß gegen das objektive Nettoprinzip im Rahmen der abschnittsübergreifenden Besteuerung. Das Bundesverfassungsgericht weist darauf hin, dass zwar die Vermeidung des missbräuchlichen Handels mit Verlustvorträgen ein legitimer Zweck sei, jedoch sei der alleinige Anknüpfungspunkt an den Beteiligungserwerb von mehr als 25 % und bis zu 50 % als generalisierende, typisierende und pauschalierende Regelung nicht sachgerecht. Bei Übertragung einer Minderheitsbeteiligung ohne maßgeblichen Einfluss auf die Verlustnutzung könne die wirtschaftliche Identität der Kapitalgesellschaft gerade nicht nur durch die Person eines Minderheitsgesellschafters bestimmt werden. 103

Es ist bereits fraglich, ob die wirtschaftliche Identität der Kapitalgesellschaft überhaupt allein von den jeweiligen Anteilseignern abhängt und nicht primär durch den Unternehmensgegenstand und das Betriebsvermögen bestimmt wird. Das FG Hamburg[162] hat insoweit nachfolgend nunmehr auch die etwaige Verfassungswidrigkeit des § 8c Abs. 1 S. 2 KStG betreffend den schädlichen Beteiligungserwerb von über 50 % dem Bundesverfassungsgericht zur Entscheidung vorgelegt. Es wird zutreffend auf das Trennungsprinzip hingewiesen, wonach die Kapitalgesellschaft das Besteuerungssubjekt ist und selbst keinen Einfluss auf die Zusammensetzung der Anteilseigner hat und dieses Kriterium allein daher sachlich nicht gerechtfertigt sei. 104

Auf Basis der vorgenannten Verfassungsgerichtsentscheidung hat die Bundesregierung im Rahmen des Jahressteuergesetzes 2018[163] den bisherigen § 8c Abs. 1 Satz 1 KStG zum schädlichen Beteiligungserwerb von mehr als 25 % bis zu 50 % ersatzlos aufgehoben. Diese Aufhebung gilt gem. § 34 Abs. 6 Satz 1 KStG rückwirkend für den Veranlagungszeitraum 2008 betreffend Beteiligungserwerbe nach dem 31.12.2007. 105

▶ **Hinweis:**

Mithin kann in sämtlichen noch nicht bestandskräftigen Fällen aus den Jahren 2008 bis 2018 rückwirkend beantragt werden, dass die Aberkennung eines quotalen Verlustvortrags aufzuheben ist. Bei bestandskräftigen Fällen gilt dies allerdings nicht, da die rückwirkende Gesetzesänderung kein rückwirkendes Ereignis i.S.d. § 175 Abs. 1 Satz 1 Nr. 2 AO ist[164] und die gesetzliche Regelung in § 34 Abs. 6 Satz 1 KStG keine entsprechende, die Bestandskraft durchbrechende Regelung enthält.[165] 106

---

160 BVerfG, Beschl. v. 29.03.2017 – 2 BvL 6/11, DStR 2017, 1094.

161 Vgl. FG Hamburg, Vorlagebeschl. v. 04.04.2011 – 2 K 33/10, EFG 2011, 1460 ff.; hierzu Anm. von *Ernst*, DB 2011, 1259 f.; vgl. auch FG Hamburg, Beschl. v. 09.05.2012 – 6 V 87/12, DStRE 2013, 281 ff.

162 FG Hamburg, Vorlagebeschl. v. 29.08.2017 – 2 K 245/17, DStR 2017, 2377.

163 BGBl. I 2018, 2338.

164 Vgl. Klein-*Rüsken*, AO, § 175 Rn. 145 m.w.N.

165 Vgl. *Förster/Hechtner*, DB 2019, 10, 12 f.

107 Die Bundesregierung musste insoweit eine verfassungsgemäße Regelung des § 8c KStG umsetzen, da andernfalls eine rückwirkende Nichtigkeit des § 8c Abs. 1 Satz 1 KStG eingetreten wäre. Die rückwirkende Aufhebung geht aber weiter als die Bundesverfassungsgerichtsentscheidung, da auch die Jahre 2016 bis 2018 von der rückwirkenden Aufhebung umfasst sind. Im Ergebnis wird hiermit jedoch an dem grundsätzlichen Konzept der Regelungen zum Wegfall der Verlustabzüge gem. §§ 8c, 8d KStG festgehalten. Dies betrifft insoweit aber nur noch die etwaige Verfassungswidrigkeit betreffend den schädlichen Beteiligungserwerb von über 50 % gemäß Vorlage des FG Hamburg[166] an das Bundesverfassungsgericht.[167] Das Bundesverfassungsgericht hatte auch ausdrücklich offengelassen, ob der seit 2016 geltende fortführungsgebundene Verlustvortrag gem. § 8d KStG bei einem schädlichen Beteiligungserwerb den verfassungsrechtlichen Anforderungen genügt.

II. Tatbestand des § 8c KStG im Einzelnen

108 Im Rahmen von § 8c KStG ist aufgrund der rückwirkenden Aufhebung des anteiligen (quotalen) Untergangs des Verlustabzugs bei Anteils- und Stimmrechtsübertragungen von mehr als 25 % bis 50 % nur noch gem. § 8c Abs. 1 Satz 1 KStG der vollständige Untergang des Verlustabzuges zu berücksichtigen, wenn mehr als 50 % der Anteile oder Stimmrechte übertragen werden.[168]

109 Seit 2016 ist im Zusammenhang mit der Regelung in § 8c KStG zusätzlich die Neuregelung zum fortführungsgebundenen Verlustvortrag gem. § 8d KStG zu berücksichtigen, wonach die Nutzung des Verlustvortrags trotz eines Beteiligungserwerbs (auch bei 100 %) unter bestimmten Voraussetzungen auf Antrag der Körperschaft als fortführungsgebundener Verlustvortrag weiterhin genutzt und mit künftigen Gewinnen verrechnet werden kann. Wegen dieser Neuregelung könnte ab 2016 insgesamt eine verfassungsgemäße Gesamtregelung vorliegen, da bei Nutzung dieses fortführungsgebundenen Verlustvortrags der Eingriff in den Grundsatz des abschnittsübergreifenden Nettoprinzips im Rahmen der Besteuerung vermieden wird.

1. Schädlicher Beteiligungserwerb und vergleichbare Sachverhalte gem. § 8c KStG

110 Der schädliche Beteiligungserwerb ist in § 8c Abs. 1 Satz 1 und 2 KStG legal definiert. Danach liegt ein schädlicher Beteiligungserwerb vor, wenn innerhalb eines Zeitraums von fünf (Zeit-) Jahren mittelbar oder unmittelbar mehr als 50 % des gezeichneten Kapitals, der Mitgliedschafts-, Beteiligungs- oder der Stimmrechte an einer Körperschaft an einen einzigen Erwerber oder diesem nahestehenden Personen oder einem Erwerberkreis mit gleichgerichteten Interessen übertragen werden bzw. ein vergleichbarer Sachverhalt verwirklicht wird.

111 Maßgeblich für die schädliche Übertragung ist vornehmlich der Übergang des wirtschaftlichen Eigentums an den Anteilen der Körperschaft.[169] Neben dem unmittelbaren Erwerb wird auch der mittelbare Erwerb von § 8c KStG erfasst. Beim unmittelbaren Erwerb, der mittelbar zu keiner Änderung der Beteiligungsquote führt, ist die Konzernklausel des § 8c Abs. 1 Satz 4 KStG zu berücksichtigen. Bereits vor Einführung der Konzernklausel war bei Verkürzung der Beteiligungskette ohne Änderung der mittelbaren Beteiligungsquote nach zutreffender Auffassung des FG Berlin-Brandenburg[170] § 8c KStG im Wege einer teleologischen Reduktion nicht anwendbar.

112 Neben der Anteilsübertragung soll aber insb. auch die isolierte Übertragung von Stimmrechten für einen schädlichen Erwerb ausreichen. Die ausdrückliche Einbeziehung von Stimmrechten soll eine Umgehung der Verlustabzugsbeschränkung durch Trennung von Mitgliedschaftsrechten vermeiden

166 FG Hamburg, Vorlagebeschl. v. 29.08.2017 – 2 K 245/17, DStR 2017, 2377.

167 Vgl. auch BFH v. 12.04.2023 – I B 74/22, DStR 2023, 1466; zuvor FG München Beschl. v. 12.12.2022 – 7 V 1753/22, BeckRS 2022, 49084.

168 Auch insoweit ist fraglich, ob diese Regelung verfassungsgemäß ist, vgl. FG Hamburg, Vorlagebeschl. v. 29.08.2017 – 2 K 245/17, DStR 2017, 2377.

169 Vgl. BMF-Schreiben v. 28.11.2017, BStBl. I 2017, 1645 Rn. 6.

170 FG Berlin-Brandenburg, Urt. v. 18.10.2011 – 8 K 8311/10, DStRE 2012, 1189.

und stellt insoweit auf die hiermit verbundene Einflussmöglichkeit des Erwerbers ab. Erfasst werden hiervon insb. auch Mehrheitsstimmrechte, also Stimmrechte, die höher sind als der Anteil am gezeichneten Kapital und somit entsprechenden Einfluss auf die Gesellschaft gewährleisten.

▶ **Hinweis:**

Aus der ausdrücklichen Nennung der Stimmrechte kann gefolgert werden, dass andere Mitgliedschaftsrechte, wie z.B. die Gewinnberechtigung, sofern sie von den Anteilen trennbar sind, unschädlich isoliert übertragen werden können.[171] Würden beispielsweise 50 % der Anteile übertragen, welche gleichsam 60 % Gewinnberechtigung vermitteln, liegt nach zutreffender Auffassung kein schädlicher Beteiligungserwerb im Sinne von § 8c Abs. 1 Satz 1 KStG vor. 113

Werden sowohl Stammaktien als auch stimmrechtslose Vorzugsaktien erworben, so ist jeweils getrennt die Quote der Stammaktie am Stimmrechtskapital und die Quote der Vorzugsaktie am gesamten Nennkapital für die Ermittlung des schädlichen Erwerbs maßgeblich. Führen diese jeweiligen Quoten nicht isoliert zu einer schädlichen Erwerbsquote, so erfolgt auch keine Zusammenrechnung.[172] 114

Eigene Anteile sind bei der Bestimmung der Schädlichkeitsgrenzen herauszurechnen. Bei der Erfassung mittelbarer Übertragungen ist die auf die Verlustgesellschaft durchgerechnete Beteiligungsquote maßgebend. 115

Auch der unentgeltliche Erwerb im Wege der Schenkung fällt grds. unter § 8c KStG. Die Finanzverwaltung[173] wendet allerdings § 8c KStG nicht auf den Erbfall, die Erbauseinandersetzung und die vorweggenommene Erbfolge zwischen nahen Angehörigen im Sinne des § 15 AO an. Dem Wortlaut des § 8c KStG ist diese Ausnahme nicht zu entnehmen, daher hat das FG Münster[174] entgegen den Ausführungen im BMF-Schreiben[175] § 8c KStG auch auf eine vorweggenommene Erbfolge angewendet. 116

▶ **Praxistipp:**

Da auch die Abgrenzung der vorweggenommenen Erbfolge von der »normalen« Schenkung nicht eindeutig ist, sollten in der Praxis derartige Übertragungen vorab mit der Finanzverwaltung im Wege der verbindlichen Auskunft gem. § 89 Abs. 2 AO abgestimmt werden.[176] 117

Neben der Anteils- und Stimmrechtsübertragung erfährt der ohnehin bereits sehr umfassende Anwendungsbereich eine weitere Öffnung, indem auch ein »vergleichbarer Sachverhalt« zum Untergang des Verlustabzugs gem. § 8c KStG führen soll. Nach Ansicht der Finanzverwaltung[177] sollen insb. folgende Erwerbstatbestände als »vergleichbare Sachverhalte« behandelt werden, wobei auch eine Kombination verschiedener Sachverhalte zusammen zu berücksichtigen ist: 118
- Erwerb von Genussscheinen im Sinne des § 8 Abs. 3 S. 2 KStG,
- Stimmrechtsvereinbarungen, Stimmrechtsbindungen, Stimmrechtsverzicht,
- Umwandlung auf eine Verlustgesellschaft, wenn hierdurch ein Beteiligungserwerb durch einen Erwerberkreis stattfindet,
- Einbringung eines Betriebs, Teilbetriebs oder Mitunternehmeranteils, wenn hierdurch ein Beteiligungserwerb durch einen Erwerberkreis stattfindet.
- Erwerb eigener Anteile, wenn sich hierdurch die Beteiligungsquoten ändern,
- Kapitalherabsetzung mit Änderung der Beteiligungsquote.

---

171 Vgl. Brandis/Heuermann-*Brandis* KStG § 8c Rn. 41.
172 Vgl. BMF-Schreiben v. 28.11.2017, BStBl. I 2017, 1645 Rn. 8.
173 Vgl. BMF-Schreiben v. 28.11.2017, BStBl. I 2017, 1645 Rn. 4.
174 FG Münster, Urt. v. 04.11.2015 – 9 K 3478/13, DStRE 2016, 480.
175 Vgl. BMF-Schreiben v. 28.11.2017, BStBl. I 2017, 1645 Rn. 4.
176 Weis/Brühl, DStZ 2018, 451, 454.
177 Vgl. BMF-Schreiben v. 28.11.2017, BStBl. I 2017, 1645 Rn. 7.

119 Bezogen auf die Genussrechte, die ebenso wie stille Beteiligungen oder partiarische Darlehen rein vermögensrechtliche Ansprüche am wirtschaftlichen Ergebnis der Körperschaft begründen, ist diese Auffassung der Finanzverwaltung abzulehnen.[178] Maßgeblich für das Vorliegen vergleichbarer Sachverhalte ist ein Typenvergleich zu den Anteils- und Stimmrechtsübertragungen, die jeweils auf gesellschaftsrechtlicher Grundlage Rechte einräumen.

2. Erwerber gem. § 8c KStG

120 Erwerber gem. § 8c KStG kann jede natürliche oder juristische Person sowie eine Mitunternehmerschaft sein. Grundsätzlich setzt ein schädlicher Beteiligungserwerb die Übertragung auf einen (einzigen) Erwerber voraus, wobei jedoch (zusätzliche) Erwerbe nahestehender Personen dem Erwerber zugerechnet werden. Der Begriff der nahestehenden Person ist anhand der Rechtsprechung zur verdeckten Gewinnausschüttung und nicht i.S.v. § 1 Abs. 2 AStG auszulegen,[179] wobei der Zeitpunkt des Beteiligungserwerbs maßgeblich ist. Auch der Erwerb zwischen nahestehenden Personen kann grds. ein schädlicher Erwerb im Sinne des § 8c KStG sein; lediglich auf den Erbfall, die Erbauseinandersetzung und die vorweggenommene Erbfolge wendet die Finanzverwaltung § 8c KStG nicht an.[180]

121 Der Grundsatz der Übertragung auf einen (einzigen) Erwerber wird zusätzlich durch § 8c Abs. 1 Satz 2 KStG dahin gehend durchbrochen, dass auch die Übertragung auf eine Gruppe von Erwerbern mit »gleichgerichteten Interessen« einen schädlichen Beteiligungserwerb bewirkt. Danach sollen insb. Gestaltungen vermieden werden, bei denen z.B. fünf einander nicht nahestehende Erwerber zu gleichen Anteilen von je 20 % eine Verlustgesellschaft erwerben, um die Anwendung des § 8c Abs. 1 KStG zu umgehen. Ein Indiz für gleichgerichtete Interessen soll nach Ansicht der Finanzverwaltung vorliegen, wenn die Kapitalgesellschaft von den Erwerbern gemeinsam beherrscht wird. Danach sollen folgende Umstände für gleichgerichtete Interessen sprechen:[181]

122 1. Zwischen den Erwerbern hat eine Abstimmung über den Erwerb stattgefunden, der sich nicht nur auf den Erwerb hinsichtlich Preisfindung etc. begrenzt, wobei ein Vertrag hierüber nicht vorliegen muss.

123 2. Die Verfolgung eines gemeinsamen Zwecks im Sinne von § 705 BGB reicht ebenfalls aus, wobei dies jedoch nicht notwendigerweise Voraussetzung für ein gleichgerichtetes Interesse sein muss.

124 3. Mehrere Erwerber wirken zur einheitlichen Willensbildung zusammen.

125 4. Es besteht eine gemeinsame Beherrschung der Körperschaft.

126 Diese weitgehende Auslegung der Finanzverwaltung bezogen auf das Vorliegen des gemeinsamen Interesses der Erwerbergruppe im Sinne von § 8c KStG ist abzulehnen, da das gemeinsame Halten einer Beteiligung an einer Verlustgesellschaft und bereits die faktische Möglichkeit der Beherrschung derselben alleine nicht ausreichend sein können.[182] Der BFH[183] hat insoweit ausdrücklich festgestellt, dass die Finanzverwaltung insoweit im Rahmen des § 8c KStG die Darlegungs- und Beweislast trifft, ob eine Erwerbergruppe mit gleichgerichteten Interessen zusammenwirkt, um künftig gemeinsam auf der Grundlage des abgestimmten Erwerbs die Fortführung der Gesellschaft als »Gruppe« zu beherrschen. Mithin setzt eine Gruppe von Erwerbern mit gleichgerichtetem Interesse nach richtiger Auffassung voraus, dass mehrere Erwerber im Hinblick auf den Erwerb von Anteilen an der Verlustgesellschaft zusammenwirken, um im Anschluss an den Erwerb durch Stimmbindungsver-

178 Vgl. Brandis/Heuermann-*Brandis* KStG § 8c Rn. 55.

179 Vgl. Herrmann/Heuer/Raupach-*Suchanek* KStG § 8c Rn. 26; Brandis/Heuermann-*Brandis* KStG § 8c Rn. 51.

180 Vgl. BMF-Schreiben v. 28.11.2017, BStBl. I 2017, 1645 Rn. 4.

181 Vgl. BMF-Schreiben v. 28.11.2017, BStBl. I 2017, 1645 Rn. 27f.

182 Vgl. BFH, Urt. v. 22.11.2016 – I R 30/15, BStBl. II 2017, 921; *Gläser/Zöller*, BB 2018, 87; Gosch-*Roser* KStG § 8c Rn. 74; Herrmann/Heuer/Raupach-*Suchanek*, KStG, § 8c Rn. 39.

183 Vgl. BFH, Urt. v. 22.11.2016 – I R 30/15, BStBl. II 2017, 921.

einbarungen oder andere verbindliche Abreden einen beherrschenden einheitlichen Einfluss auf die Verlustgesellschaft auszuüben.

3. Fünfjahreszeitraum gem. § 8c KStG

Der Fünfjahreszeitraum des § 8c Abs. 1 Satz 1 KStG beginnt mit dem ersten schädlichen Beteiligungserwerb an der Verlustgesellschaft durch den Erwerber. Maßgebend ist der Übergang des wirtschaftlichen Eigentums; bei Kapitalerhöhungen der Zeitpunkt der Eintragung der Kapitalerhöhung im Handelsregister.[184] Nach Ansicht der Finanzverwaltung muss zu dem maßgeblichen Übertragungszeitpunkt noch kein Verlustvortrag vorhanden sein.[185] Diese Auffassung widerspricht dem Sinn und Zweck des § 8c KStG und ist demzufolge abzulehnen, da § 8c KStG ja gerade maßgeblich auf den Zusammenhang zwischen der Änderung der wirtschaftlichen Identität durch den Beteiligungserwerb und die Nutzung zuvor entstandener Verluste abstellt. Auf diesen maßgeblichen Zusammenhang hat auch der BFH[186] in seiner Entscheidung zur Verrechnungsmöglichkeit des Gewinns bis zum schädlichen unterjährigen Erwerb hingewiesen. Mithin ist dieser Erwerb – mangels Verlustgesellschaft – nach zutreffender Auffassung nicht bei der Berechnung der Schädlichkeitsgrenze im Fünfjahreszeitraums zu berücksichtigen.[187] 127

▶ **Hinweis:**

Der Fünfjahreszeitraum ist abschnittsbezogen und taggenau zu berechnen, wobei die allgemeinen Grundsätze der Fristenberechnung (§ 108 Abs. 1 AO i.V.m. §§ 187 ff. BGB) Anwendung finden. Aufeinander folgende Übertragungen werden innerhalb des Fünfjahreszeitraums zusammengerechnet, wobei jede Übertragung wiederum einen neuen Fünfjahreszeitraum auslöst. Ist die jeweils schädliche Grenze überschritten, so beginnt ein neuer Fünfjahreszeitraum. Zu beachten ist ferner, dass wegen der auf den Erwerberkreis bezogenen Betrachtung jeweils gesonderte Berechnungen/Überwachungen notwendig sind. 128

Da nach der alten quotalen Regelung im Rahmen des § 8c KStG bei Überschreiten der 25 %-Grenze für den Fall des quotalen Verlustwegfalls ein Sanktionsverbrauch hinsichtlich der quotalen Abzugsbeschränkung eintreten sollte, bot sich unter Umständen ein gestreckter Anteilserwerb bzw. ein zeitgenaues Splitten von Anteilsübertragungen an. Danach erwarb ein neuer Gesellschafter zunächst nur 26 % und innerhalb des Fünfjahreszeitraums weitere 24 %, aufgrund Sanktionsverbrauchs sollten so nicht 50 %, sondern lediglich 26 % der Verluste untergehen. Aufgrund des rückwirkenden Wegfalls der quotalen Regelung bleibt der Verlustvortrag vollständig erhalten, da nicht mehr als 50 % im maßgeblichen Zeitraum übertragen wurden. Auch die mehrfache Übertragung der nämlichen Anteile durch Weiterübertragung der erworbenen Anteile an einen anderen Erwerber ist im Rahmen des § 8c KStG zu berücksichtigen, wenn bei diesem Erwerber die schädliche Beteiligungsgrenze überschritten wird.[188] So kann beispielsweise die Übertragung des nämlichen Anteils von 26 % an einer Verlustgesellschaft von A auf B in 01 und von B auf C in 03 zu einem vollständigen Wegfall des Verlustes gem. § 8c Abs. 1 Satz 1 KStG wegen Überschreiten der 50 % führen, wenn C in 02 bereits 25 % erworben hat (25 % + 26 % = 51 %). Wegen der rückwirkenden Aufhebung der quotalen Regelung kommt auch kein Sanktionsverbrauch wegen quotalen Wegfalls des Verlustvortrages in Betracht. Es ist allerdings zweifelhaft, ob diese Anwendung verfassungsrechtlichen Grundsätzen entspricht.[189] Nach richtiger Auffassung ist § 8c Abs. 1 Satz 1 KStG insoweit verfas- 129

184 Vgl. BMF-Schreiben v. 28.11.2017, BStBl. I 2017, 1645 Rn. 14.

185 Vgl. BMF-Schreiben v. 28.11.2017, BStBl. I 2017, 1645 Rn. 17.

186 BFH, Urt. v. 30.11.2011 – IR 14/11, DStR 2012, 458, 460.

187 Ebenso für eine einschränkende Auslegung Brandis/Heuermann-*Brandis* KStG § 8c Rn. 50; Gosch-*Roser* KStG § 8c Rn. 83.

188 Vgl. BMF-Schreiben v. 28.11.2017, BStBl. I 2017, 1645 Rn. 22; Brandis/Heuermann-*Brandis* KStG § 8c Rn. 50.

189 Vgl. auch insoweit FG Hamburg, Vorlagebeschl. v. 29.08.2017 – 2 K 245/17, DStR 2017, 2377.

sungskonform teleologisch zu reduzieren, als eine schädliche Anteilsübertragung immer tatsächlich zu einem »change of control« des Mehrheitsanteilseigners kommen muss und nicht nur formal durch wiederholte Anteilsübertragungen im Fünfjahreszeitraum.[190]

4. Rechtsfolgen des § 8c KStG

130 Die Rechtsfolgen hinsichtlich des Umfangs der untergehenden Verlustvorträge bestimmen sich nach dem Wortlaut des § 8c Abs. 1 Satz 1 KStG, wonach bei einem schädlichen Beteiligungserwerb eine stichtagsbezogene Einschränkung der Verlustverrechnung normiert wird. Die Rechtsfolge tritt erst in dem Wirtschaftsjahr ein, in dem die schädliche Beteiligungsgrenze überschritten wird. Kommt es zur Überschreitung der 50 %-Grenze, so geht in diesem Wirtschaftsjahr der Verlustvortrag vollständig unter und der bis zu diesem Stichtag entstandene laufende Verlust ist nicht mit späteren Gewinnen verrechenbar. Verluste, die bis zum Zeitpunkt des schädlichen Beteiligungserwerbs entstanden sind, dürfen insoweit nicht mehr mit danach entstandenen Gewinnen verrechnet werden.[191]

131 Erfolgt der schädliche Beteiligungserwerb nicht mit Wirkung zum Schluss eines Wirtschaftsjahres, so handelt es sich um einen unterjährigen Erwerb bei dem die bis zum maßgeblichen Stichtag erwirtschafteten Gewinne und Verluste grds. verrechenbar bleiben. Diese sind zu dem maßgeblichen Stichtag nach wirtschaftlichen Kriterien regelmäßig mittels eines nach den Regeln des Jahresabschlusses erstellten Zwischenabschlusses zu ermitteln. Da es auf die Ermittlung des anteiligen Einkommens für den jeweiligen Zeitraum ankommt, sind zusätzlich etwaige außerbilanzielle Korrekturen vorzunehmen. Die Finanzverwaltung lässt auch eine Schätzung anhand betriebswirtschaftlicher Auswertungen oder eine zeitanteilige Aufteilung zu.[192] Mithin besteht insoweit ein faktisches Wahlrecht.[193] Lediglich die Verrechnung von Verlustvorträgen und etwaigen laufenden unterjährigen Verlusten bis zum Stichtag des schädlichen Beteiligungserwerbs mit Gewinnen nach diesem Stichtag ist gem. § 8c Abs. 1 Satz 1 KStG ausgeschlossen.[194] Der BFH[195] hat insoweit zutreffend entschieden, dass bei einem schädlichen Beteiligungserwerb während des laufenden Wirtschaftsjahres ein bis zu diesem Zeitpunkt in diesem Wirtschaftsjahr erzielter Gewinn mit dem bisher noch nicht genutzten Verlustvortrag verrechnet werden kann. Auch die Finanzverwaltung hat sich nunmehr dieser Auffassung angeschlossen.[196]

132 Gegenstand des Verlustabzugsverbots gem. § 8c KStG ist die Summe aus dem verbleibenden Verlustvortrag und dem laufenden Verlust bzw. bei einem laufenden Gewinn bis zum schädlichen Beteiligungserwerb der Saldo aus dem verbleibenden Verlustvortrag und diesem anteiligen Gewinn. Die Nutzung des steuerlichen Verlustvortrags in Höhe des bis zum schädlichen Beteiligungserwerb erwirtschafteten unterjährigen Gewinns ist auch dann möglich, wenn wegen Verlusten nach dem Beteiligungserwerb insgesamt im gesamten Wirtschaftsjahr ein niedrigerer Gewinn erzielt wird als im Zeitraum vor dem schädlichen Beteiligungserwerb.[197] Ein bis zum schädlichen Gesellschafterwechsel entstandener unterjähriger Verlust kann nach richtiger Auffassung auch nach § 10d Abs. 1 EStG zurückgetragen werden.[198]

---

190 Vgl. FG Münster, Urt. v. 23.08.2023 – 9 K 2166/21 K G F, EFG 2023, 1644 m. zustimmender Anm. von *Oellerich*; ebenfalls zustimmend *Tetzlaff*, NWB 2024, 652 ff.

191 Vgl. BMF-Schreiben v. 28.11.2017, BStBl. I 2017, 1645 Rn. 31 mit einer Beispielsberechnung.

192 Vgl. BMF-Schreiben v. 28.11.2017, BStBl. I 2017, 1645 Rn. 35.

193 *Gläser/Zöller*, BB 2018, 87, 89 f.

194 BFH, Urt. v. 30.11.2011 – I R 14/11, DStR 2012, 458 ff.; Hessisches FG, Beschl. v. 07.10.2010 – 4 V 1489/10, DStRE 2011, 289 ff.; FG Münster, Urt. v. 30.11.2010 – 9 K 1842/10, NZG 2011, 398, 399 f.; hierzu auch *Neyer*, DStR 2011, 654 ff.

195 BFH, Urt. v. 30.11.2011 – I R 14/11, DStR 2012, 458 ff.

196 Vgl. BMF-Schreiben v. 28.11.2017, BStBl. I 2017, 1645 Rn. 33.

197 Vgl. BMF-Schreiben v. 28.11.2017, BStBl. I 2017, 1645 Rn. 34.

198 Vgl. FG Köln v. 08.12.2022 – 13 K 198/20, DStRE 2023, 1308 Tz. 47 ff.; Rev. beim BFH: Az. I R 1/23, zustimmend *Kraft/Hohage*, DStR 2023, 2648.

Die Regelungen für die Mindestbesteuerung sind für die Ermittlung der Höhe des verbleibenden Verlustvortrags unbeachtlich, aber der verbleibende Verlustvortrag kann im Folgejahr vom Gewinn nur begrenzt unter Berücksichtigung der Mindestbesteuerung abgezogen und ggf. weiter vorgetragen werden. Werden bspw. bei einem Verlustvortrag von 10 Mio. € per 31.12.01 im Folgejahr per 30.06.02 Anteile zu 100 % gem. § 8c Abs. 1 Satz 1 KStG übertragen, so führt der laufende Gewinn in Höhe von 6 Mio. € im 1. Halbjahr 02 vor dem schädlichen Beteiligungserwerb dazu, dass ein verbleibender Teilbetrag von 6 Mio. € zum 31.12.01 abziehbar bleibt. Wenn dann im Folgejahr 02 wegen eines laufenden Verlustes im 2. Halbjahr in Höhe von 2 Mio. € insgesamt ein Jahresgewinn in Höhe von 4 Mio. € entsteht, dann kann der Verlustvortrag von 6 Mio. € per 31.12.01 unter Beachtung der Mindestbesteuerung verrechnet werden, sodass im Ergebnis vom Einkommen in 02 ein Verlustvortrag in Höhe von 2,8 Mio. € (1 Mio. € + 60 % von 3 Mio. €) verrechnet wird. Im Ergebnis verbleibt dann in 02 ein Einkommen in Höhe von 1,2 Mio. € zu versteuern und ein verbleibender Verlustvortrag in Höhe von 3,2 Mio. € gesondert festzustellen.[199] Aufgrund der COVID-19 Pandemie wurden die steuerlichen Verlustverrechnungsvorschriften zwischenzeitlich angepasst, so dass für die Veranlagungszeiträume 2020 bis 2023 der Höchstbetrag des Verlustrücktrags auf 10 Mio. € erhöht und der Verlustrücktrag ist ab dem Veranlagungszeitraum 2022 auf zwei Jahre erweitert worden, wobei der Verlustrücktrag nur noch insgesamt und nicht nur teilweise beantragt werden kann.[200] 133

Bei einer steuerlichen Organschaft ist die Verlustabzugsbeschränkung des § 8c KStG auf der Ebene des Organträgers sowie auf der Ebene der Organgesellschaft jeweils getrennt anzuwenden. Bei einem schädlichen Beteiligungserwerb auf der Ebene des Organträgers unterliegt danach regelmäßig auch das noch nicht zugerechnete negative Organeinkommen der Verlustabzugsbeschränkung des § 8c KStG. Nach Auffassung der Finanzverwaltung sollen die vorgenannten Grundsätze zur Berücksichtigung eines unterjährig bis zum schädlichen Beteiligungserwerb erwirtschafteten Gewinns nicht bei Organgesellschaften zur Anwendung kommen.[201] Nach dieser Auffassung wird das negative Einkommen der Organgesellschaft erst zum Ende des Veranlagungszeitraums zugerechnet und aufgrund des unterjährigen schädlichen Beteiligungserwerbs scheide eine Zurechnung dieses Einkommens bzw. des unterjährigen anteiligen Ergebnisses aus.[202] Diese Auffassung ist abzulehnen, da entsprechend den Grundsätzen der BFH-Rechtsprechung[203] zum unterjährigen Erwerb auch bei Organschaften eine Ergebnisabgrenzung bis zum schädlichen Beteiligungserwerb nach dem Sinn und Zweck des § 8c KStG im Zusammenhang mit dem Grundgedanken der Organschaft zu erfolgen hat. Daher ist nach richtiger Auffassung auch im Rahmen der Anwendung des § 8c KStG auf die Organschaft das saldierte Organschaftsergebnis bis zum schädlichen Beteiligungserwerb zu ermitteln und hinsichtlich der Rechtsfolgen der Veränderung der wirtschaftlichen Identität entsprechend anzuwenden.[204] 134

Die Verlustabzugsbeschränkung erfasst kraft Verweisung in § 8a Abs. 1 Satz 3 KStG auch den Zinsvortrag im Rahmen der Zinsschrankenregelung gem. § 4h Abs. 1 EStG sowie die gewerbesteuerlichen Fehlbeträge gem. § 10a S. 10 GewStG. Beim unterjährigen schädlichen Beteiligungserwerb wendet die Finanzverwaltung nunmehr auch die Grundsätze zur wirtschaftlichen Aufteilung uneingeschränkt an.[205] 135

---

199 Vgl. BMF-Schreiben v. 28.11.2017, BStBl. I 2017, 1645 Rn. 34 mit Beispiel 6.

200 Vgl. zu steuerplanerischen Überlegungen zum Antragswahlrecht des Verlustrücktrags: *Meyering/Hegemann*, DStR 2023, 1398 ff.

201 Vgl. BMF-Schreiben v. 28.11.2017, BStBl. I 2017, 1645 Rn. 38.

202 Zustimmend *Neumann/Heuser*, GmbHR 2018, 21, 28.

203 BFH, Urt. v. 30.11.2011 – I R 14/11, DStR 2012, 458 ff.

204 Vgl. Herrmann/Heuer/Raupach-*Suchanek*, KStG, § 8c Rn. 32b; ebenfalls kritisch zum BMF-Schreiben insoweit: *Gläser/Zöller*, BB 2018, 87, 90; *Sommer/Sediqi*, FR 2018, 67, 69 f.; *Weiss/Brühl*, DStZ 2018, 451, 457.

205 Vgl. Oberste Finanzbehörden der Länder, Gleichlautender Erlass v. 29.11.2017, DStR 2017, 2678.

5. Konzernklausel gem. § 8c Abs. 1 Satz 4 KStG

136 Für nach dem 31.12.2009 realisierte schädliche Beteiligungserwerbe sieht § 8c Abs. 1 Satz 4 KStG eine Konzernklausel vor. Danach liegt ein schädlicher Beteiligungserwerb nicht vor, wenn

137 1. an dem übertragenden Rechtsträger der Erwerber
oder
2. an dem übernehmenden Rechtsträger der Veräußerer
oder
3. an dem übertragenden und an dem übernehmenden Rechtsträger

138 dieselbe Person zu 100 % mittelbar oder unmittelbar beteiligt ist. Zum einen wurde die Konzernklausel durch die Gesetzesänderung auf Fallgestaltungen ausgeweitet, in denen die Konzernspitze Erwerber oder Veräußerer ist. Zum anderen werden nun ausdrücklich neben natürlichen und juristischen Personen auch die Personenhandelsgesellschaften als Konzernspitze zugelassen, dies betrifft auch ausländische Personenhandelsgesellschaften.[206]

139 Die Konzernklausel ist auf sämtliche Rechtsvorgänge anwendbar, die zu einem schädlichen Beteiligungserwerb führen können, insb. auch auf Verschmelzungen, Einbringungen oder verdeckte Einlagen.[207]

140 Treten neue Gesellschafter auch nur geringfügig hinzu oder sind beispielsweise aus grunderwerbsteuerrechtlichen Gründen konzernfremde Gesellschafter geringfügig beteiligt, findet die Konzernklausel keine Anwendung. Dies gilt auch dann, wenn der übertragende und der übernehmende Rechtsträger mehrere beteiligungsidentische Gesellschafter haben.

141 Werden Körperschaften über Personengesellschaften oder treuhänderisch gehalten, so ist hinsichtlich der notwendigen 100 %igen Beteiligung auf das wirtschaftliche Eigentum am Vermögen und nicht – wie im Grunderwerbsteuerrecht – auf die gesamthänderische Mitberechtigung an der Personengesellschaft abzustellen. Nach Auffassung des BFH ist der Treugeber von Geschäftsanteilen einer zivilrechtlich als Treuhand bezeichneten Vereinbarung jedoch nur dann wirtschaftlicher Eigentümer dieser Geschäftsanteile, wenn er »alle mit der Beteiligung verbundenen wesentlichen Rechte (Vermögensrechte und Verwaltungsrechte) ausüben und im Konfliktfall effektiv durchsetzen kann«.[208]

142 Die Anwendung der Konzernklausel ist für jeden einzelnen Erwerb getrennt zu prüfen. Liegen die Voraussetzung der Konzernklausel vor, so ist der jeweilige einzelne Beteiligungserwerb bei der Ermittlung der Grenze von 50 % bei der Berechnung des Fünfjahreszeitraums nicht einzubeziehen.[209]

6. Verschonungsregelung bei stillen Reserven gem. § 8c Abs. 1 S. 5–8 KStG

143 Für Beteiligungserwerbe nach dem 31.12.2009 sehen die im Rahmen des Wachstumsbeschleunigungsgesetzes eingefügten und durch das JStG 2010 angepassten Regelungen des § 8c Abs. 1 S. 5–8 KStG eine allgemeine Verschonungsregelung vor, wonach die Verluste in Höhe der im Inland steuerpflichtigen stillen Reserven der Körperschaft erhalten bleiben. Im Ergebnis werden aufgrund der Stille-Reserven-Klausel die wegen des schädlichen Beteiligungserwerbs gem. § 8c KStG bedrohten Verlustabzüge vom Untergang verschont, weil die Besteuerung dieser stillen Reserven weiterhin gesichert ist und insoweit bereits dem Grunde nach kein missbräuchlicher Verlusthandel vorliegen kann.

144 Die stillen Reserven, welche den Erhalt des Verlustverrechnungspotenzials bewirken, ermitteln sich gem. § 8c Abs. 1 S. 6 KStG nach Maßgabe des Unterschiedsbetrages zwischen dem (anteiligen)

206 Vgl. BMF-Schreiben v. 28.11.2017, BStBl. I 2017, 1645 Rn. 42.
207 Vgl. BMF-Schreiben v. 28.11.2017, BStBl. I 2017, 1645 Rn. 40.
208 BFH, Urt. v. 06.10.2009 – IX R 14/08, BStBl. II 2010, 460 ff.; so auch *Plewka/Pott*, NJW 2012, 2558, 2560.
209 Vgl. BMF-Schreiben v. 28.11.2017, BStBl. I 2017, 1645 Rn. 48.

steuerlichen Eigenkapital und dem auf dieses Eigenkapital entfallenden gemeinen Wert der Anteile an der Körperschaft. Beim entgeltlichen Beteiligungserwerb entspricht der gemeine Wert grds. dem Entgelt.[210]

▶ **Hinweis:**

Kann aufgrund gesellschaftsrechtlicher Veranlassung oder sonstiger Gründe kein Entgelt ermittelt werden, so ist der gemeine Wert durch eine entsprechende Unternehmensbewertung zu ermitteln.[211] Die Unternehmensbewertung ist auch bei negativem Eigenkapital der Verlustgesellschaft erforderlich.[212] **145**

Da die Verschonungsregelung nur für diejenigen stillen Reserven gelten soll, die im Inland steuerpflichtig sind, muss eine sachgerechte Abgrenzung von den ausländischen stillen Reserven ermittelt werden. Des Weiteren sind auch stille Reserven an von der Verlustgesellschaft gehaltenen Beteiligungen an Kapitalgesellschaften nicht zu berücksichtigen, da bei einer etwaigen Veräußerung dieser Beteiligung die Steuerfreiheit des § 8b Abs. 2 KStG greift. Nach Auffassung der Finanzverwaltung kommt auch nicht in Höhe des pauschalen Abzugsverbots in Höhe von 5 % des Veräußerungsgewinns nach § 8b Abs. 3 Satz 1 KStG eine anteilige Berücksichtigung in Betracht.[213] Diese Auffassung ist abzulehnen, da in Höhe des pauschalen Abzugsverbots von 5 % des Veräußerungsgewinns die anteilige inländische Besteuerung der stillen Reserven betreffend die Beteiligung sichergestellt ist.[214] **146**

Auch bei einer latenten Einbringungsgewinnbesteuerung gem. § 22 UmwStG soll nach Auffassung der Finanzverwaltung die Verschonungsregelung in Höhe der stillen Reserven nicht anwendbar sein.[215] Es ist davon auszugehen, dass auch trotz potenziell steuerpflichtiger Dividenden aus Streubesitzbeteiligungen im Sinne des § 8b Abs. 4 KStG eine Berücksichtigung der stillen Reserven betreffend diese Beteiligungen seitens der Finanzverwaltung versagt wird.[216] **147**

Bei mehrstufigen Beteiligungsstrukturen soll nach Auffassung der Finanzverwaltung die Verschonungsregelung nur in der jeweiligen Verlustgesellschaft isoliert hinsichtlich der vorhandenen inländischen stillen Reserven berücksichtigt werden.[217] Dies soll auch im Organkreis gelten, sodass stille Reserven in der Organgesellschaft nicht zu berücksichtigen wären, obwohl künftige Gewinne aus der Realisierung während der Organschaft als Einkommen dem Organträger zugerechnet und von diesem voll zu versteuern wären.[218] Offensichtlich stellt die Finanzverwaltung insoweit ausschließlich auf die Möglichkeit einer steuerfreien Veräußerung gem. § 8b Abs. 2 KStG ab. Diese Auffassung ist abzulehnen, da nach dem Sinn und Zweck der Regelung gerade eine Verschonung des Verlustabzugs gem. § 8c KStG erfolgen soll, wenn aufgrund der weiterhin steuerlich verstrickten stillen Reserven eine Besteuerung im Rahmen der Organschaft sichergestellt ist.[219] Dies entspricht dem Sinn und Zweck der Regelung des § 8c Abs. 1 S. 6 KStG, wobei für die Frage, ob die stillen **148**

210 Nach Auffassung des FG Köln, Urt. v. 31.08.2016 – 10 K 85/15, DStRK 2017, 38 ist zwingend vorrangig auf den Kaufpreis abzustellen und ein Wahlrecht zur Ermittlung mittels einer Unternehmensbewertung besteht nicht.
211 Vgl. BMF-Schreiben v. 28.11.2017, BStBl. I 2017, 1645 Rn. 50.
212 Vgl. BMF-Schreiben v. 28.11.2017, BStBl. I 2017, 1645 Rn. 56.
213 Vgl. BMF-Schreiben v. 28.11.2017, BStBl. I 2017, 1645 Rn. 52.
214 Ebenso *Gläser/Zöller*, BB 2018, 87, 91 f.
215 Vgl. BMF-Schreiben v. 28.11.2017, BStBl. I 2017, 1645 Rn. 52; vgl. hierzu *Sommer/Sediqi*, FR 2018, 67, 71 f.
216 Vgl. *Gläser/Zöller*, BB 2018, 87, 92.
217 Vgl. BMF-Schreiben v. 28.11.2017, BStBl. I 2017, 1645 Rn. 58.
218 Vgl. BMF-Schreiben v. 28.11.2017, BStBl. I 2017, 1645 Rn. 59.
219 Zutreffend *Haase/Nürnberg*, Ubg 2024, 53, 55; *Weiss/Brühl*, DStZ 2018, 451, 460; *Gläser/Zöller*, BB 2018, 87, 92; Brandis/Heuermann-*Brandis* KStG § 8c Rn. 61; Gosch-*Roser*, KStG § 8c Rn. 175; *Sistermann/Brinkmann*, DStR 2009, 2633 ff.; a.A. *Neumann/Heuser*, GmbHR 2018, 21, 30.

Reserven im Inland weiterhin steuerpflichtig sind, jeweils nur der Zeitpunkt der schädlichen Anteilsübertragung maßgeblich sein kann.

149 Kommt die Verschonungsregelung wegen stiller Reserven zur Anwendung, so soll nach Auffassung der Finanzverwaltung eine bestimmte Verwendungsreihenfolge maßgeblich sein. Vorab sollen die im Betriebsvermögen enthaltenen stillen Reserven für die Erhaltung des laufenden Verlusts und anschließend für die Erhaltung des Verlustvortrags genutzt werden.[220] Für die Verrechnung der stillen Reserven mit den nicht genutzten Verlusten soll dann die gleiche Reihenfolge gelten, in der im Fall der Realisierung der stillen Reserven die Verluste aufgebraucht werden würden.[221] Auf diese Weise bleiben zwar keine stillen Reserven ungenutzt, jedoch kann diese Verwendungsreihenfolge zu steuerlich ungünstigen Ergebnissen führen, indem beispielsweise nur nach § 15a EStG verrechenbaren Verlusten zeitnah keine Gewinne aus der betreffenden Verlust-KG gegenüberstehen.[222]

7. Sanierungsklausel gem. § 8c Abs. 1a KStG

150 Die Regelung § 8c KStG enthielt zunächst kein Sanierungsprivileg mehr. Der Gesetzgeber hatte seine Auffassung damit begründet, dass eine solche Sanierungsklausel nicht erforderlich sei, da bereits nach geltender Rechtslage ein Sanierungsgewinn vorrangig mit vorhandenen Verlustvorträgen zu verrechnen sei.[223] Es wurde zudem davon ausgegangen, dass von der Besteuerung eines Sanierungsgewinnes auch in Zukunft aufgrund des BMF-Schreibens zur Sanierungsgewinnbesteuerung vom 27.03.2003,[224] abgesehen werden wird.[225] Aufgrund der Finanz- und Wirtschaftskrise sah sich der Gesetzgeber veranlasst, in § 8c Abs. 1a KStG durch das Gesetz zur verbesserten steuerlichen Berücksichtigung von Vorsorgeaufwendungen vom 16.07.2009 eine sog. »Sanierungsklausel« einzufügen.

a) Beihilferechtliche Prüfung

151 Die Europäische Kommission stellte mit Beschluss vom 26.01.2011[226] fest, dass die Sanierungsklausel des § 8c Abs. 1a KStG zum Erhalt des Verlustvortrags trotz Beteiligungserwerb bei Kapitalgesellschaften in qualifizierten Sanierungsfällen eine mit dem Binnenmarkt unvereinbare Beihilfe i.S.d. Art. 107 Abs. 1 AEUV sei. Maßgeblich war aus Sicht der Kommission, dass der Wegfall von Verlustvorträgen beim Beteiligungserwerb gem. § 8c KStG in Deutschland als allgemeine Grundregel das zugrunde zu legende relevante Referenzsystem sei und der Erhalt von Verlustvorträgen im Rahmen der Sanierungsklausel insoweit eine Ausnahme im deutschen Steuerrecht. Diese Ausnahme habe selektiven Charakter und sei ohne anderweitige Rechtfertigung eine verbotene Beihilfe.

152 Die Finanzverwaltung hatte daher mit BMF-Schreiben vom 30.04.2010 die Anwendung des § 8c Abs. 1a KStG bis zur Entscheidung der Kommission ausgesetzt,[227] nachdem die Europäische Kommission am 24.02.2010 ein förmliches Beihilfe-Prüfverfahren eröffnet hatte.[228]

153 Die Bundesrepublik wurde danach verpflichtet, die im Rahmen der Anwendung der Sanierungsklausel gewährten Steuervorteile zurückzufordern. Auch verbindliche Auskünfte der Finanzverwaltung i.S.v. § 89 Abs. 2 AO entfalteten keinen Vertrauensschutz und waren gem. § 130 Abs. 2 Nr. 4 i.V.m. § 1 Satz 2 AO aufzuheben, da dieser hinter das vorrangige Interesse an der Durchsetzung des Gemeinschaftsrechts gem. Art. 4 Abs. 3 EUV zurücktritt (»effet utile«-Grundsatz). Im Ergebnis mussten

220 Vgl. BMF-Schreiben v. 28.11.2017, BStBl. I 2017, 1645 Rn. 62.
221 Vgl. BMF-Schreiben v. 28.11.2017, BStBl. I 2017, 1645 Rn. 63.
222 Vgl. *Gläser/Zöller*, BB 2018, 87, 92 f.
223 Vgl. zu dem Gesichtspunkt mangelnder Ausweichgestaltungen *Neumann*, GmbH-StB 2007, 249 ff.
224 BStBl. I 2003, 240 ff.
225 Vgl. BT-Drucks. 16/4841, 75 f.
226 Europäische Kommission, Beschl. v. 26.01.2011 – 2011/527/EG, EU C 7/2010, ABl. 2011 L 235, 26; *Dörr*, NWB 2011, 690 ff.; *Drüen*, DStR 2011, 289 ff.
227 BMF-Schreiben v. 30.04.2010, BStBl. I 2010, 482 ff.
228 Europäische Kommission, Schreiben v. 24.02.2010 – 2010/C 90/08, ABl. C 90/8 v. 08.04.2010, S. 8 ff.

gewährte Steuervorteile innerhalb der vorgegebenen Frist von vier Monaten zurückgefordert werden und die Vorschrift des § 8c Abs. 1a KStG durfte nach § 34 Abs. 6 Satz 2 KStG bis zu einer gegenteiligen Entscheidung des Europäischen Gerichts (EuG) oder des EuGHs nicht mehr angewandt werden.

Am 07.04.2011 erhob die Bundesregierung gegen die Entscheidung der Kommission eine Nichtigkeitsklage vor dem EuG, die jedoch mit Beschluss vom 18.12.2012 wegen Versäumung der Klagefrist abgewiesen wurde.[229] Die dagegen beim EuGH eingelegte Berufung wurde ebenfalls zurückgewiesen.[230] Darüber hinaus hatten aber zahlreiche Unternehmen Nichtigkeitsklagen gem. Art. 263 AEUV vor dem EuG erhoben, wobei die Bundesrepublik noch als Streithelfer mitwirkte.[231] Das EuG wies die Klagen in zwei Rechtssachen ab und bestätigte damit die Auffassung der Kommission, wonach die Sanierungsklausel als besondere Ausnahme vom Verlustabzugsverbot Unternehmen in finanziellen Schwierigkeiten gegenüber ihren Wettbewerbern begünstigt.[232] 154

Der EuGH hat schließlich mit Urteil vom 28.06.2018[233] entsprechend dem Schlussantrag des Generalanwalts vom 20.12.2017[234] den Beschluss der Europäischen Kommission vom 26.01.2011 zur unzulässigen Beihilfe der Sanierungsklausel für nichtig erklärt. Der EuGH stellt insoweit fest, dass die Europäische Kommission das falsche Referenzsystem im Rahmen der deutschen Besteuerung zugrunde gelegt hat. Für alle körperschaftsteuerpflichtigen Unternehmen in Deutschland gelte nämlich die allgemeine Regel der Nutzung des steuerlichen Verlustvortrags. Der Wegfall des Verlustvortrags beim Beteiligungserwerb gem. § 8c KStG ist insoweit entgegen der Auffassung der Kommission gerade nicht die allgemeine Regel, sondern stellt eine Ausnahme von der steuerlichen Verlustnutzung dar. Die Sanierungsklausel zum Erhalt der Verlustvorträge ist wiederum eine Rückausnahme hiervon. Der EuGH weist insoweit ausdrücklich darauf hin, dass die verwendete Regelungstechnik der streitigen Sanierungsklausel als Ausnahme von dem Wegfall des Verlustvortrags beim Beteiligungserwerb gem. § 8c KStG kein für die Bestimmung des Referenzsystems ausschlaggebender Gesichtspunkt sein kann. Der Fehler der Kommission bei der Bestimmung des maßgeblichen Referenzsystems führte zwangsläufig dazu, dass deren gesamte Beurteilung hinsichtlich der Selektivität der Sanierungsklausel mangelhaft und damit für nichtig zu erklären war. In diesem Zusammenhang ist zu berücksichtigen, dass der EUGH nicht ausdrücklich eine Feststellung getroffen hat, dass keine unzulässige Beihilfe vorliegt. 155

Auf Basis der vorgenannten EuGH-Entscheidung hat die Bundesregierung im Rahmen des Jahressteuergesetzes 2018[235] die Sanierungsklausel gem. § 34 Abs. 6 Satz 3 und 4 KStG wieder eingeführt, sodass § 8c Abs. 1a KStG rückwirkend ab dem Veranlagungszeitraum 2008 betreffend Anteilsübertragungen nach dem 31.12.2007 auf sämtliche nicht bestandskräftige Fälle anwendbar ist. 156

▶ **Hinweis:**

Mithin kann in sämtlichen noch nicht bestandskräftigen Fällen aus den Jahren 2008 bis 2018 rückwirkend beantragt werden, dass die Aberkennung eines Verlustvortrags wegen Erfüllung der materiellen Voraussetzungen der Sanierungsklausel gem. § 8c Abs. 1a KStG aufzuheben 157

229 EuG, Beschl. v. 18.12.2012 – T-205/11 Bundesrepublik Deutschland./. Kommission, DStR 2013, 132 ff.

230 EuGH, Urt. v. 03.07.2014 – C-102/13 P Bundesrepublik Deutschland./. Kommission, BeckRS 2014, 81187.

231 EuG, T-287/11; T-585/11; T-586/11; T-610/11; T-612/11; T-613/11; T-614/11; T-619/11; T-620/11; T-621/11; T-626/11; T-627/11; T-628/11; T-629/11; C-102/13.

232 EuG, Urt. v. 04.02.2016 – T-620/11, GFKL Financial Services AG./. Kommission, DStR 2016, 390 ff.; EuG, Urt. v. 04.02.2016 – T-287/11, Heitkamp BauHolding./. Kommission, BeckRS 2016, 80234; vgl hierzu *de Weerth*, DB 2016, 682.

233 EuGH, Urt. v. 28.06.2018 – C-203/16 P, ZIP 2018, 1345.

234 EuGH, Schlussanträge GA Wahl v. 20.12.2017 – C-203/16 P, DStRK 2018, 55.

235 BGBl. I 2018, 2338.

ist. Etwaige als Beihilfe abgeführte Steuerzahlungen sind insoweit zu erstatten. Bei bestandskräftigen Fällen gilt dies allerdings nicht, da die rückwirkende Gesetzesänderung kein rückwirkendes Ereignis i.S.d. § 175 Abs. 1 S. 1 Nr. 2 AO ist[236] und die gesetzliche Regelung in § 34 Abs. 6 Satz 3 und 4 KStG keine entsprechende, die Bestandskraft durchbrechende Regelung enthält.[237]

158 Da der EuGH nicht ausdrücklich entschieden hat, dass keine unzulässige Beihilfe vorliegt, könnte die Europäische Kommission nochmals eine beihilferechtliche Prüfung vornehmen; dies erscheint aber aufgrund der Urteilsbegründung des EuGH sowie dem Antrag des Generalanwalts in dem betreffenden Verfahren unwahrscheinlich.[238]

b) Maßnahme zum Zweck der Sanierung

159 Nach § 8c Abs. 1a KStG muss der Beteiligungserwerb im Sinne von § 8c Abs. 1 Satz 1 KStG zum Zweck der Sanierung erfolgen, um das Sanierungsprivileg in Anspruch zu nehmen. Mithin muss zumindest eine drohende Zahlungsunfähigkeit der betreffenden Gesellschaft oder die bereits bestehende Zahlungsunfähigkeit bzw. Überschuldung im Rahmen des Beteiligungserwerbs beseitigt werden. Die Krise des Unternehmens muss insoweit in objektiv nachvollziehbarer Weise nachgewiesen werden.

▶ **Hinweis:**

160 Die Sanierungsfähigkeit sowie die Sanierungseignung der jeweiligen Sanierungsmaßnahmen im Zusammenhang mit dem Beteiligungserwerb sollten insoweit möglichst durch ein Sanierungsgutachten entsprechend den BGH-Grundsätzen[239] oder dem IDW S6 Standard der Wirtschaftsprüfer[240] dokumentiert werden. Die Erstellung eines derartigen Sanierungsgutachtens, woraus sich nach objektiven Maßstäben der Sanierungszweck sowie die Geeignetheit der jeweiligen Sanierungsmaßnahmen ableiten lassen, indiziert auch nach Auffassung der Finanzverwaltung[241] eine Sanierung im Sinne der Sanierungsklausel.

161 Die objektive Beweislast für die Sanierungsfähigkeit zum Zeitpunkt des Beteiligungserwerbs als objektiv plausible Prognose liegt bei der betreffenden Gesellschaft.[242] Wird der Beteiligungserwerb im Rahmen eines Insolvenzplanverfahrens realisiert, so sind die Voraussetzungen eines Erwerbs zum Zwecke der Sanierung grds. gegeben.

162 Die Sanierungsmaßnahmen müssen im zeitlichen Zusammenhang mit dem schädlichen Beteiligungserwerb umgesetzt werden. Nach Auffassung der Finanzverwaltung[243] liegt keine Kausalität des Beteiligungserwerbs für die Sanierung mehr vor, wenn die Sanierungsmaßnahmen erst ein Jahr später umgesetzt werden. Die Sanierung muss aber nicht einziger Zweck des Beteiligungserwerbs sein und ein tatsächlicher späterer Sanierungserfolg kann ebenfalls nicht verlangt werden.[244]

---

236 Vgl. Klein-*Rüsken*, AO, § 175 Rn. 145 m.w.N.
237 Vgl. *Förster/Hechtner*, DB 2019, 10, 14.
238 Vgl. *Kahlert*, ZIP 2018, 1709, 1712.
239 Vgl. BGH, Urt. v. 14.06.2018 – IX ZR 22/15, ZIP 2018, 1794 und Urt. v. 12.05.2016 – IX ZR 65/14, NZI 2016, 636.
240 Vgl. *Steffan*, ZIP 2018, 1767.
241 Vgl. OFD NRW, Verfügung v. 20.12.2018 S – 2745 a-2015/0011-St 135, DB 2019, 26, Rn. 5.
242 Vgl. Gosch-*Roser* § 8c KStG Rn. 189.
243 Vgl. OFD NRW, Verfügung v. 20.12.2018 S – 2745 a-2015/0011-St 135, DB 2019, 26, Rn. 7.
244 Vgl. Brandis/Heuermann-*Brandis* § 8c KStG Rn. 72.

c) Erhaltung der bisherigen wesentlichen Betriebsstrukturen

Weitere Voraussetzung des Sanierungsprivilegs ist die Erhaltung der wesentlichen Betriebsstrukturen, wobei dies gem. § 8c Abs. 1a Satz 3 KStG unwiderleglich vermutet wird, wenn alternativ eine der drei unter Nr. 1 bis 3 aufgezählten Voraussetzungen vorliegt. 163

Nach Nr. 1. kommt eine mit dem Betriebsrat rechtswirksam geschlossene Betriebsvereinbarung im Sinne von § 77 BetrVG in Betracht, wobei alternativ bei Unternehmen ohne Betriebsrat auch einzelvertragliche Vereinbarungen mit den Arbeitnehmern ausreichen, wenn von diesen Vereinbarungen mehr als 50 % der sozialversicherungspflichtigen Arbeitnehmer betroffen sind.[245] Auf den Umfang der gemäß der Betriebsvereinbarung zu erhaltenden Arbeitsplätze kommt es nicht an, sie muss aber im zeitlichen und sachlichen Zusammenhang mit dem Beteiligungserwerb getroffen werden, wobei auch eine Anschlussvereinbarung im Rahmen des Beteiligungserwerbs den sachlichen Zusammenhang herstellen kann. 164

Weitere Möglichkeit gem. Nr. 2 ist ein Lohnsummenvergleich, wonach nach dem Beteiligungserwerb in sinngemäßer Anwendung von § 13a Abs. 1 ErbStG gemessen an der fünfjährigen jährlichen Lohnsumme unabhängig von der Arbeitnehmeranzahl 400 % der Ausgangslohnsumme zum maßgeblichen Stichtag nicht unterschritten werden. Dies entspricht einer durchschnittlichen 80 %-Grenze, die fünf Jahre nach dem Beteiligungserwerb nicht unterschritten werden darf. Etwaige Lohnvergütungen an Gesellschafter werden nur insoweit im Rahmen der Lohnsumme berücksichtigt, als keine verdeckten Gewinnausschüttungen gem. § 8 Abs. 3 Satz 2 KStG vorliegen. Nach Auffassung der Finanzverwaltung müssen mehr als 20 Arbeitnehmer zum Zeitpunkt des Beteiligungserwerbs im Rahmen der Ermittlung der Ausgangslohnsumme vorhanden sein, um die Lohnsummenregelung als Tatbestandsmerkmal der Erhaltung der wesentlichen Betriebsstrukturen anzuwenden.[246] Nach anderer Auffassung soll bei Kleinbetrieben wegen Unterschreiten der Mindestarbeitnehmerzahl das Nachweiserfordernis des Lohnsummenvergleichs entfallen und insoweit automatisch vorliegen.[247] 165

Nach Nr. 3 besteht zudem die Möglichkeit, den Tatbestand der Erhaltung der wesentlichen Betriebsstrukturen durch Zuführung von Betriebsvermögen in Höhe von insgesamt mindestens 25 % der Steuerbilanzwerte des Aktivvermögens der Gesellschaft durch Einlagen des neuen Anteilseigners innerhalb von zwölf Monaten nach dem schädlichen Beteiligungserwerb nachzuweisen. Die 25 %-Grenze gilt bei einem 100 %igen Beteiligungserwerb und ist bei einer niedrigeren Erwerbsquote anteilig zu reduzieren. Die begünstigten Einlagen können sich auch auf die Passivseite der Bilanz beziehen, sodass insb. auch ein Forderungsverzicht des neuen Anteilseigners zu berücksichtigen ist. Allerdings soll nur der werthaltige Anteil der betreffenden Forderung maßgeblich sein.[248] Auch Sacheinlagen können im Rahmen der Zuführung eingebracht werden, wobei etwaige Gegenleistungen oder übernommene Verpflichtungen abzuziehen sind. Werden Zuführungen im Rahmen von umwandlungsrechtlichen Vorgängen mit steuerlicher Rückwirkung realisiert, so gelten diese für die Zuführung im Sinne dieser Vorschrift erst zum Zeitpunkt der zivilrechtlichen Wirksamkeit als geleistet und müssen daher im Zwölfmonatszeitraum realisiert werden.[249] Auch Zuführungen von nahestehenden Personen des neuen Anteilseigners sind zu berücksichtigen. 166

d) Ausschluss einer Sanierung

Eine privilegierte Sanierung ist gem. § 8c Abs. 1a S. 4 KStG ausgeschlossen, wenn die Gesellschaft ihren Geschäftsbetrieb im Zeitpunkt des schädlichen Beteiligungserwerbs bereits im Wesentlichen eingestellt hat. Dies gilt gem. § 8c Abs. 1a Satz 4 KStG auch bei einem Branchenwechsel innerhalb 167

245 Vgl. OFD NRW, Verfügung v. 20.12.2018 S – 2745 a-2015/0011-St 135, DB 2019, 26, Rn. 14.
246 Vgl. OFD NRW, Verfügung v. 20.12.2018 S – 2745 a-2015/0011-St 135, DB 2019, 26, Rn. 18.
247 Vgl. BeckOK-KStG/*Thonemann-Micker/Kanders*, § 8c KStG Rn. 245.2; a.A. FG Düsseldorf v. 15.01.2024 – 6 K 2095/22, BB 2024, 614.
248 Vgl. OFD NRW, Verfügung v. 20.12.2018 S – 2745 a-2015/0011-St 135, DB 2019, 26, Rn. 20.
249 Vgl. OFD NRW, Verfügung v. 20.12.2018 S – 2745 a-2015/0011-St 135, DB 2019, 26, Rn. 25.

von fünf Jahren nach dem schädlichen Beteiligungserwerb. In diesem Fall liegt ein rückwirkendes Ereignis im Sinne des § 175 Abs. 1 Satz 1 Nr. 2 AO vor.

III. Fortführungsgebundener Verlustvortrag gem. § 8d KStG

168 Auf Antrag der Körperschaft besteht gem. § 8d KStG die Möglichkeit, den Verlustabzug trotz eines schädlichen Beteiligungserwerbs gem. § 8c KStG weiter zu nutzen, wenn die betreffende Körperschaft ihren Geschäftsbetrieb fortführt und bestimmte weitere Voraussetzungen erfüllt sind. Zeitlich ist die Vorschrift gem. § 34 Abs. 6a Satz 1 KStG auf schädliche Beteiligungserwerbe ab dem 01.01.2016 anzuwenden. Im Ergebnis soll durch § 8d KStG der Wegfall der Verlustnutzung nach einem schädlichen Beteiligungserwerb wieder auf die typische Mantelkaufkonstellation reduziert werden.[250] Das Bundesverfassungsgericht hat wegen Anwendung des § 8d KStG keine Verfassungswidrigkeit des Verlustuntergangs gem. § 8c Abs. 1 KStG ab 2016 festgestellt, ohne jedoch ausdrücklich die verfassungsrechtlichen Anforderungen zu prüfen. Seitens der Bundesregierung wird von einem verfassungsgemäßen Gesamtkonzept der §§ 8c, 8d KStG ausgegangen.[251] Dieses Konzept trägt auch dem körperschaftsteuerlichen Trennungsprinzip Rechnung, da die Nutzung des fortführungsgebundenen Verlustvortrags sich grds. nach den Verhältnissen bei der Körperschaft selbst richtet und nicht auf die Anteilseignerebene abstellt. Dies betrifft auch eine etwaige isolierte Verfassungswidrigkeit des bisherigen § 8c Abs. 1 Satz 2 KStG bis 2015 betreffend den schädlichen Beteiligungserwerb von über 50 % gemäß Vorlage des FG Hamburg[252] an das Bundesverfassungsgericht. Zudem ist auf Basis der EuGH-Entscheidung[253] vom 28.06.2018 zur Sanierungsklausel gem. § 8c Abs. 1a KStG davon auszugehen, dass auch § 8d KStG keine europarechtlich unzulässige Beihilfe im Sinne des Art. 107 Abs. 1 AEUV darstellt.

169 Im Rahmen des schädlichen Beteiligungserwerbs soll gem. § 8d KStG die weitere Verlustnutzung möglich sein, sofern der Geschäftsbetrieb der Körperschaft fortgeführt und eine anderweitige Verlustnutzung ausgeschlossen ist. Es handelt sich rechtstechnisch wie bei der Sanierungsklausel gem. § 8c Abs. 1a KStG um eine Rückausnahme zum Wegfall des Verlustabzugs nach § 8c KStG. Gem. § 8a Abs. 1 Satz 3 KStG gilt § 8d KStG auch für den Zinsvortrag gem. § 4h Abs. 1 S. 5 EStG entsprechend. Im Ergebnis besteht ein Wahlrecht, ob sich die betreffende Körperschaft bei Vorliegen der Voraussetzungen für die Sanierungsklausel gem. § 8c Abs. 1a KStG oder die Anwendung des fortführungsgebundenen Verlustvortrags gem. § 8d KStG mit dessen strengen Voraussetzungen entscheidet.

170 Im Zusammenhang mit der Stille-Reserven-Klausel gem. § 8c Abs. 1 S. 5 ff. KStG ist zu berücksichtigen, dass nach Auffassung der Finanzverwaltung der fortführungsgebundene Verlustvortrag gem. § 8d KStG nicht ergänzend genutzt werden kann.[254] Reichen insoweit die stillen Reserven nicht aus, den Verlustvortrag gem. § 8c Abs. 1 S. 5 ff. KStG vollständig zu erhalten, so muss sich die Verlustkörperschaft zwischen der Anwendung der Stille-Reserven-Klausel oder dem Antrag auf Fortführung des Verlustvortrags gemäß den Rahmenbedingungen des § 8d KStG entscheiden.

1. Anwendungsbereich von § 8d KStG

171 Im Rahmen der zeitlichen Anwendung auf schädliche Beteiligungserwerbe ab dem 01.01.2016 gem. § 34 Abs. 6a Satz 1 KStG ist zu berücksichtigen, dass der Geschäftsbetrieb der betreffenden Körperschaft vor dem 01.01.2016 weder ein- noch ruhendgestellt sein darf. Hierdurch soll die weitere Nutzung von Altverlusten vermieden werden. Diese generelle Nichtanwendung von § 8d KStG gilt nach dem Wortlaut unabhängig davon, wann und für welche Dauer der Geschäftsbetrieb ein- oder

250 *Röder*, DStR 2017, 1737.
251 Vgl. *Kahlert*, ZIP 2018, 1709, 1712.
252 FG Hamburg, Vorlagebeschl. v. 29.08.2017 – 2 K 245/17, DStR 2017, 2377.
253 EuGH, Urt. v. 28.06.2018 – C 203/16 P, ZIP 2018, 1345.
254 Vgl. BMF-Schreiben v. 18.03.2021 – IV C2 – S 2745-b/19/1002:002, DB 2021, 648, Rn. 6.

ruhendgestellt wird und sogar dann, wenn zum Zeitpunkt der Ein- oder Ruhendstellung überhaupt keine Verlustvorträge bestanden. So wäre nach dem Wortlaut des § 34 Abs. 6a Satz 1 KStG bei einer Körperschaft, die in 2010 zeitweise ihren Geschäftsbetrieb ruhendgestellt hat, die Anwendung des § 8d KStG auf einen schädlichen Beteiligungserwerb in 2018 nicht möglich, selbst wenn in Folgejahren bis 2015 der Verlustvortrag vollständig verrechnet werden konnte und die Verluste erst ab 2016 entstanden sind. Dies widerspricht offensichtlich dem Sinn und Zweck der Vorschrift und muss nach zutreffender Auffassung im Wege einer verfassungskonformen Auslegung korrigiert werden, indem nur zum 31.12.2015 bereits inaktive Körperschaften hinsichtlich dieser Verlustvorträge von der Anwendung des § 8d KStG ausgeschlossen werden.[255] Bei Körperschaften, die mit einem neuen Geschäftsbetrieb neue Verluste erwirtschaften, muss § 8d KStG anwendbar sein, sofern – bezogen auf diesen neuen Geschäftsbetrieb – die übrigen Voraussetzungen erfüllt werden. Wurde der Geschäftsbetrieb im Beobachtungszeitraum des § 8d KStG – seit seiner Gründung oder zumindest seit Beginn des dritten Veranlagungszeitraums, der dem Veranlagungszeitraum des schädlichen Beteiligungserwerbs vorausgeht – ein- oder ruhendgestellt, so ist § 8d KStG auf diesen einzelnen schädlichen Beteiligungserwerb nicht anwendbar.[256]

Voraussetzung für die Anwendung von § 8d KStG ist ein Antrag der Verlustkörperschaft, der in der Steuererklärung im Veranlagungsjahr des schädlichen Beteiligungserwerbs zu stellen ist. Es gelten insoweit die Formvorschriften für Steuererklärungen. Zeitlich kann der Antrag bis zur Unanfechtbarkeit der Steuerfestsetzung nachgeholt werden.[257] Dies ermöglicht insbesondere in Fällen, in denen ein Anwendungsfall des § 8c KStG nicht erkannt wurde, den Antrag gem. § 8d KStG nachzuholen. Auch die Rücknahme des Antrags kommt bis zur Unanfechtbarkeit der Steuerfestsetzung bzw. des Feststellungsbescheides i.S.v. § 8d Abs. 1 Satz 7 KStG in Betracht, wobei die gleichen Formvorschriften gelten und daher die formgerechte Abgabe einer berichtigten Steuererklärung erfolgen muss.[258] 172

▶ **Hinweis:**

Für jeden einzelnen schädlichen Beteiligungserwerb ist ein gesonderter Antrag zu stellen. Der Antrag gem. § 8d KStG umfasst immer die Summe aus Verlustvortrag und dem laufenden Verlust des gesamten Veranlagungsjahres des schädlichen Beteiligungserwerbs. 173

Gewerbesteuerlich ist § 8d KStG über § 10a S. 11 GewStG entsprechend anzuwenden. Der Antrag für die Körperschaft- und Gewerbesteuer kann aufgrund der Maßgeblichkeit des Antrags gem. § 8d Abs. 1 Satz 5 KStG nur einheitlich ausgeübt werden. Die isolierte gewerbesteuerliche Anwendung ist nunmehr gem. § 10a S. 12 GewStG möglich, wenn bei der Körperschaftsteuer mangels Verlust § 8d KStG nicht zur Anwendung kommt, aber bei der Gewerbesteuer ein negatives Ergebnis durch Kürzungen gem. § 9 GewStG entstanden ist.[259] 174

2. Unterhaltung ausschließlich desselben Geschäftsbetriebs

Die Verlustkörperschaft darf im Rahmen der Anwendung des § 8d KStG während des Beobachtungszeitraums ausschließlich denselben Geschäftsbetrieb unterhalten. Diese Voraussetzung verhindert, dass die Körperschaft und ihre Anteilseigner in die Lage versetzt werden, Verluste aus nacheinander betriebenen verschiedenen Geschäftsbetrieben miteinander zu verrechnen. Der Begriff des 175

255 Vgl. *Suchanek/Rüsch*, GmbHR 2018, 57 f.
256 Vgl. *Förster/von Cölln*, DStR 2017, 8 f.
257 Vgl. BMF-Schreiben v. 18.03.2021 – IV C2 – S 2745-b/19/1002:002, DB 2021, 648, Rn. 7; FG Köln, Beschl. v. 06.02.2019 – 10 V 1706/18, DStRE 2020, 338; FG Niedersachsen, Urt. v. 28.11.2019 – 6 K 356/18, DStRE 2020, 912; *Neumann/Höffer*, GmbHR 2021, 413, 416; *Kusch*, NWB 2021, 1947, 1949.
258 Vgl. BMF-Schreiben v. 18.03.2021 – IV C2 – S 2745-b/19/1002:002, DB 2021, 648, Rn. 11.
259 Vgl. *Suchanek/Rüsch*, FR 2021, 194, dieselben bereits zuvor GmbHR 2018, 57, 61.

Geschäftsbetriebs in diesem Sinne ist normspezifisch auszulegen und umfasst gem. § 8d Abs. 1 Satz 3 KStG »*die von einer einheitlichen Gewinnerzielungsabsicht getragenen, nachhaltigen, sich gegenseitig ergänzenden und fördernden Betätigungen der Körperschaft und bestimmt sich nach qualitativen Merkmalen in einer Gesamtbetrachtung.*« Als qualitative Merkmale werden gem. § 8d Abs. 1 Satz 4 KStG insb. die angebotenen Dienstleistungen oder Produkte, der Kunden- oder Lieferantenkreis, die bedienten Märkte und die Qualifikation der Arbeitnehmer aufgezählt. Danach ist anhand der vorgenannten qualitativen Merkmale zu prüfen, ob die Unternehmensidentität der Verlustkörperschaft im Beobachtungszeitraum noch vorliegt. Betriebsbedingte Anpassungen an veränderte wirtschaftliche Verhältnisse im sachlichen Zusammenhang mit der ausgeübten Tätigkeit beeinträchtigen die Unterhaltung desselben Geschäftsbetriebs im Sinne des § 8d KStG nicht.[260] Letztlich muss im Wesentlichen der Kern der bisherigen Unternehmenstätigkeit unter Berücksichtigung der qualitativen Merkmale fortgeführt werden. Dabei kommt es auf die tatsächliche Tätigkeit und nicht auf die Angaben zum Unternehmenszweck im Gesellschaftsvertrag bzw. im Handelsregister oder bei der Gewerbeanmeldung an, deren etwaige Änderungen lediglich indizielle Bedeutung haben können.[261]

176 Der Geschäftsbetrieb der Körperschaft umfasst gem. § 8d Abs. 1 Satz 3 KStG die von einer einheitlichen Gewinnerzielungsabsicht getragenen, nachhaltigen, sich gegenseitig ergänzenden und fördernden Betätigungen. Der Geschäftsbetrieb ist tätigkeitsbezogen und bestimmt sich nach qualitativen Merkmalen im Rahmen einer Gesamtbetrachtung. Betreibt eine Körperschaft mehrere unterschiedliche selbstständige Geschäftsbetriebe, die mangels Förder- und Sachzusammenhang nicht als einheitlicher Geschäftsbetrieb qualifiziert werden können, so soll § 8d KStG bereits dem Grunde nach nicht anwendbar sein.[262] Nach dem Sinn und Zweck der Vorschrift sollte auch eine Körperschaft mit verschiedenen Betätigungen bei Fortführung derselben wirtschaftlichen Betätigungen § 8d KStG anwenden können.[263] Eine Ungleichbehandlung von Verlustkörperschaften mit einem oder zwei Geschäftsbetrieben ist nicht zu rechtfertigen und könnte auch verfassungswidrig sein. Es sollte nur maßgeblich sein, dass die jeweiligen wirtschaftlichen Betätigungen im Beobachtungszeitraum fortgeführt werden. In der Praxis kann es aber zu schwierigen Abgrenzungsfragen kommen, ob noch »derselbe« Geschäftsbetrieb im Sinne des § 8d KStG betrieben wird, dies gilt aber auch für die Beurteilung, ob trotz unterschiedlicher Betätigungen aufgrund eines Förderungs- und Ergänzungszusammenhangs – wie bei Autoverkauf mit angeschlossener Werkstatt – noch ein einheitlicher Geschäftsbetrieb vorliegt.[264] Die Anforderungen an einen einheitlichen Geschäftsbetrieb im Sinne des § 8d Abs. 1 Satz 3 KStG sollten insoweit verfassungskonform weit ausgelegt werden.[265]

3. Kein schädliches Ereignis im Beobachtungszeitraum

177 Die Anwendung des § 8d KStG ist ausgeschlossen, wenn im maßgeblichen Beobachtungszeitraum vor dem schädlichen Beteiligungserwerb bereits ein schädliches Ereignis im Sinne des § 8d Abs. 2 KStG eingetreten ist. Der jeweils für jeden einzelnen schädlichen Beteiligungserwerb maßgebliche Beobachtungszeitraum umfasst regelmäßig vier Kalenderjahre, gerechnet vom Ende des Veranlagungsjahrs mit dem schädlichen Beteiligungserwerb rückwärts bis zum Beginn des dritten vorangehenden Veranlagungsjahrs. Wird beispielsweise der schädliche Beteiligungserwerb am 31.03.2021 realisiert, so umfasst der Beobachtungszeitraum den 01.01.2018 bis 31.12.2021. Wurde die Verlustkörperschaft erst in diesem Vierjahreszeitraum gegründet, so ist der kürzere Zeitraum ab Gründung maßgeblich.

260 Vgl. *Förster/von Cölln*, DStR 2017, 8, 11.
261 Vgl. FG Sachsen-Anhalt v. 15.11.2022 – 3 V 597/2022, EFG 2023, 793, Tz. 69, m.Anm. *Falk*.
262 Vgl. BMF-Schreiben v. 18.03.2021 – IV C2 – S 2745-b/19/1002:002, DB 2021, 648, Rn. 20.
263 Ebenso *Engelen/Heider*, DB 2020, 2536, 2537.
264 Vgl. BMF-Schreiben v. 18.03.2021 – IV C2 – S 2745-b/19/1002:002, DB 2021, 648, Rn. 21 ff.
265 Vgl. *Dörr/Reisich/Plum*, NWB 2017, 496, 503.

▶ **Hinweis:**

Mithin ist im ersten Schritt eine vergangenheitsbezogene Prüfung der schädlichen Ereignistatbestände bei Beantragung gem. § 8d KStG vorzunehmen. Liegen im maßgeblichen Beobachtungszeitraum keine schädlichen Ereignisse vor und ist daher unter Anwendung von § 8d KStG der fortführungsgebundene Verlustvortrag antragsgemäß festzustellen, so muss in der Folgezeit geprüft werden, ob dieser fortführungsgebundene Verlust wegen Eintritt eines schädlichen Ereignistatbestands wegfällt. Die vergangenheitsbezogene Prüfung sollte jeweils vor Realisierung des schädlichen Beteiligungserwerbs durchgeführt werden, um ggf. das Timing so zu optimieren, dass der schädliche Ereignistatbestand wegen Zeitablaufs nicht mehr im vergangenheitsbezogenen Beobachtungszeitraum liegt. **178**

Als schädlicher Ereignistatbestand ist in § 8d Abs. 2 Satz 1 KStG insb. die Einstellung des Geschäftsbetriebs normiert; darüber hinaus liegen weitere schädliche Ereignistatbestände gem. § 8d Abs. 2 Satz 2 Nr. 1 bis 6 KStG vor, wenn: **179**

1. der Geschäftsbetrieb ruhend gestellt wird, **180**
2. der Geschäftsbetrieb einer andersartigen Zweckbestimmung zugeführt wird, **181**
3. die Körperschaft einen zusätzlichen Geschäftsbetrieb aufnimmt, **182**
4. die Körperschaft sich an einer Mitunternehmerschaft beteiligt, **183**
5. die Körperschaft die Stellung eines Organträgers im Sinne des § 14 Abs. 1 KStG einnimmt oder **184**
6. auf die Körperschaft Wirtschaftsgüter übertragen werden, die sie zu einem geringeren als dem gemeinen Wert ansetzt. **185**

a) Einstellung oder Ruhendstellen des Geschäftsbetriebs

Die Einstellung sowie das Ruhendstellen des Geschäftsbetriebs sind jeweils ein schädliches Ereignis im Sinne des § 8d Abs. 2 Satz 1 bzw. Satz 2 Nr. 1 KStG. Danach soll die Nutzung noch bestehender Verluste in bereits inaktiven Körperschaften vermieden werden. Nach der Gesetzesbegründung soll auch die bloße Verringerung des Geschäftsbetriebs auf ein unwesentliches Maß bereits eine schädliche Einstellung darstellen.[266] Dagegen sollte nach zutreffender Auffassung entsprechend dem Wortlaut die Fortführung eines vorhandenen Geschäftsbetriebs in geringerem Umfang ausreichend sein, sodass kein schädliches Ereignis vorliegt.[267] In der Praxis wird dies aber regelmäßig streitanfällig sein.[268] **186**

Die Ruhendstellung des Geschäftsbetriebs im Sinne des § 8d Abs. 2 Satz 1 bzw. Satz 2 Nr. 1 KStG setzt die unternehmerische Entscheidung voraus, den Geschäftsbetrieb trotz fortbestehender Fortführungsmöglichkeit nicht weiterzuführen. Die vorübergehende Betriebsschließung wegen behördlicher Anordnungen (z.B. aufgrund der COVID 19-Pandemie) oder wegen Erkrankungen ist insoweit nicht ausreichend.[269] Darüber hinaus soll bereits das zeitweise bloße Ruhendstellen des Geschäftsbetriebes ein schädliches Ereignis sein.[270] Dies ist abzulehnen, sofern der nämliche Geschäftsbetrieb wieder aufgenommen wird und daher kein Missbrauch in Betracht kommt. Die Verpachtung des Geschäftsbetriebs soll nach Auffassung der Finanzverwaltung ebenfalls als Ruhendstellen des Geschäftsbetriebs schädlich sein, da der Geschäftsbetrieb durch die Körperschaft selbst ausgeübt werden muss.[271] Auch insoweit liegt jedoch kein Missbrauch der Verlustnutzung vor. Die Begründung einer Betriebsaufspaltung ist in keinem Fall als Ruhendstellung des Geschäftsbetriebs zu qualifizieren.[272] **187**

266 BT-Drucks. 18/9986, 13.
267 Vgl. *Förster/v. Cölln*, DStR 2017, 8, 12.
268 Vgl. *Dörr/Reisich/Plum*, NWB 2017, 573, 574.
269 Vgl. BMF-Schreiben v. 18.03.2021 – IV C2 – S 2745-b/19/1002:002, DB 2021, 648, Rn. 26.
270 Vgl. BMF-Schreiben v. 18.03.2021 – IV C2 – S 2745-b/19/1002:002, DB 2021, 648, Rn. 28.
271 Vgl. BMF-Schreiben v. 18.03.2021 – IV C2 – S 2745-b/19/1002:002, DB 2021, 648, Rn. 27.
272 Vgl. *Neumann/Höffer*, GmbHR 2021, 413, 420.

b) Branchenwechsel oder Aufnahme eines zusätzlichen Geschäftsbetriebs

188 Die Zuführung des Geschäftsbetriebs zu einer andersartigen Zweckbestimmung ist gem. § 8d Abs. 2 Satz 2 Nr. 2 KStG ein schädliches Ereignis und beinhaltet den sog. »Branchenwechsel«. Dies setzt eine wesentliche Änderung der wirtschaftlichen Betätigung als Unternehmensgegenstand voraus. Die Änderung des satzungsmäßigen Zwecks der Verlustkörperschaft kann insoweit ein Indiz für einen Branchenwechsel darstellen. Wird der satzungsmäßige Unternehmensgegenstand lediglich an die schon bestehenden tatsächlichen Verhältnisse angepasst, so führt diese formale Anpassung in sachlichem Zusammenhang mit den bisher tatsächlich ausgeübten Tätigkeiten der Verlustkörperschaft nicht zum Branchenwechsel.[273] Der Branchenwechsel ist daher nicht formal, sondern materiell anhand derselben Kriterien zu bestimmen wie im Zusammenhang mit der Prüfung des Unterhaltens desselben Geschäftsbetriebs hinsichtlich der tatsächlichen Fortführung des Kerns der bisherigen Unternehmenstätigkeit unter Berücksichtigung der qualitativen Merkmale.[274] Die Weiterentwicklung des Geschäftsbetriebs im Rahmen des technologischen Fortschritts – z.B. Eröffnung eines Online-Shops – führt nicht zum Branchenwechsel, wobei der bisherige Geschäftsbetrieb fortgeführt werden muss.[275] Auch etwaige Ergänzungen des Geschäftsbetriebs im Zusammenhang mit der COVID 19-Pandemie sollten insoweit unschädlich sein. Maßgeblicher Prüfungsmaßstab für den Branchenwechsel ist mithin, ob der Kern der bisherigen Unternehmenstätigkeit unter Berücksichtigung der qualitativen Merkmale fortgeführt wird.

189 Auch die Aufnahme eines zusätzlichen Geschäftsbetriebs stellt gem. § 8d Abs. 2 Satz 2 Nr. 3 KStG ein schädliches Ereignis dar. Hierdurch soll die Nutzung aufgelaufener Verluste durch künftige Gewinne eines zusätzlichen Geschäftsbetriebs verhindert werden. Auch insoweit ist allerdings die Weiterentwicklung des Geschäftsbetriebs im Rahmen des technologischen Fortschritts unschädlich, solange ein Förder- und Sachzusammenhang zum fortgeführten verlustverursachenden Geschäftsbetrieb besteht.[276] Die Abgrenzung einer unschädlichen wirtschaftlichen Erweiterung des bisherigen Geschäftsbetriebs von der Aufnahme eines zusätzlichen Geschäftsbetriebs wird in der Praxis ebenfalls streitanfällig sein.

c) Beteiligung an einer Mitunternehmerschaft oder Stellung als Organträger

190 Beteiligt sich die Verlustkörperschaft an einer Mitunternehmerschaft, so liegt gem. § 8d Abs. 2 Satz 2 Nr. 4 KStG ein schädliches Ereignis vor. Dies gilt unabhängig von der Höhe der Beteiligung, wodurch auch bei unbedeutenden Beteiligungen die Anwendung von § 8d KStG ausgeschlossen wird (keine Bagatellschwelle). Danach reichen bereits Kleinstbeteiligungen an einer Mitunternehmerschaft aus.[277] Ist die Verlustgesellschaft bereits zu Beginn des Beobachtungszeitraums an einer Mitunternehmerschaft beteiligt, so kommt die Anwendung von § 8d KStG bereits gem. § 8d Abs. 1 Satz 2 Nr. 2 KStG nicht in Betracht. Danach soll die Verrechnung von Verlusten der Körperschaft gem. § 8d KStG mit Gewinnen aus der Mitunternehmerschaft verhindert werden, die nicht aus demselben Geschäftsbetrieb stammen. Dies hätte man allerdings durch eine bloße Beschränkung der Verlustverrechnungsmöglichkeit regeln können, statt den vollständigen Ausschluss der Anwendung des § 8d KStG festzulegen.[278] Auch die Beendigung einer Beteiligung an einer Mitunternehmerschaft innerhalb des Beobachtungszeitraums soll schädlich sein.[279] Auch die Beteiligung an einer ausländischen Mitunternehmerschaft ist ein schädliches Ereignis, selbst wenn die betreffenden Gewinne

---

273 Vgl. BMF-Schreiben v. 18.03.2021 – IV C2 – S 2745-b/19/1002:002, DB 2021, 648, Rn. 32.
274 Vgl. *Dörr/Reisich/Plum*, NWB 2017, 573, 575; *Förster/v. Cölln*, DStR 2017, 8, 12.
275 Vgl. BMF-Schreiben v. 18.03.2021 – IV C2 – S 2745-b/19/1002:002, DB 2021, 648, Rn. 32.
276 Vgl. BMF-Schreiben v. 18.03.2021 – IV C2 – S 2745-b/19/1002:002, DB 2021, 648, Rn. 33.
277 Vgl. BMF-Schreiben v. 18.03.2021 – IV C2 – S 2745-b/19/1002:002, DB 2021, 648, Rn. 38.
278 Vgl. *Dörr/Reisich/Plum*, NWB 2017, 573, 577.
279 Vgl. *Förster/v. Cölln*, DStR 2017, 8, 13.

aufgrund eines DBA nicht in Deutschland zu besteuern sind.[280] Mittelbare Beteiligungen an einer Mitunternehmerschaft über eine zwischengeschaltete Körperschaft sind dagegen unschädlich.[281]

Bei einem durchgehenden Bestand derselben Beteiligung an einer Mitunternehmerschaft sowie Fortführung der jeweiligen Geschäftsbetriebe ist fraglich, ob diese Regelung verfassungskonform ist.[282] **191**

Auch die Stellung der Verlustkörperschaft als Organträger zu Beginn des Beobachtungszeitraums schließt gem. § 8d Abs. 1 Satz 2 Nr. 5 KStG die Anwendung von § 8d KStG aus. Die Übernahme der Stellung als Organträger ist gem. § 8d Abs. 2 Satz 2 Nr. 5 KStG ein schädliches Ereignis, sodass im Ergebnis die Anwendung von § 8d KStG auf einen Organträger insgesamt ausgeschlossen ist. Bei einem durchgehenden Bestand desselben Organkreises sowie Fortführung der betreffenden Geschäftsbetriebe ist fraglich, ob diese Ungleichbehandlung verfassungskonform ist.[283] **192**

Bei rückwirkendem Wegfall der Voraussetzungen für die Organschaft durch Nichteinhaltung der Fünfjahresfrist gem. § 14 Abs. 1 Nr. 3 KStG entfällt zugleich das schädliche Ereignis mit Rückwirkung.[284] **193**

d) Übertragung von Wirtschaftsgütern unter dem gemeinen Wert

Schließlich liegt gem. § 8d Abs. 2 Satz 2 Nr. 6 KStG ein schädliches Ereignis vor, wenn der Verlustkörperschaft Wirtschaftsgüter zu einem geringeren Wert als dem gemeinen Wert übertragen werden. Danach soll die Verrechnung von Verlusten der Körperschaft gem. § 8d KStG mit späteren Gewinnen aus den stillen Reserven der übertragenen Wirtschaftsgüter verhindert werden, die nicht aus demselben Geschäftsbetrieb stammen. Diese Fallgestaltung betrifft insb. die Ausübung steuerlicher Wahlrechte zur niedrigeren Bewertung im Rahmen von umwandlungssteuerrechtlichen Vorgängen. Beispielsweise kann auch bereits unmittelbar mit dem schädlichen Beteiligungserwerb durch Einbringung einer Sacheinlage zu Buchwerten gem. § 20 UmwStG ein schädliches Ereignis realisiert werden und führt mithin zum Ausschluss der Anwendung von § 8d KStG. Konsequenterweise muss mit einem rückwirkenden Wegfall des Wertansatzes unter dem gemeinen Wert – z.B. bei Einbringungen wegen § 22 UmwStG – auch das schädliche Ereignis gem. § 8d Abs. 2 Satz 2 Nr. 6 KStG mit Rückwirkung wegfallen.[285] **194**

4. Rechtsfolgen des § 8d KStG

Bei Vorliegen der Voraussetzungen des § 8d KStG und Antragstellung der Verlustkörperschaft ist auf den schädlichen Beteiligungserwerb der Wegfall des Verlustabzugs gem. § 8c KStG nicht anwendbar und die Verlustabzüge bleiben daher dem Grunde nach mit künftigen Gewinnen ausgleichs- und abzugsfähig. Der vortragsfähige Verlustabzug wandelt sich aber in einen fortführungsgebundenen Verlustvortrag, der als solcher entsprechend § 10d Abs. 4 EStG zum Schluss des Veranlagungsjahres des schädlichen Beteiligungserwerbs gesondert festgestellt wird. Auch bei einem unterjährigen schädlichen Beteiligungserwerb umfasst der fortführungsgebundene Verlustvortrag das gesamte Ergebnis des betreffenden Veranlagungszeitraums. Mithin findet abweichend von § 8c KStG keine Aufteilung der anteiligen Ergebnisse vor und nach dem schädlichen Beteiligungserwerb statt. Dies kann zu Nachteilen führen, wenn die Verlustgesellschaft nach dem schädlichen Beteiligungserwerb einen hohen Verlust realisiert hat, da dieser nach § 8c KStG grds. unbegrenzt vortragsfähig bleibt, wohingegen bei § 8d KStG der Verlustvortrag für das gesamte Jahr bei nachträglichem schädlichen Ereignis wegfallen kann. **195**

280 Kritisch hierzu *Dörr/Reisich/Plum*, NWB 2017, 573, 577.
281 Vgl. *Bergmann/Süß*, DStR 2016, 2185, 2189.
282 Vgl. *Förster/v. Cölln*, DStR 2017, 8, 13.
283 Vgl. *Förster/v. Cölln*, DStR 2017, 8, 13.
284 Vgl. BMF-Schreiben v. 18.03.2021 – IV C2 – S 2745-b/19/1002:002, DB 2021, 648, Rn. 42.
285 Vgl. *Neumann/Höffer*, GmbHR 2021, 413, 422 f.

196 Der fortführungsgebundene Verlustvortrag ist in den Folgejahren jeweils zum Schluss des Veranlagungsjahrs gesondert festzustellen, wobei etwaige weitere Verluste in den Folgejahren nicht dem fortführungsgebundenen Verlustvortrag zugerechnet werden, sondern als allgemeiner steuerlicher Verlustvortrag gesondert festgestellt werden. Bei Gewinnen in den Folgejahren ist der fortführungsgebundene Verlustvortrag im Rahmen der Mindestbesteuerung gem. § 8d Abs. 1 S. 8 KStG vorrangig vor dem allgemeinen steuerlichen Verlustvortrag abzuziehen.

197 Bei Verwirklichung eines schädlichen Ereignistatbestands gem. § 8d Abs. 2 Satz 1 und Satz 2 Nr. 1–6 KStG in den Folgejahren geht der zuletzt festgestellte fortführungsgebundene Verlustvortrag unter, soweit er nicht durch die zum Schluss des vorangegangenen Veranlagungszeitraums vorhandenen stillen Reserven gedeckt ist. Bis zur vollständigen Nutzung des fortführungsgebundenen Verlustvortrags darf die Verlustgesellschaft insoweit kein schädliches Ereignis verwirklichen, da sonst der noch nicht genutzte fortführungsgebundene Verlustvortrag entfällt. In diesem Zusammenhang ist zu berücksichtigen, dass im Rahmen des schädlichen Beteiligungserwerbs gem. § 8c Abs. 1 Satz 1 KStG die Anwendung von § 8d KStG zu nachteiligen Folgen führen kann, da der fortführungsgebundene Verlustvortrag den gesamten Verlust zum Schluss des Veranlagungsjahrs des schädlichen Beteiligungsjahrs (keine Aufteilung der Verluste vor und nach dem Beteiligungserwerb) umfasst und bei nachträglichem schädlichem Ereignis vollständig wegfällt.

▶ **Hinweis:**

198 Vor einer Antragstellung gem. § 8d KStG sollten daher immer die Risiken eines nachträglichen Wegfalls des fortführungsgebundenen Verlustvortrages im Verhältnis zur Anwendung des Wegfalls gem. § 8c Abs. 1 Satz 1 KStG abgewogen werden, da eine Rückkehr zu den günstigeren Rechtsfolgen des § 8c KStG nicht möglich ist. Dies war insbesondere bei der verfassungswidrigen quotalen Verlustwegfallregelung zu berücksichtigen, da dort der Verlustvortrag nur quotal wegfiel.[286]

199 Im Rahmen der Ermittlung des Wegfalls des fortführungsgebundenen Verlustvortrags ist auf den zum Schluss des dem schädlichen Ereignis vorangegangenen Geschäftsjahres und die insoweit vorhandenen stillen Reserven abzustellen.[287] Der fortführungsgebundene Verlustvortrag bleibt insoweit in Höhe der stillen Reserven der Körperschaft zum maßgeblichen Zeitpunkt bestehen. Dagegen bleiben etwaige neue »normale« steuerliche Verlustvorträge, die nach dem Schluss des Veranlagungsjahrs des schädlichen Beteiligungserwerbs entstanden sind, bestehen.

200 Bei einem nachfolgenden weiteren schädlichen Beteiligungserwerb nach Feststellung des fortführungsgebundenen Verlustvortrags geht der noch vorhandene fortführungsgebundene Verlustvortrag abzüglich der noch vorhandenen stillen Reserven unter. Allerdings kann die Verlustkörperschaft für den weiteren nachfolgenden schädlichen Beteiligungswechsel einen neuen Antrag gem. § 8d KStG stellen, sofern die Voraussetzungen vorliegen. Es entsteht dann insoweit ein neuer fortführungsgebundener Verlustvortrag.

201 Gem. § 8a Abs. 1 Satz 3 KStG gilt § 8d KStG auch für den Zinsvortrag gem. § 4h Abs. 1 S. 5 EStG entsprechend. Dies betrifft auch das Verfahren der Antragstellung und gesonderten Feststellung.

G. Doppelnützige Treuhand

202 Im Rahmen der doppelnützigen Treuhand werden die Anteile von den bisherigen Anteilseignern auf eine Treuhandgesellschaft übertragen, wobei zugleich im Rahmen eines Vertrages zugunsten Dritter eine Sicherungstreuhand zugunsten der Finanzierungsgeber vereinbart wird.

286 Vgl. *Dörr/Reisich/Plum*, NWB 2017, 496, 500 f. und 573, 579.
287 Vgl. *Förster/v. Cölln*, DStR 2017, 8, 15.

I. Verlustuntergang (§ 8c KStG)

Die treuhänderische Übertragung könnte gem. § 8c Abs. 1 KStG als schädlicher Beteiligungserwerb beurteilt werden, wonach ausgeglichene oder abgezogene negative Einkünfte (nicht genutzte Verluste) im Rahmen einer erfolgreichen Sanierung nicht mehr abziehbar wären. Soweit es für einen schädlichen Beteiligungserwerb auf den Übergang einer Eigentumsposition ankommt, ist nach Auffassung der Finanzverwaltung auf die Übertragung des wirtschaftlichen Eigentums abzustellen.[288] 203

Im Rahmen der sog. doppelnützigen Treuhand wird neben der Verwaltungstreuhand mit dem bisherigen Anteilseigner zusätzlich im Wege des Vertrages zugunsten Dritter eine Sicherungstreuhand gegenüber den abgesicherten Finanzinstituten vereinbart. Nach zutreffender Auffassung liegt vor dem Sicherungsfall noch kein schädlicher Beteiligungserwerb vor, da der Treuhänder bei seiner Aufgabenerfüllung vorrangig lediglich das Sicherungsinteresse der besicherten Finanzinstitute zu beachten hat.[289] Dies gilt umso mehr, wenn der Treuhänder auch noch tatsächlich nur Sicherungsaufgaben wahrgenommen hat. In diesem Zusammenhang ist zudem zu berücksichtigen, dass der bisherige Anteilseigner als Treugeber jederzeit die besicherte Finanzierung ablösen kann und mithin die Rückübertragung vom Treuhänder wegen Aufhebung das Sicherungsverhältnis verlangen kann. 204

In Treuhandfällen behält daher der jeweilige Anteilsinhaber als Treugeber regelmäßig das wirtschaftliche Eigentum, da die mit der rechtlichen Eigentümerstellung verbundene Verfügungsmacht des Treuhänders im Rahmen der Treuhandvereinbarung so eingeschränkt ist, dass beim Treuhänder selbst kein wirtschaftliches Eigentum begründet werden kann. Dies ist der Fall, wenn der Treugeber nach den mit dem Treuhänder getroffenen Absprachen und deren tatsächlichem Vollzug das Treuhandverhältnis beherrscht und zweifelsfrei erkennbar ist, dass der Treuhänder ausschließlich für Rechnung des Treugebers handelt.[290] In diesem Zusammenhang ist insb. zu berücksichtigen, dass der Treuhänder im Rahmen der doppelnützigen Treuhand grundsätzlich zweifelsfrei für Rechnung des Treugebers handelt und der Treugeber grundsätzlich jederzeit das Treuhandverhältnis beenden kann, indem er die Rückzahlung der besicherten Finanzierung durch eine anderweitige Refinanzierung bewirkt. Der Treugeber kann mithin das Treugut jederzeit zurückerhalten. Im Rahmen der doppelnützigen Treuhand ist zudem regelmäßig der Austausch des Treuhänders möglich, so dass auch insoweit eine steuerrechtliche Zurechnung beim Treuhänder nicht in Betracht kommt. Die Grundsätze der steuerrechtlichen Einkünftezurechnung gem. § 39 Abs. 2 Nr. 1 Satz 2 AO sind daher auch im Rahmen der doppelnützigen Treuhand und im Zusammenhang mit dem Anteilserwerb maßgeblich[291] Das doppelnützige Treuhandmodell wird in der Praxis auch regelmäßig im Rahmen der Sicherung von Pensionsverpflichtungen bei sog. Contractual Trust Arrangements (»CTA«) angewendet und die Finanzverwaltung geht auch insoweit grundsätzlich vom wirtschaftlichen Eigentum beim Treugeber aus.[292] Dies verdeutlicht, dass auch nach dem Sinn und Zweck der jeweiligen Treuhand vereinbarte Begrenzungen des unmittelbaren Zugriffs des Treugebers nicht bereits zum Übergang des wirtschaftlichen Eigentums auf den Treuhänder führen können. Schließlich ist im Rahmen der doppelnützigen Sanierungstreuhand zudem zu berücksichtigen, dass dem Treuhänder regelmäßig jederzeit das Treugut weggenommen und die Übertragung auf einen anderen – gemeinsam mit den Begünstigten ausgewählten – »Ersatz«-Treuhänder verlangt werden kann. 205

288 BMF, Schreiben v. 28.11.2017 (IV C 2 – S 2745-a/09/10002), BStBl. I 2017, 1645 Rn. 6.

289 Gosch-*Roser*, KStG, § 8c Rn. 56 »Treuhandgeschäfte, doppelnützige Treuhand«.

290 BFH, Urt. v. 20.01.2009 (I R 69/97), BStBl. II 1999, 514; v. 21.05.2014 (I R 42/12), BStBl. II 2015, 4.

291 Vgl. zur Einkünftezurechnung im Rahmen der doppelnützigen Treuhand nach Eintritt des Sicherungsfall: BFH v. 04.05.2022 – I R 19/18, DStRE 2022, 1312.

292 BMF v. 18.01.2016, BStBl. I 2016, 85, Rn. 157.

206 Auch die Stimmrechtsübertragung aufgrund schuldrechtlicher Vereinbarungen über das Stimmrecht sowie die einzelfallbezogene oder allgemeine Einschränkung des Stimmrechts kann zu einem schädlichen Beteiligungserwerb führen.[293]

207 Auch im Rahmen der doppelnützigen Sanierungstreuhand kann der Treuhandvertrag so ausgestaltet werden, dass der Altgesellschafter als Treugeber das Treuhandverhältnis ausreichend beherrscht und der Treuhänder das Stimmrecht nach den Weisungen des Treugebers auszuüben hat.[294] Bei hohen steuerlichen Verlustvorträgen sollte vorsorglich vorab eine verbindliche Auskunft gem. § 89 Abs. 2 AO bei der zuständigen Finanzbehörde eingeholt werden.

▶ **Hinweis:**

208 In der Praxis wird der Treuhandvertrag regelmäßig bestimmen, dass etwaige Weisungen des Treugebers nicht zu beachten sind, wenn diese mit der Umsetzung des vereinbarten Sanierungskonzepts nicht vereinbar sind. Es besteht dann dem Grunde nach bei Ausübung des Vetorechts des Treuhänders zu diesem konkreten Zeitpunkt ein erhöhtes Risiko des schädlichen Beteiligungserwerbs im Sinne von § 8c Abs. 1 KStG. Dieser Eskallationsmechanismus zwecks steuerlicher Risikominimierung ist neben der lediglich aufschiebend bedingten Treuhand zwecks Vermeidung von Grunderwerbsteuerrisiken möglich.

209 Bei Vorliegen eines schädlichen Beteiligungserwerbs ist jedoch zusätzlich das Sanierungsprivileg gem. § 8c Abs. 1a KStG zu prüfen, da der Erwerb durch die Treuhandgesellschaft zum Zwecke der Sanierung regelmäßig im Zusammenhang mit einem aktuellen Sanierungsgutachten für die betreffende Gesellschaft realisiert wird. Werden mithin auch die übrigen Voraussetzungen betreffend den Erhalt der wesentlichen Betriebsstrukturen erfüllt, so ist die Sanierungsklausel auch im Rahmen des Treuhanderwerbs anwendbar.

210 Schließlich kann auch im Rahmen des Treuhanderwerbs die Nutzung der Verlustvorträge als fortführungsgebundener Verlustvortrag gem. § 8d KStG beantragt werden, soweit die entsprechenden Voraussetzungen vorliegen.

II. Grunderwerbsteuer (§ 1 Abs. 2a, 2b, 3, 3a GrEStG)

211 Die Übertragung von Anteilen an grundbesitzhaltenden Gesellschaften an einen Treuhänder kann nach § 1 Abs. 2a, 2b, 3 und 3a GrEStG einen Grunderwerbsteuertatbestand auslösen, da es im Rahmen der Grunderwerbsteuer ausschließlich auf die Übertragung des zivilrechtlichen und nicht des wirtschaftlichen Eigentums ankommt.[295]

212 Zwecks Vermeidung der Grunderwerbsteuer kommt[296] grds. die Begrenzung auf eine treuhänderische Übertragung in Höhe von bis zu 89,9 % in Betracht, um eine grunderwerbsteuerpflichtige Übertragung von mindestens 90 % zu vermeiden. Der Treuhänder hat insoweit mit seiner Mehrheitsbeteiligung den entsprechenden Einfluss. Um bei einer etwaigen Veräußerung der Treuhandanteile zusätzlich die 10,1 %ige Minderheitsbeteiligung mitveräußern zu können, kann zusätzlich eine schuldrechtliche Mitveräußerungspflicht vereinbart werden, die zusätzlich mit einer Option auf Übertragung dieser Anteile abgesichert wird. Die Optionsausübung würde dann zwar zur doppelten Grunderwerbsteuerbelastung beim Verkauf an einen neuen Investor führen, aber dafür wäre in jedem Fall sichergestellt, im Rahmen des Veräußerungsprozesses aus der Treuhand insgesamt 100 % der Anteile verkaufen zu können.[297] In der Praxis besteht zudem regelmäßig eine Holdingstruktur, die

293 Gosch-*Roser*, KStG, § 8c Rn. 39 ff.

294 Vgl. *Duttiné*, BB 2019, 1493, 1496 f.

295 Vgl. *Behrens/Seemaier*, BB 2018, 1111.

296 Vgl. Pressemitteilung des FM Schleswig-Holstein, https://www.schleswig-holstein.de/DE/Landesregierung/VI/Presse/PI/2018/180621_shareDeals.html.

297 Vgl. *Duttiné*, BB 2019, 1493, 1498.

auch eine Transaktion unterhalb der Holding statt den Anteilsverkauf an der Holding zwecks Vermeidung der doppelten Grunderwerbsteuerbelastung ermöglicht.

Sofern wegen der Übertragung auf den Treuhänder Grunderwerbsteuer entrichtet wurde, ist die Rückübertragung an den Treugeber nach § 3 Nr. 8 GrEStG grunderwerbsteuerbefreit. Diese Steuerbefreiung erfasst aber nur den Rückerwerb, nicht aber den Erwerb der Verwertungsbefugnis gem. § 1 Abs. 2 GrEStG bei Begründung des Treuhandverhältnisses.[298] 213

III. Erbschaftsteuer (§ 13a Abs. 6 ErbStG)

Bei einer erbschaftsteuerlich begünstigten Übertragung führt die »schädliche Veräußerung« des begünstigt erworbenen Vermögens innerhalb der fünfjährigen Behaltensfrist nach § 13a Abs. 6 ErbStG zu einem rückwirkenden Wegfall des Verschonungsabschlags sowie des Abzugsbetrags. Auch bei der Erbschaftsteuer führt die Übertragung auf einen Treuhänder nicht zu einer schädlichen Veräußerung, solange der Treuhänder das wirtschaftliche Eigentum behält. Eine schädliche Veräußerung tritt nur bei einer entgeltlichen Übertragung ein, also wenn es tatsächlich zu einer Versilberung des geerbten Vermögens kommt.[299] 214

H. Ordentliche Liquidation von überschuldeten Kapitalgesellschaften

I. Hintergrund/Verfügung der OFD Frankfurt am Main vom 03.08.2018

Wenn eine Gesellschaft nicht saniert werden kann, endet ihre Existenz typischerweise mit der Liquidation oder Insolvenz. Der Abschluss des Insolvenzverfahrens sowie der Liquidation führt zur Beendigung der Kapitalgesellschaft und zur Löschung im Handelsregister. Während es im Insolvenzverfahren immer unstreitig gewesen ist, dass weder zu Beginn noch während oder bei Aufhebung des Insolvenzverfahrens Verbindlichkeiten gewinnrealisierend entfallen (Ausnahme: Erlöschen von Forderungen im Zuge eines Insolvenzplans),[300] sind im Liquidationsverfahren Zweifelsfragen offen geblieben. In der typischen Konstellation besteht bei der zu liquidierenden Kapitalgesellschaft eine (hohe) ausstehende Schuld gegenüber dem Gesellschafter und es wurde (zur Vermeidung einer insolvenzrechtlichen Überschuldung) ein Rangrücktritt erklärt. 215

Um eine solche Kapitalgesellschaft nicht ungewollt in die Insolvenz rutschen zu lassen, muss im Zuge ihrer Liquidation gewährleistet sein, dass kein außerordentlicher, steuerpflichtiger Ertrag durch den Wegfall von noch ausstehenden Verbindlichkeiten entsteht. Die Haltung der Finanzverwaltung hierzu war lange Zeit uneinheitlich. In der Rechtsprechung hat sich lediglich das FG Köln in einer Entscheidung aus dem Jahr 2012 mit ausführlicher Begründung gegen eine Besteuerung entschieden.[301] Der BFH hat zwar die Entscheidung des FG Köln im Revisionsverfahren aufgehoben, sich aber zu der Rechtsfrage selbst nicht geäußert, weil er anders als das FG Köln den verfahrensrechtlichen Anspruch auf Erteilung einer verbindlichen Auskunft im Ausgangspunkt verneinte.[302] 216

298 BFH, Urt. 23.02.2021 – II R 22/19, DStR 2021, 1703, Rn. 27.

299 Meincke/Hannes/Holtz-*Hannes/Holtz*, ErbStG, § 13a Rn. 68.

300 Vgl. zuletzt OFD NRW v. 14.01.2019, StEd 2019, 92, Aktualisierung von OFD NRW v. 22.09.2017, StED 2017, 651 sowie OFD NRW v. 21.11.2014, Kurzinformation Einkommensteuer, Nr. 46/2014, DStR 2015, 699.

301 FG Köln, Urt. v. 06.03.2012, 13 K 3006/11, EFG 2012, 1421.

302 BFH, Urt. v. 05.02.2014 – I R 34/12, DStR 2014, 1601; vgl. näher *Mayer/Betzinger*, DStR 2014, 1573 f.

217 Erfreulicherweise hat die OFD Frankfurt am Main mit einer Verfügung, die die Rechtsauffassung der obersten Finanzbehörden des Bundes und der Länder wiedergibt,[303] für Klarheit gesorgt.[304]

II. Kernaussagen der Finanzverwaltung zur Liquidation

218 Die zentralen Aussagen der Finanzverwaltung lassen sich wie folgt zusammenfassen:[305]

- Weder die Beantragung der Liquidation noch die Zustimmung zur (oder Duldung der) Liquidation durch den Gesellschafter ist ein Forderungsverzicht. Es ist unverändert von einer wirtschaftlichen Belastung durch die Verbindlichkeit beim Schuldner auszugehen.
- Eine aus der Liquidationsschlussbilanz ersichtliche (endgültige) Vermögenslosigkeit des Schuldners hat keinen Einfluss auf die Pflicht zur Passivierung der Verbindlichkeit in der Handels- und Steuerbilanz. Hierin liegt auch kein besonderer Umstand, der einen unterhalb des Nennwerts liegenden geringeren Wert der Verbindlichkeit begründet.
- Das Gleiche gilt für das Insolvenzverfahren – hier besteht ebenso eine Passivierungspflicht fort.[306] Im Insolvenzverfahren gibt es auch eine Schlussbilanz (§ 11 Abs. 7 KStG), in der das zu verteilende Vermögen auszuweisen ist, bevor nach der sog. Schlussverteilung (§ 200 InsO) die Gesellschaft beendigt und gelöscht wird (§ 394 Abs. 1 Satz 2 FamFG). Beide Abwicklungsverfahren sind gleich zu behandeln.
- Der (richtig formulierte) Rangrücktritt lässt den Bestand der Verbindlichkeit ebenso unberührt.[307]

III. Schlussfolgerungen für die Praxis

219 Dem Vernehmen nach haben sich die obersten Finanzbehörden des Bundes und der Länder zu dieser Verfügung entschlossen, gerade um die steuerverträgliche Liquidation von überschuldeten Kapitalgesellschaften zu ermöglichen. Diese Absicht wird auch nicht durch ihre Aussage konterkariert, die wirtschaftliche Belastung der Verbindlichkeit entfalle dann, wenn bei objektiver Würdigung der Verhältnisse angenommen werden kann, dass der Gläubiger seine Forderung nicht mehr geltend macht.[308] Hiermit ist nur ein Hinweis auf die Rechtsprechung des BFH zu verstehen, dass der Gläubiger bis zum Schluss entschlossen bleiben muss, seine Forderung auch wirklich geltend machen zu wollen. Die Verfügung der OFD Frankfurt am Main stellt dies ausdrücklich durch Verweis auf ein BFH-Urteil aus dem Jahr 2003 klar, gemäß dem das Nicht-mehr-Geltendmachen eben nur im Verzicht des Gläubigers liegt.[309]

220 Für die Praxis ist zu empfehlen, durch geeignete Dokumentation den Nachweis führen zu können, dass der Gesellschafter entschlossen bleibt, seine Forderung ungeachtet der beschlossenen Liquidation »bis zum Schluss« geltend machen zu wollen.[310] In geeigneten Fällen ist zu erwägen, eine verbindliche Auskunft zwecks Absicherung zu beantragen.

---

303 OFD Frankfurt a.M. v. 30.06.2017, S 2743 A-12-St 525, DStR 2017, 2056; korrigiert durch OFD Frankfurt a.M. v. 07.09.2017, S 2743 A-12-St 525, DStR 2018, 79, OFD Frankfurt a.M. v. 03.08.2018, S 2743 A-12-St 525, DStR 2019, 560 sowie durch OFD Frankfurt a.M. v. 26.07.2021, S 2743 A-12-St 523, DStR 2021, 2973.

304 Vgl. auch OFD NRW v. 22.09.2017, Kurzinformation Einkommensteuer, Nr. 46/2014, DB 2017, 2580, aktualisiert durch OFD NRW v. 14.01.2019, StEd 2019, 92.

305 Vgl. umfassend *Mayer/Wagner*, DStR 2017, 2025, 2026 ff.

306 OFD Frankfurt a. M. v. 26.07.2021, S 2743 A-12-St 523, DStR 2021, 2973, Tz. 1.4.1 mit Verweis auf OFD NRW, Kurzinformation Nr. 46/2014, DStR 2015, 699.

307 Einzelheiten hierzu bei *Mayer/Wagner*, DStR 2017, 2025, 2027 f.; bestätigt durch BFH v. 19.08.2020 – XI R 32/18, DStR 2020, 2716.

308 OFD Frankfurt a. M. v. 26.07.2021, S 2743 A-12-St 523, DStR 2021, 2973, Tz. 1.2 letzter Satz.

309 OFD Frankfurt a. M. v. 26.07.2021, S 2743 A-12-St 523, DStR 2021, 2973, Tz. 1.3.1 mit Verweis auf BFH, Urt. v. 26.02.2003 – II R 19/01, BStBl. II 2003, 561.

310 Zutreffend *Kahlert*, ZIP 2017, 1687.

I. Internationale Aspekte

Bei Restrukturierungen von global aufgestellten Konzernen sind schließlich auch Aspekte des internationalen Steuerrechts zu berücksichtigen. Wird ein solcher Konzern saniert, werden verschiedene Restrukturierungsmaßnahmen regelmäßig auch im Ausland durchgeführt. Diese Maßnahmen müssen zunächst einmal nach dem jeweils einschlägigen ausländischen Steuerrecht untersucht und bewertet werden. An dieser Stelle hört die Prüfung allerdings nicht auf – wenn ein Konzern aus Deutschland heraus beherrscht wird, stellt sich die Frage, ob entsprechende Vorgänge nach ausländischem Recht der Hinzurechnungsbesteuerung nach §§ 7 ff. AStG unterliegen, weil niedrig besteuerte passive Einkünfte vorliegen könnten. Besonderes Augenmerk ist dabei auf folgende Konstellationen zu richten: 221
- Forderungsverzichte gegenüber einer im Ausland ansässigen Gesellschaft,
- Debt-Push-up im Ausland, also Entlastung einer ausländischen Gesellschaft durch Schuldübernahme des Gesellschafters (oder eines mit ihm verbundenen Unternehmens),
- Verschmelzungen und ähnliche Transaktionen im Ausland, die zu sog. Konfusionsgewinnen führen,
- Liquidation im Ausland und damit verbundenes Erlöschen von nicht befriedigten Verbindlichkeiten.

Diese Vorgänge unterliegen je nach Jurisdiktion bereits im Ausland einer Besteuerung vergleichbar dem deutschen Steuerrecht (z.B. Ertragsrealisierung infolge des Forderungsverzichts) – denkbar ist allerdings auch (und in der Praxis eher der Regelfall), dass die ausländische Rechtsordnung ein »freundlicheres« Sanierungssteuerrecht bereithält und z.B. eine generelle Steuerbefreiung von Sanierungsgewinnen vorsieht.[311] 222

Die Beurteilung des Vorgangs nach ausländischem Steuerrecht ist allerdings nur die »halbe Miete« – im nächsten Schritt ist sicherzustellen, dass keine Hinzurechnungsbesteuerung bei dem unbeschränkt steuerpflichtigen Gesellschafter stattfindet, der die betroffene ausländische Gesellschaft (bzw. den ausländischen Teilkonzern) nach § 7 Abs. 2 AStG beherrscht. Hierbei ist genau zu untersuchen, welche Vorgänge ggf. als passive Einkünfte in Betracht kommen. 223

▶ **Praxistipp:**

In der Praxis empfiehlt es sich, im Zweifel für die im Ausland geplanten Maßnahmen in Deutschland eine verbindliche Auskunft einzuholen, um die Rechtsfolgen nach dem AStG zu klären (v.a. für Fälle des Forderungsverzichts, aber ggf. auch zur Bestätigung der Steuerneutralität einer Schuldübernahme oder des Erlöschens von Verbindlichkeiten in der Liquidation). 224

Besonders schwierig erwies sich dabei bislang die Argumentation, dass ein Forderungsverzicht nicht der Hinzurechnungsbesteuerung unterliegt.[312] Mit Erfolg lässt sich die Verneinung passiver Einkünfte regelmäßig dann mit den Finanzbehörden abstimmen, wenn das betroffene Darlehen bei der ausländischen Gesellschaft zur Finanzierung ihres aktiven operativen Geschäfts oder des Erwerbs einer aktiven Tochtergesellschaft aufgenommen wurde – in diesem Fall dürfte auch der Verzichtsgewinn unter die aktiven Einkünfte des § 8 Abs. 1 Nr. 2, 4 oder 5 AStG fallen.[313] Dem dürfte nun auch die Finanzverwaltung offiziell gefolgt sein, indem sie in den Ende des Jahres 2023 veröffentlichten aktualisierten AStG-Anwendungserlass ein explizites Beispiel zum unschädlichen Forderungsverzicht aufgenommen hat.[314] Jenseits dieser Konstellation bleiben Unwägbarkeiten; als Alternative 225

---

311 Vgl. auch *Schein*, IStR 2017, 109, 110.

312 *Töben/Lohbeck/Specker*, NWB 2009, 1484, 1488, und sich dieser Meinung anschließend *Born*, BB 2009, 1730, 1734 sind der Auffassung, dass Verzichtsgewinne als rein buchtechnische Gewinne dem Gesetzeszweck des AStG entzogen sind und daher keine Hinzurechnungsbesteuerung auslösen können.

313 Zum diesbezüglichen Streitstand vor Neufassung des AEAStG (BMF-Erlass v. 22.12.2023, BStBl. I Sondernr. 1/2023, S. 2) siehe *Hagemann/Kunert*, IWB 23/2020, 946, 952.

314 8.0.3. Rn. 321 AEAStG (BMF-Erlass v. 22.12.2023, BStBl. I Sondernr. 1/2023, S. 2).

dient in geeigneten Fällen dann nur noch die rechtzeitige Veräußerung der Beteiligung an der (potenziell den Hinzurechnungsbetrag auslösenden) ausländischen Gesellschaft an einen Erwerber, der nicht der deutschen Hinzurechnungsbesteuerung unterliegt.[315]

315 Vgl. 7.2.2. Rn. 266 ff. AEAStG (BMF-Erlass v. 22.12.2023, BStBl. I Sondernr. 1/2023, S. 2) sowie zur alten Rechtslage Rn. 7.1.1. S. 2 und Rn. 14.1.5. S. 2 des BMF-Erlasses v. 14.05.2004, BStBl. I Sondernr. 1/2004, S. 3.

Kapitel 8 Restrukturierung von Anleihen

Übersicht

A. Grundlagen

1 Schuldverschreibungen[1] sind schon seit Längerem ein wichtiger Baustein der Finanzierungsstruktur deutscher Unternehmen. Die Gründe hierfür liegen auf der Hand: Schuldverschreibungen haben typischerweise eine lange Laufzeit, erschließen dem Emittenten einen breiteren Investorenkreis und bieten größere Flexibilität bei den einzuhaltenden Finanzkennzahlen und für die zukünftige Geschäftstätigkeit. Insbesondere die Möglichkeit der Erschließung eines breiteren Investorenkreises hat vor dem Hintergrund gestiegener regulatorischer Anforderungen besondere Bedeutung gewonnen, da sich die Geschäftsbanken aus diesem Grund vermehrt aus der Kreditfinanzierung zurückgezogen bzw. ihre Kreditvergabestandards verschärft haben.[2] In den vergangenen Jahren kam hinzu, dass Anleihen in Zeiten historisch niedriger Zinsen eine attraktive Anlagegelegenheit darstellten. Auch für Emittenten ergaben sich erhebliche Vorteile, da in Anbetracht des niedrigen Zinsniveaus selbst bei sog. Hochzinsanleihen relativ niedrige Zinsen gefordert wurden. In jüngerer Zeit wurden zudem vermehrt »nachhaltigkeitsbezogene Anleihen« (Sustainability-Linked Bonds) am Markt platziert.[3]

2 Die hohe Zahl von Emissionen hat aber auch dazu geführt, dass in fast allen größeren Restrukturierungen oder Insolvenzen deutscher Unternehmen der zurückliegenden Jahre Anleihen eine Rolle gespielt haben.[4] Als besonders ausfallgefährdet haben sich dabei die sog. Mittelstandsanleihen erwiesen, bei denen es zu mehreren Insolvenzen auf Ebene der Emittenten gekommen ist.[5] Das häufige Scheitern von Unternehmen, die sich über Schuldverschreibungen finanziert haben, hat auch mit den Besonderheiten dieses Finanzierungsinstruments zu tun. So führt das (häufige) Fehlen sog. Financial Covenants und entsprechender Informationspflichten dazu, dass die Gläubiger erst vergleichsweise spät auf die Krise aufmerksam werden bzw. erst sehr spät Eingriffsmöglichkeiten haben und die Handlungsoptionen zudem im Vergleich zum Konsortialkredit reduziert sind. Wenn dann zügige Entscheidungen notwendig sind, kommen diese häufig nicht (rechtzeitig) zustande, weil die Organisation der Gläubiger der Schuldverschreibung wegen ihrer breiten Streuung an institutionelle und vor allem auch private Anleger sehr zeitaufwendig und zudem die Erreichung von Quoren und Mehrheiten erforderlich ist.[6]

3 Schon das bloße Volumen von Anleihefinanzierungen von deutschen Unternehmen lässt es als unvermeidbar erscheinen, dass die Restrukturierung von Anleihen in den kommenden Jahren noch an Bedeutung gewinnen wird. Hinzu kommt, dass Anleihen zuletzt in großem Stil zur Refinanzierung

1 Die Begriffe Schuldverschreibung und Anleihe werden im Folgenden synonym verwendet.

2 Vgl. *Baums* § 36 Rn. 11.

3 Beispielhaft genannt seien TUI AG (2024), REWE Group (2023) und Siemens Energy AG (2023); s. ausführlich hierzu Hopt/Seibt-*Oulds/Kopp* Kap. 2 Rn. 1 ff., sowie zum steigenden Emissionsvolumen von Sustainability-Linked Bonds Kap. 2 Rn. 2.48 ff.

4 Hinlänglich bekannte Beispiele für größere Unternehmensinsolvenzen sind Air Berlin plc, Galapagos, IVG Immobilien AG, Pfleiderer AG, Praktiker AG, Prokon Regenerative Energien GmbH, Q-Cells SE, Solarworld AG, Steilmann SE und Wirecard AG. Erfolgreiche Restrukturierungen, bei denen die Insolvenz vermieden werden konnte, sind etwa die Senvion SE, Singulus AG, Takko Group, Gerry Weber International AG (nun umgewandelt in die Gerry Weber International GmbH) und die Leoni AG. Erwähnt werden sollte auch die von einer österreichischen Tochtergesellschaft der weltweit operierenden Steinhoff-Gruppe emittierte Schuldverschreibung.

5 Beispielhaft genannt seien Centrosolar AG, Rena Lange Holding GmbH, SAG Solarstrim AG, SIAC Schaaf Industrie AG, Solarwatt AG, KTG Agrar SE, Rickmers Holding AG etc.

6 S. zur Organisation der Gläubiger unten Rdn. 11 ff. und zu den erforderlichen Quoren und Mehrheiten unten Rdn. 98 ff.

von Kreditstrukturen, vor allem im LBO-Bereich, zum Einsatz gekommen sind, für die Banken nicht mehr zur Verfügung standen.

I. Arten von Schuldverschreibungen

Auf dem Anleihemarkt findet sich eine Vielzahl unterschiedlicher Schuldverschreibungsarten. Die klassische (Unternehmens-) Anleihe verfügt über eine festgelegte Laufzeit und eine gleichbleibende, regelmäßige Verzinsung (sog. *Plain-Vanilla-Bonds* oder *Fixed Rate Notes*). Die Anleihebedingungen können aber auch einen variablen Zins vorsehen, der sich an einem Referenzzinssatz (sog. *Floating Rate Notes* oder *Floater*) oder einem Index (sog. *Index Linked Notes*) orientiert und in regelmäßigen Abständen angepasst wird. Typischerweise weisen diese Anleihen geringere Kursschwankungen auf als Anleihen mit einem festen Zinssatz, da sich ihr Zins den veränderten Marktbedingungen anpasst und die Rendite somit nicht über eine Veränderung des Anleihepreises angepasst werden muss. Nullkupon-Anleihen sehen dagegen während der Laufzeit keine regelmäßigen Zinszahlungen an die Anleger vor. Ihre Rendite ergibt sich ausschließlich aus der Differenz zwischen dem Rückzahlungsbetrag und dem Ausgabepreis (sog. *Zero Bonds*). 4

Wandelanleihen (sog. *Convertible Bonds*) räumen den Anlegern das Recht ein, unter bestimmten Voraussetzungen anstatt der Rückzahlung des Anlagebetrags eine Lieferung von Aktien des Emittenten zu wählen, wobei der Wandlungskurs bereits vorab in den Anleihebedingungen festgelegt wird. Möglich ist aber auch, dass die Anleihebedingungen den umgekehrten Fall vorsehen und das Recht, über die Umwandlung zu entscheiden, dem Emittenten einräumen (sog. *Reverse Convertible*). Erfolgt der Tausch nicht gegen Aktien des Emittenten selbst, sondern gegen Aktien eines anderen Unternehmens (insbesondere Tochterunternehmen), wird die Anleihe als Umtauschanleihe (sog. *Exchangeable Bonds*) bezeichnet. Die Umwandlung in Aktien kann nach den Anleihebedingungen aber auch verpflichtend sein. Möglich ist zum einen, dass die Umwandlung bis spätestens zum Laufzeitende erfolgt sein muss, die Anleger den Umwandlungszeitpunkt bis dahin allerdings selbst bestimmen können (sog. *Mandatory Convertible Bonds*). Zum anderen kann die Umwandlung auch automatisch bei Eintritt vorab in den Anleihebedingungen festgelegter Ereignisse erfolgen, etwa wenn die Eigenkapitalquote des Emittenten einen bestimmten Wert unterschreitet (sog. *Contingent Convertible Bonds* oder *Co-Co Bonds*); diese Gestaltung findet sich vor allem bei Finanzinstituten. 5

Ein weiteres bedeutsames Instrument zur Aufnahme von Fremdkapital stellen schließlich Hybridanleihen dar, die aufgrund einer in den Anleihebedingungen enthaltenen Nachrangklausel sowie besonderen Kündigungs- und Laufzeitregelungen allerdings unter bestimmten Voraussetzungen in bilanz- und aufsichtsrechtlicher Sicht als Eigenkapital eingestuft werden (sog. *Hybrid Bonds*).[7] 6

II. Beteiligte

An der Emission von Schuldverschreibungen sind neben dem Emittenten zahlreiche weitere Parteien beteiligt.[8] Dazu zählen zunächst die Emissionsbanken, die die Platzierung der neu zu begebenen Schuldverschreibungen übernehmen (entweder als sog. *Initial Purchaser* oder als sog. *Underwriting Bank*), ferner die Zahlstelle (sog. *Paying Agent*), die sowohl die Abwicklung der Zahlungen zwischen den Emissionsbanken und dem Emittenten als auch die Abwicklung der Zahlungen an die Schuldverschreibungsgläubiger übernimmt. Die Verwahrstelle bzw. Wertpapiersammelstelle (sog. *Custodian*) verwahrt die Globalurkunde. Sehen die Anleihebedingungen die Bestellung von Sicherheiten vor, sind zudem ein Sicherheitentreuhänder (sog. *Security Agent* oder *Collateral Agent*), zu dessen Gunsten die Bestellung der Sicherheiten im Interesse der Schuldverschreibungsgläubiger erfolgt, sowie – im Fall von Drittsicherheiten – die jeweiligen Drittsicherheitengeber involviert. Schließlich kann zur kollektiven Wahrnehmung der Rechte der Anleihegläubiger bereits in den Anleihebedingungen ein sog. gemeinsamer Vertreter der Anleihegläubiger (sog. *Trustee*) bestellt werden bzw. es kann vor- 7

7 Hopt/Seibt-*Oulds* Kap. 4 Rn. 4.29.

8 S. zu den Beteiligten auch Hopt/Seibt-*Lürken/Plank/Ruf* Kap. 12 Rn. 12.3 ff.

gesehen werden, dass die Gläubiger zur Wahrnehmung ihrer Rechte einen gemeinsamen Vertreter bestellen können.

III. Anleihespezifische Besonderheiten im Überblick

8 Die Restrukturierung von Anleihen weist im Vergleich zur Restrukturierung von einfachen oder syndizierten Krediten eine Reihe von Besonderheiten auf. Diese haben vor allem mit den spezifischen Interessenlagen zu tun, die sich daraus ergeben, dass Anleiheforderungen ein und derselben Emission typischerweise von einer sehr großen Zahl von Gläubigern gehalten werden, die über eine sehr unterschiedliche Fach- und Marktkenntnis verfügen und (daher) ihr Investment aus einer zuweilen sehr unterschiedlich gelagerten Motivation heraus getätigt haben (dazu unter a)). Daraus ergeben sich besondere Herausforderungen für die Durchführung des Restrukturierungsprozesses für den Emittenten (dazu unter b)). Hinzu kommt, dass Anleihen regelmäßig börsennotiert bzw. im Freiverkehr notiert oder von börsennotierten Emittenten begeben worden sind, sodass kapitalmarktrechtliche Besonderheiten zu berücksichtigen sind (dazu unter c)).

1. Anleihespezifische Interessenlagen

9 Befindet sich der Emittent in der Krise, kommt es typischerweise zu einem verstärkten Handel der Anleihe. Einige der Investoren, die die Anleihe im Rahmen der Emission oder später nahe dem Nennwert gekauft haben (sog. *Par-Investoren*), versuchen dann, ihren für den Fall einer weiteren Verschlechterung der finanziellen Situation des Emittenten befürchteten Schaden dadurch zu minimieren, dass sie ihre Anleiheforderungen mit Abschlag verkaufen. Als Käufer treten dann typischerweise Investoren auf, deren Geschäftsmodell zumindest auch darin besteht, über eine konstruktive Mitwirkung an der Sanierung des Emittenten die Anleihe wieder so werthaltig wie möglich zu machen und den sich daraus ergebenden Wertzuwachs zu vereinnahmen (sog. *Distressed-Investoren*). Aktivistische Distressed-Investoren unterliegen typischerweise keinen bzw. kaum regulatorischen oder institutionellen Beschränkungen und sind auch hinsichtlich der Ausgestaltung der Restrukturierungsinstrumente flexibel. Da sie die Anleiheforderung typischerweise mit einem erheblichen Abschlag erworben haben, stellt für sie ein Teilverzicht nicht zwingend ein Problem dar; demgegenüber werden jene Par-Investoren, die ihre Anleiheforderungen nicht verkauft haben, primär darauf bedacht sein, ihren Schaden zu minimieren. Zudem unterliegen sie häufig regulatorischen oder institutionellen Beschränkungen wie etwa dem Verbot, sich an dem Emittenten (etwa im Wege eines Debt-Equity-Swap) zu beteiligen.

10 Auch in Deutschland haben sich Privatanleger schon sehr lange an Anleiheemissionen beteiligt (sog. *Retail-Investoren*). Das Aufkommen der Mittelstandsanleihen (Emissionen von KMU mit Volumen von regelmäßig € 15 – 100 Mio.) seit 2010 hat diese Entwicklung noch einmal befördert, wobei eine Reihe der Emittenten dieser Form von Anleihen für negative Schlagzeilen gesorgt hat und es zu einer Vielzahl von Insolvenzen gekommen ist. Retail-Anleger verfügen in aller Regel über eine deutlich geringere Fach- und Marktkenntnis als institutionelle Investoren; jedenfalls haben sie nicht den gleichen Zugang zu professionellen Ressourcen für die Unterstützung bei der Teilnahme an der finanziellen Restrukturierung des Emittenten. Sie werden sich deshalb in aller Regel auch nicht aktiv an den Restrukturierungsverhandlungen beteiligen, zumal ihnen aufgrund der geringen Beteiligungshöhe der notwendige Einfluss fehlt (und die Einsatzkosten außer Verhältnis zum möglichen Erfolg steht (sog. *rationale Apathie*)). Das heißt zwar nicht, dass sie konstruktiven und werterhaltenden Lösungen nicht aufgeschlossen gegenüberstehen; allerdings ergeben sich insbesondere bei Emissionen mit großem Retailanteil typischerweise organisatorische Probleme (sog. *Collective action*-Problem).

2. Kollektivhandlungsprobleme

11 Anleiherestrukturierungen sind nach alledem dadurch gekennzeichnet, dass dem Emittenten eine Vielzahl von Anlegern gegenübersteht, die divergierende Interessen haben, grundsätzlich nicht indi-

viduell angesprochen werden können und deren Zusammensetzung sich gerade in der Krise fortlaufend ändert. Daraus ergeben sich besondere Organisations- und Verhandlungsprobleme:

Erstens kann es schon schwierig sein zu erreichen, dass sich überhaupt eine ausreichende Anzahl 12
von Anleihegläubigern an der Abstimmung beteiligt. Das liegt nicht zuletzt auch an einem Kommunikationsproblem. Denn Anleihegläubiger können aufgrund ihrer Vielzahl und fehlenden Registern in der Regel nicht individuell angesprochen werden, sodass vergleichsweise anonyme Kommunikationswege beschritten werden müssen.[9] Dieses Problem wiegt bei Retail-Investoren besonders schwer. Aber auch institutionelle Investoren beteiligen sich nicht immer an der finanziellen Restrukturierung des Emittenten. So kann es sein, dass ihre Position zu klein ist, damit sich jemand darum kümmern würde; häufig gibt es nicht einmal einen Kontakt aufseiten eines institutionellen Anlegers.

Das wiegt umso schwerer, als finanzielle Restrukturierungen von Emittenten zuweilen sehr komplex 13
und erklärungsbedürftig sind, sodass es eines nicht unerheblichen Aufwandes bedarf, die Anleger von der Sinnhaftigkeit des Vorhabens zu überzeugen. Dies kann schon in Situationen mit wenigen Beteiligten schwierig sein; ohne die Möglichkeit einer konkret-individuellen Ansprache besteht dieses Problem erst recht.

Hinzu kommt, dass es unterschiedliche Auffassungen dazu geben kann, ob bzw. wie die finanzielle 14
Restrukturierung des Emittenten gelingen kann. Insbesondere Distressed-Investoren einerseits und Par-Investoren andererseits werden häufig unterschiedlicher Auffassung darüber sein, welches finanzielle Opfer zu Beginn des Vorhabens erbracht werden muss, um langfristig einen Wertzuwachs zu erreichen. Weniger bedeutsam ist bei Anleiherestrukturierungen demgegenüber das sog. Hold Out-Problem. Hierunter versteht man die Strategie eines einzelnen Gläubigers, sich den Restrukturierungsbemühungen der anderen Anleihegläubiger zu verweigern, um sich entweder aus seiner Störposition herauskaufen zu lassen oder so lange abzuwarten, bis die übrigen Anleihegläubiger den Emittenten saniert haben. Da die Anleihebedingungen so gut wie immer Mehrheitsentscheidungen zulassen, kann eine Hold Out-Strategie nur derjenige verfolgen, der über eine ausreichende Blockadeposition verfügt.

3. Kapitalmarktrechtliche Besonderheiten

Wie erwähnt sind Anleihen oft börsen- bzw. im Freiverkehr notiert oder von börsennotierten Emit- 15
tenten begeben worden. Daraus ergeben sich vor allem kapitalmarktrechtliche Besonderheiten, die zu berücksichtigen sind. Zu nennen sind das schuldverschreibungs- und wertpapierrechtliche Gleichbehandlungsgebot (§ 4 Satz 2 SchVG, § 48 Abs. 1 Nr. 1 WpHG), das Verbot der Marktmanipulation (Art. 15 MAR), die Pflicht zur Ad hoc-Publizität (Art. 17 MAR) sowie das Insiderhandelsverbot (Art. 14 MAR), zudem die verbandsrechtlichen Pflichten der Geschäftsleitungen zur Gleichbehandlung und zur Vertraulichkeit. Diese Ge- bzw. Verbote wirken sich auf die Gestaltung des Restrukturierungsprozesses aus und erschweren ihn zwangsläufig im Vergleich zur Restrukturierung eines einzelnen oder syndizierten Kredites.

Vor allem das Insiderhandelsverbot ist für die Strukturierung der Verhandlungen von großer 16
Bedeutung, weil Anleger nur dann eine Entscheidung treffen können, wenn ihnen aussagekräftige und vor allem auch zukunftsgerichtete Informationen vorliegen, was ihnen jedoch wiederum den Handel mit der Anleihe unmöglich macht, wenn es sich dann um Insiderinformationen handelt. Institutionelle Anleger wollen jedoch typischerweise diesbezüglich so kurz wie möglich beschränkt sein und sich so viel Flexibilität wie möglich erhalten. Zwar gibt es inzwischen etablierte Vorgehensweisen, um dieses Problem zu adressieren. Dazu gehört vor allem, dass die Insiderinformationen zunächst nur den Beratern der verhandelnden Anleihegläubiger, die sich üblicherweise zu einem Ad

9 S. unten unter Rdn. 114 ff.; s. dazu auch Theiselmann-*Lürken/Ruf*, Praxishandbuch Restrukturierungsrecht, Kap. 4 Rn. 24 ff.

hoc-Committee zusammengeschlossen haben, zur Verfügung gestellt werden. Die Berater werten dann diese Informationen zunächst aus und verhandeln im wohlverstandenen Interesse der Anleihegläubiger einen Restrukturierungsvorschlag, der dann nach entsprechender Veröffentlichung dieser Informationen zur Abstimmung gestellt wird. Diese Vorgehensweise ist jedoch insbesondere in zeitkritischen Restrukturierungssituationen nur bedingt geeignet, rechtzeitig eine Lösung herbei zu führen.

IV. Einfluss der internationalen Praxis

17 Schon immer haben auch deutsche Emittenten Anleihen begeben, die nicht dem deutschen Recht unterliegen. Das gilt insbesondere für den sog. High Yield-(Hochzins-) Bereich, in dem vor allem das Recht des Staates New York gewählt wird. Auch das Inkrafttreten des deutschen Schuldverschreibungsgesetzes im Jahr 2009 hat dem großen Aufkommen von ausländischen Anleihen kaum einen Abbruch getan. Die Geltung des New Yorker Rechts hat vor allem auch den Effekt, dass sich ausländische und dabei vor allem auch US-amerikanische Investoren an derartigen Emissionen beteiligen bzw., im Krisenfall, als Distressed-Investoren aktiv werden. Damit haben auch in Deutschland internationale Restrukturierungspraktiken und -usancen Einzug gehalten. Das bezieht sich zunächst auf die Organisation und prozedurale Durchführung der Restrukturierung. So ist es heute auch in Deutschland üblich, dass sich auf die Ankündigung des Emittenten, Gespräche über eine Anleiherestrukturierung führen zu wollen, typischerweise eine informelle Gruppe von Anleihegläubigern formiert, die zwar im eigenen Interesse, aber letztlich auch für die übrigen Anleihegläubiger Gespräche bzw. Verhandlungen mit dem Emittenten führt (sog. *Ad hoc-Committee*). Das Ad hoc-Committee wird sodann professionelle Berater beauftragen, die zwar die Anleihegläubiger beraten, indes von dem Emittenten bezahlt werden.[10]

18 Ebenso folgen die im Rahmen einer Anleiherestrukturierung ergriffenen Maßnahmen häufig den Vorbildern in der US-amerikanischen Praxis der Anleiherestrukturierung. Zu nennen sind beispielsweise die sog. Consent Solicitation, der sog. Exchange Offer oder der sog. Bond Buy-back. Gilt New Yorker Recht, richtet sich die Umsetzung dieser Maßnahmen danach bzw. den geltenden Anleihebedingungen. Allerdings verbergen sich hinter diesen Begriffen letztlich auch nur Maßnahmen, die ebenso über das deutsche SchVG umgesetzt werden können:

19 Eine Consent Solicitation bedeutet im Ergebnis nichts anderes, als dass der Emittent eine Änderung der Anleihebedingungen zur Abstimmung stellt, die bei Erreichen der jeweils notwendigen Mehrheit für alle Anleihegläubiger verbindlich wird. Beim Exchange Offer wird den Anleihegläubigern demgegenüber der Umtausch in ein anderes Wertpapier angeboten, sei es in Gesellschaftsanteile (sog. *Debt-Equity-Swap*) oder in andere Fremdkapitaltitel (sog. *Debt-Debt-Swap*) bzw. Hybridinstrumente (sog. *Debt-Hybrid-Swap*). Insbesondere in der US-amerikanischen Praxis wird der Exchange Offer zuweilen mit einer Anpassung der Anleihebedingungen dahin gehend verbunden, dass sie qualitativ massiv verschlechtert werden, etwa durch die Streichung von Covenants oder von Kündigungsgründen. Allerdings kann diese Vorgehensweise, die auch als Exit Consent bezeichnet wird, an rechtliche Grenzen stoßen. So wurde sie vom englischen High Court in einem Fall für unzulässig erklärt, weil die Minderheit, die an dem Umtausch kein Interesse hatte, in eine wirtschaftlich nachteilige Position gedrängt wurde.[11] Hinter dem sog. Bond Buy-back schließlich verbirgt sich der Rückkauf von Anleihen, der auf unterschiedlichen Wegen erfolgen kann.[12]

---

10 S. dazu auch unten Rdn. 114 ff.

11 Assenagon Asset Management S. A. vs. Irish Bank Resolution Corporation Ltd. (formerly Anglo Irish Bank Corporation Ltd.) [2012] EWHC 2090.

12 S. unten unter Rdn. 77 ff.; s. dazu auch Theiselmann-*Lürken/Ruf*, Praxishandbuch Restrukturierungsrecht, Kap. 4 Rn. 247 ff.

B. Anwendbares Recht

20 Die Ausführungen in diesem Kapitel beziehen sich hauptsächlich auf das deutsche Recht. Da jedoch viele großvolumige Anleiheemissionen – wie erwähnt – vor allem dem New Yorker Recht unterliegen, wird immer wieder auch auf die Rahmenbedingungen für die Restrukturierung dieser Instrumente eingegangen werden müssen, ohne dass konkrete Ausführungen zum New Yorker oder einem anderen ausländischen Recht gemacht werden.

I. Anwendungsbereich des SchVG

21 § 1 SchVG bestimmt den Anwendungsbereich des SchVG. Demnach findet das SchVG Anwendung auf nach deutschem Recht begebene inhaltsgleiche Schuldverschreibungen aus Gesamtemissionen.[13]

22 Gem. § 793 Abs. 1 Satz 1 BGB stellt eine Schuldverschreibung auf den Inhaber eine Urkunde dar, in der der Aussteller dem Inhaber der Urkunde eine Leistung verspricht.[14] Davon erfasst sind alle Schuldverschreibungen, unabhängig von der Art ihrer Verbriefung; sowohl Verbriefungen in Sammelurkunden nach § 9a DepotG als auch Namens- oder Orderschuldverschreibungen sowie Wandel-, Umtausch- oder Optionsanleihen sowie Derivate (im Sinne von § 1 Abs. 11 Satz 6 KWG, § 2 Abs. 35 WpHG). Darüber hinaus sind auch elektronisch begebene Schuldverschreibungen vom Anwendungsbereich des SchVG erfasst (vgl. § 2 Abs. 2 SchVG). Nicht erfasst sind hingegen gem. § 1 Abs. 2 SchVG gedeckte Schuldverschreibungen im Sinne des Pfandbriefgesetzes und von der öffentlichen Hand emittierte oder garantierte Schuldverschreibungen. Genussrechte können neuerdings ebenfalls dem Anwendungsbereich des Schuldverschreibungsgesetzes unterfallen, da § 1 Abs. 1 SchVG gegenüber dem Vorgänger-Gesetz auf das Kriterium des im Voraus bestimmten Nennwertes verzichtet. Erforderlich ist jedoch, dass sie in Genussscheinen verbrieft sind.[15]

23 Darüber hinaus muss es sich um eine Schuldverschreibung aus einer *Gesamtemission* handeln (§ 1 Abs. 1 SchVG). Die Gesetzesbegründung verweist zum näheren Begriffsverständnis auf § 151 StGB.[16] Gesamtemissionen zeichnen sich durch untereinander austauschbare, kapitalmarktfähige Anleihen aus, die typischerweise als Teilschuldverschreibungen einer bestimmten Stückelung ausgegeben sind.[17]

24 Die Schuldverschreibungen müssen zudem *inhaltsgleich* sein, d.h. auf denselben Bedingungen beruhen und für die Inhaber die gleichen Rechte vorsehen.[18] Nicht erforderlich ist, dass alle Schuldverschreibungen einer Gesamtemission inhaltlich kongruent im Sinne von inhaltsidentisch sind,[19] solange die Schuldverschreibungen untereinander austauschbar bleiben.[20] Eine spätere Erhöhung des Emissionsvolumens durch neue Tranchen steht der erforderlichen Inhaltsgleichheit nicht entgegen, wenn sich die neu ausgegebenen Tranchen lediglich im Hinblick auf den Verzinsungsbeginn und den Emissionspreis von den früheren Tranchen unterscheiden.[21]

25 Schließlich findet das SchVG nur Anwendung auf *nach deutschem Recht begebene* Schuldverschreibungen. Der Anwendungsbereich ist somit, anders als der Anwendungsbereich des SchVG

---

13 So auch die Legaldefinition der »Schuldverschreibung«. Für eine umfangreiche Darstellung des sachlichen Anwendungsbereichs des SchVG s. etwa Friedl/Hartwig-Jacob-*Hartwig-Jacob* § 1 Rn. 8 ff.

14 Grüneberg-Sprau § 793 Rn. 1.

15 BGH, Urt. v. 22.03.2018 – IX ZR 99/17, BeckRS 2018, 6132; OLG Dresden, Urt. v. 12.04.2017 – 13 U 917/16, BeckRS 2017, 119588.

16 RegE, BT-Drucks. 16/12814, S. 16.

17 RegE, BT-Drucks. 16/12814 S. 16; Preuße/Vogel-*Preuße* § 1 Rn. 22 ff.; Veranneman-*Oulds* § 1 Rn. 16.

18 Vgl. RegE, BT-Drucks. 16/12814, S. 16; Preuße/Vogel-Preuße § 1 Rn. 26.

19 Preuße/Vogel-*Preuße* § 1 Rn. 27; Veranneman-*Oulds* § 1 Rn. 31; *Wilken/Schaumann/Zenker*, Anleihen in Restrukturierung und Insolvenz, S. 25.

20 Vgl. RegE, BT-Drucks. 16/12814, S. 16; relevant wird dies insb. bei der in der Praxis häufig vorkommenden Aufstockung von Emissionen, also der Erhöhung des Emissionsvolumens.

21 Hopt/Seibt-*Artzinger-Bolten/Wöckener* § 1 Rn. 22; BeckOGK-*Vogel* SchVG § 1 Rn. 85.

von 1899, nicht mehr auf Schuldner mit Sitz in Deutschland beschränkt. Entscheidend ist allein, dass die Schuldverschreibung nach deutschem Recht begeben ist. Maßgeblich ist mithin das gewählte Wertpapierrechtsstatut.[22] Einer ausdrücklichen Rechtswahlklausel in den Anleihebedingungen bedarf es gleichwohl nicht. Es genügt, wenn die Auslegung der Anleihebedingungen ergibt, dass die Schuldverschreibungen deutschem Recht unterliegen sollen.[23] Einzelne ausländischem Recht unterworfene Bestimmungen sind dabei unschädlich, solange die Anleihebedingungen jedenfalls ihrem wesentlichen Inhalt nach deutschem Recht unterstehen.[24]

II. Ausländisches Recht

26 Wie zuvor erwähnt hat die deutsche Restrukturierungspraxis in erheblichem Umfang mit Anleihen zu tun, die nicht dem deutschen Recht unterliegen. Insbesondere der High Yield-Markt wird durch Anleihen geprägt, die regelmäßig US-amerikanischem Recht, genau genommen dem Recht des Staates New York unterliegen. Ausnahmsweise findet englisches Recht Anwendung. Zwar gibt es auch bereits High Yield-Anleihen, auf die deutsches Recht Anwendung findet;[25] es bleibt aber abzuwarten, ob sich die Wahl deutschen Rechts stärker durchsetzen wird.

27 Der Grund dafür, dass das New Yorker Recht bei High Yield-Anleihen auch in Europa so verbreitet ist, liegt darin, dass sie ihren Ursprung in den USA hatten und sich dort eine jahrzehntelange Marktpraxis entwickelt hatte, bevor auch in Europa und konkret in Deutschland ein nennenswerter High Yield-Markt entstand. Das New Yorker Recht ist somit im Hinblick auf High Yield-Anleihen seit vielen Jahren erprobt, durch langjährige Rechtsprechung geprägt und bietet somit einen hohen Grad an Rechtssicherheit.[26] Allerdings verfügt bereits die Dokumentation einer Anleihe nach New Yorker Recht über eine äußerst hohe Regelungsdichte. Insbesondere ergeben sich die Rechte der Anleihegläubiger aus der sog. Indenture, einer Art Anleihevertrag, der die Rechtsbeziehungen zwischen Emittenten und Anleihegläubigern minutiös regelt.[27] Zwar würden sich für Privatplatzierungen aus einem weitgehend unbekannten Sondergesetz, dem Trust Indenture Act von 1939, erhebliche Beschränkungen für Mehrheitsbeschlüsse ergeben. Dieses Gesetz findet indes nur dann automatisch Anwendung, wenn eine Anleihe auch für den öffentlichen Handel in den USA registriert wird. Zu einer derartigen Platzierung an einem regulierten Markt kommt es in Europa jedoch regelmäßig nicht.[28] Soweit eine Frage in der Indenture nicht geregelt ist, gilt New Yorker Zivilrecht.

C. Restrukturierungsmaßnahmen

28 Die Restrukturierung von Anleihen kann sehr unterschiedliche Maßnahmen umfassen. Für den Anwendungsbereich des SchVG findet sich in § 5 Abs. 3 eine Aufzählung jener Maßnahmen, die die Anleihegläubiger mehrheitlich beschließen können, sofern und soweit eine entsprechende Ermächtigung in den Anleihebedingungen enthalten ist (vgl. § 5 Abs. 1 SchVG):
- die Veränderung der Fälligkeit, die Verringerung oder der Ausschluss der Zinsen (§ 5 Abs. 3 Nr. 1 SchVG);
- die Veränderung der Fälligkeit der Hauptforderung (§ 5 Abs. 3 Nr. 2 SchVG);
- die Verringerung der Hauptforderung (§ 5 Abs. 3 Nr. 3 SchVG);

22 Vgl. RegE, BT-Drucks. 16/12814, S. 16; BeckOGK-*Vogel* SchVG § 1 Rn. 81.
23 Hopt/Seibt-*Artzinger-Bolten/Wöckener* § 1 Rn. 55; BeckOGK-*Vogel* SchVG § 1 Rn. 81.
24 Langenbucher/Bliesener/Spindler-*Bliesener/Schneider* § 1 Rn. 3; Hopt/Seibt-*Artzinger-Bolten/Wöckener* § 1 Rn. 58; BeckOGK-*Vogel* SchVG § 1 Rn. 82.
25 Beispielhaft genannt seien High Yield-Anleihen von HeidelbergCement (2010), WEPA Hygieneprodukte (2016), K+S (2017), ThyssenKrupp (2017).
26 Balz, ZBB 2009, 401, 409 m.w.N.
27 Hopt/Seibt-*Taufner* Kap. 16 Rn. 16.63.
28 S. dazu Baur/Kantowsky/Schulte-*Lerche/Plank*, Stakeholder Management in der Restrukturierung, S. 177, S. 197 f.

- den Nachrang der Forderungen aus den Schuldverschreibungen im Insolvenzverfahren des Schuldners (§ 5 Abs. 3 Nr. 4 SchVG);
- die Umwandlung oder den Umtausch der Schuldverschreibungen in Gesellschaftsanteile, andere Wertpapiere oder andere Leistungsversprechen (§ 5 Abs. 3 Nr. 5 SchVG);
- den Austausch und die Freigabe von Sicherheiten (§ 5 Abs. 3 Nr. 6 SchVG);
- die Änderung der Währung der Schuldverschreibungen (§ 5 Abs. 3 Nr. 7 SchVG);
- den Verzicht auf das Kündigungsrecht der Gläubiger oder dessen Beschränkung (§ 5 Abs. 3 Nr. 8 SchVG);
- die Schuldnerersetzung (§ 5 Abs. 3 Nr. 9 SchVG);
- die Änderung oder Aufhebung von Nebenbestimmungen der Schuldverschreibungen (§ 5 Abs. 3 Nr. 10 SchVG).

Diese Aufzählung ist indes nicht abschließend. Im Folgenden wird zunächst ein Überblick über das in § 5 Abs. 3 SchVG genannte Instrumentarium gegeben (dazu unter 1.), um sodann ausführlicher auf einige der komplexeren Maßnahmen einzugehen, einschließlich jener bei Anleihen, die New Yorker Recht unterliegen (dazu unter 2. bis 4.). Schließlich werden die Mehrheitserfordernisse für die jeweiligen Maßnahmen im Überblick dargestellt (dazu unter 5.). 29

I. Maßnahmen im Überblick

Restrukturierungsmaßnahmen können zunächst den Bestand von Haupt- und Zinsforderung betreffen. Gemeint ist vor allem ihre teilweise Verringerung (§ 5 Abs. 3 Satz 1 Nr. 3 und Nr. 1 SchVG). Ein gänzlicher Verzicht wird demgegenüber im Anwendungsbereich des SchVG als unzulässig erachtet.[29] Einen vollständigen Verzicht beinhaltet im Ausgangspunkt auch der Erlass der Forderung mit Besserungsschein. Darunter versteht man eine Vereinbarung dahin gehend, dass entweder der Erlass der Forderung selbst gem. § 158 Abs. 2 BGB auflösend bedingt auf die Verbesserung der Vermögenslage erfolgt oder umgekehrt der Erlass selbst zwar unbedingt ist, die erlassene Forderung aber gem. § 158 Abs. 1 BGB aufschiebend bedingt auf die Verbesserung der Vermögenslage wieder auflebt. Auch wenn der Erlass mit Besserungsschein in § 5 Abs. 3 SchVG nicht ausdrücklich erwähnt ist, dürfte dieses Instrument doch auch im Anwendungsbereich des SchVG zulässig sein, zumal er in seiner Wirkung dem in § 5 Abs. 3 Nr. 4 SchVG ausdrücklich erwähnten Nachrang durchaus nahe kommt. 30

Beim Nachrang bzw. Rangrücktritt handelt es sich um eine einfache Rangvereinbarung i.S. des § 39 Abs. 2 InsO.[30] Sie stellt einen verfügenden Schuldänderungsvertrag gem. § 311 Abs. 1 BGB dar, der den Bestand der Forderung grundsätzlich unberührt lässt. Der Rücktritt der Anleihegläubiger mit ihrer Forderung in den Rang hinter die in § 39 Abs. 1 Nr. 1–5 InsO genannten Forderungen bewirkt, dass die betreffende Forderung zwar in der Handels- und Steuerbilanz weiterhin als Fremdkapital zu passivieren, im Überschuldungsstatus aber nicht mehr als Verbindlichkeit zu berücksichtigen ist. Er bezweckt mithin die Beseitigung bzw. Vermeidung einer Überschuldung im insolvenzrechtlichen Sinne. Bestellte Sicherheiten und der Anspruch auf Verzinsung bleiben grundsätzlich bestehen. Allerdings kann ein nachrangiger Gläubiger wegen des Nachrangs der gesicherten Forderung in der Insolvenz des Emittenten keine abgesonderte Befriedigung aus den von diesen bestellten Sicherheiten verlangen. Bei der Formulierung ist darauf zu achten, dass der Umfang der vom Rangrücktritt erfassten Forderungen ebenso wie die Tiefe des Rangrücktritts und die Zweckbestimmung zur Beseitigung der Überschuldung hinreichend deutlich vereinbart werden.[31] 31

Gegenstand eines Gläubigerbeschlusses kann grundsätzlich auch die schuldbefreiende und regresslose Übernahme von Verbindlichkeiten des Schuldners durch den unmittelbaren oder mittelbaren Gesellschafter sein (sog. *Debt-Push up* oder *Debt-Hive up*). Technisch erfolgt die befreiende Schuld- 32

29 Hopt/Seibt-*Thole* § 5 Rn. 44 m.w.N.
30 Hopt/Seibt-*Thole* § 5 Rn. 46.
31 S. dazu nur *Westpfahl/Kresser*, DB 2016, 33, 40 f.

übernahme dadurch, dass sich ein Dritter (Neuschuldner) verpflichtet, eine Schuld inhaltlich unverändert von dem bisherigen Schuldner (Altschuldner) zu übernehmen. Der Neuschuldner tritt an die Stelle des Altschuldners; Letzterer scheidet mit befreiender Wirkung aus dem Schuldverhältnis aus (rechtliche Schuldbefreiung).[32] Um sich als Sanierungsinstrument zu qualifizieren, muss die Schuldübernahme ohne Regressanspruch des Neuschuldners gegen den Altschuldner ausgestaltet sein. Diese Variante hat vor allem zu der Zeit eine Rolle gespielt, als Zweifel an der Rechtmäßigkeit des Sanierungserlasses bestanden und deshalb Verzichte in steuerlicher Hinsicht risikobehaftet waren; gleichzeitig konnte auch das Abstimmungserfordernis über die Billigkeitsmaßnahme betreffend die Gewerbesteuer mit einer ggf. großen Anzahl an unterschiedlichen Gemeinden entfallen. Aber auch nach Einführung von § 3a EStG und § 7b GewStG kann der Debt-Push up für die Parteien aus diversen Gründen im Vergleich zu einem Forderungsverzicht oder einem Debt-Equity-Swap die präferierte Lösung sein. Allerdings steht die Finanzverwaltung dieser Form der Gestaltung durchaus kritisch gegenüber.[33]

33 Einen wesentlich geringeren Eingriff stellt die Stundung der Anleiheforderung dar (§ 5 Abs. 3 Satz 1 Nr. 2 SchVG). Sie lässt den Bestand der Forderung grundsätzlich unberührt, verschiebt aber ihren Fälligkeitszeitpunkt nach hinten, weil der Schuldner bei Fälligkeit der Forderung wahrscheinlich nicht in der Lage sein wird, diese zu befriedigen. Sie bezweckt mithin die Abwendung bzw. Vermeidung einer Zahlungsunfähigkeit. Die Stundung kann zunächst die Hauptforderung betreffen. Üblicherweise werden dann auch die für das Darlehen geschuldeten Zinsen gestundet (§ 5 Abs. 3 Satz 1 Nr. 1 SchVG). Obwohl in § 4 SchVG nur davon die Rede ist, dass Anleihebedingungen während der Laufzeit der Anleihe geändert werden können, soll nach dem BGH eine Laufzeitveränderung der Anleihe auch dann möglich sein, wenn sie bereits fällig geworden ist.[34]

34 Anleihegläubiger können auch den Austausch oder die Freigabe von Sicherheiten beschließen (§ 5 Abs. 3 Satz 1 Nr. 6 SchVG). Dies kommt vor allem in Konzernkonstellationen in Betracht. So haben häufig andere Konzerngesellschaften als der Emittent Sicherheiten wie insbesondere Garantien zur Besicherung der Anleiheforderung gestellt. Neben Garantien kommen aber auch Realsicherheiten wie Grundschulden als betroffene Sicherheiten in Betracht. Sie werden dann üblicherweise über einen Sicherheitentreuhänder gehalten. Eine Freigabe von Sicherheiten ist häufig dann notwendig, wenn der betreffende Gegenstand zur Besicherung von zusätzlicher Liquidität benötigt wird. Ein Austausch kann dann notwendig sein, wenn die bestehende Sicherheit als nicht ausreichend angesehen wird, insbesondere wenn die Anleihegläubiger ihre Forderung über einen längeren Zeitraum stunden sollen bzw. die Laufzeit der Anleihe erheblich verlängert wird. Im Anwendungsbereich des SchVG sind Austausch und Freigabe einer Sicherheit im Sinne von § 5 Abs. 3 Satz 1 Nr. 6 zu unterscheiden von sachverwandten Abreden wie Negativerklärungen, in denen der Emittent versichert, dass künftigen Gläubigern keine Sicherheiten zur Verfügung gestellt werden oder zumindest vor der Gewährung von Sicherheiten den Anleihegläubigern wenigstens gleichrangige Sicherheiten angeboten werden. Der Beschluss über derartige Abreden fällt unter § 5 Abs. 3 Satz 1 Nr. 10 SchVG.[35]

35 Über § 22 SchVG können sich die in § 5 Abs. 3 SchVG genannten Maßnahmen auch auf solche Sicherungsabreden beziehen, die von einem Dritten, d.h. nicht dem Emittenten, eingegangen worden sind. Eine solche Konstellation ist durchaus nicht unüblich, weil nicht selten die Anleihen von (auch im Ausland gegründeten) Zweckgesellschaften emittiert worden sind und sodann die Holding- bzw. Muttergesellschaft und »eigentlicher« Emittent eine Garantie abgibt.[36]

36 Die Anleihebedingungen enthalten neben den Hauptleistungspflichten vor allem Zusicherungen des Emittenten sowie Auflagen, und jene können ebenfalls Gegenstand von Beschlüssen der

---

32 Hopt/Seibt-*Thole* § 5 Rn. 82.
33 *Eilers/Schwahn*, Sanierungssteuerrecht, Kap. 3 E. Rn. 3.109.
34 BGH, ZIP 2014, 1876 ff.
35 Hopt/Seibt-*Thole* § 5 Rn. 77.
36 Hopt/Seibt-*Thole* § 22 Rn. 1.

Anleihegläubiger sein (§ 5 Abs. 3 Satz 1 Nr. 10 SchVG). Zusicherungen des Emittenten beziehen sich auf seine rechtlichen, wirtschaftlichen und sonstigen Verhältnisse; in Auflagen werden ihm bestimmte Verpflichtungen auferlegt. Letztere sind Verpflichtungen des Emittenten zu einem bestimmten Tun oder Unterlassen (sog. *Undertakings* oder *Covenants*) und dienen dem Ziel, die Risiken der Anleihe zu senken, indem sie das unternehmerische Ermessen des Emittenten beschränken und ihn (und seine ganze Gruppe) in eine bestimmte finanzielle Disziplin nehmen. Die Auflagen lassen sich im Wesentlichen in drei Kategorien unterteilen: (i) Informationspflichten, (ii) Verpflichtung zur Einhaltung bestimmter Finanzkennzahlen und Bilanzrelationen (sog. *Financial Covenants*) sowie (iii) Verpflichtungen zu bestimmten Verhaltensweisen (sog. *General Undertakings*). Zusicherungen und Undertakings sind bei Anleihen deshalb besonders wichtig, weil Anleihebedingungen zuweilen gar keine Financial Covenants vorsehen bzw. die Kennzahlen für Financial Covenants – anders als bei Konsortialkreditverträgen – nicht ständig aufrechterhalten werden müssen (*Maintenance*), sondern die Einhaltung nur anlässlich des Eingehens (*Incurrence*) potenziell liquiditätsschädigender Geschäftshandlungen überprüft wird. Beispielhaft genannt seien hier nur die Einhaltung der Verschuldung des Emittenten nur bis zu einer festgelegten Grenze (sog. *Limitation of Indebtedness*), die Beschränkung des Emittenten, Anteile der bestimmten Gruppengesellschaften zu verkaufen oder bei diesen eine Kapitalerhöhung durchzuführen (sog. *Limitation on Issuance and Sale of Capital Stock*) sowie die Beschränkung des Emittenten und bestimmter Gruppengesellschaften, für deren Verbindlichkeiten gegenüber anderen Gläubigern Sicherheiten zu bestellen (sog. *Limitations on Liens*).[37] Allerdings beschränken sich die Nebenbestimmungen darauf nicht. Auch Rechtswahlklauseln, Gerichtsstandklauseln oder Regelungen der (Aus-) Zahlungsmodalitäten gehören zu den Nebenbestimmungen.[38]

Des Weiteren sind in den Anleihebedingungen die Kündigungsrechte der Anleihegläubiger (sog. 37 *Events of Default*) geregelt. Dazu gehören vor allem die Verletzung der Anleihebedingungen durch den Emittenten wie das Nichtleisten fälliger Zahlungen oder die Nichteinhaltung bestimmter Zusicherungen. Auch das Nichtleisten fälliger Zahlungen in Bezug auf Ansprüche anderer Fremdkapitalgeber gegen den Emittenten kann zur vorzeitigen Fälligkeit führen (sog. *Cross Default*) ebenso wie die Insolvenz des Emittenten oder eines Garantiegebers oder der Wegfall eines Garantiegebers.[39]

Schließlich können die Anleihegläubiger auch die Ersetzung des Emittenten durch einen anderen 38 Schuldner beschließen (§ 5 Abs. 3 Satz 1 Nr. 9 SchVG). Das kann einer Umgestaltung der Konzernstruktur oder steuerlichen Erwägungen geschuldet sein; in einer Sanierungssituation kann es zudem darum gehen, einen leistungsfähigeren Schuldner zu bekommen. Bei ausländischen Anleihen ist darüber hinaus häufig das Ziel, über den Schuldnerwechsel in den Anwendungsbereich einer aus Sicht des Emittenten sanierungsfreundlicheren Jurisdiktion zu gelangen. Aus praktischen Gründen kann die Ersetzung nur bei globalverbrieften Anleihen in Betracht kommen, weil bei körperlichen Urkunden eine Änderung der Urkunde schwierig ist. Keines Beschlusses der Anleihegläubiger bedarf es, wenn die Ersetzung bereits in den Anleihebedingungen freigeschaltet ist.[40]

II. Umwandlung oder Umtausch

Eine praktisch höchst relevante Maßnahme zur Änderung der Anleihebedingungen ist der Umtausch 39 oder die Umwandlung in Anteile oder in andere Wertpapiere bezogen auf den Emittenten (§ 5 Abs. 3 Satz 1 Nr. 5 SchVG).

37 S. hierzu ausführlicher Hopt/Seibt-*Oulds* Kap. 4 Rn. 4.44 ff.

38 Hopt/Seibt-*Thole* § 5 Rn. 85.

39 S. zur Wirksamkeit und zu den Rechtsfolgen einer Kündigung durch Anleihegläubiger während einer Restrukturierung unten unter VI. sowie *Wilken/Schaumann/Zenker*, Anleihen in Restrukturierung und Insolvenz, S. 89 ff.

40 S. zur Zulässigkeit derartiger Regelungen Hopt/Seibt-*Thole* § 5 Rn. 84 m.w.N.

1. Debt-Equity-Swap

40 Bei einem Debt-Equity-Swap kommt es zu einem Umtausch (Swap) einer gegen den Emittenten gerichteten Forderung (Debt) in Anteile an diesem (Equity).[41]

a) Überblick

41 Dieser Umtausch erfolgt technisch im Wege einer Sachkapitalerhöhung, in deren Rahmen die gegen den Emittenten gerichtete Forderung durch den Gläubiger vollständig oder teilweise in den Emittenten eingebracht wird.[42] In der Praxis wird diese Sachkapitalerhöhung häufig von einer Kapitalherabsetzung (dann sog. »*Kapitalschnitt*«) oder weiteren effektiven Kapitalmaßnahmen wie einer Barkapitalerhöhung oder der Begebung einer Wandelschuldverschreibung flankiert. Der Debt-Equity-Swap ist aus wirtschaftlichen Gründen eine wichtige Sanierungsmaßnahme, und zwar prinzipiell sowohl aus Sicht des zu sanierenden Emittenten als auch der Anleihegläubiger (potenzielle Win-Win-Situation): (1) Emittent: Durch den Debt-Equity-Swap werden die Verbindlichkeiten und damit der Verschuldungsgrad des Unternehmens reduziert; einer finanziellen Überschuldung kann damit abgeholfen werden. Daneben wird die Liquiditätslage des Unternehmens verbessert, da im Hinblick auf die umgewandelten Forderungen zukünftig weder Tilgungs- noch Zinsleistungen geschuldet sind. (2) Anleihegläubiger: Für Anleihegläubiger ist ein Debt-Equity-Swap gegenüber der Auskehrung der Insolvenzquote wirtschaftlich vorzugswürdig, insofern sie davon ausgehen können, dass (i) die Unternehmenssanierung erfolgreich sein und der Unternehmenswert mittels dieser Sanierung erheblich gesteigert wird (unter Berücksichtigung der Transaktionskosten und einer Geldwertabzinsung bis zu den dann hinausgeschobenen Zufluss-Zeitpunkten) und (ii) eine spätere Liquidität des in dem Anteils- und Mitgliedschaftsrecht gebundenen Sanierungsmehrwertes (über Gewinnausschüttung, Anteilseinziehungen und/oder Anteilsveräußerung) besteht.

b) Strukturfragen

42 Bei der Umwandlung von Anleiheforderungen in Eigenkapital an dem Emittenten stellen sich verschiedene Strukturfragen, die zwar nicht ausschließlich bei Anleihen, jedoch typischerweise dann relevant werden, wenn es sich um Finanzierungsinstrumente mit einer sehr großen Anzahl von Forderungsinhabern handelt. Sie sollen daher im Folgenden kurz dargestellt werden. Da ist zunächst die Frage nach der Teilnahme an der Umwandlung, also ob bestimmte Anleihegläubiger von der Umwandlung ausgeschlossen bzw. verpflichtet werden können, an ihr teilzunehmen (s. dazu unter Rdn. 43 f.). Sodann steht eine Prospektpflicht nach der Prospektverordnung (ProspektVO) im Raum und es stellt sich die Frage, ob diese durch eine entsprechende Strukturierung vermieden oder zumindest zeitlich nach hinten geschoben werden kann (s. dazu unter Rdn. 45 ff.). Schließlich stellen sich bei der Umwandlung von Anleihen in Eigenkapital in wertpapierrechtlicher Hinsicht besondere Anforderungen (s. dazu unter Rdn. 48 ff.).

aa) Teilnahme am Debt-Equity-Swap

43 Das gesetzliche Leitbild des § 5 Abs. 3 Satz 1 Nr. 5 Var. 1 SchVG ist ein zwangsweiser und automatischer Debt-Equity-Swap, bei dem sämtliche Gläubiger mit Vollzug des Beschlusses zu Anteilseignern werden. Trotz dieser gesetzlichen Ausgestaltung sind gegen einen zwangsweisen Debt-Equity-Swap, der folglich auch die überstimmten und nicht an der Abstimmung teilnehmenden Gläubiger bindet, seit Längerem verfassungsrechtliche Bedenken geltend gemacht worden. Sie stützen sich insbesondere auf die negative Vereinigungsfreiheit aus Art. 9 Abs. 1 GG, die als durch die Zwangsvergesellschaftung verletzt angesehen wird. Tatsächlich dürfte davon auszugehen sein, dass

---

41 S. zum Debt-Equity-Swap bereits ausführlich Eilers/Koffka/Mackensen/Paul/Josenhans-*Westpfahl/Wilde*, III. 1. Rn. 7 ff. m.w.N.; Theiselmann-*Lürken/Ruf*, Praxishandbuch Restrukturierungsrecht, Kap. 4 Rn. 245 f.
42 Hopt/Seibt-*Thole* § 5 Rn. 53.

§ 5 Abs. 3 Satz 1 Nr. 5 Var. 1 SchVG einer verfassungsrechtlichen Prüfung standhalten würde.[43] Da sich die betroffenen Stakeholder jedoch nur dann an einem Debt-Equity-Swap beteiligen werden, wenn ein hohes Maß an Transaktionssicherheit besteht, hat die Praxis ein Modell entwickelt, das ohne einen zwangsweisen Umtausch auskommt: das sog. Erwerbsrechte-Modell[44]. Dabei geht es um eine zweistufige Struktur, in der den Anleihegläubigern nicht der direkte Umtausch von Anleihen in Aktien am Schuldner (hier: dem Emittenten), sondern zunächst in nicht fungible Erwerbsrechte angeboten wird, die erst ab einem bestimmten Zeitpunkt zum Umtausch in Aktien oder zu einer Barabfindung eines formalen, befristeten Umtauschangebotes berechtigen. Dieses Vorgehen hat ersichtlich den Vorteil, dass nur die tatsächlich zum Wechsel in das Eigenkapital bereiten Anleihegläubiger in die Aktionärs- bzw. Gesellschafterstellung einrücken und die Gläubiger folglich eine Wahlmöglichkeit haben. Etwaigen verfassungsrechtlichen Bedenken gegen einen zwangsweisen Tausch wird damit Rechnung getragen. Außerdem wird dadurch die Prospektpflicht auf einen späteren Zeitpunkt verlagert.[45]

Es kann umgekehrt aber auch im Interesse des Emittenten liegen, den Kreis der Wandlungsberechtigten zu beschränken. Das wird insbesondere dann der Fall sein, wenn sich innerhalb der Anleihe einer oder mehrere Ankerinvestoren gefunden haben, die den Debt-Equity-Swap unterstützen (und die nachfolgenden Maßnahmen) nur unter der Voraussetzung bereit sind, dass der Umtausch nicht allen Gläubigern angeboten wird, da dies ansonsten zur »Verwässerung« der eigenen Wertsteigerungsmaßnahmen und zu dysfunktionalen Mehrheitsverhältnissen führen könnte. Allerdings verbietet der Anwendungsbereich des § 5 Abs. 2 Satz 2 SchVG den Ausschluss einzelner Anleihegläubiger. Nach dieser Regelung ist nämlich ein Mehrheitsbeschluss, der nicht für alle Anleger gleiche Bedingungen vorsieht, unwirksam. 44

bb) Prospektpflicht

Die Schaffung und Ausgabe neuer Aktien im Rahmen eines Debt-Equity-Swaps kann von der Veröffentlichung eines Wertpapierprospektes – entweder als Börsenzulassungsprospekt oder als Angebotsprospekt – nach den Vorgaben der ProspektVO abhängig sein.[46] 45

Die durch den Debt-Equity-Swap entstehenden Aktien eines Emittenten sind nicht automatisch zum Börsenhandel zugelassen. Allerdings besteht gem. § 69 BörsZulVO die Pflicht des Emittenten, einen Zulassungsantrag zu stellen, der wiederum grundsätzlich die Pflicht zur Veröffentlichung eines Börsenzulassungsprospektes nach sich zieht (vgl. Art. 3 Abs. 3 ProspektVO). Da die Zulassung gem. § 69 Abs. 2 BörsZulVO allerdings nur binnen eines Jahres zu beantragen ist, stellt die Zulassungsprospekterstellung keine unüberwindbare Hürde für den Gesamtprozess des Debt-Equity-Swaps dar. 46

Problematischer ist demgegenüber die Pflicht zur Veröffentlichung eines Prospektes nach Art. 3 Abs. 1 ProspektVO. Nach dieser Vorschrift dürfen Wertpapiere in der Union erst »öffentlich angeboten« werden, nachdem der Anbieter der Wertpapiere zuvor einen von der BaFin vorab zu billigenden Wertpapierprospekt veröffentlicht hat. Dieses Prospekterfordernis stellt den Emittenten in der Krise vor erhebliche Praxisprobleme, denn in der Krise (und nur in der Krise wird der Debt-Equity-Swap praktisch in Betracht kommen) sind die Ressourcen des Emittenten ohnehin schon stark beansprucht und es besteht ein großer Zeitdruck. Während der Geltung von § 3 Abs. 1 WpPG a.F. wurde eine Prospektpflicht teilweise verneint, wofür mehrere Gründe herangezogen wurden. Diese waren insbesondere die fehlende Publikumswirkung, die Begrenztheit der Gläubiger als Adressatenkreis, das Fehlen einer individuellen Anlageentscheidung und das Fehlen des 47

43 S. zu dieser Diskussion Hopt/Seibt-*Thole* § 5 Rn. 57 ff. m.w.N.

44 Vgl. auch *Seibt*, ZIP 2016, 997, 998; Hopt/Seibt-*Thole* § 5 Rn. 56, 60.

45 S. dazu sogleich Rdn. 45 ff.

46 Zum Parallelfall im Insolvenzplanverfahren ausführlich A. Schmidt-*Seibt/Westpfahl*, Sanierungsrecht, InsO § 225a Rn. 63–66 (bezugnehmend auf das WpPG a.F.).

Informationsbedürfnisses. Die Gegenauffassung bejahte die Prospektpflicht, wobei an dieser Stelle nicht auf die Diskussion im Einzelnen eingegangen werden kann.[47] Aufgrund der verbleibenden Unsicherheit über das Bestehen einer Prospektpflicht, konnte nur empfohlen werden, auf das Erwerbsrechte-Modell zurückzugreifen.[48] Zwar beseitigte dieses Modell die Prospektpflicht nicht; aber der Prospekt war eben erst dann zu veröffentlichen, wenn die Ausübungsfrist für den Umtausch zu laufen begann. Die vorstehend geschilderte Unsicherheit besteht auch unter Art. 3 Abs. 1 ProspektVO fort, sodass auch weiterhin nur empfohlen werden kann, auf das Erwerbsrechte-Modell zurückzugreifen.

cc) Wertpapiertechnik bei der Einlage von Anlagen

48 Die wertpapiertechnische Abwicklung des Debt-Equity-Swaps von Anleihen ist strukturell in weiten Teilen vergleichbar mit der Marktpraxis zur wertpapiertechnischen Abwicklung eines öffentlichen Übernahmeangebotes nach den Vorschriften des Wertpapiererwerbs- und Übernahmegesetzes (WpÜG). Denn in beiden Fällen ist es technisch erforderlich, eine oder ggf. mehrere spezielle Sonder-Wertpapierkennnummern (Sonder-WKN) einrichten zu lassen, damit diejenigen Wertpapiere depottechnisch erfasst und von den ursprünglichen Wertpapieren separiert werden können, für die bereits eine Wahl der Tilgungsvariante (Debt-Equity-Swap oder Barzahlung) getroffen wurde.

49 Zunächst aber werden die Anleihegläubiger zur Erklärung darüber aufgefordert, ob sie an dem Debt-Equity-Swap teilnehmen möchten oder für eine Barzahlung optieren. Dabei wird die Teilnahme an der Umwandlung in der Praxis wie erläutert aus prospektrechtlichen Gründen unter Gewährung von Erwerbsrechten strukturiert.[49] Die Aufforderung zur Wahlrechtsausübung kann dabei unmittelbar an die zuvor identifizierten Anleihegläubiger gerichtet werden. Typischerweise bedarf es zur Erläuterung der Vorgehensweise detaillierter Hinweise, im Zweifel nicht nur in deutscher, sondern auch in englischer Sprache.

50 Ab dem Zeitpunkt, zu dem ein Anleihegläubiger eine Willenserklärung über die Teilnahme oder Nicht-Teilnahme am Debt-Equity-Swap abgegeben hat, muss sichergestellt sein, dass er bis zum Vollzug des Debt-Equity-Swaps bzw. der Barauszahlung nicht weiter handeln kann. Mit der Ausübung des Wahlrechts muss der Anleihegläubiger daher einen Depotnachweis mit einem bis zum vollständigen Settlement andauernden Sperrvermerk vorlegen und zudem die Umbuchung in eine spezielle Wertpapierkennnummer (Sonder-WKN/ISIN) vornehmen lassen. Hierdurch wird im Ergebnis zugleich die börsenmäßige Handelbarkeit der in eine Sonder-WKN/ISIN umgebuchten Stücke beendet und die Wirkung der Sperrvermerke in den Depotnachweisen verstärkt. Kurz bevor die Sacheinlage der für den Debt-Equity-Swap gekennzeichneten Anleihen erfolgt, werden alle in die hierfür vorgesehene Sonder-WKN/ISIN eingebuchten Stücke automatisiert bei den Depotbanken ausgebucht und im Depotkonto einer Abwicklungsstelle gutgeschrieben. Die Abwicklungsstelle bringt diese Stücke sodann als technische Inferenten im Wege der Sacheinlage in den Emittenten ein und erhält nach der Eintragung der Durchführung der Sachkapitalerhöhung in das Handelsregister die korrespondierende Anzahl neuer Aktien auf ihrem Depotkonto gutgeschrieben.[50]

c) Sonderrechtsfragen

51 Je nach Konstellation stellen sich bei einem Debt-Equity-Swap eine Vielzahl von Einzelrechtsfragen, deren Beantwortung zuweilen sehr komplex ist. Da sie indes nicht zwingend mit der Umwandlung von Anleihen in Eigenkapital verbunden sind, sondern sich unabhängig davon stellen, welcher Typ

---

47 S. dazu stattdessen Hopt/Seibt-*Thole* § 5 Rn. 73 ff.
48 S. dazu soeben Rdn. 43 f.
49 S. dazu soeben Rdn. 43 f.
50 S. ausführlicher zur Wertpapiertechnik bei der Einlage von Anleiheforderungen Hopt/Seibt-*Westpfahl* Kap. 13 Rn. 13.99 ff.

Forderung eingebracht wird, soll im Folgenden nur ein Überblick über diese Einzelrechtsfragen gegeben werden.

aa) Bezugsrechtsausschluss

Beim Debt-Equity-Swap geht die (Sach-) Kapitalerhöhung in der Regel mit einem Bezugsrechtsausschluss für die Alt-Gesellschafter einher. Das Bezugsrecht der Gesellschafter ist sowohl bei der Aktiengesellschaft (vgl. § 186 Abs. 1 AktG) als auch bei der GmbH ein Kardinalrecht, durch das die Gesellschafter vor Beteiligungsquoten- sowie Beteiligungswertverwässerung geschützt werden sollen. Allerdings kann das Bezugsrecht der Alt-Gesellschafter bei Bestehen einer sachlichen Rechtfertigung ausgeschlossen werden. Dieser sachliche Grund kann nur in der Verfolgung des Gesellschaftsinteresses liegen und hat folgende Voraussetzungen: (1) Geeignetheit und (2) Erforderlichkeit des Bezugsrechtsausschlusses, das beabsichtigte Ziel zu erreichen, d.h. das konkrete Gesellschaftsinteresse zu verwirklichen; (3) Angemessenheit des Bezugsrechtsausschlusses (Verhältnismäßigkeit im engeren Sinne).[51] Der insoweit mehrfach in Bezug genommene Begriff des Gesellschaftsinteresses ist weit auszulegen und orientiert sich an dem satzungsmäßigen Unternehmensgegenstand und zielt auf die nachhaltige Wertentwicklung des Unternehmens. Dabei ist anerkannt, dass die (beabsichtigte) Sanierung des Emittenten ein hinreichendes Gesellschaftsinteresse darstellen kann.[52] 52

Während die Geeignetheit eines Bezugsrechtsausschlusses immer schon dann gegeben ist, wenn mit ihnen das beabsichtigte Ziel generell erreicht werden kann, ist die Erforderlichkeit nur dann gegeben, wenn er entweder die einzige zur Disposition stehende Maßnahme ist oder – bei mehreren Optionen – der Bezugsrechtsausschluss die den konkret verfolgten Zweck am besten zu fördernde Maßnahme darstellt. Für die Angemessenheit wiederum ist zu prüfen, ob das mit dem Bezugsrechtsausschluss verfolgte Gesellschaftsinteresse höher zu bewerten ist als das (rechtliche eingeschränkte) Interesse des grundsätzlich bezugsberechtigten Alt-Gesellschafters.[53] 53

bb) Zustimmungspflicht der Alt-Gesellschafter

Verfügt der Emittent nicht über hinreichendes genehmigtes Kapital, kann der Debt-Equity-Swap nur dann umgesetzt werden, wenn in der Haupt- oder Gesellschafterversammlung die erforderliche 3/4-Mehrheit für den Kapitalerhöhungsbeschluss erzielt wird. Zwar ist es nach der Girmes-Rechtsprechung des BGH einem Gesellschafter verboten, eine sinnvolle und mehrheitlich angestrebte Sanierung aus eigennützigen Gründen zu verhindern, sofern bei einem Scheitern der Sanierungsmaßnahme der Zusammenbruch der Gesellschaft unvermeidlich und im Fall des Zusammenbruchs die Stellung des einzelnen Gesellschafters ungünstiger als bei einem Austritt aus der fortbestehenden Gesellschaft ist, die Umsetzung der Sanierungsmaßnahme die Verfolgung des Gesellschaftszwecks nach objektiver Einschätzung nachhaltig sicherstellt und keine schonendere Sanierung möglich ist.[54] Die drei Einzelvoraussetzungen sind: (1) Der Beschlussantrag muss einer »sinnvollen« Sanierung (auf der Basis eines nachhaltigen Sanierungskonzepts) dienen. (2) Bei Scheitern der Sanierungsmaßnahmen muss der Zusammenbruch des Unternehmens unvermeidbar sein, und eine schonendere Sanierung ist nicht erkennbar. (3) Die Sanierung wird mehrheitlich unterstützt (richtigerweise: ein Indiz, keine Voraussetzung!). Auch dürften diese Voraussetzungen bei einem gut strukturierten und begründeten Debt-Equity-Swap in der Krise meistens ohne Zweifel gegeben sein. Allerdings werden im konkreten Fall Restzweifel verbleiben und wird die bei Widerstand der Alt-Gesellschafter erforderliche gerichtliche Durchsetzung zeitliche Schwierigkeiten bereiten. Ein Vorgehen im Wege der 54

---

51 Vgl. hierzu insbesondere Spindler/Stilz-*Servatius* § 186 Rn. 58 ff.; Scholz-*Priester* § 55 Rn. 54 ff. jeweils m.w.N.

52 S. nur Spindler/Stilz-*Servatius* § 186 Rn. 59.1.

53 S. ausführlicher zum Bezugsrechtsausschluss Eilers/Koffka/Mackensen/Paul/Josenhans-*Westpfahl/Wilde*, Private Equity, III. 1. Rn. 87 f.

54 BGH, ZIP 1995, 819 ff.; OLG München, ZIP 2014, 472; ausführlich zur Treuepflicht in der AG bei Sanierungssituationen *Seibt*, ZIP 2014, 1909 ff.

Anfechtung des die Kapitalerhöhung ablehnenden Beschlusses i.V.m. einer positiven Beschlussfeststellungsklage ist zwar im Grundsatz möglich,[55] jedoch wird ein solches Verfahren frühestens nach mehreren Monaten abgeschlossen sein, die in einer Sanierungssituation indes in aller Regel nicht zur Verfügung stehen. In der Praxis wird den Alt-Gesellschaftern daher üblicherweise eine Beteiligung im Bereich von 2 – 5 % überlassen, um ihre Zustimmung zu erwirken.[56]

cc) Bewertung der Forderung als Sacheinlage

55 Kernelement des Debt-Equity-Swaps ist die Einbringung der gegen den Emittenten gerichteten Anleiheforderung. Nach der ganz herrschenden Meinung berührt der Umstand, dass sich eine Forderung gegen den Schuldner selbst richtet, ihre Einlagefähigkeit nicht.[57] Der Grundsatz der realen Kapitalaufbringung gebietet aber, dass die Forderung nur dann zu ihrem Nennwert eingebracht werden kann, wenn sie fällig, liquide und vollwertig ist. Danach würde sich die Bewertung der einzubringenden Forderungen nach ihrem Zeitwert richten. Gegen diese Betrachtungsweise haben sich indes durchaus gewichtige Stimmen in der Literatur ausgesprochen und die Auffassung vertreten, dass die Forderung stets zu ihrem Nennwert eingebracht werden kann, sofern die Offenlegungsvorschriften beachtet werden.[58] Auch wenn diese Nennwertthese nicht zuletzt wegen der gesetzlichen Differenzhaftung des Inferenten (und subsidiär der Organmitglieder der Gesellschaft) einiges für sich hat, konnte sie sich bisher nicht durchsetzen.

▶ **Praxistipp:**

56 Aus Gründen der Rechtssicherheit sollte daher der herrschenden Meinung gefolgt und der Zeitwert der einzubringenden Forderungen ermittelt werden. Dieser beurteilt sich nach der Solvenz des Emittenten im Zeitpunkt der Einbringung der Forderung.[59] Ein Zeitwert in Höhe des vollen Nennwerts ist nur dann gegeben, wenn das Leistungsvermögen der Gesellschaft ausreicht, um die Forderung in voller Höhe erfüllen zu können. Dies dürfte in einer Restrukturierungssituation selten der Fall sein, sodass regelmäßig ein nicht unerheblicher Abschlag vom Nennwert in Ansatz zu bringen sein dürfte.

dd) Gesellschafterdarlehen

57 Auch Gesellschafterdarlehen sind einlagefähig. Für an dem Debt-Equity-Swap beteiligte Anleihegläubiger können sich dann nachteilige Folgen ergeben, wenn nur ein Teil der Anleihe umgewandelt wird und der Rest als Fremdkapital bestehen bleibt.[60] Kommt es später zur Insolvenz des Emittenten, drohen den betroffenen Anleihegläubigern (und nunmehr Gesellschaftern) verschiedene Risiken: der Nachrang der Anleiheforderungen gem. § 39 Abs. 1 Nr. 5 InsO, die Anfechtung etwaiger Nachbesicherungen und sonstiger Sicherheiten gem. § 135 Abs. 1 Nr. 1 InsO sowie die Anfechtung in der Zwischenzeit erhaltener Darlehensrückzahlungen gem. § 135 Abs. 1 Nr. 2 InsO. Zur Vermeidung kommen vor allem zwei gesetzliche Privilegierungen in Betracht:[61]

58 Da ist zunächst das Sanierungsprivileg gem. § 39 Abs. 4 Satz 2 InsO, wonach ein Gesellschafterdarlehen bis zur nachhaltigen Sanierung weder dem Nachrang noch der Anfechtung unterfällt, sofern der Gläubiger die Gesellschaftsanteile bei drohender oder eingetretener Zahlungsunfähigkeit oder bei Überschuldung zum Zwecke der Sanierung erworben hat. Eine belastbare Berufung auf

55 BGHZ 97, 28, 30 f.
56 *Seibt*, ZIP 2016, 997, 999 Fn. 15.
57 BGHZ 110, 47, 60.
58 Vgl. nur *Cahn/Simon/Theiselmann*, CfL 2010, 238 ff.
59 BGHZ 110, 47, 61.
60 Vgl. zu den möglichen insolvenzrechtlichen Folgen eines Debt-Equity-Swap Theiselmann-*Hautkappe/Schmidt-Ehemann*, Praxishandbuch Restrukturierungsrecht, Kap. 9 Rn 161 ff.
61 Vgl. zu diesen Privilegierungen Theiselmann-*Hautkappe/Schmidt-Ehemann*, Praxishandbuch Restrukturierungsrecht, Kap. 9 Rn 180 ff.

dieses Sanierungsprivileg war bis zum Inkrafttreten des SanInsFoG zum einen wegen der weitgehenden Überschneidung der Insolvenzgründe drohende Zahlungsunfähigkeit § 18 und Überschuldung § 19 InsO problematisch. Denn wer sich auf eine drohende Zahlungsunfähigkeit berufen wollte, konzedierte damit in aller Regel zugleich das Vorliegen einer Überschuldung.[62] Seit dem Inkrafttreten des SanInsFoG und der dadurch herbeigeführten Entzerrung dieser beiden Insolvenztatbestände ist diese Problematik indes entschärft. Zum anderen ergeben sich für die Praxis Abgrenzungsschwierigkeiten, ab wann die Sanierung tatsächlich »nachhaltig« erfolgt ist. Wann hat die erste Krise geendet und eine erneute, andere Krise begonnen? Hier besteht eine Unsicherheit, die für den partiellen Debt-Equity-Swap von Anleihen oder sonstiger Forderungen nicht förderlich ist.

Eine zweite Erleichterung bietet das Kleinbeteiligungsprivileg gem. § 39 Abs. 5 InsO. Danach gelten der Nachrang von sowie die Anfechtung im Zusammenhang mit Gesellschafterdarlehen nicht für Gesellschafter, die mit 10 % oder weniger am Haftkapital der Gesellschaft beteiligt und keine geschäftsführenden Gesellschafter sind. Diese Regelung dürfte gerade beim Debt-Equity-Swap von Anleiheforderungen relevant werden können. 59

ee) **Übernahmerechtliches Pflichtangebot**

Sind die Aktien an dem Emittenten zum regulierten Markt zugelassen, findet das Wertpapiererwerbs- und Übernahmegesetz (WpÜG) Anwendung. Dies hat zur Folge, dass Anleihegläubiger gezwungen sein können, allen anderen Aktionären ein Pflichtangebot zu unterbreiten, sofern sie jeweils mindestens 30 % der Stimmrechte erwerben (§§ 29 Abs. 2, 35 Abs. 2 WpÜG). Das ist deshalb relevant, weil es Anleihegläubigern, die im Krisenfall einen Debt-Equity-Swap anstreben, in der Regel daran gelegen sein wird, mehr als 30 % der Stimmrechte zu erwerben, um sicherzustellen, dass (i) Kontrolle über die personelle Besetzung der Leitungsorgane besteht und (ii) die zur Sanierung notwendigen Maßnahmen nicht in der Hauptversammlung blockiert werden können. Welche Beteiligungshöhe dann tatsächlich in der Hauptversammlung zu einer ausreichenden, im Zweifel qualifizierten Mehrheit notwendig ist, hängt vom Einzelfall der Aktionärsstruktur und den Hauptversammlungspräsenzen ab (Daumenregel: ca. 62 – 67 %). Jedenfalls würde die Notwendigkeit eines Pflichtangebotes die Transaktionskosten erheblich erhöhen. Für die Anleihegläubiger stellt sich in diesem Zusammenhang zum einen die Frage, ab welchem Zeitpunkt die Abgabe eines Pflichtangebotes akut werden kann, sowie zum anderen, unter welchen Voraussetzungen eine Befreiung vom Pflichtangebot möglich ist.[63] 60

Auch wenn Kontrolle über die Zielgesellschaft im Sinne von § 35 Abs. 1 WpÜG im Zweifel erst durch den Vollzug der Sachkapitalerhöhung erreicht wird, stellt sich die Frage, ob nicht beim Debt-Equity-Swap über die Zurechnungsregelung in § 30 Abs. 2 Satz 1 WpÜG (sog. »acting in concert«) die Pflicht zur Abgabe eines Übernahmeangebotes bereits zu einem früheren Zeitpunkt ausgelöst wird. Die bloße Abstimmung über einen parallelen Aktienerwerb durch mehrere Anleihegläubiger, die jeweils für sich genommen weniger, gemeinsam aber mindestens 30 % der Stimmrechte erwerben, stellt jedoch schon tatbestandlich mangels gemeinsamer Stimmrechtsausübung kein »acting in concert« dar. Im Rahmen eines Debt-Equity-Swaps kommt allerdings hinzu, dass die für die Schuldumwandlung notwendige Sachkapitalerhöhung (ebenso wie die ggf. vorhergehende Kapitalherabsetzung) die Einbeziehung und Zustimmung einer ausreichenden Mehrheit der Altgesellschafter erfordert. Damit aber kommt es zwangsläufig im Vorfeld der Umwandlung zu einer Abstimmung zwischen dem Kreditgeber und einer im Zweifel weit über 30 % hinausgehenden Mehrheit der Altgesellschafter. Es erscheint allerdings zweifelhaft, ob eine solche Abstimmung bereits dem Zurechnungstatbestand des § 30 Abs. 2 Satz 1 WpÜG auszulösen vermag, da § 30 Abs. 2 Satz 2 WpÜG für eine tatbestandliche Abstimmung eine Verständigung über die Stimmrechtsausübung oder ein Zusammen- 61

62 S. dazu nur *Westpfahl*, ZRI 2020, 157, 166.

63 Vgl. zum übernahmerechtlichen Pflichtangebot bei einem Debt-Equity-Swap nur Eilers/Koffka/Mackensen/Paul/Josenhans-*Westpfahl/Wilde*, Private Equity, III. 1. Rn. 15 ff.

wirken, welches das Ziel hat, die unternehmerische Ausrichtung der Zielgesellschaft dauerhaft und erheblich zu verändern, erfordert. Jedenfalls dürften in aller Regel die Voraussetzungen für das Einzelfallprivileg (§ 30 Abs. 2 Satz 1 Halbs. 2 WpÜG) erfüllt sein, wodurch eine Einordnung als tatbestandliche Abstimmung im Sinne des § 30 Abs. 2 Satz 1 WpÜG unerheblich wird.[64]

62 Sofern es im Einzelfall aufgrund der Höhe der zu erwerbenden oder erworbenen Stimmrechte zu einer Kontrolle im Sinne des Gesetzes (§ 35 WpÜG) kommt, kann die BaFin auf Antrag »im Zusammenhang mit der Sanierung der Zielgesellschaft« eine Befreiung von der Pflicht zur Abgabe eines Übernahmeangebotes erteilen (§ 37 Abs. 1 WpÜG i.V.m. § 9 Satz 1 Nr. 3 WpÜG-VO). In diesem Zusammenhang stellt die BaFin vor allem auf drei Kriterien ab: die Sanierungsbedürftigkeit und die Sanierungsfähigkeit der Zielgesellschaft sowie ein erheblicher, wirtschaftlich messbarer Sanierungsbeitrag des Antragstellers; der Sanierungsbeitrag muss (i) (unverzichtbarer) Bestandteil des Sanierungskonzepts sein, (ii) verbindlich sein und (iii) konkret bezeichnet werden.[65] Der Antrag auf Befreiung vom Pflichtangebot kann bereits vor Erlangung der Kontrolle über die Zielgesellschaft gestellt werden, spätestens jedoch innerhalb von sieben Kalendertagen nach dem Zeitpunkt, zu dem der oder die Anleihegläubiger Kenntnis davon haben oder nach den Umständen haben müssten, dass er bzw. sie die Kontrolle über die Zielgesellschaft erlangt haben (§ 8 Satz 2 WpÜG-VO).

ff) Ad hoc-Publizität sowie Mitteilungs- und Bekanntmachungspflichten

63 Für börsennotierte Emittenten bzw. bei börsennotierten Anleihen gilt die Verpflichtung zur Ad hoc-Publizität nach Art. 17 Abs. 1 MAR. Danach sind den Emittenten unmittelbar betreffende Insiderinformationen (d.h. nicht öffentlich bekannte präzise Informationen […], die, wenn sie öffentlich bekannt würden, geeignet wären, den Kurs der Finanzinstrumente erheblich zu beeinflussen; Art. 7 Abs. 1 Buchst. a) MAR) unverzüglich (engl. »as soon as possible«) zu veröffentlichen (Art. 17 Abs. 1 Satz 1 MAR). Insbesondere Kapitalmaßnahmen wie Debt-Equity-Swaps, die voraussichtlich erhebliche Auswirkungen auf den Kurswert der von Emittenten begebenen und im geregelten Markt oder Freiverkehr notierten Aktien oder Anleihen haben (und nicht bereits von der Bereichsöffentlichkeit sicher erwartet werden) unterfallen der Ad hoc-Publizität, wobei bei Bestehen von notierten Aktien und Anleihen beide Finanzinstrumente gesondert unter dem Gesichtspunkt der Ad hoc-Publizitätspflicht zu begutachten sind.[66] Eine Mitteilungspflicht beginnt in der Regel bereits, sobald ihre Umsetzung vernünftigerweise erwartet werden kann (Art. 7 Abs. 2 MAR). Das dürfte spätestens dann der Fall sein, wenn sich der Emittent mit Vertretern der Anleihegläubiger über die – verbindliche oder unverbindliche – Unterstützung des Vorhabens einigt.[67]

64 Allerdings kann sich der Emittent mittels einer Aufschubentscheidung von der Ad hoc-Publizitätspflicht temporär befreien. Nach Art. 17 Abs. 4 MAR ist Voraussetzung hierfür, dass (i) die unverzügliche Offenlegung geeignet wäre, die berechtigten Interessen des Emittenten zu beeinträchtigen, (ii) der Aufschub nicht geeignet ist, die Öffentlichkeit in die Irre zu führen und (iii) der Emittent die Geheimhaltung der Informationen sicherstellen kann. Der Aufschub tritt nicht automatisch kraft Gesetzes ein, sondern bedarf einer Abwägungsentscheidung, an der jedenfalls ein Organmitglied oder – nach zulässiger Delegation durch den Vorstand – eine sonstige Führungskraft teilnehmen muss.[68] Die Veröffentlichung der Ad hoc-Mitteilung ist unverzüglich vorzunehmen, sobald den Inhalt der Maßnahme betreffende Insiderinformationen – z.B. in Form einer Medienspekulation –

64 S. ausführlicher zum Einzelfallprivileg Eilers/Koffka/Mackensen/Paul/Josenhans-*Westpfahl/Wilde*, Private Equity, III. 1. Rn. 16.

65 Vgl. dazu im Einzelnen Eilers/Koffka/Mackensen/Paul/Josenhans-*Westpfahl/Wilde*, Private Equity, III. 1. Rn. 18, zur BaFin-Praxis; *Seibt*, CFL 2013, 145, 165; ders. CFL 2011, 213, 235.

66 Hopt/Seibt-*Westpfahl* Kap. 13 Rn. 13.114.

67 In der Praxis werden derartige Vereinbarungen Lock-up Agreement oder Plan Support Agreement genannt.

68 BaFin Emittentenleitfaden, Modul C, Ziff. I.3.3.1.1 (S. 36); *Seibt/Kraack*, BKR, 2020, 313, 320 (Frage 18); Hopt/Seibt-*Westpfahl* Kap. 13 Rn. 13.115.

öffentlich bekannt werden und der Emittent nicht ausschließen kann, dass dieses Bekanntwerden auf Vertraulichkeitslücken in seinem Herrschaftsbereich beruht.[69]

Für Emittenten in der Rechtsform einer AG gelten außerdem die aktienrechtlichen Mitteilungs- und Bekanntmachungspflichten (§ 20 AktG). Bei börsennotierten Unternehmen sind überdies die kapitalmarktrechtlichen Mitteilungs- und Veröffentlichungspflichten gem. den §§ 33 ff. WpHG (Stimmrechtsmitteilungen) sowie § 49 WpHG (Mitteilung über die Einberufung der Hauptversammlung, über die Ausschüttung und Auszahlung von Dividenden, Ausgabe neuer Aktien, etc.) zu beachten. 65

gg) Sonstiges

Unabhängig davon, dass sich der Beteiligungserwerb im Wege der Schuldumwandlung vollzieht, wird er grundsätzlich einen Zusammenschluss im kartellrechtlichen Sinne und/oder einen Erwerb im investitions-kontrollrechtlichen (AWG/AWV) Sinne darstellen, sodass ggf. Anmeldepflichten und Vollzugsverbote ausgelöst werden. Dies dürfte jedoch bei der Umwandlung von Anleiheforderungen in der Praxis nur selten der Fall sein. Falls doch kann sich wegen der Krisensituation die Frage stellen, ob die umwandelnden Anleihegläubiger sofort in die Geschicke des Emittenten eingreifen können wollen, um unverzüglich Sanierungsmaßnahmen zu ergreifen bzw. die zweckgerechte Verwendung eines Überbrückungskredites sicherzustellen. Sowohl das deutsche als auch das europäische Kartellrecht sehen jedoch Möglichkeiten vor, die Umwandlung und damit den Zusammenschluss ohne vorherige Durchführung des Anmeldeverfahrens umzusetzen. Dabei handelt es sich zum einen um die Befreiung vom Vollzugsverbot sowie zum anderen um die Einschränkung des Zusammenschlussbegriffs bei dem Anteilserwerb durch Kreditinstitute, Finanzinstitute und Versicherungsunternehmen.[70] 66

Schließlich kann die Umwandlung von Anleiheforderungen gegen Eigenkapital sowohl auf Ebene des Emittenten als auch auf Ebene der (Neu-) Gesellschafter steuerliche Folgen, vor allem aus ertragssteuerlicher Sicht, auslösen. Es stellt sich dann die Frage, ob ein etwaiger Gewinn (»Betriebsvermögensmehrung«) einen Sanierungsertrag im Sinne des § 3a Abs. 1 Satz 1 EStG darstellt und damit steuerfrei gestellt werden kann oder nachteilige Steuerfolgen durch gestalterische Maßnahmen eingeschränkt werden können. Die notwendige Transaktionssicherheit kann allerdings häufig nur durch Einholung verbindlicher Auskünfte erreicht werden. Was regelmäßig zu einem nicht unerheblichen Kostendruck und Zeitaufwand führen wird.[71] 67

2. Anleihenumtausch

In der internationalen Praxis der Restrukturierung von Anleihen sind Umtauschangebote sehr verbreitet. In Deutschland gilt dies weniger; dort werden Anleiherückkäufe bevorzugt.[72] Allerdings ist der Umtausch (ebenso wie die Umwandlung) in § 5 Abs. 3 Satz 1 Nr. 5 SchVG ausdrücklich vorgesehen, wo von der Umwandlung oder dem Umtausch der Schuldverschreibungen in »andere Wertpapiere oder andere Leistungsversprechen« die Rede ist. Gem. § 5 Abs. 2 Satz 1 SchVG ist der Umtausch (bzw. die Umwandlung) für alle Gläubiger der Anleihe gleichermaßen verbindlich. In der internationalen Praxis der Restrukturierung von Anleihen wird der Anleihenumtausch demgegenüber in aller Regel als freiwilliges Angebot strukturiert. Gegenüber der Änderung der Bedingungen der bestehenden Anleihe hat der Umtausch den Vorteil größerer Flexibilität bei der Gestaltung. Geht es etwa darum, den Anleihegläubigern das Umtauschangebot möglichst attraktiv 68

69 S. ausführlicher zu Aufschubentscheidungen Ebenroth/Boujong/Joost/Strohn-*Poelzig*, MAR Art. 17 Rn. 22 ff.

70 Vgl. dazu Eilers/Koffka/Mackensen/Paul/Josenhans-*Westpfahl/Wilde*, Private Equity, III. 1. Rn. 22 ff.

71 Vgl. hierzu die Ausführungen zum Steuerrecht an anderer Stelle in diesem Handbuch sowie *Eilers/Schwahn*, Sanierungssteuerrecht, Kap. 3 D. Rn. 3.80 ff. m.w.N.

72 Ebenso Hopt/Seibt-*Lürken/Plank/Ruf* Kap. 12 Rn. 12.25. S. zum Anleiherückkauf sogleich unter Rdn. 77 ff.

bzw. umgekehrt ein »Verbleiben« in der umzutauschenden Anleihe unattraktiv zu machen, kann es sich anbieten, für die neue Anleihe einen neuen Emittenten vorzusehen, sodass etwa die neue Anleihe gegenüber der alten strukturell vorrangig ist. Im Anwendungsbereich des SchVG kann die Ersetzung des Schuldners, d.h. des Emittenten wie erwähnt auch über § 5 Abs. 3 Satz 1 Nr. 9 SchVG erfolgen. Allerdings kommt diese Maßnahme schon aus praktischen Gründen nur bei global verbrieften Schuldverschreibungen in Betracht, weil bei körperlichen Urkunden eine Änderung der Urkunde schwierig ist, aber erforderlich wäre.[73] Bedarf es jedoch zugleich einer Reduzierung der Anleiheverbindlichkeiten, kann das Umtauschangebot mit weiteren, diesbezüglichen Maßnahmen verbunden werden.[74]

a) Strukturfragen

aa) Teilnahme am Umtausch

69 Im Anwendungsbereich des SchVG ermöglicht § 5 Abs. 3 Satz 1 Nr. 5 den Umtausch einer Anleihe mit verbindlicher Wirkung auch für nicht annehmende Gläubiger. Verfassungsrechtliche Bedenken wie beim Debt-Equity-Swap von Schuldverschreibungen bestehen insoweit von vornherein nicht.[75] Gläubigern einer Schuldverschreibung kann also ein anderes Wertpapier aufoktroyiert werden. Zwar wäre es auch im Anwendungsbereich des SchVG denkbar, analog dem Erwerbsrechte-Modell beim Debt-Equity-Swap[76] eine freiwillige Teilnahme zu ermöglichen. Allerdings erscheint ein solches Vorgehen bei einem Debt-Debt-Swap in einer Restrukturierungssituation weniger sinnvoll.

bb) Verbindung mit anderen Maßnahmen

70 Kann den Anleihegläubigern – wie üblicherweise bei Anleihen nach New Yorker Recht – der Umtausch nicht aufoktroyiert werden, kann erwogen werden, den grundsätzlich freiwilligen Umtausch durch weitere Maßnahmen so zu gestalten, dass die Teilnahme vorteilhafter ist als die Nichtteilnahme. Eine in der Praxis übliche Vorgehensweise besteht darin, dass Umtauschangebot (sog. *Exchange Offer*) mit einer Zustimmung (sog. *Consent Solicitation*) zu verbinden, wonach der Umtausch der Anleihe gleichzeitig mit einer nachteiligen Veränderung der Altanleihe verbunden wird (sog. *Exit Consent*).[77] Dazu kann die Freigabe von Sicherheiten, die Verlängerung der Laufzeit oder die Lockerung oder Streichung von Covenants (sog. *Covenants Stripping*) gehören.[78] Kommt die Änderung zustande, ist die von den nicht teilnehmenden Gläubigern gehaltene Altanleihe wirtschaftlich wesentlich unattraktiver als die Umtauschanleihe. Soll ein Teil der Altanleihe in bar abgegolten werden und nur ein Teil durch eine neue Anleihe ersetzt werden, kann das Umtauschangebot mit einem Kaufangebot (sog. *Tender Offer*) verbunden werden. Dieser Weg wird insbesondere dann gewählt, wenn das Restrukturierungskonzept ein sog. De-Leveraging beinhaltet.

cc) Prospektpflicht

71 Die Schaffung und Ausgabe eines Wertpapiers im Sinne von Art. 2 Buchst. a) ProspektVO kann vorbehaltlich gesetzlicher Ausnahmen von der Veröffentlichung eines Wertpapierprospekts nach den Vorgaben der ProspektVO abhängig sein.[79] Es dürften jedoch jene Erwägungen, die gegen eine Prospektpflicht beim Debt-Equity-Swap angeführt werden,[80] auch für die Frage der Prospektpflicht bei einem Umtauschangebot relevant sein.

---

73 Hopt/Seibt-*Thole* § 5 Rn. 82.
74 Dazu sogleich unter Rdn. 70.
75 S. dazu soeben Rdn. 43 ff.
76 S. dazu soeben Rdn. 43 ff.
77 Hopt/Seibt-*Lürken/Plank/Ruf* Kap. 12 Rn. 12.18.
78 Vgl. dazu Habersack/Mülbert/Schlitt-*Hutter*, Unternehmensfinanzierung am Kapitalmarkt, § 17 Rn. 17.105 f.
79 Hopt/Seibt-*Lürken/Plank/Ruf* Kap. 12 Rn. 12.27.
80 S. dazu soeben Rdn. 45 ff.

▶ **Praxistipp:**

Erneut gilt aber, dass schon aus Gründen der Rechtssicherheit ein Prospekt erstellt werden sollte. Wenn dies aus Zeitgründen problematisch ist, kann erneut an die Struktur eines Erwerbsrechte-Modells gedacht werden. In zeitlicher Hinsicht ist zu beachten, dass bereits in der Veröffentlichung der Einladung zu einer Anleihegläubigerversammlung ein öffentliches Angebot gesehen werden könnte.[81] 72

dd) Wirtschaftliche Anreize zur Erlangung der Zustimmung

Der Emittent kann die Umtauschbedingungen grundsätzlich weitgehend flexibel festlegen. So ist es auch möglich, Anleihegläubiger durch die Zahlung einer Gebühr für eine frühe Annahme (sog. *Early Bird Fee*) zu incentivieren. Das geschieht in der internationalen Praxis der Anleiherestrukturierung in aller Regel auch. 73

ee) Wertpapiertechnik beim Umtausch von Anleihen

Auch beim Umtausch von Anleihen ist es wertpapiertechnisch erforderlich, eine oder auch mehrere spezielle Sonder-Wertpapierkennnummern (Sonder-WKN) einrichten zu lassen, damit diejenigen Wertpapiere depottechnisch erfasst und von den ursprünglichen Wertpapieren separiert werden können, die getauscht werden sollen. Ab dem Zeitpunkt, zu dem ein Anleihegläubiger seine Willenserklärung über die Teilnahme oder Nicht-Teilnahme am Umtausch abgegeben hat, muss sichergestellt sein, dass er bis zum Vollzug des Umtauschs nicht weiter handeln kann. Insoweit gilt grundsätzlich das zum Debt-Equity-Swap ausgeführte.[82] 74

b) Sonderrechtsfragen

aa) Ad hoc-Publizität, Informationsweitergabe

Auch beim Anleihenumtausch sind die Publizitätspflichten nach Art. 17 Abs. 1 MAR zu beachten.[83] 75 Verhandlungen mit wesentlichen Gläubigergruppen oder deren Repräsentanten können aber unter dem Schutz einer Aufschubentscheidung gem. Art. 17 Abs. 4 MAR so lange geführt werden, ohne Öffentlichkeit zu erzeugen, bis eine finale Entscheidung getroffen ist. Eine selektive Informationsweitergabe an diese wesentlichen Gläubigergruppen oder ihre Repräsentanten scheitert auch nicht an dem diesbezüglichen Verbot in Art. 22 Abs. 4, 5 ProspektVO. Danach muss ein Anbieter wesentliche Informationen über den Emittenten, die er qualifizierten Anleihegläubigern oder besonderen Anlegergruppen zukommen lässt, in einem Nachtrag zum Prospekt (Art. 23 Abs. 1 ProspektVO) aufnehmen oder – falls keine Prospektpflicht besteht – allen qualifizierten Anleihegläubigern oder besonderen Anlegergruppen zugänglich machen. Eine entsprechende Regelung fand sich bereits in den §§ 15 Abs. 4 und 5, 16 WpPG a.F. Und obgleich es im WpPG a.F. insoweit keine dem Art. 17 Abs. 4 MAR vergleichbare Ausnahme gab, war doch anerkannt, dass die Regeln zur Ad hoc-Publizitätspflicht insoweit Vorrang haben, als kein Verstoß gegen das Verbot der selektiven Informationsweitergabe besteht, solange eine Befreiung von der Publizitätspflicht nach Art. 17 Abs. 4 MAR besteht.[84] Daher dürften auch unter der ProspektVO, die ebenfalls keine dem Art. 17 Abs. 4 MAR vergleichbare Ausnahme enthält, die Regeln zur Ad hoc-Publizitätspflicht insoweit Vorrang haben, als kein Verstoß gegen das Verbot der selektiven Informationsweitergabe besteht, solange eine Befreiung von der Publizitätspflicht nach Art. 17 Abs. 4 MAR besteht.

---

81 So die wohl nach wie vor geltende Verwaltungsauffassung der BaFin [zit. nach Schwark/Zimmer-*Preuße* WpPG § 2 Rn. 22 (Fn. 104)]; vgl. auch Langenbucher/Bliesener/Spindler-*Bliesener/Schneider* § 5 Rn. 38.
82 S. dazu soeben Rdn. 48 ff.
83 S. dazu soeben Rdn. 63 ff.
84 S. dazu Schäfer/Hamann-*Schäfer* WpPG § 16 Rn. 32.

bb) Sonstiges

76 Der Anleihenumtausch hat gegenüber dem Debt-Equity-Swap grundsätzlich auch den Vorteil der Steuerneutralität. Dies gilt selbst dann, wenn eine »normale« Anleihe in eine Hybridanleihe umgetauscht wird, die für handelsrechtliche Zwecke Eigenkapital darstellen kann, jedoch für steuerliche Zwecke weiterhin als Fremdkapital qualifiziert wird.[85]

III. Rückkauf von Anleihen

1. Überblick

77 Der Rückerwerb von Anleihen ist ein im Anleihemarkt etabliertes Instrument (sog. *Bond Buy-back*).[86] Es wird zur Verfolgung unterschiedlicher Zwecke eingesetzt, insbesondere zur Refinanzierung einer bestehenden Anleihe zu besseren Konditionen, wenn keine Option zur vorzeitigen Tilgung besteht, oder zur Veränderung des Fälligkeitsprofils einer Refinanzierung. In der Restrukturierung ist der Rückkauf ein anerkanntes Mittel zur effektiven Reduzierung der Verbindlichkeiten des Emittenten. Das geschieht dadurch, dass – sofern ausreichende Liquidität vorhanden ist – börsennotierte Anleihen zum unter dem Nominalwert liegenden Kurswert zurückerworben werden. Im SchVG wird die Zulässigkeit eines Rückerwerbs vorausgesetzt, da nach § 6 Abs. 1 das Stimmrecht aus Schuldverschreibungen, die vom Emittenten oder bestimmten mit ihm verbundenen Unternehmen gehalten werden, ruht. Praktisch lassen die Anleihebedingungen einen Rückerwerb aber ohnehin in aller Regel ausdrücklich zu.

2. Strukturfragen

78 Der Rückerwerb von Anleihen kann in verschiedenen Konstellationen erfolgen. Zu unterscheiden ist zum einen danach, von wem bzw. auf welchem Weg der Kauf erfolgt, zum anderen danach, wer die Anleihe erwirbt.

a) Verfahren des Rückkaufs

79 Denkbar ist zunächst der außerbörsliche Erwerb von einem oder mehreren einzelnen Anleihegläubigern, wobei es sich in aller Regel um ein Anleihepaket handeln dürfte. Erfolgt der Rückkauf über die Börse, jedoch nicht im Wege eines öffentlichen Rückerwerbsangebotes, spricht man von einem »stillen« Rückkauf. Will der Emittent demgegenüber eine große Anzahl von Anleihen zurückkaufen, wird er in aller Regel den Weg eines öffentlichen Angebotes gehen (sog. *Tender Offer*). Zur Vermeidung restriktiverer ausländischer wertpapierrechtlicher Vorschriften kann versucht werden, das Angebot ausdrücklich auf Anleihegläubiger im Inland zu beschränken. Dies dürfte jedoch in aller Regel schwierig sein, weshalb zu prüfen ist, inwieweit ausländische Rechtsordnungen zu berücksichtigen sind. Hinsichtlich der Preisbildung kommt im nationalen Kontext häufig ein Festpreismodell (sog. *Fixed Price Tender Offer*) zum Einsatz. Dabei gibt der Emittent den Preis je Anleihe und den Höchstbetrag, den er insgesamt für den Rückerwerb auszugeben bereit ist, vor. Übersteigen die eingehenden Angebote den Höchstbetrag, werden sie pro ratorisch bis zur Höhe des Preises angenommen, den der Emittent für den Rückkauf insgesamt auszugeben bereit ist.[87] Im internationalen Kontext erfolgt die Preisbildung demgegenüber häufig im Wege einer sog. umgekehrten oder holländischen Versteigerung (sog. *Reverse or Dutch Auction Tender Offer*). Dabei gibt der Emittent den Höchstbetrag vor, bis zu dem er bereit ist, Anleihen zurückzukaufen. Die Angebote der verkaufsbereiten Anleihegläubiger werden dann in der Reihenfolge – beginnend mit dem niedrigsten und endend mit dem höchsten Kaufpreis – angenommen, bis der gesamte zur Verfügung ste-

---

85 S. zu den steuerlichen Folgen eines Debt-Hybrid-Swap *Eilers/Schwahn*, Sanierungssteuerrecht, Kap. 3. G. Rn. 3.136 ff. m.w.N.

86 Vgl. zum Rückerwerb von Anleihen ausführlich Theiselmann-*Weiß*, Praxishandbuch Restrukturierungsrecht, Kap. 3 Rn. 80 ff.; Hopt/Seibt-*Lürken/Plank/Ruf* Kap. 12 Rn. 12.37 ff.

87 S. dazu Hopt/Seibt-*Lürken/Plank/Ruf* Kap. 12 Rn. 12.61.

hende Höchstbetrag aufgebraucht ist. Anleihegläubiger, die einen zu hohen Rückkaufpreis verlangen, müssen also befürchten, dass ihr Angebot nicht mehr angenommen wird.[88]

b) Person des Erwerbers

Der Rückkauf kann entweder durch den Emittenten selbst (sog. *Bond Buy Back*), seinen Gesellschafter oder ein mit ihm verbundenes Unternehmen erfolgen.[89] Nur der Rückkauf durch den Emittenten selbst führt zu einer effektiven Reduzierung seiner Verbindlichkeiten. Zu beachten ist jedoch, dass nach herrschender Meinung nicht bereits der Rückerwerb zur schuldrechtlichen Konfusion und damit zum Untergang der Verbindlichkeiten führt, sondern erst die Entwertung der Wertpapiere.[90] Solange dies nicht der Fall ist, dürfte der Emittent in aller Regel von Abstimmungen ausgeschlossen sein. Im Anwendungsbereich des SchVG ergibt sich dies aus § 6 Abs. 1, ansonsten aus den Anleihebedingungen. Erwirbt der Gesellschafter des Emittenten Anleihen, tritt zunächst keine Bilanzentlastung auf der Ebene des Emittenten ein. Diese kann vielmehr erst durch weitere Schritte wie etwa eine Einlage der Anleihen erreicht werden. Zu berücksichtigen ist, dass die vom Gesellschafter gehaltenen Anleihen in der Insolvenz des Emittenten nachrangig im Sinne von § 39 Abs. 1 Nr. 5 InsO sind. Das gilt nicht für den Erwerb durch ein vom Emittenten abhängiges Unternehmen. Auch erstrecken sich gelegentlich Stimmrechtsausschlüsse nicht auf vom Emittenten abhängige Unternehmen.[91] Anders als beim Erwerb vom Emittenten selbst wird auch beim Erwerb durch ein abhängiges Unternehmen die spätestens ansonsten mit Entwertung der Anleihe eintretende Konfusion vermieden. Das kann dann gewünscht sein, wenn der durch die Konfusion grundsätzlich entstehende steuerpflichtige Ertrag nicht durch weitere Maßnahmen vermieden werden kann. 80

c) Sonderrechtsfragen

In kapitalmarktrechtlicher Hinsicht sind zunächst Gleichbehandlungsgebote zu berücksichtigen. Soweit § 4 SchVG die Gleichbehandlung von Anleihegläubigern verlangt,[92] hat dies für den Rückkauf von Schuldverschreibungen keine Relevanz, da sich dieses Gebot nur auf die Gestaltung bzw. Änderung von Anleihebedingungen erstreckt.[93] Daneben ergibt sich aus § 48 Abs. 1 Nr. 1 WpHG ein wertpapierrechtliches Gleichbehandlungsgebot für Emittenten, deren Herkunftsstaat Deutschland ist. Danach sind bei einem Rückkauf von Schuldtiteln allen Gläubigern gleiche Chancen einzuräumen. Das dürfte jedoch sowohl bei einem Rückkauf über die Börse als auch einem ausreichend bekannt gemachten öffentlichen Rückkaufangebot der Fall sein. Aber selbst bei einem Rückkauf außerhalb der Börse von ausgewählten Investoren liegt nicht zwingend ein Verstoß gegen das Gleichbehandlungsgebot vor, sofern nämlich die ungleiche Behandlung bereits in den Anleihebedingungen angelegt ist.[94] Nur wenn der betreffende Sachverhalt in den Anleihebedingungen nicht abschließend geregelt ist, wird demnach das gesetzliche Gleichbehandlungsgebot relevant. 81

Des Weiteren ist das Insiderhandelsverbot gem. Art. 14 MAR zu beachten. Es untersagt den Erwerb von Insiderpapieren unter Verwendung von Insiderinformationen. Anleihen sind dann Insiderpapiere, wenn sie zum Handel an einem geregelten Markt zugelassen sind oder in einem multilateralen oder organisierten Handelssystem gehandelt werden. Eine Insiderinformation ist eine nicht öffentlich bekannte präzise Information, die direkt oder indirekt einen oder mehrere Emittenten 82

88 Hopt/Seibt-*Lürken/Plank/Ruf* Kap. 12 Rn. 12.62 ff. mit dem Hinweis auf weitere Modifikationen dieses Modells in der Praxis.
89 Hopt/Seibt-*Lürken/Plank/Ruf* Kap. 12 Rn. 12.41 ff.
90 Hopt/Seibt-*Lürken/Plank/Ruf*, Kap. 12 Rn. 12.43 m.w.N.
91 Demgegenüber erstreckt sich der Stimmrechtsausschluss gem. § 6 Abs. 1 SchVG auch auf verbundene Unternehmen im Sinne des § 271 Abs. 1 HGB.
92 S. dazu Hopt/Seibt-*Thole* § 4 Rn. 33 ff.
93 Langenbucher/Bliesener/Spindler-*Bliesener/Schneider* § 4 Rn. 28; Hopt/Seibt-*Lürken/Plank/Ruf* Kap. 12 Rn. 12.55.
94 Assmann/Schneider/Mülbert-*Mülbert*, WpHG § 48 Rn. 11.

oder ein oder mehrere Finanzinstrumente betreffen und die, wenn sie öffentlich bekannt würden, geeignet wären, den Kurs dieser Finanzinstrumente erheblich zu beeinflussen (Art. 7 Abs. 1 Buchst. a) MAR). Ob der Rückkauf von Anleihen in Restrukturierungssituationen diese Voraussetzungen erfüllt, ist im Einzelfall zu prüfen, wobei zwischen der Tatsache des Rückkaufs als solcher (welche i.d.R. keine Insidertatsache darstellen sollte, da der Rückkauf keine Auswirkungen auf den Marktpreis haben sollte) und eventuellen zusätzlichen Tatsachen (z.B. eine nur dem Emittenten bekannte drohende Liquiditätskrise) zu unterscheiden ist.[95] Insider können neben dem Emittenten grundsätzlich auch ein von ihm abhängiges Unternehmen oder sein Gesellschafter sein.

83 Mit dem Insiderhandelsverbot nach Art. 14 MAR korrespondiert die Pflicht zur Ad hoc-Publizität gem. Art. 17 MAR weitgehend. Ist der geplante Rückkauf einer Insidertatsache, so besteht vorbehaltlich der Möglichkeit zur Aufschubentscheidung (Art. 17 Abs. 4 MAR) die Pflicht zur Veröffentlichung einer Ad hoc-Mitteilung. Eine Pflicht zur Veröffentlichung einer Ad hoc-Mitteilung kann auch dann bestehen, wenn der Erwerb der Anleihen von einer Konzerngesellschaft umgesetzt wird. Die entscheidende Frage lautet dann, ob der Erwerbsentschluss den Emittenten direkt oder indirekt betrifft.[96]

84 Schließlich ist bei börsennotierten Anleihen das Verbot der Marktmanipulation nach Art. 15 MAR zu beachten. In Betracht kommen insbesondere informations- und handelsgestützte Manipulationen. Dabei ist vieles ungeklärt und eine Übertragung der Anforderungen an Aktienrückkäufe ist nicht ohne Weiteres möglich, weil die typischen Beweggründe für Aktienrückkäufe bei Anleihen nicht gegeben sind.[97] Sollen jedoch größere Volumina über die Börse zurückgekauft werden, ist zu erwägen, ein öffentliches Rückerwerbsangebot über die Börse zu unterbreiten.[98] Ein Rückerwerb außerhalb der Börse kann jedoch ohne Hinzutreten weiterer Umstände kaum zu einer Marktmanipulation führen, da hierdurch kein falsches oder irreführendes Signal in den Markt gesendet wird.[99]

IV. Verwertung von Pfandrechten an Geschäftsanteilen

1. Überblick

85 Die vorstehend beschriebenen Maßnahmen werden vom Emittenten betrieben und sind Formen einer konsensualen Lösung. Zuweilen wird eine Einigung aber dadurch erschwert, dass die Gesellschafter des Emittenten (oder dieser selbst) nicht einigungsbereit sind. Dann müssen die Anleihegläubiger auch nicht-konsensuale Optionen in Erwägung ziehen. Sofern der Emittent oder mit ihm verbundene Unternehmen ausnahmsweise Real- oder Personalsicherheiten bestellt haben, kommt zwar theoretisch eine Vollstreckung in diese Sicherheiten in Betracht. Sie dürfte aber in aller Regel wertvernichtend sein. Vorzugswürdig ist demgegenüber eine sog. Going Concern-Vollstreckung, die durch die Verwertung von Pfandrechten an Gesellschaftsanteilen erreicht werden kann.[100] Wenn Anleihen überhaupt besichert sind, umfasst das Sicherheitenpaket im Zweifel in der Tat derartige Pfandrechte. Neben der bestmöglichen Befriedigung der Anleihegläubiger dient die Verwertung von Pfandrechten an Gesellschaftsanteilen aber auch der Umsetzung von sog. »Loan to own«-Strategien von Distressed Debt-Investoren.[101]

---

95 Vgl. Theiselmann-*Weiß*, Praxishandbuch Restrukturierungsrecht, Kap. 3 Rn. 87 f.
96 Vgl. Theiselmann-*Weiß*, Praxishandbuch Restrukturierungsrecht, Kap. 3 Rn. 90 ff. m.w.N.
97 Vgl. dazu Theiselmann-*Weiß*, Praxishandbuch Restrukturierungsrecht, Kap. 3 Rn. 103 ff.
98 *Bredow/Sickinger*, AG 2012, R257, R258.
99 Ebenso Hopt/Seibt-*Lürken/Plank/Ruf* Kap. 12 Rn. 12.54.
100 S. dazu ausführlich Hopt/Seibt-*Lürken/Plank/Ruf* Kap. 12 Rn. 12.65 ff.
101 S. zu Hedgefonds und Distressed Debt-Investoren in der Restrukturierung Baur/Kantowsky/Schulte-*Metze/Westpfahl*, Stakeholder Management in der Restrukturierung, S. 97 ff.

2. Strukturfragen

Die Verwertung von Pfandrechten an Gesellschaftsanteilen kommt in verschiedenen Konstellationen in Betracht, hängt aber vor allem davon ab, auf welcher Ebene im Konzern Pfandrechte bestellt worden sind. Denkbar ist, dass der Emittent zur Besicherung der eigenen Anleiheverpflichtungen Pfandrechte an Anteilen an einer Tochtergesellschaft bestellt hat. In komplexeren Fallgestaltungen, wie beispielsweise einem weltweit organisierten Konzern mit mehrschichtiger Finanzierungsstruktur, wird das Sicherheitenpaket typischerweise Pfandrechte an den Gesellschaftsanteilen einer Vielzahl von in- und ausländischen Konzerngesellschaften bis hin zu Obergesellschaften (einschließlich der Anteile am Emittenten selbst) enthalten. Die Entscheidung, auf welcher bzw. welchen Ebenen der Konzernstruktur des Emittenten in derartigen Situationen die Pfandverwertung angesetzt wird, kann erst auf Grundlage einer sorgfältigen Analyse der Umstände des Einzelfalls getroffen werden und wird stets im besonderen Maße von taktischen Erwägungen geleitet sein.[102] **86**

Ob eine Going Concern-Vollstreckung gelingen kann oder nicht, hängt von einer Vielzahl von Aspekten ab. Vor allem muss sich das Pfandrecht auf die Anteile an den »richtigen« Konzerngesellschaften erstrecken.[103] Auch muss die Finanzierungsdokumentation hinreichend robust sein, d.h. effiziente Entscheidungswege sowie die Möglichkeit der Befreiung der Zielgesellschaft von sonstigen Verbindlichkeiten und Sicherheiten vorsehen.[104] Auch können sich aus der Konzernstruktur und -finanzierung rechtliche Risiken ergeben, insbesondere wenn der Verpfänder infolge der Pfandverwertung Insolvenzantrag stellen muss.[105] **87**

Problematisch kann aber vor allem die Vermeidung der Insolvenz der Zielgesellschaft sein, denn bei der Verwertung von Pfandrechten an Gesellschaftsanteilen besteht grundsätzlich ein Zeitkorridorproblem. Zum einen dürfte sich das Scheitern der Verhandlungen zwischen den Gesellschaftern des Emittenten und den Anleihegläubigern oder zwischen anderen Kreditgebern und den Anleihegläubigern auf die Fortbestehensprognose auswirken, sodass die Gefahr einer insolvenzrechtlichen Überschuldung droht. Zum anderen setzt die Pfandverwertung die (zumindest vorübergehende) Fälligkeit der besicherten Anleiheforderung voraus, sodass die Gefahr einer Zahlungsunfähigkeit besteht. In dieser Situation bedarf es einer kooperativen Geschäftsleitung, um die Insolvenz zu vermeiden. Häufig dürfte die Geschäftsleitung zwar noch im »Lager« ihrer Gesellschafter stehen; allerdings dürften sie kurz vor oder im Stadium der materiellen Insolvenz ihre Pflichten nunmehr vorrangig der Gesellschaft und ihren Gläubigern schulden. Sind die Geschäftsleiter grundsätzlich kooperationswillig, dürfte es auch möglich sein, die Insolvenz der Zielgesellschaft zu vermeiden, etwa indem der Zielgesellschaft Zugang zu einem Überbrückungskredit gewährt wird. **88**

Auch mit einer kooperationswilligen Geschäftsleitung ist es jedoch fast unmöglich, den Gesellschafterwechsel im Wege der Pfandverwertung mit einer finanziellen Restrukturierung zu kombinieren. Denn hierfür bedarf es im Zweifel sowohl eines Sanierungsgutachtens als auch (der Beantragung) einer verbindlichen Auskunft zur Vermeidung nachteiliger steuerlicher Folgen durch den (teilweisen) Untergang der Anleiheforderungen. Soll zumindest ein Teil der Anleiheforderungen bestehen bleiben, muss überdies der Nachrang als Gesellschafterforderung im Fall einer späteren Insolvenz vermieden werden. Auch hierfür bedarf es eines Sanierungsgutachtens. Selbst wenn aber die Geschäftsleitung grundsätzlich kooperationswillig ist, werden es die Gesellschafter nicht erlauben, dass sie zur Ermöglichung der finanziellen Restrukturierung im Zusammenhang mit einer Pfandverwertung ein Sanierungsgutachten einholt bzw. eine verbindliche Auskunft beantragt. Dieses Problem kann in der Praxis nur dadurch gelöst werden, dass die Anteile zunächst von einem neutralen Dritten über- **89**

---

102 S. zu verschiedenen Pfandverwertungsszenarien Knecht/Hommel/Wohlenberg-*Westpfahl/Siepmann*, Handbuch Unternehmensrestrukturierung, Bd. 1, Teil V, S. 803 ff.

103 S. dazu sogleich Rdn. 91 ff.

104 S. dazu sogleich unter Rdn. 93 f.

105 S. dazu sogleich unter Rdn. 95 ff.

nommen werden, der sie nach Vorliegen der Voraussetzungen für das Sanierungsprivileg bzw. Klärung der steuerlichen Implikationen auf die Anleihegläubiger überträgt.

3. Sonderrechtsfragen

90 Die Verwertung von Pfandrechten an Gesellschaftsanteilen wirft überdies eine Reihe von spezifischen Rechtsfragen auf. Hierzu gibt es an anderer Stelle ausführliche Darstellungen,[106] sodass an dieser Stelle nur ein Überblick gegeben bzw. auf jene Besonderheiten eingegangen werden soll, die damit zusammenhängen, dass es sich bei der durch das Pfandrecht besicherten Forderung um eine Anleihe handelt.

a) Durchführung der Pfandverwertung

91 Bei der Verpfändung von GmbH-Anteilen handelt es sich, anders als bei der Verpfändung von Aktien, mangels Verbriefung um eine reine Rechtsverpfändung gem. § 1274 Abs. 1 BGB, auf die im Ausgangspunkt die Vorschriften der §§ 1273 ff. BGB über Pfandrechte an Rechten Anwendung finden. Zwar wird in § 1277 BGB grundsätzlich auf die Bestimmungen der ZPO über die Zwangsvollstreckung verwiesen; in der Kautelarpraxis wird indes – in zulässiger Abweichung von der gesetzlichen Vorgabe – standardmäßig die Verwertung durch Pfandverkauf nach den §§ 1233 ff. BGB vereinbart.[107] Auch wenn die Verwertung von GmbH-Anteilen nach wie vor die Ausnahme darstellt, hat sich in der Praxis ein gewisser Standard der Durchführung der Pfandverwertung einschließlich der in diesem Zusammenhang notwendigen Dokumentation entwickelt.[108] Betrieben wird die Verwertung von der Pfandgläubigerin, wobei das Verfahren grundsätzlich gerichtsfrei, aber gleichzeitig sehr formalisiert ist. Dreh- und Angelpunkt sind die Versteigerungsbedingungen, die der Pfandgläubiger unter gewissen gesetzlichen Beschränkungen vorgeben und durch die er das Verwertungsverfahren kontrollieren kann.[109]

92 Je komplexer die Finanzierung, desto eher wird es in der Gesellschaftsstruktur des Krisenunternehmens auch ausländische (Zwischenholding-) Gesellschaften geben, deren Anteile verpfändet sind. Dies wird in aller Regel vor allem dann der Fall sein, wenn es um Anleihen geht, die sich nach New Yorker Recht richten. Es ist dann abzuwägen, welche Jurisdiktion den effektivsten Rahmen für eine Verwertung von Pfandrechten an Gesellschaftsanteilen bietet. Häufig befinden sich aus steuerlichen Gründen am oberen Ende der Struktur luxemburgische Holding- bzw. Zwischengesellschaften. Sind Anteile an diesen verpfändet, so bietet das sehr effiziente luxemburgische Pfandverwertungsregime dem Pfandgläubiger große – und im Vergleich zum deutschen Regime größere – Prozess- und Planungssicherheit.[110] Insbesondere sieht es neben dem Verkauf der Anteile an einen Dritten die sog. Aneignung der verpfändeten Anteile durch den Pfandgläubiger vor.

b) Finanzierungsvertragliche Fragen

93 Ist die durch das Pfandrecht besicherte Forderung eine Anleihe, sind für die Durchführung der Verwertung die in den Anleihebedingungen festgelegten Mehrheitserfordernisse von besonderer Bedeutung. Dabei hilft es wenig, dass die Durchführung typischerweise in die Hände eines Sicherheitentreuhänders gelegt ist, der das Pfandrecht für alle Anleihegläubiger hält. Denn selbst dort, wo

106 Knecht/Hommel/Wohlenberg-*Westpfahl/Siepmann*, Handbuch Unternehmensrestrukturierung, Bd. 1, Teil V, S. 787 ff.; Eilers/Koffka/Mackensen/Paul/Josenhans-*Westpfahl/Wilde*, Private Equity, III 1. Rn. 41 ff. jeweils m.w.N.

107 Hopt/Seibt-*Lürken/Plank/Ruf* Kap. 12 Rn. 12.94.

108 S. zu Einzelheiten Knecht/Hommel/Wohlenberg-*Westpfahl/Siepmann*, Handbuch Unternehmensrestrukturierung, Bd. 1, Teil V, S. 791 ff.

109 S. zum Gestaltungsspielraum für Pfandgläubiger im Rahmen von Versteigerungsbedingungen Knecht/Hommel/Wohlenberg-*Westpfahl/Siepmann*, Handbuch Unternehmensrestrukturierung, Bd. 1, Teil V, S. 797 ff.

110 Hopt/Seibt-*Lürken/Plank/Ruf* Kap. 12 Rn. 12.93.

der Treuhänder einen Handlungsspielraum haben könnte, handelt er trotzdem typischerweise nur aufgrund einer entsprechenden konkreten Ermächtigung durch die Anleihegläubiger. Typischerweise verlangt er nach einer ausdrücklichen Freistellung durch die Anleihegläubiger von jeglichen Haftungsrisiken, die sich im Rahmen der Pfandverwertung ergeben könnten.[111] Auch wenn für die meisten Maßnahmen im Rahmen der Pfandverwertung typischerweise Mehrheitsentscheidungen ausreichen, gibt es doch immer wieder auch Entscheidungen, die nur einstimmig getroffen werden können. Dies ist etwa dann der Fall, wenn sich die Anleihegläubiger zunächst dazu entschließen, die Anteile selbst zu übernehmen und den Kaufpreis durch Verrechnung mit der eigenen Anleiheforderung (sog. *Credit Bid*) zu begleichen. Solchen Anleihegläubigern, die nicht daran interessiert sind, kann die Beteiligung nicht aufgedrängt werden. Sie sind viel mehr pro rata in bar auszubezahlen.

Ist die Anleihe Teil einer komplexen und mehrstufigen Finanzierungsstruktur, sind die verschiedenen Kredittranchen über eine Vereinbarung miteinander verbunden, die ihr Verhältnis zueinander regelt (sog. *Intercreditor Agreement*). In der Sache geht es darum, den jeweiligen Vorrang einer bestimmten Tranche gegenüber den anderen insbesondere auch für den Verwertungsfall fortzuschreiben. Dies kann etwa bedeuten, dass nachrangige Finanzgläubiger erst nach einer Wartefrist (sog. *Standstill Period*) zur Verwertung berechtigt sein sollen und die Erlöse zunächst den vorrangigen Darlehensgebern zukommen. Häufig enthält eine derartige Vereinbarung auch die für die Pfandverwertung bei Konzernen wichtige Freigabe von Sicherheiten oder Verbindlichkeiten (sog. *Release Mechanism*).[112] Derartige Regelungen bezwecken, jene Gesellschaft, deren Anteile im Wege der Pfandverwertung übergehen sollen, von Sicherungsrechten im Zusammenhang mit der bisherigen Finanzierung und Verbindlichkeiten gegenüber den bis zum Übergang mit ihr verbundenen Gesellschaften zu befreien. Auch wenn es für all diese Klauseln einen anerkannten Marktstandard gibt,[113] erlangen die entsprechenden Klauseln spätestens während der Verhandlungen über das *Intercreditor Agreement* ein ganz eigenes Gepräge, weshalb immer wieder neu zu prüfen ist, ob die Regelungen den gewünschten Inhalt haben. 94

c) Insolvenzrechtliche Risiken

Schließlich sind eine Reihe von rechtlichen Risiken zu beachten, die vor allem damit zusammenhängen, dass der Emittent oder – sofern nicht identisch – der Verpfänder im Zuge der Pfandverwertung Insolvenz beantragen muss.[114] Die Insolvenz des Emittenten steht deshalb im Raum, weil nach deutschem Recht eine Pfandverwertung Pfandreife erfordert (§ 1228 Abs. 2 Satz 1 BGB). Sie ist dann gegeben, wenn die durch das Pfandrecht gesicherte Forderung »ganz oder zum Teil fällig ist«. Die Fälligstellung der gesicherten Anleiheforderung gegen den Emittenten zieht jedoch regelmäßig zugleich deren Zahlungsunfähigkeit nach sich. Das ist schon für sich genommen ein Problem für die Geschäftsleiter des Emittenten, wird es aber dann erst recht, wenn es – wie in aller Regel – nicht gelingt, die Pfandverwertung innerhalb des relevanten 3-Wochen-Zeitraums abzuschließen. In insolvenz- bzw. zivilrechtlicher Hinsicht könnte die Zahlungsunfähigkeit zwar dadurch vermieden werden, dass die Anleiheforderung nach Fälligstellung ausdrücklich nicht ernsthaft eingefordert wird.[115] Allerdings stellt sich in der Praxis die Frage, ob es bei einer Anleihe mit der Vielzahl von Beteiligten (Anleihegläubiger, Sicherheitentreuhänder, gemeinsamer Vertreter, etc.) gelingen kann, die Pfandverwertung so zielgerichtet durchzuführen. 95

---

111 Derartige Forderungen sind selbst dann üblich, wenn die Anleihebedingungen bereits eine entsprechende Freistellung enthalten.

112 S. dazu ausführlich Hopt/Seibt-*Lürken/Plank/Ruf* Kap. 12 Rn. 12.71 ff.

113 In aller Regel basieren die Finanzierungsdokumente auf der Standarddokumentation der in London ansässigen *Loan Market Association* (*LMA*); s. zu deren Mustern auch Hopt/Seibt-*Lürken/Plank/Ruf* Kap. 12 Rn. 12.73.

114 S. dazu Eilers/Koffka/Mackensen/Paul/Josenhans-*Westpfahl/Wilde*, Private Equity, III 1. Rn. 60 ff. m.w.N.

115 S. hierzu nur Knecht/Hommel/Wohlenberg-*Westpfahl/Wilde*, Handbuch Unternehmensrestrukturierung, Bd. 1, Teil V, S. 816 f. unter Verweis auf maßgebliche BGH-Rechtsprechung.

▶ **Praxistipp:**

96 Die Insolvenz des Emittenten muss vor allem dann vermieden werden, wenn es bei der Verwertung gerade um die Anteile an ihm selbst geht. Geht es bei der Pfandverwertung demgegenüber um Anteile an anderen Konzerngesellschaften, sollte trotzdem die Insolvenz des Emittenten bzw. – sofern nicht identisch – Verpfänders vermieden werden. Zwar hätte deren Insolvenz zunächst keine Auswirkungen auf die Pfandverwertung selbst, da das Verwertungsrecht im Hinblick auf Pfandrechte an GmbH-Anteilen nach richtiger Auffassung auch in der Insolvenz des Verpfänders beim Pfandgläubiger verbleibt.[116] Allerdings besteht die Gefahr, dass der Insolvenzverwalter etwaige Ansprüche geltend macht, die die Pfandverwertung selbst oder aber ihren wirtschaftlichen Erfolg gefährden. Zu denken ist etwa an Insolvenzanfechtungsrechte oder Rückgriffsansprüche gegen die Zielgesellschaft.

97 Wesentlich geringere Risiken stellen sich dann, wenn es zwar um die Verwertung von Anteilen an deutschen Gesellschaften geht, der Emittent und/oder der Verpfänder aber ausländische, insbesondere luxemburgische, Gesellschaften sind. Denn die insolvenzrechtlichen Vorschriften des luxemburgischen Rechts sind weniger strikt als die deutschen. Gleichwohl bedarf es einer Analyse der anwendbaren Vorschriften des jeweiligen ausländischen Regimes.

V. Notwendige Mehrheiten

98 Die für eine Beschlussfassung notwendige Mehrheit ergibt sich für Anleihen, die in den Anwendungsbereich des SchVG fallen, primär aus diesem Gesetz. Bei Anleihen, die ausländischem, insbesondere New Yorker Recht, unterliegen, sind die jeweiligen Anleihebedingungen maßgeblich.

1. Mehrheitserfordernisse nach Schuldverschreibungsgesetz

99 Für deutsche Schuldverschreibungen legt § 5 Abs. 4 Satz 1 SchVG als Grundsatz die einfache Mehrheit der an der Abstimmung teilnehmenden Stimmrechte fest, wobei es auf die Mehrheit der Stimmrechte ankommt; eine Kopfmehrheit ist darüber hinaus nicht erforderlich. Ungeachtet dieses Grundsatzes geht es in der Praxis jedoch in aller Regel um Maßnahmen, die der qualifizierten Mehrheit gem. § 5 Abs. 4 Satz 2 SchVG in Höhe von 75 % bedürfen. Das ist dann der Fall, wenn eine wesentliche Änderung der Anleihebedingungen vorgenommen wird. Das sind vor allem, aber eben nicht nur, die in § 5 Abs. 3 SchVG genannten Beschlussgegenstände (mit Ausnahme von Nr. 10). Jenseits dieser Regelbeispiele dürfte als Maßstab gelten, ob die Rückzahlungs- und die Zinszahlungserwartung der Gläubiger durch die angestrebte Änderung nicht nur abstrakt, sondern konkret beeinträchtigt werden kann, wobei diese Beeinträchtigung aber potenziell bleiben darf und noch nicht eingetreten sein muss.[117] Aus Sicht des Anleihegläubigers müsste sich das Chancen-/Risikoprofil der Anleihe ändern, wenn es zu der Anpassung kommt.[118] Sehen die Anleihebedingungen für sämtliche oder auch für einzelne Maßnahmen eine höhere Mehrheit vor, so ist dies zulässig. Eine niedrigere Mehrheit kann hingegen nicht in den Anleihebedingungen geregelt werden.

2. Mehrheitserfordernisse bei ausländischen Anleihen

100 Konkrete Aussagen zu Mehrheitserfordernissen für Änderungen von Anleihen, die nicht dem deutschen Recht unterliegen, sind naturgemäß nicht möglich. Zum einen ist die Praxis der Begebung von Anleihen im internationalen Kontext ständig im Fluss; zum anderen sind unterschiedlich anwendbare Rechtsordnungen denkbar. In der Praxis stehen jedoch – wie schon mehrfach erwähnt – Anleihen im Vordergrund, auf die das New Yorker Recht Anwendung findet. Auch dort hängt das jeweilige Mehrheitserfordernis von der Bedeutung der Änderung ab. Dabei dürfte häufig eine einfache Mehr-

116 S. dazu Knecht/Hommel/Wohlenberg-*Westpfahl/Siepmann*, Handbuch Unternehmensrestrukturierung, Bd. 1, Teil V, S. 805 ff. m.w.N.

117 Hopt/Seibt-*Thole* § 5 Rn. 95.

118 Preuße/Vogel-*Vogel* § 5 Rn 57 f.

heit der an der Abstimmung teilnehmenden Stimmrechte ausreichend sein. Handelt es sich demgegenüber um besonders bedeutsame Entscheidungen, so ist in den Anleihebedingungen regelmäßig ein Mehrheitserfordernis von 90 % festgelegt, mithin ein höheres als bei einer qualifizierten Mehrheit nach dem SchVG. Zu den besonders bedeutsamen Entscheidungen gehören sicherlich die Änderung des Nennbetrags, des Zinssatzes oder der Laufzeit, aber auch die Vereinbarung einer Stundung oder einer Freigabe von Sicherheiten.[119]

3. Majorisierung über Restrukturierungsverfahren

Insbesondere bei Anleihen, auf die das New Yorker Recht Anwendung findet und für die bei besonders bedeutsamen Entscheidungen das sehr hohe Mehrheitserfordernis von 90 % gilt, kann es zuweilen schwierig sein, die notwendige Mehrheit zu erreichen. Entsprechendes gilt übrigens für Kreditverträge, bei denen für die wesentlichen Änderungen das Prinzip der Einstimmigkeit gilt. Für diesen Fall ist es unter bestimmten Voraussetzungen möglich, über ein Restrukturierungsverfahren bzw. -instrument zur Anwendbarkeit eines niedrigeren Mehrheitserfordernisses zu gelangen. **101**

a) StaRUG

Im deutschen Recht gibt es hierfür seit dem 01.01.2021 das Unternehmensstabilisierungs- und -restrukturierungsgesetz (StaRUG). Danach ist es zur Annahme eines Restrukturierungsplans erforderlich, dass in jeder Gruppe auf die den Plan zustimmenden Gruppenmitglieder mindestens 75 % der Stimmrechte in dieser Gruppe entfallen (§ 25 Abs. 1). Wird in einer Gruppe diese Mehrheit nicht erreicht, ist unter bestimmten Voraussetzungen ausnahmsweise auch eine gruppenübergreifende Mehrheitsentscheidung (sog. *Cross-class Cram-down*)[120] möglich, sofern zumindest die Mehrheit der abstimmenden Gruppen dem Plan mit der erforderlichen Mehrheit zugestimmt hat.[121] Wurden lediglich zwei Gruppen gebildet, genügt sogar die Zustimmung nur einer Gruppe, wobei diese aber nicht ausschließlich aus Gesellschaftern oder nachrangigen Gläubigern gebildet sein darf (§ 26 Abs. 1 Nr. 3). Das StaRUG einschließlich der §§ 25 ff. ist an anderer Stelle ausführlich kommentiert.[122] **102**

Der Anwendungsbereich des StaRUG ist jedoch insoweit eingeschränkt, als es gem. § 35 grundsätzlich nur von deutschen Gesellschaften oder von Gesellschaften in Anspruch genommen werden kann, deren Mittelpunkt ihrer wirtschaftlichen Tätigkeit (sog. *Center of Main Interest*, COMI) in Deutschland liegt. Das ist vor allem für Konzernkonstellationen relevant, in denen neben dem deutschen Emittenten weitere – ausländische – Konzerngesellschaften Verbindlichkeiten eingegangen sind, die ebenfalls in die finanzielle Restrukturierung mit einbezogen werden müssen. Haben diese ausländischen Konzerngesellschaften ihren COMI nicht in Deutschland, müsste für sie ein separates lokales Sanierungsverfahren in Anspruch genommen werden und es käme daher zu einem Nebeneinander von Verfahren in unterschiedlichen Jurisdiktionen. Obwohl mit der EU-Restrukturierungsrichtlinie ein erhöhtes Maß an Harmonisierung in Europa herbeigeführt wurde, wäre in einem solchen Fall mit negativen Auswirkungen zu rechnen. Vor diesem Hintergrund stellt sich die Frage, ob die finanzielle Restrukturierung des Konzerns nicht »unter einem Dach« umgesetzt werden kann. Tatsächlich gibt es Jurisdiktionen, die die Messlatte für die (internationale) Zuständigkeit wesentlich niedriger anlegen als das StaRUG und daher grundsätzlich besser für die finanzielle Restrukturierung eines internationalen Konzerns in Betracht kommen. Gemeint sind insbesondere die englischen Sanierungsverfahren sowie der in den Niederlanden eingeführte Restrukturierungsplan. Sie sollen im Folgenden kurz dargestellt werden: **103**

119 Vgl. dazu nur Habersack/Mühlbert/Schlitt-*Hutter*, Unternehmensfinanzierung am Kapitalmarkt, § 17 Rn. 17.92 f.

120 Von dieser Möglichkeit wurde erstmals im Rahmen der Restrukturierung einer börsennotierten Gesellschaft bei der Restrukturierung der Leoni AG Gebrauch gemacht.

121 Hopt/Seibt-*Lürken/Plank/Ruf* Kap. 12 Rn. 12.154.

122 S. zu den §§ 25 ff. StaRUG die Ausführungen von Kaldenbach oben in der StaRUG-Kommentierung; s. zum StaRUG aus schuldverschreibungsrechtlicher Sicht außerdem *Lürken*, ZIP 2021, 1305 ff. m.w.N.

b) Englische Sanierungsverfahren

104 Historisch gesehen hat es in vielen Ländern inner- und außerhalb Europas an (funktionsfähigen) vorinsolvenzlichen Sanierungsverfahren gefehlt. Demgegenüber gab es in England mit dem *Company Voluntary Arrangement* (CVA) seit dem Jahre 1986 ein zwar im englischen Insolvenzrecht verankertes Verfahren zur Unternehmenssanierung, das jedoch nicht zwingend die Insolvenz des Schuldners voraussetzt. Nachdem das *CVA* in den 2000er Jahren eine kleine Renaissance auf dem internationalen Sanierungsmarkt erlebt hatte,[123] wurde es in der Folge durch das englische *Scheme of Arrangement* (SoA) verdrängt.[124] Das hing vor allem damit zusammen, dass das *CVA* anders als das *SoA* keine Einteilung der Gläubiger in verschiedene Gruppen vorsieht und es daher für die Restrukturierung komplexer Finanzierungsstrukturen weniger geeignet ist. Zuletzt hat der englische Gesetzgeber durch den Corporate Insolvency and Governance Act 2020 (CIGA 2020) mit dem sog. *Restructuring Plan* ein weiteres Sanierungstool eingeführt. Im Einzelnen:

105 Ein *SoA* ermöglicht ebenso wie das StaRUG grundsätzlich Mehrheitsentscheidungen und damit eine Majorisierung von dissentierenden oder obstruierenden Minderheiten. Das *SoA* ist in Part 26, sec. 895 – 901 des englischen *Companies Act* (CA 2016) geregelt und steht in seiner Anwendung solventen sowie insolventen Gesellschaften zur Verfügung.[125] Ebenso wie das StaRUG ist das *SoA* grundsätzlich teilkollektiv, d.h. es müssen nicht alle Gläubiger des Emittenten beteiligt werden. Für die Annahme des *SoA* ist es erforderlich, dass diesem in jeder gebildeten Gruppe eine einfache Kopf- sowie eine 75 %ige Summenmehrheit zustimmt. Kommen diese Mehrheiten zustande, ist das *SoA* für sämtliche, auch die dissentierenden bzw. an der Abstimmung nicht beteiligten, aber abstimmungsberechtigten Personen einer Gruppe bindend. Allerdings ist für das *SoA* – anders als beim StaRUG – kein Cross-class Cram-down vorgesehen; mithin müssen alle Gruppen zustimmen. Die Bestätigung des *SoA* steht im Ermessen des Gerichts, wobei es insbesondere darauf ankommt, dass dessen Inhalt »*fair and reasonable*« ist. Aufgrund seiner rudimentären gesetzlichen Regelung ist das *SoA* inhaltlich äußerst flexibel und dabei auch für die finanzielle Restrukturierung von Konzernen geeignet. Das gilt auch – und hierauf kommt es im vorliegenden Zusammenhang an – für internationale Konzerne. Zwar bedarf es für jede Konzerngesellschaft eines eigenen *SoA*. Allerdings können diese miteinander verbunden werden, sodass eine effiziente Sanierung möglich ist.[126]

106 So erfolgreich das *SoA* bei der Sanierung englischer und nicht-englischer Gesellschaften in der jüngeren Vergangenheit auch gewesen ist, hatte der englische Gesetzgeber doch die Sorge, dass es nach Umsetzung der EU-Restrukturierungsrichtlinie in den Mitgliedsstaaten nicht mehr wettbewerbsfähig sein werde. Insbesondere wurde das Fehlen eines Moratoriums, das Erfordernis einer einfachen Kopfmehrheit in jeder Gruppe sowie das Fehlen der Möglichkeit, einen Cross-class Cram-down herbeizuführen, als Wettbewerbsnachteil angesehen. Diese Punkte sind nunmehr in dem *Restructuring Plan*, der in Part 26A des *Companies Act* 2006 verankert worden ist, adressiert. Der *Restructuring Plan* ist dem *SoA* sehr ähnlich, weshalb auch die vielfältige Rechtsprechung zum *SoA* grundsätzlich herangezogen werden kann. Anders als das *SoA* muss sich der Schuldner jedoch in finanziellen Schwierigkeiten befinden. Soll ein Moratorium in Anspruch genommen werden, muss zudem drohende Zahlungsunfähigkeit vorliegen. Anders als das *SoA* ist es für die Zustimmung einer Gruppe zum *Restructuring Plan* ausreichend, wenn 75 % der abstimmenden Gläubiger zugestimmt haben. Außerdem ist ein Cross-class Cram-down möglich. Der *Restructuring Plan* ermöglicht also noch

---

123 In Deutschland sind insbesondere die Fälle Deutsche Nickel (2005), Brochier (2006) und Schefenacker (2007) bekannt geworden.

124 S. zum SoA Rdn. 105 ff.

125 Vgl. für einen Überblick *Tett/Hingston*, ICR (2017), 90 ff.; Hopt/Seibt-*Lürken/Plank/Ruf* Kap. 12 Rn. 12.126 ff; *Westpfahl/Knapp*, ZIP 2011, 2033 ff. m.w.N.

126 So wurden bspw. im Fall Apcoa (2014) acht operativ tätige Konzerngesellschaften in fünf verschiedenen Jurisdiktionen in einem Gruppen-SoA-Verfahren (bestehend aus acht einzelnen SoA) verbunden und das Unternehmen dadurch finanziell restrukturiert (Re Apcoa Holdings GmbH [2014] EWHC 1867 und 3849).

weitergehend als das *SoA* Mehrheitsentscheidungen und damit die Majorisierung von dissentierenden oder obstruierenden Gläubigern. Aus diesem Grund hat es bereits nach kurzer Zeit mehrere *Restructuring Plans* gegeben.[127]

Wird ein *SoA* oder ein *Restructuring Plan* zur Umsetzung einer finanziellen Restrukturierung deutscher Gesellschaften oder von Konzernen mit deutschen Gesellschaften angestrebt, interessiert vor allem auch die Frage, ob eine Anerkennung in Deutschland möglich ist. Denn zum einen ist der englische High Court regelmäßig nur dann bereit, seine internationale Zuständigkeit für die Bestätigung eines *SoA* oder eines *Restructuring Plans* anzunehmen, wenn die Anerkennung auch im Ausland mit ausreichender Wahrscheinlichkeit gewährleistet ist. Zum anderen könnten widersprechende Gläubiger die Wirkungen des Instruments ohne Anerkennung im jeweiligen Anerkennungsstaat schlicht unbeachtet lassen und ihre (alten) Rechte ungestört gegen den Schuldner geltend machen. Wenn auch im Einzelnen vieles streitig war, so ging die herrschende Meinung bis zum Brexit von der Anerkennungsfähigkeit des *SoA* in Deutschland aus.[128] Da das *SoA* nicht in den Anwendungsbereich der EuInsVO fällt, wurde in diesem Zusammenhang auf die EuGVVO abgestellt und dabei das Vorliegen einer »Entscheidung« nach Art. 2 Buchst. a) i.V.m. Art. 36 EuGVVO angenommen. Nach dem Brexit kommt eine Anerkennung des *SoA* über die EuGVVO dem gegenüber nicht mehr in Betracht. Soweit die durch das *SoA* modifizierten Forderungen englischem Recht unterliegen, kommt eine Anerkennung der rechtlichen Wirkung des *SoA* jedoch nach den Vorgaben des internationalen Privatrechts (Rom I-VO) in Betracht. Ist englisches Recht nicht anwendbar, scheidet jedoch auch dieser Weg aus. Solange England nicht Mitglied des Lugano-Übereinkommens wird[129] bzw. ist, kommen für eine Anerkennung dann nur noch die §§ 343 InsO oder 328 ZPO in Betracht. Dabei wird es insbesondere darauf ankommen, ob das *SoA* als Insolvenzverfahren im Sinne des § 343 Abs. 1 InsO anzuerkennen ist.[130] Aber selbst wenn dies der Fall wäre, müsste zuvor wegen § 343 Abs. 1 Satz 2 Nr. 1 InsO eine Verlegung des COMI (sog. COMI-*Shift*) nach England erfolgen.[131] Wird die Einordnung als Insolvenzverfahren verneint, bleibt nur noch die Anerkennung der Wirkungen des *SoA* nach § 328 ZPO. Entsprechende Überlegungen werden für den *Restructuring Plan* anzustellen sein, wobei zu berücksichtigen ist, dass der Zugang zu diesem Instrument nur dann eröffnet ist, wenn sich der Schuldner in wirtschaftlichen Schwierigkeiten befindet. Ein anderes Ergebnis ergibt sich weder aufgrund des Haager Übereinkommens über Gerichtsstandsvereinbarungen (2005) noch aufgrund des Haager Übereinkommens über die Anerkennung und Vollstreckung ausländischer Entscheidungen in Zivil- und Handelssachen (2019). Beide Abkommen sehen Bereichsausnahmen für »Insolvenz«, »insolvenzrechtliche Vergleiche und ähnliche Angelegenheiten« vor (vgl. Art. 2 Abs. 2 Buchst. e) bzw. Art. 2 Abs. 1 Buchst. e)). In beiden Fällen stellt sich damit die Frage, ob eine Anwendung auf die Bestätigung eines SoA oder eines Restructuring Plans damit nicht von vornherein ausgeschlossen ist.[132] Dabei besteht bisher keine Einigkeit wie die Bereichsausnahme auszulegen ist, also ob sie auch diese Verfahren erfasst.[133] Bei dem am 01.09.2023 in Kraft getretenen Haager Übereinkommen über die Anerkennung und Vollstreckung ausländischer Entscheidungen **107**

127 Virgin Atlantic (2020), Pizza Express (2020), DeepOcean (2021), Gategroup (2021).

128 Vgl. nur *Thole*, ZGR 2013, 109, 133 ff. m.w.N.

129 Die EU-Kommission hat, als Vertreter der Europäischen Union, den Verwahrer (»Depositary«) des Lugano-Übereinkommens darüber informiert, dass einem Betritt derzeit nicht zugestimmt werden könne (siehe dazu EU-Kommission Ref. Ares[2021]4053632 – 22/06/2021). Die bereits zuvor in einer Mitteilung an das Europäische Parlament und den Rat gegebene Begründung der Ablehnungsempfehlung zeigt, dass ein Beitritt ausgeschlossen erscheint, wenn das Vereinigte Königreich seinen Status als Drittstaat nicht (wieder) aufgibt (siehe dazu EU-Kommission COM[2021] 222 final).

130 Ablehnend Seibt/Westpfahl-*Mankowski*, § 88 Rn. 192.

131 Hopt/Seibt-*Lürken/Plank/Ruf* Kap. 12 Rn. 12.142.

132 Seibt/Westpfahl-*Mankowski*, § 88 Rn. 182 ff.; *Schlöder/Parzinger/Knebel*, ZIP 2021, 1041, 1047 f.; MK-StaRUG/*Madaus*, § 84 Rn. 182.

133 *Schwarz*, ZRI 2023, 478, 481.

in Zivil- und Handelssachen kommt hinzu, dass bisher zwar die EU dem Abkommen beigetreten ist, allerdings England das Abkommen erst kürzlich – am 12.01.2024 – unterzeichnet hat.

c) **Niederlande**

108 Nach Umsetzung der EU-Restrukturierungsrichtlinie bleibt abzuwarten, ob es in der Folge zu einem stärkeren Wettbewerb innerhalb Europas kommen wird.[134] Eine maßgebliche Rolle wird dabei die Sanierungsfreundlichkeit des jeweiligen Sanierungsregimes, die angeordnete gerichtliche Zuständigkeit auch für ausländische Gesellschaften und die spätere Möglichkeit der Anerkennung in anderen Staaten spielen. Der niederländische Gesetzgeber hat mit seinem zum 01.01.2021 in Kraft getretenen Gesetz, dem *Wet Homologatie Onderhands Akkoord* (auch »Dutch Scheme« genannt), eine Umsetzung gewählt, die zum einen sanierungsfreundlich ist und zum anderen auch (jedenfalls teilweise) vergleichsweise geringe Anforderungen an die gerichtliche Zuständigkeit stellt. Es ist daher zu erwarten, dass der niederländische Restrukturierungsplan auch in grenzüberschreitenden Fällen zum Einsatz kommen wird, weshalb er im Folgenden kurz skizziert werden soll:

109 Der niederländische Restrukturierungsplan steht wie der im StaRUG geregelte in zwei Varianten zur Verfügung: einer öffentlichen Variante, die in Anhang A der EuInsVO aufgenommen ist, und einer nicht-öffentlichen, welche nicht unter die EuInsVO fällt. Demzufolge bedarf es für die Zuständigkeit der niederländischen Gerichte in der öffentlichen Variante des Vorliegens (oder der vorherigen Verlegung) des COMI des Schuldners in den Niederlanden. Demgegenüber sind die Zugangsvoraussetzungen in der nicht-öffentlichen Variante wesentlich niedriger. Danach soll es ausreichen, wenn ein »ausreichender Zusammenhang mit der niederländischen Rechtssphäre« besteht (Art. 3 der niederländischen Zivilprozessordnung *Wet Boek van Burgerlijke Rechtsvordering*). Diese Voraussetzung ist auch ohne das Vorliegen des COMI in den Niederlanden erfüllt, wenn etwa wesentliche Vermögenswerte in den Niederlanden belegen sind, wesentliche Forderungen bestehen, die niederländischem Recht unterliegen, der Schuldner einer Unternehmensgruppe angehört, die auch niederländische Gruppengesellschaften umfasst oder wenn die Mithaft einer anderen Gruppengesellschaft mit COMI in den Niederlanden besteht. Diese Voraussetzungen sind erkennbar niedriger als diejenigen für die Zuständigkeit deutscher Gerichte nach dem StaRUG und es zeigt sich, dass der niederländische Gesetzgeber eine aktive Rolle im internationalen Wettbewerb spielen will. Allerdings stellt sich in der nicht-öffentlichen Variante ebenfalls die Frage der Anerkennung eines niederländischen Restrukturierungsplans im Ausland.[135]

110 Zugleich ist der niederländische Restrukturierungsplan äußerst sanierungsfreundlich. Müssen die Restrukturierungsbemühungen vor einem Akkordstörer geschützt werden, steht ein Moratorium zur Verfügung. Kommt es zur Vorlage eines Plans, ist dieser angenommen, wenn in jeder Gruppe eine 66 %ige Mehrheit erzielt wird. Ist dies nicht der Fall, bleibt auch in dieser Variante die Möglichkeit eines Cross-class Cram-down. Schließlich ermöglicht das Gesetz die Änderung oder Beendigung von Verträgen, sodass – anders als im StaRUG – auch Eingriffsrechte für eine operative Sanierung zur Verfügung stehen (Art. 373 WHOA).[136]

111 Es bleibt abzuwarten, ob der niederländische Restrukturierungsplan auch dort zum Einsatz kommen wird, wo das StaRUG mangels Zuständigkeit deutscher Restrukturierungsgerichte nicht in Betracht kommt oder aus anderen Gründen als nicht geeignet erscheint. Für eine Anwendung des niederländischen Restrukturierungsplans könnten insbesondere die geographische Nähe, die gute Reputation der niederländischen Justiz und die vergleichsweise geringen Sprachbarrieren sprechen.[137] Im

134 S. dazu *Westpfahl*, ZRI 2020, 157, 162 ff.
135 Erste Überlegungen dazu bei *Herding/Kranz*, ZRI 2021, 123, 129 m.w.N.
136 Diese Vorschrift war auch das Vorbild für die entsprechende Regelung im Regierungsentwurf für das StaRUG, die jedoch schließlich gestrichen wurde.
137 *Kern*, NZI-Beilage 2021, 74.

Einzelnen werden die Vor- und Nachteile des niederländischen und des deutschen Restrukturierungsrahmens bisher unterschiedlich beurteilt.[138]

D. Ablauf der Restrukturierung

112 Die nachfolgenden Ausführungen zum Ablauf der Restrukturierung orientieren sich im Wesentlichen an den Vorschriften des SchVG.

I. Vorbereitung

113 Der Restrukturierungsprozess beginnt in der Regel mit der Auswahl und Beauftragung geeigneter Berater, insbesondere mit der Mandatierung von Rechtsanwälten, Finanzberatern (sog. *Financial Advisors*) und ggf. (Investment-) Banken. In enger Abstimmung mit den Beratern entwickelt der Emittent sodann die für eine erfolgreiche Restrukturierung erforderlichen Maßnahmen und prüft diese auf ihre wirtschaftliche und rechtliche Umsetzbarkeit. Zudem werden die wesentlichen Elemente eines potenziellen Angebots an die Gläubiger definiert. Häufig wird bereits in diesem Stadium mit der Identifizierung der wesentlichen Gläubiger begonnen, um bereits frühzeitig abschätzen zu können, welche Gläubiger sich voraussichtlich aktiv in den Restrukturierungsprozess einbringen werden und welche Ziele die verschiedenen Gläubiger(-gruppen) im Rahmen der Restrukturierung voraussichtlich verfolgen werden. Werden die Schuldverschreibungen überwiegend oder ausschließlich von institutionellen Investoren gehalten, ist es ohne größere Schwierigkeiten möglich, ihre Identität zu ermitteln.[139]

II. Kommunikation mit den Anleihegläubigern

114 Wenn – etwa durch konkrete Ansprache oder Marktgerüchte – bekannt wird, dass eine (finanzielle) Restrukturierung ansteht, bildet sich in der Regel ein sog. Ad-hoc Committee, das sich aus den wesentlichen Gläubigern der betreffenden Anleihe zusammensetzt. Dieses Gremium ist für den Emittenten von grundlegender Bedeutung, weil er darüber die Möglichkeit erhält, mit seinen Gläubigern zu kommunizieren und zu erfahren, ob und unter welchen Bedingungen die wesentlichen Gläubiger einer Restrukturierung der Anleihe zustimmen würden.

115 Im Zusammenhang mit der Einbeziehung des Ad-hoc Committees in die Restrukturierungsplanung ist zu beachten, dass den Mitgliedern des Ad-hoc Committees typischerweise auch sog. Insiderinformationen zur Verfügung gestellt werden, was zur Folge haben kann, dass ihnen der Handel in der Anleihe vorerst untersagt ist. Dieses Problem kann in der Praxis dadurch gelöst werden, dass die insiderrelevanten Informationen zunächst nur den von dem Committee ausgewählten Beratern zur Verfügung gestellt werden, die sich wiederum verpflichtet haben, die erhaltenen Informationen nicht an die von ihnen vertretenen Gläubiger weiterzugeben.[140]

116 Die Kosten des Ad-hoc Committees werden in der Regel vom Emittenten getragen. Zwar vertritt das Ad-hoc Committee grundsätzlich nicht die Interessen der Gläubigergemeinschaft, sondern ausschließlich die eigenen Interessen. Allerdings stimmen die Interessen der im Ad-hoc Committee vertretenen Gläubiger in aller Regel weitestgehend mit den Interessen der übrigen Gläubiger überein. Indem der Emittent also mit dem Ad-hoc Committee einen konkreten Verhandlungspartner hat, der faktisch einen großen Teil der Anleihegläubiger repräsentiert, liegt dessen Arbeit im Interesse des Emittenten und daher erscheint eine Kostenübernahme durch ihn als angemessen.[141]

117 Kommt es zur Umsetzung der Restrukturierung, wird der Emittent zur Verbreitung der Informationen an alle Anleihegläubiger das vom Betreiber des maßgeblichen Clearingsystems (in Deutsch-

138 Seibt/Westpfahl-*Mankowski*, § 88 Rn. 272 ff. m.w.N.
139 Z.B. mithilfe von Dienstleistern wie D.F. King, Georgeson oder IHS Markit.
140 Theiselmann-*Lürken/Ruf*, Praxishandbuch Restrukturierungsrecht, Kap. 4 Rn. 29 f.
141 Theiselmann-*Lürken/Ruf*, Praxishandbuch Restrukturierungsrecht, Kap. 4 Rn. 28.

land Clearsteam Banking AG) unterhaltene Kommunikationssystem nutzen, mit dessen Hilfe die dem Clearingsystem angeschlossenen Depotbanken erreicht werden, welche die Informationen dann ihrerseits an ihre Kunden und schließlich bis zum jeweiligen Anleihegläubiger weiterleiten. Zusätzlich kann auch der für den (deutschen) Depotbankenverkehr wesentliche Informationsdienst der »Wertpapier-Mitteilungen« genutzt werden (vgl. auch Nr. 16 Satz 1 der Sonderbedingungen für Wertpapiergeschäfte).[142] Darüber hinaus bietet es sich in der Praxis an, die beabsichtigte Restrukturierung auch auf der Internetseite des Schuldners bekannt zu machen.

III. Gläubigerversammlung

118 Das SchVG sieht für die Beschlussfassung der Gläubiger grundsätzlich zwei Verfahrensalternativen vor. So können die Gläubiger ihre Beschlüsse entweder im Rahmen einer Gläubigerversammlung oder im Wege einer Abstimmung ohne Versammlung fassen (vgl. § 5 Abs. 6 Satz 1 SchVG). In den Anleihebedingungen kann allerdings vorgesehen werden, dass Gläubigerbeschlüsse nur im Rahmen einer Gläubigerversammlung oder nur im Wege einer Abstimmung ohne Versammlung gefasst werden können (§ 5 Abs. 6 Satz 2 SchVG).

1. Einberufung

119 Die Einberufung der Gläubigerversammlung ist in den §§ 9 ff. SchVG geregelt.

a) Berechtigung

120 Einberufen werden kann die Gläubigerversammlung grundsätzlich vom Emittenten oder vom gemeinsamen Vertreter der Anleihegläubiger (§ 9 Abs. 1 Satz 1 SchVG). Die Einberufung ist weder an das Vorliegen eines besonderen Grundes noch an die Erfüllung sonstiger Voraussetzungen geknüpft und liegt grundsätzlich im Ermessen des Emittenten bzw. des gemeinsamen Vertreters.[143] Die Gläubigerversammlung kann daher sowohl in Fällen einberufen werden, in denen über eine Änderung der Anleihebedingungen abgestimmt werden soll, als auch dann, wenn sonstige Themen behandelt werden sollen, die in die Zuständigkeit der Gläubigerversammlung fallen.[144]

121 Der Emittent bzw. der gemeinsame Vertreter sind zur Einberufung einer Gläubigerversammlung verpflichtet, wenn eine qualifizierte Gläubigerminderheit von 5 % des Nennbetrags der ausstehenden Schuldverschreibungen die Einberufung aus besonderen Gründen schriftlich verlangt (§ 9 Abs. 1 Satz 2 SchVG). Ein nicht abschließender Katalog besonderer Gründe, auf die das Einberufungsverlangen gestützt werden kann, ist in § 9 Abs. 1 Satz 2 SchVG normiert. Danach kann die Einberufung insbesondere mit der Begründung verlangt werden, einen gemeinsamen Vertreter bestellen oder abberufen zu wollen oder über das Entfallen der Wirkung der Kündigung nach § 5 Abs. 5 Satz 2 SchVG beschließen zu wollen.[145] Die Anleihebedingungen können zudem weitere Gründe vorsehen, aus denen die Gläubiger die Einberufung einer Gläubigerversammlung verlangen können (§ 9 Abs. 1 Satz 3 SchVG). Der qualifizierten Minderheit steht es frei, ob sie das Einberufungsverlangen an den Emittenten oder an den gemeinsamen Vertreter richtet.[146] Der Nachweis des Erreichens des erforderlichen Mindestquorums (5 %) kann durch das Beifügen eines Nachweises der depotführenden Bank erbracht werden.[147] Kommt der Emittent (oder der gemeinsame Vertreter) dem berechtigten Ein-

142 Dabei handelt es sich um ein elektronisches Informationsverbreitungssystem unter den deutschen Kreditinstituten.

143 Langenbucher/Bliesener/Spindler-*Bliesener/Schneider* § 9 Rn. 5; Heidel-*Müller* SchVG § 9 Rn. 1; Veranneman-*Wasmann/Steber* § 9 Rn. 4; Hopt/Seibt-*Binder* § 9 Rn. 17.

144 Preuße/Vogel-*Schindele* § 9 Rn. 3; Hopt/Seibt-*Binder* § 9 Rn. 17.

145 Der Nachweis eines (zusätzlichen) besonderen Interesses ist in diesen Fällen nicht erforderlich, vgl. Hopt/Seibt-*Binder* § 9 Rn. 27; Langenbucher/Bliesener/Spindler-*Bliesener/Schneider* § 9 Rn. 9.

146 Hopt/Seibt-*Binder* § 9 Rn. 31; Veranneman-*Wasmann/Steber* § 9 Rn. 11.

147 Hopt/Seibt-*Binder* § 9 Rn. 31; Preuße/Vogel-*Schindele* § 9 Rn. 6; Friedl/Hartwig-Jacob-*Schmidtbleicher* § 9 Rn. 28.

berufungsverlangen der Gläubiger nicht nach, entweder weil er die Einberufung ablehnt oder innerhalb eines angemessenen Prüfungszeitraums keine Entscheidung über das Einberufungsverlangen trifft, können die Gläubiger bei Gericht beantragen, sie zu ermächtigen, eine Gläubigerversammlung einzuberufen (§ 9 Abs. 2 Satz 1 SchVG). Zugleich kann das Gericht den Vorsitzenden der Versammlung bestimmen. Zuständig für den Antrag ist das Gericht, in dessen Bezirk der Schuldner seinen Sitz hat oder mangels eines Sitzes im Inland das Amtsgericht Frankfurt am Main (§ 9 Abs. 3 Satz 1 SchVG). Gegen die gerichtliche Entscheidung ist die Beschwerde statthaft (§ 9 Abs. 3 Satz 2 SchVG).

b) Frist

Die Gläubigerversammlung ist mindestens 14 Tage vor dem Tag der Versammlung einzuberufen (§ 10 Abs. 1 SchVG). Den Gläubigern soll ausreichend Zeit zur Vorbereitung auf die Gläubigerversammlung zur Verfügung stehen, die – notfalls – auch noch innerhalb der drei- bzw. sechswöchigen Insolvenzantragsfrist (§ 15a Abs. 1 Satz 2 InsO) stattfinden können soll.[148] Der Emittent kann allerdings freiwillig eine längere Einberufungsfrist wählen, ohne dass dies in den Anleihebedingungen vorgesehen sein muss.[149] Nach wohl h.M. ist die Regelung einer längeren Einberufungsfrist in den Anleihebedingungen allerdings ebenso zulässig.[150] **122**

Anders als das Aktienrecht (§§ 123 Abs. 1 Satz 2, 121 Abs. 7 AktG) enthält § 10 Abs. 1 SchVG keine ausdrückliche Regelung zur Berechnung der Fristen. Eine analoge Anwendung der aktienrechtlichen Vorschriften wird in der Literatur überwiegend und zu Recht mit der Begründung abgelehnt, dass es an einer planwidrigen Regelungslücke fehle.[151] Die Fristberechnung erfolgt grundsätzlich nach den allgemeinen Vorschriften (§§ 186 ff. BGB). Da es sich bei der in § 10 Abs. 1 SchVG angeordneten Frist um eine rückwärtslaufende Frist handelt, die vom Tag der Gläubigerversammlung rückwärts zu berechnen ist, sind auch die §§ 186 ff. BGB allerdings nicht unmittelbar sondern analog heranzuziehen.[152] **123**

c) Inhalt der Einberufung und Tagesordnung

In der Einberufung der Gläubigerversammlung sind die Firma und der Sitz des Schuldners sowie die Zeit und der Ort der Gläubigerversammlung anzugeben (§ 12 Abs. 1 SchVG); die Schuldverschreibungen sind unter Angabe der Wertpapierkennnummer (WKN/ISIN) zu bezeichnen.[153] Ferner sind die Bedingungen anzugeben, von denen die Teilnahme an der Gläubigerversammlung und die Ausübung des Stimmrechts abhängen (§ 12 Abs. 1 SchVG). Dazu zählen unter anderem die Regelungen zum Nachweis der Legitimation und ein etwaiges Anmeldeerfordernis.[154] Schließlich muss der Einberufung entnommen werden können, wer die Gläubigerversammlung einberuft.[155] **124**

Mit der Einberufung hat der Emittent zugleich die Tagesordnung bekannt zu machen (§ 13 Abs. 2 Satz 1 SchVG). Die Tagesordnung hat zu jedem Tagesordnungspunkt einen Beschlussvorschlag zu **125**

148 Vgl. Hopt/Seibt-*Binder* § 10 Rn. 3; Langenbucher/Bliesener/Spindler-*Bliesener/Schneider* § 10 Rn. 1; Friedl/Hartwig-Jacob-*Schmidtbleicher* § 10 Rn. 2; Veranneman-*Wasmann/Steber* § 10 Rn. 1.

149 Hopt/Seibt-*Binder* § 10 Rn. 3; Langenbucher/Bliesener/Spindler-*Bliesener/Schneider* § 10 Rn. 1; Heidel-*Müller* SchVG § 10 Rn. 1.

150 Hopt/Seibt-*Binder* § 10 Rn. 3; Borowski-*Borowski* § 10 Rn. 2; Preuße/Vogel-*Schindele* § 10 Rn. 2; a.A. Veranneman-*Wasmann/Steber* § 10 Rn. 1.

151 Hopt/Seibt-*Binder* § 10 Rn. 5; Langenbucher/Bliesener/Spindler-*Bliesener/Schneider* § 10 Rn. 2; Preuße/Vogel-*Schindele* § 10 Rn. 3; Veranneman-*Wasmann/Steber* § 10 Rn. 2.

152 Hopt/Seibt-*Binder* § 10 Rn. 5; Friedl/Hartwig-Jacob-*Schmidtbleicher* § 10 Rn. 3.

153 Langenbucher/Bliesener/Spindler-*Bliesener/Schneider* § 12 Rn. 3 ff.; Hopt/Seibt-*Binder* § 12 Rn. 4.

154 Langenbucher/Bliesener/Spindler-*Bliesener/Schneider* § 12 Rn. 6; Preuße/Vogel-*Schindele* § 12 Rn. 4; Friedl/Hartwig-Jacob-*Schmidtbleicher* § 12 Rn. 4.

155 Langenbucher/Bliesener/Spindler-*Bliesener/Schneider* § 12 Rn. 8; Preuße/Vogel-*Schindele* § 12 Rn. 5; Friedl/Hartwig-Jacob-*Schmidtbleicher* § 12 Rn. 7; Hopt/Seibt-*Binder* § 12 Rn. 9.

enthalten, über den die Gläubigerversammlung beschließen soll (§ 13 Abs. 1 SchVG). Über Tagesordnungspunkte, die nicht in der vorgeschriebenen Weise bekannt gemacht worden sind, dürfen keine Beschlüsse gefasst werden (§ 13 Abs. 2 Satz 3 SchVG). Die Tagesordnung entfaltet insoweit eine negative Bindungswirkung.[156] Darüber hinausgehende Anforderungen an den Inhalt der Tagesordnung regelt das SchVG nicht. Insbesondere sieht § 13 Abs. 1 SchVG keine Begründungs- und Berichtspflicht des Einberufenden vor.[157] In der Praxis dürfte es allerdings regelmäßig im Interesse des Einberufenden sein, die Tagesordnungspunkte bzw. die Beschlussvorschläge hinreichend zu erläutern, um damit die Zustimmungsbereitschaft der Gläubiger zu erhöhen.

d) Bekanntmachung

126 Der Einberufende hat die Einberufung und die Tagesordnung unverzüglich im Bundesanzeiger öffentlich bekannt zu machen (§§ 12 Abs. 2 Satz 1, 13 Abs. 2 SchVG). Die öffentliche Bekanntgabe dient der Unterrichtung der Gläubiger über den Zweck der Versammlung und soll ihnen eine angemessene Vorbereitung auf die Beschlussfassung über die mitgeteilten Gegenstände ermöglichen. Darüber hinaus können die Anleihebedingungen zusätzliche Formen der öffentlichen Bekanntmachung vorsehen (§ 12 Abs. 2 Satz 2 SchVG). Der Emittent hat den Gläubigern die Einberufung und die genauen Bedingungen, von denen die Teilnahme an der Gläubigerversammlung und die Ausübung des Stimmrechts abhängen, sowie die Tagesordnung vom Tag der Einberufung an bis zum Tag der Gläubigerversammlung zudem im Internet unter seiner Adresse oder, wenn eine solche nicht vorhanden ist, unter der in den Anleihebedingungen festgelegten Internetseite zugänglich zu machen (§ 12 Abs. 3 SchVG). Die Kosten der öffentlichen Bekanntmachung trägt der Emittent.[158]

127 Gem. § 13 Abs. 3 SchVG hat der Einberufende darüber hinaus etwaige Verlangen einer qualifizierten Gläubigerminderheit (5 % der ausstehenden Schuldverschreibungen), die Tagesordnung um neue Beschlussgegenstände zu ergänzen, spätestens am dritten Tag vor der Gläubigerversammlung bekannt zu machen. Das Ergänzungsverlangen ist an den Einberufenden zu richten. Eine Konkretisierung des Ergänzungsverlangens durch eine Begründung oder einen Beschlussvorschlag ist nicht erforderlich.[159] Auch eine bestimmte Form für das Ergänzungsverlangen sieht das SchVG nicht vor. Ob es sich hierbei um ein redaktionelles Versehen handelt und gleichwohl die Schriftform erforderlich ist, ist allerdings umstritten.[160]

▶ **Praxistipp:**

128 Unabhängig davon sollten Ergänzungsverlangen in der Praxis allerdings stets schriftlich oder elektronisch eingereicht werden, um das Ergänzungsverlangen ausreichend zu dokumentieren.[161] Eine bestimmte Frist, innerhalb der das Ergänzungsverlangen dem Einberufenden zugegangen sein muss, bestimmt das SchVG nicht. Aus § 13 Abs. 3 Satz 2 SchVG, wonach die neuen Gegenstände spätestens am dritten Tag vor der Gläubigerversammlung bekannt zu machen sind, folgt jedoch, dass Ergänzungsverlangen dem Einberufenden zu einem Zeitpunkt zugehen müssen, in dem der Einberufende noch eine rechtzeitige Veröffentlichung veranlassen kann.[162]

---

156 Hopt/Seibt-*Binder* § 13 Rn. 3.

157 Hopt/Seibt-*Binder* § 13 Rn. 2; Preuße/Vogel-*Schindele* § 13 Rn. 3; Friedl/Hartwig-Jacob-*Schmidtbleicher* § 13 Rn. 2.

158 Hopt/Seibt-*Binder* § 12 Rn. 12.

159 Hopt/Seibt-*Binder* § 13 Rn. 11; Veranneman-*Wasmann/Steber* § 13 Rn. 9.

160 Langenbucher/Bliesener/Spindler-*Bliesener/Schneider* § 13 Rn. 7 und Friedl/Hartwig-Jacob-*Schmidtbleicher* § 13 Rn. 9 (Schriftform); Heidel-*Müller* SchVG § 13 Rn. 3 und Veranneman-*Wasmann/Steber* § 13 Rn. 8 (kein Formerfordernis).

161 Vgl. Hopt/Seibt-*Binder* § 13 Rn. 10; Veranneman-*Wasmann/Steber* § 13 Rn. 8.

162 Hopt/Seibt-*Binder* § 13 Rn. 13; Heidel-*Müller* SchVG § 13 Rn. 3.

129 Schließlich hat der Schuldner etwaige Gegenanträge von Gläubigern unverzüglich bis zum Tag der Gläubigerversammlung auf seiner Internetseite oder, wenn eine solche nicht vorhanden ist, unter der in den Anleihebedingungen festgelegten Internetseite zu veröffentlichen (§ 13 Abs. 4 SchVG). Das Recht, einen Gegenantrag zu stellen, steht jedem Gläubiger zu.[163] Der Gegenantrag bedarf weder einer bestimmten Form noch muss er vom Gläubiger begründet werden.[164] Die Veröffentlichungspflicht des Schuldners gem. § 13 Abs. 4 SchVG betrifft nur vorab angekündigte Gegenanträge. Eine Pflicht bzw. Obliegenheit der Gläubiger, Gegenanträge vor der Gläubigerversammlung anzukündigen, besteht nicht.[165]

e) Anmeldung

130 Eine Verpflichtung der Gläubiger, sich innerhalb eines bestimmten Anmeldezeitraums zur Gläubigerversammlung anzumelden, sieht das SchVG nicht vor. Dem Emittenten steht es allerdings frei, in den Anleihebedingungen eine Anmeldeobliegenheit der Gläubiger zu regeln (§ 10 Abs. 2 Satz 1 SchVG). Entgegen dem Gesetzeswortlaut können die Anleihebedingungen nicht nur die Teilnahme an der Versammlung oder das Recht zur Ausübung des Stimmrechts von einer vorherigen Anmeldung abhängig machen, sondern auch die Teilnahme an der Versammlung und das Recht zur Ausübung der Stimmrechte insgesamt.[166]

131 Konkrete Vorgaben betreffend die Form und den Inhalt der Anmeldung der Gläubiger zur Versammlung enthält das SchVG nicht. Soweit nach den Anleihebedingungen eine Anmeldung erforderlich ist, bedarf diese daher grundsätzlich keiner besonderen Form.[167] In der Regel werden die Anleihebedingungen allerdings die für die Anmeldung erforderliche Form konkretisieren. Inhaltlich dürften regelmäßig diejenigen Angaben gefordert werden, die zur Vorbereitung des Teilnehmerverzeichnisses erforderlich sind, d.h. die Angabe des Namens und des Wohnorts des Gläubigers sowie die Anzahl der von ihm gehaltenen Schuldverschreibungen.[168]

132 In der Praxis birgt die Statuierung einer Anmeldeobliegenheit in den Anleihebedingungen die Gefahr, dass insbesondere unerfahrene Kleingläubiger von der Teilnahme an der Versammlung abgehalten werden, die die Anmeldeobliegenheit schlicht übersehen oder sich erst nach Ablauf des Anmeldezeitraums für eine Teilnahme an der Versammlung entscheiden. Auf die Erfolgsaussichten der Restrukturierung dürfte sich das allerdings insofern nur in seltenen Fällen auswirken, da das Erreichen des erforderliches Quorums in der Regel nicht von der Teilnahme der Kleingläubiger abhängt. Aus Sicht des Emittenten überwiegen daher meist die mit einer Anmeldeobliegenheit verbundenen Vorteile.

f) Legitimation

133 Die Gläubiger sind gem. § 10 Abs. 3 SchVG zum Nachweis ihrer Berechtigung zur Teilnahme an der Gläubigerversammlung verpflichtet. Diese Pflicht gilt unabhängig davon, ob die Anleihebedingungen eine Anmeldeobliegenheit statuieren oder nicht. Letztere können lediglich vorsehen, wie die Berechtigung zur Teilnahme nachgewiesen werden kann (§ 10 Abs. 3 Satz 1 SchVG). Fehlt es an einer diesbezüglichen Regelung in den Anleihebedingungen, genügt bei Schuldverschreibungen, die in einer Sammelurkunde verbrieft sind, ein in Textform erstellter besonderer Nachweis des depotführenden Instituts (§ 10 Abs. 3 Satz 2 SchVG). Anders als das Aktienrecht (§ 123 Abs. 3 AktG) regelt § 10 Abs. 3 SchVG keinen Stichtag, zu dem der Nachweis vorliegen muss (sog. *Record Date*).

163 Hopt/Seibt-*Binder* § 13 Rn. 19; Langenbucher/Bliesener/Spindler-*Bliesener/Schneider* § 13 Rn. 13; Heidel-*Müller* SchVG § 13 Rn. 5.

164 Heidel-*Müller* SchVG § 13 Rn. 5; Veranneman-*Wasmann/Steber* § 13 Rn. 13.

165 Langenbucher/Bliesener/Spindler-*Bliesener/Schneider* § 13 Rn. 16; Veranneman-*Wasmann/Steber* § 13 Rn. 11 f.

166 Hopt/Seibt-*Binder* § 10 Rn. 8; Langenbucher/Bliesener/Spindler-*Bliesener/Schneider* § 10 Rn. 5a Fn. 7.

167 Langenbucher/Bliesener/Spindler-*Bliesener/Schneider* § 10 Rn. 9; Preuße/Vogel-*Schindele* § 10 Rn. 5.

168 Hopt/Seibt-*Binder* § 10 Rn. 11; Langenbucher/Bliesener/Spindler-*Bliesener/Schneider* § 10 Rn. 6.

Gleichwohl ist anerkannt, dass das Bedürfnis für eine beherrschbare Legitimationsprüfung besteht, welches mit der Vermeidung einer Erschwernis der Teilnahme in praktische Konkordanz zu bringen ist. Dies kann mit einem Legitimationsnachweis durch das depotführende Institut entweder zu einem bestimmten Zeitpunkt (*Record Date*) oder mit einem Sperrvermerk etwa für den Tag der Versammlung gewährleistet werden.[169] Durch den Sperrvermerk wird gewährleistet, dass – jedenfalls im Verhältnis zur jeweiligen Depotbank des Gläubigers – eine Übertragung der Schuldverschreibung an Dritte im börslichen Handel für die Wirksamkeitsdauer des Sperrvermerks nicht erfolgen wird, da die depotführende Bank eine Übertragung aufgrund des Sperrvermerks nicht vornehmen wird.[170]

2. Durchführung

a) Vorsitz

134 Den Vorsitz in der Gläubigerversammlung führt grundsätzlich der Einberufende, sofern nicht das Gericht einen anderen Vorsitzenden bestimmt hat (§ 15 Abs. 1 SchVG). Üblicherweise wird die Gläubigerversammlung durch den Emittenten einberufen, der die Restrukturierung der Schuldverschreibungen beabsichtigt und dementsprechend in der Regel die Versammlung leitet. Gesetzlich berufener Vorsitzender ist in diesem Fall das Geschäftsführungsorgan des Emittenten.[171]

135 Hinsichtlich der Rechtsstellung des Versammlungsleiters beschränkt sich das SchVG auf die Feststellung, dass der Versammlungsleiter den Vorsitz »führt« und ein Teilnehmerverzeichnis aufzustellen hat (§ 15 Abs. 1 SchVG). Kernaufgabe des Versammlungsleiters ist die Sicherstellung der rechtmäßigen Abwicklung der Gläubigerversammlung unter sachgerechter Erledigung der Tagesordnung und umfasst daher unter anderem die Eröffnung, Unterbrechung und Schließung der Versammlung[172], die Feststellung der Beschlussfähigkeit[173], die Abhandlung der Tagesordnung[174], die Zulassung und Koordination von Wortmeldungen einschließlich der Steuerung der Redezeit[175] sowie allgemein die Sicherstellung des ordnungsgemäßen Ablaufs der Versammlung.[176]

b) Beschlussfassung

aa) Beschlussfähigkeit

136 Die Gläubigerversammlung ist beschlussfähig[177], wenn die Anwesenden wertmäßig mindestens die Hälfte der ausstehenden Schuldverschreibungen vertreten (§ 15 Abs. 3 Satz 1 SchVG). Schuldverschreibungen, deren Stimmrechte ruhen, sind dabei nicht mitzuzählen (§ 15 Abs. 3 Satz 4 SchVG). Das Stimmrecht ruht, wenn und solange die Anteile dem Emittenten oder einem mit ihm verbundenen Unternehmen (§ 271 Abs. 2 HGB) zustehen oder für Rechnung des Emittenten oder eines mit ihm verbundenen Unternehmens gehalten werden (§ 6 Abs. 1 Satz 2 SchVG).

---

169 Friedl/Hartwig-Jacob-*Schmidtbleicher* § 10 Rn. 10; Hopt/Seibt-*Knapp* § 19 Rn. 39.

170 Ein praktisches Problem stellt insoweit der Umgang mit ausländischen Depotbanken dar. Sollen diese Institute etwa einen unwiderruflichen Sperrvermerk ausstellen, tun sie sich mangels Präzedenzfalls insb. mit der Unwiderruflichkeit häufig schwer.

171 Veranneman-*Wasmann/Steber* § 15 Rn. 2; vgl. auch Hopt/Seibt-*Binder*, § 15 Rn. 18; *Seibt*, ZIP 2016, 997, 1005; a.A. Friedl/Hartwig-Jacob-*Schmidtbleicher* § 15 Rn. 6, wonach Mitglieder der Geschäftsführung aufgrund eines Interessenkonflikts als Versammlungsleiter ausscheiden.

172 Langenbucher/Bliesener/Spindler-*Bliesener/Schneider* § 15 Rn. 5; *Seibt*, ZIP 2016, 997, 1005.

173 Hopt/Seibt-*Binder* § 15 Rn. 6; *Seibt*, ZIP 2016, 997, 1005.

174 Hopt/Seibt-*Binder* § 15 Rn. 7; Langenbucher/Bliesener/Spindler-*Bliesener/Schneider* § 15 Rn. 5; *Seibt*, ZIP 2016, 997, 1005.

175 Hopt/Seibt-*Binder* § 15 Rn. 8 ff.; *Seibt*, ZIP 2016, 997, 1006.

176 Langenbucher/Bliesener/Spindler-*Bliesener/Schneider* § 15 Rn. 5: *Seibt*, ZIP 2016, 997, 1005.

177 S. zu den Mehrheitserfordernissen für Beschlüsse der Gläubigerversammlung bereits Rdn. 98 ff.

Zweck des in § 15 Abs. 3 Satz 1 SchVG normierten Mindestquorums ist der Schutz der Gläubiger vor Überrumpelung.[178] Es soll verhindern, dass eine kleine Gruppe von Gläubigern Beschlüsse mit erheblichen Auswirkungen trifft, die sodann für alle Gläubiger verbindlich werden,[179] zumal einige (Klein-) Gläubiger nicht selten von ihren Einflussnahmemöglichkeiten überhaupt keine Kenntnis haben (Minderheitenschutz).[180] Hierin liegt zugleich der Unterschied zum Aktionär einer AG, der sich seiner gestalterischen Möglichkeiten üblicherweise eher und umfangreicher bewusst ist und deshalb auch eher von ihnen Gebrauch macht; anders als das SchVG sehen die aktienrechtlichen Regelungen zur Hauptversammlung dementsprechend kein Mindestquorum vor. 137

Die Beschlussfähigkeit der Gläubigerversammlung ist vom Vorsitzenden zu prüfen. Eine förmliche Feststellung der Beschluss(un)fähigkeit ist nicht zwingend erforderlich.[181] Wird das erforderliche Quorum nicht erreicht, kann der Vorsitzende eine zweite Gläubigerversammlung einberufen (§ 15 Abs. 3 Satz 2 SchVG), die grundsätzlich auch ohne die Einhaltung eines bestimmten Mindestquorums beschlussfähig ist.[182] Eine Ausnahme gilt hier allerdings für Beschlüsse, zu deren Wirksamkeit eine qualifizierte Mehrheit erforderlich ist. In diesem Fall müssen in der zweiten Versammlung mindestens 25 % der ausstehenden Schuldverschreibungen vertreten sein (§ 15 Abs. 3 Satz 5 SchVG).[183] Die Anleihebedingungen können jeweils höhere Anforderungen an die Beschlussfähigkeit stellen (§ 15 Abs. 3 Satz 5 SchVG). 138

bb) Abgabe und Auszählung der Stimmen

§ 16 Abs. 2 SchVG regelt die Abgabe und die Auszählung der Stimmen. Danach sind die Vorschriften des Aktiengesetzes über die Abstimmung der Aktionäre in der Hauptversammlung entsprechend anzuwenden, soweit nicht in den Anleihebedingungen etwas anderes vorgesehen ist. Das Aktienrecht regelt das Abstimmungsverfahren jedoch selbst nicht abschließend, sondern verweist im Wesentlichen auf die Satzung der jeweiligen Gesellschaft (vgl. §§ 134 Abs. 4, 118 Abs. 1 Satz 2 und Abs. 2 AktG). Ist das Abstimmungsverfahren in den Anleihebedingungen nicht explizit geregelt, obliegt es dem Versammlungsleiter, die Modalitäten der Stimmabgabe und das Verfahren zur Stimmauszählung festzulegen.[184] In diesem Fall kommt grundsätzlich eine Stimmabgabe durch Handzeichen, Zuruf, Aufstehen von den Plätzen, mittels Stimmkarten oder eine elektronische Stimmabgabe in Betracht.[185] Die Auszählung der Stimmen kann sodann sowohl nach dem sog. Additionsverfahren als auch nach dem sog. Subtraktionsverfahren erfolgen.[186] 139

cc) Niederschrift

Die Beschlüsse der Gläubigerversammlung bedürfen zu ihrer Wirksamkeit der notariellen Beurkundung. Findet die Versammlung im Inland statt, ist die Niederschrift durch einen Notar aufzunehmen (§ 16 Abs. 3 Satz 2 Halbs. 1 SchVG). Im Fall einer Versammlung im Ausland, muss eine Niederschrift gewährleistet sein, die der Niederschrift durch einen Notar gleichwertig ist (§ 16 Abs. 3 Satz 2 Halbs. 2 SchVG). Im Übrigen gilt für die Niederschrift § 130 Abs. 2 bis Abs. 4 AktG entsprechend. 140

---

178 Hopt/Seibt-*Binder* § 15 Rn. 24.
179 Langenbucher/Bliesener/Spindler-*Bliesener/Schneider* § 15 Rn. 12; Preuße/Vogel-*Dreher/Kamke* § 15 Rn. 43.
180 Hopt/Seibt-*Binder* § 15 Rn. 24.
181 Hopt/Seibt-*Binder* § 15 Rn. 23; Langenbucher/Bliesener/Spindler-*Bliesener/Schneider* § 5 Rn. 76; a.A. Veranneman-*Wasmann/Steber* § 15 Rn. 22.
182 Hopt/Seibt-*Binder* § 15 Rn. 28.
183 Hierzu ausf. *Seibt,* ZIP 2016, 997, 1006 f.
184 Hopt/Seibt-*Binder* § 16 Rn. 29, 32.
185 Hopt/Seibt-*Binder* § 16 Rn. 29; Heidel-*Müller* SchVG § 16 Rn. 4.
186 Hopt/Seibt-*Binder* § 16 Rn. 33 f.; Veranneman-*Wasmann/Steber* § 16 Rn. 23.

dd) Bekanntmachung

141 Die von der Gläubigerversammlung gefassten Beschlüsse sind vom Emittenten öffentlich bekannt zu machen (§ 17 Abs. 1 Satz 1 SchVG). Inhaltlich umfasst die Veröffentlichungspflicht den Wortlaut der Beschlüsse. Darüber hinausgehende Angaben müssen nicht veröffentlicht werden.[187] Hat der Emittent seinen Sitz im Inland, so hat die Veröffentlichung grundsätzlich im Bundesanzeiger zu erfolgen (§ 17 Abs. 1 Satz 2 Halbs. 1 SchVG). Diese Pflicht entfällt allerdings gem. § 17 Abs. 1 Satz 2 Halbs. 2 SchVG, wenn der Emittent die Veröffentlichungspflichten nach § 50 Abs. 1 WpHG erfüllt. Dadurch soll verhindert werden, dass der Emittent einer doppelten Publizitätspflicht unterliegt (§ 17 Abs. 1 Satz 2 Halbs. 2 SchVG).[188] In den Anleihebedingungen können darüber hinausgehende, zusätzliche Formen der öffentlichen Bekanntmachung vorgesehen sein (§ 17 Abs. 1 Satz 3 SchVG). Angesichts des Risikos von Bekanntmachungsfehlern und den zusätzlichen Kosten, ist die Statuierung zusätzlicher Formen der öffentlichen Bekanntmachung in den Anleihebedingungen allerdings nicht empfehlenswert.[189] Zusätzlich zur öffentlichen Bekanntmachung nach § 17 Abs. 1 SchVG, hat der Emittent die Beschlüsse sowie im Fall von Änderungen der Anleihebedingungen – den Wortlaut der ursprünglichen Anleihebedingungen im Internet für eine Mindestdauer von einem Monat zugänglich zu machen (§ 17 Abs. 2 SchVG). Die Veröffentlichung muss auf der Internetseite des Emittenten oder – falls der Emittent über keine eigene Internetseite verfügt – auf einer in den Anleihebedingungen festgelegten Internetseite erfolgen.

3. Informationsrecht der Gläubiger

142 Das Informationsrecht der Gläubiger ist in § 16 Abs. 1 SchVG geregelt. Der Emittent hat jedem Gläubiger auf Verlangen in der Gläubigerversammlung Auskunft zu erteilen. Die Auskunftspflicht des Emittenten und – damit korrespondierend – das entsprechende Fragerecht der Gläubiger sichern das berechtigte Interesse der Gläubiger, Entscheidungen auf der Basis angemessener Informationen zu treffen.[190]

143 Das Auskunftsrecht ist auf die Dauer der Gläubigerversammlung beschränkt.[191] In sachlicher Hinsicht fordert § 16 Abs. 1 SchVG zudem einen Bezug des Auskunftsverlangens zu einem Gegenstand der Tagesordnung oder einem Beschlussvorschlag. Das Auskunftsverlangen kann daher jedenfalls bis zur Abhandlung des entsprechenden Tagesordnungspunktes bzw. Beschlussvorschlags geltend gemacht werden. Nachträglich gestellte Fragen können hingegen unter Umständen vom Versammlungsleiter als rechtsmissbräuchlich zurückgewiesen werden, sofern kein besonderer Grund für das verspätete Auskunftsverlangen vorgebracht werden kann.[192] Darüber hinaus muss das Auskunftsverlangen zur sachgemäßen Beurteilung des Tagesordnungspunktes bzw. Beschlussvorschlags erforderlich sein. Dies beurteilt sich vom Standpunkt eines objektiv denkenden Durchschnittsgläubigers.[193] Das Auskunftsverlangen wird in der Regel jedenfalls dann zulässig sein, wenn es sich auf Informationen bezieht, die zur Beurteilung der Bonität des Emittenten und etwaiger Garanten erforderlich sind.[194]

144 Ein Auskunftsverweigerungsrecht, wie es das Aktienrecht in § 131 Abs. 3 Satz 1 AktG vorsieht, ist im SchVG nicht ausdrücklich geregelt. Hier wie dort kann allerdings nicht ausgeschlossen werden, dass die Erteilung einer Auskunft auf einzelne Fragen geeignet ist, dem Emittenten oder einem mit

---

187 Hopt/Seibt-*Binder* § 17 Rn. 3; Langenbucher/Bliesener/Spindler-*Bliesener/Schneider* § 17 Rn. 6; Veranneman-*Hofmeister* § 17 Rn. 4; a.A. Preuße/Vogel-*Preuße/Vogel* § 17 Rn. 5.

188 Hopt/Seibt-*Binder* § 17 Rn. 4.

189 Hopt/Seibt-*Binder* § 17 Rn. 5.

190 Vgl. Hopt/Seibt-*Binder* § 16 Rn. 3; *Seibt*, ZIP 2016, 997, 1003 f.

191 Hopt/Seibt-*Binder* § 16 Rn. 4; *Seibt*, ZIP 2016, 997, 1003.

192 Vgl. Hopt/Seibt-*Binder* § 16 Rn. 6.

193 Preuße/Vogel-*Dreher/Kamke* § 16 Rn. 17; Veranneman-*Wasmann/Steber* § 16 Rn. 9.

194 Heidel-*Müller* SchVG § 16 Rn. 1; vgl. Veranneman-*Wasmann/Steber* § 16 Rn. 9; *Seibt*, ZIP 2016, 997, 1003.

ihm verbundenen Unternehmen einen erheblichen Schaden zuzufügen (vgl. § 131 Abs. 3 Nr. 1 AktG) oder zur Strafbarkeit des antwortenden Vertreters des Emittenten führen würde (vgl. § 131 Abs. 3 Nr. 5 AktG).[195] Vor diesem Hintergrund wird von der wohl herrschenden Meinung in der Literatur die teilweise analoge Anwendung des § 131 Abs. 3 Satz 1 AktG befürwortet.[196] Kommt der Emittent dem berechtigten Verlangen eines oder mehrerer Gläubiger nicht oder nicht vollumfänglich nach, kann dies die Anfechtbarkeit des Beschlusses zur Folge haben, sofern ein objektiv urteilender Gläubiger die Erteilung der Information als wesentliche Voraussetzung für sein Abstimmungsverhalten angesehen hätte (§ 20 Abs. 1 Satz 2 SchVG).[197]

IV. Abstimmung ohne Versammlung

Mit der Abstimmung ohne Versammlung ist in § 18 SchVG ein weiteres Verfahren zur Beschlussfassung der Gläubiger geregelt. Die Vorschrift knüpft an § 5 Abs. 6 Satz 1 SchVG an, wonach Gläubigerbeschlüsse entweder in einer Gläubigerversammlung oder im Wege einer Abstimmung ohne Versammlung gefasst werden können. Es handelt sich bei den Verfahren um gleichwertige Alternativen, zwischen denen der Einberufende bzw. der Auffordernde grundsätzlich frei wählen kann, es sei denn, die Anleihebedingungen sehen gem. § 5 Abs. 6 Satz 2 SchVG einschränkend vor, dass nur eine der Alternativen zulässig ist.[198] 145

Die in § 18 SchVG normierte Abstimmung ohne Versammlung ermöglicht es den Gläubigern, Beschlüsse ohne physische Zusammenkunft der Gläubiger zu fassen.[199] Entgegen der Bezeichnung in der Regierungsbegründung handelt es sich bei der Abstimmung ohne Versammlung indes nicht um eine »virtuelle Versammlung«, da es zu keiner (virtuellen) Zusammenkunft aller Gläubiger zu einem bestimmten Zeitpunkt kommt.[200] 146

Gem. § 18 Abs. 1 SchVG sind die Vorschriften über die Einberufung und Durchführung der Gläubigerversammlung grundsätzlich entsprechend anzuwenden. Die Aufforderung zur Stimmabgabe gem. § 18 Abs. 3 SchVG ersetzt im Rahmen der Abstimmung ohne Versammlung die Einberufung. Soweit § 18 SchVG nicht greift, ist § 9 SchVG entsprechend heranzuziehen. Zuständig für die Aufforderung zur Stimmabgabe ist daher grundsätzlich der Emittent oder der gemeinsame Vertreter (§§ 18 Abs. 1, 9 Abs. 1 Satz 1 SchVG) oder, nach Ermächtigung durch das Gericht, die qualifizierte Gläubigerminderheit (§§ 18 Abs. 1, 9 Abs. 2 Satz 1 SchVG). 147

Die Frist zwischen der Aufforderung zur Stimmabgabe und dem Beginn des Abstimmungszeitraums beträgt 14 Tage (§§ 18 Abs. 1, 10 Abs. 1 SchVG). Sie beginnt an dem auf die öffentliche Bekanntmachung folgenden Tag und endet am Tag vor Beginn des Abstimmungszeitraums. Ist nach den Anleihebedingungen eine Anmeldung der Gläubiger erforderlich, verlängert sich die Einberufungsfrist entsprechend (§ 10 Abs. 2 Satz 1 SchVG). Bezüglich der von den Gläubigern zu erbringenden Nachweise gilt § 10 SchVG entsprechend. 148

Die Abstimmungsleitung obliegt gem. § 18 Abs. 2 SchVG einem vom Emittenten beauftragten Notar, dem gemeinsamen Vertreter, sofern er zur Stimmabgabe aufgefordert hat, oder einer vom Gericht bestimmten Person (§§ 18 Abs. 2, 9 Abs. 2 Satz 2 SchVG).[201] Der Abstimmungsleiter prüft 149

---

195 Langenbucher/Bliesener/Spindler-*Bliesener/Schneider* § 16 Rn. 8.

196 Für eine analoge Anwendung von § 131 Abs. 1 Satz 1 Nr. 1 und 5 AktG: Langenbucher/Bliesener/Spindler-*Bliesener/Schneider* § 16 Rn. 8; Seibt, ZIP 2016, 997, 1003 f.; wohl auch Heidel-*Müller* SchVG § 16 Rn. 3; vgl. auch Veranneman-*Wasmann/Steber* § 16 Rn. 11 ff.

197 Veranneman-*Wasmann/Steber* § 16 Rn. 15.

198 Vgl. Hopt/Seibt-*Diehn/Beil* § 18 Rn. 34.

199 Vgl. Friedl/Hartwig-Jacob-*Wöckener* § 18 Rn. 1.

200 Hopt/Seibt-*Diehn/Beil* § 18 Rn. 31; RegE, BT-Drucks. 16/12814, S. 24.

201 Z.T. wird vertreten, dass auch die qualifizierte Gläubigerminderheit die Abstimmung leiten könne, sofern im Fall des § 9 Abs. 2 SchVG die Bestimmung des Abstimmungsleiters durch das Gericht unterbleibt, vgl. Borowski-*Borowski* § 18 SchVG Rn. 6.

die Stimmberechtigung der teilnehmenden Gläubiger anhand der eingereichten Nachweise und erstellt ein Verzeichnis der stimmberechtigten Gläubiger (§ 18 Abs. 4 Satz 1 SchVG). Dieses ist vom Abstimmungsleiter zu unterzeichnen und allen Gläubigern zugänglich zu machen (§§ 18 Abs. 4 SchVG, 15 Abs. 2 Satz 2 SchVG).

150 Die abgegebenen Stimmen müssen dem Abstimmungsleiter innerhalb des mindestens 72 Stunden dauernden Abstimmungszeitraums zugehen (§ 18 Abs. 3 Satz 1, 2 SchVG). Stimmen, die dem Abstimmungsleiter vor oder nach dem Abstimmungszeitraum zugehen, werden nicht gezählt.[202] Dies führt in der Praxis immer wieder zu Schwierigkeiten, da die Gläubiger ihre ausgefüllten Stimmzettel mitunter bereits ihrer Anmeldung zur Abstimmung ohne Versammlung beifügen. Aus Sicht des Auffordernden empfiehlt es sich daher in der Regel, einen mit dem Verfahren der Abstimmung ohne Versammlung vertrauten Stimmrechtsvertreter zu benennen (§ 14 Abs. 2 Satz 2 SchVG), den die Gläubiger zur Stimmabgabe bevollmächtigen können. Der Stimmrechtsvertreter stellt sodann sicher, dass dem Abstimmungsleiter die Stimmen auch tatsächlich innerhalb des Abstimmungszeitraums zugehen. Die Stimmabgabe erfolgt gem. § 18 Abs. 3 Satz 3 SchVG grundsätzlich in Textform. Gem. § 18 Abs. 3 Satz 4 SchVG können in den Anleihebedingungen allerdings auch andere Formen der Stimmabgabe vorgesehen werden. Hinsichtlich der erforderlichen Nachweise für die Berechtigung zur Stimmabgabe gilt § 10 Abs. 3 SchVG entsprechend.

151 Hinsichtlich des für die Beschlussfähigkeit erforderlichen Quorums gilt § 15 Abs. 3 SchVG. Wurde die Beschlussfähigkeit nicht erreicht, hat der Abstimmungsleiter das Recht, eine Gläubigerversammlung i.S.d. § 15 Abs. 3 Satz 3 SchVG einzuberufen (§ 18 Abs. 4 Satz 2 Halbs. 1). Stellt der Versammlungsleiter die Beschlussfähigkeit fest, zählt er die abgegebenen Stimmen aus (§§ 16 Abs. 2, 18 Abs. 1 SchVG). Über jeden gefassten Beschluss ist von einem Notar eine Niederschrift aufzunehmen, wobei der Notar nach wohl h.M. zugleich auch Abstimmungsleiter sein kann.[203] Die gefassten Beschlüsse sind schließlich entsprechend § 17 SchVG bekannt zu machen.

152 Umstritten ist, ob den Gläubigern im Rahmen der Abstimmung ohne Versammlung ein Auskunftsrecht nach §§ 18 Abs. 1, 16 Abs. 1 SchVG zusteht. Für ein solches Auskunftsrecht spricht, dass auch im Rahmen der Abstimmung ohne Versammlung aufseiten der Gläubiger Fragen auftreten können, deren Beantwortung aus ihrer Sicht erforderlich ist, um eine Entscheidung über den Beschlussvorschlag treffen zu können. Zudem sind die Vorschriften über die Einberufung und Durchführung der Gläubigerversammlung bei der Abstimmung ohne Versammlung grundsätzlich entsprechend anzuwenden (§ 18 Abs. 1 SchVG). Eine dahin gehende Beschränkung, dass § 16 Abs. 1 SchVG auf die Abstimmung ohne Versammlung nicht anzuwenden wäre, lässt sich § 18 SchVG nicht entnehmen. Andernfalls könnte der Emittent das Auskunftsrecht der Gläubiger schlicht dadurch umgehen, dass er in den Anleihebedingungen von vornherein vorsieht, dass Beschlüsse ausschließlich in einer Abstimmung ohne Versammlung gefasst werden können.[204] Gleichwohl lehnt die wohl h.M. ein Auskunftsrecht der Gläubiger im Rahmen der Abstimmung ohne Versammlung ab.[205] Sie begründet das Nichtbestehen eines Auskunftsrechts insbesondere damit, dass während eines laufenden Abstimmungsverfahrens weder die rechtzeitige Beantwortung noch die Übermittlung der Antworten an alle Gläubiger vor Stimmabgabe gewährleistet werden könne.[206]

---

202 Hopt/Seibt-*Diehn/Beil* § 18 Rn. 106.

203 Vgl. Langenbucher/Bliesener/Spindler-*Bliesener/Schneider* § 18 Rn. 18 m.w.N.

204 Vgl. Hopt/Seibt-*Diehn/Beil* § 18 Rn. 172.

205 Vgl. Langenbucher/Bliesener/Spindler-*Bliesener/Schneider* § 18 Rn. 25 f.; Veranneman-*Hofmeister* § 18 Rn. 15; Heidel-*Müller* SchVG § 18 Rn. 5; *Bertelmann/Schönen* ZIP 2014, 353, 358 f.; a.A. Preuße/Vogel-*Dreher/Kamke* § 18 Rn. 57 ff.; Friedl/Hartwig-Jacob-*Wöckener* § 18 Rn. 21.

206 Langenbucher/Bliesener/Spindler-*Bliesener/Schneider* § 18 Rn. 26; Heidel-*Müller* SchVG § 18 Rn. 5.

E. Rechtsschutz gegen Restrukturierungsmaßnahmen

I. Einführung

Der Rechtsschutz gegen Beschlüsse der Gläubiger ist in § 20 SchVG geregelt. Verletzt ein Beschluss das Gesetz oder die Anleihebedingungen, kann er im Klagewege angefochten werden (§ 20 Abs. 1 Satz 1 SchVG). Die insoweit statthafte Anfechtungsklage ist hinsichtlich ihres Inhalts und Aufbaus der aktienrechtlichen Anfechtungsklage (§ 243 Abs. 1 AktG) nachgebildet.[207] Wegen mangelhafter Information im Vorfeld der Abstimmung kann ein Beschluss – angelehnt an § 243 Abs. 4 AktG – nur unter den Voraussetzungen des § 20 Abs. 1 Satz 2 SchVG angefochten werden. Gegenstand der Anfechtung können sämtliche Beschlüsse der Gläubiger sein, unabhängig davon, in welchem Verfahren sie zustande gekommen sind. Anfechtbar sind daher sowohl Beschlüsse, die in einer Gläubigerversammlung gefasst wurden, als auch Beschlüsse, die außerhalb einer Versammlung gefasst wurden, solange sie durch den Vorsitzenden bzw. den Abstimmungsleiter festgestellt wurden.[208] 153

II. Nichtige Beschlüsse

Im Gegensatz zur aktienrechtlichen Beschlussmängelkontrolle unterscheidet das SchVG nicht zwischen nichtigen und lediglich anfechtbaren Beschlüssen. Daraus folgt allerdings nicht, dass es per se keine nichtigen Beschlüsse der Gläubiger gibt. Vielmehr hat es der Gesetzgeber im Schuldverschreibungsrecht Rechtsprechung und Literatur überlassen, etwaige Nichtigkeitsgründe herauszuarbeiten.[209] Sie sind unter Berücksichtigung der anleiherechtsspezifischen Umstände zu entwickeln. Orientierung bieten können die in § 241 AktG normierten Nichtigkeitsgründe, die gleichwohl nicht pauschal ins schuldverschreibungsrechtliche Beschlussmängelrecht (analog) übertragen werden dürfen.[210] 154

Die in der Literatur diskutierten Nichtigkeitsgründe unterteilen sich allgemein in formalrechtliche und materiellrechtliche Gesetzesverstöße.[211] Demnach soll ein Beschluss der Gläubiger u.a. dann nichtig sein, wenn die Einberufung zur Gläubigerversammlung bzw. – im Fall einer Abstimmung ohne Versammlung – die Aufforderung zur Stimmabgabe an einem schwerwiegenden (formalen) Fehler leidet, etwa weil der Einberufende nicht einberufungsbefugt war oder die nach § 12 Abs. 1 SchVG erforderlichen Mindestangaben im Einberufungsdokument fehlten und deshalb – objektiv gesehen – die Teilnahme von Gläubigern verhindert oder erheblich erschwert wurde, die Einberufung vollständig unterblieben ist oder sich nur an einen Teil der Gläubiger richtete.[212] Gleichermaßen nichtig sein soll ein Beschluss, der an einem Beurkundungsmangel leidet, zumal § 16 Abs. 3 SchVG ausdrücklich auf § 130 Abs. 4 AktG verweist (§ 241 Nr. 2 AktG).[213] In materieller Hinsicht ist ein Gläubigerbeschluss etwa dann nichtig, wenn er gegen den Gleichbehandlungsgrundsatz des § 5 Abs. 2 Satz 2 SchVG verstößt, entgegen § 5 Abs. 1 Satz 3 SchVG eine Leistungspflicht der Gläubiger begründet oder allgemein gegen die guten Sitten verstößt (§ 138 BGB).[214] 155

Da das SchVG selbst keine Regelung zu nichtigen Beschlüssen enthält, ist es umstritten, wie die Nichtigkeit geltend zu machen ist. Statthafter Rechtsbehelf ist – in Ermangelung einer spezialgesetzlichen Regelung und insoweit mit der wohl herrschenden Meinung – grundsätzlich die allgemeine 156

---

207 Begr. RegE BT-Drucks. 16/12814, S. 25; zu einer Fundamentalkritik hierzu *Maier-Reimer*, FS Seibert, 2019, S. 579 ff.; *ders.*, NZG 2021, 433 (Editorial).

208 Hopt/Seibt-*Kiem* § 20 Rn. 23.

209 Langenbucher/Bliesener/Spindler-*Bliesener/Schneider* § 20 Rn. 9; Hopt/Seibt-*Kiem* § 20 Rn. 27.

210 Hopt/Seibt-*Kiem* § 20 Rn. 30.

211 Vgl. Langenbucher/Bliesener/Spindler-*Bliesener/Schneider* § 20 Rn. 11.

212 Hopt/Seibt-*Kiem* § 20 Rn. 31 f.

213 Hopt/Seibt-*Kiem* § 20 Rn. 34.

214 Langenbucher/Bliesener/Spindler-*Bliesener/Schneider* § 20 Rn. 13; Hopt-Seibt-*Kiem* § 20 Rn. 38 f.

Feststellungsklage nach § 256 ZPO.[215] Der von der Gegenansicht vertretene alleinige Rückgriff auf die Anfechtungsklage kann nicht überzeugen. Weder lässt sich den Gesetzgebungsmaterialien entnehmen, dass die Nichtigkeit eines Beschlusses im SchVG – anders als im Aktienrecht – über die Anfechtungsklage geltend zu machen sei, noch bedarf es einer analogen Heranziehung der Anfechtungsklage. Die vom Gesetzgeber im Vergleich zum Aktienrecht offengelassene Regelungslücke wird durch den Rückgriff auf die allgemeinen Vorschriften zur Feststellungsklage (§ 256 ZPO) hinreichend geschlossen. Nichtsdestotrotz kann der Gläubiger die Nichtigkeit nach wohl überwiegender Meinung auch im Rahmen der Anfechtungsklage geltend machen,[216] stellt diese doch durchweg höhere Anforderungen als die Feststellungsklage nach § 256 ZPO. Sofern der Anleihegläubiger zudem bereits Anfechtungsgründe im Wege der Anfechtungsklage geltend macht, steht einer zusätzlichen Geltendmachung etwaiger Nichtigkeitsgründe daher – auch aus prozessökonomischer Sicht – nichts entgegen.[217] Das mit der Anfechtungsklage einhergehende Freigabeverfahren der §§ 20 Abs. 3 Satz 4 SchVG i.V.m. 246a AktG findet bei nichtigen Beschlüssen allerdings keine Anwendung.

III. Anfechtbare Beschlüsse

157 Ein Beschluss ist anfechtbar, wenn ein Anfechtungsgrund vorliegt und der anfechtungsbefugte Anleihegläubiger die Anfechtungsklage fristgerecht gegen den richtigen Anfechtungsgegner erhebt.

1. Anfechtungsgründe

158 Die Anfechtung eines Gläubigerbeschlusses kann gem. § 20 Abs. 1 SchVG auf die Verletzung des Gesetzes oder der Anleihebedingungen gestützt werden. Nicht erforderlich ist, dass der Beschluss gegen »dieses« Gesetz, d.h. gegen Vorschriften des SchVG, verstößt. Es genügt vielmehr die Verletzung jedweden Gesetzes im Sinne des Art. 2 EGBGB, d.h. formeller wie auch materieller Gesetze (Rechtsverordnungen, Satzungen, Gewohnheitsrecht), geschriebener und ungeschriebener Rechtsnormen.[218] Anleihebedingungen im Sinne des § 20 Abs. 1 SchVG, deren Verletzung gleichermaßen zur Anfechtbarkeit des Beschlusses führen kann, sind dagegen grundsätzlich nur diejenigen Vereinbarungen, die sich aus der Urkunde selbst ergeben (§ 2 Satz 1 SchVG). Ein Verstoß gegen die Anleihebedingungen kann sowohl in inhaltlicher als auch in verfahrensrechtlicher Hinsicht erfolgen. Voraussetzung eines relevanten Verstoßes ist indes stets, dass die Anleihebedingungen ihrerseits überhaupt wirksam sind.

a) Formelle Beschlussmängel

159 Verfahrensfehler führen zur Anfechtbarkeit des Beschlusses, allerdings nur, wenn sie sich auch auf den Beschluss ausgewirkt haben. Sie müssen relevant gewesen sein für das Abstimmungsverhalten der Anleihegläubiger. Insoweit gilt nichts anderes als im Rahmen des modellstehenden aktienrechtlichen Beschlussmängelrechts;[219] für eine mangelhafte Information der Gläubiger ist das Relevanzerfordernis ausdrücklich im Gesetz verankert (§ 20 Abs. 1 Satz 2 SchVG). Die verletzte Norm muss daher ihrem Sinn und Zweck nach auf die Sicherung der Entscheidungsteilhabe der Gläubiger gerichtet gewesen sein.[220]

---

215 Friedl/Hartwig-Jacob-*Friedl* § 20 Rn. 101 (anders allerdings in Rn. 9); Hopt/Seibt-*Kiem* § 20 Rn. 45; Preuße/Vogel-*Vogel* § 20 Rn. 21; a.A. Langenbucher/Bliesener/Spindler-*Bliesener/Schneider* § 20 Rn. 24; Heidel-*Müller* SchVG § 20 Rn. 2.

216 So etwa Hopt/Seibt-*Kiem* § 20 Rn. 41, 43; Preuße/Vogel-*Vogel* § 20 Rn. 22; Friedl/Hartwig-Jacob-*Friedl* § 20 Rn. 101; für eine entsprechende Anwendung von § 249 AktG: Veranneman-*Wasman/Steber* § 20 Rn. 11.

217 Vgl. Hopt/Seibt-*Kiem* § 20 Rn. 47.

218 Hopt/Seibt-*Kiem* § 20 Rn. 49; ferner Veranneman-*Wasmann/Steber* § 20 Rn. 13.

219 So auch Hopt/Seibt-*Kiem* § 20 Rn. 52 f.; offenlassend Borowski-*Borowski* § 20 Rn. 9.

220 Vgl. Hopt/Seibt-*Kiem* § 20 Rn. 53.

Relevante formelle Beschlussmängel kommen insbesondere bei einer fehlerhaften Einberufung der Versammlung oder einer fehlerhaften Bekanntmachung des Gegenstands der Beschlussfassung in der Tagesordnung in Betracht. Üblicherweise erschweren derartige Mängel jedenfalls die hinreichend informierte Teilhabe der Gläubiger an der jeweiligen Abstimmung und begründen damit erhebliche Zweifel an der Legitimität des Abstimmungsergebnisses.[221] Relevante Verfahrensfehler können sich ferner aus einer fehlerhaften Beschlussfeststellung ergeben, etwa wenn bestehende Stimmverbote nicht berücksichtigt wurden oder der Abstimmungsleiter das Abstimmungsergebnis schlicht falsch ermittelt hat (Zählfehler). Gleichwohl muss sich der Fehler auch hier auf das Abstimmungsergebnis ausgewirkt haben. Der Beschluss ist also nur dann anfechtbar, wenn er bei fehlerfreier Beschlussfeststellung in dieser Form nicht beschlossen worden wäre.[222] 160

Die unrichtige, unvollständige oder verweigerte Erteilung von Informationen durch den Emittenten stellt nur dann einen Anfechtungsgrund dar, wenn die fehlerfreie Information von einem objektiv urteilenden Gläubiger als wesentliche Voraussetzung für sein Abstimmungsverhalten angesehen worden wäre (Relevanzerfordernis).[223] Inwieweit der Emittent Auskunft zu erteilen hat, richtet sich nach § 16 Abs. 1 SchVG. Danach können die Gläubiger grundsätzlich sämtliche Informationen verlangen, die zur sachgemäßen Beurteilung eines Gegenstands der Tagesordnung oder eines Vorschlags zur Beschlussfassung objektiv erforderlich sind. 161

Wegen technischer Störungen im Rahmen einer Abstimmung ohne Versammlung oder einer digitalen Gläubigerversammlung kann ein Beschluss – angelehnt an § 243 Abs. 3 Nr. 1 AktG – grundsätzlich nicht angefochten werden (§ 20 Abs. 1 Satz 3 SchVG analog). Der Bestand der gefassten Beschlüsse soll nicht durch technische Störungen beeinträchtigt werden, die außerhalb der Verantwortungssphäre des Emittenten liegen. Eine Anfechtung kommt daher nur ausnahmsweise in Betracht, und zwar dann, wenn dem Emittenten hinsichtlich der technischen Störung Vorsatz oder grobe Fahrlässigkeit vorzuwerfen ist.[224] Abweichungen vom Verschuldensmaßstab in den Anleihebedingungen sind nur zugunsten der Gläubiger möglich, § 5 Abs. 1 Satz 2 SchVG.[225] 162

b) Materielle Beschlussmängel

In materieller Hinsicht ist ein Beschluss der Anleihegläubiger insbesondere unwirksam, wenn er gegen die in § 5 SchVG statuierten Verbote verstößt, d.h. eine Mehrverpflichtung der Gläubiger begründet (§ 5 Abs. 1 Satz 3 SchVG) oder die Gleichbehandlung der Gläubiger ohne Zustimmung der benachteiligten Gläubiger missachtet (§ 5 Abs. 2 Satz 2 SchVG).[226] Tatsächlich handelt es sich hierbei bereits um Nichtigkeits- und nicht lediglich um Anfechtungsgründe. Materiell anfechtbar bleiben daher vor allem Beschlüsse, die inhaltlich gegen die Regelungen der Anleihebedingungen verstoßen.[227] 163

Eine materielle Beschlusskontrolle nach aktienrechtlichem Vorbild findet indessen nicht statt. Aktienrechtliche Grundsätze, wonach jeder Beschluss im gemeinsamen Interesse der Aktionäre erfolgen, d.h. geeignet und erforderlich sein müssen, um unter Wahrung der Verhältnismäßigkeit einen gemeinsamen Nutzen für alle Aktionäre zu stiften, sind nicht auf das SchVG zu übertragen.[228] Anders 164

221 Hopt/Seibt-*Kiem* § 20 Rn. 53.

222 Hopt/Seibt-*Kiem* § 20 Rn. 57.

223 Langenbucher/Bliesener/Spindler-*Bliesener/Schneider*, § 20 Rn. 41; vgl. auch Hopt/Seibt-*Kiem* § 20 Rn. 58; vgl. Veranneman-*Wasmann/Steber* § 20 Rn. 15.

224 Langenbucher/Bliesener/Spindler-*Bliesener/Schneider*, § 20 Rn. 42; Friedl/Hartwig-Jacob-*Friedl* § 20 Rn. 32; Hopt/Seibt-*Kiem* § 20 Rn. 62; Preuße/Vogel-*Vogel* § 20 Rn. 33.

225 Friedl/Hartwig-Jacob-*Friedl* § 20 Rn. 33; Hopt/Seibt-*Kiem* § 20 Rn. 62; Preuße/Vogel-*Vogel* § 20 Rn. 34.

226 Eingehend dazu Hopt/Seibt-*Kiem* § 20 Rn. 67 f.

227 Vgl. Veranneman-*Wasmann/Steber*, § 20 Rn. 17 m.w.N.

228 Langenbucher/Bliesener/Spindler-*Bliesener/Schneider*, § 20 Rn. 45 ff.; Hopt/Seibt-*Kiem*, § 20 Rn. 76 ff.; Heidel-*Müller* SchVG § 20 Rn. 6; Veranneman-*Wasmann/Steber*, § 20 Rn. 17; a.A. dagegen etwa Baums,

als das verbandsorientierte Aktienrecht kennt das Schuldverschreibungsrecht keine weitreichende Treupflicht unter den Gläubigern; im Anleiherecht geht es nicht um ein gemeinsames unternehmerisches Tätigwerden, sondern in aller Regel um rein finanzielle Interessen.[229] Die Gefahr, dass einzelne Großgläubiger, die nicht selten außerhalb der Anleihe liegende Sonderinteressen verfolgen, sich über die Interessen der Gläubigerminderheit hinwegsetzen, wird durch die Regelungen der §§ 5–21 SchVG und die Missbrauchskontrolle des § 138 BGB hinreichend begrenzt.[230] Im Übrigen würde eine weitreichende gerichtliche Beschlusskontrolle die Entscheidungskompetenz der Gläubiger übermäßig beschränken und dadurch die Funktionsfähigkeit und letztlich die Vorteile des mehrheitsbasierten Beschlussrechts beeinträchtigen.[231] Aus praktischer Sicht ist zudem das Interesse der Beteiligten an einer rechtssicheren Beschlussfassung zu beachten, insbesondere weil Anleiherestrukturierungen typischerweise in der wirtschaftlichen und/oder finanziellen Krise des Emittenten verfolgt werden und damit per se von gewisser Eiligkeit sind. Eine oftmals nur schwer vorherzusehende, auf Verhältnismäßigkeitserwägungen beruhende gerichtliche Beschlusskontrolle dürfte ein gefasstes Sanierungskonzept dagegen nicht selten erheblich verzögern und dadurch letztlich die Krisenbewältigung insgesamt gefährden.[232]

2. Anfechtungsbefugnis

165 Anfechtungsbefugt ist gem. § 20 Abs. 2 Nr. 1 SchVG zunächst jeder Gläubiger, der an der Abstimmung teilgenommen und gegen den Beschluss fristgerecht Widerspruch erklärt hat, sofern er die Schuldverschreibung vor der Bekanntmachung der Einberufung der Gläubigerversammlung oder vor der Aufforderung zur Stimmabgabe in einer Abstimmung ohne Versammlung erworben hatte. Der Widerspruch ist in der Abstimmungsversammlung umgehend, d.h. bis zum Schluss der Versammlung, zur Niederschrift zu erklären[233], bei einer Abstimmung ohne Versammlung ist er binnen zwei Wochen nach Bekanntmachung der Beschlüsse schriftlich gegenüber dem Abstimmungsleiter zu erheben (§ 18 Abs. 5 Satz 1 u. 2 SchVG).

166 Hat der Anleihegläubiger indes nicht an der Abstimmung teilgenommen, ist er zur Anfechtung nur befugt, wenn er zur Abstimmung zu Unrecht nicht zugelassen worden ist oder wenn die Versammlung nicht ordnungsgemäß einberufen oder zur Stimmabgabe nicht ordnungsgemäß aufgefordert worden ist oder wenn ein Gegenstand der Beschlussfassung nicht ordnungsgemäß bekannt gemacht worden ist (Abs. 2 Nr. 2).

3. Anfechtungsfrist

167 Die Klage ist binnen eines Monats nach Bekanntmachung des Beschlusses zu erheben, § 20 Abs. 3 Satz 1 SchVG.

4. Anfechtungsgegner

168 Die Klage ist gegen den Emittenten zu richten, § 20 Abs. 3 Satz 2 SchVG. Dies gilt auch dann, wenn die Versammlung vom gemeinsamen Vertreter einberufen wurde.

ZBB 2009, 1, 5 f.; *Horn*, ZHR 173 (2009), 12, 62; Friedl/Hartwig-Jacob-*Friedl*, § 20 Rn. 38; Preuße/Vogel-*Vogel*, § 20 Rn. 39.

229 Hopt/Seibt-*Kiem* § 20 Rn. 76 ff. mit Verweis auf OLG Karlsruhe ZIP 2015, 2116, 2122.

230 Im Detail Langenbucher/Bliesener/Spindler-*Bliesener/Schneider*, § 20 Rn. 47.

231 Langenbucher/Bliesener/Spindler-*Bliesener/Schneider*, § 20 Rn. 46.

232 Vgl. Hopt/Seibt-*Kiem* § 20 Rn. 81.

233 Langenbucher/Bliesener/Spindler-*Bliesener/Schneider*, § 20 Rn. 53.

5. Zuständiges Gericht

Ausschließlich zuständig für die Klage ist bei einem Schuldner mit Sitz im Inland das Landgericht, in dessen Bezirk der Schuldner seinen Sitz hat, oder mangels eines Sitzes im Inland das Landgericht Frankfurt am Main, § 20 Abs. 3 Satz 3 SchVG. 169

IV. Freigabeverfahren

Gem. § 20 Abs. 3 Satz 4 SchVG darf ein angefochtener Beschluss grundsätzlich nicht vollzogen werden. Diese Vollzugssperre birgt allerdings die Gefahr, dass einzelne Anleihegläubiger nur deshalb den von den Gläubigern gefassten Beschluss anfechten, um dadurch wichtige, zeitkritische Restrukturierungsmaßnahmen zu blockieren und den Schuldner angesichts der Dringlichkeit des Vollzugs des Beschlusses zum Abschluss eines Vergleichs zu bewegen, der eine Zahlung an die anfechtenden Gläubiger vorsieht.[234] Vor diesem Hintergrund hat der Gesetzgeber in § 20 Abs. 3 Satz 4 SchVG das sogenannte Freigabeverfahren eingeführt. Danach kann der Emittent bei Gericht beantragen festzustellen, dass die erhobene Anfechtungsklage dem Vollzug des Beschlusses nicht entgegensteht. Im Gleichlauf mit dem aktienrechtlichen Freigabeverfahren sieht somit auch das SchVG eine Beseitigung der Vollzugssperre vor und verweist demgemäß auf § 246a AktG.[235] 170

Eingeleitet wird das Freigabeverfahren durch einen Antrag des Emittenten als dem alleinigen Antragsberechtigten. Der Antrag ist auf die Feststellung gerichtet, dass die Erhebung der Anfechtungsklage dem Vollzug des Beschlusses nicht entgegensteht und richtet sich gegen alle Anfechtungskläger.[236] Zuständig für das Freigabeverfahren ist gem. § 20 Abs. 3 Satz 4 SchVG das Oberlandesgericht, das dem für die Anfechtungsklage zuständigen Gericht übergeordnet ist. 171

Das Freigabeverfahren ist als Eilverfahren mit einem eigenen, sich von dem Anfechtungsprozess unterscheidendem Streitgegenstand ausgestaltet.[237] Gibt das Gericht dem Antrag des Emittenten statt, stellt es fest, dass die Erhebung der Anfechtungsklage dem Vollzug des Beschlusses nicht entgegensteht. Ein stattgebender Beschluss ergeht, wenn die Anfechtungsklage entweder unzulässig oder offensichtlich unbegründet ist (§ 246a Abs. 2 Nr. 1 AktG), der Kläger nicht binnen einer Woche seit Zustellung des Antrags durch Urkunden zu belegen vermag, dass er seit Bekanntmachung der Einberufung einen Anteil von mindestens 1.000 € hält (§ 246a Abs. 2 Nr. 2 AktG), oder das alsbaldige Wirksamwerden des Beschlusses vorrangig erscheint, weil die vom Emittenten dargelegten wesentlichen Nachteile nach freier Überzeugung des Gerichts die Nachteile für den Anfechtungskläger überwiegen, es sei denn, es liegt eine besondere Schwere des Rechtsverstoßes vor (§ 246a Abs. 2 Nr. 3 AktG). 172

Wurde dem Freigabeantrag des Emittenten stattgegeben und ist die Anfechtungsklage später begründet, führt dies nicht zu einer Beendigung oder Rückabwicklung des Vollzugs und der Umsetzung des Beschlusses. Vielmehr steht dem Gläubiger gegen den Emittenten in diesem Fall lediglich ein Anspruch auf Ersatz desjenigen Schadens zu, den er aufgrund des Vollzugs des Beschlusses erlitten hat.[238] 173

F. Sonderproblem: Kündigung von Anleihen während der Restrukturierung

Die Ankündigung einer Restrukturierung von Anleihen führt immer wieder zu Kündigungen vereinzelter Anleger. Häufig geschieht dies aus der – falschen – Erwartung heraus, dass sie noch vor Beginn der Umsetzung der Restrukturierung voll zurückgezahlt werden. Je eher Anleger davon ausgehen können, dass ihre Kündigung wirksam ist, desto mehr werden diesen Schritt erwägen; die in 174

---

234 Friedl/Hartwig-Jacob-*Friedl* § 20 Rn. 82; Hopt/Seibt-*Kiem* § 20 Rn. 154.
235 Hopt/Seibt-*Kiem* § 20 Rn. 154; *Rubner/Pospiech*, GWR 2015, 507.
236 Friedl/Hartwig-Jacob-*Friedl* § 20 Rn. 85.
237 Friedl/Hartwig-Jacob-*Friedl* § 20 Rn. 83.
238 Hopt/Seibt-*Kiem* § 20 Rn. 194.

diesem Zusammenhang auftretenden Rechtsfragen können also für das Gelingen der Restrukturierung von entscheidender Bedeutung sein. Es kann deshalb nicht überraschen, dass die Wirksamkeit einer Kündigung von Anleihen wegen einer Krisensituation bzw. Restrukturierung des Emittenten bereits Gegenstand zahlreicher Gerichtsentscheidungen gewesen ist. Genaugenommen ist zwischen der Wirksamkeit einer Kündigung einerseits und ihrer Rechtsfolge andererseits zu unterscheiden:

175 Typischerweise werden Kündigungsrechte in Anleihebedingungen enumerativ geregelt. Das schließt in aller Regel ein Kündigungsrecht für den Fall ein, dass der Emittent eine »allgemeine Schuldenregelung« anbietet. Ob die Ankündigung oder das Angebot einer Restrukturierung an die Gläubiger einer Anleihe diesen Kündigungsgrund erfüllt, war bereits Gegenstand verschiedener Gerichtsentscheidungen. Während einige Gerichte das Vorliegen eines Kündigungsgrundes verneint haben,[239] ist das OLG Frankfurt von einem Kündigungsrecht ausgegangen.[240] Auch der BGH scheint diese Auffassung zu vertreten.[241] Tatsächlich kommt es auf den Wortlaut der Anleihebedingungen sowie ggf. dessen Auslegung an, wenn zu klären ist, ob ein Kündigungsrecht vorliegt. Richtigerweise dürfte nur ein Restrukturierungsvorschlag des Emittenten, der an alle seiner Gläubiger gerichtet ist, von dem Kündigungsrecht erfasst sein. Wäre auch ein isolierter Vorschlag gegenüber den Anleihegläubigern erfasst, wäre das insoweit widersprüchlich, als das SchVG ja die Restrukturierung von Anleihen gerade ermöglichen will.[242]

176 Ebenfalls umstritten ist die Frage, welche gesetzlichen Kündigungsrechte anwendbar sind und ob sie in den Anleihebedingungen ausgeschlossen oder zumindest beschränkt werden können. Eine unmittelbare Anwendung von § 490 BGB hat bereits deshalb auszuscheiden, weil es sich bei der Anleiheforderung als abstraktem Schuldversprechen nicht um ein Darlehen handelt. Aber auch eine analoge Anwendung dieser Vorschrift soll nach herrschender Meinung ausscheiden.[243] Dem gegenüber wird die Anwendbarkeit von § 314 Abs. 1 BGB auf Schuldverschreibungen grundsätzlich bejaht.[244] Eine andere Frage ist demgegenüber, ob § 314 Abs. 1 BGB im Einzelfall tatbestandlich erfüllt ist. Das ist jedenfalls für den Fall verneint worden, dass der Emittent im Zeitpunkt der Kündigungserklärung bereits Sanierungsbemühungen beabsichtigt und auch zeitnah entfaltet hat.[245]

177 Von der Frage der Wirksamkeit einer Kündigung zu unterscheiden ist die Frage nach deren Rechtsfolge. Insoweit hat der BGH entschieden, dass die wirksame Kündigung einer Anleihe zwar zur sofortigen Fälligkeit der entsprechenden Forderungen führt, jedoch nicht dazu, dass die betroffenen Anleihestücke aus der Anleiheemission ausscheiden.[246] Danach nehmen also auch die gekündigten Anleihestücke an der vom Emittenten betriebenen Restrukturierung nach dem SchVG teil, werden mithin von den Beschlüssen einer Gläubigerversammlung nach Maßgabe der §§ 5 ff. SchVG erfasst. Diese Entscheidung ist bedeutsam, weil die Hauptmotivation des kündigenden Anlegers, mithin die Rückzahlung des vollen Betrages zu erhalten, damit konterkariert wird. Problematisch bleibt aber weiterhin der Umstand, dass eine wirksame Kündigung zur Fälligkeit der zugrunde liegenden Anleiheforderung führt. Nehmen trotz der vorstehenden Ausführungen eine zu große Zahl von Anleihegläubigern eine wirksame Kündigung vor, kann dies zu einer Zahlungsunfähigkeit und damit Insolvenz des Emittenten führen.

---

239 Vgl. z.B. LG Frankfurt am Main vom 22.01.2014 (2-17 O 104/13) sowie LG Frankfurt am Main vom 25.04.2014 (2-18 O 429/13).

240 OLG Frankfurt, ZIP 2014, 2176 ff.

241 BGH, ZIP 2016, 308.

242 Ebenso *Seibt/Schwarz*, ZIP 2015, 401, 405, 407 ff.; *Wilken/Schaumann/Zenker*, Anleihen in der Restrukturierung und Insolvenz S. 93 f.

243 BGH, ZIP 2016, 1279, 1281; *Seibt/Schwarz*, ZIP 2015, 401, 407; Hopt/Seibt-*Artzinger-Bolten/Wöckener* § 3 Rn. 65; Offengelassen dem gegenüber noch vom OLG Frankfurt ZIP 2014, 2176, 2177 f.

244 BGH, ZIP 2016, 1279, 1281; *Seibt/Schwarz*, ZIP 2015, 401, 405 m.w.N.

245 BGH, ZIP 2016, 1279, 1282; OLG Köln, ZIP 2015, 1924.

246 BGH, ZIP 2016, 308.

Stichwortverzeichnis

Die fett gedruckten Zahlen beziehen sich auf die Paragrafen oder Kapitel, die mager gedruckten Zahlen auf die Randnummern.

B

Q